JN021395

五十音索引

大きな字の

常用 国語辞典

改訂第五版

編・石井庄司

Gakken

編者／元東京大学教授・文学博士
石井庄司
企画・編集／学研辞典編集部
紙面設計／佐藤かおり
（クラップス）
ペン字／大貫思水　山内庸子
図版／三枝愛彦　高品吹夕子
もちつきかつみ
有限会社ジェット
編集協力／新船孝　黒羽千秋
奎文館　石井美穂子
松尾美穂　平本智弥
倉本有加
製作管理／中野忠昭　山口敏宏
営業・販売／森康文　冨澤嵩史
装丁／高品吹夕子（青橙舎）

この辞典を利用される方へ

文学博士　石井庄司

現代の社会は目まぐるしく変動しております。国語生活の面一つをとっても、パソコンが普及し、その利用が普通になっております。仕事での商用文《ビジネスレター》や報告書《レポート》はパソコンなどを使って書くのが、もう当たり前になってしまったのです。しかしながら、私信やちょっとした文書はまだまだ手で書かれております。

この辞典は、このような情況を踏まえて、このたびの改訂にあたり、現代によりふさわしいものにしました。その際に心がけたことは、初版から続く、〝書く〟という場で役立つ辞典にすることでした。そのために種々工夫もいたしました。

たとえば、同訓異字のことばや同音の類義語は紛らわしいものですが、この辞典では特別にとりあげて、使い方の違いを解説しました。同じ「きく」でも、「機転がきく」は「機転が利く」と書き、「宣伝がきく」は「宣伝が効く」と書きます。「時期尚早」「時機到来」と書き分けます。これらについての解説は、手書きで手紙を書くときにも、パソコンなどで報告書を書くときにも役立つでしょう。また、手書きで文章を書くときのことを考え、漢字項目では、常用漢字と人名用漢字について筆順を示しました。

この辞典は、座右に置いていつでも使えるように配慮したつもりです。十二分に活用されることを願っております。

※改訂第四版のまえがきを訂して再録した。

凡例

一 編集方針

1 この辞典は、一般の社会人が実務や日常の場で、特に文書・手紙などを作成する場で使用できるように編集したものである。

2 この辞典には、現代生活の必須語約三万三五〇〇語を厳選して収録した。そのほか、常用漢字・人名用漢字、その他の日常よく用いられる漢字など約三三〇〇を、漢字項目（漢字母）として収録した。二〇〇四年以降に追加された新人名用漢字をすべて収録した。

3 文書・手紙などを書くときに役立つよう、以下の工夫をした。

(1) 紛らわしい同訓のことばや、類義の同音語の書き分け・使い分けを特別に解説した。パソコンなどを使うときにも役立てていただきたい。

(2) だれもが間違えやすい誤用について、注意点を収録した。

(3) 漢字を中心にペン字体を掲げ、模範的な崩し方の例を示した。

(4) 漢字項目の常用漢字・人名用漢字には筆順を詳しく示した。

(5) 巻末付録「手紙の書き方」には、手紙に使われる慣用語を多数掲げた。

4 カタカナ表記では引きにくい欧文略語を巻末に一括して、ＡＢＣ順配列で掲載した。

二 見出し語

1 見出し語の配列

(1) 見出し語は一般に次のように配列した。

(ア) 五十音順。ただし、外来語の長音（ー）は、その発音に従って「ア・イ・ウ・エ・オ」に置き換えて配列した。

(イ) 清音→濁音→半濁音の順。

(ウ) 直音→拗促音（ようそくおん）の順。

(エ) 見出しのかなが同じ場合は次のように配列した。

(a) 漢字表記を有するものについては、一字めの漢字の画数順。

(b)漢字項目↓かたかな↓ひらがな

(オ)親見出しのもとに示した慣用句・成句などは、親見出しを除いた部分の五十音順に配列した。

(2) 同音の漢字項目は、画数順↓部首順に配列した。

2 見出し語の示し方

(1) 見出し語は、和語や漢語はひらがなで示した。外来語はかたかなで示したが、「たばこ」「きせる」など、日本語になりきっているものはひらがなで示した。

(2) 慣用句・成句などの多くは、その最初にあることばの子見出しとした。

(ア)子見出しの冒頭には▼を付けて**太字**で区別した。

(イ)親見出しと重複する表記の部分は「―」で示した。

(ウ)子見出しは漢字かなまじりで示し、読みにくい漢字には、（ ）の中に読み方を示した。

(3) 漢字項目は、その漢字の代表的な音読みによって見出しとした。ただし、訓読みが一般的だと考えられるものは、訓読みによった。

3 見出し語の書き表し方

(1) 見出し語の、漢字を用いた最も標準的な書き表し方を【 】の中に大字で示した。

(2) 【 】の中のものとは別の書き表し方がある場合には、それを〈 〉でくくって【 】の下に示した。

(3) 【 】の中に「常用漢字表」にない字がある場合、▲を付して示した。

(4) 外来語は、【 】の中にその語の原語のつづりや原語名などを示した。英語が原語である場合は省略した。

(5) 漢字項目

(ア)漢字項目の漢字は〔 〕〔 〕の中に示した。

(イ)常用漢字・人名用漢字は、内閣告示・法務省令で発表された字体で示した。

(ウ)右記以外の漢字は、最も一般的と認められる字形で示した。

(エ)漢字項目は、〔 〕〔 〕の下に総画数を示した。常用漢字・人名用漢字にはそれぞれ 常 人 の略号を、総画数の左に付けて示した。

三 解説

1 解説は平明簡潔を旨とした。読みのむずかしい漢字には（ ）の中に読みがなを示した。

2 語義が二つ以上ある場合には❶❷❸…により区分した。

3 語義解説では、補足説明や記述の簡略のために、適宜、〈 〉や（注）などを用いた。

4 語義解説を補うために用例を示した。

①用例は▽のもとに示し、見出しに当たる部分は一般に「―」で示した。

②用例のうち、慣用句やことわざ・成句などには、全体としての意味を示したものもある。

5 類義語や反対語を［類］［対］のもとに示した。語義との対応は語義区分番号を付けて示した。

6 ［注］のもとに、書き誤り・読み誤り・誤用法などについての注意点を示した。×は誤用である箇所を示し、誤用の部分は傍線をつけて示した。

7 紛らわしい同訓のことばや、類義の同音語の書き分け・使い分けについての解説を［使い分け］のもとに示した。その索引は後見返しに付けた。

8 漢字項目

(1) 見出し漢字の読みを、音はカタカナ、訓はひらがなで、ともに**太字**で示した。常用漢字については、常用漢字表に示された常用音訓をすべて示した。常用漢字以外の漢字については、一般に用いられると考えられる音・訓を示した。音・訓の一方のみが示されているものもある。

(2) 常用漢字・人名用漢字にはその筆順を最大八コマで示した。示した筆順は、文部省の「筆順指導の手びき」によるか、またはそれに準じたものである。

(3) 解説末尾の（ ）の中に旧字体等を示したものもある。

四 英語

1 解説末尾に、語義に対応する英語を示した。

(ア) 英語はネイティブな表現に沿うようにし、二語以内で示した。

(イ) 語義との対応は、語義区分番号を付けて示した。

2 英語はアメリカ英語を優先した。

3 英訳が困難な場合や、紙面の都合で収録できない場合などには割愛したものもある。

五 ペン字

1 見出し語のペン字を行書体で示した。漢字のペン字を示すことを中心とし、送り仮名などは省略したものもある。

2 漢字項目のペン字は行書・草書の二体を示した。

あ ア

あ〔亜〕常7〔亞〕人8 ア❶次ぐ。▽—寒帯。❷酸化の程度が低いこと。▽—硫酸。❸「亜細亜(アジア)」の略。
筆順 亜
亜・亞

あ〔阿〕人8 ア・お❶おもねる。▽—諛(あゆ)。❷梵語の音を表す字。▽—弥陀。
筆順 阿
阿・阿

あ〔唖〕10 ア 発語ができない人。(唖)▽聾—(ろうあ)。
唖・啞

あ〔蛙〕12 ア・ウ・かえる かえる。かわず。▽—声(あせい)。井—(せいあ)。
蛙・鮭

アーカイブ【archives】保管された記録。

アーチェリー【archery】洋弓。また、洋弓による試合。

アーチスト【artist】⇩アーティスト。

アーティスティックスイミング【artistic swimming】音楽に合わせて泳ぎ、演技の正確さや美しさを競う競技。

アーティスト【artist】芸術家。アーチスト。

アート【art】芸術。特に美術。

アート ディレクター【art director】❶映画・演劇などの美術監督。❷広告の美術担当者。

アーバン【urban】都市の。都会的な。▽—ライフ。

アーム【arm】❶うで。❷本体からうでのように出ている部分。

アール【are フランス】メートル法の面積単位。一アールは一〇〇平方メートル。記号a

アール デコ【art déco フランス】装飾美術の一様式。一九二〇～三〇年代に流行した。

アール ヌーボー【art nouveau フランス】一九世紀末から二〇世紀初めにフランスを中心に興った新芸術の様式。

あい〔哀〕常9 アイ・あわれ・あわれむ❶あわれむ。▽—憐(あいれん)。❷悲しむ。▽—愁。
筆順 哀
哀・哀

あい〔娃〕人9 アイ・ワ 美しい。美しい女性。
筆順 娃
娃・娃

あい〔挨〕常10 アイ 身動きできないほど近よる。
筆順 挨
挨・挨

あい〔愛〕常13 アイ❶かわいがる。▽—児。❷愛情。▽恋—。❸めでる。▽—好。
筆順 愛
愛・愛

あい〔曖〕常17 アイ❶うす暗い。❷はっきりけじめがつかない。▽—昧(あいまい)。
筆順 曖
曖・曖

あい〔藍〕⇩らん

あい【相】❶ともに。▽—等しい。❷語調を整える語。▽—すみません。
相

あい【愛】❶他者を慕う心。❷かわいがり、いつくしむ心。❸大切に思う心。
愛

あい【藍】❶タデ科の草。❷❶からとった染料(のこい青色)。②indigo
藍

あいあいがさ【相合い傘】男女二人が一本の傘をさしていること。注相×相傘。
相合傘

あいいく【愛育】慈しみ育てること。
愛育

あいいれない【相容れない】互いに受け入れない。注相×入れない。incompatible
相容

あいいん【合い印】帳簿や書類を照合したしるしに押す印。合い判。
合印

あいいん【愛飲】特定の物を好んで飲むこと。drinking habitually
愛飲

あいうち【相打ち】〈相討ち〉両方が同時に相手をうつこと。引き分け。
相打ち

あいえんか【愛煙家】たばこを好んで吸う人。
愛煙家

あいえんきえん【合縁奇縁】人と人とのふしぎな縁。
合縁

あいおい【相生い】❶一つの根から、二本の幹が生えること。▽—の松。❷〈相老い〉夫婦が共に長生きすること。
相生

あいか【哀歌】悲しい気持ちをうたった歌。悲歌。エレジー。類挽歌。elegy
哀歌

あいかぎ【合い鍵】その錠をあけられる別のかぎ。duplicate key
合鍵

あいかた【合い方】❶芝居で、三味線の伴奏(者)。❷能で、はやし方。
合方

あいかた【相方】❶相手となる人。相手。❷〈敵娼〉客の相手となる遊女。①partner
相方

あいがも【間鴨】〈合鴨〉まがもと、あおくびあひるとの交雑種。 間鴨

あいかわらず【相変わらず】いつもと同じように。as usual 相変

あいかん【哀感】もの悲しい感じ。 哀感

あいかん【哀歓】悲しみと喜び。▽―を共にする。 哀歓

あいがん【哀願】相手の同情をひくようにして、あわれっぽく物事を頼むこと。類哀訴。entreaty 哀願

あいがん【愛玩】かわいがり楽しむこと。▽―動物。fondling 愛玩

あいぎ【合い着】〈間着〉❶合い服。❷上着とはだ着の間に着るもの。 合着

あいきどう【合気道】武道の一。素手による護身が主。 合気道

あいきゃく【相客】❶同宿の客。❷同席の客。②fellow guest 相客

あいきょう【愛敬】〈愛嬌〉かわいらしいこと。あいそがいいこと。注あい×けい。▼―を振りまく 相手に気に入られようと、親しみのある態度をとる。amiability 愛敬

あいぎん【愛吟】好きな詩歌をいつも口ずさむこと。また、その詩歌。類愛誦（あいしょう）。 愛吟

あいくち【合い口】❶〈匕首〉短刀。❷相性。①dagger 合口

あいくるしい【愛くるしい】見るからにかわいらしい。lovely 愛

あいこ【相子】勝負なし。おあいこ。tie 相子

あいこ【愛顧】ひいき。ひきたて。▽ご―をいただく。 愛顧

あいご【愛護】かわいがって大事にすること。protection 愛護

あいこう【愛好】趣味として好むこと。love 愛好

あいこく【愛国】自国を愛すること。▽―心。 愛国

あいことば【合い言葉】❶味方にだけ通じる合図のことば。❷標語。①password 合言葉

アイコン【icon】コンピュータで、仕事の内容を画面上に示すマーク。

あいさい【愛妻】❶愛している妻。❷妻をだいじにすること。▽―家。 愛妻

あいさつ【挨拶】❶会ったときや別れるときの動作やことば。❷祝辞や謝辞。❸返事。応対。①greeting 挨拶

あいし【哀史】悲しい物語・歴史。 哀史

あいじ【愛児】愛しているわが子。 愛児

あいじゃく【愛着】⇩あいちゃく 愛着

あいしゅう【哀愁】もの悲しい感じ。▽―が漂う。―を帯びる。 哀愁

あいしょう【哀傷】悲しみに心を痛めること。mourn 哀傷

あいしょう【相性】〈合性〉互いの気心・性格がよく合うこと。▽―がよい。 相性

あいしょう【愛称】親しみをもって呼ぶ呼び名。類あだ名。ニックネーム。nickname 愛称

あいしょう【愛唱】その歌が好きで、よくうたうこと。 愛唱

あいしょう【愛誦】好きな文章・詩歌を口ずさんだり朗読したりすること。 愛誦

あいじょう【愛情】愛する心。▽―を注ぐ。―をいだく。love 愛情

あいじるし【合い印】組み合わせをまちがえないためにつける印。 合印

あいじん【愛人】情人。恋人。lover 愛人

アイシング【icing】❶患部や筋肉の冷却療法。❷アイスホッケーで、レッドライン手前からパックが直接ゴールラインを越える反則。

あいず【合図】前もって互いに決めた方法で相手に知らせること。signal 合図

アイスバーン【Eisbahn ドイツ】雪面が凍って氷状になったところ。

アイスボックス【icebox】氷で冷やす手軽な冷蔵庫。

あいする【愛する】❶かわいがる。❷恋いしたう。❸このむ。▽酒を―。❹大切にする。▽国を―。①②love 愛する

あいせき【哀惜】人の死などを悲しみ、おしむこと。▽―の念に堪えない。mourning 哀惜

あいせき【相席】飲食店などで他の客と同席すること。 相席

あいせき【愛惜】愛し大切にすること。 愛惜

あいせつ【哀切】非常にあわれなこと。 哀切

あいそ【哀訴】なげきうったえること。類哀願。entreaty 哀訴

あいそ【愛想】❶人に接する態度。また、親しみのある態度。❷相手を喜ばす言葉。世辞。❸飲食店の勘定。①amiability ▼―を尽(つ)かす あきれて、い 愛想

や気がさす。
あいそう【愛想】⇩あいそ。　愛想
あいぞう【愛憎】愛と憎しみ。　愛憎
あいぞう【愛蔵】大切に所蔵すること。▽―版。　愛蔵
あいだ【間】❶物と物との中間部分。❷へだたり。❸一続きの時間。❹関係。▽二人の―の問題。①②between　間
あいたいずく【相対尽く】両者が納得の上で事を決め、行うこと。　相対尽
あいたいする【相対する】❶向かい合う。❷対立する。▽―二つの意見。　相対
あいだがら【間柄】人と人との関係。relationship　間柄
あいちゃく【愛着】心ひかれ思い切れないこと。あいじゃく。attachment　愛着
あいちょう【哀調】もの悲しい調子。　哀調
あいちょう【愛聴】好んできくこと。　愛聴
あいつ【彼奴】軽蔑、親しみの気持ちを含む他称の人称代名詞。▽―とは十年来の仲だ。　彼奴
あいつぐ【相次ぐ】次々と続く。　相次ぐ
あいづち【相槌】鍛冶（かじ）で、相手と交互に打ち合わせるつち。注×合槌。▼―を打つ 相手に合わせて受け答えする。　相槌
あいて【相手】❶一緒に物事をする人。❷相対して争う人。①partner　相手

アイディア【idea】考え。着想。
あいてどる【相手取る】交渉や争いの相手とする。　相手取
アイテム【item】❶項目。品目。❷コンピュータで一件分のデータ。
アイデンティティー【identity】❶自身による自己認識。自己同一性。❷身元。素性。
あいとう【哀悼】人の死をいたみ悲しむこと。mourning　哀悼
あいどく【愛読】好んで読むこと。　愛読
アイドリング【idling】機械の空回り。また、車のエンジンの空ふかし。
アイドリングストップ 大気汚染の原因となるアイドリングをやめること。停止時エンジンストップ。和製語。stop the idling
あいなかばする【相半ばする】相反した二つのものが、半々の状態を保つ。　相半ば
あいなめ【鮎魚女】〈鮎並〉近海魚の一。食用。greenling　鮎魚女
あいにく【生憎】都合悪く。運悪く。unfortunately　生憎
あいのて【合いの手】〈間の手〉❶三味線の間奏。❷手拍子や掛け声。　合の手
あいのり【相乗り】乗り物に、連れでない人と一緒にのること。注×合い乗り。　相乗り
あいはむ【相食む】食いあう。▽骨肉―。　相食む
あいはん【合い判】合い印（いん）。　合い判
あいびき【合い挽き】牛と豚を合わせてひき肉にしたもの。　合い挽

あいびき【逢い引き】愛し合っている男女がひそかに会うこと。密会。assignation　逢引
あいぶ【愛撫】なでさすり、かわいがること。caress　愛撫
あいふく【合い服】〈間服〉春秋に着る服。合い着。　合服
あいふだ【合い札】❶金品を預かった証拠に渡す札。❷割り符。　合札
あいべつりく【愛別離苦】仏教で、親兄弟・夫や妻などと別れる苦しみ。　愛別
あいべや【相部屋】宿屋で他人と同じ部屋に泊まること。　相部屋
あいぼ【愛慕】愛し、したうこと。love　愛慕
あいぼう【相棒】共に仕事をする人。　相棒
アイボリー【ivory】象牙（ぞうげ）(色)。
あいま【合間】あいだ。▽仕事の―。　合間
あいまい【曖昧】はっきりしないようす。ambiguous　曖昧
あいまいもこ【曖昧模糊】あやふやで曖昧なようす。　模糊
あいまって【相俟って】互いに作用し合って。▽両々―。注相×待って。　相俟
あいみたがい【相身互い】同情し助け合うこと・間柄。▽苦しい時は―。　相身互
あいやど【相宿】同じ宿に泊まること。　相宿
あいよう【愛用】好んで使うこと。　愛用

あいよく【愛欲】 肉体的な欲望。 愛欲

あいらしい【愛らしい】 かわいらしい。lovely 愛らしい

あいれん【哀憐】 同情して、なさけをかけること。 哀憐

あいろ【隘路】 ❶せまくけわしい道。❷難関。障害。▽研究開発上の—になる。①②bottleneck 隘路

アイロニー【irony】 ❶皮肉。❷反語。

あいわ【哀話】 かわいそうな話。悲話。 哀話

あう【会う】 ❶人に出あう。❷面会する。①②meet 会う

あう【合う】 ❶一つになる。❷一致する。▽ピントが—。❸あてはまる。▽好みに—。❹つりあう。▽収入に—った暮らしぶり。❺互いに…する。▽助け—。 合う

あう【遭う】 物事にであう。 遭う

使い分け「あう」

会う…主に人と人が顔を合わせる。▽客と—。駅で友人と—。

合う…一致する。調和する。互いにする。▽意見が—。計算が—。目が—。話し—。

遭う…思わぬことや好ましくない出来事に出くわす。▽思い掛けない反対に—。にわか雨に—。

アウェー【away】 遠征試合。アウェイ。away game から。

アウト【out】 ❶野球で、打者や走者がその資格を失うこと。❷失格。不成功。だめ。対❶❷セーフ。

アウトサイダー【outsider】 ❶局外者。❷社会常識の範囲外の人。対❶❷インサイダー。

アウト ソーシング【out sourcing】 ❶海外から部品を調達すること。❷業務の外部委託。

アウトドア【outdoor】 屋外。▽—スポーツ。対インドア。

アウトプット【output】 出力。対インプット。

アウトライン【outline】 輪郭。あらまし。

アウトレット【outlet】 有名ブランド商品を安値で売る小売店。アウトレット・ストア。

アウトロー【outlaw】 無法者。

あうんのこきゅう【阿吽の呼吸】 共に何かをするときの互いの微妙な気持ち(が合うこと)。 阿吽

あえぐ【喘ぐ】 ❶苦しげに、せわしく呼吸する。❷生活に苦しむ。 喘ぐ

あえて【敢えて】 ❶しいて。❷特に。 敢えて

あえない【敢え無い】 あっけない。はかない。 敢え無い

あえもの【和え物】 あえた料理。 和物

あえる【和える】 野菜・魚介類をみそ・酢などとまぜる。 和える

あえん【亜鉛】 銀白色の金属元素。記号Zn。zinc 亜鉛

あお【青】 ❶三原色の一。晴れた空の色。❷緑色。❸「青信号」の略。①blue **▼—は藍**(あい)**より出**(い)**でて藍より青し** 弟子が先生よりすぐれるたとえ。 青

あおあお【青青】 青いようす。また、一面に青いようす。verdant 青青

あおあらし【青嵐】 ⇩せいらん。 青嵐

あおい〔葵〕 人 12 キ・あおい ❶草の、あおい。❷「向日葵(こうじつき)」は、ヒマワリ。 葵・葵

筆順 艹 艹 艹 艹 苂 苂 䓉 葵

あおい【青い】 ❶青の色をしている。❷血の気がない。❸果実や人などが未熟だ。①blue ②pale 青い

あおい【葵】 多年草の一。観賞用。 葵

あおいきといき【青息吐息】 苦しい、また、困りはてた状態。 青息

あおうなばら【青海原】 広く青い海。 青海原

あおかび【青黴】 食品に生える青緑色のかび。 青黴

あおぐ【仰ぐ】 ❶上を見る。❷尊敬する。▽師と—。❸長に迎える。▽総裁に—。❹求める。▽指示を—。 仰ぐ

あおぐ【扇ぐ】 〈煽ぐ〉風を起こす。 扇ぐ

あおくさい【青臭い】 ❶青草のにおいがする。❷未熟だ。幼稚である。②immature 青臭い

あおじゃしん【青写真】 ❶青地に白線であらわす複写写真。❷将来の計画。①blue print 青写真

あおじろい【青白い】 ❶青みがかって白い。❷顔色が悪い。①②pale 青白い

あおすじ【青筋】 皮膚に青くうき出る静脈。▽—を立てておこる。 青筋

あおた【青田】 ❶稲の青々としている田。❷まだ稲の実らない田。 青田

あおたがい【青田買い】❶収穫量を予想して稲が実る前に買うこと。❷卒業前の学生と企業が入社の約束をすること。青田刈り。　青田買

あおてんじょう【青天井】株価、物価が際限なく値上がりする状態。　青天井

あおな【青菜】なっぱ類。greens ▼―に塩 元気をなくすことのたとえ。　青菜

あおにさい【青二才】年が若くて経験のとぼしい、未熟な男。注青二×歳。greenhorn　青二才

あおのける【仰のける】仰向ける。　仰のけ

あおむく【仰向く】上を向く。あおのく。対うつむく。　仰向く

あおむけ【仰向け】上を向いた状態。対うつぶせ。　仰向け

あおもの【青物】❶野菜。❷皮の青い魚。①greens　青物

あおやぎ【青柳】❶青々とした柳。❷ばか貝のむき身。　青柳

あおり【煽り】❶あおること。❷ある物事による影響。類❷余波。　煽り

あおる【呷る】酒などを一息に飲む。gulp down　呷る

あおる【煽る】❶風を起こす。風が物を動かす。❷そそのかす。❸勢いをつける。①fan ②kindle　煽る

あか【赤】❶三原色の一。血のような色。❷「赤字」「赤信号」「赤ワイン」などの略。❸「共産主義者」の俗称。❹全くの。▽―の他人。①red　赤

あか〖垢〗9 コウ・ク・あか ❶あか。▽―衣。❷けがれ。▽無―(むく)。　垢・垢

あか【垢】❶皮膚にたまるよごれ。❷水あか。①grime ②scale　垢

あか【閼伽】仏に供える水。▽―棚。　閼伽

アカウンタビリティー【accountability】行政・企業の説明責任。

あかい【赤い】赤い色をしている。red　赤い

あかがね【銅】銅。copper　銅

あかがみ【赤紙】❶旧軍隊の召集令状。❷差し押さえの赤い紙。　赤紙

あかぎれ【皸】〈皹〉寒さのために手足の皮膚にできるさけめ。類ひび。chap　皸

あがく【足掻く】❶じたばたする。もがく。❷気をもむ。①struggle　足掻く

あかご【赤子】赤ん坊。▼―の手を捩(ね)じるよう たやすいことのたとえ。　赤子

あかざ【藜】一年草の一。若葉は食用。goosefoot　藜

あかし【灯】あかり。ともしび。　灯

あかし【証】証拠。▽身の―を立てる。proof　証

あかじ【赤字】❶支出が収入より多いこと。❷校正・訂正用の赤い字。①deficit　赤字

あかす【明かす】❶夜を(眠らないで)すごす。❷明らかにする。　明かす

あかす【飽かす】❶あきさせる。❷おしげもなく使う。▽金に―して…。　飽かす

あかず【飽かず】あきることなく(いつまでも)。▽―ながめる。　飽かず

あかちゃん【赤ちゃん】赤子を親しみをもって呼ぶさま。baby

あかつき【暁】❶明け方。❷物事がなしとげられた、その時。①dawn　暁

あがったり【上がったり】商売などがうまくいかず、どうにもならないこと。　上がった

アカデミー【academy】❶学芸の権威を集めた団体。学士院。❷大学・研究所の総称。

アカデミック【academic】学究的。学術的。

あがなう【購う】買い求める。　購う

あがなう【贖う】金品などで罪をつぐなう。compensate　贖う

あかぬける【垢抜ける】洗練されてすっきりとなる。refine　垢抜け

あかね〖茜〗人9 セン・あかね ❶草の、あかね。❷やや黒みがかった赤色。あかね色。　茜・茜

あかね【茜】つる草の一。根から黄赤色の染料をとる。madder　茜

筆順						
一	艹	艹	芇	苪	茜	茜

あかはじ【赤恥】ひどい恥。あかっぱじ。　赤恥

あかはだか【赤裸】まるはだか。　赤裸

あかふだ【赤札】❶安売りの品につける赤い札。❷売約済みの札。　赤札

アガペー【agape】キリスト教で、神の愛。無償の愛。対エロス。

アカペラ【a cappella イタリア】楽器を使わず、合唱者の声だけで表すハーモニー。

あかみ【赤身】魚肉などの赤い部分。また、赤い肉の魚。マグロ。対白身。　赤身

あがめる【崇める】うやまい尊ぶ。　崇める

あからがお【赤ら顔】赤みをおびた顔。　赤ら顔

あからさま ありのまま。また、露骨なようす。openly

あからむ【赤らむ】赤くなる。　赤らむ

あからむ【明らむ】明るくなる。　明らむ

使い分け「あからむ」

赤らむ…赤くなる。▽顔が―。夕焼けで西の空が―。

明らむ…明るくなる。▽日が差して部屋の中が―。


あからめる【赤らめる】赤くする。　赤らめる

あかり【明かり】❶光。❷灯火。①② light　明かり

あがりかまち【上がり框】家の上がり口の床に横にわたした木。　上り框

あがりはな【上がり端】庭や土間から上がったすぐの所。　上り端

あがる【上がる】❶高くなる。▽気温が―。❷よくなる。▽腕が―。❸あらわれる。▽効果が―。❹緊張する。❺終わる。❻「行く」の謙譲語。❼「食べる・飲む」の尊敬語。❽…し終わる。▽刷り―。❾すっかり…する。▽のぼせ―。対❶下がる。　上がる

あがる【挙がる】❶上方へ動く。▽手が―。❷有名になる。❸示される。▽証拠が―。❹検挙される。　挙がる

あがる【揚がる】❶空中にうかぶ。▽旗が―。❷かかげられる。❸揚げ物ができあがる。　揚がる

使い分け「あがる・あげる」

上がる・上げる…位置・程度などが高い方に動く。与える。声や音を出す。終わる。▽二階に上がる。地位が上がる。歓声が上がる。雨が上がる。

揚がる・揚げる…空中に浮かぶ。場所を移す。油で調理する。▽国旗が揚がる。海外から引き揚げる。天ぷらが揚がる。

挙がる・挙げる…はっきりと示す。結果を残す。執り行う。こぞってする。捕らえる。▽例を挙げる。手が挙がる。勝ち星を挙げる。式を挙げる。全力を挙げる。


あかるい【明るい】❶光がさして、はっきり見える。❷ほがらかだ。❸よく知っている。❹色がくすんでいない。①④ light　明るい

あかるみ【明るみ】❶明るい所・部分。❷表立った所。公(おおやけ)。注明るみ×になった。▼―に出る世間に知れる。　明るみ

あかんぼう【赤ん坊】生まれてまもない子供。赤ちゃん。赤子。baby　赤ん坊

あき【空き】場所・時間・席などがあいていること。明き。　空き

あき【秋】四季の一。九～一一月。autumn, fall　秋

あき【飽き】飽きること。weariness　飽き

あきあき【飽き飽き】すっかりいやになること。　飽き飽き

あきかぜ【秋風】秋にふく風。　秋風

あきぐち【秋口】秋の初めごろ。　秋口

あきさめ【秋雨】秋に降る雨。　秋雨

あきす【空き巣】❶使わなくなった鳥の巣。❷留守の家。また、それを狙って入る泥棒。空き巣狙い。②sneak thief　空巣

あきたりない【飽き足りない】満足しない。あきたらない。unsatisfied　飽足

あきち【空き地】使っていない土地。empty lot　空地

あぎと【腭門】〈腭〉あご。　腭门

あきない【商い】❶商売。❷売り上げ。　商い

あきなう【商う】商売をする。　商う

あきのななくさ【秋の七草】はぎ・おばな(すすき)・くず・なでしこ・おみなえし・ふじばかま・ききょう。　秋の

あきばれ【秋晴れ】秋空が晴れわたっていること。　秋晴れ

あきびより【秋日和】秋晴れのよい天気。　秋日和

あきや【空き家】人の住んでいない家。vacant house　空家

あきらか【明らか】❶明るいようす。▽月の―な夜。❷はっきりしているようす。②clear　明らか

あきらめる【諦める】断念する。give up　諦める

あきる【飽きる】❶〈厭きる〉いやになる。▽遊びに―。❷十　飽きる

分…する。▽食べ—。①get tired

あきれる【呆れる】 あまりにひどくて、あっけにとられる。▽—れてものも言えない。be amazed 呆れる

あきんど【商人】 商人(しょうにん)。merchant 商人

あく〖悪〗常11〖惡〗人12 アク・オ・わるい ❶わるい。▽—意。❷にくむ。▽嫌—(けんお)。 悪・惡

筆順 悪

あく〖握〗常12 アク・にぎる ❶にぎる。▽—手。❷自分の物にする。▽把—(はあく)。 握・握

筆順 握

あく〖渥〗人12 アク・あつい ❶てあつい。▽—恩。❷◎「渥美(あつみ)」は、地名。▽—半島。 渥・渥

筆順 渥

あく【灰汁】 ❶水に灰を入れた上ずみ。❷野菜などにふくまれる渋み。❸肉の煮汁から出る泡状のもの。❹どぎつさ。▽—が強い俳優。注×悪の強い人。②harshness ③scum ▼—が抜ける 洗練される。 灰汁

あく【明く】 ❶目が開かれる。❷かたがつく。▽らちが—かない。 明く

あく【空く】 ❶すきまができる。❷からになる。▽席が—。❸ひまになる。▽手が—。①be vacant 空く

あく【開く】 ❶ひらく。❷始まる。①②open 開く

あく【悪】 ❶悪いこと・人。❷芝居などの敵役(かたきやく)。❸悪い。好ましくない。▽—条件。対❶善。①evil 悪

あくい【悪意】 ❶悪い心。❷悪い意味。対❶❷善意。①②ill will 悪意

使い分け「あく・あける」
明く・明ける…目が見えるようになる。期間が終わる。遮っていたものがなくなる。▽子犬の目が明く。夜が明ける。らちが明かない。
空く・空ける…からになる。▽席が空く。手が空く。
開く・開ける…ひらく。▽幕が開く。店が開く。

あくうん【悪運】 ❶不運。❷悪事をしてもその報いをうけない運。②devil's luck 悪運

あくえき【悪疫】 悪性の流行病。 悪疫

あくえん【悪縁】 ❶悪い縁。❷腐れ縁。 悪縁

あくぎゃく【悪逆】 人の道にそむく悪事。▽—無道。 悪逆

あくぎょう【悪行】 悪い行い。悪行(あっこう)。 悪行

あくごう【悪業】 前世でおかした悪事。 悪業

あくさい【悪妻】 悪い妻。bad wife 悪妻

あくじ【悪事】 ❶悪行。▽—を働く。❷災い。①evil deed ▼—千里を走る 悪事はすぐに知れ渡る。 悪事

あくじき【悪食】 かわった物を食べること。類いかものぐい。 悪食

あくしつ【悪疾】 なおりにくい病気。 悪疾

あくしつ【悪質】 ❶品質が悪いこと。❷たちが悪いこと。①bad quality ②atrocious 悪質

アクシデント【accident】 思いがけないできごと。事故。災難。

あくしゅ【握手】 ❶手をにぎり合うあいさつ。❷仲直りすること。❸協力し合うこと。①handshake 握手

あくしゅう【悪臭】 いやなにおい。 悪臭

あくしゅう【悪習】 よくない習慣。 悪習

あくしゅみ【悪趣味】 下品で、不快にさせる好み。bad taste 悪趣味

あくじゅんかん【悪循環】 互いに関係しあってますます悪くなること。▽—におちいる。 悪循環

あくしょ【悪所】 ❶難所。❷遊里。 悪所

あくじょ【悪女】 ❶性質の悪い女。❷不美人。▽—の深情け。①wicked woman 悪女

アクション【action】 ❶行動。動作。▽—プラン。❷動きのはげしい演技。

あくしん【悪心】 悪いことをしようとする心。対善心。 悪心

あくせい【悪声】 悪い声。対美声。 悪声

あくせい【悪性】 病気などのたちが悪いこと。対良性。malignant 悪性

あくせい【悪政】 人民のためにならない政治。類苛政。 悪政

あくせく【齷齪】 こせこせ、せかせかしているようす。busily 齷齪

アクセス【access】 ❶方法・交通手段。▽空港への—。❷コンピューターの記憶装置から情報をやり取りすること。❸公文書を入手すること。

あくせん【悪銭】 不正な方法で得た金。▼—身に付かず 悪銭は浪費しがちで残らない。 悪銭

あくせんくとう【悪戦苦闘】 死に物狂いの戦い・努力。hard fighting 悪戦

あくた〖芥〗人7 カイ・あくた ❶小さいごみ。あくた。▽塵ー(じんかい)。❷「芥子(からし)」は、香辛料の一。❸「芥子(けし)」は、ケシ科の植物。 芥・芥

筆順 一 十 艹 艹 苂 芥 芥

あくた【芥】ごみ。ちり。trash 芥

あくたい【悪態】悪口。憎まれ口。▽ーをつく。curse 悪態

あくだま【悪玉】悪人。対善玉。 悪玉

あくたれ【悪たれ】❶ひどい乱暴やいたずら(をする子)。▽ー小僧(こぞう)。❷憎まれ口。 悪たれ

アクティブ【active】積極的。能動的。アクチブ。対パッシブ。

あくどい ❶色や味などがくどい。どぎつい。❷たちが悪い。注×悪どい。②vicious

あくとう【悪党】悪者。villain 悪党

あくどう【悪童】いたずらっ子。 悪童

あくとく【悪徳】道義にはずれた行い・精神。▽ー商法。対美徳。vice 悪徳

あくにん【悪人】悪者。悪党。対善人。 悪人

あぐねる【倦ねる】どうしたらよいか困る。▽思いー。 倦ねる

あくび【欠伸】眠くなったときなど、自然に口が開いておこる呼吸。▽ーをかみころす。yawn 欠伸

あくひつ【悪筆】字が下手なこと。下手な字。対達筆。poor hand 悪筆

あくひょう【悪評】悪い評判。対好評。bad reputation 悪評

あくびょうどう【悪平等】形式だけの、誤った平等。 悪平等

あくふう【悪風】悪いならわし。悪習。 悪風

あくぶん【悪文】下手で、わかりにくい文章。poor writing 悪文

あくへい【悪弊】悪いしきたり。 悪弊

あくへき【悪癖】悪いくせ。 悪癖

あくま【悪魔】人の心をまよわす魔物。サタン。devil 悪魔

あくまで【飽く迄】徹底的に。どこまでも。 飽く迄

あくみょう【悪名】⇩あくめい。 悪名

あくむ【悪夢】いやな夢。nightmare 悪夢

あぐむ【倦む】あぐねる。 倦む

あくめい【悪名】悪い評判。あくみょう。▽ーが高い。bad reputation 悪名

あくやく【悪役】悪人の役。villain 悪役

あくゆう【悪友】❶悪い友達。❷親友。親しみをこめた反語的な言い方。▽大学時代のー。 悪友

あくよう【悪用】悪い目的に利用すること。abuse 悪用

あぐら【胡坐】〈胡座〉腰の前で足を組んですわること。 胡坐

あくらつ【悪辣】あくどいようす。villainous 悪辣

あくりょう【悪霊】怨霊(おんりょう)。 悪霊

あくりょく【握力】物をにぎりしめる力。grip 握力

あくろ【悪路】往来しにくい悪い道。 悪路

あけ【朱】朱色(しゅいろ)。scarlet 朱

あけ【明け】❶夜明け。対暮れ。❷ある期間が終わったこと。▽連休ー。 明け

あげあし【揚げ足】❶相撲・柔道で、宙に浮いた足。❷ことばじり。▼ーを取る 相手の言い誤りをとらえ皮肉る。 揚足

あけがた【明け方】夜明けごろ。dawn 明け方

あげく【挙げ句】〈揚げ句〉❶連歌(れんが)・俳諧(はいかい)で、終わりの七・七の二句。❷いろいろとやってみた最後。結果。▼ーの果て とどのつまり。 挙句

あけくれ【明け暮れ】❶朝と晩。毎日。❷毎日が過ぎること。❸明けても暮れても。いつも。 明暮

あげしお【上げ潮】❶満ち潮。❷物事が順調に進み、勢いが増すこと。①high tide 上げ潮

あけすけ【明け透け】隠すところがなく、あからさまなようす。▽ーに言う。 明け透

あげぜんすえぜん【上げ膳据え膳】自分は何もせず、もっぱら人が世話をしてくれること。 上げ膳

あけたて【開け閉て】戸や障子などを開けたり閉めたりすること。開け閉め。 開閉

あげつらう【論う】欠点などをとりあげて言いたてる。 論う

あげて【挙げて】すべて。こぞって。▽国を―祝う。 挙げて

あけび【木通】〈通草〉つる性の木。熟した実は食用。 木通

あけぼの〔曙〕人17 ショ・あけぼの 夜明け。あけぼの。▽―光。(曙) 曙・曙

あけぼの【曙】❶夜明けごろ。❷新しい時代がはじまるたとえ。①②dawn 曙

あげまく【揚げ幕】花道や橋懸かりの入り口にある幕。 揚幕

あける【明ける】❶朝になる。❷年があらたまる。❸(期間が)おわる。▽梅雨(つゆ)が―。対❶❷暮れる。 明ける

あける【空ける】❶からにする。❷空間・余白などを作る。❸ひまを作る。▽予定を―けて待つ。 空ける

あける【開ける】ひらく。対閉める。open 開ける

あげる【上げる】❶高くする。❷神仏にそなえる。❸家の中などに入れる。❹よくなる。▽腕を―。❺あらわす。▽効果を―。❻吐(は)く。❼終える。▽仕事を―。❽…しとげる。▽書き―。 上げる

あげる【挙げる】❶上方へ移す。▽手を―。❷行う。❸出す。▽全力を―。❹示す。❺検挙する。 挙げる

あげる【揚げる】❶油の中に入れ、熱する。❷高くかかげる。①fry 揚げる

あけわたす【明け渡す】今までいた所を立ちのいて人に渡す。▽城を―。 明け渡

あご【顎】❶口の上下の骨。❷下あご。①jaws ②chin ▼―が落ちる 食べ物が非常においしい。▼―を出す ひどく疲れる。 顎

あこがれる【憧れる】強く心がひかれる。思いこがれる。▽都会の生活に―。long for 憧れる

あこぎ【阿漕】やり方があくどく、思いやりのないようす。 阿漕

あさ【麻】茎の皮から繊維をとる草。また、それで織った布。hemp 麻

あさ【朝】夜明けからしばらくの間。対夕。晩。morning 朝

あざ【字】町・村の中の小区域。 字

あざ【痣】皮膚にできた斑紋(はんもん)。 痣

あさい【浅い】❶底・奥までの距離が短い。❷程度・分量が少ない。対❶❷深い。①shallow 浅い

あさいち【朝市】早朝に開かれる市。 朝市

あさがお【朝顔】つる草の一。夏の朝に、じょうご形の花が咲く。morning glory 朝顔

あさがた【朝方】朝のうち。 朝方

あさぎ【浅葱】あさぎ色。緑がかったうすい水色。 浅葱

あさぐろい【浅黒い】日焼けしたようにうす黒い。 浅黒い

あさげ【朝餉】「朝食」のやや古風な言い方。 朝餉

あざける【嘲る】ばかにする。笑い物にする。ridicule 嘲る

あさせ【浅瀬】川や海の浅い所。shoal 浅瀬

あさだち【朝立ち】朝早くの出発。 朝立ち

あさぢえ【浅知恵】あさはかな考え。 浅知恵

あさって【明後日】明日の次の日。みょうごにち。 明後日

あさで【浅手】軽い傷。対深手。 浅手

あざな【字】❶本名以外につけた名。❷あだ名。 字

あざなう【糾う】より合わせる。 糾う

あさなぎ【朝凪】早朝の海辺で起こる無風状態。 朝凪

あさね【朝寝】朝おそくまで寝ていること。 朝寝

あさはか【浅はか】〈浅墓〉考えの足りないようす。▽―な了見を起こす。類浅薄。shallow 浅はか

あさひ【朝日】のぼって間もない太陽。対夕日。morning sun 朝日

あさぼらけ【朝朗け】夜が明けはじめて空が明るくなるころ。 朝朗け

あさましい【浅ましい】❶みじめで情けない。❷いやしい。▽―根性。②shameless 浅ましい

あさまだき【朝まだき】夜が明けきらないころ。 朝まだき

あざみ【薊】山野に自生し、春から秋にかけて赤むらさき色の花をつける草。葉のふちにとげがある。thistle 薊

あさみどり【浅緑】うすい緑色。 浅緑

あざむく【欺く】だます。deceive 欺く

あさめし【朝飯】朝食。 朝飯

あさめしまえ【朝飯前】たやすいこと。 朝飯前

あざやか【鮮やか】❶はっきりしている。❷巧みで、すば 鮮やか

らしい。①vivid ②excellent

あざらし【海豹】 海獣の一。北洋や南極地方にすむ。seal　海豹

あさり【浅蜊】 海浜の砂地にすむ二枚貝。食用。　浅蜊

あさる【漁る】 探しまわる。▽本を―。hunt for　漁る

あざわらう【嘲笑う】 ばかにして笑う。ridicule　嘲笑う

あし〔芦〕 人7 **ロ・あし** 水辺に生える草。よし。▽―花 人(ろか)。（蘆）　芦・芦

筆順 一 十 艹 艹 芦 芦 芦

あし〔葦〕 人13 **イ・あし** 水辺に生える草。よし。▽―毛 人(あしげ)。―原。　葦・葦

筆順 艹 艹 苔 苔 萓 萓 葦 葦

あし【足】 ❶体をささえ歩くための部分。❷足首から先の部分。❸歩くこと。❹交通の手段。❺ものの進み方。❻出かけたついで。❼人の行き来。①leg ②foot ▼―が出る 予算を超えて金銭が不足する。▼―を奪(うば)う 交通機関を止める。▼―をすくわれる 油断しているところをねらわれ失敗する。　足

あし【脚】 ❶道具などの本体をささえる部分。▽机の―。❷雨や雲の動き。また、雨のすじ。足。①leg　脚

使い分け「あし」

足…足首から先の部分。歩く、走る、行くなどの動作に見立てたもの。▽―に合わない靴。―の裏。逃げ―が速い。客―が遠のく。

脚…動物の胴から下に伸びた部分。また、それに見立てたもの。▽キリンの長い―。―の線が美しい。

あし【葦】〈蘆・葭〉水辺に生える草の一。すすきに似ている。reed　葦

あじ〔鯵〕 19 **あじ** 海魚の一。▽真―(まあじ)。室―(むろあじ)。（鰺）　鯵・鰺

あじ【味】 ❶味覚上の感じ。❷おもしろみや趣。❸体験した感じ。❹気がきいていること。①taste ▼―も素(そ)っ気(け)も無い 無味乾燥だ。▼―を占(し)める うまくいったので、またやりたくなる。　味

あじ【鯵】 海魚の一。沿岸でとれる。食用。　鯵

あしあと【足跡】 ❶歩いたあとの足形。❷逃走の道筋。▽―をくらます。❸業績。▽偉大な―をふりかえる。　足跡

アジェンダ【agenda】 行動計画。

あしか【海驢】 海獣の一。おっとせいに似ている。sea lion　海驢

あしがかり【足掛かり】 足場❶❷。　足掛り

あしかけ【足掛け】 年月の数え方で、前後の端数をそれぞれ一として計算に入れる方法。　足掛け

あしかせ【足枷】 ❶足につける刑具。❷自由を束縛(そくばく)するもののたとえ。①②fetters　足枷

あしがため【足固め】 物事の基礎をしっかり固めること。▽成功への―をする。　足固め

あしからず【悪しからず】 どうか悪く思わないで。▽―ご了承ください。no offense　悪しからず

あしげ【足蹴】 ❶足でけること。❷ひどい仕打ちをすること。注 あし×げり。　足蹴

あじけない【味気無い】 おもしろみがなく、つまらない。　味気無

あじさい【紫陽花】 庭木の一。梅雨(つゆ)のころ、小さな花が球状に集まって咲く。hydrangea　紫陽花

あしざま【悪し様】 悪意をもって、事実以上に悪く言うようす。　悪し様

あししげく【足繁く】 ひんぱんに通うようす。frequently　足繁く

アシスタント【assistant】 仕事の手助けをする人。

あした【明日】 きょうの次の日。あす。tomorrow　明日

あしだ【足駄】 高下駄。　足駄

あしだい【足代】 交通費。fare　足代

あしでまとい【足手纏い】 行動のじゃまになること・人。drag　足手纏

アジト 地下運動などの秘密集会所。agitating pointの略。

あしどめ【足止め】〈足留め〉外出や通行を禁止すること。　足止め

あしどり【足取り】 ❶歩き方。❷歩いた道筋。▽犯人の―をつかむ。　足取り

あしなみ【足並み】 ❶歩くときの足のそろいぐあい。❷物事をするときの協調ぶり。類❶❷歩調。　足並み

あしば【足場】 ❶足を掛ける所。❷よりどころ。❸交通の便。②standpoint　足場

あしばや【足早】〈足速〉歩き方がはやいようす。swiftly　足早

あしび【馬酔木】 山野に自生する木の一。葉には毒がある。　馬酔木

あせび。

あしぶえ【葦笛】 あしの葉で作った笛。 葦笛

あしぶみ【足踏み】 ❶その場で足を上げ下げすること。❷物事がはかどらず同じ状態であること。①mark time 足踏み

あしまかせ【足任せ】 気の向くままに歩くこと。 足任せ

あしまめ【足忠実】 面倒がらずに気軽に出歩くようす。 足忠実

あじみ【味見】 味加減をみること。 tasting 味見

あしもと【足元】 〈足下〉❶立っている足のそば。❷身近な所。❸歩きぶり。▼**—から鳥が立つ** 身近に突然事件が起こる。▼**—に火が付く** 身辺に危険が迫る。▼**—にも及(およ)ばない** あまりにすぐれていて、比べものにならない。▼**—を見る** 弱みにつけこむ。 足元

あしゅら【阿修羅】 古代インドの、戦いを好む神。仏教では守護神の一。 阿修羅

あしよわ【足弱】 脚力が弱いこと・人。 足弱

あしらう ❶取り扱う。❷いいかげんに扱う。▽鼻で—。❸取り合わせる。

あじろ【網代】 ❶竹や柴(しば)を川に立てて魚をとるしかけ。❷竹や檜(ひのき)をけずって編んだもの。垣根・天井・笠(かさ)に使う。 網代

あじわう【味わう】 ❶味を楽しむ。❷体験する。❸鑑賞する。注味×合う・味×あう。①taste 味わう

あす【明日】 あした。 tomorrow 明日

あずかる【与る】 ❶関係する。▽相談に—。❷こうむる。受ける。▽おほめに—。 与る

あずかる【預かる】 ❶頼まれて世話や保管をする。❷任される。▽台所を—。けんかを—。 預かる

あずき【小豆】 豆の一。赤飯やあんなどに使う。 red bean 小豆

あずける【預ける】 ❶世話や保管をしてもらう。❷任せる。①leave 預ける

あずさ〔梓〕 人11 **シ・あずさ** ❶落葉高木の一。▽—弓。❷版木。▽上—(じょうし)。 梓・梓

筆順							
十	木	木'	杧	杧	梓	梓	梓

あすなろ【翌檜】 〈羅漢柏〉常緑高木の一。ひのきに似ている。ひば。あすなろう。 翌桧

アスベスト【asbest オランダ】 石綿(いしわた)。建材などに使われた。粉塵(ふんじん)を吸うと肺がんなどの原因となる。

あずま【東】 京都からみて東国。特に関東。 東

あずまおとこ【東男】 ❶東国の男。❷江戸の男。 東男

あずまや【東屋】 〈四阿〉柱と屋根だけの小屋。庭園などの休憩所。亭(ちん)。 東屋

アスリート【athlete】 運動選手。

アスレチック【athletic】 体育。▽—クラブ。

あせ【汗】 ❶皮膚から出る分泌液。❷水滴。①sweat 汗

あぜ〔畦〕 11 **ケイ・あぜ** 田畑を区切る細い道。あぜ。うね。くろ。 畦・畦

あぜ【畔】 〈畦〉田と田の間の土盛りした境。 畔

あぜくらづくり【校倉造り】 横材を井桁(いげた)に組み上げて壁構造とする建築様式。 校倉造

アセスメント【assessment】 事前の環境影響評価。▽環境—。

あせする【汗する】 汗を出す。▽額に—して働く。 sweat 汗する

あせばむ【汗ばむ】 汗がしみ出る。 汗ばむ

あせび【馬酔木】 ⇩あしび。 馬酔木

あぜみち【畔道】 〈畦道〉田と田の間の細い道。 畔道

あせみどろ【汗みどろ】 汗でびっしょりぬれ、よごれているようす。 汗みどろ

あせも【汗疹】 汗のために肌にできる湿疹(しっしん)。 汗疹

あせる【焦る】 気をもむ。気がせく。 be impatient 焦る

あせる【褪せる】 ❶色がさめる。❷おとろえる。①fade 褪せる

あぜん【啞然】 あきれてものが言えないようす。 be dumbfounded 啞然

あそばす【遊ばす】 ❶遊ばせる。❷「する」の尊敬語。…なさる。 遊ばす

あそぶ【遊ぶ】 ❶好きなことをして楽しむ。❷酒色にふける。❸ぶらぶらしている。❹利用されずにある。①play 遊ぶ

あだ【仇】 ❶かたき。❷うらみ。❸仕返し。❹害。▽親切が—になる。 仇

あだ【徒】 ❶むだ。❷いいかげんなこと。▽—やおろそかに…。①vain 徒

あだ【婀娜】 女性がなまめかしく美しいようす。色っぽいようす。 婀娜

あたい【価】 値段。代金。 価

あたい【値】❶ねうち。❷数学で、文字や式が表す数量。①②value ▼—千金(せんきん) 非常に価値が高いこと。 値

使い分け「あたい」

値…値打ち。文字や式が表す数値。▽千金の—がある。称賛に—する。未知数 x の—を求める。

価…値段。価格。▽手間に見合った—を付ける。


あたいする【値する】それだけのねうちがある。▽称賛に—行い。一読に—小説。be worthy 値する

あたう【能う】できる。注能×うるかぎり。 能う

あだうち【仇▲討ち】敵(かたき)討ち。 仇討

あたえる【与える】❶物をやる。❷受けさせる。▽損害を—。①give 与える

あだおろそか【徒疎か】いいかげん。あだやおろそか。▽—にできない。 徒疎か

あたかも【恰▲も】ちょうど。まるで。 恰も

あだざくら【徒桜】散りやすい桜。はかないもののたとえ。 徒桜

あたたか【温か・暖か】❶ものの温度が冷たくなくちょうどよいさま。❷気温が寒くなく気持ちいいさま。❸情がこもっているさま。 温か

あたたかい【温かい・暖かい】❶愛情や思いやりがあって快い。❷気温や温度がほどよい。❸お金にゆとりがある。▽ふところが—。対❶冷たい。❷❸寒い。②warm 温かい

使い分け「あたたかい・あたたかだ・あたたまる・あたためる」

温かい・温かだ・温まる・温める…冷たくない。愛情や思いやりが感じられる。▽温かい料理。スープを温める。温かな家庭。心温まる話。温かいもてなし。

暖かい・暖かだ・暖まる・暖める…寒くない(主に気象や気温で使う)。▽日ごとに暖かくなる。暖かい日差し。暖かな毛布。暖まった空気。室内を暖める。


あたたまる【温まる・暖まる】❶温度が高くなり、冷たくなくなる。❷情けに打たれる。 温まる

あたためる【温める・暖める】❶あたたかくする。❷手元におく。▽企画を—。❸人との関係をよくする。▽旧交を—。 温める

アタッチメント【attachment】機械・器具につける付属装置。

あだな【綽▲名】〈渾名〉親しみや軽べつの意で呼ぶ、本名以外の名。nickname 綽名

あだなさけ【徒情け】その場かぎりの恋。 徒情

あだばな【徒花】むだ花。 徒花

あたま【頭】❶首から上の部分。また、髪の生えた部分。❷考える力。❸上部。❹はじめ。❺人数。①head ②brains ▼—の黒い鼠(ねずみ) その家に住んでいながら、家の物をぬすむ人。▼—を擡(もた)げる ❶表面に出る。❷台頭する。 頭

あたまうち【頭打ち】上昇がとまった状態。 頭打ち

あたまかず【頭数】人数。 頭数

あたまかぶ【頭株】仲間の上に立つ人。 頭株

あたまきん【頭金】買い取り契約の手付け金。down payment 頭金

あたまごなし【頭ごなし】言い分を聞かないで、一方的にすること。 頭ごな

あたまわり【頭割り】人数に応じて均等に割り当てること。 頭割り

あたら【可惜】惜しくも。▽—若い命を散らす。 可惜

あたらしい【新しい】❶物事のはじめである。❷できてまもない。❸生き生きしている。❹これまでとは違っている。②④new ③fresh 新しい

あたり【辺り】❶付近。❷ころ。ぐらい。 辺り

あたり【当たり】❶当たること。命中。❷予想どおりになること。❸接した感じ。❹見当。❺それぞれに対して。▽一人—。対❶❷外れ。①hit 当り

あたりさわり【当たり障り】さしさわり。 障り

あたりどし【当たり年】❶豊作の年。❷思い通りにいく年。 当り年

あたりまえ【当たり前】❶当然。▽怒るのは—だ。❷普通。▽ごく—の人。①②natural 当り前

あたりやく【当たり役】俳優がとくに評判を取った役。 当り役

あたる【当たる】 ❶触れる。ぶつかる。中(あた)る。❷命中する。中(あた)る。❸身に受ける。❹相当する。▽遠縁にー。❺つらく接する。❻調べ確かめる。❼好評を得る。❽中毒する。中(あた)る。❾「摺(す)る・剃(す)る」の忌み詞(ことば)。①touch ②hit ▼ーらずと雖(いえど)も遠からず 予想や推測がぴたりと当たっていないが、だいたい正しい。▼ーを幸い 手当たり次第に。 当たる

アダルト【adult】 おとな。成人。また、成人向け。

あちこち【彼方此方】 ❶あちらこちら。❷順序が乱れること。 此方

あちら【彼方】 ❶あの方向。❷あの人。❸外国。▽ー帰り。 彼方

あつ〔圧〕 常5 アツ ❶おす。おさえる。▽ー力。ー迫。❷おさえる力。▽気ー。(壓) 圧・圧

筆順 一 厂 厂 厈 圧

あつ〔斡〕 人14 アツ・めぐる まわる。めぐる。▽ー旋。 斡・斡

筆順 一 十 古 卓 卓 斡 斡 斡

あつあつ【熱熱】 ❶非常に熱いようす。❷熱愛しているようす。▽ーのおでん。 熱熱

あつい【厚い】 ❶表と裏のへだたりが大きい。❷人情味がある。篤(あつ)い。対❶❷薄い。①thick 厚い

あつい【暑い】 気温が高い。対寒い。hot 暑い

あつい【熱い】 ❶温度が高い。❷感情が高まっている。対❶冷たい。①hot 熱い

あつい【篤い】 ❶病気が重い。❷厚い❷。①serious 篤い

> **使い分け「あつい」**
> **厚い**…物のあつみや、人情に使う。▽ー本。ー化粧。
> **暑い**…気温に使う。▽ー日ざし。ー夏。蒸しー。
> **熱い**…物の温度や、高まった感情に使う。▽ー湯。ー思い。ー血潮。
> **篤い**…病気やまごころに使う。▽ー人情。ー病。ー信仰心。

あつえん【圧延】 金属を、ローラーで板状などにすること。rolling 圧延

あっか【悪化】 悪くなること。対好転。getting worse 悪化

あっか【悪貨】 質が悪い貨幣。対良貨。▼ーは良貨を駆逐(くちく)する グレシャムの法則で、良貨は貯蔵され、悪貨だけが流通する。また、悪事には勢いがあり、はびこりやすいことのたとえ。 悪貨

あつかう〔扱〕 常6 あつかう あつかう。とりさばく。▽取りー。(扱) 扱・扱

筆順 一 十 扌 扌 扱 扱

あつかう【扱う】 ❶とりさばく。❷使用・操作する。❸もてなす。▽客をー。①deal with 扱う

あつかましい【厚かましい】 ずうずうしい。nervy 厚かま

あつかん【熱燗】 かんが熱いこと・酒。 熱燗

あっかん【圧巻】 全体の中で、最もすぐれている部分・もの。 圧巻

あっかん【悪漢】 悪事をはたらく男。わるもの。類悪党。rascal 悪漢

あっき【悪鬼】 恐ろしい鬼。 悪鬼

あつくるしい【暑苦しい】 暑くて息苦しい。stuffy 暑苦

あっけ【呆気】 驚きあきれている状態。▼ーに取られる 驚きあきれて、ことばが出ない。 呆気

あっけない【呆気無い】 思ったより簡単でものたりない。はりあいがない。 呆気無

あっこう【悪口】 わるくち。abuse 悪口

あっこうぞうごん【悪口雑言】 いろいろの悪口。注あっこうぞう×げん。 雑言

あっさく【圧搾】 圧縮。▽ー空気。 圧搾

あっさつ【圧殺】 ❶押しつけて殺すこと。❷活動を封じること。 圧殺

あっし【圧死】 圧迫されて死ぬこと。 圧死

あっしゅく【圧縮】 押し縮めること。圧搾(あっさく)。compression 圧縮

あっしょう【圧勝】 大差で勝つこと。 圧勝

あっする【圧する】 ❶力を加えて押す。❷圧倒する。①press 圧する

あっせい【圧制】 権力・暴力で、他人の言動を抑えつけること。 圧制

あっせい【圧政】 圧制による政治。oppression 圧政

あっせん【斡旋】 間に入って世話をすること。類周旋。仲介。注斡×施・×幹旋。mediation 斡旋

あっとう【圧倒】 他を断然しのぐこと。 圧倒

アットホーム【at home】 くつろげるようす。家庭的。

あっぱく【圧迫】 ❶強く押しつけること。▽—を加える。❷行動を抑えつけること。▽—がかかる。類❷抑圧。②suppression　圧迫

あっぱれ【天晴れ】 見事だ。　天晴

あつまる【集まる】 多くのものが一か所に寄って来る。gather　集まる

あつめる【集める】 ❶一か所に寄せる。❷多くそろえる。②collect　集める

あつもの【羹】 熱い汁物。▼—に懲(こ)りて膾(なます)を吹く 失敗にこりて、必要以上に用心深くなるたとえ。　羹

あつらえる【誂える】 注文して作らせる。order　誂える

あつりょく【圧力】 ❶押しつける力。▽—を加える。❷強いはたらきかけ。▽—がかかる。①②pressure　圧力

あつりょくだんたい【圧力団体】 政策・法律などを自分たちに有利にしようと圧力をかける団体。　団体

あつれき【軋轢】 仲が悪くなること。不和。▽—が生じる。類摩擦。friction　軋轢

あて【当て】 ❶目的。❷見込み。▽—が外れる。❸頼り。▽—にする。❹あてがうもの。▽ひじ—。②prospect　当て

あて【宛て】 ❶送り先を示す語。❷割り当てを示す語。　宛て

あてうま【当て馬】 ❶めす馬を発情させるために当てがうおす馬。❷相手のようすを探るために近づける人。　当て馬

あてがう【宛てがう】 ❶割り当てる。適当にあたえる。❷くっつける。▽耳に—。①allot　宛がう

あてこする【当て擦る】 悪口や皮肉を遠回しに言う。類あてつける。　当て擦

あてこむ【当て込む】 あてにする。　当て込

あてさき【宛先】 郵便物などを送る相手の住所・氏名。address　宛先

あてじ【当て字】 〈宛字〉字義に関係なく、音・訓を当てる漢字の用法。「倶楽部(クラブ)」など。　当て字

あてずいりょう【当て推量】 いいかげんにおしはかること。あてずっぽう。　推量

あですがた【艶姿】 なまめかしい姿。　艶姿

あてつける【当て付ける】 ❶あてこする。❷仲のよさを見せつける。　当て付

あてど【当て所】 目当て。目的。　当て所

あてな【宛名】 あて先の名。　宛名

あてはまる【当て嵌まる】 ちょうどうまく合う。適合する。合致する。fit　当て嵌

あでやか【艶やか】 なまめかしく美しい。fascinating　艶やか

あてる【宛】〔宛〕常8 あてる ❶あてる。あて。▽—先(あてさき)。❷あたかも。▽—然(えんぜん)。　宛・宛

筆順						
丶	丷	宀	宂	宊	宛	宛

あてる【充てる】 ふりむける。　充てる

あてる【当てる】 ❶ふれる。ぶつける。❷命中させる。❸さらす。❹成功する。❺あてはめる。①touch　当てる

あてる【宛てる】 相手に向ける。　宛てる

> **使い分け「あてる」**
> **充てる**…充当する。ふりむける。▽予算の一部を旅費に—。余暇を読書に—。
> **当てる**…くっつける。作用を受けさせる。▽胸に手を—。日に—。くじを—。仮名に漢字を—。
> **宛てる**…相手に出す。▽兄に—手紙。

あと【後】 ❶後ろ。❷のち。❸残り。❹次。❺子孫。▽—が絶える。❻さらに。▽—五日。対❶前。❷先。①back ②after　後

あと【跡・痕】 ❶何かをしたしるし。❷何かが行われた所。❸家督。▽—を継ぐ。❹ゆくえ。①mark　跡

> **使い分け「あと」**
> **後**…空間的な、または時間的な後続の意。「前」「先」の対。▽—になり先になり。—五分たつと。—が絶える。—戻り。
> **跡**…痕跡(こんせき)・事跡の意。▽タイヤの—。城の—。—を付ける。苦心の—が見える。—継ぎ。
> **痕**…きずあと。もののあと。▽傷—。

あとあじ【後味】 ❶食後、口の中に残るあとの感じ。❷事が終わった感じ。①aftertaste　後味

あとおし【後押し】 ❶後ろから押すこと。❷力をかして助けること。また、その人。②backing　後押し

あとがき【後書き】本文の最後に添える文章。後記。跋(ばつ)。postscript　後書き

あとかた【跡形】物事のあった跡を示すしるし。　跡形

あとがま【後釜】後任。▽—にすわる。　後釜

あとくされ【後腐れ】事後に問題が残ること。　後腐れ

あとぐち【後口】❶後味❶❷。❷あとの順番。　後口

あどけない むじゃきでかわいらしい。innocent

あとさき【後先】前と後。類前後。　後先

あとざん【後産】分娩(ぶんべん)のあと、胎盤などが排出されること。　後産

あとしまつ【後始末】❶物事の、後の処理。▽事故の—に追われる。❷あとかたづけ。　後始末

あとずさり【後退り】前を向いたまま後ろへ下がること。　後退り

あとち【跡地】建物などを取りはらったあとの土地。　跡地

あとぢえ【後知恵】終わったあとに浮かんだ考え・対策。hindsight　後知恵

あとつぎ【跡継ぎ】〈後継ぎ〉跡目をつぐこと・人。heir　跡継ぎ

あととり【跡取り】跡継ぎ。　跡取り

アドバイザー【adviser】助言者。

アドバイス【advice】忠告。助言。

アトピー【atopy】❶生まれつき、環境に対して過敏な反応を起こしやすい体質。❷「アトピー性皮膚炎」の略。かゆみを伴う発疹がくり返し現れる。

アドベンチャー【adventure】冒険。

あとまわし【後回し】先にすべきことをせず、他のことをまず行うこと。　後回し

アトミック【atomic】原子力の。

あとめ【跡目】先代の残した地位・財産など(を受けつぐ人)。　跡目

あともどり【後戻り】❶来たほうへ戻ること。❷悪いほうに戻ること。退歩。①turn back　後戻り

あとやく【後厄】厄年の次の年。　後厄

アトラクション【attraction】主な催し物にそえる、客寄せのための特別の出し物。余興。

アトランダム【at random】手当たりしだい。無作為に。

アドリブ【ad lib】即興のせりふ・演技・演奏。

アドレス【address】❶住所。❷ゴルフで、ボールを打つ前の構え。❸コンピュータの記憶場所を示す番地。

あな【穴】❶くぼみ。❷つきぬけている部分。❸損失。❹競馬・競輪などで、番狂わせ。❺盲点。①②hole ▼—をあける ❶赤字を出す ❷欠席して進行に支障をきたす。　穴

あなうま【穴馬】競馬で、番狂わせを起こして勝ちそうな馬。dark horse　穴馬

あなうめ【穴埋め】損失や空白を補うこと。▽赤字の—。　穴埋め

あなかしこ 手紙の結びに書く語。女性が使う。かしこ。

あながち【強ち】必ずしも。　強ち

あなぐら【穴蔵】地中の貯蔵場。　穴蔵

アナクロニズム【anachronism】考えが古く、今の時代に合わないこと。時代錯誤。アナクロ。

あなご【穴子】うなぎに似た近海魚。食用。conger　穴子

あなた【貴方】相手をさす語。女性には「貴女」とも書く。you　貴方

あなどる【侮る】相手を軽く見る。ばかにする。despise　侮る

あなば【穴場】人に知られていないよい場所。　穴場

アナリスト【analyst】❶分析家。❷証券分析家。

アナログ【analog】数値を連続的に変化する量で表す方式。対デジタル。

あに【兄】年上の男のきょうだい。対弟。older brother　兄

あにき【兄貴】❶兄の敬称。❷仲間うちで、年長・先輩の男性。　兄貴

あにはからんや【豈図らんや】意外にも。　豈図らんや

あによめ【兄嫁】〈嫂〉兄の妻。　兄嫁

あね〖姐〗8 ソ・あね 親分の妻。親分肌の女性。▽—御(あねご)。—さん。　姐・姐

あね【姉】年上の女のきょうだい。対妹。older sister　姉

あねご【姉御】女親分や親分の妻の敬称。　姉御

あのよ【彼の世】 死後の世界。来世。冥土(めいど)。黄泉(よみ)。図此(こ)の世。 彼の世

アバウト【about】 いいかげん。おおざっぱ。和製用法。

あばく【暴く】 ❶暴露する。❷掘り出す。▽墓を—。①expose 暴く

あばずれ【阿婆擦れ】 すれっからしで下品な女。 阿婆擦

あばた【痘痕】 天然痘のなおったあと。▽—面(づら)。pockmark ▼—も靨(えくぼ) 好意をもてば、短所も長所に見えるたとえ。 痘痕

あばらぼね【肋骨】 ⇩ろっこつ。 肋骨

あばらや【荒家】 〈荒屋〉荒れたそまつな家。 荒家

あばれる【暴れる】 ❶乱暴をする。❷思うままふるまう。▽政界に入って大いに—れたい。 暴れる

アパレル【apparel】 衣料。▽—業界。

アバンギャルド【avant-garde フランス】 ❶前衛派。❷前衛芸術。

アバンチュール【aventure フランス】 冒険。特に、恋愛がらみの冒険。

アピール【appeal】 訴えること。

あびきょうかん【阿鼻叫喚】 ひどく苦しんで泣き叫ぶ、むごたらしい状態。 阿鼻

あひる【家鴨】 飼い鳥の一。まがもの変種。duck 家鴨

あびる【浴びる】 ❶体に受ける。▽水を—。❷人から受ける。▽非難を—。 浴びる

あぶ【虻】 9 **ボウ・あぶ** 昆虫の一。あぶ。 虻・虻

アフォリズム【aphorism】 警句。

あぶく【泡】 あわ。bubble 泡

あぶくぜに【泡銭】 苦労せず、また、不正な方法で得た金。 泡銭

アフターケア【aftercare】 ❶病後の療養。❷アフターサービス。

あぶない【危ない】 ❶危険だ。❷不確かだ。信用できない。❸だめになりそうだ。①dangerous 危ない

あぶみ【鐙】 20 **トウ・あぶみ** 馬にのるとき、足をかける金具。 鐙・鐙

あぶみ【鐙】 鞍(くら)の両わきにさげ、足をかける馬具。stirrups 鐙

あぶら【油】 石油・植物油など。oil ▼**—を絞(しぼ)る** 厳しくしかる。▼**—を注ぐ** 勢いなどをさらに強くする。おだてる。 油・油

あぶら【脂】 動物の体にふくまれる脂肪。fat ▼**—が乗る** ❶動物の脂肪分が多くなりおいしくなる。❷好調だ。 脂・脂

> **使い分け**「あぶら」
> 油…植物や鉱物からとれる。常温で液体のもの。▽—絵。—紙。—を売る。
> 脂…動物からとれる。常温で固体のもの。▽—汗。—身。—ぎる。

あぶらあげ【油揚げ】 うす切りの豆腐を油で揚げた食品。あぶらげ。 油揚げ

あぶらあせ【脂汗】 じっとりした汗。 脂汗

あぶらかす【油粕】 〈油糟〉大豆・菜種などから油をしぼったかす。 油粕

あぶらがみ【油紙】 桐油(とうゆ)などをぬった防水紙。ゆし。 油紙

あぶらでり【油照り】 夏、薄曇りで風がなく、日が照りつけてひどくむし暑い天気。 油照り

あぶらみ【脂身】 肉や魚の脂肪の多い所。 脂身

アプリケーションソフト コンピュータで、ワープロ・表計算・データベースなどのソフトウエア。application softwareの略。

あぶりだす【炙り出す】 〈焙り出す〉❶あぶって絵や字を出す。❷かくされていた事実や不正をあらわにする。▽事件の真相が—される。 炙り出

あぶる【炙る】 〈焙る〉❶火で軽く焼く。❷火にあててかわかす。①roast 炙る

アフレコ 撮影画面に後から録音する方式。after recordingから。

あふれる【溢れる】 いっぱいになって、こぼれる。overflow 溢れる

アフロ【Afro】 ❶アフロヘア。ちぢらせた髪を丸く刈った髪型。❷アフリカ系の。

アプローチ【approach】 ❶接近。❷スキーのジャンプなどの助走路。❸ゴルフで、ホールへの球寄せ。

アベレージ【average】 ❶平均。標準。❷野球の打率。

あへん【阿片】 モルヒネを主成分とする麻薬。opium 阿片

アポイントメント【appointment】 人に会う約束。アポ。アポイント。

あほう【阿呆】 おろかであること・人。fool 阿呆

あほうどり【信天翁】 〈阿呆鳥〉海鳥の一。白くて大 信天翁

形。albatross

あま【尼】❶女の僧。尼僧。❷修道女。❸女をののしっていう語。①②nun　尼

あま【海女】海にもぐって、海藻や貝をとる職業の女性。　海女

あまあし【雨脚】〈雨足〉❶雨の降り過ぎていく動き。❷筋状に見える雨。　雨脚

あまい【甘い】❶糖分の味がする。❷こころよい。▽―かおり。❸厳しくない。▽採点が―。❹ゆるい。にぶい。▽ピントが―。ねじが―くなる。①②sweet　甘い

あまいろ【亜麻色】黄色みを帯びた薄茶色。flaxen　亜麻色

あまえる【甘える】❶かわいがられるようにふるまう。❷他人の好意を受ける。▽お言葉に―。　甘える

あまがける【天翔る】大空をかけめぐる。あまかける。　天翔る

あまがさ【雨傘】雨などを防ぐためにさすかさ。㊀日傘。umbrella　雨傘

あまかわ【甘皮】❶木や果実の内側にある薄い皮。❷爪(つめ)の根元の薄い皮。　甘皮

あまぐ【雨具】雨を防ぐための道具。雨がさ・かっぱ・雨ぐつなど。　雨具

あまくだり【天下り】❶退職した役人が民間会社などに入ること。❷役所や上役が押し付ける命令。　天下り

あまくち【甘口】甘みが強いこと。また、辛(から)みの少ないもの。㊀辛口。　甘口

あまぐも【雨雲】雨を降らせる雲。nimbus　雨雲

あまぐり【甘栗】甘みを加えた焼き栗。　甘栗

あまごい【雨乞い】雨が降るように神仏にいのること・儀式。　雨乞

あまざけ【甘酒】もち米のかゆにこうじをまぜてつくる、甘い飲み物。　甘酒

あまざらし【雨曝し】雨にぬれるままにしておくこと。　雨曝し

あまじお【甘塩】塩けの薄い味。薄塩。　甘塩

あます【余す】❶残るようにする。❷残っている。　余す

あまずっぱい【甘酸っぱい】❶甘くてすっぱい。❷せつないようでこころよい。▽青年時代の―思い出。②bittersweet　甘酸

あまぞら【雨空】❶雨降りの空。❷雨の降り出しそうな空。　雨空

あまた【数多】たくさん。　数多

あまだれ【雨垂れ】したたり落ちる雨水。類点滴。raindrop ▼―石を穿(うが)つ 地道に努力すればいつか成功する。点滴石を穿つ。　雨垂れ

あまちゃ【甘茶】❶落葉低木の一。❷四月八日の灌仏会(かんぶつえ)に釈迦(しゃか)の像にかける茶。　甘茶

あまつさえ【剰え】そのうえに。　剰え

あまど【雨戸】風雨を防ぐための板戸。　雨戸

あまとう【甘党】甘い物好き(な人)。㊀辛党。sweet tooth　甘党

あまねく【遍く】〈普く〉広く。▽世に―知れわたる。　遍く

あまのがわ【天の川】〈天の河〉帯状に見える星の群れ。銀河。Milky Way　天の川

あまのじゃく【天の邪鬼】他人の言行に、わざとさからう人。へそまがり。　天邪鬼

あまみ【甘味】かんみ。❶甘い味。❷甘い食べ物。▽―処(どころ)。　甘味

あまみず【雨水】雨の水。rainwater　雨水

あまもよう【雨模様】⇨あめもよう。　雨模様

あまもり【雨漏り】雨水が天井の破れ目から屋内にこぼれてくること。　雨漏り

あまやかす【甘やかす】わがままにさせる。spoil　甘やかす

あまやどり【雨宿り】軒下や木陰などで、雨のやむのを待つこと。雨やみ。雨よけ。　雨宿り

あまり【余り】❶残り。❷過度なようす。▽―な仕打ち。❸非常に。▽―うまくない。❹それほど。❺それより少し多いこと。▽一か月―。①rest ▼―有る ❶十分ゆとりがある。❷実際はそれ以上だ。▼―と言えば あまりにも(ひどい)。　余り

あまる【余る】❶多すぎて残る。❷限度をこえる。▽手に―。①leave　余る

アマルガム【amalgam】水銀と他の金属との合金。

あまんじる【甘んじる】その状態を受け入れる。▽現状に―。―じて非難を受ける。　甘ん

あみ【網】糸・針金などをあらく編んだもの。net　網

あみ【醤蝦】えびに似た、小さな甲殻類。　醤蝦

あみあげぐつ【編み上げ靴】　編上げ

ひもで編み上げてはく深い靴。lace-up shoes

あみがさ【編み笠】 すげ・わらなどで編んだ頭にかぶる笠。 編み笠

あみだ【阿弥陀】 ❶浄土宗・真宗の本尊。❷「あみだくじ」の略。 阿弥陀

あみだくじ【阿弥陀籤】 何本かのたて・よこの線を組み合わせたくじ。 籤

あみだす【編み出す】 考え出す。 編み出す

あみど【網戸】 防虫用の、網を張った戸。 網戸

あみど【編み戸】 竹などで編んだ戸。 編戸

あみもと【網元】 漁船や網を所有し、漁夫を使って漁業を営む人。 網元

あみもの【編み物】 毛糸などで編むこと。また、編んだもの。knitting 編物

あむ【編む】 ❶組み合わせて作る。❷編集する。①knit 編む

アミューズメント【amusement】 娯楽。楽しみ。▽―パーク。

アムネスティ 政治犯・思想犯の人権を守るための国際民間団体。Amnesty Internationalの略称。

あめ〖飴〗 14 あめ 菓子の一。▽水―。 飴・饴

あめ【雨】 上空から降る水滴。また、その天気。rain ▼―降って地(じ)固まる もめごとの後、かえってよい状態になる。 雨

あめ【飴】 甘い菓子。candy ▼―と鞭(むち) 厳しくない扱いと厳しい扱いを併用するやり方。 飴

あめあられ【雨霰】 弾丸などが激しく飛んでくるようす。 雨霰

あめかぜ【雨風】 雨や風。風雨。 雨風

あめつち【天地】 天と地。 天地

アメニティー【amenity】 快い環境。▼―グッズ ホテルに備えつけられている備品。

あめもよう【雨模様】 雨が降りそうなさま。近年、雨が降ったりやんだりする意味でも用いられる。 雨模様

あめんぼ【水黽】 〈飴坊〉長い脚を広げて水面を移動する昆虫。 水黽

あや【文】 〈綾〉❶模様や色合い。❷いりくんだ筋道。❸うまい言い回し。▽言葉の―。 文

あや【綾】 ななめ模様を織り出した織物。 綾

あやうい【危うい】 あぶない。dangerous 危うい

あやおり【綾織り】 綾をつくる織り方(の織物)。twill 綾織り

あやかる【肖る】 幸せな人に影響され、自分もそのようになる。 肖る

あやしい【妖しい】 神秘的である。なまめかしい。misterious 妖しい

あやしい【怪しい】 ❶ようすが変だ。❷疑わしい。①strange ②doubtful 怪しい

使い分け「あやしい」
怪しい…疑わしい。普通でない。はっきりしない。▽挙動が―。―人影を見る。―声がする。約束が守られるか―。
妖しい…なまめかしい。神秘的な感じがする。▽―魅力。妖しく輝く瞳。宝石が妖しく光る。

あやしむ【怪しむ】 変だと思う。疑う。suspect 怪しむ

あやつる【操る】 ❶しかけた糸で人形を動かす。❷うまく扱う。❸かげで糸を引く。①～③manipulate 操る

あやとり【綾取り】 糸の輪を両手の指にかけ、いろいろな形を作る遊び。cat's cradle 綾取り

あやぶむ【危ぶむ】 不安に思う。危惧(きぐ)する。doubt 類危 危ぶむ

あやまち【過ち】 ❶失敗。過失。▽若気の―。❷まちがい。▽―を清算する。注×誤ち。①fault ②mistake 過ち

あやまり【誤り】 誤ること。まちがい。error, mistake 誤り

あやまる【誤る】 ❶まちがう。❷ふみはずす。▽身を―。①mistake 誤る

あやまる【謝る】 許しを求める。わびる。apologize 謝る

使い分け「あやまる」
誤る…間違う。▽使い方を―。誤りを見付ける。言い―。
謝る…わびる。▽謝って済ます。落ち度を―。平謝りに―。

あやめ【菖蒲】 ❶しょうぶ(菖蒲)。❷草花の一。葉は剣状。はなあやめ。②iris 菖蒲

あやめる【殺める】 殺す。kill 殺める

あゆ〖鮎〗 人 16 ネン・あゆ ❶川魚のあゆ。香魚。❷中国で、なまず。 鮎・鲇

筆順							
ク	各	角	备	魚	魚	魚卜	鮎

あゆ【阿諛】 へつらうこと。 阿

あゆ【鮎】〈年魚・香魚〉清流にすむ川魚の一。sweetfish　鮎

あゆみより【歩み寄り】たがいに折れ合うこと。　歩み寄

あゆむ【歩む】歩く。walk　歩む

あら【粗】❶仕上げがまだである。❷おおまかな。❸欠点。▽―を探す。❹魚肉を取ったあとの骨や頭部。▽―煮（に）。③fault　粗

アラーム【alarm】❶警報（装置）。❷目覚まし時計。

あらあらかしこ　女性が手紙の終わりに書く語。

あらあらしい【荒荒しい】あらっぽい。rough　荒荒し

あらい【洗い】❶洗うこと。❷冷水でしめた刺し身。　洗い

あらい【荒い】❶乱暴だ。❷はげしい。①rude ②violent　荒い

あらい【粗い】❶ざらざらしている。❷細かくない。❸雑だ。①❷～③rough　粗い

使い分け「あらい」

荒い…勢いがはげしいことで、「荒」はあれはてているの意。▽気性が―。金遣いが―。波が―。

粗い…ばらばらで、こまやかでないことで、「粗雑・精粗」などの「粗」の意味に対応している。▽網の目が―。粒が―。肌が―。―計画。

あらいがみ【洗い髪】（女の）洗いたての髪。また、洗ったままで結っていない髪。　洗い髪

あらいざらい【洗い浚い】残らず全部。すっかり。▽―調べ上げる。all, everything　洗い浚

あらいざらし【洗い晒し】何度も洗って、色があせていること・もの。washed-out　洗い晒

あらいそ【荒磯】波の荒い磯。ありそ。　荒磯

あらいたてる【洗い立てる】❶よく洗う。❷すっかりあばく。　洗い立

あらいはり【洗い張り】着物をほどいて洗い、のりをつけ、しわをのばして乾かすこと。　洗い張

あらう【洗う】❶水でよごれを落とす。❷水が寄せては返る。❸調べる。▽身元を―。①wash　洗う

あらがう【抗う】負けまいとはむかう。resist　抗う

あらかじめ【予め】前もって。in advance　予め

あらかせぎ【荒稼ぎ】不当に、または一度に大もうけすること。▽相場で―する。　荒稼ぎ

あらかた【粗方】おおかた。mostly　粗方

あらかべ【粗壁】〈荒壁〉下塗りだけの壁。　粗壁

アラカルト【à la carte フランス】一品料理。お好み料理。

あらかん【阿羅漢】仏教で、悟りを開いた修行者。羅漢。　阿羅漢

あらぎょう【荒行】はげしい修行。　荒行

あらくれ【荒くれ】乱暴なこと・人。　荒くれ

あらけずり【粗削り】〈荒削り〉❶ざっとけずること。❷大ざっぱ。　粗削り

あらさがし【粗探し】〈粗捜し〉欠点をさがし出すこと。nitpicking　粗探し

あらし〔嵐〕常12 あらし ❶山の風や空気。❷あらし。▽青―（あおあらし・せいらん）。▽雪―。　嵐・嵐

筆順　山　屵　岚　嵐　嵐　嵐　嵐

あらし【嵐】はげしい風雨。storm　嵐

あらす【荒らす】❶荒れさせる。❷他人の領域をおかす。①damage　荒らす

あらず【在らず】そこにない。　在らず

あらず【有らず】ない。▼―もがな ないほうがよい。　有らず

あらず【非ず】…ではない。　非ず

あらすじ【粗筋】〈荒筋〉だいたいの筋。類あらまし。概略。outline　粗筋

あらそう【争う】❶戦う。❷けんかをする。❸競う。①②fight ▼―えない 否定できない。▽年は―。　争う

あらた【新た】新しいようす。new　新た

あらたか【灼か】ききめが著しいようす。▽霊験―。　灼か

あらだてる【荒立てる】❶荒くする。▽声を―。❷事をめんどうにする。　荒立て

あらたまる【改まる】❶新しくなる。❷よくなる。❸きちんとした態度をとる。①be renewed　改まる

あらたまる【革まる】病気が急に悪くなる。死ぬまぎわの状態をいう。▽病状が―。　革まる

あらためて【改めて】❶別の機会に。❷もう一度新しく。　改めて

あらて【新手】❶新しい手段。❷まだ、戦っていない軍勢・選手。❸新人。 新手

あらなみ【荒波】❶はげしい波。❷世の中のきびしさ。▽世間の―。②hardship 荒波

あらなわ【荒縄】わら製の太いなわ。 荒縄

あらに【粗煮】魚のあらを煮た料理。 粗煮

あらねつ【粗熱】料理で、高温で調理したものを冷ますときの熱。▽―をとる。 粗熱

あらの【荒野】あれはてた野原。あれの。 荒野

あらぶる【荒ぶる】荒々しい。▽―魂。 荒ぶる

あらぼん【新盆】⇩にいぼん。 新盆

あらまき【新巻き】〈荒巻き〉甘塩のさけ。 新巻

あらまし ❶概略。❷おおかた。だいたい。①outline

あらもの【荒物】日用雑貨類。対小間物。 荒物

あらゆる すべての。every

あららげる【荒らげる】荒くする。荒げる。▽ことばを―。注あら×げる。raise 荒らげる

あらりえき【粗利益】〈荒利益〉売上金と原価との大まかな差額。粗利。gross profit 粗利益

あらりょうじ【荒療治】❶手荒な治療。❷思い切った改革。 荒療治

あられ【霰】❶雹(ひょう)より小さいつぶ。❷さいの目に切ったもの。①hail 霰

あらわ【露わ】❶むき出しなようす。▽肌も―。❷公然であるようす。▽内紛が―になる。①bare 露わ

あらわす【表す】考えや気持ちをはっきりと示す。show, express 表す

あらわす【現す】見えるようにする。▽姿を―。appear 現す

あらわす【著す】著作する。▽自叙伝を―。write 著す

あらわす【顕す】世間に知らせる。▽善行を世に―。 顕す

あらわれる【表れる】感情・ようすなどがおもてに出る。 表れる

あらわれる【現れる】出現する。▽太陽が―。appear 現れる

> **使い分け「あらわす・あらわれる」**
> **表す・表れる**…思いが外に出る。表現する。表に出る。▽喜びを顔に表す。甘えが態度に表れる。言葉に表す。不景気の影響が表れる。
> **現す・現れる**…隠れていたものが見えるようになる。▽姿を現す。本性を現す。馬脚を現す。太陽が現れる。救世主が現れる。
> **著す**…本などを書いて世に出す。▽書物を著す。

あらんかぎり【有らん限り】残らずすべて。ありったけ。 有らん

あり〖蟻〗 19 **ギ・あり** 昆虫の一。▽―酸(ぎさん)。―穴(ぎけつ)。白―(しろあり)。 蟻・蟻

あり【蟻】昆虫の一。ant ▼**―の這(は)い出る隙(すき)も無い** 警戒が厳重だ。 蟻

ありあけ【有り明け】❶月が残ったまま夜が明けること。❷夜明け。明け方。 有明

ありあまる【有り余る】あまるほどたくさんある。 有り余

ありあわせ【有り合わせ】ちょうどその場にあること・もの。 有合せ

アリーナ【arena】❶屋内競技場。❷競技場内に特設した観客席。

ありうる【有り得る】そうなる可能性がある。ありえる。 有り得

ありか【在り処】❶もののある場所。❷所在。①②whereabouts 在り処

ありかた【在り方】❶あるべき姿。❷現実のようす。 在り方

ありがたい【有り難い】❶感謝している。❷貴重だ。❸尊い。▽―教え。①grateful 有難い

ありがためいわく【有り難迷惑】人の親切や好意が、かえって迷惑になるようす。unwelcome favor 迷惑

ありがち【有り勝ち】ほかにもよくあるようす。 有り勝

ありがとう【有り難う】感謝の気持ちを表す語。Thank you. 有難う

ありがね【有り金】所持金。 有金

ありきたり【在り来たり】ありふれたこと。▽―の意見を述べる。類月並み。ordinary 在来り

ありげ【有り気】いかにもありそうなようす。▽いわく―。 有り気

ありさま【有り様】ようす。状態。 有り様

ありじごく【蟻地獄】うすばかげろうの幼虫(のすりばち状の穴)。 蟻地獄

ありしひ【在りし日】❶過ぎ去ったある日。❷生前。 在りし

ありづか【蟻塚】塚状のありの巣。 蟻塚

ありつく【有り付く】やっと手に入れる。▽職に—。obtain 有り付

ありったけ【有りっ丈】あるだけすべて。 有りっ丈

ありてい【有り体】ありのまま。▽—に言えば。 有体

ありとあらゆる【有りとあらゆる】あるかぎりの。ありとある。 有りと

ありのまま【有りの儘】実際のとおり。あるがまま。 有儘

ありふれる【有り触れる】どこにでもあって、珍しくない。▽世間に—れた事件。 有り触

ありゅう【亜流】人まねで独創性のないこと・人。エピゴーネン。 亜流

ありよう【有り様】❶ありさま。❷実情。▽—を言えば。❸あるべきわけ。 有り様

ある〘或〙人8 ワク・ある ❶特に決まっていないものを指す。❷あるいは。 或・或

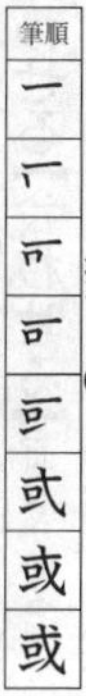

ある【在る】❶その場所に存在する。❷地位にいる。❸生きている。対❶~❸ない。 在る

ある【有る】❶そこに存在する。❷所有する。❸行われる。起こる。❹…てある。▽買って—。❺…である。▽静かで—。対❶~❺ない。▼—か無きか あるかないかわからないほど。▼—べき 当然そうであるはずの。▽—姿。▼—まじき あってはならない。 有る

使い分け「ある」
在る…存在の意。▽城が—。世に—間。要職に—。
有る…所有の意。▽金が—。才能が—。結婚式が—。

ある【或る】はっきりしない事物・人などをさす語。▽—日。—人。 或る

あるいは【或いは】❶または。❷もしかすると。①or ②maybe 或いは

アルカリ【alkali オランダ】水に溶けて塩基性を示す物質の総称。

あるく【歩く】足をつかって進む。walk 歩く

アルコール【alcohol】❶酒精。❷俗に、酒。▽—が入る。

あるじ【主】主人。master 主

アルバトロス【albatross】❶あほうどり。❷ゴルフで基準打数より三打少なくホールインすること。

アルピニスト【alpinist】登山家。

アルファ【alpha ギリシャ】❶ギリシャ文字の最初の文字「α」。❷ある数・量につけ加えられる、わずかの数。▽プラス—。

あれい【亜鈴】鉄球、また、おもりつきの運動用具。dumbbell 亜鈴

あれこれ【彼是】❶いろいろ。❷あれやこれや。 彼是

あれち【荒れ地】あれた土地。wasteland 荒れ地

あれの【荒れ野】荒野(こうや)。wilderness 荒れ野

あれもよう【荒れ模様】天気があれそうなこと。▽—の会議。また、様子があれそうなこと。類悪天候。 荒模様

あれる【荒れる】❶おだやかでなくなる。▽海が—。会議が—。❷さびれる。❸皮膚がかさかさになる。 荒れる

アレルギー【Allergie ドイツ】❶特定の物質に対し、体内で異常反応を示すこと。過敏症。❷ある人・物事に対する激しい拒否感のたとえ。恐怖症。▽英語—。①allergy

アレルゲン【Allergen ドイツ】アレルギーをおこす原因となる物質。抗原。

アレンジ【arrange】❶編曲。脚色。❷調整。

アロマ【aroma】芳香。▽—オイル。

アロマセラピー【aromatherapy】芳香を使って心身をリラックスさせる健康法。芳香療法。アロマテラピー。

あわ〘粟〙人12 ゾク・あわ 五穀の一。▽—粒(あわつぶ)。 粟・粟

あわ【泡】液体が気体を包んでできた玉。bubble ▼—を吹(ふ)かせる 相手をだしぬいて、あわてさせる。 泡

あわ【粟】穀物の一。黄粱(こうりょう)。 粟

アワー【hour】時間。▽ラッシュ—。

あわい【淡い】❶うすい。❷かすかだ。▽—恋心。対❶濃い。①light 淡い

あわせ〘袷〙11 コウ・あわせ 裏地のついた衣服。▽素—(すあわせ)。 袷・袷

あわせ【袷】 裏地のある和服。対単（ひとえ）。　袷

あわせて【合わせて】 合計して。　合わせて

あわせて【併せて】 一緒に。同時に。　併せて

あわせる【会わせる】 面会させる。　会わせる

あわせる【合わせる】 ❶一つにする。❷調和させる。そろえる。❸比べ確かめる。▼―顔がない 面目なくて、相手に会いにくい。　合わせる

あわせる【併せる】 複数のものを一つにまとめる。put together ▽二町一村を―せて一市とする。　併せる

使い分け「あわせる」

合わせる…一つにする。一致させる。合算する。▽手を合わせて拝む。力を―。合わせみそ。時計を―。調子を―。二人の所持金を―。

併せる…別のものを並べて一緒に行う。▽両者を併せ考える。交通費を併せて支給する。併せて健康を祈る。清濁併せのむ。


あわただしい【慌ただしい】 せわしい。hurried　慌ただ

あわだつ【泡立つ】 泡がたくさんできる。bubble　泡立つ

あわだつ【粟立つ】 鳥肌が立つ。　粟立つ

あわつぶ【粟粒】 粟の実。非常に小さいもののたとえ。　粟粒

あわてる【慌てる】 ❶うろたえる。❷ひどく急ぐ。②be hasty　慌てる

あわび【鮑】 〈鰒〉海産の巻き貝の一。食用。ear shell　鮑

あわもり【泡盛】 沖縄特産の米の焼酎（しょうちゅう）。　泡盛

あわゆき【泡雪】 泡のようにやわらかく、とけやすい雪。　泡雪

あわゆき【淡雪】 早春のとけやすい雪。　淡雪

あわれ【哀れ】 ❶〈憐れ〉かわいそうなようす。また、みじめなようす。❷趣。風情（ふぜい）。▽ものの―。❸同情心。▽人の―を誘う。①miserable　哀れ

あわれむ【哀れむ】 〈憐れむ〉かわいそうに思う。feel pity　哀れむ

あん〔安〕 常6 アン・やすい ❶やすらか。▽―心。❷やすい。▽―価。
筆順 丶 丶丶 宀 它 安 安　安・安

あん〔按〕 人9 アン ❶考える。▽―分。❷手でおさえとめる。▽―摩。
筆順 一 十 扌 扌 扩 拧 按 按　按・按

あん〔晏〕 人10 アン やすらか。▽―如。清―。
筆順 口 日 日 日 旦 旱 晏 晏　晏・晏

あん〔案〕 常10 アン ❶考える。考え。▽考―。❷下書き。▽草―。❸机。▽―下。
筆順 丶 宀 它 安 安 安 案 案　案・案

あん〔庵〕 人11 アン・いおり いおり。そまつな小屋。▽草―。芭蕉（ばしょう）―。
筆順 丶 亠 广 户 庆 庤 庵 庵　庵・庵

あん〔暗〕 常13 アン・くらい ❶くらい。▽―室。❷おろか。▽―愚。❸ひそかに。▽―躍。❹そらんじる。▽―記。
筆順 丨 П 日 日 日 日 暗 暗　暗・暗

あん〔行〕 ⇩こう　**あん〔鞍〕** ⇩くら

あん【案】 ❶考え。❷計画。①idea ▼―に相違（そうい）する 予想とちがう。▼―に違（たが）わず 思っていたとおり。　案

あん【庵】 ❶いおり。❷住居や茶室などの名にそえる語。　庵

あん【餡】 ❶豆などを煮てつぶし、味つけしてねったもの。あんこ。❷味つけした汁にとろみをつけたもの。葛餡（くずあん）。　餡

あんあんりに【暗暗裏に】 だれも知らないうちに。内密に。▽―事を運ぶ。　暗暗裏

あんい【安易】 ❶手軽。❷いいかげん。類❶安直。①easy　安易

あんいつ【安逸】 何もせずのんびり暮らすこと。▽―をむさぼる。idle　安逸

あんうつ【暗鬱】 暗くうっとうしいようす。類陰鬱。　暗鬱

あんうん【暗雲】 ❶雨がふり出しそうな黒雲。❷悪い事が起こりそうな気配。類❷暗影。①②dark clouds　暗雲

あんえい【暗影】 〈暗翳〉❶暗いかげ。❷不吉な気配。▽前途に―を投げかける。類❷暗雲。　暗影

あんか【安価】 （れんか）❶値段が安いこと。廉価。❷安っぽいようす。低級。①low price ②cheap　安価

あんか【行火】 手足を暖める器具。　行火

あんか【案下】 手紙の脇付（わきづけ）の一。やや目上の人に使う。机下。　案下

あんが【安臥】 体を横たえること。　安臥

アンカー【anchor】❶船のいかり。❷リレー競技で、最終選手。❸「アンカーパーソン」の略。

アンカーパーソン【anchor person】❶ニュース番組のキャスター。❷雑誌などの仕上げ原稿を書く人。

あんがい【案外】思いのほか。類意外。unexpectedly　案外

あんかん【安閑】危急のときに何もせず、のんびりしているようす。▽―としてもいられない。　安閑

あんき【安危】安全と危険。▽国家の―にかかわる問題。　安危

あんき【暗記】そらで言えるように、覚え込むこと。memorization　暗記

あんぎゃ【行脚】❶僧が諸国を修行して歩くこと。遊行(ゆぎょう)。❷各地を旅すること。　行脚

あんきょ【暗渠】地下に設けた水路。▽―排水。underdrain　暗渠

あんぐ【暗愚】愚かなこと・人。stupidity　暗愚

あんぐう【行宮】行在所(あんざいしょ)。　行宮

アングル【angle】角度。▽カメラ―。

あんくん【暗君】愚かな君主。対明君。　暗君

あんけん【案件】❶問題となっている事柄。❷訴訟事件。①matter　案件

あんこう【鮟鱇】深海の海底にすむ魚の一。angler　鮟鱇

あんごう【暗号】秘密の符号。code　暗号

あんごう【暗合】偶然の一致。　暗合

あんこく【暗黒】❶暗闇(くらやみ)。❷秩序・道徳が乱れていること。▽―時代。①darkness　暗黒

あんざ【安座】ゆったりとすわること。　安座

あんざいしょ【行在所】天皇の旅先での仮のお住まい。行宮(あんぐう)。　行在所

あんさつ【暗殺】ひそかに殺すこと。assassination　暗殺

あんざん【安産】苦しまずに出産すること。対難産。easy delivery　安産

あんざん【暗算】頭の中でする計算。mental calculation　暗算

アンサンブル【ensembleフランス】❶同じ生地で作った、ひとそろいの婦人服。❷合唱・合奏。室内楽団。❸調和。

あんじ【暗示】それとなく感づかせること。hint　暗示

あんしつ【暗室】外から光が入らないようにつくられた部屋。darkroom　暗室

あんしゅ【庵主】庵室の主人。庵主(あんじゅ)。　庵主

あんじゅう【安住】❶安らかに住むこと。▽―の地。❷満足すること。▽現状に―する。　安住

あんしゅつ【案出】考え出すこと。　案出

あんじょ【晏如】心がやすらかなようす。　晏如

あんしょう【暗唱】そらんじること。recitation　暗唱

あんしょう【暗証】秘密の記号や番号を用いてする、本人であることの証明。また、その記号や番号。　暗証

あんしょう【暗礁】海中に隠れた岩。▽―に乗り上げる。rocks　暗礁

あんしょく【暗色】暗い感じの色。　暗色

あんじる【按じる】❶考えをめぐらす。❷調べる。▽地図を―。　按じる

あんじる【案じる】❶心配する。▽父の健康を―。❷考える。▽一計を―。①worry　案じる

あんしん【安心】心配がないこと。　安心

あんしんりつめい【安心立命】心を安らかにし、迷わないこと。あんじんりゅうみょう。　立命

あんず【杏】7　人　キョウ・あんず　❶バラ科の果樹。▽―子(あんず)。❷「銀杏(ぎんなん)」は、イチョウの実。　杏・杏

筆順　一　十　才　木　木　杏　杏

あんず【杏子】(杏)果樹の一。梅に似た実は食用。apricot　杏子

あんせい【安静】じっと静かにしていること。▽絶対―。rest　安静

あんぜん【安全】危なくないこと。safety　安全

あんぜん【暗然】悲しくて心が重いようす。▽―たる面持ち。　暗然

あんそく【安息】静かに休むこと。rest　安息

あんそくび【安息日】キリスト教やユダヤ教で労働をやめ祈りをささげる日。あんそくじつ。あんそくにち。　安息日

アンソロジー【anthology】詩歌・文芸作品などの選集。詞華集。

あんだ【安打】野球で、ヒット。 安打

アンダーグラウンド【underground】❶公でないこと。また、地下組織。❷前衛的・実験的な映画や演劇。アングラ。

あんたい【安泰】ぶじ。安全。▽お家—。類安寧。 安泰

あんたん【暗澹】見通しの暗いようす。▽—たる気持ち。 暗澹

あんち【安置】だいじに置くこと。 安置

アンチ【anti-】「反」「非」の意。▼—テーゼ 弁証法の用語で、はじめの命題を否定する命題。

あんちゃく【安着】無事につくこと。 安着

あんちゅうもさく【暗中模索】手がかりもないままに、いろいろさぐり求めること。 暗中

あんちょく【安直】❶苦労せず手軽なようす。▽—な解決策。❷値段の安いようす。 安直

アンチョビー【anchovy】❶かたくちいわし。❷❶の塩漬け食品。

あんてい【安定】落ち着いた状態にあること。stability 安定

アンティーク【antique フランス】古美術品。骨董(こっとう)品。アンチック。

あんてん【暗転】❶舞台を暗くして、場面を変えること。①blackout ❷物事が悪い方に変わること。 暗転

あんど【安堵】安心すること。 安堵

あんとう【暗闘】裏面での争い。 暗闘

アントニム【antonym】反意語。対シノニム。

あんどん【行灯】昔の灯火具。 行灯

行灯

あんない【案内】❶導くこと。❷知らせ。通知。▽—状。❸取り次ぎ。❹事情を知っていること。①guidance

あんに【暗に】それとなく。 暗に

アンニュイ【ennui フランス】退屈。倦怠(けんたい)。

あんねい【安寧】世の中が平安なこと。▽社会の—秩序。類安泰。 安寧

あんのじょう【案の定】思った通り。▽—雨が降りだした。注案の×条。as expected 案の定

あんのん【安穏】おだやかなこと。あんおん。類平穏。 安穏

あんば【鞍馬】くらをつけた馬に似た体操用具。また、それを使う競技。 鞍馬

あんばい【按配】〈案配〉ほどよくならべたり、整理したりすること。また、物事をほどよく処理すること。▽—よく配列する。 按配

あんばい【塩梅】❶味かげん。▽煮物の—をみる。❷体調。▽腰の—が悪い。❸物事のぐあい。▽いい—に雨が上がった。②③condition 塩梅

アンバランス【unbalance】不均衡。不安定。

あんぴ【安否】無事かどうか。▽—を気づかう。注安×非。 安否

あんぶ【鞍部】山の尾根で、周囲より低くくぼんだ所。col 鞍部

あんぷ【暗譜】楽譜を暗記すること。 暗譜

アンフェア【unfair】不公平・不公正なようす。対フェア。

あんぶん【案文】下書きの文章。draft 案文

あんぶん【案分】比例配分すること。 案分

アンペア【ampere】電流の強さを表す単位。記号A

あんぽう【罨法】湿布(しっぷ)。 罨法

あんま【按摩】筋肉のこりをほぐすこと・人。massage 按摩

あんまく【暗幕】光をさえぎる黒い幕。 暗幕

あんみん【安眠】ぐっすりと眠ること。 安眠

あんもく【暗黙】だまっていて何も言わないこと。▽—の了解。 暗黙

あんや【闇夜】〈暗夜〉やみ夜。 闇夜

あんやく【暗躍】裏で活動すること。 暗躍

あんゆ【暗喩】「ごとく」「ようだ」を使わず、直接それだと言ってたとえる方法。対直喩。 暗喩

あんらく【安楽】苦痛・苦労が少なく、安らかであること。comfort 安楽

あんらくし【安楽死】回復不能な患者の希望で、苦痛をやわらげ、死なせること。ユータナジー。オイタナジー。 安楽死

アンラッキー【unlucky】不運。

あんるい【暗涙】人知れず流す涙。▽—にむせぶ。 暗涙

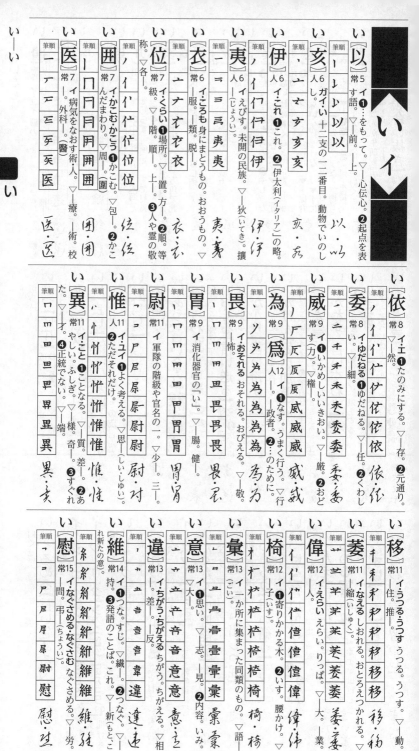

い・イ

い【以】常5 イ ❶…をもって。▽—心伝心。❷起点を表す語。▽—前。—上。
筆順 以
以・以

い【亥】人6 ガイ・い 十二支の一二番目。動物でいのしし。
筆順 亥
亥・亥

い【伊】人6 イ・これ ❶これ。❷「伊太利(イタリア)」の略。
筆順 伊
伊・伊

い【夷】人6 イ えびす。未開の民族。▽—狄(いてき)。攘—(じょうい)。
筆順 夷
夷・夷

い【衣】常6 イ・ころも 身にまとうもの。おおうもの。▽—服。—類。脱—。
筆順 衣
衣・衣

い【位】常7 イ・くらい ❶場所。▽—置。方—。❷順。等級。▽—階。順—。上—。❸人や霊の敬称。▽各—。
筆順 位
位・位

い【囲】常7 イ・かこむ・かこう ❶かこむ。▽包—。❷かこんだまわり。▽周—。(圍)
筆順 囲
囲・囲

い【医】常7 イ 病気をなおす術・人。▽—療。—術。校—。外科—。(醫)
筆順 医
医・医

い【依】常8 イ・エ ❶たのみにする。▽—存。❷元通り。▽—然。
筆順 依
依・依

い【委】常8 イ・ゆだねる ❶ゆだねる。▽—任。❷くわしい。▽—細。
筆順 委
委・委

い【威】常9 イ ❶いかめしいいきおい。▽—厳。❷おどす(力)。▽権—。
筆順 威
威・威

い【為】常9【爲】人12 イ ❶なす。うまく行う。▽行—。—政者。❷…のために。
筆順 為
為・為

い【畏】常9 イ・おそれる おそれる。おびえる。▽—敬。—怖。
筆順 畏
畏・畏

い【胃】常9 イ 消化器官の「い」。▽—腸。健—。
筆順 胃
胃・胃

い【尉】常11 イ 軍隊の階級や官名の一。▽少—。三—。
筆順 尉
尉・尉

い【惟】人11 イ・ユイ ❶よく考える。▽思—(しい・しゆい)。❷ただそれだけ。
筆順 惟
惟・惟

い【異】常11 イ・こと ❶ことなる。▽—質。差—。❷あやしい。ふしぎ。▽—様。奇—。❸すぐれた。▽—才。❹正統でない。▽—端。
筆順 異
異・異

い【移】常11 イ・うつる・うつす うつる。うつす。▽—動。—住。推—。
筆順 移
移・移

い【萎】常11 イ・なえる しおれる。おとろえつかれる。▽—縮(いしゅく)。
筆順 萎
萎・萎

い【偉】常12 イ・えらい えらい。りっぱ。▽—大。—業。—人。
筆順 偉
偉・偉

い【椅】常12 イ ❶寄りかかる木。❷いす。腰かけ。▽—子(いす)。
筆順 椅
椅・椅

い【彙】常13 イ 一か所に集まった同類のもの。▽語—(ごい)。
筆順 彙
彙・彙

い【意】常13 イ ❶思い。▽—志。—見。❷内容。いみ。▽大—。
筆順 意
意・意

い【違】常13 イ・ちがう・ちがえる ちがう。ちがえる。▽相—。差—。—反。
筆順 違
違・違

い【維】常14 イ ❶つな。すじ。▽繊—。❷つなぐ。▽—持。❸発語のことば。これ。▽—新(もと、これ新たの意)。
筆順 維
維・維

い【慰】常15 イ・なぐさめる・なぐさむ なぐさめる。▽—労。—問。弔—(ちょうい)。
筆順 慰
慰・慰

い【遺】常15 イ・ユイ ❶のこす。▽—言(ゆいごん)。❷忘れる。落とす。▽—失物。補—。 遺・遺

筆順 口 中 虫 冉 冉 書 貴 遺

い【緯】常16 イ ❶織物の横糸。▽経—。❷東西の方向。▽—度。 緯・緯

筆順 糸 糹 紑 紺 綽 緯 緯 緯

い【易】⇩えき い【唯】⇩ゆい

い【井】井戸。▼—の中の蛙(かわず)大海(たいかい)を知らず 世間知らずで見識のせまいことのたとえ。 井

い【亥】十二支の一二番目。動物で、猪(いのしし)。時刻で午後一〇時。方角で北北西。 亥

い【医】❶医術。❷医者。▼—は仁術(じんじゅつ) 医術は人を救い、仁徳をほどこす術である。 医

い【威】他を圧倒する強い勢い。威力。▽—を振るう。 威

い【胃】消化器官の一。胃袋。 胃

い【異】❶他と違うこと・もの。❷ふしぎなようす。▽縁は—なもの。▼—とするに足りない 特に驚くことではない。▼—を唱える 違う意見を出す。 異

い【意】❶気持ち。考え。❷意味。▼—に介(かい)さない 気にかけない。▼—に沿う 人の気持ちに合う。▼—を尽(つ)くす 気持ちを十分に表す。▼—を汲(く)む 人の考えを察する。▼—を強くする 自信を持つ。 意

い【藺】rush 草の一。茎を畳表に使う。いぐさ。 藺

いあい【遺愛】故人が生前愛用していたこと。▽—の品。 遺愛

いあいぬき【居合い抜き】すばやく抜刀して切る技。 居合い

いあつ【威圧】coercion 威力で相手の心をおさえつけること。▽—感。 威圧

いあん【慰安】慰労し、楽しませること。▽—旅行。 慰安

いい【良い】〈善い・好い〉「よい」のくだけた言い方。終止形・連体形のみ使われる。good ▼—面(つら)の皮 とんだ迷惑。 良い

いい【易易】たやすいようす。 易易

いい【謂】…という意味。 謂

いいあう【言い合う】❶互いに言う。❷言い争う。 言い合

いいあらわす【言い表す】ことばで表す。▽気持ちを的確に—。 言い表

いいおくる【言い送る】❶言ってやる。❷次々に言い伝える。申し送る。 言い送

いいがかり【言い掛かり】根拠のないことでからむこと。▽—をつける。 言掛り

いいかげん【好い加減】❶かなり。▽—いやになる。❷ほどよいようす。❸無責任なようす。 好い

いいかた【言い方】口のききよう。▽持って回った—。 言い方

いいかわす【言い交わす】❶ことばを交わす。❷口約束する。❸結婚の約束をする。 言い交

いいき【好い気】❶うぬぼれたようす。▽—になる。❷のんきでずうずうしいようす。 好い気

いいぐさ【言い草】〈言い種〉❶言い分。❷ものの言い方。❸口ぐせ。 言草

いいくるめる【言い包める】coax 本当らしく言って相手をごまかす。 言い包

イージーゴーイング【easygoing】いいかげんなようす。

イージーリスニング【easy listening】気楽に聞ける軽音楽。

いいじょう【言い条】❶言い分。❷…とは言うものの。▽春とは—、まだ寒い。 言い条

いいしれぬ【言い知れぬ】ことばで言いようがない。言い知れない。 言い知

いいだくだく【唯唯諾諾】全く人に逆らわないようす。▽—と従う。 唯唯

イースター【Easter】キリスト教の復活祭。

いいだしっぺ【言い出しっ屁】最初に言い出した人。 言い出

いいつくろう【言い繕う】ことばでたくみにごまかす。 言い繕

いいつける【言い付ける】❶命令する。❷告げ口をする。①order 言い付

いいつたえ【言い伝え】伝説。legend 言伝え

いいつのる【言い募る】調子づいてますますはげしく言う。 言い募

いいなずけ【許嫁】〈許婚〉婚約者。 許婚

いいならわし【言い習わし】 言い習

昔から言い伝えられてきた習慣や言葉。

いいね【言い値】 売り手がつけた値段。 言値

いいひらき【言い開き】 弁明。弁解。 言開き

いいふらす【言い触らす】 ふれまわって広める。言い散らす。 言触す

いいふるす【言い古す】 何度も言ってきて、目新しさのない。▽—した話。 言い古

イーブン【even】 互角。

いいぶん【言い分】 言いたい事柄。 言分

いいまわし【言い回し】 言い表し方。ことばの表現。expression 言回し

いいよう【言い様】 ❶言い表し方。❷口のききかた。 言様

いいよる【言い寄る】 ❶話しかけて近づく。❷口説く。 言い寄

いいわけ【言い訳】 失敗の、事情や理由を説明すること。弁解。▽—が立つ。excuse 言訳

いいわたす【言い渡す】 命令を口頭で告げる。申し渡す。▽判決を—。sentence 言い渡

いいん【医院】 個人経営の診療所。 医院

いいん【委員】 選ばれて、代表として仕事をする人。 委員

いう【謂】 〔謂〕人16 イ・いい・いう ❶いう。❷いわれ。❸おもう。❹「所謂」で、いわゆる。 謂・謂

いう【言う】 〈云う・謂う〉❶話す。❷名づける。よぶ。❸音や声がする。▽戸がぎしぎし—。❹形式的に事柄の内容をさす語。▽何と—ことだ。①say ②call ▼—い得(え)て妙(みょう) (たとえ話などの)巧みな表現をほめていう語。▼—に事(こと)欠いて ほかに言い方があるのに、よりによって。▼—は易(やす)く行うは難(かた)し 口で言うのは簡単だが、実行することはむずかしい。▼—も疎(おろ)か 当然のことで、言うのもばからしい。▼—わずもがな ❶言わない方がいい。▽—の失言。❷言うまでもなく。▼—わん許(ばか)りに 言っているのと同様のようすで。 言う

いえ【家】 ❶人の住む建物。❷自宅。❸家庭。家族。❹家系。❺身代。①house ②home ④family 家

いえい【遺影】 故人の写真や肖像画。 遺影

いえがら【家柄】 家の格式や地位。 家柄

いえじ【家路】 家へ帰る道。帰路。 家路

いえつき【家付き】 ❶もとからその家に住んでいること。❷家屋がそれに属していること。 家付き

いえで【家出】 もどらない決心で、家を出ること。leaving home 家出

いえども【雖も】 …とはいえ。注×言えども。 雖も

いえのこ【家の子】 血縁関係のある家来。 家の子

いえもと【家元】 流派の一門を統轄する人・地位。類宗家(そうけ)。 家元

いえやしき【家屋敷】 家屋とその土地。 家屋敷

いえる【癒える】 (けがや病気が)なおる。heal 癒える

イエローカード【yellow card】 ❶国際予防接種証明書の通称。❷サッカーなどで、反則を犯した選手に警告するカード。

いえん【以遠】 その地点を含んで、それより遠いこと。▽大阪—。 以遠

いえん【胃炎】 胃の粘膜の炎症による病気。胃カタル。gastritis 胃炎

いおう【硫黄】 黄色でもろい非金属元素。火薬・マッチ・漂白剤などの原料となる。記号S sulfur 硫黄

いおり【庵】 粗末な家。▽—を結ぶ。 庵

いか【以下】 ❶それを含んで、それより下。❷それよりあと。❸それを含んで全部。▽部長—五名。対❶以上。 以下

いか【医科】 医学に関する学科。 医科

いか【烏賊】 海にすむ軟体動物の一つ。腕は一〇本。cuttlefish 烏賊

いが【毬】 くりなどの実を包む、とげをもつ皮。bur 毬

いかい【位階】 昔、功績のあった人に、国があたえた位(の等級)。 位階

いがい【以外】 …のほか。▽彼—の人。except 以外

いがい【意外】 思いのほか。▽—な事件。類予想外。unexpected 意外

いがい【遺骸】 なきがら。遺体。corpse 遺骸

いかいよう【胃潰瘍】 胃壁の粘膜が冒される病気。stomach ulcer 胃潰瘍

いかが【如何】 ❶どのように。❷どうですか。❸賛成しかねる気持ちを表す語。▽—なものか。 如何

いかがわしい【如何わしい】 ❶信用できな 如何わ

い。❷下品だ。

いかく【威嚇】 力を示し、おどすこと。threat　威嚇

いがく【医学】 健康や病気の予防・治療をする学問。medical science　医学

いがぐり【毬栗】 いがのついたままの栗の実。　毬栗

いかけや【鋳掛け屋】 鍋(なべ)・釜(かま)などを修理する職業(の人)。　鋳掛け

いかさま【如何様】 ❶いかにも。なるほど。❷いかにも本当らしく見せること。いんちき。②fake　如何様

いかす【生かす】〈活かす〉❶有効に活用する。❷生きたままにしておく。対❶❷殺す。②keep alive　生かす

いかずち【雷】 かみなり。thunder　雷

いかだ〖筏〗 12 **バツ・いかだ** いかだ。▽一師。一流し。　筏・筏

いかだ【筏】 水にうかぶように、木や竹を組んだもの。raft　筏

いがた【鋳型】 鋳物をつくる型。mold　鋳型

いかつ【威喝】 大声でおどすこと。　威喝

いかつい【厳つい】 ごつくて、いかめしい。stern　厳つい

いかに【如何に】 ❶どんなふうに。❷どれほど。　如何に

いがみあう【啀み合う】 互いに憎しみ争う。　啀み合

いかめしい【厳しい】 威厳がある。近よりがたい。類重々しい。solemn　厳しい

いかもの【如何物】 ❶いかがわしいもの。❷にせもの。　如何物

いかよう【如何様】 どのよう。どんなふう。▽一にもできることだ。②sham　如何様

いかり〖碇〗 13 **テイ・いかり** いかり(をおろす)。▽一泊(ていはく)。　碇・碇

いかり〖錨〗 16 **ビョウ・いかり** 船を留めるいかり。▽投一。　錨・錨

いかり【怒り】 怒ること。また、その感情。類憤(いきどお)り。anger ▼**一を買う** 相手を怒らせる。▼**一心頭(しんとう)に発する** 激しい勢いで怒る。　怒り

いかり【錨】〈碇〉船が流されないよう海底に沈めておくおもり。anchor

錨

いかる【怒る】 ❶おこる。❷かどばる。▽肩が一。①get angry

いかん【如何】 ❶どのように。❷どうであるか。▽理由の一を問わず。▼**一とも** どうにも。　如何

いかん【衣冠】 ❶衣服と冠(かんむり)。❷昔の公卿(くぎょう)の、略式の朝廷服。▽一束帯。　衣冠

いかん【移管】 管理を他へ移すこと。　移管

いかん【偉観】 見事なながめ。類壮観。magnificent sight　偉観

いかん【遺憾】 残念。心残り。▽一の意を表す。regret　遺憾

いがん【依願】 本人の願いによること。▽一退職。　依願

いかんなく【遺憾無く】 思う存分。▽力を一発揮する。fully　遺憾無

いき〖域〗 常11 **イキ** くぎられた場所。範囲。▽暴風一。区一。領一。

筆順 域　域・域

いき【息】 呼吸。breath ▼**一を呑(の)む** はっとして思わず息を止める。▼**一を吹(ふ)き返す** 立ち直る。生き返る。　息

いき【粋】 あかぬけしていること。類伊達(だて)。対野暮。　粋

いき【域】 ❶範囲。❷段階。❸境地。▽名人の一に達する。　域

いき【意気】 ❶気構え。気持ち。❷意気ごみ。▽人生一に感ず。　意気

いき【遺棄】 捨て去ること。おきざりにすること。abandonment　遺棄

いぎ【威儀】 礼儀作法にかなったふるまい。▽一を正す。　威儀

いぎ【異義】 異なる意味。▽同音一。　異義

いぎ【異議】 ちがう意見。反対意見。▽一を唱える。objection　異議

いぎ【意義】 ❶ことばの意味。❷価値。　意義

いきあたる【行き当たる】 進んでいって、つき当たる。ゆきあたる。　行き当

いきいき【生き生き】 ❶はつらつとしたようす。❷新鮮なようす。①lively　生き

いきうつし【生き写し】 ある人によく似ていること。　生写し

いきうま【生き馬】 生きた馬。▼**一の目を抜(ぬ)く** ぬけめなくすばやく利益を得るたとえ。　生馬

いきおい【勢い】 ❶強さや速さ。❷さかんな力。勢力。❸はずみ。❹自然の成り行きで。類❷威勢。　勢い

いきがい【生き甲斐】 生きる張り合い。　生甲斐

いきがかり【行き掛かり】 やりかけた勢い。ゆきがかり。 行掛り

いきがけ【行き掛け】 行くついで。ゆきがけ。▼―の駄賃(だちん) ある事のついでに他の事をすること。 行掛け

いきかた【生き方】 人としての態度。生活のしかた。 生き方

いきぎれ【息切れ】 ❶呼吸が苦しくあえぐこと。❷物事の途中で続かなくなること。 息切れ

いきぐるしい【息苦しい】 ❶呼吸が苦しい。❷窮屈で重苦しい。② stifling 息苦し

いきけんこう【意気軒昂】 気持ちがふるいたつようす。▽老いてますます―たるものがある。 軒昂

いきごみ【意気込み】 何かをしようとする、積極的な気持ち。意気組み。 意気込

いきさつ【経緯】 事の成り行きやその間の事情。経緯(けいい)。 経緯

いきざま【生き様】 その人の生き方。 生き様

いきじごく【生き地獄】 生きて味わう悲惨な苦しみ。 生地獄

いきじびき【生き字引】 何でもよく知っている人。walking dictionary 生字引

いきしょうちん【意気消沈】 がっかりして元気がなくなること。 消沈

いきしょうてん【意気衝天】 意気込みが盛んなこと。 衝天

いきすぎる【行き過ぎる】 ❶通過する。❷通りこす。❸度をこす。❶〜❸ゆきすぎる。 行き過

いきせききる【息急き切る】 非常に急いで息を荒くはずませる。pant 息急き

いぎたない【寝穢い】 ❶ねぼうである。❷ねぞうが悪い。 寝穢い

いきちがい【行き違い】 すれ違って会えないこと。また、手ちがいや食いちがい。ゆきちがい。 行違い

いきづかい【息遣い】 息をするようす。 息遣い

いきつぎ【息継ぎ】 ❶歌や水泳などの途中で、息を吸いこむこと。❷息抜き。休息。 息継ぎ

いきづく【息衝く】 ❶息をする。❷生きている。▽異国情緒の―町。 息衝く

いきづまる【行き詰まる】 どうしようもなくなる。ゆきづまる。deadlock 行き詰

いきづまる【息詰まる】 息ができないほど緊張する。▽―熱戦。 息詰る

いきとうごう【意気投合】 考えや気持ちが一致すること。注意気×統合。 投合

いきどおる【憤る】 激しく怒る。resent 憤る

いきとどく【行き届く】 すみずみまで行きわたる。ゆきとどく。 行き届

いきなり 急に。突然。▽―走り出す。suddenly

いきぬき【息抜き】 仕事の途中で気をゆるめて休むこと。 息抜き

いきのね【息の根】 呼吸。命。▽―を止める。 息の根

いきば【行き場】 行って、そこにいるべき場所。ゆきば。 行き場

いきはじ【生き恥】 生きている間に受けるはじ。▽―をさらす。対死に恥。 生恥

いきまく【息巻く】 息づかいをあらくして激しく言う。いきりたつ。say furiously 息巻く

いきむ【息む】 息をつめて腹に力を入れる。息張る。 息む

いきょ【依拠】 よりどころとすること。 依拠

いきょう【異教】 自分の宗教と違う宗教。paganism 異教

いきょう【異郷】 故郷以外の地。▽―に死す。 異郷

いきょう【異境】 外国。異国。▽―の空。 異境

いぎょう【異形】 普通とは異なるあやしい姿・形。 異形

いぎょう【偉業】 りっぱな仕事・業績。great achievement 偉業

いぎょう【遺業】 故人が残した事業。 遺業

いきようよう【意気揚揚】 得意でほこらしげなようす。注意気×陽陽。 揚揚

いきょく【医局】 病院で、主に医療をあつかう部局。また、医師の詰め所。 医局

いきょく【委曲】 くわしくこまやかな事情。類委細。details ▼―を尽(つ)くす 物事の事情をくわしく明らかにする。 委曲

いきりたつ【熱り立つ】 怒って興奮する。類息巻く。 熱り立

いきる【生きる】〈活きる〉❶命を保つ。❷生活する。❸生き生きする。❹役に立つ。❺野球でセーフになる。対❶❸〜❺死ぬ。①②live　生きる

いきわかれ【生き別れ】 生きながら別れること。生別。対死に別れ。　生別れ

いく〔育〕 常8 **イク・そだつ・そだてる・はぐくむ** そだてる。そだつ。▽—児。教—。発—。　育・育

筆順	丶	亠	亠	𠫓	育	育	育

いく〔郁〕 人9 **イク** 目立つようす。さかんなようす。▽馥—(ふくいく)。　郁・郁

筆順	ノ	ナ	オ	有	有	有阝	郁

いく【行く】❶ある所に向かって進む。❷届く。▽連絡が—。❸通り過ぎる。❹入る。▽軍隊に—。❺進行する。❻ある状態になる。▽納得が—。❼そこへ通じる。▽駅へ—道。❽〈「…て(で)—」の形で〉…し続ける。進む。▽見守って—。①go　行く

いく【逝く】 亡くなる。Die　逝く

使い分け「いく・ゆく」
行く…移動する。進む。過ぎ去る。▽電車で—。仕事がうまく行かない。—秋を惜しむ。
逝く…亡くなる。▽彼が逝って3年たつ。安らかに逝った。多くの人に惜しまれて—。

いくいく【郁郁】❶文化が盛んであるようす。❷香り高いようす。▽—たる梅の花。　郁郁

いくえ【幾重】 いくつかの重なり。▼—にもくり返し。何度も。　幾重

いくえい【育英】 すぐれた学生を助け教育すること。▽—資金。　育英

いくさ【戦】〈軍〉戦争。たたかい。war　戦

いぐさ【藺草】 藺(い)。　藺草

いくじ【育児】 乳幼児を育てること。▽—休業。child care　育児

いくじ【意気地】 やりとげようとする気力。いきじ。▽—無し。類意地。根性。　意気地

いくしゅ【育種】 動植物を改良して新しい品種をそだてること。　育種

いくせい【育成】 育てあげること。▽後進の—。類養成。upbringing　育成

いくた【幾多】 数多く。many　幾多

いくつ【幾つ】❶数や年齢をたずねることば。❷〈「—も」の形で〉かなりたくさん。　幾つ

いくどうおん【異口同音】 多くの人が同じことを言うこと。▽—に反対する。注異×句同音。　異口

いくとせ【幾歳】 何年。幾年(いくねん)。　幾歳

いくばく【幾許】〈幾何〉❶〈「—もない」の形で〉少ししかない。▽余命—もない。❷〈「—かの」の形で〉わずかの。▽—かの金。　幾許

いくび【猪首】 太く短い首。bull neck　猪首

いくひさしく【幾久しく】 いつまでも。末永く。▽—お幸せでありますように。forever　幾久し

いくびょう【育苗】 苗(なえ)を育てること。　育苗

いくぶん【幾分】❶分けたものの一部分。❷いくらか。▽—涼しくなってきた。②somewhat　幾分

いくら【幾ら】❶どれほど。❷数を大まかに言う語。❸どんなに。　幾ら

いくん【偉勲】 りっぱな手柄。　偉勲

いくん【遺訓】 故人の残した教え。　遺訓

いけ【池】 水がたまったくぼ地。pond　池

いけい【畏敬】 おそれうやまうこと。▽—の念をいだく。　畏敬

いけうお【生け魚】〈活け魚〉いけすに飼ってある魚。▽—料理。live fish　生け魚

いけがき【生け垣】〈生け籬〉樹木を植え並べて作った垣根。hedge　生垣

いけす【生け簀】 魚介類を生かしておく水中の囲い。　生簀

いげた【井桁】「井」の形をした井戸の縁。また、その形。▽薪(まき)を—に組む。　井桁

いけづくり【生け作り】〈活け作り〉生きた魚で刺し身につくり、元の魚の形にもりつけた料理。いきづくり。　生け作

いけどる【生け捕る】 生きたままとらえる。catch alive　生け捕

いけにえ【生け贄】❶生きた動物や人を神に供えること。また、その生き物。❷犠牲。①②sacrifice　生贄

いけばな【生け花】〈活け花〉花などを美しく生ける技術。華道。　生花

いける【生ける】 生きている。▼—屍(しかばね)生きてはいるが、死んだも同然の状態。　生ける

いける【生ける】〈活ける〉花や枝を花器にさす。 生ける

いける【埋ける】❶土にうめる。❷炭火を灰にうめる。①bury 埋ける

いけん【意見】❶考え。見解。❷忠告。類❷説教。①opinion 意見

いけん【違憲】憲法にそむくこと。憲法違反。 違憲

いげん【威厳】堂々として、いかめしいこと。dignity 威厳

いげんびょう【医原病】手術・投薬など、医療行為が原因でおこるとされる病気。 医原病

いご【以後】❶その時をふくんで、それからあと。以降。❷今後。▽—気を付けなさい。対❶以前。 以後

いご【囲碁】碁。▽—を打つ。 囲碁

いこう【以降】以後❶。 以降

いこう【衣桁】着物などをかけておく家具。えこう。 衣桁

いこう【威光】人をしたがわせるような力・勢い。authority 威光

いこう【移行】移って行くこと。類推移。shift 移行

いこう【意向】そのことについて、どうするかという考え。▽先方の—を確かめる。intention 意向

いこう【遺稿】故人の未発表の原稿。 遺稿

いこう【憩う】くつろぐ。relax 憩う

いこく【異国】他国。外国。類異郷。foreign country 異国

いこくじょうちょ【異国情緒】いかにも外国らしいふんいきや気分。異国情調。 情緒

いごこち【居心地】そこにいるときに感じる気分。 居心地

いこじ【依怙地】〈意固地〉かたくなで強情なこと。片意地。えこじ。▽—になる。類頑固。obstinacy 依怙地

いこつ【遺骨】(火葬にした)死者の骨。おこつ。 遺骨

いこん【遺恨】忘れることのできない深いうらみ。類宿恨。grudge 遺恨

いごん【遺言】「ゆいごん」の法律用語。will 遺言

いさい【委細】❶くわしい事情。類詳細。❷万事。▽—承知。①details 委細

いさい【異彩】きわだった特色。▽—を放つ。 異彩

いさい【偉才】〈異才〉すぐれた才能。また、その持ち主。類逸材。 偉才

いさお【勲】〈功〉手柄。いさおし。 勲

いさかい【諍い】言い争い。dispute 諍い

いざかまくら【いざ鎌倉】一大事が起こったとき。 鎌倉

いざかや【居酒屋】大衆的で安い酒場。tavern 居酒屋

いさぎよい【潔い】思い切りがよく立派だ。注潔×よい。▼—しとしない 卑怯(ひきょう)な、恥ずべきことと考える。 潔い

いさく【遺作】故人の未発表の作品。posthumous work 遺作

いささか【些か】ほんの少し。▽—のためらいもない。 些か

いざなう【誘う】さそう。invite 誘う

いさましい【勇ましい】❶勇敢だ。▽—若武者。❷気持ちを奮い立たせるようすだ。❸大胆だ。①brave 勇まし

いさみあし【勇み足】❶相撲で、勢い余って土俵外に出て負けること。❷調子にのりすぎて失敗すること。 勇み足

いさみはだ【勇み肌】男らしく威勢のよい気風(の人)。 勇み肌

いさむ【勇む】心が奮い立つ。 勇む

いさめる【諫める】目上の人に忠告する。 諫める

いざよい【十六夜】陰暦一六日の夜(の月)。 十六夜

いさりび【漁火】夜、魚を集めるための漁船の明かり。漁灯。漁火(ぎょか)。 漁火

いざる【躄る】すわったままひざがしらで進む。 躄る

いさん【胃散】粉末の胃薬。 胃散

いさん【胃酸】胃液にふくまれる酸。▽—過多。stomach acid 胃酸

いさん【遺産】❶故人の残した財産。❷昔の人々の業績。①inheritance 遺産

いし【石】❶岩石がくだけたもの。❷鉱石。岩石。❸宝石。❹碁石。❺じゃんけんの、ぐう。①〜③stone ▼—に齧(かじ)り付いても 何がなんでも。▼—に立つ矢 何事も一心にやれば必ずできるというたとえ。 石

いし【医師】医者。doctor 医師

いし【意志】はっきりした考え。また、積極的な気持ち。will 意志

いし【意思】物事をしようとする考え・思い。▽―決定。intention　意思

使い分け「いし」

意志…物事をしようとする積極的な意欲。▽―が固い。神の―。―薄弱。

意思…何かをしたいと思う考え。ふつう法律で使われる。▽承諾の―がある。―表示。―尊重。


いし【遺志】故人の生前のこころざし。　遺志

いし【縊死】首をくくって死ぬこと。首つり。首くくり。　縊死

いじ【異字】❶別の文字。▽同訓―。❷標準の文字と字体の異なる文字。異体字。　異字

いじ【意地】❶気だて。▽―が悪い。❷思うとおりやり通そうとする心。意気地。❸食欲や物欲。①temper　意地

いじ【維持】状態を保ち続けること。▽現状―。maintenance　維持

いじ【遺児】親が死んで、あとに残された子供。遺子。bereaved child　遺児

いしき【意識】❶自覚すること。▽異性を―する。❷心の状態や心の働き。▽―を失う。①②consciousness　意識

いしく【石工】石を細工する職人。stonemason　石工

いじくる【弄る】いじる。　弄る

いしずえ【礎】❶土台石。礎石(そせき)。❷基礎(となるもの)。▽国家の―となる。②foundation　礎

いしだたみ【石畳】石を平らに敷きつめた所。　石畳

いしつ【異質】性質がちがうこと。対同質。　異質

いしつ【遺失】落としたり忘れたりしてなくすこと。▽―物。類紛失。対拾得。　遺失

いしづき【石突き】❶やりやつえなどの地面につく部分。❷きのこの根もとのかたい部分。　石突

いじっぱり【意地っ張り】強情なこと。obstinacy　意地張

いしばい【石灰】⇩せっかい。　石灰

いしぶみ【碑】〈石文〉石碑。ひ。　碑

いじめる【苛める】〈虐める〉弱者を痛めつける。bully　苛める

いしゃ【医者】病気・けがの診察・治療にあたる人。医師。doctor▼―の不養生(ふようじょう)　理屈を知りながら、自分では実行しないことのたとえ。　医者

いじゃく【胃弱】胃の働きが悪い状態。　胃弱

いしゃりょう【慰謝料】〈慰藉料〉精神的苦痛の償いとして払う金銭。　慰謝料

いしゅ【異種】ちがった種類。対同種。　異種

いしゅ【意趣】うらみ。▽―返し。　意趣

いしゅう【異臭】変なにおい。不快なにおい。offensive smell　異臭

いしゅう【蝟集】多くのものが群がり集まること。thronging　蝟集

いじゅう【移住】はなれた土地や外国に移り住むこと。emigration　移住

いしゅく【萎縮】〈委縮〉生気がなくなり、縮こまること。いじけること。▽気持ちが―する。　萎縮

いしゅく【畏縮】恐れ、縮こまること。▽社長の前で―する。　畏縮

いしゅつ【移出】国内の他の土地へ物資を送ること。対移入。　移出

いじゅつ【医術】医療の技術。　医術

いしょ【遺書】死後のために書き残した文書。類遺言状。will　遺書

いしょう【衣装】〈衣裳〉衣服。着物。特に、舞台で役者が着る服。▽きらびやかな―。costume　衣装

いしょう【異称】別の呼び名。別称。別名。異名。　異称

いしょう【意匠】デザイン。また、芸術上の工夫。▽―をこらす。design　意匠

いじょう【以上】❶それを含んで、それより上。❷これまで。❸文書で「終わり」の意。❹…するからには。▽約束した―、実行する。対❶以下。　以上

いじょう【委譲】権限などをゆずり、まかせること。transfer　委譲

いじょう【異状】普段とちがう状態。▽―なし。　異状

いじょう【異常】正常でないこと。対正常。abnormal something wrong　異常

使い分け「いじょう」

異状…普通と異なる状態。▽―は見られない。―ありません。―を呈する。

異常…普通と異なることで、「正常」の対。▽―な行動。―気象。


いじょう【移乗】ほかの物に乗り移ること。　移乗

いじょうふ【偉丈夫】体格のよい立派な男性。いじょぶ。　偉丈夫

うぶ。

いしょく【委嘱】人に任せたのむこと。類委託。commission

いしょく【異色】他にはない特色。▽—の存在。uniqueness

いしょく【移植】❶植えかえ。❷体の一部分を他部や他人にうつすこと。▽—手術。①② transplantation

いしょくじゅう【衣食住】衣食と住居。暮らし。生活。

いしょくどうげん【医食同源】病気の治療も食事も、源は同じだとする中国古来の考え。

いじる【弄る】❶手でもてあそぶ。❷好んで扱う。❸あれこれ改変する。① finger ③ tamper

いしわた【石綿】蛇紋石(じゃもんせき)などの鉱物性繊維。アスベスト。せきめん。

いじわる【意地悪】意地が悪いこと・人。

いしん【威信】威光と信望。prestige

いしん【維新】改革され、新しくなること。▽明治—。

いじん【異人】❶ほかの人。▽同名—。❷外国人。② foreigner

いじん【偉人】すぐれた仕事をなしとげた人。great person

いしんでんしん【以心伝心】言わなくても心が伝わること。注 ×意心伝心。

いす【椅子】❶腰掛け。❷地位。▽社長の—に就く。① chair ② post

いすう【異数】異例。

いすか【鶍】くちばしの上下が食い違っている鳥。▼—の嘴(はし)食い違って思うようにならないことのたとえ。

鶍

いずくんぞ【安んぞ】〈焉んぞ〉どうして…(であろうか)。

いずこ【何処】どこ。where

いずまい【居住まい】座っている姿勢。▽—を正す。

いずみ【泉】地下水がわき出ている所。また、その水。spring

いずれ【何れ】❶どれ。どちら。❷どうせ。どのみち。❸近いうちに。

いすわる【居座る】すわって動かない。settle down

いせい【威勢】❶活気のある勢い。元気。❷人を従わせる勢い。▽—をふるう。① high-spirited

いせい【異性】❶性が違うこと。❷男性が女性を、女性が男性をさしていう語。対❶❷同性。② opposite sex

いせいしゃ【為政者】政治を行う人。statesman

いせき【移籍】❶本籍を他に移すこと。❷スポーツ選手などが、所属する団体から他の団体へかわること。

いせき【遺跡】〈遺蹟〉昔の人の生活のあとや、歴史上の出来事・建物などのあった場所。類旧跡。ruins

いせつ【異説】世間一般とはちがう説。

いせつ【移設】建物などを他の場所に移すこと。

いせん【緯線】地球の同じ緯度を結ぶ線。parallel

いぜん【以前】❶その時を含んで、それより前。❷昔。対❶以後。

いぜん【依然】もとのままで。▽—として改めない。旧態—。

いそ〚磯〛人17 キ・いそ 岩の多い波打ち際。▽—辺(いそべ)。荒—(あらいそ・ありそ)。

筆順

いそ【磯】岩の多い海岸。▼—の鮑(あわび)の片思い 相手に通じない恋心。

いそう【位相】❶周期運動におけるある瞬間の位置・運動状態。❷語学で、男女・地域・職業などの相違から生まれることばの違い。① phase

いそう【移送】移し送ること。

いぞう【遺贈】遺言によって他にゆずること。bequest

いそうがい【意想外】意外。

いそうろう【居候】他家に住み、世話になること・人。類食客。hanger-on

いそがしい【忙しい】❶用が多くてひまがない。❷落ち着かない。① busy

いそぎんちゃく【磯巾着】浅海の岩などにいる腔腸(こうちょう)動物。sea anemone

いそぐ【急ぐ】❶早くしようとする。❷速く歩く。① hurry

いぞく【遺族】故人の家族。遺家族。

いそじ【五十路】〈五十〉五〇歳。五〇年。

いそしむ【勤しむ】つとめはげむ。▽研究に—。work diligently

いそん【依存】 他に頼ることで、なりたっていること。いぞん。▽輸入に―する。dependence　依存

いぞん【異存】 反対意見。異論。▽―はない。　異存

いた【板】 薄く平たく切った木材。board　板

いたい【異体】 ❶普通とはちがっている形や姿。❷標準とする文字とは異なる字体の文字。異体字。　異体

いたい【痛い】 ❶痛みを感じるようす。❷つらく苦しい。①②painful ▼**―所を突(つ)く** 弱点をせめる。▼**―くも痒(かゆ)くもない** 何の苦痛も感じない。平気だ。▼**―くもない腹を探られる** やましいことがないのに疑われる。　痛い

いたい【遺体】 死んだ人の体。corpse　遺体

いだい【偉大】 すぐれて立派なようす。great　偉大

いたいけ【幼気】 幼くてかわいらしいようす。また、いじらしいようす。　幼気

いたいたしい【痛痛しい】 見ていられないほど、かわいそうだ。類痛ましい。pitiful　痛痛し

いたく【委託】 まかせたのむこと。類委嘱(いしょく)。▽―販売。commission　委託

いたく【痛く】 非常に。たいそう。　痛く

いだく【抱く】 ❶腕にかかえる。❷〈懐く〉心に持つ。①hold　抱く

いたけだか【居丈高】 高圧的なようす。威丈高。threatening　居丈高

いたご【板子】 和船の底に敷く板。▼**―一枚下は地獄(じごく)** 船乗りの仕事が危険を伴うことのたとえ。　板子

いたしかたない【致し方無い】 どうしようもない。　致し方

いたしかゆし【痛し痒し】 どちらにしても不都合があって困ること。　痛し痒

いたす【致す】 ❶「する」の謙譲・丁寧語。❷ひきおこす。▽不徳の―ところ。❸およぼす。▽思いを―。　致す

いたずら【悪戯】 わるふざけ。わるさ。mischief　悪戯

いたずらに【徒に】 むだに。むやみに。▽―日を送る。vainly　徒に

いただき【頂】 頂上。summit　頂

いただく【頂く】 〈戴く〉❶頭にのせる。❷長としてあおぐ。▽A氏を会長に―。❸「もらう・食べる・飲む」の謙譲語。❹…してもらう。かなで書くことが多い。　頂く

いたたまれない【居た堪れない】 その場にじっとしていられない。　居た堪

いたち【鼬】 イタチ科の動物。敵にあうと悪臭を放つ。weasel　鼬

いたちごっこ【鼬ごっこ】 両者が同じことを繰り返し、きりがないこと。　鼬ごっこ

いたって【至って】 非常に。very　至って

いたで【痛手】 ❶重傷。❷ひどい損害や被害。②great blow　痛手

いだてん【韋駄天】 ❶非常に足の速い、仏法を守る神。❷足の速い人。　韋駄天

いたどり【虎杖】 タデ科の多年草。夏、淡紅色または白の花を多数つける。根は薬用。　虎杖

いたのま【板の間】 板敷きの部屋。　板の間

いたばさみ【板挟み】 対立する二者の間に立って、どうしてよいか困ること。dilemma　板挟み

いたまえ【板前】 日本料理の料理人。板場。　板前

いたましい【痛ましい】 〈傷ましい〉かわいそうだ。気の毒だ。類痛痛しい。pitiful　痛ま

いたみいる【痛み入る】 (人の親切や好意に)恐縮する。▽お出迎え、―ります。　痛み入

いたむ【悼む】 死をなげき悲しむ。mourn　悼む

いたむ【痛む】 ❶痛みを感じる。❷つらく感じる。①②hurt　痛む

いたむ【傷む】 ❶物がきずつく。❷食べ物が腐る。①be damaged　傷む

> **使い分け**「いたむ・いためる」
> **痛む・痛める**…肉体や精神に苦痛を感じる。▽足が痛む。腰を痛める。今でも胸が痛む。借金の返済に頭を痛める。
> **傷む・傷める**…傷が付く。壊れる。質が劣化する。▽引っ越しで家具を傷める。家の傷みがひどい。髪が傷む。傷んだ果物。
> **悼む**…人の死を嘆き悲しむ。▽故人の死を悼む。親友の死を悼む。

いため【板目】 木材の切り口に出る山形などの木目(もくめ)。対正目(まさめ)。　板目

いためる【炒める】 食べ物を油でいりつける。fry　炒める

いたり【至り】❶結果。▽若気の━。❷きわみ。▽恐縮の━。

いたる【至る】〈到る〉❶行き着く。❷およぶ。▽現在に━。①reach ▼━れり尽(つ)くせり 非常に行き届いていること。

いたるところ【至る所】〈到る所〉行く先々。どこにでも。every-where

いたわしい【労しい】かわいそうだ。

いたわる【労る】❶親切に扱う。❷苦労をなぐさめる。

いたん【異端】正統とされない学問・思想や信仰。対正統。heresy

いち【一】常1 イチ・イツ・ひと・ひとつ ❶ひとつ。❷一番目。❸すべて。▽━帯。

筆順 一

いち【壱】常7 イチ 証書などで「一」の代用。▽━万円。(壹)

筆順 一 十 士 声 声 壱 壱

いち【一】❶自然数で最初の数。❷最初。❸最高。一番。❹数多い中の一つ。❺ひとかどの。▽━市民。▽━見識。①one ▼━姫(ひめ)二太郎(たろう) 子供は最初は女、次は男をうむのがよいということ。▼━富士(ふじ)二鷹(たか)三茄子(なすび) 初夢に見ると縁起がよいものを順に並べた句。

いち【市】❶物品の交換や売買をすること・場所。❷市街。①market

いち【位置】❶物のある場所。また、そこにあること。❷社会的な立場。地位。また、そこにいること。②position

いちい【櫟】〈一位〉常緑高木の一。庭木・生け垣とする。

いちいせんしん【一意専心】一つのことにだけ心を集中させること。

いちいたいすい【一衣帯水】帯のように狭く長い川・海。また、それを間にして隣りあっていること。

いちいん【一因】原因のうちの一つ。

いちいん【一員】団体の中の一人。a member

いちえん【一円】その地域一帯。▽関東━。

いちおう【一応】〈一往〉❶ひとまず。❷ひと通り。

いちおし【一押し】〈一推し〉一番のものとして、強くすすめられるもの。くだけた言い方。「イチオシ」「イチ押し」と書くこともある。▽━の本。

いちが【一河】❶一筋の川。❷同じ川。▼━の流れを汲(く)む 人と人との関係は前世の因縁によるということ。

いちがいに【一概に】ひっくるめて。おしなべて。

いちがん【一丸】ひとまとまり。▽打って━となる。

いちぎ【一議】一度の評議。▼━に及(およ)ばず 議論するまでもない。

いちぎてき【一義的】❶意味が一つしかないようす。第一義的。❷最も重要であるようす。

いちく【移築】原形のまま他所に移し建てること。

いちぐう【一隅】片すみ。a corner

いちげい【一芸】一つの(すぐれた)技能・芸能。▽━に秀でる。

いちげき【一撃】ひとうち。a blow

いちげん【一見】初対面(の客)。

いちげんか【一元化】組織などを一つに統合すること。

いちげんこじ【一言居士】何にでも意見を言いたがる人。注いち×ごんこじ。

いちげんしき【一見識】物事に対するしっかりとした見方・考え方。いっけんしき。

いちご【苺】人8 バイ・いちご 植物の、いちご。▽野━(のいちご)。

筆順 一 十 艹 艹 苎 苺 苺 苺

いちご【苺】〈莓〉多年草の一。熟した赤い実は食用。strawberry

いちご【一期】一生。生涯。

いちごいちえ【一期一会】一生に一度出会うこと。出会いを大事にせよという茶道の心構え。

いちごう【一毫】❶一本の細い毛。❷ほんのわずか。▽━のすきもない。

いちごん【一言】ひとこと。▽━もない。

いちごんはんく【一言半句】ごくわずかなことば。

いちざ【一座】❶その場にいる人全体。❷興行する一団。②troupe

いちじ【一次】第一回目。▽━試験。first

いちじ【一事】一つの事柄。an affair ▼一が万事 すべてが同じ調子であること。 一事

いちじ【一時】❶ある時。❷その場かぎり。❸しばらくの間。①once 一時

いちじく【無花果】クワ科の木の一。葉はてのひら形。fig 無花果

いちしちにち【一七日】初七日（しょなぬか）。 一七日

いちじつ【一日】❶いちにち。❷ある日。❸ついたち。▼一の長 技量などが少しだけ優れていること。 一日

いちじつせんしゅう【一日千秋】一日が一〇〇〇年に感じられるほど、非常に待ち遠しいこと。いちにちせんしゅう。 千秋

いちじゅういっさい【一汁一菜】汁一品とおかず一品。質素な食事のたとえ。 一汁

いちじゅん【一巡】ひとまわり。 一巡

いちじょ【一助】少しの助け。▽研究の一。 一助

いちじょう【一条】❶ひとすじ。▽一の光。❷箇条書きの中の一つの条文。 一条

いちじょう【一場】❶一つの場面。❷演説などの一席。▽一の訓示を受ける。❸わずかの時間。▼一の夢 その場かぎりのはかない夢。 一場

いちじるしい【著しい】特に目立っている。remarkable 著しい

いちじん【一陣】風がひとしきり吹くこと。▽一の風。gust 一陣

いちず【一途】ひたむき。wholeheartedly 一途

いちせいめん【一生面】新しく切り開いた方面。新機軸。いっせいめん。 一生面

いちぞく【一族】同じ血筋の人々。同族。one's clan 一族

いちぞん【一存】自分ひとりの考え。▽わたしの一では決められない。 一存

いちだい【一大】「一つの重大な」の意。▽一発見。 一大

いちだい【一代】❶一生。❷一人の主人・君主などがその地位にいる間。❸その時代。▽一の英雄。 一代

いちだいじ【一大事】大変なできごと。 一大事

いちだんと【一段と】ひときわ。いっそう。remarkably 一段と

いちだんらく【一段落】物事が、ひとつのくぎりがつくこと。ひとくぎり。pause 一段落

いちてんき【一転機】一つの重大な、変わりめ。いってんき。 一転機

いちどう【一同】❶そこにいる全員。❷仲間のみんな。 一同

いちどう【一堂】一つの建物。▽一に会する。注一×同に会する。a hall 一堂

いちどく【一読】ひと通り読むこと。 一読

いちなん【一難】一つの災難・困難。▼一去ってまた一難 次々に災難が起こること。 一難

いちにょ【一如】仏教で、真理の根源は一つだということ。 一如

いちにん【一任】すべてを任せること。 一任

いちにんまえ【一人前】❶一人分。❷一人並みであること。大人並み。②grown-up 一人前

いちねん【一念】深く思いこむこと。 一念

いちねんほっき【一念発起】あることを成しとげようと決意すること。 発起

いちのとり【一の酉】十一月の最初の酉の日。初酉（はつとり）。 一の酉

いちば【市場】商品を売買する所。しじょう。market 市場

いちばい【一倍】❶同じ数量。❷二倍。▽人一働く。②twice 一倍

いちはつ【鳶尾】（一八）アヤメ科の多年草。五月ごろ紫・白などの花が咲く。 鳶尾

いちばつひゃっかい【一罰百戒】罪をおかした中の一人を罰して、他のいましめとすること。 一罰

いちはやく【逸早く】真っ先に。 逸早く

いちばん【一番】❶順番が最初であること。❷多くのものの中で最もすぐれていること。①first ②best 一番

いちばんどり【一番鶏】明け方に最初に鳴くにわとり（の声）。 一番鶏

いちばんのり【一番乗り】❶敵陣に最初に攻め入ること・人。❷ある場所にだれよりも早く着くこと・人。 一番乗

いちびょうそくさい【一病息災】 一病

一つぐらい病気があったほうが、健康に気をつけるので長生きするものだ。

いちぶ【一分】❶全体の十分の一。❷ほんの少し。▽一の隙も見せない守備。 一分

いちぶ【一部】全体の中のある部分。▽一の例外はある。対全部。 a part of 一部

いちぶいちりん【一分一厘】ごくわずかなことのたとえ。▽一のくるいもない。 一分

いちぶしじゅう【一部始終】始めから終わりまで全部。 一部

いちべつ【一別】人と別れること。 一別

いちべつ【一瞥】ちらっと見ること。▽一を与える。類瞥見。 a glance 一瞥

いちぼう【一望】ひと目で見渡すこと。 一望

いちぼうせんり【一望千里】見渡すかぎり広々としたようす。 千里

いちまいかんばん【一枚看板】❶一座の中心役者。❷団体の中心人物。 一枚

いちまつ【一抹】ほんのわずか。▽一の不安。 一抹

いちまつもよう【市松模様】二色の四角形を交互に並べた模様。 市松

いちみ【一味】(よくないことをする)仲間。

いちみゃく【一脈】ひとすじ(のつながり)。▼一相(あい)通じる どこか共通している。

市松模様

いちめい【一命】一つしかないいのち。▽一を取りとめる。 一命

いちめん【一面】❶ある面・観点。❷あたり全体。❸新聞の第一ページ。①one side 一面

いちめんしき【一面識】一度会って少し知っていること。▽一もない。 一面識

いちもうだじん【一網打尽】一度に全員を捕らえること。roundup 一網

いちもく【一目】❶ちょっと見ること。❷碁盤上の一つの目。また、碁石一つ。▼一置く 相手の能力が自分より上だと認める。 一目

いちもくさん【一目散】わき目もふらずに走るようす。 一目散

いちもくりょうぜん【一目瞭然】ひと目ではっきりとわかるようす。▽試合の結果は一である。 瞭然

いちもつ【一物】❶(よくない)たくらみ。▽腹に一。❷陰茎。 一物

いちもつ【逸物】特にすぐれたもの・人。いちぶつ。いつぶつ。 the pick 逸物

いちもん【一門】❶一族。❷同じ師についた仲間。❸同じ宗派の仲間。 一門

いちもんいっとう【一問一答】一つ質問して一つ答えること。 一問

いちや【一夜】❶ひと晩。❷ある夜。 一夜

いちやく【一躍】一足とびに。 一躍

いちゅう【意中】心中で思っていること。▽一の人。 one's mind 意中

いちょ【遺著】死後に残された著作。 遺著

いちよう【一様】❶全部が同じであるようす。同様。❷ありふれているようす。なみ。①equal 一様

いちょう【胃腸】胃と腸。 胃腸

いちょう【移調】ある楽曲をメロディーを変えず他の調子に移すこと。 移調

いちょう【銀杏】(公孫樹)落葉高木の一。種はぎんなん。ginkgo 銀杏

いちようらいふく【一陽来復】❶冬が去り、春が来ること。❷不運続きの後、幸運がめぐって来ること。注一陽来×福。 一陽

いちよく【一翼】一つの役割。▽一を担う。 一翼

いちらん【一覧】❶ひと通り目を通すこと。❷ひと目で内容がわかるようにまとめたもの。▽一表。 一覧

いちり【一理】一応の道理・理由。 一理

いちりいちがい【一利一害】利益のある反面、害もあること。 一利

いちりつ【一律】❶同じ調子で変化のないこと。▽千編一。❷同じ基準で行うこと。注一×率。類❷均一。 一律

いちりゅう【一流】❶最高の水準。❷独特の流儀・やり方。❸一つの流派。①top-ranking 一流

いちりょうじつ【一両日】一、二日。 一両日

いちりんざし【一輪挿し】一、二輪の草花を 一輪

いける花器。

いちる【一縷】❶一筋の糸。❷ごくわずか。▽―の望み。 一縷

いちれい【一礼】❶一度おじぎすること。❷軽く礼をすること。 一礼

いちれん【一連】関連のあるひと続き。▽―の事件。 一連

いちれんたくしょう【一蓮托生】行動・運命を共にすること。 一蓮

いちろ【一路】❶一筋の道。❷ひたすら。まっすぐに。 一路

いつ【逸】常11【逸】人12 イツ ❶走る。逃げる。▽―脱。❷すぐれた。▽―品。

筆順	ノ	ク	各	缶	缶	免	逸	逸

逸・逸

いつ【溢】人13 イツ・あふれる あふれる。みちる。▽横―。充―。

筆順	氵	氵八	氵兴	沪	泆	浴	溢	溢

溢・溢

いつ【一】⇩いち

いつ【一】一つ。▽軌を―にする。 一

いつ【何時】どの時。when ▼―に無いいつものようではない。 何時

いっか【一下】ひとたび下ること。▽命令―。 一下

いっか【一家】❶一家族。❷博徒(ばくと)の一団。❸学問・芸術などの、一つの権威。▼―を成す その道の権威となる。 一家

いっか【一過】さっと通り過ぎること。▽台風―。 一過

いっかい【一介】〈「―の」「―で」〉取るに足りない一人。▽―のサラリーマンにすぎない。 一介

いっかいき【一回忌】一周忌。 一回忌

いっかく【一角】❶一部分。片すみ。▽町の―。❷一つのかど。❸一本のつの。▽―獣(じゅう)。 一角

いっかくせんきん【一攫千金】〈一獲千金〉一度に大金をもうけること。 一攫

いっかげん【一家言】その人独自の意見。 一家言

いっかつ【一括】一つにくくること。 一括

いっかつ【一喝】大声でひと声しかりつけること。 一喝

いっかん【一貫】ある考え方や方針で通すこと。▽―して反対する。終始―。consistency 一貫

いっかん【一環】関連のある全体の一部分。 一環

いっき【一気】一息。 一気

いっき【一揆】昔、農民などが団結して起こした暴動。▽百姓―。riot 一揆

いっき【逸機】機会をのがすこと。 逸機

いっきいちゆう【一喜一憂】情勢の変化に喜んだり心配したりすること。 一喜

いっきうち【一騎討ち】〈一騎打ち〉一対一の勝負。one-on-one contest 一騎

いっきかせい【一気呵成】物事をひといきに仕上げること。 呵成

いっきとうせん【一騎当千】一騎で千騎を相手にするほど強いこと・人。 当千

いっきょいちどう【一挙一動】一つ一つの行動。every action 一挙

いっきょう【一興】ちょっとしたおもしろみ。fun 一興

いっきょしゅいっとうそく【一挙手一投足】❶こまかな一つ一つの行動。❷わずかな労力。 一挙手

いっきょりょうとく【一挙両得】一石二鳥。 両得

いつく【居着く】長い間一つの場所に住む。住みつく。settle down 居着く

いつくしむ【慈しむ】大切にしてかわいがる。cherish 慈しむ

いっけい【一計】一つのはかりごと。 一計

いっけつ【一決】相談などが一つにまとまること。▽衆議―。 一決

いっけん【一件】❶一つの事柄・事件。▽―落着。❷例のこと。 一件

いっけん【一見】❶一度見ること。❷ちょっと見たところ。 一見

いっけんや【一軒家】❶一軒だけ建っている家。❷一戸建て。 一軒家

いっこ【一顧】ちょっとふり返ること。心にとめること。▽―だにしない。 一顧

いっこう【一向】❶まったく。また、少しも。❷ひたすら。①at all 一向

いっこう【一考】一度考えてみること。▽―を要する。consideration 一考

いっこう【一行】同行の人々。party 一行

いっこく【一刻】 ❶わずかな時間。❷がんこなようす。①moment ▼**―千金**(せんきん) 短くても、ひじょうに価値のある時間のこと。蘇軾(そしょく)の詩の一句「春宵(しゅんしょう)一刻値(あたい)千金」から。 一刻

いっこん【一献】 ❶さかずき一杯の酒。❷酒をごちそうすること。▽―差し上げたい。 一献

いっさい【一切】 ❶全部。❷まったく。 一切

いっさい【一再】 一、二度。▼**―ならず** 何度も。たびたび。 一再

いつざい【逸材】 すぐれた才能の人。 逸材

いっさいがっさい【一切合財】 〈一切合切〉残らず全部。何もかも。everything 一切合財

いっさく【一昨】 ❶「昨」より一つ前の時を表す。❷おとといの。▽―五日。 一昨

いっさつ【一札】 一通の証文。 一札

いっさんに【一散に】 一目散に。 一散に

いっし【一矢】 一本の矢。▼**―を報**(むく)**いる** 反撃する。 一矢

いっし【一糸】 いと一本。▼**―乱れず** 整然と。 一糸

いつじ【逸事】 世に知られていない興味ある事柄。 逸事

いっしき【一式】 ひとそろい。a set 一式

いっしそうでん【一子相伝】 奥義を自分の子一人だけに伝えること。 相伝

いっしどうじん【一視同仁】 すべての者を差別なく愛すること。 一視

いっしゃせんり【一瀉千里】 物事が早くはかどること。 一瀉

いっしゅ【一種】 ❶一種類。❷ある意味ではは同類であるもの。▽―の天才。❸何となく。①②a kind 一種

いっしゅう【一蹴】 ❶はねつけること。▽要求を―する。❷あっさり負かすこと。 一蹴

いっしゅうき【一周忌】 死後一年目の日に営む法事。一年忌。一回忌。 一周忌

いっしゅくいっぱん【一宿一飯】 ひと晩とめてもらい、一回食事をふるまわれる意から、少し世話になること。▽―の恩。 一宿

いっしゅん【一瞬】 わずかな時間。瞬間。類瞬時。a moment 一瞬

いっしょ【一緒】 ❶ひとまとめ。❷同じものであること。❸つれだつこと。注一×諸。 一緒

いっしょう【一生】 生まれてから死ぬまでの間。一生涯。lifetime 一生

いっしょう【一将】 一人の将軍。▼**―功成りて万骨**(ばんこつ)**枯**(か)**る** 一将の功名の陰には多くの兵の犠牲がある。 一将

いっしょう【一笑】 ちょっと笑うこと。▽―に付す。 一笑

いっしょうけんめい【一生懸命】 全力でするようす。一所(いっしょ)懸命。 懸命

いっしょくそくはつ【一触即発】 ちょっと触れただけで爆発しそうな状態。 一触

いっしん【一心】 ❶心を一つの事に集中すること。▽合格したい―で受験勉強にはげむ。❷一つになった心。 一心

いっしん【一身】 ❶一つの体。❷自分(の体)。▽―を捧げる。 一身

いっしん【一新】 全く新しくすること。▽気分―。renewal 一新

いっしんいったい【一進一退】 ❶進んだりしりぞいたりすること。❷よくなったり悪くなったりすること。 一進

いっしんじょう【一身上】 自分の身の上などに関すること。personal 一身上

いっしんとう【一親等】 親子など、最も近い親族関係。一等親。 一親等

いっしんどうたい【一心同体】 何人かの心が一つに合わさること。注一×身同体。 同体

いっしんふらん【一心不乱】 心を一つの事に集中し、ほかのことは何も考えないこと。 不乱

いっすい【一睡】 ひと眠り。 一睡

いっする【逸する】 ❶それる。▽常軌を―。❷のがす。❸忘れる。なくなる。散る。 逸する

いっすん【一寸】 ❶尺貫法の長さ。三・〇三センチ。❷ごくわずかの距離・時間・大きさ。▼**―の光陰**(こういん)**軽**(かろ)**んずべからず** わずかな時間もむだにするな。▼**―の虫にも五分**(ごぶ)**の魂**(たましい) 弱小なものにもそれ相応の意 一寸

地があるということ。

いっせ【一世】❶過去・現在・未来の三世（さんぜ）のうちの一つ。特に現世。❷一生涯。 一世

いっせい【一世】❶一生。一代。❷一人の君主が統治している期間。❸その時代。❹移民などの最初の代の人。❺同名の皇帝などの最初の人に付ける語。類❹初代。▼—を風靡（ふうび）する ある時代に広くもてはやされる。 一世

いっせい【一斉】同時。いちどき。▽—検査。 一斉

いっせいちだい【一世一代】一生に一度限り。いっせいいちだい。 一代

いっせき【一夕】❶一晩。❷ある晩。 一夕

いっせき【一石】石一つ。▽—を投じる。▼—二鳥 一つの行為で同時に二つの成果をあげること。一挙両得。 一石

いっせき【一席】演説・演芸・宴会などの一回。▽—設ける。 一席

いっせつ【一説】❶一つの説。❷ある説。別の説。▽—によると…。 一説

いっせん【一閃】ぴかっと光ること。 一閃

いっせん【一線】❶一本の線。❷はっきりした区切り。❸第一線。▼—を画（かく）する はっきりと区別をつける。 一線

いっそう【一掃】残らず取り除くこと。sweep 一掃

いっそう【一層】❶ひと重ね。❷何層かある中の一番下の層。❸これまで以上に。一段と。③still more 一層

いっそくとび【一足飛び】❶両足をそろえてとぶこと。❷順序を踏まず、とびこして進むこと。 一足飛

いったい【一体】❶一つにまとまったもの。❷仏像など、一つ。❸疑問を表す語。❹もともと。そもそも。 一体

いったい【一帯】そのあたり全部。 一帯

いつだつ【逸脱】本筋や決まった範囲から外れること。deviation 逸脱

いったん【一旦】❶一時的に。❷一回。一度。②once ▼—緩急（かんきゅう）あれば いざというときは。 一旦

いったん【一端】❶片方のはし。❷一部分。②a part 一端

いっち【一致】ぴったりと合うこと。一つになること。類合致。agreement 一致

いっちはんかい【一知半解】なまかじり。類半可通。smattering 一知

いっちょういっせき【一朝一夕】わずかな日時。 一朝

いっちょういったん【一長一短】長所もあり、短所もあること。 一長

いっちょうら【一張羅】たった一枚しか持っていない外出着や晴れ着。Sunday best 一張羅

いづつ【井筒】井戸の地上部の囲い。 井筒

いって【一手】❶囲碁や将棋で一回打つ（動かす）こと。❷一つの手段・方法。❸独占すること。▽—に引き受ける。 一手

いってい【一定】❶一つに決まっていること。❷決まっていて変わらないこと。類❷不変。②constant 一定

いってつ【一徹】がんこで考えを変えないこと。 一徹

いってん【一天】❶空全体。❷天下。 一天

いってん【一転】❶ひと回りすること。❷がらりと変わること。類❷一変。 一転

いってんばり【一点張り】一つのことだけを押し通すこと。 一点張

いっと【一途】一筋の道。ただ一つの方向。▽悪化の—をたどる。 一途

いっとう【一統】❶一同。▽ご—様。❷統一。▽天下を—する。 一統

いっとう【一頭】❶一つの頭。❷（大きな）けものの数で、一匹。▼—地（ち）を抜（ぬ）く 一段と、めだって優れている。 一頭

いっとうりょうだん【一刀両断】思い切った処置をすること。 一刀

いつに【一に】ひとえに。 一に

いっぱ【一派】❶一つの流派。❷同じ考えをもつ仲間。②a party 一派

いっぱい【一杯】❶一つの容器に入れる分量。❷あふれそうなようす。▽日が—にさしこむ。❸ありったけ。▽力—。②③full ▼—食う だまされる。 一杯

いっぱい【一敗】一回負けること。▼—地に塗（まみ）れる 二度と立ち上がれないほど完全に負ける。 一敗

いっぱし【一端】一人前。 一端

いっぱん【一半】半分。▽責任の—。 一半

いっぱん【一般】❶全体に共通していること。❷普通。▽—の人。 一般

いっぱん【一斑】一部分。▼―を見て全豹(ぜんぴょう)を卜(ぼく)す 物事の一部だけを見て全体を推し測る。 一斑

いっぴ【一臂】片腕。 一臂

いっぴつ【一筆】❶墨つぎせずに書くこと。❷ちょっと書くこと・もの。▼―啓上(けいじょう) 男性の手紙の書き出しの語。「簡単に申し上げます」の意。 一筆

いっぴん【逸品】すぐれた品物・作品。 逸品

いっぷう【一風】一種のおもむき。 一風

いっぷく【一服】❶茶・たばこのひとのみ。❷一休み。❸薬の一包み。▼―の清涼剤(せいりょうざい) さわやかな気分にさせるもの。▼―盛る 毒薬をのませる。 一服

いつぶん【逸文】一部だけしか伝わっていない文章。 逸文

いつぶん【逸聞】世間に知られていない珍しい話。遺聞。類逸話。 逸聞

いっぺん【一片】❶ひとひら。ひときれ。❷わずか。▽―の良心もない。 一片

いっぺん【一変】急にすっかり変わること。類一転。change completely 一変

いっぺんとう【一辺倒】一つのものだけにかたよること。▽勉強―。 一辺倒

いっぽう【一方】❶一つの方向。❷片方。❸その方にかたよること。❹他方では。②one side 一方

いっぽう【一報】❶ちょっと知らせること。❷最初の知らせ。第一報。 一報

いっぽんぎ【一本気】いちずに思い込むこと・性質。 一本気

いっぽんぢょうし【一本調子】変化がなく面白みのないこと。monotone 一本調子

いっぽんやり【一本槍】一つのことを押し通すこと。類一点張り。 一本槍

いつらく【逸楽】気ままに楽しむこと。類逸遊。 逸楽

いつわ【逸話】世間に知られていない興味ある話。類逸聞。anecdote 逸話

いつわる【偽る】❶うそを言う。▽病気と―って欠席する。❷ふりをする。だます。▽身分を―。①lie ②fake 偽る

イデア【idea ギリシャ】理念。観念。イデー。

イデオロギー【Ideologie ドイツ】❶歴史的・社会的立場に制約された考え方。観念形態。❷社会・政治思想。

いでたち【出で立ち】身なり。 出立ち

いてつく【凍て付く】こおりつく。freeze 凍て

いでゆ【出で湯】温泉。hot spring 出湯

いてん【移転】場所・住所を変えること。類転居。move 移転

いでん【遺伝】体質や性質などが子孫に伝わること。heredity 遺伝

いと【糸】❶繊維をより合わせた細長い物。❷❶のようなもの。❸弦楽器の弦。①thread 糸

いと【意図】ある事をしようとする考え。おもわく。類企図。intention 意図

いど【井戸】地面を深く掘って、地下水をくみあげるようにしたしかけ。well 井戸

いど【緯度】赤道から南北に離れている度合い。北緯・南緯何度という。対経度。latitude 緯度

いとう【厭う】❶いやがる。きらう。❷(体を)いたわる。①hate 厭う

いどう【異同】異なる点。difference 異同

いどう【異動】職場での地位・職務などが変わること。▽人事―。注人事×移動。 異動

いどう【移動】動いて場所を変えること。また、変わること。movement 移動

使い分け「いどう」
異動…人事の変更に使う。▽人事―。
移動…ものを移し動かすこと。▽車を―する。―図書館。

いとおしい かわいい。

いときりば【糸切り歯】人の犬歯(けんし)。eyetooth 糸切歯

いとく【遺徳】死後まで残る人徳。 遺徳

いとぐち【糸口】〈緒〉きっかけ。てがかり。clue 糸口

いとけない【幼けない】〈稚けない〉おさない。 幼けない

いとこ【従兄弟】〈従姉妹〉父母の兄弟姉妹の子。cousin 従兄弟

いどころ【居所】❶いる場所。❷住所。類❶所在。①whereabouts 居所

いとしい【愛しい】❶かわいい。❷恋しい。①dear 愛しい

いとなむ【営む】❶物事をする。▽法事を―。❷経営する。①perform 営む

いとのこ【糸鋸】細い刃ののこぎり。糸のこぎり。 糸鋸

いどばた【井戸端】井戸のかたわら。 井戸端

いとま【暇】❶ひま。▽応接に―がない。❷休暇。❸別れ。 暇

いとまごい【暇乞い】❶別れを告げること。❷ひまをくれるよう、頼むこと。 暇乞い

いどむ【挑む】立ち向かう。また、戦い・競争をしかける。challenge 挑む

いとめ【糸目】❶糸の線。❷つながり。❸凧(たこ)の平衡を保つ糸。④すじ状の模様。▼―を付けない(金銭を)出し惜しみをしないで使う。 糸目

いとめる【射止める】❶射殺す。❷ねらって手中にする。②win 射止め

いとわしい【厭わしい】いやだ。きらいだ。 厭わ

いな【否】❶いや。いいえ。❷不承知。▽賛成か―か。 否

いな【鯔】ぼらの幼魚。 鯔

いない【以内】それを含めて、それより少ない範囲。対以上。within 以内

いなおる【居直る】❶急に強い態度に変わる。❷座り直す。 居直る

いなか【田舎】❶都会から離れた地方。❷故郷。①the country 田舎

いなご【蝗】昆虫の一。稲の害虫。locust 蝗

いなさく【稲作】稲を栽培すること。また、そのできぐあい。 稲作

いなす【往なす】軽くあしらってかわす。parry 往なす

いなずま【稲妻】雷の光。いなびかり。lightning 稲妻

いなせ【鯔背】威勢がよく、いきで男らしいこと。 鯔背

いななく【嘶く】馬が声高く鳴く。neigh 嘶く

いなびかり【稲光】稲妻(いなずま)。 稲光

いなほ【稲穂】いねの穂。 稲穂

いなむ【否む】〈辞む〉❶断る。❷否定する。▽―ことのできない事実。①refuse ▼―めない 否定できない。 否む

いなむら【稲叢】かり取ったいねをつみ重ねたもの。 稲叢

いなや【否や】❶…するとすぐに。▽帰るや―。❷…かどうか。 否や

いならぶ【居並ぶ】席を連ねる。 居並ぶ

いなり【稲荷】❶イネなどの穀物をつかさどる神(を祭った神社)。❷油あげ。❸いなりずし。 稲荷

イニシアチブ【initiative】主導権。

いにしえ【古】はるかに遠い昔。ancient times 古

いにゅう【移入】❶移し入れること。▽感情―。❷国内のある地域から貨物を運びこむこと。対❷移出。 移入

いにん【委任】人にゆだね任せること。▽―状。commission 委任

いぬ【犬】❶動物の一。狩猟・番用や愛玩(あいがん)用。❷スパイ。❸くだらない。むだな。▽―死に。①dog 犬

いぬ【戌】十二支の一一番目。動物で犬。時刻で午後八時ごろ。方角で西北西。 戌

イヌイット【Inuit】北アメリカの北極海沿岸などに昔から住んでいる狩猟民族。

いぬじに【犬死に】むだ死に。 犬死に

いね【稲】米をとる植物。▽―刈り。rice plant 稲

いねむり【居眠り】体を横たえずに眠ること。doze 居眠り

いのいちばん【いの一番】まっ先。 一番

いのう【異能】特別で、すぐれた才能。 異能

いのこ【豕】❶いのしし。また、いのししの子。❷「豚」の別称。 豕

いのこる【居残る】人が帰った後や定刻後まで残る。 居残る

いのしし〚猪〛人11〚猪〛人12

チョ・い・いのしし 動物の、いのしし。▽―突(ちょとつ)。 猪・猪

筆順

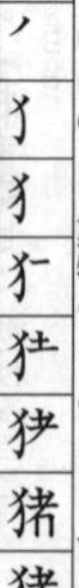

いのしし【猪】獣の一。牙を持ち、形はぶたに似る。wild boar 猪

いのち【命】❶生命。❷生きている間。❸いちばん大切なもの。①life 命

いのちがけ【命懸け】死ぬ覚悟ですること。 命懸け

いのちからがら【命辛辛】やっとのことで。 命辛

イノベーション【innovation】技術革新。

いのる【祈る】❶神仏に願う。❷心から希望する。①pray 祈る

いはい【位牌】戒名を書いた札。 位牌

いはい【違背】違反。　違背

いはい【遺灰】死者を火葬したあとに残る灰。　遺灰

いばしんえん【意馬心猿】欲情などをおさえ切れないこと。　意馬

いはつ【衣鉢】仏教で、仏法を伝えたしるしとして師の僧が弟子に授ける、袈裟（けさ）と鉢（はち）。▼―を継（つ）ぐだいじな教えを受けつぐ。　衣鉢

いはつ【遺髪】死者のかたみの毛髪。　遺髪

いばら〔茨〕常9 いばら とげのある低木。▽野―（のいばら）。　茨・荗

筆順	一	艹	艹	艿	芡	茨

いばら【茨】❶とげのある低木。❷植物のとげ。②thorn　茨

いばる【威張る】えらそうに、または強そうにふるまう。えばる。　威張る

いはん【違反】法律・規則などにそむくこと。違背。▽協定―。　違反

いはん【違犯】法にそむき、罪をおかすこと。violation　違犯

いびき【鼾】睡眠中に、呼吸とともに口や鼻から出る音。▽―をかく。snore　鼾

いびつ【歪】形がゆがんでいること。distortion　歪

いひょう【意表】予期しないこと。▽―を突く。　意表

いひん【遺品】故人の使っていた品物。類形見。relic　遺品

いふ【畏怖】おそれおののくこと。▽―の念。　畏怖

いぶ【慰撫】なぐさめいたわること。　慰撫

いふう【威風】威厳・威勢のあること。　威風

いふう【遺風】❶昔から残るならわし。❷故人が残した教え。▽先代の―を守る。①relics　遺風

いふうどうどう【威風堂堂】威厳・威勢があるようす。　堂堂

いぶかしい【訝しい】不審だ。疑わしい。doubtful　訝しい

いぶき【息吹】活動する気配。▽春の―。　息吹

いふく【衣服】着る物。類着物。衣類。clothes, wear　衣服

いふく【異腹】腹違い。対同腹。　異腹

いぶしぎん【燻し銀】❶いぶした銀。❷しぶくて、味わい深いもののたとえ。　燻銀

いぶす【燻す】❶煙が多く出るように燃やす。❷煙で黒く色をつける。①②smoke　燻す

いぶつ【異物】❶普通とちがう物。❷体内にあってはならない物。　異物

いぶつ【遺物】❶今も残っている昔の物。❷遺品。①remains　遺物

いぶん【異聞】珍しい話。　異聞

いぶん【遺文】❶故人の残した文章。❷世に知られずにある、昔の文献。　遺文

いぶんし【異分子】一団の中で、性質や考え方のちがう者。　異分子

いへん【異変】変わったできごと。　異変

イベント【event】❶行事。❷試合。

いぼ【疣】❶皮膚にできる角質の突起物。❷物の表面の小突起。①②wart　疣

いほう【違法】法律にそむくこと。illegality　違法

いほう【異邦】外国。▽―人。　異邦

いぼく【遺墨】故人の残した書。　遺墨

いほん【異本】文字や文章が定本と少し異なっている本。　異本

いま【今】❶現在。❷現代。❸すぐ。やがて。❹さっき。❺さらに。▽―一度。❻現代の。▽―浦島。①now ▼―を時めく 現在、世にもてはやされている。　今

いま【居間】家族がふだんくつろぐ部屋。living room　居間

いまいましい【忌ま忌ましい】しゃくにさわる。腹が立つ。irritating　忌忌し

いまさら【今更】❶今改めて。❷今となっては。　今更

イマジネーション【imagination】想像。想像力。

いましめ【縛め】しばること。捕縛。　縛め

いましめる【戒める】❶あやまちのないように教えさとす。❷禁じる。❸こらしめる。①admonish　戒める

いまだ【未だ】今になってもまだ。yet　未だ

いまだに【未だに】今になってもまだ。今もって。▽―忘れられない。注×今だに。yet　未だに

いまどき【今時】❶現在。現代。❷今ごろ。　今時

いまよう【今様】現代ふう。 今様

いまわ【今際】死ぬまぎわ。▽―の際(きわ)。 今際

いまわしい【忌まわしい】❶いやだ。よくない。❷不吉だ。縁起が悪い。 忌わしい

いみ【意味】❶ことばや記号などの表す内容。また、ある内容を表すこと。❷動機。意図。❸価値。①meaning 意味

いみことば【忌み言葉】〈忌み詞〉不吉だとして使わないことば。また、その代わりに使うことば。 忌言葉

いみじくも まことにうまく。

いみしんちょう【意味深長】深い意味が隠されているようす。注意味×慎重。 深長

いみょう【異名】別名。いめい。 異名

いみん【移民】外国に定住すること・人。emigration 移民

いむ【忌む】❶不吉なこととして避ける。❷憎みきらう。 忌む

イメージ【image】❶心に浮かべる姿・形。また、それを思いえがくこと。心象。❷印象。▼―アップ 印象がよくなること。▼―ダウン 印象が悪くなること。

いも〖芋〗常6 いも いも。▽里―。―虫。

筆順 一 十 艹 艹 芏 芋

芋・芋

いも【芋】〈藷・薯〉根や地下茎が、でんぷんをたくわえてふくれたもの。 芋

いもうと【妹】❶年下の女のきょうだい。❷義妹。対❶❷姉。 妹

いもづるしき【芋蔓式】一つの事から次々に多くの事があらわれること。 芋蔓式

いもの【鋳物】溶かした金属を型に流し込んでつくった器物。casting 鋳物

いもめいげつ【芋名月】中秋の名月。 芋名月

いもり【井守】両生類の一。池・川などにすむ。newt 井守

いもん【慰問】訪問して慰めること。 慰問

いや【否】否定・打ち消しの語。いいえ。いな。▽―も応もなく。no ▼―でも応でも 無理やりにでも。否が応でも。 否

いや【嫌】〈厭〉きらいだ。 嫌

いやおうなしに【否応無しに】いいも悪いもなく。強引に。否も応もなく。▽―連れ戻される。force-fully 否応無

いやがうえにも【弥が上にも】なおそのうえに。▽大会は―盛り上がった。 弥が上

いやがらせ【嫌がらせ】人のいやがることをわざとして困らせること。harassment 嫌が

いやき【嫌気】⇩いやけ。 嫌気

いやく【医薬】❶医療と薬。▽―分業。❷治療に使う薬。②medicine 医薬

いやく【意訳】一語一語にこだわらず、原文全体の意味を伝えるように訳すこと。対直訳。free translation 意訳

いやく【違約】約束・契約にそむくこと。背約。▽―金。 違約

いやけ【嫌気】いやだと思う気持ち。いやき。▽―が差す。disgust 嫌気

いやし【癒やし】悩みや苦しみなどをなおすこと・もの。 癒し

いやしい【卑しい】〈賤しい〉❶下品だ。❷意地汚い。❸地位・身分が低い。❹みすぼらしい。①vulgar 卑しい

いやしくも【苟も】たとえ、どうであろうとも。▽―我が社の社員ともあろう者が。 苟も

いやしめる【卑しめる】〈賤しめる〉軽べつする。見くだす。さげすむ。despise 卑しめる

いやす【癒やす】病気や苦しみなどをなおす。cure, heal 癒す

いやみ【嫌味】〈厭味〉❶相手に不快な感じを与えることば・態度。❷皮肉。あてこすり。①sarcasm 嫌味

いやらしい【嫌らしい】〈厭らしい〉❶不愉快な感じだ。❷みだらで下品だ。①dirty 嫌らしい

いゆう【畏友】尊敬する友。▽―山田君。 畏友

いよいよ〖愈〗13 ユ・いよいよ ❶いよいよ。❷まさる。 愈・愈

いよいよ【愈】〈愈愈〉❶今までよりいっそう。❷まさしく。❸ついに。とうとう。③at last 愈

いよう【威容】いかめしい姿。 威容

いよう【異様】普通でないようす。grotesque 異様

いよう【偉容】堂々とした立派な姿。magnificence 偉容

いよく【意欲】進んでやろうとする気持ち。 意欲

いらい【以来】その時から今まで。 以来

いらい【依頼】❶人にたのむこと。▽調査を―する。❷人にたよる 依頼

こと。▽―心。①request

いらいら【苛苛】 ❶思いどおりにならなくて、気が高ぶるようす。❷とげなどが粘膜を刺激して不快な感じのするようす。①nervousness　苛苛

いらか【甍】 瓦(かわら)ぶきの屋根。また、瓦。　甍

いらくさ【刺草】 〈蕁麻〉雑草の一。茎・葉にとげがある。nettle　刺草

イラスト 「イラストレーション」の略。挿し絵や図など。

いらだつ【苛立つ】 いらいらする。get irritated　苛立つ

いらっしゃる 「いる・来る・行く」の尊敬語。おいでになる。

いりあい【入り相】 夕暮れ。　入相

いりえ【入り江】 海や湖の、陸地にはいりこんだ所。inlet　入江

いりぐち【入り口】 ❶はいりぐち。❷物事の始まり。始め。㊊❶出口。①entrance　入口

いりくむ【入り組む】 複雑になる。こみいる。be complicated　入り組

いりこ【炒り子】 小いわしの煮干し。　炒子

いりびたる【入り浸る】 ある所に居続けたり、毎日のように行ったりする。　入り浸

いりまじる【入り交じる】 〈入り混じる〉いろいろなものがまじり合う。　入り交

いりむこ【入り婿】 他家にむこにはいること・人。　入婿

いりゅう【慰留】 なだめて、引き止めること。dissuasion　慰留

いりゅう【遺留】 ❶置き忘れること。❷死後に残しておくこと。　遺留

イリュージョン【illusion】 幻影。幻想。錯覚。

いりよう【入り用】 ❶必要なこと・物。❷入用(にゅうよう)。必要な費用。　入り用

いりょう【衣料】 着る物。また、その材料。clothing　衣料

いりょう【衣糧】 衣服と主食になる食べ物。　衣糧

いりょう【医療】 医術で病気やけがの治療をすること。medical care　医療

いりょく【威力】 人を服従させる力。　威力

いる【入る】 ❶はいる。❷その状態になる。❸深く・すっかり…する。▽佳境に―。▽恐れ―。　入る

いる【要る】 必要である。▽金が―。need　要る

> **使い分け**「いる」
> 入る…中に入る。ある状態になる。▽仲間入り。気に入る。恐れ入る。悦に入る。
> 要る…必要とする。▽金が要る。保証人が要る。何も要らない。

いる【居る】 ❶人・動物などがそこにある。❷すんでいる。①exist　居る

いる【炒る】 〈煎る〉食品をかきまぜながら熱して水分をとる。parch　炒る

いる【射る】 ❶矢を放つ。矢を目標にあてる。❷するどく照らす。①②shoot　射る

いる【鋳る】 溶かした金属を型に流し込んで器物をつくる。cast　鋳る

いるい【衣類】 着る物。clothing　衣類

いるか【海豚】 海獣の一。人になつき、性質は温和。dolphin　海豚

いるす【居留守】 家に居るのに留守をよそおうこと。▽―を使う。　居留守

いれあげる【入れ揚げる】 好きな人・ことのために大金をつぎこむ。　入れ揚

いれい【異例】 前例のない特別なこと。▽―の措置。㊮特例。　異例

いれい【違令】 法令などにそむくこと。　違令

いれい【慰霊】 死者の霊を慰めること。　慰霊

いれかわる【入れ替わる】 〈入れ代わる〉交替する。　入れ替

イレギュラー【irregular】 ❶不規則。変則的。❷ボールが不規則にはずむこと。イレギュラーバウンド。

いれずみ【入れ墨】 〈刺青〉皮膚を針で傷つけ、そこに墨・朱などをさして文字や絵を描くもの。彫り物。tattoo　入墨

いれぢえ【入れ知恵】 人に策略を教えること。また、その策略。　入知恵

いれば【入れ歯】 人工の歯を入れること。また、その歯。義歯。false tooth　入歯

イレブン【eleven】 ❶一一。❷一一人からなる、サッカーなどの選手・チーム。

いれもの【入れ物】 容器。うつわ。　入れ物

いれる【入れる】 ❶外から中に移す。❷〈容れる〉収容する。❸　入れる

含める。❹さしはさむ。❺補って直す。❻〈容れる〉認めて許す。▽要求を—。③❻include ⑥accept

いろ【色】❶目に映る赤・青・黄などの種々の感じ。❷表情。❸種類。❹ようす。▽敗北の—が濃い。❺色情。①color ▼—を失う 驚きや恐怖で青ざめる。▼—をなす 怒りで顔色が変わる。　色

いろいろ【色色】❶種類が多いようす。さまざま。❷あれこれ。さまざまに。①variety　色色

いろう【慰労】労をねぎらうこと。▽—会。　慰労

いろう【遺漏】手ぬかり。手落ち。▽—なきを期す。　遺漏

いろか【色香】男をひきつける女の美しい容姿。　色香

いろけ【色気】❶人をひきつける魅力。❷(特に性的な)事柄への関心。①sex appeal　色気

いろこい【色恋】恋愛や情事。　色恋

いろごと【色事】恋愛に関する事柄。love affair　色事

いろじかけ【色仕掛け】ある目的のために色情を利用してまどわすこと。　色仕掛

いろつや【色艶】❶皮膚のつや。❷色と光沢。①complexion　色艶

いろどる【彩る】❶色をつける。❷取り合わせて飾る。　彩る

いろなおし【色直し】結婚の披露宴で、新郎・新婦が衣装を着がえること。　色直し

いろは【伊呂波】❶いろは歌。また、その四七文字の仮名。❷物事の初歩。習いはじめ。　伊呂波

いろめ【色目】❶衣服などの色あい。色調。❷なまめかしい目つき。ながし目。秋波(しゅうは)。▽—を使う。　色目

いろめがね【色眼鏡】❶レンズに色がついた眼鏡。❷偏見。▽—で見る。　色眼鏡

いろめく【色めく】❶時期になり、美しい色になる。❷興奮して動揺する。▽重大発言に議場は—。　色めく

いろもの【色物】❶白黒以外の、色のついた紙・織物。❷寄席(よせ)で、音曲・奇術・曲芸・漫才など、落語・講談以外の演目。　色物

いろよい【色好い】好都合な。好ましい。▽—返事。favorable　色好い

いろり【囲炉裏】床を四角に切り抜いてつくった炉(ろ)。　囲炉裏

いろん【異論】❶異なった意見。❷反対意見。異議。②objection　異論

いわ【岩】大きな石。類巌(いわお)。rock　岩

いわう【祝う】❶めでたいことを喜ぶ。❷幸せをいのる。①congratulate　祝う

いわかん【違和感】不調和な、ちぐはぐな感じ。注×異和感。　違和感

いわく【曰く】❶…が言うことには。❷事情。▽—ありげ。▼—言い難(がた)し 複雑で何とも言いようがない。　曰く

いわくつき【曰く付き】こみいった事情や、悪い評判があること。▽—の人物。　曰く付

いわし〔鰯〕人21 いわし 小形の海魚。食用。

筆順							
ク	各	角	备	鱼	鰯	鰯	鰯

鰯・鰯

いわし【鰯】海魚の一。sardine　鰯

いわな【岩魚】渓流にすむ魚の一。char　岩魚

いわば【言わば】〈謂わば〉言ってみれば。たとえて言えば。so to speak　言わば

いわば【岩場】岩石の多い場所。　岩場

いわや【岩屋】❶岩をくり抜いた住居。❷岩にできたほら穴。岩窟(がんくつ)。　岩屋

いわゆる【所謂】世に言う。　所謂

いわれ【謂れ】❶わけ。理由。❷昔から伝えられている事柄。由来。①reason　謂れ

いわんや【況や】まして。　況や

いん〔允〕人4 イン・まこと・ゆるす ❶まこと。❷許し認める。▽—可(いんか)。

筆順			
㇜	ム	㐄	允

允・允

いん〔引〕常4 イン・ひく・ひける ❶ひく。▽—力。❷負う。▽—責。❸しりぞく。▽—退。❹例をかりる。▽—用。

筆順			
㇇	コ	弓	引

引・引

いん〔印〕常6 イン・しるし ❶しるし。❷はんこ。❸「印度(インド)」の略。

筆順					
ノ	亻	F	E	_	印

印・印

いん〔因〕常6 イン・よる ❶基づく。▽—習。❷おこり。▽原—。

筆順					
丨	冂	冃	円	内	因

因・因

いん〔咽〕常9 イン ❶のど。▽—喉(いんこう)。❷むせぶ。▽嗚—(おえつ)。

筆順 丨 口 叮 叮 叮 呐 咽 咽 咽　咽・咽

いん【姻】常9 イン 結婚して夫婦になる。▽婚—。—戚(いんせき)。

筆順 く 女 女 如 如 妍 姻 姻 姻　姻・姻

いん【胤】人9 イン・たね 血筋を受けた子孫。▽後—(こういん)。

筆順 ノ 丿 亻 凢 凢 胤 胤 胤 胤　胤・胤

いん【員】常10 イン ❶人。人の数。▽満—。❷まわり。▽幅—。

筆順 丶 口 口 口 目 目 員 員 員　員・員

いん【院】常7 イン ❶公の建物。▽病—。❷上皇らの御所。▽—政。

筆順 ７ 阝 阝 阝 阝 阝 阝 院　院・院

いん【淫】常11 イン・みだら 色事にふける(ようす)。みだら。▽—行。

筆順 氵 氵 氵 氵 氵 浮 淫 淫　淫・淫

いん【陰】常11 イン・かげ・かげる ❶暗い。▽—気。—湿。❷かげ。▽—影。緑—。❸ひそか。❹時間。▽寸—。

筆順 阝 阝 阝 阝 阝 陰 陰 陰　陰・陰

いん【飲】常12(飮) イン・のむ のむ。▽—酒。—食。痛—。

筆順 ノ 人 今 今 食 食 飲 飲　飲・飲

いん【蔭】人14 イン・かげ ❶かげ。▽緑—。❷おかげ。助け。

筆順 艹 艹 艹 芇 芢 蔭 蔭 蔭　蔭・蔭

いん【隠】常14(隱) イン・かくす・かくれる かくす。かくれる。▽—退。—蔽(いんぺい)。—密(おんみつ)。

筆順 阝 阝 阝 阝 阝 阝 阝 隠　隠・隠

いん【韻】常19 イン ❶いん。調和している音や音節。▽押—(おういん)。❷詩や歌。▽—文。❸音のひびき。▽余—。

筆順 立 音 音 音 韻 韻 韻 韻　韻・韻

いん【音】⇩おん

いん【印】❶はんこ。❷仏教で、悟りや誓願を表す手の指で作る形。▽—を結ぶ。①seal　印

いん【陰】❶易(えき)で消極的な性質をもつとされるもの。❷物のかげ。裏側。▼—に陽に 時にはこっそりと、時には公然と。　陰

いん【韻】詩で、決まった位置に置く同じ響きの音(おん)。▽—を踏む。rhyme　韻

いんいつ【淫逸】❶遊興にふけること。❷男女の関係がみだれること。みだらなこと。　淫逸

いんいんめつめつ【陰陰滅滅】気分がめいるようす。▽—たる鐘の音。　陰陰

いんうつ【陰鬱】気分が沈み晴れ晴れしないようす。類暗鬱。gloomy　陰鬱

いんえい【印影】印をおしたあと。　印影

いんえい【陰影】〈陰翳〉❶光がさえぎられた暗い部分。かげ。❷微妙な趣・味わい。▽—に富む文章。①shadow　陰影

いんか【引火】物が他の火・熱によって発火すること。ignition　引火

いんが【因果】❶原因と結果。❷悪行の報い。❸不運。▼—を含める 事情を説明して納得させる。　因果

いんが【陰画】写真で、ネガ。　陰画

いんがおうほう【因果応報】行いの善悪に応じた報いが必ずあること。　応報

いんがし【印画紙】写真の焼き付けに使う感光紙。printing paper　印画紙

インカレ インターカレッジの略。

いんかん【印鑑】❶実印。❷はんこ。　印鑑

いんき【陰気】暗く、晴れ晴れしないようす。対陽気。gloomy　陰気

インキュベーション【incubation】抱卵。転じて、起業支援。

いんきょ【隠居】仕事をやめて気楽に暮らすこと・人。類隠棲。　隠居

いんぎょう【印形】はんこ。印章。　印形

いんきょく【陰極】電位の低い方の電極。マイナス。対陽極。cathode　陰極

いんぎん【慇懃】礼儀正しくていねいなこと。polite　慇懃

いんぎんぶれい【慇懃無礼】ていねいな態度だが、実は見くだしていること。　無礼

いんけい【陰茎】男性の生殖器で、円柱状の突出部。男根。penis　陰茎

いんけん【引見】(身分の高い人が)人を呼びよせて会うこと。▽使者を—する。類引接。　引見

いんけん【陰険】表面はやさしそうで、内心悪意のあるようす。　陰険

いんげん【隠元】マメ科の作物の一。種子と若いさやは、食用にする。kidney bean　隠元

いんこ【鸚哥】熱帯原産の鳥の一。羽が美しい。parakeet　鸚哥

いんご【隠語】特定の仲間だけに通用することば。argot　隠語

いんこう【咽喉】のど。throat　咽喉

いんごう【因業】がんこで思いやりのないこと。　因業

インサイダー【insider】❶組織内部の人。▽—取り引き。❷消息筋。対❶アウトサイダー。

いんさつ【印刷】印刷版を用いて文字・絵などを刷り出すこと。printing　印刷

いんさん【陰惨】むごくて、ぞっとするようす。類悲惨。　陰惨

いんし【因子】ある事柄をひきおこすもとになるもの。要因。factor　因子

いんし【印紙】税金・手数料を支払ったしるしにはる、政府発行の紙片。特に、収入印紙。revenue stamp　印紙

いんじ【印字】タイプライターなどで文字・符号を打ち出すこと。　印字

いんしつ【陰湿】暗くてじめじめしたようす。　陰湿

いんじゃ【隠者】世捨て人。hermit　隠者

いんしゅ【飲酒】酒を飲むこと。▽—運転。drinking　飲酒

いんしゅう【因習】〈因襲〉昔からの古い習慣。類旧弊。convention　因習

インシュリン【insulin】膵臓(すいぞう)から分泌されるホルモン。血糖値を下げる働きがある。インスリン。

いんじゅんこそく【因循姑息】しきたりにこだわって、その場しのぎの消極的態度をとること。▽—なやり方。　因循

いんしょう【引証】引用して証拠とすること。　引証

いんしょう【印章】はんこ。印形。　印章

いんしょう【印象】見たり聞いたりして、心に残った感じ。▽—に残る。impression　印象

いんしょく【飲食】飲むことと食べること。飲み食い。また、飲み物と食べ物。　飲食

いんしん【音信】⇩おんしん。　音信

いんずう【員数】❶かず。❷ある一定の数。▽—外。①number　員数

インストール【install】パソコンなどで、ソフトウエアが作動するように組み込むこと。

インストラクター【instructor】(講習などの)指導員。

インストルメンタル【instrumental】楽器のみの演奏。

インスピレーション【inspiration】霊感。ひらめき。

いんせい【陰性】❶陰気な性質。❷病気の検査で、反応が出ないこと。対❶❷陽性。②negative　陰性

いんせい【隠棲】俗世間から離れて静かに暮らすこと。▽—の地。類隠居。secluded life　隠棲

いんぜい【印税】著作権の使用料。royalty　印税

いんせき【引責】失敗の責任をとること。▽—辞職。　引責

いんせき【姻戚】結婚によってできた親戚。姻族。▽—関係。　姻戚

いんせき【隕石】地上に落下した、流星のかけら。meteorite　隕石

いんぜん【隠然】表面には出ないが、かくれた実力のあるようす。▽—たる勢力。　隠然

インセンティブ【incentive】❶(目的を達成するための)刺激。誘因。❷企業が販売促進のために報酬・賞を提供すること。▽—契約。—プロモーション。

いんぞく【姻族】姻戚(いんせき)。　姻族

いんそつ【引率】人を引き連れて行くこと。注引×卒。leading　引率

インターカレッジ intercollegiate (games)から。大学の対校競技会。

インターネット【Internet】世界的規模の、コンピュータのネットワーク。

インターハイ 日本の全国高等学校総合体育大会。和製語。

インターバル【interval】間隔。

インターン【intern】医師や美容師・理容師に課せられる、実習(中の人)。

インターンシップ【internship】(学生の)就業体験。

いんたい【引退】活動していた地位や職からしりぞくこと。retirement　引退

いんたい【隠退】社会的活動からしりぞき、静かに暮らすこと。seclusion　隠退

使い分け「いんたい」

引退…活躍の場からしりぞくことで、しりぞくの意に重点がある。▽現役を—する。—した横綱。

隠退…活動から身を引いて静かに暮らすことで、「隠」の意に対応している。▽老齢のため—する。政界から—する。

インタラクティブ【interactive】双方向性の。対話型の。▽—TV。—映像。

いんち〔吋〕6 インチ インチ。長さの単位。

インチ【inch】〈吋〉ヤード・ポンド法の長さの単位。一インチは一二分の一フィートで約二・五四センチ。記号in

いんち【引致】犯罪容疑者・被告人などを、強制的に連行すること。 引致

いんち【印池】印肉の容器。肉入れ。肉池。 印池

インテリア 室内装飾。室内調度品。interior decorationの略。

インテリジェンス【intelligence】知性。知力。

インテリジェント【intelligent】❶聡明(そうめい)であるようす。知性的。❷通信・情報処理機能があるようす。

インドア【indoor】室内。屋内。対アウトドア。

いんとう【咽頭】のどの入り口。 咽頭

いんとう【淫蕩】みだらな行いにふけること。類遊蕩。 淫蕩

いんどう【引導】死者の霊が浄土へ行けるよう導くこと・ことば。▼—を渡(わた)す ❶死者に引導をあたえる。❷最終的な宣告をする。 引導

いんとく【陰徳】人目につかない、よい行い。▼—あれば陽報あり 陰徳があれば必ずよい報いがある。 陰徳

いんとく【隠匿】物を隠すこと。秘密にすること。▽—物資。類蔵匿。隠蔽。concealment 隠匿

イントネーション【intonation】話し手の感情・意思を反映して現れる声の上がり下がり。抑揚・音調。

イントラネット【intranet】インターネット技術を企業内の情報交換に応用したネットワーク。

イントロダクション【introduction】❶導入。❷序説。❸序奏。前奏。イントロ。

いんとん【隠遁】世間からのがれ、かくれ住むこと。類隠逸。seclusion 隠遁

いんにく【印肉】印を押すとき使う、朱や墨をしみこませた物。 印肉

いんにん【隠忍】怒りや苦痛を表に出さず、我慢すること。 隠忍

いんにんじちょう【隠忍自重】我慢して軽率な行動をしないこと。 自重

いんねん【因縁】❶運命によって結びつけられた関係。❷理由。❸言いがかり。▽—をつける。 因縁

インバウンド【inbound】海外から国内に入ってくること。▽—需要。

インパクト【impact】❶衝撃。❷影響力。❸球に当たること・瞬間。

いんばん【印判】はんこ。 印判

いんび【淫靡】みだらで節度のないこと。 淫靡

いんぶ【陰部】体外に現れた生殖器。秘部。局所。 陰部

インフォームド コンセント【informed consent】医者が医療内容を説明し、患者が納得した上で治療が行われること。

インフォメーション【information】❶知らせ。情報。❷案内所。

インプット【input】コンピュータに情報を入れること。入力。対アウトプット。

インフラ 社会的生産基盤。infrastructureの略。

いんぶん【韻文】形式や調子の整った文。詩。短歌など。対散文。verse 韻文

いんぺい【隠蔽】わからないようにおおいかくすこと。▽真相を—する。類隠匿。concealment 隠蔽

インベーダー【invader】侵入者。

いんぼう【陰謀】悪だくみ。plot 陰謀

いんぽん【淫奔】みだら。淫乱。 淫奔

いんめつ【隠滅】〈湮滅〉あとかたもなく消える(消す)こと。▽証拠を—する。extinction 隠滅

いんゆ【隠喩】「…のようだ」などの形を用いず、「君は太陽だ」のように表現する比喩。暗喩。対直喩。metaphor 隠喩

いんよう【引用】他人の文章やことばを、とり入れて使うこと。quotation 引用

いんよう【陰陽】易学で、万物を形づくるもととなる、相反する性質のもの。陰と陽。おんよう。 陰陽

いんよう【飲用】飲むために使うこと。 飲用

いんらん【淫乱】ひどくみだらなこと。lewdness 淫乱

いんりつ【韻律】詩文の音楽的な調子。rhythm 韻律

いんりょう【飲料】飲むためのもの。飲み物。▽―水。beverage 飲料

いんりょく【引力】物体が空間を隔てて互いに引き合う力。対斥力(せきりょく)。gravitation 引力

いんれい【引例】例を引くこと。また、引用した例。類引証。quotation 引例

いんれき【陰暦】月の満ち欠けをもとにつくられた暦(こよみ)。太陰暦。旧暦。対陽暦。lunar calendar 陰暦

いんろう【印籠】昔、薬などを入れて腰に下げた小型の入れ物。薬籠。印籠

いんわい【淫猥】下品でみだら。卑猥(ひわい)。類猥褻(わいせつ)。淫猥

う ウ

う〔卯〕人5 ボウ・う 十二支の四番目。動物でうさぎ。▽―月。

筆順 丿 ㇄ 卯 卯 卯

卯・卯

う〔右〕常5 ウ・ユウ・みぎ ❶みぎ。❷保守的。▽―派。❸上位。▽―に出る。

筆順 丿 ナ 𠂇 右 右

右・右

う〔宇〕常6 ウ ❶大きな建物。❷空間。▽―宙。❸心。▽気―(きう)。

筆順 丶 丶 宀 宀 宇 宇

宇・宇

う〔羽〕常6 ウ・は・はね はね。▽―毛。―音(はおと)。―化。(羽)

筆順 ㇆ 习 羽 羽 羽 羽

羽・羽

う〔迂〕人7 ウ ❶遠回り。▽―回。❷うっかり。▽―闊(うかつ)。

筆順 一 二 于 于 迂 迂

迂・迂

う〔雨〕常8 ウ・あめ・あま あめ。▽―天。春―(はるさめ)。時―(しぐれ)。梅―(つゆ・ばいう)。

筆順 一 丆 冂 币 雨 雨 雨 雨

雨・雨

う〔鵜〕人18 テイ・う 水鳥の一。▽―飼い。―飲み。

筆順 丷 弟 弟 鵜 鵜 鵜 鵜

鵜・鵜

う〔有〕⇩ゆう　う〔烏〕⇩からす

う【卯】十二支の四番目。動物でうさぎ。昔の時刻で午前六時ごろ。方角で東。卯

う【鵜】水鳥の一。鵜飼いに使う。▼―の真似(まね)をする烏(からす) 自分の能力を考えないで、むやみに人まねをして失敗する者のたとえ。▼―の目鷹(たか)の目 人が熱心に物を探そうとするようす。鵜

うい【有為】仏教で、因縁によって生じた、現世の現象。対無為。有為

うい【愛い】感心な。かわいい。愛い

うい【憂い】思うようにならなくてつらく、悲しい。melancholy 憂い

ウイーク【weak】弱い。もろい。▽―ポイント。

ウイーク【week】週。一週間。▽―エンド。

ウイークデー【weekday】平日。

ウイーク ポイント【weak point】弱点。弱み。

ウイークリー【weekly】週一回発行の出版物。週刊誌。

ういういしい【初初しい】年が若くて純真だ。うぶだ。▽―花嫁姿。初初

ういご【初子】はじめての子。初子

ういざん【初産】はじめての出産。しょさん。しょざん。はつざん。初産

ういじん【初陣】はじめての出陣。初陣

ウイット【wit】機知。▽―に富む。

ういてんぺん【有為転変】万物が常に移り変わること。▽―は世の習い。転変

ウイニング ショット【winning shot】❶野球などで、決め球。❷ゴルフで、勝利を決める一打。

ういまご【初孫】はじめての孫。はつまご。初孫

ウィンドウズ【Windows】アメリカのマイクロソフト社が販売する、パソコンを操作するためのソフトウエア。

ウインドサーフィン【windsurfing】サーフボードに帆(ほ)をつけて水上を走るスポーツ。ボードセーリング。

ウインドブレーカー【windbreaker】防寒・防風用のスポーツジャケット。もと商標名。

うえ【上】❶高いところ。❷物の表面。❸地位・程度が高いこと。❹…に関すること。❺…に加えて。❻…した結果をふまえて。▽相談の―で。❼…したからには。▽決めた―は。❽目上につける敬称。上

▽父—。対❶❸下。①③the top

うえ【飢え】〈餓え〉うえること。▽—をしのぐ。hunger　飢え

ウエア【wear】衣服。▽スポーツ—。

ウエアラブル【wearable】身につけられる。▽—端末。

ウエーター【waiter】男性の給仕人。ウエイター。ボーイ。対ウエートレス。

ウエート【weight】❶重さ。体重。❷重要度。

ウエートレス【waitress】女性の給仕人。ウエイトレス。対ウエーター。

ウエーブ【wave】❶(電波・音波などの)波。❷波のようにうねらせること。

うえき【植木】庭・鉢などに植えた木。　植木

うえこみ【植え込み】庭などで、木を集めて植えた場所。　植込み

うえさま【上様】❶天皇や将軍などの尊敬語。❷領収書などに相手の名前の代わりに書く尊敬語。　上様

うえじに【飢え死に】餓死(がし)。　飢死に

ウエット【wet】❶ぬれたようす。湿ったようす。対❶❷ドライ。❷情にもろいようす。

ウエディング【wedding】結婚(式)。▽—ドレス。

ウエブ【Web】インターネット上で、情報を検索・入手・発信できるシステムのこと。world wide webの略。

うえる【飢える】〈餓える〉❶食べ物がなく空腹に苦しむ。❷強く欲しがる。▽愛情に—。①starve　飢える

うえる【植える】❶植物の根を土に埋める。❷物をはめ込む。❸移し育てる。①plant　植える

うえん【迂遠】回りくどいようす。　迂遠

うお【魚】さかな。魚類。fish ▼—の水を得たよう 自分に合った場で、大いに活躍することのたとえ。水を得た魚のよう。　魚

うおうさおう【右往左往】大ぜいが、うろたえて動き回ること。　右往

ウオーキング【walking】歩くこと。特に健康増進のために歩くこと。

ウオーターフロント【waterfront】海や川に面した水辺地域。おもに、都市に近接した地域についていう。

ウオーミングアップ【warming-up】準備運動。

ウオールナット【walnut】くるみ。

うおがし【魚河岸】魚市場。特に、東京・築地(つきじ)にあった魚市場の通称。　魚河岸

うおごころ【魚心】相手に対する好意。▼—あれば水心(みずごころ) 相手が好意を示せばこちらも好意をもつものだ。　魚心

ウオッチング【watching】観察。▽バード—。

うおのめ【魚の目】皮膚の角質の一部がかたくなって真皮内にくいこんだもの。corn　魚の目

うか【羽化】羽のはえた成虫になること。　羽化

うかい【迂回】遠回り。detour　迂回

うかい【鵜飼い】鵜を飼いならして、鮎(あゆ)などをとらせること・人。　鵜飼

うがい【嗽】口をすすぐこと。gargle　嗽

うかがう【伺う】「問う・聞く・訪ねる」の謙譲語。　伺う

うかがう〔窺〕16 人 キ・うかがう うかがう。のぞき見る。▽—知(きち)。—見(きけん)。　窺・窺

筆順 宀 穴 穵 突 窃 窺 窺 窺

うかがう【窺う】❶〈覗う〉のぞいて見る。❷ようすをさぐる。▽顔色を—。❸ねらう。▽好機を—。①peep through　窺う

うかされる【浮かされる】❶夢中で落ち着かなくなる。❷高熱で意識が通常と異なる。▽熱に—。　浮か

うかつ【迂闊】注意や配慮に欠けるようす。careless　迂闊

うがつ【穿つ】❶穴をあける。▽点滴(=雨だれ)石を—。❷微妙な点をとらえる。▽人情の機微を—。—った見方をする。　穿つ

うかとうせん【羽化登仙】人に羽が生えて仙人となり天に昇ること。酔ってよい気分になるたとえ。　登仙

うかぶ【浮かぶ】❶浮く。❷意識にのぼる。▽名案が—。❸現れる。▽喜びの表情が—。対❶沈む。①float　浮かぶ

うかぶせ【浮かぶ瀬】❶境遇などがよくなる機会。▽—がない。❷むくいられるとき。　浮ぶ瀬

うかる【受かる】試験に合格する。　受かる

うかれる【浮かれる】うきうきする。make merry　浮か

うき【右記】 たて書きの文章で、右に書いてある事柄。図左記。 右記

うき【雨季】 〈雨期〉雨が降り続く季節・時期。図乾季。乾期。rainy season 雨季

うき【浮き】 ❶浮くこと。❷釣(つ)り道具の一。❸浮き袋。❹浮標(ふひょう)。④buoy 浮き

うきあがる【浮き上がる】 ❶水面・空中に上がる。❷持ち上がる。❸意識に現れる。❹形がはっきり現れる。❺周りからかけ離れる。 浮き上

うきあしだつ【浮き足立つ】 逃げ腰になる。 浮足

うきがし【浮き貸し】 公金を不正に融資すること。 浮貸し

うきくさ【浮き草】 ❶水面に浮かんで生える草。❷不安定なもの。▽―稼業。①duckweed 浮草

うきぐも【浮き雲】 ❶空に浮かんだ雲。❷不安定ではかないもののたとえ。 浮雲

うきしずみ【浮き沈み】 ❶浮いたり沈んだりすること。❷栄枯盛衰(えいこせいすい)。 浮き沈

うきな【浮き名】 情事に関するうわさ。憂(う)き名。▽―を流す。 浮名

うきぼり【浮き彫り】 ❶彫刻で、半立体的に彫り上げる技法。❷きわだたせること。▽世相を―にする。①relief 浮彫

うきみ【憂き身】 つらいことの多い身。▼―をやつす やせるほどの苦労も気にせず熱中する。 憂身

うきめ【憂き目】 つらいめ。苦しい経験。▽―を見る。注×浮き目。 憂目

うきよ【浮き世】 ❶はかない世の中。❷世間。▼―の習い 逃れられないこの世の習慣。▼―の風 ままならないこの世の風潮。 浮世

うきよえ【浮世絵】 江戸時代の風俗画。 浮世絵

うきょく【迂曲】 ❶曲がりくねること。❷遠回り。①winding 迂曲

うく【浮く】 ❶うかぶ。❷ゆるんで不安定になる。▽歯が―。❸うきうきする。❹うわつく。❺余りが出る。図❶沈む。①float ▼―かない顔 心配や不安で、楽しくなさそうな顔つき。浮かぬ顔。gloomy look 浮く

うぐい【石斑魚】 〈鯎〉川にすむ魚の一。はや。あかはら。dace 石斑魚

うぐいす〖鶯〗16 **オウ・うぐいす** 小鳥の一。▽―色。(鶯) 鶯・鴬

うぐいす【鶯】 春先に美しい声で鳴く小鳥。bush warbler 鶯

うけ【有卦】 陰陽(おんよう)道で、幸運の年回り。▼―に入(い)る 幸運に巡りあう。 有卦

うけ【受け】 ❶受けるもの・こと。❷評判。▽―がいい。❸守る立場。▽―に回る。❹引き受けること。 受け

うけあう【請け合う】 ❶引き受ける。❷保証する。▽品質を―。 請け合

うけいれる【受け入れる】 〈受け容れる〉❶受け取っておさめる。❷迎え入れる。❸承知する。①③accept 受け入

うけうり【受け売り】 他人の考えなどをそのまま自説のように述べること。 受売り

うけおい【請負】 請け負うこと。contract 請負

うけおう【請け負う】 条件を決めて仕事を引き受ける。contract 請け負

うけこたえ【受け答え】 質問に答えること。応答。answer 受答え

うけだす【請け出す】 ❶金を返済して担保を引き取る。❷身請けする。 請け出

うけたまわる【承る】 「受ける・聞く」の謙譲語。 承る

うけつぐ【受け継ぐ】 受けて続ける。受け取って守っていく。▽伝統を―。succeed to 受け継

うけつけ【受け付け】 申し込みなどを受け付けること。acceptance 受付け

うけつけ【受付】 来訪者などを取り次ぐ所・人。reception desk 受付

うけとり【受取】 領収書。receipt 受取

うけとる【受け取る】 ❶手に取りおさめる。❷もらう。▽金を―。❸ある意味に解釈する。 受け取

うけにん【請け人】 ❶引き受ける人。❷保証人。 請人

うけみ【受け身】 ❶攻撃や働きかけを防ぐ立場。❷柔道で投げられたとき取る体勢。 受け身

うけもち【受け持ち】 受け持つ仕事・人・場所。 受持ち

うける【受ける】 ❶受け止める。❷こうむる。▽害を―。❸応じる。▽試験を―。❹もらう。❺引き受ける。❻受け継ぐ。❼好評を得る。 受ける

うける【請ける】 ❶引き受ける。請け負う。▽工事を―。❷代金を払って引き取る。①undertake 請ける

使い分け「うける」
受ける…与えられる。応じる。好まれる。注文を―。命令を―。保護を―。相談を―。▽若者に―。
請ける…仕事などを行う約束をする。▽入札で仕事を―。納期を請け合う。改築工事を請け負う。下請けに出す。

うげん【右舷】 船首に向かって右側の船端(ふなばた)。対左舷。

うご【雨後】 雨が降った後。▼**―の筍**(たけのこ) 同じようなものが後から次々と出てくることのたとえ。

うごうのしゅう【烏合の衆】 ばらばらで統一のない群衆。

うごく【動く】 ❶位置・場所・状態が変わる。❷心が変わる。❸行動する。❹作動する。①move

うこさべん【右顧左眄】 周囲の形勢をうかがうばかりで決断しないこと。左顧右眄(さこうべん)。

うごめく【蠢く】 もぞもぞと動く。wriggle

うこん【鬱金】 ❶ショウガ科の多年草。熱帯原産。根茎は、黄色の染料・カレー粉の原料。turmeric ❷うこん色。こい黄色。

うさ【憂さ】 ふさいだ気分。gloom

うさぎ〔兎〕 人 7 **ト・うさぎ** 動物の、うさぎ。▽脱―(だっと)。野―(のうさぎ)。
筆順 … 兎 兎

うさぎ〔菟〕 ⇩と

うさばらし【憂さ晴らし】 ふさいだ心をまぎらすこと。気晴らし。diversion

うさんくさい【胡散臭い】 あやしげだ。疑わしい。fishy

うし〔丑〕 人 4 **チュウ・うし** 十二支の二番目。動物で牛。
筆順 フ 刀 丑 丑

うし【丑】 十二支の二番目。動物で牛。昔の時刻で午前二時ごろ。方角で北北東。

うし【牛】 家畜の一。cattle,cow ▼**―に引かれて善光寺**(ぜんこうじ)**参り** 人に誘われ、知らないうちによい方へ導かれるたとえ。▼**―の歩み** 進行の遅いことのたとえ。▼**―を馬に乗り換**(か)**える** より有利なほうに切りかえるたとえ。

うじ【氏】 ❶みょうじ。姓。❷氏族。❸昔、姓につけた敬称。①family name

うじ【蛆】 蛆虫(うじむし)。

うしお【潮】 干満のある海水。tide

うじがみ【氏神】 ❶土地の神。産土(うぶすな)神。鎮守。❷一族の祭る神。

うじこ【氏子】 同じ氏神を祭る土地に生まれ住む人。

うしとら〔艮〕 6 **コン・ゴン・うしとら** 十二支で表した方位の丑寅(うしとら)のこと。北東の方角。

うしとら【丑寅】 〈艮〉十二支で表した方角で、北東。迷信で、鬼門とされる。

うしなう【失う】 ❶なくす。❷死に別れる。❸取り逃がす。①lose ③miss

うしのひ【丑の日】 干支(えと)の丑に当たる日。特に、夏の土用の丑の日。

うしみつ【丑三つ】 午前二時ごろ。真夜中。丑満。▽草木も眠る―時(どき)。

うじむし【蛆虫】 ❶はえなどの幼虫。うじ。❷低級な人間。①maggot

うしょう【鵜匠】 鵜飼いを業とする人。

うじょう【有情】 仏教で、木石に対して、心をもつすべての生き物。

うしろ【後ろ】 ❶前面と反対の方。❷背中。❸かげ。❹あとの方。対❶前。①②back

うしろがみ【後ろ髪】 後頭部の髪の毛。▼**―を引かれる**

うしろぐらい【後ろ暗い】 やましい点がある。

うしろだて【後ろ盾】 〈後ろ楯〉かげで力をかすこと・人。後ろ見。

うしろめたい【後ろめたい】 気がとがめる。

うしろゆび【後ろ指】 人を後ろからさすこと。▼**―を指される** 陰で非難される。

うす〔碓〕 人13 **タイ・うす** 石のうす。からうす。
筆順 丆 石 矿 … 碓 碓

うす〔臼〕 ⇩きゅう

うす【臼】穀物を砕いたり、もちをついたりする道具。つき臼・ひき臼など。　臼

うず【渦】❶うず巻き。❷はげしく動いて混乱している状態。▽人の―。　渦

うすい【雨水】❶雨水(あまみず)。❷二十四節気の一。二月一八、一九日ごろ。　雨水

うすい【薄い】❶厚みが少ない。❷淡い。▽―ブルー。❸ものの程度が少ない。▽もうけが―。❹冷ややかだ。▽情が―。対❶❹厚い。❷濃い。①thin ②light　薄い

うすうす【薄薄】はっきりではないが、いくらかわかっているようす。おぼろげに。▽―気づいていた。　薄薄

うすがみ【薄紙】うすい紙。対厚紙。▼―を剝(は)ぐよう 病気が日ごとによくなるたとえ。　薄紙

うずく【疼く】(傷や心が)ずきずき痛む。ache　疼く

うずくまる【蹲る】しゃがみこむ。　蹲る

うすげしょう【薄化粧】❶目立たないような化粧をすること。また、その化粧。❷雪で、山が少し白くなること。　薄化粧

うずしお【渦潮】うずを巻いて流れる海水。　渦潮

うすずみ【薄墨】うすい墨色。薄墨色。　薄墨

うずたかい【堆い】盛り上がって高い。　堆い

うすちゃ【薄茶】❶茶道で、抹茶の量を少なくしたたて方。おうす。❷うすい茶色。対❶濃茶(こいちゃ)。②light brown　薄茶

うすび【薄日】弱い日ざし。▽―がさす。　薄日

うすべり【薄縁】へりを付けたござ。　薄縁

うずまき【渦巻き】らせん状に回る水流。また、その形。whirlpool　渦巻

うずまく【渦巻く】❶水がうずになって回る。❷はげしく動く。▽非難の声が―。①whirl　渦巻く

うすめ【薄め】ややうすいこと。　薄め

うすめ【薄目】少し開いた目。細目。　薄目

うすめる【薄める】味・色をうすくする。dilute　薄める

うずめる【埋める】❶土の中などに入れておおいかくす。❷中にいっぱいにする。①bury ②fill　埋める

うずもれる【埋もれる】❶中におおいかくされる。❷価値を知られずにいる。▽才能が―。①be buried　埋もれる

うずら【鶉】小形の鳥。羽の色は茶色で黒・白のまだらがある。肉・卵は食用。quail　鶉

うすれる【薄れる】うすくなる。fade　薄れる

うすわらい【薄笑い】声をたてずにかすかに笑うこと。faint smile　薄笑い

うせつ【右折】右に曲がること。　右折

うせもの【失せ物】紛失物。　失せ物

うせる【失せる】❶なくなる。消える。▽やる気が―。❷死ぬ。❸立ち去る。▽とっとと―ろ。①vanish　失せる

うそ〖嘘〗15 キョ・うそ ❶うそ。▽―吐(うそつ)き。❷息をはく。　嘘・嘘

うそ【嘘】❶事実でないこと。▽―をつく。❷誤り。❸当然…すべきこと。①lie ▼―から出た実(まこと) うそだったことが偶然に事実となること。▼―も方便(ほうべん) 時にはうそも必要だということ。　嘘

うぞうむぞう【有象無象】多くのつまらない人々。　有象

うそぶく【嘯く】❶とぼけて知らないふりをする。❷大げさなことを言う。　嘯く

うた〖唄〗常10 うた 民謡や俗謡。うた。▽小―。　唄・唄

筆順						
口	口	口	叩	叩	唄	唄

うた【歌】❶ことばに節をつけて歌うもの。唄(うた)。❷和歌。①song　歌

使い分け「うた」
歌…曲のついた歌詞。和歌。▽小学校時代に習った―。古今集の―。
唄…邦楽・民謡など。▽小唄の師匠。長唄を習う。馬子唄が聞こえる。

うたい【謡】謡曲(ようきょく)。　謡

うたいもんく【謳い文句】特長を強調していう短いことば。注×歌い文句。catchphrase　謳い

うたう【歌う】❶節をつけて声を出す。❷さえずる。▽鳥が―。❸詩歌をつくる。①②sing　歌う

うたう【謡う】謡曲をうたう。　謡う

うたう【謳う】❶多くの人に知られるようにことばで示す。▽条文に―。❷ほめたたえる。▽秀才と―われる。　謳う

使い分け「うたう」
歌う…節をつけて声を出す。▽童謡を—。ピアノに合わせて—。
謡う…謡曲をうたう。▽謡曲を—。結婚披露宴で「高砂」を—。

うたがう【疑う】 ❶不審に思う。❷そうではないかと思う。①doubt ▼—べくも無い まちがいない。確かだ。 疑う
うたかた【泡沫】 ❶水に浮かぶあわ。❷はかない物事。①bubble 泡沫
うたがわしい【疑わしい】 ❶あやしい。❷本当かどうか、不確実だ。①②doubtful 疑わ
うたぐる【疑る】 疑う。 疑る
うたげ【宴】 宴会。酒宴。banquet 宴
うたごころ【歌心】 ❶和歌の意味。❷和歌をたしなむ心。 歌心
うたた【転た】 ❶いよいよ。ますます。❷はなはだ。 転た
うたたね【転た寝】 床にはいらずにうとうと寝ること。 転寝
うだつ【梲】 梁(はり)の上に立てて棟木(むなぎ)をささえる短い柱。▼—が上がらない なかなか出世しない。

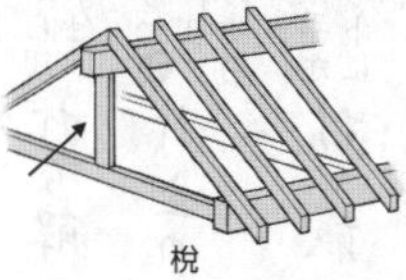
梲

うたまくら【歌枕】 昔から和歌によまれている名所。
うだる【茹だる】 ❶ゆだる。❷暑さで弱る。②swelter
うち【内】 ❶なか。内部。内側。▽手の—を明かす。❷期間内。以内。❸自分の家・家庭。家(うち)。❹自分の属するところ。❺内心。❻(関西地方で)私。図❶外。①inside ▼—を外にする 外出ばかりして、あまり家にいない。 内
うち【家】 いえ。また、家庭。内(うち)。home 家
うちあける【打ち明ける】 かくさずに話す。confide 打ち明
うちあげる【打ち上げる】 ❶打って高く上げる。❷興行・仕事を終える。❸波が物を陸に運び上げる。 打ち上
うちあわせ【打ち合わせ】 前もって相談すること。▽—通りに事を運ぶ。arrangement 打ち合
うちいり【討ち入り】 敵方に攻め入ること。 討入
うちいわい【内祝い】 身内だけの祝い事(の記念品)。 内祝
うちうち【内内】 内輪。 内内
うちうみ【内海】 ❶みずうみ。❷陸地に囲まれた狭い海。 内海
うちおとす【打ち落とす】 ❶たたいて落とす。❷首を切り落とす。 打ち落
うちおとす【撃ち落とす】 鉄砲などで撃って落とす。shootdown 撃ち落
うちかえす【打ち返す】 ❶棒などで打って向こうへ返す。▽バッドでボールを—。❷ぶたれた仕返しに、相手をぶつ。❸つぶれた綿を打ってふわりとさせる。 打ち返
うちかけ【打ち掛け】 〈裲襠〉江戸時代、武家の婦人の礼服の一。現在は、花嫁衣装に用いる。 打ち掛
うちかつ【打ち勝つ】 〈打ち克つ〉困難を乗り越える。 打ち勝
うちき【内気】 気が弱く、遠慮がちな性格。shy 内気
うちきる【打ち切る】 物事を途中で終わりにする。▽中継放送を—。break off 打ち切
うちきん【内金】 代金の一部として払う前払い金。手付け金。deposit 内金
うちくび【打ち首】 刀で首を切り落とす昔の刑罰。斬罪。 打ち首
うちけす【打ち消す】 ❶否定する。❷「消す」を強めた言い方。①deny 打ち消
うちこむ【打ち込む】 ❶うって中に入れる。❷熱中する。没頭する。▽仕事に—。 打ち込
うちじに【討ち死に】 武士などが戦って死ぬこと。 討死に
うちぜい【内税】 表示されている金額に消費税が含まれていること。図外税。 内税
うちだし【打ち出し】 ❶金属板などに模様を打ち出すこと。❷芝居や相撲などで、その日の興行の終わり。 打ち出
うちたてる【打ち立てる】 しっかりと立てる。確かなものにする。 打ち立
うちちがい【打ち違い】 ❶まちがえて打つこと。❷十の字形。 打ち違
うちつけ【打ち付け】 ❶だしぬけなようす。▽—の訪問。❷露骨なようす。▽—な物言い。 打ち付
うちづら【内面】 家族や身内に対する態度。図外面(そとづら)。 内面

うちでし【内弟子】住み込みの弟子。　内弟子

うちとける【打ち解ける】心から親しくなる。また、くつろぐ。become friendly　打ち解

うちどめ【打ち止め】〈打ち留め〉❶興行の終わり。❷パチンコで、ある量の玉が出た台の使用停止。　打止め

うちとる【打ち取る】野球で、投手が打者をアウトにする。　打ち取

うちとる【討ち取る】武器で殺す。　討ち取

うちとる【撃ち取る】銃でえものをしとめる。　撃ち取

うちのり【内法】内側の寸法。　内法

うちひも【打ち紐】組み紐。　打紐

うちべんけい【内弁慶】外では意気地がないが、家ではいばっている人。　内弁慶

うちまく【内幕】内部の事情。ないまく。low-down　内幕

うちまご【内孫】跡取り息子に生まれた孫。　内孫

うちまたごうやく【内股膏薬】節操がなく、その時の都合であちこちにつくこと・人。二股膏薬。　内股

うちみ【打ち身】打撲傷。bruise　打身

うちみず【打ち水】庭や道などに水をまくこと。切り水。watering　打水

うちもも【内腿】ももの内側。　内腿

うちやぶる【打ち破る】打ちこわす。打破する。▽因習を—。break down　打ち破

うちやぶる【討ち破る】攻め負かす。▽敵を—。defeat　討ち破

うちゅう【宇宙】❶すべての天体をふくむ全空間。❷秩序ある統一体としての世界。①space ②cosmos　宇宙

うちゅう【雨中】雨の降る中。　雨中

うちょうてん【有頂天】うれしくて夢中になっているようす。注有頂×点。rapture　有頂天

うちわ【内輪】❶外部の者をまじえないこと。うちうち。❷内幕。❸ひかえめ。▽—に見積もる。　内輪

うちわ【団扇】あおいで風を送る道具。fan　団扇

うちわけ【内訳】総額の小わけ。明細。　内訳

うちわもめ【内輪揉め】身内や仲間どうしの争い。　内輪揉

うつ【蔚】14 ウツ・い 草木が茂るようす。▽—然(うつぜん)。　蔚・蔚

うつ【鬱】常29【欝】25 ウツ ❶木が茂る。▽—蒼(うっそう)。❷気がふさがる。▽—屈(うっくつ)。❸盛ん。▽—勃(うつぼつ)。　鬱 欝

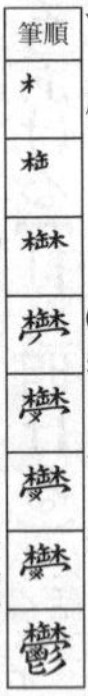

うつ【打つ】❶勢いよくたたく。▽頭を—。❷ある動作をしたり、物をこしらえたりする。▽そばを—。❸感動を与える。▽心を—。❹手段を施す。①strike ③move ▼—てば響(ひび)く すぐに的確な反応を返す。　打つ

うつ【討つ】❶攻めて、ほろぼす。❷殺す。　討つ

うつ【撃つ】❶射撃する。▽鉄砲を—。❷攻撃する。①shoot ②attack　撃つ

使い分け「うつ」

打つ…強く当てる。たたく。あることを行う。▽くぎを—。平手で—。電報を—。心を—話。碁を—。芝居を—。逃げを—。

討つ…相手を攻め滅ぼす。▽賊を—。あだを—。闇討ち。義士の討ち入り。

撃つ…鉄砲などで射撃する。▽拳銃を—。いのししを猟銃で—。


うつ【鬱】心がふさぐこと。図躁(そう)。　鬱

うつうつ【鬱鬱】❶心がふさいで晴れないようす。❷鬱蒼(うっそう)。　鬱鬱

うづき【卯月】陰暦四月の別名。　卯月

うつくしい【美しい】❶きれいだ。❷心を打つほどすばらしい。▽—友情。①beautiful　美しい

うっけつ【鬱血】静脈の血液が、一か所にたまること。congestion　鬱血

うつす【写す】❶書き写す。❷まねてつくる。▽船を—した模型。❸描写する。❹撮影する。①copy　写す

うつす【映す】❶姿・形を他の物の上に現す。▽水に—。❷映写する。❸反映する。①reflect　映す

うつす【移す】❶移動させる。❷ほかのものに向ける。▽心を—。❸時を過ごす。❹伝染させる。①move　移す

うっせき【鬱積】心にたまること。　鬱積

うっそう【鬱蒼】 あたりが暗くなるほど草木などが深く生い茂っているようす。▽―たる森。dense　鬱蒼

うったえる【訴える】 ❶裁判所などへ裁きを願い出る。▽腹痛を―。❷苦しみなどを告げ知らせる。▽暴力に―。❸ある手段を用いる。▽良識に―。❹心・感覚に働きかける。①sue ④appeal　訴える

うつつ【現】 ❶現実。❷正気(しょうき)。▼**―を抜(ぬ)かす** 夢中になる。　現

うってかわる【打って変わる】 がらりと変わる。　打って変

うってつけ【打って付け】 最もふさわしいこと。　打って付

うってでる【打って出る】 ❶攻撃に出る。❷自分から進んで出る。　打って出

うっとうしい【鬱陶しい】 ❶晴ればれしない。❷わずらわしい。①gloomy　鬱陶し

うつびょう【鬱病】 気分障害の一。気分がめいり、鬱状態になる。　鬱病

うつぶせ【俯せ】 うつぶせること。図あおむけ。　俯せ

うつぶせる【俯せる】 ❶体を下向きにして寝る。❷下向きに置く。ふせる。図❶❷あおむける。　俯せる

うっぷん【鬱憤】 抑えてきた、怒りや不満。▽―を晴らす。pent-up anger　鬱憤

うつぼつ【鬱勃】 何かをしようとする気が、盛んに起こるようす。　鬱勃

うつむく【俯く】 顔を伏せる。図あおむく。look down　俯く

うつりかわり【移り変わり】 移り変わること。change　移り変

うつりぎ【移り気】 心が変わりやすいこと。fickle　移り気

うつる【写る】 ❶画像ができる。▽写真に―。❷すけて見える。▽障子に―。　写る

> **使い分け**「うつす・うつる」
> **写す・写る**…そのとおりに書く。画像として残す。透ける。▽書類を写す。写真を写す。裏のページに写る。
> **映す・映る**…画像を再生する。投影する。反映する。印象を与える。▽スクリーンに映す。時代を映す流行語。鏡に姿が映る。彼の態度は生意気に映る。

うつる【映る】 ❶鏡や水面に像があらわれる。❷映像があらわれる。❸よく似合う。はえる。①be reflected　映る

うつる【移る】 ❶移動する。❷ほかのものに向く。▽心が―。❸変わっていく。▽時が―。❹伝染する。①move　移る

うつろ【空ろ】 〈虚ろ〉❶中身がないようす。から。❷ぼんやりしている。▽―な目を向ける。①hollow　空ろ

うつろう【移ろう】 ❶物事がしだいに変わる。❷色あせる。おとろえる。　移ろう

うつわ【器】 ❶入れ物。容器。❷その地位にふさわしい能力や才能。器量。②caliber　器

うで【腕】 ❶肩から手首までの部分。❷体から横に突き出ているもの。❸腕前。手腕。▽―を振るう。❹腕力。①arm ③skill ▼**―が立つ** 技術や能力がすぐれている。▼**―が鳴る** 才能や実力をふるいたくてうずうずする。▼**―に縒(よ)りをかける** 腕前を示そうと張り切る。▼**―を拱(こまぬ)く** 自分は何もせず、ただなりゆきを見ている。▼**―を振(ふ)るう** 腕前を十分に発揮する。　腕

うできき【腕利き】 腕前のすぐれていること・人。　腕利き

うでぐみ【腕組み】 両腕を胸の前で組むこと。　腕組み

うでずく【腕尽く】 目的をとげるのに腕力を用いること。　腕尽く

うでだめし【腕試し】 自分の能力を試すこと。　腕試し

うでっぷし【腕っ節】 腕の力。腕力。▽―が強い。　腕っ節

うてな【台】 ❶高殿(たかどの)。高楼(こうろう)。❷上が平らな、物をのせる台。　台

うでまえ【腕前】 じょうずにやりこなす能力や技術。手腕。ability　腕前

うでる【茹でる】 ⇩ゆでる。　茹でる

うてん【雨天】 雨が降る天候。▽―順延。　雨天

うど【独活】 山菜の一。▼**―の大木(たいぼく)** 体は大きいが役に立たない人をののしった語。big oaf　独活

うとい【疎い】 ❶よく知らない。▽事情に―。❷親しくない。▽関係が―くなる。　疎い

うとうとしい【疎疎しい】 よそよそしい。　疎疎し

うとましい【疎ましい】 いやな感じだ。　疎まし

うとむ【疎む】 うとんじる。　疎む

うどん【饂飩】小麦粉で作るめん類。 饂飩

うとんじる【疎んじる】きらって遠ざける。うとむ。 疎んじる

うながす【促す】催促する。せきたてる。urge 促す

うなぎ〔鰻〕22 マン・うなぎ うなぎ。淡水魚の一。▽—登り。 鰻・鰻

うなぎ【鰻】細長い淡水魚。食用。eel 鰻

うなぎのぼり【鰻登り】どんどん上がること。escalating 鰻登り

うなされる こわい夢を見て、苦しそうな声をあげる。

うなじ【項】首の後ろ。えり首。nape 項

うなずく【頷く】承知の意を示すのに、首を縦に振る。nod 頷く

うなだれる【項垂れる】首を前にたれる。類うつむく。 項垂れる

うなばら【海原】広々とした海。ocean 海原

うなる【唸る】❶苦しそうな声を出す。❷低い声や音が長くひびく。❸感心する。❹たくさんある。❺力を入れ、声を長く引いてうたう。①groan 唸る

うに【海胆】〈海栗〉海底にすむ棘皮《きょくひ》動物の一。sea urchin 海胆

うに【雲丹】海胆《うに》の卵巣の加工食品。 雲丹

うぬぼれる【自惚れる】自分がすぐれていると思い込んで得意になる。be conceited 自惚れ

うね〔畝〕常10 うね ❶土地の広さの単位。❷畑のうね。

筆順	亠	亠	亣	亩	亩	亩	畂	畝

畝・畝

うね【畝】〈畦〉❶作物をつくるために、畑に土を細長く盛り上げた所。❷❶に形の似たもの。①ridge 畝

うねる ❶曲がりくねる。❷大きく起伏する。▽波が—。①wind

うのう【右脳】大脳の右半分。図形・音楽・直感力などにかかわる。対左脳。 右脳

うのはな【卯の花】❶うつぎの花。❷豆腐のしぼりかす。おから。 卯の花

うのみ【鵜呑み】❶食べ物をかまずに飲み込むこと。❷物事をよく理解せずに受け入れること。①②swallowing 鵜呑み

うは【右派】政党や組織の保守派。対左派。right wing 右派

うば〔姥〕9 ボ・うば ❶年老いた女性。▽山—《やまうば・やまんば》。❷母親にかわり子を育てる女性。

筆順	く	女	女	女	女	女	姥

姥・姥

うば【乳母】母親に代わって、乳児に乳を与え、養育する女。wet nurse 乳母

うば【姥】❶老女。❷能楽のおうな。また、その能面。 姥

うばう【奪う】❶無理に取り上げる。❷引き付ける。▽目を—。①②rob 奪う

うばざくら【姥桜】❶彼岸桜。❷あだっぽい年増女。 姥桜

うぶ【初】初々しいこと。すれていないこと。naive 初

うぶぎ【産着】〈産衣〉生まれたばかりの子に着せる着物。 産着

うぶげ【産毛】❶赤ん坊に出産時から生えている細く柔らかい髪の毛。❷細く柔らかい体毛。 産毛

うぶごえ【産声】生まれた時に初めて出す泣き声。 産声

うぶすながみ【産土神】生まれた土地を守る神。氏神。 産土神

うぶゆ【産湯】生まれた子をはじめて湯に入れること。また、その湯。 産湯

うべなう【諾う】〈肯う〉❶同意・承諾する。❷肯定する。 諾う

うま【午】十二支の七番目。動物で、馬。昔の時刻で午後一二時ごろ。方角で南。 午

うま【馬】家畜の一。乗馬・運搬用。horse ▼—が合う 気が合う。▼—の背を分ける 夕立が局地的に降るようす。▼—の耳に念仏 いくら忠告をしてもきき目のないたとえ。馬耳東風。 馬

うまい【旨い】〈甘い〉❶味がよい。美味《うま》い。❷じょうずだ。上手《うま》い。❸都合がよい。▽—話。対❶❸まずい。①delicious ▼—汁《しる》を吸う 努力をせずに他人を利用して利益を得る。 旨い

うまずたゆまず【倦まず撓まず】あきないで、まじめに。 倦まず

うまづら【馬面】顔の長い人をあざけっていう語。 馬面

うまとび【馬跳び】前かがみになった人の背に手をつき、とび越える遊び。 馬跳び

うまに【旨煮】〈甘煮〉甘く濃い味の煮つけ。 旨煮

うまのほね【馬の骨】 出身や身分のわからない人をののしっていう語。

うまのり【馬乗り】 ❶馬に乗ること。❷❶のように、人や物にまたがること。

うまみ【旨味】〈甘味〉❶食べ物のおいしさ。❷たくみさ。うまさ。❸もうけ。

うまや【馬屋】〈厩〉馬小屋。

うまる【埋まる】 ❶うずもれる。❷いっぱいになる。❸補われる。②be filled

うまれかわる【生まれ変わる】 ❶死後、別の姿になって生まれてくる。❷心を入れかえて別人のように(よく)なる。

うまれつき【生まれつき】 先天的な素質。類天性。nature

うまれる【生まれる】 ❶誕生する。❷新しく作り出される。❸生じる。対❶死ぬ。①be born

うみ【海】 ❶地球上の、陸地以外の塩水部分。❷一面の広がり。▽火の―。❸すずりの水を入れる所。①sea ▼**―のものとも山のものともつかない** 物事の正体がつかめず、先の見当もつかないたとえ。

うみ【膿】 ❶傷口などが化膿(かのう)して出る黄白色の液。❷弊害のたとえ。▽政界の―を出す。①pus

うみせんやません【海千山千】 多くの経験を積んで悪がしこくなった人。

うみなり【海鳴り】 波が海岸でくだけて遠雷のように聞こえる低い音。

うみのおや【生みの親】〈産みの親〉❶自分を産んだ親。実の親。❷創設者。①birthparents

うみべ【海辺】 海浜(かいひん)。seashore

うむ【生む】 ❶産む。❷新しく作り出す。▽利益を―。

うむ【有無】 ❶あることと、ないこと。❷承知と不承知。▽―を言わせず。

うむ【倦む】 あきていやになる。▽―まず撓(たゆ)まず。

うむ【産む】 出産する。子や卵を体外に出す。

> **使い分け**「うまれる・うむ」
> **生まれる・生む**…誕生する。新しく作り出す。▽子供が生まれる。下町の生まれ。新記録を生む。傑作を生む。
> **産まれる・産む**…母の体外に出る。▽卵を産み付ける。来月が産み月になる。

うむ【熟む】 果物などが熟す。

うむ【膿む】 化膿(かのう)する。fester

うめ【梅】 落葉樹の一。早春、香りのよい花が咲く。実は食用。

うめあわせる【埋め合わせる】 つぐなう。補う。▽損失を―。

うめく【呻く】 苦しくてうなる。groan

うめくさ【埋め草】 雑誌などの余白をうめる短い文章。filler

うめしゅ【梅酒】 梅の実で作る果実酒。

うめぼし【梅干し】 梅漬けを干したもの。

うめみづき【梅見月】 陰暦二月の別称。

うめる【埋める】 ❶うずめる。❷あきをなくす。❸水を入れてぬるくする。❹補う。①bury

うもう【羽毛】 鳥の体に生えている羽や綿毛。feather,down

うもれぎ【埋もれ木】 ❶土中にうもれて炭化した木。❷見捨てられた境遇にあること・人。▼**―に花が咲(さ)く** 不遇な人に幸運がめぐってくるたとえ。

うもれる【埋もれる】 うずもれる。

うやうやしい【恭しい】 謹んで尊敬するようす。respectful

うやまう【敬う】 尊敬する。あがめる。respect

うやむや【有耶無耶】 はっきりしないようす。類曖昧(あいまい)。vague

うゆう【烏有】 全くないこと。▼**―に帰(き)す** 火災にあって何もかもなくなる。

うよきょくせつ【紆余曲折】 ❶曲がりくねること。❷こみ入って、複雑な経過をたどること。▽―を経る。

うよく【右翼】 ❶右のつばさ。❷右の位置。❸保守・国粋主義(の団体)。❹野球で、本塁から見て右側の外野。対❶~❹左翼。①~③right wing

うら〖浦〗 常10 **うら** 浜や水辺。▽曲―(きょくほ)。津津――。

うら【浦】 ❶入り江。❷海岸。
筆順 丶 氵 氵 汀 汀 洧 浦 浦
浦・浦
浦

うら【裏】 ❶うしろ側。❷内側。内情。▽―で暗躍する。―話。❸野球で、後攻めのチームが攻めるとき。対❶〜❸表。①back ②inside ▼―を返す ❶同じことをまたする。❷逆の言い方をする。
裏

うらうち【裏打ち】 ❶裏に紙や布を張って補強すること。❷裏付け。
裏打ち

うらがえす【裏返す】 ❶ひっくり返して表を裏にする。❷反対にする。
裏返す

うらがき【裏書き】 ❶書面の裏に保証のため、名前や証明を書くこと。❷確実だという証明。①endorsement
裏書

うらかた【裏方】 ❶舞台裏で働く人。❷表立たずに、実質的な仕事をする人。
裏方

うらがなしい【うら悲しい】 なんとなく悲しい。
うら悲

うらがれる【末枯れる】 草木の枝先や葉先が枯れる。
末枯れ

うらき【末木】 樹木の先。こずえ。対本木(もとき)。
末木

うらぎる【裏切る】 ❶味方にそむいて敵につく。❷(期待などに)そむく。①betray ②disappoint
裏切る

うらごえ【裏声】 技巧的な高い声。ファルセット。
裏声

うらごし【裏漉し】 料理で、材料をあみや布でこすこと。また、その器具。
裏漉し

うらさく【裏作】 主とする作物の収穫後に他の作物を栽培すること。また、その作物。
裏作

うらじ【裏地】 衣服の裏にあてる布。lining
裏地

うらづけ【裏付け】 確かな証拠・証明。proof
裏付け

うらづける【裏付ける】 確かであることを証拠だてる。
裏付け

うらて【裏手】 裏の方。裏側。
裏手

うらなう【占う】 将来の吉凶などを予測する。
占う

うらなり【末生り】 〈末成り〉❶つるの先に実がなること。また、その実。❷顔色が悪く弱々しい人。対❶本(もと)生り。
末生り

うらはら【裏腹】 ❶裏と表。❷背中あわせ。❸あべこべ。反対。▽本心と―なことを言う。
裏腹

うらぶれる おちぶれて、あわれなようすになる。become shabby

うらぼん【盂蘭盆】 陰暦七月一五日を中心に行う祖先の霊を祭る仏事。うら盆会(え)。盆。
盂蘭盆

うらみ【恨み】 〈怨み〉うらむこと。また、その気持ち。▼―骨髄に徹する うらみが、骨のしんまでしみ通るほど深い。grudge
恨み

うらみ【憾み】 不満に思う点。▽文章はやや平板な―がある。
憾み

うらみつらみ【恨み辛み】 さまざまなうらみ。
恨み辛

うらむ【恨む】 ❶〈怨む〉人の仕打ちを憎く思う。❷〈憾む〉残念に思う。①feel bitter
恨む

うらめ【裏目】 さいころで、ある面に対する裏側の目。▼―に出る 期待と反対の結果になる。
裏目

うらめしい【恨めしい】 〈怨めしい〉❶うらみに思う。❷残念だ。▽体が弱いのが―。
恨め

うらやましい【羨ましい】 うらやむようす。envious
羨ま

うらやむ【羨む】 自分もそうなりたいと、ねたましく思う。envy
羨む

うららか【麗らか】 天気がよく、のどかなようす。
麗か

うらわかい【うら若い】 若くて初々しい。youthful
うら若

うらわざ【裏技】 人に知られていない、すぐれた技。
裏技

うり〔瓜〕 6 人 カ・うり うり。▽南―(かぼちゃ)。西―(すいか)。(瓜)
瓜・瓜

うり【瓜】 ウリ科の植物の総称。▼―に爪有り爪に爪無し 「瓜」と「爪」の字の区別を教えることば。▼―二つ 顔や姿がよく似ているたとえ。
筆順 ノ 厂 爪 爪 瓜 瓜
瓜

うりあげ【売り上げ】 商品などを売った代金の総額。
売上げ

うりかけ【売り掛け】 掛け売り。
売掛け

うりかけきん【売掛金】 後払いの約束で売った商品の代金。
売掛金

うりぐい【売り食い】 収入がなく財産を売って生活すること。
売食い

うりこ【売り子】 客に品物を売る人。販売員。

うりことば【売り言葉】 けんかをしかけるような乱暴なことば。▼—に買い言葉 売りことばに、それと同じように言い返すことば。

うりこむ【売り込む】 ❶品物を強くすすめて買わせる。❷自分を相手に認めさせるように働きかける。▽テレビで顔を—。①②promote

うりざねがお【瓜実顔】 色白で、鼻筋の通ったやや細長い顔。昔、美人の条件の一つだった。

うりだし【売り出し】 ❶売りはじめること。❷特定の期間、宣伝して売ること。❸世間に名が広まり出すこと。

うりね【売値】 物を売るときの値段。selling price

うりもの【売り物】 ❶商品。❷長所。うり。▽軽さが—のかばん。

うりや【売り家】 売りに出した家。

うりょう【雨量】 降った雨の量。降雨量。降水量。rainfall

うる【売る】 ❶代金と引き替えに品物を渡す。❷世間に広める。❸裏切る。❹しかける。▽けんかを—。①sell

うる【得る】 える。

うるう〔閏〕 人12 ジュン・うるう うるう。平年より多い月日。▽—年(うるうどし)。

筆順 丨 𠃌 门 門 閂 閏 閏

うるう【閏】 暦と季節のずれを調整するために、平年より日数・月数の多いこと。

うるうどし【閏年】 四年ごとに一度、二月二九日がある年。leap year

うるおう【潤う】 ❶しめる。❷豊かになる。▽家計が—。①moisten

うるさい【煩い】〈五月蠅い〉❶やかましい。❷しつこくて、わずらわしい。❸口やかましい。①noisy ③fussy

うるし【漆】 ❶落葉高木の一。❷❶の樹液からつくった塗料。

うるち【粳】 ねばりけの少ないふつうの米。粳米(うるちまい)。対もちごめ。

ウルトラ【ultra-】 超…。極端な。

うるむ【潤む】 ❶湿りけを帯びる。❷かすんで見える。❸涙声になる。▽声が—。①moisten

うるわしい【麗しい】 ❶美しい。❷心が温まるようすだ。❸気分がよい。①beautiful

うれい【愁い】 もの悲しさ。嘆き。▽—に沈む。sadness

うれい【憂い】〈患い〉心配。▽後顧の—がない。anxiety

うれえる【愁える】 なげき悲しむ。▽道徳の退廃を—。

うれえる【憂える】〈患える〉心配する。気づかう。▽国を—。

> **使い分け 「うれい・うれえる」**
> **憂い・憂える**…心配すること。心を痛める。▽後顧の憂い。災害を招く憂いがある。国の将来を憂える。
> **愁い・愁える**…もの悲しい気持ち。嘆き悲しむ。▽春の愁い。愁いに沈む。友の死を愁える。

うれくち【売れ口】 売れ先。販路。market

うれしい【嬉しい】 喜ばしい。楽しい。対悲しい。glad

うれすじ【売れ筋】 よく売れる商品。

うれっこ【売れっ子】 人気者。

うれる【売れる】 ❶(よく)買われる。❷有名になる。▽名が—。①sell

うれる【熟れる】 実がよく熟する。be ripe

うれわしい【憂わしい】 なげかわしい。うれえるべきようすだ。▽国の将来が—。

うろ【空】〈虚・洞〉中がからになっているもの・所。空洞(くうどう)。

うろ【烏鷺】 ❶からすとさぎ。❷黒と白。❸囲碁(いご)。▽—をたたかわす。

うろおぼえ【うろ覚え】 ぼんやりした記憶。faint memory

うろこ【鱗】 魚類・は虫類の体表をおおう固い小片。scale

うろたえる あわてふためく。

うろつく あてもなく歩き回る。類徘徊(はいかい)する。wander

うろん【胡乱】 うさん臭いようす。

うわがき【上書き】 手紙や包みなどの表に書くこと・字。superscription

うわき【浮気】 ❶移り気。❷配偶者以外の人を愛すること。

う

うわぎ【上着】 ❶上半身に着る服。❷いちばん外がわに着る衣服。①jacket

うわぐすり【釉薬】 〈釉〉陶磁器の表面にガラス質を作る薬。釉薬(ゆうやく)。glaze

うわごと【譫言】 ❶高熱のときなどに無意識に出ることば。❷たわごと。

うわさ〔噂〕 人15 ソン・うわさ 人々が集まって話すこと。▽―話(うわさばなし)。

筆順 口 … 噂 噂

うわさ【噂】 ❶世間のたしかでない話(をすること)。❷そこにいない人を話題に話すこと。また、その話。類❶流言。①rumor ②gossip ▼―をすれば影(かげ)がさす うわさをしていると当人が現れるものだ。

うわしき【上敷き】 たたみや床などに敷くもの。うわじき。

うわすべり【上滑り】 表面しか理解しないですませること。

うわずみ【上澄み】 よどんだ液体の上の方の澄んだ部分。

うわずる【上擦る】 ❶落ち着きがなくなる。❷高調子になる。▽声が―。

うわぜい【上背】 身長。stature

うわちょうし【上調子】 言動に落ち着きがないこと。上っ調子。

うわつく【浮つく】 うきうきして落ち着きがなくなる。be flippant

うわっつら【上っ面】 物や物事の表面。うわべ。うわつら。▽―で判断する。appearance

うわづみ【上積み】 ❶物の上にさらに積むこと。❷決まった数量・金額に付け加えること。▽報酬を―して提示する。

うわて【上手】 ❶位置・方向が上の方。❷学問や技能が人よりすぐれていること・人。❸相撲で、相手の差し手の上からまわしをとること。②better hand

うわぬり【上塗り】 ❶仕上げに塗ること。❷同じことを重ねてすること。▽恥の―。

うわのせ【上乗せ】 それまでの数量や条件にさらに足すこと。addition

うわのそら【上の空】 他に心を奪われてぼんやりしていること。absent-minded

うわばき【上履き】 屋内用の履き物。

うわばみ【蟒】 ❶大蛇。❷大酒のみ。

うわべ【上辺】 表面。外観。▽―を飾る。surface

うわまえ【上前】 ❶着物の前合わせで、外側に出る部分。❷他人の取り分の一部。上米(うわまい)。▽―をはねる。

うわまわる【上回る】 ある基準を超える。多くなる。▽予想を―人出。exceed

うわむき【上向き】 ❶上を向いていること。❷物事の勢いがよくなること。①looking up

うわめづかい【上目遣い】 顔はふせて、目だけ上に向けて見ること。

うわや【上屋】 〈上家〉柱に屋根をのせただけの建物。

うわやく【上役】 職場で地位が上の人。上司。boss

うわる【植わる】 植えられる。

うん〔云〕 人4 ウン・いう ❶口ごもって声を出す。❷言う。▽―云(うんぬん)。

筆順 一 二 云 云

うん〔運〕 常12 ウン・はこぶ ❶はこぶ。▽―搬。―送。❷動かす。▽―動。❸まわる。▽―行。❹めぐり合わせ。▽幸―。

筆順 冖 … 運 運

うん〔雲〕 常12 ウン・くも ❶くも。❷雲のようなもの。▽―気。

筆順 一 … 雲 雲

うん【運】 ❶めぐり合わせ。❷よいめぐり合わせ。①②luck ▼―の尽(つ)き 幸運に見放されること。▼―を天に任せる 成り行きを天命にまかせる。

うんえい【運営】 組織などを動かして仕事を進めること。management

うんえん【雲煙】 〈雲烟〉❶雲と煙。雲と霞(かすみ)。❷書画の見事な墨色。また、見事な山水画や筆跡。

うんか【浮塵子】 稲につく害虫の一。ごく小形。

うんか【雲霞】 ❶雲と霞(かすみ)。❷大ぜいの人が集まるようす。▽―のごとき大軍が押し寄せる。

うんが【運河】 陸地をほってつくった水路。canal

うんかい【雲海】 海のようにひろがって見える雲。 雲海

うんきゅう【運休】 運転・運航を休むこと。▽計画—。類欠航。 運休

うんこう【運行】 ❶交通機関が定まった路線を運転すること。❷天体がその軌道を進むこと。①service 運行

うんこう【運航】 船・航空機が航路を進むこと。service 運航

うんざ【運座】 集まって俳句を詠み、すぐれた句を互いに選び合う会。 運座

うんざん【運算】 数式のとおりに計算すること。演算。calculation 運算

うんさんむしょう【雲散霧消】 あとかたもなく消えてなくなること。注雲散×無消。 雲散

うんし【運指】 楽器や算盤(そろばん)を使うときの指の運び方。指使い。 運指

うんしゅう【雲集】 (人や物が)雲のようにたくさん集まること。類蝟集(いしゅう)。 雲集

うんじょう【醞醸】 ❶酒の醸造。❷しだいに熟してできあがること。 醞醸

うんしん【運針】 裁縫で、針の運び方。 運針

うんすい【雲水】 修行のため各地を旅して歩くこと・僧。 雲水

うんせい【運勢】 運・不運のめぐりあわせ。fortune 運勢

うんそう【運送】 旅客や荷物を運び送ること。類運輸。transportation 運送

うんちく【蘊蓄】 たくわえた深い知識。▼—を傾(かたむ)ける 蘊蓄を発揮する。 蘊蓄

うんちん【運賃】 運送する料金。fare 運賃

うんでい【雲泥】 空の雲と地上の泥(どろ)。二者の差がはげしいことのたとえ。雲壌(うんじょう)。▼—の差 大きな違い。 雲泥

うんてん【運転】 ❶乗り物・機械を動かすこと。❷金などを活用すること。▽—資金。類❶操縦。❷運用。①operation 運転

うんどう【運動】 ❶物体が時間とともに位置をかえること。❷体を動かすこと。❸ある目的のために行動すること。▽選挙—。対❶静止。①motion ②exercise 運動

うんどんこん【運鈍根】 成功するのに必要な、幸運・ねばり強さ・根気。 運鈍根

うんぬん【云云】 ❶あれこれ言うこと。❷後のことばを略するときの語。 云云

うんのう【蘊奥】 学問や芸術などの奥深いところ。奥義。うんおう。▽学問の—を究める。 蘊奥

うんぱん【運搬】 物品を運び移すこと。類搬送。運送。transportation 運搬

うんぷてんぷ【運否天賦】 運を天にまかせること。 運否

うんめい【運命】 人の力の及ばない、幸・不幸の巡りあわせ。類宿命。fate,destiny 運命

うんも【雲母】 薄い板状結晶の鉱物。 雲母

うんゆ【運輸】 旅客や貨物を運ぶこと。類輸送。transportation 運輸

うんよう【運用】 役立てて使うこと。▽法律の—。 運用

うんりょう【雲量】 空全体に対する、雲のおおっている割合。 雲量

え エ

え【荏】 9 ジン・え ❶植物の、えごま。❷「荏苒(じんぜん)」は、ゆるやかに歳月が過ぎるようす。 荏・荏

え〖会〗 ⇩かい　**え〖回〗** ⇩かい

え〖依〗 ⇩い　**え〖恵〗** ⇩けい

え〖絵〗 ⇩かい

え【柄】 取っ手。handle 柄

え【絵】 (画)❶物の形やありさまなどを、線や色を用いてえがいたもの。絵画。❷映像。②picture ▼—に描(か)いた餅(もち) 実際の役に立たないもののたとえ。▼—に描(か)いたよう ❶きわだって美しいようす。❷典型的であるようす。 絵

え【餌】 えさ。 餌

エア【air】 ❶航空。❷空気。大気。

エアゾール【aerosol】 缶の中の液剤を噴霧させるもの。

エアターミナル【air terminal】 空港内の、旅客が手続きや待ち合わせをする建物。

エアチェック【air check】 放送を受信し、録音・録画をすること。

エアポート【airport】 空港。

エアメール【airmail】 航空便。

エアログラム【aerogram】（折り畳み式）航空書簡。

エアロビクス【aerobics】 スポーツによる健康法の一つ。歩く・走る・泳ぐ・自転車をこぐことなどで、心肺機能を高める全身運動。有酸素運動。

えい〔永〕 常5 **エイ・ながい** 時間が長い。長く続く。▽—久。—眠。
筆順 永
永・永

えい〔曳〕 人6 **エイ・ひく** ひく。ひっぱる。▽—航（えいこう）。
筆順 曳
曳・曳

えい〔泳〕 常8 **エイ・およぐ** およぐ。▽—法。水—。競—。背—。
筆順 泳
泳・泳

えい〔英〕 常8 **エイ** ❶すぐれる。▽—雄。育—。❷はなぶさ。❸イギリス。▽—国。日—。
筆順 英
英・英

えい〔映〕 常9 **エイ・うつる・うつす・はえる** ❶うつる。うつす。▽—画。—写。❷てりはえる。▽反—。—発。
筆順 映
映・映

えい〔栄〕 常9 **エイ・さかえる・はえ・はえる** ❶さかえる。▽繁—。❷名誉。▽—冠。
筆順 栄
栄・栄

えい〔洩〕 9 **エイ・セツ・もれる** ❶もれる。▽漏—（ろうえい・ろうせつ）。❷長くのびる。
洩・洩

えい〔盈〕 9 **エイ・みちる** 満ちる。いっぱいになる。▽—虚（えいきょ）。
盈・盈

えい〔営〕 常12 **エイ・いとなむ** ❶いとなむ。❷作る。▽造—。❸軍隊のとまる所。▽兵—。（營）
筆順 営
営・営

えい〔瑛〕 人12 **エイ** 透明な美しい玉。▽玉—（ぎょくえい）。
筆順 瑛
瑛・瑛

えい〔詠〕 常12 **エイ・よむ** 詩歌を作る。詩歌をうたう。▽—草。朗—。
筆順 詠
詠・詠

えい〔影〕 常15 **エイ・かげ** ❶暗い部分。▽陰—。❷光。▽月—。❸姿や形。▽—像。撮—。面—（おもかげ）。
筆順 影
影・影

えい〔鋭〕 常15 **エイ・するどい** ❶とがる。▽—角。❷動きがはやい。▽—敏。
筆順 鋭
鋭・鋭

えい〔叡〕 人16 **エイ・あきらか** ❶かしこい。▽—智。❷天皇の。▽—慮。
筆順 叡
叡・叡

えい〔穎〕 16 **〔頴〕** 16 **エイ** ❶穂先。▽禾—（かえい）。❷すぐれる。▽—才（えいさい）。
穎・穎

えい〔衛〕 常16 **〔衞〕** 人16 **エイ** まもる。▽—生。護—。防—。
筆順 衛
衛・衛

えい〔嬰〕 17 **エイ・みどりご** ❶赤ん坊。▽—児。❷音楽記号のシャープ。▽—記号。
嬰・嬰

えい【栄】 ほまれ。栄誉。▽天覧の—。
栄

えい【鱝】 〈鱏〉海魚の一。平たいひし形。ray
鱝

えいい【営為】 いとなみ。
営為

えいい【鋭意】 心を励まし、一生懸命に。▽—努力する。
鋭意

えいえい【営営】 せっせと励むようす。▽—として働く。
営営

えいえん【永遠】 いつまでも限りなく続くこと。永久。eternity
永遠

えいか【詠歌】 ❶和歌を作ること。また、その和歌。❷御詠歌（ごえいか）。
詠歌

えいが【映画】 連続撮影したフィルムを動く映像にしたもの。movie
映画

えいが【栄華】 富や権力を得て、栄えること。▽—をきわめる。栄耀（えいよう）—。注えい×か。prosperity
栄華

えいかく【鋭角】 直角より小さい角。対鈍角。acute angle
鋭角

えいかん【栄冠】 ❶勝利者などに与えられる冠。❷名誉。①crown
栄冠

えいき【英気】 ❶すぐれた才気・気性。❷元気。気力。▽—を養う。
英気

えいき【鋭気】 ❶強い気性。❷するどい勢い。▽相手の—をくじく。
鋭気

えいきごう【嬰記号】 半音上げる音楽の記号。シャープ。「♯」。対変記号。sharp
嬰記号

えいきゅう【永久】限りなく続くこと。永遠。▽―不変。―歯。permanent　永久

えいきょう【影響】あるものの作用が他を変化させること。また、その変化。▽―力。influence　影響

えいぎょう【営業】利益を得るための事業。商売。business　営業

えいけつ【永訣】死別。永別。　永訣

えいけつ【英傑】すぐれた大人物。　英傑

えいこ【栄枯】栄えることとおとろえること。類興亡。　栄枯

えいこう【曳航】他の船をひっぱって行くこと。引航。towing　曳航

えいこう【栄光】輝かしい名誉。▽勝利の―に輝く。類栄誉。glory　栄光

えいごう【永劫】かぎりなく長い年月。▽未来―。類永久。eternity　永劫

えいこせいすい【栄枯盛衰】栄えたりおとろえたりすること。　盛衰

えいさい【英才】すぐれた才能(の人)。類秀才。brilliant intellect　英才

えいし【英姿】立派な姿。　英姿

えいし【衛視】国会の警備・監視に当たる職員。　衛視

エイジ【age】❶年齢。❷時代。

えいじ【嬰児】生まれたばかりの子供。みどりご。baby　嬰児

えいしゃ【映写】映画などをスクリーンにうつし出すこと。projection　映写

えいじゅう【永住】死ぬまでそこに住むこと。類定住。settle down　永住

えいしょう【詠唱】❶アリア。❷歌などをうたうこと。　詠唱

えいじる【映じる】❶光や影が映る。❷目に見える。①be reflected　映じる

えいじる【詠じる】詩歌をうたう。また、つくる。　詠じる

エイジレス【ageless】年齢にこだわらないこと。年をとらないこと。▽―社会。―ファッション。

えいしん【栄進】昇進。promotion　栄進

えいしん【詠進】詩歌をよんで宮中や神社に献上すること。▽―歌。　詠進

エイズ【AIDS】エイズウイルスの感染による、後天性免疫不全症候群。

えいせい【永世】限りなく長い年月。▽―中立。eternity　永世

えいせい【衛生】病気の予防につとめ健康を守ること。sanitation　衛生

えいせい【衛星】惑星の周囲を回っている天体。satellite　衛星

えいぜん【営繕】建物の新築や修理。　営繕

えいそう【営巣】巣を作ること。　営巣

えいぞう【映像】❶映画・テレビの画像。❷頭にうかぶものの姿。①picture　映像

えいぞう【営造】大きな建物や施設などをつくること。造営。　営造

えいぞう【影像】絵画・彫刻などによる神仏や人の像。肖像。image　影像

えいぞく【永続】長続きすること。permanency　永続

えいたい【永代】永世。▽―供養。注えいだい。　永代

えいたつ【栄達】高い地位につくこと。出世。類昇進。promotion　栄達

えいたん【詠嘆】〈詠歎〉感動を声に表すこと。また、感動。exclamation　詠嘆

えいだん【英断】すぐれた決断。▽―を下す。　英断

えいち【英知】〈叡智〉すぐれた知恵。wisdom　英知

えいてん【栄典】❶めでたい儀式。❷名誉ある待遇。❸国からあたえられる位階・勲章など。　栄典

えいてん【栄転】よい地位に転任すること。対左遷。promotion　栄転

えいねん【永年】長い年月。▽―勤続者。　永年

えいのう【営農】農業を営むこと。　営農

えいびん【鋭敏】感覚や頭の働きがするどいようす。keen　鋭敏

えいへい【衛兵】警備の兵。guard　衛兵

えいべつ【永別】死別。　永別

えいほう【鋭鋒】❶するどいほこ先。❷言論によるするどい攻撃。▽―するどく迫る。　鋭鋒

えいまい【英邁】才知がすぐれていること。類英明。　英邁

えいみん【永眠】死ぬこと。death　永眠

えいめい【英明】才知がすぐれて道理に明るいこと。　英明

えいゆう【英雄】才知・武勇にすぐれた人。hero　英雄

えいよ【栄誉】honor 誉れ。▽―をたたえる。　栄誉

えいよう【栄養】生命の維持・成長に必要な養分。nourishment　栄養

えいようえいが【栄耀栄華】権力と富を得て、大いに栄えること。　栄耀

えいり【営利】利益を求めるために行うこと。profit　営利

えいり【鋭利】❶刃物などがするどく切れること。▽―な刃物。❷鋭敏。▽―な洞察力。①sharp　鋭利

エイリアン【alien】異星人。宇宙人。

えいりん【営林】森林の保護・育成や伐採などの事業を営むこと。　営林

えいれい【英霊】戦死者の霊魂の敬称。忠霊。英魂。　英霊

エーカー【acre】ヤードポンド法の面積の単位。一エーカーは約四〇四七平方メートル。

エージェンシー【agency】代理店。

エージェント【agent】代理人。

エース【ace】❶トランプの「一」。❷第一人者。❸バレー等で、相手が打ち返せないサーブ。❹主戦投手。

エール【yell】スポーツでの声援。▽―をおくる。

えがお【笑顔】笑い顔。smile face　笑顔

えかき【絵描き】画家。painter　絵描き

えがく【描く】〈画く〉❶絵にかく。❷表現する。❸心に思いうかべる。▽将来像を頭に―。①draw ②express　描く

えがたい【得難い】手に入れにくい。貴重だ。　得難い

えがら【絵柄】構図。模様。design　絵柄

えき〔易〕常8 エキ・イ・やさしい ❶とりかえる。▽交―。❷占い。❸たやすい。▽容―。
筆順 … 易　易・易

えき〔疫〕常9 エキ・ヤク 感染症。▽―病。検―（けんえき）。
筆順 … 疫　疫・疫

えき〔益〕常10 エキ・ヤク ❶もうけ。▽利―。❷役立つ。▽―虫。❸ます。（益）
筆順 … 益　益・益

えき〔液〕常11 エキ 水状のもの。しる。▽―体。血―。乳―。
筆順 … 液　液・液

えき〔駅〕常14 エキ ❶えき。▽―長。―弁。❷宿場。▽―伝。（驛）
筆順 … 駅　駅・駅

えき〔役〕⇩やく

えき【役】戦争。▽西南の―。　役

えき【易】❶筮竹（ぜいちく）を使う、中国伝来の占い。❷易学。また、『易経』。　易

えき【液】流動する物体。液体。liquid　液

えき【駅】❶停車場。❷宿駅。宿場。①station　駅

えきか【液化】液体になること。　液化

えきがく【易学】易❶を研究する学問。　易学

えきぎゅう【役牛】労役に使う牛。　役牛

えききん【益金】利益金。対損金。　益金

えきざい【液剤】液状の薬剤。liquid medicine　液剤

エキサイティング【exciting】人を興奮させるようす。

エキジビション【exhibition】❶公開。❷展示会。❸模範試合。❶～❸エキシビション。

えきしゃ【易者】易で占う人。　易者

えきしゃ【駅舎】駅の建物。　駅舎

えきじゅう【液汁】しる。つゆ。juice　液汁

えきしょう【液晶】液体と固体の中間的状態の有機物質。ディスプレー装置、テレビなどに利用する。liquid crystal　液晶

えきじょう【液状】液体の状態。▼―化現象 地震などの衝撃により、地層が液体のようになる現象。　液状

エキス ❶薬や食物の有効成分を抽出したもの。extract から。❷物事の精粋。本質。①②essence

エキスパート【expert】熟練者。専門家。

えきする【益する】利益を与える。benefit　益する

エキセントリック【eccentric】風変わりなようす。

エキゾチック【exotic】異国情緒があるようす。異国ふう。

えきたい【液体】水や油など、流動状で体積のかわらない物質。liquid 液体

えきだん【易断】易によって占うこと。易断

えきちゅう【益虫】人間の生活に役立つ昆虫。対害虫。useful insect 益虫

えきちょう【益鳥】人間の生活に役立つ鳥。対害鳥。useful bird 益鳥

えきでん【駅伝】長距離を何人かで走り継ぐ競技。駅伝競走。駅伝

えきとう【駅頭】駅前。駅のあたり。▽—の別れ。駅頭

えきびょう【疫病】悪性の感染症。epidemic 疫病

えきべん【駅弁】駅で売る弁当。駅弁

えきむ【役務】労働などによるつとめ。役務

えぐい【蘞い】あくが強くて、のどが刺激されるようす。蘞い

エクササイズ【exercise】❶運動。❷練習。練習問題。

エクスタシー【ecstasy】うっとりして我を忘れること。恍惚（こうこつ）。

エグゼクティブ【executive】企業で経営の中心にいる人。重役。

えくぼ【靨】笑うとほおにできる小さなくぼみ。dimple 靨

えぐる【抉る】❶くりぬく。けずりとる。❷心に強い苦痛をあたえる。❸あばく。▽真相を—。①hollow 抉る

エコ【eco-】「環境」「自然」の意。▽—グッズ。

エゴ【ego ラテン】自我。自己。

エゴイスト【egoist ラテン】利己主義者。

えこう【回向】〈廻向〉仏事を営んで死者を供養すること。回向

えごころ【絵心】❶絵をかく、また鑑賞する能力。❷絵をかきたい気持ち。▽—を誘う風景。絵心

えこじ【依怙地】⇩いこじ。依怙地

エコノミー【economy】❶経済。❷節約。倹約。

エコノミスト【economist】❶経済の専門家。経済学者。❷節約家。

えこひいき【依怙贔屓】特定の人だけを有利に扱うこと。依怙

エコロジー【ecology】❶生態学。また、生態環境を研究する分野。❷自然環境を守ろうとする活動。

エコロジスト【ecologist】❶生態学者。❷環境保護主義者。

えさ【餌】❶動物に与える食物。え。❷人を誘うためのもの。①feed ②lure 餌

えし【絵師】えかき。画工。painter 絵師

えし【壊死】生体の細胞や組織の一部分が死ぬこと。壊死

えしき【会式】法会の儀式。特に、日蓮宗の法会。御会式（おえしき）。会式

えじき【餌食】❶えさ。❷他人の利益・欲望の犠牲になるもの。①②prey 餌食

えしゃく【会釈】❶軽いおじぎをすること。❷思いやること。▽遠慮—も無い。①bow 会釈

えず【絵図】❶絵。❷絵図面。絵図

エスカレート【escalate】しだいに拡大すること。対デスカレート。

エスコート【escort】付き添うこと。

エスタブリッシュメント【establishment】❶既成の体制や秩序。❷支配階級。

エステティック【esthétique フランス】全身美容。エステティーク。エステ。

エスニック【ethnic】民族調。

エスプリ【esprit フランス】機知。

えせ【似非】〈似而非〉似ているが本物でない。▽—学者。似非

えそ【壊疽】体の組織の一部がくさる病気。脱疽（だっそ）。壊疽

えぞ【蝦夷】❶中世以降、奥羽地方から北海道にかけてすんでいた民族。えびす。❷北海道の古称。蝦夷

えそらごと【絵空事】現実にはあり得ないこと。fabrication 絵空事

えだ【枝】❶植物の幹・茎から出た部分。❷大もとから分かれ出たもの。▽—道。①②branch 枝

えたい【得体】本当の姿。正体。▼—が知れない 正体がわからない。得体

えだにく【枝肉】牛・豚などの、内臓や頭を除き、背骨に沿って二分した骨付き肉。枝肉

えだは【枝葉】❶枝と葉。❷物事の重要でない部分。▽—の問題。枝葉

えだみち【枝道】❶本道から分かれた道。❷物事の本筋から離れること。▽話が―に入る。 枝道

えたりがお【得たり顔】得意げな顔。したり顔。 得たり

えつ【悦】常10 エツ よろこぶ。よろこび。▽満―。―楽。(悦) 悦・悦

筆順 忄 忄 忄 忄 悄 悦 悦

えつ【越】常12 エツ・こす・こえる こえる。こす。▽―権。―冬。超―。優―。 越・越

筆順 土 丰 走 走 赴 赳 越 越 越

えつ【謁】常15〔謁〕16 エツ 身分の高い人に面会する。まみえる。▽―見。拝―。 謁・謁

筆順 言 言 訁 謁 謁 謁 謁 謁

えつ【閲】常15 エツ よく調べて確かめる。▽―覧。校―。検―。(閲) 閲・閲

筆順 丨 冂 門 門 門 門 閲 閲

えつ【悦】喜ぶこと。▼―に入(い)る 満足してひとり喜ぶ。心中で喜ぶ。 悦

えつ【謁】謁見。▽―を賜る。 謁

えっきょう【越境】国境や学区などの境を越すこと。 越境

エックス【X】❶未知のもの。❷数学で、未知数の記号。x。

エックスデー【X day】重大なことが行われる予定日。

えっけん【越権】権限をこえること。▽―行為。 越権

えっけん【謁見】身分の高い人や目上の人に面会すること。謁。audience 謁見

エッセイスト【essayist】随筆家。

エッセー【essay】❶随筆。❷小論。

エッセンス【essence】❶本質。精髄。❷純粋な成分。❸香料。

エッチ【H】性的に露骨なようす。dirty

えっとう【越冬】冬を越すこと。 越冬

えつどく【閲読】内容を調べながら読むこと。 閲読

えつねん【越年】年を越すこと。▽―資金。 越年

えっぺい【閲兵】軍隊を整列させて検閲すること。review 閲兵

えつぼ【笑壺】笑い興じること。▼―に入(い)る 思いどおりになって笑う。 笑壺

えつらく【悦楽】満足してよろこび楽しむこと。類享楽。pleasure 悦楽

えつらん【閲覧】調べ見ること。 閲覧

えて【得手】得意とすること。▼―に帆(ほ)を揚(あ)げる 力を発揮できる機会が到来し、調子づく。 得手

エディプスコンプレックス【Oedipus complex】男の子が父親をにくみ、母親に愛情を寄せる心理的傾向。対エレクトラ コンプレックス。

えてかって【得手勝手】わがまま。 勝手

えてして【得てして】ともすると。 得て

えと【干支】十干(じっかん)と十二支とを組み合わせたもの。年月日・方角・時刻などに当てはめる。かんし。 干支

えど【江戸】東京の旧称。徳川時代、幕府がおかれた。 江戸

えど【穢土】けがれの多い世。現世。 穢土

えとき【絵解き】❶絵の意味の説明。❷絵で説明を補うこと。❸なぞを解くこと。 絵解き

えとく【会得】物事を理解して自分のものにすること。▽技術を―する。類体得。learning 会得

エトセトラ【et ceteraラテン】…など。…等々。略して etc.と書く。

えどっこ【江戸っ子】江戸、または東京で生まれ育った人。 江戸

えどまえ【江戸前】❶江戸風。❷東京湾でとれた魚介類。 江戸前

エトランゼ【étrangerフランス】外国人。異邦人。エトランジェ。

えな【胞衣】胎児を包んでいる膜と胎盤などの総称。 胞衣

えにし【縁】えん。ゆかり。 縁

エニシダ【hiniestaスペイン】〈金雀児・金雀枝〉落葉低木の一。初夏に黄色の花をつける。broom

エネルギッシュ【energischドイツ】精力的。energetic

えのき【榎】人14 カ・えのき 樹木の、えのき。昔、一里塚に植えた。 榎・榎

筆順 木 木 朩 柯 栢 榎 榎 榎

えのき【榎】落葉高木の一。材は家具・薪(まき)に用いる。hackberry 榎

えのぐ【絵の具】彩色用の画材。paint 絵具

えはがき【絵葉書】裏に絵や写真などが印刷してある郵 絵葉書

便はがき。picture postcard

えび〘蝦〙人15 カ・えび 甲殻類の、えび。 蝦・蝦

筆順 虫 虫 虫 虹 虹 蚆 蝦 蝦

えび【蝦】〈海老〉甲殻類の一。一〇本のあしと二組みの触角をもつ。食用になるものが多い。▼—で鯛(たい)を釣(つ)る わずかな物や努力で大きな利益を得る。えびたい。 蝦

エピグラム【epigram】警句。

エピゴーネン【Epigonen ドイツ】(学問・芸術などで)まねをする人。亜流。

えびす【夷】〈戎〉❶蝦夷(えぞ)。❷未開の民。②barbarian 夷

えびす【恵比寿】〈恵比須・夷〉七福神の一。えぼしをかぶり、右手につりざお、左手にたいを持つ。商売の神。 恵比寿

えびすがお【恵比須顔】七福神のえびすのように、にこにこしている顔。 顔

エピローグ【epilogue】❶結び(の文言)。終章。❷最後の部分・場面。❸物事の終わり。対❶〜❸プロローグ。

えほう【恵方】その年の縁起のよい方角。▼—参り 元日に、恵方である社寺にお参りすること。 恵方

えぼし【烏帽子】昔、公家(くげ)や武士などがかぶった一種の帽子。 烏帽子

エポック【epoch】一つの時代・時期。▽ベル—。

エポックメーキング【epoch making】画期的。

えま【絵馬】祈願のため社寺に奉納する、馬などの絵入りの額。

絵馬

エマージェンシー【emergency】非常事態。

えまき【絵巻】物語を絵にかいた巻物。絵巻物。

えまきもの【絵巻物】絵巻。

えみ【笑み】ほほえみ。微笑。▽—を浮かべる。smile 笑み

えむ【笑む】❶ほほえむ。❷花や果実などが開く。▽桜の花が—。①smile 笑む

えもいわれぬ【得も言われぬ】言いようのないほどすばらしい。 得も

えもの【得物】❶得意とする武器。❷使いなれた道具。①weapon 得物

えもの【獲物】❶漁や猟でとったもの。❷分捕り品。①game 獲物

えもんかけ【衣紋掛け】着物用のハンガー。 衣紋掛

えよう【栄耀】富み栄えること。えいよう。 栄耀

えら【鰓】❶水中動物の呼吸器。❷人の、両あごの下の部分。①gills 鰓

えらい【偉い】❶りっぱだ。❷地位・身分が高い。❸はなはだしい。▽—人出だ。①great 偉い

えらぶ【選ぶ】複数のものから、条件に合うものを抜き出す。▽代表を—。 選ぶ

えり〘衿〙人9 キン・えり 衣服のえり。▽開—シャツ。 衿・衿

筆順 丶 ラ ネ ネ ネ 衤 衤 衿

えり〘襟〙⇩きん

えり【襟】〈衿〉❶衣服の首の周りの部分。❷首の後ろ。①collar ②nape 襟

エリア【area】地域。区域。地帯。

えりあし【襟足】首筋の髪のはえぎわ。 襟足

エリート【élite フランス】ある社会で、特にすぐれた者として選ばれた人。

えりごのみ【選り好み】⇩よりごのみ。 選好み

えりぬき【選り抜き】⇩よりぬき。 選抜き

えりまき【襟巻き】防寒のため首に巻く物。 襟巻

える【得る】❶自分のものにする。❷身に受ける。❸…できる。▽病を—。▽あり—。①get 得る

える【選る】⇩よる。 選る

エルニーニョ【El Niño スペイン】東部太平洋赤道付近の海面の水温が、異常に上昇する現象。数年に一度発生し、世界的な異常気象をもたらす原因となっている。

エレガント【elegant】優雅なようす。

エレクトラコンプレックス【Electra complex】女の子が母親に反感をもち、父親に愛着をもつ心理的傾向。対エディプスコンプレックス。

エレクトロニクス【electronics】❶電子工学。❷電子工業。❸電子技術。

エレジー【elegy】 悲歌。哀歌。

エレメント【element】 ❶要素。❷化学元素。

エロ 「エロチック」の略。▽―グロ。―本。

エロス【Eros】 〈eros〉❶ギリシャ神話の、愛の神。❷性愛。対❷アガペー。

エロチック【erotic】 好色的。色っぽいようす。

えん〔円〕 常4 **〔圓〕** 人13 **エン・まるい** ❶まるい形。▽―盤。楕―(だえん)。❷まるい。▽―満。―熟。❸貨幣の単位。▽千―。日本―。

筆順 丨 冂 円 円　円・圓

えん〔奄〕 人8 **エン** ❶おおう。❷ふさがる。▽気息―奄(きそくえんえん)。

筆順 一 ナ 大 奄 奄 奄 奄 奄　奄・奄

えん〔延〕 常8 **エン・のびる・のべる・のばす** のびる。のばす。▽―長。―期。

筆順 ノ 亻 下 正 延 延 延 延　延・延

えん〔沿〕 常8 **エン・そう** ❶そう。▽―線。―道。❷したがう。▽―革。

筆順 丶 冫 氵 氵 沿 沿 沿 沿　沿・沿

えん〔炎〕 常8 **エン・ほのお** ❶ほのお。▽火―。❷あつい。▽―天。❸もえる。▽―上。❹ただれたり熱をもったりする病気。▽―症。肺―。

筆順 丶 丷 火 火 炎 炎 炎 炎　炎・炎

えん〔苑〕 人8 **エン・オン・その** ❶庭園。▽外―。❷学芸の世界。▽芸―。

筆順 一 十 艹 艹 苑 苑 苑 苑　苑・苑

えん〔怨〕 常9 **エン・オン** うらめしく思う。うらめしい思い。▽―恨(えんこん)。―念(おんねん)。

筆順 ノ ク 夕 夗 夗 怨 怨 怨 怨　怨・怨

えん〔宴〕 常7 **エン** さかもり。▽―会。酒―。披露―(ひろうえん)。

筆順 丶 宀 宀 宀 宴 宴 宴　宴・宴

えん〔掩〕 11 **エン・おおう** ❶おおう。❷かくす。▽―蓋(えんがい)。―蔽(えんぺい)。

筆順 扌 扌 掩 掩 掩 掩 掩 掩　掩・掩

えん〔堰〕 人12 **エン・せき** せき。▽―堤(えんてい)。河口―(ぜき)。

筆順 土 圹 堰 堰 堰 堰 堰 堰　堰・堰

えん〔媛〕 常12 **エン** ❶しとやかな女性。▽才―(さいえん)。❷◎「愛媛(えひめ)」は、地名。(媛)

筆順 女 女 媛 媛 媛 媛 媛 媛　媛・媛

えん〔援〕 常12 **エン** ❶たすける。▽―助。❷ひっぱる。▽―用。(援)

筆順 扌 扌 扌 援 援 援 援 援　援・援

えん〔焰〕 人12 **〔焔〕** 11 **エン・ほのお** ほのお。▽火―(かえん)。気―。

筆順 火 火 焔 焔 焔 焔 焔 焔　焔・焔

えん〔園〕 常13 **〔薗〕** 人16 **エン・その** ❶区画された所。▽公―。菜―。❷にわ。

筆順 丨 冂 冂 園 園 園 園 園　園・園

えん〔煙〕 常13 **エン・けむる・けむり・けむい** ❶けむり。❷もや。▽―雨。❸たばこ。▽禁―。

筆順 丶 火 火 煙 煙 煙 煙 煙　煙・煙

えん〔猿〕 常13 **エン・さる** さる。▽類人―。犬―の仲。

筆順 ノ 犭 犭 猿 猿 猿 猿 猿　猿・猿

えん〔遠〕 常13 **エン・オン・とおい** ❶とおい。▽―方。久―(くおん)。❷関係が浅い。▽疎―。❸とおざける。▽敬―。

筆順 土 吉 声 袁 袁 遠 遠 遠　遠・遠

えん〔鉛〕 常13 **エン・なまり** 金属の、なまり。▽―管。―筆。

筆順 ノ 人 全 金 金 鉛 鉛 鉛　鉛・鉛

えん〔塩〕 常13 **エン・しお** ❶しお。▽食―。❷化合物。▽―基。(鹽)

筆順 土 圹 塩 塩 塩 塩 塩 塩　塩・塩

えん〔厭〕 14 **エン・オン・いとう** あきる。いやになる。▽―世(えんせい)。―離(おんり・えんり)。

筆順 厂 厂 厭 厭 厭 厭 厭 厭　厭・厭

えん〔演〕 常14 **エン** ❶のべる。▽講―。❷実際におこなう。▽―習。

筆順 氵 氵 演 演 演 演 演 演　演・演

えん〔縁〕 常15 **〔緣〕** 人15 **エン・ふち** ❶ふち。▽周―。❷たよる。▽―語。❸結びつき。つながり。▽血―。内―。離―。良―。―故。❹原因。▽因―(いんねん)。

筆順 糸 糸 縁 縁 縁 縁 縁 縁　縁・縁

えん〔燕〕 人16 **エン・つばめ** つばめ。▽飛―(ひえん)。―尾服(えんびふく)。

筆順 一 廿 廿 燕 燕 燕 燕 燕　燕・燕

えん〔鴛〕 16 **エン** おしどり。おしどりの雄。▽―鴦(えんおう・おしどり)。

筆順　鴛・鴛

えん〔艶〕 常19 **エン・つや** ❶なまめかしい。▽妖―(ようえん)。❷色恋に関すること。▽―聞(えんぶん)。

筆順 曲 曲 豊 豊 豊 豊 豊 艶　艶・艶

えん〔淵〕⇩ふち

えん【円】❶まるいこと・形。❷日本の貨幣(の価値)。❸日本の貨幣の単位。　円

えん【宴】さかもり。宴会。うたげ。▽―たけなわとなる。　宴

えん【縁】❶つながりや関係。❷めぐりあわせ。▽お金に―がない。❸きっかけ。▽これを御―によろしく。❹家の縁側。▼―無き衆生(しゅじょう)は度し難(がたし) 頑固(がんこ)で人の忠告を聞こうとしない人は救いようがない。▼―は異なもの味なもの 男女の結び付きはふしぎでおもしろいものだ。▼―も縁(ゆかり)も無い 何のかかわりもない。　縁

えん【艶】❶あでやかで美しいこと。❷色っぽく、なまめかしいこと。　艶

えんいん【延引】予定より長びくこと。　延引

えんいん【援引】自説を証明するために、他人の説を借りて引用すること。援用。quotation　援引

えんいん【遠因】間接の原因。　遠因

えんう【煙雨】けむるように降る雨。　煙雨

えんえい【遠泳】長距離を泳ぐこと。　遠泳

えんえき【演繹】一般的なことから特殊なことを導き出すこと。▽―法。対帰納。　演繹

えんえん【奄奄】いまにも息が絶えそうなようす。▽気息―。　奄奄

えんえん【延延】長々と続くようす。▽―六時間に及ぶ。　延延

えんえん【炎炎】火が勢いよく燃えるようす。▽―と燃えさかる。blazing　炎炎

えんえん【蜒蜒】〈蜿蜿〉うねって長く続くようす。▽―長蛇の列。　蜒蜒

えんおう【鴛鴦】おしどり。　鴛鴦

えんか【円価】日本の貨幣の円の価値。対外的には円の為替相場。　円価

えんか【演歌】日本的なメロディーの歌謡曲。艶歌。　演歌

えんか【嚥下】飲みくだすこと。えんげ。swallowing　嚥下

えんかい【沿海】❶陸に沿った海。❷海にそった陸。うみべり。②coast　沿海

えんかい【宴会】さかもり。banquet　宴会

えんかい【遠海】陸地から遠い海。　遠海

えんがい【掩蓋】おおいかぶせる物。　掩蓋

えんがい【塩害】塩分による被害。　塩害

えんがい【煙害】煤煙(ばいえん)などによる害。　煙害

えんかく【沿革】移り変わり。推移。　沿革

えんかく【遠隔】遠く離れていること。　遠隔

えんかつ【円滑】なめらかなようす。▽交渉の―な進行。smooth　円滑

えんがわ【縁側】❶座敷の外側の板敷き。❷魚のひれの基部にある骨。また、そのまわりの肉。▽ひらめの―。　縁側

えんがん【沿岸】❶海・川・湖にそった陸地。❷陸地にそった水域。①coast　沿岸

えんき【延期】期日を先にのばすこと。日のべ。postponement　延期

えんき【塩基】酸を中和して塩(えん)をつくる水酸化物。base　塩基

えんき【遠忌】⇩おんき。　遠忌

えんぎ【演技】演じて見せる芸や技。performance　演技

えんぎ【縁起】❶よい事、または悪い事が起こりそうなきざし。さいさき。①omen ▽―が悪い。❷物事、特に社寺の由来。▼―でもない 縁起が悪くて、いやな感じだ。　縁起

えんきょく【婉曲】遠回しに、おだやかに言うようす。▽―に断る。対露骨。euphemism　婉曲

えんきり【縁切り】夫婦・親子の関係を断つこと。　縁切り

えんきん【遠近】遠いことと近いこと。　遠近

えんぐみ【縁組み】夫婦・養子などの関係を結ぶこと。　縁組

えんぐん【援軍】❶助けるための軍隊。❷力をかすなかま。①reinforcement　援軍

えんげ【嚥下】⇩えんか。　嚥下

えんけい【遠景】遠くの景色。　遠景

えんげい【園芸】野菜・草花・果樹などの栽培。▽―農業。gardening　園芸

えんげい【演芸】大衆的な芸能。落語・手品・踊りなど。entertainment　演芸

えんげき【演劇】芝居。drama　演劇

エンゲルけいすう【エンゲル係数】家計に占める飲食費の割合。Engel's coefficient　係数

えんこ【円弧】円周の一部分。　円弧

えんこ【縁故】❶縁続き。❷人と人のつながり。よしみ。コネ。②connection　縁故

えんご【掩護】かばい守ること。援護。　掩護

えんご【援護】こまっている人を助け守ること。▽—射撃。support　援護

えんこうきんこう【遠交近攻】遠国と同盟を結び、近国を攻撃する策。注 遠×攻近×交。　遠交

えんこん【怨恨】うらみ。grudge　怨恨

えんさ【怨嗟】うらみ嘆くこと。

えんざ【円座】〈円坐〉❶丸く編んだ敷物。❷輪になってすわること。くるま座。

円座①

えんざい【冤罪】無実の罪。ぬれぎぬ。false charge　冤罪

えんざん【演算】運算（うんざん）。　演算

えんし【遠視】近くがはっきり見えない目。farsightedness　遠視

えんじ【臙脂】黒っぽい赤色。　臙脂

エンジニア【engineer】技術者。

エンジニアリング【engineering】工学。工学技術。

えんじゃ【縁者】親類。身内。　縁者

えんじゅ【槐】落葉高木の一。街路樹とする。　槐

えんしゅう【円周】円をつくる曲線。円のまわり。▽—率。　円周

えんしゅう【演習】❶実地の訓練。❷ゼミナール。①exercise　演習

えんじゅく【円熟】❶技芸が十分上達すること。▽—した演技。❷人格が円満になり深みがでること。類❶熟達。対❶❷未熟。①②maturity　円熟

えんしゅつ【演出】❶演技などを指導し、作品をつくること。❷趣向をこらして式や会を盛り上げること。①direction　演出

えんしょ【炎暑】ひどい暑さ。類酷暑。　炎暑

えんしょ【艶書】恋文。love letter　艶書

えんじょ【援助】人を助けること。assistance　援助

エンジョイ【enjoy】楽しむこと。

えんしょう【延焼】火事の火が他へ燃え広がること。類類焼。　延焼

えんしょう【炎症】発熱・はれ・痛みなどの症状。inflammation　炎症

えんしょう【艶笑】好色的なおかしみ。　艶笑

えんじょう【炎上】大きな建物・船などが火事でやけること。burning　炎上

えんじる【演じる】❶演技する。❷しでかす。▽醜態を—。①act　演じる

えんじん【円陣】円の形に並ぶこと。▽—を組む。　円陣

えんしんりょく【遠心力】円運動をする物体が外に向かう力。対求心力。centrifugal force　遠心力

えんすい【円錐】底面が円で、先端がとがった立体。cone　円錐

えんずい【延髄】脳髄と脊髄（せきずい）の間の部分。肺・心臓などの働きを支配する。　延髄

エンスト　エンジンが突然止まってしまうこと。和製語。

えんせい【遠征】討伐・試合・探検などで遠くへ出かけること。▽ヒマラヤ—。expedition　遠征

えんせい【厭世】この世をいやだと思うこと。▽—観。　厭世

えんせき【宴席】宴会の席。▽—に連なる。　宴席

えんせき【遠戚】遠い親類。　遠戚

えんぜつ【演説】人々の前で自分の意見をのべること。speech　演説

えんせん【沿線】鉄道線路ぞいの所。　沿線

えんせん【厭戦】戦争をきらうこと。対好戦。　厭戦

えんぜん【宛然】そっくりであるようす。さながら。▽—貴公子のごとし。　宛然

えんぜん【婉然】しとやかで美しいようす。▽—たる淑女。　婉然

えんぜん【嫣然】〈艶然〉女性がにっこり笑うようす。▽—たる笑み。　嫣然

えんそ【塩素】刺激臭をもつ有毒な気体元素。記号Cl。chlorine　塩素

えんそう【演奏】楽器で音楽をかなでること。　演奏
えんそく【遠足】見学や運動を目的に、日帰りで遠出をすること。また、特に、歩いて遠出をすること。outing　遠足
エンターテイナー【entertainer】芸人。エンターテナー。
エンターテイメント【entertainment】娯楽。演芸。
えんたい【延滞】支払いがのびてとどこおること。▽—金。類遅滞。arrears　延滞
えんだい【遠大】志や計画が大きいようす。▽—な計画。far-reaching　遠大
えんだい【演題】演説・講演などの題。　演題
えんだい【縁台】夕涼みなどに使う長い腰掛け台。bench　縁台
えんたく【円卓】まるいテーブル。▽—会議。　円卓
えんだん【演壇】演説・講演をする人の立つ壇。platform　演壇
えんだん【縁談】結婚をすすめる相談。　縁談
えんちゃく【延着】遅れてつくこと。　延着
えんちゅう【円柱】❶まるい柱。❷円筒形の立体。①column　円柱
えんちょう【延長】❶のばすこと。❷延べの長さ。▽—戦。❸一続きになる物事。▽仕事の—。対❶短縮。①extension　延長
えんちょく【鉛直】重力の方向。水平面に直角の方向(であること)。vertical　鉛直

えんづく【縁付く】嫁・婿(むこ)に行く。　縁付く
えんてい【堰堤】ダム。dam　堰堤
えんてい【園丁】公園・庭園の手入れや番をする人。　園丁
エンディング【ending】事の終わり。結末。対オープニング。
えんてん【円転】❶まるく回ること。❷なめらかに進むこと。▽—滑脱な司会ぶり。　円転
えんてん【炎天】日が照りつける夏の空・天気。▽—下。　炎天
えんとう【円筒】❶まるい筒。❷まるい筒の形。円柱。①②cylinder　円筒
えんどう【沿道】道にそった所。roadside　沿道
えんどう【豌豆】マメ科の作物。熟した実と若いさやは食用。pea　豌豆
えんどおい【縁遠い】❶関係が薄い。❷結婚の機会になかなか恵まれない。　縁遠い
えんどく【鉛毒】❶鉛(なまり)がもつ毒。❷❶が体内に入っておこる中毒。　鉛毒
えんとつ【煙突】煙を排出するための、筒形の装置。chimney　煙突
エントランス【entrance】入り口。
エントリー【entry】参加登録。
エンドレス【endless】終わりがないこと。
えんにち【縁日】その神仏にゆかりのある日。供養や祭りをする。　縁日

えんねつ【炎熱】❶激しい暑さ。❷火の激しい熱さ。①②intense heat　炎熱
えんのう【延納】期日よりおくれて納めること。　延納
えんのした【縁の下】縁側の下。床下。▼—の力持ち　人のため、目立たない所で力を尽くす人。　縁の下
えんばく【燕麦】むぎの一種。オートミールの材料や家畜の飼料にする。オートむぎ。からすむぎ。oat　燕麦
えんばん【円盤】❶まるく平たいもの。❷円盤投げの道具。❸レコード盤。①③disc　円盤
えんぴつ【鉛筆】木の軸に細いしんをはめこんだ筆記用具。pencil　鉛筆
えんびふく【燕尾服】男子の洋式の礼服。tailcoat　燕尾服
えんぶ【演舞】❶舞の練習。❷大ぜいの前で舞を見せること。　演舞
えんぶきょく【円舞曲】ワルツ。　円舞曲
えんぷくか【艶福家】多くの女性にもてはやされる男性。　艶福家
えんぶん【塩分】食べ物や海水などにふくまれる塩の量。塩気。salt　塩分
えんぶん【艶聞】恋愛に関するうわさ。　艶聞
えんぺい【掩蔽】(大きなものを)おおいかくすこと。隠蔽。cover-up　掩蔽
えんぺん【縁辺】❶周囲。周り。❷縁故のある人・家。　縁辺
えんぼう【遠望】遠くをながめること。　遠望

えんぼう【遠謀】先々まで考えに入れたはかりごと。 遠謀

えんぼうしんりょ【遠謀深慮】先々のことまで深く考えること。深慮遠謀。 深慮

えんま【閻魔】人の生前の行為を裁くという地獄の王。閻魔大王。 閻魔

えんまく【煙幕】❶味方の行動をかくすためにめぐらす煙の層。▽—を張る。❷真意をかくすための言動。 煙幕

えんまちょう【閻魔帳】❶閻魔大王が死者の生前の罪状を記した帳面。❷教師が、生徒の成績などを記録する帳面。 閻魔帳

えんまん【円満】かどだたず、穏やかなようす。▽—に解決する。peaceful 円満

えんむ【煙霧】❶煙と霧。❷スモッグ。 煙霧

えんむすび【縁結び】男女の縁を結ぶこと。縁組み。▽—の神様。matchmaking 縁結び

えんめい【延命】いのちをのばすこと。 延命

えんゆうかい【園遊会】庭園でもよおす宴会。garden party 園遊会

えんよう【援用】援引。quotation 援用

えんよう【遠洋】陸地から遠い海。 遠洋

えんらい【遠来】遠くから来ること。▽—の客。 遠来

えんらい【遠雷】遠くで鳴るかみなり。 遠雷

えんりょ【遠慮】❶ひかえめにすること。▽—会釈もない。❷辞退。❸遠い先までの見通し。遠謀。①reserve 遠慮

えんれい【艶麗】あでやかで、美しいようす。charm 艶麗

えんろ【遠路】遠い道のり。▽—はるばる御苦労さまでした。 遠路

〈おオ〉

お〔汚〕常6 オ・けがす・けがれる・けがらわしい・よごす・よごれる・きたない ❶きたない。▽—物。❷けがす。▽—職。 汚・汚

筆順					
丶	冫	氵	氵一	氵二	汚

お〔和〕⇩わ　お〔悪〕⇩あく

お【尾】❶しっぽ。❷後ろに長く伸びたもの。①②tail 尾

お【御】尊敬・謙譲・丁寧の意を表す。▽—大事に。—米。 御

お【緒】❶はなお。❷ひも。❸弦。 緒

おあいそ【御愛想】❶愛想(あいそ)。❷勘定。 御愛想

おあつらえむき【御誂え向き】希望どおりなようす。ideal 御誂え

おい〔笈〕人10 キュウ・おい せおう箱。おい。▽—摺(おいずり)。 笈・笈

筆順					
ノ	𠂉	⺮	笒	笈	笈

おい〔甥〕人12 セイ・おい 自分の兄弟・姉妹のむすこ。 甥・甥

筆順					
𠂉	牛	生	生口	甥	甥

おい【老い】年をとっていること・人。old age ▼—の一徹(いってつ) 老人のがんこさ。 老い

おい【甥】兄弟・姉妹のむすこ。nephew 対姪(めい)。 甥

おいうち【追い討ち】〈追い撃ち〉逃げる敵を追いかけてうつこと。追撃。▽—をかける。 追討ち

おいえげい【御家芸】❶その家に伝わる芸。❷得意な芸。 御家芸

おいおい【追い追い】だんだん。しだいに。gradually 追い追

おいかぜ【追い風】後ろから吹く風。順風。対向かい風。 追風

おいごえ【追い肥】追肥(ついひ)。 追肥

おいこみ【追い込み】❶追い込むこと。❷最後のがんばり。②lastspurt 追込み

おいこむ【老い込む】年をとっておとろえる。 老い込

おいこむ【追い込む】❶追いたてて中に入れる。❷追い詰める。 追い込

おいさき【生い先】将来。▽—が恐ろしい新人。future 生い先

おいさき【老い先】老人の余生。 老い先

おいさらばえる【老いさらばえる】年をとってみじめな姿になる。 老い

おいしい【美味しい】❶味がいい。うまい。❷都合がよい。うまい。▽—話。対❶まずい。①delicious 美味

おいしげる【生い茂る】草木がよくしげる。類繁茂する。 生い茂

おいすがる【追い縋る】追いついてすがりつく。 追い縋

おいせん【追い銭】一度支払った後、さらに支払う余分な金。▽盗人(ぬすっと)に—。 追銭

おいたち【生い立ち】❶成長すること。❷成長までの経歴。そだち。 生立ち

オイタナジー【Euthanasie《ドイツ》】安楽死。ユータナジー。 euthanasia

おいつめる【追い詰める】逃げ場のない所・立場まで追う。追い込む。 追い詰

おいて〔於〕人8 オ・おいて ❶場所・時間を示す。❷…に関して。 於・於

筆順 丶 亠 方 方 於 於 於

おいて【於いて】❶…の場所で。▽会議室に—行う。❷…の分野で。❸…に関して。▽安全性に—問題がある。 於いて

おいて【措いて】…を除いて。…以外に。▽彼を—適任者はいない。 措いて

おいで【御出で】❶「行く・来る・居る」の尊敬語。❷「来ること」の尊敬語。▽—を乞(こ)う。 御出で

おいはぎ【追い剝ぎ】通行人をおどし、金品を奪うこと・人。 追剝

おいばね【追い羽根】羽根突き。 追羽根

おいぼれる【老い耄れる】年をとって心身の働きがにぶくなる。 老耄れ

おいめ【負い目】金銭を借りたり世話になったり損害をあたえたりして、負担に思う気持ち。 負目

おいやる【追い遣る】❶せきたてて去らせる。❷悪い状態に向かわせる。 追い遣

おいらく【老いらく】年をとること。老年。▽—の恋。 老い

おいらん【花魁】(格の高い)遊女。 花魁

おいる【老いる】年をとっておとろえる。get old 老いる

おいわけ【追分】❶街道が左右に分かれる所。❷民謡の「追分節」の略。 追分

おう〔王〕常4 オウ ❶君主。▽—国。女—。❷最も優れたもの。▽発明—。 王・王

筆順 一 丁 干 王

おう〔凹〕常5 オウ くぼむ。くぼみ。▽—凸(おうとつ)。—面鏡。 凹・凹

筆順 l 冂 凹 凹 凹

おう〔央〕常5 オウ まんなか。▽中—。 央・央

筆順 丨 冂 口 央 央

おう〔応〕常7〔應〕人17 オウ・こたえる ❶こたえる。▽呼—。—募。❷変化する。▽反—(はんのう)。❸つり合う。▽相—。 応・応

筆順 丶 亠 广 応 応 応 応

おう〔往〕常8 オウ ❶行く。▽—来。—復。❷時が過ぎる。▽—時。 往・往

筆順 ノ 彳 彳 彳 彳 往 往 往

おう〔押〕常8 オウ・おす・おさえる ❶おす。▽—印。—捺(おうなつ)。—韻。❷とりしまる。▽—収。—送。

筆順 一 扌 扌 扣 扣 扣 押 押

押・押

おう〔旺〕常8 オウ 思いきり広がるようす。さかんなようす。▽—盛。 旺・旺

筆順 丨 日 日 日 旺 旺 旺 旺

おう〔欧〕常8 オウ「欧羅巴(ヨーロッパ)」の略。▽—米。—文。(歐) 欧・欧

筆順 一 フ ヌ 区 区 欧 欧 欧

おう〔殴〕常8 オウ・なぐる 打つ。なぐる。▽—打。—殺。(毆) 殴・殴

筆順 一 フ ヌ 区 区 殴 殴 殴

おう〔姶〕9 オウ・あい ◎「姶良」で、地名の「あいら」。 姶・姶

おう〔桜〕常10〔櫻〕人21 オウ・さくら 植物の、さくら。▽—花。—桃。観—。 桜・桜

筆順 十 木 木 杉 桜 桜 桜

おう〔翁〕常10 オウ 男性の老人。おきな。▽老—。—(おきな)の面。 翁・翁

筆順 八 公 公 翁 翁 翁 翁

おう〔凰〕人11 オウ・コウ・おおとり 雌のおおとり。▽鳳—(ほうおう)。 凰・凰

筆順 几 凡 凧 凰 凰 凰 凰

おう〔奥〕常12〔奧〕人13 オウ・おく ❶おく。おく深いこと。▽—地。—行き。❷簡単に人に教えたり見せたりしないもの。▽秘—。—義(おうぎ)。 奥・奥

筆順 丶 宀 冂 冋 囪 奥 奥

おう〔横〕常15〔横〕人16 オウ・よこ ❶よこ。▽—断。❷よこたえる。▽—臥(おう

が)。❸勝手。▽—暴。❹異常な。▽—死。

筆順 木 杧 栱 栱 構 構 横 横　横・横

おう〔襖〕人18 オウ・ふすま ❶ふすま。❷衣服のあわせ。

筆順 衤 衲 裀 裀 襖 襖 襖 襖　襖・襖

おう〔鷹〕人24 オウ・ヨウ・たか 猛鳥の、たか。▽—派。—匠(たかじょう)。—揚(おうよう)。

筆順 广 庁 庍 庍 庘 雁 鹰 鷹　鷹・鷹

おう〔皇〕⇩こう　おう〔黄〕⇩こう

おう〔鷗〕⇩かもめ

おう【王】❶君主。❷最も優れたもの。▽百獣の—。❸皇族男子。❹将棋の王将。①king　王

おう【負う】❶背負う。❷引き受ける。▽責任を—。❸おかげをこうむる。❹傷などを受ける。①carry ②take　負う

おう【追う】❶追いかける。❷追い払う。❸あとに従う。▽地位を—われる。▽日を—って元気になる。①chase　追う

おう【翁】男の老人(の敬称)。　翁

おういつ【横溢】みちあふれること。▽元気—。　横溢

おういん【押印】判を押すこと。類捺印(なついん)。sealing　押印

おういん【押韻】詩で、同種の音の語を一定の位置におくこと。rhyming　押韻

おうえん【応援】❶力を貸して助けること。❷はげますこと。①aid　応援

おうおう【怏怏】心に不満を抱いているようす。▽—として楽しまず。　怏怏

おうおうにして【往往にして】よくあるようす。しばしば。注×応応にして。sometimes　往往

おうか【欧化】西洋風に変わること。　欧化

おうか【桜花】さくらの花。　桜花

おうか【謳歌】❶多くの人々がほめたたえること。❷幸せな境遇を十分に楽しむこと。▽青春を—する。　謳歌

おうが【枉駕】相手の来訪を尊敬していう語。御来駕(ごらいが)。▽—の栄(えい)に浴す。　枉駕

おうが【横臥】横向きに寝ること。　横臥

おうかん【王冠】❶王のかぶる冠。❷瓶(びん)の口金。①crown ②cap　王冠

おうかん【往還】❶道路。❷行き来。類❶❷往来。①road　往還

おうぎ【扇】扇子(せんす)。fan　扇

おうぎ【奥義】学芸・武芸の奥深い大事な教え・技(わざ)。おくぎ。類極意(ごくい)。　奥義

おうきゅう【王宮】王の宮殿。palace　王宮

おうきゅう【応急】急場の間に合わせ。▽—処置。makeshift　応急

おうこ【往古】過ぎ去った昔。大昔。　往古

おうこう【王侯】王と諸侯。　王侯

おうこう【往航】船や飛行機が目的地へ行くときの運行。対復航。帰航。　往航

おうこう【横行】❶気ままに歩き回ること。❷悪事がのさばること。▽悪徳商法が—する。　横行

おうこく【王国】❶王が支配する国。❷勢力が大きい集団。①❷kingdom　王国

おうごん【黄金】❶金(きん)。こがね。❷貨幣。金銭。①gold　黄金

おうざ【王座】❶王の席・位(くらい)。❷第一の地位。①throne　王座

おうさつ【応札】入札に参加すること。　応札

おうさつ【殴殺】なぐり殺すこと。　殴殺

おうし【横死】不慮の死。非業の死。▽—を遂げる。　横死

おうじ【王子】王の息子。prince　王子

おうじ【往事】過去のできごと。　往事

おうじ【往時】昔。▽—をしのぶ。　往時

おうじ【皇子】天皇の息子。　皇子

おうじゃ【王者】❶国王。❷王道で国を治める人。❸第一人者。対❷覇者(はしゃ)。①king ③champion　王者

おうじゅ【応需】求めに応じること。　応需

おうしゅう【応酬】❶やり返すこと。❷やりとり。①②response　応酬

おうしゅう【押収】裁判所が証拠品などを差し押さえること。seizure　押収

おうしゅう【欧州】ヨーロッパ。　欧州

おうじょ【王女】王の娘。 princess　王女

おうじょ【皇女】天皇の娘。こうじょ。　皇女

おうしょう【王将】将棋で、最も重要な駒(こま)。王。類玉将。　王将

おうしょう【応召】召集に応じ、入隊地に集まること。　応召

おうじょう【往生】❶仏教で、極楽に生まれかわること。❷死ぬこと。▽—を遂げる。❸どうしてよいかわからず困ること。閉口すること。　往生

おうじょうぎわ【往生際】❶死にぎわ。❷思い切り。あきらめ。▽—が悪い。　往生際

おうじる【応じる】❶こたえる。❷働きかけに従う。❸ふさわしい行動をする。▽事情に—じて。① respond　応じる

おうしん【往信】返事を求めて出す通信。対返信。　往信

おうしん【往診】医者が、病人の家に行って診察すること。注×応診。対宅診。　往診

おうせ【逢瀬】男女がひそかに会うこと・機会。類忍び逢い。逢い引き。　逢瀬

おうせい【王政】王が行う政治。 imperial rule　王政

おうせい【旺盛】非常に盛んなようす。 vigorous　旺盛

おうせつ【応接】人に会って相手をすること。▽—に暇(いとま)がない。類応対。 reception　応接

おうせん【応戦】敵の攻撃に応じて戦うこと。 fight back　応戦

おうそ【応訴】相手の訴えに応じ、被告として争うこと。対提訴。　応訴

おうだ【殴打】なぐること。 hit　殴打

おうたい【応対】相手になって受け答えすること。▽親切な—。注応×待。類応接。 reception　応対

おうだく【応諾】承知。承諾。　応諾

おうだん【黄疸】胆汁の色素のために、体が黄色くなる症状。 jaundice　黄疸

おうだん【横断】❶横にたち切ること。❷横切って渡ること。対❶❷縦断。② crossing　横断

おうちゃく【横着】❶ずうずうしく、ずるいこと。❷怠けること。▽—を決めこむ。② lazy　横着

おうちょう【王朝】同じ王家の系列。　王朝

おうて【王手】将棋で、直接王将を攻める手。 check mate　王手

おうてん【横転】❶横倒しになること。❷左右に回転すること。　横転

おうと【嘔吐】食べたものをはくこと。　嘔吐

おうとう【応答】受け答え。 reply　応答

おうとう【桜桃】桜の一種。実はさくらんぼ。 cherry　桜桃

おうどう【王道】❶王が仁徳で国を治めること。❷安易な方法。▽学問に—なし。対❶覇道(はどう)。　王道

おうどう【黄銅】「真鍮(しんちゅう)」の別名。　黄銅

おうとつ【凹凸】でこぼこ。　凹凸

おうな【媼】〈嫗〉女性の老人。対翁(おきな)。　媼

おうなつ【押捺】判(はん)や指紋に朱などをつけて紙などに写すこと。　押捺

おうねん【往年】過ぎ去った昔。▽—の名選手。　往年

おうのう【懊悩】苦悩すること。　懊悩

おうばんぶるまい【椀飯振る舞い】盛大なもてなし。大盤(おおばん)振る舞い。　椀飯

おうひ【王妃】王の妻。后(きさき)。 queen　王妃

おうふう【欧風】西洋風。　欧風

おうふく【往復】❶行って帰ること。❷やりとり。▽—はがき。　往復

おうぶん【応分】身分や能力にふさわしいこと。▽—の寄付。類分相応(ぶんそうおう)。　応分

おうぶん【欧文】欧米諸国の文字・文章。対和文。邦文。　欧文

おうへい【横柄】いばっているようす。類尊大。 arrogant　横柄

おうべい【欧米】ヨーロッパとアメリカ。　欧米

おうぼ【応募】募集に応じること。 application　応募

おうほう【応報】行いの善悪に対するむくい。▽因果—。　応報

おうほう【往訪】自分が人を訪れること。訪問。対来訪。　往訪

おうぼう【横暴】わがままで乱暴なこと。類専横。 tyranny　横暴

おうまがとき【逢魔が時】たそがれどき。大禍時(おおまがとき)。　逢魔時

おうむ【鸚鵡】インコ科の鳥。人の声をまねる。 parrot　鸚鵡

おうむがえし【鸚鵡返し】相手のことばどおりに言い返すこと。parrot

おうよう【応用】原理を実際に適用すること。類活用。application

おうよう【鷹揚】小事にこだわらず、ゆったりしているようす。大様（おおよう）。類大らか。generous

おうらい【往来】❶行き来すること。❷道路。類❶❷往還。①traffic

おうりょう【横領】不正に横どりすること。▽公金を—する。類着服。embezzlement

おうろ【往路】行きの道。対復路。

おえしき【御会式】日蓮宗（にちれんしゅう）で、日蓮の命日に行う法会（ほうえ）。えしき。

おえつ【嗚咽】むせび泣き。▽—をもらす。sobbing

おえらがた【御偉方】身分・地位の高い人々。類御歴々。

おえる【終える】すませる。果たす。対始める。finish

おおあざ【大字】町村内の行政区画の一つ。

おおあじ【大味】❶味がおおまかで、風味がないようす。❷趣がなく、つまらないようす。▽—な演技。

おおあな【大穴】❶大きな穴。❷金銭上の大損害。▽—をあける。❸競輪・競馬などの大番狂わせ。

おおあま【大甘】非常に手ぬるいようす。また、楽観的すぎるようす。▽—な見通し。

おおあめ【大雨】激しく、多く降る雨。▽—警報。類豪雨。

おおい【多い】数量がたくさんある。many,much ▼—かれ少なかれ どっちにしろ。

おおいちばん【大一番】相撲などで、優勝や昇進を左右する大事な勝負。

おおいに【大いに】❶非常に。❷たくさん。①very

おおいり【大入り】客がたくさん入ること。▽—袋。full house

おおいりぶくろ【大入り袋】大入りを祝って配る、お金を入れた袋。

おおう【覆う】〈被う〉❶かぶせて見えなくする。❷つつみかくす。❸広く行きわたる。▽会場を—熱気。①cover

おおおじ【大伯父・大叔父】両親のおじ。祖父母の兄弟。granduncle

おおおば【大伯母・大叔母】両親のおば。祖父母の姉妹。grandaunt

おおがかり【大掛かり】大仕掛け。large-scale

おおかた【大方】❶だいたい。❷おそらく。❸大部分。

おおがた【大形】形・模様が大きいこと・もの。▽—の鳥。large scale

おおがた【大型】同じ種類の中で、規模が大きいこと・もの。▽—新人。largesize

オーガニゼーション【organization】組織。機構。

オーガニック【organic】有機栽培。有機栽培の農産物。▽—食品。

おおかみ〖狼〗人10 ロウ・おおかみ 動物の、おおかみ。▽—藉（ろうぜき）。豺—（さいろう）。

筆順 犭 犭 犭 犭 狼 狼 狼

おおかみ【狼】犬に似た野獣の一。wolf

おおがら【大柄】❶模様が大きいこと。❷体格が大きいこと。

おおきい【大きい】❶数・かさ・広さが多い。❷はなはだしい。❸すぐれている。❹重要だ。❺おおげさだ。❻年上である。対❶〜❻小さい。①big,large

おおきな【大きな】大きい。▼—お世話 他人の助力・介入をこばむときのことば。よけいなお節介。▼—顔をする いばったようすをする。

おおぎょう【大仰】おおげさなようす。

オークション【auction】競売。

おおぐち【大口】❶大きな口。❷えらそうな口をきくこと。❸大きな金額。▽—注文。対❸小口。②big talk ▼—を叩（たた）く えらそうなことを言う。

おおげさ【大袈裟】誇張した表現をするようす。類大仰（おおぎょう）。exaggerated

おおごしょ【大御所】❶その道の大家。❷隠居した将軍。

おおごと【大事】重大な事柄。serious matter

おおざっぱ【大雑把】❶細かく注意がゆき届かないようす。大まか。❷おおよそ。①rough

おおじ【大路】大通り。　大路
おおしい【雄雄しい】勇ましい。manly　雄雄し
おおしお【大潮】潮の干満の差が最大なこと・日。対小潮。　大潮
おおじだい【大時代】ひどく古めかしいようす。▽—な言い方。old-fashioned　大時代
おおすじ【大筋】あらまし。▽—で合意する。outline　大筋
おおせ【仰せ】❶「言いつけ」の尊敬語。ご命令。❷おことば。　仰せ
おおぜい【大勢】多くの人。多人数。注×多勢。　大勢
おおぜき【大関】大相撲で、横綱の次の位(の力士)。　大関
おおせる【果せる】…しおえる。…しつくす。▽隠し—。逃げ—。　果せる
オーソドックス【orthodox】❶正統派。❷正統的。
オーソリティー【authority】その道の権威。大家(たいか)。
オーダー【order】❶注文。❷順序。
オーダー メード 注文品。和製語。custom-made
おおだい【大台】大きな境目となる数値。▽—に乗る。　大台
おおだてもの【大立て者】その社会での重要人物。注大立て×物。big figure　大立者
おおつごもり【大晦】おおみそか。　大晦
おおっぴら【大っぴら】遠慮しないようす。類公然。openly　大っぴ

おおづめ【大詰め】❶芝居の最終幕。❷最終段階。終局。①②final stage　大詰
おおて【大手】❶城の表口。▽—門。❷正面を攻める軍勢。❸同じ業種の中で、大規模な会社。対❶❷搦(から)め手。　大手
おおで【大手】肩から指先までの手。▼—を振(ふ)る 堂々と行うようす。　大手
オーディオ【audio】❶映画・テレビなどの音声。❷音響再生装置。
オーディション【audition】俳優・歌手などを選出する実技テスト。
オート【auto】❶「自動の」の意。▽—マチック。—フォーカス。❷オートバイの略。▽—レース。
おおどうぐ【大道具】舞台装置で、大がかりな道具(の係)。　大道具
おおどおり【大通り】町中の幅の広い道路。main street　大通り
オート クチュール【haute couture フランス】高級注文服(店)。
おおどころ【大所】❶勢力や実力のある人。大家(たいか)。❷資産のある家。大家(たいけ)。①authority　大所
オートマチック【automatic】❶自動(的)。❷自動変速のしくみ(の車)。
オートメーション【automation】工場などで、機械装置を組み合わせて、ほとんどの作業を自動的に行うこと。
おおなた【大鉈】大形のなた。▼—を振(ふ)るう 思いきって整理する。　大鉈

おおにんずう【大人数】多くの人数。　大人数
オーバー【over】❶限度をこえること。❷オーバーコート。❸大げさな。
オーバーホール【overhaul】解体修理。
オーバーラップ【overlap】重なること。映画などの二重写し。
オーバーワーク【overwork】働きすぎ。
おおば【大葉】料理に使う、青紫蘇(あおじそ)の若葉。　大葉
おおばこ【車前草】〈大葉子〉雑草の一。葉・実は薬とする。　車前草
おおはば【大幅】❶幅の広い布。❷差が大きいようす。▽—値下げ。—な人事異動。②substantial　大幅
おおばん【大判】❶普通より大きいもの。❷昔の大形の金貨。①large size　大判
おおばんぶるまい【大盤振る舞い】⇩おうばんぶるまい。　大盤
オープニング【opening】開始。幕開け。
おおぶね【大船】大型の船。▼—に乗ったよう 信頼して安心するようす。　大船
おおぶり【大振り】❶バットなどを大きく振ること。❷大形であること。▽—のりんご。対小振り。　大振り
おおぶり【大降り】雨などが激しく降ること。対小降り。　大降り
おおぶろしき【大風呂敷】❶大きなふろしき。❷大げさな話。▼—を広げる 誇大なことを言う。　風呂敷

オープン【open】❶開放的。❷開放。開始。❸公開競技。　公開

おおべや【大部屋】❶大きな部屋。❷下級の俳優たちが使う大きな部屋。　大部屋

おおまか【大まか】❶おうよう。❷おおざっぱ。②rough　大まか

おおみえ【大見得】歌舞伎で特に目立つ表情や演技。▼―を切る 大げさに言って自信満々な態度を示す。　大見得

おおみず【大水】洪水(こうずい)。flood　大水

おおみそか【大晦日】一年の最後の日。一二月三一日。おおつごもり。New Year's Eve　大晦日

オーム【Ohm ドイツ】電気抵抗の単位。記号Ω

おおむかし【大昔】遠い昔。類太古。　大昔

おおむこう【大向こう】劇場などの後方の立見席(の客)。▽―を唸(うな)らせる。　大向う

おおむね【概ね】〈大旨〉だいたいの内容。おおよそ。　概ね

おおめ【大目】寛大なこと。▽―に見る。　大目

おおめ【多め】やや多いこと。　多め

おおめだま【大目玉】❶大きな目(の人)。❷ひどくしかること。▽―を食う。　大目玉

おおもじ【大文字】欧文で、文頭や固有名詞の語頭で使う文字。対小文字。capital　大文字

おおもと【大本】もとになる大事な部分。類根本。foundation　大本

おおもの【大物】❶大きなもの。❷大きな勢力・実力のある人。注大×者。②big name　大物

おおや【大家】貸家の持ち主。やぬし。対店子(たなこ)。landlord　大家

おおやけ【公】❶国家。政府。❷公共。❸広く知られること。▽結果を―にする。②public　公

おおよう【大様】鷹揚(おうよう)。　大様

おおよそ【大凡】〈凡そ〉❶物事の大要。およそ。▽話の―は聞いている。❷おおかた。およそ。　大凡

オーラ【aura】霊気。

オーライ よろしい。all rightから。

おおらか【大らか】(性格・心が)こせこせしないようす。　大らか

オールディーズ【oldies】昔はやった歌や映画など。

オールドタイマー【old-timer】時代遅れの人。

オールマイティー【almighty】❶全知全能。❷トランプで、最も強い札。

オールラウンド【all-round】万能であること。

おおわざ【大技】大胆で豪快なわざ。　大技

おおわらわ【大童】なりふりかまわず忙しく物事をするようす。　大童

おか〔岡〕常8 おか 小高く平らな土地。おか。　岡・岡

筆順

おか【丘】〈岡〉小高い土地。hill　丘

おか【陸】❶陸(りく)。❷すずりの墨をする部分。❸ふろの流し場。①land　陸

おかあさん【お母さん】母親を親しんで呼ぶ語。mother,Mom　母さん

おがくず【大鋸屑】のこぎりで材木をひいたときに出る木くず。sawdust　大鋸屑

おかげ【御陰】〈御蔭〉❶神仏の助け。❷よい結果。　御陰

おかざり【御飾り】❶神仏の前におく飾り物・供え物。❷正月のしめ飾り。　御飾り

おかしい【可笑しい】❶おもしろい。❷変だ。▽容態が―。❸あやしい。①funny　可笑し

おかしらつき【尾頭付き】尾も頭もついたままの焼き魚。▽―の鯛(たい)。　尾頭付

おかす【犯す】❶法律などを破る。❷(女性に)暴行する。　犯す

おかす【侵す】他の領域・権利に踏み入る。▽自由を―。invade　侵す

おかす【冒す】❶害をあたえる。▽病に―される。❷むりにする。①affect　冒す

使い分け「おかす」

犯す…法律・規則・道徳にそむくことをするの意。▽罪を―。過ちを―。女を―。

侵す…他人の領域に不法に入り込むの意。▽国境を―。権利を―。自由を―。

冒す…押し切るの意。▽危険を―。風雨を冒して決行する。病に冒される。尊厳を―。

おかず【御数】副食物。総菜。　御数

おかた【御方】他人をさす尊敬語。　御方

おかっぱ【御河童】前髪は眉(まゆ)の上、後ろはえり元で切りそろえた髪型。bob　御河童

おかっぴき【岡っ引き】目明(めあ)かし。　岡っ引

おかどちがい【御門違い】見当違い。　御門違

おかぶ【御株】得意の技や芸。類十八番・おはこ。▼—を奪(うば)う 人の得意なことを、その人以上にやってしまう。　御株

おかぼ【陸稲】畑につくる稲。りくとう。　陸稲

おかぼれ【傍惚れ】〈岡惚れ〉❶横恋慕(よこれんぼ)。❷片思い。　傍惚れ

おかみ【女将】旅館・料理屋・商店などの女主人。じょしょう。　女将

おかみ【御上】政府。役所。　御上

おがみたおす【拝み倒す】たのんで、むりに承知させる。　拝み倒

おがむ【拝む】❶手を合わせて祈る。❷嘆願する。▽—んで来てもらう。❸「見る」の謙譲語。▽絵を—ませてもらう。　拝む

おかめ【御亀】丸顔で、ほおが高く鼻が低い女の面・顔。おたふく。　御亀

おかめはちもく【傍目八目】〈岡目八目〉第三者のほうが事のよしあしがよくわかること。　傍目

おかやき【傍焼き】〈岡焼き〉無関係な男女の仲を、はたからねたむこと。　傍焼き

おから【雪花菜】豆腐を作ったあとの豆のしぼりかす。うのはな。きらず。豆腐がら。　雪花菜

オカルト【occult】神秘的・超自然的な事象。

おがわ【小川】細い流れの川。stream　小川

おかん【悪寒】発熱による寒け。注×あくかん。chill　悪寒

おき【沖】海・湖の岸から遠く離れた所。offing　沖

おき【燠】〈熾〉❶赤くおこった炭火。❷薪(まき)の炎がおさまって赤くなった火。燠火(おきび)。　燠

おぎ〔荻〕人10 草。テキ・おぎ 湿地に生えるすすきに似た草。
筆順 荻　荻・荻

おきあい【沖合い】沖のほう。

オキシダント【oxidant】日光に当たって発生する大気汚染物質。

おきて【掟】❶決まり。❷法律。①rule　掟

おきてがみ【置き手紙】用件を書いて後に残しておく手紙。　置手紙

おきな【翁】❶男性の老人。翁面(おきなおもて)。❷能面の一。対❶媼(おうな)。①old man　翁

おぎなう【補う】不足を満たす。埋め合わせる。▽失敗を—って余りある成果。make up　補う

おきなかし【沖仲仕】荷物の積みおろしをする港湾労働者。　沖仲仕

おきふし【起き伏し】❶起きることと寝ること。日常の生活。❷いつも。　起伏し

おきみやげ【置き土産】後に残していく品物・事柄。partingpresent　置土産

おきもの【置物】❶床の間などに置く飾り物。❷名前だけで、実際には役に立たない人・もの。①ornament　置物

おきや【置屋】芸者を抱えておく家。　置屋

おきゃん【御侠】おてんば。きゃん。　御侠

おきる【起きる】❶目をさます。❷寝床から出る。❸立ち上がる。❹発生する。②get up ④happen　起きる

おく〔屋〕常9 オク・や ❶住む家。▽家—。❷やね。▽—上。❸職業や商店につける語。▽魚—。
筆順 屋　屋・屋

おく〔億〕常15 オク ❶数の単位。❷数が非常に多い。▽巨—。
筆順 億　億・億

おく〔憶〕常16 オク ❶思いをはせる。▽追—。❷おぼえる。▽記—。
筆順 憶　憶・憶

おく〔臆〕常17 オク ❶心の中。❷気後れする。▽—面。❸おしはかる。▽—測。
筆順 臆　臆・臆

おく【措く】❶別にする。❷やめる。▽感嘆—あたわず(=感嘆することをとめることができない)。①except　措く

おく【奥】❶内部へ深くはいった所。❷玄関から離れた所。❸妻。❹表に　奥

あらわれない深い所。❺芸や学問の極致。①depth

おく【置く】 ❶すえる。残す。❷設置する。❸間を隔てる。❹心にとめる。❺手からはなす。▽筆を—。❻霜・露がおりる。❼そのままにする。❽前もって…する。▽書いて—。①②put

おく【億】 一万の一万倍。hundred million

おくがい【屋外】 家屋の外。対屋内。outdoor

おくがき【奥書】 ❶書写本などの終わりに、由来・筆者名などを記した文章。❷書画類の鑑定書。❸役所が、記載事項の正しいことを証明した文章。

おくがた【奥方】 妻の敬称。

おくぎ【奥義】 ⇨おうぎ。

おくざしき【奥座敷】 ❶家の奥にある座敷。❷大都市近郊の観光地・保養地のたとえ。

おくさま【奥様】 他人の妻に対する敬称。類夫人。令室。

おぐし【御髪】 他人の「髪」の丁寧語。

おくじょう【屋上】 ❶屋根の上。❷ビルなどの、最上階の上の平らな所。①②rooftop ▼—屋（おく）を架（か）す 不必要なことを重ねてすることのたとえ。

おくする【臆する】 おどおどする。気おくれする。▽—ことなく。fear

おくせつ【臆説】 〈憶説〉推測や想像だけでのべる意見。conjecture

おくそく【臆測】 〈憶測〉いいかげんな推測。▽単なる—にすぎない。類当て推量。guess

おくそこ【奥底】 ❶奥深い所。❷心の奥。本心。

おくだん【臆断】 想像で判断すること。類推断。

おくづけ【奥付】 書物の最後に著者名や発行年月日などを記した部分。

おくて【奥手】 ❶稲・野菜などで成熟のおそい品種。晩稲（おくて）。晩生（おくて）。❷体や心の成長がおそいこと・人。対❶早稲（わせ）・早生（わせ）。❷早熟。

おくでん【奥伝】 師匠から奥義を教えられること。

おくない【屋内】 家屋の中。対屋外。indoor

おくのて【奥の手】 ❶奥義。❷最後の手段。▽—を使う。類❷切り札。

おくば【奥歯】 臼歯（きゅうし）。back tooth ▼**—に物が挟（はさ）まったよう** 思っていることをはっきり言わないようす。

おくび【噯気】 げっぷ。belch ▼**—にも出さない** そぶりにも見せない。

おくびょう【臆病】 気が小さいこと。類小心。cowardice

おくぶかい【奥深い】 ❶表から離れている。❷意味が深い。①deep ②profound

おくまん【億万】 非常に大きな数。

おくみ【衽】 〈袵〉着物の前身頃に縫いつける半幅の細長い布。

おくめん【臆面】 気おくれした顔つき。▼**—も無く** ずうずうしく。

おくゆかしい【奥床しい】 上品でつつしみ深い。

おくゆき【奥行き】 表から裏までの長さ。extent

おくら【御蔵】 映画などを公開せずにしまっておくこと。▽—入り。

おくりじょう【送り状】 発送人が送る、内容明細などを書いた書類。

おくりづゆ【送り梅雨】 梅雨が明けるころに降る大雨。

おくりな【贈り名】 〈諡〉人の死後に贈る称号。諡号（しごう）。

おくりび【送り火】 盂蘭盆（うらぼん）に、祖先の霊を送るためにたく火。対迎え火。

おくりもの【贈り物】 人に贈る品物。present, gift

おくる【送る】 ❶届くようにする。❷見送る。❸時をすごす。▽日を—。❹順々に移す。❺送り仮名を付ける。①send ②see off ③spend

おくる【贈る】 金銭・品物・称号などを人にあたえる。give

使い分け 「おくる」

送る…届ける。見送る。次に移す。過ごす。▽荷物を—。声援を—。送り状。卒業生を—。新しい日々を—。

贈る…金品などを人に与える。▽お祝いの品を—。感謝状を—。名誉博士の称号を—。

おくれげ【後れ毛】 整えた髪からはずれた生え際の毛。後れ髪。

おくればせ【後れ馳せ】 適切な時機におくれること。▽—ながら。

おくれる【後れる】 ❶あとになる。❷おとる。

おくれる【遅れる】 ❶進み方がおそくなる。❷決まった時期・時刻よりあとになる。②be late

使い分け「おくれる」
後れる…他よりあとになる。▽流行に—。技術が—。
遅れる…基準・標準の時刻・時期よりあとになる。▽電車が—。会社に—。時計が—。

おけ〖桶〗 人11 **トウ・おけ** おけ。▽湯—(ゆとう)。手—(ておけ)。

筆順 一 十 木 杧 杧 柄 桶 桶

おけ【桶】 板を組み合わせて底をつけた円筒形の器。pail

おけら【螻蛄】 ❶土中にすむ昆虫。けら。❷一文(いちもん)なし。②penniless

おける【於ける】 ❶…の場合の。…においての。▽法廷に—証言。❷…に対する。▽芸術の、人生に—は…。

おこがましい【烏滸がましい】 さし出しゃばっていて、なまいきである。でがましい。presumptuous

おこす【起こす】 ❶立たせる。❷目をさまさせる。❸掘り返す。▽田を—。❹新しく始める。❺生じさせる。発生させる。▽やる気を—。①raise ④start

おこす【興す】 ❶盛んな状態にする。❷事業などを始める。②set up

おこす【熾す】 よく燃えるようにする。▽炭を—。kindle

おこぜ【鰧】 〈虎魚〉海魚の一。ぶかっこうな頭をしている。

おごそか【厳か】 いかめしいようす。類厳粛。solemn

おこたる【怠る】 ❶なまける。▽努力を—。❷油断する。いいかげんにする。▽注意を—。①neglect

おこなう【行う】 物事をする。do

おこなわれる【行われる】 ❶実行される。❷一般に用いられる。世の中にゆきわたる。

おこぼれ【御零れ】 ❶余り物。❷よぶんな利益。▼—に与(あずか)る 人の(利益の)余り物をいただく。

おこる【怒る】 ❶腹をたてる。いかる。❷しかる。類❶憤る。①❷get angry

おこる【起こる】 始まる。生じる。起きる。happen

おこる【興る】 盛んになる。

使い分け「おこす・おこる」
起こす・起こる…立たせる。新たに始める。発生する。目を覚まさせる。▽体を起こす。やる気を起こす。訴訟を起こす。朝早く起こす。事件が起こる。
興す・興る…始めて盛んにする。▽産業を興す。国が興る。没落した家を興す。

おこる【熾る】 火の勢いが強まる。

おごる【奢る】 ❶ぜいたくをする。▽口が—。❷人にごちそうする。金銭を出して人をもてなす。

おごる【驕る】 ❶得意になる。❷勝手な振る舞いをする。

おこわ【御強】 ❶こわめし。❷赤飯。

おさ【長】 集団・組織の長。頭(かしら)。

おさえる【抑える】 ❶動きや勢いを止める。❷こらえる。▽涙を—。❸おしとどめる。注抑×さえる。①hold

おさえる【押さえる】 ❶力を加えて動かないようにする。❷とらえる。つかむ。▽要点を—。❸勝手に手をつけさせないようにする。①press

使い分け「おさえる」
抑える…内部からもり上がってくるものをとめる。▽物価を—。怒りを—。反乱を—。
押さえる…動かないように重みをかける。▽手で—。弱点を—。財産を—。

おさおさ 〈あとに打ち消しを伴って〉ほとんど。▽用意—怠りなし。

おさがり【御下がり】 ❶神仏に供えてから下げた物。❷客に出した食事の残り。❸お古。③hand-me-downs

おさきぼう【御先棒】 手先に使われること。▼—を担(かつ)ぐ 人の手先となって働く。

おさげ【御下げ】 編んで肩にたらす髪型。御下げ髪。braids

おさない【幼い】 ❶年少だ。❷幼稚だ。①childish　幼い

おさながお【幼顔】 幼いときの顔つき。　幼顔

おさなご【幼子】 〈幼児〉幼い子供。　幼子

おさなごころ【幼心】 無邪気な子供心。　幼心

おさななじみ【幼馴染み】 幼いころ仲よしだった間がら(の友だち)。　幼馴染

おざなり【御座なり】 その場かぎりで、いいかげんであること。　御座

おさまる【収まる】 ❶きちんと中に入る。❷かたづく。　収まる

おさまる【治まる】 ❶平和になる。おだやかになる。▽混乱が―。❷痛みなどが去る。　治まる

おさまる【修まる】 行いがよくなる。　修まる

おさまる【納まる】 ❶(金品が)相手に渡される。❷その地位に落ち着く。❸納得する。　納まる

使い分け「おさまる・おさめる」

収まる・収める…中に入る。収束する。手に入れる。良い結果を得る。▽博物館に収まる。目録に収める。争いが収まる。丸く収まる。手中に収める。効果を収める。成功を収める。

納まる・納める…あるべきところに落ち着く。とどめる。引き渡す。終わりにする。▽税を納める。社長の椅子に納まる。胸に納める。注文の品を納める。歌い納める。見納め。

治まる・治める…問題のない状態になる。統治する。▽痛みが治まる。せきが治まる。領地を治める。国内がよく治まる。

修まる・修める…人格や行いを立派にする。身に付ける。▽身を修める。学を修める。ラテン語を修める。

おさめる【収める】 ❶きちんと中に入れる。❷片付ける。　収める

おさめる【治める】 政治を行う。　治める

おさめる【修める】 行いをよくする。　修める

おさめる【納める】 受け取り手に渡す。終わりにする。　納める

おさらい【御浚い】 ❶けいこ。復習。❷温習。芸事の発表会。①review　御浚

おし【押し】 ❶押すこと。❷自分の考えを無理に通そうとすること・力。❸無理に…する。▽―通す。❹意味を強める語。▽―いただく。①push　押し

おじ【伯父・叔父】 父母の兄弟。伯父(はくふ)。叔父(しゅくふ)。uncle　伯父

使い分け「おじ・おば」

伯父・伯母(おば)…「伯」は、最年長の兄の意。父母の年上のきょうだい。

叔父・叔母(おば)…「叔」は、年少の弟の意。父母の年下のきょうだい。

おしい【惜しい】 ❶残念だ。❷もったいない。①regretful　惜しい

おじいさん【御祖父さん】 祖父の敬称。grandfather　御祖父

おじいさん【御爺さん】 男性の老人の敬称。old man　御爺

おしいただく【押し頂く】 〈押し戴く〉❶つつしんでいただく。❷長として迎える。　押し頂

おしいれ【押し入れ】 戸で仕切って物を収納する所。　押入

おしうり【押し売り】 無理に売りつけること・人。　押売り

おしえ【教え】 ❶教えること。またその内容。教育。教訓。❷宗教。宗旨。①instruction ▼―の庭 学校。　教え

おしえご【教え子】 教えを受けた人。　教え子

おしえる【教える】 ❶知識・技芸などが身につくよう導く。❷知らせる。❸さとす。①teach　教える

おしかける【押し掛ける】 ❶招かれないのに行く。❷大ぜいが押し寄せる。　押し掛

おじぎ【御辞儀】 頭を下げて礼をすること。また、その礼。bow　御辞儀

おしきせ【御仕着せ】 ❶使用人に与える衣服。❷押し付けられた物事。　御仕着

おしきる【押し切る】 ❶強引にやり通す。❷押して切る。　押し切

おしくも【惜しくも】 おしいことに。　惜しくも

おしげ【惜し気】 惜しがる気持ち。▽―もなく。　惜し気

おじけ【怖じ気】 こわがる気持ち。おぞけ。▽―をふるう。　怖じ気

おじける【怖じける】 こわがる。　怖ける

おじさん【小父さん】 家族以外の中年の男性を呼ぶ語。　小父

おしだし【押し出し】❶押して出すこと。❷相撲で、押して土俵外へ出す技。❸野球で、満塁のとき四死球で得点すること。❹風采(ふうさい)。 押出し

おしちや【御七夜】子供が生まれて七日目の夜(の祝い)。七夜。 御七夜

おしつけがましい【押し付けがましい】むりに押し付けるようなようすだ。 押し付

おしつまる【押し詰まる】❶さしせまる。❷年末になる。 押し詰

おして【押して】❶無理に。しいて。▽―頼みます。❷…を承知であえて。▽けがを―出場する。①forcibly 押して

おしてしるべし【推して知るべし】推しはかればわかる。 推して

おしどり【鴛鴦】雌雄がいつもいっしょにいるといわれる、小形の水鳥。えんおう。▽―夫婦。 鴛鴦

おしなべて【押し並べて】❶一様に。❷だいたい。②in general 押し並

おしのび【御忍び】身分の高い人が非公式に外出すること。incognito 御忍び

おしば【押し葉】本などにはさんで押してかわかした葉。 押葉

おしはかる【推し量る】〈推し測る〉推量する。推測する。guess 推し

おしばな【押し花】本などにはさんで押してかわかした花。 押し花

おしべ【雄蕊】種子植物の花粉をつくる器官。㊇めしべ。stamen 雄蕊

おしむ【惜しむ】❶けちけちする。❷大切にする。▽名を―。❸残念がる。▽別れを―。③feel sorry ▼―らくは 残念なことには。 惜しむ

おしめ【襁褓】大小便を受けるための布や紙。おむつ。diaper 襁褓

おしもんどう【押し問答】互いに自己を主張して、言い争うこと。 押問答

おしゃか【御釈迦】できそこないの品。▽―になる。 御釈迦

おしゃべり【御喋り】❶口かずの多いこと・人。❷雑談などをすること。①talkative ②chitchat 御喋り

おしゃま女の子がませているようす。また、そういう子。

おじゃま【御邪魔】訪問すること。また、その時のあいさつ語。▽―します。 御邪魔

おしゃれ【御洒落】身なりを飾るなどして、洗練された姿になろうとすること。stylish 御洒落

おしょう【和尚】寺の住職。また、僧。 和尚

おしょく【汚職】地位を利用して不正な利益を得ること。corruption 汚職

おじょく【汚辱】はじ。はずかしめ。㊈恥辱(ちじょく)。disgrace 汚辱

おじる【怖じる】おそれる。こわがる。 怖じる

おしろい【白粉】化粧に用いる白い粉や、それをねったもの。㊟×お白粉。facepowder 白粉

おす【押す】❶力を加えて向こうへ動かす。❷上からおさえる。❸印の形をつける。❹無理をする。❺確かめる。▽念を―。①push ②press ▼―しも押されもせぬ だれもが実力を認める。▼―な押すな 大ぜいの人が押しかけ、混み合うようす。 押す

おす【推す】❶人にすすめる。❷おしはかる。①recommend ②guess 推す

> **使い分け「おす」**
> **押す**…力を加えて動かす。上から力を加える。▽車を―。
> **推す**…推薦・推量の意。▽彼を会長に―。あのようすから―と。推し量る。

おす【雄】〈牡〉動物で、精巣をもつもの。㊇雌(めす)。male 雄

おすい【汚水】きたない水。㊇浄水。 汚水

おずおず【怖ず怖ず】おそるおそる。▽―と手を出す。timidly 怖ず

おすそわけ【御裾分け】もらい物を分けること。また、その物。お福分け。 御裾分

おすみつき【御墨付き】権威者による保証。 御墨付

おせおせ【押せ押せ】❶遅れのしわよせが他に及んで予定がくるうこと。▽仕事が―になる。❷勢いづいて押すこと。▽―ムード。②pushing on 押せ

おせじ【御世辞】あいそのよいことば。世辞。compliment 御世辞

おせち【御節】節(せち)の日に作る料理。特に、正月用の料理。おせち料理。ふつう重箱などにつめる。 御節

おせっかい【御節介】よけいな世話をやくこと・人。節 御節介

介。▽—を焼く。meddling
おせん【汚染】 大気・水などが、有害物質でよごされること。pollution
おそ【悪阻】 つわり。
おそい【遅い】 ❶速度がのろい。❷間に合わない。▽今からではもう—。❸時間が過ぎている。図❶速い。❸早い。①slow ②③late ▼—きに失する 遅すぎて役に立たない。▼—かりし由良之助(ゆらのすけ) 手遅れだ。間に合わない。
おそう【襲う】 ❶急にせめる。❷不意にわきおこる。▽恐怖に—われる。❸人の家におしかける。▽寝込みを—。❹跡を継ぐ。▽先代のあとを—。①attack
おそうまれ【遅生まれ】 四月二日から一二月三一日までに出生したこと・人。
おそざき【遅咲き】 同種の中でも遅い時期に咲くもの。▽—の桜。図早咲き。
おそじも【遅霜】 春になっておりる霜。晩霜(ばんそう)。
おそまき【遅蒔き】 ❶時期に遅れて種子をまくこと。❷遅れて事を始めること。▽—ながら。
おぞましい【悍ましい】 ぞっとするほどいやな感じだ。hateful
おそらく【恐らく】 多分。おおかた。perhaps
おそるおそる【恐る恐る】 こわがりながら。びくびくしながら。こわごわ。timidly
おそれ［虞］ 常13 **おそれ** ❶おそれる。❷思いをめぐらす。▽不—(ふぐ)。

筆順 ⺊ ⺁ 广 卢 虍 虐 虚 虞

おそれ【恐れ】 こわがる気持ち。fear
おそれ【虞】 心配。気づかい。▽高波の—がある。類危惧(きぐ)。
おそれいる【恐れ入る】〈畏れ入る〉 ❶申し訳なく思う。▽ご親切、—ります。❷すばらしさに感心する。❸あきれる。▽—った話だ。類❶恐縮する。
おそれおおい【恐れ多い】〈畏れ多い〉 失礼なようで申しわけない。また、もったいない。
おそれる【畏れる】 もったいないと思う。はばかる。▽神を—。
おそれる【恐れる】〈怖れる〉 ❶こわがる。❷心配する。①fear

> **使い分け**「おそれ・おそれる」
> **恐れ・恐れる**…おそろしいと感じる。▽報復を恐れて逃亡する。失敗を恐れるな。
> **畏れ・畏れる**…おそれ敬う。かたじけなく思う。▽神仏に対する畏れ。師を畏れ敬う。
> **虞**…心配・懸念。「恐れ」又は「おそれ」を用いることが一般的である。▽公の秩序又は善良の風俗を害する虞がある。

おそろしい【恐ろしい】 ❶こわい。❷はなはだしい。▽—暑さ。❸驚くべきだ。①terrible ②terrific
おそわる【教わる】 教えてもらう。take lessons
おそん【汚損】 よごれ、きずつくこと。

オゾン【ozone】 酸素の同素体。消毒・漂白・殺菌用。化学記号 O_3
オゾンホール【ozone hole】 大気中のフロンが増加し、成層圏のオゾン層にあいた穴。
おたいらに【御平らに】 客に足をくずして楽に座るようすすめる語。▽どうぞ—。
おたかい【御高い】 人を見下した態度である。▼—く止まる 見下した態度をとる。
おたがいさま【御互い様】 相手も自分も同じ立場であること。詫びを止めるとき使う。▽困ったときは—だ。
おたく【御宅】 ❶相手の家・家族・会社などの敬称。❷あなた。
おだく【汚濁】 よごれにごること。おじょく。
おたけび【雄叫び】 勇ましい叫び声。war cry
おたずねもの【御尋ね者】 さがしている犯人。
おだてる【煽てる】 ほめて、いい気にさせる。flatter
おたふく【阿多福】 御亀(おかめ)。
おだぶつ【御陀仏】 死ぬこと。
おたまじゃくし【御玉杓子】 ❶かえるの子。❷丸いしゃくし。❸音符。
おためごかし【御為ごかし】 人のためと見せかけ、自分の利益をはかること。
おだやか【穏やか】 ❶静かで安らか。❷落ち着いていて、も

の静か。▽—な人柄。①② calm

おだわらひょうじょう【小田原評定】長びいてまとまらない相談・会議。 小田原

おち【落ち】❶もれ。手ぬかり。▽準備に—はない。❷結末。▽失敗するのが—だ。❸逃げること。❹落語などで、結びのしゃれ。下（さ）げ。① omission 落ち

おちあう【落ち合う】同じ所で出会って一緒になる。注落ち×会う。 落ち合

おちあゆ【落ち鮎】秋、産卵のため川を下る鮎。 落鮎

おちいる【陥る】❶穴にはまる。❷悪い状態になる。▽危篤に—。❸計略にかかる。注×落ち入る。①～③ fall into 陥る

おちおち【落ち落ち】落ち着いて。▽夜も—眠れない。 落ち落

おちこぼれ【落ち零れ】❶こぼれ落ちた穀物。❷授業や学校生活についていけない生徒。 落ち零

おちつく【落ち着く】❶静まる。安定する。▽心が—。❷住所や職などが決まる。▽田舎に—。❸結論がまとまる。▽最初の案に—。❹周囲と調和がとれる。① calm down ② get settled 落ち着

おちど【落ち度】失敗。過失。 落度

おちぶれる【落ちぶれる】みじめな状態になる。 落ちぶ

おちぼ【落ち穂】米・麦などを収穫したあとに落ちている穂。 落穂

おちゃ【御茶】❶「茶」の丁寧語。❷茶の湯。❸休憩。▽—にしよう。① tea ▼—を濁（にご）す いいかげんにその場をつくろう。▼—を挽（ひ）く 客がなく暇でいる。 御茶

おちゃのこ【御茶の子】❶茶菓子。❷たやすくできること。▼—さいさい いともたやすくできること。 茶の子

おちゃめ【御茶目】茶目❶。 御茶目

おちゅうど【落人】戦いに敗れ、かくれて逃げる人。落ち武者。おちうど。 落人

おちる【落ちる】❶下にさがる。❷必要なものが抜ける。❸日・月が沈む。❹取れてなくなる。▽色が—。❺低下する。▽スピードが—。❻悪い状態・結果になる。▽城が—。❼負けて逃げる。①⑤ fall ② miss 落ちる

おつ【乙】常 1 オツ ❶十干（じっかん）の第二。きのと。❷等級の二位。▽—種。 乙・乙

筆順 乙

おつ【乙】❶十干（じっかん）の第二。きのと。❷等級で、第二位。❸しゃれていて、気がきいているようす。▽—な味。❹いつもとちがうようす。変に。▽—に気取る。 乙

おつかいもの【御遣い物】進物（しんもつ）。 遣い物

おっくう【億劫】めんどうなようす。類大儀（たいぎ）。 億劫

おっしゃる【仰る】〈仰有る〉「言う」の尊敬語。 仰る

おっつけ【追っ付け】まもなく。 追っ付

おって【追って】❶あとから。❷つけ加えて。なお。 追って

おって【追っ手】逃げる者を追う人。pursuer 追っ手

おってがき【追って書き】手紙のそえ書き。類追伸。postscript, P.S. 追って

おっと【夫】夫婦のうちの、男性。対妻。husband 夫

おっとせい【膃肭臍】大形の海獣の一。北太平洋にすむ。fur seal 膃肭臍

おっとりがたな【押っ取り刀】ひどく急いで駆けつけるようす。▽—で駆けつける。 押取り

おてあげ【御手上げ】❶どうしようもなくなること。❷万歳（ばんざい）。 御手上

おでい【汚泥】きたないどろ。 汚泥

おでき【御出来】ふきでもの。 御出来

おてしょ【御手塩】小さくて浅い皿。手塩皿（てしおざら）。おてしょう。 御手塩

おてだま【御手玉】❶小豆（あずき）などを入れた、小さな布製の袋（でする遊び）。❷球技で、球を取りそこねて、何度かはじくこと。② fumble 御手玉

おてのもの【御手の物】得意なわざ。 手の物

おてまえ【御点前】茶道で、茶をたてるときの作法。 御点前

おてもと【御手元】〈御手許〉❶客の使う「箸（はし）」の丁寧語。❷「手元」の丁寧語。 御手元

おてもり【御手盛り】自分の利益になるようにとりはからうこと。▽—予算。 御手盛

おてやわらか【御手柔らか】 御手柔

手加減して扱うようす。▽—に願います。

おてん【汚点】❶よごれ。しみ。❷不名誉なこと。きず。▽歴史に—を残す。①② stain 汚点

おでん【御田】こんにゃく・練り製品などを薄味で煮込んだ料理。関東だき。 御田

おてんば【御転婆】女の子が、男の子のように活発なこと。また、そういう女の子。類おきゃん。tomboy 御転婆

おと【音】❶耳に感じるもの。▽—がする。❷評判。①sound ▼—に聞く うわさに聞いている。名高い。 音

おとうさん【お父さん】父親を親しんで呼ぶ語。father, Dad 父さん

おとうと【弟】❶年下の男兄弟。❷義弟。対❶❷兄。①younger brother 弟

おとがい【頤】下あご。chin 頤

おどかす【脅かす】〈嚇かす〉おどす。 脅かす

おとぎばなし【御伽話】〈御伽噺〉子供に聞かせる空想的な昔話。fairy tale 御伽話

おどける【戯ける】こっけいな振る舞いをする。ふざける。 戯ける

おとこ【男】❶男性。❷一人前の男性。❸男としての名誉。▽—がすたる。❹情夫。対❶❷女。①② man ▼—を上げる 男としての評判を上げる。 男

おとこぎ【男気】男らしい勇気のある気性。侠気(きょうき)。侠血。▽—に富む親分。類義侠心。 男気

おとこずき【男好き】❶女性の容姿・気質が男性の好みに合うこと。❷女性がひどく男性を好むこと。 男好き

おとこだて【男伊達】義侠心(ぎきょうしん)のあること(男性)。 男伊達

おとこで【男手】❶男性の働き手。❷男性の筆跡。❸漢字。 男手

おとこまさり【男勝り】女性が、男性がかなわないほど気丈なこと。また、その女性。 男勝り

おとこみょうり【男冥利】男性に生まれたという幸せ。▽—に尽きる。 男冥利

おとさた【音沙汰】便り。消息。 音沙汰

おとしあな【落とし穴】❶人・獣が落ちるように仕掛けた穴。❷計略。①pit ②trap 落し穴

おとしいれる【陥れる】❶不利な立場に追いやる。▽窮地に—。❷攻めおとす。注×落とし入れる。 陥れる

おとしだね【落とし胤】(身分の高い人が)妻以外の女性に産ませた子。落とし子。落胤(らくいん)。 落し胤

おとしだま【御年玉】新年を祝って贈る金品。 御年玉

おとしばなし【落とし話】落語。 落し話

おとしめる【貶める】見くだす。いやしめる。despise 貶める

おとす【落とす】❶落下させる。❷なくす。❸なくなるようにする。▽汚れを—。❹低くする。▽声を—。❺不合格にする。❻抜かす。❼程度を下げる。❽話の結末をうまく結ぶ。①drop 落とす

おどす【脅す】〈嚇す〉❶恐れさせる。脅迫する。❷驚かす。①threaten 脅す

おとずれる【訪れる】❶訪問する。❷やって来る。▽春が—。①visit 訪れる

おととい【一昨日】きのうの前の日。 一昨日

おととし【一昨年】去年の前の年。 一昨年

おとな【大人】❶一人前の人。❷分別のあること。①adult 大人

おとなう【訪う】訪問する。 訪う

おとなげない【大人気無い】行動や態度に分別がない。childish 大人気

おとなしい【大人しい】〈温和しい〉❶落ち着いて物静かだ。❷従順だ。①quiet 大人し

おとめ【乙女】若い娘。少女。 乙女

おとり【囮】誘い寄せるために利用するもの・人。▽—捜査。decoy 囮

おどり【踊り】踊ること。舞踊。dance 踊り

おどりこ【踊り子】踊ることを職業とする女性。dancer 踊子

おどりじ【踊り字】同じ文字を重ねて書くときにあとの文字に代えて使う符号。「々」「ゝ」など。 踊字

おどりば【踊り場】❶踊る場所。❷段の途中に設けた、やや広い場所。②landing 踊場

おとる【劣る】他と比べて、程度が低い。▽去年に—らず暑い。勝るとも—らない。be inferior 劣る

おどる【踊る】 ❶手足や体を動かして舞う。❷操られて動く。① dance
踊る

おどる【躍る】 ❶とび上がる。❷乱れる。▽字が—。❸胸がわくわくする。
躍る

使い分け「おどる」
踊る…ダンスをする。操られて動く。▽ワルツを—。盆踊り。人に踊らされる。
躍る…はねあがる。とびあがる。▽魚が—。躍り上がって喜ぶ。小躍りする。胸が—。

おとろえる【衰える】 勢いが弱る。become weak
衰える

おどろく【驚く】 びっくりする。be surprised
驚く

おないどし【同い年】 同じ年齢。
同い年

おなか【御腹】 腹。また、胃腸。
御腹

おなじ【同じ】 ❶等しくて変わりがない。おんなじ。❷どうせ。どっちみち。① same ▼—穴の貉（むじな）同類（の悪者）。一つ穴の貉。▼—釜（かま）の飯（めし）を食う 一緒に生活する。
同じ

おなじゅうする【同じゅうする】 …がおなじである。▽席を—。
同じゅう

おに【鬼】 ❶想像上の怪物。❷むごい人。❸鬼ごっこで、人をつかまえる役。❹無慈悲な。❺こわい。きびしい。❻大形の。▽—やんま。▼—が出るか蛇（じゃ）が出るか どんなことが起こるか予測がつかないこと。▼—が笑う 将来を予測することの愚かさをからかうことば。▼—に金棒（かなぼう）強いものにさらに強さが加わるたとえ。▼—の居ぬ間（ま）に洗濯（せんたく） 気がねする人がいない間に息ぬきをするたとえ。▼—の霍乱（かくらん） いつも健康な人が珍しく病気をするたとえ。▼—の首を取ったよう 大手柄をたてたように得意がるようす。▼—の目にも涙（なみだ） 無慈悲な人がたまに温かい心をみせるたとえ。▼—も十八番茶も出花（でばな） どんな女性でも年ごろになれば美しくなる。
鬼

おにがわら【鬼瓦】 屋根の端に飾る大きなかわら。

鬼瓦

おにご【鬼子】 ❶親に似ていない子。鬼っ子。❷歯がはえて生まれた赤ん坊。鬼っ子。

おにばば【鬼婆】 無慈悲な老婆。

おにび【鬼火】 燐光（りんこう）。きつね火。

おね【尾根】 山頂から山頂への峰筋。類 山稜（さんりょう）。ridge
尾根

おの〔斧〕 人8 フ・おの 大型のおの。▽—鉞（ふえつ）。
斧・斧

筆順 ノ ハ グ 父 父 斧 斧 斧

おの【斧】 木をたたき切る道具。ax
斧

おのおの【各】 〈各各〉めいめい。それぞれ。each
各

おのずから【自ずから】 ひとりでに。自然に。おのずと。▽努力すれば—道が開けるだろう。
自ず

おののく【戦く】 〈慄く〉恐怖などにふるえる。tremble
戦く

おのれ【己】 ❶自分（自身）。❷私。❸おまえ。❹ののしるときやくやしがるときに発する語。
己

おは【尾羽】 鳥の尾と羽。▼—打ち枯（か）らす おちぶれてみすぼらしくなる。
尾羽

おば【伯母・叔母】 父母の姉妹。伯母（はくぼ）。叔母（しゅくぼ）。［使い分け］⇩おじ。aunt
伯母

おばあさん【御祖母さん】 祖母の敬称。grandmother
御祖母

おばあさん【御婆さん】 年をとった女性。old woman
御婆

おはぎ【御萩】 ぼたもち。はぎのもち。
御萩

おばけ【御化け】 ❶化け物。❷非常に大きいもの。類❶妖怪（ようかい）。
御化け

おはこ【十八番】 最も得意とする芸。じゅうはちばん。specialty
十八番

おばさん【小母さん】 家族以外の中年の女性を呼ぶ語。
小母

おはち【御鉢】 飯びつ。おひつ。▼—が回る 自分の番がくる。
御鉢

おばな【尾花】 すすき。また、その穂。
尾花

おばな【雄花】 おしべだけで、めしべのない花。対 雌花（めばな）。male flower
雄花

おはらい【御祓い】 災厄を除く神事。
御祓い

おはらいばこ【御払い箱】 ❶不用品を捨てること。❷使用人を解雇すること。
御払い

おび【帯】 ❶和服で、腹部に巻く細長い布。❷❶の形をしたもの。▽—グラフ。▼—に短し、襷（たすき）に長し 中途はんぱで役に立たない。
帯

おびあげ【帯揚げ】 女帯がずり落ちないように結ぶ布。　帯揚

おびえる【怯える】 こわがってびくびくする。dread　怯える

おびきだす【誘き出す】 だましてつれ出す。　誘き出

おひざもと【御膝下】〈御膝元〉❶貴人のそば。❷天皇や将軍のいる所。❸権力者の近くでその力が及ぶ所。　御膝下

おびただしい【夥しい】 ❶非常に多い。❷はなはだしい。▽歩きにくいこと—。　夥しい

おひつ【御櫃】 飯びつ。お鉢。櫃。　御櫃

おひとよし【御人好し】 善良でだまされやすいこと・人。goodnatured　御人好

オピニオンリーダー【opinion leader】 その発言が、影響力・指導力をもつ人。

おびふう【帯封】 新聞などを郵送するとき、帯状に巻く紙。　帯封

おびやかす【脅かす】 ❶こわがらせる。❷あぶない状態にする。▽平和を—。①menace　脅かす

おひゃくど【御百度】 ❶百度参り。▼—を踏(ふ)む ❶百度参りをする。❷頼みごとのために相手を何度も訪ねる。　御百度

おひらき【御開き】 宴会などの終わり。　御開き

おびる【帯びる】 ❶身につける。❷引き受ける。❸中にふくんでもつ。▽赤みを—。②assume　帯びる

おひれ【尾鰭】 魚の、尾とひれ。▼—を付ける 事実以外のことを付け加えて話を大げさにする。　尾鰭

おびれ【尾鰭】 魚の後部にあるひれ。　尾鰭

オフ【off】 ❶電気・機械などのスイッチが切れていること。❷時期や範囲からはずれていること。対❶オン。

オファー【offer】 申し入れ。提供。

オフィシャル【official】 ❶公式であるようす。❷公認の。

おぶう【負ぶう】 背負う。　負ぶう

おふくろ【御袋】 自分の母親を親しんでいう語。Mom　御袋

オブザーバー【observer】 出席できるが、議決権のない人。傍聴者。

オフシーズン【off-season】 それが行われない時期・季節。

オプション【option】 ❶買い付け選択権。❷客の追加注文による部品・装置。optional partsの略。

おふだ【御札】 お守り。護符。　御札

オフタイム【off time】 仕事の休みの時間・日。

オプチミズム【optimism】 楽天主義。楽観論。対ペシミズム。

おぶつ【汚物】 きたないもの。特に、排泄(はいせつ)物。dirt　汚物

オフレコ 記録しないこと。off the recordの略。

オペレーション【operation】 ❶運転。操作。❷作戦。❸手術。

オペレーター【operator】 機械類を操作する人。

オペレーティングシステム【operating system】 コンピュータの手法や手順を集めたソフトウエア。OS。

おぼえ【覚え】 ❶記憶。❷手腕に対する自信。▽腕に—がある。❸(目上の人の)信任。▽—がめでたい。①memory　覚え

おぼえがき【覚え書き】 ❶メモ。❷略式の外交文書。①②memorandum　覚書

おぼえる【覚える】 ❶記憶する。❷身につける。▽技術を—。❸感じる。▽寒さを—。対❶忘れる。②learn　覚える

おぼしい【思しい】〈「…と思しい」「…と思しき」の形で〉…と思われる。…と考えられる。▽犯人と—男。　思しい

おぼしめし【思し召し】 ❶「考え・気持ち」の尊敬語。❷(異性への)関心。　思召

オポチュニスト【opportunist】 日和見(ひよりみ)主義者。

おぼつかない【覚束無い】 ❶はっきりしない。❷たよりない。❸疑わしい。▽合格するか—。①uncertain　覚束無

おぼれる【溺れる】 ❶泳げないで水の中で死にそうになる。また、死ぬ。❷熱中する。▽酒に—。①be drowned ▼—者は藁(わら)をも摑(つか)む 危険な事態におちいった者は頼りになりそうもないことにも助けを求める。　溺れる

おぼろ【朧】 ❶ぼんやりとかすむようす。❷田麩(でんぶ)。そぼろ。　朧

おぼろげ【朧げ】 ぼんやりとしたようす。vague　朧げ

おぼろづき【朧月】 春の夜の、ぼんやりと見える月。　朧月

おぼろづきよ【朧月夜】 朧月が出ている夜。　朧月夜

おまもり【御守り】 災難よけの、神社や寺の札。お札。護符。charm 御守り

おまわりさん【お巡りさん】 巡査。police officer お巡り

おみえ【御見え】「来ること」の尊敬語。御見え

おみき【御神酒】 ❶神前に供える酒。❷酒。御神酒

おみくじ【御神籤】 吉凶を占う、くじ。御神籤

おみそれ【御見逸れ】 ❶相手をそれと気づかずに失礼すること。❷相手の力量に気づかず、軽く見ること。御見逸

オミット【omit】 除外。省略。

おみなえし【女郎花】 秋の七草の一。黄色い小さな花が咲く。女郎花

おむつ【御襁褓】 おしめ。diaper 御襁褓

オムニバス【omnibus】 独立した短編をいくつかまとめた、一つの作品。

おめ【御目】「目」「見ること」の尊敬語。▼—**に入る** 気に入る。▼—**に掛**(か)**かる** お会いする。▼—**に留まる** 認められる。注目される。御 目

おめい【汚名】 不名誉な評判。▽—を雪(すす)ぐ。—返上。注 汚名×挽回(ばんかい)・汚名×回復。disgrace 汚名

おめかし【御粧し】 おしゃれすること。御粧し

おめし【御召し】 ❶「招く・呼ぶ・着る」などの尊敬語。❷御召し縮緬(ちりめん)。御召し

おめしもの【御召し物】 相手の衣服の尊敬語。御召物

おめずおくせず【怖めず臆せず】 少しも気おくれせず。怖めず

おめだま【御目玉】 目上の人にしかられること。おしかり。おこごと。▽—を食う。御目玉

おめでた【御目出度】 めでたい事柄。特に、結婚・妊娠などにいう。類 慶事。御目出

おめでたい【御目出度い】 ❶「めでたい」の丁寧語。❷おひとよしで、だまされやすい。御目出

おめみえ【御目見得】 ❶身分の高い人に会うこと。❷役者の初舞台。御目見

おめもじ【御目文字】 会うこと。女性の手紙文に使う。▽—の上、申し上げたく存じます。御文字

おも【主】 重要なようす。中心となるようす。principal, main 主

おも【面】 ❶顔。❷表面。▽池の—。面

おもい【思い】 ❶思うこと。考え。❷望み。▽—が叶(かな)う。❸愛情。▽—を寄せる。❹気持ち。感じ。❺予想。❻心配。▽—に沈む。①thought ▼—きや…と思っていたところが、意外にも。▼—**半ばに過ぎる** ほぼ推察できる。▼—**を致**(いた)**す** 特にそのことを考える。▼—**を馳**(は)**せる** 遠くのものに心をむけ、思いやる。思い

おもい【重い】 ❶目方が多い。❷重要だ。▽責任が—。❸程度がひどい。▽—病気。❹気分がさっぱりしない。▽気が—。対 ❶～❹軽い。①heavy 重い

おもいあがる【思い上がる】 うぬぼれる。be conceited 思い上

おもいあまる【思い余る】 考えても心が決まらず、たえられなくなる。思い余

おもいいれ【思い入れ】 ❶深く心にかけて思うこと。❷芝居がかった動作や表情で心情を表すこと。思い入

おもいおもい【思い思い】 それぞれが思いどおりに。思い思

おもいがけない【思い掛けない】 予想してもみない。unexpected 思い掛

おもいきる【思い切る】 ❶あきらめる。❷決心する。①give up 思い切

おもいしる【思い知る】 身にしみて、さとる。realize 思い知

おもいすごし【思い過ごし】 考えすぎ。思い過

おもいだす【思い出す】 昔のこと、忘れていたことを思いおこす。recall 思い出

おもいたつ【思い立つ】 新たにあることをしようと心を決める。resolve ▼—**ったが吉日**(きちじつ) しようと思ったらすぐに実行するのがよいということ。思い立

おもいちがい【思い違い】 勘(かん)ちがい。▽互いの—からけんかになる。misunderstanding 思い違

おもいつき【思い付き】 ふと心に浮かんだ考え。思い付

idea

おもいで【思い出】〈想い出〉過去のことを思い出すこと。また、その内容・事柄。memory　思い出

おもいなし【思い做し】❶そうだと決めること。❷〈「―か」の形で〉気のせいか。▽―か今日は寒い。　思い做

おもいのこす【思い残す】未練を残す。　思い残

おもいやり【思い遣り】相手の気持ち・立場を考えること〈心〉。consideration　思い遣

おもう【思う】❶考える。❷したう。❸想像する。❹願う。▽―ようにはならない。❺感じる。▽うれしく―。①think ③suppose　思う

おもうさま【思う様】思いきり。　思う様

おもうつぼ【思う壺】ねらいどおりになること。　思う壺

おもおもしい【重重しい】威厳がある。dignified　重重し

おもかげ【面影】❶おもざし。❷思い起こされる、昔の姿やようす。　面影

おもかじ【面舵】❶船を右折させるときの、かじのとり方。❷右舷(うげん)。　面舵

おもき【重き】重み。▼**―を置く** 重要と考える。▼**―を成す** 重要な地位にいて重んじられる。　重き

おもくるしい【重苦しい】押しつけられるようで、晴ればれしない。oppressive　重苦

おもざし【面差し】顔つき。　面差し

おもし【重し】押さえつけるもの。特に、漬け物用の石。重石(おもし)。weight　重し

おもしろい【面白い】❶おかしい。こっけいである。❷楽しい。❸心がひかれる。①amusing ③interesting　面白い

おもだつ【主立つ】〈重立つ〉主(しゅ)となる。中心となる。　主立つ

おもちゃ【玩具】❶子供の遊び道具。❷なぐさみもの。①toy　玩具

おもて【表】❶物の表面。外側。❷物事のうわべ。❸公式のこと。❹家の正面。❺戸外。❻野球で先攻チームが攻撃する番。対❶～❹❻裏。①④front　表

おもて【面】❶顔。❷能面。❸表面。▽水の―。①face　面

> **使い分け「おもて」**
> **表**…表面や正面など主だった方。公になること。家の外。▽―と裏。畳の―替え。―向き。―沙汰になる。―で遊ぶ。
> **面**…顔。物の表面や外面。▽―を伏せる。湖の―に映える山影。批判の矢―に立つ。

おもてがき【表書き】手紙などの表に書く宛名など。　表書き

おもてかんばん【表看板】❶劇場の正面に掲げる看板。❷うわべの名目。　表看板

おもてさく【表作】二毛作で主に作る作物。　表作

おもてざた【表沙汰】❶世間一般に知れること。❷訴訟事件。▽―にする。①publicity　表沙汰

おもてだつ【表立つ】公然と知られる。人目につく。come out　表立つ

おもてむき【表向き】❶世間に対する名目。うわべ。❷公式の場。　表向き

おもと【万年青】観葉植物の一。葉は細長くて厚く、つやがある。　万年青

おもと【御許】❶(貴人の)そば。❷⇩おんもと。　御許

おもなが【面長】長めの顔。　面長

おもに【重荷】❶重い荷物。❷重い負担。▽過去の栄光が―になる。②burden　重荷

おもねる【阿る】相手の気に入るようにふるまう。▽権力に―雑誌。類媚(こ)びる。へつらう。　阿る

おもはゆい【面映ゆい】てれくさい。きまりが悪い。　面映い

おもむき【趣】❶おもしろみ。味わい。❷感じ。ようす。❸内容。▽話の―。　趣

おもむく【赴く】❶向かって行く。❷ある状態に向かう。▽快方に―。　赴く

おもむろに【徐に】静かにゆっくりと。slowly　徐に

おももち【面持ち】顔つき。表情。look　面持ち

おもや【母屋】〈母家〉❶屋敷の中の主な建物。❷建物の主要部分。❸本家。本店。対❶離れ。　母屋

おもやつれ【面窶れ】病気や心労で顔がやつれること。　面窶れ

おもゆ【重湯】米を多めの水でたいてとる、のり状の汁。　重湯

おもり【重り】❶重さを加えるためにつけるもの。❷さおばかり・天びんばかりなどの分銅(ふんどう)。①②　重り

weight

おもわく【思惑】❶見込み。❷評判。注 ×しわく。 思惑

おもわしい【思わしい】望みどおりで好ましい。▽病状は―くない。 思わしい

おもわせぶり【思わせ振り】意味があるような態度をとるようす・ことば・そぶり。significant 思わせ

おもんじる【重んじる】重視する。 重ん

おもんぱかる【慮る】あれこれと考えをめぐらす。 慮る

おもんみる【惟る】よく考える。▽つらつら―に。 惟る

おや【親】❶父母。❷物の生じるもと。▽―芋。❸中心となるもの。▽―会社。❹祖先。①parent ▼―の心子知らず 親の愛情をも知らず子は勝手なことをする。▼―の光は七光(ななひかり) 親の地位・名声で子が恩恵を受けること。 親

おやがかり【親掛かり】成人してもまだ親の世話になっていること・人。 親掛り

おやかた【親方】❶職人などの長。かしら。❷熟練した職人を親しんで呼ぶ語。❸相撲(すもう)の年寄。①master 親方

おやこ【親子】❶親と子。❷親子の関係に似たもの。▽―電話。 親子

おやご【親御】他人の親の尊敬語。 親御

おやごころ【親心】親が子を愛する心(のような思いやりの心)。 親心

おやじ【親父】❶自分の父親。❷店などの主人。対❶お袋。 親父

おやしお【親潮】日本の太平洋岸にそって南下する寒流。千島(ちしま)海流。 親潮

おやしらず【親知らず】遅く生える上下四本の奥歯。知歯。wisdom tooth 親知

おやすい【御安い】わけない。たやすい。▽―御用だ。▼―くない 男女が親密である。 御安い

おやだま【親玉】(悪者の)中心人物。かしら。ringleader 親玉

おやつ【御八つ】午後の間食。お三時。 御八つ

おやぶね【親船】本船。 親船

おやぶん【親分】かしら。boss 親分

おやま【女形】歌舞伎で、女役を演じる男性の役者。おんながた。 女形

おやみ【小止み】少しの間やむこと。こやみ。▽雨が―なく降る。 小止み

おやもと【親元】〈親許〉親のいる所。 親元

おやゆび【親指】手足のいちばん太い指。thumb 親指

およぐ【泳ぐ】❶水中に体を浮かせて進む。❷よろける。❸うまく世の中を渡る。①swim 泳ぐ

およそ【凡そ】❶だいたいのところ。あらまし。おおよそ。▽―の見当をつける。❷一般に。▽―学生たるものは。❸まったく。▽―意味がない話。❹だいたい。 凡そ

および【及び】…と、また。並びに。 及び

およびごし【及び腰】❶中腰で手をのばした、不安定な姿勢。❷確信がなく、中途半端な態度であること。 及び腰

およぶ【及ぶ】❶届く。行きわたる。▽全国に―。❷力などが追いつく。▽―者がない。❸できる。かなう。▽―ばぬ恋。①reach ▼―びもつかない とてもかなわない。 及ぶ

おり【折】そのとき。時機。機会。▽―に触れて。opportunity ▼―もあろうに ほかにもっとよい時もあるだろうに。▼―も折 ちょうどそのとき。 折

おり【折り】❶折ること。❷折り詰め。❸折り箱などを数える語。 折り

おり【澱】沈殿したかす。sediment 澱

おり【檻】動物などを入れる囲い。cage 檻

おりあう【折り合う】譲り合い、妥協する。compromise 折り合

おりあしく【折悪しく】時機が悪いことに。対折よく。unfortunately 折悪し

おりいって【折り入って】特別に。▽―頼みがある。 折り入

オリエンテーション【orientation】新人の指導や講習会。方向づけ。

オリエンテーリング【orienteering】地図と磁石を使って決められたポイントを通り、ゴールする時間を競う競技。

オリエント【Orient】❶東洋。❷エジプト・メソポタミア地方。

おりおり【折折】❶そのときどき。折節。▽四季―の花。❷ときおり。 折折

おりかえし【折り返し】 ❶折り返すこと。折り返したもの。❷引き返すこと。❸すぐに。▽—連絡する。 折り返

おりがみ【折り紙】 ❶四角い色紙。❷鑑定書。 折紙

おりがみつき【折り紙付き】 保証・定評があること。類極め付き。certified 折紙付

おりから【折から】 ❶…の時節だから。折柄。❷ちょうどそのとき。 折から

オリジナリティー【originality】 独創性。独創。

オリジナル【original】 ❶独創的。❷原作。原型。

おりしも【折しも】 ちょうどそのとき。just then 折しも

おりづめ【折り詰め】 折り箱に詰めること（詰めた料理）。 折詰

おりど【折り戸】 蝶番（ちょうつがい）をつけて、中央で折り畳めるように作った開き戸。 折戸

おりなす【織り成す】 ❶織って模様を作る。❷組み合わせて構成する。 織り

おりひめ【織り姫】 織女星。 織姫

おりふし【折節】 ❶そのときどき。折々。❷時節。❸ときどき。たまに。❹ちょうどそのとき。折から。 折節

おりめ【折り目】 ❶折った境目。❷けじめ。▽—正しい。 折り目

おりもの【織物】 機（はた）で織って作った布。(woven) cloth 織物

おりよく【折よく】 ちょうどよい時機に。対折悪（あ）しく。fortunately 折よく

おりる【下りる】 ❶上から下へ移る。❷お金や許可があたえられる。❸しまる。▽錠が—。①go down 下りる

おりる【降りる】 ❶高い所から下へさがる。❷乗り物から出る。❸地位・立場からしりぞく。❹霜（しも）・露（つゆ）が生じる。①fall ②get off 降りる

> **使い分け「おりる・おろす」**
>
> **降りる・降ろす**…乗り物から出る。高い所から低い所へ移る。辞めさせる。▽電車を降りる。病院の前で車から降ろす。月面に降り立つ。霜が降りる。主役から降ろされる。
>
> **下りる・下ろす**…上から下へ動く。切り落とす。引き出す。新しくする。▽幕が下りる。腰を下ろす。許可が下りる。枝を下ろす。貯金を下ろす。書き下ろしの短編小説。
>
> **卸す**…問屋が小売店に売り渡す。▽小売りに卸す。卸売物価指数。

おる【折る】 ❶曲げて重ねる。❷曲げて離す。❸中断する。▽筆を—。①fold ②break 折る

おる【居る】 ❶そこにいる。❷…ている。▽書いて—ります。 居る

おる【織る】 糸を組んで布をつくる。weave 織る

オルガナイザー【organizer】 組織強化のために働くこと・人。オルグ。オーガナイザー。

オルグ 「オルガナイザー」の略。

おれ〖俺〗 常10 **おれ** おもに男性が自分を指していうことば。

筆順

俺・俺

おれ【俺】 主に男性の自称。同輩や目下の者に対して使う。 俺

おれあう【折れ合う】 折り合う。▽意見が—。 折れ合

おれきれき【御歴歴】 社会的に身分や地位などの高い人たち。名士。▽町の—が集まる。 御歴歴

おれる【折れる】 ❶曲がる。曲がって重なる。❷曲がって離れる。❸ゆずる。②break ③give in 折れる

おろか【疎か】 言うまでもなく。▽日本は—、世界でも珍しい。 疎か

おろか【愚か】 ばかげている。stupid 愚か

おろし〖卸〗 ⇩おろす

おろし【下ろし】 ❶下ろすこと。❷すりおろすこと。❸はじめて使うこと。▽仕立て—。 下ろし

おろし【卸】 問屋が仕入れた商品を小売商に売ること。卸すこと。卸売り。wholesale 卸

おろし【颪】 山から吹きおろす強風。 颪

おろしうり【卸売り】 問屋が仕入れた商品を小売商に売ること。卸すこと。wholesale 卸売

おろす〖卸〗 常9 **おろす・おろし** 問屋が小売商に物品を売る。▽—問屋。

筆順

卸・卸

おろす【下ろす】 ❶上から下へ移す。❷切って落とす。▽枝を—。❸錠をかける。❹おろしがねでする。❺切り分ける。▽魚を—。❻引き出す。❼新品を使いはじめる。①bring down 下ろす

おろす【卸す】 卸売りをする。 卸す

おろす【降ろす】 ❶乗り物から外へ出す。❷やめさせる。▽旗を—。③ ❸高い所から低い所へ移す。unload 降ろす

おろそか【疎か】 いいかげんなようす。類なおざり。negligent 疎か

おろち【大蛇】 だいじゃ。 大蛇

おわい【汚穢】 大小便。 汚穢

おわり【終わり】 ❶おしまい。❷死ぬこと。最期(さいご)。① the end ▼—良ければすべて良し 物事は、結果がよければ途中経過は問題にならない。▼—を全(まっと)うする 最後まできちんとなしとげる。 終わり

おわる【終わる】 ❶終わりになる。❷…という結果になる。❸終わりにする。対❶始まる。① be over ①② end 終わる

おん〔音〕 常9 オン・イン・おと・ね ❶おと。❷便り。▽—信。❸字音。▽—訓。

音・音

おん〔恩〕 常10 オン 情け。めぐみ。▽—愛。—師。謝—。

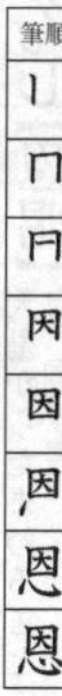

恩・恩

おん〔温〕 常12 **〔溫〕** 人13 オン・あたたか・あたたかい・あたたまる・あたためる ❶あたたかい。▽—暖。—室。—泉。❷おだやか。▽—厚。❸温度。▽気—。水—。体—。

温・温

おん〔穏〕 常16 オン・おだやか おだやか。安らか。▽—和。平—。安—(あんのん)。(穩)

穏・穏

おん〔遠〕 ⇩えん

オン【on】 スイッチが入っている状態。対オフ。

おん【音】 ❶おと。❷ことばとして口から出る声。❸漢字の音読み。字音。対❸訓。 音

おん【恩】 人から受けた親切。情け。▼—に着せる あたえた恩を相手がありがたく思うようしむける。▼—を仇(あだ)で返す 恩人にかえって害をあたえる。 恩

おん【御】 尊敬の意を表す。「お」より敬意が高い。▽—礼。—身。 御

おんあい【恩愛】 夫婦・親子間などの愛情。おんない。affection 恩愛

おんいき【音域】 出せる音や声の高低の範囲。 音域

おんいん【音韻】 ❶言語を構成する一つ一つの音。❷漢字の音と韻。 音韻

オンエア 放送中。on the air の略。

おんが【温雅】 穏やかで上品。 温雅

おんかい【音階】 楽音をある基準に従って高さの順に配列したもの。スケール。scale 音階

おんがえし【恩返し】 恩に報いること。類報恩。 恩返し

おんがく【音楽】 音で表現する芸術。music 音楽

おんかん【音感】 音を聞き分ける感覚。▽絶対—。 音感

おんがん【温顔】 やさしく穏やかな顔。 温顔

おんき【遠忌】 開祖などの五〇回忌以後五〇年ごとに行う法会(ほうえ)。えんき。 遠忌

おんぎ【恩義】 〈恩誼〉義理のある恩。 恩義

おんきゅう【恩給】 公務員の年金。共済年金。 恩給

おんきょう【音響】 おと。響き。▽—効果。sound 音響

おんぎょく【音曲】 ❶三味線などに合わせて歌う俗曲。❷日本風の音楽。 音曲

オングストローム【angstrom】 電磁波の波長測定で用いる単位。百億分の一メートル。記号Åまたは A

おんくん【音訓】 漢字の音と訓。 音訓

おんけい【恩恵】 利益や幸福になるもの。恵み。▽—に浴する。benefit 恩恵

おんけん【穏健】 思想や言動などがおだやかで行き過ぎのないようす。▽—な思想。対過激。moderate 穏健

おんげん【音源】 音を発生する装置や機器。レコード・CDやプレーヤーなど。 音源

おんこ【恩顧】 好意で引き立てること。▽—を受ける。類愛顧。patronage 恩顧

おんこう【温厚】 穏やかで、情け深いようす。▽—な人柄。gentle 温厚

おんこちしん【温故知新】 昔のことを学んで、 温故

新しい知識・方法を得ること。故(ふる)きを温(たず)ね、新しきを知る。注温×古知新。　知新

おんさ【音叉】 一定の高さの音がでる、U字型の金属の器具。tuning fork

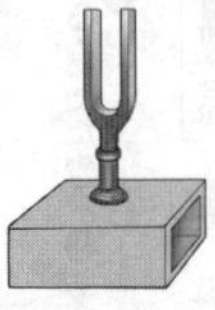

音叉

おんし【恩師】 教えを受け世話になった先生。one's teacher

おんし【恩賜】 天皇からたまわること・物。類下賜。　恩賜

おんしつ【温室】 栽培用の保温装置のある建物。greenhouse　温室

おんしつそだち【温室育ち】 大事にされ、世間の苦労を知らずに育つこと・人。　温室育

おんしゃ【恩赦】 特別の恩典による刑の減免。amnesty　恩赦

おんしゃ【御社】 相手の会社や神社などの尊敬語。類貴社。　御社

おんしゃく【恩借】 人の情けで、借りること・金品。　恩借

おんしゅう【恩讐】 恩と恨み。　恩讐

おんしゅう【温習】 くりかえして習うこと。おさらい。▽—会。　温習

おんじゅん【温順】 ❶性質が穏やかで、すなおなこと。❷気候が穏やかなこと。類❶❷温和。　温順

おんしょう【恩賞】 功績をたたえて賞をあたえること。また、その賞。reward　恩賞

おんしょう【温床】 ❶促成栽培用の、温度を高くした苗床(なえどこ)。❷悪事のおこりやすい環境。▽悪の—。①②hotbed　温床

おんじょう【恩情】 いつくしみの心。　恩情

おんじょう【温情】 思いやりの心。　温情

おんしょく【音色】 ねいろ。tone　音色

おんしょく【温色】 ❶穏やかな顔色。❷暖色。　温色

おんしん【音信】 便り。いんしん。▽—不通。類消息。　音信

おんじん【恩人】 恩をかけてくれた人。　恩人

オンス【ons オランダ】 ヤードポンド法の重さの単位。一オンスは二八・三五グラム。略号oz.

おんすい【温水】 温かい水。温めた水。　温水

おんせい【音声】 ❶声。❷放送される音。❸ことばを構成する音。①voice　音声

おんせん【温泉】 ❶地中からわく摂氏二五度以上の湯。❷温泉場。①hot spring　温泉

おんぞうし【御曹司】 〈御曹子〉名家の子息。　御曹司

おんそく【音速】 音の伝わる速さ。　音速

おんぞん【温存】 だいじに保存すること。▽兵力を—する。　温存

おんたい【御大】 かしら。御大将。boss　御大

おんたい【温帯】 熱帯と寒帯の間。気候温和な地域。Temperate Zone　温帯

おんたく【恩沢】 めぐみ。恩恵。　恩沢

おんだん【温暖】 気候が暖かく、穏やかなようす。対寒冷。mild　温暖

おんち【音痴】 ❶音感の鈍いこと・人。❷ある感覚が鈍いこと・人。▽方向—。　音痴

おんちゅう【御中】 団体・会社などの宛名の下に付ける語。▽編集部—。　御中

おんちょう【音調】 ❶声の高低の調子。❷音の高低。❸詩や音楽の調子。①intonation ②tone　音調

おんちょう【恩寵】 神や君主などのめぐみ・いつくしみ。grace　恩寵

おんてい【音程】 二音の、高低の差。　音程

おんてき【怨敵】 うらみのある敵。　怨敵

オンデマンド【on demand】 注文がありしだい、生産・販売・提供などを行うこと。受注対応。

おんてん【恩典】 情け深い処置・扱い。　恩典

おんど【音頭】 ❶大ぜいで歌うとき、先に歌って調子をとること・人。音頭取り。❷大ぜいで歌って踊る曲。▼—を取る 人の先に立って事を行う。　音頭

おんど【温度】 冷たさ・熱さの度合い。temperature　温度

おんとう【穏当】 物事がおだやかで、無理がなく、道理に合っていること。▽—な処置。　穏当

おんどく【音読】 ❶声を出して読むこと。❷音読み。対❶黙読。❷訓読。　音読

おんどり【雄鳥】 ❶おすの鳥。❷〈雄鶏〉おすのにわとり。②rooster　雄鳥

オンドル【温突 鮮朝】 床下に導いた煙の熱で暖房する装置。

おんとろうろう【音吐朗朗】　音吐

声量が豊かなようす。▽―と読みあげる。

おんな【女】❶女性。❷一人前の女性。▽―盛り。❸愛人。図❶❷男。▽①②woman ▼―三人寄れば姦（かしま）しい 女性が三人も集まると、ひどく騒がしい。　女

おんながた【女形】⇩おやま。　女形

おんなたらし【女誑し】女性を誘惑してもてあそぶ人。womanizer　女誑し

おんなで【女手】❶ひらがな。❷女性の筆跡。❸女性の労働力。　女手

おんねん【怨念】深くうらむ心。▽―を晴らす。grudge　怨念

おんのじ【御の字】ありがたいこと。　御の字

おんぱ【音波】空気中などに伝わる、音の波。sound wave　音波

オンパレード【on parade】勢ぞろい。

おんばん【音盤】レコード盤。　音盤

おんびん【音便】発音の便宜上、連接した一部の音が変わること。イ音便・ウ音便・促音便・撥（はつ）音便の四種類。　音便

おんびん【穏便】（事をあらだてず）おだやかなこと。▽―に処理する。lenient　穏便

おんぷ【音符】❶音楽で、音の長短・高低を表す記号。❷濁点・半濁点などの文字の補助記号。①note　音符

オンブズマン【ombudsman スウェーデン】行政機関を監察する専門員。

おんみ【御身】❶相手の「体」の尊敬語。❷あなた。　御身

おんみつ【隠密】❶こっそり行うこと。▽―裏（り）。❷昔の密偵。　隠密

おんもと【御許】手紙の脇付（わきづけ）に女性が用いる語。おもと。　御許

オンモン【諺文 鮮朝】ハングル。　諺文

おんやさい【温野菜】（生で食べる野菜に対して）熱を加えて調理した野菜。　温野菜

おんよう【温容】穏やかでやさしい顔つき・ようす。▽師の―に接する。類温顔。　温容

おんよく【温浴】湯に入ること。　温浴

オンライン【on line】❶コンピュータの端末機が中央処理装置と直結している状態。また、通信回線などを使う、人手を介さない情報伝達。❷球技で、境界線上にボールが落ちること。有効打になる。

おんりょう【音量】音の大きさ（の度合い）。volume　音量

おんりょう【怨霊】うらみを晴らすため、人にたたりをする死者の霊（れい）。　怨霊

おんりょう【温良】穏やかで、すなおなこと。類温厚。　温良

おんわ【温和】❶気候が穏やかなようす。❷穏和。①mild　温和

おんわ【穏和】性格などがおだやかなようす。moderate　穏和

か　カ

か［下］常3 カ・ゲ・した・しも・もと・さげる・さがる・くだる・くだす・くださる・おろす・おりる ❶位置・順位・程度などの低いほう。▽―方。―級。❷流れの末。▽―流。❸さげる。さがる。▽投―。―落（げらく）。❹おりる。▽―車。❺くだる。くだす。▽―降。―山。
筆順 一 丅 下　下・下

か［化］常4 カ・ケ・ばける・ばかす ❶姿・状態などがかわる。▽感―。❷ばける。▽妖怪変―（ようかいへんげ）。
筆順 ノ イ 亻 化　化・化

か［火］常4 カ・ひ・ほ ❶ひ。炎。▽―影（ほかげ）。❷さしせまる。▽―急。❸あかり。
筆順 、 丷 少 火　火・火

か［加］常5 カ・くわえる・くわわる ❶足す。▽―算。❷くわわる。▽参―。
筆順 フ カ 加 加 加　加・加

か［可］常5 カ ❶許す。▽許―。❷できる。▽―能。
筆順 一 冂 冂 可 可　可・可

か［禾］人5 カ・のぎ 穀物のこと。穂先の毛。のぎ。
筆順 一 二 千 千 禾　禾・禾

か［仮］常6 カ・ケ・かり ❶間に合わせ。臨時に。▽―説。―寓。❷にせ。▽―面。―病（けびょう）。（假）
筆順 ノ イ 亻 仮 仮 仮　仮・仮

か［何］常7 カ・なに・なん 疑問などを表す。▽―事（なにごと）。―処（いずこ）。―時（いつ）。
筆順 ノ イ 亻 仁 何 何 何　何・何

か［伽］人7 カ・ガ・とぎ ❶梵語（ぼんご）の音訳字。❷とぎ。▽お―話。
筆順 ノ イ 亻 仂 伽 伽 伽　伽・伽

か【花】常7 カ・はな ❶はな。▽開—。桜—。❷美しい。▽—形。
筆順 花
花・花

か【佳】常8 カ ❶すぐれた。❷美しい。▽—人。❸めでたい。
筆順 佳
佳・佳

か【価】常8【價】人15 カ・あたい ❶あたい。▽—格。❷ねうち。▽—値。評—。
筆順 価
価・価

か【果】常8 カ・はたす・はてる・はて ❶木の実。▽—実。❷はたす。▽成—。❸思い切りがよい。▽—敢。
筆順 果
果・果

か【河】常8 カ・かわ 大きな川。▽—口。銀—。
筆順 河
河・河

か【苛】常8 カ きつく責めつけるようす。むごい。▽—酷。—烈。
筆順 苛
苛・苛

か【科】常9 カ ❶分類。▽—目。文—。❷罪。とが。▽前—。
筆順 科
科・科

か【架】常9 カ・かける・かかる ❶かける。▽—橋。❷たな。▽書—。
筆順 架
架・架

か【珂】人9 カ ❶白めのう。❷くつわ貝で作った馬具の飾(かざ)り。
筆順 珂
珂・珂

か【迦】人9 カ 梵語(ぼんご)の音訳字。▽釈—(しゃか)。
筆順 迦
迦・迦

か【珈】人9 カ ❶女性の髪飾(かみかざ)り。❷「珈琲」と書いて、飲み物の一。コーヒー。
筆順 珈
珈・珈

か【夏】常10 カ・ゲ・なつ なつ。▽—季。—至(げし)。常—(とこなつ)。
筆順 夏
夏・夏

か【家】常10 カ・ケ・いえ・や ❶いえ。一族。▽—族。本—(ほんけ)。❷人の住む建物。▽—屋。❸その分野に通じた人。▽大—。画—。
筆順 家
家・家

か【荷】常10 カ・に ❶にもつ。▽出—。❷になう。▽負—。
筆順 荷
荷・荷

か【華】常10 カ・ケ・はな ❶はな。▽—道。香—(こうげ)。蓮—(れんげ)。❷はなやか。▽—美。—麗。豪—。
筆順 華
華・華

か【菓】常11 カ おかし。▽—子。茶—(さか・ちゃか)。
筆順 菓
菓・菓

か【貨】常11 カ ❶おかね。▽—幣。金—。❷品物。▽—物。
筆順 貨
貨・貨

か【渦】常12 カ・うず うず。▽—中。—紋。—巻き。
筆順 渦
渦・渦

か【過】常12 カ・すぎる・すごす・あやまつ・あやまち ❶通りすぎる。▽通—。—程。❷度を越す。▽—激。—信。—大。—労。❸時がたつ。▽—去。❹あやまち。▽—失。—誤。
筆順 過
過・過

か【嘩】人13 カ やかましい。▽喧—(けんか)。
筆順 嘩
嘩・嘩

か【嫁】常13 カ・よめ・とつぐ ❶よめ。▽花—。❷なすりつける。▽転—。
筆順 嫁
嫁・嫁

か【暇】常13 カ・ひま ❶ひま。▽休—。❷しごとをやめる。▽—(ひま)を出す。
筆順 暇
暇・暇

か【禍】常13【禍】人14 カ わざわい。不幸。▽—根。水—。
筆順 禍
禍・禍

か【靴】常13 カ・くつ くつ。▽製—。革—。雨—。
筆順 靴
靴・靴

か【嘉】人14 カ・よみする ❶よい。▽—肴(かこう)。❷めでたい。▽—節。
筆順 嘉
嘉・嘉

か【寡】常14 カ ❶少ない。▽—作。—聞(かぶん)。❷やもめ。▽—婦。
筆順 寡
寡・寡

か【歌】常14 カ・うた・うたう ❶うた。▽—詞。—曲。❷うた。和歌。▽短—。名—。❸うたう。▽—手。—劇。謳—(おうか)。牧—。
筆順 歌

筆順 一 可 可 哥 哥 歌 歌 歌・歌

か【箇】 常14 カ 物や所をさしめす。▽―所。好―(こうこ)。

筆順 ⺮ 竹 笛 笛 笛 箇 箇 箇・箇

か【稼】 常15 カ・かせぐ かせぐ。▽―業。―働。共―(ともかせ)ぎ。

筆順 禾 秄 秄 稼 稼 稼 稼・稼

か【課】 常15 カ ❶割り当てる。課する。▽―税。日―。❷業務分担上の単位。▽経理―。

筆順 言 訂 訂 訂 評 課 課 課・課

か【霞】 人17 カ・かすみ ❶かすみ。▽春―(はるがすみ)。❷かすむ。

筆順 雨 雫 雫 霞 霞 霞 霞・霞

か【蚊】 常10 か 小さな昆虫の、か。▽―帳(かや)。―遣(かや)り。

筆順 口 中 虫 虫 虫 蚊 蚊 蚊・蚊

か【瓜】 ⇨うり

か【可】 ❶よいと認めること。❷認めて許すこと。❸成績で、まあよい。▽優良―。対❶不可。❷否。▼―も無く不可も無し 特によくも悪くもない。 可

か【香】 かおり。▽花の―。smell 香

か【蚊】 mosquito 小形の昆虫。雌は人の血を吸う。▼―の鳴くような声 弱々しく小さな声。 蚊

か【禍】 ❶わざわい。▽風雨の―。❷…による災難。▽交通―。 禍

か【箇】 物を数える語。▽五―条。 箇

が【牙】 常4 ガ・ゲ・きば ❶きば。▽毒―(どくが)。象―(ぞうげ)。❷「牙城」は、本拠。

筆順 一 二 于 牙 牙・牙

が【瓦】 常5 ガ・かわら ❶かわら。▽煉―(れんが)。❷重さの単位。グラム。

筆順 一 厂 瓦 瓦 瓦 瓦・瓦

が【我】 常7 ガ・われ・わ ❶自分。▽自―。❷自分本位の。▽―流。

筆順 ノ 二 于 手 我 我 我 我・我

が【画】 常8 ガ・カク ❶え。▽絵―。❷えがく。▽―家。❸くぎり。▽区―。❹はかる。▽計―。(畫)

筆順 一 丅 币 而 画 画 画 画・画

が【芽】 常8 ガ・め ❶草木のめ。▽発―。❷きざし。▽萌―(ほうが)。

筆順 一 十 艹 艹 芏 芽 芽 芽・芽

が【俄】 人9 ガ・にわか 急に。だしぬけに。▽―然。―雨(にわかあめ)。

筆順 亻 仁 仁 仟 佧 俄 俄 俄 俄・俄

が【臥】 人9 ガ・ふす ふせる。▽横―。病―。

筆順 丨 厂 戶 戶 臣 臥 臥 臥・臥

が【峨】 人10 ガ 山が高くけわしい。▽嵯―(さが)。

筆順 山 屮 峁 峨 峨 峨 峨 峨・峨

が【賀】 常12 ガ よろこび祝う。▽―状。祝―。年―。

筆順 フ カ 加 加 智 賀 賀 賀 賀・賀

が【蛾】 13 ガ 昆虫の、が。▽毒―。―眉(がび)。 蛾・蛾

が【雅】 常13 ガ ❶みやびやか。▽優―。❷正しく上品。▽―語。

筆順 一 二 牙 牙 牙 邪 雅 雅 雅・雅

が【餓】 常15(餓) ガ うえる。▽―死。―鬼(がき)。飢―(きが)。

筆順 食 食 飣 飫 餓 餓 餓 餓・餓

が【駕】 人15 ガ ❶乗り物。▽―籠(かご)。❷しのぐ。▽凌―(りょうが)。

筆順 カ 加 加 架 駕 駕 駕 駕・駕

が【我】 自分中心の考え方。▽―を通す。 我

が【賀】 祝い。▽七十七の―。 賀

が【蛾】 ちょうに似た昆虫。moth 蛾

が【駕】 のりもの。▼―を枉(ま)げる わざわざ、お立ちよりになる。 駕

カーキいろ【カーキ色】 茶色がかった黄緑色。「カーキ(khaki)」は、もと「土ぼこり」の意味のヒンディー語。 色

カーゴ【cargo】 ❶積み荷。❷貨物船。

カーソル【cursor】 コンピュータの表示画面上に現れる位置表示マーク。

かあつ【加圧】 圧力をくわえること。 加圧

ガーデニング【gardening】 庭作り。

カート【cart】 運搬用の手押し車。

カード【card】 ❶小形の四角い厚紙。❷トランプ。❸試合の組み合わせ。❹「クレジットカード」「プリペイドカード」などの略。

カートリッジ【cartridge】容器ごと本体に取りつける交換可能なもの。

カーニバル【carnival】❶謝肉祭。❷お祭り騒ぎ。

ガーネット【garnet】宝石の一。ざくろ石。

ガーリック【garlic】にんにく。

かい【介】常4 カイ ❶間に入る。▽紹―。❷たすける。▽―抱。―護。❸殻や貝。▽魚―類。
筆順 ノ 𠆢 介 介　介・介

かい【回】常6 カイ・エ・まわる・まわす ❶まわる。▽―転。❷もどる。▽―帰。❸度数。▽初―。前―。今―。
筆順 回　回・回

かい【灰】常6 カイ・はい はい。もえがら。▽―皿。―塵(かいじん)。
筆順 一 厂 灰　灰・灰

かい【会】常6 カイ・エ・あう ❶人が集まる。▽―合。❷組織。❸催し。❹あう。▽面―。❺おり。▽機―。❻さとる。▽―得(えとく)。(會)
筆順 ノ 人 会　会・会

かい【快】常7 カイ・こころよい ❶気持ちがよい。▽―晴。❷病気が治る。▽全―。❸はやい。▽―速。
筆順 快　快・快

かい【戒】常7 カイ・いましめる ❶用心する。▽警―。❷いましめる。▽懲―。❸おきて。▽―律。
筆順 一 戒　戒・戒

かい【改】常7 カイ・あらためる・あらたまる ❶あらためる。▽―札。❷しらべる。▽―革。
筆順 改　改・改

かい【怪】常8 カイ・あやしい・あやしむ ❶変な。▽―死。❷並みはずれた。▽―力。❸ばけもの。▽―物。
筆順 怪　怪・怪

かい【拐】常8 カイ かどわかす。▽誘―。
筆順 一 十 扌 拐　拐・拐

かい【廻】人9 エ・カイ・まわる・めぐる ❶まわる。▽―転。❷めぐる。▽輪―(りんね)。
筆順 廻　廻・廻

かい【悔】常9【悔】人10 カイ・くいる・くやむ・くやしい 残念に思う。▽後―。―恨。
筆順 悔　悔・悔

かい【恢】人9 カイ 広く大きい。▽―恢(かいかい)。
筆順 恢　恢・恢

かい【海】常9【海】人10 カイ・うみ ❶うみ。▽―岸。❷広い。▽―容。
筆順 海　海・海

かい【界】常9 カイ ❶さかい。▽境―。❷範囲や社会。▽業―。
筆順 界　界・界

かい【皆】常9 カイ・みな みんな。すべて。▽―勤。―無。
筆順 皆　皆・皆

かい【械】常11 カイ ❶しかけ。▽機―。器―。❷刑具。かせ。
筆順 械　械・械

かい【絵】常12 (繪) カイ・エ え。▽―画。油―。影―(かげえ)。
筆順 絵　絵・絵

かい【開】常12 カイ・ひらく・ひらける・あく・あける ❶ひらく。▽―花。―放。―閉。全―。公―。❷ひらける。▽―発。―拓。―化。❸はじまる。▽―演。―店。―会。―幕。
筆順 丨 門 開　開・開

かい【階】常12 カイ ❶だん。▽―段。❷建物の層。❸等級。順序。▽―級。
筆順 階　階・階

かい【塊】常13 カイ・かたまり かたまり。▽土―。金―。団―。
筆順 塊　塊・塊

かい【楷】常13 カイ 漢字の書体のひとつ。楷書。
筆順 楷　楷・楷

かい【解】常13 カイ・ゲ・とく・とかす・とける ❶分ける。▽分―。❷ときはなす。▽―放。
筆順 解　解・解

かい【魁】人14 カイ・さきがけ ❶かしら。▽首―。❷すぐれる。▽―偉。❸元祖。
筆順 魁　魁・魁

かい【潰】常15 カイ・つぶす・つぶれる ❶つぶれる。▽倒―。❷ただれる。▽―瘍。
筆順 潰　潰・潰

かい【壊】常16【壞】人19
筆順 壊

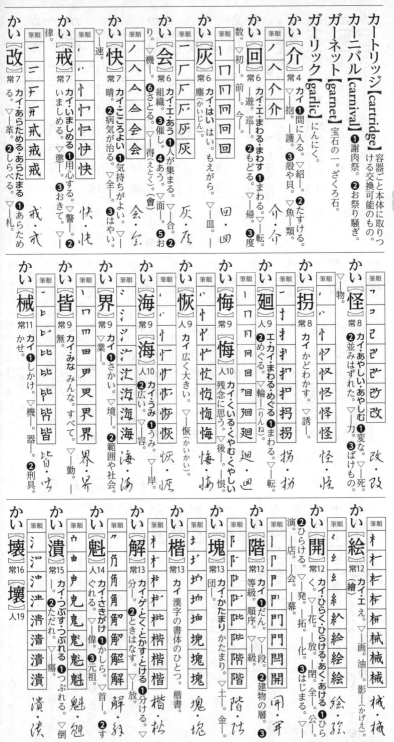

カイ・こわす・こわれる こわす。こわれる。やぶれる。▽—滅。倒—。破—。
筆順 壊
壊・壊

かい〔懐〕常16〔懷〕人19 カイ・ふところ・なつかしい・なつかしむ・なつく・なつける ❶なつかしい。なつかしむ。▽—旧。❷思う。▽—疑。❸ふところ。▽—中。
筆順 懐
懐・懐

かい〔諧〕常16 カイ ❶たわむれ。▽—謔(かいぎゃく)。❷調和する。▽—調。
筆順 諧
諧・諧

かい〔貝〕常7 かい かいの総称。▽二枚—。巻き—。—塚。
筆順 貝
貝・貝

かい〔櫂〕人18 トウ・かい ❶かい。舟をこぐ道具。❷かいで舟をこぐ。
筆順 櫂
櫂・櫂

かい〔芥〕⇩あくた

かい〔晦〕⇩みそか

かい〔街〕⇩がい

かい【甲斐】物事を行うだけのねうち。
甲斐

かい【貝】❶貝殻をもつ動物の総称。❷貝殻。①shellfish
貝

かい【怪】❶ぶきみなこと。▽湖の—。❷あやしい。▽—文書。
怪

かい【解】問題の解き方や答え。
解

かい【櫂】水をかいて船を進める道具。
櫂

がい〔外〕常5 ガイ・ゲ・そと・ほか・はずす・はずれる ❶そと。▽—部。❷ほか。▽意—。❸はずす。▽例—。❹外国。▽—資。
筆順 外
外・外

がい〔劾〕常8 ガイ 罪状をきびしく責めただす。▽弾—(だんがい)。
筆順 劾
劾・劾

がい〔咳〕9 ガイ・せき せき。▽謦—(けいがい)。労—(ろうがい)。
咳・咳

がい〔害〕常10 ガイ ❶さまたげる。▽妨—。❷そこなう。▽殺—。❸わざわい。▽冷—。
筆順 害
害・害

がい〔崖〕常11 ガイ・がけ 山や岸が切りたっているところ。▽断—。—崩れ。
筆順 崖
崖・崖

がい〔涯〕常11 ガイ いちばんはし。はて。▽生—。天—。
筆順 涯
涯・涯

がい〔凱〕人12 ガイ ❶やわらぐ。▽—風。❷かちどき。▽—歌。—旋(がいせん)。
筆順 凱
凱・凱

がい〔街〕常12 ガイ・カイ・まち ❶まち。▽市—。❷大通り。▽—道。
筆順 街
街・街

がい〔慨〕常13 ガイ なげく。▽—嘆。感—。憤—。(慨)
筆順 慨
慨・慨

がい〔碍〕13 ガイ じゃまをする。▽障—。妨—。
碍・碍

がい〔蓋〕常13 ガイ・ふた ❶おおう。▽—世。❷ふた。▽頭—(ずがい・とうがい)。天—。❸おそらく。▽—然。
筆順 蓋
蓋・蓋

がい〔該〕常13 ガイ ❶広くわたっている。▽—博。❷あてはまる。▽—当。
筆順 該
該・該

がい〔概〕常14 ガイ ❶おおむね。▽—算。❷ようす。▽気—。(槪)
筆順 概
概・概

がい〔骸〕常16 ガイ 骨だけになった死体。また、その骨。▽—骨。遺—。
筆順 骸
骸・骸

がい〔鎧〕⇩よろい

ガイ【guy】男。やつ。▽ナイス—。

がい【我意】自分勝手な考え。▽—を通す。
我意

がい【害】悪い影響。▽—を及ぼす。
害

かいあく【改悪】改めることで、前よりもかえって悪くすること。▽この修正はむしろ—だ。対改善。deterioration
改悪

がいあく【害悪】害となるもの。evil
害悪

がいあつ【外圧】外部・外国の圧力。
外圧

かいい【介意】気にかけること。
介意

かいい【会意】六書(りくしょ)の一。二つ以上の字を組み合わせて新しい字をつくること。「日」と「月」で「明」と
会意

するなど。

かいい【怪異】不思議であやしいこと。strange　怪異

かいい【魁偉】顔や体が特別大きく、いかついようす。▽容貌（ようぼう）—。　魁偉

がいい【害意】相手に害をあたえようとする気持ち。　害意

かいいき【海域】ある区域内の海。　海域

かいいん【改印】届け出の印鑑を別のものに変えること。　改印

かいいん【海員】船の乗組員。sailor　海員

かいうん【海運】船による旅客・貨物の運送。shipping　海運

かいうん【開運】いい方向に運が開けること。better fortune　開運

かいえき【改易】江戸時代、武士に科せられた刑罰の一。領地・屋敷を没収し身分を平民とした。　改易

かいえん【開演】演劇・演奏会などを始めること。　開演

がいえん【外延】ある概念が適用される最大の範囲。　外延

がいえん【外苑】皇居・神社などの外側の庭園。　外苑

かいか【怪火】❶あやしい火。鬼火など。❷原因不明の火事。不審火。　怪火

かいか【開化】知識が発達し、文化が進歩すること。▽文明—。　開化

かいか【開花】❶花がひらくこと。❷成果があらわれること。▽努力が—する。　開花

かいか【階下】階段の下。また、ある階の下の階。downstairs 対階上。　階下

かいが【絵画】絵。picture　絵画

がいか【外貨】❶外国のお金。❷輸入する商品。①foreign currency　外貨

がいか【凱歌】かちどき。▽—を上げる。　凱歌

かいかい【開会】会を始めること。　開会

かいがい【海外】海をへだてた外国。overseas　海外

がいかい【外界】自分を取り巻く外の世界。external world　外界

がいかい【外海】❶陸地に囲まれていない海。❷陸地から遠い海。　外海

かいがいしい【甲斐甲斐しい】動作がきびきびしていて骨身を惜しまない。　甲斐

かいかく【改革】制度などを改めること。▽行政—。reformation　改革

がいかく【外角】❶アウトコーナー。❷多角形の一辺とその隣の辺の延長がつくる角。②external angle　外角

がいかく【外郭】❶外がこい。❷輪郭。▽—団体。　外郭

かいかけきん【買い掛け金】あと払いの代金。　買掛金

かいかつ【快活】ほがらかで元気なようす。cheerful　快活

かいかつ【開豁】❶〈快闊〉ひろびろと開けて、ながめがよいようす。❷心が広くからっとしているようす。　開豁

がいかつ【概括】内容をおおざっぱにまとめること。▽意見を—する。類要約。summary　概括

かいかぶる【買い被る】人物の才能、あるものの力などを実質よりも高く評価する。overestimate　買被る

かいがら【貝殻】貝の外側のかたい部分。shell　貝殻

かいかん【会館】集会やもよおし物などに使う建物。▽市民—。hall　会館

かいかん【快感】こころよい感じ。pleasant sensation　快感

かいかん【怪漢】挙動のあやしい男。　怪漢

かいかん【開巻】書物を開くこと。　開巻

かいがん【海岸】うみべ。seashore　海岸

かいがん【開眼】❶目が見えるようになること。▽—手術を行う。❷開眼（かいげん）❷。　開眼

がいかん【外観】見かけ。appearance　外観

がいかん【概観】ざっと見渡すこと。また、だいたいのようす。▽国際情勢を—する。outline　概観

かいき【会規】会の規則。　会規

かいき【会期】会が開かれている期間・時期。session　会期

かいき【回忌】毎年の命日の回数を表す語。年忌。類周忌。　回忌

かいき【回帰】ひと回りして元へもどること。　回帰

かいき【快気】病気がなおること。　快気

かいき【怪奇】あやしく不思議なこと。mystery　怪奇

かいき【開基】❶物事の基礎をつくること。❷寺院を創建すること。また、その僧。類❷開山。 開基

かいぎ【会議】集まって相談すること。また、その機関。conference 会議

かいぎ【懐疑】疑いをもつこと。suspicion 懐疑

がいき【外気】外の空気。outside air 外気

かいきえん【怪気炎】疑わしく感じるほど、調子のよい気炎。▽―をあげる。 怪気炎

かいきしょく【皆既食】〈皆既蝕〉日食で太陽が、月食で月がすっかり隠れる現象。対部分食。total eclipse 皆既食

かいぎゃく【諧謔】気のきいた冗談。しゃれ。ユーモア。▽―の利いたスピーチ。joke 諧謔

かいきゅう【階級】❶身分・地位などの段階。▽二―特進。❷社会的に地位・財産などが似た集団。▽知識―。中流―。①②class 階級

かいきゅう【懐旧】昔をなつかしく思うこと。旧懐。▽―の情にかられる。類懐古。recollection 懐旧

かいきょ【快挙】胸のすくような行い。 快挙

かいきょう【回教】イスラム教の別称。 回教

かいきょう【海峡】陸地と陸地とにはさまれた、せまい海。▽津軽―。類水道。channel 海峡

かいきょう【懐郷】故郷をなつかしく思うこと。▽―の念。 懐郷

かいぎょう【開業】❶事業を始めること。❷営業していること。▽本日―。―医。 開業

がいきょう【概況】だいたいのようす。▽天気―。general condition 概況

がいきょく【外局】中央官庁に直属し、特別の事務を扱う行政機関。財務省の国税庁や文部科学省の文化庁など。 外局

かいきん【皆勤】一日も休まず出席・出勤すること。perfect attendance 皆勤

かいきん【開襟】えりを開くこと。また、開いたえり。▽―シャツ。 開襟

かいきん【解禁】禁止をとくこと。 解禁

がいきん【外勤】社内勤務でなく、外部で仕事をすること。外交など。 外勤

かいくん【回訓】在外公務員に、本国政府が回答として出す訓令。 回訓

かいぐん【海軍】海上の国防に当たる軍隊。navy 海軍

かいけい【会計】❶金銭の出入りの計算。また、その仕事。❷支払い。勘定。類❶経理。①accounting 会計

かいけいのはじ【会稽の恥】以前に受けた、忘れられない恥。 会稽恥

かいけつ【怪傑】不思議なほどの能力をもつ人物。prodigy 怪傑

かいけつ【解決】問題や事件を処理して決着をつけること。▽―策。―の糸口。solution 解決

かいけつびょう【壊血病】ビタミンCの不足で貧血や出血をおこす病気。 壊血病

かいけん【会見】公式の面会。interview 会見

かいけん【改憲】現行の憲法を改めること。対護憲。 改憲

かいけん【懐剣】ふところに入れて持ち歩く短刀。dagger 懐剣

かいげん【改元】年号を改めること。 改元

かいげん【開眼】❶新しい仏像・仏画に魂を入れること。▽大仏―。❷芸道などの本質をさとること。 開眼

がいけん【外見】うわべ。みかけ。外観。 外見

かいげんれい【戒厳令】国家の非常事態のとき、軍が行政・司法権をもつことを布告する命令。martial law 戒厳令

かいこ【〔蚕〕】⇨さん

かいこ【回顧】過去のできごとを思い返すこと。類回想。recollection 回顧

かいこ【解雇】やとっていた人をやめさせること。首切り。dismissal 解雇

かいこ【懐古】昔をなつかしく思い出すこと。類懐旧。reminiscence 懐古

使い分け「かいこ」

回顧…以前のことを思い返すことで、なつかしく思っているとは限らない。▽芸能界のこの一年を―する。―録。

懐古…昔のことをなつかしむこと。なつかしい気持ちに重点がある。▽学生時代を―する。―の情。

か

か

かいご【介護】高齢者などの生活を助け、身のまわりの世話をすること。類介助。　介護

かいご【悔悟】改悛（かいしゅん）。　悔悟

かいこう【回航】❶方々を航海すること。❷船をさし向けること。　回航

かいこう【改稿】原稿を書き改めること。rewriting　改稿

かいこう【海溝】海底の、みぞ状に深くくぼんでいる所。▽日本―。deep　海溝

かいこう【開口】❶ものを言いはじめること。❷空気や光を通すための入り口。▼―一番 話を始めるやいなや。　開口

かいこう【開港】❶新設された港・空港の使用を開始すること。❷貿易などのために、港への外国船の出入りを許すこと。　開港

かいこう【邂逅】思いがけなくめぐりあうこと。▽偶然の―。　邂逅

かいごう【会合】人々が集まること。類集会。meeting　会合

がいこう【外交】❶外国との交際・交渉。❷事業所外での業務。また、それを行う係。①②diplomacy　外交

がいこう【外港】❶都市の海の玄関になる港。❷防波堤の外側の区域。対❷内港。　外港

がいこうかん【外交官】外国に駐在し、外交事務をとる公務員。diplomat　外交官

がいこうじれい【外交辞令】社交上言う、口先だけのお世辞。社交辞令。　辞令

がいこうてき【外向的】まわりの人や物事に関心を持ち、積極的であるようす。注外×交的。　外向的

かいこく【戒告】❶公務員の懲戒処分の一。❷行政上の義務の履行を督促する通知。①admonition　戒告

かいこく【海国】海に囲まれている国。　海国

かいこく【開国】外国と交際・通商を始めること。　開国

がいこく【外国】よその国。foreign country　外国

がいこつ【骸骨】肉が腐って骨だけになった死体。skeleton ▼―を乞（こ）う 高官が辞職を願う。　骸骨

かいごろし【飼い殺し】実力を生かさず、ただやとっておくこと。　飼殺し

かいこん【悔恨】くやむこと。▽―の涙。類後悔。regret　悔恨

かいこん【開墾】山野をきりひらいて田畑をつくること。reclamation　開墾

かいさい【快哉】胸のすくようなよい気持ち。注かい×や。▼―を叫（さけ）ぶ 喜びの声をあげる。　快哉

かいさい【皆済】納入・返済などをすっかり終えること。　皆済

かいさい【開催】会などを行うこと。　開催

かいざい【介在】両者の間に他のものが存在すること。▽両国の間に―する難問。interposition　介在

がいさい【外債】外国で募集する公・社債。foreign loan　外債

がいざい【外在】外部に問題や原因が存在すること。　外在

かいさく【改作】作品をつくりなおすこと。adaptation　改作

かいさく【開削】〈開鑿〉山野を切り開いて、道路・運河などを通すこと。　開削

かいさつ【改札】駅などで、切符を確かめたり、受け取ったりすること・場所。▽―口。　改札

かいさん【開山】❶宗派の創始者。❷寺院を創建した僧。類❷開基。　開山

かいさん【解散】❶集まった人々が別れ散ること。▽駅前で―する。❷団体の組織を解体すること。❸衆議院で任期満了前に議員資格をとくこと。①break up ②dissolution　解散

かいざん【改竄】公文書・証書などの文字などを故意に書きかえること。▽小切手を―する。falsification　改竄

がいさん【概算】だいたいの計算。　概算

かいさんぶつ【海産物】海でとれる魚・貝・海藻など。　海産物

かいし【開始】始めること。対終了。　開始

かいし【懐紙】ふところに入れておく紙。茶道などで使う。　懐紙

かいじ【快事】胸のすくような出来事。　快事

かいじ【海事】海上に関する事柄。▽―裁判。maritime affairs　海事

かいじ【開示】明らかにして示すこと。　開示

がいし【外史】民間人が書いた歴史。　外史

がいし【外紙】外国の新聞。外字紙。　外紙

がいし【外資】外国の資本。foreign capital 外資

がいし【碍子】電線を支柱などに固定する絶縁器具。insulator 碍子

がいして【概して】だいたいのところ。一般に。おおよそ。generally ▽成績は—良好である。 概して

かいしゃ【会社】営利を目的とする社団法人。company 会社

かいしゃ【膾炙】広く知れ渡っていること。▽人口に—する。 膾炙

かいしゃく【介錯】❶つきそって世話をすること。後見。❷切腹する人の首をはねること・人。 介錯

かいしゃく【解釈】意味を理解する(説明する)こと。▽古文を—する。善意に—する。interpretation 解釈

かいしゅう【回収】配ったものや使ったものをもとにもどすこと。▽資金を—する。recovery 回収

かいしゅう【改宗】他の宗教にかわること。宗旨がえ。conversion 改宗

かいしゅう【改修】手入れしてなおすこと。▽河川の—。repair 改修

かいじゅう【怪獣】正体の知れない、巨大なけもの。monster 怪獣

かいじゅう【海獣】海にすむ哺乳(ほにゅう)動物の総称。くじら・いるかなど。sea animal 海獣

かいじゅう【懐柔】手なずけてしたがわせること。▽ことば巧みに—する。—策。conciliation 懐柔

かいじゅう【晦渋】ことば・文章が難解なようす。▽—な文章。 晦渋

がいしゅういっしょく【鎧袖一触】簡単に相手を負かすこと。 鎧袖

がいじゅうないごう【外柔内剛】表面は弱そうだが、しんが強いこと。内剛外柔。対内柔外剛。 外柔

がいしゅつ【外出】よそへ出かけること。go out 外出

かいしゅん【回春】❶春がまたやってくること。❷若返ること。▽—薬。rejuvenation 回春

かいしゅん【改悛】〈悔悛〉心を入れかえること。悔悟。▽—の情が著しい。 改悛

かいしゅん【買春】金品を与えて性交の相手を得ること。売春と区別するために「買春(ばいしゅん)」を「かいしゅん」と読む。 買春

かいしょ【楷書】漢字の書体の一。点画をくずさないで書いたもの。真書。 楷書

かいじょ【介助】❶手助けすること。❷介護すること。 介助

かいじょ【解除】制限や禁止をといて自由にすること。release 解除

かいしょう【甲斐性】たよりになる気力。 甲斐性

かいしょう【快勝】あざやかに勝つこと。 快勝

かいしょう【改称】名称を変え改めること。また、その改めた名称。類改名。 改称

かいしょう【解消】取り決めなどをなくすこと。▽発展的—。cancellation 解消

かいじょう【会場】会を開く場所。 会場

かいじょう【回状】回覧する文書。 回状

かいじょう【海上】海の上。類海面。 海上

かいじょう【階上】階段の上。また、ある階の上の階。対階下。upstairs 階上

かいじょう【開場】会場を開いて人を入れること。▽九時半—、十時開演。対閉場。opening 開場

がいしょう【外商】❶外国の商人・商社。❷店の売り場を通さず、客の元へ出向いて商売をすること。 外商

がいしょう【外傷】体の表面の傷。 外傷

かいじょうたつ【下意上達】下の人の意見が上の人によく伝わること。 下意

かいしょく【会食】集まって食事をすること。dining together 会食

かいしょく【海食】〈海蝕〉潮流や波が陸地を浸食すること。 海食

かいしょく【解職】職をやめさせること。免職。類解任。dismissal 解職

がいしょく【外食】家庭外での食事。 外食

かいしん【会心】うまくいったと満足すること。▽—の笑み。注×快心。 会心

かいしん【回診】医師が入院患者を診察して回ること。 回診

かいしん【改心】非をさとって、心を改めること。改悟。amendment 改心

かいしん【改新】古い制度を改めて新しくすること。reformation　改新

かいじん【灰燼】燃えかす。▼―に帰(き)す すっかり焼けてしまう。　灰燼

かいじん【怪人】正体不明の人。　怪人

かいじん【海神】海の神。Neptune　海神

かいず【海図】海洋の状態を記した航海用の地図。chart　海図

かいすいよく【海水浴】海に入ったり泳いだりして遊ぶこと。sea bathing　海水浴

がいすう【概数】おおよその数。round numbers　概数

かいする【介する】❶間に入れる。▽人を―。❷心にかける。▽意に―さない。　介する

かいする【会する】集まる。▽一堂に―。　会する

かいする【解する】❶理解する。❷解釈する。　解する

がいする【害する】❶傷つける。▽感情を―。❷殺す。①hurt　害する

かいせい【回生】生き返ること。▽起死―。類蘇生(そせい)。　回生

かいせい【快晴】空がすっかり晴れわたっていること。bright and sunny　快晴

かいせい【改正】正しいものに改めること。▽条約―。revision　改正

かいせい【改姓】名字を変えること。　改姓

がいせい【慨世】世情を嘆くこと。　慨世

がいせい【蓋世】世をおおいつくすほどの盛んな気力。▽―の気。　蓋世

かいせき【解析】❶物事を分析して理論的に研究すること。❷関数に関する数学。①analysis　解析

がいせき【外戚】母方の親類。　外戚

かいせきりょうり【会席料理】正式の膳立(ぜんだ)てを略式にした、日本式の宴会料理。　会席

かいせきりょうり【懐石料理】茶の湯の席で、茶をたてる前に出す簡単な料理。茶懐石。　懐石

かいせつ【開設】施設の新設。　開設

かいせつ【解説】わかりやすく説くこと。また、その説明。explanation　解説

がいせつ【概説】全体のあらましの説明。類概論。　概説

かいせん【会戦】大軍どうしの戦闘。　会戦

かいせん【回船】〈廻船〉海上運送に用いられる船。▽―問屋(どんや)。　回船

かいせん【回線】電信・電話の通信回路。circuit　回線

かいせん【改選】議員・役員などを新たに選挙すること。reelection　改選

かいせん【海鮮】新鮮な魚介類。　海鮮

かいぜん【改善】悪い点を改めて、よくすること。improvement　改善

がいせん【凱旋】戦争に勝って帰ること。▽―門。　凱旋

がいぜんせい【蓋然性】確かさの度合い。類確率。probability　蓋然性

かいそ【改組】組織を改めること。　改組

かいそ【開祖】❶宗派を開いた人。祖師。❷流派をおこした人。創始者。　開祖

かいそう【会葬】葬儀に参列すること。▽―者。　会葬

かいそう【回送】❶別の所へ送ること。❷空車のまま送りかえすこと。①②forwarding　回送

かいそう【回想】過去をいろいろと思い出すこと。類回顧。recollection　回想

かいそう【快走】気持ちよいほど速く走ること。　快走

かいそう【改葬】遺体や遺骨を改めて他の場所にほうむりなおすこと。　改葬

かいそう【改装】外装や内装の模様替え。リフォーム。remodeling　改装

かいそう【海草】海中の種子植物。　海草

かいそう【海藻】海中に生える藻類。　海藻

かいそう【階層】❶地位・職業などで分けた、それぞれの社会集団。❷建物の階の重なり。　階層

かいぞう【改造】つくりかえること。　改造

がいそう【外装】建物などの、外がわの設備やかざり。exterior　外装

かいぞうど【解像度】カメラなどの画面に映し出される画像の鮮明度。 解像度

かいぞえ【介添え】つきそって世話をすること・人。helper 介添え

かいそく【会則】会の規則。 会則

かいそく【快速】気持ちのよいほど速いこと。high speed 快速

かいぞく【海賊】船をおそい、財物をうばう賊。 海賊

かいぞくばん【海賊版】著作権者に無断で複製した、出版物・CDなど。 海賊版

がいそふ【外祖父】母方の祖父。 外祖父

がいそぼ【外祖母】母方の祖母。 外祖母

がいそん【外孫】⇩そとまご。 外孫

かいたい【拐帯】公金や人の物を持ったまま逃げること。持ち逃げ。▽公金を—する。 拐帯

かいたい【解体】ばらばらにすること。▽組織を—する。pulling down 解体

かいたい【懐胎】妊娠（にんしん）すること。 懐胎

かいだい【改題】題を変えること。 改題

かいだい【海内】❶国内。❷天下。 海内

かいだい【解題】作品の作者・成立・内容などについての解説。 解題

かいたく【開拓】❶荒野をきりひらいて田畑にすること。❷新分野をひらくこと。▽販路を—する。類❶開墾。①reclamation 開拓

かいだく【快諾】気持ちよく承知すること。▽—を得る。 快諾

がいため【外為】外国為替（かわせ）。 外為

かいだん【会談】（公的な）話し合い。▽首脳—。conference 会談

かいだん【怪談】化け物・幽霊などを扱ったこわい話。ghost story 怪談

かいだん【階段】❶昇り降りの段がある通路。❷等級。①stairs 階段

がいたん【慨嘆】いかりなげくこと。類慷慨（こうがい）。 慨嘆

かいだんじ【快男児】気性のさっぱりした、さわやかな男性。快男子。類好漢。 快男児

ガイダンス【guidance】学生・生徒に対する生活・進路・学習の指導。

がいち【外地】❶外国。❷もと、内地以外の日本領土。①foreign country 外地

かいちく【改築】建物を建て替えること。reconstruction 改築

かいちゅう【回虫】（蛔虫）寄生虫の一。形はみみずに似る。roundworm 回虫

かいちゅう【懐中】ふところやポケットの中。また、そこに入れて持つこと。▽大金を—する。 懐中

がいちゅう【外注】仕事を外部の業者に注文すること。 外注

がいちゅう【害虫】人間の生活に害をおよぼす虫。対益虫。 害虫

かいちょう【快調】調子がすばらしくよいこと。類好調。 快調

かいちょう【海鳥】海岸や島などにすむ鳥。うみどり。 海鳥

かいちょう【開帳】❶寺で、厨子（ずし）の扉をひらいて、秘仏を拝ませること。❷ばくちの座を開くこと。 開帳

かいちょう【諧調】調和のとれた音・調子。harmony 諧調

がいちょう【害鳥】人間の生活に害を与える鳥。対益鳥。 害鳥

かいちん【開陳】人前で自分の考えや意見などをのべること。▽所信を—する。statement 開陳

かいつう【開通】鉄道・道路・電話などが初めて通じること。 開通

かいづか【貝塚】古代人が食べた貝の殻などがつもった跡。 貝塚

かいつけ【買い付け】❶いつも買ってなれていること。❷品物を大量に買い入れること。 買い付

かいつまむ【掻い摘む】要点をざっととまとめる。▽事件のあらましを—んで話す。sum up 掻い

かいてい【改定】制度やきまりなどを改めること。▽運賃—。reform 改定

かいてい【改訂】本の内容などを改め直すこと。▽教科書—。revision 改訂

使い分け「かいてい」
改定…制度やきまりについて使う。金額や率の変更にも使う。▽規約を—する。定価の—。—運賃。
改訂…文章の内容・表現を改めることで、書物・文書などに使う。▽教科書を—する。—版。

かいてい【開廷】裁判をするため、法廷を開くこと。 開廷

かいてい【階梯】❶階段。❷学問・芸術を学ぶ順序。初めの段階。 階梯

かいてき【快適】ぐあいがよくて、気持ちのよいようす。▽—な住まい。注快×的。comfortable 快適

がいてき【外的】外部に関するようす。外部的。external 外的

がいてき【外敵】外部や外国から攻めて来る敵。invader 外敵

かいてん【回天】世の中のありさまを一変させること。また、衰えた勢いをもりかえすこと。▽—の大事業。 回天

かいてん【回転】❶回ること。転回。❷商品が売れて資金がもどること。❸頭の働き。① rotation 回転

かいてん【開店】❶新しく店を開いて営業すること。❷店をあけて、その日の営業を始めること。 開店

かいでん【皆伝】師匠から奥義(おうぎ)をすべて伝えられること。▽免許—。 皆伝

がいでん【外伝】本伝に書かれなかった伝記や逸話。 外伝

がいでん【外電】外国のニュースを伝える電報。foreign telegraph 外電

かいとう【会頭】大規模な会の長。 会頭

かいとう【回答】質問などに対する答え・返事。answer 回答

かいとう【快刀】非常に切れ味のいい刀。▼—乱麻(らんま)を断(た)つ もつれた物事を手際よく処理する。 快刀

かいとう【怪盗】神出鬼没で、正体不明の盗賊。mysterious thief 怪盗

かいとう【解凍】冷凍食品などを、もとの状態にもどすこと。thawing 解凍

かいとう【解答】問題を解いて答えを出すこと。solution 解答

使い分け「かいとう」

回答…質問や照会に対して、自分の考えなどを伝える返事。▽アンケートに—する。要求に対する—。

解答…答える。▽試験問題の—。模範—。

かいどう【会堂】❶集会用の建物。❷教会。 会堂

かいどう【怪童】大きくて怪力の子供。 怪童

かいどう【海棠】庭木の一。春、淡紅色の花が咲く。 海棠

かいどう【街道】交通上たいせつな道路。▽甲州—。highway 街道

がいとう【外灯】屋外にとりつけた電灯。outdoor lamp 外灯

がいとう【外套】防寒用に洋服の上に着る衣服。オーバー。overcoat 外套

がいとう【街灯】街路を照らす電灯。 街灯

がいとう【街頭】街の中。街の路上。 街頭

がいとう【該当】示された条件に当てはまること。▽—者。applicability 該当

かいどく【会読】一冊の本を何人かで読み、感想や批評を述べ合うこと。 会読

かいどく【回読】回し読み。 回読

かいどく【買い得】買うと得になること。 買い得

かいどく【解読】むずかしい文・暗号などを読みとくこと。decoding 解読

がいどく【害毒】悪影響を与えるもの。 害毒

ガイドブック【guidebook】手引き書。案内書。

ガイドライン【guideline】指標。特に、政策の指針。

かいな【腕】「うで」の少し古風な言い方。arm 腕

かいなん【海難】海上での船舶の事故。shipwreck 海難

かいにゅう【介入】第三者が間に入りこむこと。▽事件に—する。軍事—。intervention 介入

かいにん【解任】任務をやめさせること。類解職。dismissal 解任

かいにん【懐妊】妊娠(にんしん)すること。 懐妊

かいにんそう【海人草】海藻の一。まくり。回虫駆除薬(くじゃく)に使う。 海人草

がいねん【概念】❶おおよその内容。❷共通点を取り出して得た一般的な考え。② concept 概念

かいば【飼い葉】牛馬の飼料にする、わらや干し草。類まぐさ。fodder 飼葉

かいはい【改廃】法律や制度を改正したり廃止したりすること。 改廃

がいはく【外泊】自分の家以外の場所に泊まること。staying out 外泊

がいはく【該博】広くなんでも知っていること。▽—な知識。 該博

かいはくしょく【灰白色】はい色がかった白色。 灰白色

かいばしら【貝柱】二枚貝の貝殻をとじる筋肉。 貝柱

かいはつ【開発】❶産業などを新しくおこすこと。▽電源—。❷実用化すること。▽新製品の—。❸才能・能力を引き出すこと。▽能力の—。①〜③development 開発

かいばつ【海抜】海面からの高さ。標高。 海抜

かいはん【改版】出版物の版を新しく組みなおして出版すること。 改版

かいひ【会費】❶会員が会に納める金。❷会合に出席する者が出す金。 会費

かいひ【回避】さけること。evasion 回避

かいびゃく【開闢】この世のはじまり。▽天地—。 開闢

かいひょう【開票】投票箱をあけて、投票の結果を集計すること。 開票

がいひょう【概評】大まかな批評。 概評

かいひん【海浜】浜べ。seaside 海浜

かいふ【回付】書類などの回送。 回付

がいぶ【外部】❶物の外側。❷ある団体や組織の外。①outside 外部

かいふう【開封】❶手紙などの封をあけること。❷完全に封をせず、中が見えるようにして送る郵便物。 開封

かいふく【回復】〈快復〉元の状態にもどること。また、元通りにすること。▽健康が—する。名誉—。restoration 回復

かいふく【快復】病気がすっかり治ること。快癒。recovery 快復

かいふく【開腹】手術のために腹部を切り開くこと。▽—手術。 開腹

かいぶつ【怪物】❶ばけもの。❷並はずれた才能や力量をもった人。①②monster 怪物

かいぶん【回文】❶回状。❷上から読んでも下から読んでも同じになる文。「たけやぶやけた」など。 回文

がいぶん【外聞】❶内部のことが世間に知られること。うわさ。❷世間に対するていさい。▽恥も—もない。類❷世間体(せけんてい)。①reputation ▼—を憚(はばか)る 人に知られたくない。 外聞

かいぶんしょ【怪文書】人の悪口や秘密を書いた出所不明の文書。 怪文書

かいへい【開平】数・整式の平方根を求めること。 開平

かいへい【開閉】開いたり閉じたりすること。 開閉

かいへん【改変】改め変えること。 改変

かいへん【海辺】うみべ。seashore 海辺

かいほう【介抱】病人やけが人の世話をすること。nursing 介抱

かいほう【会報】会の文書・雑誌。 会報

かいほう【快方】病気やけががよくなっていくこと。 快方

かいほう【開放】❶開け放すこと。❷自由に出入りできるようにすること。▽校庭を市民に—する。①②open 開放

かいほう【解放】束縛をとりのぞいて自由にすること。liberation 解放

使い分け「かいほう」

開放…制限せずに自由にすること。▽学校を一般に—する。門戸—。—的な雰囲気。

解放…政治的・社会的束縛を脱して自由に行動できること。▽奴隷—。人質の—。仕事から—される。

かいぼう【海防】海岸の防備。 海防

かいぼう【解剖】❶人や動物の体を切開して調べること。❷物事を細かく分析して調べること。①dissection 解剖

がいぼう【外貌】❶外から見たようす。外観。❷顔かたち。②feature 外貌

かいまき【搔い巻き】うすく綿を入れた、袖(そで)付きの着物の形の夜着。 搔巻

かいまく【開幕】❶幕が開いて映画・演劇などが始まること。❷物事が始まること。類❶開演。対❶❷閉幕。 開幕

かいまみる【垣間見る】すきまからちらっと見る。 垣間

かいみょう【戒名】仏教で、死者につける名前。法名(ほうみょう)。対俗名(ぞくみょう)❷。 戒名

かいむ【皆無】まったくないこと。類絶無。nothing 皆無

がいむ【外務】❶国の外交に関する行政事務。❷外勤。 外務

かいめい【改名】名前を変えること。 改名

かいめい【解明】わからない点を調べて明らかにすること。solution 解明

かいめつ【潰滅・壊滅】こわれてなくなること。完全にほろびること。▽都市が―する。 潰滅

かいめん【海面】海の表面。類海上。 海面

かいめん【海綿】海綿動物の骨格をかわかしたもの。sponge 海綿

がいめん【外面】❶外側の表面。❷見かけ。外見。② appearance 外面

かいもく【皆目】まったく。少しも。▽―わからない。 皆目

がいや【外野】❶野球で、内野の後方。❷関係のない人。① outfield 外野

かいやく【解約】契約の取り消し。cancel 解約

かいゆ【快癒】快復。 快癒

かいゆう【回遊】❶旅行して回ること。❷魚の季節的移動。② migration 回遊

がいゆう【外遊】研究や視察などのための外国旅行。foreign tour 外遊

かいよう【海洋】広い海。類大洋。対大陸。ocean 海洋

かいよう【海容】大きく広々とした気持ちで相手の過ちなどを許すこと。▽失礼をご―ください。 海容

かいよう【潰瘍】皮膚・粘膜が、ただれくずれること。▽胃―。ulcer 潰瘍

がいよう【外洋】広いそとうみ。 外洋

がいよう【概要】あらまし。概略。▽計画の―を述べる。 概要

かいよりはじめよ【隗より始めよ】事をするには、手近なことから、また、言い出した人から始めなさい。 隗より始めよ

かいらい【傀儡】❶操り人形。くぐつ。❷他人に動かされ、利用されている人。▽―政権。①② puppet 傀儡

がいらい【外来】❶外部や外国から来ること。▽―語。❷通院して診察治療を受けること。② outpatient 外来

かいらく【快楽】気持ちよく楽しいこと。類悦楽。pleasure 快楽

かいらん【回覧】順々に回して見ること。▽―板。circulation 回覧

かいらん【解纜】出帆すること。 解纜

かいらん【潰乱・壊乱】ひどく乱れること。▽風俗―。 潰乱

かいり〔浬〕人 10 リ・かいり 海上の距離の単位。「海里」の意。 浬・浬

筆順 氵 氵 汩 汩 泪 浬 浬 浬

かいり【乖離】たがいにそむき離れること。estrangement 乖離

かいり【海里】〔浬〕海上の距離の単位。一海里は一八五二メートル。 海里

かいりき【怪力】並みはずれて強い力。supernatural power 怪力

かいりつ【戒律】僧が守るべきおきて。 戒律

がいりゃく【概略】あらまし。概要。類大略。summary 概略

かいりゅう【海流】一定の方向に流れている海水。ocean current 海流

かいりょう【改良】よりよく改めること。▽品種―。improvement 改良

がいりょく【外力】外から加わる力。 外力

がいりんざん【外輪山】複式火山で、中央火口を取り囲んでいる山。 外輪山

かいろ【回路】電流の通路。circuit 回路

かいろ【海路】船の通る道。また船で行くこと。類航路。sea route 海路

かいろ【懐炉】衣服の下に入れて、体をあたためる器具。 懐炉

がいろ【街路】街なかの道。street 街路

かいろう【回廊】建物をとりまく、長い廊下。corridor 回廊

かいろうどうけつ【偕老同穴】夫婦の愛情が深くて、契りのかたいこと。 偕老

カイロプラクティック【chiropractic】背骨のゆがみを正して病気を治す技術。脊椎（せきつい）指圧療法。

がいろん【概論】あらましを述べたもの。類概説。survey 概論

かいわ【会話】たがいに話すこと。conversation 会話

かいわい【界隈】そのあたり一帯。 界隈

かいわん【怪腕】人並みはずれた腕前。 怪腕

かいん【下院】二院制の議会で、公選議員で構成される議院。日 下院

本の衆議院に相当。対上院。

かう【支う】 支えとする。▽しんばり棒を―。prop up

かう【買う】 ❶購入する。❷身に受ける。▽反感を―。❸高く評価する。①buy

かう【飼う】 動物を養い育てる。

ガウス【gauss】 磁束密度の単位の一。記号G

かうん【家運】 一家の運勢・経済状態。

カウンセラー【counselor】 カウンセリングを職業とする人。

カウンセリング【counseling】 相談にのり、指導・助言をすること。

カウンター【counter】 ❶計算器。計数管。▽ガイガー―。❷酒場などで、調理場に面した席。

カウント【count】 数を数えること。

カウントダウン【countdown】 残り時間を、ゼロ秒まで数えること。秒読み。

かえうた【替え歌】 元歌の歌詞を別につくりかえた歌。

かえす【返す】 ❶もとにもどす。▽借りた金を―。❷上下・裏表を逆にする。▽手のひらを―。❸受けた行為に応じる。▽恩を―。❹もう一度する。▽読み―。

かえす【帰す】 人を帰らせる。

かえす【孵す】 孵化(ふか)させる。

かえすがえすも【返す返すも】 ❶くれぐれも。❷どう考えても。▽―残念。

かえだま【替え玉】 ❶本物・本人と見せかけた、にせもの。❷ラーメンのおかわり。

かえって【反って】 〈却って〉逆に。

かえで〔楓〕 人13 フウ・かえで 樹木の、かえで。

筆順 木 朩 朳 枫 枫 楓 楓 楓

かえで【楓】 落葉高木の一。葉はてのひら形で、秋に紅葉する。maple

かえりうち【返り討ち】 敵(かたき)をうとうとして、逆にうたれること。

かえりざき【返り咲き】 ❶花がもう一度咲くこと。❷一度退いたものが、また元の地位に戻り活躍すること。

かえりてん【返り点】 漢文を訓読するとき、上の字にもどることを示す記号。

かえりみる【省みる】 反省する。▽わが身を―。

かえりみる【顧みる】 ❶後ろをふりかえって見る。ふり向く。❷過ぎた昔を思う。▽昔を―。❸気にかける。▽危険を―みない。②recollect

使い分け「かえりみる」
顧みる…過ぎ去ったことを思い返す。気にする。▽半生を―。家庭を―余裕がない。
省みる…自らを振り返る。反省する。▽我が身を―。自らを省みて恥じるところがない。

かえる【返る】 ❶もとのようになる。❷上下・裏表が逆になる。❸すっかり…する。▽あきれ―。①return

かえる【帰る】 ❶本来いる所、または元いた所にもどる。❷来た人が去る。①go back, return ②leave 対❶行く。❷来る。▼―らぬ人となる 死ぬ。

使い分け「かえす・かえる」
返す・返る…元の持ち主や元の状態などに戻る。向きを逆にする。重ねて行う。▽持ち主に返す。借金を返す。手のひらを返す。とんぼ返り。読み返す。思い返す。
帰す・帰る…自分の家や元の場所に戻る。▽親元へ帰す。故郷へ帰る。帰り道。

かえる【蛙】 両生類の小動物。幼生はおたまじゃくし。frog ▼―の子は蛙(かえる) ❶平凡な人の子はやはり平凡である。❷子は親に似るものである。

かえる【孵る】 卵が、ひなや子になる。孵化(ふか)する。hatch

かえる【代える】 あるものの役割を他のものにさせる。▽投手を―。substitute

かえる【変える】 ❶変化させる。❷別の所・時に移す。▽予定を―。①change

かえる【替える】 〈換える〉別のものと取りかえる。▽畳を―。

かえん【火炎】 〈火焔〉激しい炎。

がえんじる【肯んじる】 聞き入れる。承知する。

かお【顔】 ❶首から上の目・鼻・口のある部分。❷顔❶のようす。容貌(ようぼう)。❸表情。❹面目。▽―にかかわる。❺人数。▽―がそろう。❻広く知られていること。▽なかなかの—だ。①④face ▼—から火が出る 恥ずかしくて顔が赤くなる。▼—を曇(くも)らせる 表情を暗くする。

かおあわせ【顔合わせ】❶知りあうために、集まること。❷興行・競技などに共に出ること。▽初—。 顔合わ

かおいろ【顔色】❶血色。❷表情。❸きげん。①complexion ②expression 顔色

かおう【花押】署名の下に書く、自筆の図案化された記号。書き判。 花押

かおく【家屋】人が住む建物。家。 家屋

カオス【khaos ギリシャ】混沌(こんとん)。対コスモス。

かおつき【顔付き】❶顔だち。❷表情。 顔付き

かおつなぎ【顔繋ぎ】❶忘れられないよう、たまに会っておくこと。❷知らない人どうしを引き合わせること。 顔繋ぎ

かおなじみ【顔馴染み】よく知っている間柄。 顔馴染

かおぶれ【顔触れ】同じ仕事や会に参加する人。メンバー。▽新内閣の—。—がそろう。lineup 顔触れ

かおまけ【顔負け】相手のすぐれた力に圧倒されること。▽プロ—の腕前。 顔負け

かおみせ【顔見世】❶人の前に初めて顔を見せること。❷〈顔見世〉一座の役者が総出で客に顔を見せること。 顔見せ

かおむけ【顔向け】顔を合わせること。▼—ができない 面目がたたなくて、人と会えない。 顔向け

かおやく【顔役】ある仲間や地域で勢力のある人。類有力者。 顔役

かおり【香り】〈薫り〉いいにおい。 香り

かおる【薫る】〈香る〉いいにおいがする。smell sweet 薫る

使い分け「かおり・かおる」
香り・香る…鼻で感じられる良い匂い。▽茶の香り。梅の花が香る。
薫り・薫る…主に比喩的あるいは抽象的なかおり。▽初夏の薫り。風薫る五月。

かか【呵呵】大声で笑うようす。▽—大笑。 呵呵

がか【画架】カンバスを立てかける台。 画架

がか【画家】絵かき。painter 画家

がが【峨峨】山や岩が高くけわしくそびえるようす。類巍々(ぎぎ)。 峨峨

かかあでんか【嚊天下】妻が夫よりいばっていること。対亭主関白。 嚊天下

かがい【加害】害を与えること。 加害

かがい【課外】正規の教科課程でないこと。▽—活動。extracurricular 課外

がかい【瓦解】一部のくずれから、全体がくずれこわれること。▽内閣が—する。類崩壊。 瓦解

かかえる【抱える】❶抱くようにして持つ。❷めんどうをみる。▽弟子を—。❸やとう。①hold 抱える

かかく【価格】値段。price 価格

かかく【過客】過ぎて行く人。旅人。かきゃく。 過客

かがく【化学】物質の性質・構造・変化を研究する、自然科学の一部門。▽—繊維。chemistry 化学

かがく【価額】価格に相当する金額。 価額

かがく【科学】❶対象を組織的・系統的に研究して、原理や法則を求める学問。❷自然科学。①②science 科学

ががく【雅楽】古来の日本宮廷音楽。 雅楽

かかげる【掲げる】❶高く上げる。❷掲示する。❸本などに掲載する。 掲げる

かかし【案山子】田畑を荒らす鳥獣よけの人形。 案山子

かかす【欠かす】おこたる。ないままですます。miss 欠かす

かかずらう【拘う】❶かかわりあう。❷こだわる。 拘う

かかと【踵】❶足のうらの後部。❷靴の裏の後部。①②heel 踵

かがみ【鏡】顔や姿を映して見る道具。mirror 鏡

かがみ【鑑】手本。模範。▽教師の—。paragon 鑑

かがみびらき【鏡開き】鏡もちを割って食べる行事。また、祝い事で酒だるのふたを開けること。鏡割り。 鏡開き

かがみもち【鏡餅】丸く平たくつくった大小二個を重ねた供物用のもち。おそなえ。おかがみ。 鏡餅

かがむ【屈む】❶腰・ひざを曲げて低い姿勢になる。しゃがむ。❷腰を曲げる。①crouch, stoop 屈む

かがやかしい【輝かしい】 すばらしい。brilliant　輝かしい

かがやく【輝く】 ❶きらめく。❷明るく晴れやかに見える。▽三連覇（さんれんぱ）に―。①shine　輝く

かかり【係】 〈掛〉その仕事を受け持つ役・人。　係

かかり【掛かり】 ❶ひっかかること。❷必要な費用。出費。▽引っ越しの―がかさむ。②expense　掛り

かかりいん【係員】 その仕事の担当者。　係員

かがりび【篝火】 夜、警備・照明・漁などのために屋外でたく火。　篝火

かかる【斯かる】 このような。▽―行為は許されない。　斯かる

かかる【係る】 ❶関係する。❷文章で、あとの語句につながる。　係る

かかる【架かる】 一方から他方へ渡される。▽橋が―。　架かる

かかる【掛かる】 ❶ひっかかってぶらさがる。❷とらえられる。❸動かないようにとまる。▽鍵が―。❹世話をうける。▽医者に―。❺ふりかかる。▽迷惑が―。❻かぶさる。❼時間や費用がついやされる。❽作用・働きがおよぶ。▽エンジンが―。❾始める。▽仕事に―。❿…しそうになる。▽ペンキがはげ―。　掛かる

かかる【罹る】 病気になる。　罹る

かかる【懸かる】 ❶ぶらさがる。ういているように見える。▽月が―。❷そこでとりあげられる。▽議案が―。❸それが、ある事がらによって決まる。▽優勝が―。　懸かる

> **使い分け「かかる・かける」**
>
> **掛かる・掛ける**…他に及ぶ。ぶら下げる。上から下に動く。上に置く。作用する。▽迷惑が掛かる。言葉を掛ける。看板を掛ける。お湯を掛ける。布団を掛ける。腰を掛ける。ブレーキを掛ける。保険を掛ける。
>
> **懸かる・懸ける**…宙に浮く。託す。▽月が中天に懸かる。雲が懸かる。命を懸けて戦う。
>
> **架かる・架ける**…一方から他方へ差し渡す。▽橋が架かる。ケーブルが架かる。鉄橋を架ける。電線を架ける。
>
> **係る**…関係する。▽本件に係る訴訟。名誉に係る重要な問題。
>
> **賭ける**…賭け事をする。▽大金を賭ける。賭けに勝つ。危険な賭け。

かがる【縢る】 布の切れ目などをぬう。darn　縢る

かかわらず【拘らず】 ❶…に関係なく。▽晴雨に―。❷…であるけれども。▽遠方にも―。　拘らず

かかわる【拘る】 こだわる。▽小事に―。　拘る

かかわる【係わる】 〈関わる〉❶関係する。❷影響をおよぼす。▽命に―。①be concerned　係わる

かかん【花冠】 ❶花弁の集まり。❷花でつくった冠。　花冠

かかん【果敢】 思いきって行うようす。▽―な攻撃。勇猛―。類勇敢。daring　果敢

かき〔垣〕 常9 **かき** しきり。かこい。▽―根。石―。　垣・垣

筆順　一 十 土 圹 圻 垣 垣 垣

かき〔柿〕 常9 **かき** カキノキ科の果樹。また、その果実。▽―色。熟―（じゅくし）。　柿・柿

筆順　一 十 木 朩 杧 杧 柿 柿

かき【下記】 下に書かれていること。対上記。the following　下記

かき【火気】 ❶火の気。❷火の勢い。　火気

かき【火器】 銃砲類。firearms　火器

かき【花卉】 花の咲く草。草花。　花卉

かき【花期】 花が咲く時期・期間。　花期

かき【花器】 花を生ける器。　花器

かき【牡蠣】 海産の二枚貝の一。食用。oyster　牡蠣

かき【垣】 かきね。　垣

かき【柿】 果樹の一。また、その実。　柿

かき【夏季】 夏の季節。対冬季。　夏季

かき【夏期】 夏の期間。対冬期。　夏期

かぎ【鉤】 ❶物を引っかけるのに使う、先の曲がった金属製の道具。❷かぎかっこ。　鉤

かぎ【鍵】 ❶さしこんで錠（じょう）をあけしめする道具。❷錠。❸物事の手がかり。▽事件の―をにぎる男。①③key　鍵

がき【餓鬼】 ❶仏教で、餓鬼道におちた亡者。❷子供をののしっていう語。②brat　餓鬼

かきいれどき【書き入れ時】 商売が繁盛して、忙しいとき。注×掻き入れ時　書入れ

れ時。

かきおき【書き置き】 ❶遺書。❷置き手紙。 書置き

かきおろし【書き下ろし】 新しく書いた未発表の作品。 書下ろ

かきくだしぶん【書き下し文】 漢文を日本語の順に従い、書き直した文章。 書下し

かきくれる【掻き暮れる】 ❶すっかり暗くなる。❷心が暗くなる。▽涙に—。 掻き暮

かぎざき【鉤裂き】 衣服などのかぎ状の裂けめ。 鉤裂き

かきぞめ【書き初め】 新年に初めて毛筆で字を書く行事。 書初め

がきだいしょう【餓鬼大将】 いたずらっ子のかしら。 餓鬼

かきだし【書き出し】 ❶文章の書きはじめの部分。❷勘定書き。 書出し

かきちらす【書き散らす】 ❶筆に任せ、無造作に書く。❷あちこちに書く。 書き散

かきつけ【書き付け】 ❶必要な事がらを書き付けた文書。❷勘定書き。請求書。 書付

かきつばた【杜若】〈燕子花〉水辺に生える草の一。花は濃紫色。 杜若

かきとめ【書留】 発信人・受信人・受け付け日などを記録する、特別料金の郵便物。書留郵便。 書留

かきとめる【書き留める】 忘れないよう書いておく。 書留め

かきね【垣根】 境を示す、家や敷地・庭のかこい。かき。fence 垣根

かぎのて【鉤の手】 かぎの形のように直角にまがっていること・形。鉤形（かぎなり）。 鉤の手

かぎばな【鉤鼻】 先がとがり下に曲がっている形の鼻。鷲鼻（わしばな）。 鉤鼻

かぎばり【鉤針】 編み物に使う、先がかぎ状のはり。 鉤針

かきもち【欠き餅】 ❶鏡もちをくだいたもの。❷うすく切ってほしたもち。 欠餅

かきもの【書き物】 ❶文章を書くこと。❷文書。書類。①writing 書物

かぎゃく【加虐】 残酷に扱うこと。いじめること。対被虐。 加虐

かぎゃく【可逆】 逆もどりができること。 可逆

かきゃくせん【貨客船】 貨物と旅客を同時に運ぶ船。 貨客船

かきゅう【下級】 等級や段階が低いこと。対上級。lower class 下級

かきゅう【火急】 ひじょうに急ぐこと。▽—の用件。類至急。urgency 火急

かぎゅう【蝸牛】 かたつむり。▼—角上（かくじょう）の争い 小さな世界の中で、つまらない争いをするたとえ。 蝸牛

かきゅうてき【可及的】 できるだけ。なるべく。▽—すみやかに処理されたい。 可及的

かきょう【佳境】 話などの、もっともおもしろくて興味深い部分。▽話が—に入る。climax 佳境

かきょう【架橋】 橋をかけること。▽—工事。 架橋

かきょう【華僑】 国外に移住した、主に商業をいとなむ中国人。華商。 華僑

かぎょう【家業】 その家の職業。 家業

かぎょう【稼業】 職業としている仕事。商売。occupation 稼業

かきょく【歌曲】 声楽曲。リート。tune 歌曲

かぎりない【限り無い】 ❶はてしない。▽—大地。❷このうえない。▽—幸せ。 限り

かぎる【限る】 ❶限定する。❷いちばんよい。▽寝るに—。①limit 限る

かきわり【書き割り】 舞台で、絵でかいた背景。 書割り

かきん【家禽】 飼育する鳥類。fowl 家禽

かきん【瑕瑾】 欠点。きず。 瑕瑾

かきん【課金】 ❶料金を課すること。また、その金。❷転じて、料金を支払うこと。▽ゲームに—する。 課金

かく【各】 常6 カク・おのおの おのおの。めいめい。▽—自。—種。—地。

筆順 ノ ク 夂 夂 各 各

各・各

かく【角】 常7 カク・かど・つの ❶つの。▽触—。❷かど。かく。▽直—。❸せりあう。▽—逐（かくちく）。❹相撲。▽—界。

筆順 ノ ク 𠂊 角 角 角

角・角

かく【拡】 常8 カク ひろげる。▽—散。—大。—張。（擴）

筆順 拡・拡

かく〔革〕9 常 カク・かわ ❶なめしがわ。▽皮—。❷改める。▽—新。
筆順 革・革

かく〔格〕常10 カク・コウ ❶きまり。▽規—。❷程度。地位。▽昇—。
筆順 格・格

かく〔核〕常10 カク ❶果物のさね。▽—果。❷中心。▽—心。
筆順 核・核

かく〔殻〕常11 カク・から 表面をおおうかたい部分。▽地—。卵—。(殼)
筆順 殻・殻

かく〔郭〕常11 カク ❶外囲い。▽城—。❷くるわ。
筆順 郭・郭

かく〔覚〕常12 カク・おぼえる・さます・さめる ❶感じる。▽感—。視—。❷気がつく。▽—悟。自—。❸あらわれる。▽発—。(覺)
筆順 覚・覚

かく〔較〕常13 カク くらべる。▽比—。—差(かくさ・こうさ)。
筆順 較・較

かく〔隔〕常13 カク・へだてる・へだたる ❶へだてる。▽—離。❷へだたり。▽間—。
筆順 隔・隔

かく〔劃〕14 カク くぎりのしるしをつける。▽区—。 劃・劃

かく〔廓〕14 カク・くるわ ❶囲まれた区域。❷くるわ。▽遊—(ゆうかく)。 廓・廓

かく〔赫〕14 カク ❶あかい。❷勢いの盛んなようす。▽—赫(かっかく)。 赫・赫

かく〔閣〕常14 カク ❶高い建物。▽天守—。❷内閣。▽—議。
筆順 閣・閣

かく〔撹〕15 カク・コウ ❶かき乱す。▽—乱(かくらん・こうらん)。(攪) ❷かきまわす。▽—拌(かくはん・こうはん)。 攪・撹

かく〔確〕常15 カク・たしか・たしかめる ❶たしか。▽—実。❷かたい。▽—信。
筆順 確・確

かく〔獲〕常16 カク・える ❶つかまえる。❷手に入れる。▽—得。
筆順 獲・獲

かく〔嚇〕常17 カク ❶いかる。▽—怒(かくど)。❷おどす。▽威—(いかく)。
筆順 嚇・嚇

かく〔穫〕常18 カク 穀物を刈ってとり入れる。▽収—。
筆順 穫・穫

かく〔画〕⇩が　かく〔客〕⇩きゃく

かく【欠く】❶一部をこわす。❷あるべきものがない。▽資格を—。①chip ②lack 欠く

かく【佳句】❶よい文句。❷すぐれた詩歌。特に俳句。 佳句

かく【画】漢字を形づくる、一筆で書ける点や線。字画。 画

かく【書く】❶文字を記す。❷文章を作る。①②write 書く

かく【格】❶地位や身分・資格。❷文法で、あることばの、ほかのことばに対する意味関係。 格

かく【舁く】かごや輿(こし)などを二人以上で肩にかつぐ。 舁く

かく【核】❶果実のさね。❷細胞の中にあって、遺伝の働きをもつ物質。❸ものの中心部分。❹原子核。また、核兵器。 核

かく【描く】図や絵をえがく。 描く

使い分け「かく」

書く…文字や文章を記す。▽漢字を—。楷書で氏名を—。手紙を—。小説を—。日記を—。

描く…絵や図に表す。▽油絵を—。ノートに地図を—。漫画を—。設計図を—。眉を—。


かく【斯く】このように。▽—なるうえは。▼—の如(ごと)し このようである。 斯く

かく【掻く】❶表面をこする。ひっかく。❷切り取る。けずる。▽寝首を—。❸押しのける。▽雪を—。❹外にあらわす。▽恥を—。いびきを—。①scratch 掻く

かく【確】たしかなようす。▽—とした証拠。 確

かぐ【家具】室内にそなえつけて使う道具。類調度。furniture 家具

かぐ【嗅ぐ】においを感じる。smell 嗅ぐ

がく〔学〕常8 ガク・まなぶ ❶まなぶ。▽—習。❷学問。▽科—。❸まなぶ機関。▽大—。(學)
筆順 学・学

がく〔岳〕常8 ガク・たけ ❶高い山。▽山—。❷尊敬する。▽—父。(嶽)

筆順

岳・岳

筆順

がく〔楽〕常13〔樂〕人15 ガク・ラク・たのしい・たのしむ ❶音楽。▽—器。❷たのしい。▽行—。❸たやすい。▽—勝。
楽・楽

筆順
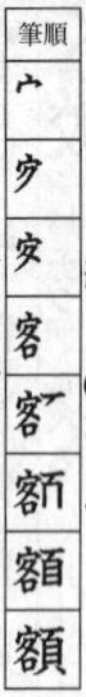
がく〔額〕常18 総—。ガク・ひたい ❶ひたい。❷金銭の量。▽総—。❸がくぶち。
額・額

筆順

がく〔顎〕常18 ガク・あご あご。▽—骨(がっこつ)。上—(うわあご・じょうがく)。
顎・顎

がく【学】❶学問。❷知識。▽—がある。 学

がく【萼】花びらの外側にあって花を支えているもの。 萼

がく【楽】音楽。▽—の音(ね)。 楽

がく【額】❶金額。❷がくぶち。 額

かくい【各位】みなさま。▽—のご協力により。保護者—。注各位殿・各位様などとはしない。 各位

かくい【隔意】うちとけない心。▽—のない話し合い。 隔意

がくい【学位】学術研究によって与えられる称号。学士・修士・博士がある。▽—論文。—をとる。academic degree 学位

かくいつ【画一】すべてを統一して整えそろえること。▽—的。 画一

かくいん【各員】集団のひとりひとり。めいめい。 各員

かくいん【客員】⇩きゃくいん。 客員

がくいん【学院】学校。 学院

かくう【架空】❶想像上のこと。▽—の人物。❷空中にかけわたすこと。類❶虚構。注×仮空。 架空

かぐう【仮寓】かりずまい。 仮寓

がくえん【学園】学校。 学園

かくおび【角帯】しんが入った男おび。 角帯

かくかい【角界】相撲界。かっかい。 角界

かくかく【斯く斯く】具体的な内容を略していう語。こうこう。これこれ。▽—しかじか。 斯く斯

かくぎ【閣議】内閣の意思を決める会議。cabinet council 閣議

がくぎょう【学業】学校で勉強すること。 学業

がくげい【学芸】学問と芸術。 学芸

がくげき【楽劇】音楽と劇との調和をめざした舞台芸術。 楽劇

かくげつ【各月】それぞれの月。毎月。 各月

かくげつ【隔月】ひと月おき。 隔月

かくげん【格言】人生の教訓や戒めを簡潔に表した言葉。類金言。maxim 格言

かくげん【確言】自信をもってはっきり言いきること・ことば。断言。▽社長の—を得る。 確言

かくご【覚悟】❶心構えをすること。❷決心すること。▼—の前 前もって心構えをしていること。覚悟の上。 覚悟

かくさ【格差】資格・等級・価格などの差。▽賃金—。difference, gap 格差

かくさ【較差】最大(高)と最小(低)との差。「こうさ」の慣用読み。▽気温の—。 較差

かくざい【角材】断面が四角な材木。 角材

がくさい【学才】学問に関する才能。 学才

がくさいてき【学際的】複数の学問分野にまたがっているようす。▽—な研究。 学際的

かくさく【画策】たくらむこと。 画策

かくさん【拡散】広がり散ること。diffusion 拡散

かくさん【核酸】生体内にふくまれ、重要な働きをする物質。 核酸

かくし【客死】旅先で死ぬこと。 客死

かくし【隠し】❶かくすこと。❷ポケット。 隠し

かくじ【各自】めいめい。each one 各自

がくし【学士】大学の学部卒業者に与えられる称号。 学士

がくし【学資】修学に必要な費用。 学資

がくし【楽士】やとわれて音楽を演奏する人。musician 楽士

かくしき【格式】身分・家柄を表す礼儀作法。また、その身分・家柄。▽—を重んじる。 格式

がくしき【学識】学問上身につけた高い見識。▽—経験者。 学識

かくしげい【隠し芸】宴席などでする、人に知られ 隠し芸

ず身につけた芸。

かくしだて【隠し立て】物事をことさらにかくすこと。 隠し立

かくしつ【確執】意見・考えの違いによっておこる争い・不和。▽嫁と姑(しゅうとめ)の間の—。discord 確執

かくじつ【隔日】一日おき。 隔日

かくじつ【確実】確かでまちがいのないようす。certainly 確実

かくして【斯くして】こうして。かくて。 斯くして

がくしゃ【学者】❶学問を研究する人。❷学問がある人。①② scholar 学者

かくしゃく【矍鑠】年老いても健康で元気なようす。▽—たる老人。 矍鑠

かくしゅ【各種】それぞれの種類。▽—取り揃える。 各種

かくしゅ【馘首】解雇。首切り。 馘首

かくしゅ【鶴首】待ちわびること。▽吉報を—して待つ。 鶴首

かくじゅう【拡充】規模を広げ、内容を充実させること。▽組織の—を図る。expansion 拡充

がくしゅう【学習】学ぶこと。study 学習

がくじゅつ【学術】専門的な学問。 学術

かくしょう【確証】確かな証拠。 確証

がくしょう【楽章】交響曲などの楽曲を構成している、個々の一区切りの曲。movement 楽章

がくしょく【学殖】学問上の知識と素養。類学識。 学殖

かくしん【革新】制度・方法を改めて、新しくすること。対保守。 革新

かくしん【核心】中心となる最も重要な部分。▽—をつく。類中核。core 核心

かくしん【確信】かたく信じること。conviction 確信

かくしんはん【確信犯】自分の信念に基づいて行われる犯罪。 確信犯

かくじん【各人】それぞれの人。 各人

がくじん【岳人】登山を愛好する人。 岳人

かくす【隠す】❶人の目に触れないようにする。❷秘密にする。① hide ▼—より現るるは無し かくし事はかえって人々の注意をひき、結局は知られてしまうものだ。 隠す

かくすい【角錐】一つの頂点に対して底面が多角形である立体。pyramid 角錐

かくする【画する】❶線を引く。❷はっきり区切る。▽時代を—できごと。❸計画する。 画する

かくせい【覚醒】❶目をさますこと。❷迷いからさめ、自分のまちがいに気づくこと。 覚醒

かくせい【隔世】時代・世代がへだたっていること。▼—の感がある 時代のちがいを大きく感じる。 隔世

がくせい【学生】学校で教育を受けている人。特に大学生。student 学生

がくせい【学制】学校教育に関する制度。educational system 学制

がくせい【楽聖】偉大な音楽家。 楽聖

かくせいき【拡声器】音声を大きくするための装置。 拡声器

がくせき【学籍】在学中の児童・生徒・学生の籍。school register 学籍

かくぜつ【隔絶】かけ離れること。▽文明から—した世界。 隔絶

がくせつ【学説】学問上の説。theory 学説

かくぜん【画然】区別がはっきりしているようす。▽—たる相違。distinct 画然

かくぜん【確然】たしかで、はっきりしているようす。definite 確然

がくぜん【愕然】ひどく驚くようす。▽知らせを聞いて—とする。shocking 愕然

がくそう【学窓】学校。学舎。 学窓

がくそつ【学卒】大学を卒業した人。 学卒

かくだい【拡大】広げて大きくすること。▽規模を—する。—鏡。類拡張。対縮小。expansion 拡大

がくたい【楽隊】音楽、特に吹奏楽を演奏する一団。brass band 楽隊

かくたる【確たる】確かな。▽—自信。 確たる

かくだん【格段】程度の差がひじょうに大きいこと。 格段

がくだん【楽団】音楽を演奏する集団。band, orchestra 楽団

がくだん【楽壇】音楽家の社会。 楽壇

かくちく【角逐】せりあって、互いに争うこと。competition 角逐

かくちゅう【角柱】❶断面が四角な柱。❷数学で柱状の立体。prism　角柱

かくちょう【拡張】規模を広げて大きくすること。▽道路を—する。類拡大。extension　拡張

かくちょう【格調】風格や調子。　格調

がくちょう【学長】大学の長。　学長

かくちょうげんじつ【拡張現実】現実世界にコンピューター等で情報を付け加え、現実の一部だと感じさせること。AR。Augmented Reality　現実

かくづけ【格付け】資格や能力によって分類し、等級を決めること。　格付け

かくて【斯くて】こうして。かくして。　斯くて

かくてい【確定】はっきり決めること。類決定。decision　確定

カクテル【cocktail】❶いくつかの洋酒をまぜた飲み物。❷まぜ合わせたもの。▽フルーツ—。

カクテルパーティー【cocktail party】カクテル❶と軽食による立食式の宴会。

がくてん【楽典】音楽を楽譜に書き表すための規則(を書いた本)。　楽典

かくど【角度】❶角の大きさ。❷観点。方向。①②angle　角度

かくど【客土】❶旅先の土地。客地(かくち)。❷⇩きゃくど。　客土

かくど【確度】確実さの度合い。　確度

がくと【学徒】❶学問を研究している人。学究。❷在学中の学生・生徒。　学徒

がくと【学都】学校の多くある町。　学都

かくとう【格闘】❶とっくみあいの闘い。❷ひどく苦労すること。①fight　格闘

かくとう【確答】はっきりした返事。　確答

がくどう【学童】小学生。　学童

かくとく【獲得】手に入れること。注×穫得。　獲得

がくとく【学徳】学問と徳行。　学徳

かくにん【確認】はっきりと認めること。confirmation　確認

かくねん【隔年】一年おき。　隔年

がくねん【学年】❶学校での一年間の学習期間。❷入学年度によって区分した、学生・生徒・児童の集団。　学年

かくのう【格納】倉庫などにしまうこと。▽—庫。　格納

がくは【学派】学問上の流派。　学派

かくばい【拡売】「拡張販売」の略。販路を広げること。　拡売

がくばつ【学閥】出身学校が同じ者や同じ学派の人どうしでつくる派閥。　学閥

かくはん【各般】いろいろ。さまざま。▽—の事情を考慮する。　各般

かくはん【攪拌】かきまぜること。「こうはん」の慣用読み。stir　攪拌

がくひ【学費】勉学に必要な費用。特に、授業料。類学資。school expenses　学費

かくひつ【擱筆】文章を書き終えること。対起筆。　擱筆

がくふ【学府】学問を研究するところ。学校。▽最高—(=大学)。　学府

がくふ【岳父】妻の父。　岳父

がくふ【楽譜】曲を音譜や記号で書き表したもの。music　楽譜

がくぶ【学部】大学で、研究分野別に分けた組織。文学部・医学部など。　学部

がくふう【学風】❶学問を研究する上での傾向。❷その学校の気風。校風。　学風

かくふく【拡幅】幅を広げること。　拡幅

がくぶち【額縁】絵や写真などを入れて飾るわく。額。picture frame　額縁

かくぶん【確聞】話などを、たしかな情報としてきくこと。　確聞

かくへき【隔壁】しきりとなる壁。　隔壁

かくべつ【格別】❶特別なようす。❷とりわけ。②particularly　格別

かくほ【確保】しっかりと自分のものにしておくこと。▽席を—する。優秀な人材の—。securing　確保

かくぼう【角帽】❶大学生がかぶる、上が菱(ひし)形の制帽。❷大学生。　角帽

がくぼう【学帽】学校の制帽。　学帽

かくまう【匿う】人をかばってかくす。shelter　匿う

かくまく【角膜】眼球の前面にある透明な膜。cornea　角膜

かくめい【革命】❶社会体制を急激に変えること。❷急激な変化。▽産業—。revolution　革命

がくめい【学名】❶学者としての名声。❷動植物の学問上の名前。　学名

がくめん【額面】❶証券などに記された金額。❷表面の意味。みかけ。▽彼の返事は—通りには受けとれない。①②face value　額面

かくも【斯くも】このようにまで。　斯くも

がくもん【学問】❶物事を学び習うこと。❷体系づけられた知識。▽—的に考える。①learning ②knowledge　学問

がくや【楽屋】出演者が支度(したく)や休息をする部屋。　楽屋

がくやおち【楽屋落ち】関係者だけに通じること。　楽屋落

かくやく【確約】確かな約束。definite promise　確約

かくやす【格安】値段が特に安いようす。▽—の品。bargain price　格安

がくゆう【学友】❶学校の友達。❷学問上の友達。①schoolmate　学友

かくよう【各様】おのおのがそれぞれに異なったようすであること。▽各人—。　各様

がくようひん【学用品】学校での勉強に必要な品物。schoolsupplies　学用品

かぐら【神楽】神に奉納する歌舞。　神楽

かくらん【霍乱】暑気あたりや吐(は)きくだしする急性の病気。▽鬼の—。　霍乱

かくらん【攪乱】かきまわして混乱を起こすこと。「こうらん」の慣用読み。▽敵味方を—する。disorder　攪乱

かくり【隔離】あるものからへだてて離すこと。isolation　隔離

がくり【学理】学問上の理論・原理。　学理

かくりつ【確立】しっかりと定めること。▽方針を—する。establishment　確立

かくりつ【確率】ある現象の起こり得る割合。確かさの程度。▽成功の—は高い。probability　確率

かくりょう【閣僚】内閣を構成している各大臣。Cabinet minister　閣僚

がくりょく【学力】習得した学問上の能力。scholastic ability　学力

がくれい【学齢】❶義務教育を受ける期間の年齢。❷小学校にはいる年齢。満六歳。①②school age　学齢

かくれが【隠れ家】人目をさけて住む家・所。　隠れ家

がくれき【学歴】学業上の経歴。　学歴

かくれみの【隠れ蓑】❶着ると見えなくなるという想像上のみの。❷本当の姿や目的などをかくすための手段。　隠れ蓑

かくれる【隠れる】❶見えなくなる。❷世の中に知られないでいる。❸「死ぬ」の尊敬語。①disappear　隠れる

かくろん【各論】個々の項目についての意見や論説。対総論。　各論

かぐわしい【香しい】(芳しい)よいかおりのするようす。かんばしい。fragrant　香しい

がくわり【学割】学生割引の略。　学割

かくん【家訓】家に代々伝わる教訓。　家訓

かけ【掛け】❶「掛け売り・掛け買い」の略。❷「掛けうどん・そば」の略。❸やりかけ。▽読み—。❹かけておく道具。▽帽子—。　掛け

かけ【賭け】❶かけごと。❷のるかそるかやること。　賭け

かげ【陰】❶光のあたらない場所。❷見えない所。①shade ▼—になり日向(ひなた)になり 陰に陽にいろいろとめんどうをみる。　陰

かげ【影】❶光にさえぎられてできる、暗い形。❷水や鏡にうつった物の姿・形。❸光。▽星—。❹姿。❺よくない不安なもののたとえ。①⑤shadow ▼—が薄(うす)い ❶命が短いような感じがする。❷存在感が弱い。▼—を落とす ❶照らす。❷他の物の上に影法師ができる。❸影響が残っている。▼—を潜(ひそ)める 表面に現れなくなる。　影

使い分け「かげ」

陰…日のあたらない所。物の裏側。▽山—。ドアの—。—の実力者。—ながら。

影…光線をさえぎってできる、物の形。すがた。▽—が映る。—法師。月—。

かげ【鹿毛】 馬の毛色の一。茶褐色で、たてがみ・尾・足の下部が黒いもの。 鹿毛

がけ【崖】 きりたったけわしい所。類断崖。cliff 崖

かけあう【掛け合う】 ❶互いに掛ける。❷交渉する。 掛け合

かけあし【駆け足】 ❶走ること。❷馬術で、ギャロップ。対❷並み足。①running 駆足

かけい【家系】 家の系譜。family

かけい【家計】 一家の収入と支出の状態。家庭の経済。▽―を支える。family budget

かけい【懸樋】 〈筧〉水をひくために、かけわたした竹や木のとい。かけひ。

がけい【雅兄】 男性が手紙文などに書く、相手を敬っていう語。 雅兄

かけうり【掛け売り】 代金後払いで品物を売ること。貸し売り。かけ。対掛け買い。 掛売り

かげえ【影絵】 ❶物の形をつくり、その影をうつし出す遊び。また、その形。❷影の形を黒白でえがき出した絵。シルエット。 影絵

かけおち【駆け落ち】 恋人どうしが、ひそかに他の土地ににげること。 駆落ち

かけがい【掛け買い】 代金後払いで品物を買うこと。対掛け売り。 掛買い

かけがえ【掛け替え】 かわりのもの。かわり。▽―のない命。 掛替え

懸樋

かけがね【掛け金】 戸じまり用の金具。latch 掛金

かげき【過激】 はげしすぎるようす。radical 過激

かげき【歌劇】 オペラ。 歌劇

かけきん【掛け金】 ❶一定期間定額を積みたてていく金。▽保険の―。❷掛け売りの代金。 掛金

かげぐち【陰口】 その人のいない所で言う悪口。backbiting 陰口

かけごえ【掛け声】 ❶よびかけや応援するときの声。❷拍子(ひょうし)をとったり勢いをつけるために出す声。 掛声

かけごと【賭け事】 金をかけてする勝負事。かけ。gambling 賭事

かけことば【掛け詞】 〈懸詞〉一つの語に二つの意味をもたせる修辞法。 掛詞

かけこみ【駆け込み】 ❶走って中に入ること。❷期日前に大急ぎで物事を行うこと。▽―申請。 駆け込

かけざん【掛け算】 数をかけ合わせる計算。対割り算。multiplication 掛算

かけじく【掛け軸】 床(とこ)の間などに掛ける書画(の軸物)。掛け物。 掛軸

かげぜん【陰膳】 不在の家人の無事をいのって、そなえる食事。 陰膳

かけだし【駆け出し】 その職についたばかりで、なれていないこと・人。新米❷。 駆出し

かけつ【可決】 議案を承認すること。対否決。approval 可決

かけとり【掛け取り】 売り掛け金を取りにあちこちまわること・人。 掛取り

かけね【掛け値】 ❶実際よりも高くつけた値段。❷おおげさに言うこと。 掛値

かけはし【掛け橋】 〈懸け橋〉❶(かけ渡した)橋。❷仲だち。橋渡し。▽両国の―となる。 掛け橋

かけはなれる【掛け離れる】 〈懸け離れる〉❶遠くはなれる。❷大きなちがいがある。 掛け離

かけひ【筧】 〈懸樋〉⇩かけい。 筧

かけひき【駆け引き】 交渉などを有利に導くため、相手の出方に応じて対処すること。tactics 駆引き

かげひなた【陰日向】 人の見ているときと見ていないときとで言動に違いがあること。 陰日向

かげぼうし【影法師】 光があたってできる、人や物のかげ。 影法師

かげぼし【陰干し】 日陰でほすこと。 陰干し

かげむしゃ【影武者】 ❶敵をだますために大将などの身代わりをさせる人。❷黒幕。 影武者

かけめ【欠け目】 ❶かけている不完全な部分。❷不足している目方。❸囲碁で、目のような形をしているが目にならない所。 欠目

かけもち【掛け持ち】 二つ以上のことを同時に受けもつこと。 掛持ち

かけもの【掛け物】 掛け軸。 掛物

かけら【欠けら】〈欠片〉❶欠けた部分。かけ。❷ほんの少し。▼—も無い ▽良心の—も無い。①fragment　欠けら

かける〖掛〗常11 かける・かかる・かかり ❶ぶらさげる。❷かぶせる。▽水を—。❸かかり。❹かけ合わせる。　掛・お

筆順 掛

かける【欠ける】❶一部分がこわれる。❷不足する。▽常識に—。　欠ける

かける【架ける】一方から他方へ渡す。▽橋を—。span　架ける

かける【掛ける】❶ぶらさげる。❷費用・時間を使う。❸かけ算をする。❹作用をおよぼす。▽電話を—。❺そこにもち出す。▽会議に—。❻影響をあたえる。▽心配を—。❼…し始める。途中まで…する。▽食べ—。①hang ②spend　掛ける

かける【翔る】空高く飛ぶ。▽大空を—。　翔る

かける【駆ける】❶速く走る。❷馬に乗って走る。　駆ける

かける【賭ける】かけをする。bet　賭ける

かける【懸ける】❶賞を出す。❷失う覚悟で事にあたる。▽命を—。　懸ける

かげる【陰る】〈翳る〉❶かげができる。❷日が傾く。❸好ましくなくなる。　陰る

かげろう【陽炎】日差しの強い日に、地表近くの空気がゆれ動いて見える現象。陽炎(ようえん)。heat haze　陽炎

かげろう【蜉蝣】〈蜻蛉〉とんぼに似た形の昆虫。mayfly　蜉蝣

かけん【家憲】家のおきて。類家訓。　家憲

かげん【下弦】満月から新月までの間の、弦が下にある半月の形。対上弦。　下弦

かげん【下限】下の限界。対上限。　下限

かげん【加減】❶足し算と引き算。❷調節すること。❸程度。▽火—。❹体の調子。❺…の程度。❻…ぎみ。▽うつむき—。　加減

がげん【雅言】上品で優雅なことば。特に、平安時代の和歌や文章に使われたことば。雅語。対俗言。俚言(りげん)。　雅言

かげんじょうじょ【加減乗除】足し算・引き算・掛け算・割り算。　乗除

かこ【過去】❶すぎさった時。昔。❷経歴。①the past　過去

かご〖籠〗⇩ろう

かご【加護】神や仏が助け守ること。　加護

かご【過誤】あやまち。まちがい。▽—を犯す。error　過誤

かご【駕籠】昔の乗り物の一。人がかつぐ。

かご【籠】竹などを編んでつくった入れ物。basket

がご【雅語】雅言(がげん)。

かこう【下降】下がること。対上昇。descent

かこう【火口】火山の噴火口。crater

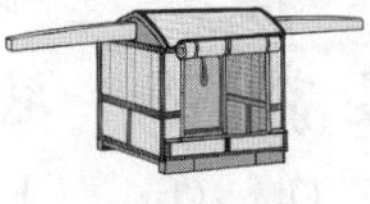

駕籠

かこう【加工】手を加えて新しいものをつくること。processing　加工

かこう【仮構】ないことを、あるとして作り出すこと。類虚構。　仮構

かこう【囲う】❶取り巻く。囲む。❷貯蔵する。❸かくまう。①enclose　囲う

かこう【佳肴】〈嘉肴〉うまい、酒のさかな・料理。▽珍味—。　佳肴

かこう【河口】川が海や湖に流れこむところ。estuary, mouth　河口

かこう【河港】河口につくられた港。　河港

かごう【化合】二つ以上の物質が反応して、別の物質になること。▽—物。対分解。chemical combination　化合

がごう【雅号】文人・画家などが、本名のほかにつける風流な名。　雅号

かこうがん【花崗岩】石材に広く使われる岩石。みかげ石。granite　花崗岩

かこく【苛酷】むごく、きびしいようす。▽—な労働。cruel　苛酷

かこく【過酷】度をこえてひどいようす。▽—な要求。severe　過酷

かこちょう【過去帳】死者の俗名・法名・死亡年月日などを記した帳簿。点鬼簿。鬼籍。　過去帳

かこつ【託つ】ぐちを言う。なげく。　託つ

かこつける【託ける】(ある行為をするために)他のことを理由にする。ことよせる。口実にする。　託ける

かこむ【囲む】まわりを取り巻く。enclose　囲む

かこん【禍根】災いの原因。禍因。▽—を断つ。—を残す。　禍根

かごん【過言】大げさに言うこと。言いすぎ。▽—ではない。 過言

かさ〘笠〙人11 リュウ・かさ 頭にかぶるかさ。▽菅(すげ)—。花—。陣(じん)—。 笠・笠

筆順 ノ ⺈ ⺮ ⺮ 竺 笠 笠

かさ〘嵩〙人13 スウ・シュウ・かさ ❶高く大きい。❷物の大きさや分量。▽水—。 嵩・嵩

筆順 山 山 岀 岢 嵩 嵩 嵩

かさ【毬】松・とちなどの実のから。▽松—。 毬

かさ【笠】❶かぶりがさ。❷❶の形に似たもの。▼—に着る 権力・地位をたよりにしていばる。 笠

かさ【傘】柄のついたさしがさ。雨傘・日傘など。umbrella 傘

かさ【嵩】物の大きさ・分量など。▽—が張る。bulk ▼—に懸(か)かる ❶権力などを利用していばる。❷勢いに乗って、さらにせめる。 嵩

かさ【暈】太陽・月のまわりにできる光の輪。▽月の—。halo 暈

かさ【瘡】❶皮膚にできるはれもの。❷梅毒の俗称。 瘡

かざあな【風穴】❶風の通る穴。❷通風口。❸山腹などにあり、冷たい風のふき出てくる深い穴。ふうけつ。 風穴

かさい【火災】火事。fire 火災

かさい【家裁】「家庭裁判所」の略。 家裁

かざい【家財】❶家具。❷家の財産。 家財

がざい【画材】❶絵にかく題材。❷絵をかくのに使う材料や道具。 画材

かざかみ【風上】風がふいてくる方向。対風下(かざしも)。windward ▼—にも置けない 非常に卑劣である。 風上

かさく【佳作】❶すぐれた作品。秀作。❷入賞作品に次ぐよい作品。▽選外—。類❶秀作。 佳作

かさく【家作】❶いえづくり。❷貸家にするための、自分の家。 家作

かさく【寡作】作品を少ししか作らないこと。対多作。 寡作

かざぐるま【風車】❶風でまわすおもちゃ。❷ふうしゃ。①pinwheel 風車

かささぎ【鵲】カラス科の鳥。からすよりやや小さい。 鵲

かざしも【風下】風がふいていく方向。対風上(かざかみ)。leeward ▼—に立つ 人におくれをとる。 風下

かざす【翳す】❶物の上にさし掛ける。❷手に持ってかかげる。 翳す

かさなる【重なる】❶物の上に物がのる。❷さらに加わる。くり返される。①pile 重なる

かさねがさね【重ね重ね】❶たびたび。▽—の不幸。❷くれぐれも。▽—おわび申し上げます。 重ね

かさねて【重ねて】ふたたび。もう一度。▽—お願いいたします。 重ねて

かざはな【風花】風で飛んでくる雪。また、晴天にちらつく雪。かざばな。 風花

かさばる【嵩張る】かさが大きくて、場所をとる。be bulky 嵩張る

かさぶた【瘡蓋】〈痂〉きずやできものが治りかけるときできる固い皮。scab 瘡蓋

かざみ【風見】風の向きを知るための道具。風向計。▽—鶏(どり)。 風見

かさむ【嵩む】❶かさが大きくなる。▽荷が—。❷金額が多くなる。▽経費が—。①②increase 嵩む

かざむき【風向き】❶風のふいてくる方向。かぜむき。❷情勢。物事のなりゆき。▼—が悪い 形勢が不利である。 風向き

かざり【飾り】❶飾ること。また、飾る物。❷正月の松飾り。 飾り

かざりまど【飾り窓】ショーウインドー。 飾り窓

かざる【飾る】❶美しく見えるようにする。❷うわべをよく見せる。▽体裁(ていさい)を—。①decorate 飾る

かさん【加算】❶加えて計算すること。❷足し算。 加算

かさん【加餐】健康に気をつけ養生すること。▽ご—を祈ります。類自愛。 加餐

かさん【家産】一家の財産。 家産

かざん【火山】地下のマグマがふき出し、冷え固まってできた山。volcano 火山

がさん【画賛】〈画讃〉絵にそえる賛。 画賛

かし〘樫〙人16 かし 樹木の、かし。実はどんぐり。 樫・樫

筆順 朩 术 朾 杈 杈 樫 樫

かし〘橿〙17 キョウ・かし ❶樹木の、もちのき。❷樫(かし)に同じ。 橿・橿

かし【下肢】人の足。動物の後ろ足。

かし【下賜】高貴な人がくださること。

かし【可視】目に見えること。

かし【仮死】外見上死んだように見える状態。half-dead

かし【河岸】❶川岸。❷魚市場。

かし【貸し】❶貸すこと。貸したもの。❷他者に与えた恩のお返しがまだないこと。対借り。

かし【華氏】水の氷点を三二度、沸点を二一二度とする温度目盛り。カ氏。記号F Fahrenheit

かし【菓子】間食用の食べ物。多くは甘い。

かし【瑕疵】きず。欠点。stain

かし【歌詞】節をつけてうたう歌の文句。lyrics

かし【樫】〈橿〉暖地に自生する木の一。実はどんぐり。oak

かじ〔梶〕人 11 ビ・かじ ❶樹木の、かじ。❷荷車などの、引くときににぎる柄(え)。かじ。▽—棒。

筆順 梶

かじ【火事】火で焼ける災害。火災。fire

かじ【加持】災いをのぞくため、呪文(じゅもん)を唱え、いのること。▽—祈禱(きとう)。

かじ【家事】❶炊事など家の中の仕事。▽—に追われる。❷家庭内の事情。▽—の都合で欠勤する。①housework

かじ【舵】❶船尾にある、船の方向を定める装置。❷飛行機の進行方向や昇降を定める装置。

かじ【楫】水をかいて船を進める道具。ろ・かいなどの総称。

かじ【鍛冶】金属を熱して打ちきたえ、道具などをつくること・職人。注鍛×冶。

がし【賀詞】祝いのことば。祝詞。

がし【餓死】うえて死ぬこと。うえ死に。starvation

かじか〔鰍〕20 シュウ・かじか ❶淡水魚の、かじか。❷ぶりの幼魚。

かじか【河鹿】かえるの一。渓流にすみ、美しい声で鳴く。かじかがえる。

かじか【鰍】❶清流にすむ魚の一。形ははぜに似る。ごり。❷海にすむ魚の一。

かしかた【貸し方】❶貸す方の人。❷貸す方法。❸複式簿記で、帳簿の負債・資本・収益などを記入する部分。貸方。

かじかむ 寒さのために手足が思いどおりに動かなくなる。

かしかん【下士官】もと、軍隊で、将校と兵卒の間の階級の人。

かじき【旗魚】〈梶木〉海にすむ魚の一。上あごが剣状に長い。marlin

かしきる【貸し切る】❶ある期間、特定の人や団体にだけ貸す。❷全部貸す。

かしげる【傾げる】(頭・首を)かたむける。cock

かしこ【畏】(つつしんで申し上げました の意で)女性が手紙の終わりに書くあいさつの語。あなかしこ。

かしこい【賢い】❶頭がよい。利口だ。❷要領がいい。①wise

かしこくも【畏くも】おそれ多くも。▽—お褒(ほ)めにあずかる。

かしこまる【畏まる】❶おそれつつしむ。▽—って話を聞く。❷正座する。①be awed

かしずく【傅く】仕えて世話する。

かしだおれ【貸し倒れ】貸した金が返してもらえず損をすること。

かしつ【過失】不注意によるあやまち。▽—を犯す。mistake

かじつ【佳日】めでたいことのある日。よい日。類吉日。

かじつ【果実】植物の実。また、くだもの。fruit

かじつ【過日】先日。このあいだ。▽—はご無礼いたしました。

がしつ【画室】絵をかく室。アトリエ。

かしつけ【貸し付け】利子や期限をきめて金品を貸すこと。loan

かじとり【舵取り】❶船の舵を操縦すること。❷物事がうまくいくように導くこと。▽経営の—をする。

カジノ【casino イタリア】賭博(とばく)を行う公認の娯楽場。

かしま【貸し間】金をとって貸す部屋。貸し室。

かしましい【姦しい】話し声がやかましい。

かしまだち【鹿島立ち】 遠い所へ旅立つこと。 鹿島

かしもと【貸し元】 ❶金銭を貸す人。❷ばくち打ちの親分。 貸元

かしや【貸家】 料金をとって人に貸す家。かしいえ。 貸家

かしゃ【仮借】 漢字の六書(りくしょ)の一。意味に関係なく字の音を借りて表す。 仮借

かしゃ【貨車】 鉄道で、荷物運送用の車両。対客車。freight car 貨車

かしゃく【仮借】 ❶借りること。❷みのがして許すこと。▽—なく責め立てる。❸⇨かしゃ(仮借)。 仮借

かしゃく【呵責】 せめ苦しめること。▽良心の—。注か×せき。torture 呵責

かしゅ【火酒】 アルコール度の強い酒。 火酒

かしゅ【歌手】 歌を歌うことを職業にしている人。歌い手。singer 歌手

かじゅ【果樹】 果物のなる木。fruit tree 果樹

がしゅ【画趣】 絵のような趣(おもむき)。 画趣

がしゅ【雅趣】 風流な趣(おもむき)。 雅趣

カジュアル【casual】 くつろいだ衣服であるようす。対フォーマル。

かしゅう【家集】 (昔の)個人の歌集。 家集

かしゅう【歌集】 ❶和歌を集めた本。❷歌曲・歌謡曲などを集めた本。 歌集

かじゅう【加重】 重みや負担がさらに加わること。対軽減。 加重

かじゅう【果汁】 果物のしぼり汁。ジュース。fruit juice 果汁

かじゅう【荷重】 外部から加わる力。また、物体がたえられる重さ。load 荷重

かじゅう【過重】 重すぎるようす。overweight 過重

> **使い分け 「かじゅう」**
> 加重…重さ・負担が加わることで、「軽減」の対。▽—課税。—をかける。
> 荷重…外部から加わる力。▽荷物の—制限。
> 過重…重さ・負担が重すぎるの意で、「過」の意に対応している。▽—な期待。—労働。

がしゅう【我執】 自分だけの考えにとらわれること。egotism 我執

がしゅう【画集】 絵を集めた本。 画集

がしゅん【賀春】 新年を祝うこと。類賀正。 賀春

かしょ【箇所】 〈個所〉❶特定の場所・部分。▽危険な—。訂正—。❷〈か所〉場所・部分を数える語。 箇所

かじょ【加除】 加えたり、除いたりすること。▽—訂正。 加除

かしょう【火傷】 やけど。burn 火傷

かしょう【仮称】 かりの呼び名。 仮称

かしょう【河床】 川底の地盤。かわどこ。riverbed 河床

かしょう【歌唱】 歌をうたうこと・その歌。▽—力。singing 歌唱

かしょう【過小】 小さすぎるようす。▽—評価。対過大。 過小

かしょう【過少】 少なすぎるようす。▽—申告。対過多。 過少

かじょう【下情】 一般庶民のようす。 下情

かじょう【過剰】 多すぎるようす。▽自信—。類過多。excess 過剰

かじょう【箇条】 ❶ならべた一つ一つの事がら。▽—書き。❷❶の数を数える語。①article 箇条

がしょう【画商】 絵の売買をする職業(の人)。picture dealer 画商

がしょう【臥床】 ❶ねどこ。❷病気で床につくこと。 臥床

がしょう【賀正】 新年を祝うこと。類賀春。 賀正

がじょう【牙城】 ❶城の中心。本丸。❷大きな組織の本拠。 牙城

がじょう【賀状】 祝いの手紙。特に、年賀状。 賀状

かしょくしょう【過食症】 食物を極度に摂取(せっしゅ)しすぎる病気。対拒食症。 過食症

かしょくのてん【華燭の典】 「結婚式」の美称。 華燭

かしょぶんしょとく【可処分所得】 所得総額から、税や保険料などを差し引いた金額。手取り。 可処分

かしら【頭】 ❶あたま。❷首領。❸上の部分。❹毛髪。▽—を下ろす。❺人形の首。①head ▼**—に霜(しも)を置く** 白髪になる。 頭

かしらもじ【頭文字】 欧文で文や固有名詞の初めに用いる大文字。capital 頭文字

かじる【齧る】 ❶少しずつかむ。❷少し知る。▽ドイツ語を—。①gnaw 齧る

かしわ〔柏〕人 9 **ハク・かしわ** 樹木の、かしわ。▽松―(しょうはく)。―餅(かしわもち)。 柏・柏

筆順 一 十 木 木 杧 柏 柏 柏

かしわ【柏】ブナ科の落葉高木の一。葉が大きい。 柏

かしわ【黄鶏】❶羽が茶褐色のにわとり。❷鶏肉。②chicken 黄鶏

かしわで【柏手】神を拝むとき、両方の手のひらを打ち合わせて鳴らすこと。▽―を打つ。 柏手

かしわもち【柏餅】❶柏の葉で包んだ、あん入りのもち。❷二つ折りの布団(ふとん)の中で寝ること。 柏餅

かしん【花信】花便り。▽―に接する。 花信

かしん【佳辰】めでたい日。類佳節。 佳辰

かしん【家臣】家来。臣下。vassal 家臣

かしん【過信】力や価値などを信じ過ぎること。overconfidence 過信

かじん【佳人】美しい女性。美人。 佳人

かじん【家人】家族の者。family 家人

かじん【歌人】和歌を詠(よ)む人。 歌人

がしんしょうたん【臥薪嘗胆】目的のため苦心・努力を重ねること。 臥薪

かじんはくめい【佳人薄命】美人には短命・不幸な人が多い。 薄命

かす〔粕〕11 **ハク・かす** 酒をしぼって残ったもの。▽糟―(そうはく)。―漬け。 粕・粕

かす【粕】〈糟〉酒をしぼって残ったもの。酒かす。 粕

かす【貸す】❶自分のものを人にわたして使わせる。❷知恵や力などをあたえる。助ける。▽手を―。①lend 貸す

かす【滓】❶液体の下にたまった不純物。❷残りかす。❸つまらないもの。くず。類❶おり。①③dregs 滓

かず【数】❶ものの数量。❷多い分量。▽―ある中で。❸かぞえられるほどの値打ちがあるもの。①number ▼―限り無い 多くてかぞえきれない。▼―に加える 役だつものの中に入れる。 数

ガス【gas オランダ】〈瓦斯〉❶気体。❷燃料用の気体。❸ガソリン。❹濃霧。①〜③gas

かすい【下垂】たれ下がること。▽胃―。 下垂

かすい【仮睡】仮眠。 仮睡

かすか【微か】ほんの少しで弱々しいようす。faint 微か

かすがい【鎹】❶かけがね。❷二つの木材をつなぎとめるコの字形のくぎ。

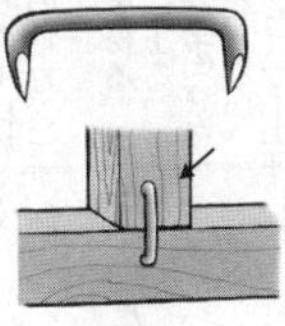

鎹❷

かずかず【数数】❶多くのもの。❷いろいろ。たくさん。many

かずける【被ける】❶頭にかぶせる。❷かこつける。❸責任を転嫁する。

カスタム【custom】注文生産。特別注文。▽―カー。

かずのこ【数の子】にしんの卵を塩づけまたは乾燥した食品。 数の子

かすみ【霞】白く帯(おび)状にたなびく雲のようなもの。haze 霞

かすむ【霞む】❶かすみがかかってぼんやりする。❷はっきり見えなくなる。▽目が―。②grow dim 霞む

かすめる【掠める】❶盗む。❷すれすれに通る。❸ごまかす。①steal 掠める

かずもの【数物】❶数の多い物。❷わずかな金で数多く買える物。❸一定の数がそろって役にたつ物。❹数に限りのある物。 数物

かずら【葛】つる草の総称。 葛

かすり【絣】〈飛白〉ところどころかすれたような模様(の織物)。 絣

かすりきず【掠り傷】〈擦り傷〉皮膚がこすられてできた傷。擦過傷(さっかしょう)。また、軽い損害のたとえ。 掠り傷

かする【化する】別のものに変化する。変える。変わる。▽廃墟(はいきょ)と―。change 化する

かする【架する】❶橋などを高くかけわたす。❷構築する。 架する

かする【科する】罰を加える。▽罰金を―。inflict 科する

かする【掠る】❶表面に軽くふれる。▽ボールがバットを―。❷うわまえをはねる。①graze 掠る

かする【嫁する】❶よめにいく。とつぐ。❷責任を他になすりつける。▽責任を部下に―。 嫁する

かする【課する】❶わり当てる。▽税金を―。❷命令してさせる。①assign 課する

がする【賀する】祝う。 賀する

かすれる【掠れる】❶声がかれてしわがれる。❷すみや絵 掠れる

筆のあとがきれぎれになる。

かせ【枷】 ❶昔、刑罰に使われた道具。❷行動を束縛するもの。足枷❷。　枷

かせ【桛】 ❶つむいだ糸をかけて巻く道具。❷桛糸(かせいと)。❸てぬぐいかけ。❹〈絽〉❶に糸を一定数まきつけて、束にしたもの。　桛

かぜ【風】 ❶空気の流れ。❷ようす。そぶり。❸風邪(かぜ)。①wind ▼―**薫**(かお)**る** 風がさわやかに若葉をわたって吹く。▼―**が吹**(ふ)**けば桶屋**(おけや)**が儲**(もう)**かる** 思いもかけないところまで影響することのたとえ。▼―**の便り** どこからともなく伝わってくるうわさ。▼―**の吹**(ふ)**き回し** もののはずみ。▼―**を食**(く)**らう** すばやく逃げて姿をかくす。　風

かぜ【風邪】 呼吸器がおかされ、熱・せき・寒けなどをともなったりする病気。感冒。▽―は万病のもと。cold　風邪

かせい【化成】 ❶形をかえて他の物にな る(する)こと。❷化学変化によって他の物質になる(する)こと。　化成

かせい【火勢】 火のもえる勢い。　火勢

かせい【加勢】 力をかして助けること。　加勢

かせい【仮性】 症状が真性の病気によく似ていること。対真性。　仮性

かせい【苛政】 きびしく、むごい政治。類暴政。tyranny ▼―**は虎**(とら)**よりも猛**(たけ)**し** 悪政の行われる所は、虎が出没する所よりも住みにくく恐ろしい。　苛政

かせい【家政】 家事をとりしきること。housekeeping　家政

かせい【歌聖】 非常にすぐれた歌人。　歌聖

かぜい【課税】 税金をかけること。▽累進(るいしん)―。taxation　課税

かせいソーダ【苛性ソーダ】 水酸化ナトリウムのこと。　苛性

かせいふ【家政婦】 職業として人の家の家事を手伝う女性。maid　家政婦

かせき【化石】 大昔の生物の遺骸や、生活のあとが岩石の中に残されたもの。▽―燃料(=石炭・石油など)。fossil　化石

かせぐ【稼ぐ】 ❶働いて収入を得る。❷得になるようにする。▽点を―。①earn ▼―**に追いつく貧乏**(びんぼう)**無し** 一生懸命働けば貧乏などしない。　稼ぐ

かせつ【仮設】 かりにつくること。▽―住宅。temporary construction　仮設

かせつ【仮説】 事実を説明するために、かりにたてた考え。hypothesis　仮説

かせつ【佳節】 めでたい日。類佳辰。　佳節

かせつ【架設】 電線や橋をかけわたすこと。▽―工事。construction　架設

かせん【化繊】 「化学繊維」の略。　化繊

かせん【河川】 大小の川の総称。river　河川

かせん【架線】 電線をかけわたすこと。また、その線。electric wire　架線

かせん【寡占】 少数の企業が市場を支配すること。類独占。oligopoly　寡占

かせん【歌仙】 すぐれた歌人。▽六―。　歌仙

かぜん【果然】 思ったとおり。案の定。　果然

がぜん【俄然】 にわかに。急に。▽―はりきる。suddenly　俄然

がせんし【画仙紙】 〈画箋紙〉書画用の厚くて大判の白い紙。　画仙紙

かせんしき【河川敷】 河川の一部とされる土地。rivercourse　河川敷

かそ【過疎】 地域の人口が極度に少ないこと。対過密。depopulation　過疎

がそ【画素】 画像を構成する最小単位。ピクセル(PIXEL)。　画素

かそう【火葬】 死体を焼いてほうむること。cremation　火葬

かそう【仮装】 他のものの姿に扮装(ふんそう)すること。類変装。disguise　仮装

かそう【仮想】 かりに想定すること。▽―敵国。supposition　仮想

かそう【家相】 占(うらな)いで、その家の位置・方角・間取りなどのようす。　家相

がぞう【画像】 ❶絵にかいた肖像。❷テレビなどの映像。①portrait ②image　画像

かそうげんじつ【仮想現実】 コンピューター等で、現実のように感じさせる環境をつくること。VR。virtual reality　現実

かそうつうか【仮想通貨】 電子的に記録され、インターネット上でやりとりできる財産。　通貨

かぞえどし【数え年】 生まれた年を一歳とし、新年になるごとに一歳ずつ加えてかぞえる年齢。　数え年

かぞえる【数える】 ❶勘定する。▽日を―。❷とりあげる。▽名人に―えられる。①count　数える

かそく【加速】速度を速めること。対減速。　加速

かぞく【家族】夫婦・親子を中心とする集団。family　家族

かぞく【華族】旧憲法で、爵位をもつ人とその家族。第二次世界大戦後、廃止。　華族

がぞく【雅俗】上品なことと、俗っぽいこと。　雅俗

かそくど【加速度】❶単位時間に速度が変化する割合。❷速度がしだいに増していくこと。①②acceleration　加速度

かた〔潟〕常15　かた❶干潟(ひがた)。❷海と分離してできた湖や沼。　潟・潟

筆順　潟 潟

かた【方】❶向き。方角。❷方法・手段。❸人の敬称。▽こちらの―。❹方法。…するようす。▽ひどいこみ―。❺…に関係しているほう。▽母―。❻居住・寄宿先を表す。▽鈴木様―。　方

かた【片】❶片方。❷二つのうち一方の。❸不完全な。▽―言(こと)。❹中心からはずれた。▽―田舎(いなか)。❺わずかな。▼**―が付く** 物事の決着がつく。▼**―や** 一方は。　片

かた【形】❶かたち。❷抵当。▽借金の―。①shape　形

かた【型】❶形をつくるもとになるもの。❷運動などの基本の動き。❸きまったしきたり。❹特徴を示している形式。①model ②③form ▼**―に嵌(は)まる** きまりきった形式になる。　型

> **使い分け「かた」**
> **形**…目に見える形状。フォーム。▽扇―の土地。跡―もない。柔道の―を習う。水泳の自由―。
> **型**…決まった形式。タイプ。▽―にはまる。―破りな青年。大―の台風。血液―。鋳―。

かた【肩】❶腕のつけねの上の部分。❷❶に似た形や部分。❸ボールを投げる力。①shoulder ▼**―で息をする** 苦しそうに大きく呼吸する。▼**―の荷が下りる** 責任や義務を果たして気が楽になる。▼**―を怒(いか)らせる** 肩をそびやかして、いばったようすをする。▼**―を並べる** ❶ならんで歩く。❷同程度の力をもつ。▼**―を持つ** 味方する。　肩

かた【過多】多すぎるようす。▽胃酸―。類過剰。対過少。excess　過多

かたあげ【肩上げ】着物の肩の部分をぬい上げて、ゆきを短くすること。　肩上げ

かたい【固い】❶力を加えても簡単には形が変わらない。▽―せんべい。❷しっかりしている。▽結束が―。❸確かだ。❹がんこだ。▽頭が―。①hard　固い

かたい【堅い】❶しっかりしていてへこんだりしない。▽―材木。❷てがたい。▽―商売。❸確実だ。①solid ②③steady　堅い

かたい【硬い】❶たやすくくだけたりしない。❷練れていない。▽―文章。❸緊張でこわばっている。②③stiff　硬い

かたい【難い】むずかしい。困難である。difficult　難い

> **使い分け「かたい」**
> **堅い**…中身が詰まっていて強い。確かである。▽―材木。―守り。手―商売。合格は―。口が―。堅苦しい。
> **固い**…結びつきが強い。揺るがない。▽団結が―。―友情。―決意。固く信じる。頭が―。
> **硬い**…外力に強い。こわばっている。▽―石。―殻を割る。―表現。表情が―。緊張で硬くなる。

かたい【過怠】あやまち。過失。fault　過怠

かだい【過大】大きすぎるようす。▽―評価。対過小。　過大

かだい【課題】❶与えられた問題。❷解決を要する問題。①assignment　課題

かたいじ【片意地】がんこ。強情。▽―を張る。stubborn　片意地

かたいなか【片田舎】都会からはなれており、不便なところ。　片田舎

かたいれ【肩入れ】ひいきにして力を貸すこと。力ぞえ。　肩入れ

かたうで【片腕】❶片方のうで。❷信頼できる手助け。類❷右腕。　片腕

かたえ【片方】かたわら。そば。　片方

かたおもい【片思い】一方的に相手を恋いしたうこと。unrequitedlove　片思い

かたおや【片親】❶両親のうちどちらかの親。❷両親の一方がいないこと。　片親

かたがき【肩書き】地位や身分。　肩書

かたがた【旁】ついでに。…をかねて。▽お礼―。類がてら。　旁

かたがた【方方】「人々」の尊敬語。　方方

かたかな【片仮名】 仮名の一。主に漢字の一部から作られた。図平仮名。

かたがみ【型紙】 ❶染め物で、模様を切りぬいた紙。❷洋裁で、布地をたつときに使う、寸法をかたどった紙。

かたがわり【肩代わり】 責任や負担をかわって引き受けること。▽借金を―する。

かたき〔仇〕 4 キュウ・あだ・かたき ❶かたき。▽―敵。❷なかま。▽好―。

かたき【敵】〈仇〉❶恨みのある人。❷競争相手。▽商売―。①enemy ②rival

かたぎ【気質】 ある年代・職業などの人に特有な気性。character

かたぎ【堅気】 まじめな職業を持っていること・人。

かたきうち【敵討ち】 ❶うらみのあるかたきを殺すこと。仇討(あだう)ち。❷仕返し。

かたく【火宅】 苦しみの多いこの世を火事の家にたとえた語。

かたく【仮託】 かこつけること。

かたく【家宅】 住居。▽―捜索。

かたくち【片口】 ❶一方の人だけの言い分。▽―は信用できない。❷一方にだけつぎ口のある鉢。

かたぐち【肩口】 肩の、腕に寄った部分。肩先。

かたくな【頑な】 人の意見を受け入れないようす。類頑固。

かたくるしい【堅苦しい】 うちとけなくて窮屈(きゅうくつ)だ。stiff

かたぐるま【肩車】 人を両肩にまたがらせてかつぐこと。

かたこと【片言】 たどたどしく不完全な話し方。▽―の日本語。babble

かたしき【型式】 自動車・航空機などの、構造・外形で分類される型。

かたじけない【忝い】 ありがたい。▽ご協力―。

かたしろ【形代】 ❶神体の代わりとして置くもの。❷身代わりにするもの・人形(ひとがた)。

かたず【固唾】 緊張したときに口にたまるつば。▼―を呑(の)む 緊張して見まもるようす。

かたすかし【肩透かし】 ❶相撲で、相手が前へ出てくるときに急に体を開いて前へ引き倒す技。❷相手の勢いをうまくそらすこと。▽―をくらう。

カタストロフィー【catastrophe】 ❶悲劇的な結末。破局。❷大詰め。

かたすみ【片隅】 ❶一方のすみ。▽部屋の―。❷広い範囲で、目立たない一部分。▽記憶の―に残る。

かたち【形】 ❶物の姿・かっこう。❷物事の形式。❸できあがった形式・ようす。❹人に対する態度。①shape ②③form ▼―許(ばか)り 形式や体裁だけをととのえるようす。

かたづける【片付ける】 ❶整理する。❷きまりをつける。①straighten up

かたつむり【蝸牛】 陸上にすむ巻き貝の一。でんでんむし。まいまい。snail

かたておち【片手落ち】 配慮が一方にかたよること。

かたてま【片手間】 仕事のあいま。

かたとき【片時】 少しの時間。▽―も目が離せない。

かたどる【象る】 あるものに似せて作る。注×形取る。model

かたな【刀】 刀剣の総称。類剣。太刀(たち)。sword ▼―の錆(さび) 刀で斬(き)られて死ぬこと。また、刀で斬り殺すこと。▼―折れ矢尽(つ)きる 手段がなくなる。なす術(すべ)がない。▼―に懸(か)けても 腕ずくでも。

かたながれ【片流れ】 棟(むね)から軒(のき)まで一方にだけ傾斜がある屋根。

かたなし【形無し】 面目を失うこと。

かたは【片刃】 片がわにだけ刃がついていること。また、その刃物(はもの)。▽―のかみそり。対両刃。もろ刃。

かたはい【片肺】 ❶片方の肺。❷飛行機の片方のエンジン(を動かすこと)。

かたはし【片端】 ❶物の一方のはし。❷一部分。

かたはだ【片肌】 着物の片袖(かたそで)をぬいで現した肩。▼―を脱(ぬ)ぐ ❶着物の片袖をぬぐ。❷手助けをする。

かたばみ【酢漿草】 雑草の一。葉はハート形の三枚の小葉からなる。

かたはらいたい【片腹痛い】 それにふさわしくなく、こっけいだ。

absurd

かたひじ【肩肘】 肩と肘。▼**—を張る** ❶堅苦しい態度をとる。❷いばる。 肩肘

かたびら【帷子】 麻・絹などでつくったひとえもの。 帷子

かたぶつ【堅物】 まじめ一方の人。 堅物

かたほう【片方】 二つあるうちの一方。片一方。 片方

かたぼう【片棒】 二人で物を棒でかつぐときの、一方の人。▼**—を担**(かつ)**ぐ** いっしょに物事をする。▽悪事の—。 片棒

かたまり【塊】〈固まり〉❶かたまったもの。❷性質・傾向が極端なこと。▽けちの—。①lump 塊

かたまる【固まる】 ❶かたくなる。❷集まる。❸しっかりしたものになる。①harden ②gather 固まる

かたみ【片身】 ❶体の半分。❷着物の身ごろの片方。片身ごろ。 片身

かたみ【形見】 故人の思い出となる遺品。keepsake 形見

かたみ【肩身】 世間に対する面目。体面。▼**—が狭**(せま)**い** 世間に対してひけめを感じる。 肩身

かたみち【片道】 行き・帰りのどちらか一方。one way 片道

かたむく【傾く】 ❶斜めになる。かしぐ。❷衰える。❸かたよる。❹月・日が沈みかける。①③incline 傾く

かたむける【傾ける】 ❶斜めにする。かしげる。❷衰えさせる。❸集中する。▽心を—。①incline 傾ける

かたやぶり【型破り】 ありきたりの型にこだわらないこと。▽—の人生。offbeat 型破り

かたよせる【片寄せる】 一方へ寄せる。put aside 片寄せ

かたよる【偏る】〈片寄る〉❶標準からずれて、一方へ寄る。❷不公平になる。②be biased 偏る

かたらう【語らう】 ❶親しく語り合う。❷仲間に誘い込む。▽友を—って旅に出る。①talk 語らう

かたりぐさ【語り種】〈語り草〉語りつがれる話題。 語り種

かたりもの【語り物】 楽器に合わせて、特殊な抑揚・節(ふし)をつけて物語る芸能。 語り物

かたる【語る】 ❶話して聞かせる。❷ようすをよく表す。❸節(ふし)をつけて述べる。①tell ▼**—に落ちる** 話しているうちに、うっかり隠そうとしたことを言ってしまう。 語る

かたる【騙る】 ❶だます。だまして金品を取る。❷自分を他の人と思わせる。類❶❷欺(あざむ)く。①②swindle 騙る

カタル【Katarrhドイツ】 粘膜の炎症。

カタルシス【katharsisギリシャ】 抑圧された感情が解かれ、快感を味わうこと。

カタログ【catalog】〈型録〉商品目録。

かたわら【傍ら】 ❶すぐ近くのあたり。そば。❷その一方で。①near ▼**—に人無きが如**(ごと)**し** 傍若無人(ぼうじゃくぶじん)。 傍ら

かたわれ【片割れ】 ❶かけら。❷分身。❸仲間の一人。①fragment 片割れ

かたん【下端】 物の下の方のはし。 下端

かたん【加担】〈荷担〉味方すること。▽悪事に—する。 加担

かだん【花壇】 区切って、草花が植えてある場所。flower bed 花壇

かだん【果断】 思い切って行うこと。▽—な処置。decisiveness 果断

かだん【歌壇】 歌人たちの社会。 歌壇

がだん【画壇】 画家たちの社会。 画壇

かち【価値】 値打ち。value 価値

かち【徒】 徒歩。 徒

かちあう【搗ち合う】 ❶ぶつかりあう。出あう。❷同時に起こる。重なる。▽日曜と祝日が—。 搗ち合う

かちき【勝ち気】 気が強く負けずぎらいな性質。 勝気

かちく【家畜】 牛や馬など、人が飼って役に立てる動物。注家×畜。livestock 家畜

かちぐり【搗ち栗】〈勝ち栗〉干した栗の外皮と渋皮をとり除いた食べ物。 搗ち栗

かちどき【勝ち鬨】 勝った時のときの声。▽—をあげる。 勝鬨

かちぬき【勝ち抜き】 ❶勝ち残った者が次々と相手をかえて勝負を続けること。❷勝者どうしが戦って優勝者をきめる試合法。tournament 勝抜き

かちぼし【勝ち星】 相撲で、勝ちを表す白い丸印。 勝星

かちゅう【火中】 火の中。▼**—の栗**(くり)**を拾う** あえて危険を冒すたとえ。 火中

かちゅう【家中】 ❶家の中。❷家族のすべて。❸大名・小名などの家来。 家中

かちゅう【渦中】 事件やもめごとのまっただ中。▽―の人。 渦中

かちょう【家長】 一家の主人。戸主。 家長

がちょう【鵞鳥】 大形の飼い鳥の一。がんの改良種。goose 鵞鳥

かちょうきん【課徴金】 国が税以外に徴収する金。手数料・特許料など。 課徴金

かちょうふうげつ【花鳥風月】 ❶自然の美しい景色。❷風雅な遊び。風流。 花鳥

かつ〖括〗 常9 カツ くくる。まとめる。▽―弧(かっこ)。総―。

筆順 扌 扌 扌 扦 扦 括 括 括 括・括

かつ〖活〗 常9 カツ ❶いきる。いかす。▽―力。―用。❷くらす。▽生―。❸いきいきしている。▽―発。快―。

筆順 氵 氵 氵 汗 汗 活 活 活 活・活

かつ〖喝〗 常11 カツ ❶大声をあげる。▽―采(かっさい)。❷おどす。▽恐―。(喝)

筆順 口 口 口 口 吅 喝 喝 喝 喝・喝

かつ〖渇〗 常11 **〖渴〗** 人12 カツ・かわく かわく。水がかれる。▽―望。―水。

筆順 氵 氵 氵 氵 泻 渇 渇 渇 渇・渇

かつ〖割〗 常12 カツ・わる・わり・われる・さく ❶切って分ける。▽分―。❷さく。▽―腹。❸わる。❹比率を表す。一割は一〇分の一。(割)

筆順 丶 宀 宀 宀 宇 宝 害 割 割・割

かつ〖葛〗 常12 カツ・くず マメ科のつる草。また、そのつる。▽―藤(かっとう)。―粉(くずこ)。

筆順 艹 艹 苩 苩 苩 葛 葛 葛 葛・葛

かつ〖滑〗 常13 カツ・コツ・すべる・なめらか ❶なめらか。▽円―。❷すべる。▽―走。

筆順 氵 氵 氵 氵 氵 滑 滑 滑・滑

かつ〖褐〗 常13 カツ ❶そまつな衣服。❷黒ずんだ茶色。▽―色。―炭。(褐)

筆順 衤 衤 衤 衤 衤 褐 褐 褐・褐

かつ〖轄〗 常17 カツ とりしまる。▽管―。直―。(轄)

筆順 亘 亘 車 車 車 軎 轄 轄・轄

かつ〖且〗 常5 かつ ❶一方では。❷さらに。

筆順 丨 冂 月 月 且 且・且

かっ〖合〗 ⇩ごう

かつ【且つ】 ❶そのうえ。さらに。❷一方では。▽―驚き、―喜ぶ。 且つ

かつ【活】 生きること。▽死中に―を求める。▼―を入れる ❶気絶した人の急所を押して意識を取り戻させる。❷強く刺激して、元気づける。 活

かつ【喝】 禅宗で、誤りや迷いなどをしかり、さとらせるときに発する声。 喝

かつ【渇】 ❶のどのかわき。▼―を癒(い)やす ❶のどのかわきをうるおす。❷望んでいたことをして、満足する。 渇

かつ【勝つ】 ❶争って相手を負かす。❷欲望などをおさえる。▽己(おのれ)に―。誘惑に―。❸その性質が強い。▽理性の―った人。①win ▼―って兜(かぶと)の緒(お)を締(し)めよ 事をなしとげても、気をゆるめるな。▼―てば官軍負ければ賊軍(ぞくぐん) 勝てば誤りでも正しいとされ、負ければ正しいことでも誤りとされるということ。 勝つ

がつ〖月〗 ⇩げつ

がっ〖合〗 ⇩ごう

かつあい【割愛】 やむをえず省略すること。parting with 割愛

かつえる【飢える】 ❶ひどく腹がへる。❷ひどくほしがる。 飢える

かつお〖鰹〗 23 ケン・かつお 海魚の、かつお。▽―節(かつおぶし)。 鰹・鰹

かつお【鰹】 海魚の一。bonito 鰹

かつおぎ【鰹木】 神社の棟木(むなぎ)の上に、直角に置く飾りの木。 鰹木

かつおぶし【鰹節】 かつおを煮て乾燥させたもの。けずってだしなどに使う。かつぶし。 鰹節

かっか【閣下】 高位高官につける敬称。 閣下

がっか【学科】 ❶学問の科目。❷学校で教える科目。②subject 学科

がっか【学課】 学業の課程。lesson 学課

> **使い分け**「がっか」
> 学科…学問を専門別に分けた種類。「科」は科目の意。▽国文―。英文―。
> 学課…割り当てられた学業・課程。「課」は割り当ての意。▽全―とも合格。

がっかい【学会】 学術研究を目的とする団体・会合。academy 学会

がっかい【学界】 ❶学問の世界。❷学者の社会。 学界

かっかく【赫赫】❶光り輝くようす。❷名誉や手柄がりっぱに現れるようす。かくかく。▽—たる戦果。　赫赫

かっかそうよう【隔靴掻痒】くつの上からかゆいところをかく意から、じれったいことのたとえ。▽—の感がある。　隔靴掻痒

かつがん【活眼】道理を見ぬく目。▽—の士。　活眼

かっき【活気】生き生きとした元気・勢い。vitality ▽—を帯びる。—に満ちる。—づく。類生気。　活気

がっき【学期】学校生活で、一年間をいくつかにくぎった一期間。term　学期

がっき【楽器】音楽を演奏するための器具。musical instrument　楽器

かっきてき【画期的】新時代をつくり出すと思えるほど、めざましいようす。epoch-making　画期的

がっきゅう【学究】学問研究に打ちこむこと・人。scholar　学究

がっきゅう【学級】授業のために、生徒を一定の人数に編成した組。class　学級

かっきょ【割拠】それぞれの本拠地で、勢力を張ること。▽群雄—。　割拠

かつぎょ【活魚】活きている魚。生魚。　活魚

かっきょう【活況】商売・取引などが盛んで活気があるようす。▽市場が—を呈する。activity　活況

がっきょく【楽曲】音楽の曲。声楽曲・器楽曲など。musical piece　楽曲

かっきん【恪勤】仕事をまじめにつとめること。▽精励—。　恪勤

かつぐ【担ぐ】❶荷物などを肩にかける。また、そうして運ぶ。❷ふざけてだます。❸縁起を気にする。❹まつりあげる。①shoulder, carry　担ぐ

がっく【学区】公立学校の学校単位に定めた通学区域。school district　学区

かっくう【滑空】エンジンを使わず気流にのって空を飛ぶこと。gliding　滑空

かっけ【脚気】ビタミンB_1欠乏症。足がむくみ、だるくなる。beriberi　脚気

かっけい【活計】生活していくこと。また、その方法。生計。　活計

がっけい【学兄】学友の尊敬語。　学兄

かつげき【活劇】❶格闘を主にした映画や演劇。❷格闘のたとえ。　活劇

かっけつ【喀血】気管や肺から血をはくこと。hemoptysis　喀血

かっこ【括弧】文字・数字などを区別して囲む記号。（ ）［ ］など。また、その記号をつけること。parenthesis　括弧

かっこ【確固】〈確乎〉しっかりして動じないようす。▽—たる信念。firmness　確固

かっこう【格好】❶姿。形。❷体裁。❸ちょうどよいようす。▽—な贈り物。❹約…歳ぐらい。①figure ▼—が付く 体裁がととのう。　格好

かっこう【郭公】カッコウ科の鳥。「カッコー」と鳴く。cuckoo　郭公

かっこう【滑降】スキーで、滑り降りること。また、その競技。descent　滑降

かつごう【渇仰】❶深く信仰すること。❷深く慕うこと。▽—してやまない恩師。②adoration　渇仰

がっこう【学校】教育を行うための施設。school　学校

かっさい【喝采】歓声や拍手でほめそやすこと。▽—を博する。applause　喝采

がっさく【合作】共同してつくること。また、その作品。joint work　合作

かっさつじざい【活殺自在】思いのままにあやつり動かすこと。　活殺

がっさん【合算】いくつかの数量を合わせて計算すること。　合算

かつじ【活字】活版印刷に用いる金属製の字型。printing type　活字

かっしゃ【活写】いきいきした描写。　活写

かっしゃ【滑車】鎖や綱をかけて力の方向を変えたり、重い物を動かしたりするための車のような装置。pulley　滑車

がっしゅうこく【合衆国】❶二つ以上の国や州が連合してできた国家。❷アメリカ合衆国のこと。　合衆国

がっしゅく【合宿】練習・研究などのため、ある期間同じ宿舎に泊まって生活すること。　合宿

かつじょう【割譲】（領土の）一部をさいてゆずり与えること。cession　割譲

がっしょう【合唱】❶複数の人が声を合わせて同じ文句を唱えること。❷声を合わせて歌うこと。　合唱

①② chorus

がっしょう【合掌】 ❶手を合わせて拝むこと。❷木材を山形に組み合わせること。▽—造り。

がっしょうれんこう【合従連衡】 同盟を結んで強敵にあたること。

かっしょく【褐色】 こげ茶色。brown

かっすい【渇水】 水がかれること。water shortage

かっする【渇する】 ❶のどがかわく。❷水がかれる。❸飢える。▼—しても盗泉(とうせん)の水を飲まず どんなに困っても不正には手を出さない。

がっする【合する】 一つになる。一つにする。

かっせい【活性】 化学反応を起こしやすい性質をもっていること。

かっせいか【活性化】 機能や組織などを活発にすること。▽社内の—を図る。activation

かつぜつ【滑舌】 俳優・アナウンサーなどが話すときの、舌のまわり具合。▽—が悪い。

かっせん【合戦】 敵と味方が出会って戦うこと。いくさ。類会戦。

かっそう【滑走】 ❶すべるように進むこと。❷飛行機が地上・水上を走ること。①glide ②taxi

がっそう【合奏】 二つ以上の楽器で演奏すること。ensemble

がっそう【合葬】 一つの墓に二人以上の死者を葬ること。

がったい【合体】 二つ以上のものが一つになること。類合併。union

かったつ【闊達】 心が大きく、小さいことにこだわらないようす。▽明朗—。

かつだんそう【活断層】 今後も動く可能性の高い、地層の食い違い。

がっち【合致】 ぴったりと合うこと。類一致。agreement

かっちゅう【甲冑】 よろいとかぶと。

ガッツ【guts】 やる気。根性。

ガッツ ポーズ こぶしを上げ、得意な気持ちや喜びを表す姿勢。和製語。

かつて【曽て】〈嘗て〉❶以前。今までに。❷今まで全く。▽—見たことがある。①once

かって【勝手】 ❶台所。❷ぐあい。▽使い—。❸自分の思うままにふるまうこと。①kitchen

カット【cut】 ❶切ること。切ってのぞくこと。❷テニス・卓球などで、球を斜めに切るようにして打つこと。❸球技で、送球された球を途中でうばうこと。❹印刷物の小さなさし絵。❺映画の一場面。

ガット【gut】 羊・豚などの腸で作った糸。ラケットの網や楽器の弦用。

かっとう【葛藤】 ❶対立して争うこと。▽肉親の間に—が生じる。❷迷い苦しむこと。▽心の—。emotional conflict

かつどう【活動】 ❶元気よく動き、働くこと。▽—的。❷「活動写真」の略。映画。①activity

かつは【且つは】 一方では…。

かっぱ【合羽】 雨のとき着るマント。雨がっぱ。capa(ポルトガル語)から。

かっぱ【河童】 ❶頭に皿をもち、水陸両方にすむ想像上の動物。❷泳ぎのうまい人。❸きゅうり。河太郎。▼—の川流れ 熟達した人でも時には失敗するというたとえ。

かっぱ【喝破】 本質を見ぬいて、はっきり言うこと。

かっぱつ【活発】 元気で勢いのいいようす。類快活。lively

かっぱらう【搔っ払う】 すきをねらってすばやく盗む。rip off

かっぱん【活版】 活字を組んだ印刷版。また、その印刷方式。type printing

がっぴ【月日】 日付けとしての月と日。

がっぴつ【合筆】 数筆の土地を合併して一筆にすること。対分筆。

がっぴょう【合評】 何人かが集まってする批評。joint review

かっぷ【割賦】 分割払い。

かっぷく【恰幅】 体つき。build

かっぷく【割腹】 腹を切ること。切腹(せっぷく)。

カップル【couple】 夫婦・恋人同士など、二人一組み。

がっぺい【合併】 合わせて一つになること。併合。類合体。merger

かつべん【活弁】 無声映画の弁士。活動写真の弁士の意。

かっぽ【闊歩】 ❶大またに歩くこと。▽大道を―する。❷思うままに振る舞うこと。▽業界を―する企業。

かつぼう【渇望】 ひたすら望むこと。類熱望。thirst

かっぽう【割烹】 ❶食べ物を(和風に)調理すること。❷日本料理店。

がっぽん【合本】 数冊を一冊の本にすること。また、その本。

かつもく【刮目】 特に、注目すること。▽―に値する。

かつやく【活躍】 めざましく活動すること。▽第一線で―する。activity

かつよう【活用】 ❶ものの機能・能力を生かして使うこと。❷用言・助動詞の語尾が変化すること。

かつようじゅ【闊葉樹】 広葉樹の旧称。

かつら〖桂〗人10 ケイ・かつら ❶香木。▽月―樹。肉―。❷樹木の、かつら。

筆順 十 木 木一 木十 木土 木土一 木土十 桂

かつら【桂】 落葉高木の一。

かつら【鬘】 ❶俳優がふん装するときに頭にかぶるもの。かずら。❷美容などの目的でかぶる、つくられた髪。①②wig

かつらく【滑落】 (登山で)足をふみはずしてすべり落ちること。

かつりょく【活力】 生き生きと活動する力。vitality

かつろ【活路】 生きのびるみち。行きづまりからぬけ出す方法。way out

かて【糧】 ❶食べ物。食糧。❷精神・生活を豊かにするもの。①②food

かてい【仮定】 仮に想定すること。supposition

かてい【家庭】 生活を共にする家族の集まり。home

かてい【過程】 物事の移り変わる途中の道すじ。類経過。process

かてい【課程】 教育・学習の内容。▽教育―。

カテキン【catechin】 緑茶などに含まれるタンニンの一つ。抗酸化作用・抗菌作用などがあるとされる。

カテゴリー【Kategorie ドイツ】 範疇(はんちゅう)。部門。部類。category

かててくわえて【糅てて加えて】 その上。さらに。

がてら 何かをするついでに。類かたがた。

かてん【加点】 点数を加えること。対減点。

かでん【家伝】 その家に代々伝えられていること・物。family recipe

かでん【家電】 家庭用電気製品。

がてん【合点】 納得すること。がってん。▽早―。―が行く。consent

がでんいんすい【我田引水】 自分に都合よく言ったり、したりすること。

かど【角】 ❶物のすみのとがっている所。❷道の曲がりめ。❸円満でないこと。▽―のある人。①②corner ▼―が立つ 物事がなめらかにいかない。▼―が取れる 人ががらがおだやかになる。

かど【門】 ❶出入り口。もん。❷家。一家。▽笑う―には福来たる。①gate

かど【過度】 適切な程度を越えていること。▽―の運動。excessive

かど【廉】 原因・理由となる事がら。▽不法入国の―で取り調べる。

かとう【下等】 ❶等級が下であること。❷品質がおとること。❸性質がいやしいこと。①lower

かとう【過当】 適当な程度を越えていること。▽―競争。類過度。

かどう【可動】 動かすことができること。movability

かどう【華道】 〈花道〉生け花の道。

かどう【歌道】 和歌の道。

かどう【稼働】 〈稼動〉❶人が働くこと。▽―人口。❷機械を働かすこと。▽―時間。②operation

かどかどしい【角角しい】 言動などがかどだっていて、おだやかでない。

かとき【過渡期】 新しい状態に移り変わる途中の不安定な時期。▽―の混乱。transition

かとく【家督】 ❶跡継ぎの人。❷相続する家の跡目。

かどだつ【角立つ】 ❶表面に角があってなめらかでない。❷おだやかでなくなる。▽―った言い方。

かどづけ【門付け】 門口で歌や芸をやり、金品をもらって歩くこと・人。

かどで【門出】 〈首途〉❶家を出て旅立つこと。❷新しい生活を始めること。

かどばん【角番】❶碁・将棋の連続戦で、全体の敗戦が決まるという対局。❷相撲で、負け越すと地位が下がる場所。 角番

かどび【門火】盂蘭盆《うらぼん》・葬送・婚礼のとき門口でたく火。 門火

かどまつ【門松】正月、門口に立てる松飾り。 門松

カトリック【katholiek オランダ】キリスト教の一派。また、その信者。旧教。カソリック。対プロテスタント。

かどわかす【拐かす】〈勾引かす〉だまして誘い出し連れ去る。kidnap 拐かす

かな【仮名】日本の表音文字。片仮名と平仮名。 仮名

かない【家内】❶家の中。❷家族。❸自分の妻。③wife 家内

かなう［叶］人 5 キョウ・かなう 望みどおりになる。▽願いが—。

筆順 丨 ㇕ 口 口一 叶

叶・叶

かなう【叶う】思いどおりになる。▽望みが—。 叶う

かなう【適う】当てはまる。▽理に—。suit 適う

かなう【敵う】〈適う〉及ぶ。匹敵する。▽彼に—者はいない。▼—わない ❶対抗できない。❷たえられない。 敵う

かなえ【鼎】❶古代中国で使われた三本脚《あし》の金属製のかま。❷王位や権威の象徴。▼—の軽重《けいちょう》を問う 権威者の実力を疑う。

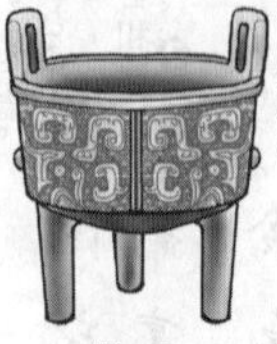

鼎❶

かなきりごえ【金切り声】金属を切るような、かん高い声。scream 金切り声

かなぐ【金具】器具の金属製付属品。 金具

かなくぎりゅう【金釘流】へたな文字の書き方。 金釘流

かなしい【悲しい】〈哀しい〉泣きたくなるような気持ちだ。sad 悲しい

かなしばり【金縛り】❶身動きできないほどかたくしばること。❷金で自由を束縛すること。①binding tightly 金縛り

かなしみ【悲しみ】悲しい気持ち。対喜び。sadness 悲しみ

かなしむ【悲しむ】悲しく思う。対喜ぶ。grieve, feel sad 悲しむ

かなた【彼方】あちら。むこう。 彼方

かなづかい【仮名遣い】語をかなで書き表すときのきまり。▽歴史的—。注仮名×使い。 仮名

かなづち【金槌】❶鉄製のつち。とんかち。❷泳げない人。①hammer 金槌

カナッペ【canapé フランス】クラッカーなどに、いろいろ具をのせたオードブル。

かなでる【奏でる】演奏する。play 奏でる

かなとこ【金床】金属を打ちきたえる鉄製の台。金敷《かなしき》。鉄床。 金床

かなめ【要】❶扇《おうぎ》の骨を一点にまとめてとめるくぎ。❷最も重要な部分。要点。②point 要

かなもの【金物】❶金属製の器具。❷金具。①ironware 金物

かならず【必ず】きっと。たしかに。surely 必ず

かなり【可成り】相当に。相当な。pretty 可成り

カナリア【canaria スペイン】〈金糸雀〉飼い鳥の一。美しい声で鳴く。カナリヤ。canary

かなん【火難】火による災難。 火難

かに［蟹］人 19 カイ・かに 甲殻類の、かに。▽—缶。毛—《けがに》。

筆順 ⺈ 角 角 角⺈ 觧 蟹 蟹 蟹

蟹・蟹

かに【蟹】甲殻類の一。crab ▼—は甲羅《こうら》に似せて穴を掘《ほ》る 人は分相応の考えや望みをもつものだ。 蟹

かにく【果肉】果実の肉の部分。flesh 果肉

がにまた【蟹股】両足が外側に曲がっていること・人。bandy legs 蟹股

かにゅう【加入】組織・団体などにはいること。entry, join 加入

カヌー【canoe】❶丸木船。❷かいでこぐ競技用の小舟。

かね【金】❶金属。特に、鉄。❷金銭。②money ▼—に飽《あ》かす（あることをするために）ふんだんにお金を使う。▼—に糸目を付けない お金を惜しまずに出す。▼—の切れ目が縁《えん》の切れ目 お金で結びついた関係は、お金がなくなったときに断たれるということ。▼—の生《な》る木 お金や利益を生み続けるもののたとえ。 金

かね【鉦】念仏にあわせてたたく仏具。たたきがね。▼—や太鼓《たいこ》で捜《さが》す 大騒ぎしてさがしまわる。 鉦

かね【鐘】つりがね。bell　鐘

かねあい【兼ね合い】つり合いをたもつようにすること。▽予算との—。even balance　兼合い

かねがね【予予】以前からずっと。▽—お会いしたいと思っておりました。類かねて。previously　予予

かねぐり【金繰り】資金のやりくり。　金繰り

かねじゃく【曲尺】〈矩尺〉❶直角に曲がった金属製のものさし。かねざし。❷鯨尺の八寸（約三〇・三センチ）を一尺としたものさし。　曲尺

かねつ【加熱】熱を加えること。heat　加熱

かねつ【過熱】❶熱くなりすぎること。❷状態が度を越して激しくなること。①②overheat　過熱

かねづかい【金遣い】金銭の使い方。▽—が荒い。　金遣い

かねづまり【金詰まり】金銭のやりくりがつかなくなること。　金詰り

かねづる【金蔓】金銭を手に入れる手づる。金銭を出してくれる人。　金蔓

かねて【予て】以前から。前もって。　予て

かねもち【金持ち】金銭や財産を多くもっていること・人。rich person　金持

かねる【兼ねる】❶二つ以上の役目を同時にもつ。▽趣味と実益を—。❷…できにくい。▽見—。❸…しないとは言いきれない。▽やり—ねない。　兼ねる

かねん【可燃】もやすことができること。▽—物。　可燃

かのう【化膿】うみをもつこと。suppuration　化膿

かのう【可能】できること。possible　可能

かのうせい【可能性】できる見こみ。そうなる見こみ。possibility　可能性

かのえ【庚】十干（じっかん）の第七。こう。　庚

かのこ【鹿の子】❶しかの子。❷「かのこしぼり・かのこまだら」の略。　鹿の子

かのこしぼり【鹿の子絞り】白いはん点を染め出した絞り染め。　絞り

かのじょ【彼女】❶第三者である女性をさす語。❷恋人である女性。①she　彼女

かのと【辛】十干（じっかん）の第八。しん。　辛

かば〔椛〕人11 かば ❶もみじ。紅葉したかえで。❷かば色。　椛・椛

筆順 一 十 木 杧 杧 杧 杧 椛

かば〔樺〕人14 カ・かば・かんば 樹木の、かば。かんば。▽白—（しらかば）。（樺）　樺・樺

筆順 木 栟 栟 栟 栟 樺 樺 樺

かば【河馬】アフリカの川・沼などにすむ、大形の動物。hippopotamus　河馬

かば【蒲】❶植物の一。がま。❷かば色。　蒲

カバー【cover】❶物をおおうこと・もの。❷損失・不足・失敗などを補うこと。

カバーガール【cover girl】雑誌の表紙などのモデルの女性。

カバーチャージ【cover charge】席料。テーブルチャージ。

かばいろ【蒲色】〈樺色〉赤みがかった黄色。　蒲色

かばう【庇う】他から害をうけないように守ってやる。protect　庇う

かはく【仮泊】船が予定地以外の港に臨時に停泊すること。　仮泊

がはく【画伯】画家に対する敬称。　画伯

ガバナンス【governance】統治。▽コーポレート—（＝企業統治）。

かばね【姓】古代、氏（うじ）の職業や地位を表したよび名。臣（おみ）・連（むらじ）など。　姓

かばね【屍】死体。なきがら。　屍

かばやき【蒲焼き】うなぎなどをさいてくしにさし、たれをつけて焼いた料理。　蒲焼

かはん【河畔】川べり。riverside　河畔

かはん【過半】半分以上。大半。　過半

かはん【過般】先日。さきごろ。▽—お申し越しの件について。　過般

かばん〔鞄〕人14 ホウ・かばん ❶なめし革。❷革で作ったかばん。　鞄・鞄

筆順 艹 廿 苜 革 靪 靮 鞄 鞄

かばん【鞄】革・布などでつくった携帯用の入れ物。bag ▼—持ち 上役の鞄を持って、ともをすること。　鞄

かはんすう【過半数】全体の半分よりも多い数。majority　過半数

かひ【可否】❶よしあし。❷賛否。　可否

かひ【歌碑】和歌をほりつけた碑。 歌碑

かび【黴】動植物・食べ物などに寄生する、下等な菌類(きんるい)のなかま。mold 黴

かび【華美】華やかで美しいこと。類派手。splendor 華美

かひつ【加筆】文章や絵に手を加えて直すこと。類補筆。correction 加筆

がひつ【画筆】絵をかく筆。 画筆

がびょう【画鋲】紙などを板やかべにとめるのに使うびょう。thumbtack 画鋲

かびる【黴びる】かびが生える。 黴びる

かびん【花瓶】花を生けるびん。vase 花瓶

かびん【過敏】非常に感じやすいこと。oversensitive 過敏

かふ【下付】政府・役所などが書類やお金などを渡しあたえること。 下付

かふ【寡婦】夫と死別または離婚した女性。 寡婦

かぶ【株】常10 かぶ ❶切りかぶ。❷地位。▽古―。❸株式。 株・株

筆順 十 木 木 木 朩 栏 栏 株 株

かぶ【蕪】人15 ブ・かぶ ❶荒れる。▽荒―(こうぶ)。❷野菜のかぶ。かぶら。 蕪・蕪

筆順 艹 芒 芒 芒 蕪 蕪 蕪 蕪

かぶ【下部】下の方の部分。 下部

かぶ【株】❶木の切り株。❷草木の根。❸株式。株券。❹ある特別の身分。▽相撲の年寄(としより)―。❺根のついた草木を数える語。❻株式・株券を数える語。①stump ③stock ▼―を上げる 評価を上げる。 株

かぶ【歌舞】❶歌と踊り。▽―音曲。❷歌ったり踊ったりすること。 歌舞

かぶ【蕪】野菜の一。球形の白い根は食用。すずな。かぶら。turnip 蕪

がふ【画布】油絵をかく布。canvas 画布

かふう【下風】かざしも。 下風

かふう【家風】その家の伝統になっている生活様式。family tradition 家風

かふう【歌風】和歌の作風。 歌風

がふう【画風】絵のかき方の特色。 画風

カフェテリア【cafeteria】客が好みの品を選び自分で運んで食べるしくみの飲食店。

かぶき【歌舞伎】江戸時代に発展・完成した日本固有の演劇。 歌舞伎

かふきゅう【過不及】度を越えていたり、及ばなかったりすること。▽―なく論じる。 過不及

かふく【禍福】わざわいと幸せ。▼―は糾(あざな)える縄(なわ)の如(ごと)し 不幸と幸福は、かわるがわるやってくるものだ。 禍福

がふく【画幅】絵画の軸物(じくもの)。 画幅

かぶけん【株券】株式会社が発行する、株主権をしめす有価証券。株式。 株券

かぶしき【株式】❶株式会社の資本を構成する単位。❷株券。①stock 株式

かぶしきがいしゃ【株式会社】株券を発行して集めた資金で事業を行う会社。corporation 会社

かぶせる【被せる】❶上からおおう。❷人に罪や責任を負わせる。 被せる

カプセル【Kapsel ドイツ】❶薬などがつまった、ゼラチン製の小さな容器。❷中を密閉した容器。

かふそく【過不足】多過ぎることと足りないこと。 過不足

かぶと【兜】人11 ト・トウ・かぶと 武具のかぶと。▽鉄―(てつかぶと)。 兜・兜

筆順 ノ ｒ ｒ 白 白 白 白 兜

かぶと【兜】〈冑・甲〉頭部を防護する武具。▼―を脱(ぬ)ぐ 降参する。

かぶとむし【甲虫】〈兜虫〉大形のこがね虫。beetle

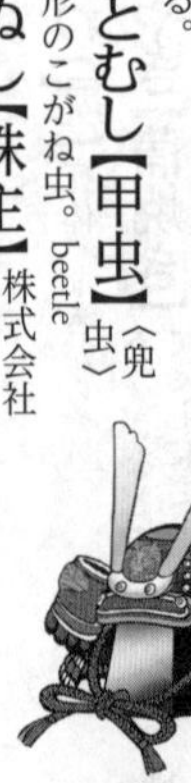

兜

かぶぬし【株主】株式会社の出資者。株式の持ち主。

かぶら【鏑】19 テキ・かぶら ❶矢じり。❷かぶら矢。 鏑・鏑

かぶら【蕪】野菜のかぶの別名。 蕪

かぶり【頭】あたま。▼―を振(ふ)る 頭を振って、不承知・否定の意を示す。 頭

かぶりつき【齧り付き】舞台のすぐ前の観客席。 齧り付き

かぶる【被る】❶頭の上からおおう。❷あびる。▽火の粉を―。❸罪・責任などを負う。▽罪を―。①put on 被る

かぶれる【気触れる】❶皮膚がはれてかゆくなる。❷感化される。　気触れ

かふん【花粉】おしべの葯(やく)の中にある粉。めしべについて実を結ぶ。pollen　花粉

かぶん【過分】待遇などが自分の能力・立場以上であること。身分不相応。▽—のおほめにあずかる。対応分。　過分

かぶん【寡聞】自分の知識・見聞が狭いこと。謙譲語として使う。▽—にして存じません。　寡聞

かふんしょう【花粉症】杉・豚草(ぶたくさ)などの花粉によって起こるアレルギー症状。結膜炎・鼻炎・喘息(ぜんそく)などが見られる。　花粉症

かぶんすう【仮分数】分子が分母より大きいか、分子が分母に等しい分数。improper fraction　仮分数

かべ【壁】❶家の周囲の囲いや、屋内のしきり。❷障害のたとえ。①wall ▼**—に突(つ)き当たる** 障害に直面し、行きづまる。▼**—に耳あり** 密談はもれやすいというたとえ。類障子に目あり。　壁

かへい【貨幣】硬貨と紙幣。通貨。currency　貨幣

がべい【画餅】絵にかいたもち。実現の可能性のないもののたとえ。▼**—に帰(き)す** 骨折りがむだに終わる。　画餅

かへん【可変】変えたり、変わったりできること。対不変。variable　可変

かべん【花弁】花びら。petal　花弁

かほう【加法】足し算。対減法。　加法

かほう【果報】❶幸せ。幸運。❷むくい。①luck ▽—者。▼**—は寝(ね)て待て** あせらずに待っていれば、幸運は必ずやってくる。　果報

かほう【家宝】家に代々伝わる宝物。　家宝

がほう【画報】写真や絵を中心として編集した雑誌や本。グラフ。　画報

かぼく【花木】美しい花の咲く木。　花木

かほご【過保護】必要以上に面倒をみて育てること。overprotection　過保護

かぼそい【か細い】細くて弱々しい。slender　か細い

かぼちゃ【南瓜】野菜の一。とうなす。なんきん。pumpkin　南瓜

かま〖釜〗常10 **かま** 煮炊きに使う金属製の器具。▽—飯。茶—。

筆順							
八	父	父	斧	斧	斧	斧	釜

釜・釜

かま〖鎌〗常18 **かま** 草などを刈り取るための農具。▽利—(とがま)。—首。(鎌)

筆順							
金	釒	鉡	鉎	鉾	鉾	鎌	鎌

鎌・鎌

かま〖竈〗21 **ソウ・かま・かまど** かまど。へっつい。(竈)　竈・竈

かま【釜】物を煮たきする器具。　釜

かま【窯】物を熱して溶かしたり、焼いたりする装置。kiln　窯

> **使い分け**「かま」
> 釜…炊飯などをするための器具。▽鍋と—。—飯。風呂—。—揚げうどん。
> 窯…焼き物などを作る装置。▽炭を焼く—。—元に話を聞く。

かま【鎌】草や稲を刈る農具。sickle ▼**—を掛(か)ける** 本当のことを言わせようとして、それとなく話しかける。　鎌

かま【竈】かまど。　竈

かま【缶】〈罐〉ボイラー。　缶

がま〖蒲〗人13 **ホ・がま** がま。草の一。▽—団(ふとん)。—柳(ほりゅう)。

筆順							
艹	艹	芦	蒲	蒲	蒲	蒲	蒲

蒲・蒲

がま【蒲】水辺に自生する草の一。夏、茶色の穂をつける。cattail　蒲

がま【蝦蟇】「ひきがえる」の別名。　蝦蟇

かまう【構う】❶かかわる。❷世話をやく。❸もてなす。❹からかう。❺気にする。さしつかえる。▽—わない。　構う

かまえ【構え】❶つくり。外見。❷姿勢。❸漢字の部首の一。「門がまえ」など。類❶構造。①structure　構え

かまえる【構える】❶つくる。▽一家を—。❷身がまえる。❸ある態度をとる。▽のんきに—。①set up　構える

かまきり【蟷螂】昆虫の一。鎌に似た形の長い前足を持つ。蟷螂(とうろう)。mantis　蟷螂

がまぐち【蝦蟇口】口金のついた銭入れ。coin purse　蝦蟇口

かまくび【鎌首】蛇などの、鎌のような形にもたげた首。▽—をもたげる。　鎌首

かます【叺】わらむしろの大きな袋。　叺

かます【魳】〈梭魚〉海産の魚の一。体は細長い。食用。barracuda　魳

かまち【框】❶床や縁の端の横木。▽上がり—。❷戸や障子などの外わ　框

く。

かまど【竈】鍋（なべ）・釜（かま）をかけ、煮たきする設備。かま。へっつい。 竈

かまとと 知らないふりをして無邪気そうに見せかけること・人。

かまびすしい【喧しい】〈囂しい〉やかましい。noisy 喧しい

かまぼこ【蒲鉾】❶白身の魚肉をすりつぶし、蒸した練り食品。板につけたものが多い。❷宝石のない、中高の指輪。 蒲鉾

かまもと【窯元】陶磁器を窯でつくっている所・人。 窯元

がまん【我慢】❶感情をおさえること。▽苦しいのを—する。❷大目にみること。▽今度だけは—してやろう。 我慢

かみ【上】❶高い所。うえ。❷川の上流。❸昔。❹高位の人。❺政府。❻はじめの方。前半。図❶❷❹❻下（しも）。 上

かみ【神】信仰の対象となるもの。神様。god ▼—ならぬ身 神ではない、能力に限界のある人間。▼—も仏も無い 慈悲深い神も仏もいない。世間の無情をいう語。 神

かみ【紙】❶植物繊維などをすいてつくった薄いもの。❷じゃんけんで、ぱあ。①paper 紙

かみ【髪】❶頭髪。❷髪型。①hair ▼—を下ろす 髪をそって僧になる。 髪

かみ【加味】別のものをとり入れること。類付加。addition 加味

がみ【雅味】上品な味わい。上品なおもむき。 雅味

かみいれ【紙入れ】紙幣を入れて持ち歩くもの。札入れ。 紙入れ

かみがかり【神懸かり】〈神憑り〉神霊が人にのりうつること。また、そうなった人。 神懸り

かみかくし【神隠し】子供などが突然行方不明になること。 神隠し

かみかぜ【神風】❶神が人を助けるために吹くという風。❷命知らずで、むこうみずなこと。 神風

かみがた【上方】関東地方から見て京都・大阪地方。 上方

かみがた【髪型】〈髪形〉髪のかっこう。hair style 髪型

かみき【上期】上半期（かみはんき）。 上期

かみくず【紙屑】不用になった紙。wastepaper 紙屑

かみくだく【嚙み砕く】❶かんで細かくする。❷わかりやすく説明する。①crunch 嚙み砕

かみざ【上座】上位の席。 上座

かみしばい【紙芝居】物語を何枚かの絵にかいて、一枚ずつ説明しながら見せるもの。 紙芝居

かみしめる【嚙み締める】❶力を入れてかむ。❷十分に味わう。▽喜びを—。 嚙み締

かみしも【裃】江戸時代の武士の礼服の一。▼—を脱（ぬ）ぐ くつろいでうちとける。

裃

かみそり【剃刀】髪やひげをそる刃物。razor 剃刀

かみだな【神棚】家の中で神を祭る棚。 神棚

かみだのみ【神頼み】神に祈って助けを求めること。 神頼み

かみて【上手】❶上（かみ）の方。川の上流。❷舞台で、客席から見て右の方。 上手

かみつ【過密】❶ぎっしりつまりすぎていること。▽—ダイヤ。❷人口や建物が集中していること。図❷過疎。①tight 過密

かみなり【雷】❶空中の放電現象。いかずち。❷雷神。❸どなること。①lightning ▼—を落とす 怒ってどなる。 雷

かみのく【上の句】短歌で初めの五・七・五の三句。 上の句

かみはんき【上半期】一年の前半の六か月。上期。 上半期

かみひとえ【紙一重】わずかな違いや、へだたり。 紙一重

かみふぶき【紙吹雪】ちぎった紙を、吹雪のようにまきちらすもの。 紙吹雪

かみやすり【紙鑢】金剛砂（こんごうしゃ）などをのりづけした紙。ものをみがくのに使う。 紙鑢

かみゆい【髪結い】髪をゆうこと。また、その職業の人。▼—の亭主（ていしゅ）妻の働きで養われている夫。店。 髪結い

かみよ【神代】大昔、神が治めていたという時代。じんだい。 神代

かみわける【嚙み分ける】❶よくかんで味を区別する。❷深く考えて細かな違いを理解する。 嚙み

かみわざ【神業】神のしわざと思えるほどのすぐれたわざ。神技。 神業

かみん【仮眠】ちょっとねむること。類仮睡。nap 仮眠

カミングアウト【coming-out】これまでタブーとされ秘密にしてきたことを公表すること。

かむ〔噛〕15 コウ・ゴウ・かむ 上下の歯を強く合わせる。(嚙) 噛・嚙

かむ【擤む】鼻じるを吹き出してふく。 擤む

かむ【噛む】❶歯で細かくする。❷歯やきばで傷をつける。▽飼い犬に手を—まれる。❸勢いよくぶつかる。▽岩を—波。❹歯車などの歯と歯が食い合う。❺あることがらにかかわる。▽計画に一枚—。❻ことばがなめらかに出ない。▽せりふを—。①chew ②bite ▼—んで含(ふく)める わかりやすく話して聞かせる。 噛む

がむしゃら【我武者羅】後先を考えないで、むちゃくちゃに物事をすること。reckless 我武者

ガムシロップ【gum syrup】砂糖の結晶化を防ぐために、アラビアゴムを加えたシロップ。

カムバック【comeback】再び元にもどること。返り咲き。類復帰。

カムフラージュ【camouflageフランス】ようすをかえて、人の目をごまかすこと。カモフラージュ。類偽装。

かめ〔亀〕⇩き

かめ【瓶】❶液体などを入れる底の深い陶器。❷花びん。①pot 瓶

かめ【亀】カメ目の動物。tortoise 亀

かめい【下命】命令すること。▽当店にご—ください。order 下命

かめい【加盟】組織・団体に加わること。類加入。join 加盟

かめい【仮名】仮の名前。対実名。 仮名

かめい【家名】❶家の名。❷家の名誉。①family name 家名

がめつい 金銭にぬけ目がない。grasping

カメラアイ【camera eye】被写体のとらえ方・ねらい方・観察力。

カメラアングル【camera angle】被写体に対するカメラの角度。

かめん【仮面】顔の形につくった面。mask 仮面

がめん【画面】❶絵・写真の表面。❷映画・テレビなどにうつった像。②scene 画面

かも〔鴨〕人16 オウ・かも 水鳥の、かも。家—(あひる)。▽合—(あいがも)。 鴨・鴨

筆順 日 甲 甲 甲 甲 鴨 鴨 鴨

かも【鴨】❶ガンカモ科の水鳥。❷だましやすい、負かしやすい相手。▼—が葱(ねぎ)を背負(しょ)って来る より好都合なことのたとえ。 鴨

かもい【鴨居】戸・障子の上の、みぞのある横木。 鴨居

かもく【科目】❶個々の項目。❷学校で習う教科の区分。②subject 科目

かもく【寡黙】口かずの少ないこと。taciturnity 寡黙

かもじ【髢】女性の髪に補い入れる毛。 髢

かもしか【氈鹿】〈羚羊〉山岳地帯にすむ動物の一。 氈鹿

かもしだす【醸し出す】ある気分を自然につくり出す。類醸成する。 醸し出

かもす【醸す】❶発酵させて、酒・しょうゆなどをつくる。❷ある状態をつくり出す。▽物議を—。①②brew 醸す

かもつ【貨物】運送する荷物。▽—船。 貨物

カモフラージュ【camouflage】⇩カムフラージュ。

かもめ〔鷗〕人22〔鴎〕15 オウ・かもめ 海鳥の、かもめ。▽白—(はくおう)。 鷗・鴎

筆順 一 丆 品 區 區 區 區 鷗

かもめ【鴎】海鳥の一。体は白い。gull 鴎

かもん【下問】身分の高い人が、下の者に問いたずねること。 下問

かもん【家門】❶家の門。❷代々続いている一家一族の全体。 家門

かもん【家紋】その家のしるしとして定まっている紋。定紋。family crest 家紋

かや〔茅〕人8 ボウ・かや ちがや・すすきなどの総称。▽—屋(ぼうおく)。 茅・茅

筆順 一 十 艹 艹 芏 茅 茅

かや〔萱〕人12 ケン・かや かや。すすき・すげなどの総称。 萱・萱

筆順 艹 芒 芒 苎 菅 菅 萱 萱

かや〔榧〕14 ヒ・かや かや。樹木の一。 榧・榧

かや【茅】〈萱〉すすき・ちがやなど、屋根を葺(ふ)くのに使う草。 茅

かや【蚊帳】蚊を防ぐため、つりさげて使う網状のおおい。▼—の外 何も知らされない立場に置かれること。 蚊帳

かやく【火薬】はげしい爆発をおこす薬品。gunpowder 火薬

かやく【加薬】❶料理の薬味。❷五目飯などに入れる具。①spice 加薬

かやり【蚊遣り】 ❶蚊を追いはらうために葉をいぶすこと。蚊いぶし。❷蚊取り線香。 蚊遣

かゆ〔粥〕 人12 **シュク・かゆ** 水を多くして米を煮たもの。▽茶―(ちゃがゆ)。 粥・粥

筆順 ㇇ コ 弓 弓 弜 弜 粥

かゆ【粥】 水を多く加えて米を煮たもの。 粥

かゆい【痒い】 むずむずしてかきたい感じである。itchy ▼―所に手が届く 細かい点まで注意がいきとどいている。 痒い

かよいじ【通い路】 行き来する通り道。 通い路

かよう【可溶】 ある物質が液体にとけやすいこと。▽―性。対不溶。 可溶

かよう【通う】 ある場所に何度も行く。▽学校に―。 通う

かよう【斯様】 このよう。この通り。▽―なわけである。 斯様

かよう【歌謡】 節をつけて歌う歌。 歌謡

かようきょく【歌謡曲】 流行歌。 歌謡曲

がようし【画用紙】 絵をかくのに使う、あつめの紙。drawing paper 画用紙

かよく【寡欲】 欲の少ないようす。類無欲。 寡欲

がよく【我欲】 自分だけの利益を求める欲望。self-interest 我欲

かよわい【か弱い】 弱々しい。ひ弱い。feeble か弱い

から【空】 ❶何もないこと。空っぽ。❷見せかけの。①empty 空

から【唐】 ❶中国の古称。❷外国。 唐

から【殻】 ❶動植物の表面をおおうかたいもの。❷外側をおおっているもの。①shell 殻

がら ❶肉をとった後のにわとりの骨。❷質の悪いコークス。

がら【柄】 ❶模様。❷品位。▽―が悪い。❸体格。❹ふさわしい性質・状態を表す。▽商売―。①pattern 柄

からあげ【空揚げ】 〈唐揚げ〉肉や魚に、小麦粉などをまぶして油で揚げること・料理。 空揚げ

からい【辛い】 ❶塩けが多い。❷舌がひりひりするような味だ。❸きびしい。▽点が―。①salty 辛い

カラオケ 歌謡曲などの伴奏部分のみを再生し、それに合わせて歌うこと。また、その装置。

からかう【揶揄う】 ひやかしや冗談で、人を困らせる。tease 揶揄う

からかさ【唐傘】 〈傘〉竹の骨に油紙をはった雨がさ。 唐傘

からかみ【唐紙】 ❶ふすま。❷ふすまに張る、模様のある紙。 唐紙

からがら【辛辛】 やっとのことで。▽命―逃げ出す。 辛辛

からくさもよう【唐草模様】 からんだつる草を図案化した模様。 唐草

唐草模様

からくち【辛口】 ❶飲食物の味のからいもの。❷批判的できびしいこと。❸酒類でアルコール度数が高いもの。

からくも【辛くも】 やっとのことで。かろうじて。barely

からくり【絡繰り】 ❶計略。❷ぜんまいなどで動くしかけ。▽―人形。 絡繰

からくれない【唐紅】 濃い紅色。 唐紅

からげる【絡げる】 ❶しばる。❷まくり上げる。▽すそを―。①bind 絡げる

カラザ【chalaza】 鳥の卵の黄身の両端にあるひも状のもの。

からし【芥子】 からしなの種子をひいて粉にしたから味香辛料。mustard 芥子

からじし【唐獅子】 ライオン。また、獅子(しし)を美術的に装飾・図案化したもの。 唐獅子

からす〔烏〕 人10 **ウ・からす** ❶鳥の、からす。▽―兎(うと)。❷黒。▽―鷺(うろ)。 烏・烏

筆順 ノ 亻 户 户 乌 烏 烏

からす【枯らす】 枯れさせる。 枯らす

からす【烏】 〈鴉〉鳥の一。まっ黒な鳥。crow ▼―の足跡(あしあと) 女性の目尻にできるしわ。▼―の行水(ぎょうずい) 短い入浴のたとえ。▼―の雌雄(しゆう) 似(に)ていて区別しにくいことのたとえ。▼―の鳴かぬ日はあっても どんな日でも。▼―の濡(ぬ)れ羽色 黒くつやのある髪のたとえ。 烏

からす【涸らす】 水をすっかりなくしてからからにする。run dry 涸らす

からす【嗄らす】 声をかすれさせる。become hoarse 嗄らす

ガラス【glas オランダ】 〈硝子〉石英などをとかしてつくる、かたくてもろい物質。glass

からすき【唐鋤】〈犂〉柄が曲がっていて刃が広い、田を耕す農具。 唐鋤

ガラスばり【ガラス張り】❶ガラスをはめこんであるもの。❷かくしごとがないこと。 張り

からすみ【鱲子】ぼらなどの卵巣を塩漬けにして干したもの。 鱲子

からだ【体】〈身体〉❶身体(しんたい)。また、体格や体質。❷健康の状態。❸ある立場にある身。①body ②health ▼―を張る 身の安全をかえりみないで行動する。 体

からたけわり【乾竹割り】竹を割るように、真っ二つに切ること。 乾竹割

からたち【枳殻】〈枸橘〉生け垣などにする木の一。枝にはとげがある。 枳殻

からちゃ【空茶】茶菓子なしで飲む茶。 空茶

からっかぜ【空っ風】冬、関東地方にふく、かわいた強風。dry wind 空っ風

カラット【carat】〈karat〉宝石の重さを表す単位。一カラットは二〇〇ミリグラム。記号K, ct

からつゆ【空梅雨】雨の少ない梅雨。 空梅雨

からて【空手】❶何も持たないこと。手ぶら。❷〈唐手〉手足を使ってたたかう武術。①empty hand 空手

からてがた【空手形】❶支払いの不確実な手形。❷実行されない約束。②empty promise 空手形

からとう【辛党】酒の好きな人。類左党。対甘党。 辛党

からねんぶつ【空念仏】❶口先だけで唱える心のこもらない念仏。❷言うだけで実行しない意見。 空念仏

からぶり【空振り】❶振ったものが当たらないこと。❷実行しても、期待どおりにならないこと。 空振り

カラフル【colorful】色彩が豊かで美しいようす。

からまつ【唐松】〈落葉松〉落葉高木の一。葉は針状で、晩秋に黄葉する。材は建築などに用いる。larch 唐松

からまわり【空回り】❶車・機械などがむだに回ること。❷効果や実績があがらないこと。①idling 空回り

がらみ【絡み】…と関連していること。▽汚職―の事件。 絡み

がらみ【搦み】年齢が、およそ…くらい。▽五〇―の男。 搦み

からむ【絡む】❶巻きつく。まつわりつく。❷密接な関連がある。❸言いがかりをつける。①entwine around 絡む

からめて【搦め手】❶城の裏門。❷相手の弱点や、注意のおろそかな方面。 搦手

からめる【絡める】❶巻きつかせる。❷ねばりけのあるものをくっつける。❸密接に関連づかせる。 絡める

からめる【搦める】捕らえてしばる。 搦める

カラン【kraanオランダ】水道の蛇口(じゃぐち)。

がらん【伽藍】寺の大きな建物。 伽藍

かり【雁】人12 ガン・かり 渡り鳥の、かり。▽―行(がんこう)。帰―(きがん)。

筆順

雁・鴈

カリ【kaliオランダ】〈加里〉カリウム。

かり【仮】❶一時の間に合わせ。❷本当のものではないこと。▽―の名。❸仮定。注仮×り。①temporary ③supposition 仮

かり【狩り】❶鳥やけものをとること。❷動植物をとったりながめたりして楽しむこと。▽もみじ―。①hunting 狩り

かり【借り】❶借りること。借りたもの。❷負い目。❸うらみ。対❶❷貸し。①debt 借り

かりあつめる【駆り集める】急いであちこちから集める。▽手伝いを―。 駆り集

かりいれ【刈り入れ】かり入れること。 刈入れ

かりうど【狩人】⇩かりゅうど。 狩人

カリウム【Kaliumドイツ】金属元素の一。銀灰色のアルカリ金属。カリ。記号K

カリエス【Kariesドイツ】結核菌で骨がおかされ、うみが出る病気。

かりかた【借り方】❶金品を借りた方の人。❷借りる方法。❸簿記で、現在所有する財産を記入する部分。 借方

カリカチュア【caricature】風刺画。

かりがね【雁が音】〈雁金〉❶鳥の、がん。❷がんの鳴き声。①wild goose 雁が音

がりがりもうじゃ【我利我利亡者】私利だけを求める欲深い人。 我利

カリキュラム【curriculum】教育課程。

かりしょぶん【仮処分】判決確定まで、申請者の権利保全のため、裁判所が命令する暫定的(ざんていてき)処分。

カリスマ【Charismaドイツ】❶奇跡・予言を行う能力。❷人々を心服させる能力(のある人)。

かりずまい【仮住まい】一時しのぎに、仮に住むこと。また、その家。仮寓。

かりそめ【仮初め】❶その場限り。一時的なこと。仮。▽—の恋。❷ちょっとしたこと。▽—の病。❸軽々しいこと。

かりそめにも【仮初めにも】たとえどうあろうとも。決して。仮にも。

かりたおす【借り倒す】借りたまま返さずに、おし通す。踏み倒す。bilk

かりたてる【駆り立てる】❶むりに行かせる。❷気持ちをつき動かす。①drive

かりに【仮に】❶もしも。▽—成功したとして…。❷間に合わせに。①if ②temporarily

かりにも【仮にも】仮初めにも。

かりぬい【仮縫い】洋服の本縫い前に、試着して補正すること。fitting

かりね【仮寝】❶ちょっと眠ること。うたたね。仮眠。❷旅先でねること。旅寝。①nap

がりばん【がり版】謄写版。ガリ版。がり。

かりゅう【下流】❶川しも。❷社会の下の階層。①downstream

かりゅう【顆粒】小さな丸いつぶ。

がりゅう【我流】自分勝手なやり方。

かりゅうかい【花柳界】芸者たちの社会。

がりゅうてんせい【画竜点睛】⇩がりょうてんせい。

かりゅうど【狩人】けものや鳥をとる職業の人。かりうど。猟師。hunter

かりょう【加療】病気の手当てをすること。類治療。medical treatment

かりょう【科料】軽い罪に対する罰として支払わせる少額の金銭。fine

かりょう【過料】法令違反に対して科せられる金銭罰。

使い分け「かりょう」
科料…財産刑の一。罰金より軽い。とが料。
過料…刑罰ではなく、行政上の制裁金。あやまち料。

がりょう【雅量】寛大な心。類広量。

がりょうてんせい【画竜点睛】最後に加える、大切な仕上げ。がりゅうてんせい。注画竜点×晴。

かりょく【火力】❶火の力。火の勢い。❷銃砲の威力。①heating power

かりる【借りる】❶一時、人のものを使う。❷代用する。❸助けを受ける。①borrow ▼—て来た猫(ねこ) ふだんと違い非常におとなしいようす。

かりん【花梨】落葉高木の一。果実は食用。材は家具などに使う。

かりんとう【花林糖】小麦粉に水あめなどを練り合わせ、油であげ、みつをからめた菓子。

かる【刈】常4【苅】7 かる 切る。▽稲を—。頭を—。

筆順 ノ メ 刈 刈

かる【刈る】❶草や作物を切りとる。❷毛髪を切る。①mow, reap ②cut

かる【狩る】❶鳥・けものを追ってつかまえる。❷さがしもとめる。①hunt

かる【駆る】〈駈る〉❶追い払う。❷乗って走らせる。❸促す。強いてさせる。▽国民を戦争に—。❹心を強く動かす。▽不安に—られる。①~③drive

ガル【gal】加速度の単位。一ガルは毎秒一センチの加速度を表す。記号gal

かるい【軽い】❶目方が少ない。❷軽率だ。▽口が—。❸たいしたことはない。❹楽だ。❺価値が少ない。▽—く見る。対❶~❺重い。①light

かるいし【軽石】溶岩がひえてできた、穴の多い軽い石。pumice

かるがるしい【軽軽しい】かるはずみだ。軽率だ。careless

カルキ【kalkオランダ】❶さらし粉。❷石灰。

かるくち【軽口】❶こっけいなことば・話。▽—をたたく。❷

しゃれ。❸口が軽いこと。

カルシウム【calcium オランダ】 金属元素の一。骨や歯をつくる。記号Ca

かるた【歌留多】 〈加留多・骨牌〉遊びに使う、絵・文字などを書いた札。また、それを使った遊び。carta〈ポルトガル語〉から。 歌留多

カルチャー【culture】 文化。教養。

カルチャーショック【culture shock】 文化的違和感。異文化に接したときに受ける衝撃。

カルテ【Karte ドイツ】 医者が患者の病状を記録するカード。診療記録カード。

カルテット【quartetto イタリア】 音楽で、四重奏、四重唱。また、そのグループ。

カルテル【Kartell ドイツ】 企業連合。

かるはずみ【軽はずみ】 軽率。おっちょこちょい。rash 軽はずみ

カルビ【kalbi 朝鮮】 牛などのばら肉。

かるわざ【軽業】 危険なわざを身軽にやってみせる芸当。acrobatics 軽業

かれ【彼】 ❶話し手と聞き手以外の男性をさす語。❷恋人の男性。①he ②lover 彼

かれい【加齢】 ❶年齢を加えること。加年。❷時間の経過とともに生じる生物体の衰退の過程。 加齢

かれい【佳麗】 容姿などがととのって美しいようす。 佳麗

かれい【華麗】 はなやかで美しいようす。gorgeous 華麗

かれい【嘉例】 めでたい先例。 嘉例

かれい【鰈】 海産の魚の一。体は平たい。flatfish 鰈

ガレージ【garage】 車庫。

かれおばな【枯れ尾花】 枯れたすすき。 枯尾花

かれき【枯れ木】 枯れた木。dead tree ▼**—も山の賑(にぎ)わい** つまらないものでも、ないよりましというたとえ。 枯木

がれき【瓦礫】 打ち砕かれたコンクリートのかけらや石ころなど。 瓦礫

かれさんすい【枯れ山水】 日本庭園で、水を使わず、石・砂・樹木だけで山水を表現するもの。 枯山水

かれし【彼氏】 彼❷と同じ。 彼氏

かれつ【苛烈】 きびしくはげしいこと。類酷烈。severity 苛烈

カレッジ【college】 ❶単科大学。❷専門学校。

かれる【枯れる】 ❶草木に水気がなくなる。草木が死ぬ。▽花が—。❷芸などに深い味わいが出てくる。▽—れた芸。①wither, die 枯れる

かれる【涸れる】 ❶水がなくなる。▽井戸が—。❷能力などがなくなる。▽才能が—。類❶ひあがる。①dry 涸れる

かれる【嗄れる】 声がかすれる。get hoarse 嗄れる

かれん【可憐】 かわいく、いじらしいようす。lovely 可憐

かれんちゅうきゅう【苛斂誅求】 租税などをきびしく取り立てること。 苛斂

かろう【家老】 昔、大名の家来の最上位(の人)。 家老

かろう【過労】 運動し過ぎ、働き過ぎで疲れること。overwork 過労

がろう【画廊】 ❶絵や彫刻などを陳列し、見せたり売ったりする所。❷画商の店。①gallery 画廊

かろうじて【辛うじて】 やっとのことで。どうにかこうにか。ようやく。▽—間に合った。barely 辛うじて

カロチン【Karotin ドイツ】 緑黄色野菜などに含まれる黄色の色素。動物の体内でビタミンAに変わる。カロテン。

かろとうせん【夏炉冬扇】 その時節に合わないで、役に立たないもの。 夏炉

かろやか【軽やか】 いかにも軽そうなようす。lightly 軽やか

カロリー【Kalorie ドイツ】 ❶熱量の単位。一カロリーは、一グラムの水を摂氏一度あげるのに必要な熱量。記号cal ❷栄養価の単位。消化されて体の中で出す熱量。❶の一〇〇〇倍。記号Cal

ガロン【gallon】 ヤードポンド法による液体の容積の単位。

かろんじる【軽んじる】 ❶いいかげんに扱う。❷見くだす。対❶❷重んじる。②disdain 軽んじる

かわ【川】 〈河〉山や湖から流れ出したり、地上で集まったりした水の流れ。river 川

かわ【皮】 ❶動植物の外側をおおって内部を保護するもの。表皮。❷物の表面を包むもの。①skin 皮

かわ【革】 動物の皮をはいでなめしたもの。leather 革

使い分け「かわ」

皮…動植物の表皮。本質を隠すもの。▽虎の―。木の―。面の―が厚い。化けの―が剝がれる。

革…加工した獣の皮。▽―製品を買う。―靴。なめし―。

がわ【側】 ❶ものの一方の面。一方の立場。❷物の周囲。①side　側

かわいい【可愛い】 ❶愛していて心がひかれるようす。❷小さくて愛らしい。かわいらしい。②cute ▼―子には旅をさせよ 子供がかわいいなら、世の中へ出して苦労させた方がよい。　可愛い

かわいそう【可哀想】 〈可哀相〉あわれで、同情にたえないようす。気の毒だ。類痛ましい。pitiful　可哀想

かわうそ【川獺】 〈獺〉水辺にすむ動物の一。うそ。otter　川獺

かわおび【革帯】 ベルト。　革帯

かわきり【皮切り】 物事のしはじめ。手始め。　皮切り

かわく【乾く】 水分がなくなる。▽洗濯物が―。類干る。dry　乾く

かわく【渇く】 ❶水が飲みたくなる。❷手に入れられなくて、ほしがる。▽愛情に―いた心。①be thirsty　渇く

使い分け「かわく」

乾く…水分がなくなる。▽空気が―。干し物が―。乾いた土。舌の根の乾かぬうちに。

渇く…喉に潤いがなくなる。強く求める。▽喉が―。渇きを覚える。心の渇きを癒やす。親の愛情に―。

かわぐち【川口】 〈河口〉川が海や湖にそそぐ所。　川口

かわざんよう【皮算用】 捕(と)らぬ狸(たぬき)の皮算用。　皮算用

かわじり【川尻】 ❶川下(かわしも)。❷川口(かわぐち)。　川尻

かわす【交わす】 ❶やりとりする。▽あいさつを―。❷たがいにまじえる。▽技を―。①exchange　交わす

かわす【躱す】 ❶身を転じてよける。❷攻撃をそらす。①dodge　躱す

かわず【蛙】 「かえる」「かじかがえる」の別称。frog　蛙

かわすじ【川筋】 ❶川の流れる道すじ。❷川にそっている道や土地。　川筋

かわせ【為替】 現金でなく、手形・小切手・証書などで支払う方法。また、その手形など。money order　為替

かわせてがた【為替手形】 手形の発行者である振り出し人が、受け取り人への支払いを第三者に委託する形式の手形。　手形

かわせみ【川蟬】 〈翡翠〉水辺にすむ鳥の一。くちばしが長く、背は青緑で美しい。kingfisher　川蟬

かわたれどき【彼者誰時】 明け方や夕暮れの薄暗い時分。類たそがれどき。　彼者誰

かわどこ【川床】 ⇩河床(かしょう)。　川床

かわばた【川端】 川のほとり。川辺。川縁(かわべり)。　川端

かわも【川面】 川の水面。かわづら。　川面

かわや【厠】 「便所」の意の古風なことば。lavatory　厠

かわやなぎ【川柳】 川辺の柳。　川柳

かわら【瓦】 屋根をふくのに使うねんどの焼き物。tile　瓦

かわら【河原】 〈川原〉川べりの、水が流れていない小石や砂の多い所。　河原

かわらけ【土器】 素焼きの陶器・杯。　土器

かわらばん【瓦版】 江戸時代、事件などを印刷したちらし。　瓦版

かわりだね【変わり種】 ❶違った種類。変種。❷ふつうと違った性質・経歴の人。　変り種

かわりばえ【代わり映え】 かわったために前よりよくなること。▽―のしない顔ぶれ。　代り映

かわりみ【変わり身】 周囲の変化に応じて考えや行動をかえること。▽―が早い。　変り身

かわりもの【変わり者】 変人。oddball　変り者

かわる【代わる】 代理をする。　代わる

かわる【変わる】 ❶前とちがう状態になる。変化する。❷ふつうのものと異なる。別のものになる。①change ②unusual　変わる

かわる【換わる】 とってかわる。change　換わる

かわる【替わる】 いれかわる。代わる。change, replace　替わる

使い分け「かえる・かわる」

変える・変わる…前と異なる状態にする。▽観点を変える。位置が変わる。顔色を変える。気が変わる。心変わりする。

換える・換わる…物と物を交換する。▽物を金

に換える。名義を書き換える。電車を乗り換える。現金に換わる。
替える・替わる…新しく別のものにする。▽頭を切り替える。振り替え休日。入れ替わる。日替わり定食。替え歌。
代える・代わる…ある役割を別のものにさせる。▽書面をもって挨拶に代える。父に代わって言う。投手を代える。余人をもって代え難い。

かん〔干〕常3 **カン・ほす・ひる** ❶ほす。▽―物(ひもの)。❷潮がひく。▽―潮。❸かかわる。▽―渉。❹えと。▽十―(じっかん)。
筆順 一 二 干
干・干

かん〔刊〕常5 **カン** 出版する。▽―行。週―。夕―。
筆順 一 二 千 刋 刊
刊・刊

かん〔甘〕常5 **カン・あまい・あまえる・あまやかす** ❶あまい。▽―味。❷満足する。▽―受。
筆順 一 十 廾 甘 甘
甘・甘

かん〔汗〕常6 **カン・あせ** あせ。あせをかく。▽―顔。発―。―水(あせみず)。
筆順 丶 冫 氵 氵 汗 汗
汗・汗

かん〔缶〕常6 **カン** ❶金属製の入れ物。▽―詰。❷かま。▽汽―。(罐)
筆順 ノ 𠂉 午 午 缶 缶
缶・缶

かん〔完〕常7 **カン** ❶欠けがない。▽―全。❷やりとげる。▽―結。
筆順 丶 丷 宀 宀 宀 宇 完
完・完

かん〔肝〕常7 **カン・きも** ❶肝臓。▽―胆(かんたん)。❷心。❸重要。▽―要。
筆順 ノ 刀 月 月 肝 肝 肝
肝・肝

かん〔侃〕人8 **カン** ひるまないようす。▽――諤諤(かんかんがくがく)。
筆順 ノ 亻 仆 仰 侃 侃 侃 侃
侃・侃

かん〔函〕人8 **カン・はこ** ❶はこ。▽投―(とうかん)。❷包みこむ。▽封―(ふうかん)。
筆順 一 了 了 了 了 丞 函 函
函・函

かん〔官〕常8 **カン** ❶役人。▽―僚。❷政府。▽―庁。❸生物体の特定の機能をもつ部分。▽器―。
筆順 丶 丷 宀 宀 宀 官 官 官
官・官

かん〔冠〕常9 **カン・かんむり** ❶かんむり。▽戴―。❷かぶる。▽―水。❸元服。
筆順 冖 冖 冖 冖 冠 冠 冠 冠
冠・冠

かん〔姦〕9 **カン・かしましい** ❶悪事。▽―計。❷不倫。▽―通。❸うるさい。
姦・姦

かん〔巻〕常9〔卷〕人8 **カン・まく・まき** ❶まく。▽席―(せっけん)。❷巻き物。書物。▽絵―。
筆順 丷 䒑 丷 兰 关 券 券 巻
巻・巻

かん〔柑〕人9 **カン** みかん類。▽蜜―(みかん)。―橘類(かんきつるい)。
筆順 一 十 木 木 村 柑 柑 柑
柑・柑

かん〔看〕常9 **カン** ❶みる。▽―過。❷見守る。▽―病。―守。
筆順 一 二 三 手 手 看 看 看
看・看

かん〔竿〕人9 **カン・さお** 竹の棒。さお。▽―頭(かんとう)。釣り―(ざお)。
筆順 ノ 𠂉 𥫗 𥫗 竺 竺 竿
竿・竿

かん〔桓〕10 **カン** とりまいた木。
桓・桓

かん〔莞〕人10 **カン** にっこりする。▽―爾(かんじ)。
筆順 一 艹 艹 芒 芒 苎 莞
莞・莞

かん〔陥〕常10〔陷〕人10 **カン・おちいる・おとしいれる** ❶落ちこむ。よくない状態になる。▽―没。❷攻め落とす。▽―落。❸欠けたところ。あやまち。▽欠―。
筆順 了 阝 阝 阝 阝 陥 陥
陥・陥

かん〔乾〕常11 **カン・かわく・かわかす** ❶かわかす。▽―燥。❷天。▽―坤(けんこん)。
筆順 十 古 吉 卓 卓 卓 乾
乾・乾

かん〔勘〕常11 **カン** ❶考える。▽―案。❷直感。▽山―。
筆順 一 廾 甘 其 其 甚 勘 勘
勘・勘

かん〔患〕常11 **カン・わずらう** ❶うれえる。▽憂―。❷病気。▽―者。
筆順 丶 口 口 吕 串 串 患 患
患・患

かん〔貫〕常11 **カン・つらぬく** ❶つらぬく。▽―通。❷お金・重さの単位。
筆順 ㇄ 口 四 毌 毌 毌 貫 貫
貫・貫

かん〔寒〕常12 **カン・さむい** ❶さむい。▽―冷。❷貧乏で苦しい。▽―村。(寒)
筆順 宀 宀 宀 宀 宔 寉 寒 寒
寒・寒

かん〔喚〕常12 **カン** ❶わめく。▽―声。❷呼びよせる。▽―問。

筆順 喚 喚・喚

かん【堪】常12 カン・たえる がまんする。▽—忍。
筆順 堪 堪・堪

かん【換】常12 カン・かえる・かわる 取りかえる。入れかわる。▽—気。交—。
筆順 換 換・換

かん【敢】常12 カン 思いきって行う。▽—行。勇—。
筆順 敢 敢・敢

かん【棺】常12 カン 死体を入れる箱。ひつぎ。▽納—。—桶(かんおけ)。
筆順 棺 棺・棺

かん【款】常12 カン ❶よろこぶ。▽交—。❷項目。▽約—。❸しるした字。▽落—。❹金額。▽借—。
筆順 款 款・款

かん【間】常12 カン・ケン・あいだ・ま ❶あいだ。▽—隔。❷範囲の中。▽時—。❸すきをうかがう。▽—者。❹長さの単位。(間)
筆順 間 間・間

かん【閑】常12 カン ❶ひま。▽—職。❷しずか。▽—静。長—(のどか)。
筆順 閑 閑・閑

かん【勧】常13 カン・すすめる すすめる。はげます。▽—誘。—業。(勸)
筆順 勧 勧・勧

かん【寛】常13【寬】人14 カン 心がひろい。▽—大。—容。
筆順 寛 寛・寛

かん【幹】常13 カン・みき ❶木のみき。主要部。▽根—。❷能力。▽才—。
筆順 幹 幹・幹

かん【感】常13 カン ❶心が動く。▽—動。❷刺激を受ける。▽—冒。
筆順 感 感・感

かん【漢】常13【漢】人14 カン ❶天の川。▽銀—。❷男。▽好—。❸中国にかかわること。▽—文。—字。
筆順 漢 漢・漢

かん【慣】常14 カン・なれる・ならす ❶なれる。▽—用。❷ならわし。▽習—。
筆順 慣 慣・慣

かん【潅】14 カン・そそぐ 水をそそぐ。▽—漑(かんがい)。(灌) 潅・潅

かん【管】常14 カン・くだ ❶ふえ。❷くだ。▽血—。❸つかさどる。▽—理。
筆順 管 管・管

かん【関】常14 カン・せき・かかわる ❶出入り口。▽玄—。❷しくみ。▽機—。❸かかわる。—係。—与。(關)
筆順 関 関・関

かん【歓】常15 カン よろこぶ。たのしむ。▽—声。—談。(歡)
筆順 歓 歓・歓

かん【澗】15 カン 谷。谷川。▽—渓(かんけい)。—水(かんすい)。(澗) 澗・澗

かん【監】常15 カン ❶みはる。▽—視。❷ろうや。▽—獄。
筆順 監 監・監

かん【緩】常15 カン・ゆるい・ゆるやか・ゆるむ・ゆるめる ❶ゆるやか。▽—慢。❷ゆるむ。▽—和。(緩)
筆順 緩 緩・緩

かん【諫】15 カン・いさめる いさめる。▽—言(かんげん)。—死(かんし)。(諫) 諫・諫

かん【憾】常16 カン うらむ。残念に思う。▽遺—。
筆順 憾 憾・憾

かん【翰】16 カン ふでで書いたもの。▽書—。—墨(かんぼく)。 翰・翰

かん【還】常16 カン ひと回りして、もどる。▽—暦。生—。
筆順 還 還・還

かん【館】常16【舘】16 カン・やかた ❶大きな建物。▽美術—。❷やどや。▽旅—。
筆順 館 館・館

かん【環】常17 カン ❶わの形の玉。❷とりまく。めぐる。▽—境。
筆順 環 環・環

かん【簡】常18 カン ❶文書。▽書—。❷間をはぶく。▽—潔。(簡)
筆順 簡 簡・簡

かん【観】常18 カン ❶よく見る。▽—察。—劇。❷ものの見方。▽主—。楽—。人生—。❸
筆順 観 観・観

ながめ。ようす。▽外―。壮―。(觀)

筆順 𠂉 𠂇 𠂇 𠂇 𠂇 雚 観 観・観

かん〔韓〕常18 カン ❶大韓民国の略。韓国。❷昔の朝鮮南部の呼び名。

筆順 𠦝 𠦝 𠦝 𠦝 𠦝 韓 韓 韓 韓・韓

かん〔艦〕常21 カン 戦争に使うふね。▽軍―。戦―。

筆順 舟 舟 舟 舟 舟 舟 艦 艦 艦・艦

かん〔鑑〕常23 カン・かんがみる ❶かがみ。手本。▽亀―(きかん)。❷見定める。▽―定。

筆順 金 金 金 金 金 金 鑑 鑑 鑑・鑑

かん〔甲〕⇩こう

かん【缶】❶金属製の容器。❷缶詰。 缶

かん【官】❶政府。役所。▽―を辞する。❷公務員など。▽警察―。対❶民。 官

かん【冠】❶かんむり。❷ずばぬけてすぐれているようす。▽世界に―たる芸術。 冠

かん【巻】❶巻き物。書物。❷書籍の順・量を数える語。❸巻いたものを数える語。 巻

かん【疳】❶発作的にけいれんなどを起こす病気。子供に多い。❷癇(かん)❷。 疳

かん【勘】直感によってさとる能力。第六感。▽―がいい。 勘

かん【貫】❶尺貫法の重さの単位。一貫は約三・七五キロ。❷昔のお金の単位。一貫は一〇〇〇文(もん)。 貫

かん【寒】二十四節気のうち、大寒と小寒の称。一年で最も寒い時期。 寒

かん【棺】ひつぎ。▼―を蓋(おお)いて事定まる 人の業績の価値は、死後に決まる。 棺

かん【間】❶あいだ。▽生死の―をさまよう。❷距離。❸好機。▽―に乗じる。❹…のあいだ。▼―髪(はつ)を容(い)れず すぐさま。 間

かん【閑】ひま。▽忙中―あり。 閑

かん【感】❶感じ。思い。▽隔世の―。❷感動。▽―無量。❸…の感じ。▽満足―。▼―極(きわ)まる 非常に感激する。▼―に堪(た)えない 深く感動する。 感

かん【管】くだ。▽水道―がつまる。 管

かん【歓】よろこび。▽―を尽くす。 歓

かん【燗】酒をあたためること。 燗

かん【癇】❶ひきつけ。❷感情がはげしくて、すぐに怒ったりすること。 癇

かん【簡】❶竹のふだ。❷簡潔。▼―にして要を得る 簡潔で、しかも要点をとらえている。 簡

かん【観】❶外見。ありさま。▽別人の―。❷考え方。▽人生―。 観

かん【艦】軍艦。 艦

がん〔丸〕常3 ガン・まる・まるい・まるめる ❶球形。まるい。▽弾―。❷まるめる。❸全部。▽―焼け。❹船などの名前につけることば。まる。

筆順 ノ 九 丸 丸・丸

がん〔含〕常7 ガン・ふくむ・ふくめる ❶口に入れる。❷中の意味・内容。▽―蓄。

筆順 ノ 人 亼 今 今 含 含 含・含

がん〔岸〕常8 ガン・きし きし。水ぎわ。▽―壁。海―。―辺(きしべ)。

筆順 丶 山 山 屵 岸 岸 岸 岸

がん〔岩〕常8 ガン・いわ いわ。大きな石。▽―壁。―盤。溶―。

筆順 丶 山 山 山 岩 岩 岩 岩・岩

がん〔玩〕常8 ガン ❶もてあそぶ。▽愛―。―具。❷味わう。▽―味。

筆順 一 丁 王 王 玗 玩 玩 玩・玩

がん〔眼〕常11 ガン・ゲン・まなこ ❶目。目つき。▽血―(ちまなこ)。❷本質を見ぬく力。▽―力。❸要点。▽―目。主―。❹穴。▽銃―。

筆順 冂 目 目 目 目 眼 眼 眼 眼・眼

がん〔頑〕常13 ガン ❶かたくな。▽―固。❷つよい。▽―丈(がんじょう)。

筆順 二 元 元 元 頑 頑 頑 頑 頑・頑

がん〔翫〕15 ガン・もてあそぶ もてあそぶ。▽―弄(がんろう)。 翫・翫

がん〔癌〕17 ガン 悪性のはれもの。▽発―。胃―。 癌・癌

がん〔顔〕常18 ガン・かお ❶かお。かおつき。▽笑―(えがお)。―色。❷いろどり。▽―料。(顏)

筆順 亠 立 产 彦 彦 彦 顔 顔 顔・顔

がん〔贋〕19 ガン・にせ にせもの。▽―作(がんさく)。―造(がんぞう)。 贋・贋

がん〔願〕常19 ガン・ねがう ねがう。ねがい。▽―書。―望。祈―。

筆順 一 厂 厂 原 原 原 願 願・願

がん〔巌〕人20〔巖〕人23 ガン・いわお ごつごつした岩。いわお。▽―窟(がんくつ)。

筆順	山	屵	岸	岸	崖	崖	巖

巖・岩

がん【元】⇨げん　がん【雁】⇨かり

がん【雁】〈鴈〉水鳥の一。秋に来て春に北に帰る渡り鳥。列をつくって鳴きながら飛ぶ。かり。かりがね。wild goose　雁

がん【癌】❶悪性のはれもの。❷進行・発展の重大な妨げとなるもののたとえ。①cancer　癌

がん【願】神仏に対する願い。　願

かんあく【奸悪】心がねじけて腹黒いこと・人。　奸悪

かんあん【勘案】いろいろと考え合わせること。▽諸般の事情を—して決定する。consideration　勘案

かんい【官位】❶官職と位階。❷官職の等級。　官位

かんい【簡易】手軽で簡単なこと。simplicity　簡易

かんいっぱつ【間一髪】非常にさしせまっていること。危ないところ。▽—で助かる。注間一×発。hairbreadth　間一髪

かんいん【姦淫】〈男女の〉不道徳な性的関係。類密通。adultery　姦淫

かんうんやかく【閑雲野鶴】束縛されない、悠々とした境遇のたとえ。　閑雲

かんえつ【観閲】高官が軍隊を検閲すること。類観兵。　観閲

がんえん【岩塩】岩石の間から天然にとれる塩。rock salt　岩塩

かんおう【観桜】さくらの花を見て楽しむこと。類花見。　観桜

かんおけ【棺桶】死体を入れる箱。ひつぎ。coffin　棺桶

かんか【干戈】干（たて）と戈（ほこ）。武器。▼—を交える　戦争をする。　干戈

かんか【看過】見過ごすこと。見逃すこと。▽—できない。overlooking　看過

かんか【閑暇】ひま。▽—を得る。leisure　閑暇

かんか【感化】影響をあたえて、考え方をかえさせること。influence　感化

かんか【管下】管轄の範囲内。管内。　管下

かんが【官衙】官庁。役所。　官衙

かんが【閑雅】❶みやびやか。❷静かで趣があるようす。　閑雅

がんか【眼下】見渡せる目の下の方。　眼下

がんか【眼窩】眼孔（がんこう）。　眼窩

かんかい【官界】役人の社会。　官界

かんかい【感懐】心に感じる思い。感想。impression　感懐

かんがい【干害】〈旱害〉日照りによる農作物の被害。drought damage　干害

かんがい【寒害】異常な寒さによる農作物の害。類冷害。　寒害

かんがい【感慨】しみじみと心に感じること。また、その思い。▽—にふける。注感×概。　感慨

かんがい【灌漑】人工的な水路をつくって田畑に水を引き入れること。▽—用水。irrigation　灌漑

がんかい【眼界】目に見える範囲。視界。sight　眼界

かんがいむりょう【感慨無量】感慨の深いようす。感無量。　無量

かんがえる【考える】❶頭を働かせる。❷思いをめぐらす。❸くふうする。①②think ▼—葦（あし）　人間のこと。パスカルの言葉から。　考える

かんかく【間隔】物と物とのへだたり。また、時間的なへだたり。▽発車の—。interval　間隔

かんかく【感覚】❶目・耳・鼻・舌・皮膚で感じる働き。❷もののとらえ方・感じ方。①②sense　感覚

かんがく【官学】❶官立の学校。❷昔、時の政府が正しいと認めた学問。江戸時代の朱子（しゅし）学など。　官学

がんかけ【願掛け】願をかけること。願立て。　願掛け

かんかつ【管轄】権限によって支配すること・範囲。類所轄。jurisdiction　管轄

かんがっき【管楽器】くだに息を吹きこんで音を出す楽器。wind instrument　管楽器

かんがみる【鑑みる】先例・手本に照らして考える。▽先例を—みて決める。consider　鑑みる

かんがん【汗顔】恥ずかしくて顔にひやあせが出ること。▼—の至り　非常に恥じ入ること。　汗顔

かんかんがくがく【侃侃諤諤】正しいと思うことを盛んに主張すること。▽—の議論。　侃侃

かんき【乾季】〈乾期〉雨の少ない季節・時期。対雨季。雨期。　乾季

dry season

かんき【勘気】 主君や親などから受けるとがめ。▽—をこうむる。 勘気

かんき【喚起】 注意・自覚をよびおこすこと。▽注意を—する。注 ×換起。arousing 喚起

かんき【寒気】 寒さ。the cold 寒気

かんき【換気】 室内の空気を入れかえること。ventilation 換気

かんき【歓喜】 非常に喜ぶこと。大喜び。▽勝利に—する。delight 歓喜

がんぎ【雁木】 雪国の町で、軒からひさしを出して、その下を通路とするもの。 雁木

かんぎく【観菊】 菊を見て楽しむこと。 観菊

かんきつるい【柑橘類】 みかんのなかまの果物の総称。citrus fruits 柑橘類

かんきゃく【閑却】 いいかげんに考えて、ほうっておくこと。▽—できない問題。類 等閑。 閑却

かんきゃく【観客】 興行やもよおし物を見る人。類 観衆。spectator 観客

かんきゅう【官給】 政府から金品を支給すること。また、その金品。 官給

かんきゅう【感泣】 感激し泣くこと。 感泣

かんきゅう【緩急】 ❶ゆるやかなことと、きびしいこと。また、おそいことと、はやいこと。❷さしせまった事態。▽一旦(いったん)—あれば…。 緩急

がんきゅう【眼球】 目のたま。目だま。eyeball 眼球

かんぎゅうじゅうとう【汗牛充棟】 もっている本が非常に多いこと。 汗牛

かんきょ【官許】 政府の許可。 官許

かんきょ【閑居】 ❶静かなすまい。❷ひまでいること。①quiet retreat 閑居

かんぎょ【還御】 天皇などが出先からお帰りになること、対 出御。 還御

かんきょう【感興】 興味を感じること。▽—がわく。interest 感興

かんきょう【環境】 影響をあたえる周囲の状態。environment 環境

かんきょう【艦橋】 軍艦で、甲板に高くつくられた指揮をとる所。bridge 艦橋

かんぎょう【寒行】 寒中に行う修行。 寒行

かんぎょう【勧業】 (政府が)産業の発展に力を入れること。 勧業

がんきょう【眼鏡】 めがね。 眼鏡

がんきょう【頑強】 ❶がんこで、手ごわいようす。▽—に抵抗する。❷がっしりしていて丈夫なようす。頑健。①stubborn 頑強

かんきん【換金】 ❶物を売って現金にかえること。❷小切手などの現金化。対 ❶換物。①realization ②cashing 換金

かんきん【監禁】 ある場所にとじこめること。confinement 監禁

がんきん【元金】 利子計算のもとになる金。もときん。対 利子。principal 元金

かんく【管区】 役所などの管轄区域。 管区

かんく【艱苦】 艱難辛苦(かんなんしんく)。 艱苦

がんぐ【玩具】 おもちゃ。toy 玩具

がんくつ【岩窟】 岩屋。岩穴。cave 岩窟

がんくび【雁首】 ❶きせるの頭部。❷人間の頭・首。 雁首

かんぐる【勘繰る】 気をまわして邪推する。suspect 勘繰る

かんぐん【官軍】 朝廷(政府)方の軍。対 賊軍。 官軍

かんけい【奸計】 悪だくみ。 奸計

かんけい【関係】 ❶かかわりあい。❷間柄。❸手づる。コネ。❹(男女の)情交。類 ❶関連。①② relation 関係

かんげい【歓迎】 喜んでむかえること。▽—の辞。—会。対 歓送。注 歓×仰・×観迎。welcome 歓迎

かんげいこ【寒稽古】 武道・芸事などで、寒中に行う練習。 寒稽古

かんげき【間隙】 ❶すきま。▽—を生じる。❷すき。▽—に乗じる。①gap ▼—を縫(ぬ)うまくすりぬける。 間隙

かんげき【感激】 深く感じて心が強く動くこと。類 感動。deep emotion 感激

かんげき【観劇】 演劇を見ること。theatergoing 観劇

かんけつ【完結】すっかり終わること。類完了。conclusion

かんけつ【間欠】〈間歇〉一定の時間をおいて、おこったりやんだりすること。intermittence

かんけつ【簡潔】簡単で要領よくまとまっているようす。▽—な文章。対冗漫。煩雑。concise

かんげつ【寒月】冬の、さえた月。

かんげつ【観月】月を観賞して楽しむこと。月見。▽—会。

かんけん【官憲】警察関係の役所。また、警察官。

かんけん【管見】せまい見識。▽—を述べれば。

かんげん【甘言】人を喜ばせるような、うまいことば。▽—に乗せられる。

かんげん【換言】言いかえること。▽これを—すれば。

かんげん【管弦】❶管楽器と弦楽器。❷雅楽の演奏。

かんげん【諫言】目上の人をいさめること・ことば。▽面(おもて)を冒して—する。remonstration

かんげん【還元】❶もとにかえること。また、かえすこと。❷酸化物から酸素を取ること。対❷酸化。①❷return

がんけん【頑健】体ががっしりして丈夫なこと。頑強。類頑丈。robust

かんげんがく【管弦楽】管・弦・打楽器での合奏(音楽)。オーケストラ。

かんこ【歓呼】喜んで大声をあげること。▽—の声。cheer

かんご【看護】病人やけが人の世話をすること。類看病。nursing

かんご【漢語】中国伝来の、また、和製の字音語。

がんこ【頑固】❶自分の考えをおし通すようす。❷しつこくて、弱まらないようす。▽—な汚れ。—な水虫。類❶強情。①obstinate

かんこう【刊行】出版。publication

かんこう【完工】工事が完了すること。類竣工(しゅんこう)。対起工。

かんこう【勘考】よく考えること。

かんこう【敢行】困難をおしきって行うこと。類決行。強行。

かんこう【感光】フィルムなどが光に当たって、化学変化を起こすこと。▽—紙。sensitization

かんこう【慣行】ならわしとして行われている事柄。類慣例。custom

かんこう【観光】風景や史跡などを見物すること。sightseeing

がんこう【眼孔】❶眼球のはいっている穴。眼窩(がんか)。❷見識。▽—が広い。①eyehole

がんこう【眼光】❶目の輝き。❷物事を見通す力。②insight

がんこう【雁行】ななめに並んで行くこと。

がんこうしゅてい【眼高手低】批評は上手でも、作るのは下手なこと。

かんこうちょう【官公庁】政府または地方公共団体の役所。

かんこうれい【箝口令】発言を禁ずる命令。口止め。▽—をしく。gag order

かんこく【勧告】そうしたほうがよいと強く説きすすめること。advice

かんごく【監獄】刑務所・拘置(こうち)所の旧称。prison

かんこつだったい【換骨奪胎】古人の作品を少しかえて、自分の作品にうまく利用すること。

かんこどり【閑古鳥】「かっこう」の別名。▼—が鳴く客がこなくて、商売がひどくひまなことのたとえ。

かんこんそうさい【冠婚葬祭】成人式・結婚式・葬式・祖先の祭り。人生のだいじな儀式のこと。

かんさ【監査】監督し検査すること。▽—役。inspection

かんさ【鑑査】鑑定し評価すること。

かんさい【完済】借金などを全部返すこと。full payment

かんざい【管財】財産・財務の管理。

がんさく【贋作】にせの作品(をつくること)。偽作。類贋造。counterfeit

かんざけ【燗酒】あたためた日本酒。

かんざし【簪】髪にさす飾り。

かんさつ【監察】取り締まって調べること。inspection

かんさつ【観察】細かい点までよく注意して見ること。observation　観察

かんさつ【鑑札】役所の発行する許可証。license　鑑札

がんさつ【贋札】にせさつ。　贋札

かんさん【甘酸】苦楽。甘苦。　甘酸

かんさん【換算】ある数量を別の単位に計算しなおすこと。conversion ▽ドルを円に―する。　換算

かんさん【閑散】人が少なく、ひっそりしているようす。quiet　閑散

かんし【干支】⇩えと。　干支

かんし【漢詩】中国の詩。また、それにならって作られた漢字の詩。　漢詩

かんし【監視】見はること。watch　監視

かんし【諫止】いさめて思いとどまらせること。　諫止

かんし【環視】まわりをとりまいて見ていること。▽衆人―。　環視

かんじ【莞爾】満足げに、にっこりと笑うようす。　莞爾

かんじ【幹事】会・団体などの世話役。世話人。organizer　幹事

かんじ【感じ】❶感じること。❷印象。❸それらしい気分。①③feeling　感じ

かんじ【漢字】中国で作られた表意文字。Chinese character　漢字

かんじ【監事】❶団体の庶務役。❷法人の業務などを監督する役（の人）。　監事

がんじがらめ【雁字搦め】縄などを何重にも巻きつけること。また、強く束縛されること。がんじがらみ。　雁字搦

かんしき【鑑識】❶物のよしあし・真偽を見きわめること。▽―眼。❷犯罪捜査で、指紋・血痕（けっこん）などを調べること・係（の人）。類❶鑑定。　鑑識

かんじき【樏】雪にうまらないように履物につけるもの。

がんしき【眼識】物のよしあしを見分ける力。類眼力。discrimination

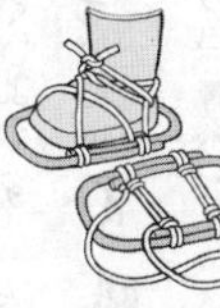

樏

がんじつ【元日】一月一日。

かんじつげつ【閑日月】❶ひまな月日。❷心・気持ちにゆとりのあること。　閑日月

かんしゃ【官舎】国や地方公共団体が建てた、公務員の住宅。類公舎。　官舎

かんしゃ【感謝】ありがたく思い、その気持ちを表すこと。thanks　感謝

かんじゃ【患者】医者の治療を受けている人。▽外来―。patient　患者

かんじゃ【間者】スパイ。　間者

かんしゃく【癇癪】怒りっぽいこと・性質。　癇癪

かんじゃく【閑寂】ひっそりとさびしいようす。▽―を楽しむ。―な境内。類静寂。quietness　閑寂

かんしゅ【看守】刑務所で、囚人を見はり、監督する役人。jailer　看守

かんしゅ【看取】見て理解すること。見ぬくこと。seeing through　看取

かんじゅ【甘受】やむを得ないとして受け入れること。▽非難を―する。　甘受

かんしゅう【慣習】伝統的なしきたり。ならわし。類風習。custom　慣習

かんしゅう【監修】本の編集を監督すること。editorial supervision　監修

かんしゅう【観衆】大勢の見物人。類観客。spectator　観衆

がんしゅう【含羞】はにかみ。　含羞

かんじゅく【完熟】果物や種子が十分に熟すこと。▽―トマト。　完熟

かんじゅせい【感受性】心に感じとる能力・性質。▽―の鋭い人。類感性。sensibility　感受性

かんしょ【甘蔗】さとうきび。　甘蔗

かんしょ【甘藷】〈甘薯〉さつまいも。　甘藷

かんしょ【寒暑】冬の寒さと夏の暑さ。類寒暖。　寒暑

かんじょ【寛恕】あやまちなどを広い心で許すこと。▽ご―を請う。forgive-ness　寛恕

がんしょ【願書】許可を求めて提出する書類。application　願書

かんしょう【干渉】❶第三者が口出しをすること。介入。▽内政―。❷二つの音や光の波が重なって、強めあったり弱めあったりすること。①②interference　干渉

かんしょう【完勝】完全に勝つこと。対完敗。complete victory　完勝

かんしょう【冠省】手紙文で、前文を省くときに書くことば。類前略。　冠省

かんしょう【勧奨】よいことだといってすすめること。▽退職を—する。　勧奨

かんしょう【感傷】心を動かされて、悲しみ・さびしさを感じること。▽—にふける。sentimentality　感傷

かんしょう【管掌】事務を取り扱うこと。▽政府—。charge　管掌

かんしょう【緩衝】対立するものの不和・衝突をやわらげること。　緩衝

かんしょう【癇性】すぐに怒ったり、ひどく潔癖だったりすること。　癇性

かんしょう【観照】ものの本質を見つめること。▽—的態度。　観照

かんしょう【観賞】見て楽しむこと。enjoyment　観賞

かんしょう【鑑賞】芸術作品を味わい楽しむこと。appreciation　鑑賞

使い分け「かんしょう」
観照…ものの本質を見極めること。▽人生を—する。
観賞…自然の風景や動植物にいう。▽名月を—する。—魚。
鑑賞…芸術作品にいう。▽名曲を—する。映画—。

かんじょう【勘定】❶計算。❷代金(を払うこと)。❸前もって見積もること。▽—に入れる。① calculation ▼—合って銭(ぜに)足らず (帳簿上の計算は合っているが現金が足りない意から)理論と実際が一致しないたとえ。　勘定

かんじょう【勧請】❶神仏の霊を分けて他の場所に移しまつること。❷神仏のおいでを願うこと。　勧請

かんじょう【感状】上官が、功績のあった者に与える賞状。　感状

かんじょう【感情】喜び・悲しみ・怒りなどといった心の動き。▽—に走る。対理性。emotion　感情

かんじょう【環状】輪の形。▽—線。　環状

がんしょう【岩礁】海中に隠れている岩。暗礁。reef　岩礁

がんしょう【岩漿】地底で、高熱でとけているもの。噴出すると溶岩になる。magma　岩漿

がんじょう【頑丈】しっかりしていて、こわれにくいようす。また、丈夫なようす。stout　頑丈

かんしょく【官職】役人としての地位と職務。government post　官職

かんしょく【寒色】寒い感じの色。青系統の色。対暖色。cold color　寒色

かんしょく【間色】中間色。　間色

かんしょく【間食】食事と食事の間に食べること・物。　間食

かんしょく【閑職】ひまな職務。　閑職

かんしょく【感触】❶触(ふ)れた感じ。❷相手から受ける感じ。▽有望という—を得る。① touch　感触

がんしょく【顔色】かおつき。かおいろ。▼—無し ❶恥や驚きなどで顔が青くなる。❷圧倒されて手も足も出ない。　顔色

かんじる【感じる】❶感覚を生じる。❷深く心を動かされる。▽意気に—。❸心に思う。①③ feel　感じる

かんしん【寒心】おそれてぞっとすること。▽—に堪えない。　寒心

かんしん【感心】❶心をうたれること。❷ほめるべきであるようす。類❷立派。① admiration　感心

かんしん【関心】特に心を引かれて、注意をむけること・気持ち。▽美術に—を持つ。interest　関心

かんしん【歓心】喜ぶ心。favor ▼—を買う 気に入られようとする。注×関心を買う。　歓心

かんじん【肝腎・肝心】特に大切なこと。類肝要。importance　肝腎

かんじん【閑人】ひまな人。　閑人

かんじん【勧進】寺の建築・改修の寄付をつのること。　勧進

かんじんもと【勧進元】❶催し物の興行主。❷発起人や世話人。　勧進元

かんすい【完遂】物事を完全になしとげること。▽目的を—する。注かん×つい。accomplishment　完遂

かんすい【冠水】大水で作物などが水をかぶること。▽大雨で道路が—した。submergence　冠水

かんすい【灌水】水をかけること。　灌水

がんすいたんそ【含水炭素】「炭水化物」の旧称。 含水

かんすう【関数】〈函数〉二つの変数xとyがあり、yがxの変化に対応して定まるとき、xに対するyのこと。function 関数

かんする【冠する】❶頭にのせる。❷上につける。▽企業名を―した競技会。①crown 冠する

かんする【関する】かかわる。関係する。▽人命に―問題。connect 関する

かんする【緘する】❶封をする。❷口をとじる。▽口を―して言わない。 緘する

かんせい【完成】完全にできあがること。completion 完成

かんせい【官製】政府がつくること。▽―品。対私製。 官製

かんせい【陥穽】落とし穴。pitfall 陥穽

かんせい【喚声】さけび声。shout 喚声

かんせい【閑静】あたりがものしずかなようす。quiet 閑静

かんせい【感性】物事を心に感じとる能力。sensitivity 感性

かんせい【慣性】外からの力が働かないかぎり、物体がそのときの運動状態をかえない性質。inertia 慣性

かんせい【管制】❶国が制限・禁止すること。▽報道―。❷空港で、離着陸の指示をすること。①②control 管制

かんせい【歓声】喜び叫ぶ声。 歓声

かんぜい【関税】輸入品にかける税金。customs 関税

かんぜおん【観世音】人々を苦しみから救う仏。観世音菩薩。観音（かんのん）。 観世音

かんせき【漢籍】中国の（漢文の）書物。漢書。 漢籍

がんせき【岩石】石と岩。また、大きな石。岩。rock 岩石

かんせつ【冠雪】雪が降りつもって山の頂上がかぶりものをしたように雪におおわれること。▽初―。 冠雪

かんせつ【間接】間に、ある人や物を通して接すること。また、遠回しなこと。▽―喫煙。対直接。indirectness 間接

かんせつ【関節】骨と骨との連結部分。joint 関節

かんぜつ【冠絶】とびぬけてすぐれていること。 冠絶

がんぜない【頑是無い】幼くて、よしあしがわからない。ききわけがない。 頑是無

かんぜより【観世縒り】こより。 観世縒

かんせん【汗腺】皮膚にある、あせを出す腺。sweat gland 汗腺

かんせん【官選】政府が選ぶこと。 官選

かんせん【幹線】鉄道・道路などで、主要な地点を結ぶ、重要な線。本線。対支線。trunk line 幹線

かんせん【感染】❶病気がうつること。❷世間の風習にそまること。①②infection 感染

かんせん【観戦】試合などを見ること。 観戦

かんせん【艦船】軍艦と、一般の船。 艦船

かんぜん【完全】欠点や不足のないようす。perfect 完全

かんぜん【敢然】思いきって行うようす。▽―と闘う。boldly 敢然

かんぜん【間然】欠点をとりあげて非難すること。▼―する所が無い 完全で、非のうちどころがない。 間然

がんぜん【眼前】目の前。目前。 眼前

かんせんしょう【感染症】病原微生物が体内に侵入して起こす病気。 感染症

かんぜんちょうあく【勧善懲悪】よい行いをすすめ、悪い行いをこらしめること。▽―の物語。 勧善

かんぜんむけつ【完全無欠】完全で、欠点がないこと。類完璧（かんぺき）。 無欠

かんそ【簡素】簡単で飾りけがないこと。類質素。simple 簡素

がんそ【元祖】❶その物事を始めた人。❷その家の祖先。①originator 元祖

かんそう【完走】競走で、最後まで走りとおすこと。 完走

かんそう【乾燥】乾くこと。drying 乾燥

かんそう【感想】ある事についての感じたことや考え。類所感。impression 感想

かんそう【歓送】出発する人をはげまし祝って送ること。▽―会。対歓迎。 歓送

かんそう【観相】人相・手相を見て性格・運命を判断すること。▽—術。 観相

かんぞう【甘草】多年草の一。根は薬用・甘味料用。licorice 甘草

かんぞう【肝臓】胆汁(たんじゅう)をつくり、養分をたくわえ、血液中の毒物を分解する。腹部右上にある内臓。liver 肝臓

がんぞう【贋造】にせものをつくること。偽造。類贋作。forgery 贋造

かんそうきょく【間奏曲】オペラの幕間や二つの曲の間に演奏される小曲。interlude 間奏曲

かんそく【観測】❶天体・気象などの変化を観察・測定すること。❷なりゆきをおしはかること。①observation 観測

かんそん【寒村】貧しくさびしい村。poor village 寒村

かんそんみんぴ【官尊民卑】政府・役人を尊び、民間・民衆を卑しめる考え。 官尊

かんたい【寒帯】北緯・南緯それぞれ六六度三三分から北極・南極までの地帯。非常に寒冷な地帯。 寒帯

かんたい【歓待】手あつくもてなすこと。warm reception 歓待

かんたい【艦隊】二隻(せき)以上の軍艦からなる海上部隊。fleet 艦隊

かんだい【寛大】心が広く、人を責めないこと。類寛容。broad-minded 寛大

がんたい【眼帯】目の病気やけがのとき目を保護するもの。eye bandage 眼帯

かんだかい【甲高い】声の調子が高くするどい。shrill 甲高い

かんたく【干拓】湖沼・海などの埋め立て。land reclamation 干拓

かんたん【肝胆】(肝臓と胆嚢(たんのう))心の中。▼—相照(あいて)らす 互いに心をうちあけて、親しくまじわる。▼—を砕(くだ)く 心をつくして事にあたる。 肝胆

かんたん【邯鄲】中国、戦国時代趙(ちょう)の都。▽—の夢。 邯鄲

かんたん【感嘆】感心してほめること。admiration 感嘆

かんたん【簡単】❶こみいっていないようす。❷たやすい。対❶複雑。①simple ②easy 簡単

かんだん【寒暖】寒さと、あたたかさ。類寒暑。 寒暖

かんだん【閑談】閑話。 閑談

かんだん【歓談】うちとけた話し合い。 歓談

がんたん【元旦】❶元日の朝。元朝。❷一月一日。元日。 元旦

かんだんなく【間断無く】絶え間なく。▽—聞こえる川の音。ceaselessly 間断

かんち【奸知】(奸智)悪知恵。 奸知

かんち【完治】病気やけがなどがすっかり治ること。 完治

かんち【感知】感づくこと。直感的に感じ取ること。sense 感知

かんち【関知】関係して知っていること。あずかり知ること。▽私の—するところではない。concern 関知

かんちがい【勘違い】うっかりまちがって思いこむこと。注×感違い。mistake 勘違い

がんちく【含蓄】意味が深く、味わいがあること。▽—に富んだ文章。—のある言葉。implication 含蓄

かんちゅう【寒中】❶小寒から大寒まで。❷冬の寒さのきびしい時期。 寒中

がんちゅう【眼中】❶目の中。❷関心を持つ範囲内。▼—に無い 全く関心をはらわない。問題にしない。 眼中

かんちょう【干潮】潮が引いて海面が一日で最も低い状態。引き潮。対満潮。 干潮

かんちょう【完調】体調が完全なこと。good condition 完調

かんちょう【官庁】役所。特に、国の機関。government office 官庁

かんちょう【浣腸】肛門(こうもん)から直腸・大腸に薬液を注入すること。enema 浣腸

かんちょう【間諜】スパイ。spy 間諜

がんちょう【元朝】元日の朝。 元朝

かんつう【姦通】男女が不義な情交を結ぶこと。類密通。adultery 姦通

かんつう【貫通】向こう側までつきぬけること。penetration 貫通

かんづく【感付く】気づく。察する。sense 感付く

かんづめ【缶詰】❶缶に密封した保存食品。❷仕事をしてもらうため、人をとじこめること。①canned food 缶詰

かんてい【官邸】大臣などが公務のために住む官舎。 官邸

official residence

かんてい【艦艇】大小さまざまな軍艦の総称。 艦艇

かんてい【鑑定】真偽・良否を見定めること。目利き。▽筆跡―。類鑑別。judgment 鑑定

がんてい【眼底】❶眼球の網膜(もうまく)などがある部分。❷心の奥底。 眼底

かんていりゅう【勘亭流】丸みをおび筆太(ふでぶと)の書体。歌舞伎の看板や番付などに使われる。 勘亭流

かんてつ【貫徹】つらぬき通すこと。▽要求―。注×完徹。carry out 貫徹

カンデラ【candela】光度の単位。一燭光(しょっこう)は、一・〇〇六七カンデラにあたる。記号cd

かんてん【干天】〈旱天〉日照りが続いている空。▼―の慈雨(じう) ❶日照り続きのときに降る雨。❷困っているときのありがたい救いのたとえ。 干天

かんてん【寒天】❶寒々とした冬空。❷てんぐさの汁を、こおらせてかわかしたもの。また、その食べ物。 寒天

かんてん【観点】見たり考えたりするときの、より所。▽異なる―からの意見。類見地。view-point 観点

かんでん【感電】体に電気が流れてショックを受けること。electric shock 感電

かんでんち【乾電池】携帯用の小型電池。dry cell 乾電池

かんど【感度】感じとる度合い。▽―良好。sensitivity 感度

かんとう【完投】野球で、一人の投手が試合を最後まで投げ通すこと。 完投

かんとう【巻頭】本の始めの部分。対巻末。 巻頭

かんとう【敢闘】がんばって、よくたたかうこと。fighting bravely 敢闘

かんどう【勘当】親や師が、子や弟子との縁を切ること。disowning 勘当

かんどう【間道】ぬけ道。わき道。対本道。byroad 間道

かんどう【感動】深く感じ入ること。類感激。impression 感動

がんとう【岩頭】岩の突端。 岩頭

かんとうげん【巻頭言】書物などの巻頭に書かれた短い文章。類序文。preface 巻頭言

かんとく【感得】感じ取ってさとること。▽真理を―する。perception 感得

かんとく【監督】とりしまったり、指示したりすること・人。supervision 監督

かんどころ【勘所】物事の重要・肝心なところ。類急所。key point 勘所

がんとして【頑として】自説を強く主張して他人の説をきき入れないようす。firmly 頑として

カントリークラブ【country club】ゴルフ場・テニスコートなどを設けた、郊外の保養施設。

かんな【鉋】材木の表面を平らにけずる大工道具。plane 鉋

かんない【管内】役所の管轄内。 管内

かんなづき【神無月】陰暦一〇月の別称。 神無月

かんなん【艱難】ひどい苦労。▼―汝(なんじ)を玉にす 苦難をへて人間はりっぱになる。hardship 艱難

かんなんしんく【艱難辛苦】非常に苦しくつらいこと。艱苦。 辛苦

かんにん【堪忍】❶怒りをこらえて相手を許すこと。❷許しをこうときの語。ごめん。類❶勘弁。①pardon 堪忍

かんにんぶくろ【堪忍袋】堪忍する心の度合いを袋にたとえた語。▼―の緒(お)が切れる もうこれ以上がまんができなくなる。 堪忍袋

かんぬき【閂】❶門や戸をしめる横木。❷相撲で、相手のもろざしの腕をしぼりあげる技(わざ)。①bar 閂

かんぬし【神主】神社で神に仕える人。神官。類神職。 神主

かんねん【観念】❶頭の中でえがいている考え。▽固定―。❷あきらめること。①idea 観念

がんねん【元年】年号の最初の年。 元年

かんのいり【寒の入り】小寒にはいること。また、その日。一月六日ごろ。 寒の入

かんのう【完納】残らず納めること。類全納。full payment 完納

かんのう【官能】❶性的な感覚。❷感覚器の働き。②sense 官能

かんのう【感応】❶物に感じて心が働くこと。❷導体が電気・磁気の作用を受けること。①sympathy 感応

かんのん【観音】「観世音(かんぜおん)」の略。 観音

かんのんびらき【観音開き】まん中から左右に開く扉。両開き。

かんば【汗馬】❶馬を走らせて汗(あせ)をかかせること。❷名馬。▼—の労 ❶戦場でたてるてがら。❷あちこち動きまわる苦労。▽—をいとわない。

カンパ kampaniya(ロシア語)から。ある目的のために、人々から寄付を集めること。

かんぱ【看破】見やぶること。▽真相を—する。

かんぱ【寒波】寒気団がおしよせ、きびしい寒さとなる現象。cold wave

かんばい【寒梅】寒中にさく梅。

かんばい【観梅】梅見。探梅。

かんぱい【完敗】完全に負けること。

かんぱい【乾杯】祝福の気持ちをこめて杯の酒をのみほすこと。toast

かんぱく【関白】❶昔、天皇を助けて国の政治をとった官職。❷権力・威力を持つ者。▽亭主—。

かんばしい【芳しい】❶香りがよい。▽—花の香。❷良好だ。▽—くない成績。①fragrant

かんばしる【甲走る】かん高い声がひびく。

かんばせ【顔】❶かお(つき)。❷面目。▽花の—。

かんばつ【旱魃】〈干魃〉日照り(続き)。drought

がんばる【頑張る】❶一生懸命努力する。❷頑固に自説を主張する。❸いすわる。①try hard

かんばん【看板】❶宣伝のため、屋号・店名・興行の題名などを記してかかげる板。❷人の注意を引くために表に出すもの。▽改革を—にする。❸信用のある店の名。▽—にかかわる。❹飲食店などがその日の営業を終えること。①signboard ▼—を下ろす ❶その日の営業を終える。❷店をたたむ。

かんぱん【甲板】船の上部の広く平らな部分。こうはん。deck

かんぱん【乾板】ガラス板に感光剤をぬった、写真感光板。

がんばん【岩盤】地中の岩石層。

かんび【甘美】❶甘くてうまいようす。❷うっとりするほど快いようす。▽—な旋律。①②sweet

かんび【完備】完全にそなわっていること。▽冷暖房—。completeness

かんぴ【官費】政府から出る金。公費。

がんぴし【雁皮紙】雁皮という木の繊維でつくる、うすくて丈夫な和紙。

かんびょう【看病】病人やけが人の世話をすること。類看護。nursing

かんぴょう【干瓢】ゆうがおの果肉を細長くむいて干した食品。

かんぶ【患部】病気やけがをしている部分。affected part

かんぶ【幹部】組織・機構のおもだった人。executive

かんぷ【完膚】傷ついていない皮膚。▼—無きまで 徹底的に。

かんぷ【姦婦】夫以外の男性と関係をもった女性。

かんぷ【乾布】かわいた布。

かんぷ【還付】本来の持ち主に返すこと。return

カンファレンス【conference】検討会。会議。

かんぷう【完封】❶活動を完全におさえこむこと。❷野球で、相手チームを無得点におさえること。②shutout

かんぷく【感服】すぐれているとして、深く感心すること。admiration

がんぷく【眼福】珍しいもの、美しいものを見ることができたしあわせ。▽思わぬ—にあずかる。

かんぶつ【乾物】ほした食品。

がんぶつ【贋物】ある物に似せてつくった物。にせもの。

かんぶつえ【灌仏会】四月八日の釈迦(しゃか)の誕生日に、誕生仏に甘茶をかけて供養する行事。花祭り。降誕会。

カンフル【kamfer オランダ】精製したしょうのう液。強心剤。

かんぶん【漢文】中国の古い文章。また、それにならった日本人の文章。

かんぷん【感奮】心に強く感じてふるい立つこと。▽—興起。

かんぺき【完璧】欠点がないこと。類完全無欠。注完×壁。perfect

がんぺき【岩壁】かべのように、けわしく切りたった岩。

がんぺき【岸壁】❶船を横づけする所。❷きりたった岸。①wharf ②cliff　岸壁

かんべつ【鑑別】よく調べて見分けること。類鑑定。discrimination　鑑別

かんべん【勘弁】罪や過失をゆるすこと。類堪忍。pardon　勘弁

かんべん【簡便】手軽で便利なこと。handy　簡便

かんぺん【官辺】政府や官庁方面。　官辺

かんぼう【官房】内閣や各省庁の内部部局の一。長直属の総括的事務を扱う機関。▽内閣―。　官房

かんぼう【感冒】かぜ。▽流行性―。注×寒冒。cold　感冒

かんぼう【監房】刑務所の囚人べや。　監房

かんぼう【観望】❶景色を見渡すこと。❷なりゆきをながめること。　観望

かんぽう【官報】政府が国民に知らせる文書。毎日刊行される。official gazette　官報

かんぽう【漢方】中国から伝わった医術。　漢方

かんぽう【艦砲】軍艦にそなえた火砲。　艦砲

がんぼう【願望】願い望むこと。また、その願い。がんもう。desire　願望

かんぼく【灌木】「低木」の旧称。　灌木

かんぼつ【陥没】ものの一部分が落ちこむこと。類陥落。sinking　陥没

かんぽん【刊本】刊行された本。　刊本

かんぽん【完本】一冊も欠けずに、全巻そろっている本。▽「源氏物語」の―。対欠本。端本。　完本

がんぽん【元本】❶事業の元手。❷利益・収入を生むもとになる財産・権利。①②capital　元本

かんまつ【巻末】本の終わりの部分。対巻頭。　巻末

かんまん【干満】干潮と満潮。　干満

かんまん【緩慢】❶動作ののろいようす。❷手ぬるいようす。①slow　緩慢

かんみ【甘味】あまい味・食べ物。▽―料。　甘味

がんみ【玩味】❶食べ物をよくかんで味わうこと。❷物事をよく理解して味わうこと。▽熟読―。②appreciation　玩味

かんむり【冠】❶頭にかぶるものの総称。また、王冠。❷漢字の上部にある部首。ワ冠・ウ冠など。①crown　冠

かんむりょう【感無量】感動で胸がいっぱいになること。感慨無量。▽―の面持ち。　感無量

かんめい【感銘】深く感動すること。▽―を受ける。類感動。impression　感銘

かんめい【簡明】簡単ではっきりしていること。簡単明瞭。　簡明

がんめい【頑迷】頑固で道理に暗いこと。▽―固陋(ころう)。obstinacy　頑迷

がんめん【顔面】顔の表面。かお。face　顔面

がんもく【眼目】物事の中心となる、いちばんだいじなところ。要点。主眼。▽企画の―。main purpose　眼目

かんもん【喚問】公(おおやけ)の場によび出して、問いただすこと。▽証人を―する。summons　喚問

かんもん【関門】❶関所の門。❷通るのがむずかしい所。②hurdle　関門

かんやく【完訳】全文を訳すこと。全訳。complete translation　完訳

かんやく【簡約】簡単に要約すること。conciseness　簡約

がんやく【丸薬】丸い粒状の薬。pill　丸薬

かんゆ【肝油】魚の肝臓からとった油。　肝油

かんゆう【勧誘】すすめ、さそうこと。invitation　勧誘

がんゆう【含有】あるものを中にふくんでいること。▽―量。contain　含有

かんよ【関与】関係すること。たずさわること。participation　関与

かんよう【肝要】きわめてたいせつなこと。類肝心。importance　肝要

かんよう【涵養】自然にしみこむようにゆっくり養い育てること。▽道徳を―する。類育成。cultivation　涵養

かんよう【寛容】心が広く、他人をよくうけ入れること。▽―の精神。類寛大。tolerance　寛容

かんよう【慣用】習慣として使われていること。usage　慣用

がんらい【元来】もともと。はじめから。originally　元来

かんらく【陥落】❶落ち込むこと。下がること。❷攻め落とされること。❸くどき落とされること。①fall　陥落

かんらく【歓楽】よろこびたのしむこと。pleasure　歓楽

かんらん【甘藍】キャベツ。cabbage　甘藍

かんらん【橄欖】❶カンラン科の常緑高木。種子から油をとる。❷オリーブ。　橄欖

かんらん【観覧】景色・催し物などを見物すること。view　観覧

かんり【官吏】国家公務員。役人。government official　官吏

かんり【管理】全体に気を配ってとりしきること。management　管理

かんり【監理】監督・指導して管理すること。▽設計—。superintendence　監理

がんり【元利】元金と利子。　元利

がんりき【眼力】真実を見ぬく力。　眼力

かんりつ【官立】「国立」の古い言い方。　官立

かんりゃく【簡略】手軽で簡単なこと。brief　簡略

かんりゅう【乾留】〈乾溜〉固体をむし焼きにし、揮発成分を分離・回収すること。　乾留

かんりゅう【貫流】川などが広い地域をつらぬき流れること。▽平野を—する大河。flowing through　貫流

かんりゅう【寒流】赤道方向へ流れる冷たい海流。[対]暖流。cold current　寒流

かんりゅう【還流】流れが元にもどること。また、その流れ。　還流

かんりょう【完了】すっかり終わること。また、終えること。completion　完了

かんりょう【官僚】役人。特に、行政の中心にいる役人。▽—主義。—的。bureaucrat　官僚

がんりょう【顔料】物に色をつける物質。pigment　顔料

かんるい【感涙】感激のなみだ。▽—にむせぶ。　感涙

かんれい【寒冷】寒くて冷たいこと。[対]温暖。chill　寒冷

かんれい【慣例】ならわし。しきたり。[類]慣習。custom　慣例

かんれき【還暦】数え年六一歳(の祝い)。本卦(ほんけ)帰り。六〇年で干支(えと)がひとまわりして、もとにもどることから。　還暦

かんれん【関連】かかわり。つながり。[類]関係。relation　関連

かんろ【甘露】あまくてうまいこと。sweetness　甘露

かんろ【寒露】❶二十四節気の一。一〇月八、九日ごろ。❷晩秋から初冬のころにおりる露(つゆ)。　寒露

がんろう【玩弄】もてあそぶこと。　玩弄

かんろく【貫禄】身にそなわった重み。dignity　貫禄

かんろに【甘露煮】❶魚貝などをしょうゆと砂糖・みりんなどで煮たもの。❷果物などの砂糖煮。　甘露煮

かんわ【漢和】❶漢語と和語。❷漢和辞典。　漢和

かんわ【緩和】制限などをゆるめること。▽規制—。alleviate　緩和

かんわきゅうだい【閑話休題】話を本筋にもどすときに使うことば。本題にかえって。それはさておき。ふつう、文章の中で用いる。　閑話

き　キ

き〔企〕常6 キ・くわだてる 計画する。▽—画。—業。—図。
筆順 ノ 𠆢 个 仐 企 企　企・企

き〔伎〕常6 キ こまかいわざ(を操る人)。▽歌舞—。
筆順 ノ イ 仁 什 伎 伎　伎・伎

き〔危〕常6 キ・あぶない・あやうい・あやぶむ ❶あぶない。▽—機。❷あやぶむ。▽—惧(きぐ)。❸あぶないめにあわせる。▽—害。
筆順 ノ ⺈ 𠂊 产 厃 危　危・危

き〔机〕常6 キ・つくえ つくえ。▽—案。—下。—上の空論。
筆順 一 十 才 木 机 机　机・机

き〔気〕常6〔氣〕人10 キ・ケ ❶いき。❷ガス体。❸自然現象。▽—候。❹ようす。▽—運。—品。❺心身の活力。▽元—。❻心の動き。▽勇—。
筆順 ノ 𠂉 ⺈ 气 気 気　氣・気

き〔岐〕常7 キ ❶わかれた道。▽—路。❷わかれる。▽多—。
筆順 丨 山 山 屮 岐 岐　岐・岐

き〔希〕常7 キ ❶めずらしい。▽—少。❷ねがう。▽—望。

筆順 ノ メ ㇀ 产 希 希
希・希

き【忌】常7 キ・いむ・いまわしい ❶きらいさける(こと)。▽—避。禁—。❷喪(も)。命日。▽年—。
筆順 フ コ 己 己 忌 忌
忌・忌

き【汽】常7 キ 水蒸気。▽—車。—船。—笛。
筆順 丶 氵 氵 汁 汽 汽
汽・汽

き【祁】人8 キ おおきい。さかんなようす。
筆順 一 二 亍 示 祁 祁
祁・祁

き【奇】常8 キ ❶めずらしい。▽—異。❷すぐれている。▽—才。❸あやしい。ふしぎな。▽怪—。❹思いがけない。▽—遇。
筆順 一 ナ 大 太 奇 奇
奇・奇

き【祈】常8【祈】人9 キ・いのる いのる。いのり。▽—願。—誓。—禱(きとう)。
筆順 丶 ラ ネ ネ 祈 祈 祈
祈・祈

き【季】常8 キ ❶季節。❷すえ。おわり。▽—春。
筆順 一 二 千 禾 季 季 季
季・季

き【紀】常9 キ ❶記録する。▽—行。❷きまり。▽風—。❸年代。
筆順 く 幺 幺 糸 紀 紀 紀
紀・紀

き【軌】常9 キ ❶両輪の間隔。▽広—。❷車輪のあと。▽—跡(きせき)。❸すじみち。▽常—。
筆順 一 丅 百 亘 車 軋 軌
軌・軌

き【既】常10 キ・すでに ❶すでに。▽—婚。❷つきる。▽皆—食。(旣)
筆順 ヨ 艮 艮 旡 既 既
既・既

き【記】常10 キ・しるす ❶書きとめる。▽—録。❷おぼえる。▽暗—。❸書いたもの。▽日—。
筆順 丶 二 言 言 訂 記 記
記・記

き【起】常10 キ・おきる・おこる・おこす ❶たつ。たてる。▽—立。❷はじまる。はじめる。▽—工。—動。❸はじまり。▽—源。
筆順 土 キ 丰 走 走 起 起
起・起

き【飢】常10 キ・うえる うえる。▽—餓(きが)。—饉(ききん)。
筆順 ノ 人 今 今 食 食 飢
飢・飢

き【鬼】常10 キ・おに ❶おに。❷亡霊。▽—籍。❸すぐれた。▽—才。
筆順 ノ 白 由 鬼 鬼 鬼
鬼・鬼

き【帰】常10 キ・かえる・かえす ❶かえる。▽—郷。❷おちつく。▽—結。(歸)
筆順 丨 リ リ 帰 帰 帰
帰・帰

き【基】常11 キ・もと・もとい ❶もとい。▽—礎。❷よりどころ。▽—準。
筆順 一 十 廾 甘 甘 其 其 基
基・基

き【寄】常11 キ・よる・よせる ❶たのんで世話をまかせる。たよる。▽—生。❷あずける。▽—託。❸おくる。—贈。❹たちよる。▽—港。
筆順 丶 宀 宀 宊 客 寄 寄
寄・寄

き【規】常11 キ ❶コンパス。▽定—(じょうぎ)。❷きまり。▽—則。
筆順 二 チ 夫 知 規 規 規
規・規

き【亀】常11 キ・かめ カメ科の爬虫類。▽—卜(きぼく)。—甲(きっこう)。鶴—(つるかめ)。(龜)
筆順 ノ ク 内 角 亀 亀 亀
亀・亀

き【喜】常12 キ・よろこぶ よろこぶ。▽歓—。—怒哀楽。
筆順 一 十 士 吉 吉 吉 壴 喜
喜・喜

き【幾】常12 キ・いく いくつ。▽—日(いくにち)。—許(いくばく)。
筆順 く 幺 幺 丝 丝 幾 幾
幾・幾

き【揮】常12 キ ❶手でふりまわす。▽指—。❷外に発散させる。▽発—。
筆順 扌 扌 扌 指 揮 揮
揮・揮

き【期】常12 キ・ゴ ❶一定の時。▽—間。最—(さいご)。❷あてにする。▽—待。
筆順 一 十 廾 甘 其 期 期
期・期

き【棋】常12 キ 囲碁。将棋。▽—士(きし)。—客(きかく)。
筆順 木 木 村 柑 棋 棋 棋
棋・棋

き【稀】人12 キ・ケ・まれ めったにない。▽—少。—有(けう)。—薄。
筆順 禾 禾 秆 秤 稀 稀
稀・稀

き【貴】常12 キ・たっとい・とうとい・たっとぶ・とうとぶ ❶大切な。▽—重。❷身分が高い。▽—族。高—。—婦人。❸敬意を表す。▽—兄。—下。—社。
筆順 口 中 虫 冉 青 貴 貴
貴・貴

き【暉】人13 キ ❶かがやく。▽—映(きえい)。❷日の光。▽春—(しゅんき)。
筆順 日 日 日 旷 昍 暉 暉
暉・暉

き【棄】常13 キ すてる。▽放—。—権。自暴自—。

き

き〔毀〕常13 キ ❶壊れる。壊す。▽—損。❷悪口を言う。▽—誉。

筆順 毀

き〔旗〕常14 キ・はた はた。はたじるし。▽国—。—下。

筆順 旗

き〔綺〕人14 キ・あや ❶あや絹。❷美しくはなやか。▽—羅(きら)。

筆順 綺

き〔器〕常15〔噐〕人16 キ・うつわ ❶入れ物。▽食—。❷道具。▽—具。楽—。❸才能▽—量。大—。

筆順 器

き〔嬉〕人15 キ・うれしい うれしい。たのしむ。▽—嬉(きき)。—遊。

筆順 嬉

き〔毅〕人15 キ・ギ 力強い。くじけない。▽—然(きぜん)。剛—(ごうき)。

筆順 毅

き〔熙〕人15 キ ❶かがやく。▽光—。❷よろこぶ。❸ひろい。

筆順 熙

き〔畿〕常15 キ ❶領地。直轄地。▽—内。❷◎「近畿(きんき)」—は、地域名。

筆順 畿

き〔輝〕常15 キ・かがやく かがやく。かがやかしい。▽光—。

筆順 輝

き〔機〕常16 キ・はた ❶しかけ。▽—械。❷しくみ。▽—構。❸布を織る道具。❹きっかけ。▽—会。❺心の働き。▽—知。

筆順 機

き〔徽〕人17 キ・しるし 所属を示すしるし。▽—章(きしょう)。

筆順 徽

き〔騎〕常18 キ 馬に乗る。▽—手。—馬。—乗。

筆順 騎

き〔麒〕人19 キ「麒麟(きりん)」で、めでたいとされる、中国の想像上の動物。

筆順 麒

き〔窺〕⇩うかがう

き【木】〈樹〉❶樹木。❷材木。❸拍子木(ひょうしぎ)。柝(き)。①tree ▼—で鼻を括(くく)る 無愛想に応答する。▼—に竹を接(つ)ぐ 調和がとれていないたとえ。▼—に縁(よ)りて魚(うお)を求む 見当ちがいな方法では、成功する見込みがないたとえ。▼—を見て森を見ず 小事にこだわって全体を見ないたとえ。

き【生】❶まじりけがないこと。❷純粋な。▽—まじめ。①purity

き【気】❶精神。❷気質。❸気持ち。❹心の動き。❺関心。❻けはい。▽秋の—。❼風味。▽—の抜けたビール。❽息。❾空気。▼—が置けない 遠慮がいらない。▼—が差す やましい気持ちになる。▼—は心 量はわずかだが、真心がこもっていること。▼—を吐(は)く 威勢のいいことをして気力を示す。▼—を許す 信用して警戒しなくなる。

き【忌】❶近親者の死後の服喪(四九日)の期間。❷命日。▽桜桃—。

き【奇】❶珍しいこと。❷奇数。

き【季】❶季節。❷年月の区分。半年を半季など。❸季題。

き【軌】❶車の両輪の間隔。❷車の通った跡。わだち。❸すじみち。▼—を一(いつ)にする 方針・考え方が同じである。

き【黄】きいろ。yellow

き【期】❶とき。期限。❷機会。❸…の時期。▽少年—。

き【機】❶機会。▽—が熟する。❷飛行機。❸機械。▽写真—。▼—に臨(のぞ)み変に応ずる 臨機応変。▼—を見るに敏(びん) よい機会をすばやく見つけだすようす。

ぎ〔妓〕7 ギ・こ 芸で客をもてなす女。▽芸—。舞—(まいこ)。

ぎ〔技〕常7 ギ・わざ うでまえ。(手先の)わざ。▽—術。—能。競—。

筆順 技

ぎ〔宜〕常8 ギ ❶ちょうどよい。▽適—。便—。❷当然だ。

筆順 宜

ぎ〔祇〕人9 ギ 地の神。▽神—(じんぎ)。天神地—(てんしんちぎ)。

筆順 祇

ぎ〔偽〕常11〔僞〕人14 ギ・いつわる・にせ ❶いつわる。▽—善。❷にせ。▽—物。

筆順 偽

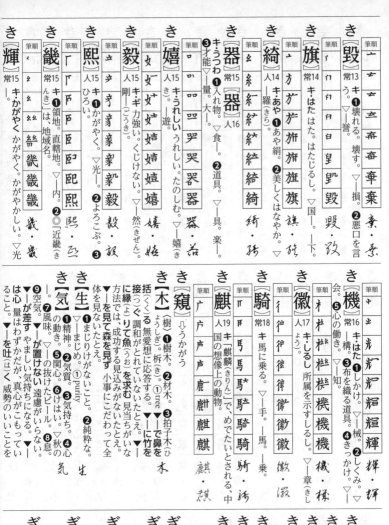

ぎ【欺】常12 ギ・あざむく あざむく。だます。▽詐—（さぎ）。—瞞（ぎまん）。
筆順 … 欺 欺・欺

ぎ【義】常13 ギ ❶守るべき正しい道。▽—務。❷意味。▽意—。❸義理の。▽—母。❹人工の。▽—手。
筆順 … 義 義・義

ぎ【疑】常14 ギ・うたがう うたがう。うたがい。▽—問。—惑。
筆順 … 疑 疑・疑

ぎ【儀】常15 ギ ❶作法。規準。▽—式。行—。❷測定器。▽水準—。❸ことがら。▽公—。
筆順 … 儀 儀・儀

ぎ【戯】〔戲〕常15 人17 ギ・たわむれる ❶たわむれる。▽遊—。❷演劇。▽—曲。
筆順 … 戯 戯・戯

ぎ【誼】人15 ギ・よしみ 親しいつきあい。よしみ。▽交—。厚—。
筆順 … 誼 誼・誼

ぎ【擬】常17 ギ よく似せる。▽模—。—装。—人法。
筆順 … 擬 擬・擬

ぎ【犠】常17 ギ いけにえ。▽—牲（ぎせい）。—打。
筆順 … 犠 犠・犠

ぎ【議】常20 ギ 正式の相談。話し合う。▽会—。—論。
筆順 … 議 議・議

ぎ〔蟻〕⇩あり

ぎ【技】わざ。腕前。▽入神の—。 技

ぎ【義】❶人として行うべき道。人道。❷理由。❸意味。❹義理。▽—兄弟。 義
▼—を見てせざるは勇無きなり 正しいと知りながら実行しないのは勇気がないからだ。

ぎ【儀】❶儀式。❷ことがら。▽その—は…。❸…に関しては。▽私（わたくし）—。❹器械。器具。 儀

ぎ【誼】したしみ。よしみ。▽—を通じる。 誼

ぎ【議】議論すること。▽—に付す。 議

きあい【気合い】❶はりきった気持ち。また、その掛け声。▽—が入る。❷調子。呼吸。▽—が合わない。 気合い

ぎあく【偽悪】わざと悪く見せかけること。㊀偽善。 偽悪

きあけ【忌明け】喪（も）に服す一定の期間が終わること。忌（い）み明け。 忌明け

きあつ【気圧】大気の圧力。また、その単位。一気圧は一〇一三ヘクトパスカル。 気圧

きあん【起案】草案をつくること。 起案

ぎあん【議案】会議に出す案件。bill 議案

キー【key】❶かぎ。❷ピアノやパソコンなどの、指でたたく部分。❸問題をとく手がかり。

きい【奇異】ふつうとはようすが変わっていること。strange 奇異

きい【貴意】相手の意見・意志を尊敬していう語。あなたのお考え。 貴意

キーステーション【key station】放送網の中心となって、各地域の放送局に番組を送り出す放送局。親局。

きいつ【帰一】結果として一つのことに落ちつくこと。 帰一

きいっぽん【生一本】❶まじりけのない日本酒。❷性格がまじめでいちずなようす。㊟×気一本。 生一本

きいと【生糸】蚕のまゆからとったままで練っていない絹糸。 生糸

キープ【keep】確保すること。保持。

キーポイント【key point】問題解決のための重要な点。

キーマン【keyman】問題解決のための中心人物。

きいろい【黄色い】黄色である。▼—声 女性や子供のかん高い声。 黄色い

キーワード【key word】手がかりになる語。

きいん【起因】直接の原因。cause 起因

ぎいん【議員】議会の構成員で、審議・議決権のある人。 議員

ぎいん【議院】国会。衆議院と参議院。the Diet 議院

きう【気宇】心の持ち方。心の広さ。 気宇

きうそうだい【気宇壮大】心の持ち方が大きくて堂々としているようす。 壮大

きうつ【気鬱】気がふさぐこと。 気鬱

きうん【気運】物事のなりゆきが、ある方向に動いていく勢い。tendency 気運

き

きうん【機運】時のめぐり合わせ。類時機。opportunity　機運

使い分け「きうん」

気運…社会や人々の全体的な動きにいう。▽戦争回避の―が高まる。復興の―が盛り上がる。

機運…物事をするよい時機にいう。▽合併の―が熟す。


きえ【帰依】神仏を信仰して、その力にすがること。　帰依

きえい【気鋭】意気込みのするどいこと。▽新進―。spirited　気鋭

きえいる【消え入る】❶息絶える。死ぬ。❷消えてなくなる。　消入

きえつ【喜悦】喜ぶこと。喜び。joy　喜悦

きえる【消える】❶光や熱を出さなくなる。❷とけてなくなる。❸形がなくなる。❹聞こえなくなる。①go out ③disappear　消える

きえん【気炎】〈気焔〉さかんな意気。▽―を上げる。high spirits　気炎

きえん【奇縁】不思議な縁。　奇縁

きえん【機縁】きっかけ。機会。chance　機縁

ぎえんきん【義援金】〈義捐金〉災害や不幸にあった人々のためにさし出す寄付金。　義援金

きおう【気負う】負けまいとして奮いたつ。　気負う

きおう【既往】すでに過ぎ去った時。過去。▽―症。　既往

きおく【記憶】経験したことを覚えていること。memory　記憶

きおくれ【気後れ】心がひるむこと。timidity　気後れ

キオスク【kiosqueフランス】駅などの売店。キヨスク。

きおち【気落ち】力を落とすこと。類落胆。discouragement　気落ち

きおも【気重】気が沈むこと。gloom　気重

きおん【気温】大気の温度。temperature　気温

ぎおん【擬音】芝居や放送で、本当の音に似せて道具を使って、作り出す音。imitation sound　擬音

きか【机下】手紙の脇付けの一。　机下

きか【気化】液体から気体に変わること。evaporation　気化

きか【奇貨】意外な利益が得られる品物・機会。▼―居(お)くべし 好機をのがすな。　奇貨

きか【奇禍】思わぬ災難。accident　奇禍

きか【帰化】❶自国の国籍から、他国の国籍を得てその国民となること。❷外国から渡来した動植物がその国の環境に適応して繁殖すること。▽―植物。①②naturalization　帰化

きか【幾何】「幾何学」の略。図形の性質を研究する数学。　幾何

きか【貴下】対等または目下の相手をさす尊敬語。類貴殿。　貴下

きか【貴家】相手の家の尊敬語。　貴家

きか【麾下】指揮下にあること・人。　麾下

きが【起臥】起きることと寝ること。日常の生活。類起居。　起臥

きが【飢餓】飢え。hunger　飢餓

ギガ【giga-】量を示す単位について一〇億倍を表す語。記号G

ぎが【戯画】こっけいな絵。風刺的な絵。caricature　戯画

きかい【奇怪】不思議で怪しいようす。また、不都合なようす。きっかい。▽―な事件。類怪奇。奇妙。mysterious　奇怪

きかい【器械】道具。器具。instrument　器械

きかい【機会】ちょうどよい時。類好機。時機。潮時。chance　機会

きかい【機械】動力によって仕事をする装置。machine　機械

使い分け「きかい」

器械…簡単な装置で、一般に動力がない。▽医療―。―体操。

機械…規模の大きい複雑な装置で、動力で動かせる。▽工作―。精密―。―化部隊。


きがい【危害】体におよぶ危険。harm　危害

きがい【気概】くじけない強い心。注気×慨。　気概

ぎかい【議会】公選された議員によって組織される合議制の立法・議決機関。特に国会。assembly　議会

きがえる【着替える】服を脱いで別の服を着る。きかえる。change　着替え

きがかり【気掛かり】〈気懸り〉心配で気になること。▽試験の結果が―だ。worry　気掛かか

きかく【企画】〈企劃〉計画を立てること。また、その計画。　企画

planning

きかく【規格】定められた標準。▽JIS—。standard　規格

きがく【器楽】楽器だけで演奏する音楽。図声楽。instrumental music　器楽

きかげき【喜歌劇】オペレッタ。　喜歌劇

きかつ【飢渇】飢えと渇き。　飢渇

きがね【気兼ね】他人を気にして遠慮すること。constraint　気兼ね

きがまえ【気構え】心の準備。心構え。　気構え

きがる【気軽】あっさりして、こだわらないようす。lightly, easily　気軽

きかん【気管】のどから肺に続く空気の通る管。trachea　気管

きかん【汽缶】〈汽罐〉ボイラー。　汽缶

きかん【奇観】今まで見たことがないような珍しいながめ。　奇観

きかん【季刊】一年に四回の定期刊行物。quarterly　季刊

きかん【帰還】戦地・外地などから帰って来ること。return　帰還

きかん【既刊】すでに刊行してあること・もの。図未刊。　既刊

きかん【基幹】活動や機能の中心になるもの。▽—産業。　基幹

きかん【亀鑑】手本。模範。　亀鑑

きかん【期間】ある時期の間。period　期間

きかん【貴簡】相手の手紙に対する尊敬語。貴書。　貴簡

きかん【旗艦】艦隊の司令(長)官が乗っている軍艦。flagship　旗艦

きかん【器官】生物の体内で一定の形と機能をもつもの。注器×管。organ　器官

きかん【機関】❶エネルギーを機械力に変える装置。❷目的を達するために設けられた組織。▽研究—。①engine ②agency　機関

きがん【祈願】神仏に祈り願うこと。類祈念。prayer　祈願

きがん【奇岩】形の珍しい岩。　奇岩

ぎかん【技官】特別な学術・技術に関係した仕事を担当する国家公務員。▽農林—。technical official　技官

ぎがん【義眼】人工眼球。　義眼

きかんし【気管支】気管から左右の肺に入る二本の管。bronchus　気管支

きかんし【機関紙】団体や組織が活動を進めるために発行する新聞など。機関誌。　機関紙

きき【危機】危険な状態。ピンチ。▽—を脱する。crisis　危機

きき【記紀】『古事記』と『日本書紀』。　記紀

きき【鬼気】恐ろしいけはい。　鬼気

きき【嬉嬉】〈嬉々〉とてもうれしそうなようす。▽—として遊ぶ。merrily　嬉嬉

きき【機器】〈器機〉機械・器械の総称。　機器

ぎぎ【疑義】疑問に思われること。疑問点。類疑念。doubt　疑義

ききいっぱつ【危機一髪】危険がさし迫っている状態。注危機一×発。　危機一髪

ききいる【聞き入る】熱心に聞く。listen attentively　聞入

ききいれる【聞き入れる】承知する。accept　聞入

ききうで【利き腕】動作をするときに、主に使う方の腕。きき手。　利き腕

ききかいかい【奇奇怪怪】非常に奇怪なようす。　奇怪

ききかじる【聞き齧る】一部分だけを聞いて知る。　聞き齧

ききかん【危機感】危機が迫っていて不安な感じ。　危機感

ききぐるしい【聞き苦しい】聞きづらい。　聞苦

ききこみ【聞き込み】刑事などが、捜査の手がかりを得るためあちこち聞いて回ること。　聞込み

ききざけ【利き酒】〈聞き酒〉口に含んで酒の味を鑑定すること。　利き酒

きぎす【雉子】「きじ」の古称。　雉子

ききずて【聞き捨て】聞いても、問題にしないこと。▽—ならぬ発言だ。　聞捨て

ききただす【聞き質す】聞いて確かめる。類問いただす。　聞質す

きぎぬ【生絹】練らない生糸で織った絹布。裏地用。　生絹

ききみみ【聞き耳】聞こうと集中すること。▼—を立てる よく聞こうとして耳をそばだてる。　聞き耳

ききめ【効き目】 効果。効能。effect　効き目

ききゃく【棄却】 ❶捨てて取り上げないこと。❷裁判所で、訴えを理由なしとして退けること。類❷却下。　棄却

ききゅう【企及】 努力して相手においつくこと。類匹敵。　企及

ききゅう【危急】 危険が迫ること。▼—**存亡の秋**(とき) 生き残るかほろびるかのせとぎわ。　危急

ききゅう【気球】 気体を中に入れて空に上げる球形の袋。▽熱—。balloon　気球

ききゅう【希求】 願い求めること。　希求

ききゅう【帰休】 家や郷里に帰って休息すること。▽一時—。leave　帰休

ききょ【起居】 ❶立ち居ふるまい。❷日常の生活。▽—を共にする。　起居

ぎきょ【義挙】 正義のための行動。　義挙

ききょう【奇矯】 言動が風変わりなようす。eccentric　奇矯

ききょう【桔梗】 秋の七草の一。青紫色で釣り鐘形の花をつける。balloon flower　桔梗

ききょう【帰京】 都、また、東京に帰ること。　帰京

ききょう【帰郷】 郷里に帰ること。類帰省。homecoming　帰郷

きぎょう【企業】 利益を得る目的で行う事業。enterprise　企業

きぎょう【起業】 事業を始めること。　起業

ぎきょう【義侠】 強きをくじき、弱きを助けること。男気。▽—心。　義侠

ぎきょうだい【義兄弟】 ❶義理の兄弟。❷兄弟の約束をした間柄。　義兄弟

ぎきょく【戯曲】 演劇の台本。また、その形式で書かれた文学。drama　戯曲

ききわける【聞き分ける】 ❶聞いて区別する。❷話を聞いて納得する。　聞分

ききん【飢饉】 ❶不作による食糧欠乏。❷物の極度な不足。①②famine　飢饉

ききん【基金】 ❶一定の目的・事業のために積み立てておく資金。❷財団法人が行う特定事業用の財産。基本金。▽文化交流—。①②fund　基金

ききんぞく【貴金属】 空気中で酸化せず、化学変化しにくい金属。金・プラチナなど。産出量が少なく高価。対卑金属。precious metal　貴金属

きく〔掬〕 人11 **キク・すくう** 手をまるめて、すくいとる。

筆順 扌 扌 扚 扚 抅 掏 掬 掬　掬・掬

きく〔菊〕 常11 **キク** 植物の、きく。▽—花。残—。—日和(びより)。

筆順 艹 艹 芍 芍 苟 苟 菊 菊　菊・菊

きく【利く】 十分な働きをする。　利く

きく【効く】 ききめがある。take effect　効く

使い分け「きく」

利く…能力や働きが十分に発揮される。▽鼻が—。機転が—。無理が—。

効く…ききめがある。ききめがあらわれる。▽薬が—。宣伝が—。風刺の—いた作品。

きく【菊】 秋に咲く草花の一。　菊

きく【規矩】 きまり。手本。rule　規矩

きく【聞く】 ❶音や声を耳に感じる。❷承知する。❸たずねる。❹かぐ。▽香を—。①hear ▼—**きしに勝**(まさ)**る** 話に聞いて予想していた以上である。▼—**耳を持たない** 相手の言うことを、聞こうとする気持ちがない。　聞く

きく【聴く】 ❶注意してきく。❷音楽をきいて楽しむ。①②listen　聴く

使い分け「きく」

聞く…音などを自然に感じとる。一般的に用いる。▽話し声を—。うわさを—。忠告を—。理由を—。

聴く…注意してきく。▽講義を—。事情を—。演奏を—。

きぐ【危惧】 結果を心配して恐れること。▽—の念。fear　危惧

きぐ【器具】 ❶道具。❷構造・操作などが簡単な器械。②appliance　器具

きぐ【機具】 機械や器具の総称。▽農—。　機具

きぐう【奇遇】 思いがけなく、人と出会うこと。unexpected meeting　奇遇

きぐう【寄寓】 人の家に身を寄せること。また、仮住まい。lodging　寄寓

きくじゅんじょう【規矩準縄】 規準となるもの。手本。　準縄

きぐすり【生薬】⇩しょうやく。 生薬

きくする【掬する】❶水などを両手ですくう。❷心情・気持ちをくみとる。 掬する

きぐち【木口】❶材木の種類や品質。❷木材の切り口。 木口

きくづき【菊月】陰暦九月の別称。 菊月

きぐみ【気組み】意気込み。意気組み。類気構え。 気組み

きぐらい【気位】品位を保とうとする心の持ち方。類自尊心。pride 気位

きくらげ【木耳】きのこの一。人の耳に似た形をしている。食用。 木耳

きぐろう【気苦労】精神的な苦労。心配。類心労。worry 気苦労

きくん【貴君】（男性が）対等または目下の相手をさす尊敬語。あなた。 貴君

きけい【奇形】〈畸形〉生物の形態が異常なこと。deformity 奇形

きけい【奇計】奇策。clever plan 奇計

きけい【奇警】考え・行動が思いもよらないようす。奇抜。 奇警

きけい【貴兄】（男性が）対等または目上の相手をさす尊敬語。 貴兄

ぎけい【義兄】❶義理の兄。❷約束を結んで兄となった人。対❶実兄。 義兄

ぎげい【伎芸】歌舞・音曲などの芸。 伎芸

ぎげい【技芸】美術・工芸の技術。art 技芸

きげき【喜劇】❶観客を笑わせる演劇。❷こっけいなできごと。対❶❷悲劇。①comedy 喜劇

きけつ【帰結】ある結論に落ち着くこと。類帰着。conclusion 帰結

きけつ【既決】すでに決定ずみのこと。対未決。settled matter 既決

ぎけつ【議決】会議によって決めること。また、その事がら。 議決

きけん【危険】危ないこと。▽—性。対安全。danger 危険

きけん【棄権】選挙などで投票の権利を放棄すること。abstention 棄権

きげん【紀元】❶建国の最初の年。❷年数を数えるもとになる年。②era 紀元

きげん【起源】〈起原〉物事の始まり。起こり。origin 起源

きげん【期限】あらかじめ決められた一定の時期・期間。term, period 期限

きげん【機嫌】❶気分。❷人の安否。❸御機嫌。①temper 機嫌

きこ【騎虎】とらの背に乗ること。▼—の勢い 行きがかり上、途中でやめられないこと。類乗りかかった船。 騎虎

きご【季語】俳句によみ込んで季節を表す語。季題。 季語

きこう【気候】ある地域での、長期間にわたる天気の状態。climate 気候

きこう【奇行】風変わりな行い。eccentric conduct 奇行

きこう【季候】四季ごとの気候。時候。season 季候

きこう【紀行】旅行記。紀行文。 紀行

きこう【帰航】帰りの航海。 帰航

きこう【帰港】船が出発した港に帰ること。帰船。対出港。 帰港

きこう【起工】工事を始めること。対竣工（しゅんこう）。類着工。 起工

きこう【起稿】原稿を書き始めること。類起筆。対脱稿。 起稿

きこう【寄港】航海中の船が途中の港に立ち寄ること。寄航。 寄港

きこう【寄稿】新聞や雑誌に原稿をよせること。また、その原稿。類投稿。 寄稿

きこう【貴公】男性が対等または目下の人を呼ぶ語。 貴公

きこう【機構】❶組織のしくみ。❷機械の構造。①organization 機構

きごう【記号】しるし。符号。mark 記号

きごう【揮毫】書画をかくこと。 揮毫

ぎこう【技工】手で加工する技術。また、その技術をもつ人。craft 技工

ぎこう【技巧】たくみなわざ。技術上のくふう。technique 技巧

きこうし【貴公子】（身分の高い）気品のある若い男子。young noble 貴公子

きこうぼん【希覯本】数が少なく、珍しい本。類希書。rare book 希覯本

きこえよがし【聞こえよがし】わざと本人に聞こえるように言うこと。 聞

きこえる【聞こえる】❶耳にはいる。❷広く世に知られている。❸受け取られる。①hear ②well-known 聞こえ

きこく【帰国】本国・郷里に帰ること。return home　帰国

きこく【鬼哭】死者の魂が泣くこと・声。▽―啾啾(しゅうしゅう)。　鬼哭

ぎごく【疑獄】政府がからんだ大がかりな汚職事件。scandal　疑獄

きごころ【気心】気だて。気持ち。▽―の知れた仲間。　気心

きこしめす【聞こし召す】酒を飲む。たわむれていう語。▽一杯―している。　聞召

きこつ【気骨】容易に自分を曲げない強い気性。▽―のある人。backbone　気骨

きこつ【奇骨】変わった(すぐれた)性格。　奇骨

きこり〖樵〗16 ショウ・きこり ❶たきぎ。▽薪―。❷きこり。　樵・樵

きこり【樵】山の木をきる仕事(の人)。woodcutter　樵

きこん【既婚】すでに結婚していること。対未婚。married　既婚

きざ【気障】気どっていて、いやみなようす。affected　気障

きさい【奇才】世にまれな才能(の人)。　奇才

きさい【鬼才】人間離れのした、するどい才能(の人)。genius　鬼才

きさい【既済】すでにすんでいること。類既決。対未済。　既済

きさい【記載】本や雑誌に書いて載せること。entry　記載

きさい【起債】債券を発行すること。　起債

きざい【器材】器具や材料。materials　器材

きざい【器財】器物や道具。　器財

きざい【機材】機械の材料。また、機械と材料。機械類。▽撮影―。　機材

きさき【后】天皇や王の妻。empress　后

きさく【気さく】気軽で、親しみやすいようす。frank　気さく

きさく【奇策】奇抜な策略。奇計。　奇策

ぎさく【偽作】似せてつくること。また、その作品。贋作(がんさく)。forgery　偽作

きざし【兆し】〈萌し〉事が起こりそうなようす。類前兆。sign　兆し

きざす【兆す】〈萌す〉❶事が起ころうとする。▽悪心が―。❷芽ぐむ。▽新芽が―。①show omen　兆す

きさま【貴様】(男性が)相手をののしったり、親しい同等以下の者を呼んだりするときに言う語。　貴様

きざむ【刻む】❶細かく切る。❷彫る。❸時が過ぎていく。▽時を―。❹強く心にとどめる。①chop ②carve ④impress　刻む

きさらぎ【如月】陰暦二月。　如月

きさん【帰参】もどってくること。特に、もとの主人に再び仕えること。　帰参

きさん【起算】数え始めること。　起算

きし【岸】水ぎわ。shore　岸

きし【棋士】碁・将棋を職業とする人。　棋士

きし【旗幟】❶旗じるし。❷主張。態度。▽―鮮明。①flag ②attitude　旗幟

きし【騎士】❶馬に乗った武士。❷中世ヨーロッパの武人の称号。②knight　騎士

きじ【木地】❶もくめ。❷何も塗らない木。❸もくめを出したうるし塗り。木地塗り。①grain　木地

きじ【生地】❶もともとの性質。▽―が出る。❷布地。❸まだうわぐすりをかけてない陶磁器。❹パン・麺などにするため、粉と水分をまぜ合わせたもの。①nature ②cloth　生地

きじ【記事】事実を報道する、新聞・雑誌などの文章。article　記事

きじ【雉子】〈雉〉日本の国鳥。きぎす。▼―も鳴かずば撃(う)たれまいよけいなことを言って災いをうけるたとえ。　雉子

ぎし【技師】技術に関した仕事を専門的に行う人。engineer　技師

ぎし【義士】正義を守る人・武士。　義士

ぎし【義子】義理の子。対実子。　義子

ぎし【義姉】義理の姉。対実姉。　義姉

ぎし【義肢】義手と義足。　義肢

ぎし【義歯】入れ歯。false tooth　義歯

ぎじ【疑似】〈擬似〉本物とよく似ていること。▽―コレラ。―体験。対真性。　疑似

ぎじ【議事】会議で討議すること。また、その事柄。agenda　議事

きしかいせい【起死回生】だめな状態からよい状態に立ち直らせること。▽―のホームラン。　起死

きしかた【来し方】⇩こしかた。　来し方

ぎしき【儀式】祭り・祝いなど、一定の形式でおごそかに行う行事。▽開校記念の―。類式典。ceremony　儀式

きじく【機軸】❶物事のやり方。方式。▽新―。❷活動の中心となるもの。　機軸

きしつ【気質】気だて。気性。temper　気質

きじつ【忌日】⇩きにち。　忌日

きじつ【期日】前もって定めた日。約束の日。fixed date　期日

ぎじどう【議事堂】議員が会議をする建物。特に国会議事堂。　議事堂

きしべ【岸辺】岸のほとり。　岸辺

きしむ【軋む】なめらかに動かず、ぎしぎし鳴る。きしる。creak　軋む

きしもじん【鬼子母神】安産・育児の神。きしぼじん。　鬼子

きしゃ【汽車】蒸気機関車に引かれて走る列車。また、鉄道列車。train　汽車

きしゃ【記者】記事を取材・執筆・編集する人。journalist　記者

きしゃ【喜捨】寺社や貧しい人に金品を寄付すること。類寄進。　喜捨

きしゃ【貴社】相手の会社や神社の尊敬語。類御社。　貴社

きしゃく【希釈】〈稀釈〉溶液を水や溶媒（ようばい）でうすめること。dilution　希釈

きじゃく【着尺】大人の着物が一枚仕立てられる反物（たんもの）。対羽尺（はじゃく）。　着尺

きしゅ【期首】ある期間のはじめ。対期末。　期首

きしゅ【旗手】❶団体の旗を持つ人。❷（運動などの）先頭に立つ人。▽現代文学の―。①standard-bearer ②vanguard　旗手

きしゅ【騎手】❶馬の乗り手。❷競馬の乗り手。②jockey　騎手

きじゅ【喜寿】数え年七七歳（の祝い）。喜の字の祝い。　喜寿

ぎしゅ【技手】技師の下で技術に関する仕事をする人。ぎて。　技手

ぎしゅ【義手】人工の手。artificial arm　義手

きしゅう【奇習】珍しい風習・習慣。　奇習

きしゅう【奇襲】不意討ち。surprise attack　奇襲

きしゅう【季秋】❶秋の終わり。晩秋。❷陰暦九月。　季秋

きしゅう【貴酬】返事の手紙を出す時の脇付。　貴酬

きじゅうき【起重機】重量物の上げ下ろしや移動に使う機械。クレーン。crane　起重機

きしゅく【耆宿】経験豊かで徳のある老人。老大家。　耆宿

きしゅく【寄宿】❶ある期間、他人の家に身を寄せること。❷寄宿舎に住むこと。①lodging　寄宿

きじゅつ【奇術】手品。magic　奇術

きじゅつ【既述】すでに述べたこと。　既述

きじゅつ【記述】文章に書き記すこと。▽印象を―する。description　記述

ぎじゅつ【技術】❶わざ。❷理論を実際に応用する手段や方法。▽先端―。②technique　技術

きしゅん【季春】❶春の終わり。晩春。❷陰暦三月の別称。　季春

きじゅん【帰順】反抗をやめて服従すること。類帰服。submission　帰順

きじゅん【基準】くらべたり判断したりする、もとになるもの。▽採点の―。standard　基準

きじゅん【規準】従わなければならない決まり・規則。▽社会生活の―。rule　規準

きしょ【希書】容易に手に入らない珍しい本。類希覯本（きこうぼん）。　希書

きしょ【奇書】内容の珍しい本。類珍本。　奇書

きしょ【貴書】❶相手の手紙の尊敬語。貴簡。❷相手の著書の尊敬語。　貴書

きしょう【気性】生まれつきの性質。気質。類気立て。disposition　気性

きしょう【気象】大気の状態および大気中で起こる現象。weather　気象

きしょう【希少】〈稀少〉きわめて少ないようす。▽―価値。rare　希少

きしょう【奇勝】❶珍しくてすぐれた景色。❷思いがけず勝つこと。　奇勝

きしょう【記章】〈徽章〉❶記念のしるし。❷身分・職業などを示すしるし。①medal ②badge　記章

き

き

きしょう【起床】起きて寝床から出ること。対就寝。rising　起床

きしょう【起請】❶主君に願い出ること。また、その文書。❷神仏に誓うこと。また、その証書。起請文。②vow　起請

きじょう【机上】机の上。▼―の空論　実際には役に立たない理論。　机上

きじょう【気丈】気持ちがしっかりしているようす。気丈夫。stout-hearted　気丈

きじょう【軌条】レール。rail　軌条

ぎしょう【偽証】いつわりの証言をすること。また、その証言。perjury　偽証

ぎじょう【議場】会議をする場所。assembly hall　議場

きしょうてんけつ【起承転結】❶漢詩の句の並べ方。❷文章の組み立て方。また、物事の順序。　起承

きじょうぶ【気丈夫】❶頼るものがあって安心なようす。心丈夫。❷気丈。①feeling secure　気丈夫

きしょく【気色】❶気持ちの表れた顔つき。けしき。❷気分。②feeling　気色

きしょく【寄食】居候（いそうろう）。　寄食

きしょく【喜色】うれしそうな顔つき。▽―をたたえる。joyful look　喜色

きしょくまんめん【喜色満面】喜びを顔いっぱいに表すこと。　満面

きしる【軋る】〈轢る〉きしむ。creak　軋る

きしん【帰心】帰りたいと思う気持ち。▼―矢の如（ごと）し　一刻も早く帰りたいと思う。　帰心

きしん【鬼神】❶荒々しい神。きじん。❷死者の霊。①fierce god　鬼神

きしん【寄進】社寺などに金品を寄付すること。類喜捨。contribution　寄進

きしん【貴信】相手の便りの尊敬語。　貴信

きしん【貴紳】身分の高い人。　貴紳

きじん【奇人】言動がひどく変わっている人。類変人。eccentric　奇人

きじん【貴人】身分や家柄の貴い人。　貴人

ぎしん【疑心】疑う心。　疑心

ぎじん【擬人】人間以外のものを人間に見立てること。　擬人

ぎしんあんき【疑心暗鬼】疑いだすと、なんでもないことまで信じられなくなって、不安になること。▽―にかられる。　暗鬼

きす【鱚】海にすむ魚の一。体は細長い。食用。　鱚

きず【傷】〈疵〉❶外傷。❷いたんだ部分。❸欠点。①wound　傷

きすい【既遂】すでにしてしまったこと。対未遂（みすい）。accomplishment　既遂

きずい【気随】好き勝手。▽―気儘（きまま）。　気随

きすう【奇数】二で割り切れない整数。対偶数。odd number　奇数

きすう【帰趨】いき着くところ。▽勝敗の―は決定した。類帰結。outcome　帰趨

きすう【基数】数を表すもとになる、〇から九までの整数。cardinal number　基数

きずく【築く】❶土や石をつき固めてつくる。❷努力してつくりあげる。▽富を―。①build　築く

きずつく【傷付く】〈疵付く〉❶負傷する。❷物に傷ができる。❸心に痛手を受ける。①③get hurt　傷付く

きずな【絆】断ち切りがたい人と人との結びつき。▽親子の―。bonds　絆

きする【帰する】❶あるところへ落ち着く。▽実験は失敗に―した。❷負わせる。▽責任を他の人に―。①result in ▼―所　いきつくところ。結局。　帰する

きする【記する】❶記録する。❷記憶する。①record　記する

きする【期する】❶期限を決める。❷期待する。❸決心する。▽深く心に―。②expect ③decide　期する

ぎする【擬する】❶つきつける。▽短刀を―。❷なぞらえる。▽次期会長に―せられる。②imitate　擬する

ぎする【議する】集まって相談する。審議する。▽国の大事を―。　議する

きせい【気勢】元気のいい勢い。high spirits ▼―を上げる　仲間と集まって元気のいいところをみせる。　気勢

きせい【奇声】奇妙な声。▽―を発する。funny cry　奇声

きせい【帰省】一時的に故郷に帰ること。類帰郷。homecoming　帰省

きせい【既成】 すでにでき上がっていること。
きせい【既製】 前もってつくってあること。▽—服。ready-made

使い分け「きせい」

既成…物事についていう。「既(すで)に成り立っている」の意。▽—概念。—の事実。

既製…品物についていう。▽—品。—の服。

きせい【寄生】 ❶他の生物に付着して、その生物の養分をとって生活すること。❷他人を頼って生活すること。①parasitism
きせい【規正】 (規則に従って)悪い点を改め正すこと。
きせい【規制】 規則で制限すること。また、その規則。▽—緩和。regulation
きせい【期成】 必ずやりとげようと、目ざすこと。▽—同盟。
ぎせい【擬制】 ❶見せかけ。❷異なるものを同一と見なし、法律上の効果を与えること。②legal fiction
ぎせい【犠牲】 ❶いけにえ。❷目的のために大事なものと引きかえにすること。❸不慮の事故で害をこうむること・人。①②sacrifice
きせき【奇跡】 〈奇蹟〉常識で考えられない、不思議なできごと。miracle
きせき【軌跡】 ❶幾何学で、条件を満たす点の集合がえがく図形。❷車輪のあと。❸物事がたどったあと。①locus
きせき【鬼籍】 過去帳。点鬼簿。death roll ▼—に入(い)る 死ぬ。
きせき【貴石】 ❶宝石。❷美しい鉱石。
ぎせき【議席】 ❶議場内の議員の席。❷議員の資格。①seat
きせつ【季節】 ❶春・夏・秋・冬の四季。❷時期。シーズン。▽桜の—。①season
きせつ【既設】 すでに設置してあること。対未設。
きぜつ【気絶】 気を失うこと。類失神。faint
ぎぜつ【義絶】 肉親の縁をきること。
きせつふう【季節風】 冬は大陸から海へ、夏はその反対に吹く風。モンスーン。monsoon
きせる【煙管】 ❶刻みたばこを吸う道具。❷電車や汽車で、中間の乗車料金をごまかすこと。きせる乗り。①khsier(カンボジア語)から。
きぜわしい【気忙しい】 ❶気持ちが落ち着かない感じだ。❷気短だ。①restless
きせん【汽船】 蒸気機関などのエンジンの力で動く大型の船。steamer
きせん【基線】 基準となる直線。
きせん【貴賤】 ❶とうといことと、いやしいこと。❷身分の高い人と、低い人。
きせん【機先】 物事が始まろうとするとき。▼—を制する 先に行動して相手の勢いをくじく。先手を打つ。
きせん【機船】 発動機船の略。
きぜん【毅然】 意志が強く、動じないようす。▽—とした態度。resolute
ぎぜん【偽善】 本心をいつわって見かけをよく見せること。見せかけの善行。▽—者。対偽悪。hypocrisy
きそ【起訴】 検察官が裁判所にうったえること。indictment
きそ【基礎】 ❶物事の成り立つおおもと。▽研究の—を固める。❷建物などの土台。▽—工事。①basics ②foundation
きそう【奇想】 とっぴな考え。
きそう【起草】 草稿をつくること。類起案。drafting
きそう【競う】 互いにはりあう。競争する。類争う。compete
きぞう【寄贈】 品物を贈ること。きそう。類贈呈。presentation
ぎそう【擬装】 〈偽装〉そのものでないように見せかけること。camouflage
ぎそう【艤装】 船に航海に必要な装備を取り付けること。船装。
ぎぞう【偽造】 にせものをつくること。贋造(がんぞう)。類偽作。forgery
きそうきょく【奇想曲】 ⇩狂想曲。
きそうてんがい【奇想天外】 非常に奇抜なようす。▽—な計画。
きそく【規則】 一定のきまり。定め。類規定。規約。rule
きそく【驥足】 すぐれた才能(の人)。▽—をのばす。
きぞく【帰属】 ❶つき従うこと。❷所属すること。①②belonging to

きぞく【貴族】上流社会に属し、特権をもつ階級(の人)。the nobility　貴族

ぎそく【義足】人工の足。artificial leg　義足

ぎぞく【義賊】金持ちから金品を奪い、貧しい人に分け与えるどろぼう。　義賊

きそくえんえん【気息奄奄】息もたえだえなようす。▽―たる内閣。　気息

きそば【生蕎麦】つなぎを用いず、そば粉だけで打ったそば。　生蕎麦

きそん【既存】すでに存在していること。きぞん。existence　既存

きそん【棄損】〈毀損〉こわしたり、傷つけたりすること。▽名誉―。　棄損

きた【北】東に向かって左の方角。対南。north　北

ぎだ【犠打】野球で、バントやフライなど、打者はアウトになるが走者が進塁できる打撃。sacrifice hit　犠打

きたい【危殆】非常にあぶないこと。　危殆

きたい【気体】空気など、一定の形・体積をもたない物質。gas　気体

きたい【奇態】〈奇体〉風変わりでふしぎなようす。　奇態

きたい【期待】心待ちにすること。当てにして待つこと。expectation　期待

きたい【機体】航空機の発動機以外の部分。航空機の胴体。fuselage　機体

きだい【希代】〈稀代〉めったにないこと。希世。きたい。▽―の英雄。類不世出。rarity　希代

きだい【季題】❶季語。❷句会などで、詠題として出された季語。　季題

きだい【貴台】相手を敬っていう語。手紙文で用いる。　貴台

ぎたい【擬態】動物が、形や色をほかのものに似せること。mimicry　擬態

ぎだい【議題】会議で討議する事項。agenda　議題

きたえる【鍛える】❶金属を熱し打って、強くする。❷心身を強くする。①forge ②train　鍛える

きたく【帰宅】自分の家に帰ること。going home　帰宅

きたく【寄託】物を預け、その保管を頼むこと。類委託。deposit　寄託

きたけ【着丈】身長に合う、着物の丈。　着丈

きたす【来す】ひきおこす。▽混乱を―。cause　来す

きだて【気立て】性質。気質。類気性。　気立て

きたない【汚い】〈穢い〉❶よごれている。❷下品だ。❸ひきょうだ。❹けちだ。①〜③dirty　汚い

きたまくら【北枕】頭を北に向けて寝ること。　北枕

ぎだゆう【義太夫】「義太夫節」の略。浄瑠璃(じょうるり)の一派。　義太夫

きたる【来る】今度の。▽―五月一〇日。対去る。forthcoming　来る

きたる【来たる】くる。やってくる。▽待ち人―。　来たる

きたん【忌憚】言うのを遠慮すること。▽―のない意見。reserve　忌憚

きたん【奇譚】珍しい、不思議な物語。類奇談。　奇譚

きだん【気団】気温・湿度がほぼ同じ程度の空気の固まり。air mass　気団

きだん【奇談】珍しくおもしろい話。奇聞。類奇譚(きたん)。strange story　奇談

きち〖吉〗常6 キチ・キツ めでたい。よい。▽―日(きちじつ・きちにち)。―報。―凶。　吉・吉

筆順 一 十 士 吉 吉

きち【吉】めでたいこと。対凶。　吉

きち【危地】危険な状態や場所。▽―を脱する。　危地

きち【奇知】〈奇智〉奇抜な知恵。▽―をめぐらす。wit　奇知

きち【既知】すでに知られていること。対未知。　既知

きち【基地】活動の根拠地。base　基地

きち【貴地】相手の土地の尊敬語。　貴地

きち【機知】〈機智〉その場に応じて、とっさに働く巧みな知恵。▽―に富む。wit　機知

きちく【鬼畜】鬼と畜生。残酷で人情のない人のたとえ。brute　鬼畜

きちじ【吉事】めでたい事柄。きつじ。対凶事。　吉事

きちじつ【吉日】祝い事をするのによい日。きちにち。きつじつ。対凶日。　吉日

きちにち【吉日】⇩きちじつ。　吉日

きちゃく【帰着】❶帰り着くこと。❷ある状態に落ち着くこと。▽―するところは一つである。類❷帰結。　帰着

き

きちゅう【忌中】喪に服する期間。ふつう四九日間。喪中。in mourning　忌中

きちょう【几帳】昔の、幕をたらした部屋の間じきり。　几帳

きちょう【帰朝】外国から日本に帰って来ること。類帰国。　帰朝

きちょう【記帳】帳簿・ノートに書き入れること。register　記帳

きちょう【基調】作品や思想の基本となっているもの。　基調

きちょう【貴重】非常に大切なようす。precious　貴重

きちょうめん【几帳面】きちんとしているようす。methodical　几帳面

きちれい【吉例】めでたいしきたり。　吉例

きちんやど【木賃宿】宿泊料の安い、粗末な宿屋。cheap inn　木賃宿

きつ【吃】6 キッ・どもる ❶どもる。▽—音。—語。❷食べる。　吃・吃

きつ【桔】人10 キッ・ケツ 「桔梗（ききょう）」で、秋の七草の一。　桔・桔

筆順 一 十 才 木 朩 杧 桔 桔 桔

きつ【喫】常12 キッ 食べる。のむ。すう。▽—煙。—茶。満—。（喫）　喫・喫

筆順 口 口' 吁 咕 喫 喫 喫 喫

きつ【詰】常13 キツ・つめる・つまる・つむ ❶なじる。▽—問。❷かがむ。❸つめる。つまる。　詰・詰

筆順 ニ 言 言 言一 計 計 詰 詰

きつ【吉】⇩きち　きつ【橘】⇩たちばな

きつえん【喫煙】たばこを吸うこと。▽—室。smoking　喫煙

きつおん【吃音】どもる音声。stammering sound　吃音

きづかう【気遣う】気をつかう。心配する。worry　気遣う

きっかけ【切っ掛け】物事を始める手がかり・機会。▽話の—をつくる。類契機。opportunity　切掛

きっきょう【吉凶】吉事と凶事。　吉凶

きっきん【喫緊】たいせつで急を要すること。　喫緊

キック【kick】けること。

きづく【気付く】❶気がつく。意識する。①notice ❷正気にもどる。　気付く

キックオフ【kick off】サッカーなどの試合開始（のキック）。

きつけ【気付け】気絶した人を正気づかせること。▽—薬。　気付け

きつけ【着付け】❶着こなし。❷着物をきちんと着せること。①dressing　着付

きづけ【気付】郵便物を相手の住所以外に送る場合に、そのあて先に添える語。　気付

きっこう【拮抗】互いにはり合うこと。▽—する勢力。類対抗。rivalry　拮抗

きっこう【亀甲】❶かめの甲。①tortoise shell ❷六角形の連続模様。

亀甲❷

きっさ【喫茶】茶を飲むこと。

きっさき【切っ先】〈鋒〉刃物のとがったものの先。

きっしょう【吉祥】よいことのあるきざし。きちじょう。　吉祥

キッズ【kids】子供たち。

きっすい【生粋】（出身・素性に）まじりけのないこと。類純粋。purity　生粋

きっすい【喫水】〈吃水〉船の水面から船底までの距離。ふなあし。draft　喫水

きっする【喫する】❶飲む。食う。吸う。❷受ける。こうむる。▽惨敗を—。②suffer　喫する

きっそう【吉左右】❶吉報。❷善悪どちらかの知らせ。　吉左右

キッチュ【Kitsch ドイ】俗悪なまがいもの。俗悪趣味。

きっちょう【吉兆】よいことが起こる前ぶれ。good omen　吉兆

きつつき【啄木鳥】鳥の一。くちばしで木に穴をあける。woodpecker　啄木鳥

きって【切手】郵便切手。postage stamp　切手

きっての【切っての】…の中でも一番の。▽クラス—秀才。　切っての

キット【kit】組み立て部品の一式。

きっと【屹度】❶必ず。確かに。❷きびしく。▽—にらむ。①surely　屹度

キッド【kid】❶子やぎの革。❷子供。

きつね【狐】9 コ・きつね 動物の、きつね。▽—狸（こり）。野—禅（やこぜん）。　狐・狐

きつね【狐】イヌ科のけもの。fox ▼—と狸（たぬき）の化（ば）かし合い　狐

ずるがしこい者同士がだまし合うこと。▼—につままれる わけがわからずぽかんとする。▼—の嫁入(よめい)り ❶天気雨。❷きつね火が数多く並ぶこと。

きつねいろ【狐色】 うすいこげ茶色。 狐色

きつねび【狐火】 鬼火。 狐火

きっぷ【切符】 乗車券。入場券。ticket 切符

きっぷ【気っ風】 (さっぱりとした)気性。気だて。▽—のいい男。 気っ風

きっぽう【吉報】 よい知らせ。対凶報。good news 吉報

きづまり【気詰まり】 窮屈に感じられること。 気詰り

きつもん【詰問】 厳しく問いただすこと。cross-examination 詰問

きつりつ【屹立】 山や建物などが高くそびえ立つこと。そそり立つこと。 屹立

きてい【既定】 すでに決まっていること。established 対未定。 既定

きてい【規定】 きまりとして定めること。また、そのきまり。rule 規定

きてい【規程】 事務手続き上のきまり。official regulations 規程

使い分け「きてい」
規定…全体の中の一つ一つのきまり。▽第五条の—に従う。前項の—によると。
規程…定められた一連のきまりの全体。▽図書貸し出し—。

ぎてい【義弟】 ❶義理の弟。❷約束を結んで弟となった人。対❶実弟。 義弟

ぎてい【議定】 評議して決めること。ぎじょう。 議定

きてき【汽笛】 蒸気で鳴らす笛(の音)。steam whistle 汽笛

きてれつ【奇天烈】 非常に奇妙なようす。▽奇妙—。 奇天烈

きてん【起点】 物事の始まりの所。出発点。▽東海道線の—。時間計測の—。対終点。starting point 起点

きてん【基点】 距離を測るときの、もとになる点・所。▽駅を—とした半径二キロ圏内。basic point 基点

きてん【機転】 〈気転〉とっさに対処する心の働き。▽—がきく。tact 機転

きでん【貴殿】 相手の敬称。 貴殿

ぎてん【疑点】 疑わしいところ。 疑点

きと【企図】 計画。くわだて。plan 企図

きと【帰途】 帰り道。▽—に就く。 帰途

きど【木戸】 ❶城門。城戸(きど)。❷簡単な開き戸の門。❸興行場の出入り口。 木戸

きどあいらく【喜怒哀楽】 喜び・怒り・悲しみ・楽しみ。人のさまざまの感情。 喜怒

きとう【気筒】 〈汽筒〉シリンダー。 気筒

きとう【祈禱】 神仏に祈ること。 祈禱

きとう【帰投】 軍隊で、航空機や艦船が基地に帰りつくこと。 帰投

きどう【軌道】 ❶線路。❷天体などが運行する道。①track ②orbit ▼—に乗る 物事が順調に運ぶ。 軌道

きどう【起動】 ❶動き始めること。❷機械などの始動。▽モーターを—する。①②starting 起動

きどう【機動】 状況に応じたすばやい活動。▽—隊。—力。mobility 機動

きとく【危篤】 病気が重くて死にそうなこと。critical condition 危篤

きとく【奇特】 すぐれて感心なこと。類殊勝。laudable 奇特

きとく【既得】 すでに手に入れていること。▽—権。 既得

きどる【気取る】 ❶もったいぶる。▽おつに—。❷それらしくふるまう。▽天才を—。②affect 気取る

きなが【気長】 あせらず、のんびりしているようす。leisurely 気長

きながし【着流し】 はかまや羽織なしの和装姿。 着流し

きなくさい【きな臭い】 ❶焦げ臭い。❷あやしい。不穏だ。▽—話。 きな臭

きなこ【黄な粉】 いった大豆の粉末。 黄な粉

きなん【危難】 危険な災難。danger 危難

きにち【忌日】 故人の命日。きじつ。 忌日

きにゅう【記入】 書き入れること。enter 記入

ギニョール【guignol(フランス)】 指人形。また、それを使ってする劇。

きにん【帰任】 任地に帰ること。 帰任

きぬ【絹】 ❶蚕のまゆからとる繊維。❷絹織物。①②silk ▼—を裂(さ)くよう 高く鋭い声の形容。 絹

き

きぬぎぬ【後朝】 共寝(ともね)した男女が翌朝別れること。また、その朝。▽―の別れ。

きぬさや【絹莢】 早どりの、さやえんどう。

きぬずれ【衣擦れ】 着ている着物がすれあうこと・音。

きぬた〘砧〙 人10 **チン・きぬた** 布を打つ木・石の台。▽―(きぬた)を打つ。

筆順 一 ア 石 石 矿 矿 矿 砧 砧

きね〘杵〙 人8 **ショ・きね** うすに入れた穀物を打つ道具。▽―臼(しょきゅう)。

筆順 一 十 オ 木 木 杵 杵 杵

ギネスブック【Guinness Book】 世界一の記録を集めた本。

きねずみ【木鼠】 「りす」の別称。

キネマ【Kinema】 ⇩シネマ。

きねん【祈念】 神仏に祈り願うこと。類祈願。prayer

きねん【記念】 思い出として残すこと・もの。commemoration

ぎねん【疑念】 疑う心。疑い。▽―を抱く。doubt

きのう【昨日】 今日の前日。さくじつ。yesterday

きのう【帰納】 個々の具体的な事実から、一般的な法則を導き出すこと。▽―法。対演繹(えんえき)。induction

きのう【帰農】 農村に帰って農業をすること。

きのう【機能】 働き。作用。function

ぎのう【技能】 技術的な能力。腕前。類技量。skill

きのえ【甲】 十干(じっかん)の第一。こう。

きのこ〘茸〙 人9 **ジョウ・きのこ・たけ** きのこ類の総称。▽椎―(しいたけ)。松―(まつたけ)。

筆順 艹 艹 芇 芇 苷 茸 茸

きのこ【茸】 まつたけ・しいたけなど、子実体を形成する菌類。mushroom

きのじ【喜の字】 喜寿(きじゅ)。七十七歳。

きのと【乙】 十干(じっかん)の第二。おつ。

きのどく【気の毒】 ❶かわいそうで心がいたむこと。❷申し訳ないと思うこと。▽彼には―した。①pity

きのみきのまま【着の身着の儘】 着ている物のほかは、何も持っていないこと。

きのめ【木の芽】 ❶木の新芽。❷山椒(さんしょう)の芽。①bud

きのり【気乗り】 気が進むこと。

きば〘牙〙 ⇩が

きば【木場】 材木の貯木場。また、材木商店の集まっている地域。

きば【牙】 けものの犬歯。fang, tusk ▼―を研(と)ぐ 攻撃の用意をして待つ。

きば【騎馬】 馬に乗ること・人。▽―隊。riding

きはく【気迫】 〈気魄〉おそれないで立ち向かう気力。類意気ごみ。spirit

きはく【希薄】 〈稀薄〉❶濃度・密度がうすいこと。❷気持ち・意欲がとぼしいこと。▽人情の―な都会。①thin

きばく【起爆】 火薬の爆発をおこさせること。

きはつ【揮発】 常温で液体が気体になること。

きばつ【奇抜】 意表をついて風変わりなようす。eccentric

きはつゆ【揮発油】 ガソリン・ベンジンなど。volatile oil

きばらし【気晴らし】 うさばらし。relaxation

きばる【気張る】 ❶息をつめて力む。いきむ。❷はりきる。▽―って働く。❸多くの金銭を出す。奮発する。▽祝儀を―。

きはん【帰帆】 船が港に帰ってくること。また、その船。帰船。

きはん【規範】 〈軌範〉手本。また、行為・判断・評価などの規準。criterion

きばん【基盤】 土台。foundation

きはんせん【機帆船】 発動機と帆と両方を備えた小型船。

きひ【忌避】 きらってさけること。evasion

きび〘黍〙 12 **ショ・きび** 穀物の、きび。▽さとう―。―団子。

きび【黍】 五穀の一。実は黄色。

きび【機微】 表に現れない微妙なおもむき。▽人情の―にふれる。

きび【驥尾】 駿馬(しゅんめ)の尾。▼―に付す すぐれた人につき従って、実力以上のことをすることのたとえ。

きびき【忌引き】近親者が死んだために欠席・欠勤し、喪(も)に服すること。 忌引

きびしい【厳しい】❶厳格だ。❷はなはだしい。ひどい。▽―寒さ。①strict ②severe 厳しい

きびす【踵】かかと。くびす。heel ▼―を返す 引き返す。▼―を接する 次々と続く。 踵

きひつ【起筆】文章を書き始めること。類起稿。対擱筆(かくひつ)。 起筆

ぎひつ【偽筆】他人の字や絵に似せて書いたもの。対真筆(しんぴつ)。 偽筆

きひょう【起票】伝票をおこすこと。 起票

きびょう【奇病】珍しい病気。strange disease 奇病

きひん【気品】上品で気高いおもむき。grace 気品

きひん【貴賓】身分の高い客。 貴賓

きびん【機敏】てきぱきとすばやいこと。敏。quick 機敏

きふ【寄付】公共事業などに金品をさし出すこと。類寄進。contribution 寄付

きふ【棋譜】碁・将棋の対局の記録。 棋譜

きぶ【基部】もととなる部分。類基盤。foundation 基部

ぎふ【義父】義理の父。対実父。father-in-law 義父

ギブアップ【give up】降参すること。

ギブアンドテーク【give-and-take】相手に利益を与えるかわりに、自分も利益を得ること。

きふう【気風】ある集団や地域の人たちに、共通する気質。 気風

きふう【棋風】碁・将棋の戦い方に表れる個性。 棋風

きふく【帰服】〈帰伏〉その支配下に入ること。類帰順。submission 帰服

きふく【起伏】❶土地の高低。❷変化がはげしいこと。▽―の多い人生。 起伏

きふじん【貴婦人】高貴な婦人。lady 貴婦人

ギプス【Gipsドイツ】患部を固定する石こうの包帯。ギブス。

きぶつ【器物】道具や器(うつわ)類。 器物

ギフト【gift】贈り物。▽―カード。

きぶん【気分】❶気持ち。❷雰囲気。❸心の状態。①feeling 気分

きぶん【奇聞】変わった話。奇談。 奇聞

ぎふん【義憤】不正に対する怒り。 義憤

きへい【騎兵】馬に乗って戦う兵士。cavalry 騎兵

きへき【奇癖】奇妙なくせ。変なくせ。 奇癖

きべん【詭弁】こじつけ・ごまかし(の議論)。▽―を弄(ろう)する。sophism 詭弁

きぼ【規模】しくみの大きさ。scale 規模

ぎぼ【義母】義理の母。対実母。mother-in-law 義母

きほう【気泡】あわ。あぶく。bubble 気泡

きほう【既報】すでに知らせたこと。 既報

きほう【機鋒】❶きっさき。❷せめたてる勢い。 機鋒

きぼう【希望】❶こうあってほしいと願い望むこと。❷明るい見通し。類❶願望。①hope 希望

ぎほう【技法】技術。やり方。類手法。technique 技法

ぎぼうしゅ【擬宝珠】⇩ぎぼし。 擬宝珠

ぎぼし【擬宝珠】欄干(らんかん)の柱の頭につける飾り物。ぎぼうしゅ。 擬宝珠

きぼね【気骨】心づかい。気苦労。▼―が折れる 気をつかって疲れる。 気骨

きぼり【木彫り】木をほって作ること・もの。木彫(もくちょう)。woodcarving 木彫

きほん【基本】物事の大もと。basis 基本

ぎまい【義妹】義理の妹。対実妹。 義妹

きまえ【気前】けちけちしない気質。▽―がいい。generosity 気前

きまぐれ【気紛れ】❶気の変わりやすいこと・性質。❷一時の思いつき。①whim 気紛れ

きまじめ【生真面目】非常にまじめなこと。serious 生真面

きまずい【気まずい】気持ちが合わず、何となく不愉快なようす。 気まず

きまつ【期末】期間の終わり。対期首。 期末

きまま【気儘】自分のしたいようにすること。類勝手。 気儘

きまり【決まり】〈極まり〉❶規則。決着。①rule ▼—が悪い その場を取りつくろうことができず恥ずかしい。きまり悪い。❷しめくくり。▽お—の文句。❸いつも同じこと。　決まり

きまる【決まる】❶決定する。❷勝負がつく。❸うまくいく。〈「…に決まっている」の形で〉きっと…する。▽言うに—っている。①be decided　決まる

ぎまん【欺瞞】だますこと。類瞞着（まんちゃく）。deception　欺瞞

きみ【気味】❶受ける感じ・気分。❷傾向。▼—が悪い 何となく不安で恐ろしい。　気味

きみ【君】❶君主。王。❷人の敬称。❸男性が同等（以下）の者を呼ぶ語。対❶民。③you　君

きみ【黄身】卵の黄色い部分。卵黄。対白身。yolk　黄身

きみじか【気短】短気だ。対気長。short-tempered　気短

きみつ【気密】気体を通さないこと。▽—室。airtightness　気密

きみつ【機密】（国家・機関・組織などの）重要な秘密。top-secret　機密

きみゃく【気脈】❶血管。❷連絡。▼—を通じる 連絡しあって、意志を通じあう。ぐるになる。　気脈

きみょう【奇妙】風変わりで不思議なようす。strange　奇妙

きみょうちょうらい【帰命頂礼】❶心から仏に帰依（きえ）すること。❷仏をおがむときに唱える語。　帰命

ぎみん【義民】身を投げ出して正義のためにつくす人。　義民

ぎむ【義務】人として、しなければならない事がら。対権利。duty, obligation　義務

きむずかしい【気難しい】機嫌をとりにくい。扱いにくい。difficult　気難

きむすめ【生娘】うぶな娘。処女。virgin　生娘

キムチ【沈菜】朝鮮 朝鮮の漬け物の一。

きめ【木目】もくめ。grain　木目

きめ【肌理】表面の手ざわり。▽肌の—。texture ▼—が細かい ❶手ざわりがなめらかだ。❷心づかいなどが行き届く。　肌理

きめい【記名】氏名を書くこと。　記名

ぎめい【偽名】にせの名前。対実名。alias　偽名

きめて【決め手】❶物事を決める方法・よりどころ。❷決める人。　決め手

きめる【決める】❶決定する。❷成功させる。❸ぴったり合わせる。❹習慣にする。①decide　決める

きめん【鬼面】鬼の顔。鬼の面。▼—人を威（おど）す 強がって見せて人をおどす。鬼面人を驚かす。　鬼面

きも【肝】〈胆〉❶肝臓。❷精神力。心。▼—に銘（めい）じる 心に刻み込む。▼—を潰（つぶ）す 非常に驚く。　肝

きもいり【肝煎り】世話をすること・人。　肝煎

きもち【気持ち】❶心の状態・感情・考え。❷感謝の心。▽—だけのお礼。❸ごくわずか。▽—左に寄せる。①feelings　気持

きもったま【肝っ玉】勇気。度胸。　肝っ玉

きもの【着物】❶着る物。❷和服。①clothes　着物

きもん【鬼門】❶避けたほうがよいとされる、艮（うしとら）（＝北東）の方角。❷苦手。▽漢文は—だ。　鬼門

ぎもん【疑問】疑わしいこと。doubt　疑問

きゃ〔脚〕⇩きゃく

きやく【規約】協議して決めた規則。類規定。rule　規約

きゃく〔却〕常7 キャク ❶ひきさがる。▽退—。❷すっかりなくす。▽償—。❸かえって。　筆順 却　却・却

きゃく〔客〕常9 キャク・カク ❶訪れる人。旅人。▽—室。旅—。❷商売の相手。▽—席。❸対象。▽—観。　筆順 客　客・客

きゃく〔脚〕常11 キャク・キャ・あし ❶あし。❷物の下の部分。▽—注。　筆順 脚　脚・脚

きゃく【客】❶訪れてくる人。❷金銭をはらう側の人。❸接待用の器具を数える語。①visitor　客

ぎゃく〔逆〕常9 ギャク・さか・さからう ❶さからう。▽—流。❷反対。▽—算。　筆順 逆　逆・逆

ぎゃく〔虐〕常9 ギャク・しいたげる しいたげる。むごい。▽—待。残—。（虐）　筆順 虐　虐・虐

ぎゃく【逆】順序・方向・位置などが反対であること・ようす。reverse, opposite　逆

ギャグ【gag】映画・演劇などで、観客を笑わせる、即興的なせりふやしぐさ。

きゃくあし【客足】店や会場に来る客の数。▽―が減る。customer 客足

きゃくいん【客員】大学などで、客分として遇されている人。▽―教授。客員

きゃくいん【脚韻】語句の終わりの韻をそろえること。対頭韻。脚韻

きゃくえん【客演】他の劇団に招かれて出演すること。客演

ぎゃくえん【逆縁】親が子の供養をしたり、生前に敵であった者が相手の供養をしたりする関係。対順縁。逆縁

ぎゃくこうか【逆効果】期待と反対の効果。ぎゃっこうか。opposite effect 逆効果

ぎゃくこうせん【逆光線】物体の後方からさす光線。逆光。ぎゃっこうせん。backlight 逆光線

ぎゃくさつ【虐殺】むごい方法で殺すこと。惨殺。massacre 虐殺

ぎゃくさん【逆算】ふつうの順序とは逆の順序で計算すること。calculat-ing back 逆算

きゃくしつ【客室】客をもてなす部屋。客間。客座敷。guest room 客室

きゃくしゃ【客車】旅客を乗せて運ぶ車両。passenger car 客車

ぎゃくしゅう【逆襲】今まで攻められていたものが、力をもり返して反撃すること。counterattack 逆襲

ぎゃくじょう【逆上】かっとなり分別をなくすこと。frenzy 逆上

きゃくしょうばい【客商売】客にサービスを提供する商売・職業。客商売

きゃくしょく【脚色】❶小説などを、脚本にすること。❷手を加えておもしろくすること。①dramatization 脚色

きゃくじん【客人】客。guest 客人

ぎゃくしん【逆臣】主君にそむいた家来。対忠臣。traitor 逆臣

ぎゃくすう【逆数】その数にかけあわせると一になる数。三の逆数は三分の一。逆数

きゃくすじ【客筋】❶客の種類や性質。客層。客種(きゃくだね)。❷得意先の関係。客筋

ぎゃくせつ【逆説】真理に反するようで、実は真理を表す説。パラドックス。▽―的な表現。paradox 逆説

きゃくせん【客船】人を乗せる船。対貨物船。passenger ship 客船

きゃくせんび【脚線美】女性の脚のなだらかな曲線の美しさ。脚線美

きゃくそう【客層】客筋❶。客種(きゃくだね)。客層

ぎゃくそう【逆送】❶送りかえす。❷家庭裁判所に送られてきた少年事件を検察官に戻す。逆送

ぎゃくそう【逆走】本来の方向とは反対の方向に走る。逆走

ぎゃくぞく【逆賊】国家や主君にそむいた人。逆徒。類謀反人(むほんにん)。rebel 逆賊

きゃくたい【客体】人間の意志や行為の対象。客観。対主体。object 客体

ぎゃくたい【虐待】むごい扱いをすること。ill-treatment 虐待

きゃくだね【客種】客筋。客種

きゃくちゅう【脚注】〈脚註〉本文の下段につけた注釈。▽―を付ける。対頭注。footnote 脚注

ぎゃくて【逆手】❶柔道などで、関節を反対に曲げる技。❷相手の攻撃を利用して、逆に攻めること。さかて。❸⇩さかて。逆手

ぎゃくてん【逆転】❶反対に回転すること。❷形勢などが反対になること。▽―勝ち。注逆×点。②reversal 逆転

きゃくど【客土】耕地改良のため、他の土を入れること。かくど。客土

ぎゃくと【逆徒】逆賊。逆徒

ぎゃくひれい【逆比例】反比例。対正比例。inverse proportion 逆比例

ぎゃくふう【逆風】向かい風。▽―に耐える。対順風。adverse wind 逆風

きゃくぶん【客分】客として待遇される身分。guest 客分

きゃくほん【脚本】演劇・映画のせりふ・動作を書いた本。台本。script 脚本

き

きゃくま【客間】客室。 客間

ぎゃくよう【逆用】反対の目的に利用すること。 逆用

ぎゃくりゅう【逆流】反対方向に流れること。countercurrent 逆流

きゃくりょく【脚力】足の強さ。 脚力

きゃしゃ【華奢】ほっそりして上品だが、弱々しいようす。delicate 華奢

きやすい【気安い】遠慮がいらない。気がおけない。familiar 気安い

キャスター【caster】❶家具などの下につける車輪。❷ニュースの報道・解説をする人。❸薬味立て。カスター。

キャスティングボート【casting vote】❶賛否同数時の、議長の決定投票。❷決定権。

キャスト【cast】配役。

きやすめ【気休め】その場だけの安心。また、そのためのことばや行い。▽―を言う。empty consolation 気休め

きゃたつ【脚立】二つのはしごの、上に台をつけた踏み台。stepladder 脚立

きゃつ【彼奴】人を見下げたり親しみをこめたりして呼ぶ語。あいつ。 彼奴

きゃっか【却下】訴訟・申請などを取り上げないこと。類棄却。rejection 却下

きゃっか【脚下】あしもと。 脚下

きゃっかん【客観】認識や行動の対象。また、主観から独立して存在すると考えられるもの。世界や自然など。客体。対主観。object 客観

きゃっかんてき【客観的】主観を入れずに見たり考えたりするようす。 客観的

ぎゃっきょう【逆境】不幸な境遇。▽―にたえる。対順境。adversity 逆境

きゃっこう【脚光】舞台で、俳優の足もとを照らす光。footlight ▼―を浴びる 世間から注目される。 脚光

ぎゃっこう【逆光】逆光線。 逆光

ぎゃっこう【逆行】反対の方向に進むこと。running counter 逆行

キャッシャー【cashier】レジ。レジ係。会計係。

キャッシュ【cash】現金。

キャッシュカード【cash card】現金支払い機に使うカード。

キャッシュレス【cash less】現金を持たず、クレジットカードなどを使って金銭をやり取りすること。▽―決済。

キャッシング【cashing】❶現金化すること。❷小口の貸し付け。

キャッチ【catch】とらえること。

キャッチアップ【catch up】追いつくこと。近代化を目指し追い上げること。

キャッチフレーズ【catch phrase】印象的な短い宣伝文句。

ギャップ【gap】考え方・感情などのへだたり。意見のくいちがい。

キャディー【caddie】ゴルファーの道具を運んだり、雑用をしたりする人。

キャパシティー【capacity】❶容量。容積。❷収容能力。定員。❸能力。

きゃはん【脚半】〈脚絆〉すねに巻く細長い布。leggings 脚半

キャピタル【capital】資本。capital ▼―ゲイン 資産値上がり益。▼―ロス 資産値下がり損。

キャプテン【captain】❶船長。機長。❷スポーツで、チームの主将。

ギヤマン ガラス(製の器)。diamant(オランダ語)から。

きゃら【伽羅】香木の「沈香(じんこう)」からとった香料のうちの良質のもの。 伽羅

ギャラ「ギャランティー」の略。出演料。

キャラクター【character】❶性格。人格。❷小説・劇中の役柄。

ギャラリー【gallery】❶画廊。❷ゴルフなどの見物人。

きやり【木遣り】材木を大ぜいで音頭をとり運ぶこと。また、その時の歌。 木遣

キャリア【career】❶仕事上の経歴。経験。▽―アップをはかる。❷国家公務員で上級試験に合格した者。▽―官僚。

キャリア【carrier】❶運搬する器具・荷台。❷ウイルスの保菌者。

キャリアウーマン【career woman】専門職についている、熟練した女性。

キャンセル【cancel】解約すること。

キャンパス【campus】 大学の構内。

キャンプ【camp】 ❶野営。キャンピング。❷プロ野球の合宿練習。❸収容所。❹兵舎。兵営。

ギャンブル【gamble】 ばくち。とばく。かけ事。

キャンペーン【campaign】 組織的な宣伝活動。

きゅう【杞憂】 とりこし苦労。　杞憂

きゅう〔九〕 常2 キュウ・ク・ここの・ここのつ ❶数の九。❷数が多い。▽三拝―拝。　九・九

筆順 ノ 九

きゅう〔久〕 常3 キュウ・ク・ひさしい 長い時間がたつ。▽永―。―遠(くおん)。　久・久

筆順 ノ ク 久

きゅう〔及〕 常3 キュウ・およぶ・および・およぼす ❶ゆきわたる。▽普―。❷ならびに。…と。(及)　及・及

筆順 ノ 乃 及

きゅう〔弓〕 常3 キュウ・ゆみ 武器のゆみ。▽―道。―矢。　弓・弓

筆順 ㇕ コ 弓

きゅう〔丘〕 常5 キュウ・おか ❶小高い所。おか。▽―陵。砂―。❷はか。　丘・丘

筆順 ノ 亻 亻 斤 丘

きゅう〔旧〕 常5 キュウ ❶ふるい。▽―家。❷もと。▽―居。復―。❸むかしなじみ。▽―友。―交。(舊)　旧・旧

筆順 丨 ∥ 旧 旧 旧

きゅう〔休〕 常6 キュウ・やすむ・やすまる・やすめる ❶やすむ。▽―養。❷中止する。▽―演。　休・休

筆順 ノ イ 仁 什 休 休

きゅう〔吸〕 常6 キュウ・すう すう。▽―引。―盤。呼―。(吸)　吸・吸

筆順 丨 口 口 叨 吸 吸

きゅう〔朽〕 常6 キュウ・くちる 草木がくさる。古くなる。▽不―。老―。　朽・朽

筆順 一 十 才 木 朽 朽

きゅう〔臼〕 常6 キュウ・うす うす。また、うすの形をしたもの。▽石―。―歯(きゅうし)。　臼・臼

筆順 ノ 亻 亻 臼 臼 臼

きゅう〔求〕 常7 キュウ・もとめる ❶もとめる。▽探―。要―。❷中心に向けひきしめる。▽―心力。　求・求

筆順 一 十 才 才 求 求 求

きゅう〔灸〕 人7 キュウ 漢方の治療法の、きゅう。▽鍼―(しんきゅう)。　灸・灸

筆順 ノ ク 久 久 灸 灸 灸

きゅう〔玖〕 人7 キュウ ❶美しい黒色の玉。❷「九」の代わりに使う。　玖・玖

筆順 一 丁 干 王 玖 玖 玖

きゅう〔究〕 常7 キュウ・きわめる 限度までつきつめる。▽―極。探―。　究・究

筆順 丶 丷 宀 穴 究 究 究

きゅう〔泣〕 常8 キュウ・なく なみだを流してなく。▽感―。号―。　泣・泣

筆順 丶 氵 氵 汁 泣 泣 泣 泣

きゅう〔穹〕 人8 キュウ・そら ❶弓形に広く張ったテント。❷広く張って大地をおおう大空。そら。▽蒼―(そうきゅう)。　穹・穹

筆順 丶 宀 穴 穹 穹 穹 穹 穹

きゅう〔急〕 常9 キュウ・いそぐ ❶いそぐ。▽性―。❷とつぜん。▽―転。❸速い。▽―流。❹さしせまる。▽緊―。❺傾きがきつい。▽―坂。　急・急

筆順 ノ ク 刍 刍 刍 急 急

きゅう〔級〕 常9 キュウ ❶位や順序。▽進―。❷学校のクラス。▽―友。❸討ち取った首。▽首―。　級・級

筆順 ㄑ 幺 幺 糸 糸 級 級

きゅう〔糾〕 常9 キュウ ❶よりあわせる。▽―合。❷もつれる。▽紛―。❸調べてただす。▽―弾。　糾・糾

筆順 ㄑ 幺 幺 糸 糸 糹 糾 糾

きゅう〔宮〕 常10 キュウ・グウ・ク・みや ❶天子の御殿。▽―中。❷皇族の呼び名。▽東―(とうぐう)。❸神社。▽神―(じんぐう)。　宮・宮

筆順 丶 宀 宀 宮 宮 宮 宮

きゅう〔赳〕 人10 キュウ 強くいさましいようす。　赳・赳

筆順 土 キ 丰 走 走 赳 赳

きゅう〔救〕 常11 キュウ・すくう すくう。助ける。▽―援。―出。―助。　救・救

筆順 十 才 才 求 求 求 救

きゅう〔毬〕 人11 キュウ・まり ❶まり。▽―藻(まりも)。❷いが。▽―栗(いがぐり)。　毬・毬

筆順 ノ 三 毛 毛 毬 毬 毬

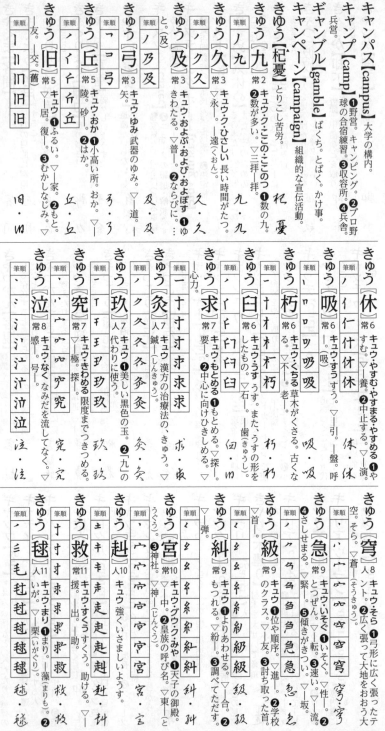

きゅう【球】常11 キュウ・たま ❶丸い形。▽地—。❷ボール。▽野—。

筆順 T 王 玎 玎 球 球 球 球・球

きゅう【給】常12 キュウ ❶足りるようにする。▽—水。供—。❷あたえる。▽—付。支—。❸てあて。▽—料。薄—。

筆順 纟 幺 糸 糸 紒 給 給 給・給

きゅう【嗅】常13 キュウ・かぐ においをかぐ。▽—覚。

筆順 口 吅 吖 咱 嗅 嗅 嗅 嗅・嗅

きゅう【厩】人14（廏・廐） キュウ・うまや 馬を飼う小屋。▽—舎。

筆順 厂 𠂆 厈 厩 厩 厩 厩・厩

きゅう【窮】常15 キュウ・きわめる・きわまる ❶きわめる。❷行きづまる。▽困—。

筆順 宀 穴 穷 窮 窮 窮 窮・窮

きゅう【仇】⇩かたき　きゅう【汲】⇩くむ

きゅう【鳩】⇩はと

キュー【cue】放送などで、演技・音楽などの開始・きっかけの合図。Q。

きゅう【旧】❶もと・昔のようす。▽—に復する。❷旧暦。▽—の正月。　旧

きゅう【灸】漢方で、体にすえたもぐさを燃やす熱を利用する治療法。おきゅう。　灸

きゅう【急】❶急ぐこと。▽事は—を要すること。❷危険がせまっていること。▽風雲—を告げる。❸突然であること。▽—のできごと。❹急ぐようす。早いようす。▽—な流れ。❺けわしいようす。▽—な山道。❻突然のようす。▽—に泣き出す。④rapid ⑥urgent　急

きゅう【級】❶いくつかの段階に分けた区切り。❷学級。①② class　級

きゅう【球】❶たま。❷数学で、半円の直径を軸として回転させてできる立体。❸投げたボール。② sphere　球

ぎゆう【義勇】正義のためにふるいおこす勇気。　義勇

ぎゅう【牛】常4 ギュウ・うし 動物の、うし。▽—飲馬食。—歩。　牛・牛

筆順 ノ 𠂉 二 牛

ぎゅう【牛】❶うし。❷牛肉。　牛

きゅうあい【求愛】異性に愛を求めること。making advances　求愛

きゅうあく【旧悪】以前の悪事。　旧悪

きゅういん【吸引】❶すい込むこと。❷人をひきつけること。①suction　吸引

ぎゅういんばしょく【牛飲馬食】大量に飲み食いすること。鯨飲馬食。　牛飲

きゅうえん【旧縁】昔の縁故・知り合い。古くからのなじみ。　旧縁

きゅうえん【休演】出演や公演を休むこと。　休演

きゅうえん【求縁】結婚の相手を求めること。　求縁

きゅうえん【球宴】プロ野球で、選ばれたスター選手によって行われる試合。▽夢の—。　球宴

きゅうえん【救援】救い助けること。類救済。relief　救援

きゅうおん【旧恩】昔受けた恩。　旧恩

きゅうか【旧家】古い、由緒ある家柄。　旧家

きゅうか【休暇】学校や勤め先の休日以外の休み。vacation　休暇

きゅうかい【休会】会・会議・国会などが休むこと。recess　休会

きゅうかく【嗅覚】五感のうち、においを感じる感覚。類臭覚(しゅうかく)。注×しゅうかく。　嗅覚

きゅうがく【休学】在籍のまま長期間学校を休むこと。　休学

きゅうかつ【久闊】長い間、便りしたり会ったりしていないこと。無沙汰(ぶさた)。▽—を叙する。　久闊

きゅうかん【休刊】定期刊行物の発行を休むこと。　休刊

きゅうかん【急患】急病の患者。急病人。emergency case　急患

きゅうかんちょう【九官鳥】飼い鳥の一。人のことばをよくまねる。myna　九官鳥

きゅうき【吸気】❶すい込む息。❷エンジンなどで、シリンダーの中に気体をすい込むこと。また、その気体。対❶呼気。❷排気。①inspiration　吸気

きゅうぎ【球技】球を使うスポーツ。ball game　球技

きゅうぎ【球戯】球を使う遊び。　球戯

きゅうきゅう【汲汲】あくせくとそのことに励むようす。▽—として働く。diligently　汲汲

きゅうきゅう【救急】急な病気や負傷の手当てをすること。▽—車。注×急救。　救急

きゅうきょ【旧居】以前の住居。　旧居

きゅうきょ【急遽】 突然物事を行うようす。にわかに。▽—予定を変更する。hurriedly　急遽

きゅうきょう【旧教】 「カトリック」の通称。▽—徒。　旧教

きゅうきょう【窮境】 窮地。　窮境

きゅうぎょう【休業】 営業・業務を休むこと。be closed　休業

きゅうきょく【究極】 〈窮極〉物事の最後にいきつくところ。▽—の目的。the ultimate　究極

きゅうきん【給金】 使用人などに支払われる給料。　給金

きゅうくつ【窮屈】 ❶せまいようす。▽—な座席。❷かたくるしいようす。▽—な職場。❸お金に余裕がないようす。▽—な予算。②stiff　窮屈

ぎゆうぐん【義勇軍】 国家や正義のために志願した人々の軍隊。volunteer army　義勇軍

きゅうけい【休憩】 ひと休みすること。類休息。rest　休憩

きゅうけい【求刑】 検察官が被告人への刑罰を求めること。　求刑

きゅうけい【急啓】 急用で差し出す手紙の頭語。　急啓

きゅうげき【急激】 突然ではげしいようす。sudden　急激

きゅうけつき【吸血鬼】 ❶人の生き血をすいとる魔物。❷金銭をしぼり取る人間のたとえ。①vampire　吸血鬼

きゅうご【救護】 傷病者を看護・治療すること。nursing　救護

きゅうこう【旧交】 昔からのつきあい。▼**—を温める** ひさしぶりに会い、昔のように親しくする。　旧交

きゅうこう【休校】 学校が授業を休むこと。　休校

きゅうこう【休耕】 耕作を一時やめること。▽—田。　休耕

きゅうこう【休講】 講義を休むこと。　休講

きゅうこう【急行】 ❶急いで行くこと。▽現場に—する。❷「急行列車」の略。主要駅だけに停車する、速く走る列車。②express　急行

きゅうこう【救荒】 飢饉（ききん）から人々を救うこと。▽—作物。　救荒

きゅうごう【糾合】 人を寄せ集めること。▽同志を—する。assemble　糾合

きゅうこく【急告】 急いで知らせること。また、その知らせ。類急報。　急告

きゅうこん【求婚】 結婚を申し込むこと。proposal　求婚

きゅうこん【球根】 植物の根や地下茎が、丸くなったもの。bulb　球根

きゅうさい【休載】 連載を休むこと。　休載

きゅうさい【救済】 救い助けること。類救援。relief　救済

きゅうさく【旧作】 昔の作品。　旧作

きゅうし【九死】 非常に危険な状態。▼**—に一生を得る** 助かる見こみがない状態からやっと助かる。　九死

きゅうし【旧址】 〈旧趾〉昔、有名な建物・事件のあったあと。類旧跡。　旧址

きゅうし【休止】 一時休むこと。とまること。pause　休止

きゅうし【臼歯】 臼（うす）形の奥歯。molar　臼歯

きゅうし【急死】 急に死ぬこと。　急死

きゅうし【急使】 急ぎの使者。▽—を立てる。　急使

きゅうし【窮死】 貧苦のうちに死ぬこと。　窮死

きゅうじ【給仕】 ❶昔、会社、学校、役所で働いていた雑用係。❷食事の世話をすること・人。②waiter　給仕

ぎゅうし【牛脂】 牛の脂肪。ヘット。　牛脂

ぎゅうじ【牛耳】 牛の耳。▼**—を執（と）る** 中心になって思い通りに支配する。牛耳る。　牛耳

きゅうしき【旧式】 ❶古い型・やり方。❷時代おくれ。①old type　旧式

きゅうじつ【休日】 休みの日。holiday　休日

きゅうしふ【休止符】 楽譜で、曲の途中で休むことを示す符号。休符。▽—を打つ。　休止符

きゅうしゃ【鳩舎】 はとを飼う小屋。鳩小屋。　鳩舎

きゅうしゃ【厩舎】 ❶馬小屋。うまや。❷競走馬の訓練や世話をする所。①stable　厩舎

ぎゅうしゃ【牛舎】 牛小屋。cowhouse　牛舎

きゅうしゅ【鳩首】 額を集めて相談すること。▽—協議。　鳩首

きゅうしゅう【旧習】 昔からの習慣。　旧習

きゅうしゅう【吸収】すい取ること。とり入れること。▽知識を―する。類摂取。absorption

きゅうしゅう【急襲】急におそうこと。不意討ち。

きゅうしゅつ【救出】救い出すこと。類救助。rescue

きゅうじゅつ【救恤】困っている人々を助けてめぐむこと。類救援。

きゅうしゅん【急峻】山や坂などがけわしいこと。

きゅうしょ【急所】❶命にかかわる体の大切なところ。❷物事の重要部分。①vital part ②key point

きゅうじょ【救助】救い助けること。類救済。救出。rescue

きゅうしょう【旧称】もとの名称。古い名称。old name

きゅうじょう【休場】❶興行などを休むこと。❷出場者が休むこと。類❷欠場。②absence

きゅうじょう【宮城】「皇居」の旧称。

きゅうじょう【球場】野球場。ball park

きゅうじょう【窮状】非常に困っている状態。▽―を訴える。distress

きゅうしょく【休職】身分や資格を失わず、一定期間勤めを休むこと。

きゅうしょく【求職】職を求めること。対求人。job-hunting

きゅうしょく【給食】学校・工場などで、食事を出すこと。また、その食事。

ぎゅうじる【牛耳る】自分の思い通りに支配する。牛耳を執(と)る。

きゅうしん【休心】安心すること。

きゅうしん【休診】診療を休むこと。

きゅうしん【急信】急ぎのたより。

きゅうしん【球審】野球の主審。chief umpire

きゅうじん【九仞】非常に高いこと。▼―の功を一簣(いっき)に齧(か)く(「一簣」はもっこ一杯の土)長い間の苦労をわずかなことでむだにするたとえ。

きゅうじん【求人】働く人を探し求めること。対求職。job offer

きゅうしんてき【急進的】早く目的や理想を実現させようとするようす。radical

きゅうしんりょく【求心力】円運動をしている物体が中心に向かおうとする力。向心力。対遠心力。

きゅうす【急須】葉茶を入れて、せんじ出す茶器。teapot

きゅうすい【給水】水を供給すること。water supply

きゅうする【給する】支給する。

きゅうする【窮する】❶行きづまる。❷困る。苦しむ。▼―すれば通ず 行きづまって困りはてると、かえって助かる道が開けてくる。

きゅうせい【九星】陰陽道(おんみょうどう)で、一白・二黒・三碧・四緑・五黄・六白・七赤・八白・九紫の九つの星。

きゅうせい【旧制】古い制度。

きゅうせい【旧姓】以前の姓。

きゅうせい【急性】急激に発病し、症状が激しいこと。対慢性。acute

きゅうせい【急逝】急に死ぬこと。急死。sudden death

きゅうせいぐん【救世軍】キリスト教の一派。伝道・社会事業などを行う。Salvation Army

きゅうせいしゅ【救世主】❶キリスト教で、キリスト。❷困った状態を救済してくれる人。①the Savior

きゅうせき【旧跡】〈旧蹟〉歴史的な物事や事件のあった所。▽名所―。historic spot

きゅうせん【休戦】一時戦闘を中止すること。類停戦。armistice

きゅうせんぽう【急先鋒】まっさきに、勢いよく進むこと・人。▽反対派の―となる。

きゅうそ【窮鼠】追いつめられたねずみ。▼―(却(かえ)って)猫を嚙(か)む 追いつめられて必死になれば、弱い者でも強い者を負かすこともあるたとえ。

きゅうぞう【急造】急ごしらえ。

きゅうぞう【急増】急に増えること。

きゅうそく【休息】 体を休めること。類休憩。rest　休息

きゅうそく【急速】 非常にはやく進むようす。類迅速。rapid　急速

きゅうたい【旧態】 昔のままの状態。旧套(きゅうとう)。▽—を脱する。　旧態

きゅうだい【及第】 試験に合格すること。対落第。pass　及第

きゅうたいいぜん【旧態依然】 昔のままで少しも進歩がないようす。▽—たる態度。注旧態×以前。　依然

きゅうたく【旧宅】 前に住んでいた家。　旧宅

きゅうだん【糾弾】 〈糺弾〉罪状・不正・失敗などをただし、とがめること。類弾劾。censure　糾弾

きゅうだん【球団】 プロ野球のチーム。　球団

きゅうち【旧知】 昔からの知り合い。旧識。old acquaintance　旧知

きゅうち【窮地】 苦しい立場・境遇。窮境。▽—に陥る。—に追いこむ。類苦境。tight situation　窮地

きゅうちゃく【吸着】 吸いつくこと。　吸着

きゅうちゅう【宮中】 皇居の中。　宮中

きゅうちょう【窮鳥】 追いつめられた鳥。▼—懐(ふところ)に入(い)れば猟師(りょうし)も殺さず 追いつめられた人が救いを求めてくれば見殺しにはできない。　窮鳥

きゅうつい【急追】 激しく追いかけること。hot pursuit　急追

きゅうてい【休廷】 法廷の裁判を一時休むこと。　休廷

きゅうてい【急呈】 急用で差し出す手紙の頭語。　急呈

きゅうてい【宮廷】 天皇・国王の住まい。the Court　宮廷

きゅうてき【仇敵】 恨(うら)み、憎んでいるかたき。sworn enemy　仇敵

きゅうてん【急転】 急に変わること。　急転

きゅうでん【宮殿】 国王の住む御殿。王宮。palace　宮殿

きゅうてんちょっか【急転直下】 急に形勢が変わって解決に近づくこと。▽—解決に向かう。　直下

キュート【cute】 かわいらしいようす。▽—な女の子。

きゅうと【旧都】 古い都。古都。　旧都

きゅうとう【旧冬】 前年の冬・暮れ。　旧冬

きゅうとう【旧套】 旧態。　旧套

きゅうとう【急騰】 物価・株価が急激にあがること。▽株が—する。対急落。sudden rise　急騰

きゅうとう【給湯】 湯を供給すること。▽—設備。hot-water supply　給湯

きゅうなん【急難】 急な災難。　急難

きゅうなん【救難】 災難から救うこと。rescue　救難

きゅうにゅう【吸入】 すい込むこと。inhalation　吸入

きゅうねん【旧年】 去年。昨年。　旧年

きゅうは【急派】 急ぎ派遣すること。　急派

きゅうば【急場】 差しせまった場合。▽—をしのぐ。emergency　急場

きゅうはい【九拝】 何回もおじぎすること。▽三拝—。　九拝

きゅうはく【急迫】 急に差しせまった状態になること。▽事態が—する。類切迫。urgency　急迫

きゅうはく【窮迫】 せっぱつまって苦しむこと。▽財政が—する。類困窮。　窮迫

きゅうばく【旧幕】 旧幕府。徳川幕府。　旧幕

きゅうばん【吸盤】 ❶たこ・いかなどの足にある吸着器官。❷❶に似たもの。①②sucker　吸盤

きゅうひ【給費】 国・団体などが、費用をあたえること。また、その金。▽—留学生。　給費

きゅうひ【厩肥】 家畜のふん尿と敷きわらでつくった肥料。　厩肥

きゅうひつ【休筆】 文筆家が執筆活動を休むこと。　休筆

キューピッド【Cupid】 ローマ神話で、恋愛の神。

きゅうびょう【急病】 急性の病気。acute disease　急病

きゅうふ【給付】 役所・会社などが金品をあたえること。　給付

きゅうぶん【旧聞】 古い話。▽—に属する。old news　旧聞

きゅうへい【旧弊】 ❶古くからの悪い習慣。❷古い考えやしきたりにとらわれているようす。▽—な　旧弊

人物。

きゅうへん【急変】❶急に悪く変わること。❷急に起こった変事。 急変

きゅうぼ【急募】急いで募集すること。urgent recruitment 急募

ぎゅうほ【牛歩】物事がなかなか進まないこと。▽―戦術。 牛歩

きゅうほう【急報】急ぎの知らせ。類急告。urgent message 急報

きゅうぼう【窮乏】貧乏して苦しむこと。▽―生活。poverty 窮乏

きゅうぼん【旧盆】旧暦の盂蘭盆（うらぼん）。 旧盆

きゅうみん【休眠】❶生物がある期間活動を停止すること。❷物事がある期間活動をやめること。▽―状態。①②dormancy 休眠

きゅうみん【窮民】貧乏で苦しんでいる人民。poor people 窮民

きゅうむ【急務】急いでしなければならない仕事。▽財政再建は目下の―である。urgent business 急務

きゅうめい【究明】道理・真理などを研究して明らかにすること。investigation 究明

きゅうめい【糾明】〈糺明〉悪事を追及して、内容を明らかにすること。 糾明

使い分け「きゅうめい」

究明…調べて明らかにすることで、事実や道理について使う。「究」は調べて本質をつかむの意。▽真相の―。原因の―。

糾明…問いただして明らかにすることで、犯罪や事件に使う。「糾」は調べてあばくの意。▽汚職を―する。責任の―。

きゅうめい【救命】人命を救うこと。lifesaving 救命

きゅうもん【糾問】〈糺問〉悪事を問いただすこと。類糾明。 糾問

きゅうやくせいしょ【旧約聖書】キリスト誕生以前の事柄を記した、キリスト教の聖典。(the) Old Testament 旧約

きゅうゆ【給油】❶機械に潤滑油をさすこと。❷自動車・飛行機などに燃料油を補給すること。②refueling 給油

きゅうゆう【旧友】古くからの友人。old friend 旧友

きゅうゆう【旧遊】昔、旅行したことがあること。▽―の地。 旧遊

きゅうゆう【級友】同じクラスの友達。同級生。classmate 級友

きゅうよ【給与】❶給料。❷金品を支給すること。また、その金品。①salary 給与

きゅうよ【窮余】苦し紛（まぎ）れ。▼―の一策 苦し紛れに考えついた方策。 窮余

きゅうよう【休養】体を休めて、体力を養うこと。rest 休養

きゅうよう【急用】急ぎの用事。急務。 急用

きゅうらい【旧来】昔から。▽―の風習。 旧来

きゅうらく【急落】価格が急激に下がること。対急騰。sudden fall 急落

きゅうり【究理】物事の道理をきわめること。窮理（きゅうり）。reasoning 究理

きゅうり【胡瓜】野菜の一。細長い実は食用。cucumber 胡瓜

きゅうりゅう【急流】流れの速い川。また、その流れ。rapids 急流

きゅうりょう【丘陵】❶丘。❷なだらかな丘が続く地形。▽―地帯。hill 丘陵

きゅうりょう【給料】働いた人に支払われるお金。給与。賃金。▽―日。salary 給料

きゅうれき【旧暦】陰暦。 旧暦

きゅうろう【旧臘】前年の十二月。去年の暮れ。ふつう年頭に使う。▽―二十日。 旧臘

キュリー【curie フランス】放射能の古い単位。記号Ci。現在はSI単位のベクレルを使用。

キュロットスカート ズボン式のスカート。和製語。

きよ【寄与】役に立つこと。類貢献。contribution 寄与

きょ〔去〕5 常 キョ・コ・さる ❶たちさる。▽退―。❷とりのぞく。▽除―。❸すぎさる。▽過―。 去・去

筆順 一 十 土 去 去

きょ〔巨〕5 常 キョ ❶とても大きい。❷とても多い。▽―額。 巨・巨

筆順 丨 厂 戸 戸 巨

きょ〔居〕8 常 キョ・いる ❶住む。いる。▽―住。❷すまい。▽転―。 居・居

筆順 ㇇ コ 尸 尸 居 居 居 居

き

きょ〔拒〕常8 キョ・こばむ ことわる。こばむ。▽—絶。—否。
筆順 一 寸 扌 扌 扌 扌 拒 拒　拒・拒

きょ〔拠〕常8 キョ・コ よりどころ。よりどころにする。▽—点。依—。(據)
筆順 一 寸 扌 扌 扌 扌 拠 拠　拠・拠

きょ〔挙〕常10 キョ・あげる・あがる ❶高くあげる。❷とり行う。▽—行。❸とりあげる。▽選—。❹こぞって。▽—党。(擧)
筆順 丶 丷 ⺌ 兴 兴 兴 举 挙　挙・挙

きょ〔虚〕常11〔虛〕人12 キョ・コ ❶うつろ。から。▽空—。❷うそ。▽—構。
筆順 丨 卜 广 广 卢 虍 虚 虚　虚・虚

きょ〔許〕常11 キョ・ゆるす ❶ゆるす。▽—可。—容。❷そば。もと。▽足—(あしもと)。
筆順 丶 亠 言 言 訁 訃 許 許　許・許

きょ〔渠〕12 キョ・みぞ 用水路。みぞ。▽暗—。船—。　渠・渠

きょ〔距〕常12 キョ 間をあける。へだたり。▽—離。
筆順 口 𠯁 𧾷 距 距 距 距　距・距

きょ【嘘】⇩うそ

きょ【居】住まい。▽—をかまえる。　居

きょ【挙】行動。▽反撃の—に出る。　挙

きょ【虚】❶中身がないこと。から。❷油断していること。すき。❸うそ。対実。　虚

ぎょ〔魚〕常11 ギョ・うお・さかな さかな。▽—類。—介。鮮—。稚—。
筆順 ノ ⺈ 丆 鱼 鱼 角 魚 魚　魚・魚

ぎょ〔御〕常12 ギョ・ゴ・おん ❶あやつる。▽—者(ぎょしゃ)。❷支配する。▽統—。❸天皇の…。▽—製。❹尊敬・丁寧を表す語。おん。お。み。ご。▽—身(おんみ)。—姿(おすがた)。—堂(みどう)。—殿(ごてん)。
筆順 彳 彳 彳 往 往 徉 御　御・御

ぎょ〔漁〕常14 ギョ・リョウ ❶魚や貝をとる。▽—業。❷あさる。▽—色。
筆順 氵 氵 氵 氵 渔 渔 漁　漁・漁

ぎょ〔禦〕16 ギョ・ふせぐ ふせぐ。ふせぎ守る。▽制—。防—。　禦・禦

きよい【清い】❶よごれがなくきれいだ。❷けがれがなく、すなおである。①clean ②pure　清い

ぎょい【御意】❶お考え。❷ごもっとも。▼—に召(め)す お気に入られる。▼—を得る ❶お考えをうかがう。❷お目にかかる。　御意

きよう【紀要】大学・研究所などの定期的な研究論文集。bulletin　紀要

きよう【起用】人を取りたてて用いること。類登用。appointment　起用

きよう【器用】❶手先がよく利くようす。❷要領よくたちまわるようす。①skillful　器用

きょう〔凶〕常4 キョウ ❶縁起が悪い。❷ひどく悪い。▽—悪。❸作物のできが悪いようす。▽—作。
筆順 ノ メ 凶 凶　凶・凶

きょう〔兇〕6 キョウ おそろしい。悪い。［凶］で代用する。　兇・兇

きょう〔共〕常6 キョウ・とも ❶いっしょに。▽—学。❷共産党の略。▽反—。
筆順 一 十 艹 廾 共 共　共・共

きょう〔匡〕人6 キョウ・ただす 形をなおす。ただしくする。▽—正(きょうせい)。
筆順 一 三 手 王 匡　匡・匡

きょう〔叫〕常6 キョウ・さけぶ かん高い声をだす。▽絶—。
筆順 丨 口 口 叫 叫 叫　叫・叫

きょう〔狂〕常7 キョウ・くるう・くるおしい ❶正常でない。▽—喜。—乱。❷はげしい。▽熱—。❸こっけい。▽—言。
筆順 ノ 犭 犭 犴 犴 狂　狂・狂

きょう〔京〕常8 キョウ・ケイ ❶みやこ。▽上—。❷京都。▽—人形。❸東京。▽—浜(けいひん)。❹数で、「けい」と読んで兆の一万倍。
筆順 丶 亠 亡 亩 亨 京 京　京・京

きょう〔享〕常8 キョウ ❶もてなす。▽—宴。❷受ける。▽—受。
筆順 丶 亠 亡 亩 亨 享 享　享・享

きょう〔供〕常8 キョウ・ク・そなえる・とも ❶そなえる。▽—養(くよう)。❷さしだす。▽—出。❸述べる。▽—述。
筆順 ノ 亻 仁 什 供 供 供　供・供

きょう〔侠〕人9［俠］8 キョウ 男だて。▽—客(きょうかく)。—気。
筆順 亻 仁 伒 伒 伒 侠 侠　侠・侠

きょう〔協〕常8 キョウ 力をあわせる。あわさる。▽—力。—定。
筆順 一 十 十 协 协 協 協　協・協

きょう【怯】8 キョウ・おびえる おびえる。しりごみする。ひるむ。▽—懦(きょうだ)。卑—。 怯・怯

きょう【況】常8 キョウ ❶ようす。▽近—。❷いわんや。 筆順 況・況

きょう【峡】常9【峽】人10 キョウ せまい谷や水路。▽—谷。海—。 筆順 峡・峡

きょう【挟】常9 キョウ・はさむ・はさまる はさむ。▽—撃。—持。(挾) 筆順 挟・挟

きょう【狭】常9【狹】人10 キョウ・せまい・せばめる・せばまる せまい。せばめる。▽—義。 筆順 狭・狭

きょう【恐】常10 キョウ・おそれる・おそろしい ❶こわがる。▽—怖。❷かしこまる。▽—縮。❸おどす。▽—喝。(恐) 筆順 恐・恐

きょう【恭】常10 キョウ・うやうやしい つつしみ深い。▽—悦。—順。 筆順 恭・恭

きょう【胸】常10 キョウ・むね・むな ❶むね。▽—囲。❷心の中。▽—中。 筆順 胸・胸

きょう【脅】常10 キョウ・おびやかす・おどす・おどかす おどかす。▽—威。—迫。 筆順 脅・脅

きょう【強】常11 キョウ・ゴウ・つよい・つよまる・つよめる・しいる ❶つよい。▽—固。❷むりにおしつける。▽—制。❸つよめる。▽—化。補—。 筆順 強・強

きょう【教】常11 キョウ・おしえる・おそわる ❶おしえる。おしえ。▽—授。❷宗教の宗派。▽仏—。 筆順 教・教

きょう【郷】常11 キョウ・ゴウ ❶ふるさと。▽—里。❷土地。▽異—。—士。(鄉) 筆順 郷・郷

きょう【卿】人12 キョウ・ケイ 長官。大臣。▽公—(こうけい・くぎょう・くげ)。(卿) 筆順 卿・卿

きょう【喬】人12 キョウ・たかい すらりとたかい。▽—木。 筆順 喬・喬

きょう【僑】14 キョウ 外国に住む人。▽—民。華—。 僑・僑

きょう【境】常14 キョウ・ケイ・さかい ❶さかい。▽—界。❷状態。▽—遇。 筆順 境・境

きょう【蕎】人15 キョウ ❶薬草の一。❷「蕎麦」で、そば。 筆順 蕎・蕎

きょう【彊】16 キョウ・つよい つよくかたい。 彊・彊

きょう【橋】常16 キョウ・はし はし。▽架—。陸—。歩道—。 筆順 橋・橋

きょう【矯】常17 キョウ・ためる ❶正しく直す。▽—正。❷はげしい。▽奇—。 筆順 矯・矯

きょう【鏡】常19 キョウ・かがみ ❶かがみ。▽—台。❷レンズ。▽望遠—。 筆順 鏡・鏡

きょう【競】常20 キョウ・ケイ・きそう・せる ❶きそう。▽—争。—馬。❷せる。▽—売(きょうばい・けいばい)。 筆順 競・競

きょう【響】常20【響】人22 キョウ・ひびく 音・動きが伝わる。ひびき。▽影—。音—。 筆順 響・響

きょう【饗】人22 キョウ 客をもてなす。▽—宴。(饗) 筆順 饗・饗

きょう【驚】常22 キョウ・おどろく・おどろかす おどろく。おどろかす。▽—異。—嘆。 筆順 驚・驚

きょう【兄】⇩けい

きょう【杏】⇩あんず

きょう【香】⇩こう

きょう【経】⇩けい

きょう【興】⇩こう

きょう【今日】この日。本日。today ▼—という今日(きょう)こそ。 今日

きょう【凶】運が悪いこと。不吉。対吉。 凶

きょう【京】 ❶みやこ。❷京都。❸兆の一万倍。京（けい）。▼**―の着倒れ大阪の食い倒れ** 京都人は衣服に、大阪人は食べ物にぜいたくをして財産を使い果たす傾向があるということ。　京

きょう【香】 将棋のこまの一。香車（きょうしゃ）。　香

きょう【強】 ❶強いこと。❷…より少し多い。▽五キロ―。対❶❷弱。　強

きょう【経】 仏の教えを記した書。　経

きょう【境】 ❶場所。区域。❷心のありさま。▽無我の―。　境

きょう【興】 おもしろみ。interest　興

ぎょう【仰】 常6 **ギョウ・コウ・あおぐ・おおせ** ❶見上げる。―天。❷尊敬する。▽信―（しんこう）。

筆順 ノ イ 亻 仰 仰 仰　仰・仰

ぎょう【尭】 人8 **【堯】** 人12 **ギョウ・たかい** ❶気高い。❷中国の、伝説の帝王。

筆順 一 十 土 垚 垚 垚 尭 尭　尭・堯

ぎょう【暁】 常12 **【曉】** 人16 **ギョウ・あかつき** ❶夜明け。▽春―。❷わかる。▽通―。

筆順 日 旷 旿 晔 晔 晔 暁 暁　暁・曉

ぎょう【業】 常13 **ギョウ・ゴウ・わざ** ❶仕事。職業。▽作―。農―。❷おこない。▽悪―。❸わざ。▽早―（はやわざ）。

筆順 丷 丷 业 业 丵 丵 業 業　業・業

ぎょう【凝】 常16 **ギョウ・こる・こらす** ❶かたまる。▽―固。❷集中する。▽―視。

筆順 冫 冫 凝 凝 凝 凝 凝 凝　凝・凝

ぎょう【驍】 人22 **ギョウ・キョウ** ❶すぐれた馬。❷勇ましくて強い。

筆順 馬 馬 馬 馬 駐 驍 驍 驍　驍・驍

ぎょう【行】 ⇩こう　**ぎょう【形】** ⇩けい

ぎょう【行】 ❶文字の並び。❷仏道の修行。❸行書。①line　行

ぎょう【業】 ❶職業。▽飲食―。❷学問。技芸。　業

きょうあい【狭隘】 せまくるしいこと。▽―な土地。narrowness　狭隘

きょうあく【凶悪】 ひどく残忍なようす。atrocious　凶悪

きょうあつ【強圧】 強い力や権力などでおさえつけること。oppression　強圧

きょうあん【教案】 授業の指導案。　教案

ぎょうあん【暁闇】 夜明け前のやみ。　暁闇

きょうい【胸囲】 胸まわり。　胸囲

きょうい【脅威】 危害を加えられるのではないかと感じるおそれ。▽戦火の―にさらされる。threat　脅威

きょうい【驚異】 驚いて、不思議に思うこと。▽大自然の―。wonder　驚異

きょういく【教育】 教え育てること。education　教育

きょういん【教員】 学校の教師。類先生。teacher　教員

きょううん【強運】 運が強いこと。　強運

きょうえい【共栄】 ともに栄えること。▽共存―。co-prosperity　共栄

きょうえい【競泳】 泳ぎの速さをきそうこと・競技。swimming race　競泳

きょうえき【共益】 共同の利益。　共益

きょうえつ【恐悦】 〈恭悦〉つつしんで喜ぶこと。▽―至極。　恐悦

きょうえん【共演】 主役級の人が、ともに出演すること。costarring　共演

きょうえん【競演】 たがいに演技や人気をきそうこと。contest　競演

きょうえん【饗宴】 客をもてなす盛大な宴会。feast　饗宴

きょうおう【供応】 〈饗応〉酒食でもてなすこと。entertainment　供応

きょうか【狂歌】 こっけいな和歌。　狂歌

きょうか【強化】 さらに強くすること。▽―合宿。strengthening　強化

きょうか【教化】 教えみちびくこと。enlightenment　教化

きょうか【教科】 勉強の科目。subject　教科

きょうが【恭賀】 つつしんで祝うこと。▽―新年。類謹賀。　恭賀

ぎょうが【仰臥】 あおむけに寝ること。　仰臥

きょうかい【協会】 ある目的のために、会員が協力して組織し維持する会。association　協会

きょうかい【教会】 宗教、特にキリスト教で、お祈りなどをする建物。教会堂。church　教会

きょうかい【教戒】教えいましめること。類訓戒。admonition

きょうかい【境界】さかい。border

きょうがい【境涯】身の上。境遇。境界(きょうがい)。circumstances

ぎょうかい【業界】同業者の社会。

きょうかく【俠客】江戸時代、俠気を信条として世を渡った人。

きょうかく【胸郭】胸部の骨組み。

きょうがく【共学】男女が同じ学校で勉強すること。coeducation

きょうがく【驚愕】ひじょうにおどろくこと。▽訃報(ふほう)に接し、—に堪えない。astonishment

きょうかしょ【教科書】教科の学習に使う本。textbook

きょうかたびら【経帷子】死者に着せる白い着物。

きょうかつ【恐喝】おどして金品を出させること。blackmail

きょうかん【凶漢】わるもの。ruffian

きょうかん【共感】他人の意見や感情などを、その通りだと感じること。類共鳴。sympathy

きょうかん【叫喚】わめきさけぶこと。▽阿鼻(あび)—。

きょうかん【教官】国立の学校・研究所の教員。

ぎょうかん【行間】文章の行と行の間。▼—を読む 文章に表れない作者の真意をくみとる。

きょうき【凶器】人を殺傷する器具。weapon

きょうき【狂気】精神状態がふつうでないこと。対正気。madness

きょうき【狂喜】ひどく喜ぶこと。▽—乱舞。

きょうき【俠気】おとこ気。

きょうき【狭軌】レールの間隔が標準(一・四三五メートル)よりせまいもの。対広軌。

きょうき【驚喜】驚き喜ぶこと。▽優勝に—する。

きょうぎ【協議】集まって相談すること。類検討。conference

きょうぎ【狭義】ことばのせまい範囲の意味。対広義。narrow sense

きょうぎ【教義】宗教上の教え。類教理。doctrine

きょうぎ【経木】木材を紙のようにけずったもの。食品を包む。

きょうぎ【競技】技術、特に運動の優劣を争うこと。game

ぎょうぎ【行儀】立ち居ふるまいの作法。manners

きょうきゃく【橋脚】橋をささえる柱。

きょうきゅう【供給】❶必要なものを与えること。❷商品を市場に出すこと。対❶❷需要。①②supply

きょうきょう【恐恐】手紙の終わりに書く語。▽—謹言。

ぎょうぎょうしい【仰仰しい】おおげさだ。▽—あいさつ。exaggerated

きょうきん【胸襟】心の中。▽—を開く。

きょうく【狂句】こっけいな俳句。

きょうく【恐懼】おそれかしこまること。▽—して退出する。

きょうぐ【教具】学習の効果を高めるために使う備品。teaching tools

きょうぐう【境遇】生きていく環境。身の上。境涯。circumstances

きょうくん【教訓】教えさとすこと。また、そのことば。lesson

ぎょうけい【行啓】皇后・皇太子・皇太子妃・皇太孫などの外出。

きょうげき【挾撃】はさみうち。

きょうけつ【供血】輸血用血液の提供。類献血。blood donation

ぎょうけつ【凝血】血液が固まること。血液凝固。

ぎょうけつ【凝結】❶こり固まること。❷気体が液体になること。凝縮。②condensation

きょうけん【狂犬】狂犬病にかかった犬。mad dog

きょうけん【強健】体が強く、丈夫なこと。対虚弱。

robust

きょうけん【強権】国の強い権力。▽—を発動する。forcible measures 強権

きょうげん【狂言】❶能楽のあいまに演じられるこっけいな劇。能狂言。❷歌舞伎の作品。❸たくらんだ作り事。 狂言

きょうこ【強固】強くて固いようす。堅固。▽—な意志。類強堅。firm 強固

きょうご【教護】非行少年を指導・保護すること。guidance 教護

ぎょうこ【凝固】気体・液体が固体になること。solidification 凝固

きょうこう【凶行】凶悪な行い。 凶行

きょうこう【凶荒】ききん。凶作。 凶荒

きょうこう【恐慌】❶おそれあわてること。▽—をきたす。❷経済界の混乱状態。①②panic 恐慌

きょうこう【強行】むりに行うこと。▽試合を—する。 強行

きょうこう【強攻】強引に攻めること。▽—策。forcible attack 強攻

きょうこう【強硬】強い態度でおし通そうとするようす。▽—に主張する。対軟弱。firm 強硬

きょうこう【教皇】ローマカトリック教会の最高位の聖職(者)。ローマ教皇。法王。Pope 教皇

きょうごう【校合】原本と照合して異同を調べること。類校訂。collation 校合

きょうごう【強豪】貫禄(かんろく)と実力があり強いこと・人。veteran 強豪

きょうごう【競合】互いにせりあうこと。competition 競合

ぎょうこう【行幸】天皇のお出まし。 行幸

ぎょうこう【僥倖】思いがけない幸せ。luck 僥倖

きょうこうきんげん【恐惶謹言】手紙の終わりに書くあいさつのことば。 恐惶

きょうこうぐん【強行軍】❶日程をつめたきびしい行軍。❷むりをして行うこと。①forced march 強行軍

きょうこく【峡谷】せまくて深い谷。ravine 峡谷

きょうこく【強国】軍事力・経済力のある強い国。powerful nation 強国

きょうさ【教唆】そそのかすこと。類扇動。注きょう×しゅん。instigation 教唆

ぎょうざ【餃子】⇩ギョーザ。 餃子

きょうさい【共済】共同で助け合うこと。mutual aid 共済

きょうさい【共催】共同で主催すること。cosponsorship 共催

きょうさい【恐妻】夫が妻に頭があがらないこと。▽—家。henpecked 恐妻

きょうざい【教材】授業・学習に必要な材料。teaching materials 教材

きょうさく【凶作】ひどい不作。凶荒。bad crop 凶作

きょうさく【共作】共同で作ること。 共作

きょうさく【狭窄】すぼまってせまくなっていること。▽視野—。 狭窄

きょうさく【競作】競って作ること。 競作

きょうざつぶつ【夾雑物】余計なまじりもの。▽—が入りこむ。類不純物。impurities 夾雑物

きょうざめ【興醒め】おもしろみがなくなること。 興醒

きょうさん【共産】財産を共有すること。 共産

きょうさん【協賛】計画に賛成して協力すること。類賛助。 協賛

ぎょうさん【仰山】❶数が多いようす。たくさん。❷おおげさ。 仰山

きょうし【狂死】気が狂って死ぬこと。狂い死に。 狂死

きょうし【狂詩】江戸時代中期に流行した、漢詩体のこっけいな詩。 狂詩

きょうし【教師】先生。教員。teacher 教師

きょうじ【凶事】不吉なできごと。対吉事。misfortune 凶事

きょうじ【矜持】〈矜恃〉誇り。pride 矜持

きょうじ【教示】教え示すこと。 教示

きょうじ【驕児】❶わがままな子。❷おごりたかぶった人。驕者。 驕児

ぎょうし【仰視】見あげること。 仰視

ぎょうし【凝視】見つめること。gazing 凝視

ぎょうじ【行司】相撲で、勝負の進行や判定をする役(の人)。 行司

ぎょうじ【行事】日を決めて行うもよおし。event 行事

きょうしつ【教室】❶学校で、学習する部屋。❷技芸などの講習。▽ピアノ—。①classroom 教室

きょうしゃ【強者】強い者。対弱者。 強者

きょうしゃ【驕奢】ぜいたく。おごり。luxury 驕奢

きょうじや【経師屋】書画の表装やびょうぶ・ふすまなどの仕立てをする職業・家・人。表具師。 経師屋

ぎょうしゃ【業者】❶商・工業の事業経営者。❷同業者。 業者

ぎょうじゃ【行者】仏道を修行する人。修験(しゅげん)者。 行者

きょうしゅ【凶手】おそろしいことをする人。また、その手段。▽テロリストの—に倒れる。 凶手

きょうしゅ【教主】教祖。宗祖。 教主

きょうしゅ【興趣】面白み。interest 興趣

きょうじゅ【享受】❶十分に受け入れること。▽恩恵を—する。❷味わい楽しむこと。②enjoyment 享受

きょうじゅ【教授】❶学問・技術などを教えること。❷大学の先生(の職名)。①teaching ②professor 教授

ぎょうしゅ【業種】事業の種類。 業種

きょうしゅう【強襲】おそいかかること。▽三塁—のヒット。assault 強襲

きょうしゅう【教習】教え習わせること。▽自動車—所。training 教習

きょうしゅう【郷愁】故郷や古いものをなつかしむ気持ち。nostalgia 郷愁

ぎょうしゅう【凝集】集まり固まること。cohesion 凝集

ぎょうじゅうざが【行住坐臥】ふだんの生活や行動。また、日常。 行住坐臥

きょうしゅく【恐縮】おそれ入ること。 恐縮

ぎょうしゅく【凝縮】❶こり固まって縮むこと。❷凝結。 凝縮

きょうしゅつ【供出】農作物などの割当量を、政府に差し出すこと。 供出

きょうじゅつ【供述】裁判官・検察官などの尋問に、答えてのべること。▽被告の—。 供述

きょうしゅぼうかん【拱手傍観】何もせず、成り行きを見ていること。袖手(しゅうしゅ)傍観。 拱手傍観

きょうじゅん【恭順】つつしんで命令に従うこと。▽—の意を表する。submission 恭順

きょうしょ【教書】❶アメリカの大統領が国会や一般国民に出す意見書。❷ローマ教皇の発表する布告。 教書

ぎょうしょ【行書】漢字の書体の一。楷書(かいしょ)の画を続け書きしたもの。 行書

きょうしょう【協商】国家間で協定すること。また、その協定。▽英仏露三国—。agreement 協商

きょうしょう【狭小】せまく小さいこと。対広大。narrow 狭小

きょうじょう【教場】教室。 教場

ぎょうしょう【行商】商品を持って売り歩くこと・商人。peddling 行商

ぎょうしょう【暁鐘】夜明けの鐘。 暁鐘

ぎょうじょう【行状】日ごろの行い。類行跡。品行。behavior 行状

きょうじょうしゅぎ【教条主義】原理・原則を絶対のものとする考え方。dogmatism 教条

きょうしょく【教職】児童・生徒を教育する仕事。教育者としての職。teaching profession 教職

きょうしょくいん【教職員】教員と教職関係の職員。 教職員

きょうじる【興じる】面白がる。▽ゲームに—。 興じる

きょうしん【共振】電気振動における共鳴。 共振

きょうしん【狂信】激しく信じ込むこと。▽—的。 狂信

きょうじん【凶刃】凶行に使った刃物。毒刃。▽—に倒れる。 凶刃

きょうじん【狂人】精神が正常でない人。lunatic 狂人

きょうじん【強靱】強くてしなやかなようす。tough 強靱

きょうしんざい【強心剤】心臓の働きを回復させる薬。 強心剤

ぎょうずい【行水】たらいにくんだ湯や水で汗を流すこと。 行水

きょうする【供する】❶差し出す。▽仏前に―。❷役に立てる。▽参考に―。①hold out

きょうする【饗する】ごちそうする。feast

きょうずる【興ずる】⇩興じる。

きょうせい【共生】異種の生物が一緒に生活すること。symbiosis

きょうせい【強制】むりに行わせること。▽―送還。compulsion

きょうせい【強請】むりに頼むこと。▽参加の―。blackmail

きょうせい【嬌声】女性の色っぽい声。

きょうせい【矯正】正しい状態にすること。correction

ぎょうせい【行政】法律に基づいて政治を行うこと。administration

ぎょうせき【行跡】日々の行い。類行状。behavior

ぎょうせき【業績】仕事・研究の成果。注業×積。achievement

ぎょうぜん【凝然】じっとして動かないようす。▽―として立ち尽くす。fixedly

きょうそ【教祖】宗教・宗派の創始者。

きょうそう【狂騒】〈狂躁〉はげしくさわぐこと。frenzy

きょうそう【強壮】体が強くて、元気なこと。類強健。robustness

きょうそう【競争】たがいに争うこと。competition

きょうそう【競走】走って速さをきそうこと。かけくらべ。race

きょうそう【競漕】ボートレース。

きょうぞう【胸像】胸から上の像。

ぎょうそう【形相】顔つき。feature

きょうそうきょく【狂想曲】一定の形式のない自由な器楽曲。カプリッチオ。

きょうそうきょく【協奏曲】独奏楽器と管弦楽との演奏曲。コンチェルト。

きょうそく【脇息】座ったときに使う、ひじかけ。

脇 息

きょうそくぼん【教則本】基礎から段階的に練習するための本。manual

きょうぞん【共存】ともに生存・存在すること。きょうそん。coexistence

きょうだ【怯懦】臆病なこと。懦弱。類怯弱。cowardice

きょうだ【強打】❶強く打つこと。❷野球で、積極的打撃。①heavy blow

きょうたい【嬌態】女性のなまめかしいようす。いろっぽい態度。類媚態(びたい)。coquetry

きょうだい【兄弟】❶親を同じくする子供たち。また、その間柄。▽―思い。❷兄と弟。②brother

きょうだい【強大】強くて大きいようす。▽―な権力。mighty

きょうだい【鏡台】鏡つきの化粧用家具。dresser

きょうたく【供託】金品を、一定の所にあずけておくこと。deposit

きょうたく【教卓】教室で教師が使う机。teacher's desk

きょうたん【驚嘆】すばらしさにおどろき、感心すること。▽―に値する成功。admiration

きょうだん【凶弾】凶行に使われた銃弾。assassin's shot

きょうだん【教団】宗教団体。

きょうだん【教壇】教室で授業をするときに教師が立つ台。platform ▼―に立つ 教師になる。

きょうち【境地】❶立場。❷心境。▽無我の―。②state

きょうちくとう【夾竹桃】庭木の一。夏、紅色・白色などの花が咲く。oleander

きょうちゅう【胸中】胸のうち。類心中。胸裏。heart

きょうちょ【共著】共同で書いた本。

きょうちょう【凶兆】不吉の前兆。対吉兆。omen

きょうちょう【協調】ゆずり合い助け合うこと。cooperation

きょうちょう【強調】❶強く主張すること。❷調子を強めること。①②emphasis, stress

きょうつう【共通】どれにもあてはまること。▽—点。▽—語。common

きょうづくえ【経机】経典をのせる机。

きょうてい【協定】協議して決めること。また、その取り決め。agreement

きょうてい【教程】教えるときの順序や方式。また、それに従った教科書。

きょうてい【競艇】モーターボートの競漕(きょうそう)。speedboat race

きょうてき【強敵】手ごわい相手。対弱敵。powerful enemy

きょうてん【教典】宗教の教えをしるした本。canon

きょうてん【経典】❶仏教の教典。仏典。❷教典。

ぎょうてん【仰天】ひどくおどろくこと。▽びっくり—。astonishment

ぎょうてん【暁天】明け方の空。

きょうてんどうち【驚天動地】世の中をひどくおどろかすこと。

きょうと【凶徒】❶凶悪な者。❷暴徒。①outlaw

きょうと【教徒】信者。believer

きょうど【強度】❶強さの程度。❷程度が強いこと。対❷軽度。

きょうど【郷土】❶生まれ育った所。故郷。❷地方。①native place

きょうとう【共闘】共同してたたかうこと。共同闘争。joint struggle

きょうとう【教頭】校長を助けて学校を管理する先生。vice-principal

きょうとう【郷党】郷里の仲間。

きょうとう【驚倒】ひどくおどろくこと。びっくりすること。▽一世を—させた大事件。astonishment

きょうどう【共同】❶一緒に利用すること。❷同じ資格・条件で結びつくこと。▽—研究。①sharing ②cooperation

きょうどう【協同】一緒に仕事をすること。collaborating

使い分け「きょうどう」

共同…物事に対等の立場でかかわる場合に使う。「共」はいっしょにの意。▽水道を—で使う。—研究。—戦線。—募金。

協同…一つにまとまり、力を合わせて行うこと。「協」は力を合わせるの意。▽両国が—で開発する。産学—。—一致。—組合。

きょうどう【教導】教え導くこと。

きょうどう【嚮導】道案内。

きょうとうほ【橋頭堡】❶敵地に上陸する拠点。❷足がかり。

きょうどしょく【郷土色】地方色。local color

きょうねつ【狂熱】激しい情熱。

きょうねん【凶年】❶不作の年。❷わざわいのある年。対❶豊年。

きょうねん【享年】死んだときの年齢。行年(ぎょうねん・こうねん)。

ぎょうねん【行年】享年(きょうねん)。▽—八〇。

きょうは【教派】宗派。

きょうばい【競売】せり売り。auction

きょうはく【脅迫】おどしつけること。threat

きょうはく【強迫】むりに要求すること。

きょうはくかんねん【強迫観念】常に頭にある不安や心配。obsession

きょうはん【共犯】共同で犯罪を行うこと・人。complicity

きようびんぼう【器用貧乏】なんでも器用にこなすが、一つのことに集中できず、大成しないこと・人。

きょうふ【恐怖】おそれこわがること。fear

きょうふう【強風】強い風。gale

きょうへい【強兵】❶兵力を増強すること。▽富国—。❷強い軍隊。

きょうへん【凶変】〈兇変〉よくない事件。

きょうへん【共編】 共同で本を編集すること。また、その本。coeditorship 共編

きょうべん【強弁】 ❶むりに言い張ること。❷こじつけ。① insistence 強弁

きょうべん【教鞭】 教師が授業のとき、用いるむち。teaching stick ▼—を執(と)る 教師となって教える。 教鞭

きょうほ【競歩】 一方の足のかかとが必ず地についているように歩き、速さを競う陸上競技。walking race 競歩

きょうほう【凶報】 悪い知らせ。対吉報。news 凶報

きょうぼう【凶暴】 凶悪で乱暴なこと。savage 凶暴

きょうぼう【共謀】 二人以上の人が共同して悪事をたくらむこと。conspiracy 共謀

きょうぼう【狂暴】 きわめて乱暴なようす。violence 狂暴

きょうぼく【喬木】 高木の旧称。対灌木(かんぼく)。 喬木

きょうほん【狂奔】 夢中になって走り回ること。 狂奔

きょうほん【教本】 教科書。教則本。textbook 教本

きょうま【京間】 和風建築で、六尺五寸(二・九七メートル)を一間(けん)とした、住宅・畳の寸法。 京間

きょうまん【驕慢】 おごりたかぶること。類傲慢(ごうまん)。 驕慢

きょうみ【興味】 面白み。関心。interest 興味

きょうみしんしん【興味津津】 興味がつきないようす。注興味×深深。 興味津津

きょうむ【教務】 学校の授業にかかわる事務。school affairs 教務

ぎょうむ【業務】 職業として行う仕事。business 業務

きょうめい【共鳴】 ❶人の考えや行動に、同感すること。❷他の振動体の作用を受け、それと同じ振動数で振動すること。共振。① sympathy 共鳴

きょうめい【嬌名】 艶(つや)っぽい評判。 嬌名

ぎょうめい【驍名】 武勇の評判。 驍名

きょうもん【経文】 経典の文章。お経。 経文

きょうやく【共訳】 共同で翻訳すること。joint translation 共訳

きょうやく【協約】 協議して約束すること。また、その約束。agreement 協約

きょうゆ【教諭】 小・中・高等学校の教師。教員。teacher 教諭

きょうゆう【共有】 複数の人が共同で所有すること。joint ownership 共有

きょうゆう【享有】 (権利・能力などを)生まれつきもっていること。 享有

きょうよ【供与】 物や利益を相手にあたえること。類供給。supply 供与

きょうよう【共用】 共同で使うこと。対専用。common use 共用

きょうよう【強要】 ある行為をするようにむりに要求すること。▽自白を—する。forceful demand 強要

きょうよう【教養】 豊かではば広い知識。culture 教養

きょうらく【享楽】 快楽にひたること。enjoyment 享楽

きょうらく【京洛】 みやこ。京都。 京洛

きょうらん【狂乱】 ❶異常に取り乱すこと。❷物事が異常な状態になること。▽—物価。① madness 狂乱

きょうらん【狂瀾】 ❶荒れくるう大波。▽—怒濤(どとう)。❷ひどく乱れた情勢。 狂瀾

きょうらん【供覧】 多くの人に見せること。類展覧。display 供覧

きょうり【胸裏】 心のうち。類胸中。 胸裏

きょうり【教理】 宗教で真理とする理論。doctrine 教理

きょうり【郷里】 ふるさと。故郷。 郷里

きょうりつ【共立】 共同で設立すること。joint establishment 共立

きょうりゅう【恐竜】 中生代に栄えた巨大なは虫類。dinosaur 恐竜

きょうりょう【狭量】 心の狭いこと。▽—な人物。類偏狭。 狭量

きょうりょう【橋梁】 橋。bridge 橋梁

きょうりょく【協力】 力を合わせること。▽仕事に—を惜しまない。—者。cooperation 協力

きょうりょく【強力】 力が強いこと。powerful 強力

きょうれつ【強烈】 強くはげしいようす。intensively 強烈

ぎょうれつ【行列】順序よくならぶこと。また、その列。procession　行列

きょうれん【教練】❶教えてきたえること。❷もと、学校で行った軍事訓練。①training　教練

きょうわ【協和】心を合わせて仲よくすること。harmony　協和

きょうわこく【共和国】主権が国民にあり、国民が選んだ代表者が政治をとる国。対君主国。republic　共和国

きょうわん【峡湾】フィヨルド。　峡湾

きょえい【虚栄】みえ。▽—心。　虚栄

ぎょえい【魚影】群れをなす魚の姿。　魚影

ぎょえん【御苑】皇室所有の庭。　御苑

きょおく【巨億】ばくだいな数量。　巨億

ギョーザ【餃子】中国 小麦粉の皮にひき肉などのあんを包み、調理した料理。　餃子

きょか【許可】してもよいと許すこと。permission　許可

きょかい【巨魁】悪者のかしら。　巨魁

ぎょかい【魚介】魚類と貝類。　魚介

きょがく【巨額】非常に多い金額。類多額。large sum　巨額

ぎょかく【漁獲】水産物をとること。また、とれた水産物。▽—高。fishery　漁獲

きょかん【巨漢】並外れて体の大きな男性。giant　巨漢

きょき【歔欷】すすり泣き。　歔欷

きょぎ【虚偽】うそ。いつわり。▽—の申し立て。lie　虚偽

ぎょぎょう【漁業】水産物をとったり、育てたりする職業。fishery　漁業

きょきょじつじつ【虚虚実実】互いに計略と知恵をつくして戦うこと。▽—の駆け引き。

きょきん【拠金】〈醵金〉お金を出しあうこと。また、そのお金。donation　拠金

きょく【旭】人6 キョク・あさひ ❶あさひ。▽—日（きょくじつ）。❷あかるい。　旭・旭

筆順 ノ 九 九 旭 旭 旭

きょく【曲】常6 キョク・まがる・まげる ❶まがる。❷ふし。❸おもしろみ。❹正しくない。　曲・曲

筆順 丨 冂 巾 巾 曲 曲

きょく【局】常7 キョク ❶区分。▽当—。—地的。❷情勢。▽—面。　局・局

筆順 コ コ 尸 月 局 局 局

きょく【極】常12 キョク・ゴク・きわめる・きわまる・きわみ 行きついたはて。限界。▽—限。—上。　極・極

筆順 木 朩 朾 杇 栭 極 極

きょく【曲】❶メロディー。❷音楽の作品。❸不正。対❸直（ちょく）。　曲

きょく【局】❶役所・会社の仕事の区分。❷「郵便局」「放送局」などの略。❸当面している仕事・事態。▽権力の—に当たる。❹碁・将棋などの勝負を数える語。　局

きょく【極】❶きわみ。限界点。❷北極と南極。❸電極。磁極。　極

ぎょく【玉】常5 ギョク・たま ❶美しい石。たま。❷天子のもの。▽—座。　玉・玉

筆順 一 T 干 王 玉

ぎょく【漁区】漁業をする区域。　漁区

ぎょぐ【漁具】漁業に使う道具。fishing gear　漁具

ぎょくあんか【玉案下】手紙の脇付けの一。敬意を表す。類机下（きか）。　玉案下

きょくう【極右】極端な右翼思想（の人）。対極左。extreme right　極右

きょくがい【局外】❶局の管轄外。❷その事に直接関係のない立場。▽—中立。②outside　局外

きょくがくあせい【曲学阿世】真理をまげて、時勢にへつらうこと。　曲学

ぎょくがん【玉顔】天皇の顔。　玉顔

きょくぎ【曲技】軽業（かるわざ）。曲芸。　曲技

きょくげい【曲芸】ふつうにはできないような離れわざの芸。acrobatics　曲芸

きょくげん【局限】場所・範囲をせまくかぎること。▽問題を財政に—する。類制限。　局限

きょくげん【極言】極端な言い方をすること。また、そのことば。▽—すれば駄作である。類極論。　極言

きょくげん【極限】❶ぎりぎりのところ。▽能力の—に達する。❷数学で、変化する数がある値に限りなく近づくときの値。①②limit　極限

きょくさ【極左】極端な左翼思想(の人)。対極右。extreme left　極左

ぎょくざ【玉座】天皇がすわる席。　玉座

ぎょくさい【玉砕】全力をつくし、いさぎよく死ぬこと。　玉砕

きょくじつ【旭日】朝日。rising sun ▼ー昇天(しょうてん)の勢い さかんな勢い。　旭日

きょくしょ【局所】局部。　局所

きょくしょう【極小】❶ごく小さいこと。❷関数の値が減少から増加に移るところ。対❶❷極大。① minimum　極小

ぎょくしょう【玉将】将棋のこまの一つ。下位の者がもつ王将。　玉将

ぎょくしょう【玉章】❶すぐれた詩文。❷他人の手紙の尊敬語。　玉章

ぎょくせきこんこう【玉石混交】(玉石混淆)すぐれたものとおとったものがいりまじっていること。　玉石

きょくせつ【曲折】❶曲がりくねること。❷こみいった事情。▽紆余(うよ)ー。　曲折

きょくせつ【曲節】メロディー。　曲節

きょくせん【曲線】連続してなめらかに曲がる線。▽ー美。対直線。　曲線

きょくだい【極大】❶非常に大きいこと。❷関数の値が増加から減少に移るところ。対❶❷極小。① maximum　極大

ぎょくだい【玉代】芸者などを呼んで遊ぶための料金。花代。　玉代

きょくたん【極端】ひどくかたよること。▽ーな意見。extreme　極端

きょくち【局地】限られた土地。▽ー的な豪雨。　局地

きょくち【極地】北極・南極の地。　極地

きょくち【極致】最高の状態。きわみ。類絶頂。culmination　極致

きょくちょく【曲直】不正なことと、正しいこと。▽政治のーを正す。理非ー。　曲直

きょくてん【極点】❶到達できる最後の点。▽疲労のー。❷北極点・南極点。類❶頂点。　極点

きょくど【極度】これ以上の程度はないというぎりぎりのところ。▽ーに緊張する。extreme　極度

きょくとう【極東】東アジア地域。　極東

きょくば【曲馬】馬を使った曲芸。　曲馬

ぎょくはい【玉杯】杯(さかずき)の美称。　玉杯

きょくび【極微】非常に細かいようす。ごくび。　極微

きょくひつ【曲筆】事実を曲げて書くこと・文章。対直筆(ちょくひつ)。　曲筆

きょくぶ【局部】❶限られた一部分。❷陰部。① limited part　局部

ぎょくふ【玉斧】玉のおの。▼ーを乞(こ)う 自分の詩歌・文章に手を加えて直してもらうよう頼む。　玉斧

きょくほう【局方】「日本薬局方」の略。　局方

きょくめん【局面】❶囲碁・将棋の勝負のようす。❷成り行き。情勢。　局面

きょくりょう【極量】劇薬などの制限する最大量。maximum dose　極量

きょくりょく【極力】できるだけ。　極力

ぎょくろ【玉露】高級な日本茶。　玉露

きょくろん【曲論】道理を曲げた議論。対正論。　曲論

きょくろん【極論】極端な意見。▽ーすれば無いに等しい。類極言。　極論

ぎょぐん【魚群】魚の群れ。▽ー探知機。　魚群

ぎょけい【御慶】(新年の)お喜び。　御慶

きょげん【虚言】うそ。そらごと。lie　虚言

きょこう【挙行】式・行事などを行うこと。performance　挙行

きょこう【虚構】事実でないことを、事実らしく表現したもの。fiction　虚構

ぎょこう【漁港】漁船の基地となる港。fishing port　漁港

きょこくいっち【挙国一致】全国民が心を一つにすること。▽ー内閣。　挙国

きょさつ【巨刹】大寺院。　巨刹

きょし【挙止】日常の動作。類挙動。　挙止

きょじ【虚辞】うそ。類虚言。　虚辞

ぎょじ【御璽】天皇の印。玉璽。　御璽

きょしき【挙式】結婚式を行うこと。　挙式

きょしつ【居室】ふだんいる部屋。居間。living room　居室

きょじつ【虚実】うそと本当。　虚実

きょしてき【巨視的】部分にとらわれないで全体を見るようす。対微視的。macroscopic　巨視的

ぎょしゃ【御者】〈馭者〉馬をあやつり馬車を走らせる人。coachman　御者

きょじゃく【虚弱】体が弱いようす。delicate health　虚弱

きょしゅ【挙手】手を上げること。　挙手

きょしゅう【去就】その地位・身分を去ることと、とどまること。▽社長の―が注目される。類進退。　去就

きょじゅう【居住】住むこと。▽―性。residence　居住

きょしゅつ【拠出】〈醵出〉金品を出し合うこと。▽―年金。donation　拠出

きょしょ【居所】いどころ。居住地。　居所

きょしょう【巨匠】芸術などの大家。great master　巨匠

ぎょしょう【魚礁】魚が多く集まる、海底の隆起部。　魚礁

ぎょじょう【漁場】漁業を行う水域。ぎょば。fishing ground　漁場

きょしょく【虚飾】うわべだけをかざること。類みえ。ostentation　虚飾

ぎょしょく【漁色】次々に女性をあさること。猟色(りょうしょく)。　漁色

きょしょくしょう【拒食症】食事をほとんどとらなくなってしまう病気。対過食症。anorexia　拒食症

きょしん【虚心】心にわだかまりがないこと。　虚心

きょじん【巨人】❶並外れて体の大きな人。❷偉人。巨星。① giant　巨人

きょしんたんかい【虚心坦▲懐】心にわだかまりがなくすなおなこと。注虚心×担懐。　坦懐

きょすう【虚数】二乗して負になる数。imaginary number　虚数

ぎょする【御する】❶〈馭する〉馬をあやつる。❷人を思い通りに動かす。▽―しやすい人物。② manage　御する

きよせ【季寄せ】季語集。歳時記。　季寄せ

きょせい【巨星】❶恒星の中で特に大きく明るい星。❷偉大な人物。巨人。▼―墜(お)つ 偉大な人物が死ぬ。　巨星

きょせい【去勢】動物の生殖機能を不能にすること。castration　去勢

きょせい【虚勢】からいばり。bluff ▼―を張る からいばりする。　虚勢

ぎょせい【御製】天皇の作った詩歌。類御詠。　御製

きょぜつ【拒絶】断ること。拒否。refusal　拒絶

ぎょせん【漁船】漁をする船。　漁船

きょそ【挙措】ふだんの動作や態度。挙止。▽―端正。▼―を失う とりみだす。　挙措

きょぞう【虚像】❶平面鏡や凹レンズの向こう側にあるように見える像。❷見せかけの姿。対❶❷実像。① virtual image ② unreal image　虚像

ぎょそん【漁村】漁業を中心に成り立っている村。fishing village　漁村

きょたい【巨体】大きな体。big body　巨体

きょだい【巨大】非常に大きいようす。huge　巨大

きょだく【許諾】頼みを聞き入れること。承諾。consent　許諾

ぎょたく【魚拓】魚の表面にすみをぬり、和紙にその形を写しとったもの。　魚拓

きょだつ【虚脱】気力がなくなり、ぼんやりすること。collapse　虚脱

きょっかい【曲解】事実を曲げて解釈すること。perversion　曲解

きょっけい【極刑】最も重い刑罰。死刑。capital punishment　極刑

きょっこう【極光】オーロラ。　極光

ぎょっこう【玉稿】相手の原稿に対する尊敬語。　玉稿

きょてん【拠点】活動の足場となる地点。base　拠点

きょとう【巨頭】最も重要な地位にある指導者。▽―会談。類首脳。leader　巨頭

きょとう【挙党】党をあげて。類全党。　挙党

きょどう【挙動】行動や動作。ふるまい。挙措(きょそ)。behavior ▽—不審な男。類挙止。

ぎょとう【漁灯】いさりび。

ぎょどう【魚道】❶海で、魚群が通る一定のコース。❷ダムなどに設ける魚の通路。

きょねん【去年】昨年。last year
きょひ【巨費】巨額の金銭。

きょひ【拒否】断ること。拒絶。refusal
きょひ【許否】許すことと許さないこと。

ぎょふ【漁夫】漁師。fisherman ▼—の利 両者が争っているすきに、第三者が利益を横取りすること。

ぎょふく【魚腹】魚の腹の中。▼—に葬られる 水死する。

ぎょぶつ【御物】天皇の使う物。皇室の所蔵品。ぎょもつ。

ぎょふん【魚粉】魚を乾燥して粉にしたもの。飼料・肥料用。fish meal
きょへい【挙兵】戦いを起こすこと。

きょほ【巨歩】❶大またで歩くこと。❷大きな功績。▽学界に—をしるす。

きょほう【虚報】うその情報。false report
ぎょほう【漁法】魚や貝をとる方法。

きよほうへん【毀誉褒貶】悪口と称賛。

きょまん【巨万】非常に多くの数量。▽—の富。millions
きよみずのぶたい【清水の舞台】京都の清水寺の切り立った崖(がけ)の上にある舞台。▼—から飛び降りるよう 物事を思い切って行うことのたとえ。
ぎょみん【漁民】漁師。
きょむ【虚無】価値のあるものがなく、むなしいこと。nothingness
きょめい【虚名】実力をともなわない名声。false reputation
ぎょめい【御名】天皇の名前。
きよめる【清める】〈浄める〉汚れを除き、きれいにする。purify
きょもう【虚妄】うそ。falsehood
ぎょもう【漁網】〈魚網〉魚をとるためのあみ。fishnet
きよもと【清元】「清元節」の略。江戸浄瑠璃(じょうるり)の一派。
きょよう【挙用】登用。promotion
きょよう【許容】大目にみて許すこと。▽—範囲。admission
きょらい【去来】行ったり来たりすること。うかんだり消えたりすること。▽胸中に—する思い。
ぎょらい【魚雷】「魚形水雷」の略。水中を進む爆弾。torpedo
きよらか【清らか】けがれがなく美しいようす。pure
きょり【巨利】非常に大きな利益。

きょり【距離】❶隔たり。❷数学で、二点間の直線の長さ。①distance
きょりゅう【居留】❶一時その地に住むこと。❷外国で定められた地域に住むこと。類❶寄留。②settlement
ぎょるい【魚類】魚の総称。魚。fish
きょれい【挙例】例をあげること。
きょれい【虚礼】誠実さのない、見かけばかりの礼儀。うわべだけの礼儀。▽—廃止。empty formality
ぎょろう【漁労】職業として水産物をとること。漁獲作業。fishing
きよわ【気弱】気が弱いこと・人・ようす。timidity
きらい【帰来】帰って来ること。
きらい【嫌い】❶嫌うこと。❷傾向。❸区別。差別。▽男女の—なく。①dislike
きらい【機雷】「機械水雷」の略。水中に置き、触れると爆発する装置。mine
きらう【嫌う】❶いやがる。❷さける。❸区別する。対❶好く。①dislike
きらく【気楽】❶苦労や心配がないようす。❷こだわらないようす。類❶のんき。①comfortable
きらず【雪花菜】おから。うのはな。
きらびやか【煌びやか】輝くように美しいようす。類絢爛(けんらん)。

きらぼし【綺羅星】 きらきらと輝く星。▽有名人が—の如(ごと)く並ぶ。brilliant star　綺羅星

きらめく【煌めく】 光り輝く。▽星が—。glitter　煌めく

きらら【雲母】 ⇩うんも。　雲母

きり〔桐〕 人10 **トウ・ドウ・きり** 樹木の、きり。▽—油(とうゆ)。総—(そうぎり)。

筆順　十 木 杉 杊 桐 桐 桐 桐　桐・桐

きり【切り】 ❶切れ目。区切り。▽—がいい。❷終わり。　切り

きり【桐】 落葉高木の一。材は家具・げたなどの材料。paulownia　桐

きり【錐】 小さなあなを開ける、先の鋭くとがった道具。gimlet **▼—の嚢中**(のうちゅう)**に処**(お)**るが如**(ごと)**し** ⇩嚢中の錐。　錐

きり【霧】 ❶空気中の水蒸気が冷えて水のつぶになり、けむりのように見えるもの。❷水を細かくして空気中に飛ばしたもの。①fog　霧

ぎり【義理】 ❶交際上守るべき筋道。❷婚姻などで生じた親子・兄弟などの関係。▽—の兄。**▼—にも** ❶おせじにも。❷かりにも。　義理

きりあげる【切り上げる】 ❶ひとまず終わりにする。❷端数を上の位に一としてくり込む。　切上

きりかえる【切り替える】 続けてきたものを、ほかのものにかえる。change, switch　切替

ぎりがたい【義理堅い】 義理をかたく守るようす。　義理堅

きりかぶ【切り株】 草木を切ったあとの地上部分。stump　切株

きりぎし【切り岸】 断崖(だんがい)。絶壁。　切岸

きりぎりす【螽蟖】 昆虫の一。秋、草むらで鳴く。grasshopper　螽蟖

きりくち【切り口】 ❶物を切った断面。❷切り方。❸袋などの切る位置を示した部分。①cut end　切口

きりこ【切り子】 立方体や直方体の角を切り落とした形。▽—ガラス。facet　切子

きりこうじょう【切り口上】 改まった堅苦しい口調。　切口上

きりさげる【切り下げる】 ❶上から下へ切る。❷切ってたらす。❸切って低くする。❹価格・価値を引き下げる。④cut down　切下

きりさめ【霧雨】 霧状の細かい雨。drizzle　霧雨

キリシタン【切支丹】 〈吉利支丹〉一六世紀中ごろ日本に伝わったカトリック教(の信者)。天主教。ヤソ教。Christao(ポルトガル語)から。　切支丹

きりすてる【切り捨てる】 ❶切って捨てる。❷端数を捨てる。❸〈斬り捨てる〉人を刀で斬って、そのままほうっておく。①cut away ②discard　切捨

きりだし【切り出し】 ❶切り出すこと。❷刃がななめで、先のとがった小刀。②pointed knife　切出し

きりだす【切り出す】 ❶切り始める。❷材木・石などを切って運び出す。❸話をもち出す。③broach　切出

きりたつ【切り立つ】 するどくそびえ立つ。rise steeply　切立

ぎりだて【義理立て】 つきあいや恩返しのために、義理を重んじること。　義理立

きりつ【起立】 立ち上がること。stand up　起立

きりつ【規律】 ❶きまり。おきて。❷秩序。①regulation　規律

きりつめる【切り詰める】 ❶切って短くする。❷節約する。②economize　切詰

きりど【切り戸】 戸などにつけた、小さなくぐり戸。wicket　切戸

きりどおし【切り通し】 山などを切り開いてつくった道路。cut　切通し

きりぬける【切り抜ける】 危機を何とかぬけ出す。　切抜

きりばな【切り花】 切り取った花。　切り花

きりはなす【切り放す】 つないであるものを切って放す。　切放す

きりはなす【切り離す】 切って別々にする。▽問題を二つの要素に—して考える。separate　切離す

きりび【切り火】 火打ち石を打ち合わせて出す清めの火。　切火

きりひとは【桐一葉】 きりの葉一枚。**▼—落ちて天下の秋を知る** おとろえかけた兆しを知ることのたとえ。　桐一葉

きりひらく【切り開く】 ❶山や荒れ地に手を入れて田畑や道をつくる。❷新しい方向を開く。❸困難から脱出していい状態にする。　切開く

▽運命を—。①develop

きりふき【霧吹き】 液体を霧状にふきかけること・道具。噴霧器。spray　霧吹き

きりふだ【切り札】 ❶トランプで、いちばん強い札。❷取っておきの手段。①②trump (card)　切り札

きりぼし【切り干し】 野菜を細かく切ってほした食品。▽—大根。　切干

きりまわす【切り回す】 中心になって手ぎわよく処理する。▽店を一人で—。manage　切回

きりみ【切り身】 適当な大きさに切った魚の肉。slice　切り身

きりもり【切り盛り】 物事を上手にさばくこと。▽家計の—をする。management　切盛り

きりゃく【機略】 その時に応じた計略。　機略

きりゅう【気流】 空気の流れ。air current　気流

きりゅう【寄留】 一時的に他人の家に身を寄せること。類寄宿。　寄留

きりょう【器量】 ❶顔かたち。❷事を成しとげる能力。①appearance　器量

ぎりょう【技量】〈伎倆〉物事を処理する能力。腕前。skill　技量

きりょく【気力】 物事を成しとげようとする精神力。▽—充実。無—。類根性。willpower　気力

きりん【騏驎】 ❶一日に千里走る名馬。❷すぐれた人。▼—も老いては駑馬(どば)に劣(おと)る すぐれた人も、年をとればふつうの人に及ばなくなるたとえ。　騏驎

きりん【麒麟】 ❶哺乳(ほにゅう)動物の一。足と首が長い。❷動中国の想像上の動物。❸すぐれた人。①giraffe

麒麟❷

きりんじ【麒麟児】 才能の特にすぐれた若者。

きる【切る】 ❶刃物で断つ。❷傷つける。❸結びつきを断つ。▽風を—。❹水気をなくす。❺下回る。▽原価を—。❻期限を定める。❼すっかり終わる。❽スポーツで、球をカットする。❾かるたなどをまぜあわせる。❿すっかり…してしまう。▽走り—。⓫…するのをやめる。▽思い—。①cut ▼—っても切れない 関係や縁が非常に深いことの形容。

使い分け「きる」

切る…一般的に広く使う。▽大根を—。縁を—。電話を—。

斬る…特に、刀で人をきる。一般に「切る」と書く。▽人を斬り殺す。斬り死に。斬り込み隊長。

伐る…立ち木などをきる。一般に「切る」と書く。▽木を—。

きる【着る】 ❶衣類を身につける。❷こうむる。▽罪を—。対❶脱ぐ。①put on　着る

きる【鑽る】 金属と石を打ち合わせたりして火を取る。　鑽る

キルティング【quilting】 二枚の布の間に綿などを入れて縫うこと。また、その製品。

きれあじ【切れ味】 刃物の切れぐあい。　切れ味

きれい【奇麗】〈綺麗〉❶美しいようす。❷清潔なようす。❸不正がないようす。❹すっかり。▽—に食べる。①beautiful ②③clean　奇麗

ぎれい【儀礼】 社会的慣習として定まった礼儀。courtesy　儀礼

きれいごと【奇麗事】〈綺麗事〉体裁だけりっぱなこと。　奇麗事

きれじ【切れ地】〈布地〉織物。また、そのきれはし。きれ。cloth　切地

きれじ【切れ字】 俳句などで、句の切れ目に使うことば。「や」「かな」「けり」など。　切字

きれつ【亀裂】 裂け目。crack　亀裂

きれなが【切れ長】 目じりが細長く切れこんでいるようす。　切れ長

きれもの【切れ者】 敏腕家。　切れ者

きれる【切れる】 ❶断たれて別々になる。❷刃物で傷がつく。❸結び付きがなくなる。❹よく切ることができる。❺頭が鋭く働く。❻たくわえ・水分が尽きる。❼下回る。▽原価が—。①③break ④cut well　切れる

キロ【kilo-フランス】 ❶メートル法で、基本の単位の一〇〇〇倍を表す語。記号k ❷「キログラム・キロメートル・キロリットル・キロワット」などの略。

きろ【岐路】 わかれ道。cross roads　岐路

きろ【帰路】 帰り道。帰途。対往路。　帰路

ぎろう【妓楼】 遊女をおいて客を遊ばせる店。遊女屋。

キロカロリー【kilocalorie】 熱量の単位。大カロリー。記号kcal, Cal

きろく【記録】 ❶事実を書き記すこと。また、その文書。❷競技などの成績。特に、最高の成績。①②record

キログラム【kilogramme フランス】 〈瓩〉重さの単位。一〇〇〇グラム。記号kg

ギロチン【guillotine フランス】 断頭台。

きろめーとる〔粁〕 9 **キロメートル** メートル法の長さの単位。

キロメートル【kilomètre フランス】 〈粁〉長さの単位。一〇〇〇メートル。記号km

キロリットル【kilolitre フランス】 〈竏〉容積の単位。一〇〇〇リットル。記号kl

キロワット【kilowatt フランス】 電力量の単位。記号kW

ぎろん【議論】 意見を述べて論じ合うこと。類論議。discussion

きわ【際】 ❶すぐそば。ふち。❷とき。▽今わの―。①side

ぎわく【疑惑】 疑ってあやしく思うこと。疑い。suspicion

きわだつ【際立つ】 他との区別がはっきりしていて目立つ。stand out

きわどい【際疾い】 ❶(危険・猥褻(わいせつ)などに)おちいる)すれすれの状態だ。❷(時間や機会をのがす)ぎりぎりの状態だ。

きわまる【極まる】 ❶物事の限度に達する。▽感―。❷最上の状態になる。

きわまる【窮まる】 行き詰まって、困る。▽進退―。be stuck

きわめつき【極め付き】 ❶刀剣・書画などに鑑定書がついていること。❷定評があること。類❶❷折り紙付き。

きわめて【極めて】 この上なく。最も。▽―重大な話。extremely

きわめる【究める】 学問・芸能などの極致に到達する。master

きわめる【極める】 〈窮める〉物事の最も高い所・限度に達する。

> **使い分け「きわまる・きわめる」**
> **窮まる・窮める**…行き詰まる。突き詰める。▽進退窮まる。窮まりなき宇宙。
> **極まる・極める**…限界・頂点・最上に至る。▽栄華を極める。不都合極まる言動。極めて優秀な成績。見極める。
> **究める**…奥深い所に達する。▽学を究める。

きわもの【際物】 ❶ある季節だけ売れるもの。❷一時的な、興味・人気をあてこんで作る物。

きん〔巾〕 常3 キン ❶布。▽布―(ふきん)。❷かぶり物。▽頭―(ずきん)。❸はば。幅。

筆順 丨 冂 巾

きん〔斤〕 常4 キン 昔の、重さの単位。

筆順 ノ 厂 斤 斤

きん〔均〕 常7 キン ❶ひとしい。▽―一。❷ならす。▽平―。

筆順 一 十 士 圴 均 均 均

きん〔近〕 常7 キン・ちかい ❶距離がちかい。▽―所。❷時間がちかい。▽最―。❸身ぢか。▽―親。

筆順 ノ 厂 斤 斤 近 近 近

きん〔欣〕 人8 キン・ゴン・よろこぶ よろこぶ。▽―喜雀躍(きんきじゃくやく)。―然(きんぜん)。

筆順 ノ 厂 斤 斤 斤 斤 欣 欣

きん〔金〕 常8 キン・コン・かね・かな ❶金属。❷黄金。❸金色。❹金銭。▽―額。預―。❺立派なもの。▽―言。

筆順 ノ 人 亼 今 今 全 余 金

きん〔菌〕 常11 キン ❶きのこ。▽―類。❷微生物。▽細―。殺―。

筆順 艹 苃 苗 菌 菌 菌

きん〔勤〕 常12 〔勤〕人13 キン・ゴン・つとめる・つとまる ❶精をだす。▽―勉。❷仕事。働く。▽―務。―行(ごんぎょう)。

筆順 艹 芇 芇 菫 菫 勤 勤

きん〔欽〕 人12 キン・つつしむ うやまい、つつしむ。▽―仰(きんぎょう)。―定。

筆順 ᐠ 乍 余 金 釒 釣 欽 欽

きん〔琴〕 常12 キン・こと 弦楽器の、こと。▽―線。木―。

筆順 一 T 王 王一 玨 珏 琴 琴

きん〔筋〕 常12 キン・すじ ❶肉のすじ。▽―骨。❷線状のもの。▽鉄―。

筆順 ⺊ ⺮ 竹 竻 笳 笳 筋 筋

きん〔僅〕 常13 **キン・わずか** わずか。ほんの少し。▽―差。―少。
筆順
僅・僅

きん〔禁〕 常13 **キン** ❶さしとめる。▽―止。❷おきて。▽―制。❸とじこめる。▽監―。❹宮中。▽―裏(きんり)。
筆順
禁・禁

きん〔禽〕 人13 **キン・とり** 鳥類の総称。とり。▽―獣(きんじゅう)。猛―(もうきん)。家―(かきん)。
筆順
禽・禽

きん〔緊〕 常15 **キン** ❶ひきしめる。▽―張。❷さしせまる。▽―迫。―急。
筆順
緊・緊

きん〔錦〕 常16 **キン・にしき** ❶にしきの織物。❷美しい。▽―絵(にしきえ)。
筆順
錦・錦

きん〔謹〕 常17 **〔謹〕** 人18 **キン・つつしむ** つつしむ。かしこまる。▽―賀新年。―慎。
筆順
謹・謹

きん〔襟〕 常18 **キン・えり** ❶衣服のえり。▽―首。❷心の中。▽胸―。
筆順
襟・襟

きん〔今〕 ⇩こん

きん【斤】 ❶尺貫法の重さの単位。一斤は約六〇〇グラム。❷食パンの一かたまりを数える語。
斤

きん【金】 ❶黄色で、つやのある金属元素。記号Au ❷非常に価値のあるもの。黄金。❸金銭。▽―一封。❹金色。❺将棋のこまの一。金将。❻金額を書くとき、数字の上に書く語。❼金❶の純度を表す単位。▽一八―。①〜④gold ▼―の卵 得がたい、将来性のある人。
金

きん【菌】 ❶菌類。❷細菌。▽サルモネラ―。germ
菌

きん【禁】 禁じられている事がら。▽―を犯す。
禁

ぎん〔吟〕 常7 **ギン** ❶詩歌を口ずさむ。▽―行。❷うなる。▽呻―(しんぎん)。
筆順
吟・吟

ぎん〔銀〕 常14 **ギン** ❶金属のぎん。▽―器。❷銀色。❸貨幣。白く輝くもの。▽―河。―盤。▽―行。
筆順
銀・銀

ぎん【吟】 吟詠(ぎんえい)。
吟

ぎん【銀】 ❶白くて、つやのある金属元素。しろがね。記号Ag ❷銀貨。❸銀色。❹将棋のこまの一。銀将。①〜③silver
銀

きんあつ【禁圧】 威力や権力で禁止すること。類弾圧。suppression
禁圧

きんい【金位】 金製品の、金の純度。
金位

きんいつ【均一】 同じ金額・状態であること。uniformity
均一

きんいっぷう【金一封】 一包みの金。
金一封

きんいん【近因】 直接の原因。対遠因。
近因

きんいん【金員】 ❶金額。❷お金。
金員

きんえい【近詠】 最近作った詩歌。
近詠

きんえい【近影】 最近の、人物写真。
近影

ぎんえい【吟詠】 ❶節(ふし)をつけて詩歌をうたうこと。❷詩や歌を作ること。
吟詠

きんえん【近縁】 ❶血縁の濃い親類。❷近い関係にあること。
近縁

きんえん【禁園】 〈禁苑〉❶はいってはいけない庭園。❷皇居の庭。
禁園

きんえん【禁煙】 ❶喫煙を禁止すること。▽―席。❷喫煙をやめること。
禁煙

きんか【近火】 近くに起こった火事。
近火

きんか【金貨】 金を主成分とする貨幣。gold coin
金貨

ぎんか【銀貨】 銀を主成分とする貨幣。silver coin
銀貨

ぎんが【銀河】 天の川。銀漢。Milky Way
銀河

きんかい【近海】 陸に近い海。▽―漁業。対遠海。
近海

きんかい【欣快】 非常にうれしくこころよいこと。▽―の至り。pleasant
欣快

きんかぎょくじょう【金科玉条】 絶対的なものとして尊ぶ規則や教訓。▽師の教えを―とする。

金科

きんがく【金額】 金銭の数量。
金額

きんがしんねん【謹賀新年】 新しい年を祝う年賀状のあいさつ語。
謹賀

きんかん【近刊】 ❶近く出版されること・本。❷最近出版されたこと・本。
近刊

きんかん【金冠】 ❶金製のかんむり。❷歯にかぶせる金製の
金冠

おおい。

きんかん【金柑】果樹の一。みかんの変種。kumquat　金柑

きんがん【近眼】近視。nearsightedness　近眼

きんかんしょく【金環食】〈金環蝕〉太陽のふちの部分が金色の輪のように見える日食。　金環食

きんかんばん【金看板】❶金文字の看板。❷世間に対して誇らしげに示す主義・主張。▽誠実を—とする商店。②best slogan　金看板

きんき【禁忌】忌みきらって避けたり禁じたりすること。taboo　禁忌

きんきじゃくやく【欣喜雀躍】こおどりして喜ぶこと。　欣喜

きんきゅう【緊急】事が重大で、急を要すること。urgency　緊急

きんぎょ【金魚】ふなからつくった観賞魚。goldfish　金魚

きんきょう【近況】最近のようす。近状。▽—報告。recent state　近況

きんきん【近近】ちかぢか。▽—上京いたします。soon　近近

きんきん【僅僅】ごくわずか。　僅僅

きんきんぜん【欣欣然】いかにもうれしそうなようす。▽—として語る。　欣欣然

きんく【禁句】❶言ってはならないことば。❷和歌・俳句などで、使ってはいけない語句。止め句。①tabooed word　禁句

キングサイズ【king-size】（男性用の）特別に大きい型。

キングメーカー【kingmaker】〈人選に発言権をもつ〉実力者。

きんけい【近景】近くの景色。手前の景色。対遠景。foreground　近景

きんけい【謹啓】手紙のはじめに書くあいさつ語。類拝啓。　謹啓

きんけつびょう【金欠病】金がなくて困っている状態を病気にたとえた語。　金欠病

きんけん【金券】特定の範囲内で、貨幣の代わりとして通用する券。　金券

きんけん【金権】金にものをいわせる権力。　金権

きんけん【勤倹】仕事に励み、倹約すること。▽—貯蓄。　勤倹

きんげん【金言】教訓となるりっぱなことば。金句。類格言。名言。maxim　金言

きんげん【謹言】手紙の終わりに書くあいさつ語。　謹言

きんげん【謹厳】つつしみ深く重々しいこと。▽—実直。　謹厳

きんこ【近古】時代区分の一。中古と近世の間。日本では鎌倉・室町時代。　近古

きんこ【金庫】❶金銭・重要書類などを保管する鉄製の箱。❷国や公共団体の現金出納機関。①safe　金庫

きんこ【禁固】〈禁錮〉刑務所に入れるが、労役はさせない刑。imprisonment　禁固

きんこう【近郊】郊外。suburb　近郊

きんこう【欣幸】しあわせだと感じて喜ぶこと。　欣幸

きんこう【均衡】つりあいがとれていること。類平衡。▽—を失する。対不均衡。注均×衡。balance　均衡

きんこう【金工】金属に細工をする工芸・職人。metalwork　金工

きんこう【金鉱】❶金の鉱石。❷金を産出する鉱山。金山。②gold mine　金鉱

きんごう【近郷】都市に近い村。近在。　近郷

ぎんこう【吟行】俳句や和歌を作るために、景色のよい所や名所などに出かけること。▽—会。　吟行

ぎんこう【銀行】預金・資金の貸し付けなどを行う金融機関。bank　銀行

きんこく【謹告】つつしんで知らせること。　謹告

きんこつ【筋骨】❶筋肉と骨格。❷体格。体つき。▽—隆々の青年。②physical structure　筋骨

きんこんいちばん【緊褌一番】心をひきしめて油断しないこと。　緊褌

きんこんしき【金婚式】結婚後五〇年目を迎えた夫婦の、記念の祝い。golden wedding　金婚式

ぎんこんしき【銀婚式】結婚後二五年目を迎えた夫婦の、記念の祝い。silver wedding　銀婚式

きんさ【僅差】わずかな差。対大差。　僅差

ぎんざ【銀座】❶江戸幕府直轄の銀貨を鋳造した所。❷東京都中央区銀座。❸繁華街につける名。　銀座

きんざい【近在】都市に近い村。近郷。　近在

きんさく【近作】 最近の作品。recent work　近作

きんさく【金策】 苦労して必要な金銭をそろえること。金のくめん。▽—に走り回る。　金策

きんざん【金山】 金鉱❷。　金山

きんし【近視】 遠くがはっきり見えない状態(の目)。近視眼。近眼。ちかめ。対遠視。short-sightedness　近視

きんし【禁止】 物事を差しとめること。prohibition　禁止

きんじ【近似】 似かよっていること。approximation　近似

きんじ【近時】 近ごろ。最近。　近時

きんじ【矜▲持】 ⇨きょうじ。　矜持

きんじさん【禁治産】 心神喪失者保護のため、後見人をつけてその財産を管理させた制度。成年後見制度の旧称。きんちさん。　禁治産

きんしつ【均質】 性質・状態が同じで、むらがないこと。等質。　均質

きんしつ【琴瑟▲】 琴と瑟(おおごと)。▼—**相和(あいわ)す** 夫婦仲のよいことのたとえ。　琴瑟

きんじつ【近日】 近いうち。soon　近日

きんじとう【金字塔】 ❶ピラミッド。❷後世に残るすぐれた業績。▽学会に不滅の—をうち建てる。　金字塔

きんしゃ【金紗▲】 〈錦紗〉紗(しゃ)に金糸で模様を織りだしたもの。　金紗

きんしゅ【金主】 ❶必要な資金・費用を出してくれる人。❷お金の所有者。　金主

きんしゅ【禁酒】 飲酒を禁じること。また、飲酒をやめること。temperance　禁酒

きんしゅう【錦秋】 もみじが錦(にしき)のように美しい秋。▽—の候。　錦秋

きんじゅう【禽▲獣】 ❶鳥類や獣類。❷道理や恩義をわきまえない人。　禽獣

きんしゅく【緊縮】 ❶引き締めること。❷出費を切り詰めること。▽—財政。②austerity　緊縮

きんしょ【禁書】 法律で、出版・販売を禁じること。また、その書籍。　禁書

きんじょ【近所】 近い所。近くの家。類近隣。neighborhood　近所

きんしょう【僅少】 ごくわずか。類些少(さしょう)。　僅少

きんじょう【今上】 現在の天皇。▽—陛下(へいか)。　今上

きんじょう【近状】 近況。　近状

きんじょう【錦上】 錦(にしき)の上。▼—**花を添(そ)える** 美しいものの上にさらに美しいものが加わる。　錦上

きんじょう【謹上】 つつしんで差し上げる意で、手紙のあて名にそえる語。▽—佐藤新平殿。　謹上

ぎんしょう【吟唱】 〈吟誦〉詩歌を吟じること。類吟詠。recitation　吟唱

ぎんじょう【吟醸】 特に吟味して酒を造ること。　吟醸

きんじょうてっぺき【金城鉄壁】 非常に堅固なこと。　金城

きんじょうとうち【金城湯池】 堅固な勢力範囲。▽—の守り。　湯池

きんじる【禁じる】 することを差しとめる。prohibit　禁じる

ぎんじる【吟じる】 声を出して詩歌をうたう。また、詩歌を作る。　吟じる

きんしん【近親】 血縁の近い親族。　近親

きんしん【謹慎】 ❶言動をつつしむこと。❷一定期間、外出を禁じる罰。　謹慎

きんす【金子】 お金。金銭。　金子

きんせい【均整】 〈均斉〉つりあいがとれてととのっていること。symmetry　均整

きんせい【近世】 時代区分の一。日本では江戸時代。　近世

きんせい【禁制】 ある行為を禁止するきまり。類禁令。prohibition　禁制

きんせい【謹製】 心をこめ、つつしんでつくること・製品。　謹製

ぎんせかい【銀世界】 雪景色の美称。　銀世界

きんせき【金石】 ❶金属と岩石。❷ひじょうに堅いもの。　金石

きんせつ【近接】 ❶近くにあること。▽都市に—した町。❷近づくこと。接近。②approach　近接

きんせん【金銭】 貨幣の総称。かね。ぜに。money　金銭

きんせん【琴線】 ❶琴の糸。❷心の奥にある微妙な感情。▼—**に触(ふ)れる** 感動し共鳴する。　琴線

きんぜん【欣然】 喜んでするようす。㊫欣欣然。joyfully　欣然

きんせんか【金盞花】 草花の一。初夏に黄色・だいだい色の花が咲く。観賞用。　金盞花

きんそく【禁足】 外出禁止。足止め。▽—令。　禁足

きんそく【禁則】 禁止事項の規則。　禁則

きんぞく【金属】 金属元素とその合金の総称。metal　金属

きんぞく【勤続】 同じ所に長年勤め続けること。continuous service　勤続

きんだい【近代】 ❶現代にいちばん近い時代。❷時代区分の一。日本では明治維新以後。①modern age　近代

きんだか【金高】 金銭の量。金額。かねだか。　金高

きんだち【公達】 貴族の子弟。　公達

きんだん【禁断】 強く禁じること。▽殺生—の場。㊫禁止。▼—の木(こ)の実 ❶『旧約聖書』で、エデンの園にある、食べてはならない知恵の果実。❷してはならない快楽のたとえ。①forbidden fruit　禁断

きんちさん【禁治産】 ⇩きんじさん。　禁治産

きんちゃく【巾着】 ❶口をひもで締める小袋。❷腰巾着。

巾着❶

きんちゃく【近着】 最近到着したこと・物。また、近々到着すること・物。

きんちゅう【禁中】 宮中。皇居。　禁中

きんちょ【近著】 最近の著作物。　近著

きんちょう【禁鳥】 保護鳥。　禁鳥

きんちょう【緊張】 ❶気持ちがひきしまること。❷紛争が起こりそうであること。㊓❶弛緩(しかん)。①②tension　緊張

きんちょう【謹聴】 人の話をつつしんで聞くこと。　謹聴

きんちょく【謹直】 謹厳実直なこと。　謹直

きんてい【欽定】 君主の命によって定めること。　欽定

きんてい【謹呈】 つつしんで贈呈すること。▽—山田太郎様。　謹呈

きんてき【金的】 ❶金色の弓の的(まと)。❷手に入れたい大きな目標。▽合格の—を射とめる。　金的

きんてつ【金鉄】 堅固な物事。　金鉄

きんでんぎょくろう【金殿玉楼】 美しくりっぱな御殿。　金殿

きんど【襟度】 心の広さ。　襟度

きんとう【均等】 差がないこと。▽機会—。㊫平等。equality　均等

きんとう【近東】 ヨーロッパに近い東方諸国。トルコ・イスラエル・エジプトなど。Near East　近東

きんとん【金団】 さつまいも・豆・くりなどにあんをからませた甘い食べ物。　金団

ぎんなん【銀杏】 いちょうの実。食用。gingko nut　銀杏

きんにく【筋肉】 運動に必要な収縮作用をもつ器官。筋(きん)。muscle　筋肉

ぎんねず【銀鼠】 銀色っぽいねずみ色。　銀鼠

きんねん【近年】 この数年。近ごろ。recent years　近年

きんのう【金納】 租税などを金銭でおさめること。㊓物納。　金納

きんのう【勤皇】 〈勤王〉天皇に忠義をつくすこと。▽—の志士。㊫尊王。　勤皇

きんぱい【金杯】 〈金盃〉金のさかずきやカップ。gold cup　金杯

きんぱい【金牌】 金製のメダル。gold medal　金牌

きんばく【緊縛】 きつくしばること。tight binding　緊縛

きんぱく【金箔】 金を打ち延ばして紙のように薄くしたもの。gold leaf　金箔

きんぱく【緊迫】 情勢が差し迫っていること。㊫切迫。strain　緊迫

きんぱつ【金髪】 金色の髪。blond(e) hair　金髪

ぎんぱつ【銀髪】 銀色の髪。また、白髪の美称。silver hair　銀髪

きんばん【勤番】 ❶交替で勤務すること。❷江戸時代、諸侯の家来が交替で江戸屋敷に勤めたこと。　勤番

ぎんばん【銀盤】 ❶銀製の皿や盆。❷スケートリンクの氷の表面。▽—の女王。▽—に舞う。　銀盤

きんぴ【金肥】 自然肥料に対して、金銭を払って買う肥料。化学肥料など。　金肥

きんぴん【金品】 金銭と品物。　金品

きんぶち【金縁】 金製、また金色の縁。gold frame　金縁

きんぶん【均分】 平等に分けること。等分。▽—相続。equal　均分

きんべん【勤勉】 まじめにはげむこと。対怠惰。diligent　勤勉

きんぺん【近辺】 近所。付近。　近辺

きんぼ【欽慕】 つつしんで敬うこと。類敬慕。　欽慕

きんぼう【近傍】 近所。近辺。　近傍

きんぽうげ【金鳳花】 野草の一。初夏、黄色の花が咲く。有毒。うまのあしがた。buttercup　金鳳花

きんぼし【金星】 ❶相撲で、平幕の力士が横綱を負かすこと。❷大きなてがら。殊勲。　金星

ぎんまく【銀幕】 ❶映写幕。❷映画。▽—の女王。①screen　銀幕

きんまんか【金満家】 大金持ち。富豪。millionaire　金満家

ぎんみ【吟味】 内容・品質などを念入りに調べること。examination　吟味

きんみつ【緊密】 結び付きがしっかりしているようす。類密接。close　緊密

きんみゃく【金脈】 ❶金の鉱脈。❷金づる。①gold vein　金脈

きんむ【勤務】 やとわれて仕事をすること。また、その仕事。勤め。service　勤務

きんむく【金無垢】 純金。pure gold　金無垢

きんもくせい【金木犀】 庭木にする木の一。秋、香りの強い赤黄色の小さい花が咲く。　金木犀

きんもつ【禁物】 してはならない事がら。▽油断は—。forbidden matter　禁物

きんゆ【禁輸】 輸出・輸入を禁止すること。embargo　禁輸

きんゆう【金融】 ❶金銭の融通。❷資金の需要と供給。①②finance　金融

きんよう【緊要】 さしせまって、大切なようす。　緊要

きんよく【禁欲】 性欲などを抑えること。▽—的。celibacy　禁欲

ぎんよく【銀翼】 飛行機のつばさ。また、飛行機。silver wings　銀翼

きんらい【近来】 少し前から現在まで。最近。近ごろ。▽—まれに見る好著だ。lately　近来

きんらん【金襴】 錦(にしき)のきれに金糸で模様を織り出したもの。　金襴

きんり【金利】 利子。また、利子の割合。interest(rate)　金利

きんり【禁裏】 〈禁裡〉宮中。皇居。　禁裏

きんりょう【斤量】 めかた。斤目。weight　斤量

きんりょう【禁猟】 狩猟を禁じること。　禁猟

きんりょう【禁漁】 漁を禁じること。　禁漁

きんりょく【金力】 金銭の威力。　金力

きんりょく【筋力】 筋肉の力。muscular strength　筋力

きんりん【近隣】 となり近所。近辺。　近隣

ぎんりん【銀輪】 ❶銀の輪。❷自転車。　銀輪

ぎんりん【銀鱗】 銀色に光るうろこ。　銀鱗

きんれい【禁令】 ある行為を禁じる法律や命令。ban　禁令

ぎんれい【銀嶺】 銀色に輝く雪山。　銀嶺

きんろう【勤労】 仕事に励むこと。▽—奉仕。—所得。類労働。labor　勤労

く ク

く【区】 常4 ク くぎる。▽—別。—域。
筆順 一 フ ヌ 区
区・区

く【句】 常5 ク ❶文章のひとくぎり。▽字—。—読点。❷俳句。
筆順 ノ 勹 勺 句 句
句・句

く【狗】 8 ク・いぬ 犬。いやしいもののたとえ。▽羊頭—肉。走—。
狗・狗

く【苦】 常8 ク・くるしい・くるしむ・くるしめる・にがい・にがる ❶くるしい。くるしめる。▽—難。—戦。❷努力する。▽—心。❸にがい。▽—汁。辛—。
筆順 一 十 艹 艹 芊 苦 苦
苦・苦

く【矩】 人10 ク・かね・のり ❶さしがね。じょうぎ。▽—尺(かねじゃく)。❷きまり。▽規—(きく)。❸四角。▽—形(くけい)。
筆順 ノ 𠂉 矢 矢 矢 矩 矩
矩・矩

く【躯】 11 ク・からだ からだ。▽体—。病—。(軀)
躯・躯

く〔駆〕常14〔駈〕人15 ク・かける・かる ❶走らせる。走る。▽疾―。❷追い払う。▽―除。❸軍の列。▽先―。(驅)

く〔九〕⇩きゅう

く〔久〕⇩きゅう

く〔口〕⇩こう

く〔工〕⇩こう

く〔功〕⇩こう

く〔供〕⇩きょう

く〔紅〕⇩こう

く〔宮〕⇩きゅう

く〔庫〕⇩こ

く〔貢〕⇩こう

く【区】❶区切り。区分。❷行政上の区画の一。①section

く【句】❶詩歌・文章のひとくぎり。❷俳句。❸英文などのフレーズ。

く【苦】❶くるしみ。❷にがみ。❸心配。対楽。①pain ③worry

ぐ〔具〕常8 グ ❶そなえる。▽―備。❷用具。❸くわしくのべる。▽―申。

ぐ〔俱〕人10 グ・ク・ともに いっしょに。▽不―戴天(ふぐたいてん)。

ぐ〔惧〕常11 グ おそれる。▽危―。

ぐ〔愚〕常13 グ・おろか ❶おろか。▽―劣。❷自己の謙譲語。▽―考。

ぐ【具】❶道具。❷汁物などの材料。たね。②ingredient

ぐ【愚】おろかなこと・もの。対賢。folly ▼―の骨頂(こっちょう) 非常におろかなこと。

ぐあい【具合】❶調子。状態。❷都合。❸体裁。❹方法。①condition

くい【杭】地中に打ち込む棒。stake

くい【悔い】後悔。▼―を千載(せんざい)に残す いつまでも後悔を引きずる。regret

くいあわせ【食い合わせ】同時に食べると体に悪いという、食品の組み合わせ。たべあわせ。

くいいじ【食い意地】どんな物でも食べようとする心。greediness

くいき【区域】ある区切られた範囲・地域。area

くいけ【食い気】食欲。appetite

くいこむ【食い込む】❶深くはいり込む。❷越えてはいり込む。▽予算に―。①bite into

くいさがる【食い下がる】ねばり強く立ち向かう。

くいぜ【株】木の切りかぶ。▼―を守る 古い慣習にこだわって進歩しようとしないこと。守株(しゅしゅ)。

くいぞめ【食い初め】生後一〇〇日頃に、乳以外の食べ物を食べさせる祝い。

くいだおれ【食い倒れ】食べ物にぜいたくをして貧乏すること。

くいちがう【食い違う】❶組み合わせ部分が合わない。❷一致しない。▽話が―。②disagree

くいな【水鶏】〈秧鶏〉水辺にすむ鳥。戸をたたくような声で鳴く。water rail

くいぶち【食い扶持】食費。

くいもの【食い物】食べ物。food

くいる【悔いる】後悔する。regret

クインテット【quintetto イタリア】五重唱(団)。また、五重奏(団)。

くう〔空〕常8 クウ・そら・あく・あける・から ❶そら。▽星―。❷から。からっぽ。▽―白。

くう〔喰〕人12 くう・くらう 食べる。国字。

くう【空】❶空中。❷何もないこと。うつろ。むだ。

くう【食う】❶食べる。❷生活する。❸かみつく。虫がさす。❹費やす。❺強い相手を負かす。❻受ける。こうむる。▽一杯―。①eat ▼―や食わず ひどく貧しいようす。

ぐう〔偶〕常11 グウ ❶人形。▽―像。土―。❷対(つい)の。▽配―者。❸思いがけない。▽―然。―感。❹二で割り切れる。▽―数。

ぐう〔寓〕人12 グウ ❶かこつける。▽―話。❷仮のすまい。▽―居。

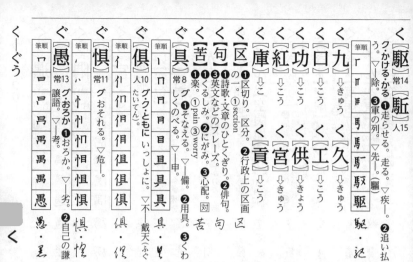

ぐう【遇】常12 グウ ❶出あう。▽奇―。千載一―。❷もてなす。▽待―。

筆順 日 日 目 禺 禺 禺 遇

ぐう【隅】常12 グウ・すみ かど。すみ。▽一―(いちぐう)。片―(かたすみ)。

筆順 ﾌ 阝 阝 阳 隅 隅 隅 隅

ぐう【宮】⇩きゅう

ぐう【寓】仮のすまい。

くうい【空位】あいている地位。

ぐうい【寓意】たとえなどである意味をほのめかすこと。諷喩(ふうゆ)。allegory

くうかん【空間】❶何もない、空いた所。❷無限の広がり。▽時間と―を超越する。①②space

ぐうかん【偶感】ふと浮かんだ感想。

くうかんち【空閑地】利用されずに、空いている土地。vacant lot

くうき【空気】❶地球を包む気体。❷その場のようす。雰囲気。▽張りつめた―。①air ②atmosphere

くうきょ【空虚】❶何もないこと。❷内容がなくむなしいこと。▽―な生活。対❷充実。①②empty

ぐうきょ【寓居】仮住まい。仮寓。▽―にお立ち寄りください。

くうぐん【空軍】空の攻防を受け持つ軍隊。air force

くうけい【空閨】ひとりねの寝室。

くうげき【空隙】すきま。

くうけん【空拳】素手(すで)。また、他人の援助などがないこと。▽徒手―。

くうこう【空港】航空機が発着する飛行場。airport

ぐうじ【宮司】神社の長である神職。

くうしゅう【空襲】空からの襲撃。

ぐうすう【偶数】二で割り切れる整数。対奇数。even number

ぐうする【寓する】❶仮住まいする。❷かこつけて言う。

ぐうする【遇する】もてなす。▽国賓として―。treat

くうぜん【空前】今までに例がないこと。▽―の大惨事。

ぐうぜん【偶然】思いがけないこと。対必然。注×遇然。chance

くうぜんぜつご【空前絶後】非常に珍しいこと。

くうそ【空疎】形だけで内容の伴わないこと。類空虚。

くうそう【空想】現実ばなれした事を考えること。また、その考え。fancy

ぐうぞう【偶像】❶信仰対象の神仏像。❷崇拝・尊敬の対象。①②idol

くうそくぜしき【空即是色】仏教で、形あるすべての物は空であるが、因縁によってさまざまの形で実在するという思想。類色即是空。

くうち【空地】宅地・農耕地として使われていない土地。あきち。

くうちゅう【空中】大空の中。そら。

クーデター【coup d'État フランス】武力によって政権を奪い取ること。

くうてん【空転】から回り。

くうどう【空洞】❶ほら穴。❷中がからっぽなこと。②hollow

くうはく【空白】❶何も書いていない所。❷何もないこと。①blank

くうばく【空漠】❶限りなく広いようす。▽―と広がる原野。❷要領を得ないようす。▽―たる議論。

くうばく【空爆】飛行機による爆撃。

ぐうはつ【偶発】偶然に起こること。▽―戦争。

くうひ【空費】むだづかい。▽時を―する。類浪費。

くうふく【空腹】はらがすくこと。対満腹。hunger

くうぶん【空文】実際の役に立たない文章。▽―化した条令。

くうほう【空砲】実弾をこめていない銃や大砲(の発射音)。空(から)鉄砲。

クーポン【coupon フランス】❶切りとって使う切符。❷乗車券・宿泊券がセットになった旅行券。

くうめい【空名】実体にふさわしくない評判。類虚名。

くうゆ【空輸】航空機で輸送すること。air transport

くうり【空理】実際の役に立たない理論・理窟。▽―空論。対

実理。類空論。

クーリー【苦力】中国 もと、中国・インドなどの、肉体労働をした下層民。 苦力

クーリングオフ【cooling-off】訪問販売・通信販売などの契約で、一定期間内なら、契約を解除できる制度。

クール【cool】❶涼しいようす。❷冷静なようす。

クール【Kur ドイツ】治療に必要とされる一定の期間。

クールビズ 夏のノーネクタイ・上着なしのファッション。coolとbizを組み合わせた和製語。

くうろ【空路】航空機の飛ぶ道筋。 空路

くうろん【空論】実際の役に立たない議論・理論。▽机上の—。類空理。 空論

ぐうわ【寓話】教訓や風刺のこめられたたとえ話。寓言。parable 寓話

くえき【苦役】❶苦しい労働。❷懲役。 苦役

くえない【食えない】❶食べられない。❷生活できない。❸悪がしこく油断できない。▽—人物。 食えな

クォータリー【quarterly】季刊。

クォーツ【quartz】水晶発振式時計。

クオリティー【quality】品質。

くおん【久遠】永遠。 久遠

くかい【句会】俳句の会。 句会

くがい【苦界】❶苦しみの多い人間界。苦海。❷遊女の境遇。▽—に身を沈める。 苦界

くかく【区画】土地を区切って分けること。区切った場所。section 区画

くがく【苦学】学費をかせぐなど、苦労して勉強すること。 苦学

くかん【区間】区切った間。section 区間

くかん【躯幹】体。特に胴体。 躯幹

ぐがん【具眼】物の本質を見ぬく力をもっていること。▽—の士。 具眼

くき【茎】植物で軸になる部分。stem 茎

くぎ［釘］人10 テイ・くぎ くぎ(をうつ)。▽装—(そうてい)。 釘・釘

筆順	ノ	𠆢	亼	today				

くぎ【釘】一端をとがらせた小さな棒。nail ▼—を刺す 相手に念を押す。 釘

ぐきょ【愚挙】おろかな行動。愚行。 愚挙

くきょう【苦境】苦しい立場。類窮地。difficulties 苦境

くぎょう【公卿】公家(くげ)❶。 公卿

くぎょう【苦行】苦しい修行。 苦行

くぎる【区切る】〈句切る〉切れ目をつける。divide 区切る

くぎん【苦吟】苦労して詩歌をつくること。また、その作品。 苦吟

くくる【括る】❶しばる。❷束ねる。❸まとめる。①②bind 括る

くぐる【潜る】❶下を通りぬける。▽門を—。❷水の中にもぐる。❸切りぬける。▽法の網を—。 潜る

くげ【公家】❶朝廷に仕えた上級貴族。公卿(くぎょう)。❷朝廷に仕えた者。 公家

くげ【供華】〈供花〉仏前に供える花。 供華

くけい【矩形】「長方形」の旧称。rectangle 矩形

ぐけい【愚兄】自分の兄の謙譲語。 愚兄

くける【絎ける】針目が表に目立たないように縫う。 絎ける

くげん【苦言】聞いて快くはないが、ためになることば。▽—を呈(てい)する。 苦言

ぐけん【愚見】自分の意見の謙譲語。 愚見

ぐげん【具現】はっきりと形にあらわすこと。▽理想を—する。realization 具現

くこ【枸杞】落葉低木の一。葉・樹皮は漢方薬、実は果実酒にする。 枸杞

ぐこう【愚考】自分の考えの謙譲語。 愚考

ぐこう【愚行】おろかな行い。愚挙。 愚行

くさ【草】❶木質の組織を持たない植物。❷雑草。❸本式でない。▽—野球。①grass ②weed ▼—の根を分けても捜(さが)す すみずみまでさがす。 草

くさ【瘡】❶皮膚病の総称。❷胎毒(たいどく)。 瘡

くさい【臭い】❶いやなにおいがする。❷あやしい。❸おおげさで、個性が強い。❹…のにおいがする。▽汗—。❺…の感じがする。▽インテリー—。①smell 臭い

ぐさい【愚妻】自分の妻の謙譲語。 愚妻

くさき【草木】草と木。植物。plants ▼—も靡(なび)く 勢力が強いものに従うようす。▼—も眠る 夜がふけて静まり返るようす。 草木

ぐさく【愚作】❶くだらない作品。❷自分の作品の謙譲語。 愚作
ぐさく【愚策】❶下手な策略。❷自分の計画の謙譲語。 愚策
くさぐさ【種種】いろいろ。さまざま。 種種
くさす【腐す】けなす。こきおろす。 腐す
くさばのかげ【草葉の陰】墓の下。あの世。 草葉陰
くさび【楔】V字形の木片・鉄片。wedge ▼―を打ち込む ❶敵陣にせめこみ、勢力を二つに裂く。❷相手の勢力内に自分の勢力を入れる。 楔
くさぶえ【草笛】草の葉で作る笛。 草笛
くさぶかい【草深い】❶草が茂っている。❷田舎びている。 草深い
くさまくら【草枕】旅先でねること。旅寝。 草枕
くさむす【草生す】草が生い茂る。▽―墓。 草生す
くさむら【草叢】〈叢〉草がしげっている所。grass 草叢
くさり【鎖】金属製の輪をつないでひものようにしたもの。chain 鎖
くさる【腐る】❶腐敗する。❷ぼろぼろになる。❸意欲を失う。❹堕落する。❺…やがる。▽いばり―。①②④rot ▼―っても鯛(たい) よいものはどんなになっても値打ちがある。 腐る
くされえん【腐れ縁】離れようとしても離れられない関係。悪縁。 腐れ縁
くさわけ【草分け】ある事を初めて行い、基礎をつくった人。pioneer 草分け

くし〔串〕常7 くし ❶つらぬく。❷さし通すための棒。▽―刺し。 串・串
筆順 丶 冖 口 口 吕 吕 串
くし〔櫛〕人19 シツ・くし ❶くし。❷髪をとかす。▽―風沐雨(しっぷうもくう)。 櫛・櫛
筆順 木 木 朩 朩 朩 櫛 櫛 櫛
くし【串】食べ物をさし通す細い棒。 串
くし【駆使】自在に使いこなすこと。 駆使
くし【櫛】髪をとかしたり、髪飾りにする用具。▼―の歯を挽(ひ)く 物事が次々と続いてたえまのないようす。 櫛
くじ【籤】偶然にまかせて吉凶・勝敗・当落などを決めるもの。lot 籤
くじく【挫く】❶ねんざする。❷勢いを抑える。▽出鼻を―。①sprain 挫く
くしくも【奇しくも】ふしぎにも。▽―めぐりあった二人。注×きしくも。 奇しくも
くしけずる【梳る】くしで髪をとかす。けずる。すく。comb 梳る
くじびき【籤引き】くじを引くこと。lottery, drawing lots 籤引
ぐしゃ【愚者】おろかな人。 愚者
くじゃく【孔雀】大形の鳥の一。羽が美しい。peacock 孔雀
くしゃみ【嚔】鼻の粘膜が刺激されて起こる反射運動。くさめ。sneeze 嚔
くしゅう【句集】俳句を集めた本。 句集

くじゅう【苦汁】にがい汁。▼―を嘗(な)める 苦しい経験をする。 苦汁
くじゅう【苦渋】苦しみ悩むこと。▽―に満ちた顔。 苦渋
くじょ【駆除】害を与えるものを取り除くこと。extermination 駆除
くしょう【苦笑】にがわらい。 苦笑
くじょう【苦情】不平・不満の気持ち。類クレーム。complaint 苦情
ぐしょう【具象】形を備えたもの。類具体。対抽象。concreteness 具象
くじら【鯨】❶海にすむ哺乳(ほにゅう)動物の一。❷「鯨尺」の略。①whale 鯨
くじらじゃく【鯨尺】布をはかるのに使うものさし。一尺は曲尺(かねじゃく)の一尺二寸五分(約三七・九センチ)。 鯨尺
くじらまく【鯨幕】白と黒の葬儀用の幕。 鯨幕
くじる【抉る】えぐる。えぐって物を取り出す。gouge out 抉る
くしろ〔釧〕人11 セン・くしろ 古代の腕輪。くしろ。 釧・釧
筆順 ノ 𠆢 亼 伞 余 金 釧 釧
くしん【苦心】あれこれと苦労して考えること。pains 苦心
ぐしん【具申】上役に、意見・事情などをくわしく述べること。 具申
くず〔屑〕人10 セツ・くず 切れはし。不用のもの。▽紙―。星―。 屑・屑
筆順 尸 尸 尸 屄 屄 屑 屑 屑

くず【屑】❶不用になったもの。❷残りかす。❸役に立たないもの。①waste　屑

くず【葛】山に生えるつる性の草。秋の七草の一。　葛

ぐず【愚図】はきはきしないこと・人。dawdler　愚図

くずおれる【頽れる】気力が抜けて、くずれるように倒れる。　頽れる

くすぐる【擽る】❶くすぐったくさせる。❷人の心を軽く刺激する。①tickle ②titillate　擽る

くずこ【葛粉】くずの根からとったでんぷん質の粉。　葛粉

くずしじ【崩し字】くずして書いた字。　崩し字

くずす【崩す】❶くだいてこわす。▽山を—。❷乱す。▽列を—。❸お金を細かくする。❹文字を行書・草書で書く。①tear down　崩す

くすだま【薬玉】造花などで作った玉の飾り。祝い事や、魔よけに使う。　薬玉

くすのき〔楠〕人13 ナン・くすのき 樹木の、くすのき。　楠・楠

筆順 木 杧 杵 枘 楠 楠 楠 楠

くすのき〔樟〕人15 ショウ・くすのき 樹木の、くすのき。▽—脳(しょうのう)。　樟・樟

筆順 木 杧 栌 梓 樟 樟 樟 樟

くすのき【楠】〈樟〉常緑高木の一。材は器具用に用いる。樟脳(しょうのう)の原料や camphor tree　楠

くすぶる【燻る】❶よく燃えないでけむる。❷問題が解決せず、あとに残る。▽不満が—。❸家にとじこもる。また、境遇が向上しない。▽支局で—。①②smolder　燻る

くすむ さえない色になる。じみになる。dull

くずゆ【葛湯】くず粉・砂糖を熱湯でねったもの。　葛湯

くすり【薬】❶病気や傷を治すために飲んだり、塗ったりするもの。❷ある目的用の化学的物質。❸ためになるもの。▽失敗が—になる。①medicine, drug ▼—九層倍(くそうばい) 暴利を得ること。　薬

くすりゆび【薬指】中指と小指の間の指。　薬指

ぐする【具する】❶そなわる。そなえる。❷つれそう。つれて行く。▽供を—して行く。　具する

ぐずる【愚図る】幼児などがぐずぐず言う。grumble　愚図る

くずれる【崩れる】❶くだけこわれる。❷乱れる。❸お金が細かくなる。❹天気が悪くなる。①fall down　崩れる

くせ【癖】❶その人独得の習慣やしぐさ。❷曲がったりして、元にもどらない形。①habit　癖

ぐせい【愚生】自分の謙譲語。　愚生

くせつ【苦節】苦しみに負けないで信念を守りとおすこと。▽—十年。　苦節

くぜつ【口説】❶言葉。❷言い争い。　口説

くせもの【曲者】❶油断ができないこと・人。▽なかなかの—。❷あやしい人。①cunning person　曲者

くせん【苦戦】くるしい、不利な戦い。類苦闘。tough game　苦戦

くそ【糞】❶〈屎〉大便。❷かす。▽鼻—。❸ののしるとき、自分を励ますときに言う語。❹ののしる気持ちを表す語。▽下手—。❺「極端」の意。▽—まじめ。❻強調する語。①shit　糞

ぐそく【具足】❶十分にそなわっていること。▽円満—。❷甲冑(かっちゅう)。❸調度。　具足

ぐそく【愚息】自分の息子の謙譲語。類豚児(とんじ)。　愚息

くだ【管】中空の細長いつつ。pipe ▼—を巻く 酔ってくどくど言う。　管

ぐたい【具体】形・姿をそなえていること。類具象。対抽象。　具体

ぐたいてき【具体的】形がはっきりわかるようす。practical　具体的

くだく【砕く】❶こわして小さくする。❷わかりやすくする。❸苦心し努力する。▽心を—。①smash　砕く

くださる【下さる】❶「あたえる」「くれる」の尊敬語。❷…してくれる。　下さる

くだしぐすり【下し薬】下剤。　下し薬

くだす【下す】❶〈降す〉地位をさげる。❷あたえる。▽手を—。❸言いわたす。❹実際に行う。❺下痢(げり)をする。　下す

くだす【降す】〈下す〉戦って負かす。　降す

くたびれもうけ【草臥れ儲け】疲れただけで、何の得にもならないこと。　草臥儲

くたびれる【草臥れる】❶疲れる。❷長く使って、みすぼらしくなる。①get tired　草臥れ

くだもの【果物】 食用になる草木の実。水菓子。fruit 果物

くだらない【下らない】 大したことのない。つまらない。▽―冗談。 下

くだり【件】 文章中の一部分。▽最後の―。passage 件

くだる【下る】 ❶下へさがる。❷言いわたされる。❸時が移る。❹地方へ行く。❺下痢(げり)をする。①descend 下る

くだる【降る】 〈下る〉降参する。負ける。▽敵の軍門に―。surrender 降る

くだんの【件の】 いつもの。例の。▽よって―如(ごと)し。 件の

くち【口】 ❶飲食・発声する器官。❷味覚。❸食事する人数。❹言うこと。ことば。❺呼び出し。誘い。❻出し入れする所。❼始まり。▽宵の―。❽種類。▽別―。❾ものを口に入れる回数を数える語。❿一定の金額を一単位として表す語。①mouth ▼―が腐(くさ)っても 絶対に言わないという決意の強さの形容。口が裂けても。▼―が減らない 口が達者である。▼―に上る 噂(うわさ)になる。▼―に糊(のり)する 貧しくてやっと生活する。▼―は災(わざわ)いの門(かど) うっかり話したことが、災いの原因になるということ。▼―も八丁手も八丁 話すこともすることも達者だ。口八丁手八丁。▼―を極(きわ)めて ことばのありったけをつくして。 口

ぐち【愚痴】 言ってもしかたないことを言って嘆くこと。complaint 愚痴

くちあけ【口開け】 物事の最初。口切り。類皮切り。 口開け

くちうら【口裏】 相手の真意や事情がわかる話ぶり。 口裏

くちうるさい【口煩い】 わずかなことにも小言を言うようす。口やかましい。nagging 口煩い

くちおしい【口惜しい】 くやしい。regretful 口惜

くちおも【口重】 軽々しくものを言わないこと・性格。対口軽。 口重

くちかず【口数】 ❶ことば数。❷人数。 口数

くちがね【口金】 入れ物の口につける金具。clasp 口金

くちがる【口軽】 軽々しくしゃべること・性格。対口重(くちおも)。 口軽

くちき【朽ち木】 かれてくさった木。 朽ち木

くちきき【口利き】 交渉や相談事をうまくまとめること・人。類口添え。recommendation 口利き

くちきり【口切り】 口開け。 口切り

ちく【駆逐】 追い払うこと。▽―艦。注駆×遂。expulsion 駆逐

くちぐせ【口癖】 ❶くり返して言うことば。決まり文句。❷言い回しの特徴。 口癖

くちぐるま【口車】 人をだます言い方。 口車

くちごたえ【口答え】 目上の人に言い返すこと・ことば。back talk 口答え

くちコミ【口コミ】 口伝えによる情報の伝達。 口コミ

くちごもる【口籠もる】 ❶口の中でもぐもぐ言う。❷(言いにくくて)はっきり言わない。①mumble 口籠る

くちさがない【口さがない】 言うようすが無遠慮でつつしみがない。 口

くちじゃみせん【口三味線】 ❶口で三味線の音をまねること。❷口先で相手をだますこと。口車。 三味線

くちじょうず【口上手】 言い方のうまいこと・人。対口下手。 口上手

くちずさむ【口遊む】 詩・歌などを小声でうたう。croon 口遊む

くちぞえ【口添え】 わきから言葉をそえて助けること。recommendation 口添え

くちだし【口出し】 横あいから割りこんで言うこと。類差し出口。 口出し

くちづたえ【口伝え】 ❶直接、語り伝えること。くちづて。❷口頭で教え伝えること。 口伝え

くちどめ【口止め】 他人に話すことを禁じること。口封じ。▽―料。 口止め

くちなおし【口直し】 口の中に残る味を消すために、別のものを飲食すること。 口直し

くちなし【山梔子】 〈梔子〉常緑低木の一。夏、白くて香りの強い花が咲く。gardenia 山梔子

くちのは【口の端】 ことばのはし。話題。▼―に上る 噂(うわさ)される。 口の端

くちばし【嘴】 鳥の口。bill, beak ▼―が黄色い 年が若く、未熟だ。▼―を容(い)れる 横から口を出す。 嘴

くちばしる【口走る】 ❶余計なことをうっかり言う。❷無意識に言う。▽あらぬことを―。 口走る

くちはばったい【口幅ったい】 えらそうなことを言い生意気だ。　口幅

くちび【口火】 ❶点火・破裂させるのに使う火。❷物事の起こるきっかけ。▽—を切る。①pilot burner　口火

くちひげ【口髭】 鼻の下のひげ。mustache　口髭

くちびる【唇】 lip 口の上下をかこむ部分。　唇

くちぶり【口振り】 話し方のようす。ことばつき。　口振り

くちべた【口下手】 話が下手なこと・人。対口上手。　口下手

くちべに【口紅】 lipstick くちびるにぬる化粧品。　口紅

くちもと【口元】 〈口許〉口のあたり。　口元

くちやかましい【口喧しい】 うるさくこごとや文句を言うようす。口うるさい。nagging　口喧

くちやくそく【口約束】 口先だけの約束。口約。verbal prom-ise　口約束

くちゅう【苦衷】 苦しい心のうち。▽相手の—を察する。　苦衷

くちゅう【駆虫】 寄生虫や害虫を駆除すること。▽—剤。　駆虫

くちょう【口調】 ことばの調子。tone　口調

ぐちょく【愚直】 ばか正直。simple honesty　愚直

くちよごし【口汚し】 客にすすめる料理の謙譲語。　口汚し

くちる【朽ちる】 ❶くさってくずれる。▽—ちかけた橋。❷評判などがすたれる。▽名声が—。①rot　朽ちる

ぐちる【愚痴る】 ぐちを言う。gripe　愚痴る

ぐちん【具陳】 くわしくのべること。類詳述。　具陳

くつ〔屈〕 常 8 クツ ❶まがる。かがむ。▽—伸。❷まげてしたがう。▽—服。❸つよい。▽—強。　屈・屈

筆順 ㇕ コ 尸 𡰯 屈 屈 屈

くつ〔掘〕 常11 クツ・ほる 穴をほる。ほって取り出す。▽—削。発—。　掘・掘

筆順 扌 扌 扌 扩 护 掘 掘

くつ〔窟〕 常13 クツ いわや。ほらあな。▽洞—(どうくつ)。巣—(そうくつ)。　窟・窟

筆順 宀 穴 空 穵 穸 窋 窟

くつ【靴】 〈沓〉足を入れる履き物。shoes ▼—を隔(へだ)てて痒(かゆ)きを掻(か)く 隔靴掻痒(かっかそうよう)。　靴

くつう【苦痛】 苦しみや痛み。pain　苦痛

くつがえす【覆す】 ❶ひっくり返す。❷打ち倒す。❸根本から変える。▽定説を—。①upset ③overturn　覆す

くっきょう【究竟】 ❶つまるところ。結局。畢竟(ひっきょう)。❷つごうのよいこと。▽—な隠れ家。　究竟

くっきょう【屈強】 力が強くたくましいこと。類強健。robustness　屈強

くっきょく【屈曲】 折れ曲がること。　屈曲

クッキング【cooking】 料理(法)。

くっさく【掘削】 土砂・岩石を掘り、けずること。excavation　掘削

くっし【屈指】 指で数えられるほど少なく、すぐれていること。▽日本—の貿易港。類指折り。　屈指

くつじゅう【屈従】 おそれて心ならずも従うこと。類屈服。submission　屈従

くつじょく【屈辱】 服従させられて受ける恥。類恥辱。humiliation　屈辱

くっしん【屈伸】 かがんだり、のびたりすること。▽—運動。　屈伸

グッズ【goods】 商品。品物。▽防災—。

くっする【屈する】 ❶かがむ。❷くじける。▽失敗にも—しない。❸負けて従う。屈す。③yield　屈する

くっせつ【屈折】 ❶折れ曲がること。❷光や音波が、ある物質から他の物質にはいるときに、進む方向をかえること。①curve ②refraction　屈折

くったく【屈託】 気にかけてくよくよすること。▽—のない性格。worry　屈託

グッドラック【good luck】 ごきげんよう。

くつぬぎ【沓脱ぎ】 玄関・縁側にある、履き物をぬぐ所・置き石。　沓脱ぎ

くっぷく【屈服】 〈屈伏〉負けて従うこと。類屈従。submission　屈服

くつろぐ【寛ぐ】 心も体もゆったりと楽にする。relax　寛ぐ

くつわ〔轡〕 22 ヒ・くつわ 馬の口につける馬具。　轡・轡

くつわ【轡】 馬の口にかませ、手綱をつける金具。▼—を並べる ❶馬首を並べる。❷そろって同じことをする。　轡

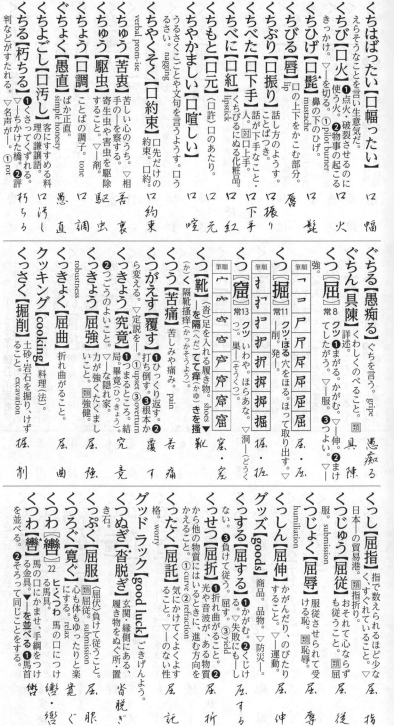

くつわむし【轡虫】 昆虫の一。秋の夜、「ガチャガチャ」と鳴く。　轡虫

ぐてい【愚弟】 自分の弟の謙譲語。　愚弟

くてん【句点】 文の終わりにつける記号「。」。まる。　句点

くでん【口伝】 奥義などを口で教え伝えること・書物。oral instruction　口伝

くど【竈】 ❶かまどの煙出し口。❷かまど。へっつい。　竈

くどい【諄い】 ❶しつこい。❷色・味が濃厚だ。　諄い

くとう【苦闘】 苦しい戦い。類苦戦。struggle　苦闘

くどう【駆動】 エンジンの動力を車に伝えて動かすこと。▽四輪—。　駆動

ぐどう【求道】 真理をきわめようとして努力すること。ascetic exercises　求道

くとうてん【句読点】 句点と読点。「。」「、」。　句読点

くどく【口説く】 自分の思いどおりにしようとして、いろいろと言う。▽女性を—。persuade　口説く

くどく【功徳】 ❶世の中や人のためになるよい行い。▽—を施す。❷神仏のご利益(りやく)。　功徳

くどくど【諄諄】 同じことをしつこく言うようす。　諄諄

ぐどん【愚鈍】 頭がにぶいこと。類愚昧(ぐまい)。stupidity　愚鈍

くなん【苦難】 苦しみや難儀。▽—に耐える。hardship　苦難

くに【国】 ❶国家。国土。❷故郷。出身地。❸地域。地方。❹昔の行政区画の一つ。①country ▼**—破れて山河あり** 国は戦乱によって滅びても、自然はもとのままである。　国

くにくのさく【苦肉の策】 考えたすえの苦しまぎれの策。last resort　苦肉

くにざかい【国境】 国と国との境。　国境

くにもと【国元】 ❶大名などの領地。国表(くにおもて)。❷故郷。　国元

くぬぎ【櫟】 落葉高木の一。実はどんぐり。材は薪炭用。　櫟

くのう【苦悩】 苦しみ悩むこと。また、苦しみ。悩み。agony　苦悩

くはい【苦杯】(苦盃)苦い汁を入れたさかずき。▼**—を嘗(な)める** つらい経験をする。　苦杯

くばる【配る】 ❶わり当ててわたす。配分する。❷注意をいきわたらせる。▽心を—。❸適当な所におく。①distribute　配る

ぐはん【虞犯】 将来、罪を犯すおそれがあること。▽—少年。　虞犯

くひ【句碑】 俳句を彫りつけた石碑。　句碑

くび【首】 ❶(頸)動物の、頭と胴とをつなぐ部分。❷首の形をしたもの。❸首から上の部分。頭。❹免職。解雇。①neck ▼**—が回らない** 借金が多くてやりくりがつかない。▼**—を傾(かし)げる** 疑問に思う。▼**—を挿(す)げ替(か)える** ある役職の人を入れかえる。▼**—を長くする** 今か今かと待ちわびる。▼**—を捻(ひね)る** 考え込む。疑問に思う。　首

ぐび【具備】 十分にそなわっていること。▽条件を—する。類具有。　具備

くびかせ【首枷】 ❶罪人の首にかける刑具。❷自由を奪うもの。　首枷

くびき【軛】 ❶牛・馬の首にかける車の横木。❷自由を束縛するもの。▽子は三界(さんがい)の—。　軛

くびじっけん【首実検】 ❶昔、敵の首を、本物かどうか確かめたこと。❷顔を見て本人かどうか確かめること。注首実×験。　首実検

ぐびじんそう【虞美人草】 ひなげし。　虞美人

くびす【踵】 ⇩きびす。　踵

くびったけ【首っ丈】 相手を好きになって、夢中になること。▽彼女に—だ。　首っ丈

くびっぴき【首っ引き】 いつもあるものを参照して行うこと。▽辞書と—で訳す。　首っ引

くびる【縊る】 首をしめて殺す。　縊る

くびれる【括れる】 両はしがふくれて、中ほどがくくられたように細くなる。▽腰が—。　括れる

くふう【工夫】 よい方法を考えること。また、その方法。idea　工夫

ぐふう【颶風】 ❶強風。❷熱帯地方に発生する暴風雨。②hurricane　颶風

くぶくりん【九分九厘】 ほぼまちがいなく。類十中八九。ten to one　九分

くぶん【区分】 区分けをすること。また、分けた一つ一つ。division　区分

くべつ【区別】 性質や種類などによる違い。また、その違いによって分けること。類類別。distinction　区別

くべる 火の中に入れる。

くぼ【窪】 人14 ワ・くぼむ まん中がひくい所。くぼみ。▽—地(くぼち)。

筆順 … 窪

くぼう【公方】 ❶朝廷。❷おおやけ。❸幕府・将軍。

くぼち【窪地】 くぼんでいる土地。凹地(くぼち)。hollow

くぼむ【窪む】 へこむ。凹(くぼ)む。sink

くま【熊】 常14 くま 動物の、くま。▽—掌(ゆうしょう)。—手。

筆順 … 熊

くま【隈】 ❶奥まった所。すみ。❷目の周りにできる黒ずみ。❸隈取り。①corner

くま【熊】 大形の哺乳(ほにゅう)動物の一。大形で深山にすむ。bear

ぐまい【愚昧】 おろかで道理に暗いこと。類愚鈍。

くまで【熊手】 ❶落ち葉などをかき集める道具。❷酉(とり)の市で売る縁起物。

くまどり【隈取り】 ❶日本画で、色の濃淡をつけること。❷歌舞伎で、役者が顔をいろどること・模様。

くまなく【隈無く】 ❶すみずみまで。❷はっきりと。①everywhere

隈取り❷

くまのい【熊の胆】 くまの胆(たん)のう。漢方で、胃の薬。非常に苦い。熊胆(ゆうたん)。

くみ【組】 ❶いっしょに事を行う人の集まり。❷学級。❸暴力団。①group ②class

くみ【組み】 ❶組むこと。❷そろい。対(つい)。❸そろいになったものを数える語。②set

ぐみ【胡頽子】 (茱萸)低木の一。赤く熟した実は食べられる。

くみあい【組合】 ❶共通の利害・目的をもつ人々の組織。❷「労働組合」の略。①②union

くみあわせ【組み合わせ】 ❶いくつかのものを合わせて一組みにすること・もの。❷競技などで、対戦相手をとり合わせること。また、そのとり合わせ。①combina-tion

くみうち【組み討ち】 格闘。grapple

くみかわす【酌み交わす】 互いに杯をやりとりして、酒を飲む。drink together

くみきょく【組曲】 小曲を組み合わせた多楽章の器楽曲。suite

くみしやすい【与し易い】 相手として恐れるに足りない。相手として扱いやすい。

くみする【与する】 味方になる。加担する。▽敵に—。

くみたて【組み立て】 ❶組み立てること。❷構成。組織。仕組み。①assembling

くみひも【組み紐】 糸を組み合わせたひも。

くむ【汲】 人7 キュウ・くむ ❶水をくむ。❷余裕がない。▽—汲。

筆順 … 汲

くむ【汲む】 ❶入れ物に水などをすくい取る。❷酒・茶などを器につぐ。❸推し量る。▽事情を—。②pour

くむ【酌む】 酒をついで飲む。

くむ【組む】 ❶からみ合わせる。❷集めて作る。組み立てる。❸仲間になる。❹取り組む。②assemble ③join

くめ【粂】 9 くめ 地名・人名の「くめ」に用いる。

くめん【工面】 ❶やりくりして金品を調達すること。❷金まわり。類❶算段。

くも【雲】 大気中の水滴が集まり空に浮かんでいるもの。cloud ▼—を霞(かすみ)と 一目散に逃げて姿をくらますようす。▼—を摑(つか)む とらえどころのないたとえ。▼—を衝(つ)く 非常に高いようす。

くも【蜘蛛】 昆虫に似た腹から糸を出す動物。spi-der ▼—の子を散らすよう 大ぜいの人が一斉に四方八方へ散らばるようす。

くもあし【雲脚】 雲の流れ動くようす。類雲行き。

くもがくれ【雲隠れ】 ❶逃げて姿をくらますこと。❷月が雲に隠れること。▽容疑者が—する。

くもつ【供物】 神仏への供え物。おそなえ。offering

くものうえ【雲の上】 ❶非常にかけ離れた所。❷宮中。▼—の人 非常に高い身分の人。

くもま【雲間】 ❶雲の切れめ。❷晴れ間。

くもゆき【雲行き】 ❶雲の流れぐあい。❷物事のなりゆき。

くもり【曇り】 ❶空一面に雲がおおっている状態。曇天。❷ぼやけていること。対❶晴れ。①cloudy

くもる【曇る】❶雲でおおわれる。❷ぼんやりする。①become cloudy

くもん【苦悶】苦しみもだえること。agony

ぐもん【愚問】おろかな質問。対愚答。

くやしい【悔しい】〈口惜しい〉❶腹立たしくなる。残念に思う。❷しゃくにさわる。①regrettable

くやしなみだ【悔し涙】くやしくて流す涙。▽―にかきくれる。

くやむ【悔やむ】❶後悔する。❷人の死をいたむ。▽失敗を―。▽友の死を―。①regret ②mourn

ぐゆう【具有】そなえ持つこと。▽天賦の才を―する。

くゆらす【燻らす】煙をゆるやかに立てる。▽葉巻を―。

くよう【供養】めいふくを祈ること。類回向(えこう)。

くら〔鞍〕15 アン・くら 馬具のくら。▽―馬(あんば)。人―部(あんぶ)。

筆順 艹 艹 苎 革 靬 靬 鞍 鞍

くら【倉・蔵・庫】品物を安全にしまっておくための建物。storehouse

使い分け「くら」

倉…穀物を納めるくら。のち、広く、倉庫の意。▽穀物―。―荷。―敷料。―渡し。

蔵…貴重なものを隠しておく建物。土蔵。▽―屋敷。―出し。酒―。米―。お―入り。

庫…兵器・財宝などを納めるくら。▽武器―。宝物―。

くら【鞍】人や荷物を乗せるために馬などの背に置くもの。saddle

くらい【位】❶地位。❷等級。❸品位・品格。▽人物の―が違う。❹数の、けた。①rank ④digit ▼―人臣を極(きわ)める 臣下として最高の官位につく。

くらい【暗い】❶光が当たらず、よく見えない。❷陰気だ。❸くすんだ色だ。❹よく知らない。▽音楽に―。類❹疎(うと)い。①③dark ②gloomy

クライアント【client】❶広告主。❷顧客。❸コンピュータで、データなどを提供するサーバー(＝親機)に接続される子機のパソコン。対❸サーバー。

クライシス【crisis】難局。危機。

くらいまけ【位負け】❶実力がその地位に伴わないこと。❷相手の地位や実力に圧倒されること。

クライマックス【climax】最高潮。

クライミング【climbing】岩壁などをよじ登ること。ロッククライミング。

くらう【食らう】〈喰らう〉❶食べる。飲む。❷受ける。▽パンチを―。

グラウンド【ground】運動場。競技場。グランド。類フィールド。

くらがえ【鞍替え】商売や勤めなどをかえること。▽給料のよい会社に―する。switch

くらがり【暗がり】❶暗いこと・所。❷人目につかない所。①darkness

くらく【苦楽】苦しみと楽しみ。甘苦。甘酸。▽―を共にする。

くらげ【水母】〈海月〉海中に浮遊する動物。傘の形をしている。jellyfish

くらざらえ【蔵浚え】蔵に残っている商品を安い値段で処分すること。蔵払い。

くらし【暮らし】日常の生活。living

くらしきりょう【倉敷料】貨物や商品を倉庫に保管する料金。storage

くらしむき【暮らし向き】経済的な生活状態。

くらす【暮らす】❶生活する。生計を立てる。❷時間を過ごす。❸…し続ける。▽遊び―。①live

グラス【glass】洋酒用の、ガラス製のさかずき。▽―を傾ける。

グラスファイバー【glass fiber】ガラス繊維。ファイバーグラス。

くらだし【蔵出し】しまっておいた品物を蔵から出すこと。また、その品物。対蔵入れ。

クラッシュ【crash】激突。墜落(ついらく)。

グラデーション【gradation】❶テレビ画面などの明暗・色調の度合い。❷絵画・写真で、色彩・色調を濃淡でぼかすこと。

くらばらい【蔵払い】蔵浚(ざら)え。

グラビア【gravure フランス】❶凹版(おうはん)印刷の一つ。写真や絵画などに適する。❷グラビア❶によって印刷したページ。

クラブ【club】❶〈倶楽部〉同じ目的をもつ人々でつくった団体。また、その集会所。❷会員制のバー。❸ゴルフで、ボールを打つ棒。❹トランプで、三つ葉の模様(の札)。

グラフィック【graphic】❶写真が主体の雑誌。❷写真などによる視覚的要素を強調しようとするようす。

クラフト【craft】手工芸品。

くらぶべくもない【比ぶべくもない】比較するに値しない。 比ぶべく

くらべる【比べる】❶比較する。較べる。❷競争する。①compare 比べる

くらます【晦ます】❶姿をかくす。▽行方(ゆくえ)を—。❷ごまかす。▽真相を—。①disappear 晦ます

くらむ【眩む】❶見えにくくなる。❷迷って理性を失う。①be dazzled 眩む

グラム【gramme フランス】〈瓦〉メートル法の重さの単位。記号g

くらもと【蔵元】酒・しょうゆなどの醸造元。 蔵元

くらやみ【暗闇】暗いこと・所。人目につかないこと・所。類暗がり。darkness 暗闇

くらわす【食らわす】〈喰らわす〉❶食わせる。❷受けさせる。▽パンチを—。 食らわす

グランド【grand】大きな。りっぱな。

グランド【ground】⇩グラウンド。

くり【庫裏】〈庫裡〉❶寺の台所。❷住職やその家族の住居。 庫裏

くり〖栗〗人10 リツ・くり 樹木の、くり。▽甘—。

筆順	一	丅	亓	襾	西	覀	覀	栗

栗・栗

くり【栗】ブナ科の落葉高木。また、その実。chest-nut 栗

クリア【clear】❶くもりのないようす。❷バーやハードルをとび越えること。❸サッカーなどで、攻撃側のボールを大きくけり返すなどして危機を脱すること。❹かたづけること。❺目標を達成すること。

くりあげる【繰り上げる】❶きまった順番を順々に前にする。▽次点の人を—。❷予定より早める。▽出発の日を—。①②move up 繰上

クリアランス セール【clearance sale】在庫品を一掃するための売り出し。

くりあわせる【繰り合わせる】都合をつける。▽万障—せてご出席ください。 繰合

くりいれる【繰り入れる】❶順々に入れていく。❷組み入れる。②put in 繰入

クリーン【clean】❶清潔な。きれいな。❷見事な。

クリエーター【creater】創造的な仕事に携わる人。

くりかえす【繰り返す】同じことを何度もする。repeat 繰返

くりげ【栗毛】くり色の毛(の馬)。chestnut 栗毛

くりこしきん【繰越金】決算の結果、次期に繰り越す金銭。 繰越金

くりこす【繰り越す】次へ繰り入れる。carry forward 繰越

くりごと【繰り言】繰り返して言うことば。ぐち。▽老いの—。grumble 繰り言

くりさげる【繰り下げる】❶後へ順に送る。❷予定より遅らせる。延期する。①move down 繰下

くりだす【繰り出す】❶順にひっぱり出す。❷次々に送り出す。❸大ぜいでどっと出かける。 繰出す

クリック【click】❶かちっと音をさせること。❷パソコンで、マウスのボタンをおすこと。▽ダブル—。

クリニック【clinic】診療所。

くりのべる【繰り延べる】予定を延期する。postpone 繰延

くりひろげる【繰り広げる】❶順に広げる。❷展開する。▽熱戦を—。 繰広

くりや【厨】台所。kitchen 厨

くりょ【苦慮】苦心して考えること。▽対策に—する。 苦慮

グリル【grill】❶軽食堂。洋風一品料理店。❷肉・魚などの網焼き。

くる〖繰〗常19 くる ❶たぐる。▽糸—り。❷順に送る。▽雨戸を—る。

筆順	幺	幺	糸	紀	絽	繰	繰	繰

繰・繰

くる【来る】❶こちらへ近づく。こちらへ届く。❷その時になる。▽春が—。❸そういう状態になる。生じる。❹現れ出る。❺〈「…てくる」の形で〉…して戻る。ずっと…である。だんだん…のようになる。▽飽きて—。①come 来る

くる【刳る】えぐって穴をあける。 刳る

くる【繰る】❶巻き取る。❷順に数える。❸順にめくる。①reel 繰る

くるいざき【狂い咲き】季節外れに花が咲くこと。 狂い咲き

クルー【crew】船・飛行機の乗組員。

くるう【狂う】❶常軌を逸する。❷夢中になる。❸正常でなくなる。▽時計が―。❹見込みが外れる。①go mad ②be crazy 狂う

クルージング【cruising】ヨットや客船での航海。クルーズ。

クルーズ【cruise】遊覧航海。

グループ【group】人や物の集まり。仲間。類班。

くるおしい【狂おしい】気がおかしくなってしまいそうな気持ちである。くるわしい。 狂おしい

くるしい【苦しい】❶つらい。切ない。❷むりがある。▽―言い訳。❸むずかしい。❹さしつかえがある。❺〈「…ぐるしい」の形で〉…するのがいやだ。…しにくい。▽聞き―。①painful ③hard ▼―時の神頼（かみだの）み 困ったときだけ神仏の助けを願うこと。 苦しい

くるしまぎれ【苦し紛れ】くるしさのあまりにすること。 苦紛

くるしむ【苦しむ】❶苦しいと思う。❷思い悩む。❸困る。①suffer 苦しむ

くるぶし【踝】足首の突起。ankle 踝

くるま【車】❶車輪。❷自動車・荷車など。▽―で行く。①wheel ②car ▼―の両輪 両者の関係が深いことや、二つの重要なもののたとえ。 車

くるまいど【車井戸】滑車につるしたつるべをあげさげして、水をくむ井戸。 車井戸

くるまざ【車座】輪になってすわること。 車座

くるまだい【車代】❶乗り物の料金。❷❶の名目で渡す謝礼金。 車代

くるまよせ【車寄せ】自動車を玄関に横付けできるようにつくった張り出し。 車寄せ

くるみ【胡桃】山地に自生する木の一。種子は食用とし、油をとる。walnut 胡桃

くるむ【包む】巻くようにしてつつむ。wrap 包む

グルメ【gourmet フランス】美食家。食通。

くるめく【眩く】目が回る。feel dizzy 眩く

くるる【枢】開き戸の回転軸（じく）をはめこむ部分。 枢

くるわ【廓】〈曲輪〉❶遊郭。❷城郭。 廓

くれ【暮れ】❶夕方。❷季節の末。❸年末。①evening ③yearend 暮れ

クレージー【crazy】正常でないようす。ばかげているようす。

グレーゾーン【gray zone】あいまいな領域。

クレーター【crater】噴火口。特に、月や火星の噴火口状の地形。

クレーム【claim】❶損害賠償の請求をすること。❷苦情。②complaint

くれがた【暮れ方】太陽のしずむころ。夕方。対明け方。 暮れ方

くれぐれも【呉呉も】念を入れて。なにとぞ。▽―よろしく。 呉呉も

クレジット【credit】❶信用。❷信用販売。❸新聞・雑誌・映画などに明示する著作権者名。

クレジットカード【credit card】信用販売をしてもらえる資格を示す個人カード。

ぐれつ【愚劣】ばかばかしく、くだらないようす。stupid 愚劣

くれない【紅】あざやかな赤。べに。 紅

くれなずむ【暮れ泥む】日が暮れそうでなかなか暮れない。 暮泥

くれのこる【暮れ残る】日が暮れた後も明るさが残る。 暮残

くれる【呉れる】❶与える。やる。❷〈「…てくれる」の形で〉相手が自分のために…する。▽教えて―。①give 呉れる

くれる【暮れる】❶日が沈む。❷年末になる。❸どうしたらよいかわからなくなる。▽思案に―。①get dark 暮れる

ぐれる 生活態度がくずれる。

ぐれん【紅蓮】真っ赤な色。▽―の炎。 紅蓮

クレンジング【cleansing】汚れ落とし。洗浄。

ぐれんたい【愚連隊】盛り場などをうろつく、不良の集団。street gang 愚連隊

くろ【畔】田や畑のあぜ。 畔

くろ【黒】❶墨のような色。❷黒色の碁石。❸犯罪の容疑が濃いこと。❹黒字。㊊❶～❸白。①black 黒

グロ ⇩グロテスク。

くろい【黒い】❶墨のような色だ。❷日に焼けている。❸よごれている。❹不正・邪悪な感じがする。▽腹が—。㊊❶白い。①black ③dirty 黒い

くろう【苦労】骨折り。難儀。類辛苦。hardship 苦労

ぐろう【愚弄】ばかにしてからかうこと。ridicule 愚弄

くろうしょう【苦労性】ささいなことまで気にかけて、苦労する性質。 苦労性

くろうと【玄人】❶専門家。▽—はだし。❷水商売の女性。㊊❶素人（しろうと）。①professional 玄人

くろうにん【苦労人】いろいろの苦労をしてきて、よく世事・人情に通じた人。 苦労人

グローバリゼーション【globalization】グローバル化。全世界化。特に、世界経済の一体化をはかること。

グローバル【global】全地球的。世界的。▽—な視野。

クローン【clone】同一の遺伝形質をもつ、複製の動植物。

くろがね【鉄】鉄の異称。iron 鉄

くろこ【黒子】〈黒衣〉歌舞伎などで、役者の後見役。また、その人が着る服。くろご。 黒子

くろじ【黒字】❶黒い字。❷収入が支出よりも多いこと。㊊❷赤字。 黒字

くろしお【黒潮】日本列島の太平洋岸を北に流れる暖流。日本海流。 黒潮

グロス【gross】一二ダース（一四四個）を一として数える単位。

クロスオーバー【crossover】❶交差すること。❷異なった分野のものを混合して新しいものをつくること。

クロスカントリー【cross-country】丘や森林の中を横断して走る競技。cross-country raceから。

クロスプレー【close play】判定のくだしにくい微妙なプレー。

クロスワードパズル【crossword puzzle】縦と横のます目に、ヒントに従って文字を入れて意味のある言葉にしていく遊び。

グロテスク【grotesque フランス】気味が悪いくらい異様なようす。怪奇。

くろぼし【黒星】❶黒い星じるし。❷相撲で、負けを表す黒い丸。❸重大な失敗。▽大臣の—。㊊❷白星。 黒星

くろまく【黒幕】❶舞台で使う黒い幕。❷表面に出ず、陰で人をあやつる人。②wirepuller 黒幕

クロム【chrome】銀白色の金属元素。クローム。元素記号Cr

くろめ【黒目】眼球の、黒い部分。iris 黒目

くろもじ【黒文字】❶落葉低木の一。樹皮に芳香があり、つまようじなどをつくる。❷つまようじ。 黒文字

くろやま【黒山】たくさんの人が、一か所に寄り集まっている状態。▽—の人だかり。 黒山

くろわく【黒枠】死者の通知・広告などの黒いふちどり。 黒枠

クロワッサン【croissant フランス】バターを多く使った三日月形のパン。

ぐろん【愚論】くだらない議論。 愚論

くわ【鍬】人17 シュウ・くわ 土を起こす農具。▽—入れ。 鍬・鍬

筆順 ⺈ 𠆢 金 釒 釒 鉌 鍬

くわ【桑】⇩そう

くわ【鍬】田畑を耕すのに使う農具。 鍬

くわい【慈姑】水田で栽培する草の一。地下茎は食用。arrowhead 慈姑

くわいれ【鍬入れ】土木・建築の工事や植樹などの始めに行う、地固めの儀式。 鍬入れ

くわうるに【加うるに】そのうえ。それだけでなく。あまつさえ。 加うるに

くわえる【加える】❶足す。❷増す。増やす。❸仲間に入れる。❹与える。▽治療を—。①②add 加える

くわえる【銜える】口で軽くかんでおさえる。▽たばこを—。 銜える

くわけ【区分け】区切って分けること。division 区分け

くわしい【詳しい】❶詳細である。▽—説明。❷よく知っている。▽歴史に—。①detailed 詳しい

くわずぎらい【食わず嫌い】❶食べてもみずに、きらうこと・人。❷実情も知らずに、ただきらうこと・人。 食嫌

くわせもの【食わせ物】 見掛けはよさそうだが、中身のよくないもの・人。

くわせる【食わせる】 ❶食べさせる。❷養う。❸あざむく。▽一杯―。

くわだてる【企てる】 ❶計画する。▽悪事を―。❷試みる。▽自殺を―。①plot

くわばら【桑原】 ❶桑畑。❷雷やいやなことをさけるための、まじないのことば。ふつう「桑原桑原」と続けて言う。

くわり【区割り】 区分け。division

くわわる【加わる】 ❶加入する。❷つけ足されて多くなる。❸及ぶ。▽危害が―。①join ②increase

くん〔君〕 常7 クン・きみ ❶天子。諸侯。❷相手を呼ぶ語。▽諸―。

筆順 君

くん〔訓〕 常10 クン ❶おしえる。▽教―。❷漢字のくん。▽音―。

筆順 訓

くん〔勲〕 常15〔勳〕人16 クンてがら。▽―功。―章。元―。

筆順 勲

くん〔薫〕 常16〔薰〕人17 クン・かおる ❶かおる。▽―風。❷香をたきしめる。▽―陶。

筆順 薫

くん【君】 人の名につけて軽い敬意を表す語。▽山田―。

くん【訓】 漢字に日本語の意味をあてはめて読む読み方。対音(おん)。

ぐん〔軍〕 常9 グン ❶兵士の集団。▽―隊。❷いくさ。▽―縮。

筆順 軍

ぐん〔郡〕 常10 グン 地方行政区画の一。▽―下。―部。

筆順 郡

ぐん〔群〕 常13 グン・むれる・むれ・むら ❶むらがる。▽―集。❷むれ。▽―像。

筆順 群

ぐん【軍】 ❶軍隊。❷〈「…軍」の形で〉軍隊。チーム。集まり。▽革命―。巨人―。

ぐん【郡】 都道府県の一区画。

ぐん【群】 ❶多くのものの集まり。むれ。❷…の集まり。…のむれ。▽流氷―。▼―を抜く とびぬけてすぐれている。

ぐんい【軍医】 軍隊内で医療にあたる軍人。military surgeon

くんいく【訓育】 教え育てること。しつけること。discipline

くんいく【薫育】 徳をもって教え育てること。▽生徒を―する。類薫陶(くんとう)。moral training

ぐんえき【軍役】 ❶軍隊に勤務すること。❷戦役。

ぐんか【軍歌】 兵士の士気をさかんにするためにつくられた歌。war song

くんかい【訓戒】 教えさとし、いましめること。admonition

ぐんかく【軍拡】 「軍備拡張」の略。軍備を増やし充実させること。対軍縮。

ぐんかん【軍艦】 戦闘力を備えた艦艇。warship

ぐんき【軍紀】 軍隊の規律・風紀。類軍律。military discipline

ぐんき【軍機】 軍事上の機密。

ぐんきょ【群居】 群れてすむこと。

くんこ【訓詁】 字句の解釈。▽―学。

くんこう【勲功】 国・主君に尽くした手柄。

くんこう【薫香】 ❶よい香り。❷くゆらせて、よい香りをさせる香。薫物(たきもの)。類❶芳香。

ぐんこう【軍功】 戦いでたてた手柄。

ぐんこく【軍国】 軍事を主な政策とする国。

くんし【君子】 徳が高く、品位のある人。▼―は危(あや)うきに近寄らず 君子は思慮深く、むやみに危険をおかさない。▼―は豹変(ひょうへん)す ❶君子は過ちをすぐに改める。❷思想・態度などが急変するたとえ。

くんじ【訓示】 上の人が下の人に教え示すこと。instruction

くんじ【訓辞】 さとし、戒めることば。類教訓。instructive speech

ぐんし【軍師】 ❶昔、指揮官のもとで、作戦を考えた人。❷はかりごとのじょうずな人。②strategist

ぐんじ【軍事】 戦争・軍隊に関する事柄。military affairs

ぐんしきん【軍資金】 ❶軍事に必要な資金。❷事をするのに必要な資金。▽海外旅行の―。②

campaign funds

くんしゅ【君主】 世襲による元首。王。天子。▽―制。―国。monarch 君主

くんしゅ【葷酒】 にら・ねぎなどのくさい野菜と、酒。▼―山門に入(い)るを許さず 葷酒を、清浄であるべき寺院内に持ち込んではいけない。 葷酒

ぐんじゅ【軍需】 軍事上の需要。munitions 軍需

ぐんしゅう【群衆】 群がり集まった人々。crowd 群衆

ぐんしゅう【群集】 一か所にむらがり集まること。また、その集まり。▽―心理。 群集

使い分け「ぐんしゅう」

群衆…一か所に群がっている大勢の人々。「衆」は人々の意。▽―が殺到する。―の一人。

群集…大勢の人々が群がり集まること。集団。「群れ集まる」の意。▽―心理。

ぐんしゅく【軍縮】「軍備縮小」の略。国の軍備を縮小すること。対軍拡。 軍縮

くんしょう【勲章】 国が功績者に授ける記章。order, decoration 勲章

くんじょう【燻蒸】 薬品でいぶし、害虫・病菌を殺すこと。fumigation 燻蒸

ぐんじょういろ【群青色】 鮮やかな青色。ultramarine 群青色

くんしん【君臣】 君主と臣下。▼―水魚 非常に密接であること。 君臣

ぐんしん【軍神】 ❶いくさの神。❷大きな手柄をたてて死んだ軍人の敬称。 軍神

ぐんじん【軍人】 軍籍にある人。対文民。soldier 軍人

くんずる【訓ずる】 漢字を訓で読む。 訓ずる

くんずる【薫ずる】 かおる。かおらせる。be fragrant 薫ずる

くんせい【薫製】〈燻製〉魚・肉の塩漬けをいぶすこと・食品。smoked food 薫製

ぐんせい【軍政】 ❶軍隊の力で行う政治。❷軍事に関する政務。対❶民政。① military government 軍政

ぐんせい【群生】 同種の植物が群がって生えること。grow thickly 群生

ぐんせい【群棲】 同種の動物が一か所に群れで生活すること。類群居。▽タンチョウヅルの―地。 群棲

ぐんぜい【軍勢】 ❶軍の人数。❷軍隊。 軍勢

ぐんぞう【群像】 絵画・彫刻で大勢の人物を描いた作品。また、文学・映画に描かれた大勢の人の姿。group 群像

くんそく【君側】 君主のそば。 君側

ぐんぞく【軍属】 軍人以外で、軍務についている者。 軍属

ぐんたい【軍隊】 一定の秩序で組織・編制された、軍人の集団。forces 軍隊

ぐんて【軍手】「軍用手袋」の略。太い白木綿で編んだ作業用手袋。 軍手

くんてん【訓点】 漢文を訓読するためにつける、返り点・送り仮名・ヲコト点などの総称。 訓点

くんとう【勲等】 勲章の等級。 勲等

くんとう【薫陶】 徳によって人を感化すること。▽師の―を受ける。類薫育。 薫陶

くんどう【訓導】 ❶教え導くこと。❷小学校教師の古い呼び名。moral training 訓導

ぐんとう【群島】 群がっている多くの島々。archipelago 群島

くんどく【訓読】 ❶漢文を日本語で読むこと。❷訓読み。対音読。 訓読

ぐんばい【軍配】 ❶軍を指図すること。❷「軍配団扇(うちわ)」の略。相撲で、行司が使う、うちわの形の道具。▽―を上げる。 軍配

ぐんばつ【軍閥】 軍部を中心として政治的支配力をもつ勢力。 軍閥

ぐんぱつ【群発】 ある時期、くりかえし起こること。▽―地震。 群発

ぐんび【軍備】 国の防衛や戦争を遂行するための備え。armaments 軍備

ぐんぶ【軍部】 陸・海・空軍の総称。軍当局。military authorities 軍部

ぐんぶ【郡部】 ❶郡に属する地域。❷田舎。①② rural districts 郡部

ぐんぶ【群舞】 大ぜいでいっしょに舞うこと・踊り。group dancing 群舞

くんぷう【薫風】 若葉の香りのする、さわやかな初夏の風。balmy breeze 薫風

ぐんぽうかいぎ【軍法会議】 軍人を裁くための特別裁判所。court martial 軍法

くんめい【君命】 主君の命令。 君命

ぐんもん【軍門】 陣営の門。camp gate ▼―に降(くだ)る 降参する。 軍門

ぐんゆうかっきょ【群雄割拠】 多くの英雄が、各地で勢力を張り合って争うこと。 群雄

ぐんようきん【軍用金】 軍資金。 軍用金

ぐんらく【群落】 ❶多くの村落。❷同種の植物がむらがってはえること・場所。植物群落。②colony 群落

ぐんりつ【軍律】 ❶軍隊の法律。❷軍隊の規律。類❷軍紀。 軍律

ぐんりゃく【軍略】 戦略。 軍略

くんりん【君臨】 ❶君主として統治すること。❷強い支配力をもつこと。▽政界に—する。①reign ②dominate 君臨

くんれい【訓令】 ❶訓示して命令すること。❷上級官庁が行政機関に対して発する命令。②official order 訓令

くんれん【訓練】 教えて練習させ、きたえること。類修練。training 訓練

くんわ【訓話】 教えさとすこと・話。 訓話

け ケ

け【卦】 8 カ・ケ 易(えき)で吉凶を占うもとになる算木の形。 卦・卦

け【袈】 人11 ケ「袈裟」で、僧衣のけさ。
筆順 フ カ 加 加 如 架 袈 袈 　袈・袈

け【化】 ⇩か **け【仮】** ⇩か

け【気】 ⇩き **け【家】** ⇩か

け【華】 ⇩か **け【懸】** ⇩けん

け【毛】 ❶表面に生える糸状のもの。▽—ほどのすきも見せない。❷髪。❸羽毛。❹羊毛。①②hair 毛

け【気】 ❶ようす。けはい。▽火の—。❷何となく。どことなく。▽—だるい。❸そのような感じ・ようす。▽茶目っ—。 気

け【卦】 易で、算木に現れる形。 卦

げ【下】 ⇩か **げ【外】** ⇩がい

げ【夏】 ⇩か **げ【解】** ⇩かい

げ【下】 ❶二、三巻の本の、最後の巻。❷劣ること。 下

げ【偈】 仏の功徳(くどく)をたたえる経文。 偈

ケア【care】 ❶注意。❷管理。▽アフター—。❸世話。介護。

けあし【毛足】 毛布やじゅうたんなどの表面の毛。▽—が長い。 毛足

ケアマネージャー【care manager】 介護の計画・認定などにあたる専門家。介護支援専門員。

ケアレスミス うっかりミス。careless mistakeから。

ケアワーカー 障害者や寝たきりの高齢者の介護にあたる資格者。介護福祉士。和製語。

けい【兄】 常5 ケイ・キョウ・あに ❶あに。❷男性が友を敬う語。▽貴—。
筆順 丶 口 口 尸 兄 　兄・兄

けい【刑】 常6 ケイ 罪に対する罰。▽—罰。—務所。
筆順 一 二 チ 开 开 刑 　刑・刑

けい【圭】 人6 ケイ・たま ❶土地をさずけたしるしの玉。❷とがった。
筆順 一 十 土 圭 圭 圭 　圭・圭

けい【形】 常7 ケイ・ギョウ・かた・かたち かたち。ようす。▽—態。—勢。
筆順 一 二 チ 开 开 形 形 　形・形

けい【系】 常7 ケイ ❶つながり。▽—図。❷つながったなかま。
筆順 一 ㇀ 幺 系 系 系 　系・系

けい【径】 常8 ケイ ❶細い道。▽—路。小—。❷さしわたし。▽直—。口—。❸思ったままに行う。▽直情—行。(逕)
筆順 ノ 彳 彳 彳 径 径 径 　径・径

けい【茎】 常8 (莖) ケイ・くき 植物のくき。▽根—。地下—。
筆順 一 艹 艹 芆 茎 茎 茎 　茎・茎

けい【係】 常9 ケイ・かかる・かかり ❶かかわる。▽—累。関—。連—。❷かかり。▽—員(かかりいん)。
筆順 イ 仁 仫 俘 係 係 係 　係・係

けい【勁】 人9 ケイ・つよい しんが強い。▽—草。—直。
筆順 一 ⺀ 巠 巠 巠 勁 勁 　勁・勁

けい【型】 常9 ケイ・かた ❶かた。いがた。▽模—。❷手本。▽典—。
筆順 二 チ 开 刑 刑 型 型 　型・型

けい【奎】 人9 ケイ 文章をつかさどる星座。▽—宿。

筆順 一 ナ 大 太 夳 夳 奎 奎
奎・奎

けい【契】常9 ケイ・ちぎる ❶約束する。▽—約。❷手形。❸きっかけ。▽—機。
筆順 一 十 三 丰 刧 刧 挈 契
契・契

けい【計】常9 ケイ・はかる・はからう ❶数を調べる。▽—算。❷はかる。はかりごと。▽—画。
筆順 丶 亠 亖 言 言 言 訁 計
計・計

けい【荊】9 ケイ・いばら ❶とげのある低木。いばら。▽—冠。❷妻の謙称。▽—妻。
荊・荊

けい【恵】常10【惠】人12 ケイ・エ・めぐむ ❶めぐみ。めぐむ。▽恩—。❷賢い。▽知—。
筆順 一 冂 冃 甴 由 恵 恵
恵・恵

けい【珪】10 ケイ ❶身分を表す宝器。❷珪素。
珪・珪

けい【啓】常11 ケイ ❶ひらく。教え導く。▽—発。❷のべる。▽—上。拝—。(啓)
筆順 一 ラ ヨ 戸 戸 所 改 啓
啓・啓

けい【掲】常11【揭】人12 ケイ・かかげる 高くあげる。▽—載。—示。—揚。
筆順 扌 扌 扣 押 押 掲 掲 掲
掲・掲

けい【渓】常11(溪) ケイ 細い谷川。たに。▽—谷。—流。
筆順 氵 氵 氵 氵 浮 渓 渓
渓・渓

けい【経】常11 ケイ・キョウ・へる ❶たて糸。▽—緯。❷すじ道。▽—常。❸通りぬける。▽—過。❹おさめる。▽—営。❺仏の教えの書物。▽—典(きょうてん)。(經)
筆順 く 幺 糸 糸 紀 紀 経 経
経・経

けい【蛍】常11 ケイ・ほたる 昆虫の、ほたる。▽—光。—雪。(螢)
筆順 ⺍ ⺍ 㟴 㟴 営 蛍 蛍
蛍・蛍

けい【敬】常12 ケイ・うやまう かしこまる。うやまう。▽—愛。—老。尊—。
筆順 艹 艹 芍 苟 苟 敬 敬
敬・敬

けい【景】常12 ケイ ❶ようす。けしき。▽—観。—気。❷客に贈る品。▽—品。❸めでたい。▽—福。
筆順 口 日 旦 早 昜 景 景 景
景・景

けい【軽】常12 ケイ・かるい・かろやか ❶かるい。▽—量。❷かるがるしい。▽—率。❸手がる。▽—装。—便。❹見下げる。▽—侮。—視。(輕)
筆順 一 百 亘 車 軒 軽 軽 軽
軽・軽

けい【傾】常13 ケイ・かたむく・かたむける ❶ななめになる。▽—斜。❷かたよる。▽—向。左—。❸力をそそぐ。▽—注。—聴。❹おとろえる。▽—国。
筆順 イ 亻 化 化 仳 傾 傾 傾
傾・傾

けい【携】常13 ケイ・たずさえる・たずさわる ❶身につけて持つ。▽—帯。必—。❷手をつなぐ。▽提—。
筆順 扌 扌 扌 扌 推 推 携 携
携・携

けい【継】常13 ケイ・つぐ つなぐ。後に続ける。▽—続。後—者。中—。(繼)
筆順 幺 幺 糸 糸 紀 紀 継 継
継・継

けい【罫】13 ケイ たてよこに引いた線。線のあみ目。▽—線。
罫・罫

けい【詣】常13 ケイ・もうでる ❶お参りする。▽参—。❷行きつく。▽造—。
筆順 亠 言 言 訁 訃 詣 詣 詣
詣・詣

けい【頚】14 ケイ・くび くび。▽—椎(けいつい)。—動脈。(頸)
頚・頚

けい【慶】常15 ケイ ❶めでたい。よろこぶ。▽—賀。—弔。❷幸い。
筆順 广 户 声 声 鹿 慶 慶
慶・慶

けい【慧】人15 ケイ・エ・さとい さとりがはやい。▽—眼(けいがん)。智—。(慧)
筆順 三 丰 扌 丰丰 彗 慧 慧
慧・慧

けい【憬】常15 ケイ ❶あこがれる。▽憧—(どうけい・しょうけい)。❷さとる。▽—然。
筆順 忄 忄 忄 忄 憬 憬 憬
憬・憬

けい【稽】常15 ケイ 考える。▽荒唐無—(こうとうむけい)。—古。滑—(こっけい)。
筆順 禾 和 秋 秋 稽 稽 稽
稽・稽

けい【憩】常16 ケイ・いこう・いこい ほっと息をする。やすむ。▽休—。
筆順 二 千 舌 舌 甜 憩 憩
憩・憩

けい【繋】人19 ケイ・つなぐ・かける ❶ひもでつなぐ。❷関係をもつ。▽連—。
筆順 車 車 車 軎 毄 繋 繋
繋・繋

けい【警】常19 ケイ いましめる。▽—告。—戒。—句。
筆順 艹 艹 芍 苟 敬 警 警
警・警

けい【鶏】常19【鷄】人21 ケイ・にわとり にわとり。▽—卵。—舎。
筆順 爫 爫 奚 奚 鶏 鶏 鶏
鶏・鶏

けい〔馨〕人20 ケイ・かおる よいかおり。かぐわしい。▽―香。 馨・馨

筆順 士 声 声 声 声 殸 殸 馨 馨

けい〔京〕⇩きょう

けい〔桂〕⇩かつら

けい〔卿〕⇩きょう

けい〔境〕⇩きょう

けい〔競〕⇩きょう

けい【兄】❶あに。❷(男性同士で)先輩・同輩に対する敬称。❸(男性同士で)先輩・同輩の姓名などにつけて敬意を表す語。▼―たり難(がた)く弟(てい)たり難し 優劣がつけにくい。 兄

けい【刑】刑罰。▽―に服する。 刑

けい【径】❶道。こみち。❷さしわたし。直径。▽―五メートル。 径

けい【計】❶計画。▽一年の―は元旦にあり。❷合計。▽―三万円也(なり)。❸計測の器具。▽体温―。 計

けい【景】❶けしき。❷芝居で、一幕をさらに分けたもの。 景

けい【罫】線。❶紙などに一定の間隔で引いた線。❷碁盤(ごばん)・将棋盤などに、たて・よこに引いた線。①rule 罫

げい〔芸〕常7〔藝〕人18 ゲイ 技能や芸事。▽技―。 芸・芸

筆順 一 十 艹 廿 芏 芸 芸

げい〔迎〕常7 ゲイ・むかえる ❶むかえる。▽歓―。❷人に合わせる。▽―合。 迎・迎

筆順 ノ ヒ 卬 卬 卬 迎 迎

げい〔鯨〕常19 ゲイ・くじら ❶くじら。▽捕―。❷大きい。多い。▽―飲。 鯨・鯨

筆順 ク 夕 角 魚 魚 魚 鯨 鯨

ゲイ【gay】男性の同性愛者。

げい【芸】❶習って修得した技。特に、役者の演技。▽お家―。❷動物が見せる技。▽愛犬に―を仕込む。▼―は身を助ける 趣味や道楽でおぼえた芸が、困ったときの生活の手段になる。 芸

けいあい【敬愛】うやまいしたうこと。 敬愛

けいい【経緯】❶筋道。いきさつ。▽事件の―を説明する。❷経度と緯度。類❶顛末(てんまつ)。①details 経緯

けいい【敬意】尊敬する気持ち。▽―を払う。respect 敬意

けいい【軽易】てがるでたやすいこと。類安易。 軽易

げいいき【芸域】こなせる芸の範囲。 芸域

げいいんばしょく【鯨飲馬食】たくさん飲み食いすること。牛飲馬食。 鯨飲

けいえい【形影】ものの形と影。▼―相(あい)伴(ともな)う 夫婦仲がよいことのたとえ。 形影

けいえい【経営】❶事業を営むこと。❷計画を立て、工夫して物事を行うこと。類運営。management 経営

けいえい【継泳】水泳のリレー競技。 継泳

けいえん【敬遠】❶表面は敬うふりをして、実際はかかわりをさけること。❷野球で、わざと四球を与えること。 敬遠

げいえん【芸苑】芸術家の社会。 芸苑

けいか【経過】❶時が過ぎて行くこと。▽時間の―。❷ある場所・段階を通りすぎること。▽途中―。❸時間内のなりゆき。▽手術後の―。③progress 経過

けいが【慶賀】喜び祝うこと。類慶祝。congratulation 慶賀

けいかい【軽快】❶身軽ですばやいようす。❷気持ちが晴れ晴れして楽しいようす。①②light 軽快

けいかい【警戒】用心をすること。guard 警戒

けいがい【形骸】❶命を失った体。❷内容のない形だけのもの。▽―化した規則。 形骸

けいがい【謦咳】せきばらい。▼―に接する 親しくお目にかかる。 謦咳

けいかく【圭角】言動が角(かど)ばっていて親しめないこと。▽―が取れる。 圭角

けいかく【計画】方法・手順を考えること。また、その考え。plan 計画

けいかん【桂冠】月桂冠。 桂冠

けいかん【景観】眺め。景色。scenery 景観

けいかん【警官】警察の執行機関の公務員。警察官。 警官

けいがん【炯眼】〈烱眼〉❶鋭い目。▽―人を射る。❷慧眼(けいがん)。 炯眼

けいがん【慧眼】真実を見ぬく鋭い眼力。炯眼(けいがん)。▽―の士。対凡眼。keen insight 慧眼

けいき【刑期】刑を受ける期間。 刑期

けいき【契機】 きっかけ。opportunity 契機

けいき【計器】 長さ・重さ・量などをはかる器具。meter, gauge 計器

けいき【景気】 ❶社会の経済状態。❷商売のよしあしの具合。❸元気。威勢。①economy ②business conditions 景気

けいき【継起】 同じような事がらが引きつづいて起こること。続発。 継起

げいぎ【芸妓▲】 芸者。げいこ。 芸妓

けいきょもうどう【軽挙妄動】 深く考えもせず、むやみやたらに行動すること。 軽挙

けいきんぞく【軽金属】 比重が四～五以下の金属。アルミニウム・マグネシウムなど。light metals 軽金属

けいく【警句】 簡潔な表現で巧みに真理をついた語句。類格言。epigram 警句

けいぐ【敬具】 手紙で、結語の一。類敬白。頓首(とんしゅ)。拝具。草々。 敬具

けいぐん【鶏群】 ❶鶏(にわとり)の群れ。❷凡人の群れ。▼—の一鶴(いっかく) 凡人の中に一人の優秀な人間がいるたとえ。 鶏群

けいけい【炯▲炯▲】 目が鋭く光るようす。▽眼光—。 炯炯

けいけいに【軽軽に】 かるがるしく。 軽軽に

げいげき【迎撃】 迎え撃つこと。類邀撃(ようげき)。interception 迎撃

けいけつ【経穴】 灸(きゅう)や鍼(はり)のつぼ。 経穴

けいけん【経験】 実際に試みること。また、それにより身についた知識や技能。類体験。experience 経験

けいけん【敬虔▲】 敬いつつしむようす。pious 敬虔

けいげん【軽減】 減らして軽くすること。reduction 軽減

けいこ【稽古】 ❶学問・芸事などを習うこと。❷練習。①lessons 稽古

けいご【敬語】 相手に敬意を表す語。尊敬語・謙譲語・丁寧語。honorific 敬語

けいご【警護】 警戒して守ること。警衛。類警備。guard 警護

けいこう【経口】 口から体内にはいること。▽—感染。—避妊薬。 経口

けいこう【蛍光】 ❶ほたるの光。❷光や放射線を当てたときに発する、熱を伴わない光。②fluorescence 蛍光

けいこう【傾向】 ある方向・状態にかたむくこと。▽増加の—にある。類動向。tendency 傾向

けいこう【携行】 たずさえて行くこと。類携帯。carrying 携行

けいこう【鶏口】 鶏(にわとり)の口。▼—となるも牛後となる勿(なか)れ 大きな組織のしりにいるより、小さな組織の長になったほうがよいということ。 鶏口

げいごう【迎合】 人の気に入るように同調すること。▽権力に—する。flattery 迎合

けいこうとう【蛍光灯】 ❶ガラス管内に蛍光物質をぬった照明灯。❷反応の遅い人をののしっていう語。 蛍光灯

けいこく【渓谷】 谷。谷間。ravine 渓谷

けいこく【経国】 国家を治めること。▽—済民。administration 経国

けいこく【傾国】 国を危うくするほどの美人。絶世の美人。類傾城(けいせい)。 傾国

けいこく【警告】 前もって注意すること。また、その知らせ。warning 警告

けいこつ【脛▲骨】 すねの内側の細長い骨。tibia 脛骨

げいごと【芸事】 芸能に関する事柄。 芸事

けいさい【掲載】 新聞・雑誌などに文章や写真を載せること。publication 掲載

けいさい【継妻】 後妻。のちぞい。 継妻

けいざい【経済】 ❶社会における生産・消費の活動。❷お金のやりくり。❸費用・時間などがかからないこと。節約できること。①②economy 経済

けいさつ【警察】 ❶公共の安全と秩序を守る行政機能。❷警察署。①police 警察

けいさん【計算】 ❶数量を数えたり、式を解いたりすること。❷予定に入れて考えること。類❶演算。①calculation 計算

けいさん【珪▲酸】 珪素・酸素・水素の化合物。 珪酸

けいし【兄姉】 兄と姉。対弟妹。 兄姉

けいし【刑死】 刑を受けて死ぬこと。 刑死

けいし【軽視】 物事を軽く見ること。neglect 軽視

けいし【継嗣】あとつぎ。successor 継嗣

けいし【罫紙】けいの印刷されている紙。ruled paper 罫紙

けいじ【兄事】兄のように尊敬し親しく接すること。兄事

けいじ【刑事】❶犯罪の捜査などに当たる巡査。❷刑法にふれる事柄。対❷民事。①detective ②criminal 刑事

けいじ【計時】競技などで、所要時間をはかること。time check 計時

けいじ【啓示】神が人々にさとし示すこと。revelation 啓示

けいじ【掲示】目立つ所に文書をはり出すこと。また、その文書。notice 掲示

けいじ【慶事】祝い事。おめでた。対弔事。happy event 慶事

けいじか【形而下】時間・空間の中に形をとって現れるもの。対形而上。physical 形而下

けいしき【形式】❶表面上の一定の形。外形。❷一定の方法・手続き。▽―を踏む。❸見かけ。対❸内容。①②form 形式

けいしき【型式】⇨かたしき。型式

けいじじょう【形而上】形を超越した、精神的なもの。対形而下。metaphysical 形而上

けいしつ【形質】❶形態と実質。❷生物の特徴となる形態や性質。形質

けいしゃ【傾斜】かたむくこと。また、その程度。類勾配(こうばい)。inclination 傾斜

けいしゃ【鶏舎】にわとり小屋。henhouse 鶏舎

げいしゃ【芸者】宴席で、歌・踊りで客を楽しませる女性。芸妓(げいぎ)。芸子。芸者

けいしゅう【閨秀】学芸にすぐれた女性。accomplished lady 閨秀

けいしゅく【慶祝】よろこび祝うこと。類慶賀。celebration 慶祝

けいしゅつ【掲出】掲示して見せること。掲出

げいじゅつ【芸術】美を追求し表現しようとする活動。また、表現された文学・音楽・絵画・彫刻など。art 芸術

げいしゅん【迎春】新年を迎えること。迎春

けいしょ【経書】儒学の基本的原理をしるした経典。四書五経(ごきょう)など。経籍。経書

けいしょう【形象】❶外に現れた、物の姿。❷具体的な形で表したもの。形象

けいしょう【敬称】❶敬意を表す言い方。「尊父」「貴殿」など。❷氏名などにつけて敬意を表す語。「殿」「様」など。敬称

けいしょう【景勝】景色がすぐれていること。また、その土地。▽―の地を訪れる。beautiful scenery 景勝

けいしょう【軽少】わずか。すこし。類軽微。slight 軽少

けいしょう【軽症】軽い症状。対重症。軽症

けいしょう【軽捷】身のこなしが軽快で、すばやいこと。▽―な動作。類敏捷。軽捷

けいしょう【軽傷】軽い傷。対重傷。軽傷

けいしょう【継承】後を受け継ぐこと。承継。succession 継承

けいしょう【警鐘】❶危急を知らせる鐘。❷注意を呼び起こすもの。▽社会に対する―。①alarm bell 警鐘

けいじょう【刑場】死刑を行う所。刑場

けいじょう【形状】かたち。ありさま。shape 形状

けいじょう【計上】全体の計算に組み入れて数えること。summing 計上

けいじょう【啓上】申し上げること。手紙などで使う。▽一筆―。啓上

けいじょう【経常】つねに一定して変わらないこと。▽―費。ordinary 経常

けいしょく【軽食】手軽な食事。light meal 軽食

けいず【系図】先祖からの系統をしるした図。系譜。family tree 系図

けいすう【係数】❶代数式で、変数にかけられている数。❷比例関係で、割合を示す数字。①coefficient 係数

けいすう【計数】❶数を数えること。▽―に明るい人。❷計算して得た数値。①calculation 計数

けいする【敬する】うやまう。respect ▼敬して遠ざける 敬遠する。敬する

けいせい【形成】かたちづくること。▽人格の―。formation 形成

けいせい【形声】六書(りくしょ)の一。発音を表す文字と、意味を表す文字とを組み合わせて別の文字をつくること。形声

けいせい【形勢】なりゆき。▽—不利。situation　形勢

けいせい【経世】世を治めること。　経世

けいせい【傾城】❶遊女。❷美人。類❷傾国。②belle　傾城

けいせい【警世】世間の人々に警告を発すること。▽—の書。　警世

けいせき【形跡】物事の行われたことを示すあと。▽侵入した—がある。類痕跡(こんせき)。evidence　形跡

けいせつ【蛍雪】(ほたるの光と雪明かりで学んだ故事から)苦労して学ぶこと。▼—の功 苦学した成果。　蛍雪

けいせん【係船】❶船をつなぎとめること。❷船の使用を一時中止すること。また、その船。①mooring　係船

けいせん【経線】地球の経度をあらわす線。子午線。対緯線。meridian　経線

けいせん【罫線】❶罫(けい)。❷相場の動きを示したグラフ。罫線表。　罫線

けいそ【珪素】非金属元素の一。砂・岩石に含まれる。記号Si silicon　珪素

けいそう【係争】訴訟でたがいに争うこと。dispute　係争

けいそう【軽装】活動しやすい服装。　軽装

けいそう【継走】リレーレース。　継走

けいぞう【恵贈】他人から物を贈られることの尊敬語。▽ご—にあずかった品。presentation　恵贈

けいそく【計測】器械などを使ってはかること。類計量。measurement　計測

けいぞく【係属】❶つながりや関係があること。❷訴訟が続いていること。②pendency　係属

けいぞく【継続】続いていること。続けること。continuation　継続

けいそつ【軽率】軽はずみなようす。▽—のそしりをまぬかれない。注軽×卒。対慎重。careless　軽率

けいそん【恵存】自分の著書などを贈るとき、あて名のわきに書くことば。「どうかお手もとに置いてください」の意。けいぞん。　恵存

けいたい【形態】形。ありさま。form　形態

けいたい【携帯】❶身につけて持ち運ぶこと。類携行。❷〈ケータイ〉「携帯電話」の略。▼—電話 個人が持ち運びできる電話機。①carrying　携帯

けいだい【境内】神社・寺院の敷地の中。precincts　境内

けいたく【恵沢】恩や恵み。なさけ。▽—に浴す。　恵沢

けいちつ【啓蟄】二十四節気の一。地中の虫がはい出る意で、三月五、六日ごろ。　啓蟄

けいちゅう【傾注】一つの事に心・力を集中すること。▽全力を—した作品。devotion　傾注

けいちょう【軽重】❶重いことと軽いこと。❷重要なこととつまらないこと。▽命に—はない。　軽重

けいちょう【傾聴】熱心に聞くこと。▽—に値する話。listening　傾聴

けいちょう【慶弔】慶事と弔事。　慶弔

けいちょうふはく【軽佻浮薄】軽はずみでうわついているようす。類軽薄。　軽佻

けいてい【兄弟】きょうだい。　兄弟

けいてき【警笛】警戒や注意のために鳴らす笛(の音)。whistle, horn　警笛

けいてん【経典】❶聖人・賢人の著した書物。❷⇨きょうてん。　経典

けいど【経度】イギリスの旧グリニッジ天文台から、東西へ離れている度合い。東経・西経何度という。対緯度。longitude　経度

けいど【軽度】程度が軽いこと。対強度。重度。slightness　軽度

けいとう【系統】❶順序ある統一された筋道。❷属する派。❸血統。類❷系列。①system　系統

けいとう【恵投】人から物を贈られることをいう尊敬語。▽ご—にあずかり、御礼申し上げます。　恵投

けいとう【傾倒】心から熱中すること。類傾注。admiration　傾倒

けいとう【継投】野球で、前の投手を引き継いで投球すること。▽—策。　継投

けいとう【鶏頭】〈鶏冠〉草花の一。鶏のとさかに似た花が咲く。cockscomb　鶏頭

げいとう【芸当】❶曲芸。❷離れ技(わざ)。　芸当

げいどう【芸道】芸能・技芸の道。　芸道

げいにん【芸人】❶芸能人。❷芸のたくみな人。①②entertainer　芸人

けいねん【経年】年月を経ること。▽—変化。　経年

げいのう【芸能】映画・演劇・音楽・舞踊など、大衆的娯楽の総　芸能

称。▽—界。民俗—。entertainment

けいば【競馬】馬による競走。また、それによる賭(か)け。horse racing

けいばい【競売】法律で「競売(きょうばい)」のこと。

けいはく【敬白】手紙の結語の一。

けいはく【軽薄】うわついているようす。対重厚。frivolous

けいはつ【啓発】知らなかったことを気づかせ、教え導くこと。類啓蒙(けいもう)。enlightenment

けいばつ【刑罰】法律を犯したものに国が加える制裁。刑。penalty

けいばつ【閨閥】妻の親類を中心とする勢力・派閥。姻族閥。

けいひ【経費】必要な費用。expenses

けいび【軽微】程度が軽いようす。類軽少。slight

けいび【警備】非常の場合に備え、用心をして守ること。類警護。guard

けいひん【景品】❶商品などにそえて、客に無料で贈る品物。おまけ。❷催し物などで配る品物。①gift

げいひん【迎賓】外国からの重要な客を迎えてもてなすこと。▽—館。

けいふ【系譜】❶系図。❷関係をもって続くつながり。①pedigree

けいふ【継父】ままちち。stepfather

けいぶ【軽侮】人を軽く見てあなどること。類軽蔑。

げいふう【芸風】その人独特の、芸の持ち味。artistic feature

けいふく【敬服】感心し服従すること。類感服。admiration

けいぶつ【景物】❶四季おりおりの風物。❷趣を添えるもの。▽—に踊りを披露する。❸景品❶。

けいべつ【軽蔑】劣っているとしてばかにすること。類軽侮。contempt

けいべん【軽便】手軽で便利なようす。▽—鉄道。類簡便。handy

けいぼ【敬慕】尊敬し、したうこと。欽慕(きんぼ)。▽—の念。adoration

けいぼ【継母】ままはは。stepmother

けいほう【刑法】犯罪に対する刑罰を規定した法律。criminal law

けいほう【警報】危険・災害などを警戒させるための知らせ。warning

けいぼう【閨房】❶婦人の居間。❷寝室。②bedroom

けいぼう【警棒】警察官が腰に下げる棒。baton

けいま【桂馬】将棋のこまの一。

けいみょう【軽妙】軽い感じで、小気味よく上手なようす。

けいむしょ【刑務所】受刑者を収容する施設。prison

げいめい【芸名】芸能人の職業上の名。stage name

けいもう【啓蒙】正しい知識を与えて教え導くこと。類啓発。enlightenment

けいやく【契約】法律上の効果をもつ約束。contract

けいゆ【経由】ある地点を通って行くこと。via

けいよ【恵与】❶めぐみ与えること。❷恵贈。▽ご—に感謝いたします。

けいよう【形容】❶姿・ありさま。❷姿・ありさまをことばで表現すること。②description

けいよう【掲揚】旗などを高く掲げること。▽国旗を—する。hoisting

けいら【警邏】警戒のために見回ること・人。巡邏。▽—隊。patrol

けいらん【鶏卵】にわとりの卵。egg

けいり【経理】財産管理・会計の事務をとること・係。accounting

けいりゃく【計略】はかりごと。trick

けいりゅう【係留】(繋留)船などをつなぎとめること。類係船。mooring

けいりゅう【渓流】谷川。また、その流れ。mountain stream

けいりょう【計量】分量や目方をはかること。weighing

けいりょう【軽量】目方が軽いこと。light weight

けいりん【経綸】国家を統治すること。また、その方策。

けいりん【競輪】職業選手による自転車競走。cycle race

けいるい【係累】〈繋累〉面倒をみなければならない家族。dependant　係累

けいれい【敬礼】敬意を表する礼(をすること)。salute　敬礼

けいれき【経歴】学業・仕事など、その人がしてきた事柄。類履歴。career　経歴

けいれつ【系列】組織的なつながり。また、その順序。▽—会社。series　系列

けいれん【痙攣】筋肉が急に強くひきつること。ひきつり。convulsions　痙攣

けいろ【毛色】❶毛の色。❷ようす。性質。▽—が変わっている人。　毛色

けいろ【経路】その場所・目的に至るまでの道・道筋。course　経路

けいろう【敬老】老人を敬うこと。　敬老

けう【希有】〈稀有〉めったになく、めずらしいようす。▽—な才能。類稀(まれ)。注×きう。rare　希有

ケース【case】❶箱。いれもの。❷場合。事例。

ケース スタディー【case study】具体的事例を取り上げて、分析・研究して体系化すること。また、その研究法。

ケースワーカー【caseworker】肉体的・精神的・社会的に問題をかかえた人の相談相手となる人。ソーシャルワーカー。

ケータリング【catering】❶料理を配達すること。❷パーティーなどに出張し、料理を提供すること。

ゲート【gate】門。

ゲートボールスティックでボールを打ち、ゲートをくぐらせる、日本で考案された競技。和製語。

ケーブル テレビ「ケーブルテレビジョン」の略。有線テレビ。CATV

けおされる【気圧される】相手のもつ勢いや気迫などに圧倒される。　気圧さ

けおとす【蹴落とす】❶けって、下へ落とす。❷ある目的のために、人をおしのける。①kick down　蹴落す

けが【怪我】❶負傷。きず。ケガ。❷あやまち。①injury ▼—の功名(こうみょう) ❶なにげなくやったことが、意外によい結果になること。❷失敗や災難がよい結果を生むこと。　怪我

げか【外科】傷や病気を手術によって治す、医学の一分野。surgery　外科

げかい【下界】❶上から見て、地上。▽—を見下ろす。❷人間界。俗界。　下界

けがらわしい【汚らわしい】〈穢らわしい〉きたならしくて不愉快だ。dirty　汚らわ

けがれる【汚れる】〈穢れる〉❶よごれる。❷正しさを失う。❸貞操を失う。①get dirty　汚れる

けがわ【毛皮】毛のついた獣の皮。fur　毛皮

げき〔戟〕人12　ゲキ・ケキ・ほこ ❶武器のほこ。▽剣—。❷さす。▽刺—。
筆順　一 十 古 卓 卓 軋 戟 戟　戟・戟

げき〔隙〕常13　ゲキ・すき ❶すきま。▽間—。❷ひま。▽寸—。
筆順　阝 阝 阝' 阝" 阝ᐥ 陊 隙 隙　隙・隙

げき〔劇〕常15　ゲキ ❶ひどい。はげしい。▽—薬。❷しばい。▽—場。
筆順　广 广 卢 卢 虏 豦 豦 劇　劇・剧

げき〔撃〕常15〔擊〕人17　ゲキ・うつ ❶うつ。❷せめる。▽—破。❸感覚にふれる。▽目—。
筆順　亘 車 車 軎 毄 毄 墼 撃　撃・擊

げき〔激〕常16　ゲキ・はげしい ❶はげしい。高ぶる。▽—痛。感—。❷はげます。▽—励。
筆順　氵 泊 泊 淂 淂 滂 滂 激　激・激

げき【劇】演劇。芝居。　劇

げき【檄】主張を人々に訴えるための文書。檄文。▼—を飛ばす 自分の主張を広く知らせる。　檄

げきえつ【激越】はげしく高ぶるようす。vehement　激越

げきか【劇化】小説・実話などを演劇用に脚色すること。dramatization　劇化

げきか【激化】はげしくなること。げっか。intensification　激化

げきが【劇画】物語性が強く、写実的な絵の漫画。comic strip　劇画

げきげん【激減】急にひどく減ること。対激増。sudden decrease　激減

げきこう【激高】〈激昂〉興奮していきり立つこと。げっこう。　激高

げきさく【劇作】演劇の脚本をつくること。作劇。▽—家。enragement　劇作

げきしょう**【激症】**〈劇症〉病気の進行が速く、症状がはげしいこと。 — 激症

げきしょう**【激賞】**口をきわめてほめること。類絶賛。high praise — 激賞

げきじょう**【劇場】**映画・演劇などを観客に見せるための建物。theater — 劇場

げきじょう**【激情】**はげしくわき起こる感情。▽―に駆られる。類熱情。passion — 激情

げきしょく**【激職】**非常にいそがしい職務。類激務。対閑職。 — 激職

げきじん**【激甚】**〈劇甚〉非常にはげしいようす。▽―な被害。類甚大。 — 劇甚

げきする**【激する】**❶はげしくなる。❷興奮する。▽感情が―。類❶激化する。②get excited — 激する

げきせん**【激戦】**はげしい戦い。類激闘。fierce battle — 激戦

げきぞう**【激増】**急にひどく増えること。対激減。sudden increase — 激増

げきたい**【撃退】**敵や相手を追いはらうこと。repulse — 撃退

げきちゅうげき**【劇中劇】**一つの劇の中の一場面として演じる別の劇。 — 劇中劇

げきちん**【撃沈】**船を撃ち沈めること。 — 撃沈

げきつい**【撃墜】**航空機などを撃ち落とすこと。shooting down — 撃墜

げきつう**【激痛】**〈劇痛〉はげしい痛み。対鈍痛。acute pain — 激痛

げきてき**【劇的】**感動的で演劇の場面を見るようなようす。dramatic — 劇的

げきど**【激怒】**はげしく怒ること。類憤怒。fury — 激怒

げきとう**【激闘】**はげしく戦うこと。また、その戦い。類激戦。hot fighting — 激闘

げきどう**【激動】**はげしく変動すること。▽―の社会。violent shaking — 激動

げきどく**【劇毒】**強烈な作用をもつ毒。類猛毒。deadly poison — 劇毒

げきとつ**【激突】**はげしく突き当たること。crash, bang — 激突

げきは**【撃破】**敵や相手をうちまかすこと。defeat — 撃破

げきはつ**【激発】**はげしい勢いで、また、次々に起こること。▽怒りを―させる。事故が―する。 — 激発

げきひょう**【劇評】**演劇についての批評。dramatic criticism — 劇評

げきぶん**【檄文】**⇩檄(げき)。 — 檄文

げきへん**【激変】**〈劇変〉急で大きな変化。sudden change — 激変

げきむ**【激務】**ひどく忙しいつとめ。類激職。hard work — 激務

げきめつ**【撃滅】**撃ち滅ぼすこと。 — 撃滅

げきやく**【劇薬】**量・使用法を誤ると生命に危険な薬品。powerful medicine — 劇薬

けぎらい**【毛嫌い】**理由なしにきらうこと。注×気嫌い。antipathy — 毛嫌い

げきりゅう**【激流】**勢いのはげしい流れ。類奔流。torrent — 激流

げきりん**【逆鱗】**〈逆に生えた竜のうろこの意で、これにふれると竜が怒る故事から〉天子の怒り。▼―に触(ふ)れる 目上の人の怒りを買う。 — 逆鱗

げきれい**【激励】**はげまし、元気づけること。encouragement — 激励

げきれつ**【激烈】**非常にはげしいようす。類猛烈。violent — 激烈

げきろう**【逆浪】**さかまく波。 — 逆浪

げきろん**【激論】**はげしい議論。▽―をたたかわす。heated discussion — 激論

げくう**【外宮】**伊勢(いせ)神宮の一つである豊受(とようけ)大神宮のこと。 — 外宮

けげん**【怪訝】**不思議なようす。理由やわけがわからず、納得がいかないようす。▽―な顔をする。dubious — 怪訝

げこ**【下戸】**酒の飲めない人。対上戸(じょうご)。nondrinker — 下戸

げこう**【下向】**❶都から地方へ行くこと。▽勅使の―。❷神仏を参詣(さんけい)して帰ること。 — 下向

げこう**【下校】**学校から帰ること。 — 下校

げこくじょう**【下克上】**〈下剋上〉下位の者が上位の者をおしのけ、権力をふるうこと。 — 下克上

けさ**【今朝】**今日の朝。こんちょう。this morning — 今朝

けさ**【袈裟】**僧が左肩からまとう長方形の布。

袈裟

げざ**【下座】**❶末席。しもざ。❷舞台の下手(しもて)の見えない所。囃子方(はやしかた)。また、その囃子や音楽。❸貴 — 下座

人に対して座を下がって平伏すること。

げざい【下剤】 便通をよくするために飲む薬剤。下し薬。purgative　下剤

けさがけ【袈裟懸け】 ❶一方の肩から他方のわきの下へ物をかけること。❷一方の肩から他方のわきにかけて斜めに切りおろすこと。　袈裟懸

げさく【下策】 へたなはかりごと。　下策

げさく【戯作】 ❶文章をたわむれに作ること。❷江戸時代の娯楽小説。黄表紙・洒落本(しゃれぼん)の類。　戯作

げざん【下山】 ❶山から下りること。❷修行を終えて、寺を出ること。　下山

けし【芥子】 〈罌粟〉ケシ科の草花。poppy　芥子

げし【夏至】 二十四節気の一。太陽が最北に寄る日。太陽暦で六月二一、二二日ごろ。対冬至。summer solstice　夏至

げじ【下知】 ❶命令すること。げち。❷鎌倉・室町時代、裁判の判決。げち。　下知

けしいん【消印】 ❶消したしるしに押す印。❷郵便局が切手やはがきに押す、日付の印。②postmark　消印

けしかける【嗾ける】 そそのかして行動させる。instigate　嗾ける

けしからん【怪しからん】 許せない。よくない。けしからぬ。▽—ふるまい。　怪しか

けしき【気色】 ❶(何かが起ころうとする)ようす。▽景気回復の—。❷態度。表情。▽反省する—もない。　気色

けしき【景色】 自然のながめ。類風景。scenery　景色

げじげじ【蚰蜒】 むかでに似た節足動物。house centipede　蚰蜒

けしずみ【消し炭】 まきの火を途中で消してつくる炭。　消炭

けじめ (善悪などの)区別。

げしゃ【下車】 車から降りること。類降車。対乗車。getting off　下車

げしゅく【下宿】 他家の部屋を借りて住むこと。また、その家。boarding　下宿

げしゅにん【下手人】 直接手を下して人を殺した人。murderer　下手人

げじゅん【下旬】 月末の一〇日間。　下旬

げじょ【下女】 下働きの女性。　下女

けしょう【化粧】 ❶口紅・おしろいなどで顔を美しくすること。❷外観を美しくすること。①makeup　化粧

けしょうまわし【化粧回し】 力士が土俵入りにつけるきれいな前だれ形の回し。　化粧回

けしん【化身】 ❶神仏が姿を変えて現れること・姿。化生(けしょう)。❷生まれ変わり。▽美の—。　化身

げじん【外陣】 社寺で、一般の参詣(さんけい)者が拝礼する所。がいじん。対内陣。　外陣

けす【消す】 ❶燃えるのをとめる。❷なくする。❸見えなくしたり、聞こえなくしたりする。▽姿を—。❹スイッチをひねってとめる。❺殺す。①put out　消す

げす【下種】 〈下衆〉❶身分の低い人。❷性質が卑しく愚かなこと・人。②cad ▼—の勘(かん)繰(ぐ)り 心の卑しい者が妙な邪推をすること。　下種

げすい【下水】 ❶汚水。❷「下水道」の略。①sewage　下水

けすじ【毛筋】 ❶一本一本の髪の毛。▽—ほども(＝いささかも)。❷くしで髪をすいたあとの筋目。①hair　毛筋

けずる【削る】 ❶刃物で薄くそぎとる。❷除く。減らす。①shave ②cut　削る

けずる【梳る】 くしけずる。　梳る

げせる【解せる】 理解できる。▼—ない 理解できない。▽—話。　解せる

げせわ【下世話】 世間で俗に言われていることば・話。　下世話

げせん【下船】 船から降りること。　下船

げせん【下賤】 身分が低くいやしいこと。対高貴。humble　下賤

けそう【懸想】 恋すること。　懸想

げそく【下足】 ぬいだ履き物。▽—番。　下足

けた〖桁〗 常10 **けた** ❶かけわたした横木。▽橋—(はしげた)。❷数の位。けた。　桁・桁

筆順：一 十 木 木 杅 杅 桁 桁

けた【桁】 ❶たる木を受けて横にわたす材。❷数の位取り。❸そろばんで、たまを通している柱。❹規模。①beam　桁

げた【下駄】 木製の履き物。▼**—を預ける** 相手に処理を一任する。▼**—を履(は)かせる** 実際よりよく見せかけたり、数量を水増ししたりする。　下駄

げだい【外題】❶歌舞伎などの、題名。❷表紙に記す書名。①②title　外題

けだかい【気高い】気品がある。上品でおかしがたい。noble　気高い

けだし【蓋し】考えてみるに。まさしく。▽—名言である。　蓋し

けだし【蹴出し】和服のすそよけ。　蹴出し

けたたましい ひどくやかましい。noisy

けたちがい【桁違い】程度・規模などがひどく違うこと。類段違い。　桁違い

げだつ【解脱】仏教で、迷いからさめて、悟(さと)りを開くこと。　解脱

けたてる【蹴立てる】❶勢いよくけるようにして土煙や波を立たせる。❷荒々しくけるようにふるまう。▽席を—てて去る。　蹴立て

けたはずれ【桁外れ】標準からはるかに離れていること。並外れ。　桁外れ

けだもの【獣】❶けもの。❷人の道からはずれた者。①②beast　獣

けだるい【気怠い】何となくだるい。listless　気怠い

けち ❶ひどく物惜しみをするようす・人。❷品性がいやしいようす。❸貧弱で粗末なようす。❹縁起の悪いこと。▽—のつき始め。①stingy

げち【下知】⇩げじ。　下知

けちえん【結縁】仏縁を結ぶこと。　結縁

けつ〘欠〙(缺) 常4 ケツ・かける・かく ❶かける。たりない。▽—席。—損。❷あくび。▽—伸(あくび)。

筆順 ノ ⺈ ケ 欠　欠・欠

けつ〘穴〙常5 ケツ・あな ❶あな。▽—居(けっきょ)。墓—。❷損失。

筆順 ' ‘' 宀 穴 穴　穴・穴

けつ〘血〙常6 ケツ・ち ❶動物の血。▽—圧。❷血のつながり。▽—族。❸はげしい。▽—気。熱—。

筆順 ノ 亻 冂 冊 冊 血　血・血

けつ〘決〙常7 ケツ・きめる・きまる ❶切れる。▽—壊。—裂。❷きめる。❸思いきる。▽—起。

筆順 丶 冫 氵 汀 江 沪 決　決・決

けつ〘頁〙人9 ケツ・ページ ❶人間の頭。❷本の紙の片面。ページ。

筆順 一 丆 丆 百 百 頁 頁　頁・頁

けつ〘訣〙人11 ケツ・わかれる ❶別れる。▽—別。❷奥義。▽秘—。

筆順 亠 亖 言 訁 訣 訣　訣・訣

けつ〘結〙常12 ケツ・むすぶ・ゆう・ゆわえる ❶つなぐ。▽連—。❷かたまる。▽—氷。❸むすぶ。▽—婚。❹しめくくる。▽—論。❺実をつける。▽—実。

筆順 乡 幺 糸 糸 紅 結 結　結・結

けつ〘傑〙常13 ケツ すぐれる。すぐれた人。▽—作。—出。豪—。

筆順 亻 亻 伊 俘 傑 傑 傑　傑・傑

けつ〘潔〙常15 ケツ・いさぎよい ❶けじめ正しい。▽—白。❷きよい。▽清—。純—。(潔)

筆順 氵 氵 氵 洼 渺 潔 潔　潔・潔

けつ【欠】欠けること。不足。▽ガス—。　欠

けつ【穴】(尻)❶尻(しり)。❷最後。①ass　穴

けつ【決】賛成・不賛成の決定。▽—をとる。　決

げつ〘月〙常4 ゲツ・ガツ・つき ❶天体の、つき。▽—夜。—齢。❷暦の、つき。▽—極め。—刊。

筆順 ノ 刀 月 月　月・月

けつあつ【血圧】心臓からおし出される血液が、血管の壁をおす圧力。▽—が上がる。blood pressure　血圧

けつい【決意】意志をはっきりきめること。決心。determination　決意

けついん【欠員】定員に満たないこと。また、その人数。vacancy　欠員

けつえき【血液】血管内を循環(じゅんかん)している液体。血。blood　血液

けつえきがた【血液型】血液を分類した型。ABO式・Rh式などがある。　血液型

けつえん【血縁】血筋。また、血族。blood relation　血縁

けっか【決河】川の水が堤防を破って流れ出ること。▽—の勢い。　決河

けっか【結果】❶ある原因によって生じた事柄・状態。❷結実❶。対❶原因。①result　結果

けっかい【決潰・決壊】堤防などが切れてくずれること。give way　決潰

けっかく【欠格】資格がないこと。　欠格

けっかく【結核】結核菌によって起こる感染症。結核症。　結核

tuberculosis

げつがく【月額】 一か月当たりの金額。monthly sum　月額

げっかひょうじん【月下氷人】 仲人(なこうど)。媒酌(ばいしゃく)人。　月下

けっかろん【結果論】 結果だけを見て是非・善悪を論じる議論。　結果論

けっかん【欠陥】 欠けて足りないところ。▽—商品。defect　欠陥

けっかん【血管】 体内で、血液が通るくだ。blood vessel　血管

げっかん【月刊】 毎月一回定期的に発行すること・出版物。monthly issue　月刊

けっき【血気】 向こうみずの元気・意気。▽—盛ん。▼—の勇 向こうみずの勇気。　血気

けっき【決起】 決心して行動を起こすこと。▽—集会。rising up　決起

けつぎ【決議】 会議で決定すること。また、決定した事項。resolution　決議

けっきゅう【血球】 血液の固体成分。赤血球・白血球・血小板など。　血球

げっきゅう【月給】 一か月の給料。月俸。monthly salary　月給

けっきょく【結局】 ❶結論。▽—のところは。❷とうとう。ついに。結句。② after all　結局

けっきん【欠勤】 勤めを休むこと。absence　欠勤

けっく【結句】 ❶漢詩や詩歌の結びの句。❷結局❷。▽—失敗だった。　結句

げっけい【月経】 女性の、子宮から周期的に出血する現象。生理。menses　月経

げっけいかん【月桂冠】 月桂樹の葉や枝でつくった冠(かんむり)。桂冠。laurel wreath　月桂冠

けつご【結語】 結びのことば。結言(けつげん)。conclusion　結語

けっこう【欠航】 船・飛行機が定期の運行をとりやめること。　欠航

けっこう【血行】 血液の循環(じゅんかん)。　血行

けっこう【決行】 思い切って行うこと。類断行。敢行。decisive action　決行

けっこう【結構】 ❶組み立て。構造。❷りっぱだ。❸十分だ。❹かなり。　結構

けつごう【結合】 結び合って一つになること。combination　結合

げっこう【月光】 月の光。moonlight　月光

げっこう【激高】 ⇩げきこう。　激高

けっこん【血痕】 血のあと。bloodstain　血痕

けっこん【結婚】 夫婦になること。婚姻。marriage　結婚

けっさい【決済】 売買の取り引きをすませること。▽手形の—。settlement　決済

けっさい【決裁】 権限をもつ者が、可否を決めること。▽社長の—を仰ぐ。類裁決。sanction　決裁

けっさい【潔斎】 神事の前に、心身を清めること。▽精進(しょうじん)—。　潔斎

けっさく【傑作】 ❶すぐれた作品。❷とっぴでおかしいようす。▽—な男。① masterpiece　傑作

けっさん【決算】 一定期間内の収支の総計算。　決算

げっさん【月産】 一か月当たりの生産高。monthly production　月産

けっし【決死】 死ぬ覚悟をすること。命がけ。▽—の覚悟。類必死。　決死

げつじ【月次】 月々。毎月。▽—報告。　月次

けつじつ【結実】 ❶草木が実をつけること。結果。❷よい結果が生じること。① fruition　結実

けっして【決して】 絶対に。断じて。　決して

けっしゃ【結社】 共通の目的のためにつくる団体。organization　結社

げっしゃ【月謝】 月単位の謝礼・授業料など。monthly fee　月謝

けっしゅう【結集】 一つにまとまること。まとめること。concentration　結集

げっしゅう【月収】 一か月の収入。monthly income　月収

けっしゅつ【傑出】 とびぬけてすぐれていること。類卓越。prominence　傑出

けっしょ【血書】 決意を示すため自分の血で書くこと。また、その文書。　血書

けつじょ【欠如】 欠けて足りないこと。▽能力の—。注欠×除。lack　欠如

けっしょう【血漿】 血液の、血球をのぞいた液体部分。blood plasma　血漿

けっしょう【決勝】最終的に勝負を決めること・試合。the finals　決勝

けっしょう【結晶】❶水晶・雪などのように、一定の規則正しい形をした固体。また、そのようになること。❷成果。▽努力の―。①crystal　結晶

けつじょう【欠場】出るべき試合や舞台などに出ないこと。absence　欠場

けっしょく【欠食】食事を十分に取れないこと。　欠食

けっしょく【血色】顔の色つや。▽―がよい。類顔色。complexion　血色

げっしょく【月食】〈月蝕〉太陽光による地球の影で、月が欠けて見える現象。lunar eclipse　月食

けっしん【決心】心を決めること。決意。determination　決心

けっしん【結審】裁判で、審理が終わること。　結審

けっする【決する】決まる。決める。▽雌雄を―。decide　決する

けっせい【血清】血液が固まるときに分離する液体。▽―療法。serum　血清

けっせい【結成】ある組織をつくること。organization　結成

けつぜい【血税】血のにじむような思いで納める税金。　血税

けっせき【欠席】出るべき席に出ないこと。また、学校を休むこと。▽―裁判。absence　欠席

けっせき【結石】内臓内にできる、石のようなもの。calculus　結石

けっせつ【結節】皮膚などにできる、ふし状のかたいはれもの。　結節

けっせん【血栓】血管の中で血液が固まったもの。　血栓

けっせん【血戦】血みどろのはげしい戦い。bloody battle　血戦

けっせん【決戦】最後の勝敗を決めるための戦い。decisive battle　決戦

けつぜん【決然】きっぱりと決めるようす。▽―たる態度。resolutely　決然

けっせんとうひょう【決選投票】一定以上の得票数を必要とする選挙で、当選者が決まらないとき、上位二名で再度行う投票。注決×戦投票。decisive vote　決選

けっそう【血相】(感情が表れた)顔つき。▽―を変える。　血相

けっそく【結束】❶たばねること。❷団結すること。②solidarity　結束

けつぞく【血族】血のつながっている一族。血縁。blood relation　血族

けっそん【欠損】❶金銭上の損失。❷一部が欠けてなくなること。①deficit　欠損

けったく【結託】(悪事を行うため)協力し合うこと。conspiracy　結託

けつだん【決断】考えをきっぱりと決めること。▽―を下す。decision　決断

げったん【月旦】❶月のはじめの日。ついたち。❷人物批評。　月旦

けっちゃく【決着】決まりがついて終わること。▽―をつける。類落着。注×結着。settlement　決着

けってい【決定】はっきりと決めること。また、決まること。▽―的な証拠。類確定。decision　決定

けってん【欠点】不十分な所。短所。類弱点。対美点。fault　欠点

けっとう【血統】血のつながり。血筋。blood　血統

けっとう【決闘】(取り決めをして)命をかけて戦うこと。duel　決闘

けっとう【結党】政党をつくること。　結党

けつにく【血肉】❶血と肉。❷血のつながったもの。肉親。血族。▽―の争い。類❷骨肉。②blood relation　血肉

けっぱく【潔白】不正がないこと。類清廉。innocence　潔白

けっぱつ【結髪】髪をゆうこと。　結髪

けつばん【欠番】番号が欠けていること。欠けた番号。missing number　欠番

けっぱん【血判】指先を切って、その血で印を押すこと。また、その印。　血判

けっぴょう【結氷】氷が張ること。また、その氷。freezing　結氷

げっぴょう【月評】毎月の批評。　月評

げっぷ【月賦】月割りで払うこと。類分割払い。monthly payment　月賦

けつぶつ【傑物】特にすぐれた人物。傑士。傑人。great man　傑物

けっぺき【潔癖】不潔や不正をきらうこと・性質。　潔癖

けつべつ【決別】〈訣別〉別れること。farewell　決別

けつぼう【欠乏】必要なものが足りないこと。▽資金の―。lack　欠乏

げっぽう【月俸】月給。　月俸

げっぽう【月報】月々の報告。また、その印刷物。monthly report　月報

けっぽん【欠本】〈闕本〉全集などで、そろっていない本。 欠本

けつまずく【蹴躓く】「つまずく」を強めた語。 蹴躓く

けつまつ【結末】物事のしめくくり。終わり。類最後。end 結末

げつまつ【月末】月の終わりごろ。つきずえ。 月末

けつみゃく【血脈】❶血管。❷血筋。 血脈

けづめ【蹴爪】〈距〉❶キジ科の鳥の、雄の足の後ろにある突起。①spur ❷牛・馬などの、後ろ足の後ろにある突起。 蹴爪

げつめい【月明】明るい月の光。 月明

げつよ【月余】ひと月あまり。 月余

けつらく【欠落】あるはずのものが、欠けてないこと。▽道徳観念が―する。類脱落。omission 欠落

けつるい【血涙】はげしい悲しみ・憤りなどのために流す涙。血の涙。▽―を絞る。bitter tears 血涙

けつれい【欠礼】礼儀としてのあいさつを欠くこと。失礼。 欠礼

げつれい【月例】毎月決まって行われること。▽―会議。 月例

げつれい【月齢】❶月のみちかけを示す日数。❷乳児の生後の月数。monthly 月齢

けつれつ【決裂】話し合い・交渉などが物別れになること。rupture 決裂

けつろ【血路】❶敵の囲みを破って逃げる道。❷困難を切り抜ける道。▽―を開く。 血路

けつろ【結露】冷えた物の表面に空気中の水蒸気が水滴となって付くこと。 結露

けつろん【結論】❶議論・思考の最終的なまとめ・判断。❷論文などの組み立てで、まとめの部分。①conclusion 結論

げてもの【下手物】❶そまつな品物。❷風変わりなもの。対❶上手物（じょうてもの）。 下手物

けとう【毛唐】欧米人を指す蔑称。 毛唐

げどう【外道】❶仏教で、他の宗教や教え。❷真理に外れた道。邪道。❸人の道に反する邪悪な心をもった人。人でなし。❹釣りで、ねらった魚以外の獲物（えもの）。 外道

げどく【解毒】体内に入った毒物の作用をなくすこと。detoxification 解毒

けとばす【蹴飛ばす】❶けって飛ばす。❷強くける。❸はねつける。▽要求を―。①kick 蹴飛ばす

けどる【気取る】ある事情に気づく。感づく。▽―られる。perceive 気取る

けなげ【健気】子供や弱者が立派にふるまうようす。 健気

けなす【貶す】悪く言う。くさす。対ほめる。speak ill, run down 貶す

けなみ【毛並み】❶毛の生え具合。❷種類。特に、家柄・育ち。▽―がいい。 毛並み

げなん【下男】下働きの男性。 下男

げにん【下人】❶身分の低い者。❷使用人。 下人

げねつ【解熱】高熱を下げること。注×下熱。 解熱

けねん【懸念】不安に思うこと。 懸念

けば【毛羽】❶布・紙などの表面にできる、毛のようなもの。毛羽毛羽。❷地図で、高低を表す短く細い線。①nap 毛羽

けはい【気配】感じられるようす・気分。feeling, sign 気配

げばひょう【下馬評】世間の評判。rumor 下馬評

けばり【毛鉤】羽毛をつけて、虫のようにみせかけた釣りばり。fly 毛鉤

けびょう【仮病】病気のふりをすること。▽―を使う。pretended illness 仮病

げびる【下卑る】下品でいやしく見える。be vulgar 下卑る

げひん【下品】品がないようす。対上品。vulgarity 下品

けぶり【気振り】それらしいようす。類素振り。 気振り

げぼく【下僕】男性の召使い。 下僕

けまり【蹴鞠】革製のまりをける、昔の貴族の遊び。また、そのまり。 蹴鞠

ケミカル【chemical】化学的に合成されていること。▽―シューズ。

けみする【閲する】❶検査する。▽文書を―。❷時をすごす。▽五〇〇年を―した仏像。 閲する

けむ【煙】「けむり」の略。▼―に巻く おかしなことを言って相手をまどわせる。 煙

けむい【煙い】けむたい❶。 煙い

けむし【毛虫】 ちょう・がの幼虫で、毛の生えているもの。hairy caterpillar 毛虫

けむたい【煙たい】 ❶煙のために息苦しい。けむい。けむったい。❷きゅうくつな感じで気づまりだ。けむったい。▽—存在。①smoky 煙たい

けむり【煙】（烟）❶物が燃えるときに出る気体。けぶり。けむ。❷❶のようなもの。▽湯—。砂—。①smoke 煙

けむる【煙る】 ❶煙がたくさん出る。けぶる。❷かすむ。けぶる。①smoke 煙る

けもの【獣】 四本の足の哺乳（ほにゅう）動物。けだもの。beast 獣

げや【下野】 官職を離れて民間人になること。また、政権を離れて野党になること。下野

けやき【欅】 落葉高木の一。材は家具・建築材用。欅

けら【螻蛄】 昆虫の一。地中にすむ。おけら。螻蛄

けらい【家来】 ❶部下。子分。❷武家の家臣。②retainer 家来

げらく【下落】 ❶価格・値打ちが下がること。❷等級・品格が下がること。図❶騰貴。①depreciation, fall 下落

けり ❶（過去や詠嘆を表す。）…たそうだ。…だったのだなあ。❷（和歌・俳句で、終わりに❶がつくことが多いことから）結末。終わり。

げり【下痢】 大便が液状になって出ること。腹くだし。diarrhea 下痢

ゲリマンダー【gerrymander】 選挙区を自分の党に有利にかえること。

ける【蹴る】 ❶足ではねとばす。❷地面・床をはずみをつけて強くふむ。❸（要求などを）はねつける。①kick 蹴る

げれつ【下劣】 下品でいやしいようす。▽品性—。mean 下劣

けれん【外連】 ❶歌舞伎などで、俗受けするような演出や演技。❷ごまかし。はったり。▽—みのない話し方。外連

げろう【下郎】 ❶人に使われている身分の低い男性。下人。❷男性をののしって言う語。野郎。下郎

けわしい【険しい】 ❶傾斜が急だ。❷荒々しく、きつい。▽—目つき。❸困難だ。①steep ②fierce 険しい

けん〔犬〕 常4 ケン・いぬ ❶動物の、いぬ。▽警察—。❷むだなこと。▽—死に。
筆順 一 ナ 大 犬　犬・犬

けん〔件〕 常6 ケン ❶ことがら。▽事—。用—。❷物事を数える語。
筆順 ノ イ 亻 仁 仵 件　件・件

けん〔見〕 常7 ケン・みる・みえる・みせる ❶目でみる。▽—学。❷考え。▽—解。❸あらわれる。▽露—。❹人に会う。
筆順 丨 冂 月 目 目 貝 見　見・見

けん〔券〕 常8 ケン ❶証拠や約束の文書・紙。▽株—。❷きっぷ。▽入場—。（劵）
筆順 丶 丷 䒑 䒑 龹 类 券 券　券・券

けん〔肩〕 常8 ケン・かた 体のかた。▽—章。比—。
筆順 一 ㇒ 彐 戸 戸 肩 肩 肩　肩・肩

けん〔建〕 常9 ケン・コン・たてる・たつ ❶たてる。たつ。▽—築。❷意見をのべる。▽—議。
筆順 ㇕ ⺕ ⺕ 聿 聿 肂 肂 建 建　建・建

けん〔研〕 常9 ケン・とぐ ❶とぐ。▽—磨。❷見きわめる。▽—究。
筆順 一 ア 不 石 石 石 矸 研 研　研・研

けん〔県〕 常9〔縣〕人16 ケン 行政区画・地方公共団体の一。▽—庁。
筆順 丨 冂 月 目 旦 県 県 県 県　県・県

けん〔倹〕 常10〔儉〕人15 ケン むだをしない。▽—約。勤—。
筆順 ノ イ 亻 伶 伶 倹 倹 倹 倹　倹・倹

けん〔倦〕 人10 ケン・うむ ぐったりする。あきる。▽—厭（けんえん）。—怠（けんたい）。
筆順 ノ イ 亻 仆 佚 佚 倦 倦 倦　倦・倦

けん〔兼〕 常10 ケン・かねる ❶あわせ持つ。▽—業。❷前もって用意する。▽—題。（兼）
筆順 丷 䒑 兰 当 兼 兼 兼 兼　兼・兼

けん〔剣〕 常10〔劍〕人15 ケン・つるぎ かたな。▽—豪。—道。
筆順 ノ 𠆢 亼 合 务 侌 剣 剣　剣・剣

けん〔拳〕 常10 ケン・こぶし にぎりこぶし。▽—法。鉄—。（拳）
筆順 丷 䒑 龹 龹 类 巻 拳 拳　拳・拳

けん〔軒〕 常10 ケン・のき ❶家ののき。❷高くあがる。▽意気—昂（けんこう）。
筆順 一 ㇒ 亘 亘 亘 車 軒 軒　軒・軒

けん〔健〕 常11 ケン・すこやか ❶元気がよい。▽—康。❷力が強い。▽—脚。❸はなはだしい。▽—忘症。
筆順 亻 亻 伊 伊 佳 律 健 健　健・健

けん【牽】人11 ケン・ひく ひく。ひっぱる。▽—引（けんいん）。—制。

けん【捲】人11 ケン・まく まきあげる。▽—土重来（けんどじゅうらい）。

けん【険】常11【險】人16 ケン・けわしい ❶けわしい。▽—阻。❷あぶない。▽危—。

けん【喧】人12 ケン・かまびすしい うるさい。▽—嘩（けんか）。—噪（けんそう）。

けん【圏】常12【圈】人11 ケン ❶かこい。わくの中。▽合格—。❷丸い輪。▽—点。

けん【堅】常12 ケン・かたい ❶かたい。▽—固。❷しっかりした。▽—実。

けん【検】常12【檢】人17 ケン ❶しらべる。▽—査。❷とりしまる。▽—挙。

けん【絢】人12 ケン 美しいもよう。美しいようす。▽—爛（けんらん）。

けん【嫌】常13 ケン・ゲン・きらう・いや ❶きらう。▽—悪（けんお）。❷うたがう。▽—疑。(嫌)

けん【献】常13 ケン・コン ❶さしあげる。ささげる。▽—上。—身。❷酒を相手にすすめる。▽一—（いっこん）。❸物知り。▽文—。❹料理の種類と組み合わせ。▽—立（こんだて）。(獻)

けん【絹】常13 ケン・きぬ 蚕（かいこ）のまゆからとった糸。きぬ。▽—糸。

けん【遣】常13 ケン・つかう・つかわす ❶いかせる。▽派—。❷つかう。▽筆—い。

けん【権】常15 ケン・ゴン ❶はかる。はかりごと。▽—謀。❷支配力。▽—力。政—。❸資格。▽人—。選挙—。❹かりの。▽—化（ごんげ）。(權)

けん【憲】常16 ケン ❶基本となる法則。▽—法。❷役人。▽官—。(憲)

けん【賢】常16 ケン・かしこい ❶かしこい。❷尊敬を表す。▽—察。

けん【謙】常17 ケン へりくだる。▽—虚。—譲。(謙)

けん【鍵】常17 ケン・かぎ ❶かぎ。▽—穴。❷小さな板状のもの。▽—盤。

けん【繭】常18 ケン・まゆ 蚕のまゆ。▽—糸（けんし）。—玉（まゆだま）。

けん【顕】常18【顯】人23 ケン あきらか。めだつ。▽—在。—著。

けん【験】常18【驗】人23 ケン・ゲン ❶ためす。▽—算。試—。❷効能。▽効—。霊—（れいげん）。

けん【鹸】19 ケン 灰をとかした水のあく。▽石—。(鹼)

けん【懸】常20 ケン・ケ・かける・かかる ❶ぶらさがる。▽—垂。❷決着しない。▽—案。—念（けねん）。

けん【間】⇩かん

けん【件】❶ことがら。▽例の—。❷物事・事件などを数える語。

けん【券】❶証拠となる書き付け。▽株—。❷切符。▽乗車—。

けん【妍】女性の容姿のあでやかで、美しいこと。▽—を競う。

けん【県】地方自治体の一。

けん【剣】❶両刃の刀。❷剣を使うわざ。▽—の道。①sword

けん【拳】❶握りこぶし。❷拳法。❸手・指の形で勝負する遊び。▽藤八—。

けん【険】❶けわしいこと・所。▽天下の—。❷とげとげしさ。▽—のある顔。

けん【間】尺貫法の長さの単位。一間は六尺で、約一・八メートル。

け

けん【腱】 筋肉を骨に結びつける強い筋。▽アキレス—。tendon 腱

けん【鍵】 ピアノ・ワープロなどの指でたたく部分。鍵盤。key 鍵

げん〔元〕 常4 **ゲン・ガン・もと** ❶始め。▽—日。—祖。❷もと。▽—素。❸かしら。▽—首。 元・元

筆順 一 二 テ 元

げん〔幻〕 常4 **ゲン・まぼろし** ❶まぼろし。▽—覚。❷まどわす。▽—惑。 幻・幻

筆順 幻

げん〔玄〕 常5 **ゲン** ❶くろい。▽—米。❷くらい。奥ぶかい。▽幽—。 玄・玄

筆順 丶 亠 玄 玄

げん〔言〕 常7 **ゲン・ゴン・いう・こと** ❶いう。▽—論。❷ことば。▽—語。 言・言

筆順 言 言

げん〔弦〕 常8 **ゲン・つる** ❶弓に張る糸。▽鳴—。—月。❸楽器の糸。▽—楽器。管—。❷円周上の二点を結ぶ線。▽余—。 弦・弦

筆順 弦 弦

げん〔彦〕 人9 **ゲン・ひこ** すぐれた男子。▽—星(ひこぼし)。(彦) 彦・彦

筆順 丶 亠 产 产 彦 彦

げん〔限〕 常9 **ゲン・かぎる** ❶かぎる。▽—定。❷区切り。▽期—。 限・限

筆順 限 限

げん〔原〕 常10 **ゲン・はら** ❶もと。はじめ。▽—始。—理。❷平らで広い土地。のはら。▽—野。高—。❸原子力のこと。▽—爆。 原・原

筆順 厂 原 原

げん〔現〕 常11 **ゲン・あらわれる・あらわす** ❶あらわれる。▽出—。❷今ある。▽—存。 現・現

筆順 一 丅 王 現 現

げん〔絃〕 人11 **ゲン・いと** 楽器に張った糸。▽管—。 絃・絃

筆順 絃 絃

げん〔舷〕 常11 **ゲン** ふなばた。▽—側。右—。 舷・舷

筆順 丿 舷 舷

げん〔減〕 常12 **ゲン・へる・へらす** ❶少なくなる。▽—退。❷引き算。▽—法。 減・減

筆順 減 減

げん〔源〕 常13 **ゲン・みなもと** ❶みなもと。大もと。▽—泉。起—。資—。❷源氏のこと。 源・源

筆順 源 源

げん〔諺〕 人16 **ゲン・ことわざ** ことわざ。▽俚—(りげん)。 諺・諺

筆順 諺 諺

げん〔厳〕 常17〔嚴〕人20 **ゲン・ゴン・おごそか・きびしい** ❶おごそか。▽威—。荘—(そうごん)。❷きびしい。▽—選。 厳・厳

筆順 厳 厳

げん〔眼〕 ⇩がん　**げん〔嫌〕** ⇩けん

げん〔験〕 ⇩けん

げん【言】 ことば。word ▼—を左右にする はっきりした答えをしない。▼—を俟(ま)たない 言うまでもない。 言

げん【弦】 ❶弓のつる。❷弓状の月の形。❸弦楽器の糸。❹円周上の二点を結ぶ直線。①③string ④chord 弦

げん【厳】 ❶きびしいようす。▽—として存在する。❷おごそかなようす。 厳

げん【験】 ❶縁起。▽—がいい。❷ききめ。効能。 験

けんあく【険悪】 ❶危険で油断のならないようす。❷顔つきがけわしく、おそろしいようす。 険悪

けんあん【懸案】 問題がまだ解決されないままであること。また、その問題。▽—事項。pending problem 懸案

げんあん【原案】 もとになる案。original bill 原案

けんい【健胃】 胃を丈夫にすること。 健胃

けんい【権威】 ❶人を従わせる力。❷ある分野での実力者。▽医学界の—。①②authority 権威

けんいん【牽引】 ひっぱること。traction 牽引

けんいん【検印】 検査ずみの印。 検印

げんいん【原因】 物事をひきおこす、もと。図結果。cause 原因

けんえい【献詠】 詩歌などをつくって献上すること。また、その詩歌。 献詠

げんえい【幻影】 まぼろし。vision 幻影

けんえき【検疫】 (外国からの)感染症予防の検査。quarantine 検疫

けんえき【権益】 権利と、それに伴う利益。 権益

げんえき【原液】 (薄めたり混ぜたりしない)もとになる液体。 原液

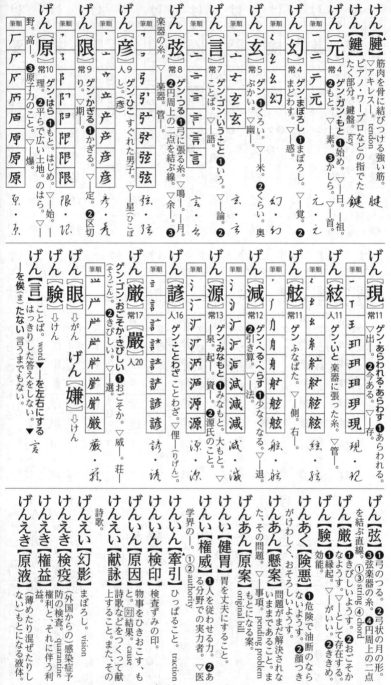

げんえき【現役】❶現在、軍務についていること・人。❷現在、活動していること・人。❸高校在学中の受験生。 現役

けんえつ【検閲】国が出版物などを調べ、とりしまること。censorship 検閲

けんえん【犬猿】いぬとさる。▼—の仲 非常に仲が悪いことのたとえ。 犬猿

けんえん【嫌煙】他人がたばこを吸うのをきらうこと。▽—権。 嫌煙

けんお【嫌悪】憎み嫌うこと。注けんあく。hatred 嫌悪

けんおん【検温】体温をはかること。 検温

けんか【喧嘩】争い。quarrel ▼—両成敗 けんかをした両方とも罰すること。▼—を買う しかけてくるけんかの相手をする。 喧嘩

けんか【献花】霊前などに花をささげること。また、その花。 献花

けんが【懸河】流れのはげしい川。▽—の弁。 懸河

げんか【言下】言い終わったすぐあと。▽—に否定する。 言下

げんか【原価】❶仕入れ値段。❷製品の生産にかかった費用。▽—割れをおこす。②cost price 原価

げんか【現下】いま。現在。▽—の情勢。 現下

げんが【原画】複製・印刷のもとになる絵。original picture 原画

けんかい【見解】意見や考え方。view 見解

けんかい【狷介】がんこで、人と折り合わないこと。▽—孤高。 狷介

けんがい【懸崖】❶きりたったがけ。❷盆栽で、枝が根よりも低く下がったもの。 懸崖

げんかい【限界】それ以上(以下)はないという、境目。類限度。limit 限界

げんかい【厳戒】きびしい警戒。strict guard ▽—体制。 厳戒

げんがい【言外】直接ことばに表さない部分。▽—ににおわす。 言外

けんかく【剣客】剣の達人。けんきゃく。類剣豪。great swordsman 剣客

けんかく【懸隔】へだたり。▽実力に—がある。gap 懸隔

けんがく【見学】見て学ぶこと。study trip 見学

けんがく【建学】学校を設立すること。 建学

げんかく【幻覚】実際にないことを、あるように感じること。hallucination 幻覚

げんかく【厳格】規律にきわめてきびしいようす。strict 厳格

げんがく【弦楽】〈絃楽〉弦楽器による音楽。▽—四重奏。string music 弦楽

げんがく【衒学】知識・学問があることをひけらかすこと。pedantry 衒学

げんかしょうきゃく【減価償却】固定資産の値打ちがへった分に相当する金額を損金に入れて計算すること。 減価

けんがみね【剣が峰】❶噴火口のまわり。❷相撲で、土俵の内・外の境目。❸成功・不成功の境目。類❸瀬戸際。 剣が峰

けんかん【顕官】地位の高い重要な官職(の人)。high official 顕官

げんかん【玄関】建物の正面の入り口。entrance 玄関

げんかん【厳寒】厳しい寒さ。▽—の候。類酷寒(こっかん)。intense cold 厳寒

けんぎ【建議】政府や役所に意見をのべること。類建白。proposition 建議

けんぎ【嫌疑】悪事をした疑い。類容疑。suspicion 嫌疑

げんき【元気】❶活動のもとになる力。▽—をつける。❷健康なようす。活発なようす。①vigor ②cheerful 元気

げんぎ【原義】本来の意味。原意。original meaning 原義

けんきゃく【剣客】⇩けんかく。 剣客

けんきゃく【健脚】足が強くよく歩けること・その足。 健脚

けんきゅう【研究】深く調べ考えること。research, study 研究

げんきゅう【言及】話がある問題におよぶこと。▽—をさける。reference 言及

げんきゅう【減給】給料をへらすこと。減俸。salary cut 減給

けんぎゅうせい【牽牛星】彦星(ひこぼし)。わし座のアルタイル。対織女星。 牽牛星

けんきょ【検挙】容疑者を調べるため警察に連れて行くこと。arrest 検挙

けんきょ【謙虚】ひかえめで素直なようす。modest 謙虚

けんぎょう【兼業】本業以外の仕事もすること。また、そ 兼業

の仕事。

げんきょう【元凶】 ❶悪事の中心人物。❷悪い結果をもたらす原因。 元凶

げんきょう【現況】 現在のようす。 現況

げんぎょう【現業】 工場や屋外の現場でする仕事。 現業

けんきょうふかい【牽強付会】 自分に都合よく、こじつけて言うこと。 牽強

けんきん【献金】 ある目的のためにお金を差し出すこと。また、そのお金。▽政治—。contribution 献金

げんきん【現金】 ❶現在持っている金。有り金。❷小切手などに対して、貨幣や紙幣。❸利害によって態度を急に変えるようす。▽—な奴。② cash 現金

げんきん【厳禁】 きびしく禁じること。▽火気—。strict prohibition 厳禁

げんくん【元勲】 国に対する大きな勲功のあった人。elder statesman 元勲

げんくん【厳君】 厳父❷。 厳君

げんげ【紫雲英】 「れんげそう」の別名。 紫雲英

けんけい【賢兄】 他人の兄や同輩の男性をさす尊敬語。貴兄。 賢兄

げんけい【原形】 もとの形。▽—をとどめない。original form 原形

げんけい【原型】 製作物の、もとになる型。▽洋服の—。prototype 原型

げんけい【減刑】 刑を軽くすること。commutation 減刑

げんけい【厳刑】 きびしい刑罰。 厳刑

けんげき【剣戟】 武器。また、戦い。 剣戟

けんげき【剣劇】 刀での切り合いが中心の映画・演劇。類ちゃんばら。 剣劇

けんけつ【献血】 血液を無償で提供すること。blood donation 献血

げんげつ【弦月】 上弦・下弦の月。 弦月

けんげん【建言】 役所・上役に、意見を申しのべること。類建白。進言。 建言

けんげん【権限】 人や組織が行いうる仕事の範囲。▽職務—。power 権限

けんげん【顕現】 形がはっきりとあらわれること。manifestation 顕現

けんけんごうごう【喧喧囂囂】 大ぜいががやかましく騒ぐようす。▽—たる非難。 喧喧

けんご【堅固】 しっかりしていて、こわれたりしないようす。▽—な意志。firm 堅固

げんこ【拳固】 拳骨(げんこつ)。 拳固

げんご【言語】 音声や文字で考えを表現・伝達する活動。ことば。▽—学。—表現。language ▼**—に絶する** はなはだしくて、ことばで表現できない。 言語

げんご【原語】 翻訳などをする前のもとのことば。original language 原語

けんこう【健康】 ❶心身の状態。▽—診断。❷心身がすこやかなようす。▽—な精神。② healthy 健康

けんごう【剣豪】 剣術の名人。 剣豪

げんこう【言行】 言うことと行うこと。▽—一致。 言行

げんこう【原稿】 発表することを目的とした文章・絵など。manuscript 原稿

げんこう【現行】 現在行われていること。▽—犯。existing 現行

げんごう【元号】 年号。 元号

けんこうこつ【肩甲骨】 〈肩胛骨〉両肩の後ろにある三角の形の骨。かいがらぼね。shoulder blade 肩甲骨

けんこく【建国】 新しく国をつくること。 建国

げんこく【原告】 民事訴訟裁判をおこした当事者。対被告。plaintiff 原告

げんこつ【拳骨】 かたく握りしめた手。握りこぶし。拳固。fist 拳骨

げんこん【現今】 現在。今。▽—の情勢。 現今

けんこんいってき【乾坤一擲】 運命をかけて、思いきった勝負をすること。 乾坤

けんさ【検査】 ある基準にしたがって、調べること。類点検。inspection 検査

けんざい【建材】 建築に用いる資材。 建材

けんざい【健在】 ❶元気に暮らしていること。▽両親は—です。❷十分機能すること。▽ベテラン—。 健在

けんざい【顕在】 はっきり形にあらわれること。▽—化。対潜在。 顕在

げんさい【減殺】へらして少なくすること。類削減。注げん×さつ。lessening 減殺

げんざい【原罪】キリスト教で、人間が生来もっている罪。original sin 原罪

げんざい【現在】❶今。❷仏教で、この世。❸基準となるその時。▽三月—。❹今存在すること。①the present 現在

けんさく【研削】砥石(といし)で工作物の表面をなめらかにすること。▽—盤。類研磨。 研削

けんさく【検索】求める情報を調べてさがしだすこと。reference 検索

げんさく【原作】❶翻訳や改作のもとになった作品。❷映画・演劇などのもとになった作品。①②original 原作

けんさつ【検札】車内で、車掌が乗客の乗車券を調べること。 検札

けんさつ【検察】犯罪を調べて証拠を集めること。▽—官。prosecution 検察

けんさつ【賢察】相手が推察することの尊敬語。▽ご—のとおり。 賢察

けんさん【研鑽▲】学問・技芸などを研究し深めること。▽—を積む。 研鑽

けんざん【剣山】生け花用の、太い針を植えた道具。frog 剣山

けんざん【検算】(験算)計算の結果をたしかめること。また、その計算。 検算

げんさん【原産】ある物がはじめて産出されたこと。▽—地。native 原産

げんさん【減産】生産がへること。生産を減らすこと。reduction 減産

げんざん【見参】対面・面会すること。けんざん。meeting 見参

げんざん【減算】引き算。減法。対加算。 減算

けんし【犬歯】前歯のとなりにある、とがった歯。糸切り歯。canine tooth 犬歯

けんし【剣士】剣術使い。swordsman 剣士

けんし【検死】(検屍)変死体を調べて、死因を明らかにすること。 検死

けんし【検視】❶事件の現場などを調査すること。❷検死。 検視

けんし【絹糸】かいこの繭からとった糸。きぬいと。silk thread 絹糸

けんじ【剣璽】天叢雲剣と八尺瓊の勾玉。また、三種の神器。▽—等承継の儀。 剣璽

けんじ【健児】元気さかんな若者。 健児

けんじ【堅持】考えや態度をかたく守って変えないこと。▽従来の方針を—する。maintenance 堅持

けんじ【検事】検察官の階級の一。また、検察官のこと。prosecutor 検事

けんじ【献辞】著者などが自著を献呈するために書いたことば。献詞。献題。 献辞

けんじ【顕示】はっきりと示すこと。▽自己—。manifestation 顕示

げんし【幻視】実際には存在しないものが存在するかのように見えること。 幻視

げんし【原子】物質をつくるおおもとの、最小のつぶ。atom 原子

げんし【原始】❶物事のはじめ。❷自然のまま。▽—人。①genesis 原始

げんし【原資】もととなる資金。fund 原資

げんじ【言辞】ことば。ことばづかい。▽不穏な—を弄(ろう)する。words 言辞

けんしき【見識】すぐれた判断力・意見。judgment 見識

けんじつ【堅実】手堅く、確実なようす。steady 堅実

げんしつ【言質】⇩げんち。 言質

げんじつ【現実】実際にある事実や状態。reality 現実

げんじてん【現時点】現在の時点。 現時点

けんじゃ【賢者】かしこい人。sage 賢者

けんしゅ【堅守】(陣地などを)かたく守ること。かたい守り。 堅守

げんしゅ【元首】国際法上、国を代表する人。sovereign 元首

げんしゅ【厳守】(規則・約束などを)かたく守ること。strict observance 厳守

けんしゅう【研修】学問・技術を学んで身につけること。study 研修

けんしゅう【献酬】杯(さかずき)のやりとり。 献酬

けんじゅう【拳銃】片手で発射できる小型の銃。pistol 拳銃

げんしゅう【減収】収入・収穫がへること。また、へった収入・収穫。対増収。 減収

げんじゅう【現住】現在そこに住んでいること。▽—所。 現住

げんじゅう【厳重】非常にきびしいようす。strict 厳重

げんじゅうみん【原住民】その土地にもとから住んでいる民族。native 原住民

げんしゅく【厳粛】❶おごそかなようす。❷動かすことのできないようす。▽—な事実。①solemn 厳粛

けんしゅつ【検出】調べて、ある成分をとり出すこと。detection 検出

けんじゅつ【剣術】刀で戦う武術。剣法。 剣術

げんしゅつ【現出】あらわれ出ること。あらわし出すこと。▽黄金時代が—する。appearance 現出

げんじゅつ【幻術】人の目をくらますふしぎな術。類妖術（ようじゅつ）。魔術。magic 幻術

けんしゅん【険峻】山や岩が高くけわしいこと。steep 険峻

げんしょ【原初】起こり。始め。 原初

げんしょ【原書】翻訳・改作に対し、もとの本。original text 原書

げんしょ【厳暑】きびしい暑さ。 厳暑

けんしょう【健勝】健康で元気なこと。手紙文で使う語。▽ますますご—のことと存じ上げます。類清勝。 健勝

けんしょう【検証】実際に調べ、事実をはっきりさせること。 検証

けんしょう【憲章】国家などが理想として定めた、大切なきまり。charter 憲章

けんしょう【謙称】謙そんした言い方。「小生」「愚妻」など。対敬称。 謙称

けんしょう【顕彰】功績を、広く世間に知らせること。類表彰。 顕彰

けんしょう【懸賞】賞金・賞品をかけること。また、その賞金・賞品。prize 懸賞

けんじょう【健常】体や精神に障害のないこと。 健常

けんじょう【献上】貴人に物を差し上げること。類奉呈。献呈。 献上

けんじょう【謙譲】へりくだり、ゆずること。類謙遜（けんそん）。humility 謙譲

げんしょう【現象】形をとってあらわれる物事。phenomenon 現象

げんしょう【減少】へって少なくなること。また、少なくすること。対増大。増加。注減×小。decrease 減少

げんじょう【原状】もとの状態・形。▽—回復。original state 原状

げんじょう【現状】現在の状態。▽—維持。present condition 現状

げんじょう【現場】⇩げんば❶。 現場

けんしょく【兼職】本来の職以外に職をもつこと。また、その職。 兼職

げんしょく【原色】❶絵の具で赤・青・黄の三色。光で赤・青・緑の三色。❷あざやかな、目立つ色。❸もとのままの色。①primary color ②vivid color 原色

げんしょく【現職】❶現在ついている職。❷現在、その職についていること。類❷現役。①present post 現職

けんじる【献じる】身分の高い人に物を差し上げる。 献じる

げんじる【現じる】あらわれる。あらわす。 現じる

げんじる【減じる】へる。へらす。decrease 減じる

けんしん【検針】ガス・水道などのメーターを読みとること。 検針

けんしん【検診】病気かどうかを診察すること。checkup 検診

けんしん【献身】自分の利害を考えず、つくすこと。▽—的。devotion 献身

けんじん【堅陣】守りのかたい陣。 堅陣

けんじん【賢人】かしこい人。sage 賢人

げんじん【原人】現在の人類以前の、原始的な人類。化石人類。 原人

げんず【原図】複製などの、もとになる図。original figure 原図

けんすい【懸垂】❶たれさがること。❷鉄棒にぶら下がって腕の力で体を上げ下げする運動。②chin-up 懸垂

げんすい【元帥】旧陸海軍で、軍人の最高の位。大将の中で、特に功績のあった人に与えられた。 元帥

げんすい【減衰】しだいに減少したり、おとろえたりすること。 減衰

げんすん【原寸】実物どおりの大きさ。類実物大。full-scale 原寸

げんせ【現世】この世。this world 現世

けんせい【牽制】相手の注意をひきつけ、自由に行動させないこ 牽制

と。▽発言を―する。―球。

けんせい【権勢】権力と威勢。▽―をふるう。power　権勢

けんせい【憲政】憲法に基づいて行う政治。立憲政治。constitutional govern-ment　憲政

げんせい【厳正】きびしくて公正なようす。strict　厳正

げんぜい【減税】税金をへらすこと。tax reduction　減税

げんせいりん【原生林】人手の加えられていない、自然のままの森林。原始林。primeval forest　原生林

けんせき【譴責】過ちや悪い行いをせめとがめること。reproof　譴責

げんせき【原石】❶加工する前の宝石。❷原料となる鉱石。① gemstone　原石

げんせき【原籍】❶元の戸籍。❷本籍。　原籍

けんせつ【建設】新たにつくりあげること。対破壊。construction　建設

けんぜん【健全】❶心身が健康なこと。❷かたよらず、正常なようす。▽―財政。①②sound　健全

げんせん【源泉】〈原泉〉❶水のわき出るもと。❷物事のもと。①②source　源泉

げんせん【厳選】きびしく選び出すこと。careful selection　厳選

げんぜん【現前】目前にあること。　現前

げんぜん【厳然】いかめしく、おごそかなようす。▽―たる事実。　厳然

けんそ【険阻】山や道などのけわしいこと。steepness　険阻

げんそ【元素】化学的にそれ以上分解できないとされる物質。element　元素

けんそう【険相】険悪な人相。　険相

けんそう【喧噪】〈喧騒〉やかましいようす。▽―をきわめる。noisy　喧噪

けんぞう【建造】建物・船などをつくること。類建設。build　建造

げんそう【幻想】❶とりとめのない想像。❷現実にない物事を、あるように感じること。①fantasy ②illusion　幻想

げんぞう【幻像】実際はないのに、あるように見える形や姿。phantasm　幻像

げんぞう【現像】フィルム・印画紙などに薬品処理をして、映像をあらわすこと。developing　現像

げんそうきょく【幻想曲】自由な想像による、形式にとらわれない楽曲。　幻想曲

けんそく【検束】❶自由を抑えること。❷警察権で一時留置すること。　検束

けんぞく【眷属】〈眷族〉❶血筋のつながった親族。一族。❷配下の者。　眷属

げんそく【原則】おおもとの決まり。principle　原則

げんそく【舷側】船の側面。ふなべり。ship's side　舷側

げんそく【減速】速力をおそくすること。対加速。reducing speed　減速

げんぞく【還俗】僧が、僧をやめ、もとの俗人にかえること。　還俗

けんそん【謙遜】へりくだること。ひかえめにふるまうこと。類謙譲。modesty　謙遜

げんそん【玄孫】孫の孫。やしゃご。　玄孫

げんそん【現存】今、実際にあること。げんぞん。▽―する建物。existence　現存

げんそん【厳存】たしかに存在すること。げんぞん。　厳存

けんたい【倦怠】❶あきて、いやになること。▽―期。❷だるく感じること。▽―感。②languor　倦怠

けんたい【兼帯】❶兼用。▽朝食―の昼食。❷兼任。　兼帯

けんたい【献体】死後、自分の体を解剖(かいぼう)実習に提供すること。　献体

けんだい【兼題】短歌・俳句の会で、前もって出しておく題。　兼題

けんだい【賢台】手紙の脇付けで、同輩以上に使う尊敬語。　賢台

げんたい【減退】減り、おとろえること。少なくなること。対増進。decline　減退

げんだい【現代】❶今の時代。❷第二次世界大戦終了後から現在までの時代。①present age　現代

げんたいけん【原体験】その人の考えを支配する重要な（幼いころの）体験。　原体験

けんだか【権高】〈見高〉気位が高く、相手を見下すような態度をとるようす。　権高

けんたん【健啖】たくさん食べること。▽―家。glutton　健啖

げんたん【減反】 農作物の作付面積を減らすこと。▽―政策。

けんち【見地】 物事を見るよりどころとなる立場。観点。 viewpoint

けんち【検知】 検査して知ること。▽―器。

けんち【硯池】 硯(すずり)の水をためる部分。

げんち【言質】 あとあと証拠となることば。げんしつ。▽―を取る。 pledge

げんち【現地】 ❶現在いる場所。❷ある事が行われている場所。 ②spot

けんちく【建築】 建物などを建てること。また、建物。 architecture

けんちょ【顕著】 はっきり目だっているようす。▽―な効果。 outstanding

げんちょ【原著】 翻訳・改作したものの、もとの作品。原作。 original work

けんちょう【県庁】 県の行政事務をあつかう役所。 prefectural office

げんちょう【幻聴】 音がしないのに聞こえるように感じること。類空耳。

けんちんじる【巻繊汁】 とうふや野菜を油でいためて煮た、しょうゆ味の汁。

けんつく【剣突】 ひどくしかること。ひどい小言。▽―を食わす。 scolding

けんてい【検定】 検査をし、合否・資格などを決めること。 authorization

けんてい【献呈】 つつしんで差し上げること。類献上。 presentation

げんてい【限定】 範囲・数量をかぎること。 limitation

けんてん【圏点】 強調するために、文字の脇につける点。傍点。

けんでん【喧伝】 さかんに言いふらすこと。▽世間に―される。 注×せんでん。 active propaganda

げんてん【原典】 よりどころとした、もとの書物・文献。 original text

げんてん【原点】 ❶基準になる点。根本になるところ。▽―に返る。❷数学で、座標の基準となる点。 ①②origin

げんてん【減点】 点数をへらすこと。対加点。

げんど【限度】 それ以上はこえられない、ぎりぎりの程度・範囲。▽忍耐の―をこえる。 limit

けんとう【見当】 ❶見こみ。❷だいたいの方角。❸程度。…ぐらい。

けんとう【拳闘】 ボクシング。

けんとう【健闘】 がんばってよくたたかうこと。類善戦。 good fight

けんとう【検討】 よく調べ、考えること。 consideration

けんとう【献灯】 寺社に灯明・灯籠(とうろう)を奉納すること。

けんとう【賢答】 かしこい答え。りっぱな答え。 sagacious answer

けんどう【剣道】 竹刀(しない)を用いて行う、スポーツとしての剣術。

げんとう【幻灯】 絵・写真などに光線をあて、拡大して映す装置。

げんとう【厳冬】 寒さのきびしい冬。 severe winter

げんどう【言動】 ことばと行い。

げんどうき【原動機】 ❶エネルギー源を機械的エネルギーにかえる装置。❷モーター。

げんどうりょく【原動力】 ❶機械に運動を起こさせる力。❷活動のもとになる力。 ①driving force

けんどじゅうらい【捲土重来】 一度敗れた人が、勢力をもりかえして再びやってくること。けんどちょうらい。

げんなま【現生】 「現金」をいう俗語。 cash

けんなん【剣難】 刃物による災難。

けんなん【険難】 進むのが困難なこと・場所。

げんに【現に】 実際に。▽―この目で見た。 actually

げんに【厳に】 きびしく。▽―戒める。 strictly

けんにん【兼任】 複数の職務をもつこと。兼務。類兼職。対専任。

けんにんふばつ【堅忍不抜】 我慢強くて、心を動かさないこと。

けんのう【献納】 寺社などに金品を差しあげること。類奉納。

donation

けんのう【権能】 権利を主張・行使できる能力。authority　権能

げんのう【玄翁】 大きなかなづち。

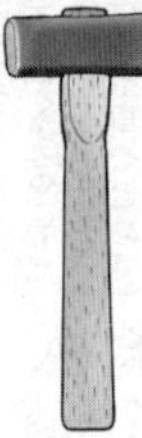

玄翁

けんのん【剣呑】 危なっかしいようす。▽それは―な話だ。dangerous

けんば【犬馬】 犬と馬。▼―の労をとる 他人のために尽くすこと。　犬馬

げんば【現場】 ❶物事が起こった場所。げんじょう。▽事故―。❷作業場など。▽―監督。②site　現場

けんぱい【献杯】 〈献盃〉さかずきを差し出すこと。図返杯。　献杯

けんぱく【建白】 政府などに意見を申しのべること。▽―書。類建議。　建白

げんばく【原爆】 「原子爆弾」の略。　原爆

げんばつ【厳罰】 きびしい罰。severe punishment　厳罰

げんぱつ【原発】 「原子力発電所」の略。　原発

けんばん【鍵盤】 ピアノなどの、鍵をならべた部分。keyboard　鍵盤

げんばん【原盤】 レコードの鋳型。みぞの形に音を刻みこんだ円形の板。　原盤

げんぱん【原板】 写真で、焼き付けるために用いるフィルムなど。negative　原板

けんび【兼備】 二つ以上のよい点をかねそなえていること。▽才色―。　兼備

げんぴ【厳秘】 極秘(ごくひ)。　厳秘

けんびきょう【顕微鏡】 微小な物をレンズで拡大して見る光学器械。microscope　顕微鏡

けんぴつ【健筆】 文字・文章が達者なこと。▽―をふるう。　健筆

けんぴん【検品】 製品の検査。　検品

げんぴん【現品】 実際の品物。実際に今ある品物。現物。▽―先渡し。―限り。actual article　現品

けんぶ【剣舞】 詩吟に合わせ、剣を持って舞う舞。　剣舞

けんぷ【絹布】 絹糸で織った布。絹織物。silk cloth　絹布

げんぷ【厳父】 ❶きびしい父。❷他人の父をさす尊敬語。　厳父

げんぷく【元服】 昔、男子が成人になったときに行った儀式。げんぶく。　元服

けんぷじん【賢夫人】 かしこい妻。　賢夫人

けんぶつ【見物】 景色・催し物などを見て楽しむこと。sightseeing　見物

げんぶつ【現物】 ❶現品。❷金銭に対しての、品物。　現物

けんぶん【見聞】 見たり聞いたりすること。また、それで得た知識。▽―を広める。―録。　見聞

けんぶん【検分】 〈見分〉実際に立ちあって調べること。▽実地―。survey　検分

げんぶん【原文】 翻訳したり改作したりしない、もとの文章。　原文

げんぶんいっち【言文一致】 話しことばに近い形で文を書くこと。　言文

けんぺい【憲兵】 軍隊の警察活動を受けもつ軍隊・軍人。military police　憲兵

げんぺい【源平】 ❶源氏と平氏。❷白と赤。また、敵と味方。　源平

けんぺいづく【権柄尽く】 権力で人をおさえて事をするようす。imperative　権柄尽

けんぺいりつ【建蔽率】 敷地面積に対する、建築面積の割合。　建蔽率

けんぼ【賢母】 かしこい母。▽良妻―。　賢母

げんぼ【原簿】 もととなる帳簿。original register　原簿

けんぽう【剣法】 剣術。　剣法

けんぽう【拳法】 こぶしでついたり足でけったりして戦う武術。　拳法

けんぽう【憲法】 国家の基本となる法律。国の最高法。constitution　憲法

げんぽう【減法】 引き算。減算。図加法。　減法

げんぽう【減俸】 減給。　減俸

けんぼうじゅっすう【権謀術数】 人をあざむく計略。　権謀

けんぼうしょう【健忘症】 記憶力が衰えて忘れっぽくなること・病気。forgetfulness　健忘症

けんぽく【硯北】 手紙の脇付けの一。敬意を表す。　硯北

けんぽん【献本】 本を差し上げること。また、その本。　献本

げんぽん【原本】写しなどのもとになる本・文書。original 原本

けんま【研磨】〈研摩〉❶とぎ、みがくこと。▽—剤。❷深く研究し、才能をみがききたえること。①polishing 研磨

げんまい【玄米】精白していない米。くろごめ。対白米。brown rice 玄米

けんまく【剣幕】〈見幕〉ひどく怒っている顔つき・態度。fierce look 剣幕

げんみつ【厳密】細かくきびしいようす。strict 厳密

げんみょう【玄妙】道理などが奥深くすぐれていること。玄妙

けんむ【兼務】他の職務をかねること。また、その職務。兼任。兼務

けんめい【賢明】かしこく、道理に明るいようす。wise 賢明

けんめい【懸命】せいいっぱいがんばるようす。strenuous 懸命

げんめい【言明】はっきりと言いきること。明言。▽—を避ける。declaration 言明

げんめい【厳命】きびしく命令すること。また、その命令。厳令。strict order 厳命

げんめつ【幻滅】幻想からさめて現実にもどり、がっかりすること。▽—の悲哀。disillusion 幻滅

げんめん【減免】負担を軽くすること。また、免除すること。減免

けんもん【検問】(通行人や車をとめて)問いただし調べること。check 検問

けんもん【権門】官位が高く、権力のある家柄。権門

げんや【原野】自然のままの広大な野原。類荒野。wilderness 原野

けんやく【倹約】むだづかいをしないこと。類節約。thrift 倹約

げんゆ【原油】精製していない石油。crude oil 原油

げんゆう【現有】現在もっていること。▽—勢力。現有

けんよう【兼用】一つのものをいくつかに役だてて使うこと。▽晴雨—。兼用

けんよう【顕揚】世間に名声などをあらわし、高めること。顕揚

けんらん【絢爛】きらびやかで美しいようす。▽豪華—。gorgeous 絢爛

けんり【権利】物事を自由に行うことができる資格。対義務。right 権利

げんり【原理】おおもとの理論。類原則。principle 原理

げんりゅう【源流】❶流れのみなもと。▽多摩川の—。❷物事の起源。▽文化の—。①②source 源流

けんりょう【見料】❶見物料。観覧料。❷易者に見てもらう手数料。①admission 見料

げんりょう【原料】製造のもととなる材料。raw materials 原料

げんりょう【減量】量・目方がへること。また、へらすこと。対増量。減量

けんりょく【権力】他人を支配し、したがわせる力。▽—闘争。power 権力

けんろ【険路】けわしい道。険路

けんろう【堅牢】かたくてじょうぶなようす。類堅固。solid 堅牢

げんろう【元老】❶国家に功労のあった老政治家。元勲。❷ある分野で功労のあった老大家。元老

げんろん【言論】言語によって考えを発表すること。また、その考え。speech 言論

げんろん【原論】根本となる理論。また、それを論じたもの。principles 原論

げんわく【幻惑】ありもしないことで、人の心をまどわすこと。幻惑

げんわく【眩惑】目がくらんで、まどうこと。また、まどわすこと。dazzle 眩惑

こ【コ】

こ〔己〕常3 コ・キ・おのれ ❶自分。▽自—。❷十干の第六。つちのと。
筆順 ㇆ コ 己
己・己

こ〔戸〕常4 コ・と ❶とびら。▽門—。❷家。▽—主。—外。
筆順 一 ㇇ ヨ 戸
戸・戸

こ〔乎〕人5 コ・オ・か・や ❶疑問・感嘆・反語を表す語。❷状態を表す助字。▽確—(かっこ)。断—。
筆順 ノ ㇒ 乊 乎
乎・乎

こ〔古〕常5 コ・ふるい・ふるす ❶ふるい。▽—参。❷むかし。▽—今。—代。
筆順 一 十 古 古
古・古

こ〔呼〕常8 コ・よぶ ❶よぶ。▽点—。—応。❷名づける。▽—称。❸息をはく。▽—吸。
筆順 丨 口 口 口' 口' 吅 吰 呼
呼・呼

こ【固】常8 **コ・かためる・かたまる・かたい** ❶かたい。かたまる。▽―定。❷かたくな。▽頑―。❸もともと。▽―有。
筆順 固　固・固

こ【姑】8 **コ・しゅうとめ** ❶夫または妻の母。❷一時的であること。▽―息。
筆順 姑　姑・姑

こ【股】常8 **コ・また** ❶また。▽―間。❷もも。▽―引き(ももひき)。❸複数に分かれたもの。▽刺―(さすまた)。
筆順 股　股・股

こ【虎】常8 **コ・とら** ❶ネコ科の猛獣。▽―口(ここう)。❷酔っ払い。▽大―(おおとら)。
筆順 虎　虎・虎

こ【孤】常9 **コ** ❶みなしご。▽―児。❷ひとりぼっち。▽―独。
筆順 孤　孤・孤

こ【弧】常9 **コ** ❶弓形の曲線。❷円周の一部。▽円―。
筆順 弧　弧・弧

こ【故】常9 **コ・ゆえ** ❶ふるい。▽―事。❷さしさわり。▽―障。❸死ぬ。❹原因。❺わざと。▽―意。
筆順 故　故・故

こ【枯】常9 **コ・かれる・からす** ❶かれる。▽―渇。❷おとろえる。▽栄―。❸円熟した趣がある。▽―淡。
筆順 枯　枯・枯

こ【胡】人9 **ウ・コ・ゴ・えびす** ❶でたらめ。▽―乱(うろん)。❷異民族。▽―弓。
筆順 胡　胡・胡

こ【個】常10 **コ** ❶物を数える語。❷別々のもの。▽―室。
筆順 個　個・個

こ【庫】常10 **コ・ク** ものを入れる、くら。▽金―。倉―。―裏(くり)。
筆順 庫　庫・庫

こ【壺】11 **コ・つぼ** つぼ。▽銅―(どうこ)。―中の天。
壺・壺

こ【湖】常12 **コ・みずうみ** みずうみ。▽―沼。―水。―畔。
筆順 湖　湖・湖

こ【琥】人12 **コ**「琥珀(こはく)」で、地質時代の植物樹脂などが埋もれて化石化したもの。
筆順 琥　琥・琥

こ【雇】常12 **コ・やとう** 賃金を払って人を使う。▽―用。解―。(雇)
筆順 雇　雇・雇

こ【瑚】人13 **コ・ゴ**「珊瑚(さんご)」で、さんご虫の骨格。
筆順 瑚　瑚・瑚

こ【誇】常13 **コ・ほこる** ❶自慢して大げさにいう。▽―張。―大。❷みずから名誉とする。ほこる。また、その気持ち。▽―示。
筆順 誇　誇・誇

こ【跨】人13 **コ・またぐ** またぐ。またがる。▽―線橋(こせんきょう)。
筆順 跨　跨・跨

こ【鈷】13 **コ** 煩悩(ぼんのう)を破る仏具。▽独―(とっこ)。
鈷・鈷

こ【鼓】常13 **コ・つづみ** ❶つづみ。▽―笛。❷ふるいたたせる。▽―舞。
筆順 鼓　鼓・鼓

こ【糊】人15 **コ・のり** ❶のり。❷かゆをすする。▽―口。❸あいまいな。▽模―(もこ)。❹米の粉。▽―塗。
筆順 糊　糊・糊

こ【錮】常16 **コ** とじこめる。▽禁―。
筆順 錮　錮・錮

こ【顧】常21 **コ・かえりみる** ❶ふりかえる。▽回―。❷気を配る。▽―慮。(顧)
筆順 顧　顧・顧

こ【去】⇩きょ

こ【拠】⇩きょ

こ【狐】⇩きつね

こ【虚】⇩きょ

こ【子】❶親から生まれた人。❷幼い者。❸若い人。❹利息。▽元も―もない。❺人。▽江戸っ―。対❶親。①②child
▼**―は鎹**(かすがい) 子は夫婦の間をつなぎとめるものだということ。▼**―は三界**(さんがい)**の首枷**(くびかせ) 親は子のために一生苦労するということ。▼**―故**(ゆえ)**の闇**(やみ) わが子かわいさのあまり、理性を失うこと。▼**―を持って知る親の恩** 親になって、はじめて親のありがたさがわかるということ。
子

こ【弧】❶弓形。❷円周・曲線の一部。
弧

こ【粉】❶こな。❷…のこな。
粉

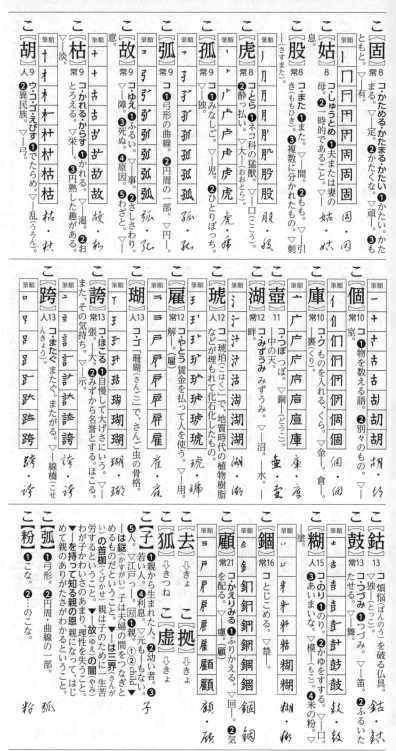

ご〔五〕常4 ゴ・いつ・いつつ 数の五。五番目。▽―指。―穀。
筆順 一 丆 五 五
五・五

ご〔互〕常4 ゴ・たがい たがい。たがいに。▽―助。交―。
筆順 一 工 互 互
互・互

ご〔午〕常4 ゴ 十二支の七番目。うま。▽正―。子―線。
筆順 ノ 𠂉 午 午
午・午

ご〔伍〕人6 ゴ ❶五人一組み。❷隊列。▽落―。❸なかま入り。▽列強に―する。
筆順 ノ 亻 仁 仃 伍 伍
伍・伍

ご〔呉〕常7 ゴ ❶中国の古い国名。❷中国の物。▽―服。（吳）
筆順 丶 口 口 吕 旦 呉 呉
呉・呉

ご〔吾〕人7 ゴ・われ わたくし。われ。▽―人。―輩（わがはい）。
筆順 一 丆 五 五 吾 吾 吾
吾・吾

ご〔後〕常9 ゴ・コウ・のち・うしろ・あと・おくれる ❶うしろ。▽―光。背―。❷あと。▽前―。今―。❸おくれる。▽―発（こうはつ）。
筆順 ノ 彳 彳 𢓇 𢓇 後 後 後 後
後・後

ご〔娯〕常10 ゴ たのしむ。たのしみ。▽―楽。（娛）
筆順 女 女 如 如 娯 娯 娯 娯
娯・娯

ご〔悟〕常10 ゴ・さとる ❶理解する。▽―性。覚―。❷さとり。▽―道。
筆順 丶 忄 忄 忄 忄 悟 悟 悟
悟・悟

ご〔梧〕人11 ゴ・あおぎり 落葉高木の、あおぎり。▽―下（ごか）。―桐（ごとう）。
筆順 十 木 木 杯 梧 梧 梧
梧・梧

ご〔碁〕常13 ゴ 囲碁。▽―石。―盤。持―。
筆順 一 艹 甘 其 其 其 碁
碁・碁

ご〔語〕常14 ゴ・かたる・かたらう ❶話して告げる。話し合う。▽私―。―部（かたりべ）。❷ことば。言語。▽―学。単―。日本―。
筆順 二 言 言 訂 語 語 語
語・語

ご〔誤〕常14 ゴ・あやまる まちがう。あやまり。▽―解。―算。―診。（誤）
筆順 二 言 言 訂 誤 誤 誤 誤
誤・誤

ご〔醐〕人16 ゴ 乳を発酵させたもの。▽醍―味（だいごみ）。
筆順 丌 西 酉 酐 酤 醐 醐 醐
醐・醐

ご〔檎〕人17 ゴ ▽「林檎（りんご）」で、果実の名。
筆順 木 木 杧 桧 桧 檎 檎 檎
檎・檎

ご〔護〕常20 ゴ かばう。まもる。▽―衛。保―。―身。
筆順 言 言 計 訐 訐 護 護 護
護・護

ご〔期〕⇩き ご〔御〕⇩ぎょ

ご【期】とき。重大な折。▽この―に及んで。moment
期

ご【碁】囲碁。
碁

ご【語】❶ことば。❷単語。❸単語の数を数えることば。❹ことばの体系。▽標準―。②word
語

コア【core】核（かく）。中心部。

こあざ【小字】町村の大字をさらに小分けした区域。
小字

こあじ【小味】微妙なちょっとした味。
小味

こい〔鯉〕人18 リ・こい 淡水魚の、こい。▽―口（こいぐち）。錦―（にしきごい）。
筆順 ク 色 角 角 魚 鲤 鲤 鯉
鯉・鯉

こい【故意】わざとすること。対過失。intention
故意

こい【恋】他者をしたう気持ち。恋愛。love ▼―に憂（う）き身を窶（やつ）す 身もやせるほど人を恋する。▼―は思案の外（ほか） 恋は常識では推し測れないということ。
恋

こい【濃い】❶色・味の程度が強い。❷成分が多い。❸密である。▽ひげが―。❹親しみが深い。▽情が―。対❶～❹薄い。①deep
濃い

こい【鯉】淡水魚の一。食用・鑑賞用。carp
鯉

ごい【語意】ことばの意味。類語義。
語意

ごい【語彙】ある範囲で使われる単語の集まり。vocabulary
語彙

こいがたき【恋敵】恋の競争相手。
恋敵

こいき【小意気】〈小粋〉どことなく、しゃれているようす。stylish
小意気

こいぐち【鯉口】刀のさやの口。
鯉口

こいごころ【恋心】恋する気持ち。
恋心

こいじ【恋路】恋心を通わせるたとえ。
恋路

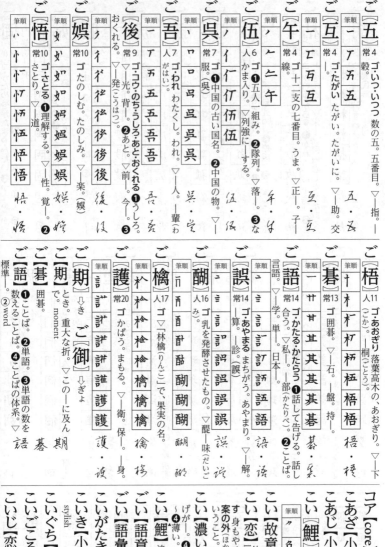

こいしい【恋しい】❶したわしい。▽―人。❷なつかしい。 恋しい

こいする【恋する】恋をする。love 恋する

こいちゃ【濃茶】❶こくたてた抹茶(まっちゃ)。❷こい茶色。対 ❶❷薄茶。 濃茶

こいなか【恋仲】恋し合う間柄。 恋仲

こいねがう【冀う】〈希う〉心から望む。▽平和を―。entreat 冀う

こいのぼり【鯉幟】こいをかたどった、のぼり。 鯉幟

こいびと【恋人】恋している相手。 恋人

こいぶみ【恋文】恋心をうったえた手紙。love letter 恋文

こいわずらい【恋煩い】〈恋患い〉思いどおりにならない恋のために病気のようになること。lovesickness 恋煩い

こう【口】常3 コウ・ク・くち ❶くち。❷出入りする所。▽突破―。❸言う。▽―論。❹人数。▽人―。
筆順 丨 冂 口　口・口

こう【工】常3 コウ・ク 技術。また、職人。▽―芸。大―(だいく)。
筆順 一 丅 工　工・工

こう【公】常4 コウ・おおやけ ❶おおやけ。▽―園。❷かたよらない。▽―平。
筆順 ノ 八 公 公　公・公

こう【勾】常4 コウ ❶かぎ。❷曲がる。❸とらえる。▽―引。
筆順 ノ 勹 勾 勾　勾・勾

こう【孔】常4 コウ ❶つきぬけたあな。▽穿―(せんこう)。鼻―。❷孔子(こうし)。
筆順 フ 了 子 孔　孔・孔

こう【功】常5 コウ・ク ❶てがら。▽―績。成―。❷ききめ。▽奏―。―徳(くどく)。
筆順 一 丅 工 玎 功　功・功

こう【巧】常5 コウ・たくみ ❶たくみ。うまい。▽―妙。❷うわべをかざる。▽技―。―言令色。
筆順 一 丅 工 玎 巧　巧・巧

こう【広】常5【廣】人15 コウ・ひろい・ひろまる・ひろめる・ひろがる・ひろげる ❶範囲が大きい。▽―大。❷ひろくする。
筆順 丶 亠 广 広 広　広・広

こう【弘】人5 コウ・グ・ひろめる ❶ひろい。▽―大。❷ひろめる。▽―報。
筆順 ㇕ ㇒ 弓 弘 弘　弘・弘

こう【甲】常5 コウ・カン ❶十干(じっかん)の第一。きのえ。❷順位の一位。❸こうら。▽亀―。❹かぶと。
筆順 丨 冂 日 日 甲　甲・甲

こう【交】常6 コウ・まじわる・まじえる・まじる・まざる・まぜる・かう・かわす ❶まじわる。▽―際。国―。親―。❷まじる。▽―錯。❸かわる。かえる。▽―代。―換。
筆順 丶 亠 亠 六 交 交　交・交

こう【光】常6 コウ・ひかる・ひかり ❶ひかる。ひかり。▽雷―。❷けしき。▽―景。❸名声。▽栄―。
筆順 丨 ⺌ 业 业 光 光　光・光

こう【向】常6 コウ・むく・むける・むかう・むこう ある方にむかう。むき。▽―上。傾―。方―。
筆順 ノ 亻 冂 向 向 向　向・向

こう【后】常6 コウ ❶きさき。▽皇―。❷あと。▽午―(ごご)。
筆順 一 厂 斤 斤 后 后　后・后

こう【好】常6 コウ・このむ・すく ❶このむ。❷よい。▽―転。❸仲のよい関係。▽友―。❹美しい。
筆順 ㇛ 女 女 女 好 好　好・好

こう【江】常6 コウ・え ❶大きな川。❷長江。❸いりえ。
筆順 丶 冫 氵 汀 汀 江　江・江

こう【考】常6 コウ・かんがえる 思いをめぐらす。かんがえる。▽―察。参―。
筆順 一 十 土 耂 考 考　考・考

こう【行】常6 コウ・ギョウ・アン・いく・ゆく・おこなう ❶進む。▽―進。歩―。❷ふるまい。▽―為。❸並び。▽―列。❹漢字の書体の一つ。▽―書。❺大商店。
筆順 ノ 彳 彳 彳 行 行　行・行

こう【亨】人7 コウ・キョウ・とおる ❶通じる。❷もてなす。
筆順 丶 亠 亠 亠 亨 亨 亨　亨・亨

こう【坑】常7 コウ ❶ほったあな。▽―道。炭―。❷あなにうめる。
筆順 一 十 土 圹 圹 坑 坑　坑・坑

こう【孝】常7 コウ 子が親を大切にすること。▽―行。―養。
筆順 一 十 土 耂 孝 孝 孝　孝・孝

こ

筆順 孝 孝・孝

こう〔宏〕人7 コウ・ひろい ひろく大きい。▽—壮。—大。
筆順 宏 宏・宏

こう〔抗〕常7 コウ さからう。はりあう。▽—議。反—。
筆順 抗 抗・抗

こう〔攻〕常7 コウ・せめる ❶敵をせめる。▽—撃。❷深く学ぶ。▽専—。
筆順 攻 攻・攻

こう〔更〕常7 コウ・さら・ふける・ふかす ❶あらたまる。▽—新。変—。❷かわる。かえる。▽—迭（こうてつ）。❸ふける。▽深—。
筆順 更 更・更

こう〔佼〕8 コウ 美しい。▽—人。—童。 佼・佼

こう〔効〕常8 コウ・きく ききめ。きく。▽—果。—能。無—。
筆順 効 効・効

こう〔幸〕常8 コウ・さいわい・さち・しあわせ ❶しあわせ。▽—福。不—。❷みゆき。▽行—（ぎょうこう）。
筆順 幸 幸・幸

こう〔庚〕人8 コウ・かのえ 十干（じっかん）の第七。かのえ。▽—申（こうしん）。
筆順 庚 庚・庚

こう〔拘〕常8 コウ ❶とらえる。▽—束。❷こだわる。▽—泥（こうでい）。
筆順 拘 拘・拘

こう〔昂〕人8 コウ・ゴウ 上がる。高まる。▽—奮。意気軒—。
筆順 昂 昂・昂

こう〔昊〕人8 コウ ❶大空。▽蒼—（そうこう）。❷あかるい。▽—天（こうてん）。
筆順 昊 昊・昊

こう〔杭〕人8 コウ・くい 土中に打つ棒。くい。▽棒—（ぼうぐい）。乱—（らんぐい）。澪—（みおぐい）。
筆順 杭 杭・杭

こう〔肯〕常8 コウ うなずく。承知する。▽—定。首—。
筆順 肯 肯・肯

こう〔侯〕常9 コウ ❶爵位の一。▽—爵。❷領主。▽王—。諸—。
筆順 侯 侯・侯

こう〔厚〕常9 コウ・あつい ❶あつみがある。▽—板。❷心のこもった。▽—意。❸はなはだしい。▽濃—。
筆順 厚 厚・厚

こう〔巷〕人9 コウ・ちまた 世間。まち。▽—間（こうかん）。—談（こうだん）。陋—（ろうこう）。
筆順 巷 巷・巷

こう〔恒〕常9〔恆〕人9 コウ いつも一定しているようす。変わらないようす。▽—例。—久。—常。—産。—心。
筆順 恒 恒・恒

こう〔恰〕人9 コウ・あたかも ぴったりとあっている。▽—好（かっこう）。—幅（かっぷく）。
筆順 恰 恰・恰

こう〔洪〕常9 コウ ❶おおみず。▽—水。❷量が多い。▽—恩。
筆順 洪 洪・洪

こう〔洸〕人9 コウ ❶水が広がるようす。▽—洋。❷いさましい。
筆順 洸 洸・洸

こう〔皇〕常9 コウ・オウ 天皇。天子。▽—室。—帝。上—。
筆順 皇 皇・皇

こう〔紅〕常9 コウ・ク・べに・くれない あざやかな赤。▽—顔。—唇。
筆順 紅 紅・紅

こう〔荒〕常9 コウ・あらい・あれる・あらす ❶あれる。▽—涼。❷みのりがない▽備—。❸あらあらしい。
筆順 荒 荒・荒

こう〔郊〕常9 コウ 都市のちかく。▽—外。近—。
筆順 郊 郊・郊

こう〔香〕常9 コウ・キョウ・か・かおり・かおる よいにおい（がするもの）。▽—気。—料。
筆順 香 香・香

こう〔候〕常10 コウ・そうろう ❶（季節の）あらわれ。▽気—。❷仕える。▽伺—。❸さぐる。▽斥—。❹待つ。▽—補。
筆順 候 候・候

こう〔倖〕人10 コウ・さいわい 幸運。▽僥—（ぎょうこう）。射—心（しゃこうしん）。

筆順 亻 仁 什 伴 侍 倖 倖 倖・倖

こう〔晃〕人10〔晄〕人10 コウ・あきらか かがやく。あきらか。▽―燿(こうよう)。

筆順 日 日 早 早 昇 晃 晃・晃

こう〔校〕常10 コウ ❶学校。❷つき合わせて正す。▽―正。❸指揮官。▽将―。

筆順 十 木 木 杧 杧 桥 校 校・校

こう〔浩〕人10 コウ・ひろい 広々とゆたかなようす。▽―然。

筆順 氵 氵 氵 汁 浐 浩 浩 浩・浩

こう〔砿〕10 コウ・あらがね 掘り出したままで精錬していない鉱石。 砿・砿

(礦)

こう〔紘〕人10 コウ・つな・ひろい ❶はりわたしたつな。▽八―。❷ひろい。

筆順 幺 幺 糸 糸 紘 紘 紘・紘

こう〔耕〕常10 コウ・たがやす ❶たがやす。❷生計をたてる。▽筆―。

筆順 三 丰 耒 耒 耔 耕 耕 耕・耕

こう〔航〕常10 コウ 船や飛行機が進む。▽―海。―空機。渡―。

筆順 丿 力 舟 舟 舟 航 航 航・航

こう〔貢〕常10 コウ・ク・みつぐ みつぐ。みつぎもの。▽―献。年―(ねんぐ)。

筆順 一 干 工 青 青 貢 貢 貢・貢

こう〔降〕常10 コウ・おりる・おろす・ふる ❶おりる。おろす。▽―車。―格。昇―。❷ふる。▽―雨。―雪。❸敵に負けて従う。また、敵を負かして従わせる。▽―伏。投―。❹のち。▽以―。

筆順 阝 阝 阝 降 降 降 降 降・降

こう〔高〕常10 コウ・たかい・たか・たかまる・たかめる ❶たかい。すぐれた。▽―価。―弟。❷たかまる。▽―揚。❸尊敬をあらわす。▽―説。❹いばる。▽―慢。❺金額。数量。▽売上―。

筆順 丶 亠 亡 古 亭 高 高 高・高

こう〔康〕常11 コウ ❶やすらか。▽小―。❷じょうぶ。▽健―。

筆順 广 户 声 庚 庚 康 康 康・康

こう〔控〕常11 コウ・ひかえる ❶ひかえる。ひきとめる。❷さしひく。▽―除。❸つげる。うったえる。▽―訴。

筆順 扌 扌 扩 扩 控 控 控 控・控

こう〔梗〕常11 コウ ❶あらまし。▽―概。❷ふさぐ。▽―塞(こうそく)。

筆順 十 木 木 杧 柯 梗 梗 梗・梗

こう〔黄〕常11〔黃〕人12 コウ・オウ・き・こ ❶きいろ。▽卵―。―土(おうど・こうど)。❷―金(おうごん・こがね)。

筆順 一 廾 丑 芇 苗 黄 黄 黄・黄

こう〔喉〕常12 コウ・のど のど。のどぶえ。▽―頭(こうとう)。―元(のどもと)。

筆順 口 口 口 叫 呼 喉 喉 喉・喉

こう〔慌〕常12 コウ・あわてる・あわただしい うろたえる。おちつかない。▽恐―。

筆順 忄 忄 忄 忄 惜 慌 慌 慌・慌

こう〔港〕常12 コウ・みなと 船の出入りする所。▽帰―。漁―。(港)

筆順 氵 汁 洪 洪 港 港 港・港

こう〔皓〕人12 コウ・しろい しろい。▽―皓(こうこう)。―歯。

筆順 丿 白 白 白 白 皓 皓 皓・皓

こう〔硬〕常12 コウ・かたい かたい。▽―直。強―。―派。

筆順 厂 石 石 石 硐 硬 硬 硬・硬

こう〔絞〕常12 コウ・しぼる・しめる・しまる ❶しめつける。▽―殺。❷しぼる。

筆順 幺 幺 糸 糸 紡 紡 絞 絞・絞

こう〔腔〕人12 コウ 体内のがらんどうのところ。▽口―。腹―。

筆順 丿 月 月 肜 腔 腔 腔 腔・腔

こう〔鉤〕12 コウ・かぎ 物をひっかける金具。かぎ。棒・とめ金・つりばりなど。▽―針(かぎばり)。(鈎) 鉤・鉤

こう〔項〕常12 コウ ❶事柄の一つ一つ。▽―目。❷くび。うなじ。

筆順 工 工 工 圷 項 項 項 項・項

こう〔溝〕常13 コウ・みぞ 水路。みぞ。▽排水―。海―。(溝)

筆順 氵 汁 浐 清 溝 溝 溝 溝・溝

こう〔滉〕人13 コウ 水が深くひろい。▽―洋。

筆順 氵 沪 泪 泹 湜 湜 滉 滉・滉

こう〔煌〕人13 コウ・オウ きらきら輝くようす。▽―煌(こうこう)。

筆順 火 火 炉 炉 焊 煌 煌 煌・煌

こ

こう〔鉱〕常13 コウ 金属をふくむ石。▽—業。—石。
筆順 鉱・鉱

こう〔構〕常14 コウ・かまえる・かまう ❶くみたてる。▽—築。❷しくみ。▽機—。(構)
筆順 構・構

こう〔綱〕常14 コウ・つな ❶つな。❷大きなきまり。▽—紀。❸分類。▽—目。
筆順 綱・綱

こう〔膏〕人14 コウ・あぶら ❶肉のあぶら。▽—血(こうけつ)。❷ねり薬。▽—薬。軟—。
筆順 膏・膏

こう〔酵〕常14 コウ こうじかび。また、その作用。▽—母。発—。
筆順 酵・酵

こう〔閤〕人14 コウ 宮殿。御殿。▽太—。
筆順 閤・閤

こう〔稿〕常15 コウ ❶わら。❷文章の下書き。▽—本。原—。
筆順 稿・稿

こう〔興〕常16 コウ・キョウ・おこる・おこす ❶さかんになる。▽—隆。復—。❷おもしろみ。「きょう」と読む。▽—味。余—。即—。
筆順 興・興

こう〔衡〕常16 コウ ❶はかる。はかり。▽—量。❷つりあい。▽均—。
筆順 衡・衡

こう〔鋼〕常16 コウ・はがね きたえた鉄。▽—鉄。製—。
筆順 鋼・鋼

こう〔糠〕17 コウ・ぬか 穀物のかわ。米のぬか。▽糟—(そうこう)。
筆順 糠・糠

こう〔講〕常17 コウ ❶説明する。▽—義。—釈。❷ならう。▽—習。❸団体。▽—中。(講)
筆順 講・講

こう〔購〕常17 コウ 買い求める。▽—読。—買。(購)
筆順 購・購

こう〔鴻〕人17 コウ・おおとり ❶おおとり。▽—毛。❷大きい。▽—恩。
筆順 鴻・鴻

こう〔乞〕常3 こう ねだる。求める。▽—食(こつじき・こじき)。命—い(いのちごい)。
筆順 乞・乞

こう〔叩〕⇩たたく　こう〔仰〕⇩ぎょう

こう〔肴〕⇩さかな　こう〔後〕⇩ご

こう〔格〕⇩かく　こう〔耗〕⇩もう

こう【功】❶功績。❷効果。▼—成り名(な)遂(と)げる りっぱな仕事をなしとげて名声を得る。▼—を奏する 成功する。奏功。効を奏する。 功

こう【甲】❶十干(じっかん)の第一。きのえ。❷等級・順位などの第一位。❸甲羅。❹手のひらや足の裏の反対がわ。 甲

こう【行】❶行動。行い。❷行くこと。旅行。▽単独—。 行

こう【劫】❶仏教で、非常に長い時間。❷囲碁で、一目の石をやりとりする形。▼—を経る 年功を積む。 劫

こう【孝】孝行。▽—を尽くす。 孝

こう【効】効果。▼—を奏する ききめがあらわれる。功を奏する。 効

こう【幸】さいわい。▽—か不幸か。 幸

こう【香】香料をまぜて固めた、たくといいかおりのするもの。薫香。 incense 香

こう【候】気候。時候。▽初夏の—。 候

こう【恋う】恋い慕う。 love 恋う

こう【稿】原稿。▼—を起こす 原稿を書きはじめる。 稿

こう【請う・乞う】求め願う。 beg 請う

使い分け「こう」

請う…そうするように相手に求める。▽許可を—。案内を—。

乞う…そうするように強く願い求める。▽—ご期待。命乞いをする。雨乞いの儀式。慈悲を—。

こう【鋼】はがね。鋼鉄。 steel 鋼

ごう〔号〕常5 ゴウ ❶大声をだす。▽—泣。怒—。❷合図。▽—砲。信—。❸呼び名。▽称—。雅—。❹順番。▽—外。新年—。
筆順 号・号

ごう〔合〕常6 ゴウ・ガッ・カッ・あう・あわす・あわせる ❶あう。あわせる。▽統—。❷容量などの単位。

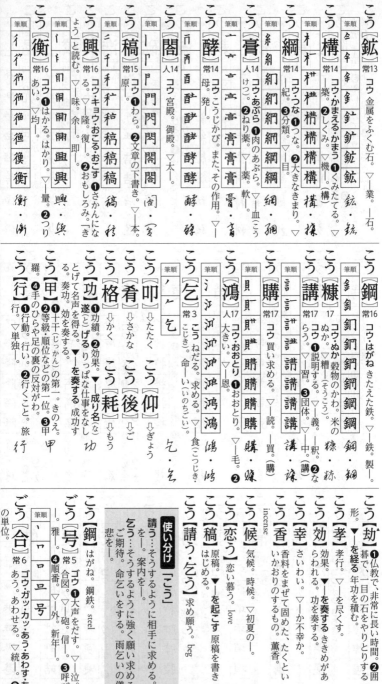

筆順 ノ 人 亼 亼 合 合 合　合・合

ごう【劫】人7 ゴウ・コウ・キョウ・おびやかす ❶おどす。❷長い時間。▽永—(えいごう)。　劫・劫

筆順 一 十 土 去 去 劫 劫

ごう【拷】常9 ゴウ 打ち責める。▽—問。　拷・拷

筆順 十 扌 扌 拦 拷 拷 拷

ごう【剛】常10 ゴウ ❶固くてじょうぶ。▽—毛。❷強い。▽—直。　剛・剛

筆順 冂 円 円 岡 岡 剛 剛

ごう【傲】常13 ゴウ えらそうにふるまう。おごる。▽—慢。　傲・傲

筆順 亻 仁 件 佳 倣 傲 傲

ごう【豪】常14 ゴウ ❶すぐれた人。▽—傑。文—。❷はげしい。▽—雨。—華。　豪・豪

筆順 亠 亠 亩 亭 亭 豪 豪

ごう【壕】人17 ゴウ・ほり 城のまわりの、ほり。▽塹—(ざんごう)。　壕・壕

筆順 扌 扌 坤 垆 埣 壕 壕

ごう【濠】17 ゴウ・ほり 城のまわりの、水をたたえたほり。▽内—(うちぼり)。　濠・濠

ごう【轟】人21 ゴウ・とどろく 大きな音。また、とどろく。▽—音。—然。　轟・轟

筆順 一 亓 亘 亘 車 車 轟

ごう【強】⇩きょう

ごう【郷】⇩きょう

ごう【業】⇩ぎょう

ごう【号】❶雅号。❷乗り物や動物などの名にそえる語。▽ひかり—。　号

ごう【合】❶尺貫法で容積の単位。一合は一升(しょう)の一〇分の一。❷(「…合目」の形で)山の頂上までの道のりの一〇分の一。　合

ごう【剛】きわめて強いこと。▽柔(じゅう)よく—を制す。対柔。　剛

ごう【郷】田舎。村。　郷

ごう【業】仏教で、現世で受ける、前世のむくい。▽—が深い。karma ▼—を煮(に)やす 腹を立てていらいらする。　業

こうあつ【高圧】❶強い圧力。▽—ガス。❷ひじょうに高い電圧。▽—線。② high voltage　高圧

こうあつてき【高圧的】頭からおさえつけるようす。▽—な態度。high-handed　高圧的

こうあん【公安】公共の安全。public peace　公安

こうあん【考案】くふうして考え出すこと。類創案。working out　考案

こうい【好意】親しみの気持ち。また、親切な心。goodwill　好意

使い分け「こうい」

好意…好感・親しみなどの気持ち。自分にも他の人にも使う。▽彼女に—を抱く。彼の—に甘える。

厚意…情にあつい心。自分の気持ちには使わない。▽ご—に感謝する。—を無にする。


こうい【行為】行い。ふるまい。action　行為

こうい【更衣】❶平安時代、宮中の女官。❷衣服を着かえること。　更衣

こうい【厚意】思いやりのある心。類厚情。kindness　厚意

こうい【皇位】天皇の位。▽—継承。　皇位

こうい【校医】生徒の健康診断・管理をする医者。学校医。school doctor　校医

ごうい【合意】互いの意思が一致すること。mutual consent　合意

こういき【広域】広い区域。▽—行政。wide range　広域

こういしょう【後遺症】病気やけがの回復後にまで残る症状。　後遺症

ごういつ【合一】一つに合わさること。unity　合一

こういっつい【好一対】よく似合っている一対のもの。▽—の夫婦。well-matched pair　好一対

こういってん【紅一点】万緑(ばんりょく)叢中(そうちゅう)紅一点。　紅一点

こういん【工員】工場で働く人。factory worker　工員

こういん【光陰】月日。時間。time ▼—矢の如(ごと)し 月日のたつのが早いことの形容。　光陰

こういん【行員】銀行員。bank clerk　行員

こういん【拘引】(勾引)裁判所・警察に尋問のために連行すること。　拘引

ごういん【強引】むりやりに行うようす。forceful　強引

こうう【降雨】雨が降ること。rain　降雨

ごうう【豪雨】大雨。heavy rain　豪雨

こううん【幸運】 運がよいこと。好運。対不運。good fortune

こううんき【耕耘機】〈耕運機〉田畑を耕す機械。cultivator

こううんりゅうすい【行雲流水】 自然のままに行動することのたとえ。

こうえい【公営】 国や地方公共団体が経営すること。▽―住宅。対民営。私営。public

こうえい【光栄】 名誉に感じること。▽身に余る―。類誉れ。honor

こうえい【後裔】 ある人の子孫。後胤(こういん)。descendant

こうえい【後衛】 球技で後方を守る人。対前衛。back player

こうえき【公益】 公共の利益。公利。対私益。public interest

こうえき【交易】 品物の交換や売買をすること。類貿易。trade

こうえつ【校閲】 文書・原稿の誤りや不備を正すこと。revision

こうえん【口演】 語り演じること。

こうえん【公園】 公共のいこいの場としてつくられた庭園。park

こうえん【公演】 音楽・演劇などを演じて見せること。performance

こうえん【好演】 上手な演技・演奏。good performance

こうえん【後援】 背後から援助すること。類支援。support

こうえん【高遠】 考えが高くすぐれているようす。lofty

こうえん【講演】 演題をきめて人前で話をすること。また、その話。▽―会。lecture

こうお【好悪】 好ききらい。▽―の念が甚だしい。注こう×あく。

こうおつ【甲乙】 ❶第一と第二。❷優劣。

こうおん【厚恩】 深いめぐみ。大恩。

ごうおん【号音】 合図に鳴らす音。

ごうおん【轟音】 とどろく音。roar

こうか【工科】 工学・工業関係の学科・学問。また工学部。

こうか【考課】 勤務成績を考えて優劣をきめること。▽人事―。evaluation

こうか【効果】 ❶よい結果。❷音響効果。①effect

こうか【校歌】 校風などを表す、その学校が制定した歌。school song

こうか【降下】 おりること。下がること。下降。対上昇。descent

こうか【降嫁】 皇女が皇籍をはなれて臣下に嫁入りすること。

こうか【高価】 値段の高いこと。対安価。high price

こうか【高架】 高くかけわたすこと。

こうか【硬化】 ❶かたくなること。❷かたくなになること。▽態度を―させる。対❶❷軟化。①hardening

こうか【硬貨】 金属の貨幣。対紙幣。coin

こうが【高雅】 上品で美しいようす。elegance

ごうか【劫火】 仏教で、全世界を焼き尽くすという大火。

ごうか【業火】 仏教で、罪人を苦しめる地獄の火。hellfire

ごうか【豪華】 はなやかで、ぜいたくなようす。類豪奢(ごうしゃ)。luxurious

こうかい【公海】 世界各国が自由に利用できる海。対領海。open sea

こうかい【公開】 一般に開放すること。▽―討論会。

こうかい【更改】 決まりや契約などをかえ改めること。改更。renewal

こうかい【後悔】 あとで心を痛めること。類悔恨。regret ▼―先に立たず 終わってからくやんでも、取り返しがつかない。

こうかい【航海】 船で海を渡ること。類渡海。voyage

こうかい【降灰】 火山灰が地上に降ること。また、その灰。

こうがい【口外】 他人に話すこと。類他言。disclosure

こうがい【公害】 汚水・騒音・大気汚染・地盤沈下など、一般市民の生活に及ぼす害の総称。pollution

こうがい【郊外】 市街地の周辺地域。類近郊。suburbs

こうがい【梗概】 あらすじ。

こうがい【笄】 日本髪の簪(はし)状の飾り。

こうがい【慷慨】 世間の不正などを、いきどおりなげくこと。▽悲憤―。

ごうかい【豪快】力にあふれ堂々としているようす。 豪快

ごうがい【号外】新聞などで、臨時に発行するもの。extra 号外

こうかいどう【公会堂】大ぜいの人々の集まりなどに使うための公共の建物。public hall 公会堂

こうかがく【光化学】光と物質との相互作用を研究する物理化学。 光化学

こうかく【口角】口の両わき。▼―泡(あわ)を飛ばす はげしく議論する。 口角

こうかく【広角】レンズの、うつす角度が広いこと。▽―レンズ。wide angle 広角

こうかく【降格】位や階級が下がること。格下げ。対昇格。demotion 降格

こうがく【工学】基礎科学を工業生産に応用する学問。engineering 工学

こうがく【光学】光に関する現象を研究する物理学。optics 光学

こうがく【向学】学問に励もうと思うこと。▽―心。 向学

こうがく【好学】学問を好むこと。▽―の士。 好学

こうがく【後学】❶後進の学者。❷後で役に立つ知識や学問。対❶先学。 後学

こうがく【高額】❶大きな金額。❷単位の大きい金額。▽―紙幣。対❶低額。❷小額。①②large sum 高額

ごうかく【合格】試験に受かること。また、資格や条件などにかなうこと。▽―通知。pass 合格

こうかつ【狡猾】ずるがしこいようす。狡獪(こうかい)。cunning 狡猾

こうかん【公刊】出版物を広く世の中に発行すること。 公刊

こうかん【公館】❶公共の建物。❷領事館・公使館・大使館など。 公館

こうかん【交換】❶とりかえること。❷やりとりすること。①❷exchange 交換

こうかん【交歓】集まってともに楽しむこと。 交歓

こうかん【向寒】寒い季節に向かうこと。▽―のみぎり。対向暑。 向寒

こうかん【好感】好ましく思う感じ。▽―をもつ。good impression 好感

こうかん【好漢】頼もしく感じのよい男。good fellow 好漢

こうかん【巷間】世間。ちまた。▽―に伝えられるうわさ。 巷間

こうかん【高官】地位の高い官職(の人)。high official 高官

こうがん【厚顔】あつかましく、恥知らずなようす。鉄面皮。impudent 厚顔

こうがん【紅顔】若くて血色のいい顔立ち。▽―の美少年。rosy face 紅顔

こうがん【睾丸】男性の生殖器官の一。きんたま。精巣。testicles 睾丸

ごうかん【強姦】女性を暴力で犯すこと。対和姦。rape 強姦

ごうがん【傲岸】えらそうにいばるようす。▽―不遜(ふそん)。類傲慢(ごうまん)。 傲岸

こうき【公器】公共のためのもの。▽新聞は社会の―。public organ 公器

こうき【広軌】鉄道で、二本のレールのはばが一・四三五メートルより広いもの。対狭軌。broad gauge 広軌

こうき【光輝】名誉。▽―ある伝統。類光栄。 光輝

こうき【好機】よい機会。▽―到来。類チャンス。good opportunity 好機

こうき【後記】❶あとがき。❷文章で、あとの方に書くこと。対❶前記。 後記

こうき【皇紀】神武(じんむ)天皇即位の年を元年とする紀元。 皇紀

こうき【香気】よい香り。類芳香。対臭気。fragrance 香気

こうき【高貴】身分が高くとうといこと。nobility 高貴

こうき【綱紀】国を治める根本の規律。▽―粛正(しゅくせい)。 綱紀

こうき【興起】❶物事の勢いがさかんになること。▽国勢の―。❷心がふるいたつこと。▽感奮―。 興起

こうぎ【公儀】❶朝廷。❷幕府。 公儀

こうぎ【広義】広い意味。対狭義。 広義

こうぎ【交誼】親しい交わり。よしみ。▽―を結ぶ。 交誼

こうぎ【好誼】相手の好意による親しい交わり。▽ご―に甘える。friendship 好誼

こうぎ【抗議】反対意見を強く主張すること。▽―運動。protest 抗議

こうぎ【厚誼】真心からの親しい交わり。warm friendship 厚誼

こうぎ【高誼】相手が親しくしてくれることの尊敬語。 高誼

こうぎ【講義】 学説・書物の内容などを説いて教えること。lecture　講義

ごうき【剛毅】 意志が強くくじけないようす。　剛毅

ごうき【豪気】 強くて小事にこだわらないようす。類豪放。　豪気

ごうぎ【合議】 集まって相談すること。▽―制。consultation　合議

ごうぎ【豪儀】 〈強気〉❶勢いがはげしいようす。❷することがはでで、すばらしいようす。　豪儀

こうき【好奇】 変わったものに興味を持つこと。▽―の目を向ける。　好奇

こうきしん【好奇心】 未知のものなどに興味をもつ心。curiosity　好奇心

こうきゅう【公休】 ❶公式の休日。❷同業者で取り決めた休日。定休日。　公休

こうきゅう【考究】 深く考え研究すること。　考究

こうきゅう【後宮】 后妃(こうひ)・女官の総称。また、その人々の住む宮殿。　後宮

こうきゅう【恒久】 いつまでも変わらないこと。永久。▽―の平和。―的な施設。permanency　恒久

こうきゅう【高級】 等級・質などが高いこと。high class　高級

こうきゅう【高給】 高い給料。対薄給。high salary　高給

こうきゅう【講究】 物事を深くしらべ、きわめること。類研究。　講究

ごうきゅう【号泣】 大声をあげて泣くこと。▽天を仰いで―する。類慟哭(どうこく)。crying aloud　号泣

こうきょ【皇居】 天皇の住居。類宮城。Imperial Palace　皇居

こうきょ【薨去】 皇族、または三位(さんみ)以上の人が死ぬこと。　薨去

こうきょう【公共】 社会一般。おおやけ。▽―の福祉。public　公共

こうきょう【好況】 景気がいいこと。好景気。対不況。　好況

こうぎょう【工業】 原料を加工して製品を生産する産業。industry　工業

こうぎょう【鉱業】 鉱物を採掘したり、精錬する産業。mining industry　鉱業

こうぎょう【興行】 演芸・映画・スポーツなどを入場料をとって見せること。　興行

こうぎょう【興業】 新しく産業をおこすこと。industrial promotion　興業

こうきょうきょく【交響曲】 規模の大きな管弦楽曲。交響楽。symphony　交響曲

こうぎょく【紅玉】 宝石の一。ルビー。　紅玉

こうぎょく【硬玉】 輝石(きせき)の一種。翡翠(ひすい)など。jadeite　硬玉

こうぎょく【鋼玉】 鉱物の一。ダイヤモンドに次いで硬い。ルビー、サファイアなど。corundum　鋼玉

こうきん【公金】 国家・公共団体の所有する金。public money　公金

こうきん【抗菌】 有害な細菌の増殖・活動を封じること。▽―作用。　抗菌

こうきん【拘禁】 つかまえて、閉じ込めておくこと。detention　拘禁

こうぎん【高吟】 詩歌を声高くうたうこと。▽放歌―。reciting aloud　高吟

ごうきん【合金】 二種類以上の金属を混ぜ合わせてできた金属。alloy　合金

こうぐ【工具】 工作に使う道具。tool　工具

ごうく【業苦】 仏教で、前世のむくいで受ける苦しみ。　業苦

こうくう【航空】 空を飛ぶこと。　航空

こうぐう【厚遇】 手厚くもてなすこと。▽破格の―を受ける。注×好遇。対冷遇。warm reception　厚遇

こうぐう【皇宮】 皇居。　皇宮

こうぐん【行軍】 軍隊が列をつくって、長い距離を移動すること。march　行軍

こうげ【香華】 仏前にそなえる香や花。　香華

こうげ【高下】 ❶高低。❷上がることと下がること。▽乱―。　高下

こうけい【口径】 望遠鏡・銃砲など円筒形の物の口の内側の直径。caliber　口径

こうけい【光景】 景色やありさま。類情景。scene　光景

こうけい【肯綮】 物事の急所。要点。　肯綮

こうけい【後継】 あとつぎ。successor　後継

こうげい【工芸】 美術的な製品を工業的につくること・技術。industrial arts　工芸

ごうけい【合計】 加え合わせること。また、その額。類合算。　合計

total sum

こうげき【攻撃】❶敵を攻めること。❷非難すること。対❶守備。防御(ぼうぎょ)。①②attack　攻撃

こうけつ【高潔】けだかく清らかなこと。nobility　高潔

こうけつ【膏血】あぶらと血。転じて、苦労して得た利益。▼—を絞(しぼ)る 重税をとりたてるたとえ。　膏血

ごうけつ【豪傑】❶力が強く勇気のある人。❷一風変わったことを大胆にやる人。①brave man　豪傑

こうけつあつ【高血圧】安静時も血圧が異常に高い症状。　高血圧

こうけん【効験】ききめ。効能。　効験

こうけん【後見】❶うしろだて。❷親権者のない未成年者や成年被後見人の保護、財産管理の代行をすること。❸舞台で役者の介添え役。黒子。①②guardianship　後見

こうけん【貢献】力を尽くして役に立つこと。類寄与。contribution　貢献

こうけん【高見】❶すぐれた意見・見識。❷相手の意見の尊敬語。　高見

こうげん【公言】公然と言うこと。▽—してはばからない。declaration　公言

こうげん【巧言】口先だけのうまいことば。　巧言

こうげん【広言】大げさなことを言うこと。▽—を吐く。類大言。big talk　広言

こうげん【光源】光を発するもと。　光源

こうげん【抗原】体内で抗体をつくらせる物質。免疫(めんえき)原。antigen　抗原

こうげん【荒原】荒野。wilderness　荒原

こうげん【高言】えらそうに大げさなことを言うこと。▽自ら天才と—する。類豪語。　高言

こうげん【高原】高地の平原。highland　高原

ごうけん【合憲】憲法にかなっていること。対違憲。constitutionality　合憲

ごうけん【剛健】強くてたくましいこと。sturdy　剛健

こうげんがく【考現学】社会現象を研究し、現代を考える学問。　考現学

こうげんれいしょく【巧言令色】ことばを飾り表情をやわらげ、人の機嫌をとること。　巧言

こうこ【公庫】政府出資の金融機関。国民金融公庫・住宅金融公庫など。　公庫

こうこ【好個】ちょうどよい。手ごろ。▽—の研究材料。　好個

こうこ【江湖】世の中。世間。▽—の批評に待つ。　江湖

こうこ【後顧】あとをかえりみること。▼—の憂(うれ)い のちのちの心配。　後顧

こうご【口語】❶話し言葉。❷現代語。▽古文の—訳。対❶❷文語。①spoken language　口語

こうご【交互】かわるがわる。▽—に話す。alternation　交互

ごうご【豪語】自信たっぷりに大げさなことを言うこと。類壮語。高言。　豪語

こうこう【口腔】口の中。こうくう。　口腔

こうこう【孝行】親をたいせつにすること。　孝行

こうこう【後攻】試合・ゲームであとに攻撃すること。対先攻。　後攻

こうこう【航行】船や飛行機が航路を進むこと。navigation　航行

こうこう【高校】「高等学校」の略。　高校

こうこう【皓皓】白く明るいようす。▽—と照る月。brightly　皓皓

こうこう【煌煌】強い光がきらきらと輝くようす。明々(あかあか)と照るようす。▽—と輝く電灯。brilliantly　煌煌

こうごう【皇后】天皇・皇帝の妻。きさき。Empress　皇后

ごうごう【囂囂】大勢が言い立ててやかましいようす。▽喧々(けんけん)—。非難—。uproarious　囂囂

ごうごう【轟轟】大きな音がとどろきわたるようす。▽—たるエンジンの音。thundering　轟轟

こうごうしい【神神しい】尊く、おごそかである。divine　神神し

こうこうや【好好爺】人のいい円満なおじいさん。　好好爺

こうこがく【考古学】遺跡や遺物によって、古い時代の生活・文化を研究する学問。archaeology　考古学

こうこく【公告】国や地方公共団体が、一般の人々に知らせること。public announcement　公告

こうこく【公国】 元首を「公」と呼ぶヨーロッパの小国。 公国

こうこく【広告】 広く世間に知らせて宣伝すること。advertisement 広告

こうこく【抗告】 裁判所・官庁の決定に対する不服を、上級の機関に申し立てること・手続き。appeal 抗告

こうこく【興国】 国の勢いを盛んにすること。図亡国。 興国

こうこつ【恍惚】 ❶うっとりするようす。▽—として聞きほれる。❷ぼけるようす。▽—の人。①rapture 恍惚

こうこつ【硬骨】 ❶かたい性質の骨。▽—魚類。❷意志や信念が強いこと。▽—漢。②firmness 硬骨

こうさ【公差】 公式に認められている誤差の範囲。tolerance 公差

こうさ【交差】 〈交叉〉二つ以上の線や道路が、十文字やすじかいに交わること。▽—点。立体—。 交差

こうさ【考査】 ❶考え調べること。❷学力試験。テスト。①②examination 考査

こうざ【口座】 ❶帳簿で、項目ごとに記入・計算するところ。❷「振替口座」「預金口座」の略。①②account 口座

こうざ【高座】 寄席の舞台。stage 高座

こうざ【講座】 ❶大学で、教授などが講義を受けもつ学科。❷❶の形式をとった講習会・出版物など。①chair 講座

こうさい【公債】 国や地方公共団体が発行する債券。国債・地方債など。▽赤字—。public bond 公債

こうさい【交際】 つきあい。▽男女—。類交遊。companionship 交際

こうさい【光彩】 あざやかな光。▽—を放つ。luster 光彩

こうさい【虹彩】 ひとみの周りにある、光の量を調節する膜。茶目。iris 虹彩

こうさい【高裁】 「高等裁判所」の略。 高裁

こうざい【功罪】 手柄と罪。よい面と悪い面。▽—相半ばする。 功罪

こうざい【鋼材】 板・管などに加工した鋼鉄。建築などの基礎材料。 鋼材

こうさいりくり【光彩陸離】 ❶美しく輝くようす。❷すばらしいようす。▽—たる功績。 陸離

こうさく【工作】 ❶物をつくること。▽—機械。❷働きかけること。▽和平—。①handicraft ②maneuver 工作

こうさく【交錯】 いくつかのものがいりまじること。▽期待と不安が—する。類錯綜(さくそう)。mixture 交錯

こうさく【耕作】 田畑を耕して、作物をつくること。cultivation 耕作

こうさく【鋼索】 ワイヤロープ。 鋼索

こうさつ【考察】 よく調べて考えること。consideration 考察

こうさつ【高札】 ❶昔、命令などを書いて町なかに立てた札。❷相手の手紙の尊敬語。 高札

こうさつ【高察】 相手の推察の尊敬語。お察し。 高察

こうさつ【絞殺】 首をしめて殺すこと。類絞首。strangulation 絞殺

こうさん【公算】 見込み。▽成功する—が大きい。類確率。probability 公算

こうさん【恒産】 安定した財産や一定の職業。 恒産

こうさん【降参】 ❶負けて従うこと。❷閉口すること。類❶降伏。❷往生。 降参

こうざん【高山】 高い山。▽—植物。high mountain 高山

こうざん【鉱山】 鉱物をほり出す山。mine 鉱山

こうし【公私】 公的なことと私的なこと。▽—混同。 公私

こうし【公使】 大使の次位の外交官。特命全権公使。minister 公使

こうし【行使】 使うこと。▽実力—。 行使

こうし【孝子】 親孝行な子。 孝子

こうし【皇嗣】 皇位をつぐ皇族。 皇嗣

こうし【厚志】 てあついこころざし。類厚情。kindness 厚志

こうし【格子】 細い木を縦横に組んだもの。lattice 格子

こうし【嚆矢】 物事の始め。 嚆矢

こうし【講師】 ❶講演・講義をする人。❷大学などの嘱託の教師。❸大学で、准教授の次の位。①~③lecturer 講師

こうじ〔麹〕 15 **キク・こうじ** こうじ菌を繁殖させたもの。(麴) 麹・麴

こうじ【小路】 狭い道。図大路。alley 小路

こうじ【工事】 土木・建築などの仕事。construction 工事

こうじ【公示】 おおやけの機関が一般の人に広く知らせること。類告示。official notice 公示

こうじ【好事】よいこと。▼―魔(ま)多し よいことには邪魔が入りやすい。 好事

こうじ【好餌】❶うまく誘い込む手段。▽―をもって誘う。❷悪人の犠牲になるもの。 好餌

こうじ【後事】あとのこと。特に、死後のこと。▽―を託す。 後事

こうじ【柑子】❶「からたちばな」の別称。❷こうじみかん。 柑子

こうじ【麹】蒸した米・麦・豆に、こうじ菌を繁殖させたもの。 麹

ごうし【合祀】複数の神・御霊(みたま)を一つの神社に祭ること。合祭。 合祀

こうしき【公式】❶おおやけに決められているやり方。❷数学で、計算の法則を表す式。対❶非公式。② formula 公式

こうしき【硬式】野球・テニスなどで、硬球を使用する方式。対軟式。 硬式

こうしせい【高姿勢】頭からおさえつけるような強い態度。▽―に出る。類高飛車。 高姿勢

こうしつ【後室】高貴な人の未亡人。 後室

こうしつ【皇室】天皇と、その一族。 皇室

こうしつ【硬質】材質が硬いこと。hard 硬質

こうじつ【口実】言い訳。excuse 口実

こうじつ【好日】気持ちのよい日。 好日

こうしひ【皇嗣妃】皇嗣の妻。 皇嗣妃

こうしゃ【公社】❶国が出資・設立した特別公法人。❷地方公共団体が出資・設立した法人。地方公社。 公社

こうしゃ【巧者】たくみなようす・人。▽試合―。類巧手。 巧者

こうしゃ【後者】❶二つのうち、後の方。❷後から続くもの・人。対❶❷前者。① the latter 後者

こうしゃ【校舎】学校の建物。 校舎

こうしゃ【降車】車から降りること。対乗車。getting off 降車

ごうしゃ【豪奢】ぜいたくで、はでなこと。類豪華。luxury 豪奢

こうしゃく【講釈】❶説明すること。❷もったいぶって説明すること。❸講談。▽―師。① explanation 講釈

こうしゅ【巧手】たくみな技。また、技のたくみな人。▽うっちゃりの―。類巧者。skillfulness 巧手

こうしゅ【好手】いい手。よい方法。 好手

こうしゅ【好守】野球などで、うまい守り。nice fielding 好守

こうしゅ【攻守】攻めと守り。 攻守

こうしゅ【絞首】首をしめて殺すこと。▽―刑。類絞殺。strangling 絞首

こうじゅ【口授】口頭で教え授けること。くじゅ。oral instruction 口授

こうしゅう【口臭】口から出るいやなにおい。foul breath 口臭

こうしゅう【公衆】社会一般の人々。the public 公衆

こうしゅう【講習】ある期間、教え習わせること。training course 講習

ごうしゅう【豪州】オーストラリア。 豪州

こうじゅつ【口述】口で述べること。▽―筆記。dictation 口述

こうじゅつ【公述】おおやけの席で意見をのべること。▽―人。 公述

こうじゅつ【後述】後で述べること。対前述。later statement 後述

こうしょ【向暑】暑い季節に向かうこと。▽―のみぎり。対向寒。 向暑

こうしょ【高所】❶高い所。▽―恐怖症。❷高い立場。▽大所―。 高所

こうじょ【皇女】天皇・皇帝の娘。内親王。対皇子(おうじ)。imperial princess 皇女

こうじょ【控除】計算の対象から差し引くこと。▽扶養―。deduction 控除

こうしょう【口承】口から口へと語り伝えること。▽―文学。 口承

こうしょう【工廠】兵器・弾薬などを作る、旧陸海軍の工場。arsenal 工廠

こうしょう【公称】表向きに発表していること。 公称

こうしょう【公娼】公認の売春婦。対私娼。licensed prostitute 公娼

こうしょう【公傷】公務中に受けたけが。occupational injury 公傷

こうしょう【交渉】❶掛け合うこと。❷かかわりあいがあること。つきあい。① negotiation 交渉

こうしょう【好尚】❶好み。▽上品な―。❷はやり。流行。▽時代の―に合う。① taste 好尚

こうしょう【考証】昔の物事を、資料に基づいて証拠をあ 考証

げ、証明すること。▽時代—。

こうしょう【哄笑】大口をあけて笑うこと。類高笑。loud laugh　哄笑

こうしょう【高尚】程度が高くて上品なようす。対低俗。refined　高尚

こうしょう【鉱床】有用鉱物が、うまっているところ。ore deposits　鉱床

こうじょう【口上】❶口で言うあいさつ。❷舞台で、出演者などが述べるあいさつ。▽—を述べる。　口上

こうじょう【工場】機械などを使って物を生産する作業場。factory　工場

こうじょう【交情】❶親しみの気持ち。親しい交際。▽—を深める。❷男女が情をかわすこと。　交情

こうじょう【向上】よくなっていくこと。対低下。improvement　向上

こうじょう【厚情】心からの親切。類厚意。厚志。kindness　厚情

こうじょう【恒常】常に変わらないこと。　恒常

ごうしょう【豪商】財力をもち、手広く商売をしている商人。大商人。　豪商

ごうじょう【強情】〈剛情〉自分の考えを、おしとおそうとすること。▽—を張る。類頑固。stubborn　強情

こうしょうにん【公証人】公正証書を作成したり、私文書を認証する権限をもつ人。notary public　公証人

こうしょく【公職】公務員・議員など、おおやけの職務。public duties　公職

こうしょく【好色】情事を好むこと。色ごのみ。lustful　好色

こうじょりょうぞく【公序良俗】社会の秩序と善良な風俗。　公序

こうじる【高じる】〈嵩じる〉程度がひどくなる。▽病が—。慢心が—。「こうずる」ともいう。　高じる

こうじる【講じる】❶講義する。▽英文学を—。❷適切な手段をとる。▽対策を—。② take measures　講じる

こうしん【口唇】くちびる。lips　口唇

こうしん【功臣】功績のあった家臣。　功臣

こうしん【交信】通信を交わすこと。　交信

こうしん【行進】列をつくって進むこと。march　行進

こうしん【孝心】孝行しようという心。　孝心

こうしん【更新】新しくすること。改めること。▽契約を—する。renewal　更新

こうしん【後身】発展や改革をして変わった、あとのもの。　後身

こうしん【後進】❶後から進んでくること・人。▽—に道を譲る。❷発達が遅れていること。発展途上。❸後退すること。対❶❷先進。❸前進。　後進

こうしん【亢進】〈昂進・高進〉程度がはげしくなること。acceleration　亢進

こうじん【公人】公職についている人。対私人。public official　公人

こうじん【行人】❶通行人。❷旅人。① passer-by　行人

こうじん【幸甚】非常にありがたいこと。▽—に存じます。　幸甚

こうじん【後人】後の世の人。対先人。future generations　後人

こうじん【後塵】車馬などがあげる土ぼこり。▼—を拝する ❶先をこされる。❷力のある人についていく。　後塵

こうしんじょ【興信所】個人や企業の内情を、秘密に調査・報告する機関。　興信所

こうしんづか【庚申塚】道端にある、青面（しょうめん）金剛の石塔を祭った塚。　庚申塚

こうじんぶつ【好人物】気立てのよい人。類お人よし。nice person　好人物

こうしんりょう【香辛料】料理に辛みや香りをつける調味料。spice　香辛料

こうず【構図】絵や写真で、画面を構成する配置のぐあい。composition　構図

こうすい【香水】化粧品の一。よい香りの液体。perfume　香水

こうすい【降水】雨・雪などとして、降った水。　降水

こうすい【硬水】カルシウム・マグネシウムの多い水。対軟水。hard water　硬水

こうずい【洪水】❶川の水が増えて、あふれ出ること。大水。❷あふれるほど、多いこと。▽車の—。① flood　洪水

こうすいりょう【降水量】降水の量。　降水量

こうずか【好事家】❶ものずきな人。❷風流をこのむ人。注こう×じか。① curious person　好事家

こうする【抗する】 抵抗する。さからう。resist 抗する

こうずる【薨ずる】「死ぬ」の尊敬語。皇族などに使う。 薨ずる

ごうする【号する】 ❶雅号として名のる。❷言いふらす。▽世界一と—。 号する

こうせい【公正】 公平で正しいこと。fair 公正

こうせい【攻勢】 積極的にせめる態勢。対守勢。offensive 攻勢

こうせい【更正】 誤りを改め正しくすること。 更正

こうせい【更生】 ❶〈甦生〉生きかえること。❷元のよい状態にもどること。❸再利用できるようにすること。②reform 更生

こうせい【厚生】 健康を保ち、生活を豊かにすること。welfare 厚生

> **使い分け「こうせい」**
> **公正**…公平で正しいこと。「公」はかたよらないの意。▽—な判断。—取引委員会。
> **更正**…税額などの誤りをあらため正しくすること。「更」は改めるの意。▽登記事項を—する。—予算。
> **更生**…もとの正常な状態にもどること。「更」は変わるの意。▽悪の道から—する。自力—。会社—法。
> **厚生**…健康を保ち、生活を豊かにすること。「厚」はゆたかにする意。▽福利—施設。—年金。

こうせい【後世】 のちの世。後代。 後世

こうせい【後生】 後から生まれてくる人。類後輩。▼—畏(おそ)るべし 若い人は将来、すばらしい力を発揮する可能性があるので、おそれるべきだ。 後生

こうせい【恒星】 それ自身で光を出し、ほとんど同じ位置にある天体。対惑星。fixed star 恒星

こうせい【校正】 印刷物を見て文字や内容の誤りを正すこと。proofreading 校正

こうせい【構成】 組み立てること。組み立て。composition 構成

ごうせい【合成】 ❶二つ以上のものを合わせて一つのものをつくり出すこと。❷簡単な化合物から複雑な化合物をつくり出すこと。②synthesis 合成

ごうせい【豪勢】 非常にぜいたくなようす。類豪華。 豪勢

こうせいしょうしょ【公正証書】 公証人の作成した証書。 公正

こうせいぶっしつ【抗生物質】 ペニシリンなど、細菌の発育・繁殖をおさえる物質。抗生剤。抗菌剤。antibiotic 抗生

こうせき【功績】 成果。手がら。▽—を残す。注功×積。merit 功績

こうせき【航跡】 船が通った後に残る波あと。みお。wake 航跡

こうせき【鉱石】 有用鉱物を多く含む岩石。ore 鉱石

こうせつ【公設】 国や公共団体の設立・運営であること。▽—市場。対私設。public foundation 公設

こうせつ【巧拙】 上手と下手。▽作品の—は問わない。 巧拙

こうせつ【降雪】 雪が降ること。また、降った雪。snowfall 降雪

こうせつ【高説】 ❶すぐれた説。❷相手の意見をうやまっていう語。▽ご—をたまわる。 高説

こうぜつ【口舌】 口先だけのことば。 口舌

ごうせつ【豪雪】 非常に多い降雪。大雪。▽—地帯。 豪雪

こうせん【口銭】 売買の仲介手数料。 口銭

こうせん【公選】 国民の投票による選挙。public election 公選

こうせん【交戦】 戦いをまじえること。 交戦

こうせん【光線】 光(のすじ)。ray 光線

こうせん【好戦】 すぐに武力解決しようとすること。▽—的な態度。対厭戦。 好戦

こうせん【抗戦】 抵抗して戦うこと。▽徹底—。resistance 抗戦

こうせん【黄泉】 死後の世界。あの世。よみ。▼—の客となる 死ぬ。 黄泉

こうせん【鉱泉】 鉱物性成分を多量にふくむわき水。mineral spring 鉱泉

こうぜん【公然】 おおっぴらであるようす。▽—の秘密。in public 公然

こうぜん【昂然】 自信にみちていて、意気がさかんなようす。▽—と胸を張る。triumphant 昂然

ごうぜん【傲然】 いばって人を見下すようす。類傲慢。haughty 傲然

ごうぜん【轟然】 急に大きな音がとどろきわたるようす。▽—と響く雷鳴。類轟々。roaring 轟然

こうぜんのき【浩然の気】 ゆったりした、お 浩然

おらかな気持ち。浩気。

こうそ【公訴】検察官が裁判所に刑事事件の裁判を求めること。 公訴

こうそ【皇祖】天皇の先祖。 皇祖

こうそ【控訴】上級裁判所に再審を要求すること。appeal 控訴

こうそ【酵素】体内でつくられ、体内の化学反応を助ける物質。enzyme 酵素

こうぞ【楮】落葉低木の一。樹皮は和紙の原料。 楮

こうそう【広壮】広々としていて立派なようす。 広壮

こうそう【抗争】張り合ってあらそうこと。▽権力—。dispute 抗争

こうそう【後送】後から送ること。 後送

こうそう【香草】香りのよい草。herb 香草

こうそう【高僧】❶徳の高い僧。❷位の高い僧。①virtuous priest 高僧

こうそう【高層】❶空の高い所。❷層が多く重なっていること。▽—建築。②high-rise 高層

こうそう【構想】内容や組み立てを考えること。また、その考え。plan 構想

こうぞう【構造】ものの内部の組み立て。つくり。▽機械の—。structure 構造

ごうそう【豪壮】構えが大きくりっぱなようす。▽—な邸宅。magnificent 豪壮

こうそく【拘束】行動の自由を制限すること。restriction 拘束

こうそく【校則】学校の規則。school regulations 校則

こうそく【高速】❶高速度。❷「高速道路」の略。 高速

こうぞく【後続】後から続くこと・もの・人。類後進。succeeding 後続

こうぞく【皇族】天皇の一族。 皇族

ごうぞく【豪族】その地方で勢力をはる一族。 豪族

こうた【小唄】三味線の伴奏で歌う短い俗曲。江戸小唄。 小唄

こうたい【交替】〈交代〉互いに入れかわること。▽選手—。change 交替

こうたい【抗体】病原体などが体内にはいったときにできる、それに抵抗する物質。免疫(めんえき)体。antibody 抗体

こうたい【後退】❶後ろにさがること。❷力や勢いが弱くなること。対❶前進。①retreat 後退

こうだい【広大】〈宏大〉広くて大きいようす。▽—無辺。対狭小。vast 広大

こうだい【後代】のちの世。後世。 後代

こうたいごう【皇太后】先帝の皇后。 皇太后

こうたいし【皇太子】天皇の位をつぐべき皇子(おうじ)。類東宮。crown prince 皇太子

こうたいしひ【皇太子妃】皇太子の妻。 妃

こうたく【光沢】つや。luster 光沢

ごうだつ【強奪】暴力でむりやりに奪うこと。robbery 強奪

こうたん【降誕】神・仏・聖人などがこの世に生まれること。▽—祭。birth 降誕

こうだん【公団】国や地方公共団体が出資した公法人。現在はない。 公団

こうだん【降壇】壇からおりること。対登壇。 降壇

こうだん【講談】調子をつけておもしろく語る寄席の演芸。講釈。 講談

ごうたん【豪胆】〈剛胆〉度胸があって物事に動じないようす。類剛腹。大胆。bold 豪胆

こうだんし【好男子】❶顔立ちの美しい男性。美男子。❷快活で男らしい男。②nice fellow 好男子

こうち【巧遅】上手だが、仕上がりが遅いこと。対拙速(せっそく)。 巧遅

こうち【巧緻】こまかくたくみなこと。類精巧。 巧緻

こうち【拘置】容疑者などをとらえて一定の場所にとどめおくこと。勾留(こうりゅう)。detention 拘置

こうち【狡知】悪知恵。craftiness 狡知

こうち【耕地】耕して農作物をつくる土地。類農地。arable land 耕地

こうちく【構築】組み立てて、きずくこと。▽城を—する。construction 構築

こうちゃ【紅茶】茶の若葉を発酵・乾燥させたもの。また、その飲み物。tea 紅茶

こうちゃく【膠着】❶ねばりつくこと。❷行き詰まり。▽戦闘が—状態に陥る。 膠着

こうちゅう【甲虫】 体がかたい羽で包まれている昆虫。かぶと虫・こがね虫など。beetle　甲虫

こうちゅう【校注】 〈校註〉古典などの文章を校訂し、注釈を加えたもの。　校注

こうちょ【高著】 相手の著書の尊敬語。　高著

こうちょう【好調】 調子がよいこと。対不調。good condition　好調

こうちょう【紅潮】 顔に赤みがさすこと。▽ほおが—する。flushing　紅潮

こうちょう【候鳥】 渡り鳥。対留鳥。　候鳥

こうちょう【高潮】 ❶潮がもっとも満ちること。❷勢いや調子が高まること。▽最—。類❷絶頂。①high tide　高潮

こうちょう【高調】 ❶気分や意気が高まること。❷音の調子が高いこと。対❶低調。　高調

こうちょうかい【公聴会】 国会で、議決前に、関係者や学識経験者の意見を聞く会。public hearing　公聴会

こうちょく【硬直】 ❶こわばること。❷柔軟でなくなること。▽—した考え。①stiffness　硬直

ごうちょく【剛直】 気性が強くて信念を曲げないようす。　剛直

こうちん【工賃】 手間賃。wages　工賃

こうつう【交通】 ❶人や乗り物などが行き来すること。❷人の往来や、運輸・通信の総称。①②traffic　交通

ごうつくばり【業突張り】 〈強突張り〉強情で欲張りなこと・人。　業突張

こうつごう【好都合】 都合がいいこと。convenience　好都合

こうてい【工程】 作業の順序・段階(=進みぐあい)。▽製造—。process　工程

こうてい【公定】 政府などが決めること。▽—価格。official fixture　公定

こうてい【公邸】 高級公務員の公務用の邸宅。対私邸。official residence　公邸

こうてい【行程】 ❶目的地までの距離。▽五キロの—。❷旅行などの日程。①distance　行程

こうてい【肯定】 その通りであると認めること。対否定。affirmation　肯定

こうてい【皇帝】 帝国の君主。類帝王。emperor　皇帝

こうてい【校訂】 古典などの本文を、各種の伝本と照合して正すこと。　校訂

こうてい【航程】 船や航空機などで航行する距離。distance　航程

こうてい【高弟】 弟子の中でとくにすぐれた弟子。高足。　高弟

こうでい【拘泥】 こだわること。▽地位に—する。adherence　拘泥

ごうてい【豪邸】 大きくて立派な家。　豪邸

こうてき【公的】 おおやけの事柄に関するようす。▽—な立場で発言する。—年金。対私的。　公的

こうてき【好適】 ちょうどふさわしいようす。▽工場に—な土地。suitable　好適

ごうてき【号笛】 合図に吹く笛。　号笛

こうてきしゅ【好敵手】 実力・勢力などが同じくらいの競争相手。good rival　好敵手

こうてつ【更迭】 高い役職・地位の人をかえること。また、かわること。注こう×そう。　更迭

こうてつ【鋼鉄】 弾力のあるかたい鉄。はがね。steel　鋼鉄

こうてん【公転】 ある天体の周りを、他の天体が周期的に回ること。対自転。revolution　公転

こうてん【交点】 線と線、または線と面がまじわる点。　交点

こうてん【好天】 よい天気。類晴天。　好天

こうてん【好転】 いいほうへ向かうこと。favorable turn　好転

こうてん【荒天】 風雨の激しい荒れた天候。類悪天候。stormy weather　荒天

こうでん【香典】 〈香奠〉霊前に、香の代わりに供える金銭。香料。　香典

こうてんてき【後天的】 生まれたあとの環境や経験で身にそなわったようす。対先天的。acquired　後天的

こうど【光度】 光の強さ。単位はカンデラ。luminous intensity　光度

こうど【高度】 ❶海水面からの高さ。▽海抜—。❷程度が高いようす。▽—な技術。①altitude ②advanced　高度

こうど【硬度】 ❶物体の硬さの度合い。❷水に含まれるカルシウム・マグネシウムなどの割合。①②hardness　硬度

こうとう【口答】 口で答えること。対筆答。oral answer　口答

こうとう【口頭】 口で述べること。▽―試問。 口頭

こうとう【公党】 活動をおおやけに認められている政党。political party 公党

こうとう【紅灯】 はなやかなあかり。▼―の巷（ちまた）花柳街や歓楽街。 紅灯

こうとう【高等】 程度が高いこと。対下等。high grade 高等

こうとう【高騰】 物価が高くなること。類騰貴。soaring prices 高騰

こうとう【喉頭】 咽頭（いんとう）と気管との間の部分。larynx 喉頭

こうどう【公道】 国や地方公共団体がつくり管理する道路。国道・県道など。対私道。public road 公道

こうどう【行動】 行うこと。行い。action 行動

こうどう【坑道】 坑内の通路。 坑道

こうどう【講堂】 式・講演などを行う、学校などにある建物や部屋。▽全校生徒が一に集まる。auditorium 講堂

ごうとう【強盗】 暴力・おどしによってお金や物をうばいとる者。robber 強盗

ごうどう【合同】 ❶複数のものが一つにまとまること。❷数学で、二つの図形の形・大きさが全く同じであること。類❶合併。 合同

こうとうてき【高踏的】 世俗を超えて気高いようす。▽―な文学。transcendent 高踏的

こうとうむけい【荒唐無稽】 まるででたらめなこと。▽―な話。 荒唐

こうとく【高徳】 すぐれて高い人徳。 高徳

こうどく【鉱毒】 鉱物から出る有害物質。mine pollution 鉱毒

こうどく【講読】 書物を読んで、その意味を明らかにすること。▽原書―。 講読

こうどく【購読】 本・新聞などを買って読むこと。▽―料。subscription 購読

こうとくしん【公徳心】 公衆道徳を守ろうとする気持ち。 公徳心

こうなん【後難】 後になってふりかかってくる災難。future trouble 後難

こうなん【硬軟】 かたさと、やわらかさ。 硬軟

こうにゅう【購入】 買い入れること。類購買。purchase 購入

こうにん【公認】 国・公共団体・政党などが正式に認めること。authorization 公認

こうにん【後任】 前の人に代わって任務につくこと・人。対前任。successor 後任

こうにん【降任】 役職・地位を下げること。降職。類降格。demotion 降任

こうねつ【高熱】 ❶高い温度。❷高い体温。①high heat ②high fever 高熱

こうねつひ【光熱費】 電気・ガス・石油などの費用。 光熱費

こうねん【光年】 天文学で、光が一年間に進む距離（約九兆四六〇〇億キロ）。light-year 光年

こうねん【行年】 享年（きょうねん）。ぎょうねん。 行年

こうねん【後年】 ❶ある時から、ずっとのち。❷晩年。 後年

こうねん【高年】 年齢が高いこと。 高年

こうねんき【更年期】 女性の月経が閉止し、老年期に移る時期。 更年期

こうのう【効能】 ききめ。▽―書き。efficacy 効能

こうのう【後納】 代金などを後で納めること。対前納。delayed payment 後納

ごうのう【豪農】 多くの土地・財産を持ち、勢力のある農家。 豪農

こうのとり【鸛】 コウノトリ科の鳥。つるに似ているが、くちばしは黒い。日本では特別天然記念物。 鸛

ごうのもの【剛の者】 〈豪の者〉武道などにすぐれた、強い人。勇ましい人。brave person 剛の者

こうは【硬派】 ❶極端な意見を主張し、激しい行動に走る党派。❷女性関係をさけ、粗野な態度や行動を好む人々。対❶❷軟派。 硬派

こうば【工場】 ⇩こうじょう。 工場

こうはい【交配】 違う品種をかけあわせること。交雑。crossbreeding 交配

こうはい【光背】 仏像の背部にある、光明を表す飾り。後光（ごこう）。nimbus 光背

光背

こうはい【好配】❶よい配偶者。❷株などの、よい配当。

こうはい【後背】後ろ。背後。the rear

こうはい【後輩】❶学校・職場などで、後からはいった人。❷年齢・経験が下の人。類❶❷後進。②junior

こうはい【荒廃】荒れ果てること。devastation

こうはい【高配】❶相手の配慮の尊敬語。▽御—を感謝いたします。❷高率の配当。②high dividend

こうはい【興廃】盛んになることとすたれること。▽皇国の—、この一戦にあり。類盛衰。興亡。

こうばい【公売】差し押さえ物品などを公開し、入札・競売すること。

こうばい【勾配】❶かたむきの度合い。傾斜。❷斜面。①②slope

こうばい【紅梅】紅色の花が咲く梅。また、その色。red plum

こうばい【購買】買うこと。類購入。注購×売部。purchase

こうばいすう【公倍数】数学で、二つ以上の整数に共通の倍数。

こうはく【紅白】赤と白。▽—試合。

こうばく【広漠】果てしなく広がっているようす。vast

こうばしい【香ばしい】こんがり焼けたいい香りがする。

こうはつ【後発】❶あとから出発すること。❷あとから開発すること。▽—メーカー。①starting later

こうばな【香花】香華（こうげ）。

ごうはら【業腹】ひどく腹がたつようす。resentment

こうはん【公判】公開の法廷で行う刑事事件の裁判。public trial

こうはん【広汎・広範】広範囲なようす。▽—な知識。extensive

こうはん【後半】あとの半分。▽試合の—。対前半。latter half

こうばん【交番】警察官の派出所。

こうばん【降板】野球で投手が交替し、マウンドから降りること。

ごうはん【合板】薄い板を張り合わせた板。ベニヤ板など。plywood

こうひ【口碑】古くからの言い伝え。

こうひ【工費】工事の費用。

こうひ【公費】国や公共団体の費用。類公金。public expenses

こうひ【高批】人の批評の尊敬語。高評。

こうひ【高庇】人から受ける恩恵・庇護（ひご）の尊敬語。

こうび【交尾】動物の生殖行為。copulation

こうび【後尾】列の、後ろのほう。rear

ごうひ【合否】合格と不合格。

こうひつ【硬筆】（毛筆に対して）鉛筆・ペンなど、先の硬い筆記具。

こうひょう【公表】広く世間に発表すること。public announcement

こうひょう【好評】よい評判。▽—を博する。対悪評。不評。popularity

こうひょう【高評】❶高批。❷評判が高いこと。

こうひょう【講評】理由をあげて批評すること。また、その批評。▽審査経過を—する。review

こうびん【幸便】❶よいついで。▽—に託して送る。❷人に託する手紙に書きそえる語。

こうびん【後便】次の便り。next mail

こうふ【工夫】土木工事などの労働者。今は使わないことば。

こうふ【公布】法令などを広く一般の人に知らせること。promulgation

こうふ【交付】役所などが書類・金銭などを一般の人にわたすこと。issue

こうふ【坑夫】炭鉱・鉱山の坑内労働者。今は使わないことば。

こうふう【光風】❶春のここちよい風。❷雨あがりのさわやかな風。

こうふう【校風】その学校の気風。

こうふう【高風】❶けだかい風格。❷相手の人格に対する尊敬語。

こうふく【口腹】❶口と腹。❷飲み食いすること。▽—を満たす。

こ

こうふく【幸福】 しあわせ。対不幸。happiness　幸福

こうふく【降伏】 〈降服〉負けて相手に従うこと。類降参。surrender　降伏

ごうふく【剛腹】 度胸があって太っ腹なこと。類豪胆。　剛腹

こうぶつ【好物】 好きな飲食物。favorite dish　好物

こうぶつ【鉱物】 金属・石など、天然の無機物の総称。mineral　鉱物

こうふん【口吻】 話しぶり。口ぶり。▽不満の—で話す。　口吻

こうふん【公憤】 公共のために感じるいきどおり。public indignation　公憤

こうふん【興奮】 〈昂奮〉❶感情が高ぶること。❷刺激を受け、神経や体の働きが活発になること。①excitement　興奮

こうぶん【構文】 文の組み立て。　構文

こうぶんしょ【公文書】 役所や公共団体などが作成した文書。対私文書。official document　公文書

こうべ【頭】 〈首〉あたま。くび。head　頭

こうへい【公平】 一方にかたよらないこと。▽—無私。—を期する。類公正。平等。fair, impartial　公平

こうへん【口辺】 口のあたり。　口辺

こうべん【抗弁】 相手の批判や主張に対して反論すること。refutation　抗弁

ごうべん【合弁】 外国と資本を出しあって共同で事業を経営すること。▽—会社。joint management　合弁

こうほ【候補】 ある地位や資格を得る可能性のあること・人。土地やものについてもいう。▽—者。—地。candidate　候補

こうぼ【公募】 一般募集すること。　公募

こうぼ【酵母】 糖類をアルコールと炭酸ガスに分解する菌。酵母菌。yeast　酵母

こうほう【公法】 国家や公益に関する法律。憲法・行政法・刑法など。対私法。public law　公法

こうほう【公報】 ❶役所から個人への公式通知。❷役所が国民に知らせるために出す、公式の報告書や通知。　公報

こうほう【広報】 〈弘報〉一般に広く知らせること。また、その知らせ。public information　広報

こうほう【高峰】 高い峰。lofty peak　高峰

こうぼう【工房】 画家・工芸家などの仕事場。アトリエ。studio　工房

こうぼう【攻防】 攻撃と防御。攻守。　攻防

こうぼう【興亡】 栄えることと、滅びること。類興廃。　興亡

ごうほう【号砲】 合図に撃つ大砲・鉄砲や、その砲声。signal gun　号砲

ごうほう【合法】 法律や規則にかなっていること。legal　合法

ごうほう【豪放】 心が大きく、小さなことにこだわらないようす。▽—磊落。broad-minded　豪放

ごうほうらいらく【豪放磊落】 快活で、こせこせしないようす。　磊落

こうぼく【公僕】 〈公衆に奉仕する人の意で〉公務員。public servant　公僕

こうぼく【香木】 沈香（じんこう）・きゃらなど、香に用いる木。aromatic tree　香木

こうぼく【高木】 高い木。対低木。　高木

こうほん【校本】 伝本による本文の違いを一覧できるようにまとめた本。　校本

こうまい【高邁】 気高く、すぐれているようす。▽—な理想。類高遠。　高邁

ごうまつ【毫末】 ごくわずかなこと。　毫末

こうまん【高慢】 思いあがって人をばかにするようす。類不遜（ふそん）。尊大。arrogant　高慢

ごうまん【傲慢】 横柄で、人を見下すようす。類傲岸（ごうがん）。haughty　傲慢

こうみゃく【鉱脈】 有用鉱物が板状にかたまっている層。vein　鉱脈

こうみょう【功名】 手柄をたてて、名をあげること。また、その手柄。　功名

こうみょう【巧妙】 非常に上手なようす。skillful　巧妙

こうみょう【光明】 ❶明るい光。❷希望。▽前途に—を見出す。①light　光明

こうみん【公民】 政治に参加する権利と義務をもつ者。citizen　公民

こうみんかん【公民館】 市町村で、住民の教養の向上などのために設けられた施設。public　公民館

hall

こうむ【工務】土木・建築などの仕事。 工務

こうむ【公務】国・地方公共団体の職務。public service 公務

こうむいん【公務員】公務に従事する人。国家公務員と地方公務員とがある。public official 公務員

こうむる【被る】❶身に受ける。▽損害を—。❷目上の人からいただく。▽官命を—。①suffer 被る

こうめい【公明】公平で、かくしだてのないようす。 公明

こうめい【高名】❶相手の名の尊敬語。お名前。❷有名なこと。こうみょう。 高名

ごうも【毫も】少しも。ちっとも。▽—恥じるところがない。 毫も

こうもう【紅毛】(赤い髪の意から)江戸時代、オランダ人のこと。転じて、西洋人。▽—人。 紅毛

こうもく【項目】ある基準で分類した一つ一つの部分。類条項。item 項目

こうもり【蝙蝠】❶小形の哺乳(ほにゅう)動物の一。飛ぶことができる。❷「こうもりがさ」の略。①bat 蝙蝠

こうもりがさ【蝙蝠傘】西洋式の雨傘。こうもり。umbrella 蝙蝠傘

こうもん【肛門】消化器官の末端の出口。しりの穴。anus 肛門

ごうもん【拷問】自白させるため肉体的な苦痛を与えること。torture 拷問

こうや【広野】〈曠野〉広い野原。plain 広野

こうや【荒野】荒れ果てた野原。あれの。wilderness 荒野

こうや【紺屋】染め物屋。こんや。▼—の明後日(あさって) あてにならない約束のたとえ。▼—の白袴(しろばかま) 他人のことに追われて、自分のことをおろそかにするたとえ。類医者の不養生。 紺屋

こうやく【口約】口で約束すること。口約束。verbal promise 口約

こうやく【公約】政策を国民に約束すること。また、その約束。pledge 公約

こうやく【膏薬】あぶらで練った外用薬。多く紙や布にぬってある。 膏薬

こうやくすう【公約数】数学で、二つ以上の整数に共通な約数。 公約数

こうゆ【香油】香料入りの化粧油。balm 香油

こうゆう【公有】国や地方公共団体が持っていること。対私有。 公有

こうゆう【交友】友達との交際。また、その友達。▽—関係。friend ship 交友

こうゆう【交遊】つきあうこと。類交際。companionship 交遊

こうゆう【校友】同じ学校の友人・卒業生。▽—会。alumnus 校友

ごうゆう【剛勇】〈豪勇〉強く勇ましいようす。brave 剛勇

ごうゆう【豪遊】大金を使ったはでな遊び。 豪遊

こうよう【公用】❶おおやけの用事。❷国や公共団体が使用すること・費用。①official business 公用

こうよう【孝養】親を養い孝行すること。▽—を尽くす。filial duty 孝養

こうよう【効用】❶役に立つ使い道。用途。▽道具の—。❷ききめ。類❷効能。②effect 効用

こうよう【紅葉】葉が、秋に赤くなること。また、その葉。もみじ。 紅葉

こうよう【高揚】〈昂揚〉心や精神などが高まること。また、高めること。▽士気—。exaltation 高揚

こうよう【黄葉】葉が秋に黄色になること。また、その葉。 黄葉

こうようじゅ【広葉樹】広くて平らな葉をもつ木。対針葉樹。 広葉樹

ごうよく【強欲】非常な欲張り。類貪欲(どんよく)。greed 強欲

こうら【甲羅】かめ・かになどの背中を覆うかたい殻。shell ▼—を経る 年功を積む。 甲羅

こうらい【光来】光臨。▽御—を仰ぐ。 光来

こうらく【行楽】旅行や外出をして遊び楽しむこと。pleasure trip 行楽

こうらん【勾欄】〈高欄〉欄干(らんかん)。 勾欄

こうらん【高覧】相手が見ることの尊敬語。貴覧。御覧。▽御—を賜る。 高覧

こうり【小売り】卸商から仕入れた品物を、消費者に売ること。▽—店。対卸し売り。retail 小売り

こうり【公理】❶一般に通じる道理。❷数学で、自明の真理として、他の命題の前提となる原理。①②axiom 公理

こうり【功利】❶功名と利益。❷幸福と利益。 功利

こうり【行李】 柳・竹で編んだ箱。

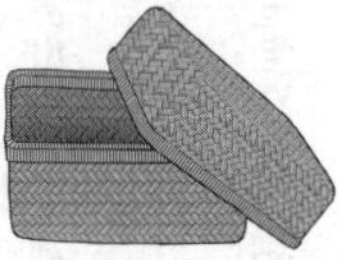
行李

こうり【高利】 ❶高い利息。❷大きな利益。①② high interest

ごうり【合理】 道理に合っていること。

ごうりか【合理化】 ❶むだをなくし効率よくすること。❷理屈をつけてもっともらしくすること。① streamlining

ごうりき【強力】 ❶力が強いこと・人。❷登山者の荷を負い、道案内する人。 強力

こうりつ【公立】 地方公共団体が設立し、管理・運営すること・施設。 public foundation 公立

こうりつ【効率】 仕事の能率。▽—的。 efficiency 効率

こうりゃく【攻略】 ❶攻め取ること。▽城を—する。❷勝負で相手を負かすこと。② defeat 攻略

こうりゃく【後略】 後の部分を省略すること。対前略。 後略

こうりゅう【勾留】 拘置。▽未決—。 勾留

こうりゅう【交流】 ❶互いに行き交うこと。▽文化—。国際—。❷周期的に流れる向きが変わる電流。対❷直流。② alternating current 交流

こうりゅう【拘留】 刑罰の一。三〇日未満、拘留場にとどめおくこと。 拘留

こうりゅう【興隆】 事がおこり、勢いが盛んになること。▽文化の—。類勃興(ぼっこう)。 rise 興隆

ごうりゅう【合流】 ❶川が一つに合わさること。❷分かれたものが一つにまとまること。① confluence 合流

こうりょ【考慮】 よく考えること。▽事情を—する。 consideration 考慮

こうりょう【広量】 気持ちが大きいこと。対狭量。 広量

こうりょう【荒涼】 〈荒寥〉荒れ果ててさびしいようす。 desolate 荒涼

こうりょう【香料】 ❶よい香りを出すもの。❷香典。① perfume 香料

こうりょう【校了】 校正が全部終わること。 finishing proofreading 校了

こうりょう【綱領】 ❶基本となる要点。❷政党などの基本方針を示したもの。② general principle 綱領

こうりょう【稿料】 原稿に対する報酬。原稿料。 writer's fee 稿料

こうりょく【効力】 はたらき。ききめ。 effect 効力

こうりん【光臨】 相手の来訪の尊敬語。光来。▽御—を仰ぐ。 光臨

こうりん【降臨】 神仏などがこの世に天下ること。▽天孫—。 降臨

こうるい【紅涙】 女性が流す涙。▽—を絞る。 advent 紅涙

こうれい【好例】 ちょうどよい例。類適例。 good example 好例

こうれい【恒例】 きまって同じ時・形で行われること。▽—のゴルフ大会。類定例。 custom 恒例

こうれい【高齢】 年をとっていること。類老齢。 advanced age 高齢

ごうれい【号令】 ❶大声で指図することば。▽—をかける。❷命令すること。▽—一下。② command 号令

こうろ【行路】 ❶道を行くこと。また、その道。❷世渡り。▽人生—。 行路

こうろ【香炉】 香をたくのに用いる器。 香炉

こうろ【航路】 船や航空機の通る一定の道筋。 route 航路

こうろう【功労】 手柄と、そのための骨折り。類功績。 功労

こうろう【高楼】 高くつくった建物。高閣。類高殿(たかどの)。 lofty building 高楼

こうろく【高禄】 多額の禄高(ろくだか)。高額の給料。大禄。▽—を食(は)む。 高禄

こうろびょうしゃ【行路病者】 行き倒れ。 病者

こうろん【口論】 言い争い。 quarrel 口論

こうろん【公論】 ❶社会一般の議論。▽万機—に決すべし。❷公平な議論。① public opinion 公論

こうろん【高論】 ❶すぐれた論。❷相手の論の尊敬語。① high opinion 高論

こうろんおつばく【甲論乙駁】 議論ばかりで意見がまとまらないこと。 甲論

こうわ【高話】 相手を敬ってその話をいう語。 高話

こうわ【講和】 戦争をやめ、平和を回復すること。▽—条約。 peace 講和

こうわ【講話】 やさしく説き聞かせること・話。 lecture 講話

こうわん【港湾】 船の出入り、客の乗降、貨物の積み下ろしなど 港湾

に必要な設備のある港。harbor

こえ【声】❶人や動物が発声器官から出す音。音声。❷意見。▽民の—。❸音。響き。①②voice ▼**—が掛(か)かる** ❶❸さそいを受ける。❷客席から舞台の役者にかけ声がかかる。▼**—なき声** 一般の人々の意見。▼**—を限りに** ありったけの声を出して。▼**—を大にする** ❶大声で言う。❷強く訴える。
声

こえ【肥】❶肥料。❷しもごえ。
肥

こえい【孤影】ひとりぼっちでさびしそうな姿。▽—悄然(しょうぜん)。
孤影

ごえい【護衛】つきそって守ること・人。類警護。guard
護衛

ごえいか【御詠歌】巡礼がうたう、仏をたたえる歌。巡礼歌。
御詠歌

ごえつどうしゅう【呉越同舟】仲の悪い者同士が同じ場所にいること。
呉越

こえる【肥える】❶ふとる。❷土地の養分が豊かになる。❸経験を積んで、見分ける力がつく。▽目が—。対❶❷やせる。
肥える

こえる【越える】❶上を通り過ぎて行く。❷時期を過ぎる。❸順序をとびこす。①get over ②pass
越える

こえる【超える】〈越える〉❶ある数量・基準以上になる。❷抜き出て、その先に進む。❸まさる。①exceed ③excel
超える

使い分け 「こえる・こす」
越える・越す…ある場所・地点・時を過ぎて、その先に進む。▽県境を越える。峠を越す。ピークを越える。度を越す。困難を乗り越える。
超える・超す…ある基準・範囲・程度を上回る。▽人間の能力を超える。想定を超える。十万円を超える額。一億人を超す人口。

ゴーイング マイ ウエー【going my way】人に左右されず自分の思いどおりに行う。わが道を行く。

こおう【呼応】❶一方の行動に合わせて、他方も行動すること。❷気持ちを合わせて同じ行動をとること。▽—して兵を挙げる。❸文中で、ある語に対してあとにきまった表現が用いられること。
呼応

ゴーグル【goggles】両眼をおおう形の水中用・風よけ用の眼鏡。

ゴーサイン 「やれ」「してもいい」という合図。和製語。

ゴージャス【gorgeous】豪華なようす。華麗。

コーディネーター【coordinator】❶間に入る調整係。❷製作の進行係。

コーディネート【coordinate】❶調整すること。❷色・デザインなどを調和させること。

コーティング【coating】保護・装飾用に物の表面を加工しておおうこと。

コーデュロイ【corduroy】布地で、うね状に織った綿ビロード。コールテン。

コード【chord】和音。

コード【code】❶規則。規約。❷電信用の符号。❸コンピュータなどに記憶させるための符号の体系。

コード【cord】❶ゴム・ビニールなどで絶縁した電線。❷ひも。

こおどり【小躍り】うれしくて、とび上がること。▽—して喜ぶ。
小躍り

コーヒー ブレーク【coffee break】短い休憩時間。

コーポラス 鉄筋建てのアパート。コーポ。和製語。

こおり【氷】水が氷点下で固体になったもの。ice
氷

こおりまくら【氷枕】頭を冷やすための、氷を入れるまくら。水枕。
氷枕

コーリャン【高粱中国】もろこしの一種。こうりょう。
高粱

こおる【凍る】〈氷る〉液体が冷えて固体になる。freeze
凍る

ゴール【goal】❶決勝線。決勝点。❷球技で、ボールを入れると得点になるところ。また、得点すること。▽マラソンの—。

ゴール イン ゴールにはいること。また、目標に到達すること。和製語。

ゴールデン ウイーク 四月下旬から五月初めの休日が続く週。和製語。

コールド チェーン【cold chain】生鮮食品を低温で配送する仕組み。低温流通機構。

こおろぎ【蟋蟀】昆虫の一。秋の夜、美しい声で鳴く。cricket
蟋蟀

コーン【cone】❶アイスクリームを入れる、穀物の粉でつくった円錐(えんすい)形の入れ物。❷拡声器の円錐形の部分。

コーン【corn】とうもろこし。

ごおん【呉音】漢字音の一。中国の呉・越地方の発音が日本に伝来したもの。
呉音

こが【古雅】古風でみやびやか。
古雅

こがい【子飼い】子供のときから手元において養成すること。 子飼い

こがい【戸外】家の外。outdoors 戸外

ごかい【沙蚕】浅い海の泥の中にすむ環形動物。釣りのえさにする。sandworm 沙蚕

ごかい【誤解】まちがって理解すること。misunderstanding 誤解

ごかいしょ【碁会所】席料をとって碁を打たせる所。 碁会所

こかく【顧客】⇩こきゃく。 顧客

ごかく【互角】互いの力に優劣がないこと。五分五分。注互×格。 互角

ごがく【語学】❶外国語の学習。❷言語学。②linguistics 語学

こかげ【木陰】木のかげ。木の下。 木陰

こがす【焦がす】❶焼いて黒くする。❷心を悩ます。▽胸を―(=ひそかに激しく恋い慕う)。①burn 焦がす

こがた【小形】形・規模が小さいこと・もの。▽―の蝶(ちょう)。small size 小形

こがた【小型】同種の中で、型が小さいこと・もの。▽―自動車。small type 小型

こかつ【枯渇】〈涸渇〉❶水分がなくなり、かわききること。❷尽き果てること。 枯渇

こがね【小金】少しまとまったお金。 小金

こがね【黄金】❶金。おうごん。❷金貨。❸金色。こがね色。①gold 黄金

こがら【小柄】❶体が小さいこと。❷模様が小さいこと。 小柄

こがらし【木枯らし】〈凩〉秋の末から初冬にかけて吹く冷たい風。 木枯し

こがれる【焦がれる】❶深く恋いしたう。❷強く願い望む。②yearn 焦がれる

こかん【股間】またの間。またぐら。 股間

ごかん【五官】目・耳・鼻・舌・皮膚の五つの感覚器官。 五官

ごかん【五感】五官によって感じる、視覚・聴覚・嗅覚(きゅうかく)・味覚・触覚。five senses 五感

ごかん【互換】互いに取り換えること。また、取り換えがきくこと。▽―性。 互換

ごかん【語幹】文法で、活用語の変化しない部分。stem 語幹

ごかん【語感】❶ことばの持つ特別な感じ。ニュアンス。❷ことばに対する感覚。▽―の鋭い人。 語感

ごがん【護岸】海岸・川岸を補強すること。▽―工事。shore protection 護岸

こき【古希】〈古稀〉七〇歳。▽―の祝い。 古希

こき【呼気】口から吐き出す息。対吸気。 呼気

こぎ【狐疑】いろいろ疑うこと。 狐疑

ごき【語気】話すことばの調子・勢い。 語気

ごき【誤記】書き違い。書き誤り。 誤記

ごぎ【語義】ことばの意味。語意。 語義

こきおろす【扱き下ろす】ひどくけなす。run down 扱き下

ごきげん【御機嫌】❶「機嫌」の尊敬語。▽―をとる。❷機嫌がよいようす。類❷上機嫌。 御機嫌

こきざみ【小刻み】❶間隔を小さく、速くすること。▽―に歩く。❷少しずつ区切ること。 小刻み

こきつかう【扱き使う】遠慮しないで、休みなく使う。手荒く使う。drive hard 扱き使

こぎつける【漕ぎ着ける】❶船をこいで目的地に着ける。❷努力して、ある目標まで到達する。▽やっと完成に―。①row up 漕ぎ着

こぎって【小切手】当座預金から支払われる有価証券。check 小切手

ごきぶり【蜚蠊】昆虫の一。体は光沢のある黒褐色で、足がはやい。害虫。あぶらむし。cockroach 蜚蠊

こきみ【小気味】「気味」を強めていう語。▽―がよい。 小気味

こきゃく【顧客】お得意の客。こかく。類常連。customer 顧客

こきゅう【呼吸】❶息をはいたり、吸ったりすること。❷生物が酸素を取り入れ、炭酸ガスを出すこと。❸いっしょに物事をするときの調子。こつ。❹物事をうまく行う微妙な調子。①breath 呼吸

こきゅう【故旧】昔からの知り合い。古なじみ。旧知。▽―忘れ難し。 故旧

こきょう【故郷】生まれ育った土地。ふるさと。類郷土。郷里。▼―へ錦(にしき)を飾(かざ)る 立身出世して故郷へ帰る。 故郷

ごきょう【五経】儒教の経書(けいしょ)で、『易経・書経・詩経・春 五経

秋・礼記(らいき)』。

ごぎょう【五行】古代中国で考えられた、万物を構成・支配する五つの元素。木・火・土・金(ごん)・水をいう。 五行

ごぎょう【御形】春の七草の一。母子草(ははこぐさ)。 御形

こぎれい【小奇麗】〈小綺麗〉きちんとしていて、きれいなようす。清潔でととのっているようす。▽—な部屋。 小奇麗

こく〔克〕常7 コク やりぬく。うちかつ。▽—己心。—服。
筆順 一 十 十 古 古 声 克
克・克

こく〔告〕常7 コク・つげる つげる。申し出る。▽—知。—白。予—。(告)
筆順 ノ 𠂉 牛 生 告 告 告
告・告

こく〔谷〕常7 コク・たに ❶山と山の間の低い所。▽渓—。峡—。❷きわまる。
筆順 ノ 八 ク 夂 谷 谷 谷
谷・谷

こく〔刻〕常8 コク・きざむ ❶刃物でほる。▽—印。彫—。❷むごい。▽—苦。深—。❸時間。▽—限。時—。先—。遅—。定—。
筆順 丶 亠 亠 亥 亥 亥 亥 刻
刻・刻

こく〔国〕常8〔國〕人11 コク・くに ❶領土。国家。▽—境。外—。❷郷里。❸日本の。▽—学。
筆順 丨 冂 冂 冂 囯 国 国 国
国・国

こく〔黒〕常11〔黑〕人12 コク・くろ・くろい ❶くろ。くろい。▽—板。❷悪い。▽—白(こくびゃく)。暗—。
筆順 丶 口 日 甲 甲 里 里 黒
黒・黒

こく〔穀〕常14〔穀〕人15 コク 米・麦など、からをつけた実。▽—倉。—物。
筆順 士 声 壳 壳 壳 穀 穀
穀・穀

こく〔酷〕常14 コク ❶むごい。▽—使。残—。❷はげしい。▽—暑。—似。(酷)
筆順 一 西 酉 酉 酉 酉 酷 酷
酷・酷

こく〔鵠〕18 コク・くぐい ❶白鳥。くぐい。▽鴻—(こうこく)。❷弓のまと。▽正—。
鵠・鵠

こく〔石〕⇩せき

こく【石】❶尺貫法の容積の単位。一石は一〇斗で、約一八〇リットル。❷材木、また、和船の積み荷の容積の単位。一石は一〇立方尺。❸昔、大名・武家の禄高(ろくだか)の単位。▽加賀百万—。 石

こく【扱く】むしり落とす。▽稲を—。 扱く

こく【刻】❶きざむこと。❷昔の時刻の呼び名。一刻は約二時間。 刻

こく【放く】❶放つ。ひる。▽屁(へ)を—。❷言う。▽うそを—。①break 放く

こく【酷】きびしく、むごいようす。▽—な要求。 酷

こぐ【漕ぐ】❶櫂(かい)・櫓(ろ)を動かして舟を進める。❷足を屈伸させて、物を動かす。▽ペダルを—。①row 漕ぐ

ごく〔獄〕常14 ゴク ❶うったえ。▽疑—。❷ろうや。▽監—。
筆順 ノ 犭 犭 犭 犭 獄 獄
獄・獄

ごく〔極〕⇩きょく

ごく【極】きわめて。▽—親しい人。 極

ごく【獄】牢獄(ろうごく)。牢屋(ろうや)。 獄

ごく【語句】語と句。また、ことば。 語句

ごくあく【極悪】この上なく悪いこと。▽—非道。 極悪

こくい【国威】国家の威光。▽—を発揚する。national prestige 国威

こくい【黒衣】黒い衣服。特に、喪服。 黒衣

ごくい【極意】(芸・武道の)奥深い技術や精神。類奥義。secret principle 極意

こくいっこく【刻一刻】しだいしだいに。刻々。▽別れの時が—と迫る。every moment 刻一刻

こくいん【刻印】❶印を彫ること。また、その印。❷きざみつけること。❸極印❷。①carved seal 刻印

ごくいん【極印】❶品質保証の印。刻印。❷消しがたい評価。▽裏切り者の—を押される。①hallmark 極印

こくう【虚空】❶空。❷空間。▽—をつかんで倒れる。②space 虚空

こくう【穀雨】二十四節気の一。太陽暦で四月二〇日ごろ。 穀雨

こくうん【国運】国家の運命・将来。 国運

こくえい【国営】国が経営すること。 国営

こくえき【国益】国家の利益。national benefit 国益

こくぎ【国技】その国の代表的なスポーツ。national sport 国技

ごくげつ【極月】陰暦一二月の別称。 極月

こくげん【刻限】 ❶決められた時刻。❷時間。時刻。①fixed time

こくご【国語】 ❶日本国の言語。日本語。❷その国の言葉。

こくこく【刻刻】 時間がたつようす。刻一刻。こっこく。▽発車時刻が—と迫る。every moment

こくさい【国債】 国が財政上の必要から発行する債券。national bond

こくさい【国際】 国と国との間柄・関係。

ごくさいしき【極彩色】 非常にはでで、鮮やかないろどり。▽—の絵巻。brilliant coloring

こくさいしょく【国際色】 いろいろな国の人や物が集まってつくられる雰囲気。

こくさく【国策】 国の政策。national policy

こくさん【国産】 ❶日本で生産されること・品。▽—自動車。❷その国で生産されること。②domestic product

こくし【国士】 ❶国のために尽くす人。❷その国で、最もすぐれた人物。

こくし【国史】 ❶その国の歴史。❷日本史。

こくし【酷使】 こきつかうこと。abuse

こくじ【告示】 国などが決めたことを一般に知らせること。類公示。notice

こくじ【国字】 ❶その国のことばを書き表す文字。❷かな。❸日本でつくった漢字。「峠・畑」など。

こくじ【国事】 国の政治に関係する事柄。national affairs

こくじ【国璽】 国の印。

こくじ【酷似】 非常によく似ていること。close resemblance

ごくし【獄死】 獄中での死。牢死。

ごくしゃ【獄舎】 牢屋(ろうや)。牢獄(ろうごく)。

こくしょ【酷暑】 きびしい暑さ。猛暑。類極暑(ごくしょ)。対酷寒。

こくじょう【国情】 〈国状〉国内の事情。

ごくじょう【極上】 いちばん上等なこと。類最上。prime

こくじょく【国辱】 国の恥。national dishonor

こくすいしゅぎ【国粋主義】 自国の伝統や文化を最上のものと信じ、排他的な行動をとろうとする主義。ultranationalism

こくする【刻する】 きざむ。彫りつける。carve

こくする【哭する】 声をたてて泣く。bawl

こくぜ【国是】 国の政治上の方針。

こくせい【国政】 国の政治。

こくせい【国勢】 人口・産業などの国の状態。

こくぜい【国税】 所得税など、国が徴収する税。対地方税。national tax

こくせき【国籍】 ❶ある国の国民としての資格・身分。❷ある国に属すること。▽—不明。①②nationality

こくそ【告訴】 被害者が犯罪事実を捜査機関に訴えて、処罰を求めること。▽—状。accusation

こくそう【国葬】 国家の儀式として国費で行う葬儀。national funeral

こくそう【穀倉】 ❶穀物を蓄える倉。こくぐら。❷穀物の主要産地。▽—地帯。①②granary

こくぞく【国賊】 国に害を与える者。類売国奴。traitor

ごくそつ【獄卒】 ❶もと、牢獄(ろうごく)で罪人を取りあつかった下級役人。❷地獄で、死者を苦しめるという鬼。

こくたい【国体】 ❶政治形態から見た国の姿。❷国の体面。❸国民体育大会。①national constitution

こくだか【石高】 ❶穀物の収穫量。❷武士の給料としてあたえられた米の量。禄高(ろくだか)。①yield

こくたん【黒檀】 熱帯原産の木の一。材は黒くて堅く、高級家具の材料となる。ebony

こくち【告知】 告げ知らせること。類通告。通知。notice

こぐち【小口】 ❶金額や数・量が少ないこと。❷切り口。横断面。❸書物の背と反対側の断面。

こぐち【木口】 木を横に切った切り口。きぐち。cut end

こくちょう【国鳥】 その国を代表するものと決められた鳥。日本は、きじ。

ごくつぶし【穀潰し】 食べるだけしか能のないなまけ者。 穀潰し

こくてい【国定】 国が定めること・もの。 国定

こくど【国土】 その国の統治権の及ぶ地域。▽—計画。land 国土

こくどう【国道】 国が建設し、管理する幹線道路。national highway 国道

ごくどう【極道】 悪事を行ったり、酒色にふけったりすること・人。 極道

こくないそうせいさん【国内総生産】 国内で一年間に生産された物とサービスとの総額。GDP。 総生産

こくなん【国難】 国の存在をおびやかす危機。national crisis 国難

こくねつ【酷熱】 きびしいあつさ。▽—の地。類炎熱。intense heat 酷熱

こくはく【告白】 心の中の秘密を打ち明けること。confession 告白

こくはく【酷薄】 むごくて思いやりがないこと。▽—非道。 酷薄

こくはつ【告発】 ❶第三者が、犯罪事実を捜査機関に申し立てること。❷悪事・不正をあばいて、世間に知らせること。①②charge 告発

こくひ【国費】 国が支出する費用。 国費

こくび【小首】 くび。neck ▼—を傾(かし)げる ❶ちょっと首を曲げる。❷ちょっと考える。変だと思う。 小首

ごくひ【極秘】 絶対に秘密なこと。▽—書類。top secret 極秘

ごくび【極微】 非常に小さいこと。 極微

こくびゃく【黒白】 ❶白と黒。❷善悪。正邪。 黒白

こくひょう【酷評】 手きびしい批評。 酷評

こくひん【国賓】 国の正式の客として待遇する外国人。national guest 国賓

ごくひん【極貧】 ひどく貧乏なこと。類赤貧。extreme poverty 極貧

こくふく【克服】 努力してうちかつこと。▽悪条件を—する。conquest 克服

こくふく【克復】 困難にうちかって、もとの状態に復すること。▽平和を—する。restoration 克復

こくぶんがく【国文学】 ❶日本の文学。❷日本文学を研究する学問。 国文学

こくべつ【告別】 別れを告げること。 告別

こくべつしき【告別式】 死者に別れを告げる儀式。 告別式

こくほう【国宝】 ❶国の宝。❷国の指定によって保護・管理される文化財。 国宝

こくほう【国法】 国の法律。national law 国法

こくぼう【国防】 外国からの攻撃に対する、国の守り。national defense 国防

こくみん【国民】 その国の国籍をもち、その国を構成する人々。nation 国民

こくみんせい【国民性】 その国の国民に共通してみられる特有の性質・感情。 国民性

こくむ【国務】 国家の政務。state affairs 国務

こくめい【克明】 くわしくていねいなようす。minutely 克明

こくもつ【穀物】 人が主食とする作物。米・麦・豆類など。穀類。grain 穀物

ごくもん【獄門】 ❶牢獄(ろうごく)の門。❷さらし首。 獄門

こくゆ【告諭】 言いさとすこと。 告諭

こくゆう【国有】 国の所有。▽—化。対民有。state ownership 国有

ごくらく【極楽】 ❶「極楽浄土」の略。仏教で、阿弥陀仏(あみだぶつ)のいる、安らかな世界。❷安楽で心配のない所・境遇。対❶❷地獄。 極楽

ごくらくおうじょう【極楽往生】 ❶仏教で、死後極楽浄土に生まれること。❷安らかに死ぬこと。 往生

ごくらくじょうど【極楽浄土】 極楽❶。 浄土

こくりょく【国力】 国の勢力。特に、経済力。national power 国力

こくるい【穀類】 穀物。grain 穀類

こくれつ【酷烈】 きびしく激しいようす。類苛烈(かれつ)。severe 酷烈

こくろん【国論】 国民一般の意見・考え。public opinion 国論

こぐんふんとう【孤軍奮闘】 援護がなく、ただ一人で戦ったり、努力したりすること。fighting alone 孤軍

こけ〖苔〗 8 人 タイ・こけ こけ(状のもの)。海苔(のり)。▽緑—(りょ

こけ【苔】 湿地・岩石などをおおって生える植物。胞子でふえる。moss　苔・苔

筆順　一　十　廾　艹　艹　苎　苔　苔

こけ【虚仮】 愚かなこと・人。▽人を―にする。　虚仮

ごけ【後家】 未亡人。類寡婦(かふ)。widow　後家

ごけ【碁笥】 碁石を入れる容器。碁器。　碁笥

こけい【固形】 一定の形にかたまったもの。▽―燃料。solid　固形

こけい【孤閨】 ひとり寝の部屋。▽―を守る。　孤閨

ごけい【互恵】 国家間などで、互いに特別の便宜・恩恵をあたえ合うこと。　互恵

こけおどし【虚仮威し】 見せかけだけで、おどろかすこと。bluff　虚仮威

こけし【小芥子】 円筒型の木製人形。　小芥子

こけつ【虎穴】 とらのすむ穴。▼**―に入らずんば虎子**(こじ)**を得ず** 危険なことを避けていては成果は得られない。　虎穴

こげつく【焦げ付く】 ❶こげてくっつく。❷貸し金が回収できないままになる。　焦げ付

こけもも【苔桃】 ツツジ科の小低木。赤く熟した実は生食のほか、果実酒などにする。　苔桃

こけらおとし【柿落とし】 新築した劇場の開場を祝う最初の興行。　柿落し

こける【痩ける】 やせて肉が落ちる。▽ほおが―。be emaciated　痩ける

こげる【焦げる】 焼けて黒くなる。be burned　焦げる

こけん【沽券】 体面。▽―に関わる。honor　沽券

ごけん【護憲】 憲法・立憲政治を守ること。対改憲。　護憲

ごげん【語源】 語のもとの形や意味。　語源

ここ【此処】(此所)❶この場所。❷この事柄。この場面。この点。❸現在に近い時間。▼**―を先途**(せんど)**と** ここが事を決する分かれめと、一生懸命になるようす。　此処

ここ【呱呱】 産声(うぶごえ)。▼**―の声をあげる** ❶誕生する。❷事が発足する。▽新しい国が―。　呱呱

ここ【個個】 一つ一つ。一人一人。　個個

こご【古語】 昔使われて、現在は使われていないことば。archaism　古語

ごご【午後】 正午から夜の十二時まで。また、昼から夕方まで。対午前。afternoon　午後

ここう【股肱】 手足となって働く、最もたよりになる部下。▽―の臣。　股肱

ここう【虎口】 ❶とらの口。❷非常に危険な所。　虎口

ここう【孤高】 ひとり他から離れ、気高いこと。　孤高

ここう【糊口】 生計をたてること。▼**―を凌**(しの)**ぐ** やっと暮らしていく。　糊口

こごう【古豪】 経験を積んだ強い人。ふるつわもの。対新鋭。veteran　古豪

ごこう【後光】 仏・菩薩(ぼさつ)の背後から発する光。類光背。　後光

こごえる【凍える】 寒さのために体の感覚を失う。freeze　凍える

ここく【故国】 自分の生まれた国。　故国

ごこく【五穀】 米・麦・あわ・きび・豆の五種類の重要穀物。▽―豊穣(ほうじょう)。　五穀

ごこく【後刻】 のちほど。afterward　後刻

こごし【小腰】 腰。▽―をかがめる。　小腰

ここち【心地】 気分。気持ち。feeling　心地

こごと【小言】 注意し、しかることば。　小言

ここのえ【九重】 ❶九つ重なること。❷宮中。　九重

こごむ【屈む】 かがむ。しゃがむ。　屈む

こころ【心】 ❶精神。▽―と体。❷気持ち。▽歌の―。❸まごころ。❹おもむき。❺意味。内容。①mind ②heart ▼**―此処**(ここ)**に有らず** 他のことに気をとられて、集中できない。▼**―して** 用心して。carefully ▼**―を致**(いた)**す** 心をこめる。心をつくす。▼**―を鬼**(おに)**にする** かわいそうだが、相手のためにきびしくする。▼**―を砕**(くだ)**く** あれこれ心配する。　心

こころあたり【心当たり】 思いあたること・ところ。　心当り

こころある【心有る】 ❶深い思慮・分別がある。良識がある。❷風情・情趣がわかる。①thoughtful　心有る

こころいき【心意気】 積極的に働く、いさぎよい気持ち。　心意気

こころいわい【心祝い】心ばかりの祝い。 心祝い

こころえ【心得】❶たしなみ。❷知っていて守るべき事柄。▽登山の—。 心得

こころえがお【心得顔】よく知っている顔つき・ようす。 心得顔

こころえる【心得る】❶理解する。❷習って身につける。▽茶道を—えている。❸承知する。 心得る

こころおきなく【心置き無く】❶気がねや遠慮をしないで。❷不安や心配もなく。 心置き

こころおぼえ【心覚え】❶記憶していること。❷忘れないための記録。控え。 心覚え

こころがまえ【心構え】心の準備。 心構え

こころぐるしい【心苦しい】気がとがめる。相手に対して気の毒だ。 心苦

こころざし【志】❶志すこと。また、その目標。❷親切。厚意。❸心ばかりの贈り物。①intention 志

こころざす【志す】ある目標に向かうことを心に決める。▽画家を—。学問に—。intend 志す

こころづかい【心遣い】気をつかうこと。類配慮。 心遣い

こころづくし【心尽くし】真心をこめてすること。 心尽し

こころづけ【心付け】お礼の金。祝儀。tip 心付け

こころづもり【心積もり】心の中で、準備しておくこと。 心積り

こころない【心無い】❶思いやりがない。❷思慮が浅い。❸情趣を解さない。 心無い

こころならずも【心ならずも】不本意だが。心ならず。unwillingly 心ならず

こころにくい【心憎い】相手が素晴らしくて、憎らしく感じられること。▽—センス。 心憎い

こころね【心根】❶心の底にある本当の気持ち。❷根性。 心根

こころのこり【心残り】心配や未練が残ること。▽会えなかったのが—だ。 心残り

こころばえ【心延え】❶心の持ち方。❷性質。気だて。 心延

こころぼそい【心細い】たよるものがなくて不安だ。 心細い

こころまち【心待ち】心のなかでひそかに待ち望むこと。 心待ち

こころみる【試みる】ためす。注試×る。try 試みる

こころもち【心持ち】❶気持ち。❷ほんの少し。やや。 心持ち

こころもとない【心許無い】頼りなく不安だ。uneasy 心許無

こころやすい【心安い】❶親しい。❷心配がない。①familiar 心安い

こころよい【快い】気持ちがいい。pleasant 快い

ここん【古今】❶昔と今。❷昔から今まで。 古今

ごさ【誤差】❶真の値との差。❷くいちがい。①error 誤差

ござ【茣蓙】いぐさの茎で編んだ敷物。 茣蓙

こさい【小才】ちょっとした才覚。▽—が利く。tact 小才

こさい【巨細】大きいことと小さいこと。▽—もらさず。 巨細

ごさい【後妻】後添いの妻。 後妻

こざいく【小細工】❶こまかな細工。❷つまらない計略。②petty trick 小細工

ございます【御座います】「ある」「…である」の丁寧語。 御座い

こざかしい【小賢しい】❶利口ぶってなまいきだ。❷抜け目なくてずるい。②shrewd 小賢し

こさく【小作】農地を借りて農業をすること・人。 小作

こさつ【古刹】古寺。old temple 古刹

こさめ【小雨】小降りの雨。light rain 小雨

こさん【古参】古くからその職場などにいること・人。対新参(しんざん)。senior 古参

こざん【故山】ふるさとの山。また、故郷。▽—に骨を埋める。 故山

ごさん【午餐】昼の食事。luncheon 午餐

ごさん【誤算】❶計算違い。❷見込み違い。①②miscalculation 誤算

こし【枯死】草木が枯れること。withering 枯死

こし【腰】❶足のつけ根の部分。❷衣服の❶に当たる部分。❸中ほどから下の部分。❹ねばり。❺ある事をする時の姿勢・態度。▽逃げ—。▼**—が低い** へりく 腰

だった態度をとる。▼―を折る ❶腰をかがめる。❷意気ごみをなくさせる。▼―を据(す)える ❶その場に落ちつく。❷じっくりと物事をする。

こし【輿】 ❶人がかついで運ぶ、昔の乗り物。❷みこし。

輿 ❶

こじ【固持】 かたく守って変えないこと。類固守。 persistence

こじ【固辞】 強く断ること。

こじ【居士】 ❶男子の戒名(かいみょう)につける称号。❷在家のまま仏弟子となった男子。❸男の人。▽一言(いちげん)―。

こじ【孤児】 両親をなくした子。 orphan 孤児

こじ【故事】 昔から伝わる話。いわれ。 故事

こじ【誇示】 得意げに見せること。 showing off 誇示

ごし【五指】 五本の指。▼―に余る 五つ以上ある。▼―に入(はい)る 五番目以内にはいる(ほどすぐれる)。 五指

ごじ【誤字】 まちがった字。 誤字

ごじ【護持】 大切に守ること。 護持

こしいれ【輿入れ】 嫁入り。 輿入れ

こしお【小潮】 潮の干満が最小なこと・日。対大潮。 小潮

こしおれ【腰折れ】 ❶へたな和歌。また、自作の和歌のけんそん語。❷途中でだめになること。 腰折れ

こしかけ【腰掛け】 ❶腰をかける台。❷仮に勤めること・職。▽―の仕事。① chair 腰掛け

こしかた【来し方】 すぎ去った昔。 来し方

こしき〔甑〕 17 ソウ・こしき 穀物を蒸す道具。 甑・甑

こしき【古式】 昔からのやり方。▽―ゆかしい。注古式×豊かに。 古式

こじき【乞食】 金銭・食物などを恵んでもらって生活すること・人。 beggar 乞食

ごしき【五色】 ❶赤・青・黄・白・黒の五色。❷いろいろの多くの色・種類。 五色

こしぎんちゃく【腰巾着】 いつもある人につき従っている人。▽部長の―。 腰巾着

こしくだけ【腰砕け】 ❶腰の力がぬけて体勢がくずれること。❷物事の途中で、あとが続かなくなること。 腰砕け

こしたんたん【虎視眈眈】 油断なく、じっと機会をねらっているようす。 虎視

ごしちにち【五七日】 死後三五日目(の法要)。 五七日

こしつ【固執】 自分の考え・意見にこだわり、かたくなに守ること。こしゅう。▽自説に―する。 persistence 固執

こしつ【痼疾】 持病。 痼疾

ごじつ【後日】 ❶今からのちの日。❷物事の終わったあと。 後日

ごじつだん【後日談】 物事がおきたあとの話。 後日談

ごじっぽひゃっぽ【五十歩百歩】 少しの違いがあっても本質的にはほぼ同じであること。似たりよったり。 五十歩

こしぬけ【腰抜け】 臆病(おくびょう)な人。意気地なし。 coward 腰抜け

こしまき【腰巻き】 女性の腰から下をつつむ肌着。湯文字。 腰巻

こしゃく【小癪】 なまいきで、しゃくにさわること。 小癪

ごしゃく【語釈】 語の意味の解釈。 語釈

こしゅ【戸主】 一家の主人。家長。 戸主

こしゅ【固守】 かたく守ること。▽自説を―する。類固持。 adherence 固守

こしゅう【呼集】 (旧軍隊で)呼び集めること。 muster 呼集

こしゅう【固執】 ⇩こしつ。 固執

ごじゅうさんつぎ【五十三次】 東海道にあった五三の宿場。 五十三

こじゅうと【小姑】 配偶者の姉妹。こじゅうとめ。 小姑

こじゅうと【小舅】 配偶者の兄弟。 小舅

こしょ【古書】 ❶昔の書物。❷古本。 古書

ごしょ【御所】 ❶天皇・皇太后・親王などの住居。また、その尊称。❷将軍・大臣などの住居。また、その尊称。 御所

ごじょ【互助】 互いに助け合うこと。 mutual aid 互助

こしょう【小姓】 昔、貴人のそばに仕えた少年。 page 小姓

こしょう【呼称】 ❶名づけること。また、呼び名。❷かけ声。① 呼称

name

こしょう【故障】❶機械・体などの調子が悪くなること。❷さしさわり。支障。▽計画に—が入る。①breakdown ②trouble　故障

こしょう【胡椒】香辛料の一。こしょうの木の実の粉。pepper　胡椒

こしょう【湖沼】みずうみとぬま。▽—地帯。　湖沼

こしょう【誇称】自慢して大げさに言うこと。▽日本一と—する。exaggeration　誇称

こじょう【古城】古い城。old castle　古城

こじょう【孤城】❶離れて一つだけある城。❷孤立して援軍のない城。　孤城

ごしょう【後生】❶仏教で、死後に生まれ変わる世界。❷哀願するときのことば。▽—だから助けてくれ。　後生

ごじょう【互譲】互いにゆずり合うこと。▽—の精神。　互譲

こしょうがつ【小正月】一月一五日、またはその前後の日(の祝い)。　小正月

ごしょうだいじ【後生大事】とても大切にすること。　大事

ごしょうらく【後生楽】のんきなこと。　後生楽

こしょく【個食】家庭内で、一人だけで食事をすること。一人一人がばらばらの時間に食事をとること。　個食

ごしょく【誤植】印刷で、文字の誤り。misprint　誤植

こしょくそうぜん【古色蒼然】いかにも古びたようす。▽—たる寺院。being antiquated　古色

こしよわ【腰弱】❶腰の力が弱いこと・人。❷忍耐力や押しが弱いこと・人。▽—な交渉。　腰弱

こしらえる【拵える】❶作る。❷整えそろえる。▽資金を—。❸子供を持つ。❹とりつくろう。　拵える

こじる【抉る】❶えぐる。❷ねじる。　抉る

こじれる【拗れる】❶もつれる。❷病気がなおりにくくなる。①become complicated　拗れる

こじん【古人】昔の人。ancient　古人

こじん【故人】死んだ人。the deceased　故人

こじん【個人】個々の人間。individual　個人

ごしん【誤診】誤った診断。wrong diagnosis　誤診

ごしん【誤審】誤った審判・判定。misjudgment　誤審

ごしん【護身】身を守ること。self-protection　護身

ごじん【御仁】「人」の尊敬語。　御仁

ごしんえい【御真影】天皇・皇后の写真の尊敬語。　御真影

ごしんぞう【御新造】「他人の妻」の古い尊敬語。ごしんぞ。　御新造

こす【越す】❶上を過ぎて行く。❷時を過ごす。❸追いこす。❹ひっこす。❺まさる。①go over ②pass　越す

こす【超す】それ以上になる。▽限界を—。exceed　超す

こす【濾す】〈漉す〉液体を細いすきまを通し、かすなどを取り除く。濾過(ろか)する。　濾す

こすい【狡い】❶悪賢くずるい。❷けちだ。①cunning　狡い

こすい【湖水】みずうみ(の水)。lake　湖水

こすい【鼓吹】❶元気づけること。❷宣伝し、吹きこむこと。▽愛国心を—する。②inspiring　鼓吹

ごすい【午睡】昼寝。nap　午睡

こすう【戸数】家の数。　戸数

こすう【個数】物の数。　個数

こずえ［梢］人11 ショウ・こずえ ❶枝の先。❷末端。▽末—。　梢・梢

筆順 十 木 木丶 木丷 木⺌ 梢 梢

こずえ【梢】樹木の先端。treetop　梢

コスチューム【costume】服装。

コスト【cost】❶生産原価。❷値段。

コスト パフォーマンス【cost performance】生産原価当たりの性能。

コスモス【cosmos】❶キク科の一年草。秋桜。❷秩序と調和を持つ世界。対❷カオス。

コスモポリタン【cosmopolitan】❶世界主義者。❷国際人。

こする【鼓する】ふるい起こす。▽勇を—。　鼓する

こする【擦る】押し当てたまま動かす。rub　擦る

ごする【伍する】 同じ地位につく。仲間に入る。▽強豪に—。 伍する

ごせ【後世】 死後にいく世界。来世。 後世

こせい【個性】 その人だけがもつ特有の性質。individuality 個性

ごせい【悟性】 ❶論理的に考える能力。❷感性や理性に対する知力。②intellect 悟性

ごせい【語勢】 ことばの勢い。語気。 語勢

こせき【戸籍】 夫婦やその子の氏名・生年月日・続柄などを記した公文書。 戸籍

こせき【古跡】〈古蹟〉歴史上の事件・建物などのあと。旧跡。類史跡。historic remains 古跡

こせつ【古拙】 へたなように見えるが、古風で素朴な味わいがあるようす。▽—な絵画。archaic 古拙

ごせっく【五節句】 五つの節句。人日・上巳(じょうし)・端午・七夕(しちせき)・重陽(ちょうよう)。 五節句

こぜに【小銭】 ❶小額のお金。❷ちょっとまとまったお金。①small change 小銭

こぜりあい【小競り合い】 小さなもめごと。skirmish 小競合

ごせん【互選】 仲間うちで、互いに選び出すこと。mutual election 互選

ごぜん【午前】 夜の零時から正午までの間。また、早朝から正午までの間。対午後。morning 午前

ごぜん【御前】 ❶天皇の前。▽—会議。❷「貴人・主人」の尊敬語。❸身分の高い人への尊敬を表す語。 御前

ごぜん【御膳】「食膳」「食事」の丁寧語。 御膳

こせんきょう【跨線橋】 鉄道の線路の上にまたがって架け渡した橋。陸橋。overpass 跨線橋

ごせんし【五線紙】 五線が引かれた楽譜用紙。 五線紙

こせんじょう【古戦場】 昔、戦いの行われた場所。▽川中島の—。ancient battlefield 古戦場

こぞ【去年】「昨年」の意のやや古風な語。last year 去年

こぞう【小僧】 ❶年少の僧。❷少年の店員。❸青少年のあなどった言い方。 小僧

ごそう【護送】 守ったり、監視したりしながら送り届けること。escort 護送

ごぞうろっぷ【五臓六腑】 ❶肺臓・心臓・脾臓(ひぞう)・肝臓・腎臓(じんぞう)の五臓と、大腸・小腸・胃・胆・三焦(さんしょう)・膀胱(ぼうこう)の六腑。❷腹の中。▽—にしみわたる。 五臓

こそく【姑息】 一時しのぎ。▽—な手段。makeshift 姑息

ごそくろう【御足労】 人にわざわざ出向いてもらうことの尊敬語。 御足労

こぞって【挙って】 のこらず。▽—参加する。 挙って

こそばゆい くすぐったい。ticklish

こたい【固体】 一定のかたまった形と体積をもつ物体。solid body 固体

こたい【個体】 ❶独立した一個のもの。❷独立して生活する生物体。①individual 個体

こだい【古代】 ❶大昔。❷時代区分の一。平安時代以前。①ancient times 古代

こだい【誇大】 おおげさなようす。exaggerated 誇大

ごたい【五体】 体の頭・両手・両足、または頭・首・胸・手・足。全身。 五体

こだいもうそう【誇大妄想】 自分の身分・能力などを実際以上に大きく空想し、それを事実だと思いこむこと。megalomania 妄想

こたえる【応える】 ❶報いる。反応する。▽期待に—。❷強く感じる。▽寒さが—。①meet 応える

こたえる【答える】 ❶返事をする。▽名を呼ばれたのに—。❷解答する。▽問題に—。①②answer 答える

こたえる【堪える】 ❶我慢する。❷保つ。▽持ち—。①bear ▶—えられない このうえなくすばらしい。 堪える

> **使い分け「こたえる」**
> 答える…解答する。返事をする。▽設問に—。質問に対して的確に—。名前を呼ばれて—。
> 応える…応じる。報いる。▽時代の要請に—。期待に—。声援に—。恩顧に—。

こだから【子宝】 親にとって大事な子供。▽—に恵まれる。children 子宝

ごたく【御託】 くどくど言うこと。▽—を並べる。 御託

こだち【小太刀】 ❶小型の太刀。脇差(わきざし)。❷小さな刀で行う剣術。 小太刀

こだち【木立】 木がかたまって生えている所。また、その木々。 木立

grove

こたつ【火燵】〈炬燵〉熱源の上にやぐらを置き、布団をかける暖房具。 火燵

ごたぶん【御多分】世間の多くの例。注御多×聞。▼―に漏(も)れず 例外ではなく。 御多分

こだま【木霊】〈谺〉山びこ。echo 木霊

こだわる【拘る】❶気にして心がとらわれる。❷細かい点に気をつかう。拘泥(こうでい)する。▽味に―。 拘る

こたん【枯淡】あっさりした中に、味わいがあること。 枯淡

こち【東風】東から吹く風。春風。 東風

こち【故知】古人の知恵・計略。 故知

ごちそう【御馳走】おいしくて豪華な料理(でもてなすこと)。feast 御馳走

こちゃく【固着】❶かたまってくっつくこと。❷一定の状態になって変化しないこと。①sticking 固着

こちょう【胡蝶】「蝶」の別称。 胡蝶

こちょう【誇張】おおげさに言うこと。exaggeration 誇張

ごちょう【語調】ことばの調子。tone 語調

こちら【此方】❶話し手に近い方向・場所や、そこにある物をさすことば。❷わたし。われわれ。❸この人。 此方

こぢんまり【小ぢんまり】小さくまとまっているようす。注小×じんまり。cozy 小ぢん

こつ〖忽〗人8 コツ ❶たちまち。▽―然。❷おろそか。▽粗―。 忽・忽

筆順	ノ	ク	勹	勿	勿	忽	忽	忽

こつ〖骨〗常10 コツ・ほね ❶ほね。▽―格。❷要点。▽―子。❸人柄。▽硬―漢。❹体。▽老―。❺要領。▽―をつかむ。❻苦労。▽―折り損。 骨・骨

筆順	丨	冂	冂	冂	冎	冎	骨	骨

こつ〖惚〗⇩ほれる

こつ【骨】❶ほね。❷火葬にした死者のほね。おこつ。❸要領。かんどころ。 骨

こつあげ【骨揚げ】火葬した骨を拾いあげること。骨拾い。 骨揚げ

こつえん【忽焉】急にある状態になるようす。にわかに。▽―として逝く。類忽然(こつぜん)。 忽焉

こっか【刻下】現在の時点。目下。▽―の急務。 刻下

こっか【国花】その国の象徴とされる花。日本の桜など。national flower 国花

こっか【国家】一定の領土と住民による組織的な社会。nation 国家

こっか【国歌】国を代表する歌。national anthem 国歌

こっかい【国会】国の議会。日本では、衆議院と参議院からなる。the Diet 国会

こづかい【小使い】雑用をする人。用務員・校務員の古い呼び名。 小使い

こづかい【小遣い】日常のちょっとした買い物用のお金。pocket money 小遣い

こっかく【骨格】❶骨組み。骨柄。❷物事の大まかな組み立て。①skeleton 骨格

こっかこうむいん【国家公務員】国の公務を行う役人。 公務員

こつがら【骨柄】❶骨格❶。❷人柄。▽人品―。 骨柄

こっかん【骨幹】物事の中心・基となるだいじな部分・点。類根幹。 骨幹

こっかん【酷寒】きびしい寒さ。類厳寒。対酷暑。 酷寒

ごっかん【極寒】非常に寒いこと。 極寒

こっき【克己】自分の欲望にうちかつこと。▽―心。self-restraint 克己

こっき【国旗】国を代表する旗。national flag 国旗

こっきょう【国境】国と国の境。くにざかい。border 国境

こっきん【国禁】国法が禁止していること。national prohibition 国禁

こっく【刻苦】苦しみながら努力すること。▽―勉励。hard work 刻苦

こづく【小突く】❶つっつく。❷いじめる。①poke 小突く

コックピット【cockpit】❶航空機の操縦室。❷競走用自動車の運転席。

こづくり【小作り】❶つくりが小さいこと。❷小柄。②small stature 小作り

こっくん【国訓】❶漢字の訓。和訓。❷日本独自の漢字の用法。 国訓

こっけい【滑稽】❶おもしろおかしいこと。❷ばからしいこと。①funny 滑稽

こっけん【国権】国家権力。 国権

こっこ【国庫】国のお金を管理する機関。national treasury 国庫

こ

こっこう【国交】 国と国との交際。diplomatic relations　国交

ごつごうしゅぎ【御都合主義】 その場の情勢に合わせて都合のいい行動をとるやり方。opportunism　御都合

こっこく【刻刻】 ⇨こくこく。　刻刻

こっし【骨子】 要点。眼目。gist　骨子

こつずい【骨髄】 ❶骨の内部のやわらかい組織。❷心の奥。▽恨み―に徹(てっ)する。① marrow　骨髄

こっせつ【骨折】 骨が折れること。fracture　骨折

こつぜん【忽然】 急なようす。にわかに。突然。こつねん。▽―と姿を消す。suddenly　忽然

こっそう【骨相】 頭や顔の骨組みにあらわれた、その人の性格・運勢。　骨相

こつそしょうしょう【骨粗鬆症】 骨を形成する組織がもろくなる症状。　骨粗鬆

こっちょう【骨頂】 (よくない)程度がいちばん上であること。▽愚の―。　骨頂

こづつみ【小包】 郵便で送る小荷物。小包郵便。parcel post　小包

こっとう【骨董】 美術的な価値のある古道具・古美術品。antique　骨董

ゴッドファーザー【godfather】 ❶名付け親。❷マフィアの首領。❸黒幕。

こつにく【骨肉】 肉親。▽―相食(あいは)む。　骨肉

こっぱ【木っ端】 ❶木のきれはし。❷つまらないもの。▽―役人。① chip　木っ端

こっぱい【骨牌】 ❶かるた。❷獣骨でつくったマージャン用の牌(パイ)。　骨牌

こっぱみじん【木っ端微塵】 粉々にくだけること・状態。こなみじん。　微塵

こつばん【骨盤】 腰の部分にある、大きく平たい骨。pelvis　骨盤

こっぽう【骨法】 ❶骨組み。❷要領。　骨法

こづま【小褄】 和服のつま(腰から下のふち)。　小褄

こて【小手】 ❶腕のひじから先。❷手。① forearm　小手

こて【鏝】 ❶セメントなどをぬる道具類。❷熱してしわのばし・整髪・はんだづけなどに用いる道具。① trowel　鏝

こて【籠手】 ❶よろいの腕の防具。❷剣道で、小手❶の防具。また、そこを打つ技。　籠手

ごて【後手】 ❶先を越されること。▽―に回る。❷将棋・囲碁で、あとからせめること・人。図❶❷先手。　後手

こてい【固定】 一定で動かないこと。fixation　固定

こていかんねん【固定観念】 こり固まった考え。fixed idea　観念

コテージ【cottage】 山荘風の建物。

こていしさん【固定資産】 土地・建物などの財産。　資産

こてきたい【鼓笛隊】 管楽器と太鼓からなる音楽隊。　鼓笛隊

こてさき【小手先】 ❶手先。❷ちょっとした器用さや知恵。▽―の仕事。　小手先

こてしらべ【小手調べ】 ちょっとためしてみること。trial　小手調

こてん【古典】 ❶古い時代の本。❷時代をこえて価値が認められる過去の芸術作品。② classic　古典

こてん【個展】 個人の作品の展覧会。personal exhibition　個展

ごてん【御殿】 ❶身分の高い人の住居。❷大邸宅。　御殿

ごでん【誤伝】 あやまって伝える(伝わる)こと・話。訛伝(かでん)。　誤伝

こと【古都】 ❶旧都。❷歴史のある古い都。① ancient capital　古都

こと【事】 ❶ことがら。❷できごと。事件。❸わけ。事情。❹関係することがら。❺仕事。❻経験。❼話。❽名詞をつくる語。▽話す―。❾間接の命令を表すことば。▽入らない―。❿…について言えば。▽私―。⓫すなわち。▽山さん―山田実。① matter ▼**―あれかし** 何か事件が起これば、と待ち望むようす。▼**―ここに至る** 今さらどうにもならない悪い状態となる。▼**―志と違**(ちが)**う** 結果が、意図していたことと全くちがう。▼**―無きを得る** 大事にいたらないですむ。▼**―もあろうに** よりによって。　事

こと【異】 (「…を異にする」の形で)…をちがえる。…を別々にする。▽意見を―にする。　異

こと【琴】 (箏)日本の弦楽器の一。長い胴(どう)の上に弦(げん)を張ったもの。　琴

こと【糊塗】 一時しのぎにとりつくろうこと。▽その場を―する。　糊塗

temporize

ことあたらしい【事新しい】❶きわだって新しい。❷わざとらしい。①novel　事新し

ことう【孤島】遠く離れてただ一つある島。▽絶海の—。solitary island　孤島

こどう【鼓動】心臓の打つ音。heartbeat　鼓動

ごとう【語頭】単語のはじめの部分、対語尾。　語頭

こどうぐ【小道具】（舞台などで使う）こまごました道具類。対大道具。stage properties　小道具

ことかく【事欠く】❶不自由する。❷よりによって、そんなことをする。▽言うに—いて機密を漏らす。①want　事欠く

ことがら【事柄】物事。　事柄

こときれる【事切れる】死ぬ。die　事切れ

こどく【孤独】たった一人であること。solitude　孤独

ごとく【五徳】火ばちの中に置く、足のついた鉄製の輪の台。　五徳

ごどく【誤読】まちがって読むこと。misreading　誤読

ことごとく【悉く】〈尽く〉残らず。　悉く

ことこまか【事細か】細かい点までくわしいようす。▽—に説明する。in detail　事細か

ことさら【殊更】❶わざと。故意に。❷特に。とりわけ。▽—難しい問題。②particularly　殊更

ことし【今年】今の年。本年。this year　今年

ことじ【琴柱】琴の胴に立てて弦を支える器具。　琴柱

ごとし【如し】ちょうど…のようだ。…と同じだ。▽疾（はや）きこと風の—。　如し

ことだま【言霊】古代、ことばがもつと信じられた神秘的な力。　言霊

ことづける【言付ける】❶人にたのんで伝言する。❷人にたのんで品物を届ける。　言付け

ことづて【言伝て】ことづけ。伝言。　言伝

ことなかれしゅぎ【事勿れ主義】平穏無事であることをひたすら望む考え方・態度。　事勿れ

ことなる【異なる】同じでない。ちがう。be different　異なる

ことに【殊に】とりわけ。especially　殊に

ことのほか【殊の外】❶とりわけ。特別に。▽—難しかった。❷思いの外。意外に。　殊の外

ことば【言葉】❶言語。❷単語や語句。❸話や文章。❹言いよう。❺語り物の会話のように語る部分。詞（ことば）。①language ②word ▼**—が過ぎる** 度を越して、また、失礼なことを言う。▼**—に甘**（あま）**える** 相手の親切な申し出や勧めを素直に受ける。▼**—の綾**（あや） 巧みに表現した言い回し。▼**—を尽**（つ）**くす** ありったけのことばで説明する。▼**—を濁**（にご）**す** 事情などをあいまいに言う。　言葉

ことはじめ【事始め】❶物事のはじめ。❷その年にはじめてある仕事をはじめること。　事始め

ことばじり【言葉尻】❶語尾。❷不適切だったことばの一部分。　言葉尻

ことぶき【寿】❶祝い。祝いのことば。❷長命なこと。①congratulations　寿

ことほぐ【寿ぐ】〈言祝ぐ〉祝いのことばをのべる。congratulate　寿ぐ

こども【子供】❶幼い子。❷自分の子。❸幼いこと。①child　子供

ことよせる【事寄せる】他の事を口実にする。類託（かこつ）ける。　事寄せ

ことり【小鳥】小形の鳥。little bird　小鳥

ことわざ【諺】昔から言い伝えられてきた教訓となる短い文句。proverb　諺

ことわり【断り】❶申し出などをことわること・ことば。❷前もって知らせること。▽なんの—もなく使用する。　断り

ことわり【理】❶理由。❷道理。▽人の世の—。　理

ことわる【断る】❶拒絶する。▽頼みを—。❷前もって知らせる。また、そうして許しを得る。①refuse　断る

こな【粉】非常に細かな粒（の集まり）。powder　粉

こなごな【粉粉】細かくくだけたようす。into pieces　粉粉

こなし【熟し】❶体の動き。動作。▽身の—。❷巧みにすること。▽着—。　熟し

こなす【熟す】❶消化する。❷処理する。▽大役を—。❸思いのままに扱う。❹うまく…する。①digest　熟す

こなみじん【粉微塵】非常に細かくくだけること。 粉微塵

こなゆき【粉雪】細かいさらさらした雪。 粉雪

こにもつ【小荷物】手に持てるほどの小さい荷物。 小荷物

ごにん【誤認】まちがえて他のものをそれと認めること。misconception 誤認

こにんずう【小人数】少ない人数。 小人数

こぬかあめ【小糠雨】雨粒が非常に細かい雨。糠雨。drizzle 小糠雨

コネクター【connector】接続器。

こねる【捏ねる】❶水を加えてねる。❷あれこれ言う。▽理屈を—。①knead 捏ねる

この〘此〙人6 シ・ここ・この・これ 近くのものをさす語。▽—岸。—処(ここ)。 此・此

筆順 丨 ト 止 止 止⁻ 此

このえ【近衛】天皇・君主の護衛の兵。 近衛

このかた【此の方】❶その時からあと。❷「この人」の丁寧語。 此の方

このごにおよんで【此の期に及んで】このだいじな時になって。 此の期

このさい【此の際】この場合。この機会。 此の際

このは【木の葉】樹木の葉。leaf 木の葉

このましい【好ましい】❶感じがよい。❷望ましい。▽—成果が得られた。①agreeable ②desirable 好ましい

このみ【木の実】樹木の実。fruit, nut 木の実

このむ【好む】❶すきだと思う。❷望む。▽—と—まざるとにかかわらず。❸趣味とする。①like 好む

このよ【此の世】❶今、生きている世。❷世間。①this world 此の世

このわた【海鼠腸】なまこのはらわたの塩辛(しおから)。 海鼠腸

こば【木端】❶木の切れはし。こっぱ。❷薄くそいだ板。 木端

こばい【故買】盗品と知っていながら買うこと。 故買

ごはい【誤配】あて先をまちがえて配達すること。 誤配

こはく【琥珀】植物樹脂の化石。透明でつやがあり装飾品などに使う。amber 琥珀

ごはさん【御破算】❶そろばんで置いた数をはらうこと。❷はじめの状態にもどすこと。 御破算

こはぜ【鞐】(小鉤)たびなどの合わせ目をとめる、つめ形の止め金。

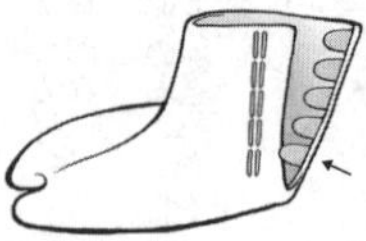

鞐

ごはっと【御法度】禁じられていること。類禁制。prohibition

こばな【小鼻】鼻の左右のふくらみ。▼—を蠢(うごめ)かす 得意げな顔をする。

こばなし【小話】(小咄)しゃれた短い(笑い)話。short tale 小話

こはば【小幅】変動の開きが小さいようす。対大幅。 小幅

こばむ【拒む】❶承知しない。❷防ぎとめる。▽要求を—。▽大型店舗の進出を—。①refuse 拒む

こばら【小腹】はら。▼—が立つ 少ししゃくにさわる。 小腹

こはる【小春】陰暦一〇月の別称。 小春

コバルトブルー【cobalt blue】❶青色顔料の一。❷紫がかった、あざやかな青色。

こはるびより【小春日和】初冬の暖かい天気。注春の暖かい天気の意に使うのは誤り。Indian summer 日和

こはん【湖畔】湖のほとり。lakeside 湖畔

こばん【小判】江戸時代の一両金貨。 小判

ごはん【御飯】「飯(めし)・食事」の丁寧語。 御飯

ごばん【碁盤】碁に使う四角い台。 碁盤

こはんとき【小半時】昔、一時(いっとき)の四分の一。今の約三〇分に当たる。 小半時

こび【媚】こびること。▽—を売る。flattery 媚

ごび【語尾】❶話すときの、ことばじり。❷単語の終わりの部分。語末。❸活用語尾。対❷語頭。 語尾

コピー【copy】❶複写。写し。❷広告文案。

コピーライト【copyright】著作権。

こひつ【古筆】古人のすぐれた筆跡。 古筆

ごびゅう【誤謬】あやまり。まちがい。mistake 誤謬

こびる【媚びる】❶気に入られるようにふるまう。へつらう。❷ 媚びる

なまめかしくふるまう。①flatter

こぶ【昆布】こんぶ。　昆布

こぶ【鼓舞】励まして勢いづけること。つづみを打って舞う意から。▽士気を—する。　鼓舞

こぶ【瘤】❶皮膚に盛り上がったしこり。❷盛り上がったもの。❸邪魔なもの。❹ひもなどの結び目。①lump　瘤

ごふ【護符】神仏のおふだ。charm　護符

ごぶ【五分】❶一寸の半分。約一・五センチ。▽一寸の虫にも—の魂。❷半分。❸対等。互角。▽—の戦い。③evenness　五分

こふう【古風】古めかしいこと。昔風。old-fashioned　古風

ごふく【呉服】和服用の織物。　呉服

ごぶごぶ【五分五分】見込みや実力などが同じくらいであること。五分。fifty-fifty　五分

ごぶさた【御無沙汰】無沙汰。▽—お許しください。　無沙汰

こぶし【小節】民謡・歌謡曲などの、音をふるわせる技巧的な独特の節回し。　小節

こぶし【古武士】古い時代の武士。　古武士

こぶし【辛夷】落葉高木の一。春、白い大きな花が咲く。　辛夷

こぶし【拳】げんこつ。fist　拳

ごふじょう【御不浄】便所の婉曲(えんきょく)な言い方。　御不浄

こぶつ【古物】❶使い古した品物。中古品。❷古い時代の物。①used article　古物

ごぶつぜん【御仏前】香典などの上書きに書く語。類御霊前。　御仏前

こぶり【小振り】❶小さく振ること。❷小さめなこと。②small size　小振り

こぶり【小降り】雨・雪などが少しふること。対大降り。本降り。　小降り

こふん【古墳】土を高く盛った、古代の有力者の墓。tumulus mound　古墳

こぶん【子分】手下。部下。対親分。henchman　子分

こぶん【古文】明治時代以前の文章。また、それを習う教科。　古文

ごふん【胡粉】貝がらを焼いて粉にした白色の顔料。　胡粉

ごへい【御幣】紙・布を細長く切って、木にはさんで垂らした神祭用具。　御幣

ごへい【語弊】用語が適切でないためにおこる弊害。▽—がある。　語弊

ごへいかつぎ【御幣担ぎ】縁起を気にする性質(の人)。　御幣担

こべつ【戸別】家ごと。▽—訪問。　戸別

こべつ【個別】一つ一つ。　個別

ごほう【語法】❶ことばの使い方。❷ことばの決まり。文法。①usage　語法

ごほう【誤報】まちがった報道。類虚報。false report　誤報

ごぼう【牛蒡】野菜の一。細長い根は食用。burdock　牛蒡

ごぼうぬき【牛蒡抜き】❶長い物を一気に引きぬくこと。❷多数の中からぬきとること。❸競走で、一気に数人を追いぬくこと。▽ゴール寸前で三人を—にする。①pulling out　牛蒡抜

こぼく【古木】古い立ち木。old tree　古木

こぼく【枯木】かれ木。　枯木

こぼればなし【零れ話】ある事柄に関係した短い話。余話。▽事件の—。tidbit　零れ話

こぼれる【毀れる】こわれる。欠ける。▽刃が—。chip　毀れる

こぼれる【零れる】❶あふれて流れ出る。❷はみ出して落ちる。❸表面に出る。▽笑みが—。①②spill　零れる

こぼんのう【子煩悩】子を非常にかわいがること・人。fond parent　子煩悩

こま〔狛〕8　ハク・こま　おおかみに似たけもの。▽—犬(こまいぬ)。　狛・狛

こま〔駒〕常15　こま　❶馬。❷将棋のこま。❸三味線のこま。　駒・駒

筆順	「	冂	𠃍	馬	馬	馬	駒	駒

こま【独楽】円盤状のものに軸を通し、回転させて遊ぶおもちゃ。top　独楽

こま【駒】❶馬。馬の子。❷将棋で使う木片。①colt　駒

こま【齣】❶映画などのフィルムの一画面。❷物事の、ある場面や局面。▽青春のひと—。①②scene　齣

ごま【胡麻】ゴマ科の一年草の種子。食用。sesame　胡麻

ごま【護摩】密教で、本尊の前で火をたいて祈ること。　護摩

こまい【古米】 収穫してから一年以上たった米。図新米。

こまいぬ【狛犬】 神社の前に置かれる、一対の獅子(しし)に似た獣の像。

こまかい【細かい】 ❶小さい。❷くわしい。❸行き届いている。▽―ことを気にする。❹ささいだ。▽―ことを気にする。❺けちくさい。▽お金に―。図❶粗い。①fine ②minute

ごまかす【誤魔化す】 ❶だます。あざむく。❷とりつくろう。▽笑って―。①deceive ②camouflage

こまぎれ【細切れ】 〈小間切れ〉細かい切れはし。▽豚肉の―。

こまく【鼓膜】 耳の奥にある、音を伝えるうすい膜。eardrum

こまげた【駒下駄】 木材をくりぬいてつくった下駄。

こまごま【細細】 ❶細かいようす。❷くわしくていねいなようす。

ごましお【胡麻塩】 ❶ごまと塩をまぜたもの。❷しらがのまじった髪。

こましゃくれる 子供がませていて、大人びたことをする。precocious

ごますり【胡麻擂り】 利益のために人の機嫌をとること・人。

こまた【小股】 ❶歩幅がせまいこと。❷股。▽―をすくう。▼―が切れ上がる 女性の、すらりとして粋(いき)である姿の形容。

こまち【小町】 美人で評判の娘。

こまづかい【小間使い】 主人の身の回りの雑用をする、女の人。maid

こまどり【駒鳥】 小鳥の一。深山にすみ、甲高い声で鳴く。robin

こまぬく【拱く】 腕組みをする。こまねく。▽手を―(=傍観する)。

こまねく【拱く】 ⇩こまぬく。

ごまのはい【護摩の灰】 昔、盗賊を指す言葉。胡麻(ごま)の蠅。

ごまめ【鱓】 〈田作〉かたくちいわしを干したもの。正月料理用。たづくり。▼―の歯軋(はぎし)り 弱い者がふんがいしたり、くやしがったりするたとえ。

こまもの【小間物】 化粧品・装身具や、こまごました日用品など。図荒物。notions

こまやか【細やか】 〈濃やか〉❶細かいようす。❷心がこもっているようす。

こまる【困る】 ❶どうしてよいかわからず苦しむ。▽返事に―。❷貧乏で苦しむ。❸迷惑する。①have trouble, be perplexed

ごみ【五味】 あまい・すっぱい・しおからい・にがい・からいの五つの味。

ごみ【塵】 ❶細かくて、きたないもの。ちり。あくた。ゴミ。❷不要になって捨てたもの。①trash ②junk

こみあげる【込み上げる】 ❶おさえきれなくて、あふれそうになる。▽涙が―。❷吐きそうになる。

こみいる【込み入る】 複雑にいりくむ。▽―った事情。be complicated

コミック【comic】 ❶こっけいな。喜劇的。❷喜歌劇。コミックオペラ。❸長編漫画。コミックス。

コミッショナー【commissioner】 プロスポーツで、最高権威者。最高責任者。また、その機関。

コミッション【commission】 ❶仲介手数料。❷わいろ。❸委員会。

コミット【commit】 ある物事に関わりあうこと。

こみみ【小耳】 耳。▼―に挟(はさ)む ちらっと聞く。

コミュニケ【communiqué(フランス)】 外交上の声明書。公文書。

コミュニケーション【communication】 ❶意思の伝達。❷通信。報道。

コミュニティー【community】 地域社会。地域共同体。

こむ【〔込〕】 常5 こむ・こめる ❶中に入れる(はいる)。❷つまっている。

筆順
ノ
入
入
込
込

こむ【込む】 ❶〈混む〉混雑する。❷複雑に入り組む。❸中にはいる(入れる)。▽飛び―。❹すっかり…する。▽考え―。①be crowed

使い分け「こむ」

混む…混雑する。現在は、「混雑」という語との関連から「混む」と書くことが多い。▽電車が―。人混みを避ける。

込む…重なる。入り組む。▽負けが―。日程が込んでいる。仕事が立て―。手の込んだ細工。

ゴム【gom オランダ】〈護謨〉ゴムの木からとった、弾力性のある物質。gum

こむぎ【小麦】麦の一で、小麦粉の原料。wheat　小麦

こむすび【小結】相撲の階級の一。三役の最下位。　小結

こむすめ【小娘】まだ一人前になっていない娘。あなどって言う語。chit　小娘

こむそう【虚無僧】編み笠(がさ)をかぶって尺八をふき、諸国を回って修行する普化(ふけ)宗の僧。　虚無僧

虚無僧

こむら【腓】ふくらはぎ。こぶら。▽―返り(＝ふくらはぎの、けいれん)。

こめ【米】もみがらを取った稲の実。rice　米

こめかみ【顳顬】物をかむと動く、耳の脇(わき)の髪の生えぎわ部分。temple　顳顬

こめどころ【米所】よい米がたくさんとれる所。　米所

こめぬか【米糠】精米するときに出るぬか。　米糠

こめびつ【米櫃】❶米を入れておく箱。❷生活費の出どころになるもの・人。　米櫃

こめる【込める】〈籠める〉❶中に入れる。❷含ませる。❸集中する。▽心を―。❹たちこめる。①load　込める

ごめん【御免】❶しなくてもよいこと。▽お役―。❷許し。▽―を請う。❸嫌で拒否すること。▽二度と―だ。❹謝るときのことば。❺訪問・辞去のときのことば。　御免

コメンテーター【commentator】❶解説者。❷意見などをのべる人。

コメント【comment】❶論評。解説。❷注釈。説明。▽ノー―。

こも〔菰〕12 コ・こも・まこも　水草の、まこも。　菰・菰

こも【薦】あらく織ったむしろ。　薦

こもかぶり【薦被り】こもで包んだ四斗入りの酒だる。　薦被り

ごもく【五目】種々のものが入りまじっていること・もの。　五目

こもごも【交交】かわるがわる。次々に。▽悲喜―。　交交

こもじ【小文字】欧文で、小さな字体の文字。対大文字。small letter　小文字

こもの【小物】❶こまごました物・道具。❷小人物。対❷大物。①small articles　小物

こもり【子守】子供の守りをすること・人。baby-sitter　子守

こもる【籠もる】❶中にたちこめる。❷中に含まれる。❸全然外へ出ない。▽家に―。❹声・音がはっきりしない。❺寺社にとまって祈願する。　籠る

こもれび【木漏れ日】木の枝葉の間からもれてくる日の光。　木漏れ

こもん【小紋】一面に染めた細かな模様。また、その布地。　小紋

こもん【顧問】相談を受けて助言をあたえる役・人。consultant　顧問

こもんじょ【古文書】史料となる古い文書・記録。注こ×ぶんしょ。ancient document　古文書

コモン センス【common sense】良識。常識。

こや【小屋】❶小さい粗末な建物。❷興行する建物。①hut　小屋

こやく【子役】子供の役。また、子供の役者。child actor　子役

ごやく【誤訳】まちがった翻訳。mis-translation　誤訳

こやし【肥やし】肥料。こえ。manure　肥やし

こやす【肥やす】❶ふとらせる。❷経験を積んで、判断力をつける。❸地味をよくする。▽土地を―。❹不当な利益を得る。▽私腹を―。　肥やす

こやみ【小止み】雨・雪などがしばらくやむこと。　小止み

こゆう【固有】そのものだけにもとからあること。▽―の性質。類特有。注×個有。　固有

こゆび【小指】手足の外側にあるいちばん小さい指。little finger　小指

こよい【今宵】今夜。今晩。tonight　今宵

こよう【雇用】〈雇傭〉人をやとうこと。employment　雇用

ごよう【御用】❶「用事・注文」などの尊敬・丁寧語。❷官庁の用務。❸支配者のために働くこと。▽―学者。❹犯人を捕らえること・かけ声。　御用

ごよう【誤用】まちがった用法。misuse　誤用

ごようおさめ【御用納め】役所で一二月二八日にその年の仕事を終了すること。対御用始め。　御用納

ごようきき【御用聞き】得意先の注文を聞いて歩くこと・人。order taker　御用聞

こ

ごようたし【御用達】宮中・官庁などに品物を納める商人。ごようたつ。 御用達

ごようてい【御用邸】皇室の別邸。 御用邸

ごようはじめ【御用始め】役所で一月四日にその年の仕事を始めること。対御用納め。 御用始

こよみ【暦】一年間の月日・曜日・祝日などを記したもの。calendar 暦

こより【紙縒り】和紙などを細く切り、よりをかけたひも状のもの。観世より。 紙縒

コラーゲン【Kollagenドイツ】動物の体を構成する繊維状のたんぱく質。膠原(こうげん)質。

こらい【古来】昔から今まで。▽日本―の風習。注古来×から。 古来

ごらいこう【御来光】高い山からみる日の出。御来迎。 御来光

ごらいごう【御来迎】❶仏教で、極楽往生を願う人々のもとへ仏が迎えに来ること。❷日の出の山頂などで、❶のような像が見える現象。❸御来光。 御来迎

こらえる【堪える】がまんする。▽涙を―。endure 堪える

ごらく【娯楽】楽しませ、なぐさめるもの。類遊興。amusement 娯楽

こらしめる【懲らしめる】戒めてこりさせる。punish 懲らし

こらす【凝らす】❶こりかたまらせる。❷集中させる。▽目を―。❸一生懸命工夫する。▽趣向を―。 凝らす

コラボレーション【collaboration】共同。協力。共同制作。コラボ。

コラム【column】新聞の短評欄。

コラムニスト【columnist】コラムの執筆者。

ごらん【御覧】❶「見ること」の尊敬語。▽―に入れる。❷「御覧なさい」の略で、「見なさい」。また、「…してみなさい」。▽あれを―。食べて―。 御覧

こりごり【懲り懲り】すっかりこりるようす。 懲り懲

こりしょう【凝り性】❶一つのことに熱中する性質(の人)。❷体がこりやすい体質(の人)。 凝り性

こりつ【孤立】一つだけぽつんとあること。▽―無援。isolation 孤立

ごりむちゅう【五里霧中】迷って、さっぱり判断のつかないこと。注五里×夢中。 五里

ごりやく【御利益】神仏が人間にあたえる恵み。divine favor 御利益

こりょ【顧慮】気にかけて、あれこれ考えること。regard 顧慮

ごりょう【御料】❶「使う物」の尊敬語。❷皇室の財産。▽―地。 御料

ごりょう【御陵】天皇・皇后の墓。 御陵

こりょうり【小料理】手軽な料理。 小料理

こりる【懲りる】失敗などを後悔して、二度とやるまいと思う。 懲りる

ごりん【五輪】❶仏教で、万物を生成する、地・水・火・風・空の五つの元素。❷オリンピック大会旗のマーク。また、オリンピック大会。 五輪

こる【凝る】❶集まって固まる。❷熱中する。❸いろいろと工夫をする。▽―った細工。❹筋肉がかたくなる。▽肩が―。③elaborate 凝る

こるい【孤塁】孤立したとりで。 孤塁

ごれいぜん【御霊前】香典・供物の上書きに書く語。類御仏前。 御霊前

コレクション【collection】集めること。また、集めたもの。収集品。

コレクター【collector】収集家。

コレステロール【cholesterol】肝臓でつくられる脂肪によく似た物質。

これみよがし【此見よがし】得意げに見せつけるようす。 此見よ

コレラ【choleraオランダ】〈虎列剌〉三類感染症の一。はげしい下痢(げり)と高熱をともなう。

ころ〔頃〕常11 ころ ❶近ごろ。▽―日(けいじつ)。❷だいたいの時期。 頃・頃

筆順
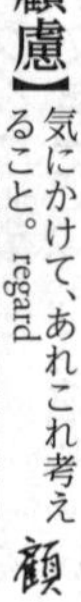

ころ【頃】❶だいたいの時。❷ころあい。 頃

ごろ【語呂】ことばを発音したときの、調子や続きぐあい。▽―合わせ。 語呂

ころあい【頃合い】❶ちょうどよい時機。❷適当な程度。 頃合

ころう【古老】〈故老〉昔のことをよく知っている老人。 古老

ころう【固陋】がんこで考えが狭く、古くさいこと。▽頑迷―。類依怙地(えこじ)。 固陋

ころう【虎狼】❶とらとおおかみ。❷欲深くて残忍なこと・人。 虎狼

ころがりこむ【転がり込む】 ❶ころがって入り込む。❷不意に入ってくる。▽大金が—。❸人の家にやっかいになる。①roll in　転 込

ころがる【転がる】 ❶回転しながら進む。ころげる。❷倒れる。ころぶ。ころげる。❸体を横たえる。①roll ②tumble　転がる

ごろく【語録】 偉人などが話したことばを集めた書物。analects　語録

コロシアム【colosseum】 ❶ローマ時代の円形闘技場。コロセウム。❷大きな競技場。②colosseum

ころしもんく【殺し文句】 心をとらえる巧みな言葉。　文句

ころす【殺す】 ❶命を絶つ。❷おさえる。▽息を—。❸勢いを弱める。❹野球で、アウトにする。①kill　殺す

ごろつき ならずもの。ごろ。破落戸(ごろつき)。

コロニー【colony】 ❶植民地。❷生物の生活集団。❸群体。❹集団居住地。

ごろね【転寝】 その場にごろりと寝ること。lie dozing　転寝

ころぶ【転ぶ】 ❶倒れる。❷改宗する。❸なりゆきが変化する。▽どちらに—んでも損はない。①fall down ▼**—ばぬ先の杖**(つえ) 前もって用心すること。▼**—んでもただでは起きぬ** どんな場合でも、ぬけ目なく利益を得ようとする。　転ぶ

ころも【衣】 ❶衣服。❷僧衣。❸てんぷらなどの皮。①clothes ②robe　衣

ころもがえ【衣替え】 〈衣更え〉❶季節に合わせて衣服をかえること。❷外装を新しくすること。　衣替え

こわい【怖い】 〈恐い〉おそろしい。dreadful ▼**—もの見たさ** おそろしいものはかえって見たくなること。　怖い

こわい【強い】 ❶かたい。▽飯が—。❷つよい。▽情が—。①stiff　強い

こわいろ【声色】 ❶声の調子。❷俳優などのせりふ回しをまねること。　声色

こわき【小脇】 わき。▽—にかかえる。　小脇

こわく【蠱惑】 人の心を乱しまどわすこと。charm　蠱惑

こわごわ【怖怖】 〈恐恐〉おそるおそる。　怖怖

こわざ【小技】 ちょっとしたわざ。　小技

こわす【壊す】 〈毀す〉❶破壊する。❷だめにする。❸働きをそこなう。▽胃を—。❹お金をくずす。①destroy　壊す

こわだか【声高】 話し声が高く大きいようす。loudly　声高

こわだんぱん【強談判】 強い態度で行う話し合い。imperative demand　強談判

こわね【声音】 声の調子。tone　声音

こわばる【強張る】 かたくつっぱる。stiffen　強張る

こわめし【強飯】 もち米を蒸して作る飯。おこわ。　強飯

こわもて【強面】 こわい表情。　強面

こん〘今〙 常4 **コン・キン・いま** いま。現在。▽—日。古—。昨—。　今・今

筆順 ノ 入 𠆢 今

こん〘困〙 常7 **コン・こまる** こまる。苦しむ。▽—窮。—難。　困・困

筆順

こん〘坤〙 8 **コン** ❶大地。▽乾—(けんこん)。❷南西の方角。　坤・坤

こん〘昆〙 常8 **コン** ❶むし。▽—虫。❷兄。▽—弟(こんてい)。　昆・昆

筆順
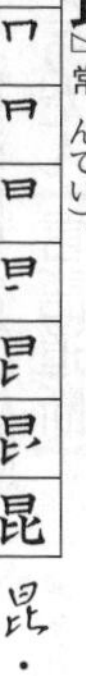

こん〘昏〙 人8 **コン・くらい** ❶くらい。▽黄—(たそがれ・こうこん)。❷目がくらむ。▽—睡。　昏・昏

筆順

こん〘恨〙 常9 **コン・うらむ・うらめしい** ❶うらむ。▽怨—(えんこん)。❷残念に思う。▽悔—。痛—。　恨・恨

筆順
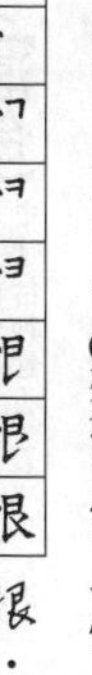

こん〘根〙 常10 **コン・ね** ❶植物のね。▽—茎。❷もと。本質。▽—本。性—。❸たえる力。▽—性(こんじょう)。　根・根

筆順
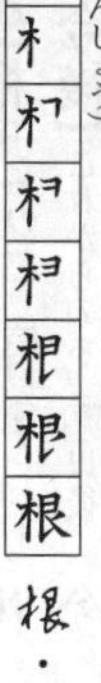

こん〘婚〙 常11 **コン** よめいり。▽—姻。—礼。結—。　婚・婚

筆順
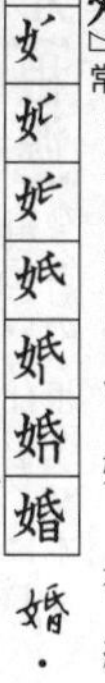

こん〘梱〙 11 **コン・こり** ❶まとめてしばる。▽—包。❷荷物。　梱・梱

こん〘混〙 常11 **コン・まじる・まざる・まぜる・こむ** まじる。まぜる。▽—同。—合。　混・混

筆順

こん〘痕〙 常11 **コン・あと** ❶きずあと。▽刀—。❷あとかた。▽—跡。弾—。　痕・痕

筆順

こん〘紺〙 常11 **コン** 深い青色。▽濃—。—碧(こんぺき)。紫—。

紺・紺

こん【渾】人12 コン ❶カオス。▽—沌。❷すべて。▽—身。

渾・渾

こん【魂】常14 コン・たましい ❶たましい。▽霊—。❷こころ。▽—胆。商—。
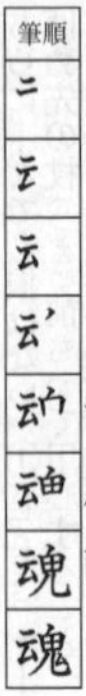
魂・魂

こん【墾】常16 コン あれ地をたがやす。▽開—。—田。

墾・墾

こん【懇】常17 コン・ねんごろ 心をこめる。▽—願。—談。

懇・懇

こん【金】⇩きん　こん【建】⇩けん

こん【献】⇩けん

こん【根】❶根気。▽—を詰める。❷数学で、平方根を成立させる値。 根

こん【紺】青と紫がまじった色。紺色。 紺

ごん【言】⇩げん　ごん【勤】⇩きん

ごん【権】⇩けん　ごん【厳】⇩げん

こんい【懇意】親しくつきあっているようす。類昵懇（じっこん）。 friendly 懇意

こんいん【婚姻】結婚すること。▽—届。 marriage 婚姻

こんか【婚家】嫁・婿にいった先の家。 婚家

こんがい【婚外】法律上の婚姻関係がない。 婚外

こんかん【根幹】物事のいちばん大切な部分。対枝葉。 basis 根幹

こんがん【懇願】心から願い頼むこと。▽協力を—する。 entreaty 懇願

こんき【根気】物事をやり続ける気力。根。▽—のいる仕事。 patience 根気

こんき【婚期】結婚に適した年ごろ。 婚期

こんぎ【婚儀】結婚の儀式。 婚儀

こんきゃく【困却】困りきること。 perplexity 困却

こんきゅう【困窮】❶困りはてること。▽対策に—する。❷貧乏で、生活に困ること。▽生活—者。①difficulty ②poverty 困窮

こんきょ【根拠】❶もととなる理由。❷ねじろ。▽—地。①ground ②base 根拠

こんぎょう【今暁】今日の明け方。 今暁

ごんぎょう【勤行】仏前で、読経（どきょう）などのお勤めをすること。 勤行

こんく【困苦】困り苦しむこと。 困苦

ごんぐじょうど【欣求浄土】仏教で、死後に極楽に行けるよう願うこと。 欣求

コングラチュレーション【Congratulations】おめでとう。

コンクリートジャングル【concrete jungle】ビルのたち並ぶ都会。

コングロマリット【conglomerate】複合企業。

ごんげ【権化】❶神仏が人間の姿をかりてあらわれること。また、その姿。権現（ごんげん）。❷ある性質が具体的な形をとったもの・人。 権化

こんけつ【混血】人種のちがう父母をもつこと。 混血

こんげん【根源】〈根元〉いちばんもとになるもの。根本。類本源。 origin 根源

ごんげん【権現】❶権化❶。❷神の尊号の一。▽箱根（はこね）—。 権現

こんご【今後】これからのち。類以後。 今後

こんこう【混交】〈混淆〉入り交じること。▽玉石—。 mixture 混交

こんごう【混合】まじり合うこと。また、まぜ合わせること。 mixture 混合

こんごうせき【金剛石】ダイヤモンド。 金剛石

こんごうづえ【金剛杖】修験者（しゅげんじゃ）や巡礼が持つ白木の杖（つえ）。 金剛杖

コンコース【concourse】駅・空港などの、通路を兼ねた広場。

ごんごどうだん【言語道断】とんでもなくひどくて、もってのほかであること。▽—な振る舞い。注×げんごどうだん。 inexcusable 言語

こんこん【昏昏】深く眠っているようす。▽—と眠り続ける。 昏昏

こ

こんこん【滾滾】水が盛んにわき出るようす。▽泉が―とわく。gushingly　滾滾

こんこん【懇懇】丁寧に繰り返し説くようす。▽―とさとす。　懇懇

こんざい【混在】種類のちがうものがまじって存在すること。being mixed　混在

こんざつ【混雑】込み合うこと。congestion　混雑

コンサルタント【consultant】相談に対し、助言・指導する専門家。

コンサルティング【consulting】相談に、専門的な助言・指導をすること。

こんじ【今次】このたび。今回。　今次

こんじ【根治】病気などがすっかり治ること。こんち。complete cure　根治

コンシェルジェ【concierge フランス】ホテルなどの受付責任者。コンシェルジュ。

こんじき【金色】黄金の色。きんいろ。　金色

こんじゃく【今昔】今と昔。▼―の感　昔と今を比べ、その変化の大きさに驚いて起こす感慨。　今昔

コンシューマー【consumer】消費者。商品を買って使う人。

こんしょ【懇書】(相手からの手紙を敬って)親切で丁寧な手紙。　懇書

こんじょう【今生】この世(に生きている間)。▽―の別れ。this life　今生

こんじょう【根性】❶根本的な性質。性根(しょうね)。❷強い精神力。▽―がある。①nature ②guts　根性

こんじょう【紺青】あざやかな明るい藍色(あいいろ)。light blue　紺青

こんじょう【懇情】親切で、行き届いた心持ち。懇志。　懇情

ごんじょう【言上】目上の人に申し述べること。　言上

こんしん【混信】他の電波がまじって受信されること。混線。interference　混信

こんしん【渾身】体全体。全身。▽―の力をこめる。類満身。whole body　渾身

こんしん【懇親】うちとけあって、親しむこと。▽―会。friendly relation　懇親

こんすい【昏睡】意識を失って目覚めないこと。coma　昏睡

こんせい【混成】まぜあわせてつくること。▽―チーム。mixture　混成

こんせい【懇請】ていねいに頼むこと。　懇請

こんせいがっしょう【混声合唱】男声と女声による合唱。mixed chorus　混声

こんせき【今夕】⇩こんゆう。　今夕

こんせき【痕跡】過去に何かあったことを示すあと。類形跡。traces　痕跡

こんせつ【懇切】きわめて親切なこと。▽―丁寧。very kindly　懇切

こんぜつ【根絶】完全になくすこと。根だやし。eradication　根絶

コンセプト【concept】❶概念。❷着想。発想。

こんせん【混戦】敵味方入り乱れて戦うこと。また、勝敗のゆくえがわからない戦い。類乱戦。confused fight　混戦

こんせん【混線】❶混信。❷話の筋が混乱すること。②confusion　混線

こんぜん【渾然】〈混然〉とけ合って、区別がつかないようす。▽―一体となる。harmonious　渾然

コンセンサス【consensus】意見の一致。合意。

こんだく【混濁】にごること。ぼんやりすること。▽意識が―する。　混濁

コンタクト【contact】❶かかわりをもつこと。連絡。❷「コンタクトレンズ」の略。

コンタクトレンズ【contact lens】眼球に直接あてて用いる視力矯正用の薄いレンズ。

こんだて【献立】❶料理の種類や取り合わせ。❷手はず。準備。▽会議の―が整う。①menu　献立

こんたん【魂胆】心の中のたくらみ・意図。類策略。ulterior motive　魂胆

こんだん【懇談】うちとけて話し合うこと。懇話。familiar conversation　懇談

こんち【根治】⇩こんじ。　根治

コンチェルト【concerto イタリア】協奏曲。

こんちゅう【昆虫】体は頭・胸・腹に分かれ、三対の足、二対の羽をもつ節足動物。insect　昆虫

コンツェルン【Konzern ドイツ】巨大資本が支配・統制する企業の集団。

こんてい【根底】土台。根本。▽―からくつがえる。root

コンディショニング【conditioning】調子を整えること。

コンテクスト【context】❶文脈。❷事件などの背景。❶❷コンテキストとも。

コンテナ【container】貨物輸送用の大型の箱。コンテナー。▽―船。

コンテンツ【contents】❶中身。内容。❷コンピュータで処理された情報のなかみ。

コンテンポラリー【contemporary】現代の。同時代的。▽―アート。

こんとう【昏倒】目がくらんでたおれること。類卒倒。faint

こんどう【金堂】寺の本尊を安置する堂。類本堂。

こんどう【混同】区別しないで扱うこと。また、区別がつかなくなること。▽公私―。confusion

こんとく【懇篤】心がこもっていて、ていねいなようす。類懇切。

コントラスト【contrast】対照。

コントロール【control】❶管理。支配。❷制御。調節。❸野球で、制球力。

こんとん【混沌】〈渾沌〉区別がつかないようす。▽―たる政局。chaos

こんなん【困難】❶むずかしくて苦しむこと。❷実行や解決がむずかしいこと。類❶❷難儀。①②difficulty

こんにち【今日】❶きょう。本日。❷このごろ。現今。▽―の世相。―的。① today ② nowadays

こんにゃく【蒟蒻】こんにゃく芋から作る、弾力のある食品。

こんにゅう【混入】まじって入ること。まぜ入れること。mixing

こんねん【今年】ことし。本年。

コンバート【convert】❶コンピュータでの変換。❷野球で、選手のポジションを変えること。❸ラグビーで、トライ後のキックがゴールすること。

コンパートメント【compartment】（列車・喫茶店などの）仕切った席。コンパート。

こんぱい【困憊】ひどく疲れ弱ること。▽疲労―。exhaustion

こんぱく【魂魄】（死者の）霊魂。

コンパクトディスク【compact disc】円盤上にデジタル信号を記録し、レーザー光線で再生するレコード。CD。

コンパチブル【compatible】❶共存。両立。❷コンピュータなどで、方式の異なるソフトやハードがそのまま使えること。

こんばん【今晩】今夜。

こんぱん【今般】このたび。▽―の事件。対先般。

コンビニ ⇩コンビニエンスストア。

コンビニエンス ストア【convenience store】無休で営業する、小型のスーパー店。コンビニ。

コンピューター【computer】電子計算機。コンピュータ。

コンピューターウイルス【computer virus】病原体のように次々と他のコンピューターの記憶装置に入り、データを破壊したり、異常に作動させたりするプログラム。

コンピューターグラフィックス【computer graphics】コンピューターによる図形・画像の作成。CG。

こんぴら【金毘羅】〈金比羅〉❶航海の守り神。❷香川県琴平（ことひら）町にある「金刀比羅宮（ことひらぐう）」の通称。

こんぶ【昆布】褐色の海藻。こぶ。

コンプライアンス【compliance】❶法令遵守。❷薬の服用遵守。

コンプレックス 劣等感。inferiority complexの略。

コンペ ❶ゴルフなどの競技会。❷建築設計などの公開競技。❶❷competitionの略。

こんぺき【紺碧】ふかい青色。dark blue

コンベンション【convention】代表者大会。集会。

こんぼう【混紡】異種の繊維をまぜて糸をつむぐこと。mixed spinning

こんぼう【棍棒】❶棒きれ。❷徳利（とっくり）形の体操用具。また、それを用いて行う体操競技。①②club

こんぽう【梱包】荷造りすること。また、そのもの。packing

こんぽん【根本】おおもと。根源。foundation

こんめい【混迷】混乱して、物事の見通しが立たなくなること。

こんもう【懇望】ぜひにと願うこと。こんぼう。類切望。▽政局が—する。entreaty　懇望

こんや【今夜】きょうの夜。tonight　今夜

こんや【紺屋】⇩こうや。　紺屋

こんやく【婚約】結婚の約束。▽—指輪。engagement　婚約

こんゆう【今夕】きょうの夕方。こんせき。　今夕

こんよう【混用】まぜて使うこと。また、混同して使うこと。▽二か国語を—する。mixed use　混用

こんよく【混浴】男女が同じ浴場で入浴すること。　混浴

こんらん【混乱】入り乱れて秩序がなくなること。confusion, disorder　混乱

こんりゅう【建立】寺・堂塔などを建てること。　建立

こんりんざい【金輪際】断じて。絶対に。▽—会わない。　金輪際

こんれい【婚礼】結婚式。　婚礼

こんろ【焜炉】炊事用の小形の炉。cookstove　焜炉

こんわ【混和】まじりあうこと。まぜあわせること。類混合。mixture　混和

こんわ【懇話】懇談。▽—会。　懇話

こんわく【困惑】判断がつかず迷って困ること。類当惑。perplexity　困惑

さ サ

さ〔叉〕人3 サ・シャ・また 先が二つに分かれていること。▽交—。音—。三—。　叉・叉
筆順 フ 又 叉

さ〔左〕常5 サ・ひだり ❶ひだり。▽—折。❷下位。▽—遷。❸革新的。▽—派。極—。❹助ける。▽証—。　左・左
筆順 一 ナ 左

さ〔佐〕常7 サ ❶助ける。▽補—。—幕。❷軍隊の階級の一。▽大—。　佐・佐
筆順 ノ イ 仁 佐

さ〔沙〕常7 サ ❶すなつぶ。▽—漠。❷あらってとりのぞく。▽—汰(さた)。❸梵語の音訳。▽—弥(さみ・しゃみ)。　沙・沙
筆順 丶 氵 沙

さ〔些〕人8 サ・いささか わずか。すこし。▽—細。—少。　些・些
筆順 丨 ト 止 此 些

さ〔査〕常9 サ しらべて明らかにする。▽—察。検—。　査・査
筆順 十 木 杳 査

さ〔砂〕常9 サ・シャ・すな こまかい石のつぶ。▽—丘。—利(じゃり)。　砂・砂
筆順 一 厂 石 砂

さ〔唆〕常10 サ・そそのかす けしかける。▽示—。教—。　唆・唆
筆順 口 唆

さ〔差〕常10 サ・さす ❶ちがい。▽—別。—違。千—万別。❷さしひき。▽—額。誤—。❸つかわす。▽—配。❹さす。　差・差
筆順 丶 丷 差

さ〔詐〕常12 サ 人をだます。いつわり。▽—欺(さぎ)。—称。　詐・詐
筆順 言 詐

さ〔嵯〕人13 サ ぎざぎざしたけわしい山。▽—峨。　嵯・嵯
筆順 山 嵯

さ〔裟〕人13 サ・シャ 「袈裟(けさ)」で、僧が肩からかける布。　裟・裟
筆順 氵 沙 裟

さ〔瑳〕人14 サ ❶玉の色があざやか。❷みがく。▽切—琢磨(たくま)。　瑳・瑳
筆順 王 瑳

さ〔鎖〕常18 サ・くさり ❶くさり。▽連—。❷とざす。▽—国。封—。(鎖)　鎖・鎖
筆順 金 鎖

さ〔再〕⇩さい

さ〔作〕⇩さく

さ〔茶〕⇩ちゃ

さ【左】以下。次。▽—の如(ごと)し。対右。　左

さ【差】❶(性質・能力・程度などの)違い。❷二つの数の間のさしひき。　差

ざ〔坐〕人7 ザ・すわる ❶すわる。▽—臥(ざが)。❷かかわる。▽連—。❸何もしないで。▽—視。　坐・坐
筆順 ノ 人 从 坐

ざ【座】常10 ザ・すわる ❶すわる。すわる所。❷台。▽台ー。❸星の集まり。▽星ー。❹団体。▽一ー。❺劇場。

筆順 亠 广 广 広 庐 座 座 座　座・座

ざ【挫】常10 ザ・くじく。くじける。▽ー傷。ー折。

筆順 扌 扌 扌 扌 扌 扌 挫 挫　挫・挫

ざ【座】❶すわる所。❷人が集まっている所。❸地位。❹台。❺中世、商工業者の組合。❻映画館・劇場や星座などに付ける語。　座

サーキット【circuit】❶電気の回路。❷自動車やオートバイのレースを行うコース。

サーバー【server】コンピューターのネットワーク上でデータやプログラムを供給するコンピューターやソフトウェア。

サービス【service】❶もてなし。接待。❷奉仕。❸物資の生産以外で、生活に必要な役務を提供すること。▽介護ー。

サービスエリア【service area】❶放送局の、電波が届く地域。❷高速道路で、給油所・食堂・手洗い所などの設備がある所。

サーフィン【surfing】波乗り。

サーフボード【surfboard】サーフィンに使う波乗り板。

サーベイランス【surveillance】監視すること・組織。監視委員会。

サーモン【salmon】鮭(さけ)。特に、薫製(くんせい)にしたさけ。

サーモンピンク【salmon pink】鮭(さけ)の肉色に似た淡紅色。

サーロイン【sirloin】牛の腰肉の上部。▽ーステーキ。

さい【才】常3 サイ ❶能力。▽ー覚。❷すぐれた素質の人。▽秀ー。

筆順 一 十 才　才・才

さい【再】常6 サイ・サ・ふたたび もう一度。▽ー会。ー発。ー来年。

筆順 一 冂 冂 再 再 再　再・再

さい【災】常7 サイ・わざわい 不幸なできごと。▽ー害。ー難。天ー。

筆順 ⺀ ⺀ 巛 巛 巛 災 災　災・災

さい【妻】常8 サイ・つま 夫の配偶者。つま。▽ー子。ー帯者。

筆順 一 ヨ ヨ 妻 妻 妻 妻 妻　妻・妻

さい【采】常8 サイ ❶指でとる。えらびとる。▽ー配。❷ようす。▽風ー。❸いろどり。▽文ー。(采)

筆順 ノ ⺈ ⺈ ⺈ 采 采 采 采　采・采

さい【哉】人9 サイ・かな・や 感嘆を表す。かな。▽快ー。

筆順 一 十 土 吉 吉 哉 哉 哉　哉・哉

さい【砕】常9【碎】人13 サイ・くだく・くだける くだく。くだける。こわす。▽ー氷。粉ー。

筆順 一 ア 不 石 砕 砕 砕 砕　砕・砕

さい【宰】常10 サイ 仕事を思いのままに処理する。▽ー相(さいしょう)。主ー者。

筆順 宀 宀 宀 宀 宀 宰 宰 宰　宰・宰

さい【栽】常10 サイ ❶植える。▽ー培。❷育てた植物。▽盆ー。

筆順 一 十 土 ⼟ 栽 栽 栽 栽　栽・栽

さい【彩】常11 サイ・いろどる ❶色をつける。▽ー色。❷いろどり。▽色ー。(彩)

筆順 ノ ⺈ ⺈ ⺈ 采 采 彩 彩　彩・彩

さい【採】常11 サイ・とる とる。えらびとる。▽ー集。ー決。ー用。(採)

筆順 扌 扌 扌 扌 扌 採 採 採　採・採

さい【済】常11 サイ・すむ・すます ❶なしとげる。▽返ー。❷たすける。▽救ー。(濟)

筆順 氵 氵 氵 済 済 済 済　済・済

さい【祭】常11 サイ・まつる・まつり ❶神をまつる。▽ー礼。祝ー。❷行事。▽文化ー。

筆順 ノ ク タ 夕 炊 祭 祭 祭　祭・祭

さい【斎】常11 サイ ❶心身を清める。▽潔ー。❷部屋。▽書ー。❸仏式の食事。とき。(齋)

筆順 亠 ナ 文 斉 斉 斎 斎 斎　斎・斎

さい【細】常11 サイ・ほそい・ほそる・こまか・こまかい ❶ほそい。▽ー流。❷こまかい。▽ー菌。微ー。❸くわしい。▽詳ー。明ー。

筆順 ㄑ 幺 幺 糸 糸 細 細 細　細・細

さい【菜】常11 サイ・な ❶やさい。なっぱ。▽ー食。ー根。野ー。甜ー(てんさい)。❷おかず。▽総ー(そうざい)。一汁一ー。(菜)

筆順 艹 艹 艹 艹 菜 菜 菜 菜　菜・菜

さい【最】常12 サイ・もっとも 程度がこの上ない。▽ー高。ー適。

筆順 日 旦 早 早 早 最 最 最　最・最

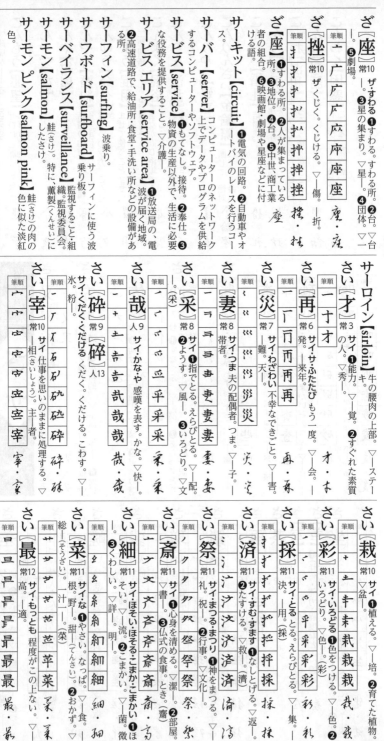

さい【犀】人12 サイ・セイ ❶ほ乳動物の、さい。❷鋭い。▽―利(さいり)。
筆順 犀
犀・犀

さい【裁】常12 サイ・たつ・さばく ❶布を切る。服をつくる。▽―縫。❷さばく。▽―量。―判。
筆順 裁
裁・裁

さい【債】常13 サイ 金の貸し借りで生じた責任。▽―権。―務。
筆順 債
債・債

さい【催】常13 サイ・もよおす ❶せきたてる。▽―促。❷その気になる。▽―眠。❸行事をおこなう。▽主―。開―。
筆順 催
催・催

さい【塞】常13 サイ・ソク・ふさぐ・ふさがる ❶ふさぐ。ふさがる。▽閉―(へいそく)。❷とりで。▽要―(ようさい)。
筆順 塞
塞・塞

さい【歳】常13 サイ・セイ ❶一年。▽―月。❷年齢。▽百―。(歳)
筆順 歳
歳・歳

さい【載】常13 サイ・のせる・のる ❶物をのせる。▽満―。❷記事にする。▽掲―。❸年。▽千―一遇。
筆順 載
載・載

さい【際】常14 サイ・きわ ❶さかい目。▽水―。❷付き合う。▽交―。❸時機。▽実―。
筆順 際
際・際

さい【埼】常11 さい ❶みさきや山のさき。❷◎「埼玉(さいたま)」は、地名。
筆順 埼
埼・埼

さい【切】⇩せつ

さい【西】⇩せい

さい【殺】⇩さつ

さい【財】⇩ざい

さい【砦】⇩とりで

さい【才】才能。知恵。▽―たける。▼―に溺(おぼ)れる 才能を過信して、悪い結果を招く。 才

さい【差異】(差違) 比べてみたときの違い。▽意見に―はない。difference 差異

さい【細】くわしいこと。▽―にわたる。 細

さい【際】その時。おり。場合。 際

さい【賽】(采) 小さな六面体で一から六までの目がある遊び道具。賽子(さいころ)。▼―は投げられた 事はすでに始まっており、あとは断行するほか選択肢はない。 賽

ざい【在】常6 ザイ・ある ❶いる。ある。▽―宅。存―。❷生きている。▽―世。❸いなか。▽―郷(ざいごう)。近―。
筆順 在
在・在

ざい【材】常7 ザイ ❶木。▽角―。木―。❷もとになるもの。原料。▽資―。印―。取―。❸才能。素質。▽逸―。人―。
筆順 材
材・材

ざい【剤】常10 ザイ くすり。▽錠―。殺虫―。消化―。(劑)
筆順 剤
剤・剤

ざい【財】常10 ザイ・サイ 金銭や物資。たから。▽―産。―力。蓄―。
筆順 財
財・財

ざい【罪】常13 ザイ・つみ つみ。あやまち。▽―悪。犯―。
筆順 罪
罪・罪

ざい【在】❶都市の近郷。いなか。▽―所。❷その場にいること。▽―、不在。 在

ざい【材】❶材木。❷材料。❸人材。 材

ざい【財】❶財産。▽―を築く。❷財貨。❸価値のあるもの。▽文化―。 財

ざい【座位】膝を曲げ腰をおろした体勢。 座位

さいあい【最愛】いちばん愛していること。the dearest 最愛

さいあく【最悪】いちばん悪いこと。最低。▽―の事態におちいる。対最良。最善。the worst 最悪

ざいあく【罪悪】宗教・道徳上の悪い行い。類罪。sin 罪悪

ざいい【在位】天子がその位についていること・期間。reign 在位

さいいき【西域】⇩せいいき。 西域

さいうよく【最右翼】(競争しあう中で)もっとも有力なもの。▽優勝の―。 最右翼

さいうん【彩雲】美しくいろどられた雲。glowing clouds 彩雲

さいえん【才媛】教養と才能のある、すぐれた女性。▽首席卒業の―。類才女。talented woman 才媛

さいえん【再縁】再婚。 再縁

さいえん【菜園】野菜畑。▽家庭―。vegetable garden 菜園

サイエンス【science】科学。特に、自然科学。

さいおうがうま【塞翁が馬】人生の幸・不幸の、予測しがたいことのたとえ。 塞翁

さいか【西下】東京から西の方へ行くこと。対東上。 西下

さいか【災禍】災害。類災難。 災禍

さいか【最下】いちばん下。また、いちばん劣っていること。対最上。lowest 最下

さいか【裁可】君主が議案に許可を与えること。sanction 裁可

ざいか【財貨】金銭と品物。財物。 財貨

ざいか【罪科】❶罪。❷刑罰。① crime 罪科

ざいか【罪過】犯罪や過失。offense 罪過

さいかい【再会】ふたたび会うこと。 再会

さいかい【再開】ふたたび始めること。また、始まること。reopen 再開

さいかい【斎戒】神聖な仕事をする人が飲食をつつしみ、心身を清めること。▽―沐浴(もくよく)。 斎戒

さいかい【際会】重大な機会・事件などにぶつかること。▽革命に―する。 際会

さいがい【災害】わざわい。特に地震や台風などの天災。類災難。disaster 災害

ざいかい【財界】資本家や経営者などの社会。経済界。financial world 財界

ざいがい【在外】外国にある(いる)こと。being abroad 在外

さいかく【才覚】❶すばやい知恵の働き。❷工面すること。▽資金を―する。① wit 才覚

さいがく【才学】才知と学問。 才学

ざいがく【在学】学生・生徒として学校に籍をおくこと。類在校。 在学

さいかん【才幹】物事をじょうずに処理する才能。材幹。 才幹

さいかん【再刊】中断した刊行物を、また刊行すること。republication 再刊

さいき【才気】すばやく判断ができるすぐれた頭の働き。▽―あふれた人物。類才知。talent 才気

さいき【再起】悪い状態から立ちなおること。▽―を図る。recovery 再起

さいき【債鬼】むごい借金とり。 債鬼

さいぎ【再議】もう一度審議し直すこと。reconsideration 再議

さいぎ【猜疑】ねたみ疑うこと。▽―心。suspicion 猜疑

さいきかんぱつ【才気煥発】才知のひらめきが外に現れること。注才気×換発。 煥発

さいきょ【再挙】一度失敗した事業などをまた興すこと。 再挙

さいきょう【最強】いちばん強いこと。the strongest 最強

ざいきょう【在京】東京または京都にいること。 在京

ざいきょう【在郷】郷里にいること。ざいごう。 在郷

さいきん【細菌】単細胞からなる微生物の一。バクテリア。bacteria 細菌

さいきん【最近】現在にごく近い、ある時。近ごろ。▽―の調査。lately 最近

ざいきん【在勤】勤務していること。 在勤

さいく【細工】❶細かい物を作ること・技。また、作られた物。❷たくらみ。① workmanship 細工

さいくつ【採掘】地中から鉱物などを掘り出すこと。mining 採掘

サイクル【cycle】❶ぐるっと回ってもとにもどり、それをくり返すこと。周期。▽景気変動の―。❷「サイクル毎秒」の略。音波などの、一秒間の振動数。ヘルツ。❸自転車。

さいくん【細君】〈妻君〉他人の妻。また、自分の妻。wife 細君

ざいけ【在家】僧籍にはいっていない人。俗人。在俗。対出家。 在家

さいけいこく【最恵国】通商条約を結んだ国の中で、もっとも有利な待遇を受ける国。▽―待遇。 最恵国

さいけいれい【最敬礼】もっとも丁寧なおじぎ。 最敬礼

さいけつ【採血】血液をとること。 採血

さいけつ【採決】議案の可否を、賛否によって決めること。▽予算案の―。vote 採決

さいけつ【裁決】物事の理非をさばいて申し渡すこと。decision 裁決

使い分け「さいけつ」
採決…議案の可否を、賛成か反対かによって決めること。「決を採る」の意。▽挙手によって―する。
裁決…上位者が処置・処分を決めること。「裁いて決める」の意。▽社長が―を下す。会長の―を仰ぐ。

さいげつ【歳月】 としつき。年月。time ▼**―人を待たず** 年月は人の都合などに関係なく過ぎ去る。

さいけん【再建】 もとの状態に建てなおすこと。▽城を―する。会社を―する。reconstruction

さいけん【債券】 国家・会社などが必要な資金を借りるために発行する有価証券。bond

さいけん【債権】 貸し金の返還などを求める権利。対債務。credit

さいげん【再現】 ふたたび現れること。また、ふたたび現すこと。▽黄金時代を―する。reappearance

さいげん【際限】 かぎり。きり。▽―のない欲望。limit

ざいげん【財源】 事業などをするために必要な金銭のでどころ。

サイコ【psycho】 ❶精神病(者)。❷精神の。心理の。

さいこ【最古】 もっとも古いこと。the oldest

さいご【最後】 ❶いちばんあと。❷…したら、それきり。類❶最終。①last, end

さいご【最期】 命の終わり。死にぎわ。類臨終。

使い分け「さいご」
最後…物事のおわり。▽―のチャンス。―の頼み。
最期…死にぎわ。「期」は、限られた期間の意。▽立派な―を遂げる。非業の―。

ざいこ【在庫】 商品が倉庫にあること。また、その商品。stock

さいこう【再考】 もう一度考えること。▽―を促す。reconsideration

さいこう【再興】 おとろえていたものがふたたび栄えること。また、ふたたび盛んにすること。類復興。revival

さいこう【採光】 室内へ日光をとり入れること。lighting

さいこう【採鉱】 鉱石を掘り取ること。mining

さいこう【最高】 高さ・地位・程度が最も高いこと。▽―のスタッフ。―水準。対最低。the highest

ざいこう【在校】 ❶学校に籍をおくこと。▽―生。❷学校内にいること。▽午前中―。類❶在学。

ざいごう【在郷】 ❶田舎(いなか)。❷⇨ざいきょう。

ざいごう【罪業】 罪となる悪い行い。sinful act

さいこうがくふ【最高学府】 大学。

さいこうちょう【最高潮】 気分やふんいきが、もっとも高まること。▽場内の興奮は―に達した。注最高×調。climax

さいこうほう【最高峰】 ❶一番高い山。❷その分野で最もすぐれた人・物。

さいこく【催告】 債務の履行を相手側に請求し、うながすこと。demand

サイコセラピー【psychotherapy】 心理療法。

さいごつうちょう【最後通牒】 外交交渉で、最終的通告。ultimatum

さいころ【賽子】 〈骰子〉賽(さい)。dice

さいこん【再建】 社寺の建物をふたたび建てること。reconstruction

さいこん【再婚】 もう一度結婚すること。三度以上にもいう。再縁。対初婚。remarriage

さいさい【再再】 たびたび。再三。

さいさき【幸先】 物事を始めるときの前触れ。▽―がよい。good omen

さいさん【再三】 たびたび。何度も。

さいさん【採算】 収支のつりあい。

ざいさん【財産】 個人や団体が持つ、金銭・土地・建物など。身代。資産。fortune

さいさんさいし【再三再四】 何度も何度も。▽―お願いする。repeatedly

さいし【才子】 才能があり、頭のよく切れる人。才人。talented person ▼**―才に倒(たお)れる** 才子は自分の才能を過信して失敗しがちである。

さいし【妻子】 妻と子。

さいし【祭司】宗教上の儀式を専門にとり行う人。priest　祭司

さいし【祭祀】神を祭ること。ritual　祭祀

さいじ【祭事】祭り。類神事。rite　祭事

さいじ【細事】❶小さい事柄。▽―にこだわる。❷くわしい事柄。▽―にわたって書きとめる。①trifle ②detail　細事

さいじ【催事】もよおし。▽―場。　催事

さいしき【彩色】色をつけること。いろどり。さいしょく。coloring　彩色

さいじき【歳時記】〈歳事記〉俳句の季語を集め、分類して解説した本。俳諧(はいかい)歳時記。季寄せ。　歳時記

さいじつ【祭日】❶神社の祭りの日。❷国民の祝日。▽日曜―。②national holiday　祭日

ざいしつ【材質】材料の性質。quality　材質

さいしゅ【採取】必要なものを選びとること。▽指紋の―。picking　採取

さいしゅう【採集】標本・資料などにするために取り集めること。▽昆虫―。collection　採集

さいしゅう【最終】いちばん終わり。類最後。final　最終

ざいじゅう【在住】そこに住んでいること。▽アメリカ―の日本人。resi dence　在住

さいしゅつ【歳出】一会計年度の支出総額。対歳入。annual expenditure　歳出

さいしょ【最初】いちばん初め。first　最初

さいじょ【才女】才知のすぐれた女性。類才媛(さいえん)。　才女

さいじょ【妻女】❶妻と娘。❷その人の妻。　妻女

ざいしょ【在所】❶いなか。❷郷里。　在所

さいしょう【宰相】君主を助けて政治を行う職・人。類摂政。　宰相

さいしょう【最小】(いくつかのものの中で)いちばん小さいこと。▽―公倍数。対最大。the smallest　最小

さいしょう【最少】もっとも少ないこと。▽―得点。対最多。the least　最少

さいじょう【斎場】❶葬儀を行う場所。❷祭場。①funeral hall　斎場

さいじょう【最上】❶いちばん上。❷いちばんすぐれていること。対最下。②best　最上

ざいしょう【罪障】仏教で、悟りのじゃまになる悪い行い。　罪障

ざいじょう【罪状】犯罪の内容。　罪状

さいしょうげん【最小限】最小限度。対最大限。　最小限

さいしょく【菜食】副食物として主に野菜類を食べること。▽―主義者。対肉食。vegetarian diet　菜食

ざいしょく【在職】その職についていること。類在勤。　在職

さいしょくけんび【才色兼備】女性が、才能と美貌を兼ね備えていること。　才色

さいしん【再審】裁判で、判決が確定した事件について、もう一度審理をしなおすこと。retrial　再審

さいしん【細心】細かな点まで注意が行き届いていること。▽―の注意を払う。類綿密。carefulness　細心

さいしん【最新】もっとも新しいこと。対最古。up-to-date, the newest　最新

さいじん【才人】才子。　才人

さいじん【祭神】その神社に祭ってある神。さいしん。　祭神

さいする【際する】(ある機会に)当たる。▽出発に―して。　際する

さいすん【採寸】服を作るときなどに、体の各部の寸法をはかること。measurement　採寸

ざいせ【在世】⇨ざいせい。　在世

さいせい【再生】❶生き返ること。❷心を入れかえて正しい生活を始めること。▽―の恩人。❸廃物を、作りかえること。▽―紙。❹生物の欠けた部分が元に戻ること。❺録音・録画して元の音・像を出すこと。①revival ③recycle ⑤playback　再生

さいせい【祭政】祭事と政治。　祭政

ざいせい【在世】生きていること・間。ざいせ。▽故人―中は。　在世

ざいせい【財政】❶国家や地方自治体の行う経済行為。❷金回り。ふところぐあい。①finance　財政

さいせいき【最盛期】いちばん盛んな時期。▽出荷の―をむかえる。　最盛期

さいせいさん【再生産】生産によって得た利益をもとにして、新たな生産を次々に行うこと。reproduction　再生産

さいせき【採石】石材を切り出すこと。quarrying　採石

ざいせき【在籍】学校・団体などに籍があること。enrollment　在籍

さいせつ【再説】繰り返し説くこと。　再説

さいせつ【細説】詳しく説明すること。詳説。expatiation　細説

さいせん【再選】選挙などで、同じ人を再度選ぶこと。また、二度目の当選。reelection　再選

さいせん【賽銭】社寺に参詣(さんけい)して供える金銭。　賽銭

さいぜん【最前】❶いちばん前。❷さきほど。さっき。①forefront　最前

さいぜん【最善】❶いちばんよいこと。❷できる限りの努力。▽―を尽くす。対❶最悪。①② best　最善

さいぜんせん【最前線】戦場や仕事などで、はげしい戦い・競争が行われているところ。類第一線。the front　最前線

さいせんたん【最先端】時代や流行の、いちばん先頭。　最先端

さいそく【細則】細かいことを取り決めた規則。detailed rules　細則

さいそく【催促】せきたてること。うながすこと。類督促。demand　催促

ざいぞく【在俗】在家(ざいけ)。　在俗

さいた【最多】もっとも多いこと。対最少。most numerous　最多

さいたい【妻帯】妻をもつこと。▽―者。　妻帯

さいだい【細大】細かいことと、大きなこと。▼―漏(も)らさず すべて。注×最大漏らさず。　細大

さいだい【最大】もっとも大きいこと。▽―瞬間風速。対最小。the largest　最大

さいたいけつ【臍帯血】へその緒や胎盤に含まれる血液。白血病などの患者を治療するために移植する。　臍帯血

さいだいげん【最大限】最大限度。▽能力を―に発揮する。対最小限。　最大限

さいたく【採択】いくつかの中から選び取ること。▽教科書を―する。adoption　採択

ざいたく【在宅】自分の家にいること。▽―勤務。　在宅

さいたん【歳旦】元旦。また、元日。　歳旦

さいたん【最短】いちばん短いこと。▽―距離。対最長。the shortest　最短

さいだん【祭壇】祭りを行う壇。altar　祭壇

さいだん【裁断】❶ある形にたち切ること。❷判断して決めること。▽社長が―を下す。①cutting　裁断

ざいだん【財団】❶ある目的のために出しあった財産の集合体。❷「財団法人」の略。①② foundation　財団

さいち【才知】〈才智〉才能と知恵。　才知

さいち【細緻】きめ細かく行き届いているようす。類緻密。minute　細緻

さいちゅう【最中】物事がさかんに行われているとき。さなか。in process　最中

ざいちゅう【在中】その中にはいっていること。▽請求書―。enclosed　在中

さいちょう【最長】❶最も長いこと。❷最年長。対❶最短。①the longest　最長

さいづち【才槌】小形の木製のつち。　才槌

さいてい【最低】最も低いこと。対最高。注最×底。the lowest　最低

さいてい【裁定】理非・善悪などをさばいて決めること。▽委員会の―に従う。類裁断。decision　裁定

さいてき【最適】いちばん適していること。most suitable　最適

ざいテク【財テク】「財務テクノロジー」の略。株式・不動産などに投資して、資金の効率的運用をはかること。　財テク

さいてん【再転】情勢が、再度かわること。　再転

さいてん【採点】成績を評価するために、点数をつけること。grading　採点

さいてん【祭典】❶祭りの儀式。祭り。❷大規模な催し。▽スポーツの―。①② festival　祭典

さいでん【祭殿】祭祀(さいし)を行う建物。　祭殿

サイト【site】❶敷地。用地。▽ダム―。❷インターネット上のホームページや各種コンテンツ。ウェブサイト。

さいど【再度】もう一度。again　再度

さいど【済度】仏が人々を迷いから救うこと。　済度

さいどく【再読】もう一度読むこと。rereading　再読

サイド ビジネス 副業。サイドワーク。和製語。

サイド ワーク 副業。サイドビジネス。和製語。side job

さいなむ【苛む】〈嘖む〉苦しめなやます。せめる。▽不安に—まれる。良心に—まれる。reproach　苛む

さいなん【災難】思いがけないわざわい。▽—に見舞われる。類災禍・災害。disaster　災難

ざいにち【在日】外国から来て日本に住んでいること。　在日

さいにゅう【歳入】国や公共団体などの、一会計年度の収入の総額。対歳出。annual revenue　歳入

さいにん【再任】再び元の職につくこと。また、つけること。reappointment　再任

ざいにん【在任】任務・職務についていること。　在任

ざいにん【罪人】罪を犯した人。刑の確定した人。criminal　罪人

さいねん【再燃】一度おさまったことが、また問題になること。▽紛争が—する。recurrence　再燃

さいのう【才能】すぐれた才知の働き。物事をたくみになしとげる能力。talent, ability　才能

さいのかわら【賽の河原】仏教で、死者が渡るという三途(さんず)の川の、河原。　賽河原

さいのめ【賽の目】❶さいころほどの大きさの小さな立方体。❷さいころの面につけてある、一から六までの数の点。①small cube　賽の目

さいはい【再拝】❶手紙の終わりに書くあいさつ語。❷二度続けて礼をすること。類❶敬具。②bowing twice　再拝

さいはい【采配】❶昔、大将が指揮するときにふった道具。▽—を振る。❷さしず。▽—に従う。　采配

さいばい【栽培】野菜・花などを植え育てること。cultivation　栽培

さいばし【菜箸】おかずを取り分けたり、調理用に使うはし。　菜箸

さいばしる【才走る】才気にあふれる。利口すぎる。才気走る。多く、よくない意味に用いる。be cleverish　才走る

さいはつ【再発】同じ病気やできごとなどが再度起こること。recurrence　再発

ざいばつ【財閥】大資本家の一族。　財閥

さいはて【最果て】いちばん外れ。▽—の町。the farthest　最果て

サイバネティックス【cybernetics】生物と機械に共通の要素を見いだし、情報と制御の問題を、統一的・総合的にとらえようとする学問。

さいはん【再犯】再度、罪を犯すこと。　再犯

さいはん【再版】既刊の出版物をふたたび出版すること。reprint　再版

さいばん【裁判】裁判所が、法を適用して裁くこと。▽—沙汰(ざた)。注×栽判。judgment　裁判

さいばん【歳晩】歳末。　歳晩

さいばんしょ【裁判所】裁判を行う国家機関。court　裁判所

さいはんせいど【再販制度】「再販売価格維持制度」の略。メーカーが商品の販売価格を指定して契約する制度。　再販

さいひ【採否】採用と不採用。　採否

さいひ【歳費】❶一年間の費用。❷国会議員に支給される年間手当。①annual allowance　歳費

さいび【細微】❶微細。❷身分のいやしいようす。　細微

ざいひ【在否】いるかいないか。▽当日の—を問う。　在否

さいひつ【才筆】すぐれた文章(を書く能力)。▽—を示す。literary talent　才筆

さいふ【財布】金銭を入れて持ち歩くもの。金入れ。類札入れ。wallet　財布

さいぶ【細部】細かな部分。▽—にわたる説明。details　細部

ざいぶつ【財物】金銭と品物。財貨。　財物

さいぶん【細分】こまかく分けること。▽業務を—化する。土地を—する。類細別。subdivision　細分

さいへん【再編】編成し直すこと。再編成。▽組織を—する。reorganization　再編

さいへん【砕片】くだけこわれたかけら。類破片。fragment　砕片

さいぼ【歳暮】年の暮れ。せいぼ。　歳暮

さいほう【再訪】再び訪れること。　再訪

さいほう【西方】❶西の方。せいほう。❷「西方浄土」の略。　西方

さいほう【裁縫】布を裁断して衣類などをつくること。sewing　裁縫

さいぼう【細胞】❶生物体を組織する最小単位。❷党組織などの末端組織。①②cell　細胞

ざいほう【財宝】財産と宝。treasure　財宝

さいほうじょうど【西方浄土】仏教で、西の方にあるという極楽浄土。　浄土

さいまつ【歳末】年の暮れ。歳晩。　歳末

さいみつ【細密】観察や注意などが行きとどいてこまかいこと。▽—画。minute　細密

さいみん【催眠】薬や暗示によって眠りをもよおさせること。▽—状態。　催眠

さいむ【債務】特定の人に対する法律上の義務。借金の返済義務など。対債権。debt　債務

ざいむ【財務】財政についての事務。financial affairs　財務

さいもく【細目】細かい点についての項目。detail　細目

ざいもく【材木】建築物や器具をつくるための木。木材。timber　材木

ざいや【在野】❶官職につかず、民間にあること。▽—精神。❷野党の立場にあること。▽—の政党。　在野

さいやく【災厄】わざわい。disaster　災厄

さいよう【採用】❶人を雇い入れること。▽—試験。❷意見などをとりあげて用いること。▽提案を—する。①employment ②adoption　採用

さいらい【再来】❶ふたたびあらわれること。▽黄金時代の—。❷生まれ変わり。▽仏様の—。　再来

ざいらい【在来】これまでどおり。▽—線。conventional　在来

さいり【犀利】頭の働きがするどいようす。　犀利

さいりゃく【才略】巧みな計略。　才略

さいりゅう【細流】細い川の流れ。　細流

ざいりゅう【在留】ある期間、外国にとどまって住むこと。▽—邦人。　在留

さいりょう【宰領】大ぜいの人の世話や監督をすること・人。▽団体旅行の—をつとめる。　宰領

さいりょう【最良】いちばんよいこと。▽—の判断。対最悪。the best　最良

さいりょう【裁量】自分の考えで判断し処理すること。▽君の—に任せる。discretion　裁量

ざいりょう【材料】❶物ができるもとになるもの。原料。❷研究・調査の資料。❸作品の題材。①③material　材料

ざいりょく【財力】財産があるために生じる勢力。経済力。類資力。financial ability　財力

さいりん【再臨】キリストが再び現れるという信仰。Second Advent　再臨

さいるい【催涙】涙を出させること。▽—ガス。　催涙

さいれい【祭礼】祭り。祭りの儀式。類祭儀。rites　祭礼

サイレント【silent】❶無声映画。❷欧文のつづり字で、発音しない文字。

サイレント マジョリティー【silent majority】政治的な主張をしない一般大衆。

さいろう【豺狼】❶やまいぬとおおかみ。❷残酷で貪欲(どんよく)な人のたとえ。▽—の徒。　豺狼

さいろく【採録】とりあげて記録すること。▽要点を—する。recording　採録

さいろく【載録】書いて載せること。　載録

さいろん【再論】同じ事柄について再び論じること。▽—を要せず。discussing again　再論

さいろん【細論】細かく論じること。　細論

さいわい【幸い】❶幸福。▽不幸中の—。❷幸運。▽—なことに間に合った。❸運よく。①happiness ③fortunately　幸い

さいわいする【幸いする】よい結果をもたらす。▽何が—かわからない。　幸いする

さいわん【才腕】すぐれた腕前。　才腕

サウナ【sauna フィンランド】蒸気を利用した、フィンランド風のむしぶろ。

サウンド【sound】音。音響。

さえき【差益】収支で得た利益。利ざや。対差損。margin　差益

さえぎる【遮る】 ❶間にはいって、じゃまをする。❷向こうが見えないようにする。①interrupt ②shut out　遮る

さえざえ【冴え冴え】 非常に澄みきって、あざやかなようす。▽月―と輝く。　冴え冴

さえずる【囀る】 ❶小鳥がしきりに鳴く。❷やかましくしゃべる。いやしめていう語。①②twitter　囀る

さえる〔冴〕 人7　コ・ゴ・さえる　❶こおる。❷さえる。すみわたる。(冴)　冴・冴

筆順　丶 … 冴

さえる【冴える】 ❶光・音・色などが澄む。▽―えた月の光。❷頭の働きやわざなどが、あざやかである。❸冷え冷えする。▽―えた冬の朝。①②be clear　冴える

さお【竿】 〈棹〉❶木や竹の棒。❷舟を操る棒。❸三味線の柄(え)。❹つりざおなど。❺たんす・旗・ようかんなどを数える語。①pole　竿

さおさす【棹差す】 ❶さおを水底について舟をすすめる。▽流れに―。❷時代の波にうまく乗る。　棹差す

さおとめ【早乙女】 〈早少女〉❶田植えをする若い女性。❷少女。　早乙女

さおばかり【竿秤】 〈棹秤〉棒と分銅(ふんどう)で、重さをはかる道具。　竿秤

さか【坂】 ❶傾斜のついた所。❷人生の区切りになる時期。①slope　坂

さが【性】 ❶生まれつきの性質。❷習慣。①nature　性

ざか【座下】 手紙の宛名に書きそえて敬意を表す語。類机下。足下(そっか)。　座下

ざが【坐臥】 〈座臥〉❶すわることと、寝ること。日常生活。❷いつも。平生。▽行住―。　坐臥

さかい〔堺〕 人12　カイ・さかい　❶土地のさかいめ。❷ある区域。わく。　堺・堺

筆順　扌 … 堺

さかい【境】 〈界〉❶互いに接する所。❷物事の分かれ目。▽生死の―。❸ある特定の場所。▽神秘の―。①border　境

さかうらみ【逆恨み】 ❶うらんでいる人から逆にうらまれること。❷他人の好意を、逆にうらむこと。　逆恨み

さかえる【栄える】 物事の勢いが盛んになる。▽国が―。prosper　栄える

さかおとし【逆落とし】 ❶物をさかさまに落とすこと。❷〈坂落とし〉馬などで、崖(がけ)などを一気に駆け降りること。▽ひよどり越えの―。　逆落し

さかき〔榊〕 人14　さかき　常緑樹の、さかき。　榊・榊

筆順　木 … 榊

さかき【榊】 常緑小高木の一。枝葉は神事に用いる。　榊

さがく【差額】 差し引いた残りの金額。difference　差額

さかぐら【酒蔵】 酒を醸造または貯蔵しておく蔵。　酒蔵

さかご【逆子】 胎児が頭からではなく足から生まれ出ること。逆産。　逆子

さかさ【逆さ】 さかさま。inversion　逆さ

さかさま【逆様】 位置・順序などが逆なこと。さかさ。さかしま。類あべこべ。反対。reverse　逆様

さかしい【賢しい】 ❶かしこい。❷利口ぶっていて、なまいきだ。こざかしい。①wise　賢しい

さかしら【賢しら】 りこうぶること。　賢しら

ざがしら【座頭】 一座の長。　座頭

さがす【捜す・探す】 見つけ出そうとして、たずね求める。search　捜・探

> **使い分け**「さがす」
> **捜す**…見えなくなったものを見つけ出そうとする。▽犯人を―。迷子を―。落とし物を―。家(や)捜し。
> **探す**…欲しい物を見つけ出そうとする。▽職を―。借家を―。口実を―。

さかずき【杯】 〈盃〉酒をついで飲む小さい器。▽―を干す。―を傾ける。類猪口(ちょこ)。　杯

さかずきごと【杯事】 〈盃事〉夫婦・義兄弟などの関係を結ぶため、杯をとりかわして酒をのむこと。　杯事

さかだい【酒代】 飲み代。酒手(さかて)。　酒代

さかだち【逆立ち】 手を地について逆さまに立つこと。倒立。▼―してもどうがんばっても。handstand　逆立ち

さかだつ【逆立つ】 逆さまに立つ。　逆立つ

さかだる【酒樽】 酒を入れておく、たる。　酒樽

さかて【逆手】 持つ手を、ふつうと反対の向きにすること。図順手。

さかて【酒手】 ❶飲み代。❷心づけ。

さかな〘肴〙 人8 **コウ・さかな** 酒の、さかな。▽佳—(かこう)。酒—(しゅこう)。

筆順 肴

さかな【肴】 ❶酒を飲むときの食べ物。❷酒席に興をそえるもの。①relish

さかな【魚】 うお。魚類。fish

さかなで【逆撫で】 相手のいやがることを、わざと言ったりしたりすること。▽神経を—する発言。

さかなみ【逆波】 〈逆浪〉さかまく波。

ざがね【座金】 ねじを締めるとき、ナットの下におく薄い金属。washer

さかねじ【逆捩じ】 相手の非難や抗議を逆にやりかえすこと。▽—を食わせる。retort

さかのぼる【遡る】 〈溯る〉❶川の上流へ進む。❷過去や根本へもどる。①go upstream ②go back

さかば【酒場】 酒を飲ませる店。bar

さかまく【逆巻く】 流れにさからうように波がはげしく立つ。roll

さかもり【酒盛り】 大ぜいで楽しく酒を飲むこと。酒宴。drinking bout

さかや【酒屋】 ❶酒類を売る店・人。❷造り酒屋。①liquor store

さかやき【月代】 江戸時代、男子が頭の中央の髪をそったこと・部分。

さかゆめ【逆夢】 見た夢と反対のことがおこる夢。図正夢(まさゆめ)。

さからう【逆らう】 ❶反抗する。たてつく。▽親に—。❷逆行する。▽風に—って進む。①oppose

さかり【盛り】 ❶勢いの最も盛んな時期。❷動物の発情。①peak

さかりば【盛り場】 繁華街。busiest quarters

さかる【盛る】 ❶勢いが盛んになる。▽燃え—。❷繁盛する。❸鳥・獣が発情し交尾する。①thrive ②prosper

さがる【下がる】 ❶程度・価値・位置などが低くなる。❷垂れる。❸しりぞく。❹時が移る。▽時代が—。①go down

さかん【左官】 壁をぬる仕事をする人。しゃかん。plasterer

さかん【盛ん】 ❶勢いのいいようす。▽—な拍手。❷熱心に行われているようす。①prosperous

さき〘崎〙 常11 **さき** ❶けわしい。❷みさき。

筆順 丨 山 … 崎 崎

さき〘碕〙 13 **キ・さき** みさき。「崎」に同じ。◎地名に用いる。「日御(ひのみ)碕(島根)」。

さき〘埼〙 ⇩さい

さき【左記】 縦書きの文章で、その左に記された事柄。類下記。

さき【先】 ❶順序が前。❷前の方。❸はし。❹将来。❺以前。①②front ▼—を争う われ先にと争う。

さき【崎】 〈埼・碕・岬〉❶海に突き出た陸地。みさき。❷山や丘の突き出た先端。①cape

さぎ〘鷺〙 人24 **ロ・さぎ** 鳥の、さぎ。▽烏—(うろ)。白—(しらさぎ)。

筆順 … 鷺 鷺

さぎ【詐欺】 相手をだまして、金品をとったり、損害をあたえること。fraud

さぎ【鷺】 サギ科の鳥。つるに似る。heron

さきおととい【一昨昨日】 おとといの前の日。三日前。さきおとつい。

さきおととし【一昨昨年】 おととしの前の年。三年前。

さきがけ【先駆け】 〈先駈け・魁〉❶まっ先に敵陣にせめこむこと。❷他より先に物事を始めること。

さきごろ【先頃】 このあいだ。先日。

さきざき【先先】 ❶将来。❷行く先行く先。

さきだつ【先立つ】 ❶先頭になる。❷順序が前である。❸先に死ぬ。❹第一に必要である。▽—もの(=お金)。

さきどり【先取り】 ❶人より先にすること。▽時代を—する。❷金を先に受け取ること。

さきに【先に】 まえに。以前に。

さきにおう【咲き匂う】 美しくはなやかにさく。▽桃の花が—。bloom beautifully

さきばしる【先走る】 人より先になろうとして、軽率な行動をする。be forward　先走る

さきぶれ【先触れ】 前触れ。　先触れ

さきほこる【咲き誇る】 今が盛りとばかりに、花が美しく咲く。▽吉野(よしの)に—桜。　咲き誇

さきぼそり【先細り】 ❶先端にいくほど細くなること・もの。❷次第に勢いがおとろえること。対❶❷先太り。②poor prospects　先細り

さきほど【先程】 今しがた。類先刻。　先程

さきまわり【先回り】〈先廻り〉❶相手より先に行動すること。❷相手より先に行っていること。▽—して待つ。　先回り

さきものがい【先物買い】 将来性を見込んで手に入れること。　先物買

さきゅう【砂丘】 風に吹き寄せられてできた砂の丘。dune　砂丘

さきゆき【先行き】 将来。さきざき。　先行き

さぎょう【作業】 仕事をすること。また、その仕事。work　作業

ざきょう【座興】 ❶宴会などで、興をそえる芸など。❷その場だけのたわむれ。　座興

さぎり【狭霧】 霧。　狭霧

さきん【砂金】 川底などからとれる金のつぶ。gold dust　砂金

さきん【差金】 差額。▽—決済。　差金

さきんじる【先んじる】 ❶人より先に行く。❷人より先に事を行う。❸他より優位に立つ。　先んじ

さきんずる【先んずる】 ⇩先んじる。▼—れば人を制す 人より先に事を行えば有利な立場に立てる。　先んずる

さく〔作〕 常7 **サク・サ・つくる** ❶つくる。▽—品。❷動く。▽—業。❸穀物などをつくる。▽—物。❹起こる。▽発—(ほっさ)。
筆順 ノ イ 亻 作 作 作 作　作・作

さく〔咋〕 8 **サク・サ・かむ** ❶さけぶ。❷舌つづみをうって食べる。◎「羽咋」で、地名の「はくい」。　咋・咋

さく〔削〕 常9 **サク・けずる** けずる。とりのぞく。▽—減。—除。(削)
筆順 丶 丷 ⺌ 肖 肖 肖 肖 削　削・削

さく〔昨〕 常9 **サク** ❶一つ前の日。▽—日。❷以前。▽—今。
筆順 丨 冂 日 日 昨 昨 昨 昨　昨・昨

さく〔柵〕 常9 **サク** ❶かこい。かきね。❷とりで。▽城—。
筆順 一 十 木 朷 柵 柵 柵　柵・柵

さく〔朔〕 人10 **サク・ついたち** ❶ついたち。▽—日。❷北。▽—風。
筆順 丷 䒑 屰 屰 屰 朔 朔 朔　朔・朔

さく〔窄〕 人10 **サク・すぼめる・せばめる** せまい。せばめる。▽狭—。—小。
筆順 宀 穴 穴 穸 窄 窄 窄 窄　窄・窄

さく〔索〕 常10 **サク** ❶つな。▽鉄—。❷さがす。▽捜—。—引。❸さびしい。
筆順 一 十 ⼟ 索 索 索 索 索　索・索

さく〔策〕 常12 **サク** ❶はかりごと。▽—略。❷つえ。
筆順 ⺈ ⺮ 竹 竺 笞 笨 策 策　策・策

さく〔酢〕 常12 **サク・す** すっぱい液体。す。▽—酸。三杯—(さんばいず)。
筆順 冂 襾 西 酉 酉 酢 酢 酢　酢・酢

さく〔搾〕 常13 **サク・しぼる** ❶しぼり取る。▽—取。❷しめつける。▽圧—。
筆順 扌 扌 搾 搾 搾 搾 搾 搾　搾・搾

さく〔錯〕 常16 **サク** ❶いりまじる。▽交—。❷まちがえる。▽—覚。
筆順 ⺈ 牟 金 金 錯 錯 錯 錯　錯・錯

さく〔咲〕 常9 **さく** 花のつぼみが開く。
筆順 丨 口 口 口 口 咲 咲 咲　咲・咲

さく〔冊〕 ⇩さつ

さく【作】 ❶作品。▽会心の—。❷農作物のできぐあい。作柄。　作

さく【咲く】 花のつぼみが開く。bloom　咲く

さく【柵】 ❶木・竹などでつくった囲い。❷昔、木・竹などをめぐらして作った陣地。とりで。①fence　柵

さく【朔】 ❶新月。❷月の最初の一日。　朔

さく【策】 はかりごと。▽—を講じる。　策

さく【割く】 ❶刃物で切り開く。❷一部を分け与える。❸他にあてる。　割く

さく【裂く】 ❶引きやぶる。❷無理にはなす。▽仲を—。①tear　裂く

使い分け「さく」
割く…(刀で)切り分ける。「割」は分割の意。▽鶏を―。時間を―。人手を―。
裂く…布をたちきる。強引に引きやぶる。「裂」は分裂の意。▽布を―。仲を―。引き―。

さくい【作為】❶こしらえごと。❷(意志による)積極的な行為。対❷不作為。① fabrication

さくい【作意】❶芸術作品の制作上の意図。❷たくらみ。① motif

さくいん【索引】書物中の語・事項を探しやすいように配列した表。index

さくおとこ【作男】やとわれて農耕に従事する男性。arm hand

さくがら【作柄】農作物のできぐあい。作況。crop

さくがんき【削岩機】〈鑿岩機〉岩石に穴をあける機械。rock drill

さくげん【削減】削り減らすこと。▽経費―。reduction

さくげん【遡源】〈溯源〉⇩そげん。

さくご【錯誤】❶誤り。❷事実と観念の不一致。▽時代―。① mistake

さくざつ【錯雑】複雑に入りまじっていること。▽―した貿易問題。類錯綜(さくそう)。

さくさん【酢酸】〈醋酸〉刺激臭のある酢の主成分。acetic acid

さくし【作詞】歌詞をつくること。writing lyrics

さくし【作詩】詩をつくること。詩作。verse making

さくし【策士】はかりごとに巧みな人。schemer ▼**―策に溺**(おぼ)**れる** 策士は策略を使いすぎ、かえって失敗する。

さくじつ【昨日】きのう。yesterday

さくじつ【朔日】陰暦で、月の第一日。ついたち。対晦日(かいじつ)。

さくしゃ【作者】芸術作品をつくった人。類作家。著者。author

さくしゅ【搾取】❶しぼり取ること。❷資本家・地主などが、利益の大半を独占すること。② exploitation

さくじょ【削除】(文章の一部を)削り取ること。類抹消。deletion

さくず【作図】図・図形をかくこと。

さくする【策する】計略をめぐらす。hatch

さくせい【作成】計画・文書などを作り上げること。draw up

さくせい【作製】製作。manufacture

使い分け「さくせい」
作成…書類・図表・計画などを作り上げる。▽レポートの―。法案を―する。
作製…物を作る。製作。▽本棚の―。模型を―する。

サクセス ストーリー【success story】成功物語。

さくせん【作戦】❶敵と戦って勝つための方法・計画。❷軍隊が計画的に行う、軍事的な行動。① tactics ② operations

さくぜん【索然】空虚で、おもむきがないようす。

さくそう【錯綜】複雑に入り組んでいること。▽―した事件。類錯雑(さくざつ)。intricacy

さくづけ【作付け】田畑に作物を植えつけること。注ふつう、「作付面積」は、送り仮名をつけない。planting

さくてい【策定】計画を十分に練って決めること。▽予算案を―する。

さくどう【索道】「架空索道」の略。空中ケーブル。ロープウエー。cableway

さくどう【策動】好ましくないことをひそかに計画して行動すること。▽反対派の―。maneuver

さくにゅう【搾乳】牛・やぎなどの乳をしぼりとること。milking

さくねん【昨年】今年の前の年。去年。last year

さくばく【索漠】〈索莫〉ものさびしく気がめいるようす。▽―とした風景。dreary

さくばん【昨晩】きのうの晩。昨夜。

さくひん【作品】製作したもの。特に芸術作品。work

さくふう【作風】作品に表れる、作者の個性や傾向。style

さくふう【朔風】北から吹く風。

さくぶつ【作物】芸術などの作品。

さくぶん【作文】❶文章をつくること。また、その文章。❷体裁(ていさい)だけは整っているが、内容のとぼしい文章。▽この報告書は単なる—である。①composition　作文

さくぼう【策謀】はかりごと。また、はかりごとをめぐらすこと。類策略。陰謀。scheme　策謀

さくもつ【作物】農作物。crop　作物

さくや【昨夜】きのうの夜。昨晩。　昨夜

さくゆう【昨夕】昨日の夕方。夕べ。　昨夕

さくら 露店商人の仲間で、客のふりをして商品を買う人。shill

さくら【桜】日本の国花。cherry blossom　桜

さくらがい【桜貝】桜色の小形の二枚貝。　桜貝

さくらがみ【桜紙】うすく柔らかなちり紙。　桜紙

さくらがり【桜狩り】桜の花を観賞して歩くこと。　桜狩り

さくらゆ【桜湯】塩づけの桜の花に湯を注いだ飲み物。　桜湯

さくらん【錯乱】心が乱れ混乱すること。▽—状態。derangement　錯乱

さくらんぼ【桜ん坊】〈桜桃〉桜の実の総称。特に、桜桃(おうとう)の実。さくらんぼう。cherry　桜ん坊

さくりゃく【策略】はかりごと。▽—を用いる。—にはまる。—家。類策謀。計略。strategy　策略

さぐる【探る】❶手や足などで物をさがす。❷ようすを調べる。▽敵状を—。❸美しい景色や秘境などをたずね求める。▽秘境の温泉を—旅。②spy　探る

さくれつ【炸裂】砲弾や爆弾が破裂すること。explosion　炸裂

ざくろ【石榴】落葉小高木の一。じゃくろ。せきりゅう。　石榴

さけ〖鮭〗17 カイ・ケイ・さけ 海水魚の、さけ。▽塩—(しおざけ)。紅—(べにざけ)。　鮭・鮭

さけ【酒】❶日本酒。❷アルコール分を含む飲み物。▼—の酔(よ)い本性(ほんしょう)に違(たが)わず 酔っても本来の性質は変わらない。▼—は憂(うれ)いの玉箒(たまははき) 酒は心の憂さを忘れさせるということ。▼—は百薬の長 酒は適度に飲むなら最良の薬だ。　酒

さけ【鮭】北の海にすむ海魚の一。秋、川をのぼって産卵する。食用。卵はすじこ。salmon　鮭

さげ【下げ】❶下げること。❷相場が安値に向かうこと。❸落語の、落ち。対❶❷上げ。②sag　下げ

さけかす【酒粕】〈酒糟〉もろみから清酒をしぼったあとのかす。　酒粕

さけぐせ【酒癖】酒に酔ったときに出るくせ。しゅへき。　酒癖

さげすむ【蔑む】劣ったものとしてけいべつする。despise　蔑む

さけのみ【酒飲み】酒をよく飲むこと・人。のんべえ。drinker　酒飲み

さけぶ【叫ぶ】❶大声を出す。❷強く訴える。▽死刑の廃止を—。①shout　叫ぶ

さける【裂ける】一つのものが切れて分かれる。tear, split　裂ける

さける【避ける】❶よける。▽人目を—。❷さしひかえる。▽対決は—べきだ。①②avoid　避ける

さげる【下げる】❶下へ移す。おろす。❷段階・資格・程度などを低くする。▽温度を—。❸かたづける。❹ぶら下げる。❺後ろへ移す。①lower　下げる

さげる【提げる】手に持ってぶら下げる。hang　提げる

使い分け「さげる」

下げる…下の方へ移す。つるす。▽頭を—。値段を—。男を—。軒に風鈴を—。

提げる…つるすようにして手に持つ。▽かばんを—。手鍋(てなべ)提げても。大作を引っ—。

さげん【左舷】船尾から船首に向かって、左のふなばた。対右舷。port　左舷

ざこ【雑魚】❶いろいろの小魚。❷下っぱ。小もの。①small fish ▼—の魚(とと)交じり 大物の中に小物がまじっていることのたとえ。　雑魚

ざこう【座高】腰掛けたときの、座面から頭までの高さ。sitting height　座高

さこうべん【左顧右眄】⇩右顧左眄(うこさべん)。　左顧

さこく【鎖国】外国との交通・通商を禁じること。対開国。　鎖国

さこつ【鎖骨】胸の上部にある左右一対の骨。collarbone　鎖骨

ざこつ【座骨】しりの下部にある左右一対の骨。hipbone　座骨

ざこね【雑魚寝】大ぜいが入りまじって寝ること。　雑魚寝

ささ〖笹〗人11 ささ 小形で細い竹。▽—舟(ささぶね)。隈—(くまざさ)。　笹・笹

筆順

ささ【笹】丈の低い小形の竹の総称。笹竹。 笹

ささい【些細】取るに足りないわずかなこと。trivial 些細

さざえ【栄螺】海産の巻き貝の一。食用。turban shell 栄螺

ささえる【支える】❶物をあてがって倒れたりしないようにする。❷防ぎ止める。▽敵の攻撃を―。❸もちこたえる。▽生計を―。①support 支える

ささくれる ❶先が細かく裂ける。❷爪（つめ）の生え際の皮膚がさかむける。❸感情が、とげとげしくなる。②hangnail

ささげ【豇豆】〈大角豆〉マメ科の作物の一。若いさやと、熟した種子とは食用。ささぎ。cowpea 豇豆

ささげもの【捧げ物】❶神仏などへの供え物。❷献上品。①②offering 捧げ物

ささげる【捧げる】❶両手でさし上げる。❷献上する。❸真心をさしだす。▽教育に一生を―。③devote 捧げる

ささだけ【笹竹】笹。bamboo grass 笹竹

ささつ【査察】規定どおりかどうか、調査・視察すること。▽監督官庁の―がはいる。inspection 査察

さざなみ【小波】〈細波・漣〉細かな波。ripple 小波

ささぶね【笹舟】笹の葉でつくった舟。 笹舟

ささみ【笹身】鶏の胸のあたりからとった肉。 笹身

ささめごと【私語】ひそひそ話。 私語

ささめゆき【細雪】細かく降る雪。 細雪

ささやか【細やか】わずかでつつましいようす。▽―な贈り物。little 細やか

ささやく【囁く】小声でひそひそ話す。ささめく。whisper 囁く

ささら【簓】竹を細く割り束ねたもの。 簓

ささる【刺さる】先のとがったものが突き立つ。▽とげが―。stick 刺さる

さざれいし【細石】小石。pebble 細石

さざんか【山茶花】常緑小高木の一。冬の初め、薄紅色・白色などの花が咲く。sasanqua 山茶花

さし【止し】途中でやめること。…しかけ。▽読み―。 止し

さし【砂嘴】海岸から細長く突き出ている砂地。spit 砂嘴

さし【差し】❶差し向かい。▽―で飲む。❷意味を強めたり語調を整えたりする語。▽―戻す。❸舞の曲数を数える語。▽一―舞う。 差し

さじ〔匙〕11 シ・さじ 飲食物をすくう食器。▽茶―。 匙・匙

さじ【些事】〈瑣事〉ごく小さな、つまらないこと。▽―にこだわる。trifle 些事

さじ【匙】飲食物をすくう食器。spoon ▼―を投げる ❶医者が病人を見放す。❷見込みがないとあきらめる。 匙

ざし【座視】〈坐視〉見ているだけで何もしないこと。▽―するに忍びない。類傍観。 座視

さしあげる【差し上げる】❶高く持ち上げる。❷「やる」「与える」の謙譲語。❸「…てあげる」の謙譲語。対いただく。 差し上

さしあたり【差し当たり】今のところ。さしあたって。 差当り

さしいれ【差し入れ】❶受刑者などに、物を届けること。❷仕事中の人をねぎらって飲食物を届けること。 差入れ

さしえ【挿し絵】文章の中に入れる絵。イラスト。illustration 挿絵

サジェスチョン【suggestion】暗示。示唆（しさ）。

さしおく【差し置く】❶そのままにしておく。捨て置く。❷人を無視する。 差し置

さしおさえ【差し押さえ】❶国が債務者の財産などの使用・処分を禁じること。❷国の力で証拠物などを強制的にとりあげること。①attachment 差押え

さしかかる【差し掛かる】❶その場に来る。❷その時期になる。▽山場に―。 差し掛

さじかげん【匙加減】❶薬の調合の具合。❷料理の味つけの具合。❸手加減。 匙加減

さしがね【差し金】❶陰で人を操ること。❷かね尺。①instigation 差し金

さしき【挿し木】枝や茎を土中にさして根を出させて新株をつくること。 挿木

さじき【桟敷】一般席よりも高い所につくられた見物席。 桟敷

ざしき【座敷】客間。また、畳敷きの部屋。 座敷

さしくる【差し繰る】やりくりして、都合をつける。 差し繰

さしこ【刺し子】綿布を重ねて細かく刺し縫いした布・着物。 刺し子

さしこみ【差し込み】❶差し込むこと。❷コンセント。プラグ。❸胃や腸に急に起こる激しい痛み。②outlet 差込み

さしこむ【射し込む】〈差し込む〉光がはいって来る。shine in 射し込

さしこむ【差し込む】❶胃や腸が急に激しく痛む。❷物の間につき入れる。 差し込

さしさわり【差し障り】都合の悪い事情。支障。 差障り

さししお【差し潮】上げ潮。満ち潮。対引き潮。 差し潮

さししめす【指し示す】指さして示す。示す。point out 指し示

さしず【指図】言いつけてさせること。また、その言いつけ。direction 指図

さしずめ【差し詰め】❶結局のところ。❷さしあたり。▽暮らすには―心配はない。①after all 差詰め

さしせまる【差し迫る】事態が切迫する。be imminent 差し迫

さしだしにん【差出人】郵便物を出す人。対受取人。sender 差出人

さしだす【差し出す】❶前へ出す。▽名刺を―。❷提出する。❸発送する。②present 差し出

さしたる【然したる】これというほどの。たいした。▽―ことはない。 然したる

さしちがえる【差し違える】相撲で、行司が誤って軍配を上げる。 差し違

さしつかえる【差し支える】不都合が生じる。hinder 差し支

さして【然して】それほど。たいして。 然して

さしでがましい【差し出がましい】でしゃばっている感じである。 差し出

さしでぐち【差し出口】でしゃばって言うことば。 差出口

さしとめる【差し止める】禁止する。prohibit 差し止

さしば【差し歯】歯根に差し込んで固定させた義歯。false tooth 差し歯

さしはさむ【差し挟む】❶間に入れる。はさみこむ。❷心にふくみ持つ。▽疑いを―。❸話に割り込む。▽口を―。①insert 差し挟

さしひかえる【差し控える】❶ひかえめにする。❷遠慮してやめる。②refrain from 差し控

さしひき【差し引き】❶ある数量から引き去ること。また、その残り。❷潮の満ち引き。①deduction 差引き

さしまわす【差し回す】指定の所に向かわせる。 差し回

さしみ【刺し身】生の魚や肉などを薄く切ったもの。 刺身

さしむかい【差し向かい】向かい合っていること。さし。 差向い

さしむける【差し向ける】❶派遣する。❷そのほうへ向ける。①send 差し向

さしもどす【差し戻す】❶元の状態にもどす。❷裁判のやり直しを命じる。①②send back 差し戻

さしもの【指し物】❶木材を組み合わせて作った家具・器具。❷昔、戦場で目印にした旗や飾り物。旗指し物。

指し物❷

さしゅ【詐取】金品などをだまし取ること。類詐欺（さぎ）。fraud, swindle

さしゅう【査収】よく調べて受け取ること。receipt 査収

さしょう【些少】〈瑣少〉ほんのわずか。僅少（きんしょう）。▽―ながら。trifle 些少

さしょう【査証】❶調査して証明すること。❷入国許可証。ビザ。②visa 査証

さしょう【詐称】氏名・職業・学歴などをいつわること。類偽称。 詐称

ざしょう【座礁】〈坐礁〉船が暗礁に乗り上げること。strand 座礁

ざしょう【挫傷】打撲（だぼく）傷。うちみ。 挫傷

さじょうのろうかく【砂上の楼閣】すぐこわれてしまうもの。実現不可能な物事。 砂上

ざしょく【座食】〈坐食〉働かずに暮らすこと。徒食。 座食

さしわたし【差し渡し】直径。diameter 差渡し

さじん【砂塵】 砂けむり。砂ぼこり。sand dust

さす【止す】 途中でやめる。▽言い―。

さす【刺す】 ❶突き通す。❷針でぬう。❸野球で、走者をアウトにする。❹刺激する。①pierce ②sew

さす【注す】 〈差す〉液体をそそぐ。

さす【点す】 〈差す〉❶色をつける。▽紅を―。❷目薬を入れる。

さす【指す】 ❶ゆびさす。❷めざす。❸あることを意味する。❹将棋をする。①point ③mean

さす【射す】 〈差す〉光があたる。shine

さす【差す】 ❶潮が満ちて来る。❷ある状態が表面に現れる。対引く。▽顔に赤みが―。❸さし挟む。❹頭の上にかざす。❺ある気持ちがおこる。▽嫌気が―。❻相撲で、腕を相手のわきの下に差し入れる。❼舞で、手を前方に動かす。②appear

さす【挿す】 ❶さしこむ。はさみこむ。①put into ❷さし木をする。

使い分け「さす」

刺す…先のとがった細いもので突く。刺激をあたえる。▽虫が―。針を―。鼻を―嫌なにおい。

指す…ゆびで、ある方向をさし示す。▽出口を―。時計が九時を―。北を指して進む。

差す…はいりこむ。現れる。▽朝日が―。赤みが―。嫌気が―。傘を―。

挿す…すきまにつき入れる。▽かんざしを―。花瓶に花を―。

さす【砂州】 〈砂洲〉風や波の運んだ土砂が積もった細長い州。sandbank

さすが【流石】 ❶評判どおり。❷そうはいうものの。

さずかりもの【授かり物】 神・仏などからあたえられたもの。特に、子供。

さずける【授ける】 ❶授与する。❷教え伝える。①confer

さすらう【流離う】 あてもなくさまよい歩く。放浪する。流浪(るろう)する。▽諸国を―。wander

さする【摩る】 〈擦る〉手で軽くなでる。rub

ざする【座する】 〈坐する〉❶すわる。❷ある事件などに関係する。連座する。

させい【嗄声】 しわがれ声。かれ声。

ざせき【座席】 すわる場所。席。seat

させつ【左折】 左へ曲がること。

ざせつ【挫折】 途中でくじけてだめになること。▽事業が―する。―感。類頓挫(とんざ)。collapse

させん【左遷】 低い地位・役目に落とすこと。対栄転。relegation

ざぜん【座禅】 〈坐禅〉禅宗などで、静座して精神を集中し、さとりを得る修行。

さぞ【嘸】 きっと。さだめし。▽―お喜びのことでしょう。surely

さそいみず【誘い水】 ❶呼び水。❷物事がおこるきっかけ。

さそう【誘う】 ❶あることをするようにすすめる。❷ある気持ちにさせる。▽涙を―。①induce, invite

ざぞう【座像】 〈坐像〉すわっている姿の像。対立像。sedentary statue

さそり【蠍】 毒虫の一。熱帯にすむ。scorpion

さそん【差損】 売買の収支で生じた損失。対差益。

さた【沙汰】 ❶便り。消息。❷うわさ。❸行い。▽警察―。❹決めて指図すること。命令。①news ▼―の限りもってのほか。

さだか【定か】 確かなようす。▽―ではない。sure

さだめ【定め】 ❶規則。❷運命。❸定まっていてかわらないこと。①rule

さだめし【定めし】 きっと。さぞ。probably

さだめる【定める】 ❶決める。▽ねらいを―。居を―。❷おさめる。▽天下を―。類❶決定する。①decide

さたやみ【沙汰止み】 計画が立ち消えになること。お流れ。

サタン【Satan】 悪魔。魔王。

さたん【左袒】 味方すること。賛成すること。support

さたん【嗟嘆】 〈嗟歎〉❶なげくこと。❷感心してほめること。感嘆。

ざだん【座談】 数人が自由に話し合うこと。▽―会。table talk

さち【幸】❶しあわせ。❷自然界でとれる食べ物。▽海の—。①happiness

ざちゅう【座中】❶列席者の中。▽—爆笑の渦。❷芸人一座のなかま。

ざちょう【座長】❶会議などで進行役。❷一座の長。①chairperson

さつ〔冊〕常5 サツ・サク ❶ふだ。▽短—(たんざく)。❷書物。▽—子。—数。

さつ〔札〕常5 サツ・ふだ ❶木のふだ。▽表—。❷きっぷ。▽検—。❸紙幣。▽—束(さつたば)。

さつ〔刷〕常8 サツ・する ❶する。▽印—。❷きれいにする。▽—新。

さつ〔刹〕常8 サツ・セツ ❶寺。塔。▽古—(こさつ)。❷「刹那(せつな)」は、ごく短い時間。(刹)

さつ〔拶〕常9 サツ 近づく。すりよる。▽挨—(あいさつ)。

さつ〔殺〕常13 サツ・サイ・セツ・ころす ❶ころす。❷なくす。▽相—(そうさい)。抹—。❸ものすごい。▽—到。(殺)

さつ〔察〕常14 サツ ❶よく見る。▽観—。❷おしはかる。▽—知。

さつ〔颯〕人14 サツ・ソウ ❶風がふくようす。▽—颯(さっさつ)。❷きびきび動く。▽—爽(さっそう)。

さつ〔撮〕常15 サツ・とる ❶つまむ。❷写真にとる。▽—影。

さつ〔擦〕常17 サツ・する・すれる する。こする。▽摩—(まさつ)。—過傷(さっかしょう)。

さつ〔薩〕人17 サツ 梵語の音訳。▽菩—(ぼさつ)。

さつ【札】紙幣。▽千円—。bill

さっ〔早〕⇩そう

ざつ〔雑〕常14〔雜〕人18 ザツ・ゾウ ❶まじる。▽—居。❷入り乱れる。▽混—。❸とるにたりない。▽—用。—巾(ぞうきん)。

ざつ【雑】❶はっきりと分類しにくいこと。雑(ぞう)。❷ぞんざいで、大まかなようす。▽—な仕事。②sloppy

さつい【殺意】人を殺そうとする意思。murderous intent

さつえい【撮影】写真・映画などをとること。注撮×映。photography, shooting

ざつえい【雑詠】題を決めず、自由によんだ和歌・俳句。

ざつえき【雑役】雑多な労働。odd jobs

ざつおん【雑音】❶騒がしい音。❷ラジオや電話に入るじゃまな音。❸無責任な批判や意見。①②noise

さっか【作家】芸術作品の作者。特に、小説家。類作者。novelist

さっか【作歌】和歌をつくること。また、その和歌。

ざっか【雑貨】こまごまとした日用品。▽—店。sundries

さつがい【殺害】殺すこと。murder

さっかく【錯覚】❶見たり聞いたりしたとき、実際とちがって感じること。❷思いちがい。①illusion

ざつがく【雑学】雑多な知識・学問。

さっかしょう【擦過傷】かすり傷。scratch

ざっかん【雑感】まとまりのない感想。

さつき〔皐〕人11 コウ・さつき 陰暦五月。▽—月(こうげつ・さつき)。

さつき【五月】〈皐月〉陰暦五月。May ▼—の鯉(こい)の吹(ふ)き流し さっぱりとして、心にわだかまりをもたない性質のたとえ。

さっき【殺気】殺し合いでも起きそうな緊迫したけはい。

ざっき【雑記】雑多なことを書き記すこと。また、書き記したもの。▽—帳。

さつきばれ【五月晴れ】❶梅雨の晴れ間。❷五月の晴れた空。

さっきゅう【早急】非常にいそぐこと。そうきゅう。▽—に処理したい。類至急。immediately 早急

ざっきょ【雑居】一つの家や建物にいくつもの家族・店・会社が入っていること。 雑居

さっきょう【作況】作柄（さくがら）。 作況

さっきょく【作曲】楽曲を作ること。composition 作曲

さっきん【殺菌】有害な細菌を殺すこと。類滅菌。sterilization 殺菌

ざっきん【雑菌】いろいろな細菌。 雑菌

さっく【作句】俳句をつくること。また、その俳句。 作句

ザック【Sack ドイ】リュックサック。

ざっけん【雑件】雑多な用件。 雑件

ざっこく【雑穀】米・麦以外の穀物。あわ・きび・豆など。 雑穀

さっこん【昨今】近ごろ。▽—の出版事情。recently 昨今

サッシ【sash】サッシュ❷。

さっし【冊子】とじ本。書物。book 冊子

ざっし【雑誌】いろいろな事柄を集めて編集した定期刊行物。magazine 雑誌

ざつじ【雑事】雑多な用事。雑用。chores 雑事

サッシュ【sash】❶服やぼうしの飾り帯。❷金属製の窓枠（まどわく）。サッシ。

ざっしゅ【雑種】種類のちがう雌雄の間に生まれた動植物。hybrid 雑種

さっしょう【殺傷】殺したり傷つけたりすること。 殺傷

さっしん【刷新】悪い点をとりのぞきすっかり新しくすること。reform 刷新

さつじん【殺人】人を殺すこと。murder 殺人

さっすい【撒水】散水。 撒水

さっする【察する】❶おしはかる。❷同情する。①guess ▼—に余りある 同情しても同情しきれない。 察する

ざつぜん【雑然】入りまじって乱雑なようす。disorderly 雑然

さっそう【颯爽】きびきびして、すがすがしいようす。brisk 颯爽

ざっそう【雑草】自生する雑多な草。生命力の強いものにもたとえる。weed 雑草

さっそく【早速】❶すぐ行うこと・ようす。▽—の返信。❷すぐに。at once 早速

ざった【雑多】いろいろな種類のものが入りまじっているようす。miscellaneous 雑多

さつたば【札束】紙幣のたば。 札束

ざつだん【雑談】とりとめのない話（をすること）。類雑話。chat 雑談

さっち【察知】おしはかって知ること。▽危険を—する。perception 察知

さっちゅうざい【殺虫剤】害虫を殺す薬。insecticide 殺虫剤

さっと【颯と】❶風が急にふいたり、雨が急にふったりするようす。▽風が—吹き過ぎる。❷すばやいようす。②quickly 颯と

さっとう【殺到】多くの人やものが一度に押し寄せること。注殺×倒。rush 殺到

ざっとう【雑踏】〈雑沓〉人でこみあうこと。人ごみ。crowd 雑踏

ざつねん【雑念】気を散らす、余計な考え。worldly thoughts 雑念

ざつのう【雑嚢】肩から下げる布製のかばん。duffel bag 雑嚢

ざっぱく【雑駁】知識・思想が雑然として不統一なこと。 雑駁

さつばつ【殺伐】すさんで荒々しいようす。▽—とした世の中。turbulent 殺伐

ざっぴ【雑費】いろいろな細かい費用。miscellaneous expenses 雑費

さつびら【札片】紙幣。bill ▼—を切る 見せつけるように大金を使う。 札片

さっぷ【撒布】散布（さんぷ）。 撒布

さっぷうけい【殺風景】うるおいや趣がなく、つまらないようす。bare 殺風景

ざつぶん【雑文】気楽に書いた、軽い内容の文章。literary miscellany 雑文

ざっぽう【雑報】主要でない、こまごました出来事の報道。 雑報

ざつぼく【雑木】⇩ぞうき。 雑木

さつまいも【薩摩芋】芋の一。甘藷（かんしょ）。sweet potato 薩摩芋

さつまのかみ【薩摩の守】ただのり。無賃乗車。 薩摩守

さ

ざつむ【雑務】 いろいろな細かい仕事。

ざつよう【雑用】 こまごました用事。chores

さつりく【殺戮】 多くの人をむごたらしく殺すこと。slaughter

ざつろく【雑録】 雑多なことを統一なく記録したもの。miscellanies

さて【扨】〈扠・偖〉❶ところで。❷さあ。▽―、どうしたものか。

さてい【査定】 調査して、金額・等級などを決定すること。assessment

サディスト【sadist】 サディズム(加虐趣味)の性癖をもつ人。サド。図マゾヒスト。

さておく【扨置く】〈扨措く〉ひとまず、そのままにしておく。

さてつ【砂鉄】 砂にまじっている磁鉄鉱の細かいつぶ。iron sand

さてつ【蹉跌】 つまずくこと。行き詰まること。類挫折(ざせつ)。stumble

サテライトスタジオ【satellite studio】 ラジオ・テレビの中継放送用の小スタジオ。

さと【里】 ❶村落。❷田舎(いなか)。❸生まれ育った家。実家。①village

さとい【聡い】〈敏い〉❶物事を理解するのが早い。賢い。❷敏感である。▽利に―。②sharp

さといも【里芋】 作物の一。地下茎は芋として食用。taro

さとう【左党】 ❶革新的な政党。左翼。❷酒飲みの人。左きき。②drinker

さとう【砂糖】 あまい調味料。sugar

さどう【作動】 機械などが動くこと。working

さどう【茶道】 作法にしたがって茶をたて、客をもてなすこと。また、その礼法。茶の湯。ちゃどう。

ざとう【座頭】 昔、音曲やあんま・はりを職業とした盲人。

さとうきび【砂糖黍】 茎の汁から砂糖をとる農作物。甘蔗(かんしょ)。sugar cane

さとおや【里親】 他人の子を育てる親代わりの人。図里子。

さとがえり【里帰り】 ❶新婦が初めて実家に帰ること。❷嫁や奉公人などが、一時実家に帰ること。

さとかた【里方】 嫁・養子などの実家や親類。

さとご【里子】 子どもをよその家にあずけて育ててもらうこと。また、その子ども。▽―に出す。図里親。

さとごころ【里心】 自分の家庭やふるさとが恋しく、帰りたい気持ち。▽―が付く。homesickness

さとす【諭す】 よく言いきかせる。persuade

さとやま【里山】 人里に近く、雑木林・わき水・湿地などがある自然環境。

さとり【悟り】 ❶理解。❷仏教で、真理の会得(えとく)。▽―を開く。

さとる【悟る】〈覚る〉❶はっきりと知る。❷感づく。❸仏教で、真理を会得(えとく)する。②notice

さなえ【早苗】 苗代(なわしろ)から田へ移し植えるころの、稲のなえ。

さなか【最中】 もっとも盛んなとき。さいちゅう。▽暑い―。

さながら【宛ら】 まるで。ちょうど。あたかも。▽―夏のような暑さ。

さなぎ【蛹】 ちょうなど、完全変態をする昆虫の成虫になる前のもの。外見上は、多く静止している。pupa

さね【実】〈核〉❶果実の種。❷陰核。①stone

さのう【左脳】 大脳の左半分。言語や物理的思考にかかわる。図右脳。

さは【左派】 急進的な考えをもつ人たちの一派。類左翼。left-wing party

さば〔鯖〕 19 **セイ・さば** 海魚の、さば。▽締め―。

さば【鯖】 海にすむ魚の一。食用。▼―を読む 数をごまかす。

さはい【差配】 ❶とりしきること。❷所有者に代わって、家などを管理すること・人。②house agent

サバイバル【survival】 きびしい条件のなかで生き残ること。生き残り術。

さばき【裁き】 裁くこと。裁判。judgment

さばきのにわ【裁きの庭】 法廷。

さばく〔捌〕 10 **ハチ・ハツ・さばく** ❶整理する。❷商品を売る。

さばく【佐幕】 江戸時代の末、徳川幕府を支持したこと。また、その一派。図尊皇。

さばく【砂漠】〈沙漠〉雨量が少なく砂や岩ばかりの広い土地。

さばく【捌く】 ❶ときほぐす。❷手ぎわよくあつかう。処理する。❸売って始末する。▽仕事を―。③sell

さばく【裁く】 争いごとなどの、よい・悪いなどを決める。judge

さばける【捌ける】❶売れてなくなる。▽在庫が—。❷物わかりがよい。▽—けた人。　捌ける

さはんじ【茶飯事】ふだんの生活でのごくありふれたこと。▽日常—。everyday affairs　茶飯事

さび〖錆〗人16　セイ・ショウ・さび　金属の表面の酸化物。▽赤—(あかさび)。　錆・錆

さび【寂】❶古びて、味わい深いおもむき。❷低くて太い声の渋(しぶ)み。　寂

さび【錆】〈銹〉❶金属の酸化物。❷悪い結果。▽身から出た—。①rust　錆

さびいろ【錆色】〈銹色〉鉄さびのような赤茶色。　錆色

さびごえ【錆声】〈寂声〉かれた渋(しぶ)みのある声。　錆声

さびしい【寂しい】〈淋しい〉❶静かで心細い。❷もの悲しい。❸ものたりない。▽口が—。①lonesome ②sad　寂しい

ざひょう【座標】❶平面や空間にある点の位置を示す数値。❷位置づけ。よりどころ。①coordinate　座標

さびる【寂びる】古びて、落ちついたおもむきが出る。▽芸が—。　寂びる

さびる【錆びる】金属にさびができる。rust　錆びる

さびれる【寂れる】衰えてさびしくなる。▽—れた町。become desolate　寂れる

サファリ パーク【safari park】野生動物を放し飼いにした自然公園。

サブウエー【subway】地下鉄。

サブカルチャー【subculture】伝統的な文化に対し、独自性を主張する文化。

サブスクリプション【subscription】定められた期間の利用に対して、代金を支払う方式。サブスク。

ざぶとん【座布団】〈座蒲団〉すわるときに敷く小さなふとん。cushion　座布団

サプライズ【surprise】驚き。意外な物事。人を驚かせ、喜ばせること。

サプリメント【supplement】普段の食事では不足しがちな栄養素を補う食品。栄養補助食品。栄養補助剤。

さべつ【差別】❶扱いに差をつけること。❷特定な人に不利益な扱いをすること。▽人種—。②discrimination　差別

さほう【作法】❶立ち居振る舞いの正しいしかた。▽礼儀—。❷しかた。やりかた。類❶礼法。①manners　作法

さぼう【砂防】土砂の崩れや流出を防ぐこと。sand guard　砂防

さぼう【茶房】喫茶店。coffee house　茶房

サポーター【supporter】❶保護用に使うゴム入りの包帯。❷支持者。特にサッカーのファン。

サポート【support】支援すること。

サボテン【仙人掌】とげのある多年草。乾燥地に生育。観賞用。覇王樹(はおうじゅ)。cactus　仙人掌

さほど【然程】それほど。たいして。　然程

さま【様】❶ありさま。ようす。❷人名などにつける尊敬語。❸ていねいに言う気持ちを表す語。▼—にならない かっこうがつかない。　様

ざま【様】❶見苦しいようす。❷…と同時に。▽倒れ—に。❸…するようす。▽死に—。　様

サマー スクール【summer school】夏期講習会。

サマー タイム【summer time】夏の一定期間、標準時間を一～二時間くり上げる制度。夏時間。

さまがわり【様変わり】ようすがすっかり変わること。　様変わ

さまざま【様様】いろいろであるようす。▽—な形。various　様様

さます【冷ます】熱、あるいは熱意をなくす。　冷ます

さます【覚ます】睡眠や迷いなどの状態から元に戻す。　覚ます

さまたげる【妨げる】じゃまをする。disturb　妨げる

さまつ【瑣末】〈些末〉細かくて重要でないこと。▽—事。類些細(ささい)。trifling　瑣末

さまよう【さ迷う】〈彷徨う〉❶あてもなく歩き回る。さすらう。❷行ったり来たりする。①wander　さ迷う

サマリー【summary】要約。概略。

さみしい【寂しい】〈淋しい〉さびしい。　寂しい

さみだれ【五月雨】陰暦五月ごろの長雨。梅雨。さつきあめ。　五月雨

サミット【summit】❶頂上。❷トップ会談。特に主要先進国首脳会議。

さむい【寒い】❶気温が低い。お寒い。▽懐が—。❷心細い。❸ぞっとする。対❶暑い。①cold　寒い

さむけ【寒気】体に感じる不快な寒さ。chill　寒気

さむざむ【寒寒】❶いかにも寒そうなようす。❷趣がなくてさびしいようす。 寒寒

さむぞら【寒空】寒そうな冬の空。寒天。wintry sky 寒空

サムシング【something】なにか。

さむらい【侍】❶武士。❷気骨のある人物。 侍

さめ〖鮫〗17 コウ・さめ 海魚の、さめ。▽—肌。—小紋(こもん)。 鮫・鮫

さめ【鮫】軟骨魚の一。ふか。shark 鮫

さめはだ【鮫肌】さめの皮のようにざらざらした肌。 鮫肌

さめる【冷める】❶ひえる。❷高まっていた感情が、うすらぐ。①get cold 冷める

さめる【覚める】❶眠りが終わる。❷〈醒める〉冷静になる。❸〈醒める〉迷いを脱する。①wake 覚める

さめる【褪める】色があせる。fade 褪める

さめる【醒める】酒の酔いがなくなる。sober up 醒める

使い分け「さます・さめる」

覚ます・覚める…睡眠や迷いなどの状態から元に戻る。▽太平の眠りを覚ます。迷いを覚ます。目が覚める。寝覚めが悪い。

冷ます・冷める…温度を下げる。高ぶった感情を冷やす。▽湯が冷める。料理が冷める。熱を冷ます。興奮が冷める。

さも【然も】❶いかにも。❷そのようにも。▼—有りなん そうであろう。 然も

さもしい 心がいやしい。mean

ざもと【座元】❶興行などの主催者。❷興行場の持ち主。②proprietor 座元

さもん【査問】問いただして調べること。inquiry 査問

さや〖鞘〗人16 ショウ・さや 刀のさや(に似ているもの)。▽—当て。腱—(けんしょう)。 鞘・鞘

筆順	艹	艹	苷	革	革	鞘	鞘	鞘

さや【莢】豆を包んでいる、から。pod 莢

さや【鞘】❶刀身などを納める細長いおおい。❷価格や利率の差額。対❶身(み)。①sheath 鞘

さやあて【鞘当て】張りあい争うこと。▽恋の—。 鞘当て

さやか【清か】澄んではっきりしているようす。clear 清か

ざやく【座薬】〈坐薬〉肛門(こうもん)などにさしこんで使う薬。suppository 座薬

さゆ【白湯】ただの湯。hot water 白湯

さゆう【左右】❶右と左。❷両側。そば。❸支配すること。影響をあたえること。▽運命を—する事件。 左右

ざゆう【座右】身辺。▼—の銘(めい) いつも心にとめて戒めとすることば。 座右

さゆり【小百合】「ゆり」の美称。lily 小百合

さよ【小夜】夜。night 小夜

さよう【左様】〈然様〉❶そのよう。そう。❷そうだ。 左様

さよう【作用】❶他のものに影響を与えること。また、その働き。❷生物の自然のいとなみ。▽呼吸—。①②action 作用

さよきょく【小夜曲】セレナーデ。 小夜曲

さよく【左翼】❶左のつばさ。❷左の位置。❸急進的・過激な思想(の人々)。❹野球で、本塁から向かって左の外野。①〜③left wing ④left fielder 左翼

ざよく【座浴】〈坐浴〉腰から下だけ湯につかること。腰湯。hip bath 座浴

さより【細魚】海にすむ魚の一。体は細長い。食用。halfbeak 細魚

さら〖皿〗常5 さら 平たく底の浅い食器。▽受け—。小—。 皿・皿

筆順	丨	冂	冂	皿	皿

さら【皿】❶浅くて平たい食器。❷❶にもって出す料理。❸❶に似た形のもの。▽ひざの—。①plate 皿

さらいげつ【再来月】来月の次の月。 再来月

さらいしゅう【再来週】来週の次の週。 再来週

さらいねん【再来年】来年の次の年。 再来年

さらう【浚う】〈渫う〉川などの底にある土・ごみなどを取り去る。dredge 浚う

さらう【復習う】復習する。 復習う

さらう【攫う】❶急にうばいさる。❷全部持ち去る。②carry off 攫う

ざらがみ【ざら紙】質の悪い西洋紙。わら半紙。 ざら紙

さらけだす【曝け出す】すっかり出す。reveal 曝け出す

さらさ【更紗】花鳥・人物などの模様をプリントした布。saraça(ポル 更紗

トガル語）から。

さらさら【更更】 少しも。まったく。▽自信など—ない。

さらし【晒し】 ❶日にさらすこと。❷さらして白くした綿布。①exposing

さらしくび【晒し首】 江戸時代、罪人の首を町中にさらした刑罰。また、その首。

さらしこ【晒し粉】 漂白・消毒に使う白い粉。クロール石炭。

さらす〔晒〕 人10 サイ・さらす ❶日光や風雨にあてる。▽雨—し。❷白くする。

筆順 丨 ⺆ 日 日一 旷 旷 晒 晒

さらす【晒す】 〈曝す〉❶日光・風雨などにあてておく。❷薬品などで白くする。❸人々に見えるようにする。▽恥を—。❹危険な状態の中におく。▽危険に身を—。①expose

さらそうじゅ【沙羅双樹】 釈迦（しゃか）入滅時、四方に二本ずつあった沙羅の木。

さらち【新地】 〈更地〉建物などがたっていない宅地。

さらなる【更なる】 今以上の。▽—飛躍を期待します。

さらに【更に】 ❶その上に。重ねて。❷ますます。❸少しも。

さらば【然らば】 ❶そうならば。❷さようなら。

さらばかり【皿秤】 品物をのせる皿のついた、はかり。

サラブレッド【Thoroughbred】 ❶馬の品種の一。競馬・乗馬用の馬。❷家柄・育ちのよい人。

ざらめ【粗目】 結晶のあらい砂糖。ざらめ糖。granulated sugar

ざりがに【蝲蛄】 ❶淡水にすむえびの一。大きなはさみをもつ。①crayfish えびがに。❷アメリカざりがに。

さりげない【然り気無い】 何事もないようすである。▽—く手伝う。casual

さる【去る】 ❶ある場所から離れて行く。❷へだたる。❸時が過ぎる。▽戦乱の時代が—。❹消えてなくなる。▽苦しみが—。❺捨てる。❻完全に…する。▽忘れ—。①leave ③pass ▼**—者は追わず** 離れていこうとする者は、引き止めない。▼**—者は日日に疎（うと）し** ❶親しかった人も、離れてしまうと親しみが薄れる。❷死んだ人は、日がたつにつれて忘れられる。

さる【申】 十二支の九番め。動物で、猿。昔の時刻で、午後四時ごろ。方角で西南西。

さる【猿】 ❶人に似た霊長類。❷雨戸の桟（さん）にとりつける、戸締まり具。❸自在かぎのとめ具。①monkey ▼**—も木から落ちる** どんな名人でも、時には失敗することがある。類弘法（こうぼう）も筆の誤り。

ざる【笊】 ❶竹であんだかご。❷手ぬかりの多いこと。▽—法。

さるぐつわ【猿轡】 声を出させないように、口にかませるもの。▽—をはめる。gag

ざるご【笊碁】 へたな碁。

さるしばい【猿芝居】 ❶猿に芸をさせる見せ物。❷へたな芝居。❸見えすいた企み。

さるすべり【百日紅】 〈猿滑〉落葉高木の一。幹は滑らか。ひゃくじつこう。crape myrtle

さるぢえ【猿知恵】 あさはかな知恵。

サルベージ【salvage】 ❶沈没船などのひきあげ作業。❷海難救助。

ざるほう【笊法】 抜け穴だらけの法律。

さるまた【猿股】 男性用の下着で、長めのパンツ。

さるまね【猿真似】 他人のうわべばかりまねること。

さるまわし【猿回し】 猿に芸をさせて見せる職業（の人）。

さるもの【然る者】 ぬけめのないしたたか者。▽敵も—。

されき【砂礫】 砂や小石。gravel

されこうべ【髑髏】 どくろ。skull

ざれごと【戯れ言】 冗談。joke

されど【然れど】 そうではあるが。しかし。

サロン【salon フランス】 ❶社交的な集会。❷洋風の客間。応接間。

さわ【沢】 ❶草の生えている低湿地帯。❷山間の小さい谷川。①swamp

さわ【茶話】 茶などを飲みながら気軽にする話。

サワー【sour】 ❶すっぱいもの。❷ウイスキーや焼酎（しょうちゅう）などに、レモンやライムを加えた飲み物。

さわがしい【騒がしい】 ❶うるさい。❷世の中が平静でない。▽世情が—。①noisy

さわぐ【騒ぐ】 ❶やかましくする。❷心が平静でなくなる。❸言いたてる。❹うろたえる。▽そのとき少し

もーがず。①make noise

さわす【醂す】 ❶柿(かき)の渋をぬく。あわす。❷水でさらす。　醂す

さわやか【爽やか】 ❶すがすがしいようす。▽—な朝。❷あざやか。▽弁舌—。①refreshing　爽やか

さわら【椹】 常緑高木の一。ひのきに似ている。建築・器具用。　椹

さわら【鰆】 近海にすむ魚の一。食用。　鰆

さわらび【早蕨】 新芽のわらび。　早蕨

さわり【触り】 ❶さわった感じ。❷浄瑠璃などの聞かせどころ。❸かんじんな部分。①touch　触り

さわり【障り】 ❶さしつかえ。▽—があって言いにくい。❷病気。①obstacle　障り

さわる【触る】 軽くふれる。touch▼**—らぬ神に崇(たた)り無し** 関係を持たなければ災いを受けることはない。　触る

さわる【障る】 さしつかえる。害になる。▽気に—。癪(しゃく)に—。　障る

> **使い分け「さわる」**
> 触る…そっとふれる。▽肩に—。寄ると—と。肌触り。
> 障る…さしつかえる。害する。▽体に—。健康に—。気に—。差し障り。

さん〔三〕 常3 **サン・み・みつ・みっつ** 数の三。三番目。▽—角。—人称。　三・三

筆順　一　二　三

さん〔山〕 常3 **サン・やま** ❶やま。❷寺。▽開—。❸頂点。▽—場。　山・山

筆順　丨　山　山

さん〔参〕 常8 **サン・まいる** ❶三つ。❷おまいりする。▽—拝。❸加わる。▽—画。❹くらべる。▽—考。❺まける。▽降—。(參)　参・参

筆順　厶　厶　厽　矣　矣　参　参　参

さん〔珊〕 人9 **サン**「珊瑚(さんご)」で、さんご虫の群体の骨格。　珊・珊

筆順　一　丅　王　玎　玑　珊　珊

さん〔桟〕 常10 **サン** ❶かけわたしたもの。▽—道。—橋。❷戸や障子の骨。(棧)　桟・桟

筆順　十　木　杧　杧　桟　桟　桟

さん〔蚕〕 常10 **サン・かいこ** カイコガの幼虫。桑の葉を食べ、まゆをつくる。▽—糸。養—。(蠶)　蚕・蚕

筆順　一　二　チ　天　吞　吞　蚕　蚕

さん〔惨〕 常11 **サン・ザン・みじめ** 見るにたえない。いたましい。▽—状。悲—。(慘)　惨・惨

筆順　丷　忄　忄　忄　怜　惨　惨

さん〔産〕 常11 **サン・うむ・うまれる・うぶ** ❶うむ。▽出—。❷つくりだす。▽生—。❸財。▽資—。(產)　産・産

筆順　亠　立　立　产　产　产　産

さん〔傘〕 常12 **サン・かさ** かさ(状のもの)。▽—下。落下—。　傘・傘

筆順　ノ　入　仐　仐　仐　傘　傘

さん〔散〕 常12 **サン・ちる・ちらす・ちらかす・ちらかる** ❶ちる。ちらす。❷ひま。▽—策。❸使う。▽—財。❹粉薬。▽胃—。　散・散

筆順　艹　卄　昔　背　背　散　散

さん〔算〕 常14 **サン** ❶数える。❷見込み。みつもり。▽—段。成—。❸占いの算木。　算・算

筆順　⺮　⺮　竹　笞　笞　筸　算

さん〔酸〕 常14 **サン・すい** ❶すっぱい。❷酸性物質。❸つらい。▽—鼻。辛—。　酸・酸

筆順　丆　西　酉　酉　酢　酸　酸

さん〔撒〕 人15 **サン・サツ・まく** まく。まきちらす。▽—水。—布。　撒・撒

筆順　扌　扌　扌　措　撒　撒　撒

さん〔賛〕 常15 **サン** ❶(力をそえて)助ける。▽—助。協—。❷同意する。▽—成。❸「讃」に同じ。(贊)　賛・賛

筆順　二　夫　夫　夫　夫夫　替　賛

さん〔餐〕 16 **サン** 飲食する。食事。▽正—。晩—会。　餐・餐

さん〔燦〕 人17 **サン** あざやか。光りかがやくようす。▽—然。—爛。　燦・燦

筆順　火　火　火　火　炒　燦　燦

さん〔纂〕 人20 **サン** 集めてまとめる。▽編—。論—。　纂・纂

筆順　⺮　笞　笪　算　篹　篹　纂

さん〔讃〕 人22 **サン・ほめる** ほめたたえる(ことば)。▽—嘆。画—。(讚)　讃・讃

筆順　言　言　訁　訁　讃　讃　讃

さん〔杉〕 ⇩すぎ　**さん〔蒜〕** ⇩ひる

さん【桟】 ❶板のそりを防ぐために取り付ける、細い木。❷戸・障子の骨。❸かけ橋。桟道(さんどう)。　桟

さん【産】 ❶子をうむこと。❷生まれ。産出。❸財産。▽—を成す。❹…でとれたこと・もの。▽北海道—。　産

さん【算】❶算木。❷計算すること。❸はかること。❹計算。勘定。▼ーを乱す ちりぢりになる。

さん【酸】❶すっぱい味(の液体)。❷酸性の化合物。対アルカリ。

さん【賛】〈讃〉❶人・物をほめたたえる詩文。❷画賛。

ざん【残】常10 ザン・のこる・のこす ❶のこる。のこす。▽ー存。❷むごい。▽ー忍。(殘)

筆順 一 ア 歹 歹 歹 残 残 残

ざん【斬】常11 ザン・きる ❶切る。▽ー罪。❷ぬきんでる。▽ー新。

筆順 一 百 亘 車 車 斬 斬 斬

ざん【暫】常15 ザン ❶わずかの時間。▽ー時。❷まにあわせに。▽ー定。

筆順 亘 車 車 斬 斬 斬 暫 暫

ざん【惨】⇩さん

ざん【残】残り。収支計算の余り。

さんい【賛意】賛成の意向。approval

さんいつ【散逸】〈散佚〉書物・書類などがちらばってなくなること。

さんいん【山陰】❶山のかげ・北側。❷山陰地方。

さんいん【産院】産科の医院。maternity hospital

さんか【参加】なかまに加わること。対脱退。participation

さんか【参稼】自分の技能をいかして働くこと。▽ー報酬。

さんか【惨禍】戦争・天災などによる、いたましい災難。

さんか【産科】妊娠・出産を対象とする医学の一分野。obstetrics

さんか【傘下】ある勢力の支配下。▽大企業のーに入る。

さんか【酸化】物質が酸素と化合すること。対還元。oxidation

さんか【賛歌】〈讃歌〉ほめたたえる歌。

さんが【山河】山と川。自然。さんか。

さんが【参賀】皇居に行ってお祝いの気持ちを表すこと。

さんかい【山海】山と海。▽ーの珍味。

さんかい【山塊】山脈からはなれてある一群の山。mountain mass

さんかい【参会】会合に参加すること。attendance

さんかい【散会】会が終わって人々が立ち去ること。breaking up

さんかい【散開】人が散らばること。

さんがい【三界】仏教で、欲界・色界・無色界。また、過去・現在・未来の三世(さんぜ)。▼ーに家無し 安住する所がない。

さんがい【惨害】いたましい被害・損害。▽台風がもたらしたー。類惨禍(さんか)。disaster

ざんがい【残骸】❶壊れて残っている物。▽墜落した旅客機のー。❷うち捨てられた死体。①wreck

さんかいき【三回忌】死後満二年たった忌日。三周忌。

さんかく【参画】計画に加わること。

さんがく【山岳】(高くて険しい)山。▽ー地帯。mountains

さんがく【産額】生産物・産出物の数量。また、その金額。output

ざんがく【残額】残りの金額。残金。

さんかくきん【三角巾】三角形に折った包帯用の布。

さんかくけい【三角形】三つの角をもつ図形。さんかっけい。

さんかくす【三角州】〈三角洲〉河口の三角形の砂地。delta

さんがにち【三が日】〈三箇日〉正月一日から三日までの三日間。

さんかん【山間】山あい。▽ー部。

さんかん【参観】その場に行って実際に見ること。observation

さんかんおう【三冠王】野球で、一シーズンに打率・打点・本塁打の三タイトルを取った選手。triple crown

さんかんしおん【三寒四温】三日間寒い日が続いたあと、四日間暖かい日が続く、冬から春先の気候。

さんぎ【算木】占いや和算で使う木。

ざんき【慚愧】〈慙愧〉自分の行いをはずかしく思うこと。▽ーにたえない。shame

さんぎいん【参議院】衆議院とともに国会を構成する一院。参院。

算木

ざんぎく【残菊】 晩秋から初冬のころまで咲き残っている菊の花。 残菊

さんきゃく【三脚】 ❶三本足。❷伸縮自在の三本足の台。三脚架。❸木を三叉(さんさ)に組んだ、折り畳み式のいす。tripod 三脚

ざんぎゃく【残虐】 むごたらしいこと。類残酷。cruel 残虐

さんきゅう【産休】「出産休暇」の略。maternity leave 産休

さんきょう【山峡】 山と山の谷間。やまかい。類峡谷。ravine 山峡

さんぎょう【三業】 料理屋・待合(まちあい)・芸者屋の三種の営業。 三業

さんぎょう【産業】 生活に必要なものをつくり出す仕事。industry 産業

ざんきょう【残響】 あとまで残るひびき。reverberation 残響

ざんぎょう【残業】 勤務時間のあとも仕事をすること。また、その仕事。overtime work 残業

さんきょく【三曲】 琴・尺八(または、胡弓(こきゅう))・三味線の合奏。 三曲

ざんきん【残金】 残りの金。balance 残金

さんきんこうたい【参勤交代】 江戸時代、幕府が諸大名を定期的に江戸と領地に居住させた制度。 参勤

さんぐう【参宮】 神社、特に伊勢(いせ)神宮に参拝すること。 参宮

サンクチュアリ【sanctuary】 安全な隠れ場所となる所。聖域。保護区域。

さんげ【散華】 ❶(紙の)花を仏前にまいて供養すること。❷戦死すること。 散華

ざんげ【懺悔】 神仏などに対して自分のあやまちを告白すること。仏教では「さんげ」と読む。類告解。confession 懺悔

さんけい【山系】 一つの系列をなしている山脈。mountain range 山系

さんけい【参詣】 寺社にお参りすること。類参拝。 参詣

さんげき【惨劇】 むごたらしい出来事。 惨劇

ざんげつ【残月】 明け方の空に残っている月。ありあけの月。残(のこ)んの月。 残月

さんけづく【産気付く】 子供が生まれそうになる。 産気付

さんけん【三権】 司法権・立法権・行政権の三種の国家統治権の総称。 三権

さんけん【散見】 あちこちに見えること。 散見

さんげん【三弦】〈三絃〉❶雅楽で、琵琶(びわ)・和琴(わごん)・箏(そう)の総称。❷三味線。 三弦

ざんげん【讒言】 他人をおとしいれる作り事を人に告げること。讒(ざん)。中傷。告げ口。slander 讒言

さんげんしょく【三原色】 あらゆる色のもととなる三色。絵の具では、赤・黄・青、光では赤・青・緑。 三原色

さんこ【三顧】 ⇩三顧の礼。 三顧

さんご【珊瑚】 さんご虫のつくる石灰質の骨組み。装飾品の材料にもなる。coral 珊瑚

さんご【産後】 お産のあと。▽産前―。 産後

さんこう【山行】 山に行くこと。 山行

さんこう【参考】 自分の考えの助けにすること。reference 参考

さんこう【鑽孔】 工作物やテープなどに穴をあけること。perforation 鑽孔

さんごう【山号】 寺の名の上につける称号。「高野山(金剛峯寺)」など。 山号

ざんごう【塹壕】 敵の攻撃を防ぐためにほったみぞ。trench 塹壕

さんごく【三国】 ❶三つの国。▽―同盟。❷昔、日本と中国とインドの三つの国。⇩三国一。 三国

ざんこく【残酷】 むごたらしいこと。類残虐。cruel 残酷

さんごくいち【三国一】 世界一。 三国一

さんごしょう【珊瑚礁】 さんごが積もってできた岩礁。coral reef 珊瑚礁

さんこつ【散骨】 遺骨をくだいて海や山などにまくこと。 散骨

さんこのれい【三顧の礼】 目上の人が礼を尽くして頼むこと。▽―を尽くす。 三顧礼

さんさ【三叉】 みつまた。▽―路。 三叉

さんさい【三彩】 三色のうわぐすりをかけて焼きつけた陶磁器。▽唐―。 三彩

さんさい【山菜】 山で自生する食用植物。 山菜

さんざい【散在】 ちらばってあること。▽ふもとに—する農家。類点在。対密集。lying scattered

さんざい【散剤】 散薬。

さんざい【散財】 金を多く使うこと。

ざんさい【残滓】 ⇩ざんし。

さんさく【散策】 散歩。walking

さんざし【山査子】〈山樝子〉バラ科の落葉低木。春、白い小さな花をつける。果実は薬用。

ざんさつ【惨殺】 むごたらしく殺すこと。類虐殺（ぎゃくさつ）。slaughter

ざんさつ【斬殺】 切り殺すこと。

さんさん【燦燦】 日の光がきらきらと輝くようす。▽—と降り注ぐ陽光。billiant

さんざん【散散】 ❶非常に悪いようす。❷ひどく。▽—な目にあう。さんざっぱら。さんざ。▽—待たされた。

さんさんくど【三三九度】 結婚式で、新郎新婦が三つ組みの杯で三度ずつ計九度酒を飲み合うこと。

さんさんごご【三三五五】 数人ずつ散らばっているようす。

さんじ【参事】 ある事務に参与する職（の人）。

さんじ【惨事】 むごい出来事。類惨劇。disaster

さんじ【産児】 子供をうむこと。また、うまれてくる子供。

さんじ【賛辞】〈讃辞〉ほめることば。praise

ざんし【残滓】 残りかす。ざんさい。▽封建主義の—。dregs

ざんし【惨死】 むごたらしい死に方をすること。tragic death

ざんし【慙死】〈慚死〉恥じて死ぬこと。また、死ぬほど深く恥じること。

ざんじ【暫時】 しばらくの間。▽—休憩します。注×ぜんじ。

さんしき【算式】 記号を使って計算法を示した式。numerical expression

さんしすいめい【山紫水明】 山や川の風景が美しく清らかなこと。▽—の地。

さんした【三下】「三下奴（やっこ）」の略。ばくちうちなどの、下っぱの者。

さんしちにち【三七日】 ⇩みなぬか。

さんしつ【産室】 出産用の部屋。産所。

さんしゃく【参酌】 照らし合わせて参考にすること。類参照。

さんじゅ【傘寿】 八〇歳（の祝い）。「傘」の略字の「仐」が八十と読めることから。

さんしゅう【参集】 集まって来ること。▽—した聴衆。gathering

さんしゅうき【三周忌】 三回忌（さんかいき）。

さんじゅうさんしょ【三十三所】 観音巡礼をする三三か所の霊場。特に、西国三十三所。

さんじゅうしょう【三重唱】 三人が異なる声部をうたう重唱。trio

さんじゅうそう【三重奏】 三種の楽器による重奏。trio

さんじゅうろっけい【三十六計】 兵法で、種々の計略。▼—逃（に）げるにしかず 逃げるのがいちばんよい方法だ。

さんしゅつ【産出】 産物がとれること。生産すること。production

さんしゅつ【算出】 計算して数値を出すこと。calculation

さんじゅつ【算術】 算数。arithmetic

さんしゅのじんぎ【三種の神器】 ❶皇位のしるしとして代々の天皇が継承する三種の宝物。❷三つの貴重な品物。

さんじょ【賛助】 趣旨に賛成して力ぞえをすること。▽—会員。support

ざんしょ【残暑】 立秋後に残る暑さ。

さんしょう【三唱】 三度唱えること。▽万歳—。

さんしょう【山椒】 ミカン科の落葉低木。若葉や実を香辛料に用いる。さんしょ。▼—は小粒（こつぶ）でもぴりりと辛（から）い 体は小さくても、頭の働きがするどく、ばかにできないたとえ。

さんしょう【参照】照らし合わせて参考にすること。参看。▽次ページ—。文献を—する。reference 参照

さんじょう【参上】出向くことの謙譲語。参向。visit 参上

さんじょう【惨状】悲惨なありさま。惨状

ざんしょう【残照】日没後も残っている夕日の光。類残光。afterglow 残照

さんしょううお【山椒魚】両生類の一。深山の谷川にすむ。salamander 山椒魚

さんしょく【蚕食】他の領域をじわじわと侵略すること。encroachment 蚕食

さんじょく【産褥】出産する時の寝床。産褥

さんじる【参じる】❶うかがう。まいる。❷参加する。参じる

さんじる【散じる】❶ちる。❷なくす。なくなる。❸気を晴らす。晴れる。散じる

さんしん【三振】野球で、打者がストライクを三つとられてアウトになること。strikeout 三振

ざんしん【斬新】新しさが目立つようす。▽—なデザイン。類新奇。novel 斬新

さんしんとう【三親等】親等の一。自分または配偶者から三代へだたった関係にある人。三等親。三親等

さんすい【山水】❶自然の風景。▽—に遊ぶ。❷築山(つきやま)と池水のある庭園。▽枯れ—。山水

さんすい【散水】〈撒水〉水をまくこと。▽—車。watering 散水

さんすう【算数】❶初歩的な数学。❷小学校での数学教科。②arithmetic 算数

さんすくみ【三竦み】三者が互いにけんせいしあって、動きがとれないこと。三竦み

さんずのかわ【三途の川】仏教で、死者が渡るという川。三瀬(みつせ)川。三途

さんする【産する】❶うむ。うまれる。❷産出する。②produce 産する

さんする【算する】数える。▽十万を—人出。count 算する

さんする【賛する】〈讃する〉❶助力する。❷賛成する。②agree ❸ほめる。❹絵などにことばを書く。賛する

さんぜ【三世】❶仏教で、前世・現世・来世。また、過去・現在・未来。❷親・子・孫の三代。三世

さんせい【三聖】❶三大聖人。釈迦(しゃか)・孔子・キリスト。❷その道で特にすぐれた三人。三聖

さんせい【酸性】酸の性質。acidity 酸性

さんせい【賛成】他人の意見や態度をよいと認めて支持すること。対反対。approval 賛成

さんせいう【酸性雨】大気汚染物質がとけた、酸性の強い雨。人体や農作物に害を与える。acid rain 酸性雨

さんせいけん【参政権】政治に参加する権利。選挙権・被選挙権など。suffrage 参政権

さんせき【山積】やまづみ。pile 山積

ざんせつ【残雪】春になっても消えないで残っている雪。remaining snow 残雪

さんせん【山川】山と川。山川

さんせん【参戦】戦争に加わること。参戦

さんぜん【参禅】禅を修行すること。参禅

さんぜん【燦然】光り輝くようす。▽金色—たる仏像。brilliant 燦然

さんぜんせかい【三千世界】広い世界。全世界。三千

さんそ【酸素】無色無臭の気体元素。生物の呼吸や物質の燃焼に不可欠。元素記号O　oxygen 酸素

ざんそ【讒訴】いつわりの訴えをすること。類讒言。slander 讒訴

さんそう【山荘】山の中にある別荘。mountain villa 山荘

ざんぞう【残像】見おわったあとも、目に残っている感覚。afterimage 残像

さんぞく【山賊】山中で旅人をおそう盗賊。bandit 山賊

さんそん【山村】山間にある村。山村

さんぞん【三尊】本尊とその左右にある脇士(きょうじ)の三体一組みの像。三尊

ざんそん【残存】残っていること。ざんぞん。remaining 残存

さんだい【三代】❶親・子・孫の三つの代。❷三つの時代・年代。三代

さんだい【参内】皇居に出向くこと。参内

さんだいばなし【三題噺】落語で、三つの題を一つの話にまとめあげるもの。 三題噺

ざんだか【残高】差し引きした残額。類残金。balance 残高

さんだつ【簒奪】君主の位をうばい取ること。usurpation 簒奪

さんだわら【桟俵】米俵の両はしにあてるわらのふた。さんだらぼっち。 桟俵

さんたん【三嘆】〈三歎〉❶非常になげくこと。❷おおいに感心すること。 三嘆

さんたん【惨憺】〈惨澹〉❶いたましいようす。▽―たる情景。❷非常に苦心するようす。▽苦心―。① disastrous 惨憺

さんたん【賛嘆】〈讃嘆・讃歎〉深く感心してほめたたえること。admiration ▽―措(お)くあたわず。 賛嘆

さんだん【散弾】小さなたまがあられのように飛び散るしかけの弾丸。shot 散弾

さんだん【算段】❶手段を考えること。❷金銭を工面(くめん)すること。▽やりくり―。 算段

さんだんろんぽう【三段論法】大前提→小前提→結論の形の推論方法。syllogism 論法

さんち【山地】山の多い所。 山地

さんち【産地】❶ある品物の産出される土地。❷出生地。 産地

さんちょう【山頂】山の頂上。山巓(さんてん)。mountaintop 山頂

さんちょく【産直】「産地直送」「産地直売」の略。 産直

さんてい【算定】計算して数字を出すこと。類見積もり。estimation 算定

ざんてい【暫定】仮に決めること。▽―予算。 暫定

さんてん【山巓】山頂。 山巓

さんてん【散点】あちこちに散らばってあること。類散在。being dotted 散点

さんと【三都】京都・大阪・東京。 三都

ざんど【残土】土木工事などで生じた、いらない土。 残土

さんどう【山道】山中の道。やまみち。 山道

さんどう【参堂】❶神仏をまつる堂にまいること。❷相手の家を訪問することの謙譲語。 参堂

さんどう【参道】参拝するための道。 参道

さんどう【桟道】山のがけに、棚のようにつくられた道。plank road 桟道

さんどう【賛同】人の意見に同意すること。類賛成。approval 賛同

ざんとう【残党】戦いにやぶれて生き残った者。▽平家の―。remnants 残党

さんにゅう【参入】❶参上。❷参加すること。▽旅行業界に―する。類❷加入。joining 参入

さんにゅう【算入】ふくめて計算すること。counting in 算入

ざんにゅう【竄入】❶逃げ込むこと。❷(文中などに)もとにないよけいなものがまぎれこむこと。 竄入

ざんにん【残忍】むごいことをするようす。類残酷。cruel 残忍

ざんねん【残念】❶くやしいようす。❷心残りがするようす。類❶無念。② regret 残念

さんのとり【三の酉】一一月に酉の日が三回あるときの三回目(の市)。 三の酉

さんば【産婆】助産師の古い呼称。 産婆

さんぱい【参拝】社寺にお参りすること。類参詣(さんけい)。 参拝

さんぱい【酸敗】食べ物が腐敗して、すっぱくなること。 酸敗

ざんぱい【惨敗】みじめな負け方をすること。対快勝。crushing defeat 惨敗

さんぱいきゅうはい【三拝九拝】❶何度も頭を下げて頼むこと。❷深い敬意を表す結語。 三拝

さんばがらす【三羽烏】その分野で、特にすぐれた三人。 三羽烏

さんばし【桟橋】船を横づけにするため、岸からつき出した船着き場。pier 桟橋

さんばそう【三番叟】能の祝言曲「式三番」で、三番目の舞。 三番叟

さんぱつ【散発】❶とぎれとぎれに起こること。❷銃をまばらに撃つこと。 散発

さんぱつ【散髪】髪を切り整えること。類理髪。haircut 散髪

ざんぱん【残飯】食べ残した飯。 残飯

さんび【酸鼻】むごたらしく、いたましいこと。disastrousness　酸鼻

さんび【賛美】〈讃美〉ほめたたえること。▽青春を—する歌。admiration　賛美

さんぴ【賛否】賛成と反対。▽—を問う。注賛×非。　賛否

さんびか【賛美歌】〈讃美歌〉キリスト教で、神やキリストを賛美する歌。hymn　賛美歌

さんぴつ【三筆】平安初期の三大能書家。嵯峨（さが）天皇・空海・橘逸勢（たちばなのはやなり）。　三筆

さんびゃくだいげん【三百代言】❶へ理屈を押し通すこと・人。❷いいかげんな弁護士。①② pettifogger　代言

さんびょうし【三拍子】❶三拍で一単位となる拍子。❷必要な三つの条件。▽走攻守—そろう。① triple time　三拍子

ざんぴん【残品】売れ残り品。　残品

さんぷ【産婦】出産前または出産後の女性。　産婦

さんぷ【散布】〈撒布〉まきちらすこと。▽薬剤—。scattering　散布

ざんぶ【残部】残りのもの。remainder　残部

さんぷく【山腹】山の中腹。hillside　山腹

さんぷくつい【三幅対】三幅で一組みの掛け物。　三幅対

さんふじんか【産婦人科】産科と婦人科。　婦人科

さんぶつ【産物】❶ある土地で産する物。❷結果として生まれるもの。▽研究の—。① product　産物

サンプリング【sampling】標本抽出（ちゅうしゅつ）。

サンプル【sample】❶見本。❷標本。

さんぶん【散文】音数やリズムに制限のない、ふつうの文章。対韻文。prose　散文

ざんぺん【残片】残りのきれはし。remaining scrap　残片

さんぽ【散歩】ぶらぶら歩き回ること。walk

さんぼう【三方】❶三つの方角・方面。❷供え物などをのせる四角の台。三宝。

さんぼう【三宝】❶仏教で最も尊い三つのもの。仏・法・僧。❷三方❷。

三方❷

さんぼう【参謀】❶計画などに加わり、助言する人。❷軍隊で、作戦計画に当たる将校。② staff officer　参謀

さんぽう【算法】❶算術。計算法。❷江戸時代、「数学」をさす語。①② arithmetic　算法

ざんぼう【讒謗】他人のことを悪く言うこと。悪口。slander　讒謗

さんま【秋刀魚】海魚の一。体は細長く、口先がとがっている。食用。秋の味覚の一。saury　秋刀魚

さんまい【産米】生産された米。produced rice　産米

ざんまい【三昧】❶熱中すること。▽読書—。❷心のままに行うこと。▽贅沢（ぜいたく）—。　三昧

さんまいめ【三枚目】❶こっけいな役の俳優。❷笑い者になる役目（の人）。　三枚目

さんまん【散漫】❶気が散って集中しないようす。❷しまりのないようす。① scatterbrained　散漫

さんみ【酸味】すっぱい味。sourness　酸味

さんみいったい【三位一体】❶キリスト教で、父である神・キリスト・聖霊の三つは一体であるという教理。❷三者が一つになること。注さん×いいったい。三×身一体。① the Trinity　三位

さんみゃく【山脈】山が連なっているもの。mountain range　山脈

ざんむ【残務】やりのこしの事務。　残務

さんめんろっぴ【三面六臂】⇩八面六臂。　三面

さんもん【山門】寺の正門。また、寺。　山門

さんもんばん【三文判】安物のはんこ。　三文判

さんや【山野】山と野原。　山野

さんやく【三役】❶相撲で、大関・関脇・小結。❷会社・政党などで、三つの重要な役職（の人）。　三役

さんやく【散薬】粉ぐすり。散剤。　散薬

さんよ【参与】事業に加わり、相談を受けること・職名（の人）。▽国政に—する。councilor　参与

ざんよ【残余】のこり。remainder　残余

さんよう【山容】山のかたち。　山容

さんよう【山陽】❶山の南側。❷山陽地方。　山陽

さんようすうじ【算用数字】0・1・2…などの数字。アラビア数字。 算用数字

さんらん【産卵】卵を産むこと。▽―期。laying eggs 産卵

さんらん【散乱】ばらばらに散り乱れること。散らばること。▽書類が―する。scatter 散乱

さんり【三里】ひざがしらの下の外側のくぼんだ所。灸点(きゅうてん)の一。 三里

さんりゅう【三流】実力・程度などがかなり低いこと。▽―の芸人。third class 三流

ざんりゅう【残留】あとに残っていること。▽―農薬。remaining 残留

さんりょう【山陵】❶山と丘。❷御陵。 山陵

さんりょう【山稜】山の尾根。ridge 山稜

さんりん【山林】❶山と林。❷山中の林。❸樹木の多い山。 山林

さんりんぼう【三隣亡】九星の迷信の一。建築を始めることを忌(い)む日。 三隣亡

サンルーフ【sunroof】開閉できる、車の屋根。

サンルーム【sunroom】南向きのガラス張りの部屋。

さんれい【山嶺】山の峰。peak 山嶺

さんれつ【参列】式などに列席すること。▽―者。attendance 参列

さんろう【参籠】祈願のため、寺社などに一定期間こもること。 参籠

さんろく【山麓】山のふもと。山すそ。 山麓

し シ

し【之】人3 シ・これ・の・ゆく ❶行く。❷これ。この。❸助詞の「の」。
筆順 丶 ㇇ 之
之・之

し【士】常3 シ ❶男。▽壮―。❷さむらい。▽武―。❸軍人。▽―官。❹有資格者。▽博―。
筆順 一 十 士
士・士

し【子】常3 シ・ス・こ ❶こども。▽―孫。❷たね。▽種―。❸小さいもの。▽原―。
筆順 ㇇ 了 子
子・子

し【支】常4 シ・ささえる ❶わかれたもの。▽―部。気管―。❷ささえる。▽―持。―柱。❸はらう。▽―出。収―。❹さしさわり。▽―障。
筆順 一 十 ㇀ 支
支・支

し【止】常4 シ・とまる・とめる ❶とめる。とまる。▽停―。❷やめる。▽中―。
筆順 丨 ト 𣥂 止
止・止

し【氏】常4 シ・うじ ❶みょうじ。❷同族。▽―族。❸敬称。
筆順 ノ 𠂆 𠂇 氏
氏・氏

し【仕】常5 シ・ジ・つかえる ❶つかえる。つとめる。▽奉―。❷…する。▽―事。
筆順 ノ イ 仁 什 仕
仕・仕

し【仔】人5 シ・こ・こまかい。小さいもの。▽―細。―犬。
筆順 ノ イ 仃 仔 仔
仔・仔

し【史】常5 シ 歴史。また、歴史書。▽―学。
筆順 丨 口 口 中 史
史・史

し【司】常5 シ つかさどる(人)。▽―会。―法。上―。
筆順 ㇆ ㇆ 司 司 司
司・司

し【四】常5 シ・よ・よつ・よっつ・よん ❶よっつ。▽―季。―方。❷四番目。
筆順 丨 口 门 四 四
四・四

し【市】常5 シ・いち ❶いちば。❷まち。▽―街。❸行政区画の一。
筆順 丶 亠 亣 冇 市
市・市

し【矢】常5 シ・や 弓の、や。▽嚆―(こうし)。
筆順 ノ 𠂉 𠂉 午 矢
矢・矢

し【弛】人6 シ・チ・たるむ 張ったものがゆるむ。ゆるめる。▽―緩。
筆順 ㇕ ㇆ 弓 弘 弛 弛
弛・弛

し【旨】常6 シ・むね ❶意味。考え。▽趣―。要―。❷おいしい。▽―味(うまみ)。
筆順 ㇐ ヒ 匕 旨 旨 旨
旨・旨

し【死】常6 シ・しぬ ❶しぬ。❷活動をやめる。▽―蔵。❸命がけ。▽―守。
筆順 一 厂 歹 歹 死 死
死・死

し【糸】常6 シ・いと いと(状の細いもの)。▽生―。蚕―。製―。(絲)
筆順 く 幺 幺 糸 糸 糸
糸・糸

し【至】常6 シ・いたる ❶この上ない。▽―高。―急。―近。―極。❷いたる。届く。▽必―。❸極

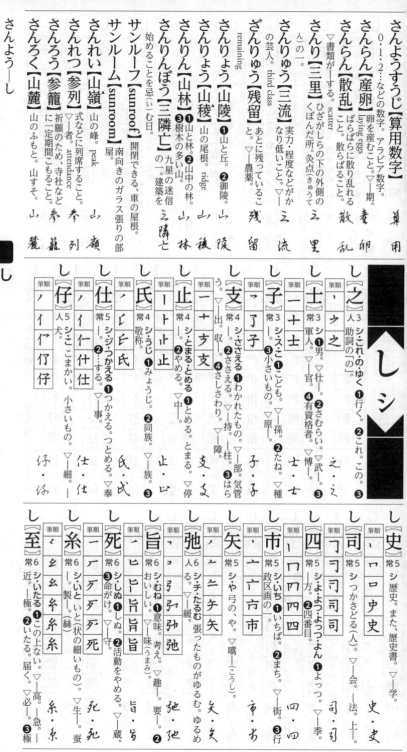

点。▽夏—。冬—(とうじ)。
筆順 一 至 至 至　至・至

し【伺】常7 シ・うかがう ❶さぐる。❷たずねる。▽—候。
筆順 ノ 亻 们 伺 伺 伺 伺　伺・伺

し【孜】人7 シ つとめはげむ。▽—孜(しし)。
筆順 孜 孜　孜・孜

し【志】常7 シ・こころざす・こころざし ❶目標をめざす。▽—望。❷しるす。書物。▽三国—。
筆順 一 十 士 志 志 志 志　志・志

し【私】常7 シ・わたくし・わたし ❶個人の。▽—人。—有。❷ひそかに。▽—語。—淑。❸自称。わたし。
筆順 ノ 二 千 禾 禾 私 私　私・私

し【使】常8 シ・つかう ❶つかう。▽行—。—途。❷つかい。▽—者。
筆順 ノ 亻 仁 仁 仁 伊 使 使　使・使

し【刺】常8 シ・さす・ささる ❶つきさす。▽—激。❷そしる。▽風—。❸とげ。▽有—鉄線。❹名札。
筆順 一 𠂇 市 市 束 束 刺 刺　刺・刺

し【始】常8 シ・はじめる・はじまる ❶はじめる。はじまる。▽—業。開—。❷はじめ。▽—祖。年—。原—。
筆順 く 女 女 女 始 始 始 始　始・始

し【姉】常8 シ・あね ❶あね。年上の女きょうだい。❷女性の尊称。
筆順 く 女 女 女 女 姉 姉 姉　姉・姉

し【枝】常8 シ・えだ ❶えだ。▽幹—。❷わかれたもの。▽連—。
筆順 一 十 木 木 村 枝 枝 枝　枝・枝

し【祉】常8【祉】人9 シ めぐみ。さいわい。▽福—。
筆順 丶 ラ 才 ネ 礻 礼 祉 祉　祉・祉

し【肢】常8 シ ❶手足。▽—体。四—。❷えだ。▽選択—。
筆順 丿 刀 月 月 肝 肢 肢 肢　肢・肢

し【姿】常9 シ・すがた 人のようす。ものの外見。▽—勢。容—。(姿)
筆順 ン ン 次 次 次 姿 姿 姿　姿・姿

し【思】常9 シ・おもう ❶考える。▽—案。—想。❷したう。▽—慕。
筆順 丨 口 田 田 田 思 思 思　思・思

し【指】常9 シ・ゆび・さす ❶ゆび。▽—圧。❷さす。教える。▽—示。
筆順 扌 扌 扌 扌 指 指 指 指　指・指

し【施】常9 シ・セ・ほどこす ❶あたえる。▽布—(ふせ)。❷おこなう。▽実—。
筆順 亠 方 方 方 施 施 施 施　施・施

し【師】常10 シ ❶教える人。▽—匠。教—。❷専門家。▽医—。❸軍隊。▽—団。❹みやこ。▽京—(けいし)。
筆順 ノ 亻 𠂤 自 自 師 師 師　師・師

し【恣】常10 シ ほしいまま。▽—意。
筆順 丶 冫 冫 次 次 恣 恣 恣　恣・恣

し【紙】常10 シ・かみ ❶かみ。❷書物。▽—背。❸新聞。▽—面。
筆順 く 幺 糸 糸 紅 紙 紙 紙　紙・紙

し【脂】常10 シ・あぶら ❶あぶらみ。▽—肪。❷べに。▽—粉。❸やに。▽樹—。
筆順 丿 刀 月 月 肝 脂 脂 脂　脂・脂

し【視】常11【視】人12 シ ❶みつめる。みる。▽—線。—力。重—。❷みなす。▽敵—。
筆順 丶 ラ 才 ネ 礻 祖 視 視　視・視

し【紫】常12 シ・むらさき むらさき。▽—紺。—煙。—外線。
筆順 丨 卜 止 止 此 此 紫 紫　紫・紫

し【斯】人12 シ・この・これ これ。この。▽—界。—道。
筆順 一 廾 甘 其 其 斯 斯 斯　斯・斯

し【詞】常12 シ ことば。文章。▽—章。歌—。名—。
筆順 亠 言 言 訂 詞 詞 詞 詞　詞・詞

し【歯】常12 シ・は ❶物をかむ器官。▽門—。—医者。❷年齢。▽年—。(齒)
筆順 卜 止 止 歩 歩 歯 歯 歯　歯・歯

し【嗣】常13 シ つぐ。あとつぎ。▽—子。継—。
筆順 口 口 吕 吕 吕 嗣 嗣 嗣　嗣・嗣

し【獅】人13 シ 猛獣のライオン。▽—子(しし)。—子吼(く)。
筆順 犭 犭 犭 犭 犭 獅 獅 獅　獅・獅

し

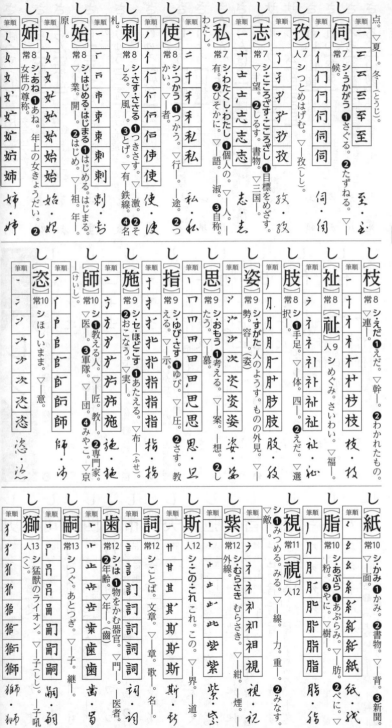

し【試】常13 シ・こころみる・ためす ❶ためす。こころみる。▽—案。—食。—運転。❷試験。▽—問。入—。追—。
筆順 試

し【詩】常13 シ ❶韻文。うた。▽—歌(しいか)。❷漢詩。▽—吟。
筆順 詩

し【資】常13 シ ❶もとで。▽—金。❷原料。▽—源。❸たち。▽—質。(資)
筆順 資

し【飼】常13 シ・かう 食べものを与えて、育てる。▽—育。—養。(飼)
筆順 飼

し【誌】常14 シ ❶書きとめたもの。▽日—。❷雑誌。▽—上。
筆順 誌

し【雌】常14 シ・め・めす めす。弱いもののたとえ。▽—伏。—雄。
筆順 雌

し【摯】常15 シ ❶しっかり持つ。❷気配りが行き届く。▽真—。
筆順 摯

し【賜】常15 シ・たまわる 目上の人からもらう。▽—杯。下—。恩—。
筆順 賜

し【諮】常16 シ・はかる 下の者に相談する。はかる。▽—問。(諮)
筆順 諮

し【示】⇩じ

し【次】⇩じ

し【此】⇩この

し【自】⇩じ

し【梓】⇩あずさ

し【士】❶立派な男性。▽同好の—。❷武士。❸資格を持つ人。▽弁護—。

し【氏】❶名前・人数に付けて尊敬の意を表す。❷あの人。

し【市】地方自治体の一。

し【死】❶死ぬこと。❷不気味で静かなこと。▽—の山。対❶生。

し【師】❶先生。▽—とあおぐ。❷特定の技能を持つ人。▽調教—。❸宗教家・芸人などの名に付ける敬称。▽一竜斎貞山—。

し【梓】❶あずさの木。❷版木。▼—に上(のぼ)す 出版する。上梓。

し【詩】❶リズムをもったことばで表現したもの。❷漢詩。

し【資】❶資本。❷資料。▽研究の—に供する。❸天性。▽英明の—。

じ【示】常5 ジ・シ・しめす しめす。教える。▽—現。暗—。展—。
筆順 示

じ【字】常6 ジ・あざ ❶もじ。▽—体。漢—。❷村の小地域。あざ。
筆順 字

じ【寺】常6 ジ・てら てら。▽—院。—社。古—。
筆順 寺

じ【次】常6 ジ・シ・つぐ・つぎ ❶二番目。▽—回。❷あとに続く。▽順—。❸順序・数。▽席—。年—。
(次) 筆順 次

じ【而】人6 ジ・しこうして そして。▽—立。形—上。形—下。
筆順 而

じ【耳】常6 ジ・みみ みみ。▽—鼻科。—目。—順。俗—。
筆順 耳

じ【自】常6 ジ・シ・みずから ❶じぶん(で)。▽—覚。❷思いのまま。▽—在。❸ひとりでに。▽—動。❹…より。…から。▽—九時至十二時。
筆順 自

じ【似】常7 ジ・にる にる。にせる。▽疑—。相—。類—。
筆順 似

じ【児】常7【兒】人8 ジ・ニ ❶子ども。▽—童。小—。❷わかもの。▽健—。
筆順 児

じ【事】常8 ジ・ズ・こと ❶ことがら。できごと。▽—実。—件。無—。❷行為。▽—業。従—。❸つかえる。▽師—。
筆順 事

じ【侍】常8 ジ・さむらい ❶そば近くつかえる(人)。▽—従。❷武士。
筆順 侍

じ【治】常8 ジ・チ・おさめる・おさまる・なおる・なおす ❶おさめる。おさまる。▽—安(ちあん)。政—。自—(じち)。❷なおす。なおる。▽—療(ちりょう)。
筆順 治

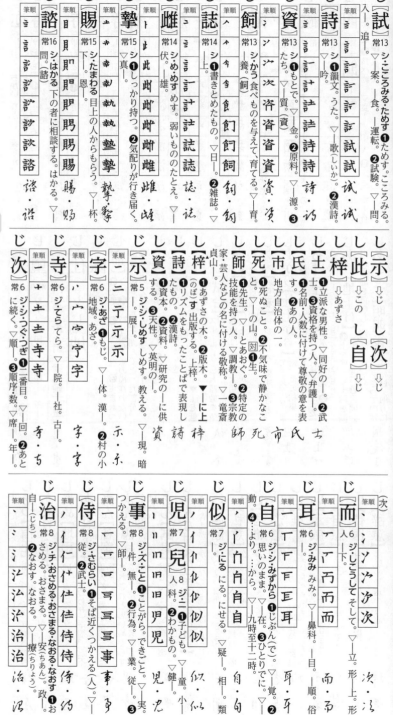

じ【迩】8 ジ・ニ・ちかい ちかい。身ぢか。▽—言。—来。(邇) 迩・迩

じ【持】常9 ジ・もつ ❶身につける。もつ。▽—所。❷たもつ。▽—続。維—。
筆順 持 持・持

じ【時】常10 ジ・とき ❶とき。❷そのころ。おり。▽—局。—機。
筆順 時 時・時

じ【痔】11 ジ 肛門(こうもん)付近に起こる病気。▽—疾。 痔・痔

じ【滋】常12 ジ ❶養分になる。▽—養。—味。❷草木がしげる。
筆順 滋 滋・滋

じ【慈】常13 ジ・いつくしむ ❶いつくしむ。▽—愛。❷あわれむ。▽—悲。
筆順 慈 慈・慈

じ【辞】常13 ジ・やめる ❶ことば。▽—書。❷やめる。ことわる。▽—退。(辭)
筆順 辞 辞・辞

じ【爾】人14 ジ・ニ・なんじ ❶それ。その。▽—後。—来。❷なんじ。▽—汝(じじょ)。❸状態を表す助字。▽卒—。莞—(かんじ)。
筆順 爾 爾・爾

じ【磁】常14 ジ ❶じしゃく。▽—気。❷やきもの。▽—器。
筆順 磁 磁・磁

じ【餌】常15【餌】14 許容 ジ・えさ・え ❶食べ物。▽食—。薬—。❷えさ。▽—食(えじき)。擬—針。
筆順 餌 餌・餌

じ【璽】常19 ジ 天子の印章。▽印—。玉—。御—。
筆順 璽 璽・璽

じ【仕】⇩し じ【地】⇩ち

じ【除】⇩じょ

じ【地】❶土地。❷その地方。❸生まれつき。❹生地。❺布・紙の模様のない部分。❻碁で、碁石で囲んでとった部分。❼文中の、会話でない部分。▽—の文。 地

じ【字】❶文字。❷漢字。❸筆跡。 字

じ【痔】肛門(こうもん)部の病気。 痔

じ【辞】あいさつのことば・文章。▼—を低くする へりくだる。 辞

しあい【試合】スポーツなどで、勝敗を争うこと。match, game 試合

じあい【自愛】❶自分の体を大切にすること。▽どうかご—ください。❷利己。対❷他愛。 自愛

じあい【慈愛】いつくしみ、愛すること。 慈愛

しあがり【仕上がり】できあがり。また、その結果。できばえ。▽—がよい。accomplishment 仕上り

しあげ【仕上げ】❶仕上げること。また、そのできばえ。❷最後の段階・工程。①completion ②finish 仕上げ

じあげ【地上げ】❶土を盛って土地を高くすること。❷再開発用に土地を買収し、整理すること。 地上げ

しあさって【明明後日】あさっての次の日。地方によっては、やのあさっての意。 明後日

しあつ【指圧】指や手のひらで体を押すこと・療法。 指圧

じあまり【字余り】短歌・俳句で、規定より音数が多いこと。 字余り

じあめ【地雨】同じ強さで降り続く雨。 地雨

しあわせ【幸せ】(仕合わせ)幸福。対不幸せ。happiness 幸せ

しあん【私案】個人的な考え・案。private plan 私案

しあん【思案】あれこれと思いめぐらすこと。▽—顔。thought ▼—に余る いくら考えてもいい考えが浮かばない。 思案

しあん【試案】試しにつくった仮の案。対成案。tentative plan 試案

しあんなげくび【思案投げ首】よい考えが浮かばなくて困りはてること。 投げ首

しい【四囲】まわり。周囲。surroundings 四囲

しい【私意】❶自分一人の考え。私見。❷公平でない心。 私意

しい【思惟】深く考えること。 思惟

しい【恣意】自分だけの勝手な考え。▽—的。 恣意

しい【椎】常緑高木の一。材は建築・器具用。実は食べられる。しいのき。しい。 椎

じい【示威】威力・勢力を示すこと。▽—行為。demonstration 示威

じい【自慰】オナニー。手淫(しゅいん)。 自慰

じい【侍医】身分の高い人の主治医。 侍医

じい【辞意】辞職や辞退の意志。 辞意

しいか【詩歌】❶詩・短歌・俳句などの総称。韻文。❷漢詩と和歌。▽―管弦。①poetry

しいく【飼育】家畜やペットを飼い育てること。飼養。breeding

シークレット【secret】秘密。機密。

シークレットサービス【secret service】情報収集や要人護衛にあたる機関・係官。

じいさん【爺さん】男性の老人をぞんざいに呼ぶ語。対ばあさん。

じいさん【祖父さん】祖父(そふ)を親しんで呼ぶ語。対ばあさん。

じいしき【自意識】自分についての意識。自己意識。self-consciousness

しいする【弑する】君主・父を殺す。弑逆(しいぎゃく)する。

しいたけ【椎茸】きのこの一。食用。栽培もされる。

しいたげる【虐げる】人や動物をむごくあつかう。虐待する。oppress

しいて【強いて】むりやりに。おして。▽―言えば。

シード【seed】勝ち抜き試合で、有力なチームや選手を最初から戦わせないようにすること。▽―校。▽―権。

しいな【粃】〈秕〉実のはいっていないもみ。

シーフード【seafood】魚介類や海藻など水産食品。

シーリング【ceiling】❶天井。❷予算などの概算要求の最高限度額。

シール【seal】❶封印。また、封印紙。❷接着剤つきの貼(は)り札。類❷ラベル。

しいる【強いる】無理にさせる。▽参加を―。force

シーレーン【sea-lane】海上航路。

しいれる【仕入れる】❶商品や原料を買い入れる。❷知識などを取り入れる。①stock

じいろ【地色】下地の色。生地の色。

しいん【子音】母音(アイウエオ)以外の音。しおん。consonant

しいん【死因】死亡の原因。

しいん【試飲】味をみるために、試しに飲むこと。tasting

じいん【寺院】寺。temple

じう【慈雨】恵みの雨。▽干天の―。

じうた【地唄】上方(かみがた)で発達した三味線歌。

しうち【仕打ち】他人に対する扱いぶり。やりくち。▽ひどい―。ふつう、悪い意味で使う。treatment

しうん【紫雲】紫色の(めでたい)雲。

じうん【時運】時の運。

しうんてん【試運転】車や機械を試しに運転すること。test run

シェア【share】❶分け前。取り分。❷占有率。❸共有。▽写真を―する。

しえい【市営】市で経営していること。

しえい【私営】個人または民間の経営。private management

じえい【自営】個人が独立して事業を経営すること。self-management

じえい【自衛】自分の力で自分を守ること。▽―手段。self-defense

シェイプアップ【shape-up】運動などによって体型を整えること。

しえき【私益】個人の利益。対公益。

しえき【使役】❶人にある行為をさせること。❷文法で、人に何かをさせることを表す語法。①employment

シェフ【chef フランス】料理長。コック長。

シェルター【shelter】避難所。地下防空壕(ぼうくうごう)。▽核―。

しえん【支援】支持し援助すること。support

しえん【私怨】個人的なうらみ。私恨。

しえん【紫煙】❶紫色の煙。❷特に、たばこの煙。美称として用いる。▽―をくゆらす。①purplish smoke

しえん【試演】劇などを公演前に試験的に上演すること。

ジェンダー【gender】文化的・社会的な男女の差異。

しお【塩】❶調味料の一。食塩。❷塩かげん。①salt

しお【潮】〈汐〉❶海水。また、その満ち引き。うしお。❷ちょうどよい時機。①tide

しおかぜ【潮風】海上を吹く風。また、海から吹いてくる風。sea breeze

しおから【塩辛】魚介類の肉・内臓・卵などを塩漬けにして発酵させた食品。　塩辛

しおからい【塩辛い】塩味が強い。しょっぱい。salty　塩辛い

しおからごえ【塩辛声】しわがれ声。hoarse voice　塩辛声

しおき【仕置き】こらしめのため罰すること。処罰。punishment　仕置

しおくり【仕送り】生活費・学費を送ること。また、その金。　仕送り

しおけ【塩気】塩辛い味。塩分。　塩気

しおけ【潮気】海水の塩分をふくんだ湿り気。　潮気

しおさい【潮騒】満ち潮のときの波の音。しおざい。　潮騒

しおざかい【潮境】異なる海流が接している境目。　潮境

しおさめ【仕納め】それをするのは、これが最後であること。last work　仕納め

しおじ【潮路】❶海流の道すじ。❷船路。海路。　潮路

しおしお【悄悄】がっかりして元気のないようす。しょんぼり。　悄悄

しおたれる【潮垂れる】❶みすぼらしくなる。▽—れた身なり。❷元気がなくなる。　潮垂れる

しおどき【潮時】❶潮が満ち引きする時。❷ちょうどよい時機。▽このへんが引退の—だ。②chance　潮時

しおばな【塩花】❶不浄を清めるためにまく塩。❷料理屋などで、入り口に置く塩。盛り塩。　塩花

しおひがり【潮干狩り】潮が引いた砂浜で貝をとること。　潮干狩

しおめ【潮目】潮境(しおざかい)付近に現れる帯状のすじ。　潮目

しおやけ【潮焼け】潮風と日光で肌が赤黒く焼けること。　潮焼け

しおらしい　おとなしくてかわいらしい。いじらしい。

しおり〔栞〕人10　カン・しおり　❶本にはさむ目印。❷案内書。　栞・栞

筆順　ニ　千　千ニ　千千　玨　琹　琹　栞

しおり【枝折り】〈栞〉❶道しるべ。❷手引き書。❸本にはさんで目印とするもの。①guide ③bookmark　枝折り

しおりど【枝折り戸】竹や木の枝を編んだ、簡単な戸。　枝折戸

しおれる【萎れる】❶草木がしぼむ。❷しょげる。①② droop　萎れる

しおん【子音】⇩しいん。　子音

しおん【師恩】師から受ける恩。　師恩

しおん【紫苑】キク科の草花の一。秋、薄紫色の花が咲く。aster　紫苑

じおん【字音】漢字の音(おん)。対字訓。　字音

しか〔鹿〕常11　しか・か　シカ科の動物。▽—の子(かのこ)。　鹿・鹿

筆順　广　户　庐　声　庐　唐　唐　鹿

しか【史家】歴史家。historian　史家

しか【市価】市場価格。market price　市価

しか【鹿】哺乳(ほにゅう)動物の一。雄には角がある。deer　鹿

しか【歯科】歯に関する医学。dentistry　歯科

しが【歯牙】歯ときば。また、歯。▼—にも掛(か)けない　問題にしない。　歯牙

じか【自家】❶自分の家。❷自分自身。　自家

じか【直】❶直接。じき。❷直接の。①direct　直

じか【時下】このごろ。▽—ますます御清栄の段。nowadays　時下

じか【時価】そのときの商品の値段・相場。▽—五〇万円。current price　時価

じか【磁化】物が磁気を帯びること。　磁化

じが【自我】❶他のものとはっきり区別される自分自身。自己。❷自分自身に対する意識。▽—が強い。①self　自我

しかい【司会】会の進行をつかさどること・人。chairperson　司会

しかい【四海】❶四方の海。❷天下。世界。　四海

しかい【視界】見通せる範囲。視野。sight　視界

しかい【斯界】この分野・社会。▽—の権威。　斯界

しがい【市外】市の区域外。　市外

しがい【市街】街(まち)。また、街の通り。town　市街

しがい【死骸】死体。類遺体。corpse　死骸

じかい【自戒】自分で自分を戒めること。自警。　自戒

じかい【自壊】ひとりでにこわれること。▽—作用。self-destruction　自壊

じかい【持戒】戒めをかたく守ること。対破戒。　持戒

じがい【自害】自殺。suicide　自害

し

しかいけいてい【四海兄弟】世界じゅうの人々はみな平等で兄弟(きょうだい)のように親しくすべきだということ。四海同胞。 兄弟

しがいせん【紫外線】波長が可視光線より短く、X線より長い、目に見えない光線。ultraviolet rays 紫外線

しかえし【仕返し】あだをうつこと。類復讐(ふくしゅう)。revenge 仕返し

しかく【死角】❶射程内であっても弾が届かない場所。❷目が届かない範囲。①dead angle ②blind spot 死角

しかく【刺客】暗殺者。しきゃく。assassin 刺客

しかく【視角】❶対象物の両端と眼球を結ぶ二本の直線でできる角度。❷物事をみる角度。①visual angle 視角

しかく【視覚】見る感覚の働き。sight 視覚

しかく【資格】❶身分。地位。❷そのために必要な条件。②qualification 資格

しがく【史学】歴史学。history 史学

しがく【志学】❶学問に志すこと。❷一五歳の別称。 志学

しがく【私学】私立の学校。private school 私学

じかく【字画】漢字の点・線(の数)。 字画

じかく【耳殻】耳の穴を囲む、貝殻状の部分。耳介。auricle 耳殻

じかく【自覚】❶自分の立場・価値などをよく知ること。❷自分で感じとること。▽—症状。①self-awareness 自覚

じがくじしゅう【自学自習】先生につかず、自分で学ぶこと。 自学

しかくしめん【四角四面】まじめで、かた苦しいこと。 四角

しかけ【仕掛け】❶やりかけ。❷他に働き掛けること。❸からくり。しくみ。❹釣り糸に針・重り・うきなどを組み合わせたもの。③trick 仕掛け

しかし【然し】〈併し〉けれども。だが。but 然し

しかじか【然然】〈云云〉長いことばを略すときに使う語。▽かくかく—の理由で中止することになった。 然然

じがじさん【自画自賛】自分で自分のしたことをほめること。self-praise 自画

しかず【如かず】❶…に及ばない。▽百聞は一見に—。❷…するに越したことはない。▽逃げるに—。 如かず

じがぞう【自画像】自分で描いた、自身の肖像画。self-portrait 自画像

しかた【仕方】❶方法。❷振る舞い。①way ▼—が無い ❶しようがない。❷どうにもならない。❸たまらない。 仕方

じかた【地方】❶いなか。❷踊り手の立方(たちかた)に対して、伴奏者。 地方

じかたび【地下足袋】ゴム底のたび。

じがため【地固め】❶建築前に、地面を固めること。❷基礎を固めること。

じかだんぱん【直談判】他人を入れず、相手と直接掛け合うこと。じきだんぱん。direct negotiation

地下足袋

しがち【仕勝ち】そうする傾向があるようす。▽遅刻—だ。 仕勝ち

しかつ【死活】死ぬか生きるか。生き死に。生活できるかどうか。▽—を制する。—問題。 死活

じかつ【自活】自分の力で生計を立てていくこと。self-support 自活

しかつめらしい【鹿爪らしい】❶形式的でかた苦しい。❷まじめぶっている。①formal 鹿爪

しかと【確と】❶確かに。❷かたく。しっかりと。 確と

じかどうちゃく【自家撞着】言動が矛盾(むじゅん)すること。自己矛盾。 撞着

しがない 取るに足りない。みすぼらしい。▽—暮らし。

じかに【直に】直接に。directly 直に

じがね【地金】❶下地の金属。❷金属の延べ棒。▽金の—。❸生まれつきの(悪い)性質。①ground metal 地金

しかばね〔屍〕9 シ・しかばね 死体。▽—骸。生ける—。 屍・屍

しかばね【屍】死体。corpse 屍

しがみつく しっかりとすがりつく。

しかめる【顰める】顔にしわをよせ、まゆをよせる。frown 顰める

しかも【然も】〈而も〉❶そればかりでなく。❷それにもかかわらず。▽健康で—頭も切れる。 然も

じかやくろうちゅうのもの 薬籠中

【自家薬籠中の物】自分の思いのままに使える人・物。

しからずんば【然らずんば】そうでなければ。▽生か—死か。 然らず

しからば【然らば】それならば。 然らば

しがらみ【柵】❶杭（くい）を並べ流れをさえぎる仕掛け。❷まとわりつき、邪魔をするもの。▽恋の—。 柵

しかり【然り】その通りだ。 然り

しかる【叱る】（目下の人に対して）声に出していましめる。叱責（しっせき）する。scold, tell off 叱る

しかるに【然るに】ところが。それなのに。nevertheless 然るに

しかるべく【然る可く】適当に。いいように。▽—処置してください。properly 然る可

しかん【士官】将校。officer 士官

しかん【仕官】❶武士が主君に仕えること。❷官吏になること。 仕官

しかん【史観】歴史観。 史観

しかん【弛緩】たるみ、ゆるむこと。ちかん。仏教で、迷いの世界。現世。対緊張。relaxation 弛緩

しがん【此岸】対彼岸（ひがん）。this world 此岸

しがん【志願】希望して、自分から願い出ること。volunteer 志願

じかん【次官】事務次官。 次官

じかん【時間】❶時（とき）。❷時刻と時刻との間。❸時刻。❹時の単位。六〇分。①～③time ④hour 時間

しき〔式〕常6 シキ ❶きまったやり方。手本。▽方—。❷行事。▽儀—。—典。結婚—。❸計算のしかた。▽公—。数—。

筆順 一 二 三 式 式 式・式

しき〔識〕常19 シキ ❶しる。みわける。▽—別。認—。❷判断する。▽—見（しきけん・しっけん）。常—。❸しるし。しるす。▽標—。

筆順 言 言 訁 諳 識 識 識 識・識

しき〔色〕⇩しょく　しき〔織〕⇩しょく

しき【士気】兵士の意気ごみ。morale 士気

しき【子規】「ほととぎす」の別称。 子規

しき【四季】春夏秋冬の四つの季節。four seasons 四季

しき【式】❶儀式。▽結婚—を挙げる。❷計算のしかたを数字や符号で表したもの。❸方式。▽いつもの—でやる。手動—。 式

しき【死期】❶死ぬ時。❷死ぬべき時。 死期

しき【志気】意気込み。morale 志気

しき【私記】個人的な記録。 私記

しき【指揮】多くの人々をさしずすること。command 指揮

しき【紙器】紙のうつわ。紙コップ・ボール箱など。paper container 紙器

しぎ〔鴫〕16 しぎ 海岸や田などにすむ渡り鳥。 鴫・鴫

しぎ【仕儀】物事のなりゆき。次第。 仕儀

しぎ【試技】陸上の跳躍・投てき競技や重量挙げなどで、選手に許されている一定回数の演技。trial 試技

しぎ【鴫】〈鷸〉水辺にすむ鳥の一。渡り鳥。snipe 鴫

じき〔直〕⇩ちょく　じき〔食〕⇩しょく

じき【自記】❶自分でしるすこと。❷機械が自動的に記録すること。▽—温度計。②automatic record 自記

じき【自棄】やけになること。▽自暴—。despair 自棄

じき【直】❶直接。じか。❷すぐ。❸直接の。①direct ②soon 直

じき【時季】季節。▽—外れ。season 時季

じき【時期】とき。おり。類時分。time 時期

じき【時機】ちょうどよい時。chance 時機

使い分け「じき」

時季…ある物事に適した季節。▽紅葉狩りの—。—外れ。

時期…何かを行う時。▽試験の—。—が早い。—尚早。

時機…何かを行うにちょうどよいころ合い。「機」は機会の意。▽攻撃の—を失う。—が熟する。—到来。

じき【磁気】磁石が鉄を引きつける性質・作用。magnetism 磁気

じき【磁器】高温で焼いた焼き物。china 磁器

じぎ【字義】漢字の意味。 字義

じぎ【児戯】子供の遊び・いたずら。▽—に等しい行い。 児戯

じぎ【時宜】ちょうどよいころ合い。▽—を得た発言。timely 時宜

じぎ【辞儀】❶辞退。❷おじぎ。 辞儀

しきい【敷居】戸・障子(しょうじ)などをあけしめするための、溝(みぞ)やレールのついた、下がわの横木。対鴨居(かもい)。▼—が高い 相手に不義理なことをしているために、その人の家に行きにくい。 敷居

しきいし【敷石】通路や庭に敷いた石。paving stone 敷石

しきかん【色感】❶色から受ける感じ。❷色彩感覚。 色感

しききん【敷金】家や部屋を借りるとき、借り手が、家主に預ける保証金。deposit 敷金

しきけん【識見】見識。 識見

しきさい【色彩】❶いろどり。色。▽はなやかな—の絵。❷傾向。性質。▽政治的—。①color 色彩

じきさん【直参】江戸時代、将軍に直接仕えた、一万石未満の武士。旗本・御家人(ごけにん)。 直参

しきし【色紙】和歌・俳句などを書く、方形の厚手の紙。 色紙

しきじ【式次】儀式を進める順序。式次第。 式次

しきじ【式辞】式の席で述べるあいさつのことば。▽卒業式の—。ceremonial ad-dress 式辞

じきじき【直直】(本人が)直接に。 直直

しきしま【敷島】「日本」の別名。 敷島

しきしゃ【指揮者】❶指揮をとる人。❷演奏・合唱などの指揮をする人。②conductor 指揮者

しきしゃ【識者】知識が豊かで、物事をよくわきまえた人。有識者。見識者。▽—の意見を聞く。intelligent person 識者

しきじょう【式場】式を行う場所。▽結婚—。ceremonial hall 式場

しきじょう【色情】性的欲情。情欲。類色欲。sexual desire 色情

しきそ【色素】色のもとになる物質。pigment 色素

じきそ【直訴】決められた手続きをせず直接に君主・将軍・領主などに訴えること。 直訴

しきそう【色相】色合い。色調。hue 色相

しきそくぜくう【色即是空】仏教で、形あるすべての物は、その本質は空(くう)であるという思想。類空即是色。 色即

しきだい【式台】〈敷台〉玄関先の一段低くなっている板敷き。客の送り迎えをする。

しきたり【仕来たり】ならわし。慣習。tradition

しきち【敷地】建物・道路などに使われる土地。類用地。site

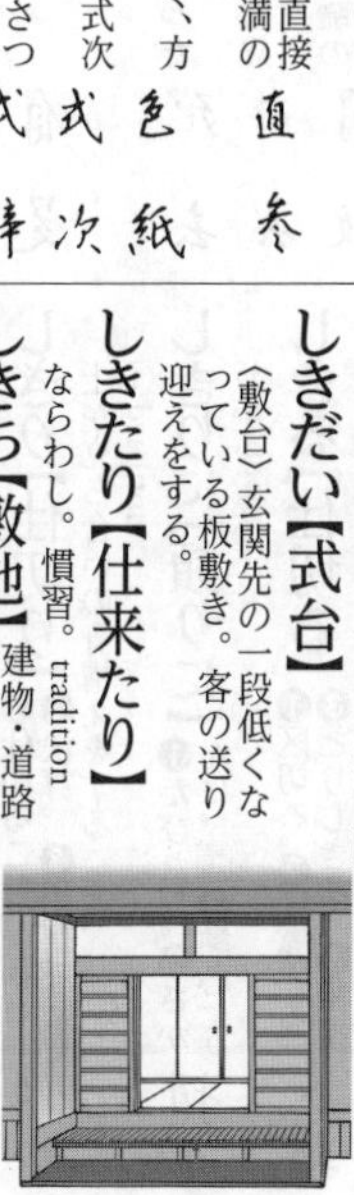
式台

しきちょう【色調】色の強弱・濃淡の調子。いろあい。color tone 色調

しきてん【式典】儀式。式。ceremony 式典

じきでん【直伝】師が門人に直接に伝授すること。 直伝

じきとう【直答】直接答えること。 直答

じきひ【直披】⇩ちょくひ。 直披

じきひつ【直筆】直接自分で書くこと・書いたもの。autograph 直書(じきしょ)。▽弘法大師—の書。 直筆

しきふ【敷布】敷き布団をおおう布。sheet(s) 敷布

しきふく【式服】儀式に着る正式の衣服。礼服。ceremonial dress 式服

しきべつ【識別】事物の特徴・性質を見分けること。▽ひよこの性別を—する。discrimination 識別

しきま【色魔】女性をだましてもてあそぶ男性。女たらし。womanizer 色魔

しきみ【樒】〈梻〉常緑小高木の一。枝葉は仏前に供える。 樒

しきもう【色盲】特定の色の違いの識別が困難なこと・人。色覚異常の旧称。color blindness 色盲

しきもの【敷物】すわるときなどに、下に敷くもの。mat 敷物

じきもん【直門】師から直接教えを受けること。 直門

しぎゃく【嗜虐】残虐なことを好むこと。▽—的。—性。sadism 嗜虐

じぎゃく【自虐】自分で自分を責めさいなむこと。▽—的。self-torture 自虐

しきゅう【支給】金品をあてがうこと。類給付。supply, payment 支給

しきゅう【四球】野球の、フォアボール。 四球

しきゅう【死球】野球の、デッドボール。 死球

しきゅう【至急】非常に急ぐこと。類早急。urgency 至急

じきゅう【自給】必要な物を自分で調達すること。 自給

じきゅう【持久】長くもちこたえること。▽—戦。類耐久。endurance 持久

じきゅう【時給】仕事をした時間数により支払われる給料。時間給。 時給

じきゅうじそく【自給自足】必要な物を自分でまかなうこと。self-sufficiency 自足

しきょ【死去】人が死ぬことの改まった言い方。death 死去

じきょ【辞去】あいさつしてそこから立ち去ること。 辞去

しきょう【司教】カトリック教の僧職の一。大司教の次位、司祭の上。bishop 司教

しきょう【市況】商品や株式などの取り引き状況。market conditions 市況

しきょう【詩境】詩にえがかれた境地。 詩境

しきょう【詩興】詩をつくりたくなる心の動き。poetical inspiration 詩興

しきょう【試供】試しに使ってもらうために商品を提供すること。▽—品。 試供

しぎょう【始業】仕事や授業を始めること。対終業。commencement 始業

しぎょう【斯業】この事業。 斯業

じきょう【自供】自分の犯罪事実を自分で述べること。また、その内容。類自白。confession 自供

じぎょう【事業】❶社会的な仕事。❷企業。①business ②enterprise 事業

しきよく【色欲】〈色慾〉❶性的欲望。情欲。❷情欲と物質欲。 色欲

じきょく【時局】(国家・社会の)時勢の成り行き。situation 時局

しきり【仕切り】❶仕切ること。区切り。❷決算。❸相撲で、力士が立ち合いの身構えをすること。①partition 仕切り

しきりに【頻りに】❶たびたび。❷さかんに。類❷熱心に。①frequently 頻りに

しきる【仕切る】❶区切る。❷決算する。❸とりしきる。❹相撲で、力士が仕切り❸をする。①divide 仕切る

しきる【頻る】さかんに…する。▽降り—。 頻る

しきん【至近】非常に近いこと。▽—距離。very near 至近

しきん【資金】事業などの元手。類財源。funds 資金

しぎん【詩吟】漢詩に、節をつけてうたうこと。 詩吟

しきんせき【試金石】❶貴金属の品位の判定につかう硬い石。❷価値や能力を試す物事。▽この試合はプロ入りへの—となる。①②touchstone 試金石

しく【如く】〈若く〉およぶ。匹敵する。▽学ぶに—はない。 如く

しく【布く】〈敷く〉広く行き渡らせる。▽戒厳令を—。 布く

しく【死苦】死ぬ(ほどの)苦しみ。 死苦

しく【詩句】詩の文句。verse 詩句

しく【敷く】❶平らに広げる。❷構えを作る。❸布(し)く。❹物の下に置く。①spread 敷く

じく〔竺〕人 8 ジク・チク ❶太い竹。❷インド。▽—学。天—。 竺・竺

筆順

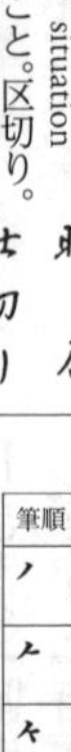

じく〔軸〕常 12 ジク ❶心棒。▽車—。地—。❷物事の中心。▽枢—。 軸・軸

筆順

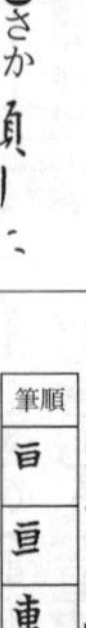

じく【字句】文字と語句。 字句

じく【軸】❶回転する物の中心棒。❷活動の中心となるもの。❸掛け軸。❹筆などの柄(え)。❺数学で座標の基準となる直線。①⑤axis 軸

じくう【時空】時間と空間。 時空

しぐさ【仕種】〈仕草〉動作。action 仕種

じくじ【忸怩】恥じ入るようす。▽内心—たるものがある。ashamed 忸怩

しくじる ❶失敗する。❷過失などで解雇される。①fail

じぐち【地口】ことわざ・成句などをもじったしゃれ。類語呂合わせ。 地口

しくつ【試掘】調査用に、試しに掘ること。trial digging 試掘

しくはっく【四苦八苦】ひどく苦しむこと。 四苦

しくみ【仕組み】❶構造。組み立て。▽社会の―。もうかる―。❷計画。▽このような―で事を運ぶ。①construction　仕組

じくもの【軸物】掛け軸に仕立てた書画。掛け物。　軸物

しぐれ【時雨】晩秋から初冬にかけての、にわか雨。　時雨

しぐれる【時雨れる】時雨が降る。　時雨れ

じくろ【舳艫】船の舳(へさき)と艫(とも)。船首と船尾。　舳艫

じくろせんり【舳艫千里】たくさんの船が連なるようす。　千里

じくん【字訓】漢字の訓読み。対字音。　字訓

しくんし【四君子】東洋画で、蘭(らん)・竹・梅・菊のこと。　四君子

しけ【時化】❶海が荒れること。❷不漁。❸興行で、景気の悪いこと。　時化

しけい【死刑】犯罪者の生命を絶つ刑罰。死罪。death penalty　死刑

しけい【私刑】個人的な制裁。lynch　私刑

しげい【至芸】最高の芸。　至芸

じけい【次兄】二番目の兄。　次兄

じけい【自警】❶自戒。❷自力で身の回りを警戒すること。▽―団。　自警

しげき【史劇】歴史上の事件を題材とした劇。historical play　史劇

しげき【刺激】〈刺戟〉❶生体に働きかけ、反応を起こさせること・原因。❷精神を興奮させること・もの。①stimulation　刺激

しげき【詩劇】詩の形式で書かれた劇。poetic drama　詩劇

しげしげ【繁繁】❶しきりに。❷よくよく。▽―と見つめる。①frequently　繁繁

しけつ【止血】出血を止めること。　止血

じけつ【自決】❶自殺。❷自分で決めること。②self-determination　自決

しげみ【茂み】〈繁み〉草木が茂っている所。bushes　茂み

しける【時化る】❶海が荒れる。❷不景気になる。また、元気がなくなる。①be stormy　時化る

しける【湿気る】湿気を帯びる。しめる。get damp　湿気る

しげる【茂る】〈繁る〉草木がのびて重なり合うようになる。grow thick　茂る

しけん【私見】個人の意見。私意。私儀。▽―を述べる。personal view　私見

しけん【私権】財産権・相続権など、私法上の権利。private right　私権

しけん【試験】❶問題に答えさせること。❷性質や能力などを調べること。①②test, examination　試験

しげん【至言】本質をついたことば。▽それはまさに―である。good saying　至言

しげん【資源】生産のもとになる物質。▽地下―。resources　資源

じけん【事件】日常的でないできごと。event　事件

じげん【示現】❶神仏がふしぎな霊験を現すこと。❷仏・菩薩(ぼさつ)が姿を変えて現れること。権化(ごんげ)。　示現

じげん【次元】❶物事を見る立場。▽―の異なる問題。❷線・面・空間の広がりを表す概念。①standpoint ②dimension　次元

じげん【時限】❶時間・期間などの限界。▽―爆弾。❷授業時間の区切り。▽第一―。①limited time　時限

しこ【四股】相撲で、足のこと。▼―を踏(ふ)む　力士が、土俵で力強く地を踏む。　四股

しこ【指呼】指さして呼ぶこと。▼―の間(かん)　呼べば答えるほどの距離。　指呼

しご【死後】死んだあと。没後。　死後

しご【死語】現在は使われていないことば。廃語。obsolete word　死語

しご【私語】ひそひそ話。whisper　私語

じこ【自己】自分。自分自身。self　自己

じこ【事故】突然起こる悪い出来事。accident　事故

じご【事後】事の終わったあと。▽―承諾。　事後

じご【持碁】引き分けの碁。　持碁

じご【爾後】その後。　爾後

しこう【至高】非常にすぐれていること。最高。supremacy　至高

しこう【伺候】貴人のそばに仕えること。また、ご機嫌伺いに行くこと。　伺候

しこう【志向】心が一つの目的に向かうこと。　志向

しこう【私行】私生活上の行い。　私行

しこう【思考】 考え。thought 思考

しこう【指向】 ある目的に向かって進むこと。▽—性マイク。aim 指向

使い分け「しこう」

志向…心が目標・目的に向かうこと。「志」の意味に対応している。▽民主国家を—する。アウトドア—。権力—。

指向…ある方向をめざすこと。▽光が一点を—する。

しこう【施工】 ⇩せこう。 施工

しこう【施行】 ❶実際に行うこと。実施。❷法令を実施し、有効なものとすること。せこう。▽法律が—される。—細則。①② enforcement 施行

しこう【試行】 ためしにやってみること。trial 試行

じこう【事項】 項目。事柄。item 事項

じこう【時好】 時代の好み。▽—に投ずる。 時好

じこう【時効】 一定期間が過ぎると、権利が消滅したり生じたりすること。 時効

じこう【時候】 四季の気候。▽—のあいさつ。 時候

じごう【寺号】 寺の名。類山号。 寺号

しこうさくご【試行錯誤】 ためすことと失敗をくり返しながら、目的に近づいていくこと。注×思考錯誤。 錯誤

しこうして【而して】 そして。そうして。 而して

じごうじとく【自業自得】 自分がした悪いことの報いを自分で受けること。 自業

しこうひん【嗜好品】 コーヒーやたばこ・酒など、味やかおりを楽しむ飲食物。 嗜好品

じごえ【地声】 生まれつきの声。また、意識しないで自然に出す声。 地声

しごく【至極】 ❶このうえなく。❷まったく…なこと。▽残念—。 至極

しごく【扱く】 ❶手で握り、抜くように強く引く。❷激しくきたえる。 扱く

じこく【時刻】 時の流れの、ある瞬間。time 時刻

じごく【地獄】 ❶罪をおかした者が死後に行くという苦痛の世界。❷苦しい状態・境遇。▽試験—。対❶極楽。天国。①hell ▼**—で仏に会う** 困っているときなどに、思わぬ助けに会う。▼**—の沙汰**(さた)**も金次第**(かねしだい) 何事も金の力でどうにでもなるということ。 地獄

じごくみみ【地獄耳】 ❶人の秘密などをすばやく聞き込むこと・人。❷一度聞いたら忘れないこと。 地獄耳

じごしょうだく【事後承諾】 物事が終わったあとで承諾を求めること。 承諾

しごと【仕事】 ❶働くこと。❷職業。職務。❸物体に力を加えてその位置を動かすこと。①③work ②job 仕事

しこな【四股名】 〈醜名〉力士の呼び名。 四股名

しこむ【仕込む】 ❶教えこむ。しつける。▽象に芸を—。❷仕入れる。❸(酒などの)原料を調合する。❹中につくり入れる。 仕込む

しこめ【醜女】 器量の悪い女性。 醜女

しこり【痼】 ❶筋肉や皮下組織の一部にできた、かたまり。❷あとまで残る、いやな気分。わだかまり。▽—が残る。 痼

じこりゅう【自己流】 自分独特のやり方。我流。 自己流

しこん【紫紺】 紫がかった紺色。 紫紺

じこん【自今】 〈爾今〉今から後。 自今

しさ【示唆】 それとなく教えること。▽—に富む話。類暗示。suggestion 示唆

しざ【視座】 ものを見る姿勢・立場。 視座

じさ【時差】 ❶各地の標準時の違いによる、時刻の差。▽—ぼけ。❷時刻をずらすこと。▽—出勤。 時差

しさい【子細】 〈仔細〉❶くわしい事情。類❶委細。❷さしさわり。①details 子細

しさい【司祭】 カトリック教の僧職の一。司教の次位。神父。priest 司祭

しさい【詩才】 詩をつくる才能。 詩才

しざい【死罪】 死刑。capital punishment 死罪

しざい【私財】 個人の財産。私産。▽—を投じる。private property 私財

しざい【資材】 生産のもとになる材料。material 資材

しざい【資財】 事業や生活の元手になる財産。assets 資財

じざい【自在】 ❶思いのままであること。▽自由—。❷「自在鉤(かぎ)」の略。①freely 自在

じざいかぎ【自在鉤】いろりの上につるし、なべなどをかけて自由に上下できるかぎ。 自在鉤
しさく【思索】筋道を立てて考えをめぐらすこと。▽—にふける。thinking 思索
しさく【施策】政策などを実行に移すこと・計画。measures 施策
しさく【詩作】詩をつくること。作詩。 詩作
しさく【試作】試しにつくってみること・もの。試製。trial manufacture 試作
じさく【自作】❶自分でつくること。また、その作品。❷自分で土地を所有して農業を営むこと・人。自作農。 自作
じざけ【地酒】その土地でできる酒。 地酒
しさつ【刺殺】❶刺し殺すこと。❷野球で、走者をアウトにすること。 刺殺
しさつ【視察】その場所へ行って、実情をみること。inspection 視察
じさつ【自殺】⇩自死。 自殺
しさん【四散】ちりぢりになること。類分散。dispersion 四散
しさん【試算】❶試しに計算してみること。❷検算。①trial 試算
しさん【資産】❶財産。❷資本になっている財産。①property ②assets 資産
しざん【死産】胎児が死んで産まれること。しさん。stillbirth 死産
じさん【自賛】〈自讃〉自分で自分をほめること。▽自画—。self-praise 自賛

じさん【持参】持って行くこと。持って来ること。bringing 持参
しし〔宍〕7 ジク・ニク・しし けものの肉。 宍・宍
しし【四肢】両手と両足。limbs 四肢
しし【死屍】死骸(しがい)。しかばね。▽—累々(るいるい)。corpse ▼—に鞭打(むちう)つ 故人の悪口を言う。屍(しかばね)に鞭打つ。 死屍
しし【志士】国のために尽くそうとする、高い志を持った人。類義士。 志士
しし【嗣子】家のあとつぎ。heir 嗣子
しし【獅子】❶ライオン。❷ライオンに似た、想像上の動物。唐獅子(からじし)。①lion ▼—身中(しんちゅう)の虫 味方でありながら害をなすもの。 獅子
しじ【支持】❶支え持つこと。❷賛成し、支援すること。②support 支持
しじ【四時】❶四季。❷仏教で、朝・昼・暮・夜。 四時
しじ【私事】個人的な事柄。わたくしごと。▽話が—にわたる。—で恐縮ですが。対公事。private affairs 私事
しじ【指示】❶指し示すこと。❷指図すること。①indication ②direction 指示
しじ【指事】漢字の六書(りくしょ)の一。抽象的なものを表すため、点や線を組み立てたもの。「上」「下」「本」「末」など。 指事
しじ【師事】先生としてその人の教えを受けること。 師事
じし【次子】二番目の子。 次子
じし【自死】自分で自分の命を絶つこと。自殺。類自害。自決。Suicide 自死

じし【侍史】手紙の脇付けの語。 侍史
じじ【時事】その時々の社会の出来事。current affairs 時事
ししく【獅子吼】❶釈迦(しゃか)の大説法。❷熱弁をふるうこと。 獅子吼
じじこっこく【時時刻刻】時をおって。また、次第次第に。刻々。刻一刻。じじこくこく。every moment 時刻
ししそんそん【子子孫孫】のちのちの子孫。ししそんぞん。descendant 子子
ししつ【資質】生まれつきもっている性質や才能。天性。類素質。nature 資質
しじつ【史実】歴史上の事実。historical fact 史実
じしつ【自失】我を忘れてぼんやりすること。▽茫然(ぼうぜん)—。 自失
じしつ【痔疾】⇩痔(じ)。 痔疾
じじつ【事実】❶実際にあった事柄。❷本当に。①fact ②actually ▼—は小説よりも奇(き)なり 事実は巧みに作った小説よりもふしぎである。 事実
じじつ【時日】時間と、日にち。time 時日
じじつむこん【事実無根】まったく根拠がないこと。▽—の噂(うわさ)。 無根
ししふんじん【獅子奮迅】奮闘すること。▽—の働き。 奮迅
しじま 静寂。▽夜の—。

しじみ【蜆】二枚貝の一。淡水や川口にすむ。食用。 蜆

ししゃ【支社】本社から分かれて設けられた事業所。branch office 支社

ししゃ【死者】死んだ人。死人。類故人。対生者。dead person 死者

ししゃ【使者】命令を受けて使いをする人。▽―を立てる。messenger 使者

ししゃ【試写】映画を一般公開の前に特定の人に見せること。preview 試写

ししゃ【試射】ためし射ちをすること。 試射

じしゃ【寺社】寺と神社。社寺。 寺社

じしゃく【磁石】❶磁気をもつ物。❷方位測定具。①magnet ②compass 磁石

じじゃく【自若】落ち着いて少しもあわてないようす。▽泰然―。 自若

ししゃごにゅう【四捨五入】計算で、ある位の五以上をくり上げ、四以下は切りすてて、概数を求めること。rounding 四捨

ししゅ【死守】命がけで守ること。 死守

ししゅ【詩趣】詩的なおもむき。 詩趣

じしゅ【自主】他の人をたよらないで、自分の意志で考え、行動すること。 自主

じしゅ【自首】犯罪人が自ら罪を捜査機関に申し出ること。surrender 自首

ししゅう【刺繍】布地に色糸で模様を縫い表すこと・もの。embroidery 刺繍

ししゅう【詩集】詩を集めた本。 詩集

しじゅう【始終】❶始めから終わりまですべて。▽事の―。一部―。❷いつも。②always 始終

じしゅう【自修】自分で学問や技術などを身につけること。▽―書。類独学。self-education 自修

じしゅう【自習】自分で学習すること。▽―時間。self-study 自習

じじゅう【侍従】天皇・皇太子に仕える宮内庁の職員。chamberlain 侍従

しじゅうから【四十雀】小鳥の一。頭は黒くて、ほおは白い。great tit 四十雀

しじゅうくにち【四十九日】人の死後四九日目(の法事)。七七日(しちしちにち)。 四十九

しじゅうしょう【四重唱】四人が四声部で合唱すること。quartet 四重唱

しじゅうそう【四重奏】四人が四つの楽器で合奏すること。▽弦楽―。quartet 四重奏

しじゅうはって【四十八手】❶四八種の、相撲の技(わざ)。❷いろいろな手法。 四十八

ししゅく【止宿】宿泊すること。また、下宿すること。 止宿

ししゅく【私淑】直接教えは受けないが、師として敬い学ぶこと。adoration 私淑

しじゅく【私塾】個人経営の学習塾。 私塾

じしゅく【自粛】自発的に行動をつつしみひかえること。self-restraint 自粛

ししゅつ【支出】金銭や品物を支払うこと。対収入。expense 支出

しじゅつ【施術】医療の術、とくに手術を行うこと。 施術

じじゅん【耳順】六〇歳のこと。『論語』にある「六十にして耳(みみ)順(したが)う」からできたことば。 耳順

ししゅんき【思春期】体が成長し、性を意識し始める年ごろ。puberty 思春期

ししょ【司書】図書の保存・整理などに従事する専門職(の人)。librarian 司書

ししょ【史書】歴史を記した書物。歴史書。 史書

ししょ【四書】儒教の四つの書物。『大学』『中庸(ちゅうよう)』『論語』『孟子(もうし)』の総称。 四書

ししょ【私書】❶個人の手紙。❷内密の手紙。①personal letter 私書

しじょ【子女】❶女の子。❷息子と娘。子供。 子女

じしょ【地所】財産・敷地としての土地。land 地所

じしょ【字書】字典。 字書

じしょ【自署】自分で署名すること。また、その署名。対代署。signature 自署

じしょ【辞書】辞典。▽―を引く。 辞書

じじょ【次女】〈二女〉二番目の娘。 次女

し

じじょ【自助】自力でやりぬくこと。▽―努力。類自立。self-help　自助

じじょ【自序】著者が自分で書いた序文。author's preface　自序

じじょ【侍女】身分の高い人に仕える小間使いの女性。　侍女

ししょう【支障】さしさわり。さしつかえ。hindrance　支障

ししょう【死傷】死んだり、けがをしたりすること。　死傷

ししょう【師匠】学問・技芸などを教える人。特に、日本的な遊芸を教える人。先生。対弟子（でし）。teacher　師匠

ししょう【詞章】詩歌・文章の総称。　詞章

しじょう【史上】歴史上。▽―空前の豊作。in history　史上

しじょう【市場】取り引きを行う所。また、取り引き関係。いちば。　市場

しじょう【至上】この上ないこと。類最上。supremacy　至上

しじょう【至情】❶まごころ。愛国の―。①sincerity ❷ごく自然な人情。　至情

しじょう【私情】個人的な感情。▽―をさしはさむ。personal feelings　私情

しじょう【紙上】新聞の紙面。　紙上

しじょう【詩情】❶詩をつくりたくなるような気持ち。❷詩的な気分・味わい。　詩情

しじょう【試乗】乗り物にためしに乗ってみること。類試運転。試走。　試乗

しじょう【誌上】雑誌の誌面。　誌上

じしょう【自称】❶自分で名のること。①self-styled ❷第一人称。　自称

じしょう【自傷】自分で自分の体を傷つけること。▽―行為。　自傷

じしょう【事象】できごとや現象。▽大自然の―。phenomenon　事象

じじょう【自乗】〔二乗〕数学で、二度かけ合わせること。平方。二乗（にじょう）。square　自乗

じじょう【自浄】それ自体の働きで、汚いものをきれいにすること。　自浄

じじょう【事情】❶わけ。いきさつ。❷ようす。状態。②circumstances　事情

じじょうじばく【自縄自縛】自分の言行で、動きがとれなくなること。▽―に陥る。　自縄自縛

ししょうせつ【私小説】作者自身を主人公とした小説。わたくし小説。　私小説

ししょく【試食】ためしに食べてみること。tasting　試食

じしょく【辞職】つとめを自分からやめること。類辞任。resignation　辞職

じじょでん【自叙伝】自伝。　自叙伝

ししょばこ【私書箱】郵便局内の、専用の有料郵便箱。　私書箱

ししん【私心】❶自分の利益を考える心。①selfishness ❷自分だけの考え。　私心

ししん【私信】私書。　私信

ししん【指針】❶磁石盤や計器などの針。❷物事を進めるべき方針。手引き。道標。▽―を与える。②guide　指針

しじん【私人】おおやけの立場・資格を離れた個人。▽―として発言する。対公人。private person　私人

しじん【詩人】詩をつくる人。また、詩的な感受性をもつ人。poet　詩人

じしん【地震】地殻の変動で地面がゆれ動く現象。earthquake ▼―雷（かみなり）火事親父（おやじ）世の中のおそろしいものを順に並べたことば。　地震

じしん【自身】❶自分。みずから。❷それ自体。①self　自身

じしん【自信】自分の価値や能力を信じる気持ち。self-confidence　自信

じしん【時針】時計の短針。hour hand　時針

じしん【磁針】磁石の針。　磁針

じじん【自刃】刀で自殺すること。　自刃

じすい【自炊】食事を自分でつくること。▽―生活。self-cooking　自炊

しすう【指数】❶数学で、累乗（るいじょう）を示す数。❷統計で、基準値を一〇〇とし、その変動を表す数値。②index number　指数

しずか【静か】❶物音がないようす。❷落ち着いたようす。❸穏やかなようす。①quiet ②③calm　静か

しずく〔雫〕11 ダ・しずく　しずく。水や液体のしたたり。　雫・雫

筆順

しずく【滴】〈雫〉水などが、上からぽたぽた落ちるときのつぶ。drop　滴

しずしず【静静】動きが落ち着いて静かなようす。quietly　静静

システマチック【systematic】体系的・組織的であるようす。

システム【system】❶制度。❷組織。❸体系。系統。❹方式。

システム エンジニア【system engineer】システム工学関係の技術者。

じすべり【地滑り】❶傾斜した地表の一部がすべり落ちること。❷止めようのない、社会の大きな変化。▽―的な暴落。類❶地崩れ。①landslide　地滑り

しずまる【静まる】❶静かになる。❷心が落ち着く。❸勢いがおとろえる。　静まる

しずまる【鎮まる】❶騒ぎがおさまる。❷痛みなどがおさまる。❸鎮座する。①be quelled　鎮まる

使い分け「しずまる・しずめる」

静まる・静める…動きがなくなり落ち着く。▽心が静まる。嵐が静まる。騒がしい場内を静める。気を静める。

鎮まる・鎮める…押さえ付けて落ち着かせる。鎮座する。▽内乱が鎮まる。反乱を鎮める。痛みを鎮める。神々が鎮まる。

沈める…水中などに没するようにする。▽船を沈める。ベッドに身を沈める。低くする。

しずむ【沈む】❶水中に深くはいる。❷気持ちがふさぐ。▽悲しみに―。❸下に行く。また、下の方を進む。▽夕日が―。対❶浮く。①sink ②get depressed　沈む

しずめる【沈める】水中などに沈むようにする。　沈める

しずめる【静める】静かにさせる。　静める

しずめる【鎮める】落ち着かせる。鎮座させる。　鎮める

しする【死する】死ぬ。▽人の―時。die ▼―して後(のち)已(や)む 死ぬまで努力をし続ける。　死する

しする【資する】役に立つ。助けとなる。▽研究に―。contribute　資する

じする【侍する】そばに仕える。　侍する

じする【持する】保つ。守る。▽満を―。　持する

じする【辞する】❶あいさつして帰る。▽友人宅を―。❷断る。❸職をやめる。▽任を―。　辞する

しせい【四姓】❶昔の日本で、源・平・藤原・橘(たちばな)の四氏。❷インドに古代からある、四つの階級。カースト。　四姓

しせい【四聖】世界の四大聖人。釈迦(しゃか)・孔子・キリスト・ソクラテス。　四聖

しせい【市井】人々が集まり住んでいる所。まちなか。▽―の人。town　市井

しせい【市政】市の行政。　市政

しせい【死生】死ぬことと、生きること。生死。　死生

しせい【至誠】非常に誠実な心。まごころ。類至心。sincerity　至誠

しせい【私製】個人・民間が作ること・物。対官製。private　私製

しせい【姿勢】❶体の構え。❷心がまえ。態度。▽積極的な―。①posture　姿勢

しせい【施政】政治を行うこと。また、その政治。administration　施政

しせい【詩聖】❶大詩人。❷杜甫(とほ)の尊称。①great poet　詩聖

しせい【資性】天性。nature　資性

じせい【自生】自然に生えること。　自生

じせい【自制】欲望や感情などを自分でおさえること。▽―心。self-control　自制

じせい【自省】自ら反省すること。▽―の念。self-examination　自省

じせい【時世】移り変わる世の中。▽―にかなう。　時世

じせい【時勢】世の中の移り変わる勢い。時代の流れ。▽―に乗り遅れる。類時流。times　時勢

じせい【辞世】❶死ぬこと。❷死にぎわに残す詩や歌など。▽―の句。　辞世

しせいかつ【私生活】個人としての生活。private life　私生活

しせいし【私生子】旧民法で、法律上の夫婦ではない男女の間に生まれた子。非嫡出子。私生児(しせいじ)。　私生子

しせいじ【私生児】私生子(しせいし)。illegitimate child　私生児

しせき【史跡】〈史蹟〉歴史的な出来事・建物のあった所。historic place　史跡

しせき【歯石】歯についた石灰分。tartar　歯石

じせき【次席】首席の次の席次。　次席

じせき【自責】自分の過ちを自分で責めること。▽―の念に駆られる。self-reproach 自責

じせき【事跡】〈事蹟〉事件や物事が行われたあと。evidence 事跡

じせき【事績】なしとげた仕事とその功績。achievement 事績

しせつ【私設】個人や民間が設立すること。private establishment 私設

しせつ【使節】国家の代表として、外国に派遣される人。mission 使節

しせつ【施設】ある目的のために設けられる建物や設備。facilities 施設

じせつ【自説】自分の意見。 自説

じせつ【持説】持論。 持説

じせつ【時節】❶季節。❷よい時機。❸世の中の情勢。▽時世(ときよ)―。②chance 時節

しせん【支線】鉄道で、主要な線から分かれた線。対本線。 支線

しせん【死線】生死の境目。crisis 死線

しせん【私撰】個人が作品を選び、編集すること。また、編集したもの。対勅撰(ちょくせん)。 私撰

しせん【私選】個人の考えで選ぶこと。▽―弁護人。private selection 私選

しせん【視線】見ている、目の向き。one's eyes 視線

しせん【詩仙】❶天才詩人。❷李白(りはく)の尊称。①great poet 詩仙

しぜん【自然】❶人の手が加わっていない、ありのままの状態。❷山・川・草木など。❸ありのままで、むりがないようす。❹ひとりでに。①②nature ③natural ④by itself 自然

しぜん【至善】最高の善。 至善

じせん【自選】❶〈自撰〉自分で自分の作品を選ぶこと。私撰。❷(選挙で)自分を選ぶこと。①self-selection 自選

じせん【自薦】自分で自分を推薦すること。対他薦。 自薦

じぜん【次善】最高・最善の次のものであること。▽―の策。second best 次善

じぜん【事前】物事が起こったり、行われたりする前。 事前

じぜん【慈善】困っている人々を助けること。charity 慈善

しぜんせんたく【自然選択】環境に適した生物は生き残り、適さない生物はほろびること。自然淘汰(とうた)。 選択

しぜんとうた【自然淘汰】自然選択。 淘汰

しそ【始祖】元祖。開祖。founder 始祖

しそ【紫蘇】一年草の一。葉は緑か赤紫色で、香りがよい。食用。 紫蘇

しそう【死相】❶死の近いことが現れている顔。❷死に顔。 死相

しそう【志操】信念・主義などをかたく守り続ける心。▽―堅固。 志操

しそう【使嗾】〈指嗾〉そそのかすこと。 使嗾

しそう【思想】❶考え。❷人生・社会・政治のあり方に関する見解。❸哲学で、思考によって生じた意識内容。①③idea ②ideology 思想

しそう【詞藻】❶文章を美しく飾ることば。❷詩歌・文章(の才能)。 詞藻

しそう【歯槽】歯根がはまっている骨にある穴。 歯槽

しぞう【死蔵】使わないで、むだにしまっておくこと。類退蔵。 死蔵

しぞう【私蔵】個人の所蔵。 私蔵

じぞう【地蔵】釈迦(しゃか)の死後、弥勒菩薩(みろくぼさつ)の出現までの間、人々を救う菩薩。地蔵尊。地蔵菩薩。

地蔵

しそうのうろう【歯槽膿漏】歯槽から血やうみが出る疾患。pyorrhea 膿漏

しそく【子息】他人の息子。one's son 子息

しそく【四則】加法・減法・乗法・除法の総称。 四則

しぞく【士族】明治以後、もとの武士に与えられた族称。▼―の商法 慣れない商売を始めて失敗すること。 士族

しぞく【氏族】同じ先祖から出たと考えられている一族。うじ。clan 氏族

じそく【自足】❶必要なものを自分で調えること。▽自給―。❷置かれている自分の状態に満足すること。▽現状に―する。類❶自給。①self-sufficiency 自足

じそく【時速】一時間に走る速さ。 時速

じぞく【持続】ある状態を長くもち続けること。▽―力。類持久。continuance 持続

しそん【子孫】先祖の血統を受け継いでいる人々。類後裔(こうえい)。対先祖。祖先。descendant 子孫

しそん【至尊】❶このうえなく尊いこと・人。❷天皇。 至尊

じそん【自尊】❶うぬぼれること。❷誇りと品位を保つこと。②self-respect 自尊

しそんじる【仕損じる】やりそこなう。しそこなう。 仕損じ

じそんしん【自尊心】❶自分を偉いとうぬぼれる心。❷自分の誇りや品位を保とうとする心。①②pride 自尊心

した【下】❶低い所。❷内側。❸順序があと。❹地位・程度が下位にあること。❺若いこと。❻その人の支配がおよぶ所。❼すぐあと。❽前もってする。▽―調べ。図❶～❺上。①②④under ▼―にも置かない 大切に取り扱うようす。 下

した【舌】❶動物の口中にあり、味を見わけ、発音を調節する器官。❷簧(した)。❸しゃべること。①tongue ▼―を巻く 非常に感心して驚く。 舌

した【簧】吹奏楽器で、その振動によって音を出す薄片。舌。 reed 簧

しだ【羊歯】シダ植物の総称。 羊歯

じた【自他】自分と他人。 自他

じだ【耳朶】❶耳たぶ。❷耳。①earlobe ▼―に触(ふ)れる 聞き及ぶ。 耳朶

したい【死体】〈屍体〉死んだ体。死骸。図生体。 corpse 死体

したい【肢体】手足。また、手足と体。 肢体

したい【姿態】動作をしたときのすがた。 pose 姿態

しだい【次第】❶順序。❷事情。なりゆき。❸…するとすぐ。▽終わり―。❹…によってきまる。▽返事―。❺なるがまま。なすがまま。 次第

しだい【私大】「私立大学」の略。 私大

じたい【字体】❶文字の形。❷書体❶。 字体

じたい【自体】❶そのもの。それ自身。❷もとはといえば。そもそも。 自体

じたい【事態】物事の状態。なりゆき。 situation 事態

じたい【辞退】ことわって引きさがること。類遠慮。 decline 辞退

じだい【地代】土地の借用料。また、土地の価格。ちだい。 rent 地代

じだい【次代】次の時代。次の世代。 next generation 次代

じだい【時代】❶区切られたある期間。▽平安―。❷その当時。当代。▽―の先端。❸古めかしい感じがすること。▽―を感じさせる建物。①period ②days 時代

じだいおくれ【時代後れ】〈時代遅れ〉時代の傾向におくれていること。 out-of-date 時代後れ

じだいげき【時代劇】明治以前の時代、特に武家時代を扱った演劇や映画。 時代劇

じだいさくご【時代錯誤】時代おくれ。 anachronism 時代錯誤

じだいしゅぎ【事大主義】定見がなくただ強い者に従う考え方。注×時代主義。 事大

しだいに【次第に】だんだんに。 gradually 次第に

したう【慕う】❶懐かしく思う。恋しく思う。▽故郷を―。❷あとを追う。▽母親のあとを―。❸うやまって、学ぼうとする。▽人柄を―。①yearn for 慕う

したうけ【下請け】請け負った仕事の一部または全部を、さらに請け負うこと・人。下請負。 subcontract 下請

したうち【舌打ち】思いどおりにいかないときなど、舌を鳴らすこと。 tut 舌打ち

したがう【従う】❶あとについてゆく。❷服従する。❸決まりの通りにする。❹進む方向にそう。❺…に応じて。…につれて。▽成長するに―って。①follow ②obey 従う

したがき【下書き】❶書いたままで推敲(すいこう)していない文章。❷練習用に大まかにかくこと。①draft 下書き

したがって【従って】だから。それゆえに。 therefore 従って

したく【支度】〈仕度〉❶用意・準備をすること。❷身じたく。①preparation 支度

したく【私宅】❶個人が所有する家。❷自宅。 私宅

じたく【自宅】自分が住んでいる家。私宅❷。 自宅

したごころ【下心】たくらみ。また、表に出さない本心。 secret intention 下心

したごしらえ【下拵え】前もってこしらえておくこと。下準備。▽料理の―。 下拵え

したさき【舌先】❶舌の先。❷口先。▼―三寸 口先だけのことばを操ること。舌三寸。 舌先

したじ【下地】❶物事の土台。❷素質。❸しょうゆ。①groundwork 下地

しだし【仕出し】料理をつくって、届けること。▽—弁当。catering　仕出し

したしい【親しい】❶仲がよい。❷血筋が近い。❸なじみが深い。①close　親しい

したしく【親しく】❶身分の高い人がみずから。❷直接。▽—ロンドンを見てきた。　親しく

したしむ【親しむ】❶仲よく交わる。❷なじむ。▽自然に—。　親しむ

しただい【舌代】飲食店などの口上書き。ぜつだい。　舌代

したたか【強か】❶手ごわいようす。❷ひどく。▽—酔う。①②tough　強か

したたかもの【強か者】手ごわい人。　強か者

したためる【認める】❶書きしるす。❷食事をする。▽朝食を—。　認める

したたらず【舌足らず】❶表現が十分でないこと。❷舌が回らず、発音がはっきりしないこと。②lisping　舌足

したたる【滴る】しずくとなって落ちる。drip　滴る

したつづみ【舌鼓】食べ物がうまくて、舌を鳴らすこと。したづつみ。▽—を打つ。　舌鼓

したづみ【下積み】❶物の下に積まれること・物。❷低い立場にあって出世しないこと・人。　下積み

したて【下手】❶位置・方向が下のほう。❷へりくだった態度。❸相撲で、相手の差し手の下へ腕を差し入れること。対❶❸上手(うわて)。　下手

したてる【仕立てる】❶作りあげる。❷それらしく見せる。❸教え育てる。❹準備する。①make　仕立て

したどり【下取り】新品を売るとき、古い品物を相応の値段で引き取ること。trade-in　下取り

したのね【舌の根】舌のつけ根。ものを言うこと。▼—の乾(かわ)かぬうち 言い終わるか終わらぬうちに。　舌の根

したばき【下穿き】腰から下につける肌着。underpants　下穿き

したばき【下履き】屋外ではく履き物。　下履き

したび【下火】❶火の勢いが弱くなること。❷物事の勢いが弱くなること。▽流行が—になる。①dying down　下火

じたまご【地卵】その土地産の鶏卵。　地卵

したまち【下町】都会の低地に発達した町。対山の手。downtown　下町

したまわる【下回る】基準とする数量・評価に達しない。▽販売実績が前年を—。be below　下回る

したみ【下見】❶前もって調べておくこと。下調べ。❷前もって読んでおくこと。　下見

じだらく【自堕落】品行がだらしないようす。loose　自堕落

したりがお【したり顔】得意そうな顔。　したり顔

しだれる【枝垂れる】〈垂れる〉枝などが長くたれさがる。droop　枝垂れ

したわしい【慕わしい】恋しい。dear　慕わしい

したん【紫檀】熱帯アジアに産する木の一。材は高級家具用。red sandalwood　紫檀

しだん【史談】史話。　史談

しだん【師団】陸軍の編制単位で、独立して作戦のとれる部隊。division　師団

しだん【指弾】排斥(はいせき)、また非難すること。blame　指弾

じだん【示談】裁判にせず、双方の話し合いで解決すること。out-of-court, settlement　示談

じだんだ【地団太】〈地団駄〉足を踏み鳴らすこと。stamping ▼—を踏(ふ)む 非常にくやしがるようす。　地団太

しち〔七〕常2 シチ・なな・ななつ・なの　ななつ。七番目。▽—五三。　七・七

筆順 一 七

しち〔質〕⇨しつ

しち【死地】❶死に場所。❷生命が危険にさらされる場所。▽—を脱する。　死地

しち【質】❶約束の保証として他人に預ける物。❷質草。①②pawn　質

じち【自治】❶自分たちの事を自分たちで決めて行うこと。▽—会の役員。❷公共団体・大学が自主的に事務運営を行うこと。①self-government　自治

しちぐさ【質草】〈質種〉借金の保証として質屋に預ける品物。質物(しちもつ)。　質草

しちごさん【七五三】十一月十五日に行う子供の成長をいのる祝い。男子三歳・五歳。女子三歳・　七五三

七歳。

しちごちょう【七五調】 詩歌で、七音・五音を繰り返すもの。 七五調

しちしちにち【七七日】 四十九日。 七七日

じちたい【自治体】 国から自治権を認められたおおやけの団体。地方公共団体・公共組合など。自治団体。 自治体

しちてんはっき【七転八起】 七転び八起き。 七転

しちてんばっとう【七転八倒】 苦しみのために、のたうちまわること。しってんばっとう。writhing 七転

しちどうがらん【七堂伽藍】 寺院として備えるべき七種の堂塔(を完備している寺)。 七堂

しちふくじん【七福神】 七人の福の神。恵比寿(えびす)・大黒天・毘沙門天(びしゃもんてん)・弁財天・布袋(ほてい)・福禄寿(ふくろくじゅ)・寿老人。 七福神

しちふだ【質札】 質物(しちもつ)の預かり証。質券。 質札

しちめんちょう【七面鳥】 大形の鳥の一。クリスマス料理に使われる。turkey 七面鳥

しちめんどう【七面倒】 ひどく面倒だ。troublesome 七面倒

しちや【七夜】 御七夜(おしちや)。 七夜

しちや【質屋】 品物を預かって金を貸す商売(の人)。質店(しちみせ)。 質屋

しちゅう【支柱】 ❶物を支える柱。❷支えになる重要なもの。①prop 支柱

しちゅう【死中】 死ぬ以外に方法のない状況。fatal situation ▼—に活(かつ)を求める 絶望的状況の中で、生きる方法をさがしもとめる。 死中

しちゅうぎんこう【市中銀行】 普通銀行。都市銀行。city bank 市中

シチュエーション【situation】 ❶局面。状況。❷設定した場面・境遇。

じちょ【自著】 自分の書いた書物。 自著

しちよう【七曜】 ❶週の七日の曜日。❷昔の中国の天文学説で、日・月と火・水・木・金・土の五星。 七曜

しちょう【市庁】 市役所。city office 市庁

しちょう【市長】 市の長。mayor 市長

しちょう【思潮】 時代の思想の傾向。 思潮

しちょう【視聴】 ❶見ることと聞くこと。▽—者。❷注目。 視聴

しちょう【試聴】 CDなどをためしに聞くこと。 試聴

じちょう【次長】 長の次位の役(の人)。vicechief 次長

じちょう【自重】 ❶品位を保って行いをつつしむこと。▽隠忍(いんにん)—。❷注意して健康を保つこと。類❷自愛。①prudence 自重

じちょう【自嘲】 自分で自分をあざけること。self-derision 自嘲

しちょうかく【視聴覚】 視覚と聴覚。audio-visual 視聴覚

しちょうそん【市町村】 市と町と村。 市町村

しちょく【司直】 裁判官や検察官など、法によって物事の正否を裁く人。▽—の手が伸びる。judge 司直

しちりん【七輪】 〈七厘〉炭などを使う、土製の料理用こんろ。

じちんさい【地鎮祭】 建築の前に土地の神を祭り、工事の無事を祈る儀式。

七輪

しつ【叱】 常5 シツ・しかる しかる。▽—責。—咤激励(しったげきれい)。 叱・叱
筆順 叱

しつ【失】 常5 シツ・うしなう ❶なくす。▽—格。—望。❷あやまち。▽—策。—敗。❸うっかり出す。▽—言。—笑。 失・失
筆順 失

しつ【室】 常9 シツ・むろ ❶へや。▽教—。❷同じ家の人。▽王—。皇—。 室・室
筆順 丶 宀 宀 宁 宇 室 室

しつ【疾】 常10 シツ ❶はやい。▽—走。❷病気。▽—患。—病(しっぺい)。 疾・疾
筆順 一 广 广 疒 疒 疾 疾

しつ【執】 常11 シツ・シュウ・とる ❶手にとる。▽—筆。❷とりつく。▽—念。固—。❸行う。▽—務。 執・執
筆順 執

しつ【悉】 人11 シツ・ことごとく すべて。残らず。▽—皆(しっかい)。知—。 悉・悉
筆順 悉

しつ〘湿〙常12〘濕〙人17 シツ・しめる・しめす しめる。水けがある。▽—潤(しつじゅん)。—気。—地。
筆順 湿
湿・湿

しつ〘嫉〙常13 シツ ねたむ。そねむ。▽—視(しっし)。—妬(しっと)。
筆順 嫉
嫉・嫉

しつ〘漆〙常14 シツ・うるし ❶うるしの木・樹液。▽—器。❷黒い。▽—黒(しっこく)。
筆順 氵 沪 浐 浐 泰 漆 漆 漆
漆・漆

しつ〘質〙常15 シツ・シチ・チ ❶もの(の中身)。▽物—。❷じみ。▽—素。❸生まれつき。▽性—。素—。❹問いただす。▽—問。❺しちにおく人・物。
筆順 質
質・質

しつ【質】❶内容。❷生まれつきの性質。▽天成の—。quality
質

じつ〘実〙常8〘實〙人14 ジツ・み・みのる ❶種子。❷内容。▽—質。❸真心。▽誠—。❹本当。▽虚—。
筆順 実
実・実

じつ〘日〙⇩にち

じつ【実】❶内容。中身。▽名を捨て—を取る。❷真心。▽—のない人。❸本当。▽—の母。❹実際の。▽—生活。

実

じっ〘十〙⇩じゅう

しつい【失意】望みがかなわず、がっかりすること。▽—のどん底に沈む。類失望。対得意。disappointment
失意

じつい【実意】❶本心。❷真心。

実意

じついん【実印】印鑑登録してある印。

実印

しつう【私通】密通。misconduct
私通

しつう【歯痛】歯の痛み。toothache
歯痛

しつうはったつ【四通八達】交通網が四方八方へ通じていること。

四通

じつえき【実益】実際の利益。実利。

実益

じつえん【実演】❶実際にやって見せること。▽—販売。❷舞台で実際に演じること。①exhibition
実演

しっか【失火】過失で火事を起こすこと。また、その火事。accidental fire
失火

しっか【膝下】❶ひざもと。▽父母の—。❷親に出す手紙の脇付けの語。

膝下

じっか【実科】図工・音楽などの科目。

実科

じっか【実家】その人の生まれた家・家庭。生家。parents' home
実家

しっかい【悉皆】ことごとく。全部。

悉皆

じっかい【十戒】仏教で、修行者が守るべき一〇の戒め。

十戒

じっかい【十誡】〈十戒〉キリスト教で、神がモーゼに与えた一〇の啓示。Ten Commandments
十誡

じつがい【実害】実際の損害。

実害

しっかく【失格】資格を失うこと。disqualification
失格

じつがく【実学】実生活に役立つ学問。practical learning
実学

しっかり【確り】❶堅固なようす。❷堅実なようす。❸心身の働きが確かであるようす。①sturdy
確り

しつかん【質感】物の材質から受ける感じ。

質感

しっかん【疾患】病気。疾病。disease
疾患

じっかん【十干】木・火・土・金(ごん)・水の五行を、兄(え)・弟(と)に分けたもの。甲(きのえ)・乙(きのと)・丙(ひのえ)・丁(ひのと)・戊(つちのえ)・己(つちのと)・庚(かのえ)・辛(かのと)・壬(みずのえ)・癸(みずのと)。

十干

じっかん【実感】実際に感じること。また、その感じ。▽まだ合格の—がわかない。actual feeling
実感

しっき【湿気】⇩しっけ。

湿気

しっき【漆器】うるしぬりの食器や道具。ぬりもの。japan
漆器

しつぎ【質疑】疑問を問いただすこと。▽—応答。question
質疑

じつぎ【実技】実際に行う技術や演技。▽—試験。practical skill
実技

しっきゃく【失脚】失敗して、地位を失うこと。downfall
失脚

しつぎょう【失業】職を失うこと。失職。また、職につけないこと。▽—対策事業。unemployment
失業

じっきょう【実況】実際の状況。actual scene
実況

じつぎょう【実業】生産・製作・販売などに関する実際的な事業。▽—に就く。—家。business
実業

しっきん【失禁】大小便を抑制(よくせい)することができずにも
失禁

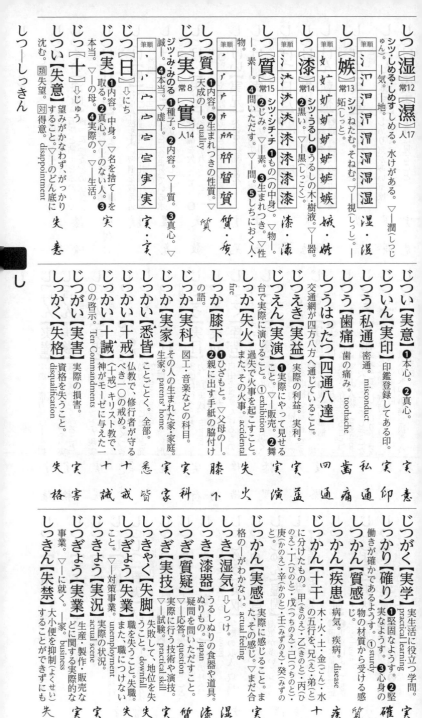

らすこと。

しっく【疾駆】 車や馬などが速く走ること。類疾走。speed

しっくい【漆喰】 石灰と粘土をふのりで練った、壁などの塗装材料。

しつけ【仕付け】 本縫いの前に形を崩さないようにあらく縫っておくこと。tack

しつけ【躾】 礼儀作法やよい習慣を教え込むこと。また、その礼儀作法やよい習慣。discipline

しっけ【湿気】 空気などに含まれている水分。しめりけ。しっき。moisture

しっけい【失敬】 ❶礼儀を欠くこと。❷気軽に別れること。▽これで—する。❸気軽に持ち逃げすること。❹別れや謝罪のあいさつ語。①incivility

じっけい【実兄】 実の兄。対義兄。

じっけい【実刑】 執行猶予でなく、実際に受ける刑。prison sentence

じつげつ【日月】 ❶太陽と月。❷年月。にちげつ。②time

しっけん【失権】 権力や権利を失うこと。

しっけん【執権】 ❶政権をとること・人。❷鎌倉時代の将軍の補佐役。

しつげん【失言】 言ってはいけないことをうっかり言うこと・ことば。

しつげん【湿原】 しめり気が多い草原。marshy meadow

じっけん【実見】 実際に見ること。

じっけん【実権】 実際の権力。▽—を握る。real power

じっけん【実験】 理論などの真偽を、実際に確かめてみること。experiment

じつげん【実現】 予想・期待などが現実のものとなること。realization

しつこい ❶くどくどしい。❷うるさくつきまとうようす。❸味・色などが濃い。②persistent

しっこう【失効】 効力を失うこと。対発効。invalidation

しっこう【執行】 実際に行うこと。▽刑を—する。類実施。execution

じっこう【実行】 実際に行うこと。▽—力。類実践。practice

じっこう【実効】 実際の効力・効果。practical effect

しっこく【桎梏】 自由をさまたげるもの。手かせ足かせ。▽家庭の—をのがれる。類束縛。fetters

しっこく【漆黒】 漆をぬったように黒く、つやのあること。—の闇。raven

じっこん【昵懇】 〈入魂〉親しいこと。▽—の間柄。類懇意。close

じっさい【実際】 ❶本当のありさま。実情。❷現実の事柄。▽実—問題。❸本当に。③actually

じつざい【実在】 実際に存在すること。▽—の人物。existence

しっさく【失策】 すべきことをしそこなうこと。しくじり。error

しっし【嫉視】 ねたみ憎む気持ちで見ること。▽—反目。

しつじ【執事】 貴人の家の、事務を扱う人。steward

じっし【十指】 一〇本の指。▼—の指す所 多くの人が正しいと認める点。

じっし【実子】 実の子。対養子。

じっし【実姉】 実の姉。対義姉。

じっし【実施】 実際に行うこと。類執行。execution

しつじつ【質実】 飾りけがなく、まじめなこと。▽—剛健(ごうけん)。類質朴。simplicity

じっしつ【実質】 実際の内容・性質。substance

じっしゃ【実写】 実際の場面を写すこと。また、写したもの。

じっしゃかい【実社会】 実際の社会。現実の社会。▽—で経験を重ねる。real world

じっしゅう【実収】 実際の収入・収穫。net income

じっしゅう【実習】 実地について技術を習うこと。practice

しつじゅん【湿潤】 湿気が多いこと。dampness

しっしょう【失笑】 思わず笑いだすこと。▽—を禁じえない。▼—を買う おろかな言動のために、笑われる。

じっしょう【実証】 ❶確かな証拠。確証。❷事実によって証明すること。①actual proof ②prove

じつじょう【実状】 実情❶。

じつじょう【実情】 ❶実際の事情や状況。実状。実相。❷真実の気持ち。①actual state

しっしょく【失職】失業。　失職

しっしん【失神】〈失心〉意識を失うこと。類気絶。faint　失神

しっしん【湿疹】皮膚の表面におこる炎症。eczema　湿疹

じっしんほう【十進法】一〇倍ごとに位どりを一けたずつ進める数え方。decimal system　十進法

じっすう【実数】❶数学で、有理数と無理数の総称。❷実際の数。①real number　実数

しっする【失する】❶失う。なくす。▽礼を—。❷〈「…に失する」の形で〉程度が過ぎる。▽遅きに—。①lose　失する

しっせい【叱正】しかってあやまりを直させること。自分の文章の批評を頼むときに用いる語。▽御—を請う。correction　叱正

しっせい【叱声】しかりつける声。　叱声

しっせい【失政】やり方をまちがえた政治。misgovernment　失政

じっせいかつ【実生活】実際の生活。　実生活

しっせき【叱責】過失などを、とがめてせめること。▽—を被（こうむ）る。scolding　叱責

しっせき【失跡】⇩失踪（しっそう）。　失跡

じっせき【実績】実際の成績・功績。類業績。注実×積。achievement　実績

じっせつ【実説】実話。true story　実説

じっせん【実戦】実際の戦い。actual fighting　実戦

じっせん【実践】実際に行うこと。practice　実践

じっせんきゅうこう【実践躬行】実際に率先して行い、手本をしめすこと。　躬行

しっそ【質素】❶飾りけのないようす。①simple ❷つましいようす。　質素

しっそう【失踪】行方が分からなくなること。失跡。▽—した犯人。disappearance　失踪

しっそう【疾走】速く走ること。▽全力—。　疾走

じっそう【実相】実情。実態。　実相

じつぞう【実像】❶レンズや球面鏡で、光が実際に集まってできる像。❷ありのままの姿。①real image　実像

しっそく【失速】❶飛行機が速度と浮力を失い、墜落しそうになること。❷勢いを急激に失うこと。①stall　失速

じっそく【実測】実際にはかること。対目測。actual survey　実測

じつぞん【実存】❶実際に存在すること。❷抽象的な本質に対して、具体的・個別的な存在。①②existence　実存

しった【叱咤】〈叱咤〉大声でしかったり、励ましたりすること。▽—激励。　叱咤

しったい【失態】〈失体〉面目を失うような失敗。▽—を演じる。blunder　失態

じったい【実体】❶事物の本体。正体。❷物事の普遍的で本質的なもの。①②substance　実体

じったい【実態】実際のありさま。実情。実相。actual condition　実態

使い分け［じったい］
実体…ものの本当の姿。本体。▽委員会の—を問う。—のない組織。
実態…物事の実際の状態。ありのままの姿。▽家計の—。政治の—を探る。—調査。

じつだん【実弾】❶本物の弾丸。実包。❷現金。①ball cartridge　実弾

しっち【失地】❶失った領土。❷失った地位・立場。▽—を回復する。①lost territory　失地

しっち【湿地】じめじめした土地。damp ground　湿地

じっち【実地】❶実際の場合。❷現場。　実地

じっちゅうはっく【十中八九】ほとんど。おおかた。ten to one　十中

しっちょう【失調】調和を失うこと。▽栄養—。　失調

じっちょく【実直】まじめで正直なこと。実体（じってい）。▽謹厳—。類誠実。honesty　実直

しっつい【失墜】信用や権威などを失うこと。▽名誉を—する。fall　失墜

じって【十手】江戸時代、捕吏が使った、手もとにかぎのついた鉄棒。　十手

じってい【実弟】実の弟。対義弟。　実弟

しつてき【質的】質・内容に関係があるようす。対量的。qualitative　質的

しってん【失点】失った点。lost score。対得点。　失点

しってんばっとう【七転八倒】〈七顛八倒〉⇩しちてんばっとう。　七転

しっと【嫉妬】❶やきもち。▽—心。❷ねたみ。①jealousy ②envy　嫉妬

しつど【湿度】空気中の水蒸気の度合い。humidity　湿度

しっとう【失当】正当でないこと。類不当。injustice　失当

しっとう【執刀】メスを持って手術・解剖を行うこと。　執刀

じつどう【実働】実際に労働をすること。▽—時間。actual working　実働

しつないがく【室内楽】室内で演奏する音楽。そのための曲。chamber music　室内楽

じつに【実に】本当に。全く。indeed　実に

しつねん【失念】うっかり忘れること。もの忘れ。▽名前を—する。forgetting　失念

じつねん【実年】五〇～六〇歳代。壮年と老年の間。　実年

しっぱい【失敗】しくじり。対成功。failure ▼**—は成功の母** 失敗の原因を改めれば、かえって成功の足がかりとなる。失敗は成功のもと。　失敗

じっぱひとからげ【十把一絡げ】多種の物事を一まとめにして(低く)扱うこと。　十把

しっぴ【失費】かかった費用。ものいり。　失費

じっぴ【実否】事実かどうか。▽うわさの—。　実否

じっぴ【実費】実際にかかった費用。　実費

しっぴつ【執筆】筆をとること。文章を書くこと。writing　執筆

しっぷ【湿布】湯・水・薬などで布をしめらせ、患部にあてて炎症を治療すること。また、その布。compress　湿布

じっぷ【実父】実の父。対義父。　実父

しっぷう【疾風】激しくはやい風。はやて。gale　疾風

しっぷうじんらい【疾風迅雷】すばやく激しいこと。類疾風怒濤(どとう)。　迅雷

しっぷうもくう【櫛風沐雨】苦難・辛苦をなめながら、活動すること。　櫛風

じつぶつ【実物】実際の物。現物。　実物

じつぶつだい【実物大】実物と同じ大きさ。full-scale　実物大

しっぺい【疾病】病気。疾患。disease　疾病

しっぺいがえし【竹篦返し】即座にし返しをすること。しっぺがえし。　竹篦

しっぽ【尻尾】❶動物の尾。❷細長いもの端。①tail ▼**—を巻く** 降参する。　尻尾

じつぼ【実母】実の母。対義母。　実母

しつぼう【失望】❶希望を失うこと。❷当てが外れてがっかりすること。類❶失意。❷落胆。①disappointment　失望

しつぼく【質朴】自然で、飾りけがないこと。類質実。　質朴

しっぽく【卓袱】❶中国風の食卓。❷野菜などの具をのせたそばやうどん。　卓袱

じつまい【実妹】実の妹。対義妹。　実妹

じつみょう【実名】⇩じつめい。　実名

しつむ【執務】業務を行うこと。　執務

じつむ【実務】実際の業務。　実務

しつめい【失名】氏名が不明なこと。▽—氏。　失名

しつめい【失明】視力を失うこと。　失明

じつめい【実名】本当の名前。本名。じつみょう。対仮名(かめい)。偽名。　実名

しつもん【質問】疑問の点や相手の考えなどを問いただすこと。question　質問

しつよう【執拗】しつこいようす。persistent　執拗

じつよう【実用】実際の役に立つこと。▽—品。practical use　実用

しつらえる【設える】設け整える。arrange　設える

じつり【実利】実際の利益。実益。　実利

じつり【実理】実際に即した理論や道理。対空理。　実理

しつりょう【質量】❶質と量。❷物体のもつ固有の量。②mass　質量

じつりょく【実力】❶実際の能力。▽—伯仲(はくちゅう)。❷武力。腕力。▽—行使。①ability　実力

しつれい【失礼】❶無作法なこと。❷別れること。❸別れ、謝罪などのあいさつ語。①impolite　失礼

しつれん【失恋】恋がとげられないこと。broken heart 失恋

じつろく【実録】事実をありのままに記録したもの。実記。▽—物(もの)。—忠臣蔵。true record 実録

じつわ【実話】実際にあった話。ほんとうの話。実説。true story 実話

シテ 能楽・狂言で、主役。

して【仕手】❶物事を行う人。❷取り引きで、投機目的で多量に売買する人。▽—戦。 仕手

してい【子弟】(保護を必要とする)年少者。対父兄。 子弟

してい【私邸】個人のやしき。 私邸

してい【指定】はっきりとそれと定めること。appointing 指定

してい【師弟】師と弟子。先生と生徒。 師弟

してき【史的】歴史に関係のあるようす。歴史的。historical 史的

してき【私的】個人に関係のあるようす。個人的。対公的。private 私的

してき【指摘】取り上げて、はっきり指し示すこと。point out 指摘

してき【詩的】詩のような味わいがあるようす。poetic 詩的

じてき【自適】何事にも束縛されず、思うままに楽しむこと。▽悠々—。self-enjoyment 自適

してつ【私鉄】民営の鉄道。 私鉄

しでのたび【死出の旅】冥土(めいど)にあるといわれている山へおもむく旅。死ぬこと。 死出旅

しでのやま【死出の山】死後に行くという、冥土(めいど)にある険しい山。 死出山

してん【支店】本店から分かれて設けられた営業所。branch office 支店

してん【視点】❶物を見るときの位置・角度。❷物事を見る立場。観点。見地。②viewpoint 視点

しでん【史伝】史実に基づいた伝記。 史伝

しでん【紫電】❶紫色の電光。❷とぎすました刀の鋭い光。▽—一閃(いっせん)。 紫電

じてん【字典】漢字を集め、発音や意味などを説明した本。字書。字引。もじてん。 字典

じてん【次点】当選者・入選者に次ぐ得点・人。runner-up 次点

じてん【自転】❶自分の力で回転すること。❷天体などが、自身の直径の一つを軸として回転すること。▽地球の—。対❷公転。①②rotation 自転

じてん【事典】事柄を集め、その内容を説明した本。ことてん。encyclopedia 事典

じてん【時点】時間の流れのある一点。 時点

じてん【辞典】ことばを集め、意味・用法などを説明した本。辞書。字引。ことばてん。dictionary 辞典

じでん【自伝】自分で書く自分の伝記。自叙伝。autobiography 自伝

じてんしゃ【自転車】乗り手がペダルで車輪を回して走る二輪車。bicycle 自転車

してんのう【四天王】❶帝釈天(たいしゃくてん)に仕える持国・増長(ぞうじょう)・広目・多聞(たもん)の四人の天王。❷ある分野のすぐれた四人。▽剣道部の—と称される。注四天×皇。 四天王

しと【使徒】❶キリストが福音を伝えるために選んだ十二人の弟子。❷人類のために献身する人。▽平和の—。 使徒

しと【使途】金銭や物品の使いみち。▽—不明金。 使途

しど【示度】計器の針が示す目盛り数。特に気圧計が示す気圧の高さ。 示度

しとう【死闘】死に物狂いの戦い。 死闘

しとう【至当】きわめて適当、当然であること。▽—な処置。proper 至当

しとう【私闘】個人的な利害・感情による争い。private strife 私闘

しどう【私道】私有地に設けられた道。対公道。private road 私道

しどう【始動】動き始めること。 始動

しどう【指導】教え導くこと。guidance 指導

しどう【斯道】この分野・方面。▽—の専門家。 斯道

じどう【自動】機械などが自分の力で動くこと。 自動

じどう【児童】❶子供。❷小学生。①child 児童

じとく【自得】❶自分で悟ること。▽真理を—する。❷自分で満足すること。▽—の色が見える。❸自分に報いを受けること。▽自業—。類❶自覚。 自得

じとく【自瀆】(自涜)自慰。 自瀆

しどけない 乱れてだらしがない。▽—姿。slovenly

しとげる【為遂げる】最後まで完全に終わらせる。complete 為遂げ

しとね【茵】〈褥〉しきもの。ふとん。 茵

しとみ〖蔀〗 14 **ホウ・しとみ** 日や雨をよける建具。▽半―(はじとみ)。 蔀・蔀

しとめる【仕留める】 ❶獲物や敵を殺す。❷ねらったものを手に入れる。①shoot down 仕留

しとやか【淑やか】 上品で落ち着いているようす。graceful 淑やか

しな【品】 ❶品物。❷品質。❸品位。①article 品

しな【科】 なまめかしいしぐさ。coquetry ▼**―を作る** 女性が、なまめかしいようすをする。 科

しない【竹刀】 剣道の、竹製の刀。 竹刀

しなう【撓う】 しなやかに曲がる。たわむ。bend 撓う

しなうす【品薄】 需要に対して品物が少ないこと。▽冷夏で野菜が―になる。short stock 品薄

しなぎれ【品切れ】 商品の在庫がなくなること。sold out 品切れ

しなさだめ【品定め】 優劣・よしあしを、批評してきめること。品評。▽新人の―をする。 品定め

しなだれる【撓垂れる】 ❶甘えて寄りかかる。❷力なく寄りかかる。 撓垂れ

しなびる【萎びる】 生気がなくなり、しわがよる。▽―びた手。類萎(しお)れる。wither 萎びる

しなもの【品物】 物品。商品。 品物

しなやか【撓やか】 ❶動作がなめらかで柔らかいようす。❷弾力に富んで柔らかに曲がるようす。②flexible 撓やか

じならし【地均し】 ❶地面を平らにすること・道具。❷あらかじめしておく準備。▽交渉の―。①ground leveling 地均し

じなり【地鳴り】 地震や噴火などで地面が鳴り響くこと・音。 地鳴り

しなん【至難】 非常にむずかしいこと。▽―のわざ。great difficulty 至難

しなん【指南】 教え導くこと。▽―役。類指導。注×師南。instruction 指南

じなん【次男】〈二男〉二番目の息子。 次男

シニア【senior】 ❶上級生。❷年長者。上級者。対❶❷ジュニア。

しにおくれる【死に後れる】〈死に遅れる〉❶ある人に先に死なれる。▽息子に―。❷死ぬ機会を失って生き残る。 死に後

しにがね【死に金】 ❶役に立っていない金。❷むだに使った金。❸死んだときのための準備金。①dead capital 死に金

しにがみ【死に神】 人を死に誘う神。 死に神

シニカル【cynical】 冷笑的。

しにぎわ【死に際】 死ぬまぎわ。末期(まつご)。類臨終。one's last 死に際

しにざま【死に様】 人が死ぬときの有り様。 死に様

シニシズム【cynicism】 既成観念に冷笑的態度をとる人生観。犬儒主義。

しにせ【老舗】 先祖代々の家業をうけついでいる、名の通った店。ろうほ。 老舗

しにどき【死に時】 死ぬべき時機。 死に時

しにはじ【死に恥】 死後まで残る恥。▽―をさらす。対生き恥。 死に恥

しにばな【死に花】 死に際の名誉。▼**―を咲(さ)かせる** 立派に死んで、誉(ほま)れを残す。 死に花

しにみず【死に水】 臨終の人の唇をしめしてやる水。▼**―を取る** 死ぬときまで面倒を見る。 死に水

しにめ【死に目】 死にぎわ。臨終。 死に目

しにものぐるい【死に物狂い】 必死で行うこと。注死に×者狂い。desperation 物狂い

しにん【死人】 死者。しびと。dead men ▼**―に口無し** 死人は証言することも弁解することもできない。 死人

じにん【自任】 ❶自分で自分の能力をりっぱだと思うこと。自負。❷自分の任務だと思い込むこと。①pretension 自任

使い分け「じにん」
自任…自分が能力や資格の上で適任だと思う。▽幹事役を―する。天才を―する。
自認…自分のした失策などを、自分で認める。▽過失を―する。職権乱用を―する。

じにん【自認】 自分で認めること。 自認

じにん【辞任】 任務や職務を自分からやめること。類辞職。対就任。resignation 辞任

しぬ【死ぬ】 ❶命がなくなる。❷役に立たなくなる。❸活気がなくなる。 死ぬ

❹囲碁で、石を取られる。❺野球で、アウトになる。対❷〜❺生きる。①die ▼—者貧乏(びんぼう) 死んだ者がいちばん損をするということ。

じぬし【地主】 土地の所有者。landowner　地主

じねつ【地熱】 地球内部の熱。ちねつ。　地熱

シネマ【cinema】 映画。

しねん【思念】 心の中で思うこと。　思念

じねんじょ【自然薯】 やまのいも。　自然薯

しの〔篠〕 人17 ショウ・しの 細く群がりはえる竹。しのだけ。▽—竹。—笛。
筆順 ⺮ 竹 竹 竺 筱 篠 篠 篠　篠・篠

しの【篠】 ❶しのだけ。❷篠❶を使った横笛。篠笛。▼—突(つ)く雨 どしゃぶりの雨。　篠

しのうこうしょう【士農工商】 職業で分けた階層。中国で、官僚・農民・職人・商人。　士農

しのぎ【鎬】 刀剣で、刃と峰の間の少しもりあがっている部分。▼—を削(けず)る 激しく争う。　鎬

しのぐ【凌ぐ】 ❶防ぐ。こらえて切り抜ける。▽暑さを—。❷まさる。①endure　凌ぐ

シノニム【synonym】 同意語。同義語。対アントニム。

しののめ【東雲】 明け方。あかつき。　東雲

しのばせる【忍ばせる】 ❶隠し持つ。▽短刀を—。❷隠すようにそっと行う。▽足音を—。　忍ばせる

しのびあう【忍び逢う】 〈忍び会う〉(男女が)人目を避けて会う。　忍び逢

しのびあし【忍び足】 足音を忍ばせて歩く足どり。stealthy steps　忍び足

しのびがえし【忍び返し】 塀の上に先のとがった物を取り付けた、泥棒よけ。　返し

しのびない【忍びない】 我慢できない。　忍び

しのびなき【忍び泣き】 声を立てずに泣くこと。sobbing　忍び泣

しのびね【忍び音】 ❶忍び泣きの声。❷ほととぎすの初音。①sobbing voice　忍び音

しのぶ〔偲〕 人11 シ・しのぶ なつかしむ。
筆順 亻 们 伵 佃 佃 偲 偲 偲　偲・偲

しのぶ【忍ぶ】 ❶かくれる。❷人の目に触れないようにする。❸我慢する。①hide ③endure　忍ぶ

しのぶ【偲ぶ】 なつかしく思う。▽昔を—。　偲ぶ

使い分け「しのぶ」
忍ぶ…人に知られないようにする。▽縁の下に—。忍び寄る。人目を—。恥を—。
偲ぶ…なつかしく思う。慕う。▽故人を—。故郷を—。当時の苦労が偲ばれる。

しば〔芝〕 常6 しば 芝生などにする多年草。▽—草。
筆順 一 十 艹 艹 芝 芝　芝・芝

しば〔柴〕 人10 サイ・しば 木の枝を切ってたばねたもの。▽—扉(さいひ)。
筆順 丨 ⺊ 止 止 此 此 此 柴　柴・柴

しば【芝】 イネ科の多年草。芝草。▽—刈り機。　芝

しば【柴】 山野に生える雑木。▽—刈り。brushwood　柴

じば【地場】 その地元。▽—産業。　地場

じば【磁場】 磁力の及ぶ範囲。磁界。じじょう。magnetic field　磁場

しはい【支配】 勢力・権力をもって思う通りに動かすこと。▽—階級。—人。類統治。rule　支配

しはい【紙背】 紙の裏面。　紙背

しはい【賜杯】 天皇・皇族から贈られる優勝杯。　賜杯

しばい【芝居】 ❶演劇。❷人をだますための作り事。①play　芝居

じはく【自白】 悪事や秘密を自ら白状すること。類自供。confession　自白

じばく【自爆】 ❶自分の乗る飛行機などで体当たりして爆死すること。❷自滅。　自爆

しばざくら【芝桜】 多年草の一。春に紅・白・淡青色などの小花をつける。はなつめくさ。　芝桜

しばし【暫し】 少しの間。しばらく。　暫し

しばしば【屢屢】 〈屢〉たびたび。often　屢屢

じはだ【地肌】 〈地膚〉❶素肌(すはだ)。❷大地の表面。①bare flesh　地肌

しばたたく【瞬く】 しきりにまばたきをする。blink　瞬く

しはつ【始発】❶その日最初に発車すること(・電車・バス)。▽—駅。❷出発の起点となること。▽—に乗る。対❶終発。❷終着。①first train 始発

じはつ【自発】❶自分から進んでするこど。❷文法で、動作が自然におこるという意を表す用法。 自発

しばふ【芝生】一面に芝の生えている所。lawn 芝生

じばら【自腹】❶自分の腹。❷自分の金。身銭(みぜに)。②own expenses ▼—を切る 自分の金で支払う。身銭を切る。 自腹

しはらい【支払い】代金・料金などを払うこと。payment 支払い

しばらく【暫く】❶少しの間。❷やや長い間。 暫く

しばる【縛る】❶縄などで結びつける。❷束縛する。①bind 縛る

しはん【四半】四分の一。▽—世紀。—分。quarter 四半

しはん【市販】一般の店で売ること。 市販

しはん【師範】学問・技芸などを教える人。▽—代。teacher 師範

じはん【事犯】刑罰に相当する行為。 事犯

じばん【地盤】❶土台になる土地。❷根拠地。勢力範囲。②base 地盤

じばん【襦袢】⇩じゅばん。 襦袢

しひ【私費】個人で払う費用。類自費。対公費。 私費

しひ【詩碑】詩を彫り込んだ石碑。 詩碑

しび【鴟尾】〈鵄尾〉宮殿・仏殿などの棟(むね)の両端に付ける、魚の尾の形の飾り。 鴟尾

じひ【自費】自分で払うこと・費用。 自費

じひ【慈悲】❶いつくしみ、あわれむこと。なさけ。▽—の心。❷仏のいつくしみの心。①mercy 慈悲

シビア【severe】厳しいようす。容赦(ようしゃ)のないようす。

じびか【耳鼻科】耳・鼻の病気を扱う医学の一分野。 耳鼻科

じびき【字引】❶辞典。❷字典。 字引

じひつ【自筆】自分で書くこと。また、書いたもの。自書。▽—の賀状。類直筆。対代筆。 自筆

しひゃくしびょう【四百四病】仏教で、人間がかかるあらゆる病気。 四百四

しひょう【指標】めじるし。▽景気の—。index 指標

しひょう【師表】世人の模範となること・人。model character 師表

しびょう【死病】かかれば死ぬと思われている病気。 死病

じひょう【時評】その時々の出来事に関する評論。 時評

じひょう【辞表】辞職願いの文書。 辞表

じびょう【持病】❶慢性の病気。❷持ち前の悪い癖。①chronic disease 持病

シビリアン【civilian】❶一般の民間人。文民。❷文官。

しびれる【痺れる】❶手足の感覚がなくなる。❷興奮してうっとりする。①go numb 痺れる

しびん【溲瓶】〈尿瓶〉ねたままで小便をするための容器。chamber pot 溲瓶

しふ【師父】❶師匠と父。❷父のように敬愛する先生。 師父

しぶ【支部】本部から離れた事務所。対本部。 支部

しぶ【市部】市に属する区域。 市部

しぶ【渋】❶渋柿からとる赤黒い液。柿渋。❷しぶい味。❸物からしみでる茶色の液。 渋

じふ【自負】自分の才能に自信をもつこと。▽—心。self-conceit 自負

じふ【慈父】いつくしみ深い父親。 慈父

しぶい【渋い】❶渋のような味だ。❷地味で、落ち着いた趣がある。❸けちだ。❹不愉快そうだ。 渋い

しぶいろ【渋色】柿渋のような色。赤茶色。 渋色

しぶがみ【渋紙】はり合わせて柿渋をぬった紙。 渋紙

しぶかわ【渋皮】果実の内側にある薄い皮。あまかわ。▼—が剝(む)ける あかぬけして美しくなる。 渋皮

しぶき【飛沫】細かく飛び散る水。水しぶき。spray 飛沫

しふく【至福】無上の幸福。bliss 至福

しふく【私服】個人用の服。対制服。 私服

しふく【私腹】自分の利益・財産。▼—を肥やす 地位・職権などを利用して、自分の財産をふやす。 私腹

しふく【紙幅】割り当てられている、原稿枚数。▽—が尽きる。 紙幅

しふく【雌伏】力をたくわえ、活躍の機会をじっと待つこと。▽—十年。—してチャンスを待つ。対雄飛。 雌伏

じぶくろ【地袋】床の間のわきの、違い棚の下にある小さな袋戸棚。 地袋
しぶしぶ【渋渋】いやいやながら。類不承不承。reluctantly 渋渋
しぶちゃ【渋茶】出すぎて渋い茶。また、下等な茶。 渋茶
しぶつ【死物】役に立っていない物。 死物
しぶつ【私物】個人の所有物。personal belongings 私物
じぶつ【事物】もの。物事。things 事物
じぶつ【持仏】守り本尊として、身近に置いて信仰する仏像。▽—堂。 持仏
シフト【shift】❶移動。変更。❷野球で、打者に対する変形守備。❸自動車の、ギアの入れ換え。❹交替勤務制。
しぶる【渋る】❶なめらかに進まない。❷気が進まず、ぐずぐずする。▽返事を—。②be unwilling 渋る
しふん【私憤】個人的ないきどおり。personal spite 私憤
しふん【脂粉】❶べにとおしろい。❷女性の化粧。 脂粉
しぶん【死文】実際の効力のなくなった法令・規則。▽—化。dead letter 死文
しぶん【詩文】詩と文章。また、文芸。 詩文
じぶん【自分】❶その人自身。❷わたくし。 自分
じぶん【時分】❶とき。ころ。❷時機。ころあい。①time 時分
しぶんごれつ【四分五裂】ばらばらに分かれること。▽党内は—の状態だ。split 四分

しぶんしょ【私文書】私的な立場で作られた、個人的な文書。対公文書。private document 私文書
じぶんどき【時分時】ちょうどよい時。特に、食事どき。 時分時
しへい【紙幣】紙のお金。お札。bill 紙幣
じへいしょう【自閉症】脳の機能障害による発達障害。他人に共感・共鳴することに困難をともなう。autism 自閉症
しべつ【死別】死に別れ。対生別。 死別
しへん【四辺】❶あたり。周辺。❷四つの辺。 四辺
しへん【紙片】かみきれ。 紙片
しべん【支弁】金銭を支払うこと。 支弁
しべん【至便】非常に便利なこと。▽交通—の地。most convenient 至便
しべん【思弁】経験によらず、論理的に考え判断すること。thinking 思弁
じへん【事変】❶異常な出来事。❷宣戦布告なしの戦争行為。①accident 事変
じべん【自弁】自前（じまえ）。 自弁
しぼ【思慕】思い慕うこと。longing 思慕
しぼ【皺】❶織物の、表面のでこぼこ。❷革・金属・紙などの表面の凹凸。②emboss 皺
じぼ【字母】❶ことばをつづるもとになる一つ一つの文字。❷活字の母型。①letter 字母
じぼ【慈母】子を深くいつくしむ母。merciful mother 慈母

しほう【司法】民事・刑事上の裁判。 司法
しほう【四方】❶東西南北の四つの方角。❷周り。❸正方形の各辺。▽二メートル—。類❷周囲。②all sides 四方
しほう【至宝】❶この上なく貴重な宝。❷貴重な才能や技を持つ人物。 至宝
しほう【私法】私人の権利・義務に関する法律。対公法。private law 私法
しぼう【死亡】死ぬこと。death 死亡
しぼう【志望】こうありたいと望むこと。また、その望み。wish 志望
しぼう【脂肪】動植物の体中に含まれる、あぶら。栄養素の一。fat 脂肪
じほう【時報】❶時刻の知らせ。❷その時々の出来事を報道する新聞・雑誌。▽経済—。①time signal 時報
じぼうじき【自暴自棄】なげやりになること。やけくそ。やぶれかぶれ。desperation 自暴
しぼつ【死没】〈死歿〉死ぬこと。 死没
しぼむ【萎む】〈凋む〉しおれちぢむ。しなびる。▽夢が—。wither 萎む
しぼり【絞り】❶花弁などの色がまだらなもの。❷カメラなどの光量調節装置。 絞り
しぼる【絞る】❶ねじって水けを出す。❷範囲をせばめる。▽問題点を—。❸量を制限する。❹絞り染めをする。❺むりに出す。▽知恵を—。①wring ②focus 絞る
しぼる【搾る】❶強く締めて液を出す。❷むりに出させる。❸強くしかったり責めたりする。①squeeze 搾る

使い分け「しぼる」
絞る…ねじって水分を出す。せばめる。▽タオルを―。知恵を―。油を―（＝きつくしかる）。声を振り―。人数を―。
搾る…しめつけて液を出す。むりに出させる。▽牛乳を―。油を―。年貢を搾り取る。

しほん【資本】 事業に必要な基金。もとで。capital　資本

しほんきん【資本金】 株式会社の資本の金額。もとで。　資本金

しま［縞］ 人16　コウ・しま　しまもよう。▽―柄。　縞・縞

筆順　く　幺　幺　糸　紅　紵　縞　縞

しま【島】 ❶周囲を水で囲まれた陸地。❷縄張り。①island　島

しま【縞】 平行した筋のある模様（の織物）。stripe　縞

しまい【仕舞】 能楽で、装束をつけず、地謡（じうたい）だけで舞う舞。　仕舞

しまい【姉妹】 ❶姉と妹。❷同系統で、似ている点をもつもの。①sisters　姉妹

しまいとし【姉妹都市】 友好関係を結んだ二国の都市。　姉妹

しまう【仕舞う】 〈終う・了う〉❶終わる。❷やめる。❸片付ける。❹…しおえる。　仕舞う

しまうま【縞馬】 馬の一。全身に白と黒の縞がある。ゼブラ。zebra　縞馬

じまえ【自前】 費用を自分で出すこと。自弁。　自前

しまおくそく【揣摩臆測】 当て推量。　揣摩

じまく【字幕】 映画・テレビで、せりふの訳などを文字で映し出したもの。　字幕

しまぐに【島国】 周囲を海に囲まれた国。island country　島国

しまぐにこんじょう【島国根性】 視野が狭く閉鎖的な性質。　根性

しまだ【島田】 「島田髷（まげ）」の略。主に未婚の女性が結った日本髪。

しまだい【島台】 蓬莱（ほうらい）山の形をまねた、祝儀の飾り物。

島田

しまつ【始末】 ❶事のなりゆき。いきさつ。▽事の―を語る。❷結果としての（悪い）ありさま。❸処理すること。▽―を付ける。❹倹約すること。▽―屋。③handle　始末

しまつしょ【始末書】 過失をわび、事情を書いて差し出す文書。　始末書

しまながし【島流し】 ❶昔、罪人を遠方の島や土地に送り、居住地を制限した刑。流罪（るざい）。❷不便な土地に転勤になること。　島流し

しまる【閉まる】 あいていたものがとざされる。▽戸が―。be closed　閉まる

しまる【絞まる】 強くくくられる。▽首が―。tighten　絞まる

しまる【締まる】 ❶ゆるみがなくなる。▽ねじが―。❷ひきしまる。❸倹約する。①tighten　締まる

じまわり【地回り】 ❶近在を回って歩く商人。❷その土地をうろつくならず者。❸近在から品物が出回ること。　地回り

じまん【自慢】 自分の事を他人に誇ること。pride　自慢

しみ【染み】 ❶液のしみたよごれ。また、汚点。❷皮膚にできる茶色の斑点。①stain　染み

しみ【紙魚】 〈衣魚〉昆虫の一。小形で、衣類・書物などを食い荒らす。moth　紙魚

じみ【地味】 ひかえめで目立たないようす。対派手。plain　地味

じみ【滋味】 ❶うまいあじわい。❷心をゆたかにする深い内容。▽―掬（きく）すべし。　滋味

しみじみ ❶深く心に感じるようす。❷心静かに話をするようす。

しみず【清水】 岩間などからわき出る、澄んだ水。　清水

じみち【地道】 手がたく行うようす。類着実。steady　地道

しみゃく【支脈】 山脈などの、本すじから分かれたもの。対主脈。offset　支脈

シミュレーション【simulation】 模擬（もぎ）実験（で分析・予測すること）。

シミュレーター【simulator】 シミュレーションに使う機器・装置。

しみる【染みる】 ❶〈滲みる〉液体が物の中にはいる。❷〈沁みる〉痛いほどの刺激が体や心をつき通る。▽薬が―。心に―。①soak　染みる

しみる【凍みる】 こおる。freeze　凍みる

しみん【四民】士・農・工・商の四つの階層。転じて、すべての人々。 四民

しみん【市民】❶市の住民。❷国政に参加する資格のある国民。①②citizen 市民

しみんけん【市民権】❶社会の一員として政治に参加できる権利。❷世に広く認められること。▽この新語はすでに―を得た。①citizenship 市民権

ジム【gym】❶体育館。ジムナジウム。❷ボクシングの練習場。❸トレーニング施設。

じむ【寺務】寺の事務。▽―所。 寺務

じむ【事務】役所・会社などで、主に机の上でする仕事。office work 事務

しむける【仕向ける】それをするように働きかける。urge 仕向ける

じむし【地虫】地中にすむ虫。grub 地虫

しめ【締め】❶しめること。❷合計。❸手紙の封じ目に書く「〆」の字。 締め

しめい【氏名】姓名。full name 氏名

しめい【死命】死と生命。死ぬか生きるか。▼**―を制する** 相手の運命を決める急所をおさえる。 死命

しめい【使命】与えられた重要な任務。▽―感。mission 使命

しめい【指名】人を指定すること。名指し。nomination 指名

じめい【自明】特に証明するまでもなく、明らかなこと。▽―の理。self-evidence 自明

しめかざり【注連飾り】しめ縄を張った飾り。 注連飾り

しめきり【締め切り】取り扱いを打ち切ること・期日。〆切り。▽―がせまる。closing 締め切り

しめくくる【締め括る】話や仕事のまとまりをつける。 締め括

しめさば【締め鯖】さばの切り身に塩と酢をしみこませた食品。 締め鯖

しめし【示し】手本としての教え。戒め。また、他に対するみせしめ。▼**―がつかない** よい手本にならない。 示し

しめじ【湿地】〈占地〉きのこの一。傘は灰色で小さく、柄は白い。食用。ほんしめじ。 湿地

しめしあわせる【示し合わせる】❶前もって相談し合う。❷合図で知らせ合う。 示し合

しめす【示す】❶出して見せる。❷伝え知らせる。❸形に表す。①show 示す

しめす【湿す】少しぬらす。湿らせる。wet 湿す

しめつ【死滅】死に絶えること。 死滅

じめつ【自滅】❶自分のしたことが原因で、自分が滅びること。❷自然に滅びること。①self-destruction 自滅

しめっぽい【湿っぽい】❶湿り気がある。❷陰気だ。①wet 湿っぽい

しめなわ【注連縄】〈標縄・七五三縄〉神前などに張る、四手（しで）を垂らした縄。 注連縄

しめやか ❶静かなようす。❷悲しみに沈んでいるようす。

しめる【占める】自分の所有とし、そこをふさぐ。占有する。occupy 占める

しめる【閉める】とじる。対開ける。close 閉める

しめる【湿る】❶水分をふくむ。❷気持ちが沈む。①moisten 湿る

しめる【絞める】ひもなどで強くくくる。▽首を―。tie 絞める

しめる【締める】❶ゆるみをなくす。❷帯などを結ぶ。❸倹約する。❹合計する。❺手打ちをする。❻塩や酢で魚の身をしまらせる。①tighten ②tie 締める

使い分け「しまる・しめる」

締まる・締める…緩みのないようにする。区切りを付ける。▽帯を締める。心を引き締める。財布のひもを締める。売上げを月末で締める。申し込みの締め切り。

絞まる・絞める…首の周りを強く圧迫する。▽ネクタイで首が絞まって苦しい。柔道の絞め技。

閉まる・閉める…開いているものが閉じる。▽戸が閉まる。カーテンが閉まる。蓋を閉める。店を閉める。

しめん【四面】❶四つの面。❷周囲。四方。①four surfaces 四面

しめん【紙面】❶紙の表面。❷新聞の記事をのせた面。紙上。②space 紙面

しめん【誌面】雑誌の記事をのせた面。誌上。 誌面

じめん【地面】❶大地の表面。❷地所。①ground 地面

しめんそか【四面楚歌】敵に囲まれて孤立すること。 楚歌

しも【下】❶低い方。下（した）の方。❷川の下流。❸あとの部分。▽―半期。 下

し

❹身分の低い者。❺主になる所から遠い所。対❶～❺上(かみ)。①lower part

しも【霜】 水蒸気が氷の結晶として地面や物の表面に付いたもの。▽―がおりる。frost ▼―を置く 白髪(しらが)頭となる。 霜

しもがれ【霜枯れ】 霜で草木が枯れること。 霜枯れ

しもき【下期】 下半期。 下期

じもく【耳目】 ❶耳と目。❷聞くことと見ること。❸人々の関心。▼―を集める 世間の注意・関心をひく。 耳目

しもざ【下座】 下位の席。末席(まっせき)。 下座

しもじも【下下】 身分の低い人々。庶民。 下下

しもたや【しもた屋】 商店街にあって、商売をしていない民家。 しもた屋

しもつき【霜月】 陰暦十一月の別称。 霜月

しもて【下手】 ❶下の方。❷舞台の、向かって左の方。対❷上手(かみて)。 下手

じもと【地元】 ❶そのことに関係のある土地。❷自分の住んでいる土地。①local ②hometown 地元

しものく【下の句】 短歌で、後の七・七の句。 下の句

しもばしら【霜柱】 土中の水分がこおった柱状のもの。▽―が立つ。 霜柱

しもはんき【下半期】 一年を二期に分けた後半の六か月。下期。 下半期

しもぶくれ【下脹れ】 (下膨れ)顔の下の方がふっくらしていること。 下脹れ

しもふり【霜降り】 ❶脂肪がこまかくはいった上等の牛肉。❷熱湯をかけたさしみ。❸白い点が一面にある模様・布地。 霜降り

しもべ【僕】 召し使い。servant 僕

しもん【指紋】 指先の内側にある模様。fingerprint 指紋

しもん【試問】 試験のために質問すること。▽口頭―。question 試問

しもん【諮問】 目下の者や有識者などに意見を求めること。▽―機関。inquiry 諮問

じもん【地紋】 布地の織ったり染めたりした模様。pattern 地紋

じもん【自問】 自分に問うこと。 自問

じもんじとう【自問自答】 自分の問いに自分で答えること。 自答

しや【視野】 ❶視界。❷観察・思慮などの及ぶ範囲。▽―が狭い。②outlook 視野

しゃ〔写〕 常5 シャ・うつす・うつる うつし、あらわす。▽―実。描―。映―。
筆順 丶 冖 冖 写 写 写・写

しゃ〔社〕 常7〔社〕人8 シャ・やしろ ❶土地の神。❷やしろ。▽神―。❸世の中。▽―会。❹団体。▽結―。❺「会社」の略。
筆順 丶 ラ ネ ネ 社 社 社 社・社

しゃ〔車〕 常7 シャ・くるま ❶乗り物。▽―両。馬―。❷輪(状のもの)。▽―座。水―。
筆順 一 丆 冂 百 亘 亘 車 車・车

しゃ〔舎〕 常8 シャ いえ。仮にとまる、やど。▽校―。宿―。
筆順 ノ 入 亼 今 全 全 舎 舎 舎

しゃ〔者〕 常8〔者〕人9 シャ・もの ❶…する人。▽学―。❷あるもの・場所。▽前―。
筆順 一 十 土 耂 耂 者 者 者 者

しゃ〔柘〕 人9 シャ クワ科の木の、やまぐわ。▽―榴(ざくろ)。―植(つげ)。
筆順 一 十 木 木 杆 杆 柘 柘 柘

しゃ〔射〕 常10 シャ・いる ❶はなつ。▽―撃。―手。発―。❷勢いよく発する。▽―出。放―。反―。
筆順 ′ 亻 门 自 身 身 射 射 射

しゃ〔紗〕 人10 シャ・サ うすい(絹)織物。▽羅―(らしゃ)。更―(さらさ)。
筆順 く 幺 幺 糸 糸 糸 紗 紗 紗

しゃ〔捨〕 常11 シャ・すてる ❶すてる。▽取―。❷ほどこす。▽喜―。(捨)
筆順 一 扌 扌 抡 抡 拎 捨 捨 捨

しゃ〔赦〕 常11 シャ 罪やあやまちをゆるす。▽―免。恩―。容―。
筆順 土 ナ 赤 赤 赤 赦 赦 赦 赦

しゃ〔斜〕 常11 シャ・ななめ かたむいている。▽―面。―陽。傾―。
筆順 ノ 人 스 스 余 余 余 斜 斜 斜・斜

しゃ〔煮〕 常12〔煮〕人13 シャ・にる・にえる・にやす にる。にえる。▽―沸(しゃふつ)。

雑―(ぞうに)。

筆順 土 耂 者 者 者 煮 煮

煮・煮

しゃ〔遮〕常14 シャ・さえぎる さえぎる。見えなくする。▽―断。―蔽(しゃへい)。

筆順 广 户 产 产 庶 庶 遮 遮

遮・遮

しゃ〔謝〕常17 シャ・あやまる ❶わびる。▽―罪。陳―。❷お礼の意を表す。▽―辞。感―。❸ことわる。▽―絶。

筆順 訁 訁 訁 訂 訃 訃 謝 謝

謝・謝

しゃ〔砂〕⇩さ

しゃ【社】❶やしろ。神社。❷「会社」「新聞社」などの略。

社

しゃ【紗】夏用の絹織物。うすぎぬ。

紗

しゃ【斜】ななめ。はす。▼―に構える 皮肉やからかいの態度で対応する。

斜

じゃ〔邪〕常8 ジャ ❶心がねじけた。▽―道。―念。❷害をあたえる。▽―魔。風―(かぜ)。

筆順 一 ㄷ 工 牙 牙 牙ʼ 邪 邪

邪・邪

じゃ〔蛇〕常11 ジャ・ダ・へび は虫類の、へび。▽―行。長―。大―。

筆順 口 中 虫 虫 虫ʼ 蛇 蛇 蛇

蛇・蛇

じゃ【蛇】大きなへび。▼―の道は蛇(へび) 同類の者のすることはよくわかるということ。

蛇

じゃあく【邪悪】よこしま。wickedness

邪悪

ジャーナリスト【journalist】ジャーナリズムの仕事にたずさわる人。

ジャーナリズム【journalism】テレビ・新聞などの報道機関(の活動)。

シャープ【sharp】❶鋭いこと。❷音楽で半音上げる記号。♯。対❷フラット。

シャイ【shy】内気なようす。

しゃい【謝意】❶感謝の気持ち。①thanks ❷おわびの気持ち。

謝意

しゃいん【社員】❶会社員。①office worker ❷社団法人の構成員。

社員

しゃうん【社運】会社の運命。

社運

しゃおく【社屋】会社の建物。

社屋

しゃおん【謝恩】恩に感謝すること。

謝恩

しゃか【釈迦】仏教の開祖。釈迦牟尼(しゃかむに)。▼―に説法(せっぽう) 熟知している人に教えを説くおろかさのたとえ。

釈迦

しゃかい【社会】❶共同生活を営む集団。①society ❷仲間。❸世間。

社会

しゃかいかがく【社会科学】社会現象を研究対象とする学問。social science

科学

しゃかいしほん【社会資本】道路・港湾・上下水道など国民経済全体に欠かせない産業関連施設。

資本

しゃかいめん【社会面】新聞で、社会の一般的な出来事を載せた面。三面。

社会面

しゃがむ ひざ・腰をまげて低い姿勢になる。かがむ。crouch

しゃがれる【嗄れる】声がかすれる。しわがれる。

嗄れる

しゃかん【舎監】寄宿舎の監督。

舎監

じゃき【邪気】❶悪意のある気持ち。①malice ❷病気を引き起こす、悪い気。▽―を払う。類❶邪心。

邪気

しゃきょう【写経】経文を書き写すこと。また、書き写した経文。

写経

しゃぎょう【社業】会社の事業。

社業

じゃきょう【邪教】人心をまどわす、有害な宗教。邪宗。heretical religion

邪教

しゃきん【謝金】謝礼金。礼金。fee

謝金

しゃく【試薬】化学分析で、ある物質が含まれているかどうかをしらべるために使う薬品。reagent

試薬

しゃく〔勺〕人3 シャク ❶ひしゃく。❷尺貫法の面積・容積の単位。(勺)

筆順 ノ 勹 勺

勺・勺

しゃく〔尺〕シャク ❶尺貫法の長さの単位。❷ものさし。▽―度。❸わずか。

筆順 ㇆ コ 尸 尺

尺・尺

しゃく〔杓〕7 シャク 水をくむ道具。ひしゃく。▽―子(しゃくし)。

杓・杓

しゃく〔灼〕人7 シャク・やく ❶やく。▽―熱。❷明るい。▽―然。

筆順 丶 丷 火 火 灯 灼 灼

灼・灼

しゃく〔借〕常10 シャク・かりる ❶かりる。かり。❷仮にあてる。▽仮―(かしゃ)。

筆順 亻 亻 亻 亻 件 借 借 借

借・借

しゃく〔酌〕常10 シャク・くむ ❶酒をつぐ。❷思いやる。▽―量。(酌)

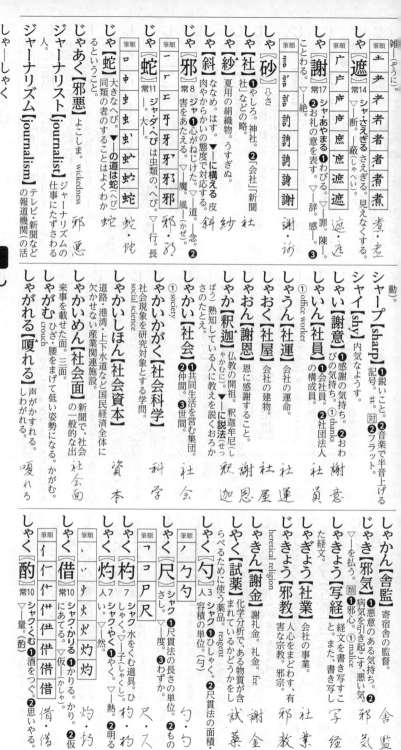

筆順 冂 丙 西 酉 酉 酌 酌 酌
酌・酌

しゃく【釈】常11 シャク とく。ときほぐす。▽―然。―放。解―。(釋)
筆順 ノ ㇒ 立 平 釆 釈 釈 釈
釈・釈

しゃく【爵】常17 シャク 貴族の階級。▽―位。
筆順 爫 爫 爫 爫 爵 爵 爵 爵
爵・爵

しゃく【石】⇩せき　しゃく【赤】⇩せき

しゃく【昔】⇩せき　しゃく【錫】⇩すず

しゃく【勺】❶尺貫法の容積・容量の単位。合(ごう)の一〇分の一。❷尺貫法の面積の単位。坪の一〇〇分の一。 勺

しゃく【尺】❶尺貫法の長さの単位。一尺は一〇寸。約三〇・三センチ。❷長さ。丈(たけ)。身長。❸ものさし。▽―を取る(＝ものさしで測る)。 尺

しゃく【酌】酒を杯につぐこと。お酌。 酌

しゃく【癪】❶不愉快で腹が立つこと。▽―の種。❷胸部・腹部などにおこる激痛。胃けいれんなど。さしこみ。▽持病の―がおこる。①annoyance 癪

じゃく【持薬】いつも服用している薬。また、いつも持ち歩いている薬。usual medicine 持薬

じゃく【若】常8 ジャク・ニャク・わかい・もしくは ❶年が少ない。わかい。▽―年。―芽。―輩。❷いくらか。▽―干。
筆順 一 十 艹 艹 芒 芓 若 若
若・若

じゃく【弱】常10 ジャク・よわい・よわる・よわまる・よわめる ❶よわい。▽―点。❷よわる。▽衰―。❸わかい。▽―冠。❹少したりない。(弱)
筆順 ㇕ ㇕ 弓 弓 弓 弱 弱 弱
弱・弱

じゃく【寂】常11 ジャク・セキ・さび・さびしい・さびれる ❶さびしい。▽―然(せきぜん)。静―。❷死。▽―滅。入―。
筆順 宀 宀 宀 宁 宇 宗 寂 寂
寂・寂

じゃく【惹】人12 ジャク・ひく 心をひきつける。ひき起こす。▽―起。
筆順 一 艹 艹 芒 若 若 惹 惹
惹・惹

じゃく【雀】⇩すずめ　じゃく【着】⇩ちゃく

じゃく【弱】❶よわい。▽―アルカリ性。❷…足らず。▽二メートル―。対❷強。 弱

じゃく【寂】さびしいほど静かで、ひっそりしているようす。せき。 寂

しゃくい【爵位】華族の階級。 爵位

しゃくざい【借財】借金。debt 借財

しゃくし【杓子】飯・汁などをすくい取る道具。ladle 杓子

しゃくしじょうぎ【杓子定規】応用や融通のきかないこと。 定規

じゃくしゃ【弱者】弱い者。the weak 弱者

しゃくしゃく【綽綽】落ち着いて、あせらないようす。綽然(しゃくぜん)。▽余裕―。 綽綽

じゃくじゃく【寂寂】❶さびしいようす。❷無心なようす。 寂寂

しゃくじょう【錫杖】僧・修験者が持つ、鉄の輪がついた杖(つえ)。 錫杖

じゃくしょう【弱小】❶弱くて小さいこと。❷年少。対❶強大。 弱小

しゃくすん【尺寸】ごくわずかであること。せきすん。▽―の地。 尺寸

しゃくぜん【釈然】疑い・恨みがすっかり消え、さっぱりするようす。▽―としない。 釈然

しゃくそん【釈尊】釈迦(しゃか)の敬称。 釈尊

じゃくたい【弱体】❶弱い体。❷組織・体制などが弱いこと。②weak 弱体

しゃくち【借地】土地を借りること。借りた土地。かりち。leased land 借地

じゃぐち【蛇口】水道管の先の、金属製の流出口。faucet 蛇口

じゃくてん【弱点】❶不完全なところ。欠点。❷よわみ。②weak point 弱点

じゃくでん【弱電】家庭で扱う程度の弱い電力。対強電。 弱電

しゃくど【尺度】❶ものさし。❷計算・評価の基準。めやす。②standard 尺度

しゃくどういろ【赤銅色】赤黒い色。注×せきどういろ。brown 赤銅色

しゃくなげ【石楠花】〈石南花〉高山に自生する木の一。初夏、つつじに似た花が咲く。rhododendron 石楠花

じゃくにくきょうしょく【弱肉強食】弱者を犠牲にして強者が栄えること。 弱肉

しゃくねつ【灼熱】焼けて熱くなること。また、焼けつくように熱いこと。 灼熱

じゃくねん【若年】〈弱年〉年が若いこと・人・年代。若齢。youth 若年

じゃくはい【若輩】〈弱輩〉❶年少者。❷未熟な者。▽—をよろしく御指導下さい。類❷青二才。 若輩

しゃくはち【尺八】竹製の縦笛。長さ一尺八寸(五四・五センチ)。 尺八

しゃくふ【酌婦】酒の酌などをして客をもてなす女性。 酌婦

しゃくぶく【折伏】仏教で、相手を説き伏せて、正しい信仰に導くこと。 折伏

しゃくほう【釈放】拘束を解いて自由にすること。release 釈放

しゃくま【借間】間借り(した部屋)。rented room 借間

しゃくめい【釈明】事情を説明して、了解を求めること。▽—の余地はない。類弁明。explanation 釈明

じゃくめつ【寂滅】❶迷いを離れ、悟(さと)ること。❷死ぬこと。 寂滅

しゃくや【借家】借りて住む家。しゃっか。▽—住まい。rented house 借家

しゃくやく【芍薬】草花の一。初夏、紅・白などの大形の花が咲く。peony 芍薬

しゃくよう【借用】借りて使うこと。▽—書。borrowing 借用

しゃくらん【借覧】借りて見ること。 借覧

しゃくりあげる【噦り上げる】息を吸い込むようにして泣く。 噦り上

しゃくりょう【酌量】事情をくみとること。▽情状—。類斟酌(しんしゃく)。 酌量

しゃくる【杓る】❶すくう。❷えぐる。❸下あごを軽く上げる。①ladle 杓る

しゃくる【噦る】しゃくりあげる。しゃくり泣きする。 噦る

しゃけ【鮭】⇩さけ。 鮭

しゃけい【舎兄】自分の兄。対舎弟。elder brother 舎兄

しゃげき【射撃】銃砲を撃つこと。shooting 射撃

しゃけつ【瀉血】治療のために、静脈から一定量の血液を取り去ること。phlebotomy 瀉血

しゃけん【車検】自動車検査(証)。 車検

じゃけん【邪険】思いやりがなくて意地悪なようす。harsh 邪険

しゃこ【車庫】電車・自動車を入れておく建物。類ガレージ。 車庫

しゃこ【硨磲】二枚貝の一。世界最大の大きさで、貝殻は装飾用。 硨磲

しゃこ【蝦蛄】節足動物の一。形はえびに似る。浅い海の泥の中にすむ。食用。 蝦蛄

しゃこう【社交】人との交際。▽—界。social intercourse 社交

しゃこう【遮光】光をさえぎること。shading 遮光

しゃこうじれい【社交辞令】つきあい上のほめことば。外交辞令。 辞令

しゃこうしん【射幸心】〈射倖心〉まぐれ当たりの利益を得ようとする気持ち。 射幸心

しゃこく【社告】会社・新聞社などが出す知らせ。announcement 社告

しゃさい【社債】株式会社が資金を借りるために発行する証券。 社債

しゃざい【謝罪】犯した罪や過ちをわびること。apology 謝罪

しゃさつ【射殺】撃ち殺すこと。 射殺

しゃし【斜視】左右の視線が平行しないこと。squint 斜視

しゃし【奢侈】度を過ぎてぜいたくなこと・ようす。▽—に流れる。 奢侈

しゃじ【社寺】神社と寺院。寺社。 社寺

しゃじ【謝辞】❶お礼のことば。❷おわびのことば。 謝辞

しゃじく【車軸】車の心棒。wheel axle ▼—を流す 大雨の形容。 車軸

しゃじつ【写実】ありのままに描写すること。 写実

しゃしゅ【社主】会社・結社の持ち主。 社主

しゃしゅ【車種】自動車などの種類。 車種

しゃしゅ【射手】❶弓を射る人。❷銃砲を撃つ人。射撃手。①②shooter 射手

じゃしゅう【邪宗】❶邪教。❷江戸時代のキリシタン宗。①heresy 邪宗

しゃしゅつ【射出】❶矢・弾丸などを発射すること。❷液体などが小さな穴から勢いよく出ること。①shooting 射出

しゃしょう【車掌】 電車などで、車内の仕事をする乗務員。conductor 車掌

しゃしょう【捨象】 概念を抽象するとき、共通性以外の要素を対象からすて去ること。捨象

しゃじょう【車上】 車の上。▼―の人となる 車などに乗る。車上

しゃじょう【射場】 ❶弓を射る場所。矢場(やば)。❷射撃場。②firing range 射場

しゃしょく【社稷】 国家。▼―の臣 国を守る重臣。社稷

しゃしん【写真】 写真機で写すこと。また、写したもの。photograph 写真

じゃしん【邪心】 よこしまな心。邪心

じゃすい【邪推】 悪く推察すること。邪推

しゃする【謝する】 ❶礼を言う。▽御厚意を―。❷謝る。▽失礼を―。❸丁寧に断る。▽面会を―。かたく―して受けない。❹いとまごいをする。②apologize 謝する

しゃぜ【社是】 会社の経営方針。また、それを表す標語。社是

しゃせい【写生】 見た通りに写し取ること。スケッチ。▽―文。sketching 写生

しゃせつ【社説】 新聞で、その社の主張として載せる論説。editorial 社説

しゃぜつ【謝絶】 断ること。▽面会―。refusal 謝絶

じゃせつ【邪説】 人をまどわすまちがった説。異端の説。heresy 邪説

しゃせん【車線】 車の走行路線。traffic lane 車線

しゃそう【社葬】 会社が施主となって営む葬儀。company funeral 社葬

しゃそう【車窓】 列車・自動車のまど。車窓

しゃたく【社宅】 企業の社員住宅。社宅

しゃだつ【洒脱】 あかぬけて俗気がないようす。▽軽妙―。洒脱

しゃだん【社団】 一定の目的で集まった団体で、社会的に活動するもの。社団

しゃだん【遮断】 流れをさえぎり止めること。interception 遮断

しゃち【鯱】 イルカ科の海獣の一。大形で、獰猛(どうもう)。grampus 鯱

しゃちほこ【鯱】 (鯱鉾)城などの棟(むね)の両端に取り付ける飾り瓦(がわら)。

しゃちほこばる【鯱張る】 いかめしく構える。また、緊張して固くなる。しゃっちょこばる。

鯱

しゃちゅう【社中】 ❶社内。❷(邦楽・文芸などで)同門・結社の仲間。社中

しゃちゅう【車中】 乗り物の中。車内。▽―談。車中

しゃちょう【社長】 会社・社団などの最高責任者。president 社長

じゃっか【弱化】 弱めること。力などが弱まること。▽経済競争力が―する。対強化。weakening 弱化

しゃっかん【借款】 (国際間の)資金の貸借。loan 借款

じゃっかん【若干】 少し。いくらか。some 若干

じゃっかん【弱冠】 ❶男子二〇歳の別称。❷年が若いこと。▽―一八歳の投手。注×若冠。②youth 弱冠

しゃっかんほう【尺貫法】 長さが尺、重さが貫、容積が升を基本単位とする、日本古来の度量衡。尺貫法

じゃっき【惹起】 事件・問題などをひきおこすこと。cause 惹起

しゃっきん【借金】 金銭を借りること。また、その金銭。類借財。debt 借金

じゃっく【惹句】 人をひきつける短い文句。うたい文句。catch phrase 惹句

しゃっくり【吃逆】 (噦)横隔膜のけいれんで起こる、空気を激しく吸いこむ反射運動。hiccup 吃逆

しゃっけい【借景】 外の景色を、庭の背景として取り入れること。借景

じゃっこうじょうど【寂光浄土】 仏が住んでいる浄土。寂光

ジャッジ【judge】 ❶審判。判定。❷審判員。裁判官。

しゃてい【舎弟】 ❶自分の弟。❷弟分。対❶舎兄。①younger brother 舎弟

しゃてい【射程】 ❶弾丸の届く距離。射程距離。❷力の及ぶ範囲。▽優勝を―内に入れる。①range 射程

しゃてき【射的】 空気銃で的(まと)を倒し、景品などをもらう遊び。射的

しゃでん【社殿】神社で、神体の祭ってある建物。 社殿

しゃどう【車道】道路の車の通る部分。対歩道。roadway 車道

じゃどう【邪道】❶非道徳的な行い。❷正しくないやり方。▽そのやり方は—だ。対❶❷正道。 邪道

しゃにくさい【謝肉祭】カトリックで、肉食を慎む四旬節(＝復活祭前の四〇日間)直前に行う祭り。carnival 謝肉祭

しゃにむに【遮二無二】がむしゃらに。recklessly 遮二無二

じゃねん【邪念】❶よこしまな考え。❷不純な考え。①wicked mind 邪念

じゃのめ【蛇の目】❶太い輪の形。❷❶の模様をつけた傘。蛇の目傘。 蛇の目

しゃば【車馬】車と馬。また、乗り物。▽—賃。 車馬

しゃば【娑婆】❶仏教で、俗界。人間界。❷軍隊・刑務所などから見た、外の自由な世界。 娑婆

しゃばけ【娑婆気】名誉や利益に執着する心。 娑婆気

ジャパネスク【Japanesque】日本風なこと。日本調。

じゃばら【蛇腹】ひだがあって伸縮の自由なもの。▽アコーディオンの—。 蛇腹

しゃはん【這般】これら。このへん。 這般

しゃひ【社費】❶会社の費用。❷神社の費用。①company's expenses 社費

じゃひ【邪飛】野球で、ファウルフライ。 邪飛

しゃふ【車夫】人力車の車引き。 車夫

しゃふう【社風】その会社の気風。 社風

しゃふつ【煮沸】煮え立たせること。▽—消毒。boiling 煮沸

しゃへい【遮蔽】おおい隠すこと・物。cover 遮蔽

しゃべる〔喋〕人12 チョウ・しゃべる 口数多く話す。▽—喋(ちょうちょう)。 喋・喋

筆順							
口	口一	口廾	口廾	咄	咄	喋	喋

しゃべる【喋る】❶話す。❷口数多く言う。①talk 喋る

じゃほう【邪法】悪い教え。 邪法

じゃま【邪魔】❶妨げること・もの。❷〈「お—する」の形で〉訪問する。うかがう。①disturbance 邪魔

しゃみせん【三味線】三本弦の、ばちで弾く日本の弦楽器。三弦。 三味線

しゃむしょ【社務所】神社の事務所。 社務所

しゃめい【社命】社員への業務命令。 社命

しゃめん【斜面】傾いている面。slope 斜面

しゃめん【赦免】罪を許すこと。▽—を請う。類放免。remission 赦免

しゃも【軍鶏】鶏の品種の一。闘鶏用・食肉用。 軍鶏

しゃもじ【杓文字】飯・汁などをすくう道具。特に、飯をよそう道具。ladle 杓文字

しゃゆう【社友】❶社員以外で、社の業務に協力し、社員待遇を受けている人。❷同じ会社・結社の仲間。 社友

しゃよう【社用】会社の用事。 社用

しゃよう【斜陽】❶夕日。入り日。❷没落しかかること。▽—産業。①setting sun 斜陽

じゃよく【邪欲】❶みだらな欲望。❷不正な欲望。②wicked desire 邪欲

しゃらくさい【洒落臭い】出過ぎて、なまいきだ。cheeky 洒落

しゃり【舎利】❶仏陀(ぶっだ)の遺骨。仏舎利。❷火葬にして残った骨。❸米のめし。▽銀—(＝白米)。 舎利

じゃり【砂利】❶小石。❷子供の客をさす俗語。転じて、子供。①gravel 砂利

しゃりょう【車両】〈車輛〉鉄道や道路上を走る車の総称。car 車両

しゃりん【車輪】車の輪。wheel 車輪

しゃれ【洒落】❶同音・類音の語にかけていう、即興のことば遊び。地口(じぐち)。❷気がきいて、粋なこと。❸おしゃれ。注×酒落。①pun 洒落

しゃれい【謝礼】謝意を表すことばや贈り物。お礼。 謝礼

しゃれき【社歴】❶勤続年数。❷会社の歴史。②company history 社歴

しゃれこうべ【髑髏】⇩どくろ。 髑髏

しゃれる【洒落る】❶美しく装う。❷気がきいている。▽—れた建物。❸しゃれ❶を言う。❹なまいきなところがある。▽—れたことを言うな。③joke 洒落る

じゃれる【戯れる】まつわりついてたわむれる。▽小犬が―。 戯れる

じゃれん【邪恋】不倫の恋。 邪恋

ジャンクション【junction】高速道路などの合流点。

じゃんけん【じゃん拳】片手で石・はさみ・紙の形を出し合って勝負を決める遊び。 じゃん拳

ジャンパー【jumper】❶作業・運動用の、実用的な上着。ジャンパー。❷スキー・陸上競技の、跳躍種目の選手。

ジャンボ【jumbo】❶形の大きいようす。❷「ジャンボジェット」の略。大型のジェット旅客機。

ジャンル【genre フランス】種類。部門。

しゅ〔手〕常4 シュ・て・た ❶て。▽握―。挙―。❷自分で。▽―記。❸…する人。▽歌―。選―。❹方法。▽―段。 手・手

筆順 一 二 三 手

しゅ〔主〕常5 シュ・ス・ぬし・おも ❶あるじ。▽―人。❷中心になる。▽―催。 主・主

筆順 丶 亠 十 主 主

しゅ〔守〕常6 シュ・ス・まもる・もり ❶まもる。▽―備。❷世話をする。▽子―。 守・守

筆順 丶 丷 宀 宁 守 守

しゅ〔朱〕常6 シュ 赤い色。赤色の顔料。▽―肉。―筆。 朱・朱

筆順 ノ 𠂉 ⺧ 牛 牛 朱

しゅ〔取〕常8 シュ・とる 自分のものにする。とる。▽―得。摂―。 取・取

筆順 一 丆 F F E 耳 取 取

しゅ〔狩〕常9 シュ・かる・かり ❶鳥やけものをとる。▽―人(かりゅうど・かりうど)。―猟。❷楽しみさがす。▽紅葉(もみじ)―り。 狩・狩

筆順 ノ 犭 犭 犷 狞 狩 狩

しゅ〔首〕常9 シュ・くび ❶くび。あたま。▽―肯。❷一番目。▽―席。巻―。❸かしら。▽―領。元―。❹白状する。▽自―。 首・首

筆順 丶 丷 䒑 䒑 首 首

しゅ〔殊〕常10 シュ・こと ❶ことなる。特別。▽特―。❷とりわけ。特に。▽―勲。 殊・殊

筆順 ア 歹 歹 歺 殊 殊

しゅ〔珠〕常10 シュ ❶真珠。▽―玉。❷小さいたま。▽―算。数―(じゅず)。 珠・珠

筆順 一 T 王 王 玕 珠

しゅ〔酒〕常10 シュ・さけ・さか さけ。▽―豪。禁―。―池肉林。 酒・酒

筆順 氵 汀 沂 洒 洒 酒

しゅ〔腫〕常13 シュ・はれる・はらす はれる。はれもの。▽―瘍(しゅよう)。 腫・腫

筆順 月 肝 肝 脂 脜 腫

しゅ〔種〕常14 シュ・たね ❶たね。▽―子。❷分類したもの。▽―類。人―。 種・種

筆順 禾 秆 秆 稍 稙 種

しゅ〔趣〕常15 シュ・おもむき ❶おもむき。▽―向。―味。❷ねらい。内容。▽―旨。 趣・趣

筆順 土 キ 走 走 赳 趄 趣

しゅ〔修〕⇩しゅう

しゅ〔衆〕⇩しゅう

しゅ【主】❶主人。❷主君。❸中心。▽仕事を―とする。❹キリスト教で、神・キリスト。❺おもな。▽―音声。対❶客。❷❸従。 主

しゅ【朱】❶橙(だいだい)に近い赤(の顔料)。❷朱墨。▼―に交われば赤くなる 交際する友により善くも悪くもなる。―を入れる添削（てんさく）する。　朱

しゅ【種】❶種類。❷生物分類の基礎単位。 種

じゅ〔寿〕常7〔壽〕人14 ジュ・ことぶき ❶長生き。▽長―。❷いのち。▽―命。天―。❸ことほぐ。▽―詞。 寿・壽

筆順 一 二 三 丰 寿 寿

じゅ〔受〕常8 ジュ・うける・うかる うけ入れる。うけとる。▽―賞。―容。―験。 受・受

筆順 一 ⺈ ⺈ 爫 𠬤 受

じゅ〔呪〕常8 ジュ・のろう ❶のろう。▽―文。❷まじない。▽―術。―縛(じゅばく)。 呪・呪

筆順 丨 口 口 叩 叩 呪

じゅ〔授〕常11 ジュ・さずける・さずかる わたす。あたえる。▽―与。教―。 授・授

筆順 扌 扌 扩 抨 授 授

じゅ〔綬〕14 ジュ 勲章などをつるすひも。▽印―。紫―。 綬・綬

じゅ〔需〕常14 ジュ もとめる。▽―給。―要。 需・需

じゅ〔儒〕常16 ジュ ❶孔子の教え。孔子の教えを伝える人。▽―教。―学。―林。❷教養のある人。学者。 儒・儒

筆順 一 币 雨 雫 雫 雫 需

し

筆順 亻 仠 伒 伒 儒 儒 儒 儒 ／ 儒・儒

じゅ【樹】常16 ジュ ❶立ち木。▽—齢。植—。❷たてる。▽—立。

筆順 木 朩 桔 桔 桔 樹 樹 ／ 樹・樹

じゅ【嬬】17 ジュ・つま。◎地名・人名につかわれる。「嬬恋(つまごい)」など。 嬬・嬬

じゅ【従】⇩じゅう

じゅ【就】⇩しゅう

じゅ【寿】❶長命。❷年齢。❸祝い。 寿

しゅい【主意】❶中心となる意味。❷(知・情・意の中で)意志を主とすること。▽—主義。対❷主情。主知。① main meaning 主意

しゅい【首位】第一の位。一位。類首席。 head position 首位

しゅい【趣意】❶趣旨。▽設立の—書。❷中心となる意味・内容。①❷ purport 趣意

しゅいん【主因】主な原因。対副因。 primary cause 主因

じゅいん【樹陰】木の陰。こかげ。 樹陰

しゅう【私有】個人が所有すること。対公有。 private ownership 私有

しゅう【師友】❶先生と友人。❷師として尊敬する友人。▽—と仰ぐ。 師友

しゅう【雌雄】❶めすとおす。❷優劣。▼—を決する 優劣を決める。 雌雄

しゅう【収】常4【收】人6 シュウ・おさめる・おさまる おさめる。おさまる。▽—拾。—納。

筆順 丨 丩 収 収 ／ 収・収

しゅう【囚】常5 シュウ とらえる。とらわれた人。▽—人。死刑—。

筆順 丨 冂 囗 囚 囚 ／ 囚・囚

しゅう【州】常6 シュウ・す ❶なかす。▽砂—。❷行政区画。▽—知事。❸大陸。▽アジア—。

筆順 丶 丿 川 州 州 州 ／ 州・州

しゅう【舟】常6 シュウ・ふね・ふな 小ぶね。▽—運。

筆順 丿 ㇓ 力 舟 舟 舟 ／ 舟・舟

しゅう【秀】常7 シュウ・ひいでる 目立ってすぐれる。▽—逸。優—。

筆順 一 二 千 禾 禾 秀 秀 ／ 秀・秀

しゅう【周】常8 シュウ・まわり ❶まわり。▽—囲。❷いきわたる。▽—到。—知。(周)

筆順 丿 冂 月 円 円 周 周 周 ／ 周・周

しゅう【宗】常8 シュウ・ソウ ❶中心。本家。▽—家(そうけ)。❷宗教。▽—派。—旨。

筆順 丶 丷 宀 宀 宇 宇 宗 宗 ／ 宗・宗

しゅう【拾】常9 シュウ・ジュウ・ひろう ❶ひろう。▽—得。収—。❷数の十にあてる。▽金—万円。

筆順 扌 扌 扌 扴 扴 拾 拾 ／ 拾・拾

しゅう【柊】人9 シュウ・ひいらぎ 常緑小高木の、ひいらぎ。(柊)

筆順 一 十 木 朩 杉 柊 柊 柊 ／ 柊・柊

しゅう【洲】人9 シュウ・す ❶なかす。❷大陸。◎州と通じる。

筆順 氵 氵 氵 氵 洲 洲 洲 ／ 洲・洲

しゅう【秋】常9 シュウ・あき ❶あき。▽—分。❷年月。▽一日千—。

筆順 一 二 千 禾 禾 秒 秋 ／ 秋・秋

しゅう【臭】常9【臭】人10 シュウ・くさい・におう ❶いやなにおい。▽悪—。体—。❷くさい。

筆順 丶 冖 白 自 自 臭 臭 臭 ／ 臭・臭

しゅう【酋】9 シュウ 仲間のかしら。▽—長。

筆順 亻 亻 亻 佇 佟 修 修 ／ 酋・酋

しゅう【修】常10 シュウ・シュ・おさめる・おさまる ❶なおしつくろう。▽—理。❷身につける。▽—業。❸飾る。▽—飾。

筆順 亻 亻 亻 佇 佟 修 修 ／ 修・修

しゅう【袖】常10 シュウ・そで 衣服のうでをおおう部分。▽半—。—の下。領—(りょうしゅう)。

筆順 ラ 礻 礻 袖 袖 袖 ／ 袖・袖

しゅう【終】常11 シュウ・おわる・おえる ❶おわる。▽—結。❷最後。▽—電。臨—。(終)

筆順 㠯 幺 糸 糸 終 終 終 ／ 終・終

しゅう【羞】常11 シュウ はずかしい。はじ。▽—恥(しゅうち)。

筆順 丷 䒑 羊 羊 差 羞 羞 ／ 羞・羞

しゅう【習】常11 シュウ・ならう ❶ならう。なれる。▽学—。—字。—熟。❷ならわし。▽—慣。—性。風—。(習)

筆順 ㇆ ヨ 羽 羽 羽 習 習 習 ／ 習・習

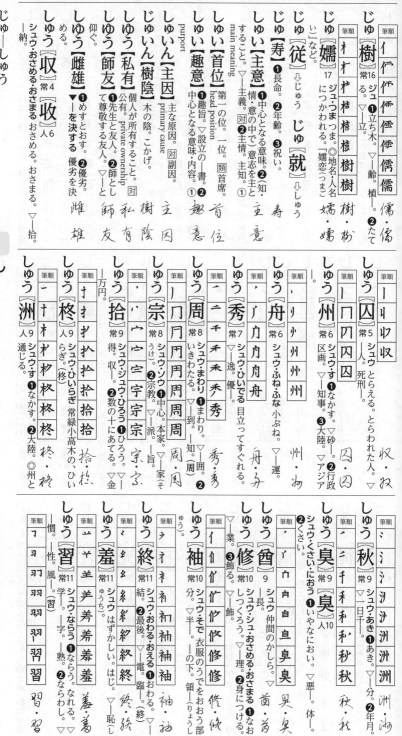

しゅう〔脩〕人11 シュウ ❶干し肉。❷おさめる。❸細長い。

筆順 亻 亻 𠂉 攸 攸 脩 脩 脩

しゅう〔週〕常11 シュウ 日曜から土曜の七日間。▽一—間。—刊。—番。（週）

筆順 丿 冂 月 円 周 周 凋 调 週

しゅう〔就〕常12 シュウ・ジュ・つく・つける ❶仕事・役目につく。▽—職。❷はじめる。▽—寝。❸しとげる。▽成—（じょうじゅ）。

筆順 亠 古 亨 京 京 就 就 就

しゅう〔衆〕常12 シュウ・シュ 数が多い。多くの人。▽—知。—寡（しゅうか）。群—。

筆順 ⺍ 血 血 衆 衆 衆 衆 衆

しゅう〔集〕常12 シュウ・あつまる・あつめる・つどう ❶あつまる。あつめる。▽—合。—積。募—。❷あつめた書物。▽詩—。

筆順 亻 亻 什 什 隹 隹 隼 集

しゅう〔愁〕常13 シュウ・うれえる・うれい 心細さ。わびしさ。▽—傷。哀—。

筆順 二 千 禾 禾 秒 秋 愁 愁

しゅう〔蒐〕人13 シュウ・あつめる あつめる。▽—集。収・集に書きかえる。

筆順 艹 艹 芦 芦 茴 萈 蒐 蒐

しゅう〔酬〕常13 シュウ むくいる。むくい。▽報—。

筆順 冂 西 酉 酉 酉 酌 酬 酬

しゅう〔穐〕16 シュウ「秋」の異体字。▽千—楽。

しゅう〔輯〕人16 シュウ ❶あつめる。❷やわらぐ。集に書きかえる。

筆順 一 亘 車 軒 軒 軯 輯 輯

しゅう〔醜〕常17 シュウ・みにくい みにくい。見ぐるしい。▽—悪。—聞。

筆順 冂 西 酉 酌 酌 酌 醜 醜

しゅう〔繡〕人19〔繍〕17 シュウ・ぬいとり もようをぬいこむ。ぬいとり。ぬいとりをした布。▽刺—。

筆順 紂 紂 紂 綁 繍 繍 繍 繍

しゅう〔蹴〕常19 シュウ・ける 足でけとばす。▽一—。—球。

筆順 𧾷 𧾷 跓 踔 蹠 蹠 蹴 蹴

しゅう〔襲〕常22 シュウ・おそう ❶ひきつぐ。▽—名。世—。踏—。❷おそう。▽—撃。空—。❸衣服を重ねる。

筆順 音 音 音 音 龍 龍 龍 襲

しゅう〔讐〕23 シュウ・あだ・かたき しかえしをする。かたき。▽復—。（讎）

しゅう〔祝〕⇩しゅく　しゅう〔執〕⇩しつ

しゅう【州】❶行政区画の一。❷大陸。▽アジア—。

しゅう【週】日曜から土曜までの七日間。一週間。week

しゅう【衆】❶多くの人々。▽—を頼む。❷ある特定の人々。▽若い—。

じゆう【自由】他からの支配・強制・束縛を受けないこと。対不自由。freedom, liberty

じゆう【事由】ある事柄の理由。reason

じゅう〔十〕常2 ジュウ・ジッ・とお・と ❶とお。❷数が多い。❸全部。完全。▽—全。

筆順 一 十

じゅう〔什〕4 ジュウ ❶数の一〇。❷数が多い。▽—器。

じゅう〔汁〕常5 ジュウ・しる 物からでる液体。しる。▽果—。苦—。

筆順 丶 氵 氵 汁 汁

じゅう〔充〕常6 ジュウ・あてる ❶みたす。みちる。▽—実。❷あてる。▽—当。補—。

筆順 丶 亠 𠫓 𠫓 产 充

じゅう〔戎〕6 ジュウ・えびす ❶兵士。▽—衣（じゅうい）。❷異民族。▽—夷

じゅう〔住〕常7 ジュウ・すむ・すまう ❶すむ。すまい。▽—居。—人。❷僧。▽—職。—持。

筆順 丿 亻 亻 仁 仁 住

じゅう〔柔〕常9 ジュウ・ニュウ・やわらか・やわらかい ❶やわらかい。▽—軟。❷やさしい。▽—順。❸弱い。▽—弱（にゅうじゃく）。

筆順 乛 マ 予 予 矛 柔 柔 柔

じゅう〔重〕常9 ジュウ・チョウ・え・おもい・かさねる・かさなる ❶おもい。▽—量。体—。❷ひどい。▽—症。❸大切にする。▽—視。—要。尊—。❹かさねる。▽—複。—版。

筆順 一 二 千 丘 亩 亩 重 重

じゅう〔従〕常10〔從〕人11 ジュウ・ショウ・ジュ・したがう・したがえる ❶したがう。▽服—。❷仕事につく。▽—事。❸…より。▽—来。

筆順 彳 彳 彳 彳 彳 彳 𢓭 従

じゅう〔渋〕常11〔澁〕人15 ジュウ・しぶ・しぶい・しぶる ❶しぶい。▽—面。苦—。❷はかどらない。しぶる。▽—滞。難—。
筆順 氵 氵 氵 氵 氵 渋 渋

じゅう〔銃〕常14 ジュウ 鉄砲。ピストル。▽—撃。—弾。
筆順 𠆢 全 金 金 金 金 銃

じゅう〔獣〕常16〔獸〕人19 ジュウ・けもの 四本足で全身毛のある動物。▽猛—。
筆順 ⺍ 当 当 当 兽 兽 獣 獣

じゅう〔縦〕常16〔縱〕人17 ジュウ・たて ❶たて。▽—貫。—断。❷ほしいまま。▽放—。操—。
筆順 糸 紒 紒 紒 紒 紒 縦 縦

じゅう〔拾〕⇩しゅう

じゅう【中】❶…の間ずっと。▽一日—。❷…のすべて。▽世界—。

じゅう【柔】やわらかで、おだやかなこと・もの。対剛(ごう)。▼—よく剛(ごう)を制す 弱者がかえって強者に勝つ。

じゅう【従】❶けらい。❷主でないもの。対❶❷主。

じゅう【銃】小型銃器の総称。ピストルなど。

しゅうあく【醜悪】みにくく、不快なようす。ugly

じゅうあく【十悪】仏教で、人が犯す殺人・盗みなど一〇種の罪悪。対十善。

じゅうあつ【重圧】強い力による圧迫・圧力。strong pressure

しゅうい【周囲】周り。また、周りの物・人・環境。circumference

しゅうい【拾遺】(歌・文章で)もれ落ちたものをひろい、補うこと。

じゅうい【重囲】幾重にも囲むこと。また、その囲み。

じゅうい【獣医】動物の病気をあつかう医師。veterinarian

しゅういつ【秀逸】他にぬきんでてすぐれているようす・もの。秀抜。▽—なできばえ。super-excellent

じゅういつ【充溢】みちあふれること。overflow

しゅうう【驟雨】にわか雨。通り雨。shower

しゅうえき【収益】利益を収めること。profit

しゅうえき【就役】任務につくこと。

しゅうえん【周縁】ものの周り。ふち。circumference

しゅうえん【終演】その日の芝居などが終わること。対開演。

しゅうえん【終焉】命が終わること。

じゅうおう【縦横】❶縦と横。南北と東西。❷四方八方。❸思いのまま。

じゅうおうむじん【縦横無尽】自由自在に行うこと。注縦横無×人。

じゅうおん【重恩】重なる恩義。

しゅうか【秀歌】すぐれた和歌。

しゅうか【衆寡】多人数と少人数。▼—敵(てき)せず 人数に差がありすぎて勝負にならない。

しゅうか【集荷】荷を集めること。また、集まった荷。cargo collection

しゅうか【集貨】貨物が集まること。また、集まった貨物。

じゅうか【銃火】❶銃をうつときに出る火。❷銃による射撃・攻撃。①rifle fire

しゅうかい【周回】周囲を回ること。

しゅうかい【集会】ある目的で集まること。また、その集まり。meeting

しゅうかい【醜怪】ひどくみにくいこと。ugliness

しゅうかく【収穫】❶農作物の取り入れ。また、その農作物。❷よい成果。注収×獲。①harvest ②fruits

しゅうかく【臭覚】においを感じる知覚。嗅覚(きゅうかく)。

しゅうがく【修学】学問をおさめること。studying

しゅうがく【就学】小学校にはいること。▽—年齢。school attendance

しゅうかつ【就活】「就職活動」の略。

しゅうかん【収監】刑務所に入れること。imprisonment

しゅうかん【習慣】❶しきたり。慣習。❷くせ。習性。①custom ②habit

しゅうかん【週刊】一週一度の刊行。▽—誌。注週×間誌。

weekly publication

しゅうかん【週間】 ❶一週のあいだ。七日間。▽―天気予報。❷特別な行事を行う週。▽愛鳥―。

じゅうかん【重患】 重い病気(の人)。

じゅうかん【縦貫】 たて(南北)につらぬくこと。▽―道路。

しゅうき【周忌】 命日の回数を数える語。▽三―。類回忌。

しゅうき【周期】 一定時間をおいて、同じ現象が繰り返されるときの、その一定時間。▽自転の―。cycle

しゅうき【秋気】 ❶秋の冷気。❷秋の気配。

しゅうき【秋季】 秋の季節。fall

しゅうき【秋期】 秋の期間。

しゅうき【臭気】 くさいにおい。stink

しゅうぎ【祝儀】 ❶祝いの儀式。❷婚礼。❸祝いの贈り物。❹心づけ。

しゅうぎ【衆議】 大ぜいで相談すること。また、その時に出る意見。

じゅうき【什器】 日常生活で使う家具・道具。類調度。utensil

じゅうき【銃器】 小銃・ピストル・機関銃などの総称。small arms

しゅうぎいっけつ【衆議一決】 多くの人の意見が一致して決定すること。

しゅうぎいん【衆議院】 参議院とともに、日本の国会を構成する一院。衆院。

しゅうきゃく【集客】 客を集めること。

しゅうきゅう【週休】 一週の間にきまった休日があること。weekly holiday

しゅうきゅう【週給】 一週間を単位として支払われる給料。weekly pay

しゅうきゅう【蹴球】 サッカー。

じゅうきょ【住居】 すまい。類住宅。residence

しゅうきょう【宗教】 神仏を信じ、幸福を得ようとする教え。religion

しゅうぎょう【修業】 学問・技芸などを習い身につけること。しゅぎょう。▽―年限。

しゅうぎょう【終業】 ❶その日の仕事を終えること。❷その学期の授業を終えること。▽六時―。❷―式。対❶❷始業。①②closing

しゅうぎょう【就業】 仕事に就くこと。▽―時間。類就労。

じゆうぎょう【自由業】 独立自営の職業。

じゅうぎょう【従業】 業務についていること。

しゅうきょく【終曲】 いくつかの曲からなる楽曲の、最後の曲。フィナーレ。

しゅうきょく【終局】 ❶碁・将棋で、勝負の終わり。❷物事の終末。②end

しゅうきょく【終極】 物事のいちばん終わり。果て。最後。類究極。finality

> **使い分け**「しゅうきょく」
> 終局…終わりの段階。結末。「局」は部分・場面の意。▽戦争は―を迎える。―的な段階。
> 終極…物事のいちばん終わり。終末。「極」は果ての意。▽―の目的。

しゅうぎょとう【集魚灯】 夜間、魚群を誘い集めるための灯火。

しゅうきん【集金】 金を集めること。また、集めた金。collect bills

しゅうぎん【秀吟】 すぐれた詩歌。

じゅうきんぞく【重金属】 比重が四以上の重い金属。金・銀・銅・鉄など。対軽金属。heavy metal

しゅうく【秀句】 すぐれた俳句。

しゅうぐ【衆愚】 おろかな人々。

じゅうぐん【従軍】 軍隊に従って戦地へ行くこと。▽―記者。

しゅうけい【集計】 寄せ集めた数を合計すること。また、その合計。▽寄付金を―する。total

じゅうけい【重刑】 重い刑罰。

しゅうげき【襲撃】 不意に攻撃すること。▽―に備える。attack

じゅうげき【銃撃】 銃で射撃・攻撃すること。rifle shooting

しゅうけつ【終結】 決着がついて終わること。settlement

しゅうけつ【集結】一か所に集まること。また、集めること。concentration　集結

じゅうけつ【充血】血管のある部分、特に動脈に異常に血液が増すこと。congestion　充血

しゅうけん【集権】権力を一か所に集めること。▽中央―。対分権。　集権

しゅうげん【祝言】結婚式。婚礼。▽―を挙げる。wedding　祝言

じゅうこ【住戸】集合住宅の一戸一戸。　住戸

じゅうご【銃後】直接戦闘に参加していない国内・国民。home front　銃後

しゅうこう【周航】あちこちを船でまわること。類巡航。cruising　周航

しゅうこう【修好】〈修交〉国と国とが親しく交際すること。amity　修好

しゅうこう【就航】船・飛行機などが初めて航路に就くこと。　就航

しゅうこう【衆口】多くの人のことば。　衆口

しゅうこう【醜行】恥ずべき行為。　醜行

しゅうごう【秋毫】わずか。少し。　秋毫

しゅうごう【習合】異なる教義を一つに結びつけること。▽神仏―。　習合

しゅうごう【集合】❶集まること。❷数学で、特定の範囲にあるものの集まり。対❶解散。①gather ②set　集合

じゅうこう【重厚】どっしりと落ち着いているようす。対軽薄。　重厚

じゅうこう【銃口】銃の筒口。muzzle　銃口

じゅうごや【十五夜】陰暦一五日の夜。満月の夜。特に陰暦八月一五日の夜。　十五夜

じゅうこん【重婚】既婚者が更に他の人と結婚すること。▽―罪。bigamy　重婚

しゅうさ【収差】レンズや鏡でつくった像がぼやけたりゆがんだりする現象。　収差

しゅうさい【収載】本にのせること。　収載

しゅうさい【秀才】才能があり、学問にすぐれている人。▽―が集まる進学校。類英才。genius　秀才

じゅうざい【重罪】重い罪。serious offense　重罪

しゅうさく【秀作】すぐれた作品。　秀作

しゅうさく【習作】絵画・彫刻などで、練習のためにつくる作品。エチュード。▽無名時代の―。　習作

じゅうさつ【重殺】野球で、ダブルプレー。　重殺

じゅうさつ【銃殺】銃で撃ち殺すこと。▽―刑。　銃殺

しゅうさん【集散】❶集まったり散ったりすること。▽離合―。❷産地から集めて、消費地へ出荷すること。　集散

じゅうさんや【十三夜】陰暦で、毎月一三日の夜。特に陰暦九月一三日の夜。　十三夜

しゅうし【収支】収入と支出。　収支

しゅうし【宗旨】❶宗門の教義。❷宗門。宗派。❸その人の趣味・主義など。　宗旨

しゅうし【秋思】秋のころに感じる、ものさびしい思い。対春愁。　秋思

しゅうし【修士】❶大学院で修士論文審査の合格者に与えられる学位。❷カトリックの修道僧。①master's degree　修士

しゅうし【終止】終わること。end　終止

しゅうし【終始】❶始めと終わり。❷始めから終わりまで続くこと。▽研究に―した一生。❸ずっと。いつも。　終始

しゅうじ【修辞】ことばを効果的に使って表現すること。rhetoric　修辞

しゅうじ【習字】文字の書き方を習うこと。類書道。calligraphy　習字

じゅうし【重視】重要だと考えること。重要視。重大視。▽事態を―する。対軽視。attach importance　重視

じゅうじ【住持】住職。　住持

じゅうじ【従事】その仕事にたずさわること。occupation　従事

しゅうしいっかん【終始一貫】最後まで変わらないこと。　一貫

じゅうじか【十字架】❶昔、罪人をはりつけにした十字形の柱。❷キリスト教の象徴の十字の形。①②cross　十字架

し

しゅうじつ【終日】 一日じゅう。朝から晩まで。▽雨が―降り続く。all day　終日

しゅうじつ【週日】 平日。ウィークデー。weekday　週日

じゅうじつ【充実】（力・内容が）ゆたかにそなわっていること。fullness　充実

しゅうしふ【終止符】 ピリオド。▼―を打つ 結末をつけて終わりにする。　終止符

じゅうしまつ【十姉妹】 小鳥の一。愛玩（あいがん）用。　十姉妹

じゅうしゃ【従者】 主人の供をする者。お供。attendant　従者

しゅうじゃく【執着】 ⇩しゅうちゃく。　執着

しゅうじゅ【収受】 受け取って収めること。receipt　収受

しゅうしゅう【収拾】 混乱した事態をうまくおさめ、まとめること。▽―策。control　収拾

しゅうしゅう【収集】〈蒐集〉特定の物を集めること。また、集めたもの。collection　収集

> **使い分け**「しゅうしゅう」
> **収拾**…混乱状態をおさめまとめること。▽事態を―する。―がつかない。
> **収集**…特定の物を集めること。▽ごみの―。切手の―。―癖（へき）。

じゅうじゅう【重重】 かさねがさね。十分に。▽事情は―承知している。repeatedly　重重

しゅうしゅく【収縮】 引き締まって、縮むこと。対膨張（ぼうちょう）。contraction　収縮

しゅうじゅく【習熟】 練習を重ねて上手になること。▽運転に―する。類熟達。mastery　習熟

じゅうしゅつ【重出】 同じものが二度以上出ること。ちょうしゅつ。▽―する問題点。　重出

じゅうじゅつ【柔術】 柔道のもととなった武術。やわら。　柔術

しゅうしゅぼうかん【袖手傍観】 ⇩拱手（きょうしゅ）傍観。　傍観

じゅうじゅん【柔順】 素直でおとなしいようす。類温順。meekness　柔順

じゅうじゅん【従順】 素直でさからわないようす。obedience　従順

じゅうしょ【住所】 居住する場所。address　住所

しゅうしょう【終章】 論文や小説などの最後の章。対序章。　終章

しゅうしょう【就床】 就寝。　就床

しゅうしょう【愁傷】 ❶嘆き悲しむこと。❷〈「ご―さま」の形で〉おくやみのことば。①grief　愁傷

じゅうしょう【重症】 重い病気。重い症状。類重病。serious illness　重症

じゅうしょう【重唱】 各人が異なる声部を受け持つ合唱。　重唱

じゅうしょう【重傷】 大けが。類深手。serious wound　重傷

じゅうしょう【銃床】 小銃などの銃身をとりつけてある木製の部分。gunstock　銃床

しゅうしょうろうばい【周章狼狽】 大いにうろたえさわぐこと。consternation　狼狽

しゅうしょく【秋色】 秋らしい気配・景色。autumnal scenery　秋色

しゅうしょく【修飾】 ❶美しく飾ること。❷あることばの意味をくわしく説明すること。①decoration　修飾

しゅうしょく【就職】 職につくこと。　就職

しゅうしょく【愁色】 うれいをふくんだ顔。melancholy air　愁色

じゅうしょく【住職】「住持職」の略。寺のあるじである僧。住持。　住職

じゅうしょく【重職】 責任のある重要な職務。類要職。important duties　重職

じゅうじろ【十字路】 四つ辻（つじ）。類交差点。crossroads　十字路

しゅうしん【修身】 身をおさめ、善行に努めること。　修身

しゅうしん【執心】 強く心をとらわれること。類執着。devotion　執心

しゅうしん【終身】 一生の間。終生。　終身

しゅうしん【就寝】 寝床にはいること。また、寝ること。就床。対起床。　就寝

しゅうじん【囚人】 刑務所に拘禁されている者。類服役者。　囚人

prisoner

しゅうじん【集塵】ごみを集めること。 集塵

じゅうしん【重心】重力の中心点。 重心

じゅうしん【重臣】重職にある臣下。 重臣

じゅうしん【銃身】銃器で、弾丸が通る円筒の部分。gun barrel 銃身

しゅうじんかんし【衆人環視】大ぜいの人が取りまいて見ていること。注衆人×監視。 環視

しゅうすい【秋水】❶秋の澄み切った水。❷とぎすました曇りのない刀。 秋水

しゅうする【修する】❶正しくする。❷おさめる。❸とり行う。 修する

しゅうせい【修正】直して正しくすること。類訂正。correction 修正

使い分け「しゅうせい」

修正…直して正しくすることで、正しくすることに重点がある。▽字句の間違いを―する。方針を―する。―案。

修整…よく見えるように整えること。漢字「整」の意味に対応している。▽写真を―する。ネガの―。

しゅうせい【修整】（写真などを）整えなおすこと。retouching 修整

しゅうせい【終生】〈終世〉生きている間。終身。一生。lifetime 終生

しゅうせい【習性】❶習慣によってできあがった性質。❷その種類の動物が持つ特有の性質。①habit 習性

しゅうせい【集成】集大成。compilation 集成

しゅうぜい【収税】税金を取り立てること。徴税。taxation 収税

じゅうせい【銃声】銃の発射音。 銃声

じゅうぜい【重税】重い税。heavy tax 重税

しゅうせき【集積】集まり積もること。集め重ねること。accumulation 集積

じゅうせき【重責】重い責任。▽―を担う。great responsibility 重責

しゅうせん【周旋】仲立ちをすること。▽土地を―する。類仲介。斡旋（あっせん）。mediation 周旋

しゅうせん【終戦】戦争が終わること。対開戦。 終戦

しゅうぜん【修繕】つくろい直すこと。修理。repair 修繕

じゅうぜん【十全】完全・十分なようす。万全。▽―の策。 十全

じゅうぜん【従前】これまで。今まで。▽―どおり。類従来。before 従前

しゅうそ【宗祖】宗派の開祖。 宗祖

しゅうそ【臭素】刺激臭のある赤褐色の液体元素。記号Br bromine 臭素

しゅうそ【愁訴】嘆き訴えること。▽不定―。類哀訴。 愁訴

しゅうぞう【収蔵】❶物の保存。❷農作物の貯蔵。①store 収蔵

じゅうそう【重奏】各楽器が違う声部を合奏すること。ensemble 重奏

じゅうそう【重曹】「重炭酸ソーダ」の略。白い粉末。炭酸水素ナトリウム。 重曹

じゅうそう【重層】いくつもの層になって重なり合うこと。類多層。 重層

じゅうそう【銃創】銃弾で受けた傷。銃傷。▽貫通―。gunshot wound 銃創

じゅうそう【縦走】❶尾根づたいに歩くこと。❷山脈などが連なること。 縦走

しゅうそく【収束】❶おさまりがつくこと。▽動乱が―に向かう。❷〈集束〉光線が一点に集まること。 収束

しゅうそく【終息】すっかり終わること。end 終息

しゅうぞく【習俗】ならわし。習慣と風俗。類風習。custom 習俗

じゅうそく【充足】満ち足りること。また、十分に満たすこと。▽―した生活。contentment 充足

じゅうぞく【従属】強いものに従いつくこと。▽―国。subordination 従属

じゅうそつ【従卒】将校の身の回りの世話をする兵。soldier servant 従卒

しゅうたい【醜態】見苦しい態度・状態。▽―を演じる。disgraceful behavior 醜態

じゅうたい【重態】〈重体〉病状が重く、危険な状態。serious 重態

じゅうたい【渋滞】とどこおってはかどらないこと。▽交通—。condition　渋滞

じゅうだい【十代】❶一〇～一九歳（の人）。❷一三～一九歳の少年少女時代（の若者）。②teens　十代

じゅうだい【重大】❶重要なようす。❷ただごとでないようす。▽—な過ち。①important　重大

しゅうたいせい【集大成】多くの物事を集めて一つにまとめあげること。また、そのもの。集成。▽長年の研究の—。compilation　集大成

じゅうたく【住宅】人が住む家。住家。類住居。house　住宅

しゅうだつ【収奪】強制的に奪い取ること。deprivation　収奪

しゅうだん【集団】（人・動物などの）集まり。類群れ。group　集団

じゅうたん【絨毯】（絨緞）床などに敷く、厚い毛織物。carpet　絨毯

じゅうだん【銃弾】銃の弾丸。bullet　銃弾

じゅうだん【縦断】❶縦に切ること。❷縦または南北に通り抜けること。対❶❷横断。　縦断

しゅうたんば【愁嘆場】❶芝居の嘆き悲しむ場面。❷悲劇的局面。　愁嘆場

しゅうち【周知】広く知れ渡ること。公知。▽—徹底。common knowledge　周知

しゅうち【羞恥】恥ずかしく感じること。▽—心。　羞恥

しゅうち【衆知】多くの人々の知恵。▽—を集める。　衆知

しゅうちく【修築】建造物を修理すること。repair　修築

しゅうちゃく【祝着】喜び祝うこと。▽—至極（しごく）。　祝着

しゅうちゃく【執着】（あることを）思い込んで忘れきれないこと。しゅうじゃく。類執心。attachment　執着

しゅうちゃく【終着】❶最後の到着。❷列車などが終点に着くこと。対❷始発。　終着

しゅうちゅう【集中】一か所に集まること。また、集めること。対分散。concentration　集中

しゅうちょう【酋長】部族の長。chief　酋長

じゅうちん【重鎮】重要な地位をしめる人物。▽政界の—。pillar　重鎮

しゅうてい【舟艇】小型の舟。boat　舟艇

しゅうてい【修訂】書物などの誤りを直し正すこと。revision　修訂

しゅうてん【終点】終わりとなる所。特に終着駅。対起点。terminal　終点

じゅうてん【充塡】すき間なく詰めること。▽ガスを—する。filling　充塡

じゅうてん【重点】❶重要な点。▽語学に—を置く。❷てこの原理で、作用点のこと。①important point　重点

じゅうでん【充電】❶蓄電池に電気をたくわえること。❷のちの活動のために、休んで活力をたくわえること。▽—期間。対❶放電。①charge　充電

しゅうでんしゃ【終電車】その日のダイヤの最後に発車する電車。最終電車。終電。last train　終電車

しゅうと【姑】⇩しゅうとめ。　姑

しゅうと【宗徒】その宗派の信者。類信徒。believer　宗徒

しゅうと【舅】夫または妻の父。対姑。father-in-law　舅

じゅうど【重度】程度が重いこと。対軽度。severe　重度

しゅうとう【周到】行き届いていて、手落ちのないようす。▽用意—。類周密。careful　周到

じゅうとう【充当】（不足している部分に）あてはめて満たすこと。appropriation　充当

じゅうとう【重盗】野球で、ダブルスチール。　重盗

じゅうどう【柔道】日本の格闘技の一。　柔道

しゅうどういん【修道院】カトリック教で、共同生活で修行をする寺院。　修道院

しゅうとく【収得】自分のものにすること。▽利益を—する。receipt　収得

しゅうとく【拾得】落とし物を拾うこと。▽—物。picking up　拾得

しゅうとく【修得】学問・技芸などを学んで身につけること。learning　修得

しゅうとく【習得】習って覚えること。▽漢字を—する。learning　習得

じゅうとく【重篤】病気・けがの症状が非常に重いこと。▽—の患者。　重篤

し

しゅうとめ【姑】 夫または妻の母。しゅうと。mother-in-law

じゅうなん【柔軟】 ❶しなやかで、柔らかなようす。❷融通性があるようす。② flexible

じゅうにし【十二支】 子(ね)・丑(うし)・寅(とら)・卯(う)・辰(たつ)・巳(み)・午(うま)・未(ひつじ)・申(さる)・酉(とり)・戌(いぬ)・亥(い)の十二。時刻・方位を表し、十干(じっかん)と組み合わせて年・日を表す。

じゅうにぶん【十二分】 十分過ぎるほどたっぷりしていること。▽日数は―にある。

しゅうにゅう【収入】 受け取って、その人の所有になる金品。所得。対支出。income

しゅうにゅういんし【収入印紙】 税金や手数料を納めたしるしとして、証書などにはる証票。revenue stamp

しゅうにゅうやく【収入役】 市町村で会計事務担当の特別職の公務員。現在は廃止された。

しゅうにん【就任】 ある職務につくこと。対辞任。▽副社長に―する。installation

じゅうにん【住人】 そこに住んでいる人。類住民。resident

じゅうにん【重任】 ❶重要な任務。❷任務に引き続いてつくこと。類❷留任。① important duty

じゅうにんといろ【十人十色】 好みや考えは人によってそれぞれ違うこと。

じゅうにんなみ【十人並み】 普通の人と変わらないこと。average

しゅうねん【周年】 ❶まる一年。一年じゅう。❷…回めの年。▽創立十―記念。anniversary

しゅうねん【執念】 強くとらわれ、こだわる心。attachment

しゅうねん【終年】 一年じゅう。

じゅうねんいちじつ【十年一日】 長い間、少しも変化しないこと。

しゅうねんぶかい【執念深い】 執念が強い。なかなかあきらめない。tenacious

しゅうのう【収納】 ❶金品を受け取り納めること。▽―印。❷しまいこむこと。▽―庫。

じゅうのう【十能】 炭火を上に盛って持ち運ぶ道具。

十　能

しゅうは【宗派】 ❶同じ宗教の中での分派。宗門。❷流派。

しゅうは【秋波】 流し目。色目。▽―を送る。

しゅうはい【集配】 貨物・郵便物などを、集めたり配ったりすること。

じゅうばこ【重箱】 積み重ねて使う容器。お重。重。▼**―の隅(すみ)を楊枝(ようじ)でほじくる** つまらぬことや細かいことをうるさく言う。

じゅうばこよみ【重箱読み】 漢字二字の熟語で、上が音読み、下が訓読みのもの。「現場(げんば)」「粗品(そしな)」など。対湯桶(ゆとう)読み。

しゅうはすう【周波数】 音波・交流電流などが一秒間に方向をかえる回数。単位はヘルツ。

じゅうはちばん【十八番】 最も得意とする物事・芸。おはこ。

しゅうはつ【終発】 その日最後に発車すること。対始発。last departure

しゅうばつ【秀抜】 秀逸。類抜群。prominence

しゅうばつ【修祓】 神道で、おはらいをすること。しゅうふつ。

じゅうばつ【重罰】 重い刑罰。類厳罰。severe penalty

しゅうばん【終盤】 勝負や物事の終わりに近い段階。対序盤。

じゅうはん【重版】 同じ出版物の版数を重ねること。また、その出版物。

しゅうび【愁眉】 心配顔。▼**―を開く** 心配がなくなってほっとする。

じゅうびょう【重病】 重い病気。類大病。serious illness

しゅうふうさくばく【秋風索莫】 物事の勢いがなくなって、ものさびしいようす。

しゅうふく【修復】 こわれた所をつくろい、元通りにすること。▽壁画の―。restoration

じゅうふく【重複】 ⇩ちょうふく。

しゅうぶん【秋分】 二十四節気の一。太陽暦で九月二二、二

三日ごろ。秋の彼岸の中日にあたる。対春分。autumnal equinox

しゅうぶん【醜聞】 不名誉な評判。scandal　醜聞

じゅうぶん【十分】 〈充分〉満ちたりて、不足がないようす。enough　十分

しゅうへき【習癖】 悪いくせ。habit　習癖

しゅうへん【周辺】 周囲。周り。▽大臣—の見解。circumference　周辺

しゅうほう【秀峰】 姿の美しい山。　秀峰

しゅうほう【週報】 ❶一週ごとの報道。❷週刊の刊行物。① weekly report　週報

しゅうぼう【衆望】 大ぜいの期待。▽—をになう。　衆望

じゅうほう【重宝】 大切な宝物。　重宝

じゅうほう【銃砲】 小銃と大砲。guns　銃砲

じゅうぼく【従僕】 召し使いの男性。類下僕。servant　従僕

シューマイ【焼売】 ひき肉とネギを小麦粉のうすい皮で包み、蒸したもの。　焼売

しゅうまく【終幕】 ❶演劇の最後の場面。❷閉幕。❸事件の結末。対❶❸序幕。① final scene ③ end　終幕

しゅうまつ【終末】 物事の終わり。end　終末

しゅうまつ【週末】 週の終わり。土曜・日曜を言う。weekend　週末

じゅうまん【充満】 そこに、いっぱいに満ちること。▽ガスが—する。fullness　充満

じゅうまんおくど【十万億土】 仏教で、極楽浄土。　億土

しゅうみ【臭味】 くさいにおい。くさみ。　臭味

しゅうみつ【周密】 よく行き届いていて、手抜かりのないようす。類周到。prudent　周密

しゅうみん【就眠】 眠りにつくこと。　就眠

じゅうみん【住民】 その土地に住む人。類住人。inhabitant　住民

しゅうめい【醜名】 不名誉な評判。　醜名

しゅうめい【襲名】 先代の芸名などをうけつぐこと。▽—披露（ひろう）。　襲名

じゅうめん【渋面】 しかめっつら。不愉快そうな、にがにがしい表情。▽—を作る。frown　渋面

しゅうもく【衆目】 多くの人の見る目・見方。十目。▽—を驚かす。—の一致するところ。public attention　衆目

じゅうもく【十目】 衆目。　十目

じゅうもつ【什物】 ❶什器。❷秘蔵する道具類。什宝。　什物

しゅうもん【宗門】 宗派❶。　宗門

しゅうや【終夜】 一晩じゅう。夜通し。▽—運転。all night　終夜

しゅうやく【集約】 集めまとめること。　集約

じゅうやく【重役】 ❶重い役目。❷会社の取締役・監査役。② director　重役

じゅうやく【重訳】 翻訳したものを、さらに別の外国語に翻訳すること。retranslation　重訳

しゅうゆう【周遊】 あちこちを旅行して回ること。類回遊。round trip　周遊

しゅうよう【収用】 公用のため、国や公共団体が強制的に所有権を買い取ること。▽土地の—。expropriation　収用

しゅうよう【収容】 人や物を一定の場所にいれること。▽劇場の—人員。—所。accommodation　収容

しゅうよう【修養】 精神・人格を高めるように努力すること。cultivation　修養

じゅうよう【重用】 ⇩ちょうよう。　重用

じゅうよう【重要】 大事であること。大切。類肝要。importance　重要

じゅうよく【獣欲】 動物的な欲望。　獣欲

しゅうらい【襲来】 襲いかかってくること。来襲。▽台風の—。raid　襲来

じゅうらい【従来】 以前から今まで。▽—のやり方を改める。類従前。until now　従来

しゅうらく【集落】 〈聚落〉人家の集まっている所。village　集落

しゅうらん【収攬】 集めとらえること。▽人心を—する。grasp　収攬

じゅうらん【縦覧】 自由に見ること。　縦覧

しゅうり【修理】 つくろい直すこと。修繕（しゅうぜん）。repair　修理

し

しゅうりょう【収量】収穫の分量。yield　収量

しゅうりょう【秋涼】❶秋の涼しさ・涼風。▽—の候。❷陰暦八月。　秋涼

しゅうりょう【修了】一定の学業や課程を修めおわること。▽—証書。completion　修了

しゅうりょう【終了】終わること。　終了

じゅうりょう【十両】相撲の階級の一。幕内と、幕下の間。　十両

じゅうりょう【重量】❶物体に働く重力の大きさ。❷重さ。目方。❸目方が重いこと。▽—級。①② weight　重量

じゅうりょく【重力】地球が物体を引き付ける力。gravity　重力

しゅうりん【秋霖】秋の長雨。　秋霖

じゅうりん【蹂躙】ふみにじること。▽人権—。trampling　蹂躙

しゅうれい【秀麗】すぐれて美しいようす。▽眉目(びもく)—。　秀麗

しゅうれい【秋冷】秋の冷ややかな気候。▽—の候。対春暖。autumnal chill　秋冷

しゅうれっしゃ【終列車】その日最後に出る列車。最終列車。last train　終列車

しゅうれん【収斂】ひきしまり、縮むこと。ひきしめ、縮めること。収縮。　収斂

しゅうれん【修練】〈修錬〉精神や技芸をみがき鍛えること。training　修練

しゅうれん【習練】練習。exercise　習練

しゅうろう【就労】仕事につくこと。　就労

しゅうろく【収録】❶書物・雑誌に掲載すること。❷録音・録画すること。② recording　収録

しゅうろく【集録】文章を集め、記録すること・したもの。compilation　集録

しゅうろん【衆論】多くの人の議論・意見。public opinion　衆論

しゅうわい【収賄】わいろを受け取ること。対贈賄(ぞうわい)。bribery　収賄

しゅえい【守衛】建物の警備や監視などの職務(の人)。guard　守衛

じゅえき【受益】利益を受けること。▽—者負担。receiving benefits　受益

ジュエリー【jewelry】宝石類。また、宝石・貴金属の装身具類。

しゅえん【主演】映画などで、主役を演じること・人。leading actor　主演

しゅえん【酒宴】飲酒を中心とする宴会。さかもり。banquet　酒宴

しゅか【主家】主人・主君の家。　主家

しゅかい【首魁】悪者どものかしら。　首魁

じゅかい【受戒】仏の定めた戒律を受けること。対授戒。　受戒

じゅかい【授戒】仏教で、戒律をさずけること。対受戒。　授戒

じゅかい【樹海】(高い所からは海のように見える)広大な森林。　樹海

しゅかく【主客】❶主人と客。❷重要な事柄と、付随する事柄。▽—転倒。❸主語と客語。❹主体と客体。　主客

じゅがく【儒学】儒教の学問。　儒学

しゅかん【主幹】中心となって仕事をする役(の人)。類主任。chief　主幹

しゅかん【主管】主となって管理すること・人。management　主管

しゅかん【主観】❶外界に対する自我、およびその意識。❷自分だけの考え。対❶❷客観。① subjectivity　主観

しゅがん【主眼】主要なところ。かなめ。▽—点。main purpose　主眼

しゅかんてき【主観的】自分だけの考えにかたよるようす。▽好き嫌いは—なものだ。対客観的。　主観的

しゅき【手記】自分の体験・感想などを書き記したもの。note　手記

しゅき【酒気】酒くさいにおい。▽—を帯びる。　酒気

しゅき【酒器】酒を飲むときに使う器。　酒器

しゅぎ【主義】常に持っている一定の立場・主張。類思想。principle　主義

しゅきゃく【主客】⇩しゅかく。　主客

じゅきゅう【受給】配給・給与を受けること。▽年金—資格者。receipt　受給

じゅきゅう【需給】需要と供給。　需給

しゅきょう【酒興】❶酒宴の座興。❷酒に酔った楽しい気分。　酒興

しゅぎょう【修行】❶仏道に励むこと。そのために托鉢(た　修行

くはつ）して回ること。❷武芸・学芸などをおさめみがくこと。

しゅぎょう【修業】学問・技芸などを習い身につけること。しゅうぎょう。 修業

使い分け「しゅぎょう」
修行…きたえて、武芸・学芸を身につけること。▽武者—。仏道を—する。—僧。
修業…わざを習って身につけること。「業」はわざの意。▽板前の—をする。

じゅきょう【儒教】孔子の思想をもとにした政治・道徳の教え。儒学。 儒教

じゅぎょう【授業】学問・技術などを教えること。lesson 授業

しゅぎょく【珠玉】❶真珠と宝石。❷美しくすぐれたもの。▽—の短編。 珠玉

しゅく〘夙〙6 シュク・つとに ❶昔から。▽—志。❷朝早く。▽—夜。 夙・夙

しゅく〘叔〙常8 シュク 父母の弟妹。▽叔父（しゅくふ・おじ）。叔母（しゅくぼ・おば）。 叔・叔
筆順 丨 ⺊ 上 于 未 未 叔 叔

しゅく〘祝〙常9〘祝〙人10 シュク・シュウ・いわう ❶いわう。▽—賀。—勝。❷神につげる。▽—詞。 祝・祝
筆順 、 ラ ネ ネ 礻 祀 祝 祝

しゅく〘宿〙常11 シュク・やど・やどる・やどす ❶やどる。とまる。▽—泊。合—。❷とまる所。▽下—。❸持ち続ける。▽—願。—命。 宿・宿
筆順 、 宀 宀 宀 宀 宀 宿 宿

しゅく〘淑〙常11 シュク ❶しとやか。▽—女。❷したう。▽私—。 淑・淑
筆順 氵 氵 氵 氵 汁 汁 淑 淑

しゅく〘粛〙常11 シュク ❶ひきしめる。▽—正。❷つつしむ。▽—然。❸静か。▽静—。 粛・粛
（肅）
筆順 ㇕ ⺕ 聿 聿 肀 粛 粛 粛

しゅく〘縮〙常17 シュク・ちぢむ・ちぢまる・ちぢめる・ちぢれる・ちぢらす ❶小さくなる。▽伸—。❷おじける。▽恐—。 縮・縮
筆順 ㄑ 幺 糸 糸 糸 縮 縮 縮

じゅく〘塾〙常14 ジュク 私設の教育施設。▽—長。私—。 塾・塾
筆順 亠 亠 亨 亨 享 孰 孰 塾

じゅく〘熟〙常15 ジュク・うれる ❶じゅくす。うれる。▽成—。未—。❷なれる。▽—練。❸十分に。▽—睡。—考。❹にる。にえる。▽半—。 熟・熟
筆順 亠 亠 亨 享 享 孰 孰 熟

じゅく【塾】勉強・技芸を教える、私設の教育施設。▽学習—。 塾

しゅくい【祝意】祝いの気持ち。賀意。 祝意

しゅくえん【祝宴】祝いの宴会。feast 祝宴

しゅくえん【宿怨】ずっと前から持ち続けているうらみ。▽—を晴らす。類遺恨。old grudge 宿怨

しゅくえん【宿縁】前世からの因縁。fate 宿縁

しゅくが【祝賀】祝い喜ぶこと。▽—会。類慶賀。celebration 祝賀

しゅくがん【宿願】長年の願い。類念願。宿望。longcherished wish 宿願

しゅくけい【粛啓】手紙の頭語の一。「謹んで申し上げる」の意。謹啓。 粛啓

じゅくご【熟語】❶二つ以上の漢字が結合して、できたことば。成語。熟字。❷複合語。❸慣用句。成句。③idiom 熟語

しゅくさいじつ【祝祭日】祝日と祭日。public holiday 祝祭日

しゅくさつ【縮刷】版を縮小して印刷すること・書物。reduced size 縮刷

しゅくじ【祝辞】祝いのことば。祝詞。 祝辞

じゅくし【熟思】熟慮。deliberation 熟思

じゅくし【熟柿】よく熟したかき。ripe persimmon 熟柿

じゅくし【熟視】じっと見つめること。類凝視。gaze 熟視

しゅくじつ【祝日】❶祝いの日。❷国民の祝日。②national holiday 祝日

しゅくしゃ【宿舎】❶泊まる所。❷寄宿舎。①lodging 宿舎

しゅくしゃ【縮写】原形を縮めて写すこと。写したもの。reduced copy 縮写

しゅくしゃく【縮尺】製図・地図で、実物を縮めてかくこと。また、その比。reduced scale 縮尺

しゅくしゅ【宿主】寄生生物に寄生される生物。やどぬし。host 宿主

しゅくしゅく【粛粛】❶静かでおごそかなようす。▽ 粛粛

葬列が―と進む。❷つつしむようす。①quietly

しゅくしょ【宿所】 泊まる所。やど。

しゅくじょ【淑女】 しとやかな女性。類貴婦人。対紳士。lady

じゅくじょ【熟女】 成熟した色気のある女性。

しゅくしょう【祝勝】 勝利の祝い。

しゅくしょう【縮小】 縮めること。縮まること。対拡大。注縮×少。reduction

しゅくず【縮図】 ❶原形を縮小した図。❷ある物事を端的に表したもの。▽人生の―。①reduced drawing

じゅくす【熟す】 ❶果実がうれる。❷ちょうどよい時機になる。▽機が―。❸上達する。①②ripen

じゅくすい【熟睡】 ぐっすり眠ること。sound sleep

しゅくする【祝する】 いわう。

しゅくせい【粛正】 きびしく取り締まって不正をなくすこと。▽綱紀―。

しゅくせい【粛清】 きびしく取り締まって、反対派をのぞくこと。purge

使い分け「しゅくせい」

粛正…制度や規則などを基準にしていう。▽選挙の不正を―する。綱紀―。

粛清…対立者・異分子などに対して行うときに使う。「綱紀粛清」は誤り。▽反対派を―する。血の―。

じゅくせい【熟成】 ❶食品が熟して十分できあがること。❷学問・技芸などが、十分身につくこと。①ripen

しゅくぜん【粛然】 ❶静まりかえって、おごそかなようす。❷かしこまるようす。▽―として襟を正す。②solemn

しゅくだい【宿題】 ❶教師が生徒に自宅でやらせる課題。❷持ち越された未解決の問題。①homework

じゅくたつ【熟達】 慣れて上達すること。類熟練。mastery

じゅくち【熟知】 よく知っていること。類精通。familiarity

しゅくちょく【宿直】 勤務先に交替で泊まり、夜間の警備をすること。

しゅくてき【宿敵】 古くからの敵。

しゅくてん【祝典】 祝いの儀式。祝賀式。celebration

しゅくでん【祝電】 祝いの電報。対弔電(ちょうでん)。congratulatory telegram

しゅくとく【淑徳】 しとやかで上品な女性の美徳。feminine virtue

じゅくどく【熟読】 文章をじっくり読むこと。類精読。味読。reading carefully

じゅくどくがんみ【熟読玩味】 よく読み、味わうこと。

じゅくねん【熟年】 円熟した年代。中高年をいう。mature age

しゅくば【宿場】 昔、街道の要所で、宿や運搬のための人馬を備えていた所。宿駅。

しゅくはい【祝杯】 〈祝盃〉祝いの酒杯。toast

しゅくはく【宿泊】 自宅以外の所に泊まること。lodging

しゅくふく【祝福】 ❶人の幸福を喜び祝うこと。❷キリスト教で、神が幸いを与えること。①②blessing

しゅくへい【宿弊】 前々からある弊害・悪習。deep-rooted evil

しゅくほう【祝砲】 祝意を表してうつ空砲。類礼砲。対弔砲。

しゅくぼう【宿坊】 寺の、客用の宿舎。

しゅくぼう【宿望】 以前からの望み。

しゅくめい【宿命】 生前から決まっている運命。fate, destiny

しゅくやく【縮約】 規模をちぢめ簡単にすること。▽―版。

じゅくらん【熟覧】 くわしく見ること。careful inspection

じゅくりょ【熟慮】 十分に考えること。熟考。熟思。▽―のうえ、ご返事申し上げます。consideration

じゅくれん【熟練】 慣れて上手なこと。▽―工。類熟達。skill, expert

しゅくん【殊勲】 抜群の手柄。

しゅけい【主計】 会計をつかさどること・係。会計係。accountant

しゅげい【手芸】手先でする技芸。編み物・ししゅうなど。handicrafts　手芸

じゅけい【受刑】刑の執行を受けること。▽―者。　受刑

しゅけん【主権】国を治める最高権力。▽―者。sovereignty　主権

じゅけん【受検】検査を受けること。　受検

じゅけん【受験】試験を受けること。　受験

しゅげんじゃ【修験者】修験道を修行する人。山伏(やまぶし)。　修験者

しゅげんどう【修験道】山にこもって修行する仏教の一派。　修験道

しゅご【主語】文中の動作・状態などの主体を表す部分。対述語。subject　主語

しゅご【守護】❶守ること。❷鎌倉・室町時代の軍事・警察の任にあたった職名。　守護

しゅこう【手交】公式の文書などを手渡すこと。handing　手交

しゅこう【首肯】納得してうなずくこと。nod　首肯

しゅこう【酒肴】酒と料理。　酒肴

しゅこう【趣向】おもむきや、おもしろみを出すための工夫。▽―をこらす。　趣向

しゅごう【酒豪】酒に強い人。大酒飲み。heavy drinker　酒豪

じゅこう【受講】講義・講習を受けること。　受講

じゅごん【儒艮】海獣の一。形はくじらに似る。昔、人魚とみなされた。dugong　儒艮

しゅさ【主査】調査や審査の主任。　主査

しゅざ【首座】❶第一位の席。首席。❷❶にすわる資格のある人。　首座

しゅさい【主宰】中心になって物事を行うこと・人。superintendence　主宰

しゅさい【主催】中心になって催しを開くこと。sponsorship　主催

しゅざい【取材】材料を集めること。　取材

しゅざん【珠算】そろばんでする計算。　珠算

じゅさん【授産】失業者・貧しい人などに仕事を与えること。▽―所。　授産

しゅし【主旨】主な意味・内容。　主旨

しゅし【種子】植物の種。seed　種子

しゅし【趣旨】その事をする目的や事情。▽設立の―。purport, aim　趣旨

しゅじ【主事】一定の事務を管轄する職(の人)。manager　主事

じゅし【樹脂】❶樹液の固まったもの。やに。❷合成樹脂。①resin　樹脂

しゅじい【主治医】❶何人かの医者の中心になって治療にあたる医者。❷かかりつけの医者。　主治医

しゅじく【主軸】❶中心になる軸。❷原動機から動力を直接伝える軸。❸中心となる人。②main shaft　主軸

しゅしゃ【取捨】必要なものを取り、不必要なものを捨てること。　取捨

じゅしゃ【儒者】儒学を修めた人。　儒者

しゅしゃせんたく【取捨選択】よいものを選びとること。　選択

しゅじゅ【種種】いろいろ。さまざま。various　種種

じゅじゅ【授受】やりとり。受け渡し。▽金銭の―。注×受授。　授受

しゅじゅう【主従】主人と従者。　主従

しゅじゅつ【手術】治療のため患部を切ったりすること。operation　手術

じゅじゅつ【呪術】神秘的な力で超自然現象を起こそうとする術。magic　呪術

しゅしょ【朱書】朱で書くこと。　朱書

しゅしょう【主将】❶全軍の総大将。❷スポーツで、そのチームのかしら。②captain　主将

しゅしょう【主唱】中心となって意見を言うこと。advocacy　主唱

しゅしょう【首相】「内閣総理大臣」の通称。prime minister　首相

しゅしょう【殊勝】けなげで感心なようす。admirable　殊勝

しゅじょう【主情】感情・情緒を主にすること。対主知。主意。emotionality　主情

しゅじょう【衆生】仏教で、全生物。　衆生

じゅしょう【受章】勲章を受ける。対授章。　受章

じゅしょう【受賞】賞状・賞金など、ほうびの品を受けること。対授賞。　受賞

じゅしょう【授章】勲章を渡す。対受章。　授章

し

じゅしょう【授賞】賞を授けること。▽―式。対受賞。 授賞

しゅしょく【主食】食事の中心となる食べ物。対副食。staple food 主食

しゅしょく【酒色】酒と女遊び。▽―にふける。 酒色

しゅしょく【酒食】酒と食べ物。▽―のもてなし。 酒食

しゅしん【主審】❶審判員の中で主となる人。❷野球の球審。①② chiefum-pire 主審

しゅじん【主人】❶一家の長。❷自分が仕える人。❸妻が自分の夫を他人にいう語。② master 主人

じゅしん【受信】❶他からの通信を受けること。❷郵便を受けること。対❶送信。❷発信。① reception 受信

じゅしん【受診】診察を受けること。 受診

しゅじんこう【主人公】事件や小説・映画・しばいなどの中心人物。hero, heroine 主人公

しゅす【繻子】なめらかでつやがある絹織物。satin 繻子

じゅず【数珠】玉をつないで輪にした仏具。 数珠

しゅすい【取水】川などから用水を取り入れること。 取水

じゅすい【入水】水中に身を投げて死ぬこと。drowning oneself 入水

じゅずつなぎ【数珠繋ぎ】多くの人・物をひとつなぎにすること。 数珠繋ぎ

しゅずみ【朱墨】朱色の墨。 朱墨

しゅせい【守勢】敵の攻撃を防ぎ守る態勢。対攻勢。defense 守勢

しゅせい【酒精】アルコール。 酒精

じゅせい【受精】精子と卵子が結合すること。fertilization 受精

じゅせい【授精】精子を卵子に結合させること。insemination 授精

しゅせき【手跡】筆跡。handwriting 手跡

しゅせき【主席】第一位の地位(の人)。▽国家―。 主席

しゅせき【首席】第一位の席次(の人)。▽―で卒業する。 首席

しゅせき【酒席】酒盛りの席。feast 酒席

しゅせん【主戦】❶戦うことを主張すること。❷スポーツなどで主力となって戦うこと。▽―投手。 主戦

しゅせん【酒仙】俗事をさけて心から酒を楽しむ人。また、大酒飲み。 酒仙

しゅせんど【守銭奴】金銭への欲望が強く、けちな人。miser 守銭奴

じゅそ【呪詛】のろうこと。curse 呪詛

しゅぞう【酒造】酒をつくること。 酒造

じゅぞう【受像】電波を受けて受信機に画像を映し出すこと。その像。 受像

じゅぞう【受贈】贈り物を受けること。 受贈

しゅぞく【種族】❶同じ祖先、共通の言語・風俗を持つ人間の集団。❷同じ種類に属する生物。①② race 種族

しゅたい【主体】❶意志・行動の中心となり、他に働きかけるもの。❷物事の中心となるもの。対❶客体。① subject 主体

しゅだい【主題】❶主な題目。❷作品の中心となる内容・思想。① subject ② theme 主題

じゅたい【受胎】妊娠。懐妊。conception 受胎

じゅだい【入内】中宮・皇后となる人が、正式に内裏(だいり)へはいること。 入内

しゅたいてき【主体的】主体性をもっているようす。 主体的

じゅたく【受託】❶金品の扱いをたのまれること。❷あずかること。 受託

じゅだく【受諾】頼みごとなどを引き受けること。類承諾。acceptance 受諾

しゅたくぼん【手沢本】故人が愛読した書物。 手沢本

しゅだん【手段】目的を達するための方法。てだて。means 手段

しゅち【主知】知性・理性を重んじること。対主情。主意。intellection 主知

しゅちにくりん【酒池肉林】非常にぜいたくな酒宴。 酒池

しゅちゅう【手中】手のなか。 手中

じゅちゅう【受注】注文を受けること。対発注。 受注

しゅちょ【主著】代表的な著書。 主著

しゅちょう【主張】自分の意見を言い張ること。また、その説。assertion 主張

しゅちょう【主潮】その時代の中心的な思想や文化の傾向。main current 主潮

し

しゅちょう【首長】 団体・組織の長。特に、地方自治体の長。head　首長

しゅつ〔出〕 常5 シュツ・スイ・でる・だす　でる。だす。▽—発。—現。提—。　出・出

筆順 丨 十 屮 出 出

じゅつ〔述〕 常8 ジュツ・のべる　考えをのべる。▽—懐。記—。　述・述

筆順 一 十 才 木 朮 朮 述 述

じゅつ〔術〕 常11 ジュツ ❶わざ。▽技—。❷やり方。▽秘—。算—。❸はかりごと。▽—策。　術・術

筆順 彳 彳 什 休 休 術 術 術

じゅつ【術】 ❶わざ。技術。❷手段。方法。▽施す—がない。❸たくらみ。❹魔法や忍術。▽—にはまる。　術

しゅつえん【出演】 映画・テレビ・舞台などに出ること。performance　出演

しゅっか【出火】 火事を出すこと。　出火

しゅっか【出荷】 商品を市場へ出すこと。対入荷。shipping　出荷

じゅっかい【述懐】 そのときの心中の思いや思い出を述べること。▽過去を—する。recollection　述懐

しゅっかん【出棺】 葬式で、棺を火葬場などへ送り出すこと。　出棺

しゅつがん【出願】 ねがい出ること。願書を出すこと。application　出願

しゅつぎょ【出御】 天皇・皇后がおでましになること。対還御(かんぎょ)。　出御

しゅっきん【出金】 支払いのために金銭を出すこと。また、その金銭。▽—伝票。payment　出金

しゅっきん【出勤】 勤めに出ること。　出勤

しゅっけ【出家】 家を出て僧になること。また、僧。類得度。対在家(ざいけ)。　出家

しゅつげき【出撃】 攻撃するために陣地から出ていくこと。sally　出撃

しゅっけつ【出欠】 出席と欠席。　出欠

しゅっけつ【出血】 ❶血が出ること。❷損害や犠牲。①bleeding　出血

しゅつげん【出現】 形をとって現れ出ること。appearance　出現

しゅっこ【出庫】 ❶倉庫から出すこと。❷車庫から出ること。対❶❷入庫。　出庫

じゅつご【述語】 主語の動作・性質などを述べた部分。対主語。predicate　述語

じゅつご【術語】 学術用語。テクニカルターム。　術語

しゅっこう【出向】 ❶出むくこと。❷一時、他社へ出むいて勤務すること。　出向

しゅっこう【出航】 船や飛行機が出発すること。類船出。departure　出航

しゅっこう【出港】 船が港を出ること。対入港。leaving port　出港

じゅっこう【熟考】 熟慮。　熟考

しゅっこく【出国】 その国を出て外国へ行くこと。しゅつごく。対入国。　出国

しゅつごく【出獄】 囚人が許されて刑務所を出ること。leaving prison　出獄

じゅっさく【述作】 本を書きあらわすこと。また、その本。類著述。　述作

じゅっさく【術策】 (よくない)はかりごと。術計。▽敵の—にはまる。類術数。artifice　術策

しゅっさつ【出札】 乗車券などの切符を売ること。▽—口。　出札

しゅっさん【出産】 子供を産むこと。お産。分娩(ぶんべん)。child birth　出産

しゅっし【出仕】 役所に勤めること。　出仕

しゅっし【出資】 資金を出すこと。▽共同—。類投資。investment　出資

しゅつじ【出自】 その人の出た家柄。生まれ。origins　出自

しゅっしゃ【出社】 会社に働きに行くこと。対退社。　出社

しゅっしょ【出所】 ❶出生地。❷〈出処〉出どころ。❸刑期を終えて刑務所から出ること。①birthplace　出所

しゅっしょう【出生】 子供が生まれること。しゅっせい。birth　出生

しゅつじょう【出場】 ❶その場所に出ること。❷競技などに参加すること。対❶❷欠場。①②participation　出場

しゅっしょく【出色】 目だってすぐれていること。▽入賞作中—のできばえ。prominence　出色

しゅっしょしんたい【出処進退】　出処

し

その職・地位にとどまるか、やめるかということ。▽―を明らかにする。類去就。注出×所進退。

しゅっしん【出身】その土地・身分・学校などの出であること。 出身

しゅつじん【出陣】戦場(や試合)へ出ていくこと。類出征。 出陣

しゅっせ【出世】成功して高い地位につくこと。▽立身―。類昇進。 出世

しゅっせい【出生】⇩しゅっしょう。 出生

しゅっせい【出征】軍隊の一員として戦地へ行くこと。類出陣。 出征

しゅっせい【出精】精を出してはげむこと。diligence 出精

しゅっせがしら【出世頭】仲間の中で、いちばん出世した人。 出世頭

しゅっせき【出席】授業・会合などの席に出ること。対欠席。presence 出席

しゅっそう【出走】競輪・競馬などで、競走に出ること。entry 出走

しゅったい【出来】事件などがおこること。occurrence 出来

しゅつだい【出題】❶問題を出すこと。❷詩歌の題を出すこと。 出題

しゅったつ【出立】旅に出ること。 出立

じゅっちゅう【術中】相手の計略のうち。▽―にはまる。trick 術中

しゅっちょう【出張】職務上、他の場所へ行くこと。business trip 出張

しゅってい【出廷】法廷に出ること。 出廷

しゅってん【出典】故事・引用文などの出どころである書物。source 出典

しゅつど【出土】古い時代の遺物が土中から出ること。 出土

しゅっとう【出頭】呼び出しに応じて指定の場所へ出向くこと。 出頭

しゅつどう【出動】警官隊・消防隊などが、活動のため現場に向かうこと。 出動

しゅつば【出馬】❶選挙などに立候補すること。❷自らその場に臨むこと。▽総裁が―して交渉に当たる。 出馬

しゅっぱつ【出発】目的地に向けて出かけること。対到着。departure 出発

しゅっぱん【出帆】船出。類出港。 出帆

しゅっぱん【出版】書物などを発行すること。類刊行。publication 出版

しゅっぴ【出費】費用を出すこと。また、その費用。expenses 出費

しゅっぴん【出品】展覧会などに作品・品物を出すこと。exhibition 出品

じゅつぶ【述部】文の中で、述語とそれを修飾する語のある部分。対主部。 述部

しゅっぺい【出兵】軍隊を出すこと。対撤兵。dispatching troops 出兵

しゅつぼつ【出没】現れたり、隠れたりすること。▽熊(くま)が―する。 出没

しゅっぽん【出奔】逃げ出して行方をくらますこと。類逐電(ちくでん)。flight 出奔

しゅつらんのほまれ【出藍の誉れ】弟子が先生よりもまさること。 出藍

しゅつりょう【出猟】狩りに出ること。going hunting 出猟

しゅつりょう【出漁】漁に出ること。going fishing 出漁

しゅつりょく【出力】❶機械が働いて出てくる力。❷コンピュータなどで情報を引き出すこと。①②output 出力

しゅつるい【出塁】野球で、走者が塁に出ること。 出塁

しゅと【首都】その国の政府がある都市。首府。capital 首都

しゅとう【種痘】天然痘(てんねんとう)の予防接種。vaccination 種痘

しゅどう【手動】器械を手で作動させること。manual operation 手動

しゅどう【主導】中心となって指導すること。leadership 主導

じゅどう【受動】他からの働きを受けること。受け身。対能動。 受動

しゅどうけん【主導権】中心となって導く力。▽―を握る。initiative 主導権

しゅとく【取得】資格や品物などを自分のものにすること。acquisition 取得

じゅなん【受難】❶苦難・災難にあうこと。❷キリストが十字架の刑で受けた苦難。①sufferings ②Passion 受難

ジュニア【junior】❶年少者。❷下級生。対シニア。

しゅにく【朱肉】朱色の印肉。 朱肉

じゅにゅう【授乳】乳児に乳を飲ませること。▽—期。nurse 授乳

しゅにん【主任】主となって任務を受け持つ役・人。▽学年—。head 主任

じゅにん【受忍】我慢して受け入れること。 受忍

しゅのう【首脳】政府や組織などの中心人物。▽—会談。executive 首脳

じゅのう【受納】金品を受け取っておさめること。類受領。acceptance 受納

しゅはい【酒杯】〈酒盃〉さかずき。 酒杯

じゅばく【呪縛】まじないで動けなくすること。また、心理的に人の心の自由をうばうこと。spellbinding 呪縛

しゅはん【主犯】二人以上で行った犯罪で、その犯行の中心となった者。正犯。principal offender 主犯

しゅはん【首班】第一の席次。特に、内閣総理大臣。▽—指名。 首班

じゅばん【襦袢】えりのついた和服用の下着。じばん。gibão(ポルトガル語)から。 襦袢

しゅひ【守秘】(公務員などが仕事上で得た)秘密を守ること。▽—義務。 守秘

しゅび【守備】敵の攻撃を防ぎ、守ること。類防御。対攻撃。defense 守備

しゅび【首尾】❶始めと終わり。❷経過。結末。▽—は上々。 首尾

しゅびいっかん【首尾一貫】初めから終わりまで、筋が通っていること。▽—した主張。 一貫

しゅひつ【主筆】新聞社・雑誌社などで、首席の記者。chief editor 主筆

しゅひつ【朱筆】朱墨の筆(の書き入れ)。▼—を入れる 文章を直す。 朱筆

じゅひょう【樹氷】霧氷の一。霧が木の枝などに凍りついたもの。rime 樹氷

しゅひん【主賓】いちばん重要な客。 主賓

しゅふ【主婦】妻であり、家事を中心となってする女性。housewife 主婦

しゅふ【首府】首都。capital 首府

しゅぶ【主部】❶主な部分。❷主語と、その修飾語の部分。対❷述部。 主部

しゅぶん【主文】❶判決文で、結論となる部分。❷文章の主要な部分。 主文

じゅふん【受粉】おしべの花粉がめしべの先につくこと。pollination 受粉

しゅへい【手兵】手元において直接指揮する兵。手勢(てぜい)。men 手兵

しゅへき【酒癖】⇩さけぐせ。 酒癖

しゅべつ【種別】種類によって分けること。また、その区別。classification 種別

しゅほ【酒保】軍隊内の売店。 酒保

しゅほう【手法】❶やり方。❷芸術作品の表現上の技法。②technique 手法

しゅほう【主峰】山脈中の、最高の山。 主峰

しゅほう【主砲】❶その艦の中で、最も威力のある大砲。❷野球やバレーボールなどで、攻撃の中心となる強打者。▽—のバットが火をふく。 主砲

しゅぼう【首謀】〈主謀〉悪事・陰謀などの中心人物。▽—者。ringleader 首謀

じゅほう【呪法】呪文(じゅもん)を唱えて人をのろう法。incantation 呪法

しゅみ【趣味】❶おもむきやおもしろみ(を理解する力)。❷楽しみとしてするもの。類❷道楽。①taste ②hobby 趣味

しゅみせん【須弥山】仏教で、世界の中心にあるという高い山。 須弥山

しゅみだん【須弥壇】仏像の台座。 須弥壇

じゅみょう【寿命】❶命の長さ。❷物が使用に耐える期間。①life span 寿命

しゅむ【主務】❶中心となってその事務をあつかうこと・人。❷主要な任務。 主務

しゅめい【主命】主人・主君の命令。しゅうめい。lord's command 主命

しゅもく【種目】種類別の項目。item 種目

しゅもく【撞木】仏具で、鐘や鉦(しょう)などを打ち鳴らすT字形の棒。 撞木

じゅもく【樹木】立ち木。木。tree　樹木

じゅもん【呪文】まじないやのろいの文句。spell　呪文

しゅやく【主役】❶劇の中心となる役柄(の人)。❷中心人物。対❶❷脇役。①leading actor ②leader　主役

しゅゆ【須臾】わずかな時間。　須臾

じゅよ【授与】さずけ与えること。▽卒業証書を―する。award　授与

しゅよう【主要】おもだってたいせつなこと。類重要。important　主要

しゅよう【腫瘍】体に生じる病的組織。がん・肉腫など。tumor　腫瘍

じゅよう【受容】受け入れること。▽西欧文化を―する。acceptance　受容

じゅよう【需要】商品を求めること。また、購買欲。対供給。demand　需要

しゅらば【修羅場】❶演劇などで激しい争いの場面。❷むごたらしい争い・戦いの場。修羅の巷(ちまた)。　修羅場

しゅらん【酒乱】酒に酔うとあばれる癖(の人)。drunken frenzy　酒乱

じゅり【受理】書類などを受け付け、処理すること。▽退職届を―する。acceptance　受理

じゅりつ【樹立】うちたてること。▽新記録を―する。establishment　樹立

しゅりゅう【主流】❶川の本流。❷中心勢力。①②mainstream　主流

しゅりょう【狩猟】狩り。hunting　狩猟

しゅりょう【首領】集団のかしら。類親分。頭目。boss　首領

しゅりょう【酒量】飲む酒の量。　酒量

じゅりょう【受領】金品を受け取ること。▽―証。類領収。receipt　受領

しゅりょく【主力】❶中心をなす勢力。❷おもな力。①main force　主力

じゅりん【樹林】樹木の多い林。　樹林

しゅるい【種類】ある基準によって区分した集まり。類種(しゅ)。kind　種類

じゅれい【樹齢】樹木の年齢。　樹齢

しゅれん【手練】熟練した腕まえ。　手練

しゅろ【棕櫚】ヤシ科の常緑高木の一。直立した幹の頂上に葉がつく。hemp palm　棕櫚

じゅろうじん【寿老人】七福神の一。長寿を授ける神。　寿老人

しゅわ【手話】手の動きでする会話法。sign language　手話

しゅわん【手腕】すぐれた腕まえ。▽―を発揮する。類技量。ability　手腕

しゅん〔俊〕常9 シュンずばぬけてすぐれている(人)。▽―才。―敏。
筆順 亻 亻 亻 亻 亻 俊 俊 俊　俊・俊

しゅん〔春〕常9 シュン・はる ❶はる。▽―分。―眠。早―。❷正月。▽新―。迎―。❸若い時期。▽青―。❹色情。▽―情。
筆順 一 二 三 夫 夫 春 春 春　春・春

しゅん〔峻〕人10 シュン・けわしい ❶けわしい。▽―険。❷きびしい。▽―別。
筆順 山 山 山 山 山 峻 峻 峻　峻・峻

しゅん〔竣〕人12 シュン すっくとたつ。工事がおわる。▽―工。―成。
筆順 立 立 立 立 立 竣 竣 竣　竣・竣

しゅん〔舜〕人13 シュン ❶中国の、伝説上の天子の名。❷花の、むくげ。
筆順 爫 爫 舜 舜 舜 舜　舜・舜

しゅん〔駿〕人17 シュン 足が速い(すぐれた馬)。▽―足。―馬(しゅんめ)。
筆順 馬 馬 馬 駿 駿 駿　駿・駿

しゅん〔瞬〕常18 シュン・またたく まばたきする。短い時間。▽―間。―時。
筆順 目 目 目 瞬 瞬 瞬　瞬・瞬

しゅん〔旬〕⇩じゅん

しゅん【旬】❶魚・野菜などの、出盛りの最も味のよい時季。▽―の野菜。❷いい時機。▽屋外スポーツの―。　旬

じゅん〔旬〕常6 ジュン・シュン ❶一〇日間。▽上―。❷しゅん。出盛り。
筆順 ノ 勹 勺 旬 旬 旬　旬・旬

じゅん〔巡〕常6 ジュン・めぐる ❶めぐる。▽―業。―回。❷見まわる。▽―視。
筆順 く 巛 巛 巛 巡 巡　巡・巡

じゅん〔洵〕人9 ジュン・シュン・シュン ほんとうに。まことに。▽―美。

筆順 洵　洵・洵

じゅん〔盾〕常9 ジュン・たて 身を守る武具。たて。▽矛—（むじゅん）。

筆順 盾　盾・盾

じゅん〔准〕常10 ジュン ❶なぞらえる。▽—用。❷認める。▽批—。

筆順 准　准・准

じゅん〔殉〕常10 ジュン ❶追い死に。▽—死。❷命をかける。▽—職。—教。

筆順 殉　殉・殉

じゅん〔純〕常10 ジュン まじりけがない。けがれがない。▽—白。—粋。

筆順 純　純・純

じゅん〔淳〕人11 ジュン・あつい ❶情け深い。▽—良。❷質素ですなお。▽—朴。

筆順 淳　淳・淳

じゅん〔循〕常12 ジュン ❶したがう。▽—行。❷めぐる。—環。

筆順 循　循・循

じゅん〔順〕常12 ジュン ❶したがう。▽帰—。❷進行のきまり。▽—序。❸うまくいく。▽—調。

筆順 順　順・順

じゅん〔楯〕人13 ジュン・たて ❶てすり。❷板状の防具。たて。▽後ろ—（だて）。

筆順 楯　楯・楯

じゅん〔準〕常13 ジュン ❶水平をはかる道具。❷めやす。▽標—。規—。❸手本にする。▽—拠。❹次ぐ。▽—優勝。

筆順 準　準・準

じゅん〔詢〕人13 ジュン・シュン たずねる。相談する。▽諮—（しじゅん）。

筆順 詢　詢・詢

じゅん〔馴〕人13 ジュン・なれる なれる。ならす。▽—化。—致。

筆順 馴　馴・馴

じゅん〔潤〕常15 ジュン・うるおう・うるおす・うるむ ❶うるおう。—沢（じゅんたく）。▽湿—。❷りっぱにする。▽—色。❸もうけ。▽利—。

筆順 潤　潤・潤

じゅん〔諄〕人15 ジュン・シュン ていねいに教えるようす。▽—諄。

筆順 諄　諄・諄

じゅん〔遵〕常15 ジュン きまりにしたがう。▽—守。—法。（遵）

筆順 遵　遵・遵

じゅん〔醇〕人15 ジュン ❶濃厚な。▽芳—。❷まじりけがない。▽—化。❸人情味があつい。▽—朴。

筆順 醇　醇・醇

じゅん【純】❶純粋。▽—文学。❷純真。▽—な人。　純

じゅん【順】順序。順番。　順

じゅんあい【純愛】純粋な愛情。pure love　純愛

じゅんい【順位】順番で表した位置。類順序。ranking　順位

じゅんいつ【純一】まじりけがないようす。類純粋。purity　純一

しゅんえい【俊英】才知がすぐれてひいでていること・人。俊秀。秀才。excellence　俊英

じゅんえき【純益】純粋の利益。純利。net profit　純益

じゅんえん【巡演】各地を上演して回ること。　巡演

じゅんえん【順延】期日を順繰りにのばすこと。postponement　順延

じゅんえん【順縁】年老いた者から順に死ぬこと。対逆縁。　順縁

しゅんが【春画】男女の性交のさまを描いた絵。まくら絵。pornography　春画

じゅんか【純化】〈醇化〉不純なものを取り去ること。purification　純化

じゅんか【順化】〈馴化〉生物が環境に適応して変化していくこと。▽高度—。　順化

じゅんかい【巡回】❶順々に回って行くこと。❷見回ること。②patrol　巡回

しゅんかしゅうとう【春夏秋冬】❶四季。❷一年中。①four seasons　春夏秋

じゅんかつゆ【潤滑油】❶すべりをよくする機械油。❷物事を円滑に進める仲だちとなるもの。①lubricating oil　潤滑油

しゅんかん【春寒】春先の寒さ。　春寒

しゅんかん【瞬間】❶またたく間。類瞬時。❷…したとたん。①moment　瞬間

じゅんかん【旬刊】一〇日ごとに発行すること・刊行物。　旬刊

し

じゅんかん【旬間】 ある行事の行われる一〇日間。▽交通安全—。 旬間

じゅんかん【循環】 経路をくりかえしめぐること。▽—バス。circulation 循環

しゅんき【春季】 春の季節。spring 春季

しゅんき【春期】 春の期間。 春期

しゅんきはつどうき【春機発動期】 思春期。 春機

じゅんぎゃく【順逆】 道理にかなっていることと、背いていること。 順逆

しゅんきょ【峻拒】 きびしくことわること。類拒絶。flat refusal 峻拒

じゅんきょ【準拠】 よりどころとして従うこと・基準。conformity 準拠

じゅんきょう【殉教】 信仰のために命を捨てること。martyrdom 殉教

じゅんきょう【順境】 順調で、幸せな境遇。対逆境。 順境

じゅんぎょう【巡業】 各地を興行して回ること。provincial tour 巡業

じゅんきん【純金】 まじりけのない金。二四金。類金無垢(きんむく)。pure gold 純金

じゅんけつ【純血】 動物の純粋な血統。pure blood 純血

じゅんけつ【純潔】 ❶心にけがれがなくて清らかなこと。❷性的なまじわりがないこと。▽—を守る。類❶清純。①purity 純潔

じゅんげつ【旬月】 一〇日から一か月くらいの、短い日数。 旬月

しゅんけん【峻険】 〈峻嶮〉山が高くけわしいようす。steep 峻険

しゅんげん【峻厳】 きわめてきびしいようす。stern 峻厳

じゅんけん【巡検】 調べて回ること。 巡検

しゅんこう【春光】 ❶春の日光。❷春の景色。春色。 春光

しゅんこう【竣工】 〈竣功〉工事が完成すること。▽—式。類落成。対起工。着工。completion 竣工

じゅんこう【巡行】 各地をめぐり歩くこと。類巡遊。tour 巡行

じゅんこう【巡幸】 天皇が各地をめぐること。 巡幸

じゅんこう【巡航】 船や飛行機が各地をめぐること。cruise 巡航

じゅんさ【巡査】 ❶警察官の階級の一。❷警察官。②police officer 巡査

しゅんさい【俊才】 〈駿才〉すぐれた才能。また、その持ち主。類英才。genius 俊才

じゅんさい【蓴菜】 水草の一。若芽は食用。 蓴菜

じゅんさつ【巡察】 見回って事情を調べること。類巡閲。 巡察

しゅんじ【瞬時】 ほんのわずかな時間。類瞬間。instant 瞬時

じゅんし【巡視】 警戒や監督のために見回ること。patrol 巡視

じゅんし【殉死】 主君のあとを追って、臣下が死ぬこと。類追い腹。 殉死

じゅんじ【順次】 順ぐりに。順々に。 順次

しゅんじつ【春日】 ❶春の日。❷春の日ざし。▽—遅遅。 春日

じゅんじつ【旬日】 一〇日間。 旬日

じゅんしゅ【遵守】 〈順守〉法律・教えなどに従い、それを守ること。 遵守

しゅんしゅう【俊秀】 俊英。 俊秀

しゅんしゅう【春愁】 春の日の物思い。対秋思。 春愁

しゅんじゅう【春秋】 ❶春と秋。❷一年。また、歳月。❸年齢。②a year **▼—に富む** 若くて将来性がある。 春秋

しゅんじゅん【逡巡】 ためらうこと。▽判定に—する。類躊躇(ちゅうちょ)。hesitation 逡巡

じゅんじゅん【順順】 順次。順ぐり。 順順

じゅんじゅん【諄諄】 よくわかるように丁寧に説き聞かせるようす。▽—とさとす。patiently 諄諄

じゅんじょ【順序】 ❶順番。❷手順。段どり。①order 順序

しゅんしょう【春宵】 春のよい。**▼—刻直(あたい)千金** 春の夜の情趣は千金の値打ちがあるということ。 春宵

しゅんじょう【春情】 ❶春らしいようす。❷色情。いろけ。▽—を催す。②sexual passion 春情

じゅんじょう【殉情】 感情にすべてゆだねること。 殉情

じゅんじょう【純情】 純真で清らかな心を持っている 純情

し

ようす)。pure heart

しゅんしょく【春色】❶春の景色。❷春のけはい。 春色

じゅんしょく【殉職】職務のために死ぬこと。仕事中に死ぬこと。 殉職

じゅんしょく【潤色】文章や話をおもしろくすること。▽事実を—して語る。embellishment 潤色

じゅんじる【殉じる】❶殉死する。❷ある事に命を投げ出してつくす。▽国に—。 殉じる

じゅんじる【準じる】❶準拠する。❷それとのつりあいをとる。▽収入に—じた負担金。①follow 準じる

じゅんしん【純真】けがれがなくて心が清らかなこと。類純情。注純×心。innocence 純真

じゅんすい【純粋】❶まじりけがないこと。❷邪念がなくてひたむきなこと。①②pure 純粋

じゅんせい【純正】❶純粋で正しいこと。▽—部品。❷応用・実用面は考えずに、理論の追究を主とすること。▽—化学。①purity 純正

しゅんせつ【春雪】春に降る雪。 春雪

しゅんせつ【浚渫】水底にたまった土砂などをさらって取り除くこと。▽—船。dredging 浚渫

じゅんぜん【純然】❶まじりけのないようす。❷まったくそれにちがいないようす。類❶純粋。②outright 純然

しゅんそく【俊足】❶足の速いこと・人。❷才知のすぐれた人。 俊足

しゅんそく【駿足】❶駿馬(しゅんめ)。❷俊足❶。②fast runner 駿足

じゅんそく【準則】規則にのっとること。また、その規則。standing rule 準則

じゅんたく【潤沢】豊富なこと。▽—な資金。abundant 潤沢

しゅんだん【春暖】春の暖かさ。対秋冷。 春暖

じゅんちょう【順調】物事が調子よく進むこと。 順調

じゅんて【順手】手を上から回し、手の甲が上を向くように握ること。対逆手(さかて)。 順手

しゅんでい【春泥】春先のぬかるみ。 春泥

じゅんど【純度】品質の純粋さの度合い。▽—の高い金。purity 純度

しゅんどう【蠢動】❶虫がうごめくこと。❷つまらない者が陰でこそこそ活動すること。①wriggling 蠢動

じゅんとう【順当】道理にかなっていて、当然であるようす。▽—に勝ち進む。類妥当。natural 順当

じゅんなん【殉難】宗教的な迫害や国難のために、身を犠牲にすること。 殉難

じゅんのう【順応】環境などの変化に適応すること。adaptation 順応

じゅんぱく【純白】まっ白なこと。また、まっ白。pure white 純白

しゅんぱつりょく【瞬発力】瞬間的に出せる筋肉の力。対持続力。 瞬発力

じゅんばん【順番】順序どおりに行うこと。また、その順序。order 順番

じゅんび【準備】前もってしておく用意。したく。preparation 準備

しゅんびん【俊敏】頭脳が鋭く行動が速いこと。quick 俊敏

じゅんぷう【順風】追い風。対逆風。favorable wind 順風

しゅんぷうたいとう【春風駘蕩】❶春風がのどかに吹くようす。❷性格がおおらかなようす。 駘蕩

じゅんぷうまんぱん【順風満帆】事が快調にはかどること。注じゅんぷうまん×ぽ。 満帆

しゅんぶん【春分】二十四節気の一つ。太陽暦で三月二〇、二一日ごろ。春の彼岸の中日。対秋分。vernal equinox 春分

じゅんぶんがく【純文学】芸術性の追求に力点を置いて書かれた文芸作品。対大衆文学。pure literature 純文学

しゅんべつ【峻別】きびしく区別すること。strict discrimination 峻別

じゅんぽう【旬報】一〇日ごとに発行される報道や刊行物。ten-day report 旬報

じゅんぽう【遵法】〈順法〉法律に従い、それを守ること。▽—闘争。 遵法

じゅんぼく【純朴】〈淳朴〉素直で、飾りけのないようす。simple 純朴

しゅんみん【春眠】春の夜の眠り。▼—暁(あかつき)を覚えず 春眠はねごこちがよいので、明け方目 春眠

がさめない。

しゅんめ【駿馬】足の速いすぐれた馬。駿足。対駑馬(どば)。swift horse　駿馬

じゅんよ【旬余】一〇日余り。　旬余

じゅんよう【準用】ある法律・規則を他にも適用すること。application　準用

じゅんら【巡邏】警戒のために見回って歩くこと。patrol　巡邏

しゅんらい【春雷】春の雷(かみなり)。　春雷

じゅんらん【巡覧】各所を見て歩くこと。tour　巡覧

じゅんり【純利】純利益。純益。　純利

じゅんりょう【純良】不純物がなく良質なようす。▽—バター。pure　純良

じゅんりょう【順良】素直で善良なようす。meek　順良

じゅんれい【巡礼】(順礼)聖地・霊場を参拝して回ること・人。pilgrimage　巡礼

じゅんれき【巡歴】各地をめぐり歩くこと。類遍歴。tour　巡歴

しゅんれつ【峻烈】きびしく、激しいようす。severe　峻烈

じゅんれつ【順列】❶順序。❷数学で、数を順序づけて配列するしかた。　順列

じゅんろ【順路】順序のある道筋。道順。route　順路

しょ〔処〕常5 ショ ❶居る。▽—世。出—。❷しまつする。▽—分。❸場所。▽居—。(處)
筆順 ノ ク 夂 処 処　処・処

しょ〔初〕常7 ショ・はじめ・はじめて・はつ・うい・そめる ❶はじめ。▽—志。❷はじめて。▽—演。
筆順 、 ラ ネ ネ 衤 初 初　初・初

しょ〔所〕常8 ショ・ところ ❶場所。▽名—。役—。❷…すること・もの。▽—見。—感。(所)
筆順 一 ㇇ 戸 戸 所 所 所 所　所・所

しょ〔書〕常10 ショ・かく ❶字をかく。▽—記。清—。❷文字。筆跡。▽—風。草—。❸かいたもの。▽—類。❹本。▽—籍。読—。
筆順 フ ヨ ヨ 聿 聿 書 書 書　書・書

しょ〔庶〕常11 ショ ❶多くの。▽—務。❷大衆。▽—民。❸正妻以外の女性が産んだ子。▽—出。
筆順 亠 广 庐 庐 庶 庶 庶 庶　庶・庶

しょ〔暑〕常12〔暑〕人13 ショ・あつい あつい。あつさ。▽—気。炎—。残—。
筆順 日 旦 早 昱 暑 暑 暑　暑・暑

しょ〔署〕常13〔署〕人14 ショ ❶役所。▽税務—。部—。❷書き記す。▽—名。
筆順 ㄇ 罒 罒 罜 罯 署 署　署・署

しょ〔緒〕常14〔緒〕人15 ショ・チョ・お ❶いとぐち。▽端—。❷つながり。▽由—。❸思い。▽情—。❹ひも。▽鼻—(はなお)。
筆順 く 幺 幺 糸 紏 緒 緒 緒　緒・緒

しょ〔諸〕常15〔諸〕人16 ショ ❶多くのもの。さまざまな。▽—君。—国。—説。❷「もろ」と読んで)両方。▽—手(もろて)。
筆順 言 言 言 訁 訡 諸 諸 諸　諸・諸

しょ〔薯〕17 ショ・いも いも。いも類。▽甘—。馬鈴—。　薯・薯

しょ〔藷〕19 ショ・いも いも。▽甘—。　藷・藷

しょ〔曙〕⇩あけぼの

しょ【書】❶筆で書いた文字。❷書道。❸手紙。❹本。❺書物。…の本・文書。　書

しょ【暑】夏のあつさ。対寒。　暑

しょ【緒】いとぐち。ちょ。▼—に就(つ)く 物事に着手する。　緒

じょ【自余】それ以外。そのほか。rest　自余

じょ〔女〕常3 ジョ・ニョ・ニョウ・おんな・め ❶おんな。▽—流。❷むすめ。▽息—。
筆順 く 女 女　女・女

じょ〔如〕常6 ジョ・ニョ ❶ごとし。…のようだ。▽—実。❷状態を表す。▽突—。
筆順 く 女 女 如 如 如　如・如

じょ〔助〕常7 ジョ・たすける・たすかる・すけ 力をかす。たすける。▽—成。援—。互—。
筆順 丨 冂 冃 月 且 助 助　助・助

じょ〔序〕常7 ジョ ❶はしがき。はじめ。▽—論。❷順番。▽—列。秩—。
筆順 、 亠 广 户 庐 序 序　序・序

じょ〔叙〕常9〔敘〕人11 ジョ ❶順序だててのべる。▽—述。❷序列。▽—位。—勲。
筆順 ノ 人 亼 全 余 余 叙 叙　叙・叙

じょ【徐】常10 ジョ ゆるやか。おもむろ。▽—行。—徐。
筆順 徐
徐・徐

じょ【恕】人10 ジョ・ショ ❶思いやり。▽忠—。❷ゆるす。▽寛—。
筆順 恕
恕・恕

じょ【除】常10 ジョ・ジ・のぞく ❶とりのぞく。▽—外。排—。❷わる。わり算。▽加減乗—。
筆順 除
除・除

じょ【序】❶順序。❷いとぐち。❸前書き。❹序幕。③preface 序

しょあく【諸悪】さまざまな悪事。 諸悪

しょい【所為】❶行い。ふるまい。❷せい。わけ。①behavior 所為

じょい【叙位】位階を授けること。 叙位

しょいこむ【背負込む】やむなく引き受ける。「せおいこむ」の転。shoulder 背負込

しょいちねん【初一念】最初の決心。▽—を貫く。類初志。 初一念

しょいん【書院】❶書斎。❷書院造りの座敷。①study 書院

しよう【止揚】二つの矛盾する概念を一段高い次元で統一すること。揚棄。アウフヘーベン。sublation 止揚

しよう【仕様】❶方法。手段。❷形式や性能。 仕様

しよう【至要】この上もなく大切なこと。類肝要。 至要

しよう【私用】❶個人の用事。❷個人用に使うこと。①private business ②private use 私用

しよう【使用】使うこと。use 使用

しよう【枝葉】❶枝と葉。❷主要でない部分・事柄。▽—末節。 枝葉

しよう【試用】ためしに使うこと。experimental use 試用

しよう【飼養】飼育。raising 飼養

しょう【小】常3 ショウ・ちいさい・こ・お ❶ちいさい。▽—鳥。❷つまらない。▽—人(しょうじん)。❸少ない。▽—一時間。❹自分側の謙称。▽—社。
筆順 小
小・小

しょう【升】常4 ショウ・ます ❶尺貫法の容積の単位。❷ます。▽—酒。
筆順 升
升・升

しょう【少】常4 ショウ・すくない・すこし ❶量がわずか。▽—数。❷若い。▽—女。❸へる。▽減—。
筆順 少
少・少

しょう【召】常5 ショウ・めす 呼び寄せる。まねく。▽—集。—喚。
筆順 召
召・召

しょう【匠】常6 ショウ ❶職人。▽鷹—(たかじょう)。❷技芸にすぐれた(人)。▽巨—。❸考案。▽意—。
筆順 匠
匠・匠

しょう【庄】人6 ショウ・ソウ 農村。農家。▽—園。—屋。
筆順 庄
庄・庄

しょう【床】常7 ショウ・とこ・ゆか ❶ねどこ。▽起—。温—。❷ゆか。❸地層。▽鉱—。河—。
筆順 床
床・床

しょう【抄】常7 ショウ ❶ぬき書き。▽—本。—訳。❷注釈書。
筆順 抄
抄・抄

しょう【肖】常7 ショウ かたどる。にせる。▽—像。不—。(肖)
筆順 肖
肖・肖

しょう【妾】8 ショウ・めかけ・わらわ 正妻以外の妻。▽—腹。
妾・妾

しょう【尚】常8 ショウ ❶高い。▽高—。❷尊ぶ。▽—古。❸なお。▽—早。
筆順 尚
尚・尚

しょう【招】常8 ショウ・まねく 自分のところによぶ。▽—待。—致。
筆順 招
招・招

しょう【承】常8 ショウ・うけたまわる ❶うけつぐ。▽継—。起—転結。❷ひきうける。▽—知。—服。了—。
筆順 承
承・承

しょう【昇】常8 ショウ・のぼる 上にあがる。▽—華。—進。上—。
筆順 昇
昇・昇

しょう【昌】人8 ショウ 明るくさかんである。▽繁—。
筆順 昌
昌・昌

しょう【松】常8 ショウ・まつ 常緑針葉樹の、まつ。▽—露(しょうろ)。—柏(しょうはく)。
筆順 松
松・松

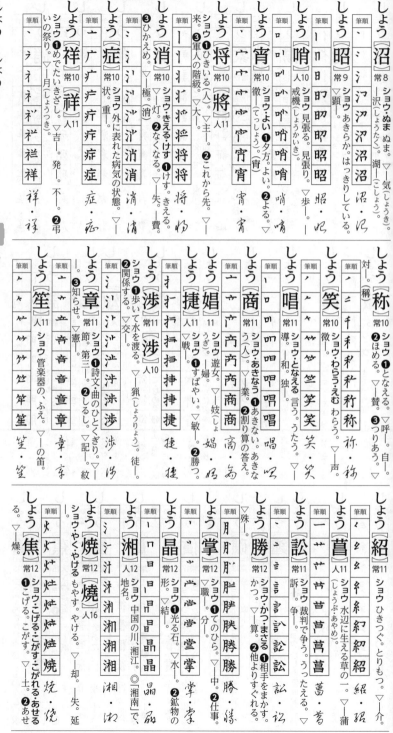

しょう【沼】 常8 ショウ・ぬま ぬま。▽—気(しょうき)。—沢(しょうたく)。湖—(こしょう)。
筆順 沼
沼・沼

しょう【昭】 常9 ショウ あきらか。はっきりしている。▽顕—。
筆順 昭
昭・昭

しょう【哨】 人10 ショウ 見張る。見張り。▽歩—。—戒機(しょうかいき)。
筆順 哨
哨・哨

しょう【宵】 常10 ショウ・よい ❶夕方。よい。❷よる。▽徹—(てっしょう)。(宵)
筆順 宵
宵・宵

しょう【将】 常10【將】人11 ショウ ❶ひきいる(人)。▽主—。❷これから先。▽—来。❸軍人の階級。▽大—。
筆順 将
将・将

しょう【消】 常10 ショウ・きえる・けす ❶けす。きえる。▽—灯。❷なくなる。▽—失。—費。❸ひかえめ。▽—極。(消)
筆順 消
消・消

しょう【症】 常10 ショウ 外に表れた病気の状態。▽—状。重—。
筆順 症
症・症

しょう【祥】 常10【祥】人11 ショウ ❶めでたいきざし。▽吉—。発—。不—。❷弔いの祭り。▽—月(しょうつき)。
筆順 祥
祥・祥

しょう【称】 常10 ショウ ❶となえる。▽呼—。自—。❷ほめる。▽—賛。❸つりあう。▽対—。(稱)
筆順 称
称・称

しょう【笑】 常10 ショウ・わらう・えむ わらう。▽—声。微—。
筆順 笑
笑・笑

しょう【唱】 常11 ショウ・となえる 言う。うたう。▽—導。—和。独—。
筆順 唱
唱・唱

しょう【商】 常11 ショウ・あきなう ❶あきない。あきなう(人)。▽—業。❷割り算の答え。
筆順 商
商・商

しょう【娼】 11 ショウ 遊女。▽—妓(しょうぎ)。—婦。
娼・娼

しょう【捷】 人11 ショウ ❶すばやい。▽敏—。❷勝つ。▽戦—。
筆順 捷
捷・捷

しょう【渉】 常11【涉】人10 ショウ ❶歩いて水を渡る。▽—猟(しょうりょう)。徒—。❷関係する。▽交—。
筆順 渉
渉・渉

しょう【章】 常11 ショウ ❶詩文・曲のひとくぎり。▽—節。第三—。❷しるし。▽記—。紋—。❸知らせ。▽憲—。
筆順 章
章・章

しょう【笙】 人11 ショウ 管楽器の、ふえ。▽—の笛。
筆順 笙
笙・笙

しょう【紹】 常11 ショウ ひきつぐ。とりもつ。▽—介。
筆順 紹
紹・紹

しょう【菖】 人11 ショウ 水辺に生える草の一。▽—蒲(しょうぶ・あやめ)。
筆順 菖
菖・菖

しょう【訟】 常11 ショウ 裁判で争う。うったえる。▽訴—。争—。
筆順 訟
訟・訟

しょう【勝】 常12 ショウ・かつ・まさる ❶相手をまかす。かつ。▽—算。❷他よりすぐれる。▽殊—。
筆順 勝
勝・勝

しょう【掌】 常12 ショウ ❶てのひら。▽—中。❷仕事。▽職—。分—。
筆順 掌
掌・掌

しょう【晶】 常12 ショウ ❶光る石。▽水—。❷鉱物の形。▽結—。
筆順 晶
晶・晶

しょう【湘】 人12 ショウ 中国の川、湘江。◎「湘南」で、地名。
筆順 湘
湘・湘

しょう【焼】 常12【燒】人16 ショウ・やく・やける もやす。やける。▽—却。—失。延—。
筆順 焼
焼・焼

しょう【焦】 常12 ショウ・こげる・こがす・こがれる・あせる ❶こげる。こがす。▽—土。❷あせる。▽—燥。

筆順 焦

しょう【硝】常12 ショウ ガラス・火薬の原料にする鉱物。▽—石。(硝)

筆順 硝

しょう【粧】常12 ショウ 美しくみせる。よそおう。▽化—。美—。

筆順 粧

しょう【翔】人12 ショウ・かける はねを広げてとぶ。▽—破。飛—。(翔)

筆順 翔

しょう【詔】常12 ショウ・みことのり 天皇のことば。▽—書。—勅。

筆順 詔

しょう【証】常12 ショウ あかしをたてる(書類)。▽—明。—文。受領—。(證)

筆順 証

しょう【象】常12 ショウ・ゾウ ❶動物の、ぞう。❷かたち。かたどる。▽具—。—徴。❸外にあらわれた姿。

筆順 象

しょう【傷】常13 ショウ・きず・いたむ・いためる ❶きずつける。きず。▽—害。❷悲しいおもい。▽—心。

筆順 傷

しょう【奨】常13【奬】人14 ショウ すすめ、ほめること。▽—学金。—励。

筆順 奨

しょう【照】常13 ショウ・てる・てらす・てれる ❶てる。てらす。▽—明。—射。❷てらしあわす。▽—合。—会。参—。

筆順 照

しょう【詳】常13 ショウ・くわしい くわしい。つまびらか。▽—細。—述。

筆順 詳

しょう【鉦】13 ショウ・かね 楽器の、かね。▽—鼓。

筆順 鉦

しょう【頌】人13 ショウ・ジュ・ほめる 人の美徳や成功をほめたたえることば。また、そのことばを入れた詩歌。▽—歌。—春。

筆順 頌

しょう【嘗】人14 ショウ・かつて・なめる ❶なめる。▽臥薪—胆(がしんしょうたん)。❷こころみる。▽—試。❸新穀の祭り。

筆順 嘗

しょう【彰】常14 ショウ あきらかに表す。▽—徳。顕—。表—。

筆順 彰

しょう【蔣】人14【蒋】13 ショウ 沼に自生する、イネ科の草。まこも。

筆順 蔣

しょう【裳】人14 ショウ・も 下半身にまとう衣服。▽衣—。—裾(もすそ)。

筆順 裳

しょう【障】常14 ショウ・さわる さえぎる。じゃまする(もの)。▽—害。故—。

筆順 障

しょう【廠】15 ショウ 吹き抜けの家。工場。▽工—。兵器—。(廠)

筆順 廠

しょう【憧】常15 ショウ・あこがれる 遠いものをこい求める。▽—憬(しょうけい・どうけい)。

筆順 憧

しょう【蕉】人15 ショウ ❶植物の、芭蕉(ばしょう)。❷松尾芭蕉。▽—風。

筆順 蕉

しょう【衝】常15 ショウ ❶つきあたる。▽—撃。—突。❷だいじな所。▽要—。折—。

筆順 衝

しょう【賞】常15 ショウ ❶ほうび。▽—金。授—。❷ほめる。▽—賛。❸めでる。▽—美。鑑—。

筆順 賞

しょう【償】常17 ショウ・つぐなう ❶むくいる。▽報—。❷つぐなう。つぐない。▽弁—。補—。

筆順 償

しょう【礁】常17 ショウ 水面に見えかくれする岩。▽暗—。座—。

筆順 礁

しょう【鍾】17 ショウ かため、あつめる。▽—乳洞(しょうにゅうどう)。

しょう【醬】人18【醤】17 ショウ・ひしお 調味料の醬油(しょうゆ)。

筆順 醬

しょう【鐘】常20 ショウ・かね つりがね。▽—楼(しょうろう)。晩—。半—。

筆順 鐘

しょう【上】⇩じょう

しょう【井】⇩せい

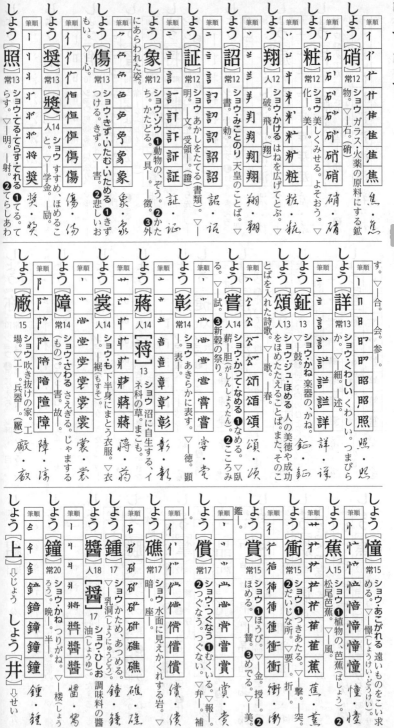

しょう【正】⇩せい
しょう【生】⇩せい
しょう【声】⇩せい
しょう【姓】⇩せい
しょう【性】⇩せい
しょう【青】⇩せい
しょう【政】⇩せい
しょう【星】⇩せい
しょう【相】⇩そう
しょう【省】⇩せい
しょう【従】⇩じゅう
しょう【梢】⇩こずえ
しょう【清】⇩せい
しょう【装】⇩そう
しょう【精】⇩せい
しょう【樟】⇩くすのき

しょう【小】❶小さいこと・もの。❷小の月。❸わずかの。小さい。　小

しょう【升】尺貫法の容積の単位。一升は一・八リットル。　升

しょう【生】生きていること。いのち。　生

しょう【性】❶気質。❷…の性質。▽苦労—。　性

しょう【背負う】❶せおう。❷引き受ける。❸しょってる。　背負う

しょう【将】軍隊を指図する人。指揮官。▼—を射(い)んとせば先(ま)ず馬を射よ 大きな目的をとげるには、その対象に直接当たらず、周辺のものから攻めよ。　将

しょう【商】❶わり算の答え。図積。❷商売。商人。▽露天—。　商

しょう【章】❶文章・曲などの段落。❷しるし。記章。①chapter　章

しょう【笙▲】雅楽に用いる管楽器の一。笙の笛。　笙

しょう【鉦▲】銅・青銅などで作った皿形の打楽器。かね。　鉦

しょう【衝】かなめ。▽交通の—。▼—に当たる ❶大事な役をうけもつ。❷要所になっている。　衝

しょう【賞】ほうび。または、ほうびの金品。図罰。prize　賞

じょう【滋養】栄養になること・もの。nourishment　滋養

じょう【上】常3 ジョウ・ショウ・うえ・うわ・かみ・あげる・あがる・のぼる・のぼせる・のぼす ❶高い(ところ)。❷あがる。❸公にする。▽—映。❹先の方。▽—句。❺すぐれている。▽—等。❻…に関して。　上・上

筆順　丨 卜 上

じょう【丈】常3 ジョウ・たけ ❶長さの単位。▽—六。❷身長。▽背—(せたけ)。　丈・丈

筆順　一 ナ 丈

じょう【冗】常4 ジョウ ❶むだな。▽—員。❷しまりがない。▽—漫。—長。　冗・冗

筆順　丶 冖 冗 冗

じょう【丞】人6 ジョウ たすける(人)。▽—相(じょうしょう)。　丞・丞

筆順　一 了 孑 孑 丞 丞

じょう【条】常7【條】人11 ジョウ ❶すじ。▽—理。❷ひとすじずつ、書き分けたもの。▽—項。—文。箇—。　条・条

筆順　ノ ク 夂 夂 冬 条 条

じょう【状】常7【狀】人8 ジョウ ❶ようす。▽—況。❷手紙。▽書—。❸のべる。▽白—。　状・状

筆順　丨 丬 丬 丬 壮 状 状

じょう【帖】8 ジョウ・チョウ ❶紙をとじたもの。▽手—(てちょう)。❷薄いものを数える語。　帖・帖

じょう【乗】常9【乘】人10 ジョウ・のる・のせる ❶のる。のせる。▽—馬。便—。❷かけ算。　乗・乗

筆順　一 二 千 千 乖 乖 垂 乗 乗

じょう【城】常9 ジョウ・しろ ❶とりで。▽—郭。❷町。❸しろ。▽—主。—壁。　城・城

筆順　一 十 土 圹 圻 城 城 城

じょう【浄】常9【淨】人11 ジョウ きよい。きよめる。▽—化。—水。清—。　浄・浄

筆順　丶 氵 氵 浐 浄 浄 浄

じょう【剰】常11【剩】人12 ジョウ あまり。残る。▽過—。余—。　剰・剰

筆順　一 二 千 乒 垂 乗 剰

じょう【常】常11 ジョウ・つね・とこ ❶長く続く。▽恒—。❷いつも。▽—用。❸ふつうの。▽—識。　常・常

筆順　丶 ⺌ ⺍ 尚 常 常

じょう【情】常11 ジョウ・セイ・なさけ ❶心の動き。▽感—。❷思い。まごころ。❸事実。▽実—。❹おもむき。(情)　情・情

筆順　忄 忄 忄 忄 情 情 情

じょう【場】常12 ジョウ・ば 行われている所。▽—面(ばめん)。会—。出—。　場・場

筆順　土 坦 坦 坦 埸 場 場 場

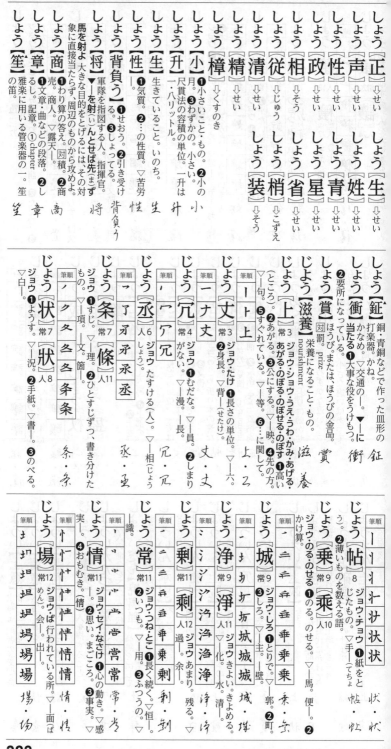

じょう【畳】常12【疊】人22 ジョウ・たたむ・たたみ ❶重ねる。▽―語。❷たたむ。❸たたみ。
筆順 畳　畳・畳

じょう【蒸】常13 ジョウ・むす・むれる・むらす むす。湯気をあてる。▽―発。―気。
筆順 蒸　蒸・蒸

じょう【縄】常15（繩） ジョウ・なわ なわ。▽―文時代。―目。
筆順 縄　縄・縄

じょう【壌】常16 ジョウ やわらかい土。大地。▽土―。天―。（壤）
筆順 壌　壌・壌

じょう【嬢】常16【孃】人20 ジョウ ❶未婚の女性。むすめ。▽愛―。令―。お―様。❷ある職業についている女性。▽うぐいす―。
筆順 嬢　嬢・嬢

じょう【錠】常16 ジョウ ❶戸じまりの金具。▽―前。❷平たい粒の薬。▽―剤。
筆順 錠　錠・錠

じょう【擾】18 ジョウ・みだれる みだれる。みだす。▽―乱。騒―。
擾・擾

じょう【穣】人18【穰】人22 ジョウ 豊かにみのる。▽豊―。
筆順　禾秆秆秤稍穣穣　穣・穣

じょう【譲】常20【讓】人24 ジョウ・ゆずる ゆずる。人を先にする。▽―歩。謙―。
筆順 譲　譲・譲

じょう【醸】常20【釀】人24 ジョウ・かもす 酒をつくる。▽―成。―造。
筆順 醸　醸・醸

じょう【成】⇩せい
じょう【杖】⇩つえ
じょう【定】⇩てい
じょう【盛】⇩せい
じょう【静】⇩せい

じょう【上】❶すぐれていること。❷上巻。❸よい。▽―天気。❹上部の。うえ。❺…に関する。▽経済―。❻…のうえ。対❶❷下。　上

じょう【丈】尺貫法の長さの単位。一丈は三・〇三メートル。たけ。　丈

じょう【状】❶手紙。❷…のようである。▽弓―。❸文書。　状

じょう【帖】紙・海苔（のり）や折り本の巻などを数える語。　帖

じょう【情】❶感情。❷情愛。▽肉親の―。❸（男女の）愛情。①emotion　情

じょう【錠】❶錠前。❷錠剤。また、錠剤を数える語。▽糖衣―。①lock　錠

じょうあい【情愛】なさけ。愛情。類情合い。affection　情愛

しょうあく【掌握】自分のものにして、思いどおりに動かせること。▽部下の心を―する。grasp　掌握

しょうい【小異】ごくわずかな違い。▽大同―。▼―を捨てて大同に就（つ）く 意見の小さな違いはあっても共に行動する。　小異

しょうい【傷痍】傷。けが。wound　傷痍

じょうい【上意】主君・支配者の意向・命令。対下意。　上意

じょうい【情意】感情と意志。　情意

じょうい【譲位】帝王や天皇が、その位をゆずること。禅位。類禅譲。　譲位

じょうい【攘夷】外国人を排すること。▽尊皇―。　攘夷

じょういかたつ【上意下達】上の人の命令を下の人に伝えること。　下達

しょういだん【焼夷弾】高熱を出して燃える薬剤を装置した爆弾・砲弾。　焼夷弾

しょういん【承引】きき入れて引き受けること。類承諾。consent　承引

しょういん【勝因】勝利の原因。対敗因。　勝因

じょういん【上院】二院制で、下院に対する議院。日本の参議院に当たる。Upper House　上院

じょういん【冗員】〈剰員〉むだな人員。　冗員

じょういん【乗員】航空機・列車などに乗務する者。乗務員。crew　乗員

じょうえい【上映】映画を写すこと。showing　上映

しょうえん【荘園】〈庄園〉奈良時代から室町時代にかけて、貴族や社寺が私有していた土地。manor　荘園

しょうえん【硝煙】火薬のけむり。　硝煙

じょうえん【上演】演劇などを舞台で行うこと。performance　上演

じょうえん【情炎】激しい情欲。情火。lust　情炎

しょうおう【照応】二つのものが関連し対応し合うこと。▽首尾の―した文章。correspondence　照応

じょうおん【常温】❶普通の温度。❷常に一定した温度。類定温。　常温

しょうか【昇華】❶固体が直接気体になること。また、その逆の現象。❷より純粋なものに高められること。①②sublimation　昇華

しょうか【消火】火事を消すこと。　消火

しょうか【消化】❶食物を吸収しやすくする働き。❷よく理解すること。▽外来文化を―する。❸残らず処理すること。▽ノルマを―する。①digestion　消化

しょうか【消夏】夏の暑さをしのぐこと。消暑。類避暑。summering　消夏

しょうか【商科】商業に関する学科。　商科

しょうか【商家】商人の家。　商家

しょうか【唱歌】❶歌を歌うこと。❷旧制小学校の教科の一。音楽科。　唱歌

しょうか【娼家】遊女屋。妓楼。　娼家

しょうが【生姜】〈生薑〉野菜の一。香辛料に使う。ginger　生姜

じょうか【城下】城を中心にした地域。　城下

じょうか【浄化】❶清浄にすること。❷正しい状態にすること。▽政治の―。①②purification　浄化

じょうか【情火】情炎。lust　情火

しょうかい【哨戒】敵に備えて警戒すること。patrol　哨戒

しょうかい【商会】商業を行う会社。　商会

しょうかい【紹介】❶人と人とを引き合わせること。❷事情を人々に知らせること。①②introduction　紹介

しょうかい【照会】問い合わせること。▽本社に―する。reference　照会

しょうかい【詳解】くわしく解釈すること。また、その解釈。類精解。　詳解

しょうがい【生涯】生きている間。一生。life　生涯

しょうがい【渉外】外部・外国との連絡・交渉。▽―係。類外交。public relations　渉外

しょうがい【傷害】人に傷を負わせること。injury　傷害

しょうがい【障害】〈障碍〉❶さまたげとなるもの。❷体の故障。▽胃腸―。①obstacle　障害

じょうかい【常会】定期的な集会。　常会

しようがき【仕様書き】順序を書いた文書。また、工事・工作の説明書類。仕様書。　仕様書

しょうかく【昇格】資格や地位が上がること。また、上げること。▽役員に―する。対降格。promotion　昇格

しょうがく【小額】単位が小さい金額。▽―紙幣。対高額。　小額

しょうがく【少額】少ない金額。わずかの金額。対多額。small sum　少額

しょうがく【商学】商業に関する学問。商業学。commercial science　商学

しょうがく【奨学】学問を奨励すること。▽―金。　奨学

じょうかく【城郭】〈城廓〉❶城の外側の囲い。❷城。①castle walls　城郭

じょうかく【城閣】❶城の物見。❷城。　城閣

しょうがつ【正月】❶一月。❷新年の祝いをする期間。　正月

しょうがっこう【小学校】義務教育で、六年間の初等教育を行う学校。elementary school　小学校

じょうかまち【城下町】城を中心に発達した町。　城下町

しょうかん【小寒】二十四節気の一。太陽暦で一月五、六日ごろ。　小寒

しょうかん【小閑】〈少閑〉少しのひま。寸暇。▽―を得る。　小閑

しょうかん【召喚】被告人・証人などに対し、裁判所が出頭を命じること。▽―状。　召喚

しょうかん【召還】外国に派遣した人を呼びもどすこと。▽大使を本国へ―する。recall　召還

しょうかん【消閑】ひまつぶし。退屈しのぎ。short leisure　消閑

しょうかん【商館】外国の商人が商業を営む建物。trading house　商館

しょうかん【償還】借金などの債務を返すこと。類返還。redemption　償還

しょうがん【賞翫】〈賞玩〉❶物のよさを味わい大切にすること。❷賞味。 賞翫

じょうかん【乗艦】軍艦に乗り込むこと。また、乗っている軍艦。 乗艦

じょうかん【情感】しみじみとした感じ。sentiment 情感

しょうき【正気】気がたしかなこと。対狂気。sanity 正気

しょうき【商機】商売上の好機。 商機

しょうき【勝機】勝利を得る機会。 勝機

しょうき【鍾馗】疫病神を除く神。 鍾馗

しょうぎ【床几】昔使った、折り畳みの腰掛け。

床几

しょうぎ【将棋】盤上で駒(こま)を動かして相手の王将を詰めるゲーム。▽―を指す。

じょうき【上気】のぼせること。flush 上気

じょうき【上記】前に書き記してあること。類前記。対下記。 上記

じょうき【常軌】普通の行い・やり方。▼―を逸(いっ)する 常識をはずれた行動をする。 常軌

じょうき【蒸気】❶液体が蒸発してできる気体。❷水蒸気。①vapor ②steam 蒸気

じょうぎ【定規】〈定木〉❶線を引くときにあてがう道具。❷手本。標準。▽杓子(しゃくし)―。①ruler ②standard 定規

じょうぎ【情宜】〈情誼〉人とつき合う上での情愛。 情宜

しょうきゃく【消却】❶消去。❷返済。❸消費。①erasure 消却

しょうきゃく【焼却】焼きすてること。▽―炉。burning up 焼却

しょうきゃく【償却】❶つぐないかえすこと。▽借金を―する。❷「減価償却」の略。 償却

じょうきゃく【上客】❶上座にすわる客。❷上得意。 上客

じょうきゃく【乗客】乗り物に乗る客。passenger 乗客

しょうきゅう【昇級】地位や等級が上がること。 昇級

しょうきゅう【昇給】給料が上がること。pay raise 昇給

じょうきゅう【上級】等級や段階が高いこと。対下級。higer class 上級

しょうきょ【消去】消してなくすこと。類消却。erasure 消去

しょうきょう【商況】商売の状況。 商況

しょうぎょう【商業】商品の売買で利益を得る事業。commerce 商業

じょうきょう【上京】地方から都(特に東京)へ行くこと。 上京

じょうきょう【状況】〈情況〉そのときのありさま。類情勢。situation 状況

しょうきょく【消極】自分から進んでしようとしないこと。 消極

しょうきん【正金】❶正貨。❷現金。 正金

しょうきん【賞金】ほうびのお金。prize money 賞金

しょうきん【償金】損害のつぐないとして支払う金。賠償金。indemnity 償金

じょうきん【常勤】毎日、一定時間勤務すること。full-time work 常勤

しょうく【章句】❶文章の章と句。❷文章の段落。くぎり。②paragraph 章句

じょうく【冗句】❶不必要な文句。❷冗談。②joke 冗句

しょうぐん【将軍】❶全軍を指揮する大将。❷軍隊の将官。❸征夷大将軍。①②general 将軍

しょうけい【小径】こみち。細い道。 小径

しょうけい【小計】一部分の合計。対総計。subtotal 小計

しょうけい【小憩】〈少憩〉少し休むこと。小休止。short rest 小憩

しょうけい【捷径】❶近道。❷物事に達する、てっとり早い方法。早道。▽上達の―。 捷径

しょうけい【象形】❶ものの形をかたどること。❷漢字の六書(りくしょ)の一。物の形による造字法。①representation 象形

しょうけい【憧憬】⇩どうけい。 憧憬

じょうけい【上掲】上に示したこと。 上掲

じょうけい【情景】心を動かすありさま。類光景。scene 情景

じょうけい【場景】その場のありさま。 場景

しょうげき【笑劇】観客を笑わせることを目的とする軽演劇。farce　笑劇

しょうげき【衝撃】❶はげしくつきあたること。❷強く心を動かすこと。①impact ②shock　衝撃

しょうけつ【猖獗】(病気や悪い事が)猛威をふるうこと。▽流感が—を極める。rage　猖獗

しょうけん【正絹】まじりもののない絹(織物)。本絹。純絹。pure silk　正絹

しょうけん【商圏】商売の営業範囲。　商圏

しょうけん【商権】商業上の権利。　商権

しょうけん【証券】有価証券。securities　証券

しょうげん【証言】❶証人の行う供述。❷事実を証明することば。①testi-mony　証言

じょうけん【条件】❶ある事に必要な事柄。❷制限を加える事柄。①②condition　条件

じょうげん【上弦】新月から満月までの半月(はんげつ)。対下弦。first quarter　上弦

じょうげん【上限】上の方、または古い方の限界。対下限。upper limit　上限

しょうこ【証拠】事実を証明する根拠。▽—品。evidence　証拠

しょうご【正午】昼の一二時。noon　正午

じょうこ【上古】❶大昔。❷大化改新までの時代。①ancient times　上古

じょうご【上戸】❶酒飲み。❷酒を飲むと出るくせ。▽泣き—。対❶下戸(げこ)。　上戸

じょうご【冗語】むだなことば。　冗語

じょうご【漏斗】口の小さな容器に液体を入れる用具。ろうと。funnel　漏斗

しょうこう【小康】重い病気や争い事が少しよくなること。▽病人は—を保っている。lull　小康

しょうこう【昇降】あがりおり。上り下り。▽—口。　昇降

しょうこう【将校】軍隊で、少尉以上の軍人。士官。officer　将校

しょうこう【消耗】⇩しょうもう。　消耗

しょうこう【消光】月日を過ごすこと。▽つつがなく—しております。　消光

しょうこう【症候】病気の症状・徴候。symptom　症候

しょうこう【商工】商業と工業。商工業。　商工

しょうこう【焼香】仏前で香をたいて拝むこと。burning incense　焼香

しょうごう【称号】呼び名。名称。title　称号

しょうごう【商号】商人や会社の呼び名。屋号など。trade name　商号

しょうごう【照合】照らし合わせて調べること。collation　照合

じょうこう【上皇】譲位後の天皇。太上(だいじょう)天皇。ex-emperor　上皇

じょうこう【条項】箇条書きにした一つ一つの項目。article　条項

じょうこう【乗降】乗り降り。▽—客。　乗降

じょうこう【情交】肉体的な交わり。　情交

しょうこうぐん【症候群】症候がつねにおこるが、原因不明のとき、病名に準じて使われる語。syndrome　症候群

じょうこうごう【上皇后】上皇の妻。　上皇后

しょうこうねつ【猩紅熱】四類感染症の一。高熱が出る。scarlet fever　猩紅熱

しょうこく【小国】❶国土の狭い国。❷勢力の弱い国。対❶❷大国。　小国

しょうごく【生国】生まれた国。　生国

じょうこく【上告】二審の判決に対する不服申し立て。final appeal　上告

しょうこり【性懲り】心底からこりること。　性懲り

しょうこん【招魂】死者の霊を招き、祭ること。　招魂

しょうこん【商魂】商売に対する才知や気構え。▽—たくましい商人。commercial spirit　商魂

しょうこん【傷痕】きずあと。scar　傷痕

じょうこん【条痕】❶筋になった傷あと。❷鉱物の種類を鑑定する筋。　条痕

しょうさ【小差】少しの違い。対大差。　小差

しょうさ【証左】証拠。evidence

じょうざ【上座】⇩かみざ。

しょうさい【小才】少しばかりの才知。

しょうさい【商才】商売の才能。

しょうさい【詳細】くわしく、細かいこと。類委細。details

じょうざい【浄財】宗教事業や社会事業のための寄付金。

じょうざい【錠剤】小さく丸い形に固めた薬。類丸薬。tablet

じょうさく【上作】❶すぐれたできばえ。❷豊作。①excellent work

じょうさく【上策】すぐれたはかりごと。対下策。good plan

じょうさし【状差し】柱や壁にかけて手紙やはがきを差し入れておくもの。letter rack

しょうさつ【笑殺】笑って、問題にしないこと。一笑に付すこと。▽彼の発言は—された。laughing away

しょうさっし【小冊子】小形の薄い書物。小冊。パンフレット。pamphlet, brochure

しょうさん【消散】散って消えること。dissipation

しょうさん【称賛】〈賞賛〉ほめたたえること。praise

しょうさん【勝算】勝てる見込み。▽—のない試合。

しょうさん【硝酸】無色・激臭の液体。nitric acid

しょうし【小史】❶簡単な歴史(書)。❷雅号にそえる語。①brief history

しょうし【小誌】❶小さい雑誌。❷自社の雑誌の謙譲語。

しょうし【尚歯】老人を敬うこと。

しょうし【笑止】愚劣で笑うべきこと。▽—千万(せんばん)。

しょうし【焼死】焼け死ぬこと。

しょうし【証紙】支払いや品質の証明としてはる紙。certificate stamp

しょうし【頌詞】ほめたたえることば・文章。頌辞。

しょうじ【小事】ささいな事。▽大事(だいじ)の前の—。trifle

しょうじ【少時】❶幼時。❷しばらくの間。暫時(ざんじ)。▽—の猶予を請う。①childhood

しょうじ【正時】ちょうどの時刻。

しょうじ【商事】商業に関係する事柄。▽—会社。business affairs

しょうじ【障子】部屋の仕切りなどに使う建具の一。明かり障子。▽—に目あり。

じょうし【上巳】五節句の一。陰暦三月三日の、女子の節句。桃の節句。

じょうし【上司】上役。対下僚(かりょう)。

じょうし【上肢】うで。また、動物の前足。対下肢。upper limbs

じょうし【上梓】書物を出版すること。publication

じょうし【城址】〈城趾〉城あと。

じょうし【情死】愛し合う人が一緒に死ぬこと。類心中(しんじゅう)。

じょうじ【常時】いつも。ふだん。ordinary times

じょうじ【情事】(夫婦でない)人の間の恋愛関係。love affair

しょうじき【正直】❶素直でうそがないこと。❷本当のところ。①honesty

じょうしき【常識】人が共通してもっているとされる知識や考え方。類良識。common sense

しょうしつ【消失】消えてなくなること。類消滅。disappearance

しょうしつ【焼失】焼けて失うこと。

じょうしつ【上質】品質が上等なこと。類良質。good quality

じょうじつ【情実】個人の感情や利益がからんで、公平でない事柄。

しょうしみん【小市民】資本家と労働者の中間層。プチブル。

しょうしゃ【小社】❶自分の会社の謙譲語。❷小さな会社。類❶弊社。

しょうしゃ【商社】商業を営む会社。貿易商社など。trading company

しょうしゃ【勝者】勝負に勝った人。チーム。勝利者。対敗者。winner

しょうしゃ【照射】❶日光などが照りつけること。❷光線やエックス線などをあてること。②irradiation

しょうしゃ【瀟洒】さっぱりして、あかぬけているようす。elegant 瀟洒

じょうしゃ【乗車】車や電車に乗ること。対下車。降車。乗車

じょうしゃひっすい【盛者必衰】栄えている者もいつかは必ず衰えるということ。しょうじゃひっすい。getting on 盛者

しょうじゃひつめつ【生者必滅】生あるものは必ず死ぬということ。生者

じょうしゅ【城主】城のあるじ。城主

じょうしゅ【情趣】しみじみとしたおもむき。類風情(ふぜい)。sentiment 情趣

じょうじゅ【成就】願いがかなうこと。また、物事をなしとげること。▽大願—。類達成。fulfilment 成就

しょうしゅう【召集】❶呼び集めること。❷国会に、議員を呼び集めること。② convocation 召集

しょうしゅう【招集】招き集めること。▽委員の—。株主—。calling together 招集

使い分け「しょうしゅう」

召集…公的な立場で下位の者を呼び出し集めること。「召」は上位の人が呼び寄せるの意。▽—令状。国会を—する。

招集…呼びかけて招き集めること。広く使う。▽会議を—する。役員に—をかける。

しょうしゅう【消臭】いやなにおいを消すこと。▽—剤。消臭

しょうじゅう【小銃】小型の銃。rifle 小銃

じょうしゅう【常習】いつもの(悪い)習慣。usual habit 常習

じょうじゅうざが【常住坐臥】日常のふるまい。常住

しょうしゅつ【抄出】抜き書き。抄出

しょうじゅつ【詳述】くわしく述べること。detailed explanation 詳述

じょうじゅつ【上述】上または前に述べたこと。前述。上述

しょうしゅん【頌春】新春をたたえること。年賀状に使う語。類賀春。頌春

しょうじゅん【照準】弾が目標に命中するように、ねらいを定めること。aiming 照準

じょうじゅん【上旬】月の初めの一〇日間。初旬。上旬

しょうしょ【小暑】二十四節気の一。太陽暦で七月七日ごろ。小暑

しょうしょ【消暑】消夏。消暑

しょうしょ【証書】ある事実を証明する文書。証文。証状。▽卒業—。certificate 証書

しょうしょ【詔書】天皇のことばを書いた公文書。類勅書(ちょくしょ)。詔書

しょうじょ【少女】年若い女性。女の子。girl 少女

じょうしょ【浄書】きれいに書き直すこと。清書。浄写。fair copy 浄書

じょうしょ【情緒】⇩じょうちょ。情緒

じょうじょ【乗除】掛け算と割り算。乗除

しょうしょう【少少】❶少し。ちょっと。❷すこしばかり。少少

しょうしょう【蕭蕭】ものさびしいようす。蕭条。蕭然。▽—たる松風。蕭蕭

しょうじょう【症状】病気・傷の状態。symptom 症状

しょうじょう【猩猩】❶オランウータン。❷人に似た想像上の動物。❸大酒飲み。猩猩

しょうじょう【賞状】ほめたたえることばを書いて与える書状。賞状

じょうしょう【上昇】のぼること。あがること。対下降。低下。rise 上昇

じょうしょう【常勝】戦うたびに勝つこと。invincibility 常勝

じょうじょう【上上】この上なくよいこと。最上。best 上上

じょうじょう【上場】(株式・商品などを)取り引き物件として取引所に登録すること。listing 上場

じょうじょう【情状】具体的な事情。わけ。circumstances 情状

じょうじょう【嫋嫋】❶風がそよそよと吹くようす。❷なよなよ。❸音が細く長く続くようす。嫋嫋

じょうじょうしゃくりょう【情状酌量】裁判官が、犯罪事情の同情すべき点を考慮して、刑罰を軽くすること。酌量

しょうしょく【小食】〈少食〉食事の分量が少ないこと。 小食

しょうしょく【小職】職、特に官職についている人が、自分を謙遜していう語。 小職

じょうしょく【常食】日常の食べ物としていること。daily food 常食

しょうじる【生じる】❶はえる。できる。❷起こる。あらわれる。▽問題が―。①grow 生じる

しょうじる【請じる】〈招じる〉招く。▽講師として―。invite 請じる

じょうじる【乗じる】❶つけこむ。つけいる。▽油断に―。❷数学で、掛ける。 乗じる

しょうしん【小心】気が小さく、臆病なこと。小胆。timidity 小心

しょうしん【小身】身分が低いこと・人。対大身(たいしん)。 小身

しょうしん【昇進】地位が上がること。類昇級。promotion 昇進

しょうしん【焼身】自分の体を火で焼くこと。▽―自殺。 焼身

しょうしん【焦心】思い悩んで心をいらだたせること。また、その心。類焦燥(しょうそう)。 焦心

しょうしん【傷心】❶心をいためること。▽―の思い。❷傷ついた心。▽―をいやす。①sorrow 傷心

しょうじん【小人】度量の狭い人。小人物。対大人(たいじん)。▼―閑居(かんきょ)して不善をなす 小人物は、ひまでいると悪いことをするものだ。 小人

しょうじん【精進】❶努力を続けること。❷肉類を断つこと。❸修行にはげむこと。❹身を清め行いを慎むこと。類❹潔斎。①③devotion 精進

じょうしん【上申】上役や役所に意見や事情を言うこと。▽―書。 上申

じょうじん【常人】普通の人。じょうにん。ordinary people 常人

じょうじん【情人】愛人。じょうにん。 情人

しょうじんあげ【精進揚げ】野菜の天ぷら。 精進揚

しょうじんけっさい【精進潔斎】肉食を断ち、心身を清めること。 潔斎

しょうしんしょうめい【正真正銘】まちがいなく本物であること。注正真×証明。 正真

しょうしんよくよく【小心翼翼】小心でびくびくするようす。 翼翼

じょうず【上手】❶巧みなこと・人。❷おせじ。▽お―を言う。対❶下手。①good 上手

しょうすい【小水】小便。尿。urine 小水

しょうすい【憔悴】心配事や病気でやつれ衰えること。emaciation 憔悴

じょうすい【上水】上水道からくるきれいな水。対下水。tap water 上水

じょうすい【浄水】❶清らかな水。❷水を浄化すること。また、その水。①clean water 浄水

しょうすう【小数】絶対値が一より小さい実数。▽―点。decimal 小数

しょうすう【少数】数が少ないこと。▽―意見。small number 少数

じょうすう【乗数】掛け算で、掛けるほうの数。対被乗数。multiplier 乗数

しょうする【称する】❶名づける。名乗る。❷いつわって言う。❸ほめたたえる。▽栄誉を―。①call ③praise 称する

しょうする【証する】❶証明する。▽無実を―。❷保証する。①prove 証する

しょうする【頌する】功績を文章や言葉でほめたたえる。celebrate 頌する

しょうする【賞する】よさをほめる。▽努力を―。praise 賞する

しょうせい【小生】男性が使う自分の謙譲語。類愚生(ぐせい)。 小生

しょうせい【招請】たのんで来てもらうこと。▽役員に―する。類招聘(しょうへい)。invitation 招請

しょうせい【笑声】笑い声。 笑声

しょうせい【勝勢】勝ちそうな形勢。また、勝った勢い。 勝勢

じょうせい【情勢】〈状勢〉物事が動いていくようす。類形勢。situation 情勢

じょうせい【醸成】❶発酵させて酒などをつくること。❷雰囲気をつくり出すこと。▽不安が―される。類❶醸造。①brewing 醸成

じょうせき【上席】❶上位の席。上座。❷上の地位。対❶末席。 上席

し

じょうせき【定石】❶囲碁で、決まった打ち方。❷決まったやり方。 定石

じょうせき【定席】❶いつも座る席。❷常設の寄席(よせ)。 定席

じょうせき【定跡】将棋で、決まった指し方。 定跡

しょうせつ【小雪】二十四節気の一。太陽暦で一一月二二、二三日ごろ。 小雪

しょうせつ【小節】❶文章の短いひと区切り。❷楽譜の縦線で区切られた部分。①section ②bar 小節

しょうせつ【小説】散文による文学作品。novel 小説

しょうせつ【章節】長い文章を章や節に分けた区切り。 章節

しょうせつ【詳説】くわしい説明。対略説。detailed explanation 詳説

じょうせつ【常設】つねに設けてあること。類常置。 常設

じょうぜつ【饒舌】(冗舌)おしゃべり。▽―をふるう。talkative 饒舌

しょうせん【商船】旅客や貨物を運ぶ商業用の船。merchant ship 商船

しょうせん【商戦】商売上の競争。▽年末―。commercial war 商戦

しょうぜん【承前】前文の続き。 承前

しょうぜん【悄然】しょんぼりしているようす。▽―と去る。dejected 悄然

しょうそ【勝訴】訴訟で勝つこと。対敗訴。winning the suit 勝訴

じょうそ【上訴】上級裁判所に不服を訴えること。控訴・上告・抗告の三種。 上訴

しょうそう【少壮】若くて元気がよいこと・人。▽―気鋭。youth 少壮

しょうそう【尚早】時期が早すぎること。▽時期―。premature 尚早

しょうそう【焦燥】(焦躁)あせっていらいらすること。▽―に駆られる。類焦心。fret 焦燥

しょうぞう【肖像】人の顔や姿をうつした絵・写真。portrait 肖像

じょうそう【上奏】天皇に申し述べること。奏上。 上奏

じょうそう【情操】人間のもつ高等で複雑な感情。▽知的―。sentiment 情操

じょうぞう【醸造】発酵作用により、酒・みそなどをつくること。brewing 醸造

しょうそく【消息】❶連絡。便り。❷ようす。事情。①news 消息

しょうぞく【装束】ある事のための、決まった身支度や衣服。▽白―。 装束

しょうそくすじ【消息筋】その方面の事情にくわしい人。 消息筋

しょうそくつう【消息通】ある事の実情に通じている人。 消息通

しょうたい【正体】❶本当の姿。❷正気。▽―を失う。①true character 正体

しょうたい【招待】客として人を招くこと。▽―状。invitation 招待

じょうたい【状態】人や物事のありさま。類状況。condition, state 状態

じょうたい【常態】普通の状態。▽―に復する。normal condition 常態

じょうだい【上代】日本史の時代区分の一。大和(やまと)・奈良時代。 上代

じょうだい【城代】江戸時代、大名の留守中に、代わって城を守った人。城代家老。 城代

しょうたく【妾宅】めかけを住まわせている家。対本宅。mistress's house 妾宅

しょうたく【沼沢】沼と沢。swamp 沼沢

しょうだく【承諾】他人の要求やたのみごとなどを聞き入れること。引き受けること。▽事後―。consent 承諾

じょうたつ【上達】❶上手になること。❷下部の意思が上部に届くこと。類❶熟達。①improvement 上達

しょうたん【小胆】度量が狭いこと。また、小心であること。対大胆。 小胆

しょうだん【昇段】武術や碁・将棋などで、段位が上がること。 昇段

しょうだん【商談】商売・取り引き上の相談。business talk 商談

じょうたん【上端】上のはし。 上端

じょうだん【冗談】❶ふざけて言う話。❷ふざけてすること。▽―にも程がある。①②joke 冗談

しょうち【承知】❶知っていること。❷聞き入れること。▽委 承知

細は―している。②approval

しょうち【招致】招いて来てもらうこと。▽国際競技会を―する。類招聘(しょうへい)。invitation　招致

じょうち【常置】つねに設けておくこと。▽委員会を―する。類常設。　常置

じょうち【情痴】色情におぼれて理性を失うこと。love foolery　情痴

しょうちくばい【松竹梅】(めでたいものとしての)松・竹・梅(の三等級)。　松竹梅

しょうちゅう【掌中】手のひらの中。▼―の珠(たま)最もたいせつにしているもの。特に、子供。　掌中

しょうちゅう【焼酎】麦・さつまいもなどからつくる蒸留酒。　焼酎

じょうちゅう【常駐】つねに駐在していること。　常駐

じょうちょ【情緒】❶事に触れて起こる、感情。また、その感情を起こす雰囲気。情調。じょうしょ。❷一時的な感情。情動。じょうしょ。①②emotion　情緒

しょうちょう【省庁】省や庁の役所。　省庁

しょうちょう【消長】衰えることと盛んになること。▽国勢の―。類盛衰。　消長

しょうちょう【象徴】抽象的なものを具体的な形で表すこと・もの。symbol　象徴

じょうちょう【上長】❶年上の人。❷目上の人。長上。①senior　上長

じょうちょう【冗長】長たらしいようす。▽―な文章。redundant　冗長

じょうちょう【情調】⇩情緒(じょうちょ)❶。　情調

しょうちょく【詔勅】天皇の考えを示す文書。みことのり。　詔勅

しょうちん【消沈】〈銷沈〉気力が衰えしずむこと。ふさぎこむこと。　消沈

しょうつきめいにち【祥月命日】故人が死んだ月日に当たる毎年の同じ月日。　祥月

じょうてい【上程】議案を会議にかけること。presentation　上程

じょうでき【上出来】できぐあいが優れているさま。対不出来。　上出来

しょうてん【小店】❶自分の店の謙譲語。❷小さな店。①my shop　小店

しょうてん【昇天】❶天に昇ること。❷(キリスト教で)死ぬこと。②death　昇天

しょうてん【商店】商品を売る店。▽―街。store, shop　商店

しょうてん【焦点】❶光がレンズや鏡で反射・屈折して集まる点。❷楕円(だえん)・双曲線・放物線を作る基本となる点。❸注意や関心が集中する点。①focus　焦点

しょうてん【衝天】意気盛んなこと。▽意気―。　衝天

しょうでん【小伝】簡単な伝記。略伝。対詳伝。biographical sketch　小伝

しょうでん【昇殿】❶神殿などにのぼること。❷昔、清涼殿にのぼること。　昇殿

しょうと【商都】商業が盛んな都市。　商都

しょうど【焦土】建物などが焼けて、あとかたもなくなった土地。注×焼土。　焦土

しょうど【照度】光を受けている面の明るさの度合い。単位はルクス。　照度

じょうと【譲渡】(財産・権利などを)譲り渡すこと。類譲与。transfer　譲渡

じょうど【浄土】仏が住む清らかな世界。極楽浄土。西方(さいほう)浄土。対穢土(えど)。　浄土

しょうとう【消灯】明かりを消すこと。対点灯。lights-out　消灯

しょうどう【唱道】人に先立って唱えること。advocacy　唱道

しょうどう【唱導】❶先に立って人を導くこと。❷仏道に導くこと。　唱導

しょうどう【衝動】本能的・発作的なはげしい心の動き。impulse　衝動

じょうとう【上等】❶等級が上であること。❷優れていること。対❶❷下等。②superior　上等

じょうとう【常套】やり方がありふれていること。ありきたり。▽―手段。commonplace　常套

じょうどう【常道】❶決まったやり方。❷守るべき道徳。　常道

じょうとうしき【上棟式】棟上げを祝う儀式。　上棟式

しょうとく【生得】生まれつき。せいとく。▽―の才能。類生来(せいらい)。nature　生得

しょうとく【頌徳】徳をほめたたえること。eulogy 頌徳

しょうどく【消毒】薬や熱で細菌を殺すこと。disinfection 消毒

しょうとつ【衝突】❶ぶつかること。❷対立して争うこと。▽意見の—。①collision 衝突

しょうに【小児】小さな子供。infant 小児

しょうにか【小児科】小児病を専門にみる医学の一分科。pediatrics 小児科

しょうにびょう【小児病】子供に特有の病気の総称。はしかなど。小児病

しょうにゅうどう【鍾乳洞】雨水や地下水に石灰岩がとけてできたほらあな。limestone cave 鍾乳洞

しょうにん【上人】❶知徳のすぐれた僧。❷僧の敬称。上人

しょうにん【小人】子供。入場料などで使う語。対大人。中人。小人

しょうにん【承認】正しいと認め許可すること。また、聞きいれること。類承諾。approval 承認

しょうにん【昇任】地位・役目が上になること。類昇格。promotion 昇任

しょうにん【商人】物の売買を職業とする人。あきんど。merchant 商人

しょうにん【証人】❶裁判や国会の命令で、経験した事実を述べる人。❷事実を証明する人。❸保証人。①②witness 証人

しょうにん【聖人】❶知恵が広く、慈悲心の深い人。❷有徳の僧。聖人

じょうにん【常任】つねにその任務についていること。常任

じょうにん【情人】愛人。じょうじん。情人

しょうね【性根】根性。心根(こころね)。性根

しょうねつ【焦熱】焼けるような暑さ。焦熱

じょうねつ【情熱】はげしく燃え上がる感情。熱情。passion 情熱

しょうねん【少年】❶若い男子。❷少年法で、二〇歳未満の男女。①boy ▼—老い易(やす)く学成り難(がた)し 人はすぐに年をとるから、時間を惜しんで学問に精進すべきだ。少年

しょうねん【生年】❶年齢。❷せいねん。①age 生年

じょうねん【情念】おさえられない強い感情。emotion 情念

しょうねんば【正念場】真価を発揮すべき場面。成否が決まる重大な局面。▽—を迎える。crucial moment 正念場

しょうのう【笑納】〈「ご—ください」の形で〉贈り物を受け取ってもらうときの謙譲語。笑納

しょうのう【樟脳】くすのきからとれる結晶。防虫剤などに使う。camphor 樟脳

じょうのう【上納】政府や上位団体に金品を納めること。▽—金。上納

じょうば【乗馬】❶馬に乗ること。❷乗用の馬。①horseback riding 乗馬

しょうはい【勝敗】勝ち負け。勝負。勝敗

しょうはい【賞杯】〈賞盃〉賞として与えるカップ。trophy 賞杯

しょうはい【賞牌】賞として与えるメダル。medal 賞牌

しょうばい【商売】❶商業。商い。▽—上手(じょうず)。❷職業。仕事。▽—替え。①trade 商売

しょうばいがら【商売柄】❶商売の種類・性質。❷その商売で身についた独特の習性。商売柄

しょうばいにん【商売人】❶商人。❷くろうと。❸商売のうまい人。商売人

しょうはく【松柏】松と児手柏(このてがしわ)。また、常緑樹。松柏

じょうはく【上膊】上腕。二の腕。上膊

じょうばこ【状箱】手紙を入れる箱。状箱

しょうばつ【賞罰】賞と罰。賞罰

じょうはつ【蒸発】❶液体が気化すること。❷人などが不意に行方不明になること。①evaporation 蒸発

しょうばん【相伴】客の相手として自分も接待を受けること・人。▽ご—にあずかる。類陪食。participation 相伴

しょうひ【消費】使ってなくすこと。対生産。consumption 消費

しょうび【焦眉】(まゆをこがすほど)危難が身に迫ること。▼—の急 目の前に迫った危難。焦眉

しょうび【賞美】〈称美〉ほめたたえること。類称賛。praise 賞美

じょうひ【冗費】むだな費用。むだづかい。類浪費。wasteful expense　冗費

じょうび【常備】つねに用意しておくこと。▽—薬。　常備

しょうひょう【商標】自社製品であることを明示する標章。トレードマーク。trademark　商標

しょうひょう【証票】証明となる書き付け。類証書。certificate　証票

しょうびょう【傷病】負傷と病気。　傷病

しょうひん【小品】絵画・彫刻・音楽・文学などの、ちょっとした作品。　小品

しょうひん【商品】売買の対象となるもの。goods　商品

しょうひん【賞品】ほうびの品。prize　賞品

じょうひん【上品】洗練され品がいいようす。elegant　上品

しょうふ【娼婦】売春婦。prostitute　娼婦

しょうぶ【尚武】武術・武勇を尊ぶこと。▽—の気風。warlike spirit　尚武

しょうぶ【菖蒲】水辺に生える草花の一。葉は細長く、香りがよい。端午の節句に使う。sweet flag　菖蒲

しょうぶ【勝負】❶勝ち負け。❷勝敗を争うこと。②game　勝負

じょうふ【情夫】愛人の男性。lover　情夫

じょうふ【情婦】愛人の女性。mistress　情婦

じょうぶ【上部】上の部分。　上部

じょうぶ【丈夫】❶健康なようす。❷こわれにくいようす。①healthy ①②strong　丈夫

しょうふく【妾腹】めかけから生まれたこと・子。めかけばら。　妾腹

しょうふく【承服】〈承伏〉相手の要求や主張を認めて、従うこと。類承諾。accept　承服

じょうふく【条幅】書画で、半切（はんせつ）を掛け軸にしたもの。　条幅

じょうぶくろ【状袋】「封筒」の意のやや古風な語。　状袋

しょうぶごと【勝負事】❶勝敗を争うわざ。❷かけ事。ばくち。　勝負事

しょうぶし【勝負師】❶ばくちうち。❷勝負事を仕事とする人。❸重大なことを思い切って行う人。　勝負師

しょうふだ【正札】掛け値なしの値段を書いた札。price tag　正札

しょうふだつき【正札付き】札付き。　正札付

じょうぶつ【成仏】死んで仏になること。死ぬこと。death　成仏

しょうぶん【小文】❶短い文。❷自分の文章の謙譲語。　小文

しょうぶん【性分】生まれつきの性質。たち。類気性。nature　性分

じょうぶん【冗文】むだの多い文章。　冗文

じょうぶん【条文】箇条書きした文。　条文

しょうへい【招聘】礼をつくして人を招くこと。▽講師に作家を—する。類招請。invitation　招聘

しょうへい【将兵】将校と兵士。将卒。　将兵

しょうへき【障壁】❶仕切りのかべ。❷妨げるもの。▽ことばの—。類❷障害。②barrier　障壁

じょうへき【城壁】城の石垣や壁。　城壁

しょうべん【小便】❶尿（にょう）。また、それを出すこと。しょんべん。❷契約を破ること。①urine　小便

じょうほ【譲歩】自分の主張をおさえ、折り合うこと。concession　譲歩

しょうほう【商法】❶商売のしかた。▽悪徳—。❷商業活動についての法律。①trade　商法

しょうほう【詳報】くわしい報告。full report　詳報

しょうぼう【消防】火事を消したり、防いだりすること。fire fighting　消防

じょうほう【定法】❶決まった法則。❷いつものやり方。類❷定石。　定法

じょうほう【乗法】掛け算。対除法。　乗法

じょうほう【情報】❶事件・状況などについての知らせ。▽交通—。❷適切に判断し、行動するために必要な知識。▽—を収集する。①②information　情報

しょうほん【正本】❶原本。❷歌舞伎の台本。❸浄瑠璃（じょうるり）の曲節を記入した本。対❶副本。　正本

しょうほん【抄本】❶必要部分を抜き書きした本。❷「戸籍抄本」の略。

じょうまえ【錠前】戸・ふたなどにつけて、かぎで開閉する金具。錠。lock

しょうまん【小満】二十四節気の一。太陽暦の五月二一日ごろ。

じょうまん【冗漫】むだが多く、しまりがないようす。▽—な文章。類冗長。prolix

しょうみ【正味】❶中身。実質。❷中身だけの目方・量。注正×身。② net weight

しょうみ【賞味】おいしさを味わうこと。▽—期限。relish

じょうみ【情味】❶あじわい。おもむき。❷人情味。

しょうみつ【詳密】くわしく細かいようす。類細密。

じょうみゃく【静脈】血液を心臓にもどす血管。対動脈。vein

しょうみょう【称名】〈唱名〉仏の名号を唱えること。▽—念仏。

しょうむ【商務】商業に関する事務。

じょうむ【乗務】交通機関に乗り組み、業務を行うこと。▽—員。

じょうむ【常務】❶日常業務。❷常務取締役の略。日常業務担当の重役。

しょうめい【証明】事実や結論の正しいことを、明らかにすること。▽身分—書。proof

しょうめい【照明】❶照らして明るくすること。❷舞台の演出効果を高める光線(の使い方)。①②lighting

しょうめつ【消滅】消えてなくなること。▽権利の—。disappearance

しょうめん【正面】❶物の前面。▽—玄関。❷まっすぐに向き合う方向。対❶側面。背面。①②front

しょうもう【消耗】❶物を使ってへらすこと。❷体力・気力を使いはたすこと。①consumption ②exhaustion

じょうもく【条目】箇条書きの項目。

じょうもの【上物】上等な品物。

しょうもん【証文】証拠となる文書。証書。▼—の出し遅(おく)れ手おくれで、効果のないこと。

じょうもん【定紋】家紋。

じょうもん【縄文】土器につけられた縄目の模様。

しょうや【庄屋】江戸時代、村政の責任者。類名主(なぬし)。肝煎(きもいり)。

しょうやく【生薬】動植物を材料にした、あまり加工していない薬。きぐすり。

しょうやく【抄訳】原文の一部を翻訳すること。また、その訳文。対全訳。

じょうやく【条約】国家間の約束。treaty

じょうやど【定宿】〈常宿〉いつも泊まる宿屋。regular inn

じょうやとう【常夜灯】一晩中ついている明かり。all-night light

しょうゆ【醤油】大豆や小麦に塩やこうじを加えて発酵させた液体調味料。

しょうよ【賞与】定期給与とは別に支給されるお金。bonus

じょうよ【剰余】余り。余剰。▽—金。

じょうよ【譲与】金品・権利などを無償でゆずり与えること。類譲渡。

しょうよう【小用】❶ちょっとした用事。▽—で出かける。❷小便。①small business

しょうよう【従容】ゆったりと落ち着いているようす。▽—として死につく。注×じゅうよう。

しょうよう【称揚】〈賞揚〉ほめあげること。類称賛。praise

しょうよう【商用】商売上の用事。

しょうよう【逍遥】そぞろ歩き。

じょうよう【乗用】乗るのに使うこと。▽—車。

じょうよう【常用】❶ふだん使っていること。▽—手段。❷あるものを続けて使うこと。▽睡眠薬を—する。類❶愛用。①②daily use

じょうようかんじ【常用漢字】二〇一〇(平成二二)年に内閣が告示した「改定常用漢字表」にある、二一三六字の漢字。

じょうよく【情欲】肉体的な欲望。類愛欲。lust

し

しょうらい【招来】❶招き寄せること。▽専門家を—する。❷将来❷。 招来

しょうらい【松籟】松のこずえをふく風。また、その音。松風。 松籟

しょうらい【将来】❶これから先。未来。▽—性。❷ある結果をもたらすこと。▽社会不安を—する。類招来❷。①future 将来

じょうらく【上洛】地方から京都に行くこと。入洛(じゅらく)。 上洛

しょうらん【笑覧】〈「御—ください」の形で〉見てもらうことの謙譲語。 笑覧

しょうらん【照覧】❶はっきりと見ること。❷神仏がご覧になること。▽神も—あれ。 照覧

じょうらん【上覧】貴人がご覧になること。 上覧

じょうらん【擾乱】騒乱。 擾乱

しょうり【勝利】勝つこと。対敗北。victory 勝利

じょうり【条理】物事の道理。▽不—。reason 条理

じょうり【情理】人情と道理。▽—を尽くして説く。 情理

じょうりく【上陸】船や海から陸にあがること。landing 上陸

しょうりゃく【省略】一部分を省くこと。▽以下—。omission 省略

じょうりゅう【上流】❶川上。❷上流階級。対❶❷下流。②upper class 上流

じょうりゅう【蒸留】〈蒸溜〉液体を熱して蒸気とし、それを冷やして精製された液体にすること。distillation 蒸留

しょうりょ【焦慮】あせること。いらだつこと。類焦心。impatience 焦慮

しようりょう【使用料】使用に対して払う金銭。 使用料

しょうりょう【小量】❶わずかの数量。❷心の狭いこと。狭量。 小量

しょうりょう【少量】少しの分量。 少量

しょうりょう【渉猟】❶さがし求めて歩くこと。❷本を読みあさること。▽文献を—する。 渉猟

しょうりょう【精霊】霊魂。 精霊

しょうりょうえ【精霊会】盂蘭盆(うらぼん)。 精霊会

しょうりょく【省力】機械化などによって人手を省くこと。▽—化。 省力

じょうりょく【常緑】木の葉が一年中緑であること。▽—樹。evergreen 常緑

じょうるり【浄瑠璃】三味線で伴奏する語り物。特に、義太夫節。 浄瑠璃

しょうれい【省令】各省の大臣が発する行政上の命令。 省令

しょうれい【奨励】よいこととして、すすめること。▽スポーツを—する。encouragement 奨励

じょうれい【条例】❶〈条令〉箇条書きにした法規。❷地方公共団体が制定する法規。①ordinance 条例

じょうれい【常例】決まりになっているならわし。類恒例。custom 常例

じょうれん【常連】〈定連〉❶なじみ客。常客。❷いつもの仲間。 常連

じょうろ【如雨露】植木などに水をかける道具。じょろ。jarro(ポルトガル語)から。watering pot 如雨露

しょうろう【鐘楼】鐘つき堂。しゅろう。 鐘楼

しょうろく【抄録】抜き書き(すること)。類抜粋。excerpt 抄録

しょうろく【詳録】くわしい記録(をすること)。detailed record 詳録

しょうろん【小論】❶小規模な論文。小論文。❷自分の論文の謙譲語。 小論

しょうろん【詳論】くわしく論じること。また、その論説。 詳論

しょうわ【昭和】年号の一。大正と平成の間。 昭和

しょうわ【笑話】こっけいな話。 笑話

しょうわ【唱和】一人の声に合わせて、大ぜいの者が唱えること。chorus 唱和

じょうわ【情話】❶人情のこもった話。❷男女の情愛の物語。 情話

しょうわる【性悪】性質が悪いこと・人。▽—女。ill nature 性悪

しょえん【初演】最初の上演・演奏。 初演

じょえん【助演】わき役を演じること・人。対主演。 助演

じょおう【女王】❶女性の王。❷その世界での第一人者の女性。▽銀幕の—。①②queen 女王

ジョーク【joke】冗談。しゃれ。

ショートステイ【short stay】高齢者などの介護を、専門施設が一週間程度引き受ける制度。

ショーマンシップ【showmanship】芸人根性。

しょか【初夏】夏の初め。　初夏

しょか【書架】本棚。bookshelf　書架

しょか【書家】書道家。　書家

しょが【書画】書と絵画。　書画

しょかい【初会】❶初めて会うこと。初対面。❷初めての会合。　初会

しょかい【所懐】思っていること。感懐。類所感。　所懐

じょがい【除外】取り除くこと。exclusion　除外

しょがく【初学】初めて学ぶこと・人。　初学

しょかつ【所轄】支配監督すること・範囲。管轄。▽—の警察署。類所管。jurisdiction　所轄

しょかん【所感】感じた事柄。感想。▽年頭—。　所感

しょかん【所管】ある事務を管理すること・範囲。▽—事項。類所轄。jurisdiction　所管

しょかん【書簡】〈書翰〉手紙。書状。letter　書簡

しょき【初期】はじめの時期。始まったころ。対末期。early years　初期

しょき【所期】期待すること・事柄。▽—の目的を果たす。expectation　所期

しょき【書記】❶記録をとること・役。❷政党・組合などで、日常事務を扱う役職(の人)。①clerk　書記

しょき【暑気】夏の暑さ。　暑気

しょきか【初期化】コンピュータで、ディスクなどの既存のデータを消去し、使いはじめの状態にすること。　初期化

しょきゅう【初級】初歩の等級。beginner's class　初級

じょきゅう【女給】バーなどのホステスの古い言い方。　女給

じょきょ【除去】とりのぞくこと。removal　除去

しょぎょう【所業】〈所行〉ふるまい。しわざ。act　所業

じょきょうじゅ【助教授】大学で、教授の下の教員。「准教授」の旧称。assistant professor　助教授

しょぎょうむじょう【諸行無常】仏教で、世の中のものはすべて移り変わるということ。　諸行

じょきょく【序曲】❶オペラなどの開幕に先立って演奏される音楽。❷物事の始まりのたとえ。▽近代化の—。革命の—。①overture ②prologue　序曲

ジョギング【jogging】軽く走ること。

しよく【私欲】自分の利益だけを考えた欲望。▽私利—。self-interest　私欲

しょく〔色〕常6 ショク・シキ・いろ ❶いろ(どり)。❷顔かたち。表情。▽喜—。❸ようす。▽景—。特—。❹情欲。▽好—。
筆順 ノ ク 么 夕 刍 色　色・色

しょく〔拭〕常9 ショク・ふく・ぬぐう こすってふきとる。▽払—(ふっしょく)。
筆順 一 ナ 扌 扩 扩 拭 拭　拭・拭

しょく〔食〕常9 ショク・ジキ・くう・くらう・たべる ❶たべる(こと)。▽飲—。断—(だんじき)。❷給与。▽—禄。❸おかす。▽腐—。
筆順 ノ 八 今 今 今 食 食 食　食・食

しょく〔埴〕人11 ショク・はに 陶器などに使うねんど。はに。▽—輪(はにわ)。
筆順 ナ 扌 圹 圹 埴 埴 埴 埴　埴・埴

しょく〔植〕常12 ショク・うえる・うわる ❶草木をうえる。▽—林。❷移住させる。▽—民。❸はめこむ。▽誤—。
筆順 木 朩 朩 朩 植 植 植 植　植・植

しょく〔殖〕常12 ショク・ふえる・ふやす ふやす。ふえる。▽—産。繁—。利—。
筆順 一 ア 歹 歹 歹 殖 殖 殖　殖・殖

しょく〔飾〕常13 ショク・かざる かざる。かざり。▽装—。修—。粉—。
筆順 ノ 今 今 食 食 飭 飾 飾　飾・飾

しょく〔触〕常13 ショク・ふれる・さわる ❶さわる。▽—感。—手。接—。感—。❷法を犯す。▽抵—。(觸)
筆順 ク 角 角 角 觓 触 触 触　触・觸

しょく〔蝕〕15 ショク・むしばむ ❶むしばむ。▽侵—。❷欠ける。▽月—。　蝕・蝕

しょく〔嘱〕常15 ショク ❶たのむ。▽—託。❷関心をもってみる。▽—目。(囑)
筆順 口 口 吖 吖 呢 嗎 嘱 嘱　嘱・嘱

しょく〔燭〕人17 ショク・ソク・ともしび ともしび。あかり。▽—台。華—。 燭・燭

筆順 火 炉 炉 焗 燭 燭 燭 燭

しょく〔織〕常18 ショク・シキ・おる ❶布をおる。▽紡—。❷くみたてる。▽組—。 織・織

筆順 糸 糸 糸 紵 綿 織 織 織

しょく〔職〕常18 ショク 仕事。役目。つとめ。▽—人。—務。天—。 職・職

筆順 丆 耳 耳 耶 职 聕 職 職

しょく【初句】詩歌の第一句。 初句

しょく【食】❶食べること・物。❷〈蝕〉日食・月食。❸食事の回数。 食

しょく【燭】❶(ろうそくなどの)あかり。❷光度の旧単位。一燭は約一カンデラ。燭光。 燭

しょく【職】❶役目。職務。❷仕事の技術。❸職人。職業。▽技術—。 職

じょく〔辱〕常10 ジョク・はずかしめる ❶恥をかかせる。はずかしめる。▽恥—。侮—。❷かたじけない。▽—知。 辱・辱

筆順 一 厂 戶 辰 辰 辰 辰 辱

しょくあたり【食中り】食中毒。 食中り

しょくいき【職域】❶職務の範囲。❷職場。 職域

しょくいく【食育】健康を守る食生活を実現するために、食に関する知識・判断力を育てること。 食育

しょくいん【職員】役所・学校などで働く人。staff 職員

しょぐう【処遇】地位・待遇を決めて扱うこと。treatment 処遇

しょくぎょう【職業】生計をたてるための仕事。occupation 職業

しょくぎょうびょう【職業病】その職業特有の環境によっておこる病気。 職業病

しょくげん【食言】前言と違うことを言うこと。うそをつくこと。 食言

しょくさい【植栽】草木を植えつけること。 植栽

しょくざい【贖罪】おかした罪をつぐなうこと。expiation 贖罪

しょくさん【殖産】❶産業を盛んにすること。▽—興業。❷財産をふやすこと。 殖産

しょくし【食指】人さし指。▼—が動く ❶食欲がおこる。❷したいという気持ちが起こる。 食指

しょくじ【食事】一日に何度か食べること。また、その食べ物。meal 食事

しょくじ【食餌】病気治療に役立てるための食べ物。▽—療法。diet 注食×事療法。 食餌

しょくしゅ【触手】下等動物の捕食・触覚の器官。tentacle▼—を伸(の)ばす 手に入れようと働きかける。 触手

しょくしゅ【職種】職業・職務の種類。 職種

しょくじゅ【植樹】樹木を植えること。▽—祭。tree planting 植樹

しょくしょう【食傷】❶食べあきること。❷同じ事柄がたび重なって、あきること。▽—気味。①②surfeit 食傷

しょくしょう【職掌】担当する役目。 職掌

しょくじょせい【織女星】琴座の首星ベガの漢名。おりひめ星。Vega 織女星

しょくしん【触診】患者の体にふれて診察すること。palpation 触診

しょくする【食する】食べる。 食する

しょくする【嘱する】❶たのむ。期待する。▽将来を—。❷ことづける。 嘱する

じょくせ【濁世】仏教で、にごりけがれた世。だくせ。類末世(まっせ)。 濁世

しょくせい【植生】ある地域に生育している植物の全体。vegetation 植生

しょくせい【職制】❶職務分担上の制度。❷管理職(にある人)。 職制

しょくせき【職責】職務上の責任。 職責

しょくぜん【食膳】料理をのせるぜん。▼—に供(きょう)する 料理して出す。 食膳

じょくそう【褥瘡】〈蓐瘡〉とこずれ。 褥瘡

しょくだい【燭台】ろうそくを立てる台。ろうそく立て。candlestick 燭台

しょくたく【食卓】食事用のテーブル。類飯台。dining table 食卓

しょくたく【嘱託】❶仕事を頼んで任せること。❷臨時に依頼されて仕事をする人。①commission 嘱託

じょくち【辱知】その人と知り合いであることの謙譲語。▽—の間柄。 辱知

しょくつう【食通】食べ物の味や知識によく通じていること・人。グルメ。 — 食通

しょくどう【食堂】❶食事部屋。❷客に食事を出す店。①dining room — 食堂

しょくどう【食道】消化器官の一部。のどと胃の間の部分。gullet — 食道

しょくにく【食肉】❶肉食。▽―植物。❷食用にする肉。②meat — 食肉

しょくにん【職人】手先の技術で物をつくる職業の人。craftsman — 職人

しょくにんかたぎ【職人気質】頑固実直な、職人特有の性質。 — 気質

しょくのう【職能】❶職務を果たす能力。▽―給。❷職業のもつ機能。 — 職能

しょくば【職場】勤め先の仕事場。 — 職場

しょくばい【触媒】❶それ自身は変化せずに他の物質の化学反応を促進・抑制する物質。❷物事の進行や達成の助けとなるもの。①catalyst — 触媒

しょくはつ【触発】他からの刺激を受けて、あることがおこること。▽友人の受賞に―される。 — 触発

しょくひ【食費】食べ物にかかる費用。food expenses — 食費

しょくひん【食品】食べ物となる品。food — 食品

しょくぶつ【植物】動物と並ぶ、生物の二大区分の一。plant — 植物

しょくぶん【職分】職務上、しなければならない事柄。類職務。duty — 職分

しょくぼう【嘱望】〈属望〉前途に望みをかけること。▽将来を―される。類期待。expectation — 嘱望

しょくみん【植民】本国以外に移住し、経済活動をすること。また、その移住者。colonization — 植民

しょくみんち【植民地】他国の属領として支配されている地域。colony — 植民地

しょくむ【職務】各人が受けもつ仕事。任務。類職分。duties — 職務

しょくむしつもん【職務質問】警察官の職務上の質問行為。 — 質問

しょくもく【嘱目】〈属目〉どのようになるか、関心をもって見守ること。注目。▽将来が―される役者。 — 嘱目

しょくもつ【食物】食べ物。food — 食物

しょくよう【食用】食べ物にしたり、できたりすること。edible — 食用

しょくよく【食欲】食べたいという欲望。appetite — 食欲

しょくりょう【食料】食べ物(の材料)。food — 食料

しょくりょう【食糧】主食になる食べ物。▽―事情。 — 食糧

使い分け「しょくりょう」
食料…主食以外の食べ物。▽生鮮―。―品店。
食糧…主食となる食べ物。米など。▽―事情。―難。―法。

しょくりん【植林】山野に木を植え、育てること。類造林。afforestation — 植林

しょくれき【職歴】職業上の経歴。 — 職歴

しょくん【諸君】同輩以下の人々を親しんで呼ぶ語。みなさん。 — 諸君

じょくん【叙勲】勲等を授け、勲章をあたえること。 — 叙勲

しょけい【処刑】刑をとり行うこと。特に、死刑にすること。execution — 処刑

しょけい【書痙】字を書こうとすると、手に痛みを感じる病気。 — 書痙

しょけい【諸兄】多数の男性に対する尊敬語。みなさん。対諸姉。 — 諸兄

じょけい【女系】母方の血統。母系。 — 女系

じょけい【叙景】自然の風物を文章で書き表すこと。 — 叙景

しょけつ【処決】❶処置をきめること。❷覚悟をきめること。 — 処決

じょけつ【女傑】すぐれた才知や勇気のある女性。女丈夫(じょじょうふ)。 — 女傑

しょげる【悄気る】(失望などで)元気がなくなる。be depressed — 悄気る

しょけん【初見】❶はじめて見ること。❷はじめて会うこと。初対面。 — 初見

しょけん【所見】❶見た結果。▽医者の―。❷意見。①view ②opinion — 所見

しょけん【書見】書物を読むこと。 — 書見

しょけん【諸賢】多くの人々に対する尊敬語。皆様。▽読者―。 — 諸賢

し

しょげん【緒言】序文。ちょげん。 緒言
じょけん【女権】女性の権利。 女権
じょげん【助言】意見を述べて助けること。また、そのことば。advice 助言
じょげん【序言】序文。preface 序言
しょこ【書庫】書物をしまっておく部屋・建物。library 書庫
しょこう【曙光】❶夜明けの太陽の光。❷わずかな希望のきざし。①dawn 曙光
じょこう【徐行】車などがゆっくり進むこと。▽—運転。注×除行。goingslowly 徐行
しょこく【諸国】多くの国々。類万国。 諸国
じょことば【序詞】⇩じょし❷。 序詞
しょこん【初婚】初めての結婚。 初婚
しょさ【所作】❶身のこなし。しぐさ。❷所作事(しょさごと)。 所作
しょさい【所載】掲載。類所収。 所載
しょさい【書斎】読書・執筆用の部屋。注書×斉。 書斎
しょざい【所在】もののある所。人のいる所。 所在
しょざいない【所在無い】することがなく退屈だ。手持ちぶさた。 所在無い
じょさいない【如才無い】❶気がきいてあいそがいい。❷抜けめがない。②alert 如才無い

しょさん【所産】産み出されたもの。▽研究の—。product 所産
じょさんし【助産師】出産を助ける職業(の人)。 助産師
しょし【初志】最初にたてた望み・志。▽—貫徹。original intention 初志
しょし【庶子】正妻ではない女性の子。また、旧民法で父が認知した子。対嫡子。 庶子
しょし【書肆】本屋。書店。 書肆
しょし【書誌】❶書物の内容・成立・体裁などについて記述したもの。❷特定の人・題目についての文献目録。 書誌
しょし【諸氏】❶多くの人々に対する尊敬語。▽—の御賛同を得る。❷前にのべた何人かの人をさす語。 諸氏
しょし【諸姉】多数の女性に対する尊敬語。対諸兄。 諸姉
しょじ【所持】身につけて持っていること。▽—品。possession 所持
しょじ【諸事】さまざまなこと。 諸事
じょし【女子】❶女の子。❷女性。②woman 女子
じょし【女史】社会的地位のある女性(の名に添える語)。 女史
じょし【序詞】❶序のことば。序言。❷和歌などで、ある語を導き出すためのことば。じょことば。①preface 序詞
じょじ【女児】女の子供。対男児。 女児
じょじ【叙事】事実を客観的に述べること。対叙情。 叙事
しょしき【書式】公式の書類のきまった書き方。▽—を整える。form 書式

じょじし【叙事詩】歴史的事件や英雄をうたった詩。epic 叙事詩
しょしゃ【書写】❶書き写すこと。❷教科で、習字。①copying 書写
しょしゅ【諸種】いろいろな種類。 諸種
じょしゅ【助手】❶手助けする人。❷教授・准教授・助教の下の職名(の人)。①assistant 助手
しょしゅう【初秋】秋の初め。 初秋
しょしゅう【所収】書物・文書などにおさめられていること。▽万葉集—の和歌。類所載。 所収
しょしゅつ【初出】初めて出たり、現れたりすること。▽—漢字。 初出
しょしゅつ【所出】生まれた所。生まれ。また、出どころ。▽資料の—。 所出
じょじゅつ【叙述】順を追って述べること・述べたもの。description 叙述
しょしゅん【初春】春の初め。 初春
しょじゅん【初旬】上旬。 初旬
しょしょ【処暑】二十四節気の一。太陽暦で八月二三日ごろ。 処暑
しょしょ【所所】〈処処〉ところどころ。あちこち。▽—方々。 所所
しょじょ【処女】❶男性との性的交渉のない女性。❷だれもまだ手をつけていないこと。❸最初であること。▽—航海。①virgin 処女
しょしょう【所掌】法律によって決められた特定の行政機関が行うこと。 所掌

しょじょう【書状】手紙。書簡。letter　書状

じょしょう【女将】⇩おかみ。　女将

じょしょう【序章】序に当たる、初めの章。対終章。introduction　序章

じょじょう【叙情】〈抒情〉感情や情緒を述べること。対叙事。　叙情

じょじょうし【叙情詩】〈抒情詩〉作者の叙情をうたった詩。lyric　叙情詩

じょじょうふ【女丈夫】女傑。　女丈夫

じょしょく【女色】❶女性との情事。❷女性の魅力。▽―に迷う。　女色

じょじょに【徐徐に】ゆっくりと。だんだんに。▽―回復する。注×除除に。gradually　徐徐に

しょしん【初心】❶最初の心構え。▽―に返る。❷習い始め。▼―忘るべからず 始めたときの真剣な気持ちを忘れてはならない。　初心

しょしん【初診】最初の診察。▽―料。　初診

しょしん【所信】自分が信じ考えている事柄。▽―表明。類信念。one's belief　所信

しょしん【書信】手紙。たより。　書信

じょすう【除数】割り算で、割るほうの数。対被除数。divisor　除数

しょする【処する】❶処理する。❷処罰をあたえる。▽死刑に―。❸対処する。▽難局に―。　処する

じょする【叙する】❶〈序する〉述べ表す。▽思いを―。❷位・勲等を授ける。②confer　叙する

しょせい【処世】世渡り。▽―術。注処×生。　処世

しょせい【書生】❶学生。❷他家に住み込み、手伝いをしながら勉強する人。①student　書生

じょせい【女性】おんな。woman　女性

じょせい【女婿】娘の夫。娘むこ。　女婿

じょせい【助成】研究や事業に、力添えをすること。▽―金。promotion　助成

じょせい【助勢】手助けすること。　助勢

しょせいくん【処世訓】処世に役立つ教え。　処世訓

しょせき【書籍】書物。本。book　書籍

じょせき【除籍】名簿や戸籍などから名前を除き、身分をとりあげること。　除籍

しょせつ【諸説】いろいろな学説や意見。▽―紛々。　諸説

じょせつ【序説】序論。introduction　序説

しょせん【初戦】最初の試合。一回戦。　初戦

しょせん【所詮】結局は。つまるところ。after all　所詮

しょせん【緒戦】始まったばかりの戦い・試合。first fighting　緒戦

しょそう【諸相】いろいろな姿・ありさま。various phases　諸相

しょぞう【所蔵】自分の物としてしまってあること・もの。possession　所蔵

じょそう【女装】男性が女性の姿をすること。　女装

じょそう【助走】陸上競技・体操などで、勢いをつけるために走ること。▽―路。approach run　助走

じょそう【序奏】楽曲の導入部。イントロ。introduction　序奏

しょぞく【所属】ある団体・組織などに属していること。belonging　所属

しょぞん【所存】考え。▽努力する―でございます。intention　所存

しょたい【所帯】〈世帯〉❶独立した一家。世帯（せたい）。▽大―。❷一家の生計。暮らし向き。①②household　所帯

しょたい【書体】❶字形の様式。草書・楷書（かいしょ）などや、活字の明朝体・ゴシック体など。❷字の書きぶり。　書体

しょだい【初代】続いている系統の最初の代・人。first generation　初代

しょたいめん【初対面】初めて会うこと。類初見。first meeting　初対面

しょだな【書棚】本棚。bookshelf　書棚

しょだん【処断】裁いて決めること。decision　処断

しょち【処置】❶物事の決まりをつけること。❷傷などの手当てをすること。類❶措置。①disposal　処置

しょちゅう【書中】手紙（の中）。▽―をもって申し上げます。　書中

しょちゅう【暑中】夏の暑い期間。土用の一八日間。　暑中

じょちゅう【女中】❶お手伝いさんの旧称。❷料理屋・旅館などの接客係の女性。❸昔、女性のこと。　女中

し

①maid
しょちょう【初潮】初めての月経。初経。menarche　初潮
じょちょう【助長】❶成長・発展を助けること。❷ある傾向を強めてしまうこと。▽不安を―する。①②encouragement　助長
しょっかい【職階】職務上の階級。　職階
しょっかく【食客】いそうろう。　食客
しょっかく【触角】昆虫などの頭部にある、ひげ状の感覚器官。antenna　触角
しょっかく【触覚】ものが皮膚に触れたときに起こる感覚。tactile sense　触覚
しょっかん【触感】手ざわり。肌ざわり。感触。touch　触感
しょっき【食器】食事に使う器具。tableware　食器
しょっき【織機】布を織る機械。はたおりき。weaving machine　織機
ショック【shock】急に強い衝撃を受けること。▽―を受ける。
しょっけん【食券】食堂などの、飲食物との引き換え券。meal ticket　食券
しょっけん【職権】職務上の権限。▽―乱用。official power　職権
しょっこう【燭光】❶灯火の光。❷燭❶。①candlelight　燭光
しょっこう【職工】工員の旧称。　職工
しょってる【背負ってる】うぬぼれている。be conceited　背負っ

ショット【shot】❶射撃。❷ゴルフなどで、たまを打つこと。また、その打球。❸映画の一場面。❹スナップ写真。▽ツー―。
しょっぱな【初っ端】物事のはじめ。最初。　初っ端
しょて【初手】❶囲碁・将棋の最初の一手。❷最初。　初手
しょてい【所定】あらかじめ決まっていること。▽―の位置。fixed　所定
じょてい【女帝】女性の皇帝。類女王。　女帝
しょてん【書店】本屋。bookstore　書店
しょでん【初伝】最初の段階に伝授すること(もの)。対奥伝。　初伝
しょとう【初冬】冬の初め。　初冬
しょとう【初等】最初の等級。elementary　初等
しょとう【初頭】初めの時期。▽二〇世紀―。　初頭
しょとう【蔗糖】さとうきびからとった砂糖。cane sugar　蔗糖
しょどう【初動】最初、また早い時期の行動。　初動
しょどう【書道】筆と墨で文字を書く芸術。類習字。　書道
しょとく【所得】収入。収益。income　所得
しょなぬか【初七日】人の死後七日目(の法事)。しょなのか。ひとなのか。　初七日
しょなのか【初七日】⇩しょなぬか。　初七日
じょなん【女難】女性関係で男性がこうむる災い。▽―の相。　女難

しょにち【初日】催し物や興行の最初の日。対千秋楽。opening day　初日
じょにん【叙任】位を授け、官に任じること。　叙任
しょねん【初年】❶最初の年。❷ある時代の初めのころ。①first year　初年
じょのくち【序の口】❶事のはじめ。❷相撲の番付の最下位(の力士)。　序の口
じょはきゅう【序破急】舞楽や能楽を構成する、導入・展開・終結の三部分。　序破急
しょばつ【処罰】刑罰に処すること。punishment　処罰
しょはん【初犯】初めての犯罪。　初犯
しょはん【初版】書籍の最初の版。第一版。first edition　初版
しょはん【諸般】いろいろ。もろもろ。▽―の事情。various　諸般
じょばん【序盤】勝負事や物事の初めの段階。対中盤。終盤。　序盤
しょひょう【書評】本の内容批評や紹介。book review　書評
しょふう【書風】書道で字の書きぶり。　書風
しょふく【書幅】文字を書いた掛け軸。　書幅
しょぶん【処分】❶始末すること。▽不用品を―する。❷罰すること。▽停学―。①disposal　処分
じょぶん【序文】前書き。序。序言。類巻頭言。preface　序文
しょほ【初歩】習いはじめの段階。　初歩

し

しょほう【処方】医師が病状に応じて調剤を指示すること。注 処×法。

しょほう【諸方】いろいろな方面。

しょぼう【書房】❶書斎。❷書店。

じょほう【除法】割り算。division

しょほうせん【処方箋】医師が処方を記した文書。prescription

じょまく【序幕】❶芝居の最初の幕。❷物事の始め。②beginning

じょまく【除幕】記念碑などにかぶせた幕を取りはずし、披露すること。

しょみん【庶民】一般の民衆。大衆。▽—的。the people

しょむ【庶務】雑多な事務。

しょめい【署名】氏名を書くこと。また、その氏名。サイン。signature

じょめい【助命】命を助けること。

じょめい【除名】名簿から名前を除くこと。脱退させること。expulsion

しょめん【書面】❶手紙。また、文書。❷文面。

しょもう【所望】ほしいと望むこと。

しょもつ【書物】書籍。本。book

しょや【初夜】新婚第一夜。

じょや【除夜】大みそかの夜。

じょやく【助役】市区町村長や駅長の事務を助け、代行する人。

しょゆう【所有】自分のものとして持つこと。possession

じょゆう【女優】女性の俳優。actress

しょよ【所与】❶与えられていること・もの。❷前提として与えられているもの。与件。▽—の条件。①being given

しょよう【所用】❶用事。用件。❷入用。

しょよう【所要】必要とすること。▽—時間。

しょり【処理】(物事を)始末すること。類 処分。disposal

じょりゅう【女流】女性。婦人。▽—作家。

じょりょく【助力】手助けすること。

しょりん【書林】書店。本屋。

しょるい【書類】事務上の文書。document

じょれつ【序列】一定の基準で並べた順序。▽年功—。order

しょろう【初老】老人に入る年ごろ。

じょろう【女郎】遊女。

しょろん【所論】主張する意見。

しょろん【緒論】序論。ちょろん。

じょろん【序論】本論にはいるための議論。緒論。序説。introduction

しら【白】❶白い。❷生地のまま。▽—木。❸知らないこと。▼—を切る 知らないふりをする。

じらい【爾来】それ以後。since

しらが【白髪】白くなった髪の毛。はくはつ。

しらかわよふね【白河夜船】〈白川夜船〉寝込んでいて、何も気づかないこと。

しらかんば【白樺】落葉高木の一。高地に自生。外皮は白く、薄くはがれる。しらかば。white birch

しらき【白木】生地のままの木材。

しらける【白ける】❶興がさめ、気まずくなる。▽座が—。❷色があせて白っぽくなる。

しらじらしい【白白しい】❶見えすいているようすだ。❷しらばくれるようすだ。❸興ざめするようすだ。①transparent

しらす【白子】いわしなどの幼魚。

しらす【白州】〈白洲〉❶白砂を敷いた所。❷奉行所で、犯人を調べた所。

じらす【焦らす】いらいらするように仕向ける。irritate

しらせ【知らせ】❶知らせること。❷前兆。▽虫の—。①information

しらたき【白滝】❶白布が流れ落ちるような滝。❷糸こんにゃく。

しらたま【白玉】❶白い宝玉。真珠。❷白玉粉でつくっただんご。

しらなみ【白波】〈白浪〉❶白く見える波。❷盗賊。 白波

しらぬい【不知火】 九州の有明海・八代(やっしろ)海で、夏の夜に無数の光が明滅する現象。 不知火

しらは【白刃】 さやから抜いた刀。抜き身。はくじん。naked sword 白刃

しらは【白羽】 白い矢羽根。▼**—の矢が立つ** 特に選び出される。 白羽

しらふ【素面】 酒に酔っていないときの状態。sobriety 素面

しらべ【調べ】 ❶調べること。▽—がつく。❷詩歌・音楽の調子。音律。▽名曲の美しい—。②tune 調べ

しらべる【調べる】 ❶調査する。❷ただす。❸さがす。❹点検する。❺演奏する。▽琴を—。①examine ④check 調べる

しらみ【虱】 血を吸う、小形の昆虫の一。半風子(はんぷうし)。louse 虱

しらみつぶし【虱潰し】 かたっぱしから一つ残らず調べること。combing 虱潰し

しらむ【白む】 ❶白っぽくなる。❷空が明るくなる。②turn bright 白む

しり〖尻〗 常5 **しり** ❶腰のうしろ。❷物のはし。あと。▽帳—(ちょうじり)。 尻・尻

筆順 ㇕ ㇕ 尸 尸 尻

しり【尻】 ❶〈臀〉腰の後ろの下の部分。また、肛門。❷容器の底の部分。❸後ろ。あと。❹後ろのはし。最後。❺後始末。①buttocks ▼**—が重い** ものぐさで、なかなか動かない。▼**—が軽い** ❶(女性が)浮気である。❷軽率である。▼**—に火が付く** 物事が切迫している。▼**—に帆**(ほ)**を掛**(か)**ける** 急いで逃げ出す。▼**—を拭**(ぬぐ)**う** 他人のしたことの、後始末をする。▼**—を持ち込**(こ)**む** ある人の所へ問題を持ち込み、解決を要求する。 尻

しり【私利】 自分ひとりの利益。▽—私欲。self-interest 私利

じり【事理】 物事の道理・すじみち。 事理

しりあい【知り合い】 面識があること・人。acquaintance 知合い

しりあがり【尻上がり】 後になるほどよくなること。 尻上り

シリアス【serious】 ❶まじめ。❷重大。深刻。

しりうま【尻馬】 人の乗った馬の後ろに乗ること。▼**—に乗る** 他人の言動に軽々しく同調する。 尻馬

しりおし【尻押し】 ❶後ろから押すこと。❷後援すること。 尻押し

しりがる【尻軽】 ❶女性が浮気なこと。❷動作が速いこと。❸言動が軽率なこと。対❷尻重。 尻軽

じりき【地力】 本来ある力・能力。 地力

じりき【自力】 ❶独力。❷仏教で、独力で悟(さと)りを得ること。対❶❷他力。 自力

しりきれとんぼ【尻切れ蜻蛉】 中途半端なこと。 蜻蛉

しりごみ【尻込み】〈後込み〉❶あとずさりすること。❷ためらうこと。 尻込み

しりすぼまり【尻窄まり】 ❶容器などの下の方が細くなっていること。❷終わりになるにつれて勢いがなくなること。尻すぼみ。 尻窄り

しりぞく【退く】 ❶後ろへ下がる。❷職を辞める。対❶進む。①retreat 退く

しりぞける【退ける】 ❶後ろへ下がらせる。遠ざける。❷追い払う。❸断る。❹やめさせる。①②drive back 退ける

しりつ【市立】 市が設立・管理・経営していること。いちりつ。municipal 市立

しりつ【私立】 民間で設立・管理・経営していること。わたくしりつ。private 私立

じりつ【而立】 三〇歳のこと。『論語』の「三十にして立つ」から。 而立

じりつ【自立】 助けを借りず、自分一人でやっていくこと。独り立ち。▽—心。類独立。independence 自立

じりつ【自律】 自分で自分を律すること。対他律。 自律

しりぬぐい【尻拭い】 他人の失敗などの後始末をすること。 尻拭い

しりめ【尻目】〈後目〉❶横目。❷問題にしないこと。▼**—に掛**(か)**ける** 問題にしない態度をとる。 尻目

しりめつれつ【支離滅裂】 筋道が通らないようす。 支離

しりもち【尻餅】 後ろにころんで尻を地につけること。▽—をつく。 尻餅

しりゅう【支流】 ❶本流に注ぐ川。❷分派。①branch 支流

じりゅう【時流】 時代の傾向。trend 時流

しりょ【思慮】 思いめぐらすこと。考え。▽—分別。prudence 思慮

しりょう【史料】歴史を研究するもとになる文献や遺物。▽近代史の―。historical material　史料

しりょう【死霊】死者の霊。対生き霊。　死霊

しりょう【試料】化学分析や検査のための材料。sample　試料

しりょう【資料】判断・研究のもとになる材料。material　資料

しりょう【飼料】家畜のえさ。feed　飼料

しりょく【死力】必死の力。▽―を尽くす。　死力

しりょく【視力】物の形を見分ける目の能力。eyesight　視力

しりょく【資力】財力。経済力。類財力。　資力

しる【汁】❶物の水分や、しぼりとった液。❷吸い物。①juice　汁

しる【知る】❶わかる。❷気がつく。❸認める。❹経験する。❺覚える。❻親しくする。①know ②notice ▼―人ぞ知る その分野の人には知られている。　知る

シルエット【silhouette フランス】❶影絵。かげぼうし。❷(立体的な)輪郭。

しるこ【汁粉】もち入りのあんの汁。　汁粉

しるし【印】〈標〉❶目じるし。❷形にあらわれたもの。❸気持ちを表すもの。▽ほんのお―です。①mark　印

しるし【徴】前ぶれ。きざし。▽豊年の―。sign　徴

しるし【験】ききめ。霊験。▽祈った―が現れる。effect　験

しるしばんてん【印半纏】襟・背に屋号・紋所などを染め抜いたはんてん。はっぴ。　印半纏

しるす【印す】印をつける。mark　印す

しるす【記す】❶書きつける。❷心にとどめる。write down　記す

シルバー【silver】❶銀。❷銀色。❸高齢者。▽―産業。

しるべ【知る辺】知り合い。知人。　知る辺

しるべ【導】〈標〉手引き。▽道―。guide　導

しれい【司令】軍隊・警察・消防などを指揮・監督すること・人。command　司令

しれい【指令】指図。命令。order　指令

じれい【辞令】❶応対のことば。▽外交―。❷役職の任免を書いた文書。　辞令

じれい【事例】❶前例となる事柄。❷実際の例。①instance ②case　事例

しれつ【熾烈】勢いが盛んではげしいようす。▽―な争い。intense　熾烈

じれったい【焦れったい】いらだたしい。はがゆい。もどかしい。irritating　焦れったい

しれもの【痴れ者】ばか者。愚か者。　痴れ者

じれる【焦れる】思うようにならないでいらだつ。心がせく。もどかしく思う。be impatient　焦れる

しれん【試練】〈試煉〉きびしく試すこと。また、それによって受ける苦しみ。▽―に耐える。―の時代。trial　試練

ジレンマ【dilemma】❶板ばさみの苦しい状態。❷両刀論法。

しろ【城】❶敵を防ぐための建物。❷自分だけの領分。①castle　城

しろあと【城跡】昔、城のあった場所。城址(じょうし)。　城跡

しろあり【白蟻】ありに似た昆虫。色は白く、建築材を食い荒らす。white ant　白蟻

しろい【白い】白色だ。▼―目で見る 冷淡な目で見る。　白い

じろう【耳漏】みみだれ。　耳漏

じろう【痔瘻】肛門のそばに穴のあく、悪性の痔疾(じしつ)。あなじ。anal fistula　痔瘻

しろうと【素人】❶専門家でない人。❷一般の女性。対❶玄人(くろうと)。①lay person　素人

しろかき【代掻き】田植え前に田に水を入れて、土をかきならすこと。　代掻き

しろがね【銀】〈白金〉❶ぎん。銀貨。❷銀色。　銀

しろくじちゅう【四六時中】一日じゅう。終日。二六時中。　四六時

しろくろ【白黒】❶白と黒。❷善悪。是か非か。▽―を決する。❸白黒写真・映画。モノクローム。　白黒

しろしょうぞく【白装束】まっ白な服装。　白装束

しろたえ【白妙】❶白い布。❷白色。　白妙

しろぼし【白星】❶白い丸印。❷勝ち星。対❶❷黒星。　白星

しろみ【白身】❶卵白。❷白い魚肉。❸材木の白い部分。対❶黄身。❷赤身。　白身

しろむく【白無垢】白ずくめの衣服。　白無垢

しろもの【代物】 物。人。　代物

しろん【史論】 歴史に関する評論。　史論

しろん【私論】 個人的な意見・評論。　私論

じろん【持論】 いつも主張する意見。持説。注×自論。one's theory　持論

しわ【史話】 歴史に関する話。史談。　史話

しわ【皺】 皮膚・紙などの表面にできる細かい筋。wrinkle　皺

しわい【吝い】 けちくさい。しみったれだ。miserly　吝い

しわがれる【嗄れる】 声がかすれる。しゃがれる。become hoarse　嗄れる

しわけ【仕分け】 いくつかの種類に分けること。類分類。classification　仕分け

しわけ【仕訳】 簿記で、取り引きを貸し方・借り方に分けて記入すること。　仕訳

しわざ【仕業】 したこと。所業。　仕業

しわす【師走】 陰暦一二月の別称。しはす。　師走

しわぶき【咳】 せき。せきばらい。　咳

しわよせ【皺寄せ】 物事のうまくいかないことの影響が他に及ぶこと。▽零細企業に不況の―がいく。　皺寄せ

じわり【地割り】 土地の区画。　地割り

しん〔心〕 常4 シン・こころ ❶心臓。▽―不全。❷精神。▽―理。❸まん中。▽核―。　心・心
筆順 丶 心 心 心

しん〔申〕 常5 シン・もうす ❶意見をのべる。▽―請。❷十二支の、さる。▽庚―(こうしん)。　申・申
筆順 丨 口 日 日 申

しん〔伸〕 常7 シン・のびる・のばす・のべる ❶のびる。のばす。▽―縮。❷いう。▽追―。　伸・伸
筆順 ノ 亻 亻 伯 伯 但 伸

しん〔臣〕 常7 シン・ジン けらい。▽―下。重―。大―。　臣・臣
筆順 一 丅 厂 丐 臣 臣 臣

しん〔芯〕 常7 シン 物の中心(にあるもの)。▽帯―。花―。　芯・芯
筆順 一 十 艹 艹 芯 芯 芯

しん〔身〕 常7 シン・み ❶体。▽全―。❷じぶん。▽自―。❸なかみ。▽刀―。　身・身
筆順 丿 丨 勹 白 自 身 身

しん〔辛〕 常7 シン・からい ❶十干の第八。かのと。❷からい。▽香―料。❸つらい。▽―酸。❹やっと。▽―勝。　辛・辛
筆順 丶 亠 亠 立 立 辛 辛

しん〔侵〕 常9 シン・おかす 他人の領分に入る。▽―入。―略。―害。(侵)　侵・侵
筆順 亻 仁 伊 伊 伊 侵 侵

しん〔信〕 常9 シン ❶まこと。▽―実。❷しんじる。▽―任。❸たより。あいず。▽―書。―号。　信・信
筆順 亻 仁 仨 信 信 信 信

しん〔津〕 常9 シン・つ ❶船着き場。▽―浦浦。❷あふれる。▽興味―津。　津・津
筆順 氵 氵 汀 汁 浔 浔 津 津

しん〔神〕 常9〔神〕人10 シン・ジン・かみ・かん・こう ❶かみ。▽―霊。❷ふしぎな力。▽―秘。―聖。❸すぐれた。▽―技。❹こころ。▽失―。　神・神
筆順 丶 ラ ネ ネ 礻 初 祀 神 神

しん〔唇〕 常10 シン・くちびる くちびる。▽口―。朱―。読―術。　唇・唇
筆順 厂 尸 尸 尼 辰 辰 辰 唇

しん〔娠〕 常10 シン みごもる。▽妊―。　娠・娠
筆順 女 女 女 妒 娠 娠 娠

しん〔振〕 常10 シン・ふる・ふるう・ふれる ❶ふり動かす。▽―動。―幅。❷活気づく。▽―興。不―。　振・振
筆順 扌 扌 扩 扩 扩 振 振 振

しん〔晋〕 人10 シン ❶すすむ。❷中国の王朝名。(晉)　晋・晋
筆順 一 丅 亚 亚 亚 晋 晋

しん〔浸〕 常10 シン・ひたす・ひたる ❶しみこむ。▽―透。❷液体にひたす。▽―水。(浸)　浸・浸
筆順 氵 氵 汀 浔 浔 浸 浸

しん〔疹〕 10 シン 皮膚にできるふきでもの。▽湿―。発―。風―。　疹・疹

しん〔真〕 常10〔眞〕人10 シン・ま ほんとう(の)。まこと。▽―価。―実。　真・真
筆順 一 十 冇 冇 直 直 真

しん〔秦〕 人10 シン 中国の王朝名。▽―の始皇帝。　秦・秦
筆順 一 三 夫 夫 夫 奉 秦

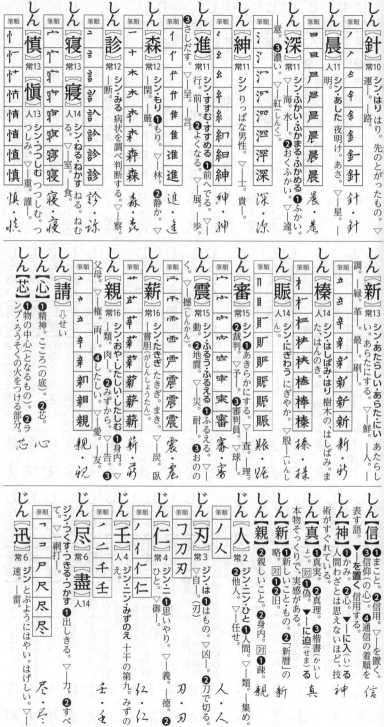

しん【針】常10 シン・はり はり。先のとがったもの。▽運—。—路。 針・針

しん【晨】人11 シン・あした 夜明け。あさ。▽—星。—明。 晨・晨

しん【深】常11 シン・ふかい・ふかまる・ふかめる ❶ふかい。▽—海。水—。❷おくふかい。▽—遠。—意。❸濃い。▽—紅(しんく)。 深・深

しん【紳】常11 シン りっぱな男性。▽—士。貴—。 紳・紳

しん【進】常11 シン・すすむ・すすめる ❶前へでる。▽—行。前—。❷よくなる。▽—展。—歩。❸さしだす。▽—呈。—言。 進・進

しん【森】常12 シン・もり ❶もり。▽—林。❷静か。▽—閑。—厳。 森・森

しん【診】常12 シン・みる 病状を調べ判断する。▽—察。—断。 診・診

しん【寝】常13【寢】人14 シン・ねる・ねかす ねる。ねむる。▽—室。—食。 寝・寝

しん【慎】常13【愼】人13 シン・つつしむ つつしむ。つつしみ。▽—重。謹—。 慎・慎

しん【新】常13 シン・あたらしい・あらた・にい あたらしい。あらたにする。▽—鮮。—人。—調。—緑。革—。最—。刷—。 新・新

しん【榛】人14 シン・はしばみ・はり 樹木の、はしばみ。またはんのき。 榛・榛

しん【賑】人14 シン・にぎわう にぎやか。▽殷—(いんしん)。 賑・賑

しん【審】常15 シン ❶あきらかにする。▽—査。—理。❷裁判。▽予—。❸審判員。▽球—。 審・審

しん【震】常15 シン・ふるう・ふるえる ❶ふるえる。▽—動。❷地震。▽—災。耐—。❸おののく。▽—撼(しんかん)。 震・震

しん【薪】常16 シン・たきぎ たきぎ。まき。▽—炭。臥—嘗胆(がしんしょうたん)。 薪・薪

しん【親】常16 シン・おや・したしい・したしむ ❶身内。▽—類。肉—。❷みずから。▽—告。❸父母。▽—権。両—。❹したしい。▽—愛。—友。 親・親

しん【請】⇩せい

しん【心】❶精神。こころ(の底)。❷芯。 心

しん【芯】❶物の中心(となるもの)。❷ランプ・ろうそくの火をつける部分。 芯

しん【信】❶まこと。❷信用。▽—を置く。❸信仰(の心)。❹通信の着順を表す語。▼—を置く 信用する。 信

しん【神】❶かみ。❷心。▼—に入(い)る 人間わざとは思えないほど、技術がすぐれている。 神

しん【真】❶真実。❷真理。❸楷書(かいしょ)。対❶偽。▼—に迫(せま)る 本物そっくりで、実感がある。 真

しん【新】❶新しいこと・もの。❷「新暦」の略。対❶❷旧。 新

しん【親】❷親しいこと。❷身内。対❶疎。 親

じん【人】常2 ジン・ニン・ひと ❶人間。▽—類。—集め。❷他人。▽—任せ。 人・人

じん【刃】常3 ジン・は ❶はもの。▽凶—。❷刀で切る。▽自—。(刃) 刃・刃

じん【仁】常4 ジン・ニ ❶思いやり。▽—義。—徳。❷ひと。▽御—。 仁・仁

じん【壬】人4 ジン・ニン・みずのえ 十干の第九。みずのえ。 壬・壬

じん【尽】常6【盡】人14 ジン・つくす・つきる・つかす ❶出しきる。▽—力。❷すべて。▽一網打—。 尽・尽

じん【迅】常6 ジン とぶようにはやい。はげしい。▽—速。—雷。

し

じん【甚】常9 ジン・はなはだ・はなはだしい 度をこえている。▽—大。幸—。
筆順 一 十 卄 甘 甘 其 其 甚
甚・甚

じん【訊】人10 ジン・シン・たずねる 質問する。問いただす。▽—問。
筆順 丶 二 三 三 言 訁 訊 訊
訊・訊

じん【陣】常10 ジン ❶軍の配置。▽—地。円—。❷戦い。▽—没。出—。退—。敵—。❸ひとしきり。▽—痛。一—。
筆順 阝 阝 阝 阝 阡 陌 陣
陣・陣

じん【尋】常12 ジン・たずねる ❶たずねる。▽—問。❷長さの単位。ひろ。▽千—。❸ふつう。▽—常。
筆順 彐 彐 彐 彐 彐 尋 尋
尋・尋

じん【靭】12 ジン しなやかで強い。▽—帯。強—。
靭・靭

じん【腎】常13 ジン ❶尿を排出する器官。❷かなめ。▽肝—。
筆順 丨 匚 臣 臣 臣 臣 臤 腎
腎・腎

じん【塵】14 ジン・ちり ❶ほこり。▽—芥（じんかい）。❷俗世のけがれ。
塵・塵

じん【臣】⇩しん　じん【神】⇩しん

じん【人】❶物事を天・地・人の三段階にわけたときの三番目。❷ひと。▽常識—。
人

じん【仁】❶儒教で、最高の徳。慈愛の心。❷「人」の敬称。▽御(ご)—。
仁

じん【陣】❶陣地。❷戦い。❸ある事を共通して行う人々。▽報道—。
陣

しんあい【親愛】親しみ愛すること。▽—なる友。 親愛

じんあい【塵埃】ちりやほこり。 塵埃

じんあい【仁愛】いつくしむこと。 仁愛

しんあん【新案】新しい工夫・思いつき。▽実用—。new idea 新案

しんい【神意】神の意志。god's will 神意

しんい【真意】❶本心。▽相手の—がなかなかつかめない。❷本当の意味。真義。①real intention 真意

じんい【人為】人間のしわざ。また、人間の力を加えること。▽—的な災害。類人工。対自然。 人為

しんいき【神域】神社の境内。 神域

しんいん【真因】本当の原因。 真因

じんいん【人員】ある団体・組織などを構成する人々。また、その数。 人員

しんうち【真打ち】寄席で、最後に演じる最上格の人。また、その資格。 真打

しんえい【真影】実物そのままの肖像・写真。portrait 真影

しんえい【新鋭】新しく、勢いが鋭いこと・人・もの。新進気鋭。▽期待の—。—機。対古豪。 新鋭

じんえい【陣営】❶軍営。陣。❷階級・党派などの、それぞれの勢力。▽革新—。①②camp 陣営

しんえいたい【親衛隊】❶国王・元首を護衛する軍隊。❷芸能人などのとりまき。 親衛隊

しんえん【深淵】深いふち。abyss 深淵

しんえん【深遠】奥深いようす。深奥。▽—な思想。profundity 深遠

じんえん【人煙】人家の煙。人家。 人煙

しんおう【深奥】❶深遠。❷奥底。 深奥

しんおう【震央】震源の真上の地点。 震央

しんか【臣下】君主・天子に仕える者。類家来。subject 臣下

しんか【神火】❶神聖な火。❷不思議な火。①divine fire 神火

しんか【真価】本当の価値。▽—を発揮する。true value 真価

しんか【深化】より深まること。 深化

しんか【進化】❶長い年月の間に、生物が、単純なものから複雑なものへ変化していくこと。❷物事がよりすぐれたものに発展すること。対❶❷退化。①②evolution 進化

じんか【人家】人の住む家。人屋。 人家

シンガーソングライター【singer-songwriter】自分で作詞・作曲して歌う歌手。

しんかい【深海】❶深い海。❷海面下二〇〇メートルより深い海。▽—魚。対❶浅海。 深海

しんがい【心外】予想外で、裏切られた残念な気持ちになるようす。▽そんなことを言われては—だ。 心外

しんがい【侵害】他人の権利などをおかすこと。▽人権—。infringement 侵害

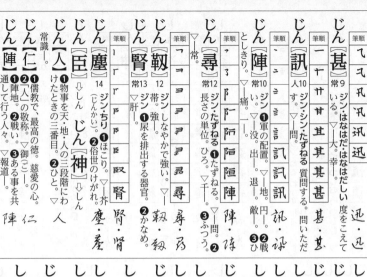

しんがい【震駭】驚き、震えること。類震撼(しんかん)。

じんかい【塵芥】ちりあくた。dust

じんがいきょう【人外境】人が住む世界のほかの場所。

じんかいせんじゅつ【人海戦術】多人数の力で行う方法。

しんかいち【新開地】❶新しく切り開いた土地。❷新しく開けた市街地。

しんがお【新顔】新しく仲間に加わった人。新入り。ニューフェース。類新人。対古顔。new face

しんがく【神学】キリスト教の教理や信仰を研究する学問。theology

しんがく【進学】上級の学校に進むこと。▽―指導。

じんかく【人格】人柄。品格。character

しんかくか【神格化】神のように崇拝すること。

じんがさ【陣笠】❶昔、下級の兵がかぶとの代わりにかぶった笠。❷足軽。❸下っぱ。特に、下っぱの議員。

陣笠

しんがた【新型】新しい型式。new model 類新式。

しんがっこう【神学校】神学を研究するキリスト教の学校。seminary

しんがり【殿】❶退却する軍の、最後尾の防御部隊。▽―をつとめる。❷順番の最後。②rear

しんかん【心肝】心。心底。類心胆。

しんかん【神官】神事を執り行う人。

しんかん【森閑】〈深閑〉静まりかえっているようす。▽―とした古寺。類静寂。

しんかん【新刊】新しく発行すること・書物。new publication

しんかん【震撼】❶震え動くこと。❷おそれ驚かすこと。▽世界を―させた事件。類❷震駭。

しんがん【心眼】物事の本質を見抜く洞察力。▽―を開く。mind's eye

しんがん【真贋】本物とにせもの。

じんかん【人間】世間。▼―到(いた)る処(ところ)青山(せいざん)有り どこで死んでも骨をうめる所はある。故郷を出て大いに活躍せよ。「人間」は「にんげん」とも。

しんき【心悸】心臓の鼓動。pulsation

しんき【新奇】目新しくて珍しいこと。novel

しんき【新規】新しく始めること。new

しんぎ【信義】約束を守り、義務を果たすこと。faith

しんぎ【神技】神業(かみわざ)。

しんぎ【真偽】本当かうそか。

しんぎ【審議】くわしく検討し、評議すること。deliberation

じんき【人気】その地の人々の気風。

じんぎ【仁義】❶仁と義。❷道徳。❸やくざ同士の初対面の挨拶。

じんぎ【神祇】天の神と地の神。

しんきいってん【心機一転】気持ちをすっかり変えること。注心×気一転。

しんきくさい【辛気臭い】うっとうしくて気がめいるようすだ。

しんきじく【新機軸】新しい方法や工夫。new device

しんぎたい【心技体】精神力・技能・体力の三条件。

しんきまきなおし【新規蒔き直し】最初から新しくやり直すこと。注新規×巻き直し。

しんきゅう【進級】学年・等級が上に進むこと。promotion

しんきゅう【鍼灸】〈針灸〉鍼(はり)と灸(きゅう)。

しんきょ【新居】新しい住まい。

じんきょ【腎虚】漢方で、男性の精力欠乏による衰弱状態。impotence

しんきょう【心境】気持ち・精神の状態。▽―の変化。mental state

しんきょう【進境】進歩した程度。▽―著しい。progress

しんきろう【蜃気楼】光の異常屈折によって、実際にはその場所にないものが見える現象。空中楼閣。mirage

しんきん【心筋】心臓の壁をつくっている筋肉。

しんきん【親近】❶近づき親しくすること。❷近親。 親近

しんぎん【呻吟】苦しみうめくこと。▽病苦に—する。類苦悩。 呻吟

しんきんかん【親近感】身近で親しい感じ。 親近感

しんく【辛苦】つらいことにあって苦しむこと。▽艱難(かんなん)—。hardship 辛苦

しんく【深紅】〈真紅〉濃いべに色。まっか。crimson 深紅

しんぐ【寝具】寝るときに使う用具。類夜具。bedding 寝具

じんく【甚句】民謡の一形式。七・七・七・五の四句から成る。 甚句

しんくう【真空】❶何も存在しない空間。❷空っぽの状態。①vacuum 真空

じんぐう【神宮】格式の高い神社。 神宮

シンクタンク【think tank】企業や官庁からの依頼に応じ調査、研究を行う機関。

シンクロナイズ【synchronize】同時に起こること。同調。シンクロ。

しんぐん【進軍】軍隊が進むこと。march 進軍

しんけい【神経】❶脳・脊髄(せきずい)と末端の器官とをつなぎ、刺激を伝える糸のような器官。❷心の働き。①nerve 神経

じんけい【陣形】戦闘のときの隊形。 陣形

しんけいしつ【神経質】神経過敏で、ささいなことを気にする性質。nervous 神経質

しんけいすいじゃく【神経衰弱】過労などで神経が弱り、ささいな刺激にも敏感になる病気。 衰弱

しんげき【進撃】前進して攻撃すること。advance 進撃

しんげき【新劇】歌舞伎・新派に対し、西欧の影響を受けた近代演劇。 新劇

しんけつ【心血】ありったけの精神力。▽—を注ぐ。 心血

しんげつ【新月】❶陰暦で、月の第一日の月。目には見えない。❷三日月。対❶満月。①new moon 新月

しんけん【真剣】❶本気。❷本物の刀。①serious 真剣

しんけん【親権】親が子に対してもつ、権利と義務。parental authority 親権

しんげん【進言】目上の人に意見を申し述べること。advice 進言

しんげん【森厳】いかめしく、おごそかなようす。 森厳

しんげん【箴言】教訓や戒めのことば。類格言。金言。aphorism 箴言

しんげん【震源】地震が起きた場所。 震源

じんけん【人権】人間がもつ基本的な権利。human rights 人権

じんけんひ【人件費】労働に対して支払う経費。payroll costs 人件費

しんこ【糝粉】❶米の粉。❷❶でつくったもち。 糝粉

じんご【人後】他人のうしろ。▼—に落ちない 他人にひけを取らない。 人後

しんこう【信仰】神仏などを信じ、尊ぶこと。類信心。religious faith 信仰

しんこう【侵攻】他国の領土に攻め入ること。類侵略。invasion 侵攻

しんこう【振興】物事を盛んにすること。また、盛んになること。▽産業の—。promotion 振興

しんこう【深更】夜ふけ。真夜中。▽会談は—に及ぶ。類深夜。midnight 深更

しんこう【進行】❶進むこと。❷物事がはかどること。▽—係。①advance 進行

しんこう【進攻】攻め込むこと。▽敵地深く—する。 進攻

しんこう【進講】身分の高い人に講義をすること。 進講

しんこう【新香】漬け物。しんこ。 新香

しんこう【新興】新しくおこること。▽—勢力。growing 新興

しんこう【親交】親しい交際。 親交

しんごう【信号】❶合図。❷交通信号機。①②signal 信号

じんこう【人口】❶一定地域に住む人の総数。❷世間のうわさ。①population ▼—に膾炙(かいしゃ)する 広く世間に知れ渡る。 人口

じんこう【人工】人が手を加えること。人の力でつくりだすこと。類人造。 人工

じんこうちのう【人工知能】コンピュータに知識をもたせ、推論など人間の知能の働きを行うシステム。AI。artificial intelligence 知能

しんこきゅう【深呼吸】大きく深く呼吸すること。また、その呼吸。deep breathing 深呼吸

しんこく【申告】役所や上司などに申し出ること。report 申告

しんこく【神国】神がつくった国。もと、日本の美称。神州。 神国

しんこく【深刻】事態が重大なようす。serious 深刻

しんこく【新穀】その年にとれた穀物。特に、新米。 新穀

しんこく【親告】自分から告げること。特に、被害者が告訴すること。 親告

しんこっちょう【真骨頂】真価。▽—を発揮する。 真骨頂

しんこん【心魂】精神。心。▽—を傾ける。spirit 心魂

しんこん【身魂】体と心。全身全霊。 身魂

しんこん【新婚】結婚したばかりであること・人。 新婚

しんさ【審査】よく調べて適否・優劣などを決めること。judgment 審査

しんさい【震災】地震で起こる災害。 震災

じんさい【人災】人の不注意・怠慢などから起こる災害。対天災。 人災

じんざい【人材】有能な人。talent 人材

しんさく【新作】新しく作品をつくること。また、その作品。new work 新作

しんさつ【診察】病状を調べ判断すること。medical examination 診察

しんさん【心算】心積もり。胸算用。 心算

しんさん【辛酸】さまざまな苦労。▽—を共にする。hardship ▼—を嘗(な)める 苦しい経験をする。 辛酸

しんざん【深山】奥深い山。 深山

しんざん【新参】新入り。▽—者。対古参。newcomer 新参

しんし【真摯】まじめで、ひたむきなようす。sincere 真摯

しんし【紳士】教養があり、礼儀正しい男性。対淑女。gentleman 紳士

しんじ【心事】心で思っていること。 心事

しんじ【信士】男性の戒名につける語。しんし。対信女。 信士

しんじ【神事】神を祭る儀式。祭り。 神事

じんし【人士】教養・地位のある人。 人士

じんじ【人事】❶人間の力でできる事柄。▽—を尽くす。❷人間社会で起こる出来事。▽—に煩わされる。❸会社・役所などで、個人に関する事柄。▽—異動。③personal affairs ▼—を尽(つ)くして天命を待つ 全力をつくして、後は運命に任せる。 人事

しんしき【神式】神道のきまりによって行う儀式。対仏式。 神式

しんしき【新式】新しい方法・様式。対旧式。new style 新式

しんしきょうてい【紳士協定】互いに相手を信頼して結ぶ約束。 紳士

シンジケート【syndicate】❶同業者の販売連合組織。❷犯罪組織。

しんしつ【寝室】寝る部屋。bedroom 寝室

しんじつ【真実】❶本当。❷本当に。まったく。対❶虚偽。①truth 真実

じんじつ【人日】五節句の一。陰暦一月七日の節句。 人日

じんじつ【尽日】❶一日じゅう。終日。❷月または年の最終日。
尽。 尽日

じんじふせい【人事不省】意識不明になること。 人事

しんしほしゃ【唇歯輔車】(輔はほお骨、車は下あご)利害関係が密接なこと。 唇歯

しんしゃ【深謝】❶深く感謝すること。▽ご好意に—する。❷心からわびること。▽不始末を—する。 深謝

しんじゃ【信者】ある宗教を信仰する人。類信徒。believer 信者

じんじゃ【神社】神を祭ってある所・建物。やしろ。shrine 神社

しんしゃく【斟酌】❶事情を考慮すること。❷条件を考え合わせて取りはからうこと。❸遠慮。類❶酌量。 斟酌

しんしゅ【進取】進んで物事を行うこと。▽—の精神。対退嬰(たいえい)。 進取

しんじゅ【真珠】あこや貝などの体内でできる、光沢の美しい玉。pearl 真珠

じんしゅ【人種】❶人類を遺伝的な特徴によって分けた人の種別。❷考え方・生活環境などで分けた人の種別。①race 人種

しんしゅう【神州】神国。 神州

しんじゅう【心中】❶相愛の男女などが一緒に自殺すること。❷組織などと運命を共にすること。 心中

しんしゅく【伸縮】伸びたり縮んだりすること。▽—自在。elasticity 伸縮

しんしゅつ【浸出】液体につかって成分がしみ出ること。percolation 浸出

しんしゅつ【進出】(新方面に)勢力をのばすこと。expansion 進出

しんしゅつ【新出】初めて出ること。 新出

しんしゅつ【▲滲出】にじみ出ること。exudation 滲出

じんじゅつ【仁術】仁を施す方法。▽医は—なり。 仁術

しんしゅつきぼつ【神出鬼没】出没が自在で、その所在がつかめないこと。 神出

しんしゅん【新春】新年。はつはる。 新春

しんじゅん【浸潤】❶しみこむこと。❷思想などが広がること。▽社会に—した価値観。❸体の組織に異物などがしみこむ状態。▽肺—。 浸潤

しんしょ【信書】個人間の手紙。 信書

しんしょ【親書】❶自筆の手紙。❷天皇・元首の書いた手紙。 親書

しんしょ【親署】天皇など身分の高い人が自分で署名すること。 親署

しんじょ【神助】神の助け。神佑。 神助

しんしょう【心証】❶心に受ける印象。▽—を害する。❷裁判官が心の中に得た確信。①impression ②conviction 心証

しんしょう【心象】イメージ。 心象

しんしょう【身上】財産。身代。 身上

しんしょう【辛勝】やっと勝つこと。 辛勝

しんじょう【心情】心中の思い。feelings 心情

しんじょう【身上】❶その人に関する事柄。身の上。❷よい点。とりえ。▽まじめさが彼の—だ。 身上

しんじょう【信条】その人がふだんから信じ、従っている考え。▽生活—。principle 信条

しんじょう【真情】❶いつわりのない本当の気持ち。まごころ。▽—を吐露(とろ)する。❷実情。 真情

しんじょう【進上】さしあげること。進呈。presentation 進上

じんじょう【尋常】❶ふつうであるようす。❷卑怯(ひきょう)でないようす。▽—に勝負しろ。①ordinary 尋常

しんしょうしゃ【身障者】身体障害者。disabled person 身障者

しんしょうひつばつ【信賞必罰】賞罰を厳正に行うこと。 信賞

しんしょうぼうだい【針小棒大】物事を誇張して言うこと。 針小

しんしょく【侵食】〈侵蝕〉おかし、そこなうこと。▽領土を—する。類侵害。encroachment 侵食

しんしょく【神職】神に仕える職業。 神職

しんしょく【浸食】〈浸蝕〉水・風が岩などをくずしていくこと。erosion 浸食

しんしょく【寝食】寝ることと、食べること。日常生活。▽—を共にする。 寝食

しんしょばん【新書判】本の型で、B六判より小さく文庫本より縦が長いもの。 新書判

しんじる【信じる】❶疑わない。信頼する。❷信仰する。①believe 信じる

しんしろく【紳士録】著名人の名簿。Who's Who 紳士録

しんしん【心身】心と体。 心身

しんしん【津津】あふれ出てつきないようす。▽興味—。 津津

しんしん【深深】❶夜が静かにふけるようす。▽夜が—とふける。❷静かに雪がふるようす。▽—と冷えこむ。❸寒さが身にしみるようす。 深深

しんしん【新進】新たにその分野に進出してきたこと・人。new face 新進

しんじん【信心】信仰すること・心。piety 信心

しんじん【深甚】気持ちが深いようす。▽—なる謝意を表す。profound 深甚

しんじん【新人】新しく仲間入りした(若い)人。類新顔。new member 新人

じんしん【人心】人々の心。▽—を乱す。public feelings 人心

じんしん【人身】❶人間の体。❷個人の身の上。 人身

しんしんきえい【新進気鋭】新進で、勢いがさかんなこと・人。新鋭。 気鋭

しんしんそうしつ【心神喪失】判断力を欠いていること。 喪失

しんすい【心酔】❶心をうばわれうっとりすること。❷尊敬し慕うこと。 心酔

しんすい【浸水】水びたしになること。 浸水

しんすい【進水】新造船を初めて水に浮かべること。launching 進水

しんすい【薪水】❶たきぎと水。❷炊事。 薪水

しんずい【心髄】❶物の中心。❷中心になる大事な所。▽学問の—をきわめる。❸心の底。 心髄

しんずい【神髄】〈真髄〉その道の奥義。類精髄。essence 神髄

じんずうりき【神通力】⇩じんつうりき。 神通力

しんせい【心性】心のありかた。精神。 心性

しんせい【申請】(許可などを)願い出ること。類出願。application 申請

しんせい【神聖】清く、けがれがないようす。holy 神聖

しんせい【真正】真実で正しいこと。genuine 真正

しんせい【真性】❶生まれつきの性質。❷まちがいなく、その病気であること。▽—コレラ。対❷疑似。仮性。 真性

しんせい【新生】❶新しく生まれること。❷新しい生活。 新生

しんせい【新制】新しい制度。 新制

しんせい【新星】❶急に輝き、しだいにおとろえる星。❷新しく現れ、急に人気を得た人。①nova ②new star 新星

しんせい【親政】君主が直接政治を行うこと。また、その政治。 親政

じんせい【人世】この世の中。 人世

じんせい【人生】❶人の生涯。❷人間の生活。①②life ▼—意気に感ず 人は意気に感じて、事をするものだ。 人生

じんせいかん【人生観】人生についての考え方。 人生観

しんせいじ【新生児】生まれてから一〜四週までの小児。新産児。 新生児

しんせいめん【新生面】新しい分野。▽—を開く。 新生面

しんせき【真跡】その人の本当の筆跡。真筆。類直筆(じきひつ)。 真跡

しんせき【親戚】親類。relative 親戚

じんせき【人跡】人の足跡。人の通ったあと。human trace 人跡

しんせつ【深雪】深く積もった雪。 深雪

しんせつ【新設】新しく設けること。 新設

しんせつ【新雪】新しく積もった雪。 新雪

しんせつ【親切】相手の身になって、つくすこと。kind 親切

しんせん【新鮮】❶新しくて生きがよいようす。▽—な魚介類。❷すがすがしいようす。▽—な空気。❸新しさが感じられるようす。類❷清新。①②fresh 新鮮

しんせん【新選】〈新撰〉新たに選ぶ(編集する)こと。new compilation 新選

しんぜん【神前】神の前。 神前

しんぜん【親善】親しみ仲よくすること。類友好。friendship 親善

じんせん【人選】適任者を選び出すこと。 人選

しんぜんび【真善美】人間が最高の理想とする、三つのもの。 真善美

しんそ【親疎】つきあいが親しいこと(人)と、うといこと(人)。 親疎

しんぞ【新造】他人の妻の敬称。 新造

しんそう【真相】真実の姿。truth 真相

しんそう【深窓】邸宅の奥の部屋。▽—の令嬢。 深窓

しんそう【深層】奥深いかくれた所。 深層

しんそう【新装】新しいよそおい。 新装

しんぞう【心像】外的刺激を受けずに心に思い浮かぶ像。類表象。image 心像

しんぞう【心臓】❶血管系統の中枢器官。❷物事の大切な部分。❸ずうずうしいこと。①②heart 心臓

しんぞう【新造】❶新しく造ること。▽—船。❷⇩しんぞ。 新造

じんぞう【人造】人間の手でつくること・もの。類人工。artificial 人造

じんぞう【腎臓】尿の生成・排出をつかさどる器官。kidney 腎臓

しんぞく【親族】 血縁と結婚でつながる人々。類親類。親戚。relative　親族

じんそく【迅速】 非常に速いようす。類敏速。quick　迅速

しんそこ【心底】（真底）❶こころの奥底。❷ほんとうに。▽—ほれた。　心底

しんそつ【新卒】 その年に学校を卒業したこと・人。▽—者の就職状況。対既卒。　新卒

しんたい【身体】 人間の体。類肉体。body　身体

しんたい【神体】 神が宿るとされる物。　神体

しんたい【進退】 ❶進むことと、退くこと。❷動作すること。▽挙措—。❸身の処置。▽出処—。▼—窮《きわ》まる　どうしようもなくなる。　進退

しんだい【身代】 財産。身上《しんしょう》。fortune　身代

しんだい【寝台】 寝るときの台。bed　寝台

じんだい【甚大】（程度が）非常に大きいようす。▽被害—。　甚大

じんだい【神代】 神話の時代。神代《かみよ》。　神代

しんたいうかがい【進退伺い】 過失があったとき、上役に身の処置をあおぐこと・文書。　進退伺

しんたいそう【新体操】 手で用具を操り、音楽に合わせ演技する体操競技。　新体操

しんたいはっぷ【身体髪膚】 体全体。　髪膚

しんたく【信託】 ❶相手を信用してまかせること。❷財産の管理・処分を任せること。①②trust　信託

しんたく【神託】 神のお告げ。oracle　神託

しんたく【新宅】 ❶新居。❷分家。　新宅

しんたつ【申達】 上級官庁から下級官庁へ文章で指令を出すこと。　申達

しんたん【心胆】 心。きもったま。▼**—を寒からしめる**　ぞっとさせる。　心胆

しんたん【薪炭】 たきぎと炭。燃料。　薪炭

しんだん【診断】 ❶医者が患者を診察し病状を判断すること。❷物事を調べ状態を判断すること。①diagnosis　診断

じんち【人知】（人智）人間の知恵。▽—の及ぶ所ではない。　人知

じんち【陣地】 陣をはった場所。　陣地

しんちく【新築】 建物を新しく建てること。また、その建物。new building　新築

じんちく【人畜】 人間と家畜。　人畜

しんちゃく【新着】 新しく到着したこと・品物。new arrival　新着

しんちゅう【心中】 心の中。　心中

しんちゅう【真鍮】 銅と亜鉛の合金。　真鍮

しんちゅう【進駐】 他国の領土内へ兵を進め、そこにとどまること。　進駐

じんちゅう【陣中】 ❶陣地の中。❷戦争や選挙などのさなか。　陣中

しんちょう【伸長】 長さや力が伸びること。▽学力の—。extension　伸長

しんちょう【伸張】 勢力などが伸び広がること。▽勢力を—する。expansion　伸張

しんちょう【身長】 体の高さ。height　身長

しんちょう【深長】 意味深く含みがあるようす。▽意味—。profound　深長

しんちょう【慎重】 注意深く事をするようす。▽—に受け答えする。対軽率。prudent　慎重

しんちょう【新調】 衣服などを新しく作る（買う）こと。newly-made　新調

じんちょうげ【沈丁花】 庭木の一。春、香りの強い花が咲く。ちんちょうげ。　沈丁花

しんちょく【進捗】 物事がはかどること。▽工事が—する。類進展。注しん×しょう。progress　進捗

しんちんたいしゃ【新陳代謝】 ❶新旧入れ代わること。❷生物が生存に必要なものを体内にとり入れ、不要なものを出すこと。②metabolism　新陳代謝

しんつう【心痛】 心配して心をいためること。類心労。worry　心痛

じんつう【陣痛】 ❶出産時、周期的に起こる腹痛。❷事が成るまでの苦労。　陣痛

じんつうりき【神通力】 人間にはできないことができ　神通力

きる不思議な力。じんずうりき。通力。

しんてい【心底】〈真底〉心の底。　心底

しんてい【進呈】進上。　進呈

しんてき【心的】心に関するようす。対物的。mental　心的

じんてき【人的】人間に関するようす。対物的。human　人的

しんてん【伸展】勢いが伸び広がること。伸ばし広げること。extension　伸展

しんてん【進展】物事が進行し進歩・発展すること。類進捗。progress　進展

使い分け「しんてん」
伸展…勢力・規模などが広がること。▽経済力の―。事業が―する。
進展…物事が進行して発展すること。▽捜査が―する。文化の―。

しんてん【親展】あて名の人自身が開封し、読んでほしいことを示す脇付け。　親展

しんでん【神殿】神を祭る建物。神社の正殿。shrine　神殿

しんでんず【心電図】心臓の活動を電流の波形で記録したもの。　心電図

しんと【信徒】信者。believer　信徒

しんど【進度】物事の進みぐあい。　進度

しんど【震度】地震の強さの度合い。　震度

しんとう【心頭】心。▼**―を滅却**（めっきゃく）**すれば火もまた涼**（すず）**し**　超越すればどんな苦しみも感じない。　心頭

しんとう【神灯】神社に供える灯火。　神灯

しんとう【神道】日本固有の信仰。　神道

しんとう【振盪】〈震盪〉ふり動かすこと。ゆれ動くこと。▽脳―。　振盪

しんとう【浸透】〈滲透〉❶液体がしみ通ること。▽省エネが―する。❷思想などがゆきわたること。　浸透

しんとう【親等】親族関係で血筋の遠近を示す等級。等親。　親等

しんどう【神童】並みはずれてすぐれた才能をもつ子供。child prodigy　神童

しんどう【振動】❶ゆれ動くこと。❷物体が規則正しく一定の運動をすること。①vibration　振動

しんどう【震動】ふるえ動くこと。　震動

じんとう【陣頭】❶戦いの先頭。❷仕事や活動の先頭。▽―指揮。　陣頭

じんどう【人道】❶人の行うべき道。❷歩道。①humanity　人道

じんどうしゅぎ【人道主義】一人一人の人格を尊重し、人類全体の幸福を願う考え方。humanism　主義

じんとく【人徳】その人にそなわっている徳。natural virtue　人徳

じんどる【陣取る】❶陣地をかまえる。❷ある場所をしめる。①encamp　陣取る

シンドローム【syndrome】症候群。

しんにち【親日】外国人が、日本・日本人に好意的なこと。▽―家。対反日。pro-Japanese　親日

しんにゅう【侵入】不法に押し入ること。▽家宅―罪。invasion　侵入

しんにゅう【浸入】建物・土地などに水が入りこむこと。　浸入

使い分け「しんにゅう」
侵入…相手の領分にむりに入りこむこと。「侵」はおかすの意。▽隣国に―する。家宅―罪。不法―。
浸入…水が建物などに入ること。「浸」は水がしみこむの意。▽海水の―。濁流の―を防ぐ。

しんにゅう【進入】進んでいって、その場所にはいること。▽―禁止。entry　進入

しんにゅう【新入】新入り（の人）。　新入

しんにょ【信女】女性の戒名につける語。対信士。　信女

しんにょ【真如】仏教で、絶対真理。　真如

しんにん【信任】信じて物事をまかせること。▽―が厚い。confidence　信任

しんにん【新任】その職に新たに任命されること・人。▽―の挨拶（あいさつ）。new appointment　新任

しんにん【親任】もと、天皇が直接任命したこと。▽―式。　親任

しんねん【信念】かたく信じている心。▽―を貫く。conviction　信念

しんねん【新年】新しい年。対旧年。　新年

しんのう【親王】嫡出の皇子、ならびに嫡男系嫡出の皇孫中の男子。 親王

しんぱ【新派】❶新流派。❷明治期の、歌舞伎に対する新演劇。新派劇。 新派

じんば【人馬】人と馬。 人馬

しんぱい【心配】❶気にかけること。▽―性(しょう)。❷世話をすること。対❶安心。①anxiety ②care 心配

しんぱく【心拍】心臓のはく動。 心拍

しんばつ【神罰】神がくだす罰。 神罰

しんばりぼう【心張り棒】戸締まりのために戸にかう、つっかい棒。 心張棒

しんぱん【侵犯】他国の領土・権利などをおかすこと。invasion 侵犯

しんぱん【新版】❶新しく出版された本。❷体裁を新しくした本。 新版

しんぱん【審判】❶事件を審理して判断を下すこと。❷競技で、反則・勝敗などを判定すること・役(の人)。▽ 審判

しんび【審美】美醜を識別すること。▽―眼。 審美

しんぴ【神秘】人知では理解できないこと。mystery 神秘

しんぴ【真否】真実と、うそ。真偽。▽事の―を確かめる。 真否

しんぴつ【宸筆】天皇の筆跡。 宸筆

しんぴつ【真筆】真跡。 真筆

しんぴつ【親筆】貴人の筆跡。 親筆

しんぴょうせい【信憑性】信頼できる度合い。credibility 信憑性

じんぴん【人品】品位。personality 人品

しんぷ【神父】カトリック教会の司祭。類牧師。priest 神父

しんぷ【新婦】花嫁。対新郎。bride 新婦

しんぷ【新譜】新しい楽譜。また、その曲やレコード・CD。new music 新譜

しんぷ【親父】(相手の)父親。▽御―様。 親父

しんぷう【新風】新鮮な方法・傾向。new spirit 新風

しんぷく【心服】心から従うこと。 心服

しんぷく【振幅】震動の中心から極点までの距離。amplitude 振幅

しんぶつ【神仏】❶神と仏。❷神道(しんとう)と仏教。▽―習合。 神仏

じんぶつ【人物】❶ひと。また、その人柄・性質。❷すぐれた人。①person 人物

しんぶん【新聞】報道・解説を中心とした定期刊行物。newspaper 新聞

じんぶん【人文】人間がつくった文化。じんもん。culture 人文

じんぶんかがく【人文科学】文化現象を研究する学問。対自然科学。 科学

じんべえ【甚兵衛】男子用の筒袖(つつそで)・ひざ丈の夏の着物。 甚兵衛

しんぺん【身辺】身の回り。▽―調査。 身辺

しんぽ【進歩】物事がよい方へ進んでいくこと。対退歩。progress 進歩

しんぼう【心棒】❶回転するものの中心軸。❷活動の中心。①axle 心棒

しんぼう【辛抱】つらいことをがまんすること。類忍耐。patience 辛抱

しんぼう【信望】信用と人望。▽―を集める。 信望

しんぼう【深謀】深く考えたはかりごと。類深慮。 深謀

しんぽう【信奉】信じて従うこと。 信奉

じんぼう【人望】その人に対して人々がもつ尊敬・信頼。▽社内の―を集める。popularity 人望

しんぼうえんりょ【深謀遠慮】先々まで考えた計画。 遠慮

しんぼく【親睦】うちとけて仲よくすること。類懇親。▽―会。friendship 親睦

シンポジウム【symposium】何人かが意見をのべ、質疑応答する討論会。

シンボライズ【symbolize】象徴すること。

シンボル【symbol】象徴。

しんまい【新米】❶今年取れた米。❷始めたばかりでなれていないこと・人。新前。駆け出し。類❶新穀。②novice 新米

しんまえ【新前】新米(しんまい)❷。 新前

じんましん【蕁麻疹】皮膚がかゆくなる、アレルギー 蕁麻疹

性の病気。nettle rash

しんみ【新味】新しい感じ。novelty　新味

しんみ【親身】肉親に対するように親切であること。▽―になって世話をする。　親身

しんみつ【親密】きわめて親しいこと。close　親密

じんみゃく【人脈】ある分野の中で、利害・主張などが同じ人々のつながり。▽―を広げる。　人脈

しんみょう【神妙】❶すなおなようす。❷けなげなようす。　神妙

しんみん【臣民】君主国の国民。　臣民

じんみん【人民】社会を構成する人々。people　人民

しんめ【神馬】神社に奉納した馬。　神馬

しんめい【身命】体と命。▼―を賭(と)する 命をかける。　身命

しんめい【神明】神。god　神明

じんめい【人名】人の名。person's name　人名

じんめい【人命】人の命。human life　人命

じんめいようかんじ【人名用漢字】常用漢字以外に、戸籍上の人名に使うことを認められた八六三字の漢字。　漢字

じんめんじゅうしん【人面獣心】（顔は人、心はけものの意）冷酷無情な人。　獣心

しんめんもく【真面目】本来の姿。しんめんぼく。類真骨頂。　真面目

しんもつ【進物】贈り物。gift　進物

しんもん【審問】くわしく問いただすこと。inquiry　審問

じんもん【陣門】陣営の門。軍門。▼―に下る 降参する。　陣門

じんもん【尋問】〈訊問〉問いただすこと。▽不審―。oral examination　尋問

しんや【深夜】夜がふけた時分。真夜中。midnight　深夜

しんやくせいしょ【新約聖書】キリストやその弟子の言動を記録した聖典。対旧約聖書。New Testament　新約

しんゆう【親友】信頼し合う仲のよい友人。▽無二の―。close friend　親友

しんよう【信用】❶確かだと信じること。❷信頼されていること。❸売買などで、代金を後日に支払う取り引き。信用取り引き。①②trust ③credit　信用

じんよう【陣容】❶軍隊の配置。▽―を立て直す。❷構成員の顔ぶれ。類❶❷布陣。②lineup　陣容

しんようじゅ【針葉樹】針形の葉をもつ木。松・杉など。対広葉樹。conifer　針葉樹

しんらい【信頼】信じて頼りにすること。trust　信頼

しんらい【新来】新しく来たこと・人・物。newcomer　新来

じんらい【迅雷】激しく急な雷鳴。▽疾風―。thunderclap　迅雷

しんらつ【辛辣】非常に手厳しいこと。bitter　辛辣

しんらばんしょう【森羅万象】この世に存在するすべてのもの。universe　森羅

しんり【心理】心の働き・状態。mentality　心理

しんり【真理】だれもが正しいとみとめる事実や法則。truth　真理

しんり【審理】❶調べて明らかにすること。❷裁判官が行う取り調べ。②trial　審理

じんりき【人力】❶人間の力。じんりょく。❷人力車。①human power

じんりきしゃ【人力車】人を乗せ、人が引く二輪車。

しんりゃく【侵略】他国に侵入して、その領土をうばうこと。

しんりょ【深慮】深い考え。対浅慮。

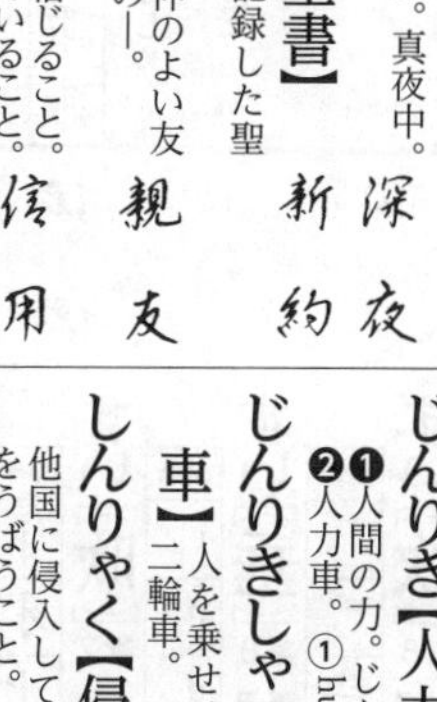
人力車

しんりょう【診療】診察と治療。▽―所。medical treatment　診療

しんりょう【新涼】初秋の涼しさ。▽―の候。　新涼

しんりょく【深緑】濃い緑色。　深緑

しんりょく【新緑】初夏の若葉の緑。▽―の候。fresh green　新緑

じんりょく【人力】⇩じんりき❶。　人力

じんりょく【尽力】力をつくすこと。▽再建に―する。making effort　尽力

しんりん【森林】多くの木がしげった所。forest　森林

じんりん【人倫】人として守り行うべき道。▽—に背く。—にもとる行為。 人倫

しんるい【親類】血筋や婚姻でつながる人々。▽—縁者。—同様の付き合い。類親戚。relative 親類

じんるい【人類】(ほかの動物と区別して)人間。▽—愛。humankind 人類

しんれい【心霊】たましい。spirit 心霊

しんれい【神霊】神のみたま。 神霊

しんれき【新暦】太陽暦。対旧暦。 新暦

しんろ【針路】❶船や航空機の進むべき道。❷行動すべき方向。①②course 針路

しんろ【進路】進んで行く道。course 進路

使い分け「しんろ」

針路…めざす方向。▽船の—。—を北に取る。日本の—。

進路…進んでいく方向・道。▽台風の—。卒業後の—。

しんろう【心労】心配し、心を痛めること。また、精神的な疲れ。▽—が重なる。類心痛。 心労

しんろう【辛労】つらい苦労。pains 辛労

しんろう【新郎】花婿(はなむこ)。対新婦。bridegroom 新郎

じんろく【甚六】のんびりした世間知らずの男性。大事に育てられた長男をあざけっていう。▽総領の—。 甚六

しんわ【神話】❶民族の神を主人公とした伝説。▽ギリシャ—。❷根拠なしに信じられ、絶対視されている事柄。▽不敗の—が崩壊する。①myth 神話

しんわ【親和】❶親しみ仲よくすること。▽会員の—を図る。❷物質の化合。▽—力。①amity 親和

す

す〔笥〕11 ス・シ 竹で編んだ箱。衣類などを入れる。▽箪—(たんす)。 笥・笥

す〔須〕常12 ス ❶必要としてもちいる。▽必—(ひっす)。❷ひげ。 須・須

筆順 丿 彡 … 須

す〔諏〕人15 ス・シュ 相談する。◎「諏訪」で、地名・人名の「すわ」。 諏・諏

筆順 言 … 諏

す〔子〕⇩し　す〔主〕⇩しゅ

す〔守〕⇩しゅ　す〔素〕⇩そ

す〔数〕⇩すう

す〔州〕〈洲〉中州。sandbank 州

す〔巣〕❶鳥・獣・虫・魚のすみか。❷人の集まりひそむ所。たまり場。①②nest 巣

す〔酢〕酢酸を含む、酸味の強い液体調味料。vinegar 酢

す〔鬆〕内部にできた細かな空洞。 鬆

ず〔図〕常7 ズ・ト・はかる ❶物の形をかいたもの。また、絵。▽—面。地—。❷はかる。▽意—(いと)。❸本。▽—書。(圖)

筆順 丨 冂 … 図

図・図

ず〔豆〕⇩とう　ず〔事〕⇩じ

ず〔頭〕⇩とう

ず【図】❶絵。❷図形。❸考えたとおり。思うつぼ。▽—に当たる。▼—に乗る つけあがる。 図

ず【頭】あたま。head ▼—が高い 態度が高慢無礼である。おうへいだ。 頭

すあし【素足】❶何もはいていない足。❷はだし。①②bare foot 素足

ずあん【図案】色・もようの組み合わせや配置を図に表したもの。design 図案

すい〔水〕常4 スイ・みず ❶みず。▽—力。❷川や海。▽—産。❸水素。 水・水

筆順 亅 … 水

すい〔吹〕常7 スイ・ふく ふく。▽—奏楽。—雪(ふぶき)。 吹・吹

筆順 口 … 吹

すい〔垂〕常8 スイ・たれる・たらす ❶たれる。▽—直。懸—。胃下—。❷教え示す。▽—範。 垂・垂

筆順 一 … 垂

すい〔炊〕常8 スイ・たく 飯をたく。▽—事。—飯。自—。 炊・炊

筆順 丶 … 炊

すい〔帥〕常9 スイ ❶軍のかしら。▽元—。❷ひきいる。▽統—。 帥・帥

筆順 丿 … 帥

すい〔粋〕常10〔粹〕人14 スイ・いき ❶まじりけがない。▽純—。❷いき。▽—人。 粋・粋

筆順 粋 粋・粋

すい〔衰〕常10 スイ・おとろえる 勢いや力が弱まる。▽—弱。—退。盛—。
筆順 衰 衰・衰

すい〔彗〕人11 スイ・ほうき ❶ほうき。▽—星(すいせい)。❷さとい。
筆順 彗 彗・彗

すい〔推〕常11 スイ・おす ❶すすめる。▽—進。❷おしはかる。▽—理。
筆順 推 推・推

すい〔酔〕常11〔醉〕人15 スイ・よう ❶よう。▽—眼。❷夢中になる。▽心—。
筆順 酔 酔・酔

すい〔遂〕常12 スイ・とげる やりとげる。▽—行。完—。未—。(遂)
筆順 遂 遂・遂

すい〔睡〕常13 スイ 目をとじてねむる。▽—眠。熟—。
筆順 睡 睡・睡

すい〔翠〕人14 スイ・みどり 緑色。▽—嵐(すいらん)。翡—(ひすい)。(翠)
筆順 翠 翠・翠

すい〔穂〕常15〔穗〕人17 スイ・ほ 穀物の茎の先の、ほ。▽出—(しゅっすい)。—先(ほさき)。稲—(いなほ)。
筆順 穂 穂・穂

すい〔錐〕人16 スイ・きり ❶きり。▽立—(りっすい)。❷先のとがった形。▽円—。三角—。
筆順 錐 錐・錐

すい〔錘〕人16 スイ・つむ ❶つむぐ道具。▽紡—(ぼうすい)。❷おもり。
筆順 錘 錘・錘

すい〔出〕⇩しゅつ

すい【粋】❶まじりけがないもの。❷最もすぐれているもの。▽美術の—。❸いきであるようす。 粋

すい【酸い】すっぱい。sour ▼—も甘(あま)いも噛(か)み分ける 人生経験が豊かで、世情・人情に通じている。 酸い

ずい〔随〕常12 ズイ ❶ついていく。▽—行。❷まかせる。▽—意。(隨)
筆順 随 随・随

ずい〔瑞〕人13 ズイ・みず ❶めでたいしるし。▽—祥。❷みずみずしい。
筆順 瑞 瑞・瑞

ずい〔蕊〕15 ズイ・しべ おしべ・めしべの総称。▽花—(かずい)。雌—(しずい)。
蕊・蕊

ずい〔髄〕常19 ズイ ❶骨の中の組織。▽骨—。❷要点。▽心—。(髓)
筆順 髄 髄・髄

ずい【髄】❶骨の空所をみたす組織。❷茎や根の中心部。❸物事の要点。▽人情の—をうがった小説。 髄

すいあつ【水圧】水の圧力。water pressure 水圧

すいい【水位】基準面から測った川・海・湖沼の水面の高さ。water level 水位

すいい【推移】移り変わり。change 推移

ずいい【随意】思うままにすること。類任意。water level 随意

ずいいち【随一】一番。一等。the best 随一

スイート【suite】ホテルで、居間と寝室が一続きの豪華な部屋。

ずいいん【随員】高官につき従って行く人。随行員。attendant 随員

すいうん【水運】水路による運送。水運

すいうん【衰運】衰えていく運命。衰運

ずいうん【▲瑞雲】吉兆を示す紫雲。瑞雲

すいえい【水泳】水中を泳ぐこと。swimming 水泳

すいか【水火】水と火。▼—も辞せず どんな危険もいとわない。水火

すいか【水禍】❶水による災難。❷水におぼれて死ぬこと。水禍

すいか【西▲瓜】〈水瓜〉うりの一種。実は緑色の大きな球形で、水分が多く甘い。watermelon 西瓜

すいか【誰何】「だれか」と声をかけて問いただすこと。誰何

すいがい【水害】洪水による災害。flood disaster 水害

すいかん【酔漢】酒によった男。よっぱらい。酔客。drunkard 酔漢

すいがん【酔眼】酒によった目つき。▽—朦朧(もうろう)。酔眼

ずいかん【随感】おりにふれての感想。随感

ずいき【芋茎】〈芋苗〉さといものくき。食用。芋茎

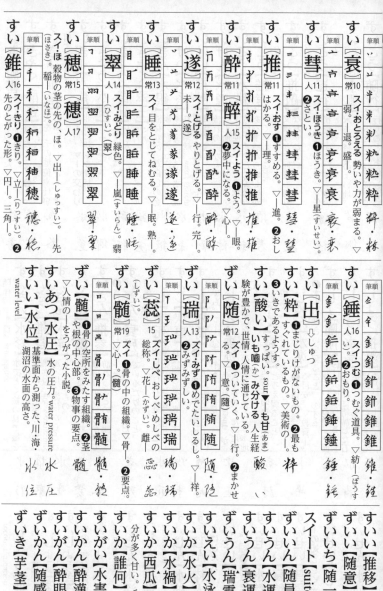

ずいき【随喜】 心からありがたく思うこと。▽—の涙。 随喜

すいきゃく【酔客】 ❶よった客。❷よっぱらい。酔漢。 酔客

すいきょ【推挙】 人を、その地位や仕事にふさわしいとして推薦すること。 推挙

すいぎょ【水魚】 水と魚。▼**—の交わり** 非常に親密な間柄。 水魚

すいきょう【水郷】 ⇨すいごう。 水郷

すいきょう【酔狂】 〈粋狂〉物好きなこと。人。 酔狂

すいぎょく【翠玉】 宝石の一。エメラルド。 翠玉

すいぎん【水銀】 液体状の、銀白色の金属。記号Hg mercury 水銀

すいけい【水系】 本流・支流など、水の流れの系統。water system 水系

すいけい【推計】 推定して計算すること。estimation 推計

すいげん【水源】 流れのみなもと。▽—地。source 水源

すいこう【水耕】 土を使わず水で植物を栽培すること。水栽培。 水耕

すいこう【推考】 ある事柄からおしはかって考えること。speculation 推考

すいこう【推敲】 文章などを何度も練りなおすこと。improvement 推敲

すいこう【遂行】 やりとげること。▽任務を—する。注×ついこう。 遂行

すいごう【水郷】 水辺の景色のよい地。すいきょう。 水郷

ずいこう【随行】 部下としてつき従って行くこと。お供。随身。随伴。▽—員。attendance 随行

すいさい【水彩】 水でとく絵の具で絵を描くこと。 水彩

すいさつ【推察】 おしはかり察すること。類推量。guess, conjecture 推察

すいさん【水産】 海・川・湖沼からとれること・もの。 水産

すいさん【炊爨】 飯をたくこと。炊事。 炊爨

すいさん【推参】 ❶自分からおしかけて訪れることの謙譲語。❷さしでがましいこと。 推参

すいざん【衰残】 衰弱しきってただ生きているだけのこと。emaciation 衰残

すいし【水死】 水におぼれて死ぬこと。溺死(できし)。drowning 水死

すいじ【炊事】 食べ物の煮たきをすること。cooking 炊事

ずいじ【随時】 ❶その時々。必要に応じて。▽—配布する。❷いつでも。▽—入学。①on occasion 随時

すいじゃく【垂迹】 仏・菩薩(ぼさつ)が、人々を救うために仮に神の姿になってあらわれること。▽本地(ほんじ)—。 垂迹

すいじゃく【衰弱】 (肉体的な力が)おとろえ弱ること。weakness 衰弱

すいじゅん【水準】 ❶物事の標準となる目安。▽教育—。❷水平の度合いを測ること。①level 水準

ずいしょ【随所】 〈随処〉いたる所。▽面影は—に見られる。 随所

すいしょう【水晶】 六角柱に結晶した石英。crystal 水晶

すいしょう【推奨】 ほめて人にすすめること。▽—品。recommendation 推奨

すいしょう【推賞】 〈推称〉すぐれていると、ほめたたえること。▽—に値する作品。 推賞

ずいしょう【瑞祥】 めでたいしるし。 瑞祥

すいじょうき【水蒸気】 水が蒸発して気体になったもの。蒸気。ゆげ。steam 水蒸気

すいしょく【水食】 〈水蝕〉水の作用が地表を浸食すること。water erosion 水食

すいしん【水深】 水面からの深さ。 水深

すいしん【推進】 おしすすめること。▽—力。計画を—する。promotion 推進

すいじん【水神】 水をつかさどる神。 水神

すいじん【粋人】 ❶風流を好む人。❷人情・世情に通じた人。さばけた人。 粋人

すいせい【水生】 〈水棲〉❶水中にすむこと。❷水中に生えること。対❶❷陸生。①②aquatic 水生

すいせい【水勢】 水の流れる勢い。 水勢

すいせい【衰勢】 おとろえた勢い。 衰勢

すいせい【彗星】 尾を引いて運行する天体。ほうき星。comet ▼**—の如(ごと)く** 突然現れるようす。 彗星

すいせいむし【酔生夢死】 有意義なことをせず、むだに一生を送ること。 夢死

すいせん【水仙】 草花の一。早春に白・黄色の花が咲く。narcissus 水仙

すいせん【水洗】水で洗い流すこと。 水洗

すいせん【垂線】ある直線や平面と直角をなす線。perpendicular 垂線

すいせん【推薦】人・物を人にすすめること。類推挙。recommendation 推薦

すいぜん【垂涎】非常にほしがること。すいえん。▽—の的。 垂涎

すいそ【水素】無色・無臭の可燃性の気体元素。記号H hydrogen 水素

すいそう【水葬】水中に葬ること。 水葬

すいそう【水槽】水をためておく容器。 水槽

すいそう【吹奏】楽器を吹きかなでること。blowing 吹奏

すいぞう【膵臓】胃の後ろにある臓器。消化酵素を含む膵液(すいえき)をつくる。 膵臓

ずいそう【随想】思いつくままの感想(を記した文章)。類随筆。essay 随想

すいそうがく【吹奏楽】管楽器と打楽器によって演奏される音楽。 吹奏楽

すいそく【推測】おしはかること。推量。類推察。guess 推測

すいぞくかん【水族館】水生生物を飼い、観覧させる施設。aquarium 水族館

すいたい【衰退】〈衰頽〉勢いがしだいに衰えていくこと。▽—の一途をたどる。類衰微。decline 衰退

すいたい【推戴】長としておおぐこと。 推戴

すいたい【酔態】酒によったようす。▽—をさらす。 酔態

すいだん【推断】推測して判断を下すこと。類推定。presumption 推断

ずいちょう【瑞兆】めでたい前兆。 瑞兆

すいちょく【垂直】❶まっすぐに垂れること。▽—尾翼。❷数学で直線や平面が、他の直線や平面と直角に交わること。▽—線。対❶水平。 垂直

すいてい【推定】おしはかって判定すること。類推断。presumption 推定

すいてき【水滴】❶水のしたたり。しずく。❷硯(すずり)用の水注(さ)し。 水滴

すいでん【水田】たんぼ。みずた。paddy field 水田

すいとう【水痘】みずぼうそう。 水痘

すいとう【水筒】飲み水を持ち歩くための容器。water bottle 水筒

すいとう【水稲】水田で栽培する稲。 水稲

すいとう【出納】金銭の支出と収入。 出納

すいどう【水道】❶水を供給する施設。また、特に、上水道。❷水路。❸海峡。① water supply 水道

すいどう【隧道】トンネル。ずいどう。 隧道

すいとん【水団】小麦粉の団子汁(じる)。 水団

すいなん【水難】水による事故・災難。 水難

すいにん【推認】すでにわかっていることから、推測して認定すること。 推認

すいはん【垂範】模範を示すこと。 垂範

すいはん【炊飯】ご飯をたくこと。 炊飯

すいばん【水盤】底が浅く広い、生け花用の容器。basin 水盤

すいばん【推輓】推薦すること。▽会長に—する。 推輓

ずいはん【随伴】随行。 随伴

すいび【衰微】勢いが衰えること。類衰退。decline 衰微

ずいひつ【随筆】感想などを気の向くままに書いた文章。類随想。essay 随筆

すいふ【水夫】船員。船乗り。sailor 水夫

ずいぶん【随分】❶非常に。❷相手の態度がひどいようす。▽—な仕打ち。 随分

すいへい【水平】❶水面のように平らなこと。❷地球の重力の方向と直角に交わる方向。対❷垂直。② level 水平

すいへい【水兵】海軍の兵。sailor 水兵

すいへいせん【水平線】❶海面と空との境。❷地球の重力の方向に直角に交わる線。① horizon 水平線

すいほう【水泡】水のあわ。bubble ▼—に帰(き)する 失敗などによって努力がむだになる。 水泡

すいほう【水疱】表皮や表皮の下に水がたまり、ふくれたもの。水ぶくれ。 水疱

すいぼう【水防】水害をふせぐこと。 水防

すいぼう【衰亡】衰え、滅びること。対興隆。 衰亡
すいぼくが【水墨画】墨でえがいた絵。墨絵。 水墨画
すいぼつ【水没】水中に沈むこと。 水没
すいま【水魔】水害を魔物にたとえた語。 水魔
すいま【睡魔】ねむけを魔物にたとえた語。▽―に襲われる。本を前に―と闘う。drowsiness, sandman 睡魔
すいみゃく【水脈】地下水の流れる道。water vein 水脈
すいみん【睡眠】眠ること。sleep 睡眠
すいめん【水面】水の表面。 水面
すいもの【吸い物】魚肉や野菜を入れたすまし汁。 吸物
すいもん【水門】ダムや貯水池などにつくられた、水の量・流れを調節する門。floodgate 水門
すいよ【酔余】酒によったあげく。▽―の口論。 酔余
すいようえき【水溶液】ある物質を水にとかした液。aqueous solution 水溶液
すいよく【水浴】水をあびること。水あび。bathing 水浴
すいり【水利】❶船で人や物を運ぶこと。❷飲料・灌漑(かんがい)などの、水の利用。 水利
すいり【推理】既知のことをもとにして、未知のことをおしはかること。▽―小説。reasoning 推理
すいりく【水陸】水上と陸上。 水陸

すいりゅう【水流】水の流れ。stream 水流
すいりょう【水量】水の分量。 水量
すいりょう【推量】推測。inference 推量
すいりょく【推力】おし進める力。 推力
すいれい【水冷】水で冷やすこと。 水冷
すいれん【水練】水泳(の練習)。 水練
すいれん【睡蓮】水草の一。円形の葉を水面に広げる。water lily 睡蓮
すいろ【水路】❶水が流れる通路。❷航路。①② waterway 水路
すいろん【推論】推理によって論を進めること。reasoning 推論
すう〔枢〕常8 スウ ❶とぼそ。❷物事の中心。▽―軸。中―。(樞)

筆順								
一	十	才	木	木一	杅	杈	枢	

枢・枢
すう〔崇〕常11 スウ ❶けだかい。▽―高。❷あがめる。▽―拝。

筆順								
丶	山	山	屮	岀	岂	岸	崇	

崇・崇
すう〔数〕常13 スウ・ス・かず・かぞえる ❶かず。▽―量。❷かぞえる。❸いくつかの。▽―日。❹めぐりあわせ。▽―奇。(數)

筆順								
丷	丷	半	米	娄	娄	娄	数	

数・数
すう〔趨〕17 スウ・シュ はしる。おもむく。▽―勢(すうせい)。帰―(きすう)。 趨・趋
すう【吸う】❶空気などを鼻・口から引き入れる。❷液体を口から引き入れる。❸たばこを、のむ。❹しみこませる。▽湿気を―。① breathe ② suck 吸う

すう【数】かず。 数
スウェットシャツ【sweat shirt】競技者が着る保温・汗とり用シャツ。
すうがく【数学】数・量や図形などを研究する学問。mathematics 数学
すうき【枢機】物事のかなめ。 枢機
すうき【数奇】変化が激しい運命。不運。▽―な運命。misfortune 数奇
すうけい【崇敬】あがめうやまうこと。類崇拝。reverence 崇敬
すうこう【崇高】気高いこと。▽―な理想。注×しゅうこう。sublime 崇高
すうこう【趨向】趨勢。 趨向
すうじ【数字】❶数を表す文字。❷数字で表される事柄・知識。② figure 数字
すうじ【数次】数度。数回。 数次
すうしき【数式】数・量を表す数字や文字を、計算記号で結んだ式。 数式
すうじく【枢軸】物事の中心となる重要なところ。特に、政治の中心。▽政権の―。―国。pivot 枢軸
ずうずうしい【図図しい】あつかましい。pushy 図図し
すうせい【趨勢】事の成り行き。趨向。▽時代の―。trend 趨勢
ずうたい【図体】体。体格。body 図体

す

すうだん【数段】ずっと。はるかに。数等。 数段

すうち【数値】❶計算して得た数。❷数式の中の文字にあてはまる数。 数値

すうとう【数等】数段。 数等

スーパーインポーズ【superimpose】映画・テレビの字幕。

スーパースター【superstar】芸能・スポーツ界で超人気者。

すうはい【崇拝】あがめうやまうこと。▽英雄―。admiration 崇拝

スーブニール【souvenir フランス】記念(の品)。みやげ。思い出。スーベニール。スーベニア。

すうよう【枢要】最も重要なところ。 枢要

すうり【数理】❶数学の理論。❷計算。 数理

すうりょう【数量】❶物の数と量。❷数で表された量。①amount 数量

すえ【末】❶はし。❷終わり。❸将来。❹結果。❺末っ子。❻混乱した時代。①②end 末

ずえ【図会】ある種の絵を集めたもの。 図会

すえおき【据え置き】❶そのままにしておくこと。❷一定期間返済しないこと。①②deferment 据え置

すえぜん【据え膳】食事を人の前に出すこと。 据膳

すえっこ【末っ子】最後に生まれた子。末子(まっし・ばっし)。 末っ子

すえながい【末永い】いつまでも続いていくようすだ。▽―くお幸せに。 末永い

すえひろがり【末広がり】❶だんだん栄えていくこと。❷扇子。末広。 末広が

すえる〖据〗常11 すえる・すわる ❶たよる。❷すえつける。❸地位につける。 据・据

筆順	十	扌	扌	扌	护	护	护	据

すえる【据える】❶動かないように置く。❷おちつかせる。❸ある地位・席につける。❹灸(きゅう)をする。①place 据える

すえる【饐える】食物がくさって、すっぱくなる。turn sour 饐える

ずが【図画】絵。絵画。drawing 図画

スカーレット【scarlet】緋(ひ)。深紅色。

ずかい【図解】図で説明すること。 図解

ずがいこつ【頭蓋骨】⇩とうがいこつ。 頭蓋骨

スカイダイビング【skydiving】飛行機からとびおり、パラシュートを使って着地するスポーツ。

スカイライン 山や高原にあるドライブウエー。和製語。

スカウト【scout】能力のある人材をさがして引きぬくこと。

すがお【素顔】❶化粧していない顔。❷ありのままの姿・状態。 素顔

すかさず【透かさず】すぐさま。 透かさず

すかしぼり【透かし彫り】裏までくりぬいて模様を表すこと。 透彫

すかす 気どる。すましこむ。

すかす【空かす】空腹にする。▽腹を―。become hungry 空かす

すかす【透かす】❶まばらにする。❷ものを通して向こう側を見る。 透かす

すかす【賺す】❶おだてなだめる。❷ごまかす。①coax 賺す

すがすがしい【清清しい】さわやかで気持ちいい。▽―山の朝。refreshing 清清し

すがた【姿】❶体や物のかっこう。❷ありさま。▽世の―。❸身なり。①figure 姿

すがたみ【姿見】全身を映す鏡。 姿見

スカッシュ【squash】❶果汁にソーダ水・氷などを加えて、甘みをつけた飲料。❷四方の壁(かべ)を利用して二人がラケットでボールを打ち合う競技。

すがめる【眇める】片目を細める。▽ためつ―めつ見る。 眇める

ずがら【図柄】図案の構図。design 図柄

すがる【縋る】❶つかまってよりかかる。❷頼る。①hold on 縋る

すがれる【末枯れる】❶草木が枯れ始める。❷盛りが過ぎて衰える。 末枯

ずかん【図鑑】写真・図などを中心に説明を加えた本。illustrated book 図鑑

ずかんそくねつ【頭寒足熱】頭を冷やして、足をあたたかくすること。 頭寒

すかんぴん【素寒貧】ひどく貧乏なこと。penniless 素寒貧

すき〖鋤〗15 ジョ・すき ❶農具の、すき。❷たがやす。 鋤・鋤

すき【好き】❶好むこと。❷物好き。❸思いどおりにすること。▽—にさせてくれ。対❶嫌い。①liking ▼—こそ物の上手(じょうず)なれ 好きだと熱心に行うので上達がはやい。

すき【透き】〈隙〉❶透き間。❷ひま。❸気のゆるみ。▽相手の—をつく。

すき【犂】牛馬にひかせて田畑の土をほりおこす農具。plow

すき【数寄】〈数奇〉風流を好むこと。

すき【鋤】田畑をほりおこす農具。spade

鋤

すぎ〔杉〕常7 **すぎ** 常緑高木の、すぎ。▽—並木。老—(ろうさん)。

筆順 一 十 才 木 杉 杉 杉

すぎ〔椙〕12 すぎ「杉」に同じ。

スキーム【scheme】枠組み。計画。

すきごころ【好き心】❶好色な心。❷物好きな心。❸風流な心。数寄心。

すきこのむ【好き好む】特に好む。

スキッパー【skipper】ヨットなどの、小型船の船長・艇長。

すきとおる【透き通る】❶物を通して、向こう側が見える。❷声がすんで聞こえる。①be transparent

すぎない【過ぎない】ただ…だけだ。▽それは言い訳に—。

すきはら【空腹】腹がへっていること。すきっぱら。empty stomach

すきま【透き間】〈隙間〉❶物と物とのあいま。❷仕事のあい間。①opening

すきまかぜ【透き間風】戸などのすきまからふきこむ風。

すきもの【好き者】❶好色な人。❷物好きな人。

すきや【数寄屋】〈数奇屋〉母屋から独立した茶室。

すきやき【鋤焼き】牛肉のなべ料理。

スキャンダル【scandal】❶醜聞(しゅうぶん)。❷(汚職などの)不正事件。

スキューバ【scuba】水中呼吸装置。

スキューバ ダイビング【scuba diving】スキューバをつけて水中にもぐること。

スキル【skill】技能。技量。手腕。

すぎる【過ぎる】❶通って行く。❷時間がたつ。❸度が過ぎる。❹まさる。❺度をこえる。①②pass ▼—たるは猶(なお)及(およ)ばざるが如(ごと)し やりすぎは十分にやらないのと同じで、よくない。

ずきん【頭巾】頭部をおおうかぶり物。

スキンシップ 肌のふれ合いによる愛情の交流。和製語。

スキン ダイビング【skin diving】ボンベ式の水中呼吸器をつけて水中にもぐるスポーツ。

すく【好く】好む。好きだと思う。

すく【空く】❶中のものが少なくなる。❷ひまになる。▽手が—。①be empty

すく【剝く】薄く切る。slice

すく【透く】❶すきまができる。❷すき通る。

すく【梳く】髪を櫛(くし)でとかす。

すく【漉く】〈抄く〉うすくのばして紙や海苔(のり)をつくる。▽紙を—。make (paper)

すく【鋤く】土をほりおこす。

すぐ【直ぐ】❶ただちに。❷ごく近く。①at once

ずく【尽く】❶それだけに頼って行う意。▽力—。腕—。❷それだけを目的とする意。▽欲得—。

すくう【巣くう】❶巣をつくってすむ。❷悪人などがたまり場にする。

すくう【掬う】❶くみ取る。❷さっと持ち上げる。▽足を—。①scoop

すくう【救う】助ける。help

スクープ【scoop】特種(とくだね)を手に入れて報道すること。

スクーリング【schooling】通信教育で、学生が一定期間登校して受ける授業。

すぐさま【直ぐ様】すぐに。ただちに。immediately

すくせ【宿世】仏教で、前世の因縁(いんねん)。

すくない【少ない】数量・程度が小さい。対多い。few, little ▼

—くない かなりある。

すくなからず【少なからず】 たくさん。おおいに。ひじょうに。▽—驚いた。

すくむ【竦む】 おそろしさやおどろきで動けなくなる。be petrified

すくめる【竦める】 ❶おさえつける。❷体(首や肩)を縮める。

スクラップ【scrap】 ❶新聞・雑誌などの切りぬき。❷くず鉄。

スクラップ アンド ビルド【scrap and build】 解体と再構築。

スクランブル【scramble】 ❶かきまぜること。❷緊急発進。❸スクランブルエッグ。

すぐる【選る】 よいものを選びとる。

すぐれる【優れる】 〈勝れる〉❶まさる。❷〈「—ない」の形で〉よい状態ではない。▽顔色が—れない。①surpass

スクロール【scroll】 パソコンの画面を上下左右に動かす操作。

すげ【菅】 人 11 カン・すげ 草の、すげ。かや。▽—笠(すげがさ)。

筆順 菅

すげ【菅】 野草の一。葉は笠(かさ)・みのなどの材料。sedge

ずけい【図形】 ❶図の形。❷数学で、点・線・面からなる形。②figure

スケートボード【skateboard】 ローラーをつけた細長い板(ですべる遊び)。スケボー。

スケープゴート【scapegoat】 身がわりの犠牲者。いけにえ。

スケール【scale】 ❶ものさし。また、その目盛り。❷規模。❸音楽で、音階。

スケールメリット【scale merit】 大量の生産・仕入れなどによる利益。

すげかえる【挿げ替える】 ❶つけかえる。❷人をかえる。

すげがさ【菅笠】 すげの葉で編んだ笠。

すけだち【助太刀】 一方の加勢をすること・人。assistance

すけっと【助っ人】 手助けをする人。

すげない【素気無い】 冷淡である。そっけない。curt

すけべえ【助兵衛】 〈助平〉好色なこと・人。すけべ。lech

すける【助ける】 手助けをする。

すける【透ける】 物を通してその向こう側が見える。be transparent

すげる【挿げる】 さしこんでとりつける。▽鼻緒(はなお)を—。

スケルトン【skeleton】 ❶骸骨(がいこつ)。骨格。骨組み。❷機械などで、中の骨組みが見える透明なデザイン。

すごい【凄い】 ❶恐ろしい。❷はなはだしい。①terrible

ずこう【図工】 図画工作。教科の一。

すごうで【凄腕】 普通ではできないようなことをやってのける腕前。▽—を発揮する。類辣腕(らつわん)。

スコール【skal デンマーク】 乾杯。また、そのかけ声。

スコール【squall】 熱帯地方の、激しいにわか雨。

すこし【少し】 数量・程度がわずかであるようす。ちょっと。a little

すごす【過ごす】 ❶時を送る。❷くらす。❸度をこす。❹…するままにしておく。▽やり—。①pass

すこぶる【頗る】 きわめて非常に。▽—つきの美人。very

すごみ【凄味】 ぞっとするようなおそろしさや不気味さ。

すごむ【凄む】 凄味のある態度やことばつきをする。threaten

すごもる【巣籠もる】 鳥が巣にはいりこむ。nest

すこやか【健やか】 健康なようす。healthy

すごろく【双六】 さいころの目数でこまを進める遊び。

すさび【遊び】 心のおもむくままに行う慰みごと。pastime

すさまじい【凄まじい】 ❶激しい。❷なんともいえず恐ろしい。❸ひどい。②horrible

すさむ【荒む】 ❶心にゆとりがなくなり、あれる。❷あれて粗雑になる。▽芸が—。

ずさん【杜撰】 いいかげんで、手ぬかりが多いこと。sloppy

すし【鮨】 〈寿司〉酢で味つけした飯を使った食べ物。

すじ【筋】 ❶筋肉の繊維。❷線。❸道や川に沿った所。❹素質。▽—がい い。❺血統。❻あらすじ。❼その方面。❽道理。①muscle ②line

ずし【図示】 図で示すこと。illustration　図示

ずし【厨子】 仏像や経巻(きょうかん)などを安置する堂形の仏具。

厨子

すじあい【筋合い】 筋道。道理。

すじかい【筋交い】 〈筋違い〉❶ななめに交差すること。❷ななめにとりつける補強材。　筋交い

すじがき【筋書き】 ❶あらすじ。❷くわだて。①story　筋書き

すじがね【筋金】 補強用の金属の線や棒。　筋金

すじがねいり【筋金入り】 肉体・精神がきたえられ、しっかりしていること。　筋金入

ずしき【図式】 物事の関係を図で整理する様式。また、その図。diagram　図式

すじこ【筋子】 鮭(さけ)の卵の塩づけ。すずこ。　筋子

すじちがい【筋違い】 ❶道理に合わないこと。❷見当ちがい。▽私を責めるのは—だ。❸筋がねじれて痛むこと。❹筋向かい。①unreasonable　筋違い

すしづめ【鮨詰め】 狭い場所にぎっしり入っていること。　鮨詰め

すじみち【筋道】 ❶道理。❷順序。　筋道

すじむかい【筋向かい】 なため向かい。すじむこう。　筋向い

すじめ【筋目】 ❶折り目。❷筋道。　筋目

すじょう【素性】 〈素姓〉❶血筋や家柄。❷育ちや経歴。❸由来。①birth　素性

ずじょう【頭上】 頭の上。　頭上

すす【煤】 ❶煙にふくまれる黒い粉末。❷煙とほこりがまじったもの。①soot　煤

すず〖錫〗 人16 **シャク・すず** ❶金属の、すず。❷僧のつえ。▽—杖(しゃくじょう)。　錫・錫

筆順							
亽	牟	金	釒	鈤	錫	錫	錫

すず【鈴】 ふって鳴らす球形の鳴り物。bell ▼—を転がすよう すんでよく通る美しい声の形容。　鈴

すず【錫】 金属元素の一。ブリキ・はんだなどの原料。記号Sn tin　錫

すずかけ【鈴懸】 〈篠懸〉落葉高木の一。葉は手のひら状。街路樹にする。プラタナス。すずかけのき。plane tree　鈴懸

すずかぜ【涼風】 ⇩りょうふう。　涼風

すすき〖薄〗 ⇩はく

すすき【薄】 〈芒〉秋の七草の一。秋、黄褐色の穂をつける。おばな。Japanese pampas grass　薄

すずき【鱸】 海産の魚の一。出世魚で、せいご・ふっこ・すずきと名が変わる。食用。sea bass　鱸

すすぐ【雪ぐ】 〈濯ぐ〉恥などのつぐないをする。そそぐ。▽汚名を—。　雪ぐ

すすぐ【漱ぐ】 うがいをする。　漱ぐ

すすぐ【濯ぐ】 水でよごれを洗いおとす。そそぐ。wash　濯ぐ

すすける【煤ける】 ❶すすで黒くなる。❷古くなってうすぎたなくなる。　煤ける

すずしい【涼しい】 ❶ほどよくひややかだ。❷すんでいて美しい。①cool ②clear　涼しい

すずしろ【清白】 春の七草の一。だいこん。　清白

すずな【菘】 春の七草の一。かぶ。　菘

すずなり【鈴生り】 ❶果実が密集してなっていること。❷多くの人が一か所にとりついていること。　鈴生り

すすむ【進む】 ❶前方へ行く。❷上の段階へ行く。❸物事の程度がよくなる。❹はかどる。❺程度がひどくなる。▽病気が—。[対]❶退く。①advance　進む

すずむ【涼む】 暑さをさけて、すずしい風に当たる。cool oneself　涼む

すずむし【鈴虫】 昆虫の一。黒褐色で、触角が長い。秋、雄は「リーンリーン」と鳴く。singing cricket　鈴虫

すずめ〖雀〗 人11 **ジャク・すずめ** 小鳥のすずめ。▽—の涙。欣喜—躍(きんきじゃくやく)。　雀・雀

筆順							
亅	小	少	少	少	雀	雀	雀

すずめ【雀】 ❶人家の近くにいる小鳥。❷よくしゃべる人。❸事情にくわしい人。▽楽屋—。①sparrow ▼—の涙(なみだ)ごくわずかなもののたとえ。　雀

すすめる【進める】 ❶前へ行かせる。❷はかどらせる。❸程度や内容をよくする。❹上の段階へ行かせる。❺動きを基準より速くする。①advance　進める

すすめる【勧める】 そうするように誘いかける。advice　勧める

すすめる【薦める】 推薦する。recommend　薦める

使い分け「すすめる」

進める…前や先に動かす。物事を進行させる。▽時計を―。交渉を―。議事を―。

勧める…そうするように働き掛ける。▽入会を―。転地を―。読書を―。辞任を―。

薦める…推薦する。▽候補者として―。良書を―。お薦めの銘柄を尋ねる。

すずやか【涼やか】 ❶涼しげなようす。❷さわやかなようす。①cool 涼やか

すずらん【鈴蘭】 草花の一。寒い土地に自生し、初夏に白い釣り鐘状の小花が咲く。lily of the valley 鈴蘭

すずり〔硯〕 人12 ケン・ゲン・すずり すずり。▽―池(けんち)。―北。筆―。

筆順 ア 石 矴 矶 砃 硐 硯 硯 硯・硯

すずり【硯】 墨をする道具。硯

すすりなく【啜り泣く】 すすり上げながら泣く。sob 啜泣

すする【啜る】 ❶汁などを口に吸いこむ。❷鼻汁を吸いこむ。①sip 啜る

すすんで【進んで】 自ら積極的に行うようす。▽―協力を申し出る。進んで

ずせつ【図説】 図や写真を使って説明すること。illustration 図説

すそ〔裾〕 常13 すそ ❶衣服の下の部分。❷山のふもと。▽―野。

筆順 ラ ネ ネ 衤 衤 衤 裾 裾 裾・裾

すその【裾野】 ❶山のふもとの野原。❷下部の広がり。裾野

すそまわし【裾回し】 和服のすその裏側につける布。裾回し

スターダム【stardom】 花形としての地位。

スターティング メンバー【starting member】 先発メンバー。スタメン。

スタート【start】 ❶出発。また、出発点。❷開始。発足。

スタートダッシュ【start dash】 スタート直後の全力疾走。

スタイリスト【stylist】 ❶気どり屋。❷形式主義者。❸モデルの服装などをととのえる職業(の人)。

スタイル【style】 ❶姿。かっこう。❷様式。型。❸文体。

すだく【集く】 ❶虫が群がって鳴く。❷群がる。集く

すだつ【巣立つ】 ❶ひな鳥が成長して、巣から飛び立つ。❷子供が学校や親もとからはなれて社会に出る。巣立つ

スタッフ【staff】 ❶仕事の担当者。❷企業で、企画・調査などの部門。❸映画・演劇で、俳優以外の製作関係者。

ずだぶくろ【頭陀袋】 ❶僧が経文などを入れ首からかける袋。❷だぶだぶの大きな袋。頭陀袋

すだれ〔簾〕 人19 レン・すだれ 竹を編んだすだれ。▽暖―(のれん)。

筆順 ⺮ 竺 笋 笹 箬 簷 簾 簾

すだれ【簾】 竹などを編んで、日よけなどに使うもの。類よしず。簾・簾

すたれる【廃れる】 ❶はやらなくなる。❷衰える。❸使われなくなる。廃れる

スタンス【stance】 ❶立場。態度。▽積極的な―をとる。❷野球・ゴルフなどで、ボールを打つ足の位置や開き。

スタンダード【standard】 標準(的)。

スタンドプレー 競技者のはでなプレー。転じて、めだつための、わざとらしい行動。和製語。grandstand playから。

スタンバイ【stand-by】 ❶準備して待機すること。❷予備の番組。

スタンプ ラリー あらかじめ決められた駅や観光地のスタンプを集めて回るゲーム。和製語。

スチール【steal】 野球で、盗塁。▽ダブル―。

スチール【steel】 はがね。鋼鉄。

スチール【still】 映画宣伝用の写真。

ずつう【頭痛】 ❶頭が痛むこと。❷心配。悩み。▽―の種。①headache 頭痛

すったもんだ【擦った揉んだ】 物事のもめるようす。擦揉

すっとんきょう【素っ頓狂】 ひどく調子はずれで間がぬけたようす。素頓狂

すっぱい【酸っぱい】 酸味がある。sour 酸っぱい

すっぱだか【素っ裸】 ❶全くのはだか。❷身一つになること。▽―の再出発。①stark naked 素っ裸

すっぱぬく【すっぱ抜く】 秘密をあばく。break すっぱ抜

すっぽん【鼈】 淡水産の亀(かめ)の一。かみつくと、なかなか離れない。食用。どろがめ。snapping turtle 鼈

すで【素手】手に何も持たないこと。 素手

ステアリング【steering】❶車の方向変換装置。❷ハンドルの切れ具合。

すていし【捨て石】❶趣をそえるため庭に置く石。❷碁で、作戦上相手に取らせる石。❸今は役立たないが、将来にそなえてする行為。 捨て石

すていん【捨て印】証書などで、字句訂正にそなえて欄外におす印。 捨て印

ステータス【status】社会的地位や身分。

ステータス シンボル【status symbol】ステータスを表す象徴的な物事。

ステートメント【statement】声明。

すてがね【捨て金】❶むだになった出費。❷返済や利益を期待しないで貸す金。 捨て金

すてき【素敵】すばらしいようす。nice 素敵

すてご【捨て子】子をすてること。また、すてられた子。abandoned child 捨て子

すてぜりふ【捨て台詞】❶役者の即興のせりふ。❷立ち去るときの憎まれ口。②parting shot 捨て台詞

ステッカー【sticker】はり札。

すでに〖已〗人3 イ・すでに・やむ ❶やめる。❷すでに。❸……のみ。

筆順 ㇆ コ 已

已・已

すでに【既に】❶以前に。❷（今となっては）もはや。▽—手遅れだ。①②already 既に

すてね【捨て値】損を承知のうえでつけた安い値段。dirt cheap 捨て値

すてばち【捨て鉢】やけになること。やけくそ。despair 捨て鉢

すてみ【捨て身】命を捨てる覚悟で事にあたること。 捨て身

すてる【捨てる】❶不用なものとして投げ出す。❷ほうっておく。❸見はなす。❹あきらめて手を引く。対❶拾う。①throw away ▼—てたものではない まだ見込みがある。▼—神あれば拾う神あり 見すてられても、救いの手がさしのべられることもある。 捨てる

ステレオタイプ【stereotype】❶印刷で、鉛版。❷紋切り型。

ストーカー【stalker】特定の相手に、病的な執拗さでつきまとう人。

すどおし【素通し】❶先が見通せること。❷度がついていない、ふつうの眼鏡。②plain glasses 素通し

すどおり【素通り】立ち寄らずに、通りすぎること。passing through 素通り

ストック【stock】❶蓄えておくこと。❷在庫品。❸スープのもとにする煮出しじる。スープストック。

ストッパー【stopper】❶停止装置。❷スポーツで、守備の中心選手。❸野球の救援投手。

すどまり【素泊まり】食事なしの宿泊。 素泊ま

ストライド【stride】大またの歩幅。

ストライプ【stripe】しま模様。

ストラップ【strap】❶水着や下着などの肩ひも。❷カメラ・携帯電話などのひも。

ストリート【street】通り。街路。

ストレート【straight】❶まっすぐ。率直なようす。❷野球で、直球。❸ボクシングで、腕をまっすぐのばして打つこと。❹連続していること。▽—勝ち。❺混ぜもののないこと。

ストレス【stress】❶語勢。強さのアクセント。❷体や心にいろいろな刺激が加わっておこる防衛反応。

ストレッチ【stretch】❶直線コース。❷伸縮性のある生地。❸「ストレッチ体操」の略。筋肉や関節を伸ばす体操。

すな【砂】〈沙〉非常に細かい石の粒。sand ▼—を嚙（か）むよう 味けないようす。 砂

すなお【素直】❶飾りけがなく、ひねくれていないようす。❷従順なようす。❸癖がないようす。 素直

すなけむり【砂煙】砂がまい上がった煙状のもの。 砂煙

すなご【砂子】❶砂。いさご。まさご。❷蒔絵（まきえ）などに使う金粉・銀粉。 砂子

すなじ【砂地】砂の多い土地。 砂地

スナック【snack】❶軽い食事や菓子。❷スナックバー。

スナック バー【snack bar】軽い食事もとれる酒場。

すなどる【漁る】魚や貝をとる。fish 漁る

すなぼこり【砂埃】細かい砂のほこり。砂塵（さじん）。 砂埃

すなわち【即ち】❶言いかえれば。❷〈則ち〉そうすれば。❸〈乃ち〉そこで。▽努力すれば—向上する。 即ち

スニーカー【sneakers】おもに布製で、ゴム底の運動靴。

ずぬける【図抜ける】〈頭抜ける〉ずばぬける。 図抜け

すね【脛】ひざから足首までの部分。はぎ。shin ▼—に傷を持つ やましいところがある。 脛

すねかじり【脛齧り】親などから学資や生活費を受けて暮らすこと。 脛齧り

すねる【拗ねる】素直に従わず、ぐずぐず我をはる。sulk 拗ねる

ずのう【頭脳】❶脳。❷知力。❸優秀な知力をもった人。①〜③brain(s) 頭脳

スノーボード【snowboard】サーフボード状の板で雪上を滑るスポーツ。

すのこ【簀の子】❶間をあけて板・竹などを張った台。❷細い竹を横に並べて編んだもの。 簀子

スノビズム【snobbism】紳士気どり。俗物根性。

すのもの【酢の物】魚介類や野菜を酢にひたした料理。酢和(あ)え。 酢の物

スパイス【spice】薬味。香辛料。

すばこ【巣箱】❶野鳥が巣を作りやすいようにつくった箱。❷ミツバチを飼う箱。①birdhouse 巣箱

すばしこい動作が非常にはやいようす。すばしっこい。quick

すはだ【素肌】❶下着などをつけない肌。❷化粧をしない肌。②skin 素肌

スパッツ【spats】❶タイツに似たパンツ。❷靴の上から足首をおおうカバー。

ずばぬける【ずば抜ける】とびぬけてすぐれている。ずぬける。 ずば抜

すばやい【素早い】動作や頭のはたらきがはやい。quick 素早い

すばらしい【素晴らしい】すぐれている。wonderful, great 素晴

すばる〘昴〙人 9 **ボウ・すばる** 牡牛(おうし)座のプレアデス星団。六連星(むつらぼし)。 昴・昴

筆順

すばる【昴】牡牛(おうし)座のプレアデス星団。六つの星が見える。二十八宿の一。六連星(むつらぼし)。Pleiades 昴

スパン【span】❶建造物の支柱間の距離。❷期間。▽長い—で考える。

ずはん【図版】書物中の図。figure 図版

スピーチ【speech】人の前でする話。

スピーディー【speedy】速度のはやいようす。

ずひょう【図表】❶図と表。❷グラフ。 図表

スピリット【spirit】精神。

ずふ【図譜】図を入れて説明した本。 図譜

ずぶとい【図太い】少しのことではびくともしない。bold 図太い

すぶり【素振り】❶竹刀(しない)などを上下に振ること。❷バットだけを振ること。 素振り

スプリットタイム【split time】マラソンなどで、一定の距離ごとに要した時間。

スプリングボード【springboard】❶跳躍の踏み切り板。❷発展・飛躍のきっかけとなるもの。

スプリンター【sprinter】陸上競技や競泳の短距離選手。

すべ【術】手段。方法。means▽なす—がない。 術

すべからく【須らく】なすべきこととして。ぜひとも。当然。 須らく

スペシャル【special】特別。特製。

すべて【全て】〈総て・凡て〉❶全部。❷ことごとく。残らず。①②all 全て

すべりこむ【滑り込む】❶すべって入る。❷間に合う。①slide into 滑り込

すべりだい【滑り台】高い所から滑り下りる遊具。slide 滑り台

すべりだし【滑り出し】物事の始め。出だし。 滑り出

すべる【統べる】〈総べる〉支配する。統一する。治める。▽全軍を—。govern 統べる

すべる【滑る】❶なめらかに動く。❷転ぶ。❸雪・氷上を滑走する。❹手からすりぬける。❺うっかり言う・書く。▽口が—。❻試験に落ちる。①slide 滑る

スポイル【spoil】だめにすること。

スポークスマン【spokesman】政府や団体の意見を発表する人。代弁者。

スポーティー【sporty】活動的で軽快なようす。

ずぼし【図星】❶的(まと)の中心の黒い点。❷急所。❸的中。▼—を指(さ)される ぴたりと当てられる。 図星

すぼむ【窄む】❶しぼむ。❷先が細くなる。❸勢いがおとろえる。 窄む

スマート【smart】❶現代風。▽―な会話。❷しゅっとして格好がよい。▽―なデザイン。▼―フォン ⇩スマホ。

すまい【住まい】❶住んでいる所。家。❷住むこと。①house 住まい

すます【済ます】❶し終える。❷返済する。❸間に合わせる。▽昼食はそばで―。❹解決する。▽笑い事では―されない。❺すっかり…する。▽なり―。①finish 済ます

すます【澄ます】❶濁りをなくす。❷注意を集中する。❸気取る。❹精神を集中して…する。▽行い―。❺すっかり…する。 澄ます

すまない【済まない】申しわけない。すまん。I'm sorry 済まない

スマホ 高度な情報管理機能を持つ携帯電話。スマートフォン。

すみ【炭】❶木炭。❷木が燃えて黒く残ったもの。①charcoal 炭

すみ【隅】〈角〉はし。かど。corner ▼―に置けない あなどれない。 隅

すみ【墨】❶油煙をにかわで練り固めた書画材料。また、その黒い液。❷いか・たこがはき出す黒い汁。❸黒色。 墨

すみえ【墨絵】水墨画。 墨絵

すみか【住処】〈棲家〉住んでいる所。 住処

すみこみ【住み込み】雇われて、その家で寝起きして働くこと・人。live-in 住込み

すみずみ【隅隅】❶すべてのすみ。❷あらゆる方面。 隅隅

すみそ【酢味噌】酢を加えてすったみそ。 酢味噌

すみぞめ【墨染め】❶黒く染めること。❷黒色の僧衣。 墨染め

すみつぼ【墨壺】墨糸で直線をひく大工道具。 墨壺

すみび【炭火】木炭の火。 炭火

すみやか【速やか】手まどらず、速いようす。promptly 速やか

すみやき【炭焼き】❶木炭をつくること・人。❷炭火で焼く調理法。 炭焼き

すみれ〘菫〙人11 キン・すみれ 草花の、すみれ。▽三色―。―菜(きんさい)。 菫・菫

筆順 一 艹 廿 昔 茟 華 菫 菫

すみれ【菫】草花の一。春、濃い紫色の花が咲く。violet 菫

すむ【住む】❶そこで生活する。❷〈棲む〉動物が巣を作って生活する。①live ▼―めば都 住みなれれば、どんな所でも住み心地がよくなる。 住む

すむ【済む】❶終わる。❷解決する。▽金で―問題ではない。❸申しわけが立つ。❹満足する。▽気が―。①end 済む

すむ【澄む】❶すきとおる。❷心が清らかになる。❸音色がさえる。図❶～❸濁る。①clear 澄む

ずめん【図面】設計図。drawing 図面

すもう【相撲】〈角力〉土俵の中で二人が取り組んで勝ち負けを争う競技。▼―にならない 力の差がありすぎ、勝負にならない。 相撲

スモーキング【smoking】喫煙。

スモーク【smoke】❶煙。❷発煙筒。❸いぶすこと。

すもも〘李〙人7 リ・すもも 果樹の、すもも。▽桃―。―下。 李・李

筆順 一 十 才 木 本 李 李

すもも【李】果樹の一。果実はすっぱいが、食用。plum 李

すやき【素焼き】うわぐすりをかけずに低温で焼くこと・陶器。 素焼

スライス【slice】うすく切ること。また、その切った一片。▽レモン―。

スライド【slide】❶すべること。❷幻灯。❸数量の増減に合わせて他の数量を増減させること。

スラップスティック【slapstick】どたばた喜劇。

スランプ【slump】調子が悪くなること。▽―におちいる。

すり【掏摸】人が携帯する金品をこっそりぬすみ取ること・人。pickpocket 掏摸

すりあし【摺り足】足で地をするようにして進むこと・歩き方。 摺足

すりあわせ【擦り合わせ】案文作成で意見の調整。 擦合わ

すりえ【擂り餌】すった、小鳥のえさ。 擂餌

すりかえる【掏り替える】こっそりと取りかえる。 掏り替

すりきず【擦り傷】皮膚がすりむけた傷。擦過(さっか)傷。scratch 擦傷

すりきり【摺り切り】さじや容器に入れたものを平らにならすこと。▽―一杯の砂糖。 摺り切

すりこぎ【擂り粉木】すり鉢で物をすりつぶすのに使う木の棒。 擂粉木

すりばち【擂鉢】 すりこぎですりつぶすのに使う内側に筋目のあるはち。　擂鉢

すりみ【擂り身】 すりつぶした魚肉。　擂り身

スリム【slim】 ほっそりしているようす。▽―化。

すりむく【擦り剝く】 物にすりつけて皮膚がむける。▽ころんで、ひざを―。skin　擦り剝

すりもの【刷り物】 印刷物。　刷物

すりよる【擦り寄る】 ❶すぐ近くによる。❷ひざではって近よる。　擦り寄

する【[摺]】 人14 ショウ・する ❶おりたたむ。❷こする。❸印刷する。▽―り足。　摺・摺

筆順 

する【刷る】 ❶印刷する。❷〈摺る〉版木《はんぎ》で模様を写す。▽版画を―。①②print　刷る

する【剃る】「そる」のなまり。shave　剃る

する【為る】 ❶行う。❷あるもの・状態にならせる。❸感じられる。❹…の値段である。①do ▼**すまじきものは宮仕《みやづか》え** 仕えることは苦労が多いからするべきではない。　為る

する【掏る】 すりを働く。pick　掏る

する【摺る】 表面にふれる。　摺る

する【擂る】 細かく砕く。grind　擂る

する【擦る・磨る・摩る】 ❶こする。❷使いはたす。①rub　擦磨摩る

使い分け「する」
擦る…こする。「摩る」と書くこともある。▽マッチを―。薬を擦り込む。擦り傷。
磨る・摩る…押しつけてこする。すりへらす。▽墨を―。やすりで―。財産を―。

ずるい【狡い】 悪がしこい。cunning, crafty　狡い

するどい【鋭い】 ❶先がとがっている。❷よく切れる。❸勢いがはげしい。▽―気合い。❹頭がよく働く。▽―見方。❺敏感だ。②sharp ④keen　鋭い

するめ【鯣】 いかを開いて干した食品。　鯣

すれからし【擦れ枯らし】 世なれて悪がしこくなること・人。すれっからし。　擦れ枯

すれる【擦れる】〈摩れる〉❶こすれる。❷こすれてへったり切れたりする。❸世の中で苦労して悪がしこくなる。▽世のあら波にもまれて―。①rub　擦れる

ずれる ❶すべって動く。❷基準から外れる。❸食いちがう。①slip

ずろう【杜漏】 手ぬかりの多いこと。類疎漏。　杜漏

スロー【slow】 おそい。ゆるやか。

スローフード【slow food】 団欒《だんらん》の中でゆったりと食べる伝統的な食べ物。対ファストフード。

ずろく【図録】 図や絵が主体の記録。　図録

スロット【slot】 自動販売機や公衆電話の料金投入口。

スワイプ【swipe】 スマートフォンなどの画面に指をつけたまま撫でること。

すわる【座る】〈坐る〉❶正座する。❷腰をおろす。❸地位につく。▽重役の席に―。②sit down　座る

すわる【据わる】 ❶じっとして動かない。▽目が―。❷安定する。　据わる

使い分け「すわる」
座る…腰を下ろす。ある位置や地位に就く。▽椅子に―。上座に―。社長のポストに―。
据わる…安定する。動かない状態になる。▽赤ん坊の首が―。目が―。腰が据わった人物。

すん【[寸]】 常3 スン ❶長さの単位。▽―法。❷わずかな。▽―志。　寸・寸

筆順 一 寸 寸

すん【寸】 ❶長さ。❷尺貫法の長さの単位。一寸は三・〇三センチ。　寸

すんいん【寸陰】 寸刻。▽―を惜しむ。　寸陰

すんか【寸暇】 わずかなひま。▽―を惜しんで勉学に励む。　寸暇

すんかん【寸感】 ちょっとした感想。▽―を述べる。　寸感

すんげき【寸劇】 短い劇。skit　寸劇

すんけん【寸見】 ちょっと見ること。▽―したところ。　寸見

すんげん【寸言】 短いが、意味深いことば。警句。類寸鉄。epigram　寸言

すんこく【寸刻】 ほんのわずかな時間。寸時。寸秒。寸陰。▽―を争う。　寸刻

すんし【寸志】 心ばかりの贈り物。　寸志

すんじ【寸時】 寸刻。　寸時

す

すんしゃく【寸借】ちょっと借りること。▽—詐欺。 寸借

すんぜん【寸前】直前。just before 寸前

すんぜんしゃくま【寸善尺魔】世の中には、善が少なく悪が多いこと。 寸善

すんたらず【寸足らず】寸法が少し足りないこと・物。shortness 寸足ら

すんだん【寸断】ずたずたに切ること。 寸断

すんづまり【寸詰まり】少し寸法が短いこと。short 寸詰り

すんてつ【寸鉄】❶短い刃物。▽身に—も帯びず。❷警句。②epigram ▼—人を刺《さ》す 短いことばで人に強い印象をあたえる。 寸鉄

ずんどう【寸胴】太くてかっこうの悪いこと・形。cylindrical 寸胴

すんびょう【寸秒】寸刻。 寸秒

すんびょう【寸描】短い描写。 寸描

すんぴょう【寸評】短い批評。short review 寸評

すんぶん【寸分】ほんのわずか。▽—の狂いもない。bit ▼—違《たが》わず 少しの違いもなく。 寸分

すんぽう【寸法】❶長さや大きさ。①measure ❷手順。段どり。 寸法

せ セ

せ〔瀬〕常19〔瀨〕人19 せ ❶川の浅い所。❷川の流れが急で、渡りにくい所。

筆順 氵 氵 沪 沖 涑 浾 瀬 瀬

瀬・瀬

せ〔世〕⇩せい　せ〔施〕⇩し

せ【背】❶背中。❷後ろ。❸身長。❹尾根。対❶腹。①②back ▼—に腹は替《か》えられぬ 差し迫ったことのためには、少々の犠牲はやむをえない。▼—を向ける ❶そむく。❷無関心な態度をとる。 背

せ【畝】尺貫法の面積の単位。一反《たん》の一〇分の一。約一アール。 畝

せ【瀬】❶川の浅い所。❷立場。機会。▽逢—《おうせ》。対❶淵《ふち》。 瀬

ぜ〔是〕常9 ゼ ❶正しい。▽—非。—認。❷定めた方針。▽国—。 是・是

筆順 丨 冂 日 旦 早 昰 昰 是

ぜ【是】正しいこと。対非。▼—が非でも ぜひとも。 是

せい〔井〕常4 セイ・ショウ・い ❶いど。▽油—。❷人が集まり住む所。▽市—《しせい》。❸井げたに区切ったもの。▽天—。 井・井

筆順 一 二 井 井

せい〔世〕常5 セイ・セ・よ ❶年月。時代。▽後—。❷よのなか。▽—間。 世・せ

筆順 一 十 廿 廿 世

せい〔正〕常5 セイ・ショウ・ただしい・ただす・まさ ❶ただしい。❷まさに。▽—当。❸ただす。▽改—。❹主な。▽—式。❺…の長。❻本来の。▽—妻。❼正数。 正・正

筆順 一 丅 下 正 正

せい〔生〕常5 セイ・ショウ・いきる・いかす・いける・うまれる・うむ・おう・はえる・はやす・き・なま ❶いきる。❷うむ。つくる。❸はえる。❹起こる。▽発—。❺なま。▽—鮮。❻勉学中の人。▽学—。❼いのち。▽余—。❽まじりけがない。▽—粋《きっすい》。 生・生

筆順 ノ 𠂉 仁 牛 生

せい〔成〕常6 セイ・ジョウ・なる・なす ❶できあがる。▽完—。❷やりとげる。▽—功。❸組み立てる。 成・成

筆順 ノ 厂 万 成 成 成

せい〔西〕常6 セイ・サイ・にし ❶にし。▽—方。❷西洋のこと。▽—暦。 西・西

筆順 一 丆 丙 丙 西 西

せい〔声〕常7 セイ・ショウ・こえ・こわ ❶こえ。こえを出す。▽—援。❷評判。▽—望。名—。 (聲) 声・声

筆順 一 十 士 吉 吉 吉 声

せい〔制〕常8 セイ ❶つくる。▽—定。❷おさえつける。▽—圧。—限。❸きまり。▽—度。 制・制

筆順 ノ 𠂉 ⺈ 午 刍 肯 制 制

せい〔姓〕常8 セイ・ショウ みょうじ。かばね。▽—氏。—名。 姓・姓

筆順 く 女 女 女 奸 奸 姓 姓

せい〔征〕常8 セイ ❶遠くにいく。▽遠—。出—。❷敵を討つ。▽—伐。—服。 征・征

筆順 ノ ク 彳 行 行 征 征 征

せい〔性〕常8 セイ・ショウ ❶本質。傾向。▽酸—。❷うまれつき。▽—質。❸肉体上の男女の別。 性・性

筆順 丶 丷 忄 忄 忙 性 性 性

せい〔青〕常8 セイ・ショウ・あお・あおい ❶あおい。▽—天。❷若い。▽—年。(靑) 青・青

筆順 一 十 キ 主 丰 青 青 青

せい【斉】常8【齊】人14 セイ そろう。ととのえる。▽—唱。均—。

せい【政】常9 セイ・ショウ・まつりごと ❶社会をおさめること。▽—治。❷処理する。▽財—。家—。

せい【星】常9 セイ・ショウ・ほし ❶天体。▽—座。❷重要な人物。▽巨—。

せい【牲】常9 セイ 神にささげる生き物。いけにえ。▽犠—。

せい【省】常9 セイ・ショウ・かえりみる・はぶく ❶ふりかえり考える。▽反—。❷はぶく。▽—略。❸役所。❹中国の行政区画。

せい【凄】常10 セイ 程度がはげしいようす。すごい。すさまじい。▽—惨。—然。

せい【晟】人10 セイ・あきらか ❶あきらか。あかるい。❷さかん。

せい【栖】人10 セイ・す 動物のすみか。すむ。▽—息(せいそく)。

せい【逝】常10 セイ・ゆく・いく 人が死ぬ。ゆく。▽—去。急—。

せい【清】常11 セイ・ショウ・きよい・きよまる・きよめる ❶きよい。▽—純。❷きれいにする。▽—掃。(清)

せい【盛】常11 セイ・ジョウ・もる・さかる・さかん ❶さかん。▽—況。繁—(はんじょう)。❷もる。

せい【婿】常12 セイ・むこ むすめの夫。むこ。▽花—(はなむこ)。女—(じょせい)。

せい【惺】人12 セイ ❶さとる。▽—悟(せいご)。❷しずか。▽——(せいせい)。

せい【晴】常12 セイ・はれる・はらす はれる。はれ。▽—天。快—。(晴)

せい【棲】人12 セイ・すむ (人・動物が)すむ。暮らす。▽—息。同—。

せい【勢】常13 セイ・いきおい ❶いきおい。❷ありさま。▽姿—。❸なりゆき。▽形—。❹人々の集まり。

せい【聖】常13 セイ ❶きよらか。❷特にすぐれた人。▽詩—。

せい【誠】常13 セイ・まこと いつわりのないこと・こころ。▽—実。忠—。

せい【靖】人13 セイ・やすい やすらか(にする)。▽—国(やすくに)。(靖)

せい【精】常14 セイ・ショウ ❶まじり物を除く。▽—製。❷心。▽—神。❸くわしい。▽—密。❹男性の生殖のもと。❺もののけ。(精)

せい【製】常14 セイ 物をつくる。▽—作。—品。日本—。

せい【誓】常14 セイ・ちかう かたく約束する。▽—願。—約書。

せい【静】常14【靜】人16 セイ・ジョウ・しず・しずか・しずまる・しずめる 音や動きがないようす。▽—寂。安—。

せい【請】常15 セイ・シン・こう・うける ❶たのむ。▽—願。❷ひきうける。▽—負(うけおい)。(請)

せい【整】常16 セイ・ととのえる・ととのう きちんとそろえる。▽—然。—備。

せい【醒】常16 セイ すっきりとさめる。▽覚—。

せい【情】⇩じょう

せい【歳】⇩さい

せ

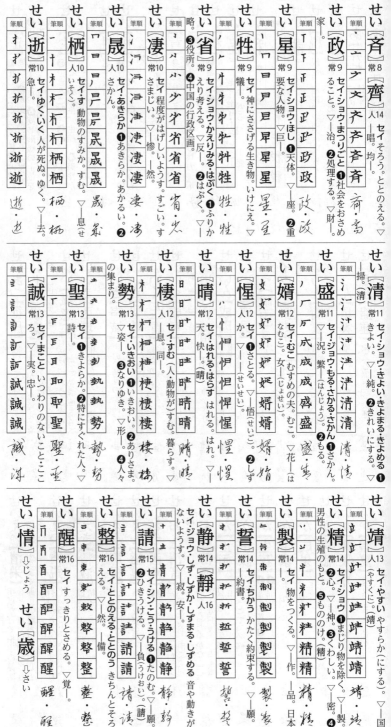

せい【正】❶正しいこと。▽―は邪(じゃ)に勝つ。❷正編。❸正式。❹正数。❺正式の。▽―会員。❻同じ階級の上位を表す。▽検事―。対❶邪。❷続。❸副。❹負。 正

せい【生】❶生きること。❷命。▽―を受ける。❸学生。生徒。❹男性が署名のときに添える語。▽山田―。対❶死。 生

せい【姓】名字(みょうじ)。 姓

せい【性】❶性質。▽―は温厚。❷性別。❸セックス。❹…の性質をもつもの。▽危険―。 性

せい【所為】しわざ。…のため。 所為

せい【背】身長。せ。height 背

せい【勢】❶物事のいきおい。❷兵力。軍勢。 勢

せい【精】❶精霊。❷気力・体力。▼―を出す 一生懸命働く。 精

ぜい〖脆〗10 **ゼイ・セイ・もろい** こわれやすい。もろい。▽―弱。 脆・脆

ぜい〖税〗常12 **ゼイ** 国が国民からとる金。▽―率。関―。(税)

筆順

税・税

ぜい〖説〗⇩せつ

ぜい【税】税金。租税。▽消費―。tax 税

ぜい【贅】ぜいたく。おごり。▽―を尽くす。 贅

せいあ【井蛙】(井の中のかわず) 見識の狭い人。 井蛙

せいあつ【制圧】力ずくで抑えること。suppression 制圧

せいあつ【征圧】征服して、抑えること。 征圧

せいあん【成案】できあがった考え・文案。▽―を得る。対草案。definite plan 成案

せいい【誠意】まじめに行おうとする気持ち。まごころ。sincerity 誠意

せいいき【西域】シルクロードが通る、中央アジアの一帯。さいいき。 西域

せいいき【声域】声の、高低の範囲。 声域

せいいき【聖域】おかしてはならない神聖な地域。sanctuary 聖域

せいいく【生育】(植物が)育つこと。▽苗の―。 生育

せいいく【成育】(人・動物が)成長すること。▽子供の―。類発育。growth 成育

せいいっぱい【精一杯】力のかぎり。 精一杯

せいいん【成因】物事の成立する原因。cause 成因

せいいん【成員】構成員。メンバー。member 成員

せいう【晴雨】晴れと雨。▽―兼用。 晴雨

セイウチ【sivuchロシア】(海象)海獣の一。下向きの長いきばをもつ。海馬(かいば)。walrus

せいうん【青雲】青空。▼**―の志**(こころざし) 立身出世を願う心。功名心。 青雲

せいうん【星雲】雲状の、星の集まり。 星雲

せいうん【盛運】栄える運。対衰運。 盛運

せいえい【清栄】手紙などで相手の健康などを喜ぶ挨拶(あいさつ)語。▽ますます御―の段お喜び申し上げます。 清栄

せいえい【精鋭】勢いがさかんですぐれていること・人・兵士。the pick 精鋭

せいえき【精液】雄性の生殖器から出る精子を含む液。ザーメン。sperm 精液

せいえん【声援】声をかけて応援すること。▽―を送る。cheer 声援

せいえん【盛宴】盛大な宴会。 盛宴

せいおう【西欧】❶ヨーロッパの西部。❷西洋。② Europe 西欧

せいおん【清音】濁点・半濁点を付けない澄んだ音。対濁音。半濁音。 清音

せいおん【静穏】静かでおだやかなこと。▽―な日々。calmness 静穏

せいか【正価】かけ値なしの値段。net price 正価

せいか【正課】学校などで、必修とされる課目。regular curriculum 正課

せいか【生花】❶なまの花。❷生け花。対❶造花。 生花

せいか【生家】生まれた家。実家。 生家

せいか【成果】よい結果。▽―を上げる。fruits 成果

せいか【声価】名声。▽企業の―を高める。reputation 声価

せいか【青果】野菜・果物の総称。 青果

せいか【盛夏】真夏。midsummer 盛夏

せいか【聖火】❶神聖な火。❷オリンピック大会でともす火。①sacred fire 聖火

せいか【聖歌】宗教歌。賛美歌。hymn 聖歌

せいか【精華】きわだってすぐれた部分。essence 精華

せいかい【正解】正しい解釈・解答。正答。correct answer 正解

せいかい【政界】政治・政治家の世界。▽—の大物。political world 政界

せいかい【盛会】盛大な会合。 盛会

せいかいけん【制海権】ある海域を、軍事力などで支配できる力。 制海権

せいかがく【生化学】生命現象を研究する学問。biochemistry 生化学

せいかく【正確】正しくて確かなこと。▽—な時計。correct 正確

せいかく【性格】その人・ものに特有の性質。character 性格

せいかく【精確】くわしくて確かなこと。▽—に測量する。accurate 精確

せいがく【声楽】肉声で表現する音楽。vocal music 声楽

せいかたんでん【臍下丹田】へその下の所。ここに力を入れると気力がおこるといわれる。 臍下

せいかつ【生活】❶生きて活動すること。❷くらし。①life ②living 生活

せいかつしゅうかんびょう【生活習慣病】個人の生活習慣により発病するとされる病気。成人病。 生活習慣病

せいかん【生還】❶生きてもどること。❷野球で、ホームイン。 生還

せいかん【清閑】俗事を離れて静かなこと。tranquility 清閑

せいかん【盛観】すばらしい見もの。 盛観

せいかん【精悍】気力にみちて鋭いようす。▽—な顔付き。dauntless 精悍

せいかん【静観】静かに見守ること。 静観

せいがん【正眼】〈青眼〉剣道で、刀の先を相手の目に向けるかまえ。 正眼

せいがん【誓願】神仏にちかいを立てて祈ること。願かけ。oath 誓願

せいがん【請願】国会・官庁などに要求を願い出ること。petition 請願

ぜいかん【税関】輸出入品の検査や取り締まりを行う役所。customs 税関

せいき【世紀】❶一〇〇年を一期とする単位。❷時代。①century 世紀

せいき【正規】規則にかなって正しいこと。formal 正規

せいき【生気】いきいきした気力。類活気。life, vigor 生気

せいき【生起】現れ起こること。 生起

せいき【西紀】西暦。 西紀

せいき【精気】❶霊気。▽万物の—。❷活動のもとになる力。また、生気。▽体に—が満ちる。①②spirit 精気

せいぎ【正義】正しい道理。justice 正義

せいぎ【盛儀】盛大な儀式。盛典。 盛儀

せいきゅう【制球】野球で、投手の投球の調節。pitching control 制球

せいきゅう【性急】せっかち。impatient 性急

せいきゅう【請求】正当な権利として求めること。claim 請求

せいきょ【逝去】死去。death 逝去

せいきょ【盛挙】盛大な計画・事業。 盛挙

せいぎょ【制御】支配したり調整したりすること。control 制御

せいきょう【盛況】盛んなありさま。▽大入り満員の—。great success 盛況

せいきょう【精強】すぐれて強いこと。▽—を誇る軍隊。powerful 精強

せいぎょう【生業】生計をたてる仕事。なりわい。▽セールスマンを—とする。occupation 生業

せいぎょう【盛業】盛んな事業や商売。▽貴店の御—を祝す。prosperous enterprise 盛業

せいきょく【政局】政治・政界の動き。類政情。political situation 政局

せいきん【精勤】休まず出勤し仕事にはげむこと。類精励。diligence 精勤

ぜいきん【税金】租税としておさめる金銭。税。tax 税金

せいく【成句】二語以上で一つの意味をもつことば。idiomatic phrase 成句

せいくうけん【制空権】空軍力によってある範囲の空域を支配する力。 制空権

せいくん【請訓】外交使節などが本国政府に訓令を求めること。▽—を立てる。 請訓

せいけい【生計】生活の手段。living 生計

せいけい【成形】形を作ること。▽ガラス器具の—。formation 成形

せいけい【成型】型で作ること。▽プラスチックの—加工。mold 成型

せいけい【西経】旧グリニッジ天文台を通る子午線を〇度として、その西側一八〇度までの経度。対東経。 西経

せいけい【整形】からだの異常な部分を正しい形に整えること。▽—外科。orthopedics 整形

せいけつ【清潔】清らかなこと。対不潔。clean 清潔

せいけん【政見】政治についての意見。political opinion 政見

せいけん【政権】政治を行う権力。political power 政権

せいけん【聖賢】聖人と賢人。sage 聖賢

せいげん【制限】限界を定めること。▽年齢—。restriction, limit 制限

ぜいげん【贅言】贅語。 贅言

せいご【正誤】❶正しいことと、誤り。❷誤りの訂正。 正誤

せいご【生後】生まれてからのち。 生後

せいご【成語】❶熟語。❷言いならわされた語句。▽故事—。②set phrase 成語

ぜいご【贅語】むだなことば。贅言。 贅語

せいこう【生硬】未熟でぎこちないようす。▽—な文章。awkward 生硬

せいこう【成功】❶目的を達すること。❷立身出世。①②success 成功

せいこう【性交】肉体的な交わり。sexual intercourse 性交

せいこう【性向】性質の傾向。気質。▽消費—。 性向

せいこう【性行】性質と行い。 性行

せいこう【精巧】精密でよくできていること。elaborate 精巧

せいこう【精鋼】精錬した鋼鉄。 精鋼

せいこう【製鋼】鋼鉄をつくること。steel manufacture 製鋼

せいごう【整合】ぴったりと合うこと。▽—性。consistency 整合

せいこううどく【晴耕雨読】晴れた日には畑を耕し、雨の日には読書するというような、悠々とした生活。 晴耕

せいこうほう【正攻法】相手をだまさないで、正々堂々とせめる方法。orthodox tactics 正攻法

せいこく【正鵠】❶的(まと)の中央の黒点。❷要点。急所。▼—を**射る** 急所をつく。 正鵠

せいこつ【整骨】接骨。 整骨

せいこん【成婚】結婚の成立。 成婚

せいこん【精根】精力と根気。▽—が尽きる。 精根

せいこん【精魂】精神。たましい。▽—を込める。 精魂

せいさ【精査】細かい点までくわしく調べること。minute examination 精査

せいざ【正座】ひざをそろえて、きちんとすわること。端座。 正座

せいざ【星座】恒星をある形に見たてて区分したもの。constellation 星座

せいざ【静座】心静かにすわること。 静座

せいさい【正妻】正式の妻。対内妻。 正妻

せいさい【制裁】こらしめ。罰。▽—を加える。 制裁

せいさい【精彩】❶〈生彩〉いきいきとしてあざやかなこと。▽—を放つ。❷美しいいろどり。 精彩

せいさい【精細】精密。類詳細。minute 精細

せいざい【製材】丸太から板や角材をつくること。lumbering 製材

せいさく【制作】芸術作品などをつくること。▽彫刻の—。work 制作

せいさく【製作】物をつくること。 製作

使い分け「せいさく」
制作…芸術的な作品をつくること。▽絵画の—。工芸品を—する。卒業—。
製作…機械・道具をつくること。プロデュース。▽航空機の—。家具を—する。番組の—者。

せいさく【政策】政治の方針。policy 政策

せいさつ【精察】くわしく調べること。 精察

せいさつよだつ【生殺与奪】 生殺

相手の運命を思うままにできること。▽—の権。

せいさん【正餐】(洋食で)正式の献立で行う食事。dinner

せいさん【生産】新しくつくり出すこと。対消費。production

せいさん【成算】成功する見込み。

せいさん【凄惨】むごたらしいようす。▽—を極めた事故。類凄愴(せいそう)。

せいさん【清算】❶貸借の支払いをすませること。❷関係に結末をつけること。❸財産の整理・処分。① pay off

せいさん【精算】細かく計算して過不足を正すこと。exact calculation

使い分け「せいさん」

清算…貸し借りに始末をつけること。「清」はきれいにするの意。▽借金の—。—人。過去を—する。

精算…費用をこまかく計算すること。「精」はくわしくするの意。▽料金の—。—所。

せいざん【青山】❶青々とした山。❷骨をうめる所。⇨▼人間(じんかん)到(いた)る処(ところ)青山(せいざん)有り。

せいし【正史】国がつくった歴史書。

せいし【正視】まっすぐ見ること。▽—にたえない。類直視。looking straight

せいし【生死】❶生と死。❷運命。

せいし【制止】おしとどめること。

せいし【姓氏】姓(かばね)と氏(うじ)。みょうじ。surname

せいし【製糸】糸をつくること。

せいし【製紙】紙をつくること。

せいし【誓詞】誓いのことば。

せいし【静止】❶じっと動かないこと。❷位置を変えないこと。類❶停止。

せいじ【正字】❶正しい字。❷正統な字形。対❶誤字。❷俗字。

せいじ【青磁】青緑色または淡青色の磁器。あおじ。

せいじ【政治】国を治めること。politics

せいじ【盛時】❶若くて血気さかんな時。❷国力がさかんな時。

せいしき【正式】正しい方式。類本式。formality

せいしき【制式】定められた様式。

せいしつ【正室】❶本妻。正妻。❷表座敷。対❶側室。① legal wife

せいしつ【性質】❶生まれつきの気質。❷事物の特性。類❶性格。① nature

せいじつ【誠実】真心があること。sincerity

せいじゃ【生者】命ある者。対死者。

せいじゃ【正邪】正しいことと不正なこと。善と悪。

せいじゃ【聖者】❶聖人。❷キリスト教で殉教者や立派な信者。② saint

せいじゃく【静寂】ひっそりと静かなようす。quiet

ぜいじゃく【脆弱】もろくて弱いようす。注×きじゃく。fragile

せいしゅ【清酒】❶澄んだ酒。❷日本酒。対❶濁酒。

ぜいしゅう【税収】税金によって得た収入。tax revenue

せいしゅく【星宿】昔、中国で星を二八の星座に分けたもの。constellation

せいしゅく【静粛】声を出さず静かにするようす。silent

せいじゅく【成熟】❶十分熟すこと。❷十分成長すること。▽—した演技。①② maturity

せいしゅん【青春】若い時代。youth

せいじゅん【清純】けがれなく清らかなようす。pure

せいしょ【清書】下書きをきれいに書き直すこと。浄書。clean copy

せいしょ【盛暑】暑い盛り。

せいしょ【聖書】キリスト教の聖典。the Bible

せいじょ【聖女】徳の高い女性。

せいしょう【斉唱】❶一斉に唱えること。❷同一旋律の合唱。② unison

せいしょう【政商】政治権力と結んで利益を得る商人。

せいしょう【清祥】手紙文で、相手の健康と幸福を祝う語。▽御—の段大慶に存じます。 清祥

せいしょう【清勝】手紙文で、相手が健康でいることを喜ぶ語。▽御—のことと拝察いたします。類健勝。 清勝

せいじょう【正常】普通の状態であること。対異常。normality 正常

せいじょう【性状】❶性質と行い。❷物の性質と状態。 性状

せいじょう【性情】❶性質と心情。気だて。❷生まれつきの性質。 性情

せいじょう【政情】政治のなりゆき。類政局。political situation 政情

せいじょう【清浄】清らかで、けがれがないこと。purity 清浄

せいじょうき【星条旗】アメリカの国旗。 星条旗

せいしょうねん【青少年】青年と少年。若者。younger generation 青少年

せいしょく【生色】生き生きした顔色・ようす。lively look 生色

せいしょく【生食】生で食べること。 生食

せいしょく【生殖】生物が自分と同種の新しい個体をつくること。reproduction 生殖

せいしょく【声色】❶声と顔色。❷ようす。態度。 声色

せいしょく【聖職】❶神聖な職業。❷キリスト教の僧職。② holy orders 聖職

せいしん【星辰】星。星座。 星辰

せいしん【清新】さわやかで新しいようす。fresh 清新

せいしん【誠心】まごころ。sincerity 誠心

せいしん【精神】❶心。❷心の持ち方。❸根本の意義。対❶肉体。① soul ② mind ③ spirit ▼—一到(いっとう)何事か成らざらん 心を集中して行えばできないことはない。 精神

せいじん【成人】❶大人になること。❷大人。② adult 成人

せいじん【聖人】知徳にすぐれ、尊敬される人。聖者。sage 聖人

せいしんせいい【誠心誠意】まごころをこめて。 誠意

せいしんねんれい【精神年齢】精神面からみた、年齢の程度。 精神

せいじんびょう【成人病】「生活習慣病」の旧称。 「成人病

せいず【製図】図面をかくこと。▽—板。類作図。drawing 製図

せいすい【盛衰】物事がさかんになったりおとろえたりすること。▽栄枯—。類興亡。 盛衰

せいすい【精粋】まじりけのないもっともよいところ。 精粋

せいずい【精髄】いちばんすぐれた重要なところ。類神髄。essence 精髄

せいする【制する】❶制止する。❷支配する。▽全国を—。① restrain 制する

せいする【製する】物をつくる。 製する

せいせい【生成】❶生じること。❷つくり上げること。② formation 生成

せいせい【清清】はればれとしたようす。feeling refresh 清清

せいせい【精製】❶念入りにつくること。❷純粋な品質にすること。 精製

せいぜい【精精】❶できるだけ。▽—勉強しておくことだ。❷多く見積もっても。高々。② at most 精精

せいせいどうどう【正正堂堂】正しくりっぱなようす。fair 正正

せいせいるてん【生生流転】万物がたえず生まれては変わっていくこと。 生生

せいせき【成績】❶できばえ。仕事の成果。❷学業のできぐあい。注成×積。①② result 成績

せいぜつ【凄絶】すさまじいようす。ghastly 凄絶

せいせん【生鮮】新しくて、いきのいいこと。類新鮮。freshness 生鮮

せいせん【聖戦】神聖な戦い。 聖戦

せいせん【精選】えりすぐること。よりぬき。類厳選。careful selection 精選

せいぜん【生前】生存中。▽—に愛用した品。対死後。 生前

せいぜん【整然】きちんと整ったようす。対雑然。orderly 整然

せいそ【清楚】清らかで飾り気がないようす。neat 清楚

せいそ【精粗】細かいことと、あらいこと。くわしいことと、大まかなこと。

せいそう【正装】正式の服装。full dress 対略装。

せいそう【政争】政治上の争い。

せいそう【星霜】年月。歳月。▽幾―を重ねる。years

せいそう【凄愴】いたましいようす。類凄惨。misery

せいそう【盛装】華やかに着飾ること。また、そのよそおい。dressing up

せいそう【清掃】きれいに掃除すること。▽―車。cleaning

せいそう【清爽】清らかでさわやかなようす。▽天地に―の気がみなぎる。類爽快。refreshing

せいぞう【製造】原料を加工して品物を作ること。production

せいそうけん【成層圏】対流圏の上の層。

せいそく【正則】❶正しい規則。❷規則にかなっていること。

せいそく【生息】❶生物が生きて生活すること。❷棲息。① living

せいそく【棲息】〈生息〉動物がすんで生活すること。▽―地。inhabitation

せいぞろい【勢揃い】全員がそろって集まること。gathering

せいぞん【生存】生きていること。生き残ること。▽―者。existence

せいたい【正対】正面に向くこと。

せいたい【生体】❶生きている体。❷生き物。対❶死体。① living body

せいたい【生態】生物の生活のありさま。▽―学。ecology

せいたい【声帯】のどにある発声器官。vocal cords

せいたい【政体】国家の政治形態。

せいたい【静態】静止状態。対動態。

せいたい【整体】背骨の位置を直し体調をととのえること。

せいたい【臍帯】へそのお。さいたい。

せいだい【正大】正しく堂々としているようす。▽公明―。fair

せいだい【盛大】きわめてさかんなようす。▽―な祝宴。grand

せいたいにんしょう【生体認証】指紋など、個人により異なる身体的特徴により本人か否かを識別する技術。

せいたく【請託】特別なはからいを頼み込むこと。entreaty

せいだく【清濁】❶澄んでいることと、にごっていること。❷清音と濁音。❸善人と悪人。▼―併(あわ)せ呑(の)む 人の度量の大きいことのたとえ。

ぜいたく【贅沢】❶たっぷり費用をかけること。▽―を尽くす。❷分不相応なおごり。① luxurious

せいだす【精出す】努めはげむ。

せいたん【生誕】誕生。birth

せいだん【政談】❶政治についての議論。❷政治や裁判を題材にした物語。

せいだん【清談】俗事を離れた話。

せいだん【聖断】天子が下す裁断。

せいたんさい【聖誕祭】クリスマス。

せいち【生地】その人が生まれた土地。出生地。birthplace

せいち【聖地】神聖な土地。sacred place

せいち【精緻】くわしく細かいこと。精密。類精巧。

せいち【整地】土地をならすこと。地ならし。

ぜいちく【筮竹】易(えき)で使う竹の棒。

せいちゅう【正中】❶真ん中。❷天体が真南・真北にくること。❸的中。

せいちゅう【掣肘】そばから干渉して自由に行動させないこと。▽言動に―を加える。

せいちょう【正調】曲本来の、正しい調子。orthodox tune

せいちょう【生長】草木などが育って大きくなること。growth

せいちょう【成長】❶人・動物が育って大きくなること。❷物事が発展すること。▽経済の―。①② growth

せいちょう【声調】声の調子。ふし。

せいちょう【性徴】男女・雌雄のちがいによる体の特徴。

sex character

せいちょう【清澄】清く澄んでいるようす。clear 清澄

せいちょう【清聴】相手が自分の話を聞いてくれることの尊敬語。▽御—ありがとうございました。 清聴

せいちょう【静聴】静かに聞くこと。▽御—願います。 静聴

せいちょう【整調】❶調整。❷ボート競技で、こぎ手全体の調子を整える役・人。 整調

せいつう【精通】❶くわしく知っていること。❷初めての射精。 精通

せいてい【制定】法律・規則などを定めること。establishment 制定

せいてき【政敵】政治上で争っている相手。political opponent 政敵

せいてき【清適】手紙で、相手の無事・健康をいう語。 清適

せいてき【静的】動かないようす。▽—な美しさ。対動的。static 静的

せいてつ【聖哲】知徳が高く、道理に通じた人。類聖人。sage 聖哲

せいてん【青天】青空。blue sky ▼—の霹靂(へきれき) 突然に起こる異変。 青天

せいてん【盛典】盛大な儀式。盛儀。 盛典

せいてん【晴天】晴れた空。天気のよいこと。類好天。nice weather 晴天

せいてん【聖典】宗教上の、教えが書いてある書物。sacred book 聖典

せいでんき【静電気】ものがこすれあったときなどに生じる電気。 静電気

せいてんはくじつ【青天白日】❶よい天気。❷潔白であること。また、疑いが晴れること。注×晴天白日。 青天

せいと【生徒】学校で教育を受ける人。pupil, student 生徒

せいと【征途】遠征への道。 征途

せいど【制度】定められたきまり・仕組み。system 制度

せいど【精度】精密度。正確度。 精度

せいとう【正当】道理に合っていること。▽—な理由。対不当。justice 正当

せいとう【正統】正しい系統。▽—派。対異端。orthodoxy 正統

せいとう【政党】共通の政見をもつ人たちがつくった団体。political party 政党

せいどう【正道】正しい道理。また、それに従ったやり方。類正義。対邪道。 正道

せいどう【制動】物の運動を止めたり、おさえたりすること。brake 制動

せいどう【青銅】銅と錫(すず)の合金。bronze 青銅

せいどう【政道】政治のやり方。 政道

せいどう【聖堂】❶孔子を祭った堂。❷礼拝堂。②church 聖堂

せいとく【生得】⇩しょうとく。 生得

せいどく【精読】くわしく読むこと。類熟読。intensive reading 精読

せいとん【整頓】きちんとかたづけること。類整理。good order 整頓

せいにく【精肉】上質・上等の肉。 精肉

ぜいにく【贅肉】体の余分な肉。flab 贅肉

せいねん【生年】❶生まれた年。❷生まれて以来の年数。しょうねん。 生年

せいねん【成年】心身が完全に発達したとされる年齢。満二〇歳。full age 成年

せいねん【青年】若者。思春期にある男女。youth 青年

せいねん【盛年】元気さかんな年ごろ。▼—重ねて来(きた)らず 若い盛りは一度しかないから、むだに過ごすな。 盛年

せいのう【性能】機械・器具などの性質と能力。efficiency 性能

せいは【制覇】❶権力を握ること。❷優勝すること。①domination 制覇

せいばい【成敗】❶処罰すること。❷裁くこと。①punishment 成敗

せいはく【精白】米や麦をついて白くすること。 精白

せいはつ【整髪】髪の形を整えること。類調髪。理髪。hairdressing 整髪

せいばつ【征伐】攻め討つこと。征討。類退治。subjugation 征伐

せいはん【正犯】犯罪行為を直接に行った者。主犯。principal offender 正犯

せいひ【正否】正しいか、正しくないか。▽事の—を明らかにする。 正否

せいひ【成否】成功と失敗。▽手術の—。注成×非。 成否

せいび【整備】すぐ使えるように整えておくこと。maintenance 整備

せいひつ【静謐】静かでおだやかなこと。peace 静謐

せいひょう【青票】 議会で、採決のとき反対を表す票。対白票。blue vote　青票

せいびょう【性病】 性行為によって感染する病気。venereal disease　性病

せいびょう【聖廟】 聖人、特に孔子・菅原道真をまつった堂。聖堂。　聖廟

せいひれい【正比例】 一方が増えると、他方も同じ割合で増える関係。　正比例

せいひん【正賓】 中心となる客。主賓。　正賓

せいひん【清貧】 貧乏でも清く正しいこと。▽―に甘んじる。honest poverty　清貧

せいひん【製品】 商品として製造した品物。product　製品

せいふ【政府】 国の統治機構。内閣および行政機関。government　政府

せいふう【清風】 すがすがしい風。▽文壇に―を送る。　清風

せいふく【制服】 団体に属する人が着る、きまった服装。uniform　制服

せいふく【征服】 ❶服従させること。❷困難にうちかつこと。▽厳冬の山を―する。①conquest　征服

せいふく【清福】 手紙文で、相手の幸福を祝う語。▽御―を祈る。　清福

せいぶつ【生物】 生き物。動物と植物。living thing　生物

せいぶつ【静物】 動かないもの。▽―画。still life　静物

せいぶん【成分】 あるものを構成している部分・物質・元素。ingredient　成分

せいぶん【正文】 条約・契約で、解釈の基準となる特定国語の文章。　正文

せいぶん【成文】 文章として書き表されたもの。written document　成文

せいぶんか【成文化】 規則などを文章にすること。　成文化

せいぶんほう【成文法】 文書に書かれた法律。対不文法。　成文法

せいへい【精兵】 よりぬきの強い兵士。類精鋭。picked soldier　精兵

せいへき【性癖】 くせ。propensity　性癖

せいべつ【生別】 生き別れ。対死別。　生別

せいべつ【性別】 男女・雌雄の区別。▽―は問わない。sex distinction　性別

せいへん【正編】 〈正篇〉主要部分として編集された書物。main part　正編

せいへん【政変】 急におこる政権の移動。political change　政変

せいぼ【生母】 生みの母。対養母。　生母

せいぼ【歳暮】 ❶年末。歳末。❷年末にする贈り物。お歳暮。　歳暮

せいぼ【聖母】 キリストの母マリア。　聖母

せいほう【製法】 製造方法。　製法

せいぼう【声望】 よい評判と人望。▽―が高い。　声望

せいぼう【制帽】 団体に属する人がかぶる、きまった帽子。regulation cap　制帽

ぜいほう【税法】 租税に関する法律。　税法

せいほうけい【正方形】 四つの辺と角がそれぞれ等しい四角形。square　正方形

せいほん【正本】 ❶公文書の謄本で、原本と同じ効力をもつもの。❷原本。②original text　正本

せいまい【精米】 ❶玄米を白米にすること。❷白米。　精米

せいみつ【精密】 細かくて正確なこと。精細。precision　精密

せいみょう【精妙】 細かい点まで巧みであるようす。　精妙

せいむ【政務】 政治上の事務。行政事務。state affairs　政務

ぜいむ【税務】 租税の行政事務。　税務

せいめい【生命】 ❶いのち。寿命。❷物事のもっとも重要なところ。　生命

せいめい【声名】 よい評判。名声。fame　声名

せいめい【声明】 公式に意見を発表すること・文章。statement　声明

せいめい【姓名】 名字と名前。氏名。full name　姓名

せいめい【清明】 ❶二十四節気の一。太陽暦で四月四、五日ごろ。❷清らかではっきりしていること。　清明

せいめい【盛名】 盛んな名声。▽―を馳(は)せる。fame　盛名

せいめいせん【生命線】 ❶生死の分かれ目になる限界。❷手相で寿命を占う手のひらの筋。　生命線

せいもく【井目】 碁盤の目に記された九つの黒点。また、その九点の置き碁。　井目

せいもん【正門】表門。main gate　正門

せいもん【声紋】声を周波数分析装置でしま模様化したもの。voiceprint　声紋

せいもん【誓文】誓約書。誓書。written promise　誓文

せいや【聖夜】クリスマスイブ。　聖夜

せいやく【成約】契約の成立。　成約

せいやく【制約】❶制限すること。❷成立に必要な条件。①restriction　制約

せいやく【誓約】かたく約束すること。また、その約束。vow　誓約

せいゆ【精油】❶石油を精製すること。また、その油。❷植物からとる芳香を持つ揮発油。①refined oil　精油

せいゆ【製油】油をつくること。　製油

せいゆう【声優】声のふきかえに、出演する人。voice actor (actress)　声優

せいゆう【清遊】❶風流な遊び。❷手紙で、相手の旅や遊びの尊敬語。▽当地に御ーの節は。　清遊

せいよう【西洋】欧米諸国をさす語。the West　西洋

せいよう【静養】心身を休めて健康の回復をはかること。類休養。rest　静養

せいよく【性欲】肉体的欲望。類情欲。sexual desire　性欲

せいらい【生来】❶〈性来〉生まれつき。❷生まれてからずっと。　生来

せいらん【青嵐】❶青々とした山のようす。❷初夏の風。あおあらし。　青嵐

せいらん【清覧】手紙文で、相手が見ることの尊敬語。　清覧

せいらん【晴嵐】晴れた日に山にかかる霞(かすみ)。　晴嵐

せいり【生理】❶生物が生きていくうえでの体の働き。❷月経。　生理

せいり【整理】❶乱れを整えること。❷むだを除くこと。①good order　整理

ぜいりし【税理士】資格をもち、納税についての事務を扱う人。　税理士

せいりつ【成立】❶物事が成り立つこと。❷(契約などが)まとまること。　成立

せいりゃく【政略】❶政治上の策略。❷利益を得るためのかけひき。　政略

せいりゅう【清流】清らかな川の流れ。crystal stream　清流

せいりゅう【整流】交流電流を直流電流に変えること。rectification　整流

せいりゅうとう【青竜刀】昔、中国で使われた幅の広い刀。　青竜刀

せいりょう【声量】声の大きさ・豊かさの程度。　声量

せいりょう【清涼】さわやかで涼しいこと。cool　清涼

せいりょういんりょう【清涼飲料】清涼味のある飲み物。soft drink　飲料

せいりょうざい【清涼剤】気分をさわやかにする薬や物事。　清涼剤

せいりょく【勢力】他のものを自分に従わせる力。power　勢力

せいりょく【精力】心身の活動力。vigor　精力

せいるい【声涙】声と涙。▼ー倶(とも)に下(くだ)る 泣きながら話す。　声涙

せいれい【政令】内閣の出す命令。　政令

せいれい【聖霊】キリスト教徒に宿り導く、神聖な魂。Holy Spirit　聖霊

せいれい【精励】熱心に仕事や勉強にはげむこと。類勉励。diligence　精励

せいれい【精霊】❶万物に宿るとされる霊魂。❷死者の霊。①spirit　精霊

せいれき【西暦】キリスト生誕を元年とする暦。西紀。A.D.　Christian era　西暦

せいれつ【清冽▲】水が清く冷たいようす。▽ーな流れ。　清冽

せいれつ【整列】列を作って並ぶこと。line up　整列

せいれん【清廉】心が清く、私欲のないこと。integrity　清廉

せいれん【精練】❶繊維から不純物を取り除くこと。❷鍛練。　精練

せいれん【精錬】鉱石から不純物を除き純度を高めること。refining　精錬

せいれん【製錬】〈製煉〉鉱石から金属を取り出すこと。類冶金(やきん)。smelting　製錬

せいろう【晴朗】空が晴れて明るいようす。▽天気ーなれど波高し。注晴×朗。clear　晴朗

せいろう【蒸籠】食べ物を蒸す道具。せいろ。

せいろん【正論】道理にかなった正しい議論。sound argument

セーフ【safe】❶野球で塁を得ること。❷(俗に)成功すること。対❶❷アウト。

▼―ガード 緊急輸入制限。

セーブ【save】❶抑制。❷野球で救援投手がリードを守ること。

セーフティー【safety】安全。▼―ネット 救済策を網の目のように張ること。

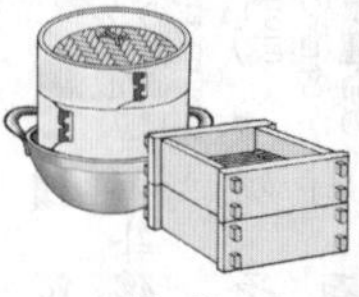

蒸 籠

セーリング【sailing】帆走。航海術。

セールス ポイント 商品の特色や利点。和製語。

せおう【背負う】❶人や物を背中にのせる。しょう。❷引き受けて、受け持つ。▽日本の未来を―若者たち。 背負う

せおと【瀬音】浅瀬の水の音。 瀬音

セオリー【theory】理論。学説。

せかい【世界】❶地球全体。すべての国。❷世の中。❸同類のものの集まり。① the world ② world 世界

せがき【施餓鬼】仏教の法会(ほうえ)の一。無縁仏のために行う供養(くよう)。 施餓鬼

せかす【急かす】いそがせる。 急かす

せがむ むりにたのむ。ねだる。pester

せがれ【倅】〈伜〉自分の息子の謙譲語。 倅

セカンドオピニオン【second opinion】主治医以外の医者に意見を求めること。

せき〔夕〕常3 セキ・ゆう 日ぐれ。ゆうべ。▽一朝一―。―日。 夕・夕
筆順 ノ ク 夕

せき〔斥〕常5 セキ ❶しりぞける。▽排―。❷うかがう。▽―候(せっこう)。 斥・斥
筆順 ノ 厂 户 斤 斥

せき〔石〕常5 セキ・シャク・コク・いし ❶いし。▽―器。岩―。磁―(じしゃく)。❷囲碁の、いし。▽布―。❸容積などの単位。こく。▽―高(こくだか)。 石・石
筆順 一 ア 不 石 石

せき〔汐〕人6 セキ・しお ゆうしお。夕方のしお。▽潮―(ちょうせき)。 汐・汐
筆順 丶 冫 氵 氵 汐 汐

せき〔赤〕常7 セキ・シャク・あか・あかい・あからむ・あからめる ❶あかい。▽―面。―銅(しゃくどう)。❷むき出し。▽―貧。―裸裸(せきらら)。 赤・赤
筆順 一 十 土 𡈽 赤 赤 赤

せき〔昔〕常8 セキ・シャク・むかし むかし。以前。▽―日(せきじつ)。今―(こんじゃく)。 昔・昔
筆順 一 十 廾 丗 丗 昔 昔 昔

せき〔析〕常8 セキ こまかくわけて明らかにする。▽解―。分―。 析・析
筆順 一 十 才 木 木 析 析 析

せき〔席〕常10 セキ ❶すわる所。❷位置。▽―次。❸会場。▽宴―。 席・席
筆順 亠 广 广 产 产 声 席 席

せき〔脊〕常10 セキ せぼね。▽―髄(せきずい)。―椎(せきつい)。 脊・脊
筆順 丶 冫 ㇇ 火 夾 脊 脊

せき〔隻〕常10 セキ ❶一つ。▽―語。❷対の一方。▽―眼。❸船を数える語。 隻・隻
筆順 亻 亻 什 仹 隹 隻 隻

せき〔惜〕常11 セキ・おしい・おしむ おしむ。おしい。▽―別。―敗。 惜・惜
筆順 丶 忄 忄 忄 惜 惜 惜

せき〔戚〕常11 セキ みうち。▽姻―(いんせき)。親―。 戚・戚
筆順 丿 厂 厂 戸 床 戚 戚

せき〔責〕常11 セキ・せめる ❶とがめる。▽自―。❷やるべきこと。▽―任。 責・責
筆順 一 十 丰 丰 青 青 青 責

せき〔跡〕常13 セキ・あと 足あと。ものがあったあと。▽遺―。足―。 跡・跡
筆順 口 𧾷 𧾷 𧾷 跡 跡 跡

せき〔碩〕人14 セキ ❶頭がすぐれている。▽―学。❷大きい。 碩・碩
筆順 ア 石 石 石 碩 碩 碩 碩

せき〔積〕常16 セキ・つむ・つもる ❶つみかさねる。❷かけた数値・量。▽体―。 積・積
筆順 禾 禾 秆 秆 積 積 積 積

せき〔績〕常17 セキ ❶つむぐ。▽紡―。❷仕事の結果。▽業―。 績・績
筆順 ㄑ 幺 糸 糸 績 績 績 績

せき〔蹟〕人18 セキ 物事が行われたあと。▽奇―。旧―。 蹟・蹟
筆順

筆順 蹟

せき〔籍〕常20 セキ❶本。▽書ー。❷個人・家族の公文書。▽戸ー。

筆順 籍

せき〔尺〕⇩しゃく　せき〔寂〕⇩じゃく

せき【咳】のどに刺激を受けてはげしくはき出される息。しわぶき。cough

せき【席】❶座席。❷地位。❸会場。❹寄席(よせ)。❺成績や地位の順位。▽入選第一ー。

せき【責】当然負うべき任務。責務。

せき【堰】水流調節用の、川などにつくるしきり。dam ▼ーを切る おさえられていたものが、急にどっと出る。

せき【関】関所。

せき【積】かけ算で得た値。対商。

せき【籍】❶戸籍。❷学校や団体の一員である身分。

せきあく【積悪】積み重ねた悪事。対積善。

せきえい【石英】珪素(けいそ)の酸化鉱物。ガラス・陶磁器の原料。quartz

せきえん【積怨】積もる恨み。

せきがいせん【赤外線】スペクトルの赤色の外側にある、目に見えない光線。熱線。infrared rays

せきがく【碩学】学問が広く深い人。大学者。great scholar

せきがはら【関が原】(合戦の地名から)勝負・運命の決まる重大な分かれ目。

せきがん【隻眼】❶片目。独眼。❷すぐれた見識。①one eye

せきこむ【咳き込む】続けざまにせきをする。咳き入る。

せきこむ【急き込む】ひどく急ぐ。急ぎあせる。

せきさい【積載】車や船に荷物を積むこと。▽最大ー量。類搭載(とうさい)。loading

せきさん【積算】❶次々に加算すること。❷費用を見積もること。

せきし【赤子】❶赤ん坊。あかご。❷(君主を親と見た時の)人民。①baby

せきじ【席次】❶会合などの席順。❷成績の順位。②ranking

せきじつ【昔日】昔。▽ーの面影はない。old times

せきじゅうじ【赤十字】❶白地に赤い十字のしるし。❷社会事業を行う国際的民間組織。

せきしゅつ【析出】溶液から固体が分離して出て来ること。

せきしゅん【惜春】すぎゆく春を惜しむこと。

せきじゅん【石筍】鍾乳洞(しょうにゅうどう)で、筍(たけのこ)状にのびた石灰岩のかたまり。

せきじゅん【席順】座席の順序。席次。

せきしょ【関所】❶昔、交通の要所に設けて通行人を調べた所。❷難関。▽入学試験という一ー。

せきじょう【席上】会合の場・席。

せきしん【赤心】(主君などに対する)まごころ。赤誠。丹心。▽ーを吐露する。true heart

せきずい【脊髄】背骨の中を通る、ひものような中枢神経器官。spinal cord

せきせい【赤誠】赤心。類至誠。

せきせつ【積雪】降り積もった雪。

せきぜん【寂然】ひっそりとしていて、寂しいようす。じゃくねん。じゃくぜん。▽ーたる山路。

せきぜん【積善】積み重ねた善行。対積悪。

せきだい【席題】歌会・句会で、その場で出す題。即題。対兼題。

せきたてる【急き立てる】早くするようにいそがせる。urge

せきたん【石炭】太古の植物が地下で炭化したもの。coal

せきちゅう【脊柱】脊椎(せきつい)動物の体の中軸をなす骨格。背骨。spine

せきつい【脊椎】脊柱を構成する骨。椎骨(ついこつ)。vertebra

せきとう【石塔】❶石の塔。❷墓石。

せきどう【赤道】地球の表面で、緯度の基準になる線。equator

せきとり【関取】十両以上の力士。

せきにん【責任】❶しなければならないつとめ。❷自分の行為のあと始末。▽ーを取る。①responsibility

せきにんてんか【責任転嫁】責任を他人になすりつけること。注責任転×化。

せきねつ【赤熱】 物体を真っ赤になるまで熱すること。red heat

せきねん【昔年】 昔。former years

せきねん【積年】 長い年月。▽—の恨み。

せきのやま【関の山】 せいいっぱいの限界。

せきはい【惜敗】 おしくも負けること。

せきばく【寂寞】 ❶ひっそりとして静かなこと。❷心さびしいこと。類❶❷寂寥(せきりょう)。②loneliness

せきばらい【咳払い】 わざと咳をすること。

せきはん【赤飯】 もち米にあずきを入れて蒸した飯。おこわ。

せきひ【石碑】 ❶石に文字をほった記念碑。❷墓石。①stone monument

せきひん【赤貧】 ひどい貧乏。▼**—洗うが如(ごと)し** 何もないほどの貧乏。

せきぶつ【石仏】 石でつくった仏像。

せきぶん【積分】 数学で、微分すればもとの関数になるような関数を求めること。また、その計算法。対微分。

せきへい【積弊】 長年の弊害。

せきべつ【惜別】 別れをおしむこと。

せきぼく【石墨】 黒鉛(こくえん)。

せきむ【責務】 責任と義務。また、責。

せきめん【赤面】 恥ずかしくて顔を赤くすること。また、その顔。▽—の至りです。blushing

せきゆ【石油】 天然に産する、炭化水素類の混合物の液体。oil

セキュリティー【security】 ❶安全。安心。❷保安。保護。

せきらら【赤裸裸】 ❶丸はだか。❷隠さないようす。▽—な告白。

せきらんうん【積乱雲】 高い山のようにふくれ上がる雲。雷雲。入道雲。

せきり【赤痢】 三類感染症の一。発熱・下痢などの症状がある。dysentery

せきりょう【席料】 会場・座敷などを借りる料金。席代。room charge

せきりょう【脊梁】 脊柱(せきちゅう)。

せきりょう【寂寥】 ものさびしいこと。▽—感。類寂寞(せきばく)。

せきりょく【斥力】 物体が空間をへだてて互いに退け合う力。対引力。repulsion

せきれい【鶺鴒】 小鳥の一。水辺で、長い尾を上下に振りながら歩く。wagtail

せきわけ【関脇】 相撲の三役の一。大関の下位、小結の上位。

せく【咳く】 せきをする。cough

せく【急く】 ❶あせる。❷激しくなる。▽息が—。①rush ▼**—いては事を仕損ずる** あせると失敗する。

せく【塞く】 〈堰く〉流れをさえぎる。

セクシュアルハラスメント【sexual harassment】 性的ないやがらせ。セクハラ。

セクショナリズム【sectionalism】 縄張り根性。派閥主義。セクト主義。

セクター【sector】 ❶データを記憶するときの最小単位。❷部門。部署。

セクハラ ⇩セクシュアルハラスメント。

セクレタリー【secretary】 ❶秘書。❷事務官。書記官。

せけん【世間】 ❶世の中。社会。❷世の中の人々。▽—がうるさい。❸交際の範囲。▽—を狭くする。

ぜげん【女衒】 昔、女性を遊女屋に売ることを職業とした人。pander

せけんてい【世間体】 体面。

せこ【世故】 世の中のならわしや事情。▽—に長(た)ける。

せこ【勢子】 狩りで、獲物を追いたてる役の人。beater

せこう【施工】 工事を行うこと。▽—主(ぬし)。しこう。carrying out

せこう【施行】 ⇩しこう。

せさい【世才】 世渡りの才能。俗才。

せじ【世事】 世間のできごと。▽—に疎い。類俗事。

せじ【世辞】 御世辞(おせじ)。

せしゅ【施主】 ❶寺や僧に施しをする人。❷法事などの主人役。❸建て主(ぬし)。

せしゅう【世襲】地位・職業などを、子孫が受け継ぐこと。▽王位を—する。—財産。hereditary 世襲

せじょう【世上】世の中。世間。▽—のうわさとなる。world 世上

せじょう【世情】❶世間の事情。▽—に通じている。❷世間の人情。世情

せじょう【施錠】錠をかけること。鎖錠。lock 施錠

せじん【世人】世の中の人々。世人

せすじ【背筋】❶背骨に沿った筋肉。❷衣服の背縫いの線。▼—が寒くなる 恐ろしくてぞっとする。背筋

ぜせい【是正】正しく改めること。是正

せせこましい ❶狭苦しい。❷こせこせしている。②restless

ぜぜひひ【是是非非】よいことはよいとし、悪いことは悪いとする態度。注是是×否否。是是非

せせらぎ 浅瀬の水の流れ。また、その水音。

せせる【挵る】❶つついて中身をほり出す。❷もてあそぶ。①pick 挵る

せそう【世相】社会のありさま。▽—を反映する。social conditions 世相

せぞく【世俗】❶世間の俗人。また、世間。❷世間の風潮。世俗

せそん【世尊】釈迦(しゃか)の尊称。世尊

せたい【世帯】住居・生計をともにする人々の集まり。類所帯。family 世帯

せだい【世代】❶同年代の層。▽若い—。❷親・子・孫と続く、それぞれの代。①②generation 世代

せたけ【背丈】❶身長。❷着物の丈。背丈

せち〔節〕⇩せつ

せちがらい【世知辛い】❶暮らしにくい。❷損得にとらわれて、ずるい。世知辛

せつ〔切〕常4 セツ・サイ・きる・きれる ❶きる。❷せまる。▽—迫。❸ひたすら。ねんごろ。▽—望。❹すべて。▽一—。

筆順 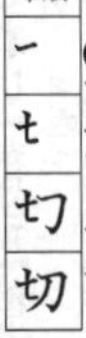

切・切

せつ〔折〕常7 セツ・おる・おり・おれる ❶おる。▽屈—。骨—。❷くじく。▽挫—(ざせつ)。❸死ぬ。▽天—(ようせつ)。❹機会。

筆順 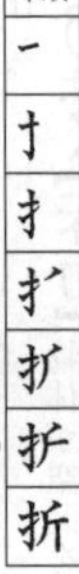

折・折

せつ〔拙〕常8 セツ・つたない ❶つたない。▽—速。❷謙譲を表す。▽—宅。

筆順 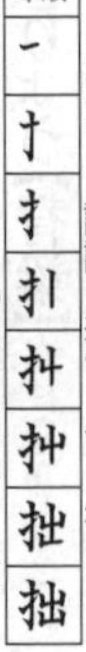

拙・拙

せつ〔窃〕常9 セツ ❶ぬすむ。▽—盗。—取。❷こっそり。(竊)

筆順 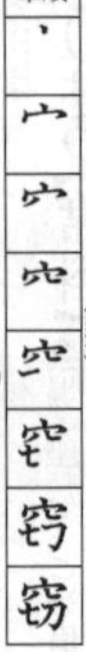

窃・窃

せつ〔接〕常11 セツ・つぐ ❶くっつく。▽—着。❷人と会う。▽—客。❸うけとる。▽—収。❹つなぐ。▽—続。

筆順 

接・接

せつ〔設〕常11 セツ・もうける そなえつける。▽—置。—備。常—。

筆順 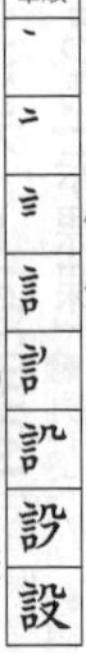

設・設

せつ〔雪〕常11 セツ・ゆき ❶ゆき。▽豪—。❷そそぐ。▽—辱(せつじょく)。(雪)

筆順 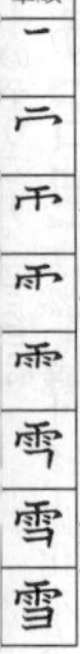

雪・雪

せつ〔摂〕常13〔攝〕人21 セツ ❶おさめる。▽—生。❷とり入れる。▽—取。❸代わる。▽—政(せっしょう)。

筆順 

摂・摂

せつ〔節〕常13〔節〕人15 セツ・セチ・ふし ❶ひとくぎり。▽章—。❷結びつく部分。▽関—。❸おさえる。▽—制。❹変えないこと。▽—操。❺音楽の調子。

筆順 

節・節

せつ〔説〕常14 セツ・ゼイ・とく ❶ときあかす。▽解—。❷意見。主張。▽論—。❸といて従わせる。▽—得。

筆順 

説・説

せつ〔刹〕⇩さつ　せつ〔殺〕⇩さつ

せつ【節】❶おり。❷正しいと信じる考え(を守る態度)。▽—を曲げる。❸一区切り。節

せつ【説】❶意見。主張。❷うわさ。説

ぜつ〔舌〕常6 ゼツ・した ❶した。▽—頭。❷話すこと。▽—戦。筆—。

筆順 

舌・舌

ぜつ〔絶〕常12 ゼツ・たえる・たやす・たつ ❶たつ。たえる。▽—命。❷やめる。▽—交。❸非常にすぐれる。▽—景。

筆順 

絶・絶

せつあく【拙悪】できが悪いようす。awkward 拙悪

せつえい【設営】施設・建物などを準備し、整えること。設営

construction

せつえん【節煙】喫煙をへらすこと。　節煙

ぜつえん【絶縁】❶縁切り。❷電気や熱の伝導を絶つこと。▽—体。　絶縁

ぜっか【舌禍】自分の発言によって受けるわざわい。▽—事件。　舌禍

ぜっか【絶佳】景色が非常に美しいこと。▽眺望—。　絶佳

せっかい【切開】治療のため、体の一部を切り開くこと。incision　切開

せっかい【石灰】生石灰・消石灰の総称。いしばい。lime　石灰

ぜっかい【絶海】陸地から遠く離れた海。▽—の孤島。distant sea　絶海

せっかく【折角】❶骨をおること。❷めったになく大切であること。▽—の休日。❸苦労して。わざわざ。　折角

せっかち　気が短いこと・人。性急。hasty

せっかん【折檻】痛い目にあわせてこらしめること。chastisement　折檻

せっかん【摂関】摂政(せっしょう)と関白。▽—政治。　摂関

せつがん【切願】心から願うこと。　切願

せつがん【接岸】船が岸に横づけになること。また、岸に近づくこと。　接岸

せっき【石器】先史時代の、石でつくった道具。stone implement　石器

せっき【節季】❶年の暮れ。年末。❷盆と暮れの商売上の決算期。　節季

せつぎ【節義】節操をかたくし、人としての道義を守ること。▽—にもとる行為。　節義

せっきゃく【接客】客の接待。　接客

せっきょう【説教】❶神仏の教えを説くこと。❷言い聞かせて忠告すること。②lecture　説教

ぜっきょう【絶叫】声を限りに叫ぶこと。scream　絶叫

せっきょく【積極】進んで物事をすること。対消極。　積極

せっきん【接近】近よること。approach　接近

せっく【節句】〈節供〉季節の変わり目の行事。　節句

セックス【sex】❶性。性別。❷性欲。❸性行為。

せっくつ【石窟】岩のほら穴。　石窟

せっけい【設計】❶工事や製作の具体的な計画・形を図にして表すこと。❷計画。▽生活—。①②plan　設計

せっけい【雪渓】夏でも雪が残っている、高山の谷間。snowy ravine　雪渓

ぜっけい【絶景】非常にすばらしい景色。▽天下の—。splendid view　絶景

せつげっか【雪月花】四季おりおりの自然の美。せつげつか。　雪月花

せっけっきゅう【赤血球】血液の主成分。ヘモグロビンを含み、体の各部へ酸素を運ぶ。　赤血球

せっけん【石鹸】よごれを落とすために使う洗剤。シャボン。soap　石鹸

せっけん【席巻】〈席捲〉ものすごい勢いで、かたはしから征服すること。▽市場を—する。　席巻

せっけん【接見】身分の高い人が、公に人と面会すること。▽大統領が大使に—する。audience　接見

せっけん【節倹】倹約。　節倹

せつげん【節減】節約し減らすこと。　節減

ぜつご【絶後】以後に再度起こるとは考えられないこと。▽空前—。　絶後

せっこう【斥候】敵や敵地のようすを探ること・兵。scout　斥候

せっこう【石膏】白くやわらかい鉱物。セメント・彫刻の材料。gypsum　石膏

せっこう【拙稿】へたな原稿。　拙稿

せつごう【接合】つなぎあわせること。また、くっつくこと。joint　接合

ぜっこう【絶交】交際をやめること。　絶交

ぜっこう【絶好】この上なくよいこと。▽—の機会。　絶好

せっこつ【接骨】ほねつぎ。整骨。　接骨

せっさく【切削】金属などを切り削ること。▽—工具。cutting　切削

せっさく【拙作】へたな作品。　拙作

せっさく【拙策】まずいはかりごと。　拙策

せっさたくま【切磋琢磨】互いにはげましあって向上すること。　切磋

ぜっさん【絶賛】〈絶讃〉この上もなくほめたたえること。類激賞。　絶賛

せっし【摂氏】水の氷点を零度、沸点一〇〇度とする温度目盛り。記号C。セ氏。対華氏。Celsius

せつじつ【切実】❶強く感じるようす。❷直接影響を受けるようす。▽—な問題。②acute

せっしゃ【拙者】昔、武士などが自分を謙遜して言った語。わたくし。

せっしゃ【接写】カメラを被写体に近づけて撮影すること。close-up

せっしやくわん【切歯扼腕】非常にくやしがったり怒ったりすること。

せっしゅ【拙守】へたな守り。対拙攻。

せっしゅ【窃取】こっそり盗むこと。

せっしゅ【接種】病原菌やワクチンなどを体にうえつけること。▽予防—。inoculation

せっしゅ【摂取】とり入れて自分のものにすること。ingestion

せっしゅ【節酒】飲む酒量・回数を減らすこと。

せつじゅ【接受】受けとること。また、受け入れること。

せっしゅう【接収】権力で強制的に取り上げること。▽軍に土地を—される。confiscation

せつじょ【切除】切り取ること。

せっしょう【折衝】利害の異なる相手との交渉。▽事務—。negotiation 注×接衝。×接渉。

せっしょう【殺生】❶生き物を殺すこと。❷むごいようす。

せっしょう【摂政】君主が病弱また幼少のときなどに、代わって政治をとる役・人。類宰相。

ぜっしょう【絶唱】❶非常にすぐれた詩歌。❷感情をこめて歌うこと。

ぜっしょう【絶勝】景色がすばらしいこと・所。fine scenery

せつじょうしゃ【雪上車】雪上用車。snowmobile

せっしょく【接触】❶近づいて触れること。❷交渉をもつこと。▽外国と—する。①②contact

せっしょく【摂食】食物をとること。▽—障害。

せつじょく【雪辱】失った名誉をとりもどすこと。▽—を果たす。revenge

ぜっしょく【絶食】なにも食べないこと。類断食(だんじき)。fasting

せっする【接する】❶隣り合う。❷応対する。❸出あう。▽悲報に—。❹近づける。くっつける。▽軒(のき)を—。

せっする【節する】❶制限する。❷ひかえめにする。②moderate

ぜっする【絶する】はるかにこえる。かけはなれる。▽想像を—。

せっせい【摂生】健康を保つよう注意して生活すること。類養生。

せっせい【節制】適度に抑えること。▽酒を—する。temperance

せつぜい【節税】合法的に税負担を軽くすること。

ぜっせい【絶世】この世で比べるものがないほどすぐれていること。matchless

せつせつ【切切】❶情がこもっているようす。❷胸に迫るようす。

せっせん【接戦】勝負を激しくせりあうこと。また、その戦い。close game

せっせん【接線】〈切線〉数学で曲線、または曲面上の一点と交わっている直線。

せつぜん【截然】区別がはっきりしているようす。類歴然。

ぜっせん【舌戦】❶言い争うこと。口論。❷討論。論戦。②debate

せっそう【拙僧】僧が自分のことを謙遜していう語。

せっそう【節操】正しいと信じる立場や主義をかたく守ること。constancy

せっそく【拙速】へただが仕事は早いこと。対巧遅。

せつぞく【接続】つながること。つなぐこと。connection

ぜっそく【絶息】息が絶えること。

せった【雪駄】裏に革をはった草履(ぞうり)。

せったい【接待】客をもてなすこと。

ぜったい【絶対】❶比較できるもののないこと。❷制限されないこと。❸必ず。❹決して。▽—あり得ない。対❶❷相対。①absoluteness

ぜつだい【舌代】口上の代わりに書いたあいさつ文。しただい。

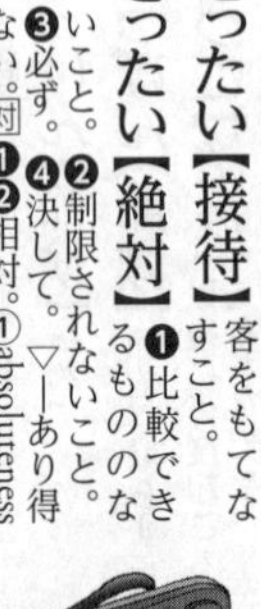

雪駄

せ

ぜつだい【絶大】非常に大きいようす。▽―な権力。enormous

ぜったいぜつめい【絶体絶命】切り抜けられないほど困難な立場・場合。▽―のピンチ。注絶×対絶命。

ぜったいてき【絶対的】他に比べるものがない存在・状態であるようす。

ぜったいりょう【絶対量】❶どうしても必要な量。❷他のものの影響によって変化しない量。

せったく【拙宅】自宅を謙遜していう語。

せつだん【切断】断ち切ること。

ぜったん【舌端】❶舌の先。❷弁舌。▼―火を吐(は)く 勢い鋭く論じる。

せっち【設置】設備・機関などを設けること。establishment

せっちゃく【接着】くっつけること。▽―剤。

せっちゅう【折衷】〈折中〉両方のよいところをとって、一つのものにすること。▽和洋―。compromising

せっちょ【拙著】自著を謙遜していう語。

ぜっちょう【絶頂】❶山の頂上。❷物事の頂点。①summit ②climax

せっちん【雪隠】便所。

せっちんづめ【雪隠詰め】❶将棋で、王将を盤の隅に詰めること。❷逃げ場のない所へ追い込むこと。

せってい【設定】❶つくり定めること。❷権利を発生させること。

セッティング【setting】❶家具などを配置すること。❷おぜんだて。❸大道具を組み立てること。

せってん【接点】❶曲線と接線、曲面と平面とが共有する点。❷異なる物事の接する点。また、一致するところ。

セット【set】❶ひとそろい。❷演劇や映画などの装置。❸配置・準備すること。❹髪型を整えること。❺テニスなどで、一試合中の一勝負。

せつど【節度】適当な程合い。けじめ。▽―を保つ。moderation

せっとう【窃盗】他人のものをこっそり盗むこと・人。類泥棒。thief

せっとく【説得】よく言い聞かせて納得させること。persuasion

せつな【刹那】瞬間。instant

せつない【切ない】胸がしめつけられるようにつらい。

せつなる【切なる】心からの。

せつに【切に】心から。ひたすら。

せっぱく【切迫】差し迫ること。imminence

せっぱく【雪白】雪のように真っ白なこと。snow-white

せっぱつまる【切羽詰まる】追いつめられる。▽―って罪をおかす。

せっぱん【折半】半分ずつに分けること。注×切半。halving

ぜっぱん【絶版】一度出版した本の印刷・発行をやめること。

せつび【設備】備え付けること。また、備え付けた物。equipment

ぜつび【絶美】きわめて美しいこと。surpassing beauty

せっぴつ【拙筆】❶へたな字。❷自分の字を謙遜していう語。

ぜっぴつ【絶筆】❶生前、最後に書いたもの。❷筆をとることをやめること。

ぜっぴん【絶品】きわめてすぐれた品物や作品。類逸品。

せっぷく【切腹】自分で腹を切って死ぬこと。割腹。

せつぶん【拙文】❶へたな文章。❷自分の文章を謙遜していう語。▽―をお読みいただく。

せつぶん【節分】立春の前日。二月三日ごろ。

せっぷん【接吻】口づけ。kiss

ぜっぺき【絶壁】切り立ったけわしいがけ。▽断崖―。precipice

せっぺん【切片】切れはし。

せっぺん【雪片】雪のひとひら。

せつぼう【切望】心から強く望むこと。longing for

せっぽう【説法】仏教の教えを説き聞かせること。説教。▽釈迦(しゃか)に―。

ぜつぼう【絶望】望みが全くなくなること。despair

ぜっぽう【舌鋒】手きびしい弁舌。

ぜつみょう【絶妙】非常に巧みなこと。▽—の演技。exquisite

ぜつむ【絶無】全くないこと。類皆無。

せつめい【説明】よくわかるように述べること。explanation

ぜつめい【絶命】命が絶えること。

ぜつめつ【絶滅】❶絶え滅びること。❷残らず滅ぼすこと。②❷extinction

せつもん【設問】問題をつくって出すこと。また、その問題。question

せつやく【節約】むだを省き、費用を切りつめること。類倹約。economy

せつゆ【説諭】教えさとすこと。いましめること。類訓戒。admonition

せつり【摂理】❶キリスト教で、世界のすべてを導く神の意志。❷自然界を支配する法則。①providence

せつり【節理】❶物事のすじみち。❷岩石中に見られる規則正しい割れ目。

せつりつ【設立】団体・機関などを新しく作ること。創立。establishment

ぜつりん【絶倫】人並み外れていること。▽精力—。peerless

せつれつ【拙劣】へたで劣ること。対巧妙。clumsy

せつわ【説話】昔話・伝説など、民間伝承の話。legend

せと【瀬戸】❶狭い海峡。❷「瀬戸物」の略。

せど【背戸】家の裏口。back gate

せとぎわ【瀬戸際】生死・勝敗などの分かれ目。

せともの【瀬戸物】❶瀬戸焼。せと。❷陶磁器の総称。②❷china

せなか【背中】❶胴体の後ろ側。❷後ろの方。①②back

ぜに【銭】❶金属製の貨幣。❷おかね。①、coin

ぜにかね【銭金】金銭。

ぜにん【是認】よい、また、その通りだと認めること。対否認。approval

ゼネコン 土木や建築の総合的な請負業者。general contractorの略。

ゼネラルスタッフ【general staff】企業内で、幹部を補佐する、企画・調査の担当者。

ゼネラルマネージャー【general manager】総支配人。

せばまる【狭まる】せまくなる。

せひ【施肥】作物に肥料をやること。

ぜひ【是非】❶よいか悪いか。❷どうしても。▼—も無いやむを得ない。▼—に及(およ)ばずやむを得ない。

セピア【sepia】黒みを帯びた茶色。

せひょう【世評】世間の評判・批評。public opinion

せびる ねだる。せがむ。pester

せびろ【背広】男性用の上下服。suit

せぶみ【瀬踏み】ようすをみること。

ゼブラゾーン 横断歩道。和製語。

せぼね【背骨】脊柱(せきちゅう)。backbone

せまい【狭い】❶面積や幅などが小さい。❷思考・知識に幅がない。対❶❷広い。①narrow ▼—き門❶天国に至る道が険しいことのたとえ。❷競争が激しく、突破するのが困難なもの。

せまる【迫る】〈逼る〉❶そばまで近づく。▽入試が—。❷間が狭くなる。▽山が海に—っている。❸強く感じる。▽いろいろな思いが胸に—。❹強く要求する。①be near

せみ【蟬】人18【蝉】15 セン・ゼン・せみ 昆虫の、せみ。▽油—(あぶらぜみ)。

筆順 蝉

ゼミ ⇨ゼミナール。

せみしぐれ【蟬時雨】多くのせみが一斉に鳴くようす。

セミナー【seminar】⇨ゼミナール。

ゼミナール【Seminarドイ】大学で少人数で行う共同研究授業。演習。また、一般に講習会。セミナー。ゼミ。

セミファイナル【semifinal】❶準決勝戦。❷メーンイベントの直前の試合。

せめ【責め】❶あやまちや罪をとがめること。❷負うべき義務。責任。▼—を塞(ふさ)ぐ何とか責任を果たす。

せめあぐむ【攻め倦む】 攻めても成果があがらず、いやになる。

せめぎあう【鬩ぎ合う】 互いに対抗して争う。▽多数の候補者が―選挙戦。

せめく【責め苦】 せめさいなまれる苦しみ。torture

せめたてる【攻め立てる】 しきりにはげしく攻撃する。

せめたてる【責め立てる】 ❶しきりに非難する。❷しきりに催促する。

せめて なんとかそれだけでも。

せめる【攻める】 戦いをしかける。攻撃する。attack

せめる【責める】 ❶非難する。❷せきたてる。❸苦しめる。①blame

使い分け「せめる」
攻める…攻撃する。▽敵の陣地を―。積極的に攻め込む。兵糧攻めにする。質問攻めにする。
責める…非難する。苦しめる。▽過失を―。無責任な言動を―。自らを繰り返し―。

セラピスト【therapist】 治療士。

セラミックス【ceramics】 陶磁器・ほうろうなどの総称。セラミック。

せり〔芹〕 7 人 **キン・せり** 水辺に生える草の、せり。春の七草の一。
筆順 一 十 艹 艹 芦 芦 芹

せり【迫り】 劇場で、舞台へ上げ下げできるようにした仕掛け。

せり【競り】 〈糶り〉競り売り。競売。▽―にかける。auction

せりうり【競り売り】 競争させて、最高値の人に売る売り方。競売。

せりだす【迫り出す】 ❶前の方に出る。▽腹が―。❷劇場で、奈落（ならく）から舞台へ押し出す。

せりふ【台詞】 〈科白〉❶俳優が劇中に話すことば。❷決まり文句。言いぐさ。①lines

せりょう【施療】 貧しい人々に無料で病気の治療をほどこすこと。

せる【競る】 ❶互いに競争する。❷せって値段を高くする。①compete

セレクション【selection】 セレクト。

セレクト【select】 選ぶこと。選択。

セレナーデ【Serenade ドイ】 器楽形式の小夜曲（さよきょく）。もと、夜、恋人の家の窓の下で歌う歌曲のこと。セレナード。

セレブ 裕福な有名人。英語のcelebrityから。

セレモニー【ceremony】 儀式。式典。

ゼロ ❶零。❷価値がないこと。▼―ベース 白紙状態から再検討すること。

せろん【世論】 ⇩よろん。

せわ【世話】 ❶面倒をみること。❷間をとりもつこと。❸厄介なこと。▽―をかける。①care ▼―が無い ❶手数がかからない。❷あきれてどうしようもない。

せわしい【忙しい】 ❶いそがしい。❷せかせかしている。①busy

せわしない【忙しない】 「せわしい」に同じ。

せわにょうぼう【世話女房】 家事がうまく、夫の面倒をよくみる妻。

せわやく【世話役】 世話をし、まとめる役（の人）。世話人。organizer

せん〔千〕 常3 **セン・ち** ❶数の一〇〇〇。❷数の多いこと。▽―草（ちぐさ）。―客万来。
筆順 ノ 二 千

せん〔川〕 常3 **セン・かわ** 水の流れ。▽河―（かせん）。小―。
筆順 丿 川 川

せん〔仙〕 常5 **セン** ❶せんにん。▽―界。❷名人。▽詩―。
筆順 ノ イ 仆 仙 仙

せん〔占〕 常5 **セン・しめる・うらなう** ❶うらなう。▽―術。❷所有する。▽―領。独―。
筆順 丨 ト ト 占 占

せん〔先〕 常6 **セン・さき** ❶前（の）。▽―着。❷最初。▽―祖。❸さしあたり。▽―決。❹以前。
筆順 ノ 𠂉 ⺧ 生 牛 先

せん〔尖〕 人6 **セン・とがる** ❶とがる。▽―鋭。❷さき。▽―端。
筆順 丨 ⺌ 小 尖 尖 尖

せん〔舛〕 7 **セン** ❶くいちがう。❷まじり乱れる。◎人名・地名にもちいる。

せん【宣】常9 セン はっきり述べる。ひろめる。▽—言。—伝。
筆順 宣 宣・宣

せん【専】常9【專】人11 セン・もっぱら ❶ひたすら。▽—門。—任。❷ひとりじめ。▽—用。
筆順 専 専・専

せん【泉】常9 セン・いずみ わきでる水。▽—水。温—。
筆順 泉 泉・泉

せん【浅】常9 セン・あさい ❶あさい。▽—瀬。—海。❷少ない。うすい。▽—学。—慮。(淺)
筆順 浅 浅・浅

せん【洗】常9 セン・あらう あらう。▽—濯。—礼。
筆順 洗 洗・洗

せん【染】常9 セン・そめる・そまる・しみる・しみ ❶そめる。そまる。▽—色。❷うつる。▽伝—。❸よごれる。▽汚—(おせん)。
筆順 染 染・染

せん【穿】人9 セン・うがつ あなをあける。▽—孔(せんこう)。—鑿(せんさく)。
筆順 穿 穿・穿

せん【扇】常10 セン・おうぎ ❶風を送る道具。▽—子(せんす)。❷「煽」に同じ。(扇)
筆順 扇 扇・扇

せん【栓】常10 セン ❶穴をふさぐ物。▽密—。❷管の口の開閉装置。▽消火—。
筆順 栓 栓・栓

せん【栴】10 セン 「栴檀(せんだん)」は白檀(びゃくだん)の別称。
筆順 栴 栴・栴

せん【閃】人10 セン・ひらめく ひらめく。きらりと光る。▽—光。紫電一—。

せん【旋】常11 セン ❶まわる。▽—回。❷もどる。▽凱—(がいせん)。
筆順 閃 閃・閃

筆順 旋 旋・旋

せん【船】常11 セン・ふね・ふな (大きな)ふね。▽—員。汽—。漁—。
筆順 船 船・船

せん【戦】常13【戰】人16 セン・いくさ・たたかう ❶たたかう。❷おののく。▽—慄(せんりつ)。
筆順 戦 戦・戦

せん【煎】常13 セン・いる ❶火であぶる。▽—餅(せんべい)。❷煮出す。▽—茶(せんちゃ)。
筆順 煎 煎・煎

せん【羨】常13 セン・うらやむ・うらやましい うらやましがる。▽—望(せんぼう)。
筆順 羨 羨・羨

せん【腺】常13 セン 体内から種々の液汁を分泌する器官。▽汗—(かんせん)。涙—(るいせん)。乳—。
筆順 腺 腺・腺

せん【詮】常13 セン ❶ときあかす。▽—議。❷道理にかなう。▽真—。❸えらぶ。▽—衡(せんこう)。❹考える。▽—じつめる。❺物事をしたかい。▽—ない。
筆順 詮 詮・詮

せん【賎】13 セン・いやしい 身分が低い。▽貴—。下—。(賤)

せん【践】常13 セン ❶ふみ行う。▽実—。❷位につく。▽—祚(せんそ)。(踐)
筆順 賎 賎・賎

筆順 践 践・践

せん【煽】14 セン・あおる そそのかす。あおる。▽—情。—動。

せん【箋】常14 セン ❶小さいふだ。紙片。▽付—。❷手紙などを書く紙。▽便—。
筆順 煽 煽・煽

筆順 箋 箋・箋

せん【銭】常14 セン・ぜに ❶おかね。▽金—。❷貨幣の単位。(錢)
筆順 銭 銭・銭

せん【銑】人14 セン 純度の低い鉄くず。あらがね。▽—鉄。
筆順 銑 銑・銑

せん【撰】人15 セン・サン・えらぶ ❶編集する。▽—集。❷えらびとる。▽杜—(ずさん)。
筆順 撰 撰・撰

せん【潜】常15 セン・ひそむ・もぐる ❶もぐる。▽—水。❷ひそむ。▽—伏。
筆順 潜 潜・潜

せん【箭】15 セン・や 矢。▽弓—(きゅうせん)。
箭・箭

せん【線】常15 セン すじ(状のもの)。▽—路。光—。視—。

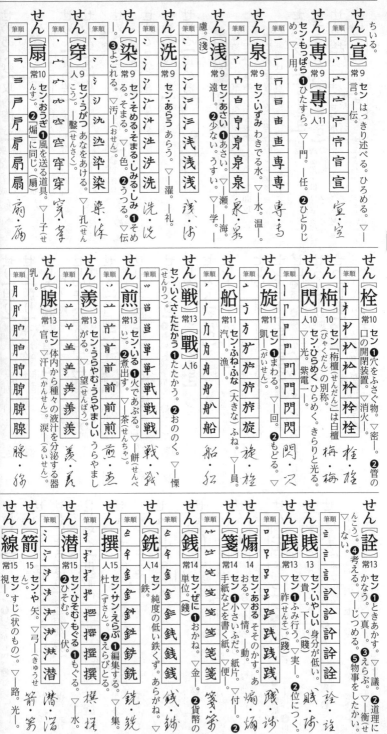

せん【遷】 常15 **セン** うつる。うつす。▽—都。左—。変—。

せん〔選〕 常15 **セン・えらぶ** えらびだす。よりわける。▽—抜。精—。(選)

せん〔薦〕 常16 **セン・すすめる** ❶すすめる。▽推—。❷こも。

せん〔繊〕 常17 **〔纖〕** 人23 **セン** ほそい。こまかい。▽—維。—細。

せん〔鮮〕 常17 **セン・あざやか** ❶新しい。▽新—。❷あざやか。▽—明。

せん【先】 ❶さき。❷以前。❸碁・将棋で、先手。▼**—を越(こ)す** 先んじる。

せん【栓】 ❶びん・樽の口をふさぐもの。❷管の口を開閉する装置。②valve

せん【腺】 物質を分泌する器官。

せん【銭】 ❶お金。▽木戸—。❷お金の単位。円の一〇〇分の一。

せん【線】 ❶すじ(状のもの)。❷基準。❸おおよその方針。▽その—で進めよう。❹道すじ。路線。▽国際—。①line

せん【選】 ❶えらぶこと。❷選集。▽傑作—。❸選挙。▽知事—。

ぜん〔全〕 常6 **ゼン・まったく・すべて** ❶すべて。▽—体。—集。❷欠けがない。▽完—。

ぜん〔前〕 常9 **ゼン・まえ** ❶まえ。さき。▽—進。—途。❷正面。▽目—。眼—。門—。❸過去。▽—歴。—回。食—。

ぜん〔善〕 常12 **ゼン・よい** ❶よい。▽—良。❷十分におこなう。▽—戦。❸仲よくする。▽親—。

ぜん〔然〕 常12 **ゼン・ネン** ❶そのとおり。▽当—。偶—。❷ありさま。▽同—。依—。

ぜん〔禅〕 常13 **〔禪〕** 人17 **ゼン** ❶悟りの境地・修行。❷天子の特権をゆずる。▽—譲。

ぜん〔漸〕 常14 **ゼン** すこしずつ(…する)。▽—次。—進。東—。

ぜん〔膳〕 常16 **ゼン** ❶料理(の台)。▽配—。❷飯や箸(はし)を数える語。

ぜん〔繕〕 常18 **ゼン・つくろう** こわれた所をなおす。▽営—。修—。

ぜん【善】 正しいこと。よいこと。対悪。good ▼**—は急げ** よいことだと思ったらすぐに実行せよ。

ぜん【然】 「いかにも…らしい」「…のようなようす」の意。▽小説家—。

ぜん【禅】 ❶無我の境地にはいること。❷「禅宗」「座禅」の略。

ぜん【膳】 ❶料理をのせる台。また、その料理。❷飯・箸(はし)を数える語。

ぜんあく【善悪】 よいことと悪いこと。

せんい【船医】 船上に勤務する医師。ship's doctor

せんい【戦意】 戦う意志。fight

せんい【繊維】 ❶織物の原料。▽合成—。❷生物を組織する糸状の物質。▽植物—。①fiber

ぜんい【善意】 ❶他人を思いやる心。❷よい意味。❸法にふれることを知らないこと。①good intentions

せんいき【戦域】 戦闘の区域。

ぜんいき【全域】 ある地域・分野の全体。whole area

せんいつ【専一】 そのことだけに集中すること。▽御自愛—のほど、祈ります。concentration

せんいん【船員】 船の乗組員。crew

ぜんいん【全員】 すべての人。総員。

せんうん【戦雲】 戦争が始まりそうな気配。war clouds

せんえい【先鋭】 〈尖鋭〉❶とがって鋭いようす。❷急進的であるようす。▽—分子。—化。②radical

ぜんえい【前衛】 ❶軍隊で前方を守る部隊。❷思想・芸術で、先駆的なこと・人。▽—書道。❸球技などで、前方を守る選手。②avant-garde

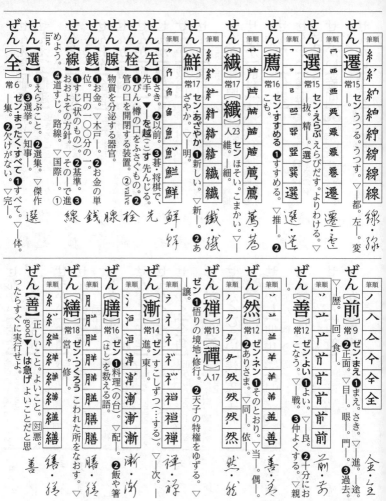

③forward

せんえき【戦役】戦い。戦争。war　戦役

せんえつ【僭越】立場をわきまえず、出過ぎること。▽―ながら申し上げます。　僭越

せんおう【専横】ほしいままに振る舞うこと。類横暴。despotic　専横

ぜんおん【全音】半音を二つ含んだ音程。whole tone　全音

せんか【専科】ある分野を専門に学ぶ課程。対本科 special course　専科

せんか【戦火】❶戦争による火災。❷戦争。▽―を交える。②war　戦火

せんか【戦果】戦争・競争の成果。　戦果

せんか【戦禍】戦争による災難。類戦災。war damage　戦禍

せんか【選科】一部の学科だけを選んで学習する課程。elective course　選科

せんが【線画】線だけで描いた絵。線描画。line drawing　線画

ぜんか【前科】❶刑罰を受けた経歴。❷よくない前歴。①criminal record　前科

せんかい【仙界】仙境。　仙界

せんかい【浅海】❶浅い海。❷水深二〇〇メートルまでの海。対❶❷深海。　浅海

せんかい【旋回】❶くるくる回ること。❷回って方向をかえること。　旋回

せんがい【選外】選にはいらないこと。▽―佳作。　選外

ぜんかい【全会】会員の全部。▽―一致。whole assembly　全会

ぜんかい【全快】病気が完全に治ってもとの体になること。本復(ほんぷく)。類全治。complete recovery　全快

ぜんかい【全開】すっかり開く・開けること。　全開

ぜんかい【全潰・全壊】建物などが完全にこわれること。対半壊。　全潰

せんかく【先覚】❶世人に先んじて物事の道理や将来を見抜くこと。▽―者。❷先学。①leading spirit　先覚

せんがく【先学】学問上の先輩。先覚。対後学。learned senior　先学

せんがく【浅学】学識が未熟なこと。　浅学

ぜんかく【全角】パソコンなどの文字で、正方形のスペースをとる文字一字分の大きさ。対半角。　全角

ぜんがく【全額】全部の金額。類総額。sum total　全額

せんがくひさい【浅学非才】学識や才能の劣っていること。多く、謙譲語として使う。　非才

せんかし【仙花紙】〈泉貨紙〉❶こうぞを原料とした厚手の丈夫な和紙。❷質の悪い再生紙。　仙花紙

せんかたない【詮方無い】〈為ん方無い〉しかたがない。　詮方無

せんかん【専管】一手に管理すること。▽漁業―水域。　専管

せんかん【戦艦】大きな攻撃・防衛力をもつ大型軍艦。戦闘艦。battleship　戦艦

せんがん【洗眼】目を洗うこと。　洗眼

せんがん【洗顔】顔を洗うこと。洗面。▽―剤。　洗顔

せんき【疝気】漢方で、腰や腹部の痛む病気。　疝気

せんき【戦記】戦争の記録。軍記。　戦記

せんき【戦機】❶戦争が起こりそうな気配。❷戦いを始めるのによい時機。▽―が熟す。　戦機

せんぎ【先議】二院制議会で、他院に先んじて法案を審議すること。　先議

せんぎ【詮議】❶評議し明らかにすること。❷罪人の取り調べ。②inquiry　詮議

ぜんき【全期】❶すべての期間。❷ある期間の全体。②whole term　全期

ぜんき【前記】前に書かれていること。　前記

せんきゃく【先客】先に来ている客。　先客

せんきゃく【船客】船の乗客。　船客

せんきゃくばんらい【千客万来】多くの客が次々に来ること。　千客

せんきょ【占拠】ある場所を占有すること。占領。occupation　占拠

せんきょ【船渠】船の修理などをする施設。　船渠

せんきょ【選挙】投票で選ぶこと。election　選挙

せんぎょ【鮮魚】新鮮な魚。　鮮魚

せんきょう【仙境】〈仙郷〉仙人の住む所。また、俗界を離れた所。仙界。　仙境

せ

せんきょう【船橋】 船上で船長が指揮をとる所。bridge　船橋

せんきょう【戦況】 戦争・戦闘の状況。　戦況

せんぎょう【専業】 ❶専門の仕事。専門の事業。▽—主婦。❷独占事業。①profession　専業

せんきょうし【宣教師】 キリスト教を伝え広める人。類伝道師。missionary　宣教師

せんきょく【戦局】 戦いや試合のなりゆき。▽—がゆきづまる。類戦況。war situation　戦局

せんぎり【千切り】 〈繊切り〉野菜を細くきざむ切り方。また、切ったもの。　千切り

せんきん【千金】 多額の金銭。また、大きな価値。▽—を費やす。一攫(いっかく)—。一刻—。　千金

せんきん【千鈞】 非常に重いこと。▽—の重み。great weight　千鈞

せんく【先駆】 ❶前駆(ぜんく)。❷さきがけること。　先駆

せんぐ【船具】 ⇩ふなぐ。　船具

ぜんく【前駆】 馬で行列の先導をすること・人。先乗り。先駆。　前駆

せんぐう【遷宮】 神体を仮殿または新しい本殿に移すこと。　遷宮

せんくしゃ【先駆者】 人より先に物事をする人。pioneer　先駆者

せんくち【先口】 先の順番。対後口。　先口

ぜんくつ【前屈】 体などを前に曲げること。前に曲がっていること。▽—運動。対後屈。　前屈

せんぐんばんば【千軍万馬】 ❶多くの兵と軍馬。❷経験が豊富なこと。　千軍

せんげ【遷化】 高僧が死ぬこと。　遷化

ぜんけ【禅家】 禅宗(の寺・僧)。　禅家

せんけい【扇形】 おうぎ形。sector　扇形

ぜんけい【全景】 全体の眺望。　全景

ぜんけい【前掲】 前に示したこと。▽—の資料。above-mentioned　前掲

ぜんけい【前傾】 前にかたむくこと。▽—姿勢。　前傾

せんけつ【先決】 先に決めるべきこと。▽—問題。prior decision　先決

せんけつ【専決】 その人だけの考えで結論を出すこと。▽—事項。　専決

せんけつ【鮮血】 体から出たばかりの真っ赤な血。fresh blood　鮮血

せんげつ【先月】 今月の前の月。前月。last month　先月

ぜんげつ【前月】 ❶ある月の前の月。❷先月。①previous month　前月

せんけん【先見】 将来を見通すこと。▽—性。foresight ▼—の明(めい) 将来のことを見ぬく見識。　先見

せんけん【先遣】 先に派遣すること。▽—隊。　先遣

せんけん【先賢】 昔の賢人。先哲。　先賢

せんけん【専権】 ほしいままに権力をふるうこと。　専権

せんけん【浅見】 あさはかな見識。　浅見

せんげん【宣言】 意見・方針を公表すること。▽独立—。declaration　宣言

ぜんけん【全権】 委任された事柄の、すべての権限。absolute authority　全権

ぜんけん【前件】 前述の事項・物件。　前件

ぜんげん【前言】 前に言ったことば。▽—をひるがえす。　前言

ぜんげん【漸減】 だんだん減ること。対漸増。gradual decrease　漸減

せんけんてき【先験的】 経験に先立つようす。超越論的。　先験的

せんげんばんご【千言万語】 たいへん多くのことば。千言万句。　千言

せんこ【千古】 ❶大昔。▽—の昔から。❷永遠。①remote antiquity　千古

せんご【戦後】 戦争の後。特に、第二次世界大戦後。postwar days　戦後

ぜんご【前後】 ❶前と後ろ。❷さきとあと。❸順序が逆になること。❹続くこと。❺…ぐらい。▽八時—。　前後

せんこう【先考】 亡父。対先妣(せんぴ)。　先考

せんこう【先行】 ❶先に行くこと。❷先に行われること。▽—研究。①②precedence　先行

せんこう【先攻】 試合・ゲームで、先に攻撃をすること。先ぜめ。対後攻。　先攻

せんこう【専行】 自分だけの判断で行うこと。▽独断—。　専行

せんこう【専攻】 ある分野を専門に研究すること。類専修。major　専攻

せんこう【穿孔】穴をあけること。穴があくこと。boring

せんこう【閃光】瞬間的にきらめく光。flash

せんこう【戦功】戦争でたてた手柄。軍功。military merit

せんこう【潜行】❶水中をもぐって行くこと。❷隠れて行動すること。

せんこう【潜航】❶水中を航行すること。❷ひそかに航海すること。

せんこう【線香】細い棒状に練りかためた香料。

せんこう【選考】調べて、適格者などを選び出すこと。類審査。screening

せんこう【鮮紅】あざやかな赤。

ぜんこう【善行】よい行い。対悪行。

せんこく【先刻】❶先ほど。❷すでに。▽—承知。②already

せんこく【宣告】❶公に言い渡すこと。❷裁判の言い渡し。②sentence

せんごく【戦国】戦いの絶えない、乱れた世。

ぜんこく【全国】国全体。国じゅう。whole country

ぜんごさく【善後策】後始末をうまくつける方策。▽—を講じる。注×前後策。

せんこつ【仙骨】❶世俗を超越した風采（ふうさい）。❷背骨の下部の骨。

せんこふえき【千古不易】永遠に変わらないこと。

ぜんごふかく【前後不覚】正気を失うこと。

ぜんこん【善根】よい報いを受けるもとになるよい行い。

せんざ【遷座】神仏または天皇の座所を、他へ移すこと。

ぜんざ【前座】寄席（よせ）で、前半の高座に出演すること。また、その地位の人。

センサー【sensor】感知器。検知器。

せんさい【先妻】前の妻。対後妻。

せんさい【浅才】あさはかな才知。類非才。

せんさい【戦災】戦争による災害。類戦禍。war damage

せんさい【繊細】❶ほっそりと美しいこと。❷感覚が細やかで鋭いようす。②delicate

せんざい【前栽】❶庭先に植えられた草木。❷草木を植えた庭。

せんざい【洗剤】よごれを洗うために使う薬剤。detergent

せんざい【潜在】内に隠れていて、表面に現れないこと。latency

ぜんさい【前菜】オードブル。

ぜんざい【善哉】❶汁粉の一種。関東ではもちにあんをかけたもの。関西ではつぶしあんの汁粉。❷よきかな。

せんざいいちぐう【千載一遇】一〇〇〇年に一度しか出会うことがないほど、まれなこと。

せんさく【穿鑿】細かい点までほじくり調べること。inquiry ▽私生活を—する。類詮索（せんさく）。

せんさく【詮索】細かい点までたずね調べること。▽真相を—する。類穿鑿（せんさく）。inquiry

センサス【census】❶人口国勢調査。❷国勢に関する種々の実態調査。

せんさばんべつ【千差万別】種類が非常に多いこと。

せんし【先史】文献的な史料のない時代。有史以前。前史。

せんし【先師】❶死んだ師匠・先生。❷昔の聖人や賢人。類❷先哲。

せんし【戦士】❶戦争で戦う兵士。❷第一線で活躍している人。▽企業—。①soldier

せんし【戦史】戦争の歴史。

せんし【戦死】戦争で死ぬこと。戦没。

せんじ【戦時】戦争をしている時。▽—下。対平時。wartime

ぜんし【前史】❶ある時期の歴史にかかわる、それ以前の歴史。❷ある時代前半の歴史。❸先史。③prehistory

ぜんじ【禅師】❶禅に通じた高僧。❷朝廷が高徳の禅僧に与えた称号。

ぜんじ【漸次】しだいに。▽—改善する。注×ざんじ。

せんじぐすり【煎じ薬】薬草を煮だした飲み薬。煎薬（せんやく）。decoction

せんじつ【先日】このあいだ。過日。

ぜんじつ【前日】 ある日の前の日。対翌日。 前日

せんじつめる【煎じ詰める】 ❶十分に煮だす。❷最後まで考える。 煎じ詰

せんしばんこう【千思万考】 いろいろと考えをめぐらすこと。 千思

せんしばんこう【千紫万紅】 色とりどりの花が咲き乱れるようす。 千紫

せんしばんたい【千姿万態】 さまざまな姿や形。 千姿

センシビリティー【sensibility】 感受性。

センシブル【sensible】 感受性が強いようす。

せんしゃ【洗車】 車をあらうこと。 洗車

せんしゃ【戦車】 キャタピラーで走る戦闘用の車両。tank 戦車

せんじゃ【撰者】 作品を選び集めて詩歌集などをつくる人。editor 撰者

せんじゃ【選者】 多くの作品からすぐれたものを選ぶ人。selector 選者

ぜんしゃ【前車】 前を進む車。前に通った車。▼—の覆(くつがえ)るは後車(こうしゃ)の戒(いまし)め 前人の失敗は後人の教訓になることのたとえ。後車の戒め。▼—の轍(てつ)を踏(ふ)む 前人の失敗を後人が繰り返すことのたとえ。前轍を踏む。 前車

ぜんしゃ【前者】 二つのうち、前のほうのもの。対後者。former 前者

ぜんしゃく【前借】 前借り。 前借

せんじゃふだ【千社札】 千社参りの人が参拝のしるしに社殿にはる札。 千社札

せんしゅ【先取】 先に取ること。▽—点。 先取

せんしゅ【船首】 船のへさき。対船尾。 船首

せんしゅ【腺腫】 腺の細胞が増殖してできる腫瘍(しゅよう)。 腺腫

せんしゅ【選手】 競技に出る人。player 選手

せんしゅう【千秋】 一〇〇〇年。また、ひじょうに長い年月。▽一日—の思い。 千秋

せんしゅう【専修】 それだけを専門に学ぶこと。類専攻。 専修

せんしゅう【撰集】 多くの人の詩文を選んで編集すること。せんじゅう。 撰集

せんしゅう【選集】 ある人の著作を選んでまとめた作品集。selection 選集

せんじゅう【先住】 ❶先に住んでいること。▽—民。❷前の住職。 先住

せんじゅう【専従】 その仕事だけに従事すること。▽組合—者。 専従

ぜんしゅう【全集】 ❶ある人の全著作を集めた本。❷ある方面の多くの著作を集めた本。①complete edition 全集

ぜんしゅう【禅宗】 座禅によって悟りを得ようとする仏教の一派。禅家。 禅宗

せんしゅうらく【千秋楽】 ❶(最後に奏される)雅楽の曲名。❷興行の、最後の日。 千秋楽

せんしゅけん【選手権】 競技大会で、優勝者に与えられる資格。championship 選手権

せんしゅつ【選出】 選び出すこと。類選抜。election 選出

せんじゅつ【戦術】 ❶戦いのやり方。❷目的をとげる方策。①② tactics 戦術

ぜんしゅつ【前出】 前に示したこと。類前掲。 前出

ぜんじゅつ【前述】 前に述べたこと。先述。上述。対後述。 前述

せんしゅん【浅春】 春の初め。早春。 浅春

せんしょ【選書】 多くの著作の中からある基準により選び集めた書物。 選書

ぜんしょ【全書】 ある事柄に関する著作を全部集めた書物。▽六法—。 全書

ぜんしょ【善処】 適切な処理。 善処

せんしょう【戦勝】 〈戦捷〉戦争に勝つこと。victory 戦勝

せんしょう【戦傷】 戦いで受けた傷。 戦傷

せんしょう【僭称】 身分を越えた称号を勝手に名のること。僭号。 僭称

せんしょう【選奨】 よいものを選んで人にすすめること。recommendation 選奨

せんじょう【洗浄】 洗ってきれいにすること。 洗浄

せんじょう【扇情】〈煽情〉感情・欲望をあおり立てること。　扇情

せんじょう【戦場】戦争が行われている場所。戦地。 battlefield　戦場

せんじょう【僭上】身分を越えて勝手なふるまいをすること。　僭上

せんじょう【線条】筋。線。 streak　線条

ぜんしょう【全勝】全部の勝負に勝つこと。 complete victory　全勝

ぜんしょう【全焼】建物がすっかり焼けてしまうこと。丸焼け。対半焼。　全焼

ぜんじょう【禅定】精神を統一し真理を探り求めること。そのための瞑想(めいそう)。　禅定

ぜんじょう【禅譲】❶中国で、帝王が有徳の人に位を譲ること。❷譲位。　禅譲

ぜんしょうせん【前哨戦】❶本隊前方の小部隊どうしの小さな戦闘。❷本格的な活動に入る前の手始めとしての活動。　前哨戦

せんじょうち【扇状地】川によって運ばれた土砂が積もってできた扇状の土地。　扇状地

せんしょく【染色】染料で染めること。また、その色。 dyeing　染色

せんしょく【染織】染色と織物の技。　染織

せんしょくたい【染色体】細胞の核の中にある糸状のもの。遺伝子をふくむ。chromosome　染色体

せんじる【煎じる】薬草・茶などを煮て成分をしみ出させる。煎ずる。▽薬を―じてのむ。 decoct　煎じる

せんしん【先進】他より進歩・発達していること・人。▽―国。対後進。　先進

せんしん【専心】そのことだけに心を注ぐこと。▽家業に―する。類専念。 devotion　専心

せんじん【千尋】〈千仞〉山が非常に高いことや、海や谷が非常に深いこと。　千尋

せんじん【先人】❶昔の人。❷亡父。❸祖先。①predecessor　先人

せんじん【先陣】❶一番乗り。さきがけ。❷本陣の前におく陣。①van　先陣

せんじん【戦陣】❶陣地。❷戦場。　戦陣

せんじん【戦塵】❶戦場に立つ砂ぼこり。❷戦争によって起こる騒ぎ。　戦塵

ぜんしん【全身】体全体。 whole body　全身

ぜんしん【前身】❶以前の身分・職業。❷組織・団体などの、以前の形。　前身

ぜんしん【前進】前へ進むこと。▽一歩―。対後退。 advance　前進

ぜんしん【善心】良心に恥じない立派な心。対悪心。　善心

ぜんしん【漸進】少しずつ進むこと。対急進。 gradual progress　漸進

せんしんばんく【千辛万苦】多くの様々な苦労。 many hardships　千辛

ぜんじんみとう【前人未到】〈前人未踏〉今までだれも到達していないこと。　未到

センス【sense】❶微妙な味わいや意味を感じ取る力・感覚。❷よい趣味。

せんす【扇子】おうぎ。 folding fan　扇子

せんすい【泉水】❶庭につくった池。❷泉の水。わき水。　泉水

せんすい【潜水】水中にもぐること。 diving　潜水

せんする【宣する】広く告げ知らせる。宣言・宣告する。 declare　宣する

せんする【撰する】書物・文章などを書き著す。 compose　撰する

ぜんせ【前世】人がこの世に生まれる前にいた世。前生(ぜんしょう)。ぜんせい。対現世。来世。 previous life　前世

せんせい【先生】❶教師。❷医師・弁護士などに対する敬称。①teacher　先生

せんせい【先制】先手をとること。▽―点をあげる。　先制

せんせい【宣誓】誓いを述べること。また、そのことば。 oath　宣誓

せんせい【専制】物事、特に政治を独断で思うままに行うこと。▽―君主。類独裁。 autocracy　専制

ぜんせい【全盛】最も盛んであること。▽―をきわめる。　全盛

ぜんせい【善政】よい政治。 good government　善政

せんせいじゅつ【占星術】星の運行などによって占う術。星占い。 astrology　占星術

センセーショナル【sensational】❶大評判なようす。❷扇情的。

センセーション【sensation】世間の注意をひくこと。大評判。

せんせき【船籍】船の所属地の籍。

せんせき【戦跡】戦争のあと。

せんせき【戦績】戦い・試合の成績。

ぜんせつ【前説】❶前に述べた説。❷前人の説。❸本題前の説明。

せんせん【宣戦】戦争開始の宣言。

せんせん【戦線】❶戦闘の最前線。❷政治・社会運動の闘争形態。❸激しい競争の場・状況。①the front

せんぜん【戦前】戦争の前。特に、第二次世界大戦前。prewar days

ぜんせん【全線】❶乗り物の路線のすべて。▽—開通。❷戦線のすべて。

ぜんせん【前線】❶戦闘の第一線。戦場。❷寒暖二つの気団が接する境目。

ぜんせん【善戦】実力を出し切ってよく戦うこと。good fight

ぜんぜん【全然】❶〈あとに打ち消しの語を伴って〉まったく。まるで。❷非常に。ものすごく。

せんせんきょうきょう【戦戦恐恐】〈戦戦兢兢〉恐れおののくようす。

せんそ【践祚】皇位継承。

せんぞ【先祖】家系の第一代。初代。また、前の代の人々。祖先。▽—代々。図子孫。ancestor

せんそう【船倉】〈船艙〉船内の、貨物を積み入れる所。ふなぐら。hatch

せんそう【戦争】❶国どうしの武力の争い。❷激しい競争のたとえ。▽受験—。①war

ぜんそう【禅僧】禅宗の僧。

ぜんぞう【漸増】しだいに増えること。図漸減。gradual increase

ぜんそうきょく【前奏曲】楽曲の初めに置かれる器楽曲。prelude

せんぞく【専属】一つの会社・団体にだけ所属すること。

ぜんそく【喘息】激しい咳(せき)が続き、呼吸困難になる病気。asthma

ぜんそくりょく【全速力】出せるかぎりの最大の速力。full speed

せんだい【先代】❶前の代。❷当主の前の主人。❸前の時代。図❷当主。

ぜんたい【全体】❶すべて。全部。❷もともと。❸いったい。▽—どういう考えなのだ。図❶部分。①the whole

ぜんだい【前代】前の時代。

ぜんだいみもん【前代未聞】今までに聞いたことがない変わったこと。類空前絶後。unheard-of

せんたく【洗濯】衣服などのよごれを洗い落とすこと。washing

せんたく【選択】選びとること。selection

せんたくし【選択肢】選択できるように用意された、複数の答え。

せんだつ【先達】❶その分野での先輩。❷指導者。❸案内人。①pioneer

せんだって【先達て】さきごろ。このあいだ。

ぜんだま【善玉】善人。特に、善人の役。図悪玉。

せんたん【先端】〈尖端〉❶物のとがったさき。❷時代や流行のさきがけ。▽流行の—を行く。①tip ②forefront

せんたん【戦端】戦争の始まるきっかけ。▼—を開く 戦争を始める。

せんだん【専断】〈擅断〉自分ひとりの考えで事を処理すること。

せんだん【栴檀】❶落葉樹の一。❷白檀(びゃくだん)。▼—は双葉(ふたば)より芳(かんば)し 大成する人は幼時からすぐれている。

せんだん【船団】船の集団。fleet

せんち【戦地】戦場。battlefield

ぜんち【全治】傷が完全に治ること。全快。complete recovery 類

ぜんちしき【善知識】人を仏道に導く高徳の僧。

ぜんちぜんのう【全知全能】完全無欠の知能。almighty

せんちめーとる〘糎〙15 センチメートル 長さの単

位。

センチメートル【centimètreフランス】〈糎〉メートル法の長さの単位。一メートルの一〇〇分の一。センチ。記号cm

センチメンタリズム【sentimentalism】感傷主義。

せんちゃ【煎茶】せんじて飲む緑茶。 煎茶

せんちゃく【先着】先に着くこと。 先着

ぜんちょう【全長】全体の長さ。total length 全長

ぜんちょう【前兆】前ぶれ。omen 前兆

せんつう【疝痛】発作性の腹痛。 疝痛

ぜんつう【全通】「全線開通」の略。 全通

せんて【先手】❶碁・将棋で先に着手する方。❷先に行って優位に立つこと。▽—必勝。 先手

せんてい【剪定】果樹・庭木の枝切り。整枝。trimming 剪定

せんてい【選定】多くの中から選んで決めること。selection 選定

ぜんてい【前提】❶事の成り立つもととなる条件。▽結婚を—に交際する。❷結論を導くもととなる既知または仮定の命題。②premise 前提

せんでき【洗滌】⇩せんじょう。 洗滌

せんてつ【先哲】昔の賢人。先賢。 先哲

せんてつ【銑鉄】鉄鉱石を溶鉱炉で溶かして作った不純な鉄。pig iron 銑鉄

ぜんてつ【前轍】前の車の轍(わだち)。▼—を踏(ふ)む 前車の轍を踏む。 前轍

せんでん【宣伝】主義・主張や商品などについて、大ぜいの人に知らせ広めること。注×宜伝。publicity 宣伝

せんてんてき【先天的】生まれつきもっているようす。類生得的。innate 先天的

せんと【遷都】都を移すこと。 遷都

せんど【先途】重大な時。瀬戸際。▽ここを—と戦う。 先途

せんど【鮮度】新鮮さの程度。▽—が落ちる。freshness 鮮度

ぜんと【前途】❶行く先。❷将来。②future 前途

ぜんど【全土】国土の全体。全国。 全土

せんとう【先頭】いちばん前。head 先頭

せんとう【尖塔】頂がとがった塔。 尖塔

せんとう【戦闘】武力で戦うこと。battle 戦闘

せんとう【銭湯】料金をとって入浴させる所。公衆浴場。風呂(ふろ)屋。 銭湯

せんどう【先導】先に立って導くこと。▽—車。leading 先導

せんどう【扇動】〈煽動〉あおりたて、そそのかすこと。アジテーション。▽人民を—する。agitation 扇動

せんどう【船頭】❶和船の船長。❷船をこぐ職業の人。②boatman ▼—多くして船山に登る 指図する人が多く、事が順調に進まないたとえ。 船頭

ぜんどう【善導】よいほうへ教え導くこと。類徳化。proper guidance 善導

ぜんどう【蠕動】❶くねるように動くこと。❷胃・腸などが内容物を送るため行う筋運動。②peristalsis 蠕動

ぜんなんぜんにょ【善男善女】仏法に帰依した人々。 善男善女

ぜんに【禅尼】仏門に入った女性。 禅尼

せんにく【鮮肉】新鮮な食肉。 鮮肉

せんにちて【千日手】将棋で、双方が同じ指し手を繰り返すこと。三度続くと指し直しとなる。 千日手

せんにゅう【潜入】こっそり入りこむこと。infiltration 潜入

せんにゅうかん【先入観】初めからもっている固定的な観念。注先入×感。preconception 先入観

せんにょ【仙女】女性の仙人。 仙女

せんにん【仙人】山中に住み、不老不死で神通力をもつという人。 仙人

せんにん【先任】先にその任務についていたこと・人。前任。predecessor 先任

せんにん【専任】その仕事だけを担当すること・人。 専任

せんにん【選任】人を選んで任命すること。▽委員を—する。election 選任

ぜんにん【前任】❶先任。❷以前についていた任務。②former post 前任

ぜんにん【善人】善良な人。good person

せんにんりき【千人力】❶非常な力持ち。❷非常に心強い助力。

せんねん【先年】過ぎ去った年。former years

せんねん【専念】心を集中すること。専心。類没頭。concentration

ぜんねん【前年】❶前の年。去年。昨年。❷先年。①previous year

せんのう【洗脳】思想を根本的に変えさせること。brainwashing

ぜんのう【全納】すっかり納めること。完納。full payment

ぜんのう【全能】あらゆることをなし得る能力。類万能。almighty

ぜんのう【前納】以前に納めること。

せんばい【専売】❶独占的に特定商品を売ること。❷国が特定の商品の生産・販売を独占すること。①monopoly

せんぱい【先輩】❶年齢・経験などが上の人。❷同じ学校や職場に、その人より先に入った人。①senior

せんぱい【戦敗】戦いに負けること。敗戦。対戦勝。

ぜんぱい【全敗】全部の勝負に負けること。対全勝。complete defeat

ぜんぱい【全廃】すべて廃止し、やめること。abolition

せんばいとっきょ【専売特許】❶「特許」の旧称。❷その人だけができる特技。

せんぱく【浅薄】あさはか。類軽薄。shallow

せんぱく【船舶】ふね。ship

ぜんぱく【前膊】「前腕(ぜんわん)」の旧称。forearm

せんばつ【選抜】多くの中から選び抜くこと。類選考。selection

せんぱつ【先発】❶先に出発すること。❷野球で、最初から出場すること。

せんぱつ【染髪】髪を染めること。毛染め。hair dyeing

せんぱつ【洗髪】髪を洗うこと。▽—剤。shampoo

せんばづる【千羽鶴】糸でつないだ多数の折りづる。

せんばん【千万】程度などがこの上ないようす。▽無礼—。迷惑—。

せんばん【旋盤】工作物を回転させて切り削る工作機械。lathe

せんぱん【先般】このあいだ。過日。▽—御案内のとおり。

せんぱん【戦犯】戦争犯罪を犯した人。

ぜんはん【前半】前の半分。ぜんぱん。対後半。first half

ぜんぱん【全般】全体。▽経済—の情勢。the whole

せんび【船尾】船のとも。対船首。stern

せんぴ【戦費】戦争に必要な費用。war expenditure

ぜんび【善美】❶善と美。❷美しくりっぱであること。

ぜんぴ【前非】過去の過ち。先非。▽—を悔いる。

せんびき【線引き】❶線をひくこと。❷ある基準によって区分けすること。

せんびょう【線描】物の形を線だけでかくこと。線がき。▽—画。

せんぴつ【染筆】筆で書画をかくこと。揮毫(きごう)。writing

せんぴょう【選評】❶選んで批評すること。また、その批評。❷選後評。

ぜんびょうしつ【腺病質】虚弱で神経質な体質。

せんびん【先便】前に出した便り。前便。対後便。last letter

せんびん【船便】⇩ふなびん。

ぜんびん【前便】先便。

せんぶ【先負】「先負日(にち)」の略。急用・訴訟などに悪い日とされる。

せんぶ【宣撫】占領地で、占領軍が意思や方針を宣伝して人心を安定させること。placation

ぜんぶ【全部】すべて。全体。all

ぜんぶ【膳部】膳にのせて出す料理。

せんぷう【旋風】❶つむじかぜ。❷大きな動揺をまきおこす出来事。▽業界に—をまきおこす。①whirlwind ②sensation

せんぷうき【扇風機】モーターで羽根を回転させて風

せ

を送る機械。electric fan

せんぷく【船腹】❶船の胴体。❷船の、貨物を積む部分。❸船の積載量。

せんぷく【潜伏】❶かくれひそむこと。❷感染しているが、症状が現れないこと。①hiding ②incubation

ぜんぷく【全幅】あらんかぎり。最大限。▽―の信頼。utmost

せんぶん【線分】直線上の二点で限られた部分。segment

ぜんぶん【前文】❶手紙で最初に書くあいさつ文。▽―御免下さい。❷法令の、条項の前にある文。▽憲法の―。❸前に書いた文。②preamble

せんぶんひ【千分比】基準の量を一〇〇〇としたときの、ある量の比率。千分率。パーミル。記号‰ permillage

せんべい【煎餅】米粉や小麦粉を焼いた菓子。

せんべつ【選別】より分けること。類選択。selection

せんべつ【餞別】別れて行く人に贈る金品。はなむけ。farewell gift

せんべん【先鞭】ひとより先に着手すること。▽―を着ける。類先手。

せんぺんいちりつ【千編一律】〈千篇一律〉同じ調子でおもしろみのないこと。一本調子。▽―の小説。monotony

せんぺんばんか【千変万化】さまざまに変化すること。

せんぼう【羨望】うらやましがること。▽―の的(まと)。envy

せんぽう【先方】❶相手の人。❷前方。図❶当方。

せんぽう【先鋒】先頭に立って活躍する者。▽反対運動の―となる。vanguard

せんぽう【戦法】戦いの方法。tactics

ぜんぼう【全貌】全体の姿。類全容。

せんぼうきょう【潜望鏡】潜水艦が海上を偵察する望遠鏡。periscope

せんぼつ【戦没】〈戦歿〉戦死。

せんまい【饌米】神に供える洗米。

ぜんまい【発条】渦巻き状の金属製のばね。spring

ぜんまい【薇】シダ植物の一。渦巻きの形の若芽は食用。flowering fern

せんまいどおし【千枚通し】紙にさし通して穴をあけるきり。bodkin

せんみん【賤民】最下層の身分の民。

せんむ【専務】❶その職務だけに当たること。❷「専務取締役」の略。会社の業務全般を行う取締役。

せんめい【鮮明】鮮やかなようす。vivid

せんめつ【殲滅】みな殺しにすること。全滅。annihilation

ぜんめつ【全滅】残らず滅びる(滅ぼす)こと。類絶滅。destruction

せんめん【洗面】洗顔。▽―所。▽―器。

せんめん【扇面】❶扇の表面。❷扇。せんす。②fan

ぜんめん【全面】すべての面・方面。▽―戦争。

せんもん【専門】一つの分野の学問や仕事に従事すること。また、その学問や仕事。▽―店。注専×問。specialty

ぜんもん【前門】表門。▼―の虎(とら)後門(こうもん)の狼(おおかみ)一つの災難をのがれて、すぐまた他の災難に出あうたとえ。

ぜんもん【禅門】❶禅宗。❷在家のまま仏門にはいった男子。図❷禅尼(ぜんに)。

ぜんもんどう【禅問答】❶禅宗で、修行僧が問い、師が答えることで、教義を会得(えとく)すること。❷わかったようでわからない対話。

ぜんや【前夜】❶昨夜。❷特定の日の、前の夜。①last night

せんやく【先約】❶別の人と先にした約束。❷以前からの約束。▽―を果たす。①previous appointment

せんやく【煎薬】せんじぐすり。

ぜんやく【全訳】原文をすべて翻訳すること。complete translation

ぜんやく【前約】先約❷。

ぜんゆ【全癒】全快。全治。

せんゆう【占有】自分の物として所有すること。▽市場―率。possession

せんゆう【専有】自分だけの所有とすること。▽経営権を―する。exclusive possession

せんゆう【戦友】共に戦った仲間。 戦友

せんゆうこうらく【先憂後楽】支配者はまず国事を憂え、民が平穏に暮らすようになってから楽しむということ。 後楽

せんよう【宣揚】広く世間にはっきりと示すこと。▽国威の—。類発揚。 宣揚

せんよう【専用】❶限られた人だけが使うこと。❷ある目的・用途だけに使うこと。①exclusive use 専用

ぜんよう【全容】全体の姿や内容。▽事件の—が明らかになる。類全貌。whole aspect 全容

ぜんよう【善用】よいことにうまく使うこと。対悪用。good use 善用

ぜんら【全裸】丸はだか。stark naked 全裸

せんらん【戦乱】戦争による世の乱れ。 戦乱

せんりがん【千里眼】遠い所のできごとや人の心などを見通せる能力。clairvoyance 千里眼

せんりつ【旋律】音楽の、音の高低・長短の時間的つながり。ふし。melody 旋律

せんりつ【戦慄】ふるえおののくこと。shudder 戦慄

せんりひん【戦利品】戦争で敵から奪い取った品物。booty 戦利品

せんりゃく【戦略】戦争・闘争の全体的な計画・策略。兵略。strategy 戦略

ぜんりゃく【前略】❶手紙の冒頭に記す語。あいさつを省く意。❷引用文などの前の部分を省くこと。対❷後略。 前略

せんりゅう【川柳】風刺・こっけいを主な内容とする、五・七・五の一七音の短詩。 川柳

せんりょ【千慮】いろいろ考えめぐらすこと。▼—の一失（いっしつ）すぐれた知者でも時には失敗するということ。 千慮

せんりょ【浅慮】あさはかな考え。類浅見。対深慮。imprudence 浅慮

せんりょう【千両】❶一両の一〇〇〇倍。▽—箱。❷センリョウ科の常緑小低木。冬、小さな赤い実をつける。 千両

せんりょう【占領】❶ある場所を占有すること。占拠。❷他国の領土を武力支配すること。①②occupation 占領

せんりょう【染料】布などを染める物質。dye 染料

せんりょう【線量】放射線の量。 線量

せんりょう【選良】❶選ばれた立派な人。❷代議士。①chosen people 選良

ぜんりょう【善良】性質が素直で正直なようす。good 善良

せんりょうやくしゃ【千両役者】芸のすぐれた格の高い役者。 千両

せんりょく【戦力】❶戦争を行い得る能力。❷働き手。▽営業上の—になる人。①war potential 戦力

ぜんりょく【全力】ありったけの力。 全力

ぜんりん【善隣】隣国や隣家と仲よくすること。 善隣

せんれい【先例】前例。 先例

せんれい【洗礼】❶キリスト教信者になる儀式。❷初経験。▽ノックアウトの—を受ける。①baptism 洗礼

せんれい【鮮麗】あざやかで美しいようす。 鮮麗

ぜんれい【全霊】その人の精神のすべて。▽全身—。whole soul 全霊

ぜんれい【前例】前にあった例。今後の基準になる例。先例。precedent 前例

せんれき【戦歴】戦争参加の経歴。 戦歴

ぜんれき【前歴】これまでの経歴。 前歴

せんれつ【戦列】❶戦闘を行う軍隊の隊列。❷闘争のための組織。 戦列

せんれつ【鮮烈】あざやかで激しいようす。▽—なデビュー。vivid 鮮烈

せんれん【洗練】作品・趣味・人柄などをあかぬけした上品なものにすること。refinement 洗練

せんろ【線路】電車・列車の通り道。軌道。レール。railroad line 線路

ぜんわん【前腕】腕の、ひじから先の部分。前膊（ぜんはく）。forearm 前腕

〈そ ソ〉

そ【岨】8 ソ・そば 岩が重なってけわしい。▽—峻（そしゅん）。 岨・岨

そ【狙】常8 ソ・ねらう すきをうかがう。▽—撃（そげき）。

そ〔阻〕常8 ソ・はばむ ❶けわしい。▽険―。❷はばむ。▽―止。

そ〔祖〕常9〔祖〕人10 ソ ❶先祖。▽―先。❷おおもと。▽元―(がんそ)。始―。

そ〔租〕常10 ソ ❶年貢。▽―税。❷借りる。▽―界。―借。

そ〔素〕常10 ソ・ス ❶おおもと。▽元―。❷そのままの。飾らない。▽―材。―朴。―手(すで)。❸いつもである。▽―行。平―。

そ〔措〕常11 ソ ❶おく。▽挙―。❷手をくだす。▽―置。

そ〔粗〕常11 ソ・あらい ❶雑な。▽―野。―雑。❷質が悪い。▽―悪。▽―末。❸人にあげる物をへりくだっていう語。▽―品。―茶。

そ〔組〕常11 ソ・くむ・くみ ❶くみたてる。▽―織。―閣。❷組合。▽労―。

そ〔疏〕常12 ソ ❶⇩疎❷❸。❷注の注釈。▽注―。

そ〔疎〕常12 ソ・うとい・うとむ ❶まばら。▽過―。❷うとい。▽―遠。❸通す。▽―通。❹おろそか。▽―略。

そ〔訴〕常12 ソ・うったえる 処置を求める(申し出)。▽―訟。哀―(あいそ)。

そ〔塑〕常13 ソ 粘土をけずって作った形。▽―像。彫―。

そ〔楚〕人13 ソ ❶すっきりした。▽清―。❷中国古代の国名。

そ〔遡〕常14〔遡〕13許容 ソ・さかのぼる 流れをさかのぼっていく。はじめにもどる。▽―及。―行。

そ〔噌〕人15 ソ・ソウ 「味噌」は調味料の一。

そ〔礎〕常18 ソ・いしずえ 土台にする石。▽―石。基―。

そ〔蘇〕人19 ソ・ス・よみがえる よみがえる。▽―生。「紫蘇(しそ)」で草の名。

そ〔想〕⇩そう

そ〔鼠〕⇩ねずみ

そ【祖】❶先祖。❷開祖。▽遺伝学の―。❸祖父。

そ【疎】❶まばら。❷疎遠。▽仲が―になる。対❶❷密。

そあく【粗悪】粗末で質が悪いこと。▽―な品物。poor-quality

そあん【素案】おおもとの案。draft

そい【粗衣】粗末な衣服。

そいね【添い寝】よりそって寝ること。

そいん【素因】❶根本的原因。▽事件の―。❷病気になりやすい素質。▽個人的な―。①primary cause

そいん【訴因】検察官が起訴状に記す、犯罪を構成する事実。

そいん【疎音】無沙汰(ぶさた)。無音(ぶいん)。▽―にうちすぎまして。

そう〔双〕常4 ソウ・ふた ❶二つ。対(つい)。▽―方。❷ならぶ。▽―璧(そうへき)。無―(むそう)。

そう〔匝〕5 ソウ・めぐる めぐる。ひとまわりする。◎人名・地名にもちいる。「匝瑳」で「そうさ」。

そう〔壮〕常6〔壯〕人7 ソウ ❶元気な。▽―健。―快。❷りっぱで大きい。▽―観。

そう〔早〕常6 ソウ・サッ・はやい・はやまる・はやめる ❶はやい。▽―春。―計。❷はやく。▽―急。

そう〔争〕常6〔爭〕人8 ソウ・あらそう あらそう。▽―議。競―。論―。

そう【宋】人7 ソウ 中国の王朝名。▽―音。―学。

筆順 丶 丷 宀 宀 宇 宋 宋

宋・宋

そう【走】常7 ソウ・はしる ❶はしる。▽―行。❷にげる。▽脱―。敗―。

筆順 一 十 土 キ 卡 走 走

走・走

そう【奏】常9 ソウ・かなでる ❶申し上げる。▽上―。❷楽器をひく。▽演―。二重―。❸まとまる。▽―功。

筆順 一 二 三 夫 夫 奏 奏 奏 奏

奏・奏

そう【相】常9 ソウ・ショウ・あい ❶たがいに。▽―愛。❷姿、形。▽人―。❸補佐する(人)。大臣。▽宰―。

筆順 一 十 才 木 木 朷 相 相 相

相・相

そう【荘】常9【莊】人10 ソウ ❶おごそかな。▽―重(そうちょう)。❷仮ずまい。▽別―。

筆順 一 十 艹 艹 荘 荘 荘 荘 荘

荘・荘

そう【草】常9 ソウ・くさ ❶くさ。▽―木。❷下書き。▽―案。❸粗末な。▽―庵。❹草書。

筆順 一 十 艹 芍 芦 苩 苴 草 草

草・草

そう【送】常9 ソウ・おくる ❶おくりだす。▽―別。❷はこぶ。▽配―。(送)

筆順 丶 丷 䒑 关 关 关 关 送 送

送・送

そう【倉】常10 ソウ・くら ❶くら。▽―庫。❷あわてる。▽―卒。

筆順 ノ 入 亼 今 今 今 仓 倉 倉

倉・倉

そう【捜】常10【搜】人12 ソウ・さがす すみずみまでさがす。▽―査。―索。

筆順 一 扌 扌 扣 扣 押 押 捜 捜

捜・捜

そう【挿】常10 ソウ・さす さしこむ。さしはさむ。▽―入。―話。―絵。(挿)

筆順 一 扌 扌 扌 扦 扦 指 指 挿

挿・挿

そう【桑】常10 ソウ・くわ 樹木の、くわ。葉はかいこのえさ。▽―田。―畑。

筆順 フ ヌ 又 叒 叒 叒 桑 桑

桑・桑

そう【巣】常11【巢】人11 ソウ・す ❶鳥などの、す。▽帰―。❷かくれが。

筆順 丶 丷 ⺍ 当 当 単 単 巣

巣・巣

そう【掃】常11 ソウ・はく ❶はく。▽清―。❷取り除く。▽―滅。一―。(掃)

筆順 扌 扌 扫 扫 扫 掃 掃 掃

掃・掃

そう【掻】11 ソウ・かく ひっかく。▽隔靴―痒(かっかそうよう)。―爬(そうは)。(掻)

掻・掻

そう【曹】常11 ソウ ❶下級役人。▽―長。❷なかま。▽―輩。

筆順 一 厂 冂 冊 曲 曲 曹

曹・曹

そう【曽】常11【曾】人12 ソウ・ゾ ❶かつて。▽未―有(みぞう)。❷世代が重なる。▽―孫(そうそん)。

筆順 丶 丷 丷 凶 尚 尚 曽

曽・曽

そう【爽】常11 ソウ・さわやか すがすがしい。さわやか。▽―快。颯―(さっそう)。

筆順 一 厂 厂 双 双 爽 爽

爽・爽

そう【窓】常11 ソウ・まど まど。▽車―。深―(しんそう)。同―会。(窗)

筆順 宀 穴 穴 空 空 空 窓 窓

窓・窓

そう【創】常12 ソウ・つくる ❶きりきず。▽―傷。❷つくりだす。▽―立。

筆順 ノ 人 亼 今 今 仓 倉 創

創・創

そう【喪】常12 ソウ・も ❶とむらう。▽―礼。❷うしなう。▽―失。

筆順 一 十 十 卉 咢 咢 咢 喪

喪・喪

そう【惣】人12 ソウ すべて。▽―菜。―領。「総」に書きかえる。

筆順 丿 牛 牛 牛 牞 物 惣 惣

惣・惣

そう【痩】常12【瘦】人15 ソウ・やせる やせる。やせ細る。▽―身(そうしん)。

筆順 疒 疒 疔 疔 疸 痩 痩 痩

痩・痩

そう【葬】常12 ソウ・ほうむる 死者をほうむる(儀式)。▽―式。―儀。―礼。―列。火―。冠婚―祭。

筆順 艹 艹 芦 芦 苑 葬 葬 葬

葬・葬

そう【装】常12【裝】人13 ソウ・ショウ・よそおう ❶よそおう。▽服―。❷かざる。▽―飾。❸とりつける。▽―備。

筆順 丨 丬 丬 壮 壮 壮 装 装

装・装

そう【僧】常13【僧】人14 ソウ 仏門に入った人。▽―正(そうじょう)。―坊。―侶(そうりょ)。高―。尼―(にそう)。

筆順 亻 亻 亻 亻 亻 僧 僧 僧

僧・僧

そう【想】常13 ソウ・ソ おもう。また、考え。▽―像。思―。理―。

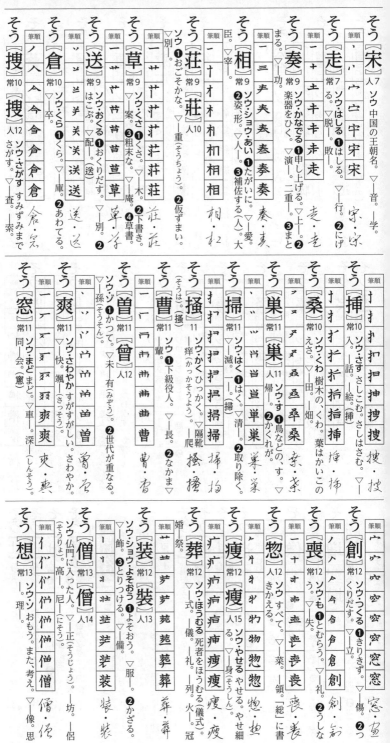

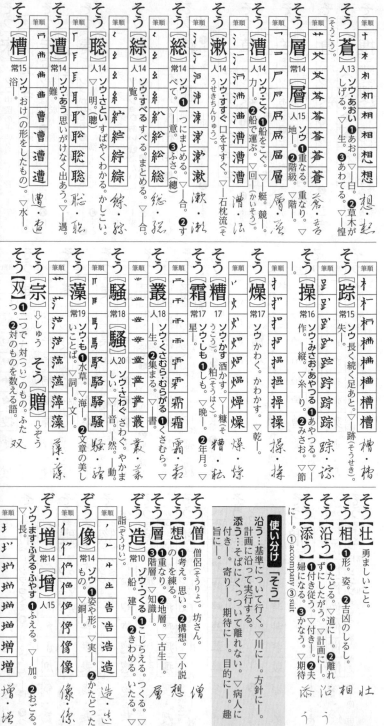

そう〔蒼〕人13 ソウ・あおい ❶あお。▽―白。❷草木がしげる。▽―生。❸あわてる。▽―惶(そうこう)。

そう〔層〕常14〔層〕人15 ソウ ❶重なる。重なり。▽地―。❷階級。▽階―。

そう〔漕〕人14 ソウ・こぐ ❶船をこぐ。▽―艇。競―。❷船で運ぶ。▽回―(かいそう)。

そう〔漱〕人14 ソウ・すすぐ 口をすすぐ。▽―石枕流(そうせきちんりゅう)。

そう〔総〕常14 ソウ ❶一つにまとめる。▽―合。❷すべて。▽―意。❸ふさ。(總)

そう〔綜〕人14 ソウ・すべる すべる。まとめる。▽―合。―覧。

そう〔聡〕人14 ソウ・さとい すばやくわかる。かしこい。▽―明。(聰)

そう〔遭〕常14 ソウ・あう 思いがけなく出あう。▽―遇。―難。

そう〔槽〕常15 ソウ おけ(の形をしたもの)。▽水―。浴―。

そう〔踪〕常15 ソウ 長く続く足あと。▽―跡(そうせき)。失―。

そう〔操〕常16 ソウ・みさお・あやつる ❶あやつる。▽―作。―縦。▽糸―り。❷みさお。▽節―。

そう〔燥〕常17 ソウ かわく。かわかす。▽乾―。

そう〔糟〕17 ソウ・かす 酒かす。▽―糠(そうこう)。―粕(そうはく)。

そう〔霜〕常17 ソウ・しも ❶しも。▽晩―。❷年月。▽星―。

そう〔叢〕人18 ソウ・くさむら・むらがる ❶くさむら。▽―生。❷集まる。▽―書。

そう〔騒〕常18〔騷〕人20 ソウ・さわぐ さわぐ。やかましい。▽―音。―然。―動。

そう〔藻〕常19 ソウ・も ❶水草。▽海―。❷文章の美しいことば。▽詞―。文―。

そう〔宗〕⇩しゅう　そう〔贈〕⇩ぞう

そう【双】❶二つで一対(つい)のもの。ふたつ。❷対のものを数える語。

そう【壮】勇ましいこと。

そう【相】❶形。姿。❷吉凶のしるし。

そう【沿う】❶たどる。▽道に―。❷離れずにしたがう。▽計画に―。

そう【添う】❶付き従う。▽付き―。❷夫婦になる。❸かなう。▽期待に―。①accompany ③suit

使い分け「そう」

沿う…基準について行く。▽川に―。方針に―。計画に沿って実行する。

添う…そばにくっついて離れない。▽病人に付き―。寄り―。期待に―。目的に―。趣旨に―。

そう【僧】僧侶(そうりょ)。坊さん。

そう【想】❶考え。思い。❷構想。▽小説の―を練る。

そう【層】❶重なり。❷地層。▽古生―。❸階層。▽知識―。

ぞう〔造〕常10 ゾウ・つくる ❶こしらえる。つくる。▽―船。建―。❷きわめる。いたる。▽―詣(ぞうけい)。

ぞう〔像〕常14 ゾウ ❶姿や形。▽実―。❷かたどったもの。▽銅―。

ぞう〔増〕常14〔增〕人15 ゾウ・ます・ふえる・ふやす ❶ふえる。▽―加。❷おごる。▽―長。

ぞう〖憎〗常14**〖憎〗**人15 ゾウ・にくむ・にくい・にくらしい・にくしみ にくむ。きらう。▽―悪(ぞうお)。愛―。

筆順 忄 … 憎

ぞう〖蔵〗常15**〖藏〗**人18 ゾウ・くら ❶しまう。▽貯―。❷かくす。▽埋―。❸しまう所。▽土―。

筆順 艹 … 蔵

ぞう〖贈〗常18**〖贈〗**人19 ゾウ・ソウ・おくる あげる。おくる。▽―呈。―答。

筆順 貝 … 贈

ぞう〖臓〗常19**〖臟〗**人22 ゾウ 体の中の器官。▽―器。内―。心―。

筆順 月 … 臓

ぞう〖象〗⇩しょう **ぞう〖雑〗**⇩ざつ

ぞう【像】❶神仏・人・動物などをかたどった彫刻や絵。❷光の反射・屈折でできる物体の形。①②image

そうあい【相愛】互いに愛し合うこと。

そうあたり【総当たり】❶参加する全員・全チームと対戦をすること。▽―戦。❷空くじのないこと。対❶勝ち抜き。①round robin

そうあん【草案】文書や規則などの下書き。▽条約の―。draft

そうあん【草庵】草屋(そうおく)。

そうあん【創案】初めて考え出すこと。また、その考え。original idea

そうい【相違】互いにちがうこと。▽見解の―。difference

そうい【創痍】❶切り傷。▽満身―。❷痛手。

そうい【創意】新しい思いつき。独創的な考え。▽―工夫。originality

そうい【僧衣】僧が着る衣服。

そうい【総意】全部の人の意見・考え。

そういっそう【層一層】さらにいっそう。ますます。▽―の努力。

そういん【僧院】寺院。修道院。

そういん【総員】全員。総勢。

ぞういん【増員】人員を増やすこと。

そううつびょう【躁鬱病】気分障害の一つ。「双極性障害」の旧称。

ぞうえい【造営】神社・寺院・宮殿などを建てること。construction

ぞうえいざい【造影剤】X線の検査時に使う、体内に入れる薬品。

ぞうえん【造園】庭・公園などをつくること。gardening

ぞうえん【増援】人数を増やして手助けすること。reinforcement

ぞうお【憎悪】憎むこと。▽―の念。注ぞう×あく。hatred

そうおう【相応】ふさわしいこと。相当。▽身分―。対不相応。suitability

そうおく【草屋】草ぶきの粗末な家。草庵。草堂。

そうおん【騒音】うるさい音。noise

そうか【喪家】喪中(もちゅう)の家。▼―の狗(いぬ)やせ衰えて元気のない人のたとえ。

そうが【挿画】さしえ。illustration

そうが【装画】本の装丁の絵。

ぞうか【造化】❶造物主。❷自然宇宙。▽―の妙。①the Creator

ぞうか【造花】人工の花。対生花。

ぞうか【増加】増えること。対減少。increase

そうかい【壮快】勇ましく気持ちがいいようす。▽―なマーチ。

そうかい【爽快】さわやかで快いようす。▽気分―。refreshing

そうかい【滄海】〈蒼海〉青海原。▼―の一粟(いちぞく)広大なものの中の、ごく小さなもの。

そうかい【総会】団体の全構成員が参加する会合。general meeting

そうがい【霜害】霜による被害。

そうがく【奏楽】音楽を演奏すること。また、その音楽。

そうがく【総額】全体の金額。類全額。total amount

そうかつ【総括】全体をひとまとめにすること。summary

そうかつ【総轄】全体をまとめ、取り締まること。general control

そうかん【壮観】雄大で、すばらしい眺め。grand sight　壮観

そうかん【相関】互いに関係し合っていること。　相関

そうかん【送還】もとのところへ送り返すこと。sending back　送還

そうかん【創刊】新聞・雑誌を新しく発行すること。対廃刊。　創刊

そうかん【総監】全体を統率・監督すること・官職（の人）。▽警視—。　総監

ぞうかん【増刊】新聞・雑誌を定期以外に発行すること。extra number　増刊

ぞうがん【象眼】〈象嵌〉金属・陶器などの表面に模様を刻んで、金銀などをはめ込むこと。inlay　象眼

そうがんきょう【双眼鏡】両目に当てて見る望遠鏡。binoculars　双眼鏡

そうき【早期】早い時期。▽虫歯の—治療。early stage　早期

そうき【想起】過去のことを思い起こすこと。recollection　想起

そうき【総記】❶全体をまとめた記述。❷図書分類で、百科事典・新聞など。　総記

そうぎ【争議】❶互いに意見を主張して争うこと。❷労働争議。①dispute　争議

そうぎ【葬儀】葬式。funeral　葬儀

ぞうき【雑木】材木にならないさまざまな木。ざつぼく。　雑木

ぞうき【臓器】内臓の諸器官。　臓器

そうきゅう【早急】⇨さっきゅう。　早急

そうきゅう【送球】❶球を投げ送ること。❷ハンドボール。①throw　送球

そうきゅう【蒼穹】青空。大空。　蒼穹

そうきょ【壮挙】雄大な計画や行動。grand project　壮挙

そうぎょう【早暁】夜明け。明け方。　早暁

そうぎょう【創業】事業を興すこと。▽—者。foundation　創業

そうぎょう【僧形】僧の姿。僧体。　僧形

そうぎょう【操業】機械を動かして生産活動をすること。▽—短縮。自転車—。operation　操業

ぞうきょう【増強】より機能を高めること。類強化。reinforcement　増強

そうきょく【箏曲】箏（こと）の演奏曲。　箏曲

そうきん【送金】金銭を送ること。また、その金銭。remittance　送金

ぞうきん【雑巾】汚れをふきとるのに使う布。cleaning rag, duster　雑巾

そうく【走狗】人の手先となって働く者。cat's paw　走狗

そうく【痩軀】やせた体。痩身（そうしん）。　痩躯

そうぐ【装具】戦いや登山などの装備として身につける道具。　装具

そうぐう【遭遇】予期しないで出会うこと。encounter　遭遇

そうくつ【巣窟】悪者のねじろ。den　巣窟

そうけ【宗家】家系・芸道などの中心となる家。類家元。総本家。　宗家

ぞうげ【象牙】象のきば。ivory　象牙

そうけい【早計】早まった考え。　早計

そうけい【総計】全部の合計。対小計。total　総計

そうげい【送迎】送り迎え。　送迎

ぞうけい【造形】〈造型〉形のあるものにつくりあげること。molding　造形

ぞうけい【造詣】学問・技芸に対する深い知識や理解。▽—が深い。attainments　造詣

そうけだつ【総毛立つ】身の毛がよだつ。shudder　総毛立

ぞうけつ【造血】体内で新たに血液をつくり出すこと。▽—剤。　造血

ぞうけつ【増結】列車にさらに車両をつなぐこと。adding car　増結

そうけっさん【総決算】❶一定期間の収支の決算。❷きまりをつけること。　総決算

ぞうげのとう【象牙の塔】現実離れした学者の研究生活。　象牙塔

そうけん【双肩】両肩。▽国の将来を—に担う。shoulders　双肩

そうけん【壮健】丈夫で元気なこと。達者。▽御—で何よりです。healthy　壮健

そうけん【送検】犯人・被疑者を、捜査書類とともに検察庁へ送ること。　送検

そうけん【創見】今までにない新しい、独自の意見。original view　創見

そうけん【創建】初めて建てること。
ぞうげん【増減】増加と減少。
そうこ【倉庫】品物を保管しておく建物。くら。warehouse
そうご【壮語】威勢のいいことば。▽大言—。類豪語。big talk
そうご【相互】❶互いに相手に同じような働きかけをすること。▽—扶助。❷交互。①mutual
ぞうご【造語】新しい語をつくること。また、その語。coinage
そうこう【壮行】出発を祝い、励ますこと。▽—会。send-off
そうこう【走行】車などが走ること。
そうこう【奏功】成功すること。▽説得が—する。success
そうこう【奏効】ききめが現れること。効果があがること。▽新薬が—する。
そうこう【草稿】文章の下書き。draft
そうこう【倉皇】〈蒼惶〉あわただしいさま。
そうこう【装甲】船体や車体に防弾用の鋼鉄板を張ること。armor
そうこう【操行】ふだんの行い。素行。
そうこう【糟糠】粗末な食事。貧苦を共にした妻。▼—の妻
そうこう【霜降】二十四節気の一。太陽暦で十月二三、二四日ごろ。
そうごう【相好】顔つき。表情。注そう×こう。features ▼—を崩(くず)す 喜び、笑顔になる。
そうごう【総合】〈綜合〉一つにまとめ合わせること。対分析。generalization
そうこく【相克】対立するものが互いに争うこと。conflict
そうこん【爪痕】つめあと。scratch
そうこん【早婚】年齢が若くて結婚すること。対晩婚。early marriage
そうごん【荘厳】りっぱでおごそかなこと。▽—な音楽。sublimity
ぞうごん【雑言】いろいろな悪口。▽悪口—。
そうこんもくひ【草根木皮】漢方薬(の材料)。
そうさ【走査】画像を電気信号にかえること。また、その逆の操作。scanning
そうさ【捜査】犯人を捜したり、証拠を調べたりすること。
そうさ【操作】❶機械を動かすこと。❷やりくりすること。investigation
ぞうさ【造作】❶てま。めんどう。▽—もない。❷もてなし。①operation
そうさい【相殺】帳消し。offset
そうさい【総裁】機関・団体で全体をとりしまる役(の人)。president
そうざい【総菜】〈惣菜〉おかず。
そうさく【捜索】❶捜し求めること。❷強制的に調べること。▽—願いを出す。①②search
そうさく【創作】❶初めてつくり出すこと。❷作品を創り出すこと。またその作品。②original work
ぞうさく【造作】❶家を建てること。❷建物の内部の細かい仕上げ。❸顔のつくり。②fixture
そうざん【早産】月足らずの出産。premature birth
ぞうさん【増産】生産量を増やすこと。対減産。increased yield
そうし【壮士】血気盛んな若者。
そうし【相思】互いに恋い慕うこと。
そうし【草紙】〈草子・双紙〉❶昔の物語・日記・随筆など、かな書きの文学作品。❷江戸時代の絵入りの読み物。
そうし【創始】物事を新たに始めること。また物事の起こり。foundation
そうじ【相似】❶互いに似ていること。❷数学で、図形の形は同じで大きさが異なること。❸生物の器官で、発生は異なるが機能は似ていること。
そうじ【送辞】卒業式や送別会で、人を送る別れのことば。対答辞。
そうじ【掃除】ごみ・よごれを除いてきれいにすること。類清掃。cleaning
ぞうし【増資】資本金を増やすこと。対減資。capital increase
そうしき【葬式】死者をほうむる儀式。葬儀。葬礼。funeral
そうしつ【喪失】なくすこと。失うこと。▽自信を—する。loss

そうじて【総じて】全体として。▽—当社の社員は。　総じて
そうしゃ【壮者】働き盛りの人。　壮者
そうしゃ【走者】❶競走で走る人。❷野球で、塁に出た人。▽—一掃(いっそう)の三塁打。①② runner　走者
そうしゃ【掃射】機関銃などで、左右をなぎはらうように続けてうつこと。　掃射
そうしゃ【操車】車両の編成・入れ替えをすること。▽—場。　操車
そうしゅ【双手】両手。対隻手(せきしゅ)。　双手
そうしゅ【宗主】諸侯を支配する盟主。　宗主
そうしゅう【早秋】秋の初め。初秋。　早秋
そうしゅう【爽秋】さわやかな秋。　爽秋
そうじゅう【操縦】思いのままに操り動かすこと。▽—士。 handling　操縦
ぞうしゅう【増収】収入・収穫が増えること。対減収。 increased income　増収
ぞうしゅうわい【贈収賄】賄賂(わいろ)を贈ることと受け取ること。bribery　贈収賄
そうじゅく【早熟】❶年齢のわりに心身の発達が早いこと。早成。❷果物などが普通より早く熟すこと。早生(わせ)。① precocity　早熟
そうしゅつ【創出】物事を新たに作り出すこと。　創出
そうしゅつ【簇出】むらがってたくさん出ること。ぞくしゅつ。　簇出

そうしゅん【早春】春の初め。初春。　早春
そうしょ【草書】書体の一。字形を最も崩したもの。草体。　草書
そうしょ【叢書】〈双書〉同一の形式・体裁で刊行した一群の書物。series　叢書
ぞうしょ【蔵書】所蔵する書物。蔵本。　蔵書
そうしょう【宗匠】和歌・俳句・茶道などの師匠。　宗匠
そうしょう【相承】学問や技芸などを次々受けついでいくこと。　相承
そうしょう【相称】つりあいがとれていること。▽左右—。 symmetry　相称
そうしょう【創傷】きりきず。cut　創傷
そうしょう【総称】共通点のある別々のものをひとまとめにして呼ぶこと。また、その呼び名。generic term　総称
そうじょう【奏上】上奏。　奏上
そうじょう【相乗】二つ以上の数を掛け合わせること。▽—効果。　相乗
そうじょう【僧正】僧官の最高位。　僧正
そうじょう【騒擾】大勢で騒ぎを起こし、秩序を乱すこと。類騒動。riot　騒擾
ぞうじょうまん【増上慢】❶未熟なのに悟りを得たとおごること・人。❷うぬぼれが強いこと・人。　増上慢
そうしょく【草食】草を常食とすること。対肉食。herbivorous　草食

そうしょく【装飾】飾ること。飾り。▽室内—。decoration　装飾
ぞうしょく【増殖】増えること。増やすこと。multiplication　増殖
そうしん【送信】信号を送ること。▽メールを—する。対受信。send　送信
そうしん【痩身】❶痩軀(そうく)。❷体をやせさせること。① lean figure　痩身
そうしん【総身】体じゅう。全身。　総身
ぞうしん【増進】増えていくこと。増やすこと。対減退。promotion　増進
そうしんぐ【装身具】指輪・ブローチなど、身を飾る品。アクセサリー。accessaries　装身具
そうず【挿図】さしえ。illustration　挿図
そうず【僧都】僧官の僧正に次ぐ位。　僧都
そうすい【総帥】全軍を指揮する人。総大将。supreme commander　総帥
ぞうすい【雑炊】野菜などの具を入れ、味をつけたかゆ。おじや。　雑炊
そうする【奏する】❶演奏する。❷天皇に申し上げる。❸なしとげる。▽功を—。　奏する
そうする【草する】原稿を書く。　草する
ぞうする【蔵する】❶所蔵する。❷ある物事を含み持つ。① own　蔵する
そうせい【早世】若いうちに死ぬこと。はやじに。夭折(ようせつ)。early death　早世

そうせい【創世】世界のはじまり。 創世

そうせい【創製】初めて製造すること。▽当社―の和菓子。invention 創製

そうせい【叢生】〈簇生〉草木などが群がりはえること。類群生。 叢生

ぞうせい【総勢】全部の人数・軍勢。総員。all members 総勢

ぞうせい【造成】手を加えてつくりあげること。▽宅地―。development 造成

ぞうぜい【増税】税額を増やすこと。対減税。tax increase 増税

そうせいじ【双生児】ふたご。▽一卵性―。twins 双生児

そうせいじ【早生児】早産で生まれた子。早産児。 早生児

そうせき【僧籍】僧としての身分・籍。 僧籍

そうせつ【創設】新たに設立すること。類創立。establishment 創設

そうせつ【総説】全体の要旨をまとめて説くこと。general statement 総説

そうぜつ【壮絶】非常に勇ましく激しいこと。heroic 壮絶

ぞうせつ【増設】施設・設備をふやすこと。 増設

そうぜん【蒼然】❶薄暗いようす。▽―とした暮色に包まれる。❷古びたようす。▽古色―。 蒼然

そうぜん【騒然】さわがしいようす。不穏なようす。uproarious 騒然

ぞうせん【造船】船を建造すること。▽―所。shipbuilding 造船

そうそう【早早】❶急ぐようす。はやばや。❷…になってすぐ。▽新年―。 早早

そうそう【草草】〈匆匆〉手紙の末尾に書く、走り書きをわびる語。 草草

そうそう【草創】起こり始め。くさわけ。▽―期。類創始。beginning 草創

そうそう【葬送】〈送葬〉死者をほうむる場所まで送ること。野辺の送り。 葬送

そうそう【錚錚】❶弦の音がひびくようす。❷人物がすぐれているようす。▽―たるメンバー。②prominent 錚錚

そうぞう【創造】❶初めてつくり出すこと。❷神が宇宙や万物を造ること。①②creation 創造

そうぞう【想像】心の中に思い浮かべること。類空想。imagination 想像

そうぞうしい【騒騒しい】さわがしい。noisy 騒騒し

そうそく【総則】全体に共通する法則。general rules 総則

そうぞく【宗族】一族。一門。 宗族

そうぞく【相続】地位・財産・権利などを受け継ぐこと。inheritance 相続

そうぞく【僧俗】僧と俗人。 僧俗

そうそくふり【相即不離】一体となって離れない関係にあること。 相即

そうそつ【倉卒】〈匆卒〉突然で、あわただしいようす。 倉卒

そうそふ【曽祖父】祖父母の父。ひいおじいさん。対曽祖母。great-grandfather 曽祖父

そうそぼ【曽祖母】祖父母の母。ひいおばあさん。対曽祖父。great-grandmother 曽祖母

そうそん【曽孫】孫の子供。ひまご。ひいまご。great-grandchild 曽孫

そうだ【操舵】船のかじをあやつること。steering 操舵

そうたい【早退】定刻よりも早く退出すること。はやびけ。 早退

そうたい【相対】❶向き合っていること。❷他との関係において存在すること。対❷絶対。②relativity 相対

そうたい【草体】草書の書体。草書体。 草体

そうたい【総体】❶全体。全部。❷一般に。❸もともと。 総体

そうだい【壮大】大きくてりっぱなようす。▽―な計画。magnificent 壮大

そうだい【総代】仲間や集団の全員を代表する人。representative 総代

ぞうだい【増大】数量が増えて大きくなること。対減少。increase 増大

そうたいてき【相対的】物事がつねに他との関係において存在するようす。relative 相対的

そうたつ【送達】送り届けること。 送達

そうだつ【争奪】争って奪い合うこと。▽―戦。scramble 争奪

そうだん【相談】問題解決のための話し合い。▽―に乗る。身の上―。類協議。consultation 相談

そうち【送致】送り届けること。 送致

そうち【装置】しかけを備え付けること。また、そのしかけ。▽給水 装置

—。equipment

ぞうちく【増築】建て増し。 増築

そうちゃく【早着】定刻より早く着くこと。 早着

そうちゃく【装着】❶身につけること。❷器具などを取りつけること。 装着

そうちょう【早朝】朝のはやいうち。 早朝

そうちょう【荘重】荘厳で重々しいようす。因×壮重。solemn 荘重

そうちょう【総長】❶事務全体を管理する役(の人)。❷総合大学の学長。 総長

ぞうちょう【増長】❶つけあがること。❷だんだんひどくなること。▽わがままが—する。 増長

そうで【総出】一人残らず出ること。 総出

そうてい【壮丁】❶成年に達した男子。❷もと、徴兵適齢者。 壮丁

そうてい【送呈】人に物を送って、差し上げること。presentation 送呈

そうてい【装丁】〈装幀〉❶本を表装すること。装本。❷本の全般にわたって意匠をほどこすこと。①binding 装丁

そうてい【想定】ある条件や状況を仮に定めること。assumption 想定

そうてい【漕艇】(競技用の)ボートをこぐこと。rowing 漕艇

ぞうてい【贈呈】人に物を差し上げること。類進呈。presentation 贈呈

そうてん【争点】争いの主要な点。 争点

そうてん【装塡】詰め込むこと。 装塡

そうてん【蒼天】あおぞら。 蒼天

そうでん【相伝】代々伝えること。▽一子—。 相伝

そうと【壮図】壮大な計画。▽海外進出の—を抱く。類雄図。 壮図

そうと【壮途】勇ましいかどで。▽大陸横断の—に就く。 壮途

そうとう【双頭】❶頭が二つあること。❷二人の支配者。 双頭

そうとう【相当】❶当てはまること。❷相応。▽それ—の謝礼。❸かなり。 相当

そうとう【掃討】敵や悪人をすっかり討ちたいらげること。sweeping 掃討

そうとう【総統】国を統括する職・人。 総統

そうどう【草堂】草ぶきの家。草庵。 草堂

そうどう【騒動】秩序を乱す騒ぎ。disturbance 騒動

ぞうとう【贈答】詩歌・贈り物などのやりとりをすること。gift-giving 贈答

そうどういん【総動員】全員を動員して事に当たらせること。総掛かり。 総動員

そうとく【総督】植民地などの最高行政官。governor general 総督

ぞうとく【蔵匿】隠しておくこと。 蔵匿

そうなん【遭難】海や山などで災難にあうこと。 遭難

そうに【僧尼】僧と尼(あま)。 僧尼

ぞうに【雑煮】餅(もち)を入れた汁物。主に、正月に食べる。 雑煮

そうにゅう【挿入】中や間にさし入れること。insertion 挿入

そうねん【壮年】元気盛んで働き盛りの年ごろ。壮齢。盛年。 壮年

そうねん【想念】心に浮かぶ考え。 想念

そうは【争覇】❶支配者になろうと争うこと。❷優勝を争うこと。 争覇

そうは【走破】全部走り通すこと。 走破

そうは【搔爬】体内の組織を器具でかき取ること。特に、妊娠中絶。 搔爬

そうば【相場】❶商品の時価。❷取引所で行われる取り引き。❸一般の評価。①market price 相場

ぞうは【増派】さらに増員して派遣すること。 増派

そうはく【蒼白】血の気がなく、青白いこと。▽顔面—。pale 蒼白

そうはつ【早発】❶定刻より早く出発すること。❷症状などが青年時代に発病すること。 早発

そうはつ【総髪】昔の男性の髪型の一。髪を後ろで束ねたもの。また、後ろへたらしてなでつけたもの。そうがみ。 総髪

ぞうはつ【増発】交通機関の運行回数や紙幣などの発行を増やすこと。▽国債—。 増発

そうばな【総花】❶客が一同に出す祝儀。❷関係者全員に利益を与えること。▽—的な予算。 総花

そうばん【早晩】おそかれはやかれ。▽—わかるだろう。 早晩

ぞうはん【造反】既成の組織・権力に対して、謀反(むほん)を起こすこと。類反乱。 造反

そうび【装備】必要備品を備えたり、身につけたりすること。equipment

そうび【薔薇】植物の、ばら。しょうび。rose

そうひょう【総評】総まとめの批評。

そうびょう【宗廟】祖先の霊が祭ってある建物。みたまや。

ぞうひょう【雑兵】身分の低い兵。

そうふ【送付】送り届けること。

ぞうふ【臓腑】はらわた。内臓。entrails ▼—が煮えくり返る 非常に腹がたつ。

そうふく【双幅】対幅(ついふく)。

ぞうふく【増幅】❶入力信号の振幅を増大して送り出すこと。❷ある状態や話の内容が拡大することのたとえ。

ぞうぶつ【贓物】盗品。贓品。

ぞうぶつしゅ【造物主】万物の創造者としての神。造化の神。

ぞうへい【造幣】貨幣をつくること。

そうへき【双璧】甲乙つけがたい二人の人物・二つのもの。▽作家の—をなすお二人。注双×壁。類両雄。

そうべつ【送別】別れて行く人を送ること。▽—会。farewell

ぞうほ【増補】書物の不十分なところを補って加えること。enlargement

そうほう【双方】両方。both sides

そうぼう【双眸】両方のひとみ。両眼。both eyes

そうぼう【相貌】顔かたち。顔つき。

そうぼう【蒼氓】人民。蒼生。

そうほん【草本】茎が木質でない、柔らかい植物。草。対木本。herb

ぞうほん【蔵本】蔵書。

そうほんざん【総本山】一宗派を統括する最上格の寺。

そうまとう【走馬灯】回り灯籠(どうろう)。

そうみ【総身】体全体。全身。whole body

そうむ【双務】契約の当事者双方が義務を負うこと。bilateral obligation

そうむ【総務】組織全体の事務を処理すること・職・人。general affairs

そうめい【聡明】賢いこと。類英明。bright

そうめいきょく【奏鳴曲】三ないし四楽章からなる器楽曲。ソナタ。

そうめん【素麺】小麦粉をこねて油をぬって伸ばし、干しためん。

そうもう【草莽】❶草むら。❷民間。在野。

そうもく【草木】草と木。また、植物。くさき。

ぞうもつ【臓物】内臓。特に、食用にするもの。pluck

そうもん【桑門】僧侶(そうりょ)。出家。

そうもん【僧門】仏門。仏道。

そうゆう【曽遊】以前にその地を訪れたことがあること。▽—の地。

ぞうよ【贈与】贈り与えること。gift

そうらん【争乱】争いによる世の乱れ。

そうらん【総覧】〈綜覧〉❶全部を見ること。❷関係事項をまとめた本。▽参考文献—。

そうらん【騒乱】騒動が起き、治安が乱れること。擾乱(じょうらん)。▽—罪。disturbance

そうり【総理】❶全体の事務を管理すること。❷内閣総理大臣。

ぞうり【草履】わらなどで編んだ底の平らな履き物。

そうりつ【創立】初めて設立すること。類創建。創設。founding

そうりょ【僧侶】僧。

そうりょう【送料】郵便物・貨物を送る料金。postage

そうりょう【爽涼】気候がさわやかで涼しいこと。▽—の秋。

そうりょう【総領】〈惣領〉❶家のあとつぎ。❷最初に生まれた子。特に、長男。① successor ▼—の甚六(じんろく) 長男がおっとりしていることを皮肉ったことば。

ぞうりょう【増量】分量・目方を増やすこと。対減量。

そうりょうじ【総領事】領事の中で、最上級の位。また、その領事。consul general

そうりょく【総力】すべての力。全力。

そうりん【相輪】仏塔の屋根の先端にある、金属製の柱状の飾り。

ぞうりん【造林】木を育てて森林をつくること。類植林。afforestation

そうるい【走塁】野球で、走者が次の塁へ走ること。base running

そうれい【壮麗】壮大で美しいようす。splendid

そうれい【葬礼】葬式。葬儀。

そうれつ【壮烈】非常に勇ましいこと。類壮絶。heroic

そうれつ【葬列】葬式の行列。

そうろ【走路】競技者の走るみち。

そうろう【早老】早くふけこむこと。

そうろう【候う】❶「ある」の丁寧語。❷「居る」の丁寧語・謙譲語。

そうろう【蹌踉】よろけるようす。類蹌々。tottery

そうろうぶん【候文】「候う」を使って書く文章。

そうろん【争論】論争。

そうろん【総論】全体について述べた論。対各論。general remarks

そ

そうわ【挿話】途中にはさむ、本筋とは直接関係のない短い話。episode

そうわ【総和】総計。sum total

ぞうわい【贈賄】賄賂(わいろ)を贈ること。対収賄。bribery

そえがき【添え書き】❶手紙の追って書き。❷書画などにそえて、その由来などを記す文。①postscript

そえじょう【添え状】使いの者や贈り物にそえる手紙。添書(てんしょ)。

そえる【添える】〈副える〉❶そばに付ける。❷付け加える。▽興を—。❸補助する。▽口を—。②add

そえん【疎遠】交際がとだえがちで、親しくなくなること。▽平素の—をおわびします。

ソーシャル「社会の」「社会的」「社交的」の意。英語のsocialから。▽—ダンス。—ワーカー。

ソース【sauce】西洋料理の調味液。

ソース【source】情報の出どころ。

ソート【sort】データを分類したり並べかえたりすること。

ソーラー【solar】太陽エネルギーを使うこと。

そか【粗菓】粗末な菓子。贈り物にしたり人に出す時の謙譲語。

そかい【租界】居留地。特に、もと中国の都市にあった外国人居留地。

そかい【素懐】平素の願い。類素志。

そかい【疎開】戦禍などに備えて、地方に移り住むこと。evacuation

そがい【阻害】じゃまをすること。obstruction

そがい【疎外】❶のけものにすること。▽—感。❷文明などに支配され、人間性を失うこと。①②alienation

そかく【組閣】内閣を組織すること。

そかく【疎隔】親密でなくなり、へだたりができること。類疎遠。

そがん【訴願】うったえ願うこと。

そきゅう【訴求】宣伝・広告などで買い手に働きかけること。appeal

そきゅう【遡及】〈溯及〉過去にさかのぼって効力を及ぼすこと。さっきゅう。retroactivity

そぎょう【祖業】先祖代々の事業。

そく〔即〕常7〔卽〕人9 ソク ❶位につく。▽—位。❷すぐに。▽—座。❸すなわち。

筆順
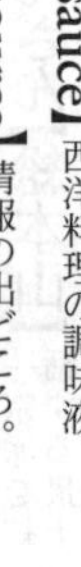

そく〔束〕常7 ソク・たば ❶制限する。▽拘—。❷たばねる。▽結—。札—(さつたば)。

筆順
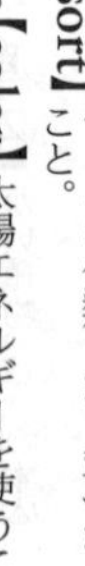

そく〔足〕常7 ソク・あし・たりる・たる・たす ❶あし。❷歩く。▽遠—。❸たりる。▽充—。満—。

筆順
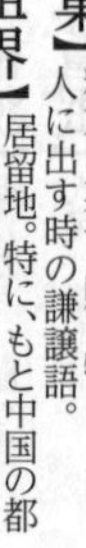

そく〔促〕常9 ソク・うながす ❶せきたてる。▽—進。❷つまる。▽—音。

筆順
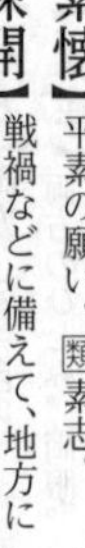

そく【則】常9 ソク きまり。基準。手本。▽規―。原―。
筆順 丨 冂 月 目 目 貝 貝 則 則 則・則

そく【息】常10 ソク・いき ❶いき。呼吸。▽嘆―。❷生きる。▽生―。消―。❸休む。▽休―。❹止む。▽終―。❺むすこ。子ども。▽―女。子―。❻利子。▽利―。
筆順 ノ 亻 白 自 自 自 息 息 息・息

そく【捉】常10 ソク・とらえる ❶つかまえる。▽捕―。❷にぎる。▽吐哺―髪。
筆順 扌 扌 扣 扣 扣 捉 捉 捉 捉・捉

そく【速】常10 ソク・はやい・はやめる・はやまる・すみやか はやい。はやさ。▽―攻。―達。風―。
筆順 一 一 戸 申 束 束 速 速 速・速

そく【側】常11 ソク・がわ ❶そば。▽―近。❷かわ。一方。▽―面。右―。
筆順 亻 仆 仂 伹 俱 俱 側 側・側

そく【測】常12 ソク・はかる ❶はかる。▽―定。観―。❷予想する。▽推―。
筆順 氵 氵 汌 汨 汨 泪 測 測・測

そく【塞】⇩さい

そく【即】❶すなわち。❷すぐに。▽―実行。immediately
即

そく【息】むすこ。
息

そぐ【削ぐ】〈殺ぐ〉❶とがらせる。❷けずり取る。❸減らす。▽興味を―。
削ぐ

ぞく【俗】常9 ゾク ❶ならわし。▽習―。❷世間。▽世―。❸いやしい。▽―物。―人。卑―(ひぞく)。❹出家していない人。
筆順 亻 亻 仫 仫 伀 俗 俗 俗・俗

ぞく【族】常11 ゾク ❶みうち。▽親―。家―。❷同類。▽種―。
筆順 亠 方 方 方 ガ 於 族 族・族

ぞく【属】常12 ゾク ❶くっつく。従う。▽―国。❷なかま。▽金―。(屬)
筆順 コ 尸 尸 屆 属 属 属 属・属

ぞく【賊】常13 ゾク ❶ぬすびと。▽盗―。❷反逆者。▽逆―。
筆順 目 貝 貝 貝 賊 賊 賊 賊・賊

ぞく【続】常13 ゾク・つづく・つづける つづく。つづける。▽―出。―行。連―。(續)
筆順 ㇜ 幺 幺 糸 糸 紶 綪 続 続・続

ぞく【俗】❶ありふれているようす。❷下品なようす。❸世俗の人。対❷雅。
俗

ぞく【賊】❶どろぼう。❷支配者に背く者。反逆者。
賊

ぞくあく【俗悪】下品で見苦しいこと。vulgar
俗悪

そくい【即位】君主の位につくこと。
即位

そくいん【▲惻隠】同情すること。▽―の情。
惻隠

ぞくうけ【俗受け】大衆に気に入られること。
俗受け

ぞくえん【俗縁】❶世間とのかかわりあい。❷出家前の親類・縁者。
俗縁

ぞくえん【続演】上演期間の延長。
続演

そくおう【即応】❶ぴったり合うこと。▽時代に―した考え。❷変化にすぐに応じること。▽―態勢。

即応

ぞくがら【続柄】⇩つづきがら。
続柄

そくぎん【即吟】その場で詩歌を詠むこと。即詠。improvisation
即吟

ぞくぐん【賊軍】支配者にそむく軍勢。対官軍。
賊軍

ぞくけ【俗気】世間的な名声や金銭にひかれる気持ち。ぞっけ。
俗気

ぞくげん【俗▲諺】世間一般に使われることわざ。俚諺(りげん)。
俗諺

ぞくご【俗語】日常使われる、くだけたことば。対雅語。slang
俗語

そくざ【即座】その場で行うこと。▽―に応答する。注×速座。
即座

そくさい【息災】無事で健康なこと。類達者。▽無病―。
息災

そくし【即死】事故などで、その場ですぐ死ぬこと。
即死

そくじ【即時】すぐそのとき。即刻。
即時

ぞくじ【俗字】普通に使われているが、本来の字体でない漢字。対正字。
俗字

ぞくじ【俗耳】世間の人の耳。▽―に入り易い。
俗耳

ぞくじ【俗事】世間的な雑事。俗用。類俗塵。worldly affairs
俗事

そくしつ【側室】貴人の妾。側妻(そばめ)。
側室

そくじつ【即日】すぐその日。当日。
即日

ぞくしゅう【俗臭】低俗で下品な感じ。▽―芬々(ふんぷん)。vulgar taste
俗臭

ぞくしゅう【俗習】世間一般の風習。
俗習

ぞくしゅつ【続出】続いて出たり、起こったりすること。▽
続出

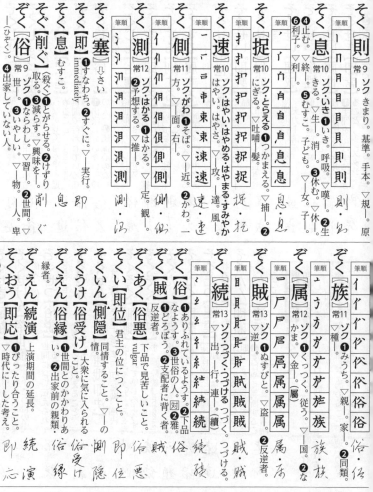

エラーが―する。succeeding

そくじょ【息女】 他人の娘の敬称。　息女

ぞくしょう【俗称】 世間で通用している呼び名。通称。common name　俗称

そくしん【促進】 うながして、事を早く進めること。promotion　促進

ぞくしん【俗信】 世間で行われている迷信的な信仰。　俗信

ぞくじん【俗人】 ❶出家していない一般の人。❷風流心のない人。❸俗物。　俗人

ぞくじん【俗塵】 俗世間のわずらわしさ。世塵。worldly affairs　俗塵

そくする【即する】 ぴったり合う。▽実情に―した対策。　即する

そくする【則する】 のっとる。▽法に―した行い。　則する

ぞくする【属する】 ❶所属する。❷ある種類・範囲の中にある。▽イネ科に―植物。　属する

ぞくせ【俗世】 俗世間。ぞくせい。　俗世

そくせい【即製】 その場で作ること。▽―品。　即製

そくせい【促成】 人工的に早く生長させること。▽―栽培。forcing　促成

そくせい【速成】 短期間に仕上げること。▽実力―講座。　速成

ぞくせい【俗姓】 僧の出家前の姓。　俗姓

ぞくせい【属性】 その物がもっている性質・特徴。attribute　属性

そくせき【即席】 ❶手間をかけずにできること。インスタント。❷その場ですぐにすること。②impromptu　即席

そくせき【足跡】 ❶あしあと。歩いたあと。❷業績。①footprint　足跡

ぞくせけん【俗世間】 一般の人々が暮らすこの世の中。俗界。俗世。　俗世間

ぞくせつ【俗説】 世間に言い伝えられている説。common superstition　俗説

そくせん【即戦】 すぐに戦えること。▽―力。　即戦

そくせんそっけつ【速戦即決】 一気に勝敗を決すること。注速戦×速決。　速戦

そくそく【惻惻】 悲しみやあわれみを身にしみて感じるようす。　惻惻

ぞくぞく【続続】 次から次へと続くようす。類陸続。successively　続続

そくだい【即題】 席題。　即題

そくだく【即諾】 即座の承諾。　即諾

そくたつ【速達】 「速達郵便」の略。普通郵便よりはやく配達される郵便物。special delivery　速達

そくだん【即断】 即座に決めること。▽―即決。immediate decision　即断

そくだん【速断】 ❶すばやく判断すること。❷はやまって判断すること。　速断

使い分け「そくだん」

即断…その場で決めること。「即」の意味に対応している。▽―しかねる問題。―を迫られる。―即決。

速断…すばやく判断して決めること。「速」の意味に対応している。▽―に過ぎる。

そくち【測地】 土地を測量すること。　測地

そくてい【測定】 長さ・重さ・速さなどをはかること。measurement　測定

そくてんきょし【則天去私】 自我を捨て天に従うこと。夏目漱石(そうせき)の人生観。　則天

そくど【速度】 ❶物事が進んでいく速さ。❷単位時間に進む距離で表す速さ。▽時速六〇キロメートルの―。①speed　速度

ぞくと【賊徒】 盗賊・反逆者の仲間。　賊徒

そくとう【即答】 その場ですぐに答えること。▽承諾の旨―する。prompt answer　即答

ぞくねん【俗念】 利益や名誉などを求める、世俗的ないやしい気持ち・考え。▽―を去る。earthly desire　俗念

そくのう【即納】 すぐに納めること。　即納

そくばい【即売】 その場で売ること。on-the-spot sale　即売

そくばく【束縛】 自由をうばうこと。対解放。restraint　束縛

そくはつ【束髪】 髪を束ねて結う、明治中期以降に流行した女性の髪型。　束髪

ぞくはつ【続発】 次々に起こること。　続発

そくひつ【速筆】 書く速度が速いこと。対遅筆。　速筆

ぞくぶつ【俗物】 名声・利益ばかりを考えている人。俗人。▽―根性。snob　俗物

そくぶん【仄聞】〈側聞〉うわさに聞くこと。もれ聞くこと。▽―するところでは。

ぞくへん【続編】〈続篇〉小説や映画で、正編に続く作品。[対]正編。sequel

そくほう【速報】 すばやく知らせること。また、その知らせ。▽選挙―。flash report

ぞくほう【続報】 続いて知らせること。また、その知らせ。further news

そくみょう【即妙】 すばやく気転をきかすこと。▽当意―。

ぞくみょう【俗名】 ❶僧の、出家前の名。❷生前の名。[対]❷戒名。

そくめん【側面】 ❶横の面。❷わき。そば。▽―からの援助。❸物事の一面。①side ③aspect

ぞくよう【俗用】 ❶俗事。❷世間一般の用い方。①worldly affairs

ぞくよう【俗謡】 通俗的な歌謡。

ぞくりゅう【俗流】 くだらない連中。

ぞくりゅう【粟粒】 ❶あわつぶ。❷非常に小さいもの。

そくりょう【測量】 土地の位置・形・面積などを測定すること。survey

ぞくりょう【属領】 ある国の支配下にある地域。[類]植民地。colony

そくりょく【速力】 進む速さ。speed

そくろう【足労】 足を運ばせること。▽御―。

ぞくろん【俗論】 程度の低い意見。

そぐわない ふさわしくない。つりあわない。be unsuitable

そけい【粗景】 粗末な景品。

そけいぶ【鼠蹊部】 ももの付け根の内側。groin

そげき【狙撃】 銃でねらい撃つこと。sniping

そげる【削げる】〈殺げる〉けずられる。

そげん【遡源】〈溯源〉もとにさかのぼること。さくげん。retracing

そこ【其処】 ❶そのところ。❷その点。①there

そこ【底】 ❶くぼみや容器の下の部分。❷奥深い所。❸物事の限界・限度。①bottom **▼―が知れない** ❶実態がよくわからない。❷限りがない。**▼―が浅い** 内容に深みがない。**▼―が割れる** 隠していたことがすぐ現れる。

そご【齟齬】 食い違うこと。▽計画に―をきたす。

そこい【底意】 心の底にある考え。腹の内。下心。

そこいじ【底意地】 心の奥に持つ意地・根性。▽―の悪い人。

そこう【素行】 ふだんの行い。conduct

そこう【粗肴】 粗末なさかな。料理を客に出すときに謙遜していう語。

そこう【遡行】〈溯行〉流れをさかのぼること。遡上。going upstream

そこう【遡航】〈溯航〉船で川をさかのぼること。

そこく【祖国】 ❶生まれた国。母国。❷民族の、もとの国。①②homeland

そこぢから【底力】 いざというときに発揮する強い力。potential power

そこつ【粗忽】 ❶そそっかしいようす。❷粗相❶。

そこなう【損なう】 ❶悪い状態にする。害する。▽信用を―。❷失敗したり間違えたりする。❸機会を逃す。❹危うく…しそうになる。▽命を落とし―。①ruin

そこね【底値】 相場で、最低の値。

そこひ【底翳】〈内障〉眼球内部の故障による病気の総称。

そこびえ【底冷え】 体のしんまでしみとおるように寒いこと。

そこびかり【底光り】 ❶奥底にひそむ光。❷価値や能力がうちにひそんでいること。

そさい【蔬菜】 野菜。青物。vegetables

そざい【素材】 製品・創作などのもとになる材料。material

そざつ【粗雑】 いいかげんであらっぽいようす。雑。sloppy

そさん【粗餐】 粗末な食事。人に出す食事の謙譲語。plain dinner

そし【阻止】 はばむこと。blocking

そし【祖師】 宗派の開祖。

そし【素子】 電気回路などの構成要素で重要な働きをもつ単位部品。

そし【素志】 平素からの志。[類]素懐。

そじ【素地】 基礎。下地(したじ)。　素地

そじ【措辞】 詩文における、ことばの使い方。phraseology　措辞

そしき【組織】 ❶まとまりのある集団をつくること。また、その集団。❷生物の細胞の集まり。①organization ②tissue　組織

そしつ【素質】 ❶もともと備わっている性質。❷あるものになりうる能力・性質。①nature ②the makings　素質

そしな【粗品】 粗末な品。人に物を贈るときの謙譲語。そひん。　粗品

そしゃく【咀嚼】 ❶食べ物をよくかみこなすこと。❷よく考えて意味を正しく理解し味わうこと。①mastication　咀嚼

そしゃく【租借】 他国の領土の一部を一定期間借りて治めること。lease　租借

そじゅつ【祖述】 先人の説を継いで、学説をたてること。　祖述

そしょう【訴訟】 裁判所に、裁判による法律の適用を要求すること。suit　訴訟

そじょう【俎上】 まな板の上。▼—に載(の)せる 取り上げて批評する。　俎上

そじょう【訴状】 民事訴訟で、訴えを起こす際に提出する書面。petition　訴状

そじょう【遡上】 〈溯上〉流れをさかのぼること。遡行。　遡上

そしょく【粗食】 粗末な食事。plain diet 対美食。　粗食

そしらぬ【素知らぬ】 何も知らないようす。▽—顔。　素知らぬ

そしる【謗る】 〈譏る〉悪口を言う。非難する。けなす。blame　謗る

そすい【疎水】 〈疏水〉発電・灌漑(かんがい)などのために作った水路。canal　疎水

そせい【粗製】 粗雑な作り方。対精製。　粗製

そせい【組成】 組み立て。formation　組成

そせい【蘇生】 〈甦生〉生き返ること。revival　蘇生

そぜい【租税】 国・地方公共団体が、国民から徴収する金。税。税金。taxes　租税

そせき【礎石】 ❶建物の土台石。いしずえ。❷物事の基礎。①cornerstone　礎石

そせん【祖先】 家系の初代の人。また、先代以前の人々。先祖。ancestor　祖先

そそ【楚楚】 清らかで美しいようす。▽—たる美人。graceful　楚楚

そそう【阻喪】 〈沮喪〉気力がくじけること。▽意気—。dejection　阻喪

そそう【粗相】 ❶不注意による過ち。無作法。粗忽(そこつ)。❷便をもらすこと。　粗相

そぞう【塑像】 粘土・石膏(せっこう)で作った像。clay statue　塑像

そそぐ【注ぐ】 ❶流れ込む。❷流し込む。❸水・雨・雪・光などが降りかかる。❹集中する。②pour into　注ぐ

そそぐ【雪ぐ】 ⇩雪(すす)ぐ。　雪ぐ

そそぐ【濯ぐ】 ⇩濯(すす)ぐ。　濯ぐ

そそける ❶髪の毛などがほつれ乱れる。❷けばだつ。

そそっかしい 落ち着きがなく軽率だ。careless

そそのかす【唆す】 〈嗾す〉ある行動を起こすように誘いすすめる。類煽(あお)る。egg on　唆す

そそりたつ【聳り立つ】 高くそびえ立つ。tower　聳り立

そそる ある感情・意欲などを起こさせる。誘う。▽興味を—。excite

そぞろ【漫ろ】 ❶なんとなく気持ちが進むようす。❷気持ちの落ち着かないようす。▽気も—。　漫ろ

そぞろあるき【漫ろ歩き】 あてもなくのんびりと歩く。stroll　漫ろ歩

そだ【粗朶】 切り取った木の枝。柴(しば)。　粗朶

そだい【粗大】 あらっぽく、大ざっぱなようす。▽—な調査。—ごみ。rough　粗大

そだち【育ち】 ❶成育の状態。❷生い立ち。❸そういう環境で育ったこと。▽温室—。①growth　育ち

そだてる【育てる】 ❶成長させる。❷教育する。❸世話をやいて一人前にする。①③raise, bring up　育てる

そち【措置】 うまくいくように取り計らうこと。類処置。measures　措置

そちゃ【粗茶】 粗末な茶。相手に茶をすすめるときの謙譲語。　粗茶

そちら【其方】 ❶相手側の場所・方向をさし示す。❷相手側に近いものをさし示す。❸相手側の人をさす。　其方

そつ［卒］ 常8 ソツ ❶おわる。▽—業。新—。❷下級の兵。▽兵—。従—。❸とつぜん。▽—然。—倒。

筆順 卒　卒・卆

そつ〖率〗 常11 ソツ・リツ・ひきいる ❶割合。▽比―。❷ひきいる。▽引―。❸すなお。▽―直。❹急な。▽―然。

筆順

率・率

そつ 手抜かり。むだ。▽―がない。

そつ【卒】 ❶兵卒。❷「卒業」の略。▽大学―。 卒

そつい【訴追】 ❶起訴。❷裁判官などの罷免を求めること。①indictment 訴追

そつう【疎通】 〈疏通〉よく理解されること。▽意思の―。mutual understanding 疎通

そっか【足下】 ❶あしもと。❷手紙の脇付けの一。❸同等の相手に対する尊敬語。あなた。 足下

ぞっか【俗化】 俗っぽくなること。 俗化

ぞっかい【俗界】 俗世間。the world 俗界

ぞっかい【俗解】 通俗的な解釈。 俗解

そっき【速記】 談話などを符号などを使って速く書き取ること。また、その技術。速記術。shorthand 速記

そっきょう【即興】 ❶その場で詩歌などを作ること。❷その場でおこる興味。①improvisation 即興

そつぎょう【卒業】 ❶規定の修業課程を終えること。❷ある段階を通り過ぎること。対❶入学。①graduation 卒業

ぞっきょく【俗曲】 三味線の伴奏で歌う歌。都都逸（どどいつ）・端唄（はうた）など。 俗曲

そっきん【即金】 その場で現金で支払うこと。cash payment 即金

そっきん【側近】 貴人・権力者のそばに仕えること・人。▽社長の―。―政治。close attendant 側近

そっけつ【即決】 その場ですぐ決めること。▽即断―。prompt decision 即決

そっけつ【速決】 すみやかな決定。▽―を迫る。 速決

そっけない【素気無い】 思いやりや愛想がない。curt 素気無

そっこう【即効】 すぐにききめがあらわれること。▽―薬。instant effect 即効

そっこう【速攻】 すばやく攻めたてること。quick attack 速攻

そっこう【速効】 ききめがはやいこと。▽―性。immediate effect 速効

そっこう【側溝】 道路ぎわの排水溝。 側溝

ぞっこう【続行】 引き続き行うこと。continuation 続行

そっこうじょ【測候所】 気象庁の地方出先機関。気象や地震などの観測・調査を行い、予報や警報などを出す。 測候所

そっこく【即刻】 いますぐ。ただちに。即時。at once 即刻

ぞっこく【属国】 他国の支配を受けている国。対独立国。dependency 属国

そつじ【卒爾】 〈率爾〉軽率なこと。また、突然なこと。▽―ながらお尋ねします。 卒爾

そつじゅ【卒寿】 九〇歳（の祝い）。「卒」の略字の「卆」が「九十」と読めることから。 卒寿

そっせん【率先】 先立って行うこと。注×卒先。▼―垂範（すいはん） 率先して模範を示すこと。 率先

そつぜん【卒然】 〈率然〉突然。にわかに。▽―と逝く。suddenly 卒然

そっちゅう【卒中】 脳出血などのため、意識を失って突然倒れる病気。脳卒中。apoplexy 卒中

そっちょく【率直】 飾りけがなく、ありのままなようす。▽―に言う。注×卒直。frank 率直

そっとう【卒倒】 急に意識を失って倒れること。類昏倒（こんとう）。faint 卒倒

そっぱ【反っ歯】 上の前歯が出ていること・人。出っ歯。buckteeth 反っ歯

そっぽ【外方】 よそのほう。▼―を向く 知らん顔をする。応じない。 外方

そで〖袖〗 ⇩しゅう

そで【袖】 ❶衣服の腕の部分。❷和服の袂（たもと）。❸もののわきの部分。①②sleeve ▼―にする 冷たく扱う。▼―振り合うも他生（たしょう）の縁（えん） ちょっとした出来事も前世からの因縁でおこるということ。▼―を分かつ 関係を断つ。 袖

そてつ【蘇鉄】 常緑低木の一。暖地に生える。幹はうろこ状。cycad 蘇鉄

そでのした【袖の下】 わいろ。▽―を使う。 袖の下

そと【外】 ❶仕切りの外部。❷外面。表面。❸よそ。対❶～❸内（うち）。①outside 外

そとうば【卒塔婆】 ⇩そとば。 卒塔婆

そとうみ【外海】外洋。がいかい。

そどく【素読】意味は考えず、文字だけを声に出して読むこと。すよみ。

そとぜい【外税】価格表示で、消費税にあたる額が含まれていないこと。

そとづら【外面】❶うわべ。❷他人に対するときの態度。

そとのり【外法】外側の寸法。

そとば【卒塔婆】❶死者の供養(くよう)のために墓のうしろに立てる、細長い板。❷仏舎利(ぶっしゃり)を安置する塔。

卒塔婆❶

そとぼり【外堀】城の外をかこむ堀。㊟内堀。▼—を埋(う)める 目的をとげるため、まず周りの障害をとり払う。

そとまご【外孫】嫁に行った娘が生んだ子。がいそん。

そなえもの【供え物】神仏にささげる物。供物(くもつ)。offering

そなえる【供える】神仏・貴人などに品物をささげる。▽仏前に花を—。offer

そなえる【備える】❶用意する。▽地震に—。❷整えておく。設備する。▽エアコンを—えた車。❸〈具える〉生まれつきもつ。具備する。①❶❸ prepare

---

そねむ【嫉む】うらやみ憎む。ねたむ。envy

その〔其〕人 8 キ・それ・その 聞き手の近くにあるものをさす語。

筆順							
一	十	廾	卄	甘	甘	其	其

その【園】❶花・果樹などを植える土地・庭。❷限られた場所。①garden

そのうち【其の内】あまり時間のたたないうち。近いうち。soon

そのじつ【其の実】本当は。実際は。in fact

そのすじ【其の筋】❶その分野。❷管轄の役所。特に警察。▽—のお達し。②authorities

そのて【其の手】そのような手段・計略。▽—でいこう。▼—は桑名(くわな)の焼き蛤(はまぐり) その手は食わないをしゃれて言ったことば。

そのでん【其の伝】そのような考え方・やり方。▽—でいこう。

そのみち【其の道】❶その専門の方面。▽—の達人。❷色ごとの方面。

そば【岨】絶壁。そわ。cliff

そば【側】〈傍〉❶かたわら。❷…するとすぐ。▽飲んだ—から吐く。①near

使い分け「そなえる」

備える…準備する。具備する。▽台風に—。老後の備え。各部屋に消火器を—。

供える…神仏などの前に物をささげる。▽お神酒を—。霊前に花を—。鏡餅を—。お供え物。

そば【蕎麦】❶タデ科の植物の一。実からそば粉をとる。❷そば粉でつくるめん。

そばかす【雀斑】主に顔にできる、褐色の斑点(はんてん)。freckles

そばだつ【峙つ】ひときわ高く立つ。そびえ立つ。tower

そばだてる【欹てる】❶一方の端をひときわ高く立てる。▽耳を—。❷注意をして…しようとする。

そばづえ【側杖】〈傍杖〉思いがけない災難。まきぞえ。とばっちり。by-blow ▼—を食う 無関係な事件にまきこまれる。

そばめる【側める】❶わきに寄せる。❷横に向ける。そむける。▽目を—。②look away

そびえる【聳える】そそり立つ。高く立つ。tower

そびやかす【聳やかす】高くする。高くあげる。▽肩を—。raise

そびょう【素描】大まかな描写。デッサン。sketch

そひん【粗品】⇩そしな。

そふ【祖父】父母の父。おじいさん。㊟祖母。grandfather

ソフィスティケート【sophisticate】洗練されていること。

ソフトウエア【software】コンピュータの利用技術。㊟ハードウエア。

ソフトドリンク【soft drink】アルコールを含まない飲料。

そふぼ【祖父母】祖父と祖母。grandparents

そぶり【素振り】 表情・動作に現れるようす。気(け)振り。▽つれないー。類態度。manner　素振り

そぼ【祖母】 父母の母。おばあさん。grandmother 対祖父。　祖母

そほう【粗放】 〈疎放〉大ざっぱなようす。▽ー農業。　粗放

そぼう【粗暴】 あらあらしく乱暴なようす。rough　粗暴

そほうか【素封家】 代々続いている大金持ち。財産家。wealthy person　素封家

そぼく【素朴】 ❶飾りけがなく、素直であること。❷単純であること。類❶純朴。①②simple　素朴

そぼふる【そぼ降る】 雨がしとしとと降る。drizzle　そぼ降

そま【杣】 ❶材木にする木を植えた山。そまやま。❷材木をとる木。そまぎ。　杣

そまつ【粗末】 ❶品質やつくり方が雑なようす。❷大切に扱わないようす。▽物をーにする。①coarse　粗末

そまる【染まる】 ❶色がつく。❷感化される。▽悪にー。①dye　染まる

そみつ【粗密】 〈疎密〉あらいことと、細かいこと。　粗密

そむく【背く】 ❶違反する。❷逆らう。❸予想と異なる結果になる。▽期待にー。①violate ②disobey　背く

そむける【背ける】 (顔や目を)そらす。turn away　背ける

ソムリエ【sommelier フランス】 ホテル・レストランなどのワインの専門家。

そめもの【染め物】 布を染めること。また、その布。　染物

そめる【初める】 ❶初めて…する。しはじめる。▽明けー。❷…　初める

そめる【染める】 ❶色をつける。❷ある色にする。❸着手する。①dye　染める

そもさん【什麼生】 いかに。さあどうだ。禅問答に使う語。　什麼生

そもそも【抑】 ❶始まり。最初。❷いったい。❸はじめから。もともと。　抑

そや【粗野】 ことば・行いがあらあらしく下品なこと。類粗暴。coarse　粗野

そよう【素養】 ふだんの修養で身につけた教養や技術。accomplishments　素養

そよかぜ【微風】 そよそよと吹く風。びふう。breeze　微風

そよぐ【戦ぐ】 草木などがわずかにゆれ動く。▽風にー葉。rustle　戦ぐ

そら【空】 ❶天。❷天候。❸遠い地。❹気持ち。❺記憶で行うこと。❻なんとなく。▽ー恐ろしい。❼うその。▽ー涙。❽あてにならない。①sky　空

そらおそろしい【空恐ろしい】 なんとなく恐ろしい。　空恐

そらごと【空言】 〈虚言〉うそ。虚言(きょげん)。　空言

そらごと【空事】 〈虚事〉いわれのない話。つくり事。　空事

そらす【反らす】 そるようにする。　反らす

そらす【逸らす】 ❶のがす。❷別の方向へ向ける。❸機嫌を損なう。　逸らす

そらぞらしい【空空しい】 わざとらしい。見えすいている。transparent　空空し

そらだのみ【空頼み】 当てにならないことをたよりにすること。vain hope　空頼み

そらとぼける【空惚ける】 とぼけて、わざと知らないふりをする。　空惚け

そらなみだ【空涙】 うその涙。crocodile tears　空涙

そらに【空似】 他人なのに顔がよく似ていること。　空似

そらね【空寝】 眠ったふりをすること。たぬき寝入り。sham sleep　空寝

そらまめ【空豆】 〈蚕豆〉マメ科の作物の一。さやの中の種子は食用。broad bean　空豆

そらみみ【空耳】 ❶聞こえないのに聞こえた気がすること。❷聞こえないふりをすること。①mishearing　空耳

そらめ【空目】 ❶見まちがい。❷見て見ないふりをすること。❸上目(うわめ)。　空目

そらんじる【諳んじる】 暗記する。　諳じる

そり【反り】 反ること。反り具合。curve ▼ーが合わない 互いの気持ちがしっくりしない。　反り

そり【橇】 雪や氷の上を滑らせて、人や荷物を運ぶもの。sleigh, sled　橇

そりみ【反り身】 上半身を後ろへ反らすこと。　反り身

そりゃく【粗略】 〈疎略〉おろそかにすること。いいかげんなこと。　粗略

そりゅうし【素粒子】 物質を構成する最小単位となる、微細な粒子。elementary particle　素粒子

ソリューション【solution】 問題解決策。

そりん【疎林】 木がまばらに生えている林。対密林。thin woods　疎林

そる【反る】弓なりに曲がる。warp 反る

そる【剃る】かみそりなどで髪やひげを根元から切り取る。する。shave 剃る

それる【逸れる】❶ねらいからはずれる。❷思いがけない方へ行く。② swerve 逸れる

そろう〔揃〕人12 セン・そろう・そろえる ❶そろう。集まり整う。▽勢―い。❷そろえる。 揃・揃

筆順 扌 扌 扌 扌 揃 揃 揃 揃

そろう【疎漏】〈粗漏〉いいかげんで手落ちのあること。 疎漏

そろう【揃う】❶全部集まる。❷同じになる。❸全部整う。 揃う

そろばん【算盤】❶日本・中国で使われる計算用具。❷勘定。採算。① abacus ▼―が合う 採算がとれる。 算盤

そろばんだかい【算盤高い】打算的だ。 算盤高

そん〔存〕常6 ソン・ゾン ❶ある。いる。▽―在。生―。❷そのままにする。▽保―。 存・存

筆順 一 ナ ナ 冇 存 存

そん〔村〕常7 ソン・むら ❶むら。▽農―。❷地方自治体の一。▽―長。 村・村

筆順 一 十 オ 木 木 村 村

そん〔孫〕常10 ソン・まご ❶まご。▽曽―。❷同じ血をひく者。▽子―。 孫・孫

筆順 了 子 孑 孑 孫 孫 孫 孫

そん〔尊〕常12 ソン・たっとい・とうとい・たっとぶ・とうとぶ ❶とうとぶ。▽―敬。❷敬意を示す語。▽―父。―顔。(尊) 尊・尊

筆順 丷 䒑 䒑 酋 酋 酋 尊

そん〔損〕常13 ソン・そこなう・そこねる ❶こわす。▽―傷。❷利益を失う。▽―失。❸へらす。▽―減―。 損・損

筆順 扌 扌 扣 扣 捐 捐 捐 損

そん〔遜〕常14〔遜〕13許容 ソン ❶へりくだる。▽謙―。❷劣る。▽―色。 遜・遜

筆順 子 孑 孫 孫 孫 孫 遜 遜

そん【損】❶利益を失うこと。▽―をする。❷努力が報われないこと。▽―な性分(しょうぶん)。対❶益。❷得。① loss 損

ぞん〔存〕⇩そん

そんえい【尊影】他人の写真・肖像の敬称。お写真。ご肖像。 尊影

そんえき【損益】損失と利益。 損益

そんか【尊家】相手の家の敬称。貴家。尊宅。尊堂。 尊家

そんかい【損壊】こわれること。また、こわすこと。▽家屋が―する。道路―。類破壊。collapse 損壊

そんがい【損害】❶損なわれること。❷不利益。② loss 損害

ぞんがい【存外】思いのほか。案外。▽―な成功。unexpectedly 存外

そんがん【尊顔】人の顔の敬称。お顔。▽師の―に接する。 尊顔

そんき【損気】損な気質。 損気

そんきょ【蹲踞】❶うずくまること。しゃがむこと。❷相撲で、腰を下ろし両ひざを開き上体を正す姿勢。 蹲踞

そんけい【尊兄】❶人の兄の敬称。❷同輩の男性の敬称。 尊兄

そんけい【尊敬】尊び敬うこと。respect 尊敬

そんげん【尊厳】尊くおごそかなこと。dignity 尊厳

そんげんし【尊厳死】延命だけの治療をやめ、安らかに死ぬということ・考え方。 尊厳死

そんこう【尊公】相手の男性に対する、やや古風な敬称。 尊公

そんこう【損耗】⇩そんもう。 損耗

そんざい【存在】あること・もの。また、いること・人。existence 存在

ぞんざい 乱暴でなげやりなようす。rough

ぞんじあげる【存じ上げる】「思う・知る」の謙譲語。 存じ上

そんしつ【損失】利益を失うこと。loss 損失

そんしょう【尊称】尊び敬う呼び名。 尊称

そんしょう【損傷】損なわれ傷つくこと。損ない傷つけること。damage 損傷

そんしょく【遜色】劣っていること。見劣り。inferiority ▼―が無い 他と比べて劣らない。 遜色

そんじる【損じる】❶こわす。そこなう。❷…しそこなう。 損じる

ぞんじる【存じる】❶「思う」「考える」の謙譲語。❷「知る」の謙譲語。 存じる

そんすう【尊崇】尊びあがめること。類崇敬。reverence 尊崇

そんする【存する】❶ある。❷生存する。❸残る。❹残す。▽古都の面影を―。①② exist 存する

そ

そんする【損する】 利益を失う。損失をこうむる。be damaged 損する

そんぞく【存続】 引き続いて存在すること。また、続けて残しておくこと。continuation 存続

そんぞく【尊属】 父母、祖父母など、目上の親族。対卑属。 尊属

そんだい【尊大】 えらぶること。▽―な態度。類傲慢。haughty 尊大

そんだい【尊台】 目上の相手に対する尊敬語。貴台。 尊台

そんたく【忖度】 相手の心中をおしはかること。▽心中を―する。注×すんたく。類推察。conjecture 忖度

そんたく【尊宅】 他人の家の敬称。尊家。尊堂。 尊宅

そんち【存置】 現在ある制度・設備などを、そのまま残しておくこと。 存置

そんちょう【尊重】 価値のあるものとして、尊び重んじること。大事に扱うこと。respect 尊重

そんどう【尊堂】 ❶尊宅。❷相手に対する敬称。 尊堂

そんとく【損得】 損失と利益。▽―勘定。 損得

ぞんねん【存念】 いつも心中で思っていること。▽―を申し述べる。 存念

そんのうじょうい【尊皇攘夷】 〈尊王攘夷〉皇室を尊び幕府を退け、外国人を打ち払おうとした幕末の思想。 尊皇

そんぱい【存廃】 存続と廃止。 存廃

そんぴ【存否】 ❶存在するかどうか。❷存続か、打ち切りか。❸生きているか、いないか。 存否

そんぴ【尊卑】 身分の高い者と低い者。類貴賤(きせん)。 尊卑

そんぷ【尊父】 他人の父の敬称。▽ご―。 尊父

そんぷうし【村夫子】 ❶田舎(いなか)の物知り。❷見識の狭い学者。 村夫子

ぞんぶん【存分】 思うまま。じゅうぶん。▽―に語る。 存分

そんぼう【存亡】 そのまま続くか、滅びるか。▽危急―の秋(とき)。 存亡

そんめい【尊名】 人の名の尊敬語。類芳名。 尊名

ぞんめい【存命】 生きながらえていること。being-alive 存命

そんもう【損耗】 物がいたみ減ること。使って減らすこと。そんこう。▽タイヤの―が激しい。 損耗

そんよう【尊容】 ❶仏像や高貴な人の容姿。❷相手の容姿の尊敬語。▽お元気な―を拝することができました。 尊容

そんらく【村落】 村。村里。village 村落

そんりつ【存立】 存在し、成り立ってゆくこと。existence 存立

そんりょう【損料】 物を借りたときに支払う金銭。借り賃。rent 損料

た タ

た〖他〗 常5 タ・ほか 別の。ほかの。▽―国。―人。―流。―種。

筆順 ノ イ 仆 仲 他 他・他

た〖多〗 常6 タ・おおい たくさんある。▽―芸。―忙。雑―。

筆順 ノ ク タ 多 多 多・多

た〖汰〗 常7 タ 水で流してよくないものを取り去る。▽陶―。

筆順 丶 冫 氵 汁 汏 汰 汰・汰

た〖詑〗 12 タ・ダ あざむく。いつわる。 詑・詑

た〖太〗 ⇩たい

た【他】 ❶ほかのこと・人・場所。❷別の。ほかの。▽―方面。 他

た【田】 稲などを植えるために水をたたえた耕地。たんぼ。rice field 田

た【多】 ❶多いこと。❷〈「―とする」の形で〉感謝する。▽労を―とする。❸多くの。▽―人数。―方面。 多

だ〖打〗 常5 ダ・うつ ❶うつ。▽―楽器。―ち身。❷「…する」の意。▽―算。―電。❸ダース。

筆順 一 十 扌 扌 打 打・打

だ〖妥〗 常7 ダ おちついた。おだやか。▽―協。―結。―当。

筆順 一 ⺈ 爫 妥 妥 妥・妥

だ〖陀〗 人8 ダ・タ 梵語(ぼんご)の音を表す字。▽仏―。阿弥―(あみだ)。

筆順 フ 阝 阝 阝 阝 陀 陀・陀

だ〖柁〗 9 ダ・タ・かじ 船を操るかじ。 柁・柁

だ〖唾〗 常11 ダ・つば つば。つばをはく。▽―液。―棄。眉―(まゆつば)。

筆順 唖 唖

唖・唖

だ【梛】人11 ダ・ナ・なぎ 樹木の、なぎ。

筆順 梛 梛

梛・梛

だ【舵】人11 ダ・かじ 船のかじ。▽—手。操—。面—（おもかじ）。

筆順 舵 舵

舵・舵

だ【堕】常12 ダ おちる。おとす。▽—落。—胎。（墮）

筆順 堕 堕

堕・堕

だ【惰】常12 ダ ❶なまける。▽怠—。❷続くこと。▽—性。

筆順 惰 惰

惰・惰

だ【楕】人13 ダ・タ 細長くて丸みのある形。「楕円」は長円形。

筆順 楕 楕

楕・楕

だ【駄】常14 ダ ❶馬で荷を運ぶ。また、その荷。▽—賃。❷つまらない。粗末な。▽—作。—菓子。❸はき物。▽足—。下—。

筆順 馬 馬 駄 駄

駄・駄

だ【蛇】⇨じゃ

ダーク ホース【dark horse】❶競馬で、穴馬。❷実力は未知だが、有力とみなされている競争相手。

ターゲット【target】標的。目標。

ダース〈打〉十二個を一組みとして数える語。dozenから。

ダーティー【dirty】❶きたないようす。❷不正なようす。

ターニング ポイント【turning point】物事のかわり目。転機。▽人生の—。

ターミナル【terminal】❶電池・電気機器などの端子。❷交通路線が集中する駅。❸空港で、各種の施設が集まった場所。エアターミナル。

ターミナル ケア【terminal care】末期医療。

ターム【term】❶専門語。▽テクニカル—。❷期間。

たい【太】常4 タイ・タ・ふとい・ふとる ❶大きい。▽—鼓。❷ふとい。▽骨—。❸はなはだ。▽—古。

筆順 一 ナ 大 太

太・太

たい【対】常7 タイ・ツイ ❶向き合う。▽—面。相—。❷相手になる。▽—立。応—。❸二つで一組みになる。▽—句（ついく）。（對）

筆順 対 対

対・対

たい【体】常7 タイ・テイ・からだ ❶身体。▽—格。肉—。❷形。姿。▽—裁（ていさい）。固—。❸身につける。▽—得。❹働きの実体。▽正—。（體）

筆順 ノ 亻 仁 什 休 体 体

体・体

たい【岱】8 タイ・ダイ 中国の五岳の一、「泰山」のこと。▽—山。

岱・岱

たい【耐】常9 タイ・たえる がまんする。もちこたえる。▽—久。忍—。

筆順 一 耐 耐

耐・耐

たい【待】常9 タイ・まつ ❶まつ。▽—機。❷もてなす。▽接—。

筆順 彳 待 待

待・待

たい【怠】常9 タイ・おこたる・なまける なまける。たるむ。▽—惰。—慢。

筆順 ム 台 台 怠 怠

怠・怠

たい【胎】常9 タイ 赤ん坊がやどる（ところ）。▽—児。母—。

筆順 月 胎 胎

胎・胎

たい【退】常9 タイ・しりぞく・しりぞける ❶ひきさがる。▽—却。—陣。引—。❷おとろえる。▽衰—。減—。

筆順 艮 退 退

退・退

たい【帯】常10【帶】人11 タイ・おびる・おび ❶おび。細長い布。▽包—。❷身につける。▽—刀。携—。❸細長い地域。▽地—。温—。

筆順 一 帯 帯

帯・帯

たい【泰】常10 タイ ❶ゆったり。やすらか。▽—然。❷はなはだしい。❸国名の、タイ。

筆順 一 三 夫 泰 泰

泰・泰

たい【堆】常11 タイ ❶たくさんつむ。▽—積。—肥。❷うずたかい。

筆順 堆 堆

堆・堆

たい【袋】常11 タイ・ふくろ ふくろ。▽風—。手—。足—（たび）。

筆順 亻 代 代 袋 袋

袋・袋

たい【逮】常11 タイ ❶およぶ。▽—夜。❷とらえる。▽—捕。

筆順 逮 逮

逮・逮

たい【替】常12 タイ・かえる・かわる ❶かわる。かえる。▽交—。—え歌。❷すたれる。

筆順 二 夫 替 替

替・替

たい〘貸〙常12 タイ・かす 金品をかす。かし。▽―借。―与。
筆順 亻 仁 代 代 代 貸 貸 貸
貸・貸

たい〘隊〙常12 タイ 人の集まり。特に、兵士の組織。▽―列。軍―。(隊)
筆順 阝 阝 阝 阝 阝 隊 隊 隊
隊・隊

たい〘滞〙常13〘滯〙人14 タイ・とどこおる ❶動かない。▽―在。❷進まない。▽渋―。
筆順 氵 氵 汁 汁 洪 洪 滞 滞
滞・滞

たい〘態〙常14 タイ ❶心構え。身構え。▽―度。❷ありさま。▽状―。
筆順 ㇐ 厶 育 育 能 能 能 態
態・態

たい〘黛〙人16 タイ・まゆずみ まゆずみ。▽青―。粉―。(黛)
筆順 亻 代 代 俗 倍 倍 黛 黛
黛・黛

たい〘戴〙常17 タイ ❶いただく。上にのせる。▽―冠。❷いただく。もらう。▽頂―(ちょうだい)。
筆順 土 ⿱ ⿱ ⿱ 戴 戴 戴
戴・戴

たい〘鯛〙人19 チョウ・たい 海魚の、たい。▽石―。真―。(鯛)
筆順 ⺈ 㐫 ⺈ 角 魚 鮰 鯛 鯛
鯛・鯛

たい〘大〙⇩だい　たい〘代〙⇩だい

たい〘台〙⇩だい　たい〘苔〙⇩こけ

たい〘腿〙⇩もも

タイ【tie】❶ネクタイ。❷同記録。同得点。❸楽譜で、同じ高さの音符をつなぐ、弧線。切らずに演奏する意。

たい【他意】(表面には出さない)別の考え。▽―はない。another idea 他意

たい【体】❶人間のからだ。❷かたち。❸本質。▽名は―を表す。❹仏像・遺体などを数える語。①body 体

たい【対】❶対照。❷⇩つい。❸対等。❹比・比較を表す。❺組み合わせ。▽―米。▽巨人―阪神。❻相手を示す。▽―を組む。 対

たい【隊】❶軍隊。❷集団。▽探検―。 隊

たい【鯛】海にすむ魚の一。めでたい魚とされ、珍重される。sea bream 鯛

だい〘大〙常3 ダイ・タイ・おお・おおきい・おおいに ❶おおきい。多い。▽―地。巨―。❷非常に。▽―好物。❸すぐれた。重要な。▽偉―。❹あらまし。▽―意(たいい)。❺最高位。▽―将(たいしょう)。
筆順 一 ナ 大
大・大

だい〘代〙常5 ダイ・タイ・かわる・かえる・よ・しろ ❶かわる。かえる。▽交―。❷かわりにあたえるもの。▽―金。❸期間。▽昭和三〇年―。
筆順 ノ イ 仁 代 代
代・代

だい〘台〙常5 ダイ・タイ ❶高いもの・所。▽灯―。❷のせるもの。▽―座。❸もとになるもの。▽―本。(臺)
筆順 ㇜ ム 台 台 台
台・台

だい〘第〙常11 ダイ ❶段階。順序。▽次―。❷試験。▽落―。
筆順 ⺈ ⺮ 竺 竺 笃 第 第 第
第・第

だい〘醍〙人16 ダイ 「醍醐(だいご)」は牛乳・羊乳などから作った美味な液。▽―醐味。
筆順 冂 西 酉 酉 酉 酉 醒 醍
醍・醍

だい〘題〙常18 ダイ ❶表題。▽―名。❷考えるべきもの。▽課―。
筆順 日 旦 早 是 是 题 題 題
題・題

だい〘内〙⇩ない　だい〘弟〙⇩てい

だい【大】❶大きいこと・もの。▽声を―にする。❷程度がはなはだしいこと。❸「大学」の略。❹大きい。すぐれた。非常な。▽―人物。❺…ぐらいの大きさ。▽名刺―。▼―なり小なり 多かれ少なかれ。 大

だい【代】❶その地位にいる期間。❷代金。❸…の代金。❹年齢・年代のおおよその範囲を表す。台。▽二十―。 代

だい【台】❶物をのせたり、人がのったりするもの。❷高い場所・建物。❸車・機械を数える語。❹代❹。 台

だい【題】❶(文学・美術作品などの)内容・主題を短いことばで表したもの。題名。❷問題。①title 題

たいあたり【体当たり】❶体を相手にぶつけること。❷捨て身で物事を行うこと。 体当り

タイアップ【tie-up】協同・提携すること。

たいあん【大安】「大安日(にち)」の略。すべてによいとされる日。だいあん。▽―吉日。 大安

たいあん【対案】ある案に対して出す、別の案。 対案

だいあん【代案】代わりの案。 代案

たいい【大意】だいたいの意味・内容。類要旨。outline 大意

たいい【体位】❶体格・健康・運動能力の度合い。▽―の向上。❷体 体位

た

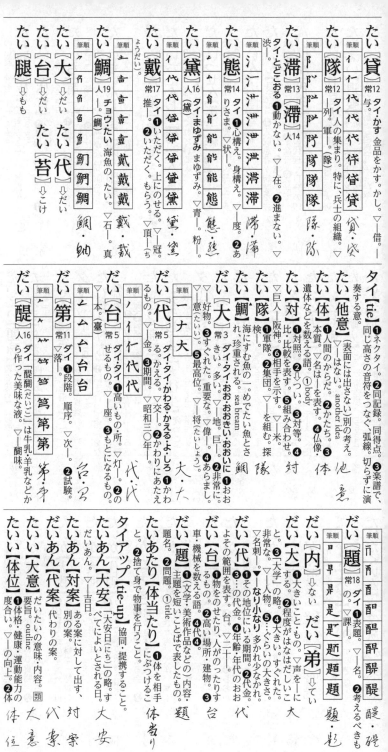

の位置・姿勢。①physique

たいい【退位】 位を退くこと。図即位。 abdication　退位

たいいく【体育】 ❶体操。❷学校で、❶の教科。②physical education　体育

だいいち【第一】 ❶最初。❷最もすぐれていること。最も大切なこと。▽健康—。❸なによりも。まず。▽やろうとしても—時間がない。①the first　第一

だいいちいんしょう【第一印象】 ある人や物事に接して、最初に受けた感じ。firstimpression　印象

だいいちぎ【第一義】 最も大事な意義。第一義

だいいちにんしゃ【第一人者】 その分野で、最もすぐれている人。leading authority　第一人

だいいっせん【第一線】 ❶最前線。❷その分野で、最も活動的な立場・部分。①②first-line, forefront　第一線

たいいん【太陰】 月の別称。太陰

たいいん【退院】 ❶入院患者が病院を去ること。❷議院から議員が退出すること。図❶入院。❷登院。退院

だいいん【代印】 他人の代理で自分の印を押すこと。また、その印。代印

たいいんれき【太陰暦】 陰暦。図太陽暦。太陰暦

たいえい【退嬰】 今のままでよいとし、新しい物事に消極的なこと。▽—的な言動。類保守。図進取。退嬰

た

だいえい【題詠】 題を決めて、詩歌をつくること。また、その作品。題詠

たいえき【体液】 血液・リンパ液など、体内にある液体の総称。body fluid　体液

たいえき【退役】 兵役を退くこと。退役

ダイエット【diet】 健康や減量のために食事を制限すること。

たいおう【対応】 ❶向き合って組みをなすこと。▽—する二辺。❷状況に応じて行動すること。▽—策を講じる。❸つり合うこと。▽学力に—する高校。類❷対処。②coping with　対応

たいおう【滞欧】 ヨーロッパに滞在すること。滞欧

だいおうじょう【大往生】 安らかに死ぬこと。▽眠るが如(ごと)き—。peaceful death　大往生

ダイオキシン【dioxin】 有機塩素化合物の一。強い毒性をもつ。

だいおん【大恩】 大きな恩。深いめぐみ。大恩

だいおんじょう【大音声】 力強く響く、大きな声。▽—でなのる。loud voice　大音声

たいか【大火】 大きな火事。big fire　大火

たいか【大家】 ❶その分野ですぐれた人。❷⇩たいけ。①authority　大家

たいか【大過】 大きな失敗。▽—なく勤め上げる。大過

たいか【対価】 与えた利益に対する報酬。compensation　対価

たいか【耐火】 高熱に耐え、燃えにくいこと。▽—建築。fireproof　耐火

たいか【退化】 ❶進歩せず後戻りすること。退行。❷不用になった生物の器官が縮小したり、働きを失ったりすること。図❷進化。②degeneration　退化

たいか【滞貨】 ❶たまっている貨物。❷さばけず、たまっていること・商品。滞貨

たいが【大我】 ❶仏教で、我欲を離れた自由な境地。❷唯一絶対の精神。大我

たいが【大河】 大きな川。big river　大河

だいか【代価】 ❶代金。❷あることを行うために払う犠牲・損害。①②price　代価

たいかい【大会】 ❶多数が集まる会。❷組織全体で行う会。▽❷党—。大会

たいかい【大海】 大きな海。大洋。▼—の一粟(いちぞく)　広い所に非常に小さなものがあること。大海の一滴。大海

たいかい【退会】 会から抜けること。脱会。図入会。退会

たいがい【大概】 ❶あらまし。❷おおかた。だいたい。▽—の学生。❸ほどほど。▽—にしろ。❹多分。たいてい。大概

たいがい【対外】 外部・外国に対すること。▽—政策。図対内。対外

たいかく【体格】 からだつき。build　体格

たいがく【退学】 卒業せず、学校を途中でやめること。中途退学。中退。類退校。退学

だいがく【大学】 高校より上級の、専門の学問をする学校。university　大学

だいがくいん【大学院】 大学卒業者が、さらに高　大学院

度の研究をする機関。graduate school

たいかくせん【対角線】 多角形でとなり合っていない二つの角の頂点を結んだ線。diagonal

だいかつ【大喝】 大声でしかること。

たいかん【大患】 ❶重病。大病。▽―を患う。❷大きな心配事。▽国家の―。① serious disease

たいかん【大観】 ❶全体を広く見ること。▽情勢を―する。❷広大な眺め。① general view

たいかん【体感】 体に受ける感じ。▽―温度。

たいかん【耐寒】 寒さにたえること。

たいかん【退官】 官職をやめること。

たいかん【戴冠】 王冠をかぶること。特に、即位して初めて冠をつけること。

たいがん【大願】 ❶大きな願い。▽―成就（じょうじゅ）。❷仏が衆生（しゅじょう）を救おうとする願い。

たいがん【対岸】 向こう岸。▼―の火事 自分に無関係なできごと。

だいかん【大寒】 二十四節気の一。太陽暦で一月二〇、二一日ごろ。

だいかん【代官】 江戸時代、幕府・諸藩の直轄地をおさめた地方官。

だいがん【代願】 ❶代わりに願い出ること。❷代わりに祈願すること。

たいがんじょうじゅ【大願成就】 大願がかなうこと。

たいき【大気】 （地球を包む）空気。▽―汚染。atmosphere

たいき【大器】 大きな才能・器量（をもつ人）。great talent

たいき【待機】 準備をして待つこと。注待×期。stand by

たいぎ【大義】 ❶人として行うべき道。▽―に殉じる。❷重要な意義。▽自由民権の―。

たいぎ【大儀】 ❶重大な儀式。❷骨が折れ、面倒なようす。▽歩くのは―だ。❸疲れてだるいようす。▽口をきくのも―だ。❹他人の労をねぎらうことば。▽どうも―でした。類❸億劫（おっくう）。② irksome

だいぎ【代議】 代表して、協議に参加すること。特に、選挙で選ばれて政治を行うこと。

だいぎし【代議士】 国会議員。特に、衆議院議員。

だいきち【大吉】 運勢が非常によいこと。対大凶。

たいきばんせい【大器晩成】 大人物はおくれて大成するということ。注大器晩×生。

たいぎめいぶん【大義名分】 ❶大義❶と守るべき本分。❷もっともだと認めうる道理・理由。▽―が立つ。② great cause

たいきゃく【退却】 後退すること。また、逃げること。▽―を余儀なくされる。類撤退。retreat

たいぎゃく【大逆】 人としての道にそむく、この上ない罪悪。だいぎゃく。high treason

たいきゅう【耐久】 長くもちこたえること。▽―力。durability

だいきゅう【代休】 休日出勤の代わりに取る休暇。

たいきょ【大挙】 大ぜいでいちどきに行動すること。▽―して押しかける。

たいきょ【退去】 ある場所から立ちのくこと。evacuation

たいぎょ【大魚】 大きな魚。▼―を逸（いっ）す 大成功を、あと一歩のところで収めそこなう。また、大物をとりにがす。

たいきょう【胎教】 妊娠中、胎児によい影響を与えようと努めて行動すること。

たいぎょう【怠業】 ❶サボタージュ。❷仕事をなまけること。

だいきょう【大凶】 運勢が非常に悪いこと。対大吉。

たいきょく【大局】 ❶全体のなりゆき・情勢。▽―から判断する。❷囲碁で、全体の勝負の形勢。

たいきょく【対局】 囲碁・将棋の勝負。

たいきょく【対極】 反対側の極。▽―をなす立場。

たいきょくけん【太極拳】 中国の拳法（で行う健康体操）。

たいきん【大金】 多額の金銭。

たいきん【退勤】 勤務時間が終わって、職場を出ること。類退社。

だいきん【代金】 支払う金銭。price

たいく【体軀】 からだ。また、体格。

たいぐ【大愚】 非常におろかなこと・人。great fool

だいく【大工】 おもに木造建築を作る職人。また、その仕事。carpenter

たいくう【滞空】 空中を飛び続ける、また浮かび続けること。▽—時間。

たいぐう【対偶】 対(つい)。❶二つそろったもの。❷対句(ついく)。❸「AならばBである」という命題に対して、「BでないならばAではない」という形の命題。

たいぐう【待遇】 ❶もてなすこと。▽国賓として—する。❷地位・給料などの取り扱い。❸…と同様の扱いの身分。▽課長—。類❷処遇。②treatment

たいくつ【退屈】 ❶あきること。▽—な話。❷時間をもてあますこと。▽—しのぎ。①bored

たいぐん【大軍】 多人数の軍勢。

たいぐん【大群】 動物の大きな群れ。

たいけ【大家】 金持ちの家。また、家柄のりっぱな家。たいか。rich family

たいけい【大兄】 ❶兄の敬称。❷少し年上か同輩の男性の敬称。

たいけい【大系】 ある分野の著作を系統的にまとめたもの。

たいけい【大計】 大きなはかりごと。▽国家百年の—。

たいけい【大慶】 この上なくめでたいこと。▽—に存じます。great joy

たいけい【体刑】 ❶体罰。❷体の自由を束縛する刑。自由刑。

たいけい【体形】 ❶形態。❷体のかたち。①form

たいけい【体系】 個別の断片的なものを統一し、組織化したもの。▽賃金—。system

たいけい【体型】 体格の型。figure

だいけい【台形】 一組みの対辺だけが平行な四角形。梯形(ていけい)。trapezoid

たいけつ【対決】 相対して正否や勝負を決めること。confrontation

たいけん【大権】 明治憲法で、天皇の統治権。

たいけん【大賢】 非常にかしこいこと・人。▼**—は愚(ぐ)なるが如(ごと)し** 大賢は、かしこさをひけらかしたりしないので、外見からは愚か者に見えるものだ。

たいけん【体験】 実際に経験すること。また、その経験。▽—に根ざした小説。初—。experience

たいけん【帯剣】 腰に剣をつるすこと。また、その剣。佩剣(はいけん)。

たいげん【大言】 大きなことを言うこと。また、そのことば。類豪語。big talk

たいげん【体現】 具体的な形であらわすこと。▽理想を—する。類具現。embodiment

だいげん【題言】 題辞。

たいげんそうご【大言壮語】 できそうもないことを大げさに言うこと。また、そのことば。

たいこ【太古】 大昔。有史以前。

たいこ【太鼓】 ❶胴の両面に革を張った打楽器。❷帯の結び方の一。太鼓結び。おたいこ。①drum

たいご【隊伍】 隊列。file

たいこう【大綱】 ❶重要点。▽条約の—。❷あらまし。大要。

たいこう【体腔】 動物の体壁と内臓との間にある空所。たいくう。

たいこう【対向】 たがいに向き合うこと。▽—車。face

たいこう【対抗】 ❶対立して競争すること。❷対抗馬❶。類❶拮抗(きっこう)。①rival

たいこう【退行】 ❶あとにさがること。❷退化。①②retrogression

たいこう【退校】 学校を途中でやめること。類退学。

だいこう【代行】 当事者に代わって行うこと・人。acting

だいごう【題号】 書物などの題名。

たいこうしょく【退紅色】 〈褪紅色〉うすもも色。

たいこうせん【対校戦】 学校同士が、スポーツなどで競い合う試合。

たいこうたいごう【太皇太后】 天皇の祖母で、もと、皇后だった人。

たいこうば【対抗馬】❶競馬で、本命馬に次ぐ有力な馬。❷選挙などで、勝つと目される人と対抗する相手。

たいこうぼう【太公望】釣り人。釣り好きの人。angler

たいこく【大国】❶国土が広い国。❷勢力が強い国。②big power

だいこく【大黒】❶「大黒天」の略。❷僧の妻。

だいこくてん【大黒天】❶三宝を守護し、飲食を豊かにする神。また、戦闘の神。❷七福神の一。福徳の神。

だいこくばしら【大黒柱】❶家屋の中心に立てる太い柱。❷支えとなる中心人物。②mainstay

たいこばし【太鼓橋】真ん中が丸く反った橋。

たいこばん【太鼓判】❶大きな判。❷確実な保証。②assurance ▼**—を押す** 責任をもって、保証する。

だいごみ【醍醐味】❶非常にうまい味。❷おもしろさ・味わい。

たいこもち【太鼓持ち】酒席で、客のきげんをとり芸を見せる職業の男性。幇間(ほうかん)。男芸者。

だいこん【大根】❶野菜の一。❷「大根役者」の略。

だいこんやくしゃ【大根役者】芸のへたな役者。ham

たいさ【大差】大きなへだたり。▽—ない。great difference

たいざ【対座】〈対坐〉向き合って座ること。

だいざ【台座】物・仏像をのせる台。

たいさい【大祭】❶大規模な祭り。❷天皇が行う祭り。①grand festival

たいざい【大罪】重い罪。felony

たいざい【滞在】よその地である期間とどまること。類滞留。逗留(とうりゅう)。stay

だいざい【題材】作品の主題・内容となる材料。subject

たいさく【大作】❶大規模な作品。❷すぐれた作品。②great work

たいさく【対策】物事に応じてとる手段・方法。▽洪水の—を講じる。類方策。measures

だいさく【代作】本人に代わって作品を作ること。また、その作品。vicarious work

たいさつ【大冊】大きくて分厚い本。bulky volume

たいさん【退散】❶逃げ去ること。▽悪霊—。❷ひきあげること。▽そろそろ—しよう。②dispersion

たいざん【大山】〈太山〉おおきな山。greatmountain ▼**—鳴動して鼠**(ねずみ)**一匹**(いっぴき) 大騒ぎのわりに、結果が小さいことのたとえ。

だいさん【代参】本人に代わって参拝すること・人。

だいさんごく【第三国】当事国以外の国。

だいさんしゃ【第三者】当事者以外の人。third party

たいざんほくと【泰山北斗】権威者。泰斗(たいと)。

たいし【大志】大きな望み。▽—を抱く。ambition

たいし【大使】「特命全権大使」の略。ambassador

たいし【太子】❶皇太子。❷「聖徳太子」の略。

たいじ【対峙】❶向かい合って立つこと。❷にらみ合い。②opposition

たいじ【胎児】母胎内にいる子。fetus

たいじ【退治】討ち滅ぼすこと。やっつけること。conquest

だいし【大姉】女性の戒名につける語。対居士。

だいし【大師】❶真言宗の開祖、弘法大師。❷仏・菩薩(ぼさつ)の敬称。❸高僧に朝廷から贈られる号。

だいし【台紙】ものをはりつけるための厚紙。mount

だいじ【大字】❶大きな字。❷漢数字の「一」「二」「三」などの代わりに使う「壱」「弐」「参」などの字。

だいじ【大事】❶重大なこと。大事件。❷大切・重要なようす。②important ▼**—の前の小事** ❶大事のためには小さな犠牲はやむをえない。❷大事を行うときは、小事にも気をつけよ。

だいじ【題字】巻頭に書く、題目の文字。title letter

だいじ【題辞】巻頭言。また、画幅・石碑などに書くことば。題言。題詞。

だいしいちばん【大死一番】一度死んだつもりになって事に当たること。 大死

ダイジェスト【digest】内容の要約。

だいじだいひ【大慈大悲】仏教で、特に観世音(かんぜおん)の限りなく広大な慈悲。 大慈

たいしつ【体質】❶生まれつきの体の性質。❷組織のもつ、特有の性質。▽企業の―。①constitution 体質

たいして【大して】〈下に打ち消しの語を伴って〉とりたてていうほど。それほど。▽―高くはない。 大して

たいしゃ【大社】❶社格の高い神社。❷出雲(いずも)大社。 大社

たいしゃ【大赦】恩赦の一。国の慶事のさい、罪をゆるすこと。amnesty 大赦

たいしゃ【代赭】❶粉末の赤色顔料。❷茶色がかった橙(だいだい)色。代赭色。 代赭

たいしゃ【代謝】「新陳代謝」の略。 代謝

たいしゃ【退社】❶会社をやめること。❷会社から退出すること。類❷退勤。対❶入社。❷出社。 退社

だいじゃ【大蛇】大きなへび。おろち。 大蛇

たいしゃく【貸借】❶貸すことと、借りること。❷簿記で、貸方と借方。▽―対照表。 貸借

たいしゃくてん【帝釈天】仏法の守護神。十二天の一で、東方の守護神。 帝釈天

だいしゃりん【大車輪】❶体操で、鉄棒をにぎり、体を伸ばして大きく回転する技。❷精を出してすること。▽―で働く。 大車輪

たいじゅ【大樹】大木(たいぼく)。▽寄らば―の陰。big tree 大樹

たいしゅう【大衆】❶多くの人々。❷一般民衆。▼―文学一般大衆に好んで読まれる文学。②the public 大衆

たいしゅう【体臭】❶体から発散するにおい。❷特有な性格。▽作者の―が感じられる作品。①body odor 体臭

たいじゅう【体重】体の重さ。weight 体重

たいしゅつ【退出】その場からしりぞき出ること。leaving 退出

たいしゅつ【帯出】決められた所から持ち出すこと。▽禁―。 帯出

たいしょ【大書】文字などを大きく書くこと。また、その文字。▽特筆―。 大書

たいしょ【大暑】❶二十四節気の一。太陽暦で七月二二、二三日ごろ。❷厳しい暑さ。 大暑

たいしょ【太初】世界の初め。太始。 太初

たいしょ【対処】物事に対応して適当な処置をとること。coping 対処

たいしょ【対蹠】位置・関係などが正反対。たいせき。▽―的。 対蹠

だいしょ【代書】❶代筆。❷「代書人」の略。 代書

だいしょ【代署】本人に代わって署名すること。 代署

たいしょう【大正】元号の一。大正時代。 大正

たいしょう【大将】❶旧陸・海軍の階級の最高位。❷その集団の頭(かしら)。❸他人を親しみ・からかいで呼ぶ語。 大将

たいしょう【大笑】大笑いすること。 大笑

たいしょう【大勝】圧倒的な勝利。 大勝

たいしょう【大賞】最も優秀なものに与える賞。グランプリ。grand prize 大賞

たいしょう【対称】❶対応し、つりあうこと。❷数学で、点・線・図形などが互いに向き合う位置にあること。❸二人称。①②symmetry 対称

たいしょう【対象】❶目標。相手。❷認識や欲求の目標物。②object 対象

たいしょう【対照】❶照らし合わせること。❷二つの事物の違いが目立つこと。類❶対比。②contrast 対照

使い分け「たいしょう」

対称…向き合ってつり合うこと。「称」はつり合うの意。▽―図形。左右―。

対象…行動の目当て。「象」は形・様子の意。▽読者―。研究の―。批判の―。

対照…比べ合わせること。「照」はてらし合わせるの意。▽新旧を―する。好―。比較―する。貸借―表。

たいしょう【隊商】隊を組んでさばくなどを往来する商人。キャラバン。 隊商

たいじょう【退場】会場・舞台などから立ち去ること。leaving 退場

だいしょう【代償】❶与えた損害のつぐない。❷他人に代わって弁償すること。❸報酬。❹ある行為のひきかえに失うもの。▽戦争の―。①compensation 代償

だいじょうさい【大嘗祭】 新しい天皇が即位して初めて行う新嘗祭。
大嘗祭

だいじょうだん【大上段】 ❶剣道で、刀を頭上にふりかぶった構え。❷威圧する大げさな態度。
大上段

だいじょうふ【大丈夫】 りっぱな男子。ますらお。stout man
大丈夫

だいじょうぶ【大丈夫】 確かで危なげのないようす。all right
大丈夫

たいしょうりょうほう【対症療法】 ❶患者のその時の症状に応じて行う治療法。❷間に合わせの対策・処置。
対症

たいしょく【大食】 大食い。
大食

たいしょく【退色】 〈褪色〉色があせること。また、あせた色。fading
退色

たいしょく【退職】 職をやめること。類辞職。対就職。resignation
退職

たいしょくせい【耐食性】 〈耐蝕性〉腐食しにくい性質。
耐食性

たいしょこうしょ【大所高所】 全体を広く見わたす立場。
大所

たいしん【大身】 身分が高い人。
大身

たいしん【耐震】 震動のショックに耐えること。
耐震

たいじん【大人】 ❶立派な人。❷おとな。成人。❸学者などの敬称。❹巨人。
大人

たいじん【対人】 他人に相対すること。▽—関係。
対人

たいじん【対陣】 敵と向かい合って陣を構えること。
対陣

たいじん【退陣】 ❶陣を後方に移すこと。❷陣営を去ること。❸地位・職務などから退くこと。③resignation
退陣

だいしん【代診】 担当の医師に代わって診察すること・人。
代診

だいじん【大尽】 ❶大金持ち。❷遊里で、大金を使って遊ぶ人。
大尽

だいじん【大臣】 内閣を構成し、国の政治を行う人。国務大臣。minister
大臣

だいじんぐう【大神宮】 伊勢(いせ)神宮。
大神宮

だいす【台子】 茶の湯で、道具をのせる四本柱の棚。
台子

だいず【大豆】 マメ科の作物の一。たんぱく質に富む種子は食用。soybean
大豆

たいすいせい【耐水性】 ❶水がしみ通らない性質。❷水にぬれても変質しにくい性質。①waterproof
耐水性

だいすう【代数】 「代数学」の略。
代数

たいする【体する】 (教え・命令を)心にとめて、それを守るように行動する。▽師の意を—。
体する

たいする【対する】 ❶向かい合う。❷対抗する。▽上位チームに—。❸対(つい)になる。▽善に—悪。❹人と応対する。▽子供に—態度。❺応じる。①face
対する

たいする【帯する】 身につける。たずさえる。類帯びる。▽ピストルを—。carry
帯する

だいする【題する】 ❶題をつける。❷題字を書く。①entitle
題する

たいせい【大成】 ❶立派になしとげること。❷立派な人になること。▽学者として—する。❸多くのものを集めて、まとめ上げること。▽集—。①completion
大成

たいせい【大勢】 (物事や世の中の)なりゆき。▽天下の—。general situation
大勢

たいせい【体制】 ❶社会・組織の仕組み。❷社会を動かす支配勢力(の側)。②establishment
体制

たいせい【体勢】 体の構え。position
体勢

たいせい【耐性】 病原菌などの、薬の作用に耐えて生きのびる性質。
耐性

たいせい【胎生】 子が母体内で、ある程度発育してから生まれること。
胎生

たいせい【退勢】 〈頽勢〉おとろえていく形勢。勢いが衰えていくこと。▽—を挽回(ばんかい)する。decline
退勢

たいせい【泰西】 西洋。対泰東。
泰西

たいせい【態勢】 物事に対応する態度。▽警戒—。attitude
態勢

使い分け 「たいせい」
体勢…運動などにおける、体の構え・姿勢。▽土俵際の—。
態勢…物事に対する身構え・態度。▽警戒—。受け入れ—。

たいせいよう【大西洋】 ヨーロッパ・アフリカ両大陸と南北アメリカ大陸との間にある大き
大西洋

た

な海。注×太西洋。the Atlantic

たいせき【体積】立体が占める空間の大きさ。物体のかさ。volume 体積

たいせき【対蹠▲】⇩たいしょ。 対蹠

たいせき【退席】席を立ってその場から去ること。退座。 退席

たいせき【堆積】うずたかく積み重なること。pile 堆積

たいせき【滞積】（輸送貨物や仕事など）がかたづかないで、たまること。 滞積

たいせつ【大切】❶重要。❷ていねい。類❷丁重。①important 大切

たいせつ【大雪】❶おおゆき。❷二十四節気の一。太陽暦で一二月七日ごろ。 大雪

たいせん【大戦】多くの国がかかわる大規模な戦争。World War 大戦

たいせん【対戦】相対して戦うこと。 対戦

たいぜん【大全】ある分野の事柄を広く集めた書物。 大全

たいぜん【泰然】落ち着いて動じないようす。self-possession 泰然

だいせん【題簽▲】和漢書で、題名を書いて表紙に貼る小さな紙や布。 題簽

たいぜんじじゃく【泰然自若】落ちついていて、何があっても動じないようす。 自若

だいぜんてい【大前提】❶根本となる前提。❷三段論法で、最初に立てられる前提。②major premise 大前提

たいそう【大葬】〈大喪〉天皇・皇后・皇太后・太皇太后の葬儀。 大葬

たいそう【大層】❶非常に。はなはだ。❷おおげさなようす。 大層

たいそう【体操】❶体を動かす運動。❷体操競技。❸「保健体育」の旧称。①exercises ②gymnastics 体操

たいぞう【退蔵】しまいこんでおくこと。類死蔵。hoarding 退蔵

だいそう【代走】野球で他の走者に代わって走ること・人。pinch runner 代走

だいそうじょう【大僧正】僧の最高の位。僧正の上位。 大僧正

たいそく【大息】ため息をつくこと。deep sigh 大息

だいそれた【大それた】常識や身分をわきまえない。とんでもない。▽—望み。 大それた

たいだ【怠惰】なまけてだらしのないこと。類怠慢。対勤勉。idle 怠惰

だいだ【代打】野球で、他の打者の代わりに打つこと。pinch hitter 代打

だいたい【大体】❶あらまし。❷もとはといえば。もともと。類❶大方。 大体

だいたい【大腿▲】腰からひざまでの部分。ふともも。大腿部。thigh 大腿

だいたい【代替】他のもので代わりをすること。代替え。▽—エネルギー。substitution 代替

だいだい【橙】16人 トウ・だいだい ❶みかんの一種。❷だいだい色。 橙・橙

筆順

だいだい【代代】何代も続いていること。よよ。▽先祖—の墓。類歴代。 代代

だいだいてき【大大的】とりわけ規模が大きいようす。▽—に宣伝する。extensively 大大的

だいたすう【大多数】ほぼ全部。大半。majority 大多数

たいだん【対談】ある主題についての対話。類対話。 対談

だいたん【大胆】❶度胸があること。❷思い切ったことをすること。①②bold 大胆

だいだんえん【大団円】小説・芝居などで、すべてが（めでたく）解決する最後の場面。grand finale 大団円

だいたんふてき【大胆不敵】大胆で、何ものをも恐れないようす。fearless 不敵

たいち【対置】相対して置くこと。 対置

だいち【大地】人が住み、豊かな実りをもたらす、広大な土地や地面。earth 大地

だいち【代地】代わりの土地。 代地

だいち【代置】代わりに置くこと。 代置

だいち【台地】高台の土地。plateau 台地

たいちょ【大著】大きな著作。また、すぐれた著作。great work 大著

たいちょう【体調】体の調子。 体調

たいちょう【退庁】勤務を終えて、役所から退出すること。対登庁。 退庁

たいちょう【退潮】❶潮が引くこと。ひき潮。❷勢いが衰え 退潮

ること。▽景気—の兆し。

だいちょう【大腸】小腸に続き、肛門（こうもん）に至る消化器官。large intestine 大腸

だいちょう【台帳】もとになる帳簿。 台帳

たいてい【大抵】❶おおかた。おおよそ。❷ほどほど。❸〈打ち消しの語を伴って〉ひととおり。▽苦しさは—ではない。 大抵

たいてい【退廷】法廷から退出すること。対入廷。出廷。leaving court 退廷

たいてき【大敵】❶強敵。❷大勢の敵。 大敵

たいてん【大典】❶国家的儀式。▽御—（＝天皇の即位式）。❷重要な法典。 大典

たいてん【退転】❶仏教で、修行をおこたって悪い方へもどること。❷前より悪くなること。②retrogression 退転

たいでん【帯電】物体が電気を帯びること。electrification 帯電

たいと【泰斗】泰山北斗。 泰斗

たいど【態度】❶考えたことや心構えなどが、表情や動作にあらわれたもの。そぶり。❷物事に対する、心の持ち方や身構え。▽真剣な—。①manner ②attitude 態度

たいとう【台頭】〈擡頭〉❶頭を持ち上げること。❷勢力を持ち始めること。▽反対派の—。 台頭

たいとう【対等】互いに差がないこと。類同等。equality 対等

たいとう【帯刀】刀を腰に差すこと。 帯刀

たいとう【駘蕩】のどかなようす。▽春風—。 駘蕩

たいとう【頽唐】退廃。 頽唐

たいどう【胎動】❶母胎内で子が動くこと。❷内部に新しい物事が起ころうとすること。また、その動き。▽新時代の—が感じられる。 胎動

たいどう【帯同】同伴すること。▽通訳を—する。類同行。accompanying 帯同

だいどう【大同】❶全体的に大体同じであること。❷目的を同じくするものがまとまること。 大同

だいどう【大道】❶大きな道。❷路上。❸正しい道理。①road 大道

だいどうしょうい【大同小異】細かい点は異なるが、全体的にほぼ同じであること。 小異

だいどうだんけつ【大同団結】主義・主張の多少の違いは捨てて、団結すること。 団結

だいどうみゃく【大動脈】❶心臓から出ている動脈の本幹。❷交通の重要な幹線や道路。①main artery 大動脈

だいとうりょう【大統領】❶共和国の元首。❷他人を親しみ、からかいで呼ぶ語。①president 大統領

たいとく【体得】理解したり経験したりして身につけること。▽こつを—する。類会得（えとく）。 体得

たいどく【胎毒】赤ん坊の頭や顔にできる皮膚病。 胎毒

だいどく【代読】本人に代わって読むこと。 代読

だいどころ【台所】❶炊事場。❷金銭上のやりくり。▽—が苦しい。類❶厨房（ちゅうぼう）。①kitchen 台所

たいない【対内】内部・国内に対すること。対対外。 対内

たいない【胎内】母親の腹の中。 胎内

だいなし【台無し】すっかりだめになって役に立たないこと。 台無し

ダイナミズム【dynamism】❶〈内に秘めた〉活力。❷〈芸術作品の〉迫力。

ダイナミック【dynamic】力強く活気のあるようす。躍動的。

だいなん【大難】大きな災難。 大難

だいにぎ【第二義】根本的でないこと。 第二義

たいにち【対日】日本に対すること。▽—感情。 対日

たいにち【滞日】日本での滞在。 滞日

だいにちにょらい【大日如来】宇宙の実相を仏の姿にした、真言宗の本尊。 大日

だいにゅう【代入】数学で、式や関数の中の文字を、他の文字や数値に置きかえること。 代入

たいにん【大任】重大な任務。類大役。heavy responsibility 大任

たいにん【退任】任務をやめること。 退任

だいにん【大人】料金区分で、おとな。 大人

だいにん【代人】代わりの人。proxy 代人

たいねつ【耐熱】 高熱に耐えられること。▽―ガラス。heatproof 耐熱

たいのう【滞納】 金銭を期限までに納めないこと。▽―金。arrears 滞納

だいのう【大脳】 精神作用を営む脳の一部分。cerebrum 大脳

だいのう【大農】 ❶機械化による大規模な農業。❷豪農。 大農

だいのう【代納】 ❶本人に代わっておさめること。❷金銭の代わりに品物でおさめること。類❷物納。 代納

たいは【大破】 ひどくこわれる（こわす）こと。wreckage 大破

ダイバー【diver】 ❶潜水夫。❷水泳で、飛び込み種目の選手。❸スキンダイビング・スカイダイビングをする人。

ダイバーシティー【diversity】 多様性。

たいはい【大敗】 ひどく負けること。完敗。complete defeat 類 大敗

たいはい【退廃】 〈頽廃〉道徳・気風が乱れて不健全になること。頽唐。▽―した世の中。decadance 退廃

だいばかり【台秤】 物を台にのせて重さをはかるはかり。かんかんばかり。platform balance 台秤

だいはちぐるま【大八車】 大形で二輪の荷車。

大八車

たいばつ【体罰】 肉体に直接苦痛を与える罰。体刑。corporal punishment

たいはん【大半】 半分よりはるかに多い数量。おおかた。大部分。greater part

たいばん【胎盤】 子宮内の胎児と母体をつなぐ器官。placenta

だいばんじゃく【大盤石】 〈大磐石〉どっしりしていて、不動なこと。▽―の備え。 大盤石

たいひ【対比】 二つの事物をくらべ合わせること。類対照。comparison 対比

たいひ【待避】 他のものが通過するのをよけて待つこと。 待避

たいひ【退避】 危険を避けて、一時しりぞくこと。類避難。refuge 退避

> **使い分け「たいひ」**
> 待避…わきによけて通過を待つこと。▽普通列車が―する。―線。
> 退避…別の場所に行って、危険をさけること。▽―命令。緊急―。

たいひ【堆肥】 わら・草などを積み重ねて腐らせた肥料。積み肥(ごえ)。compost 堆肥

たいひ【貸費】 学費などの費用を貸すこと。 貸費

だいひつ【代筆】 本人に代わって書くこと。代書。 代筆

たいびょう【大病】 重い病気。大患。serious illness 大病

だいひょう【大兵】 体が大きくたくましいこと・男性。対小兵(こひょう)。big man 大兵

だいひょう【代表】 ❶多数の人に代わって、その意思を表すこと。❷一部のものが全体の特徴・性質などを表すこと。▽日本を―する花。①representative 代表

だいひん【代品】 代わりの品。代物。 代品

たいぶ【大部】 書物の冊数・ページ数などが多いこと。 大部

タイプ【type】 ❶型。類型。❷タイプライター。❸タイプライターを打つこと。

だいぶ【大分】 よほど。かなり。だいぶん。類相当。considerably 大分

たいふう【台風】 〈颱風〉暴風雨を伴った強い熱帯低気圧。typhoon 台風

たいふうのめ【台風の目】 ❶台風の中心部。❷波乱を巻き起こすもの・人。 台風目

だいふくちょう【大福帳】 商家で、取り引き勘定を記録しておく元帳。 大福帳

たいぶつ【対物】 物に対すること。▽―レンズ。 対物

だいぶつ【大仏】 巨大な仏像。 大仏

だいぶつ【代物】 代品。 代物

だいぶぶん【大部分】 おおかたの部分。大半。ほとんど。類大多数。greater part 大部分

たいへい【太平】 〈泰平〉世の中が平和なこと。類平安。peace 太平

たいへいよう【太平洋】 アジア・南北アメリカ・オーストラリア間の海洋。the Pacific 太平洋

たいへいらく【太平楽】 のんきで、きままなこと。 太平楽

たいべつ【大別】 大まかに分けること。broad classification 大別

たいへん【大変】 ❶程度や苦労がはなはだしいよう。❷たいそう。非常に。▽―お世話になりました。①terrible ②very 大変

たいべん【胎便】 赤ん坊が生後はじめてする大便。蟹屎(かにばば)。 胎便

だいへん【代返】学校などで欠席者の代わりに返事をすること。

だいべん【大便】人間が肛門から出す排泄物。便。くそ。stool

だいべん【代弁】〈代辨〉❶代償❷。❷代理で事を処理すること。

だいべん【代弁】〈代辯〉本人に代わって意見を述べること。

たいほ【退歩】以前より劣った状態になること。類退化。retrogression

たいほ【逮捕】警察が犯人や容疑者を捕らえること。arrest

たいほう【大法】重要な法規。

たいほう【大砲】大きな弾丸を撃つ火器。火砲。おおづつ。gun

たいぼう【大望】⇩たいもう。

たいぼう【待望】あることを待ち望むこと。▽—の新作。long-awaited

たいぼう【耐乏】品物がとぼしい状態をがまんすること。▽—生活。austerity

たいぼく【大木】大きな立ち木。大樹。

たいほん【大本】根本。おおもと。

だいほん【台本】脚本。script

だいほんえい【大本営】戦時に天皇の下に設けた、陸海軍の最高統帥機関。

だいほんざん【大本山】総本山の下にあって、末寺をまとめる寺院。

たいまい【大枚】大金。▽—をはたく。large sum

たいまつ【松明】松・竹をたばねて火をつけて照明に用いるもの。炬火(きょか)。torch

たいまん【怠慢】なまけ、おこたること・ようす。類怠惰。neglect

だいみょう【大名】❶江戸時代、一万石以上の領主。❷中世の守護大名。

タイミング【timing】よい時機。間(ま)。

だいむ【代務】他人に代わってその務めを行うこと。

タイムアップ 時間切れ。和製語。

タイムテーブル【timetable】時間割り。時刻表。

タイムラグ【time lag】時間的なずれ。

タイムリー【timely】時機がちょうどよいようす。

タイムリミット【time limit】許されるぎりぎりの日限・時限。

たいめい【大命】君主・天皇の命令。

たいめい【待命】❶命令を待つこと。❷身分がありながら、職務が決まっていないこと。①awaiting orders

だいめい【題名】表題。タイトル。title

たいめん【体面】世間に自分がどう見られているかという意識。体裁。面目。

たいめん【対面】❶面会。❷向き合うこと。▽—交通。①meeting

たいもう【大望】大きな望み。たいぼう。▽—を抱く。ambition

だいもく【題目】❶表題。❷主題。テーマ。❸御題目。②theme

だいもん【大門】寺院などの正門。

たいや【逮夜】葬式・忌日(きにち)の前夜。

たいやく【大厄】❶大きな厄年。数えで男四二歳、女三三歳。❷大きな災難。

たいやく【大役】重い役目。類大任。

たいやく【大約】おおよそ。▽—次のとおり。類大略。summary

たいやく【対訳】原文と訳文とを並べて示したもの。また、その訳文。

だいやく【代役】ある人に代わってその役を行うこと・人。substitute

ダイヤグラム【diagram】列車の運行表。ダイヤ。

たいゆう【大勇】真の勇気。

たいよ【貸与】貸し与えること。lend

たいよう【大洋】大海。ocean

たいよう【大要】大体の要点。あらまし。類大意。outline

たいよう【太陽】太陽系の中心をなす天体。sun

たいよう【耐用】使用に耐えること。▽—年数。

だいよう【代用】ある物の代わりに使うこと。substitute

たいようれき【太陽暦】地球が太陽のまわりをひと回りする時間を一年とする、こよみ。

陽暦。対太陰暦。

たいよく【大欲】 ❶大きな望み。❷欲が深いこと。② avarice ▼—は無欲に似たり ❶大欲の人は小さな利益にこだわらないので、欲がないように見える。❷欲が深いと損をしがちだから、結局無欲の人と同じ結果になる。 大欲

たいら【平ら】 ❶高低がないようす。❷〈「お—に」の形で〉ひざを崩して楽な姿勢をとること。❸おだやかなようす。▽—な人柄。類❶平坦。① flat 平ら

たいらげる【平らげる】 ❶敵・悪者をうち負かす。❷全部食べてしまう。 平らげる

たいらん【大乱】 大事件で世の中が乱れること。great commotion 大乱

たいらん【台覧】 貴人が見ること。 台覧

だいり【内裏】 ❶皇居。御所。❷「内裏雛（びな）」の略。 内裏

だいり【代理】 本人に代わって処理すること・人。類代行。agent 代理

だいりき【大力】 非常に強い力（の持ち主）。力持ち。たいりき。▽—無双。great strength 大力

たいりく【大陸】 ❶広大な陸地。❷日本から見て、中国大陸。① continent 大陸

たいりくだな【大陸棚】 海岸から水深二〇〇メートル位までの海底。 大陸棚

たいりくてき【大陸的】 ❶大陸に特有であるようす。❷気持ちが大らかなようす。 大陸的

だいりせき【大理石】 石灰石が変質した、美しい斑紋（はんもん）のある岩石。marble 大理石

たいりつ【対立】 反対の立場で、たがいに張り合うこと。opposition 対立

だいりびな【内裏雛】 天皇・皇后の姿に似せて作った、一対のひな人形。 内裏雛

たいりゃく【大略】 ❶あらまし。❷あらかた。大部分。① outline 大略

たいりゅう【対流】 熱の伝わり方で、熱を加えたときに起こる気体・液体の循環運動。convection 対流

たいりゅう【滞留】 ❶滞在。❷物事がとどこおること。類❷停滞。 滞留

たいりょう【大猟】 狩猟で、えものが多いこと。big bag 大猟

たいりょう【大量】 数量が多いこと。多量。▽—生産。large quantity 大量

たいりょう【大漁】 漁獲量が多いこと。類豊漁。good catch 大漁

たいりょく【体力】 身体的能力。また、病気に耐える力。▽—が衰える。physical strength 体力

たいりん【大輪】 花の輪郭が大きいこと。また、その花。だいりん。large flower 大輪

たいれい【大礼】 宮中の重大な儀式。 大礼

たいれつ【隊列】 隊の並び。隊伍。file 隊列

たいろ【退路】 逃げ道。対進路。 退路

たいろう【大老】 江戸幕府で、将軍補佐の最高役職。老中の上位にあたる役職。 大老

だいろっかん【第六感】 直観的に感じ取る働き。直感。勘。▽—が働く。sixth sense 第六感

たいろん【対論】 対抗して、または向き合って議論すること。また、その議論。 対論

たいわ【対話】 向かい合って話すこと。また、その話。▽親子の—。類対談。conversation 対話

たいん【多淫】 性的欲望が強く、みだらな行いが多いこと。 多淫

たう【多雨】 雨の日、また雨量が多いこと。much rain 多雨

たうえ【田植え】 稲の苗を水田に移し植えること。 田植え

たえいる【絶え入る】 息が絶える。死ぬ。die 絶え入る

だえき【唾液】 唾液腺（せん）から口の中に出る消化液。つば。saliva 唾液

たえず【絶えず】 たえまなく。 絶えず

たえだえ【絶え絶え】 今にも、とだえそうなようす。とぎれとぎれ。▽息も—に話す。 絶え絶え

たえて【絶えて】 全然。一度も。 絶えて

たえない【堪えない】 がまんできない。▽憤慨（ふんがい）に—。 堪えない

たえなる【妙なる】 言いようもなく美しい。▽—笛の音（ね）。 妙なる

たえま【絶え間】 とだえている間。▽—なく客が来る。letup 絶え間

たえる【耐える】 〈堪える〉❶がまんする。❷持ちこたえる。①② endure 耐える

たえる【堪える】 …に値する。…することができる。▽鑑賞に— 堪える

―動画。

たえる【絶える】❶とぎれる。❷なくなる。❸やむ。止まる。①cease　絶える

使い分け「たえる」
耐える…こらえる。持ちこたえる。▽苦痛に―。嵐に―。
堪える…それに応じてできる。値する。▽任に―。鑑賞に―作品。聞くに堪えない話。
絶える…とぎれる。▽消息が―。送金が―。

だえん【楕円】二次曲線の一つ。長円。ellipse　楕円

たおす【倒す】❶横にする。❷負かす。❸借金を返さないでおく。❹ほろぼす。②defeat ④overthrow　倒す

たおやか　女性の動作などがしなやかで美しいようす。

たおやめ【手弱女】たおやかな女性。図益荒男(ますらお)。　手弱女

たおる【手折る】❶手でおる。❷女性をわがものにする。①break off　手折る

たおれる【倒れる】❶横になる。ころぶ。❷ほろびる。❸企業が破産する。❹病気で床につく。❺命を失う。▽凶弾に―。①②⑤fall ▼―れて後(のち)已(や)む 死ぬまで努力し続ける。　倒れる

たか【多寡】多いことと、少ないこと。　多寡

たか【高】❶数量。❷金額。❸程度。①②amount ▼―を括(くく)る たいしたことではないとあなどる。　高

たか【鷹】大形の猛鳥。hawk　鷹

たが【箍】おけ・たるなどの周りにはめる、竹や金属製の輪。hoop ▼―が緩(ゆる)む 緊張がゆるむ。鈍くなる。　箍

たかい【他界】❶人間界以外の世界。❷死ぬこと。②death　他界

たかい【高い】❶上のほうにある。❷上端までの隔たりが大きい。❸地位・等級が上である。❹すぐれている。▽格調が―。❺際立っている。❻金額・数値が大きい。❼音の振幅が大きい。音量が大きい。①~③⑦high　高い

たがい【互い】両方。双方。　互い

だかい【打開】行きづまった状態を解決すること。▽局面を―する。―策。注打×解。breakthrough　打開

たがいちがい【互い違い】交互。alternation　互い違い

たがう【違う】❶異なる。ちがう。❷はずれる。そむく。▽事、志と―。　違う

たかがり【鷹狩り】訓練した鷹を使う狩り。　鷹狩り

たかく【多角】❶角が多いこと。❷多方面にわたること。　多角

たがく【多額】金額が多いこと。large sum　多額

たかくけい【多角形】三つ以上の角をもつ平面図形。たかっけい。多辺形。polygon　多角形

たかくてき【多角的】多方面にわたるようす。　多角的

たかぐもり【高曇り】雲が空高くにかかってくもっていること。　高曇り

たかげた【高下駄】歯の高いげた。　高下駄

だがし【駄菓子】大衆的な安物の菓子。cheap sweets　駄菓子

たかしお【高潮】台風などで海面が異常に高くなって陸におしよせる現象。風つなみ。storm surge　高潮

たかしまだ【高島田】根を高く結う島田まげ。花嫁などが結う。高髷(たかまげ)。

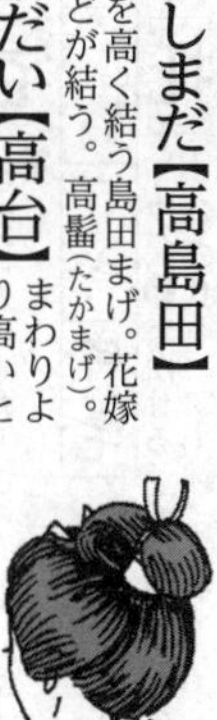
高島田

たかだい【高台】まわりより高いところにある、平らな土地。heights

たかだか【高高】十分に見積もっても。せいぜい。at most　高高

たかちょうし【高調子】声・音などの調子が高いこと。high pitch　高調子

だかつ【蛇蝎】〈蛇蠍〉へびと、さそり。▼―の如(ごと)く嫌(きら)う ひどくきらう。　蛇蝎

だがっき【打楽器】たたいて音を出す楽器。percussion instrument　打楽器

たかとび【高飛び】犯人などが遠くへ逃げること。類逃亡。escape　高飛び

たかとび【高跳び】跳ぶ高さを競う競技。走り高跳び・棒高跳び。　高跳び

たかなる【高鳴る】❶大きく鳴り響く。❷胸がどきどきする。▽期待に胸が―。　高鳴る

たかね【高値】❶高い値段。❷その日の取り引きで最高値。①high price　高値

たかね【高嶺】〈高根〉高い峰。high peak ▼―の花 ながめるだけで手の届かないもののたとえ。注高×値の花。　高嶺

たがね【鏨】〈鑽〉鋼鉄製の、のみ。graver　鏨

た

たかのぞみ【高望み】 身分・能力をこえた、大きすぎる望み。

たかは【鷹派】 力で解決しようとする人々。タカ派。対鳩派(はとは)。

たかばなし【高話】 大きな声でする話。

たかびしゃ【高飛車】 威圧するようす。▽—に出る。high-handed

たかぶる【高ぶる】 ❶〈昂ぶる〉気持ちが激しくなる。❷えらいと思っていばる。①get excited

たかまがはら【高天原】 日本の神話で、神々が住むという、天上の国。

たかまくら【高枕】 ❶日本髪がくずれないように高くつくったまくら。❷安心して眠ること。

たかみ【高み】 高い所。height ▼—の見物(けんぶつ) はたから傍観すること。

たがやす【耕す】 作物を作るために田畑を掘り返す。plow

たかようじ【高楊枝】 満腹して食後にゆったりとようじを使うこと。

たから【宝】 ❶貴重な品。❷かけがえのない大切なもの・人。❸金銭。▽お—。①treasure ▼—の持ち腐(ぐさ)れ 役に立つ物を利用しないことのたとえ。

たからか【高らか】 高く快く響くようす。loud

たからくじ【宝籤】 当たると賞金がもらえるくじ。lottery

たからぶね【宝船】 宝物や米俵を積み、七福神を乗せた船。

たかる【集る】 ❶一か所に集まる。❷おどして金品をまきあげる。❸人におごらせる。①gather

たかん【多感】 感じやすいこと。▽—な年頃。sensitive

だかん【兌換】 紙幣を正貨と引き換えること。

たき〘滝〙常13 **〘瀧〙**人19 **たき** 高い所から落ちる水。▽—壺(たきつぼ)。

筆順	氵	汁	汼	汻	浐	涪	滝

たき【多岐】 多方面に分かれていること。▽問題は—にわたる。

たき【滝】 がけから流れおちる水流。waterfall

たぎ【多義】 一つのことばに多くの意味があること。▽—語。

だき【唾棄】 軽蔑し、嫌うこと。▽—すべき卑劣漢。

だき【惰気】 怠け心。だらけた気分。indolence

だきあわせ【抱き合わせ】 ❶二つのものを組み合わせること。❷客のほしがる商品に、売れ行きの悪い商品を組み合わせて売ること。

だきかかえる【抱き抱える】 腕を回してかかえ持つ。

たきぎ【薪】 燃料にする木。firewood

だきこむ【抱き込む】 ❶かかえ込む。❷味方に引き入れる。

たきだし【炊き出し】 非常の際に飯をたき、人々に配ること。

たきつけ【焚き付け】 火をたきつけるための木ぎれ・紙など。kindling

たきつける【焚き付ける】 ❶燃やし始める。❷けしかける。②egg on

たきつぼ【滝壺】 滝が落ち込む淵(ふち)。

たきび【焚き火】 ❶かがり火。❷かまどや炉でたく火。❸戸外で落ち葉などで火をたくこと。また、その火。③fire

たきぼうよう【多岐亡羊】 ❶学問の道は多岐で真理に到達しにくいこと。❷方針が多くあるので迷うこと。

だきゅう【打球】 打った球。

たきょう【他郷】 故郷から離れた、よその地。類異郷。alien land

だきょう【妥協】 物事をまとめるために譲歩すること。

たきょく【多極】 勢力が分散して、互いに譲り合わない状態。▽—化。compromise

たぎる【滾る】 ❶煮え立つ。❷水がさかまく。❸わきあがる。▽血潮が—。①②seethe

たく〘宅〙常6 **タク** 人がすむところ。家。▽—地。自—。

筆順	丶	宀	宀	宀	宀	宅

たく〘托〙人6 **タク** ❶まかせる。▽一蓮(いちれん)—生。❷のせる。▽—鉢。

筆順	一	十	扌	扌	扌	托

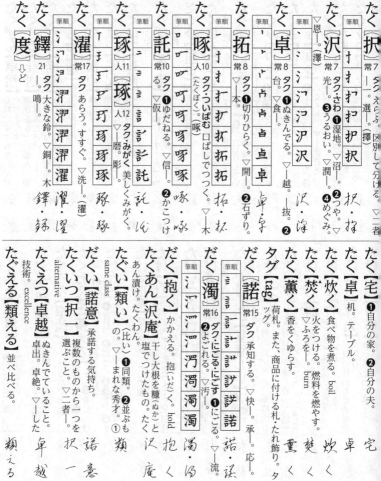

たく【択】常7 タク えらぶ。区別して分ける。▽二者一。選一。（擇）

筆順

たく【沢】常7 タク・さわ ❶湿地。▽沼一。❷つや。▽光一。❸うるおい。▽潤一。❹めぐみ。▽恩一。（澤）

筆順

たく【卓】常8 タク ❶ぬきんでる。▽一越。一抜。❷台。▽食一。

筆順

たく【拓】常8 タク ❶切りひらく。▽開一。❷石ずり。▽一本。

筆順

たく【啄】人10 タク・ついばむ 口ばしでつつく。▽一木（たくぼく）。（啄）

筆順

たく【託】常10 タク ❶ゆだねる。▽信一。❷かこつける。▽仮一。

筆順

たく【琢】人11【琢】人12 タク・みがく 美しくみがく。▽一磨。彫一。

筆順

たく【濯】常17 タク あらう。すすぐ。▽洗一。（濯）

筆順

たく【鐸】21 タク 大きな鈴。▽銅一。木一。鳴一。

たく【度】⇩ど

たく【宅】❶自分の家。❷自分の夫。

たく【卓】机。テーブル。

たく【炊く】食べ物を煮る。boil

たく【焚く】火をつける。燃料を燃やす。▽ふろを一。burn

たく【薫く】香をくゆらす。

タグ【tag】荷札。また、商品に付ける札・たれ飾り。タッグ。

だく【諾】常15 ダク 承知する。▽快一。承一。応一。

筆順

だく【濁】常16 ダク・にごる・にごす ❶にごる。▽一流。❷よごれる。▽汚一。

筆順

だく【抱く】かかえる。抱（いだ）く。hold

たくあん【沢庵】干し大根を糠（ぬか）と塩でつけたもの。たくあん漬け。たくわん。

たぐい【類い】〈比い〉❶同類。❷並ぶもの。▽一まれな秀才。①same class

だくい【諾意】承諾する気持ち。

たくいつ【択一】複数のものから一つを選ぶこと。▽二者一。alternative

たくえつ【卓越】ぬきんでていること。卓出。卓絶。▽一した技術。excellence

たぐえる【類える】並べ比べる。

だくおん【濁音】仮名に濁点をつけて表す音。対清音。

たくさん【沢山】❶多いようす。❷十分。①many, much

たくしあげる【たくし上げる】袖（そで）などをまくりあげる。tuck up

たくしき【卓識】すぐれた見識。卓見。

たくじしょ【託児所】幼児を預かって保育する施設。nursery

だくしゅ【濁酒】どぶろく。対清酒。

たくしゅつ【卓出】卓越。

たくじょう【卓上】机やテーブルの上。

たくしょく【拓殖】未開地を開拓して住みつくこと。colonization

たくしん【宅診】医者が自宅でする診察。内診。対往診。

だくすい【濁水】にごった水。対清水（せいすい）。muddy water

たくする【託する】〈托する〉❶頼む。あずける。▽後事を一。❷かこつける。①entrust

だくせ【濁世】⇩じょくせ。

たくせつ【卓説】すぐれた意見。▽名論一。類卓見。excellent opinion

たくぜつ【卓絶】卓越。

たくせん【託宣】〈「御一」の形で〉神のお告げ。神託。oracle

たくぜん【卓然】非常にすぐれていて目立つようす。　卓然

たくそう【託送】運送屋などに頼んで物を送ること。　託送

だくだく【諾諾】人のいいなりになるようす。▽唯唯（いい）―。　諾諾

たくち【宅地】住宅用の土地。　宅地

だくてん【濁点】濁音をしめす「゛」。　濁点

たくはい【宅配】商品などを家まで届けること。　宅配

たくはつ【托鉢】僧が家々を回って経文を唱え、鉢に施しを受けること。　托鉢

たくばつ【卓抜】ずばぬけてすぐれていること。卓越。excellent　卓抜

だくひ【諾否】承知か不承知か。▽―を問う。　諾否

たくほん【拓本】石や木などに刻まれた文字や模様を墨で紙に写し取ったもの。石ずり。rubbed copy　拓本

たくましい【逞しい】❶がっしりしている。❷勢いが盛んだ。▽想像を―くする。①strong　逞しい

たくみ【巧み】❶技巧。くふう。❷うまいようす。skillful　巧み

たくみ【匠】〈工〉職人。特に、大工。　匠

たくむ【巧む】❶工夫・技巧をこらす。❷たくらむ。▼―まざる 意図的ではなく、自然な。　巧む

たくらむ【企む】（悪事などを）くわだてる。計画する。plot　企む

たくりつ【卓立】ずばぬけていて目立つこと。prominence　卓立

だくりゅう【濁流】河川などの、濁った水の流れ。muddy stream　濁流

たぐる【手繰る】❶少しずつ手元に寄せる。❷一つ一つたどる。　手繰る

たくろん【卓論】すぐれた論。卓説。　卓論

たくわえる【蓄える】〈貯える〉❶ためる。❷身につける。❸ひげなどをはやす。①save　蓄える

たけ【丈】❶身長。❷高さ。❸長さ。❹すべて。▽思いの―。①②height ③length　丈

たけ【他家】他人の家。よその家。　他家

たけ【竹】茎が中空で節のある植物。bamboo ▼―を割ったよう 気性がさっぱりしているようす。　竹

たげい【多芸】多くの芸を身につけていること。versatility　多芸

だげき【打撃】❶強く打つこと。❷損害。心の痛手。ショック。❸野球で、バッティング。①blow ②damage　打撃

たけだけしい【猛猛しい】❶勇ましく、荒々しい。❷ずうずうしい。①violent　猛猛

たけつ【多血】血の気が多く、感情的なこと。　多血

だけつ【妥結】対立者が譲り合って話をまとめること。agreement　妥結

たけなわ【酣】〈闌〉真っ盛り。　酣

たけのこ【竹の子】〈筍〉竹の新芽。bamboo shoot　竹の子

たけみつ【竹光】刀身の代わりに竹を使った刀。　竹光

たけやぶ【竹藪】竹が集まって多く生えている所。bamboo grove　竹藪

たけやらい【竹矢来】竹を粗く組んだ囲い。　竹矢来

たけやり【竹槍】竹の先をそいで槍の代わりにした武器。　竹槍

たける【長ける】経験・能力が身についている。すぐれる。長じる。▽語学に―。excel　長ける

たける【哮る】ほえたてる。roar　哮る

たける【猛る】❶荒れ狂う。❷勇み立つ。▽―心。①rage　猛る

たける【闌ける】❶真っ盛りになる。❷盛りをやや過ぎる。▽宴が―。　闌ける

たけん【他見】他人が見ること。また、他人に見せること。▽―をはばかる。　他見

たげん【多元】原理・要素が多くあること。　多元

たげん【多言】多く言うこと。▽―を要しない。類多弁。talkativeness　多言

だけん【駄犬】どこにでもいる、つまらない犬。雑種の犬。mongrel　駄犬

たこ〔凧〕人 5 たこ 空にあげるたこ。▽―揚げ。奴―（やっこだこ）。　凧・凧

筆順　ノ　几　凡　凧　凧

たこ〔蛸〕13 たこ 軟体動物の、たこ。　蛸・蛸

たこ【凧】〈紙鳶〉竹などの骨組みに紙などをはり、空にあげるおもちゃ。kite　凧

たこ【蛸】〈章魚〉海にすむ軟体動物の一。足は八本。octopus　蛸

たこ【胼胝】皮膚の一部が堅く厚くなって盛り上がったもの。callus　胼胝

た

たご【担桶】水や肥料を入れてになう、おけ。▽こえ—。

たこあし【蛸足】たこの足のようにいくつにも分かれていること。

たこう【多幸】幸せが多いこと。great happiness 対薄幸。

だこう【蛇行】川や道が曲がりくねって進むこと。meanders

たこく【他国】❶外国。❷よその土地。類❶異国。①foreign country

たこくせき【多国籍】組織・団体が二つ以上の国籍をもつこと。▽—企業。

たこつぼ【蛸壺】たこの捕獲用のつぼ。

たこにゅうどう【蛸入道】❶たこ。❷坊主頭の人。

たこん【多恨】うらみやくやみが多いこと。▽多情—。

たごん【他言】他人に話すこと。口外。たげん。▽—無用。

たさい【多才】種々の才能があること。類多能。versatility

たさい【多彩】❶種類が多く、変化のあること。▽—な催し。❷色どり豊かなこと。①various ②colorful

たさく【多作】たくさんつくること。対寡作(かさく)。prolific

ださく【駄作】できの悪い作品。対傑作。poor work

たさつ【他殺】人に殺されること。対自殺。murder

たさん【多産】❶子や卵をたくさんうむこと。❷産物が多くとれること。①prolific ②fecundity

ださん【打算】利害得失を計算すること。▽—が働く。

たざんのいし【他山の石】自分を高めるのに役立つ他人の言行。「他山の石、以(も)って玉を攻(おさ)むべし」から。

たし【足し】❶足りないものを補うもの。❷何かの役に立つもの。▽腹の—にする。

たじ【他事】よそごと。無関係のこと。▽—ながらご安心下さい。

たじ【多事】❶仕事・用事が多いこと。❷事件が多いこと。類❶多用。

だし【山車】祭りのとき、飾りをほどこして引く車。やま。

だし【出し】❶出すこと・もの。❷出し汁(じる)。❸自分の利益のために、利用する人・もの。

たしか【確か】❶確実であるようす。あやまりのないようす。❷信用できるようす。①certain

たしかめる【確かめる】念をおしてはっきりさせる。check

たしざん【足し算】加えて計算すること。対引き算。addition

たしせいせい【多士済済】すぐれた人物が多くいるようす。たしさいさい。注多士×斉斉。

たじたたん【多事多端】仕事が多く多忙なこと。

たじたなん【多事多難】事件が多く苦労が多いこと。

たしつ【多湿】湿気が多いこと。▽高温—。humidity

たじつ【他日】ほかの日。▽—を期す。some day

たしなみ【嗜み】❶つつしみ。❷趣味などの心得。②accomplishments

たしなむ【嗜む】❶愛好する。▽酒を—。❷趣味として身につける。▽俳句を—。❸つつしむ。①enjoy

たしなめる【窘める】注意して、反省をうながす。reprove

だしぬく【出し抜く】人より先に事を行う。▽他紙を—ニュース。

だしぬけ【出し抜け】思いがけないようす。突然。▽—に言われても困る。類唐突。sudden

だしもの【出し物】〈演し物〉上演作品。演目。program

たしゃ【他者】自分以外の者。他人。

たしゃ【多謝】❶深く感謝すること。❷深くわびること。類❶❷深謝。

だしゃ【打者】❶野球で、投球を打つ人。❷ヒットを打つ人。①batter

だじゃく【惰弱】〈懦弱〉意気地がないこと。類柔弱。

だじゃれ【駄洒落】くだらないしゃれ。dumb joke

たしゅ【多種】種類が多いこと。variety

だしゅ【舵手】船のかじとり。steerer

たじゅう【多重】多く重なる(重ねる)こと。

たしゅたよう【多種多様】いろいろさまざまであること。

たしゅつ【他出】 外出。

たしょ【他所】 よその場所・土地。

たしょう【多少】 ❶多いことと、少ないこと。❷いくらか。②some 少しは。▽—のことには目をつぶる。

たしょう【多生】 ❶仏教で、何度も生まれ変わること。❷多くの命を生かすこと。▽一殺—。

たしょう【多祥】 多幸。

たじょう【多情】 ❶移り気。浮気。❷多感。①fickle

たじょうたこん【多情多恨】 感じやすいため、うらみも多いこと。

たしょうのえん【多生の縁】 前世で結ばれた縁。他生の縁。▽袖(そで)振(ふ)り合うも—。

たじょうぶっしん【多情仏心】 移り気だが情にあつい性質。

たじろぐ しりごみする。ひるむ。shrink

だしん【打診】 ❶医者が指などで体を軽くたたいて、その音で診察すること。❷相手にさぐりを入れること。▽相手の意向を—する。②sound out

たしんきょう【多神教】 多くの神を信仰する宗教。polytheism

たす【足す】 ❶加える。❷すませる。▽用を—。①add

たず【鶴】 〈田鶴〉つるの古称。

だす【出す】 ❶中から外へうつす。❷送る。❸載(の)せる。❹のばす。▽舌を—。❺新しく仕事を始める。❻あらわす。▽怒りを顔に—。❼加える。❽…しはじめる。❾外へあらわす。▽照らし—。①take out

たすう【多数】 人・物の数が多いこと。large number

たすうけつ【多数決】 賛成者の多い意見に従って決めること・方法。

たすき【襷】 ❶和服の袖(そで)をたくし上げるためのひも。❷肩から斜めにかけた布。

襷 ❶

タスク【task】 ❶仕事。任務。▼—フォース 特別任務班。❷コンピュータで実行される処理の単位。

たすけぶね【助け船】 ❶救助船。❷助力。加勢。

たすける【助ける】 ❶あぶないところを救う。❷力をかす。▽難民を—。①save ①②help

たずさえる【携える】 ❶手に提げて持つ。❷連れて行く。

たずさわる【携わる】 関係する。従事する。▽教育に—。participate

たずねる【訪ねる】 訪問する。▽恩師を—。古都を—。visit

たずねる【尋ねる】 ❶質問する。❷さがし求める。❸追究する。①ask

> **使い分け「たずねる」**
> 訪ねる…訪問の意。▽友人を—。故郷を—。遺跡を—。
> 尋ねる…質問・追究の意。▽道順を—。真相を—。尋ね人。

だする【堕する】 おちいる。

たぜい【多勢】 多くの人。大ぜい。▼—に無勢(ぶぜい) 大ぜいに少人数で立ち向かっても勝ち目がないこと。

だせい【惰性】 ❶今までの習慣・なれ。▽—的。❷慣性。注×堕性。②inertia

たせん【他薦】 他人による推薦。対自薦。recommendation

だせん【打線】 野球で、打者の顔ぶれ。また、打撃力。batting lineup

たそがれ【黄昏】 ❶夕暮れのうす暗いころ。▽—時。❷盛りが過ぎ、勢いを失うころ。①twilight

だそく【蛇足】 よけいなもの。むだ。

たた【多多】 たくさん。▼—益々(ますます)弁ず ❶腕前がすぐれ、余裕があるようす。❷多いほど好都合である。

ただ【只】 人5 シ・ただ ❶無料。❷ふつう。平凡。▽—の人。

筆順				
丶	ㇿ	口	尸	只

ただ【只】 無料。無報酬。free

ただ【徒】 ❶むだ。❷ふつう。只。▽—の白い紙。❸なにもしないで。むなしく。

ただ【唯】 ❶ひたすら。それぱかり。▽—祈るだけ。❷わずか。▽—ひとり。❸ただし。

だだ【駄駄】 甘えて、わがままを言うこと。▽—をこねる。

ただい【多大】 非常に多いこと。great

だたい【堕胎】 妊娠中絶。abortion

ただいま【只今】 ❶現在。❷今すぐ。❸ついさっき。❹帰宅のあいさつ語。①now

たたえる【称える】 〈讃える〉ほめる。praise

たたえる【湛える】 いっぱいにする。満たす。▽水を—。

たたかう【戦う】 ❶力ずくで戦争をする。❷勝負をする。試合をする。

たたかう【闘う】 ❶相手を負かそうと争う。闘争する。❷困難や障害にうちかとうと努力する。

使い分け「たたかう」
戦う…武力・実力で争う。戦争。▽敵軍と—。決勝戦を—。
闘う…勝とうとして相手を攻める。闘争。▽労使が—。難病と—。貧困と—。

たたき【三和土】 コンクリート・固い土などで固めた土間。

たたき【叩き】 ❶たたくこと・人。❷魚などをおろして包丁でたたいた料理。

たたきあげる【叩き上げる】 苦労を重ね一人前にする。

たたきうり【叩き売り】 ❶路上で台をたたきながら威勢よく売ること。❷投げ売り。

たたきだい【叩き台】 検討を加えるための原案。

たたく〔叩〕 5 コウ・たたく ❶たたく。▽—門（こうもん）。❷ひれふす。

たたく【叩く】 ❶続けざまに打つ。❷なぐる。❸言う。▽大口を—。❹非難する。❺値切る。①②hit ▼—けば埃（ほこり）が出る よく調べればやましい点がでてくるものだ。

ただごと【徒事】 〈只事〉ふつうのこと。▽—ではない。

ただし〔但〕 常7 ただし ❶ただ。…だけ。❷条件をつけるときの語。

筆順
ノ
イ
仴
佀
但
但

ただし【但し】 前に述べたことに、条件や説明をつけ加えるときに使う語。

ただしい【正しい】 ❶真実だ。❷整っている。❸道理や決まりにかなっている。①correct ②right

ただしがき【但し書き】 本文のあとに説明・例外・条件などを書きそえる、「但し」で始まる文。

ただす【正す】 ❶正しくする。❷乱れを直す。▽襟（えり）を—。①correct

ただす【糺す】 きびしく取り調べる。▽罪を—。investigate

ただす【質す】 たずねる。▽真意を—。ask

たたずまい【佇まい】 ありさま。また、雰囲気。

たたずむ【佇む】 しばらくじっと立つ。stand still

ただちに【直ちに】 ❶すぐに。❷直接。じかに。①at once

たたみ【畳】 わらといぐさでつくった厚い敷物。▼—の上で死ぬ 安らかな死に方をする。

たたみおもて【畳表】 いぐさの茎を織ったもの。畳の表面に使う。

たたみかける【畳み掛ける】 続けざまに言ったりしたりする。

たたみすいれん【畳水練】 理屈だけで、実際の役には立たないこと。

たたむ【畳む】 ❶折り重ねる。❷折って小さくする。❸とじる。▽傘を—。❹やめる。▽店を—。❺心におさめる。▽胸に—んだ悩み。①fold ④close

ただもの【徒者】 〈只者〉ふつうの人。凡庸な人。

ただよう【漂う】 ❶浮かんでゆれ動く。❷（その場に）たちこめる。①drift

たたら【踏鞴】 足で踏むふいご。▼—を踏（ふ）む 勢いあまって空足（からあし）を踏む。

たたる【祟る】 ❶神仏・怨霊（おんりょう）が災いをもたらす。❷悪い報いを招く。注×崇る。

ただれる【爛れる】 ❶皮膚などが破れてくずれる。❷よくないことにおぼれる。①fester

たたん【多端】 ❶事件が多いこと。❷多忙。▽—な日々。

たち【太刀】 長い刀。sword

たち【質】 ❶生まれつきの性質・体質。❷品質。❸物事の性質。①nature

たちあい【立ち会い】 ❶その場に居合わせること。❷

取引所で、売買取り引きをすること。立会。①presence

たちあい【立ち合い】 相撲で、仕切りから立ちあがった瞬間。 立合い

たちあう【立ち会う】 証人や監視人としてその場に出る。attend 立ち会

たちあう【立ち合う】 勝負を争う。 立ち合

たちあげる【立ち上げる】 ❶機械類を始動させる。❷新しく始める。おこす。 立ち上

たちいたる【立ち至る】 深刻な状態になる。▽事ここに―。 立ち至

たちいふるまい【立ち居振る舞い】 日常の動作。deportment 立居

たちいる【立ち入る】 ❶中に入り込む。❷かかわる。干渉する。▽―った話。 立ち入

たちうち【太刀打ち】 はりあうこと。 太刀打

たちおうじょう【立ち往生】 ❶立ったまま死ぬこと。❷途中で止まり、動けなくなること。②being stalled 立往生

たちおくれる【立ち後れる】 〈立ち遅れる〉❶始動がおくれて時機を失う。❷進歩・発展がおくれ、劣る状態になる。②be behind 後れる

たちき【立ち木】 地面に生えた木。 立ち木

たちぎえ【立ち消え】 ❶火が途中で消えてしまうこと。❷物事が中途でとりやめになること。 立消え

たちぎき【立ち聞き】 物陰などで他人の話をこっそり聞くこと。類盗み聞き。eavesdrop 立聞き

たちきる【断ち切る】 ❶切りはなす。❷関係をなくす。▽腐れ縁を―。❸途中でさえぎる。▽糧道を―。②break off 断ち切

たちきる【裁ち切る】 布・紙を切りはなす。cut off 裁ち切

たちこめる【立ち籠める】 一面にただよう。▽煙が―。hangover 立ち籠

たちどころに【立ち所に】 ただちに。たちまち。at once 立ち所

たちなおる【立ち直る】 元のよい状態にもどる。get over 立ち直

たちのく【立ち退く】 ❶その場所からはなれる。❷住んでいる所からよそへ移る。 立ち退

たちば【立場】 ❶置かれている地位・境遇。❷考え方のよりどころ。①position ②standpoint 立場

たちばさみ【裁ち鋏】 布地を裁つときに使う大きなはさみ。 裁ち鋏

たちばな〔橘〕 人16 **キツ・たちばな** ❶花たちばな。❷みかん類。▽柑―(かんきつ)類。

筆順 … 橘 橘 橘

橘・橘

たちばな【橘】 ❶常緑小高木の一。果実はみかんに似る。❷蜜柑(みかん)・柑子(こうじ)などの古称。 橘

たちまち【忽ち】 あっという間に。類にわかに。at once 忽ち

たちまわり【立ち回り】 ❶立ち回ること。❷殺陣(たて)。❸けんか。 立ち回

たちまわる【立ち回る】 ❶あちこち歩きまわる。❷自分が有利になるように、働きかける。❸立ち寄る。 立回る

だちょう【駝鳥】 アフリカの草原にすむ鳥の一。鳥類の中で最も大形。ostrich 駝鳥

たちよる【立ち寄る】 ❶近寄る。❷途中でよそに寄る。 立ち寄

だちん【駄賃】 使い・手伝いなどの礼として与える金銭。tip 駄賃

たつ〔辰〕 人7 **シン・たつ** ❶たつ。十二支の五番目。❷天体。星。▽北―。

筆順 一 厂 … 辰

辰・辰

たつ〔達〕 常12 **タツ** ❶通る。行きつく。▽到―。❷すぐれた。▽―人。❸出世する。▽栄―。❹知らせ。

筆順 … 達

達・達

たつ〔竜〕 ⇩りゅう

たつ【立つ】 ❶〈起つ〉おきあがる。❷縦になっている。❸上へあがる。❹〈発つ〉出かける。❺ある地位に身を置く。❻あらわれる。❼気持ちが高ぶる。❽開かれる。❾よくできる。▽筆が―。❿やっていける。▽暮らしが―。⓫筋道が通る。▽理屈が―たない。⓬さかんに…する。①stand ▼**―てば芍薬**(しゃくやく)**座れば牡丹**(ぼたん)**歩く姿は百合**(ゆり)**の花** 美人の容姿を形容することば。 立つ

たつ【辰】 十二支の五番目。動物で、竜。昔、時刻で午前八時ごろ。方角で東南東。 辰

たつ【建つ】 建物・像・国などができる。be built　建つ

使い分け「たつ・たてる」

立つ・立てる…直立する。ある状況や立場に身を置く。離れる。成立する。▽演壇に立つ。鳥肌が立つ。優位に立つ。岐路に立つ。席を立つ。見通しが立つ。計画を立てる。手柄を立てる。

建つ・建てる…建物や国などを造る。▽家が建つ。ビルを建てる。銅像を建てる。国を建てる。都を建てる。

たつ【竜】 ⇩りゅう。　竜

たつ【断つ】 ❶切り離す。❷やめる。❸さえぎる。▽退路を—。①cut off　断つ

たつ【経つ】 時間がすぎる。pass　経つ

たつ【絶つ】 ❶つながりをなくす。▽縁を—。❷終わらせる。▽命を—。　絶つ

たつ【裁つ】 布・紙などを寸法に合わせて切る。cut　裁つ

使い分け「たつ」

断つ…切りはなす。切断。▽鎖を—。国交を—。退路を—。酒を—。

絶つ…続いているものを終わらせる。断絶。▽交際を—。消息を—。後(あと)を断たない。

裁つ…目的に合わせて切る。裁断。▽服地を—。着物を—。

だつ〖脱〗 常11 ダツ・ぬぐ・ぬげる ❶ぬぐ。▽—衣。❷ぬける。▽—退。(脱)

筆順 

脱・脱

だつ〖奪〗 常14 ダツ・うばう 力ずくでとる。▽—回。—取。強—(ごうだつ)。

筆順 

奪・奪

たつい【達意】 自分の考えが、他の人によく通じること。▽—の文。　達意

だつい【脱衣】 衣服をぬぐこと。㊟着衣。　脱衣

だっかい【脱会】 会からぬけ、会員であることをやめること。退会。㊟入会。withdrawal　脱会

だっかい【奪回】 うばい返すこと。奪還。take back　奪回

たっかん【達観】 ❶全体を広く見通すこと。▽世界の情勢を—する。❷真実を悟ること。▽人生を—する。　達観

だっかん【奪還】 奪回。recapture　奪還

だっきゃく【脱却】 ぬけ出ること。　脱却

たっきゅう【卓球】 台中央のネット越しに球を打ち合う室内球技。pingpong, table tennis　卓球

だっきゅう【脱臼】 骨の関節がはずれること。dislocation　脱臼

たっきょ【謫居】 流刑(るけい)を受けていること。　謫居

たづくり【田作り】 ❶田を耕作すること。❷ごまめ。　田作り

たっけん【卓見】 すぐれた考え。卓識。　卓見

たっけん【達見】 物事の道理を見きわめた、すぐれた考え・見識。達識。　達見

たっこう【卓効】 すぐれたききめ。　卓効

だっこう【脱稿】 原稿を書き終えること。㊟起稿。finishing writing　脱稿

だっこく【脱穀】 稲・麦などの実を穂から取り去ること。また、もみがらを取り去ること。▽—機。threshing　脱穀

だつごく【脱獄】 刑務所から逃げ出すこと。脱牢。breaking prison　脱獄

だつサラ【脱サラ】 サラリーマンをやめて、自営業などを始めること。　脱サラ

たっし【達し】 官庁が出す通知・命令。　達し

だつじ【脱字】 書き落とした字。　脱字

たっしき【達識】 達見。　達識

だっしめん【脱脂綿】 脂肪分を取り去って消毒した綿。　脱脂綿

たっしゃ【達者】 ❶上手。▽芸—。❷じょうぶ。②healthy　達者

だっしゅ【奪取】 うばい取ること。▽政権—。capture　奪取

だっしゅう【脱臭】 いやなにおいを取り去ること。deodorization　脱臭

だっしゅつ【脱出】 のがれ出る(抜け出る)こと。escape　脱出

だっしょく【脱色】 色をぬきとること。いろぬき。decolorization　脱色

たつじん【達人】 ❶人生を達観した人。❷すぐれた腕前の人。②expert　達人

だっすい【脱水】 ❶水分をぬきとること。❷有機化合物から水素と酸素を除くこと。　脱水

たっする【達する】 ❶とどく。▽一億に—人口。❷なしとげ　達する

だっする【脱する】 ❶ぬけ出す。ぬけ出る。▽ピンチを—。❷もらす。ぬかす。①escape　脱する

たつせ【立つ瀬】 面目。立場。position ▼—がない 立場がない。①reach　立つ瀬

たっせい【達成】 目的の物事をなしとげること。attainment　達成

だつぜい【脱税】 税金をごまかして納めないこと。tax evasion　脱税

だっせん【脱線】 ❶鉄道の車輪が線路から外れること。❷本筋からそれること。　脱線

だっそ【脱疽】 体の組織の一部がくさって脱落する病気。壊疽(えそ)。gangrene　脱疽

だっそう【脱走】 ぬけ出して逃げること。▽—兵。desert　脱走

だつぞく【脱俗】 世間、また世俗的な気風からぬけ出ること。　脱俗

だったい【脱退】 団体・組織などからぬけること。対加入。secession　脱退

タッチ【touch】 ❶軽くさわること。❷関係すること。❸絵画などの筆づかい。❹キーのふれ方。❺手ざわり。❻作風。

たっちゅう【塔頭】 ❶寺の境内にある小寺。❷禅宗で祖師の塔がある所。　塔頭

だっと【脱兎】 逃げるうさぎ。非常にすばやい動きのたとえ。▽—の勢い。　脱兎

たっとい【尊い】 〈貴い〉⇩尊い(とうとい)。貴い(とうとい)。　尊い

たっとぶ【尊ぶ】 〈貴ぶ〉⇩尊ぶ(とうとぶ)。貴ぶ(とうとぶ)。　尊ぶ

たつとり【立つ鳥】 飛び去る鳥。▼—跡(あと)を濁(にご)さず 去る時には後始末をきちんとすべきであるというたとえ。飛ぶ鳥跡を濁さず。　立つ鳥

たづな【手綱】 馬のくつわにつけた綱。reins　手綱

だっぱん【脱藩】 江戸時代、藩をぬけ出して浪人になること。　脱藩

だっぴ【脱皮】 ❶蛇や昆虫などが古い表皮をぬぎすてること。❷古い考え・習慣や様式などからぬけ出すこと。▽工業都市に—した町。①shedding　脱皮

たっぴつ【達筆】 文字を上手に書くこと。類能筆。　達筆

タップ【tap】 スマートフォンなどの画面を指でそっとたたくこと。

たつぶん【達文】 ❶表現のうまい文章。❷筋道のよく通った文章。②clear sentence　達文

だつぶん【脱文】 ぬけ落ちた文句・文章。omitted sentence　脱文

だっぷん【脱糞】 大便をすること。　脱糞

たつべん【達弁】 〈達辯〉よどみのない話しぶり。類能弁。eloquence　達弁

だつぼう【脱帽】 ❶帽子をぬぐこと。❷敬服すること。　脱帽

だっぽう【脱法】 法の盲点を巧みにくぐりぬけること。　脱法

たつまき【竜巻】 局地的におこる、はげしい旋風(せんぷう)。whirlwind　竜巻

たつみ〖巽〗 人12 **ソン・たつみ** 方角の南東。(巽)

筆順 巽

巽・巽

たつみ【辰巳】 〈巽〉十二支の辰(たつ)と巳(み)の間の方角。南東。　辰巳

だつらく【脱落】 ❶ぬけ落ちること。❷仲間について行けなくなること。類落伍。①missing ②dropping out　脱落

だつりょく【脱力】 力がぬけること。　脱力

だつろう【脱漏】 ぬけ落ちること。　脱漏

たて〖竪〗 人14 **ジュ・たて** たつ。たて。▽—穴。—琴(たてごと)。

筆順 竪

竪・竪

たて【盾】 〈楯〉矢・槍(やり)などを防ぐ、厚い木板・金属板などで作った武具。shield ▼—に取る 口実にする。手段にする。

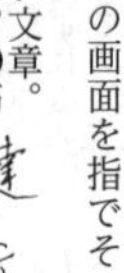
盾

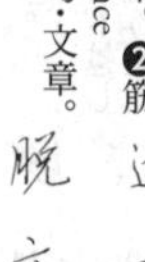

たて【殺陣】 演劇・映画などの乱闘の場面・演技。立ち回り。

たて【縦】 ❶上下または前後の方向・長さ。❷南北の方向・長さ。❸地位や年齢の上下。対❶～❸横。▼—の関係 組織の上下関係。　縦

たで【蓼】 葉・茎に辛みがある植物。▼—食う虫も好き好き 人の好みはさまざまだということ。　蓼

だて【伊達】 ❶みえをはること。❷意気・男気をことさら見せようとすること。▽男—。類❷鯔背(いなせ)。②dandyism ▼—の薄着(うすぎ) 粋(いき)がって寒いのに薄着すること。　伊達

たていた【立て板】 立て掛けた板。▼—に水 よどみなく話すようす。　立て板

たてうり【建て売り】 建てて売ること・家。ready-built house　建て売り

たてかえる【立て替える】他人に代わって代金を払う。 立て替

たてがみ【鬣】ライオンの雄や、馬などの首筋にはえている長い毛。mane 鬣

たてぎょうじ【立行司】筆頭の行司。 立行司

たてぐ【建具】戸・ふすま・障子など、あけたてするもの。 建具

たてごと【竪琴】弦楽器の一つ。ハープ。harp 竪琴

たてこむ【立て込む】❶混雑する。❷仕事などが一度に重なる。①be crowded 立て込

たてこもる【立て籠もる】❶とじこもる。❷城にこもって戦う。 立て籠

たてつく【盾突く】〈楯突く〉反抗する。盾を突く。defy 盾突く

たてつけ【立て付け】戸・障子などの開閉の具合。 立付け

たてつづけ【立て続け】続けざまであること。in succession 立続け

たてつぼ【建坪】建物のしめている土地の坪数。floor space 建坪

たてなおす【立て直す】❶もう一度はじめからやり直す。❷もとのよい状態にもどす。 立て直

たてまえ【建て前】❶表向きの方針・主義。❷棟(むね)上げの祝い。対❶本音。 建前

たてまし【建て増し】建物の増築。extension 建増し

たてまつる【奉る】❶差し上げる。❷まつり上げる。▽会長に—。①offer 奉る

たてもの【建物】建築物。building 建物

たてやくしゃ【立て役者】❶一座の中心となる役者。❷物事の中心人物。①leading actor 立役者

たてる【立てる】❶起こす。縦にする。❷さし向ける。❸ある地位につかせる。❹生じさせる。❺つくる。❻用いる。❼なりたたせる。❽尊重する。▽先輩を—。❾さかんに…する。▽言い—。①stand 立てる

たてる【建てる】建物・国などをつくる。build 建てる

たてる【点てる】茶道の作法で抹茶をいれる。▽茶を—。 点てる

たてわり【縦割り】組織で、仕事の分担が上下関係によって分けられていること。 縦割り

だでん【打電】電報を打つこと。 打電

たとい【仮令】〈縦令〉⇩たとえ。 仮令

だとう【打倒】相手をうちたおすこと。overthrow 打倒

だとう【妥当】ふさわしく適切であること。対不当。proper 妥当

たとうがみ【畳紙】和服などを包む厚い和紙。たとう。 畳紙

たとえ【仮令】〈縦令〉もしも。仮に。たとい。▽—雨でも決行する。even if 仮令

たとえ【譬え】〈喩え〉たとえること・話。▽—話。example 譬え

たとえば【例えば】具体的に例をあげて言うと。for example 例えば

たとえる【譬える】〈喩える〉似かよった例を引いて説明する。compare 譬える

たどたどしい あぶなっかしい。おぼつかない。unsteady

たどる〔辿〕人7 テン・たどる 道筋にそって進む。 辿・辿

筆順 丨 山 山 山 辿 辿 辿

たどる【辿る】❶道筋に従って進む。❷筋道を追って考える。❸事がある方向に進んでゆく。 辿る

たどん【炭団】炭の粉をまるめた燃料。 炭団

たな〔棚〕常12 たな 物をのせるところ。▽書—。 棚・棚

筆順 木 朩 杤 枛 棚 棚 棚 棚

たな【棚】❶物をのせるために板を横にわたしたもの。❷つる性の植物をはわせる高く平たいもの。❸魚が多くいる層。①shelf ▼—から牡丹餅(ぼたもち) 思いがけない幸運にあうこと。 棚

たなあげ【棚上げ】問題として取りあげるのを一時やめること。shelving 棚上げ

たなおろし【棚卸し】〈店卸し〉❶在庫品の現在高を調べること。❷人の欠点を数えあげること。①inventory 棚卸し

たなこ【店子】借家人。対大家(おおや)。 店子

たなご【鱮】淡水魚の一。ふなに似ている。食用。 鱮

たなごころ【掌】手のひら。palm ▼—を返す ❶簡単に態度を変えるたとえ。❷簡単にできるたとえ。 掌

たなざらえ【棚浚え】商品を整理するために安く売りはらうこと。蔵払い。 棚浚え

た

た

たなざらし【店晒し】商品が売れずに店先にいつまでも残っていること。　店晒し

たなちん【店賃】家賃。　店賃

たなばた【七夕】❶たなばた祭り。❷たなばたつめ（＝織女星。おりひめ）。　七夕

たなびく【棚引く】雲・煙・かすみなどが横に長くただよう。　棚引く

たなん【多難】困難・災難が多いこと。▽多事―。　多難

たに【谷】❶山と山との間のくぼんだ所。❷❶のような所。▽気圧の―。① narrow valley　谷

だに【壁蝨】❶ごく小形の節足動物の一。人畜に寄生して血を吸う。❷しつこく人にたかる嫌われ者。① tick　壁蝨

たにあい【谷間】谷の深い所。たにま。　谷間

たにがわ【谷川】谷を流れる川。渓流。　谷川

たにし【田螺】巻き貝の一。水田・川などにすむ。食用にもなる。　田螺

たにま【谷間】谷あい。　谷間

たにん【他人】❶自分以外の人。❷血縁でない人。❸第三者。① others ▼―の空似（そらに）他人なのに、顔だちがよく似ていること。　他人

たにんぎょうぎ【他人行儀】よそよそしい振る舞い。▽―な挨拶（あいさつ）。　行儀

たにんずう【多人数】大ぜいの人。　多人数

たぬき〘狸〙10 リ・たぬき 動物の、たぬき。▽狐―（こり）。　狸・狸

たぬき【狸】❶獣の一。毛は筆などに用いる。人を化かすといわれる。むじな。❷ずるがしこい人。　狸

たぬきねいり【狸寝入り】ねむったふりをすること。　寝入り

たね【種】❶植物の種子。❷血筋をうけつぐもの。❸原因。❹材料。❺手品などのしかけ。① seed　種

たねあかし【種明かし】手品のしかけ、また、なぞを明らかにすること。　種明し

たねあぶら【種油】菜種から作る食用油。　種油

たねいも【種芋】種として植える芋。　種芋

たねぎれ【種切れ】材料がなくなること。　種切れ

たねせん【種銭】もとで。　種銭

たねつけ【種付け】優良種の雄を、雌と交尾させること。mating　種付け

たねび【種火】いつでも火を燃やせるように用意しておく小さい火。　種火

たねほん【種本】著作・講義などの、もとになった本。　種本

たねん【他年】将来の、ある年。後年。▽―の再会を期す。　他年

たねん【他念】余念。▽―なし。　他念

たねん【多年】長い年月。積年。many years　多年

たのう【多能】❶多芸。多才。❷多機能。① versatility　多能

たのしい【楽しい】心が満ちたりて、明るく愉快な気持ちだ。happy　楽しい

たのしむ【楽しむ】❶楽しいと感じる。❷娯楽にする。❸明るい期待をかける。▽子の成長を―。①② enjoy　楽しむ

たのむ【頼む】❶してほしいと願う。❷あてにする。たよる。① ask　頼む

たのもしい【頼もしい】❶たよりになりそうだ。❷有望だ。▽末―。① reliable　頼もしい

たのもしこう【頼母子講】掛け金を出して、金を融通し合う組織。無尽（むじん）。　頼母子

たば【束】ひとまとめにしてくくったもの。また、それを数える語。bundle, bunch　束

だは【打破】打ち破ること。▽因習を―する。breaking　打破

だば【駄馬】❶下等の馬。❷荷物を運ぶ馬。② packhorse　駄馬

たばい【多売】たくさん売ること。　多売

たばかる【謀る】計略を用いてだます。cheat　謀る

たばこ【煙草】たばこの葉をかわかしてつくった、火をつけて煙を吸うもの。ポルトガル語から。cigarette, cigar　煙草

たばさむ【手挟む】手やわきの下にはさんで持つ。　手挟む

たはた【田畑】田とはたけ。fields　田畑

たはつ【多発】数多く発生すること。frequent occurrence　多発

たばねる【束ねる】❶束にする。❷集団をまとめて取り締　束ねる

まる。▽軍団を—。①bundle

たび【足袋】 和装で、足首から下にはく袋状の衣料。

たび【度】 ❶時。おり。❷する時ごと。▽会う—に。❸度数・回数を数える語。

たび【旅】 一時よその土地に出かけること。旅行。trip, travel▼**—の空** ❶旅先。❷家を離れた定めない境遇。▼**—は道連れ、世は情け** 旅先で同行者がいると心強いように、世の中を渡るには、思いやりの心を持つことが大切だ。

だび【荼毘】 火葬。▽—に付す。cremation

たびかさなる【度重なる】 何回も続く。▽—失敗。repeat

たびがらす【旅烏】 各地を渡り歩いて暮らす人。

たびごころ【旅心】 ❶旅先で感じる気持ち。❷旅に出たいと思う心。

たびじ【旅路】 ❶旅の道筋。❷旅。

たびだつ【旅立つ】 旅に出る。

たびたび【度度】 何回も。often

たびにん【旅人】 香具師(やし)・博徒(ばくと)など旅から旅へと各地をわたり歩いて生活する者。

たびね【旅寝】 旅先で寝ること。

たびびと【旅人】 旅をしている人。旅行者。traveler

たびまくら【旅枕】 旅での宿り。

たびょう【多病】 よく病気をすること。▽才子—。delicate health

ダビング【dubbing】 ❶録音・録画したものを別のディスクなどに再録すること。❷放送・映画で、映像・せりふ・音楽などを一本に編集すること。

タフ【tough】 頑丈で、へこたれないようす。

タブー【taboo】 禁じられている場所・行為・言葉など。禁忌。

タフ ガイ【tough guy】 タフな男性。

たぶらかす【誑かす】 だます。あざむく。cheat

ダブル【double】 ❶二重。二倍。▽—スコア。❷二人用。❸前の合わせが深く二列ボタンになっている洋服。両前。double breastedの略。

ダブる 二重になる。重複する。

ダブルキャスト【double cast】 二人の俳優が交代で同じ役を演じること。

たぶん【他聞】 他人に聞かれること。▽—をはばかる。類人聞き。

たぶん【多分】 ❶たくさん。❷おそらく。類❶過分。①plenty ②probably

だぶん【駄文】 くだらない下手な文章。

たべもの【食べ物】 食用とするもの。食物。food

たべる【食べる】 ❶かんで飲み込む。❷生活する。①eat

だべる【駄弁る】 むだ話をする。gab

たべん【多弁】 おしゃべり。類饒舌(じょうぜつ)。talkative

だべん【駄弁】 くだらないおしゃべり。▽—を弄(ろう)する。chatter

たへんけい【多辺形】 多角形。

たぼ【髱】 ❶日本髪の、襟足に張り出した部分。つと。❷若い女性。

だほ【拿捕】 他国・敵国の船舶をとらえること。capture

たほう【他方】 ❶ほかの方面。もう一方。❷ほかの面から見ると。

たぼう【多忙】 ひどく忙しいこと。very busy

たぼう【多望】 将来性があること。有望。▽前途—。promising

だぼう【打棒】 野球のバット。また、打撃。▽—がふるわない。batting

だぼく【打撲】 体を物に強く打ち当てること。また、強くなぐること。▽—症。

だぼら【駄法螺】 おおげさで、でたらめなうそ。類大風呂敷。big talk

たま【玉】 ❶〈珠〉宝石や真珠。❷美しいもの。大切なもの。❸球形のもの。❹レンズ。❺一かたまり。①②gem ③ball ▼**—に瑕**(きず) わずかな欠点があること。▼**—の汗**(あせ) 大粒の汗。▼**—磨**(みが)**かざれば光なし** 才能があっても努力しなければ立派にはなれないたとえ。▼**—を転がす** 女性の高く澄んだ声の形容。

たま【偶】 〈「—に」「—の」の形で〉まれであるようす。▽—に怒る。—の休暇。rarely

たま【球】 ❶ボール。❷電球。②bulb

た

たま【弾】 弾丸。bullet

使い分け「たま」
玉…宝石。円形や球体のもの。▽―を磨く。―にきず。運動会の―入れ。シャボン―。―砂利。善―悪―。
球…球技に使うボール。電球。▽速い―を投げる。決め―を持つ。ピンポン―。電気の―。
弾…弾丸。▽拳銃の―。大砲に―を込める。流れ―に当たる。

たま【霊】〈魂〉死者のたましい。soul

たまう【賜う】〈給う〉❶くださる。お与えになる。❷お…になる。

たまおくり【霊送り】〈魂送り〉盂蘭盆（うらぼん）の最後の日に死者の霊を送り返すこと。精霊（しょうりょう）送り。対霊迎え。

たまがき【玉垣】 神社にめぐらした垣根。

たまぐし【玉串】 神前にささげる榊（さかき）。

玉　串

たまげる【魂消る】 非常に驚く。びっくりする。be flabbergasted

たまご【卵】 ❶鳥・魚・虫などの雌が産む、子がかえる丸いもの。❷〈玉子〉鶏卵。❸まだ一人前でない人。▽医者の―。②egg

たまごいろ【卵色】 ❶卵黄の色。❷卵の殻の色。白茶色。

たまさか【偶さか】 ❶たまたま。❷まれに。

たまざん【玉算】 珠算（しゅざん）。

たましい【魂】 ❶体に宿って、心の働きのもとになると考えられているもの。❷心。精神。▽大和―。①soul ②spirit

だます【騙す】 ❶うそを本当と思わせる。❷なだめすかす。▽機械を―し―し使う。①deceive

たまずさ【玉章】〈玉梓〉手紙の美称。

たまたま【偶偶】 ❶偶然に。❷時おり。①by chance

たまつき【玉突き】 ❶台の上の玉を棒でつく遊び。撞球（どうきゅう）。❷次々と追突すること。▽―事故。①billiards

たまねぎ【玉葱】 地下の鱗茎（りんけい）を食用にする野菜。オニオン。onion

たまのこし【玉の輿】 りっぱなこし。▼―に乗る 地位や財産のある相手と結婚すること。

たままつり【霊祭り】〈魂祭り〉死者の霊、祖先の霊を祭る行事。お盆。

たまむかえ【霊迎え】〈魂迎え〉盂蘭盆（うらぼん）の最初の夜、死者の霊をむかえること。対霊送り。

たまむし【玉虫】 甲虫の一。金緑色の光沢がある。golden beetle

たまむしいろ【玉虫色】 ❶光線の具合で緑・紫・金色に見える織り色。❷どのようにも解釈できて、真意がはっきりしないこと。▽―の答弁。

たまもの【賜物】〈賜〉❶おかげ。成果。❷いただいた物。②gift

たまゆら【玉響】 ほんの少しの間。▽―の命。

たまらない【堪らない】 ❶我慢できない。❷すぐにだめになる。❸すばらしい。①unbearable

たまる【溜まる】 ❶集まりつもる。❷ふえる。▽金が―。①pile

だまる【黙る】 口をきくのをやめる。keep silent

たまわる【賜る】 ❶いただく。▽朝廷から恩賞を―。❷くださる。

たみ【民】 国民。人民。

ダミー【dummy】 ❶身代わり。替え玉。❷模型。❸名義だけの会社。

だみごえ【濁声】 ❶にごった声。❷なまりのある声。

だみん【惰眠】 怠けて眠っていること。▼―を貪（むさぼ）る 怠けて寝てばかりいる。時間を浪費する。

たむける【手向ける】 ❶神仏などに供え物をする。❷せんべつをおくる。

たむろする【屯する】 一か所にむれ集まる。▽不良が―。loiter

ため【為】 ❶利益。役に立つこと。▽―になる話。❷目的・理由・原因を表す。▽所用の―欠席。②because

だめ【駄目】 ❶囲碁で、どちらの利益にもならない目。❷無駄。無益。❸役に立たないこと。❹出来ないこと。❺してはいけないこと。▼―を押（お）す 念のために確かめる。

ためいき【溜め息】 大きくつく息。sigh

ダメージ【damage】 損害。いたで。

だめおし【駄目押し】 ❶念を押すこと。❷さらに加点して勝利を確定づけること。

ためし【例】❶前例。先例。▽聞いた—がない。❷手本。①precedent　例

ためし【試し】〈験し〉ためすこと。test　試し

ためす【試す】〈験す〉実際にやってみる。try　試す

ためつすがめつ【矯めつ眇めつ】いろいろな方向からよく見るようす。▽—眺める。　矯めつ

ためらう【躊躇う】迷って、ぐずぐずする。hesitate　躊躇う

ためる【貯める】金をたくわえる。　貯める

ためる【溜める】❶集め、たくわえる。▽涙を—。❷とどこおらせる。▽部屋代を—。①collect ②pile up　溜める

ためる【矯める】❶よい形にまげる。また、まっすぐにする。▽松の枝を—。❷なおす。　矯める

ためん【他面】❶ほかの面・方面。❷別の面から見ると。　他面

ためん【多面】❶多くの平面。❷いろいろの方面。▽—体。▽—にわたる活躍。②many sides　多面

たもあみ【攩網】魚などをすくう小形の網。玉網。たも。landing net　攩網

たもくてき【多目的】多くの目的に利用できるようす。multipurpose　多目的

たもつ【保つ】❶長く続く。❷ある状態を続ける。▽健康を—。❸守る。▽体面を—。①~③keep　保つ

たもと【袂】❶和服のそでの、袋状の部分。❷そば。▽橋の—。❸ふもと。▼—を分かつ 関係をたつ。　袂

たやす【絶やす】❶すっかりなくす。❷きらす。①root out　絶やす

たやすい【容易い】やさしい。簡単だ。easy　容易い

たゆう【太夫】〈大夫〉❶最上位の遊女。❷上級の芸人。　太夫

たゆむ【弛む】心がゆるむ。だらける。　弛む

たよう【他用】❶ほかの用事。❷ほかの用途。①another business　他用

たよう【多用】❶用事が多いこと。▽御—のところ恐れ入ります。❷多く使用すること。①busyness　多用

たよう【多様】いろいろあるようす。変化にとんでいるようす。さまざま。▽—な文化。various　多様

たより【便り】手紙。知らせ。letter　便り

たより【頼り】❶頼みにすること・人。❷つて。①dependence　頼り

たよりない【頼りない】❶頼るものがない。❷あてにならない。②unreliable　頼りない

たよる【頼る】❶頼りにする。❷手づるを求める。①rely　頼る

たら〖鱈〗22 たら 北の海にすむ魚の一。(鱈)　鱈・鱈

たらい【盥】平たい容器。wash-basin　盥

たらいまわし【盥回し】なれあいで物事を順ぐりに回すこと。▽政権の—。　盥回し

だらく【堕落】性行が悪くなること。身を持ちくずすこと。corruption　堕落

たらしこむ【誑し込む】うまくだます。うまく誘惑する。　誑し込

だらしない❶しまりがない。❷いくじがない。①sloppy　

たらす【垂らす】❶たれさげる。❷したたらす。①hang down ②drip　垂らす

たらふく【鱈腹】腹いっぱい。　鱈腹

たりき【他力】❶他人の力・助け。❷「他力本願」の略。　他力

たりきほんがん【他力本願】❶仏教で、阿弥陀(あみだ)の力にすがって成仏すること。❷他人の力にたよること。　本願

たりつ【他律】他からの命令などによって行動すること。対自律。　他律

だりつ【打率】野球で、打数に対する安打数の比率。batting average　打率

たりゅう【他流】ほかの流儀・流派。▽—試合。another school　他流

たりょう【多量】分量が多いこと。大量。large amount　多量

だりょく【打力】野球で、打撃力。　打力

だりょく【惰力】惰性による力。inertia　惰力

たりる【足りる】❶十分である。間に合う。❷価値がある。①be enough　足りる

たる〖樽〗人16 ソン・たる 酒などを入れるたる。▽—酒(たるざけ)。　樽・樽

筆順 … 樽 樽

たる【樽】ふたのある、円筒形の木製容器。barrel　樽

だるい【怠い】〈懈い〉体に力がなく動くのがおっくうだ。sluggish　怠い

たるき【垂木】〈棰〉屋根板を支えるために、棟(むね)から軒(のき)に　垂木

わたす角材。

だるま【達磨】 ❶中国禅宗の開祖となったインドの僧。達磨大師。❷❶の座禅する姿をかたどった人形。 達磨

たるむ【弛む】 ❶ゆるむ。❷だれる。①slacken 弛む

たれ【垂れ】 ❶たれること。❷合わせ調味液。❸漢字の構成要素の一。まだれ・がんだれなど。❹人をののしる意を表す語。▽馬鹿—。 垂れ

だれ〘誰〙 常15 だれ 人の名をたずねる語。 誰・誰

筆順 言 言 訁 訁 訃 訃 誰 誰

だれ【誰】 ❶名前・正体の不明な人をさす語。❷不特定の人をさす語。①who ②someone ▼—**しも** だれであっても。 誰

だれかれ【誰彼】 あの人やこの人。 誰彼

たれこめる【垂れ籠める】 雲などが低く一面に広がる。hang low 垂れ籠

だれそれ【誰某】 ある人。なにがし。 誰某

たれながし【垂れ流し】 ❶大小便を無意識にもらすこと。❷汚水などを未処理のまま流すこと。 垂れ流

たれまく【垂れ幕】 たれ下げる幕。 垂れ幕

たれる【垂れる】 ❶だらりとさがる(さげる)。❷したたる。❸示す。▽範を—。❹排泄(はいせつ)する。①hang ②drip 垂れる

だれる 気がゆるみ、しまりがなくなる。languish

タロット【tarot】 占いに使う、一組み七八枚の札。タロットカード。

たわいない【他愛ない】 ❶とりとめがない。▽—話。❷正体がない。▽—く酔いつぶれる。❸たやすい。❹はりあいがない。①trivial 他愛ない

たわける【戯ける】 ふざける。 戯ける

たわごと【戯言】 ばかげたことば。ふざけたことば。silly talk 戯言

たわし【束子】 しゅろの毛などを束ねた、物をこすって洗う道具。 束子

たわむ【撓む】 弓なりに曲がる。しなう。bend 撓む

たわむれる【戯れる】 ❶ふざける。▽宴席で—。❷おもしろがって遊ぶ。▽子供が犬と—。❸みだらなことをする。いちゃつく。①jest ②play 戯れる

たわら【俵】 わらなどで編んだ、穀物・炭などを入れる大きな袋。 俵

たわわ【撓わ】 果実などがたくさんついて、重みで枝がしなうようす。▽枝も—に実る。heavily 撓わ

たん〘丹〙 常4 タン ❶赤い色。❷まごころ。▽—精。❸ねり薬。 丹・丹

筆順 丿 刀 月 丹

たん〘旦〙 常5 タン・ダン 夜明け。あした。▽—夕(たんせき)。元—(がんたん)。 旦・旦

筆順 丨 冂 日 日 旦

たん〘坦〙 人8 タン ❶たいら。▽平—。❷感情に起伏がない。 坦・坦

筆順 一 十 土 坦 坦 坦 坦 坦

たん〘担〙 常8 タン・かつぐ・になう ❶かつぐ。▽—架。❷ひきうける。▽—当。(擔) 担・担

筆順 一 十 扌 担 担 担 担 担

たん〘単〙 常9 〘單〙 人12 タン ❶ひとつ。▽—独。❷一様である。▽—純。❸基本のまとまり。▽—位。❹ひとえの服。▽—衣。 単・単

筆順 丶 丷 ⺍ 㒸 当 单 単

たん〘炭〙 常9 タン・すみ ❶燃料のすみ。▽木—。石—。❷炭素。 炭・炭

筆順 丶 山 屵 屵 岸 岸 炭

たん〘胆〙 常9 タン ❶きも。❷度胸。▽大—。❸本心。▽魂—。(膽) 胆・胆

筆順 丿 刀 月 月 肌 肌 胆 胆 胆

たん〘耽〙 人10 タン・ふける 物事に深入りして楽しむ。夢中になる。▽—溺(たんでき)。—読。—美。 耽・耽

筆順 一 丅 F 耳 耳 耶 耽 耽

たん〘探〙 常11 タン・さぐる・さがす ❶さぐる。▽—究。❷訪れる。▽—勝。 探・探

筆順 扌 扌 扩 扩 挖 挖 探 探

たん〘淡〙 常11 タン・あわい ❶うすい。▽—彩。❷あっさりした。▽—泊。 淡・淡

筆順 氵 氵 氵 氵 淡 淡 淡 淡

たん〘蛋〙 11 タン 鳥のたまご。▽—白。—白質。 蛋・蛋

たん〘湛〙 人12 タン・たたえる 水が満ちている。たたえる。▽—水。—然。 湛・湛

筆順 氵 氵 泔 泔 湛 湛 湛 湛

たん〘短〙 常12 タン・みじかい ❶みじかい。▽—針。❷たりない。▽—所。 短・短

筆順 丿 𠂉 㐅 矢 矢 矩 短 短

た

たん〔嘆〕常13〔嘆〕人14 タン・なげく・なげかわしい ❶なげく。▽悲―。❷感心する。▽感―。

筆順 嘆・嘆

たん〔端〕常14 タン・はし・は・はた ❶はし。▽突―。❷整っている。▽―座。―正。❸両余り。▽―数(はすう)。

筆順 端・端

たん〔綻〕常14 タン・ほころびる ほころびる。▽破―(はたん)。

筆順 綻・綻

たん〔歎〕人15 タン・なげく 感心してため息をつく。▽―声。―息。

筆順 歎・歎

たん〔誕〕常15 タン ❶うまれる。▽―生。❷いつわり。▽虚―。

筆順 誕・誕

たん〔鍛〕常17 タン・きたえる ❶金属をきたえる。❷訓練する。▽―錬。

筆順 鍛・鍛

たん〔箪〕人18〔簞〕15 タン 竹で編んだ入れもの。▽―笥(たんす)。

筆順 箪・箪

たん〔反〕⇩はん

たん〔壇〕⇩だん

たん【反】❶〈段〉面積の単位。一反は三〇〇坪。❷反物の長さの単位。一反は、約一〇・六メートル。 反

たん【胆】❶きも。❷度胸。▼―斗(と)の如(ごと)し 非常に大胆である。 胆

たん【短】❶短いこと。❷欠点。短所。▽―を補う。❸前について、短いことを表す。▽―時間。対❶～❸長。 短

たん【痰】気管から出る分泌物。phlegm 痰

たん【端】糸口。始め。▽―を発する。 端

だん〔団〕常6〔團〕人14 ダン・トン ❶まるい。▽―子。❷ひとかたまり。あつまり。▽―結。―体。少年―。

筆順 団・団

だん〔男〕常7 ダン・ナン・おとこ ❶おとこ。▽―性。美―。❷息子。▽長―。

筆順 男・男

だん〔段〕常9 ダン ❶きざはし。▽階―。❷等級。▽昇―。❸方法。▽手―。

筆順 段・段

だん〔断〕常11 ダン・たつ・ことわる ❶たち切る。▽切―。❷とぎれる。▽―水。❸ずばりと決める。▽英―。❹思いきって。▽―行。❺ことわる。(斷)

筆順 断・断

だん〔弾〕常12〔彈〕人15 ダン・ひく・はずむ・たま ❶かなでる。▽―奏。❷はじく。▽―力。❸強くせめる。▽―劾(だんがい)。❹銃のたま。

筆順 弾・弾

だん〔暖〕常13 ダン・あたたか・あたたかい・あたたまる・あたためる ❶温度があたたかい。▽―流。温―。❷あたためる。あたたまる。▽―房。―炉。(暖)

筆順 暖・暖

だん〔談〕常15 ダン はなす。はなし。▽―話。対―。美―。

筆順 談・談

だん〔壇〕常16 ダン・タン ❶もり土をした台。▽祭―。❷一段高い所。▽演―。❸専門家の社会。▽文―。

筆順 壇・壇

だん〔檀〕人17 タン・ダン・まゆみ ❶香木の総称。❷梵語(ぼんご)の音訳字。

筆順 檀・檀

だん〔騨〕19 ダン・タン・ダ あしげ(の馬)。◎「飛騨(ひだ)」は地名。(驒)

筆順 騨・騨

だん【段】❶階段。❷上下に区切ったもの。❸文章の段落。❹こと。▽御無礼の―。❺場合。❻等級・段階。 段

だん【断】決断。▽―を下す。 断

だん【暖】あたたかみ。▽―を取る。 暖

だん【壇】❶一段高くつくった場所。❷祭りや儀式を行う所。①platform 壇

だんあつ【弾圧】権力でおさえつけること。類抑圧。suppression 弾圧

たんい【単位】❶数量をはかる基準。❷組織を構成する基準。▽クラス―。❸学習量をはかる基準。①unit 単位

だんい【段位】技量を段で表した位。 段位

たんいつ【単一】❶一つであること。❷まじりけがないこと。①single 単一

だんいほうしょく【暖衣飽食】 暖衣

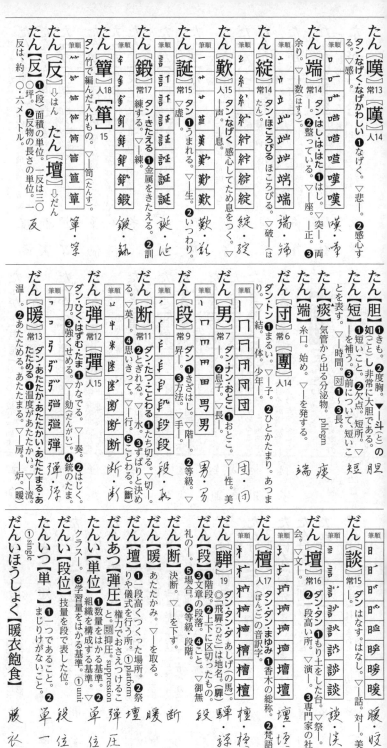

ぜいたくな暮らし。

だんう【弾雨】 雨のように飛んでくる弾丸。▽砲煙—。 弾雨

だんうん【断雲】 ちぎれ雲。 断雲

たんか【担架】 傷病人などをねかせたまま のせて運ぶ道具。stretcher 担架

たんか【単価】 商品一個の価格。unit price 単価

たんか【単科】 大学で、学部が一つだけであること。 単科

たんか【炭化】 有機化合物が分解し、炭素が残ること。carbonization 炭化

たんか【啖呵】 歯切れのいいことば。▼—**を切る** 啖呵を相手にあびせかける。 啖呵

たんか【短歌】 和歌の形式の一。五・七・五・七・七の三一音からなる。対長歌。 短歌

だんか【檀家】 寺に墓があり、布施をしている信徒(の家)。 檀家

だんかい【団塊】 かたまり。▽—の世代。lump 団塊

だんかい【段階】 ❶等級。区切り。▽五—評価。❷物事の一過程。▽準備の—。①step ②stage 段階

だんがい【断崖】 切り立った高いがけ。▽—絶壁。類懸崖(けんがい)。precipice 断崖

だんがい【弾劾】 罪や不正をあばき、責任を追及すること。▽時の政府を—する。accusation 弾劾

たんがん【単眼】 昆虫・くもなどがもつ簡単な構造の目。対複眼。ocellus 単眼

たんがん【単願】 ひとつに絞り志願すること。対併願。 単願

たんがん【嘆願】 (歎願)事情をのべて心からたのむこと。entreaty 嘆願

だんかん【断簡】 切れ切れになった手紙・文書。▽—零墨(れいぼく)。類断編。 断簡

だんがん【弾丸】 ❶銃砲で発射するたま。❷非常に速く進むもののたとえ。▽—列車。①② bullet ▼—**黒子(こくし)の地** 非常に狭い土地。 弾丸

たんき【単記】 一枚の紙に一名の氏名を書くこと。対連記。single entry 単記

たんき【単騎】 馬に乗ってただ一人で行くこと。一騎。single horseman 単騎

たんき【短気】 気短(きみじか)。quick temper ▼—**は損気** 短気をおこすと、失敗して損をするということ。 短気

たんき【短期】 短い期間。short term 短期

だんぎ【談義】 説明して聞かせること・話。▽教育—。 談義

たんきゅう【探求】 さがし求めること。▽原因の—。類追求。pursuit 探求

たんきゅう【探究】 本質を調べ、見きわめようとすること。research 探究

使い分け「たんきゅう」

探求…さがし求めること。▽真実の—。平和の—。原因を—する。

探究…調べて見きわめようとすること。「究」は「研究」の「究」。▽美の—。真理の—。

だんきゅう【段丘】 川・海の岸ぞいにできた階段状の地形。terrace 段丘

たんきょり【短距離】 ❶短い距離。❷陸上競技で、四〇〇メートルまでの競走。 短距離

だんきん【断金】 金属を切断すること。▼—**の交わり** 固い友情で結ばれたつき合い。類刎頸(ふんけい)の交わり。 断金

たんく【短軀】 背丈が低いこと。 短軀

タングステン【tungsten】 金属元素の一。灰白色で非常に固い。記号W

たんぐつ【短靴】 浅い靴。たんか。shoes 短靴

たんげい【端倪】 ❶物事の始めと終わり。❷推測。▼—**すべからず** 成り行きが推測できない。 端倪

だんけい【男系】 男性の方の血筋。父方の血筋。対女系。 男系

だんけつ【団結】 共通の目的のために、一つにまとまること。類結束。union 団結

たんけん【探検】 (探険)危険をおかして調べること。exploration 探検

たんけん【短見】 あさはかな意見。 短見

たんけん【短剣】 短い剣。dagger 短剣

たんげん【単元】 (ある主題をもつ)学習活動の一まとまり。unit 単元

だんげん【断言】 はっきりと言い切ること。▽勝つとは—できない。assertion 断言

たんご【単語】 一定の意味をもつ、言語の最小単位。word　単語

たんご【端午】 五節句の一。五月五日の男の子の節句。　端午

だんこ【断固】 〈断乎〉強い決意でやりとげようとするようす。▽―反対する。　断固

だんご【団子】 ❶米の粉などをこねて丸め、熱を加えた食べ物。❷丸めた食べ物。②dumpling　団子

たんこう【炭坑】 石炭をほり出すあな。　炭坑

たんこう【炭鉱】 石炭を採掘している鉱山。coal mine　炭鉱

たんこう【探鉱】 有用な鉱脈さがし。　探鉱

だんこう【団交】 「団体交渉」の略。　団交

だんこう【断交】 ❶交際をたつこと。❷国交を断絶すること。類❶絶交。　断交

だんこう【断行】 思い切って行うこと。▽熟慮―。類敢行。強行。　断行

だんごう【談合】 ❶相談。❷入札業者間で、前もって入札価格や落札者を決めること。①consultation　談合

たんこうぼん【単行本】 単独に出版する本。　単行本

だんこん【弾痕】 弾丸の当たったあと。bullet mark　弾痕

たんさ【探査】 さぐって調べること。▽―機。probe　探査

たんざ【端座】 〈端坐〉姿勢を正してきちんとすわること。正座。　端座

だんさ【段差】 道路・床などの高低の差。　段差

たんさい【淡彩】 うすくてあっさりしたいろどり。▽―画。light coloring　淡彩

だんさい【断裁】 主に、紙・布などをたち切ること。類裁断。cutting　断裁

だんざい【断罪】 ❶罪を裁くこと。▽悪者を―する。❷打ち首の刑。斬罪(ざんざい)。①conviction　断罪

たんさいぼう【単細胞】 ❶細胞が一つだけであること。❷考え方が単純な人。①single cell　単細胞

たんさく【単作】 同じ田畑に一種類の作物を一年に一回だけつくること。類一毛作。　単作

たんさく【探索】 さがしたずねること。類捜索。search　探索

たんざく【短冊】 ❶短歌や俳句を書く細長い紙。❷❶に似た形。　短冊

たんさん【炭酸】 炭酸ガスを水に溶かしたときに生じる弱酸。carbonic acid　炭酸

たんし【端子】 電気器具の電流出入り口に取り付ける金具。terminal　端子

だんし【男子】 ❶男の子供。男児。❷おとこ。男性。①boy ②male　男子

だんじ【男児】 ❶男の子。❷男性。▽日本―。①boy　男児

たんしき【単式】 単純な形式・方式。　単式

だんじき【断食】 一定期間、食事をとらないこと。類絶食。fast　断食

だんじこむ【談じ込む】 要求や苦情を、強い態度で申し入れる。　談じ込

たんじじつ【短時日】 わずかな日数。短い間。▽―で完成した工事。short period　短時日

たんじつ【短日】 昼が夜より短いこと・日。　短日

たんじつげつ【短日月】 短期間。　短日月

だんじて【断じて】 ❶必ず。きっと。❷決して。①absolutely ▼―行えば鬼神(きしん)も之(これ)を避(さ)く　固い決意で行えば、なんでもなしとげられる。　断じて

たんしゃ【単車】 オートバイ。　単車

だんしゅ【断酒】 飲酒を断つこと。　断酒

だんしゅ【断種】 手術によって生殖能力を失わせること。sterilization　断種

たんじゅう【短銃】 拳銃(けんじゅう)。pistol　短銃

たんしゅく【短縮】 時間や距離をちぢめること。対延長。reduction　短縮

たんじゅん【単純】 ❶簡単なこと。❷他の種類がまじっていないこと。❸幼稚なこと。対❶複雑。①simple　単純

たんしょ【短所】 劣っているところ。欠点。類弱点。defect　短所

たんしょ【端緒】 物事のいとぐち。手がかり。たんちょ。▽解決の―を開く。clue　端緒

だんじょ【男女】 男と女。なんにょ。　男女

たんしょう【探勝】 景色のよい地をたずねて、その景色をながめ味わうこと。▽紅葉―の旅。　探勝

sightseeing

たんしょう【短小】 短くて小さいこと。対長大。 短小

たんしょう【嘆賞】 〈嘆称〉感心してほめたたえること。admiration 嘆賞

たんじょう【誕生】 ❶生まれること。❷新しい制度や組織ができること。①birth 誕生

だんしょう【断章】 詩文の一部分。 断章

だんしょう【談笑】 笑いをまじえながら、なごやかに話し合うこと。chat 談笑

たんじょうせき【誕生石】 誕生月に関係づけて、幸福の象徴として選ばれた宝石。 誕生石

たんしょうとう【探照灯】 遠くまで照らす大型の電灯。searchlight 探照灯

だんしょく【男色】 男性の同性愛。なんしょく。 男色

だんしょく【暖色】 赤・黄など、暖かい感じを与える色。warm color 暖色

たんじる【嘆じる】 〈歎じる〉❶なげく。▽世相を―。❷感心する。▽妙技を―。 嘆じる

だんじる【断じる】 ❶はっきりと決める。❷裁決する。 断じる

だんじる【弾じる】 弦楽器をひき鳴らす。▽琴を―。 弾じる

だんじる【談じる】 ❶話す。▽時局を―。❷かけ合う。 談じる

たんしん【単身】 たったひとり。▽―赴任(ふにん)。類単独。alone 単身

たんしん【誕辰】 誕生日。 誕辰

たんす【箪笥】 衣類などを保存・整理しておく収納家具。▽整理―。 箪笥

たんすい【淡水】 塩分を含まない天然の水。まみず。▽―魚。対鹹水(かんすい)。fresh water 淡水

だんすい【断水】 水道がとまること。 断水

たんすいかぶつ【炭水化物】 炭素・水素・酸素からなる化合物。でんぷん・糖類など。含水(がんすい)炭素。carbohydrate 炭水化物

たんすう【単数】 ❶数が一つであること。❷英語などの文法で、数が一つであることを表す語形や文法形式。対❶❷複数。②singular 単数

たんせい【丹誠】 まごころ。 丹誠

たんせい【丹精】 心をこめてすること。▽―して育てる。 丹精

たんせい【嘆声】 〈歎声〉感心したりなげいたりして、思わず出す声・ため息。▽―をもらす。 嘆声

たんせい【端正】 姿・動作などが整って、きちんとしているようす。▽―な芸風。類端然。 端正

たんせい【端整】 顔だちなどが整って美しいようす。▽―な顔だち。 端整

だんせい【男性】 おとこ。特に、成人のおとこ。man 男性

だんせい【弾性】 外力で変形したとき、もとにもどろうとする性質。elasticity 弾性

たんせき【旦夕】 ❶朝夕。❷ふだん。日常。▼―に迫(せま)る 重大な事の起こる時機が刻々とせまっている。 旦夕

だんぜつ【断絶】 ❶断ち切ること。断ち切れること。▽国交―。❷とだえること。▽家系―。①braking off 断絶

たんせん【単線】 ❶一本の線。❷鉄道の単線軌道。②single track 単線

たんぜん【丹前】 「どてら」の別称。 丹前

たんぜん【端然】 姿が整ってきちんとしているようす。▽―とすわる。decent 端然

だんぜん【断然】 ❶きっぱり。❷とびぬけているようす。①decidedly 断然

たんそ【炭素】 元素の一。石炭・ダイヤモンドなどの主成分。記号C。carbon 炭素

たんぞう【鍛造】 加熱した金属をつちでたたいて形を作ること。 鍛造

だんそう【男装】 女性が男性の姿をすること。▽―の麗人。 男装

だんそう【断層】 ❶地層のずれ。❷（意見・考え方の）食い違い。①fault 断層

だんそう【弾奏】 弦楽器を演奏すること。play 弾奏

たんそく【嘆息】 〈歎息〉なげいて、ため息をつくこと。ため息。sigh 嘆息

だんぞく【断続】 とぎれたり、続いたりすること。 断続

だんそんじょひ【男尊女卑】 男性を重んじ、女性を軽くみる考え方。 男尊

たんだ【単打】野球で、シングルヒット。 — 単打

たんたい【単体】一種類の元素だけでできた物質。鉄・金・オゾンなど。対化合物。simple substance — 単体

だんたい【団体】共通の目的をもった人の集まり。▽―旅行。party — 団体

たんたん【坦坦】❶平らなようす。❷変化なく過ぎるようす。▽―たる人生。①level — 坦坦

たんたん【眈眈】するどい目つきで獲物をねらうようす。▽虎視(こし)―。 — 眈眈

たんたん【淡淡】❶こだわらないようす。▽―と語る。❷色や味などがあっさりしたようす。 — 淡淡

だんだん【段段】❶階段。❷しだいに。②gradually — 段段

たんち【探知】さぐって知ること。▽逆―。detection — 探知

だんち【団地】❶住宅・工場などを計画的に一定の場所に集めて建てたもの。▽工業―。❷特に、住宅団地。 — 団地

だんち【暖地】一年中、暖かな土地。 — 暖地

だんちがい【段違い】❶比べものにならないほど違うようす。❷高さが違うこと。類❶桁(けた)違い。 — 段違い

たんちょ【端緒】⇩たんしょ。 — 端緒

たんちょう【丹頂】ツル科の鳥の一。頭頂部が赤くて羽毛の大部分は白く、美しい。たんちょうづる。 — 丹頂

たんちょう【単調】同じ調子が続き、変化にとぼしいこと。▽―な生活。類平板。monotonous — 単調

たんちょう【探鳥】野鳥をさがし、観察すること。bird watching — 探鳥

たんちょう【短調】短音階でつくられている調子。minor key — 短調

だんちょう【断腸】非常な悲しみや苦しみ。▽―の思い。heartbreak — 断腸

だんつう【段通】〈緞通〉敷物用の厚い織物。rug — 段通

たんてい【探偵】❶こっそり事情を調べること。❷人にたのまれて事件や犯人をひそかに調べる職業(の人)。②detective — 探偵

だんてい【断定】はっきりと判断を下すこと。また、その判断。conclusion — 断定

ダンディー【dandy】男性のおしゃれで洗練されたようす。また、そのような男性。

ダンディズム【dandyism】男性のおしゃれ精神。

たんてき【端的】❶わかりやすく、はっきりしているようす。▽―な表現。❷てっとりばやいようす。▽―に言えば。注×単的。①straightforward — 端的

たんでき【耽溺】よくないことに夢中になること。▽酒色に―。類惑溺(わくでき)。indulgence — 耽溺

たんてつ【鍛鉄】鉄を鍛えること。また、その鉄。tempering iron — 鍛鉄

たんでん【丹田】へそのすぐ下のところ。▽臍下(せいか)―。 — 丹田

たんでん【炭田】石炭を多量に産出する地域。coalfield — 炭田

だんと【檀徒】檀家(だんか)の人々。 — 檀徒

たんとう【担当】割り当てられて、受け持つこと。類担任。charge — 担当

たんとう【短刀】短い刀。類短剣。 — 短刀

だんとう【弾頭】砲弾・ミサイルなどの先の、爆発する部分。warhead — 弾頭

だんとう【暖冬】平年より暖かい冬。 — 暖冬

だんどう【弾道】弾丸が飛んでいく道筋。trajectory — 弾道

だんとうだい【断頭台】罪人の首を切り落とすための台。ギロチン。guillotine — 断頭台

たんとうちょくにゅう【単刀直入】前置きなしに、いきなり本題に入ること。注×短刀直入。point-blank — 単刀 直入

たんどく【丹毒】連鎖状球菌に感染しておこる急性化膿(かのう)性感染症。 — 丹毒

たんどく【単独】ただ一つだけ。ただ一人だけ。singleness — 単独

たんどく【耽読】読みふけること。 — 耽読

だんトツ【断トツ】「断然トップ」の略。他を大きく引き離すこと。 — 断トツ

だんどり【段取り】物事を進めるための順序・準備。▽仕事の―をつける。類手順。arrangements — 段取り

だんな【旦那】❶商家などの男主人。❷夫。❸商人などが男客を呼ぶ語。❹目上の男の人に呼びかける語。①master — 旦那

だんな【檀那】檀家。施主(せしゅ)。 — 檀那

だんなでら【檀那寺】菩提寺(ぼだいじ)。 — 檀那寺

たんなる【単なる】他に余計な物を含まないようす。ただの。mere

たんに【単に】限定する範囲を強める言葉。ただ。merely

タンニン【tannin】茶・柿(かき)の実の渋みの成分。

たんにん【担任】❶担当。❷学校で、クラスを受け持つこと・教師。

だんねつ【断熱】熱が伝わらないようにすること。heat insulation

たんねん【丹念】細部までていねいにするようす。類入念。careful

だんねん【断念】きっぱりとあきらめること。abandonment

たんのう【胆嚢】肝臓の下にあり、胆汁をたくわえる器官。gallbladder

たんのう【堪能】❶学問や技芸にすぐれているようす。かんのう。❷十分満足すること。②satisfaction

たんぱ【短波】波長の短い電波。周波数三〇～三メガヘルツの電波。shortwave

たんばい【探梅】梅見。観梅。

たんぱく【淡泊】❶味・色などがあっさりしているようす。❷さっぱりしてこだわらないようす。▽―な気質。図❶濃厚。①plain

たんぱくしつ【蛋白質】栄養素の一。protein

たんぱつ【単発】❶一発ずつ発射すること。❷エンジンが一つの飛行機。❸(続きものではない)一回だけのもの。

だんぱつ【断髪】❶髪を切ること。❷女性の短く切った髪型。②bob

だんぱん【談判】決着をつけるための話し合い。かけあい。negotiations

たんび【耽美】美を最高のものとして、その世界にひたること。

たんび【嘆美】〈歎美〉感心してほめること。admiration

たんぴょう【短評】短い批判。寸評。

だんびら【段平】刃の幅の広い刀。

ダンピング【dumping】❶投げ売り。❷不当な安値で輸出すること。

たんぶ【反歩】〈段歩〉田畑の広さを反を単位として数える語。

たんぶん【短文】短い文章。short sentence

たんぺいきゅう【短兵急】急なようす。だしぬけ。▽―な要求。注×単兵急。

たんべつ【反別】〈段別〉❶田畑を一反ごとに分けること。❷町・反・畝(せ)・歩(ぶ)で表す田畑の面積。

ダンベル【dumbbell】亜鈴(あれい)。筋肉トレーニング用の器具。

たんぺん【短編】〈短篇〉短い作品。

だんぺん【断片】きれはし。一部分。▼―的 きれぎれで、まとまっていないさま。fragment

たんぼ【田圃】田。paddy field

たんぽ【担保】債務の抵当。security

たんぼう【探訪】報道関係者が社会の実態や事件の真相などを実地に調べること。inquiry

だんぼう【暖房】〈煖房〉屋内を暖めること・装置。heating

だんボール【段ボール】二枚のボール紙の間に、波形の紙をはりつけたもの。corrugated cardboard

たんぽぽ【蒲公英】野草の一。春、黄色の花が咲く。dandelion

だんまく【段幕】紅白、黒白などの布を横に交互につなぎ合わせた幕。

だんまく【弾幕】弾丸を連続的・多量に発射することを、幕を張った状態にたとえた語。barrage

たんまつ【端末】❶電流の出入り口。❷コンピュータで、入出力装置を取り付ける部分。①②terminal

だんまつま【断末魔】死にぎわ(の苦しみ)。death agony

たんみ【淡味】あっさりした味・趣味。plain taste

たんめい【短命】命が短いこと。図長命。short life

だんめん【断面】❶切り口の面。❷物事のある一面にあらわれたようす。▽社会の―。①section

たんもの【反物】一反ずつになっている和服用の織物。類呉服。

だんやく【弾薬】弾丸と、それを発射させる火薬。ammunition

だんゆう【男優】男性の俳優。actor

たんよう【単葉】❶一枚の葉片からなる葉。❷主翼が一枚の飛行機。

たんらく【短絡】❶電気回路のショート。❷筋道などをたどらず、簡略なやり方で結論を出すこと。▽—的な考え。①short circuit　短絡

だんらく【段落】❶区切り。▽仕事に一—がつく。❷文章の内容上のひと区切り。②paragraph　段落

だんらん【団欒】親しい者などが集まって、なごやかに過ごすこと。　団欒

たんり【単利】元金だけにつく利息。対複利。simple interest　単利

だんりゅう【暖流】赤道付近から流れる、温度の高い海流。対寒流。　暖流

たんりょ【短慮】❶あさはかな考え。❷短気。　短慮

たんりょく【胆力】ものに動じない強い精神力。類度胸。pluck　胆力

だんりょく【弾力】❶ひずみをもとにもどそうとする力。❷物事の変化に対応できる力。①elasticity　弾力

たんれい【端麗】整って美しいようす。▽容姿—。graceful　端麗

たんれん【鍛練】〈鍛錬〉心身をきたえ、わざをみがくこと。training　鍛練

だんろ【暖炉】〈煖炉〉火をたいて室内を暖める設備。fireplace　暖炉

だんろんふうはつ【談論風発】談話や議論がさかんに行われること。　談論

だんわ【談話】❶話をすること。❷ある事柄についてのべた意見。　談話

ち　チ

ち〔地〕常6　チ・ジ　❶地面。▽—図。大—。❷場所。▽—方。産—。❸状態。立場。▽—位。境—。❹本来の。▽—肌(じはだ)。素—。
筆順　地　　地・地

ち〔池〕常6　チ・いけ　いけ。水をためた所。▽貯水—。
筆順　池　　池・池

ち〔知〕常8　チ・しる　❶しる。しらせる。▽報—。❷ちえ。▽機—。❸しり合い。
筆順　知　　知・知

ち〔値〕常10　チ・ね・あたい　ねうち。あたい。▽—段。価—。数—。
筆順　値　　値・値

ち〔恥〕常10　チ・はじる・はじ・はじらう・はずかしい　はじる。はじ。▽—辱。—部。赤—(あかはじ)。
筆順　恥　　恥・恥

ち〔致〕常10　チ・いたす　❶とどける。▽送—。❷行き着く。▽—死。極—。❸来させる。▽招—。誘—。❹おもむき。▽風—。
筆順　致　　致・致

ち〔智〕人12　チ　❶かしこい。▽—者。❷ちえ。▽才—。
筆順　智　　智・智

ち〔遅〕常12　チ・おくれる・おくらす・おそい　❶のろい。▽—筆。❷おくれる。▽—刻。(遲)
筆順　遅　　遅・遅

ち〔痴〕常13　(癡)　チ　おろかなこと。▽—愚。—態。音—。
筆順　痴　　痴・痴

ち〔稚〕常13　チ　おさない。▽—拙(ちせつ)。幼—。
筆順　稚　　稚・稚

ち〔置〕常13　チ・おく　❶おく。▽設—。❷しまつする。▽処—。
筆順　置　　置・置

ち〔馳〕人13　チ・はせる　はやく走らせる。▽—駆(ちく)。—走(ちそう)。
筆順　馳　　馳・馳

ち〔蜘〕14　チ　「蜘蛛」で、昆虫の、くも。
筆順　蜘　　蜘・蜘

ち〔緻〕常16　チ　すきまがない。こまかい。▽—密。
筆順　緻　　緻・緻

ち〔治〕⇩じ

ち〔質〕⇩しつ

ち【地】❶大地。❷土。❸地面。❹陸地。❺土地。領土。❻下の部分。対❶❻天。③⑤ground ▼—に落ちる 権威・評判などがすっかりなくなる。▼—の利 土地のようすや位置が、事を行うのに有利なこと。　地

ち【血】❶血液。❷血筋。①blood ▼—が通う 人間味がこもる。▼—で血を洗う ❶肉親同士が激しく争う。❷暴力に暴力でむくいる。▼—と汗(あせ)の結晶(けっしょう) 非常な努力の結果手に入れたもの。▼—の雨 殺し合いで流れた血を雨にたとえた語。▼—の涙(なみだ) 非常に悲しくて流す涙。▼—の滲(にじ)むような 非常につらい苦労をするようす。▼—も涙(なみだ)　血

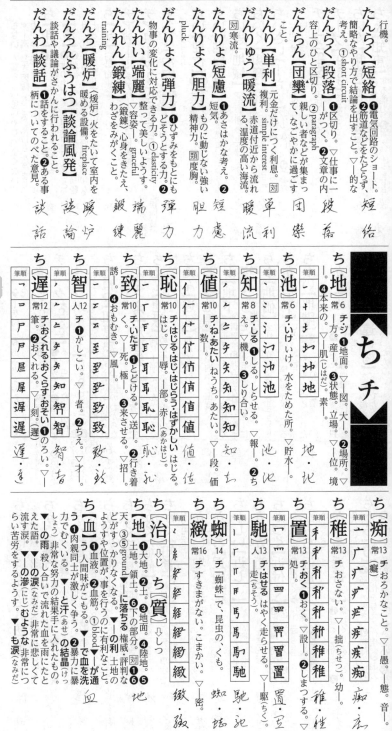

もない 人間らしい思いやりが全くない。**▼―沸(わ)き肉躍(おど)る** 気持ちが高まり、力がみなぎる。

ち【乳】❶ちち。❷ひもなどを通す小さな輪。❸つり鐘の表面の小突起。

ち【治】❶世の中がよく治まっていること。❷政治。▽徳川三百年の―。対❶乱。①peace **▼―に居て乱を忘れず** 平和なときでも油断せず戦乱の備えを忘れない。

ち【知】〈智〉知恵。

チアガール チアリーダー。和製語。

チアリーダー【cheerleader】派手な動きを見せる女子応援団員。

ちあん【治安】国家・社会が秩序を保ち平和であること。public peace

ちい【地位】❶社会・集団の中での立場。❷身分。くらい。①②position

ちい【地異】地上に起こる異変。▽天変―。

ちいき【地域】一定範囲の土地。area

ちいく【知育】知能・知識の向上を目ざす教育。intellectual training

ちいさい【小さい】❶面積・容積・程度が少ない。❷(心などが)せまい。❸おさない。対❶〜❸大きい。①small, little

チーフ【chief】主任。主席。

チープ【cheap】安価なこと。

ちいん【知音】❶親友。❷知人。

ちえ【知恵】〈智慧〉❶正しく判断し、処理する能力。❷考え。①wisdom ②idea **▼―を付ける** ある考えやたくらみを教える。

チェーン【chain】❶くさり。❷同一資本の系列。

チェック【check】❶小切手。❷格子じま。❸照合すること。また、その印。

チェックポイント【checkpoint】❶要注意点。❷ラリー・オリエンテーリングなどの、指定された通過地点。

ちえねつ【知恵熱】おさない子に見られる、原因のわからない発熱。

ちえぶくろ【知恵袋】❶知恵者。❷知恵の全部。

ちえん【地縁】同じ土地に住んでいるために生じる社会的なつながり。

ちえん【遅延】遅れて長引くこと。

ちおん【地温】地表や地中の温度。

ちか【地下】❶地面の下。地中。❷死後の世界。❸非合法な社会・政治運動を行うこと。①③underground **▼―に潜(もぐ)る** 地下❸の活動をする。

ちか【地価】土地の売買価格。land prices

ちか【治下】ある国・政権の支配下にあること。統治下。

ちかい【地階】建物の地下につくられた階。一階の下の階。basement

ちかい【近い】❶へだたりが少ない。❷親しい。❸血縁が深い。対❶〜❸遠い。①near

ちがいだな【違い棚】二枚の板を上と下とで左右がくいちがうようにつったたな。

ちがいほうけん【治外法権】外国人がその国の法律に支配されない特権。

ちかう【誓う】❶かたく約束する。▽永遠の愛を―。❷かたく決心する。▽復讐を心に―。①promise

ちがう【違う】❶同じでない。❷誤る。❸外れる。❹交差する。▽飛び―。①differ ②be wrong

ちかがい【地下街】地下にある商店街。

ちかく【地核】地球の中心で、高温・高圧の部分。centrosphere

ちかく【地殻】地球の表層部。crust

ちかく【知覚】感覚器官で外界の事物をとらえること・働き。perception

ちかけい【地下茎】植物の地中にある茎(くき)。

ちかごろ【近頃】このごろ。類最近。recently

ちかしい【近しい】親しい。仲が良い。▽―間柄。be close

ちかぢか【近近】近く。きんきん。

ちかづく【近付く】❶(距離・時間など)が近くなる。❷親しくなる。❸似てくる。①approach

ちかみち【近道】❶距離の近い道(を行くこと)。❷早道❷。①②shortcut

ちかよる【近寄る】❶近くに寄る。❷親しくしようとする。①approach

ちから【力】❶筋肉の働き。❷物体の運動に変化を与える作用。❸能力。❹気力。▽―のある文章。❺ききめ。❻労力。❼助力。❽権力。❾暴力。①strength ②force ▼—及(およ)ばず 力が足りなくて。▼—を得る 手助けを受けて、やろうとする元気が出る。▼—を尽(つ)くす 尽力する。

ちからいっぱい【力一杯】 全力をあげて。 力一杯

ちからこぶ【力瘤】 上腕にできる筋肉のもり上がり。▼—を入れる 特に熱心に行う。 力瘤

ちからずく【力ずく】 暴力や権力を使って、むりやり行うこと。▽—で奪う。 力ずく

ちからぞえ【力添え】 手を貸して助けること。support 力添え

ちからづける【力付ける】 元気づける。encourage 力付け

ちからづよい【力強い】 ❶力がこもっている。❷安心である。①reassuring 力強い

ちからまかせ【力任せ】 力があるのにまかせて行うようす。 力任せ

ちからみず【力水】 相撲で、力士が口をすすぎ清める水。 力水

ちからわざ【力業】 ❶強い力によるわざ。❷体力を必要とする仕事。 力業

ちかん【弛緩】 ⇩しかん。 弛緩

ちかん【痴漢】 みだらなことをする男性。また、その行為。groper 痴漢

ちかん【置換】 あるものを他のものにおきかえること。replacement 置換

ちき【知己】 ❶知人。❷親友。注ち×こ。 知己

ちき【稚気】 子供っぽいようす・気分。childishness 稚気

ちぎ【千木】 神社の屋根のむねの両端に、X字形に交差して突き出た材。

ちぎ【遅疑】 あれこれと疑い迷って、ためらうこと。▽—逡巡(しゅんじゅん)。しばらくも—すべからず。hesitation

ちきゅう【地球】 人類が住む天体。earth 地球

ちぎょ【稚魚】 卵から孵化(ふか)してまもない魚。図成魚。fry 稚魚

ちきょう【地峡】 二つの大きな陸地を結ぶ、はばのせまい陸地。isthmus 地峡

ちぎょう【知行】 昔、武士に与えられた土地。また、その代わりとして与えられた扶持米(ふちまい)。俸禄(ほうろく)。 知行

ちきょうだい【乳兄弟】 肉親ではないが、同じ人の乳で育った間柄・人。foster brother 乳兄弟

ちぎり【契り】 ❶男女・夫婦の交わり。❷約束。特に夫婦の約束。▽—を結ぶ。❸前世からの因縁。 契り

ちぎる【千切る】 ❶細かくさく。❷もぎとる。②tear 千切る

ちぎる【契る】 ❶男女が交わりを結ぶ。❷夫婦の約束をする。❸かたい約束をする。③pledge 契る

ちく〘竹〙 常6 チク・たけ ❶植物の、たけ。▽—林。❷字を書く竹片。▽—簡。 竹・竹

筆順 ノ ⺅ ケ ケ' 竹 竹

ちく〘畜〙 常10 チク やしない育てる動物。▽—産。家—。 畜・畜

筆順 … 畜

ちく〘逐〙 常10 チク ❶追う。▽駆—。放—。❷一つずつ進める。▽—次。—語訳。 逐・逐

筆順 … 逐

ちく〘筑〙 人12 チク ❶琴に似た楽器。❷「筑紫(つくし)」の略。▽—後。(筑) 筑・筑

筆順 … 筑

ちく〘蓄〙 常13 チク・たくわえる たくわえる。▽—積。貯—。 蓄・蓄

筆順 … 蓄

ちく〘築〙 常16 チク・きずく 土台・建物をつくる。▽建—。構—。(築) 築・築

筆順 … 築

ちく【地区】 指定された特定の区域。 地区

ちくいち【逐一】 一つ一つ順を追って。▽—報告する。注×遂一。 逐一

ちぐう【知遇】 認められて厚く待遇されること。▽—を得る。 知遇

ちくおんき【蓄音機】 レコードに録音した音声を再生する装置。gramophone 蓄音機

ちくご【逐語】 語句を忠実にたどること。逐字。▽—訳。 逐語

ちぐさ【千草】 いろいろの草。 千草

ちくざい【蓄財】 財産をためること。 蓄財

ちくさん【畜産】 家畜を飼育・繁殖させて、利用すること。▽—試験場。stock raising 畜産

ちくじ【逐次】 順を追って。順次。▽—説明する。注×遂次。

ちくじつ【逐日】 日を追って。

ちくしゃ【畜舎】 家畜小屋。類牧舎。

ちくしょう【畜生】 ❶けだもの。❷おこったとき、くやしいときなどに言う語。①brute ②damn

ちくじょう【逐条】 箇条の順を一つずつ追うこと。

ちくじょう【築城】 城を築くこと。

ちくせき【蓄積】 たくわえていくこと。また、たまったもの。▽疲労が—する。注×畜積。accumulation

ちくぞう【築造】 (ダム・城などを)きずくこと。類構築。construction

ちくてい【築堤】 堤防を築くこと。

ちくでん【逐電】 すばやくにげて姿をくらますこと。類出奔。flight

ちくでん【蓄電】 電気をたくわえること。類充電。

ちくでんち【蓄電池】 前もって蓄電しておき、必要なときに繰り返し利用できる電池。battery

ちくねん【逐年】 年ごとに。

ちくのうしょう【蓄膿症】 副鼻腔(ふくびくう)などにうみがたまる病気。empyema

ちくはく【竹帛】 ❶書物。❷歴史(書)。▼—に名を垂れる 歴史に名を残す。

ちくばのとも【竹馬の友】 おさな友達。

ちくび【乳首】 ❶乳房の先の部分。乳頭。❷❶の形の育児用具。①②nipple

ちくるい【畜類】 ❶けだもの。❷家畜。

ちくろく【逐鹿】 政権や地位を争うこと。⇩中原(ちゅうげん)に鹿を逐(お)う。

ちくわ【竹輪】 つつ形の魚肉の練りもの。

ちけい【地形】 土地の表面のようす。類地勢。geographical features

ちけむり【血煙】 ほとばしる血しぶき。

ちけん【知見】 〈智見〉❶見て知ること。❷見識。②knowledge

ちご【稚児】 ❶幼児。❷祭礼などに、着かざって出る子供。

ちこう【地溝】 断層によってできた、細長くくぼんだ土地。graben

ちこうせい【遅効性】 薬などのききめがゆっくり現れる性質。▽—肥料。対速効性。

ちこく【遅刻】 定時刻に遅れること。遅参。be late

ちさん【治山】 植林などで、山を整備すること。対治水。

ちさん【治産】 財産の管理や処分。

ちさん【遅参】 決められた時刻より遅れて来ること。

ちし【地誌】 ある地方の地理や特性について書かれた本。▽—学。

ちし【致仕】 ❶官職をやめること。辞職。❷七〇歳の別称。①resignation

ちし【致死】 死なせること。▽過失—。

ちじ【知事】 都道府県の長。governor

ちしお【血潮】 〈血汐〉(流れ出る)血。また、熱っぽい気持ち。熱情。▽若い—がたぎる。①②blood

ちしき【知識】 知っている内容。knowledge

ちしきじん【知識人】 知識や教養のある人。インテリ。intellectual

ちしつ【地質】 地球を形成している地層・岩石の性質や状態。

ちしつ【知悉】 知りつくすこと。▽内部事情は—している。

ちじつ【遅日】 春の日の長いこと。

ちしゃ【知者】 〈智者〉知恵のある人。

ちしゃ【萵苣】 西洋野菜の一。レタス、サラダ菜のこと。lettuce

ちしょう【知将】 〈智将〉戦略にすぐれた大将。

ちじょう【地上】 ❶土地(地面)の上。❷この世。

ちじょう【痴情】 色情に迷う心。

ちじょうい【知情意】 精神活動の基本となる、知性・感情・意志。

ちじょく【恥辱】 はじ。はずかしめ。類屈辱。disgrace

ちしりょう【致死量】 致死に十分な薬物量。lethal dose

ちじん【知人】 知り合い。知己(ちき)。知音(ちいん)。acquaintance

ちじん【痴人】おろかな人。fool — 痴人

ちず【地図】地表の状況を縮尺して平面に表したもの。map — 地図

ちすい【治水】堤防やダムを築くなどして水害を防ぎ、水利をはかること。対治山。flood control — 治水

ちすじ【血筋】血のつながり。stock — 血筋

ちせい【地勢】広がりをもつ地形。 — 地勢

ちせい【治世】❶よく治まっている世。❷君主が国を治めること。▽徳川の―。②reign — 治世

ちせい【知性】物事を知ったり、考えたりする能力。類知力。intellect — 知性

ちせき【地積】土地の面積。 — 地積

ちせつ【稚拙】幼稚で下手なこと。poor — 稚拙

ちそう【地相】❶土地のありさま。❷土地のようすから吉凶を判断すること。 — 地相

ちそう【地層】泥・砂・礫(れき)などが堆積(たいせき)してできた、地表をおおっている層。stratum — 地層

ちそく【遅速】遅さと、速さ。 — 遅速

ちたい【地帯】ある特色をもった、ひと続きの土地。▽工業―。zone — 地帯

ちたい【遅滞】期日に遅れること。delay — 遅滞

ちたい【痴態】ばかげた振る舞い・ようす。follies — 痴態

ちだい【地代】⇩じだい。 — 地代

ちだるま【血達磨】全身が血にまみれること。血だらけ。 — 血達磨

ちち【父】❶男親。❷先駆者。開祖。▽開拓の―。①②father — 父

ちち【乳】❶母体の乳房から出る乳白色の液体。❷牛乳。❸乳房。①②milk — 乳

ちち【遅遅】進み方の遅いようす。はかどらないようす。のろのろ。▽―として進まない。slow — 遅遅

ちぢ【千千】さまざま。いろいろ。▽心が―に乱れる。 — 千千

ちちかた【父方】父親のほうの血筋。父系。▽―の祖父。father's side — 父方

ちちくさい【乳臭い】未熟だ。幼い。 — 乳臭い

ちちくび【乳首】⇩ちくび。 — 乳首

ちちくりあう【乳繰り合う】人目をさけて男女が情交する。また、男女がいちゃつく。 — 乳繰り

ちぢみおり【縮み織り】細かいしぼのある織物。 — 縮織

ちぢむ【縮む】❶小さくなる。縮まる。❷短くなる。❸体がすくむ。❹しわがよる。縮れる。①shrink — 縮む

ちちゅう【地中】土の中。地面の下。 — 地中

ちぢれる【縮れる】しわが寄ったり、うねってちぢんだりする。shrink — 縮れる

ちつ【秩】常10 チツ ❶順序。▽―序。❷主君から受ける俸禄。 — 秩・秩

筆順						
ノ	二	千	禾	禾'	秩	秩

ちつ【窒】常11 チツ ❶ふさがる。ふさぐ。▽―息。❷気体の窒素(ちっそ)。 — 窒・窒

筆順						
宀	穴	空	空	窒	窒	窒

ちつ【帙】和本のおおい。 — 帙

ちつ【膣】子宮から外陰部に至る、女性の生殖器の一部。vagina — 膣

ちっきょ【蟄居】家にこもって外出しないこと。また、外出させない刑。 — 蟄居

ちっこう【築港】港をつくること。 — 築港

ちつじょ【秩序】物事や社会の正しい順序・関係。order — 秩序

ちっそ【窒素】空気中に約七八パーセントふくまれる無色無臭の気体元素。記号N。nitrogen — 窒素

ちっそく【窒息】息がつまって、呼吸が不能になること。suffocation — 窒息

ちつづき【血続き】血筋がつながっていること。類血縁。same stock — 血続き

チップ【chip】❶細片。❷賭け事などの賭け札。❸薄切り。❹シリコンの小片(を組み込んだ集積回路)。

チップ【tip】❶心づけ。❷野球で、ボールがバットをかすること。

ちてき【知的】❶知識や知性が豊かなようす。知性的。❷知識に関係があるようす。①②intellectual — 知的

ちてん【地点】一定の場所。spot — 地点

ちとく【知得】知ること。 — 知得

ちとく【知徳】〈智徳〉知識と道徳。 — 知徳

ちとせ【千歳】❶千年。せんざい。❷非常に長い年月。 — 千歳

ちとせあめ【千歳飴】七五三に用いる、紅白の棒状のさ — 千歳飴

らしあめ。

ちどり【千鳥】 チドリ科の水鳥の総称。ジグザグに歩く。plover 千鳥

ちどりあし【千鳥足】 酒によった人の、左右にふらふらした足どり。reeling step 千鳥足

ちなまぐさい【血腥い】 ❶血のにおいが強いようす。❷血が流れて残酷なようす。②bloody 血腥い

ちなみに【因みに】 ついでに言えば。—申し上げますと。▽ 因みに

ちなむ【因む】 つながりをもつ。▽文化の日に—んだ行事。 因む

ちにち【知日】 外国人が、文化・風俗など日本の事情に通じていて理解があること。 知日

ちねつ【地熱】 ⇩じねつ。 地熱

ちのう【知能】 〈智能〉頭の働き。知的な能力。intelligence 知能

ちのうしすう【知能指数】 知能の発達程度を示す指数。IQ。 指数

ちのうはん【知能犯】 詐欺(さぎ)・横領など、知能を働かせた犯罪。 知能犯

ちのけ【血の気】 ❶血が通っている肌色。❷激しやすい傾向。▽—が多い。 血の気

ちのみご【乳飲み子】 〈乳呑み児〉乳児。suckling 乳飲子

ちのみち【血の道】 ❶漢方で、婦人病。❷血液の通る道。血管。 血の道

ちのめぐり【血の巡り】 ❶血液の循環。❷物事を理解する力。頭の働き。▽—が悪い人。 血の巡

ちのり【血糊】 べとべとした血。 血糊

ちはい【遅配】 配給・配達・支払いなどがおくれること。delayed ration 遅配

ちばしる【血走る】 寝不足・興奮などで目が充血する。be bloodshot 血走る

ちばなれ【乳離れ】 離乳。また、自立することのたとえ。 乳離れ

ちはん【池畔】 池のほとり。 池畔

ちび ❶背の低いこと・人を軽蔑していう語。❷幼い者を親しんで呼ぶ語。▽お—さん。②kid

ちひつ【遅筆】 文章を書くのが遅いこと。対速筆。 遅筆

ちひょう【地表】 地球・土地の表面。 地表

ちびる【禿びる】 先がすり減る。 禿びる

ちひろ【千尋】 一尋(ひろ)(約一・八メートル)の一〇〇〇倍。非常に深い・長いこと。 千尋

ちぶ【恥部】 ❶恥である部分。❷陰部。 恥部

ちぶさ【乳房】 女性の胸にある乳を出すための器官。にゅうぼう。breasts 乳房

チフス【Typhusドイツ】 〈窒扶斯〉感染症の腸チフスの通称。typhoid

ちぶつ【地物】 地上にある自然・人工のすべてのもの。 地物

ちへい【地平】 ❶大地の平らな広がり。❷地平線。 地平

ちへいせん【地平線】 大地と空が接して見える境の線。horizon 地平線

ちへど【血反吐】 (胃などからの出血により)口からはく血。 血反吐

ちへん【地変】 地震・噴火など、地上の異変。地異。対天変。 地変

ちほ【地歩】 自分のいる地位・立場。footing ▼—を占(し)める 自分の地位・立場をしっかりと定める。 地歩

ちほう【地方】 ❶ある一定の地域。❷首都以外の地域。いなか。対❷中央。①district ②country 地方

ちほう【痴呆】 脳の障害のため、知能が低下した状態。現在は「認知症」と呼ぶ。dementia 痴呆

ちぼう【知謀】 〈智謀〉たくみな計略。 知謀

ちほうこうきょうだんたい【地方公共団体】 都道府県や市町村など、その地域の行政を行う団体。 公共

ちほうこうむいん【地方公務員】 地方公共団体の職員。 公務員

ちほうじちたい【地方自治体】 地方公共団体。local government 自治体

ちほうしょく【地方色】 その地方の、自然・風俗などの特色。郷土色。ローカルカラー。local character 地方色

ちまき【粽】 ささの葉などにくるんで蒸したもち菓子。端午の節句に食べる。 粽

ちまた【巷】 ❶街路。町なか。❷世間。▽—の声。❸ある事が行われる場所。 巷

ちまつり【血祭り】 戦いの前に、敵方の者を殺して気勢を 血祭り

あげること。▽―にあげる。

ちまなこ【血眼】必死ですること。▽―で探す。 血眼

ちまみれ【血塗れ】一面に血を浴びること。血みどろ。bloody 血塗れ

ちまよう【血迷う】理性を失う。 血迷う

ちみ【地味】耕地の地質のよしあし。 地味

ちみち【血道】血の道。▼―を上げる 夢中になる。のぼせあがる。 血道

ちみつ【緻密】❶きめが細かいこと。▽―な木目。❷綿密。▽―な計画。対❶❷粗雑。①precise 緻密

ちみもうりょう【魑魅魍魎】いろいろな化け物。 魑魅

ちめい【知名】その名が世間に知られていること。有名。famous 知名

ちめい【知命】五〇歳の別称。 知命

ちめいしょう【致命傷】❶命とりとなる傷。❷取り返しのつかない痛手。注致命×症。①fatal 致命傷

ちめいてき【致命的】❶命にかかわるようす。❷決定的であるようす。①② fatal 致命的

ちもく【地目】用途別にわけた土地の名。田・畑・宅地・山林など。土地登記簿に表記される。 地目

ちゃ〔茶〕9 常 チャ・サ ❶茶の木。▽―畑。❷茶葉の飲料。▽緑―。❸茶道。❹茶色。 茶・茶

筆順						
一	艹	艹	犬	苁	茶	茶

ちゃ【茶】❶茶の木。❷❶の葉を加工したもの。また、それに湯をそそいで飲むもの。緑茶。お茶。❸茶の湯。茶道。❹茶色。②(green) tea ▼―にする ❶ひと休みする。❷ちゃかす。 茶

チャージ【charge】❶充電。補給。❷プリペイドカードへの入金。❸給油。❹請求代金。❺突撃。

チャーター【charter】船・バス・飛行機などの乗り物を借りきること。

チャート【chart】❶地図。❷図表。

チャーハン【炒飯】中国 焼きめし。 炒飯

チャーム【charm】❶人の心をひきつけること。❷魅力。

チャームポイント 最も魅力的なところ。和製語。

ちゃうけ【茶請け】茶を飲むときに食べる菓子・漬け物など。 茶請け

ちゃうす【茶臼】抹茶をつくるために、茶の葉をひく石のひきうす。 茶臼

ちゃえん【茶園】茶畑。さえん。 茶園

ちゃかい【茶会】茶の湯の会。茶席。 茶会

ちゃかす【茶化す】❶冗談にしてしまう。❷冗談にしてごまかす。 茶化す

ちゃがま【茶釜】湯を沸かすかま。 茶釜

ちゃがら【茶殻】茶をせんじ出したあとの残りかす。茶かす。 茶殻

ちゃき【茶器】❶茶をたてる道具。茶道具。❷抹茶を入れておく容器。 茶器

ちゃきちゃき 生まれが純粋であること。生粋(きっすい)。▽―の江戸っ子。

ちゃきん【茶巾】❶茶の湯で、茶わんをふく布。❷「茶巾絞(しぼ)り」の略。 茶巾

ちゃく〔着〕常12 チャク・ジャク・きる・きせる・つく・つける ❶きる。きせる。❷くっつく。▽接―。❸行きつく。▽到―。❹つける。▽―手。❺身に受ける。▽―服。 着・着

筆順						
丷	䒑	𦍌	𦍌	差	着	着

ちゃく〔嫡〕常14 チャク 正妻の生んだ子。あとつぎ。▽―子。―流。 嫡・嫡

筆順						
女	女	女	女	婍	嫡	嫡

ちゃく【着】❶到着すること。❷衣服を数える語。❸着順を数える語。 着

ちゃくい【着衣】衣服を着ること。また、着ている衣服。対脱衣。 着衣

ちゃくい【着意】❶着想。❷気をつけること。 着意

ちゃくがん【着岸】船が岸や岸壁に着くこと。reaching shore 着岸

ちゃくがん【着眼】❶ある点に目をつけること。着目。❷目のつけ方。 着眼

ちゃくざ【着座】着席すること。 着座

ちゃくし【嫡子】❶正妻に生まれた子。❷あとつぎ。 嫡子

ちゃくしつ【嫡室】正妻。本妻。 嫡室

ちゃくじつ【着実】確実なようす。類堅実。steady 着実

ちゃくしゅ【着手】物事にとりかかること。手を着けること。start 着手

ちゃくしゅつ【嫡出】法律上の正式な夫婦間に出生す 嫡出

ること。

ちゃくしょく【着色】 色づけ。 着色

ちゃくしん【着信】 通信が届くこと。 着信

ちゃくする【着する】 ❶到着する。❷くっつく。❸衣服などをきる。❹身につけて持つ。 着する

ちゃくせき【着席】 座席に着くこと。 着席

ちゃくせん【着船】 船が港に着くこと。また、着いた船。 着船

ちゃくそう【着想】 工夫や案を思い付くこと。また、思い付き。着意。▽斬新(ざんしん)な―。idea 着想

ちゃくそん【嫡孫】 家を継ぐ孫。 嫡孫

ちゃくたい【着帯】 妊婦が五か月目に腹帯(＝岩田帯)をしめること。 着帯

ちゃくだつ【着脱】 物をとりつけたり外したりすること。 着脱

ちゃくち【着地】 ❶地上に降り着くこと。❷スキーのジャンプや体操で、最後に降り立つこと。①②landing 着地

ちゃくちゃく【着着】 事が順調にはかどるようす。steadily 着着

ちゃくなん【嫡男】 嫡出の男性。また、長男。 嫡男

ちゃくにん【着任】 ❶任地につくこと。❷新しい任務につくこと。 着任

ちゃくひつ【着筆】 書き出すこと。 着筆

ちゃくふく【着服】 預かった金品をひそかに盗むこと。▽公金を―する。注着×腹。類横領。pocketing 着服

ちゃくもく【着目】 目をつけること。気をつけて見ること。着眼。 着目

ちゃくよう【着用】 ❶着ること。❷身につけて用いること。①wearing 着用

ちゃくりく【着陸】 空中から陸地におりること。対離陸。landing 着陸

ちゃくりゅう【嫡流】 ❶本家の血筋。▽源氏の―。❷正統の流派。▽狩野(かのう)派の―。類❶❷直系。 嫡流

チャコールグレー【charcoal gray】 黒に近い、濃い灰色。

ちゃこし【茶漉し】 茶殻をこす網を使った道具。tea strainer 茶漉し

ちゃさじ【茶匙】 ❶茶杓(ちゃしゃく)。❷小さなさじ。②teaspoon 茶匙

ちゃじ【茶事】 ❶茶道で小人数で行う茶の湯の会合。❷茶の湯に関するいろいろの事柄。類❶茶会。 茶事

ちゃしつ【茶室】 茶の湯用の部屋。茶の間。茶席。 茶室

ちゃじん【茶人】 ❶茶の湯に通じた人。❷風流人。 茶人

ちゃせき【茶席】 ❶茶会をする部屋。茶室。❷茶会。 茶席

ちゃせん【茶筅】 抹茶(まっちゃ)をかきまぜる道具。

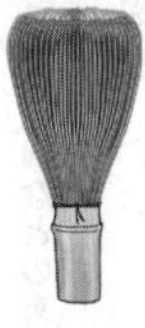

茶　筅

ちゃだい【茶代】 ❶心付け。❷茶の代金。①tip

ちゃたく【茶托】 茶わんの受け皿。 茶托

ちゃだんす【茶簞笥】 茶器や食器などを入れる棚のある和風家具。 茶簞笥

ちゃちゃ【茶茶】 横から言うひやかし。▽―を入れる。 茶茶

ちゃっか【着火】 火がつくこと。また、火をつけること。 着火

ちゃっか【着荷】 荷物があて先に着くこと。また、着いた荷物。ちゃくに。 着荷

ちゃっこう【着工】 工事の開始。 着工

ちゃづつ【茶筒】 茶の葉を入れる筒状の容器。 茶筒

ちゃつぼ【茶壺】 茶の葉を入れる壺。 茶壺

ちゃどう【茶道】 ⇨さどう。 茶道

ちゃのま【茶の間】 ❶家族が日常くつろぐ部屋。❷茶室。①family room 茶の間

ちゃのみ【茶飲み】 ❶茶を飲むこと。▽―友達(＝世間話をする親しい仲間)。❷茶碗(ちゃわん)。 茶飲み

ちゃのみばなし【茶飲み話】 気軽な雑談。 茶飲話

ちゃのゆ【茶の湯】 茶道(さどう)。 茶の湯

ちゃばおり【茶羽織】 (婦人用の)丈が腰までの、短い羽織。もと、茶人が着たほこりよけの羽織。 茶羽織

ちゃばしら【茶柱】 茶を入れたとき、立って浮かぶ茶の茎。▽―が立つ。 茶柱

ちゃぱつ【茶髪】 赤茶色に染めた髪。 茶髪

ちゃばら【茶腹】 茶ばかり飲んだときの腹具合。▼―も一時(いっとき) 茶を飲んでも、一時の空腹はしのげ 茶腹

る。

ちゃばん【茶番】❶こっけいな即興の寸劇。茶番狂言。❷見えすいたばかげた行為。①②farce　茶番

ちゃぶだい【卓袱台】脚の低い食卓。　卓袱台

ちゃぼ【矮鶏】鶏の一種。小形で足が短い。愛玩(あいがん)用。　矮鶏

ちゃみせ【茶店】茶や菓子を売ったり休息させたりする、小さな店。水茶屋。　茶店

ちゃめ【茶目】❶おどけたりいたずらをしたりすること・性質(の人)。おちゃめ。❷目の虹彩(こうさい)。①mischievous　茶目

ちゃめし【茶飯】❶茶で炊(た)いて塩味をつけた飯。さくら飯。❷酒・しょうゆを加えて炊いた飯。　茶飯

ちゃや【茶屋】❶茶を売る店。❷茶店。❸客に遊興・飲食をさせる店。　茶屋

チャリティー【charity】慈善。

チャレンジ【challenge】挑戦。

ちゃわん【茶碗】陶磁器製の深めの食器。　茶碗

チャンス【chance】機会。特によい機会。類好機。

チャンネル【channel】❶テレビ・ラジオなどで、各局にわり当てられた電波の周波数。❷テレビ受像機で、放送局を選ぶためのつまみ。❸情報の通路。

ちゃんばら❶刀で切り合うこと。また、それが見せ場の映画・演劇。剣劇。❷けんか。乱闘。①sword fight

チャンピオン【champion】❶選手権保持者。優勝者。❷第一人者。▽忘れ物の―。

チャンピオンシップ【championship】❶選手権。❷決勝戦。

チャンプ【champ】チャンピオン。

ちゆ【治癒】病気・けがなどが治ること。recovery　治癒

ちゆう【知友】理解し合っている友人。知己(ちき)。類親友。bosom friend　知友

ちゆう【知勇】知恵と勇気。　知勇

ちゅう〔中〕常4 チュウ・ジュウ・なか ❶まんなか。▽―央。❷内側。▽心―。❸あたる。▽命―。❹なかば。▽―旬。
筆順 丨 冂 口 中　中・中

ちゅう〔仲〕常6 チュウ・なか ❶まんなか(の人・期間)。▽―秋。❷あいだがら。▽恋―。❸なかだち。▽―裁。
筆順 ノ 亻 仃 们 仲　仲・仲

ちゅう〔虫〕常6 チュウ・むし ❶むし。特に、昆虫。❷…の性質の人。▽弱―。
筆順 丨 口 中 虫 虫　虫・虫

ちゅう〔沖〕常7 チュウ・おき ❶高くあがる。▽―天。❷おき。▽―合い。
筆順 丶 冫 氵 汀 沪 沖　沖・沖

ちゅう〔宙〕常8 チュウ 空。空間。▽宇―。―返り。
筆順 丶 丷 宀 宀 宙 宙 宙　宙・宙

ちゅう〔忠〕常8 チュウ まごころ。まごころをつくすこと。▽―義。
筆順 丶 口 口 中 中 忠 忠　忠・忠

ちゅう〔抽〕常8 チュウ ひきだす。ぬく。▽―出。―象。
筆順 一 扌 扌 扣 抽 抽 抽　抽・抽

ちゅう〔注〕常8 チュウ・そそぐ ❶そそぐ。▽―射。❷集中させる。▽―意。❸説明する。▽―釈。
筆順 丶 冫 氵 氵 汁 注 注　注・注

ちゅう〔昼〕常9〔晝〕人11 チュウ・ひる 正午を中心とした時間。ひるま。▽―食。
筆順 ㇇ コ 尸 尺 尽 昼 昼　昼・晝

ちゅう〔柱〕常9 チュウ・はしら ❶はしら。▽電―。❷ささえ。▽支―。
筆順 十 木 木 杧 杧 柱 柱　柱・柱

ちゅう〔衷〕常9 チュウ ❶まごころ。▽苦―。❷ほどよい。▽折―。
筆順 一 亠 亩 声 吏 衷 衷　衷・衷

ちゅう〔紐〕人10 チュウ・ジュウ・ひも ひも。▽―帯(ちゅうたい)。靴―(くつひも)。
筆順 ㄑ 幺 糸 糸 紅 紐 紐　紐・紐

ちゅう〔酎〕常10 チュウ 濃いさけ。▽焼―(しょうちゅう)。
筆順 丆 币 西 酉 酉 酎 酎　酎・酎

ちゅう〔厨〕人12 チュウ・ズ・くりや ❶台所。▽―房。❷戸棚。▽―子(ずし)。(廚)
筆順 一 厂 厂 后 居 厨 厨　厨・厨

ちゅう〔註〕人12 チュウ ❶解説。▽―釈。―解。―記。❷しるす。
筆順 丶 亠 言 言 計 計 註　註・註

ち

ち

ちゅう〔鋳〕常15**〔鑄〕**人22 チュウ・いる 金属をとかして型に流しこみ、器物をつくる。▽—造。—型(いがた)。 鋳・鑄

筆順 亼 今 金 釒 鈩 鋳 鋳 鋳

ちゅう〔駐〕常15 チュウ とどまる。▽—在。—車。 駐・駐

筆順 厂 П 肀 馬 馬 馬 駐 駐

ちゅう【中】❶大きさや程度などがなかほどであること。❷…の範囲内。▽今月—。❸…している途中。①medium 中

ちゅう【宙】❶大空。また、空中。❷暗記。▽—で言う。**▼—に浮(う)く** ❶空間に浮かぶ。❷宙に迷う。**▼—に迷う** 決着がつかない。 宙

ちゅう【忠】真心をもって尽くすこと。 忠

ちゅう【注】〈註〉本文の補足として書き足された説明。頭注・脚注など。 注

ちゅうい【注意】❶気を配ること。❷用心すること。▽頭上—。❸忠告すること。①attention ②care 注意

ちゅういん【中陰】中有(ちゅうう)。 中陰

ちゅうう【中有】仏教で、死後の四九日間。次の生を得るまでの間。中陰。 中有

ちゅうおう【中央】❶まん中。中心部。❷物事の中心となる重要な位置。▽—委員会。❸首都。また、政府。図❷末端。❸地方。①②center 中央

ちゅうおう【中欧】中部ヨーロッパ。 中欧

ちゅうおうしゅうけん【中央集権】政治の権力を中央の政府に集中すること。 集権

ちゅうか【中華】漢民族が、昔、周囲の異民族に対して自国を言った語。 中華

ちゅうか【仲夏】陰暦五月の別称。 仲夏

ちゅうかい【仲介】両者の間にはいってとりもつこと。仲だち。類斡旋(あっせん)。 仲介

ちゅうかい【注解】〈註解〉注をつけて説明すること。また、その説明。類注釈。note 注解

ちゅうがい【中外】❶うちとそと。内外。❷国内と国外。 中外

ちゅうがい【虫害】農林業などで、虫のために受ける損害。 虫害

ちゅうがえり【宙返り】空中で一回転すること。類とんぼ返り。somersault 宙返り

ちゅうかく【中核】物事の中心。核心。 中核

ちゅうがた【中形】中くらいの形。▽—の模様。 中形

ちゅうがた【中型】中ぐらいの型。▽—の自動車。 中型

ちゅうがっこう【中学校】小学校卒業後の、三年間の義務教育の学校。 中学校

ちゅうかん【中間】❶二つの物の間。❷対立する両者のいずれにも属さないこと。❸物事の途中。①middle ③halfway 中間

ちゅうかん【昼間】昼のあいだ。ひるま。図夜間。 昼間

ちゅうかんしょく【中間色】❶くすんだやわらかい感じの色。❷二色の中間の色。 中間色

ちゅうき【中気】脳出血などで体が麻痺(まひ)する症状。中風(ちゅうぶ・ちゅうぶう)。paralysis 中気

ちゅうき【中期】中ごろの時期・期間。 中期

ちゅうき【注記】〈註記〉注を書き加えること。また、その注。note 注記

ちゅうぎ【忠義】家や主君に、真心をもって仕えること。▽—の臣。類忠誠。忠節。loyalty 忠義

ちゅうきゅう【中級】中ぐらいの等級・程度。類中等。intermediate 中級

ちゅうきょり【中距離】❶中ぐらいの距離。❷「中距離競走」の略。 中距離

ちゅうきん【忠勤】(主君に)忠実につとめること。loyal service 忠勤

ちゅうきん【鋳金】鋳造。 鋳金

ちゅうきんとう【中近東】中東と近東。トルコからアフガニスタンまで。 中近東

ちゅうくう【中空】❶空の中ほど。なかぞら。❷内部がからなこと。がらんどう。①midair ②hollow 中空

ちゅうくん【忠君】主君に忠義をつくすこと。▽—愛国。loyalty 忠君

ちゅうけい【中継】中間で受けつぐこと。relay 中継

ちゅうけい【仲兄】二番目の兄。 仲兄

ちゅうけん【中堅】❶組織の中位にあり、中心となって活 中堅

躍する人。❷野球で、センター。①mainstay

ちゅうげん【中元】❶陰暦七月一五日のこと。盂蘭盆（うらぼん）の行事を行う。❷❶のころにする贈り物。

ちゅうげん【中原】国の中央の地。▼—**に鹿**（しか）**を逐**（お）**う** 地位や政権を争う。逐鹿（ちくろく）。

ちゅうげん【中間】〈仲間〉昔、武家に召し使われ雑務をした男性。

ちゅうげん【忠言】注意のことば。類忠告。▼—**耳に逆らう** 忠言は気持ちよくは聞き入れにくいものだ。

ちゅうこ【中古】❶新品でないこと。ちゅうぶる。❷時代区分で平安時代。①used

ちゅうこう【中興】一度衰えたものを途中で再び盛んにすること。▽—の祖。

ちゅうこうねん【中高年】中年と高年。約四〇〜六〇代。middle age

ちゅうこく【忠告】親切にいさめること・ことば。類注意。忠言。注×注告。advice

ちゅうごく【中国】❶中華人民共和国の通称。また、その地域の通称。❷中国地方。山口・鳥取・島根・広島・岡山の五県。

ちゅうごし【中腰】腰を半分上げた姿勢。half-crouched position

ちゅうこん【忠魂】忠義の心。

ちゅうざ【中座】会合などの途中で席を立つこと。

ちゅうさい【仲裁】両者の間にはいって、仲直りさせること。▽けんかの—役。arbitration

ちゅうざい【駐在】❶派遣された任地にとどまること。❷駐在所。また、そこの巡査。①stationing

ちゅうざいしょ【駐在所】巡査が担当区域に住み勤務する所。

ちゅうさんかいきゅう【中産階級】資本家と労働者の中間の階層。middle class

ちゅうし【中止】途中でやめること。stop

ちゅうし【注視】じっと見つめること。類注目。gaze

ちゅうじ【中耳】外耳と内耳の間の部分。

ちゅうじき【中食】〈昼食〉昼食（ちゅうしょく）。

ちゅうじく【中軸】❶中心となる重要な人。▽—打者。❷中心を通る軸。主軸。②axis

ちゅうじつ【忠実】❶まじめにつとめること。❷ありのまま。①faithful

ちゅうしゃ【注射】注射器で薬液などを注入すること。injection

ちゅうしゃ【駐車】車をとめておくこと。

ちゅうしゃく【注釈】〈註釈〉意味を説明すること。また、その説明。

ちゅうしゅう【中秋】陰暦八月一五日のこと。▽—の名月。

ちゅうしゅう【仲秋】❶秋の中ごろ。盛秋。❷陰暦八月の別称。

ちゅうしゅつ【抽出】多くの事物の中から、ぬきだすこと。▽サンプルを—する。extraction

ちゅうしゅん【仲春】❶春の中ごろ。盛春。❷陰暦二月の別称。

ちゅうじゅん【中旬】月の一一日から二〇日までの一〇日間。

ちゅうしょう【中傷】ありもしないことをわざと言って、人の名誉をきずつけること。slander

ちゅうしょう【抽象】個別のものから共通の性質をぬきだして、一つの考えをつくること。abstraction

ちゅうじょう【衷情】うそいつわりのない心。まごころ。▽—を披瀝（ひれき）する。true heart

ちゅうしょうきぎょう【中小企業】資本金・従業員などの規模が中程度以下の企業。

ちゅうしょく【昼食】昼の食事。ひるめし。lunch

ちゅうしん【中心】❶まん中。❷最も重要な位置・こと。❸数学で、円周上・球面上のすべての点から等距離にある点。類❶中央。①〜③center

ちゅうしん【忠臣】忠義な家来。

ちゅうしん【注進】事件などを急いで目上の人に報告すること。

ちゅうしん【衷心】 心の底。本心。▽―より（＝心から）。 true heart

ちゅうすい【虫垂】 盲腸の先にある細長い管状の突起。

ちゅうすい【注水】 水をそそぐこと。

ちゅうすう【中枢】 重要な部分。中心部。▽国家の―。 center

ちゅうする【沖する】 〈冲する〉（炎や煙などが）空高く上がる。 rise

ちゅうする【注する】 〈註する〉注を付ける。注釈する。

ちゅうする【誅する】 悪人・罪人などを殺す。

ちゅうせい【中世】 歴史の時代区分の一。古代と近世の中間の時期。日本史では鎌倉・室町時代。

ちゅうせい【中正】 公平であること。類公正。

ちゅうせい【中性】 ❶酸性でもアルカリ性でもない性質。❷男性とも女性ともつかない性質。 ①neutrality

ちゅうせい【忠誠】 真心をもってつくすこと。▽―を誓う。 loyalty

ちゅうぜい【中背】 中くらいの背丈。

ちゅうせき【沖積】 流水で運ばれた土砂が積み重なること。

ちゅうせき【柱石】 〈柱と礎（いしずえ）から〉頼みとする重要な人物。類大黒柱。

ちゅうせつ【忠節】 忠義を守ること。

ちゅうぜつ【中絶】 ❶途中でやめること。とぎれること。❷「妊娠中絶」の略。類❶中断。 ①interruption

ちゅうせん【抽選】 〈抽籤〉くじびき。 lottery

ちゅうぞう【鋳造】 とかした金属を鋳型（いがた）に流し、物をつくること。鋳込み。鋳金。 casting

ちゅうたい【中退】 「中途退学」の略。

ちゅうたい【紐帯】 物事を結びつける、大切なもの。じゅうたい。 band

ちゅうだん【中断】 途中で断ち切ること。切れること。 interruption

ちゅうちょ【躊躇】 ためらうこと。 hesitation

ちゅうづり【宙吊り】 空中にぶらさがった状態になること。

ちゅうてつ【鋳鉄】 鋳物（いもの）用の銑鉄。

ちゅうてん【中天】 ❶天のまん中。天心。❷なかぞら。中空。

ちゅうてん【中点】 数学で、線分を二等分する点。

ちゅうと【中途】 進行のなかば。途中。 halfway middle point

ちゅうとう【中東】 アフガニスタンからアラビア半島にかけた地域。

ちゅうとう【中等】 中ぐらいの等級・程度。類中級。 middle class

ちゅうとう【仲冬】 ❶冬の中ごろ。❷陰暦一一月の別称。

ちゅうとう【偸盗】 ぬすみ。また、盗人（ぬすっと）。

ちゅうどう【中道】 ❶かたよらずにおだやかなこと。❷中途。▽志の―で倒れる。類❶中庸。

ちゅうどく【中毒】 ❶毒物で体の機能に異常をきたすこと。❷のめりこんだ状態。▽仕事―。 ①poisoning

ちゅうとん【駐屯】 軍隊がある地にとどまること。類駐留。 station

ちゅうにく【中肉】 ほどよい肉づき。▽―中背。

ちゅうにち【中日】 ❶彼岸のまん中の日。春分・秋分の日にあたる。❷一定の期間・日数のまん中の日。なかび。

ちゅうにち【駐日】 日本での駐在。

ちゅうにゅう【注入】 液体などをそそぎ入れること。 pouring

ちゅうにん【中人】 入場料などで、小人（しょうにん）と大人（だいにん）の間の者。小・中学生。

チューニング【tuning】 ❶ラジオ・テレビで電波を選び、同調させること。❷楽器の音程を合わせること。調律。

ちゅうねん【中年】 青年と老年の中間。四〇代。 middle age

ちゅうのう【中農】 中規模の農業を営む農家（の人）。

ちゅうは【中波】 周波数三〇〇〜三〇〇〇キロヘルツの電波。ラジオ放送に使われる。

ちゅうばつ【誅伐】 悪人などを討ちほろぼすこと。誅する。

こと。

ちゅうばん【中盤】 勝負の中間局面。

ちゅうぶ【中風】 中気(ちゅうき)。

ちゅうぶう【中風】 中気(ちゅうき)。

ちゅうふく【中腹】 山の中ほど。山腹。

ちゅうぶる【中古】 ⇩ちゅうこ。

ちゅうべい【中米】 中央アメリカ。

ちゅうへん【中編】 〈中篇〉小説・映画などで、長編と短編の中間の長さの作品。

ちゅうぼう【厨房】 台所。調理場。

ちゅうみつ【稠密】 すきまなく集まっていること。▽人口—地帯。注×しゅうみつ。density

ちゅうもく【注目】 注意して見ること。また、関心を持って見守ること。類注視。paying attention

ちゅうもん【注文】 〈註文〉❶品物の取りよせや、製作・発送などをたのむこと。❷条件や希望を出すこと。①order ②request ▼—を付ける ❶自分の望みや条件を相手にいう。❷相撲で、自分が有利になるような手を打つ。

ちゅうや【昼夜】 ❶昼と夜。❷昼も夜も。たえず。▼—を分かたず 昼も夜も区別なく。

ちゅうやけんこう【昼夜兼行】 昼も夜も休まずに行うこと。

ちゅうゆ【注油】 機械・器具などに油をさすこと。oiling

ち

ちゅうゆう【忠勇】 忠義で勇敢なこと。▽—無双。

ちゅうよう【中庸】 かたよらずほどよいこと。類中道。moderation

ちゅうよう【中葉】 中ごろ。中期。▽二〇世紀—。

ちゅうようとっき【虫様突起】 虫垂。

ちゅうりつ【中立】 味方にも敵にもならないこと。neutrality

ちゅうりゃく【中略】 文章などで、途中を省略すること。

ちゅうりゅう【中流】 ❶社会的地位や生活程度が中ぐらいの階層。❷川の流れの中ほど。❸川の上流と下流の中間。①middle class ②③midstream

ちゅうりゅう【駐留】 軍隊が長期間とどまること。類駐屯。station

ちゅうりんじょう【駐輪場】 自転車置き場。

ちゅうれい【忠霊】 英霊。

ちゅうれつ【忠烈】 忠義心が非常に強いこと。

ちゅうわ【中和】 ❶性質の相反するものが作用し合って、どちらも特性を失うこと。❷酸とアルカリが反応して、中性になること。② neutralization

チューンアップ【tune-up】 (機械の)性能を上げること。調整をすること。チューンナップ。チューニングアップ。

ちよ【千代】 非常に長い年月。

ちょ〔苧〕 8 チョ・お・からむし 麻の一種の、からむし。▽—麻(ちょま)。

ちょ〔著〕 常11〔著〕人12 チョ・あらわす・いちじるしい ❶書きしるす。▽—述。❷いちじるしい。▽顕—。❸めだつ。▽—名。

筆順 | 艹 | 艹 | 芏 | 茟 | 茟 | 著 | 著 |

ちょ〔貯〕 常12 チョ たくわえる。▽—金。—水。—蔵。

筆順 | 丨 | 冂 | 目 | 貝 | 貝' | 貯 | 貯 |

ちょ〔樗〕 15 チョ・おうち ❶落葉樹の、せんだん。❷無用の長物。

ちょ〔瀦〕 19 チョ 水がたまる。貯水池。

ちょ〔猪〕 ⇩いのしし

ちょ〔緒〕 ⇩しょ

ちょ【著】 書くこと。書物。

ちょ【緒】 物事のはじめ。いとぐち。▼—に就(つ)く 始まる。始める。

ちょう〔丁〕 常2 チョウ・テイ ❶十干の四番目。ひのと。❷一人前の男。▽壮—(そうてい)。❸下働きの男性。▽馬—(ばてい)。❹ページ。▽落—。❺偶数。▽—半。

筆順 | 一 | 丁 |

ちょう〔弔〕 常4 チョウ・とむらう 死者をいたむ。▽—辞。—問。

筆順 | ㇇ | 弓 | 弔 |

ちょう〔庁〕 常5〔廳〕人25 チョウ 役所。▽—舎。官—。県—。

筆順 | 丶 | 亠 | 广 | 庁 | 庁 |

ちょう〔兆〕常6 チョウ・きざす・きざし ❶前ぶれ。▽—候。❷億の一万倍。多い。
筆順 丿 丿 兆 兆 兆 兆
兆・兆

ちょう〔町〕常7 チョウ・まち ❶まち。市街。❷地方自治体の一。▽—長。❸長さ・面積の単位。
筆順 丨 冂 冃 田 田 町 町
町・町

ちょう〔帖〕人8 チョウ・ジョウ ❶布や紙に書きつけたもの。❷〔「じょう」と読み〕紙・海苔(のり)などの、ある枚数をかぞえる語。
筆順 丨 口 巾 巾 帄 帖 帖 帖
帖・帖

ちょう〔長〕常8 チョウ・ながい ❶ながい。ながさ。❷そだつ。▽成—。❸かしら。❹すぐれる。▽—所。❺年上。
筆順 丨 厂 F F 巨 長 長 長
長・長

ちょう〔挑〕常9 チョウ・いどむ 戦いをしかける。▽—戦。—発。
筆順 扌 扌 扎 扎 挑 挑 挑 挑
挑・挑

ちょう〔凋〕10 チョウ・しぼむ 勢いが弱る。しおれる。▽—落。
(凋)
凋・凋

ちょう〔帳〕常11 チョウ ❶幕。とばり。▽開—。❷ノート。▽—簿。
筆順 巾 巾 帄 帄 帐 帐 帳 帳
帳・帳

ちょう〔張〕常11 チョウ・はる ❶はる。広げる。▽拡—。❷強くのべる。▽主—。
筆順 弓 引 引 弫 弫 張 張 張
張・張

ちょう〔彫〕常11 チョウ・ほる 刃物できざむ。▽—刻。—像。(彫)
筆順 丿 冂 月 月 周 周 彫 彫
彫・彫

ちょう〔眺〕常11 チョウ・ながめる 広く見わたす。▽—望。
筆順 冂 目 則 眇 眺 眺 眺 眺
眺・眺

ちょう〔釣〕常11 チョウ・つる つる。魚をつる。▽—魚。—果。(釣)
筆順 ノ 𠆢 今 伞 金 釒 釣 釣
釣・釣

ちょう〔頂〕常11 チョウ・いただく・いただき ❶てっぺん。▽—上。❷いただく。▽—戴(ちょうだい)。
筆順 一 丁 丁 丁 頂 頂 頂
頂・頂

ちょう〔鳥〕常11 チョウ・とり とり。▽—獣。—類。
筆順 丿 亻 户 白 鳥 鳥 鳥
鳥・鳥

ちょう〔朝〕常12 チョウ・あさ ❶あさ。▽—食。早—。❷政治の場。国。▽—廷。—敵。❸同じ系統の時代。▽清(しん)—。
筆順 十 十 古 吉 草 朝 朝 朝
朝・朝

ちょう〔脹〕人12 チョウ ふくれる。▽—満。膨—(ぼうちょう)。
筆順 月 月 肝 肝 脹 脹 脹
脹・脹

ちょう〔貼〕常12 チョウ・はる ぺったりはる。▽—付(ちょうふ・てんぷ)。
筆順 冂 目 貝 貝 貼 貼 貼
貼・貼

ちょう〔超〕常12 チョウ・こえる・こす ❶こえる。▽—過。❷すぐれた。▽—人。❸非常に。▽—面白い。
筆順 土 キ キ 未 走 起 超 超
超・超

ちょう〔牒〕人13 チョウ ❶木の札。▽符—。❷公文書。▽通—。
筆順 丿 丿 爿 片 片 片 牒
牒・牒

ちょう〔腸〕常13 チョウ くだ状の消化器官。▽小—。断—。
筆順 月 月 肌 胆 腸 腸 腸
腸・腸

ちょう〔跳〕常13 チョウ・はねる・とぶ とびあがる。▽—躍。—梁(ちょうりょう)。
筆順 口 口 早 足 跀 跳 跳
跳・跳

ちょう〔徴〕常14〔徵〕人15 チョウ ❶取りたてる。▽—収。—税。❷めしだす。▽—集。❸めじるし。▽特—。
筆順 彳 彳 彳 徃 徃 徵 徴
徴・徴

ちょう〔暢〕人14 チョウ・のびる ❶のびる。▽—達。❷つかえない。▽流—。
筆順 口 日 申 申 申 暢 暢
暢・暢

ちょう〔肇〕人14 チョウ・はじめる 物事をはじめる。▽—国。(肇)
筆順 戸 戸 戸 庐 肁 肇 肇
肇・肇

ちょう〔銚〕14 チョウ 柄(え)と口のついた器。▽—子(ちょうし)。
銚・銚

ちょう〔嘲〕常15 チョウ・あざける あざける。▽—笑。
筆順 口 口 吀 吀 嘲 嘲 嘲
嘲・嘲

ちょう〔潮〕常15 チョウ・しお ❶海水の流れ。▽—流。❷情勢。▽風—。思—。(潮)
筆順 氵 氵 汁 淖 潮 潮 潮
潮・潮

ちょう〔澄〕常15 チョウ・すむ・すます すきとおる。▽—明。清—。
筆順 氵 氵 汐 泽 泽 澄 澄
澄・澄

ちょう【蝶】人15 チョウ ちょう。昆虫の一。▽胡—（こちょう）。揚羽—（あげはちょう）。
筆順 虫 虻 蚶 蚶 蛆 蝶 蝶 蝶
蝶・蝶

ちょう【調】常15 チョウ・しらべる・ととのう・ととのえる ❶ととのえる。つりあう。▽—和。—節。❷しらべる。▽—査。❸しらべ。▽曲—。口—。
（調）
筆順 言 言 訂 訂 訶 調 調 調
調・凋

ちょう【諜】16 チョウ ❶スパイ。▽—報。間—（かんちょう）。❷よくしゃべる。
諜・諜

ちょう【聴】常17【聽】人22 チョウ・きく 耳をすまして聞く。▽—衆。傾—。
筆順 丅 耳 耳 耵 聍 聴 聴
聴・聴

ちょう【懲】常18【懲】人19 チョウ・こりる・こらす・こらしめる こらしめる。こりる。▽—戒。—罰。
筆順 彳 彳 彳 彳 徨 徴 徴 懲
懲・懲

ちょう【寵】人19 チョウ かわいがり大切にする。▽—愛。—児。恩—。
筆順 宀 宀 寵 寵 寵 寵 寵 寵
寵・寵

ちょう【重】⇩じゅう

ちょう【喋】⇩しゃべる

ちょう【丁】❶さいころの目で、偶数。❷和とじ本の紙数。表裏で二丁。❸豆腐や料理を数える語。図❶半。

丁

ちょう【町】❶地方公共団体の一。まち。❷尺貫法で距離、また、土地の面積を表す語。一町は約一〇九メートル、また、約九九一七平方メートル。

町

ちょう【疔】急性で悪性のはれもの。 疔

ちょう【長】❶かしら。❷年長。❸長い。▽—日（いちじつ）の—。図❸短。 長

ちょう【挺】（丁）銃・くわ・三味線など手に持つ細長いもの、また、かご・人力車などの乗り物を数える語。 挺

ちょう【腸】胃の幽門（ゆうもん）から肛門に続く消化管。大腸と小腸。intestines 腸

ちょう【蝶】昆虫の一。ちょうちょう。butterfly 蝶

ちょう【寵】寵愛。 寵

ちょうあい【帳合】❶現金・商品と台帳との照合。❷帳簿への収支の記入。 帳合

ちょうあい【寵愛】特に目をかけてかわいがること。寵。favor 寵愛

ちょうい【弔意】人の死を悲しみ、とむらう心。condolence 弔意

ちょうい【弔慰】人の死をとむらい、遺族をなぐさめること。▽—金。 弔慰

ちょういん【調印】条約・契約などの承認の署名捺印（なついん）。sign 調印

ちょうえき【懲役】刑務所で一定の作業をさせる刑罰。 懲役

ちょうえつ【超越】❶はるかに超えて、すぐれていること。❷それを乗り越えて問題にしないこと。 超越

ちょうえん【長円】「楕円（だえん）」の別称。ellipse 長円

ちょうおん【長音】母音を長くのばす音節。「アー」など。 長音

ちょうおん【聴音】音のきき分け。 聴音

ちょうおんそく【超音速】音速より速い速度。supersonic speed 超音速

ちょうおんぱ【超音波】振動数が毎秒二万ヘルツ以上の音波。人には聞こえない。supersonic wave 超音波

ちょうか【長歌】和歌の形式の一。五・七を三つ以上続け、最後を五・七・七で結ぶ。図短歌。 長歌

ちょうか【釣果】釣りの成果。 釣果

ちょうか【超過】一定の限度をこえること。excess 超過

ちょうかい【町会】❶町内会。❷町議会。▽—長。—議員。 町会

ちょうかい【朝会】朝礼。 朝会

ちょうかい【懲戒】不正・不当な行為に対する制裁。▽—処分。類懲罰。disciplinary measures 懲戒

ちょうかく【聴覚】耳で音をききとる感覚。auditory sense 聴覚

ちょうかん【長官】官庁などの最高の官職（の人）。director 長官

ちょうかん【朝刊】朝、発行する日刊新聞。morning edition 朝刊

ちょうかん【鳥瞰】高所から見おろすこと。 鳥瞰

ちょうかんず【鳥瞰図】鳥瞰した形の図。俯瞰（ふかん）図。bird's-eye view 鳥瞰図

ちょうき【弔旗】弔意を表す旗。さおの中ほどにかかげたり（＝半旗）、黒布をつけたりする。mourning flag 弔旗

ち

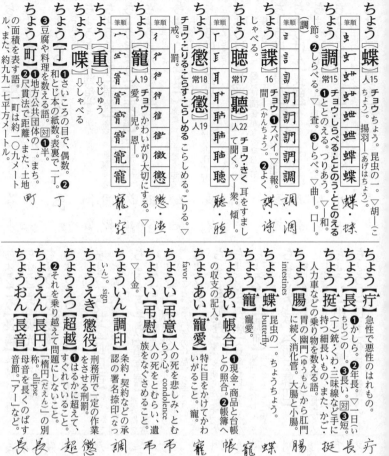

ちょうき【長期】長い期間。long range　長期
ちょうきゃく【弔客】人の死をとむらうために訪れる人。弔問客。　弔客
ちょうきゅう【長久】長く続くこと。▽武運ー。eternity　長久
ちょうぎょ【釣魚】さかなつり。　釣魚
ちょうきょう【調教】動物を訓練すること。training　調教
ちょうきょり【長距離】長い距離。long distance　長距離
ちょうきん【彫金】金属に彫刻すること・技術。metal carving　彫金
ちょうく【長駆】一気に長い距離を走ること。▽ーホームインする。　長駆
ちょうけい【長兄】いちばん年上の兄。対末弟。oldest brother　長兄
ちょうけし【帳消し】❶たがいにさし引いて、損得をなくすこと。❷貸借関係がなくなること。棒引き。②cancel　帳消し
ちょうけつ【長欠】「長期欠席」「長期欠勤」の略。　長欠
ちょうけん【長剣】長い剣。　長剣
ちょうけん【朝見】臣下が天子に会うこと。　朝見
ちょうこう【兆候】〈徴候〉物事のおこる前触れ。きざし。類前兆。▽回復のーが見える。sign　兆候
ちょうこう【長考】長時間考えること。long thought　長考

ちょうこう【長講】長時間の講演。　長講
ちょうこう【調光】光量の調節。　調光
ちょうこう【聴講】講義・講演などを聞くこと。auditing　聴講
ちょうごう【調合】薬品・調味料などの、決まった分量をまぜあわせること。　調合
ちょうこうぜつ【長広舌】長々としゃべること・話。広長舌。▽ーを振るう。注長×口舌。　長広舌
ちょうこうそう【超高層】建築物などが非常に高いこと。high-rise　超高層
ちょうこく【彫刻】石・木などをほり、模様やものの形をつくること。また、その作品。sculpture　彫刻
ちょうこく【超克】困難にうちかつこと。類克服。overcome　超克
ちょうさ【調査】事実を明らかにするために調べること。survey　調査
ちょうざ【長座】〈長坐〉長居(ながい)。　長座
ちょうざい【調剤】薬剤を調合して、薬をつくること。調薬。preparation　調剤
ちょうさんぼし【朝三暮四】❶目先の違いにこだわり、結果が同じになることに気づかないこと。❷ことばたくみにだますこと。　朝三暮四
ちょうし【弔詞】弔辞。　弔詞
ちょうし【長子】❶長男。❷最初の子。　長子

ちょうし【銚▲子】徳利(とっくり)。　銚子
ちょうし【調子】❶音の高低。❷口調や語調。❸(体や機械などの)働き具合。❹進行の具合。勢い。❺リズム。①②tone ③condition　調子
ちょうし【聴視】視聴。聞くことと見ること。　聴視
ちょうじ【弔事】とむらいごと。対慶事。　弔事
ちょうじ【弔辞】死者をとむらうことば。弔詞。　弔辞
ちょうじ【寵▲児】世間からもてはやされる人。▽時代のー。類花形。　寵児
ちょうしゃ【庁舎】官公庁の建物。　庁舎
ちょうじゃ【長者】大金持ち。▽ー番付。　長者
ちょうしゅ【聴取】聞きとること。▽事情ー。　聴取
ちょうじゅ【長寿】長生き。類長命。long life　長寿
ちょうしゅう【徴収】税金や料金などを取り立てること。▽会費をーする。collection　徴収
ちょうしゅう【徴集】国などが人・物を強制的に集めること。▽兵員をーする。類徴発。　徴集
ちょうしゅう【聴衆】講演・演説や音楽などを聞きに集まった人々。audience　聴衆
ちょうじゅう【鳥獣】鳥や、けもの。　鳥獣
ちょうしょ【長所】すぐれたところ。類美点。対短所。strong point　長所

ちょうしょ【調書】取り調べたことを書いた文書。record　調書

ちょうじょ【長女】いちばん上の娘。　長女

ちょうしょう【徴証】証拠。　徴証

ちょうしょう【嘲笑】あざわらうこと。また、その笑い。ridicule　嘲笑

ちょうじょう【長上】❶年上の人。①②❷上位の人。senior　長上

ちょうじょう【重畳】❶多く重なること。❷大変満足なこと。　重畳

ちょうじょう【頂上】❶てっぺん。❷最高の状態。類❶❷頂点。①②top　頂上

ちょうしょく【朝食】朝の食事。朝めし。breakfast　朝食

ちょうじり【帳尻】計算の結果。　帳尻

ちょうじる【長じる】❶成長する。▽—じて学者となる。❷すぐれる。▽語学に—。❸年上である。　長じる

ちょうしん【長身】背が高いこと。tall　長身

ちょうしん【調進】注文の品をととのえて納めること。　調進

ちょうしん【寵臣】気に入りの家来。favorite subject　寵臣

ちょうじん【超人】並外れた能力をもつ人。superman　超人

ちょうしんき【聴診器】患者の体内の音を聞く器具。stethoscope　聴診器

ちょうしんるこつ【彫心鏤骨】非常に苦心してつくり上げること。　彫心

ちょうず【手水】❶手を洗う水。❷便所。　手水

ちょうする【徴する】❶証拠立てる。▽史料に—。❷求める。▽意見を—。❸取り立てる。❹呼び出す。③levy　徴する

ちょうせい【長生】長命。　長生

ちょうせい【長逝】死ぬこと。死去。逝去。　長逝

ちょうせい【調製】注文に応じてつくること。manufacture　調製

ちょうせい【調整】正常な状態に整えなおすこと。adjustment　調整

ちょうぜい【徴税】税金を取り立てること。対納税。tax collection　徴税

ちょうせき【朝夕】❶朝晩。❷いつも。ふだん。　朝夕

ちょうせき【潮汐】潮の干満。tide　潮汐

ちょうせつ【調節】調子をほどよく整えること。regulation　調節

ちょうぜつ【超絶】とびぬけて、すぐれていること。transcendence　超絶

ちょうせん【挑戦】戦いをいどむこと。困難に立ち向かうこと。▽—状。challenge　挑戦

ちょうぜん【超然】物事にこだわらず平然としているようす。aloof　超然

ちょうそ【彫塑】❶彫刻。❷彫刻の原型とする塑像(を作ること)。　彫塑

ちょうぞう【彫像】彫刻した像。statue　彫像

ちょうそく【長足】進み方が早いこと。remarkable progress　長足

ちょうぞく【超俗】俗世間に関心をもたず、超然としていること。▽—的な人生。類超脱。　超俗

ちょうだ【長打】野球で、二塁打・三塁打・本塁打の総称。long ball　長打

ちょうだ【長蛇】長大な蛇。長く連なるもののたとえ。▽—の列。▼—を逸(いっ)する おしい獲物・機会などをとりにがす。　長蛇

ちょうだい【長大】長くて大きいようす。　長大

ちょうだい【頂戴】❶「もらうこと・食うこと」の謙譲語。❷ください。　頂戴

ちょうたいそく【長大息】深いため息をつくこと。deep sigh　長大息

ちょうたく【彫琢】詩や文章を練ること。類推敲(すいこう)。elaboration　彫琢

ちょうたつ【暢達】のびのびしているようす。carefree　暢達

ちょうたつ【調達】必要な金品をとりそろえて用意すること。provision　調達

ちょうだつ【超脱】世俗からぬけ出て、超然としていること。類超俗。　超脱

ちょうたん【長短】❶長いことと短いこと。❷長さ。❸長所と短所。❹余分な点と不足している点。　長短

ち

ちょうたん【長嘆】〈長歎〉長いため息をついて、嘆くこと。長嘆息。 長嘆

ちょうたんそく【長嘆息】〈長歎息〉長嘆。 長嘆息

ちょうたんぱ【超短波】周波数三〇〜三〇〇メガヘルツの電波。テレビ・FM放送に利用。ultrashort wave 超短波

ちょうちゃく【打擲】打ちたたくこと。類殴打。blow 打擲

ちょうちょう【長調】長音階で作る曲の調子。対短調。major key 長調

ちょうちょう【蝶蝶】蝶。 蝶蝶

ちょうちょうなんなん【喋喋喃喃】男女が楽しそうに語り合うようす。 喋喋

ちょうちょうはっし【丁丁発止】❶刀などで打ちあうようす・音。❷さかんに議論をたたかわすようす。 丁丁

ちょうちん【提灯】竹の骨の上に紙を張り、中にろうそくをともす照明具。▼—に釣(つ)り鐘(がね)差がありすぎてつり合わないたとえ。 提灯

ちょうちんもち【提灯持ち】❶提灯を持って人の前を照らして歩く人。❷手先となってその人をほめ上げたりすること・人。 提灯持

ちょうつがい【蝶番】❶開き戸などの開閉用に付ける金具。ちょうばん。❷体の関節。①hinge ②joint 蝶番

ちょうづら【帳面】表向きの計算や数字。帳面面(ちょうめんづら)。 帳面

ちょうてい【朝廷】天子が政治を行う所。court 朝廷

ちょうてい【調停】争っている両者を和解に導くこと。類仲裁。mediation 調停

ちょうてき【朝敵】朝廷の敵。 朝敵

ちょうてん【頂点】❶いただき。❷絶頂。全盛。❸角をつくる二直線の交点。❹多面体の三つ以上の面が交わる点。①peak ②climax ③apex 頂点

ちょうでん【弔電】おくやみの電報。 弔電

ちょうと【長途】長い道のり。 長途

ちょうど【丁度】❶ぴったり。❷都合よく。❸まるで。①exactly 丁度

ちょうど【調度】日常生活で使う道具類。▽家具—。furnishings 調度

ちょうどきゅう【超弩級】はるかに強大ですぐれていること。けたはずれ。▽—の大作。 超弩級

ちょうな【手斧】斧であらけずりした材木を削る、くわの形をした道具。ておの。adz 手斧

ちょうなん【長男】いちばん上の息子。 長男

ちょうは【長波】周波数三〇〜三〇〇キロヘルツの電波。long wave 長波

ちょうば【帳場】商店・旅館などの勘定場。counter 帳場

ちょうはつ【挑発】〈挑撥〉相手を刺激してもめごとなどを起こすようにしむけること。▽—的。provocation 挑発

ちょうはつ【徴発】物資や人を強制的に取り立てること。requisition 徴発

ちょうはつ【調髪】髪を切り形を整えること。類理髪。hairdressing 調髪

ちょうばつ【懲罰】こらしめるために罰をあたえること。punishment 懲罰

ちょうはん【丁半】さいころの目の、偶数と奇数。また、それをあてるばくち。 丁半

ちょうび【掉尾】⇩とうび。 掉尾

ちょうふ【貼付】⇩てんぷ。 貼付

ちょうぶ【町歩】田畑などの面積を、町(ちょう)を単位として数える語。 町歩

ちょうふく【重複】同じ物事が重なること。じゅうふく。▽記事が—する。注重×復。overlap 重複

ちょうぶく【調伏】❶仏の力で悪魔や敵を追いはらうこと。❷人をのろい殺すこと。 調伏

ちょうぶつ【長物】長すぎてじゃまなもの。▽無用の—。 長物

ちょうぶん【弔文】人の死をいたむ文章。類弔辞。 弔文

ちょうへい【徴兵】国が、国民を強制的に兵役の義務につかせること。▽—検査。draft 徴兵

ちょうへん【長編】〈長篇〉小説・詩・映画などで、長い作品。long piece 長編

ちょうぼ【帳簿】金銭や物品の出入りなどを記入する帳面。 帳簿

account book

ちょうほう【弔砲】葬儀の際、軍隊がとむらうためにうつ空砲。対祝砲。 弔砲

ちょうほう【重宝】❶大切な宝。じゅうほう。❷〈調法〉使って便利なこと。②useful 重宝

ちょうほう【諜報】敵の情報をさぐって通報すること。▽—機関。 諜報

ちょうぼう【眺望】見晴らし。view 眺望

ちょうほうけい【長方形】四つの角が直角で、隣り合う辺の長さが異なる四辺形。矩形（くけい）。rectangle 長方形

ちょうぼん【超凡】ふつうよりはるかにすぐれていること。 超凡

ちょうほんにん【張本人】その事件を起こすもととなった人。ringleader 張本人

ちょうみ【調味】食物の味をととのえること。 調味

ちょうめい【長命】長生き。長生。類長寿。対短命。long life 長命

ちょうめい【澄明】澄み切っていること。類清澄。 澄明

ちょうめん【帳面】❶書くための、紙をとじたもの。❷帳簿。▽—をつける。①notebook 帳面

ちょうもん【弔問】遺族を訪ね、くやみを述べること。condolence call 弔問

ちょうもん【頂門】頭のてっぺん。▼—の一針（いっしん） 急所をつく教訓。 頂門

ちょうもん【聴聞】❶説教・講演などを聞くこと。❷行政機関が、利害関係者の意見を聞くこと。▽—会。②hearing 聴聞

ちょうや【長夜】❶冬や秋の長い夜。❷夜通し。▽—の宴。 長夜

ちょうや【朝野】政府と民間。官民。▽—を挙げて。 朝野

ちょうやく【跳躍】❶跳び上がること。❷跳躍競技。①jump 跳躍

ちょうよう【長幼】年上の者と年下の者。類老若。 長幼

ちょうよう【重用】重要な地位にとりたてて人を使うこと。じゅうよう。 重用

ちょうよう【重陽】五節句の一。陰暦九月九日の菊の節句。 重陽

ちょうよう【徴用】国が、強制的に一定の作業に従事させること。類徴発。 徴用

ちょうらく【凋落】おちぶれること。▽—の一途をたどる。類衰退。注×しゅうらく。decline 凋落

ちょうり【調理】料理をすること。cooking 調理

ちょうりつ【調律】楽器の音を一定の音律に調整すること。tuning 調律

ちょうりゅう【潮流】❶潮の干満による海水の流れ。❷世の中の動き。類❷時流。①tide ①②current 潮流

ちょうりょう【跳梁】のさばり、はびこること。横行。類跋扈（ばっこ）。 跳梁

ちょうりょく【張力】❶引きのばそうとする力。❷物体のある面に対して両側から引きあう力。①②tension 張力

ちょうりょく【聴力】聞く能力。 聴力

ちょうれい【朝礼】朝の始業前に集まって行う集会。朝会。 朝礼

ちょうれいぼかい【朝令暮改】方針や規則が、たびたび変わること。 朝令

ちょうろう【長老】経験豊かな老人。 長老

ちょうろう【嘲弄】ばかにしてからかうこと。類愚弄。mockery 嘲弄

ちょうわ【調和】つり合いがとれていること。harmony 調和

ちよがみ【千代紙】伝統的な模様を色刷りにした手工用の和紙。 千代紙

ちょきん【貯金】お金をためること。また、そのお金。類預金。savings 貯金

ちょく〖直〗常8 チョク・ジキ・ただちに・なおす・なおる ❶まっすぐ。すなお。▽—進。率—。❷じかに。▽—接。❸すぐに。▽—後。❹つとめ。▽当—。❺なおす。なおる。

筆順 一 十 十 冇 冇 直 直　直・直

ちょく〖勅〗常9 チョク 天皇のことば。▽—語。—命。

筆順 一 一 亓 亓 申 束 束 勅　勅・勅

ちょく〖捗〗常10 チョク 仕事がうまく進む。はかどる。▽進—（しんちょく）。

筆順 扌 扌 扌 扌 扌 扌 捗 捗　捗・捗

ちょく【直】❶簡単なようす。❷直接。じか。類❶安直。 直

ちょく【猪口】⇩ちょこ。 猪口

ち

ちょくえい【直営】直接の経営。 直営

ちょくげき【直撃】直接あたること。 直撃

ちょくげん【直言】遠慮せずにはっきり言うこと・ことば。speaking out 直言

ちょくご【直後】すぐあと。just after 直後

ちょくご【勅語】天皇のことば。 勅語

ちょくさい【直截】⇩ちょくせつ。 直截

ちょくし【直視】まっすぐ見ること。 直視

ちょくし【勅使】天皇の使者。 勅使

ちょくしゃ【直射】光がまともに当たること。▽—日光。 直射

ちょくしょ【勅書】天皇の意思を伝える公文書。 勅書

ちょくじょう【直情】ありのままの感情。類真情。 直情

ちょくじょうけいこう【直情径行】感情のままに行動すること。impulsive 直情

ちょくしん【直進】まっすぐ進むこと。 直進

ちょくせつ【直接】じかに関係すること。対間接。direct 直接

ちょくせつ【直截】まわりくどくないこと。ちょくさい。▽—に言う。 直截

ちょくせん【直線】まっすぐな線。対曲線。straight line 直線

ちょくせん【勅撰】勅命で、選び編集すること。また、その書物。対私撰。 勅撰

ちょくぜん【直前】❶すぐ前。寸前。❷目の前。①just before 直前

ちょくそう【直送】相手にじかに送ること。▽産地—。sending directly 直送

ちょくぞく【直属】組織で、直接その下に属していること。 直属

ちょくつう【直通】直接通じること。 直通

ちょくとう【直答】❶すぐに答えること。じきとう。❷間に人をおかないでじかに答えること。類❶即答。 直答

ちょくばい【直売】生産者がじかに商品を売ること。直販。direct sale 直売

ちょくひ【直披】封書の脇付けの一。「宛名人が開いて下さい」の意。じきひ。類親展。 直披

ちょくひつ【直筆】❶書道で、筆をまっすぐに立てて書くこと。❷事実をありのままに書くこと。対❷曲筆。 直筆

ちょくほうたい【直方体】六面が長方形で囲まれた立体。 直方体

ちょくめい【勅命】天皇の命令。 勅命

ちょくめん【直面】物事に直接に対すること。▽難局に—する。facing 直面

ちょくやく【直訳】逐語(ちくご)訳。literal translation 直訳

ちょくゆ【直喩】「ごとく」「ような」などの語を使ってたとえる表現法。対暗喩。隠喩(いんゆ)。simile 直喩

ちょくりつ【直立】❶まっすぐに立つこと。❷山などが高くそびえること。①standing upright 直立

ちょくりゅう【直流】❶まっすぐに流れること。❷つねに同じ方向に流れる電流。対❷交流。②direct current 直流

ちょくれつ【直列】電池の陽極と陰極を交互につなぐこと。対並列。series 直列

ちょこ【猪口】小さなさかずき。ちょく。 猪口

ちょこざい【猪口才】こざかしいこと。 猪口才

ちょさく【著作】書物を書きあらわすこと。また、その著書。著述。writing 著作

ちょさくけん【著作権】著作者が、その著作物を独占的に利用できる権利。copyright 著作権

ちょしゃ【著者】その書物を書きあらわした人。著作者。author 著者

ちょじゅつ【著述】著作。▽—業。 著述

ちょしょ【著書】その人が書きあらわした書物。著作(物)。work 著書

ちょすい【貯水】水をためておくこと。 貯水

ちょせん【緒戦】⇩しょせん。 緒戦

ちょぞう【貯蔵】物をたくわえておくこと。storage 貯蔵

ちょちく【貯蓄】金銭をたくわえること。また、たくわえた財産。類貯金。蓄財。注貯×畜。savings 貯蓄

ちょっか【直下】❶すぐ下。真下。❷まっすぐに落ちること。 直下

ちょっかく【直角】 九〇度の角。right angle

ちょっかく【直覚】 直観的にわかること。類直観。intuition

ちょっかつ【直轄】 直接に管理・支配すること。direct control

ちょっかん【直感】 理屈ぬきで、感覚的にわかること。▽—で答える。intuition

ちょっかん【直観】 論理的にではなく、本質を直接に感じとらえること。▽真理を—する。類直覚。intuition

ちょっけい【直系】 ❶血筋が親子関係でつながっている系統。❷系統を直接受けついでいること。対❶❷傍系。

ちょっけい【直径】 円・球の中心を通り、両端が円周・球面上にある線分。diameter

ちょっけつ【直結】 直接につながること。direct connection

ちょっこう【直交】 直角にまじわること。

ちょっこう【直行】 まっすぐ目的地に行くこと。▽—便。対迂回(うかい)。

ちょっこう【直航】 まっすぐ目的地に航行すること。direct voyage

ちょっと【一寸】 ❶わずか。❷かなり。❸簡単には。❹よびかけのことば。

ちょとつ【猪突】 向こう見ずに突き進むこと。類無鉄砲。

ちょとつもうしん【猪突猛進】 がむしゃらに突き進むこと。

ちょめい【著名】 その名が世間に広く知られているようす。類有名。wellknown

ちょりつ【佇立】 たたずむこと。

ちょろず【千万】 限りなく多いこと。

ちょろん【緒論】 ⇩しょろん。

ちょんまげ【丁髷】 江戸時代の男の髪型で、髻(もとどり)を前へ折り曲げたもの。

ちらかる【散らかる】 物が乱雑に散り広がる。

ちらし【散らし】 ❶広告用のびら。❷「ちらしずし」の略。①handbill

ちらす【散らす】 ❶散るようにする。❷荒々しく…する。やたらに…する。▽どなり—。①scatter

ちらばる【散らばる】 かたまらず、ばらばらに広がる。litter

ちらん【治乱】 世の中が治まることと、乱れること。

ちり【地理】 ❶地形・気候・産業・交通などの土地のありさま(を学ぶ教科)。❷土地のようす。①geography

ちり【塵】 ❶ほこり。❷世の中のけがれ。❸ほんの少し。①dust

ちりあくた【塵芥】 ちりや、ごみ。また、つまらないもの。じんかい。▽—のように捨てられる。

ちりがみ【塵紙】 鼻紙など。ちりし。

ちりけ【身柱】 〈天柱〉うなじの下、両肩の中央の部分。

ちりぢり【散り散り】 離れ離れになるようす。ばらばら。separately

ちりばめる【鏤める】 (装飾として)あちこちにはめこむ。注×散りばめる。set

ちりめん【縮緬】 布面にしぼを出した平織りの絹織物。crepe

ちりゃく【知略】 〈智略〉才知に富む計略。

ちりょう【治療】 手当てをして病気・けがをなおすこと。treatment

ちりょく【地力】 土地の生産力。

ちりょく【知力】 〈智力〉知恵の働き。知的能力。類知性。intellect

ちりれんげ【散り蓮華】 陶製の、小さなさじ。れんげ。china spoon

ちる【散る】 ❶花や葉が落ちる。❷ばらばらになる。❸落ち着かなくなる。❹広がる。❺いさぎよく死ぬ。▽花と—。①fall

チルド【chilled】 低温冷蔵。

ちわげんか【痴話喧嘩】 男女のたわいないけんか。

ちん〘沈〙 常7 **チン・しずむ・しずめる** ❶しずむ。しずめる。▽—没。❷さがる。▽—下。—溺(ちんでき)。❸気がふさぐ。▽—痛。消—。❹おちついている。▽—着。

筆順 沈

ちん〘珍〙 常9 **チン・めずらしい** ❶めずらしい。貴重だ。▽—品。—重。❷思いがけない。▽—事。

筆順 一 丅 干 王 玐 玠 玠 珍　珍・珎

ちん〔朕〕常10 チン 天皇の自称。(朕)
筆順 丿 刀 月 月 月 胖 朕 朕　朕・朕

ちん〔陳〕常11 チン ❶並べる。▽—列。❷のべる。▽—述。❸古い。▽—腐。
筆順 フ 了 阝 阝 阿 陌 陣 陳　陳・陈

ちん〔賃〕常13 チン ❶代金。▽運—。❷報酬。▽—金。
筆順 亻 仁 仁 仟 任 賃 賃 賃　賃・賃

ちん〔鎮〕常18 **〔鎭〕**人18 しずめる・しずまる ❶しずめる。▽—圧。❷おもし。▽文—。
筆順 𠆢 午 金 金 鈩 鎮 鎮 鎮　鎮・鎮

ちん〔枕〕⇩まくら　**ちん〔椿〕**⇩つばき

ちん【狆▲】小型の愛玩用の犬。　狆

ちん【亭】庭園などのあずまや。arbor　亭

ちん【珍】❶めずらしいこと。❷おもしろい。めずらしい。　珍

ちんあつ【鎮圧】暴動などをおさえしずめること。類制圧。suppression　鎮圧

ちんうつ【沈鬱】気分がふさぐこと。▽—な表情。類憂鬱(ゆううつ)。　沈鬱

ちんか【沈下】沈み下がること。沈降。sinking　沈下

ちんか【鎮火】火事が消えること、消すこと。類消火。extinguishment　鎮火

ちんがし【賃貸し】使用料をとって貸すこと。賃貸。lease　賃貸し

チンキ ヨードチンキなど、薬品をアルコールでとかした液。tinctuur(オランダ語)から。

ちんき【珍奇】めずらしくて変わっていること。curious　珍奇

ちんきゃく【珍客】めずらしい客。　珍客

ちんぎん【沈吟】❶考え込むこと。❷静かに口ずさむこと。　沈吟

ちんぎん【賃金】労働の報酬として受け取るお金。賃銭。wages　賃金

チンゲンサイ【青梗菜】中国 中国原産の野菜。白菜の仲間。　青梗菜

ちんご【鎮護】乱をしずめて国を守ること。　鎮護

ちんこう【沈降】❶沈下。❷沈殿。　沈降

ちんこん【鎮魂】魂をしずめること。　鎮魂

ちんざ【鎮座】❶神霊がとどまること。❷どっかりと座っていること。　鎮座

ちんし【沈思】深く考え込むこと。類静思。meditation　沈思

ちんじ【珍事】めずらしいできごと。▽前代未聞の—。　珍事

ちんじ【椿▲事】❶思いがけない、大変なできごと。▽—出来(しゅったい)。❷珍事。① extraordinary incident　椿事

ちんしゃ【陳謝】わけを話してあやまること。apology　陳謝

ちんしゃく【賃借】使用料を払って借りること。賃借り。　賃借

ちんじゅ【鎮守】その土地を守る神。また、その神社。▽—の森。　鎮守

ちんじゅつ【陳述】意見・考えを口頭でのべること。▽—書。statement　陳述

ちんじょう【陳情】実情をうったえ、善処を頼むこと。類請願。petition　陳情

ちんせい【沈静】落ちついていて静かなようす。また、そうなること。▽物価が—に向かう。tranquil　沈静

ちんせい【鎮静】しずまり落ちつくこと。また、しずめ落ちつかせること。▽—剤。　鎮静

ちんせき【枕席】ねどこ。bed　枕席

ちんせつ【珍説】変わった説。とっぴな意見。類奇説。　珍説

ちんせん【沈潜】❶水中にしずむこと。❷かくれてあらわれないこと。❸深く考えること。① sinking　沈潜

ちんせん【賃銭】賃金。　賃銭

ちんぞう【珍蔵】めずらしいものとして、大切にしまっておくこと。　珍蔵

ちんたい【沈滞】活気がないこと。▽景気が—する。類停滞。stagnation　沈滞

ちんたい【賃貸】賃貸し。　賃貸

ちんたいしゃく【賃貸借】賃貸の契約。lease　賃貸借

ちんだん【珍談】めずらしい話。滑稽(こっけい)な話。類奇談。funny story　珍談

ちんちゃく【沈着】落ちついて冷静なこと。対軽躁。calm　沈着

ちんちょう【珍重】めずらしくて大事にすること。　珍重

ちんつう【沈痛】深く心をいためること。sad　沈痛

ちんつう【鎮痛】痛みをやわらげること。▽―剤。relieving pain　鎮痛

ちんてい【鎮定】乱をしずめ、おちつかせること。類平定。pacification　鎮定

ちんでん【沈殿】〈沈澱〉しずんでたまること・もの。沈降。sediment　沈殿

ちんとう【枕頭】まくらもと。　枕頭

ちんにゅう【闖入】無断で、突然はいりこむこと。　闖入

ちんば【跛】❶片足に障害があること。❷ふぞろいなこと。今は使わないことば。　跛

ちんぴん【珍品】めずらしい品物。rare article　珍品

ちんぶ【鎮撫】暴動をしずめ、人民を安心させること。　鎮撫

ちんぷ【陳腐】古くさくてつまらないこと。▽―な表現。対新奇。trite　陳腐

ちんぶん【珍聞】めずらしいうわさ。　珍聞

ちんべん【陳弁】事情を説明して申し開きをすること。▽―これ努める。　陳弁

ちんぼつ【沈没】❶船がしずむこと。❷酔いつぶれること。① sinking　沈没

ちんみ【珍味】貴重なめずらしい食べ物。delicacy　珍味

ちんみょう【珍妙】変わっていて滑稽(こっけい)なようす。　珍妙

ちんむるい【珍無類】この上なくめずらしいこと。funny　珍無類

ちんもく【沈黙】❶口をきかないこと。❷活動をやめること。① silence　沈黙

ちんもん【珍問】まとはずれの質問。　珍問

ちんりん【沈淪】❶おちぶれること。❷しずむこと。類❶凋落(ちょうらく)。　沈淪

ちんれつ【陳列】(見せるために)品物を並べること。exhibiting　陳列

【ツ】

つ〔通〕⇩つう　つ〔都〕⇩と

ツアー【tour】周遊旅行。小旅行。

つい〔追〕常9 ツイ・おう ❶おう。▽―跡。❷つけ加える。▽―記。　追・追

筆順 … 追 追

つい〔椎〕常12 ツイ ❶つち。工具の一。❷こぶしの形の骨。▽腰―。❸しい。樹木の一。　椎・椎

筆順 … 椎 椎

つい〔墜〕常15 ツイ おちる。おとす。▽―落。失―。(墜)　墜・墜

筆順 … 墜

つい〔対〕⇩たい

つい【対】❶二つで一組みになっていること・もの。❷二つで一組みのものを数える語。①② pair　対

つい【終】最後。last ▼―の栖(すみか) 最後に住む所。また、死後に住む所。　終

ついえ【費え】❶費用。❷浪費。　費え

ついえる【費える】❶使われてへる。❷(時が)むだに過ぎる。① waste　費える

ついえる【潰える】だめになる。▽夢が―。　潰える

ついおく【追憶】過去をしのぶこと。類追想。回想。reminiscence　追憶

ついか【追加】あとから付け加えること。▽―注文。addition　追加

ついかい【追懐】昔をなつかしむこと。類追憶。recollection　追懐

ついき【追記】あとから書き加えること・文章。postscript　追記

ついきゅう【追及】❶あとから追いかけること。❷原因や責任などを調べ問いつめること。② investigation　追及

ついきゅう【追求】目的のものを追い求めること。seek　追求

ついきゅう【追究】〈追窮〉深く調べ、研究すること。類探究。pursuit　追究

使い分け「ついきゅう」

追及…犯人や責任・原因を追う場合にいう。▽犯人を―する。責任―。

追求…利益や幸福を追う場合にいう。▽理想の―。利潤の―。

追究…真理・真実を追う場合にいう。▽真理の―。本質の―。

ついく【対句】語の構造や意味などが対になっている二つ以上の句。「帯に短し、たすきに長し」の類。　対句

antithesis

ついげき【追撃】追い撃ち。 追撃

ついごう【追号】贈(おくり)名。 追号

ついし【追試】❶他人の実験結果を同じ方法で確認すること。❷「追試験」の略。あとで特別に行う試験。 追試

ついし【墜死】高い所から落ちて死ぬこと。墜落死。 墜死

ついじ【築地】瓦(かわら)屋根の土塀(どべい)。「つきひじ(築泥)」の転。築地塀。

築地

ついじゅう【追従】人の言動にそのまま従うこと。類追随。following

ついしょう【追従】こびへつらうこと。▽—笑い。flattery 追従

ついしん【追伸】手紙で、本文のあとに書き加える文。postscript 追伸

ついずい【追随】後につき従うこと。▽他の—を許さない。類追従(ついじゅう)。following 追随

ついせき【追跡】❶追いかけること。❷後を調べること。①chase 追跡

ついぜん【追善】死者の冥福(めいふく)を祈って、仏事などを行うこと。追福。▽—供養。 追善

ついそう【追想】過去を思い出し、しのぶこと。類追憶。recollection 追想

ついたいけん【追体験】他人の体験を後から自分で体験してみること。 追体験

ついたち【一日】〈朔〉月の第一日。対晦日(みそか)。 一日

ついたて【衝立】部屋の中に立てて仕切りにする家具。screen 衝立

ついちょう【追徴】不足した金銭を、あとから取り立てること。▽—金。 追徴

ついて【就いて】❶…に関して。❷…ごとに。▽一個に—八〇円。②per 就いて

ついで【次いで】引き続いて。次に。 次いで

ついで【序で】都合よく他の物事を一緒に行う機会。▽買い物の—。 序で

ついとう【追討】賊などを追いかけて討つこと。subjugation 追討

ついとう【追悼】亡き人をしのんで、悲しみいたむこと。 追悼

ついとつ【追突】後ろから衝突すること。rear-end collision 追突

ついに【遂に】〈終に〉❶とうとう。❷最後まで。▽—来ない。①at last 遂に

ついにん【追認】過去にさかのぼって認めること。 追認

ついばむ【啄む】鳥がくちばしでつついて食う。pick 啄む

ついひ【追肥】作物の生育の途中であたえる肥料。おいごえ。 追肥

ついび【追尾】あとをつけること。追跡。 追尾

ついふく【対幅】二つで一対になる掛け物。双幅。 対幅

ついふく【追福】追善(ついぜん)。 追福

ついほ【追補】出版物で、後からおぎなうこと。補遺。supplement 追補

ついぼ【追慕】死者や遠く離れた人をしたうこと。 追慕

ついほう【追放】追い払ったり追い出したりすること。expulsion 追放

ついやす【費やす】❶使う。使って減らす。❷むだに使う。①spend 費やす

ついらく【墜落】高い所から落ちること。類落下。fall 墜落

ついろく【追録】後から書き加えること・もの。supplement 追録

つう〔通〕常10 ツウ・ツ・とおる・とおす・かよう ❶とおる。▽—行。交—。❷かよう。いきすぎる。▽—過。開—。❸知られる。すべてにわたる。▽—称。共—。 通・通

筆順 ㇇ マ 乃 月 甬 甬 涌 诵 通

つう〔痛〕常12 ツウ・いたい・いたむ・いためる ❶いたむ。いたみ。▽頭—。❷ひどく。▽—感。—快。 痛・痛

筆順 亠 广 疒 疔 疗 疖 痏 痛

つう【通】❶(趣味などの)ある方面にくわしいこと・人。▽経済—。❷人情がよくわかり、さばけているようす。粋(いき)。❸手紙・文書などを数える語。 通

つういん【通院】病院に通うこと。 通院

つういん【痛飲】いやというほど酒を飲むこと。heavy drinking 痛飲

つううん【通運】貨物を運ぶこと。▽—事業。類運送。transportation 通運

つうか【通貨】流通貨幣。currency 通貨

つうか【通過】❶通り過ぎること。❷無事に通ること。①②pass 通過

つうかい【痛快】非常に愉快なこと。 痛快

つうがく【通学】学校に通うこと。 通学

つうかん【通関】税関を通過すること。 通関

つうかん【通観】全体を見通すこと。 通観

つうかん【痛感】強く感じること。▽責任を―する。 痛感

つうき【通気】風通し。通風。ventilation 通気

つうぎょう【通暁】❶くわしく知っていること。▽英国史に―している。❷夜通し。類❶精通。 通暁

つうきん【通勤】勤め先に通うこと。commuting 通勤

つうく【痛苦】苦痛。pain 痛苦

つうけい【通計】通算。total 通計

つうげき【痛撃】手厳しい攻撃・打撃。hard blow 痛撃

つうげん【痛言】手厳しく言うこと・ことば。cutting remarks 痛言

つうこう【通交】国家間で親しく交際すること。diplomatic relations 通交

つうこう【通行】❶道を通ること。❷一般に行われること。① traffic 通行

つうこう【通航】船舶や航空機が航路を通ること。類航行。 通航

つうこく【通告】告げ知らせること。類通知。notification 通告

つうこく【痛哭】非常になげき悲しむこと。類痛嘆。lamentation 痛哭

つうこん【痛恨】非常に残念に思うこと。▽―の極み。deep regret 痛恨

つうさん【通算】全体をまとめて計算すること。通計。 通算

つうし【通史】全時代を通した歴史。 通史

つうしょう【通称】通り名。類俗称。 通称

つうしょう【通商】外国と商取り引きをすること。貿易。▽―協定。com-merce 通商

つうじょう【通常】普通。常。usual 通常

つうじる【通じる】❶通る。通す。❷達する。❸つながる。❹伝わる。▽気持ちが―。❺通用する。❻よく知っている。▽事情に―じている。❼内通する。❽ききめがある。❾広くおよぶ。▽全般に―問題。❿仲立ちを通す。▽他の人を―じて頼む。①pass ②③lead to 通じる

つうしん【通信】❶たより。知らせ。❷郵便・電話などで情報・意思などを伝え合うこと。①②correspondence 通信

つうしん【痛心】心痛。 痛心

つうじん【通人】風流なことや人情についてよくわかっている、粋(いき)な人。 通人

つうしんしゃ【通信社】ニュースを新聞社や放送局に提供する会社。news agency 通信社

つうしんもう【通信網】網の目のように設けた通信組織。communications network 通信網

つうせい【通性】共通する性質。共通性。generality 通性

つうせき【痛惜】強くおしむこと。 痛惜

つうせつ【通説】世間で認められている説。common opinion 通説

つうせつ【痛切】強く心に感じるようす。類切実。keenly 痛切

つうそく【通則】広く一般にあてはまる規則。general rule 通則

つうぞく【通俗】大衆にわかり、好まれること。 通俗

つうだ【痛打】痛烈な打撃。hard hit 痛打

つうたつ【通達】❶通知。官庁で使う語。❷深くその道に通じていること。類❷精通。①notification 通達

つうたん【痛嘆】〈痛歎〉深くなげくこと。 痛嘆

つうち【通知】告げ知らせること。知らせ。類通報。notice 通知

つうちょう【通帳】預金・掛け売りなどの月日・金額・数量などを記す帳面。通い帳。passbook 通帳

つうちょう【通牒】文書で通知すること。また、その文書。▽最後―。 通牒

つうてい【通底】表面は別に見える事が、根底では通じていること。 通底

つうどく【通読】終わりまでひととおり読むこと。reading through 通読

つうねん【通年】年間通して行うこと。 通年

つうねん【通念】社会一般に共通した考え。common idea 通念

つうば【痛罵】ひどくののしること。類罵倒。 痛罵

つうはん【通販】「通信販売」の略。 通販

つうふう【通風】風を通すこと。また、風を通して室内の空気を入れかえること。風通し。通気。 通風

つ

つうふう【痛風】 尿酸の蓄積により起きる関節炎。gout
つうふん【痛憤】 非常に憤慨すること。indignation
つうへい【通弊】 共通する弊害。
つうほう【通報】 伝え知らせること。知らせ。類通知。report
つうぼう【痛棒】 座禅で、師が打つ棒。▼—を食らわす 厳しくしかる。
つうやく【通訳】 違う言語を、双方に訳して伝えること・人。interpretation, interpreter(人)
つうゆう【通有】 同類のものに共通なこと。▽—性。対特有。
つうよう【通用】 ❶広く認められ用いられること。❷いつも出入りすること。①common use
つうよう【痛痒】 痛みと痒(かゆ)み。▼—を感じない なんの影響も受けない。
つうらん【通覧】 全体に目を通すこと。
ツーリング【touring】 (自動車・バイク・自転車による)周遊旅行。
ツール【tool】 道具。工具。
つうれい【通例】 ❶一般のならわし。❷普通。一般に。②usually
つうれつ【痛烈】 非常にはげしいこと。severe
つうろ【通路】 人や車が通る道。通り道。passage
つうろん【通論】 ある分野全体にわたって論じた論。▽日本文学—。
つうろん【痛論】 厳しく論じる(批判する)こと。また、その論。
つうわ【通話】 電話で話をすること。また、その話。telephone call
つえ〖杖〗 人7 ジョウ・つえ ❶つえ。▽錫—(しゃくじょう)。❷むち。▽—罪。

筆順 一 十 才 木 杧 杖

つえ【杖】 歩行に使う棒。stick ▼—とも柱とも頼(たの)む 大いに頼りにする。
つか〖塚〗 常12 (塚) つか 土を盛った所・墓。▽一里—。貝—。

筆順 扌 圹 圹 圹 埗 塚 塚 塚

つか【柄】 刀剣の握りの部分。hilt
つか【塚】 ❶土を小高く盛った所。❷墓。
つが〖栂〗 9 つが・とが 樹木の、つが。◎「栂尾」で、地名の「とがのお」。
つかい【使い】 ❶使うこと・人。また、使い方。❷用事。お使い。❸使い走り。②errand ③messenger
つかい【遣い】 使い方。使うこと・人。

> **使い分け「つかい」**
> **使い**…使用。使用する人。▽—を出す。剣術—。魔法—。猛獣—。
> **遣い**…心・頭や技を工夫して用いること。▽気—。心—。仮名—。筆—。息—。人形—。金—。上目—。

つがい【番い】 二つで一組みになるもの。特に、雌と雄の一対。couple
つかいこむ【使い込む】 ❶公金などを私用に使う。❷予定以上に金銭を使う。❸長い間使って慣れる。①embezzle
つかいはしり【使い走り】 あちこち使いに行かされる人。
つかいもの【使い物】 ❶使って役に立つ物。❷贈り物。お使い物。
つかう【使う・遣う】 ❶人に用事をさせる。❷役に立てる。❸費やす。❹目的のために動かす。❺操る。扱う。❻ある手段に用いる。❼働かせる。①employ ②use ③spend

> **使い分け「つかう」**
> **使う**…使用する。▽はさみを—。予算を—。大金を—。体力を—。仮病を—。
> **遣う**…役に立つように工夫して用いる。▽気を—。人形を—。

つがう【番う】 ❶対になる。❷交尾する。
つかえる【支える】 〈閊える〉❶進めなくなる。❷とどこおる。❸詰まって通れなくなる。①be obstructed
つかえる【仕える】 ❶主人などのそばにいて働く。❷仕官する。①serve
つがえる【番える】 ❶二つのものを組み合わせる。❷弓に矢をあてがう。
つかさどる【司る】 〈掌る〉担当する。管理する。take charge
つかす【尽かす】 出しつくしてしまう。▽愛想を—。
つかずはなれず【付かず離れず】 ちょうどよい距離のある関係を保っている。不即不離。

つかぬこと【付かぬ事】関連のないだしぬけな事。▽—をうかがいますが。 付かぬ事

つかねる【束ねる】❶くくる。たばねる。❷こまぬく。①bundle 束ねる

つかのま【束の間】わずかの間。moment 束の間

つかまる【捕まる】とらえられる。be caught 捕まる

つかまる【摑まる】〈捉まる〉❶引きとめられる。❷手でしっかり握る。 摑まる

つかみどころ【摑み所】とらえどころ。 摑み所

つかむ〖摑〗人14［掴］11 つかむ にぎりとる。▽手—み。—み合い。 摑・掴

筆順 扌 扌 扌 扌 扌 摑 摑 摑

つかむ【摑む】❶手で握る。❷手に入れる。❸理解する。①catch ②get 摑む

つかる【浸かる】(液体やある状態に)ひたる。be soaked 浸かる

つかる【漬かる】漬け物が食べごろになる。 漬かる

つかれる【疲れる】❶神経や体が弱る。❷(物を長く使い)性能がおとろえる。①be tired 疲れる

つかれる【憑かれる】霊魂などにのり移られる。▽—れたように話し出す。be possessed 憑かれる

つかわす【遣わす】❶命じて行かせる。❷(目下の者に)あたえる。▽褒美を—。①send 遣わす

つき〖槻〗人15 キ・つき ❶樹木の、つき。❷けやきの古称。▽—弓。 槻・槻

筆順 木 木 木 木 木 槻 槻 槻

つき【月】❶地球の衛星。❷一か月。❸月光。①moon ②month ▼—と鼈(すっぽん) 違いがはなはだしいたとえ。▼—に叢雲(むらくも) 花に風 よいことは長く続かないことのたとえ。 月

つぎ【次】❶すぐ後・となり・下。❷宿場。宿駅。▽東海道五十三—。①next 次

つぎ【継ぎ】❶つなげること。❷〈接ぎ〉衣服の破れなどを、つくろうこと。また、その布。②patch 継ぎ

つきあう【付き合う】❶交際する。❷行動を共にする。▽食事に—。①associate 付き合う

つきあかり【月明かり】月の光。moonlight 月明り

つきあたる【突き当たる】ぶつかる。bump 突き当る

つきあわせる【突き合わせる】❶近づけて向かい合わせる。❷比べて異同などを調べる。 突き合

つきかげ【月影】月の光。また、月の姿。 月影

つきがけ【月掛け】月々一定の金額を積みたてること。 月掛け

つぎき【接ぎ木】木の芽や枝を他の木に接着して生かすこと。grafting 接木

つきぎめ【月極め】一か月単位の契約。 月極め

つぎこむ【注ぎ込む】❶液体をそそぎ入れる。❷多くの金や人を使う。①pour 注ぎ込む

つきじ【築地】埋め立て地。 築地

つきそい【付き添い】そばで世話をすること・人。attendance 付添い

つきそう【付き添う】世話をするためにそばに付いている。▽病人に—。attend 付き添

つきだす【突き出す】❶突いて外に出す。❷勢いよく前に出す。❸犯人を警察に渡す。①push out 突き出

つぎたす【注ぎ足す】(液体を)後から増し加える。add 注ぎ足

つぎたす【継ぎ足す】足りない分をつけ加える。 継ぎ足す

つぎつぎ【次次】次から次へと続くようす。successively 次次

つきつける【突き付ける】目の前に強く差し出す。thrust 突き付

つきつめる【突き詰める】❶最後まできわめる。❷いちずに思い込む。 突き詰

つきとめる【突き止める】調べて明らかにする。▽原因を—。discover 突き止

つきなみ【月並み】〈月次〉❶毎月定期的に行うこと。❷ありきたり。類❷陳腐。②commonplace 月並

つぎのま【次の間】控えの間。 次の間

つぎは【継ぎ端】話などを続けるきっかけ。接ぎ穂。 継端

つぎはぎ【継ぎ接ぎ】❶つぎをあてること。❷寄せ集めて一つにまとめること。 継ぎ接

つきはなす【突き放す】❶突いて離れさせる。❷冷たく見捨てる。①thrust away 突き放

つきひ【月日】 年月。歳月。time　月日

つきびと【付き人】 つきそって世話をする人。　付人

つぎほ【接ぎ穂】 ❶接ぎ台につぐ枝や芽。❷とぎれた話を続ける手がかり。　接穂

つきまとう【付き纏う】 まつわりついて離れない。follow　付き

つきみ【月見】 月を観賞すること。　月見

つきみそう【月見草】 ❶草花の一。夏の夕方、白い花が咲く。❷「まつよいぐさ」の俗称。夏の夕方、黄色い花が咲く。宵待草（よいまちぐさ）。②evening primrose　月見草

つきやま【築山】 庭園の小高い所。　築山

つきよ【月夜】 月の照る夜。moonlit night ▼**—に提灯**（ちょうちん） 無益なことのたとえ。　月夜

つきる【尽きる】 ❶終わる。なくなる。❷限度に達する。①run out　尽きる

つく【付く】 〈附く〉❶くっつく。離れなくなる。❷しるされて残る。❸加わる。❹つき従う。❺感覚に特に感じる。❻つけ加わる。❼味方する。❽定まる。❾ある値に当たる。①stick　付く

つく【吐く】 ❶口から出す。▽ため息を—。❷言う。▽うそを—。　吐く

つく【即く】 即位する。▽皇位に—。accede　即く

つく【突く】 ❶とがったものでさす。❷強く当てる。❸支えにする。❹刺激する。❺攻撃する。①prick ②push　突く

つく【点く】 〈付く〉❶明かりがともる。❷火が燃え始める。　点く

つく【就く】 ❶ある地位・職に身を置く。❷〈付く〉従い学ぶ。❸ある動作・行動を始める。▽眠りに—。①take　就く

つく【着く】 ❶行き至る。❷届く。❸そこに身を置く。①arrive ②reach　着く

> **使い分け「つく・つける」**
> **付く・付ける**…付着する。加わる。意識などを働かせる。▽墨が顔に付く。利息が付く。名前を付ける。条件を付ける。味方に付く。気を付ける。目に付く。
> **着く・着ける**…達する。ある場所を占める。▽手紙が着く。東京に着く。船を岸に着ける。車を正面玄関に着ける。席に着く。衣服を身に着ける。
> **就く・就ける**…仕事や役職、ある状況などに身を置く。▽職に就く。役に就ける。床に就く。緒に就く。岐路に就く。眠りに就く。

つく【搗く】 〈舂く〉杵（きね）で打つ。　搗く

つく【撞く】 〈突く〉鐘やまりなどを強く打つ。strike　撞く

つく【憑く】 物の霊がのり移る。　憑く

つぐ【次ぐ】 ❶後に続く。❷次に位する。▽社長に—人物。①follow　次ぐ

つぐ【注ぐ】 そそぎ入れる。pour　注ぐ

つぐ【接ぐ】 つなぎ合わせる。▽骨を—。joint　接ぐ

つぐ【継ぐ】 ❶つなぎつくろう。❷添え足す。❸後へ続ける。③succeed　継ぐ

> **使い分け「つぐ」**
> **次ぐ**…すぐ後に続く。▽事件が相—。首相に—実力者。富士山に次いで高い山。次の日。
> **継ぐ**…後を受けて続ける。足す。▽跡を—。引き—。布を—。言葉を—。
> **接ぐ**…つなぎ合わせる。▽骨を—。新しいパイプを—。接ぎ木。

つくえ【机】 書き物・読書などに使う台。desk　机

つくし【土筆】 すぎなの地下茎から出る、筆の形の茎。つくしんぼ。horsetail　土筆

つくす【尽くす】 ❶出しきる。❷尽力する。❸すっかり…する。　尽くす

つくだ【佃】 人7 **デン・つくだ** 耕作する田。◎「佃島」で、地名の「つくだじま」。　佃・佃

筆順						
ノ	イ	亻	们	佃	佃	佃

つくだに【佃煮】 魚や貝・海藻などをこい味に煮つめた食品。　佃煮

つくづく【熟】 ❶じっくり。▽—とながめる。❷しみじみ。▽—嫌になる。　熟

つぐなう【償う】 罪や損害などのうめ合わせをする。compensate　償う

つくねる【捏ねる】 こねて丸める。　捏ねる

つくばう【蹲う】 うずくまる。　蹲う

つぐみ【鶫】 小鳥の一。すずめに似ている。秋、シベリアなどから渡来。thrush　鶫

つぐむ【噤む】 口をとじて黙る。　噤む

つくり【作り】 ❶作り具合。❷構造。❸化粧。❹刺し身。おつくり。 作り

つくり【造り】 庭・船・酒などの造り具合。 造り

つくり【旁】 漢字を左右に分けたときの、右側の構成部分。図偏(へん)。 旁

つくりごえ【作り声】 わざとこしらえた声。 作り声

つくりごと【作り事】 想像で作りあげた事柄。fiction 作り事

つくりみ【作り身】 ❶魚の切り身。❷刺し身。 作り身

つくる【作る】 ❶こしらえる。❷新しく考え出す。❸生み出す。❹栽培する。❺装う。①make ④grow 作る

つくる【造る】 ❶大きな物をこしらえる。❷酒などを製造する。①build 造る

つくる【創る】 ❶新たに生み出す。▽天地を—。❷新たに始める。❸作品を生み出す。①③create 創る

> **使い分け「つくる」**
>
> **作る**…抽象的なものを含めて、こしらえるの意。広く使う。▽料理を—。詩を—。米を—。記録を—。
>
> **造る**…大規模な物や具体的な物を工業的にこしらえる。「建造・造船・造園・酒造」などの熟語を思い出すとよい。▽船を—。庭園を—。貨幣を—。酒を—。
>
> **創る**…新しくこしらえる。「創出・創立」などの熟語を思い出すとよい。▽小説を—(作)る。

つくろう【繕う】 ❶こわれたものを直す。❷整える。▽体裁を—。❸ごまかす。▽その場を—。①repair 繕う

つげ【黄楊】 〈柘植〉常緑低木の一。材は櫛(くし)・印などを作る。box tree 黄楊

つけあい【付合】 連歌(れんが)・俳諧(はいかい)で、前句(まえく)に次の句を付けること。 付合

つけあがる【付け上がる】 相手の寛大さにつけ込んで増長する。 付け上

つけあわせ【付け合わせ】 他の物に添えること・もの。 付合せ

つけいる【付け入る】 機会に乗じて行う。つけこむ。take advantage 付け入

つけうま【付け馬】 飲食代が払えなかった客の家までついて行って代金を受け取る人。つきうま。 付馬

つけく【付句】 付合(つけあい)で、前句に付ける句。 付句

つげぐち【告げ口】 人の過失・秘密などを他の人に知らせること。類密告。 告げ口

つけだし【付け出し】 ❶勘定書き。❷相撲の番付に追加で名がのること。 付出し

つけとどけ【付け届け】 謝礼などのための贈り物(をすること)。 付け届

つけぶみ【付け文】 恋文(が渡るようにすること)。 付文

つけめ【付け目】 ❶つけこむ相手の弱点。❷目あて。②aim 付け目

つけもの【漬け物】 野菜を塩・みそ・ぬかなどに漬けた食品。香の物。新香。 漬物

つけやきば【付け焼き刃】 にわか仕込みで身につけること・つけたもの。 付焼刃

つける〔漬〕 常14 **つける・つかる** 味をしみこませる。▽塩—け。

筆順 氵 汀 汁 汼 清 清 清 漬

漬・漬

つける【漬ける】 漬け物にする。 漬ける

つげる【告げる】 ❶知らせる。❷伝える。▽別れを—。①②inform 告げる

つごう【都合】 ❶事情。❷便宜。❸やりくり。❹合計で。 都合

つごもり【晦】 〈晦日〉月末。みそか。 晦

つじ〔辻〕 人6 **つじ** ❶十字路。▽四つ—。❷道ばた。

筆順 一 十 十 汁 计 辻

辻・辻

つじ【辻】 ❶十字路。❷街頭。①crossroads 辻

つじうら【辻占】 吉凶を占う文句を書いた紙片。また、占うこと。 辻占

つじぎり【辻斬り】 昔、刀の切れ味を試すため通行人を切ったこと・武士。 辻斬り

つじせっぽう【辻説法】 道ばたで行う説法。 辻説法

つじつま【辻褄】 筋道。道理。 辻褄

つた〔蔦〕 人14 **チョウ・つた** つる性植物。

筆順 艹 艹 艹 芦 萓 蔦 蔦

蔦・蔦

つたう【伝う】 物に沿って、移って行く。▽軒(のき)を—しずく。 伝う

つたかずら【蔦葛】 〈蔦蔓〉つる草の総称。 蔦葛

つたない【拙い】 ❶へただ。❷不運だ。①unskilled 拙い

つたわる【伝わる】 ❶物に沿って移る。❷知れわたる。❸受け継がれて残る。❹もたらされる。届く。 伝わる

②spread

つち〔槌〕14 人 ツイ・つち 物をたたく道具。▽鉄—(てっつい)。木—(きづち)。 槌・槌

筆順 … 槌

つち〔鎚〕18 ツイ・つち 物をたたく道具。「槌」に同じ。▽相—(あいづち)。 鎚・鎚

つち【土】❶地面。大地。❷土壌。どろ。①earth ②soil 土

つち【槌】〈鎚〉物をたたく道具。木づちと金づち。hummer(金づち) 槌

つちいっしょうかねいっしょう【土一升金一升】地価が非常に高いこと。 土一升

つちかう【培う】育てる。養成する。▽実力を—。cultivate 培う

つちくさい【土臭い】❶田舎っぽい。❷土のにおいがする。 土臭い

つちくれ【土塊】土のかたまり。 土塊

つちけいろ【土気色】血の気のない顔色。土色。 土気色

つちつかず【土付かず】相撲で、勝ちっぱなし。 土付かず

つちのえ【戊】十干の第五。戊(ぼ)。 戊

つちのと【己】十干の第六。己(き)。 己

つちふまず【土踏まず】足の裏のへこんだ部分。 土踏まず

つつ【筒】❶円柱形で中空のもの。❷銃身。また、銃器。①pipe 筒

つつい【筒井】まるく掘った井戸。 筒井

つつうらうら【津津浦浦】全国いたるところ。国じゅう。つづうらうら。 津津浦

つっかいぼう【突っ支い棒】支えにする棒。prop 突っ支い

つっかかる【突っ掛かる】❶勢いよくぶつかる。❷くってかかる。①dash 突っ掛

つつがない【恙無い】変わりがなく無事だ。be healthy 恙無い

つづきがら【続き柄】親族・血縁の関係。 続き柄

つつく【突く】❶軽く何度もつつく。❷一つの料理を大ぜいで食べる。❸けしかける。❹ほじくり出す。①poke 突く

つづく【続く】❶つながる。❷絶え間なく起こる。❸後に従う。❹次に位する。①continue 続く

つづけざま【続け様】続いて同じことが起こるようす。▽—に失敗する。in succession 続け様

つっけんどん【突っ慳貪】とげとげしくて冷淡なようす。 突慳貪

つっこむ【突っ込む】❶勢いよく入る。つき入れる。❷深く立ち入る。❸鋭く追及する。 突っ込

つつじ【躑躅】低木の一。五月ごろ、赤・白などの花が咲く。azalea 躑躅

つつしむ【慎む】❶気をつける。▽身を—。❷ひかえめにする。▽酒を—。②refrain 慎む

つつしむ【謹む】かしこまる。▽—んで哀悼の意を表す。 謹む

つつそで【筒袖】たもとのない細い袖。 筒袖

つつぬけ【筒抜け】❶秘密などがもれること。❷そのまま通り抜けること。①leak out 筒抜け

つっぱねる【突っ撥ねる】❶突き飛ばす。❷強く断る。②refuse 突っ撥

つっぱる【突っ張る】❶押し当てて支える。❷相撲で、相手を突く。❸筋肉が強く張る。つる。❹言い張る。❺反抗的な目立つ態度をとる。⑤act defiant 突っ張

つつましい【慎ましい】ひかえめである。modest 慎ましい

つづまやか【約まやか】❶簡潔なようす。❷質素なようす。 約まやか

つつみ【包み】包んだもの。package 包み

つつみ【堤】水を防ぐために、土や石を築き上げたもの。類土手。bank 堤

つづみ【鼓】くびれた胴の両面に皮を張り、手で打つ日本の打楽器。 鼓

つつみかくす【包み隠す】❶包んで見えないようにする。❷秘密が人に知れないようにする。 包み隠

つつむ【包む】❶紙・布などで全体をおおう。❷周囲を取り囲む。❸心の中に隠す。①wrap ②surround 包む

つづめる【約める】❶短くする。❷節約する。▽暮らしを—。①shorten 約める

つつもたせ【美人局】女性に男性を誘惑させ、夫・情夫などが男性に言いがかりをつけて金品をゆすりとること。 美人局

つづら【葛籠】つづらふじなどで編んだ、衣類をしまっておくかご。 葛籠

つづらおり【葛折り】〈九十九折り〉いくつにも折れ曲がった山道。 葛折り

つづり【綴り】❶とじること。とじたもの。▽書類の―。❷スペリング。①binding 綴り

つづる【綴る】❶文章を書く。❷つなぎ合わせる。❸アルファベットを並べて単語を書く。①write ③spell 綴る

つづれおり【綴れ織り】つづれ錦をまねた織物。 綴れ

つて【伝】〈伝手〉希望や目的を達するための手がかり。手づる。connection 伝

つと【苞】❶わらづと。❷みやげ。 苞

つど【都度】たびに。毎回。every time 都度

つどう【集う】集まる。assemble 集う

つとに【夙に】❶朝早く。❷ずっと前から。❸幼い時から。 夙に

つとめ【務め】義務。役目。▽会長としての―を果たす。duty 務め

つとめ【勤め】❶勤めること。また、その仕事。勤務。▽―先。❷僧の日課の修行。①work 勤め

つとめて【努めて】〈勉めて〉努力して。できるだけ。▽―早起きする。 努めて

つとめる【努める】〈勉める〉力を尽くす。努力する。make efforts 努める

つとめる【務める】役目や任務を行う。serve 務める

つとめる【勤める】❶職場で仕事をする。❷仏につかえる。①work 勤める

使い分け「つとまる・つとめる」

勤まる・勤める…給料をもらって仕事をする。仏事を行う。▽銀行に勤める。永年勤め上げた人。勤め人。本堂でお勤めをする。法事を勤める。

務まる・務める…役目や任務を果たす。▽会長が務まるかどうか不安だ。議長を務める。親の務めを果たす。

努める…力を尽くす。努力する。▽完成に努める。解決に努める。努めて早起きする。

つな【綱】❶繊維・針金などをより合わせた太いひも。❷頼りにするもの。❸相撲で、横綱。①rope 綱

つながる【繋がる】❶結ばれる。連なる。❷関係する。かかわる。▽事件に―人物。①be connected 繋がる

つなぐ【繋ぐ】❶結びとめる。❷離れているものを結ぶ。❸絶えないようにする。▽望みを―。①②tie 繋ぐ

つなひき【綱引き】二組みに分かれて綱を引き合う競技。tug-of-war 綱引き

つなみ【津波】〈津浪〉(地震などが原因で)海岸におしよせる高波。tidal wave 津波

つなわたり【綱渡り】❶空中に張った綱を歩く曲芸。❷危険をおかして行動すること。①tightrope walking 綱渡り

つね【常】❶いつも変わらないこと。❷ふだん。❸当たり前。①usual 常

つねづね【常常】ふだん。いつも。usually 常常

つねひごろ【常日頃】ふだん。 常日頃

つねる【抓る】指・つめなどで皮膚をつまんでねじる。つめる。pinch 抓る

つの【角】❶動物の頭部にあるかたい突起。❷突起物。①horn ▼―突(つ)き合わせる 仲が悪く、よくけんかする。▼―を矯(た)めて牛を殺す 小さな欠点を直そうとして、かえって全部をだめにしてしまう。 角

つのかくし【角隠し】結婚式で、花嫁が文金高島田につける白い布。

角隠し

つのぐむ【角ぐむ】草木が新芽をのばす。

つのだる【角樽】祝い用の、長い柄の酒樽。 角樽

つのる【募る】❶募集する。❷ますます激しくなる。▽思いが―。①recruit 募る

つば〖鍔〗17 ガク・つば 刀の柄(つか)と刀身(とうしん)の間の平たい金具。 鍔・鍔

つば【唾】唾液(だえき)。つばき。spit 唾

つば【鍔】〈鐔〉❶刀のつば。❷帽子のひさし。①sword guard ②brim 鍔

つばき〖椿〗人13 チン・チュン・つばき ❶樹木の、つばき。❷不意の。変わった。▽―事(ちんじ)。 椿・椿

筆順 椿

つばき【椿】常緑高木の一。camellia 椿

つばさ【翼】❶鳥の前あしの変化した器官。❷航空機のはね。①②wing 翼

つばぜりあい【鍔迫り合い】激しく勝負を争うこと。 迫合い

つばめ【燕】❶渡り鳥の一。❷「若い燕」の略。年上の女性にかわいがら 燕

…れる若い男性。①swallow

つぶ【粒】 丸くて小さいもの。grain

つぶさに【具に】〈備に〉❶くわしく。▽—報告する。❷もれなく。▽—経験する。①in detail

つぶす【潰す】❶力を加えて形をくずす。❷だめにする。❸食用に家畜などを殺す。❹むだに費やす。①crush

つぶぞろい【粒揃い】❶大きさや質がそろっていること。❷優秀な人が集まっていること。

つぶて【礫】〈飛礫〉(投げるものとしての)小石。

つぶやく【呟く】 小声でひとりごとを言う。murmur

つぶより【粒選り】 すぐれたものだけを選び出すこと。また、選んだ物・人。よりぬき。

つぶら【円ら】 まるくてかわいらしいようす。▽—なひとみ。round

つぶる【瞑る】 目を閉じる。つむる。

つぼ〖坪〗 常 8 つぼ 土地の面積の単位。一坪は約三・三平方メートル。▽—数。建て—。(坪)

筆順 一 十 ± 圢 圷 坏 坪 坪

つぼ【壺】❶口が狭く、胴がふくらんだ容器。❷深くくぼんだ所。▽滝—。❸急所。要点。❹灸(きゅう)点。①pot

つぼにわ【坪庭】 建物に囲まれた小さな庭。

つぼみ【蕾】❶花が咲く前の状態のもの。❷まだ一人前でない人。①bud

つぼむ【窄む】 すぼむ。▽朝顔が—。close

つぼむ【蕾む】 つぼみになる。

つま【妻】❶夫の配偶者。❷刺し身にそえるもの。❸屋根の両端の三角形の壁面。対❶夫。①wife

つま【褄】 和服の、下の部分。

つまおと【爪音】❶琴爪で琴をひく音。❷馬のひづめの音。

つまかわ【爪皮】〈爪革〉下駄の先につけて、どろ・雨水などを防ぐおおい。つまがけ。

つまぐる【爪繰る】 指先で繰る。

つまさき【爪先】 足の指先。toe

つまされる 心が動かされる。▽身に—。be moved

つましい【倹しい】 倹約して質素だ。frugal

つまずく【躓く】❶けつまずく。❷途中で障害にあって失敗する。①stumble ②fail

つまだつ【爪立つ】 つま先で立つ。つま先立つ。

つまはじき【爪弾き】 人をのけものにすること。また、された人。

つまびく【爪弾く】 弦楽器を指先で鳴らす。strum

つまびらか【詳らか】〈審らか〉くわしくあきらかなようす。

つまみ【撮み】〈摘み〉❶つまむ部分。とって。❷指先でつまむこと・つまんだ分量。❸酒のさかな。おつまみ。①knob ②pinch

つまむ【撮む】〈摘む〉❶指で挟む。❷取って食べる。❸要点を抜き出す。

つまようじ【爪楊枝】 小さなようじ。黒文字。toothpick

つまらない【詰まらない】❶価値がない。❷面白くない。①worthless ②boring

つまり【詰まり】❶つまること。❷行きつくところ。▽とどの—。❸すなわち。❹要するに。結局。④in short

つまる【詰まる】❶いっぱいになる。❷ふさがる。❸縮まる。❹行き詰まる。▽答えに—。①be full ②be choked

つまるところ【詰まる所】 結局。要するに。after all

つみ【罪】❶(道徳・法律・宗教などの上で)悪い行い。❷悪いことをした責任。❸思いやりがない。▽—なことをする。①sin ③heartless ▼**—を着せる** 他人に罪を負わせる。

つみくさ【摘み草】 草花を摘むこと。

つみする【罪する】 罪をせめて、刑罰をあたえる。

つみたてる【積み立てる】 少しずつ蓄える。save

つみつくり【罪作り】 罪深い行いをすること・人。

つみとが【罪科】 罪過。

つみに【積み荷】 積んだ荷物。load

つみぶかい【罪深い】罪が重い。sinful　罪深い
つみほろぼし【罪滅ぼし】よい行いをして、罪のうめ合わせをすること。類贖罪(しょくざい)。atonement　罪滅ぼし
つむ【詰む】❶詰まる。❷将棋で、王将が逃げ場を失う。　詰む
つむ【摘む】指先やはさみなどで物の先を取る。pick　摘む
つむ【積む】❶重ねて置く。❷荷物を載せる。❸重ね加える。▽修業を—。①stack　積む
つむ【錘】繊維によりをかけながら巻き取る、小さい軸。紡錘(ぼうすい)。spindle　錘
つむぎ〔紬〕人11 つむぎ つむぎ。絹織物の一。▽大島—。　紬・紬
筆順 く 幺 幺 糸 糸 糸冂 紬 紬
つむぎ【紬】つむぎ糸や玉糸で平織りにした絹織物。　紬
つむぐ【紡ぐ】綿や繭から繊維を引き出し、よりをかけて糸にする。spin　紡ぐ
つむじ【旋毛】毛髪が渦状に生えている部分。▼—を曲げる 不機嫌になる。　旋毛
つむじかぜ【旋風】渦を巻いてはげしく吹く風。せんぷう。whirlwind　旋風
つめ〔爪〕4 常 つめ・つま つめ。▽—牙(そうが)。—痕(そうこん・つめあと)。　爪・爪
筆順 ノ 厂 爪 爪
つめ【爪】❶指先に生えているかたいもの。❷琴づめ。❸ひっかけてとめる仕掛けの物。注×瓜。①nail ③hook ▼—に火を点(とも)す 非常につましい。▼—の垢(あか)ほど 非常にわずかである。▼—の垢(あか)を煎(せん)じて飲む すぐれた人にあやかるようにする。　爪
つめ【詰め】❶つめること・もの。❷物事の最後の段階。❸はし。きわ。　詰め
つめいん【爪印】拇印(ぼいん)。　爪印
つめかける【詰め掛ける】大ぜいで押しかける。crowd　詰め掛
つめしょ【詰め所】勤務者の待機所。　詰所
つめたい【冷たい】❶温度が低い。❷思いやりがない。対❶熱い。❶❷温かい。①②cold　冷たい
つめばら【詰め腹】強制的に切腹(辞職)させられること。　詰腹
つめる【詰める】❶いっぱいにする。❷ふさぐ。❸将棋で、王将の逃げ場をなくす。❹縮める。❺倹約する。❻控える。❼…し続ける。❽最後まで…する。①pack, fill, stuff　詰める
つもり【積もり】〈心算〉❶意図。❷そうなったような気持ち。❸見積もり。　積もり
つもる【積もる】❶重なって多くなる。❷見積もる。①pile up　積もる
つや【通夜】葬式の前夜、遺体のそばで一夜を明かすこと。お通夜。　通夜
つや【艶】❶光沢。❷おもしろみ。❸情事に関すること。①luster　艶
つやけし【艶消し】❶光沢を消すこと。❷面白みをなくすこと。　艶消し
つやつや【艶艶】美しい光沢のあるようす。shiny　艶艶
つややか【艶やか】つやがあって美しいようす。lustrous　艶やか
つゆ【汁】❶しる。水け。❷吸い物。澄ましじる。❸つけじる。▽そばの—。　汁
つゆ【梅雨】❶夏前の長雨。ばいう。❷❶の季節。　梅雨
つゆ【露】❶水蒸気が冷えて水滴になったもの。❷消えやすく、はかないもの。▽断頭台の—と消える。❸涙。❹少しも…ない。▽そんなことは—知らず。①dew　露
つゆざむ【梅雨寒】つゆに感じる寒さ。　梅雨寒
つゆのいのち【露の命】はかない命。　露の命
つゆはらい【露払い】❶貴人を先導すること・人。❷相撲で、横綱の土俵入りの先導をする力士。　露払い
つゆほども【露程も】ほんの少しも。　露程も
つよい【強い】❶力や能力がある。❷体が丈夫だ。❸しっかりしている。❹激しい。❺きびしい。①powerful ①②③strong　強い
つよき【強気】気が強いこと。態度が積極的なこと。対弱気。aggressive　強気
つよごし【強腰】態度が強硬なこと。対弱腰。strong attitude　強腰
つよまる【強まる】だんだんと強くなる。対弱まる。　強まる
つよみ【強み】❶強さ。❷頼りになる点。類長所。①②strength　強み
つら【面】❶顔。❷物の表面。①②face　面
つらあて【面当て】わざと皮肉を言ったり意地悪をしたりす　面当て

ること。▽―に泣いてみせる。

つらい【辛い】 ❶たえがたいほど苦しい。❷思いやりがない。①hard　辛い

つらだましい【面魂】 表情に現れた強い意志。　面魂

つらつら【熟熟】 よくよく。つくづく。▽―思うに。　熟熟

つらなる【連なる】 〈列なる〉❶列になる。並ぶ。❷列席する。　連なる

つらぬく【貫く】 ❶つき通す。❷やりとげる。▽志を―。①go through　貫く

つらのかわ【面の皮】 顔の皮。▼**―が厚い** ずうずうしい。　面の皮

つらよごし【面汚し】 面目を失わせること・人。　面汚し

つらら【氷柱】 水滴が凍って棒状にたれ下がったもの。icicle　氷柱

つり【釣り】 ❶釣ること。魚つり。❷「釣り銭」の略。①fishing　釣り

つりあい【釣り合い】 つり合うこと。均衡(きんこう)。balance　釣合

つりがね【釣り鐘】 寺院の大きなつるし鐘。　釣鐘

つりかわ【吊り革】 〈釣り革〉乗り物で、つかまる輪のついたひも。strap　吊革

つりせん【釣り銭】 おつり。change　釣銭

つりばし【釣り橋】 〈吊り橋〉両側に張った綱・鉄線でつるした橋。　釣橋

つる〔吊〕 6 **チョウ・つる・つるす** ぶらさげる。つるす。　吊・吊

つる〔蔓〕 人14 **マン・つる** ❶つる。つる草。❷はびこる。▽―延(まんえん)。　蔓・蔓

筆順	艹	艹	苗	莒	莒	葛	蔓	蔓

つる〔鶴〕 常21 **つる** ツル科の水鳥。ツル。▽―首(かくしゅ)。―亀算。　鶴・鶴

筆順	冖	声	隺	隺	隺	隺	鶴	鶴

つる【吊る】 ❶たれ下げる。▽蚊帳(かや)を―。❷かけわたす。▽棚を―。❸〈攣る〉ひきつる。▽足が―。①hang　吊る

つる【弦】 ❶弓に張る糸。ゆみづる。❷弦楽器の糸。①②string　弦

つる【釣る】 ❶魚を針にかけてとる。❷相手の気をひいてだます。①fish　釣る

つる【鉉】 なべ・土瓶(どびん)などの取っ手。　鉉

つる【蔓】 ❶植物の茎ののびたもの。❷手がかり。❸めがねの耳にかける部分。　蔓

つる【鶴】 大形の鳥の一。首・くちばし・足が長い。crane ▼**―の一声**(ひとこえ) 人々を従わせる、権力者の一言。　鶴

つるぎ【剣】 諸刃(もろは)の刀。けん。sword　剣

つるくさ【蔓草】 茎が巻きつくつる状の草。　蔓草

つるしあげる【吊し上げる】 ❶つりあげる。❷特定の人を大ぜいで責めたてる。①hang up　吊し上

つるす【吊す】 ぶら下げる。hang　吊す

つるはし【鶴嘴】 かたい土を掘りおこす工具。

つるべ【釣瓶】 井戸水をくむおけ。

鶴　嘴

つるべうち【釣瓶打ち】 順々に続けてうつこと。　釣瓶打

つるべおとし【釣瓶落とし】 秋、日が急に暮れるようす。　釣瓶落

ツレ 能楽・狂言で、シテやワキの助演の役(の人)。

つれ【連れ】 一緒に行動すること・仲間。company　連れ

つれあい【連れ合い】 ❶配偶者。連れ添い。▽―に先立たれる。❷同伴者。　連合い

つれこ【連れ子】 再婚の時に連れていく子。　連れ子

つれそう【連れ添う】 夫婦になる。連れ合う。▽長年―ってきた仲。　添う

つれだつ【連れ立つ】 一緒に行く。　立つ

つれづれ【徒然】 することがなく、手持ちぶさたなこと。▽―をなぐさめる。　徒然

つれない 思いやりがない。よそよそしい。heartless

つれる【吊れる】 〈攣れる〉❶ひきつる。▽足の筋が―。❷つり上がる。▽怒ると目が―。　吊れる

つれる【連れる】 同行者として従える。　連れる

つわもの【兵】 ❶兵士。軍人。❷勇ましい人。すぐれた人。▽―ぞろい。①soldier　兵

つわり【悪阻】 妊娠初期に起こる、吐き気・食欲不振などの生理現象。おそ。morning sickness　悪阻

つんざく【劈く】 突き破る。rend　劈く

つんぼ【聾】聴力に障害のあること。今は使わないことば。deaf
聾

つんぼさじき【聾桟敷】❶劇場で、舞台から遠く、せりふの聞こえにくい席。❷情報などを知らせてもらえない立場。今は使わないことば。

聾桟敷

て テ

て【手】❶肩から指先までの部分。特に、てのひら。❷物事をする手。❸働く人。❹関係。❺仕事。細工。❻腕前。❼手段。方法。❽種類。❾方向。❿持ち札。持ちごま。⓫筆跡。⓬つる植物をからませる支柱。⓭とって。⓮傷。⓯強める語。▽—ごわい。⓰…する人。▽語り—。⓱囲碁・将棋のひとさし。①②hand ▼**—が届く** ❶力がおよぶ。❷世話や注意などがよくゆきわたる。❸ある年齢に達しようとする。▼**—に取るよう** 目の前で見るようにはっきりと。▼**—の舞(ま)い足の踏(ふ)む所を知らず** 非常にうれしいようす。▼**—も足も出ない** どうすることもできない。▼**—を替(か)え品を替え** いろいろな方法を試みて。▼**—を拱(こまぬ)く** ❶腕組みをする。❷何もしないでただ見ている。▼**—を汚(よご)す** ❶いやな仕事に手を出す。❷悪いことをする。▼**—を煩(わずら)わす** 人に世話をかける。

手

で〔弟〕⇩てい

で【出】❶出ること・状態。❷出身(地)。❸十分な量があること。▽使い—がある。

出

てあい【手合い】❶連中。❷囲碁・将棋の対局。①fellow
手合い

であいがしら【出会い頭】〈出合い頭〉出あったとたん。

出会頭

であう【出会う】〈出合う〉❶偶然に行き会う。❷おちあう。①②meet
出会う

てあか【手垢】手がふれて付くよごれ。

手垢

てあし【手足】❶手と足。❷忠実な部下。▽—となって働く。

手足

であし【出足】❶人出の状態。▽観客の—が鈍い。❷物事を始めるときの速さ。▽—のよい新商品。❸相撲で、相手に向かって踏み出す足。①turnout
出足

てあたりしだい【手当たり次第】何でもかたっぱしから。

手当た

てあつい【手厚い】行き届いていて親切だ。hearty
手厚い

てあて【手当】基本給以外の報酬。▽家族—。

手当

てあて【手当て】❶(けがなどの)処置。▽応急—。❷用意。▽資金の—。①medical care
手当て

てあらい【手洗い】❶手を洗うこと・水。❷手で洗うこと。❸便所。②handwashing
手洗い

てあらい【手荒い】扱い方などが乱暴だ。rough
手荒い

であるく【出歩く】外出して歩く。

出歩く

てあわせ【手合わせ】❶対戦。対局。❷取り引きの契約をすること。

手合せ

てい〔汀〕人5 テイ・みぎわ・なぎさ ❶なぎさ。▽長—。❷水のそば。▽—州。

筆順 丶 冫 氵 氵一 汀
汀・汀

てい〔低〕常7 テイ・ひくい・ひくめる・ひくまる (高さ・程度が)ひくい。ひくくする。▽—温。—俗。

筆順 ノ 亻 亻 仁 低 低 低
低・低

てい〔呈〕常7 テイ ❶差し上げる。▽贈—。❷見せる。▽—示。露—

筆順 丶 口 口 旦 早 早 呈
呈・呈

てい〔廷〕常7 テイ ❶政治を行う所。▽朝—。宮—。❷裁判所。▽法—。

筆順 ノ 二 千 壬 任 廷 廷
廷・廷

てい〔弟〕常7 テイ・ダイ・デ・おとうと ❶おとうと。❷門人。▽—子。師—。門—。

筆順 丶 丷 当 当 肖 弟 弟
弟・弟

てい〔定〕常8 テイ・ジョウ・さだめる・さだまる・さだか ❶きめる。きまる。▽決—。❷さだめ。きまり。▽規—。❸しずまる。▽平—。❹おちつく。▽安—。

筆順 丶 丶 宀 宀 宀 宁 定 定
定・定

てい〔底〕常8 テイ・そこ ❶いちばんおく。いちばん下。そこ。▽—流。海—。❷もと。▽—本。基—。❸とどく。▽徹—。

筆順 丶 亠 广 户 庀 底 底 底
底・底

てい〔抵〕常8 テイ ❶ぶつかる。▽—抗。❷ねうちが相当する。▽—当。

筆順 一 十 扌 扌 扌 抵 抵 抵
抵・抵

てい〔邸〕常8 テイ 大きくてりっぱなやしき。▽—宅。官—。

筆順 ノ 𠂆 𠂆 氏 氐 氐 邸 邸
邸・邸

てい〔亭〕常9 テイ ❶建物。▽料—。❷号や屋号などにつける語。▽二葉—。末広—。
筆順 亭 亭・亭

てい〔剃〕9 テイ・そる 刃物でそる。▽—髪。—刀(ていとう)。
筆順 剃 剃・剃

てい〔貞〕常9 テイ (みさおが)正しい。▽—淑(ていしゅく)。—節。
筆順 貞 貞・貞

てい〔帝〕常9 テイ 最高の支配者。みかど。▽—王。—国。皇—。
筆順 帝 帝・帝

てい〔訂〕常9 テイ 文字・文章のまちがいをただす。▽—正。改—。
筆順 訂 訂・訂

てい〔庭〕常10 テイ・にわ ❶にわ。▽—園。校—。❷家(の中)。▽家—。
筆順 庭 庭・庭

てい〔悌〕人10 テイ 年長者に従うこと。▽孝—。
筆順 悌 悌・悌

てい〔挺〕人10 テイ・チョウ 先に立って進む。▽—身(ていしん)。—進(ていしん)。空—。
筆順 挺 挺・挺

てい〔逓〕常10 テイ ❶次々に渡す。▽—信。❷次第に。▽—減。
筆順 逓 逓・逓

てい〔停〕常11 テイ ❶とまる。とめる。▽—車。❷やめる。▽—戦。
筆順 停 停・停

てい〔偵〕常11 テイ ようすをさぐる(人)。▽—察。探—。
筆順 偵 偵・偵

てい〔梯〕人11 テイ・はしご ❶はしご。▽階—(かいてい)。❷台形。▽—形(ていけい)。
筆順 梯 梯・梯

てい〔逞〕人11 テイ・たくましい たくましい。▽不—の輩(やから)。
筆順 逞 逞・逞

てい〔堤〕常12 テイ・つつみ つつみ。土手。▽—防。防波—。
筆順 堤 堤・堤

てい〔提〕常12 テイ・さげる ❶差し出す。▽—案。❷手にさげてもつ。▽—琴。❸統率する。▽—督。
筆順 提 提・提

てい〔程〕常12 テイ・ほど ❶度合い。▽—度。❷きまり。▽規—。❸みちのり。▽行—。❹一定の範囲。▽課—。日—。
筆順 程 程・程

てい〔禎〕人13〔禎〕人14 テイ 神のめぐみ。めでたい。▽—祥(ていしょう)。
筆順 禎 禎・禎

てい〔艇〕常13 テイ 小型のふね。▽艦—。競—。
筆順 艇 艇・艇

てい〔鼎〕人13 テイ・かなえ ❶かなえ。❷三方に並ぶようす。▽—立。
筆順 鼎 鼎・鼎

てい〔綴〕人14 テイ・テツ・つづる つなぎ合わせる。▽—字。補—(ほてい・ほてつ)。
筆順 綴 綴・綴

てい〔締〕常15 テイ・しまる・しめる ❶むすぶ。しめくくる。▽—結。—盟。❷しめる。しまる。
筆順 締 締・締

てい〔鄭〕人15 テイ ていねい。▽—重。
筆順 鄭 鄭・鄭

てい〔諦〕常16 テイ・あきらめる ❶あきらめる。▽—観。❷真理。▽真—(しんたい・しんてい)。
筆順 諦 諦・諦

てい〔蹄〕人16 テイ・ひづめ 馬などのつめ。ひづめ。▽—鉄。馬—。
筆順 蹄 蹄・蹄

てい〔丁〕⇩ちょう

てい〔体〕⇩たい

てい〔釘〕⇩くぎ

てい〔碇〕⇩いかり

てい【体】〈態〉❶外見。▽満足の—。❷体裁。▽—のいいあいさつ。

てい【丁】❶十干(じっかん)の第四。ひのと。▽甲乙丙—。❷等級・順位の第四位。

でい〔泥〕常8 デイ・どろ ❶どろ(状)。▽—土。❷こだわる。▽拘—(こうでい)。
筆順 泥 泥・泥

ていあん【提案】案・意見などを出すこと。また、その案。▽—理由。類発案。提議。proposal

ていい【定位】位置づけること。また、一定の位置。position 定位
ていい【帝位】帝王の位。類王位。 帝位
ティー【tea】茶。紅茶。
ティー【tee】ゴルフで、各ホールで初球を打つときにボールをのせる棒。
ティーシャツ【T-shirt】丸首で半そでのシャツ。
ティーバッグ【tea bag】一杯分の茶葉入りの袋。
ディーラー【dealer】❶取り扱い業者。特約店。❷トランプの札の配り手。
ていいん【定員】決められた人数。capacity 定員
ティーンエージャー【teen-ager】十代の少年少女。
ていえん【庭園】立派な庭。garden 庭園
ていおう【帝王】❶君主国の元首。❷絶対的権力者。①②monarch 帝王
ていおん【低音】❶低い音。❷低音域。②bass 低音
ていおん【低温】低い温度。 低温
ていおん【定温】一定の温度。 定温
ていか【低下】❶程度が下がること。❷質が悪くなること。対❶上昇。❷向上。①decline 低下
ていか【定価】決められた売り値。fixed price 定価
ていかい【低回】〈低徊〉もの思いにふけり歩き回ること。 低回
ていがく【低額】少ない金額。 低額

ていがく【定額】一定の金額。fixed amount 定額
ていがく【停学】学生・生徒の登校をある期間禁じる罰。 停学
ていかん【定款】会社などの組織・活動の根本規則(を記した書面)。 定款
ていかん【諦観】❶物事の本質を見きわめること。❷さとりあきらめること。類❷諦念。 諦観
ていき【定期】❶一定の期間・間隔。❷「定期預金」「定期乗車券」の略。①fixed period 定期
ていき【提起】問題をもちだすこと。 提起
ていぎ【定義】ことばの意味・概念を定めること。また、定めたもの。definition 定義
ていぎ【提議】議案などを提出すること。また、その議案。類提案。 提議
ていきあつ【低気圧】❶周囲より気圧が低いこと。❷きげんが悪いこと。 低気圧
ていきびん【定期便】一定区間を定期的に行う連絡・輸送。regular service 定期便
ていきゅう【低級】程度が低いこと。対高級。vulgar 低級
ていきゅう【定休】決まった休み。 定休
ていきゅう【庭球】テニス。 庭球
ていきょう【提供】他人のために、自分のものを差し出すこと。provide 提供
ていきん【庭訓】家庭での親による教育。 庭訓

ていきん【提琴】バイオリン。 提琴
ていぎん【低吟】詩歌などを低い声でうたうこと。 低吟
デイケア【day care】在宅高齢者を昼間だけ預かる介護サービス。
ていけい【定形】きまった形。▽―郵便物。fixed form 定形
ていけい【定型】きまった型。▽―詩。fixed type 定型
ていけい【梯形】「台形(だいけい)」の旧称。 梯形
ていけい【提携】協同して事業を行うこと。tie-up 提携
ていけつ【貞潔】みさおがかたく、行いが正しいこと。 貞潔
ていけつ【締結】条約・協定などを結ぶこと。類締約。conclusion 締結
ていけん【定見】しっかりした自分の意見。▽無―。definite view 定見
ていげん【低減】❶減ること。減らすこと。▽負担の―。❷安くなること。安くすること。 低減
ていげん【逓減】次第に減ること。漸減。▽人口が―する。対逓増。 逓減
ていげん【提言】考えや意見を出すこと。また、その考えや意見。▽二十一世紀への―。proposal 提言
ていこう【抵抗】❶加えられた力に逆らうこと。反発。❷素直に従えない気持ち。❸ある力の作用に対して、それと逆方向に働く力。①③resistance 抵抗
ていこく【定刻】決められた時刻。定時。▽―発車。appointed time 定刻

ていこく【帝国】❶皇帝が治める国。❷大日本帝国の略。①empire　帝国

デイサービス　在宅の高齢者を昼間だけ預かり、入浴・給食などの生活介護を行うサービス。和製語。day service

ていさい【体裁】❶外見。❷体面。❸一定の形式。❹口先だけの言。　体裁

ていさつ【偵察】敵のようすをさぐること。scout　偵察

ていし【停止】❶途中で止まる・止めること。❷一時的さしとめ。①stop　停止

ていじ【丁字】「丁」の字（の形）。　丁字

ていじ【呈示】出して示すこと。▽証明書を―する。　呈示

ていじ【定時】❶定刻。❷一定の時期。▼―制　夜間など、特別な時間帯に授業が行われる学校制度。　定時

ていじ【提示】持ち出して見せること。▽案を―する。show　提示

ていしき【定式】一定の方式。　定式

ていしせい【低姿勢】下手（したて）に出る態度。対高姿勢。modest attitude　低姿勢

ていしつ【低湿】低地で湿気が多いこと。対高燥。　低湿

ていしつ【帝室】皇室。　帝室

ていしゃ【停車】車がとまること。対発車。　停車

ていしゅ【亭主】❶主人。あるじ。❷茶の湯で、茶をたてて接待する人。❸夫。対❸女房。　亭主

ていしゅう【定収】「定収入」の略。　定収

ていじゅう【定住】一定の場所に住むこと。settlement　定住

ていしゅうにゅう【定収入】決まった収入。定収。steady income　定収入

ていしゅかんぱく【亭主関白】家庭で夫がいばっていること。　関白

ていしゅく【貞淑】みさおがかたく、しとやかなこと。chaste　貞淑

ていしゅつ【提出】差し出すこと。submission　提出

ていじょ【貞女】みさおのかたい女性。　貞女

ていしょう【提唱】考え・意見を示して人々によびかけること。proposal　提唱

ていじょう【呈上】さしあげること。進呈。　呈上

ていじょう【定常】一定して変わらないこと。regularity　定常

ていしょく【定食】一定の献立で料理を取り合わせた食事。set meal　定食

ていしょく【定職】決まった職業。steady job　定職

ていしょく【抵触】（牴触）規則や法律に触れること。　抵触

ていしょく【停職】一定期間職務につかせないこと。　停職

ていじろ【丁字路】丁字形の道路。三叉路（さんさろ）。類T字路。T-junction　丁字路

ていしん【挺身】身を投げ出して事に当たること。　挺身

ていしん【艇身】❶ボートの長さ。❷ボートレースで、着差を表す単位。　艇身

でいすい【泥酔】意識がなくなるほど、ひどく酒に酔うこと。類酩酊（めいてい）。blind drunk　泥酔

ていすう【定数】❶一定の数。❷数学で、常に変化しない数値。常数。恒数。①fixed number　定数

ディスク【disk,disc】❶円盤。❷円盤型の磁気記憶媒体。❸レコード。音盤。

ディスプレー【display】❶展示。陳列。❷コンピュータの表示画面。

ていする【呈する】❶差し出す。▽疑問を―。❷状態を示す。▽活況を―。①present ②show　呈する

ていする【挺する】進んで差し出す。▽身を―。　挺する

ていせい【帝政】皇帝がとる政治。　帝政

ていせい【訂正】誤りを正しくなおすこと。類修正。correction　訂正

ていせつ【定説】評価が確定している学説・理論。established theory　定説

ていせつ【貞節】みさおを正しく守ること。対不貞。　貞節

ていせん【停船】船を止めること。　停船

ていせん【停戦】一時的に戦闘を中止すること。cease-fire　停戦

ていそ【定礎】建築で、着工のために土台石をすえること。▽―式。　定礎

ていそ【提訴】訴訟を起こすこと。　提訴

ていそう【貞操】性的純潔。また、それを守ること。chastity　貞操

ていそう【逓送】 順々に送ること。 逓送

ていぞう【逓増】 次第に増すこと。漸増。対逓減。 逓増

ていそく【定則】 定められた規則。 定則

ていぞく【低俗】 低級で下品であること。▽—な番組。vulgar 低俗

ていそくすう【定足数】 開催や議決に必要な最小限の出席者数。quorum 定足数

ていたい【手痛い】 非難・損害がひどい。厳しい。severe 手痛い

ていたい【停滞】 つかえて、なかなか先へ進まないこと。▽作業が—する。—前線。類渋滞。stagnation 停滞

ていたく【邸宅】 大きな住宅。類屋敷。residence 邸宅

ていたらく【体たらく】 ぶざまなありさま。みっともないようす。▽なんという—だ。 体たらく

ていだん【鼎談】 三人の話し合い。 鼎談

ていち【定置】 一定の場所に置くこと。▽—網。fixation 定置

ていちゃく【定着】 ❶落ち着くこと。❷写真で、現像したフィルムなどの感光性をなくすこと。類❶固着。 定着

でいちゅう【泥中】 どろの中。▼—の蓮(はちす) けがれた環境の中で清らかさを保っていることのたとえ。 泥中

ていちょう【丁重】 〈鄭重〉礼儀正しくていねいなようす。▽—にお断りする。類丁寧。polite 丁重

ていちょう【低調】 ❶調子が出ないこと。不活発。❷内容が充実していないこと。①inactive 低調

ていっぱい【手一杯】 余裕がないようす。精いっぱい。 手一杯

ディテール【detail】 詳細。細部。

ていてつ【蹄鉄】 馬のひづめの底に打ちつける鉄製の金具。horseshoe

ていてん【定点】 位置の定まった点。▽—観測。fixed point

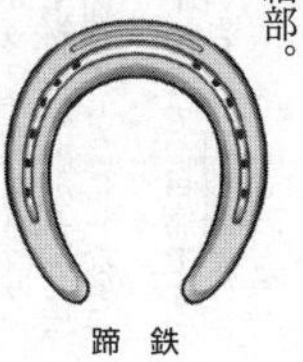

蹄鉄

ていと【帝都】 皇居のある都市。皇都。 帝都

ていど【程度】 ❶度合い。❷適当な度合い。❸…ほど。①degree ②standard 程度

でいど【泥土】 どろ。どろつち。mud 泥土

ていとう【低頭】 頭を低く下げること。▽平身—。bowing 低頭

ていとう【抵当】 借金などのかた。類担保。mortgage 抵当

ていとく【提督】 ❶艦隊の司令官。❷海軍の将官。①②admiral 提督

ていとん【停頓】 行き詰まってはかどらないこと。standstill 停頓

ていねい【丁寧】 ❶礼儀正しくて親切なようす。❷念入りなようす。類❶丁重。①polite 丁寧

でいねい【泥濘】 ぬかるみ。mud 泥濘

ていねん【丁年】 一人前の年齢。また、成年になった男子。 丁年

ていねん【定年】 〈停年〉退職・退官する一定の年齢。retirement age 定年

ていのう【低能】 知能が標準より遅れて低いこと・人。 低能

ていはく【停泊】 〈碇泊〉船がいかりをおろしてとまること。anchor 停泊

ていはつ【剃髪】 髪をそって仏門にはいること。落髪。類出家。 剃髪

ていばん【定番】 流行に左右されず、常に一定量の売り上げがある商品。定番商品。 定番

ティピカル【typical】 典型的。代表的。

ていひょう【定評】 定まっている(よい)評価・評判。good reputation 定評

ディベート【debate】 討論。議論。

ディベロッパー【developer】 都市や住宅の開発業者。

ていへん【底辺】 ❶三角形の頂点に対する辺。❷社会の最下層。②bottom 底辺

ていぼう【堤防】 堤(つつみ)。dike 堤防

ていぼく【低木】 低い木。対高木。 低木

ていほん【定本】 古典などで、原本に最も近く、標準とされる本。 定本

ていほん【底本】 翻訳・校訂などのもとにする本。そこぼん。 底本

ていまい【弟妹】 弟と妹。対兄姉。 弟妹

ていめい【低迷】 悪い状態を抜け出せないこと。伸び悩むこと。 低迷

ディメンション【dimension】 ❶次元。❷面積。容積。❸寸法。

ていやく【締約】 条約や契約を結ぶこと。類締結。conclusion 締約

ていよう【提要】 要点をあげて述べた書物。summary　提要

ていよく【体よく】 うまくとりつくろってさしさわりがないように。　体よく

ていらく【低落】 下がること。fall　低落

ていり【定理】 公理・定義によって論理的に証明された命題。theorem　定理

でいり【出入り】 ❶出はいり。❷支出と収入。❸商売などで、そこへよく来ること。❹もめごと。けんか。　出入り

ていりつ【定律】 定まっている法則・規則。fixed law　定律

ていりつ【定率】 一定の割合。fixed rate　定率

ていりつ【鼎立】 三者が互いに対立すること。▽―する勢力。　鼎立

ていりゅう【底流】 ❶海・川の底の流れ。❷表面に現れない内部の動き。①② undercurrent　底流

でいりゅう【泥流】 泥土の流れ。　泥流

ていりゅうじょ【停留所】 乗降のため路面電車やバスが止まる場所。stop　停留所

ていりょう【定量】 決まった分量。一定量。▽―の水。fixed quantity　定量

ていれ【手入れ】 ❶手を加え整えること。❷検挙・捜査のため、現場に踏み込むこと。① maintenance ② raid　手入れ

ていれい【定例】 ❶定期的に行われること。❷きまり。しきたり。類❶恒例。regularity　定例

ディレクター【director】 放送・映画などの演出者・監督。

ていれつ【低劣】 程度が低くて下品なこと。vulgar　低劣

ディレッタント【dilettante】 学問・芸術などを愛好する人。好事（こうず）家。

ていれん【低廉】 値段が安いこと。類安価。cheapness　低廉

てうす【手薄】 手もとに金・物や人手などが少ないこと。short　手薄

てうち【手打ち】 ❶うどん・そばを機械を使わずに作ること。❷手締め。❸〈手討ち〉武士が目下の者を切り殺したこと。　手打ち

デー【day】 ❶日。日中。❷特別な行事の行われる日。❶❷「デイ」とも。

テークアウト【takeout】 飲食店の料理の持ち帰り。テイクアウト。

テーゼ【These ドイツ】 ❶命題。定立。❷政治運動の綱領。対❶アンチテーゼ。

データ【data】 情報。資料。

データベース【database】 各種データを体系的に整理統合し、必要に応じて取り出せるようにしたもの。

デーパック【day pack】 日帰り用の小型のリュックサック。デイパック。

テーピング【taping】 けがの予防や処置のために、関節や靭帯（じんたい）などにテープを巻くこと。

テーブルスピーチ パーティーなどで、自席でする簡単なあいさつ。和製語。after-dinner speech

テーブルチャージ 席料。和製語。cover charge

テーマ【Thema ドイツ】 主題。

テーマパーク【theme park】 特定のテーマのもとに整備された大型レジャー施設。

テールエンド【tail end】 運動競技などの最下位。

ておい【手負い】 傷を受けること。　手負い

ておくれ【手後れ】 〈手遅れ〉処置が後れて、回復・成功の見込みがないこと。　手後れ

でおくれる【出遅れる】 物事を始めるのが遅れる。　出遅れ

ておけ【手桶】 取っ手のついたおけ。　手桶

ておち【手落ち】 やり方に欠陥や不備があること。落ち度。手抜かり。▽当方の―。mistake　手落ち

ておの【手斧】 ⇩ちょうな。　手斧

デカ【déca- フランス】 記号da　メートル法で基本単位の一〇倍の意。

てかがみ【手鏡】 柄のついた鏡。hand mirror　手鏡

てがかり【手掛かり】 〈手懸かり〉❶手を掛ける所。❷物事をさぐるためのきっかけ。糸口。② clue　手掛り

てかぎ【手鉤】 柄のついたかぎ。hook　手鉤

てがける【手掛ける】 〈手懸ける〉自分で直接扱う。handle　手掛け

でかける【出掛ける】 出て行く。外出する。go out　出掛け

てかげん【手加減】 ❶ほどよく扱うこと。手心。❷手の感じではかること。　手加減

てかず【手数】 ⇩てすう。　手数

てかせ【手枷】 ❶罪人の手首にはめる刑具。❷自由を束縛するもの。▼―足枷（あしかせ）を嵌（は）める 自由を束縛する。　手枷

でかせぎ【出稼ぎ】 ある期間、よその土地で働くこと・人。　出稼ぎ

てがた【手形】 ❶ある金額をある期日・場所で支払う約束をした有価証券。❷墨を塗って押した手の形。①draft　手形

でかた【出方】 とる態度。出よう。▽相手の―を見る。　出方

てがたい【手堅い】 ❶堅実である。▽―商売。❷相場が安定している。①steady　手堅い

てがたな【手刀】 指をそろえてのばし、手を刀のように使うこと。また、そのようにして相手を打つわざ。　手刀

デカダンス【décadence フランス】 退廃的・耽美（たんび）的な文学・芸術上の一傾向。

てがみ【手紙】 便り。封書。letter　手紙

てがら【手柄】 立派な働き。功績。▽―を立てる。credit　手柄

てがる【手軽】 たやすいようす。類安直。easy　手軽

デカンタ【decanter】 ワインなどを入れる卓上の小型のびん。デキャンター。

てき【的】 常8 テキ・まと ❶目標。▽標―。目―。❷目標にあたる。要点をつく。▽―中。―確。❸…の傾向がある。▽詩―。病―。（的）　的・的

筆順　′　亻　白　白　白′　的　的

てき【迪】 人8 テキ・みち ❶みちびく。▽啓―（けいてき）。❷みち。（迪）　迪・迪

筆順　丨　口　巾　由　由　由　迪　迪

てき【笛】 常11 テキ・ふえ ふえ。▽汽―。横―（おうてき・よこぶえ）。警―。　笛・笛

筆順　⺊　⺮　竹　竺　笛　笛　笛

てき【摘】 常14 テキ・つむ ❶つまみとる。▽―出。❷選びとる。▽―要。指―。　摘・摘

筆順　扌　扩　护　拍　摘　摘　摘

てき【滴】 常14 テキ・しずく・したたる ❶しずく。▽水―。❷したたる。▽点―。　滴・滴

筆順　氵　汁　浐　渧　滴　滴　滴

てき【適】 常14 テキ ❶あてはまる。▽―役。―合。❷ちょうどよい。▽―当。❸こころよい。▽快―。　適・適

筆順　亠　产　产　啇　啇　適　適

てき【敵】 常15 テキ・かたき ❶かたき。▽宿―。❷相手になる。▽―対。匹―。　敵・敵

筆順　亠　产　产　啇　啇　敵　敵

てき【擢】 人17 テキ・タク・ぬきんでる とびぬける。ぬき出す。▽抜―（ばってき）。　擢・擢

筆順　扌　扌　押　押　押　擢　擢

てき【敵】 ❶戦いの相手。❷害を与えるもの。①enemy ▼―に塩を送る 敵の窮状を救うたとえ。▼―は本能寺（ほんのうじ）にあり ねらいは別のところにある。　敵

でき【溺】 常13 デキ・おぼれる ❶おぼれる。▽―死。❷熱中する。▽―愛。　溺・溺

筆順　氵　氵　沔　沔　溺　溺　溺

でき【出来】 ❶できること。❷できぐあい。成績。❸取り引きで、売買の成立。　出来

できあい【出来合い】 既製（品）。▽―のスーツ。ready-made　出来合

できあい【溺愛】 むやみにかわいがること。猫かわいがり。盲愛。▽孫を―する。dote　溺愛

できあがる【出来上がる】 ❶完成する。❷酔っぱらう。　出来上

できあき【出来秋】 収穫の秋。　出来秋

てきい【敵意】 相手を敵として憎む心。敵対する心。hostility　敵意

てきおう【適応】 ❶うまく当てはまること。❷生物が環境に合わせて変化すること。類❶順応。①adaptation　適応

てきおん【適温】 ちょうどよい温度。　適温

てきか【滴下】 しずくがしたたること。また、したたらせること。dripping　滴下

てきがいしん【敵愾心】 敵に闘志を燃やす気持ち。敵対心。注てき×きしん。hostility　敵愾心

てきかく【的確】 〈適確〉確実で間違いないようす。てっかく。▽―に判断する。adequate　的確

てきかく【適格】 資格に当てはまること。てっかく。▽選手として―である。qualified　適格

てきがた【敵方】 敵の方。対味方。　敵方

てきき【手利き】 腕利き。　手利き

てきぎ【適宜】 ❶程よくかなっているようす。▽―な処置。❷各自がよいと思うようにするようす。類❷随　適宜

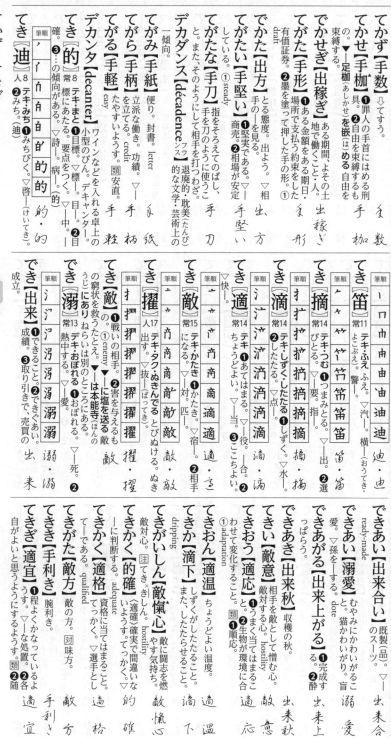

意。注適×宜。

てきごう【適合】ある条件や事情によく当てはまること。adaptation　適合

できごころ【出来心】その場でつい起こる悪い心。　出来心

できごと【出来事】世の中で起こる事がら。event　出来事

てきざいてきしょ【適材適所】その人の能力が生かせる仕事・地位につけること。注適×才適所。　適材

てきさく【適作】土地に適した作物。　適作

てきし【敵視】敵とみなすこと。敵意をもって見ること。　敵視

てきじ【適時】ちょうどよい時。timely　適時

できし【溺死】水におぼれて死ぬこと。水死。drowning　溺死

てきしゃせいぞん【適者生存】生存競争で、適者だけが生き残ること。　適者

てきしゅ【敵手】❶競争相手。❷敵の勢力。①rival　敵手

てきしゅう【敵襲】敵が襲って来ること。enemy attack　敵襲

てきしゅつ【摘出】❶(手術などで)とり出すこと。❷ぬき出すこと。　摘出

てきじょう【敵情】〈敵状〉敵のようす。▽―をさぐる。　敵情

てきしょく【適職】その人に適した職業。適業。suitable occupation　適職

てきじん【敵陣】敵の陣地。敵営。　敵陣

てきず【手傷】〈手創〉戦って受けた傷。　手傷

テキスト【text】❶教科書。また、副読本。❷原典。原文。❸台本。❹コンピュータで扱う文字データ。①textbook

てきする【適する】❶よく合う。❷ふさわしい資格・能力がある。▽議長に―した人物。①②be suitable　適する

てきする【敵する】❶敵対する。❷匹敵する。②match ▼衆寡(しゅうか)―せず 少数と多数では戦いにならない。　敵する

てきせい【適正】当を得て正しいこと。▽―な価格。reasonable　適正

てきせい【適性】性格・性質などがそのことに適していること。▽―を欠く。―検査。aptitude　適性

てきせい【敵性】敵とみなされる性質。　敵性

てきせい【敵勢】敵の軍勢・勢力。　敵勢

てきせつ【適切】よく当てはまるようす。suitable　適切

てきたい【敵対】相手を敵として対立すること。▽時の政府に―する。―心。hostility　敵対

できだか【出来高】❶でき上がった量。生産高。❷農作物の収穫高。❸売買取引の成立した総額。　出来高

てきち【適地】ある目的に適した土地。　適地

てきち【敵地】敵の領地。　敵地

てきちゅう【的中】❶命中。❷〈適中〉予想があたること。②coming true　的中

てきど【適度】ほどよい程度。moderate　適度

てきとう【適当】❶適切なこと。▽―な人物がいない。❷適度。❸いいかげんなこと。▽―にやる。　適当

てきにん【適任】その任務にふさわしいこと。類適役。　適任

できばえ【出来映え】〈出来栄え〉でき上がり具合。　出来映

てきはつ【摘発】悪事などをあばいて公にすること。exposure　摘発

てきひ【適否】適当かどうか。適不適。　適否

てきびしい【手厳しい】ひどく厳しい。対手ぬるい。severe　手厳

てきひょう【適評】適切な批評。　適評

てきほう【適法】法にかなっていること。▽―行為。対違法。　適法

てきほんしゅぎ【敵本主義】人目をあざむく方法。「敵は本能寺にあり」から。　主義

てきめん【覿面】結果がすぐに現れるようす。▽効果―。immediately　覿面

できもの【出来物】ふきでもの。おでき。boil　出来物

てきや【的屋】香具師(やし)。テキ屋。　的屋

てきやく【適役】その人に当てはまっている役・役割。はまり役。　適役

てきよう【摘要】要点を抜き書きすること。類摘録。summary　摘要

てきよう【適用】当てはめて用いること。類応用。application　適用

てきりょう【適量】ちょうどよい分量。proper amount　適量

できる【出来る】❶仕上がる。❷つくられる。❸生じる。▽用事が―。❹可能だ。❺能力がある。❻生まれる。　出来る

てぎれ【手切れ】❶それまでの互いの関係を断つこと。絶縁すること。❷手切れ金の略。　手切れ

てきれい【適例】適切な例。類好例。　適例

てきれい【適齢】それにちょうどよいとされる年ごろ。▽―期。proper age　適齢

てぎれい【手奇麗】〈手綺麗〉手ぎわよく見事に仕上がるようす。▽―な仕上がり。neat　手奇麗

てきろく【摘録】要点をかいつまみ記すこと。類摘要。　摘録

てぎわ【手際】❶やり方。❷腕まえ。　手際

てきん【手金】手付け金。　手金

てぐす【天蚕糸】てぐす蚕(さん)という蛾(が)の幼虫を使って作った、無色透明の糸。釣り糸などに使う。silkworm gut　天蚕糸

てぐすねひく【手薬煉引く】十分に用意して待ちかまえる。　手薬煉

てくせ【手癖】手のくせ。▼―が悪い❶盗むくせがある。❷女ぐせが悪い。　手癖

てくだ【手管】人をだまし、操る手ぎわ。▽手練(てれん)―。　手管

てぐち【手口】犯行のやり方。trick　手口

でぐち【出口】外へ出ていくところ。対入口。　出口

テクニカル【technical】専門的。技術的。

テクニカル ターム【technical term】専門用語。学術用語。

テクノクラート【technocrat】技術畑出身の官僚。

でくのぼう【木偶の坊】役立たずをののしる語。dummy　木偶坊

テクノポリス【technopolis】先端技術産業中心の、高度技術集積都市。

テクノロジー【technology】科学技術。

てくばり【手配り】手配❶。類配備。　手配り

てくらがり【手暗がり】自分の手の陰になって手もとが暗いこと。　手暗

てぐるま【手車】❶小型の手押し車。❷二人が両手を組んで、その上に人を乗せること。①handcart　手車

でくわす【出会す】偶然に出会う。でっくわす。come across　出会す

でげいこ【出稽古】❶先生が弟子の所に出向いて教えること。❷相撲で、よその部屋へ出向いて稽古をすること。　出稽古

てこ【梃子】〈梃〉小さい力で重い物を動かすときに使う棒。lever ▼―でも動かない　どんなにしても動かない。　梃子

てこいれ【梃入れ】助けをあたえて局面を打開できるようにすること。　梃入れ

てごころ【手心】むりのないように、適当に扱うこと。手加減。▽―を加える。　手心

てこずる【手古摺る】処置に困ってもてあます。手に負えない。　手古摺

てごたえ【手応え】〈手答え〉❶働きかけに対する反応。❷手に受ける感じ。①response　手応え

でこぼこ【凸凹】高低があって平らでないこと。凹凸(おうとつ)。uneven　凸凹

てごま【手駒】❶将棋で、もちごま。❷部下。手下。　手駒

てごめ【手込め】〈手籠め〉強姦(ごうかん)。　手込め

てごろ【手頃】❶手で扱うのにちょうどよいようす。❷条件にかなうようす。▽―な値段。類❷適当。①handy　手頃

てごわい【手強い】かなり強い。tough　手強い

でさかる【出盛る】❶人が大ぜい出る。❷その季節の作物がたくさん出回る。▽花見客が―ころ。　出盛る

てさき【手先】❶人に使われる者。手下。❷指先。類❶子分。①pawn　手先

でさき【出先】外出している先。　出先

てさぐり【手探り】❶手先の感じでさぐり求めること。❷勘をたよりに物事を行うこと。①groping　手探り

てさげ【手提げ】手に提げること・物。　手提げ

てさばき【手捌き】手先で扱うこと。また、その手つき。handling　手捌き

てざわり【手触り】手で触れたときの感じ。▽柔らかい―。touch　手触り

デシ【déci- フランス】メートル法で基本単位の一〇分の一の意。記号d

でし【弟子】教えを受ける人。門弟。disciple 弟子

てしお【手塩】❶昔、各自の食膳においた塩。❷「手塩皿」の略。香の物などを取り分ける浅くて小さな皿。おてしょ。▼—に掛(か)ける 自分で世話をして育てる。 手塩

てした【手下】手先。部下。類子分。 手下

デジタル【digital】データを数値で表すこと・方式。対アナログ。▼—ディバイド 情報格差。

てじな【手品】手先の技で不思議なことをして見せる芸。類奇術。magic 手品

デシベル【decibel】音量・電力などを標準と比較して表す単位。記号dB

てじめ【手締め】事を祝って掛け声に合わせ、手を打ち鳴らすこと。手打ち。 手締め

てじゃく【手酌】自分で自分の飲む酒をつぐこと。類独酌。 手酌

でしゃばる 関係ないことに手出し口出しをする。

てじゅん【手順】物事をする順序。類段取り。procedure 手順

てじょう【手錠】罪人・容疑者の手首にはめる錠。handcuffs 手錠

てしょく【手燭】柄つきの小さな燭台。 手燭

てしょく【手職】手先を使う仕事・職業。handicraft 手職

てすう【手数】手間のかかる度合い。骨折り。てかず。trouble 手数

てすうりょう【手数料】手間・サービスの報酬。commission 手数料

てずから【手ずから】自分の手で。みずから。personally 手ずから

てすき【手透き】〈手隙〉手があいていること。ひまなこと。free 手透き

ですぎる【出過ぎる】❶度を超えて出る。❷でしゃばる。 出過ぎ

デスクトップ【desktop】机上用・卓上型。特に、机上型のパソコン。

デスクワーク【desk work】机でする仕事。

てすさび【手遊び】てなぐさみ。 手遊び

てすじ【手筋】❶書画・芸事などの素質。❷手のひらの筋。①aptitude 手筋

でずっぱり【出突っ張り】ずっと出続けること。出っぱなし。 出突張

テストケース【test case】試験台。

てすり【手摺り】橋・階段などのふちに取り付けてある横木。handrail 手摺

てせい【手製】手作り。お手製。 手製

てぜい【手勢】直接指揮する軍勢。 手勢

てぜま【手狭】家・部屋などが人数などに比べてせまいこと。cramped 手狭

てそう【手相】手のひらに表れる運勢。 手相

でぞめしき【出初め式】新年に消防士が出そろって行う儀式。 出初め

でそろう【出揃う】出るべき人やものが、残らず出る。 出揃う

てだい【手代】昔、商店で、番頭の下、丁稚(でっち)より上の使用人。 手代

てだし【手出し】❶けんかなどをしかけること。❷進んで関係すること。❸余計な世話をやくこと。②③meddling 手出し

てだすけ【手助け】手伝うこと。help 手助け

てだて【手立て】方法。手段。▽—を尽くす。way 手立て

てだま【手玉】おてだま。▼—に取る 人を思うままに操る。 手玉

でたらめ【出鱈目】いいかげんで、筋が通らないこと。 出鱈目

てだれ【手練れ】〈手足れ〉腕利(き)き。 手練れ

デタント【détente フランス】緊張緩和。

てぢか【手近】❶すぐそば。❷わかりやすいこと。類❶❷身近。②familiar 手近

てちがい【手違い】物事の手はずを間違えること。slip-up 手違い

てちょう【手帳】〈手帖〉小さな帳面。 手帳

てつ〔迭〕常8 テツ 他の人とかえる。▽更—。 迭・迭

筆順 ノ ㇟ 𠂉 生 失 失 迭 迭

てつ〔哲〕常10 テツ 道理をよく知る。賢い(人)。▽—人。先—。 哲・哲

筆順 扌 扌 扩 扩 折 折 哲 哲

てつ〔鉄〕常13 テツ ❶てつ。金属の一。▽鋼—。❷かたく強いもの。▽—則。❸鉄道。▽—路。(鐵)

てつ〔徹〕常15 テツ つらぬきとおす。▽—夜。—底。貫—。 徹・徹

筆順 彳 彳 彳 彳 徉 徹 徹

てつ〔撤〕常15 テツ じゃまな物をとりのぞく。▽—回。—去。—廃。 撤・撤

筆順 扌 扌 扌 扌 揹 撤 撤

てつ〔轍〕19 テツ・わだち 地面にできる車輪のあと。▽前—。 轍・轍

てつ【鉄】❶金属元素の一。記号Fe ❷かたく強いこと。変わらぬこと。▽—の意志。❸「鉄道」の略。①iron ▼—は熱いうちに打て ❶人は若いうちに鍛えよ。❷時機を失するな。 鉄・銕

筆順 ⺈ 牟 金 釒 釒 鈩 鉄

てつ【轍】あと。❶車が通ったあとに残る車輪のあと。❷先例。▼—を踏(ふ)む 前の人の失敗を同じようにくり返す。 轍

てつか【鉄火】❶料理で、生のまぐろを使ったもの。▽—丼(どん)。❷真っ赤に焼いた鉄。❸ばくち打ち。❹気性は激しいが、さっぱりしていること。鉄火肌。 鉄火

てっかい【撤回】一度提出したものをひっこめること。withdrawal 撤回

てっかく【的確】⇩てきかく。 的確

てっかく【適格】⇩てきかく。 適格

てつがく【哲学】❶人生・世界・事物の根本的な原理を探求する学問。❷人生観。世界観。①philosophy 哲学

てっかば【鉄火場】ばくち場。 鉄火場

てつかぶと【鉄兜】戦場や工事現場などでかぶる頭部を守るための金属製の帽子。steel helmet 鉄兜

てっかん【鉄管】鉄製の管。iron pipe 鉄管

てっき【鉄器】鉄製の器具。 鉄器

てっきょ【撤去】取り払うこと。類撤収。removal 撤去

てっきょう【鉄橋】鉄材でつくった橋。特に、鉄道用の橋。railroad bridge 鉄橋

てっきん【鉄琴】鉄片を調律して並べた打楽器。glockenspiel 鉄琴

てっきん【鉄筋】❶建築・土木で、コンクリートの中に入れる鉄の棒。❷鉄筋コンクリート。 鉄筋

てつけ【手付け】契約した保証に、前渡しする代金の一部。手付け金。手金。deposit 手付け

てっけつ【鉄血】兵器と兵力。軍備。 鉄血

てっけん【鉄拳】強くにぎりしめたこぶし。▽—制裁。fist 鉄拳

てっこう【鉄鉱】鉄の原料となる鉱石。鉄鉱石。iron ore 鉄鉱

てっこう【鉄鋼】鉄とはがね。また、鋼鉄。steel 鉄鋼

てっこつ【鉄骨】建造物の骨組みにする鉄材。steel frame 鉄骨

てっさ【鉄鎖】❶鉄のくさり。❷厳しい束縛。 鉄鎖

てっさく【鉄柵】鉄製のさく。 鉄柵

てっさく【鉄索】鉄の針金をより合わせたつな。鋼索。wire rope 鉄索

てっしゅう【撤収】❶取り去ること。❷撤退。類❶撤去。①❷removal 撤収

てっしょう【徹宵】徹夜(てつや)。 徹宵

てつじょうもう【鉄条網】有刺鉄線を張った柵(さく)。barbwire fence 鉄条網

てっしん【鉄心】❶鉄のように堅固な心。❷芯(しん)として入れる鉄。 鉄心

てつじん【哲人】❶深い知識をもつ、すぐれた人。❷哲学者。②philosopher 哲人

てつじん【鉄人】鉄のように心身が強い男性。 鉄人

てっする【徹する】❶最後まで押し通す。▽清貧に—。❷貫き通る。▽眼光紙背に—。❸全部を経る。▽夜を—して。 徹する

てっする【撤する】取り除く。引き払う。remove 撤する

てっせき【鉄石】非常に堅固なこと。 鉄石

てっせん【鉄扇】骨が鉄製の扇子。 鉄扇

てっせん【鉄線】鉄製の針金。steel wire 鉄線

てっそく【鉄則】動かすことのできないきびしい規則。ironclad rule 鉄則

てったい【撤退】陣地などを取り払って退くこと。撤収。withdrawal 撤退

てつだう【手伝う】❶手助けをする。❷他の原因が加わる。▽寒さも—って風邪が悪化する。①help 手伝う

でっち【丁稚】昔、商家などに年季奉公をした少年。小僧。 丁稚

て

でっちあげる【捏ち上げる】❶ないことをあるように作り上げる。❷なんとか形だけ作る。①make up　捏ち上

でっちり【出っ尻】しりが突き出ていること。また、そのしり。　出っ尻

てっつい【鉄槌】〈鉄鎚〉❶大形の金づち。❷制裁。▽―を下す。①hammer　鉄槌

てつづき【手続き】物事を行う順序・方法。事務上の手順。procedure　手続き

てってい【徹底】❶十分に行き渡らせること。❷貫き通すこと。　徹底

てつどう【鉄道】レール上に車両を走らせる交通機関。railroad　鉄道

てっとうてつび【徹頭徹尾】始めから最後まで。あくまでも。注徹×底徹尾。thoroughly　徹頭

デッドエンド【dead end】❶行きどまり。袋小路。❷行きづまった状態。

デッドストック【dead stock】むだな在庫。不良在庫。

デッドヒート【dead heat】激しい競り合い。

デッドライン【deadline】❶越えてはならない限界。死線。❷最終期限。新聞社などの、原稿の締め切り時間。

てっとりばやい【手っ取り早い】❶すばやい。❷手間がかからない。　手取早

デッドロック【deadlock】❶行き詰まり。❷暗礁。②sunken rocks

てっぱい【撤廃】規則・制限などをとりやめること。類廃止。abolition　撤廃

でっぱる【出っ張る】一部分が突き出る。stick out　出っ張

てっぴつ【鉄筆】❶謄写版の原紙に書く、鉄のしんのついたペン。❷印刻に使う小刀。①stylus　鉄筆

てつびん【鉄瓶】鉄製の湯沸かし。　鉄瓶

てっぷのきゅう【轍鮒の急】さし迫った危険や困窮のたとえ。　轍鮒

てっぺい【撤兵】軍隊を引き揚げること。対出兵。　撤兵

てっぺき【鉄壁】非常にかたい守り。　鉄壁

てっぺん【天辺】いただき。頂上。top　天辺

てつぼう【鉄棒】❶鉄製の棒。❷二本の柱に鉄の棒を取り付けた体操用具(で行う体操競技)。②horizontal bar　鉄棒

てっぽう【鉄砲】❶小型の兵器。小銃。❷相撲で、突き(のけいこ)。❸河豚(ふぐ)。①gun　鉄砲

てっぽうだま【鉄砲玉】❶弾丸。❷使いに行ったまま帰ってこないこと。❸かたくて丸いあめ。　鉄砲玉

てっぽうみず【鉄砲水】川が急激に増水し、奔流となる現象。flash flood　鉄砲水

てづまり【手詰まり】手段・方法が行き詰まること。　手詰り

てつめんぴ【鉄面皮】あつかましいこと・人。厚顔。鉄面。impudent　鉄面皮

てつや【徹夜】一晩じゅう起きていること。徹宵。夜明かし。　徹夜

てつり【哲理】哲学上の道理。また、奥深い道理・真理。　哲理

てづる【手蔓】❶手がかり。糸口。❷つて。縁故。コネ。②connections　手蔓

てつろ【鉄路】鉄道線路。rail　鉄路

てつわん【鉄腕】強い腕(力)。　鉄腕

デテール【detail】⇨ディテール。

でどころ【出所】〈出処〉❶出てきたもと。❷出口。❸出るのにふさわしい場面・時。▽―を間違える。①source　出所

てどり【手取り】実際に受け取る金額。　手取り

てなおし【手直し】不完全なところを直すこと。類修正。補正。補修。　手直し

でなおす【出直す】❶改めて出かける。❷やり直す。　出直す

てなぐさみ【手慰み】❶退屈しのぎにすること。手すさび。❷ばくち。　手慰み

てなずける【手懐ける】❶なつかせる。ならす。❷うまくあやつって味方に引き入れる。①tame　手懐け

てなべ【手鍋】つるのついたなべ。▼―提げても好きな人と結婚できるならどんな貧乏でもいいということ。　手鍋

てなみ【手並み】腕前。▽お―拝見。skill　手並み

てならい【手習い】❶習字。❷学問・芸事などのけいこ。▽六十の―。②learning　手習い

てなれる【手慣れる】〈手馴れる〉❶使いなれる。❷熟練する。②be practiced　手慣れ

テナント【tenant】 貸しビルやマンションの借り主。入居者。

デニール【denier】 絹糸やナイロン糸の太さの単位。

デニム【denim】 厚い綿のあや織物。

てぬかり【手抜かり】 手落ち。 手抜か

てぬき【手抜き】 手数を省くこと。corner-cutting 手抜き

てぬぐい【手拭い】 手や顔・体をふくための木綿の布。 手拭い

てぬるい【手緩い】 ❶寛大すぎる。❷やり方がのろい。図❶手厳しい。①②slack 手緩い

てのうち【手の内】 ❶手のひら。❷腕前。▽—は知り尽くしている。❸心の中の考え。❹勢力範囲。 手の内

てのうら【手の裏】 手のひら。▼—を返す 急に態度を変える。 手の裏

てのひら【手の平】 〈掌〉手の、握ったときに内側になる部分。palm 手の平

デノミネーション【denomination】 通貨の呼称単位の変更。デノミ。redenominationのこと。

てのもの【手の物】 ❶所有物。❷得意とするもの。▽お—。 手の物

てのもの【手の者】 手下。配下。 手の者

てはい【手配】 ❶準備をととのえること。▽会場の—をする。❷犯人逮捕の指令・配置。▽指名—。①arrangements 手配

でばかめ【出歯亀】 女湯などをのぞく変質者。でばがめ。 出歯亀

てばこ【手箱】 身の回りの小道具などをしまっておく箱。casket 手箱

てはじめ【手始め】 〈手初め〉物事をする第一歩。しはじめ。start 手始め

でばしょ【出場所】 ❶出てくるところ。でどころ。❷出ていくところ。❸産地。 出場所

てはず【手筈】 段どり。準備。▽—をととのえる。類手順。 手筈

てばた【手旗】 ❶手に持つ小旗。❷信号用の、赤白一組みの小旗。①②flag 手旗

てばな【手鼻】 紙を使わず、指先を使って鼻をかむこと。▽—をかむ。 手鼻

ではな【出端】 〈出鼻〉❶出たとたん。❷し始めたとたん。出鼻(でばな)。▼—を挫(くじ)く 意気込んで始めようとするところを妨げる。 出端

でばな【出花】 湯を注いだばかりの、香りのよい最初の茶。▽番茶も—。 出花

でばな【出鼻】 ❶山の端(は)や岬の突き出た所。❷出端(ではな)❷。 出鼻

てばなし【手放し】 ❶手を放すこと。❷おおっぴらなこと。❸無条件。 手放し

てばなす【手放す】 ❶所有物を人手に渡す。売る。❷遠くに放す。▽子供を—。図手×離す。 手放す

てばなれ【手離れ】 ❶子が成長し、世話を必要としなくなること。❷製品が完成して、関係がなくなること。 手離れ

でばぼうちょう【出刃包丁】 刃のみねの厚い、先のとがった包丁。 出刃

てばやい【手早い】 すばやい。すばしこい。quick 手早い

ではらう【出払う】 全部出る。 出払う

でばる【出張る】 ❶でっぱる。❷出向く。 出張る

でばん【出番】 ❶舞台などに出る番。❷出て活躍する番。出る幕。 出番

てびかえ【手控え】 ❶ひかえめにすること。少なめにすること。❷メモ。❸予備のもの。①turn 手控え

てびき【手引き】 ❶導くこと・人。案内。❷手ほどき(の本・人)。❸手づる。つて。①guide 手引き

てひどい【手酷い】 非常にひどい。厳しい。severe 手酷い

てびょうし【手拍子】 手をたたいて拍子をとること。図足拍子。 手拍子

てびろい【手広い】 範囲・規模が広い。extensive 手広い

てふうきん【手風琴】 アコーディオン。 手風琴

デフォルト【default】 ❶債務不履行。❷初期設定値。❸俗に、最初からそうであること。

デフォルメ【déformer フランス】 誇張・変形して表現すること。

てふき【手拭き】 手などをふく布・紙。 手拭き

てぶくろ【手袋】 防寒・作業用などに手をおおうもの。gloves 手袋

でぶしょう【出無精】 〈出不精〉外出をおっくうがること・人。 出無精

てぶそく【手不足】 人手不足。 手不足

てふだ【手札】 トランプ・花札などの持ち札。 手札

でふね【出船】 船が港を出て行くこと。また、その船。類出帆。対入り船。 出船

てぶり【手振り】 気持ちを表す手つき。 手振り

てぶんこ【手文庫】 文房具・手紙などを入れておく小さい箱。類手箱。 手文庫

てべんとう【手弁当】 ❶自費で他人のためにすること。自弁。❷弁当持参で働きに行くこと。 手弁当

デポ【dépôt フランス】 ❶荷物置き場。❷百貨店などの商品集配中継所。

でほうだい【出放題】 ❶出る一方のこと。❷出まかせ。 出放題

デポジット【deposit】 ❶預かり金。▽—制度。❷手付金。保証金。

てほどき【手解き】 物事の初歩を教えること。initiation 手解き

てほん【手本】 ❶習字・絵などで、それを見て練習するもの。❷模範とするもの。▽—を示す。②model 手本

てま【手間】 ❶仕事に要する労力・時間。手数。❷「手間賃」の略。①trouble 手間

てまえ【手前】 ❶自分の前。こちら。❷体裁。❸腕前。❹〈点前〉茶の湯の作法。❺自分の謙譲語。 手前

てまえ【点前】 〈手前〉茶道で、茶をたてる作法。点前(たてまえ)。 点前

でまえ【出前】 仕出し。 出前

でまかせ【出任せ】 口から出るのにまかせて、でたらめを言うこと。 出任せ

てまくら【手枕】 腕を曲げて、まくらの代わりにすること。うでまくら。 手枕

てまじごと【手間仕事】 ❶手間のかかる仕事。❷賃仕事。 仕事

てまちん【手間賃】 手間❶に対する賃金。手間代。 手間賃

でまど【出窓】 壁の外に突き出た窓。 出窓

てまどる【手間取る】 時間・手数がかかる。 手間取

てまね【手真似】 手でまねて表現すること。gesture 手真似

てまねき【手招き】 手で来るように示すこと。beckoning 手招き

てまめ【手忠実】 ❶面倒がらずにするようす。▽—に手紙を書く。❷手先が器用なようす。 手忠実

てまり【手毬】 〈手鞠〉手でついて遊ぶまり。また、その遊び。 手毬

てまわし【手回し】 ❶前もってする準備。❷手で回すこと。類❶手配。 手回し

てまわり【手回り】 身の回り。 手回り

でまわる【出回る】 品物が市場に行き渡る。 出回る

てみじか【手短】 簡単なようす。手っ取り早いようす。 手短

でみず【出水】 大水(おおみず)。洪水。flood 出水

でみせ【出店】 ❶支店。❷屋台。露店。②stand 出店

てみやげ【手土産】 訪問のときに持って行く、簡単なみやげ。 手土産

てむかう【手向かう】 立ち向かう。反抗する。resist 手向う

でむかえる【出迎える】 出て行って人を迎える。 出迎え

でむく【出向く】 出かけて行く。 出向く

デメリット【demerit】 欠点。短所。不利な点。対メリット。

てもちぶさた【手持ち無沙汰】 することがなく所在ないこと。 無沙汰

てもと【手元】 〈手許〉❶身近。❷手の動き。▽—が狂う。❸手元金。▽—不如意。 手元

でもどり【出戻り】 離婚して実家に帰ること・女性。 出戻り

てもなく【手も無く】 たやすく。 手も無

でもの【出物】 ❶安く売りに出された不動産・中古品。❷おでき。❸おなら。 出物

てもり【手盛り】 ❶自分で食べ物を盛ること。❷お手盛り。 手盛り

でよう【出様】 対応の仕方。出方。 出様

てら【寺】 僧が住んで修行や仏事を行う所。寺院。temple 寺

てらう【衒う】 自分の才能・知識などを見せびらかす。▽奇を—。 衒う

てらこや【寺子屋】 江戸時代、庶民の子供に読み書き・そろばんを教えた所。注寺×小屋。 寺子屋

テラス【terrace】 屋外に張り出した床部分。

てらす【照らす】 ❶光を当てて明るくする。❷くらべ合わせる。▽法律に—して判断する。①light 照らす

テラスハウス【terrace house】 各戸に庭・テラスのある二階建て集合住宅。

てらせん【寺銭】 ばくち場の借り賃。類場所代。 寺銭

てりかえし【照り返し】 熱や光の反射。reflection 照返し

デリカテッセン【Delikatessen ドイツ】 洋風の総菜(を売る店)。

デリケート【delicate】 ❶微妙なようす。❷繊細なようす。

デリシャス【delicious】 非常においしいようす。

テリトリー【territory】 ❶領土。❷受け持ち領域。❸動物のなわばり。

てりはえる【照り映える】 光が当たって美しく輝く。 照り映

デリバリー【delivery】 配達。

てりょうり【手料理】 その人が自分で作った料理。 手料理

てる【照る】 ❶光を出す。輝く。❷晴れる。①shine 照る

でる【出る】 ❶中から外へ移る。❷基準をこえる。❸行きつく。通じる。❹出発する。❺卒業する。❻発表される。❼特定の場所へ行く。❽売れる。❾あらわれる。❿起こる。生じる。⓫与えられる。①go out ③lead ▼―杭(くい)は打たれる ❶すぐれて目立つ人は、とかく人から憎まれる。❷出しゃばると、制裁を受ける。▼―所へ出る 警察・法廷などに出て、裁断をあおぐ。 出る

てるてるぼうず【照る照る坊主】 晴天を祈ってつるす簡単な人形。 坊主

テレカ 「テレフォンカード」の略。

てれかくし【照れ隠し】 人前で恥ずかしさをごまかそうとすること。 照れ隠

てれくさい【照れ臭い】 きまりが悪い。embarrassed 照れ臭

テレビゲーム テレビ画面上でするコンピュータ・ゲーム。television gameから。

テレビショッピング テレビを利用した商品の販売。和製語。

テレフォンカード 公衆電話で、硬貨のかわりに使う磁気カード。和製語。

テレフォンショッピング【telephone shopping】 電話で購入を申し込む通信販売。

てれる【照れる】 恥ずかしがる。きまり悪がる。feel shy 照れる

てれんてくだ【手練手管】 人を操ったりだましたりする手段。注×しゅれんてくだ。 手練

テロップ【telop】 テレビ画面に、カメラを通さずに映し出す字幕(の装置)。

てわけ【手分け】 一つの仕事を何人かで分担して行うこと。 手分け

てわざ【手業】 手仕事。 手業

てん〔天〕 常4 テン・あめ・あま ❶大空。▽晴―。❷天気。▽雨―。❸自然の。▽―災。❹神。▽―罰。❺うまれつき。▽―分。

筆順　一 二 チ 天

天・て

てん〔典〕 常8 テン ❶書物。▽辞―。❷基準。▽―範。❸儀式。▽―礼。祭―。

筆順　丨 冂 巾 冊 冊 曲 典 典

典・典

てん〔店〕 常8 テン・みせ ❶みせ。物を売る家。▽売―。❷貸し家。▽―子(たなこ)。

筆順　丶 亠 广 广 庐 店 店 店

店・店

てん〔点〕 常9 テン ❶小さな印。▽―線。❷場所。部分。▽終―。汚―。❸評価。▽―数。得―。❹ちょっとする。▽―検。❺火をつける。▽―火。―滅。(點)

筆順　丨 卜 卜 占 占 占 点 点 点

点・点

てん〔展〕 常10 テン ❶広がる。広げる。▽―開。❷広く見る。▽―望。❸ならべる。▽―示。

筆順　コ 尸 尸 屈 屈 屈 展 展

展・展

てん〔添〕 常11 テン・そえる・そう つけ加える。そう。▽―削。―付。

筆順　氵 汀 汗 沃 添 添 添 添

添・添

てん〔甜〕 11 テン あまい。▽―菜(てんさい)(＝さとうだいこん)。

甜・甜

てん〔転〕 常11 〔轉〕人18 テン・ころがる・ころげる・ころがす・ころぶ ❶ころがる。ころがす。▽回―。❷たおれる。▽横―。❸方向がかわる。▽―職。流―(るてん)。

筆順　一 百 亘 車 車 転 転 転

転・転

てん〔塡〕 常13 〔填〕13 テン ふさぐ。うずめる。▽充―。補―。

筆順　扌 圹 坧 埴 埴 塡 塡 塡

塡・填

てん〔顚〕 人19 〔顛〕19 テン ❶いただき。❷始め。▽―末(てんまつ)。❸たおれる。▽―倒。

筆順　一 匕 旨 直 眞 顚 顚 顚

顚・顛

てん〘纏〙人21 **テン・まとう** ❶まとう。まつわる。▽—足(てんそく)。❷まとい。
筆順 纏
纏・纒

てん〘殿〙⇩でん

てん【天】❶地上高くに広がる空間。❷万物の支配者。❸天国。類❶空。対❶地。①sky ▼**—知る地知る我知る人知る** 悪事は必ずいつか露見(ろけん)するものだ。▼**—高く馬肥ゆる秋** 秋のさわやかな季節をいうことば。▼**—の配剤**(はいざい) この世の物事は、すべて神がうまくとりしきっているということ。▼**—の美禄**(びろく) 天からの賜り物。酒のこと。▼**—は二物**(にぶつ)**を与**(あた)**えず** 人間はそんなにいくつもの長所をもってはいない。▼**—を焦**(こ)**がす** 火災の炎のすさまじいようす。▼**—を摩**(ま)**する** 高くそびえる。
天

てん【典】式典。▽華燭(かしょく)の—。
典

てん【点】点・小数点・返り点など。❶小さいもの・印。❷符号。読点・小数点・返り点など。❸評価。❹特定の事柄。▽その—が問題だ。❺位置。場所。❻得点・評点・品数を数える語。①dot
点

てん【貂】獣の一。いたちに似ている。毛皮が珍重された。marten
貂

でん〘田〙常5 **デン・た** ❶耕地。❷生産する所。▽—園。塩—。
筆順 丨 冂 冂 田 田
田・田

でん〘伝〙常6〘傳〙人13 **デン・つたわる・つたえる・つたう** ❶つたえる。▽—言。❷言いつたえ。▽—説。
筆順 ノ イ 仁 仁 伝 伝
伝・傳

でん〘殿〙常13 **デン・テン・との・どの** ❶大きな建物。▽宮—。❷敬称。▽貴—。
筆順 殿
殿・殿

でん〘電〙常13 **デン** ❶いなずま。❷電気。▽発—。❸電車。▽終—。
筆順 電
電・電

でん〘澱〙16 **デン・おり・よどむ** 水底に沈んでたまる(もの)。▽沈—。
澱・澱

でん【伝】❶言い伝え。❷やり方。❸伝記。注釈書。
伝

でんあつ【電圧】電位の差。単位はボルト(V)。voltage
電圧

てんい【天意】神の心。また、自然の道理。類神意。
天意

てんい【転位】位置が変わること。
転位

てんい【転移】場所が移ること。場所を移すこと。類移転。transition
転移

てんいむほう【天衣無縫】❶詩文などが技巧のあとがなく、美しいようす。❷天真爛漫(らんまん)。
無縫

てんいん【転院】入院患者が他の病院に変わること。
転院

てんうん【天運】❶天の定めた運命。天命。❷天体の運行。①fate
天運

でんえん【田園】❶田や畑。❷田舎。郊外。②country
田園

てんおん【転音】語音が本来の形から転じ変わること。また、その音。
転音

てんか【天下】❶全世界。全国。❷世間。世の中。❸支配権。❹思うままにふるまうこと。①②the world ▼**—晴れて** だれに遠慮することもなく。
天下

てんか【点火】火をつけること。
点火

てんか【添加】他の物を付け加えること。▽食品—物。addition
添加

てんか【転化】他の状態に移り変わってゆくこと。転じること。▽意味の—。transformation
転化

てんか【転嫁】罪や責任などを他人になすりつけること。▽責任—。注責任転×化。
転嫁

てんが【典雅】上品でみやびやかなようす。▽—な舞い。graceful
典雅

でんか【伝家】代々家に伝わること。家伝。▼**—の宝刀** 大事なとき以外はめったに使わない方法・手段。
伝家

でんか【殿下】陛下以外の皇族・王族の敬称。
殿下

でんか【電化】電気を利用するようになること。▽—製品。electrification
電化

てんかい【展開】繰り広げること。広がること。▽—図。development
展開

てんかい【転回】くるっと回って向きをかえること。turn
転回

てんがい【天涯】❶空の果て。❷故郷を遠く離れた地。▼**—の孤児**(こじ) 全くのみなしご。
天涯

てんがい【天蓋】❶仏像・棺などの上にかざすかさ。衣笠(きぬがさ)。❷虚無僧(こむそう)のかぶる深い編みがさ。①canopy
天蓋

てんがいこどく【天涯孤独】広い世の中に身寄りが一人もいないこと。
孤独

てんかいっぴん【天下一品】世間にただ一
一品

つというほどすぐれていること。

てんかく【点画】 漢字の、点と線。 点画

てんがく【転学】 生徒・学生が他の学校へ移ること。類転校。 転学

でんがく【田楽】 ❶昔の芸能の一。田の神に豊作を祈るもの。❷豆腐などを串(くし)にさし、みそをぬって焼く料理。 田楽

でんがくざし【田楽刺し】 串や刀でさし貫くこと。 田楽刺

てんかふん【天花粉】 (天瓜粉)あせもの治療・予防用の白い粉。 天花粉

てんかわけめ【天下分け目】 勝敗を決する分かれ目。 分け目

てんかん【展観】 一般に陳列して見せること。類展覧。exhibition 展観

てんかん【転換】 方向・方針・気持ちなどをかえること。また、かわること。change 転換

てんかん【癲癇】 発作的にけいれんを起こしたり、気を失ったりする病気。 癲癇

てんがん【天顔】 天子の顔。 天顔

てんがん【点眼】 薬液を目にさすこと。▽—剤。 点眼

てんがんきょう【天眼鏡】 大型の拡大鏡。 天眼鏡

てんき【天気】 ❶空模様。❷晴天。❸人の機嫌(が変わりやすいこと)。類❶天候。①weather 天気

てんき【天機】 ❶天地造化の秘密。❷天性。❸天子の機嫌。▼—を漏(も)らす 重大な秘密を人に知らせる。 天機

てんき【転記】 他に書き写すこと。 転記

てんき【転機】 他の状態に変わるきっかけ。転換期。▽人生の—。turning point 転機

てんぎ【転義】 語の本来の意味から転じた別の意味。 転義

でんき【伝奇】 怪奇・幻想的な物語。▽—小説。romance 伝奇

でんき【伝記】 ある人の一生の事績を記したもの。biography 伝記

でんき【電気】 ❶電荷・電気エネルギーの総称。❷電灯。①electricity 電気

でんき【電器】 電気器具。▽—店。 電器

でんき【電機】 電力によって動く機械。 電機

てんきず【天気図】 地図上に、各地の同時刻の気象を記号・数字で表したもの。 天気図

でんきぶんかい【電気分解】 電流を通して化学反応をおこさせ、物質の成分を分けること。electrolysis 分解

てんきぼ【点鬼簿】 過去帳。 点鬼簿

てんきゅう【天球】 地球上の観測者を中心とした球の表面に、すべての天体があると考えたときの球体。 天球

でんきゅう【電球】 電灯のたま。bulb 電球

てんきょ【典拠】 正しいよりどころ。 典拠

てんきょ【転居】 住居を変えること。引っ越し。転住。転宅。move 転居

てんぎょう【転業】 商売変え。転職。 転業

でんきょく【電極】 電流の出入り口となる金属の板や棒。陽極と陰極。pole 電極

てんきん【転勤】 勤務場所が変わること。類転任。transference 転勤

てんぐ【天狗】 ❶鼻が高く顔が赤い、想像上の怪物。❷うぬぼれて自慢すること・人。▽—になる。 天狗

てんくう【天空】 空。大空。sky 天空

てんくうかいかつ【天空海闊】 度量が大きく、さっぱりしていること。 海闊

てんけい【天恵】 天の恵み。 天恵

てんけい【天啓】 天の啓示。 天啓

てんけい【典型】 同類中、最もその特徴を表している型・もの。▽文学青年の—。—的。type 典型

てんけい【点景】 (添景)風景画などで、趣を出すために風景に添えられた人・動物など。▽—人物。 点景

でんげき【電撃】 ❶感電によるはげしい衝撃。❷突然ではげしい攻撃。急襲。▽—作戦。①electric shock 電撃

てんけん【天険】 (天嶮)地勢が非常にけわしい所。また、自然の要害。 天険

てんけん【点検】 一つ一つ調べること。check 点検

でんげん【電源】 ❶電流をとる源。コードのさしこみ口など。❷電力を供給する源。▽—開発。①plug 電源

てんこ【典故】 典拠となる故事。故実。 典故

てんこ【点呼】一人一人名を呼び確認すること。roll call　点呼

てんこう【天候】(数日間にわたる)天気の具合。weather　天候

てんこう【転向】方向・方針・立場を変えること。類転身。conversion　転向

てんこう【転校】生徒が他の学校に移ること。▽—生。類転学。　転校

でんこう【電光】❶いなびかり。❷電灯の光。①lightning　電光

でんこうせっか【電光石火】非常にすばやいこと。▽—の早業(はやわざ)。　石火

てんこく【篆刻】印材に文字をほること。印刻。篆書体を用いたことから。　篆刻

てんごく【天国】❶キリスト教で、死後に行くという清浄な世界。❷苦しみや悩みのない、恵まれた環境。▽歩行者—。対❶❷地獄。①Heaven ②paradise　天国

でんごん【伝言】人に頼んで伝えること・ことば。ことづて。message　伝言

てんさい【天才】非常にすぐれた、生まれつきの才能(をもった人)。類秀才。genius　天才

てんさい【天災】自然現象による災害。対人災。natural calamity　天災

てんさい【甜菜】作物の一。根から砂糖をとる。砂糖大根。ビート。beet　甜菜

てんさい【転載】掲載された記事をそのまま他の印刷物にのせること。　転載

てんざい【点在】あちこちにぽつんぽつんとあること。類散在。　点在

てんさく【添削】他人の文章・答案などに手を加えて直すこと。correction　添削

てんさく【転作】それまで作っていた物と別の農作物を作ること。　転作

てんさん【天産】天然に産出すること。また、その産物。　天産

でんさんき【電算機】電子計算機。コンピュータ。computer　電算機

てんし【天子】君主。天皇。Emperor　天子

てんし【天使】❶キリスト教で、神からの使者。❷心優しく、清純な人。▽白衣の—。①②angel　天使

てんし【天資】天性。天質。▽—英明。　天資

てんし【展翅】標本にするため、昆虫の羽をひろげて固定すること。　展翅

てんじ【点字】目の不自由な人が指先でふれて読む、文字のかわりの符号。braille　点字

てんじ【展示】品物・作品などを並べて、多くの人に見せること。類展覧。exhibition　展示

でんし【電子】原子を構成している素粒子の一。負の電気量をもつ。electron　電子

でんじ【田地】⇩でんち。　田地

でんじき【電磁気】❶電気と磁気。❷電流による磁気。　電磁気

てんじく【天竺】「インド」の古称。　天竺

でんじしゃく【電磁石】鉄心にコイルを巻いたもの。電流を通すと磁石となる。electromagnet　電磁石

てんしつ【天質】天性。　天質

てんじつ【天日】太陽。　天日

でんしメール【電子メール】コンピュータ通信ネットワークでの、個人間の通信。Eメール。　電子

てんしゃ【転写】文章・絵・図形などをそのまま他から写し取ること。▽原本から図を—する。　転写

てんじゃ【点者】連歌・俳諧(はいかい)などで、作品の優劣を判定して評点をつける人。判者。　点者

てんしゃく【転借】人が借りた物をさらに借りること。また借り。　転借

てんしゅ【天主】キリスト教で、天にいる神。　天主

てんしゅ【店主】店の主人。マスター。storekeeper　店主

てんじゅ【天寿】天から授かった寿命。**▼—を全(まっと)うする** 寿命を終える。　天寿

てんじゅ【天授】天から授かること。　天授

でんじゅ【伝授】学問・技芸・秘伝などを教え授けること。instruction　伝授

でんしゅう【伝習】教えられて習うこと。　伝習

てんしゅかく【天守閣】城の本丸に建てられた物見やぐら。　天守閣

てんしゅきょう【天主教】カトリック教の別称。　天主教

てんしゅつ【転出】❶他の土地へ住所を移すこと。❷他の地　転出

方へ転任して行くこと。対❶転入。①moving-out

てんしょ【添書】 ❶使者・贈り物などに手紙を添えること。❷紹介状。　添書

てんしょ【篆書】 漢字書体の一。楷書(かいしょ)・隷書(れいしょ)のもとになった書体。　篆書

てんじょ【天助】 天の助け。天佑。　天助

てんしょう【天象】 ❶日・月・星などの天体の現象。❷天気。　天象

てんしょう【典章】 規則。おきて。　典章

てんじょう【天上】 ❶空。大空。❷昇天すること。▼―天下(てんげ)唯我独尊(ゆいがどくそん) 天地の間に自分より尊いものはないということ。　天上

てんじょう【天井】 ❶部屋の上部に板を張ったもの。❷相場や物価の上限。①②ceiling　天井

てんじょう【添乗】 旅行客につきそい案内すること。▽―員。　添乗

でんしょう【伝承】 風習などを後世へ伝えていくこと。tradition　伝承

てんじょうびと【殿上人】 清涼殿の「殿上の間(ま)」に昇ることを許された人。　殿上人

てんじょうむきゅう【天壌無窮】 物事が永遠に栄え続くこと。　天壌

てんしょく【天職】 生来の性質・才能に適した仕事。vocation　天職

てんしょく【転職】 職業を変えること。類転業。　転職

でんしょばと【伝書鳩】 帰巣性を利用した通信文を運ぶための鳩。homing pigeon　伝書鳩

テンション【tension】 ❶精神的な緊張。不安。❷気分。

てんじる【点じる】 ❶火や明かりをつける。▽灯(ともしび)を―。❷茶をたてる。▽一服―。　点じる

てんじる【転じる】 移る。移す。変わる。変える。▽話題を―。change　転じる

てんしん【天心】 空の真ん中。中天。　天心

てんしん【点心】 ❶中華料理で、軽い食べ物や菓子。❷間食。茶うけ。　点心

てんしん【転身】 職業・生活・思想などをすっかりかえること。類転向。▽歌手への華麗なる―。　転身

てんしん【転進】 ❶方向を変えて進むこと。❷退却すること。　転進

てんじん【天人】 天と人。　天人

てんじん【天神】 ❶天満宮。❷天の神。てんしん。対❷地祇(ちぎ)。　天神

でんしん【電信】 文字・数字などを電気信号にかえて伝送する通信方式。　電信

てんしんらんまん【天真爛漫】 飾りけがなくむじゃきで明るいこと。類天衣無縫。innocent　天真

てんすい【天水】 雨水。▽―桶(おけ)。　天水

てんせい【天成】 才能などが生まれつき身にそなわっていること。gifted　天成

てんせい【天性】 生まれつきの性質。稟質(ひんしつ)。天資。天質。▽―の朗らかさ。nature　天性

てんせい【展性】 圧力が加わるとのびひろがる金属の性質。　展性

てんせい【転生】 生まれ変わること。rebirth　転生

てんせい【転成】 別の性質のものに変わること。　転成

てんせき【典籍】 書物。本。　典籍

てんせき【転籍】 本籍・学籍などを他に移すこと。　転籍

でんせつ【伝説】 古くから語り伝えられてきた話。legend　伝説

てんせん【転戦】 (試合や戦争など)あちこちと場所を変えて戦うこと。　転戦

てんぜん【恬然】 平然としているようす。▽―として恥じない。　恬然

でんせん【伝染】 ❶病気がうつること。❷ある状態が他にうつること。①infection　伝染

でんせん【伝線】 ストッキングなどの破れ目が線状に広がること。run　伝線

てんそう【転送】 送られて来た物をさらに他へ送ること。forwarding　転送

でんそう【伝送】 伝え送ること。　伝送

でんそう【電送】 電流や電波で文字や写真を遠隔地へ送ること。　電送

てんそく【天測】 ある地点の経度・緯度を知るために、天体を観測すること。　天測

てんぞく【転属】 所属を変えること。所属が変わること。▽営　転属

業部に―する。transference

てんそん【天孫】❶天の神の子孫。❷日本神話で、瓊瓊杵尊(ににぎのみこと)のこと。 天孫

てんたい【天体】太陽・地球・月・星など、宇宙に存在する物体の総称。 天体

てんだい【椽大】たるきのような大きさ。▼―の筆 りっぱな文章。 椽大

てんたいしゃく【転貸借】賃借りしている物をまた貸しすること。 転貸借

てんたく【転宅】転居。 転宅

でんたく【電卓】「電子式卓上計算機」の略。電子計算機の技術を応用した小型の計算機。 電卓

でんたつ【伝達】命令や連絡などを伝え知らせること。▽命令を―する。―事項。transmission 伝達

てんたん【恬淡】〈恬澹〉あっさりして、欲がないこと。▽無欲―。類淡泊。 恬淡

てんち【天地】❶天と地。❷宇宙。世界。▽別―。❸上下。 天地

てんち【転地】住む土地を変えること。▽―療法。 転地

でんち【田地】田として使う土地。でんじ。▽―田畑。 田地

でんち【電池】乾電池・蓄電池など、電流を発生させる装置。battery 電池

てんちかいびゃく【天地開闢】世界のできはじめ。 開闢

てんちじん【天地人】❶天と地と人。宇宙のすべてのもの。❷三つのものの順位・順序を表す語。 天地人

てんちしんめい【天地神明】天地の多くの神々。▽―に誓って。 神明

てんちむよう【天地無用】荷物などで、上下を逆にするなという注意語。 無用

てんちゃ【点茶】抹茶をたてること。 点茶

てんちゅう【天誅】❶天に代わって罰すること。▽―を加える。❷天罰。 天誅

てんちゅう【転注】漢字の六書(りくしょ)の一。漢字の意味を転用して他の意味に用いること。「音楽」の意の「楽」を「たのしむ」の意に転用する類。 転注

てんちょう【天頂】❶天球上の、観測者の真上に当たる点。❷てっぺん。 天頂

てんちょう【転調】音楽で、曲の途中で調子を変えること。modulation 転調

てんちょうちきゅう【天長地久】天地のように物事が永久に続くこと。 天長

てんてい【天帝】❶万物を支配する神。造物主。❷キリスト教で、神。 天帝

てんてい【点綴】ほどよく散らばって全体が調和していること。てんてつ。 点綴

てんてき【天敵】ある動物をえさとする、特定の動物。natural enemy 天敵

てんてき【点滴】❶しずく。雨だれ。❷静脈に薬液を少しずつ注入すること。①drip ▼―石を穿(うが)つ 小さな力でも長く続ければ成功するたとえ。 点滴

てんてつ【点綴】⇩てんてい。 点綴

てんてつき【転轍機】鉄道線路の切り換え装置。転路機。switch 転轍機

てんてん【点点】❶散らばっているようす。▽船が―と見える。❷液体がしたたるようす。 点点

てんてん【転転】❶ころがって行くようす。❷移り変わっていくようす。▽住まいを―と変える。 転転

てんてんはんそく【輾転反側】眠れず、何度も寝返りをうつこと。 輾転

てんと【奠都】ある地に都を新しく定めること。 奠都

てんとう【天道】❶天の神。❷太陽。 天道

てんとう【店頭】店先。 店頭

てんとう【点灯】明かりをつけること。 点灯

てんとう【転倒】〈顚倒〉❶ひっくり返ること。❷逆様になること。▽本末―。❸うろたえること。▽気が―する。①③upset 転倒

てんどう【天道】❶天体の運行するみち。❷天地自然の法則。宇宙の道理。❸天の神。 天道

でんとう【伝統】昔から受け継いできた、様式・風習・傾向。▽―を守る。―芸能。tradition 伝統

でんとう【電灯】電気を利用した明かり。electric light 電灯

でんどう【伝動】機械の動力を他の部分・機械に伝えること。 伝動

でんどう【伝道】(キリスト教で)教えを伝え広めること。類布 伝道

教。missionary work

でんどう【伝導】熱や電気が物質の中を移動すること。conduction　伝導

でんどう【殿堂】❶大きくてりっぱな建物。また、ある分野の中心となる建物。▽美の—。❷神仏を祭った建物。　殿堂

でんどう【電動】電気で動くこと。　電動

てんとうむし【天道虫】〈瓢虫〉甲虫の一。半球形をしている。ladybug　天道虫

てんどん【天丼】どんぶり飯に天ぷらをのせ、甘辛いつゆをかけた料理。　天丼

てんにゅう【転入】❶他の土地から移ってくること。❷転校して入ってくること。対❶転出。①moving-in　転入

てんにょ【天女】❶天上界にすむという美しい女性。天人。❷美女。　天女

てんにん【天人】天女❶。　天人

てんにん【転任】他の勤務地・職務に変わること。類転勤。　転任

でんねつ【電熱】電流が流れるときに出る熱。electric heat　電熱

てんねん【天然】❶自然のままの状態。▽—の恵み。❷生まれつき。天性。▽—の美形。①②nature　天然

てんねんとう【天然痘】ウイルス性感染症の一。高熱・発疹(はっしん)が出る。疱瘡(ほうそう)。　天然痘

てんのう【天皇】❶日本国憲法で、日本国および日本国民統合の象徴。▽—制。❷その世界で絶対的な力をもつ人。▽財界の—。①Emperor　天皇

でんのう【電脳】コンピュータ。　電脳

てんのうざん【天王山】勝敗の分かれ目となる時・所。類関ケ原。　天王山

てんば【天馬】❶天上界にすむという馬。❷駿馬(しゅんめ)。❸ギリシャ神話で、空を飛ぶという馬。③Pegasus ▼—空(くう)を行(ゆ)く 自由自在に活躍する。　天馬

でんぱ【伝播】❶伝わり広まること。▽仏教の—。❷波動が広がること。注でん×ぱん。　伝播

でんぱ【電波】通信に使われる電磁波。radio wave　電波

てんばい【転売】買ったものをさらに他に売ること。resale　転売

でんぱた【田畑】田と畑。　田畑

てんばつ【天罰】天がくだす罰。　天罰

てんぱん【典範】手本となる正しい事柄・規則。▽皇室—。　典範

てんぴ【天日】太陽の光・熱。　天日

てんぴ【天火】箱型の蒸し焼きがま。oven　天火

てんびき【天引き】給料などから一定額を前もって引くこと。　天引き

てんびょう【点描】❶小さな色彩の点で描く画法。❷特徴だけをとりあげて簡単に描写すること。②sketch　点描

でんぴょう【伝票】金銭の収支や取り引き内容などを記入する紙。slip　伝票

てんびん【天秤】❶中央を支点とするてこの原理を利用した、はかり。❷天秤棒。①balance ▼—に掛(か)ける ❶どちらか一方を選ぶため、価値・損得を比べる。❷⇨両天秤をかける。　天秤

てんぴん【天稟】天分。　天稟

てんびんぼう【天秤棒】両端に荷物をかけてかつぐ棒。　天秤棒

てんぷ【天賦】天がわけ与えた生まれつき(の才能)。▽—の才。類天与。　天賦

てんぷ【添付】書類などにつけてそえること。▽証明書を—する。attach　添付

てんぷ【貼付】はりつけること。ちょうふ。▽写真を—する。affix　貼付

でんぶ【田麩】魚肉をゆでてほぐし、味つけした食品。　田麩

でんぶ【臀部】しり。しりの部分。hip　臀部

でんぷ【田夫】農夫。　田夫

てんぷく【転覆】〈顛覆〉❶ひっくり返ること。ひっくり返すこと。❷政府などを倒すこと。倒れること。①overturn　転覆

てんぶくろ【天袋】床の間のわきの上方や押し入れの上にある戸棚。　天袋

でんぷやじん【田夫野人】教養のない粗野な人。　田夫野人

てんぷら【天麩羅】野菜・魚介類などに衣をつけ、油で揚げた料理。　天麩羅

てんぶん【天分】生まれつきの性質・才能。天稟(てんぴん)。▽天性。gift　天分

でんぶん【伝聞】伝え聞くこと。　伝聞

でんぶん【電文】電報の文句。　電文

でんぷん【澱粉】いも・米などにふくまれている炭水化物。starch　澱粉

てんぺん【天変】天空に起こる異変。　天変

てんぺん【転変】移り変わること。▽—する世相。　転変

てんぺんちい【天変地異】自然界に起こる異変。日食・台風・雷・地震など。　天変地異

てんぽ【店舗】商売をするための建物。みせ。store　店舗

てんぼう【展望】❶眺めわたすこと。❷社会を広く見通すこと。①view ②prospect　展望

でんぽう【伝法】❶仏法を授け伝えること。❷言動が粗暴なこと・人。❸伝法肌であること・女性。　伝法

でんぽう【電報】電信で送る通信。また、その文書。▽—を打つ。telegram　電報

でんぽうはだ【伝法肌】女性の勇み肌。　伝法肌

てんま【天馬】⇩てんば。　天馬

てんまく【天幕】テント。　天幕

てんません【伝馬船】荷物を運ぶ、平底の小舟。　伝馬船

てんまつ【顛末】始めから終わりまでの事情。いきさつ。▽事の—を語る。　顛末

てんまど【天窓】採光や換気のために屋根に作りつけた窓。skylight　天窓

てんめい【天命】❶天の命令。❷寿命。❸定められた運命。▽人事を尽くして—を待つ。類❸宿命。③fate　天命

てんめつ【点滅】明かりがついたり消えたりすること。また、つけたり消したりすること。blinking　点滅

てんめん【纏綿】❶まといつくこと。からみつくこと。❷情緒が深くこまやかなようす。▽情緒—。　纏綿

てんもう【天網】天がめぐらした、悪人をとらえる網。▼—恢恢(かいかい)疎(そ)にして漏(も)らさず　天網は目が粗いように見えるが、決して悪事を見のがさない。　天網

てんもくぢゃわん【天目茶碗】抹茶茶碗の一。すり鉢形で黒色のうわぐすりをかけて焼く。　天目

てんもん【天文】天体に起こる諸現象。　天文

でんや【田野】❶田畑や野原。❷いなか。　田野

てんやく【点訳】点字に直すこと。　点訳

てんやもの【店屋物】飲食店から取り寄せる食べ物。　店屋物

てんやわんや　それぞれかってに騒ぎ立てて混乱すること。

てんゆう【天祐】(天佑)天の助け。天助。▽—神助。　天祐

てんよ【天与】天から与えられること・もの。▽—の才能。類天賦(てんぷ)。　天与

てんよう【転用】本来の目的を変えて、他の目的に用いること。類流用。　転用

てんらい【天来】天からこの世に来たこと。また、非常にすばらしいこと。　天来

てんらい【天籟】❶風の音。❷すぐれた調子の詩歌。　天籟

でんらい【伝来】❶外国から伝わること。渡来。▽中国から—した妙薬。❷先祖代々伝わること。▽父祖—の土地。　伝来

てんらく【転落】(顚落)❶転げ落ちること。❷落ちぶれること。堕落すること。　転落

てんらん【天覧】天皇がご覧になること。叡覧(えいらん)。▽—相撲。　天覧

てんらん【展覧】物を並べて人々に見せること。類展観。exhibition　展覧

でんりそう【電離層】地球の大気の上層にある、電波をはねかえす層。　電離層

でんりゅう【電流】電気の流れ。単位はアンペア(A)。electric current　電流

てんりょう【天領】❶天皇・朝廷の直轄地。❷江戸時代、幕府の直轄地。　天領

でんりょく【電力】電流が一定の時間にする仕事量。単位はワット(W)。electric power　電力

てんれい【典礼】❶定められた儀式・儀礼。❷儀式をとり行う役。　典礼

てんれい【典例】典拠となる先例。　典例

てんれい【典麗】整っていて美しいこと。graceful　典麗

でんれい【伝令】命令や報告を伝えること・人・役。messenger 伝令

でんれい【電鈴】電磁石で鈴を連打して鳴らす呼びりん。 電鈴

でんろ【電路】電気回路。 電路

でんわ【電話】❶電話機による通話。❷電話機。❶call 電話

と ト

と〔斗〕4 常 ト ❶容量の単位。一斗は一〇升。▽—酒。❷ひしゃく。ます。▽漏—。❸ひしゃく形の星座。▽北—。泰—。
筆順 丶 ⺀ 斗 斗 斗・斗

と〔吐〕6 常 ト・はく ❶はく。▽—息。反—(へど)。❷述べる。▽—露。
筆順 丨 口 口 叶 叶 吐 吐・吐

と〔杜〕7 人 ト・ズ・もり ❶ふさがる。▽—絶。❷もり。▽鎮守の—。
筆順 一 十 才 木 朴 杜 杜 杜・杜

と〔妬〕8 常 ト・ねたむ やきもちをやく。▽嫉—(しっと)。
筆順 く 女 女 女 妬 妬 妬 妬・妬

と〔徒〕10 常 ト ❶歩く(こと)。▽—歩。❷仲間。▽—党。❸むだ。▽—労。❹門人。▽信—。❺素手。▽—手。
筆順 彳 彳 徃 徃 徉 徒 徒 徒・徒

と〔砥〕10 人 シ・と ❶刃物をとぐ石。▽—石(といし)。❷とぐ。▽—礪(しれい)。
筆順 一 ア 石 石 矼 砥 砥 砥・砥

と〔途〕常10 ト みち。みちすじ。▽—上。前—。
筆順 ノ 𠆢 今 余 余 涂 途 途・途

と〔都〕常11〔都〕人12 ト・ツ・みやこ ❶みやこ。▽首—。❷大きな町。▽—市。❸すべて。▽—合(つごう)。❹統率する。▽—督。
筆順 土 耂 耂 者 者 都 都 都・都

と〔堵〕人12 ト・かき 土のへい。かきね。▽安—(あんど)。
筆順 扌 圤 圵 堵 堵 堵 堵・堵

と〔屠〕12 ト・ほふる ❶(家畜を)ころす。▽—殺。❷切る。▽—腹。 屠・屠

と〔渡〕常12 ト・わたる・わたす ❶わたる。▽—航。❷手わたす。▽譲—。❸生活してゆく。▽—世。
筆順 氵 广 沪 浐 浐 渡 渡 渡・渡

と〔菟〕12 ト 「菟糸」は、つる草の一。 菟・菟

と〔塗〕常13 ト・ぬる ❶ぬる。▽—装。—料。❷まみれる。▽—炭。
筆順 氵 氵 汄 浍 浍 涂 塗 塗・塗

と〔賭〕常15 ト・かける かけをする。かけごと。▽—博(とばく)。
筆順 貝 貝 貝 賭 賭 賭 賭・賭

と〔鍍〕17 ト めっきする。▽—金(ときん・めっき)。 鍍・鍍

と〔土〕⇩ど

と〔図〕⇩ず

と〔兎〕⇩うさぎ

と〔度〕⇩ど

と〔登〕⇩とう

と〔頭〕⇩とう

と【戸】出入り口・窓などにとりつける、開閉できる建具。door 戸

と【斗】尺貫法で、容積の単位。一斗は、約一八リットル。 斗

と【徒】人々。▽学問の—。 徒

と【途】道。旅の道程。▽帰国の—につく。 途

と【都】❶地方公共団体の一。❷「東京都」の略。 都

ど〔土〕常3 ド・ト・つち ❶つち。▽—足。❷大地。▽国—。❸領地。❹土曜日。
筆順 一 十 土 土・土

ど〔奴〕常5 ド ❶めしつかい。▽—隷。❷やつ。▽守銭—。
筆順 く 女 女 奴 奴 奴・ぬ

ど〔努〕常7 ド・つとめる つとめる。がんばる。▽—力。
筆順 く 女 女 奴 奴 努 努 努・努

ど〔度〕常9 ド・ト・タク・たび ❶きまり。▽制—。❷程度。▽速—。❸物差し。▽—量衡。❹回数。❺見当をつける。▽忖—(そんたく)。❻心の大きさ。▽—胸。—量。
筆順 一 广 广 庐 庐 庐 度 度 度・度

ど〔怒〕常9 ド・いかる・おこる ❶腹をたてる。▽激—。❷はげしい。▽—濤(どとう)。
筆順 く 女 女 奴 奴 怒 怒 怒・怒

ど【度】❶程度。❷物差し。❸回数。❹温度・角度・度数の単位。❺回数を数える語。▼—を失う あわてる。 度

と

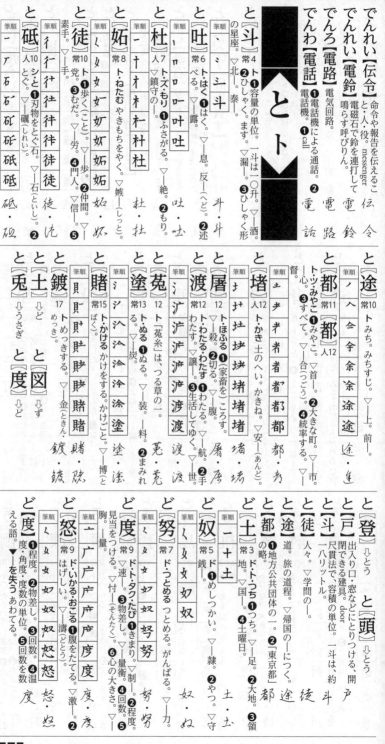

どあい【度合い】程度。ほどあい。degree　度合

とあみ【投網】水面に広がるように投げて魚をとるあみ。　投網

とい〔樋〕人15 トウ・とい・ひ 水を流すしかけ。▽雨—。懸け—(ひ)。
筆順 木 朩 朩 桁 桶 桶 樋 樋　樋・樋

とい【樋】❶屋根にふった雨水を集めて流すしかけ。❷かけい。　樋

とい【問い】❶質問。▽—を発する。❷問題。対❶❷答え。①②question　問い

といあわせる【問い合わせる】たずね確かめる。照会する。inquire　問い合

といき【吐息】ためいき。▽青息—。sigh　吐息

といし【砥石】刃物をとぐ石。whetstone　砥石

といた【戸板】人や物をのせて運ぶためにはずした、板張りの雨戸。　戸板

といただす【問い質す】きびしく質問する。▽真相を—。注問い×正す。　問い質

といち【十一】十日で一割の高い利息。　十一

といや【問屋】⇩とんや。　問屋

とう〔刀〕常2 トウ・かたな かたな。刃物。▽—剣。—身。執—。
筆順 フ 刀　刀・刀

とう〔冬〕常5 トウ・ふゆ ふゆ。▽—期。越—。
筆順 ノ ク 夂 冬 冬　冬・冬

とう〔灯〕常6〔燈〕人16 トウ・ひ あかり。ともしび。▽—台。電—。街—。
筆順 丶 丷 火 火 灯 灯　灯・灯

とう〔当〕常6 トウ・あたる・あてる ❶あたる。あてる。▽—選。相—。❷あてはまる。▽該—。❸あたりまえ。▽—然。穏—。❹今。この。▽—今。—社。(當)
筆順 丨 丨丨 ⺌ 当 当 当　当・当

とう〔投〕常7 トウ・なげる ❶なげる。▽—石。—入。❷さしだす。▽—票。❸なげだす。▽—降。❹とどまる。▽—宿。
筆順 一 十 扌 扌 扚 投 投　投・投

とう〔豆〕常7 トウ・ズ・まめ ❶まめ。▽—腐。大—(だいず)。❷小さい。▽—本(まめほん)。
筆順 一 丆 冂 戸 豆 豆 豆　豆・豆

とう〔東〕常8 トウ・ひがし ❶ひがし。▽—海。関—。❷東京。▽—都。❸東洋。
筆順 一 丆 冂 百 申 東 東 東　東・東

とう〔到〕常8 トウ ❶ゆきつく。▽—着。—達。❷ゆきとどく。▽周—。
筆順 一 ㇀ 五 至 至 至 到 到　到・到

とう〔宕〕人8 トウ ❶ほら穴。❷ほしいまま。◎人名・地名に用いる。「愛宕」で「あたご」。
筆順 丶 丷 宀 宀 宁 宕 宕 宕　宕・宕

とう〔沓〕人8 トウ・くつ ❶かさなりあう。▽雑—(ざっとう)。❷くつ。▽藁—(わらぐつ)。
筆順 亅 水 水 水 沓 沓 沓 沓　沓・沓

とう〔逃〕常9 トウ・にげる・にがす・のがす・のがれる にげる。にがす。▽—走。—避。—亡。
筆順 丿 丬 丬 兆 兆 兆 兆 逃 逃　逃・逃

とう〔倒〕常10 トウ・たおれる・たおす ❶たおれる。たおす。▽—壊。—閣。❷さかさま。▽—置。転—。❸はげしい。▽圧—。
筆順 亻 亻 伾 侄 侄 倒 倒　倒・倒

とう〔凍〕常10 トウ・こおる・こごえる こおる。こごえる。▽—結。—傷。
筆順 冫 冫 汀 洹 洹 凍 凍　凍・凍

とう〔唐〕常10 トウ・から ❶中国(の王朝)。▽—詩。❷ぶつかる。▽—突。❸でたらめ。▽荒—無稽(こうとうむけい)。(唐)
筆順 亠 广 庐 庐 唐 唐 唐　唐・唐

とう〔套〕人10 トウ ❶おおい。▽外—。❷ありきたり。▽常—。
筆順 一 大 衣 衣 奆 套 套　套・套

とう〔島〕常10〔嶋〕人14 トウ・しま しま。▽群—。列—。
筆順 ′ 亻 户 户 自 鳥 島　島・島

とう〔桃〕常10 トウ・もも 果樹の、もも。▽白—。—源郷。
筆順 十 木 村 村 杊 桃 桃　桃・桃

とう〔涛〕10 トウ・なみ 大きななみ。▽—声(とうせい)。怒—(どとう)。(濤)　涛・涛

とう〔討〕常10 トウ・うつ ❶敵をうつ。▽征—。❷たずねる。調べる。▽—論。
筆順 丶 亠 亖 言 言 訁 討 討　討・討

とう〔透〕常10 トウ・すく・すかす・すける ❶すきとおる。▽—明。—写。❷とおる。▽—過。—徹。浸—。
筆順 一 二 千 禾 禾 秀 透 透　透・透

とう〔党〕常10 トウ ❶なかま。▽—派。政—。徒—。❷政党。▽—首。与—。
筆順 党 党・党

とう〔逗〕人11 トウ・ズ・とどまる とどまる。滞在する。▽—留。
筆順 逗 逗・逗

とう〔悼〕常11 トウ・いたむ 死者を思って悲しむ。▽哀—。追—。
筆順 悼 悼・悼

とう〔梼〕11 トウ ❶切り株。❷無知。(檮)
梼・梼

とう〔淘〕11 トウ 水洗いして、よりわける。すくう。▽—汰(とうた)。
淘・淘

とう〔盗〕常11〔盜〕人12 トウ・ぬすむ 他人のものをとる。▽—賊。—難。—用。
筆順 盗 盗・盗

とう〔陶〕常11 トウ ❶やきもの。▽—器。❷教え導く。▽—冶(とうや)。薫—。❸うっとりする。▽—酔。
筆順 陶 陶・陶

とう〔塔〕常12 トウ 高い建物。▽鉄—。堂—。金字—。
筆順 塔 塔・塔

とう〔搭〕常12 トウ のせる。のる。▽—乗。—載。
筆順 搭 搭・搭

とう〔棟〕常12 トウ・むね・むな ❶むなぎ。▽上—。❷建物。▽病—。
筆順 棟 棟・棟

とう〔湯〕常12 トウ・ゆ ❶熱した水。▽給—。❷ふろ。温泉。▽—治。
筆順 湯 湯・湯

とう〔痘〕常12 トウ 感染症の一。天然痘。▽—瘡(とうそう)。種—。
筆順 痘 痘・痘

とう〔登〕常12 トウ・ト・のぼる ❶のぼる。▽—頂。—山(とざん)。❷行く。▽—校。—庁。❸位につく。▽—用。❹記録する。▽—録。
筆順 登 登・登

とう〔答〕常12 トウ・こたえる・こたえ こたえ。こたえる。▽—案。回—。
筆順 答 答・答

とう〔等〕常12 トウ・ひとしい ❶同じ。▽—分。平—。❷順位。▽—級。❸…など。
筆順 等 等・等

とう〔筒〕常12 トウ・つつ つつ(状のもの)。▽水—。封—。竹—(たけづつ)。
筆順 筒 筒・筒

とう〔統〕常12 トウ・すべる ❶すじ。▽系—。伝—。❷まとめおさめる。▽—一。—治。
筆順 統 統・統

とう〔董〕人13 トウ 大切なもの。▽骨—(こっとう)。
筆順 董 董・董

とう〔塘〕13 トウ・つつみ 土手。また、ため池。▽池—(ちとう)。
塘・塘

とう〔稲〕常14〔稻〕人15 トウ・いね・いな いね。穀物の一。▽—作(いなさく)。晩—(ばんとう・おくて)。
筆順 稲 稲・稲

とう〔蕩〕15 トウ ❶広がる。▽駘—(たいとう)。❷くずれる。▽—尽(とうじん)。❸おぼれる。▽—児。放—。❹のぞく。▽掃—。
蕩・蕩

とう〔踏〕常15 トウ・ふむ・ふまえる ❶足でふむ。▽—破。舞—。❷ふまえる。
筆順 踏 踏・踏

とう〔糖〕常16 (糖) トウ さとう。甘味料。▽—分。乳—。
筆順 糖 糖・糖

とう〔頭〕常16 トウ・ズ・ト・あたま・かしら ❶あたま。▽—髪。低—。❷上に立つ人。▽—取。—領。❸はじめ。▽冒—。年—。❹付近。▽店—。街—。❺牛など大きな動物を数える語。
筆順 頭 頭・頭

とう〔謄〕常17 (謄) トウ 原本をうつす。▽—写。戸籍—本。
筆順 謄 謄・謄

とう〔藤〕常18 トウ・ふじ マメ科のつる性低木。▽—花(とうか)。—棚(ふじだな)。(籐)
筆順 藤 藤・藤

とう〔闘〕常18 トウ・たたかう たたかう。あらそう。▽—争。健—。奮—。(鬪)
筆順 闘 闘・闘

とう〔禱〕人19〔祷〕人11 トウ・いのる 神にいのる。▽祈—(きとう)。黙—。
筆順 禱 祷・禱

と

とう〖騰〗常20 **トウ** 値があがる。わきあがる。▽高—。沸—。(騰)
筆順 月 … 騰 騰
騰・騰

とう〖桐〗⇩きり　とう〖納〗⇩のう
とう〖桶〗⇩おけ　とう〖道〗⇩どう
とう〖読〗⇩どく

とう【当】❶理屈にあっていること。▽—を得る。—を失する。❷この。その。▽—劇場。　当

とう【党】同じ主義・目的を持つ仲間。特に、政党。党派。　党

とう【問う】❶たずねる。❷問いただす。❸問題にする。▽追及する。▽責任を—。▽年齢は—わない。①ask ▼—に落ちず語るに落ちる⇩語るに落ちる。　問う

とう【訪う】訪問する。visit　訪う

とう【塔】❶仏骨をまつる建物。▽仏舎利(ぶっしゃり)—。❷高く細長い形の建物。▽テレビ—。②tower　塔

とう【糖】❶糖類。❷糖分。砂糖。　糖

とう【薹】菜やふきなどの花軸。▼—が立つ ❶菜などのとうが伸びる。葉がかたくなって食べられなくなる。❷盛りの時期がすぎる。　薹

とう【籐】つる性植物の一。茎を編んで、かごなどにする。rattan　籐

どう〖同〗常6 **ドウ・おなじ** ❶おなじ。▽—格。❷共にする。仲間。▽—盟。
筆順 丨 冂 冂 同 同 同
同・同

どう〖洞〗常9 **ドウ・ほら** ❶ほら穴。▽—窟(どうくつ)。❷見ぬく。▽—察。
筆順 … 洞 洞
洞・洞

どう〖胴〗常10 **ドウ** 体や物の中間部。▽—体。—乱(どうらん)。
筆順 … 胴 胴
胴・胴

どう〖動〗常11 **ドウ・うごく・うごかす** ❶うごく。▽—物。運—。移—。❷ふるまう。▽行—。言—。❸みだれる。▽—乱。暴—。
筆順 … 動 動
動・動

どう〖堂〗常11 **ドウ** ❶大きな建物。▽殿—。❷りっぱ。▽—堂。❸敬称。▽母—。
筆順 … 堂 堂
堂・堂

どう〖萄〗人11 **ドウ** 「葡萄」で、果実の「ぶどう」。
筆順 … 萄 萄
萄・萄

どう〖童〗常12 **ドウ・わらべ** おさない子ども。▽—心。—話。
筆順 … 童 童
童・童

どう〖道〗常12 **ドウ・トウ・みち** ❶みち。—路。国—。❷正しい行い・みち。▽—徳。正—。❸行いの基準。教え。▽—理。王—。❹宗教の教え。▽伝—。仏—。❺技芸。学問。▽芸—。柔—。
筆順 … 道 道
道・道

どう〖働〗常13 **ドウ・はたらく** 仕事をする。はたらく。▽労—。稼—。
筆順 … 働 働
働・働

どう〖銅〗常14 **ドウ** どう。金属の一。▽—像。赤—(しゃくどう)。
筆順 … 銅 銅
銅・銅

どう〖導〗常15 **ドウ・みちびく** ❶みちびく。▽先—。誘—。❷伝える。▽—体。—火線。
筆順 … 導 導
導・導

どう〖撞〗人15 **ドウ・シュ・つく** つく。たたく。▽—木(しゅもく)。—着(どうちゃく)。
筆順 … 撞 撞
撞・撞

どう〖瞳〗常17 **ドウ・ひとみ** ひとみ。▽—孔。
筆順 … 瞳 瞳
瞳・瞳

どう【如何】❶どのように。いかが。❷「どうですか」の略。①how　如何

どう【胴】❶体・物の中心部分。胴体。❷剣道で、胴着(を打つ技)。①body　胴

どう【動】動くこと。動き。▽静中に—あり。対静。　動

どう【堂】❶神仏をまつる建物。❷大勢が集まる建物。▽議事—。❸雅号・建物・屋号などにそえる語。▼—に入(い)る（学問・技芸などが）よく身についている。　堂

どう【銅】金属元素の一。熱や電気をよく伝える。記号Cu copper　銅

とうあ【東亜】東アジア。　東亜

どうあく【獰悪】凶悪で、荒々しいようす。類獰猛(どうもう)。　獰悪

どうあげ【胴上げ】大ぜいが祝福する人を空中にほうり上げること。　胴上げ

とうあつせん【等圧線】天気図で、気圧が等しい地点を結んだ線。isobar　等圧線

とうあん【答案】答えを書いた紙。examination paper　答案

どうい【同位】同じ位置・地位。　同位

どうい【同意】 ❶同じ意味。同義。❷賛成すること。▽―を求める。②agreement　同意

どうい【胴衣】 胴着(どうぎ)❷。　胴衣

どういげんそ【同位元素】 同一元素で質量数の異なるもの。isotope　元素

どういご【同意語】 同義語。synonym　同意語

とういじょう【糖衣錠】 表面を甘くした錠剤。　糖衣錠

とういそくみょう【当意即妙】 その場にうまく合わせて機転をきかすこと。類臨機応変。　当意

とういつ【統一】 まとまりのない物事を一つにまとめること。また、そのまとまり。▽国を―する。unity　統一

どういつ【同一】 同じであること。差がないこと。▽―人物。same　同一

とういん【登院】 議員が議院に出席すること。対退院。attendance　登院

とういん【頭韻】 語句の頭の韻をそろえること。対脚韻。alliteration　頭韻

どういん【動因】 ある物事をひきおこす原因。類誘因。動機。motive　動因

どういん【動員】 ある目的のため、人や物資を集めること。▽会場設営に学生を総―する。mobilization　動員

とうえい【灯影】 ともしび(の光)。　灯影

とうえい【投影】 ❶かげをうつすこと。また、そのかげ。❷反映させること。①projection　投影

とうおう【東欧】 東ヨーロッパ。　東欧

どうおんいぎご【同音異義語】 音読みが同じで意味の異なる語。　異義語

とうか【灯下】 ともしびの下。▽書を―にひもとく。　灯下

とうか【灯火】 あかり。ともしび。light ▼―親しむべき候　読書にふさわしい秋の季節。注灯×下親しむべき候。　灯火

とうか【投下】 ❶高所から物を落とすこと。❷資金を出すこと。①drop　投下

とうか【透過】 ❶すきとおること。❷光・放射線などが物質を通りぬけること。②penetration　透過

とうか【等価】 価値・価格が等しいこと。▽―交換。equivalence　等価

とうか【糖化】 炭水化物が糖類に変わること。saccharification　糖化

どうか【同化】 ❶まわりのものと同じになること。❷生物が、外界から摂取した物質を自分の構成成分に変えること。対❷異化。①②assimilation　同化

どうか【道家】 ❶老子・荘子(そうし)らの説を信奉した学派。❷道士❷。　道家

どうか【銅貨】 銅でつくられた貨幣。　銅貨

どうが【動画】 ❶アニメーション。❷コンピュータであつかう動きのある画像。　動画

どうが【童画】 ❶子供のかいた絵。児童画。❷大人がかいた子供向けの絵。　童画

とうかい【倒潰・倒壊】 たおれてつぶれること。類破壊。breakdown　倒潰

とうかい【韜晦】 ❶他のものにごまかして、才能や本心をかくすこと。▽自己―。❷身をかくすこと。　韜晦

とうがい【当該】 それにあてはまる。その。▽―事項。　当該

とうがい【等外】 きめられた等級や順位にはいらないこと。　等外

とうがいこつ【頭蓋骨】 顔・頭を構成する骨。頭骨。ずがいこつ。skull　頭蓋骨

とうかく【倒閣】 内閣をたおすこと。　倒閣

とうかく【頭角】 頭の先。▼―を現す　才能などがぬきんでて目立つ。　頭角

どうかく【同格】 ❶同じ資格・格式。❷文中で、ある語と他の語とが同じ資格であること。②apposition　同格

どうがく【同学】 同門。また、同窓。　同学

どうがく【道学】 儒学・道教・心学など。　道学

どうかせん【導火線】 ❶口火をつける線。❷事件をおこすきっかけ。①fuse　導火線

とうかつ【統括】 ばらばらな物事を一つにまとめること。▽意見を―する。類統合。integration　統括

とうかつ【統轄】 仕事や組織を一つにまとめて、とりしまること。▽政務を―する。control　統轄

どうかつ【恫喝】 おどすこと。脅迫。類威嚇(いかく)。threat　恫喝

とうがらし【唐辛子】 から味の強い香辛料。たかのつめ。なんばん。　唐辛子

とうかん【投函】郵便物をポストに入れること。mailing　投函

とうかん【盗汗】ねあせ。　盗汗

とうかん【等閑】なおざり。negligence ▼―に付する 放っておく。　等閑

どうかん【同感】同じ意見・考えであること。類共感。sympathy　同感

どうかん【動感】動きのある感じ。　動感

どうかん【導管】水・ガスを送る管。　導管

どうがん【童顔】子供っぽい顔つき。　童顔

とうき【冬季】冬の季節。winter　冬季

とうき【冬期】冬の期間。wintertime　冬期

とうき【投棄】投げすてること。　投棄

とうき【投機】❶利益をねらってする行い。❷相場の変動による利益をねらう取り引き。①②speculation　投機

とうき【陶器】❶低温で焼いた焼き物。❷陶磁器。①pottery　陶器

とうき【登記】権利事項を、役所の帳簿に書き記すこと。▽―簿。registration　登記

とうき【騰貴】値段が急に上がること。類高騰。対下落。appreciation　騰貴

とうぎ【党議】政党内での討議・決議。　党議

とうぎ【討議】あることについて意見を出しあうこと。類討論。discussion　討議

どうき【同期】❶同じ時期。❷入学・入社・卒業の、年度が同じであること。　同期

どうき【動悸】心臓がどきどきすること。また、その鼓動。heartbeat　動悸

どうき【動機】❶直接の原因。きっかけ。▽犯行の―。❷モチーフ。①②motive　動機

どうぎ【同義】同意❶。　同義

どうぎ【胴着】〈胴衣〉❶そでなしの防寒着。❷体に着ける救命胴衣や剣道の防具など。胴衣。　胴着

どうぎ【動議】会議中に予定外の議題を出すこと。また、その議題。motion　動議

どうぎ【道義】人として行うべき道。▽―にもとる行い。　道義

どうぎご【同義語】意味がほぼ同じ語。同意語。synonym　同義語

とうきび【唐黍】❶とうもろこし。❷もろこし。　唐黍

とうきゅう【投球】投手がボールを投げること。また、そのボール。pitching　投球

とうきゅう【等級】上下・優劣を示す段階・区分け。類階級。grade　等級

とうぎゅう【闘牛】❶人と牛とがたたかう競技。▽―士。❷牛と牛をたたかわせる競技。①②bullfight　闘牛

どうきゅう【同級】❶同じ学級。❷同じ等級。①②same class　同級

どうきゅう【撞球】玉つき。ビリヤード。billiards　撞球

とうぎょ【統御】全体をまとめて、支配すること。類統轄。control　統御

どうきょ【同居】同じ家に住むこと。　同居

どうきょう【同郷】郷里が同じこと。　同郷

どうきょう【道教】現世の幸福や不老長寿を求める中国の民間宗教。　道教

どうぎょう【同業】職業・職種が同じであること・人。same trade　同業

とうきょく【当局】責任をもつ機関。特に、関係官庁。the authorities　当局

とうぎり【当限】取り引きで、受け渡しの期日がその月の末日であるもの。　当限

どうきん【同衾】男女が共寝すること。　同衾

とうく【投句】自作の俳句を投稿すること。また、その句。　投句

どうぐ【道具】❶仕事などに使う用具・器具。❷手段として利用されるもの・人。①②tool　道具

とうぐう【東宮】〈春宮〉皇太子。　東宮

とうくつ【盗掘】許可なく掘り出して自分の所有とすること。　盗掘

どうくつ【洞窟】ほら穴。cavern　洞窟

どうくん【同訓】漢字は異なるが、訓が同じであること。　同訓

どうくんいじ【同訓異字】訓は同じだが、異なる漢字。異字同訓。　同訓異字

とうけ【当家】この家。this family　当家

とうげ【峠】常9 とうげ❶山道の上り下りの境。▽―道。❷頂点。　峠・峠

筆順

と

とうげ【峠】❶山道を登りつめてそこから下りになる所。❷物事の絶頂。▽寒さの―。①pass ②peak　峠

どうけ【道化】❶人を笑わせる、おどけたことばや動作(をする人)。❷道化師。①joker　道化

とうけい【東経】子午線を〇度として、それより東一八〇度までの間の経度。　東経

とうけい【統計】同種の事柄を、多くの場合について調べ、その結果を数字で表すこと・表したもの。statistics　統計

とうげい【陶芸】陶磁器の工芸。　陶芸

どうけい【同系】同じ系統・系列。　同系

どうけい【同慶】(自分にも)同じようによろこばしいこと。▽御―の至り。　同慶

どうけい【憧憬】あこがれること。あこがれ。しょうけい。yearning　憧憬

どうけし【道化師】道化を職業にしている人。ピエロ。clown　道化師

とうけつ【凍結】❶こおりつくこと。❷一定期間禁止・停止すること。▽着工を―する。　凍結

どうけつ【洞穴】ほらあな。洞窟(どうくつ)。　洞穴

とうけん【刀剣】かたなと、つるぎ。　刀剣

どうけん【同権】同等の権利(をもつこと)。▽男女―。equal rights　同権

とうげんきょう【桃源郷】俗世間をはなれた別天地。　桃源郷

とうご【頭語】手紙で、冒頭に使うあいさつのことば。「拝啓」「前略」など。対結語。salutation　頭語

どうこ【銅壺】長火鉢にとりつける、銅・鉄製の湯わかし器。　銅壺

とうこう【刀工】刀剣をつくる人。刀かじ。刀匠。swordmaker　刀工

とうこう【灯光】ともしびの光。　灯光

とうこう【投光】光を一点に集め、照らし出すこと。▽―器。　投光

とうこう【投降】みずから敵に降参すること。類降伏。surrender　投降

とうこう【投稿】新聞・雑誌にのせてもらうために原稿を送ること。また、その原稿。類寄稿。contribution　投稿

とうこう【陶工】陶磁器をつくる職人。potter　陶工

とうこう【登校】学校へ行くこと。　登校

とうごう【投合】(気持ちが)たがいに一致すること。▽意気―。　投合

とうごう【等号】等しいことを示す「=」の記号。equal sign　等号

とうごう【統合】一つにまとめ合わせること。類統一。integration　統合

どうこう【同好】趣味が同じであること。▽―の士。―会。　同好

どうこう【同行】いっしょに行くこと。また、連れて行くこと。▽妻子を―する。類同道。同伴。　同行

どうこう【動向】人の心や世の中が動いて行く方向・傾向。trend　動向

どうこう【瞳孔】眼球の中心にある、小さなあな。ひとみ。pupil　瞳孔

どうこういきょく【同工異曲】見かけはちがっていても、内容はほとんど同じであること。注同×巧異曲。　異曲

とうこうせん【等高線】地図上に、標高の等しい地点を結んだ線。　等高線

とうごく【投獄】監獄に入れること。　投獄

どうこく【慟哭】なげき悲しみ、声をあげて泣くこと。wailing　慟哭

とうこつ【頭骨】頭蓋(とうがい)骨。　頭骨

とうこん【当今】このごろ。近ごろ。　当今

とうこん【闘魂】たたかいぬこうとする意気ごみ。闘争精神。▽不屈の―。類闘志。fighting spirit　闘魂

どうこん【同根】根本が同じなこと。　同根

とうさ【踏査】実際にその場所に行って調べること。▽実地―。survey　踏査

とうざ【当座】❶その場。その時。❷しばらくの間。❸「当座預金」の略。　当座

どうさ【動作】体の動き。action　動作

とうさい【当歳】❶その年の生まれ。▽―馬。❷この年。今年。　当歳

とうさい【搭載】航空機・船・車両などに物品をつみこむこと。また、機器を備えつけること。類積載。loading　搭載

とうさい【登載】掲載。　登載

とうざい【東西】❶東と西。❷東洋と西洋。❸方角。　東西

どうざい【同罪】同じ罪・責任。　同罪

とうさく【倒錯】正常とは反対の状態になること。perversion　倒錯

とうさく【盗作】他人の作品を無断で自分の作品に使うこと。また、その作品。類剽窃(ひょうせつ)。plagiarism　盗作

どうさつ【洞察】物事の奥底まで見ぬくこと・能力。類洞見。insight　洞察

とうさん【倒産】財産をなくし、企業がつぶれること。bankruptcy　倒産

どうさん【動産】現金・株券など形をかえずに動かすことのできる資産。対不動産。movable property　動産

どうざん【銅山】銅鉱をほり出す山。　銅山

とうし【投資】利益を見こんで、事業に資金を出すこと。investment　投資

とうし【凍死】こごえて死ぬこと。　凍死

とうし【唐紙】竹を主原料とした中国産の(書画用の)紙。　唐紙

とうし【唐詩】❶中国の唐代につくられた詩。❷漢詩。　唐詩

とうし【透視】❶すかして見ること。❷見ぬくこと。①seeing through　透視

とうし【闘士】❶勇敢にたたかう人。❷主義のために活動する人。①fighter　闘士

とうし【闘志】たたかおうとする意志。類闘魂(とうこん)。fighting spirit　闘志

とうじ【冬至】二十四節気の一。太陽暦で十二月二十一、二十二日ごろ。北半球では、一年じゅうで昼の最も短い日。対夏至。　冬至

とうじ【当時】そのとき。そのころ。　当時

とうじ【杜氏】酒をつくる職人(の長)。とじ。　杜氏

とうじ【悼辞】追悼の辞。類弔辞。　悼辞

とうじ【湯治】温泉で病気やけがをなおすこと。　湯治

とうじ【答辞】祝辞や送辞などに答える、お礼のことば。　答辞

とうじ【蕩児】道楽むすこ。道楽者。　蕩児

どうし【同士】❶仲間。❷同じ…である人。　同士

どうし【同志】志や主義などを同じくすること・仲間。comrade　同志

使い分け「どうし」

同士…同じ種類の仲間。▽好き合った—。—討ち。恋人—。男—。

同志…同じ主義・主張を持っている仲間。「志(こころざし)を同じくする」の意味から。▽革命の—。—の人々。—諸君。

どうし【同視】同じとみなすこと。同一視。　同視

どうし【道士】❶道義をわきまえた人。❷道教をおさめた人。❸僧。　道士

どうし【導師】❶法会(ほうえ)などをとり行う僧。❷衆生(しゅじょう)を仏道に導く人。　導師

どうじ【同時】同じ時。same time　同時

どうじ【童子】おさない子供。　童子

どうしうち【同士討ち】味方または仲間どうしで戦うこと。　同士討

とうしき【等式】数学で二つの式・数を等号でむすんだ関係式。　等式

とうじき【陶磁器】陶器と磁器。焼き物。china(ware), ceramics　陶磁器

とうじしゃ【当事者】その事に直接関係している人・団体。対第三者。　当事者

とうしつ【等質】成分や性質がひとしいこと。類均質。homogeneity　等質

とうじつ【当日】その日。▽試験—。that day　当日

どうしつ【同質】二つ以上の物の質が同じであること。対異質。　同質

どうじつ【同日】❶同じ日。▽衆参—選挙。❷その日。①same day ▼—の談ではない 差が大きくて、比べものにならない。　同日

どうして【如何して】❶どういう方法で。❷なぜ。❸それどころか。❹それどころではなく。❺いやはや。　如何

とうしゃ【当社】❶この神社。❷この会社。　当社

とうしゃ【投射】光などを当ててうつし出すこと。類投影。projection　投射

とうしゃ【透写】字・絵の上にうすい紙をおき、上からなぞって書きうつすこと。tracing　透写

どうしゃ【同車】同じ車に乗ること。　同車

とうしゃばん【謄写版】ろうびきの原紙を原版にした印刷法。がり版。　謄写版

とうしゅ【当主】その家の今の主人。 当主
とうしゅ【投手】野球などで、打者にボールを投げる選手。pitcher 投手
とうしゅ【党首】政党のかしら。 党首
どうしゅ【同種】種類が同じであること。図異種。 同種
とうしゅう【踏襲】それまでのやり方や方針をそのまま受けつぐこと。▽前例を―する。 踏襲
とうしゅく【投宿】宿にとまること。 投宿
どうしゅく【同宿】同じ宿にとまること。lodging together 同宿
とうしょ【当初】物事の最初。▽―の計画を変更する。 当初
とうしょ【当所】❶この場所。❷この事務所・事業所。①here 当所
とうしょ【投書】意見などを書いて、新聞社や関係者に送ること・手紙。▽新聞の―欄(らん)。 投書
とうしょ【島▲嶼】大小の島々。 島嶼
とうしょ【頭書】文書の最初に書かれた文章・内容。▽―の件につき。 頭書
どうじょ【童女】幼い女の子。幼女。 童女
とうしょう【凍傷】寒さのためにおこる傷害。frostbite 凍傷
とうしょう【闘将】❶闘志の盛んな大将。❷主戦力となって戦う選手。 闘将
とうじょう【東上】西の地方から東京へ行くこと。図西下(さいか)。 東上

と

とうじょう【搭乗】航空機・船などに乗り込むこと。boarding 搭乗
とうじょう【登場】❶舞台・場面に現れること。❷新製品などが世間に現れること。図❶退場。①appearance 登場
どうじょう【同上】上または前にのべたと。事柄と同じであること。▽―の理由により。ditto 同上
どうじょう【同乗】同じ乗り物にいっしょに乗ること。riding together 同乗
どうじょう【同情】他人のなやみや苦しみを思いやること。sympathy 同情
どうじょう【道場】❶仏道を修行する場所。❷武芸を錬磨する場所。❸心や体をきたえる場所。 道場
どうしょういむ【同床異夢】立場は同じでも、考えは異なること。 異夢
どうしょくぶつ【動植物】動物と植物。 動植物
とうじる【投じる】❶投げる。ほうりだす。❷投げ入れる。❸みずから進んで身をおく。▽事件の渦中(かちゅう)に身を―。❹おしまないで出す。▽私財を―。❺つけいる。❻降参する。 投じる
どうじる【動じる】動揺する。▽物に―じない。 動じる
とうしろう【藤四郎】素人(しろうと)を逆にして人名化した語。とうしろう。 藤四郎
とうしん【刀身】刀の、さやとつかにおさめる部分。sword blade 刀身

とうしん【灯心】ランプなどのしん。 灯心
とうしん【投身】身なげ。▽―自殺。 投身
とうしん【答申】上級の官庁や上役から求められて意見を述べること。▽―書。図諮問。report 答申
とうしん【等親】親等(しんとう)。 等親
とうじん【党人】政党に所属する人。 党人
とうじん【▲蕩尽】(道楽や遊びで)財産を使いはたすこと。 蕩尽
どうしん【同心】❶心を合わせること・人。❷中心が同じであること。❸江戸時代、与力の下にいた役人。 同心
どうしん【童心】子供の純真な心。 童心
どうじん【同人】同じ志や趣味をもつ仲間。どうにん。▽―誌。coterie 同人
どうしんえん【同心円】中心が同じで半径のちがう円。 同心円
とうしんだい【等身大】身長と同じ大きさ。life-size 等身大
とうすい【陶酔】うっとりとした気分になること。▽音楽に―する。類恍惚(こうこつ)。intoxication 陶酔
とうすい【統帥】軍隊全体をまとめ指揮すること。high command 統帥
どうすい【導水】水をみちびくこと。 導水
とうぜ【党是】政党の基本方針。 党是

とうせい【当世】今の世。当代。today　当世

とうせい【党勢】党の勢力。　党勢

とうせい【陶製】焼き物でできていること。earthenware　陶製

とうせい【統制】❶一つにまとめおさめること。❷規則のもとにとりしまること。②control　統制

とうせい【騰勢】物価などがあがる勢い・傾向。upward trend　騰勢

どうせい【同姓】同じ姓。　同姓

どうせい【同性】性が同じこと・人。対異性。　同性

どうせい【同棲】正式に結婚していない男女が同居すること。　同棲

どうせい【動静】人や物事の動き・ようす。類動向。▽敵の—を探る。movements　動静

どうぜい【同勢】一緒に行動している人々・人数。▽—十人。company　同勢

とうせき【党籍】党員としての籍。　党籍

とうせき【透析】半透膜を利用して精製する方法。▽人工—。dialysis　透析

どうせき【同席】❶同じ会合にいあわせること。❷同じ席次・地位。　同席

とうせつ【当節】近ごろ。このごろ。　当節

とうせん【当選】選挙によって選ばれること。対落選。　当選

とうせん【当籤】くじにあたること。　当籤

とうぜん【当然】当たり前であるようす。▽—の結果。naturally　当然

とうぜん【陶然】❶気分よく酔うようす。▽—として杯(はい)を重ねる。❷うっとりするようす。　陶然

どうせん【同船】同じ船に乗ること。　同船

どうせん【導線】電気伝導用の針金。　導線

どうぜん【同前】同上。ditto　同前

どうぜん【同然】同じようすであること。▽兄弟—の仲。類同様。similar　同然

どうぞ【何卒】❶なにとぞ。どうか。❷相手に物事をすすめたり、許可したりするときにいう語。　何卒

とうそう【逃走】にげること。escape　逃走

とうそう【凍瘡】しもやけ。　凍瘡

とうそう【痘瘡】天然痘。　痘瘡

とうそう【闘争】たたかうこと。争い。struggle　闘争

どうそう【同窓】同じ学校で、または同じ先生について学ぶこと。類同学。　同窓

どうぞう【銅像】銅や青銅で作った像。bronze statue　銅像

とうぞく【盗賊】どろぼう。ぬすびと。　盗賊

どうぞく【同族】同じ血筋・種族であること・人。▽—会社。same clan　同族

どうそじん【道祖神】道や旅人の安全を守るという神。塞(さえ)の神。　道祖神

とうそつ【統率】大ぜいの人を一つにまとめて、ひきいること。▽—力。注統×卒。lead　統率

とうた【淘汰】❶用のないものや不適当なものをとりのぞくこと。❷生存競争で、環境に合う生物だけが残ること。①weed out ②selection　淘汰

とうだい【灯台】❶岬や港などに設ける、灯光を放つ航路標識。また、その設備。❷昔、明かりをのせた台。①lighthouse ▶—下(もと)暗し 身近なことはかえってわかりにくいことのたとえ。　灯台

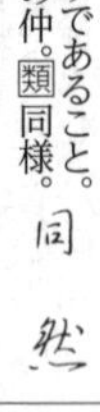

灯台❷

とうだい【当代】❶当世。▽—随一の名人。❷当主。　当代

どうたい【同体】❶同じ一つの体。❷相撲で、両者が同時に倒れること。　同体

どうたい【胴体】胴の部分。trunk　胴体

どうたい【動態】物事の、時間の経過と共に変化するようす。▽人口—。　動態

どうたい【導体】電気や熱をよく伝える物体。対絶縁体。conductor　導体

とうたつ【到達】ある目標や状態に行きつくこと。reach　到達

とうだん【登壇】壇上にあがること。　登壇

どうだん【同断】前にのべたことと同じであること。▽以下—。類同上。　同断

とうち【当地】この土地。類当所。　当地

とうち【倒置】 位置・順序を逆にすること。 倒置

とうち【統治】 国や国民を治めること。government 統治

とうちゃく【到着】 ❶目的地に着くこと。❷届くこと。①arrival 到着

どうちゃく【同着】 同時につくこと。 同着

どうちゃく【撞着】 つじつまが合わないこと。▽自家―。類矛盾。 撞着

とうちゅう【頭注】 〈頭註〉本文の上につけた注釈。headnote 頭注

どうちゅう【道中】 ❶旅の途中。❷ねり歩くこと・行事。▽おいらん―。 道中

とうちょう【盗聴】 会話や電話の盗み聞き。wiretapping 盗聴

とうちょう【登庁】 役所に出勤すること。対退庁。 登庁

とうちょう【登頂】 山の頂上に登ること。とちょう。 登頂

どうちょう【同調】 ❶他人に調子を合わせること。❷受信機を調節して波長を合わせること。②tuning 同調

とうちょく【当直】 宿直や日直の番に当たること・人。 当直

とうつう【疼痛】 うずく痛み。pain 疼痛

とうてい【到底】 どうしても。とても。 到底

どうてい【童貞】 女性と性的関係をもったことがないこと・男性。virgin(ity) 童貞

どうてい【道程】 ❶ある場所から他の場所までの距離。みちのり。❷進んでいく物事の筋道。過程。①distance 道程

とうてき【投擲】 ❶ほうり投げること。❷「投擲競技」の略。①throw 投擲

どうてき【動的】 動きがあり生き生きしているようす。対静的。dynamic 動的

とうてつ【透徹】 ❶すみきっていること。❷筋道が通っていること。 透徹

とうてん【東天】 ❶東の空。❷夜明けの東の空。 東天

とうてん【読点】 文中の意味上の切れ目につける「、」のしるし。 読点

どうてん【動転】 〈動顛〉ひどく驚いて冷静さを失うこと。upset 動転

とうと【東都】 東方のみやこ。日本では、江戸または東京のこと。 東都

とうど【凍土】 こおった土・大地。▽―帯（＝ツンドラ）。 凍土

とうど【陶土】 陶磁器の原料となる粘土。potter's clay 陶土

とうとい【尊い】 敬い大切にすべきだ。たっとい。 尊い

とうとい【貴い】 価値が高い。たっとい。invaluable 貴い

使い分け 「たっとい・たっとぶ・とうとい・とうとぶ」

尊い・尊ぶ…尊厳があり敬うべきである。▽尊い神。尊い犠牲を払う。神仏を尊ぶ。祖先を尊ぶ。

貴い・貴ぶ…貴重である。▽貴い資料。貴い体験。和をもって貴しとなす。時間を貴ぶ。

とうとう【到頭】 ついに。finally 到頭

とうとう【等等】 「等(とう)」を強めた語。…など。…などなど。etc. 等等

とうとう【滔滔】 ❶水が勢いよく流れるようす。▽―たる大河。❷すらすらと話すようす。▽―と弁じる。❸風潮が移り動くようす。 滔滔

どうとう【同等】 等級や程度などが同じであること。equal 同等

どうとう【堂塔】 寺の堂と塔。 堂塔

どうどう【同道】 いっしょに行くこと・人。類同行。同伴。 同道

どうどう【堂堂】 ❶力強く、立派なようす。❷おそれずためらわないようす。①imposing ②stately 堂堂

どうどうめぐり【堂堂巡り】 同じ議論をくり返し、先へ進まないこと。 巡り

どうとく【道徳】 社会生活の秩序を存続するために、人として守らなければならない行動の規準。morals 道徳

とうとつ【唐突】 だしぬけ。突然。unexpected 唐突

とうとぶ【尊ぶ】 尊敬に値するものとして大切にする。たっとぶ。respect 尊ぶ

とうとぶ【貴ぶ】 価値あるものとして大切にする。たっとぶ。value 貴ぶ

とうどり【頭取】 銀行の代表者。 頭取

とうなす【唐茄子】 「かぼちゃ」の別称。 唐茄子

とうなん【盗難】 お金や品物をぬすまれる災難。theft 盗難

とうにゅう【投入】❶投げ入れること。❷力・金などをつぎこむこと。　投入

とうにゅう【豆乳】くだいた大豆を煮てこした白い汁。豆腐の材料。　豆乳

どうにゅう【導入】❶みちびき入れること。とり入れること。❷本題の前段部分。▽―部。①②introduction　導入

とうにょうびょう【糖尿病】血液中の糖が多くなり、糖が尿に出てくる病気。糖尿。diabetes　糖尿病

とうにん【当人】その人。本人。　当人

どうにん【同人】❶同じ人。その人。❷⇩どうじん(同人)。　同人

とうねん【当年】今年。本年。▽―とって五〇歳。　当年

どうねん【同年】❶その年。同じ年。❷同じ年齢。②same age　同年

とうは【党派】党。party　党派

とうは【踏破】歩きとおすこと。　踏破

とうば【塔婆】卒塔婆(そとば)。　塔婆

どうは【道破】言いきること。　道破

どうはい【同輩】年齢や地位などがあまりちがわない仲間。また、同期の仲間。類同僚。　同輩

とうばく【倒幕】幕府をたおすこと。　倒幕

とうはつ【頭髪】かみの毛。hair　頭髪

とうばつ【党閥】派閥。　党閥

とうばつ【討伐】反抗する者をせめうつこと。類征伐。subjugation　討伐

とうばつ【盗伐】他人の山林から木や竹をこっそりきってぬすむこと。　盗伐

とうはん【登攀】高い山や岩壁などをよじのぼること。とはん。climb　登攀

とうばん【当番】仕事の、番に当たること・人。対非番。on duty　当番

とうばん【登板】野球で、投手がマウンドに立つこと。対降板。　登板

どうはん【同伴】❶男女・夫婦がいっしょに行くこと。❷ついていくこと。また、つれていくこと。類❶❷同行。同道。　同伴

とうひ【当否】❶当たりはずれ。❷正当であるかどうか。▽事の―を問う。　当否

とうひ【逃避】さけて、のがれること。escape　逃避

とうび【掉尾】事の最後(で勢いがさかんになること)。ちょうび。final ▼―を飾(かざ)る 最後を立派に行う。　掉尾

どうひつ【同筆】同じ人の筆跡。　同筆

とうひょう【投票】選挙・採決で、候補者名や賛否を書いて出すこと。vote　投票

とうびょう【投錨】船がいかりをおろすこと。対抜錨。anchoring　投錨

とうびょう【闘病】病気を治そうと努力すること。▽―生活。　闘病

どうひょう【道標】方向・距離などを書いた道しるべ。guidepost　道標

どうびょう【同病】同じ病気(の人)。▼―相憐(あいあわ)れむ 同じ悩み・苦しみをもつ者は互いに同情しあう。　同病

とうひん【盗品】ぬすんだ品物。　盗品

とうふ【豆腐】大豆の豆乳をにがりでかためた食品。▼―に鎹(かすがい) 手ごたえやききめがないこと。類糠(ぬか)に釘(くぎ)。　豆腐

とうぶ【頭部】頭の部分。head　頭部

とうふう【唐風】中国ふうの様式。からよう。　唐風

どうふう【同封】封筒に、手紙といっしょに入れること。▽写真―。　同封

どうふく【同腹】❶同じ母親から生まれたこと・人。❷同じ考えの仲間。　同腹

どうぶつ【動物】❶自由に動きまわり、有機物を栄養とする生き物。人・けもの・鳥・魚・虫など。❷特に、けもの。対❶植物。②animal　動物

どうぶるい【胴震い】寒さや恐怖で体がふるえること。類身震い。shiver　胴震い

とうぶん【当分】今からしばらくの間。類当座。　当分

とうぶん【等分】同じ数・量に分けること。類均分。dividing equally　等分

とうぶん【糖分】❶食べ物などにふくまれる糖類の成分。❷甘み。①sugar　糖分

どうぶん【同文】❶同じ文章。▽以下―。❷使う文字が同じであること。▽―同種。 同文

とうへき【盗癖】ぬすみをするくせ。 盗癖

とうべん【答弁】質問に答えること。また、その答え。answer, reply 答弁

とうへんぼく【唐変木】気のきかない人や、もの分かりの悪い人。 唐変木

とうほう【当方】自分の方。対先方。 当方

とうぼう【逃亡】逃げること。flight 逃亡

どうほう【同胞】祖国が同じ人々。 同胞

とうぼく【倒木】自然にたおれた木。 倒木

とうほん【謄本】原本を全部うつした書類。特に、戸籍謄本。対抄本（しょうほん）。 謄本

とうほんせいそう【東奔西走】あちこち忙しく走り回ること。 東奔

どうまき【胴巻き】金銭などを入れて腹にまきつける、帯のような袋。 胴巻

どうまごえ【胴間声】調子外れの、にごった太い声。 胴間声

とうみつ【糖蜜】❶砂糖をつくったあとに残る黒褐色の液。❷砂糖をとかし煮つめた液。①molasses ②syrup 糖蜜

どうみゃく【動脈】❶心臓から体の各部へ血液を送る血管。❷重要な交通路のたとえ。①artery 動脈

とうみょう【灯明】神仏に供える灯火。みあかし。 灯明

とうみん【冬眠】❶動物が、眠った状態で冬を越すこと。❷活動しないこと。①hibernation 冬眠

とうめい【透明】すきとおっていること。▽無色―。transparent 透明

どうめい【同盟】共通の目的のために同じ行動をすることを約束すること。また、その約束。類連盟。alliance 同盟

どうめいひぎょう【同盟罷業】ストライキ。 罷業

とうめん【当面】❶今、直面していること。❷さしあたり。①facing 当面

どうもう【獰猛】あらっぽく、凶暴なようす。注×ねいもう。fierce 獰猛

とうもく【頭目】山賊などのかしら。 頭目

どうもく【瞠目】目をみはること。▽―すべき結果。 瞠目

どうもと【胴元】（筒元）❶ばくちの席を貸し、出来高に応じて歩合をとる人。胴親。❷元締め。①banker 胴元

とうもろこし【玉蜀黍】作物の一。夏、多数の種子が並んだ実をつける。とうきび。corn 玉蜀黍

どうもん【同門】同じ先生から教えを受けること・人。同学。 同門

どうもん【洞門】ほら穴（の入り口）。 洞門

とうや【陶冶】きたえて育て上げること。類薫陶。注とう×ち。cultivation 陶冶

とうやく【投薬】医者が患者に薬を与えること。類投与。medication 投薬

どうやく【同役】同じ役目（の人）。 同役

とうゆ【灯油】❶原油を蒸留した燃料用の油。❷灯火用の油。①kerosene 灯油

とうよ【投与】患者に薬を与えること。類投薬。 投与

とうよう【当用】日常生活でいつも使うこと。 当用

とうよう【東洋】アジア。特に、東・東南・南アジア。対西洋。the East 東洋

とうよう【盗用】ぬすんで使うこと。 盗用

とうよう【登用】（登庸）人を上の位にひきあげて使うこと。類抜擢（ばってき）。promotion 登用

どうよう【同様】同じであるようす。similar 同様

どうよう【動揺】❶ゆれ動くこと。❷不安で落ちつかないこと。また、そのために起こる騒ぎ。②agitation 動揺

どうよう【童謡】❶子供のための歌。❷子供が作り歌う歌。わらべ歌。 童謡

どうよく【胴欲】欲深で思いやりのないようす。avarice 胴欲

とうらい【到来】❶時機・機会がめぐってくること。▽時節―。❷贈り物が届くこと。①②arrival 到来

とうらく【当落】当選と落選。 当落

どうらく【道楽】❶趣味として楽しむこと。また、その趣味。❷熱中すること・遊び。類放蕩（ほうとう）。 道楽

①pastime

どうらん【胴乱】 植物採集用の容器。 胴乱

どうらん【動乱】 暴動や、戦争などで、世の中がみだれること。upheaval 動乱

とうり【党利】 党派・党の利益。 党利

とうり【桃李】 ももと、すもも。▼**―もの言わざれど下(した)自(おの)ずから蹊(みち)を成す** 徳のある人のもとには、自然に人が集まるものだ。 桃李

どうり【道理】 ❶正しい筋道。❷理由。▽―をわきまえる。①②reason 道理

とうりつ【倒立】 逆立ち。 倒立

とうりゃく【党略】 自分の属する党派・政党のためのはかりごと。▽党利―。party policy 党略

とうりゅう【逗留】 旅先にある期間とどまること。類滞在。stay 逗留

とうりゅうもん【登竜門】 そこを通れば出世できるといわれる関門。 登竜門

とうりょう【投了】 囲碁・将棋で、負けをみとめて勝負をやめること。 投了

とうりょう【棟梁】 ❶職人、特に大工の親方。❷ある集団の統率者。 棟梁

とうりょう【等量】 等しい分量。 等量

とうりょう【頭領】 親分。首領。boss 頭領

どうりょう【同僚】 同じ職場や役目の仲間。類同輩。同役。colleague 同僚

どうりょく【動力】 機械を動かす力。原動力。power 動力

とうるい【盗塁】 野球で、走者がすきをついて次の塁に進むこと。steal 盗塁

とうるい【糖類】 ぶどう糖・果糖など、甘みをもつ炭水化物。saccharide 糖類

どうるい【同類】 ❶同じ種類。同じたぐい。❷同じたぐいのもの。仲間。①same kind 同類

どうるいこう【同類項】 数式で、文字の部分が同じである項。 同類項

とうれい【答礼】 返礼すること。 答礼

どうれつ【同列】 ❶同じ列。❷同じ程度・地位に並ぶこと。▽―に論じることはできない。②same level 同列

とうろ【当路】 重要な地位についていること・人。▽―の大臣。 当路

どうろ【道路】 人・車などが通る整備された道。road 道路

とうろう【灯籠】 木・石などでつくったわくの中に明かりをともす道具。 灯籠

とうろう【登楼】 ❶高い建物にのぼること。❷遊郭で遊ぶこと。 登楼

とうろう【蟷螂】 かまきり。mantis ▼**―の斧(おの)** 弱者が身のほど知らずに強者に立ち向かうことのたとえ。 蟷螂

とうろく【登録】 公式の帳簿にのせること。registration 登録

とうろん【討論】 意見をたたかわせること。ディスカッション。類討議。discussion 討論

どうわ【童話】 子供のための話。 童話

とうわく【当惑】 どうしてよいかわからず、まようこと。▽―した表情。類困惑。perplexity 当惑

とえはたえ【十重二十重】 同じ物がいくえにも重なること。 二十重

とおあさ【遠浅】 海岸から沖まで浅いこと・所。 遠浅

とおい【遠い】 ❶距離・時間のへだたりが大きい。❷関係がうすい。❸よく聞こえない。❹かけはなれている。①far, distant ▼**―親類より近くの他人** 遠方の親類より、近くの親しい他人のほうが、頼りになるものだ。▼**―くて近きは男女の仲** 男女の仲は結ばれやすいものだ。 遠い

とおう【渡欧】 ヨーロッパに行くこと。 渡欧

とおえん【遠縁】 遠い血縁関係。 遠縁

トーク【talk】 談話。話。▽―番組。

とおざかる【遠ざかる】 ❶離れていく。❷関係が薄れる。注遠×去かる。①go away 遠ざかる

とおす【通す】 ❶ある場所まで通じるようにする。❷向こうに行かせる。❸中をくぐりぬける。❹思いどおりにする。❺試験や審査などをへて、先に進める。❻室内に入れる。❼仲立ちとする。▽秘書を―して。❽始めから終わりまで続ける。▽―して読む。❾…し続ける。▽歩き―。①⑤pass 通す

とおせんぼう【通せん坊】 両手を広げて通行をさまたげる子供の遊び。また、通行止め。とおせんぼ。 通 坊

トータル【total】❶合計。総計。❷合計すること。❸全体的。

とおで【遠出】遠くまで出かけること。　遠出

トーナメント【tournament】勝ちぬきで優勝をきめる試合の方式。

とおなり【遠鳴り】遠くから鳴りひびいてくること・音。distant peal　遠鳴り

とおね【遠音】遠くの方できこえる音・声。distant sound　遠音

とおのく【遠退く】遠ざかる。　遠退く

とおのり【遠乗り】馬・車などに乗って遠くまで出かけること。long ride　遠乗り

とおび【遠火】❶遠方でたく火。❷物を焼くとき、火から離して焼くこと。　遠火

ドーピング【doping】スポーツ選手が禁止薬物を使用すること。

とおぼえ【遠吠え】❶犬などが遠くまで聞こえるようにほえること・声。❷弱い者がかげで悪口などを言うこと。▽負け犬の―。①howl　遠吠え

とおまき【遠巻き】遠くからそのまわりをとりまくこと。　遠巻き

とおまわし【遠回し】それとなく気づかせること。roundabout　遠回し

とおみ【遠見】❶遠くを見ること。❷遠目❶。①distant viewing　遠見

とおめ【遠目】❶遠くから見た目。また、その時の感じ。❷遠視。　遠目

とおめがね【遠眼鏡】望遠鏡・双眼鏡の古風な呼称。　遠眼鏡

とおり【通り】❶道路。❷通行。❸音声の伝わる具合。❹世間に通用する度合い。❺わかりやすさの度合い。▽―のいい話。❻同じ状態であること。❼種類。①street　通り

とおりあめ【通り雨】少しの間降ってすぐ晴れる雨。類にわか雨。　通り雨

とおりいっぺん【通り一遍】うわべだけのようす。▽―のあいさつ。superficial　一遍

とおりすがり【通りすがり】❶通るついで。❷たまたま通りかかること。　通り

とおりそうば【通り相場】世間でふつうとされる値段や評価。　相場

とおりな【通り名】通称。　通り名

とおりま【通り魔】通りすがりの人を突然おそう悪人。　通り魔

とおる【通る】❶他の場所まで通じる。❷通過する。行き来する。❸つき抜ける。❹よく伝わる。❺内容がわかる。❻合格する。❼室内にはいる。❽一般に通用する。❾筋道などが整っていて、理解できる。▽意味の―らない文章。②⑥⑧pass ②run　通る

とか【都下】東京都の中。また、東京都の二三区以外の市町村。　都下

とか【渡河】川をわたること。　渡河

とが【科】〈咎〉❶あやまち。❷罪。❸非難すべき欠点。③fault　科・科

とかい【都会】人口が多く商工業がさかんな町。対田舎（いなか）。city　都会

とかい【渡海】船で海を渡ること。類航海。　渡海

どがいし【度外視】問題にしないこと。類無視。disregard　度外視

とがき【ト書き】脚本で、俳優の動作や効果音などを指示する注意書き。　ト書

とかく【兎角】❶あれやこれや。❷ややもすると。ともすれば。　兎角

とかげ【蜥蜴】〈石竜子〉はちゅう類の一。尾は切れても再生する。にほんとかげ。　蜥蜴

とかす【梳かす】くしなどで髪の毛をととのえる。comb　梳かす

とかす【溶かす】❶液体を用いて、液状にする。❷〈融かす・解かす〉金属を液状にする。①dissolve ②melt　溶かす

とかす【解かす】固体を液状にする。▽氷を―。melt　解かす

どかす【退かす】その場から他へ移す。remove　退かす

どかた【土方】土木工事の労働者。今は使わない語。　土方

とがま【利鎌】よく切れるかま。　利鎌

とがめだて【咎め立て】強くとがめること。　咎め立

とがめる【咎める】❶非難する。責める。❷あやしんで問う。❸心が痛む。①blame　咎める

とがりごえ【尖り声】とげとげしい声。　尖り声

とがる【尖る】❶先が鋭くなる。❷鋭敏になる。▽神経が―。❸ふきげんになる。①sharpen　尖る

どかん【土管】粘土を焼いて作った管。　土管

とき〘鴇〙15 **ホウ・とき** 鳥の、とき。▽ー色（＝薄桃色）。 鴇・鴇

とき【時】❶時間。❷時刻。❸そのころ。時代。❹ある場合。❺好機。❻話題にする当の時期。▽ーの人。❼季節。▽紅葉のー。❽…の場合。①②time ▼**ーならぬ** 時期はずれの。思いがけない。▼**ーの氏神**（うじがみ） よい時期に現れ仲裁してくれる人。▼**ーを移さず** すぐに。 時

とき【斎】❶僧の食事。❷寺でだす食事。❸精進（しょうじん）料理。 斎

とき【鴇】〈朱鷺〉鳥の一。さぎに似ている。翼は薄紅色。国際保護鳥。Japanese crested ibis 鴇

とき【鬨】戦いを始めるときなどに一斉にあげる叫び声。battle cry 鬨

とぎ【伽】❶退屈をなぐさめること・人。❷寝所にはべること・人。 伽

どき【土器】素焼きのうつわ。 土器

どき【怒気】おこったようす。▽ーを含んだ声。 怒気

ときあかす【解き明かす】問題をといてその意味を明らかにする。▽なぞをー。 解き明

ときあかす【説き明かす】説明して意味がわかるようにする。▽研究の内容をー。 説き明

ときおり【時折】ときどき。たまに。 時折

とぎし【研ぎ師】刃物・鏡をとぐ職人。 研師

ときたま【時偶】ときどき。 時偶

どぎつい 感じが非常にきつい。loud

ときどき【時時】❶その時その時。❷ときおり。sometimes 時時

ときのこえ【鬨の声】鬨。 鬨の声

ときはなす【解き放す】束縛などをとき自由にする。解き放つ。release 解き放

ときふせる【説き伏せる】説明して自分の考えに従わせる。persuade 説き伏

ときめく（喜びや期待で）胸がどきどきする。beat fast

ときめく【時めく】時勢にめぐりあってもてはやされ、栄える。▽今をー若手の作家。 時めく

どぎも【度肝】〈度胆〉きもったま。こころ。▼**ーを抜**（ぬ）**く** ひどく驚かせる。 度肝

ドキュメンタリー【documentary】記録に基づいていること・作品。

ドキュメント【document】記録。文献。

どきょう【度胸】物事をおそれない心。類肝っ玉。胆力。courage, guts 度胸

どきょう【読経】声を出して経を読むこと。読誦（どくじゅ）。対看経（かんきん）。 読経

ときょうそう【徒競走】走って速さを競うこと。かけっこ。 徒競走

とぎれる【跡切れる】〈途切れる〉❶行き来がとだえる。❷途中で切れる。②break 跡切れ

ときわ【常磐】永久に変わらないこと。 常磐

ときわず【常磐津】浄瑠璃（じょうるり）の一。常磐津節。 常磐津

ときん【鍍金】めっき。plating 鍍金

とく〘禿〙7 **トク・かむろ・はげ** ❶はげ。はげる。▽ー頭（とくとう）。ー筆。❷かむろ。 禿・禿

とく〘匿〙常10 **トク** かくす。かくれる。▽ー名。隠ー。 匿・匿

筆順

とく〘涜〙10 **トク・けがす** よごす。けがす。▽ー職。冒ー。（瀆） 涜・涜

とく〘特〙常10 **トク** ❶すぐれている。▽ー技。独ー。❷特別であること。▽ー急。 特・特

筆順
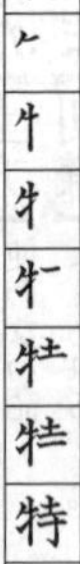

とく〘得〙常11 **トク・える・うる** ❶手に入れる。▽取ー。獲ー。❷もうけ。▽ー失。損ー。❸理解する。▽ー心。納ー。 得・得

筆順

とく〘督〙常13 **トク** ❶よく見る。▽監ー。❷ひきいる。▽提ー。 督・督

筆順
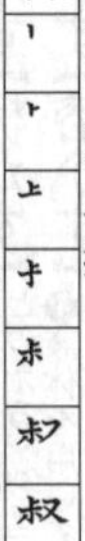

とく〘徳〙常14〘德〙人15 **トク** ❶品性。▽人ー。❷利益。▽ー用。❸めぐみ。 徳・德

筆順

とく〘篤〙常16 **トク** ❶手あつい。▽ー実。❷病状が重い。▽危ー。 篤・篤

筆順

とく〘読〙⇩どく

とく【梳く】髪をくしで整える。すく。comb 梳く

とく【得】利益。有利になること。対損。profit 得

とく【溶く】溶かす。 溶く

とく【解く】❶ほどく。❷ほどいて分ける。❸制限などをのぞく。❹約束をとりやめる。❺役目をやめさせる。❻わだかまりをのぞく。❼疑問点をなくす。対❶結ぶ。①untie ⑦solve 解く

使い分け「とかす・とく・とける」
解かす・解く・解ける…固まっていたものが緩む。答えを出す。元の状態に戻る。▽結び目を解く。ひもが解ける。問題が解ける。誤解が解ける。包囲を解く。会長の任を解く。
溶かす・溶く・溶ける…液状にする。固形物などを液体に入れて混ぜる。一体となる。▽鉄を溶かす。チョコレートが溶ける。小麦粉を水で溶く。地域社会に溶け込む。

とく【徳】❶人間として立派な心。❷人から尊敬される品性。❸めぐみ。 徳

とく【説く】道理・筋道を明らかにしながら話してきかせる。explain 説く

とぐ【研ぐ】〈磨ぐ〉❶こすって鋭くする。❷みがく。▽鏡を—。❸水の中でこすって洗う。▽米を—。①sharpen 研ぐ

どく【毒】常8 **ドク** どく。害になるもの。▽—素。消—。 毒・毒

筆順 一 十 キ 主 圭 毐 毒 毒

どく【独】常9 **ドク・ひとり** ❶ひとり。▽—立。孤—。❷ひとりよがり。▽—断。❸「独逸・独乙(ドイツ)」の略。▽—文。(獨) 独・独

筆順 ノ 犭 犭 犭 犯 独 独 独

どく【読】常14 **ドク・トク・トウ・よむ** ❶文章をよむ。▽—書。❷見ぬく。▽—心。(讀) 読・読

筆順 言 言 言 言 言 読 読 読

どく【毒】❶生命や健康に害を与えるもの。毒物。❷人の心や感情をきずつけるもの。▼**—にも薬にもならない** 害にも、ためにもならない。▼**—を食(く)らわば皿まで** 一度悪事を働いたら、どこまでも悪事を働き通す。▼**—を以(もっ)て毒を制す** 悪をほろぼすために悪を用いるたとえ。 毒

どく【退く】他の場所へ移り、その場所をあける。のく。get out 退く

とくい【特異】他と特に違ったり、すぐれたりするようす。▽—体質。unique 特異

とくい【得意】❶望みどおりになって満足していること。❷自慢すること。❸よくなれて上手なこと。❹お得意。対❶失意。❸苦手。不得意。①②proud 得意

とくいく【徳育】道徳心を養う教育。 徳育

とくいまんめん【得意満面】自慢そうな気持ちが顔いっぱいに表れること。 得意満面

どぐう【土偶】土で作った人形。特に、縄文時代のもの。clay figure 土偶

どくえん【独演】ひとりで演じること。 独演

どくが【毒牙】❶毒液を出すきば。❷悪辣(あくらつ)なたくらみ。▽黒幕の—にかかる。①poison fang 毒牙

とくがく【篤学】学問に熱心なこと。▽—の士。 篤学

どくがく【独学】自分ひとりで勉強すること。類独習。自修。自習。 独学

どくがんりゅう【独眼竜】片目の英雄。伊達政宗(だてまさむね)の異名。 独眼竜

とくぎ【特技】自信のある、上手にできる技能・技術。注×得技。specialty 特技

とくぎ【徳義】道徳上守るべき義務。 徳義

どくぎん【独吟】❶詩歌などをひとりで口ずさむこと。❷連歌・俳諧などをひとりでつくること。また、その句。 独吟

どくけ【毒気】⇩どっき。 毒気

どくけし【毒消し】毒のききめを消すこと・薬。解毒(げどく)。どっけし。antidote 毒消し

どくご【独語】❶ひとりごと(を言うこと)。❷ドイツ語。 独語

どくご【読後】本などを読んだあと。▽—感。 読後

どくさい【独裁】特定の個人・団体が権力をにぎって支配すること。dicta-torship 独裁

とくさく【得策】得になる方法。 得策

とくさつ【特撮】「特殊撮影」の略。 特撮

どくさつ【毒殺】毒で殺すこと。 毒殺

とくさん【特産】その地方で特に産出されること・産物。special product 特産

とくし【特使】特別の任務をもった使者。special envoy 特使

とくし【篤志】社会事業などに特に熱心なこと・心。 篤志

どくし【毒死】毒によって死ぬこと。 毒死

どくじ【独自】それだけに特有であるようす。original 独自

とくしつ【特質】そのものだけがもつ特別な性質。▽日本文化の―。類特性。characteristic　特質

とくしつ【得失】利益と損失。▽利害―。類利害。　得失

とくじつ【篤実】人情にあつく誠実なこと。sincerity　篤実

とくしゃ【特写】ある目的のために、独自に写真にとること。　特写

とくしゃ【特赦】恩赦の一。特定の人の刑の効力を失わせること。amnesty　特赦

どくしゃ【読者】読む人。reader　読者

どくしゃく【独酌】❶手じゃく。❷ひとりで酒を飲むこと。　独酌

とくしゅ【特殊】ふつうとちがっていること。対一般。special　特殊

とくしゅ【特種】特別な種類。　特種

とくじゅ【特需】特別な需要。　特需

どくしゅ【毒手】❶人を殺そうとする手段。❷悪辣(あくらつ)な手段。類❷魔手。　毒手

とくしゅう【特集】特定の問題を中心に編集したり報道したりすること。feature　特集

どくしゅう【独修】技術などを人から教えてもらわず、自分ひとりで身につけること。類自修。　独修

どくしゅう【独習】自分ひとりで学習すること。類独学。自習。　独習

とくしゅつ【特出】特にすぐれていること。▽他より―した才能。類傑出。卓越。prominence　特出

どくしょ【読書】本を読むこと。reading ▼―百遍(ひゃっぺん)意自(おの)ずから通ず くりかえして読めば自然に意味がわかってくる。　読書

とくしょう【特賞】特別の賞(品)。また最高の賞。grand prize　特賞

どくしょう【独唱】ひとりで歌うこと。ソロ。vocal solo　独唱

とくしょく【特色】他と比べて特に目だつ(すぐれた)点。類特徴。feature　特色

とくしょく【瀆職】汚職。　瀆職

とくしん【特進】特別に昇進すること。special promotion　特進

とくしん【得心】納得すること。　得心

どくしん【独身】配偶者のいないこと・人。独身者。独り者。single　独身

どくじん【毒刃】凶刃(きょうじん)。　毒刃

どくしんじゅつ【読心術】表情や動作から相手の考えを読み取る術。　読心術

どくしんじゅつ【読唇術】くちびるの動きを見てそのことばを理解する術。　読唇術

とくする【得する】利益を得る。もうける。gain profit　得する

どくする【毒する】悪くする。　毒する

とくせい【特性】(すぐれた)特質。▽地域の―を生かす。　特性

とくせい【特製】特別に作ること・物。特別製。別製。special make　特製

とくせい【徳性】道徳心をもった、正しい人格。▽―を養う。moral character　徳性

どくせい【毒性】有毒な性質。　毒性

とくせつ【特設】特別に設けること。　特設

どくぜつ【毒舌】てきびしい皮肉や悪口(を言うこと)。bitter tongue　毒舌

とくせん【特選】❶特別に選ぶこと・物。❷審査で特に優秀と認められること・作品。①special selection　特選

とくせん【特薦】特に推薦すること。　特薦

とくせん【督戦】部下をはげまし、また監督して、戦わせること。　督戦

どくせん【独占】❶ひとりじめにすること。❷企業が、市場を支配して利益をひとりじめすること。①②monopoly　独占

どくぜん【独善】ひとりよがり。　独善

どくせんじょう【独擅場】ひとりで思うままにふるまえる場所。ひとり舞台。　独擅場

どくそ【毒素】毒性の強い物質。toxin　毒素

どくそう【独走】❶ひとりで走ること。他を引きはなして先頭を走ること。❷ひとりだけ勝手な行動をすること。　独走

どくそう【独奏】ひとりで、またひとりが中心になって演奏すること。solo　独奏

どくそう【独創】自分だけの考えでつくり出すこと。対模倣。　独創

creativity

とくそく【督促】実行をうながすこと。demand　督促

ドクターストップ　❶ボクシングで、医師の診断で試合を中止すること。❷医者が一定の制限を加えること。❶❷和製語。

とくだい【特大】特別に大きいこと・もの。extra-large　特大

とくたいせい【特待生】特別の待遇を受けている優秀な学生・生徒。　特待生

とくだね【特種】その社だけが入手した特別な情報。scoop　特種

どくだみ【蕺草】野草の一。日陰に生え、全体に悪臭がある。葉は薬用。　蕺草

とくだん【特段】特別。格別。　特段

どくだん【独断】自分だけの考えで決めること。また、その判断。arbitrary decision　独断

どくだんじょう【独壇場】「独擅場(どくせんじょう)」が誤読され慣用になった語。⇩独擅場(どくせんじょう)。　独壇場

どくだんせんこう【独断専行】独断で、勝手に行うこと。　専行

とぐち【戸口】家の出入り口。門口。doorway　戸口

とくちゅう【特注】特別注文・特別発注の略。特別に作らせること。　特注

とくちょう【特長】他と比べて特にすぐれている点。▽新製品の―。類長所。strong point　特長

とくちょう【特徴】他と比べて特にめだつ点。▽犯人の―。類特色。feature　特徴

どくづく【毒突く】ひどい悪口を言う。curse　毒突く

とくてい【特定】❶多くのものの中から特に指定すること。❷特に決められていること。①specification　特定

とくてん【特典】特別な扱い・恩典。privilege　特典

とくてん【得点】点数を得ること。また、その点数。score　得点

とくと【篤と】念を入れるようす。▽―考える。　篤と

とくど【得度】❶仏門に入ること。❷さとりの世界に入ること。　得度

とくとう【禿頭】はげあたま。　禿頭

とくとく【得得】得意なようす。▽―としゃべる。　得得

どくとく【独特】〈独得〉それだけが特別に持っているようす。類特有。unique　独特

どくどくしい【毒毒しい】❶色がどぎつい。❷いかにも悪意をふくんでいるようす。　毒毒し

ドクトリン【doctrine】❶教義。❷(政策上の)主義・信条。政策理論。

とくに【特に】特別に。specially　特に

とくにん【特認】「特別承認」の略。　特認

とくのうか【篤農家】農業の研究に熱心な農民・農家。篤農。　篤農家

とくは【特派】記者や使者を特別に派遣すること。　特派

どくは【読破】最後まで読み通すこと。reading through　読破

とくばい【特売】商品を特別に安く売ること。sale　特売

どくはく【独白】❶ひとりごと(を言うこと)。❷演劇で、ひとりで言うこと・せりふ。②monologue　独白

とくひつ【禿筆】すりきれた筆。また、自分の文章・文字の謙譲語。　禿筆

とくひつ【特筆】特にとりたてて書くこと。特記。▽―すべき事件。　特筆

どくひつ【毒筆】他人を傷つける目的で、悪意をこめて書くこと・文章。　毒筆

とくひつたいしょ【特筆大書】特にめだつようにはっきりと書くこと。　大書

とくひょう【得票】選挙で、票を得ること。また、得た票(数)。poll　得票

どくふ【毒婦】男性をだましたり、平気で悪事を働く女性。　毒婦

どくぶつ【毒物】毒をもつ物質。毒。　毒物

どくぶん【独文】❶ドイツ語の文章。❷ドイツ文学。②German literature　独文

とくべつ【特別】一般のものと違って区別されるようす。対普通。special　特別

とくほう【特報】特別に報道すること。また、その報道。flash　特報

とくぼう【徳望】徳が高くて、人望があること。　徳望

どくぼう【独房】刑務所で、受刑者をひとりだけ入れる部屋。独居監房。　独房

と

とくほん【読本】❶もと、国語の教科書。❷入門書。どくほん。 読本

ドグマ【Dogmaドイツ】❶教義。❷独断(的な説)。

どくみ【毒味】〈毒見〉❶食べて毒の有無を試すこと。❷味加減を見ること。 毒味

とくむ【特務】特別の任務。 特務

とくめい【匿名】本名をかくすこと。▽—の投書。anonymity 匿名

とくめい【特命】特別の命令・任命。special order 特命

とくもく【徳目】徳を分類した、忠・孝・礼・智・信・仁・義・勇などの名称。 徳目

とくやく【特約】特別な条件でする契約。special contract 特約

どくやく【毒薬】微量で生命に危険をおよぼす薬。類劇薬。poison 毒薬

とくゆう【特有】それだけが特にもっていること。characteristic 特有

とくよう【徳用】〈得用〉値段のわりに量が多いなど、使って得なこと。類割安。economical 徳用

とくり【徳利】⇩とっくり。 徳利

とくりつ【特立】❶特に目立っていること。❷自立。独立。 特立

どくりつ【独立】❶他から離れて存在すること。❷束縛(そくばく)・支配・助力などをうけないこと。▽—国。②independence 独立

どくりつどっぽ【独立独歩】独立して、自分の信じるとおりに物事を行うこと。 独歩

どくりょう【読了】読み終わること。 読了

どくりょく【独力】自分ひとりの力。 独力

とぐるま【戸車】戸の開閉をなめらかにするために付ける小さな車。 戸車

とくれい【特例】特別な例。 特例

とくれい【督励】監督し励ますこと。 督励

とぐろ へびが体を渦巻き型にまくこと・状態。▼—を巻く 数人がある場所に何もせずたむろする。

どくろ【髑髏】骨だけになった頭。されこうべ。しゃれこうべ。skull 髑髏

どくわ【独話】ひとりごと。 独話

とげ【刺】〈棘〉❶植物や動物にある針のようなもの。❷木・竹などの細片。❸人の心に突きささるようなもの。①thorn, spine ②splinter 刺

とけい【時計】時刻を示したり時間を計ったりする器械。watch, clock 時計

どげざ【土下座】地面にひざまずいて礼をすること。 土下座

とけつ【吐血】食道・胃などの出血によって血をはくこと。hemoptysis 吐血

とげとげしい【刺刺しい】ことば・態度にとげがあるようす。 刺刺し

とける【溶ける】〈融ける〉❶液体になる。❷まざって区別がつかなくなる。 溶ける

とける【解ける】❶ほどける。❷禁止・制限がなくなる。❸気持ちのもつれが消える。❹答えが出る。 解ける

とげる【遂げる】❶しようと思ったことをやり終える。果たす。▽最期を—。❷最終的にそういう結果になる。注×逐げる。①accomplish 遂げる

どける【退ける】どかす。動かして他の場所へ移す。remove 退ける

どけん【土建】土木と建築。 土建

とこ【床】❶ねどこ。❷畳の芯(しん)。❸ゆか。❹川の底。❺苗を育てる所。❻床の間。①⑤bed 床

どこ【何処】わからない場所・ことを指す語。▼—の馬の骨 素性(すじょう)のわからない人をののしっていう語。▼—吹(ふ)く風 他人の批評・意見をまったく気にかけないようす。 何処

とこあげ【床上げ】大病・出産のあと、元気になって病床をかたづけること。また、その祝い。床払い。 床上げ

とこいり【床入り】婚礼の夜、夫婦がはじめて寝床を共にすること。 床入り

とこう【渡航】船や飛行機で外国へ行くこと。travel abroad 渡航

どこう【土工】❶土木工事の作業。❷❶をする労働者。今は使わない語。 土工

どごう【怒号】❶怒ってどなること・声。❷風や波があれる音。①②roar 怒号

とこしえ【常しえ】〈永久〉いつまでも変わらないこと。とこしなえ。▽ここに—に眠る。eternity 常しえ

とこずれ【床擦れ】長患いで、床に当たる部分がただれること。褥瘡(じょくそう)。 床擦れ

とこなつ【常夏】 いつも夏のような気候であること。　常夏

とこのま【床の間】 上座のゆかを一段高くした所。　床の間

とこばしら【床柱】 床の間の化粧柱。　床柱

とこはる【常春】 いつも春のような気候であること。　常春

とこや【床屋】 理髪店。また、その職業(の人)。barbershop　床屋

とこやみ【常闇】 永久のやみ。　常闇

とこよのくに【常世の国】 ❶古代、はるか遠くにあると信じられていた国。❷不老不死の国。❸人の死後、その魂がいくという国。黄泉(よみ)の国。　常世国

ところ【所】 〈処〉❶場所。位置。❷いる場所。❸部分。❹土地。地方。❺立場。❻場合。❼ちょうどそのとき。▽今読んでいる—だ。❽程度。❾こと。①place ▼**—変われば品変わる** 土地が変わると習慣・ことばも変わる。▼**—狭(せま)しと** 場所がせまくてきゅうくつなほどに。▼**—を得る** 能力・才能にふさわしい地位や仕事につく。　所

ところえがお【所得顔】 そのことに満足した、得意顔。　所得顔

ところがき【所書き】 書き記した住所。　所書き

ところがら【所柄】 場所柄。　所柄

ところてん【心太】 てんぐさの煮汁をゼリー状にした食品。　心太

どざえもん【土左衛門】 水死体。　土左衛

とさか【鶏冠】 鶏などの頭部にある、肉質の突起物。crest　鶏冠

どさくさ 突然の事件などで、人々がごった返している混乱状態。uproar

とざす【閉ざす】 〈鎖す〉❶門・戸などをしめる。❷とじこめる。❸ふさぐ。▽道を—。▽悲しみに—される。　閉ざす

とさつ【屠殺】 皮や肉などをとるために家畜を殺すこと。畜殺。slaughter　屠殺

とざま【外様】 ❶「外様大名」の略。「関ヶ原の役」の後、徳川家に従った大名。❷組織で、傍系の立場にいること・人。　外様

どさまわり【どさ回り】 劇団などが地方巡業をすること。また、その劇団。barnstorming　どさ回

とざん【登山】 山登り。対下山。　登山

どさんこ【道産子】 ❶北海道産の馬。❷北海道で生まれた人。　道産子

とし【年】 〈歳〉❶一か年。❷年齢。①year ②age ▼**—は争えない** 年をとると、気力はあっても無理がきかなくなる。　年

とし【都市】 人口が多く、その地方の政治・経済・文化の中心的な町。city　都市

とじ【途次】 行く途中。みちすがら。▽帰国の—。　途次

としおとこ【年男】 その年の干支(えと)と同じ干支の男性。対年女。　年男

としおんな【年女】 その年の干支と同じ干支の女性。対年男。　年女

としがい【年甲斐】 年相応の思慮分別。　年甲斐

としかさ【年嵩】 ❶年上。❷年よりであること。①senior　年嵩

どしがたい【度し難い】 救いようがない。　度し難

としかっこう【年格好】 〈年恰好〉推測される大体の年齢。年のころ。▽三五、六の—の男。　年格好

としご【年子】 一つちがいの兄弟姉妹。　年子

としこし【年越し】 旧年をおくり、新年をむかえること。▽—そば。　年越し

とじこめる【閉じ込める】 戸をしめて、外へ出られないようにする。lock　閉じ込

とじこもる【閉じ籠もる】 ❶家・部屋などの中にいて外へ出ない。❷感情や意思を外へ出さないでいる。　閉じ籠

としごろ【年頃】 ❶およその年齢。❷結婚適齢期。　年頃

とじしろ【綴じ代】 とじるため残しておく、紙のはしの部分。　綴代

としつき【年月】 ❶時間。ねんげつ。❷それまでの長い間。　年月

としなみ【年波】 年をとること。▽寄る—には勝てない。　年波

としのいち【年の市】 〈歳の市〉年末に正月用の飾り物を売る市。　年の市

としのくれ【年の暮れ】 年末。　年の暮

としのこう【年の功】 年をとって経験豊かなこと。　年の功

としのせ【年の瀬】 年末。　年の瀬

としは【年端】 年齢の程度。▽—もゆかない。 年端

としま【年増】 娘盛りをすぎた女性。 年増

とじまり【戸締まり】 戸・門にかぎをかけ、あかないようにすること。 locking up 戸締り

としゃ【吐瀉】 食べ物をはいたり、くだしたりすること。 吐瀉

どしゃ【土砂】 土と砂。 土砂

どしゃぶり【土砂降り】 雨がはげしく降ること。 heavy rain 土砂降

としゅ【斗酒】 多量の酒。▼—なお辞せず 大酒を飲むようす。 斗酒

としゅ【徒手】 手に何も持たないこと。 徒手

としゅくうけん【徒手空拳】 「徒手」を強めた語。 空拳

としょ【図書】 書籍。本。 book 図書

としょう【徒渉】 〈渡渉〉川などを歩いてわたること。 wading ある場所、ある目的にむかう途中。▽発展— 徒渉

とじょう【途上】 ある目的にむかう途中。▽発展—国。 途上

とじょう【登城】 城に出仕すること。注 ×とうじょう。 登城

どじょう【土壌】 ❶作物の育つ土。❷物事を育てる基盤・環境。 ①soil 土壌

どじょう【泥鰌】 淡水魚の一。体は筒形で細長い。食用。 loach 泥鰌

どしょうぼね【土性骨】 生まれつきの性質。土根性(どこんじょう)。土性っ骨。 土性骨

としょく【徒食】 働かずに、遊びくらすこと。▽無為—。 idle life 徒食

としより【年寄】 相撲で、興行や力士を取りしまる役の人。 年寄

としより【年寄り】 老人。▼—の冷や水 老人が、自分の年齢を考えないで無理をすること。 年寄り

としよわ【年弱】 ❶年若。❷一年の後半に生まれたこと・人。 年弱

とじる【閉じる】 ❶しまる。しめる。❷終わる。終える。①②close 閉じる

とじる【綴じる】 ❶重ねてつづり合わせる。❷布などを縫い合わせる。❸料理で、といた卵で固まらせる。①file 綴じる

としわすれ【年忘れ】 一年間の苦労をねぎらうこと・宴会。 年忘れ

としん【妬心】 しっと心。 妬心

としん【都心】 大都市の中心部。 都心

とじん【都塵】 都会のほこりっぽさや、騒がしさ。 都塵

どす ❶短刀。❷すごみ。▽—のきいた声。 ①dagger

どすう【度数】 ❶回数。❷温度・角度などを表す数。①frequency 度数

とする【賭する】 かける。▽社運を—して。 bet 賭する

とせ【歳】 年数をかぞえる語。 歳

とせい【渡世】 ❶暮らし。❷生業。なりわい。 渡世

どせい【怒声】 怒ってどなる声。 roar 怒声

とせいにん【渡世人】 ばくちうち。やくざ。 渡世人

とぜつ【途絶】 〈杜絶〉とだえること。▽通信—。 途絶

とせん【渡船】 わたしぶね。 ferry 渡船

とぜん【徒然】 つれづれ。 徒然

とそ【屠蘇】 ❶屠蘇散。❷屠蘇散をひたした酒・みりん。不老長寿の酒として正月の祝いに飲む。おとそ。 屠蘇

とそう【塗装】 塗料を塗ったり、吹き付けたりすること。 painting 塗装

どそう【土葬】 死体を焼かずに地中に埋葬すること。 interment 土葬

どぞう【土蔵】 壁を土やしっくいで厚くぬりかためた、くら。つちぐら。 土蔵

どそく【土足】 ❶どろ足。❷はきものをはいたままの足。▽—厳禁。 土足

どぞく【土俗】 その地方の風俗・習慣。 土俗

とそさん【屠蘇散】 山椒(さんしょう)・肉桂(にっけい)などを調合したもの。袋に入れ、酒やみりんにひたして飲む。とそ。 屠蘇散

どだい【土台】 ❶建物の基礎。❷物事の基礎。❸もともと。①②base 土台

とだえる【途絶える】 〈跡絶える〉とぎれる。 stop 途絶え

とだな【戸棚】 中に棚をつけ、前面に戸のある収納家具。 cupboard 戸棚

とたん【途端】 ちょうどその瞬間。類矢先。 途端

とたん【塗炭】 泥にまみれ、火に焼かれること。▽—の苦しみ。　塗炭

どたんば【土壇場】 ある事が決まろうとする最後の場面。last moment　土壇場

とち〖栃〗 常9 **とち** 樹木の一。とちのき。◎「栃木」で県名の「とちぎ」。　栃・栃

筆順　一　十　木　木'　木ˊ　栃　栃

とち〖橡〗 16 **ショウ・ゾウ・とち・くぬぎ** ❶樹木の一。とちのき。❷くぬぎ。　橡・橡

とち【土地】 ❶大地。❷地所。❸その地方。❹領土。①earth　土地

とちかん【土地鑑】 〈土地勘〉その土地にくわしいこと。　土地鑑

とちのき【栃の木】 〈橡の木〉落葉高木の一。種子は食用、材は器具用。とち。horse chestnut　栃の木

どちゃく【土着】 その土地に代々長く住んでいること。▽—民。native　土着

とちゅう【途中】 ❶物事が終わらないうち。❷目的地に着くまでの間。類❶❷中途。①②halfway　途中

とちょう【都庁】 「東京都庁」の略。　都庁

どちょう【怒張】 血管などがふくれてもりあがること。swelling　怒張

どちら【何方】 ❶どこ。❷どれ。どっち。❸どなた。①where ②which ③who　何方

とちる ❶俳優がせりふなどをまちがえる。❷失敗する。

とつ〖凸〗 常5 **トツ** 中央がつきでている(もの)。▽—版。—レンズ。　凸・凸

筆順　丨　ㅗ　卂　凸　凸

とつ〖突〗 常8〖突〗人9 **トツ・つく** ❶ぶつかる。▽衝—。❷つきでる。▽—出。—進。猪—(ちょとつ)。❸だしぬけに。▽—然。唐—。　突・突

筆順　丶　丷　宀　穴　穴　空　穸　突

とっか【特価】 特別に安くした値段。bargain price　特価

とっか【徳化】 人を徳によって感化すること。moral influence　徳化

どっかい【読解】 文章を読んで意味・内容を理解すること。▽—力。　読解

とっかん【吶喊】 ときの声をあげて突撃すること。　吶喊

とっかん【突貫】 一気に完成させること。▽—工事。rush　突貫

とっき【突起】 一部分がつき出ること。また、つき出たもの。▽—物。虫様—。projection　突起

とっき【特記】 特筆。▽—事項。　特記

どっき【毒気】 毒になる成分。また、悪意。どくけ。どっけ。▼—を抜(ぬ)かれる 気持ちがくじけて呆然(ぼうぜん)となる。　毒気

とっきゅう【特急】 ❶特別急行列車。主要駅にだけ停車する列車。❷大急ぎ。①limited express　特急

とっきゅう【特級】 一級より上の等級。　特級

とっきょ【特許】 ❶特許権をあたえること。❷特許権。　特許

どっきょ【独居】 ひとりずまい。　独居

とつぐ【嫁ぐ】 嫁に行く。　嫁ぐ

とっくり【徳利】 ❶酒を入れる、口がせまい容器。銚子(ちょうし)。とくり。❷徳利の口に似た形のえり。徳利えり。　徳利

とっくん【特訓】 特別の練習や訓練。　特訓

とっけい【特恵】 特別の恩恵・待遇。　特恵

とつげき【突撃】 突進して一気に攻撃すること。charge　突撃

とっけん【特権】 特定の人がもつ権利。▽—階級。privilege　特権

とっこう【特効】 特にすぐれた効果・効能。　特効

とっこう【特高】 「特別高等警察」の略。もと、政治・社会運動をとりしまった警察組織。　特高

とっこう【徳行】 道徳にかなった行い。類善行。virtuous conduct　徳行

とっこう【篤行】 まごころのこもった行い。▽—の士。類徳行。善行。　篤行

とっこう【篤厚】 人情にあつく誠実なこと。　篤厚

どっこう【独行】 ❶単独行。❷独力で行うこと。②self-reliance　独行

どっこうせん【独航船】 遠洋漁業で、魚を取り母船へ運ぶ船。catcher boat　独航船

とっさ【咄嗟】 ごく短い時間。すぐ。　咄嗟

とっしゅつ【突出】 ❶つき出ること。❷突然出ること。❸特に目だつこと。　突出

とつじょ【突如】 急に。類突然。　突如

とっしん【突進】 一気につき進むこと。rush　突進

とつぜん【突然】予期しない物事が急に起こるようす。だしぬけ。類突如。suddenly　突然

とつぜんへんい【突然変異】親になかった形・性質が、突然、子にあらわれること。mutation　変異

とったん【突端】長くつき出たものの先。とっぱな。point　突端

どっちみち【何方道】どちらにしても。　何方道

とっつき【取っ付き】❶物事の最初。❷いちばん手前。❸第一印象。　取っ付

とって【取っ手】〈把手〉器具・家具などの、手でにぎる部分。grip, handle　取手

とってい【突堤】陸から海などに長く突き出した堤防。jetty　突堤

とっておき【取って置き】大切にしまっておくこと・もの。とっとき。　取置

とってかえす【取って返す】途中から急いでもどる。hurry back　取返

とってつけたよう【取って付けたよう】いかにもわざとらしいようす。　取って付

ドット【dot】❶点。❷文字や図形の構成要素としての点。

とつとつ【訥訥】〈吶吶〉口ごもったり、つかえながら話すようす。▽―と語る。　訥訥

とつにゅう【突入】勢いよく入ること。rush in　突入

とっぱ【突破】❶つき破って進むこと。❷ある数量以上になること。①breaking through　突破

とっぱつ【突発】予期しない事が突然起こること。▽―事故。outbreak　突発

とっぱな【突端】❶突端（とったん）。❷最初。　突端

とっぴ【突飛】ひどく変わっているようす。類奇抜。　突飛

とっぴょうしもない【突拍子も無い】調子はずれだ。とほうもない。　突拍子

トッピング【topping】料理や菓子の上にのせること・もの。

トップ【top】❶先頭。❷最上位。❸新聞で、最上段の右（の記事）。❹衣服で、上半身の部分。❺自動車のギアの一。⑤high gear

とっぷう【突風】急に吹く強風。gust　突風

トップシークレット【top secret】最高機密。

トップダウン【top down】組織の上位から下位へ命令が伝達される管理方式。

トップマネージメント【top management】最高経営陣。

とつべん【訥弁】口ごもったりつかえたりするへたな話し方。対能弁。　訥弁

どっぽ【独歩】❶ひとりで歩くこと。❷ひとりで行うこと。類❶❷独行。　独歩

とつめんきょう【凸面鏡】反射面が丸くつき出た鏡。convex mirror　凸面鏡

どて【土手】❶つつみ。堤防。❷大きな魚の、背の切り身。①bank　土手

とてい【徒弟】❶弟子。❷住みこんで、仕事の見習いをする人。▽―制度。　徒弟

とてつ【途轍】すじみち。道理。▼―も無い❶道理にあわない。❷程度をこえている。　途轍

どてっぱら【土手っ腹】腹。腹部。　土手腹

とても【迚も】❶とうてい。どうしても。▽―できない。❷非常に。たいへん。　迚も

どてら【縕袍】防寒用に綿を入れた広そでの着物。丹前。　縕袍

とど〔椴〕13 ダン・とど 樹木の一。とどまつ。　椴・椴

どどいつ【都都逸】俗曲の一。七・七・七・五の四句で、男女の情愛を歌う。　都都逸

ととう【徒党】（よくない）事をするために集まった仲間。▽―を組む。　徒党

どとう【怒濤】荒れくるう大波。　怒涛

とどうふけん【都道府県】上級区分の地方公共団体の総称。　都道

トトカルチョ【totocalcio イタリア】スポーツの勝敗をかける賭博（とばく）。

とどく【届く】❶着く。❷達する。❸通じる。❹行きわたる。②reach　届く

とどけ【届け】❶とどけ出ること。❷とどけ出る、その書類。届。　届け

とどける〔届〕常8 とどける・とどく ❶とどける。とどく。❷さし出す文書。（届）▽婚姻―（とどけ）。

筆順 届 届・屆

とどこおる【滞る】❶つかえる。▽事務が—。❷支払いがたまる。 滞る

ととのう【調う】❶必要なものがそろう。❷相談ごとがまとまる。 調う

ととのう【整う】きちんとした状態になる。 整う

ととのえる【調える】必要なものをそろえる。 調える

ととのえる【整える】きちんとした状態にする。 整える

使い分け「ととのう・ととのえる」
整う・整える…乱れがない状態にする。▽体制が整う。整った文章。隊列を整える。身辺を整える。呼吸を整える。
調う・調える…必要なものがそろう。望ましい状態にする。▽家財道具が調う。旅行の支度を調える。費用を調える。味を調える。

とどのつまり 結局。挙げ句の果て。

とどまつ【椴松】松の一。寒い地方に生える。材はパルプ・建築用。とど。 椴松

とどめ【止め】息の根をとめること。▼—を刺(さ)す ❶息の根をとめる。❷決定的な打撃をあたえる。❸それにまさるものはない。▽山は富士に—。 止め

どどめ【土留め】土砂がくずれるのを防ぐこと・設備。つちどめ。 土留め

とどめる【止める】〈留める〉❶その場所・地位・状態にいさせる。動こうとするものをとめる。❷あとに残す。▽強い印象を—。❸ある範囲におさめる。 止める

とどろく【轟く】❶ひびきわたる。❷広く知れわたる。❸胸がどきどきする。①resound 轟く

ドナー【donor】組織・臓器などの提供者。対レシピエント。

となえる【称える】名づけてよぶ。call 称える

となえる【唱える】❶声に出して言う。❷大声でいう。❸先立って主張する。②shout 唱える

トナカイ【tonakkai アイヌ】〈馴鹿〉しかの一。大きな角を持ち、北極地方にすむ。reindeer

どなた【何方】「だれ」の尊敬語。 何方

どなべ【土鍋】土製のなべ。 土鍋

となり【隣】並んで接していること・家。next 隣

となりあう【隣り合う】たがいに隣となる。 隣り合

となりぐみ【隣組】第二次世界大戦中の末端の地域組織。 隣組

どなる【怒鳴る】❶大声でさけぶ。❷大声でしかる。①shout ②yell 怒鳴る

とにかく【兎に角】いずれにしても。 兎に角

との【殿】❶貴人の邸宅。❷主君・貴人の敬称。 殿

どの【殿】名・職名につける敬称。 殿

どのう【土嚢】土をぎっしりつめた袋。 土嚢

とのがた【殿方】男性の敬称。 殿方

とのこ【砥の粉】刀剣をみがいたり、木製品の下塗りに使う黄色い粉。 砥の粉

とのご【殿御】殿方。 殿御

とのさま【殿様】❶高貴な人・主君の敬称。❷江戸時代、大名・旗本の敬称。❸世間の事情にうとい人。①lord 殿様

どのみち【何の道】いずれにしても。 何の道

とば【賭場】ばくちをする所。 賭場

どば【駑馬】❶足のおそい馬。❷才能のない人。対❶駿馬(しゅんめ)。 駑馬

とはい【徒輩】連中。やつら。 徒輩

とばく【賭博】ばくち。gambling 賭博

どはずれ【度外れ】けたはずれ。 度外れ

どはつ【怒髪】怒りでさか立った髪。▼—天を衝(つ)く 激しく怒る。 怒髪

とばり【帳】〈帷〉❶たれさげて室内のしきりにする布。❷おおい隠すもの。 帳

とはん【登攀】⇩とうはん。 登攀

とひ【徒費】むだづかい。浪費(ろうひ)。 徒費

とひ【都鄙】都会といなか。 都鄙

とび［鳶］人14 エン・とび ❶鳥の、とび。❷建築の職人。▽—職。 鳶・鳶

筆順 鳶

とびあがる【飛び上がる】❶飛んで空中へ上 飛び上

と

がる。❷順序をふまずに飛びこえて進む。①fly up

とびあがる【跳び上がる】（喜んで）おどりあがる。▽—って喜ぶ。jump　跳び上

とびいし【飛び石】庭などで、間をおいて並べたふみ石。stepping stone　飛び石

とびいり【飛び入り】予定外の人が急に参加すること。また、その人。　飛入り

とびかう【飛び交う】入り乱れて飛ぶ。fly about　飛び交

とびきゅう【飛び級】一学年越えて上級に進むこと。　飛び級

とびきり【飛び切り】非常にすぐれていること。ずばぬけていること。　飛切り

とびこえる【飛び越える】❶飛んで、その上をこえる。飛び越す。❷順序をぬかして先へ進む。①fly over　飛び越

とびこえる【跳び越える】跳び越す。▽ハードルを—。jump over　跳び越

とびこす【跳び越す】はねあがって上を越える。　跳び越

とびこむ【飛び込む】❶飛んできてはいる。❷勢いよくかけこむ。突然入りこむ。❸進んで関係をもつ。②rush　飛び込

とびしょく【鳶職】土木・建築工事などで仕事をする職人。昔は、町火消しをかねた。　鳶職

とびち【飛び地】行政区画から離れて、他の行政区画内にある地域。　飛び地

トピック【topic】話題。

とびどうぐ【飛び道具】弓矢・鉄砲など、遠くから敵をうつ武器。missile　飛道具

とびとび【飛び飛び】❶あちこちに散らばるようす。❷間をおくようす。　飛び飛

とびのく【飛び退く】すばやく身をかわしてよける。jump aside　飛び退

とびばこ【跳び箱】〈飛び箱〉手をついてとびこす箱形の体操用具。horse　跳び箱

とびはねる【跳び跳ねる】とび上がるようにはねる。▽魚が—。jump　跳び跳

とびひ【飛び火】❶火の粉が飛び、離れた所に燃え移ること。❷影響が、意外な方面に及ぶこと。❸子供にできる感染力の強い皮膚病。　飛び火

どひょう【土俵】❶土をつめた俵。❷相撲をとる所。❸対決や交渉の場。▽交渉の—に上がる。　土俵

どひょういり【土俵入り】力士が化粧回しをつけ、土俵で行う儀式。　土俵入

とびら【扉】❶開き戸。❷書物の見返しの次のページ。①door　扉

どびん【土瓶】湯茶を入れてつぐ、つる付きの陶器。　土瓶

とふ【塗布】ぬりつけること。　塗布

とぶ【飛ぶ】❶空中を進む。❷はやく走る。❸とびちる。❹間を抜かして先へ移る。❺すぐに伝わる。▽デマが—。❻遠くへ逃げる。❼なくなる。消える。▽匂いが—。①fly　飛ぶ

とぶ【跳ぶ】地面をけり、空中に上がる。はねる。jump　跳ぶ

> **使い分け「とぶ」**
> **飛ぶ**…空中を速やかに移動する。▽鳥が—。火花が—。うわさが—。飛び込む。
> **跳ぶ**…足ではね、上・前へ行く。▽かえるが溝を—。跳びはねる。

どぶ【溝】汚水・雨水などが流れるみぞ。下水。ditch　溝

とぶくろ【戸袋】雨戸を入れておく所。　戸袋

どぶねずみ【溝鼠】❶下水道にすむねずみ。❷悪事を働く使用人のたとえ。　溝鼠

どぶろく【濁酒】こしてない、白くにごった日本酒。にごりざけ。だくしゅ。　濁酒

とべい【渡米】アメリカに行くこと。　渡米

とほ【徒歩】足で歩くこと。かち。walk　徒歩

とほう【途方】❶手段。方法。❷物事の道理・筋道。▼**—に暮れる** どうしてよいかわからず、困りきる。　途方

どぼく【土木】木材・鉄・石・コンクリートなどを使って、道路・鉄道・港湾施設などをつくる工事。土木工事。　土木

とぼける【惚ける】〈恍ける〉❶知らないふりをする。❷こっけいな言動をする。①play dumb　惚ける

とぼしい【乏しい】❶足りない。少ない。▽資源が—。—経験。❷貧しい。①scanty　乏しい

とぼそ【枢】❶戸のはりと敷居とにあけた穴。❷戸。とびら。　枢

とま〖苫〗 8 セン・とま 草を編んだむしろ。▽―屋(とまや)。 苫・苫

どま【土間】 屋内で、床を張らず、地面のままになっている所。 土間

とまつ【塗抹】 ぬり消すこと。 塗抹

とまどう【戸惑う】 〈途惑う〉どうしたらよいか分からなくて、まごつく。▽慣れない環境に―。 戸惑う

とまりぎ【止まり木】 ❶鳥をとまらせる横木。❷バーなどで、カウンターの前の高い腰掛け。①perch 止り木

とまる【止まる】 〈停まる〉❶動かなくなる。❷続いていたものが、やむ。①②stop 止まる

とまる【泊まる】 ❶自分の家以外で夜をあかす。❷船が港に落ちつく。 泊まる

とまる【留まる】 ❶固定される。❷心に残る。❸鳥などが物につかまって休む。①be fastened ③perch 留まる

使い分け 「とまる・とめる」

止まる・止める…動きがなくなる。▽交通が止まる。水道が止まる。笑いが止まらない。息を止める。通行止め。
留まる・留める…固定される。感覚に残る。とどめる。▽ピンで留める。ボタンを留める。目に留まる。心に留める。局留めで送る。
泊まる・泊める…宿泊する。停泊する。▽宿直室に泊まる。友達を家に泊める。船が港に泊まる。

とみ【富】 ❶財産。❷資源。❸「富くじ」の略。①wealth 富

とみくじ【富籤】 江戸時代に行われた、かけごとの一。番号札を売り、くじ引きによって賞金を支払うもの。 富籤

とみに【頓に】 急に。にわかに。 頓に

ドミノ【domino(es)】 賽(さい)の目を記した二八枚の牌(はい)でする西洋かるた。

ドミノだおし【ドミノ倒し】 ドミノの牌で将棋倒しをするゲーム。 倒し

とむ【富む】 ❶金持ちである。❷豊かである。▽経験に―。①②be rich 富む

とむらい【弔い】 ❶弔うこと。❷葬式。❸追善。 弔い

とむらいがっせん【弔い合戦】 ❶戦死者の霊をなぐさめるための戦い。❷復讐(ふくしゅう)戦。 合戦

とむらう【弔う】 ❶人の死を悲しみいたむ。悔やみを述べる。▽遺族を―。❷死者の霊をなぐさめる法要などを行う。▽菩提(ぼだい)を―。①mourn 弔う

とめおく【留め置く】 ❶物を保管しておく。❷人を居残らせておく。 留め置

とめおとこ【留め男】 仲裁にはいる男性。 留め男

とめがね【留め金】 〈止め金〉つなぎとめる金具。 留め金

ドメスティック【domestic】 ❶家庭的。家庭内の。❷国内の。自国の。

ドメスティック バイオレンス【domesticviolence】 ❶家庭内暴力。妻に対する夫の暴力や、幼児に対する親の暴力など。

とめそで【留め袖】 既婚婦人が礼装に用いる裾(すそ)模様の紋付きの着物。 留袖

とめだて【留め立て】 制止すること。 留立て

とめど【止め処】 とめるべきところ。際限。▽―のないおしゃべり。 止め処

とめる【止める】 〈停める〉❶動かなくする。❷続いているものを終わりにする。▽息を―。血を―。❸禁止する。①〜③stop 止める

とめる【泊める】 ❶宿泊させる。❷船を停泊させる。①lodge 泊める

とめる【留める】 ❶固定する。❷心に残す。❸やめさせる。fasten 留める

とも【友】 ❶親しくつきあう人。友達。❷同好の仲間。❸なぐさめとなるもの。①friend 友

とも【共】 ❶一緒。❷同じ質であること。▽―の布で、継ぎをあてる。❸…全部。❹…を含めて。▽送料―五〇〇〇円。 共

とも【供】 従者。お供。follower 供

とも【艫】 船尾。対舳先(へさき)。stern 艫

ともえ【巴】 水がうず巻く形を図案化した模様。whirl

ともかく【兎も角】 ⇩とにかく。

ともかせぎ【共稼ぎ】 ⇩共働き。

ともがら【輩】 仲間。fellows 輩

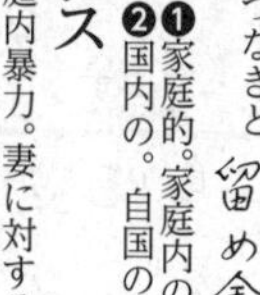
巴

ともぐい【共食い】❶同じ種類の動物がたがいに食い合うこと。❷同業で利益を争い、どちらも損すること。 共食い

ともしび【灯火】明かりにするため火をともしたもの。 灯火

ともしらが【共白髪】夫婦ともに白髪になるまで長生きすること。 共白髪

ともす【点す】〈灯す〉とぼす。明かりをつける。 点す

ともだおれ【共倒れ】無理をして、両方ともやっていけなくなること。 共倒れ

ともだち【友達】友❶。 友達

ともづな【艫綱】〈纜〉船尾にある、船を岸につなぐ綱。 艫綱

ともづり【友釣り】おとりとして、生きたあゆを使うあゆの釣り方。 友釣り

ともども【共共】いっしょに。そろって。▽家族―にお邪魔いたします。together 共共

ともなう【伴う】❶連れて行く。▽部下を―。❷つきまとう。▽危険を―仕事。類❷付随する。 伴う

ともに【共に】〈倶に〉一緒に。また、同時に。together ▼**倶(とも)に天を戴(いただ)かず** うらみのある相手とは、一緒には生きていけない。不倶戴天(ふぐたいてん)。 共に

ともね【共寝】同じ寝床に寝ること。 共寝

ともばたらき【共働き】夫婦がともに働いて暮らしをたてること。共稼ぎ。 共働き

ともびき【友引】「友引日(にち)」の略。迷信で、葬式をいみきらう日。 友引

ともる【点る】〈灯る〉明かりがつく。とぼる。light up 点る

どもる【吃る】ものをなめらかに言えずにつかえたりする。stammer 吃る

とや【鳥屋】〈塒〉鳥を飼っておく小屋。鳥小屋。coop 鳥屋

とやかく【兎や角】なんのかのと。あれこれと。▽君に―言われる筋合いはない。 兎や角

とよあしはら【豊葦原】日本国の美称。 豊葦原

とよう【渡洋】海をわたること。渡海(とかい)。 渡洋

どよう【土用】立春・立夏・立秋・立冬の前の一八日間。特に、立秋前の夏の土用。dog days 土用

どようなみ【土用波】夏の土用ごろの高波。 土用波

どよめく ❶鳴りひびく。❷ざわざわと騒ぐ。①resound

とら〔寅〕 11 人 イン・とら 十二支の三番目。動物では「とら」にあてる。 寅・寅

とら〔虎〕 ⇨こ

とら【虎】❶ネコ科の猛獣。❷酔っぱらい。①tiger ▼**―は死して皮を留(とど)め人は死して名を残す** 死後に名誉や功績が残るたとえ。▼**―の威(い)を借(か)る狐(きつね)** 権勢ある者の力をかりていばる小人物。▼**―の尾(お)を踏(ふ)む** 非常に危険なことをする。 虎

とら【寅】十二支の三番目。昔、時刻で、午前四時ごろ。方角で東北東。動物で虎(とら)。 寅

どら【銅鑼】盆の形をした青銅の打楽器。gong

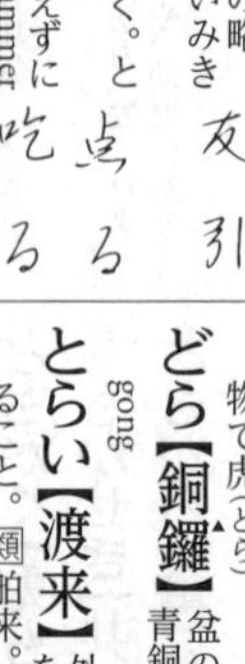

銅鑼

とらい【渡来】外国から海を渡ってくること。類船来。伝来。

ドライ【dry】❶乾いていること。❷合理的に、わりきっていること。

トライアスロン【triathlon】遠泳・長距離自転車・マラソンの三種目を組み合わせた耐久レース。鉄人レース。

トライアル【trial】❶試み。❷スポーツで試走・試技。また、予選。

トラウマ【trauma】精神的外傷。後遺症として残る心理的なショックや体験。

とらえる【捕らえる】〈捉える〉❶つかまえる。▽犯人を―。❷ある範囲にしっかりとおさめる。▽レーダーで―。▽要点を―。②grasp 捕らえる

使い分け「とらえる」
捕らえる…取り押さえる。▽逃げようとする犯人を―。獲物の捕らえ方。密漁船を―。
捉える…的確につかむ。▽文章の要点を―。問題の捉え方が難しい。聴衆の心を―。

どらごえ【銅鑼声】太くてにごった声。類だみ声。gruff voice 銅鑼声

トラック【track】❶競技場などの競走路。❷録音テープやCDなどで、データが記録される線状部。

ドラッグストア【drugstore】医薬品・健康食品・化粧品などを扱う小売店。

トラッド 伝統的なようす・スタイル・服装。traditional の略。

とらのこ【虎の子】 大切にして手放さないもの。また、とっておきのもの。▽―の貯金。 虎の子

とらのまき【虎の巻】 ❶秘伝書。❷講義用のたね本。❸安易な参考書。あんちょこ。虎巻(とらかん)。 虎の巻

ドラフト【draft】 プロ野球での新人選手選択制度。ドラフト制。

トラベラーズチェック【traveler's check】 旅行(者用)小切手。

とらわれる【捕らわれる】 〈囚われる〉❶つかまえられる。❷こだわる。 捕らわれ

とり〖酉〗 人 7 **ユウ・とり** 十二支の一〇番目。動物では「にわとり」にあてる。 酉・酉

筆順	一	丆	丌	丙	两	西	酉

とり【酉】 十二支の一〇番目。昔、時刻で午後六時ごろ。方角で西。動物で鶏(にわとり)。 酉

とり【鳥】 ❶鳥類の総称。❷〈鶏〉にわとり。①bird 鳥

とりあえず【取り敢えず】 他の事はさしおいてまず。さしあたって。ひとまず。 取り敢

とりあつかう【取り扱う】 ❶使用する。❷もてなす。❸処理する。②treat 取り扱

とりい【鳥居】 神社の入り口の門。 鳥居

とりいそぎ【取り急ぎ】 急いで。とりあえず。手紙で使われるあいさつ語。▽―用件まで。 取り急

トリートメント【treatment】 手当て。治療。▽ヘアー―。

とりいる【取り入る】 へつらって、気にいられようとする。flatter 取り入

とりいれ【取り入れ】 収穫。harvest 取り入

とりうちぼう【鳥打ち帽】 前にひさしのついた、平たい帽子。hunting cap 鳥打帽

とりえ【取り柄】 長所。merit 取り柄

とりおこなう【執り行う】 式・祭りなどの行事を行う。hold 執り行

とりかご【鳥籠】 小鳥を飼うかご。birdcage 鳥籠

とりかじ【取り舵】 船を左に進めるかじ。対面舵(おもかじ)。 取り舵

とりきめる【取り決める】 ❶相談してきめる。❷約束する。②fix 取り決

とりくみ【取組】 相撲(すもう)の組み合わせ。 取組

とりくむ【取り組む】 ❶争ってたがいに組みつく。❷真剣にとりかかる。 取り組

とりけす【取り消す】 あとから打ち消す。 取り消

とりこ【虜】 ❶捕虜。❷心をうばわれ熱中すること・人。①②captive 虜

とりこしぐろう【取り越し苦労】 先の事を考えて、余計な心配をすること。 取越し

とりこむ【取り込む】 ❶取り入れる。❷自分のものにする。❸身辺がごたごたする。 取り込

とりざた【取り沙汰】 世間のうわさ。評判。rumor 取沙汰

とりしまりやく【取締役】 経営者の一員として業務を管理・監督する役(の人)。director 取締役

とりしまる【取り締まる】 管理・監督する。control 取り締

とりしらべる【取り調べる】 詳しく調べる。事情をきく。investigate 取り調

とりたてる【取り立てる】 ❶強制的に取る。▽―てて言うまでもない。❷特にとりあげる。❸引きぬいて重要な役目につける。①collect 取り立

とりつかれる【取り憑かれる】 ❶のりうつられる。❷頭からはなれない。 取り憑

とりつぎ【取次】 取次店の略。客の注文で商品・サービスの取り次ぎをする店。 取次

トリッキー【tricky】 ❶奇をてらうようす。❷ずるがしこいようす。

とりつく【取り付く】 ❶とりかかる。❷すがりつく。▼―島が無い 無愛想で、話しかけるきっかけもない。 取り付

とりつぐ【取り次ぐ】 ❶間にはいって、他の人に伝える。❷商品の仲介をする。①transmit 取り次

とりつくろう【取り繕う】 ❶一時的な修理をする。❷うまくごまかす。❸体裁をかざる。 取り繕

とりつける【取り付ける】 ❶備え付ける。❷確保する。▽面会の約束を―。①install 取り付

とりで〔砦〕 人11 **サイ・とりで** 敵をふせぐ所。とりで。▽城—。山—。

筆順 丨 ト 止 止 此 此 些 砦

砦・砦

とりで【砦】 ❶本城から離れて設けた小さな城。出城（でじろ）。❷要塞（ようさい）。①fort　砦

とりとめる【取り留める】 おさえとどめる。▽一命を—。　取り留

とりなす【執り成す】 ❶仲直りさせる。❷その場をうまくとりつくろう。①mediate　執り成

とりのいち【酉の市】 十一月の酉の日に熊手を売る市。　酉の市

とりのこがみ【鳥の子紙】 淡黄色の上等な和紙。　鳥子紙

とりのこもち【鳥の子餅】 祝儀用の鶏卵形の紅白の餅。　鳥子餅

とりはからう【取り計らう】 うまく処理する。　取り計

とりばし【取り箸】 料理を取り分けるはし。　取り箸

とりはだ【鳥肌】 肌の毛穴がぶつぶつと浮くこと。goose flesh ▼—が立つ 恐怖などで鳥肌ができる。　鳥肌

とりひき【取り引き】 〈取引〉❶売買での受け渡し。売買行為。❷互いに利益になる交渉。①dealings, business　取り引

とりひきさき【取引先】 商取引の相手方。　取引先

とりひきだか【取引高】 売買の額。　取引高

とりふだ【取り札】 かるた遊びで、並べて取る札。　取り札

トリプル【triple】 三重。

とりまき【取り巻き】 権力者につきまとってへつらう人。hanger-on　取巻き

とりみだす【取り乱す】 ❶だらしなく乱れた状態にする。ちらかす。❷平静さを失って、見苦しく行動する。▽突然の訃報（ふほう）に—。②get upset　取り乱

とりめ【鳥目】 夜盲症。　鳥目

とりもち【鳥黐】 さおなどの先につけて、小鳥などをとるのに使う、ねばりのあるもの。もち。　鳥黐

とりもつ【取り持つ】 ❶仲立ちをする。▽二人の間を—。❷もてなす。▽座を—。　取り持

とりもの【捕り物】 犯人を捕まえること。▽—帳。arrest　捕り物

とりやめる【取り止める】 予定していたことをやめにする。中止する。cancel　取り止

とりょう【塗料】 物の表面に塗る液状のもの。paint　塗料

どりょう【度量】 ❶長さと容積。❷人を受け入れる心の広さ。▽—の大きい人。　度量

どりょうこう【度量衡】 長さと容積と重さ（をはかる、ものさしとますとはかり）。　度量衡

どりょく【努力】 力をつくしてうちこむこと。effort　努力

とりわけ【取り分け】 特に。ことに。　取り分

ドリンク【drink】 飲み物。

とる【取る】 ❶手で持つ。❷自分のものにする。❸引き受ける。❹出させる。▽料金を—。❺時間や場所を使う。❻うばう。❼除く。①take ①②get ▼—**物も取り敢**（あ）**えず** 大急ぎで。　取る

とる【捕る】 つかまえる。catch ▼—**らぬ狸**（たぬき）**の皮算用**（かわざんよう） 手に入るかどうか分からないものを当てにして、計画を立てることのたとえ。　捕る

とる【執る】 ❶手に持って使う。▽筆を—。❷仕事をする。▽事務を—。　執る

とる【採る】 ❶さがして集める。❷人をやとう。❸選び出して使う。❹とりこむ。▽明かりを—。①pick　採る

とる【撮る】 写真などをうつす。　撮る

使い分け「とる」

取る…手で持つ。手に入れる。書き記す。つながる。除く。▽本を手に—。資格を—。新聞を—。年を—。メモを—。連絡を—。疲れを—。痛みを—。

採る…採取する。採用する。採決する。▽血を—。山菜を—。新入社員を—。こちらの案を—。

執る…手に持って使う。役目として事に当たる。▽筆を—。事務を—。指揮を—。式を執り行う。

捕る…つかまえる。▽ねずみを—。外野フライを—。生け—。捕り物。

撮る…撮影する。▽写真を—。映画を—。ビデオカメラで—。

ドルばこ【ドル箱】 ❶出資者。❷金をもうけさせてくれる人・もの。②moneymaker　ドル箱

どれい【奴隷】❶昔、売買されて労働を強制された人。❷心を奪われ、それに束縛されている人。①②slave 奴隷

トレー【tray】❶料理をのせる盆。❷皿形の入れ物。

トレードマーク【trademark】❶登録商標。❷その人やものを特徴づけるしるしや性質。

トレーナー【trainer】❶運動選手の指導者。❷運動用の上着。

トレッキング【trekking】気軽な山歩き。

ドレッシー【dressy】服装が上品で優雅なようす。対スポーティー。

トレンディー【trendy】最新流行の。最新の。▽—ドラマ。

トレンド【trend】傾向。風潮。流行。

とろ〖瀞〗19 とろ 川の流れが静かで深いところ。 瀞・瀞

とろ まぐろの肉の、脂肪の多い部分。

とろ【吐露】意見・気持ちをかくさず述べること。▽真情を—する。express 吐露

どろ【泥】❶水を含んでやわらかくなった土。❷「泥棒」の略。①mud ▼—泥のように眠(ねむ)る ぐっすり寝こむ。▼—を被(かぶ)る 承知でいやな役目を引き受ける。▼—を塗(ぬ)る 面目をつぶす。 泥

トロイカ【troika ロシア】❶三頭立ての馬そり。❷三人による運営。▽—方式。

とろう【徒労】むだな骨折り。▽—に終わる。 徒労

ドロー【draw】引き分け(試合)。

トローリング【trolling】船を走らせ、仕掛けを流して大形の魚をとる釣り。

どろくさい【泥臭い】❶泥のにおいがする。❷あかぬけない。▽—服装。❸粘り強く努力するさま。 泥臭い

とろける【蕩ける】❶とけてやわらかくなる。❷うっとりとなる。①melt 蕩ける

どろじあい【泥仕合】互いに相手の弱点をあばく、みにくい争い。注泥×試合。mudslinging 泥仕合

ドロップアウト【dropout】脱落・逃避すること・人。

どろなわ【泥縄】何かが起こってから、あわてて対策を立てること。⇩泥棒を捕らえて縄を綯(な)う。 泥縄

どろぬま【泥沼】❶泥深い沼。❷なかなか抜けられない、悪い環境や状態。 泥沼

とろび【とろ火】弱火。low fire とろ火

どろぼう【泥棒】〈泥坊〉盗むこと・人。盗人(ぬすっと)。thief ▼—を捕(と)らえて縄(なわ)を綯(な)う 事が起こってから、あわてて対策を立てるたとえ。泥縄。 泥棒

どろまみれ【泥塗れ】泥だらけになること。どろどろ。muddy 泥塗れ

とろろ【薯蕷】❶やまのいも・つくねいもの総称。とろろ芋。❷❶をすりおろし、だし汁でのばした料理。とろろ汁。①yam 薯蕷

ドロン ゲーム【drawn game】野球などで、引き分け試合。タイゲーム。

とわ【永久】いつまでも変わらないこと。永遠。えいきゅう。▽—の眠りに就く(=死ぬ)。—に栄える。eternity 永久

とわずがたり【問わず語り】聞かれてもいないのに、自分から話すこと。 問わず

どわすれ【度忘れ】ふと忘れて、すぐに思い出せないこと。 度忘れ

とん〔屯〕常 4 トン 人が集まる。とどまる。▽—所。駐—。 屯・屯

とん〔沌〕人 7 トン 「混沌(こんとん)」で、もやもやしたようす。 沌・沌

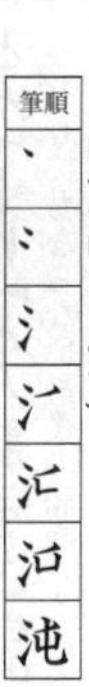

とん〔惇〕人11 トン・ジュン・あつい 人情にあつい。▽—朴(とんぼく・じゅんぼく)。 惇・惇

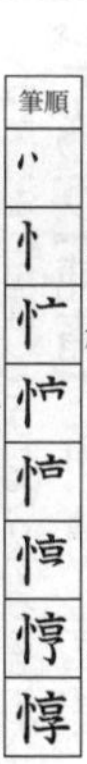

とん〔豚〕常11 トン・ぶた 動物の、ぶた。「豚児(とんじ)」は、息子の謙称。 豚・豚

とん〔敦〕人12 トン・あつい ずっしりと安定している。あつい。▽—厚。 敦・敦

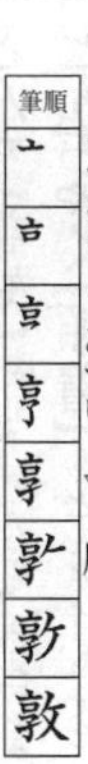

とん〔遁〕人13 トン・のがれる にげる。のがれる。▽—走。—世(とんせい)。 遁・遁

とん〔頓〕常13 トン ❶ぬかずく。▽—首。❷おちつかせる。▽整—。❸とみに。とつぜん。▽—死。❹順調に進まない。▽—挫(とんざ)。❺くじける。▽—着。 頓・頓

とん〔噸〕16 トン トン(重さの単位)を表す字。 噸・噸

と

とん【団】⇩だん

トン【ton】〈噸〉❶重さの単位。一トンは一〇〇〇キロ。記号t ❷容積の単位。記号t

どん【呑】人7 ドン・トン・のむ のむ。丸のみにする。▽—舟。併—。 呑・呑

筆順 一 ニ チ 天 天 呑 呑

どん【貪】常11 ドン・むさぼる 欲張って物をためこむ。▽—欲。 貪・貪

筆順 ノ 𠆢 亼 今 今 貪 貪 貪

どん【鈍】常12 ドン・にぶい・にぶる ❶にぶい。▽—感。❷切れない。▽—刀。 鈍・鈍

筆順 𠆢 仐 金 金 釒 釒 釒 鈍

どん【曇】常16 ドン・くもる 雲におおわれる。くもり。▽—天。 曇・曇

筆順 日 旦 旦 昌 昌 曇 曇 曇

どん【鈍】にぶいようす。対鋭。 鈍

どんか【鈍化】勢いがにぶくなること。また、にぶくすること。getting dull 鈍化

どんかく【鈍角】九〇度より大で、一八〇度より小の角。対鋭角。obtuse angle 鈍角

どんかん【鈍感】感覚・感じ方がにぶいこと。対敏感。insensitive 鈍感

どんき【鈍器】❶切れ味のにぶい刃物。❷凶器として使う固く重い物。 鈍器

とんきょう【頓狂】だしぬけに調子はずれの言動をするようす。 頓狂

どんぐり【団栗】かし・くぬぎ・ならなどの実。acorn ▼—の背比べ 似たりよったり。 団栗

どんぐりまなこ【団栗眼】大きくて丸いくりくりした目。 団栗眼

どんこう【鈍行】各駅停車の普通列車・電車。対急行。local train 鈍行

どんこん【鈍根】才知がにぶいこと・人・性質。slow wit 鈍根

とんざ【頓挫】急にくじけること。急に行きづまること。▽計画が—する。類挫折。 頓挫

とんさい【頓才】機転のきく才能。 頓才

どんさい【鈍才】才能がにぶいこと・人。対英才。stupidity 鈍才

とんし【頓死】急死。sudden death 頓死

とんじ【豚児】自分の子、特に息子の謙譲語。類愚息。 豚児

とんじ【遁辞】言い逃れ。excuse 遁辞

とんじゃく【頓着】深く気にかけること。とんちゃく。▽人のことには—しない男性。類拘泥(こうでい)。 頓着

とんしゅ【頓首】手紙文の終わりにつけ、敬意を表す語。類敬具。 頓首

どんじゅう【鈍重】動きがにぶいこと。dull 鈍重

どんしゅうのうお【呑舟の魚】❶すばらしいえもの。❷大人物。 呑舟魚

とんしょ【屯所】兵士などがひかえている所。類詰め所。 屯所

どんじり【どん尻】いちばんあと。最後。tail end どん尻

どんす【緞子】絹製で、地の厚い光沢のある紋織物。帯地・羽織の裏地などに用いる。▽金襴(きんらん)—。damask 緞子

とんせい【遁世】❶出家。❷世間の雑事から逃げて、隠居すること。 遁世

とんそう【遁走】逃走。flight 遁走

どんぞこ【どん底】❶いちばん底。❷最悪の状態。▽—の生活を送る。悲しみの—。② bottom,depth どん底

とんち【頓知】〈頓智〉とっさに働く知恵。機知。類気転。quick wit 頓知

とんちゃく【頓着】⇩とんじゃく。 頓着

どんちょう【緞帳】❶劇場で、舞台と客席を仕切る幕。❷豪華な厚地の幕。 緞帳

とんちんかん【頓珍漢】見当違いで、つじつまが合わないことを言ったりしたりすること・人。 頓珍漢

どんつう【鈍痛】にぶい痛み。dull pain 鈍痛

どんづまり【どん詰まり】❶行き止まり。❷どうにもならない最後の局面。 どん詰

どんてん【曇天】くもった空・天気。 曇天

どんでんがえし【どんでん返し】立場や情勢が一気に逆転すること。 返し

とんと【頓と】❶少しも。❷すっかり。 頓と

どんど【爆竹】正月一五日、門松やしめ飾りを焼く行事。どんど焼き。左義長。 爆竹

とんとんびょうし【とんとん拍子】 調子よく進むこと。 拍子

とんび【鳶】 ❶とび❶。❷男子の和服用外套(がいとう)。二重回し。①kite ▼—に油揚(あぶらげ)をさらわれる 大事なものを、ふいに横から奪われる。 鳶

とんぷく【頓服】 症状が出たときに一回服用すること・薬。 頓服

どんぶり〔丼〕 常5 **どんぶり・どん** どんぶりばち。それに飯を盛って具をのせた料理。天—。

筆順 一 二 キ 井 丼

丼・丼

どんぶり【丼】 ❶厚みのある深い食器。どんぶりばち。▽—飯。❷❶に盛った飯に、種(たね)をのせた料理。どんぶりもの。 丼

とんぼ【蜻蛉】 ❶昆虫の一。二対の透明な羽を広げて飛ぶ。❷〈筋斗〉宙返り。とんぼ返り。①dragonfly 蜻蛉

とんぼがえり【蜻蛉返り】 ❶宙返り。❷目的地に行ってすぐに引き返すこと。▽新幹線で大阪から—だ。①somersault 蜻蛉返

とんま【頓馬】 間がぬけていること・人。turkey 頓馬

どんま【鈍磨】 すりへって、にぶくなること。 鈍磨

とんや【問屋】 卸売りをする人・店。卸売商。といや。wholesaler 問屋

どんよく【貪欲】 非常に欲深いこと。貪婪(どんらん)。▽知識を—に吸収する。注×貪欲。greedy 貪欲

どんらん【貪婪】 貪欲。 貪婪

な ナ

な〔那〕 常7 **ナ** ❶どれ。どの。▽—辺。❷反語を示す。なんぞ。

筆順 丁 ヨ ヨ 尹 尹 那 那

那・那

な〔奈〕 常8 **ナ** ❶疑問・反語を示す。いかん。▽—何(いかん)。❷樹木の、からなし。

筆順 一 ナ 大 太 夲 夲 奈 奈

奈・奈

な〔南〕 ⇩なん

な〔納〕 ⇩のう

な【名】 ❶名称。❷人の名前。氏名。❸名声。評判。▽—を汚す。❹口実。名目。▽—ばかりの会長。①②name ▼—に し負(お)う 名実ともに名高い。▼—は体(たい)を表す 名はその実体を示す。▼—を捨てて実(じつ)を取る 名声を得ることはしないで実利・実質を取る。 名

な【菜】 ❶青菜。❷あぶらな。 菜

なあて【名宛】 あて名。 名宛

ナーバス【nervous】 感じやすいようす。神経質。

ない〔内〕 常4 **ナイ・ダイ・うち** ❶うち。なか。▽—在。❷朝廷。▽参—(さんだい)。❸ないしょ。非公式の。▽—聞。(内)

筆順 丨 冂 内 内

内・内

ない【亡い】 死んで、この世にいない。▽祖父はこの世に—。 亡い

ない【無い】 ❶存在しない。持っていない。❷欠けている。❸打ち消しを表す。▽食べて—。①nonexistent ▼—袖(そで)は振(ふ)れない 持っていないものは出しようがない。 無い

使い分け「ない」

無い…存在しない。所有していない。現在は仮名書きの「ない」を使うことが多い。▽無くて七癖。—袖は振れぬ。—ものねだり。

亡い…死んでこの世にいない。▽今は—人。亡き父をしのぶ。

ないい【内意】 ❶心の中で思っていること。内心。❷内々の考え・意向。 内意

ないえつ【内閲】 内々で見たり読んだりすること。類内覧。 内閲

ないえん【内縁】 法律上の手続きを済ませていない夫婦関係。▽—の妻。 内縁

ないおう【内応】 内通❶。 内応

ないか【内科】 内臓器官の病気を治療する医学の一分野。internal medicine 内科

ないかい【内海】 陸地に取り囲まれた形の海。うちうみ。▽瀬戸—。対外海。inland sea 内海

ないがい【内外】 ❶うちと、そと。❷国内と国外。❸だいたいの見当。約。▽五〇〇円—の品。③about 内外

ないかく【内角】 ❶野球で、ホームプレートの中心から打者に近い側。インコーナー。❷多角形の、隣り合う二辺が内側につくる角。①inside 内角

ないかく【内閣】 内閣総理大臣と国務大臣とで組織される、国家最高の行政機関。cabinet 内閣

ないがしろ【蔑ろ】 あなどり、軽んじるようす。slighting 蔑ろ

ないかん【内患】 国内・組織内のもめごと。内憂。対外患。 内患

domestic trouble

ないき【内規】内部だけの規則。 内規

ないぎ【内儀】他人の妻の敬称。 内儀

ないきん【内勤】勤め先の事業所内部で勤務すること。office work 内勤

ないけん【内見】内覧。 内見

ないこう【内向】心の働きが自己の内部にばかり向かうこと。▽—性。対外向。 内向

ないこう【内攻】❶病気が内部で広がること。❷不満などの感情が心の中に向かってたまること。▽—した不満。 内攻

ないこく【内国】その国の中。国内。 内国

ないさい【内妻】内縁の妻。対正妻。 内妻

ないさい【内済】表ざたにしないで済ますこと。▽事件を—に処理する。 内済

ないざい【内在】そのものの内部にあること。immanence 内在

ないし【乃至】❶数量の上限と下限とだけをあげて中間を省くのに用いる語。▽一〇—一五名。❷または。あるいは。 乃至

ないじ【内示】非公式に示すこと。 内示

ないじ【内耳】耳の最奥部。聴覚・平衡感覚をつかさどる。internal ear 内耳

ないしつ【内室】他人の妻の尊敬語。類内儀。令室。 内室

ないじつ【内実】❶内部事情。内情。❷実際のところ。▽—は苦しい。 内実

ないじゅ【内需】国内の需要。対外需。domestic demand 内需

ないじゅうがいごう【内柔外剛】実際はおだやかな性質だが、うわべは強そうに見えること。対外柔内剛。 内柔

ないしゅうげん【内祝言】うちわで行う婚礼。privatewedding 内祝言

ないしょ【内緒】〈内証〉❶秘密。❷暮らし向き。家計。▽—は火の車である。類❶内密。①secret 内緒

ないじょ【内助】妻などが表立たずにする内部からの助け。▼**—の功** 家庭内にあって行き届いた世話をする妻の働き。wife's aid 内助

ないしょう【内証】❶仏教で、悟りによる真理の体得。内心の悟り。❷⇩ないしょ。 内証

ないじょう【内情】中のようすや事情。 内情

ないしょく【内職】❶本職のあいまにする仕事。❷主婦が家計を補うためにする仕事。類❶副業。①side job 内職

ないしん【内心】❶心のうち。❷数学で、多角形の内接円の中心。❸心のうちで、ひそかに。③at heart 内心

ないじん【内陣】神殿や仏殿の奥にある、神体や本尊を安置した所。対外陣(げじん)。 内陣

ないしんしょ【内申書】学業成績や人物評価を書いて出身校から志望校や志望の会社に送られる書類。school report 内申書

ないしんのう【内親王】天皇の娘、および孫にあたる皇族の女子。 内親王

ないせい【内政】国内の政治。▽—干渉。domestic administration 内政

ないせい【内省】自省。反省。reflection 内省

ないせん【内戦】国内の戦争。自国民同士の抗争。civil war 内戦

ないせん【内線】役所や会社の内部連絡用の電話線。extension 内線

ないそう【内装】内部の設備・装飾。 内装

ないぞう【内蔵】内部にふくまれていること。類内包。built-in 内蔵

ないぞう【内臓】呼吸器・消化器・泌尿器など、胸部と腹部にある諸器官。 内臓

ないだく【内諾】内々で承諾すること。▽—を得る。informal consent 内諾

ないだん【内談】内密の話。類密談。 内談

ないち【内地】❶本国の領土内。国内。❷島地・植民地からみた本土。❸海岸から離れた地域。内陸。①home 内地

ないつう【内通】❶ひそかに敵に通じること。内応。▽敵に—する。❷密通。①betrayal 内通

ないてい【内定】非公式に決まっていること。unofficial decision 内定

ないてい【内偵】ひそかに調べ探ること。scouting 内偵

ないてき【内的】❶内部に関するようす。内部的。❷心の動きに関するようす。①inner ②mental 内的

ないない【内内】❶うちわ。うちうち。❷こっそり。▽—の約束。 内内

な

▽—心配している。①unofficial

ないねんきかん【内燃機関】シリンダー内で燃料を燃焼させ、発生する熱エネルギーを直接動力にする熱機関。 内燃機関

ないはつ【内発】内から現れ出ること。 内発

ないぶ【内部】❶内側。内面。❷組織や団体の中。▽—告発。①inside 内部

ないふく【内服】薬を飲むこと。 内服

ないふん【内紛】うちわもめ。内訌（ないこう）。 内紛

ないぶん【内聞】❶内密にすること。▽ご—に願います。❷（非公式に）こっそり聞くこと。 内聞

ないぶんぴつ【内分泌】生体内のホルモンが、直接血液または体液中に送り出されること。ないぶんぴ。 内分泌

ないほう【内包】❶内部に含み持つこと。▽矛盾を—する。❷一つの概念に含まれる属性。類❶内蔵。 内包

ないほう【内報】こっそりと知らせること。secret information 内報

ないまく【内幕】⇩うちまく。 内幕

ないまぜる【綯い交ぜる】❶色糸をまぜてより合わせる。❷異なったものをまぜて一つにする。 綯い交

ないみつ【内密】表ざたにしないこと。内緒。類内聞。secretly 内密

ないむ【内務】❶国内の政務。❷軍隊で、日常生活に関する室内での仕事。 内務

ないめい【内命】非公式の命令。 内命

ないめん【内面】❶ものの内側。❷精神・心理に関する方面。①inside 内面

ないや【内野】❶野球で、各塁を結ぶ正方形の区域内。❷内野手。❸内野席。野球場の一塁側・三塁側の観覧席。①infield 内野

ないやく【内約】内々の約束。 内約

ないゆうがいかん【内憂外患】国内（内部）の心配事と、国際的（対外的）な心配事。 内憂

ないよう【内洋】内海。対外洋。 内洋

ないよう【内容】❶中身。❷事物や現象を成立させる実質。①content 内容

ないらん【内乱】国内の争乱・暴動。 内乱

ないらん【内覧】非公式に見ること。内見。類内閲。 内覧

ないりく【内陸】陸地の内部。inland 内陸

なう【綯う】何本かのものをより合わせて一本にする。▽なわを—。twist 綯う

なうての【名うての】名高い。評判の高い。▽—暴れ者。famous 名うて

なえ【苗】発芽して間もない移植用の植物。特に、稲のなえ。早苗（さなえ）。seedling 苗

なえぎ【苗木】移植するまでの幼い木。sapling 苗木

なえる【萎える】❶おとろえてぐったりする。▽勇気が—。❷草木などがしおれる。①weaken ②droop 萎える

なお【猶】〈尚〉❶そのうえ。❷相変わらず。▽勢力は—衰えない。❸付け加えて言えば。 猶

なおさら【尚更】なおそのうえに。 尚更

なおざり【等閑】おろそか。▽仕事を—にする。neglect 等閑

なおす【直す】正しい状態にする。改める。 直す

なおす【治す】病気や怪我の手当てをして健康にする。 治す

なおなお【猶猶】〈尚尚〉❶まだまだ。❷ますます。❸付け加えて。 猶猶

なおなおがき【尚尚書き】追って書き。 尚尚書

なおらい【直会】祭事のあと、神酒・供物をおろして飲食する宴会。 直会

なおる【治る】けがや病気がよくなる。get well 治る

なおる【直る】❶正しくなる。よくなる。❷もとの状態になる。❸改まる。 直る

使い分け 「なおす・なおる」

直す・直る…正しい状態に戻す。置き換える。▽機械を直す。服装を直す。故障を直す。仮名を漢字に直す。

治す・治る…病気やけがから回復する。▽風邪を治す。けがが治る。傷を治す。

なおれ【名折れ】名誉に傷がつくこと。 名折れ

なか【中】❶ものの内側。❷まん中。❸限られた範囲。❹継続している物事のあいだ。①inside ②④middle ③in　中

なか【仲】人と人との間柄。terms　仲

使い分け「なか」

中…ある範囲や状況の内側。中間。▽家の―。チームの―で一番足が速い。嵐の―を帰る。

仲…人と人との関係。▽―を取り持つ。―たがいする。―直り。

ながあめ【長雨】何日も降り続く雨。　長雨

なかい【仲居】（料理屋などで）客の接待をする女性。　仲居

ながい【永い】時間の隔たりが大きい。また、永久であるようす。long　永い

ながい【長い】距離・時間の隔たりが大きい。long　長い

使い分け「ながい」

永い…いつまでも続く時間にいう。永久。▽―眠りにつく（＝死ぬ）。末永くお幸せに。

長い…物の長さや時間の隔たりにいう。▽―ひも。―道のり。―年月。気が―。

ながい【長居】訪問先に長時間とどまること。長座。long stay　長居

ながいき【長生き】長く生きること。　長生き

なかいり【中入り】相撲や芝居の途中での休憩。　中入り

ながうた【長唄】歌舞伎の伴奏曲として発達した三味線歌曲。　長唄

なかがい【仲買】売買の仲介をして利益を得ること・人。broker　仲買

ながぐつ【長靴】雨や雪の日などにはく、ひざの辺りまである長い靴。boot　長靴

ながし【流し】❶流すこと。❷流し台や流し場など。❸芸人などが客を求めてあちこち移動すること。また、その芸人。　流し

ながしめ【流し目】❶横目で見ること。❷色目。　流し目

ながじゅばん【長襦袢】着物の下に重ねて着る、着丈の下着。ながじばん。　長襦袢

ながじり【長尻】長時間話し込み、なかなか帰らないこと・人。ながっちり。　長尻

なかす【中州】〈中洲〉川の中に土砂が積もって、水面から出ている所。州。sandbank　中州

ながす【流す】❶（水などを）流れるようにする。❷汚れをおとす。❸広める。▽浮き名を―。❹客を求めて移動する。①pour　流す

なかぞら【中空】空の中ほど。　中空

なかたがい【仲違い】仲が悪くなること。不和。類不仲。quarrel　仲違い

なかだち【仲立ち】双方の間に立ってとりもつこと。橋わたし。仲介。　仲立ち

なかだるみ【中弛み】勢いが中途で一時ゆるむこと。slump　中弛み

ながだんぎ【長談義】長たらしい話。　長談義

ながちょうば【長丁場】❶長い道のり。❷時間が長くかかる場面・物事。　長丁場

なかつぎ【中継ぎ】❶とりつぐこと。中継。❷中間でつなぎ合わせること。つなぎ目の部分。①relay　中継ぎ

ながつき【長月】陰暦九月の別称。　長月

なかて【中手】〈中稲〉早稲（わせ）と晩稲（おくて）の中間に実る稲。　中手

なかなおり【仲直り】仲たがいののち再び仲よくなること。　仲直り

なかなか【中中】❶かなり。ずいぶん。▽―帰ってこない。❷たやすくは。簡単には。▽―よさそうだ。　中中

ながなが【長長】非常に長いようす。▽―としゃべる。　長長

なかにわ【中庭】建物に囲まれた庭。court　中庭

ながねん【長年】〈永年〉長い年月。　長年

ながの【長の】〈永の〉長い。また、永久の。▽―患い。　長の

なかば【半ば】❶半分。❷中央。中ほど。❸途中。❹半分ほど。　半ば

なかび【中日】興行期間のまん中の日。　中日

ながびく【長引く】（予想よりも）時間がかかる。drag on　長引く

なかま【仲間】❶一緒に物事をする人。❷同じ種類に属するもの。①companion　仲間

なかみ【中身】〈中味〉中にはいっているもの・内容。contents　中身

なかみせ【仲店】〈仲見世〉社寺の境内にある商店街。　仲店

ながめ【眺め】眺めたときの景色・範囲。類眺望。見晴らし。view　眺め

ながめる【眺める】❶遠くのぞみ見る。❷つくづくと見つめ　眺める

る。❸傍観する。類❶見渡す。②gaze

ながもち【長持】 衣類などを入れる、ふた付きの長方形の箱。長櫃(ながびつ)。　長持

ながもち【長持ち】 ものが長い間使えること。outlasting　長持ち

ながや【長屋】 細長くつながっている共同住宅。　長屋

なかゆび【中指】 まん中の指。　中指

なかよし【仲良し】 〈仲好し〉仲がよいこと・人。friend　仲良し

ながら〔乍〕 5　**サ・ながら・たちまち** ❶…しつつ。❷…だが。❸たちまち。急に。　乍・乍

ながら【乍ら】 ❶…つつ。❷…なのに。▽疲れてい—眠れない。　乍ら

ながらえる【長らえる】 〈永らえる〉生きてこの世に長くいる。　長らえ

ながらく【長らく】 長い間。久しく。▽—お待たせしました。　長らく

なかれ〔勿〕 4 人　**モチ・ブツ・なかれ** 否定・禁止をあらわす語。…なかれ。▽—論(もちろん)。　勿・勿

筆順　ノ　ク　勿　勿

なかれ【勿れ】 〈莫れ〉(文語形容詞「なし」の命令形)…してはいけない。…するな。…な。▽疑う—。　勿れ

ながれ【流れ】 ❶流れること・もの。❷流れる水。川。❸血筋。❹系統。流派。①flow, current ②stream ▼—に棹(さお)差す ❶さおで流れのままに舟を進める。❷大勢(たいせい)に逆らわず世の中をうまく渡る。注時流に逆らうの意に使うのは誤り。　流れ

ながれもの【流れ者】 定住せず転々としている人。drifter　流れ者

ながれる【流れる】 ❶液体が低いほうへ動く。❷ものが移動する。❸さすらう。❹広まる。❺ある傾向になる。▽怠惰に—。❻とりやめになる。❼時がすぎる。①flow, run ⑦pass　流れる

ながわずらい【長患い】 長い間病気をすること。長病み。　長患い

なかんずく【就中】 とりわけ。　就中

なき【亡き】 死んでこの世にいない。▽—父をしのぶ。　亡き

なぎ〔凪〕 6 人　**なぎ・なぐ** 風が止み海が静かになること。▽夕—。朝—。　凪・凪

筆順　ノ　几　凡　凡　凧　凪

なぎ【凪】 風が止み、波のおだやかな状態。対時化(しけ)。calm　凪

なきおとし【泣き落とし】 同情を買って承諾を得ること。　泣き落

なきがら【亡骸】 死体。遺体。corpse　亡骸

なきごえ【泣き声】 泣く声。涙声。cry　泣き声

なきごえ【鳴き声】 虫や鳥・獣などの鳴く声。chirp, cry　鳴き声

なきごと【泣き言】 不幸や不平を訴えることば。complaint　泣き言

なぎさ〔渚〕 人11〔渚〕人12　**ショ・なぎさ** なみうちぎわ。▽汀—(ていしょ)。　渚・渚

筆順　丶　氵　汁　汢　沙　渚　渚

なぎさ【渚】 〈汀〉波打ち際。beach　渚

なきじゃくる【泣き噦る】 しゃくりあげながら泣く。sob　泣き噦

なきつく【泣き付く】 ❶泣いてすがりつく。❷泣いて頼み込む。　泣き付

なきつら【泣きっ面】 泣き顔。なきつら。crying face ▼—に蜂(はち) 悪いことに、さらに悪いことが重なること。　泣きっ面

なきどころ【泣き所】 ❶涙をさそう場面。❷急所。弱み。②weak point　泣き所

なぎなた【薙刀】 〈長刀〉長い柄に、反り返った長い刃のついた武器。

薙　刀

なきねいり【泣き寝入り】 ❶泣きながら眠ってしまうこと。❷不本意ながら、抵抗せずにがまんすること。

なきのなみだ【泣きの涙】 涙を流して泣くこと。▽—で別れる。　泣きの

なきひと【亡き人】 故人。　亡き人

なきもの【亡き者】 死んだ人。▽—にする(＝殺す)。dead person　亡き者

なきわかれ【泣き別れ】 ❶泣いて別れること。❷いっしょにあるべきものが、離ればなれになること。　泣き別

なく【泣く】 ❶涙を流す。❷やむをえず承知する。①cry, weep ▼—いて馬謖(ばしょく)を斬(き)る 全体の規律を保　泣く

つため、私情を捨てて処分する。

なく【鳴く】 鳥・獣・虫などが声を出す。▼**—かず飛ばず** 目立った活躍をしないようす。 鳴く

なぐ〔薙〕 人16 **チ・テイ・なぐ・なぎ** ❶髪をそる。❷草を切る。▽—刀（なぎなた）。 薙・薙

筆順 艹 䒑 𦬇 芺 𦵸 𦶒 𦶕 薙

なぐ【凪ぐ】 風が止み、波が静まる。 凪ぐ

なぐ【和ぐ】 穏やかになる。▽心が—。 和ぐ

なぐ【薙ぐ】 横に払って切る。 薙ぐ

なぐさみ【慰み】 ❶心を楽しませること・手段。気晴らし。❷もてあそぶこと・もの。①amusement 慰み

なぐさむ【慰む】 ❶気がまぎれる。❷もてあそぶ。 慰む

なぐさめる【慰める】 気をまぎらせる。いたわって元気づける。 comfort 慰める

なくす【亡くす】 死なせる。▽惜しい人を—した。 lose 亡くす

なくす【無くす】 失う。▽自信を—。 lose 無くす

なくもがな【無くもがな】 ないほうがよい。▽最後の一言は—の発言である。 unnecessary 無くもが

なぐりこみ【殴り込み】 集団で乱入し暴力を働くこと。 raid 殴り込

なぐる【殴る】 強く打つ。 strike 殴る

なげうつ【擲つ】〈抛つ〉❶投げつける。❷惜しげもなく出す。▽全財産を—って社会に尽くす。①throw 擲つ

なげうり【投げ売り】 損を覚悟で安く売ること。 dumping 投売り

なげかわしい【嘆かわしい】 嘆かずにはいられない。 deplorable 嘆かわし

なげく【嘆く】〈歎く〉❶悲しく思う。❷不満や苦しさを口にする。①grieve 嘆く

なげし【長押】 和風建築で、柱から柱へ取り付けた、かもいの上などの横木。 長押

なげやり【投げ遣り】 ぞんざいでいいかげん。 slipshod 投げ遣

なげる【投げる】 ❶遠くへほうる。❷提示する。❸投身する。❹あきらめる。❺安値で売る。①throw 投げる

なこうど【仲人】 結婚のなかだちをする人。媒酌人。 matchmaker 仲人

なごむ【和む】 穏やかになる。やわらぐ。 soften 和む

なごやか【和やか】 気分が、やわらいでいるようす。 peaceful 和やか

なごり【名残】 ❶過ぎ去ったあとに残る気分・影響。❷別れのときの心残り。注名残×り。 名残

なごり【余波】 風がおさまったあとも静まらない波。 余波

なごりおしい【名残惜しい】 心がひかれて、別れるのがつらい。 惜しい

なさけ【情け】 ❶思いやりの心。人情。❷あわれみ。恵み。❸男女間の愛情。①sympathy ②pity ▼—**容赦**（ようしゃ）**もなく** 思いやりの気持ちもなく。 情け

なさけない【情け無い】 ❶嘆かわしい。❷みじめだ。①deplorable 情け無

なさけぶかい【情け深い】 思いやりの心があつい。あわれみ深い。 kindhearted 情け深

なざし【名指し】 名を指し示すこと。指名。▽—で非難する。 naming 名指し

なさぬなか【生さぬ仲】 義理の親子の間柄。 生さぬ仲

なさる【為さる】「行う」「する」の尊敬語。 為さる

なし〔梨〕 常11 **なし** 果樹の、なし。▽—花（りか）。—園（りえん）。 梨・梨

筆順 ニ 千 禾 和 利 𥝢 犁 梨

なし【梨】 果樹の一。▼**—の礫**（つぶて）便りに対し、いっこうに返事がないこと。 梨

なしくずし【済し崩し】 ❶借金を少しずつ返すこと。❷少しずつすませること。 済し崩

なしとげる【成し遂げる】〈為し遂げる〉やりとげる。 accomplish 成し遂

なじみ【馴染み】 ❶親しい間柄。また、その人。❷いつも通ってくる客。類❷常連。①intimacy 馴染み

なじむ【馴染む】 ❶親しくなる。❷慣れてしっくりする。 馴染む

なじる【詰る】 とがめて責める。 詰る

なす〔茄〕 人8 **カ・なす** 野菜の、なす。▽—子（なす・なすび）。秋—（あきなす）。 茄・茄

筆順 一 十 艹 𦬇 芀 茄 茄 茄

なす【生す】 産む。▽子を—。 生す

なす【成す】 ❶つくり上げる。❷かたちづくる。▽群れを—。❸成し遂げる。 成す

げる。①make

なす【茄子】〈茄〉野菜の一。夏から秋に、暗紫色の実がなる。なすび。eggplant　茄子

なす【為す】する。行う。▽—術(すべ)もない。do　為す

なす【済す】返済する。repay　済す

なずな【薺】野草の一。春、白く小さな花が咲く。若葉は食用。春の七草の一。shepherd's purse　薺

なずむ【泥む】❶物事がはかどらない。❷こだわる。▽旧習に—。❸なかなか進まない。▽暮れ—。　泥む

なする【擦る】こすってつける。　擦る

なぜ【何故】どうして。why　何故

なぞ〔謎〕常17〔謎〕16許容　なぞ　実体がわからず不思議なこと。

筆順　言 言 言 言 言 謎 謎 謎　謎・謎

なぞ【謎】❶なぞなぞ。❷解決がつかないもの・こと。②mystery　謎

なぞらえる【準える】似たものと比べて考える。似せる。▽就職を船出に—。compare　準える

なぞる　文字や絵などの上をなすって書く。trace

なた【鉈】まき割りなどに使う、厚くて幅の広い刃物。chopper　鉈

なだ〔灘〕人22　ダン・なだ　陸から遠い波の荒い海。▽玄海—。

筆順　氵 氵 漟 漢 灘 灘 灘 灘　灘・灘

なだい【名代】有名なこと。▽—の老舗(しにせ)。fame　名代

なだかい【名高い】有名である。famous　名高い

なだたる【名立たる】有名な。評判の。▽世界に—作家。　名立たる

なたね【菜種】あぶらな。また、その種子。　菜種

なたねづゆ【菜種梅雨】菜の花の咲く三月下旬から四月にかけての長雨。　梅雨

なだめる【宥める】怒りをやわらげしずめる。calm down　宥める

なだらか　❶なめらか。❷傾斜がゆるやか。②gentle

なだれ【雪崩】斜面の積雪が大量にくずれ落ちる現象。snowslide　雪崩

なだれこむ【傾れ込む】〈雪崩れ込む〉大ぜいがどっと入り込む。rush　傾れ込む

なつ〔捺〕人11　ナツ・おす　上からおしつける。▽—印。押—(おうなつ)。

筆順　扌 扌 扌 扗 捺 捺 捺 捺　捺・捺

なつ【夏】四季の一。六・七・八月。summer　夏

なっ〔納〕⇩のう

なついん【捺印】印をおすこと。押印。seal　捺印

なつかしい【懐かしい】思い出されて慕わしい。　懐かしい

なつがれ【夏枯れ】夏期に、市場(しじょう)や商店などが景気不振におちいること。　夏枯れ

なつく【懐く】なれ親しむ。　懐く

なづけおや【名付け親】❶子に名前をつける親以外の人。❷命名者。①god-parent　名付親

なづける【名付ける】人・ものに名をつける。name　名付け

なつこだち【夏木立】夏の、生いしげった木立。　夏木立

なっせん【捺染】型紙などを使って模様を染める方法。おしぞめ。printing　捺染

なっとう【納豆】煮た大豆を発酵(はっこう)させてつくった食品。　納豆

なっとく【納得】理解して認めること。得心。consent　納得

なっぱ【菜っ葉】葉を食用とする野菜。greens　菜っ葉

なつまけ【夏負け】夏、暑さのために体力が弱ること。夏ばて。　夏負け

なつめ【棗】❶果樹の一。実は食用・薬用になる。❷茶道で使う茶入れ。　棗

なつやすみ【夏休み】学校や会社などで、暑い期間に設ける休暇。summer vacation　夏休み

なつやせ【夏痩せ】夏負けして体がやせること。　夏痩せ

なでがた【撫で肩】なだらかに下がった肩。図怒り肩。sloping shoulders　撫で肩

なでぎり【撫で切り】〈撫で斬り〉❶かたっぱしから切り倒すこと。❷なでるように刃物を動かして切ること。　撫切り

なでしこ【撫子】〈瞿麦〉秋の七草の一。山野に自生。秋に淡紅色の花が咲く。pink　撫子

なでる【撫でる】さする。stroke　撫でる

なとり【名取り】芸が上達し、師匠から芸名を名のることを許されること・人。　名取り

な

ななえ【七重】 多く重ねること。 七重

ななくさ【七草】 ❶春の七草。❷秋の七草。❸〈七種〉七種。七色。 七草

ななくさがゆ【七草粥】 一月七日に春の七草を入れてつくるかゆ。 七草粥

ななころびやおき【七転び八起き】 何回失敗しても、負けずに奮起し努力すること。七転八起(しちてんはっき)。 七転び八起き

ななつどうぐ【七つ道具】 ある種の道具ひとそろい。 七つ道具

なななのか【七七日】 四十九日。 七七日

ななひかり【七光】 親の威光で子が受ける恩恵。 七光

ななめ【斜め】 ❶傾いていること。❷普通でないようす。▽御機嫌—。①diagonal 斜め

なに【何】 ❶はっきりわからないこと・ものをさす語。❷ぼかして言う語。❹❸驚いたり、反発したりするときの語。❹〈打ち消しを伴って〉少しも。全く。①what ▼—食わぬ顔 そしらぬ顔。 何

なにがし【某】 名前・数量がはっきりしないとき、また、ぼかして言うときに言う語。certain person 某

なにくれ【何くれ】 あれこれ。▼—と無くなにやかやと。 何くれ

なにげない【何気無い】 さりげない。 何気無い

なにごと【何事】 ❶どんなこと。❷〈「—も」の形で〉万事。すべて。❸〈「—だ」の形で〉何ということ。 何事

なにとぞ【何卒】 どうか。ぜひ。 何卒

なにぶん【何分】 ❶いくらか。なんらか。▽—のお礼をする。❷なにとぞ。❸なんといっても。 何分

なにぼう【何某】 ある人。なにがし。 何某

なにゆえ【何故】 なぜ。why 何故

なにわぶし【浪花節】 三味線を伴奏とする大衆的な語り物。浪曲。 浪花節

ナノ【nano-】 一〇億分の一を表す語。記号n

なのはな【菜の花】 あぶらな(の花)。 菜の花

なのる【名乗る】 ❶自分の名を言う。❷自分の名として用いる。 名乗る

なびく【靡く】 ❶風の動きでゆれ動く。❷服従する。▽権威に—。❸言い寄られて好きになる。①stream 靡く

ナビゲーター【navigator】 ❶操縦者に指示・助言する人・装置。❷案内・進行役(の人)。

なふだ【名札】 名前を書いた札。name card, name tag 名札

なぶる【嬲る】 ❶もてあそぶ。❷人をからかって苦しめる。❸いじめる。 嬲る

なべ〖鍋〗 常17 なべ にたきする器具。▽土—。 鍋・鍋

筆順	亼	全	釦	釦	釦	鍋	鍋	鍋

なべ【鍋】 ❶食物を煮る道具。❷「鍋物」の略。 鍋

なべぶぎょう【鍋奉行】 鍋料理のときに、具を入れる順序や食べごろなどを指図する人。 鍋奉行

なべもの【鍋物】 鍋で煮ながら食べる料理の総称。 鍋物

なへん【那辺】 〈奈辺〉❶あのあたり。あそこ。❷どのあたり。どこ。▽真意は—にあるか。 那辺

なま【生】 ❶(人の手を加えない)ありのまま、自然のままの状態(のもの)。❷未完成であること。不十分なこと。❸直接であること。❹「生ビール」の略。❺なんとなく。▽—暖かい。 生

なまいき【生意気】 未熟なのに、えらそうにすること。cheeky 生意気

なまえ【名前】 ❶名称。❷(姓に対する)名。❸姓名。①③name 名前

なまかじり【生齧り】 一面を知っただけの不十分な理解。smattering 生齧り

なまき【生木】 ❶地面に生えている木。❷切ったばかりで、乾いていない木。▼—を裂(さ)く 相愛の男女をむりに引き離すことのたとえ。 生木

なまきず【生傷】 まだ新しいきず。 生傷

なまぐさい【生臭い】 ❶生血や生魚・獣肉のにおいがするようす。❷俗っぽいようす。▽—話。①fishy 生臭い

なまくら【鈍】 ❶切れ味の悪いこと・刃物。❷怠けたりしてふまじめなこと・人。①dull sword 鈍

なまけもの【怠け者】 よく怠ける人。idler, lazybones 怠け者

なまける【怠ける】 おこたる。精を出さない。neglect 怠ける

なまこ【海鼠】 円筒形の棘皮(きょくひ)動物の一。食用。 海鼠

なまごろし【生殺し】❶半殺し。❷中途半端のままで、相手を困らせること。 生殺し

なまじ【憖】❶しなくてもいいのに。むりをして。▽—会えばつらくなる。❷中途半端に。▽—なことでは済まない。 憖

なまじっか【憖っか】⇩なまじ。 憖っか

なます【膾】魚介類や大根・にんじんを細切りにして、酢にひたした料理。 膾

なまず【癜】皮膚に灰白色または褐色のまだらができる病気。vitiligo 癜

なまず【鯰】淡水魚の一。頭部は平たく、口にひげがある。泥底にすむ。catfish 鯰

なまつば【生唾】食べ物を見たときなどに自然に出てくるつば。saliva ▼—を飲み込(こ)む 目の前にあるものが欲しくてたまらないようす。 生唾

なまなか【生半】❶中途半端。▽—な決心ではない。❷むしろ。かえって。▽—知らないほうが幸せだ。 生半

なまなましい【生生しい】❶非常に新しい。❷その場で見ているような感じだ。①fresh ②vivid 生生し

なまぬるい【生温い】❶少しぬるい。❷厳しさが足りない。▽—練習。①②lukewarm 生温い

なまはんか【生半可】中途半端。生半(なまなか)。halfhearted 生半可

なまびょうほう【生兵法】十分身についていない武術・知識。▼—は大怪我(おおけが)のもと 不十分な知識や技能にたよると、大失敗をするというたとえ。 生兵法

なまへんじ【生返事】気分ののらないときなどの、いいかげんな返事。vague answer 生返事

なまみ【生身】現に生きている体。▽—の人間。 生身

なまみず【生水】わかしていない飲み水。 生水

なまめかしい【艶かしい】色っぽい。sexy 艶かしい

なまめく【艶く】色っぽく見える。 艶く

なまやさしい【生易しい】簡単だ。たやすい。easy 生易しい

なまり【訛り】その地方の独特の発音やことば。accent 訛り

なまり【鉛】青灰色で、柔らかく重い金属元素。記号Pb。lead 鉛

なまる【鈍る】❶切れ味が悪くなる。❷にぶる。▽腕が—。①become blunt 鈍る

なみ【並】中くらい。ふつう。average 並

なみ【波】❶水面の高低運動。❷波動。❸でこぼこ。起伏。❹ゆれ動くもの。①②wave 波

なみいる【並み居る】その場に並んでいる。 並み居る

なみうちぎわ【波打ち際】波がうち寄せる所。なぎさ。 波打際

なみがしら【波頭】波の盛り上がったいただき。はとう。 波頭

なみかぜ【波風】❶波と風。❷もめごと。▽家庭に—が立つ。 波風

なみき【並木】街路樹。 並木

なみじ【波路】航路。 波路

なみせい【並製】ふつうに作ったもの。 並製

なみだ【涙】〈泪〉涙腺(るいせん)から出る液体。tears 涙

なみだあめ【涙雨】❶悲しみの涙が化したと思われる雨。❷ほんの少し降る雨。 涙雨

なみたいてい【並大抵】〈打消しの語を伴って〉普通。ひととおり。 並大抵

なみだきん【涙金】関係を断ち切るときに与える、わずかなお金。 涙金

なみだぐむ【涙ぐむ】目に涙を浮かべる。 涙ぐむ

なみだもろい【涙脆い】感じやすく、すぐに涙が出てしまう。maudlin 涙脆い

なみなみ【並並】ふつうであること。▼—ならぬ ひととおりではない。 並並

なむあみだぶつ【南無阿弥陀仏】浄土宗・浄土真宗で、阿弥陀仏への帰依(きえ)を表して唱えることば。 南無阿弥陀

なめくじ【蛞蝓】湿った所にすむ軟体動物。slug 蛞蝓

なめこ【滑子】きのこの一。茶色で、ぬめりがある。食用。 滑子

なめしがわ【鞣し革】なめしたかわ。leather 鞣し革

なめす【鞣す】毛皮の毛・脂肪を取り去って柔らかくする。tan 鞣す

なめらか【滑らか】❶すべすべしているようす。❷よどみがないようす。①②smooth 滑らか

な

なめる【嘗める】 ❶〈舐める〉舌でふれる。❷味わう。❸〈苦しみを〉経験する。▽辛酸を—。❹〈舐める〉軽くみる。①lick　嘗める

なや【納屋】 物置(小屋)。barn　納屋

なやましい【悩ましい】 ❶苦しい。❷性的に心が乱れるようす。②seductive　悩ましい

なやむ【悩む】 ❶思いわずらう。❷苦痛に苦しむ。①be worried　悩む

なよたけ【弱竹】 細くしなやかな竹。　弱竹

なら〔楢〕 人13 ユウ・なら 樹木の、なら。どんぐりがなる。　楢・楢

筆順 木 … 楢

なら【楢】 落葉高木の一。実はどんぐり。材は器具・薪炭用。oak　楢

ならい【習い】 ❶ならわし。❷世の常。❸習うこと。①habit　習い

ならう【倣う】 まねる。imitate　倣う

ならう【習う】 教わっておぼえる。learn　習う

> **使い分け** 「ならう」
> 倣う…手本にしてまねる。模倣(もほう)。▽前例に—。先輩に—。
> 習う…教わって覚える。学習。▽ピアノを—。書道を—。

ならく【奈落】 ❶地獄。❷どん底。❸舞台や花道の床下。　奈落

ならす【均す】 ❶平らにする。❷平均する。▽負担を—。①level ②average　均す

ならす【馴らす】 動物が人になつくようにする。tame　馴らす

ならす【慣らす】 なじませる。　慣らす

ならす【鳴らす】 ❶音を出す。❷評判をとる。▽名選手として—。❸言い立てる。▽不平を—。①sound　鳴らす

ならびない【並び無い】 比べるものがない。無比の。unequaled　並び無

ならびに【並びに】 および。また。and　並びに

ならぶ【並ぶ】 ❶列を作る。❷隣に位置する。❸匹敵する。③rank　並ぶ

ならべる【並べる】 ❶隣に置く。❷次々に言う。▽文句を—。❸比べる。❹置き広げる。　並べる

ならわし【習わし】 慣習。custom　習わし

なり【形】 〈態〉❶かたち。❷服装。❸体つき。②dress　形

なりあがり【成り上がり】 急に出世すること・人。また、急に金持ちになること・人。類成金。　成上がり

なりかわる【成り代わる】 その人のかわりとなる。代理をする。　成り代

なりきん【成金】 ❶将棋で、敵陣で金になった駒(こま)。❷急に金持ちになった人。②parvenu, upstart　成金

なりすます【成り済ます】 そのものになったように見せかける。pretend　成り済

なりたち【成り立ち】 ❶なりたつこと。❷なりたつまでの順序・経過。❸構成。　成立ち

なりたつ【成り立つ】 ❶できる。❷できている。❸やっていける。　成り立

なりふり【形振り】 身なりやようす。　形振り

なりものいり【鳴り物入り】 ❶楽器演奏でにぎやかにすること。❷おおげさな宣伝。▽新総理が—で郷土入りする。　鳴り物

なりゆき【成り行き】 物事の移り変わって行くようす・結果。course　成行き

なりわい【生業】 生活のための仕事。calling　生業

なる【生る】 みのる。結実する。bear　生る

なる【成る】 ❶できあがる。❷組み立てられている。❸役に立つ。▽薬に—。❹我慢できる。❺将棋で、駒が敵陣に入って裏返り、別の働きをもつ。　成る

なる【為る】 ❶変化する。❷ある状態に達する。▽春に—。❸役に立つ。　為る

なる【鳴る】 ❶音がする。❷世間に広く知れ渡る。①sound, ring　鳴る

なるこ【鳴子】 綱を引くと音が出る、害鳥を追い払うしかけ。bird-clapper　鳴子

なるべく【成る可く】 できるだけ。　成る可

なるほど【成る程】 ❶たしかに。ほんとうに。❷いかにも。　成る程

なれあう【馴れ合う】 ❶ぐるになる。❷親しみ合う。　馴れ合

ナレーション【narration】 映画・テレビなどの語り。

なれそめ【馴れ初め】 男女が親しくなったきっかけ。　馴初め

なれなれしい【馴れ馴れしい】 いかにも心やすく、遠慮がない。overfamiliar　馴れ馴

なれのはて【成れの果て】落ちぶれた結果・姿。

なれる【狎れる】親しみ過ぎてなれなれしくなる。▽寵愛（ちょうあい）に―。getoverfamiliar

なれる【馴れる】（動物が）なつく。

なれる【慣れる】❶習慣になる。❷なじむ。❸熟練する。①get used to

なれる【熟れる】味がよくなる。▽漬け物が―。

なわ【縄】わら・麻などをより合わせてつくったひも。rope

なわしろ【苗代】稲の苗を育てる田。

なわて〖畷〗13 テツ・なわて 田のあぜ道。

なわとび【縄跳び】〈縄飛び〉縄を回して、その中をとび越える遊び・運動。jumping rope

なわのれん【縄暖簾】❶縄をたらしたのれん。❷居酒屋。

なわばり【縄張り】❶縄を張って、土地の境を決めること。❷やくざなどの勢力範囲。

なん〖南〗常9 ナン・ナ・みなみ 方角の、みなみ。▽―緯。湘―（しょうなん）。

筆順 一 十 十 冂 冂 冂 南

なん〖軟〗常11 ナン・やわらか・やわらかい やわらかい。▽―弱。柔―。

筆順 一 百 亘 車 車 軟 軟

なん〖難〗常18〖難〗人19 ナン・かたい・むずかしい ❶わざわい。▽災―。❷とがめる。▽非―。❸むずかしい。▽困―。❹欠点。▽―を言えば。

筆順 艹 廿 堇 菓 歎 歎 難 難

なん〖男〗⇩だん　なん〖納〗⇩のう

なん【難】❶災い。❷むずかしいこと。▽―に当たる。❸欠点。▽少々―のある車。

なんい【南緯】赤道から南の緯度。

なんい【難易】難しいことと、やさしいこと。▽―の差がある。

なんか【南下】南へ進むこと。南進。対北上。

なんか【軟化】❶やわらかくなること。❷穏やかになること。①②softening

なんかい【難解】難しくてわかりにくいこと。difficulty

なんかん【難関】❶通過しにくい所。❷切り抜けにくい事態。①barrier

なんぎ【難儀】❶困難。面倒。❷苦しみ悩むこと。

なんきつ【難詰】非難してなじること。blame

なんぎょう【難行】苦しい修行。

なんきょく【南極】❶地軸の南端。❷南極❶の周辺。❸磁石の南の極。S極。①②South Pole

なんきょく【難局】困難な局面。重大な情勢。difficult situation

なんきん【南京中国】❶「かぼちゃ」の別称。❷中国や東南アジア渡来のもの。

なんきん【軟禁】程度の軽い監禁。

なんきんじょう【南京錠】巾着（きんちゃく）の形をした錠前。

なんきんまめ【南京豆】落花生（の実）。

なんきんむし【南京虫】❶小形の昆虫の一。人畜の血を吸う。❷婦人用の小型腕時計。①housebug

なんくせ【難癖】非難すべき点。欠点。▽―を付ける。fault

なんくん【難訓】漢字の難しい訓。

なんげん【南限】（ある生物が分布できる）南の限界。対北限。

なんこう【軟膏】練った塗り薬。

なんこう【難航】❶航行が難しいこと。❷容易に進行しないこと。

なんこうふらく【難攻不落】攻めにくく、容易に落とせないこと。

なんこつ【軟骨】やわらかくて弾力のある骨。cartilage

なんざん【難産】❶苦しい出産。❷事が容易に成立しないこと。対❶安産。

なんじ〖汝〗人6 ジョ・なんじ 目下をさす二人称。おまえ。

筆順 丶 冫 氵 汉 汝 汝

なんじ【汝】おまえ。you

なんじ【難事】困難な事件・事柄。

な

なんじ【難治】病気がなおりにくいこと。なんち。 難治

なんしき【軟式】野球・テニスで、軟球を使う競技(の方式)。対硬式。 軟式

なんしつ【軟質】やわらかい性質。 軟質

なんじゃく【軟弱】❶か弱いこと。❷信念がなく、弱腰であること。▽—外交。対❷強硬。②weak-kneed 軟弱

なんじゅう【難渋】❶すらすらと運ばないこと。❷苦しむようす。▽解決に—する。類❶渋滞。①retardation 難渋

なんしょ【難所】通行困難な場所。 難所

なんしょく【難色】しぶるようす・態度。▽—を示す。 難色

なんすい【軟水】カルシウム・マグネシウムの塩類を少量しかふくまない水。対硬水。soft water 軟水

なんせん【難船】❶難破。❷難破船。 難船

なんせんほくば【南船北馬】あちこち忙しく旅すること。類東奔西走。 南船

なんだい【難題】❶難問。❷無理な要求。①difficult problem 難題

なんたいどうぶつ【軟体動物】骨格のない、やわらかい動物。mollusk 軟体

なんちゅう【南中】天体が子午線を通過すること。類正中。southing 南中

なんちょう【難聴】❶聴力が弱いこと。❷ラジオなどの放送が聞きとりにくいこと。▽—地域。 難聴

なんてん【南天】❶南の空。❷常緑低木の一。赤い実をつける。 南天

なんてん【難点】❶むずかしいところ。❷欠点。▽音がうるさいのが—だ。①difficult point 難点

なんど【納戸】衣服や道具をしまっておく部屋。storeroom 納戸

なんどく【難読】漢字の読み方がむずかしいこと。また、読みにくいこと。▽—地名。 難読

なんなく【難無く】たやすく。easily 難無く

なんなんとする【垂んとする】今にもなろうとする。▽三時間に—熱戦。 垂んと

なんにょ【男女】男性と女性。▽老若—。 男女

なんぱ【軟派】❶軟弱な意見の党派。❷異性との交遊を好む人々。❸異性をさそって口説くこと。 軟派

なんぱ【難破】暴風雨などにあって、船が破損すること。難船。注難×波。ship-wreck 難破

なんばん【南蛮】❶中国で、南方の異民族。❷昔、東南アジアをさした語。❸昔、ポルトガルやスペインのこと。▽—人。❹とうがらしの別称。❺煮物料理の一つ。 南蛮

なんぴと【何人】いかなる人。なんびと。▽—たりとも許さない。 何人

なんびょう【難病】治りにくい病気。serious disease 難病

なんぴょうよう【南氷洋】南極海。 南氷洋

なんぶつ【難物】扱いにくい人・事柄。 難物

なんぶんがく【軟文学】恋愛・情事を扱った文学作品。 軟文学

なんべい【南米】南アメリカ。 南米

なんみん【難民】戦争・災害を逃れて他国に避難してきた人々。refugee 難民

なんもん【難問】難しい問題。難題。 難問

なんやく【難役】難しい役柄・役目。 難役

なんよう【南洋】太平洋の南西部の、赤道付近の海。South Seas 南洋

なんら【何等】なんにも。▽—心配ない。 何等

なんろ【難路】けわしい道。rough road 難路

◆に 二◆

に〔二〕常2 ニ・ふた・ふたつ ❶ふたつ。▽—院。❷二番目。▽—流。 二・二

筆順 一 二

に〔尼〕常5 ニ・あま 出家した女性。修道女。▽—僧。—寺(あまでら)。 尼・尼

筆順 ㇕ コ 尸 尸 尼

に〔弐〕常6 ニ ふたつ。「二」の金額を示すときに使う。(貳) 弐・弐

筆順 一 二 三 弐 弐

に〔仁〕⇩じん　に〔児〕⇩じ

に【丹】赤色(の土)。vermilion 丹

に【荷】❶荷物。❷責任。負担。❸やっかいなもの。お荷物。①② burden ① 荷

baggage ▼―が重い 責任や負担が大きい。荷が勝つ。

にあう【似合う】つりあう。調和する。suit, match 似合う

にあげ【荷揚げ】船のつみ荷を陸にあげること。類陸揚げ。unloading 荷揚げ

にあわしい【似合わしい】よく似合っている。 似合わ

ニアミス【near miss】（航空機どうしの）異常接近。

にいさん【兄さん】❶兄の敬称。❷若い男に親しんで呼びかける語。 兄さん

ニーズ【needs】必要。要求。需要。

にいづま【新妻】結婚したばかりの妻。 新妻

ニート 就学・就職せず、職業訓練も受けない若者。Not in Education, Employment or Trainingから。

にいなめさい【新嘗祭】宮中行事の一つ。天皇が新穀を神に供え、収穫を感謝する神事。 新嘗祭

にいぼん【新盆】その人の死後、初めて迎える盆。あらぼん。 新盆

にいまくら【新枕】結婚した男女が初めて一緒に寝ること。 新枕

にえ【沸】〈銑〉日本刀の地肌と刃との境目の雲形の模様。▽―を交わす。 沸

にえきらない【煮え切らない】はっきりしない。▽―返事。irresolute 煮え切

にえくりかえる【煮え繰り返る】❶煮えたぎる。❷非常に腹が立つ。 煮え繰

にえゆ【煮え湯】煮え立った熱い湯。熱湯。▼―を飲まされる 信頼していた人に裏切られて、ひどい目にあう。 煮え湯

にえる【煮える】食物に熱がよく通って食べられるようになる。cook 煮える

にお【鳰】水鳥の「かいつぶり」の古称。 鳰

におい【匂い】❶鼻を快く刺激するもの。香り。❷それらしい感じや趣。▽下町の―がする。①smell 匂い

におい【臭い】❶いやなくさみ。▽石油の―。❷悪事などが行われた感じ。▽犯罪の―。①odor 臭い

においぶくろ【匂い袋】香料を入れた小袋。 匂袋

におう〔匂〕常4 におう におう。におい。▽石けんの―い。 匂・匂

筆順	ノ	勹	匂	匂

におう【仁王】仏法の守護神として寺の門の左右に置く、一対の金剛力士。 仁王

におう【匂う】❶よい香りがする。❷色が美しく映える。▽朝日に―桜花。①smell 匂う

におう【臭う】❶いやなにおいがする。❷あやしい感じがする。▽不正が―。①stink 臭う

使い分け「におい・におう」
匂い・匂う…主に良いにおい。▽梅の花の匂い。香水がほのかに匂う。
臭い・臭う…主に不快なにおいや好ましくないにおい。▽魚の腐った臭い。生ごみが臭う。ガスが臭う。

におうだち【仁王立ち】仁王の像のようにいかめしく力強く立つこと。 仁王立

におも【荷重】❶荷が重いようす。❷責任や負担が重すぎるようす。▽私にとって、この仕事は―だ。①overload 荷重

におわす【匂わす】❶よい香りがにおうようにする。❷ほのめかす。▽引退を―。②hint 匂わす

にがい【苦い】❶いやな味だ。❷不快だ。❸つらい。①③bitter 苦い

にがうり【苦瓜】ウリ科の植物の一つ。つるれいしの別称。果実は食用。ゴーヤ。 苦瓜

にがおえ【似顔絵】その人の顔に似せてかいた絵。portrait 似顔絵

にがす【逃がす】❶放して自由にしてやる。❷捕らえそこなう。①set free 逃がす

にがて【苦手】❶いやな相手。❷得意でないこと。②weak point 苦手

にがにがしい【苦苦しい】非常にいやな気持ちだ。disgusting 苦苦し

にがみばしる【苦み走る】顔つきがひきしまっている。 苦み走

にがむし【苦虫】かむと苦い虫。▼―を噛(か)み潰(つぶ)したよう 非常に不愉快そうな顔つきのたとえ。 苦虫

にかよう【似通う】互いによく似ている。resemble 似通う

にがり【苦汁】〈苦塩〉海水から食塩をとった残りの液。豆腐の凝固剤。 苦汁

にかわ【膠】動物からとったゼラチンを固めた接着剤。(animal) glue 膠

に

にがわらい【苦笑い】 苦々しく思いながらも、むりに笑うこと。wry smile ／苦笑い

にきさく【二期作】 同じ耕地で、同じ作物(稲)を年二回作ること。／二期作

にぎてき【二義的】 根本的ではないようす。類二次的。secondary ／二義的

にぎにぎしい【賑賑しい】 非常ににぎやかだ。lively ／賑賑し

にきび【面皰】 思春期に顔などにできる、小さな吹き出物。pimple ／面皰

にぎやか【賑やか】 ❶人が多くて活気のあるようす。❷ひどく陽気なようす。①lively ②merry ／賑やか

にぎり【握り】 ❶握ること。❷器物などの手で持つ部分。❸「握りずし」「握り飯」の略。❹数量を表す語。▽一(ひと)―の豆。①grasp ②grip ／握り

にぎりこぶし【握り拳】 げんこつ。／握り拳

にぎりしめる【握り締める】 ❶強く握る。❷握って離さない。／握り締

にぎりずし【握り鮨】 小さく握った酢飯に魚介類などをのせたもの。／握り鮨

にぎりつぶす【握り潰す】 ❶強く握ってつぶす。❷処理せずにうやむやにする。▽提案を―。／握り潰

にぎりめし【握り飯】 おにぎり。おむすび。／握り飯

にぎる【握る】 ❶手の指を内側に曲げる。❷つかむ。❸自分の物にする。▽勝利を―。❹握り飯や握りずしを作る。②hold ／握る

にぎわう【賑わう】 ❶人出が多く、にぎやかになる。▽祭りで―町。❷繁盛する。①be crowded ／賑わう

にぎわしい【賑わしい】 にぎやかである。／賑わしい

にく［肉］ 6 常 ニク ❶にく。▽筋―。果―。❷からだ。▽―体。❸じか。▽―眼。❹近い。▽―親。―薄。／肉・肉

筆順 丨 冂 内 内 肉 肉

にく【肉】 ❶動物の皮膚の下にある、やわらかい部分。❷鳥獣や魚の、食用にする部分。❸果物の、食用にする果肉。❹厚み。▽―の厚い葉。❺内容を豊かにするもの。▽原案に―を付ける。❻印肉。①③flesh ②meat ／肉

にくあつ【肉厚】 ❶肉の厚いこと。❷物の厚みがあること。／肉厚

にくい【憎い】 ❶憎らしい。❷憎らしいほどりっぱだ。▽―演出。①hateful ／憎い

にくい【難い】 〈悪い〉❶…することが難しい。▽わかり―。❷なかなか…ならない。／難い

にくが【肉芽】 ❶傷跡に盛り上がってくる肉。❷むかご。①granulation ／肉芽

にくかん【肉感】 性的な感覚。にっかん。／肉感

にくがん【肉眼】 眼鏡などを使わない、人間の目(の視力)。naked eye ／肉眼

にくじき【肉食】 にくしょく❶。／肉食

にくしみ【憎しみ】 憎いと思う気持ち。hatred ／憎しみ

にくしゅ【肉腫】 筋肉・骨・血管などにできる悪性のはれもの。sarcoma ／肉腫

にくじゅう【肉汁】 肉を煮出した汁。また、肉を焼いたときに出る汁。にくじる。broth, gravy ／肉汁

にくしょく【肉食】 ❶人が鳥獣の肉を食べること。❷動物が他の動物を食物とすること。対❶菜食。❷草食。／肉食

にくしん【肉親】 親子・兄弟など、血のつながりの近い人。blood relative ／肉親

にくせい【肉声】 人の口から直接出るなまの声。natural voice ／肉声

にくたい【肉体】 人間のなまみの体。body 対精神。／肉体

にくだんせん【肉弾戦】 捨て身になって敵陣に突進する戦い。／肉弾戦

にくち【肉池】 印肉の容器。肉入れ。印池。／肉池

にくづき【肉付き】 肉のつきぐあい。／肉付き

にくづけ【肉付け】 手を加えて内容を充実させること。／肉付け

にくてい【憎体】 憎らしいようす。／憎体

にくにくしい【憎憎しい】 非常に憎らしい。いかにも憎たらしい。nasty ／憎憎し

にくはく【肉薄】 〈肉迫〉❶身をもって敵に迫ること。▽首位に―する。❷間近まではげしく迫ること。／肉薄

にくひつ【肉筆】 その人が直接書いたもの。類自筆。直筆。▽歌麿の―浮世絵(うきよえ)。autograph ／肉筆

にくぶと【肉太】 文字の点や線が太いこと。類筆太。 肉太

にくぼそ【肉細】 文字の点や線が細いこと。類筆細。 肉細

にくまれぐち【憎まれ口】 人に憎まれるような口のきき方・ことば。▽―をたたく。 憎まれ

にくまれっこ【憎まれっ子】 人にきらわれる子供。badboy ▼**―世に憚(はばか)る** 人に憎まれるような人が、かえって世間では幅をきかす。 憎まれっ子

にくまれやく【憎まれ役】 人から憎まれるような損な役目。 憎役

にくむ【憎む】 憎いと思う。hate ▼**―んでも余りある** いくら憎んでも憎みたりない。 憎む

にくよく【肉欲】 肉体的な欲望。性欲。 肉欲

にくらしい【憎らしい】 しゃくにさわるようす。▽―ほど美しい。hateful 憎らしい

にぐるま【荷車】 荷物をのせて、運ぶための車。wagon 荷車

にぐん【二軍】 補充要員などの選手によるチーム。対一軍。farm team 二軍

にげあし【逃げ足】 逃げる足どり。 逃げ足

にげうせる【逃げ失せる】 逃げて行方がわからなくなる。 逃げ失

にげこうじょう【逃げ口上】 責任をのがれようと、ごまかして言うことば。言いのがれ。 逃口上

にげごし【逃げ腰】 いまにも逃げようとする腰つき・態度。 逃げ腰

にげない【似気無い】 似合わない。 似気無

にげのびる【逃げ延びる】 逃げおおせる。逃げて、助かる。 逃げ延

にげみず【逃げ水】 蜃気楼(しんきろう)現象の一。陸上に水たまりがあるように見える現象。 逃げ水

にげみち【逃げ道】 ❶逃げて行く道筋。❷責任をのがれる手段。 逃げ道

にげる【逃げる】 ❶つかまらないようにのがれる。❷いやなものを避ける。①run away ②dodge ▼**―が勝ち** 勝ち目がないときは、逃げるほうが得だ。 逃げる

にげん【二元】 ❶物事の根本になっている二つの原理に基づくこと。❷数学で、未知数が二つあること。❸二つの場所。▽―中継。 二元

にこげ【和毛】 短く柔らかな毛。うぶ毛。downy hair 和毛

にこごり【煮凝り】 魚の煮汁を冷やして固まらせた食べ物。 煮凝り

にごす【濁す】 ❶にごらせる。❷あいまいにする。▽ことばを―。 濁す

にこむ【煮込む】 ❶十分に煮る。❷いろいろな材料を混ぜて煮る。 煮込む

にごりざけ【濁り酒】 どぶろく。 濁り酒

にごる【濁る】 ❶透明でなくなる。❷色・音が鮮明でなくなる。❸けがれる。▽―った世の中。❹濁音になる。対❶❷❹澄む。 濁る

にころがし【煮転がし】 さといもなどを汁がなくなるまで煮たもの。煮転ばし。 煮転が

にころばし【煮転ばし】 煮転がし。 煮転ば

にごん【二言】 前言と違ったことを言うこと。類二枚舌。 二言

にさんかたんそ【二酸化炭素】 炭酸ガス。carbon dioxide 二酸化

にし【西】 太陽が沈む方角。対東。west 西

にし【螺】 巻き貝類の総称。 螺

にじ〖虹〗 常9 **にじ** にじ。▽―彩(こうさい)。―色。 虹・虹

筆順

にじ【二次】 ❶二番目。二回目。❷本質的でないこと。▽―的。❸数学で、二乗の値のある数。①second 二次

にじ【虹】 半円状の七色の光の帯。rainbow 虹

にじかい【二次会】 宴会の終了後、さらに場所を変えて行う宴会。 二次会

にしき【錦】 ❶色糸や金糸・銀糸で模様を織り出した厚地の絹織物。❷美しくりっぱな着物。❸色や模様の美しいもの。▼**故郷に―を飾る** 成功して故郷に帰る。 錦

にしきえ【錦絵】 多色刷りの浮世絵。 錦絵

にしきごい【錦鯉】 観賞用の色どりの美しいこい。 錦鯉

にしび【西日】 西にかたむいた太陽。夕日。setting sun 西日

に

にじむ【滲む】❶紙や布などにしみて広がる。❷涙・あせ・血などがじわじわ出る。①run ②ooze　[滲む]

にしめる【煮染める】煮汁がしみこむまでよく煮る。　[煮染め]

にしゃたくいつ【二者択一】二つのうちの、一つを選ぶこと。alternative　[二者択一]

にじゅう〖廿〗人 4 **ジュウ・にじゅう** 二〇。▽―世紀。　[廿・ヵ]
筆順　一　十　廾　廿

にじゅう【二重】同じようなものが二つ重なること。ふたえ。double　[二重]

にじゅうしせっき【二十四節気】一年を二四等分した、陰暦上の節気。季節の変わり目。立冬・立春など。二十四気。　[節気]

にじゅうしょう【二重唱】二人が異なる声部で合唱すること。duet　[二重唱]

にじゅうそう【二重奏】二つの楽器で合奏すること。duet　[二重奏]

にじりぐち【躙り口】茶室特有の小さな出入り口。　[躙り口]

にじる【躙る】❶すわったまま、じりじりと動く。❷押しつけてすりつぶす。　[躙る]

にしん【二心】⇨ふたごころ。　[二心]

にしん【二伸】追伸。postscript　[二伸]

にしん【鰊】〈鯡〉海にすむ魚の一。食用。卵はかずのこ。かど。herring　[鰊]

にしんとう【二親等】二番目に近い親族。祖父母・兄弟・孫など。　[二親等]

にしんほう【二進法】〇と一ですべての数を表す方法。binary system　[二進法]

にすがた【荷姿】荷物の外見。　[荷姿]

にせ【二世】現世と来世。この世とあの世。▼**―の契**(ちぎ)**り**（来世まで心変わりしない）夫婦となる約束。　[二世]

にせ【偽】〈贋〉本物に似せたもの。にせもの。imitation　[偽]

にせい【二世】❶二代目の人。❷移民の子で、移民先で生まれ、その国の市民権をもつ人。❸あとつぎの子。長男。　[二世]

にせもの【偽物】にせて作ったもの。　[偽物]

にせもの【偽者】本人に見せかけた別人。　[偽者]

にせる【似せる】似るようにする。　[似せる]

にそう【尼僧】出家した女性。あま。　[尼僧]

にそくさんもん【二束三文】ひどく安いねだん。▽―で売り払う。注二×足三文。dirt-cheap　[二束]

にそくのわらじ【二足の草鞋】二つの職業をもつこと。　[草鞋]

にだ【荷駄】馬で運ぶ荷物。　[荷駄]

にたき【煮炊き】食物を調理すること。炊事。cooking　[煮炊き]

にたものふうふ【似た者夫婦】夫婦は性質や趣味などが似てくること。また、その夫婦。　[似た者]

にたりよったり【似たり寄ったり】たいした違いがないこと。類大同小異。　[寄ったり]

に〖日〗常 4 **ニチ・ジツ・ひ・か** ❶太陽。▽―光。❷ひるま。▽―中。❸ひび。日数。▽毎―。連―。❹ころ。▽後―。❺日曜日。　[日・日]
筆順　丨　冂　日　日

にちげん【日限】前もって何日までと決めてある日。appointed day　[日限]

にちじ【日時】日付と時刻。date　[日時]

にちじょう【日常】つねひごろ。ふだん。　[日常]

にちじょうさはんじ【日常茶飯事】ありふれた、とるにたりないこと。日常茶飯。注にちじょう×ちゃはんじ。　[日常茶飯事]

にちにち【日日】毎日。ひび。　[日日]

にちぶ【日舞】「日本舞踊」の略。　[日舞]

にちぼつ【日没】日の入り。sunset　[日没]

にちや【日夜】❶昼と夜。❷昼も夜も。いつも。▽―努力を重ねる。　[日夜]

にちよう【日曜】週の第一日。日曜日。Sunday　[日曜]

にちようひん【日用品】ふだんの暮らしに使う品物。daily necessities　[日用品]

にちりん【日輪】太陽。sun　[日輪]

にっか【日課】毎日決めてする事。　[日課]

につかわしい【似つかわしい】 よく似あって、ふさわしい。suitable　似つか

にっかん【日刊】 毎日刊行すること。　日刊

にっかん【肉感】 ⇩にくかん。　肉感

にっき【日記】 毎日のできごと・感想などを記した個人的な記録。diary　日記

にっきゅう【日給】 一日いくらと決められた給料。日当。daily wages　日給

にっきん【日勤】 ❶事務所などに、毎日、出勤すること。❷昼間の勤務。対❷夜勤。①daily service　日勤

ニックネーム【nickname】 あだな。愛称。

にづくり【荷造り】 〈荷作り〉運送しやすいように荷物をつくること。packing　荷造り

につけ【煮付け】 味がしみこむまでよく煮て作った料理。　煮付け

にっけい【日系】 日本人の血筋を引いていること。Japanese descent　日系

にっけい【日計】 ❶一日単位で行う計算。❷一日の総計。①daily account　日計

にっけい【肉桂】 ❶樹木の一。❷❶の皮で作る香辛料。にっけ。にっき。シナモン。②cinnamon　肉桂

ニッケル【nickel】 銀白色の金属元素の一。記号Ni

にっこう【日光】 日の光。sunlight　日光

にっこうよく【日光浴】 日光をあびること。sunbathing　日光浴

にっさん【日参】 ❶神社・仏閣などに毎日お参りすること。❷目的をとげるため毎日通うこと。　日参

にっさん【日産】 一日の生産高。　日産

にっし【日誌】 毎日の（公の）記録。　日誌

にっしゃ【日射】 日差し。　日射

にっしゅう【日収】 一日分の収入。　日収

にっしょう【日照】 太陽が地上を照らすこと。▽—時間。sunshine　日照

にっしょうき【日章旗】 日の丸の旗。　日章旗

にっしょうけん【日照権】 住宅の日照を確保する権利。　日照権

にっしょく【日食】 〈日蝕〉月が太陽と地球の間にはいって、太陽をかくす現象。solar eclipse　日食

にっしんげっぽ【日進月歩】 絶え間なく進歩すること。▽—の技術。注日×新月歩。　日進月

にっすう【日数】 ひかず。　日数

にっちもさっちも【二進も三進も】 どうにもこうにも。▽—いかない。　二進も

にっちゅう【日中】 ❶昼間。❷日本と中国。①daytime　日中

にっちょく【日直】 ❶その日の当直。❷昼間の当直。①daily duty　日直

にってい【日程】 ❶一日の仕事の予定。❷仕事や旅行などの、毎日の予定。①②schedule　日程

にっとう【日当】 一日の手当。類日給。　日当

にっぽう【日報】 ❶一日ごとの報告。❷毎日報道される新聞などの刊行物。また、毎日の報道。①②daily report　日報

にっぽん【日本】 わが国の名。にほん。　日本

につめる【煮詰める】 ❶水分がなくなるまで煮る。❷結論が出せる段階に近づける。①boil down　煮詰め

にてひなり【似て非なり】 見かけは似ているが、実は違う。　似て非

にてんさんてん【二転三転】 情勢が二度三度と変わること。　二転

にと【二兎】 二ひきのうさぎ。▼**—を追う者は一兎（いっと）をも得ず** 同時に二つのことをしようとすると、そのどちらも成功しない。　二兎

にとうぶん【二等分】 二つに等分すること。halve, bisection　二等分

にとうりゅう【二刀流】 ❶両手に刀を持って戦う剣の流派。❷甘いものも酒も好きなこと。　二刀流

になう【担う】 ❶肩にかつぐ。❷責任をもって引き受ける。▽次代を—若者。①②shoulder　担う

ににんさんきゃく【二人三脚】 ❶二人一組みで足首を結び、走る競技。❷二人が協力して一つの事を行うこと。①three-legged race　二人三脚

にぬし【荷主】 荷物の持ち主・送り主。 荷主

にぬり【丹塗り】 赤や朱の色でぬること。ぬったもの。 丹塗り

にのあし【二の足】 次に出す足。▼—を**踏**(ふ)**む** ためらう。 二の足

にのうで【二の腕】 肩とひじの間の部分。上腕。上膊(じょうはく)。upper arm 二の腕

にのく【二の句】 次のことば。▼—**が継**(つ)**げない** あきれて次のことばが出ない。 二の句

にのぜん【二の膳】 日本料理で、本膳に添えて(または次に)出す膳。 二の膳

にのつぎ【二の次】 二番目。あとまわし。 二の次

にのまい【二の舞】 ❶舞楽で『安摩(あま)』の次に舞う、『安摩』をまねた滑稽(こっけい)な曲。❷前の人と同じような失敗をすること。▽—を演じる。 二の舞

にのや【二の矢】 二番目に射る矢。▼—**が継**(つ)**げない** 続いて打つべき手段がなくて窮するたとえ。 二の矢

にばんせんじ【二番煎じ】 前のくり返しで新鮮味のないもの。類焼き直し。rehash 二番煎

にびいろ【鈍色】 濃いねずみ色。昔の喪服の色。dark gray 鈍色

にひゃくとおか【二百十日】 立春から二一〇日目。八月三一日、九月一日ごろ。台風が多い。 二百

にひゃくはつか【二百二十日】 立春から二二〇日目。九月一〇、一一日ごろ。 二十日

ニヒル【nihil ラテン】 虚無(的)。

にぶい【鈍い】 ❶動作や反応がのろい。❷切れ味が悪い。❸はっきりしない。▽—光。①slow ③dim 鈍い

にふだ【荷札】 あて名などを書いて荷物につける札。label, tag 荷札

にぶる【鈍る】 ❶刃物が切れなくなる。❷頭の働きや力・勢いなどが弱くなる。①become dull 鈍る

にぶん【二分】 二つに分けること。 二分

にべ【鰾膠】 魚のにべの浮き袋から製する粘着力の強いにかわ。にべにかわ。▼—**も無い** まるで愛想がない。 鰾膠

にぼし【煮干し】 小さないわし類を煮て干したもの。だしじゃこ。いりこ。 煮干し

にほん【日本】 わが国の名。にっぽん。 日本

にほんが【日本画】 日本に古くから伝わる技法で描く絵画。対洋画。 日本画

にほんがみ【日本髪】 伝統的な日本女性の髪型。 日本髪

にほんしゅ【日本酒】 日本独特の方法で米からつくる酒。 日本酒

にほんばれ【日本晴れ】 快晴。cloudless sky 日本晴

にほんま【日本間】 畳のある和風の部屋。 日本間

にまいがい【二枚貝】 二枚の殻をもつ貝類。対巻き貝。bivalve 二枚貝

にまいじた【二枚舌】 うそをつくこと。▽—を使う。類二言(にごん)。 二枚舌

にまいめ【二枚目】 ❶美男役(の俳優)。❷美男子。②handsome 二枚目

にもうさく【二毛作】 同じ田畑で一年に二回、ちがう作物を作ること。 二毛作

にもつ【荷物】 ❶荷。お荷物。❷やっかいなもの。 荷物

にもの【煮物】 食べ物を煮ること。また、煮た食品。boiled food 煮物

にやく【荷役】 船の荷の積みおろしをすること・人。 荷役

にゃく【若】 ⇩じゃく

にやっかい【荷厄介】 ❶荷物をもてあますこと。❷物事が負担になること。 荷厄介

ニュアンス【nuance フランス】 色あい・意味・感情などの微妙なちがい。

にゅう【入】 常2 **ニュウ・いる・いれる・はいる** ❶はいる。いれる。▽—院。—金。❷必要。▽—用。 入・入

筆順 ノ 入

にゅう【乳】 常8 **ニュウ・ちち・ち** ❶ちち。▽牛—。❷ちちを与える。 乳・乳

筆順 … 乳

にゅう【柔】 ⇩じゅう

にゅういん【入院】 病気を治療するため、ある期間、病院にはいること。対退院。hospitalization 入院

にゅういんりょう【乳飲料】 牛乳に果汁やコーヒーを加えた飲み物。 乳飲料

ニューウェーブ【new wave】 新しい傾向。

にゅうえき【乳液】 乳状の化粧品。milky lotion　乳液

にゅうか【入荷】 商品が市場や商店などにはいること。[対]出荷。　入荷

にゅうか【乳化】 液体がどろりとして乳のようになること。emulsification　乳化

にゅうかい【入会】 ある団体にはいってその会員になること。▽—金。[対]退会。admission　入会

にゅうかく【入閣】 内閣に大臣として加わること。　入閣

にゅうがく【入学】 学校に生徒としてはいること。[対]卒業。　入学

にゅうかん【入管】 「入国管理事務所」の略。　入管

にゅうぎゅう【乳牛】 搾乳(さくにゅう)用に飼う牛。　乳牛

にゅうきょ【入居】 その建物にはいって住むこと。▽—者。　入居

にゅうぎょ【入漁】 他人が漁業権をもつ漁場で釣りをすること。にゅうりょう。▽—料。　入漁

にゅうぎょう【乳業】 牛乳加工や乳製品の生産を行う事業。　乳業

にゅうきん【入金】 ❶金銭を受け取ること。❷内金を払うこと。[対]❶出金。　入金

にゅうこ【入庫】 倉庫や車庫にいれること、はいること。[対]出庫。　入庫

にゅうこう【入港】 船が港にはいること。[対]出港。　入港

にゅうこく【入国】 その国にはいること。▽不法—。entry　入国

にゅうごく【入獄】 刑務所にはいること。[対]出獄。imprisonment　入獄

にゅうこん【入魂】 魂を注ぎ込むこと。▽—の力作。　入魂

にゅうざい【乳剤】 乳状の薬液。emulsion　乳剤

にゅうさつ【入札】 売買・請負などで、希望者に見積もりの金額を書かせて提出させること。tender, bid　入札

にゅうさん【乳酸】 牛乳などを発酵させたときにできる酸。lactic acid　乳酸

にゅうし【入試】 「入学試験」の略。　入試

にゅうし【乳歯】 生後六か月ごろから生え始め、一〇歳前後に永久歯と生えかわる歯。[対]永久歯。milk tooth　乳歯

にゅうじ【乳児】 生後一年ぐらいまでの赤ん坊。[類]乳幼児。baby　乳児

にゅうしゃ【入社】 社員としてその会社に就職すること。[対]退社。　入社

にゅうしゃ【入射】 光・電磁波などが媒質(ばいしつ)を通して他の媒質との境界面に達すること。　入射

にゅうじゃく【入寂】 聖者や高僧が死ぬこと。入滅。　入寂

にゅうじゃく【柔弱】 心身が弱々しいこと。▽—な精神。weakness　柔弱

にゅうしゅ【入手】 手に入れること。▽珍品を—する。obtaining　入手

にゅうしょう【入賞】 受賞者の中に入ること。[類]入選。　入賞

にゅうじょう【入場】 会場・式場・競技場などに入ること。▽—券。—行進。entrance　入場

にゅうしょく【入植】 開拓のために、移り住むこと。immigration　入植

にゅうしん【入信】 信仰の道に入ること。　入信

にゅうしん【入神】 技芸が特にすぐれ、神わざに近いこと。▽—の技。　入神

にゅうすい【入水】 ❶入ってくる水。❷水中に身を投げて死ぬこと。じゅすい。　入水

ニュースソース【news source】 ニュースの出所。情報提供者。

にゅうせいひん【乳製品】 牛乳を加工してつくった食品の総称。[類]乳酪。　乳製品

にゅうせき【入籍】 別の戸籍にはいること。[対]除籍。registration　入籍

にゅうせん【入選】 審査に合格すること。[類]入賞。　入選

にゅうたい【入隊】 軍隊にはいること。入営。[対]除隊。join up　入隊

にゅうてい【入廷】 裁判で、関係者が法廷に入ること。[対]退廷。　入廷

にゅうでん【入電】 電信・電報で情報が入ること。また、その情報。[対]打電。　入電

にゅうとう【入湯】 温泉などに入ること。▽—税。　入湯

にゅうどう【入道】 ❶仏門に入ること・人。❷坊主頭のばけもの。　入道

にゅうどうぐも【入道雲】 積乱雲の俗称。　入道雲

ニュートラル【neutral】 ❶中立。中間。❷自動車のギアで、エンジンの回転が車輪に伝わらない状態。

にゅうねん【入念】 細かく注意がいきとどいていること。念入り。 入念

にゅうばい【入梅】 梅雨になること。 入梅

にゅうはくしょく【乳白色】 乳のような白い色。milkycolor 乳白色

にゅうばち【乳鉢】 乳棒で薬品などをすりつぶすのに使うはち。mortar 乳鉢

にゅうひ【入費】 費用。expenses 入費

にゅうまく【入幕】 相撲で、力士が昇進して幕内(まくうち)になること。 入幕

にゅうめつ【入滅】 ❶さとりの境地に入ること。❷入寂。 入滅

ニューメディア【new media】 新しい情報伝達媒体。多重放送・衛星放送・インターネットなど。

にゅうもん【入門】 ❶弟子入り。❷手引き書。入門書。②guide 入門

にゅうよう【入用】 ❶必要なこと。❷費用。対❶不用。①need 入用

にゅうようじ【乳幼児】 乳児と幼児。 乳幼児

にゅうよく【入浴】 ふろにはいること。▽—剤。bath 入浴

にゅうらい【入来】 人が訪れ、入って来ること。じゅらい。類来訪。visit 入来

にゅうらく【乳酪】 牛乳からつくる食品。特に、バター。類乳製品。 乳酪

にゅうりょく【入力】 ❶機械に外部から動力を与えること。❷コンピュータにデータを入れること。①②input 入力

にゅうわ【柔和】 優しく、穏やかなようす。類温和。gentle 柔和

にょ〔女〕 ⇩じょ

にょ〔如〕 ⇩じょ

にょう【二様】 ふたとおり。類両様。 二様

にょう〔尿〕 常7 ニョウ 動物の小便。▽—意。—素。 尿・尿

筆順 ㇕ コ 尸 尸 尸 尸 尿

にょう〔女〕 ⇩じょ

にょうい【尿意】 小便がしたい感じ。▽—を催す。 尿意

にょうそ【尿素】 尿中の窒素化合物。 尿素

にょうぼう【女房】 ❶妻。❷昔、宮中に仕えた部屋もちの女官。対❶亭主。①wife 女房

にょかん【女官】 宮中に仕える女性。じょかん。 女官

にょごがしま【女護が島】 女性だけが住む想像上の島。 女護島

にょじつ【如実】 実際のままであること。▽人口の減少を—に表す統計。注×じょじつ。 如実

にょしょう【女性】 おんな。じょせい。 女性

にょたい【女体】 女性の体。 女体

にょにん【女人】 おんな。女性。woman 女人

にょらい【如来】 仏の尊称。▽釈迦(しゃか)—。 如来

にら〔韮〕 12 キュウ・にら 野菜の、にら。▽辣—(らっきょう)。(韭) 韮・韮

にらみあう【睨み合う】 ❶互いににらむ。❷敵意をもちあう。 睨み合

にらみあわせる【睨み合わせる】 じっくり見くらべて考える。 睨み合

にらむ【睨む】 ❶こわい目でじっと見る。❷監視する。❸見当をつける。 睨む

にりつはいはん【二律背反】 二つの正しいと思われることが、互いに矛盾・対立して両立しないこと。antinomy 二律背反

にりゅう【二流】 質や程度が少しおとること。類Bクラス。second-rate 二流

にる【似る】 同じように見える。resemble 似る

にる【煮る】 液体と一緒に熱を通す。boil ▼—ても焼いても食えない 手に負えない。どうしようもない。 煮る

にれ【楡】 落葉高木の一。北の地方に生える。材は家具・建築用。エルム。elm 楡

にろくじちゅう【二六時中】 一日じゅう。終日。いつも。四六時中。 二六時

にわ【庭】 ❶敷地内の空地。❷物事を行う所。▽学びの—。①garden 庭

にわいし【庭石】 庭に置く石。 庭石

にわか【俄】❶突然。❷すぐ。 俄

にわかあめ【俄雨】急に降り出す雨。shower 俄雨

にわき【庭木】庭に植えてある木。 庭木

にわし【庭師】庭を造ったり、手入れをしたりする職業。造園家。gardener 庭師

にわとこ【接骨木】〈庭常〉落葉低木の一。春、白色の小花をつける。 接骨木

にわとり【鶏】肉や卵を食用にするために飼われる鳥。hen(雌), cock(雄) 鶏

にん【任】常6 ニン・まかせる・まかす ❶つとめ。役目。▽―務。❷役目をあたえる。▽選―。❸まかす。▽委―。

筆順 ノ イ 仁 仟 任 任・任

にん【妊】常7 ニン みごもる。▽―娠。―婦。懐―。

筆順 く 女 女 女' 奸 妊 妊・妊

にん【忍】常7 ニン・しのぶ・しのばせる ❶こらえる。▽―従。―耐。❷むごい。▽残―。❸しのび。▽―者。―術。(忍)

筆順 フ 刀 刃 刃 忍 忍 忍・忍

にん【認】常14 ニン・みとめる ❶見て判断する。みとめる。▽―識。―知。確―。❷許可する。▽―定。―可。公―。(認)

筆順 二 言 言 訒 訒 訒 認 認 認・認

にん【人】⇩じん

にん【任】❶役目。❷任期。▽―満ちて帰国する。 任

にんい【任意】その人の意思に任せること。類随意。option 任意

にんか【認可】国などがおおやけに認めること。認許。approval 認可

にんかん【任官】官職に任命されること。対退官。appointment 任官

にんき【人気】❶世間の評判。①popularity ❷⇩じんき。 人気

にんき【任期】その職務にある期間。 任期

にんきょ【認許】認可。 認許

にんぎょ【人魚】上半身が女性、下半身が魚の想像上の動物。mermaid 人魚

にんきょう【任侠】〈仁侠〉おとこぎ。 任侠

にんぎょう【人形】❶人の形のおもちゃ。❷他人に操られる人。①doll ▽財界に操られる―。 人形

にんく【忍苦】苦しみをじっと我慢すること。endurance 忍苦

にんげん【人間】❶ひと。人類。❷人柄。人物。①human being▼―到(いた)る処青山(せいざん)あり ⇩人間(じんかん)到る処青山あり。 人間

にんげんこくほう【人間国宝】重要無形文化財保持者。 国宝

にんげんわざ【人間業】人間の力でできること。 人間業

にんさんばけしち【人三化七】非常に容貌(ようぼう)の醜い人。 人三

にんさんぷ【妊産婦】妊婦と産婦。 妊産婦

にんしき【認識】よく理解し、判断すること。また、そうして得られた知識・内容。▽―不足。understanding 認識

にんじゃ【忍者】忍術を使う人。 忍者

にんじゅう【忍従】じっとがまんして、たえしのぶこと。がまんして服従すること。▽―の日々。endurance 忍従

にんじゅつ【忍術】忍びの術。 忍術

にんしょう【認証】文書や行為が正当であることを公に証明すること。 認証

にんじょう【人情】人間が本来もっている感情。思いやり・やさしさなど。human nature 人情

にんじょう【刃傷】刃物で人を傷つけること。▽―沙汰(ざた)。 刃傷

にんじょうばなし【人情話】〈人情噺・人情咄〉人情をテーマにした落語。 人情話

にんじる【任じる】❶仕事や役目につかせる。❷自任する。▽天才をもって―。 任じる

にんしん【妊娠】胎児をやどすこと。類受胎。pregnancy 妊娠

にんじん【人参】野菜の一。赤黄色で細長い根は食用。carrot 人参

にんずう【人数】❶人の数。❷大ぜい。 人数

にんそう【人相】❶顔つき。顔かたち。▽―書き。❷顔つきで判断する運勢。▽―を見る。①looks 人相

にんそく【人足】力仕事をする労働者。今は使わない語。 人足

にんたい【忍耐】じっと我慢すること。patience 忍耐

に

にんち【任地】任務につく土地。 任地

にんち【認知】❶はっきり認めること。❷婚姻外で生まれた子を自分の子であると認めること。①recognition 認知

にんちしょう【認知症】痴呆症(ちほうしょう)をあらためた語。現在の状態や出来事の記憶がなくなるなど、日常生活が困難になる症状。 認知症

にんてい【人体】人の姿・ようす。 人体

にんてい【認定】審査して、事実・資格などを認めること。certification 認定

にんにく【大蒜】ユリ科の多年草。強いにおいがある。地下の鱗茎(りんけい)は食用・強壮剤。garlic 大蒜

にんぴ【認否】認めるか認めないか。▽罪状―。 認否

にんぴにん【人非人】人でなし。brute 人非人

にんぷ【人夫】力仕事をする労働者。今は使わない語。 人夫

にんぷ【妊婦】妊娠している女性。pregnant woman 妊婦

にんむ【任務】その人に責任があるつとめ。役目。類責務。duty 任務

にんめい【任命】ある職・地位につくように命令すること。appointment 任命

にんめん【任免】任命と免職。▽―権。 任免

にんめんじゅうしん【人面獣心】⇩じんめんじゅうしん。 人面

にんよう【任用】人を職務につけて用いること。employment 任用

にんよう【認容】容認。 認容

ぬ ヌ

ぬいぐるみ【縫い包み】❶綿などをつめてぬい合わせた動物などのおもちゃ。❷芝居などで着る❶に似た衣装。 縫包み

ぬいしろ【縫い代】布をぬい合わせるとき、ぬい込みになる部分。 縫い代

ぬいとり【縫い取り】刺繡(ししゅう)。embroidery 縫取り

ぬいもの【縫い物】裁縫。sewing 縫い物

ぬう【縫う】❶針と糸でつづる。❷間をすりぬける。▽人ごみを―って歩く。 縫う

ヌードル【noodle】洋風のめん類。

ぬえ【鵺】(鵼)❶頭は猿、胴はたぬき、手足は虎、尾は蛇に似るという伝説上の動物。❷得体(えたい)の知れない人。 鵺

ぬか【糠】❶玄米を精白するときに出る粉。❷はかない。▽―喜び。❸細かい。▽―雨。▼―に釘(くぎ) 手ごたえのないこと。 糠

ぬかあめ【糠雨】小糠雨(こぬかあめ)。 糠雨

ぬかす【抜かす】間をとばす。skip 抜かす

ぬかずく【額突く】頭を地につけて拝む。ぬかづく。 額突く

ぬかどこ【糠床】糠漬(ぬかづ)けを漬けるために、糠味噌(ぬかみそ)を桶(おけ)などに入れたもの。 糠床

ぬかみそ【糠味噌】野菜を漬ける米ぬかに食塩を混ぜたもの。 糠味噌

ぬかみそくさい【糠味噌臭い】所帯じみている。 臭い

ぬかよろこび【糠喜び】あてが外れて、一時の喜びに終わること。 糠喜び

ぬかり【抜かり】手抜かり。手落ち。 抜かり

ぬかるみ【泥濘】道の土がゆるんでいる所。mud 泥濘

ぬきあし【抜き足】音を立てずに、そっと足を上げて歩くこと。▽―差し足忍び足。 抜き足

ぬきうち【抜き打ち】❶刀を抜くと同時に切りつけること。❷予告なしに突然行うこと。 抜打ち

ぬきえもん【抜き衣紋】着物の後ろ襟を引き下げ、襟足(えりあし)が大きくでるように着ること。 抜衣紋

ぬきがき【抜き書き】必要な部分だけ書くこと・書いた物。類抜粋。extract 抜き書

ぬきさし【抜き差し】ぬき取ったり差し込んだりすること。▼―ならない 身動きがとれない。のっぴきならない。 抜き差

ぬきだす【抜き出す】❶引きぬいて出す。❷選び出す。②pick out 抜き出

ぬきて【抜き手】日本古来の泳法の一。 抜き手

ぬきみ【抜き身】抜き放った刀。 抜き身

ぬきんでる【抜きんでる】〈抽んでる〉とびぬけてすぐれる。▽衆に—でた実力。excel　抜きん

ぬく【抜く】❶引いて取る。❷省く。❸除き去る。❹貫く。❺追いこす。❻最後まで…する。▽悩み—。①draw　抜く

ぬぐ【脱ぐ】身につけているものを取り去る。対着る。take off　脱ぐ

ぬくい【温い】あたたかい。warm　温い

ぬぐう【拭う】❶ふき取る。❷消す。とりのぞく。①wipe　拭う

ぬくまる【温まる】あたたまる。　温まる

ぬくもり【温もり】あたたかさ。ぬくみ。▽—のある判決。warmth　温もり

ぬけあな【抜け穴】❶通りぬけられる穴。❷ひそかに逃げだす通路。❸うまくのがれる手段。②secret passage ③loophole　抜け穴

ぬけがけ【抜け駆け】他を出し抜くこと。forestalling **▼—の功名**(こうみょう) 他を出し抜いて立てた手柄。　抜駆け

ぬけがら【抜け殻】❶脱皮したあとの殻。❷気力をなくしてぼんやりしている人のたとえ。①shell　抜け殻

ぬけでる【抜け出る】❶ぬけだす。❷ぬきんでる。　抜け出る

ぬけみち【抜け道】抜け穴❷❸。byway　抜け道

ぬけめ【抜け目】不注意な点。**▼—がない** うまく立ちまわるようす。　抜け目

ぬける【抜ける】❶取れてなくなる。❷離れ出る。❸通りすぎる。❹知恵が不足する。①come out　抜ける

ぬげる【脱げる】身につけていたものが取れて離れる。slip off　脱げる

ぬさ【幣】幣帛(へいはく)。御幣(ごへい)。　幣

ぬし【主】❶あるじ。主人。❷沼・森などにすむ霊的な動物。▽池の—。❸張本人。▽投書の—。❹持ち主。❺「あなた」の古い言い方。　主

ぬすっと【盗人】どろぼう。ぬすびと。thief **▼—猛猛**(たけだけ)**しい** 悪事をとがめられても、ずうずうしく平気でいる。**▼—にも三分**(さんぶ)**の理** その気になれば、どんな無理な理屈でもつく。**▼—を捕**(と)**らえて見れば我**(わ)**が子なり** 不正の当事者が身内で、処置に困ることのたとえ。また、身近な者でも油断できないことのたとえ。　盗人

ぬすびと【盗人】⇩ぬすっと。　盗人

ぬすみぎき【盗み聞き】こっそりと聞くこと。類立ち聞き。　盗聞き

ぬすむ【盗む】❶こっそり人の物をとる。❷こっそり物事をする。❸やりくりする。▽ひまを—。①steal　盗む

ぬの【布】織物の総称。cloth　布

ぬのじ【布地】生地。織物。　布地

ぬま【沼】水深が浅くて泥深い池。　沼

ぬめり【滑り】粘液などで、ぬるぬるすること。また、その粘液。　滑り

ぬりもの【塗り物】漆器(しっき)。　塗り物

ぬる【塗る】塗料などをなすりつける。paint　塗る

ぬるい【温い】❶なまあたたかい。❷厳しくない。てぬるい。▽処分が—。　温い

ぬるまゆ【微温湯】ぬるい湯。びおんとう。lukewarm water　微温湯

ぬるむ【温む】ややあたたかくなる。▽水—季節となりました。　温む

ぬれえん【濡れ縁】雨戸の外の縁側。　濡れ縁

ぬれぎぬ【濡れ衣】無実の罪。false charge **▼—を着せられる** 無実の罪を負わされる。　濡れ衣

ぬれごと【濡れ事】芝居で演じられる情事。また、その演技。　濡れ事

ぬれて【濡れ手】水にぬれた手。**▼—で粟**(あわ) 苦労せずに利益を得ること。　濡れ手

ぬれねずみ【濡れ鼠】衣服を着たまま、びしょぬれになること。ずぶぬれ。　濡れ鼠

ぬれば【濡れ場】情事の場面。ラブシーン。　濡れ場

ぬればいろ【濡れ羽色】黒くてつやのある色。▽髪は烏(からす)の—。　濡れ羽色

ぬれる〔濡〕人17 **ジュ・ぬれる** 水分がかかる。▽—れ手。　濡・濡

筆順
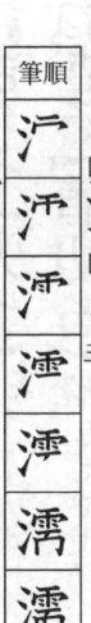

ぬれる【濡れる】液体がかかる。また、液体でしめる。　濡れる

〈ね　ネ〉

ね〔禰〕人19**〔祢〕**人9 **ネ・デイ**「禰宜(ねぎ)」で神職の一。

筆順 禰

ね【子】十二支の一番目。動物でねずみ。昔、時刻で午前〇時ごろ。方角で北。

ね【音】❶おと。▽鐘の―。❷虫・小鳥などの鳴き声。①sound ▼**―を上げる** 弱音をはく。降参する。

ね【値】あたい。値段。price

ね【根】❶植物の、地中にあり水や養分を吸収する部分。❷もとの部分。ねもと。❸本来の性質。▽―は正直者。❹物事のおもと。▽悪の―をたつ。①②root ▼**―に持つ** 恨みをいつまでも忘れない。▼**―も葉もない** 何の根拠もない。

ねあげ【値上げ】値を高くすること。㊟値下げ。price increase

ねあせ【寝汗】睡眠中に出る汗。しんかん。盗汗(とうかん)。night sweat

ねい〘寧〙常14 **ネイ** ❶安らか。▽―日。安―。❷むしろ。(寧)

筆順 寧

ねいき【寝息】睡眠中の呼吸(音)。

ねいじつ【寧日】平穏な日。▽折衝に―ない日々。

ネイティブ【native】❶生まれながらの。❷ネイティブスピーカーの略。その言語を母語とする人。

ねいりばな【寝入り端】寝入って間もないとき。寝端。

ねいる【寝入る】❶眠りにつく。❷熟睡する。①fall asleep

ねいろ【音色】その音の独特の感じ。おんしょく。▽澄んだ―。tone

ねうち【値打ち】❶そのものが持つ価値。▽やってみるだけの―はある。❷値段。価格。①value

ねえさん【姉さん】❶姉の尊敬語。❷若い女性を呼ぶ語。❸〈姐さん〉客が店の女性を呼ぶ語。

ネーチャー【nature】❶自然。❷本性。性質。

ネームバリュー 知名度。和製語。fame

ねおき【寝起き】❶日常の生活。❷目覚めて起きたとき。▽―が悪い。

ねおし【寝押し】ズボンなどをふとんの下に敷いて、折り目をつけること。

ネガ 写真の陰画。negativeから。㊟ポジ。

ねがいさげ【願い下げ】❶願い出たことを取り下げること。❷依頼を断ること。

ねがう【願う】❶望み求める。頼む。❷神仏に願(がん)をかける。❸役所などに申請する。①hope, desire ▼**―ってもない** 思いがけず望み通りになり、うれしい。

ねがえり【寝返り】❶寝たままで体の向きをかえること。❷裏切り。

ねがお【寝顔】眠っているときの顔。

ねかす【寝かす】❶眠らせる。❷横にする。❸使わず手元におく。▽資金を―。❹こうじ・納豆などを発酵させる。②lay

ネガティブ【negative】㊟❶ポジティブ。❶否定的。消極的。❷ネガ。

ねがわくは【願わくは】願うことには。できることならどうか。願わくば。

ねぎ〘葱〙12 **ソウ・ねぎ** 野菜の、ねぎ。▽玉―。長―。

ねぎ【禰宜】❶神職。❷宮司・権(ごん)宮司に次ぐ神職。

ねぎらう【労う】苦労に感謝していたわる。▽労を―。

ねぎる【値切る】値引きさせる。

ねぐせ【寝癖】❶寝ていてついた頭髪のくせ。❷睡眠中に体を動かすくせ。❸寝つくときのくせ。

ねくび【寝首】寝ている人の首。▼**―を掻(か)く** ❶睡眠中を襲って殺す。❷相手を油断させておとしいれる。

ねぐら【塒】❶鳥の寝る所。とや。❷人の寝る場所。①roost

ねぐるしい【寝苦しい】なかなか寝つかれない。

ネグレクト【neglect】❶無視。❷児童虐待の一。保護の怠慢・拒否。

ねこ〘猫〙⇩びょう

ねこ【猫】動物の一。cat ▼**―に鰹節**(かつおぶし) 好物がそばにあり、あやまちが起こりやすい状況のたとえ。▼**―に小判** 価値を知らない人にはなんの役にもたたないことのたとえ。▼**―の手も借りたい** 人手不足で非常に忙しいことのたとえ。▼**―の額**(ひたい) 非常に狭い場所のたとえ。▼**―の目** 非常に変わりやすいことのたとえ。▼**―も杓子**(しゃくし)**も** だれもかれも。

ねこかぶり【猫被り】本性を隠しておとなしくみせかけること。また、そういう人。ねこっかぶり。

ねこかわいがり【猫可愛がり】 やたらにかわいがること。 猫可愛

ねこぐるま【猫車】 土砂などを運ぶ手押しの一輪車。

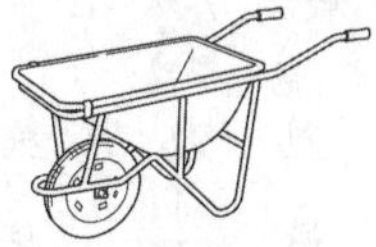
猫 車

ねごこち【寝心地】 寝たときの気分。

ねこじた【猫舌】 熱いものが飲食できない舌(の人)。

ねこぜ【猫背】 首が前に出て背中が丸まっていること。stoop

ねこそぎ【根刮ぎ】 ❶根ごと全部抜き取ること。ねこぎ。❷少しも残さず。▽財産を―持っていかれた。

ねごと【寝言】 ❶睡眠中に無意識にしゃべることば。❷たわごと。 寝言

ねこなでごえ【猫撫で声】 人の機嫌をとろうとする甘えた声。 猫撫声

ねこばば【猫糞】 拾得物などをだまって自分のものにすること。pocket 猫糞

ねこみ【寝込み】 熟睡中。▽―を襲う。 寝込み

ねこやなぎ【猫柳】 落葉低木の一。川辺などに生える。春先、やわらかく白い花穂をつける。かわやなぎ。 猫柳

ねごろ【値頃】 買うのに手ごろな値段。reasonable price 値頃

ねころぶ【寝転ぶ】 ごろりと横になる。lie down 寝転ぶ

ねさげ【値下げ】 値を安くすること。類値引き。対値上げ。price cutting 値下げ

ねざけ【寝酒】 寝る前に、安眠するように飲む酒。nightcap 寝酒

ねざす【根差す】 ❶根づく。❷もととなる。由来する。▽民主主義に―した教育を行う。 根差す

ねざめ【寝覚め】 眠りから覚めること。目覚め。 寝覚め

ねじ【螺子】 ❶らせん状の溝をもつ、物を締め付ける部品。❷ぜんまいを巻く装置。①screw 螺子

ねじける【拗ける】 ❶ひねくれる。❷曲がりくねる。①be perverse 拗ける

ねじこむ【捩じ込む】 ❶ねじって中へ入れる。❷無理に押し入れる。❸押し掛けて文句を言う。①screw in 捩じ込

ねじめ【音締め】 三味線などの糸を巻き締めて調子を整えること。また、調律された美しくさえた音。 音締め

ねじる【捩じる】 〈捻じる〉❶両端を互いに逆の方向に回す。❷回す。ひねる。①②twist 捩じる

ねじれる【捩じれる】 〈捻じれる〉❶ひねられて曲がる。❷ひねくれる。①be twisted 捩じれる

ねじろ【根城】 ❶本拠とする城。❷仕事・行動の根拠地。①stronghold 根城

ねずみ〚鼠〛 13 **ソ・ショ・ねずみ** ❶動物の、ねずみ。▽窮―(きゅうそ)。❷つまらない者。 鼠・鼡

ねずみ【鼠】 ❶動物の一。❷ねずみ色。①mouse, rat 鼠

ねずみざん【鼠算】 ふえ方が急激であることのたとえ。 鼠算

ねぞう【寝相】 眠っているときのかっこう。寝姿。sleeping posture 寝相

ねそびれる【寝そびれる】 眠りそこなう。 寝そびれ

ねそべる【寝そべる】 腹ばいになったりして、体を伸ばして寝る。 寝そべる

ねた ❶話や文章の材料。❷手品の仕掛け。❸証拠。❹情報。①stuff ④info

ねだ【根太】 床板を受けるために床下に渡した横材。floor joist 根太

ねたましい【妬ましい】 うらやましく、にくらしい。jealous 妬ましい

ねたむ【妬む】 〈嫉む〉うらやみ憎む。嫉妬(しっと)する。▽友人の成功を―。類妬(や)く。envy 妬む

ねだやし【根絶やし】 ❶植物を根までぬき取ること。❷根絶。▽悪を―にする。②eradication 根絶や

ねだる【強請る】 甘えて求める。せがむ。wheedle 強請る

ねだん【値段】 商品のあたい。price 値段

ねつ〚熱〛 常15 **ネツ・あつい** ❶あつさ。▽発―。❷温度が高い。▽―帯。❸夢中。▽―中。 熱・熱

筆順
土
夫
坴
刲
埶
埶
埶
熱

ねつ【熱】 ❶物の温度を高める力。❷ふつうより高い体温。❸熱意。①heat ②fever ▼―に浮(う)かされる 夢中になる。▼―を上げる 熱中する。 熱

ねつあい【熱愛】 熱烈に愛すること。passionate love 熱愛

ねつい【熱意】 強い意気込み。enthusiasm 熱意

ねつえん【熱演】 熱心に演じること。impassioned performance 熱演

ねっから【根っから】 ❶生まれながら。▽―の芸人。❷ 根っから

まったく。①by nature

ねっき【熱気】❶熱い空気。❷高い体温。熱のほてり。ねつけ。❸興奮した意気込み。▽応援に—がこもる。③feverish excitement　熱気

ねっきょう【熱狂】興奮して夢中になること。▽演奏に—する。—的なファン。being crazy　熱狂

ねつく【寝付く】❶眠りにはいる。❷病気になって床につく。　寝付く

ねづく【根付く】❶移植した草木が根を張って育つ。❷物事が定着する。▽市民運動が—。①take root　根付く

ねっけつ【熱血】血がわき立つような激しく盛んな意気。hot blood　熱血

ねっけつかん【熱血漢】情熱的で正義感の強い男性。　熱血漢

ねつげん【熱源】熱を供給するもと。heat source　熱源

ねっさ【熱砂】日に焼けた熱い砂。　熱砂

ねっしょう【熱唱】情熱をかたむけて歌うこと。▽アリアを—する。　熱唱

ねつじょう【熱情】熱烈な気持ち。passion　熱情

ねっしん【熱心】深く心を傾けること。eager　熱心

ねっする【熱する】❶熱くする。熱くなる。❷夢中になる。▽議論に—あまり。①heat　熱する

ねっせん【熱戦】熱のこもった試合や勝負。熱闘。類激戦。hot battle　熱戦

ねっせん【熱線】赤外線。　熱線

ねつぞう【捏造】でっちあげること。でつぞう。fabrication　捏造

ねったい【熱帯】赤道を中心に南・北緯それぞれ二三度二七分以内の地帯。the tropics　熱帯

ねっちゅう【熱中】夢中になること。▽サッカーに—する。enthusiasm　熱中

ねっちゅうしょう【熱中症】体外への熱放散が困難になって起こる体の不調。　熱中症

ねつっぽい【熱っぽい】❶熱がある感じがする。❷情熱的だ。▽—く語る。　熱っぽい

ネット【net】❶網。❷球技で、コートを仕切る網。❸インターネットのこと。

ネット【net】正味。▽—一キログラム。

ねっとう【熱湯】煮えたぎった湯。　熱湯

ネット サーフィン【net surfing】インターネット上の情報をあちこち見ること。

ねっぱ【熱波】暑い気団のため異常に暑くなる現象。対寒波。heat wave　熱波

ねつびょう【熱病】高熱を伴う病気の総称。マラリア・チフスなど。fever　熱病

ねっぷう【熱風】高温の風。hot wind　熱風

ねつべん【熱弁】熱のこもった話しぶり。▽—をふるう。fervent speech　熱弁

ねつぼう【熱望】強く希望すること。fervent request　熱望

ねづよい【根強い】もとがしっかりしていて変化しにくい。　根強い

ねつりょう【熱量】熱エネルギーの量。単位はジュール・カロリー。　熱量

ねつるい【熱涙】非常に感激して流す涙。類感涙。hot tears　熱涙

ねつれつ【熱烈】感情が高ぶって激しいこと。ardent　熱烈

ねつろん【熱論】熱心な議論。heated discussion　熱論

ねどこ【寝床】寝るための床。bed　寝床

ねとまり【寝泊まり】ある期間、そこに泊まること。lodging　寝泊り

ねとる【寝取る】他人の配偶者や愛人と情を通じる。　寝取る

ねなしぐさ【根無し草】❶浮き草。❷根の落ち着く所のない人や物事。　根無し

ねはば【値幅】高値と安値の差。price range　値幅

ねばりづよい【粘り強い】❶ねばりが非常に強い。❷根気強い。②tenacious　粘り強

ねばる【粘る】❶柔らかで、よくくっつく。❷根気よく続ける。▽最後まで—。①sticky　粘る

ねはん【涅槃】❶迷いを超越した悟りの境地。❷釈迦(しゃか)の死。　涅槃

ねびえ【寝冷え】睡眠中に体が冷えて、下痢・風邪(かぜ)などにかかること。　寝冷え

ねびき【値引き】定価より安くすること。discount　値引き

ねぶか【根深】「長ねぎ」の別称。　根深

ねぶかい【根深い】原因が深いところにある。deep-rooted　根深い

ねふだ【値札】 商品の値段を書いたふだ。price tag　値札

ねぶと【根太】 背・ももなどにできるはれもの。boil　根太

ねぶみ【値踏み】 おおよその値段を見積もること。値づもり。appraisal　値踏み

ねぶる【舐る】 しゃぶる。lick　舐る

ねぼう【寝坊】 朝遅くまで寝ていること・人。oversleeping　寝坊

ねぼける【寝惚ける】 ❶目が覚めきらず、ぼんやりしている。❷眠ったまま変な言動をする。　寝惚け

ねほりはほり【根掘り葉掘り】 何もかも細かに。▽—聞き出す。inquisitively　根掘り

ねま【寝間】 寝るための部屋。寝室。bedroom　寝間

ねまき【寝巻き】 〈寝間着〉寝るときに着る衣服。nightwear　寝巻き

ねまちづき【寝待ち月】 陰暦一九日の夜の月。寝待ちの月。臥待(ふしま)ちの月。　寝待月

ねまわし【根回し】 ❶大木を移植する準備に、前もって根の一部を切ること。❷準備工作。▽会議の—をする。　根回し

ねみみ【寝耳】 ❶寝ているときの耳。❷睡眠中、夢うつつに聞くこと。▼—に水 突然の出来事に驚くこと。　寝耳

ねむい【眠い】 〈睡い〉眠りたい状態だ。ねむたい。sleepy　眠い

ねむけ【眠け】 眠い気分。sleepiness　眠け

ねむたい【眠たい】 眠い。sleepy　眠たい

ねむのき【合歓木】 落葉高木の一。葉は夜になると閉じる。ごうかんぼく。ねむ。silk tree　合歓木

ねむる【眠る】 ❶目を閉じ、意識がなくなる状態になる。❷死ぬ。❸活用されないままである。▽地下に—資源。①sleep　眠る

ねめつける【睨め付ける】 にらみつける。glare at　睨め付

ねもと【根元】 ❶草木の根のところ。❷物事の基本。根本。①root　根元

ねものがたり【寝物語】 夜、寝ながら話をすること・話。　寝物語

ねや【閨】 寝室。寝間(ねま)。bedroom　閨

ねゆき【根雪】 春までとけない積雪。　根雪

ねらう【狙う】 ❶目標に命中させようと構える。❷手に入れようと目ざす。▽優勝を—。❸機会をうかがう。①aim ②seek　狙う

ねりいと【練り糸】 生糸を精練して白くつやを出した絹糸。㊣生糸(きいと)。　練り糸

ねりぎぬ【練り絹】 練り糸で織った絹織物。glossed silk　練り絹

ねりもの【練り物】 ❶〈煉り物〉練り固めて作った物。❷祭礼で、練り歩く行列や山車(だし)の類。①paste　練り物

ねる【寝る】 ❶横になる。❷眠る。❸病床につく。❹使われず置かれている。①lie down ▼**—た子を起こす** おさまっている問題をわざととりあげて波風をたてる。　寝る

ねる【練る】 ❶〈煉る〉こね混ぜて粘りを出す。❷文章・計画などを念入りに直す。▽構想を—。❸技芸などをきたえる。▽剣のわざを—。❹列を作ってゆっくり歩く。　練る

ねわざ【寝技】 〈寝業〉❶柔道などで、倒れた姿勢で行うわざ。❷裏工作。　寝技

ねん〔年〕 常6 **ネン・とし** ❶一二か月間。▽—間。❷とし。▽—齢。❸時代。▽—代。
筆順 ノ 𠂉 𠂉 𠂉 𠂉 年　年・年

ねん〔念〕 常8 **ネン** ❶思う。思い。▽残—。信—。❷深く思う。▽専—。❸注意する。▽入—。
筆順 ノ 人 亽 今 今 念 念 念　念・念

ねん〔捻〕 常11 **ネン** ひねる。ねじる。▽—挫(ねんざ)。—出。
筆順 扌 扌 扲 拎 拎 捻 捻 捻　捻・捻

ねん〔粘〕 常11 **ネン・ねばる** ❶ねばねばする。ねばる。▽—土。—着。❷根気強い。▽—り腰。
筆順 丷 䒑 半 米 料 粘 粘 粘　粘・粘

ねん〔稔〕 人13 **ネン・ジン・みのる** 穀物がよくみのる。▽豊—(ほうじん)。
筆順 二 千 禾 秂 秂 稔 稔 稔　稔・稔

ねん〔撚〕 15 **ネン・よる** 指先でよりあわせる。▽—糸(ねんし)。　撚・撚

ねん〔燃〕 常16 **ネン・もえる・もやす・もす** もえる。もやす。▽—焼。—料。
筆順 火 火 炒 炒 炒 燃 燃 燃　燃・燃

ねん〔然〕 ⇩ぜん

ね

ねん【年】❶一年。とし。❷年（数）を数える語。　年

ねん【念】❶思い。考え。▽感謝の—。❷よく気をつけること。❸前からの望み。▼**—を押す** さらに重ねて確かめる。　念

ねんいり【念入り】細部まで注意するようす。入念。careful　念入り

ねんえき【粘液】ねばりけのある液体。viscous liquid　粘液

ねんが【年賀】新年の祝賀。　年賀

ねんがく【年額】収入・支出・生産高などの、一年間の総計。annual sum　年額

ねんがじょう【年賀状】年賀のはがきや手紙。年始状。賀状。　年賀状

ねんがっぴ【年月日】年と月と日。date　年月日

ねんかん【年刊】出版物を一年に一回刊行すること。yearly　年刊

ねんかん【年間】❶一年間。❷ある年号の時代。▽慶応—。①annual　年間

ねんかん【年鑑】一年間の事柄・統計などを編集した、年刊の本。yearbook　年鑑

ねんがん【念願】いつも気にかけて願うこと。また、その願い。▽—がかなう。類宿願。dream　念願

ねんき【年忌】毎年めぐってくるその人の死亡月日。回忌。　年忌

ねんき【年季】❶奉公人を雇うのに決めた年限。❷「年季奉公」の略。▼**—が入**（はい）**る** 長年経験を積んでいる。　年季

ねんきぼうこう【年季奉公】年季を定めた奉公。　奉公

ねんきゅう【年給】一年間いくらと定めた給料。年俸。annual salary　年給

ねんきん【年金】国民年金・厚生年金など毎年定期に支払われる定額の金。pension　年金

ねんぐ【年貢】❶昔、毎年領主が領民から取り立てた税。❷小作料。▼**—の納め時** ❶悪事を重ねた者が捕らえられる時。❷観念すべき時。　年貢

ねんげつ【年月】としつき。　年月

ねんげん【年限】一年を単位として定めた期限。▽義務教育—。term　年限

ねんこう【年功】❶多年勤務した功労。❷長年の修練で得た技術。　年功

ねんごう【年号】年につける称号。令和・平成・昭和など。元号。　年号

ねんこうじょれつ【年功序列】年齢や勤続年数によって地位や給料が決まる制度。　序列

ねんごろ【懇ろ】❶親切でていねいなようす。▽—にとむらう。❷親しみ合うようす。▽—な間柄。①kind　懇ろ

ねんざ【捻挫】関節をねじっていためること。sprain　捻挫

ねんさん【年産】一年間の生産高・産出高。▽—一〇万トン。annual output　年産

ねんし【年始】❶年始め。❷新年の祝賀。　年始

ねんじ【年次】❶年ごと。▽—計画。❷年の順序。▽卒業—。①annual　年次

ねんしき【年式】機械や自動車・電車などの製造年による型式。　年式

ねんじゅ【念珠】数珠（じゅず）。　念珠

ねんしゅう【年収】一年間の収入額。annual income　年収

ねんじゅう【年中】❶一年じゅう。❷始終。いつも。always　年中

ねんしゅつ【捻出】やりくりして何とか費用などをつくること。類工面（くめん）。　捻出

ねんしょ【年初】年の初め。年頭。　年初

ねんしょ【念書】後日の証拠にするため書き残す文書。memorandum　念書

ねんしょう【年少】年齢が若いこと。類若年。対年長。youth　年少

ねんしょう【年商】一年間の売上高。　年商

ねんしょう【燃焼】燃えること。combustion　燃焼

ねんじる【念じる】❶強く願う。▽無事を—。❷心の中で仏の名などを唱える。　念じる

ねんせい【粘性】ねばる性質。　粘性

ねんだい【年代】❶経過した歴史上の時代。❷時の流れを区切った、ある程度長い期間。❸世代。①era　年代

ねんだいもの【年代物】年代を経た価値あるもの。　年代物

ねんちゃく【粘着】ねばりつくこと。adhesion　粘着

ねんちゅうぎょうじ【年中行事】毎年決まった時期に行われる行事。 行事

ねんちょう【年長】年齢が上であること。図年少。seniority 年長

ねんど【年度】事務や会計の便宜上区分した一年の期間。 年度

ねんど【粘土】非常に粒子が細かく、ねばりけのある土。clay 粘土

ねんとう【年頭】年の初め。年始。▽―の所感。 年頭

ねんとう【念頭】心。考え。▽損得は―にない。mind ▼―に置く 心にかける。 念頭

ねんない【年内】その年のうち。 年内

ねんねん【年年】毎年。every year 年年

ねんねんさいさい【年年歳歳】毎年毎年。▽―花相似たり。 歳歳

ねんぱい【年配】〈年輩〉❶大体の年齢。▽五十―の男性。❷中年。▽―の紳士。②middle age 年配

ねんぴ【燃費】燃料消費率。特に、自動車が一リットルのガソリンで走ることのできるキロ数。 燃費

ねんぴゃくねんじゅう【年百年中】いつも。しょっちゅう。 年百

ねんぴょう【年表】出来事を年代順に記した表。chronological table 年表

ねんぷ【年賦】年単位で分割払いすること・方法。yearly installment 年賦

ねんぷ【年譜】経歴などを年月順に記したもの。chronological history 年譜

ねんぶつ【念仏】仏の名を唱えること。また、その文句。 念仏

ねんぽう【年俸】年給。 年俸

ねんぽう【年報】事業などに関する、一年間の報告書。annual report 年報

ねんまく【粘膜】鼻・胃などの器官の内面をおおう、粘液で湿った柔らかい膜。mucous membrane 粘膜

ねんまつ【年末】一年の終わりのころ。年の暮れ。歳末。 年末

ねんらい【年来】数年来。長年。▽―の友人。 年来

ねんり【年利】一年いくらと定めた利率・利息。annual interest 年利

ねんりき【念力】思いをこめることによって、わいてくる力。psychokinesis ▼―岩をも通す 一心に行えば何事もできるというたとえ。 念力

ねんりょう【燃料】熱・光・動力などを得るために燃やす材料。石油・石炭・ガスなど。fuel 燃料

ねんりん【年輪】❶樹木の断面に見える、同心の輪。❷年とともに重なる経験。①annual ring 年輪

ねんれい【年齢】生まれてからの年数。age 年齢

の ノ

の〔乃〕人 2 ダイ・ナイ・すなわち・なんじ・の ❶おまえ。▽―公(だいこう)。❷の。助詞の一。
筆順 ノ 乃
乃・乃

の〔迺〕9 ダイ・の・すなわち の。助詞の一。「曾我迺家」などに使う。(迺) 迺・迺

の【野】❶野原。❷田畑。❸野生の。▽―うさぎ。①②field 野

の【幅】布の幅を数える語。 幅

のう〔悩〕常10 ノウ・なやむ・なやます 心を乱す。迷う。なやみ・迷い。▽苦―。(惱)
筆順 忄 忄 忄 忄 㤁 悩 悩
悩・悩

のう〔納〕常10 ノウ・ナッ・ナ・ナン・トウ・おさめる・おさまる ❶しまう。▽―骨。収―。❷おさめる。▽―入。❸受け入れる。▽受―。出―(すいとう)。
筆順 ㇜ 幺 幺 糸 糸 紅 納 納
納・納

のう〔能〕常10 ノウ ❶よくできる。▽可―。❷なしうる力。▽才―。❸ききめ。▽効―。❹能楽。
筆順 ㇜ ム 亼 台 育 育 能 能
能・能

のう〔脳〕常11 ノウ ❶のうみそ。精神のはたらき。▽首―。❷頭。▽―天。❸主要なもの。▽首―。(腦)
筆順 月 月 月 月 月 脳 脳 脳
脳・脳

のう〔農〕常13 ノウ たがやして作物を作ること・人。▽―業。―民。
筆順 ⺆ 曲 曲 曲 農 農 農 農
農・農

のう〔濃〕常16 ノウ・こい 味や色・密度がこい。▽―淡。―厚。―縮。
筆順 氵 氵 氵 氵 濃 濃 濃 濃
濃・濃

のう〔膿〕17 ノウ・うみ うみ。うむ。▽―汁(のうじゅう)。化―(かのう)。 膿・膿

のう〔嚢〕18 ノウ・ふくろ ふくろ(状のもの)。▽土―(どのう)。胆―(たんのう)。(囊) 嚢・嚢

のう【能】 ❶能力。❷ききめ。❸自慢できること。❹能楽。▼—ある鷹(たか)は爪(つめ)を隠(かく)す すぐれた才能のある人はむやみにそれを見せびらかさない。

のう【脳】 ❶頭蓋骨(とうがいこつ)内の神経の中枢部分。❷思考・記憶などの働き。▽—が弱い。①②brains

のう【農】 ❶農業。❷農民。

のういっけつ【脳溢血】 脳組織内の出血。脳出血。cerebral hemorrhage

のうえん【農園】 主として園芸作物を栽培する農場。farm

のうえん【濃艶】 つやっぽく美しいようす。coquettish

のうか【農家】 農業で生活している家。farming family

のうかい【納会】 ❶その年最後に開く会。❷取引所で、月末最後の立ち会い。対❷発会(はっかい)。

のうがき【能書き】 ❶薬の効能書き。❷自己宣伝の文句。▽—をたれる。

のうがく【能楽】 歌と舞をおもな要素とする日本特有の仮面楽劇。能。

のうがく【農学】 農業に関する学問。agriculture

のうかん【納棺】 死体を棺の中におさめること。入棺。

のうかんき【農閑期】 農作業のひまな時期。

のうき【納期】 金品を納入する期日。

のうきぐ【農機具】 農耕用の機械・器具。agricultural implement

のうぎょう【農業】 作物の栽培や家畜の飼育を目的とする産業。farming

のうきん【納金】 金銭を納めること。また、その金銭。payment

のうぐ【農具】 農作業用の器具。farming tool

のうげい【農芸】 ❶農作物を作る技術。❷農業と園芸。

のうこう【農耕】 田畑を耕すこと。類耕作。cultivation

のうこう【濃厚】 ❶濃いようす。❷可能性が強いようす。▽敗色が—になる。

のうこうそく【脳梗塞】 脳の血管がつまって起こる脳の機能障害。

のうこつ【納骨】 遺骨を墓や納骨堂に納めること。

のうこん【濃紺】 濃い紺色。dark blue

のうさくぶつ【農作物】 田畑でつくられる野菜・穀物など。のうさくもつ。crop

のうさつ【悩殺】 女性がその魅力で男性を夢中にさせること。

のうさんぶつ【農産物】 農業による生産物。農業生産物。agricultural product

のうし【脳死】 脳の働きが止まった状態。死の判定基準の一。brain death

のうじ【能事】 なしとげるべき事柄。▽—終われり。

のうじ【農事】 農業の仕事。

のうじゅ【納受】 ❶受納。❷神仏が願いを聞き入れること。

のうしゅく【濃縮】 溶液の濃度を高めること。▽—果汁。concentration

のうしゅっけつ【脳出血】 脳溢血。

のうしょ【能書】 文字をじょうずに書くこと・人。能筆。対悪筆。

のうしょう【脳漿】 脳の粘液。

のうじょう【農場】 農業を行う農地と設備のある場所。類農園。farm

のうしんとう【脳震盪】 頭部を強打したときに起こる意識障害。concussion

のうずい【脳髄】 脳。脳みそ。brain

のうせい【農政】 農業に関する行政・政策。agricultural administration

のうぜい【納税】 税金を納めること。▽—者。tax payment

のうぜんかずら【凌霄花】 つる性植物の一。夏、だいだい色の花を開く。

のうそっちゅう【脳卒中】 脳の血管の急激な循環障害によって起こる病気。apoplexy

のうそん【農村】 住民の多くが農業で生活している村落。farm village

のうたん【濃淡】 味・色などの、濃いことと薄いこと。

のうち【農地】 農業に使う土地。farmland

のうちゅう【嚢中】 ❶袋の中。❷さいふの中。▽—無一物。

▼—の錐《きり》すぐれた才能は隠しても自然にあらわれることのたとえ。

のうてん【脳天】 頭のてっぺん。pate 脳天

のうてんき【脳天気】〈能天気〉のんきで、うわついていること・人。脳天気

のうど【濃度】 液体などの濃さの度合い。density 濃度

のうどう【能動】 積極的に他に働きかけること。対受動。能動

のうなし【能無し】 役に立たないこと・人。類無能。good-for-nothing 能無し

のうにゅう【納入】 金銭(や品物)をおさめ入れること。類納付。pay 納入

のうは【脳波】 脳の活動にともなって起こる脳電流。また、それを記録したもの。brain waves 脳波

のうはんき【農繁期】 農作業が忙しい時期。農繁期

のうひつ【能筆】 能書。対拙筆(せっぴつ)。能筆

のうひん【納品】 品物を納めること。また、その品物。▽—書。delivery 納品

のうふ【納付】 官公庁などに納入すること。delivery 納付

のうふ【農夫】 ❶農民。❷農家に雇われた人。①farmer ②farm worker 農夫

のうふ【農婦】 農業に従事する女性。農婦

のうべん【能弁】 話が巧みでよくしゃべること。▽—家。類達弁。対訥弁(とつべん)。eloquent 能弁

のうみそ【脳味噌】 ❶脳髄(のうずい)または脳の俗称。❷知力。知恵。①②brains 脳味噌

のうみつ【濃密】 濃くて細やかなようす。density 濃密

のうみん【農民】 農業に従事する人。農夫・農婦。農民

のうむ【濃霧】 こい霧。dense fog 濃霧

のうめん【能面】 能楽に用いる仮面。能面

のうやく【農薬】 農業で使う薬剤。▽無—野菜。agricultural chemicals 農薬

のうよう【膿瘍】 体内の組織にうみがたまる症状。膿瘍

のうり【能吏】 有能な役人。能吏

のうり【脳裏】〈脳裡〉頭の中。心の中。▽思い出が—をよぎる。one's mind 脳裏

のうりつ【能率】 一定時間内にできる仕事の量・割合。▽—給。—的。類効率。efficiency 能率

のうりょう【納涼】 涼をとること。納涼

のうりょく【能力】 物事をなしとげることのできる力。ability 能力

のうりん【農林】 農業と林業。農林

ノーハウ【know-how】〈ノウハウ〉❶技術情報。❷物事のやり方。

ノーマライゼーション【normalization】 ❶正常化。❷高齢者や障害者が他の人々とともに暮らす社会を標準とする福祉の基本理念。

ノーマル【normal】 正常。対アブノーマル。

ノーモア【no more】 二度とくりかえすな。もうごめんだ。

のがれる【逃れる】 ❶にげる。❷まぬかれる。▽難を—。①escape 逃れる

のき【軒】 屋根の下端の、建物の外側に張り出した部分。ひさし。eaves 軒

のぎ【芒】 稲・麦などの実の先についているとげ状の毛。のげ。beard 芒

のきさき【軒先】 軒の先。家の前。軒先

のきなみ【軒並み】 ❶家の並び。❷家ごと。❸どれもこれも。軒並み

のきば【軒端】 軒に近い所。軒端

のく【退く】 ❶その場から離れる。❷しりぞく。①move off 退く

のけぞる【仰け反る】 あお向けに反り返る。bend backward 仰け反る

のけもの【除け者】 仲間はずれ。除け者

のける【退ける】 ❶どかす。▽彼の分を—けておく。❷みごとにやりとげる。▽やって—。①remove 退ける

のける【除ける】 取り除く。省く。▽不良品を—。除ける

のこぎり〖鋸〗 人16 **キョ・のこぎり** のこぎり。▽—歯(きょし)。鋸・鋸

筆順 鋸

のこぎり【鋸】 木材や金属などを切断する工具。のこ。saw 鋸

のごめ〖釆〗 7 **ハン・ベン** ❶散らばる。❷部首の一。のごめ。のごめへん。釆・釆

のこらず【残らず】 全部。すべて。all 残らず

の

のこりおおい【残り多い】心残りがする。 残り多

のこりおしい【残り惜しい】❶残念である。❷名残惜しい。 残り惜

のこりが【残り香】人が去ったあとに残る、その人のにおい。 残り香

のこる【残る】❶余る。▽旅行の費用がー。❷後にとどまる。▽記憶にー。❸消えずにある。▽屋根に雪がー。❹相撲で、相手のかけた技をこらえる。❺〈遺る〉後世に伝わる。▽名がー。①be left ②remain 残る

のこんの【残んの】まだ残っている。▽ー月。remaining 残んの

のさばる わがもの顔に振る舞う。

のざらし【野晒し】❶野外で風雨にさらされること・もの。❷されこうべ。 野晒し

のし【熨斗】〈熨〉❶色紙を細長い六角形に折り、中にのしあわびを模した物を張りつけたもの。進物用。❷「のしあわび」の略。❸火のし。▼ーを付けてやる 喜んで進呈する。

熨斗❶

のしあがる【伸し上がる】地位などが急に上がる。 伸し上

のしがみ【熨斗紙】のしや水引を印刷した紙。 熨斗紙

のしぶくろ【熨斗袋】のしや水引をつけた、また、印刷した紙の袋。 熨斗袋

のしもち【伸し餅】平らにのしたもち。 伸し餅

のじゅく【野宿】野外で寝ること。 野宿

のす【伸す】❶物をのばす。❷地位・勢力などが上がる。❸遠くまで行く。❹のびて広がる。❺なぐりたおす。 伸す

のす【熨す】熱を加えて布などのしわをのばす。iron 熨す

ノスタルジア【nostalgia】郷愁。ノスタルジー。

のせる【乗せる】❶乗り物などに乗らせる。❷加入させる。▽一口ーてもらう。❸計略にかける。❹調子に合わせる。 乗せる

のせる【載せる】❶上に置く。❷荷物を積む。❸掲載する。①put on 載せる

のぞく〔覗〕12 シ・のぞく・うかがう のぞいてようすを見る。 覗・覘

のぞく【除く】❶取りのける。❷加えない。❸殺す。①remove 除く

のぞく【覗く】❶〈覘く〉すき間から見る。❷見下ろす。❸少し見る。▽古本屋をー。❹一部が見える。▽青空がー。 覗く

のそだち【野育ち】いなかで育つこと。また、しつけられず放任されて育つこと。また、その人。 野育ち

のぞましい【望ましい】そうあってほしい。desirable 望ましい

のぞみ【望み】❶願い。希望。❷よくなる見込み。▽回復のーがある。①hope ②prospects 望み

のぞむ【望む】❶そうあってほしいと思う。願う。▽平和をー。❷遠くに見る。▽遠くに山をー。①hope 望む

のぞむ【臨む】❶面する。▽海にー家。❷出会う。▽別れにーんで。❸出席する。▽会議にー。①face 臨む

使い分け「のぞむ」
望む…遠くを眺める。希望する。▽山頂から富士をー。世界の平和をー。
臨む…面する。参加する。対する。▽海にー部屋。式典にー。難局にー。

のだて【野点】野外で行う茶会。 野点

のたまう【宣う】「言う」の尊敬語。おっしゃる。say 宣う

のたれじに【野垂れ死に】行き倒れ。みじめな死に方。 野垂死

のち【後】❶あと。❷これから先。❸死後。①later ②future 後

のちぞい【後添い】後妻。 後添い

のちほど【後程】少し時間がたってから。類いずれ。対さきほど。later 後程

ノックダウン【knockdown】❶ボクシングで、相手を打ち倒すこと。❷部品をセットで輸出入して現地で組み立てる方式。

ノット【knot】〈節〉船などの速さの単位。毎時一海里（＝一八五二メートル）の速度が一ノット。

のっとる【乗っ取る】❶奪いとって支配下におく。▽会社をー。❷ハイジャックする。①take over 乗っ取る

のっとる【則る】〈法る〉基準として従う。手本とする。▽古式にー。 則る

のっぴき【退っ引き】まぬかれること。▼ーならない どうにもならない。 退っ引き

のづら【野面】野原の表面。field 野面

のてん【野天】屋根のない所。露天。 野天

のど【喉】〈咽〉❶口の奥の部分。❷歌う声。❸本のとじめの部分。①throat ▼—から手が出る ひどく欲しいことのたとえ。 喉

のどか【長閑】❶のびのびとして、おだやかなようす。❷天気がおだやかなようす。①peaceful 長閑

のどくび【喉頸】❶のどのあたり。❷急所。 喉頸

のどぶえ【喉笛】息の通り道である、のどの気管。windpipe 喉笛

のどぼとけ【喉仏】のどの甲状軟骨の突き出ている部分。Adam's apple 喉仏

のどもと【喉元】のどのあたり。throat ▼—過ぎれば熱さを忘れる 苦しみやつらいことも、過ぎ去ってしまえばすぐに忘れてしまうということ。 喉元

のねずみ【野鼠】森林・野原などにすむねずみの総称。rat 野鼠

ののしる【罵る】大声で手ひどく悪口を言う。abuse 罵る

のばす【伸ばす】❶長くする。❷まっすぐにする。また、広げる。▽手足を—。❸盛んにする。▽勢力を—。❹うち倒す。のす。①lengthen ②extend 伸ばす

のばす【延ばす】❶延期する。▽出発を—。❷長くする。長びかせる。❸薄めて量を多くする。①postpone 延ばす

のばなし【野放し】❶放し飼い。❷勝手気ままにさせておくこと。 野放し

のはら【野原】草などが生えた広い平地。野。類草原(くさはら)。field 野原

のび【野火】野焼きの火。 野火

のびのび【伸び伸び】押さえつけるものがなく、自由なようす。▽—と育つ。carefree 伸び伸

のびのび【延び延び】期日がだんだん遅れて長びくこと。▽返事が—になる。 延び延

のびやか【伸びやか】伸び伸びとしているようす。 伸びやか

のびる【伸びる】❶長くなる。❷まっすぐになる。❸とどく。❹成長する。❺弾力を失う。▽そばが—。❻体がまいってしまう。①④grow ④improve 伸びる

のびる【延びる】❶長びく。❷時期がおくれる。❸柔らかくなって広がる。 延びる

使い分け「のばす・のびる・のべる」

伸ばす・伸びる・伸べる…まっすぐする。増す。そのものが長くなる。差し出す。▽手足を伸ばす。旅先で羽を伸ばす。伸び伸びと育つ。勢力を伸ばす。輸出が伸びる。草が伸びる。救いの手を差し伸べる。

延ばす・延びる・延べる…遅らす。つながって長くなる。重複も認め合計する。広げる。▽出発を延ばす。地下鉄が郊外まで延びる。寿命が延びる。終了時間が予定より10分延びた。延べ1万人の観客。

のびる【野蒜】ユリ科の多年草。白いらっきょう形の地下茎をもつ。食用。 野蒜

のぶれば【陳者】申し上げますと。手紙用語。 陳者

のべ【延べ】❶延ばすこと。❷同じものが重複していても、それぞれを一単位として総計する数え方。②total 延べ

のべ【野辺】野原。 野辺

のべつぼ【延べ坪】延べ面積。 延べ坪

のべのおくり【野辺の送り】死者を火葬場や埋葬地まで送ること。野辺おくり。葬送。 野辺送

のべばらい【延べ払い】代金の支払いをある期間延ばすこと。 延払い

のべぼう【延べ棒】❶金属を延ばして棒状にしたもの。❷めん棒。 延べ棒

ノベライズ【novelize】テレビドラマや映画を小説化すること。

のべる【伸べる】長くする。 伸べる

のべる【延べる】❶期限をのばす。❷敷く。 延べる

のべる【述べる】〈陳べる〉❶(意見などを)語る。❷書いて表す。①state 述べる

ノベルティー【novelty】社名・商品名を刷り込んで配る、無料の広告商品。

のほうず【野放図】❶つつしみのないようす。❷際限がないようす。▽—に広がる公害。 野放図

のぼせる【上せる】❶のぼらせる。❷書いてのせる。▽記録に—。❸とり上げて出す。▽話題に—。 上せる

のぼせる【逆上せる】❶頭に血がのぼる。❷逆上する。❸夢中になる。❹思いあがる。①be dizzy 逆上せ

のぼり【幟】❶細長い布をさおにつけ、目印とした旗。❷「鯉のぼり」の略。

幟❶

のぼりざか【上り坂】❶〈登り坂〉のぼりになっている 上り坂

坂。❷だんだんよくなっていく傾向。①uphill slope

のぼる【上る】❶上の方に向かって進む。❷中央に向かって行く。❸高い地位につく。❹数量が相当の程度に達する。❺取り上げられる。①go up
上る

のぼる【昇る】高くあがる。go up, rise
昇る

のぼる【登る】高い所にあがる。climb
登る

使い分け「のぼる」
上る…上の方へ行く。▽川を―。坂を―。気温が―。話題に―。
昇る…勢いよく上に上がる。▽日が―。煙が―。天に―。
登る…しだいに進みのぼる。▽山に―。演壇に―。よじ―。

のまれる【飲まれる】❶つつみ込まれる。❷圧倒される。▽気迫に―。
飲まれる

のみ〖蚤〗10 **ソウ・のみ** 昆虫の、のみ。動物の血をすう。
蚤・蚤

のみ【蚤】人や動物の血をすう小さな昆虫。flea ▼**―の夫婦**(ふうふ) 妻の方が体の大きい夫婦。
蚤

のみ【鑿】木材・石材を加工・彫刻するのに使う工具。chisel
鑿

のみくい【飲み食い】飲んだり食ったりすること。
飲み食

のみこむ【飲み込む】❶口に入れて、のどを通す。❷言わずにおく。❸理解する。①swallow
飲み込

のみしろ【飲み代】酒を飲むための金。
飲み代

のみすけ【飲み助】酒好きでよく飲む人。のんべえ。drunkard
飲み助

のみとりまなこ【蚤取り眼】どんなものも見逃すまいとする真剣な目つき。
蚤取眼

ノミネート【nominate】賞の候補として推薦・指名すること。▽新人賞に―される。

のみのいち【蚤の市】古物市。
蚤の市

のみほす【飲み干す】〈飲み乾す〉全部飲んでしまう。▽大杯を一気に―。drink up
飲み干

のみもの【飲み物】茶・酒・ジュースなど、飲むための物。飲料。drink
飲み物

のみや【飲み屋】居酒屋。tavern
飲み屋

のむ【飲む】〈呑む〉❶口からのどに流し入れる。❷吸いこむ。❸出そうになるのをこらえる。❹受け入れる。▽要求を―。❺圧倒する。▽敵を―。❻隠し持つ。①drink
飲む

のめりこむ【のめり込む】❶深くのめる。❷夢中になり深入りする。
込む

のやま【野山】野と山。
野山

のら【野良】❶野原。❷田畑。①field
野良

のらいぬ【野良犬】飼い主のない犬。
野良犬

のり【法】❶おきて。法律。❷手本。模範。❸仏の教え。仏法。❹さしわたし。▽内(うち)―。①law
法

のり【海苔】水中の岩石に付着してはえる、こけ状の海藻(を加工した食品)。
海苔

のり【糊】はりつけるのに使う、ねばりけのあるもの。類接着剤。glue
糊

のりあい【乗り合い】同じ乗り物に、いっしょに乗ること。
乗合い

のりあげる【乗り上げる】進行中の船や車が障害物の上に乗り動けなくなる。
乗り上

のりあわせる【乗り合わせる】偶然、同じ乗り物に乗る。のりあわす。
乗り合

のりいれる【乗り入れる】❶乗ったままで、ある場所まではいる。❷鉄道などが別経営の路線に延長して定期路線を設ける。
乗り入

のりかえる【乗り換える】❶他の乗り物に乗り移る。❷別のものに切り換える。▽携帯電話の会社を―。①transfer
乗り換

のりき【乗り気】積極的にやろうという気持ち。
乗り気

のりきる【乗り切る】❶乗ったまま、進み切る。❷切り抜ける。▽難局を―。①②ride out
乗り切

のりくみいん【乗組員】船・航空機などに乗り、運行の仕事をする人。類乗務員。crew
乗組員

のりくむ【乗り組む】船・航空機などに乗りこむ。join
乗り組

のりこす【乗り越す】❶乗り越しをする。❷乗り越える。①go past
乗り越

のりしろ【糊代】のりをつける接合部分。
糊代

のりすてる【乗り捨てる】乗ってきた乗り物を置き去る。
乗り捨

のりする【糊する】 ❶のりではる。❷やっと生計を立てる。▽口に―。 糊する

のりだす【乗り出す】 ❶船に乗って出て行く。❷体を前方に突き出す。❸積極的に関係し始める。▽事態収拾に―。 乗り出

のりつける【乗り付ける】 ❶乗り物に乗って到着する。❷乗り慣れる。 乗り付

のりと【祝詞】 神主が神前で読み上げることば。 祝詞

のりもの【乗り物】 人を乗せ運ぶ物。交通機関。vehicle 乗り物

のる【乗る】 ❶物の上に上がる。❷乗り物の上または中に身を置く。❸運ばれる。❹調子が合う。❺計略にかかる。❻参加する。❼よくつく。❽勢いにまかせて進む。①get on ②ride 乗る

のる【載る】 ❶物が上に置かれる。❷雑誌・新聞などに掲載される。 載る

使い分け 「のせる・のる」

乗せる・乗る…乗物に乗る。運ばれる。応じる。だます。勢い付く。▽バスに乗る。電車に乗せて帰す。電波に乗せる。風に乗って飛ぶ。時流に乗る。相談に乗る。口車に乗せられる。図に乗る。

載せる・載る…積む。上に置く。掲載する。▽自動車に荷物を載せる。机に本を載せる。新聞に載る事件。雑誌に広告を載せる。名簿に載る。

のるかそるか【伸るか反るか】 成功するか失敗するか。類一か八(ばち)か。 伸るか反

ノルマ【norma ロシア】 割り当てられる、一定の仕事の量。assigned work

のれん【暖簾】 ❶屋号などを染めぬいて店先に垂らす布。❷その店の名前・信用。▽―を分ける。―にきずがつく。▼―に腕押(うでお)し 少しも手ごたえのないこと。 暖簾

のろい【鈍い】 ❶動作や頭の働きがにぶい。❷速度が遅い。①②slow 鈍い

のろう【呪う】 〈詛う〉恨みのある相手に、悪いことが起こるように祈る。curse 呪う

のろける【惚気る】 夫・妻・恋人のことをうれしそうに話す。 惚気る

のろし【狼煙】 〈烽火〉❶警報・合図のために上げる火や煙。❷物事のきっかけとなる目立った行動。▽新税反対の―をあげる。①beacon, smoke signal 狼煙

のろま【鈍間】 動作や頭の働きがにぶいこと・人。dull fellow 鈍間

のわき【野分】 ❶台風。のわけ。❷木枯らし。 野分

のんき【呑気】 〈暢気〉❶心配事や苦労がないようす。❷のんびりしているようす。①carefree ②easygoing 呑気

ノンキャリア 中央官庁で、国家公務員総合職試験の合格者ではない国家公務員の俗称。和製語。

ノンステップバス 床を低くして乗降口の段差をなくしたバス。和製語。non step bus

ノンバンク【nonbank】 銀行以外の金融会社。

ノンフィクション【nonfiction】 虚構のまじらない、小説以外の読み物。伝記・紀行など。

のんべえ【飲兵衛】 〈呑兵衛〉酒の非常に好きな人。類酒飲み。tippler 飲兵衛

◀は ハ▶

は【巴】 人4 ハ・ともえ ともえ。うず巻き形の模様。▽三つ―(どもえ)。 筆順 巴 巴・巴

は【把】 常7 ハ ❶にぎる。▽―握。❷たばねたもの。▽十―(じっぱ)。 筆順 把 把・把

は【杷】 人8 ハ・さらい 農具の、さらい。「枇杷」で、果樹の「びわ」。 筆順 杷 杷・杷

は【波】 常8 ハ・なみ ❶なみ。▽―浪。風―。❷なみ状のもの。▽―長。音―。❸次々と伝わる。▽―及。 筆順 波 波・波

は【派】 常9 ハ ❶わかれでたもの。▽―生。流―。❷なかま。▽党―。―閥。❸つかわす。▽―兵。―遣。 筆順 派 派・派

は【破】 常10 ハ・やぶる・やぶれる ❶やぶる。やぶれる。こわれる。▽―壊。―局。爆―。❷負かす。▽撃―。連―。❸やりぬく。▽読―。 筆順 破 破・破

は【琶】 人12 ハ 「琵琶」で、弦楽器の「びわ」。 筆順 琶 琶・琶

は【頗】 人14 ハ・すこぶる ❶かたよる。▽偏―。❷ひじょうに。

は〔播〕 人15 **ハ・ハン・まく** ❶まく。▽—種。❷広く及ぼす。▽伝—(でんぱ)。

は〔簸〕 19 **ハ・ひる** ❶穀物をふるう。❷あおる。

は〔覇〕 常19 **ハ** 武力で勝つこと。▽—者。—権。制—。

は【刃】 刃物の、物を切る部分。blade

は【派】 考えや目的が同じなかま。

は【葉】 植物の、呼吸作用・炭酸同化作用を営む器官。leaf

は【歯】 ❶動物の口の中に上下に並ぶ、食物をかみ砕く器官。❷歯の形に並んだもの。❸下駄の裏の、土に触れる部分。①②tooth ▼**—が立たない** ❶かたくてかめない。❷とてもかなわない。▼**—に衣(きぬ)を着せない** 率直に言う。▼**—の抜(ぬ)けたよう** ものがまばらになってさびしいようす。

は【端】 はし。▽山の—。edge

は【覇】 ❶武力や権力で人々の上に立つこと。▽—を唱える。❷競技などで優勝すること。▽—を競う。

ば〔芭〕 人7 **ハ・バ** 「芭蕉」で、植物の「ばしょう」。

ば〔馬〕 常10 **バ・うま・ま** 家畜の、うま。▽—術。—力(ばりき)。乗—。

ば〔婆〕 常11 **バ** 年老いた女性。▽老—。

ば〔罵〕 常15 **バ・ののしる** 悪口を大声でいう。▽—倒。面—。

ば【場】 ❶物事が起こっている所。▽活躍の—を得る。❷物がある所。▽—をふさぐ。❸場合。❹劇の場面。❺力の作用する範囲。①②place

ばあい【場合】 ❶とき。おり。❷事情。状態。▽—によっては許す。①case, time

はあく【把握】 ❶しっかりつかむこと。❷よく理解すること。①grasp

バーコード【bar code】 商品管理に使う、情報を太さの違う線で表した符号。

パーコレーター【percolator】 濾過(ろか)式のコーヒー沸かし器。

ばあさん【祖母さん】 「祖母」の親しみをこめた言い方。

ばあさん【婆さん】 「老女」の親しみをこめた言い方。

バージョン【version】 ❶(本などで)作りかえたもの。…版。❷コンピュータのハードウエア・ソフトウエアの改訂版。また、その版数。

パーセンテージ【percentage】 ❶パーセントで示す割合。百分率。❷歩合。

パーセント【percent】 一〇〇分の一を単位とする割合。記号%

パーソナリティー【personality】 ❶個性。人柄。❷ラジオで、音楽番組などの司会者。類❷ディスクジョッキー。

パーソナルコンピュータ【personal computer】 (個人用の)小型コンピュータ。パソコン。

ばあたり【場当たり】 ❶演劇などで、その場の機転でかっさいを得ること。❷その場の思いつき。▽—的。

バーチャル リアリティー【virtual reality】 (コンピュータでの)画像や音による仮想の現実感。仮想現実。

ハードウエア【hardware】 コンピュータの機械本体。

バード ウオッチング【bird watching】 野鳥の生態観察。探鳥。

パートタイム ある一定時間だけ勤務する仕事。part-time job の略。

パートナー【partner】 ❶二人一組で行う物事で組む相手。❷相棒。▼**—シップ** 提携関係。

ハーブ【herb】 食用や薬用の香草。

パーミル【per mill】 一〇〇〇分の一を単位とする割合。千分比。千分率。記号‰

ハーラー ダービー【hurler derby】 プロ野球で、投手の勝星争い。

はあり【羽蟻】 交尾期の、羽の生えたあり。しろあり。winged ant

バール【bar】 圧力の単位。現在は「パスカル」を使う。

バーレル【barrel】 液体などの容量の単位。石油一バーレルは米国単位で約一五九リットル。バレル。

はい〔拝〕 常8 **〔拜〕** 人9

ハイ・おがむ ❶おがむ。おじぎをする。▽―礼。参―。❷へりくだる意を表す。▽―見。―聴（はいちょう）。❸うけたまわる。▽―命。―領。

筆順 一 扌 扌 扌 扌 扌 拝 拝　拝・拜

はい【杯】常8【盃】人9 ハイ・さかずき 酒を飲むうつわ。▽乾―。祝―。

筆順 一 十 才 木 木 杯 杯 杯　杯・杯

はい【背】常9 ハイ・せ・せい・そむく・そむける ❶背中。裏。▽―面。❷そむく。▽―任。❸身長。

筆順 丨 ㇀ 丬 北 北 北 背 背 背　背・背

はい【肺】常9 ハイ 内臓の一。呼吸器官。▽―炎。―活量。

筆順 丿 月 月 月 肝 肝 肺 肺 肺　肺・肺

はい【俳】常10 ハイ ❶役者。▽―優。❷俳諧。俳句。▽―人。

筆順 亻 亻 仴 仴 俳 俳 俳 俳 俳　俳・俳

はい【配】常10 ハイ・くばる ❶くばる。▽分―。❷とりあわせる。▽―合。―偶者。❸したがえる。▽―属。支―。

筆順 丆 丙 西 西 酉 酉 酉 配 配　配・配

はい【排】常11 ハイ 外へおしだす。▽―気。―斥。

筆順 扌 扌 扌 扌 排 排 排 排 排　排・排

はい【敗】常11 ハイ・やぶれる ❶まける。▽―北。惜―。❷やりそこなう。▽失―。❸だめになる。▽腐―。

筆順 丨 冂 目 貝 貝 貝 敗 敗 敗　敗・敗

はい【廃】常12（廢）ハイ・すたれる・すたる ❶だめになる。▽―品。荒―。❷やめる。▽―業。―止。▽

筆順 广 广 户 户 户 庐 庐 廃 廃　廃・废

はい【牌】13 ハイ 字をかいたふだ。▽位―。骨―。

牌・牌

はい【輩】常15 ハイ ❶なかま。▽後―。❷つづいてならぶ。▽―出。

筆順 丨 ヨ ヨ 非 非 非 辈 輩 輩　輩・輩

はい【灰】 ashes 物が燃えた後に残る、粉状の物。　灰

はい【杯】（盃）❶さかずき。❷器に入れたものを数える語。❸舟やたこ・いかを数える語。　杯

はい【肺】 胸にある呼吸器。肺臓。lung　肺

はい【胚】 ❶種子の中の発芽前の植物体。❷動物で、発生初期の幼生物。　胚

はい【蠅】 ⇩はえ。　蠅

ばい【売】常7【賣】人15 バイ・うる・うれる ❶うる。うれる。▽―買。商―。❷うりものにする。知らせる。▽―名。

筆順 一 十 士 土 声 声 売　売・賣

ばい【倍】常10 バイ ❶同じ数を重ねる。▽―加。❷増す。▽―旧。

筆順 亻 亻 仁 仁 位 位 倍 倍　倍・倍

ばい【梅】常10【梅】人11【楳】13 バイ・うめ 果樹の、うめ。▽―林。―雨（ばいう・つゆ）。

筆順 十 木 木 杧 梅 梅 梅　梅・梅

ばい【狽】10 バイ おおかみに似た想像上のけもの。▽狼―（ろうばい）。　狽・狽

ばい【培】常11 バイ・つちかう 養いそだてる。▽―養。栽―。

ばい【陪】常11 バイ ❶つき従う。▽―席。❷かさなる。▽―臣。

筆順 阝 阝 阝 阝 阝 阡 陪 陪　陪・陪

ばい【媒】常12 バイ なかだち。▽―介。―酌。触―。

筆順 女 女 女 姘 姘 姘 媒 媒　媒・媒

ばい【買】常12 バイ・かう 金を払って物を得る。▽―収。売―。

筆順 ㇀ 冖 罒 罒 罒 罒 買 買　買・買

ばい【煤】人13 バイ・すす すす。▽―煙。

筆順 火 火 炉 炉 炉 炉 煤 煤　煤・煤

ばい【賠】常15 バイ つぐなう。▽―償。

筆順 冂 目 貝 貝 貝 貯 賠 賠　賠・賠

ばい【倍】 ❶二倍。❷同じ数を何回加えるかを表す語。①double　倍

パイ【牌】中国 マージャンのこま。　牌

はいあん【廃案】 議決・採用されず廃止になった案。　廃案

はいいろ【灰色】 ❶ねずみ色。❷希望も楽しみもないこと。▽―の人生。❸疑わしいこと。　灰色

はいいん【敗因】 負けた原因。　敗因

ばいう【梅雨】 つゆ。rainy season 夏の前の長雨（の時季）。　梅雨

はいえい【背泳】 背泳ぎ。backstroke　背泳

は

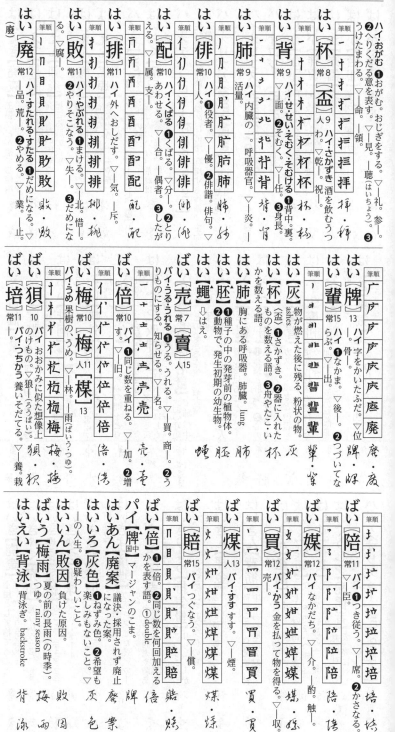

はいえき【廃液】工場などが捨てる使用ずみの液体。wastewater

はいえつ【拝謁】高貴な人に面会することの謙譲語。audience

はいえん【肺炎】発熱・呼吸困難などが起こる肺の炎症。pneumonia

ばいえん【梅園】梅をたくさん植えた庭園。plum garden

ばいえん【煤煙】石炭などを燃やしたときに出る、すすや煙。soot, smoke

バイオ【bio】❶「バイオテクノロジー」の略。❷「バイオロジー」の略。

はいおく【廃屋】住む人のいない荒れはてた家。廃家。破屋(はおく)。

バイオテクノロジー【biotechnology】生物特有の機能を工学的に応用・利用する技術。生命工学。

バイオリズム【biorhythm】人の活動に見られる一定周期をもつリズム。

バイオレンス【violence】❶荒々しいこと。❷暴力。暴行。

バイオロジー【biology】生物学。

はいか【配下】支配下にあること・人。類手下。subordinate

はいが【拝賀】目上の人に祝いを述べることの謙譲語。

ばいか【売価】売値。

ばいか【倍加】倍増。▽輸送力が—する。double

ばいか【梅花】梅の花。

ばいか【買価】買値。

はいかい【俳諧】❶俳句・連句の総称。❷滑稽(こっけい)みのある連歌。俳諧連歌。

はいかい【徘徊】あてもなく歩き回ること。類彷徨(ほうこう)。wander

はいがい【排外】外国人や外国の思想・事物を排斥すること。対拝外。

ばいかい【媒介】二つのものの間をとりもつこと。仲立ち。▽両社の—の労を執る。mediation

はいかぐら【灰神楽】火の気のある灰に水をこぼしたときに灰が立ちのぼること。▽—が立つ。

はいかつりょう【肺活量】一回の呼吸で肺の中に入れることのできる空気の最大量。breathing capacity

ハイカラ 西洋ふうでしゃれていること・人。

はいかん【拝観】謹んで見ること。▽—料。

はいかん【肺肝】❶肺臓と肝臓。❷心の奥底。▼—を砕(くだ)く 非常に苦心する。心をくだく。

はいかん【配管】ガス・水道などの管を敷設すること。piping

はいかん【廃刊】定期刊行物の発行をやめること。

はいがん【拝顔】面会することの謙譲語。類拝眉(はいび)。▽—の栄に浴する。

はいき【排気】❶内部の空気を排出すること。❷排気ガス。①ventilation

はいき【廃棄】不用として捨てること。▽—物。scrapping

ばいきゃく【売却】売り払うこと。sale

はいきゅう【配給】品物を割り当てて配ること。distribution

はいきゅう【排球】バレーボール。

ばいきゅう【倍旧】以前よりも程度を増すこと。▽—のお引き立て。

はいきょ【廃墟】〈廃虚〉市街・建物などの荒れ果てた跡。▽—と化す。ruins

はいぎょう【廃業】今までの商売や職業をやめること。類閉店。対開業。

はいきりょう【排気量】エンジンのシリンダーから、ピストン運動で出される気体の量。displacement

はいきん【拝金】金銭を最も尊ぶこと。▽—思想。money worship

はいきん【背筋】脊椎(せきつい)動物の背中にある筋肉の総称。▽—力。

ばいきん【黴菌】有害な微生物の俗称。germ

はいく【俳句】五・七・五の三句一七音からなり、季語をもつ短い詩。

はいぐ【拝具】手紙で、結語の一。類敬具。

はいぐうしゃ【配偶者】夫に対して妻、妻に対して夫をいう語。spouse

ハイクオリティー【high quality】高品質。

はいぐん【敗軍】 戦いに負けること。また、負けた軍隊。defeated troops ▼**―の将は兵を語らず** 失敗した者は、そのことについて意見を述べたり言い訳をしたりする資格がない。

はいけい【拝啓】 手紙の冒頭に記すあいさつ語。類謹啓。

はいけい【背景】 ❶絵・写真・舞台などの後ろの部分。❷背後の勢力や事情。▽政治的な―。①②background

はいげき【排撃】 押しのけようとして攻撃・非難すること。repulse

はいけん【拝見】 見ることの謙譲語。▽お手紙―いたしました。

はいご【背後】 ❶後ろ。背面。❷物事の裏面。▽―で操る。①②back

はいこう【廃校】 学校を廃止すること。また、その学校。

はいごう【俳号】 俳人の雅号。俳名。

はいごう【配合】 まぜたり取り合わせたりすること。mixture

ばいこく【売国】 自国を裏切って他国の利益をはかること。▽―奴。

はいざい【配剤】 ❶薬を調合すること。❷うまく配合すること。▽天の―。

はいさつ【拝察】 推察の謙譲語。▽御健勝のことと―いたします。

はいざん【敗残】 戦争に負けて生き残ること。▽―兵。

はいざん【廃残】 おちぶれること。

はいし【廃止】 やめること。abolishment

はいじ【拝辞】 辞退する・去るの謙譲語。▽御依頼の件、失礼ながら―いたします。

はいしつ【廃疾】 回復が大変むずかしい病気。

はいしゃ【拝謝】 礼を述べることの謙譲語。

はいしゃ【敗者】 負けた人。対勝者。loser

はいしゃ【廃車】 ❶廃棄した車両。❷登録を抹消した車両。

はいしゃく【拝借】 借りることの謙譲語。borrowing

ばいしゃく【媒酌】 結婚をとりもつこと・人。▽―人。類仲人(なこうど)。

はいじゅ【拝受】 受けることの謙譲語。

ばいしゅう【買収】 ❶買い取り。❷金品で味方にすること。②bribery

はいしゅつ【排出】 ❶外に出すこと。▽炭酸ガスを―する。❷排泄(はいせつ)。①discharge

はいしゅつ【輩出】 りっぱな人物が続々と世に出ること。

ばいしゅん【売春】 女性が金のために体を売ること。売笑。

はいしょ【配所】 流罪になった場所。

はいじょ【排除】 取り除くこと。類除去。removal

ばいしょう【賠償】 与えた損害をつぐなうこと。類弁償。compensation

はいしょく【配色】 色の取り合わせ。color scheme

はいしょく【敗色】 負けそうなようす。▽―が濃くなる。

はいしん【背信】 信頼を裏切ること。▽―行為。betrayal

はいしん【配信】 ❶通信社などが、各関連機関にニュースを送ること。❷インターネットなどで、音声・画像などのデータを送り届けること。

はいじん【俳人】 俳句をつくる人。

はいじん【廃人】 病気やけがのために日常の生活ができなくなった人。

ばいしん【陪審】 裁判で、選ばれた一般人が審理に参与すること。jury

はいすい【背水】 水を背にすること。▼**―の陣**(じん) 失敗できなくて、必死の覚悟で臨むこと。

はいすい【配水】 水を方々へ配給すること。▽―管。water supply

はいすい【排水】 水を排出すること。drainage

はいすい【廃水】 使用後捨てた水。

> **使い分け** 「はいすい」
> **排水**…「排」は押し出すの意。▽―ポンプ。―口(こう)。
> **廃水**…「廃」は不用になって捨てるの意。▽工場―。―処理。

はいすいりょう【排水量】 船を浮かべたときに押しのける水の重量。displacement

はいすう【拝趨】 訪問の意の謙譲語。参上。

はいする【拝する】❶拝む。▽仏像を―。❷「受ける・見る」の謙譲語。▽尊顔を―。①worship

はいする【配する】❶取り合わせる。▽松に菊を―。❷人や物を適所に置く。▽要所要所に人を―。❸昔、流罪にする。①②arrange

はいする【排する】❶押しのける。▽万難を―。❷押し開く。❸並べる。

はいする【廃する】❶廃止する。▽条約を―。❷地位から退かせる。▽皇帝を―。①abolish

はいずる【這いずる】床・地面などに体をこすりつけるようにして動く。▽地べたを―り回る。creep

ばいする【倍する】倍増する。▽昨年度に―予算。

はいせき【排斥】きらって、しりぞけること。類排撃。▽輸入品の―運動。exclusion

ばいせき【陪席】身分の高い人と同席すること。

はいせつ【排泄】動物が、栄養をとったあとの不要物を体外に出すこと。排出。excretion

はいぜつ【廃絶】❶すたれ絶えること。❷廃止して、なくすこと。①extinc-tion

はいせん【杯洗】〈盃洗〉酒席で、杯を洗いすすぐための器。

はいせん【配線】❶電線を取り付けること。❷電気機器の各部分を電線でつなぐこと。①②wiring

はいせん【敗戦】戦いや試合に負けること。類敗北。defeat, loss

はいぜん【沛然】雨がはげしく降るようす。▽―たる豪雨。in torrents

はいぜん【配膳】膳を客に配ること。

ばいせん【焙煎】茶の葉やコーヒー豆などを煎(い)ること。

はいそ【敗訴】裁判で負けること。lost lawsuit

はいそう【背走】前向きのままで後ろへ走ること。

はいそう【配送】❶配達と発送。❷くばり届けること。送り届けること。配達。▽―品。②delivery

はいそう【敗走】戦いに負けて逃げること。flight

はいぞう【肺臓】肺。肺腑。lung

ばいぞう【倍増】❶二倍に増えること。倍加。❷大いに増えること。倍加。①double

はいぞく【配属】人を配置して、各部署につかせること。assignment

はいた【排他】仲間以外のものをしりぞけること。▽―的。exclusion

ばいた【売女】売春婦。また、不貞な女性をののしって言う語。

はいたい【胚胎】物事の原因やきざしをはらむこと。

はいたい【敗退】戦いや試合に負けて退くこと。類敗北。retreat

ばいたい【媒体】❶仲立ちとなるもの。❷情報を伝える手段となるもの。メディア。▽宣伝―。②media

はいたつ【配達】配り届けること。類配送。delivery

バイタリティー【vitality】活力。生活力。

はいち【背馳】食い違うこと。

はいち【配置】適当な位置や部署に配り置くこと。arrangement

はいちょう【拝聴】聞く意の謙譲語。

はいてい【拝呈】❶物を贈ったり手紙を出したりすることの謙譲語。❷手紙の冒頭に書く、あいさつのことば。

ハイテク「ハイテクノロジー」の略。

ハイテクノロジー【high technology】先端科学技術。ハイテク。

はいてん【配転】「配置転換」の略。職務などを変えること。

はいでん【拝殿】神社の本殿の前にある、拝礼のための建物。

はいでん【配電】電力を供給すること。electric supply

ばいてん【売店】建物・施設の内部で物品を売る、小規模の店。stand

はいとう【佩刀】腰に刀をつけること。また、その刀。帯刀。佩剣。

はいとう【配当】❶割り当て配ること。❷株主配当のこと。また、その金。②dividend

はいとく【背徳】道徳に背くこと。immorality

はいどく【拝読】読む意の謙譲語。▽お手紙―いたしました。

ばいどく【梅毒】〈黴毒〉スピロヘータパリダ菌による感染症。syphilis

はいにち【排日】外国で日本人や日本製品・日本文化を排斥すること。 排日

はいにょう【排尿】小便をすること。 urination 排尿

はいにん【背任】任務にそむくこと。 背任

はいのう【背嚢】背に負う箱形のかばん。 knapsack 背嚢

ばいばい【売買】売ることと買うこと。商い。 売買

はいはん【背反】❶そむくこと。(い)れないこと。▽二律―。類❷背馳(はいち)。 背反

はいばん【廃盤】前に出したレコードやCDの製造をやめること。また、そのレコードやCD。 廃盤

はいばんろうぜき【杯盤狼藉】酒宴の後の、さかずきや皿が散乱しているようす。 杯盤狼藉

はいび【拝眉】会う意の謙譲語。▽委細は―の上。 拝眉

はいび【配備】手配して準備すること。 arrangement 配備

はいびょう【肺病】肺に関する病気。特に、肺結核。 肺病

はいひん【廃品】役に立たなくなった品物。廃物。 scrap, junk 廃品

ばいひん【売品】売る品物。売り物。 売品

はいふ【肺腑】❶肺臓。❷心の奥底。▼―を衝(つ)く 深い感銘を与える。 肺腑

はいふ【配付】めいめいに配り渡すこと。▽資料を―する。 distribution 配付

はいふ【配布】広く配ること。▽チラシを―する。類頒布。 distribution 配布

はいぶ【背部】❶背中の部分。❷後ろの方。後方。①②back 背部

はいふう【俳風】〈誹風〉俳句の作風。 俳風

はいふく【拝復】謹んでご返事するの意で、返信の冒頭に用いる語。 拝復

はいぶつ【廃物】廃品。 廃物

ハイブリッド【hybrid】❶混血種。雑種。▽―米。❷異なる技術・素材などを組み合わせること。また、その装置。▽―車。

ハイブロー【highbrow】(を鼻にかけている)知識・教養があること・人)。ハイブラウ。

はいぶん【拝聞】聞く意の謙譲語。 拝聞

はいぶん【俳文】俳味のある文章。 俳文

はいぶん【配分】割り当てて配ること。分配。 dividing 配分

ばいぶん【売文】文章を書いて生計を立てること。 literary hackwork 売文

はいべん【排便】大便をすること。 evacuation 排便

はいぼう【敗亡】戦いに負けて逃げる(ほろびる)こと。 敗亡

はいぼく【敗北】❶負けること。▽―を喫する。―感。❷負けて逃げること。対❶勝利。①defeat 敗北

はいほん【配本】本を取次店や小売店、また購読者に配ること。 配本

はいみ【俳味】俳諧(はいかい)特有の味わい。 俳味

はいめい【拝命】❶官職に任命されること。▽国務大臣を―する。❷命令を承ること。 拝命

ばいめい【売名】名を世間に広めようとすること。 self-advertisement 売名

はいめつ【廃滅】すたれ滅びること。 廃滅

はいめん【背面】後ろの側。 back 背面

はいやく【配役】俳優に役を割り当てること。また、その役。 casting 配役

ばいやく【売約】売り渡しの約束。▽―済み。 sales contract 売約

ばいやく【売薬】市販の薬。市販薬品。 patent medicine 売薬

はいゆう【俳優】演じることを職業とする人。役者。 actor(男), actress(女) 俳優

はいよう【佩用】勲章などを身につけて用いること。 wear 佩用

ばいよう【培養】人工的に生育・増殖させること。 culture 培養

はいらん【排卵】ほ乳動物が卵巣から卵子を排出すること。 ovulation 排卵

はいり【背理】道理にそむくこと。 背理

はいり【背離】両者がそむき離れること。類乖離(かいり)。 alienation 背離

はいりつ【廃立】臣下が君主をやめさせて、別の人を君主にすること。 廃立

ばいりつ【倍率】❶拡大・縮小されたものと実物との割合。❷光学器械の拡大率。❸応募者数と募集数との比率。競争率。②magnification 倍率

は

はいりょ【配慮】 気を配ること。心づかい。▽—が足りない。 careful attention

はいりょう【拝領】 物をもらう意の謙譲語。

ばいりょう【倍量】 二倍の量。

ばいりん【梅林】 梅の木の林。

バイリンガル【bilingual】 二か国語を話すこと・人。

はいる【入る】 ❶外から内へ移る。❷加わる。❸自分のものになる。❹中に収まる。❺設備が整う。❻ある時期になる。❼目や耳に触れる。対❶出る。①go into ②join

はいる【配流】 島流し。

はいれい【拝礼】 頭を下げておがむこと。

はいれつ【配列】 〈排列〉順序よく並べること。arrangement

はう〔這〕 11 シャ・はう ❶これ。この。▽—般(しゃはん)。❷はう。

筆順 、 亠 亠 言 言 言 這 這

はう【這う】 ❶はらばいになって進む。❷植物が地面や壁面などにそって伸びる。①②creep ▼—えば立て立てば歩めの親心(おやごころ) 子の成長を待ち望む親の心情を表したことば。

ハウジング【housing】 住宅(産業)。

ハウスダスト【house dust】 室内のほこり。

はうた【端唄】 三味線を伴奏として歌われる短い俗謡。

パウダースノー【powder snow】 粉雪。

ハウツー【how-to】 趣味・実用面での技術・知識。

はえ〔蝿〕 19 ヨウ・はえ 昆虫の一。はえ。▽—帳(はいちょう・はえちょう)。家—。

はえ【栄え】 誉れ。光栄。glory

はえ【蝿】 昆虫の一。はい。fly

はえぎわ【生え際】 髪の毛のはえている所とはえていない所の境目。

はえぬき【生え抜き】 ❶その土地に生まれ、成長したこと・人。❷創業以来勤続していること・人。▽—の社員。

はえる【生える】 根もとから外に伸び出る。▽草が—。grow

はえる【映える】 ❶光に照り輝く。❷調和して美しく見える。引き立つ。

はえる【栄える】 立派に見える。▽—えない男。

使い分け 「はえ・はえる」

映え・映える…光を受けて照り輝く。引き立って見える。▽夕映え。紅葉が夕日に映える。紺のスーツに赤のネクタイが映える。

栄え・栄える…立派に感じられる。目立つ。▽栄えある勝利。見事な出来栄え。栄えない役回り。

はおう【覇王】 武力や権謀で天下を治める者。

はおと【羽音】 鳥や虫のはばたく音。

はおり【羽織】 着物の上からはおって着るもの。

はおる【羽織る】 衣服の上からかけるようにして着る。

はか【果】 〈計・捗〉仕事などの進みぐあい。はかどり。▼—が行く 仕事などが順調に早く進む。はかどる。

はか【破瓜】 ❶女子の一六歳。❷処女膜がやぶれること。

はか【墓】 ❶死者を葬る所。❷墓碑。墓石。①grave, tomb

ばか【馬鹿】 ❶愚かなこと・人。❷つまらないこと。❸働き・ききめがないこと。❹度が過ぎていること。①fool, stupid ▼—になる 働きが悪くなって使いものにならなくなる。▽ねじが—。▼—を見る 害を受けて損をする。

はかい【破戒】 僧が戒律を破ること。

はかい【破壊】 こわすこと。こわれること。destruction

はがい【羽交い】 ❶鳥の左右の翼が交わるところ。❷翼。羽。①pinion

はがいじめ【羽交い締め】 人の後ろから両手をわきの下へ通してえり首のところで締めること。

はがき【葉書】 郵便はがき。postcard

はかく【破格】 ❶基準に外れること。❷詩や文章で、きまりに外れていること。①exception

はがす【剝がす】 くっついている物をめくり取る。はぎとる。peel off

ばかす【化かす】 人をだまして迷わせる。play tricks

ばかず【場数】 経験の度数。experience ▼**—を踏(ふ)む** 経験を重ねる。 場数

はかせ【博士】 ❶⇩はくし。❷その道に広く通じた人。▽切手—。①doctor 博士

はかどる【捗る】 物事が順調に進む。make progress 捗る

はかない【儚い】 〈果敢ない〉❶むなしい。❷頼りない。①vain 儚い

はがね【鋼】 鋼鉄。こう。steel 鋼

はかば【墓場】 墓のある所。墓地。graveyard 墓場

はかばかしい【捗捗しい】 物事が順調に進んでいるようす。 捗捗し

はかま〔袴〕 人11 **コ・はかま** (和服の)はかま。ズボンに似た衣服。 袴・袴

筆順 ラ ネ ネ 衤 衸 袴 袴 袴

はかま【袴】 ❶和服で、下半身をおおう衣服。❷とっくりをすえ置く器。 袴

はがみ【歯噛み】 歯ぎしりすること。 歯噛み

はかもり【墓守】 墓の番人。 墓守

はがゆい【歯痒い】 じれったい。類もどかしい。irritating 歯痒い

はからう【計らう】 ❶適切に処置する。▽よきに—え。❷相談する。はかる。①arrange 計らう

はからずも【図らずも】 〈計らずも〉思いがけなく。意外にも。unexpectedly 図らずも

はかり〔秤〕 人10 **ショウ・はかり** 重さをはかる道具。—量。台—(だいばかり)。▽

筆順 ニ 千 禾 禾 秆 秆 秤 秤

はかり【秤】 重さをはかる器械。scale 秤・秤

はかりごと【謀】 くわだて。計略。plot 謀

はかりしれない【計り知れない】 見当もつかない。immeasurable 計り知れない

はかる【図る】 ❶くわだてる。計る。❷とりはからう。❸めざす。 図る

はかる【計る】 ❶数・時間などを調べる。❷あざむく。❸計画する。図る。①measure 計る

はかる【測る】 ❶長さ・深さ・高さ・広さなどを調べる。❷推測する。①measure 測る

はかる【量る】 ❶重さ・容積などを調べる。❷推量する。①measure ②guess 量る

はかる【諮る】 相談する。専門家の意見をきく。▽会議に—。consult 諮る

はかる【謀る】 〈計る〉計略をめぐらす。▽暗殺を—。scheme 謀る

使い分け「はかる」

図る…あることが実現するように企てる。▽解決を—。再起を—。局面の打開を—。便宜を—。

計る…時間や数などを数える。考える。▽時間を—。タイミングを—。頃合いを計って発言する。

測る…長さ・高さ・深さ・広さ・程度を調べる。推測する。▽距離を—。標高を—。水深を—。面積を—。血圧を—。運動能力を—。真意を測りかねる。

量る…重さ・容積を調べる。推量する。▽重さを—。立体の体積を—。容量を—。心中を推し—。

謀る…良くないことをたくらむ。▽暗殺を—。会社の乗っ取りを—。競争相手の失脚を—。

諮る…ある問題について意見を聞く。▽審議会に—。議案を委員会に—。役員会に諮って決める。

はがれる【剝がれる】 くっついていたものが、めくれて離れる。peel off 剝がれる

はがん【破顔】 顔をほころばせること。 破顔

はがんいっしょう【破顔一笑】 にっこりと笑うこと。 一笑

はき【破棄】 ❶やぶりすてること。❷契約などを一方的に取り消すこと。❸上級裁判所が原判決をくつがえすこと。②cancellation 破棄

はき【覇気】 ❶意気込み。▽—のある学生。❷支配しようとする意気。野心。①spirit 覇気

はぎ〔萩〕 人12 **シュウ・はぎ** 木の、はぎ。秋に花が咲く。 萩・萩

筆順 艹 艹 芓 茅 茅 萩 萩 萩

はぎ【脛】 すね。shin 脛

はぎ【萩】 秋の七草の一。秋、紅紫色・白などの花が咲く。bush clover 萩

バギー【buggy】 ❶折り畳み式の乳母(うば)車。baby buggyの略。和製語。❷「サンドバギー」の略。砂地走行用の自動車。

はきけ【吐き気】 吐きたくなる気持ち。nausea 吐き気

は

はぎしり【歯軋り】 ❶歯をすり合わせて音を出すこと。❷くやしがって歯をかみ合わせること。類歯嚙(はが)み。　歯軋り

はきすてる【吐き捨てる】 ❶はき出して捨てる。❷見限るような口調で言う。①②spit　吐き捨

はきだしまど【掃き出し窓】 ごみなどを掃き出す、床と同じ高さの小窓。　掃出し

はきだめ【掃き溜め】 ごみ捨て場。dump ▼**—に鶴(つる)** その場に似合わない、すぐれた人がいることのたとえ。　掃溜め

はきちがえる【履き違える】 ❶まちがえて人の履き物をはく。❷意味をとりちがえる。考えちがいをする。▽自由を—。　履き違

はきもの【履き物】 足にはくものの総称。靴・下駄など。footwear　履物

ばきゃく【馬脚】 ❶馬のあし。❷本性。▼**—を現す** 本性がばれる。　馬脚

はきゅう【波及】 影響がしだいに広がっていくこと。spread to　波及

はきょう【破鏡】 離婚。divorce　破鏡

はぎょう【覇業】 武力で天下を統一すること。domination　覇業

はきょく【破局】 悲惨な結末。catastrophe　破局

はぎれ【歯切れ】 ❶歯でかみきるときの感じ。❷ことばの発音や調子のぐあい。　歯切れ

はぎれ【端切れ】 裁ち残りの布。　端切れ

はく〔白〕 常5 **ハク・ビャク・しろ・しら・しろい** ❶しろい。▽—衣。❷きよい。▽潔—。❸あきらか。▽明—。❹何もない。▽空—。❺述べる。▽告—。建—。
筆順 ノ 亻 白 白 白　白・白

はく〔伯〕 常7 **ハク** ❶兄弟で最年長。▽—仲。❷爵位の三番目。▽—爵。❸ひいでた人。▽画—。
筆順 ノ 亻 亻 伯 伯 伯　伯・伯

はく〔拍〕 常8 **ハク・ヒョウ** ❶うつ。▽—手。心—。❷リズム。▽—子(ひょうし)。
筆順 一 扌 扌 拍 拍 拍 拍　拍・拍

はく〔泊〕 常8 **ハク・とまる・とめる** ❶とまる。やどる。▽停—。外—。❷欲がない。▽淡—。
筆順 丶 氵 氵 泊 泊 泊 泊　泊・泊

はく〔迫〕 常8 **ハク・せまる** ❶せまる。▽—力。切—。❷おいつめる。▽—害。圧—。
筆順 ノ 亻 白 白 白 迫 迫　迫・迫

はく〔珀〕 人9 **ハク・ヒャク**「琥珀(こはく)」で、地質時代の植物樹脂などが化石化したもの。
筆順 一 T 王 珀 珀 珀 珀　珀・珀

はく〔剝〕 常10 **ハク・はがす・はぐ・はがれる・はげる** ❶はぎとる。むく。▽—奪。❷はがれる。
筆順 ㇀ ㇇ 彑 录 录 录 剝　剝・剝

はく〔舶〕 常11 **ハク** 大きなふね。▽—来。船—。
筆順 ノ 凢 舟 舟 舶 舶 舶　舶・舶

はく〔博〕 常12 **ハク・バク** ❶ひろい。▽—学。—愛。❷得る。▽好評を—する。❸ばくち。▽—徒。❹博士。(博)
筆順 十 忄 忄 恒 博 博 博　博・博

はく〔箔〕 人14 **ハク** 金属をうすくたたきのばしたもの。▽金—。
筆順 ⺈ ⺮ ⺮ 竹 箔 箔 箔　箔・箔

はく〔薄〕 常16 **ハク・うすい・うすめる・うすまる・うすらぐ・うすれる** ❶うすい。▽—氷。—片。—紙。❷少ない。▽—利。❸せまる。▽—暮。肉—。❹植物の、すすき。
筆順 艹 芀 芦 蒲 蒲 薄 薄　薄・薄

はく〔柏〕 ⇨かしわ　**はく〔粕〕** ⇨かす

はく【吐く】 ❶胃や口の中の物を外へ出す。❷中にあるものを外へ出す。❸ことばに出して言う。①throw up　吐く

はく【佩く】 腰につける。▽太刀を—。wear　佩く

はく【穿く】 足を通して下半身につける。put on　穿く

はく【掃く】 ❶ほうきでごみなどを除く。①sweep ❷〈刷く〉軽く塗る。　掃く

はく【箔】 金・銀などを、紙のようにうすくのばしたもの。foil ▼**—が付く** 貫禄(かんろく)がつく。　箔

はく【履く】 履き物を足につける。　履く

はぐ〔矧〕 9 **シン・はぐ** 竹に羽をつけて矢をつくる。　矧・矧

はぐ【矧ぐ】 矢をつくる。　矧ぐ

はぐ【剝ぐ】 ❶はがす。❷はぎとる。ぬがす。▽ふとんを—。❸奪い取る。▽身ぐるみ—。②strip　剝ぐ

はぐ【接ぐ】 つなぎ合わせる。▽布を—。　接ぐ

ばく【麦】常7 バク・むぎ むぎ。穀物の一。▽—芽。小—。 麦・麦

筆順 一 十 キ 主 耂 麦 麦

ばく【莫】人10 バク・なかれ ❶ない。▽—大。❷むなしい。▽落—。寂—(せきばく)。 莫・莫

筆順 艹 艹 节 苜 苩 草 莫 莫

ばく【漠】常13 バク ❶すなはら。▽砂—。❷広い。▽空—。広—。❸はっきりしない。▽—然。 漠・漠

筆順 氵 汁 浐 浩 渶 漠 漠 漠

ばく【駁】14 バク・ハク ❶いりみだれた。▽雑—。❷反発する。▽論—。反—。 駁・駁

ばく【縛】常16 バク・しばる なわでしばる。▽束—。捕—。 縛・縛

筆順 糸 糹 絔 縆 縛 縛 縛 縛

ばく【曝】人19 バク・ボク・さらす なかみを日にさらす。▽—書。—露(=暴露)。 曝・曝

筆順 日 旦 昌 晶 暘 曝 曝 曝

ばく【爆】常19 バク ❶火力ではじける。▽—発。起—。❷爆弾。▽—撃。 爆・爆

筆順 火 炉 烜 焊 焊 爆 爆 爆

ばく【博】⇩はく　ばく【幕】⇩まく

ばく【暴】⇩ぼう

ばく【漠】漠然。vague 漠

ばく【貘】〈獏〉❶獣の一。体は太く、鼻・口は長い。中南米・東南アジアなどにすむ。❷悪い夢を食うとされる、想像上の獣。①tapir 貘

バグ【bug】コンピュータで、プログラム上の誤り。

ばぐ【馬具】鞍(くら)など、馬につける用具の総称。harness 馬具

はくあ【白亜】白壁。▽—の殿堂。white wall 白亜

はくあい【博愛】広く平等に愛すること。類人類愛。philanthropy 博愛

はくい【白衣】(医師・看護師などが着る)白い衣服。びゃくえ。white robe 白衣

はくいんぼうしょう【博引旁証】説明するのに、広く例を引用したり、証拠を示したりすること。 博引旁証

ばくおん【爆音】❶爆発の音。❷エンジンの音。①explosion 爆音

ばくが【麦芽】麦類を発芽させ乾燥したもの。malt 麦芽

はくがい【迫害】弱い者を抑えつけて苦しめること。persecution 迫害

はくがく【博学】学問に広く通じていること。▽—の士。—多才。類博識。対浅学。knowledgeable 博学

はくがん【白眼】❶しろめ。❷冷淡な目つき。対❷青眼。 白眼

はくがんし【白眼視】冷淡な目で見たり扱ったりすること。 白眼視

はぐき【歯茎】歯の根もとを包む肉。歯齦(しぎん)。歯肉。teethridge 歯茎

ばくぎゃく【莫逆】互いに気が合って、親しいこと。ばくげき。▽—の友。 莫逆

はくぎん【白銀】❶銀。しろがね。❷一面に降り積もった雪の美称。①silver 白銀

はぐくむ【育む】❶だいじに育てる。❷保護し発展させる。▽児童の自主性を—。②cultivate 育む

はくげき【迫撃】敵に接近して撃つこと。close attack 迫撃

ばくげき【爆撃】航空機から爆弾を投下し、攻撃すること。bombing 爆撃

はくさい【舶載】❶船舶にのせて運ぶこと。❷舶来。 舶載

はくし【白紙】❶白い紙。❷何も書いてない紙。❸先入観がないこと。❹元の状態。▽—撤回。②blank paper 白紙

はくし【博士】博士論文の審査・試験に合格した者に授与される学位(を持つ人)。はかせ。doctor 博士

はくし【薄志】❶寸志。薄謝。❷意志が弱いこと。 薄志

はくしき【博識】知識の広いこと。▽—の学者。類博学。learned 博識

はくしじゃっこう【薄志弱行】意志が弱く、行動力にとぼしいこと。 弱行

はくじつ【白日】❶曇りない太陽。❷白昼。❸潔白になること。 白日

はくじつむ【白日夢】白昼夢(はくちゅうむ)。

はくしゃ【拍車】乗馬靴のかかとにつける金具。spur ▼—を掛(か)ける 物事の進行をいっそう早める。

拍車

はくしゃ【薄謝】❶わずかの謝礼。寸志。❷謝礼の謙譲語。

はくじゃく【薄弱】❶意志・体力が弱いようす。❷不確かな 薄弱

は

ようす。▽根拠—。①weak-willed

はくしゃせいしょう【白砂青松】 美しい浜辺の景色。はくさせいしょう。

はくしゅ【拍手】 手を打ち合わせ、音を出すこと。clapping

はくじゅ【白寿】 九九歳(の祝い)。

ばくしゅう【麦秋】 麦が熟す初夏のころ。むぎあき。

はくしょ【白書】 政府の公式報告書。white paper

はくじょう【白状】 自分の罪や隠し事をありのままに申し述べること。類自白。confession

はくじょう【薄情】 思いやりの気持ちがないこと。人情が薄いこと。▽—な世の中。heartless

ばくしょう【爆笑】 大ぜいがどっと笑うこと。

はくしん【迫真】 真にせまること。▽—の演技。

はくじん【白刃】 さやから抜いた刀。しらは。drawn sword

ばくしん【爆心】 爆撃・爆発の中心地点。▽—地。

ばくしん【驀進】 まっしぐらに進むこと。類突進。dash

はくする【博する】 自分のものとする。得る。▽好評を—。gain

ばくする【駁する】 他人の意見を非難・攻撃する。refute

はくせい【剝製】 動物の肉や内臓を処理し、綿などをつめて生きていたときの形に作ったもの。stuffed specimen

はくせき【白皙】 色白(いろじろ)。white

ばくぜん【漠然】 ぼんやりしているようす。▽—とした考え。vague

ばくだい【莫大】 きわめて大きいこと。▽—な損害。類多大。huge

はくだく【白濁】 白くにごること。

はくだつ【剝脱】 はげ落ちること。また、はがし取ること。peeling off

はくだつ【剝奪】 はぎ取ること。むりに取り上げること。deprivation

ばくだん【爆弾】 爆薬を詰め、爆発させる兵器。bomb

はくち【白痴】 重度の知能障害。今は使わない語。idiot

ばくち【博打】 〈博奕〉❶金品をかける勝負。賭博(とばく)。❷運まかせの危険な行為。①②gambling

ばくちく【爆竹】 紙や竹の筒に火薬をつめてつなぎ、次々に爆発させて鳴らすもの。firecracker

はくちゅう【白昼】 真昼。daytime

はくちゅう【伯仲】 互角なこと。▽実力—。

はくちゅうむ【白昼夢】 非現実的な空想。白日夢。

ばくと【博徒】 ばくち打ち。

はくとう【白頭】 白髪の頭。

はくどう【拍動】 〈搏動〉脈うつこと。

はくねつ【白熱】 ❶高温で熱せられて白い光を出すこと。❷物事が最高潮に達すること。▽—した試合。①white glow

ばくは【爆破】 爆薬で破壊すること。

ばくばく【漠漠】 ❶広々と果てしのないようす。❷漠然。

はくはつ【白髪】 しらが。white hair ▼—三千丈(さんぜんじょう) 心配事が積もることや、おおげさな表現のたとえ。

ばくはつ【爆発】 ❶物質が急激に破裂すること。❷感情が一時に激しく外部にあらわれること。①②explosion

はくび【白眉】 同じ種類の中で、最もすぐれているもの・人。▽出展作品中の—。

はくひょう【白票】 ❶議会で採決の際に賛成を表す票。❷記入せず白紙のまま投ずる票。対❶青票。

はくひょう【薄氷】 うすく張った氷。▼—を踏(ふ)む 非常な危険をおかして行うたとえ。

ばくふ【幕府】 武家時代、将軍が政治をとった所。また、武家政権。

ばくふ【瀑布】 (大きな)滝。falls

ばくふう【爆風】 爆発による強い風。

はくぶつかん【博物館】 自然・文化などに関する資料を保管・展示して一般に公開する施設。museum

はくへいせん【白兵戦】 刀などで戦う接近戦。

はくぼ【薄暮】夕暮れ。夕方。dusk

はくぼく【白墨】焼石膏(しょうせっこう)の粉を、棒状に固めたもの。黒板に書くのに使う。チョーク。chalk

ばくまつ【幕末】江戸幕府(時代)の末期。

はくめい【薄命】❶短命。▽佳人—。❷ふしあわせ。類❷薄運。薄幸。

はくめい【薄明】明け方や夕方、空がほの明るいこと。twilight

はくめん【白面】❶色白の顔。❷年が若く、経験の乏しいこと。❸素顔。

はくや【白夜】北極・南極地方で、夏、夜に薄明が続く現象。びゃくや。

ばくやく【爆薬】❶火薬類。❷爆発物。①gunpowder ②explosive

はくらい【舶来】外国から(船で運んで)くること・物。▽—品。

はくらく【伯楽】❶馬のよしあしを見分ける人。博労。❷新人の能力を巧みに引き出す人。

はくらく【剝落】はげ落ちること。

はくらん【博覧】❶本を多く読み、知識が豊かなこと。❷広く人々が見ること。

はくらんかい【博覧会】収集・展示して公開する催し。exhibition

はくらんきょうき【博覧強記】本を多く読み、知識が豊かで、よく覚えていること。

はくり【剝離】はがれること。

はくり【薄利】利益が少ないこと。small profit

ばくりゅうしゅ【麦粒腫】ものもらい。sty

ばくりょう【幕僚】軍隊で、指揮官に直属する参謀将校。

はくりょく【迫力】人の心に強くせまってくる力。▽—ある画面。power

はぐるま【歯車】車の周囲に歯を刻んで、互いにかみ合わせて動力を伝える装置。ギヤ。gear(wheel)

ばくれつ【爆裂】爆発して破裂すること。explosion

はぐれる【逸れる】連れの人を見失い離れ離れになる。miss

ばくれん【莫連】世間ずれして悪がしこいこと・女性。あばずれ。hussy

はくろ【白露】❶露の美称。しらつゆ。❷二十四節気の一。九月七、八日ごろ。

ばくろ【暴露】〈曝露〉秘密や悪事が明るみに出る・出すこと。exposure

ばくろう【博労】〈馬喰〉❶牛馬の売買を業としていた人。❷伯楽❶。

ばくろん【駁論】他人の意見を非難・攻撃する議論。類反論。refutation

はけ【刷毛】柄の先に毛をたばねた、塗料などを塗る道具。brush

はげ【禿げ】❶毛髪が抜け落ちた部分。❷はげ頭(の人)。①bald spot

はげいとう【葉鶏頭】〈雁来紅〉草花の一。秋に葉が黄・赤・紫などに色づく。観賞用。がんらいこう。

はけぐち【捌け口】❶流れ出る所。❷商品の売れ先。❸感情やエネルギーを発散させる場。①③outlet

はげしい【激しい】〈烈しい〉❶勢いが強い。❷程度がはなはだしい。▽—寒さ。①violent ②extreme

バケツ〈馬穴〉水などを入れる円筒形の容器。bucketから。

ばけのかわ【化けの皮】秘密などを包み隠している外見。▼—が剝(は)げる 正体が暴露される。

はげます【励ます】元気づける。力づける。encourage

はげむ【励む】気力をふるって努める。▽仕事に—。work hard

ばけもの【化け物】❶化けて現れるもの。お化け。妖怪(ようかい)。❷並みはずれた能力の持ち主。②monster

はける【捌ける】❶水がとまらずに流れる。❷よく売れる。①flow

はげる【禿げる】髪の毛が抜けてなくなる。become bald

はげる【剝げる】❶塗ったもの・張ったものがとれる。▽ペンキが—。❷色があせる。①peel

ばける【化ける】❶本来の姿を変えて他の姿になる。❷変装する。

はけん【派遣】任務をもたせて、出向かせること。▽—社員。sending

はけん【覇権】❶覇者の権力。❷優勝の栄誉。▽—を争う。

①hegemony ▼—を握(にぎ)る ❶支配者となる。❷優勝する。

ばけん【馬券】 競馬で、「勝ち馬投票券」の通称。betting ticket 馬券

はこ〖箱〗 常15 **はこ** 物を入れる四角い容器。▽—庭。重—。 箱・箱

筆順 箱

はこ【箱】 〈函〉物を入れる器。box, case 箱

はごいた【羽子板】 羽根つきに用いる板。 羽子板

はこいりむすめ【箱入り娘】 大事に育てられた娘。 箱入娘

はこう【跛行】 ❶つりあいがとれない形で進行すること。❷片足をひきずるように歩くこと。②limp 跛行

はこがき【箱書き】 書画・骨董(こっとう)などを入れた箱に、作者・鑑定家などが署名などをして、内容を証明すること。また、その書いたもの。 箱書き

はこせこ【筥迫】 昔、女性が懐に入れた箱形の紙入れ。 筥迫

はごたえ【歯応え】 ❶かんだときに感じる堅さ。❷相手の反応。手応え。 歯応え

はこぶ【運ぶ】 ❶物を他に移す。❷おしすすめる。❸はかどる。①carry 運ぶ

はこべ【蘩蔞】 〈繁縷〉野草の一。春、白い小さな花が咲く。春の七草の一。はこべら。chickweed 蘩蔞

はごろも【羽衣】 天人が着て空を飛ぶ、鳥の羽でつくった衣。天(あま)の羽衣。 羽衣

はこん【破婚】 婚約・結婚の解消。 破婚

はさい【破砕】 〈破摧〉粉々にくだくこと。 破砕

ハザードマップ【hazard map】 災害予測地図。

はざかいき【端境期】 古米にかわって新米が出始める少し前のころ。野菜や果物などにも使う。 端境期

はざくら【葉桜】 花が散って若葉が出はじめた桜。 葉桜

はざま〖硲〗 12 **はざま** 谷あい。 硲・硲

はざま【狭間】 ❶物と物との間の狭い所。❷事と事との間。▽生死の—。❸谷間。❹城壁の、弓や鉄砲をうつ穴。①narrow spot 狭間

はさみ【鋏】 ❶物を挟んで切る道具。❷切符に穴をあける道具。パンチ。❸じゃんけんの、ちょき。①scissors 鋏

はさみ【螯】 かに・えびなどの、物をつかむ大きな足のつめ。claws 螯

はさみうち【挟み撃ち】 両側からはさむようにして攻めること。 挟み撃

はさむ【挟む】 ❶両側から押さえつける。▽はしで—。❷間に入れる。❸間に置く。▽机を—んで話す。②insert 挟む

はさむ【鋏む】 〈剪む〉はさみで切る。 鋏む

はさん【破産】 全財産をなくしてしまうこと。bankruptcy 破産

はし〖箸〗 常15 **はし** 食べ物をはさむ二本の棒。▽—置き。 箸・箸

筆順 箸

はし【端】 ❶ふち。へり。❷細長いものの先の方。❸切れはし。❹物事の一部分。❺物事の初め（終わり）。①edge ②end 端

はし【箸】 食べ物をはさむ一対の棒。▼—**にも棒にも掛からない** 取り扱いようがない。 箸

はし【橋】 川や道路などにかけ渡して、人や車を通すもの。bridge 橋

はじ【恥】 恥じること。面目を失うこと。shame ▼—**の上塗り** 恥をかいた上に、さらに恥をかくこと。▼—**を雪(すす)ぐ** 名誉をとりもどす。 恥

はしい【端居】 縁側など、家の端近くに座っていること。 端居

はじいる【恥じ入る】 深く恥じる。 恥じ入る

はしか【麻疹】 五類感染症の一。幼児に多い。ましん。measles 麻疹

はしがき【端書き】 ❶前書き。❷手紙の追伸。 端書

はじく【弾く】 ❶はねのける。❷寄せつけない。❸計算する。❹球を取りそこねる。①flick ②repel 弾く

はしぐい【橋杭】 橋げたを支えるくい。橋柱。 橋杭

はしくれ【端くれ】 その仲間の中の、とるに足りない者。▽これでも研究者の—だ。 端くれ

はしけ【艀】 本船と波止場間を乗客や貨物をのせて往来する小舟。barge 艀

はしげた【橋桁】 橋ぐいの上に渡して橋板を支える材。 橋桁

はしご【梯子】 ❶高い所に登る道具。❷「はしご酒」の略。①ladder 梯子

はじさらし【恥曝し】 恥を世間にさらけだすこと・人。disgrace 恥曝し

はじしらず【恥知らず】 恥を恥とも思わないこと・人。shameless 恥知ら

はした【端】 はんぱ。odd

はしたがね【端金】 わずかな金銭。

はしたない 慎みがない。下品である。immodest, vulgar

はしぢか【端近】 家の縁側や入り口に近いようす。あがりはな。

ばじとうふう【馬耳東風】 人の言うことを聞き流して気にとめないこと。

はしなくも【端無くも】 思いがけなく。はからずも。▽—代表に選ばれた。accidentally

はじまる【始まる】 新しい物事や状態が起こる。対終わる。begin

はじめ【初め】 ❶物事が始まったとき。❷最初。①beginning

はじめ【始め】 ❶始めること。❷物事の起こり。❸主だったものをあげる語。▽社長を—。対❶終わり。①beginning ②origin ▼—よければ終わりよし 物事は第一歩が肝心である。

使い分け 「はじめ・はじめて・はじめる」

初め・初めて…ある期間の早い段階。最初。先の方のもの。▽年の初め。初めて聞いた話。初めてお目にかかる。初めての経験。初めからやり直す。

始まる・始め・始める…開始する。始めたばかりの段階。物事の起こり。主たるもの。▽懇親会が始まる。書き始める。手始め。仕事始め。始めと終わり。国の始め。人類の始め。

はじめて【初めて】 ❶最初であるようす。▽—お目にかかります。❷その時になってやっと。①first

はじめまして【初めまして】 初対面のあいさつ語。

はじめる【始める】 ❶動作をやりだす。新しく物事を起こす。❷癖を出す。❸…しだす。①begin

はしゃ【覇者】 ❶武力で天下をとった者。❷優勝者。②champion

ばしゃ【馬車】 人や荷物をのせて馬にひかせる車。coach

はしゃぐ 調子に乗り浮かれ騒ぐ。

はじゃく【羽尺】 大人の羽織が一枚仕立てられる反物。対着尺。

はしゅ【播種】 たねまき。seeding

ばしゅ【馬首】 馬の首(の方角)。▽—を返す。

はしゅつ【派出】 仕事先へ出向かせること。

ばじゅつ【馬術】 馬を乗りこなす術。horsemanship

ばしょ【場所】 ❶所。位置。❷いどころ。❸大相撲の興行場所・期間。①place

はじょう【波状】 ❶波のような起伏。❷繰り返すこと。▽—攻撃。

ばしょう【芭蕉】 多年草の一。葉は大きな長楕円(だえん)形。

はしょうふう【破傷風】 感染症の一。傷口から破傷風菌がはいり、高熱・けいれんを起こす。tetanus

ばしょく【馬食】 (馬のように)たくさん食べること。▽牛飲—。

はしょる【端折る】 ❶着物のすそを折って帯などに挟む。からげる。❷省略する。▽説明を—。①tuck up

はしら【柱】 ❶直立して、上部を支える材。❷最も重要な人や物。▽一家の—である父。❸神・霊などを数える語。①pillar

はじらう【恥じらう】 はずかしがる。類はにかむ。feel ashamed

はしり【走り】 ❶走ること。❷季節に先がけて出る野菜・魚など。走り物。

はしりがき【走り書き】 急いで書くこと。また、そうして書いたもの。scribble

はしりまわる【走り回る】 ❶あちらこちらと走る。❷忙しく動きまわる。

はしる【走る】 ❶かける。❷乗り物が進む。❸負けて逃げる。❹ある方向に通じる。❺ある方向に傾く。❻感情などがさっとあらわれる。①run

はじる【恥じる】 ❶はずかしく思う。❷ひけをとる。▽その地位に—ない人。①feel ashamed

はしわたし【橋渡し】 仲だちをすること。仲介。▽国際交流の—をする。mediation

ばしん【馬身】 競馬で、着差を表す単位。一馬身は馬一頭分の体長。

はす〔蓮〕 ⇩れん

はす【斜】 ななめ。diagonal

はす【蓮】 水草の一。葉は円形で、夏、白色・淡紅色などの花が咲く。地下茎は蓮根（れんこん）。lotus

はず〖筈〗 人12 カツ・はず ❶やはず。❷当然のこと。▽そうなる—。

筆順 ⺈ ⺮ ⺮ 竺 竿 竿 筈 筈

はず【筈】 ❶矢筈（やはず）。❷道理。予定。▽ここにある—だ。

はすう【端数】 はんぱの数。fraction

ばすえ【場末】 繁華街からはなれていて、うらぶれた所。町外れ。▽—の飲み屋。back alley

はすかい【斜交い】 はす。ななめ。

はずかしい【恥ずかしい】 ❶きまりが悪い。照れくさい。❷面目ない。①embarrassed

はずかしめる【辱める】 ❶恥をかかせる。❷地位・名誉をけがす。▽母校の名誉を—。❸女性を犯す。①②disgrace

はずす【外す】 ❶取りのける。❷とりそこなう。❸そらす。▽ねらいを—。❹退く。▽席を—。①take off

パスタ【pastaイタリア】 スパゲッティ・マカロニなど、イタリア風めん類の総称。

はすっぱ【蓮っ葉】 言動が軽はずみで下品なこと・女性。

はずみ【弾み】 ❶弾むこと。❷勢い。▽売れ行きに—がつく。❸その場のなりゆき。▽ものの—。❹その瞬間。▽転んだ—に。①bound

はずむ【弾む】 ❶はね返る。❷勢いに乗る。▽話が—。❸息が荒くなる。❹お金を気前よく多く出す。①bound

はずれる【外れる】 ❶取り付けてあるものが取れる。❷ある場所からそれて出る。❸基準などからそれる。▽人の道に—。❹当たらない。①come off

パスワード【password】 ❶合いことば。❷（コンピュータの）暗証番号・符号。

はぜ〖櫨〗 20 ロ・はぜ 樹木の、はぜ。▽黄—。

はぜ【沙魚】 〈鯊〉魚の一。浅い海や河口などにすむ。食用。goby

はせい【派生】 元から分かれて生じること。derivation

ばせい【罵声】 ののしる声。▽—を浴びせる。

パセティック【pathetic】 悲しくいたましいようす。また、感傷的。

はせる【馳せる】 ❶走る。走らせる。▽❷遠くまで至らせる。▽名を—。❸行きわたらせる。▽思いを—。

はぜる【爆ぜる】 勢いよく裂けて開く。はじける。pop

パソコン 「パーソナルコンピュータ」の略。

はそん【破損】 傷がついたり、こわれたりすること。類損傷。damage

はた〖畑〗 常9 はた・はたけ ❶耕地。❷専門の分野。▽—違い。

筆順 丶 丷 火 火 灯 炘 畑 畑

はた〖畠〗 人10 はた・はたけ 耕地。

筆順 丶 ⺊ 白 白 畠 畠 畠 畠

はた【畑】 〈畠〉はたけ。

はた【傍】 〈側〉そば。ちかく。side

はた【旗】 象徴や、目印・信号などに使う布や紙。flag

はた【端】 ふち。へり。▽池の—。edge

はた【機】 布を織る機械。類織機。loom

はだ〖肌〗 常6 はだ ❶皮膚。▽—着。❷表面。▽山—。❸気質。▽職人—。

筆順 丿 刀 月 月 肌 肌

はだ【肌】 〈膚〉❶皮膚。❷表面。❸気質。▽職人—。①skin

はだあい【肌合い】 〈膚合い〉❶肌ざわり。❷全体的な感じ。気質。▽彼とはどことなく—がちがう。

はたあげ【旗揚げ】 ❶挙兵。❷事業などを新たに始めること。

ばだい【場代】 場所を借りる代金。席料。場所代。room charge

はたいろ【旗色】 選挙・試合などの形勢。

はだえ【肌】 〈膚〉皮膚。はだ。

はたおり【機織り】 布を織ること・人。weaving

はだか【裸】 ❶衣服をつけず、肌が出ていること。❷おおいのないこと。❸財産・所持品のないこと。❹かくしだてのないこと。①naked body

はだかいっかん【裸一貫】 体以外、何も持っていないこと。▽—から財を築く。

はたがしら【旗頭】 集団の長。leader

はたく【叩く】 ❶たたく。打つ。❷ちりなどを払いのける。❸財産や金銭を使い果たす。▽有り金を—。②

dust

はたけ【畑】❶〈畠〉作物を作る耕地。❷専門の分野。▽漢学―。①② field　畑

はたけ【疥】皮膚病の一。顔や首に白い斑点(はんてん)ができるもの。　疥

はたけちがい【畑違い】専門とする方面とちがうこと。　畑違い

はたご【旅籠】昔の、宿屋。inn　旅籠

はたさく【畑作】畑に作物を作ること。　畑作

はださむい【肌寒い】〈膚寒い〉❶うすら寒い。❷ぞっとする感じである。①chilly　肌寒い

はだざわり【肌触り】〈膚触り〉❶肌にふれたときの感じ。❷人に与える印象。①touch　肌触り

はだし【裸足】〈跣〉❶何もはいていない足。❷とてもかなわないこと。顔負け。▽玄人―。類❶素足。① bare foot　裸足

はたしあい【果たし合い】決闘。duel　果し合

はたして【果たして】❶予想どおりに。❷ほんとうに。▽―事実か。　果たして

はたじるし【旗印】❶武士が旗につけた家紋や文字。❷かかげる目標。　旗印

はたす【果たす】❶なしとげる。❷すっかり…してしまう。▽使い―。①perform ▼―せる哉(かな) やっぱり。思ったとおり。　果たす

はたち【二十】〈二十歳〉二〇歳。　二十

はたと【礚と】❶突然。▽―思い当たった。❷鋭くにらむようす。　礚と

はだぬぎ【肌脱ぎ】上半身だけ着物をぬいで肌を見せること。　肌脱ぎ

はたび【旗日】国民の祝日。　旗日

はだみ【肌身】はだ。体。▽―離さず。　肌身

はため【傍目】他人が見たようす。そばめ。▽―にも痛々しい。　傍目

はためいわく【傍迷惑】まわりの迷惑になること。　傍迷惑

はためく 風に吹かれ翻る。flutter

はたもと【旗本】江戸時代、将軍直属の家来のうち、禄高(ろくだか)一万石未満で将軍に会う資格のあった武士。　旗本

はたらき【働き】❶仕事。労働。❷生活をしていく能力。かせぎ。❸活動。❹作用。機能。▽心臓の―。①work ④function　働き

はたらく【働く】❶仕事をする。❷活動する。❸作用する。▽引力が―。❹悪いことをする。①③work　働く

はだれゆき【斑雪】まだらに降り積もった雪。はだらゆき。spotted snow　斑雪

はたん【破綻】うまくいかなくなること。▽計画に―をきたす。注は×じょう。fall through　破綻

はだん【破談】一度決まった約束や縁談を取り消すこと。　破談

はたんきょう【巴旦杏】❶アーモンド。❷すもも一品種。　巴旦杏

はち【八】常2 ハチ・や・やつ・やっつ・よう はち。数の八。▽―月。―千代。　八・八

筆順 ノ 八

はち【鉢】常13 ハチ・ハツ ❶僧の食器。▽托―(たくはつ)。❷深い皿。▽金魚―。❸頭の横まわり。▽―巻き。　鉢・鉢

筆順 ノ 𠆢 今 全 金 針 鈢 鉢

はち〔蜂〕⇩ほう

はち【蜂】昆虫の一。bee　蜂

はち【鉢】❶皿より深い食器。❷植木鉢。❸頭の周り。①bowl　鉢

ばち〔罰〕⇩ばつ

ばち【枹】〈桴〉太鼓をたたく棒。　枹

ばち【罰】神仏のこらしめ。悪事の報(むく)い。divine punishment　罰

ばち【撥】三味線・琵琶(びわ)などの弦をはじく道具。　撥

はちあわせ【鉢合わせ】❶頭と頭をぶつけること。❷ばったり出会うこと。　鉢合せ

はちうえ【鉢植え】植木鉢にうえてあること・草木。　鉢植え

ばちがい【場違い】その場にふさわしくないこと。▽―な言動。　場違い

はちく【破竹】竹を割ること。▼―の勢い 非常にはげしい勢い。　破竹

はちじゅうはちや【八十八夜】立春から八八日目の日。太陽暦の五月一、二日ごろ。　八十八夜

はちまき【鉢巻き】頭にまく細長い布。 鉢巻

はちまんぐう【八幡宮】八幡神を祭った神社。 八幡宮

はちみつ【蜂蜜】ミツバチがたくわえた、花のみつ。honey 蜂蜜

はちめんろっぴ【八面六臂】一人で多くの仕事をうまくやりこなすこと。三面六臂。 八面

はちゅうるい【爬虫類】脊椎（せきつい）動物の一。蛇・わに・かめなど。reptile 爬虫類

はちょう【波長】❶波動で、波の山と山、谷と谷との間の距離。❷気持ちが通じ合うときの調子。▽話の—が合う。①wavelength 波長

はちょう【破調】❶和歌・俳句で、定型をくずすこと。字余り・字足らずなど。❷調子がはずれていること。 破調

はつ〔発〕常9 ハツ・ホツ ❶はなつ。▽—射。❷おこす。おこる。▽—生。発足（ほっそく・はっそく）。❸明らかになる。▽—明。❹のび広がる。▽—展。❺でる。▽—送。—信。❻知らせる。▽—令。（發） 発・発

筆順 フ ヲ ヺ 癶 癶 癸 発

はつ〔溌〕12 ハツ 元気な。▽—剌（はつらつ）。活—。（潑） 溌・潑

はつ〔髪〕常14〔髮〕人15 ハツ・かみ ❶頭の毛。▽頭—。❷かみ型。▽日本—。 髪・髪

筆順 ｌ ｒ 툐 镸 髟 髮 髪 髪

はつ〔醗〕16 ハツ 酒をかもす。▽—酵。（醱） 醱・醗

はつ〔鉢〕⇩はち

はつ【初】❶初め。最初。❷初めての。▽—節句。①first 初

はっ〔法〕⇩ほう

ばつ〔伐〕常6 バツ ❶切る。▽—採。❷敵をうつ。▽征—（せいばつ）。 伐・伐

筆順 ノ イ 仁 代 伐 伐

ばつ〔抜〕常7〔拔〕人8 バツ・ぬく・ぬける・ぬかす・ぬかる ❶ひきぬく。▽—歯。❷えらぶ。▽選—。❸ぬきんでる。▽—群。 抜・抜

筆順 一 十 扌 扌 扩 抜 抜

ばつ〔罰〕常14 バツ・バチ 罪のむくい。こらしめ。▽—金。刑—。 罰・罰

筆順 ` 罒 罒 罒 詈 罰 罰

ばつ〔閥〕常14 バツ ❶家柄。▽門—。❷集まり。▽派—。 閥・閥

筆順 ｌ 𠃌 門 門 閂 閥 閥 閥

ばつ〔末〕⇩まつ

ばつ ❶つじつま。❷その場のぐあい。③coherence

ばつ【跋】後書き。跋文。跋語。対序。 跋

はつあん【発案】❶考え出すこと。❷議案を出すこと。②proposition 発案

はつい【発意】思いつくこと。ほつい。 発意

はついく【発育】育って大きくなること。▽—不全。growth 発育

はつうま【初午】二月の最初の午（うま）の日。また、その日に行われる稲荷（いなり）神社の祭り。 初午

はつえん【発煙】煙を出すこと。 発煙

はつおん【発音】音声を出すこと。▽—記号。pronunciation 発音

はつか【二十日】❶月の二〇日目。❷一日の二〇倍。 二十日

はっか【発火】火がもえ出すこと。ignition 発火

はっか【薄荷】シソ科の草の一。葉や茎から薄荷油をとる。peppermint 薄荷

はつが【発芽】種子が芽を出すこと。sprouting 発芽

ハッカー【hacker】コンピュータのプログラムやデータを、盗み出したり破壊したりする者。

はっかい【発会】❶会ができて、活動を始めること。❷取引所で、その月最初の立ち会い。対❷納会。 発会

はっかく【発覚】秘密や悪事がばれること。類露見。exposure 発覚

はつがつお【初鰹】初夏に出回るかつお。 初鰹

はつがま【初釜】新年初の茶事。 初釜

はっかん【発刊】本・新聞などを発行すること。類発行。publication 発刊

はっかん【発汗】汗をかくこと。sweating 発汗

はつがん【発癌】がんが発生すること。▽—物質。 発癌

はっき【発揮】持っている力を十分に出して見せること。▽実力を—する。show 発揮

はつぎ【発議】会議などで意見や議案を出すこと。ほつぎ。proposal 発議

はづき【葉月】陰暦八月の別名。 葉月

はっきゅう【発給】役所が証明書などを発行して与えること。 発給

はっきゅう【薄給】安い給料。安月給。 薄給

はっきょう【発狂】精神に異常をきたすこと。going mad 発狂

はっきん【白金】金属元素の一。プラチナ。記号Pt platinum 白金

はっきん【発禁】「発売禁止」の略。印刷物やCDなどの発売を禁ずる行政処分。▽—本。 発禁

ばっきん【罰金】❶罰として出させる金銭。❷犯罪者から財産刑として取り立てる金銭。①②fine 罰金

パッキング【packing】❶荷造り。❷荷造り用の詰め物。パッキン。❸管のつぎ目などに使う皮やゴム。パッキン。

はっく【八苦】仏教で、人生の八つの苦しみ。生・老・病・死・愛・別・離・苦。 八苦

バックアップ【back up】❶野球で、野手の後ろを他の選手が守ること。❷後援。❸コンピュータで、代替用にデータなどを保存すること。

はっくつ【発掘】❶掘り出すこと。❷知られていないすぐれた人や物を見つけ出すこと。①excavation 発掘

バックボーン【back bone】❶背骨。❷精神的支柱。信条。筋金。

ばつぐん【抜群】ぬきんでていること。類出色。outstanding 抜群

はっけ【八卦】❶易の算木に表れる八種の形。❷易。占い。 八卦

パッケージ【package】❶包装。また、その容器。❷関係するものを一つにまとめたもの。

はっけっきゅう【白血球】血球の一。細菌を殺す無色の細胞。leukocyte 白血球

はっけつびょう【白血病】白血球が異常に多くなる病気。leukemia 白血病

はっけん【発見】初めて見つけ出すこと。discovery 発見

はっけん【発券】券を発行すること。 発券

はつげん【発言】意見をのべること。expressing 発言

はつげん【発現】実際に現れ出ること。▽薬効が—する。類顕現。 発現

はつご【初子】最初の子。ういご。対末子。 初子

ばっこ【跋扈】勢力を広げて、のさばること。▽跳梁(ちょうりょう)—。rampancy 跋扈

はつこい【初恋】初めての恋。 初恋

はっこう【発光】光を出すこと。radiation 発光

はっこう【発行】❶本・新聞などを世に出すこと。❷紙幣・証明書などを出すこと。類❶発刊。刊行。①publication 発行

はっこう【発効】法律・条約などの効力が発生すること。対失効。becomeing effective 発効

はっこう【発酵】〈醱酵〉❶酵素の作用で有機物が分解すること。❷考えがだんだん熟してくること。①fermentation 発酵

はっこう【薄幸】〈薄倖〉ふしあわせ。▽—の美人。対多幸。misfortune 薄幸

はっこういちう【八紘一宇】世界を一軒の家のようにすること。 八紘一宇

はっこつ【白骨】風雨にさらされて白くなった骨。類骸骨(がいこつ)。skele-ton 白骨

ばっさい【伐採】木などを切り倒すこと。cutting down 伐採

はっさく【八朔】❶陰暦八月朔日(ついたち)。❷みかんの一品種。 八朔

はっさん【発散】❶内部にこもっているものを外にまき散らすこと。▽ストレスを—させる。❷数学で、変数が収束しないこと。❸光線が一点から広がりながら進むこと。対❷❸収束。③dispersion 発散

ばつざんがいせい【抜山蓋世】非常に意気盛んで勇壮なこと。 抜山

はっし【発止】❶堅い物どうしがぶつかり合うようす。▽丁々(ちょうちょう)—。❷力強く受けとめるようす。 発止

ばっし【末子】末っ子。まっし。 末子

ばっし【抜糸】傷口を縫い合わせた糸をぬき取ること。 抜糸

ばっし【抜歯】歯をぬくこと。 抜歯

パッシブ【passive】受動的。消極的。対アクティブ。

はっしゃ【発車】電車・バスなどが出発すること。対停車。departure 発車

はっしゃ【発射】❶弾丸・ロケットなどをうち出すこと。❷電波や光を出すこと。①fire, launch 発射

はっしょう【発症】病状が出ること。 発症

はっしょう【発祥】はじめて起こり現れること。▽仏教—の 発祥

は

地。origin

はつじょう【発条】 ばね。ぜんまい。

はつじょう【発情】 情欲が起こること。sexual excitement

ばっしょう【跋渉】 あちこち歩き回ること。▽山野を―する。roving

はっしん【発信】 郵便・電信を出すこと。類送信。対受信。sending

はっしん【発疹▲】 皮膚に小さな吹き出物ができること。また、その吹き出物。ほっしん。eruption

はっしん【発進】 飛行機・自動車などが出発すること。departure

バッシング【bashing】 はげしく非難すること。…叩き。

はっすい【撥水】 水をはじくこと。

ばっすい【抜粋】 本などから必要な部分だけを抜き出すこと。また、抜き出したもの。類抄録。extract

はっする【発する】 ❶出発する。❷起こる。始まる。❸外に向けて出る。▽酔いを―。❹出す。放つ。▽光を―。❺さし向ける。④give off

ばっする【罰する】 罰をあたえる。処罰する。punish

はっせい【発生】 ❶物事がおこること。▽事故の―。❷現れ出ること。▽霧が―する。①occurrence

はっせい【発声】 ❶声を出すこと。❷唱和するとき、音頭(おんど)をとること。

ばっせき【末席】 ⇩まっせき。

はっそう【発走】 競走で、走り出すこと。starting

はっそう【発送】 荷物・郵便などを送り出すこと。dispatch

はっそう【発想】 ❶思いつき。▽―の転換。❷特徴的な考え方。▽若者らしい―。①conception

はっそく【発足】 ⇩ほっそく。

ばっそく【罰則】 違反者を罰する規則。penal regulations

ばっそん【末孫】 遠い子孫。まっそん。類末裔(まつえい)。descendant

ばった【飛蝗▲】 〈蝗虫・蝗〉昆虫の一。農作物の害虫。grasshopper

はったつ【発達】 ❶成長すること。❷進歩すること。❸規模が大きくなること。類❷❸発展。①growth

はっちゃく【発着】 出発と到着。

はっちゅう【発注】 注文を出すこと。対受注。

ばってい【末弟】 すえの弟。まってい。

ばってき【抜擢▲】 大ぜいの中から選んで重用すること。類登用。picking out

はってん【発展】 ❶勢い・力などがのび、栄えていくこと。❷次の段階へ移っていくこと。❸異性関係を広げること。類❶躍進。①development

はつでん【発電】 電気を起こすこと。

ばってん【罰点】 誤り・だめの「×」。ばつ。ばつじるし。black mark

はっと【法度】 ❶武家時代の法律。禁制。❷禁じられていること。②ban

はつどう【発動】 ❶活動を始めること。❷ある特定の権力を行使すること。▽強権の―。

ばっとう【抜刀】 刀を抜くこと。また、抜いた刀。類抜剣。

はつどうき【発動機】 動力を起こす機械。特に、内燃機関。engine

はっとうしん【八頭身】 身長が頭部の八倍であること。八等身。

はつなり【初生り】 その年はじめてなった果実や野菜。▽―のナス。

はつに【初荷】 その年初めて送り出す商品。

はつね【初音】 うぐいす・ほととぎすなどのその年初めての鳴き声。

はつねつ【発熱】 ❶熱を発生すること。▽―体。❷体温が平常より高くなること。②fever

はっぱ【発破】 火薬で岩石などを破壊すること。また、その火薬。blast ▼**―を掛(か)ける** 気合いを入れて励ます。

はつばい【発売】 売り出すこと。sale

はつはる【初春】 新年。

はつひ【初日】 元日の朝日。

はっぴ【法被】 〈半被〉職人などが着る、しるしばんてん。

ハッピー【happy】 幸福なようす。

はっぴゃくやちょう【八百八町】

江戸の町全体。

はつびょう【発病】 病気の症状が現れること。病気になること。　発病

はっぴょう【発表】 広く世間に知らせること。類公表。announcement　発表

ばつびょう【抜錨】 いかりを上げ、出航すること。類出帆。対投錨。　抜錨

はっぷ【発布】 法律などを公布すること。promulgation　発布

はつぶたい【初舞台】 ❶初めて舞台で演技すること。▽—を踏む。❷初めて公衆の前で事を行うこと。①② debut　初舞台

はっぷん【発奮】 〈発憤〉心をふるい立たせること。類奮起。rouse　発奮

ばつぶん【跋文】 後書き。跋。　跋文

はつほ【初穂】 ❶その年最初に実った稲穂。❷神仏に供える初物（の代わりにおさめる金銭）。　初穂

はっぽう【八方】 ❶八つの方角。❷あらゆる方面。②all directions　八方

はっぽう【発泡】 あわが出ること。▽—酒。　発泡

はっぽう【発砲】 鉄砲を撃つこと。fire　発砲

はっぽうびじん【八方美人】 だれにも好かれようとふるまう人。　美人

はっぽうふさがり【八方塞がり】 手の打ちようがないこと。　八方塞

はっぽうやぶれ【八方破れ】 ❶すきだらけであること。❷居直っていること。　八方破

ばっぽん【抜本】 根本の原因を取り除くこと。▽—的な対策。　抜本

はつまご【初孫】 初めての孫。ういまご。　初孫

はつみみ【初耳】 初めて聞くこと。news　初耳

はつめい【発明】 ❶新しく考え出すこと。❷利発。①invention　発明

はつもうで【初詣で】 年のはじめに、神社や寺におまいりすること。初参り。　初詣で

はつもの【初物】 ❶その年初めてとれた農作物。❷その季節に初めて食べる物。❸だれも手をつけていないもの。　初物

はつもん【発問】 質問。question　発問

はつゆめ【初夢】 新年最初に見る夢。一月一日か二日の夜にみる夢。　初夢

はつよう【発揚】 勢いや意気などをふるい立たせて、盛んにすること。▽国威を—する。elevation　発揚

はつらつ【溌剌】 明るく元気がいいようす。▽—とした若者。類活発。注溌×剌。lively　溌剌

はつれい【発令】 法令・辞令・警報などを出すこと。　発令

はつろ【発露】 気持ち・感情が表面に現れ出ること。▽友情の—。manifestation　発露

はて【果て】 ❶終わり。最後。▽—の無い欲望。❷いちばんはずれ。▽南の—の小島。❸結末。▽なれの—。end　果て

はで【派手】 はなやかで目立つこと。対地味。showy　派手

ばてい【馬丁】 馬の世話などを仕事としている人。stableman　馬丁

ばてい【馬蹄】 馬のひづめ。horse's hoof　馬蹄

はてる【果てる】 ❶終わりになる。尽きる。❷死ぬ。❸すっかり…しつくす。▽あきれ—。①end　果てる

はてんこう【破天荒】 前例のない驚くべきこと。▽—な計画。類前代未聞。　破天荒

はと〔鳩〕 人13 **キュウ・はと** ❶鳥の、はと。▽—舎（きゅうしゃ）。❷集まる。▽—首（きゅうしゅ）。　鳩・鳩

筆順 ノ 九 九 九 九 九 鳩 鳩

はと【鳩】 鳥の一。平和の象徴とされる鳥。pigeon ▼**—が豆鉄砲**（まめでっぽう）**を食ったよう** びっくりして目を丸くするようす。▼**—に三枝**（さんし）**の礼あり** 礼儀を重んじるべきことのたとえ。　鳩

はとう【波頭】 ❶なみがしら。❷波の上。海上。①wave crest　波頭

はとう【波濤】 大きな波。billow　波濤

はどう【波動】 振動が波のように伝わる現象。wave motion　波動

はどう【覇道】 武力・権謀によって国を治めるやり方。対王道。　覇道

ばとう【罵倒】 はげしいことばでののしること。abuse　罵倒

はとこ【再従兄弟】 〈再従姉妹〉いとこの子どうし。またいとこ。　従兄弟

はとは【鳩派】 おだやかに事態をおさめようとする人々。対鷹派（たかは）。　鳩派

は

はとば【波止場】 埠頭(ふとう)。wharf

はとむね【鳩胸】 前に張り出た胸。

はとめ【鳩目】 ひもを通すためにあけた穴(にとりつける金具)。eyelet

はどめ【歯止め】 ❶ブレーキ。❷車輪が動かないようにかませるもの。❸物事の行きすぎを食いとめる手段・方法。▽—をかける。①③brake

バトンガール バトンを回しながらパレードの指揮をする少女。和製語。baton twirler

はな【花】 〈華〉❶種子植物の生殖器官。❷特に、桜の花。❸生け花。❹美しさやはなやかさのたとえ。▽—の都。❺名誉。❻芸人などに与える祝儀。①flower, blossom ▼**—に嵐**(あらし) よい事には障害が起こりやすいたとえ。▼**—の顔**(かんばせ) 花のように美しい顔。▼**—は桜木**(さくらぎ)**人は武士** 花の中では桜、人の中では潔い武士が第一である。▼**—も実もある** 名実を兼ねそなえている。理にもかない情もある。▼**—も恥**(は)**じらう** ういういしく美しい女性の形容。▼**—より団子** 風流なものより実利あるものの方がよいというたとえ。▼**—を添**(そ)**える** さらにはなやかにする。▼**—を持たせる** 相手を立てて栄誉をゆずる。

使い分け「はな」

花…植物の花(特に桜の花)。花のように人目を引くもの。▽—が咲く。—も実もない。—道を飾る。両手に—。—の都。—形。

華…きらびやかで美しい様子。本質を成す最も重要な部分。▽—やかに着飾る。——しい生涯。国風文化の—。武士道の—。

はな【洟】 鼻から出る液体。鼻汁(はなじる)。snivel

はな【端】 ❶最初。▽—からつまずく。❷先端(部)。

はな【鼻】 ❶顔の中央の突き出た部分。呼吸し、においをかぎ、発声を助ける。❷きゅう覚。①nose ▼**—を明かす** 出し抜いてあっと言わせる。▼**—を突**(つ)**く** 悪臭が鼻を刺激する。

はないき【鼻息】 ❶鼻でする息。▽—が荒い(=意気込みが激しい)。❷意気込み。▽すごい—だ。①snort

はなうた【鼻歌】 〈鼻唄〉鼻にかかった低い声で歌うこと・歌。humming

はなお【鼻緒】 下駄・ぞうりの、足の指を通す部分。▽—をすげる。

はながた【花形】 ❶花のかたち。❷人気があってもてはやされること・人。▽—選手。②star

はながみ【鼻紙】 ちり紙。鼻汁などをふきとる紙。tissue

はなぐすり【鼻薬】 ❶鼻の薬。❷少額のわいろ。▽—をかがせる。類❷袖(そで)の下。

はなぐもり【花曇り】 桜がさくころの曇りがちの天気。

はなごえ【鼻声】 ❶鼻のつまった声。❷甘えて鼻にかかった声。①nasal voice

はなござ【花茣蓙】 いろいろな色に染めた藺(い)で模様を織り出したござ。花むしろ。

はなことば【花言葉】 花ごとに一定の意味を象徴的にもたせたことば。ばらの「純愛」、白ゆりの「純潔」など。

はなし〔噺〕 16 はなし 作った話。落語。▽人情—。

はなし【話】 ❶話すこと。❷うわさ。評判。❸相談。交渉。❹わけ。事情。❺〈咄・噺〉物語。昔話。落語など。①③talk ②rumor ▼**—に花が咲**(さ)**く** 話が面白くなって、次々に出てくる。▼**—に実が入る** 話に熱中する。

はなしあい【話し合い】 話しあうこと。相談。talk(s)

はなしか【噺家】 〈咄家〉落語家。

はなしがい【放し飼い】 家畜をつないだり囲ったりせずに飼うこと。類放牧。

はなしことば【話し言葉】 日常話すことば。口語。spoken language

はなして【話し手】 ❶話す方の人。話者。❷話の上手な人。▽なかなかの—だ。

はなじろむ【鼻白む】 不快に思って興ざめた顔つきになる。▽いきなりどなられて—んでしまった。

はなす【放す】 ❶解放する。❷にぎっていた手をとく。①release

はなす【話す】 ❶ことばで言う。❷相談する。①talk, speak, tell

はなす【離す】 ❶くっついているものを分ける。❷間をあける。①separate

はなすじ【鼻筋】 眉間(みけん)から鼻先までの線。

はなすすき【花薄】 穂の出たすすき。尾花。

はなぞの【花園】 花の咲く草木が多い園。類花畑。

はなだい【花代】 芸者などに払う代金。玉代(ぎょくだい)。 花代

はなだいろ【縹色】 薄いあい色。花色。 縹色

はなたば【花束】 花をたばねたもの。 花束

はなだより【花便り】 (桜の)花の咲いた知らせ。花信。 花便り

はなぢ【鼻血】 鼻から出る血。nosebleed 鼻血

はなつ【放つ】 ❶自由にさせる。❷矢・弾丸をとばす。❸光・音・匂いを出す。❹つかわす。①set free ②shoot 放つ

はなっぱしら【鼻っ柱】 人に負けまいとする意地。鼻柱。鼻っぱし。 鼻っ柱

はなつまみ【鼻摘み】 ひどく人にきらわれること・人。stinker 鼻摘み

はなはだ【甚だ】 非常に。たいそう。 甚だ

はなはだしい【甚だしい】 程度がひどい。激しい。 甚だしい

はなばなしい【華華しい】 (花花しい)はなやかでみごとだ。▽―活躍。brilliant 華華し

はなび【花火】 調合した火薬に火をつけて破裂させたり燃やしたりし、光の色や形・音を楽しむもの。fireworks 花火

はなびら【花弁】 花冠のうすい一枚一枚。かべん。petal 花弁

はなふだ【花札】 花合わせに使う札。また、その遊び。花がるた。 花札

はなふぶき【花吹雪】 桜の花びらがさかんに散るようす。 花吹雪

はなまつり【花祭り】 灌仏会(かんぶつえ)。 花祭

はなみ【花見】 花、特に桜を見て楽しむこと。類観桜。 花見

はなみ【花実】 ❶花と実。❷名と実(じつ)。 花実

はなみ【歯並み】 はならび。 歯並み

はなみず【鼻水】 水っぽい洟(はな)。 鼻水

はなみずき【花水木】 ミズキ科の落葉小高木。五月ごろ花が咲く。アメリカヤマボウシ。 花水木

はなみち【花道】 ❶劇場で、客席の間を通って舞台に通じる通路。❷大相撲で力士が土俵に出入りする通路。❸引退するときの、華々しい場面。 花道

はなむけ【餞】 餞別(せんべつ)。 餞

はなむこ【花婿】 (花聟)新郎。groom 対花嫁。 花婿

はなむしろ【花筵】 ❶花びらが一面に散りしいたようす。❷花ござ。 花筵

はなもちならない【鼻持ちならない】 臭くて(嫌みで)がまんならない。 鼻持ち

はなやか【華やか】 (花やか)目立っていて美しい。また、勢いが盛んで輝かしいようす。gorgeous 華やか

はなやぐ【華やぐ】 (花やぐ)明るくはなやかになる。 華やぐ

はなよめ【花嫁】 新婦。対花婿。bride 花嫁

はならび【歯並び】 歯の並びぐあい。歯並み。 歯並び

はなれ【離れ】 離れ家。また、離れ座敷。annex 離れ

ばなれ【場慣れ】 (場馴れ)経験を積んでその場になれていること。 場慣れ

はなれる【放れる】 つないでいたものがとけて、自由になる。get free 放れる

はなれる【離れる】 ❶つながりをなくす。❷間があく。①fall apart 離れる

使い分け「はなす・はなれる」

離す・離れる…距離や間隔が広がる。離脱する。▽ハンドルから手を離す。切り離す。駅から遠く離れた町。離れ島。離れ離れになる。職を離れる。

放す・放れる…拘束や固定を外す。放棄する。▽魚を川に放す。野放しにする。放し飼い。手放しで褒める。矢が弦を放れる。見放す。

はなれわざ【離れ業】 大胆で奇抜な芸当やふるまい。stunt 離れ業

はなわ【塙】 人13 カク・はなわ ❶かたい土。❷土地の小高いところ。 筆順 塙・塙

はにかむ【含羞む】 はずかしそうにする。be bashful 含羞む

パニック【panic】 突然の混乱状態。恐慌(きょうこう)。

はにゅうのやど【埴生の宿】 土壁のみすぼらしい家。 埴生

はにわ【埴輪】 古墳時代に作られた、素焼きの像。clay image 埴輪

はね【羽】❶鳥の体に生えている毛。❷鳥の翼。❸〈翅〉昆虫の飛ぶための器官。❹飛行機の翼。①feather ②〜④wing　羽

はね【羽根】❶機械などの、つばさの形をしたもの。❷むくろじの種子に鳥の羽を付けた、羽子板でつくもの。①blade　羽根

ばね【発条】❶鋼鉄などを巻いたり曲げたりして、その弾力を利用するもの。❷足や腰（こし）の弾力性。①spring　発条

はねあがる【跳ね上がる】❶はねてとび上がる。❷値段などが急に上がる。❸過激な行動をとる。　跳ね上

はねかえる【跳ね返る】❶はねて戻る。❷勢いよくはねる。❸物事の影響が戻ってくる。①rebound　跳ね返

はねつき【羽根突き】羽子板で羽根をつき合う遊び。追い羽根。　羽根突

はねつける【撥ね付ける】受け付けない。拒絶する。refuse　撥ね付

はねのける【撥ね除ける】❶おしのける。❷選び出して取り除く。①push aside　撥ね除

はねる【刎ねる】首を切りおとす。▽首を—。　刎ねる

はねる【跳ねる】❶とび上がる。▽うさぎが—。❷飛び散る。▽泥水が—。❸その日の興行が終わる。①jump ②splash ③end　跳ねる

はねる【撥ねる】❶はじきとばす。▽車が小石を—。❷先を勢いよく上げる。❸取り除く。❹かすめ取る。▽上前を—。①flip　撥ねる

パネル ディスカッション【panel discussion】対立意見の代表者が、聴衆の前で討論し、のちに聴衆をふくめた全員の討議に移る討論会の形式。

はは【母】❶女親。❷物事を生み出すもと。▽必要は発明の—。対❶父。①②mother　母

はば【幅】〈巾〉❶横の長さ。❷高低の差。❸威勢。はぶり。❹余裕。ゆとり。▽—を持たせる。①width ▼—を利（き）かせる 思いのままにふるまう。　幅

ばば【馬場】乗馬や競馬をする所。　馬場

ばば【婆】❶年をとった女性。おばあさん。❷トランプのジョーカー。対❶爺（じじ）。　婆

ははかた【母方】母親の血筋の方。　母方

はばかり【憚り】❶おそれつつしむこと。遠慮。❷便所。①hesitation　憚り

はばかりさま【憚り様】❶恐れ入ります。❷お気の毒さま。　憚り様

はばかりながら【憚りながら】❶言いにくいことだが。❷大きな口をきくようだが。　憚りな

はばかる【憚る】❶遠慮する。さしひかえる。❷はばをきかせる。①hesitate　憚る

ははこぐさ【母子草】野草の一。春から夏にかけて黄色い花が咲く。春の七草の「ごぎょう」にあたる。ほうこぐさ。　母子草

はばたく【羽撃く】鳥が羽を広げて動かす。flutter　羽撃く

はばつ【派閥】出身や利害関係などで結びついているなかま。faction　派閥

はばむ【阻む】さえぎってじゃまをする。さまたげる。prevent　阻む

はびこる【蔓延る】❶草が一面に生える。❷悪い事が広がる。▽暴力が—世界。②thrive　蔓延る

パビリオン【pavilion】博覧会の展示用の、一時的な建物。

はふ【破風】建築で、切り妻屋根のはしにつけた山形の板。gable　破風

はぶ【波布】毒蛇の一。沖縄・奄美（あまみ）両諸島にすむ。　波布

パブ【pub】西洋風の大衆酒場。

パフォーマンス【performance】❶演技・演奏。特に、肉体を使った芸術表現。❷（機械などの）性能や機能。

はぶく【省く】❶とり除く。へらす。▽無駄を—。❷簡単にする。①omit　省く

はぶたえ【羽二重】うすくて、つやのある絹織物。　羽二重

はぶり【羽振り】世間における地位・勢力。▽—がいい。　羽振り

パブリシティー【publicity】情報をマスコミに提供し、記事や番組などで取り上げてもらう宣伝活動。

パブリック【public】公共の。対プライベート。▼—オピニオン 世論。▼—コメント 意見公募。

バブル【bubble】❶泡。❷はかないもの。

ばふん【馬糞】馬のふん。まぐそ。horse manure　馬糞

はへい【派兵】軍隊の派遣。　派兵

はべる【侍る】 身分の高い人のそばに仕える。▽美女を—らせる。attend　侍る

はへん【破片】 かけら。fragment　破片

はま【浜】 海や湖にそった、平らな砂地。beach　浜

はまき【葉巻】 葉巻たばこ。cigar　葉巻

はまぐり〔蛤〕 12 **コウ・はまぐり** 二枚貝の一。はまぐり。　蛤・蛤

はまぐり【蛤】 二枚貝の一。遠浅の海にすむ。食用。clam　蛤

はまち【魬】 ぶりの幼魚。　魬

はまちどり【浜千鳥】 浜辺にいる千鳥。　浜千鳥

はまべ【浜辺】 浜のあたり。　浜辺

はまや【破魔矢】 正月の縁起物の（魔よけの）矢。棟上げ式にも飾る。　破魔矢

はまゆう【浜木綿】 草花の一。暖地の海岸に自生。夏、白い花が咲く。はまおもと。crinum　浜木綿

はまゆみ【破魔弓】 正月の縁起物の弓。端午の節句・棟上げ式にも飾る。　破魔弓

はまる【嵌まる】 〈塡まる〉❶ぴったり入る。❷条件に合う。❸落ちこむ。❹だまされる。▽計略に—。①fit　嵌まる

はみがき【歯磨き】 ❶歯をみがくこと。❷歯をみがくために歯ブラシにつけて使うもの。▽—粉。　歯磨き

はみだす【食み出す】 あまって外にあふれ出る。はみでる。　食み出

はむ【食む】 ❶食べる。❷給料をもらう。▽高給を—。①eat　食む

はむかう【刃向かう】 〈歯向かう〉逆らう。抵抗する。　刃向か

はめ【羽目】 ❶板張りの壁。❷〈破目〉困った事態。▽一曲歌う—になってしまった。▼—を外す 調子づいて度を越す。　羽目

はめいた【羽目板】 羽目❶に張った板。　羽目板

はめごろし【嵌め殺し】 開閉できないように取り付けること。また、その建具。　嵌め殺

はめつ【破滅】 破れほろびること。だめになること。▽身の—。ruin　破滅

ばめん【場面】 ❶その場のようす。▽緊迫（きんぱく）した—に出くわす。❷映画・演劇などの一情景。▽映画の名—集。②scene　場面

はも【鱧】 海にすむ魚の一。体はうなぎに似ている。食用。　鱧

はもの【刃物】 刃のある道具。cutlery　刃物

はもの【端物】 はんぱ物。　端物

はもん【波紋】 ❶波の輪の模様。❷影響。▼—を投じる 変化を起こすきっかけをつくる。①water ring　波紋

はもん【破門】 ❶先生が弟子との関係を断つこと。❷宗門から除名すること。①ouster　破門

はや【鮠】 淡水魚の「うぐい」の別称。はえ。dace　鮠

はやあし【早足】 〈速歩〉急ぎ足。　早足

はやい【早い】 ❶時刻・時間が前だ。❷まだその時期ではない。❸てっとりばやい。①early　早い

はやい【速い】 ❶時間がかからない。▽足が—。❷動きが急だ。①fast ②quick　速い

> **使い分け**「はやい・はやまる・はやめる」
>
> **早い・早まる・早める**…時期や時刻が前である。時間が短い。予定よりも前になる。▽早く起きる。気が早い。早変わり。矢継ぎ早。順番が早まる。出発時間が早まる。開会の時刻を早める。
>
> **速い・速まる・速める**…スピードがある。速度が上がる。▽投手の球が速い。テンポが速い。改革のスピードが速まる。回転を速める。脈拍が速まる。足を速める。

はやうまれ【早生まれ】 一月一日から四月一日の間に生まれること・人。　早生れ

はやがてん【早合点】 よく聞かないでわかったと思いこむこと。早のみこみ。　早合点

はやがね【早鐘】 火事や急なできごとを知らせる、はげしく打ち鳴らす鐘。　早鐘

はやがわり【早変わり】 ❶〈早替わり〉芝居で、一人の役者が同じ場面ですばやく他の役に姿を変えること。❷すばやく姿・態度などを変えること。　早変わ

はやく【早く】 ❶急いで。❷早い時期に。❸早い時期・時刻。　早く

はやく【破約】 約束を取り消すこと。　破約

はやく【端役】 映画・演劇などで、重要でない役。ちょい役。small post　端役

はやざき【早咲き】 同種の中でも早い時期に咲くもの。▽—の桜。対遅咲き。　早咲き

はやし【林】 木が多数生えた所。類森。wood　林

はやし【囃子】 日本の芸能で、伴奏や拍子をとるための、笛・太鼓・三味線などの演奏。　囃子

はやじに【早死に】 若くして死ぬこと。若死に。早世。夭折(ようせつ)。untimely death　早死に

はやじも【早霜】 平年より早くおりる霜。対遅霜(おそじも)。　早霜

はやす【生やす】 生えるようにする。生えるままにする。grow　生やす

はやす【囃す】 ❶ほめたり、ひやかしたりする。❷声を出したり、手を打ったりして調子をとる。①josh　囃す

はやせ【早瀬】 川の、流れの速い所。　早瀬

はやて【疾風】 急にふきおこるはげしい風。しっぷう。gale　疾風

はやで【早出】 ❶ふつうより早く家を出て出勤すること。❷早番。　早出

はやばまい【早場米】 他の地方より早くとり入れて市場に出す米。　早場米

はやばん【早番】 交替制で、早く勤務する番。early shift　早番

はやぶさ〖隼〗 人10 **ジュン・シュン・はやぶさ** たかに似た鳥の、はやぶさ。▽—人(はやと)。　隼・隼

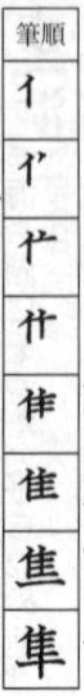

はやぶさ【隼】 中形のたか。非常に速く飛ぶ。たか狩りに使う。peregrine falcon　隼

はやま【端山】 連山の近くの低い山。　端山

はやまる【早まる】 ❶予定より早くなる。▽完成が—。❷軽率なことをする。▽—ったことはするな。　早まる

はやまる【速まる】 速度が速くなる。▽スピードが—。　速まる

はやみ【早見】 一目でわかるようにしたもの。早見表。▽運賃—表。　早見

はやみち【早道】 ❶近道。❷早く目的を達するための簡単な方法。▽野球上達の—。①shortcut ②easy way　早道

はやみみ【早耳】 いち早く聞きつけること・人。quick eared　早耳

はやめる【早める】 時期・時刻を予定より早くする。▽出発を—。　早める

はやめる【速める】 速度を速くする。▽足を—。speed up　速める

はやり【流行】 はやること。流行(りゅうこう)。fashion　流行

はやりぎ【逸り気】 血気にはやる気持ち。high spirits　逸り気

はやる【流行る】 ❶流行する。❷病気などが広がる。❸商売が繁盛する。①be popular　流行る

はやる【逸る】 勇み立つ。あせる。▽—心を抑える。be rash　逸る

はやわざ【早業】 〈早技〉すばやくて、たくみな手ぎわ。▽目にもとまらぬ—。　早業

はら【原】 平らで広々とした草地。野原。field　原

はら【腹】 ❶胃・腸などのある部分。おなか。❷胃や腸。❸母の胎内。❹〈肚〉心の中。本心。❺〈肚〉度胸。①stomach ▼—がおさまらない くやしくて我慢できない。▼—が据(す)わる 物事に動じない。▼—が減っては軍(いくさ)ができぬ 空腹の状態ではよい仕事ができない。▼—に一物(いちもつ) 悪だくみをもっていること。▼—に据(す)えかねる 我慢しきれなくなる。▼—の皮をよじる 大笑いする。▼—も身の内 腹も体の一部だから、暴飲暴食はつつしめということ。▼—を固める 覚悟する。▼—を抱(かか)える 大笑いする。▼—を割る 本心を打ち明ける。　腹

ばら【散】 ❶組みになっているものをばらばらに分けたもの。▽—の絵の具。—で売る。❷ばら銭。①loosing ②change　散

ばら【薔薇】 落葉低木の一。香りのよい美しい花が咲く。しょうび。そうび。rose　薔薇

はらいきよめる【祓い清める】 お祓いをして罪・けがれをのぞき清める。　祓い清

はらいさげる【払い下げる】 官公庁などが、物を民間に売りわたす。　払い下

はらいせ【腹癒せ】 怒りや恨みを晴らすこと。　腹癒せ

はらいもどす【払い戻す】 ❶清算して、余分のお金を返す。❷預金・貯金を預けた人に払い渡す。❸払った代金をもどす。❹当選券・的中券を現金にかえて渡す。③pay back　払い戻

ばらいろ【薔薇色】 ❶うすい紅色。❷希望に満ちていて明るいようすのたとえ。▽—の人生。①②rose　薔薇色

はらう【払う】 ❶取りのぞく。▽枝を—。❷代金を渡す。❸不用の物などを売る。▽ぼろを—。❹心を向ける。▽注意を—。❺勢いよく動かす。▽刀を—。②④pay　払う

はらう【祓う】 神に祈って罪・けがれなどをとりのぞく。▽悪霊を—。purify　祓う

はらがけ【腹掛け】 胸から腹をおおう衣類。 腹掛

はらから【同胞】 ❶兄弟姉妹。❷同国民。①brothers 同胞

パラグライダー【paraglider】 長方形のパラシュートで空を飛ぶスポーツ。

パラグラフ【paragraph】 文章の段落。節(せつ)。

はらぐろい【腹黒い】 心が邪悪なようすだ。wicked 腹黒い

はらげい【腹芸】 ❶芝居で、せりふや動作によらずに気持ちを表現すること。❷度胸や経験で問題を処理すること。❸腹にかいた絵を動かしてする芸。 腹芸

はらこ【腹子】 魚類の腹にある卵。 腹子

パラサイト【parasite】 ❶寄生虫。❷寄食者。居候。

パラサイトシングル 親と同居して、自立したがらない未婚者。和製語。parasiteとsingleから。

はらす【晴らす】 気持ちをすっきりさせる。▽恨みを—。dispel 晴らす

はらす【腫らす】 はれるようにする。 腫らす

ハラスメント【harassment】 いじめや嫌がらせ。

ばらせん【散銭】 小ぜに。特に、硬貨。ばら。small change 散銭

はらだたしい【腹立たしい】 しゃくにさわるようす。 腹立た

はらだち【腹立ち】 腹を立てること。 腹立ち

はらちがい【腹違い】 父が同じで母がちがう兄弟姉妹。 腹違い

はらづつみ【腹鼓】 ふくれた腹を鼓のように打つこと。はらづつみ。▼—を打つ 十分食べて満足する。 腹鼓

パラドックス【paradox】 逆説。

はらのむし【腹の虫】 ❶「回虫」の俗称。❷腹立たしい気持ち。▼—がおさまらない 腹の虫が承知しない。▼—が承知しない しゃくにさわって、我慢できない。▼—の居所が悪い きげんが悪い。虫の居所が悪い。 腹の虫

はらばう【腹這う】 ❶腹を地に着けた姿勢で前進する。❷うつぶせになる。①crawl 腹這う

パラフレーズ【paraphrase】 やさしいことばで言いかえること。敷衍(ふえん)。

ばらまく【ばら蒔く】 ❶まき散らす。❷手あたりしだいに人にあたえる。①scatter ばら蒔

はらむ【孕む】 ❶妊娠(にんしん)する。❷内部に持つ。含む。▽危険を—。①conceive 孕む

パラリンピック【Paralympics】 国際身体障害者スポーツ大会。

はらわた【腸】 ❶内臓。❷精神。心。①entrails ▼—が煮(に)えくり返る 腹立たしくて我慢できない。 腸

はらん【波乱】 〈波瀾〉変化が激しいこと。また、もめごと。騒ぎ。trouble 波乱

はらんばんじょう【波乱万丈】 〈波瀾万丈〉物事の、進行の変化が激しいこと。 万丈

はり【玻璃】 ❶七宝(しっぽう)の一。水晶。❷ガラスの古い呼び名。①crystal 玻璃

はり【針】 ❶金属などの、先のとがった突き刺して使うもの。❷計器の目盛りを指すもの。❸他人を傷つけることばとげ。①needle 針

はり【梁】 柱の上に横に渡して屋根などを支える材。beam 梁

はり【鉤】 釣りばり。かぎばり。hook 鉤

はり【鍼】 漢方で、体に刺して刺激を与える治療法。また、それに使う器具。 鍼

はりあい【張り合い】 ❶張り合うこと。❷努力のしがいがあること。 張合い

はりあう【張り合う】 せりあう。競争する。compete 張り合

バリアフリー【barrier-free】 仕切りや段差など、高齢者や障害者が生活するうえで障害になっているものを取り除いてあること。

バリウム【Barium ドイツ】 ❶アルカリ金属元素の一。銀白色。記号Ba ❷「硫酸バリウム」の略。X線検査の造影剤。

バリエーション【variation】 ❶変化。変動。❷変奏。変奏曲。

はりがね【針金】 金属を線のように細長くしたもの。wire 針金

はりがみ【張り紙】 〈貼り紙〉(伝達や広告のために)張りつける紙。 張紙

ばりき【馬力】 ❶仕事量の単位。一馬力は、一秒当たり七五キロのものを一メートル動かす仕事量。❷精力。②energy 馬力

はりきる【張り切る】 ❶十分に張る。❷元気にあふれる。 張り切

はりこ【針子】 服を縫う職業の女性。縫い子。 針子

はりこ【張り子】 木型に紙をはった後、木型を抜いて作る細工物。張り抜き。

はりこむ【張り込む】 ❶見張りをする。❷奮発して大金を出す。❸はりつける。①stake out

はりさける【張り裂ける】 ❶いっぱいに張って破れる。❷感情が高まって胸が裂けそうになる。

ばりぞうごん【罵詈雑言】 口ぎたなくののしること・悪口。注ば×げんぞう×げん。

はりだし【張り出し】 ❶張り出していること・物。❷張り紙。❸相撲の番付の欄外に記されること・人。

はりつけ【磔】 昔、柱などに体を縛りつけて突き殺した刑。

はりつける【張り付ける】 〈貼り付ける〉物を広げて、のりなどで他の物にくっつける。stick

はりつめる【張り詰める】 ❶一面に張る。❷緊張する。▽心が―。

はりばん【張り番】 見張り番(の人)。

はる【春】 ❶四季の一。三・四・五月。❷新年。正月。❸最も盛んな時期。❹思春期。❺春情。①spring

はる【張る】 ❶一面におおう。▽氷が―。❷のび広がる(広げる)。❸突き出る(出す)。▽ひじを―。❹緊張する。▽気が―。❺高くつく。▽値が―。❻よく見せようとする。▽見栄(みえ)を―。❼おしとおす。▽意地を―。❽かける。▽山を―。❾見張る。❿平手で打つ。②spread

はる【貼る】 〈張る〉のりなどで平たくくっつける。paste

> **使い分け「はる」**
> **張る**…広がる。引き締まる。取り付ける。押し通す。▽根が―。策略を張り巡らす。気が―。テントを―。テニスのネットを―。論陣を―。強情を―。片意地を―。
> **貼る**…のりなどで表面に付ける。▽ポスターを―。切手を貼りつける。貼り紙。貼り薬。

はるいちばん【春一番】 その年最初に吹く強い南風。

はるか【遥か】 ❶時間・距離が遠く隔たっているようす。❷違いがはなはだしいようす。▽―に上等だ。①far

はるがすみ【春霞】 春に立ちこめるかすみ。

はるぎ【春着】 ❶春に着る衣服。❷正月の晴れ着。

はるさめ【春雨】 ❶春に降る雨。❷でんぷんから作る透明な糸状の食品。

パルス【pulse】 ❶脈拍。❷瞬間的に流れる電波・電流。

はるつげどり【春告げ鳥】 「うぐいす」の別称。

はるのななくさ【春の七草】 せり・なずな・ごぎょう・はこべら・ほとけのざ・すずな・すずしろ。

はるばる【遥遥】 非常に遠くから来るようす。また、遠くへ行くようす。

はれ【晴れ】 ❶空が晴れること。❷晴れがましいこと。❸疑いがとけること。▽―の身となる。対❷褻(け)。①fine

はれ【腫れ】 〈脹れ〉腫れること。腫れたところ。▽―が引く。swelling

ばれい【馬齢】 自分の年齢の謙譲語。▼―を重ねる むだに年を取る。

ばれいしょ【馬鈴薯】 「じゃがいも」の別称。potato

バレエ【ballet フランス】 音楽を伴って舞踏によって表現する舞台芸術。

バレー 「バレーボール」の略。

はれがましい【晴れがましい】 表立って、華やかである。また、きまりが悪い。

はれぎ【晴れ着】 晴れやかな場で着る服。

はれすがた【晴れ姿】 晴れの場に立った姿。

はれつ【破裂】 ❶激しく破れ裂けること。▽水道管が―する。❷相談が物別れになること。▽談判が―した。①burst

はれて【晴れて】 はばかることなく。公然と。▽―夫婦になる。openly

はればれ【晴れ晴れ】 ❶空が晴れ渡ったようす。❷心が明るくさわやかなようす。

はれま【晴れ間】 ❶雨や雪が一時やんでいるとき。❷雲の切れめの青空。

はれもの【腫れ物】 できもの。swelling ▼―に触(さわ)るよう 相手におそるおそる接するようす。

はれやか【晴れやか】 ❶心がさわやかなようす。▽―な顔。❷よく晴れているようす。❸華やか。①clear ②fair

はれる【晴れる】❶よい天気になる。雨などがあがる。❷疑いなどが消える。気持ちがさっぱりする。▽気が―。① clear　晴れる

はれる【腫れる】病気・炎症などで皮膚がふくれあがる。swell　腫れる

バレル【barrel】⇩バーレル。

ばれる 隠していたことが人に気付かれる。leak

バレンタインデー【Valentine Day】ローマの殉教者聖バレンタインを祭るカトリックの祭日。二月一四日。日本では、女性から男性へ求愛できる日とされている。

はれんち【破廉恥】平気で恥ずかしいことをすること。▽―な行為。対廉恥知らず。厚顔無恥。恥。shameless　破廉恥

はろう【波浪】なみ。波濤(はとう)。wave　波浪

ハロウィン【Halloween】万聖節(カトリックで、すべての聖人を記念する日)の前夜祭。十月三一日。ハロウィーン。

ハローワーク 公共職業安定所の愛称。和製語。

パロディー【parody】有名な作品をまねて、風刺化・滑稽(こっけい)化したもの。もじり。▽―化。

はわたり【刃渡り】❶刃物の刃の長さ。▽―三寸。❷刀の上を素足で渡る曲芸。　刃渡り

はん〔反〕常4 **ハン・ホン・タン・そる・そらす**❶もどる。▽―射。―転。❷なんども行う。▽―復。❸さからう。▽―逆。❹逆に。▽―比例。❺田畑・布地の単位。❻そる。▽―り身。
筆順 一 厂 万 反　反・反

はん〔半〕常5 **ハン・なかば**❶二つにわけた一方。▽折―。❷なかば。▽―熟。―端。
筆順 丶 丷 䒑 兰 半　半・半

はん〔氾〕常5 **ハン** 水があふれて広がる。▽―濫。
筆順 丶 冫 氵 氾 氾　氾・氾

はん〔犯〕常5 **ハン・おかす** 法や規則をやぶる(人)。▽―罪。共―。
筆順 ノ 犭 犭 犯 犯　犯・犯

はん〔帆〕常6 **ハン・ほ**❶ほ。風をうける布。▽―船。❷ほをあげて船を出す。▽出―。
筆順 丨 冂 巾 帆 帆 帆　帆・帆

はん〔汎〕常6 **ハン**❶ひろい。―愛。―用。❷あまねく。すべて。▽―神論。
筆順 丶 冫 氵 汎 汎 汎　汎・汎

はん〔伴〕常7 **ハン・バン・ともなう**❶とも。▽―侶(はんりょ)。❷つれだつ。▽同―。―奏。
筆順 ノ 亻 仁 伴 伴 伴　伴・伴

はん〔判〕常7 **ハン・バン**❶見わける。▽―別。―明。❷可否をきめる。▽―決。❸印鑑。▽太鼓―。❹紙のサイズ。▽A四―。
筆順 丶 丷 䒑 兰 半 判 判　判・判

はん〔坂〕常7 **ハン・さか** 傾斜した道。さかみち。▽急―。
筆順 一 十 土 圹 坂 坂 坂　坂・坂

はん〔阪〕常7 **ハン**❶「坂」に同じ。❷「大阪(おおさか)」の略。▽―神。
筆順 ⁷ 阝 阝 阝 阪 阪 阪　阪・阪

はん〔板〕常8 **ハン・バン・いた**(木を)うすく平らに切ったもの。▽黒―。鉄―。―目。
筆順 一 十 才 木 朾 杤 板 板　板・板

はん〔版〕常8 **ハン**❶木の札。❷印刷用の板。▽―木。❸本をつくる。▽出―。
筆順 丿 丿 片 片 片 版 版 版　版・版

はん〔叛〕9 **ハン・ホン・そむく** さからう。そむく。むほん。▽―意(はんい)。謀―(むほん)。　叛・叛

はん〔班〕常10 **ハン**❶分配する。▽―田収受。❷分けた組。▽―長。
筆順 一 T 王 玎 玎 班 班 班　班・班

はん〔畔〕常10 **ハン**❶田のあぜ。▽―道(あぜみち)。❷ほとり。▽湖―。
筆順 丨 冂 冊 田 田 田' 畔 畔　畔・畔

はん〔般〕常10 **ハン** 同じような物事。▽諸―。全―。
筆順 ノ 丿 亣 舟 舟 舡 般 般　般・般

はん〔販〕常11 **ハン** 品物を売る。▽―売。―路。市―。
筆順 冂 月 目 貝 貝 販 販 販　販・販

はん〔斑〕常12 **ハン** まだら。むら。ぶち。▽―点。―紋。
筆順 一 T 王 王 玟 玟 斑 斑　斑・斑

はん〔飯〕常12 **ハン・めし** 米を煮た食べ物。食事。▽赤―。茶―事(さはんじ)。
筆順 ノ 𠆢 今 今 食 食 飣 飯　飯・飯

はん〔搬〕常13 **ハン** 物をはこぶ。うつす。▽―出。運―。

筆順

搬・搬

はん【煩】常13 ハン・ボン・わずらう・わずらわす ❶面倒な。▽―雑。❷なやむ。▽―悶（はんもん）。

筆順

煩・煩

はん【頒】常13 ハン 大ぜいにわける。▽―価。―布。

筆順

頒・頒

はん【幡】人15 ハン・ホン・はた 布に字や模様をかいたのぼり。

筆順

幡・幡

はん【範】常15 ハン ❶手本の型。▽模―。垂―。❷一定のわく。▽―囲。広―。

筆順

範・範

はん【繁】常16【繁】人17 ハン ❶しげる。▽―殖。―茂。❷にぎやか。▽―華。―栄。―盛（はんじょう）。❸わずらわしい。ごたごたしている。▽―忙。―雑。頻―（ひんぱん）。

筆順

繁・繁

はん【藩】常18 ハン ❶かきね。❷大名がおさめた土地・人民。▽―士。親―。

筆順

藩・藩

はん【凡】⇩ぼん

はん【半】❶半分。❷奇数。❸なかば。ほとんど。対❷丁。①half　半

はん【判】はんこ。▽―を押す。　判

はん【班】何人かをまとめた小さな単位。類グループ。　班

はん【範】模範。手本。▽もって―とすべし。▼―を垂れる 手本を示す。　範

はん【藩】大名が治めた領地・人民。　藩

ばん【挽】人10 バン・ひく ❶ひく。▽―回。❷死をいたむ。▽―歌。

筆順

挽・挽

ばん【絆】人11 バン・ハン・きずな ❶馬の足をつなぐひも。❷つなぐ。

筆順

絆・絆

ばん【晩】常12【晩】人11 バン ❶暗くなるころ。▽昨―。朝から―まで。❷時がおそい。▽―年。―学。

筆順

晩・晩

ばん【番】常12 バン ❶順序。▽―号。当―。❷見はり。▽―台。交―。❸組み合わせ。▽―組。❹粗末な。

筆順

番・番

ばん【蛮】常12 バン ❶未開の人・地方。▽南―。❷乱暴な。▽―勇。野―。（蠻）

筆順

蛮・蛮

ばん【盤】常15 バン 平らな板状の皿・台。▽円―。碁―。

筆順

盤・盤

ばん【磐】人15 バン・いわ どっしりと大きな石。▽―石（ばんじゃく）。落―。

筆順

磐・磐

ばん【蕃】人15 バン・ハン・しげる ❶しげる。❷未開の人。▽―夷（ばんい）。

筆順

蕃・蕃

ばん【万】⇩まん　ばん【伴】⇩はん

ばん【判】⇩はん　ばん【板】⇩はん

ばん【万】❶決して。❷どうしても。▽―遺漏なきよう。▼―已（や）むを得ず どうにもしかたがない。　万

ばん【晩】❶日暮れ。❷夜。❸夕飯。　晩

ばん【番】❶順番。❷見張り。❸受け持ち。❹順位・番号を表す。❺回数を表す。　番

はんい【犯意】罪を犯そうとする意思。　犯意

はんい【範囲】限られた領域。extent　範囲

はんえい【反映】❶光などが反射して映ること。❷他のものに影響が現れること。①②reflection　反映

はんえい【繁栄】栄えること。類隆盛。繁盛。prosperity　繁栄

はんえり【半襟】〈半衿〉じゅばんの襟にかける、飾りや汚れを防ぐための半幅の布。　半襟

はんえん【半円】円を二等分した形。▽―形。semicircle　半円

はんか【繁華】人通りが多く、にぎやかなこと。　繁華

はんが【版画】木・石・銅などの版に彫刻し、それを刷った絵。print　版画

ばんか【挽歌】人の死を悲しみいたむ詩歌。類弔歌。哀歌。elegy　挽歌

ばんか【晩夏】❶夏の終わりごろ。❷陰暦六月の別称。　晩夏

はんかい【半開】半分ほど開くこと。　半開

はんかい【半壊】半分ほどこわれること。対全壊。partial destruction　半壊

ばんかい【挽回】もとの勢いをとり戻すこと。▽名誉―。recovery　挽回

ばんがい【番外】❶一定の番号・番組以外のもの。❷例外。①extra　番外

はんかく【反核】核兵器の開発・使用に反対すること。antinuclear　反核

はんかく【半角】パソコンなどの文字で、基準的な文字（全角）の半分の大きさ。対全角。　半角

ばんがく【晩学】年をとってから学問を始めること。　晩学

ばんがさ【番傘】油紙をはった雨がさ。　番傘

ばんがた【晩方】夕方。evening　晩方

はんかつう【半可通】知ったかぶりをすること・人。　半可通

ばんカラ【蛮カラ】服装や言動が粗野なこと・人。対ハイカラ。　蛮カラ

はんかん【反間】敵の仲間割れを画策すること。▽―苦肉の策。　反間

はんかん【反感】反発・反抗する気持ち。ill feeling ▼―を買う　反感をもたれる。　反感

はんかん【繁簡】繁雑と簡略。▽―宜(よろ)しきを得る。　繁簡

ばんかん【万感】さまざまな思い。▽―胸に迫る。　万感

はんかんはんみん【半官半民】政府と民間が共同でする事業形態。　半官

はんがんびいき【判官贔屓】⇨ほうがんびいき。　判官

はんき【反旗】〈叛旗〉むほんの旗じるし。▼―を翻（ひるがえ）す　むほんを起こす。　反旗

はんき【半期】❶一期間の半分。❷半年。①half term　半期

はんき【半旗】弔意を表す、さお先から三分の一ほど下げて掲げた旗。類弔旗。　半旗

はんぎ【版木】〈板木〉文字・絵を彫りつけた、木版印刷用の板。woodcut　版木

ばんき【晩期】❶晩年ごろ。❷末期。　晩期

ばんぎく【晩菊】遅咲きの菊。　晩菊

はんぎゃく【反逆】〈叛逆〉国家・君主にそむき逆らうこと。類謀反。treason　反逆

ばんきょ【盤踞】〈蟠踞〉そのあたり一帯に勢力をふるうこと。　盤踞

はんきょう【反響】❶音が反射して再び聞こえること。❷働きかけに対する反応。▽―をよぶ。①echo ②response　反響

はんきん【半金】全金額の半分。　半金

ばんきん【板金】〈鈑金〉❶いたがね。❷金属板を加工すること。▽―工。　板金

バンク【bank】❶銀行。❷貯蔵所。

ハング グライダー【hang glider】三角形の凧（たこ）状の滑空装置。また、それを使ってするスポーツ。

ばんぐみ【番組】演芸・放送・試合などの順序・組み合わせ。program　番組

はんけい【半径】直径の半分。radius　半径

はんげき【反撃】逆に攻撃しかえすこと。反攻。counterattack　反撃

はんげしょう【半夏生】雑節の一つ。夏至から数えて十一日目。七月一日、二日ごろ。　半夏生

はんけつ【判決】裁判所が判断を下すこと。また、その判断。judgment　判決

はんげつ【半月】半円形の月。弓張り月。half-moon　半月

はんけん【版権】出版権。copyright　版権

はんげん【半減】半分に減ること。　半減

はんこ【判子】はん。印鑑。seal　判子

はんご【反語】❶疑問の形にして強い否定を表す語法。❷反対の意味を含ませた皮肉な言い方。②irony　反語

ばんこ【万古】永久。　万古

はんこう【反抗】さからうこと。▽親に―する。resistance　反抗

はんこう【反攻】反撃。▽―に転じる。　反攻

はんこう【犯行】犯罪行為。crime

はんごう【飯盒】携帯用炊飯器。▽―炊爨（すいさん）。

ばんこう【蛮行】野蛮な行い。

飯盒

ばんごう【番号】 順番を表す数字・符号。number　番号

ばんこく【万国】 世界の国々。類諸国。　万国

はんこつ【反骨】 〈叛骨〉不当な権力や風潮に反抗する気骨。▽—精神。　反骨

はんこん【瘢痕】 傷がなおったあと。傷あと。scar　瘢痕

ばんこん【晩婚】 ふつうより遅い結婚。late marriage　晩婚

はんさ【煩瑣】 こまごましていて、わずらわしいようす。▽—な手続き。　煩瑣

はんざい【犯罪】 罪を犯すこと。また、その罪。crime　犯罪

ばんざい【万歳】 ❶祝福するとき唱えることば。❷いつまでも栄えること。❸❶を唱えること。❹喜ぶべきこと。❺お手あげ。　万歳

ばんさく【万策】 あらゆる方法。▽—尽きる。　万策

はんざつ【煩雑】 こみ入っていて、わずらわしいようす。▽—な作業。　煩雑

はんざつ【繁雑】 事柄が多くて、複雑なようす。▽—な規定。complicated　繁雑

はんさよう【反作用】 作用と大きさが同じで方向が逆の力。reaction　反作用

ばんさん【晩餐】 豪華な夕食。▽—会。dinner　晩餐

はんし【半紙】 習字などで使う和紙。　半紙

はんし【藩士】 藩に属する武士。藩臣。　藩士

はんじ【判事】 裁判官の一。高等・地方・家庭裁判所に配属される。judge　判事

ばんし【万死】 命が助からないこと。また、命をなげだすこと。▼—に一生を得る 命をとりとめる。　万死

ばんじ【万事】 すべてのこと。▽一事が—。類万般。▼—休す もはや施す術がない。　万事

はんしはんしょう【半死半生】 今にも死にそうなこと。　半死

はんじもの【判じ物】 ある意味を文字や絵に隠して、人にあてさせるもの。　判じ物

はんしゃ【反射】 ❶光・音などが物に当たりはね返ること。❷感覚器官が刺激に対し無意識に反応を起こすこと。①reflection ②reflex　反射

ばんしゃく【晩酌】 夕飯のときに酒を飲むこと。また、その酒。　晩酌

ばんじゃく【磐石】 〈盤石〉❶大きな岩。❷非常に堅固なこと。▽—の守り。②firmness　磐石

ばんしゅう【晩秋】 ❶秋の終わりごろ。❷陰暦九月の別称。　晩秋

はんじゅく【半熟】 ❶果実が十分熟していないこと。❷卵を半分固まった程度にゆでること。②soft-boiled　半熟

ばんじゅく【晩熟】 成熟がおそいこと。対早熟。late maturity　晩熟

はんしゅつ【搬出】 運び出すこと。　搬出

ばんしゅん【晩春】 ❶春の終わりごろ。❷陰暦三月の別称。　晩春

はんしょう【反証】 反対の証拠(をあげること)。counterevidence　反証

はんしょう【反照】 ❶照り返し。❷夕映え。②evening glow　反照

はんしょう【半焼】 火事で、家などが半分ほど焼けること。half-burned　半焼

はんしょう【半鐘】 火の見櫓(やぐら)などに取り付けた、合図用の小さな釣り鐘。　半鐘

はんしょう【汎称】 総称。　汎称

はんじょう【半畳】 ❶一畳の半分。❷昔、芝居小屋で見物人が敷いた小形の敷物。▼—を入れる やじったり、からかったりする。　半畳

はんじょう【繁盛】 〈繁昌〉にぎわい栄えること。▽—を極める。商売—。類繁栄。prosperity　繁盛

ばんしょう【万障】 種々のさしさわり。▽—お繰り合わせの上御出席下さい。類万難。　万障

ばんしょう【晩鐘】 晩につく鐘の音。入相の鐘。　晩鐘

ばんじょう【万丈】 非常に高いことのたとえ。▼—の気を吐(は)く おおいに気炎をあげる。　万丈

ばんじょう【万乗】 天子の位。　万乗

はんしょく【繁殖】 生物が増えること。breeding　繁殖

ばんしょく【伴食】 ❶お供をしてごちそうになること。相伴(しょうばん)。❷実権・実力がないのにその地位にいること。▽—大臣。　伴食

はんじる【判じる】 ❶判断する。❷考えて、意味を解く。　判じる

はんしん【半身】体の上下、左右いずれかの半分。

ばんじん【万人】⇩ばんにん。

ばんじん【蛮人】野蛮人。

はんしんはんぎ【半信半疑】本当かどうか迷うこと。注半×真半疑。

はんすう【反芻】❶(牛などが)一度のみこんだ食物を、口にもどしてかむこと。❷繰り返し考え味わうこと。▽恩師の教えを—する。① rumination

はんすう【半数】全体の数の半分。

はんする【反する】❶反対になる。▽予想に—した結果。❷違反する。❸そむく。① oppose

はんせい【反省】自分の言動やありかたを振り返って、改めて考え直すこと。reflection

はんせい【半生】人生の半分。

ばんせい【万世】永久。万古。万代。

ばんせい【晩生】(植物が)ふつうより遅く生長すること。おくて。対早生(そうせい・わせ)。

ばんせい【晩成】遅くできあがること。また、年をとってから成功すること。▽大器—。

ばんせい【蛮声】あらあらしい大声。

ばんせつ【晩節】❶晩年。❷晩年の節操。▽—をまっとうする。

はんせん【反戦】戦争に反対すること。antiwar

はんせん【帆船】帆掛け船。sailboat

はんぜん【判然】はっきりとわかるようす。▽—としない。類歴然。

ばんぜん【万全】少しの手落ちもなく、完全なこと。▽—を期す。complete

はんそう【帆走】船が帆を張って走ること。sailing

はんそう【搬送】荷物などを運び送ること。類輸送。transportation

ばんそう【伴走】走者について、いっしょに走ること。

ばんそう【伴奏】歌や演奏をひきたてる補助的な演奏。accompaniment

ばんそう【晩霜】遅霜(おそじも)。

ばんそうこう【絆創膏】傷口の保護やガーゼの固定などに用いる、粘着剤付きの布・紙。adhesive plaster

はんそく【反則】〈犯則〉❶法律や規則に背くこと。❷競技上の規則に反すること。ファウル。② foul

はんぞく【反俗】世間一般のやり方をきらうこと。

はんた【煩多】物事が多くてわずらわしいこと。▽世俗の—を避ける。

はんた【繁多】繁忙。▽業務—。

はんだ【半田】〈盤陀〉金属を接合するときに用いるすずと鉛の合金。白鑞(はくろう・しろめ)。▽—付け。solder

ばんだ【万朶】多くの花の枝。

はんたい【反対】❶逆・対立の関係にあること。❷逆らうこと。対❷賛成。① reverse

はんだい【飯台】食事をする台。

ばんだい【万代】万世。

ばんだい【番台】ふろ屋の入り口にある、高い見張り台(にすわる人)。

はんだくおん【半濁音】パ・ピ・プ・ペ・ポの五つの音。

はんだくてん【半濁点】半濁音を表す「゜」の符号。

はんだん【判断】❶考えて決めること。❷占い。▽姓名—。① judgment

ばんたん【万端】その事に関するすべての事柄。▽用意—整う。

ばんち【番地】居住地の区画につけた番号。address

ばんちゃ【番茶】煎茶(せんちゃ)の摘み残りの葉からつくる、品質の劣る緑茶。▽—も出花。

はんちゅう【範疇】分類の枠の一つ一つ。カテゴリー。▽経済の—に属する問題。category

ばんづけ【番付】❶力士名を階級順に並べた表。❷❶をまねた表。▽長者—。

ハンデ「ハンディキャップ」の略。

はんてい【判定】見分けて決定すること。▽—勝ち。写真—。judge

ハンディキャップ【handicap】❶競技などで、優劣を平均化するために強者に負わせる負担。❷不利な条件。

はんてん【反転】❶ひっくり返る(返す)こと。❷方向・順序などが反対になる(する)こと。類❷逆転。② reversal　反転

はんてん【半纏】❶羽織に似た、胸ひものない上着。❷特に、印半纏(しるしばんてん)。　半纏

はんてん【斑点】まだらな点。speck　斑点

はんてん【飯店】中国料理店。　飯店

はんと【反徒】〈叛徒〉むほんを起こした人々。類逆徒。逆賊。rebel　反徒

はんと【半途】中途。半ば。▽勉学―にして。halfway　半途

はんと【版図】領土。▽―を広げる。territory　版図

はんとう【半島】海に長く突き出ている陸地。peninsula　半島

はんどう【反動】❶ある動き・傾向に対して働く逆の動き・傾向。❷進歩的なものに逆らう傾向。▽―勢力。① reaction　反動

ばんとう【晩冬】❶冬の終わりごろ。❷陰暦一二月の別称。　晩冬

ばんとう【晩稲】遅く実る稲。おくて。対早稲(わせ)。　晩稲

ばんとう【番頭】商店の使用人の長。　番頭

はんどうたい【半導体】常温で、電気伝導率が導体と絶縁体の中間にある物質。ゲルマニウム・シリコン・セレンなど。semiconductor　半導体

はんとき【半時】❶一時(いっとき)の半分。今の一時間。❷わずかの時間。　半時

はんどく【判読】わかりにくい文字や文章を、おしはかりながら読むこと。　判読

はんドン【半ドン】午後が休みの日。　半ドン

ばんなん【万難】多くの困難・障害。▽―を排して行う。　万難

はんにち【反日】日本に反対すること。▽―感情。対親日。　反日

はんにゃ【般若】❶仏教で、迷いにとらわれないで、真理を見抜く知恵。❷恐ろしい顔つきの鬼女。また、その面。　般若

はんにゅう【搬入】運び入れること。carrying in　搬入

はんにん【犯人】罪をおかした人。犯罪人。criminal　犯人

ばんにん【万人】すべての人。多くの人。ばんじん。まんにん。▽―受け。類万民。everybody　万人

ばんにん【番人】番をする人。guard　番人

はんにんまえ【半人前】❶一人前でないこと。❷一人分の半分の量。　半人前

はんね【半値】定価の半額。　半値

ばんねん【晩年】年老いてからの時期。　晩年

はんのう【反応】❶刺激によって起こる変化や動き。❷手ごたえ。反響。❸化学反応。①②③ reaction　反応

ばんのう【万能】❶すべてに効き目があること。▽―薬。❷何でもできること。類❷全能。② all-round　万能

はんのうはんぎょ【半農半漁】農業と漁業とで生計を立てていること。　半農

はんのき【榛の木】落葉高木の一。実は染料用、材は建築・家具用。はりのき。alder　榛の木

はんば【飯場】労働者の現場宿泊所。　飯場

はんぱ【半端】❶数・量がそろわないこと。端数。❷中途はんぱ。❸一人前でないこと。① odd　半端

はんばい【販売】品物を売ること。対購入。sale　販売

はんばく【反駁】他人の意見・非難に対し、論じ返すこと。反論。▽―の余地がない。argue back　反駁

はんぱく【半白】白髪まじりの髪。　半白

はんぱつ【反発】〈反撥〉❶はね返すこと。❷はね返ること。反抗すること。❸下がった相場が上がること。① repulsion　反発

はんはん【半半】半分ずつ。類五分五分。fifty-fifty　半半

ばんばん【万万】❶すべて。▽―承知した。❷よもや。▽―失敗はあるまい。　万万

ばんぱん【万般】すべての物事。▽―の準備。　万般

ばんばんざい【万万歳】「万歳」を強めた語。非常にめでたいこと。　万万歳

はんぴれい【反比例】一方がふえると、他方が同じ割合で減る関係。対正比例。inverse proportion　反比例

はんぷ【頒布】広く配り分けること。類配布。distribution　頒布

はんぷく【反復】〈反覆〉繰り返すこと。repetition　反復

は

ばんぶつ【万物】宇宙に存在するすべてのもの。whole creation　万物

パンフレット【pamphlet】小冊子。パンフとも。

はんぶん【半分】❶二等分したものの一方。❷なかば。▽—は遊びだ。①half　半分

はんぶんじょくれい【繁文縟礼】規則・礼式などが繁雑なこと。　繁文

はんべつ【判別】見分けて区別すること。類識別。distinction　判別

はんぺん【半片】〈半平〉白身魚のすりみに、やまのいもなどを加え蒸した食品。　半片

はんぼう【繁忙】用事が多く忙しいこと。多忙。繁多。▽—を極める。　繁忙

はんまい【飯米】飯にたくための米。rice　飯米

はんみ【半身】❶体を斜めに構える姿勢。❷魚を二枚におろした一方の身。　半身

はんみち【半道】❶一里の半分。❷道のり全体の半分。類❷半途。　半道

ばんみん【万民】多くの人民。すべての人民。類万人。　万民

はんめい【判明】明らかになること。　判明

ばんめし【晩飯】晩の食事。supper　晩飯

はんめん【反面】❶反対の面。❷いっぽうでは。　反面

はんめん【半面】❶顔の半分。❷表面の片側。❸物事の一方だけの面。▽—の真理。　半面

ばんめん【盤面】❶碁・将棋の盤の表面。また、そこで争われる勝負の形勢。❷レコードやCDの表面。　盤面

はんも【繁茂】草木が生い茂ること。　繁茂

はんもく【反目】仲が悪くてにらみ合うこと。類対立。　反目

はんもと【版元】出版元。発行所。　版元

はんもん【反問】問い返すこと。　反問

はんもん【斑紋】〈斑文〉まだらの模様。spot　斑紋

はんもん【煩悶】思い悩んで、もだえ苦しむこと。▽かなわぬ恋に—する。類懊悩（おうのう）。agony　煩悶

はんや【半夜】❶夜中（よなか）。夜半。❷一夜の半分。①midnight　半夜

ばんや【番屋】番人がいる小屋。番小屋。　番屋

ばんゆう【万有】万物。　万有

ばんゆう【蛮勇】むこうみずな勇気。▽—をふるう。　蛮勇

ばんゆういんりょく【万有引力】物体間に働く引力。　引力

はんよう【汎用】広くいろいろな方面に使うこと。extensive use　汎用

はんよう【繁用】繁忙。　繁用

はんら【半裸】半身はだかであること。▽—　半裸

ばんらい【万雷】ひどく大きな音。▽—の拍手。　万雷

はんらん【反乱】〈叛乱〉政府・支配者にそむき社会秩序を乱すこと。rebellion　反乱

はんらん【氾濫】❶洪水になること。❷はびこり広がること。▽情報が—する。①flooding　氾濫

ばんり【万里】非常に長い距離。　万里

はんりょ【伴侶】道づれ。▽人生の—。partner　伴侶

ばんりょく【万緑】見渡す限り緑一色であること。▼—叢中（そうちゅう）紅一点（こういってん）多くの男性の中にただ一人の女性がいること。紅一点。　万緑

はんれい【凡例】書物などで、編集方針や使い方などの説明をしたもの。注×ぼんれい。　凡例

はんれい【判例】過去の判決の実例。　判例

はんろ【販路】売れ口。outlet　販路

はんろん【反論】反対意見を述べること。また、その議論。refutation　反論

はんろん【汎論】❶全般にわたって述べた論。❷総括した論。対各論。　汎論

ひ ヒ

ひ【比】常4 ヒ・くらべる ❶くらべる。▽—較。❷ならぶ。▽—肩（ひけん）。❸同類。▽無—。❹割合。▽—率。—重。—例。

筆順 ‐ ト ヒ 比 比　比・比

ひ【皮】常5 ヒ・かわ ❶かわ。▽樹—。—革。❷うわべ。▽—相（ひそう）。

筆順 ノ 厂 广 皮 皮　皮・皮

ひ

ひ【妃】常6 ヒ きさき。▽王—。—殿下。
筆順 く 女 女 如 妃 妃　妃・妃

ひ【否】常7 ヒ・いな ❶打ち消す語。▽—定。—認。❷反対。▽賛—。安—。
筆順 一 ア 不 不 否 否　否・否

ひ【庇】人7 ヒ・かばう・ひさし ❶ひさし。日よけ。▽雪—(せっぴ)。❷かばう。▽—護(ひご)。
筆順 、 亠 广 庀 庇 庇　庇・庇

ひ【批】常7 ヒ ❶よしあしをきめる。▽—判。—評。❷君主が認める。▽—准(ひじゅん)。
筆順 一 扌 扌 扎 批 批　批・批

ひ【彼】常8 ヒ・かれ・かの ❶かれ。▽—我。❷かの。あの。▽—岸。—方(かなた)。
筆順 ノ 彳 彳 彷 彼 彼　彼・彼

ひ【披】常8 ヒ ❶ひらいて読む。▽—見。❷示す。▽—露(ひろう)。
筆順 一 扌 扌 扩 披 披　披・披

ひ【肥】常8 ヒ・こえる・こえ・こやす・こやし ❶こえる。こやす。▽—満。—大。❷地味が豊か。▽—沃(ひよく)。❸こやし。▽—料。
筆順 丿 月 月 月 肥 肥　肥・肥

ひ【非】常8 ヒ ❶否定・反対の意。▽—凡。❷正しくない。▽—行。是—。❸そしる。とがめる。▽—難。
筆順 丿 ナ ヲ 非 非 非　非・非

ひ【卑】常9【卑】人8 ヒ・いやしい・いやしむ・いやしめる ❶身分・地位が低い。▽—劣。❷へりくだる。▽—下(ひげ)。❸さげすむ。▽男尊女—。
筆順 ノ 白 白 由 由 卑 卑　卑・卑

ひ【飛】常9 ヒ・とぶ・とばす ❶とぶ。とばす。▽—行。雄—。—躍。❷速く行く。▽—脚。
筆順 飞 飞 飞 飛 飛 飛　飛・飛

ひ【匪】10 ヒ 悪者。▽—賊(ひぞく)。
匪・匪

ひ【疲】常10 ヒ・つかれる つかれる。つからす。つかれ。▽—労。—弊。
筆順 一 广 疒 疒 疲 疲 疲　疲・疲

ひ【秘】常10【祕】人10 ヒ・ひめる ❶はかりしれない。▽神—。❷かくす。▽—蔵。
筆順 二 千 禾 利 秘 秘 秘　秘・秘

ひ【被】常10 ヒ・こうむる ❶こうむる。▽—害。—災。❷おおう。▽—服。—覆。❸受け身を表す。▽—選挙権。—写体。
筆順 ラ ネ ネ 衤 衤 被 被　被・被

ひ【悲】常12 ヒ・かなしい・かなしむ ❶かなしい。かなしむ。▽—運。❷あわれみ。▽慈—。
筆順 丿 ナ ヲ 非 非 非 悲　悲・悲

ひ【扉】常12 ヒ・とびら 両がわにひらく戸。▽門—(もんぴ)。
筆順 一 ヨ 戸 戸 扉 扉 扉　扉・扉

ひ【斐】人12 ヒ・あや 模様があって美しい。
筆順 丿 ヲ ヲ 非 非 斐 斐　斐・斐

ひ【費】常12 ヒ・ついやす・ついえる ❶使いへらす。▽—用。消—。❷使われる金。▽学—。
筆順 一 弓 弗 弗 弗 費 費　費・費

ひ【碑】常14【碑】人13 ヒ 記念にたてた石。▽—文。墓—。
筆順 石 石' 矿 砷 砷 碑 碑　碑・碑

ひ【緋】人14 ヒ あざやかな赤い色。▽—色。—縅(ひおどし)。
筆順 く 幺 幺 糸 糾 絆 緋　緋・緋

ひ【罷】常15 ヒ やめる。やめさせる。▽—業。—免。
筆順 一 罒 罒 罒 罷 罷 罷　罷・罷

ひ【誹】15 ヒ・そしる 非難する。▽—謗(ひぼう)。
誹・誹

ひ【避】常16 ヒ・さける 身をそらしてよける。▽—暑。逃—。
筆順 、 コ 尸 启 辟 避 避　避・避

ひ〔泌〕⇩ひつ

ひ【日】❶太陽(の光)。❷昼間。❸一日。日数。❹時。期間。①sun　日

ひ【比】❶同等のもの。たぐい。▽世界にその—を見ない。❷割合。❸比較。比率。　比

ひ【火】❶物が燃えるときに出る光や熱。炎。❷火事。①② fire ▼—に油を注ぐ さらに勢いをつける。▼—の消えたよう 活気がなくなり寂しいようす。▼—の無い所に煙(けむり)は立たぬ 根拠がなければ、うわさは立たない。▼—を見るより明らか きわめてはっきりしている。　火

ひ【灯】明かり。ともしび。▽街に—がともる。light　灯

ひ【否】賛成しないこと。▽提案を—とする。図可。諾(だく)。　否

ひ【杼】〈梭〉機(はた)織りで、縦糸の間に横糸を引き込む舟形の器具。shuttle　杼

ひ

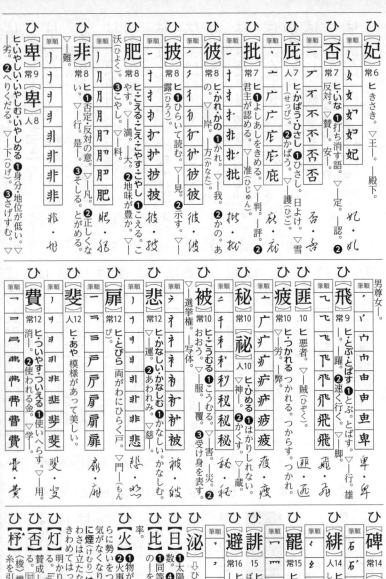

ひ【非】❶正しくないこと。❷あやまち。欠点。❹…でない。▽―公開。対❶❸是(ぜ)。▼―の打ち所が無い 欠点がない。 非

ひ【碑】文章をきざんだ石。いしぶみ。 碑

び〔尾〕常7 ビ・お ❶しっぽ。▽―骨。❷はし。うしろ。▽―行。
筆順 尾 尾・尾

び〔枇〕人8 ビ・ヒ「枇杷」で、果実の「びわ」。
筆順 枇 枇・枇

び〔毘〕人9 ビ ❶助ける。❷梵語の音訳字。▽茶―(だび)。
筆順 毘 毘・毘

び〔眉〕常9 ビ・ミ・まゆ ▽―目(びもく)。―間(みけん)。―墨。
筆順 眉 眉・眉

び〔美〕常9 ビ・うつくしい ❶うつくしい。▽―女。―術。優―。❷よい。▽―点。❸ほめる。▽賛―。❹うまい。▽―酒。―味。
筆順 美 美・美

び〔備〕常12 ビ・そなえる・そなわる ❶そなえる。▽―品。準―。❷そなわる。▽完―。
筆順 備 備・備

び〔琵〕人12 ビ「琵琶」で、楽器の「びわ」。
筆順 琵 琵・琵

び〔微〕常13 ビ ❶かすか。小さい。▽―細。―量。❷ひそかに。▽―行。❸おとろえる。▽衰―。(微)
筆順 微 微・微

び〔鼻〕常14 ビ・はな ❶はな。▽―孔。❷最初のもの。▽―祖(びそ)。
筆順 鼻 鼻・鼻

び【美】❶うつくしいこと。❷立派なこと。▽有終の―。対❶醜。 美

び【微】❶こまかいこと。❷非常にこまかいこと。▽―粒子。―調整。▼―に入(い)り細(さい)を穿(うが)つ 非常にこまかいところまで念入りにする。▽―った説明。 微

ひあい【悲哀】しみじみとした悲しみやあわれさ。▽人生の―。sorrow 悲哀

ひあがる【干上がる】❶乾き切る。❷金がなくて生活できなくなる。▽あごが―。①dry up 干上がる

ひあし【日脚】〈日足〉昼間の時間。 日脚

ひあぶり【火炙り】〈火焙り〉昔、罪人を火で焼き殺した刑罰。火刑。 火炙り

ヒアリング【hearing】❶外国語の聞き取り。❷公聴会。聴聞会。

びい【微意】自分の志の謙譲語。▽感謝の―を表したく…。 微意

ひいき【贔屓】特に好意を寄せて力になること・人。favor ▼―の引き倒(たお)し ひいきをして、かえって相手に迷惑をかけること。 贔屓

ひいきめ【贔屓目】実際よりよく見立てること。 贔屓目

ひいく【肥育】家畜を太らせること。 肥育

びいしき【美意識】美を感じとる心の働き。aesthetic sense 美意識

ひいては【延いては】さらには。▽自分のため、―社会のため。 延いては

ひいでる【秀でる】優れる。▽一芸に―。excel 秀でる

ヒート【heat】熱。熱気。暑さ。▽デッド―。オーバ―。

ビート【beat】❶拍(はく)。拍子(ひょうし)(をとること)。▽八(エイト)―。❷水泳で、ばた足。

ヒート アイランド【heat island】都市部のとくに気温の高い所。熱の島。

ひいまご【曽孫】ひまご。 曽孫

ひいらぎ〔柊〕⇩しゅう

ひいらぎ【柊】常緑低木の一。葉にとげがある。節分に枝を魔よけとして門にさす。holly 柊

ヒーリング【healing】治療。特に、心のいやし。

ひいろ【緋色】鮮やかな朱色。scarlet 緋色

びう【眉宇】まゆのあたり。eyebrow 眉宇

びう【微雨】こさめ。light rain 微雨

ひうお【氷魚】⇩ひお。 氷魚

ひうちいし【火打ち石】〈燧石〉火打ちに使う石。flint 火打石

ひうん【非運】運が悪いこと。ふしあわせ。▽―の最期を遂げる。類不運。対幸運。misfortune 非運

ひうん【悲運】悲しい運命。▽―に泣く。類逆境。misfortune 悲運

ひ

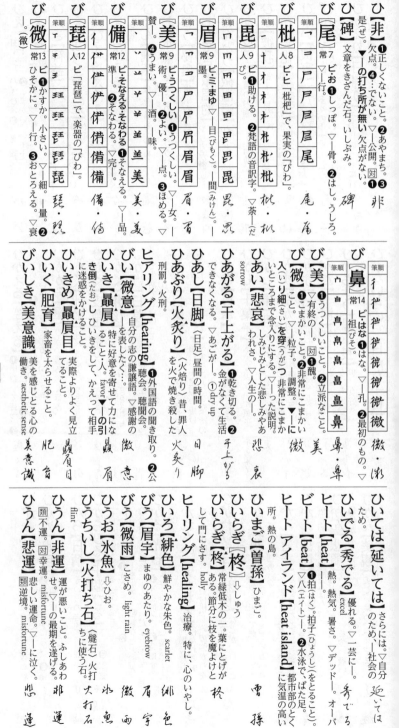

ひ

ひえ〖稗〗13 ハイ・ひえ ❶ひえ。穀物の一。❷こまかい。▽—史。 稗・稗

ひえ【稗】〈穇〉穀物の一。種子は食用・飼料用。 稗

ひえき【裨益】役立つこと。▽世に—するところ大である。 裨益

ひえしょう【冷え症】体が冷えやすい体質。 冷え症

ひえびえ【冷え冷え】冷たく感じられるようす。chilly 冷え冷

ひえる【冷える】❶冷たくなる。❷寒く感じる。❸冷淡になる。①cool 冷える

ひえん【飛燕】飛んでいるつばめ。 飛燕

ひお【氷魚】鮎（あゆ）の稚魚。ひうお。 氷魚

ひおう【秘奥】物事の奥底。secret 秘奥

びおんてき【微温的】やり方が徹底しないようす。 微温的

びおんとう【微温湯】ぬるまゆ。 微温湯

ひか【皮下】皮膚の内側。▽—脂肪。 皮下

ひが【彼我】相手と自分。▽—の実力の差。 彼我

びか【美化】❶美しくすること。❷美しく考えること。①beautification 美化

ひがい【被害】害を受けること。また、その害。damage 被害

ぴかいち【光一】多くの中でもっともすぐれていること・人。ピカ一。 光一

ひがえり【日帰り】その日のうちに行って帰ること。day's trip 日帰り

ひかえる【控える】❶用意して待つ。❷そばにいる。❸書きとめる。❹内輪にとどめる。❺見合わせる。❻近い将来に予定する。⑤refrain 控える

ひかがみ【膕】ひざの後ろのくぼみ。 膕

ひかく【比較】比べること。comparison 比較

ひかく【皮革】加工した皮。leather 皮革

ひかく【非核】核兵器を持たないこと。▽—三原則。nonnuclear 非核

ひかげ【日陰】〈日蔭〉❶日光の当たらない所。❷世の中で表立って生活できないこと。▽—の身。対❶日なた。①shade 日陰

ひかげ【日影】日の光。日ざし。sunshine 日影

ひがけ【日掛け】毎日、一定額の掛け金をすること。また、その掛け金。 日掛け

ひがさ【日傘】日よけ用の傘。parasol 日傘

ひがし【干菓子】水分の少ない和菓子。 干菓子

ひがし【東】日の出の方角。対西。east 東

ひかす【引かす】〈落籍す〉芸者・遊女などを身請けする。 引かす

ひかず【日数】日にちのかず。にっすう。 日数

ひがた【干潟】潮が引いたときに現れる砂地。tideland 干潟

びかちょう【鼻下長】女にあまいこと・男。女好き。spoony 鼻下長

ひがないちにち【日がな一日】一日じゅう。 日がな

ひがむ【僻む】自分だけが不当に扱われていると考える。 僻む

ひがめ【僻目】❶斜視。やぶにらみ。❷見そこない。偏見。①squint eye 僻目

ひがら【日柄】その日の吉凶。日並み。 日柄

ひからびる【干涸びる】❶かわき切る。❷生気（せいき）がなくなる。①dry up 干涸び

ひかり【光】❶光ること・物。❷視力。▽—を失う。❸親などの威光。❹希望。▽前途に—を見いだす。①light 光

ひかる【光る】❶光を放つ。❷特にすぐれて目立つ。▽業績が—。①②shine 光る

ひかれもの【引かれ者】刑場に連れて行かれる者。▼—の小唄（こうた） 負け惜しみの強がりを言うたとえ。 引かれ者

ひがわり【日替わり】商品・メニューなどが、日ごとにかわること。 日替わ

ひかん【悲観】希望を失って悲しむこと。また、物事を悪い方へ考えること。対楽観。 悲観

ひかん【避寒】冬、暖かい地方に移って寒さをさけること。対避暑。 避寒

ひがん【彼岸】❶春分・秋分を中日とした前後七日間。❷仏教で、悟りの境地。涅槃（ねはん）。 彼岸

ひがん【悲願】❶どうしてもやりとげたいと思っている強い願い。❷仏が人々を救おうとする願い。 悲願

びかん【美観】美しい眺め。fine sight 美観

びがん【美顔】美しい顔。また、顔を美しくすること。▽—術。

ひがんえ【彼岸会】彼岸の法事。

ひがんばな【彼岸花】草花の一。秋、紅色の花が咲く。まんじゅしゃげ。

ひき〔疋〕5 ヒキ・ヒツ ❶足。❷動物、また、反物を数える語。人

筆順 ㇖ 丆 下 疋 疋

ひき【引き】❶引くこと・力。❷力を添えること。ひいき。❸てづる。縁故。❹意味を強める語。▽—払う。①③pull

ひき【悲喜】悲しみと喜び。▽—交々(こもごも)。類哀歓。

ひぎ【秘技】秘密の技。secret skill

びき【美姫】❶美しい姫。❷美女。

びぎ【美妓】美しい芸者・舞妓(まいこ)。

びぎ【美技】見事な演技。類妙技。fine play

ひきあい【引き合い】❶売買の取り引き(の問い合わせ)。❷物事の例。引例。①deal

ひきあう【引き合う】❶ひっぱりあう。❷割に合う。

ひきあわせる【引き合わせる】❶ひいて合わせる。❷紹介する。❸照合する。②introduce

ひきいる【率いる】❶ひき連れていく。❷指揮する。注率×る。①lead ②command

ひきいれる【引き入れる】❶引いて中に入れる。❷自分の仲間にさそいこむ。

ひきうける【引き受ける】❶責任をもって受ける。❷保証する。類❶請け負う。①undertake

ひきうす【碾き臼】〈挽き臼〉上下二枚の円形の石の、上の石を回し、間に入れた穀粒などを粉にする道具。石うす。handmill

碾き臼

ひきうつし【引き写し】文章や書画などをそのまま写し取ること。また、写し取ったもの。copy

ひきかえる【引き換える】〈引き替える〉❶交換する。❷〈「…にひきかえ」の形で〉…に比べて。①exchange

ひきがえる【蟇蛙】〈蟾蜍〉かえるの一。赤褐色で大形。がまがえる。いぼがえる。ひき。toad

ひきがたり【弾き語り】楽器を弾きながら語ったり歌ったりすること。

ひきがね【引き金】❶銃を撃つときにひく金具。❷誘発するもの。きっかけ。①trigger

ひきぎわ【引き際】〈退き際〉身をひくときの時期や態度。

ひきげき【悲喜劇】❶悲劇と喜劇が混じり合った劇。❷悲しみと喜びとが、混じった事柄。①tragicomedy

ひきこむ【引き込む】❶ひいて中に入れる。❷仲間に入れる。類❶❷引き入れる。②win over

ひきこもる【引き籠もる】❶家に閉じこもる。❷ひっそり暮らす。①stay indoors

ひきざん【引き算】減らして計算すること。対足し算。subtraction

ひきしお【引き潮】〈引き汐〉海水が沖へひいていく現象。ebb tide

ひぎしゃ【被疑者】容疑者。suspect

ひきずる【引き摺る】❶地面をすって行く。❷むりにひっぱって行く。❸長びかせる。❹断ち切れずにいる。▽過去を—。①drag, trail

ひきだし【引き出し】❶〈抽出〉机などのぬきさしできる箱。❷預貯金をおろすこと。①drawer

ひきたてる【引き立てる】❶よく見えるようにする。❷むりに連れて行く。❸目をかける。❹励ます。①set off

ひきちゃ【碾き茶】〈挽き茶〉緑茶をひいて粉末にした上等の茶。抹茶(まっちゃ)。

ひきつぐ【引き継ぐ】あとをうけつぐ。take over

ひきつける【引き付ける】❶近くに引き寄せる。❷魅力があり心を強く引く。

ひきつづき【引き続き】続いて。続けて。succeedingly

ひきつる【引き攣る】❶皮膚がつれる。❷けいれんを起こす。❸かたくこわばる。②cramp

ひきて【引き手】 ❶戸や障子などの、手をかけるところ。❷引く手。

ひきて【弾き手】 弾く楽器の演奏者。player

ひきでもの【引き出物】 祝宴などで、主人から客に贈る物。引き物。

ひきど【引き戸】 左右にひいて開閉する戸。

ひきとめる【引き止める】 〈引き留める〉❶帰ろうとする人をとどまらせる。❷思いとどまらせる。①keep

ひきにく【挽き肉】 器械で細かくひいた食肉。ミンチ。ground meat

ひきにげ【轢き逃げ】 車などが、人をひいたまま逃げること。hitand-run

ひきのばす【引き伸ばす】 ❶ひっぱって長く(広く)する。❷長引かせる。▽議事を—。❸写真を拡大して複写する。①draw out

ひきまわす【引き回す】 ❶方々連れ歩く。▽子供に—された。❷指導し世話をする。▽新人を—。❸張りめぐらす。①lead about

ひきもきらず【引きも切らず】 ひっきりなしに。continuously

ひきもの【引き物】 引き出物。

ひきゃく【飛脚】 江戸時代、手紙や金銭・荷物の配達を職業とした者。

ひぎゃく【被虐】 残酷に扱われること。▽—趣味。対加虐。

ひきゅう【飛球】 野球で、フライ。fly

びきょ【美挙】 立派な行い。

ひきょう【比況】 たとえて表すこと。

ひきょう【卑怯】 臆病でずるいこと。unfair

ひきょう【秘境】 人がほとんど行ったことのない地域。

ひきょう【悲境】 悲しい境遇。

ひぎょう【罷業】 ストライキ。

ひきわけ【引き分け】 勝負がつかないまま終わること。draw

ひきわり【碾き割り】 ❶臼(うす)でひいて細かく割ること。❷臼であらくひいた大麦。①grinding

ひきん【卑近】 身近でわかりやすいようす。▽—な例で説明する。familiar

ひきんぞく【卑金属】 空気中で酸化されやすい金属の総称。亜鉛・アルミニウムなど。対貴金属。base metal

ひく【引く】 ❶手元へ近づける。❷手をとって連れていく。❸心を向けさせる。❹受けつぐ。❺選び取る。❻さがして調べる。▽辞書を—。❼へらす。❽長くのばす。❾後ろへさがる。❿一面にぬりつける。▽油を—。⓫元へもどる。▽熱が—。⓬引用する。⓭かぜにかかる。⓮退(ひ)く。対❶押す。①pull

使い分け「ひく」

引く…手前に寄せる。導き入れる。長くのばす。▽綱を—。手を—。電話を—。風邪を—。例を—。線を—。

退く…しりぞく。▽身を—。第一線を—。現役を—。潮が—。

挽く…のこぎりで切る。細かくする。▽木を—。のこぎりを—。コーヒー豆を—。

弾く…ピアノや弦楽器などを鳴らす。▽ピアノを—。琴を—。

碾く…すりくだく。▽大豆を—。臼(うす)を—。

轢く…車輪でおしつぶして通る。▽車に—かれる。轢き逃げ。

ひく【退く】 ❶しりぞく。❷やめる。①retreat

ひく【挽く】 ❶のこぎりで切る。❷刃物などで砕く。❸碾(ひ)く。

ひく【弾く】 弦楽器・鍵盤(けんばん)楽器を演奏する。play

ひく【碾く】 〈挽く〉ひき臼(うす)で砕く。grind

ひく【轢く】 車が人や動物などの上を通り過ぎる。run over

びく【魚籠】 釣った魚を入れておくかご。魚籃(ぎょらん)。creel

ひくい【低い】 ❶高さが少ない。❷身分・地位などが下である。❹声や音が小さい。対❶❸〜❹高い。程度が下である。①〜④low

びくしょう【微苦笑】 軽いにが笑い。

ひくつ【卑屈】 必要以上に自分をいやしめ、他にへつらうこと。▽—な笑い。subservient

ひくて【引く手】誘う人。引き手。▼━数多（あまた）誘う人が多いこと。 引く手

びくに【比丘尼】尼（あま）。 比丘尼

ひぐま【羆】くまの一。大形で、性質が荒い。日本では北海道にすむ。brown bear 羆

ひぐらし【蜩】〈茅蜩〉せみの一。明け方や夕方に「カナカナ」と鳴く。かなかな。clear-toned cicada 蜩

ひぐれ【日暮れ】夕暮れ。dusk 日暮れ

びくん【微醺】ほろ酔い。微酔。▽━を帯びる。 微醺

ひけ【引け】❶〈退け〉退出。❷劣ること。おくれ。②defeat ▼━を取らない 他とくらべて劣らない。 引け

ひげ〔髭〕16 シ・ひげ 口ひげ。▽━面（ひげづら）。 髭・髭

ひげ【卑下】自分をいやしめてへりくだること。humility 卑下

ひげ【髭】〈鬚・髯〉❶（男性の）顔に生える毛。髭は口ひげ、鬚はあごひげ、髯はほおひげ。❷動物の口周辺にある毛や突起物。 髭

びけい【美形】美しい顔だち（の人）。beauty 美形

ひげき【悲劇】❶不幸や悲惨さをえがいた劇。❷悲惨な出来事。①tragedy 悲劇

ひけし【火消し】❶火を消すこと。❷昔の、消防士。②fireman 火消し

ひけつ【否決】議案を承認しないという議決をすること。rejection 否決

ひけつ【秘訣】人に知られていない効果的な特別の方法。▽成功の━。secret 秘訣

ひけどき【引け時】〈退け時〉退出時刻。 引け時

ひけめ【引け目】自分は他人より劣っていると思う気持ち。 引け目

ひけん【比肩】優劣のないこと。▽社長に━する実力。類匹敵。equal 比肩

ひけん【披見】文書・手紙などを開いて見ること。 披見

ひけん【卑見】自分の意見の謙譲語。 卑見

ひけんしゃ【被験者】試験や実験の対象になって、ためされる人。subject 被験者

ひこ【曽孫】ひまご。そうそん。ひこまご。 曽孫

ひご【庇護】かばい守ること。類保護。protection 庇護

ひご【卑語】いやしいことば。 卑語

ひご【飛語】〈蜚語〉根拠のないうわさ。▽流言━。wild rumor 飛語

ひご【籤】竹を細く割ってけずったもの。竹ひご。bamboo slat 籤

ひこう【披講】人の作った詩歌をよみあげて披露（ひろう）すること・役。 披講

ひこう【肥厚】こえたりはれたりして厚くなること。 肥厚

ひこう【非行】社会の規範にはずれた行い。delinquency 非行

ひこう【飛行】空中を飛んで行くこと。flight 飛行

ひごう【非業】前世の報いではないこと。▼━の最期（さいご） 思いがけない災難で死ぬこと。非業の死。 非業

びこう【尾行】人のあとをつけて行くこと。follow 尾行

びこう【備考】参考のために書き加えること・事柄。note 備考

びこう【鼻孔】鼻のあな。nostril 鼻孔

びこう【鼻腔】鼻の奥の空所。びくう。 鼻腔

ひこうかい【非公開】関係者以外の人には公開しないこと。not open 非公開

ひこうしき【非公式】公式でないこと。unofficial 非公式

ひごうほう【非合法】法の定めに反すること。▽━活動。illegal 非合法

ひごうり【非合理】❶論理に合わないこと。❷理性ではとらえられないこと。①②irrational 非合理

ひこく【被告】民事・行政訴訟で、訴えられた当事者。対原告。defendant 被告

びこつ【尾骨】脊柱（せきちゅう）の最下部にある骨。尾骶骨（びていこつ）。coccyx 尾骨

ひこばえ【蘖】切った草木の根や株から出る新しい芽。 蘖

ひこぼし【彦星】牽牛星（けんぎゅうせい）。 彦星

ひこまご【曽孫】ひまご。 曽孫

ひごろ【日頃】ふだん。平生。usually 日頃

ひこん【非婚】生き方として、結婚を選択しないこと。▽━化時代。類未婚。 非婚

ひざ〔膝〕常15 ひざ ひざ。▽━下（しっか）。━元（ひざもと）。 膝・膝

筆順 膝

ひ

ひざ【膝】❶ももとすねの間にある関節部の前面。❷すわったときのももの上側。①knee ▼―を交える うちとけて話し合う。 膝

ひさい【非才】〈菲才〉❶才能がないこと。❷自分の才能の謙譲語。▽浅学―の身。 非才

ひさい【被災】災害をこうむること。▽―地。 被災

びさい【微細】非常に細かなようす。minute 微細

びざい【微罪】軽い罪。minor offense 微罪

ひざがしら【膝頭】ひざ❶。膝小僧。 膝頭

ひさかたぶり【久方振り】久し振り。 久方振

ひざかり【日盛り】一日のうちで、日ざしが最も強いころ。high noon 日盛り

ひさく【秘策】秘密のはかりごと。 秘策

ひさぐ【鬻ぐ】売る。▽春を―。 鬻ぐ

ひさご【瓠】〈瓢〉ひょうたんなどの実でつくった容器。ふくべ。gourd 瓠

ひざこぞう【膝小僧】膝頭。 膝小僧

ひさし【庇】〈廂〉❶軒(のき)に張り出た小屋根。❷帽子のつば。①eaves ▼―を貸して母屋(おもや)を取られる 一部を貸したために、結局全部とられる。 庇

ひざし【日差し】〈陽射し〉日光がさすこと。また、その日の光。sunlight 日差し

ひさしい【久しい】ある時から長い時間がたっている。▽―くその職にある。 久しい

ひさしぶり【久し振り】ある時から久しいこと。久方振り。久々(ひさびさ)。 久し振

ひざづめ【膝詰め】膝と膝を突き合わせること。▽―談判。 膝詰め

ひさびさ【久久】久し振り。▽―の対面。 久久

ひざまくら【膝枕】人のひざを枕にして横になること。 膝枕

ひざまずく【跪く】ひざを地面につけてかがむ。ひざまづく。▽―いておがむ。kneel down 跪く

ひさめ【氷雨】❶あられ。雹(ひょう)。❷秋の冷たい雨。❸みぞれ。③sleet 氷雨

ひざもと【膝元】❶ひざのすぐ近く。❷父母など養育者のそば。❸御膝下(おひざもと)。 膝元

ひさん【飛散】飛び散ること。 飛散

ひさん【悲惨】ひどく悲しくて、いたましいこと。misery 悲惨

ひし【菱】人11 リョウ・ひし 水草の、ひし。▽―形。 菱・菱

筆順						
艹	艹	艹	芏	茳	莠	菱

ひじ【肘】常7 ひじ ひじ。▽―鉄(ひじてつ)。掣―(せいちゅう)。 肘・肘

筆順						
丿	刀	月	月	肝	肘	肘

ひじ【肱】8 コウ・ひじ ひじ。▽股―(ここう)。 肱・肱

ひじ【肘】〈肱・臂〉うでの関節の、外側に突き出る部分。elbow 肘

ひしがた【菱形】四辺が等しく、どの角も直角でない四辺形。rhombus 菱形

ひしぐ【拉ぐ】❶押しつぶす。❷勢いをなくしてしまう。▽気勢を―。 拉ぐ

びしつ【美質】すぐれた、よい性質。 美質

びしてき【微視的】❶見分けられないほど微細なようす。❷非常に細かく観察するようす。図❶❷巨視的。 微視的

ひじでっぽう【肘鉄砲】❶ひじで強く突くこと。❷相手の要求などをはねつけること。②brush-off 肘鉄砲

ひしと【犇と】きつく。しっかりと。 犇と

ひしひし【犇犇】体や心に迫って、強く感じられるようす。vividly 犇犇

ひじまくら【肘枕】自分のひじをまくら代わりにすること。 肘枕

ひしめく【犇めく】押しあいへしあいする。▽乗客が―ホーム。jostle 犇めく

ひしゃく【柄杓】わん形の容器に柄のついた道具。dipper 柄杓

びじゃく【微弱】弱くてかすかなようす。faint 微弱

ひしゃたい【被写体】写真で写される物・人物など。object 被写体

びしゅ【美酒】うまい酒。うまざけ。▽勝利の―に酔う。 美酒

ビジュアル【visual】視覚的。

ひしゅう【悲愁】悲しみとうれい。 悲愁

ひじゅう【比重】❶ある物の重さと、同体積の水の重さとの比。①specific gravity ❷重点をおく割合。

びしゅう【美醜】❶美しいことと、みにくいこと。❷顔かたちのよしあし。

ひじゅつ【秘術】人に知らせない大切な技。secret art

びじゅつ【美術】美しさを色や形で表現する芸術。絵画・彫刻など。art

ひじゅん【批准】条約を国家が同意すること・手続き。ratification

ひしょ【秘書】要職者のそばで、用務を扱う役目(の人)。secretary

ひしょ【避暑】夏、涼しい地方に滞在して暑さを避けること。対避寒。

びじょ【美女】美人。beauty

ひしょう【卑小】とるに足りないようす。petty

ひしょう【飛翔】高く飛ぶこと。

ひじょう【非常】❶さし迫っている事態。▽—の場合。❷程度がはなはだしいようす。①emergency ②very

ひじょう【非情】情がなく冷酷なこと。coldhearted

びしょう【美称】ほめていう呼び方。

びしょう【微小】きわめて小さいようす。▽—な生物。類極小。minute

びしょう【微少】きわめて少ないようす。▽—な損害。類僅少。

びしょう【微笑】ほほえみ。smile

びじょう【尾錠】ベルトの留め金。buckle

ひじょうきん【非常勤】常勤でない勤務。part-time service

ひじょうじ【非常時】戦争など国家に重大な危機が迫ったとき。▽—に備える。

ひじょうしき【非常識】常識にはずれていること。

ひじょうせん【非常線】厳戒態勢をとる一定の区域。また、その警戒線。

びじょうふ【美丈夫】美しくてりっぱな男性。handsome youth

びしょく【美食】うまい食べ物を好んで食べること。また、その食べ物。▽—家。対粗食。悪食(あくじき)。

ビジョン【vision】将来への展望。

ひじり【聖】徳の高いすぐれた僧。

びじれいく【美辞麗句】美しく飾ったことば。

びじん【美人】美しい女性。美女。beauty

ひすい【翡翠】❶宝石の一。緑色の硬玉。❷鳥の「かわせみ」の別称。①jade

びすい【微酔】ほろ酔い。微醺(びくん)。

ひずむ【歪む】形がゆがむ。distort

ひする【比する】比較する。くらべてみる。▽成果に—して損害が大きい。compare

ひする【秘する】秘密にする。▽—して語らない。

ひせい【非勢】形勢が悪いこと。

ひせい【批正】批評して訂正すること。▽御—を請う。

びせい【美声】きれいな声。対悪声。

びせいぶつ【微生物】顕微鏡でなければ見えない小さな生物。microbe

ひぜに【日銭】毎日、収入としてはいる金銭。daily income

ひせん【卑賤】地位や身分が低く、いやしいこと。

びぜん【美髯】みごとなほおひげ。

ひそ【砒素】非金属元素の一。農薬・医薬の原料。有毒。記号As。arsenic

びそ【鼻祖】元祖。▽私小説の—。

ひそう【皮相】うわべ。上っ面。▽—の見解。superficial

ひそう【悲壮】悲しい中に、雄々しさのあるようす。▽—な決意。

ひそう【悲愴】悲しくいたましいようす。▽—な顔つき。tragic

ひぞう【秘蔵】❶大切にしまっておくこと。❷大切にかわいがり育てること。①②treasure

ひぞう【脾臓】内臓の一。古い赤血球を破壊し、リンパ球をつくる。

びぞう【微増】わずかな増加。

ひそか【密か】〈窃か〉こっそりと行うようす。secretly, in private

ひ

ひぞく【卑俗】 いやしく下品なこと。類低俗。vulgar

ひぞく【卑属】 血縁で、子・孫・おい・めいなど。対尊属。

ひぞく【匪賊】 集団で略奪・殺人をする盗賊。outlaw

びぞく【美俗】 よい風俗や習慣。▽醇風(じゅんぷう)—。good custom

ひぞっこ【秘蔵っ子】 特別に大事にしてかわいがっている弟子や部下。one's favorite

ひそみ【顰み】 眉(まゆ)をしかめること。▼—に倣(なら)う むやみに人のまねをする。また、まねをすることの謙遜(けんそん)表現。

ひそむ【潜む】 ❶かくれる。❷潜在する。▽心に—。①hide ②lurk

ひそめる【潜める】 ❶かくす。❷静かにする。▽鳴りを—。

ひそめる【顰める】 眉間(みけん)にしわを寄せる。

ひそやか【密やか】 ❶こっそりと行うようす。▽—な楽しみ。❷もの静かなようす。①secretly ②quietly

ひだ【襞】 ❶衣服などにつける折り目。❷折り目のように見えるもの。▽山—。①pleat ①②fold

ひたい【額】 髪の生えぎわから眉(まゆ)までの部分。forehead ▼—を集める 集まって相談しあう。

ひだい【肥大】 ❶ふとって大きくなること。❷病気のため、体のある器官が異常に大きくなること。▽心臓—。

びたい【媚態】 ❶女性のなまめかしい姿態。❷こびへつらう態度。①coquetry

びたいちもん【鐚一文】 ごくわずかな金銭。▽—まけない。

ひたかくし【直隠し】 ひたすらかくすこと。

ひたす【浸す】 液につける。soak

ひたすら【只管】 ただそのことばかりに集中するようす。一筋に。

びたせん【鐚銭】 粗悪な一文銭。

ひだち【肥立ち】 ❶日ごとに成長すること。❷お産のあとの回復。注×日立ち。①growth

ひたと【直と】 ❶じかに。ぴったりと。❷突然。

ひだね【火種】 ❶火をおこすもとになる火。❷争いや騒ぎをひきおこす原因。

ひたはしり【直走り】 ひたすら走り続けること。

ひだまり【日溜まり】 寒い季節に、日光がよく当たる暖かい場所。sunny place

ひたむき【直向き】 いちずに熱中するようす。in earnest

ひだり【左】 ❶北を向いたとき、西に当たる位置。❷左翼。対❶❷右。①left

ひだりうちわ【左団扇】 仕事をしないで気楽にくらすこと。

ひだりきき【左利き】 ❶左手が利き手であること。❷酒のみ。左党(さとう)。①left-handed

ひだりづま【左褄】 着物の左のつま。▼—を取る 芸者になる。

ひだりまえ【左前】 ❶和服で、ふつうと反対に左襟を下にして着ること。左下前。❷商売の不振。

ひたる【浸る】 ❶液体につかる。▽湯に—。❷ある状態に入りきる。▽思い出に—。②indulge

ひだるい【饑い】 腹がへって、ひもじい。

ひだるま【火達磨】 全身に火がついて燃えているようす。

ひたん【悲嘆】 〈悲歎〉悲しみなげくこと。▽—に暮れる。lamentation

びだん【美談】 りっぱな行いの話。

びちく【備蓄】 万一の場合にそなえてたくわえておくこと。reserves

びちゅう【微衷】 自分の本心・真意の謙譲語。類微意。

ひちゅうのひ【秘中の秘】 秘密のうちでも特に重要な秘密。類極秘。

ひちょう【飛鳥】 空を飛ぶ鳥。

ひちりき【篳篥】 雅楽で、主旋律を奏する、縦吹きの管楽器。

ひつ〖匹〗 常4 ヒツ・ひき ❶対(つい)になるもの。❷動物・布を数える語。

筆順
一
ア
兀
匹

ひつ〖必〗 常5 ヒツ・かならず かならず。▽—然。—要。

筆順
丶
ソ
义
必

ひつ〖泌〗 常8 ヒツ・ヒ すきまからしぼりだされる。▽—尿器。分—。

筆順
丶
冫
氵
氵丶
泌
泌
泌
泌

ひっ—ひっせい

ひつ〔畢〕人10 ヒツ・おわる おわる。▽—竟(ひっきょう)。—生(ひっせい)。

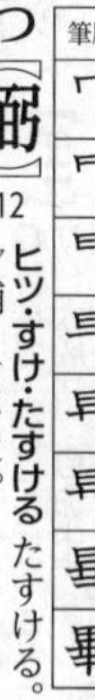

ひつ〔弼〕12 ヒツ・すけ・たすける たすける。▽輔—(ほひつ)。

ひつ〔筆〕常12 ヒツ・ふで ❶ふで。▽毛—。❷書くこと。▽—順。—跡。

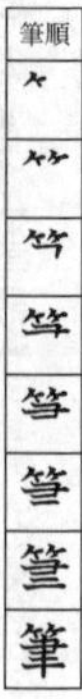

ひつ〔逼〕13 ヒツ・せまる そばまでせまる。

ひつ【筆】❶筆で書くこと。また、書いたもの。❷土地の一区画。

ひつ【櫃】❶ふたが上にあく大きな箱。❷めしびつ。おひつ。①chest

ひつう【悲痛】心がいたむようす。heartrending

ひっか【筆禍】発表した文章が原因で受ける非難や災難。▽—事件。

ひっかく【引っ掻く】つめや、先のとがった物で強くかく。▽—き傷。scratch

ひっき【筆記】書き記すこと。writing

ひつぎ【柩】遺体を納める箱。coffin

ひっきょう【畢竟】結局。after all

ひっきりなし【引っ切り無し】たえまなく続くようす。continually

ビッグ サイエンス【big science】巨大科学。宇宙開発・原子力開発など。

ビッグ バン【big bang】❶宇宙が生まれたときに起きたとされる大爆発。❷金融・証券界の、自由化をふくむ大改革。

びっくり【吃驚】驚くようす。surprise

ひっくりかえす【引っ繰り返す】❶逆にする。裏返す。❷勢いよく倒す。❸くつがえす。

ひっくるめる【引っ括める】総括する。sum up

ひづけ【日付】文書などに書きこむ年月日。date

ひっけい【必携】必ず持っていなければならないこと・もの。

ひっけん【必見】必ず見なければならないこと・もの。worth seeing

ひっけん【筆硯】❶ふでとすずり。❷文章を書くこと。

びっこ【跛】片足が不自由なこと・人。今は使わない語。

ひっこう【筆耕】筆写や清書によって収入を得ること・人。

ひっこす【引っ越す】住居や仕事場などを移す。move

ひっこみじあん【引っ込み思案】すすんで人前に出て、行動するのが苦手なこと。retiring

ひっこむ【引っ込む】❶突き出ていたものが元どおりになる。❷しりぞいて、引きこもる。❸中や奥に入る。

ひっさげる【引っ提げる】❶手にさげる。❷ひき連れる。❸掲げ示す。

ひっさつ【必殺】必ず殺す(倒す)こと。

ひっさん【筆算】紙などに書いて計算すること。対暗算。

ひっし【必死】死ぬ覚悟で全力をつくすこと。▽—になって働く。類決死。hell-bent

ひっし【必至】必ずそうなること。▽国会解散は—である。類必然。必定。不可避。inevitable

ひっし【筆紙】筆と紙。▼—に尽(つ)くし難(がた)い 文章では表現しきれない。

ひつじ【未】十二支の八番目。昔の時刻で午後二時ごろ。方角で南南西。

ひつじ【羊】家畜の一。sheep

ひっしゃ【筆写】書き写すこと。

ひっしゃ【筆者】書いた人。author

ひっしゅう【必修】必ず学ばなければならないこと。▽—科目。required

ひつじゅひん【必需品】なくてはならない品物。不可欠の品。▽生活—。necessities

ひつじゅん【筆順】文字の書き順。

ひっしょう【必勝】必ず勝つこと。

ひつじょう【必定】そうなるにきまっていること。▽敗北は—である。類必至。certainly

ひつじん【筆陣】文章による論戦のかまえ。

ひっす【必須】欠かせないこと。▽技術者に—の知識。essential

ひっせい【畢生】命が終わるまでのあいだ。一生。終生。▽—

の大作。

ひっせい【筆勢】 書画の筆の勢い。

ひっせき【筆跡】 〈筆蹟〉書かれた文字のあと。書きぶり。handwriting

ひつぜつ【筆舌】 書くことと言うこと。▼—に尽(つ)くし難(がた)い 十分に表現することができない。

ひっせん【筆洗】 筆の穂をあらう器。

ひつぜん【必然】 必ずそうなること。類必至。対偶然。inevitable

ひっそく【逼塞】 おちぶれてひっそり暮らすこと。

ひつだん【筆談】 文字を書いて、意思を伝え合うこと。

ひっち【筆致】 書画・文章の書きぶり。

ピッチ【pitch】 ❶一定時間内の同じ動作の速度・回数。❷音の高さ・調子。❸ねじの、山と山の間の長さ。❹サッカーやホッケーの競技場。フィールド。

ひっちゃく【必着】 締め切り日までに必ず着くこと。

ひっちゅう【必中】 必ず当たること。

ひっちゅう【筆誅】 他人の非を書き立てきびしく責めること。

ひってき【匹敵】 対等であること。▽プロに—する実力。類比肩。equal

ヒット【hit】 ❶野球で、安打(を打っこと)。❷大当たり。大成功。❸命中。

ひっとう【筆答】 文字で書いて問いに答えること。▽—試験。対口答。

ひっとう【筆頭】 書き並べた名前の一番目(の人・もの)。▽—株主。前頭(まえがしら)—。

ひつどく【必読】 必ず読まなければならないこと。worth reading

ヒットチャート【hit chart】 ヒット曲の人気順位表。

ひっぱく【逼迫】 事態がさしせまり、余裕がなくなること。urgency

ひっぱりだこ【引っ張り凧】 人気があって方々から求められること・人。

ひっぱる【引っ張る】 ❶一端から引きのばしてぴんと張る。❷引き寄せる。❸さそう。❹むりに連れて行く。①stretch ②pull

ひっぷ【匹夫】 身分の低い男性。教養のない、ただの男性。▼—の勇 深い考えもなく血気にはやるだけの勇気。

ひっぽう【筆法】 ❶筆の運び方。❷文章の表現の仕方。❸物事のやり方。

ひっぽう【筆鋒】 文章の勢い。▽—鋭く批判する。

ひつぼく【筆墨】 筆と墨で書き記したもの。

ひづめ【蹄】 牛・馬などのつめ。hoof

ひつめい【筆名】 文章などを発表するときに使う名前。pen name

ひつめつ【必滅】 必ずほろびること。▽生者(しょうじゃ)—。mortality

ひつよう【必要】 なくてはならないこと。対不要。necessity

ひつようあく【必要悪】 よくないことだが、やむをえず必要とされること。

ひつりょく【筆力】 ❶文字・文章の勢い・力。❷文章で表現する力。

ひつろく【筆録】 文字に書きとどめること。また、その記録。

ひてい【否定】 ❶そうではないと打ち消すこと。▽うわさを—する。❷みとめないこと。対❶肯定。①②denial

びていこつ【尾骶骨】 尾骨(びこつ)。

ビデオ【video】 ❶音声(=オーディオ)に対する画像。❷ビデオテープレコーダー。

びてき【美的】 ❶美しいようす。❷美に関係があるようす。②aesthetic

ひでり【日照り】 〈旱〉❶長い間雨が降らないこと。旱魃(かんばつ)。❷不足すること。①drought

ひてん【批点】 詩文を批評・訂正してつける評点。▽—を打つ。

ひでん【秘伝】 特定の人にだけ伝授される秘密の事柄。

びてん【美点】 すぐれた点。類長所。対欠点。merit

びでん【美田】 地味の肥えた田。

ひでんか【妃殿下】 皇族の妻の敬称。

ひと【人】 ❶人間。❷世間の人。❸他人。❹大人。成人。❺役に立つ人。❻人柄。①man ②people ▼—の噂(うわさ)も七十五日(しちじゅうごにち) 世間のうわさは長くは続かない。▼—の褌(ふんどし)で相撲(すもう)を取る 他人の力や物を利用して、自分の利益をはかる。

ひとあせ【一汗】ひとしきり汗をかくこと。▽一かく。　一汗

ひとあめ【一雨】❶一回の雨。❷ひとしきりふる雨。▽一来そうだ。　一雨

ひどい【酷い】❶無情だ。❷激しい。❸悪い。①cruel　酷い

ひといき【一息】❶ひと呼吸。❷ひと休み。❸一気。❹少しの努力。▽あと一だ。①a breath　一息

ひといきれ【人熱れ】集まった大ぜいの人から出る熱気。　人熱れ

ひといちばい【人一倍】普通の人以上に。　人一倍

ひとう【秘湯】山奥などにある温泉。　秘湯

ひどう【非道】道理・人情にそむいていること。暴戻(ぼうれい)。類理不尽。　非道

びどう【微動】ほんの少し動くこと。▽一だにしない。　微動

ひとえ【一重】重なっていないこと。　一重

ひとえ【単】〈単衣〉裏地のつかない着物。ひとえもの。対袷(あわせ)。　単

ひとえに【偏に】❶ひたすら。いちずに。❷まったく。②wholly　偏に

ひとおもいに【一思いに】思いきって。resolutely　一思いに

ひとがき【人垣】大ぜい立ち並んだ人々。　人垣

ひとかげ【人影】人の姿。figure　人影

ひとかた【一方】❶一人。❷普通の程度。　一方

ひとかたならぬ【一方ならぬ】非常な。　一方な

ひとかど【一角】〈一廉〉すぐれていること。いっかど。▽一の人物。　一角

ひとがら【人柄】❶人の性格や品格。❷すぐれた品格。①personality　人柄

ひとかわ【一皮】表面の皮一枚。▼一剝(む)ける 洗練される。　一皮

ひとぎき【人聞き】聞いた人が受ける感じ。▽一が悪い。類外聞。　人聞き

ひときわ【一際】一段と。いっそう。　一際

ひとく【秘匿】こっそり隠しておくこと。類隠匿(いんとく)。concealment　秘匿

びとく【美徳】りっぱな行いや美しい心。▽謙譲の一。virtue　美徳

ひとくさり【一齣】話の一区切り。▽説教を一聞かされる。　一齣

ひとくせ【一癖】ふつうの人とちがう強い個性やかわった性格。▽一ありそうな人。peculiarity　一癖

ひとくだり【一行】文章の一部分。　一行

ひとくち【一口】❶一回、少しだけ飲み食いすること。❷簡潔に言うこと。❸分け前。❹寄付などの一単位。①a bite　一口

ひとけ【人気】人のいる気配。　人気

ひとごこち【人心地】生きたここち。　人心地

ひとこと【一言】ひとつの(わずかな)ことば。a word　一言

ひとごと【人事】〈他人事〉自分には関係のない、他の人のこと。▽一ではない。　人事

ひとこま【一齣】❶劇の一場面。❷ひと続きのものの一場面。▽青春の一。①②a scene　一齣

ひとごみ【人込み】〈人混み〉人でこみあっていること・所。類雑踏。　人込み

ひところ【一頃】以前のある時期。　一頃

ひとさしゆび【人差し指】〈人指し指〉親指と中指の間の指。forefinger　人差指

ひとざと【人里】人家が集まっている所。　人里

ひとさわがせ【人騒がせ】ささいなことで人をさわがせ、迷惑をかけること。false alarm　人騒がせ

ひとしい【等しい】❶同じである。❷似ている。①equal　等しい

ひとしお【一入】いっそう。　一入

ひとしきり【一頻り】しばらく続くようす。▽雨が一降る。　一頻り

ひとじち【人質】要求を通すために、とらえておく人。また約束を守るしるしとして相手側に預ける人。hostage　人質

ひとしれず【人知れず】人に知られないように。こっそりと。ひそかに。privately　人知れ

ひとすじなわ【一筋縄】普通の方法・手段。▽一では行かない。　一筋縄

ひとずれ【人擦れ】多くの人に接して、人柄が悪くなり、ずるくなること。　人擦れ

ひとだかり【人集り】 人が集まっていること。また、その人々。crowd

ひとたび【一度】 ❶いちど。❷いったん。①②once

ひとだま【人魂】 夜、青白い尾を引いて飛ぶ火の玉。死者の魂とされる。

ひとたまり【一▲溜まり】 しばらく持ちこたえること。▼**—も無い** わずかの間も持ちこたえられない。

ひとちがい【人違い】 別人をその人と思い違いすること。人まちがい。

ひとつあな【一つ穴】 同じあな。▼**—の貉**（むじな） 同じ穴の貉。

ひとつおぼえ【一つ覚え】 覚えた一つのことを得意げにいつも言うこと。

ひとつかま【一つ釜】 同じ釜。▼**—の飯**（めし）**を食う** 同じ釜の飯を食う。

ひとづて【人伝】 人を介して伝わること。

ひとつぶだね【一粒種】 大切な一人っ子。only child

ひとづま【人妻】 ❶他人の妻。❷結婚して妻となった女性。

ひとで【人手】 ❶人の手。人のわざ。▽—を加える。❷他人のしわざ。▽—にかかる。❸他人の手助け。❹他人の手中。▽—に渡る。❺働く人。⑤hand

ひとで【海星】 〈人手〉棘皮（きょくひ）動物の一。体は平たくて星形をしている。starfish

ひとでなし【人で無し】 恩や人情などのわからない人。人非人（にんぴにん）。

ひととおり【一通り】 ❶普通。▽—の苦労ではない。❷ざっと。❸いちおう。すべて。

ひととき【一時】 ❶しばらくの間。▽いこいの—。❷以前のある時。▽—はやった歌。②once

ひととせ【一年】 ❶一年間。❷以前のある年。①a year

ひととなり【人となり】 生まれつきの人柄。

ひとなつこい【人懐こい】 人になれ親しみやすい。人懐っこい。friendly

ひとなぬか【一七日】 初七日。

ひとなみ【人波】 大ぜいの人がゆれ動くようす。

ひとなみ【人並み】 世間並み。average

ひとはだ【人肌】 〈人膚〉人の肌（のあたたかさ）。

ひとはだぬぐ【一肌脱ぐ】 その人のために、力を貸して、手助けする。

ひとばらい【人払い】 関係者以外をその場から遠ざけること。

ひとひら【一片】 〈一枚〉うすくて平らなもの一枚。いっぺん。▽—の花びら。

ひとふで【一筆】 ❶ちょっと書きつけること。いっぴつ。❷墨継ぎしないで一度に書くこと。

ひとまえ【人前】 ❶人が見ている前。❷体裁。

ひとまかせ【人任せ】 他人にまかせきりにすること。

ひとまく【一幕】 ❶劇の一くぎり。❷事件などのある一場面。▽小ぜりあいを演じる—もあった。①one act

ひとまず【一先ず】 さしあたって。

ひとまちがお【人待ち顔】 人を待っているらしい顔つきやようす。

ひとまね【人真似】 ❶他人の言動のまね。❷動物が人間のまねをすること。類❶模倣。①imitation

ひとまわり【一回り】 ❶一回まわること。❷十二支が一回めぐる年数。十二年。▽年が—も違う。❸大きさの一段階。▽人間が—上だ。—大きくなる。①a round

ひとみ【瞳】 〈眸〉瞳孔（どうこう）。また、目。pupil

ひとみごくう【人身御供】 ❶人を神へのいけにえとしたこと。また、その人。❷他人の欲望の犠牲になること・人。

ひとみしり【人見知り】 知らない人を見てはにかんだり避けたりすること。

ひとむかし【一昔】 もう昔と感じられる程度の過去。▽十年一。

ひとめ【一目】 ❶ちょっと見ること。❷一度に全体が見わたせること。類❷一望。①a glance

ひとめ【人目】 他人の見る目。▼**—に余る** 見ている人に不快感をおこさせる。

ひとめぼれ【一目惚れ】 一度見ただけで好きになること。

ひとやく【一役】 一つの役割。▼—買う 進んで仕事を引き受ける。

ひとやま【一山】 ❶一つの山。❷山形に積んだ一かたまり。▼—当てる 投機などでひともうけする。

ひとよ【一夜】 ❶ひとばん。❷ある夜。

ひとり【一人】 一個の人。いちにん。one person

ひとり【独り】 ❶自分だけ。❷独身。❸ただ単に。❹自分だけで。①alone ②single

> **使い分け「ひとり」**
> 一人…人数に重点がある場合に使う。▽社員の—。—息子。—っ子。
> 独り…連れがない。単独・独立・孤独の意味の場合に使う。▽—で暮らす。—決め。—者。—舞台。まだ—である。

ひどり【日取り】 予定の日を決めること。また、その日。date

ひとりがてん【独り合点】 自分だけでわかったつもりでいること。

ひとりぎめ【独り決め】 ❶自分の考えだけで決めること。❷自分ひとりで思いこむこと。

ひとりぐらし【独り暮らし】 〈一人暮らし〉ひとりだけで生活すること。

ひとりごと【独り言】 ひとりだけでものを言うこと。また、その言葉。

ひとりじめ【独り占め】 独占。

ひとりずもう【独り相撲】 〈一人相撲〉相手もいないのに、ひとりで気負いこむこと。

ひとりだち【独り立ち】 だれからの援助も受けず自分だけの力で生活していくこと。類自立。

ひとりぶたい【独り舞台】 〈一人舞台〉他の人の存在がうすらぐほど、ひとりの活躍がきわだっていること。独壇場(どくだんじょう)。

ひとりみ【独り身】 独身であること・人。unmarried

ひとりもの【独り者】 独身者。single

ひとりよがり【独り善がり】 自分だけでよいと思いこみ、他の意見を聞き入れないこと。類独善。

ひとわたり【一渡り】 ひととおり。

ひな〖雛〗 人18 スウ・ひな ❶ひな。ひよこ。▽育—(いくすう)。❷小さな模型。▽—形。❸小さい。▽—菊。

筆順

ひな【鄙】 いなか。▽—にはまれな洋館。country

ひな【雛】 ❶ひよこ。❷ひな人形。❸小さい・かわいらしいの意。▽—形。①chick

ひなが【日長】 〈日永〉昼の間が長いこと。また、その昼間。▽春の—。

ひながた【雛形】 〈雛型〉❶実物を縮小した模型。❷形式見本。①model

ひなぎく【雛菊】 草花の一。春から秋にかけて菊に似た花が咲く。デージー。daisy

ひなげし【雛罌粟】 〈雛芥子〉草花の一。初夏に白・赤などの花が咲く。虞美人草(ぐびじんそう)。ポピー。poppy

ひなた【日向】 日が当たる所。対日陰。sunny place

ひなどり【雛鳥】 鳥のひな。ひよこ。

ひなにんぎょう【雛人形】 ひな祭りにかざる人形。

ひなびる【鄙びる】 いなかふうで素朴な感じがする。

ひなまつり【雛祭り】 五節句の一。三月三日、女の子の節句。

ひなみ【日並み】 日のよしあし。日柄。

ひなん【非難】 〈批難〉人の欠点・過失などを責めること・言葉。blame

ひなん【避難】 災難をさけて安全な場所に移ること。類退避。refuge

びなん【美男】 顔かたちの美しい男性。美男子。handsome

ひにく【皮肉】 ❶遠回しに意地悪く言うこと・ことば。❷意外な結果になること。①②irony

ひにく【髀肉】 ももの肉。▼—の嘆(たん) 腕前を発揮する機会がない嘆(なげ)き。

ひにくる【皮肉る】 皮肉を言う。類あてこする。

ひにち【日日】❶日どり。期日。❷日数。▽—がかかる。②days

ひにょうき【泌尿器】尿の生成・排出に関係する器官。

ひにん【否認】事実として認めないこと。ひつにょうき。urinary organs 対是認。denial

ひにん【避妊】妊娠しないようにすること。contraception

ひにんじょう【非人情】思いやりがなくて冷淡なこと。不人情。

ひねくる【捻くる】❶指先でいじくりまわす。❷いろいろと理屈をつける。①finger

ひねくれる【捻くれる】性質が素直でなくなる。be warped

ひねこびる【陳ねこびる】子供がませる。類こましゃくれる。be precocious

びねつ【微熱】平熱より少し高い体温。slight fever

ひねもす【終日】一日じゅう。

ひねる【捻る】❶指先などでねじる。ねじり回す。❷簡単に負かす。❸工夫をこらす。工夫してつくる。❹▽一句—。①②twist

ひねる【陳ねる】❶古くなる。❷おとなびる。ませる。①stale

ひのえ【丙】十干(じっかん)の第三。

ひのき〖檜〗人17〖桧〗人10 カイ・ひ・ひのき 樹木の、ひのき。▽—皮(ひわだ)葺(ぶ)き。

筆順
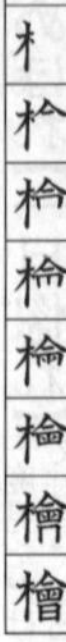

ひのきぶたい【檜舞台】❶ひのきの板をはった立派な舞台。❷自分の腕前を大ぜいの人の前で示す晴れの場所。②big stage

ひのくるま【火の車】経済状態がたいへん苦しいことのたとえ。

ひのけ【火の気】❶火のあたたかみ。❷火があること。火だね。

ひのこ【火の粉】もえあがる火から飛び散る細かい火。spark

ひのし【火熨斗】中に炭火を入れて使った昔のアイロン。のし。

ひのて【火の手】燃え上がる火の勢い。

ひのと【丁】十干(じっかん)の第四。

ひのべ【日延べ】❶期日をのばすこと。❷期間の延長。①postpone

ひのまる【日の丸】❶太陽を表す赤い丸。❷日章旗。

ひのみやぐら【火の見櫓】火事の見張りをする高いやぐら。火の見。

ひのめ【日の目】〈陽の目〉日の光。▼—を見る ❶知られていなかったものが、発表されて世の中に出る。❷不遇だった者が世の中に認められる。

ひのもと【火の元】火のある所。

ひばいひん【非売品】売らない品物。

ひばく【被曝】放射線にさらされること。▽レントゲンの—時間。

ひばく【被爆】爆撃を受けること。特に、原水爆の被害を受けること。▽—者。

びはく【美白】美しく白いこと。肌や歯についていう。▽—化粧品。

ひばし【火箸】炭火を挟む金属製の箸。

びはだ【美肌】美しい肌。また、肌を美しくすること。

ひばち【火鉢】灰を入れて炭火を置き、暖房・湯わかしに用いる道具。

ひばな【火花】❶飛び散る火。❷放電のときに出る光。①②spark

ひばら【脾腹】わきばら。よこばら。

ひばり【雲雀】小鳥の一。野原・畑地などにすむ。春の空に高く上がってさえずる。skylark

ひはん【批判】❶良否を検討し、判断すること。❷悪口。①criticism

ひばん【非番】仕事の当番でないこと・人。対当番。off duty

ひひ【狒狒】猿の一。大形で、性質は荒い。アフリカなどに分布。baboon

ひび【日日】毎日。一日一日。daily

ひび【皹】〈皸〉手足にできる細かいさけ目。▽—がきれる。chap

ひび【罅】器物の細かい割れ目。crack

びび【微微】ごくわずかで、取るにたりないようす。▽—たる損害。slight

ひびく【響く】❶音があたりに広がる。❷振動が伝わる。❸影響する。▽無理が—。❹評判になる。▽天下に名声が—。❺心に感じる。▽心に—ことば。①sound

ビビッド【vivid】生き生きとしたようす。

ひひょう【批評】物事のよしあしなどを評価すること。criticism 類批判。 批 評

びひん【備品】備え付けの品物。 備 品

ひふ【皮膚】動物の体の表面をおおっている皮。skin 皮 膚

ひぶ【日歩】元金一〇〇円に対する一日の利息。daily interest 日 歩

びふう【美風】よい風俗・習慣。 美 風

びふう【微風】そよ風。breeze 微 風

ひふく【被服】着る物。衣服。▽—費。 被 服

ひふく【被覆】おおい包むこと。▽—線。 被 覆

ひぶた【火蓋】火縄銃の火薬を入れる部分をおおうふた。▼—を切る 戦い・競技を始める。 火 蓋

ひふん【悲憤】悲しみいきどおること。resentment 悲 憤

ひぶん【碑文】石碑に彫りつけた文章。類銘。inscription 碑 文

びぶん【美文】美しい語句や言い回しで飾りたてた文章。▽—調。 美 文

びぶん【微分】数学で、ある関数の導関数を求めること。 微 分

ひふんこうがい【悲憤慷慨】時世や運命を悲しみいきどおること。 慷 慨

ひへい【疲弊】❶経済的に行き詰まって衰えること。❷心身が疲れて弱ること。②exhaustion 疲 弊

ひほう【秘宝】秘蔵されている宝物。 秘 宝

ひほう【秘法】秘密の方法。 秘 法

ひほう【悲報】悲しい知らせ。sad news 対朗報。 悲 報

ひぼう【誹謗】そしること。悪口を言うこと。slander 誹 謗

びほう【弥縫】一時的にとりつくろうこと。▽—策。patching up 弥 縫

びぼう【美貌】美しい顔かたち。good looks 美 貌

びぼうろく【備忘録】メモ。 備忘 録

ひぼし【干乾し】食べるものがなくて飢えてやせること。 干 乾し

ひぼし【日干し】〈日乾し〉日光に当てて乾燥させること・もの。▽魚の—。対陰干し。 日 干し

ひほん【秘本】❶秘蔵の書物。❷好色本。①treasured book 秘 本

ひぼん【非凡】ずばぬけてすぐれていること。▽—な才能。対平凡。uncommon 非 凡

ひま【暇】❶時間。❷時間の余裕があること。❸休み。❹縁を切ること。①time ②free time ▼—に飽(あ)かす ひまな時間を十分に使って物事をする。 暇

ひまく【皮膜】❶皮膚と粘膜。❷皮のように薄い膜。 皮 膜

ひまく【被膜】おおい包んでいる膜。 被 膜

ひまご【曽孫】孫の子。ひいまご。ひこまご。そうそん。great-grandchild 曽 孫

ひましに【日増しに】日がたつにつれて強まるようす。▽—寒くなる。 日 増しに

ひましゆ【蓖麻子油】とうごまの種子からとった油。工業用・下剤用。 蓖麻子

ひまつ【飛沫】しぶき。spray 飛 沫

ひまわり【向日葵】草花の一。夏、黄色い大輪の花が咲く。日輪草(にちりんそう)。sunflower 向日 葵

ひまん【肥満】体が太ること。fatness 肥 満

びまん【瀰漫】ある風潮などが広がりはびこること。▽厭戦(えんせん)気分が—する。類蔓延(まんえん)。 瀰 漫

びみ【美味】おいしいこと。味のよいこと。delicious 美 味

ひみつ【秘密】❶かくして人に知らせないこと・事柄。❷一般に公開しないこと。①②secret 秘 密

びみょう【微妙】❶細かく複雑で、簡単には言い表せないようす。❷物事のなりゆきがはっきり言えないようす。▽妥結するかどうかは—だ。注×徴妙。①delicate 微 妙

ひむろ【氷室】氷を貯蔵する部屋。ひょうしつ。icehouse 氷 室

ひめ〔姫〕常10 ひめ ❶高貴な人の娘。❷小さくてかわいいもの。▽—垣。—鏡台。 姫・姫

筆順	女	女	女	女	妒	姫	姫	姫

ひめ【姫】❶高貴な人の娘。❷女子の美称。❸小さい。▽—小松。対❷彦。①princess 姫

ひめい【非命】不慮の災難死。▽—に倒れる。 非 命

ひめい【悲鳴】❶苦痛や驚きなどであげるさけび声。❷泣き言。①scream 悲 鳴

ひめい【碑銘】碑文。inscription 碑 銘

ひ

びめい【美名】❶よい評判。名声。❷人聞きのよい名目。▽社会福祉という—に隠れて。[対]❶悪名。　美名

ひめごと【秘め事】秘密の事柄。　秘め事

ひめる【秘める】秘密にする。▽胸に—めた思い。hide　秘める

ひめん【罷免】職をやめさせること。　罷免

ひも【紐】❶束ねたりつないだりする細長いもの。❷情夫。❸よくない条件。①string, rope　紐

ひもく【費目】費用の名目・分類項目。　費目

びもく【眉目】顔かたち。▽—秀麗。looks　眉目

ひもじい ひどく空腹だ。hungry

ひもすがら【終日】一日じゅう。[対]よもすがら。　終日

ひもと【火元】❶出火場所。❷火のある所。❸事件や騒動の発生もと。　火元

ひもとく【繙く】本を開いて読む。read　繙く

ひもの【干物】〈乾物〉魚や貝などを干した食品。[類]乾物（かんぶつ）。dried fish　干物

ひや【冷や】つめたい状態の水や酒。　冷や

ひやあせ【冷や汗】恥じたり、はらはらしたりしたときなどに出る汗。冷汗（れいかん）。cold sweat　冷や汗

ひやかす【冷やかす】❶冗談などを言ってからかう。❷買う気がないのに、品物を見たり値段を聞いたりする。①josh　冷やかす

ひやく【飛躍】❶高くとぶこと。❷大きく進展すること。▽話が—する。❸順序をふまずに進むこと。①③jump　飛躍

ひやく【秘薬】❶製法が秘密にされている薬。❷よくきく不思議な薬。　秘薬

ひゃく【百】常6 ヒャク ❶数で一〇の一〇倍。❷数が多い。▽—家争鳴。—貨店。　百・百

筆順 一 丆 丆 百 百 百

ひゃく【百】❶一〇の一〇倍。❷数が多いこと。①②hundred　百

びやく【媚薬】❶性欲を増進させる薬。❷ほれ薬。①②aphrodisiac　媚薬

びゃく【白】⇩はく

ひゃくがい【百害】多くの弊害。▼—あって一利なし 悪いことばかりで、よいことは一つもない。　百害

ひゃくじゅう【百獣】多くのけもの。すべてのけもの。▽—の王。all beasts　百獣

ひゃくしゅつ【百出】いろいろとたくさん出ること。▽議論—。　百出

ひゃくしょう【百姓】農民。farmer　百姓

ひゃくせんれんま【百戦錬磨】数多くの戦いを経験してきたえられていること。　百戦

ひゃくたい【百態】さまざまな姿。　百態

びゃくだん【白檀】常緑高木の一。材は芳香があり、器具用や、香料の原料とする。せんだん。sandalwood　白檀

ひゃくどまいり【百度参り】寺社の境内を一〇〇回往復して祈願すること。おひゃくど。　百度参

ひゃくにんいっしゅ【百人一首】一〇〇人の歌人の和歌を一首ずつ集めたもの。また、それをかるたにしたもの。ふつうは、「小倉百人一首」をさす。　百人一首

ひゃくにんりき【百人力】❶一〇〇人分の力。❷強力な援助を得て心強いこと。　百人力

ひゃくねんめ【百年目】進退きわまった時に言う語。　百年目

ひゃくはちぼんのう【百八煩悩】仏教で、人間がもつという一〇八種の煩悩。　百八

ひゃくぶん【百聞】何度も聞くこと。▼—は一見（いっけん）に如（し）かず 何度も聞くより実際に見るほうがよくわかる。　百聞

ひゃくぶんひ【百分比】百分率。パーセンテージ。　百分比

ひゃくぶんりつ【百分率】パーセンテージ。　百分率

ひゃくめんそう【百面相】いろいろな顔つきをしてみせる芸。　百面相

びゃくや【白夜】⇩はくや。

ひゃくやく【百薬】たくさんのいろいろな薬。あらゆる薬。▼—の長（ちょう）最もよい薬。酒の美称。　百薬

びゃくれん【白蓮】❶白いはすの花。❷清らかなことのたとえ。　白蓮

ひやざけ【冷や酒】燗（かん）をしない酒。また、ひやした酒。　冷や酒

ひや。対燗酒。

ヒヤシンス【hyacinth】〈風信子〉草花の一。春、筒状の花が房状に咲く。ヒアシンス。

ひやす【冷やす】 つめたくする。対あたためる。cool 冷やす

ひゃっかじてん【百科事典】 いろいろな分野の事項を分類・配列して説明した書物。encyclopedia 百科

ひゃっかせいほう【百花斉放】 様々な議論を自由に展開すること。 百花

ひゃっかそうめい【百家争鳴】 多くの学者・作家などが、自由に発言・論争すること。 百家

ひゃっかてん【百貨店】 デパート。 百貨店

ひゃっかにち【百箇日】 人の死後一〇〇日目（の法要）。 百箇日

ひゃっかりょうらん【百花繚乱】 多くの花が咲き乱れること。 繚乱

ひゃっきやこう【百鬼夜行】 多くの化け物が夜中に列をつくって出歩くこと。また、多くの悪人がわが者顔にふるまうこと。ひゃっきやぎょう。 百鬼夜行

ひゃっぱつひゃくちゅう【百発百中】 ❶たまや矢などが、全部命中すること。▽—の腕前。❷計画や予想が全部成功したり、当たったりすること。 百発百中

ひゃっぱん【百般】 いろいろな方面。 百般

ひやとい【日雇い】 一日ごとの契約で雇われること・人。今は使わない語。 日雇い

ひやめし【冷や飯】 つめたくなった飯。おひや。▼—を食う 冷遇される。 冷や飯

ひややか ❶つめたく感じられるようす。❷冷淡。①cool

ひゆ【比喩】〈譬喩〉あるものを例にとって表現すること。たとえ。simile 比喩

びゅう〘謬〙18 **ビュウ・あやまる** あやまる。あやまり。▽—見。誤—。 謬・謬

ビューティーサロン【beauty salon】 美容院。

ヒューマン【human】 人間らしいようす。人間的。

ビュッフェ【buffet フランス】 ❶駅や列車などの立食式の簡易食堂。❷立食式のパーティー。

ひよう【費用】 入用の金銭。expense 費用

ひょう〘氷〙常5 **ヒョウ・こおり・ひ** ❶こおり。▽—河。❷こおる。▽—点。
筆順 氷
氷・氷

ひょう〘表〙常8 **ヒョウ・おもて・あらわす・あらわれる** ❶おもて。▽—面。地—。❷あらわす。あらわれる。▽—現。公—。❸全体をわかりやすく示したもの。▽図—。❹文書。▽辞—。
筆順 表
表・表

ひょう〘俵〙常10 **ヒョウ・たわら** わらで作ったいれ物。▽米—。
筆順 俵
俵・俵

ひょう〘豹〙人10 **ヒョウ** 猛獣の、ひょう。▽—変。
筆順 豹
豹・豹

ひょう〘彪〙人11 **ヒョウ** あや。とらの皮のしま模様。
筆順 彪
彪・彪

ひょう〘票〙常11 **ヒョウ** 用紙。ふだ。▽—決。伝—。投—。
筆順 票
票・票

ひょう〘評〙常12 **ヒョウ** ❶良否を決める。▽—論。—議。❷評価。▽悪—。（評）
筆順 評
評・評

ひょう〘漂〙常14 **ヒョウ・ただよう** ❶流れに身をまかせる。水面にただよう。▽—流。—泊。—着。—鳥。❷さらす。▽—白。
筆順 漂
漂・漂

ひょう〘標〙常15 **ヒョウ** ❶目じるし。▽—的。❷目立たせる。▽—榜。—本。
筆順 標
標・標

ひょう〘瓢〙人17 **ヒョウ・ひさご** ひょうたん。▽—箪（ひょうたん）。
筆順 瓢
瓢・瓢

ひょう〘兵〙 ⇩へい

ひょう〘拍〙 ⇩はく

ひょう【表】 要点を配列したもの。 表

ひょう【票】 ❶選挙や採決に用いる用紙。❷投票数を数える語。 票

ひょう【評】 批評。▽選者の—。criticism 評

ひ

ひょう【豹】猛獣の一。体は黄褐色で、黒い斑点(はんてん)がある。アジア・アフリカの密林に分布。leopard 豹

ひょう【雹】空から降る氷のつぶ。あられより大きい。hail 雹

びよう【美容】容姿を美しくととのえること。 美容

びょう〔苗〕常8 ビョウ・なえ・なわ ❶なえ。▽―代(なわしろ)。❷子孫。

筆順 一 十 艹 艹 苎 苗 苗 苗 苗・苗

びょう〔秒〕常9 ビョウ ❶わずか。▽寸―。❷時間・角度の単位。一分の六〇分の一。

筆順 ノ 二 千 禾 禾 利 秒 秒 秒・秒

びょう〔病〕常10 ビョウ・ヘイ・やむ・やまい やむ。やまい。▽―状。―院。看―。

筆順 亠 广 广 疒 疒 疔 病 病 病・病

びょう〔描〕常11 ビョウ・えがく・かく えがく。▽―写。素―。

筆順 扌 扌 扌 扌 拱 描 描 描 描・描

びょう〔猫〕常11 ビョウ・ねこ 動物の、ねこ。▽愛―。

筆順 ノ 犭 犭 犭 犭 猫 猫 猫 猫・猫

びょう〔廟〕人15 ビョウ・みたまや 祖先をまつる堂。▽―堂。宗―。

筆順 广 广 庐 庐 庐 廟 廟 廟・廟

びょう〔鋲〕15 びょう 物を留める金属のくぎ。▽画―。 鋲・鋲

びょう〔平〕⇩へい びょう〔錨〕⇩いかり

びょう【秒】時間・角度・経緯度の単位。一秒は、一分の六〇分の一。second 秒

びょう【廟】祖先などの霊をまつってある建物。みたまや。 廟

びょう【鋲】❶画鋲(がびょう)。❷リベット。❸靴の裏に打ちつける金具。①tack 鋲

ひょうい【憑依】❶よりどころとすること。❷霊がのりうつること。 憑依

ひょういつ【飄逸】世間を気にせず、気ままなこと。 飄逸

びよういん【美容院】客の髪型などを美しくととのえる店。beauty parlor 美容院

びょういん【病院】病人・けが人などの診察・治療をする施設。hospital 病院

ひょうか【氷菓】アイスクリーム・シャーベットなどの冷たい菓子。 氷菓

ひょうか【評価】❶価値・価格を決めること。❷値打ちを認めること。▽実績を―する。①evaluation 評価

ひょうが【氷河】極地や高山の万年雪が固まり、自分の重みで少しずつ流れ出したもの。glacier 氷河

びょうが【病臥】病気で寝ること。 病臥

ひょうかい【氷解】疑いや誤解などがすっかりなくなること。▽疑問が―する。 氷解

びょうがい【病害】病気による農作物の被害。 病害

びょうがいちゅう【病害虫】農作物に被害をおよぼす病気と害虫。 病害虫

ひょうかん【剽悍】すばしこくて荒々しいようす。 剽悍

ひょうき【表記】❶表に書くこと。▽住所は―のとおり。❷ことばを文字で書き表すこと。②description 表記

ひょうき【標記】文書のはじめに標題として書くこと。また、その題。▽―の件。 標記

ひょうぎ【評議】集まって相談すること。▽―員。conference 評議

びょうき【病気】❶体のぐあいが悪くなること。❷悪いくせ。▽いつもの―。①sickness ②bad habit 病気

ひょうきん【剽軽】気軽でこっけいなようす。funny 剽軽

ひょうぐ【表具】表装すること。 表具

びょうく【病苦】病気による苦しみ。 病苦

びょうく【病軀】病身。▽―をおして出席する。 病軀

ひょうけい【表敬】敬意を表すこと。▽―訪問。 表敬

ひょうけつ【氷結】こおりつくこと。freeze 氷結

ひょうけつ【表決】議案に対して、賛否の意思を表すこと。▽挙手による―。 表決

ひょうけつ【票決】投票によって決めること。vote 票決

ひょうけつ【評決】評議して決めること。▽無罪の―。 評決

びょうけつ【病欠】病気のために欠席または欠勤すること。 病欠

ひょうげん【表現】思想や感情をことば・動作・芸術作品などに表すこと。また、表されたもの。expression 表現

ひょうげん【評言】評語。 評言

ひ

びょうげん【病原】〈病源〉病気の原因。▽―菌。―体。

ひょうご【評語】批評のことば。評言。critical remark

ひょうご【標語】主義・主張などを簡潔に表した語句。slogan

ひょうこう【標高】平均海面からはかった土地の高さ。海抜(かいばつ)。sea level

びょうこん【病根】❶病気の原因。❷ある弊害のもと。▽汚職の―を断つ。

ひょうさつ【表札】〈標札〉戸口や門に掲げる名札。nameplate

ひょうざん【氷山】海中の大きな氷塊。iceberg▼―の一角(いっかく) 現れたものが全体の一部にすぎないこと。

ひょうし【拍子】❶規則的にくり返される音の強弱。❷調子。❸はずみ。①rhythm

ひょうし【表紙】書物などの外側につける、紙・布・皮などのおおい。cover

ひょうじ【表示】❶外部にはっきりと示すこと。▽意思―。❷図表などにして示すこと。②indication

ひょうじ【標示】目印に示すこと。

> **使い分け**「ひょうじ」
> 表示…はっきり表して示すこと。▽意思を―する。価格―。
> 標示…目印として示すこと。「標」は目印の意。▽危険箇所を―する。道路―。―板。

びょうし【病死】病気で死ぬこと。

ひょうしき【標識】目印。sign

ひょうしぎ【拍子木】芝居や夜回りなどで使う、打ち合わせて鳴らす長方形の木。

ひょうしゃ【評者】批評する人。

びょうしゃ【描写】文章・絵・音楽などで、もののありさまや感じなどをえがくこと。▽心理―。description

ひょうしゃく【評釈】文章などを解釈して批評すること。また、そのもの。

びょうじゃく【病弱】体が弱く病気がちなこと。sickly

ひょうしゅつ【表出】心の内部にあるものを表し出すこと。▽感情を―する。expression

びょうしゅつ【描出】描きだすこと。

ひょうじゅん【標準】❶めやす。基準となるもの。❷普通の程度。▽―型。①standard ②average

ひょうしょう【表象】❶象徴。❷心に思い浮かぶもの・かたち。心像。

ひょうしょう【表彰】善行・功績などをたたえ、広く一般に知らせること。▽―式。commendation

ひょうじょう【表情】感情などの顔に表れたようす。expression

ひょうじょう【評定】相談してきめること。▽小田原―。conference

びょうしょう【病床】病人のねどこ。

びょうじょう【病状】病気のようす。

びょうしん【秒針】時計の、秒の目盛りをさす針。second hand

びょうしん【病身】❶病気がちの弱い体。❷病気の体。病体。病軀。

ひょうする【表する】ことばや態度にあらわす。▽謝意を―。express

ひょうする【評する】批評する。▽人物を―。

びょうせい【病勢】病気の進みぐあい。

ひょうせつ【剽窃】盗作すること。

ひょうぜん【飄然】ふらりと来たり、ふらりと去ったりするようす。

ひょうそ【瘭疽】指先・つめにおこる急性の化膿(かのう)性炎症。ひょうそう。

ひょうそう【表装】書画を掛け軸・ふすまなどに仕立てること。表具。

びょうそう【病巣】病気におかされているところ。diseased part

ひょうそく【平仄】漢詩の作法上での大切な分類。漢字の韻の区別。▼―が合わない 話のつじつまが合わない。

びょうそく【秒速】一秒間に進む距離で表した速さ。

ひ

ひょうだい【表題】〈標題〉❶表紙に書かれた本の名。❷演説・演劇・音楽作品などの題名。①② title 表題

ひょうたん【瓢箪】❶つる性植物の一。❷❶の果実の中身を抜いてつくった容器。①② gourd ▼—から駒(こま)が出る 冗談で言ったことが事実となる。 瓢箪

ひょうちゃく【漂着】流れつくこと。drifting ashore 漂着

ひょうちゅう【氷柱】❶柱の形につくった氷。❷つらら。① ice pillar 氷柱

ひょうちゅう【評注】〈評註〉文章などを批評し、注釈を加えること。 評注

びょうちゅうがい【病虫害】病気や害虫による、農作物の被害。 病虫害

ひょうてい【評定】価値・品質などの評価を決めること。▽勤務—。 評定

ひょうてき【標的】❶射撃や弓などに用いるまと。❷(攻撃の)目標。①② target 標的

びょうてき【病的】不健全で普通でないようす。morbid 病的

ひょうてん【氷点】水がこおり始める(とけ始める)ときの温度。摂氏零度。freezing point 氷点

ひょうてん【評点】成績などを評価してつける点数。grade 評点

ひょうでん【票田】選挙で、大量の得票が予想される地域・団体。 票田

ひょうでん【評伝】評論をまじえた伝記。critical biography 評伝

びょうとう【病棟】病室専用の建物。病舎。ward 病棟

びょうどう【平等】差別がなくひとしいこと。equality 平等

ひょうのう【氷嚢】氷や水を入れて患部を冷やすための袋。ice bag 氷嚢

ひょうはく【表白】考えを言い表すこと。また、その考え。expression 表白

ひょうはく【漂白】白くすること。▽—剤。bleaching 漂白

ひょうはく【漂泊】❶流れただようこと。❷あてもなくさまようこと。▽—の詩人。類❷流浪。② wandering 漂泊

ひょうばん【評判】❶世間の批評・評価。❷うわさ。❸話題になること。名高いこと。① reputation 評判

ひょうひょう【飄飄】世間ばなれしていて、自由気ままなようす。 飄飄

ひょうびょう【縹渺】❶はっきりしないようす。❷果てしなく広がっているようす。 縹渺

びょうびょう【渺渺】広くて果てしないようす。vast 渺渺

びょうぶ【屏風】室内に立てて風よけ・仕切り・装飾などに使う家具。 屏風

びょうへい【病弊】物事の内部にひそむ弊害。▽社会の—をえぐる。 病弊

びょうへき【病癖】病的な(悪い)くせ。bad habit 病癖

ひょうへん【豹変】態度や気持ちなどががらりと変わること。類急変。 豹変

びょうへん【病変】病気による体や心の変化。 病変

ひょうぼう【標榜】主義・主張などを公然とかかげること。▽民主主義を—する。advocacy 標榜

びょうぼつ【病没】〈病歿〉病死。 病没

ひょうほん【標本】❶統計をとるための見本。❷動植物・鉱物などの実物見本。① sample ② specimen 標本

びょうま【病魔】病気を魔物にたとえた語。▽—におかされる。 病魔

ひょうめい【表明】態度や考え・意見などをはっきりと示すこと。▽所信を—する。manifestation 表明

ひょうめん【表面】❶外側の面。おもて。❷うわべ。外見。対❶❷裏面。①② surface 表面

びょうよみ【秒読み】❶カウントダウン。❷事態が差し迫っていること。 秒読み

ひょうり【表裏】❶おもてと、うら。❷うわべと本心がちがうこと。 表裏

びょうり【病理】病気の原因・経過などについての理論。pathology 病理

ひょうりゅう【漂流】(海上を)ただよい流れること。drift 漂流

びょうれき【病歴】今までにかかった病気の経歴。case history 病歴

ひょうろう【兵糧】軍隊の食糧。provisions 兵糧

ひょうろくだま【表六玉】まのぬけた人をあざけっていう語。表六。 表六玉

ひ

ひょうろん【評論】 物事の優劣・価値などを論じること・文章。criticism

評論

ひよく【比翼】 ❶二羽の鳥が翼を並べること。❷「比翼仕立て」の略。和裁で、二枚の長着を重ねたようにみせる仕立て方。▼―の鳥 雌雄がつねに一体となって飛ぶ想像上の鳥。

比翼

ひよく【肥沃】 土地がよく肥えているようす。豊沃。fertile

肥沃

びよく【尾翼】 飛行機の後部の翼。

尾翼

びよく【鼻翼】 小鼻（こばな）。

鼻翼

ひよくれんり【比翼連理】 夫婦の深い結びつきのたとえ。▽―の契り。

連理

ひよけ【日除け】 日光の直射をさえぎるためのおおい。sunshade

日除け

ひよこ【雛】 ❶ひな。特に鶏のひな。❷未熟な人。類❷青二才。①chick

雛

ひょっとこ ❶一方の目が小さく、口をとがらせたこっけいな男の面。❷男性をののしる語。対❶❷お亀。

ひよどり【鵯】 鳥の一。尾が長い。山林にすみ、やかましく鳴く。bulbul

鵯

ひより【日和】 ❶空模様。❷晴天。

日和

ひよりみ【日和見】 有利なほうにつこうとして、はっきりした態度を示さないこと。▽―主義。

日和見

ひよわ【ひ弱】 もろくて弱々しいようす。

ひ弱

ひら【平】 ❶平らなこと。❷役職についていないこと・人。▽―の社員。

平

ひらあやまり【平謝り】 ひたすら謝ること。▽―に謝る。

平謝り

ひらい【飛来】 飛んで来ること。

飛来

ひらいしん【避雷針】 落雷被害を防ぐために立てる金属棒。lightning rod

避雷針

ひらがな【平仮名】 主に漢字の草書体を簡略化して作られた仮名。対片仮名。

平仮名

ひらきど【開き戸】 前後に開くようにした戸。対引き戸。

開き戸

ひらきなおる【開き直る】 急にきびしくふてぶてしい態度になる。

開き直

ひらく【開く】 ❶あける。あく。❷広がる。広げる。❸始める。始まる。▽店を―。❹隔たりが大きくなる。▽差が―。❺開拓する。▽荒れ地を―。❻開設する。▽口座を―。❼漢字を平がなで書く。対❶閉じる。①open

開く

ひらける【開ける】 ❶よい方に向かう。▽運が―。❷広く見わたせる。▽視界が―。❸にぎやかになる。❹文明が進歩する。❺ものわかりがよい。▽―けた人。

開ける

ひらたい【平たい】 ❶薄くて広い。❷表面にでこぼこがない。❸ことばなどがわかりやすい。①②flat

平たい

ひらて【平手】 ❶開いた手のひら。❷将棋で、対等でさすこと。対❶げんこつ。

平手

ひらに【平に】 なにとぞ。どうか。▽―御容赦ください。

平に

ひらまく【平幕】 相撲で、横綱・三役以外の幕内力士。前頭（まえがしら）。

平幕

ひらめ【平目】 〈鮃・比目魚〉海にすむ魚の一。体は平たく、両眼は左側についている。食用。flatfish

平目

ひらめく【閃く】 ❶瞬間的に光る。❷ひらひらする。❸瞬間的に思い浮かぶ。①③flash ②flutter

閃く

ひらや【平屋】 一階建ての家。

平屋

びらん【糜爛】 ただれること。

糜爛

ピリオド【period】 欧文の最後に打つ点。▼―を打つ 終わりにする。

ひりき【非力】 力がないこと。ひりょく。▽―をなげく。

非力

ひりつ【比率】 他の数量と比べたときの割合。比。ratio, percentage

比率

びりゅうし【微粒子】 ごく細かな粒。

微粒子

ひりょう【肥料】 作物の生育をうながすためのもの。こやし。fertilizer

肥料

びりょう【微量】 ごくわずかな量。

微量

びりょう【鼻梁】 はなすじ。

鼻梁

ひりょうず【飛竜頭】 がんもどき。ひりゅうず。ひろうず。

飛竜頭

びりょく【微力】 ❶力が足りないこと。❷自分の力量の謙譲語。▽―を尽くす所存です。注×徴力。

微力

ひる〚蛭〛 12 シツ・ひる 環形動物の、ひる。▽山―（やまびる）。

蛭・蛭

ひる〚蒜〛 13 サン・ひる にんにく・のびるなどの総称。▽野―（のびる）。

蒜・蒜

ひる【干る】 ❶かわく。❷潮が引いて海底があらわれる。①dry ②ebb

干る

ひ

ひる【放る】 体の外に出す。▽屁（へ）を―。eject

ひる【昼】 ❶日の出から日の入りまでの間。昼間。❷正午。❸昼食。① daytime ② noon ▼―を欺（あざむ）く 明るくて昼と思うほどである。▽―明るさ。

ひる【蛭】 沼などにすむ環形動物の一。人や動物の血を吸う。leech

ピル【pill】 ❶経口避妊薬。❷丸薬。錠剤。

ひるあんどん【昼行灯】 ぼんやりした人、役に立たない人をばかにしていう語。

ひるい【比類】 比べるもの。▽―ない。

ひるがえす【翻す】 ❶ひらりと裏返す。❷急に変える。▽前言を―。❸風にひらひらさせる。② overturn

ひるがえって【翻って】 逆に。考え直すと。

ひるげ【昼餉】 昼食。

ひるさがり【昼下がり】 正午を過ぎたころ。afternoon

ひるひなか【昼日中】 「昼間」を強めていう語。まっぴるま。

ひるま【昼間】 昼❶。

ひるむ【怯む】 おそれて、気力がくじける。flinch

ひれ［鰭］ 21 キ・ひれ ひれ。魚などの運動器官。▽尾―。背―。

ヒレ【filet フランス】 牛・豚などの腰から背にかけての部分からとれる脂肪の少ない上質の肉。フィレ。

ひれ【鰭】 魚などの運動器官。fin

ひれい【比例】 二つのものが一定の関係をもって互いに増減すること。proportion

ひれい【非礼】 言動が礼儀にかなっていないようす。▽―をわびる。類無礼。無作法。discourtesy

びれい【美麗】 美しくあでやかなようす。beauty

ひれき【披瀝】 心の中をかくさずに打ち明けること。▽心中を―する。類開陳。

ひれつ【卑劣】 性質・行いがいやしくずるいこと。mean

ひれふす【平伏す】 平伏（へいふく）する。

ひれん【悲恋】 悲しい結末に終わる恋。

ひろ【尋】 水深や縄の長さを測る単位。一尋は六尺（約一・八メートル）。

ひろい【広い】 ❶面積・範囲が大きい。❷心がゆったりしている。対❶❷狭い。①② wide

ひろいもの【拾い物】 ❶ひろった物。❷思わぬもうけもの。対❶落とし物。

ひろう【披露】 人々に見せたり知らせたりすること。▽作品を―する。

ひろう【拾う】 ❶落ちたものを取り上げる。❷選び取る。❸得がたいものを手に入れる。▽命を―。❹車などをとめて乗る。対❶捨てる。① pick up

ひろう【疲労】 ❶つかれること。❷材料の強度が低下する現象。▽金属―。①② fatigue

びろう【尾籠】 大小便に関する話で、口に出すのがはばかられるようす。▽―な話で恐縮です。

ひろうこんぱい【疲労困憊】 つかれはてて、くたくたになること。

ビロード【天鵞絨】 柔らかく、光沢のある織物。veludo（ポルトガル語）から。velvet

ひろがる【広がる】 〈拡がる〉❶ひろくなる。❷ひろく行き渡る。❸大きくなる。① extend ② spread

ひろく【秘録】 秘密の記録。

びろく【微禄】 わずかな給与。薄給。

ひろこうじ【広小路】 ひろい街路。

ピロティ【pilotis フランス】 一階を柱だけの吹き放しにした建築。また、その空間。

ひろば【広場】 町なかなどの広くあいている場所。square

ひろびろ【広広】 非常にひろいようす。spaciously

ひろま【広間】 ひろい部屋。hall

ひろめ【広め】 〈披露目〉披露（ひろう）。

ひろめる【広める】 ❶範囲をひろくする。❷行き渡らせる。① spread

ひわ【秘話】 世間に知られていない話。

ひわ【悲話】 悲しい物語。sad story

びわ【枇杷】 常緑高木の一。果実は夏に熟し、食用。loquat

びわ【琵琶】 胴がしゃもじ形の弦楽器。四本または五本の弦を、ばちでかき鳴らす。

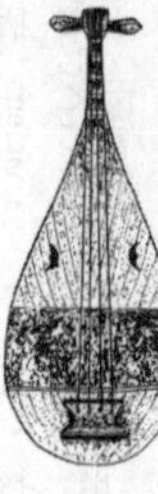
琵琶

ひわい【卑猥】 下品で、みだらなこと。obscene 卑猥

ひわだ【檜皮】 ❶ひのきの皮。❷ひわだ色。黒みがかった赤色。❸ひわだ葺(ぶ)き。 檜皮

ひわり【日割り】 ❶給料などを一日単位で計算すること。❷一日ごとの仕事などを前もって割り当てること。 日割り

ひん〔品〕 常9 ヒン・しな ❶もの。▽物―。❷性質・ねうち。▽上―。 品・品
筆順 … 品

ひん〔浜〕 常10 ヒン・はま ❶はま。▽海―。❷「横浜地方」の略。▽京―(けいひん)。 浜・浜
筆順 … 浜

ひん〔彬〕 人11 ヒン 「彬彬(ひんぴん)」は、外形も内容も並びそろうようす。 彬・彬
筆順 … 彬

ひん〔貧〕 常11 ヒン・ビン・まずしい ❶まずしい。▽―困。―富。―乏。清―。素寒―(すかんぴん)。❷たりない。▽―血。―弱。 貧・貧
筆順 … 貧

ひん〔斌〕 12 ヒン 「斌斌(ひんぴん)」は、外形・内容がかねそなわるようす。 斌・斌

ひん〔賓〕 常15 〔賓〕 人14 ヒン たいせつな客。▽―客。国―。来―。 賓・賓
筆順 … 賓

ひん〔頻〕 常17 ヒン しきりに。▽―出。―繁。(頻) 頻・頻
筆順 … 頻

ひん〔瀕〕 人19 ヒン ある状態に近づく。▽―死。(瀕) 瀕・瀕
筆順 … 瀕

ひん〔牝〕 ⇩めす

ひん【品】 ❶人やものにそなわった、好ましい感じ。❷品物。▽日用―。❸料理の品数を数える語。 品

ひん【貧】 まずしいこと。貧乏。▽―に苦しむ。対富。 貧

びん〔敏〕 常10 〔敏〕 人11 ビン ❶さとい。▽鋭―。❷すばやい。▽―速。 敏・敏
筆順 … 敏

びん〔瓶〕 常11 ビン つぼ形のうつわ。▽花―。鉄―。 瓶・瓶
筆順 … 瓶

びん〔便〕 ⇩べん **びん〔貧〕** ⇩ひん

びん【便】 ❶都合のよい機会。ついで。▽―のありしだい届ける。❷連絡・運送の手段。▽空の―。❸飛行機・船などの運行の順序や回数。 便

びん【敏】 機敏。俊敏。▽機を見るに―。 敏

びん【瓶】 口のすぼまった容器。bottle 瓶

びん【鬢】 頭の左右側面の髪の毛。 鬢

ピン かるた・さいころの目の一。また、初め。第一番。pinta(ポルトガル語)から。▼―からキリまで 初めから終わりまで。また、最上から最下等まで。ピンキリ。

ひんい【品位】 ❶人・物にそなわっている品のよさ。❷地金・硬貨などにふくまれる金・銀の割合。①dignity 品位

ひんかく【品格】 品位❶。 品格

ひんかく【賓客】 ⇩ひんきゃく。 賓客

びんかつ【敏活】 動作がすばやいこと。類敏速。 敏活

びんかん【敏感】 物事をするどく感じ取るようす。対鈍感。sensitive 敏感

ひんきゃく【賓客】 だいじな客。ひんかく。honored guest 賓客

ひんきゅう【貧窮】 貧しくて生活にひどく困ること。▽―に喘(あえ)ぐ。類貧困。poverty 貧窮

ひんく【貧苦】 貧乏の苦しみ。▽―にあえぐ。 貧苦

ひんけつ【貧血】 ❶血液中の赤血球またはヘモグロビンが減少した状態。❷脳貧血。①anemia 貧血

ひんこう【品行】 (道徳的な)行い。身持ち。conduct 品行

ひんこうほうせい【品行方正】 ふだんの行いが正しいこと。 方正

ひんこん【貧困】 ❶まずしくて生活に困っていること。❷必要なものがとぼしいこと。▽政治の―。①②poverty 貧困

びんさつ【憫察】 あわれみ思いやること。▽事情を御―のほどお願い申します。compassion 憫察

ひんし【瀕死】死にそうなこと。▽—の重傷。

ひんしつ【品質】品物のよしあし。quality

ひんじゃ【貧者】まずしい人。poor man ▼—の一灯(いっとう) まずしい人の、わずかでも心のこもった寄進。

ひんじゃく【貧弱】❶とぼしいこと。❷見劣りすること。①②poor

ひんしゅ【品種】❶品物の種類。❷同種の中で、遺伝的性質などによってさらに区分したもの。▽—改良。②breed

ひんしゅく【顰蹙】顔をしかめたり、眉をひそめたりすること。frown ▼—を買う 他人にけいべつされ、いやがられる。

ひんしゅつ【頻出】同じこと・ものが繰り返し現れること。

びんしょう【敏捷】すばやいこと。類機敏。agility

びんじょう【便乗】❶ついでに乗せてもらうこと。▽トラックに—する。❷機会をとらえて、うまく利用すること。▽—値上げ。②taking advantage

ひんする【貧する】貧乏する。▼—れば鈍(どん)する 貧乏すると、正しい判断ができなくなってくる。

ひんする【瀕する】悪い状態に今にもおちいりそうになる。▽危機に—。

ひんせい【品性】人柄。character

ひんせん【貧賤】まずしくて身分が低いこと。対富貴。

びんせん【便船】都合よく出る船。

びんせん【便箋】手紙を書くための用紙。letter paper

ひんそう【貧相】顔つき・身なりがみすぼらしいようす。

びんそく【敏速】動作がすばやいこと。類敏活。alacrity

ひんだ【貧打】野球で、打撃がふるわないこと。poor batting

ピンチ【pinch】❶危機。▽絶体絶命の—。❷挟む。▼—イン スマートフォンなどの画面を縮小して見るため、二本の指を近づける動作。▼—アウト スマートフォンなどの画面を拡大して見るため、二本の指を離していく動作。

ひんど【頻度】くり返し起こる度合い。▽—が高い。frequency

ひんのう【貧農】まずしい農家・農民。

ひんぱつ【頻発】しきりに起こること。

ひんぱん【頻繁】間(ま)を置かずに、しきりにくり返されるようす。▽不審火が—に起こる。frequently

ひんぴょう【品評】産物・製品などのよしあしを決めること。品定め。▽—会。

ひんぴん【頻頻】よくないことが頻発するようす。▽火事が—と起こる。

ひんぷ【貧富】貧しいことと、富んでいること。貧乏人と金持ち。

びんぼう【貧乏】財産・収入が少なくて生活が苦しいこと。poverty

びんぼうくじ【貧乏籤】いちばん損な役割。▽—を引く。

びんぼうしょう【貧乏性】ゆとりのある気分になれない性質。

ひんみん【貧民】まずしい人々。

ひんもく【品目】品物の種類・名まえ。

びんらん【便覧】いろいろな知識などをわかりやすく便利にまとめた本。べんらん。ハンドブック。handbook

びんらん【紊乱】秩序・道徳などがみだれること。ぶんらん。▽風紀が—する。

びんわん【敏腕】仕事をすばやく正確に処理する能力があること。その腕前。▽—を振るう。類腕きき。able

ふ　フ

ふ〔不〕常4 フ・ブ 下の語を打ち消す語。▽—安。—幸。—快。
筆順 一 ア 不 不

ふ〔夫〕常4 フ・フウ・おっと ❶成人の男性。▽農—。丈—(じょうふ)。❷おっと。▽—婦。
筆順 一 ニ 扌 夫

ふ〔父〕常4 フ・ちち ❶男親。▽—兄。—母。❷男。▽漁—。
筆順 丶 ハ グ 父

ふ〔付〕常5 フ・つける・つく ❶つく。つけ加える。▽—着。—録。添—。❷わたす。▽送—。交—。❸まかせる。▽—託。
筆順 ノ イ 仁 付 付

ふ【布】常5 フ・ぬの ❶ぬの。▽—巾。—地。❷ゆきわたる。▽公—。散—。

ふ【巫】人7 フ みこ。かんなぎ。神に仕える女性。

ふ【扶】常7 フ たすける。力をかす。▽—助。—養。

ふ【芙】人7 フ ❶「芙蓉」で「ふよう」。❷蓮(はす)の花の別称。

ふ【府】常8 フ ❶役所。▽政—。❷みやこ。▽首—。❸行政区画の一。

ふ【怖】常8 フ・こわい こわい。おそれる。▽恐—。畏—(いふ)。

ふ【阜】常8 フ 小高い所。おか。◎「岐阜」で、県名の「ぎふ」。

ふ【附】常8 フ 「付」に同じ。▽—属。

ふ【訃】常9 フ 人の死を知らせる。また、その知らせ。▽—報。

ふ【負】常9 フ・まける・まかす・おう ❶せおう。❷ひきうける。▽—担。—債。—傷。❸たよりにする。▽自—。抱—。❹まける。▽勝—。

ふ【赴】常9 フ・おもむく ある所に向かっていく。▽—任。

ふ【浮】常10 フ・うく・うかれる・うかぶ・うかべる ❶うく。▽—力。—上。❷うわついた。▽—薄。

ふ【埠】11 フ はとば。▽—頭。

ふ【婦】常11 フ ❶成人の女性。▽—人。❷つま。▽主—。(婦)

ふ【符】常11 フ ❶ふだ。▽—合。護—。切—。❷記号。▽音—。—号。

ふ【富】常12【冨】人11 フ・フウ・とむ・とみ ❶とむ。▽—豪。貧—(ひんぷ)。❷財産。▽—力。巨—。国—。❸ゆたか。▽豊—。

ふ【普】常12 フ ❶ゆきわたる。▽—及。❷ありふれた。▽—通。—段。

ふ【腐】常14 フ・くさる・くされる・くさらす ❶くさる。▽—敗。❷役にたたない。▽陳—。❸悩む。▽—心。

ふ【敷】常15 フ・しく ❶しく。▽—設。—布(しきふ)。❷おし広げる。▽—衍(ふえん)。(敷)

ふ【膚】常15 フ はだ。▽皮—。

ふ【賦】常15 フ ❶税。▽—課。❷わりあてる。▽—与。天—。❸わりあてて払う。▽月—。❹漢詩。

ふ【譜】常19 フ 書きしるしたもの。▽年—。楽—。

ふ【斧】⇩おの

ふ【歩】⇩ほ

ふ【風】⇩ふう

ふ【府】❶物事の中心となる所。▽学問の—。❷地方公共団体の一。

ふ【歩】将棋のこまの一。歩兵(ふひょう)。

ふ【訃】訃報(ふほう)。▽恩師の—に接する。

ふ【斑】まだら。▽—入り。類斑点(はんてん)。

ふ【腑】❶内臓。❷心根。▼—に落ちない

ふ【麩】小麦粉のグルテンからつくった食品。

ふ【譜】❶楽譜。❷系統立てた記録。

ぶ【侮】常8【侮】人9 ブ・あなどる ばかにする。▽—辱(ぶじょく)。—蔑(ぶべつ)。

ぶ【武】常8 ブ・ム ❶戦い。兵士。軍事。▽—力。—将。—者(むしゃ)。文—。❷いさましい。つよい。▽—勇。

筆順 一 二 千 千 正 武 武 武・む

ぶ【部】 常11 ブ ❶区分けした一つ。▽—分。細—。❷グループ。▽—長。本—。学—。

筆順 亠 ㅗ 立 产 音 部 部 部・部

ぶ【葡】 人12 ブ・ホ「葡萄」で、果物の「ぶどう」。

筆順 艹 芍 芍 荀 葡 葡 葡・葡

ぶ【撫】 人15 フ・ブ・なでる 手でなでる。なだめる。▽愛—(あいぶ)。慰—(いぶ)。

筆順 扌 扌 扩 扩 抾 抾 撫 撫 撫・撫

ぶ【舞】 常15 ブ・まう・まい ❶まう。▽—台。歌—。❷はげます。▽鼓—。

筆順 一 二 無 無 舞 舞 舞 舞 舞・舞

ぶ【不】 ⇩ふ　**ぶ【分】** ⇩ぶん

ぶ【歩】 ⇩ほ　**ぶ【奉】** ⇩ほう

ぶ【無】 ⇩む

ぶ【分】 ❶〈歩〉優劣の度合い。❷一〇分の一を表す単位。❸尺貫法の長さの単位。❹昔のお金の単位。一分は一両の四分の一。 分

ぶ【歩】 ❶歩合。❷土地面積の単位。一歩は一坪で、三・三平方メートル。 歩

ぶ【武】 ❶戦いに関することがら。武芸。▽—を尚(たっと)ぶ。❷軍事力。武力。対❶文。 武

ぶ【部】 ❶物事の一区分。❷組織区分の一。❸クラブ。❹部分。❺書物・新聞などをかぞえる語。 部

ファースト フード【fast food】 ⇩ファストフード。

ファースト レディー【first lady】 大統領夫人。首相夫人。

ぶあい【歩合】 ❶割合。❷取り引き額に応じた手数料。① rate 歩合

ぶあいそう【無愛想】 愛想のないこと。ぶあいそ。blunt 無愛想

ファイナル【final】 最終の(試合)。決勝。▽セミ—(=準決勝)。

ファイナンス【finance】 ❶財源。❷財政。❸金融会社。

ファイル【file】 ❶書類を整理し、とじこむこと。❷書類ばさみ。❸コンピュータで、データやプログラムの集まり。

ファウル【foul】 ❶競技で、反則。❷野球などで、打球が規定の線の外に出ること。また、そのボール。ファウルボール。対❷フェア。

ファクシミリ【facsimile】 画像を電送する装置。ファックス。

ファクター【factor】 要素。要因。

ファジー【fuzzy】 あいまい。

ファスト フード【fast food】 注文してすぐ食べられる手軽な食べ物。

ぶあつい【分厚い】 〈部厚い〉厚みがかなりある。thick 分厚い

ファックス【fax】 ⇩ファクシミリ。

ファッショナブル【fashionable】 最新流行の。

ふあん【不安】 心配で落ち着かないこと。類心配。anxious, uneasy 不安

ファンタスティック【fantastic】 幻想的。

ふあんない【不案内】 事情に通じていないこと。ぶあんない。 不案内

ふい【不意】 思いがけないこと。突然。▽音楽のことは—だ。sudden 不意

フィート【feet】 ヤードポンド法の長さの単位。一フィートは一二インチ(約三〇・五センチ)。

フィードバック【feedback】 ❶電気回路で出力の一部を入力側にもどして出力を調整すること。❷修正・改善のための送り返し。

フィーバー【fever】 熱狂。興奮。

フィールド【field】 ❶競技場の、内側の場所。❷分野。領域。類❶グラウンド。

ふいうち【不意打ち】 〈不意討ち〉いきなり攻撃をしかけること。 不意打

フィクサー【fixer】 (裏の)まとめ役。

ふいご【鞴】 鍛冶屋(かじや)が使う、火を起こすための送風器。 鞴

フィジカル【physical】 肉体的。身体的。

ふいちょう【吹聴】 言いふらすこと。 吹聴

ふいつ【不一】 〈不乙〉手紙の結語の一。 不一

フィット【fit】 体にぴったりあうこと。

フィットネス【fitness】 ❶心身の健康。❷健康づくりの運動。

ふいり【不入り】 入場者が少ないこと。 不入り

フィルタリング【filtering】 情報選別。特に、青少年に見せたくない情報を選別し制限する仕組み。

フィルム【film】 ❶写真の感光材をぬった膜。❷映画。❸薄い膜。▽透明な—。

ふいん【訃音】死亡の知らせ。訃報。

ぶいん【無音】無沙汰(ぶさた)。▽久しく御―に打ち過ぎ…。

ふう〔封〕常9 フウ・ホウ ❶領地をあたえる。▽―建。❷とじる。▽―筒(ふうとう)。―鎖。

筆順 十 土 圭 圭 圭 圭 封 封

ふう〔風〕常9 フウ・フ・かぜ・かざ ❶かぜ。❷世の中の動き。▽―潮。❸おもむき。▽―流。❹ならわし。▽―俗。❺ようす。▽―土。

筆順 丿 几 凡 凡 凨 凬 風 風

ふう〔夫〕⇩ふ ふう〔富〕⇩ふ

ふう【封】合わせ目をとじること。また、とじたしるし。▽―を切る。seal

ふう【風】❶ならわし。風習。❷やり方。ようす。▽なにげない―。❸…のおもむきがある。▽日本―。

ふうあい【風合い】織物にふれたときの感じ。touch

ふういん【封印】封をしたところに印を押すこと。また、その印。seal

ふういん【風韻】風流なおもむき。

ブーイング【booing】不満を示すためにブーブーとやじること。

ふうう【風雨】❶風と雨。▽―にさらされる。❷強い風をともなった雨。

ふううん【風雲】❶風と雲。❷社会変動のおこりそうな気運。▼―急を告げる 今にも大事件がおきそうな情勢である。▼―の志(こころざし) 風雲❷に乗じて大事業をしようとする志。

ふううんじ【風雲児】風雲❷に乗じて活躍する人。

ふうえい【諷詠】詩歌を吟じること。

ふうか【風化】❶水や空気の作用で岩石が土砂になる現象。❷次第に記憶がうすれること。①weathering

ふうが【風雅】❶上品で優美なこと。❷詩歌・書画の道。

ふうがい【風害】強風による被害。

ふうかく【風格】その人独特の味わい。▽―のある字。

ふうがわり【風変わり】普通と違うようす。eccentric, strange

ふうかん【封緘】封をすること。封。

ふうき【風紀】社会生活上の、習慣・風俗についての規律。特に、男女間の道徳。▽―が乱れる。―委員。public morals

ふうき【富貴】金持ちで身分・地位が高いこと。ふき。対貧賤(ひんせん)。

ふうきり【封切り】❶封を切ること。❷事を初めて行うこと。❸新作映画の上映。③release

ふうけい【風景】けしき。ながめ。scene

ふうげつ【風月】自然界の風物。

ふうこう【風向】風が吹いて来る方向。かざむき。

ふうこうめいび【風光明媚】景色が清らかで美しいこと。注風光明×美。scenic beauty

ふうさ【封鎖】出入りできないようにとざすこと。blockade

ふうさい【風采】身なりなど、見かけのようす。▽―が上がらない。類風体(ふうてい)。appearance

ふうさつ【封殺】❶野球で、走者が次の塁につく前に球を送ってアウトにすること。❷相手の活動を封じること。▽可能性を―する。①force-out

ふうし【風刺】〈諷刺〉社会・人物の欠陥をそれとなく批判すること。▽―の利いた小説。satire

ふうしゃ【風車】風で羽根車を回して動力をうる装置。windmill

ふうしゅ【風趣】風情(ふぜい)のある味わい。

ふうしゅう【風習】生活上のならわし。類風俗。慣習。customs

ふうしょ【封書】封をした手紙。

ふうじる【封じる】❶出入り口などをふさぐ。❷できないようにする。▽発言を―。②shut down

ふうしん【風疹】はしかに似た、子供に多い感染症。三日ばしか。rubella

ふうすい【風水】都市や家を建設するときに立地条件を判断する家相術。中国から伝わった。

ふうすいがい【風水害】風害と水害。

ふうする【諷する】風刺する。▽世相を―。

ふうせい【風声】❶風の音。❷風の便り。うわさ。

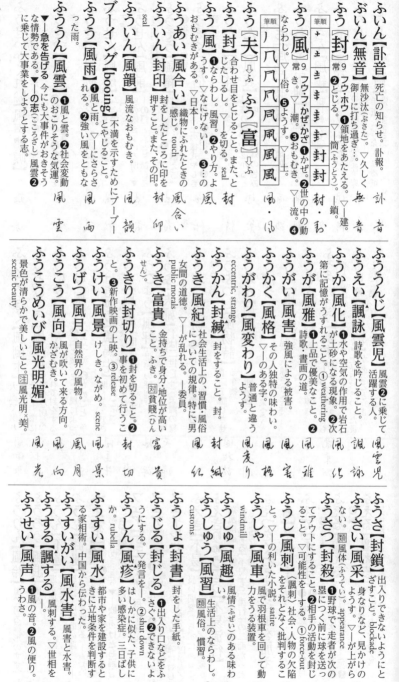

ふうせいかくれい【風声鶴唳】 おじけづいた人が、わずかのことでおびえること。 鶴唳

ふうせつ【風雪】 ❶風と雪。❷強い風をともなう雪。❸人生の苦難。 風雪

ふうせつ【風説】 うわさ。類風聞。 風説

ふうせん【風船】 ふくらませて遊ぶ、ゴム・紙のおもちゃ。balloon 風船

ふうぜん【風前】 風の吹きつける所。▼―の灯（ともしび）滅びる寸前の状態。 風前

ふうそう【風霜】 ❶風と霜。❷きびしい試練。▽―に耐える。❸年月。星霜。 風霜

ふうぞく【風俗】 ❶生活上の様式やしきたり。❷風紀。類❶風習。 風俗

ふうたい【風体】 ⇩ふうてい。 風体

ふうたい【風袋】 品物の重さをはかるときの、中身以外の包みや袋。 風袋

ふうち【風致】 自然の趣。▽―地区。 風致

ふうちょう【風潮】 その時代の、世間の傾向。trend 風潮

ふうちん【風鎮】 掛け軸のおもり。 風鎮

ふうてい【風体】 身なり。ふうたい。 風体

ふうど【風土】 その土地の自然条件・環境。climate 風土

ふうとう【封筒】 手紙などを入れる紙袋。envelope 封筒

ふうとうぼく【風倒木】 大風で倒れた木。 風倒木

ふうどびょう【風土病】 その土地に特有な病気。 風土病

ふうにゅう【封入】 中に入れて封をすること。 封入

ふうは【風波】 ❶風と波。また、風によって立つ波。❷もめごと。争いごと。 風波

ふうばぎゅう【風馬牛】 関心を示さないこと。 風馬牛

ふうび【風靡】 なびき従わせること。▽一世（いっせい）を―する。 風靡

ふうひょう【風評】 世間の評判。 風評

ふうふ【夫婦】 夫と妻。married couple ▼―は二世（にせ） 夫婦の縁は来世まで続く。 夫婦

ふうぶつ【風物】 ❶目に入る景色。❷その土地・季節を特徴づけるもの。 風物

ふうぶつし【風物詩】 季節を感じさせる事物。 風物詩

ふうぶん【風聞】 うわさ。類風説。 風聞

ふうぼう【風貌】 顔かたちと風采（ふうさい）。 風貌

ふうみ【風味】 上品で洗練された味。flavor 風味

ふうもん【風紋】 風が砂に作る模様。 風紋

ふうらいぼう【風来坊】 どこからともなくやって来る人。また、気まぐれな人。wanderer 風来坊

ふうりゅう【風流】 上品でおちついた趣があること。また、それに親しむこと。 風流

ふうりん【風鈴】 風で鳴る鐘形のすず。 風鈴

ふうろう【風浪】 風波。 風浪

ふうん【不運】 運が悪いこと。対幸運。misfortune 不運

ぶうん【武運】 戦いでの勝敗の運。▽―つたなく敗れる。―長久。 武運

ふえ【笛】 ❶管に穴をあけ、吹いて鳴らす楽器。❷合図に吹く道具。▽試合開始の―。② whistle ▼―吹（ふ）けども踊（おど）らず 働きかけても反応しないようす。 笛

フェア【fair】 見本市。展示即売会。

フェア【fair】 ❶公明正大。❷野球などで、打球が規定の線内に入ること。対❷ファウル。

フェイルセーフ【fail-safe】 故障に対して必ず安全装置が働くこと。

ふえき【不易】 長い間変わらずにあること。▽万古―。類不変。 不易

ふえきりゅうこう【不易流行】 蕉風俳諧（しょうふうはいかい）で、俳諧の本質を相反する「不易」と「流行」の二面からとらえた考え方。 流行

ふえつをくわえる【斧鉞を加える】 文章に手を入れる。 斧鉞

ふえて【不得手】 ❶不得意。▽―な科目。❷たしなまないこと。類❶苦手。 不得手

ふえる【殖える】 ❶財産が多くなる。❷生物が繁殖する。対❶❷減る。 殖える

ふえる【増える】 数・量が多くなる。▽人口が―。対減る。increase 増える

使い分け「ふえる・ふやす」
増える・増やす…数や量が多くなる。▽人数が増える。体重が増える。出費が増える。仲間を増やす。
殖える・殖やす…財産や動植物が多くなる。現在は「増」を使うことが多い。▽資産が殖える。財産を殖やす。ねずみが殖える。家畜を殖やす。株分けで殖やす。

フェロモン【pheromone】 動物が分泌する、同種間に特有な行動や生理作用をひきおこす物質。

ふえん【不縁】 ❶離縁。❷縁組みがまとまらないこと。

ふえん【敷衍】 意味を別のことばでくわしく説明すること。パラフレーズ。▽分かりやすく—する。

ぶえんりょ【無遠慮】 慎みのない言動をすること。rude

フォーマット【format】 ❶形式。書式。❷コンピュータで、初期化。

フォーマル【formal】 公式。格式張ったさま。▽—ウェア。対カジュアル。

フォーラム【forum】 ❶公開討論(の場)。❷広場。集会所。

ぶおとこ【醜男】 顔かたちのみにくい男性。

フォロー【follow】 ❶あとを追うこと。❷補い助けること。

フォローアップ【follow up】 ❶追跡調査をすること。❷補助すること。

ふおん【不穏】 悪いことが起こりそうな気配であること。unrest

ぶおんな【醜女】 顔かたちのみにくい女性。しこめ。しゅうじょ。

ふか【不可】 ❶よくないこと。❷成績などで、不合格。

ふか【付加】〈附加〉付け加えること。▽—給付。addition

ふか【負荷】 ❶(責任を)身に受けること。❷エネルギーを消費するもの。また、その仕事の量。

ふか【孵化】 卵がかえること。卵をかえすこと。hatching

ふか【賦課】 税などを割り当てて支払わせること。類課税。levy

ふか【鱶】 大形のさめの俗称。shark

ぶか【部下】 上司の指示で働く人。

ふかい【不快】 ❶気分が悪いこと。❷病気。類❶不愉快。①unpleasant

ふかい【付会】〈附会〉こじつけること。▽牽強(けんきょう)—。

ふかい【深い】 ❶底や奥までの距離が長い。❷程度が著しい。▽考えが—。対❶❷浅い。①deep

ぶがい【部外】 組織の外部。▽—者。対部内。

ふがいない【腑甲斐ない】〈不甲斐ない〉いくじがなくて情けない。

ふかかい【不可解】 理解できないこと。enigmatic

ふかかち【付加価値】 新たに付け加えた価値。

ふかぎゃく【不可逆】 逆もどりできないこと。▽—反応。

ふかく【不覚】 ❶油断し失敗すること。❷思わずしてしまうこと。▽—の涙。❸意識がないこと。▽前後—。

ふがく【富岳】〈富嶽〉富士山。▽—百景。

ぶがく【舞楽】 雅楽の伴奏による舞。

ふかけつ【不可欠】 なくてはならないこと。類必須。indispensable

ふかこうりょく【不可抗力】 人の力では防ぎようがないこと。▽—の事故。unavoidable

ふかざけ【深酒】 酒を飲み過ぎること。heavy drinking

ふかしぎ【不可思議】 ふしぎ。mystery

ふかしん【不可侵】 侵略・侵害を許さないこと。▽—条約。神聖にして—。inviolability

ふかす【吹かす】 ❶たばこを口先だけでのむ。❷エンジンを回転させる。❸いばって…らしい態度をとる。▽先輩風を—。

ふかす【更かす】 夜ふかしをする。▽夜を—。

ふかす【蒸かす】 むす。▽いもを—。steam

ふかち【不可知】 知ることができないこと。

ぶかっこう【不格好】〈不恰好〉かっこうの悪いこと。odd-looking

ふかで【深手】 重傷。重手(おもで)。対浅手。

ふかなさけ【深情け】 特定の相手への情愛が深いこと。

ふかのう【不可能】 できないこと。対可能。impossible

ふかひ【不可避】 さけられないこと。▽交渉決裂は―である。inevitable　不可避

ふかぶか【深深】 非常に深いようす。　深深

ふかぶん【不可分】 分けられないこと。▽―の関係。indivisible　不可分

ふかま【深間】 ❶川などの深み。❷密接な男女の仲。　深間

ふかまる【深まる】 深くなる。deepen　深まる

ふかみ【深み】 ❶川などの深い所。❷奥深い味わい。❸容易にぬけられない状況。①depth　深み

ふかん【俯瞰】 高い所から見おろすこと。類鳥瞰(ちょうかん)。overlooking　俯瞰

ぶかん【武官】 軍事にたずさわる役人。対文官。　武官

ふかんしょう【不感症】 ❶性感を得られない女性の症状。❷慣れなどで感覚がにぶくなること。①frigid　不感症

ふき〔蕗〕 16 人 **ロ・ふき** 植物の、ふき。花芽は、ふきのとう。
筆順　艹 芀 茈 茈 茈 莎 菝 蕗　蕗・蕗

ふき【不帰】 二度と帰らないこと。▼―の**客となる** 死ぬ。　不帰

ふき【不羈】 しばられず自由であること。▽―奔放。　不羈

ふき【付記】 〈附記〉付け加えて書くこと・文。　付記

ふき【蕗】 野草の一。葉はハート形。花芽は「ふきのとう」。茎や花芽は食用。butterbur　蕗

ふぎ【不義】 ❶人の道に外れること。❷道徳的に許されない(男女の)関係。　不義

ふぎ【付議】 会議にかけること。　付議

ぶき【武器】 ❶戦いに使う道具。❷効果的な手段となるもの。▽弁舌を―として出世する。①arms　武器

ふきかえ【吹き替え】 ❶映画で、代役。❷翻訳したせりふを録音すること。①stand-in ②dubbing　吹替え

ふきこむ【吹き込む】 ❶風や雨などがふいて中にはいる。❷くり返し教えこむ。❸録音する。③record　吹き込

ふきさらし【吹き曝し】 風が直接あたること・場所。　吹曝し

ふきすさぶ【吹き荒ぶ】 風がふき荒れる。　吹き荒

ふきそく【不規則】 規則正しくないこと。irregular　不規則

ふきだす【吹き出す】 ❶勢いよく出る。▽若芽が―。❷ふいて外へ出す。①gush　吹き出

ふきだす【噴き出す】 ❶水などが勢いよく出る。▽温泉が―。❷思わず笑い出す。▽冗談に思わず―。❸一気に表に出る。①③gush　噴き出

ふきだまり【吹き溜まり】 ❶風にふかれてごみや雪がたまった所。❷行き場のない人の集まる所。▽不平者の―。①drift　吹溜り

ふきつ【不吉】 縁起が悪いこと。ill, ominous　不吉

ふきでもの【吹き出物】 皮膚にできる小さなはれもの。pimple　吹出物

ふきとばす【吹き飛ばす】 ❶ふいて飛ばす。❷一気に追いはらう。　吹き飛

ふきながし【吹き流し】 ❶風になびかせる布。昔、戦陣で使った。❷鯉(こい)のぼりとともに飾る布。

吹き流し

ふきのとう【蕗の薹】 ふきの花芽。食用。

ふきまわし【吹き回し】 その時の気分・状況の変化。▽どうした風の―か。　吹回し

ぶきみ【不気味】 〈無気味〉気味が悪いようす。eerie　不気味

ふきゅう【不休】 休まないこと。　不休

ふきゅう【不朽】 いつまでも滅びずに残ること。▽―の名作。immortal　不朽

ふきゅう【不急】 さしせまって必要ではないこと。▽不要―。　不急

ふきゅう【普及】 広くいきわたること。becoming popular　普及

ふきゅう【腐朽】 くさってぼろぼろになること。　腐朽

ふきょう【不況】 景気が悪いこと。不景気。対好況。depression　不況

ふきょう【不興】 ❶興ざめ。❷不機嫌。▼―**を買う** 目上の人の機嫌をそこねる。　不興

ふきょう【布教】 宗教を広めること。類伝道。missionary work　布教

ふぎょう【俯仰】 うつむくことと、上を向くこと。▼―**天地に愧(は)じず** 少しもやましいところがない。　俯仰

ぶきよう【不器用】〈無器用〉器用でないこと。ぶきっちょ。clumsy　不器用

ぶぎょう【奉行】武家時代の職名。　奉行

ふぎょうせき【不行跡】品行のよくないこと。不行状。類不品行。　不行跡

ぶきょく【部局】官庁・会社などで、局・部・課などの総称。department　部局

ぶきょく【舞曲】おどりのための音楽。　舞曲

ふぎり【不義理】❶義理を欠くこと。❷借金をかえさないこと。　不義理

ぶきりょう【不器量】〈無器量〉器量がよくないこと。ugly　不器量

ふきん【付近】〈附近〉その場の近く。近所。neighborhood　付近

ふきん【布巾】食器をふく布。　布巾

ふきんこう【不均衡】つりあいがとれていないこと。アンバランス。imbalance　不均衡

ふきんしん【不謹慎】軽はずみで、つつしみのないこと。▽―な発言。immodest　不謹慎

ふく【伏】常6 フク・ふせる・ふす ❶体をふせる。▽平―。❷したがう。▽降―。　伏・伏

筆順 ノ イ 仁 什 伏 伏

ふく【服】常8 フク ❶きもの。▽衣―。❷自分のものにする。▽着―。❸したがう。▽―従。❹飲む。▽―用。　服・服

筆順 丿 刀 月 月 月 肌 服 服

ふく【副】常11 フク ❶主(しゅ)に、そう。▽―食。―業。❷ともなっておこる。▽―作用。❸ひかえ。▽―本。　副・副

筆順 一 𠃍 戸 吕 畐 畐 畐 副 副

ふく【幅】常12 フク・はば ❶横の長さ。▽―員。振―。❷掛け軸(じく)。▽画―。　幅・幅

筆順 口 巾 巾 帄 帄 幅 幅 幅

ふく【復】常12 フク ❶帰る。▽―路。往―。❷もどす。▽―元。回―。❸くり返す。▽―習。反―。❹しかえしをする。▽―讐。報―。　復・復

筆順 彳 彳 彳 彳 彳 復 復 復

ふく【葺】人12 シュウ・ふく 屋根をつくる。▽茅―(かやぶ)き。　葺・葺

筆順 艹 艹 苜 苜 苜 葺 葺 葺

ふく【福】常13〔福〕人14 フク ❶しあわせ。▽―祉。❷めでたい。▽―相。　福・福

筆順 ラ ネ ネ ネ 祁 福 福 福

ふく【腹】常13 フク・はら ❶はら。▽満―。❷中ほど。▽山―。❸心の中。▽―案。立―。　腹・腹

筆順 月 月 月 月 胙 腹 腹 腹

ふく【複】常14 フク ❶二つ以上の。▽―数。❷重なる。▽―雑。重―。　複・複

筆順 ラ ネ ネ ネ 衤 複 複 複

ふく【覆】常18 フク・おおう・くつがえす・くつがえる ❶くつがえす。▽転―。❷おおう。▽―面。　覆・覆

筆順 一 覀 覀 覀 覀 覆 覆 覆

ふく【服】❶着るもの。洋服。❷包みにはいった粉薬や、たばこ・茶などをのむ回数を数える語。① clothes　服

ふく【副】❶補助とするもの。▽―知事。控え。❷補助となるもの。▽―作用。❸あることにともなう。　副

ふく【幅】❶掛け軸。❷掛け軸を数える語。　幅

ふく【福】しあわせ。幸運。▽―は内、鬼は外。　福

ふく【吹く】❶風がおこる。❷息を出す。❸楽器を鳴らす。❹芽を出す。❺でまかせを言う。▽ほらを―。①～③ blow　吹く

ふく【拭く】布などでこすって水分やよごれをとる。wipe　拭く

ふく【葺く】かわら・板などで屋根をおおう。thatch　葺く

ふく【噴く】火・水などが勢いよく出る。▽銃が火を―。spout　噴く

使い分け「ふく」

吹く…空気が流れ動く。息を出す。表面に現れる。▽そよ風が―。口笛を―。干し柿が粉を―。吹き出物。

噴く…気体や液体などが内部から外部へ勢いよく出る。▽火山が煙を―。エンジンが火を―。石油が噴き出す。

ふぐ【不具】❶体の一部に障害のあること。今は使わないことば。❷手紙の結語の一。意を尽くさないの意。不一。不尽。　不具

ふぐ【河豚】海にすむ魚の一。肉は食用だが、内臓に猛毒をもつものが多い。globefish　河豚

ぶぐ【武具】戦いの道具。特に、よろい・かぶとなど。　武具

ふくあん【腹案】心の中にある案。　腹案

ふ

ふくいく【馥郁】 よい香りがただようようす。▽—たる香り。 馥郁

ふくいん【幅員】 道路・船舶などの横はば。 幅員

ふくいん【復員】 軍務をとかれて帰郷すること。demobilization 復員

ふくいん【福音】 ❶喜ばしい知らせ。❷キリストによる救いの教え。注ふく×おん。 福音

ふぐう【不遇】 不運で世間に認められないこと。ill-starred 不遇

ふくえき【服役】 兵役や刑務所での労役につくこと。▽—者。penal servtude 服役

ふくえん【復縁】 離縁した者がもとの関係にもどること。 復縁

ふくが【伏臥】 うつぶせに寝ること。対仰臥(ぎょうが)。 伏臥

ふくがく【復学】 休学・停学していた学生・生徒が、学校に復帰すること。 復学

ふくがん【複眼】 昆虫などの、多くの小さな目が集まってできた目。対単眼。 複眼

ふくぎょう【副業】 本業のほかの仕事。類内職。sideline 副業

ふくけい【復啓】 返事の手紙の冒頭に書く、あいさつのことば。拝復。 復啓

ふくげん【復元】 〈復原〉元にもどる(もどす)こと。restoration 復元

ふくこう【腹腔】 胃や腸をおさめる、腹の内側の部分。ふっこう。ふくくう。 腹腔

ふくごう【複合】 二種以上のものが結びついて一つになること。complex 複合

ふくさ【袱紗】 絹の小さなふろしき。進物や茶の湯で用いる。 袱紗

ふくざい【伏在】 表面に出ないで、ひそんで存在すること。▽—する悪。類潜在。 伏在

ふくざつ【複雑】 こみいっていること。対単純。complicated 複雑

ふくさよう【副作用】 薬の本来の作用以外の、有害な作用。side effect 副作用

ふくさんぶつ【副産物】 ❶ある産物の生産過程で、それに伴って得られる、別の産物。❷ある物事に伴って生じるもの。①②by-product 副産物

ふくし【福祉】 社会の多くの人の幸福。welfare 福祉

ふくじ【服地】 洋服用の布地。 服地

ふくしき【複式】 二つ以上から成る形式。 複式

ふくじてき【副次的】 二次的。 副次的

ふくしゃ【複写】 ❶同じものを一度に二枚以上うつしとること。❷写真をもう一度うつすこと。類❷複製。①copy 複写

ふくしゃ【輻射】 放射。 輻射

ふくしゅう【復習】 習ったことをくり返し勉強すること。対予習。review 復習

ふくしゅう【復讐】 かたきうち。しかえし。類報復。revenge 復讐

ふくじゅう【服従】 他人の命令に従うこと。対反抗。obedience 服従

ふくじゅそう【福寿草】 草花の一。早春に黄色い花が咲く。元日草。adnis 福寿草

ふくしょう【副将】 主将を補佐する人。 副将

ふくしょう【副賞】 正式の賞にそえておくる金品。extra prize 副賞

ふくしょう【復唱】 〈復誦〉確認のため、くりかえし言うこと。repeat 復唱

ふくしょう【複勝】 競馬・競輪などで、三着までのものを一つだけあてること。複勝式。対単勝(たんしょう)。 複勝

ふくしょく【服飾】 衣服と装飾品。衣服の飾り。 服飾

ふくしょく【副食】 主食にそえて食べる物。副食物。おかず。対主食。 副食

ふくしょく【復職】 休職・停職した者が元の職に戻ること。 復職

ふくしょくぶつ【副食物】 副食。 副食物

ふくしん【腹心】 信頼する部下。▽—の部下。注×副臣。 腹心

ふくすい【覆水】 容器からこぼれた水。▼—**盆(ぼん)に返らず** 一度してしまったことは取り返しがつかない。 覆水

ふくすう【複数】 二つ以上の数。plural 複数

ふくすけ【福助】 福を招くという、頭の大きい男の人形。 福助

ふくする【伏する】 ❶ひれふす。❷降伏する。❸ひそむ。▽草むらに—。 伏する

ふくする【服する】 ❶従う。▽命令に—。❷茶・薬を飲む。 服する

ふくする【復する】 戻る。戻す。▽旧に—。 復する

ふ

ふくせい【複製】原物とそっくりのものを作ること・もの。▽—画。replica
ふくせき【復籍】元の籍に戻ること。
ふくせん【伏線】あとで述べることにそなえて、前もって述べておくこと・事柄。▽—を張る。underplot
ふくせん【複線】二本並んだ線・線路。
ふくそう【服装】衣服を身につけたようす。みなり。costume
ふくそう【福相】福々しい人相。対貧相。
ふくそう【輻輳】〈輻湊〉こみあうこと。▽事務が—する。
ふくぞう【腹蔵】考えを心中に隠すこと。▽—のない意見。
ふくぞく【服属】つきしたがうこと。
ふくだい【副題】表題にそえてつける題。subtitle
ふぐたいてん【不倶戴天】憎しみのはげしいこと。倶(とも)に天を戴(いただ)かず。▽—の敵。
ふくちょう【復調】調子が戻ること。
ふくつ【不屈】くじけないこと。invincible
ふくつう【腹痛】腹が痛むこと。はらいた。stomachache
ふくど【覆土】土をかぶせること。また、その土。
ふくとく【福徳】幸福と財産。
ふくどく【服毒】毒を飲むこと。

ふくどくほん【副読本】教科書の補助教材。ふくとくほん。sidereader
ふくのかみ【福の神】幸福や富をもたらす神。対貧乏神。疫病神(やくびょうがみ)。
ふくはい【腹背】前とうしろ。▽—に敵を受ける。
ふくびき【福引き】くじ引きで景品を与えること。そのくじ。lottery
ふくぶくしい【福福しい】顔が柔和でふっくらしている。
ふくぶくろ【福袋】正月に、中に入れた商品の内容を隠し割安で売る袋。
ふくべ【瓢】〈瓠〉ひさご。
ふくへい【伏兵】❶待ち受けて敵をおそう兵。❷予期しない競争相手。
ふくぼく【副木】そえ木。splint
ふくほん【副本】原本や正本の写し。副書。duplicate
ふくまでん【伏魔殿】悪事や不正などがたくらまれている所。
ふくみみ【福耳】耳たぶの大きい耳。
ふくむ【含む】❶内部にもつ。❷口に入れる。❸心中にもつ。❹ようすをおびる。①contain
ふくむ【服務】職務につくこと。▽—規程。
ふくめい【復命】命令されてしたことの結果を報告すること。

ふくめん【覆面】❶顔をおおい隠すこと・もの。❷正体を隠すこと。①mask
ふくも【服喪】喪に服すること。
ふくやく【服薬】服用。
ふくよう【服用】薬を飲むこと。服薬。
ふくよう【服膺】心にとどめて忘れないこと。▽拳々(けんけん)—。
ふくよう【複葉】❶小葉の集合からなる葉。❷主翼が上下二枚の飛行機。
ふくよか　やわらかく豊かなようす。
ふくらはぎ【脹ら脛】すねの裏側のふくれた部分。こむら。calf
ふくらむ【膨らむ】〈脹らむ〉ふくれて大きくなる。対しぼむ。swell
ふくり【福利】幸福と利益。▽—厚生。
ふくり【複利】一定期間ごとに利子を元金にくりいれる計算法。対単利。
ふくれっつら【膨れっ面】ほおをふくらませた不満顔。sulky look
ふくれる【膨れる】〈脹れる〉❶内側からもりあがる。❷大きくなる。❸不機嫌な表情になる。類❸むくれる。
ふくろ【袋】❶布・紙・皮製などの入れもの。❷みかんなどの果肉をつつむ皮。①sack ▼—の鼠(ねずみ)逃げ場の

ふ

ないこと。

ふくろ【復路】 かえりみち。対往路。

ふくろう【梟】 鳥の一。森林にすみ、夜行性で目が大きい。「ホウホウ」と鳴く。owl

ふくろくじゅ【福禄寿】 七福神の一。頭が長く、あごひげも長い。

ふくろこうじ【袋小路】 ❶行きどまり。❷行きづまり状態。①②dead end

ふくろだたき【袋叩き】 ❶大勢でかこんでなぐること。❷大勢に非難されること。

ふくわじゅつ【腹話術】 口を動かさずにしゃべる芸。ventriloquism

ふくん【夫君】 他人の夫の敬称。

ふくん【父君】 他人の父の敬称。

ぶくん【武勲】 戦争でたてた手柄。

ふけ【雲脂】〈頭垢〉頭の皮膚からはがれる白っぽいかす。dandruff

ぶけ【武家】 武士の家系。

ふけい【不敬】 皇室などに対して敬意に欠けた言動をとること。

ふけい【父兄】 児童・生徒の保護者。

ぶげい【武芸】 武道に関する技芸。武術。

ふけいき【不景気】 ❶不況。❷活気がないこと。対❶好景気。

ふけいざい【不経済】 金銭・時間がむだなこと。uneconomical

ふけつ【不潔】 衛生的でないこと。また、汚らわしいこと。対清潔。unsanitary

ふけやく【老け役】 演劇で、老人の役。

ふける【老ける】 年をとる。▽年より—けて見える。age

ふける【更ける】〈深ける〉❶夜が深まる。❷たけなわになる。▽秋が—。

> **使い分け「ふける」**
> **更ける**…深まる。夜更かしする。▽深々と夜が—。秋が—。
> **老ける**…年を取る。▽年の割に老けて見える。老け込む。

ふける【耽る】 熱中する。▽物思いに—。

ふける【蒸ける】 食べ物がむされてやわらかくなる。▽芋が—。steam

ふげん【付言】〈附言〉付け加えて言うこと。

ふけんしき【不見識】 見識がないこと。類無定見。

ふげんじっこう【不言実行】 理屈を言わずに黙々と実行すること。

ぶげんしゃ【分限者】 金持ち。ぶげんじゃ。

ふこう【不孝】 親を心配させたり悲しませたりすること。対孝行。

ふこう【不幸】 ❶ふしあわせ。❷身内の死。対❶幸福。①unhappiness

ふごう【符号】 ❶文字以外の記号。❷数の正負を示す記号。①mark

ふごう【符合】 互いに合致すること。▽二人の話が—する。

ふごう【富豪】 財産家。▽大—。millionaire

ふごうり【不合理】 理に反すること。unreasonable

ふこく【布告】〈国の意思などを〉広く一般に知らせること。▽宣戦—。declaration

ぶこく【誣告】 事実をいつわって告げること。

ふこくきょうへい【富国強兵】 経済力・兵力を高め、国力を増すこと。

ふこころえ【不心得】 心がけがよくないこと。▽—者。misguided

ぶこつ【無骨】〈武骨〉❶無作法。❷不粋なこと。

ふさ【房】〈総〉❶束ねた糸の先を散らしたもの。❷花や実がむらがってついたもの。①tassel

ふさい【不才】 才能がないこと。▽—の身を顧みず。

ふさい【夫妻】 夫と妻。夫婦。

ふさい【付載】〈附載〉付け加えてのせること。

ふさい【負債】 借金。借財。debt

ふざい【不在】 その場にいないこと。absence

ぶさいく【不細工】〈無細工〉❶作り方がへたなこと。❷

不器量。

ふさく【不作】 農作物などのできが悪いこと。類凶作。対豊作。poor crop

ふさぐ【塞ぐ】 ❶ふたをして閉ざす。❷さえぎる。❸閉じる。❹場所を占めて一杯にする。❺気分が晴れない。

ふさくい【不作為】 なすべき行為をわざとしないこと。▽—責任。

ふざける ❶おどける。❷遊び騒ぐ。❸人をばかにする。

ぶさた【無沙汰】 長い間、訪問や便りをしないこと。無音(ぶいん)。疎音(そいん)。▽—をわびる。

ふさふさ【総総】 〈房房〉毛などがたくさんあるようす。

ぶさほう【無作法】 〈不作法〉礼儀作法にはずれること。類無礼。badmanners

ぶざま【無様】 〈不様〉見苦しいこと。類不格好。

ふさわしい【相応しい】 つりあいがとれて適切だ。suitable

ふし【不死】 いつまでも死なないこと。

ふし【父子】 父と子。

ふし【節】 ❶竹などの茎の区切り。❷木の枝のつけね。❸関節。❹糸などのこぶ状になったところ。❺区切り。段落。❻箇所。❼音楽のメロディー。①③joint ②④knot

ふじ【藤】 ⇩とう

ふじ【不治】 病気がなおらないこと。ふち。incurability

ふじ【不時】 思いがけない時。▽—の出費。

ふじ【藤】 つる性の樹木の一。初夏に薄紫色・白色などの花が房状に咲く。wisteria

ぶし【武士】 さむらい。▼**—は食わねど高楊枝**(たかようじ) 武士は体面を重んじるということ。

ぶじ【無事】 変わったできごとや心配事がないこと。類平穏。peace

ふしあわせ【不幸せ】 〈不仕合わせ〉しあわせでないこと。不幸。不運。unhappy

ふしおがむ【伏し拝む】 ❶ひれふしておがむ。❷はるか遠くからおがむ。

ふしぎ【不思議】 ふつうでは考えられないこと。wonder

ふしくれだつ【節榑立つ】 ふしが多くてごつごつしている。be gnarled

ふしぜん【不自然】 わざとらしいようす。unnatural

ふしだら ❶だらしがないこと。❷不品行。①②loose

ふじちゃく【不時着】 飛行機が、緊急のときに臨時におりること。forced landing

ふしつ【不悉】 手紙の結語の一。十分述べつくさないの意。

ふじつ【不日】 日ならずして。近日中に。

ふじつ【不実】 ❶不誠実。❷事実でないこと。▽—記載。

ぶしつけ【不躾】 無遠慮なようす。無作法。▽—な質問。impolite

ふしど【臥所】 ねどこ。寝室。

ぶしどう【武士道】 武士の道徳・倫理。士道。

ふじばかま【藤袴】 秋の七草の一。秋に薄紫色の小花がかたまって咲く。

ふじびたい【富士額】 髪のはえぎわのようすが、富士山の形に似ているひたい。

ふしぶし【節節】 ❶体のあちこちの関節。❷色々な点。

ふしまつ【不始末】 ❶後始末の悪いこと。▽火の—。❷不都合な行い。▽—をわびる。

ふじみ【不死身】 ❶痛めつけられてもびくともしない体。❷苦難にもくじけないこと・人。①immortal

ふしめ【節目】 ❶木や竹などの、節のある部分。❷物事の区切りとなるところ。▽人生の—をむかえる。

ぶしゅ【部首】 漢字を分類する基準となる、共通の構成部分。

ふじゆう【不自由】 ❶思い通りにならなくて困ること。類❶不便。❷身体に障害があること。①inconvenience

ぶしゅうぎ【不祝儀】 めでたくないできごと。特に、葬式。対祝儀。

ふじゅうぶん【不十分】 〈不充分〉足りないところがあること。insufficient

ぶじゅつ【武術】 武芸。

ふしゅび【不首尾】 成功しないこと。対上首尾。failure

ふじゅん【不純】純粋・純真でないこと。▽—物。impure

ふじゅん【不順】順調でないこと。irregularity

ふじょ【扶助】経済的に助け支えること。▽生活—。help

ぶしょ【部署】受け持ちの場所・役目。類持ち場。post

ふしょう【不肖】❶親に似ないで、おろかなこと。▽—の息子。❷自分の謙譲語。▽—私がお引き受けします。

ふしょう【不詳】くわしくわからないこと。▽作者—。unknown

ふしょう【負傷】けが(をすること)。wound

ふじょう【不定】定まっていないこと。▽老少—。

ふじょう【不浄】けがれていること。対清浄。dirty

ふじょう【浮上】❶水中から浮かびあがること。❷順位がよくなること。

ぶしょう【武将】武士の大将。

ぶしょう【無精】〈不精〉めんどうがること。lazy

ふしょうじ【不祥事】不名誉な事件。scandal

ふしょうぶしょう【不承不承】しぶしぶ。

ふしょうふずい【夫唱婦随】夫が言いだし、妻がそれにしたがうこと。

ふじょうり【不条理】理に反すること。irrationality

ふしょく【腐食】〈腐蝕〉くさったりして、形がくずれること。corrosion

ぶじょく【侮辱】ばかにして、はずかしめること。insult

ふしょくど【腐植土】腐植(＝土の中の有機物がくさってできた暗黒色の物質)を多くふくむ土壌。mold

ふじょし【婦女子】❶女性と子ども。❷婦人。

ふしょぞん【不所存】よくない考え。類不心得(ふこころえ)。

ふしん【不信】❶信用しないこと。▽政治—。❷信用・信頼を裏切ること。▽—の行為。① distrust

ふしん【不振】勢いや成績がふるわないこと。▽食欲—。

ふしん【不審】疑わしく思うこと。▽—の念。注不×信な人物。suspicious

ふしん【普請】建築・改築すること。

ふしん【腐心】苦心すること。▽会社再建に—する。

ふじん【不尽】手紙の結語の一。十分に意をつくせないの意。

ふじん【夫人】他人の妻の敬称。

ふじん【布陣】戦いの構えを整えること。また、その構え。類陣容。line-up

ふじん【婦人】成人した女性。woman

ぶじん【武人】軍事に従事する人。対文人。

ふしんばん【不寝番】夜、ねないで見張ること・人。寝ずの番。

ふす【伏す】❶うつぶせになる。▽—してお願いします。❷姿勢を低くしてかくれる。▽草むらに—。

ふす【臥す】横になってねる。▽病(やまい)の床に—。lie down

ふず【付図】〈附図〉付属する地図・図表など。

ふずい【付随】〈附随〉主な事柄につれて起こること。incidental

ぶすい【無粋】〈不粋〉人情や風流に理解がないこと。

ふすま【衾】寝るときにかける夜具。

ふすま【麩】〈麬〉小麦をひいたときにでる、皮のくず。wheat bran

ふすま【襖】和室の建具の一。唐紙(からかみ)。

ふする【付する】〈附する〉❶つけ加える。▽条件を—。❷交付する。❸ゆだねる。ある形で扱う。▽審議に—。

ぶする【撫する】なでさする。

ふせ【布施】僧にほどこす金銭や品物。

ふせい【不正】正しくないこと。injustice

ふせい【父性】父親としてもつ性質。対母性。paternity

ふぜい【風情】❶おもむき。❷ようす。▽私—。❸…のようなもの。

ぶぜい【無勢】少ない人数。▽多勢に—。対多勢。

ふせいしゅつ【不世出】めったに世に現れないほど、

すぐれていること。▽―の音楽家。

ふせいみゃく【不整脈】不規則な脈拍。　不整脈

ふせき【布石】❶囲碁で、対局のはじめに打つ石の配置。❷将来にそなえての下準備。②preliminaries　布石

ふせぐ【防ぐ】〈禦ぐ〉おかされないように守る。protect　防ぐ

ふせじ【伏せ字】明記できない部分を空白や○・×で表すこと・印。　伏せ字

ふせつ【付設】〈附設〉付属して設けること。　付設

ふせつ【符節】割り符。tally ▼―を合わせる ぴったり一致する。　符節

ふせつ【敷設】〈布設〉設備・装置などを設けること。▽鉄道を―する。　敷設

ふせっせい【不摂生】健康に注意しないこと。不養生。　不摂生

ふせる【伏せる】❶うつむける。❷裏返しにおく。❸かくす。▽事情を―。　伏せる

ふせる【臥せる】❶横になってねる。❷病気でねる。①lie down　臥せる

ふせん【不戦】戦わないこと。　不戦

ふせん【付箋】〈附箋〉（目印として）本などにはりつける小さな紙。slip　付箋

ふぜん【不全】不完全。▽免疫―。　不全

ふぜん【不善】道徳上よくないこと。　不善

ぶぜん【憮然】がっかりして心が沈むようす。disappointment　憮然

ぶそう【武装】戦いの装備をすること。armament　武装

ふそうおう【不相応】つりあわないこと。　不相応

ふそく【不足】❶たりないこと。❷不満。①shortage, lack　不足

ふそく【不測】予測できないこと。▽―の事態。unexpected　不測

ふそく【付則】〈附則〉本則を補うためにつけ加えた規則。対本則。　付則

ふぞく【付属】〈附属〉主となるものに属すること・もの。　付属

ぶぞく【部族】一定の地域にすみ、言語・宗教などを同じくする集団。tribe　部族

ふそくふり【不即不離】つかずはなれずの関係にあること。不離不即。　不即不離

ふそん【不遜】おごりたかぶること。insolence　不遜

ふた【蓋】物の口や穴をふさぐもの。lid　蓋

ふだ【札】印の文字や絵を書いた小さな紙・板。　札

ぶた【豚】家畜の一。食肉用。pig　豚

ふたい【付帯】〈附帯〉おもなものに付属していること。類付随。　付帯

ふだい【譜代】代々ある家につかえてきていること。特に、関ヶ原の戦い以前から徳川氏につかえていた家臣。　譜代

ぶたい【部隊】❶軍隊を構成する一集団。❷ある目的をもった集団。①unit　部隊

ぶたい【舞台】❶演技・演奏などを行う一段高い場所。❷活躍の場。▽ヨーロッパを―に活躍する。①②stage　舞台

ぶたいうら【舞台裏】舞台（物事）の裏側。　舞台裏

ふたいてん【不退転】けっして心を曲げないこと。▽―の決意。　不退転

ふたえ【二重】二つにかさなっていること。　二重

ふたおや【二親】両親。　二親

ふたく【付託】（審査などを）他にまかせること。▽委員会に―する。　付託

ふたく【負託】他に責任をもたせ、まかせること。▽国民の―に応える。　負託

ふたご【双子】同じ母から一度に生まれた二人の子。双生児。twins　双子

ふたごころ【二心】浮気心。また、裏切りの心。にしん。　二心

ふだしょ【札所】参拝者が札を受ける（納める）霊場。　札所

ふたたび【再び】もう一度。again　再び

ふたつ【布達】広く一般に知らせること。類布告。　布達

ふだつき【札付き】悪い評判があること・人。notoriety　札付き

ふたつへんじ【二つ返事】すぐに承知すること。▽―で引き受ける。　返事

ふだどめ【札止め】満員で入場券発売をやめること。　札止め

ふたなぬか【二七日】人の死後一四日め。ふたなのか。　二七日

ふたば【二葉】〈双葉〉芽を出したとき、最初に出る二枚の葉。seed leaves　二葉

ふたまた【二股】〈二俣〉❶〈二叉〉先が二つに分かれていること。❷一方に決めず、二方面に関係をつけること。▽―をかける。　二股

ふ

ふため【二目】 二回見ること。▼―と見られない みにくかったり残酷だったりして二度と見る気になれない。 二目
ふため【不為】 ためにならないこと。不利益。 不為
ふたり【二人】 人数で、ににん。両人。 二人
ふたん【負担】 ❶引き受けること・仕事・義務。▽受益者―。❷重荷。②burden 負担
ふだん【不断】 ❶とだえず続くこと。▽―の努力。❷決断のにぶいこと。▽優柔―。❸普段。①constant 不断
ふだん【普段】 いつも。日常。▽―の心がけ。 普段
ぶだん【武断】 武力を背景にして強引に事を行うこと。▽―派。対文治。 武断
ふち【不治】 ⇩ふじ。 不治
ふち【付置】 付属して設置すること。 付置
ふち【扶持】 給料として与えられる米。扶持米(ふちまい)。 扶持
ふち〖淵〗 人12 **エン・ふち** ふち。水を深くたたえた所。▽深―。 淵・渕
筆順 氵 氵 氵 沪 淵 淵 淵 淵 淵
ふち【淵】 ❶水が深くよどんでいる所。❷苦しい境遇。対❶瀬。①depth 淵
ふち【縁】 へり。周りの部分。edge 縁
ぶち【斑】 地色に別の色がまだらにまじっていること。 斑
ふちゃく【付着】 〈附着〉くっついて離れないこと。sticking 付着
ふちゅう【不忠】 忠義に反すること。disloyalty 不忠

ふちゅうい【不注意】 注意が足りないこと。carelessness 不注意
ふちょう【不調】 ❶調子が悪いこと。❷話がまとまらないこと。対❶好調。①bad condition 不調
ふちょう【符丁】 〈符牒〉❶商品の値段を示す記号。❷特定のなかまうちだけで通じる合いことば。隠語。 符丁
ぶちょうほう【不調法】 〈無調法〉❶行き届かないで迷惑をかけること。❷酒やたばこなどが飲めないこと。❸へたなこと。 不調法
ふちん【浮沈】 ❶うきしずみ。❷栄えることと、衰えること。 浮沈
ふつ〖弗〗 5 **フツ・ず・ドル** ❶否定を表す語。❷ドル($)。 弗・弗
ふつ〖払〗 常5〖拂〗人8 **フツ・はらう** ❶はらいのける。▽―拭(ふっしょく)。❷代金をわたす。▽支―い。 払・払
筆順 一 十 扌 扎 払
ふつ〖沸〗 常8 **フツ・わく・わかす** 水がにたつ。▽―点。煮―(しゃふつ)。 沸・沸
筆順 丶 冫 氵 氵 沪 沸 沸
ぶつ〖仏〗 常4〖佛〗人7 **ブツ・ほとけ** ❶ほとけ。▽―像。念―。❷「仏蘭西(フランス)」の略。▽―国(ふっこく・ふつこく)。 仏・仏
筆順 ノ イ 仏 仏
ぶつ〖物〗 常8 **ブツ・モツ・もの** ❶形のあるもの。▽―体。―質。❷事柄。▽事―。 物・物
筆順 ノ 𠂉 牛 牛 牜 牞 物 物
ぶつ【打つ】 ❶うつ。なぐる。❷演説する。▽一席―。①hit, strike 打つ

ふつう【不通】 ❶交通・通信などが通じないこと。❷音信がないこと。▽音信―。①interruption 不通
ふつう【普通】 ❶ありふれていること。❷たいてい。①ordinary ②generally 普通
ぶつえん【仏縁】 仏との縁。 仏縁
ふつか【二日】 ❶その月の第二の日。❷一日の二倍の日数。 二日
ぶっか【物価】 (その時々の)商品の価格。prices 物価
ぶっかく【仏閣】 寺。寺の建物。 仏閣
ふっかける【吹っ掛ける】 ❶吹いてかける。❷しかける。▽けんかを―。❸ねだんを高く言う。 吹っ掛
ふっかつ【復活】 ❶生きかえること。❷一度やめたものをまた行うようにすること。①②revival 復活
ふつかよい【二日酔い】 〈宿酔〉飲みすぎて、酒の酔いが翌日まで残ること。hangover 二日酔
ぶつかる ❶強く当たる。❷出会う。❸対立する。❹日時が重なる。①bump
ふっかん【復刊】 再び刊行すること。 復刊
ふっき【復帰】 もとの地位や状態にもどること。return 復帰
ふづき【文月】 陰暦七月の別称。ふみづき。 文月
ぶつぎ【物議】 世間の論議。▼―を醸(かも)す 世間の論議を引きおこす。 物議
ふっきゅう【復旧】 元通りに直る(直す)こと。▽不通の鉄道が―する。類回復。restoration 復旧

ふつぎょう【払暁】夜がやっと明けようとする時分。明け方。類末明。 払暁

ぶっきょう【仏教】釈迦(しゃか)がインドでおこした宗教。Buddhism 仏教

ふっきれる【吹っ切れる】わだかまりがなくなって、さっぱりする。 吹っ切

ふっきん【腹筋】はらの筋肉。abdominal muscle 腹筋

ぶつぐ【仏具】仏事に使う諸道具。 仏具

ふづくえ【文机】和風の低い机。 文机

ブックレット【booklet】小冊子。

ブックレビュー【book review】書評。新刊紹介。

ふっけん【復権】失った権利・資格をとりもどすこと。rehabilitation 復権

ぶっけん【物件】契約などの対象としての物。article 物件

ぶっけん【物権】物を直接支配する権利。所有権・占有権など。real rights 物権

ふっこ【復古】昔の状態にかえすこと。また、かえること。▽王制に—する。—調。restoration 復古

ふつご【仏語】フランス語。French 仏語

ぶっこ【物故】死ぬこと。▽—者。death 物故

ぶつご【仏語】仏教用語。 仏語

ふっこう【復航】帰航。 復航

ふっこう【復興】再びさかんになる(する)こと。▽災害から—する町。文芸—。類再興。recovery 復興

ふつごう【不都合】❶都合が悪いこと。▽—が生じる。❷けしからぬこと。失礼なこと。▽—千万(せんばん)。対❶好都合。①inconvenience 不都合

ふっこく【復刻】古い書物を同じ体裁で再び出版すること。reproduction 復刻

ぶつざ【仏座】仏像を安置する台。 仏座

ぶっさん【物産】その土地の産物。▽—展。product 物産

ぶっし【物資】生産や生活に必要な品物。supplies 物資

ぶつじ【仏事】仏教の儀式・行事。 仏事

ぶっしき【仏式】仏教の儀式の方法。 仏式

ぶっしつ【物質】❶もの。❷空間の一部をしめ、感覚によって認められるもの。対❷精神。①substance ②matter 物質

ぶっしゃり【仏舎利】釈迦(しゃか)の遺骨。 仏舎利

プッシュ【push】❶押すこと。❷圧力を加えること。

ぶっしょう【物証】品物による証拠。物的証拠。material proof 物証

ぶつじょう【物情】世間のようす。▽—騒然。 物情

ふっしょく【払拭】すっかりとり除くこと。▽過去のイメージを—する。類一掃。注ふっ×しき。wiping out 払拭

ぶっしょく【物色】多くの中から適当な人・物をさがすこと。▽人材を—する。selection 物色

ぶっしん【仏心】仏の慈悲の心。 仏心

ぶっしん【物心】物質と精神。 物心

ぶつぜん【仏前】❶仏の前。❷御仏前。 仏前

ふっそ【弗素】ハロゲン元素の一。うす緑色の気体。記号F fluorine 弗素

ぶっそう【物騒】こわくて危険なようす。▽—な世の中。dangerous 物騒

ぶつぞう【仏像】仏の彫像・画像。 仏像

ぶっそうげ【仏桑花】(扶桑花)暖地で観賞用に栽培する常緑小低木。夏から秋、大形の五弁花をつける。ハイビスカス。 仏桑花

ぶつだ【仏陀】釈迦(しゃか)。ぶつだ。 仏陀

ぶったい【物体】空間にある、形をもったもの。object 物体

ぶつだん【仏壇】仏像や位牌(いはい)を安置する壇。 仏壇

ぶっちょうづら【仏頂面】無愛想な顔つき。類ふくれっ面。sullen face 仏頂面

ふつつか【不束】ゆきとどかないこと。謙遜して言う。▽—者(もの)。 不束

ぶっつけほんばん【打っ付け本番】予行なしでいきなり本番を始めること。 打っ付

ふってい【払底】すっかりなくなること。▽人材の—。類品切れ。shortage 払底

ふ

ぶってき【物的】 物に関するようす。物質的。対心的。人的。material

ふってん【沸点】 液体が沸騰する温度。沸騰点。boiling point

ぶってん【仏典】 仏教の経典。

ぶつでん【仏殿】 仏像を安置してまつる建物。仏堂。

ふっとう【沸騰】 ❶にえ立つこと。❷さかんになり、騒ぎになること。▽議論が—する。①boiling

ぶっとう【仏塔】 寺院の塔。pagoda

ぶつどう【仏堂】 仏殿(ぶつでん)。

ぶつどう【仏道】 仏の教え。仏のみち。

ぶつのう【物納】 税金などを品物や土地でおさめること。対金納。

ぶっぴん【物品】 品物。goods

ふつふつ【沸沸】 ❶にえたぎるようす。また、感情がそのようにわきたつようす。▽怒りが—とこみ上げてくる。❷水などがわき出るようす。

ぶつぶつこうかん【物物交換】 物と物を直接交換すること。barter

ふつぶん【仏文】 ❶フランス語の文章。❷フランス文学(科)。

ぶっぽう【仏法】 仏の教え。仏道。

ぶっぽうそう【仏法僧】 ❶三宝。❷ブッポウソウ科の渡り鳥。

ぶつま【仏間】 仏壇のあるへや。

ぶつめつ【仏滅】 ❶「仏滅日(にち)」の略。陰陽(おんよう)道で、すべてに凶であるとされる日。❷釈迦(しゃか)の死。

ぶつもん【仏門】 仏の道。仏道。

ぶつよく【物欲】 お金や物をほしがる心。▽—にとらわれる。worldly desire

ぶつり【物理】 ❶「物理学」の略。❷物の道理。

ふつりあい【不釣り合い】 つりあわないこと。不調和。不似合い。ill-matched

ぶつりがく【物理学】 物質の構造・運動や光・熱などを研究する自然科学の一分野。physics

ぶつりゅう【物流】 「物的流通」の略。生産者から消費者への商品の移動。

ぶつりょう【物量】 物の分量。

ふで【筆】 ❶毛筆。❷文字や絵をかく道具。鉛筆・ペンなど。❸筆❶❷でかくこと。また、かいたもの。❹文章。▼—を擱(お)く 書くのをやめる。▼—を起こす 書きはじめる。▼—を折る 文筆活動をやめる。▼—を執(と)る 文章を書く。▼—を揮(ふる)う 書画をかく。

ふてい【不定】 決まっていないこと。▽住所—。indefinite

ふてい【不貞】 貞操を守らないこと。▽—を働く。対貞節。unchastity

ふてい【不逞】 ふとどきなこと。けしからぬこと。▽—の輩(やから)。

ふていき【不定期】 時期が一定していないこと。対定期。

ふていさい【不体裁】 体裁の悪いこと。ぶていさい。

ふていしゅうそ【不定愁訴】 ストレスなどによる、原因がはっきりしない不快感。

ふてき【不適】 適していないこと。不適当。▽リーダーには—な人物。

ふてき【不敵】 大胆で、恐れないようす。▽大胆—。fearless

ふでき【不出来】 できが悪いこと。対上出来。

ふてぎわ【不手際】 やり方が悪いこと。untactful

ふてくされる【不貞腐れる】 不満の気持ちから、なげやりになる。ふてる。get sulky

ふでづかい【筆遣い】 筆の使い方。

ふてね【不貞寝】 ふてくされて寝ること。

ふでぶしょう【筆無精】 〈筆不精〉面倒がって手紙や文章を書かないこと・人。対筆忠実(まめ)。poor correspondent

ふてぶてしい 大胆で無遠慮なようす。類ずうずうしい。impudent

ふでまめ【筆忠実】 せっせと手紙や文章を書くこと・人。対筆無精。good correspondent

ふと【不図】 ちょっとした拍子に。ふっと。

ふとい【太い】 ❶周囲・幅が大きい。❷声が低くて重みがある。❸ふてぶてしい。対❶〜❸細い。①broad

ふとう【不当】正当でないこと。▽―な利益。対正当。unfair

ふとう【不凍】凍らないこと。▽―港。ice-free

ふとう【埠頭】船を着けて乗客の乗り降りや荷の積みおろしをする施設。波止場。pier

ふどう【不同】❶同じでないこと。❷順序などがそろっていないこと。▽順―。大小―。①disorder

ふどう【不動】❶動かないこと。ゆるがないこと。▽直立―。―の信念。❷不動尊。①immobility

ふどう【浮動】安定せず、ゆれ動くこと。▽景気の―。floating

ぶとう【舞踏】おどること。類舞踊。dance

ぶどう【武道】❶武術。❷武士道。

ぶどう【葡萄】つる性の果樹の一。夏から秋に、房状の果実をつける。grapes

ふとうごう【不等号】数学で、大小関係を表す「<」「>」の記号。対等号。

ふどうさん【不動産】動かすことのできない財産としての土地・建物。対動産。real estate

ふどうたい【不導体】熱・電気を伝えない物質。絶縁体。nonconductor

ふどうとく【不道徳】道徳にそむくこと。immoral

ふどうひょう【浮動票】選挙で、どの候補者に投票するか予想しにくい票。

ふとうふくつ【不撓不屈】決して困難にくじけないこと。注不×倒不屈。

ふどき【風土記】地方別に風土(ふうど)・文化などについて記した本。

ふとく【不徳】❶徳がないこと。❷不道徳。▼―の致(いた)す所失敗や事故について責任を感じて謝ることば。

ふとくい【不得意】得意でないこと。不得手(ふえて)。類苦手。weak

ふとくてい【不特定】具体的にきまっていないこと。▽―多数の人々。unspecified

ふとくようりょう【不得要領】要領をえないようす。▽―な返事。

ふところ【懐】❶衣服の胸の内側。❷所持金。❸まわりをかこまれた所。①bosom ▼―が温かい所持金が多くある。

ふところがたな【懐刀】❶護身用の小さな刀。懐剣。❷腹心の部下。

ふところかんじょう【懐勘定】所持金や費用などを暗算で計算すること。類胸算用(むなざんよう)。

ふところで【懐手】❶両手を懐に入れること。❷何もしないこと。

ふとっぱら【太っ腹】度量が大きいようす。big-hearted

ふとどき【不届き】❶無礼。❷不行き届き。①insolence

ぶどまり【歩止まり】〈歩留まり〉原料に対する製品の出来高の割合。yield

ふともも【太股】〈太腿〉ももの、足のつけねに近い部分。thigh

ふとりじし【太り肉】肉づきがよいこと。plump

ふとる【太る】〈肥る〉❶肉がつく。こえる。❷財産がふえる。対❶やせる。①gainweight

ふとん【布団】〈蒲団〉綿入りの寝具や敷物。

ふな〔鮒〕16 フ・ふな こいに似た淡水魚。▽寒―(かんぶな)。轍―(てっぷ)の急。

ふな【鮒】淡水魚の一。こいに似ているが、小形。crucian carp

ぶな【橅】〈山毛欅〉落葉高木の一。山地に自生。材は建築・器具・パルプ用。beech

ふなあし【船脚】〈船足〉❶船の進む速さ。❷喫水(きっすい)。

ぶない【部内】組織の内部。対部外。

ふなうた【船歌】〈舟唄〉船をこぎながらうたう歌。船頭歌。

ふなかた【船方】〈舟方〉(和船の)船のり。船頭。boatman

ふなか【不仲】仲が悪いこと。

ふなぐ【船具】船で使う用具。せんぐ。

ふなじ【船路】❶船のかよう道。❷船の旅。類❶航路。①sea route

ふなつきば【船着き場】船が発着・停泊する所。船着き。wharf

ふなで【船出】船が港を出ること。出船。類出帆(しゅっぱん)。sailing

ふなぬし【船主】船の持ち主。船元。せんしゅ。shipowner

ふなのり【船乗り】船員。sailor

ふなばた【船端】〈舷〉船のへり。舷（げん）。

ふなびん【船便】船の便（べん）があること。また、船による輸送。

ふなべり【船縁】〈舷〉ふなばた。

ふなやど【船宿】〈舟宿〉❶船による運送を営む家。❷貸し船の世話をする家。

ふなよい【船酔い】船のゆれで気分が悪くなること。seasickness

ふなれ【不慣れ】〈不馴れ〉なれていないこと。inexperienced

ぶなん【無難】❶特によくはないが、欠点もないこと。❷危なげがないこと。▽黙っているほうが—だ。①adequate

ふにょい【不如意】経済状態が苦しいこと。▽手元—。

ふにん【不妊】妊娠しないこと。▽—症。

ふにん【赴任】任地におもむくこと。

ぶにん【無人】人数が少ないこと。人手が足りないこと。

ふにんじょう【不人情】人情・思いやりに欠けていること。類薄情。heartless

ふぬけ【腑抜け】いくじのないこと・人。wimp

ふね【船】〈舟〉人や荷物をのせて水上を行き来する乗り物。船舶（せんぱく）。多く、「船」は大型のもの、「舟」は小型のもの。ship

ふねん【不燃】もえないこと。▽—物。

ふのう【不能】❶できないこと。不可能。❷インポテンツ。①inability

ふのり【布海苔】海藻の一。また、それを糊（のり）状にして、布の洗い張りに使うもの。

ふはい【不敗】負けたことがないこと。

ふはい【腐敗】❶くさること。❷堕落すること。▽政治の—。①rot

ふばい【不買】買わないこと。▽—同盟。boycott

ふばこ【文箱】手紙などを入れる箱。

ふはつ【不発】❶爆発しないこと。❷計画倒れ。①misfire

ふばつ【不抜】くじけないこと。▽堅忍（けんにん）—。firm

ぶばる【武張る】（意識的に）強く勇ましそうにする。

ふび【不備】十分にそなわっていないこと。対完備。inadequate

ぶびき【分引き】〈歩引き〉割り引くこと。

ふひょう【不評】評判が悪いこと。対好評。▼—を買う 悪評を受ける。

ふひょう【浮標】❶水上に浮かべる目じるし。❷漁具などのうき。①buoy

ふびん【不敏】才知・才能に乏しいこと。類非才。

ふびん【不憫】〈不愍〉かわいそうなこと。▽捨て猫を—に思う。pity

ぶひん【部品】製品の部分品。part

ふひんこう【不品行】品行が悪いこと。類不行跡。misconduct

ふぶき【吹雪】強風をともなって激しく降る雪。snowstorm

ふふく【不服】不満に思うこと。dissatisfaction

ふぶく【吹雪く】強風に吹かれて雪が激しく乱れ降る。

ぶぶん【部分】全体を分けた一。対全体。part

ふぶんりつ【不文律】❶文章化されていない法。不文法。❷暗黙のうちに守られているきまり。

ふへい【不平】不満なこと。▽—不満。類不服。complaint

ぶべつ【侮蔑】ばかにすること。▽—のまなざし。類軽蔑。contempt

ふへん【不変】変わらないこと。▽永久—。対可変。unchangeable

ふへん【不偏】かたよらないこと。▽—の立場。類中立。impartiality

ふへん【普遍】すべてに共通なこと。▽—の真理。

ふべん【不便】便利でないこと。対便利。inconvenience

ふへんせい【普遍性】すべてに通じる性質。universality

ふへんふとう【不偏不党】公平・中立の立場をとること。

ふぼ【父母】父と母。両親。parents

ふほう【不法】法にはずれること。▽—侵入。類違法。illegal

ふほう【訃報】死去の知らせ。訃音（ふいん）。▽—に接する。

ふほんい【不本意】自分の思う通りではないこと。▽—な成績。—ながら従う。reluctance

ふまえる【踏まえる】 ❶力を入れてふむ。❷よりどころとする。

ふまん【不満】 心が満たされないこと。類不平。dissatisfaction

ふみ【文】 ❶書物。❷手紙。③letter

ふみきり【踏み切り】 跳躍競技などで、地面をけってとぶこと・所。

ふみきり【踏切】 鉄道線路を横ぎってつくった道路。railroad crossing

ふみこむ【踏み込む】 ❶無断でいきなりはいる。❷足をふみだす。❸物事の奥深くにはいる。①raid

ふみだい【踏み台】 ❶足場とする台。❷目的のために一時利用するもの・人。①stepstool

ふみたおす【踏み倒す】 代金・借金をはらわないままにする。bilk

ふみにじる【踏み躙る】 ❶ふみつけてつぶす。ふみしだく。❷他人の気持ちを傷つける。①②trample

ふみもち【不身持ち】 身持ちがわるいこと。類不品行。

ふみん【不眠】 眠らないこと。眠れないこと。sleeplessness

ふみんふきゅう【不眠不休】 眠ったり休んだりしないこと。

ふむ【踏む】 ❶足でおさえる。❷行く。❸経験する。❹手順に従う。▽手続きを—。❺見当をつける。▽二万円と—。❻同じ韻を使う。▽韻を—。①step ③experience

ふむき【不向き】 向いていないこと。unsuitable

ふめい【不明】 ❶はっきりしないこと。❷道理にくらいこと。▽—を恥じる。①unidentified

ふめいよ【不名誉】 名誉をけがすこと。disgrace

ふめつ【不滅】 ほろびないこと。▽—の記録。類不朽。immortality

ふめん【譜面】 楽譜。score

ふめんぼく【不面目】 面目ないこと。disgrace

ふもう【不毛】 ❶土地がやせて作物が育たないこと。❷成果がえられないこと。①barren

ふもと【麓】 山すそ。山麓(さんろく)。対頂上。頂(いただき)。

ふもん【不問】 問題にしないこと。disregard ▼—に付す 過ちや失敗を問いただざないことにする。

ぶもん【武門】 武士の家系。武家。

ぶもん【部門】 全体を区分けした一つの部。section

ふやじょう【不夜城】 夜でも昼のように明るくにぎやかな場所。歓楽街にいう。

ふやす【殖やす】 ❶財産を多くする。▽資産を—。❷生物を繁殖させる。▽子孫を—。

ふやす【増やす】 数・量を多くする。▽人員を—。対減らす。increase

ふゆ【冬】 四季の一。一二・一・二月。winter

ふゆう【浮遊】 〈浮游〉浮かびただようこと。▽—機雷。floating

ふゆう【富裕】 財産を多く持ち、生活が豊かなこと。裕福。対貧困。wealthy

ぶゆう【武勇】 武に優れ勇ましいこと。bravery

ぶゆうでん【武勇伝】 勇ましい手柄話。

ふゆかい【不愉快】 いやな気持ちで楽しくないこと。disagreeable

ふゆきとどき【不行き届き】 物事をするときに、配慮が足りないこと。不届き。

ふゆごもり【冬籠もり】 冬の間、家や巣などに引きこもって過ごすこと。

ふよ【付与】 〈附与〉授けあたえること。▽権限を—する。grant

ふよ【賦与】 神などが分けあたえること。▽—の才。endowment

ぶよ【蚋】 小形の昆虫の一。人畜の血を吸う。ぶゆ。gnat

ふよう【不用】 使わないこと。対入用。disuse

ふよう【不要】 いらないこと。不必要。対必要。needless

> **使い分け「ふよう」**
> 不用…用いないことで、「入用」の対。▽—の品。
> 不要…必要がないことで、「必要」の対。▽—の説明。返事は—である。—不急。

ふよう【扶養】 家族として、生活の面倒をみること。▽—家族。support

ふ

ふよう【芙蓉】 ❶落葉低木の一。夏から秋にかけて淡紅色・白色の大形の花が咲く。❷蓮(はす)の花。 芙蓉

ふよう【浮揚】 浮かび上がること。▽景気—策。floating 浮揚

ぶよう【舞踊】 踊り。dance 舞踊

ふようい【不用意】 用意・注意が足りないこと。careless 不用意

ふようじょう【不養生】 健康に注意しないこと。類不摂生。 不養生

ぶようじん【不用心】 〈無用心〉用心が悪いこと。 不用心

ぶらい【無頼】 正業につかず、無法な行いをすること・人。 無頼

プライオリティー【priority】 ❶優先順位。❷優先権。先取権。

ぶらいかん【無頼漢】 ならず者。outlaw 無頼漢

ブライダル【bridal】 婚礼。結婚式。

フライト【flight】 ❶航空機の飛行。❷スキーで、ジャンプ。また、空中飛型。

プライバシー【privacy】 個人の私生活に関すること。

プライベート【private】 個人的。私的。対パブリック。

ぶらく【部落】 村などで、民家がひとかたまりになっている所。類集落。 部落

プラザ【plaza スペイン】 ❶広場。❷市場。

フラストレーション【frustration】 欲求不満。

ふらち【不埒】 けしからぬこと。 不埒

ブラックボックス【black box】 ❶中の構造のわからない機器・装置。❷フライトレコーダー。❸内部の実態が不明なもの。▽—の中の政策決定。

ブラックユーモア【black humor】 無気味なユーモア。

ブラック リスト【black list】 要注意人物一覧表。

フラット【flat】 ❶平らなこと。❷音楽で、半音下げる記号。変記号。「♭」。❸競技で、秒以下の端数がないこと。▽一〇秒—。対❷シャープ。

ふらん【孵卵】 卵がかえること。卵をかえすこと。▽—器。incubation 孵卵

ふらん【腐乱】 〈腐爛〉腐りくずれること。▽—死体。 腐乱

ぶらんこ【鞦韆】 つり下げた横木に乗って前後に振り動かす遊具。swing 鞦韆

ブランチ【brunch】 朝食・昼食を兼ねた食事。

ブランド【brand】 商標。銘柄(めいがら)。

ふり【不利】 形勢が悪いこと。▽—な条件。対有利。disadvantage 不利

ふり【振り】 ❶振ること。❷振る舞い。❸踊りやしぐさの形。❹なじみのないこと。▽—の客。❺刀剣を数える語。 振り

ぶり【鰤】 海にすむ魚の一。出世魚で、わかし・いなだ・わらさ・ぶりと名が変わる。食用。yellowtail 鰤

フリーター 定職につかず、アルバイトで生計をたてる人。和製語「フリーアルバイター」の略。

ブリーフィング【briefing】 報道機関などに対する、要旨説明。

フリー マーケット【flea market】 不用品を持ち寄り売買する市。のみの市。

ふりかえ【振り替え】 ❶振り替えること。▽—休日。❷⇩振替(ふりかえ)。 振り替

ふりかえ【振替】 ❶帳簿上で、ある勘定の金額を他に移すこと。❷「郵便振替」の略。②postal transfer 振替

ふりかえる【振り返る】 ❶振り向く。❷回顧する。▽少年のころを—。①②look back 振り返

ふりかえる【振り替える】 ❶一時的にとりかえる。▽休日を—。❷振替❶をする。 振り替

ふりかかる【降り掛かる】 〈降り懸かる〉❶降ってかかる。❷よくないことが身に起こる。 降り掛

ふりかざす【振り翳す】 ❶頭上に振り上げる。❷主義・主張を掲げる。 振り翳

ブリキ【blik オランダ】 〈錻力〉うすい鉄板に錫(すず)をめっきしたもの。ブリキ板。tin plate

ふりきる【振り切る】 ❶強く振って離す。❷引きとめるのを断る。❸逃げ切る。①shake off 振り切

ふりこ【振り子】 つるしたひもや棒の先におもりを付けた、往復運動するもの。pendulum 振子

ふりこう【不履行】 契約・約束を実行しないこと。breach 不履行

ふりこむ【振り込む】 口座などに金銭を払い込む。 振り込

ふりこめる【降り籠める】 雨や雪がはげしく降って外に出られなくする。 降り籠

ふりしきる【降り頻る】 雨や雪などがひっきりなしに降る。 降り頻

ふりそで【振り袖】 若い女性用の袖の長い晴れ着。対留袖(と 振袖

めそで)。

ふりだす【振り出す】❶振って中のものを出す。❷手形や小切手を発行する。①shake out

フリック【flick】スマートフォンの画面などを、指で軽くはらうこと。▽—入力。

ふりつけ【振り付け】歌や音楽に合った踊りや動きを考え指導すること・人。choreography

プリペイドカード【prepaid card】代金前払いの磁気カード。

ふりまく【振り撒く】さかんに、あちこちへまきちらす。▽愛想を—。sprinkle

ふりまわす【振り回す】❶振りながら回す。❷ひけらかす。▽権威を—。

ふりむける【振り向ける】❶他のほうへ向かせる。❷他の使途にあてる。

ふりゅうもんじ【不立文字】悟りは心から心へ伝えるもので、文字やことばで伝えられるものではないということ。

ふりょ【不慮】思いがけないこと。▽—の事故。

ふりょ【俘虜】捕虜。captive

ふりょう【不良】❶悪いこと。❷品行が悪いこと・人。②delinquent

ふりょう【不猟】狩猟で、獲物が少ないこと。poor bag

ふりょう【不漁】漁獲量が少ないこと。対大漁・豊漁。poor haul

ぶりょう【無聊】退屈。むりょう。▽—をかこつ。tedium

ふりょうけん【不料簡】心がけのよくないこと。料簡違い。不心得。▽—を起こす。

ふりょく【浮力】液体・気体にある物体を浮かせる力。buoyancy

ぶりょく【武力】軍事上の力。▽—衝突。military power

ふりわける【振り分ける】配分する。distribute

ふりん【不倫】(恋愛で)人の道に背くこと。類不義。illicit love

ふる【振る】❶揺り動かす。❷ふりかける。❸捨てる。❹はねつける。❺割り当てる。▽役を—。❻ふりがなをつける。①shake

ふる【降る】空から落ちてくる。fall

ふるい【古い】❶長い年月がたっている。❷昔のことだ。▽もう—話だ。❸時代おくれだ。対❶〜❸新しい。①②old

ふるい【篩】粒をより分ける道具。sieve

ぶるい【部類】種類で分けたもの。class

ふるいおこす【奮い起こす】気力を引き立てる。arouse

ふるいつく【震い付く】興奮して抱きつく。むしゃぶりつく。

ふるう【振るう】❶振り回す。❷〈揮う〉力を発揮する。❸勢いが盛んになる。▽国力が大いに—。

ふるう【震う】ふるえる。

ふるう【奮う】心を勇み立たせる。arouse

使い分け「ふるう」
振るう…ふり動かす。発揮する。▽刀を—。腕を—。暴力を—。熱弁を—。
震う…ふるえる。▽体が—。大地が震い動く。身震い。
奮う…勇み立たせる。勇み立つ。▽勇を—。奮って御参加ください。奮い立つ。

ふるう【篩う】❶ふるいでより分ける。❷選別する。①sift

ブルーベリー【blueberry】ツツジ科の小果樹。青紫色の果実は食用。

ふるえる【震える】❶振動する。❷寒さ・恐ろしさなどのために体が小刻みに揺れ動く。①tremble ②shiver

ふるがお【古顔】古くからいる人。古株。古参。old-timer

ふるかぶ【古株】❶古顔。❷古い切り株。

ふるきず【古傷】〈古疵〉❶以前のきず。❷過去の罪や苦い経験。▽—をあばく。—にさわられる。

ふるくさい【古臭い】古い感じである。old-fashioned

ふるさと【故郷】〈古里・故里〉生まれ育った土地。こきょう。▽心の—。第二の—。home

ふるす【古す】何回も…して古くする。▽着—した服。

ふるす【古巣】もといた所(巣)。

ブルゾン【blouson フランス】おしゃれ着としてのジャンパー風《ふう》上着。

フルタイム【full time】❶全時間。常時。❷正規の勤務時間をずっと働くこと。常勤。対❷パートタイム。

ふるだぬき【古狸】経験を積んでずるがしこい人。

ふるって【奮って】進んで。積極的に。willingly ▽―ご参加ください。

ふるつわもの【古強者】〈古兵〉❶経験をつんだ兵士。❷経験をつんだ人。

プルトップ【pull top】つまみを引っぱって開けるしくみの缶のふた。

プルトニウム【plutonium】核燃料などに使う放射性元素。記号Pu

ふるぼける【古惚ける】古くなってうすぎたなくなる。

ふるまい【振る舞い】❶行い。動作。▽立ち居―。❷もてなし。▽―酒。① behavior

ふるまう【振る舞う】❶行動・動作をする。❷ごちそうする。▽夕食を―。② treat

ふれ【触れ】広く告げ知らせること。また、その知らせ。おふれ。

ぶれい【無礼】礼儀をわきまえないこと。非礼。類失礼。impolite

ぶれいこう【無礼講】堅苦しい礼儀抜きの酒宴。

ブレークスルー【break through】突破。

フレーバー【flavor】❶(食べ物などの)風味。香り。❷香味料。

フレームワーク【frame work】枠組み。

ブレーン【brain】❶頭脳。❷顧問機関。ブレーントラスト。

ふれこみ【触れ込み】前もってする宣伝。

プレゼンテーション【presentation】〈計画・企画案などの〉提示。

プレタポルテ【prêt-à-porter フランス】高級既製服。

フレックスタイム【flextime】出社・退社の時間を自分で選べる制度。

プレッシャー【pressure】〈精神的〉圧力。▽―がかかる。

プレミアム【premium】割り増し金。また、おまけ。プレミア。

ふれる【振れる】❶揺れ動く。▽メーターの針が―。❷正しい方向からずれる。

ふれる【触れる】❶さわる。❷知覚する。❸言及する。❹さしさわる。▽法に―。❺広く知らせる。❻出会う。① touch

ブレンド【blend】違う種類のものを混ぜ合わせること。▽―コーヒー。

ふろ【風呂】❶体を温めたり、あらったりできる湯。また、その設備。▽―がわく。❷ふろ屋。銭湯。▽―に行く。① bath

ふろ【風炉】茶席で、湯を沸かすために使う鉄製の炉。ふうろ。

フロア【floor】❶床(ゆか)。❷階。

ブロイラー【broiler】食肉用に飼育された若い鶏。

ふろう【不老】いつまでも年をとらないこと。▽―長寿。

ふろう【浮浪】一定の住所・職業を持たず、うろつき歩いて暮らすこと。▽―者。類ホームレス。vagrancy

ふろうしょとく【不労所得】労働をしないで得る所得。対勤労所得。

ふろく【付録】〈附録〉❶本文に付け加えたもの。❷おまけ。① supplement

プログラマー【programmer】コンピュータのプログラムを作成する人。

プログラム【program】❶番組。❷計画表。❸コンピュータの命令書。

プロジェクト【project】❶事業・研究などの計画。❷研究課題。

ふろしき【風呂敷】物を包む正方形の布。▼―を広げる 大げさなことを言う。

プロダクション【production】❶生産。❷映画・テレビ番組・出版などの製作会社。プロ。

フロッピーディスク【floppy disk】パソコンやワープロの円盤形プラスチックの磁気記憶装置。フロッピー。

プロテイン【protein】たんぱく質。

プロテスタント【Protestant】キリスト教の新教(の信者)。対カトリック。

プロトタイプ【prototype】原型。試作モデル。

プロバイダー【provider】インターネットの接続サービス提供業者。

プロバビリティー【probability】❶確率。❷公算。見込み。▽かなりの―がある。

プロフィール【profile】❶横顔。❷人物紹介。

プロモーション【promotion】商品の販売促進。

プロローグ【prologue】 ❶前口上。❷演劇で、序幕。❸物事の始まり。対❶〜❸エピローグ。

フロンティア【frontier】 辺境。開拓の最前線。新分野。

ふわ【不和】 仲がわるいこと。類不仲(ふなか)。discord　不和

ふわく【不惑】 四〇歳の別称。　不惑

ふわたり【不渡り】 手形・小切手の支払い日に現金を支払えないこと。また、その手形・小切手。dishonor　不渡り

ふわらいどう【付和雷同】 定見もなく他人の意見に同調し、従うこと。注×不和雷同。　付和雷同

ふん〔吻〕 人7 フン・ブン くちびる。くちさき。▽口—(こうふん)。接—(せっぷん)。
筆順 丨 口 口 口' 吖 吻 吻　吻・吻

ふん〔扮〕 7 フン・ハン よそおう。▽—装(ふんそう)。　扮・扮

ふん〔粉〕 常10 フン・こ・こな ❶こな。▽—末。❷細かくくだく。▽—砕。❸こなおしろい。▽—飾。脂—。
筆順 丷 䒑 半 米 米 粉 粉 粉　粉・粉

ふん〔紛〕 常10 フン・まぎれる・まぎらす・まぎらわす・まぎらわしい 入りみだれる。▽—糾(ふんきゅう)。—失。—争。
筆順 ㄑ 幺 幺 糸 糸 紛 紛 紛　紛・紛

ふん〔焚〕 人12 フン・たく・やく やく。もえる。▽—書坑儒(ふんしょこうじゅ)。
筆順 一 十 木 林 林 焚 焚　焚・焚

ふん〔雰〕 常12 フン たちこめる香りや空気。▽—囲気。
筆順 一 冖 帀 雨 雨 雰 雰　雰・雰

ふん〔噴〕 常15 フン・ふく 勢いよくふきだす。▽—火。—射。—飯(ふんぱん)。(噴)
筆順 口 口 口 叶 喑 噴 噴 噴　噴・噴

ふん〔墳〕 常15 (墳) フン 土をもりあげた墓。▽—墓。古—。
筆順 土 圵 圵 圵 墳 墳 墳 墳　墳・墳

ふん〔憤〕 常15 フン・いきどおる ❶いきどおる。▽—慨。—激。❷ふるいたつ。▽発—。(憤)
筆順 忄 忄 忄 忄 憤 憤 憤 憤　憤・憤

ふん〔奮〕 常16 フン・ふるう ふるいたつ。▽—起。—発。興—。
筆順 大 夲 夲 夲 奞 奞 奮　奮・奮

ふん〔糞〕 17 フン・くそ 大便。▽—尿。—便。　糞・糞

ふん〔分〕 ⇩ぶん

ふん【分】 ❶時間の単位。❷角度・経緯度の単位。①②minute　分

ふん【糞】 大便。くそ。　糞

ぶん〔分〕 常4 ブン・フン・ブ・わける・わかれる・わかる・わかつ ❶わける。▽—割。❷見わける。▽—別。❸立場。▽本—。❹単位の語。
筆順 ノ 八 分 分　分・分

ぶん〔文〕 常4 ブン・モン・ふみ ❶文字。▽言—。❷文章。手紙。作文。▽名—。❸もよう。▽—様。❹学問や文芸。▽人—(じんぶん・じんもん)。
筆順 丶 亠 ナ 文　文・文

ぶん〔聞〕 常14 ブン・モン・きく・きこえる ❶きく。▽伝—。見—。❷評判。うわさ。▽風—。❸知らせ。
筆順 𠃍 𠃍 門 門 門 門 聞 聞　聞・聞

ぶん【分】 ❶身のほど。▽—をわきまえる。❷本分。❸調子。❹分け前。❺分かれでたもの。❻等分。❼身分。❽相当する量。❾成分。▽塩—。　分

ぶん【文】 ❶文章。❷まとまった内容を表す一続きの表現。❸学問・文芸など。対❸武。②sentence　文

ぶんあん【文案】 文章の下書き。draft　文案

ぶんい【文意】 文章が表している意味。　文意

ふんいき【雰囲気】 その場をつつむ気分。類気配。atmosphere　雰囲気

ぶんうん【文運】 学問・芸術などが盛んになる気運。▽—隆盛。対武運。　文運

ふんえん【噴煙】 火山からふき出る煙。　噴煙

ふんか【噴火】 火山が溶岩・火山灰などを噴き出すこと。eruption　噴火

ぶんか【分化】 発達して分かれること。▽学問の—。differentiation　分化

ぶんか【分科】 専門別に分けられた科。▽—会。department　分科

ぶんか【文化】 ❶生活内容が高まること。❷人間が精神の働きによってつくり出したもの。類❷文明。②culture　文化

ぶんか【文科】 ❶人文科学・社会科学の分野。❷大学の文学部。対❶理科。①the humanities　文科

ふんがい【憤慨】 不正・不当をなげいて、ひどく腹を立てること。▽—に堪えない。類憤怒。indignation　憤慨

ふ

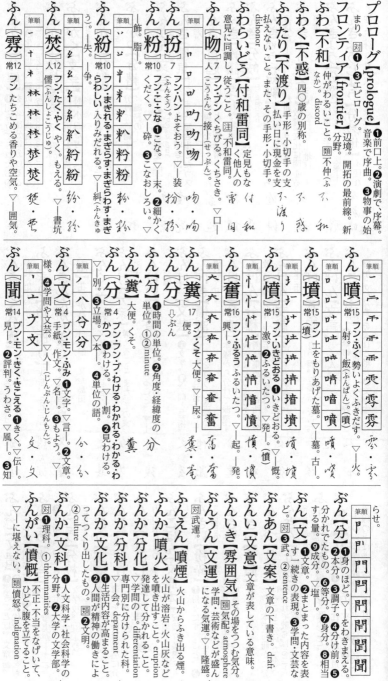

ぶんかい【分解】❶組み立てられたものを、各部分に分けること。❷化合物が二種以上の物質に分かれること。①taking apart ②decomposition　分解

ぶんがい【分外】過分。▽―の高望み。　分外

ぶんがく【文学】言語表現による芸術。詩・小説など。文芸。literature　文学

ぶんかつ【分割】いくつかに分けること。▽土地の―。―払い。division　分割

ぶんかつ【分轄】分けて管轄すること。▽職務の―。separate control　分轄

ぶんかん【文官】軍人でない官吏。対武官。civil servant　文官

ふんき【噴気】ガスや蒸気を噴き出すこと。また、噴き出したガスや蒸気。　噴気

ふんき【奮起】気力や勇気を出してがんばること。類発奮。spur　奮起

ふんぎ【紛議】もつれた議論。　紛議

ぶんき【分岐】本筋から分かれること。divergence　分岐

ふんきゅう【紛糾】もつれてまとまらず、もめること。▽審議が―する。注×粉糾。complication　紛糾

ぶんきょう【文教】教育・文化に関すること。▽―地区。―事業。　文教

ぶんぎょう【分業】仕事を手分けして行うこと。▽医薬―。　分業

ぶんきょうじょう【分教場】通学が不便な地に設けられた小さな分校。　分教場

ぶんきょく【分極】対立するものに分かれること。また、分かれた中心。　分極

ふんぎり【踏ん切り】決断。decision　踏ん切

ぶんきんたかしまだ【文金高島田】花嫁が結う日本髪。文金島田。　文金

ぶんぐ【文具】文房具。stationery　文具

ぶんけ【分家】家族から分かれて一家を構えること。また、その家。対本家。　分家

ふんけい【刎頸】首をはねること。▼―の交わり　きわめて親しい交際。　刎頸

ぶんげい【文芸】❶文学。❷学問と芸術。　文芸

ふんげき【憤激】激しくいきどおること。▽―を買う。類激怒。憤怒。fury　憤激

ぶんけん【分遣】本隊から分けて派遣すること。▽―隊。　分遣

ぶんけん【分権】政治などの権力を一か所に集めず、各所に分散させること。▽地方―。対集権。　分権

ぶんけん【文献】研究資料となる記録や書物。▽参考―。literature　文献

ぶんげん【分限】身の程。分際(ぶんざい)。　分限

ぶんげん【文言】⇩もんごん。　文言

ぶんこ【文庫】❶書物の保管庫。▽学級―。❷まとまった蔵書。❸書類・文具などを入れる箱。❹文庫本。　文庫

ぶんご【文語】❶書きことば。文章語。❷平安時代のことばをもとにした言語体系。対❶❷口語。　文語

ふんごう【吻合】❶ぴったり合うこと。▽話と事実が―する。❷手術で、つなぎあわせること。　吻合

ぶんこう【分校】本校から分かれた小さな学校。対本校。branch school　分校

ぶんごう【文豪】偉大な作家。　文豪

ぶんこつ【分骨】遺骨を二か所以上に分けて葬ること。　分骨

ふんこつさいしん【粉骨砕身】力の限りをつくすこと。　粉骨

ぶんこぼん【文庫本】小型(A六判)で安価な叢書(そうしょ)。　文庫本

ふんさい【粉砕】❶粉々にすること。❷完全に負かすこと。②smashing　粉砕

ぶんさい【文才】文章を書く才能。▽―に富む。literary talent　文才

ぶんざい【分際】身分。身の程。　分際

ぶんさつ【分冊】一つの本を何冊かに分けること(分けた本)。　分冊

ぶんさん【分散】分かれて散らばること。また、散らすこと。breaking up　分散

ふんし【憤死】憤慨して死ぬこと。　憤死

ぶんし【分子】❶物質の性質を保つ最小の粒子。▽不平―。―式。❷集団の中の一部の構成員。❸分数で、横線の上にある数。対❸分母。①molecule　分子

ふ

ぶんし【文士】詩文などの創作を職業とする人。特に、小説家。writer　文士

ぶんじ【文事】学問・文芸などに関する事柄。　文事

ふんしつ【紛失】物をなくすこと。loss　紛失

ふんしゃ【噴射】気体・液体などを勢いよくふき出させること。類噴出。jet　噴射

ぶんじゃく【文弱】学芸にふけって弱々しいこと。▽—の徒。　文弱

ぶんしゅう【文集】文章・詩歌を集めて一冊としたもの。　文集

ぶんしゅく【分宿】何か所かに分かれて宿泊すること。　分宿

ふんしゅつ【噴出】勢いよく噴き出ること(噴き出すこと)。類噴射。spout　噴出

ぶんしょ【文書】文章にして書き記したもの。書類。document　文書

ぶんしょう【分掌】手分けして受け持つこと。▽職務—。類分担。　分掌

ぶんしょう【文章】文字を使って、まとまった考えを表現したもの。sentence, writing　文章

ぶんじょう【分乗】何台かの乗り物に分かれて乗ること。　分乗

ぶんじょう【分譲】(土地・家屋などを)分けて売り渡すこと。▽—住宅。　分譲

ふんしょく【粉飾】うわべを飾ってりっぱに見せかけること。▽—決算。　粉飾

ぶんしょく【文飾】工夫をこらして文章を飾ること。▽—を加える。　文飾

ふんしょこうじゅ【焚書坑儒】秦(しん)の始皇帝が、学問や思想弾圧の手段として、儒書を焼き、儒者を穴にうめて殺したこと。　焚書

ふんじん【粉塵】こなのように細かいちり。powdery dust　粉塵

ふんじん【奮迅】はげしくふるいたつこと。▽獅子(しし)—の勢い。　奮迅

ぶんしん【分身】一つの体から分かれ出たもの。　分身

ぶんじん【文人】学問・芸術などを仕事とする人。対武人。　文人

ふんすい【噴水】水が噴き上がるようにつくった装置。fountain　噴水

ぶんすいれい【分水嶺】川の流れる方向を分ける山。　分水嶺

ふんする【扮する】❶扮装する。❷演劇で役をする。　扮する

ぶんせき【分析】❶物事を単純な要素に分けて成り立ちや性質を明らかにすること。▽事件を—する。❷物質の組成を調べること。対❶総合。①②❷ analysis　分析

ぶんせき【文責】書いた文章についての責任。▽—在記者。　文責

ふんせん【奮戦】力いっぱい戦うこと。類奮闘。hard fight　奮戦

ふんぜん【憤然】激しく怒るようす。▽—と退席する。indignantly　憤然

ふんぜん【奮然】気力をふるいおこすようす。▽—として反撃に転じる。vigorously　奮然

ふんそう【扮装】ある人物の身なり・顔を装うこと。類変装。disguise　扮装

ふんそう【紛争】争い。dispute　紛争

ぶんそう【文藻】❶文才。▽—豊かな人。❷文章のあや。　文藻

ぶんそうおう【分相応】能力・身分にふさわしいこと。応分。　分相応

ふんぞりかえる【踏ん反り返る】いばって体を後ろへそらす。　踏反返

ぶんたい【文体】❶その人特有の、文章の特徴。❷文章の形式。　文体

ぶんたん【分担】分けて受け持つこと・仕事。share　分担

ぶんだん【分断】つながったものを切れ切れにすること。類寸断。　分断

ぶんだん【文壇】文芸関係者の世界。　文壇

ぶんちょう【文鳥】小鳥の一。人によくなれる。愛玩(あいがん)用。　文鳥

ぶんちん【文鎮】文房具の一。紙・書物などのおもし。paperweight　文鎮

ぶんつう【文通】手紙をやりとりすること。correspondence　文通

ふんど【憤怒】⇩ふんぬ。　憤怒

ふんとう【奮闘】力の限り戦う(努力する)こと。類奮戦。working hard　奮闘

ふんどう【分銅】天秤(てんびん)ばかりで使うおもり。balance weight　分銅

ぶんどき【分度器】角度を測る器具。protractor　分度器

ふ

ふんどし【褌】 男性の陰部をおおう細長い布。下帯。▼—を締めてかかる 一段と気を引き締める。

ぶんどる【分捕る】 ❶敵の武器などを奪い取る。❷他人の物を奪い取る。② grab

ふんにゅう【粉乳】 粉ミルク。

ふんにょう【糞尿】 大小便。excreta

ふんぬ【憤怒】 〈忿怒〉激しく怒ること。ふんど。類憤慨。激怒。憤激。indignation

ぶんぱ【分派】 主流から分かれて一派をつくること。また、その派。sect

ぶんばい【分売】 分けて売ること。

ぶんぱい【分配】 分けて配ること。配分。▽利益を—する。distribution

ふんぱつ【奮発】 ❶思い切ってお金を出すこと。▽御祝儀を—する。❷発奮。奮起。① splurge

ふんばる【踏ん張る】 ❶足を開いてふみしめる。❷こらえる。がんばる。▽最後まで—。

ふんぱんもの【噴飯物】 ばかばかしい事柄。

ぶんぴつ【分泌】 腺（せん）細胞が、特定の液を出すこと。ぶんぴ。secretion

ぶんぴつ【文筆】 文章を書くこと。▽—活動。

ふんびょう【分秒】 ごく短い時間。▽—を争う。

ぶんぶ【文武】 学問と武芸。▽—両道。

ぶんぷ【分布】 あちこちに分かれて存在すること。▽—図。distribution

ぶんぶつ【文物】 学問・芸術など、文化の生み出したもの。▽西洋の—。

ふんぷん【芬芬】 においが強く感じられるようす。▽悪臭—。

ふんぷん【紛紛】 入り乱れるようす。▽諸説—。注×粉粉。

ふんべつ【分別】 物事の道理をわきまえること・能力。▽—を失う。—臭い。類思慮。discretion

ぶんべつ【分別】 種類別に分けること。▽ごみの—。classification

ふんべつざかり【分別盛り】 分別がある年ごろ。

ふんべん【糞便】 大便。feces

ぶんべん【分娩】 出産。

ふんぼ【墳墓】 はか。grave ▼—の地 故郷。

ぶんぼ【分母】 分数で、横線の下にある数。対分子。

ぶんぽう【文法】 ことばの働きや、文章の構成についての法則。grammar

ぶんぼうぐ【文房具】 ペン・ノート・定規など、ものを書くときに使う道具。文具。stationery

ふんまつ【粉末】 こな。powder

ふんまん【憤懣】 〈忿懣〉心の中にわだかまっているいきどおり。▽—やるかたない。

ぶんみゃく【文脈】 文章の続きぐあい。▽—から判断する。context

ぶんみん【文民】 軍人でない一般人。対軍人。civilian

ふんむき【噴霧器】 液体を噴霧させる器具。類霧吹き。atomizer

ぶんめい【分明】 明らかなこと。▽—な事実。類明白。clear

ぶんめい【文名】 文筆家としての名声。▽—大いに上がる。

ぶんめい【文明】 技術が発達し、生活が豊かになった社会の状態。類文化。civilization

ぶんめいかいか【文明開化】 世の中が開け、生活が便利で豊かになること。

ぶんめん【文面】 文章の内容。

ぶんや【分野】 物事を、ある基準によって分けた範囲。領域。方面。▽専門—。類領域。field

ぶんゆう【分有】 分けて持つこと。

ぶんよ【分与】 分けあたえること。▽財産の—。

ぶんらく【文楽】 人形浄瑠璃（じょうるり）の一。義太夫節に合わせて演じる、操り人形芝居。

ふんらん【紛乱】 入り乱れること。混乱。

ぶんらん【紊乱】 ⇩びんらん。

ぶんり【分離】 ❶別々になる（する）こと。❷ある物質を分けて取り

ふ

出すこと。①②separation

ぶんり【文理】 文科と理科。 文理

ぶんりつ【分立】 ❶独立して存在すること。ぶんりゅう。▽三権—。❷分けて設立すること。 分立

ふんりゅう【噴流】 ふきだすような激しい流れ。▽—式。spout 噴流

ぶんりゅう【分流】 ❶本流から分かれること。また、その流れ。❷分派。類❶支流。①tributary 分流

ぶんりゅう【分留】 〈分溜〉混合物の各成分を蒸留によって分離すること。 分留

ぶんりょう【分量】 量。▽薬の—。 分量

ぶんるい【分類】 ある基準でいくつかの種類に分けること。classification 分類

ふんれい【奮励】 元気を出してはげむこと。▽—努力する。 奮励

ぶんれつ【分列】 複数の列に分かれて並ぶこと。▽—行進。 分列

ぶんれつ【分裂】 ❶いくつかに分かれること。▽細胞—。核—。❷まとまりを失うこと。類❷仲たがい。①division ②split 分裂

へ

へ【屁】 おなら。fart 屁

へい〘丙〙 常5 ヘイ 十干(じっかん)の第三。ひのえ。▽—午(ひのえうま)。(丙)
筆順 丙
丙・丙

へい〘平〙 常5 ヘイ・ビョウ・たいら・ひら ❶たいら。▽水—。❷おだやか。▽—和。❸かたよらない。▽—均。❹しずめる。▽—定。❺わかりやすい。▽—易。
筆順 平
平・平

へい〘兵〙 常7 ヘイ・ヒョウ ❶戦う人。❷軍隊。▽—法。❸武器。▽—器。—馬。
筆順 兵
兵・兵

へい〘併〙 常8 ヘイ・あわせる ❶あわせる。▽合—。❷ならべる。▽—立。—設。
筆順 併
併・併

へい〘並〙 常8 ヘイ・なみ・ならべる・ならぶ・ならびに ❶ならぶ。▽—列。❷ふつう。▽—製。(竝)
筆順 並
並・並

へい〘柄〙 常9 ヘイ・がら・え ❶力。▽権—(けんぺい)。横—。❷取っ手。▽葉—。❸模様。がら。❹性質。▽人—(ひとがら)。❺材料。▽話—。(柄)
筆順 柄
柄・柄

へい〘陛〙 常10 ヘイ 宮殿のかいだん。「陛下」で、天皇・皇后の敬称。
筆順 陛
陛・陛

へい〘閉〙 常11 ヘイ・とじる・とざす・しめる・しまる ❶とじる。▽開—。❷終わる。▽—会。❸中にとじこめる。▽密—。
筆順 閉
閉・閉

へい〘塀〙 常12 ヘイ 土地の仕切りに立てるもの。▽土—。板—。
筆順 塀
塀・塀

へい〘幣〙 常15 ヘイ ❶神にささげる布。▽御—(ごへい)。❷通貨。▽貨—。紙—。(幣)
筆順 幣
幣・幣

へい〘弊〙 常15 ヘイ ❶やぶれる。▽—衣。❷弱る。▽疲—。❸よくないこと。▽—害。語—。❹自分に関することをへりくだっていうときの語。▽—社。(弊)
筆順 弊
弊・弊

へい〘蔽〙 常15 ヘイ へだてる。おおう。▽隠—。遮—。
筆順 蔽
蔽・蔽

へい〘餅〙 常15 〘餅〙14 許容 ヘイ・もち ❶もち。▽—米。❷小麦粉などをこねて焼いた食べ物。▽月—(げっぺい)。
筆順 餅
餅・餅

へい〘病〙 ⇩びょう

へい【丙】 ❶十干(じっかん)の第三。ひのえ。▽甲乙—丁。❷物事の三番目。 丙

へい【兵】 ❶兵士。❷戦争。▽—を挙げる。 兵

へい【塀】 家などの境界に作る仕切り。fence 塀

へい【弊】 ❶よくない習慣。❷私どもの…。▽—社。 弊

べい〘米〙 常6 ベイ・マイ・こめ ❶こめ。▽—作。❷アメリカ。▽—国。
筆順 米
米・米

へいあん【平安】 ❶無事でおだやかなこと。❷「平安京」「平安時代」の略。類❶平穏。①peace 平安

へいい【平易】 易しくわかりやすいこと。対難解。plain 平易

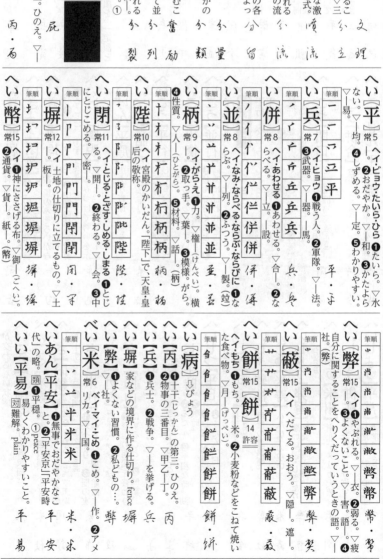

へいいはぼう【弊衣破帽】破れた服と帽子。旧制高等学校の生徒が好んだ。 弊衣

へいいん【兵員】兵士(の数)。soldier 兵員

へいえき【兵役】徴兵により軍務につくこと。military service 兵役

べいえん【米塩】米と塩。▼―の資 生活費。 米塩

ペイオフ【payoff】銀行が破綻した際に、預金者への払い戻し保証額を、一定額と利息に限る制度。

へいおん【平穏】何事もなく、おだやかなこと。対不穏(ふおん)。quiet 平穏

へいか【兵火】戦争による火災。 兵火

へいか【陛下】天皇・皇后・上皇・上皇后・皇太后・太皇太后の敬称。His(Her) Majesty 陛下

べいか【米価】米の値段。rice price 米価

へいかい【閉会】会が終わること。また、終えること。対開会。closing 閉会

へいがい【弊害】害となる悪いこと。注×幣害。bad effect 弊害

へいかつ【平滑】たいらで、なめらかなこと。smooth 平滑

へいがん【併願】二つ以上のことを、同時に志願すること。対単願。 併願

へいき【平気】気にしないで、落ちついていること。 平気

へいき【兵器】戦闘に用いる機器。weapon 兵器

へいき【併記】ならべて書くこと。 併記

へいきょ【閉居】家にとじこもること。類蟄居(ちっきょ)。 閉居

へいぎょう【閉業】❶その日の営業を終えること。❷廃業。 閉業

へいきん【平均】❶数・量のふぞろいがないこと。また、なくすこと。❷つりあうこと。❸中間の値(を計算すること)。①③average ②balance 平均

へいげい【睥睨】にらみつけて勢いを示すこと。▽天下を―する。glare 睥睨

へいげん【平原】広大な野原。plain 平原

べいご【米語】アメリカ英語。 米語

へいこう【平行】二直線、二平面が延長しても交わらないこと。parallel 平行

へいこう【平衡】つりあいのとれていること。類均衡。balance 平衡

へいこう【並行】❶並んで行くこと。❷同時に行われること。②simultaneity 並行

使い分け「へいこう」

平行…交わらないこと。▽―線。―棒。

平衡…つりあいがとれていること。「衡」はつりあいの意。▽―を保つ。―感覚。

並行…並んで行くこと。「並」の意味に重点がある。▽電車がバスと―して走る。―審議。

へいこう【閉口】手におえなくて困ること。類辟易(へきえき)。bother 閉口

へいごう【併合】合併。merger 併合

へいこうせん【平行線】❶平行な直線。❷二つの物事が交わらない状態。 平行線

べいこく【米国】アメリカ合衆国。 米国

べいこく【米穀】❶米。❷穀類。①rice 米穀

へいさ【閉鎖】❶入り口をとじること。❷活動をやめること。▽工場を―する。対❶開放。①②closing 閉鎖

べいさく【米作】❶米づくり。❷稲の実りぐあい。類❶稲作。 米作

へいさつ【併殺】野球で、ダブルプレー。 併殺

へいざん【閉山】❶登山の期間を終わりにすること。❷廃鉱。 閉山

へいし【兵士】兵隊。兵。兵卒。soldier 兵士

へいし【閉止】働きが止まること。 閉止

へいじ【平時】❶ふだん。❷平和な時。対❷戦時。 平時

へいじつ【平日】❶日曜・祝日以外の日。❷ふだんの日。①weekday 平日

へいしゃ【兵舎】兵隊が生活する建物。barracks 兵舎

へいしゃ【弊社】自社の謙譲語。 弊社

べいじゅ【米寿】八八歳(の祝い)。 米寿

へいしゅう【弊習】悪い風習・しきたり。弊風。類悪習。evil custom 弊習

べいしゅう【米州】南北アメリカ大陸。 米州

へいしょう【併称】〈並称〉ならび称すること。 併称

へいじょう【平常】ふだん。通常。▽―心。類 usual 平常

へいじょう【閉場】会場を閉じること。対開場。 閉場

へいしん【平信】❶特別でないふつうの手紙。❷脇付けの一。 平信

へいしん【並進】並んで進むこと。 並進

へいしんていとう【平身低頭】体をかがめて頭をさげること。ひら謝り。 平身

へいする【聘する】礼を厚くして招く。 聘する

へいせい【平成】「令和」の前の年号。一九八九年～二〇一九年四月。 平成

へいせい【平静】❶おだやかで静かなこと。❷おちついていること。▽―を装う。②composure 平静

へいぜい【平生】ふだん。日ごろ。平素。 平生

へいせつ【併設】あわせて設置すること。類併置。 併設

へいぜん【平然】落ちつきはらっているようす。calm 平然

へいそ【平素】ふだん。日ごろ。平生。 平素

へいそう【並走】並んで走ること。 並走

へいそく【閉塞】とじふさぐこと。とざされふさがること。▽―感。類閉鎖。封鎖。blockade 閉塞

へいぞく【平俗】平凡で俗っぽいこと。mediocrity 平俗

へいそつ【兵卒】最下級の兵士。soldier 兵卒

へいぞん【併存】〈並存〉ともに存在すること。へいそん。coexistence 併存

へいたい【兵隊】❶兵士。❷軍隊。 兵隊

へいたん【平坦】(土地が)平らなこと。flat 平坦

へいたん【平淡】おだやかであっさりしていること。 平淡

へいたん【兵站】戦場の後方で物資の補給や連絡をする機関。logistics 兵站

へいち【平地】平らな土地。ひらち。対山地。flat land 平地

へいち【併置】あわせて設置すること。 併置

へいてい【平定】敵や賊(ぞく)を討ち、世の中を鎮(しず)めること。類鎮圧。subjugation 平定

へいてい【閉廷】裁判が終わって、法廷を閉じること。対開廷。 閉廷

へいてん【閉店】❶その日の商売を終えること。❷廃業。対❶❷開店。 閉店

へいどく【併読】あわせ読むこと。 併読

へいどん【併呑】強者が弱者をその勢力下に入れること。annexation 併呑

へいねつ【平熱】健康なときの体温。normal temperature 平熱

へいねん【平年】❶一年が三六五日の年。❷ふつうの状態である年。対❶閏年(うるうどし)。 平年

へいねんさく【平年作】平年なみの収穫。平作。 平年作

へいはく【幣帛】神にささげる物。特に、御幣。 幣帛

へいはつ【併発】同時に起こること。また、起こすこと。concurrence 併発

へいばん【平板】内容に変化がないこと。類単調。 平板

べいはん【米飯】米のめし。 米飯

へいふう【弊風】弊習。 弊風

へいふく【平伏】ひれふすこと。 平伏

へいふく【平服】ふだん着。対礼服。 平服

へいべい【平米】平方メートル。square meter 平米

へいへいぼんぼん【平平凡凡】きわめて平凡なようす。 平平

へいほう【平方】❶二乗。❷面積を表す語。❸それを一辺とする正方形の面積を表す語。①～③square 平方

へいほう【兵法】戦いのしかた。また、武術。ひょうほう。類兵術。tactics 兵法

へいぼん【平凡】特にすぐれた点もなくふつうであること。対非凡。ordinary, common 平凡

へいまく【閉幕】❶幕をとじて終わること。❷事が終わること。対❶❷開幕。▽競技大会が―する。 閉幕

へいみゃく【平脈】健康時の脈拍。 平脈

へいめい【平明】わかりやすいこと。類平易。simple 平明

へいめん【平面】平らな面。plane 平面

へいもん【閉門】❶門をとじること。❷昔、門をとじ、出入りを禁じた刑罰。 閉門

へいや【平野】平らで広々とした土地。類平原。対山地。plain 平野

へ

へいゆ【平癒】病気がなおること。類治癒。recovery　平癒

へいよう【併用】二つ以上のものを同時に使うこと。▽二種の薬を—する。　併用

へいらん【兵乱】戦乱。　兵乱

へいり【弊履】破れたはき物。　弊履

へいりつ【並立】対立するものが並び立つこと。▽有力企業が—する。　並立

へいりょく【兵力】軍隊の、戦争をする力。類戦力。military force　兵力

へいれつ【並列】❶(横に)ならべること。❷電池などの同極どうしをつなぐこと。対❷直列。② parallel　並列

へいわ【平和】戦争がなくおだやかなこと。peace　平和

ページ【page】〈頁〉本などの紙の片面(を数える語)。

ベーシック【basic】基本的であるようす。

ペース【pace】❶スポーツ競技などで、力の配分。❷歩調。歩速。❸物事の進み具合。

ペースメーカー【pacemaker】❶長距離競走などで、途中まで先頭を走り、集団を引っ張る選手。❷心臓に規則的な電気刺激を与えて正常な心筋収縮を起こさせる装置。

ペーソス【pathos】哀愁。哀感。

ペーパークラフト【papercraft】紙工芸。

べからず【可からず】…するな。▽泳ぐ—。　可からず

へき〔碧〕人14 ヘキ・あお・みどり 青緑色。▽—眼。—玉。紺—。

筆順 丅 王 王' 玓 珀 珀 珀 碧　碧・碧

へき〔僻〕15 ヘキ・ひがむ ❶中心から離れた。▽—地。❷かたよる。▽—見。　僻・僻

へき〔壁〕常16 ヘキ・かべ ❶かべ。▽—画。城—。❷がけ。▽絶—。

筆順 ㇕ ㇕ 尸 吕 吕' 辟 辟 壁　壁・壁

へき〔璧〕常18 ヘキ 美しい玉。美しいもの、立派なもののたとえ。▽双—(そうへき)。

筆順 尸 吕 吕' 辟 辟 辟 璧 璧　璧・璧

へき〔癖〕常18 ヘキ・くせ くせ。かたよった傾向。▽性—。潔—。

筆順 广 疒 疒 疒 疒 疒 癖 癖　癖・癖

べき【冪】同じ数を何度もかけあわせた数。累乗。　冪

へきえき【辟易】うんざりして、いやになること。▽自慢話に—する。類閉口。annoyance　辟易

へきえん【僻遠】中心地から遠く離れていること。▽—の地。類辺鄙(へんぴ)。　僻遠

へきが【壁画】かべや天井にかいた絵。mural, wall painting　壁画

へきかい【碧海】青い海。blue sea　碧海

へきがん【碧眼】青い目(の西洋人)。▽紅毛—。blue eyes　碧眼

へきぎょく【碧玉】緑色の玉。また、不純物を含む石英。jasper　碧玉

へきくう【碧空】青空。blue sky　碧空

へきけん【僻見】偏見。prejudice　僻見

へきそん【僻村】かたいなかの村。　僻村

へきち【僻地】都会から離れた不便な土地。辺地。remote place　僻地

へきとう【劈頭】まっ先。最初。▽開会—。類冒頭。　劈頭

へきれき【霹靂】急にはげしく鳴るかみなり。雷鳴。▼青天の—　突然起こる大事件や思いがけないできごと。　霹靂

ヘクタール【hectare フランス】土地の面積の単位。一ヘクタールは一〇〇アールで、一万平方メートル。記号ha

ヘクトパスカル【hectopascal フランス】気圧の単位。一気圧は一〇一三・二五ヘクトパスカル。記号hPa

ベクトル【Vektor ドイツ】大きさと方向をもった量。

ヘゲモニー【Hegemonie ドイツ】覇権。主導権。指導権。▽会議の—を握る。

へこおび【兵児帯】男子や子どものしごき帯。三尺。　兵児帯

へこむ【凹む】❶くぼむ。❷屈服する。しょげる。❸損をする。　凹む

へさき【舳先】船首。対艫(とも)。bow　舳先

べし【可し】❶…にちがいない。▽来たるべき世界。❷…しなければならない。▽命令には従うべきだ。❸…できる。▽望むべくもない。❹…しなさい。▽すぐやるべし。　可し

へしおる【圧し折る】むりに折る。▽鼻っ柱(ぱしら)を—。break off　圧し折

ペシミズム【pessimism】厭世(えんせい)主義。悲観論。対オプチミズム。

ベスト【best】 ❶最高。最良。❷全力。最善。対❶ワースト。 最 高

ベスト【vest】 チョッキ。

へずる【剝ずる】 けずりとる。 剝 る

へそ【臍】 ❶腹の中央にある、くぼみ。❷物の中央にある、小さな突起やくぼみ。①navel ▼**—で茶を沸**(わ)**かす** おかしくてたまらないことのたとえ。臍が茶を沸かす。 臍

へそくり【臍繰り】 こっそりためた金。secret savings 臍繰り

へそのお【臍の緒】 胎児のへそと母の胎盤とをつなぐくだ。臍帯(さいたい)。ほぞのお。 臍の緒

へそまがり【臍曲がり】 素直でないこと・人。類つむじまがり。perverse 臍曲り

へた【下手】 ❶技術などがうまくないこと・人。❷やり方がまずいこと。対❶上手。①poor ▼**—の長談義**(ながだんぎ) 話べたな人ほど話が長い。▼**—の横好き** 下手なくせに、非常に好きなこと。 下 手

へた【蔕】 なす・かきなどの実についている、がく。calyx 蔕

へたくそ【下手糞】 非常にへたなこと・人。klutz 下手糞

へだたる【隔たる】 ❶遠く離れる。❷年月がたつ。❸差がある。▽考えが—。①be distant 隔たる

へだてる【隔てる】 ❶間に置いて分ける。❷遠ざける。❸さえぎる。▽仲を—。❹年月がたつ。▽歳月を—。 隔てる

へたばる 疲れきって弱る。へたる。get exhausted

へちま【糸瓜】 ❶ウリ科のつる植物。また、その実。❷役に立たないもの。つまらないもの。▽理屈も—もない。 糸 瓜

べつ〔別〕 常 7 **ベツ・わかれる** ❶わける。わかれる。▽—離。区—。❷ほかの。▽—名。 別・お

筆順
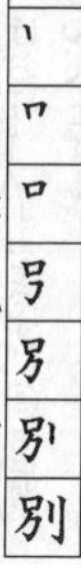

べつ〔蔑〕 常 14 **ベツ・さげすむ** ばかにする。▽—視(べっし)。軽—(けいべつ)。 蔑・蔑

筆順

べつ〔瞥〕 人 17 **ベツ・ヘツ** ちらっと見る。▽—見(べっけん)。一—。 瞥・瞥

筆順
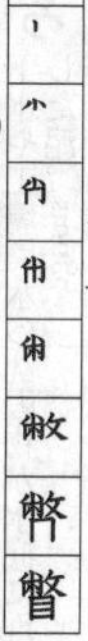

べつ【別】 ❶同じでないこと。▽—の物。❷ちがい。▽公私の—。❸問題外。❹区別。▽学年—。①other 別

べっかく【別格】 特別の扱いや地位。類破格。exception 別 格

べっかん【別館】 本館のほかの建物。annex 別 館

べっき【別記】 本文のほかに書きそえること。類付記。 別 記

べっきょ【別居】 夫婦や家族などが、別れて住むこと。▽—生活。対同居。separation 別 居

べつくち【別口】 別の種類・事柄。 別 口

べっけ【別家】 ❶分家。❷のれん分け。 別 家

べっけい【別掲】 別に掲げること。 別 掲

べっけん【別件】 別の用件・事件。▽—逮捕。 別 件

べっけん【瞥見】 ちらっと見ること。類一瞥(いちべつ)。glance 瞥 見

べつげん【別言】 別なことば(で言いかえること)。類換言。 別 言

べっこ【別個】 〈別箇〉❶別々であること。❷別にすること。▽—に扱う。 別 個

べっこう【鼈甲】 たいまいの甲らを煮て作った装飾材料。褐色がかった黄色の地に茶色のはん紋がある。tortoise shell 鼈 甲

べっこん【別懇】 特別に親しいこと。昵懇(じっこん)。▽—の間柄。intimacy 別 懇

べっさつ【別冊】 付録や臨時増刊として別に作った本。supplement 別 冊

べっし【別紙】 別にそえた紙・書類。▽—のとおり。attached sheet 別 紙

べっし【蔑視】 ばかにした気持ちで見ること。見下げること。類軽視。 蔑 視

べつじ【別事】 ❶ほかのこと。❷特別なこと。①other thing 別 事

べっしょう【別称】 別の呼称。類別名。 別 称

べっしょう【蔑称】 軽蔑したよび名。対敬称。 蔑 称

べつじょう【別条】 変わった事柄。 別 条

べつじょう【別状】 変わったようす。異状。▽命に—はない。 別 状

べっそう【別荘】 避暑・避寒地などに建てた休養のための家。cottage 別 荘

べっそう【別送】 別便で送ること。 別 送

べったく【別宅】 本宅以外の家。 別 宅

べつだん【別段】❶特別なこと。▽―の扱いを受ける。❷とりわけ。大して。▽―変わりもない。類格段。②particularly　別段

べっちん【別珍】綿ビロード。　別珍

へっつい【竈】かまど。　竈

べってい【別邸】本邸以外の邸宅。　別邸

べってんち【別天地】俗世間とかけはなれた(すばらしい)世界。別世界。　別天地

べっと【別途】ほかの方法。別に。▽―に支給する。another way　別途

べつどうたい【別動隊】本隊から離れて、独自の行動をとる部隊。　別動隊

ペットボトル【PET bottle】ポリエチレンテレフタレート樹脂(=PET)製の容器。

べつに【別に】特別に。とりたてて。▽―困らない。particularly　別に

べつのう【別納】別の方法でおさめること。▽料金―郵便。　別納

べっぱ【別派】別の流派・党派。　別派

べっぴょう【別表】別にそえた表。　別表

へっぴりごし【屁っ放り腰】❶しりを後ろへ突き出した姿勢。❷こわごわ物事をする態度。類❶❷及び腰。　屁っ放

べつびん【別便】別に送る郵便。separate mail　別便

べっぴん【別嬪】美しい女性。美人。　別嬪

べっぷう【別封】❶別々に封をすること。❷別にそえた封書。　別封

べつべつ【別別】それぞれに別であること。別個。類個々。separate　別別

べつむね【別棟】同じ敷地内で別に建っている建物。　別棟

べつめい【別名】別のよび名・よび方。べつみょう。類別称。another name　別名

べつめい【別命】特別の命令。また、ほかの命令。▽―を帯びる。　別命

べつもの【別物】❶別のもの。❷特別のもの。例外。　別物

へつらう【諂う】おもねる。こびる。flatter　諂う

べつり【別離】別れること。parting　別離

べつるい【別涙】別れを惜しんで流す涙。　別涙

ぺてん　人をだますこと・手段。trick

へど【反吐】飲食したものをはくこと。げろ。類嘔吐(おうと)。vomit　反吐

へどろ　下水や工場廃水の沈殿物が水底に堆積(たいせき)した泥。sludge

ペナルティー【penalty】❶罰金。❷罰則。

ペナント【pennant】❶細長い三角旗。❷優勝旗。❸優勝。

べに【紅】❶べにばなからとった赤い色素。❷べに色。くれない。❸口紅。また、ほお紅。▽―をさす。③rouge　紅

へばる　へたばる。

へび【蛇】は虫類の一。体は円筒形で細長い。足はない。snake　蛇

へめぐる【経巡る】遍歴する。　経巡る

へや【部屋】❶家の中を仕切った一つ。❷相撲の、親方と弟子による組織。①room　部屋

へら［箆］16　ヘイ・へら　竹の小刀。へら。▽靴―。竹―。　箆・箆

へら【箆】細長くてうすい、刃形をつけた道具。spatula　箆

へらす【減らす】少なくする。対増やす。▽体重を―。reduce　減らす

へらずぐち【減らず口】負け惜しみで言う、へりくつや悪口。▽―をたたく。　減らず口

べらぼう【箆棒】❶無茶でばかげていること。❷はなはだしいこと。▽―に高い。❸相手をののしる語。▽―め。　箆棒

へり【縁】❶物のはし。ふち。❷もののふちにつける布やかざり。①edge　縁

ヘリウム【Helium ドイ】無色無臭の軽い気体元素。元素記号He

へりくだる【遜る】〈謙る〉自分を卑下して相手を敬う。謙遜(けんそん)する。　遜る

へりくつ【屁理屈】筋の通らない議論。▽―をこねる。quibble　屁理屈

へる【経る】❶通過する。❷時がたつ。▽長い年月を―。❸ある過程をたどる。▽段階を―。①②pass　経る

へる【減る】❶数・量が少なくなる。❷おなかがすく。対❶増える。decrease　減る

ヘルシー【healthy】健康的。

ヘルス【health】健康。

ヘルスセンター　保養施設。和製語。

ヘルツ【Hertz ドイ】音波・電波などの一秒間の振動数を表す単位。記号Hz

ヘルパー【helper】人。❶手伝い。助手。❷世話をする人。▽ホーム—。

ペレストロイカ【perestroika ロシア】旧ソ連末期の改革政策。

へん〔片〕常4 ヘン・かた ❶うすい切れはし。▽断—。❷わずかな。▽—時。❸かたほう。▽—親。 片・片

筆順 丿 丿' 片' 片

へん〔辺〕常5 ヘン・あたり・べ ❶はずれ。▽—境。❷あたり。そば。▽身—。(邊) 辺・辺

筆順 フ カ 刀 刃 辺 辺

へん〔返〕常7 ヘン・かえす・かえる かえす。もどす。▽—却。—事。 返・返

筆順 一 厂 万 反 坂 返 返

へん〔変〕常9 ヘン・かわる・かえる ❶かわる。かえる。▽—化。豹—(ひょうへん)。❷わざわい。異常。▽—事。政—。—死。(變) 変・変

筆順 亠 亣 亣 亦 亦 亦 変 変

へん〔偏〕常11 ヘン・かたよる ❶かたよる。▽—見。—屈。❷漢字の左部分。(偏) 偏・偏

筆順 亻 仁 伃 伊 偏 偏 偏

へん〔遍〕常12 ヘン あまねく。広くゆきわたる。▽—歴。普—。(遍) 遍・遍

筆順 一 ⺕ 戸 肩 扁 扁 遍

へん〔篇〕人15 ヘン ❶文章。❷書物の部分け。▽前—。 篇・篇

筆順 竺 笞 笞 筓 篇 篇 篇

へん〔編〕常15 ヘン・あむ ❶書物にする。▽—集。❷組み立てる。▽—成。—入。❸編み物をする。(編) 編・編

筆順 糸 糹 紆 紓 絹 絹 編

へん【辺】❶程度。▽この—でやめよう。❷あたり。▽この—はさわがしい。❸多角形を形づくる直線。❹等号や不等号の左右にある数・式。 辺

へん【変】❶突然の異常なできごと。▽本能寺の—。❷音の高さを半音さげること。❸異常。また、怪しい。③strange 変

へん【偏】漢字の左の部分。対旁(つくり)。 偏

へん【編】❶編集。❷(篇)詩文。また、本の一部分。❸(篇)詩や文章を数える語。 編

べん〔弁〕常5 ベン ❶処理する。▽—償。❷見分ける。▽—別。❸話す。▽—護。❹地域特有のことば。▽関西—。❺出入りを調節するもの。▽安全—。(辯・辨・瓣) 弁・弁

筆順 ㇜ ム 乌 弁 弁

べん〔便〕常9 ベン・ビン・たより ❶つごうがよい。▽—利。❷つうじ。▽大—。❸手紙。▽郵—。❹交通のてだて。 便・便

筆順 亻 仁 伒 伒 便 便 便

べん〔勉〕常10〔勉〕人9 ベン つとめはげむ。▽—強。勤—。 勉・勉

筆順 ク 名 免 免 勉 勉

べん〔娩〕人10 ベン 女性が子をうむ。▽分—。 娩・娩

筆順 女 女' 女ク 娩 娩 娩

べん〔鞭〕人18 ベン・むち むち。むちうつ。▽—撻(べんたつ)。先—。 鞭・鞭

筆順 艹 艹 苜 革 鞆 鞭 鞭

べん【弁】(瓣)❶花びら。❷気体・液体の流れを調節する装置。②valve 弁

べん【弁】(辯)❶話すこと。話。論。答—。▽—解。❷その地方特有のことば。▽関西—。 弁

べん【便】❶便利なこと・手段。▽交通の—。❷大小便。特に、大便。 便

へんあい【偏愛】ある人・物だけをかたよって愛すること。favoritism 偏愛

へんあつき【変圧器】交流電流の電圧の高さを変える装置。トランス。transformer 変圧器

へんい【変異】❶異変。❷同種の生物に形状や性質の違いがあらわれること。 変異

べんい【便意】大便がしたい気持ち。▽—を催す。 便意

へんうん【片雲】ちぎれ雲。 片雲

へんえい【片影】わずかな物かげ。 片影

べんえき【便益】便利で有益であること。▽—を図る。 便益

へんおんどうぶつ【変温動物】外界の温度によって体温が変化する動物。対定温動物。 変温

へんか【返歌】贈られた歌に対する返事としての歌。返し歌。 返歌

へんか【変化】変わること。change 変化

へんかい【変改】変え改めること。 変改

べんかい【弁解】言い訳。▽—の余地はない。excuse 弁解

へんかく【変革】根本的に変えること(変わること)。reform 変革

へんがく【扁額】横長の額。 扁額

べんがく【勉学】勉強❶。study 勉学

へんかん【返還】一度手に入れたものを返すこと。類返上。return 返還

へんかん【変換】別のものに変えること(変わること)。change 変換

べんぎ【便宜】都合がいいこと。また、適当な処置。びんぎ。▽―を図る。注便×宜。convenience 便宜

へんきごう【変記号】半音下げる音楽の記号。フラット。「♭」。対嬰(えい)記号。flat 変記号

へんきゃく【返却】借りたものを返すこと。類返済。return 返却

へんきょう【辺境】中央から遠く離れた国ざかい(の地)。frontier 辺境

へんきょう【偏狭】度量が狭いこと。類狭量。 偏狭

べんきょう【勉強】❶学問・技術を学ぶこと。勉学。❷(将来役立つ)経験。❸商品を安く売ること。①study 勉強

へんきょく【編曲】ほかの楽器やスタイルで演奏できるように、楽曲を書き改めること。arrangement 編曲

へんきん【返金】金をかえすこと。また、その金。repayment 返金

へんくつ【偏屈】かたくな。注×変屈。perverse 偏屈

へんげ【変化】❶動物などが姿を変えて現れたもの。化け物。化生(けしょう)。❷神仏が、人の姿でこの世に現れたもの。❸芝居で、いろいろな役や衣装を変えること。▽七―。類❷化身(けしん)。 変化

へんけい【変形】❶形を変えること。形が変わること。❷標準の形と違うもの。①transformation 変形

べんけい【弁慶】源義経(みなもとのよしつね)の忠臣で、豪勇だったといわれる僧。▼―の立ち往生(おうじょう)進むことも退くこともできないようす。▼―の泣き所❶むこうずね。❷ただ一つの弱点。 弁慶

へんけん【偏見】かたよった意見。僻見(へきけん)。prejudice 偏見

へんげん【変幻】すばやく現れたり消えたりすること。▽―自在。 変幻

へんげんせきご【片言隻語】短いことば。 片言

べんご【弁護】申し開きをして人を助けかばうこと。defense 弁護

へんこう【変更】変え改めること。change 変更

へんこう【偏光】特定の方向にだけ振動する光波。▽―レンズ。 偏光

へんこう【偏向】一方にかたよっていて、中正をかいていること。 偏向

べんごし【弁護士】依頼をうけて、裁判での弁護や法律事務を行う専門家。lawyer 弁護士

へんさ【偏差】標準となる数値・位置・方向などからのかたより。deviation 偏差

へんさい【返済】借りた金や物品をかえすこと。類返却。repayment 返済

へんざい【偏在】かたよってあること。▽富の―。 偏在

へんざい【遍在】どこにでも広くあること。▽全国に―する。omnipresence 遍在

べんさい【弁済】借りた金や物を返すこと。repayment 弁済

べんざいてん【弁財天】〈弁才天〉七福神の一。女神。弁天。 弁財天

へんさん【編纂】材料を集め、書物を作ること。類編集。compilation 編纂

へんし【変死】普通でない不自然な死。▽―体。unnatural death 変死

へんじ【片時】かたとき。▽―も忘れない。a moment 片時

へんじ【返事】❶答えること・ことば。返辞。❷返信。類❶返答。①answer 返事

へんじ【変事】異常なできごと。異変。 変事

べんし【弁士】❶演説・講演をする人。❷活弁。①speaker 弁士

へんしつ【変質】❶物の性質が変化すること。❷病的な性質・性格。 変質

へんしつ【偏執】⇩へんしゅう。 偏執

へんじゃ【編者】本を編纂(へんさん)する人。へんしゃ。▽学術書の―。 編者

へんしゅ【変種】同種の生物のなかで、普通と異なっているもの。variety 変種

へんしゅう【偏執】ある考えに固執すること。へんしつ。 偏執

へんしゅう【編修】史書・研究書などの書籍を編み整えること。▽国史の―。類編纂(へんさん)。 編修

へんしゅう【編集】〈編輯〉企画にもとづき、出版物・新聞・ 編集

映画・ビデオなどを作ること。▽—会議。editing

へんしょ【返書】返事の手紙。返信。　返書

へんじょう【返上】もらったものを返すこと。類返還。　返上

べんしょう【弁証】弁論で証明すること。　弁証

べんしょう【弁償】損害を金品でつぐなうこと。compensation　弁償

へんしょく【偏食】食べ物の好ききらいがはげしいこと。unbalanced diet　偏食

ペンション【pension】洋風の民宿。

へんじる【変じる】変わる。変える。▽顔色を—。　変じる

べんじる【弁じる】〈辨じる〉❶済む。❷処理する。▽用を—。❸区別する。　弁じる

べんじる【弁じる】〈辯じる〉❶述べる。▽一言—。❷言い訳をする。　弁じる

べんじる【便じる】用がたりる。用をたす。▽手紙で用を—。　便じる

へんしん【返信】返事の手紙・通信。類返書。対往信。reply　返信

へんしん【変心】心変わり。　変心

へんしん【変身】体や姿をほかのものに変えること。transformation　変身

へんじん【変人】性格が、ふつうの人とちがう人。変わり者。oddball　変人

へんずつう【偏頭痛】発作的におこる、頭の片側の痛み。migraine　偏頭痛

へんする【偏する】一方にかたよる。▽右に—した思想。be partial　偏する

べんずる【便する】役立たせる。　便する

へんせい【編成】集めてまとまった形をつくること。▽予算の—。formation　編成

へんせい【編制】軍隊・団体などを組織すること。organization　編制

へんせいき【変声期】声がわりの時期。　変声期

へんせつ【変節】それまでの主義・主張を変えること。▽—漢。apostasy　変節

べんぜつ【弁舌】ものを言うこと。ものの言い方。話しぶり。▽—を振るう。—さわやか。speech　弁舌

へんせん【変遷】移り変わり。類推移。　変遷

へんそう【返送】送り主や持ち主に送り返すこと。return　返送

へんそう【変装】別人に見えるように、顔つきや服装を変えること。disguise　変装

へんぞう【変造】物の形・内容をつくり変えること。alteration　変造

へんそうきょく【変奏曲】一つの主題をもとに、リズム・旋律などを次々に変化させた曲。variation　変奏曲

へんそく【変則】ふつうの規則や方法とちがうこと。irregular　変則

へんそく【変速】速度を変えること。　変速

へんたい【変態】❶異常な状態。❷動物が、形態を変えること。▽昆虫の—。❸変態性欲のこと・人。②metamorphosis ③perversion　変態

へんたい【編隊】飛行機などが隊形を組むこと。また、その隊形。formation　編隊

へんたいがな【変体仮名】現在使われているひらがなとはちがう字体のかな。　変体

べんたつ【鞭撻】強く励ますこと。▽よろしく御—下さい。　鞭撻

へんち【辺地】僻地（へきち）。辺土。　辺地

ベンチャー ビジネス【venture business】独創的な経営をいとなむ中小企業。

へんちょ【編著】編集と著作（の本）。　編著

へんちょう【変調】❶調子が変わること。❷体調が変になること。対❶正調。　変調

へんちょう【偏重】ある面だけを重んじること。▽学歴—。　偏重

べんつう【便通】大便の排泄（はいせつ）。通じ。　便通

ペンディング【pending】懸案。保留。

へんてつ【変哲】変わっていること。▽何の—もない石。　変哲

へんてん【変転】他の状態に移り変わること。転変。▽—極まりない人生。類変遷。mutation　変転

へんでんしょ【変電所】電圧を調整して使用者に送る所。substation　変電所

へんど【辺土】僻地（へきち）。辺地。　辺土

へんとう【返答】返事。answer　返答

へんどう【変動】変わり動くこと。▽―価格。change　変動

べんとう【弁当】外出先で食べるために持っていく食事。box lunch　弁当

へんとうせん【扁桃腺】のどの入り口の左右にあるリンパ組織。tonsil　扁桃腺

へんにゅう【編入】組み入れること。　編入

へんねん【編年】書物などを、年代を追って編むこと。　編年

へんのう【返納】もとの持ち主に返し納めること。return　返納

へんぱ【偏頗】かたよって不公平なこと。えこひいき。▽―な処置。partiality　偏頗

へんぱい【返杯】〈返盃〉さされた杯を飲みほして、相手にさし返すこと。　返杯

べんぱく【弁駁】他説の誤りに反論すること。べんばく。refutation　弁駁

へんぴ【辺鄙】町から離れ不便なこと・土地。remote　辺鄙

べんぴ【便秘】便通の回数や便量が減ること。constipation　便秘

へんぴん【返品】購入品・仕入れ品を返すこと。また、その品。　返品

へんぷく【辺幅】うわべ。外観。▽―を飾る。　辺幅

へんぺい【扁平】平たいこと。flatness　扁平

べんべつ【弁別】〈辨別〉違いを見分けること。識別。▽理と非を―する。discrimination　弁別

へんぺん【片片】❶きれぎれのようす。❷軽くひるがえるようす。❸とるにたりないようす。▽―たる小事。　片片

べんべん【便便】❶腹の出ているさま。❷時間を空費するさま。　便便

へんぼう【変貌】ようすが変わること。類変容。transformation　変貌

へんぼう【偏旁】漢字の偏と旁（つくり）。▽―冠脚。　偏旁

へんぽう【返報】仕返し。報復。　返報

べんぽう【便法】❶便利な方法。❷便宜的な手段。類❷方便。②expedient　便法

へんぽん【翩翻】旗などが、ひらひらと風にひるがえるようす。fluttering　翩翻

へんめい【変名】本名を隠して別名を用いること。その名。へんみょう。　変名

べんめい【弁明】説明して明らかにすること。申し開き。explanation　弁明

へんよう【変容】ようす・外観が変わること。類変貌（へんぼう）。　変容

べんらん【便覧】⇩びんらん。　便覧

べんり【便利】都合のよいこと。役に立つこと。対不便。convenient, useful　便利

べんりし【弁理士】特許などの申請手続きの代理や鑑定を職業とする人。patent attorney　弁理士

へんりん【片鱗】全体のごく一部分。▽才能の―を示す。類一端。glimpse　片鱗

へんれい【返礼】❶受けた礼を返すこと。❷お返しの贈り物。　返礼

へんれい【返戻】返却。▽―金。　返戻

べんれい【勉励】ひたすら努力すること。▽刻苦―。類精励。奮励。　勉励

へんれき【遍歴】❶各地をめぐり歩くこと。❷様々な体験をすること。　遍歴

へんろ【遍路】祈願のために四国八十八か所の霊場をめぐり歩くこと・人。　遍路

べんろん【弁論】❶大ぜいの前で意見を述べること。❷法廷で、当事者が行う申し立てや陳述。②pleading　弁論

〈ほ　ホ〉

ほ【甫】人7 ホ・はじめ ❶物事のはじまり。❷苗（なえ）をそだてる田。

筆順 一 丆 冂 冃 冃 甫 甫　甫・甫

ほ【歩】常8〔歩〕人7 ホ・ブ・フ・あるく・あゆむ ❶あるく。▽―行。❷立場。▽地―。❸割合。▽―合。❹長さ・面積の単位。

筆順 丨 ト 止 止 牛 歩 歩 歩　歩・歩

ほ【保】常9 ホ・たもつ ❶世話をする。▽―母。―護。❷たもつ。▽―持。―安。❸請けあう。▽―証。―険。

筆順 亻 亻 仁 仴 伻 保 保 保　保・保

ほ【哺】常10 ホ 口に食べ物をふくむ。口中の食べ物を与える。▽―乳。

筆順 口 叮 叮 哂 哂 哺 哺 哺　哺・哺

ほ【圃】人10 ホ・はたけ はたけ。▽―場(ほじょう)。田―　圃・圃
筆順 冂 冂 冂 冂 冂 圃 圃 圃

ほ【捕】常10 ホ・とらえる・とらわれる・とる・つかまえる・つかまる とりおさえる。▽―縛。逮―。　捕・捕
筆順 扌 扌 扌 扌 捕 捕 捕 捕

ほ【補】常12 ホ・おぎなう ❶不足をみたす。▽―充。❷たすける。▽―助。―佐。　補・補
筆順 ラ ネ ネ 衤 衤 補 補 補

ほ【輔】人14 ホ・フ・たすける ❶そえる。たすける。▽―弼(ほひつ)。❷ほお骨。▽唇歯―車。　輔・輔
筆順 亘 亘 車 輔 輔 輔 輔 輔

ほ【舗】常15 ホ ❶しきつめる。▽―装。❷店。▽老―(ろうほ・しにせ)。店―。　舗・舗
筆順 ハ 全 舍 舍 舖 舗 舗 舗

ほ【鋪】15 ホ しきつめる。「舗」にも書きかえる。　鋪・鋪

ほ【蒲】⇩がま

ほ【帆】風を受けて船を進める布。sail　帆

ほ【歩】❶歩くこと。▽―を進める。❷歩くときの回数を数える語。①step　歩

ほ【穂】❶花や実が茎の先にむらがりついたもの。▽稲の―。❷とがったものの先。▽筆の―。❶ear　穂

ぼ【戊】人5 ボ・つちのえ つちのえ。十干(じっかん)の第五。　戊・戊
筆順 ノ 厂 戊 戊 戊

ぼ【母】常5 ボ・はは ❶女親。▽―乳。❷もとになるもの。▽―型。❸出身地。▽―校。　母・母
筆順 𠃋 母 母 母 母

ぼ【牡】人7 ボ・おす けものの、おす。▽―馬(ぼば)。―牝(ぼひん)。　牡・牡
筆順 ノ 𠂉 牛 牛 牡 牡

ぼ【菩】人11 ボ・ホ 梵語の音訳字。▽―薩(ぼさつ)。―提(ぼだい)。　菩・菩
筆順 艹 艹 芏 芏 菩 菩 菩

ぼ【募】常12 ボ・つのる ❶呼び集める。▽―集。応―。❷はげしくなる。　募・募
筆順 艹 芔 草 莫 募 募

ぼ【墓】常13 ボ・はか 死者をほうむるはか。▽―石。―参。　墓・墓
筆順 艹 艹 芔 草 莫 墓

ぼ【慕】常14 ボ・したう こいしくおもう。▽―情。思―。　慕・慕
筆順 艹 芔 草 莫 慕 慕

ぼ【暮】常14 ボ・くれる・くらす ❶日がくれる。▽―色。薄―。❷おわる。▽歳―(せいぼ)。❸生活する。　暮・暮
筆順 艹 芔 草 莫 暮 暮

ぼ【簿】常19 ボ 帳面。▽―記。名―。　簿・簿
筆順 𥫗 笁 笁 箔 簿 簿 簿 簿

ぼ【模】⇩も

ほあん【保安】安全や秩序をたもつこと。　保安

ほい【補遺】書きもらしたことなどを、あとから補い加えること。また、補ったもの。類拾遺。supplement　補遺

ほいく【保育】幼児を守り育てること。▼―士 保育所で保育に携わる資格をもつ人。child care　保育

ほいく【哺育】(保育)(動物が)えさを与えて子を育てること。nurse　哺育

ほいつ【捕逸】野球で、捕球しそこなうこと。passed ball　捕逸

ほいっぽ【歩一歩】一歩一歩。　歩一歩

ボイル【boil】ゆでること。

ほいろ【焙炉】火にかけて、茶の葉をほうじたりする道具。roaster　焙炉

ぼいん【母音】声が口の中でさまたげられないで出る音。対子音。vowel　母音

ぼいん【拇印】印鑑のかわりに親指に朱肉・すみをつけて指紋をおしたもの。つめ印。thumbprint　拇印

ほう【方】常4 ホウ・かた ❶向き。▽―角。❷地域。▽地―。❸やり方。▽―法。❹正しい。▽―正。❺四角。▽―形。　方・方
筆順 丶 亠 亡 方

ほう【包】常5 ホウ・つつむ 外からおおう。▽―囲。―装。小―(包)。　包・包
筆順 ノ 勹 句 匂 包

ほう【呆】7 ホウ・ボウ・あきれる ❶びっくりする。ほうける。▽―然。❷おろか。▽阿―。　呆・呆

ほう【芳】常7 ホウ・かんばしい ❶よいかおりがする。▽―香。❷敬称。▽―名。―志。　芳・芳
筆順 一 十 艹 艹 芏 芳 芳

ほう【邦】常7 ホウ ❶領土。国。▽連―。❷日本の。▽―訳。―画。　邦・邦

ほ

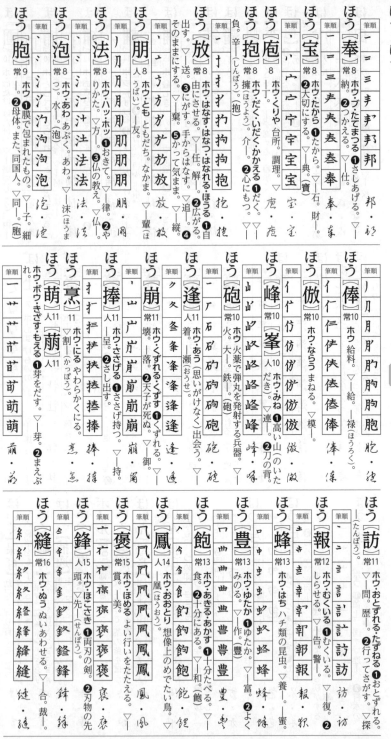

邦・邦

ほう【奉】常8 ホウ・ブ・たてまつる ❶さしあげる。▽―納。❷つかえる。▽―仕。
奉・奉

ほう【宝】常8 ホウ・たから ❶たから。▽―石。財―。❷大切にする。▽―典。(寶)
宝・宝

ほう【庖】8 ホウ・くりや 台所。調理。▽―丁。
庖・庖

ほう【抱】常8 ホウ・だく・いだく・かかえる ❶だく。▽―擁(ほうよう)。介―。❷心にもつ。▽―負。辛―(しんぼう)。(抱)
抱・抱

ほう【放】常8 ホウ・はなす・はなつ・はなれる・ほうる ❶自由にさせる。▽―任。解―。❷広がる。出す。▽―送。❸にがす。手からはなす。▽追―。❹そのままにする。▽―棄。❺かって気まま。▽―縦。
放・放

ほう【朋】人8 ホウ・とも ともだち。なかま。▽―輩(ほうばい)。―友。
朋・朋

ほう【法】常8 ホウ・ハッ・ホッ ❶おきて。▽―律。❷やりかた。▽方―。❸仏の教え。▽仏―。
法・法

ほう【泡】常8 ホウ・あわ あぶく。あわ。▽―沫(ほうまつ)。水―。(泡)
泡・泡

ほう【胞】常9 ホウ ❶膜で包まれたもの。▽―子。細―。❷母体。また、同国人。▽同―。(胞)
胞・胞

ほう【俸】常10 ホウ 給料。▽―給。―禄(ほうろく)。
俸・俸

ほう【倣】常10 ホウ・ならう まねる。▽模―。
倣・倣

ほう【峰】常10【峯】人10 ホウ・みね ❶高い山(のいただき)。▽連―。❷刀の背。

峰・峰

ほう【砲】常10 ホウ 火薬で弾丸を発射する兵器。▽―火。大―。鉄―。(砲)
砲・砲

ほう【逢】人11 ホウ・あう (思いがけなく)出会う。▽―着。―瀬(おうせ)。
逢・逢

ほう【崩】常11 ホウ・くずれる・くずす ❶くずれる。▽―壊。―落。❷天子が死ぬ。▽―御。
崩・崩

ほう【捧】人11 ホウ・ささげる ❶ささげ持つ。▽―持。―呈。❷さし出す。
捧・捧

ほう【烹】11 ホウ・にる やわらかくにる。▽割―(かっぽう)。
烹・烹

ほう【萌】人11【萠】人11 ホウ・ボウ・きざす・もえる ❶芽をだす。▽―芽。❷まえぶれ。

萌・萌

ほう【訪】常11 ホウ・おとずれる・たずねる ❶おとずれる。▽―問。歴―。❷行ってさがす。▽探―(たんぼう)。
訪・訪

ほう【報】常12 ホウ・むくいる ❶むくいる。▽―復。❷しらせる。▽―告。警―。
報・報

ほう【蜂】常13 ホウ・はち ハチ類の昆虫。▽養―。―蜜。
蜂・蜂

ほう【豊】常13 ホウ・ゆたか ❶ゆたか。▽―富。❷よくみのる。▽―作。(豐)
豊・豊

ほう【飽】常13 ホウ・あきる・あかす ❶十分たべる。▽―食。❷十分にある。▽―和。(飽)
飽・飽

ほう【鳳】人14 ホウ・おおとり 想像上のめでたい鳥。▽―凰(ほうおう)。
鳳・鳳

ほう【褒】常15 ホウ・ほめる よい行いをたたえる。▽―賞。―美。
褒・褒

ほう【鋒】人15 ホウ・ほこさき ❶両刃の剣。❷刃物の先頭。▽先―(せんぽう)。
鋒・鋒

ほう【縫】常16 ホウ・ぬう ぬいあわせる。▽―合。裁―。
縫・縫

ほう〔鵬〕人19 ホウ・おおとり 想像上の大きな鳥。▽―図(ほうと)。―翼(ほうよく)。(鵬) 鵬・鵬

筆順

ほう〔封〕⇩ふう ほう〔蓬〕⇩よもぎ

ほう〔方〕❶方向。❷ところ。❸方面。分野。▽役所の―。❹いくつかの中の一つ。▽大きい―。 方

ほう〔法〕❶法律。❷礼儀。作法。❸やり方。▽美容―。❹仏の教え。① law 法

ほう〔報〕しらせ。▽逝去(せいきょ)の―。 報

ぼう〔亡〕常3 ボウ・モウ・ない ❶ほろびる。▽滅―。❷死ぬ。▽死―。❸にげる。▽―命。逃―。 亡・亡

筆順

ぼう〔乏〕常4 ボウ・とぼしい 必要なものがたりない。▽欠―。貧―。 乏・乏

筆順

ぼう〔忙〕常6 ボウ・いそがしい いそがしい。▽―殺。多―。 忙・忙

筆順

ぼう〔坊〕常7 ボウ・ボッ ❶僧。▽―主。❷男の子。▽―ちゃん。❸僧の住居。▽僧―。❹町。▽―間。 坊・坊

筆順

ぼう〔妨〕常7 ボウ・さまたげる じゃまをする。▽―害。 妨・妨

筆順

ぼう〔忘〕常7 ボウ・わすれる わすれる。▽―却。―年会。

筆順

忘・忘

ぼう〔防〕常7 ボウ・ふせぐ ❶ふせぐ。まもる。▽―衛。―犯。―寒。―火。消―。予―。❷つつみ。▽堤―。

筆順

防・防

ぼう〔房〕常8 ボウ・ふさ ❶小部屋。家。▽冷―。❷ふさ。▽花―。(房)

筆順

房・房

ぼう〔肪〕常8 ボウ 肉のあぶら。▽脂―。

筆順

肪・肪

ぼう〔某〕常9 ボウ はっきりわからないことをさす。▽―氏。―所。

筆順

某・某

ぼう〔冒〕常9 ボウ・おかす ❶おかす。▽―険。❷はじめ。▽―頭。

筆順

冒・冒

ぼう〔剖〕常10 ボウ 切りわける。▽解―。

筆順

剖・剖

ぼう〔紡〕常10 ボウ・つむぐ 糸をつむぐ。▽―織。―績。

筆順

紡・紡

ぼう〔望〕常11 ボウ・モウ・のぞむ ❶遠くを見る。▽眺―。展―。❷ねがう。▽希―。❸信頼。▽人―。❹満月。▽―月(ぼうげつ・もちづき)。

筆順

望・望

ぼう〔眸〕人11 ボウ・ひとみ ひとみ。また、目。▽―子。明―。

筆順

眸・眸

ぼう〔傍〕常12 ボウ・かたわら わき。そば。▽―観。路―。

筆順

傍・傍

ぼう〔帽〕常12 ボウ ぼうし。▽制―。脱―。

筆順

帽・帽

ぼう〔棒〕常12 ボウ ❶細長いもの。▽鉄―。❷太めの線。▽横―。❸一本調子。▽―読み。

筆順

棒・棒

ぼう〔貿〕常12 ボウ 品物の売り買い。▽―易。

筆順

貿・貿

ぼう〔貌〕常14 ボウ ❶顔かたち。▽美―。容―。相―。❷ありさま。▽全―。変―。

筆順

貌・貌

ぼう〔暴〕常15 ボウ・バク・あばく・あばれる ❶あらあらしい。▽―力。―風。❷あばれる。▽―政。❸だしぬけに。▽―発。―落。―騰(とう)。❹あばく。▽―露。❺度をこす。▽―飲。

筆順

暴・暴

ぼう〔膨〕常16 ボウ・ふくらむ・ふくれる ふくらむ。▽―大。―張。

筆順

膨・膨

ぼう〔謀〕常16 ボウ・ム・はかる はかりごと。たくらむ。▽―反(むほん)。共―。

筆順

謀・謀

ぼう〔妄〕⇩もう ぼう〔茅〕⇩かや

ほ

ぼう【坊】❶僧(の住居)。❷男の子。▽次男―。❸名前にそえて親しみを表す語。❹ある状態の人。▽けちん―。 坊

ぼう【某】❶何々という人。なにがし。❷ある…。▽―地点。 某

ぼう【望】❶満月。もちづき。❷陰暦一五日の称。対❶朔(さく)。 望

ぼう【棒】❶細長い木など。❷指揮棒。① bar 棒

ほうあん【奉安】貴いものを安置すること。 奉安

ほうあん【法案】法律の原案。 bill 法案

ほうい【方位】東西南北をもとにした方向。方角。 direction 方位

ほうい【包囲】取り囲むこと。 siege 包囲

ほうい【法衣】⇩ほうえ。 法衣

ぼうい【暴威】荒々しい威力。 暴威

ほういがく【法医学】法律上問題となる医学的事柄を研究する応用医学。 法医学

ほういつ【放逸】わがままで節度のないようす。▽―な生活。類放縦。放恣(ほうし)。 放逸

ぼういん【暴飲】度を過ごして飲むこと。▽―暴食。 暴飲

ほうえ【法会】❶説法する会。❷法要。 法会

ほうえ【法衣】僧衣。ほうい。 法衣

ほうえい【放映】テレビで放送すること。 televising 放映

ぼうえい【防衛】ふせぎ守ること。類防護。 defense 防衛

ぼうえき【防疫】感染症の発生や流行などをふせぐこと。 防疫

ぼうえき【貿易】外国と商品の売買をすること。類交易。 trade 貿易

ほうえつ【法悦】❶仏法を聞いて感じる喜び。❷うっとりとする心の状態。 法悦

ほうえん【方円】四角と円。 方円

ほうえん【砲煙】大砲を撃ったときに出る煙。 砲煙

ぼうえん【望遠】遠くを見ること。 望遠

ほうおう【法王】教皇。ローマ法王。 法王

ほうおう【法皇】出家した上皇。 法皇

ほうおう【訪欧】ヨーロッパをおとずれること。 訪欧

ほうおう【鳳凰】中国で、想像上の吉兆の鳥。鳳は雄、凰は雌。

ぼうおく【茅屋】❶かやぶき屋根の家。❷あばらや。また、自宅の謙称。

鳳凰

ほうおん【報恩】恩返し。対忘恩。

ぼうおん【忘恩】恩知らず。▽―の徒。対報恩。 忘恩

ぼうおん【防音】(室内に入ってくる、または室外に出る)騒音を防ぐこと。 防音

ほうか【邦貨】日本の通貨。対外貨。 邦貨

ほうか【放火】火災を起こそうと火をつけること。付け火。 arson 放火

ほうか【放歌】大声で歌うこと。類放吟。 放歌

ほうか【放課】学校の課業が終わること。▽―後。 放課

ほうか【法科】❶法律を研究する学科。❷法学部。①② law course 法科

ほうか【砲火】発砲するときの火。▽集中―を浴びる。 gunfire ▼―を交える 交戦する。 砲火

ほうが【邦画】❶日本映画。❷日本画。対❶❷洋画。 邦画

ほうが【奉賀】お祝いを言うこと。 奉賀

ほうが【萌芽】❶芽が出ること。また、その芽。❷物事の始まり。きざし。 萌芽

ぼうが【忘我】夢中になったり、うっとりしたりして我を忘れること。▽―の境。類恍惚(こうこつ)。 trance 忘我

ほうかい【抱懐】ある考えを心の中に持つこと。 抱懐

ほうかい【崩潰・崩壊】(建物や組織が)くずれこわれること。類瓦解(がかい)。 fall 崩潰

ほうがい【法外】限度をこえること。けた外れ。▽―な値段。 法外

ぼうがい【妨害】じゃまをすること。注×防害。 obstruction 妨害

ぼうがい【望外】自分の期待以上によいこと。思いのほか。▽―の喜び。 望外

ほうがく【方角】方位。 direction 方角

ほうがく【邦楽】日本古来の音楽。対洋楽。 邦楽

ほうがく【法学】法律学。 law 法学

ほうがちょう【奉加帳】寄進者の氏名や寄進される金品を記入する帳面。 奉加帳

ほうかつ【包括】全体を一つにまとめること。注×抱括。inclusion
ほうかん【奉還】お返しすること。
ほうかん【宝鑑】便利な実用書。
ほうかん【幇間】たいこもち。男芸者。
ほうがん【包含】中にふくみもつこと。▽問題を—する。類含有。inclusion
ほうがん【砲丸】❶大砲のたま。❷砲丸投げ用のたま。
ぼうかん【傍観】何もせず、そばで見ていること。傍見。類座視。look on
ぼうかん【暴漢】乱暴を働く男。thug
ほうがんし【方眼紙】方眼の線をひいた紙。graph paper
ほうがんびいき【判官贔屓】弱者に同情し肩をもつこと。はんがんびいき。
ほうき【芳紀】若い女性の年齢。▽—まさに十八歳。
ほうき【放棄】自分からすてること。▽権利を—する。renunciation
ほうき【法規】法律や規則。
ほうき【蜂起】大ぜいの人が反抗して立ち上がること。revolt
ほうき【箒】〈帚〉ちり・ごみなどをはく道具。broom
ぼうぎ【謀議】犯罪などの相談をすること。▽共同—。conspiracy
ぼうきゃく【忘却】忘れてしまうこと。失念。忘失。oblivion

ぼうぎゃく【暴虐】ひどいやり方で苦しめること。
ほうきゅう【俸給】給料。salary
ほうぎょ【崩御】天皇や皇后などがなくなること。
ぼうきょ【暴挙】乱暴で、無謀な行動。
ぼうぎょ【防御】〈防禦〉相手の攻撃を防ぐこと。対攻撃。defense
ほうきょう【豊頬】ふっくらとしたほお。
ぼうきょう【望郷】ふるさとをなつかしく思うこと。懐郷。▽—の念にかられる。類郷愁。
ほうぎょく【宝玉】宝石。宝珠。
ほうぎん【放吟】大声で詩歌をうたうこと。類放歌。
ぼうくん【暴君】❶横暴な君主。❷横暴な人。①②tyrant
ほうけい【方形】四角形。square
ほうげい【奉迎】身分の高い人を迎えること。対奉送。
ぼうけい【傍系】主流・直系から分かれた系統。傍流。▽—会社。対直系。
ほうげき【砲撃】大砲で攻撃すること。bombardment, fire
ほうける【惚ける】〈呆ける〉❶ぼんやりする。ぼける。❷遊び—。とことんまで…する。
ほうけん【封建】君主が諸侯に土地を分けあたえて治めさせること。

ほうげん【方言】ある地方だけで使われることば。対共通語。dialect
ほうげん【放言】思うままに言うこと。無責任な発言。▽大臣の—。類放談。irresponsible remark
ぼうけん【冒険】危険なことをあえて行うこと。adventure
ぼうけん【望見】遠くを見ること。
ぼうけん【傍見】傍観。
ぼうげん【妄言】⇩もうげん。
ぼうげん【暴言】無礼で乱暴な発言。
ほうこ【宝庫】❶宝のくら。❷資源・産物が多く出る所。①treasury
ぼうご【防護】ふせぎ守ること。
ほうこう【方向】❶ものの向き。方角。❷目的。方針。①direction ②aim
ほうこう【彷徨】あてもなくさまようこと。▽生死の境を—する。類放浪。wandering
ほうこう【芳香】よいかおり。類薫香。対悪臭。fragrance
ほうこう【咆哮】猛獣などがさけびほえること・声。roar
ほうこう【奉公】❶国につくすこと。❷住み込みで働くこと。▽—人。
ほうごう【縫合】ぬい合わせること。
ぼうこう【膀胱】腎臓（じんぞう）でできた尿をためる袋状の器官。bladder

ほ

ぼうこう【暴行】❶他人に暴力を加えること。❷強姦(ごうかん)。①violence　暴行

ほうこく【報告】経過や結果を知らせること。また、その内容。report　報告

ほうこく【報国】国からうけた恩恵のために力をつくすこと。　報国

ぼうこく【亡国】❶国をほろぼすこと。▽―の徒。❷ほろんだ国。▽―の民。対❶興国。　亡国

ぼうこく【某国】ある国。　某国

ぼうこひょうが【暴虎馮河】無謀な勇気をふるうこと。　暴虎馮河

ぼうこん【亡魂】死者の魂。亡霊。　亡魂

ぼうさい【亡妻】死んだ妻。対亡夫。　亡妻

ぼうさい【防災】火災・地震などの災害をふせぐこと。▽―訓練。　防災

ほうさく【方策】てだて。▽―を立てる。measures　方策

ほうさく【豊作】作物がよく実ること。対凶作。good harvest　豊作

ぼうさつ【忙殺】非常に忙しいこと。▽雑務に―される。　忙殺

ぼうさつ【謀殺】計画的殺人。　謀殺

ほうさん【奉賛】神社などの行事につつしんで協力すること。　奉賛

ほうさん【放散】はなれ散ること。▽熱を―する。　放散

ほうさん【硼酸】白色で光沢のある結晶。うがい・消毒用。　硼酸

ほうし【芳志】相手の親切な気持ちや心づかいを敬っていう語。芳情。▽過分の御―感謝いたします。　芳志

ほうし【奉仕】❶社会や他人のためにつくすこと。❷値引き。①service　奉仕

ほうし【放恣】気ままで、しまりのないこと。▽―な生活。類放縦。放逸。　放恣

ほうし【法師】僧。坊さん。　法師

ほうし【褒詞】ほめことば。賛辞。　褒詞

ほうじ【邦字】日本の文字。　邦字

ほうじ【法事】法要。　法事

ぼうし【防止】ふせぎ止めること。注×妨止。prevention　防止

ぼうし【某氏】ある人。　某氏

ぼうし【帽子】頭にかぶる物。hat, cap　帽子

ぼうじ【房事】男女の交わり。類閨事。　房事

ほうしき【方式】ある決まったやり方・形式。method, form　方式

ほうしき【法式】儀式などのきまり。　法式

ほうじちゃ【焙じ茶】番茶を強火でいった茶。　焙じ茶

ほうしゃ【放射】❶一点から四方に出すこと。▽―状。❷熱・光・電波などが直接伝わること。輻射(ふくしゃ)。②radiation　放射

ほうしゃ【報謝】❶恩にむくいること。❷僧などに金品を贈ること。　報謝

ぼうじゃくぶじん【傍若無人】そばに人がいないかのように、勝手気ままにふるまうこと。　傍若無人

ほうしゃのう【放射能】放射線を出す性質。radioactivity　放射能

ぼうしゅ【芒種】二十四節気の一。太陽暦の六月五、六日ごろ。稲を植えるときの意。　芒種

ぼうじゅ【傍受】他人の無線通信を受信・盗聴すること。intercept　傍受

ほうしゅう【報酬】❶むくい。返礼。❷仕事に対して支払う金品。②pay　報酬

ほうじゅう【放縦】勝手気ままなこと。ほうしょう。類放恣(ほうし)。　放縦

ほうしゅく【奉祝】つつしんで祝うこと。　奉祝

ほうじゅく【豊熟】作物が豊かに実ること。類豊穣。　豊熟

ほうしゅつ【放出】❶勢いよくふき出すこと。❷たくわえていた物を一度に手放すこと。①gush　放出

ほうじゅん【芳醇】酒などの、香りや味がよいこと。▽―なワイン。　芳醇

ほうじゅん【豊潤】豊かでうるおいのあること。▽―な土地。rich　豊潤

ほうしょ【芳書】他人の手紙の尊敬語。芳信。芳簡。　芳書

ほうしょ【奉書】「奉書紙(がみ)」の略。こうぞで作った和紙。　奉書

ほうじょ【幇助】犯罪や自殺などの手助けをすること。▽殺人　幇助

—。

ぼうしょ【某所】ある所。 某所

ぼうじょ【防除】予防して、わざわいをのぞくこと。▽虫害の—。 防除

ほうしょう【放縦】⇩ほうじゅう。 放縦

ほうしょう【報奨】努力や勤労にむくい、ほめはげますこと。類奨励。 報奨

ほうしょう【報償】賠償。 報償

ほうしょう【褒章】立派な行いをした人に国があたえる記章。紫綬・黄綬・紺綬・藍綬・緑綬・紅綬の六種ある。 褒章

ほうしょう【褒賞】ほめること。また、ほうび。 褒賞

ほうじょう【方丈】❶寺の住職の居所。❷住職。❸一丈(＝約三メートル)四方。 方丈

ほうじょう【芳情】芳志。 芳情

ほうじょう【放生】仏教で、とらえた動物を放すこと。 放生

ほうじょう【法帖】古人の筆跡を石ずりにした折り本。 法帖

ほうじょう【豊穣】穀物が豊かに実ること。▽五穀—。類豊作。豊熟。 豊穣

ほうじょう【豊饒】土地がこえて作物が豊かに実ること。豊沃。▽—な大地。fertility 豊饒

ほうじょう【褒状】賞状。 褒状

ぼうしょう【傍証】間接的な証拠。 傍証

ほうしょく【奉職】公職につくこと。 奉職

ほうしょく【飽食】あきるほど十分に食べること。飽満。 飽食

ぼうしょく【防食】(防蝕)金属の腐食を防ぐこと。▽—剤。 防食

ぼうしょく【紡織】紡績と機織り。 紡織

ぼうしょく【暴食】度をこして食べること。▽暴飲—。gluttony 暴食

ほうじる【奉じる】❶献上する。❷つつしんで受ける。▽命(めい)を—。❸職につく。▽職を—。 奉じる

ほうじる【崩じる】崩御する。 崩じる

ほうじる【報じる】❶むくいる。▽恩に—。❷仕返しする。❸報道する。③report 報じる

ほうじる【焙じる】火であぶって、しめりけをとる。▽茶を—。 焙じる

ほうしん【方針】めざす方向。policy 方針

ほうしん【芳心】芳志。 芳心

ほうしん【芳信】芳書。 芳信

ほうしん【放心】❶気がぬけてぼんやりすること。❷安心すること。 放心

ほうじん【邦人】外国在住の日本人。 邦人

ほうじん【法人】法律上個人と同様に権利や義務を認められた会社や団体。▽財団—。legal person 法人

ぼうず【坊主】❶住職。❷僧の俗称。❸坊主頭。❹男の子を親しんでいう語。❺釣りで、釣果(ちょうか)なし。❻あざけりや親しみの気持ちで、…の人。▽三日—。①bonze 坊主

ほうすい【放水】❶水を導き流すこと。▽—路。❷勢いよく水を飛ばすこと。類❶放流。②squirt 放水

ほうすい【豊水】水が豊富なこと。 豊水

ぼうすい【紡錘】糸をつむいで巻きとる用具。つむ。spindle 紡錘

ぼうすいけい【紡錘形】円筒形の両端が細くとがった形。 紡錘形

ほうすん【方寸】❶一寸(＝約三センチメートル)四方。❷ごく狭い範囲。❸心の中。 方寸

ほうせい【方正】心や行いが正しいこと。▽品行—。 方正

ほうせい【法制】❶法律と制度。❷法律で定めた制度。 法制

ほうせい【砲声】大砲を撃つ音。 砲声

ほうせい【鳳声】他人からの便りの尊敬語。 鳳声

ほうせい【縫製】衣類などを縫ってつくること。sewing 縫製

ぼうせい【暴政】人々を苦しめるむごい政治。tyranny 暴政

ほうせき【宝石】希少で質が硬くて美しい鉱物。宝玉。jewel 宝石

ぼうせき【紡績】各種の繊維を糸にすること。spinning 紡績

ほうせつ【包摂】ある概念を、より大きな概念の範囲につつみこむこと。 包摂

ぼうせん【防戦】敵の攻撃を防ぐこと・戦い。▽—一方に追いやられる。defensive fight 防戦

ぼうせん【傍線】文字の脇に引いた線。sideline　傍線

ぼうせん【棒線】まっすぐ引いた線。　棒線

ぼうぜん【呆然】❶あっけにとられるようす。▽—として声も出ない。❷気抜けしてぼんやりするようす。類❶唖然(あぜん)。　呆然

ぼうぜん【茫然】❶ぼんやりしていてとりとめのないようす。❷呆然❷。　茫然

ほうせんか【鳳仙花】草花の一。夏、白・赤・桃色の花が咲く。つまべに。balsam　鳳仙花

ぼうぜんじしつ【茫然自失】気が抜けてぼんやりとしてしまうこと。stupefaction　自失

ほうそう【包装】❶物を包むこと。❷荷造り。①wrapping ②packing　包装

ほうそう【放送】❶ラジオ・テレビで番組を伝えること。❷拡声器で、情報を伝えること。①②broadcast　放送

ほうそう【奉送】身分の高い人を見送ること。対奉迎。　奉送

ほうそう【法曹】法律にかかわる人。　法曹

ほうそう【疱瘡】「天然痘」の俗称。　疱瘡

ほうぞう【包蔵】中にたくわえもつこと。類内蔵。内包。　包蔵

ほうぞう【宝蔵】❶宝物を保管するくら。❷経典を保管するくら。経蔵。　宝蔵

ぼうそう【暴走】❶車が規則を無視して走ること。❷無人の車が走り出すこと。❸勝手に物事を進めること。　暴走

ほうそく【法則】❶守らなければならないきまり。❷自然現象などに見られる、不変・必然の関係。類❶規則。❷原理。①rule ②law　法則

ぼうだ【滂沱】涙がとめどもなく流れるようす。▽涙—として落つ。　滂沱

ほうたい【包帯】〈繃帯〉患部を保護するために巻く布。bandage　包帯

ほうだい【放題】思いのままにすること。▽食べ—。　放題

ぼうだい【傍題】副題。subtitle　傍題

ぼうだい【膨大】〈厖大〉数量が非常に大きいようす。▽—な予算。類莫大。huge　膨大

ほうたん【放胆】大胆なこと。bold　放胆

ほうだん【放談】自由に話すこと。また、その話。類放言。free talk　放談

ほうだん【砲弾】大砲のたま。shell　砲弾

ほうち【放置】ほうっておくこと。ほうりっぱなし。▽—自転車。leave　放置

ほうち【法治】法に基づいて政治を行うこと。▽—国家。　法治

ほうち【報知】知らせること。また、その知らせ。▽火災—機。類通報。　報知

ほうちく【放逐】追放。　放逐

ほうちゃく【逢着】出会うこと。　逢着

ぼうちゅう【忙中】忙しいさなか。▼—閑(かん)あり 忙しい時でもひまはあるものだ。　忙中

ほうちょう【包丁】〈庖丁〉料理用の刃物。　包丁

ぼうちょう【傍聴】会議・公判などを当事者以外の人が聞くこと。　傍聴

ぼうちょう【膨張】〈膨脹〉❶ふくれあがること。❷増大すること。❸体積が増すこと。①〜③expansion　膨張

ほうてい【奉呈】献上すること。　奉呈

ほうてい【法廷】裁判を行う場所。類公判。court　法廷

ほうてい【法定】法律で決めること。legal　法定

ほうていしき【方程式】数学で、ある特定の変数の値についてだけなりたつ等式。equation　方程式

ほうてき【放擲】〈抛擲〉うちすてること。　放擲

ほうてん【宝典】便利な書物。宝鑑。　宝典

ほうてん【法典】❶おきて。❷同種類の法律を体系化したもの。　法典

ほうでん【放電】❶帯電体が電気を放出すること。❷絶縁体を通して両極間に電流が流れること。対❶充電。①discharge　放電

ぼうてん【傍点】文字の脇に打つ点。　傍点

ほうと【方途】行うべき方法・手段。▽解決の—に迷う。　方途

ぼうと【暴徒】暴動を起こした人々。暴民。▽—と化す。mob　暴徒

ほうとう【放蕩】酒や女性におぼれること。類遊蕩。dissipation　放蕩

ほ

ほうとう【法灯】❶仏法を、闇を照らす灯火にたとえたことば。❷灯明（とうみょう）。 法灯

ほうどう【報道】告げ知らせること。また、その知らせ。▽事件を―する。―写真。report 報道

ぼうとう【冒頭】文章・談話の初め。▽―に述べたように。 冒頭

ぼうとう【暴投】❶野球で、投手が捕手のとれないような投球をすること。❷悪送球。①wild pitch 暴投

ぼうとう【暴騰】物価・相場などが急激に上がること。対暴落。 暴騰

ぼうどう【暴動】徒党を組んで、社会を乱す騒ぎを起こすこと。riot 暴動

ほうとく【報徳】恩にむくいること。 報徳

ぼうとく【冒瀆】神聖なものをけがすこと。▽神を―する行為。類汚辱（おじょく）。profanity 冒瀆

ほうにち【訪日】日本を訪れること。 訪日

ほうにょう【放尿】小便をすること。類排尿。urination 放尿

ほうにん【放任】なりゆきにまかせて、ほうっておくこと。▽―主義。 放任

ほうねつ【放熱】熱を放散すること。radiation 放熱

ほうねん【放念】気にかけないこと。▽御―ください。 放念

ほうねん【豊年】豊作の年。対凶年。 豊年

ぼうねん【忘年】❶年忘れ。❷年齢の差を忘れること。▽―の交わり。 忘年

ぼうねん【防燃】燃えにくくしてあること。▽―加工。 防燃

ほうねんまんさく【豊年満作】豊作で収穫が多いこと。注豊年×万作。 満作

ほうのう【奉納】神仏にささげること。dedication 奉納

ほうはい【澎湃】❶水がわきたつようす。❷盛んに起こるようす。 澎湃

ほうばい【朋輩】〈傍輩〉友達。同輩。 朋輩

ぼうばく【茫漠】広くてとりとめのないようす。▽―たる話。 茫漠

ぼうはつ【暴発】❶事件などが突然起こること。❷不注意で銃が発射されること。類❶突発。 暴発

ぼうはてい【防波堤】港の外側の海に築いた堤。breakwater 防波堤

ぼうはん【防犯】犯罪をふせぐこと。 防犯

ほうひ【放屁】おならをすること。 放屁

ほうび【褒美】ほめて与える金品。類褒賞。reward 褒美

ぼうび【防備】敵や災害にそなえること。類防御。defense 防備

ぼうびき【棒引き】❶線を引いて消すこと。❷帳消し。▽借金の―。①②cancellation 棒引き

ぼうひょう【妄評】いいかげんな批評。謙譲語。もうひょう。 妄評

ほうふ【抱負】心中の考え・計画。plan 抱負

ほうふ【豊富】豊かなこと。類潤沢。abundant 豊富

ぼうふ【亡夫】死んだ夫。対亡妻。 亡夫

ぼうふ【亡父】死んだ父。対亡母。 亡父

ぼうふ【防腐】くさるのを防ぐこと。▽―剤。 防腐

ぼうふう【暴風】はげしい風。windstorm 暴風

ぼうふうう【暴風雨】はげしい雨をともなうあらし。rainstorm 暴風雨

ほうふく【報復】仕返しをすること。類復讐（ふくしゅう）。revenge 報復

ほうふくぜっとう【抱腹絶倒】ころげ回るほど大笑いすること。 抱腹

ほうふつ【彷彿】〈髣髴〉よく似ていて、ありありと思いうかぶこと。 彷彿

ほうぶつせん【放物線】〈抛物線〉物をななめ上に投げあげたときに、空中にえがく曲線。parabola 放物線

ぼうふら【孑孑】〈孑孒〉蚊の幼虫。 孑孑

ほうぶん【邦文】日本語の文字・文章。和文。対欧文。 邦文

ぼうへき【防壁】敵や火・風雨などを防ぐための壁。 防壁

ほうべん【方便】便宜的な手段。▽うそも―。 方便

ぼうぼ【亡母】死んだ母。対亡父。 亡母

ほうほう【方法】目的を達するための手だて。method 方法

ほうぼう【方方】いろいろな方面。 方方

ほうぼう【魴鮄】海にすむ魚の一。大きな胸びれを使ってはって歩く。食用。gurnard 魴鮄

ほ

ぼうぼう【茫茫】❶茫洋《ぼうよう》。❷髪や草などがのび乱れたようす。▽草―の庭。　茫茫

ほうほうのてい【這う這うの体】かろうじて逃げ出すようす。　這う這

ほうぼく【芳墨】❶かおりのよい墨。❷他人の手紙・筆跡の尊敬語。　芳墨

ほうぼく【放牧】家畜を放し飼いにすること。grazing　放牧

ほうまつ【泡沫】❶あわ。❷はかないもののたとえ。①②bubble　泡沫

ほうまん【放漫】やりっぱなしでいい加減なようす。▽―経営。sloppy　放漫

ほうまん【豊満】（女性の）肉づきのよいようす。　豊満

ぼうまん【膨満】中がいっぱいになってふくれあがること。▽胃の―感。　膨満

ほうみょう【法名】❶仏門にはいった人につける名。法号。❷戒名。　法名

ほうむ【法務】❶法律上の事務。❷寺の事務。　法務

ほうむる【葬る】❶埋葬する。❷こっそり処理する。❸世間に出られないようにする。▽芸能界から―られる。①bury　葬る

ほうめい【芳名】❶名声。❷人の名の尊敬語。類❷尊名。　芳名

ぼうめい【亡命】政治的な理由で外国に逃れること。defection　亡命

ほうめん【方面】❶その方向・地域。❷ある分野。　方面

ほうめん【放免】❶解放すること。❷被疑者の勾留《こうりゅう》を解くこと。▽無罪―。❸刑期満了者を釈放すること。　放免

ほうもう【法網】法律のあみ。　法網

ほうもつ【宝物】たからもの。treasure　宝物

ほうもん【砲門】砲弾が飛び出す口。　砲門

ほうもん【訪問】人をたずねること。▽―客。注訪×門。visit　訪問

ほうやく【邦訳】外国文を日本文に訳すこと。また、訳したもの。　邦訳

ほうゆう【朋友】友人。友だち。　朋友

ほうよう【包容】❶含みもつこと。❷広い心で人を受け入れること。▽―力。注×抱擁力。②broad-minded　包容

ほうよう【抱擁】抱きしめること。抱きしめて愛撫《あいぶ》すること。hug　抱擁

ほうよう【法要】死者の追善供養を行う仏事。法事。類法会。　法要

ぼうよう【茫洋】広々として果てしないようす。茫々。　茫洋

ほうよく【豊沃】豊饒《ほうじょう》。　豊沃

ほうらい【蓬莱】❶蓬莱山。❷蓬莱飾り。　蓬莱

ほうらいかざり【蓬莱飾り】新年の祝いに、三方に山海の産物を飾ったもの。　蓬莱飾

ほうらいさん【蓬莱山】中国で、仙人がすむという伝説の山。　蓬莱山

ほうらく【崩落】崩れ落ちること。　崩落

ぼうらく【暴落】相場・物価などが急に大きく下がること。対暴騰。　暴落

ほうらつ【放埒】行いや生活が勝手気ままなこと。▽―な生活。　放埒

ぼうり【暴利】不当な利益。▽―をむさぼる。　暴利

ほうりだす【放り出す】❶外に投げ出す。捨てる。❷途中でやめる。▽学業を―。　放出

ほうりつ【法律】❶社会秩序を保つために定めた規範。❷国会の議決によって成立する国の決まり。①②law　法律

ぼうりゃく【謀略】はかりごと。謀計。　謀略

ほうりゅう【放流】❶せきとめていた水を流すこと。❷魚を川・湖などにはなすこと。▽稚魚の―。②stocking　放流

ぼうりゅう【傍流】❶支流。❷傍系。　傍流

ほうりょう【豊漁】大漁。対不漁。　豊漁

ぼうりょく【暴力】乱暴なふるまい。無法な力。violence　暴力

ほうる【放る】〈抛る〉❶投げる。❷おしげもなく差し出す。❸あきらめてやめる。投げ出す。　放る

ほうれい【法令】法律と命令。　法令

ほうれい【法例】法律の適用規定。　法例

ほうれい【豊麗】肉づきが豊かで美しいこと。　豊麗

ぼうれい【亡霊】❶死者の魂。❷幽霊。　亡霊

ほ

ほうれつ【放列】大砲を横に並べた形。また、カメラなどが並んだ形。砲列。

ほうれんそう【菠薐草】野菜の一。根は赤みを帯びている。spinach

ほうろう【放浪】あてもなくさまようこと。流浪(るろう)。▽―の旅。類彷徨。wandering

ほうろう【琺瑯】❶不透明なガラス質のうわぐすり。❷❶を焼きつけたもの。▽―なべ。①②enamel

ぼうろう【望楼】物見やぐら。

ほうろく【俸禄】職務に対する報酬として与えられる米・金銭。

ほうろく【焙烙】茶・豆などをいる、素焼きの浅い土なべ。ほうらく。

ぼうろん【暴論】乱暴な議論・理論。

ほうわ【法話】仏法に関する話。法談。

ほうわ【飽和】含み得る最大限の状態になること。saturation

ポエム【poem】詩。韻文。ポエジー。

ほえる〘吠〙7 ハイ・バイ・ほえる 動物が鳴く。▽遠―(とおぼ)え。

ほえる【吠える】〈吼える〉❶獣が鳴く。❷大声でわめく。①②roar

ぼえん【墓園】(共同)墓地。霊園。

ほお〘頰〙常16〘頬〙15 ほお・ほほ 顔のほお。▽―杖(ほおづえ)。豊―(ほうきょう)。

筆順 一 厂 ア 双 夾 夾 頬 頰

ほお【頰】顔の両わきのふくらみ。ほほ。cheek

ほおかぶり【頰被り】❶頭からほおにかけて手ぬぐいなどでおおうこと。ほっかぶり。❷知らないふりをすること。

ボーカル【vocal】声楽。歌唱。

ほおげた【頰桁】❶ほお骨。❷ほお。

ほおじろ【頰白】小鳥の一。ほおに白い線がある。鳴き声が美しい。

ほおずき【酸漿】〈鬼灯〉❶赤い実のなる草。❷❶の実で作る、口で鳴らすおもちゃ。

ボーダーレス【borderless】境界のないようす。ボーダレス。

ほおづえ【頰杖】てのひらでほおを支えること。

ボードビリアン【vaudevillian】喜劇やバラエティーに出演する芸人。

ポートフォリオ【portfolio】❶資産構成。❷自分の作品を集めたもの。

ポートレート【portrait】肖像画。また、肖像写真。

ほおのき【朴の木】落葉高木の一。材は家具・げたなどの材料。ほお。

ほおばる【頰張る】口いっぱいに食べ物を入れる。

ホームステイ【homestay】外国の家庭に住み込んで、学ぶこと。

ホームドクター かかりつけの医者。主治医。和製語。homeとdoctorから。

ホームヘルパー 高齢者や障害者の家庭へ出向き、家事を助ける人。ヘルパー。和製語。

ホームレス【homeless】家や家庭のない人。

ほおん【保温】温度を一定にたもつこと。▽―装置。

ほか【外】〈他〉❶よそ。❷ある範囲をこえていること。▽思いの―のできごと。❸それと異なること。▽―の人。

使い分け「ほか」

外…ある範囲から出たところ。▽思いの―うまくいった。想像の―の事件が起こる。もっての―。

他…それとは異なるもの。▽―の仕事を探す。この―に用意するものはない。―の人にも尋ねる。

ほかく【保革】❶保守と革新。❷皮革製品をよい状態に保つこと。

ほかく【捕獲】❶いけどること。❷(敵艦などを)とらえること。①capture

ほかげ【火影】〈灯影〉ともしび。かげ。light 注×ひ

ほかげ【帆影】遠くに見える船の帆。

ほかけぶね【帆掛け舟】帆をかけて走る船。帆船(ほぶね・はんせん)。sailing boat

ぼかす【暈す】❶濃淡の境をはっきりさせない。❷意味や内容をあいまいにする。▽話を―。②obscure

ほがらか【朗らか】❶心が明るく快活なようす。明朗。❷曇りなく晴れたようす。▽―な青空。注×郎

らか。①cheerful

ほかん【保管】預かってだいじに管理すること。custody　保管

ほかん【補完】不十分な点をおぎなって完全にすること。　補完

ぼかん【母艦】他の艦船や航空機の整備・燃料補給を目的とする軍艦。　母艦

ぼき【簿記】金銭の出し入れを記録・計算する記帳法。bookkeeping　簿記

ほきゅう【捕球】野球で、ボールをつかむこと。catching　捕球

ほきゅう【補給】不足分をおぎなうこと。類補充。補足。supply　補給

ほきょう【補強】弱い部分をおぎなって強くすること。▽堤防の—。メンバーを—する。reinforcement　補強

ぼきん【募金】寄付金をつのり集めること。fund-raising　募金

ほきんしゃ【保菌者】発病していないが、病原菌をもっている人。carrier　保菌者

ほく〔北〕常5 ホク・きた ❶きた。方角の一。▽—緯。❷にげる。▽敗—。　北・北

筆順 丨 十 丬 丬 北

ほぐ【祝ぐ】〈寿ぐ〉いわう。　祝ぐ

ぼく〔卜〕人2 ボク・うらなう うらなう。うらない。▽—筮（ぼくぜい）。—占。亀—（きぼく）。　卜・卜

筆順 丨 卜

ぼく〔木〕常4 ボク・モク・き・こ ❶立ち木。▽樹—。巨—。❷木材。▽—造。❸木曜日。　木・木

筆順 一 十 才 木

ぼく〔朴〕常6 ボク ❶樹木の一。ほおのき。❷かざりけがない。▽純—。素—。　朴・朴

筆順 一 十 才 木 札 朴

ぼく〔牧〕常8 ボク・まき ❶家畜を飼う。▽—場。放—。❷みちびく。▽—師。　牧・牧

筆順 ノ 𠂉 牛 牛 牜 牜 牧 牧

ぼく〔睦〕常13 ボク むつまじい。仲よくする。▽親—。和—。　睦・睦

筆順 目 目 目 睦 睦 睦 睦 睦

ぼく〔僕〕常14 ボク ❶男性のめしつかい。▽下—。❷（主に男性の）自称。　僕・僕

筆順 亻 亻 亻 亻 亻 僕 僕 僕

ぼく〔墨〕常14〔墨〕人15 ボク・すみ ❶すみ。▽—汁。❷書くこと・物。▽白—。水—画。　墨・墨

筆順 口 日 甲 里 里 黒 黒 墨

ぼく〔撲〕常15 ボクうつ。なぐる。▽—滅。打—。　撲・撲

筆順 扌 扌 扌 扌 扌 撲 撲 撲

ぼく〔穆〕16 ボク おだやかで静かなようす。▽—然。　穆・穆

ぼく〔目〕⇩もく

ぼく【僕】（主に男性の）自称。　僕

ほくい【北緯】赤道から北の緯度。　北緯

ほくおう【北欧】北ヨーロッパ。　北欧

ほくげん【北限】（生物の分布で）北方の限界。northern limit　北限

ぼくさつ【撲殺】なぐり殺すこと。　撲殺

ぼくし【牧師】プロテスタントで、信者を教えみちびく人。類神父。minister　牧師

ぼくしゃ【牧舎】家畜小屋。　牧舎

ぼくしゅ【墨守】古い習慣や自分の考えを、かたくなに守ること。▽旧套（きゅうとう）—。　墨守

ぼくじゅう【墨汁】墨をすった汁。また黒色の液。　墨汁

ぼくしょ【墨書】すみで書くこと。また、すみで書いたもの。　墨書

ほくじょう【北上】北進。　北上

ぼくじょう【牧場】牛・馬・羊などを放し飼いにする場所。まきば。ranch　牧場

ほくしん【北辰】北極星。polestar　北辰

ほくしん【北進】北へ進むこと。北上。　北進

ほぐす【解す】❶といてばらばらにする。▽もつれた糸を—。❷やわらかにする。▽気分を—。　解す

ぼくする【卜する】❶占う。❷選んで定める。▽居（きょ）を—。　卜する

ぼくせき【木石】❶木と石。❷人情がわからない人。▽—ならぬ身。—漢。　木石

ぼくせき【墨跡】〈墨蹟〉（毛筆の）筆跡。　墨跡

ぼくそう【牧草】家畜のえさにする草。　牧草

ほくそえむ【北叟笑む】満足してひとりこっそり笑う。　北叟笑

ほ

ぼくたく【木鐸】❶木製の舌のある鈴。❷世間の人々を教え導く人。▽社会の―となる。

木 鐸

ぼくち【墨池】❶すずりの水をためる部分。❷すみつぼ。

ぼくちく【牧畜】牧場で、家畜を飼ってふやすこと。cattle breeding　牧畜

ぼくちょく【朴直】実直。　朴直

ぼくとう【木刀】木製の刀。木剣。　木刀

ぼくどう【牧童】❶牧畜に従事する男。❷カウボーイ。類❶牧人。　牧童

ほくとしちせい【北斗七星】ひしゃく形に見える大熊座の七つの星。北斗。北斗星。Big Dipper　北斗

ぼくとつ【朴訥】〈木訥〉無口でかざりけがないこと。　朴訥

ぼくねんじん【朴念仁】わからずや。　朴念仁

ぼくふ【牧夫】牧童。　牧夫

ぼくめつ【撲滅】完全にほろぼすこと。▽交通事故の―運動。類全滅。根絶。eradication　撲滅

ほくよう【北洋】北極に近い海。　北洋

ほぐれる【解れる】とけて正常な状態になる。▽肩こりが―。気分が―。　解れる

ほくろ【黒子】皮膚にできる黒い小さな斑点(はんてん)。mole　黒子

ぼけ【木瓜】庭木の一。春、白・紅色などの花が咲く。　木瓜

ほげい【捕鯨】鯨をとること。whaling　捕鯨

ぼけい【母系】❶母方の系統。❷❶で相続を決めること。対❶❷父系。　母系

ほけつ【補欠】欠員をおぎなうこと・人。substitute　補欠

ぼけつ【墓穴】はかあな。grave▼―を掘(ほ)る 自分で自分の失敗・破滅の原因をつくる。　墓穴

ポケットベル 携帯用の小型無線呼び出し機。ポケベル。商標名。

ぼける【惚ける】〈呆ける〉❶頭の働きがにぶる。❷ぼやける。①become senile　惚ける

ほけん【保健】健康を保つこと。　保健

ほけん【保険】病気・事故などが生じたときに一定の金額を受けとれるようにお金を積み立てる制度。insurance　保険

ぼけん【母権】❶母系がもつ家の支配権。❷母親の親権。対❶❷父権。　母権

ほこ〔鉾〕14 ボウ・ほこ ほこ。武器の一。▽蒲―(かまぼこ)。山―(やまぼこ)。　鉾・鉾

ほこ【矛】〈鉾・戈〉両刃の剣に長い柄をつけた武器。▼―を納める 戦いをやめる。　矛

ほご【反故】〈反古〉❶使って不要になった紙。故紙。❷役に立たない物事。　反故

ほご【保護】かばったり守ったりすること。protection　保護

ほこう【歩行】歩くこと。walking　歩行

ほこう【補講】補充のために行う講義。　補講

ぼこう【母校】出身校。　母校

ぼこう【母港】その船が根拠地としている港。home port　母港

ぼこく【母国】自分の生まれた国。　母国

ほこさき【矛先】〈鉾先〉❶ほこの先端。❷攻撃の方向。▽非難の―を向ける。　矛先

ほごしょく【保護色】動物の、環境に似せた体色。　保護色

ほごちょう【保護鳥】法律で捕獲禁止されている鳥。禁鳥。protected bird　保護鳥

ほこら【祠】神を祭った小さなやしろ。　祠

ほこらしい【誇らしい】得意そうである。proud　誇らしい

ほこり【埃】細かいごみ。dust　埃

ほこり【誇り】誇ること。名誉に思う気持ち。pride　誇り

ほこる【誇る】❶得意になって自慢する。▽才能を―。❷名誉に思う。▽歴史と伝統を―。①②be proud　誇る

ほころびる【綻びる】❶ぬい目がとける。❷つぼみが少し開く。▽梅が―。①come apart　綻びる

ほころぶ【綻ぶ】綻びる。　綻ぶ

ほさ【補佐】〈輔佐〉人の仕事を助けること・人。類補助。assistance　補佐

ほさき【穂先】❶植物の穂の先。❷とがったものの先端。▽筆の―。　穂先

ほ

ほさく【補作】 おぎないつくること。 補作

ぼさつ【菩薩】 ❶仏陀(ぶっだ)に次ぐ位。❷神に対する称号。▽八幡(はちまん)大—。 菩薩

ぼさん【墓参】 はかまいり。 墓参

ほし【星】 ❶夜空に光る天体。❷星の形の印。❸小さな点。❹犯人。❺相撲の勝敗を示す丸。❻運勢。▽不幸な—のもとに生まれる。❼花形。①②⑦star 星

ほじ【保持】 たもち続けること。▽日本記録を—する。類維持。maintenance 保持

ぼし【母子】 母と子。▽—家庭。 母子

ぼし【拇指】 おやゆび。thumb 拇指

ぼし【墓誌】 死者の事跡を墓石などに書きしるした文章。epitaph 墓誌

ポジ 写真の陽画。positiveから。対ネガ。

ほしい【欲しい】 ❶自分のものにしたい。❷…してもらいたい。▽見せて—。①②want 欲しい

ほしいまま【恣】 思うまま。▽権勢を—にする。 恣

ポシェット【pochette フランス】 肩からつるす小型のバッグ。

ほしかげ【星影】 星の光。 星影

ほしくさ【干し草】 干した草。hay 干し草

ほしくず【星屑】 夜空の無数の星。stardust 星屑

ほじくる【穿る】 ❶穴をつつくようにして中の物をだす。ほじる。❷あばきたてる。①pick 穿る

ほしづきよ【星月夜】 星の光が明るい夜。 星月夜

ポジティブ【positive】 ❶積極的。肯定的。対ネガティブ。❷ポジ。

ほしまわり【星回り】 運命。▽数奇な—。 星回り

ぼしめい【墓誌銘】 墓誌の最後に加える短い文句。 墓誌銘

ほしもの【干し物】 日光に干してかわかすこと。干した物。特に、洗濯物。 干し物

ほしゃく【保釈】 一定の保証金をおさめさせて、勾留中の被告人を判決前に釈放すること。bail 保釈

ほしゅ【保守】 ❶伝統や制度を変えずに守ろうとする態度。▽—政党。❷正常な状態をたもつこと。▽—点検。 保守

ほしゅ【捕手】 野球で、投手の投球を受ける役の選手。catcher 捕手

ほしゅう【補修】 破損した所を補い、繕うこと。修補。類修理。repair 補修

ほしゅう【補習】 正規の授業の補充に行われる特別な授業。 補習

ほじゅう【補充】 不足したものや人員を補い、満たすこと。supplement 補充

ぼしゅう【募集】 広くつのって集めること。recruitment 募集

ほじょ【補助】 不十分なところを補い助けること。類補佐。援助。aid 補助

ぼしょ【墓所】 はかば。graveyard 墓所

ほしょう【歩哨】 警戒や見張りをする役(の兵士)。sentry 歩哨

ほしょう【保証】 確かであるとうけあうこと。▽連帯—。guarantee 保証

ほしょう【保障】 損害を受けないように保護すること。▽安全—。security 保障

ほしょう【補償】 あたえた損害をつぐなうこと。▽—金。compensation 補償

使い分け「ほしょう」

保証…責任をもってうけあうこと。▽人物を—する。—書(しょ)。—金。—の限りではない。

保障…危険から保護すること。「障」はさえぎるの意。▽安全を—する。社会—。

補償…損害をつぐなうこと。「償」はつぐなうの意。▽損害を—する。災害—。

ぼじょう【慕情】 恋いしたう気持ち。 慕情

ぼしょく【暮色】 夕暮れの景色・色合い。 暮色

ほじる【穿る】 ほじくる。 穿る

ほしん【保身】 自分の地位や名声ばかりを守ろうとすること。▽—術。 保身

ほす【干す】 〈乾す〉❶かわかす。❷からにする。▽杯を—。❸仕事をあたえない。①dry 干す

ほすい【保水】 水分を保つこと。▽森林の—力。 保水

ホスピス【hospice】 末期患者の安らかな死を重視する医療施設。

ほする【補する】 職務に任じる。▽部長に—。 補する

ほせい【補正】 不足を補い、誤りを正すこと。▽—予算。correction 補正

ほぜい【保税】 関税の賦課(ふか)が留保されている状態。▽—倉庫。 保税

ぼせい【母性】母としてもつ性質。対父性。maternity 母性

ぼせき【墓石】はかいし。gravestone 墓石

ほせつ【補説】説明の不足を補うこと。また、その説明。補説

ほせん【保線】鉄道線路を、安全に保つこと。▽―区。保線

ほぜん【保全】保護して安全を保つこと。▽国土の―。conservation 保全

ぼせん【母船】船団の各漁船の漁獲物の加工・保存設備をもつ親船。母船

ほぞ【枘】木材などをつなぐために一方の材につくった突起。tenon 枘

ほぞ【臍】へそ。▼―を噛(か)む 後悔する。臍

ほそい【細い】❶(棒状の)物の幅が狭い。❷声が小さい。❸弱々しい。▽食が―。対❶～❸太い。細い

ほそう【舗装】〈鋪装〉道路をアスファルトなどで固めること。pavement 舗装

ほそうで【細腕】やせて細いうで。とぼしい力・稼ぎのたとえ。細腕

ほそおもて【細面】ほっそりした顔。細面

ほそく【歩測】歩数で距離を測ること。歩測

ほそく【捕捉】つかまえること。▽敵を―する。捕捉

ほそく【補足】足りないところを補うこと。▽―説明。類補充。supplement 補足

ほそく【補則】規定を補うためにつけ加えた規則。補則

ほそぼそ【細細】❶やっと続くようす。▽親子二人で―と暮らす。❷非常に細いようす。細細

ほそみ【細身】❶細めに作ってあること。❷体が細いこと。①barely ②slender 細身

ほそる【細る】細くなる。細る

ほぞん【保存】そのままの状態を保つこと。▽―食。preservation 保存

ほだ【榾】たきぎ用の木の切れ端。榾

ぼたい【母体】❶母親の体。❷分かれ出たものの、もとになるもの。▽この団体は市民運動を―として設立された。母体

ぼたい【母胎】❶母親の胎内。❷物事を生みだすもとになるもの。母胎

ぼだい【菩提】❶仏教で、悟り。❷極楽に往生すること。▼―を弔(とむら)う 死者の冥福(めいふく)をいのる。▽犯罪の―となる貧困。菩提

ぼだいじ【菩提寺】先祖代々の墓がある寺。菩提所。檀那寺(だんなでら)。菩提寺

ぼだいじゅ【菩提樹】❶落葉高木の一。夏、薄黄色の小花が咲く。寺に植えられる。❷落葉高木の一。釈迦(しゃか)がこの木の下で悟りを開いたといわれる。インド菩提樹。①linden 菩提樹

ぼだいしょ【菩提所】菩提寺。菩提所

ほだされる【絆される】人情にひかされる。▽情に―。絆される

ぼたもち【牡丹餅】おはぎ。牡丹餅

ほたる〔蛍〕⇩けい

ほたる【蛍】昆虫の一。尻から青白い光を発する。firefly 蛍

ぼたん〔釦〕11 コウ・ボタン 衣服をとめるもの。▽金―。貝―。釦・釦

ボタン【botão ポルトガル】〈釦〉❶洋服の留め具の一。❷機械などの、おすスイッチ。▽―戦争。①②button

ぼたん【牡丹】❶庭木の一。初夏に大きな花が咲く。❷猪(いのしし)の肉。牡丹

ぼたんゆき【牡丹雪】大きなかたまりでふる雪。ぼた雪。牡丹雪

ぼち【墓地】はかば。graveyard 墓地

ほちゅう【補注】〈補註〉補足の注釈。補注

ほちゅうあみ【捕虫網】昆虫をとるあみ。insect net 捕虫網

ほちょう【歩調】歩行の調子。また、一緒に行うときの調子。足なみ。pace 歩調

ほちょうき【補聴器】聴力を補うために耳にあてる器具。hearing aid 補聴器

ほっ〔発〕⇩はつ　ほっ〔法〕⇩ほう

ぼつ〔没〕常7 ボツ ❶見えなくなる。▽沈―。埋―。❷なくす。▽―我。❸とりあげる。▽―収。❹死ぬ。没・没

筆順 、 冫 氵 氿 沒 没

ぼつ〔勃〕常9 ボツ 急におこる。▽―興。―発。勃・勃

筆順 一 十 土 㐄 孛 孛 勃 勃

ぼつ【没】❶〈歿〉死ぬこと。▽平成一〇年―。❷不採用。❸…が無い。▽―交渉。没

ぼっ〔坊〕⇩ぼう

ほ

ぼっか【牧歌】❶牧童のうたう歌。❷田園生活をうたった詩歌。 牧歌

ぼつが【没我】我を忘れること。 没我

ぼっかく【墨客】書画をかく人。ぼっきゃく。▽文人—。 墨客

ほつがん【発願】❶神仏に願をかけること。❷企てること。 発願

ほっき【発起】❶新たに企てること。▽—人。❷思い立つこと。▽一念—。注×はっき。 発起

ほつぎ【発議】⇩はつぎ。 発議

ぼっき【勃起】❶急に起こりたつこと。❷陰茎が硬直状態になること。②erection 勃起

ぼっきゃく【没却】捨ててかえりみないこと。▽自我を—する。ignoring 没却

ほっきょく【北極】❶地軸の北端。北極点。❷北極圏。❸磁石のN極。対❶~❸南極。①North Pole 北極

ほっきょくせい【北極星】天球上の北極の近くにある星。小熊座のα(アルファ)星。北辰。polestar 北極星

ぽっくり【木履】女の子用の駒(こま)下駄。 木履

ほっけ【鯱】海にすむ魚の一。北洋にすむ。食用。 鯱

ぼっけん【木剣】木刀。 木剣

ぼつご【没後】〈歿後〉死後。対没前。 没後

ぼっこう【勃興】急に勢いが出て、さかえること。類興隆。rise 勃興

ぼっこうしょう【没交渉】交渉がないこと。unrelatedness 没交渉

ぼっこん【墨痕】墨で書いた筆のあと。▽—鮮やか。 墨痕

ほっさ【発作】突発的におこる症状。fit 発作

ぼっしゅう【没収】強制的にとりあげること。confiscation 没収

ぼつしゅみ【没趣味】趣味がないこと。 没趣味

ほっしん【発心】❶信仰心をおこすこと。発意(ほつい)。❷思いたつこと。 発心

ほっしん【発疹】⇩はっしん。 発疹

ほっす【払子】獣の毛や麻などを束ねて柄をつけた仏具。 払子

ほっする【欲する】ほしいと思う。願う。▽地位を—。want 欲する

ぼっする【没する】❶隠れる。▽夕日が—。❷〈歿する〉死ぬ。▽異国の地に—。❸没収する。 没する

ぼつぜん【没前】死ぬ前。対没後。 没前

ぼつぜん【勃然】❶急に起こるようす。▽抗議の声が—として起こる。❷むっとして怒るようす。 勃然

ほっそく【発足】団体などが活動を始めること。はっそく。▽委員会が—する。launch 発足

ほったて【掘っ立て】〈掘っ建て〉柱を直接地面にたてること。▽—小屋。 掘っ立

ほったん【発端】事の始まり。▽事件の—。類端緒。対終末。 発端

ぼっちゃん【坊ちゃん】❶男の子の丁寧語。❷世間知らずの男性。▽お—。 坊ちゃん

ぼっとう【没頭】一つのことに熱中すること。没入。類専心。absorption 没頭

ホットライン【hot line】(国家首脳間の)直通電話。

ほづな【帆綱】帆を上げおろしする綱。 帆綱

ぼつにゅう【没入】❶没頭。❷しずみ入ること。▽海中に—する。 没入

ぼつねん【没年】〈歿年〉❶死んだ年。❷死んだときの年齢。享年(きょうねん)。 没年

ぼっぱつ【勃発】事件などが突然おこること。outbreak 勃発

ポップ【pop】❶大衆的。❷はじけるようす。

ポップス【pops】ポピュラーミュージック。

ぼつぼつ【勃勃】わき起こるようす。▽—たる野心。spirited 勃勃

ぼつらく【没落】栄えていたものが衰え落ちぶれること。類衰退。downfall 没落

ほつれる【解れる】結び目・縫い目がほどけ乱れる。 解れる

ほてい【布袋】七福神の一。太鼓腹で、大きな袋をかついだ姿にかたどられる。 布袋

ほてい【補訂】文章の書き足りない部分を補い、誤りをただすこと。 補訂

ほてい【補綴】補いつづること。補筆。ほてつ。 補綴

ほてつ【補綴】⇩ほてい。 補綴

ほてる【火照る】体や顔が、熱くなる。flush 火照る

ほ

ほてん【補塡】 足りない部分を補いうめること。穴埋め。類補充。　補塡

ポテンシャル【potential】 潜在能力。可能性。

ほど【程】 ❶程度。❷限度。❸おおよその時間・距離。❹ようす。▽真偽の―は分からない。　程

ほどあい【程合い】 ころあい。　程合い

ほどう【歩道】 人が歩くための道。人道。対車道。sidewalk　歩道

ほどう【補導】 〈輔導〉青少年を健全な方向にみちびくこと。guidance　補導

ほどう【舗道】 〈鋪道〉舗装道路。sidewalk　舗道

ぼどう【母堂】 他人の母の尊敬語。　母堂

ほどく【解く】 結んだ物やもつれた物などを、ときはなす。untie　解く

ほとけ【仏】 ❶仏教で、悟りを得た人。❷釈迦(しゃか)。❸仏像。❹死人。❺慈悲深い人。▼**―作って魂**(たましい)**入れず** 苦心してなしとげた物事が、重要な点を欠いていて役立たない。▼**―の顔も三度** 慈悲深い人でも何度もひどいことをされれば怒りだす。　仏

ほとけごころ【仏心】 情け深い心。　仏心

ほとけのざ【仏の座】 ❶春の七草の一。春、黄色の花が咲く。たびらこ。❷雑草の一。春、赤紫色の花が咲く。　仏の座

ほどこす【施す】 ❶あたえる。❷行う。❸広くしめす。❹つけ加える。　施す

ほどとおい【程遠い】 かなりへだたりがある。far　程遠い

ほととぎす【時鳥】 〈杜鵑・不如帰・子規〉渡り鳥の一。山林にすみ、初夏に「テッペンカケタカ」と鳴く。little cuckoo　時鳥

ほどなく【程無く】 まもなく。　程無く

ほとばしる【迸る】 勢いよく飛び散る。spout　迸る

ほどほどに【程程に】 ちょうどよい程度に。moderately　程程に

ほとぼり【熱り】 事が終わったあとまで続く人々の関心・興味。　熱り

ほとり【辺】 そば。あたり。side　辺

ほとんど〔殆〕 9 人 **タイ・ほとんど** ❶あやうい。▽危―(きたい)。❷大部分。　殆・殆

筆順							
一	ア	歹	歹	歹ム	歹ム	殆	殆

ほとんど【殆ど】 ❶おおかた。❷もう少しで。①almost　殆ど

ほなみ【穂波】 波のようにそよぐ穂。　穂波

ほにゅう【哺乳】 母乳を飲ませて育てること。▽―瓶。―類。　哺乳

ぼにゅう【母乳】 母親の乳。　母乳

ほね【骨】 ❶動物の体を中でささえるかたい組織。❷器物の、芯(しん)。❸気骨。▽―のある人。❹労苦。①bone ③backbone ▼**―の髄**(ずい)**まで** 徹底して。▼**―と皮** 非常にやせていること。　骨

ほねおしみ【骨惜しみ】 苦労をいやがること。　骨惜しみ

ほねおりぞん【骨折り損】 苦労したことがむだになること。　骨折り損

ほねぐみ【骨組み】 ❶骨格。❷構造。❸物事のもとになる組み立て。　骨組み

ほねつぎ【骨接ぎ】 骨折・脱臼(だっきゅう)の治療。接骨。整骨。また、その医者。bonesetting　骨接ぎ

ほねぬき【骨抜き】 ❶魚や鳥の骨をぬくこと。❷主張や計画の肝心な部分をぬき去ること。▽法案を―にする。　骨抜き

ほねみ【骨身】 骨と肉。体。▼**―に応**(こた)**える** 全身や心に強く感じる。▼**―を惜**(お)**しまない** 苦労をいやがらない。　骨身

ほねやすめ【骨休め】 体を休めること。類休息。rest　骨休め

ほのお【炎】 〈焔〉❶もえて、光や熱を発している部分。火炎。❷激情のたとえ。①② flame　炎

ほのか【仄か】 かすか。faint　仄か

ほのぐらい【仄暗い】 かすかに暗い。　仄暗い

ほのぼの【仄仄】 かすかに明るさ(あたたかさ)を感じるようす。▽―と夜が明ける。heartwarming　仄仄

ほのめかす【仄めかす】 それとなくしめす。におわす。suggest　仄めかす

ほばく【捕縛】 とらえ、しばること。　捕縛

ほばしら【帆柱】 帆を張る柱。mast　帆柱

ほはば【歩幅】 一歩の幅。　歩幅

ぼひ【墓碑】 文字の刻まれた、墓石。tombstone　墓碑

ホビー【hobby】 趣味。

ほ

ほひつ【補筆】書き加えること。

ぼひめい【墓碑銘】墓碑にほった死者の事績などの文句。epitaph

ぼひょう【墓標】墓のしるしに立てる柱や石。gravepost

ほふ【保父】保育所で、保育をする男性の旧称。保育士。図保母。male nurse

ほふく【匍匐】はらばい。▽―前進。creep

ほふる【屠る】❶鳥獣の体を切りさく。❷みなごろしにする。

ほへい【歩兵】徒歩で戦う兵。

ほほ【頬】⇩ほお。

ほぼ【保母】保育所で保育をする女性の旧称。保育士。図保父。nurse

ほぼ【略】だいたい。おおむね。nearly

ほほえましい【微笑ましい】思わずにっこり笑いたくなるようすである。heartwarming

ほほえむ【微笑む】❶にっこりする。❷つぼみが少し開く。①smile

ほまえせん【帆前船】帆掛け船。

ほまれ【誉れ】名誉。栄誉。▽名人の―が高い。honor

ほむら【炎】〈焔〉❶ほのお。火炎。❷激情のたとえ。▽恋の―を燃やす。①②flame

ほめる【褒める】〈誉める〉よいと評価して言う。図けなす。praise

ほや【火屋】ランプなどの火をおおう、ガラス製の筒。

ぼや【小火】小さな火事。

ぼやく ぶつぶつと不平を言う。grumble

ほゆう【保有】自分のものとして持っていること。▽核の―。車の―台数。possession

ほよう【保養】心身を休めて健康をやしなうこと。▽―地でのんびりする。目の―。relaxation

ほら【法螺】❶ほらがい。❷おおげさな話。②tall tale

ぼら【鯔】〈鰡〉海にすむ魚の一。卵巣から、からすみをつくる。食用。mullet

ほらあな【洞穴】洞くつ。類岩穴。cave

ほらがい【法螺貝】大形の巻き貝(の殻で作ったらっぱ)。

ほらふき【法螺吹き】おおげさなことを言う人。boaster

ボランティア【volunteer】自発的に無報酬で奉仕活動をする人。

ほり〔堀〕常11 ほり 土をほって作った水路。▽内―。釣り―。

筆順 堀

ほり【堀】〈濠〉❶ほりわり。❷城の周囲に水をたたえた所。①canal ②moat

ほり【彫り】❶ほること。❷顔の凹凸。①carving

ポリシー【policy】政策。方針。

ほりだしもの【掘り出し物】偶然手に入れた、珍しい(安い)品物。find

ほりゅう【保留】決定をあとにのばすこと。留保。suspension

ほりゅう【蒲柳】❶植物の「かわやなぎ」の別称。❷弱い体質。▽―の質。

ほりょ【捕虜】敵にとらわれた人。とりこ。prisoner (of war)

ほりわり【掘り割り】〈堀割〉地面をほって水を通した所。堀。canal

ほる【彫る】❶きざむ。彫刻する。❷いれずみをする。①carve

ほる【掘る】❶地面に穴をあける。❷土の中から取り出す。①dig

ホルダー【folder】(折り畳み式の)紙ばさみ。フォルダー。

ホルダー【holder】❶支えるもの。▽キー―。❷保持者。▽レコード―。

ボルト【volt】電圧の単位。記号V

ほれいしゃ【保冷車】食料品を低温で運ぶ車。

ほれぼれ【惚れ惚れ】心を奪われ、うっとりするようす。▽―する歌声。fascinating

ほれる〔惚〕人11 コツ・ほれる ❶うっとりする。▽恍―(こうこつ)。❷ほれる。

筆順 惚

ほれる【惚れる】❶恋する。❷心を引かれる。❸うっとりする。

ほろ〔幌〕人13 コウ・ほろ 日よけ・雨よけのまく。▽―馬車。▽聞き―。

筆順 幌

ぼろ【襤褸】❶使い古した布切れ。❷つぎはぎの衣服。❸欠点・失敗。

①rag

ほろう【歩廊】 二列の柱の間につくった通路。回廊。corridor 歩廊

ホロコースト【holocaust】 大虐殺。

ホロスコープ【horoscope】 ❶占星術。❷占星術に使う十二宮図。

ほろにがい【ほろ苦い】 少しにがみがある。▽—思い出。 ほろ苦

ほろびる【滅びる】 〈亡びる〉絶えてなくなる。ほろぶ。die out 滅びる

ほろぶ【滅ぶ】 〈亡ぶ〉ほろびる。 滅ぶ

ほろよい【ほろ酔い】 酒を飲み、気分よくちょっと酔うこと。tipsy ほろ酔

ホワイトデー バレンタインデーのお返しとして、男性から女性へクッキーやキャンデーなどを贈る日。和製語。whiteとdayから。

ほん〔本〕 常5 ホン・もと ❶もと。中心。▽根—。基—。❷もとで。▽資—。❸もとからの。▽—能。—質。❹自分の。▽—国。—校。❺この。▽—人。—日。❻書物。❼にせものでない。正式の。▽—当。—妻。 本・本

筆順 一 十 オ 木 本

ほん〔奔〕 常8 ホン ❶かける。▽—走。—流。❷逃げる。▽出—。 奔・奔

筆順 一 ナ 大 太 夲 夲 奔 奔

ほん〔翻〕 常18 **〔飜〕** 人21 ホン・ひるがえる・ひるがえす ❶ひるがえる。ひるがえす。▽—意。❷つくりかえる。▽—訳。—案。 翻・翻

筆順 丷 平 釆 番 翻 翻 翻 翻

ほん〔反〕 ⇩はん

ホン【phon】 音の大きさを表す単位。フォン。

ほん【本】 ❶書物。❷この。当の。▽—事件。—学。❸本式の。▽—放送。—決まり。❹細長いものを数える語。❺映画作品を数える語。❻勝負の回数を数える語。①book 本

ぼん〔凡〕 常3 ボン・ハン ❶なみの。▽平—。❷おしなべて。あらゆる。▽—例(はんれい)。 凡・凡

筆順 丿 几 凡

ぼん〔盆〕 常9 ボン ❶丸く平らな器。▽—栽。❷盂蘭盆(うらぼん)。 盆・盆

筆順 八 分 分 分 盆 盆 盆 盆

ぼん〔煩〕 ⇩はん

ぼん【盆】 ❶物をのせて運ぶ道具。❷盂蘭盆(うらぼん)。お盆。①tray ▼—と正月が一緒(いっしょ)に来たよう ❶非常に忙しいこと。❷うれしいことが重なること。 盆

ほんあん【翻案】 原作の内容を生かして改作すること。adaptation 翻案

ほんい【本位】 ❶もとの位置。❷考えや行動の基準。▽人物—。❸貨幣制度の基準。▽金—制。 本位

ほんい【本意】 本当の考え・気持ち。ほい。▽変更は私の—ではない。intension 本意

ほんい【翻意】 決心をかえること。▽—を促す。 翻意

ほんえい【本営】 総指揮官のいる軍営。 本営

ぼんおどり【盆踊り】 お盆の夜に、歌や音頭に合わせておどる踊り。 盆踊り

ほんか【本科】 別科・予科・専科に対して、その学校の本体となる課程。 本科

ほんかい【本懐】 もとからの望み。▽—を遂げる。 本懐

ほんかく【本格】 本来の正しい形式・格式。本式。正式。 本格

ほんがん【本願】 ❶本懐。❷仏・菩薩(ぼさつ)が衆生(しゅじょう)を救おうとする大願。 本願

ぼんがん【凡眼】 平凡な眼識・眼力。対慧眼(けいがん)。 凡眼

ほんき【本気】 本当の気持ち。真剣なようす。serious 本気

ほんぎ【本義】 本来の意味・意義。 本義

ほんぎまり【本決まり】 正式な決定。 本決ま

ほんきゅう【本給】 手当などを加えない、基本となる給料。基本給。regular pay 本給

ほんきょ【本拠】 活動のよりどころとなる場所。類根拠。base 本拠

ほんぎょう【本業】 主とする職業。本職。対副業。primary job 本業

ぼんぐ【凡愚】 平凡でおろかなこと・人。類凡下。 凡愚

ぼんくれ【盆暮れ】 盂蘭盆(うらぼん)と年末。 盆暮れ

ほんけ【本家】 一門・一族の中心になる家筋。対分家。head family 本家

ほんけがえり【本卦帰り】 〈本掛還り〉還暦。 本卦帰

ほんげん【本源】 根源。 本源

ほんこう【本校】 ❶いくつかに分かれた学校で、中心となる学 本校

ほ

校。❷この学校。我が校。対❶分校。

ほんこく【翻刻】原本のまま再出版すること。reprint　翻刻

ほんごく【本国】❶祖国。▽—送還。❷植民地でない、もとからの国土。本土。類❶母国。　本国

ほんごし【本腰】本気で行うこと。▽—を入れる。　本腰

ぼんこつ【凡骨】平凡な素質の者。　凡骨

ほんさい【本妻】正妻。対妾(めかけ)。　本妻

ぼんさい【凡才】平凡な才能(の人)。　凡才

ぼんさい【盆栽】鉢植えの園芸。　盆栽

ぼんさく【凡作】ありきたりでつまらない作品。commonplace work　凡作

ほんざん【本山】各宗派のおおもととなる寺。対末寺。　本山

ほんし【本旨】本来の主旨。true aim　本旨

ほんし【本紙】新聞などの主な紙面。　本紙

ほんし【本誌】(別冊・付録に対して)本体となる雑誌。　本誌

ほんじ【本字】❶漢字。❷ある漢字のもとになった漢字。　本字

ほんしき【本式】正式な形式・やり方。対略式。formal　本式

ほんしつ【本質】最も大切で根本的な性質。essence　本質

ほんじつ【本日】今日。today　本日

ほんしゃ【本社】❶会社の中心になる事業所。❷おおもとの神社。対❶支社。❷末社。①head office　本社

ぼんしゅ【凡手】並みの腕前・人。　凡手

ほんしゅつ【奔出】勢いよくほとばしり出ること。類噴出。gush out　奔出

ほんしょう【本性】❶本来の性質。ほんせい。❷正気。①true nature　本性

ぼんしょう【梵鐘】寺院のつりがね。　梵鐘

ほんしょく【本職】❶本業。❷専門家。プロ。②professional　本職

ほんしん【本心】❶生まれつきもっている正しい心。❷本当の気持ち。真意。類❷本音。　本心

ほんじん【本陣】❶昔の戦いのとき、大将のいるところ。❷昔、大名が宿泊した公認の宿屋。　本陣

ぼんじん【凡人】平凡な人。類凡夫(ぼんぷ)。ordinary person　凡人

ほんすじ【本筋】本来の筋道。　本筋

ほんせい【本姓】❶生家の名字。❷戸籍上の本当の名字。　本姓

ほんせい【本性】⇩ほんしょう。　本性

ほんせき【本籍】戸籍の所在地。▽—地。　本籍

ほんせん【本船】船団で主となる船。もとぶね。親船。　本船

ほんせん【本線】主要な線路。幹線。対支線。main line　本線

ほんせん【本選】予選通過者の中から優勝者を選ぶ審査。final contest　本選

ほんぜん【本然】本来の姿。ほんねん。▽自己—の姿。　本然

ほんぜん【本膳】正式の日本料理で、客の正面に置かれる主な膳。一の膳。　本膳

ほんぜん【翻然】❶ひるがえるようす。❷急に心を改めるようす。▽—として非を悟る。　翻然

ぼんせん【凡戦】つまらない試合。　凡戦

ほんそう【本葬】本式の葬儀。　本葬

ほんそう【奔走】駆け回って努力すること。▽資金集めに—する。　奔走

ほんぞう【本草】漢方で、薬用になる草。　本草

ほんそく【本則】❶法令の本体をなす部分。❷原則。対❶付則。　本則

ぼんぞく【凡俗】❶平凡で俗っぽいこと。❷凡夫。　凡俗

ほんぞん【本尊】❶寺の中心となる仏像。❷当人。本人。▽御—。　本尊

ぼんだ【凡打】野球で、ヒットにならない打撃。　凡打

ほんたい【本体】❶主要な部分。❷ほんとうの姿。正体。①body　本体

ほんたい【本隊】中心となる部隊。　本隊

ほんだい【本題】中心の題目。本論。　本題

ぼんたい【凡退】野球で、打者がヒットを打てずにアウトになること。　凡退

ほんたく【本宅】ふだん住んでいる家。本邸。対別宅。　本宅

ほんだな【本棚】本をのせておくたな。bookshelf　本棚

ぼんち【盆地】まわりを山に囲まれた平地。basin　盆地

ほんちょう【本朝】わが国の朝廷。また、わが国。日本。 本朝

ほんてい【本邸】本宅。図別邸。 本邸

ほんてん【本店】中心・本体になる店。図支店。head office, main store 本店

ほんでん【本殿】神社で、神体が祭ってある建物。 本殿

ほんど【本土】国の中心となる国土。 本土

ポンド【pound】❶〈听・封度〉重さの単位。一ポンドは約四五三グラム。記号lb ❷〈磅〉イギリスの貨幣単位。記号£

ほんとう【本当】真実・本物であること。ほんと。図うそ。いつわり。true, real 本当

ほんとう【本島】群島・列島の中心となる島。▽沖縄―。 本島

ほんとう【奔騰】物価などが非常な勢いであがること。類高騰。 奔騰

ほんどう【本堂】寺で、本尊が祭ってある堂。 本堂

ほんどう【本道】❶交通の中心になる道。❷正しい筋道。正道。▽政治の―を行く。図❶間道。 本道

ほんにん【本人】その人。当人。 本人

ほんね【本音】本心から出たことば。▽―を吐(は)く。思わず―が出てしまう。real intention 本音

ほんねん【本年】ことし。当年。 本年

ほんのう【本能】生まれつきの能力や性質。instinct 本能

ぼんのう【煩悩】仏教で、人間の心を悩ます、すべての欲望。worldly desire 煩悩

ぼんのくぼ【盆の窪】首の後ろのくぼんだところ。 盆の窪

ほんば【本場】❶主な産地。❷物事の中心地。❸取引所で、前場。 本場

ほんば【奔馬】勢いよく走る馬。▽―の勢い。 奔馬

ほんばしょ【本場所】大相撲の正式な興行。 本場所

ほんばん【本番】❶映画・テレビなどで、本式の撮影・録音など。❷すっかりそうなること。▽春―。 本番

ぼんぴゃく【凡百】もろもろ。かずかず。▽―の罪。 凡百

ほんぶ【本部】組織の中心になる機関。図支部。headquarters 本部

ぼんぷ【凡夫】迷いや欲望にとらわれている、ふつうの人。類凡人。俗人。 凡夫

ポンプ【pompオランダ】〈喞筒〉液体・気体を吸いこんだり送り出したりする装置。pump

ほんぷく【本復】病気の全快。 本復

ほんぶり【本降り】当分やみそうにない雨や雪のふり方。この分だと―になりそうだ。図小降り。 本降り

ほんぶん【本分】その人が当然しなければならないつとめ。duty 本分

ほんぶん【本文】⇩ほんもん。 本文

ほんぽ【本舗】❶本店。❷特定の品物を製造・販売する店。 本舗

ほんぽう【本邦】この国。わが国。▽―初公開の映画。 本邦

ほんぽう【本俸】本給。基本給。 本俸

ほんぽう【奔放】思うままにふるまうこと。▽自由―。uninhibited 奔放

ぼんぼり【雪洞】小型のあんどんの一。昔、用いられた。 雪洞

雪洞

ぼんぼん【凡凡】きわめて平凡なようす。▽平平―。 凡凡

ほんまつ【本末】重要なことと、つまらないこと。 本末

ほんまつてんとう【本末転倒】重要なこととそうでないことが反対になること。 転倒

ほんまる【本丸】城の中心部。 本丸

ほんみょう【本名】ほんとうの名前。実名。real name 本名

ほんむ【本務】❶本来の仕事。❷本分。 本務

ほんめい【本命】❶競馬・競輪などで、優勝候補。❷選挙などで有力視される人。①②favorite 本命

ほんめい【奔命】忙しく立ち働くこと。▽―に疲れる。 奔命

ほんもう【本望】もとからの望み。また、望みがかなって満足なこと。本懐。▽これさえかなえば―だ。 本望

ほんもと【本元】おおもと。▽本家―。 本元

ほんもの【本物】❶本当のもの・人。❷本格的なこと。図❶❷偽物。 本物

ほんもん【本文】❶書物の主要な内容をなす部分。ほんぶん。❷もとの文章。原文。①②text 本文

ほんやく【翻訳】ある言語で書かれた文章を他の言語に直すこと。▽―家。translation 翻訳

ほ

ぼんよう【凡庸】 平凡なこと・人。ordinary　凡庸

ほんらい【本来】 ❶もともと。元来。❷当たり前。普通。▽―なら許さないところだ。①originally　本来

ほんりゅう【本流】 ❶川の主流。❷主な流派。対❶支流。　本流

ほんりゅう【奔流】 はげしい勢いの流れ。▽時代の―に流される。類激流。torrent　奔流

ぼんりょ【凡慮】 凡人の考え。▽―の及ぶところではない。　凡慮

ほんりょう【本領】 もとからもっているすぐれた性質や特色。もちまえ。▽―を発揮する。　本領

ほんるい【本塁】 野球で、ホームベース。home plate　本塁

ほんろう【翻弄】 思いどおりに、もてあそぶこと。▽敵を―する。trifle　翻弄

ほんろん【本論】 ❶議論や論文で、中心になる部分。❷この論文・議論。①main subject　本論

ま　マ

ま〔麻〕 常11 マ・あさ ❶植物の、あさ。▽大―(たいま)。❷しびれる。▽―酔。(麻)
筆順 亠 广 广 庁 庁 床 麻　麻・麻

ま〔摩〕 常15 マ ❶こする。▽―擦。❷みがく。▽研―。❸せまる。▽―天楼。(摩)
筆順 亠 广 庁 床 麻 麽 摩　摩・摩

ま〔磨〕 常16 マ・みがく ❶みがく。▽研―。練―。❷こする。▽―滅。(磨)
筆順 亠 广 庁 庁 麻 麻 磨 磨　磨・磨

ま〔魔〕 常21 マ 人をまどわすあやしいもの・術。▽―法。悪―。邪―。(魔)
筆順 广 庁 麻 麻 麽 麿 魔 魔　魔・魔

ま【真】 ❶本当。❷本当の。完全な。▼―に受ける 本気にする。　真

ま【間】 ❶物と物とのあいだ。すきま。❷あいだの時間。ひま。❸部屋。▽茶の―。❹せりふとせりふのあいだ(の時間)。❺機会。運。❻部屋数を数える語。▼―が持てない 空き時間をもてあます。▼―が悪い ❶運が悪い。❷きまりが悪い。　間

ま【魔】 ❶悪魔。❷偏執狂。▽電話―。▼―が差(さ)す ふと悪い考えがおこる。　魔

まあい【間合い】 ❶ころあい。▽―をはかる。❷あいだ。あいま。②interval　間合い

マーカー【marker】 印付け用筆記具。

マークシート 試験で、正解の記号をぬりつぶす方式の解答用紙。和製語。

マーケティング【marketing】 販売戦略。

マージャン【麻雀】 牌(パイ)を使って四人で行う室内ゲーム。中国語から。mah-jong　麻雀

まあたらしい【真新しい】 見るからに新しい。▽―ハンカチ。brand-new　真新し

まい〔毎〕 常6〔每〕人7 マイ そのたびに。▽―度。―日。―回。
筆順 丿 𠂉 𠂉 勾 毎 毎　毎・每

まい〔妹〕 常8 マイ・いもうと 年下の女のきょうだい。▽姉―。弟―。
筆順 ㄑ 女 女 女 奸 妹 妹 妹　妹・妹

まい〔枚〕 常8 マイ ❶うすい物を数える語。▽―数。❷数える。▽―挙。
筆順 一 十 才 木 木 杉 杓 枚　枚・枚

まい〔昧〕 常9 マイ ❶おろか。▽愚―。❷はっきりしない。▽曖―(あいまい)。
筆順 丨 冂 日 日 旪 昧 昧 昧　昧・昧

まい〔埋〕 常10 マイ・うめる・うまる・うもれる 地中に入れる。うずまる。▽―没。―葬。
筆順 土 圠 坦 坦 坦 押 埋 埋　埋・埋

まい〔米〕 ⇩べい

まい【舞】 音楽・歌にあわせせまうこと。踊り。dance　舞

まいあさ【毎朝】 毎日の朝。　毎朝

まいおうぎ【舞扇】 舞に使う扇。　舞扇

まいかい【毎回】 そのたびごと。　毎回

まいき【毎期】 その期間ごと。　毎期

まいきょ【枚挙】 一つ一つ数えあげること。類列挙。▼―に遑(いとま)がない あまり多くて数えきれない。　枚挙

マイクロ【micro-】 ❶ある単位の一〇〇万分の一。記号μ ❷非常に小さな。ミクロ。

マイクロコンピューター【microcomputer】 小型コンピューター。マイコン。

まいこ【舞子】 〈舞妓〉舞をまって酒席に興を添える少女。　舞子

まいご【迷子】 はぐれたり、道にまよったりした子供。まよいご。　迷子

lost child

まいこつ【埋骨】 遺骨の埋葬。 埋骨

まいこむ【舞い込む】 ❶まうように入り込む。❷思いがけなく入り込む。▽吉報が—。 舞い込

マイコン 「マイクロコンピューター」の略。

まいじ【毎次】 そのたびごと。毎回。 毎次

まいじ【毎時】 一時間ごと。 毎時

まいしん【邁進】 心をふるいたたせてつき進むこと。▽勇往—。 邁進

まいせつ【埋設】 地中・海底にうめて設置すること。▽下水管の—工事。 埋設

まいそう【埋葬】 死体や遺骨を土の中に埋めて葬ること。burial 埋葬

まいぞう【埋蔵】 ❶資源などが地中にうまっていること。▽—量。❷地中にうずめかくすこと。▽—金。①deposit 埋蔵

まいちもんじ【真一文字】 一直線。 一文字

まいど【毎度】 ❶そのたびごと。❷いつも。①each time ②every time 毎度

マイナー【minor】 ❶小規模(少数)なこと。二流。❷音楽で、短調。短音階。対❶❷メジャー。

まいない【賄】 〈賂・賄賂〉わいろ。 賄

マイナンバー 日本国内で住民登録をする人に割り当てられた番号。二〇一六年より使用開始。

マイノリティー【minority】 少数。少数派。対マジョリティー。

まいばん【毎晩】 夜ごと。毎夜。 毎晩

まいひめ【舞姫】 舞をまう女性。 舞姫

まいぼつ【埋没】 ❶うずもれて見えなくなること。❷世に知られないこと。 埋没

まいまい【毎毎】 いつも。毎度。 毎毎

まいもどる【舞い戻る】 もとの所に帰って来る。come back 舞い戻

まいよ【毎夜】 毎晩。 毎夜

まいる〖哩〗人10 **リ・マイル** マイル。ヤードポンド法の距離の単位。 哩・哩

筆順

マイル【mile】 〈哩〉ヤードポンド法の距離の単位。一マイルは約一・六キロ。

まいる【参る】 ❶「行く」「来る」の謙譲語。❷参拝する。❸負ける。▽この暑さには—。❹心をうばわれる。❺ひどく弱る。❻「…て行く」「…て来る」の謙譲・丁寧表現。 参る

マイルド【mild】 おだやか。

マイレージ【mileage】 ❶総マイル数。❷マイル数で表した航行距離。

まう【舞う】 ❶舞を演じる。❷空中を軽やかに動く。①dance ②whirl 舞う

まうえ【真上】 ちょうど上。 真上

マウス【mouse】 ❶はつかねずみ。❷パソコン画面の指示点を動かす装置。

まえ【前】 ❶顔の向いている方。❷手前。❸正面。❹順序が先の方。▽二台—の車。❺以前。❻人数分の分量。対❶~❸後ろ。❹❺あと。①③front ⑤before 前

まえいわい【前祝い】 成功を見越し、前もって祝うこと。▽—に一杯やる。 前祝い

まえおき【前置き】 本論の前に述べることば・文章。introduction 前置き

まえがき【前書き】 本文の前に書く、序文。preface 前書き

まえかけ【前掛け】 胸などから下をおおう布。apron 前掛

まえがしら【前頭】 相撲で、十両の上、小結(こむすび)の下。 前頭

まえがみ【前髪】 額(ひたい)にたらした髪。 前髪

まえきん【前金】 前払い金。 前金

まえこうじょう【前口上】 本題に入る前の口上。 前口上

まえば【前歯】 門歯。対奥歯。front tooth 前歯

まえぶれ【前触れ】 ❶事前に知らせること。▽—なしの訪問。❷前兆。▽地震の—。①notice 前触れ

まえまえ【前前】 ずっと以前。 前前

まえむき【前向き】 ❶正面をむくこと。❷考え方・態度が積極的なこと。②positive 前向き

まえもって【前以て】 あらかじめ。▽—用意する。beforehand 前以て

まえやく【前厄】 厄年の前年。 前厄

まおう【魔王】 悪魔の王。 魔王

ま

まおとこ【間男】人妻がひそかに他の男と通じること。また、その男性。 間男

まかい【魔界】悪魔の住む世界。魔境。 魔界

まがいもの【紛い物】にせもの。 紛い物

まがう【紛う】⇩まごう。 紛う

まがお【真顔】まじめな顔つき。 真顔

まがき【籬】竹・柴(しば)などであらく編んだ垣根。ませがき。 籬

まかす【任す】任せる。 任す

まかす【負かす】相手を負けさせる。破る。beat 負かす

まかせる【任せる】❶ゆだねる。❷なすがままにさせる。❸ぞんぶんに働かせる。▽力に—せて投げる。①entrust 任せる

まがたま【勾玉】〈曲玉〉古代の装身具に使った、ともえ形の玉。 勾玉

まかなう【賄う】❶うまく処理する。❷食事の世話をする。 賄う

まかふしぎ【摩訶不思議】非常に不思議なようす。 摩訶

まがまがしい【禍禍しい】不吉な感じだ。 禍禍し

まがり【間借り】代金を払って他人の家の部屋を借りること。rooming 間借り

まがりかど【曲がり角】❶道の折れ曲がった所。❷転機。▽人生の—。①street corner 曲り角

まかりでる【罷り出る】❶退出する。❷参上する。 罷り出

まかりとおる【罷り通る】❶堂々と通る。❷悪い行為が通用する。 罷り通

まかりならぬ【罷り成らぬ】してはならない。 罷り成

まがりなりにも【曲がり形にも】どうにかこうにか。 曲がり形

まかりまちがう【罷り間違う】「まちがう」を強めた語。▽—とけんかになる。 罷間違

まがる【曲がる】❶まっすぐでなくなる。ゆがむ。❷方向を変える。❸ねじける。①bend ②turn 曲がる

まき〔槙〕人14〔槇〕人14 シン・まき ❶こずえ。❷樹木の、まき。 槙・槇

筆順 木 杧 杧 柿 楨 植 植 槙

まき【巻】❶書画の巻き物。❷書物の区分の一。 巻

まき【槙】〈真木〉常緑樹の一。庭木や生け垣などにする。材は器具用。black pine 槙

まき【薪】たきぎ。▽—をくべる。firewood 薪

まきえ【蒔絵】金粉・銀粉で漆器の表面に模様を表す漆工芸。 蒔絵

まきえ【撒き餌】魚・鳥などを寄せ集めるためにまくえさ。 撒き餌

まきおこす【巻き起こす】思いがけない事態を引き起こす。▽反響を—。 巻き起

まきかえし【巻き返し】態勢を逆転させること。rolling back 巻返し

まきがみ【巻紙】❶長くまいた紙。❷ものをまく紙。 巻紙

まきこむ【巻き込む】❶まいて中に入れる。❷仲間にひき入れる。また、まきぞえにする。 巻き込

まきじた【巻き舌】威勢よくしゃべる口調。 巻舌

マキシ【maxi】すそが足首までの服。

マキシマム【maximum】最大限。最大。マクシマム。対ミニマム。

まきじゃく【巻き尺】容器にまいておさめるテープ状のものさし。tape measure 巻尺

まきぞえ【巻き添え】災難に巻き込まれること。▽事故の—を食う。類とばっちり。 巻添え

まきば【牧場】⇩ぼくじょう。 牧場

まきもの【巻物】書画などをかいた紙を横に長く表装して、軸にまきつけたもの。▽絵—。 巻物

まきょう【魔境】魔界。 魔境

まぎらわしい【紛らわしい】❶いりまじって、わかりにくい。❷区別しにくい。注×紛らわしい。confusing 紛らわ

まぎれる【紛れる】❶いりまじって、わからなくなる。❷心を奪われて他のことを忘れる。①get mixed 紛れる

まぎわ【間際】〈真際〉寸前。 間際

まく〔幕〕常13 マク・バク ❶仕切りにする布。❷軍の本陣。▽—僚。❸芝居の一区切り。▽—間(まくあい)。 幕・幕

筆順 艹 苩 荁 莫 莫 莫 幕 幕

まく〘蒔〙 人13 **ジ・シ・まく** うえる。まく。—絵(まきえ)。▽種を—(ま)く。 蒔・蒔

筆順 艹 … 蒔 蒔

まく〘膜〙 常14 **マク** 物をおおう、うすい皮。▽被—。粘—。 膜・膜

筆順 月 … 膜 膜

まく【巻く】〈捲く〉❶ぐるぐるとまるめる。❷からみつける。❸ねじってまわす。▽ねじを—。①roll ③wind 巻く

まく【幕】 ❶仕切る布。❷演劇の一段落。❸場面。場合。▽君の出る—ではない。❹物事の終結。▽事件もこれで—となる。①curtain ②act ▼**—を切って落とす** 物事を華々しく始める。 幕

まく【蒔く】〈播く〉種を地面に埋める。▽麦を—。sow ▼**—かぬ種は生えぬ** 何もしないで、よい結果はえられない。 蒔く

まく【膜】 ❶生物体の器官を包むうすい細胞層。❷表面のうすい皮。 膜

まく【撒く】 ❶振り散らす。▽水を—。❷尾行者を途中ではぐれさせる。▽尾行を—。①sprinkle 撒く

まくあい【幕間】 芝居で、幕と幕の間の休憩時間。注まく×ま。intermission 幕間

まくあき【幕開き】 芝居(物事)の始まり。対幕切れ。opening 幕開き

まくうち【幕内】 相撲で、前頭(まえがしら)以上(の力士)。 幕内

まくぎれ【幕切れ】 芝居(物事)の終わり。▽あっけない—の試合。対幕開き。ending 幕切れ

まぐさ【秣】〈馬草〉牛馬の食用の草。かいば。 秣

まくした【幕下】 相撲で、十両と三段目の間(の力士)。 幕下

まくしたてる【捲し立てる】 続けざまに勢いよくしゃべる。rattle 捲し立

まぐち【間口】 ❶家屋・地面などの正面の幅。❷活動・知識などの範囲。 間口

まくつ【魔窟】 ❶悪魔のすみか。❷悪者などの集まる所。 魔窟

マグニチュード【magnitude】 地震の規模を示す単位。記号M

まくのうち【幕の内】 ❶幕内。❷幕の内弁当。俵形のにぎり飯とおかずを入れた弁当。 幕の内

まくら〘枕〙 常8 **まくら** 物の下にしく台。まくら。▽—頭(ちんとう)。—木(まくらぎ)。 枕・枕

筆順 一 十 オ 木 木 杧 枕

まくら【枕】 ❶寝るときに頭を支えるもの。❷下で支えるもの。❸落語などで、前置きの話。▽—を振る。①pillow ▼**—を欹**(そばだ)**てる** 寝ながら耳をすまし聞く。▼**—を高くして寝る** 安心して眠る。 枕

まくらぎ【枕木】 線路の下にしく横木。tie 枕木

まくらもと【枕元】〈枕許〉枕のそば。bedside 枕元

まくる【捲る】 ❶巻いて上にあげる。❷盛んに…する。▽走り—。 捲る

まぐれ【紛れ】 偶然の幸運であること。fluke 紛れ

マクロ【macro】 巨視的なこと。対ミクロ。

まぐろ〘鮪〙 17 **ユウ・まぐろ** 海魚の一。まぐろ。 鮪・鮪

まぐろ【鮪】 海産の魚の一。大形で、暖かい海を回遊する。食用。tuna 鮪

まげ【髷】 髪を束ねて結んだもの。わげ。▽—を結う。 髷

まけいぬ【負け犬】 みじめな敗北者。 負け犬

まけおしみ【負け惜しみ】 負けたり失敗したりしたことをすなおに認めず、いろいろ理屈を言って強がること。sour grapes 負け惜

まけじだましい【負けじ魂】 負けまいとしてがんばる精神。類負けん気。 負けじ魂

まけずおとらず【負けず劣らず】 優劣がないようす。 負けず劣

まけずぎらい【負けず嫌い】 負けるのを特にいやがること・人。負け嫌い。 負けず嫌

まげて【枉げて】〈曲げて〉むりに都合をつけて。しいて。▽—御承知いただきたい。 枉げて

まける【負ける】 ❶争いに敗れる。❷圧倒される。❸かぶれる。❹値段を安くする。①lose ▽うるしに—。 負ける

まげる【曲げる】 ❶曲がった形にする。❷道理をゆがめる。▽事実を—。❸主義や志を変える。①bend 曲げる

まご【孫】 子の子。grandchild 孫

まご【馬子】 昔、馬に人や荷物を乗せて運ぶ仕事をした人。▼**—にも衣装**(いしょう) だれでも外面を飾れば引き立つ。 馬子

まごう【紛う】 似ていて区別がつかない。まがう。▽—方(かた)ない。 紛う

まごこ【孫子】 ❶孫と子。❷子孫。 孫子

ま

ま

まごころ【真心】 いつわりのない心。誠意をつくす心。sincerity　真心

まごでし【孫弟子】 弟子の弟子。　孫弟子

まこと【誠】〈実・真〉❶本当。❷まごころ。▽―を尽くす。❸実は。実に。▽―に申し訳ない。類❶真実。　誠

まことしやか【実しやか】〈真しやか〉いかにも本当らしいようす。▽―なうそ。plausible　実しやか

まごびき【孫引き】 他書に引用されたものをそのまま引用すること。　孫引き

まさ【柾】 9 人 まさ・まさき ❶木材のまっすぐに通っている木目。▽―目。❷樹木の、まさき。　柾・柾

筆順 一 十 才 木 朾 杆 杆 柾

まさか いくらなんでも。

まさかり【鉞】 大形のおの。axe　鉞

まさき【柾】〈正木〉常緑低木の一。庭木や生け垣などにする。　柾

まさぐる【弄る】 指先でさぐる。指先でもてあそぶ。finger　弄る

まさご【真砂】 細かい砂。　真砂

まさしく【正しく】 確かに。正に。▽―正論だ。certainly　正しく

まさつ【摩擦】 ❶すれあうこと。こすりあわせること。❷不和。▽貿易―。注×磨擦。①friction　摩擦

まさに【正に】 ❶確かに。❷当然。▽―その通りだ。❸ちょうどその時。①surely　正に

まさめ【正目】〈柾目〉まっすぐに通った木目（もくめ）。まさ。対板目（いため）。　正目

まさゆめ【正夢】 夢で見たことが現実となったときの、その夢。対逆夢（さかゆめ）。　正夢

まさる【勝る】〈優る〉すぐれる。対劣る。surpass ▼**―とも劣（おと）らない** 同等以上である。ひけをとらない。　勝る

まざる【交ざる】 交じる。　交ざる

まざる【混ざる】 混じる。　混ざる

まじえる【交える】 ❶まぜる。❷交差させる。❸やりとりする。①mix　交える

ました【真下】 ちょうど下。　真下

まして【況して】 ❶言うまでもなく。なおさら。❷なおいっそう。　況して

まじない【呪い】 神仏に祈って、災いを避けたりする術・ことば。spell　呪い

まします【在す】〈坐す〉❶おいでになる。❷…ていらっしゃる。　在す

まじめ【真面目】 ❶本気であること。誠実。▽―に働く。類❷真剣。①serious ②honest　真面目

ましゃく【間尺】 ❶建築工事の寸法。❷計算。割。▼**―に合わない** 割に合わない。　間尺

ましゅ【魔手】 人に害を加えようとするもののたとえ。　魔手

まじゅつ【魔術】 ❶心をまどわす術。魔法。❷大がかりな奇術。①②magic　魔術

まじょ【魔女】 ❶女の魔法使い。❷女の悪魔。❸ふしぎな力をもつ女。①witch　魔女

ましょう【魔性】 人をまどわす性質。▽―の女。　魔性

マジョリティー【majority】 多数。多数派。対マイノリティー。

ましら【猿】「さる」の別称。　猿

まじりけ【混じり気】〈交じり気〉他の物がまじっていること。▽―のない酒。mixture　混じり気

まじる【交じる】 他のものの中に入る。交ざる。mingle　交じる

まじる【混じる】 別の種類が入り込んで一緒になる。混ざる。mix　混じる

使い分け「まざる・まじる・まぜる」

交ざる・交じる・交ぜる…主に、元の素材が判別できる形で一緒になる。▽漢字仮名交じり文。カードを交ぜる。白髪交じり。子供たちに交ざって遊ぶ。小雨交じりの天気。

混ざる・混じる・混ぜる…主に元の素材が判別できない形で一緒になる。▽異物が混じる。雑音が混じる。コーヒーにミルクを混ぜる。絵の具を混ぜる。

まじろぎ【瞬ぎ】 まばたき。またたき。　瞬ぎ

まじわる【交わる】 ❶交差する。❷交際する。❸性交する。注交×じわる。①cross　交わる

マシン【machine】 ❶機械。❷競走用の自動車やオートバイ。

ましん【麻疹】「はしか」の別称。measles　麻疹

ます【桝】 11 ます ます。「枡」の異体字。　桝・桝

ます【鱒】 人23 **ソン・ます** さけに似た魚。▽―鮨（ますずし）。虹―。

筆順 ⺈ 𠂊 角 魚 鮒 鰌 鱒 鱒　鱒・鱒

ます【升】〈枡〉❶量をはかる（方形の）容器。❷升目。❸升席。　升

ます【増す】❶ふえる。ふやす。❷まさる。▽何物にも—して。①increase　増す

ます【鱒】魚の一。北の海にすみ、夏、川をのぼって産卵する。食用。trout　鱒

まず【先ず】❶はじめに。第一に。❷ともかく。❸大体。①first　先ず

ますい【麻酔】薬品などを使って知覚を一時失わせること。anesthesia　麻酔

まずい【不味い】❶味が悪い。❷〈拙い〉下手だ。▽—演技。❸具合が悪い。▽—ことになった。❹みにくい。対❶〜❸うまい。　不味い

まずしい【貧しい】❶貧乏だ。❷少ない。①②poor　貧しい

マスタープラン【master plan】全体の基本計画・設計。

ますます【益益】一段と。more　益　益

ますめ【升目】〈枡目〉❶升ではかった量。❷格子状のもの。　升目

マスメディア【mass media】大量伝達の媒体。

ますらお【益荒男】強くてたくましい男性。対手弱女（たおやめ）。　益荒男

まする【摩する】❶こする。みがく。❷近づく。▽天を—ビル。①polish　摩する

まぜかえす【混ぜ返す】❶かきまぜる。❷口をはさんで話を混乱させる。まぜっかえす。　混ぜ返

まぜがき【交ぜ書き】熟語を漢字と仮名をまぜて書くこと。　交ぜ書

ませる【老成る】年のわりにおとなびる。get precocious　老成る

まぜる【交ぜる】他のものを加え入れる。▽トランプを—。mix　交ぜる

まぜる【混ぜる】別のものを入れて一緒にする。▽絵の具を—。blend　混ぜる

マゾヒスト【masochist】マゾヒズム（＝被虐趣味）の人。マゾ。対サディスト。

また【又】 常2 また ❶さらに。ふたたび。▽—の日。❷関係が間接である。▽—貸し。

筆順 フ 又　又・又

また【亦】 人6 エキ・ヤク・また また。…もまた。

筆順 丶 亠 ナ 亣 亦 亦　亦・亦

また【俣】 人9 また また。川や道の分かれめ。

筆順 亻 亻 仴 仴 俁 俁 俣 俣　俣・俣

また【股】⇨こ

また【又】❶もう一度。❷同じく。▽彼も一人の子だ。❸それにしても。❹その上。かつ。❺あるいは。❻間接的。▽—聞き。①again ▼—と無い 二度とない。　又

また【股】❶一つから二つ以上に分かれる所。❷胴から足の分かれる所。②crotch ▼—に掛（か）ける ❶広く各地を歩き回る。❷国際的に活躍する。　股

まだ【未だ】❶いまなお。❷時間のたっていないようす。▽—来たばかり。❸さらに。❹どちらかと言えば。①②yet　未だ

またいとこ【又従兄弟】〈又従姉妹〉親同士がいとこの関係にある人。はとこ。ふたいとこ。second cousin　又従兄

またがし【又貸し】借りたものをさらに他人に貸すこと。転貸（てんたい）。sublease　又貸し

またがる【跨る】〈股がる〉❶またを広げて乗る。❷数か所に広がる。①straddle　跨る

またぎき【又聞き】間接に聞くこと。　又聞き

またぐ【跨ぐ】両足を開いて越える。step over　跨ぐ

またぐら【股座】両股の間。　股座

またたく【瞬く】❶まばたく。❷きらめく。①wink ②twinkle　瞬く

またたくま【瞬く間】あっという間。　瞬く間

またたび【木天蓼】つる性の木の一。猫の好物。silver vine　木天蓼

またたび【股旅】昔、博徒（ばくと）などが、諸国を渡り歩いたこと。　股旅

マタニティードレス【maternity dress】妊婦服。

または【又は】あるいは。or　又は

まだら【斑】異なった色や同色の濃淡が混じっていること。類ぶち。motrle　斑

まだるっこい【間怠っこい】もどかしい。まだるっこしい。　間怠

まち【町】❶人家がたくさんある所。❷市街地の小区画。❸地方公共団体の一。▽—役場。対❶田舎（いなか）。①town　町

ま

まち【街】 商店などが立ち並ぶ、にぎやかな所。downtown　街

使い分け「まち」

町…人家がたくさんあって、人が生活している所。▽—に出て働く。—並み。—外れ。裏—。城下—。

街…商店などがたくさんある、にぎやかな所。▽—を行く人々。若者の—。—の灯。

まち【襠】 衣服や袋物などの、ゆとりをもたせるために補う布。gusset　襠

まちあい【待合】 芸者を呼んで遊興する所。　待合

まちあいしつ【待合室】 駅・病院などで、客や患者が待つ部屋。waiting room　待合室

まちあわせる【待ち合わせる】 時間・場所を決めて会う。　待ち合

まぢか【間近】 ❶近いこと。❷まもなく。▽完成—。対❶❷間遠。注×真近。①close ②near　間近

まちがい【間違い】 ❶違っていること。あやまり。❷事故。①mistake　間違い

まちがえる【間違える】 ❶やりそこなう。❷とりちがえる。▽部屋を—。①make a mistake　間違え

まちかど【街角】 〈町角〉❶街路の曲がり角。❷街頭。①street corner　街角

まちかまえる【待ち構える】 準備して待つ。　待ち構

まちこがれる【待ち焦がれる】 切実な気持ちで待つ。long for　待ち焦

まちどおしい【待ち遠しい】 その時が早く来ればいいと思って待っているようす。　待ち遠

まちなみ【町並み】 町の家々がたち並ぶようす。また、その家々。　町並

まちばり【待ち針】 裁縫で、布をとめたり印にさす針。小町針。pin　待針

まちびと【待ち人】 来ることになっていて、待たれている人。▽—来たらず。expected visitor　待人

まちぶせ【待ち伏せ】 隠れて相手を待つこと。ambush　待伏せ

まちぼうけ【待ち惚け】 待っている人がついに来ないこと。▽—を食う。　待惚け

まちまち【区区】 さまざま。▽—の服装。various　区区

まちわびる【待ち侘びる】 気をもみながら、待つ。　待ち侘

まつ〖末〗 常5 マツ・バツ・すえ ❶端のほう。▽—端。—席。❷終わり。▽—筆。—期。❸重要でない。▽粗—。❹こまかい。▽粉—。
筆順 一 = キ 才 末　末・末

まつ〖抹〗 常8 マツ ❶こする。見えなくする。▽—消。—殺。❷こなにする。▽—茶。
筆順 - 十 扌 扌 扌 扌 抹 抹　抹・抹

まつ〖沫〗 人8 マツ・あわ 液体の小さなつぶ。▽飛—。泡—。
筆順 丶 丶 氵 汀 汗 沫 沫 沫　沫・沫

まつ〖茉〗 人8 マツ「茉莉花(まつりか)」で、ジャスミンの一種。
筆順 一 十 艹 艹 芒 芊 茉 茉　茉・茉

まつ【松】 ❶常緑樹の一。❷序列の最上位。①pine　松

まつ【待つ】 ❶事が実現するまで時を過ごす。❷〈俟つ〉期待する。▽本人の努力に—。❸動作を途中でやめる。▽ちょっと—て。①wait ▼—てど暮らせどいくら待っても。　待つ

まつえい【末裔】 末の血筋。子孫。descendant　末裔

まっか【真っ赤】 ❶全く赤いこと。❷まるっきり。▽—なうそ。　真っ赤

まつかさ【松毬】 松の実。まつぼっくり。pine cone　松毬

まつかざり【松飾り】 門松。　松飾り

まっき【末期】 終わりの時期。対初期。注「まつご(末期)」は別語。　末期

まっくら【真っ暗】 ❶全く暗いこと。❷見通しが立たないこと。①pitch-dark　真っ暗

まつげ【睫】 〈睫毛〉まぶたの縁に生えている毛。eyelashes　睫

まつご【末期】 死に際。臨終。last moment ▼—の水 死に水。　末期

まっこう【真っ向】 まっすぐ正面を向いていること。真正面。　真っ向

まっこうくさい【抹香臭い】 ❶香のにおいがする。❷仏教的なくさみがある。　抹香臭

まつざ【末座】 末席。対上座。　末座

まっさいちゅう【真っ最中】 物事のもっとも盛んなとき。まっただなか。　真最中

まっさお【真っ青】 全く青いようす。deep blue　真っ青

ま

まっさかさま【真っ逆様】 全くさかさまなようす。headlong　真逆様

まっさかり【真っ盛り】 いちばん盛りのとき・こと。▽夏の—。類最盛期。　真っ盛

まっさき【真っ先】 いちばん先。first　真っ先

まっさつ【抹殺】 存在を完全になくすこと。社会から葬り去ること。　抹殺

まっし【末子】 ⇩ばっし。　末子

まつじ【末寺】 本山に従属する寺。　末寺

まっしぐら【驀地】 勢いよくつき進むようす。類一目散。　驀地

まつじつ【末日】 (月の)最後の日。　末日

まっしゃ【末社】 本社に従属する神社。　末社

まっしょう【末梢】 ❶こずえ。❷末端。▽—神経。②end　末梢

まっしょう【抹消】 字句を消してなくすこと。▽名簿から—する。erasure　抹消

まっすぐ【真っ直ぐ】 ❶少しも曲がっていないようす。❷真っ正直。①straight　真っ直

まっせ【末世】 ❶仏法のすたれた世。❷道徳・人情のすたれた時代。　末世

まっせき【末席】 いちばん下位の席。ばっせき。対上席。▼—を汚(けが)す 同席することの謙譲語。　末席

まっせつ【末節】 物事の本質でない部分。▽枝葉—。trifle　末節

まつだい【末代】 ❶のちのちの世。❷死後の世。類❶❷後世。　末代

まったく【全く】 ❶完全に。❷ほんとうに。❸全然。①completely　全く

まつたけ【松茸】 きのこの一。味・香りがよく、珍重される。　松茸

まっただなか【真っ只中】 〈真直中〉❶まん中。❷真っ最中。　真只中

まったん【末端】 ❶(物の)はし。末梢。❷組織の下位の部分。①end　末端

マッチ【match】 〈燐寸〉発火用具の一。

マッチ【match】 ❶試合。❷調和すること。

まっちゃ【抹茶】 ひき茶。　抹茶

まってい【末弟】 ⇩ばってい。　末弟

まっとう【真っ当】 まじめ。まとも。decent　真っ当

まっとうする【全うする】 完全にやりとげる。▽任務を—。天寿を—。complete　全うする

まつねん【末年】 すえの年。▽明治—。　末年

まつのうち【松の内】 正月の松飾りのある期間。　松の内

マッハ【Mach ドイツ】 超音速の速さの単位。音速がマッハ一。記号M

まつばづえ【松葉杖】 足の不自由な人が使うつえ。crutches　松葉杖

まつび【末尾】 最後の部分。end　末尾

まっぴつ【末筆】 手紙文で、最後に書く文句。▽—ながら。　末筆

まっぴら【真っ平】 どんなことがあっても。▽—御免。　真っ平

まつぶん【末文】 ❶手紙の結びの形式的な文。❷文章の終わりの部分。　末文

まっぽう【末法】 釈迦(しゃか)の死後二〇〇〇年以後の一万年間。仏法の衰える時代。　末法

まつぼっくり【松毬】 まつかさ。　松毬

まつむし【松虫】 昆虫の一。秋に「チンチロリン」と美しい声で鳴く。　松虫

まつやに【松脂】 松の樹脂。　松脂

まつよう【末葉】 ❶ある時代の終わりごろ。❷子孫。類❶末期(まっき)。　末葉

まつり【祭り】 ❶神をまつる儀式・行事。❷にぎやかな催し。①②festival　祭り

まつりあげる【祭り上げる】 おだてあげて、高い地位につかせる。▽会長に—。　祭り上

まつりか【茉莉花】 モクセイ科の常緑つる性小低木。ジャスミンの一種。乾燥させた花を中国茶の香りづけに使う。　茉莉花

まつりゅう【末流】 ❶末の子孫。❷末の流派。　末流

まつる【祭る】 〈祀る〉❶儀式を行って神霊をなぐさめる。❷神として据えて、あがめる。②deify　祭る

まつろ【末路】 ❶晩年。❷栄えていた人や物事が、衰えた最後。　末路

まつわる【纏わる】 ❶からみつく。❷つきまとう。❸付随する。▽この土地に—話。①coil　纏わる

ま

まで〔迄〕人7 キツ・まで 限界点を示すことば。▽今━。 迄・迄

筆順 ノ 𠂉 乞 乞 汔 迄 迄

まてんろう【摩天楼】超高層ビル。skyscraper 摩天楼

まと【的】❶標的。❷対象。▽非難の━。❸目標。①target ②object ▼━を射る 要点をつかむ。 的

まど【窓】壁や天井の開口部。window 窓

まとい【纏】❶大将の所在を示した目印。❷町火消しが用いた組の目印。

纏❷

まどい【円居】(団居)❶車座にすわること。❷だんらん。 円居

まとう【纏う】(包むように)着る。 纏う

まどう【惑う】❶迷う。❷悪いことに心がひかれる。 惑う

まどお【間遠】時間・間隔が隔たっているようす。対間近。long intervals 間遠

まどか【円か】❶まるい。▽━な月。❷円満。▽━な人格。①round 円か

まどぐち【窓口】❶受け付ける所・係(の人)。❷外部と交渉する係(の人)。 窓口

まとはずれ【的外れ】見当ちがいなこと。▽━な返答。 的外れ

まとめる【纏める】❶集めて一つにする。❷整理する。❸決まりをつける。▽交渉を━。❹完成させる。▽自分の考えを文章に━。①put together 纏める

まとも【正面】❶真正面。❷きちんとしていること。まっとう。②decent 正面

まどり【間取り】部屋の配置。 間取り

まどろむ【微睡む】うとうとする。doze 微睡む

まどわす【惑わす】❶考えを混乱させる。❷悪いほうにさそう。❸だます。②seduce ③mislead 惑わす

マナー【manner】行儀作法。その場にふさわしい態度。

マナーモード 携帯電話で、電源を入れたまま着信音が出ないようにする機能。また、その状態。和製語。mannerとmodeから。

まないた【俎】(俎板)包丁を使うときに台にする板。chopping board ▼━の鯉(こい) 相手の思いどおりになるしかない人のたとえ。俎の魚。 俎

まなこ【眼】め。めだま。▽ねぼけ━。eye 眼

まなざし【眼差し】視線。目つき。look 眼差し

まなじり【眦】めじり。▼━を決する 目を見開いて怒る(決心する)。 眦

まなつ【真夏】夏の盛り。盛夏。対真冬。midsummer 真夏

まなでし【愛弟子】特に目をかけている弟子。favorite pupil 愛弟子

まなびや【学び舎】学校。また、校舎。 学舎

まなぶ【学ぶ】❶勉強する。❷教わる。❸習いおぼえる。①study 学ぶ

まなむすめ【愛娘】慈しんでいる娘。類愛嬢。 愛娘

まにあう【間に合う】❶時刻に遅れずに着く。❷必要を満たす。足りる。 間に合

マニアック【maniac】一つのことに異常に熱中すること・人。

まにあわせ【間に合わせ】一時しのぎの用に当てること・物。makeshift 間に合

マニュアル【manual】❶手引き書。❷手動であること。

まにんげん【真人間】まともな人間。まじめな人。serious man 真人間

まぬかれる【免れる】好ましくないことからのがれる。まぬがれる。▽責任を━。escape 免れる

まぬけ【間抜け】することにぬかりがあること・人。fool 間抜け

まね【真似】❶まねること。❷しぐさ。行動。①imitation 真似

マネージメント【management】管理。経営。

まねきねこ【招き猫】人を招くような姿をした、猫の置物。 招き猫

まねく【招く】❶合図をして呼び寄せる。❷招待する。❸頼んで呼び寄せる。▽工場長として━。❹ひきおこす。▽危険を━。②③invite 招く

まねる【真似る】他のものに似せて、そのとおりにする。imitate 真似る

まのあたり【目の当たり】目の前。 目の当

まのび【間延び】❶間が長いこと。❷しまりがないこと。①slowness 間延び

まばたき【瞬き】まぶたをぱちぱち開閉すること。またたき。blink, wink 瞬き

まばゆい【眩い】〈目映い〉まぶしい。数が少なく、すき間があるようす。 眩い

まばら【疎ら】ようす。sparse 疎ら

まひ【麻痺】❶しびれること。❷神経の障害によって働きが停止すること。❸本来の活動が停止すること。▽交通―。②paralysis 麻痺

まびく【間引く】❶作物の一部を抜き取る。❷間をあける。はぶく。 間引く

まひる【真昼】昼の最中。high noon 真昼

まぶか【目深】目が隠れるほど深くかぶるようす。 目深

まぶしい【眩しい】光が強すぎて見づらい。まばゆい。dazzling 眩しい

まぶす【塗す】粉などを全体につける。dust 塗す

まぶた【瞼】目をおおっている、上下に開閉する皮膚。eyelid ▼**―の母** 記憶に残る母のおもかげ。 瞼

まふゆ【真冬】冬の盛り。対真夏。midwinter 真冬

まほう【魔法】魔術❶。magic 魔法

まぼろし【幻】❶実在しないのに、あるように見えるもの。❷すぐ消えるはかないもの。❸存在が確かめられないもの。▽―の名画。類❶幻影。①phantom 幻

まま〔侭〕8 ジン・ことごとく・まま ❶ことごとく。❷思うとおり。▽気―。(儘) 侭・侭

まま【間間】ときどき。まれに。▽―あることだ。 間間

まま【儘】❶なりゆき任せ。▽足の向く―。❷思う通り。▽思いの―に。❸その状態の通り。▼**―ならぬ** 思い通りにならない。 儘

ままこ【継子】血のつながらない子。けいし。対実子。stepchild 継子

ままごと【飯事】家庭生活のまねごとをする遊び。飯事遊び。 飯事

ままはは【継母】血のつながらない母。けいぼ。stepmother 継母

まみえる【見える】❶お目にかかる。▽主君に―。❷対面する。あう。▽宿敵に―。 見える

まみず【真水】淡水。fresh water 真水

まみれる【塗れる】体についてよごれる。▽汗に―。be smeared 塗れる

まむし【蝮】毒蛇の一。日本各地にすむ。強壮剤とする。viper 蝮

まめ【肉刺】手足にできる豆状の水腫(すいしゅ)。blister 肉刺

まめ【豆】❶マメ科植物の実。❷形・規模の小さいもの。▽―本。①bean 豆

まめ【忠実】❶労をいとわず行うこと。❷健康なこと。▽―に暮らす。 忠実

まめつ【摩滅】〈磨滅〉すり減ること。▽タイヤが―する。類摩耗。wear 摩滅

まめまき【豆撒き】節分に豆をまく行事。鬼遣(おにやら)い。 豆撒き

まめまめしい【忠実忠実しい】まじめによく働くようす。 忠実

まめいげつ【豆名月】陰暦九月一三日の月。 豆名月

まもう【摩耗】〈磨耗〉すり減ること。▽ブレーキの―。 摩耗

まもなく【間も無く】すぐに。soon 間も無

まもの【魔物】おそろしいもの。devil 魔物

まもりふだ【守り札】お守り。おふだ。 守札

まもる【守る】❶害を受けないように防ぐ。❷決まりにしたがう。▽約束を―。対❶攻める。❷破る。①defend ②obey 守る

まやかし ごまかし。にせもの。trickery

まやく【麻薬】麻酔作用をもつ薬。ヘロイン・コカインなど。narcotic, drug 麻薬

まゆ〔眉〕⇩び

まゆ〔繭〕⇩けん

まゆ【眉】目の上部にはえた毛。まゆげ。eyebrow ▼**―に唾(つば)を付ける** だまされないように用心する。眉に唾を塗る。▼**―を曇(くも)らせる** 心配そうな表情をする。▼**―を顰(ひそ)める** 顔をしかめる。注眉を×しかめる。 眉

まゆ【繭】❶さなぎがこもる巣。❷蚕のまゆ。 繭

まゆげ【眉毛】まゆ。また、まゆの毛。 眉毛

まゆずみ【眉墨】〈黛〉まゆをかく墨。 眉墨

まゆだま【繭玉】木の枝に繭形のもちや縁起物をつけた、正月の飾り物。 繭玉

まゆつばもの【眉唾物】疑わしいもの。まゆつば。fake 眉唾物

まよう【迷う】❶決断できない。❷進む方向がわからなくなる。❸心を惑わす。❹成仏(じょうぶつ)できない。②stray 迷う

まよけ【魔除け】 悪魔を避けること（お守り）。amulet　魔除け

まよこ【真横】 全くの横。　真横

まり〔鞠〕 人17　**キク・まり**　❶まり。▽蹴―（けまり）。❷身をかがめる。▽―躬如（きっきゅうじょ）。　鞠・鞠

筆順　艹　廿　苜　革　靮　鞠　鞠　鞠

まり【毬】 〈鞠〉遊戯に使う丸い球。ball　毬

まりも【毬藻】 淡水産の藻の一。球形になっている。　毬藻

まりょく【魔力】 人を迷わす不思議な力。magical power　魔力

まる【丸】 ❶円形。球形。❷句点。❸完全。全部。❹城郭の内部。▽二の―。❺完全な。まるごと全部。▽―暗記。❻船の名にそえる語。▽日本―。①circle（円）、sphere（球）　丸

まるい【丸い】 球形である。▽地球は―。spherical　丸い

まるい【円い】 ❶円形である。❷穏やかである。▽事を―くおさめる。①round　円い

使い分け「まるい」

丸い…球形である。角がない。▽―ボール。地球は―。背中が丸くなる。

円い…円の形である。円満である。現在は球形だけでなく円形のものにも「丸」を使うことが多い。▽円（丸）い窓。円（丸）いテーブル。円（丸）く輪になる。―人柄。

まるがかえ【丸抱え】 費用を全部出してやること（やとうこと）。　丸抱え

まるきばし【丸木橋】 丸木を渡しただけの橋。　丸木橋

まるきぶね【丸木舟】 丸木をくりぬいて造った舟。　丸木舟

まるごし【丸腰】 武器をいっさい身につけていないこと。　丸腰

まるぞん【丸損】 利益が全くなく、かけた資金・労力が、全部むだになること。対丸儲け。　丸損

まるた【丸太】 切り出したままの木。丸木。▽―小屋。log　丸太

まるだし【丸出し】 すべてさらけ出すこと。むきだし。　丸出し

マルチ【multi-】 多数の。複合した。▽―タレント。

マルチメディア【multimedia】 映像・音声・文字など多種類の媒体を複合させるもの。

まるつぶれ【丸潰れ】 すっかりつぶれること。▽面目―。　丸潰れ

まるで【丸で】 ❶まったく。❷さながら。▽―夢のよう。②just like　丸で

まるてんじょう【丸天井】 半球形の天井。dome　丸天井

まるのみ【丸呑み】 ❶食べ物をかまずにのみこむこと。❷うのみにすること。　丸呑み

まるはだか【丸裸】 ❶まっぱだか。全裸。❷無一文。①stark-naked　丸裸

まるひ【マル秘】 内容が秘密事項に属する意を表す㊙のしるし。また、秘密。　マル秘

まるぼうず【丸坊主】 ❶髪をそった（短くした）頭。❷山に木がないこと。　丸坊主

まるまげ【丸髷】 既婚婦人がゆった日本髪の一。　丸髷

まるまる【丸丸】 ❶すっかり。完全に。▽―二日かかる仕事。❷太っているようす。▽―とした赤ん坊。②chubby　丸丸

まるめこむ【丸め込む】 ❶まるめて中に入れる。❷手なずける。②coax　丸め込

まるめる【丸める】 ❶丸くする。❷丸め込む❷。❸髪の毛をそる。①make round　丸める

まるもうけ【丸儲け】 収入がそっくりもうけになること。対丸損。　丸儲け

まれ【稀】 〈希〉めったにないようす。rare　稀

まろ〔麿〕 人18　**まろ**　❶わたし。❷人名に用いた字。　麿・麿

筆順　亠　广　庐　麻　麿　麿　麿　麿

まろやか【円やか】 ❶まるいようす。❷口あたりがなめらかで、うまいようす。②mellow　円やか

まわしもの【回し者】 敵のスパイ。　回し者

まわす【回す】 〈廻す〉❶回転させる。❷順に送る。❸いきわたらせる。❹差し向ける。①turn ②pass　回す

まわた【真綿】 くず繭からつくった綿。floss silk　真綿

まわり【回り】 〈廻り〉❶回ること。❷いきわたること。❸身の近くのあたり。❹回る数をかぞえる語。❺大きさの比較に使う語。▽ひと―大きい。❻十二支の一二年を単位とした年齢差。　回り

まわり【周り】 周囲。周辺。▽池の―。circumference　周り

使い分け「まわり」
回り…まわること。まわる範囲。▽火の―。―灯籠(どうろう)。得意先―。遠―。胴の―。身の―。
周り…周囲。周辺。▽池の―。―の人。―がうるさい。

まわりあわせ【回り合わせ】 めぐり合わせ。 回り合

まわりくどい【回り諄い】 遠回しで面倒だ。まわりどおい。▽―言い方。roundabout 回り諄

まわりどうろう【回り灯籠】 影絵がまわりながら映し出せる灯籠。走馬灯(そうまとう)。 回灯籠

まわりぶたい【回り舞台】 床が回転する舞台。 回舞台

まわりみち【回り道】 遠回りの道(を行くこと)。対近道。detour 回り道

まわる【回る】〈廻る〉❶円形に動く。❷順々に行く。❸立ち寄る。❹よく働く。❺いきわたる。❻ある時刻を過ぎる。❼そのあたりを…する。▽走り―。①turn 回る

まん〔万〕常3〔萬〕人12 マン・バン ❶数の単位。▽―一。❷多い。すべて。▽―事(ばんじ)。 万・万
筆順 一 丆 万

まん〔満〕常12 マン・みちる・みたす ❶みちる。▽―員。❷ゆきわたる。十分である。▽―身。―足。(滿) 満・満
筆順 氵 氵 洴 洴 満 満 満 満

まん〔慢〕常14 マン ❶おこたる。▽怠―。❷うぬぼれて、あなどる。▽―心。❸長びく。▽―性。 慢・慢
筆順 忄 忄 怛 怛 慢 慢 慢 慢

まん〔漫〕常14 マン ❶なんとなく。▽―然。❷とりとめがない。▽―遊。―画。❸散―。広がる。 漫・漫
筆順 氵 氵 洹 洹 漫 漫 漫 漫

まん【万】 一〇〇〇〇の一〇倍。数が多いこと。 万

まん【満】 ❶満ちていること。❷年数や年齢がちょうどその数であること。▼―を持(じ)す 十分に用意して待つ。 満

まんいち【万一】 ―の場合。❶まれにあること。▽―の場合。❷ひょっとして。万が一。 万一

まんいん【満員】 ❶定員に達すること。▽―御礼(おんれい)。❷人でいっぱいになること。▽―電車。 満員

まんえつ【満悦】 満足して喜ぶこと。▽御―の体(てい)。great delight 満悦

まんえん【蔓延】（よくないものが）はびこり広がること。▽悪性の風邪が―する。spreading 蔓延

まんが【漫画】 ❶おもしろくかいた絵。❷劇画。①②comics 漫画

まんかい【満開】 花が十分に開くこと。▽―の桜。full bloom 満開

まんがいち【万が一】 万一❷。 万が一

まんがく【満額】 要求(予定)したとおりの金額。full amount 満額

まんがん【万巻】 非常に多い書物。 万巻

まんがん【満願】 神仏に祈願する日数が満ちること。結願(けちがん)。 満願

まんかんしょく【満艦飾】 ❶軍艦全体を旗などで飾ること。❷洗濯物を一面に干すこと。派手に着飾ること。▽―のベランダ。 満艦飾

まんき【満期】 期限に達すること。 満期

まんきつ【満喫】 ❶十分に飲食すること。❷十分に味わい楽しむこと。 満喫

まんげきょう【万華鏡】 鏡を合わせた筒に入れた色紙などの模様の変化を楽しむおもちゃ。kaleidoscope 万華鏡

まんげつ【満月】 十五夜の月。もちづき。対新月。full moon 満月

まんこう【満腔】 体全体。▽―の謝意を表する。 満腔

まんざ【満座】 その場にいる人全部。 満座

まんさい【満載】 ❶人・物をいっぱいのせること。❷新聞・雑誌などに記事をいっぱいのせること。▽情報―。 満載

まんざい【万歳】 正月の初めに、家々を回って祝いを述べて舞う芸。 万歳

まんざい【漫才】 二人の芸人が滑稽(こっけい)な掛け合いを演じる演芸。 漫才

まんさく【満作】 農作物がよく実ること。類豊作。bumper crop 満作

まんざら【満更】 必ずしも(…ない)。▽―知らないわけでもな 満更

ま

い。▼—でもない それほど悪くはない。

まんざん【満山】山全体。全山。▽—の紅葉。　満山

まんじともえ【卍巴】入り乱れるようす。　卍巴

まんじゅう【饅頭】小麦粉の皮にあんなどを入れて丸め、蒸した菓子。　饅頭

まんじゅしゃげ【曼珠沙華】ひがんばな。　曼珠沙

まんしょう【満床】病院で、入院患者用のベッドがすべてふさがっていること。　満床

まんじょう【満場】会場にいる人全部。▽—一致。　満場

まんしん【満身】全身。▽—の力。　満身

まんしん【慢心】思い上がること。また、その心。▽—して練習を怠る。類うぬぼれ。self-conceit　慢心

まんしんそうい【満身創痍】全身傷だらけなこと。　創痍

まんすい【満水】水がみちること。　満水

まんせい【慢性】❶病気の長びく性質。❷日常的。▽—のインフレ。対❶急性。① chronic　慢性

まんぜん【漫然】ただ何となく物事をするようす。▽—と日を送る。idly　漫然

まんぞく【満足】❶望みが満たされて、不平不満がないこと。▽現状に—する。❷条件を満たしていて、十分であること。▽挨拶(あいさつ)も—にできない。① satisfaction　満足

まんだら【曼陀羅】〈曼荼羅〉仏教の悟りの境地(を示した図絵)。　曼陀羅

まんだん【漫談】❶とりとめのない話。❷世相などを話題にした話芸。　漫談

まんちょう【満潮】みちしお。対干潮。　満潮

まんてん【満天】空一面。▽—の星。　満天

まんてん【満点】❶規定の最高点。❷申し分のないこと。▽栄養—。注×万点。① perfect score　満点

まんてんか【満天下】世の中全体。▽—に並ぶ者なし。　満天下

まんと【満都】都じゅう。▽—の注目を浴びる。　満都

まんなか【真ん中】ちょうど中央。真中(まなか)。center, middle　真ん中

まんにん【万人】⇨ばんにん。　万人

まんねんどこ【万年床】しきっぱなしの寝床。　万年床

まんねんゆき【万年雪】一年中消えない雪。　万年雪

まんねんれい【満年齢】誕生日ごとに一歳を加えていく、年齢の数え方。　満年齢

まんぱい【満杯】それ以上入る余地のないこと。いっぱい。　満杯

マンパワー 人的資源。

まんびき【万引き】すきを見はからって店の品物をこっそり盗むこと・人。shoplifting　万引

まんぴつ【漫筆】❶筆にまかせて書いた文章。漫録。❷随筆。　漫筆

まんびょう【万病】あらゆる病気。▽風邪は—のもと。　万病

まんぷく【満幅】全面。▽—の信頼。　満幅

まんぷく【満腹】腹がいっぱいになること。対空腹。full stomach　満腹

まんべんなく【満遍なく】〈万遍なく〉すみずみまで。もれなく。▽—気を配る。thoroughly　満遍な

まんぽ【漫歩】あてもなくぶらぶら歩くこと。類散策。ramble　漫歩

まんまく【幔幕】会場などで、周りに張りめぐらす幕。curtain　幔幕

まんまる【真ん丸】完全に丸いこと。perfect round　真ん丸

まんまん【満満】満ちあふれているようす。▽自信—。　満満

まんまん【漫漫】広々として果てしないようす。▽—たる大海。boundless　漫漫

まんまんいち【万万一】「万一」を強めた語。　万万一

まんめん【満面】顔いっぱい。▽—の笑み。得意—。whole face　満面

まんもく【満目】見渡す限り。▽—の紅葉。　満目

まんゆう【漫遊】気の向くままに、各地をめぐり歩くこと。▽諸国—の旅に出る。tour　漫遊

まんようがな【万葉仮名】漢字の音訓を借りて国語の音を表した表記法。　万葉

まんりき【万力】工作物を挟んで固定する工具。vise　万力

まんりょう【万両】ヤブコウジ科の常緑低木。夏、白い花を　万両

つける。果実は小さい球形で赤く熟す。

まんりょう【満了】 期限がきて終わること。▽任期—。 expiration　満了

まんるい【満塁】 野球で、三つの塁すべてに走者がいること。フルベース。　満塁

み　ミ

み〔巳〕 人3 シ・み み。十二支の六番目。動物で、蛇。▽上—(じょうし)。
筆順 ㇕ コ 巳　巳・巳

み〔未〕 常5 ミ ❶まだ。▽—知。—満。❷み。十二支の八番目。動物で、羊。
筆順 一 二 キ 未 未　未・未

み〔味〕 常8 ミ・あじ・あじわう ❶あじ。▽—覚。❷あじわう。▽—読。❸おもむき。▽興—。❹内容。▽意—。
筆順 丨 口 口 口一 口二 口干 味　味・味

み〔箕〕 人14 キ・み 穀物をふるい、からをとる農具。▽唐—(とうみ)。
筆順 ⺮ 竹 竹 笄 箕 箕 箕　箕・箕

み〔魅〕 常15 ミ 人の心をひきつける。▽—力。—惑。
筆順 白 由 甶 鬼 鬼 鬽 魅 魅　魅・魅

み〔身〕 ⇩しん

み【巳】 十二支の六番目。動物で蛇。昔、時刻で午前一〇時ごろ。方角で南南東。　巳

み【身】 ❶体。❷自分自身。❸肉。❹立場。身分。❺刀身。❻ふたつき容器の、ものを入れるほうのもの。①body ▼—から出た錆(さび) 自分の行いで、自分が苦しむこと。類自業自得。▼—に余る 自分にはもったいない。▼—の置き所が無い はずかしくて、どうすべきか分からない。▼—も蓋(ふた)も無い 露骨で、情味も深みもない。▼—を固める ❶結婚して家庭をもつ。❷身じたくをする。▼—を粉(こ)にする 苦労をいとわず努力する。▼—を以(も)って 自分の体で。みずから。　身

み【実】 ❶果実。❷種。❸中身。内容。❹汁物に入れる具。①fruit ②seed　実

みあい【見合い】 男女が結婚の相手を決めるために人を介して会うこと。注見×会い。　見合い

みあう【見合う】 ❶互いに見る。❷釣りあう。　見合う

みあげる【見上げる】 ❶上のほうを見る。❷立派だと思う。▽—げた人物。対❶見下ろす。①look up　見上げ

みあたる【見当たる】 見つかる。　見当た

みあわせる【見合わせる】 ❶互いに見る。▽顔を—。❷さしひかえる。▽台風のため出発を—。❸見比べる。類❶見交わす。　見合せ

みいだす【見出す】 見つけだす。注見×い出す。　見出す

ミイラ【mirra ポルトガル】〈木乃伊〉死体が腐らずに乾燥して、原形に近い形で残ったもの。mummy ▼—取りがミイラになる ❶人をさがしにいった者が帰らずに、さがされる立場になる。❷説得しようとして、逆に相手に同調する。

みいり【実入り】 ❶穀物などが実る具合。❷収入。もうけ。▽—のいい商売。①ripeness ②income　実入り

みいる【見入る】 じっと見る。▽名画に—。gaze　見入る

みいる【魅入る】〈見入る〉とりつく。▽悪魔に—られる。possess　魅入る

みうけ【身請け】 前借り金を払い、芸者・遊女などを請け出すこと。　身請け

みうごき【身動き】 ❶体を動かすこと。❷自由に行動すること。　身動き

みうち【身内】 ❶親類。❷仲間うち。　身内

みうり【身売り】 ❶代金を受け取って約束の期間奉公すること。❷会社の経営権を売りわたすこと。　身売り

みえ【見栄】 よく見せようと、うわべを飾ること。▽—を張る。類虚栄。　見栄

みえ【見得】 歌舞伎で、動作や感情の頂点を印象づけようとする演技。▼—を切る ❶役者が見得の動作をする。❷自信ありげな態度を示す。　見得

みえっぱり【見栄っ張り】 見栄を張ること・人。　見栄張

みえる【見える】 ❶目にうつる。❷見ることができる。❸…と思われる。▽金持ちに—。❹「来る」の尊敬語。おいでになる。①see　見える

みお〔澪〕 人16 レイ・みお 舟の通る水路。▽—標(みおつくし)。
筆順 氵 氵 氵 氵 澪 澪 澪　澪・澪

みお【水脈】〈澪〉❶船の水路。❷航跡。　水脈

みおくる【見送る】 ❶出発する人を送る。❷去っていくのをながめる。❸見合わせる。▽採用を—。❹死を見とどける。①see off　見送る

み

みおさめ【見納め】〈見収め〉見るのがそれで最後となること。▽この世の―。　見納め

みおとり【見劣り】予想より、また他と比べ、劣って見えること。▽安物のせいか、―がする。　見劣り

みおぼえ【見覚え】以前に見た記憶。▽―のある顔。　見覚え

みおも【身重】妊娠していること。▽―の体。　身重

みおろす【見下ろす】❶上から下を見る。❷軽蔑する。見くだす。対❶見上げる。①look down　見下ろ

みかい【未開】❶文明が開けていないこと。❷未開拓。①uncivilized　未開

みかえす【見返す】❶見なおす。▽解答を―。❷見られた相手を、自分も見る。▽負けずに―。❸見下された仕返しに、成功して見せつける。　見返す

みかえり【見返り】担保や保証として差し出すこと・物。▽援助の―。類代償。　見返り

みかえる【見返る】ふり返る。　見返る

みがきにしん【身欠き鰊】頭と尾をとって干したにしん。　身欠鰊

みかぎる【見限る】見込みがないとして見切りをつける。give up　見限る

みかく【味覚】味の感覚。the taste　味覚

みがく【磨く】〈研く〉❶こすってつやを出す。❷努力して上達させる。①polish ②improve　磨く

みかけ【見掛け】外見。▽―によらずうまい。appearance　見掛け

みかげいし【御影石】石材の、花崗岩(かこうがん)。　御影石

みかけだおし【見掛け倒し】外見は立派だが実質がともなわないこと。　見掛倒

みかける【見掛ける】目にとめる。見受ける。▽よく―人。see　見掛け

みかた【見方】❶見る方法。❷考え方。▽―の相違。　見方

みかた【味方】❶仲間。❷加勢。対❶敵。①friend　味方

みかづき【三日月】陰暦三日の弓形の月。また、そのような形。▽―眉(まゆ)。crescent　三日月

みがって【身勝手】自分勝手。わがまま。▽―が過ぎる。selfish　身勝手

みがまえる【身構える】相手の攻撃や防御に対して迎えうつ姿勢・態度をとる。　身構え

みがら【身柄】当人自身(の体)。　身柄

みがる【身軽】❶体の動きが軽快であること。❷軽装。❸束縛・責任がないこと。①nimble　身軽

みかわす【見交わす】互いに相手を見る。▽目を―。　見交わ

みがわり【身代わり】他人の代わりになること・人。類代役。substitute　身代り

みかん【未刊】まだ刊行されていないこと。対既刊。unpublished　未刊

みかん【未完】未完成。未完了。▽―の小説。incompletion　未完

みかん【蜜柑】果樹の一。また、その実。　蜜柑

みき【幹】❶樹木の茎の部分。❷物事の重要な部分。類❷根幹。①trunk　幹

みぎ【右】❶北を向いたとき、東にあたる方角。❷保守的なこと。右翼。❸縦書きの文書で、前に述べたこと。▽―の通り。対❶❷左。①②right **▼―から左** 受け取ったものをすぐ他に渡すこと。**▼―に出る者がない** いちばんすぐれている。　右

みぎうで【右腕】❶右のうで。❷たよりになる部下。　右腕

みきき【見聞き】見たり聞いたりすること。見聞(けんぶん)。　見聞き

みぎり【砌】とき。おり。▽向寒の―、御自愛下さい。　砌

みきる【見切る】❶見はなす。見限る。❷安くして売り払う。①abandon　見切る

みぎれい【身綺麗】〈身奇麗〉身なりがこざっぱりしたようす。　身綺麗

みぎわ【汀】〈水際〉水ぎわ。なぎさ。waterside　汀

みきわめる【見極める】❶最後まで見届ける。❷真偽を判断する。▽正体を―。②discern　見極め

みくだりはん【三行半】妻への離縁状。去り状。　三行半

みくびる【見縊る】軽く見てあなどる。ばかにする。underestimate　見縊る

みぐるしい【見苦しい】みっともない。shameful　見苦し

みぐるみ【身包み】体につけているもの全部。▽―はがされる。　身包み

ミクロ【microフランス】非常に小さいこと。微視的なこと。マイクロ。対マクロ。

ミクロン【micronフランス】長さの単位。ミリの一〇〇〇分の一。記号μ

み

みけ【三毛】白・黒・茶のまじった毛色の猫。三毛猫。tortoiseshell cat　三毛

みけつ【未決】❶まだ決まらないこと。❷有罪・無罪がまだ決まらないこと。図❶既決。①pending　未決

みけん【眉間】まゆとまゆの間。　眉間

みこ【巫女】神に仕える未婚の女性。　巫女

みこし【御輿】〈神輿〉祭りのとき、神体・神霊をのせて運ぶもの。神輿(しんよ)。▼—を担(かつ)ぐ 他人をおだてあげる。▼—を据(す)える すわり込んで、動かない。　御輿

みごしらえ【身拵え】身じたく。　身拵え

みこす【見越す】将来の見通しをつける。foresee　見越す

みごたえ【見応え】見るだけのねうち。　見応え

みこと【命】〈尊〉昔、神・貴人のよび名にそえた尊敬語。　命

みごと【見事】❶立派。うまい。❷完全。▽—に失敗。　見事

みことのり【詔】〈勅〉天皇のことば。大詔。　詔

みこみ【見込み】❶予想。あて。▽—違い。❷可能性。▽—のある青年。類❷将来性。①expectation　見込み

みこむ【見込む】❶予想して当てにする。▽五万人の人出を—。❷予測し計算する。❸目をつける。▽演出家が—んだ役者。❹とりつく。①expect　見込む

みごもる【身籠もる】妊娠する。　身籠る

みごろ【見頃】見るのに適当な時期。▽紅葉が—だ。　見頃

みごろ【身頃】衣服で、襟・そでなどをのぞいた、体の前後をおおう部分。　身頃

みごろし【見殺し】死にそうなのを(困っているのを)見ていて、助けないこと。　見殺し

みこん【未婚】まだ結婚していないこと。図既婚。unmarried　未婚

ミサ【missaラテ】〈弥撒〉❶カトリック教会で行う儀式。❷賛美歌。ミサ曲。①②Mass

みさい【未済】手続き・返金などがまだすんでいないこと。unsettled　未済

みさお【操】節操。貞操。chastity　操

みさかい【見境】区別して判断すること。分別。▽—なく。distinction　見境

みさき【〔岬〕】常8 みさき 海につき出た細い陸地の端。　岬・岬

みさき【岬】海・湖に突き出ている陸地の先端。cape　岬

みさげる【見下げる】軽べつする。despise, look down　見下げ

みささぎ【陵】天皇・皇后などの墓。御陵(ごりょう)。陵墓。　陵

みじかい【短い】時間・長さのへだたりが少ない。図長い。short　短い

みじかよ【短夜】夏の、すぐ明ける夜。　短夜

みじたく【身支度】〈身仕度〉身なりを整えること。身拵(ごしら)え。　身支度

みじめ【惨め】見るにしのびないほど哀れなようす。類悲惨。miserable　惨め

みじゅく【未熟】❶まだ一人前でないこと。❷果物が十分熟していないこと。図❶円熟。❷完熟。①immature ②unripe　未熟

みしょう【未詳】まだくわしくわからないこと。▽作者—。類不詳。　未詳

みしる【見知る】以前会って知っている。面識がある。　見知る

みじろぎ【身動ぎ】体を少し動かすこと。みうごき。▽—もせず。　身動ぎ

みじん【微塵】❶非常に細かくなること。❷ごくわずかなこと。▽—の狂いもない。　微塵

みじんこ【微塵子】池・沼などにいる、非常に小さな動物。魚のえさとなる。water flea　微塵子

みず【水】❶自然に存在する冷たい透明な液体。❷水入り。❸液状のもの。水分の多いもの。①water ▼—清ければ魚(うお)棲(す)まず 清廉すぎると、人に親しまれない。▼—と油 正反対の性格・性質で、まるで合わないこと。▼—に流す いざこざなどを、なかったことにする。▼—の滴(したた)るよう みずみずしく美しいようす。▼—も漏(も)らさぬ 警戒の厳重なようす。▼—を打ったよう 静まりかえるようす。▼—を差す 仲や物事がうまくいかないように、じゃまをする。▼—を向ける 相手の関心を引くように仕向ける。　水

みずあか【水垢】水の中の成分が固まって付着したもの。　水垢

みずあげ【水揚げ】❶陸揚げ。❷漁獲高。❸商売の売上高。❹切り花が水をすいあげること。　水揚げ

みすい【未遂】犯罪などの目的を達しなかったこと。▽強盗—事　未遂

み

件。[注]み×つい。 attempted

みずいらず【水入らず】 身内の者だけであること。▽親子—。　水入らず

みずうみ【湖】 陸地の内部で水をたたえた所。沼・池より大きい。 lake　湖

みすえる【見据える】 ❶じっと見つめる。❷見定める。①gaze　見据え

みずおち【鳩尾】 ⇩みぞおち。　鳩尾

みずかがみ【水鏡】 水面に姿をうつすこと。　水鏡

みずがき【瑞垣】 神社・宮殿の垣根。　瑞垣

みずかけろん【水掛け論】 互いに自分の理屈を主張して解決しない議論。　水掛論

みずかさ【水嵩】 川などの水量。　水嵩

みすかす【見透かす】 ❶見抜く。❷すかして見る。①see through　見透か

みずから【自ら】 ❶自分自身。❷自分自身で。①oneself ②personally　自ら

みすぎ【身過ぎ】 生計。▽—世過ぎ。　身過ぎ

みずぎわ【水際】 水面が陸地に接しているところ。みぎわ。　水際

みずぎわだつ【水際立つ】 きわだってすぐれる。▽—った芸。　水際立

みずぐき【水茎】 ❶筆。筆跡。▽—の跡うるわしい手紙。❷手紙。　水茎

みずくさい【水臭い】 ❶他人行儀だ。▽—ことを言うな。❷水っぽい。▽—酒。　水臭い

みすごす【見過ごす】 ❶気づかないで見おとす。❷見のがす。①②overlook　見過す

みずさかずき【水杯】 〈水盃〉再会の難しい別れに、水をくみかわすこと。　水杯

みずさし【水差し】 他の器につぐ水を入れておく容器。 pitcher　水差し

みずしょうばい【水商売】 客の人気で収入がかわる不安定な商売。また、飲食業。　水商売

みずしらず【見ず知らず】 会ったことも見たこともないこと。　見ず知

ミステリアス【mysterious】 神秘的なようす。謎(なぞ)めいたようす。

みすてる【見捨てる】 ❶見放す。❷捨ててかえりみない。②forsake　見捨て

みずな【水菜】 ❶イラクサ科の多年草。湿地に生え、若い茎は食用。❷アブラナ科の越年草。漬物・煮物などにする。京菜(きょうな)。　水菜

みずのあわ【水の泡】 努力・苦心がむだになること。　水の泡

みずのえ【壬】 十干の第九。じん。　壬

みずのと【癸】 十干の第一〇。き。　癸

みずはけ【水捌け】 水が流れ引いていく具合。 drainage　水捌け

みずひき【水引】 進物の包み紙にかける細い紙ひもを固めたもの。　水引

みずびたし【水浸し】 すっかり水につかること。　水浸し

みずべ【水辺】 水のほとり。　水辺

みずほ【瑞穂】 みずみずしい稲の穂。▼—の国 日本の美称。　瑞穂

みすぼらしい【見窄らしい】 外見が貧弱で見苦しい。 shabby　見窄ら

みずまくら【水枕】 中に水や氷を入れて頭を冷やすゴム製などのまくら。　水枕

みずまし【水増し】 ❶水を加えて量を増やすこと。❷見かけを増やすこと。▽人数を—する。　水増し

みすます【見澄ます】 注意してよく見る。　見澄ま

ミスマッチ【mismatch】 不釣り合い。不調和。

みすみす【見す見す】 わかっていながら、どうしようもないようす。▽—損をする。[類]むざむざ。　見す見

みずみずしい【瑞瑞しい】 新鮮で生気がある。 fresh　瑞瑞し

みずもの【水物】 ❶飲み物。食べ物。❷予想がむずかしい物事。▽勝負は—だ。　水物

みする【魅する】 魅了する。▽舞台に—せられる。　魅する

みせ【店】 ❶商店。❷商売。①store　店

みせいねん【未成年】 まだ成年に達しないこと・人。二〇歳未満。[注]未×青年。 minor　未成年

みせかける【見せ掛ける】 実際とは別のものに見えるようにする。 pretend　見せ掛

みせがね【見せ金】取り引きなどで、信用を得るために相手に見せる金。 見せ金

みせじまい【店仕舞い】❶その日の営業を終えること。❷廃業すること。類❶❷閉店。対❶❷店開き。 店仕舞

みせしめ【見せしめ】罰して、他の人の今後のいましめの例とすること。warning 見せしめ

みせつ【未設】まだ設置していないこと。対既設。 未設

みせどころ【見せ所】❶見せ場。❷実力を発揮する機会。▽腕の―。 見せ所

みぜに【身銭】自分のお金。▼―を切る 自分のお金で払う。自腹を切る。 身銭

みせば【見せ場】❶見る値打ちのある場面。❷芝居で、役者が得意な芸を見せる場面。①② highlight 見せ場

みせびらき【店開き】❶新しく商売を始めること。❷その日の営業を始めること。類❶❷開店。対❶❷店仕舞い。 店開き

みせもの【見世物】❶料金をとって見せる興行。❷人々から面白半分に見られるもの。▽人の―になる。① show 見世物

みせる【見せる】❶人が見るようにする。❷表に出す。❸経験させる。❹強い意志を表す語。▽成功して―。①② show 見せる

みぜん【未然】まだその状態にならないこと。▽―に防ぐ。 未然

みそ【味噌】❶こうじで発酵させた調味料。❷❶に似たもの。❸特色とする点。▽薄いのが―だ。▼―を付ける 失敗して評判を落とす。 味噌

みぞ【溝】❶細長い水路。❷細長いくぼみ。❸気持ちのへだたり。ギャップ。▽親子の―が深まる。① ditch 溝

みぞう【未曽有】今までに一度もなかったこと。▽古今―の大事件。類空前。unprecedented 未曽有

みぞおち【鳩尾】胸骨の下の、中央のくぼみ。みずおち。solar plexus 鳩尾

みそか【晦】人 11 カイ・みそか ❶みそか。▽―日（みそか）。❷はっきりしない。▽―渋（かいじゅう）。韜―（とうかい）。 晦・晦

筆順 日 日 旷 旷 晦 晦 晦 晦

みそか【晦日】〈三十日〉月の最終日。対ついたち。 晦日

みそぎ【禊】水を浴びて罪やけがれを払うこと。purification 禊

みそこなう【見損なう】❶評価をあやまる。❷見る機会をのがす。❸見まちがえる。② miss 見損な

みそじ【三十路】三〇歳。三〇代。thirty 三十路

みそひともじ【三十一文字】短歌。和歌。 三十一

みそめる【見初める】一目見て恋心をいだく。 見初め

みそら【身空】身の上。▽若い―で。 身空

みぞれ【霙】❶雨まじりの雪。❷蜜（みつ）をかけたかき氷。① sleet 霙

みたけ【身丈】❶衣服の襟の下からすそまでの長さ。❷身長。身の丈。 身丈

みだし【見出し】❶記事の標題。❷目次・索引などの項目。❸辞書で、項目として立てた語。見出し語。① headline 見出し

みだしなみ【身嗜み】服装やことば・態度などをきちんとする心がけ。▽紳士の―。 身嗜み

みたす【満たす】〈充たす〉❶いっぱいにする。❷満足させる。① fill ② satisfy 満たす

みだす【乱す】乱れた状態にする。対整える。disturb 乱す

みたてる【見立てる】❶見て、選定する。❷診断する。❸なぞらえる。▽きつねに―てた似顔絵。 見立て

みたま【御霊】魂の尊敬語。▽祖先の―。 御霊

みだら【淫ら】性的に乱れているようす。猥褻（わいせつ）。obscene 淫ら

みたらし【御手洗】社寺で、参拝者が手・口などを洗い清める所。水屋。 御手洗

みだりがましい【妄りがましい】みだらで、いやらしい。みだりがわしい。 妄りがま

みだりに【妄りに】〈濫りに〉理由もなく、勝手に。無分別に。▽―口を出すな。 妄りに

みだれる【乱れる】❶ばらばらになる。▽順番が―。❷平和でなくなる。❸平静を失う。① disorder 乱れる

みち【未知】まだ知らないこと。▽―の世界。対既知。unknown 未知

みち【道】〈路〉❶道路。❷進路。▽わが―を行く。❸道徳。▽人の―にそむく行い。❹途中。❺方面。分野。▽その―の達人。❻方法。▽助ける―はない。① road 道

みぢか【身近】❶自分のそば。❷自分に関係の深いこと。▽―な問題。 身近

み

みちがえる【見違える】 見まちがえる。▽—ほど大きくなった。 見違え

みちくさ【道草】 ❶道ばたの草。❷道草を食うこと。▼—を食う 途中でほかのことをして時間をついやす。 道草

みちしお【満ち潮】 潮が満ちてくる現象。満潮。対引き潮。high tide 満ち潮

みちしるべ【道標】 ❶道案内。どうひょう。❷手引き。 道標

みちすう【未知数】 ❶方程式で、値がわかっていない数。❷予想などのつかないこと。▽彼の実力は—だ。 未知数

みちすがら【道すがら】 道を行きながら。みちみち。 道すがら

みちたりる【満ち足りる】 十分にあって満足できる。be satisfied 満ち足

みちづれ【道連れ】 連れだって行くこと・人。▽旅は—、世は情け。traveling companion 道連れ

みちならぬ【道ならぬ】 道徳にはずれた。▽—恋。 道ならぬ

みちのり【道程】 道の長さ。どうてい。distance 道程

みちばた【道端】 道のわき。 道端

みちひ【満ち干】 海水の干満。 満ち干

みちびく【導く】 ❶道案内をする。❷指導する。❸そうなるように仕向ける。①〜③lead 導く

みちゃく【未着】 まだ着かないこと。 未着

みちゆき【道行き】 ❶旅情や旅の光景を述べた韻文体の文章。❷芝居で、相愛の男女がかけおち・心中をする道中の場面。❸和服用コート。 道行

みちる【満ちる】 〈充ちる〉❶いっぱいになる。❷期限・ある数量に達する。❸満潮・満月になる。①fill 満ちる

みつ【密】 常11 ミツ ❶ひそか。▽—会。秘—。❷すきまがない。▽—生。❸親しい。▽—接。親—。 密・密

筆順 宀 宀 宓 宓 宓 宓 密

みつ【蜜】 常14 ミツ ❶はちが集めた甘い液。▽蜂—。❷みつのように甘いもの。▽—月。 蜜・蜜

筆順 宀 宀 宓 宓 宓 蜜 蜜

みつ【密】 ❶すきまのないこと。▽人口の—な地域。❷細かいところまでよくいきとどいていること。▽連絡を—にする。❸秘密。▽はかりごとは—なるをよしとする。❹秘密の。▽—入国。—輸入。対❶❷疎。 密

みつ【蜜】 ❶花の甘い汁。❷はちみつ。❸糖蜜。①nectar ③syrup 蜜

みつうん【密雲】 厚く重なった雲。 密雲

みっかい【密会】 (男女が)人目をさけて会うこと。secret meeting 密会

みっかてんか【三日天下】 ほんの短期間、政権・実権をにぎっていること。 三日

みっかぼうず【三日坊主】 あきやすくて、長続きしないこと。 坊主

みつかる【見付かる】 ❶人に見つけられる。❷見つけることができる。 見付か

みつぎ【密議】 秘密の相談。▽—をこらす。 密議

みつぎもの【貢ぎ物】 支配者に献上する品物。 貢ぎ物

みつぐ【貢ぐ】 ❶みつぎ物をする。❷金や品物をさかんに与える。 貢ぐ

みづくろい【身繕い】 身なりを整えること。身支度。dressing 身繕い

みつくろう【見繕う】 品物などを適当に選んでそろえる。 見繕う

みっけい【密計】 秘密の計略。 密計

みつげつ【蜜月】 結婚したその月。▽—旅行。honeymoon 蜜月

みつける【見付ける】 ❶見て探しだす。❷見なれる。①discover 見付け

みつご【三つ子】 ❶一度の出産で生まれた三人の子供。❷三歳になる子。①triplets ▼—の魂(たましい)百まで 幼時の性格は老年になっても変わらない。 三つ子

みっこう【密行】 人目につかないように行動すること。 密行

みっこう【密航】 法をおかして渡航すること。smuggling oneself 密航

みっこく【密告】 人の悪事や秘密をひそかに知らせること。▽—者。information 密告

みっし【密使】 秘密の使者。secret envoy 密使

みっしつ【密室】 ❶閉めきって、出入りできない部屋。❷秘密の部屋。 密室

みっしゅう【密集】 多くのものがぎっしり集まること。close together 密集

み

みっしょ【密書】秘密の手紙や文書。　密書

ミッション【mission】使命。任務。

みっせい【密生】すきまなく生えていること。growing thick　密生

みっせつ【密接】❶非常に接近すること。❷関係が非常に深いこと。closely connected　密接

みっそう【密葬】❶死者をひそかにほうむること。❷内々でする葬儀。　密葬

みつぞう【密造】法をおかして製造すること。illicit manufacture　密造

みつだん【密談】こっそりと相談すること。▽—を交わす。confidential talk　密談

みっちゃく【密着】❶ぴったりくっつくこと。▽—取材。❷写真で、べた焼き。①sticking　密着

みっつう【密通】夫婦ではない男女が関係を結ぶこと。私通。類姦通。　密通

みってい【密偵】こっそり秘密や内情を調べること・人。秘密探偵。spy　密偵

みつど【密度】❶粗密の度合い。❷単位体積当たりの質量。①② density　密度

みつどもえ【三つ巴】❶ともえを三つ組み合わせた形。❷三者が対立してからみ合うこと。▽三党—の選挙戦。　三つ巴

みつば【三つ葉】〈野蜀葵〉野菜の一。葉は三枚の小葉からなる。香りがよい。　三葉

みつばい【密売】法をおかしてひそかに売ること。illicit sale　密売

みつばち【蜜蜂】はちの一。はちみつを採るために飼う。honeybee　蜜蜂

みっぷう【密封】厳重に封をすること。sealing up　密封

みっぺい【密閉】すきまなくぴったりと閉じること。making airtight　密閉

みつまた【三つ叉】三つに分かれていること・所。　三つ叉

みつまた【三椏】〈三叉〉落葉低木の一。樹皮を和紙の原料とする。　三椏

みつまめ【蜜豆】寒天やえんどう豆などを盛りつけ、みつをかけた食品。　蜜豆

みつめる【見詰める】じっと見る。　見詰め

みつもる【見積もる】あらかじめ概算して見当をつける。▽予算を—。estimate　見積も

みつやく【密約】秘密の契約・条約を結ぶこと。secret agreement　密約

みつゆ【密輸】違法に輸入・輸出すること。密貿易。smuggling　密輸

みつゆび【三つ指】親指・人さし指・中指。▼—を突(つ)く 三つ指を畳の上などに軽くつけて、丁寧に礼をする。　三っ指

みつりょう【密猟】禁制をやぶって鳥獣をとること。poaching　密猟

みつりょう【密漁】禁制をやぶって魚や貝などをとること。poaching　密漁

みつりん【密林】樹木が密生している森林。対疎林。jungle　密林

みてい【未定】まだ決定していないこと。▽期日は—である。対既定。undecided　未定

ミディ【midi】丈がふくらはぎの中ほどまでのスカート。ミディスカート。

みてくれ【見て呉れ】みかけ。外観。　見て呉

みてとる【見て取る】❶見て、それと知る。みとめる。❷見て、事情を判断する。見抜く。▽真意を—。　見て取

みとう【未到】まだだれも到達していないこと。▽前人—の記録。　未到

みとう【未踏】まだだれも足を踏み入れていないこと。▽人跡—の奥地。　未踏

みどう【御堂】仏像を安置した堂。　御堂

みとおす【見通す】❶遠くまでひと目に見る。❷見抜く。▽十年先を—。❸予測して考える。▽本心を—。❹全部見る。②④ see through　見通す

みとく【味得】よく味わい自分のものにすること。full appreciation　味得

みどく【味読】内容を十分に味わいながら読むこと。類熟読玩味(がんみ)。　味読

みどころ【見所】❶見る値打ちのあるところ。▽試合の—。❷将来性。▽—のある若者。類❶見せ場。　見所

みとどける【見届ける】なりゆきを最後まで見る。また、見て確かめる。　見届け

みとめいん【認め印】略式の印判。みとめ。対実印。　認め印

みとめる【認める】❶認識する。❷そのとおりであると判断する。❸承認する。❹評価する。③admit　認める

みどり【緑】❶草木の葉の色。❷樹木。❸新芽。①green ▼—の黒髪（く　緑

ろかみ）つやのある黒髪。

みどりご【嬰児】 生まれたばかりの赤ん坊。えいじ。infant　嬰児

みとりず【見取り図】 地形・建物などの形や配置を描いた略図。sketch　見取図

みとる【見取る】 見て、はっきりと理解する。見て取る。perceive　見取る

みとる【看取る】 看病する。また、臨終を見守る。▽祖母の最期を―。nurse　看取る

ミドルエイジ【middle age】 中年。

みとれる【見惚れる】 うっとりとして見入る。みほれる。▽新緑の美しさに―。be charmed　見惚れ

みな【皆】 ❶全部の人・物。みんな。❷大ぜいの人をよぶ語。みんな。❸すべて。みんな。①everyone ③all　皆

みなおす【見直す】 ❶もう一度見る。❷再認識・再評価する。❸再検討する。②reevaluate　見直す

みなぎる【漲る】 ❶水があふれるほどになる。❷あふれるばかりに満ちる。▽やる気が―。　漲る

みなげ【身投げ】 高い所から飛びおりること。川・海などに飛びこむこと。投身(自殺)。throw oneself　身投げ

みなさま【皆様】 大ぜいの人を指していう語。　皆様

みなしご【孤児】 親のない子供。こじ。orphan　孤児

みなす【見做す】 そうだと判定して取り扱う。▽異議がなければ賛成と―。regard as　見做す

みなづき【水無月】 陰暦六月の別称。　水無月

みなと【〔湊〕】 人12 **ソウ・みなと** ❶みなと。船着き場。❷集まる。▽輻―(ふくそう)。　湊・湊

筆順

みなと【港】 〈湊〉船が安全に出入り・停泊できるように設備した所。port　港

みなぬか【三七日】 人の死後二一日目。また、その法事。みなのか。さんしちにち。　三七日

みなみ【南】 対北。日の出に向かって右の方角。south　南

みなもと【源】 ❶水源。源流。❷物事の起こり。起源。▽文明の―。②origin　源

みならう【見習う】 見て習い覚えたり、模範としたりする。　見習う

みなり【身形】 衣服をつけたようす。服装。appearance　身形

みなれる【見慣れる】 〈見馴れる〉いつも見てよく知っている。　見慣れ

ミニ【mini】 ❶小型のもの。❷ミニスカート。

みにくい【見難い】 よく見えない。見づらい。対見易い。　見難い

みにくい【醜い】 ❶容姿が悪い。❷けがらわしく見苦しい。▽―争い。対❶❷美しい。①②ugly　醜い

ミニマム【minimum】 最小限。最小。対マキシマム。

みぬく【見抜く】 真実を見通す。見すかす。類見破る。see through　見抜く

みね【峰】 〈嶺〉❶山の頂上。❷物の高くなった部分。❸刀の背。①②peak　峰

ミネラル【mineral】 栄養素の一。無機塩類。

ミネラルウォーター【mineral water】 ミネラルを比較的多くふくむ地下水。

みの【〔蓑〕】 人13 **サ・みの** すげなどで編んだ雨具。▽―笠(みのかさ)。　蓑・蓑

筆順

みのう【未納】 まだ納めていないこと。類未払い。unpaid　未納

みのうえ【身の上】 人の境遇(運命)。▽気の毒な―。circumstances　身の上

みのがす【見逃す】 ❶見る機会をのがす。❷知らないふりをする。❸見落とす。②③overlook　見逃す

みのがみ【美濃紙】 厚くて丈夫な和紙。　美濃紙

みのけ【身の毛】 体の毛。▼**―がよだつ** 恐ろしさで体の毛が立つ。　身の毛

みのしろきん【身の代金】 人質(ひとじち)に対する代償としての金銭。ransom　身代金

みのたけ【身の丈】 背の高さ。背丈。身長。height　身の丈

みのほど【身の程】 自分の能力や身分の程度。分際・分限。▽―知らず。　身の程

みのまわり【身の回り】 ❶身辺。❷日常必要な物。❸日常の雑事。▽―のできごと。　身の回

みのる【実る】 〈稔る〉❶実がなる。❷よい成果が上がる。▽長年の苦労が―。①②bear fruit　実る

みば【見場】 見かけ。外見。　見場

みばえ【見栄え】 〈見映え〉外見が立派なこと。▽―がする。　見栄え

み

みはからう【見計らう】 見て見当をつける。類見繕う。 見計ら

みはつ【未発】 ❶まだ起こらないこと。▽—に終わった反乱。❷まだ発見・発表されないこと。 未発

みはなす【見放す】 〈見離す〉見切りをつける。▽医者に—される。類見捨てる。give up 見放す

みはらい【未払い】 まだ払っていないこと。類未納。unpaid 未払い

みはらし【見晴らし】 見晴らすこと。景色。眺望。▽—台。view 見晴し

みはる【見張る】 ❶監視する。❷目を大きく開いて見る。①watch 見張る

みびいき【身贔屓】 自分に関係のある人をひいきすること。nepotism 身贔屓

みひつのこい【未必の故意】 法律で、犯罪になるかもしれないと思いながら、あえて行う心理状態。 未必

みひらき【見開き】 本の左右二ページ。 見開き

みぶり【身振り】 体を動かして意志・感情を表すこと・動作。gesture 身振り

みぶるい【身震い】 寒さや恐ろしさなどのため体がふるえること。▽寒さに—する。shudder 身震い

みぶん【身分】 ❶社会的な地位。❷身の上。境遇。①position 身分

みぼうじん【未亡人】 夫に死別し、再婚しないでいる女性。寡婦（かふ）。widow 未亡人

みほん【見本】 ❶実物を知るために示すもの。また、商品の一例。❷代表例。類❶標本。①sample ②example 見本

みほんいち【見本市】 見本を展示して、商品取り引きをする催し。trade fair 見本市

みまい【見舞い】 見舞うこと。また、そのための手紙・金品。▽火事—。 見舞

みまう【見舞う】 ❶病気・災難などにあった人をたずね、なぐさめる。❷やって来る。▽台風に—われる。 見舞う

みまがう【見紛う】 見まちがえる。みまごう。▽雪と—花吹雪。 見紛う

みまもる【見守る】 ❶注意して見る。❷じっと見る。①② watch 見守る

みまん【未満】 示された数・年齢に達しないこと。▽二〇歳—。under 未満

みみ【耳】 ❶頭の両側にある聴覚と平衡感覚をつかさどる器官。❷聞くこと。❸耳殻。❹紙やパンのへり。①ear ▼**—が痛い** 弱点をつかれ、聞くのがつらい。▼**—に逆らう** 聞いて不快になる。▼**—に胼胝（たこ）ができる** 同じことを何回も聞かされてうんざりする。▼**—に挟（はさ）む** ちらっと聞く。小耳に挟む。▼**—を疑（うたが）う** 聞いたことが信じられない。▼**—を揃（そろ）える** 必要な金額をきちんと用意する。 耳

みみあたらしい【耳新しい】 初耳である。novel 耳新し

みみうち【耳打ち】 耳もとでそっとささやくこと。 耳打ち

みみかき【耳搔き】 耳あかを取る道具。 耳搔き

みみがくもん【耳学問】 聞きかじって得た知識。 耳学問

みみざとい【耳聡い】 ❶聴覚が鋭い。❷早耳である。▽ゴシップには—。①sharp-eared 耳聡い

みみざわり【耳触り】 聞いたときの感じ。 耳触り

みみざわり【耳障り】 聞いて、不愉快な感じを覚えること。▽—な話。jarring 耳障り

みみず【蚯蚓】 環形動物の一。体は細長くて、多くの体節がある。地中にすむ。earthworm 蚯蚓

みみずく【木菟】 フクロウ科の鳥の一。頭の両側に耳状の飾り羽がある。ずく。horned owl 木菟

みみたぶ【耳朶】 耳の下部のやわらかい部分。じだ。earlobe 耳朶

みみどおい【耳遠い】 ❶耳がよく聞こえない。❷聞きなれない。 耳遠い

みみなり【耳鳴り】 耳の奥で、何かが鳴っているように感じること。 耳鳴り

みみなれる【耳慣れる】 〈耳馴れる〉何度も聞いて聞きなれる。▽—れないことば。 耳慣れ

みみより【耳寄り】 聞く値打ちのあること。▽—な話。 耳寄り

みめ【見目】 顔だち。▽—麗しい女性。look 見目

みめい【未明】 夜がまだ明けきらないころ。early dawn 未明

みめかたち【見目形】 容姿。 見目形

みもだえ【身悶え】 苦しさなどのために体をよじり動かすこと。writhe 身悶え

み

みもち【身持ち】❶日常の行い。品行。素行。▽―のよくない娘。❷身重。①morals　身持ち

みもと【身元】〈身許〉❶その人の生まれや境遇。❷一身上に関すること。①②background　身元

みもの【見物】見る価値のあるもの。　見物

みや【宮】❶神社。❷皇居。❸皇族・親王家の称号。　宮

みゃく〔脈〕常10 ミャク ❶血管。▽―拍。動―。❷一筋に続くもの。▽山―。文―。　脈・脉

筆順 …脈

みゃく【脈】❶血管。❷脈拍。❸見込み。▽―がある答え。　脈

みゃくどう【脈動】力強く動き続けること。pulsation　脈動

みゃくはく【脈拍】〈脈搏〉心臓の動きにともなう動脈の波動。脈。pulse　脈拍

みゃくみゃく【脈脈】途切れずに力強く続くようす。▽―と続いた伝統。incessantly　脈脈

みゃくらく【脈絡】つながりのある筋道。▽―のない文章。coherence　脈絡

みやげ【土産】❶旅先から持ち帰る品物。❷訪問時の贈り物。①souvenir　土産

みやこ【都】❶皇居のある所。❷首都。❸都会。②capital　都

みやこおち【都落ち】❶都から地方へ逃げのびること。❷東京から地方へ移り住むこと。　都落ち

みやすい【見易い】見るのに具合がいいさま。対見にくい。　見易い

みやづかえ【宮仕え】宮廷に仕えたこと。転じて、官庁・会社に勤めること。▽すまじきものは―。　宮仕え

みやび【雅】上品で優美なこと・趣。　雅

みやびやか【雅やか】上品で優美なようす。類優雅。風雅。　雅やか

みやぶる【見破る】秘密や計略などを見抜く。detect　見破る

みやま【深山】❶山の美称。❷奥深い山。奥山。対❷外山(とやま)。　深山

みやまおろし【深山颪】深山から吹きおろす風。　深山颪

みやる【見遣る】❶遠方を見る。❷そのほうを見る。　見遣る

ミュージアム【museum】博物館。美術館。

みゆき【深雪】❶雪の美称。❷深く積もった雪。　深雪

みゆき【御幸】天皇の外出。行幸。　御幸

みよ【御代】〈御世〉天皇の治世。　御代

みよう【見様】見方。view　見様

みょう〔妙〕常7 ミョウ ❶ふしぎ。▽奇―。❷若く美しい。▽―齢。❸ふしぎですぐれている。▽―技。巧―。　妙・妙

筆順 …妙

みょう〔名〕⇩めい　みょう〔命〕⇩めい

みょう〔明〕⇩めい

みょう【妙】❶きわめてすぐれていること。▽言い得て―。造化の―。❷変なようす。▽―なできごと。strange　妙

みょうあさ【明朝】あすの朝。みょうちょう。tomorrow morning　明朝

みょうあん【妙案】(物事を解決するための)すぐれた思いつき。名案。bright idea　妙案

みょうが【茗荷】野菜の一。地下茎から出る花の芽は香りがあり、食用。　茗荷

みょうが【冥加】❶目に見えない神仏の加護。❷幸運。▽命―な男。▼―に余る 非常にありがたい。　冥加

みょうがきん【冥加金】❶冥加❶に対して奉納する金銭。❷江戸時代の雑税。　冥加金

みょうぎ【妙技】すぐれて巧みな技・演技。marvelous skill　妙技

みょうきょう【妙境】❶風景のよい土地。❷芸術などの奥深い境地。妙所。　妙境

みょうけい【妙計】たくみな計略。妙策。　妙計

みょうごう【名号】❶仏・菩薩(ぼさつ)の名。特に、阿弥陀仏(あみだぶつ)の称号。❷念仏。　名号

みょうごにち【明後日】明日の次の日。あさって。　明後日

みょうごねん【明後年】来年の次の年。さらい年。　明後年

みょうさく【妙策】妙計。　妙策

みょうじ【名字】〈苗字〉その家を表すための名。姓。family name　名字

みょうしゅ【妙手】❶すぐれた腕前(をもつ人)。❷囲碁・将棋で、うまい手。　妙手

みょうしゅん【明春】来年の春。来春。next spring　明春

みょうじょう【明星】明るく光る星。特に、金星。Venu

みょうじん【明神】神の敬称。

みょうせき【名跡】ゆずり伝えられる家名・名字。▽―を継ぐ。

みょうだい【名代】代理をつとめること・人。representative

みょうちょう【明朝】⇩みょうあさ。

みょうにち【明日】あした。あす。

みょうねん【明年】来年。

みょうばん【明晩】あすの晩。明夜。

みょうばん【明礬】硫酸アルミニウム化合物の結晶。染色・医薬用。alum

みょうみ【妙味】❶すぐれた、微妙な味わい。▽作品の―を味わう。❷利益などのうまみ。▽―のある仕事。

みようみまね【見様見真似】人のするのを見て、まねること。

みょうやく【妙薬】不思議なほどよく効く薬。miracle drug

みょうり【名利】⇩めいり。

みょうり【冥利】❶神仏から受ける利益。神仏のめぐみ。ご利益(りやく)。❷ある立場にいることで受ける幸福や恩恵。▼―に尽(つ)きる これ以上の幸福はないというほどありがたい。冥加に余る。

みょうれい【妙齢】女性の若い年頃。▽―の婦人。

みよし【舳】船の先端部。へさき。

みより【身寄り】親類。身内。relative

みらい【未来】❶これから来る時。将来。❷来世。①future

みらいえいごう【未来永劫】未来永久にわたること。▽―語りつがれる話。

ミリ【milli-フランス】❶一〇〇〇分の一を表す語。❷「ミリメートル」の略。

ミリグラム【milligrammeフランス】〈瓱〉メートル法の重さの単位。一〇〇〇分の一グラム。記号mg

みりめーとる〘粍〙10 ミリメートル「mm」にあてた国字。

ミリメートル【millimètreフランス】〈粍〉メートル法の長さの単位。一〇〇〇分の一メートル。記号mm

みりょう【未了】まだ終わらないこと。▽審議―。対完了。unfinishedness

みりょう【魅了】心をとらえて夢中にさせること。▽観客を―する演技。類魅惑。fascination

みりょく【魅力】人の心をひきつける不思議な力。charm

ミリリットル【millilitreフランス】〈竓〉メートル法の容積の単位。一〇〇〇分の一リットル。記号ml

みりん【味醂】調味料の一。甘味のある酒。

みる【見る】❶目で、物の形・内容を知る。❷判断する。❸見分ける。❹調べる。❺〈看る〉世話をする。❻経験する。▽痛い目を―。❼ためしに…する。実際に…する。▽食べて―。①see, look at, watch ▼―に見兼(みか)ねて だまって見ていられなくて。

みる【診る】診察する。examine

使い分け「みる」
見る…眺める。調べる。世話する。▽遠くの景色を―。エンジンの調子を―。顔色を―。面倒を―。
診る…診察する。▽患者を―。脈を―。胃カメラを―。

みれん【未練】あきらめきれないこと。

みろく【弥勒】釈迦(しゃか)の死後、五六億七〇〇〇万年後にこの世に現れ、衆生を救うという菩薩(ぼさつ)。弥勒菩薩。

みわく【魅惑】魅力によって人の心を迷わすこと。▽聴衆を―する演奏。―的なひとみ。類魅了。fascination

みわける【見分ける】見て区別する。見て判断する。distinguish

みわたす【見渡す】遠く広くながめる。look over

みん〔民〕常5 ミン・たみ ❶一般の人々。▽―間。―衆。❷社会を構成する人々。▽―政。国―。
筆順 民

みん〔眠〕常10 ミン・ねむる・ねむい ねむる。▽安―。睡―。春―。
筆順 眠

みんい【民意】国民の意思。 民意

みんえい【民営】民間の経営。対公営。private enterprise 民営

みんか【民家】民間人の住む家。 民家

みんかつ【民活】「民間活力」の略。 民活

みんかん【民間】❶普通の人々の社会。❷公の機関に属さないこと。▽—放送。②private 民間

みんかんかつりょく【民間活力】企業間競争できたえられた民間企業の力。民活。 活力

みんぐ【民具】一般民衆が古くから日常生活の中で用いてきた道具。 民具

みんげい【民芸】民衆の生活の中に、伝えられた工芸。folk art 民芸

みんけん【民権】国民が政治に参加する権利。▽自由—。civil right 民権

みんじ【民事】私法に関係する法律的事柄。対刑事。civil affairs 民事

みんしゅ【民主】主権が国民にあること。▽—国家。democratic 民主

みんじゅ【民需】民間の需要。▽—を拡大する。civilian demand 民需

みんしゅう【民衆】世間一般の人々。大衆。類公衆。the people 民衆

みんしゅく【民宿】民家が営む旅館。 民宿

みんじょう【民情】国民の心情や生活の実情。 民情

みんしん【民心】国民の心。▽—を問う。 民心

みんせい【民生】国民の生活。▽—委員。 民生

みんせい【民政】軍人以外の住民の代表者による政治。▽—に移管する。対軍政。civil administration 民政

みんせん【民選】国民が選挙すること。対官選。 民選

みんぞく【民俗】民間に古くから伝わる風俗・習慣。folk custom 民俗

みんぞく【民族】同一地域に起源をもち、言語・歴史・文化・生活様式などを同じくする人間の集まり。race 民族

みんど【民度】国民の生活や文化の程度。living standard 民度

みんな【皆】⇩みな。 皆

みんぱく【民泊】住宅を活用して、旅行者等に宿泊サービスを提供すること。 民泊

みんぽう【民放】「民間放送」の略。民間企業で経営する放送事業。 民放

みんぽう【民法】市民の私的な権利・義務について定めた法律。civil law 民法

みんゆう【民有】民間の所有。▽—地。対国有。官有。private ownership 民有

みんよう【民謡】その地方に長い間うたいつがれてきた歌。folk song 民謡

みんりょく【民力】国民の財力・労力。national strength 民力

みんわ【民話】民衆の間で、古くから語りつがれてきた説話。folktale 民話

《む ム》

む〔矛〕常5 ム・ほこ 両刃で柄が長い武器。ほこ。▽—盾(むじゅん)。
筆順 矛 矛・矛

む〔牟〕人6 ム ❶牛の泣き声。❷梵語(ぼんご)の音訳字。▽—尼(むに)。
筆順 牟 牟・牟

む〔務〕常11 ム・つとめる・つとまる ❶つとめる。▽義—。勤—。❷仕事。▽職—。公—。
筆順 務 務・務

む〔無〕常12 ム・ブ・ない ❶存在しない。▽—事。有—。虚—。❷欠けている。▽—礼。—作法。❸打ち消しの意。▽—恥。—粋。
筆順 無 無・無

む〔夢〕常13 ム・ゆめ ❶ゆめ。▽—想。悪—。❷はかないもの。▽—幻。
筆順 夢 夢・夢

む〔鵡〕18 ム「鸚鵡」で、鳥の「おうむ」。 鵡・鵡

む〔霧〕常19 ム・きり きり。▽—笛。濃—。—散。
筆順 霧 霧・霧

む〔武〕⇩ぶ

む〔謀〕⇩ぼう

む【無】❶なにもないこと。❷むだ。❸…がない。…しない。▽—資格。対❶有。①nothing ▼—に帰(き)する むだになる。 無

むい【無位】位のないこと。 無位

むい【無為】❶何もしないこと。▽―無策。❷自然のままで手を加えないこと。対❷作為。①idleness　無為

むいぎ【無意義】しても価値のないこと。類無意味。対有意義。　無意義

むいしき【無意識】❶意識を失っていること。❷気づかずにふるまうこと。①②unconsciousness　無意識

むいちもつ【無一物】なに一つ持っていないこと。むいちぶつ。　無一物

むいちもん【無一文】金銭を全く持っていないこと。一文無し。▽競馬で―になる。penniless　無一文

むいとしょく【無為徒食】仕事もせずに、ただぶらぶら暮らすこと。　徒食

むいみ【無意味】意味や価値がないこと。▽―な行動。類無意義。meaningless　無意味

むえき【無益】益のないこと。対有益。useless　無益

むえん【無援】援助がないこと。　無援

むえん【無縁】❶関係のないこと。▽政治には―の人。❷死者をとむらう縁者のないこと。▽―墓地。①unrelated　無縁

むが【無我】❶私心のないこと。▽―の境。❷われを忘れること。①selflessness　無我

むかい【向かい】向き合っていること。正面。また、そこにある家。opposite　向かい

むがい【無害】害がないこと。対有害。harmless　無害

むがい【無蓋】おおいや屋根のないこと。▽―貨車。対有蓋。open　無蓋

むかいかぜ【向かい風】進む方向から吹く風。逆風。対追い風。head wind　向い風

むかう【向かう】❶その方へ顔を向ける。❷目ざして進む。❸近づく。▽冬に―。❹対する。▽父に―って言う。❺はむかう。▽―ってくる敵。①face ②head for　向かう

むかえうつ【迎え撃つ】待ちうけて攻撃する。　迎え撃

むかえざけ【迎え酒】二日酔いをなおすために飲む酒。　迎え酒

むかえび【迎え火】盂蘭盆(うらぼん)の夜に、祖先の霊を迎えるためにたく火。対送り火。　迎え火

むかえる【迎える】❶来るのを受けいれる。❷来てもらう。❸その時期になる。▽春を―。①welcome　迎える

むがく【無学】十分な学問・知識のないこと。類無知。uneducated　無学

むかご【零余子】珠芽(しゅが)。やまのいもなどの葉の付け根にできる芽。ぬかご。　零余子

むかし【昔】❶ずっと以前。遠い過去。❷過去の一〇年を単位とする呼び方。▽一(ひと)―前。①the past ▼―取った杵柄(きねづか) 以前にきたえた腕前。　昔

むかしかたぎ【昔気質】律儀(りちぎ)で昔ふうなこと。　昔気質

むかしなじみ【昔馴染み】昔、親しんだ人。　昔馴染

むかつく【嘔く】❶吐きけがする。❷不愉快で腹が立つ。しゃくにさわる。①feelsick　嘔く

むかっぱら【向かっ腹】むしょうに腹が立つこと。▽―を立てる。getting angry　向っ腹

むかで【百足】〈蜈蚣〉節足動物の一。平たくて細長い体にたくさんの足がある。centipede　百足

むがむちゅう【無我夢中】熱中し、われを忘れること。注無我×無中。　無我

むかん【無冠】❶位のないこと。無位。❷競争などで、優勝しないこと。▼―の帝王(ていおう) ❶地位についていないが、実力をもつ者。❷ジャーナリスト。　無冠

むかんけい【無関係】何の関係もないこと。▽事件とは―だ。unrelatedness　無関係

むかんしん【無関心】関心を持たないこと。▽政治には―な人。―を装う。indifference　無関心

むき【向き】❶向いている方向。❷適すること。❸その傾向。そういう人。▽ご用の―。①direction ▼―になる ちょっとしたことにもすぐ本気になる。　向き

むき【無期】期限がないこと。無期限。▽―延期。▽―刑。対有期。　無期

むき【無機】❶生活機能をもたないこと。❷無機化合物。対❶❷有機。①inorganic　無機

むぎ【麦】大麦・小麦などの総称。　麦

むぎあき【麦秋】⇩ばくしゅう。　麦秋

むきず【無傷】〈無疵〉❶傷がないこと。❷負け・失敗などがないこと。▽―で決勝戦に臨む。①unhurt　無傷

むきだし【剝き出し】❶あらわなこと。❷感情などをあからさまに現すこと。①bare　剝出し

むぎちゃ【麦茶】いった大麦の実をせんじた飲み物。麦湯。　麦茶

む

むきどう【無軌道】 ❶軌道がないこと。❷考え・行動に常識や節度がないこと。②unruly

むきぶつ【無機物】 ❶生活機能をもたない物質。鉱物・水・空気など。❷無機化合物。

むぎふみ【麦踏み】 早春、根を強くするため麦の芽をふむ作業。

むきみ【剝き身】 貝の、殻を取り除いた中の肉。stripped shellfish

むきゅう【無休】 休まないこと。▽年中—。

むきゅう【無給】 給料を支払わない(もらわない)こと。▽—助手。対有給。unpaid

むきりょく【無気力】 気力のないこと。▽—な態度。inactive

むぎわら【麦藁】 麦の実をとったあとの茎。麦稈(ばっかん)。straw

むきん【無菌】 細菌のいないこと。▽—室。

むく〖椋〗 人12 **リョウ・むく** 樹木の一。むく。むくのき。

筆順 十 木 杧 杧 柠 柠 椋 椋 椋

むく【向く】 ❶顔や体をその方向に向ける。❷その方向に面する。▽南に—いた窓。❸その方向へ進む。❹適する。▽この仕事は、君に—いている。①turn

むく【剝く】 ❶はがしとる。❷あらわにする。▽歯を—。①peel ②bare

むく【無垢】 ❶けがれのないこと。▽—な少女。❷まじりけのないこと。▽金—。❸無地で単一色の衣服。▽白—。①②purity

むくい【報い】 結果として受けるもの。

むくいる【報いる】 ❶お返しをする。▽努力に—。❷仕返しをする。▽一矢(いっし)を—。①reward

むくげ【木槿】 〈槿〉落葉低木の一。庭木や生け垣などにする。rose of Sharon

むくげ【尨毛】 けものの、ふさふさと長くたれさがった毛。shaggy hair

むくち【無口】 口数の少ないこと。類寡黙(かもく)。reticent

むくどり【椋鳥】 鳥の一。人家近くに群がりすみ、やかましく鳴く。すずめより少し大きい。starling

むくむ【浮腫む】 顔や手足がはれてふくれる。swell

むぐら〖葎〗 12 **リツ・むぐら** むぐら。つる草の総称。▽八重—(やえむぐら)。

むぐら【葎】 おい茂ってやぶをつくる、つる草の総称。goose grass

むくれる【剝れる】 ❶はがれる。❷怒って不機嫌になる。

むくろ【骸】 〈軀〉❶死体。なきがら。❷くちた木の幹。①corpse

むけい【無形】 形がないこと。▽—文化財。対有形。

むげい【無芸】 人前で演じられるような芸が、身についていないこと。▽—大食。対多芸。

むけつ【無欠】 欠けたところがないこと。▽完全—。perfect

むけつ【無血】 血を流さないこと。▽—革命。bloodlessness

むげに【無下に】 冷淡なようす。そっけなく。▽頼みを—断る。flatly

むける【向ける】 ❶向かせる。❷行かせる。つかわす。▽使いの者を—。❸振り当てる。①turn

むける【剝ける】 はがれる。peel

むげん【無限】 限りがないこと。対有限。infinity

むげん【夢幻】 夢とまぼろし。はかないことのたとえ。

むげんだい【無限大】 限りなく大きいこと。

むこ【婿】 〈聟〉❶娘の夫。▽—取り。❷結婚する相手の男性。❸婿入りした男性。対❶〜❸嫁。①son-in-law

むこ【無辜】 罪のないこと。▽—の民。

むごい【惨い】 〈酷い〉❶いたましい。悲惨だ。❷情け容赦がない。▽あまりに—仕打ちだ。①horrible

むこう【向こう】 ❶向かい。❷あちら。❸相手。先方。▽—の意向をきく。❹以後。①other side

むこう【無効】 効力・効果がないこと。対有効。invalid

むこういき【向こう意気】 負けん気。

むこうきず【向こう傷】 〈向こう疵〉体の前面に受けた傷。

むこうずね【向こう脛】 すねの前面。shin

むこうはちまき【向こう鉢巻き】 鉢巻きを額の上で結ぶこと。

むこうみず【向こう見ず】 無鉄砲。reckless

むこくせき【無国籍】❶国籍を持っていないこと。❷国の別にこだわらないこと。▽—料理。

むごたらしい【惨たらしい】〈酷たらしい〉残酷である。いかにもむごい。brutal

むこん【無根】何の根拠もないこと。▽事実—。groundless

むごん【無言】ものを言わないこと。類沈黙。silence

むさい【無才】才能がないこと。▽無学—。

むざい【無罪】❶罪がないこと。❷刑法上の犯罪が成立しないこと。対有罪。①② innocence, not guilty

むさく【無策】何の策もないこと。▽無為—。

むさくい【無作為】任意なこと。▽—抽出。

むさくるしい【むさ苦しい】きたならしい。むさい。

むささび【鼯鼠】獣の一。前足と後ろ足との間にある皮膜を広げて滑空する。

むさべつ【無差別】差別・区別をしないこと。indiscriminate

むさぼる【貪る】❶いくらでもほしがる。▽眠りを—。注×貧る。❷いつまでも続ける。

むさん【無産】財産がないこと。対有産。

むさん【霧散】霧が消えるように消えてなくなること。類霧消。dissipation

むざん【無残】〈無惨〉❶残酷なこと。❷気の毒なこと。

むし【虫】❶人・獣・鳥・魚・貝類以外の小動物の総称。昆虫など。❷人の感情などを支配していると考えられるもの。❸一つのことに熱中する人。❹ある性質の人。▼—が好かない 何となく気にくわない。▼—が付く ❶害虫がつく。❷娘に男ができる。▼—の知らせ 悪い予感。▼—も殺さない 非常におとなしいようす。

むし【無死】野球で、一人もアウトになっていないこと。ノーダウン。no outs

むし【無私】私利私欲のないこと。▽公平—。unselfish

むし【無視】存在しないかのように扱うこと。意義や価値を認めないこと。▽―できない問題。類黙殺。ignore

むじ【無地】全体が一色で、模様のないこと。▽—の布。plain

むしあつい【蒸し暑い】湿気が多くてあつい。sultry

むしかえす【蒸し返す】❶もう一度蒸す。❷一度決まったことを再び問題にする。

むしくだし【虫下し】寄生虫をのぞく薬。

むしけら【虫螻】虫をいやしめていう語。

むしず【虫酸】胸がむかむかしたとき、口に出てくるすっぱい胃液。▼—が走る むかむかするほど不快である。

むじつ【無実】❶証拠となる事実がないこと。❷実質がないこと。▽有名—。① innocence

むじな【貉】〈狢〉❶あなぐまの別称。❷たぬきの別称。

むしのいき【虫の息】今にも死にそうな弱々しい息。

むしば【虫歯】表面の硬い組織がおかされた歯。齲歯(うし)。decayed tooth

むしばむ【蝕む】❶虫が食ってだめにする。❷徐々に悪くする。▽癌(がん)に—まれる。② eat away

むじひ【無慈悲】あわれみの心がないこと。merciless

むしぼし【虫干し】(衣類や本などを)日に干して風を通すこと。▽蔵書の—。airing

むしむし【蒸し蒸し】むし暑いようす。muggy

むしめがね【虫眼鏡】拡大鏡。ルーペ。

むしゃ【武者】武士。

むじゃき【無邪気】素直であどけないこと。innocent

むしゃしゅぎょう【武者修行】(武術の)修行のために各地をめぐること。

むしゃぶるい【武者震い】勇みたって、体がふるえること。

むしゅう【無臭】においやくさみがないこと。▽無味—。scentless

むじゅう【無住】寺に住職がいないこと。▽—の寺。

むしゅく【無宿】❶住む家のないこと。宿なし。❷江戸時代、戸籍から除かれること・人。▽—者。

むしゅみ【無趣味】❶趣味を持たないこと。❷味わいなどがないこと。ぶしゅみ。② tasteless

むじゅん【矛盾】つじつまが合わないこと。▽—した意見。類撞着(どうちゃく)。inconsistency

む

むしょう【無償】 ❶報酬のないこと。▽—の愛。❷ただ。無料。▽対❷有償。 無償

むじょう【無上】 この上もないこと。最高。▽—の喜び。 the greatest 無上

むじょう【無常】 ❶仏教で、万物は常に変化して定まりのないこと。▽諸行—。❷人の世のはかないこと。 無常

むじょう【無情】 ❶思いやりがないこと。❷感情がないこと。▽—の木石。①heartless 無情

むしょうに【無性に】 むやみに。やたらに。 extremely 無性に

むしょく【無色】 ❶色がついていないこと。❷特定の主義・思想にかたよらないこと。①colorlessness 無色

むしょく【無職】 職業を持たないこと。 joblessness 無職

むしる【毟る】 ❶つかんで引き抜く。❷ちぎり取って小さくする。①pull 毟る

むじるし【無印】 ❶しるしがないこと。❷銘柄(めいがら)品でないこと。 無印

むしろ【筵】 わら・すげなどで編んだ敷物。 筵

むしろ【寧ろ】 どちらかと言えば。いっそ。 rather (than) 寧ろ

むしん【無心】 ❶雑念・邪念がないこと。❷遠慮せずに金品をねだること。▽金の—をする。①innocent 無心

むじん【無人】 人がいないこと。 vacancy 無人

むじん【無尽】 ❶尽きることがないこと。❷無尽講。①infinity 無尽

むしんけい【無神経】 ❶鈍感。❷恥・外聞を気にしないこと。—な発言。①stolidity ②thick-skinned 無神経

むじんこう【無尽講】 頼母子(たのもし)講。 無尽講

むじんぞう【無尽蔵】 いくらとってもなくならないこと。 unlimited 無尽蔵

むす【生す】 生じる。生える。▽苔(こけ)—した岩。 生す

むす【蒸す】 ❶湯気で熱する。ふかす。❷むし暑く感じる。①steam ②be muggy 蒸す

むすう【無数】 数かぎりなくあること。▽—の星。 countless 無数

むずかしい【難しい】 ❶わかりにくい。▽—問題。❷困難である。▽解決が—。❸わずらわしい。▽手続きが—。❹気むずかしい。▽—人。対❶〜❸易しい。①②④difficult 難しい

むずかる【憤る】 子供がだだをこねて泣く。むつかる。 be fretful 憤る

むすこ【息子】 自分の男の子供。対娘。 son 息子

むすび【結び】 ❶結ぶこと・方法。❷結末。▽—の一番。❸にぎり飯。❹係り結びで、前の係りに呼応するもの。②end ▼—の神 縁結びの神。 結び

むすぶ【結ぶ】 ❶ひもなどをゆわえる。❷つなぎあわせる。❸関係をつける。❹生じさせる。▽実を—。❺しめくくる。❻かたくとじる。▽口を—。①tie 結ぶ

むすぶ【掬ぶ】 両手を合わせて水をすくい上げる。 掬ぶ

むすぼれる【結ぼれる】 ❶結ばれて解けにくくなる。❷気がふさぐ。①tie up 結ぼれる

むすめ〘娘〙 常10 むすめ ❶女の子供。▽愛—(まなむすめ)。❷若い女性。▽—心。 娘・娘

筆順 女 … 娘

むすめ【娘】 ❶自分の女の子供。❷未婚の女性。対❶息子。①daughter 娘

むすめごころ【娘心】 娘らしい純情で感じやすい心。 娘心

むせい【無声】 音声を出さないこと。▽—映画。対有声。 silence 無声

むせい【無性】 雌雄の区別がないこと。対有性。 asexuality 無性

むせい【夢精】 夢で性的興奮を感じて射精すること。 wet dream 夢精

むぜい【無税】 税がかからないこと。 duty-free 無税

むせいぶつ【無生物】 生命がなく、生活機能を持たないもの。 無生物

むせき【無籍】 国籍・戸籍・学籍などがないこと。▽—者。 無籍

むせきにん【無責任】 ❶責任がないこと。❷責任感に欠けること。①②irresponsible 無責任

むせぶ【噎ぶ】 〈咽ぶ〉❶むせる。❷むせび泣く。②sob 噎ぶ

むせる【噎せる】 息がつまりそうになる。せきこむ。 be choked 噎せる

むせん【無銭】 金銭を持たないこと。金銭を払わないこと。▽—飲食。 無銭

むせん【無線】 ❶電線がいらないこと。❷「無線通信」「無線電信」の略。対❶有線。①wireless 無線

むせんでんしん【無線電信】 電波を利用して行う通信。無電。 電信

むそう【無双】❶くらべるものがないこと。❷衣服の表裏を同じ布でつくること。 無双
むそう【無想】何も考えないこと。 無想
むそう【夢想】実現しそうもないことを考えること。▽—家。類空想。dream 夢想
むぞうさ【無造作】気軽に(手軽に)物事をすること。 無造作
むだ【無駄】役に立たないこと。ききめのないこと。useless, futility 無駄
むだあし【無駄足】わざわざ行ったかいがないこと。▽—をふむ。 無駄足
むたい【無体】❶無形。❷理屈に合わないこと。▽無理—。 無体
むだい【無代】代金がいらないこと。無料。 無代
むだい【無題】❶題がないこと。❷題を与えられずによんだ詩歌。① no title 無題
むだぐち【無駄口】よけいなおしゃべり。駄弁。▽—をたたく。 無駄口
むだづかい【無駄遣い】必要もないことに金品を使うこと。類浪費。wasting money 無駄遣
むだばな【無駄花】実を結ばない花。あだ花。徒花(むだばな)。 無駄花
むだばなし【無駄話】無益なおしゃべり。 無駄話
むだぼね【無駄骨】役に立たない努力。▽—を折る。 無駄骨
むだん【無断】許しを得ないですること。without permission 無断

むち【無知】知識や知恵がないこと。▽—蒙昧(もうまい)。ignorant 無知
むち【無恥】恥知らず。▽厚顔—。shameless 無恥
むち【鞭】(笞)人や動物を打ちたたく、竹・革製の細長いもの。whip 鞭
むちうちしょう【鞭打ち症】追突事故などによる頸部(けいぶ)の損傷(からくる症状)。whiplash 鞭打ち
むちうつ【鞭打つ】❶鞭で打つ。❷励ます。鞭撻(べんたつ)する。▽老骨に—って働く。 鞭打つ
むちゃ【無茶】❶筋道が立たないこと。❷程度がはなはだしいこと。▽—を言う。▽—な値段。① absurd 無茶
むちゃくちゃ【無茶苦茶】「無茶」を強めた語。 苦茶
むちゅう【夢中】❶熱中してわれを忘れること。▽野球に—になる。❷夢を見ている間。① crazy about 夢中
むちゅう【霧中】霧の中。▽五里—。 霧中
むちん【無賃】運賃を支払わないこと。 無賃
むつう【無痛】痛みを感じないこと。▽—分娩(ぶんべん)。painlessness 無痛
むつかしい【難しい】⇩むずかしい。 難しい
むつき【睦月】陰暦一月の別称。 睦月
むつき【襁褓】❶おむつ。❷うぶぎ。 襁褓
ムック【mook】雑誌と単行本との中間的な出版物。
むつごと【睦言】(床の中での)男女の語らい。lovers' talk 睦言

むつまじい【睦まじい】仲がよい。情愛が細やかである。▽夫婦が—く暮らす。harmonious 睦まじい
むつむ【睦む】仲よくする。親しむ。 睦む
むて【無手】❶素手(すで)。❷手段・方法などを持たないこと。① empty-hand 無手
むていけん【無定見】しっかりした自分の見識・見解がないこと。▽—な政策。 無定見
むてかつりゅう【無手勝流】❶戦わないで勝つやり方。❷自己流。 無手勝
むてき【無敵】相手になるものがいないほど、強いこと。▽天下—。no rivals, invincible 無敵
むてき【霧笛】霧が深いとき、航海の安全のために鳴らす汽笛。foghorn 霧笛
むてっぽう【無鉄砲】結果を考えず、がむしゃらに行動すること。向こう見ず。reckless 無鉄砲
むでん【無電】「無線電信」の略。 無電
むどう【無道】道理にはずれていること。▽悪逆—。 無道
むとんちゃく【無頓着】物事を少しも気にかけないこと。むとんじゃく。indifferent 無頓着
むないた【胸板】胸の平たい部分。 胸板
むなぎ【棟木】棟用の材。ridgepole 棟木
むなくそ【胸糞】胸をいやしめ強めて言う語。むねくそ。▼—が悪い いまいましい。 胸糞

むなぐら【胸倉】 着物の左右の襟が重なり合う部分。

むなぐるしい【胸苦しい】 胸が圧迫されるような感じで、息苦しい。

むなさき【胸先】 みぞおちのあたり。

むなさわぎ【胸騒ぎ】 心配や不安で胸がどきどきすること。

むなざんよう【胸算用】 心の中で見積もること。胸勘定。胸積もり。

むなしい【空しい】 〈虚しい〉❶内容がない。❷むだである。▽―努力。①empty ②vain

むなだか【胸高】 帯を胸のあたりに高くしめること。

むなつきはっちょう【胸突き八丁】 ❶山道などで、急なのぼり道。❷きわめて難しい局面のたとえ。

むなもと【胸元】 胸のあたり。

むに【無二】 二つとないこと。▽―の親友。

むにむさん【無二無三】 ひたすらなようす。

むにん【無人】 ❶⇩むじん。❷人手が足りないこと。

むね【旨】 ねらいや意味。趣意。▽その―を伝える。類趣旨。purport

むね【宗】 〈旨〉第一に大切とする点。▽正確を―とする。principle

むね【胸】 ❶体の前面で、首と腹との間。❷心。❸心臓。❹肺。①chest ②mind ▼―が潰(つぶ)れる ❶ひどく驚く。❷ひどく悲しむ。▼―に一物(いちもつ) 心中にたくらみをもつこと。▼―を借りる 実力のある人に練習相手になってもらう。▼―を焦(こ)がす 恋いこがれる。

むね【棟】 ❶屋根のいちばん高い部分。❷むな木。❸家屋を数える語。

むねあげ【棟上げ】 家を建てるとき、むな木を上げること・儀式。上棟(じょうとう)。

むねわりながや【棟割り長屋】 一棟を壁で仕切って何軒かにした住宅。

むねん【無念】 ❶仏教で、心に何も思わないこと。❷くやしいこと。▽―の敗北。②mortification

むねんむそう【無念無想】 無我の境地に達していること。

むのう【無能】 能力や才能がないこと・人。対有能。incompetent

むはい【無配】 株の配当がないこと。無配当。対有配。

むひ【無比】 比べるものがないほどすぐれていること。▽正確―。

むひつ【無筆】 読み書きができないこと・人。illiteracy

むひょう【霧氷】 霧が木の枝などに凍りついてできる氷。frost flowers

むびょう【無病】 病気をしないこと。

むびょうそくさい【無病息災】 病気がなく元気であること。健康。good health

むふう【無風】 ❶風がないこと。❷他からの影響や混乱がなくて穏やかであること。▽―の選挙区。

むふんべつ【無分別】 道理・すじみちをわきまえないこと。無考え。indiscreet

むべ【宜】 なるほど。もっとも。うべ。▼―なるかな 全くそのとおり。

むへん【無辺】 はてしがないこと。▽広大―。infinity

むほう【無法】 ❶乱暴なこと。▽―な要求。―者。❷法が無視されていること。▽―地帯。②lawless

むぼう【無謀】 よく考えずに物事をすること。▽―運転。注無×暴。foolhardy

むほん【謀反】 〈謀叛〉臣下が君主にそむき兵をあげること。▽―を起こす。―人。類反逆。treason

むみ【無味】 ❶味がないこと。▽―無臭。❷趣がないこと。

むみかんそう【無味乾燥】 趣や内容がないこと。▽―な生活。uninteresting

むめい【無名】 ❶無記名。❷名前がわからないこと。▽―戦士。❸名前が知られていないこと。▽―の作家。対❸有名。③unknown

むめい【無銘】 作者の名が記されていないこと・物。対在銘。

むめいし【無名指】 薬指。

むもん【無紋】 調度や着物に紋がはいっていないこと。

むやみ【無闇】 ❶考えの足りないようす。❷度が過ぎるようす。無性(むしょう)。①thoughtless

むゆうびょう【夢遊病】 睡眠中に起き出して行動するが、その間の記憶がない症状。夢遊症。sleepwalking

むよう【無用】 ❶用がないこと。❷必要がないこと。▽心配―。❸役に立たないこと。❹してはいけないこと。▽天地―。対❸有用。③useless ▼**―の長物** あっても、じゃまになるもの。 無用

むよく【無欲】 欲ばる心がないこと。▽―の勝利。 無欲

むら ❶濃淡があること。まだら。❷安定しないこと。▽成績に―がある。①unevenness

むら【村】 ❶いなかで人家が集まっている所。村里。❷地方公共団体の一。①village 村

むらがる【群がる】 〈叢る〉多くのものが一か所に集まる。gather 群がる

むらくも【群雲】 〈叢雲〉むらがった雲。 群雲

むらさき【紫】 ❶紫色。❷山野に自生する草の一。昔、根から紫色の染料をとった。❸しょうゆ。①purple 紫

むらざと【村里】 村❶。 村里

むらさめ【村雨】 〈叢雨〉にわか雨。 村雨

むらしぐれ【村時雨】 〈叢時雨〉ふってはやみ、やんではふる（気まぐれな）小雨。 村時雨

むらすずめ【群雀】 むれをなす雀。 群雀

むらはちぶ【村八分】 村のおきてをやぶった者を仲間はずれにすること。ostracism 村八分

むり【無理】 ❶道理に反すること。❷不可能なこと。❸おし切ってすること。▽―に笑う。①unreasonable ②impossible ▼**―が通れば道理が引っ込**(こ)**む** 不当なことが通用すれば、正当なことが行われなくなる。 無理

むりからぬ【無理からぬ】 もっともな。 無理から

むりじい【無理強い】 強引にさせようとすること。▽―はよせ。類強制。force 無理強

むりなんだい【無理難題】 むりな要求。 難題

むりむたい【無理無体】 強引で道理に合わないこと。▽―な要求。 無体

むりやり【無理矢理】 強引に行うようす。 矢理

むりょ【無慮】 おおよそ。数えきれないほど多いの意から。▽―数万。 無慮

むりょう【無料】 料金がいらないこと。ただ。無代。▽入場―。対有料。free 無料

むりょう【無量】 限りなく多いこと。▽感慨―。 無量

むりょく【無力】 力がないこと。類非力。powerless 無力

むるい【無類】 比べるものがないこと。▽―の酒好き。類無比。 無類

むれ【群れ】 集まり（の仲間）。group 群れ

むれる【群れる】 むれをなす。むらがる。crowd 群れる

むれる【蒸れる】 ❶熱気や湿気がこもる。❷熱や蒸気が十分に通る。▽ご飯が―。①be muggy ②be steamed 蒸れる

むろ【室】 ❶外気を断ち、一定温度を保つ部屋。❷穴ぐら。①cellar 室

むろん【無論】 言うまでもなく。もちろん。▽―出席します。of course 無論

め メ

め【目】 〈眼〉❶物を見る働きの器官。❷目つき。❸視力。❹見ること。❺見分ける力。❻交差した部分。❼物の中心。▽台風の―。❽細長いもののすきま。▽くしの―。❾経験。▽ひどい―にあう。❿見た印象。⓫しるしの点。▽さいころの―。⓬順位・順番を表す語。⓭…の性質・傾向があること。▽長―。⓮境となるところ。▽折り―。①eye ③sight ▼**―から鱗**(うろこ)**が落ちる** わからなかったことが、突然はっきりとわかる。▼**―から鼻へ抜**(ぬ)**ける** 頭の働きがよく、ぬけめがない。▼**―と鼻の先** すぐ近くのたとえ。目と鼻の間。▼**―に余る** あまりにひどくて、だまっていられない。▼**―に青葉** すがすがしい初夏の形容。▼**―には目を歯には歯を** やられたら、相応の仕返しをする。▼**―の上の瘤**(こぶ) 自分より力が上で、活動のじゃまになる人。目の上のたんこぶ。▼**―の敵**(かたき) 何かにつけて憎く思う相手・物。▼**―の黒いうち** 生きている間。▼**―を皿のようにする** 目を見開いて全神経を集中する。▼**―を見張る** すばらしさに感心して目を大きく開く。 目

め【芽】 ❶草木で、葉や茎や花になる前のもの。❷物事のきざし。芽ばえ。▽悪の―。才能の―が出ない。①bud ②embryo 芽

めあかし【目明かし】 江戸時代、与力・同心の下働きの者。岡っ引き。 目明し

めあたらしい【目新しい】 初めて見る新しさがある。novel 目新し

めあて【目当て】 ❶目的。▽金―の犯行。❷目じるし。①purpose 目当て

めあわせる【娶せる】〈妻合わせる〉(女性を男性に)そわせて夫婦にする。 娶せる

めい〔名〕常6 **メイ・ミョウ・な** ❶なまえ。▽氏—。本—。❷すぐれた。▽—曲。有—。
筆順 ノ ク タ タ 名 名　名・名

めい〔命〕常8 **メイ・ミョウ・いのち** ❶いいつける。▽—令。❷めぐり合わせ。▽運—。❸いのち。▽生—。❹名づける。▽—名。
筆順 ノ 人 人 今 合 合 命 命　命・命

めい〔明〕常8 **メイ・ミョウ・あかり・あかるい・あかるむ・あからむ・あきらか・あける・あく・あくる・あかす** ❶あかるい。▽—色(めいしょく)。❷あきらか。▽賢—。❸視力。▽失—。❹はっきりさせる。▽証—。❺あけて次の。▽—年(みょうねん)。❻あかり。
筆順 丨 ｎ 月 日 明 明 明 明　明・明

めい〔姪〕人9 **テツ・めい** めい。兄弟姉妹の娘。
筆順 く 女 女 女 女 姪 姪 姪 姪　姪・姪

めい〔迷〕常9 **メイ・まよう** ❶まよう。▽—惑。混—。❷とまどう。▽—妄(めいもう)。
筆順 丷 丷 半 米 米 米 迷 迷 迷　迷・迷

めい〔冥〕常10 **メイ・ミョウ** ❶くらい。無知。▽暗—。頑—。❷あの世。▽—土。
筆順 丶 冖 冖 冝 冝 冝 冥 冥　冥・冥

めい〔盟〕常13 **メイ** かたくちかう。ちかい。▽—約。同—。
筆順 日 明 明 明 明 明 盟 盟　盟・盟

めい〔銘〕常14 **メイ** ❶しるした文句。▽—文。墓碑—。❷忘れない。▽感—。❸上質で有名な。▽—菓。
筆順 ⺈ 牟 金 金 金 鈩 銘 銘　銘・銘

めい〔鳴〕常14 **メイ・なく・なる・ならす** ❶(鳥が)なく。▽悲—。❷なる。ならす。ひびく。▽—動。共—。
筆順 口 口 口 口 口 咱 鳴 鳴　鳴・鳴

めい【命】 ❶いいつけ。▽—に従う。❷運命。天命。❸いのち。 命

めい【明】 ❶明るいこと。❷眼識。▽先見の—。❸視力。▽—を失う。 明

めい【姪】 兄弟姉妹の娘。 対 甥。 niece 姪

めい【盟】 約束。同盟。▽—を結ぶ。 盟

めい【銘】 ❶金属や石にきざみつけた名前や文。❷いましめのことば。▽座右(ざゆう)の—。❸作品にしるした製作者名。 銘

めいあん【名案】 よい考え。 good idea 名案

めいあん【明暗】 ❶明るいことと暗いこと。▽—を分ける。❷色の濃淡や明るさの度合い。 明暗

めいうつ【銘打つ】 物事に特別な名をつける。称する。▽極上品と—って売り出す。 銘打つ

めいうん【命運】 運命。また、幸運。▽会社の—をかけた事業。 命運

めいか【名花】 ❶名高い花。❷美女。▽社交界の—。 名花

めいか【名家】 ❶立派な家柄。❷その道にすぐれ、知られた人。類 ❶名門。❷名士。 ① distinguished family 名家

めいか【銘菓】 特別の名をもつ名菓。 銘菓

めいが【名画】 ❶すぐれた有名な絵画。❷すぐれた映画。 ① famous painting 名画

めいかい【明快】 筋道が通ってわかりやすいこと。 understandable 明快

めいかい【明解】 はっきりとよくわかること・解釈。 明解

めいかい【冥界】 死後の世界。 冥界

めいかく【明確】 はっきりしていて確かなこと。 対 曖昧(あいまい)。 definite 明確

めいがら【銘柄】 ❶商品の名称。商標。❷取り引きの対象物件名。 ① brand 銘柄

めいかん【名鑑】 ❶同類の物の名を集めた書物。❷人名録。 名鑑

めいき【名器】 すぐれた有名な器物。 名器

めいき【明記】 はっきりと書くこと。▽住所を—する。 明記

めいき【銘記】 強く心に刻みつけて忘れないこと。▽師の教えを心に—する。 銘記

めいぎ【名義】 ❶書類などに使う表向きの名前。❷表向きの理由。名目。 名義

めいきゅういり【迷宮入り】 事件が解決できないままになること。 迷宮入

めいきょうしすい【明鏡止水】 わだかまりがない静かな心境。 明鏡

めいぎん【名吟】 すぐれた詩歌。 名吟

めいく【名句】 ❶すぐれた有名な俳句。❷名言。 名句

めいくん【名君】 すぐれた君主。 名君

めいくん【明君】すぐれた賢い君主。明主。対暗君。wise lord　明君

めいげつ【名月】❶美しい月。❷陰暦八月一五日、または九月一三日の夜の月。明月。　名月

めいげつ【明月】❶明るく澄んだ満月。❷名月。　明月

めいげん【名言】すぐれた内容の有名なことば。▽—集。—をはく。類名句。wise saying　名言

めいげん【明言】はっきりと言い切ること。言明。▽—を避ける。類断言。　明言

めいこう【名工】技術がすぐれた職人。名匠。master craftsman　名工

めいさい【明細】❶細部までくわしいこと。❷内容をくわしく書いたもの。明細書。② detailed statement　明細

めいさい【迷彩】彩色して周囲の物と見分けがつかないようにすること。▽—をほどこす。—服。camouflage　迷彩

めいさく【名作】すぐれた有名な作品。類傑作。fine work　名作

めいさつ【明察】❶真相・本質を見抜くこと。❷相手の推察の尊敬語。▽御—おそれいります。　明察

めいさん【名産】その土地の有名な特産物。▽青森の—。special product　名産

めいし【名士】世間に名を知られた人。▽各界の—。類名家。celebrity　名士

めいし【名刺】住所・氏名・職業などを記した小形の紙。business card　名刺

めいし【明視】はっきり見えること。▽—距離。clear vision　明視

めいじ【明示】はっきりと示すこと。対暗示。indicating clearly　明示

めいじ【明治】年号の一。明治時代。一八六八〜一九一二年。　明治

めいじつ【名実】名前と実質。評判と実際。▽—ともにすぐれている。　名実

めいしゅ【名手】❶名人❶。❷囲碁・将棋などで、うまい手。① expert　名手

めいしゅ【盟主】同盟の中心となる人・国。leader　盟主

めいしゅ【銘酒】銘柄のある名酒。　銘酒

めいしょ【名所】景色や古跡などで有名な土地。▽—旧跡。noted place　名所

めいしょう【名匠】❶名工。❷名高くすぐれた芸術家・学者。　名匠

めいしょう【名称】名前。呼び名。name　名称

めいしょう【名勝】景色がすぐれた所。　名勝

めいじょう【名状】ことばで言い表すこと。▽—しがたい。　名状

めいじる【命じる】❶命令する。▽出発を—。❷任命する。▽課長を—。❸命名する。① order　命じる

めいじる【銘じる】心にきざみつけて忘れない。▽肝(きも)に—。　銘じる

めいしん【迷信】理屈に合わないあやまった信仰・言い伝え。▽—に惑わされる。superstition　迷信

めいじん【名人】❶技芸のすぐれた人。名手。❷囲碁・将棋で、最高位の称号。① master　名人

めいすい【名水】❶おいしいと定評がある自然水。❷有名な川。　名水

めいすう【名数】❶決まった数をつけて呼ばれる名称。「三筆」「四天王」など。❷単位名をつけた数。「五人」「百円」など。② denominate number　名数

めいすう【命数】❶命の長さ。寿命。▽—が尽きる(＝死ぬ)。❷ある数に名称をつけること。　命数

めいする【瞑する】❶目を閉じる。❷死ぬ。　瞑する

めいせい【名声】よい評判。▽—を博する。fame　名声

めいせき【明晰】はっきりしてよくわかること。clear　明晰

めいせん【銘仙】夜具地・和服地などに使う平織りの絹織物。　銘仙

めいそう【迷走】筋道なく進むこと。　迷走

めいそう【瞑想】目を閉じて静かに考えること。meditation　瞑想

めいそうじょうき【明窓浄机】明るく清らかな書斎。　明窓浄机

めいだい【命題】❶判断の内容を言語・記号などで表したもの。❷解決すべき問題。①② proposition　命題

めいだん【明断】明快な判断。　明断

めいちゃ【銘茶】銘柄のある上質茶。　銘茶

めいちゅう【命中】目標に当たること。的中。hit　命中

めいちょ【名著】有名なすぐれた著書。　名著

めいちょう【明澄】くもりなく、すみきっていること。clearness　明澄

め

めいてい【酩酊】ひどく酒に酔うこと。類泥酔。drunkenness　酩酊
めいど【冥土】〈冥途〉死後の世界。あの世。冥界。　冥土
めいとう【名答】正しい答え。right answer　名答
めいとう【明答】はっきりした返事。明確な答え。definite answer　明答
めいとう【銘刀】作者の銘がきざまれている(すぐれた)刀。　銘刀
めいどう【鳴動】大きな音を立てて動くこと。rumbling　鳴動
めいにち【命日】❶毎月の、その人の死んだ日。忌日(きにち・きじつ)。❷祥月命日。　命日
めいはく【明白】疑う余地がないこと。▽―な事実。obvious　明白
めいび【明媚】景色が美しいこと。▽風光―。　明媚
めいひつ【名筆】すぐれた書画。また、その書家・画家。　名筆
めいびん【明敏】頭の働きが鋭いこと。▽頭脳―。類鋭敏。sharp　明敏
めいふ【冥府】❶冥土。❷地獄。閻魔(えんま)の庁。　冥府
めいふく【冥福】死後の幸福。▽―を祈る。　冥福
めいぶつ【名物】❶その土地の名産。❷評判のもの。①special product　名物
めいぶん【名分】❶身分・立場に応じた道徳上のつとめ。▽大義―。❷名目。　名分
めいぶん【名聞】世間の評判。　名聞
めいぶん【明文】はっきりと示された条文。▽―化。stipulation　明文

めいぼ【名簿】姓名・住所・職業などを書き連ねた帳簿。directory　名簿
めいほう【名峰】名高く美しい山。名山。　名峰
めいほう【盟邦】同盟国。類友邦。　盟邦
めいぼう【名望】尊敬され、世間の評判が高いこと。good reputation　名望
めいぼうこうし【明眸皓歯】すんだ美しい目と白い歯。美人の形容として使われる。　明眸
めいぼく【銘木】形・木目(もくめ)が美しく、柱などに用いられる上等な木材。　銘木
めいみゃく【命脈】命。生命。▽―を保つ。　命脈
めいめい【命名】名前をつけること。　命名
めいめい【銘銘】各人。それぞれ。each person　銘銘
めいめいはくはく【明明白白】「明白」を強めた語。▽―たる事実。　明明
めいめつ【明滅】あかりがついたり消えたりすること。類点滅。flickering　明滅
めいもう【迷妄】まちがった考えをもつこと。心の迷い。類妄想。　迷妄
めいもく【名目】❶表向きの名前。❷表向きだけの役員。▽―の理由。口実。①nominal ②pretext　名目
めいもく【瞑目】❶目を閉じること。❷安らかに死ぬこと。　瞑目
めいもん【名門】伝統のある立派な家柄(や学校など)。　名門

めいやく【盟約】固い約束(をすること)。pledge　盟約
めいゆう【盟友】固い約束をした友。　盟友
めいよ【名誉】❶社会的に評価を得たことを誇りに思うこと。❷体面。面目。❸尊敬のしるしとして与える呼び名。▽―市民。①②honor　名誉
めいり【名利】名誉と利益。みょうり。　名利
めいりゅう【名流】有名な人々。名士。　名流
めいりょう【明瞭】明らかなこと。▽簡単―。類明白。clear　明瞭
めいる【滅入る】元気がなくなり、気がふさぐ。feel blue　滅入る
めいれい【命令】❶言いつけること。言いつけ。❷行政機関が出す規則や処分など。①order　命令
めいろ【迷路】まよいやすい道。また、入ると、なかなか出られなくなる道。▽人生の―に入り込む。maze　迷路
めいろう【明朗】❶性格が明るくてほがらかなこと。▽―快活。❷ごまかしがなく公正なこと。▽―会計。注明×郎。①cheerful ②clean　明朗
めいろん【名論】すぐれた議論。▽―卓説。excellent opinion　名論
めいわく【迷惑】他人のせいで不利益を受けたり、いやな思いをしたりすること。nuisance, trouble　迷惑
めうえ【目上】地位・年齢が自分より上であること・人。対目下。senior　目上
めうつり【目移り】ほかの物を見るたびに、次々に心がひかれること。　目移り

メートル【mètre フランス】〈米〉メートル法の長さの基本単位。記号m

メートルほう【メートル法】長さはメートル、質量はキログラム、体積はリットルを基本単位とする、十進法の度量衡単位系。metric system　法

メープル【maple】❶かえで。❷さとうかえでの樹液を濃縮した甘い汁。メープルシロップ。

メール【mail】郵便。郵便物。▽電子―。

メール オーダー【mail order】通信販売。

メーン バンク【main bank】主力銀行。

めおと【夫婦】❶夫と妻。みょうと。❷一対のもの。　夫婦

メガ【mega-】その単位の一〇〇万倍。記号M。

めがお【目顔】目で表す表情。　目顔

めかけ【妾】妻以外に愛し養う女性。　妾

めがける【目掛ける】目標としてねらう。めざす。aim　目掛け

めがしら【目頭】目の、鼻に近いほうの端。対目尻。▼―が熱くなる 感動して涙が出かかる。　目頭

めかた【目方】物の重さ。weight　目方

めかど【目角】目のはし。目尻。▼―を立(た)てる 鋭い目つきをする。　目角

メカトロニクス【mechatronics】高度な機械技術とエレクトロニクス技術を結合した産業・製品。

めがね【眼鏡】❶視力の調整や目の保護のためのレンズを使った器具。❷眼力。①glasses ▼―に適(かな)う 目上の人に認められる。気に入られる。　眼鏡

めがみ【女神】女性の神。goddess　女神

めきき【目利き】鑑定のたくみなこと・人。▽書画の―。judgment　目利き

めくされがね【目腐れ金】はした金。　目腐金

めくじら【目くじら】目尻。▼―を立てる 細かなことをとがめだてる。　目くじら

めくそ【目糞】めやに。▼―鼻糞(はなくそ)を笑う 自分の欠点に気づかず、他人の欠点をあざわらうたとえ。　目糞

めくばせ【目配せ】目で合図すること。exchanging glances　目配せ

めくばり【目配り】あちこちと注意して見ること。careful watch　目配り

めぐむ【芽ぐむ】芽を出す。▽若葉が―。bud　芽ぐむ

めぐむ【恵む】あわれに思って、お金や品物を与える。give　恵む

めくら【盲】❶目が見えないこと・人。❷道理がわからないこと・人。❶❷今は使わないことば。①②blindness　盲

めぐらす【巡らす】❶周りを囲む。❷回す。❸思案する。①enclose　巡らす

めくらめっぽう【盲滅法】むやみやたら。　盲滅法

めぐりあう【巡り会う】〈巡り合う〉思いがけなく出会う。　巡り会

めぐりあわせ【巡り合わせ】ひとりでにそうなる運命。　巡り合

めくる【捲る】上にあるものを取り去る。また、裏返す。turn over　捲る

めぐる【巡る】❶順に回る。❷あちこち歩き回る。❸回って、もとに戻る。❹取り巻く。▽お城を―堀(ほり)。❺そのことにかかわる。▽遺産を―争い。①come around　巡る

めくるめく【目眩く】目がくらむ。grow dizzy　目眩めく

めこぼし【目溢し】見て見ないふりをすること。類黙認。overlooking　目溢し

めさき【目先】❶目の前。❷先の見通し。▽―がきく。❸その場。その時。▽―のことにとらわれる。②foresight　目先

めざし【目刺し】鰯(いわし)などの目にくしやわらなどを通して、数尾をまとめた干物。　目刺し

めざす【目指す】〈目差す〉目当てにする。ねらう。aim　目指す

めざとい【目敏い】❶見つけるのが早い。❷目が覚めやすい。　目敏い

めざましい【目覚ましい】とてもすばらしい。▽上達が―。remarkable　目覚ま

めざめる【目覚める】❶眠りから覚める。❷本能が働きだす。▽良心に―。❸自覚する。▽社会の現実に―。①awake ②be aware　目覚め

めざわり【目障り】❶見るのにじゃまになること・もの。❷見て不愉快に思うこと・もの。②eyesore　目障り

めし【飯】❶ご飯。❷食事。①boiled rice　飯

め

めじ【目地】タイル・れんが・ブロックのつぎ目。 目地

めしあがる【召し上がる】「食べる・飲む」の尊敬語。 召し上

めしい【盲】盲目。また、盲人。今は使わないことば。 盲

めした【目下】地位・年齢が自分より下であること・人。対目上。junior 目下

めしつかい【召し使い】家の雑用などをさせるためにやとった人。servant 召使い

めしびつ【飯櫃】たきあがったご飯を入れておく木製の容器。 飯櫃

めしべ【雌蕊】花の中にあって種子をつくるための器官。しずい。pistil 雌蕊

メジャー【major】❶規模が大きいこと。主流であること。❷音楽で長音階。長調。対❶❷マイナー。

メジャー【measure】❶ものさし。❷計量。▽—カップ。

めしゅうど【囚人】⇩しゅうじん。 囚人

めじり【目尻】目の、耳に近いほうのはし。まなじり。目かど。対目頭(めがしら)。 目尻

めじるし【目印】❶見てそれとわかるようにつけた印。❷目標物。①mark ②landmark 目印

めじろ【目白】小鳥の一。目の周りが白い。鳴き声が美しい。 目白

めじろおし【目白押し】大勢が集まってこみ合うこと。 目白押

めす【召す】❶「呼びよせる」などの尊敬語。❷「食べる・飲む・着る」などの尊敬語。▽着物を—。❸「風邪をひく・気にいる・年をとる」などの尊敬語。▽お年を—した方。 召す

めす【牝】6 ヒン・めす 動物のめす。▽—馬(ひんば)。牝—(ぼひん)。 牝・牝

めす【雌】動物で、子や卵を産む能力のあるもの。対雄(おす)。female 雌

めずらしい【珍しい】めったにない。目新しい。貴重だ。▽—蝶(ちょう)を集める。rare, uncommon 珍しい

メセナ【mécénat フランス】(企業が行う)芸術・文化の支援・擁護。

めせん【目線】ものを見る目の方向。視線。 目線

メソッド【method】方式。メソード。

めだか【目高】小川や池などにすむ魚の一。小形で、目が大きい。killifish 目高

めだつ【目立つ】特に目につく。stand out 目立つ

めたて【目立て】のこぎり・やすりのすりへった目を鋭くすること。 目立て

めだま【目玉】❶目の玉。眼球。❷❶に似た形のもの。❸しかられること。▽お—。❹人の目をひきつける中心となるもの。▽—商品。①eyeball ▼—が飛び出る ❶ひどくしかられるようす。❷値段が高くて驚くようす。 目玉

メタリック【metallic】金属的であるようす。金属質であるようす。

めちゃくちゃ【滅茶苦茶】❶道理に合わないこと。▽—な要求。❷並外れていること。❸こわれて混乱した状態になること。 滅茶苦

めつ【滅】常13 メツ・ほろびる・ほろぼす ❶ほろびる。▽—亡。破—。❷火が消える。▽点—。❸仏の死。▽入—。

筆順 氵 汇 沪 泝 泝 滅 滅 滅

滅・滅

めつき【目付き】物を見るときの目のようす。目色。look 目付き

めっき【鍍金】❶金属の表面を他の金属の薄い膜でおおうこと。また、そのもの。❷中身のよくないものを、表面を飾ってよく見せること。▽—がはげる。①plating 鍍金

めっきゃく【滅却】消しほろぼすこと。▽心頭(しんとう)—すれば火もまた涼し。 滅却

めっきん【滅菌】熱や薬品の力で細菌を殺すこと。殺菌。sterilization 滅菌

めっしほうこう【滅私奉公】自分の利益や感情をすてて、つくすこと。 滅私

メッシュ【mesh】❶網・編み物の目。❷網目織り。▽—のバッグ。

めっする【滅する】❶滅びる。滅ぼす。▽私心を—。❷消える。消す。 滅する

メッセ【Messe ドイツ】常設国際見本市。

めっそう【滅相】とんでもないようす。▼—も無い とんでもない。 滅相

めった【滅多】分別がないようす。やたら。▽—なことは言えない。 滅多

めったに【滅多に】ほとんど。 滅多に

めつぼう【滅亡】滅びること。対興隆。perishment 滅亡

めっぽう【滅法】程度のはなはだしいようす。非常に。▽—うまい。 滅法

めて【馬手】〈右手〉❶右の手。❷右側。図弓手(ゆんで)。①right hand　馬手

メディア【media】媒介。媒体。手段。

めでたい【目出度い】❶喜ばしい。❷人がよすぎる。①happy　目出度

めでる【愛でる】❶かわいがる。❷ほめ、味わう。▽花を―。①love　愛でる

めど【目処】〈目途〉めあて。目標。▽完成の―が立たない。aim　目処

めど【針孔】針の穴。needle's eye　針孔

めどおり【目通り】謁見。　目通り

めとる【娶る】妻として迎える。　娶る

メトロ【métro フランス】地下鉄。類サブウェー。

めぬきどおり【目抜き通り】繁華街。main street　目抜通

めのう【瑪瑙】赤・白・青などの美しいしまがある宝石。agate　瑪瑙

めのこざん【目の子算】目で確認するだけで数えること。　目の子

めばえる【芽生える】❶芽が出始める。❷物事が起こり始める。▽恋が―。②be awakened　芽生え

めはし【目端】状況に即応する機転。▽―の利いた男。quick wit　目端

めはちぶ【目八分】❶目より少し低めにささげ持つこと。❷八分目。　目八分

めはな【目鼻】❶目と鼻。❷顔だち。▼―が付く 見通しがつく。　目鼻

めばな【雌花】めしべだけある花。図雄花。female flower　雌花

めはなだち【目鼻立ち】顔だち。　目鼻立

めばり【目張り】❶すきまに紙などをはって風・音などを防ぐこと。❷目を大きく見せる化粧。アイライン。①sealing　目張り

めぶく【芽吹く】芽が出る。bud　芽吹く

めぶんりょう【目分量】目ではかったおおよその分量。目積もり。　目分量

めべり【目減り】❶こぼれたりして、量や重さが減ること。❷実質的な価値が下がること。▽貯金の―。　目減り

めぼし【目星】だいたいの見当。見込み。▽―を付ける。　目星

めぼしい 目立っている。値打ちがある。▽―産業のない町。outstanding

めまい【眩暈】〈目眩〉目がくらんで倒れそうになること。dizziness　眩暈

めまぐるしい【目まぐるしい】次々変化しあわただしい。　目まぐる

めめしい【女女しい】弱々しく意気地がない。図雄雄しい。unmanly　女女し

めもと【目元】〈目許〉目のあたり。　目元

めもり【目盛り】計量器についている、分量を示すしるし。scale　目盛り

メモリアル【memorial】記念物。

メモリー【memory】❶思い出。記憶。❷コンピュータの記憶装置。

めやす【目安】だいたいの見当や基準。　目安

めやに【目脂】目から出る粘液の固まったもの。eye mucus　目脂

めりこむ【減り込む】深くはいりこむ。get stuck　減込

メリット【merit】長所。利点。図デメリット。

めりはり【減り張り】物事の調子や勢いの変化。▽―の利いた声。―に乏しい文章。　減張

メルヘン【Märchen ドイツ】おとぎ話。

めん〔免〕常8 メン・まぬかれる ❶まぬかれる。まぬがれる。▽―除。―税。❷ゆるす。▽―罪。放―。❸やめさせる。▽―職。罷―。

筆順　ノ　ク　𠂊　⺈　缶　㐂　免　　免・免

めん〔面〕常9 メン・おも・おもて・つら ❶顔。▽顔―。❷顔につけるもの。▽仮―。❸平らな広がり。▽表―。❹むき。むきあう。▽正―。❺会う。▽―会。―接。

筆順　一　丆　𠂆　丙　而　而　面　　面・面

めん〔棉〕12 メン・わた わた。植物の一。繊維や油をとる。▽―花。　棉・棉

めん〔綿〕常14 メン・わた ❶わた。もめん。▽―糸。❷細かい。▽―密。❸長く続く。▽連―。

筆順　幺　幺　糸　糸'　紵　綿　綿　綿　　綿・綿

めん〔緬〕15 メン 細く長い糸。▽―羊。縮―(ちりめん)。　緬・緬

めん〔麺〕常16 メン ❶小麦粉。❷そば・うどんなど。▽―類。(麵)

筆順　一　十　圭　麦　麸　麺　麺　麺　　麺・麺

めん【面】❶顔。❷仮面。❸剣道で、顔につける防具。また、そこを打つわざ。　面

❹平面。表面。❺ある方面。▽予算の―から。❻新聞のページ。❼平たい物を数える語。①face ②mask

めん【綿】もめん。綿織物。cotton

めん【麺】粉をねって細長くした食品。めん類。

めんえき【免疫】❶体内に病原菌に対抗する性質ができること。❷度重なって慣れてしまうこと。①immunity

めんか【綿花】〈棉花〉綿の種子を包んでいる白色の繊維。綿糸の材料となる。raw cotton

めんかい【面会】人に会うこと。面晤(めんご)。▽―謝絶。see, meet

めんかん【免官】官職をやめさせること。▽―処分。類罷免(ひめん)。対任官。dismissal

めんきつ【面詰】面と向かってなじること。類面責。

めんきょ【免許】❶官公庁が資格を与えること。また、その資格。❷師匠が弟子に奥義(おうぎ)を伝えること。また、その証書。①license ②certificate

めんくい【面食い】顔の美しい人を好むこと・人。器量好み。

めんくらう【面食らう】突然のことで驚き、あわてる。まごつく。

めんざい【免罪】罪を許すこと。

めんざいふ【免罪符】❶昔、ローマカトリック教会が出した信者の罪を許す証書。❷罪や責任をまぬかれるための行為。①indulgence

めんしき【面識】互いに顔を知っていること。▽一―もない。acquaintance

めんじゅうふくはい【面従腹背】表面は服従するように見せかけ、内心では反抗していること。

めんじょ【免除】義務などを果たさなくてもよいと認めること。exemption

めんじょう【免状】❶免許状。❷卒業証書。①license ②diploma

めんしょく【免職】職をやめさせること。dismissal

めんじる【免じる】❶免除する。▽授業料を―。❷職をやめさせる。免職する。❸考慮して過ちを許す。▽親に―じて許してやる。①exempt

めんしん【免震】建物に、地震のゆれが伝わらないようにすること。

メンズ【men's】男性用(品)。

めんする【面する】❶向かい合う。▽庭に―した部屋。❷直面する。▽難局に―。①②face

めんぜい【免税】納税の義務を免除すること。類非課税。duty-free

めんせき【免責】責任を免じること。▽―条項。

めんせき【面責】面と向かって責めとがめること。類面詰。reproof

めんせき【面積】面の広さ。area

めんせつ【面接】❶直接その人に会うこと。❷人がら・考え方などを知るために、受験者に直接会って質問すること。▽―試験。①②interview

めんぜん【面前】(人の)目の前。

めんそう【面相】顔のようす。顔つき。▽ひどい御―だ。

メンタル【mental】心的。精神的。

めんだん【面談】面会して話すこと。▽委細―。interview

めんちょう【面疔】顔にできる悪性のはれもの。facial carbuncle

メンツ【面子】中国 体面。面目。▽―がつぶれる。face

めんてい【面体】顔かたち。顔つき。▽怪しい―の男。

メンテナンス【maintenance】建物や機械の維持・管理。

めんどう【面倒】❶やっかいなこと。―な交渉。❷世話。▽子供の―を見る。①trouble ②care

めんどり【雌鳥】めすの鳥。特に、にわとりのめす。対おんどり。female bird

めんば【面罵】面と向かってののしること。abuse

めんぴ【面皮】つらのかわ。▽鉄―。

めんぷ【綿布】綿織物。

めんぼう【面貌】顔つき。類面相。

めんぼう【綿棒】脱脂綿を巻き付けた細い棒。swab

めんぼう【麺棒】うどん・そばなどをつくるとき、おしのばす棒。 麺棒

めんぼく【面目】世間に対する体裁。また、受ける評価。めんもく。face ▼—を施（ほどこ）す よい評価を得る。 面目

めんぼくやくじょ【面目躍如】高い評価通りの活躍をするようす。 躍如

めんみつ【綿密】行き届いて手落ちがないこと。類緻密。minute 綿密

めんめん【面面】—。めいめい。▽集まった—。everyone 面面

めんめん【綿綿】長く続いて絶えないようす。▽—と訴える。 綿綿

めんもく【面目】⇩めんぼく。 面目

めんよう【面妖】不思議なようす。あやしいようす。▽—な話。 面妖

めんよう【綿羊】〈緬羊〉毛をとる目的で飼う羊。sheep 綿羊

も モ

も【茂】常8 モ・しげる ❶しげる。▽繁—（はんも）。❷さかん。ゆたか。

筆順 一 十 艹 艹 芦 茂 茂 茂 　茂・茂

も【摸】13 モ・ボ・さぐる ❶さぐる。▽掏—（すり）。❷まねる。 摸・摸

も【模】常14 モ・ボ ❶手本。▽—型。—範。❷全体の形・大きさ。▽規—。❸まねる。▽—倣。—写。❹さぐる。▽—索。

筆順 木 栉 栉 栉 棤 棤 模 模 　模・模

も【喪】人の死後、親族が一定期間、行動を慎むこと。▽—に服する。mourning 喪

も【藻】水草や海藻の総称。algae 藻

もう【毛】常4 モウ・け ❶け。▽—髪。羽—。❷作物がはえる。▽不—。二—作。❸割合などの単位。

筆順 ノ 二 三 毛 　毛・毛

もう【妄】常6 モウ・ボウ ❶みだり。▽—想。—信。❷でたらめ。▽—言。

筆順 丶 亠 亡 妄 妄 妄 　妄・妄

もう【孟】人8 モウ・はじめ ❶最年長の兄弟。❷季節のはじめ。▽—夏。❸孟子。

筆順 了 子 子 孟 孟 孟 孟 　孟・孟

もう【盲】常8 モウ ❶目がみえないこと・人。▽—目。❷むやみに。▽—従。—愛。

筆順 丶 亠 亡 盲 盲 盲 盲 　盲・盲

もう【耗】常10 モウ・コウ すりへる。すりへらす。▽消—。心神—弱（こうじゃく）。

筆順 一 三 丰 耒 耒 耗 耗 　耗・耗

もう【猛】常11 モウ ❶荒々しい。▽—獣。❷はげしい。▽—威。—烈。

筆順 犭 犭 犭 犷 猛 猛 猛 　猛・猛

もう【蒙】人13 モウ・くらい・こうむる 道理にくらい。▽—昧（もうまい）。啓—。

筆順 艹 芦 苎 蒙 蒙 蒙 蒙 　蒙・蒙

もう【網】常14 モウ・あみ ❶あみ。あみ状のもの。▽魚—。❷あみでとる。▽—羅（もうら）。

筆順 糸 糾 網 網 網 網 網 　網・網

もう【亡】⇩ぼう　もう【望】⇩ぼう

もう【毛】❶割合の単位。割の一〇〇〇分の一。❷尺貫法の単位。寸・匁の一〇〇〇分の一。❸金銭の単位。円の一〇〇〇〇分の一。 毛

もう【蒙】道理にくらいこと。無知。▼—を啓（ひら）く 啓蒙（けいもう）する。 蒙

もうあ【盲唖】目が見えないことと、口がきけないこと・人。 盲唖

もうあい【盲愛】むやみにかわいがること。類溺愛（できあい）。blind love 盲愛

もうい【猛威】猛烈な威力。▽台風が—を振るう。rage 猛威

もうか【孟夏】❶初夏。❷陰暦四月。 孟夏

もうか【猛火】はげしく燃えさかる火。raging flame 猛火

もうきん【猛禽】性質が荒く、肉食をする鳥。わし・たかなど。猛鳥。 猛禽

もうけ【儲け】利益。profit 儲け

もうけもの【儲け物】思いがけなく得た利益・幸運。類拾い物。 儲け物

もうける【儲】人18 チョ・もうける ❶たくわえる。❷もうける。利益。

筆順 亻 作 信 信 儲 儲 儲 儲 　儲・儲

もうける【設ける】❶前もって用意する。準備する。▽一席—。❷こしらえる。▽審議会を—。①prepare 設ける

もうける【儲ける】❶金銭上の利益を得る。❷得をする。❸子供を得る。▽一子を—。①make money 儲ける

もうけん【猛犬】荒々しい犬。fierce dog 猛犬

も

もうげん【妄言】 でたらめなことば。また、自分の言説の謙譲語。ぼうげん。▽—多謝。

もうこ【猛虎】 荒々しいとら。

もうこう【猛攻】 激しく攻め立てること。猛撃。猛攻撃。▽敵に—を仕掛ける。fierce attack

もうこん【毛根】 毛の、皮膚の内部で毛嚢(もうのう)に包まれている部分。

もうさいけっかん【毛細血管】 全身に網状に広がった、動脈と静脈を結ぶ細い血管。毛管。毛細管。capillary

もうしあげる【申し上げる】 ❶「言う」の謙譲語。❷「する」の謙譲語。

もうしあわせる【申し合わせる】 事前に約束したり取り決めたりする。話し合って決める。▽—せて欠席する。agree

もうしいで【申し出で】 申し出ること・事柄。申し出。offer

もうしいれる【申し入れる】 意見や希望を相手に告げる。request

もうしうける【申し受ける】 「受ける・受け取る」の謙譲語。▽手数料を—けます。

もうしおくる【申し送る】 ❶先方に伝える。❷必要な事柄を後任者に伝える。①send word

もうしご【申し子】 ❶神仏に祈って授かった子。❷特別な状況のもとに生じたもの。▽時代の—。敗戦の—。

もうしこし【申し越し】 相手から言って寄こすこと。▽お—の件、了承いたしました。

もうしこむ【申し込む】 ❶要求や意思などを相手に伝える。❷募集に応じる。②apply

もうしたてる【申し立てる】 自分の意見や希望を強く述べる。▽異議を—。appeal

もうしつける【申し付ける】 言い渡す。命令する。▽何なりとお—けください。order

もうしでる【申し出る】 意見・希望などを言って出る。▽参加を—。volunteer

もうしひらき【申し開き】 言い訳をすること。▽—のできない失態。explanation

もうしぶん【申し分】 ❶「言い分」の謙譲語。❷非難すべき点。▽—がない。

もうじゃ【亡者】 ❶(成仏(じょうぶつ)できずに魂がさまよっている)死者。❷ある事柄にとりつかれている者。▽金の—。

もうしゅう【妄執】 仏教で、迷いから生じる執念。妄念。

もうしゅう【孟秋】 ❶初秋。❷陰暦七月の別称。

もうしゅう【猛襲】 はげしくおそいかかること。fierce attack

もうじゅう【盲従】 相手の言う通りに従うこと。▽権力に—する。blindobedience

もうじゅう【猛獣】 性質が荒い、肉食性のけもの。fierce animal

もうしゅん【孟春】 ❶初春。❷陰暦一月の別称。

もうしょ【猛暑】 ひどい暑さ。類酷暑。intense heat

もうしわけ【申し訳】 ❶言い訳。申し開き。❷やっと言い訳できる程度であること。▽—程度の謝礼。①excuse

もうしわけない【申し訳無い】 言い訳のしようがない。すまない。sorry

もうしん【妄信】 みだりに信じこむこと。▽流言を—する。blind belief

もうしん【盲信】 (よしあしを考えず)ただむやみに信じること。blind faith ▽怪しげな宗教を—する。

もうしん【盲進】 むやみやたらに進むこと。advancing blindly

もうしん【猛進】 激しい勢いで進むこと。▽猪突(ちょとつ)—。reckless dash

もうじん【盲人】 目の見えない人。盲者。blind person

もうす【申す】 ❶「言う」の謙譲語。❷「する」の謙譲語。

もうせい【猛省】 深く反省すること。▽—を促す。serious reflection

もうせん【毛氈】 獣毛をフェルト状に加工した敷物用布地。

もうぜん【猛然】 勢いがはげしいようす。▽—と襲いかかる。strongly

もうそう【妄想】ありもしないことをあると信じ込むこと。wild fancy

もうちょう【盲腸】❶小腸から大腸へ移る袋状の部分。❷盲腸炎。

もうつい【猛追】激しく追うこと。

もうでる【詣でる】神社・寺などにお参りする。参拝・参詣(さんけい)する。

もうてん【盲点】❶視神経が眼球に入る、光を感じない部分。盲斑(もうはん)。❷うっかり見落とす点。①②blind spot

もうとう【毛頭】少しも。全然。▽非難する気は―ない。

もうとう【孟冬】❶初冬。❷陰暦一〇月の別称。

もうどう【妄動】〈盲動〉よく考えないで行動すること。▽軽挙―。

もうどうけん【盲導犬】盲人の道案内をする、訓練された犬。guide dog

もうどく【猛毒】ききめの強い毒。劇毒。deadly poison

もうねん【妄念】妄執(もうしゅう)。

もうはつ【毛髪】髪の毛。頭髪。hair

もうひつ【毛筆】獣毛をたばねて作ったふで(で書くこと)。図硬筆。

もうひょう【妄評】いいかげんな批評。また、自分の批評の謙譲語。ぼうひょう。▽―多罪。

もうふ【毛布】羊毛などで織った、寝具に使う厚い布。blanket

もうまい【蒙昧】無知で道理にくらいこと。▽無知―。

もうまく【網膜】眼球の奥にある、光を感じる膜。retina

もうもう【濛濛】湯気・煙・ほこりなどがたちこめているようす。▽―たる黒煙。

もうもく【盲目】❶目の見えないこと・人。❷分別がないこと。①②blind

もうゆう【猛勇】たけだけしくて勇ましいこと。勇猛。

もうら【網羅】もれなく取り入れること。cover all

もうれつ【猛烈】非常にはげしいこと。violent

もうろう【朦朧】❶物の形がはっきり見えないようす。❷意識がぼんやりしているようす。▽意識―。dim

もうろく【耄碌】年老いてぼけること。老いぼれること。老耄。senility

もえぎ【萌黄】〈萌葱〉黄色がかった緑。もえぎ色。yellow green

もえさし【燃え差し】〈燃え止し〉燃え残り。embers

もえつきる【燃え尽きる】❶すっかり燃える。❷勢いが完全になくなる。①②burn out

もえる【萌える】芽が出る。▽若草の―季節。bud

もえる【燃える】❶火がついて炎があがる。❷希望や情熱が高まる。①burn

モータリゼーション【motorization】自動車が普及して生活に欠かせなくなる現象。自動車の大衆化。

モーメント【moment】❶契機。きっかけ。❷瞬間。❸回転能力の大きさを表す量。

モール【mall】歩行者専用の商店街。

もがく【踠く】❶苦しがって手足を動かす。❷あせっていらだつ。①writhe

もぎ【模擬】まねて行うこと。

もぎてん【模擬店】催し物などで設ける飲食店。refreshment stand

もぎどう【没義道】人の道にはずれたむごいこと。類非道。

もぎる【捥ぎる】もぐ。

もく〔目〕常5 モク・ボク・め・ま ❶め。❷見る。▽―測。❸見出し。▽―次。❹要点。▽眼―。❺かしら。

筆順 丨 冂 冃 月 目

もく〔杢〕7 もく 大工。

もく〔黙〕常15〔默〕人16 モク・だまる ものを言わない。▽―認。沈―。

筆順 日 甲 甲 里 里 里 默 默 黙

もく〔木〕⇨ぼく

もく【目】❶予算編成の分類の一。項の下、節の上。❷生物分類で、綱の下、科の上。❸碁石や碁盤の目(め)を数える語。

もぐ【捥ぐ】ねじって取る。もぎる。もぎ取る。pick

もくぎょ【木魚】経を読むときにたたく、木製の仏具。 木魚

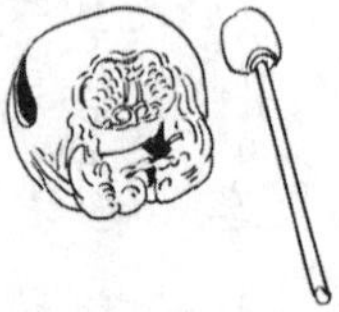
木魚

もくげき【目撃】その場にいて実際に見ること。witnessing 目撃

もぐさ【艾】灸(きゅう)に使う、よもぎの葉を干したもの。moxa 艾

もくざい【木材】建築用などに切ってある木。材木。lumber 木材

もくさく【木酢】木材を乾留して得られる酢酸(さくさん)。防腐剤などに用いる。 木酢

もくさつ【黙殺】無視して取り合わないこと。▽意見を―する。ignore 黙殺

もくさん【目算】❶おおよその見当。目分量。▽土地の広さを―する。❷もくろみ。▽―がはずれる。①rough estimate 目算

もくし【目視】目で見ること。 目視

もくし【黙示】❶暗黙のうちに意志を示すこと。もくじ。❷キリスト教で、神が神意・真理を人々に示すこと。啓示。もくじ。▽―録。②revelation 黙示

もくし【黙視】かかわりあわずに黙って見ていること。▽―するに忍びない。類傍観。looking on 黙視

もくじ【目次】書物などの内容の見出しを順に配列したもの。contents 目次

もくしょう【目睫】目と、まつげ。▼―の間(かん)きわめて近いこと。目前。▽勝利は―に迫った。 目睫

もくず【藻屑】海藻などのくず。水中のごみ。▽海の―となる。 藻屑

もくする【目する】❶見る。❷注目する。❸見なす。評価する。▽次期首相と―される政治家。①look 目する

もくする【黙する】だまる。▽―して語らず。keep silent 黙する

もくせい【木犀】庭木の一。秋、黄色または白色の香りのよい小花をつける。 木犀

もくせい【木製】木でつくってあること。類木造。wooden 木製

もくぜん【目前】目のまえ。眼前。 目前

もくぜん【黙然】⇩もくねん。 黙然

もくそう【目送】目で追い、見送ること。▽葬列を―する。 目送

もくそう【黙想】黙って思いにふけること。黙思。▽―にふける。類瞑想(めいそう)。meditation 黙想

もくぞう【木造】建物などを木で作ること。▽―家屋。類木製。wooden 木造

もくぞう【木像】木製の像。wooden image 木像

もくそく【目測】長さ・広さなどを目分量でざっとはかること。▽―を誤る。対実測。 目測

もくだく【黙諾】無言のまま承諾の意を表すこと。▽―を与える。類黙認。 黙諾

もくたん【木炭】❶燃料用のすみ。❷デッサン用のやわらかいすみ。①charcoal 木炭

もくちょう【木彫】木彫(きぼ)り。 木彫

もくてき【目的】めざすところ。目当て。▽―意識。purpose 目的

もくと【目途】めど。目当て。▽完成は三年後を―とする。aim 目途

もくとう【黙禱】目をつぶって心の中で祈りをささげること。▽―をささげる。silent prayer 黙禱

もくどく【黙読】声を出さずに読むこと。対音読。silent reading 黙読

もくにん【黙認】暗黙のうちに認めること。また、見逃すこと。類黙諾。黙許。silent approval 黙認

もくねん【黙然】だまっているようす。もくぜん。▽―と座っている。silently 黙然

もくば【木馬】馬の形をした木製の遊具。▽回転―。wooden horse 木馬

もくはん【木版】木材に彫った印刷版。また、その印刷物。wood block 木版

もくひ【黙秘】(質問に対し)黙ったまま押し通すこと。注黙×否。standing mute 黙秘

もくひけん【黙秘権】取り調べなどで、自分に不利益なことは、言わなくてもよい権利。 黙秘権

もくひょう【目標】❶目当て。▽―を達成する。❷めじるし。類❶目的。①aim ②landmark 目標

もくめ【木目】木の縦の切り口の模様。板目・柾目(まさめ)がある。 木目

もくもく【黙黙】黙ってはげんでいるようす。silently 黙黙

もくやく【黙約】暗黙のうちに了解し合った約束。implicit promise 黙約

もくよく【沐浴】髪や体を洗って清めること。▽斎戒―。類湯浴(ゆあ)み。 沐浴

も

もぐら【土竜】〈鼴鼠〉獣の一。地下道を掘り、畑を荒らす。むぐら。もぐらもち。mole

もぐり【潜り】❶水中にもぐること。潜水。❷無免許で、こっそり行うこと・人。❸仲間のふりをしている人。

もぐる【潜る】❶水中に全身が入る。❷物の下や間に入る。❸かくれる。①dive

もくれい【目礼】目つきで会釈すること。▽—を交わす。nod

もくれい【黙礼】無言でする礼。bow

もくれん【木蓮】庭木の一。春、紫色または白色の大形の花をつける。magnolia

もくろく【目録】❶所蔵品・陳列品などを記したもの。❷贈り物の品目書き。❸武道・芸道などで、伝授事項を記した文書。①catalogue ②list

もくろみ【目論見】くわだて。計画。

もくろむ【目論む】計画をめぐらす。くわだてる。▽一攫(いっかく)千金を—。plan, plot

もけい【模型】実物に似せてつくったもの。類雛型(ひながた)。model

もこ【模糊】ぼんやりとしたようす。▽曖昧(あいまい)—。vague

もさ【猛者】実力があり、勇猛で気力に富む人。strong man

もさく【模索】〈摸索〉考え、ためしながらさがすこと。▽暗中—。groping

もし【若し】かりに。もしも。if

もじ【文字】ことばを書き表す記号。字。もんじ。character

もしき【模式】模型のように簡略化して示したもの。▽—図。

もしくは【若しくは】または。or

もじどおり【文字通り】ことばの意味のとおり。

もしや【若しや】もしかすると。

もしゃ【模写】〈摸写〉文字、絵画などを写し取ること。また、そのもの。copy

もしゅ【喪主】葬儀をとり行う当主。

モジュール【module】❶建築で、基準寸法。❷コンピュータで、交換可能な構成部品やソフトウエアの単位。

もしょう【喪章】死者をいたんでつける、黒い腕章やリボン。crape

もじる【捩る】有名な文句を言いかえ、こっけいや風刺を表す。parody

もす【燃す】もやす。たく。burn

もず【鵙】〈百舌〉鳥の一。捕らえたかえるなどを小枝に刺しておく習性がある。

もする【模する】〈摸する〉まねる。似せる。▽名園を—した庭。imitate

もぞう【模造】〈摸造〉実物に似せてつくること。▽—品。類模作。imitation

もぞうし【模造紙】〈摸造紙〉つやのある厚手の洋紙。

もだえる【悶える】❶ひどく悩み苦しむ。❷苦痛や快感で身をよじる。①agonize ②writhe

も

もたげる【擡げる】❶持ち上げる。❷力をつけて目立ってくる。▽勢力を—。①raise

もだす【黙す】❶だまっている。❷だまって見過ごす。▽—しがたい。

もたらす【齎す】❶持って行く・来る。▽幸運を—。❷引き起こす。▽台風が被害を—。②bring about

もたれる【凭れる】❶寄りかかる。❷食物が消化しないで胃にたまる。①lean

もち〔勿〕⇨なかれ

もち〔餅〕⇨へい

もち【望】❶満月。望月。❷陰暦で、月の一五日。

もち【餅】もち米を蒸してついた食品。▼—は餅屋(もちや)その道のことは専門の者がいちばんだ。

もち【黐】とりもち。birdlime

もちあがる【持ち上がる】❶上の方へ上がる。❷騒ぎや事件が起こる。❸教師が、進級するクラスをそのまま受け持つ。①be lifted

もちあじ【持ち味】❶その食べ物にもともとある味。❷その人・作品などが持つ独特の味わい。②characteristic

もちあわせ【持ち合わせ】そのときの所持金。

モチーフ【motif フランス】❶動機。❷美術・文学などで、作品の意図。❸音楽で、楽曲の最小単位の旋律。①〜③motive

もちいる【用いる】❶使う。❷職につかせる。▽重く—。❸意見などを取り上げる。役立てる。①use ②appoint

もちかける【持ち掛ける】 相手に話をして働きかける。▽相談を―。approach　持ち掛

もちきり【持ち切り】 話題が一つのことに集中すること。　持ち切

もちぐさ【餅草】 よもぎ。また、その若葉。　餅草

もちぐされ【持ち腐れ】 持っていながら、役に立てないでおいてあること。▽宝の―。　持ち腐

もちくずす【持ち崩す】 行いをみだす。▽身を―。ruin oneself　持ち崩

もちこす【持ち越す】 次の機会に回す。leave over　持ち越

もちこたえる【持ち堪える】 なんとかある状態を保つ。hold out　持ち堪

もちごま【持ち駒】 ❶将棋で、相手から取って手もとにある駒。❷必要なときに自由に使える人・物・手段。　持駒

もちこむ【持ち込む】 ❶外から運び入れる。❷相談事などを持って来る。❸ある状態にもっていく。▽延長戦に―。①carry in　持ち込

もちごめ【糯米】 もちやこわめしなどに用いる、ねばりけの強い米。　糯米

もちだい【餅代】 年を越すために必要なお金。　餅代

もちだす【持ち出す】 ❶持って外へ出す。❷話題などを提示する。▽身の上話を―。❸不足金を自分で負担する。▽不足分を―。①take out　持ち出

もちづき【望月】 満月。full moon　望月

もちなおす【持ち直す】 ❶もとのよい状態に向かう。❷持ち替える。①recover　持ち直

もちぬし【持ち主】 所有者。owner　持主

もちば【持ち場】 受け持つ場所・役割。▽―につく。post　持場

もちはだ【餅肌】 きめが細かく、白くやわらかい肌。　餅肌

モチベーション【motivation】 動機づけ。やる気。

もちまえ【持ち前】 生まれつき持っている性質。類天性。　持前

もちまわり【持ち回り】 順番に受け持つこと。　持ち回

もちゅう【喪中】 喪に服している期間。　喪中

もちろん【勿論】 いうまでもなく。無論。of course, sure　勿論

もつ〔物〕 ⇩ぶつ

もつ【持つ】 ❶手にとる。❷身につける。所持する。❸所有する。❹身にそなえる。❺心にいだく。❻引き受ける。❼その状態がつづく。①〜⑤have　持つ

もっか【目下】 今。現在。▽―の急務。―外出中。at present　目下

もっか【黙過】 知らぬふりをして見のがすこと。▽―できない行為。overlooking　黙過

もっきょ【黙許】 暗黙のうちにゆるすこと。類黙認。　黙許

もっきん【木琴】 木片を音階順に並べた打楽器。シロホン。xylophone　木琴

もっけ【勿怪】 思いがけないこと。unexpected ▼**―の幸い** 思いがけない幸い。　勿怪

もっけい【黙契】 暗黙のうちに合意に達すること。また、その合意・契約。　黙契

もっこ【畚】 四すみを棒でつって土・石などを運ぶ網状の道具。ふご。

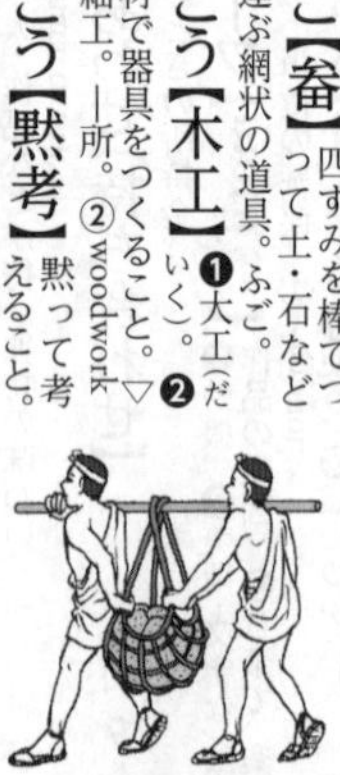
畚

もっこう【木工】 ❶大工(だいく)。❷木材で器具をつくること。▽―所。―細工。②woodwork

もっこう【黙考】 黙って考えること。▽沈思―。類黙想。meditation

もったい【勿体】 とりつくろうこと・態度。▼**―を付ける** もったいぶる。　勿体

もったいない【勿体無い】 ❶たいへんありがたい。かたじけない。❷むだにするのは惜しい。▽―おことば。②wasteful　勿体無

もったいぶる【勿体振る】 わざと重々しくふるまう。勿体を付ける。　勿体振

もって【以て】 ❶…によって。…の理由で。❷「を」また「で」を強めたい方。▽かれを―天才という。❸そのうえ。❹意味を強めたい方。▽ますます―けしからん。▼**―の外**(ほか) とんでもないこと。outrageous ▼**―瞑**(めい)**すべし** それで十分満足すべきだ。▽決勝まで進んだのだから―だ。　以て

もってまわる【持って回る】 ❶持ち回る。❷遠回しに言う。▽―った言い方をする。　持って回

もっとも【尤も】 ❶道理にかなうようす。▽―な主張。―千万(せんばん)。❷そうはいっても。①natural　尤も

もっとも【最も】 いちばん。このうえなく。▽—ふさわしい人。the most

もっぱら【専ら】 ひたすら。いちずに。▽—ビールを飲んでいる。entirely ▼—にする ひとりじめにし、意のままにする。専らとする。

もつれる【縺れる】 ❶からまって解けなくなる。▽ひもが—。❷決着がつかなくなる。▽話が—。交渉が—。❸舌や足が思うように動かなくなる。①get tangled

もてあそぶ【弄ぶ】 ❶手に持って遊ぶ。❷なぐさみものにする。❸思いのままに扱う。▽運命に—ばれる。❹愛好する。①toy

もてあます【持て余す】 どう扱っていいか困る。手に余る。

もてなす【持て成す】 ❶人を丁重に取り扱う。❷客にごちそうする。②treat

もてはやす【持て囃す】 ほめちぎる。賞賛する。praise

もてる【持てる】 ❶人気がある。❷持つことができる。①be popular

もと【下】（許）❶（物の）下。下のあたり。❷その人の影響が及ぶ範囲。❸条件や制限が及ぶ範囲。①under

もと【元】 ❶下の部分。❷事のはじめ。❸出てくる所。❹原因。❺元金。もとで。❻原料。❼昔。以前。▽ここは—畑だった。②origin ③source ④cause ▼—の鞘（さや）に収まる 別れた者がもとの関係にもどる。▼—の木阿弥（もくあみ） うまくいっていたものが、前の悪い状態にもどること。▼—も子も無い 損をして、何もかもなくなる。

もと【本】 ❶根もと。❷いちばん大事な所。❸草木を数える語。①②base

もと【基】 よりどころとなるもの。土台。類基礎。base

> **使い分け「もと」**
>
> 下…影響力や支配力の及ぶ範囲。…という状態・状況で。物の下の辺り。▽法の—の平等。ある条件の—で成立する。真実を白日の—にさらす。灯台—暗し。
>
> 元…物事が生じる始まり。以前。近くの場所。もとで。▽口は災いの—。過労が—で入院する。火の—。家—。—の住所。手—に置く。お膝—。—が掛かる。
>
> 本…物事の根幹となる部分。▽生活の—を正す。—を絶つ必要がある。—を尋ねる。
>
> 基…基礎・土台・根拠。▽資料を—にする。詳細なデータを—に判断する。これまでの経験に基づく。

もとい【基】 土台。基礎。根本。▽国の—を定める。

もどかしい 思うようにならず、じれったい。feel frustrated

もとき【本木】 木の根元の部分。対末木（うらき）。

もどき【擬き】 …に似せて作ったもの。…に似ているもの。▽芝居—。がん—。

もときん【元金】 ❶商売の元手にする金。❷元金（がんきん）。

もとごえ【元肥】 種まき・移植の前に田畑に入れておく肥料。対追肥。

もとじめ【元締め】 金の勘定や仕事などのしめくくりをする役（の人）。

もどす【戻す】 ❶もとの場所・状態に返す。▽話を元に—。❷乾燥食品を加工前の状態にする。❸吐く。①bring back

もとちょう【元帳】 簿記（ぼき）で、最も大事な、もとになる帳簿。

もとづく【基づく】 もととする。根拠とする。base on

もとで【元手】 必要な資金。capital

もとどり【髻】 髪の毛をまとめて頭の上で束ねた部分。たぶさ。

もとね【元値】 仕入れ値。cost price

もとめる【求める】 ❶さがす。❷望む。▽幸福を—。❸要求する。▽協力を—。❹買う。①seek

もともと【元元】 ❶損も得もないこと。大差ないこと。❷はじめから。

もとより【固より】（素より）❶はじめから。もともと。▽危険は—覚悟の上だ。❷言うまでもなく。

もどりづゆ【戻り梅雨】 一度梅雨が明けたあと、再び雨が続くこと。

もとる【悖る】 反する。そむく。▽道理に—。

もどる【戻る】 ❶もとの状態や場所にかえる。❷引き返す。①return

もなか【最中】 ❶まん中。さなか。❷焼いた薄皮の間にあんを入れた和菓子。

モニター【monitor】❶放送や商品について意見・批評を述べる人。❷放送や録音・録画の状態を監視する人・装置。①test viewer, test user

モニタリング【monitoring】監視。モニターで見ること。

モニュメント【monument】記念碑。記念物。

もぬけ【蛻】脱皮。▼―の殻(から) ❶脱皮したぬけ殻。❷人が脱出してだれもいない状態。❸魂がぬけ去った体。 蛻

もの【物】❶物体。物質。❷品物。また、品質。❸所有物。❹ことば。❺物事。❻道理。❼とりたてるほどの事柄。❽漠然と事柄をさすことば。▽行きたい―だ。❾なんとなく。▽―寂しい。❿いかにも…。①object ②article ▼―は相談 よい結果が得られるかもしれないから、一度は相談してみるものだ。相談事を切り出すときにいう語。▼―を言わせる 大きな力を発揮させる。 物

もの【者】人。人間。person 者

ものいい【物言い】❶ことばづかい。話し方。❷(相撲の勝負判定に)異議を唱えること。 物言い

ものいり【物入り】費用がかかること。 物入り

ものうい【物憂い】なんとなく心が晴れず、けだるい。▽―日々が続く。melancholy 物憂い

ものおき【物置】ふだん使わないものをおさめておく小屋。納屋(なや)。barn 物置

ものおじ【物怖じ】こわがること。おじけづくこと。timidity 物怖じ

ものおもい【物思い】あれこれと思い悩むこと。▽―に沈む。 物思い

ものかげ【物陰】物のかげになっていて見えない所。 物陰

ものがたい【物堅い】正直でまじめである。律義だ。 物堅い

ものがたり【物語】❶話された内容。❷古くから伝わっている話。❸散文形式の文学作品。①②story ③romance 物語

ものがたる【物語る】❶まとまった話をする。❷ある事実がある意味を示す。▽苦労を―顔。①tell 物語る

ものがなしい【物悲しい】なんとなく悲しい。うらがなしい。▽―夕暮れ時。 物悲し

ものぐさ【物臭】めんどうがること・人。類無精(ぶしょう)。lazy 物臭

ものぐるおしい【物狂おしい】気が変になりそうである。 物狂おし

ものごい【物乞い】❶物をめぐんでくれるように頼むこと。❷こじき。①beg 物乞い

ものごころ【物心】人情や物事の道理などがわかる心。▽―が付く。 物心

ものごし【物腰】物の言い方や態度。▽―が柔らかい。attitude 物腰

ものごと【物事】いろいろの物や事柄。 物事

ものさし【物差し】〈物指し〉❶物の長さをはかる道具。❷評価するときの基準。①ruler 物差し

ものさびしい【物寂しい】〈物淋しい〉なんとなくさびしい。うらさびしい。▽―町はずれ。 物寂し

ものさわがしい【物騒がしい】❶なんとなく騒がしい。❷世の中が穏やかでない。 物騒がし

ものしずか【物静か】❶ひっそりとしているようす。❷落ち着いていて穏やかなようす。 物静か

ものしり【物知り】なんでもよく知っていること・人。▽―顔に言う。類博識。knowledgeable 物知り

ものずき【物好き】風変わりなことを好むこと・人。curious person 物好き

ものすごい【物凄い】❶ひどく恐ろしい。❷程度がはなはだしい。①terrible ②awfully 物凄い

ものする【物する】作り上げる。特に、書く。▽一句―。注物×にする。 物する

ものだね【物種】物事のもととなるもの。▽命あっての―。 物種

ものたりない【物足りない】なんとなく不満足だ。ものたらない。unsatisfied 物足り

モノトーン【monotone】❶単調。一本調子。❷単色の色合い・色調。特に、白黒。

もののかず【物の数】とりたてて数えあげるほどのもの。 物の数

もののけ【物の怪】たたりをするという霊魂。 物の怪

もののふ【武士】ぶし。さむらい。 武士

ものほし【物干し】洗濯物をほすこと・場所・設備。 物干し

ものまね【物真似】他人や動物の身ぶり・動作・声などをまねること・芸。mimicry 物真似

ものみ【物見】❶見物。❷見張り。❸物見櫓(やぐら)。 物見

ものみだかい【物見高い】何でもめずらしがって見たがる。curious 物見高

ものみやぐら【物見櫓】遠方を見渡すためのやぐら。望楼。watchtower 物見櫓

ものみゆさん【物見遊山】見物して遊び歩くこと。遊山

ものもうす【物申す】❶あえて意見を言う。文句を言う。❷昔、案内を請う時に言ったことば。物申す

ものものしい【物物しい】❶いかめしい。❷おおげさだ。仰々しい。②grandiose 物物し

ものもらい【物貰い】❶こじき。❷まぶたにできるはれもの。麦粒腫(ばくりゅうしゅ)。②sty 物貰い

ものわかれ【物別れ】意見が合わずに話し合いがまとまらないこと。▽交渉は—に終わった。物別れ

ものわすれ【物忘れ】物事を忘れること。失念。forgetfulness 物忘れ

ものわらい【物笑い】人から笑いものにされること。物笑い

モバイル【mobile】移動性があること・もの。単独では用いない語。

もはや【最早】今となっては。もうすでに。already 最早

もはん【模範】見習うべき手本。model 模範

もふく【喪服】葬式などに着る、黒い礼服。mourning dress 喪服

もほう【模倣】〈摸倣〉まねること。似せること。対独創。imitation 模倣

もまれる【揉まれる】❶社会の中で苦労を経験する。▽社会の荒波に—。❷大ぜいの人の中で、あちこち動かされる。▽人混みに—。揉まれる

もみ〖籾〗9 もみ 外皮のままの米。また、もみがら。人 ▽種—。

筆順	丶	丷	半	米	米	籾	籾	籾

籾・籾

もみ【籾】❶もみがらがついた米。もみごめ。❷もみがら。②chaff 籾

もみ【樅】常緑高木の一。材は建築用・パルプ用。若木はクリスマスツリーとして使う。fir 樅

もみあげ【揉み上げ】耳の前の髪がはえさがった部分。sideburns 揉上げ

もみがら【籾殻】米を包んでいる外皮。籾殻

もみけす【揉み消す】❶手でもんで火を消す。❷好ましくないうわさなどが広まる前に、ひそかに処理する。▽事件を—。②hush up 揉み消

もみじ【紅葉】❶晩秋、葉が紅・黄色に色づくこと。また、その葉。こうよう。黄葉。❷かえで。紅葉

もみじがり【紅葉狩り】野山に紅葉を観賞しに行くこと。紅葉狩

もみすり【籾摺り】もみがらを取り去ること。籾摺り

もみで【揉み手】(謝罪・依頼などで)両手をもむようにすること。揉み手

もむ【揉む】❶両手を合わせてこする。▽きりを—。❷あんまをする。▽肩を—。❸はげしく動かす。▽みこしを—。❹気をいらだたせる。▽気を—。❺はげしく議論する。❻きたえる。▽一つ—んでやろうか。①rub 揉む

もめごと【揉め事】いざこざ。争いごと。ごたごた。▽—にまきこまれる。trouble 揉め事

もめる【揉める】❶争いが起こる。▽遺産相続で—。❷心配で落ち着かない。▽気が—。②feel anxious 揉める

もめん【木綿】❶木綿(きわた)の実の白い繊維。もめんわた。❷❶を原料とする糸や織物。①②cotton 木綿

もも〖腿〗14 タイ・もも 足のももとすね。▽大—部。内—(うちもも)。腿・腿

もも【股】〈腿〉足の付け根からひざまでの部分。thigh 股

もも【桃】果樹の一。また、その実。peach▼桃—栗(くり)三年柿(かき)八年 芽から実がなるまで桃と栗は三年、柿は八年かかるということ。桃

ももいろ【桃色】❶うすい紅色。❷性愛に関すること。▽—遊戯。①pink

ももわれ【桃割れ】少女が結う日本髪の一。

桃割れ

もや【母屋】おもや。main house 母屋

もや【靄】空気中に低くたちこめる、うすい霧状のもの。haze 靄

もやい【舫い】船と船、また、船を杭(くい)などにつなぐこと・綱。舫い

もやう【舫う】船と船を、また船を杭(くい)などにつなぎとめる。moor 舫う

もやし【萌やし】発芽させた豆類などの若芽。食用。bean sprouts 萌やし

もやす【燃やす】❶燃えるようにする。もす。❷意欲や感情を高める。▽闘志を—。①②burn 燃やす

も

もよい【催い】 今にもそうなりそうなこと。▽雨ー。 催い

もよう【模様】 ❶装飾とする図形や絵。❷ようす。ありさま。①pattern 模様

もよおし【催し】 催し物。 催し

もよおしもの【催し物】 人々を集めて行う行事や会合。催事。催し。event 催し物

もよおす【催す】 ❶計画して行う。開催する。❷ある気持ちや状態を起こさせる。▽眠気をー。①hold ②feel 催す

もより【最寄り】 最も近く。▽ーの駅。nearby 最寄り

モラール【morale】 士気。勤労意欲。

もらいさげ【貰い下げ】 警察などに留置されている者を引き取ること。 貰い下

もらいなき【貰い泣き】 他人が泣くのに同情して、一緒に泣くこと。 貰い泣

もらいび【貰い火】 類焼。 貰い火

もらいもの【貰い物】 他人からもらった物。gift 貰い物

もらう〖貰〗 人12 セイ・もらう 物・助けをうける。▽ーい物。 貰・貰

筆順	一	艹	艹	卋	卋	貰	貰	貰

もらう【貰う】 ❶人がくれるものを受け取る。❷家族として迎え入れる。❸勝利を自分のものにする。❹〈「…てもらう」の形で〉他人がしてくれることが、自分の利益になる。▽助けてー。①get 貰う

もらす【漏らす】 〈洩らす〉❶外へこぼす。❷こっそり人に知らせる。▽機密をー。❸大事なことをぬかす。▽細大ーさず。❹思っていることを口に出して言う。また、表にあらわす。▽ため息をー。①②leak 漏らす

モラトリアム【moratorium】 ❶支払い猶予期間。❷青年が社会人となるまでの精神の猶予期間。

モラル【morals】 道徳(観念)。倫理。▼ーハザード 倫理の欠如。▼ーハラスメント 言葉や態度による精神的嫌がらせ。

もり【守り】 まもること・人。keeper 守り

もり【盛り】 ❶盛ること。また、その量。❷もりそば。 盛り

もり【森】 ❶木が多く茂っている所。❷〈杜〉神社を囲む木立。①②woods 森

もり【銛】 魚類などを突き刺してとる漁具。spear 銛

もりあがる【盛り上がる】 ❶盛ったように高くなる。❷わきあがるように高まる。勢いづく。▽大会気分がー。ーった世論。①rise ②arise 盛り上

もりかえす【盛り返す】 衰えた勢いを元のようにさかんにする。rally 盛り返

もりきり【盛り切り】 食べ物を器に一度盛ったきりで、おかわりのないこと。▽ーの飯。 盛切り

もりじお【盛り塩】 料理屋などで、縁起をかつぎ門口に塩を盛ること。また、その塩。 盛塩

もりだくさん【盛り沢山】 内容や分量が多いようす。▽ーな行事。various 盛沢山

もりたてる【守り立てる】 援助してよい仕事をさせる。▽若い社長をー。back up 守り立

もる【盛る】 ❶入れ物に満たす。❷高く積む。▽土をー。❸薬を調合して飲ませる。▽一服ー。❹ある内容を文章中に表現する。❺目もりをつける。①fill ②heap 盛る

もる【漏る】 〈洩る〉もれる。▽水がー。leak 漏る

モルト【malt】 麦芽。また、麦芽を発酵させて蒸留したもの。ビールやウイスキーの原料。

もれきく【漏れ聞く】 噂《うわさ》に聞く。 漏れ聞

もれる【漏れる】 〈洩れる〉❶すきまからこぼれ出る。もる。❷秘密が他に知られる。漏洩《ろうえい》する。▽噂《うわさ》がー。❸ぬけ落ちる。▽選にー。①②leak 漏れる

もろい【脆い】 ❶こわれやすい。❷感じやすい。▽涙ー。❸持ちこたえる力が弱い。①fragile 脆い

もろこし【唐土】 昔、日本から中国を呼んだ語。唐《から》。 唐土

もろこし【蜀黍】 〈唐黍〉穀物の一。種子は食用・飼料用。とうきび。コーリャン。Indian millet 蜀黍

もろて【諸手】 両手。both hands ▼ーを挙げる 全面的にみとめる。 諸手

もろとも【諸共】 いっしょにすること。 諸共

もろは【諸刃】 両刃《りょうば》。対片刃。 諸刃

もろはだ【諸肌】 両肩の肌。▼ーを脱《ぬ》ぐ ❶着物の上半身をぬぐ。❷全力で助力する。 諸肌

もろびと【諸人】 多くの人。みんな。 諸人

もろみ【諸味】〈醪〉かすをこしていない酒・しょうゆ。▽―みそ。　諸味

もろもろ【諸諸】〈諸〉多くのもの。いろいろなもの。▽―の事情。various　諸諸

もん〔門〕常8 **モン・かど** ❶出入り口(の建造物)。▽―番。❷家柄。▽名―。❸なかま。▽一―。　門・門

筆順　丨 ｢ ｢ ｢ 門 門 門 門

もん〔紋〕常10 **モン** ❶もよう。▽波―。❷しるしのもよう。▽―章。家―。　紋・紋

筆順　く 幺 幺 糸 糸 糸 紋 紋 紋

もん〔問〕常11 **モン・とう・とい・とん** ❶とう。とい。▽―答。学―。❷人を訪ねる。▽訪―。❸調べる。▽―責。　問・問

筆順　丨 ｢ ｢ ｢ 門 門 門 問

もん〔悶〕12 **モン・もだえる** なやみ苦しむ。▽―着。苦―。　悶・悶

もん〔文〕⇩ぶん　**もん〔聞〕**⇩ぶん

もん【文】❶昔の貨幣の単位。一文は一貫の一〇〇〇分の一。❷たび・靴などの大きさをはかる単位。一文は約二・四センチメートル。　文

もん【門】❶家や家の外側の出入り口。❷出はいりする所。❸同じ先生の教えをうけたなかま。▽山田先生の―に入る。❹生物分類上の区分で、界の下、綱(こう)の上。❺大砲の数をかぞえる語。①gate　門

もん【紋】❶紋所。❷模様。①crest　紋

もんか【門下】先生のもとで教えを受けること・人。　門下

もんがいかん【門外漢】その分野の専門家でない人。　門外漢

もんがいふしゅつ【門外不出】大切にして外部に出さないこと。　門外

もんかせい【門下生】門人。disciple　門下生

もんきりがた【紋切り型】型にはまった、新味のない様式。hackneyed　紋切り

もんく【文句】❶文中の語句。❷苦情。不平・不満。①phrase ②complaint　文句

もんげん【門限】門を閉めて出入りを止める時刻。closing time　門限

もんこ【門戸】❶出入り口。❷一家。一派。▽―を構える。①door　門戸

もんこかいほう【門戸開放】❶出入りを自由にすること。❷どこの国とも自由に貿易をすることを許すこと。　開放

もんごん【文言】文章の中のことば。　文言

もんさつ【門札】表札。doorplate　門札

もんし【悶死】身をよじって苦しみながら死ぬこと。もだえ死に。　悶死

もんじ【文字】⇩もじ。　文字

もんじゅ【文殊】知恵をつかさどる菩薩(ぼさつ)。文殊菩薩。　文殊

もんじょ【文書】書類。ぶんしょ。▽古―。document　文書

もんしょう【紋章】家柄・団体などを表すしるし。類紋所。heraldry　紋章

もんしん【問診】診断の参考にするために、医者が患者に病状などを質問すること。　問診

もんじん【門人】門下の弟子。門下生。門弟。disciple　門人

もんせき【問責】責任を問いただし、せめること。責問。▽委員長の過失を―する。類詰問。censure　問責

もんぜき【門跡】❶一門の教義を受けつぎ伝える僧。門主。❷皇族・貴族が出家して住持となっている寺。❸本願寺管長の俗称。　門跡

もんぜつ【悶絶】もだえ苦しんで気を失うこと。　悶絶

もんぜん【門前】門の前。▼―市(いち)を成す 多くの人が訪れる。▼―雀羅(じゃくら)を張る(門前にすずめをとるあみを張る意で)訪れる人もなく閑散としているたとえ。　門前

もんぜんばらい【門前払い】訪問者を会わずに追いかえすこと。　門前払

もんだい【問題】❶答えを出させるための問い。❷解決しなければならない事柄。▽公害―。❸やっかいな事件。▽―を起こす。❹話題になっていること。▽―の女性。①question ②problem　問題

もんち【門地】家柄。家格。　門地

もんちゃく【悶着】もめごと。ごたごた。trouble　悶着

もんちゅう【門柱】門の両側の柱。もんばしら。gatepost　門柱

もんつき【紋付き】家紋のついた礼装用和服。紋服。　紋付

もんてい【門弟】門人。弟子。disciple　門弟

もんと【門徒】❶門人。弟子。❷その宗門に属する信徒。❸「門徒宗」の略。　門徒

も

もんとう【門灯】門に付けた電灯。　門灯

もんどう【問答】❶質問と応答。❷議論。話し合い。▽—無用。　問答

もんどころ【紋所】その家の、定められている紋章。類家紋。family crest　紋所

もんどり【翻筋斗】宙返り。▽—を打つ。somersault　翻筋斗

もんなし【文無し】全然金がないこと・人。一文無し。　文無し

もんばつ【門閥】家柄。また、家柄同士が結んでつくった閥。▽藤原氏の—。　門閥

もんぴょう【門標】表札。門札。　門標

もんぷく【紋服】紋付き。　紋服

もんめ〔匁〕人4 もんめ ❶尺貫法の重さの単位。❷昔の通貨の単位。　匁・匁

筆順：ノ ク 匁

もんめ【匁】尺貫法の重さの単位。一匁は一貫の一〇〇〇分の一、約三・七五グラム。　匁

もんもう【文盲】文字の読み書きができないこと・人。今は「非識字（者）」という。illiteracy　文盲

もんもん【悶悶】なやみ、もだえ苦しむようす。▽—と日を送る。　悶悶

もんよう【文様】〈紋様〉模様。pattern　文様

や ヤ

や〔也〕人3 ヤ・なり 断定・強調・疑問などを表す語。　也・也

筆順：也

や〔冶〕常7 ヤ ❶金属をとかして、細工する。▽—金。❷美しく仕上げる。素材に手を加えて、よい物をつくりあげる。▽陶—。❸あでやかで美しい。▽艶—(えんや)。　冶・冶

筆順：冶

や〔夜〕常8 ヤ・よ・よる 昼の反対の暗い時間。▽—間。昨—。　夜・夜

筆順：夜

や〔耶〕人9 ヤ・か ❶疑問・反語・感嘆を表す。❷音訳に使う。▽—蘇(やそ)。　耶・耶

筆順：耶

や〔野〕常11〔埜〕人11 ヤ・の ❶のはら。❷民間。▽在—。❸自然のまま。▽—生。　野・野

筆順：野

や〔椰〕人13 ヤ 樹木の、やし。▽—子(やし)。　椰・椰

筆順：椰

や〔爺〕13 ヤ・じい・じじ 老年の男性。▽好—。老—。　爺・爺

や〔弥〕常8〔彌〕人17 や ❶遠い。❷広くいきわたる。❸いよいよ。▽—生(やよい)。　弥・弥

筆順：弥

や【矢】竹で作った、弓で射る武器。arrow ▼—の催促(さいそく) はげしくせきたてること。　矢

や【屋・家】建物。ある職業の人や家を表す語。　屋

使い分け「や」

屋…建物。職業。屋号。ある性質を持つ人。▽小—。—敷。酒—。三河—。頑張り—。照れ—。

家…人が生活する住まい。▽貸—を探す。楽しい我が—。借—住まい。—主。—賃。空き—。

や【野】❶野原。❷民間。対❷朝(ちょう)。▼—に下(くだ)る 公職を退いて民間人になる。　野

や【輻】車輪の中心から外側の輪に放射状に出る棒。spoke　輻

ヤード【yard】〈碼〉ヤードポンド法の長さの単位。一ヤードは三フィートで、約九一・四センチ。記号yd

ヤール 布地の長さの単位。「ヤード」のなまり。

やいば【刃】はもの。特に、刀剣。sword　刃

やいん【夜陰】夜のくらやみ。▽—に乗じて攻める。　夜陰

やえ【八重】❶八つ。数多く重なったもの・こと。❷八重咲き。　八重

やえい【野営】❶キャンプをすること。❷野外に陣をしくこと。類露営。　野営

やえざき【八重咲き】花びらが重なりあって咲くこと・品種。double　八重咲

やえざくら【八重桜】八重咲きの桜。　八重桜

やえば【八重歯】重なってはえる歯。double tooth　八重歯

やおちょう【八百長】なれあいの勝負や物事。fixed game　八百長

やおもて【矢面】矢の飛んでくる正面。▼―に立つ 非難などをまともに受ける立場に立つ。　矢面

やおや【八百屋】野菜類を売る店・人。青果商。vegetable store　八百屋

やおよろず【八百万】きわめて数が多いこと。無数。▽―の神。　八百万

やおら ゆっくりととりかかるようす。おもむろに。slowly

やかい【夜会】西洋ふうの夜の会合・宴会・舞踏会。　夜会

やがい【野外】❶屋外。▽―劇。❷野原。①open air　野外

やがく【夜学】夜間に授業をする学校。類定時制。night school　夜学

やかた【館】〈屋形〉貴人の邸宅。また、貴人の敬称。　館

やかたぶね【屋形船】川遊びに使う屋根のある和船。　屋形船

やがて【軈て】間もなく。before long　軈て

やかましい【喧しい】❶物音などがうるさい。❷口うるさく、きびしい。▽躾(しつけ)に―。①noisy　喧しい

やから【輩】なかま。連中。▽不逞(ふてい)の―。comrade　輩

やかん【夜間】夜(のあいだ)。対昼間。　夜間

やかん【薬缶】湯わかし。kettle　薬缶

やき【夜気】❶夜の冷たい空気。❷夜の静かなけはい。①②night air　夜気

やき【焼】焼き物。▽九谷(くたに)―。　焼

やき【焼き】❶焼くこと。焼き具合。❷焼き入れ。▼―が回る 衰えて働きがにぶくなる。▼―を入れる ❶焼き入れをする。❷こらしめる。また、リンチを加える。　焼き

やぎ【山羊】家畜の一。雄はあごにひげがある。乳・肉・皮などを利用する。goat　山羊

やきいん【焼き印】焼き跡をつける金属製の印。brand　焼印

やきうち【焼き討ち】〈焼き打ち〉火をつけて攻めること。火攻め。　焼討ち

やきつけ【焼き付け】❶写真で陽画をつくること。❷陶磁器に絵つけをして、再び焼くこと。①print　焼付け

やきなおし【焼き直し】❶再び焼くこと。❷旧作を新作に仕立て直すこと・作品。②rehash　焼直し

やきまし【焼き増し】写真で、追加して焼き付けること。additional print　焼増し

やきもち【焼き餅】❶火にあぶったもち。❷嫉妬(しっと)。②jealousy　焼餅

やきもの【焼き物】❶陶磁器。❷火で焼いた料理。　焼物

やきゅう【野球】九人一組みの二チームで行う球技。baseball　野球

やぎゅう【野牛】野生の牛。bison　野牛

やぎょう【夜業】夜間に仕事をすること。よなべ。類夜勤。　夜業

やきょく【夜曲】セレナーデ。　夜曲

やきん【冶金】金属の製錬、合金の製造など。注×治金。metallurgy　冶金

やきん【夜勤】夜に勤務すること。夜間勤務。対日勤。night duty　夜勤

やく〔厄〕常4 ヤク ❶わざわい。▽―難。―介。❷厄年。▽前―。
筆順 一 厂 厄 厄　厄・厄

やく〔役〕常7 ヤク・エキ ❶仕事。▽―人。❷働かせる。労働。▽使―(しえき)。服―。❸戦争。❹俳優の受けもち。
筆順 ノ ク 彳 彳 役 役 役　役・役

やく〔約〕常9 ヤク ❶小さくまとめる。▽要―。❷とりきめ。▽―束。契―。❸きりつめる。▽節―。(約)
筆順 く 幺 幺 糸 糸 糸 約 約 約　約・約

やく〔訳〕常11 ヤク・わけ ❶他の言語になおす。▽―文。翻―。❷わけ。理由。(譯)
筆順 、 ニ 言 言 言 言 訳 訳　訳・訳

やく〔薬〕常16〔藥〕人18 ヤク・くすり ❶くすり。▽―剤。―草。❷化学作用を起こさせるもの。▽―品。火―。
筆順 艹 艹 艹 苩 苩 蒁 薬　薬・薬

やく〔躍〕常21 ヤク・おどる とびあがる。はねる。▽―動。跳―。(躍)
筆順 𧾷 𧾷 𧿹 躍 躍 躍 躍　躍・躍

やく〔疫〕⇩えき

やく〔益〕⇩えき

やく【厄】❶わざわい。▽―を払う。❷厄年。　厄

やく【役】❶役目。任務。❷おもだった職務。❸劇で演じる人物。①job ③role　役

やく【妬く】ねたむ。嫉妬(しっと)する。get jealous　妬く

やく【約】およそ。だいたい。about 約
やく【訳】訳すこと。また、訳したもの。▽現代語―。translation 訳
やく【焼く】❶もやす。❷火であぶる。❸日光で肌を黒くする。❹写真の焼き付けをする。❺妬(や)く。①burn ②broil 焼く
やぐ【夜具】寝具。ふとん・毛布など。 夜具
やくいん【役員】❶会社・団体の幹部。❷ある役の担当者。①executive 役員
やくおとし【厄落とし】厄払い。 厄落し
やくがい【薬害】薬によって受ける害。類薬禍。 薬害
やくがら【役柄】❶役目の性質。役向き。❷俳優が演じる役(の性質)。 役柄
やくげん【約言】❶短くかいつまんで言うこと。▽これを―すれば。❷二音節が一音節になる変化。約音。類❶略述。 約言
やくげんびょう【薬原病】医薬品の副作用による病気。スモン病など。 薬原病
やくご【訳語】翻訳したことば。 訳語
やくざ ❶正業につかず生活するならず者。ばくち打ち。❷まともでないようす。▽―な仕事。
やくざい【薬剤】くすり。薬品。medicine 薬剤
やくさつ【扼殺】手で首をしめて殺すこと。類絞殺(こうさつ)。 扼殺
やくさつ【薬殺】毒薬で殺すこと。類毒殺。poison 薬殺

やくし【訳詞】歌詞を翻訳すること。また、その歌詞。translated lyrics 訳詞
やくし【訳詩】詩を翻訳すること。また、その詩。translated poem 訳詩
やくじ【薬餌】薬と食べ物。薬。▼―に親しむ 病気がちである。 薬餌
やくしにょらい【薬師如来】病気を治し、災難を除く如来。 薬師
やくしゃ【役者】❶俳優。❷かけひきがたくみな人。①actor 役者
やくしゃ【訳者】翻訳者。translator 訳者
やくしゅつ【訳出】翻訳すること。 訳出
やくしょ【役所】役人が公務を扱う所。官公庁。government office 役所
やくじょ【躍如】眼前に見るように現れているようす。▽面目―。vivid 躍如
やくじょう【約定】約束して決めること。▽―書。類契約。contract 約定
やくしょく【役職】責任のある職務。特に、管理職。 役職
やくしん【薬疹】くすりの副作用で生じる発疹。drug eruption 薬疹
やくしん【躍進】めざましく発展すること。▽―著しい。rapid progress 躍進
やくす【訳す】❶翻訳する。❷わかりやすく解釈する。①translate 訳す
やくする【扼する】❶握りしめる。❷要所を押さえる。①grasp 扼する
やくする【約する】❶約束する。▽再会を―。❷簡単にする。❸約分する。 約する

やくせき【薬石】薬と治療法。▼―効(こう)なく 治療のかいもなく。 薬石
やくそう【薬草】薬に用いる草。herb 薬草
やくそく【約束】❶互いに取り決めること・内容。❷規則。①promise 約束
やくそくてがた【約束手形】一定期日に一定金額の支払いを約束した手形。約手(やくて)。promissory note 手形
やくたい【益体】役に立つこと。▼―もない 役に立たない。つまらない。 益体
やくだつ【役立つ】有用である。使える。役に立つ。be useful 役立つ
やくちゅう【訳注】〈訳註〉❶訳と注釈。❷訳者がつけた注釈。 訳注
やくて【約手】「約束手形」の略。 約手
やくとう【薬湯】❶くすりゆ。❷せんじ薬。 薬湯
やくどう【躍動】生き生きと活動すること。▽―感。 躍動
やくとく【役得】役職によって得られる特別の利益。perquisites 役得
やくどころ【役所】役目として与えられた仕事。役割。多く、適・不適の観点からいう。▽ぴったりの―。 役所
やくどし【厄年】❶陰陽(おんよう)道で、災いにあいやすいとされる年齢。厄(やく)。❷災難の多い年。 厄年
やくにん【役人】公務員。public official 役人

やくば【役場】町村の公務を行う所。 役場

やくはらい【厄払い】神仏に祈り災いを除くこと。厄落とし。やくばらい。 厄払い

やくび【厄日】❶陰陽(おんよう)道で、災難にあいやすいとされる日。❷悪いことが続いて起こる日。②unlucky day 厄日

やくびょうがみ【疫病神】❶疫病をもたらす神。❷いみ嫌われている人。注×えきびょうがみ。②jinx 疫病神

やくひん【薬品】❶くすり。医薬。❷化学変化をおこすのに使う物質。②chemical 薬品

やくぶそく【役不足】❶役目(配役)に不満をもつこと。❷役目(配役)が力量に比べ軽いこと。注力不足の意に使うのは誤り。 役不足

やくぶつ【薬物】薬となる物質。medicine 薬物

やくぶん【約分】分数の分子・分母を、公約数で割って簡単にすること。 約分

やくぶん【訳文】翻訳・現代語訳した文。対原文。 訳文

やくほ【薬舗】薬屋。薬局。 薬舗

やくまわり【役回り】割り当てられた役目。▽損な—。part 役回り

やくみ【薬味】料理に添える香辛料。 薬味

やくめ【役目】割り当てられたつとめ。類職務。duty 役目

やくよう【薬用】薬として使うこと。 薬用

やくよけ【厄除け】災難をはらい除くこと。類厄払い。 厄除け

やぐら【櫓】(矢倉)❶見張り・展望・足場用などの高い建物・構築物。▽火の見—。❷こたつの木のわく。 櫓

やぐるま【矢車】軸の周りに矢の形をしたものを放射状につけた風車(かざぐるま)。arrow wheel 矢車

やくろう【薬籠】くすり箱。 薬籠

やくわり【役割】割り当てられた役目や仕事。role, part 役割

やけ【自棄】思うようにならず、すてばちになること。自暴自棄。desperation 自棄

やけあと【焼け跡】火事で焼けた跡。 焼け跡

やけい【夜景】夜の景色。night view 夜景

やけい【夜警】夜間、警備をすること・人。night watch 夜警

やけいし【焼け石】焼けて熱くなった石。hot stone ▼—に水 努力や援助が不足していて、ききめのないこと。 焼け石

やけくそ【自棄糞】「やけ」を強めていう語。 自棄糞

やけざけ【自棄酒】やけになってあおる酒。 自棄酒

やけど【火傷】❶熱や薬品で皮膚が焼けただれること。また、その傷。❷痛手をうけること。①burn, scald 火傷

やけぼっくい【焼け木杭】(焼け棒杭)燃えさしのくい。▼—に火がつく 別れた男女がまた仲よくなる。 焼け木杭

やける【妬ける】(嫉ける)ねたましく思われる。be jealous 妬ける

やける【焼ける】❶もえる。❷火であぶられる。❸熱で熱くなる。❹日光に当たり変色する。❺赤くなる。❻手がかかる。❼胸やけがする。①burn 焼ける

やけん【野犬】のら犬。homeless dog 野犬

やげん【薬研】漢方の薬種をつぶすための、舟形の器具。 薬研

やご【水蠆】とんぼの幼虫。 水蠆

やこう【夜光】夜や暗い所で光ること。 夜光

やこう【夜行】❶夜、活動すること。やぎょう。❷夜行列車。 夜行

やごう【屋号】商店や歌舞伎役者の家の呼び名。 屋号

やごう【野合】❶正式な結婚をしないで、男女が関係をもつこと。❷こっそりと関係を結ぶこと。 野合

やさい【野菜】畑で栽培して、副食物とする植物。蔬菜(そさい)。類青物。vegetable 野菜

やさおとこ【優男】優形(やさがた)の男性。 優男

やさがし【家探し】住宅を探すこと。 家探し

やさがし【家捜し】家じゅうを捜し回ること。 家捜し

やさがた【優形】❶体つきが上品で、すらりとしていること。❷性格が優しいこと。 優形

やさき【矢先】❶矢の先端。やじり。❷ちょうどそのとき。 矢先

やさしい【易しい】❶たやすい。▽操作は—。❷わかりやすい。▽—説明。対❶❷難しい。①easy ②plain 易しい

やさしい【優しい】❶上品で美しい。▽姿—く咲く花。❷素直でおとなしい。▽気立てが—。❸思いやりがある。▽—く慰める。①graceful ②gentle ③kind 優しい

使い分け「やさしい」

優しい…思いやりがある。穏やかである。上品で美しい。▽—言葉を掛ける。誰にも優しく接する。物腰が—。

易しい…たやすい。分かりやすい。▽—問題が多い。易しく説明する。—読み物。

やし【香具師】〈野師〉縁日などで露店を出して商売する人。てきや。 香具師

やし【椰子】熱帯地方に自生する木の一。幹の先に大形の葉がつく。palm 椰子

やじ【野次】〈弥次〉やじること・ことば。▽—を飛ばす。jeering 野次

やじうま【野次馬】〈弥次馬〉自分に関係のない物事に興味を持ち、人のあとについて、無責任に騒ぎたてる人。▽—根性。rubbernecker 野次馬

やしき【屋敷】❶〈邸〉立派な家。❷家の敷地。 屋敷

やじきた【弥次喜多】❶気楽な旅行をする二人連れ。▽—道中。❷好一対の滑稽(こっけい)な者。 弥次

やしなう【養う】❶育てる。▽女手一つで二人の子を—。❷扶養する。▽妻子を—。❸つちかう。▽実力を—。❹病気を治すようにする。▽病を—。②support 養う

やしゃ【夜叉】おそろしい形相(ぎょうそう)をした性質の荒いインドの鬼神(きじん)。 夜叉

やしゃご【玄孫】ひまごの子。げんそん。 玄孫

やしゅ【野手】野球で、投手・捕手を除く、守備側の人。fielder 野手

やしゅ【野趣】自然のままの素朴なおもむき。▽—に富む。 野趣

やしゅう【夜襲】夜の暗やみを利用して襲撃すること。▽—をかける。類夜討ち。night attack 夜襲

やじゅう【野獣】❶野生のけもの。❷野蛮な人。①wild animal 野獣

やしょく【夜色】夜の景色。夜景。 夜色

やしょく【夜食】夕食のほかに、夜おそくとる食事。late-night meal 夜食

やじり【矢尻】〈鏃〉矢の先の、とがった部分。矢先。矢の根。arrowhead 矢尻

やじる【野次る】〈弥次る〉他人の言動に対して、非難やからかいのことばを浴びせる。hoot, jeer 野次る

やしろ【社】神社(の建物)。shrine 社

やしん【野心】❶分をこえた大きな望み・たくらみ。▽領土侵略の—を持つ。—家。❷大志。大望。▽—的試み。—作。類❶野望。①②ambition 野心

やじん【野人】❶いなかの人。❷粗野な人。❸民間人。①rustic 野人

やす【簎】魚をついてとる漁具。柄の先に数本の太針が付く。spear

簎

やすい【安い】❶値段が低い。❷心がおだやかである。▽—からぬ思い。対❶高い。cheap

やすい【易い】❶簡単だ。易しい。▽お—御用。言うは—く、行うはかたし。❷…なりがちだ。…することが容易だ。▽壊れ—。対❷難(かた)い。①easy 易い
▼—きに就(つ)く 楽な方法を選ぶ。

やすうけあい【安請け合い】軽々しく引き受けること。rash promise 安請合

やすで【安手】❶安いこと。❷安っぽいこと。 安手

やすね【安値】❶安い値段。❷その日の取り引きの最安値。対❶❷高値。 安値

やすぶしん【安普請】安く家を建てること。また、その家。cheaply built house 安普請

やすまる【休まる】〈安まる〉心・体が楽になる。▽気が—。 休まる

やすむ【休む】❶休息する。❷中止する。❸欠席する。❹寝る。①rest 休む

やすもの【安物】値段が安く質の悪いもの。対上物(じょうもの)。cheaparticle 安物

やすやす【安安】平穏なようす。 安安

やすやす【易易】たやすく。▽—とやってのける。easily 易易

やすらか【安らか】❶平穏なようす。▽—に暮らす。❷心配事や苦しみのないようす。▽—に眠れ。①peaceful 安らか

やすらぐ【安らぐ】おだやかな気持ちになる。▽心—場所に行く。 安らぐ

やすり【鑢】物の表面を平らにするのに使う工具。file 鑢

や

やすんじる【安んじる】❶安心する。❷満足する。やすんずる。▽現状に―。 安んじ

やせい【野生】自然に育つこと。▽―種。 野生

やせい【野性】自然の荒々しい性質。▽―的。 野性

使い分け「やせい」
野生…野に生きるの意。▽―の馬。猿が―する山。
野性…野の性質の意。▽―味。―に返る。

やせがまん【痩せ我慢】むりにこらえて、平気なふりをすること。 痩我慢

やせこける【痩せこける】ひどくやせて肉が落ちる。▽―けたほお。grow thin 痩せこ

やせち【痩せ地】草木の育ちの悪い土地。 痩せ地

やせる【痩せる】❶体の肉づきが悪くなる。また、体重が減る。❷土地の養分がなくなる。▽―せた農地。対❶太る。❶❷肥える。①lose weight ▼―ても枯(か)れてもどんなに落ちぶれても。 痩せる

やせん【夜戦】夜間の戦闘。 夜戦

やせんびょういん【野戦病院】戦場に仮設された病院。 野戦

やそう【野草】野に自生する草。wild grass 野草

やそうきょく【夜想曲】楽曲の形式の一。夜の気分を表した叙情的な曲。ノクターン。 夜想曲

やたい【屋台】❶移動式の、屋根つきの台(を用いた店)。❷祭りで、踊るための舞台。❸屋台骨。①stand 屋台

やたいぼね【屋台骨】❶屋台・家屋の骨組み。❷その一家をささえているもの。身代。財産。 屋台骨

やたて【矢立て】❶矢を入れる道具。❷筆と墨を納めた携帯用の筆記具。 矢立

やたら【矢鱈】秩序も節度もないようす。むやみ。terribly 矢鱈

やちょう【野鳥】野生の鳥。wild bird 野鳥

やちん【家賃】家の借り賃。rent 家賃

やつ【奴】❶人・物を乱暴に言う語。▽いやな―。❷あいつ。②fellow 奴

やつあたり【八つ当たり】怒りや不満を関係のない人・物にぶつけること。 八つ当

やっか【薬禍】薬の副作用などでおこる災難。類薬害。 薬禍

やっかい【厄介】❶めんどうなこと。▽―なことを頼まれる。❷世話。▽―になる。①trouble 厄介

やっかん【約款】契約・条約などの個々の条項。stipulation 約款

やっき【躍起】あせってむきになること。▽―になる。注躍×気。 躍起

やつぎばや【矢継ぎ早】次々と間を置かずにすること。▽―に質問を浴びせる。 矢継早

やっきょく【薬局】❶薬剤師が薬を管理し、調合して売る所。また、薬を売る店。薬屋。❷病院などで、薬を調合する所。②dispensary 薬局

やっこ【奴】❶江戸時代、武家に仕えた下働きの男。❷冷ややっこ。 奴

やっこう【薬効】薬のききめ。 薬効

やっこだこ【奴凧】やっこ❶を形どった凧。 奴凧

やつざき【八つ裂き】ずたずたに切りさくこと。 八つ裂

やつす【窶す】❶目立たないように、またはみすぼらしく姿をかえる。▽身を―。❷やせるほど悩む。▽恋に身を―。❸化粧する。めかす。 窶す

やっつける【遣っ付ける】❶相手をこらしめる。また、負かす。❷一気にやる。①beat 遣っ付

やつで【八手】庭木の一。葉はてのひら状で、大形。 八手

やっと ようやく。かろうじて。

やっとこ【鋏】針金・板金・熱した鉄をはさむ工具。pincers 鋏

やっぱり【矢っ張り】やはり。 矢っ張

やつれる【窶れる】❶やせ衰える。▽心労が重なって―。❷みすぼらしくなる。①get haggard 窶れる

やど【宿】❶住む家。すみか。❷宿屋。②inn 宿

やといにん【雇い人】使用人。employee 雇人

やとう【野党】政権を担当していない党。対与党。opposition party 野党

やとう【雇う】(傭う)❶賃金を払って人を使う。❷料金を払って利用する。▽船を―。①employ ②rent 雇う

やどかり【宿借り】節足動物の一。 宿借

やどす【宿す】❶妊娠(にんしん)する。❷心にいだく。❸とどめおく。▽露を―。 宿す

やどちょう【宿帳】(旅館の)宿泊者名簿。 宿帳

や

やどちん【宿賃】宿泊料。 宿賃

やどや【宿屋】旅館。宿。 宿屋

やどりぎ【宿り木】〈寄生木〉常緑小低木の一。他の木の枝に寄生する。mistletoe 宿り木

やどる【宿る】❶宿をとる。泊まる。❷とどまる。位置を占める。▽星が—。❸内部にとどまる。▽命が—。 宿る

やどろく【宿六】亭主❸。 宿六

やな【梁】〈簗〉木・竹で川の流れをせきとめ魚をとるしかけ。weir 梁

やなぎ〔柳〕⇩りゅう

やなぎ【柳】木の一。特にしだれやなぎ。willow ▼—に風 さからわず、巧みにあしらうこと。▽—と受け流す。 柳

やなぎごうり【柳行李】柳の皮で編んだこうり。 柳行李

やなぎごし【柳腰】女性のほっそりとしなやかな腰つき。 柳腰

やなみ【家並み】〈屋並み〉家の並び具合。いえなみ。 家並

やに【脂】❶樹脂。▽松—。❷たばこの夕ール。❸目やに。①resin ②tar 脂

やにさがる【脂下がる】得意そうににやにやする。▽両手に花と—っている。 脂下がる

やにょうしょう【夜尿症】寝小便をする症状。bed-wetting 夜尿症

やにわに【矢庭に】❶たちどころに。❷突然に。いきなり。②suddenly ▽—態度を変える。 矢庭に

やぬし【家主】❶家の主人。❷貸家などの持ち主。大家(おおや)。②landlord, landlady 家主

やね【屋根】❶建物の上部の、雨・雪などを防ぐためのおおい。❷物の上部のおおい。①②roof 屋根

やのあさって【弥の明後日】しあさっての次の日。地方により、しあさって。 弥の

やはず【矢筈】❶矢の、弦(つる)にかける部分。はず。❷掛け軸を掛ける道具で、先が股(また)になった棒。①notch 矢筈

やはり【矢張り】❶思ったとおり。▽—雨になった。❷同様に。❸結局。▽いいものは—いい。 矢張り

やはん【夜半】よなか。midnight 夜半

やばん【野蛮】❶文化が開けていないこと。未開。❷乱暴で無作法なこと。①②barbarous 野蛮

やひ【野卑】〈野鄙〉下品でいやしいこと。vulgar 野卑

やぶ〔藪〕16 ソウ・やぶ 草木がおいしげるところ。▽竹—。草—。 藪・薮

やぶ【藪】❶雑草や低木、または竹などの生い茂った所。❷やぶ医者。①bush ▼—から棒 突然。 薮

やぶいしゃ【藪医者】下手な医者。quack 薮医者

やぶいり【藪入り】正月と盆の一六日ごろに、奉公人が休みをもらって実家に帰ること。 薮入り

やぶか【藪蚊】やぶにすむ、蚊の総称。 薮蚊

やぶく【破く】やぶる。さく。break 破く

やぶさか【吝か】惜しむようす。多く、「…するに—でない」の形で使う。▽協力するに—でない。 吝か

やぶさめ【流鏑馬】走る馬の上から、かぶら矢で三つの的(まと)を射る競技・神事。 流鏑馬

やぶにらみ【藪睨み】❶斜視。❷見当違い。▽—の評論。 藪睨み

やぶへび【藪蛇】余計なことをして、災いをまねくこと。▽文句を言うと、かえって—になる。 薮蛇

やぶる【破る】❶紙・布をさく。▽障子を—。❷こわす。▽門を—って攻める。❸約束を守らない。❹かき乱す。▽静寂を—。❺負かす。敗る。❻更新する。▽記録を—。対❸守る。①tear ②③⑥break ⑤beat 破る

やぶる【敗る】❶敗れる。❷破る❺。▽優勝候補—。 敗る

やぶれる【破れる】❶紙・布がさける。❷かき乱される。▽平和が—。❸だめになる。こわれる。 破れる

やぶれる【敗れる】負ける。lose 敗れる

使い分け「やぶれる」

破れる…引き裂くなどして壊れる。損なわれる。▽障子が—。均衡が—。静寂が—。

敗れる…負ける。▽大会の初戦で—。勝負に—。敗れ去る。

やぶん【夜分】夜。夜中。night

やぼ【野暮】❶世情、とりわけ色恋にうといこと・人。❷洗練されていないこと・人。対❶❷粋(いき)。②unrefined 野暮

やぼう【野望】だいそれた望み。類野心。ambition 野望

やま【山】❶平地より高い地形。❷高く盛り上げたもの。▽ごみの—。❸ 山

や

もり上がった、大事なところ・時。最高潮。山場。▽最後の—を迎える。❹予想。▽—が外れる。❺鉱山。❻野生の。山に住む。山の。▽—ばと。❼山の形に積まれたものを数える語。▽りんご一—。①mountain

やまあい【山間】 山と山との間。山峡（やまかい）。さんかん。

やまい【病】 ❶病気。▽胸の—にかかる。❷悪い癖。▽すぐに怠けようとする—がある。①disease ▼—膏肓（こうこう）に入（い）る ❶治る見込みのない病気にかかる。❷ひどく熱中する。

やまいも【山芋】 やまのいも。

やまおろし【山颪】 山から吹き下ろす強風。

やまが【山家】 山里にある家。

やまがつ【山賤】 きこり・猟師など、山に住む人。

やまがり【山狩り】 ❶山で狩猟をすること。❷大勢で山中をくまなく探すこと。

やまかん【山勘】 勘で見当をつけること。

やまごもり【山籠もり】 修行で、山中にこもること。

やまざくら【山桜】 ❶山中にさく桜。❷桜の一品種。

やまざと【山里】 山間にある人里。

やまざる【山猿】 ❶野生の猿。❷山里育ちで教養がなく、礼儀作法をわきまえない人をあざけった語。

やまし【山師】 ❶山林の売買・鉱山の採掘などをする人。❷冒険・投機を好む人。❸さぎ師。②speculator

やまじ【山路】 山の道。

やましい【疚しい】 うしろめたい。guilty

やますそ【山裾】 山のふもと。

やまだし【山出し】 ❶山から運び出すこと。❷地方から都会に来て間もない人。

やまっけ【山っ気】 幸運をたのみに、かけごと・冒険などの思いきったことをする気質。やまき。やまけ。

やまづみ【山積み】 ❶高く積み上げること。❷解決・処理していない物事がたくさんたまること。山積（さんせき）。▽問題が—されている。②pile

やまと【大和】〈倭〉❶旧国名の一。現在の奈良県。❷日本の古称。

やまとことば【大和言葉】 日本固有の言葉。漢語・外来語以外のことば。和語。

やまとだましい【大和魂】 日本民族固有のいさぎよい精神。大和心。

やまとなでしこ【大和撫子】 日本女性の美称。

やまどり【山鳥】 ❶山にすむ鳥。❷キジ科の鳥の一。

やまない【止まない】 どこまでも…する。▽願って—。

やまなみ【山並み】 山が立ち並んでいること。また、その山々。

やまなり【山形】 山のような形。やまがた。

やまねこ【山猫】 ネコ科の獣のうち、小型のものの総称。wildcat

やまのいも【山の芋】 山野に自生するいもの一。とろろ汁などにする。やまいも。じねんじょ。

やまのかみ【山の神】 ❶妻。❷山を支配する神。

やまのて【山の手】 ❶都会で、高台の住宅地。❷山に近い方。対❶下町。①uptown

やまば【山場】 山❸。climax

やまはだ【山肌】 山の表面。

やまばと【山鳩】 野生のはと。きじばとの別称。

やまびこ【山彦】 ❶山や谷で音・声が反響すること。こだま。❷山の神❷。①echo

やまひだ【山襞】 山肌の、ひだのように見えるところ。

やまぶき【山吹】 ❶バラ科の低木の一。春、黄色の花が咲く。❷「やまぶき色」の略。❸黄金。大判・小判のこと。

やまぶし【山伏】 修験者（しゅげんじゃ）。

やまふところ【山懐】 山に囲まれた奥深い所。

やまぼこ【山鉾】 山形の飾り台に、鉾・なぎなたを立てた山車（だし）。やまほこ。やま。

やまめ【山女】 淡水魚の一。渓流にすむ。食用。やまべ。

やまもり【山盛り】 山のようにたくさん盛ること。また、たくさんあること。heap

やまやま【山山】 ❶多くの山。あちこちの山。❷たくさん。▽

話したいことは—ある。❸実際にはできないが、ぜひ…したい。▽したいのは—だが。

やまわけ【山分け】 公平に分けること。▽獲物(えもの)は—にしよう。 山分け

やみ〔闇〕 常17 やみ くらやみ。くらい。▽—夜(あんや・やみよ)。 闇・𨳝

筆順 門 門 門 門 門 闇 闇 闇

やみ【闇】 ❶まっくらなこと。▽夜の—。❷見通しがつかないこと。▽前途は—だ。❸分別がないこと。▽心の—。❹不正な取り引き。▽—で買う。❺不正な。①darkness ▼—**から闇**(やみ)**に葬**(ほうむ)**る** ひそかに始末する。 闇

やみあがり【病み上がり】 病気が治ったばかりの状態。▽—で体調はまだ万全ではない。 病み上

やみうち【闇討ち】 ❶暗やみにまぎれて人を襲うこと。❷不意うち。▽—を食わせる。 闇討ち

やみくも【闇雲】 よく考えないでするようす。at random 闇雲

やみじ【闇路】 ❶暗やみの道。❷分別のつかない状態。 闇路

やみつき【病み付き】 習慣になってやめられなくなること。▽スキーが—になる。addiction 病み付

やみね【闇値】 やみ取り引きの値段。 闇値

やみよ【闇夜】 月の出ない暗い夜。暗夜。対月夜。dark night ▼—**の提灯**(ちょうちん) 切望するものにめぐりあうこと。 闇夜

やむ【止む】 〈已む〉終わりになる。cease ▼**已**(や)**むに已**(や)**まれず** どうしてもそうしないではいられない。 止む

やむ【病む】 ❶病気になる。▽胸を—。❷気にして心配する。▽失敗を気に—。苦に—。①fall ill 病む

ヤムチャ【飲茶】中国 茶を飲み点心を食べて楽しむ中国の習慣。 飲茶

やめる【止める】 〈已める〉❶終わりにする。▽商売を—。❷中止する。▽行くのを—。①②stop 止める

やめる【辞める】 〈罷める〉辞任する。resign 辞める

やもうしょう【夜盲症】 暗くなると著しく視力がおちる症状。とりめ。 夜盲症

やもめ【寡婦】 夫を亡くした女性。かふ。widow 寡婦

やもめ【鰥夫】 妻を失った男性。男やもめ。やもお。widower 鰥夫

やもり【守宮】 はちゅう類の一。とかげに似ている。人家にすむ。gecko 守宮

やや【稍】 少し。いくらか。a little 稍

ややこしい 複雑でわかりにくい。complicated

ややもすれば【動もすれば】 とかくそうなりがちであるようす。どうかすると。ややもすると。▽初心者は—失敗する。 動も

やゆ【揶揄】 からかうこと。tease 揶揄

やよい【弥生】 陰暦の三月。March 弥生

やらい【夜来】 昨夜以来(今まで)続いていること。▽—の雨。 夜来

やらずのあめ【遣らずの雨】 来客を帰さないかのように降る雨。 遣らずの

やり〔槍〕 人14 ソウ・やり 武器の一。やり。▽—術(そうじゅつ)。 槍・枪

筆順 木 朩 朩 枍 梌 梌 槍 槍

やり〔鎗〕 18 ソウ・やり 武器の一。やり。「槍」に同じ。 鎗・鎗

やり〔鑓〕 22 やり やり。武器の一。 鑓・鑓

やり【槍】 〈鎗・鑓〉❶つきさす武器。また、その武術。❷将棋で、香車(きょうしゃ)。❸やり投げ競技に使う用具。①spear ▼—**が降っても** どんなことがあっても。 槍

やりあう【遣り合う】 ❶互いにする。❷互いに争う。特に、言い争う。②argue 遣り合

やりきれない【遣り切れない】 ❶がまんできない。▽寒くて—。—思い。❷最後までできない。▽一日では—仕事。①unbearable 遣り切

やりくち【遣り口】 やりかた。手口(てぐち)。 遣り口

やりくり【遣り繰り】 工夫して、どうにか都合をつけること。▽家計の—。—算段。 遣り繰

やりこめる【遣り込める】 言い負かす。言いこめる。argue down 遣り込

やりだま【槍玉】 やりを自在に扱うこと。▼—**に挙げる** 特に選んで、非難・攻撃の対象にする。 槍玉

やりて【遣り手】 ❶ある行為をする人。❷手際よく処理する、腕のたつ人。▽なかなかの—だ。②go-getter 遣り手

やりど【遣り戸】 引き戸。sliding door 遣り戸

やりとり【遣り取り】 とりかわすこと。▽手紙の—。 遣り取

や

exchange

やりば【遣り場】 持って行きどころ。▽目の―に困る。　遣り場

やりみず【遣り水】 ❶庭などの草木に水をやること。❷庭に水を引いて作った流れ。　遣り水

やる【遣る】 ❶与える。❷行かせる。❸進ませる。❹行う。する。❺暮らす。❻害を加える。❼他に対してする。▽助けて―。❽…してみせる。▽負かして―。❾すっかり…する。▽興奮さめ―らず。❿広く及ぼす。▽眺め―。①give ②send　遣る

やるかたない【遣る方無い】 心を晴らす方法がない。▽憤懣(ふんまん)―。　遣る方

やるせない【遣る瀬無い】 心を慰めようがなくて、つらい。▽―思い。　遣る瀬

やろう【野郎】 ❶男。❷男をののしって言う語。▽この―。　野郎

やわ【夜話】 夜にする話。よばなし。　夜話

やわい【柔い】 ❶やわらかい。❷体・性格が弱い。①soft　柔い

やわはだ【柔肌】 女性のやわらかなはだ。　柔肌

やわら【柔】 「柔道」「柔術」の別称。　柔

やわらかい【柔らかい】 柔らかだ。対かたい。soft　柔らか

やわらかい【軟らかい】 軟らかだ。対硬い。soft　軟らか

> **使い分け**「やわらかい・やわらかだ」
> **柔らかい・柔らかだ**…ふんわりしている。しなやかである。穏やかである。▽柔らかい毛布。身のこなしが柔らかだ。頭が柔らかい。柔らかな物腰の人物。
> **軟らかい・軟らかだ**…手応えや歯応えがない。緊張や硬さがない。▽軟らかい肉。軟らかな土。地盤が軟らかい。軟らかく煮た大根。軟らかい表現。

やわらぐ【和らぐ】 ❶おだやかになる。▽寒さが―。❷気持ちがしずまる。▽怒りが―。　和らぐ

ヤンキー【Yankee】 ❶アメリカ人の俗称。❷不良。

ヤングアダルト【young adult】 大人でも子供でもない若者たちの層。十代後半(から二十代前半)の若者。

やんごとない【止事無い】 非常に尊い。おそれ多い。▽―身分のお方。　止事無

やんま【蜻蜓】 大形のとんぼ。large dragonfly　蜻蜓

ゆ　ユ

ゆ〔由〕 常5 ユ・ユウ・ユイ・よし ❶そこを通る。▽経―。自―。❷おこり。わけ。▽―緒。理―。❸よる。　由・由

筆順 丨 冂 巾 由 由

ゆ〔油〕 常8 ユ・あぶら 液状のあぶら。▽―田。―脂。石―。　油・油

筆順 丶 冫 氵 汩 沺 沺 油 油

ゆ〔喩〕 常12 ユ たとえる。たとえ。▽比―。　喩・喩

筆順 吖 吖 吟 哈 哈 喩 喩 喩

ゆ〔愉〕 常12 ユ 楽しい。楽しむ。▽―悦。―快。(愉)　愉・愉

筆順 忄 忄 忄 忄 恰 愉 愉 愉

ゆ〔諭〕 常16 ユ・さとす ❶さとす。▽説―。教―。❷さとすことば。(諭)　諭・諭

筆順 言 言 訁 訁 諭 諭 諭 諭

ゆ〔輸〕 常16 ユ 他の所へはこぶ。うつす。▽―血。―入。運―。(輸)　輸・輸

筆順 亘 車 車 軟 輪 輸 輸 輸

ゆ〔癒〕 常18 ユ・いえる・いやす 病気やけががなおる。いやす。▽―着。治―。(癒)　癒・癒

筆順 广 疒 疒 疒 痄 瘉 癒 癒

ゆ〔柚〕 ⇩ゆず

ゆ〔遊〕 ⇩ゆう

ゆ【湯】 ❶熱した水。▽―わかし器。―冷まし。❷ふろ。▽―に入る。❸温泉。▽―の町。①hot water ③hot spring　湯

ゆあか【湯垢】 やかんやふろおけの内がわにつく、かす。水分中に含まれるカルシウムなどが固まったもの。fur　湯垢

ゆあみ【湯浴み】 入浴。　湯浴み

ゆい〔唯〕 常11 ユイ・イ ❶それだけ。▽―一(ゆいいつ)。❷返事。はい。▽―唯諾諾(いいだくだく)。　唯・唯

筆順 口 叩 吖 吖 吖 唯 唯 唯

ゆい〔由〕 ⇩ゆ

ゆい〔遺〕 ⇩い

ゆいいつ【唯一】 ただ一つ。▽―無二(=ただ一つで二つとないこと)。only one　唯一

ゆいがどくそん【唯我独尊】 自分だけがえらいとうぬぼれること。釈迦　唯我

ゆ

(しゃか)が生まれたときに言ったという「天上天下(てんげ)唯我独尊」から。

ゆいごん【遺言】死ぬ前に言い残すこと。また、そのことば。▽―状。法律では「いごん」と読む。　遺言

ゆいしょ【由緒】❶物事のおこり。いわれ。❷立派な歴史。▽―ある家柄。② history　由緒

ゆいのう【結納】婚約のしるしに、金品を取りかわすこと。また、その金品。▽―をかわす。　結納

ゆう【友】常4 ユウ・とも ❶ともだち。▽―情。❷仲がよい。▽―愛。―好。　友・友
筆順 一ナ方友

ゆう【尤】人4 ユウ・もっとも ❶すぐれている。▽―物(ゆうぶつ)。❷もっとも。❸とがめる。　尤・尤
筆順 一ナ尢尤

ゆう【有】常6 ユウ・ウ・ある ❶存在する。▽―益。―効。―望。固―。特―。❷もつ。▽保―。所―。　有・有
筆順 ノナ冇有有有

ゆう【佑】人7 ユウ・たすける かばってたすける。▽天―。神―。　佑・佑
筆順 ノイ仁什佑佑佑

ゆう【邑】人7 ユウ・むら ❶領地。▽采―(さいゆう)。❷むら。▽都―。　邑・邑
筆順 丶口口吕吕邑邑

ゆう【侑】人8 ユウ ❶すすめる。▽―食。―酒。❷たすける。　侑・侑
筆順 ノイ仁什伃侑侑侑

ゆう【勇】常9 ユウ・いさむ ❶いさましい。▽―気。―姿。❷心がふるいたつ。▽―み肌。(勇)　勇・勇
筆順 一マ丙丙甬甬甬勇勇

ゆう【宥】人9 ユウ ❶ゆるす。▽―恕(ゆうじょ)。❷なだめる。▽―和。　宥・宥
筆順 丶宀宀宀宁宥宥宥宥

ゆう【幽】常9 ユウ ❶かすか。▽―幻。❷ほのぐらい。❸死後。▽―霊。―界。❹奥深い。▽―閉。―玄。　幽・幽
筆順 丨刂幺幺幺幺幺幽幽

ゆう【祐】人9【祐】人10 ユウ ❶(神が)かばって助ける。❷(人が)助ける。▽―筆。　祐・祐
筆順 丶ラネネ礻祐祐祐

ゆう【涌】10 ユウ・ヨウ・わく 水がわき出る。　涌・涌

ゆう【悠】常11 ユウ ❶はるか。▽―遠。❷ゆったり。▽―然。　悠・悠
筆順 ノイ仆仆攸攸悠

ゆう【郵】常11 ユウ ❶飛脚の宿場。❷郵便制度。▽―送。　郵・郵
筆順 一二三垂垂垂郵

ゆう【揖】12 ユウ 会釈する。▽一―(いちゆう)。　揖・揖

ゆう【湧】常12 ユウ・わく 水がわきでる。▽―出。―水。―泉(ゆうせん・ようせん)。(湧)　湧・湧
筆順 氵氵氵浯浯浯湧湧

ゆう【猶】常12(猶) ユウ ❶先へのばす。▽―予。❷なお。　猶・猶
筆順 犭犭犭犭猶猶猶猶

ゆう【裕】常12 ユウ ❶ゆたか。▽―福。❷ゆとり。▽余―。　裕・裕
筆順 ラネネ衤衤衿裕裕

ゆう【遊】常12 ユウ・ユ・あそぶ ❶あそぶ。たのしむ。▽―戯。❷つきあう。▽交―。❸よそへ行く。▽―学。―山(ゆさん)。　遊・遊
筆順 亠方方斿斿斿遊遊

ゆう【釉】人12 ユウ ❶陶器に塗るうわぐすり。▽―薬。❷つや。　釉・釉
筆順 亠亠平釆釆釉釉釉

ゆう【雄】常12 ユウ・お・おす ❶おす。▽雌―。❷強くりっぱな。▽―壮。　雄・雄
筆順 一ナ厷太太太雄雄

ゆう【猷】13 ユウ はかりごと。はかる。▽―念(ゆうねん)。(猷)　猷・猷

ゆう【誘】常14 ユウ・さそう ❶さそう。▽勧―。❷そそのかす。▽―惑。　誘・誘
筆順 言言言言誘誘誘

ゆう【憂】常15 ユウ・うれえる・うれい・うい ❶心配でふさぎこむ。▽―国。―慮。❷心配事。▽杞―(きゆう)。一喜一―。❸つらい。　憂・憂
筆順 一丆丙百惪憂憂

ゆう【融】常16 ユウ ❶とける。▽―解。❷なめらかに通る。▽―通。―資。❸仲よくなる。▽―和。　融・融
筆順 鬲鬲鬲鬲融融融

ゆう【優】常17 ユウ・やさしい・すぐれる ❶すぐれる。▽―秀。❷しとやか。▽―美。❸やさしい。❹役者。　優・優
筆順 亻亻亻亻優優優

ゆ

ゆう〖右〗⇩う　ゆう〖由〗⇩ゆ

ゆう【夕】夕方。対朝。evening

ゆう【有】❶存在すること。❷所有すること。❸その上に。▽十—余年。❹…がある。

ゆう【勇】勇気。▼—を鼓(こ)す 勇気をふるいおこす。

ゆう【結う】❶髪を整えむすぶ。❷むすぶ。くくる。類❷縛る。②tie

ゆう【雄】強くすぐれていること・人。▽乱世の—。

ゆう【優】成績の評価でもっともすぐれていること。▽—・良・可。

ゆうあい【友愛】友人に対する愛情。類友情。friendship

ゆうい【有為】才能があって世の中に役立つこと。▽前途—の青年。

ゆうい【有意】❶意味があること。▽—の差。❷意志のあること。

ゆうい【優位】すぐれた立場・地位。advantage

ゆういぎ【有意義】値打ちや意味があること。▽休日を—に過ごす。対無意義。meaningful

ゆういん【誘引】さそいだすこと。いざなうこと。invitation

ゆういん【誘因】あることをひきおこす原因。▽過労が—となる。類起因。

ゆううつ【憂鬱】気持ちが晴れないこと。▽—な天気。melancholy

ゆうえい【遊泳】❶泳ぐこと。水泳。▽—禁止の看板。❷世渡り。▽—術。①swimming

ゆうえき【有益】ためになること。役立つこと。▽—な話。対無益。instructive

ゆうえつ【優越】他より勝ること。superiority

ゆうえつかん【優越感】自分が他より勝っていると感じる快感。対劣等感。

ゆうえん【幽遠】奥深くはるかなこと。類深遠。

ゆうえん【悠遠】はるかにへだたっていること。類悠久。

ゆうえんち【遊園地】遊ぶ施設を備え、多くの人が楽しく遊べるようにした所。amusement park

ゆうおう【勇往】いさましく進んでゆくこと。▽—邁進(まいしん)。

ゆうが【優雅】❶上品でしとやかなこと。❷上品でゆとりが感じられるようす。①elegance

ゆうかい【幽界】あの世。冥界(めいかい)。

ゆうかい【誘拐】人をだまして連れ出すこと。kidnapping

ゆうかい【融解】固体が熱によって液体になること。▽—点。対凝固(ぎょうこ)。melt

ゆうがい【有害】害があること。対無害。harmful

ゆうがお【夕顔】❶ウリ科のつる草の一。夏の夕方、白い花が咲く。果実からかんぴょうを作る。❷ヒルガオ科のつる草の一。夏の夕方、朝顔に似た白い花が咲く。よるがお。①bottle gourd

ゆうかく【遊郭】〈遊廓〉遊女屋が多く集まっていた地域。くるわ。遊里。

ゆうがく【遊学】外国やよその土地へ勉強をしに行くこと。類留学。

ゆうかしょうけん【有価証券】手形・小切手・株券など、その所有者の財産権を記載した証書。securities

ゆうがた【夕方】夕暮れ。evening

ゆうがとう【誘蛾灯】夜、害虫を灯火におびきよせて殺す装置。light trap

ゆうかん【夕刊】日刊で、夕方刊行する新聞。

ゆうかん【有閑】暇のあること。▽—階級。

ゆうかん【勇敢】勇気をもって行うこと。brave

ゆうき【有期】一定の期限があること。対無期。

ゆうき【有機】❶生活機能をもつこと。❷有機化合物。対❶❷無機。①organic

ゆうき【勇気】物事をおそれない、強い気持ち。courage

ゆうぎ【友誼】友情。▽—にあつい。

ゆうぎ【遊技】パチンコ・ボウリングなど、娯楽として行う遊び。game

ゆうぎ【遊戯】❶遊びたわむれること。❷幼児が音楽に合わせて行う、運動をかねた遊び。①play

ゆうきたい【有機体】❶動植物。❷有機的組織体。①②organism

ゆうきてき【有機的】多くのものが結びついて、一つの働きをしているようす。

ゆうきゅう【有給】 給料の支払いを受けること。▽—休暇。対無給。 有給

ゆうきゅう【悠久】 永久。▽—の昔。—の平和。類長久。eternity 悠久

ゆうきゅう【遊休】 使われないままになっていること。▽—地。idle 遊休

ゆうきょう【遊興】 酒場や料理屋などで遊び楽しむこと。▽—費。 遊興

ゆうぐう【優遇】 よい扱いをすること。厚遇。▽経験者を—する。対冷遇。kind treatment 優遇

ゆうぐれ【夕暮れ】 太陽が沈んで暗くなるころ。日暮れ。evening 夕暮れ

ゆうぐん【友軍】 味方の軍。対敵軍。 友軍

ゆうぐん【遊軍】 ❶必要に応じて出動する軍隊。遊撃隊。❷決まった役目をもたないで事がおこったとき活動する人。▽—記者。① reserve corps 遊軍

ゆうげ【夕餉】 夕食。対朝餉(あさげ)。 夕餉

ゆうけい【有形】 形があること・物。対無形。concrete 有形

ゆうげい【遊芸】 茶の湯・いけ花・踊り・三味線・謡曲などの芸能。 遊芸

ゆうげき【遊撃】 ❶時に応じて攻撃すること。▽—隊。❷「遊撃手」の略。 遊撃

ゆうけん【勇健】 ❶いさましくて丈夫なこと。❷病気やけがをしないこと。息災。類❷壮健。 勇健

ゆうけん【郵券】 郵便切手。 郵券

ゆうげん【有限】 限りがあること。▽—な資源。対無限。limited 有限

ゆうげん【幽玄】 奥深い趣・余情のあること。 幽玄

ゆうけんしゃ【有権者】 選挙権をもつ人。voter 有権者

ゆうこう【友好】 友人として、親しくつきあうこと。▽—を深める。注友×交。friendship 友好

ゆうこう【有効】 効力・効果があること。▽—期間。対無効。valid 有効

ゆうごう【融合】 とけて一つになること。▽核—。類融和。fusion 融合

ゆうこく【夕刻】 夕方(の時刻)。 夕刻

ゆうこく【幽谷】 人里はなれた、奥深い谷。▽深山—。 幽谷

ゆうこく【憂国】 国の現状・将来を心配すること。▽—の士。 憂国

ゆうこん【雄渾】 力強くのびやかなようす。▽—な筆致。類雄勁(ゆうけい)。 雄渾

ユーザー【user】 製品・商品の使用者。

ゆうざい【有罪】 ❶罪があること。❷罪があるという判決を受けること。対❶❷無罪。①② guilty 有罪

ゆうさん【有産】 資産があること。対無産。 有産

ゆうし【有史】 歴史上の記録があること。▽—以来。historic 有史

ゆうし【有志】 ある事をしようとする気持ちのある人。volunteer 有志

ゆうし【勇士】 勇気のある男子・兵隊。類勇者。brave man 勇士

ゆうし【勇姿】 勇ましい姿。▽馬上の—。 勇姿

ゆうし【遊子】 旅人。 遊子

ゆうし【雄志】 おおしい志。壮志。 雄志

ゆうし【雄姿】 堂々として立派な姿。▽富士の—。majestic figure 雄姿

ゆうし【融資】 資金を銀行などが貸し出すこと。financing 融資

ゆうじ【有事】 戦争・事件が起こること。対無事。emergency 有事

ゆうしき【有識】 学問があって見識が高いこと。▽—者。learned 有識

ゆうしゃ【勇者】 勇気のある人。類勇士。brave person 勇者

ゆうしゅう【有終】 最後をまっとうすること。▼**—の美を飾(かざ)る** 最後まで立派にやりとげること。注×優秀の美。 有終

ゆうしゅう【幽囚】 とらわれて牢(ろう)に入れられること・人。類幽閉。 幽囚

ゆうしゅう【憂愁】 うれい。うれいをふくんだ悲しみ。▽—の思い。—に閉ざされる。melancholy 憂愁

ゆうしゅう【優秀】 特にすぐれていること。excellent 優秀

ゆうじゅうふだん【優柔不断】 ぐずぐずしていて、なかなか決心できないこと。indecisive 優柔不断

ゆうしゅつ【湧出】 水・石油・温泉などがわき出ること。gush 湧出

ゆうじょ【宥恕】 広い気持ちでゆるすこと。▽御—を請う。 宥恕

ゆ

generosity

ゆうじょ【遊女】昔、客の遊び相手をしたり、売春をしたりした女性。 遊女

ゆうしょう【有償】代価が支払われること。▽―援助。対無償。 有償

ゆうしょう【勇将】強くて勇ましい大将。brave general 勇将

ゆうしょう【優勝】競技などで、第一位となること。championship 優勝

ゆうじょう【友情】友達としての思いやりの心。友誼（ゆうぎ）。friendship 友情

ゆうしょうれっぱい【優勝劣敗】生存競争ですぐれた者が栄え、おとった者がほろびること。 劣敗

ゆうしょく【憂色】心配そうな顔つき・ようす。対喜色。anxious look 憂色

ゆうじん【友人】とも。友達。friend 友人

ゆうすい【湧水】わき水。 湧水

ゆうすいち【遊水池】洪水をふせぐために川の水を一時的にためておく池。 遊水池

ゆうすう【有数】数え上げられるほど少なくて、すぐれていること。▽世界でも―の画家。leading 有数

ゆうずう【融通】❶互いに貸し借りすること。❷その場に応じてうまく処理すること。②flexibility 融通

ゆうずうむげ【融通無碍】考え方や行動がとらわれず、自由であること。 無碍

ゆうすずみ【夕涼み】夏、日暮れに外ですずむこと。 夕涼み

ゆうする【有する】持つ。所有する。▽権利を―。have 有する

ゆうせい【遊星】惑星。 遊星

ゆうせい【優性】遺伝で、次代に必ず現れる形質。対劣性。dominance 優性

ゆうせい【優勢】勢いがすぐれていること。対劣勢。superior 優勢

ゆうぜい【郵税】郵便料金。postage 郵税

ゆうぜい【遊説】政見などを各地で説いて回ること。▽地方―。canvass 遊説

ゆうせいがく【優生学】遺伝的形質の改良を研究する学問。 優生学

ゆうせん【有線】電線を使った電気通信方式。対無線。wire 有線

ゆうせん【優先】他のものより先にすること。▽―権。priority 優先

ゆうぜん【友禅】友禅染。花鳥などの模様を色彩豊かに染めだしたもの。 友禅

ゆうぜん【油然】さかんにわき起こるようす。▽―として湧（わ）く雲。gushingly 油然

ゆうぜん【悠然】落ち着いて、ゆったりとしているようす。leisurely 悠然

ゆうそう【勇壮】勇ましくて元気があること。heroic 勇壮

ゆうそう【郵送】郵便で送ること。mail 郵送

ゆうそくこじつ【有職故実】朝廷・武家の儀式・礼儀・習慣など。 有職

ゆうたい【勇退】あとの人に譲るために自ら役職をやめること。▽社長が―する。voluntary retirement 勇退

ゆうたい【優待】特別に有利な待遇をすること。▽―券。類優遇。 優待

ゆうだい【雄大】規模が大きくて堂々としているようす。▽―な眺め。―な構想。類壮大。magnificent 雄大

ゆうだち【夕立】夏の夕方などに、急にはげしく降る雨。類にわか雨。shower 夕立

ユータナジー【euthanasie フランス】安楽死。

ゆうだん【勇断】勇気をもって、決めること。▽―を下す。類果断。 勇断

ゆうだんしゃ【有段者】武道・囲碁・将棋などで、段位をもつ人。 有段者

ゆうち【誘致】招き寄せること。▽工場―。invite 誘致

ゆうちょう【悠長】ひどくのんびりしているようす。▽―な話。slowly 悠長

ゆうづきよ【夕月夜】夕方にでている月。また、その月のでている夜。ゆうづくよ。 夕月夜

ゆうてん【融点】固体が液体になるときの温度。融解点。melting point 融点

ゆうと【雄図】雄大な計画。▽―むなしく挫折（ざせつ）する。類壮図。 雄図

ゆうと【雄途】勇ましい出発。▽―につく。類壮途。 雄途

ゆ

ゆうとう【遊蕩】 酒や女遊びなどに夢中になること。類放蕩。dissipation

ゆうとう【優等】 成績などが特にすぐれていること。対劣等。

ゆうどう【誘導】 ❶誘い導くこと。❷電気・磁気が離れている物に及ぼす作用。①guidance ②induction

ゆうどうじんもん【誘導尋問】 相手が自然に白状するように工夫したたずねかた。leading question

ゆうとく【有徳】 徳をそなえていること。うとく。virtue

ゆうなぎ【夕凪】 夕方、海風と陸風が交替するときの無風状態。対朝凪。evening calm

ゆうに【優に】 十分に。楽に。fully

ゆうのう【有能】 才能・能力があること。対無能。able

ゆうばえ【夕映え】 夕日に照らされて、空などが赤く輝くこと。夕焼け。

ゆうはつ【誘発】 ある事が原因で他の事をひきおこすこと。▽事故を—する。inducement

ゆうひ【夕日】 〈夕陽〉夕方の太陽（の光）。入り日。setting sun

ゆうひ【雄飛】 意気さかんに活躍すること。▽海外に—する。対雌伏（しふく）。

ゆうび【優美】 上品で美しいこと。graceful

ゆうびん【郵便】 ❶手紙や品物をあて先に送り届ける制度。❷郵便物。①②mail

ゆうふ【有夫】 夫があること。

ゆうふく【裕福】 経済的に豊かなこと。富裕。rich

ゆうべ【夕べ】 夕方。

ゆうべ【昨夜】 きのうの夜。昨晩。さくや。last night

ゆうへい【幽閉】 人を閉じ込めること。類監禁。confinement

ゆうべん【雄弁】 力強く、すらすら上手に話すこと。また、その話し方。▽—をふるう。eloquence

ゆうほ【遊歩】 そぞろ歩き。散歩。▽—道。

ゆうほう【友邦】 仲のいい国。

ゆうぼう【有望】 見込みがあるようす。▽前途—。promising

ゆうぼく【遊牧】 牧草を求めて移り住み、家畜を飼うこと。nomadizing

ゆうまぐれ【夕間暮れ】 夕方のうす暗いころ。夕暮れ。

ゆうめい【有名】 世間に広く知られていること。▽—人。類著名。高名。対無名。famous

ゆうめい【勇名】 勇ましいという評判。▽—をはせる。

ゆうめい【幽明】 あの世とこの世。▼—**境**（さかい）**を異**（こと）**にする** 死別する。

ゆうめいむじつ【有名無実】 名ばかりで実質がともなわないこと。

ゆうもう【勇猛】 勇気があって強いこと。▽—な武将。—果敢（かかん）。類猛勇。valor

ゆうやく【勇躍】 心が勇み立つこと。▽—出発する。high-spirited

ゆうやみ【夕闇】 夕方の暗さ。類よいやみ。dusk

ゆうゆう【悠悠】 ❶ゆったりと落ちついたようす。ゆとりがあるようす。❷（時間・空間が）遠くはるかなようす。▽—二千年の昔。①leisurely

ゆうゆうかんかん【悠悠閑閑】 ゆとりのあるようす。

ゆうゆうじてき【悠悠自適】 思いのままにゆったり暮らすこと。

ゆうよ【有余】 …あまり。…以上。▽三年—の歳月。

ゆうよ【猶予】 ❶実行の日時をのばすこと。▽執行—。❷まよってぐずぐずすること。▽一刻も—している場合ではない。①grace ②hesitation 注猶×余。

ゆうよう【有用】 役にたつこと。対無用。useful

ゆうよう【悠揚】 ゆったりと落ちついているようす。▽—迫らず。類悠然。composed

ゆうらん【遊覧】 名所などを見物して回ること。▽—船。sightseeing

ゆうり【有利】 都合がよいようす。利益があるようす。また、▽—な条件。対不利。advantageous

ゆうり【遊里】 遊郭。

ゆうり【遊離】 ❶他のものとのつながりがないこと。▽現実から

—した考え。❷化学で、他の物質と化合しないで存在すること。①② isolation

ゆうりょ【憂慮】 心配して気づかうこと。▽—すべき事態。anxiety　憂慮

ゆうりょう【有料】 料金が必要なこと。対無料。pay　有料

ゆうりょう【優良】 他よりすぐれていること。excellent　優良

ゆうりょく【有力】 ❶勢力・威力があるようす。▽—者。❷可能性が大であるようす。①powerful　有力

ゆうれい【幽霊】 死者の霊が生前の姿であらわれたもの。亡霊。ghost　幽霊

ゆうれき【遊歴】 歴遊。　遊歴

ゆうれつ【優劣】 すぐれていることと、おとっていること。▽—を競う。　優劣

ゆうわ【宥和】 大目にみて仲よくすること。▽—政策。appeasement　宥和

ゆうわ【融和】 うちとけて仲がいいこと。▽両国の—を図る。integration　融和

ゆうわく【誘惑】 心をまよわせて誘い込むこと。temptation　誘惑

ゆえ【故】 わけ。理由。reason　故

ゆえつ【愉悦】 楽しみ喜ぶこと。joy　愉悦

ゆえに【故に】 それだから。　故に

ゆえん【所以】 理由。わけ。▽天才と呼ばれる—はここにある。reason　所以

ゆえん【油煙】 油脂などがもえるときに出る、細かく黒い粉。類す。soot　油煙

ゆか【床】 家の中で、地面より高く板などをはった所。floor　床

ゆかい【愉快】 楽しくて、気持ちのよいこと。pleasant　愉快

ゆかいはん【愉快犯】 人々が騒ぎ出すようなことをして快感を覚える犯罪。また、その犯人。　愉快犯

ゆがく【湯掻く】 （食材のあくを抜くために）熱湯をくぐらせる。boil　湯掻く

ゆかしい【床しい】 ❶上品でしとやかだ。▽—人柄。❷なつかしい。▽古式—行事。①modest　床しい

ゆかた【浴衣】 夏に着る、もめんの単（ひとえ）の着物。　浴衣

ゆがむ【歪む】 ❶形がねじれたり曲がったりする。❷心・行いなどが正しくなくなる。①be twisted　歪む

ゆかり【縁】 〈所縁〉つながり・関係があること。そのつながり。connection　縁

ゆかん【湯灌】 死体を棺（かん）に納める前に湯でふき清めること。　湯灌

ゆき【裄】 着物の、背のぬい目からそで口までの長さ。　裄

ゆき【雪】 ❶冬、空からふって積もる水蒸気の結晶。❷白いもののたとえ。①snow　雪

ゆきあかり【雪明かり】 積もった雪のために、夜、周囲がうす明るく見えること。　雪明り

ゆきおんな【雪女】 伝説上、女の姿であらわれるという雪の精。雪女郎。　雪女

ゆきかき【雪掻き】 積もった雪をかきのけること。snow shoveling　雪掻き

ゆきがっせん【雪合戦】 丸めた雪をぶつけあう遊び。雪投げ。　雪合戦

ゆきぐに【雪国】 雪が多くふる地方。　雪国

ゆきげしき【雪景色】 雪がふり積もったながめ。snowscape　雪景色

ゆきげしょう【雪化粧】 あたりが雪でおおわれて、美しくなること。▽—をした山。　雪化粧

ゆきじょろう【雪女郎】 雪女。　雪女郎

ゆきずり【行きずり】 ❶道ですれちがうこと。❷通りすがり。❸その場かぎり。▽—の恋。①pass by　行きずり

ゆきだるま【雪達磨】 雪を固めてだるまの形につくったもの。snowman　雪達磨

ゆきどけ【雪解け】 ❶あたたかくなって、積もった雪がとけること。▽—水。❷対立する両者の間の緊張がやわらぐこと。▽両国間の—。　雪解け

ゆきなやむ【行き悩む】 ❶思うようにはかどらなくてこまる。❷前へ進むのに苦労する。　行き悩む

ゆきはだ【雪肌】 ❶ふりつもった雪の表面。❷雪のように白く美しい女性の肌。　雪肌

ゆきま【雪間】 ❶雪の晴れ間。❷地面などで雪がとけた所。　雪間

ゆきみ【雪見】 雪景色を見て楽しむこと。　雪見

ゆきもよい【雪催い】 空がくもって雪がふりそうなようす。雪もよう。　雪催い

ゆ

ゆきやけ【雪焼け】❶雪の反射光で皮膚がやけること。❷しもやけ。　雪焼け

ゆぎょう【遊行】僧が修行のため各地を歩くこと。行脚(あんぎゃ)。　遊行

ゆく【行く】⇩いく。　行く

ゆく【逝く】⇩いく。　逝く

ゆくえ【行方】❶行く方向。目的地。❷行った先。▽—不明。❸将来。行く末。注行×く方。②whereabouts　行方

ゆくさき【行く先】❶目的地。行き先。❷行った先。❸将来。①destination　行く先

ゆくすえ【行く末】これから先のこと。将来。▽子の—が案じられる。対来(こ)し方。future　行く末

ゆくて【行く手】❶進んで行く方向。▽—を吹雪(ふぶき)に阻まれる。❷前途。　行く手

ゆくゆく【行く行く】❶行きながら。❷やがて。将来。▽—は家業を継ぐつもりだ。　行く行く

ゆげ【湯気】湯などからたちのぼる、白い煙のようなもの。steam　湯気

ゆけつ【輸血】他人の血液を注入すること。blood transfusion　輸血

ゆけむり【湯煙】温泉や、ふろの湯からたちのぼる湯気。ゆけぶり。　湯煙

ゆごう【癒合】傷がなおって傷口がくっつきふさがること。　癒合

ゆさい【油彩】油絵の具で絵をかくこと。また、油絵。対水彩。oil painting　油彩

ゆさぶる【揺さ振る】❶ゆすって動かす。❷相手を動揺させる。①②shake　揺さ振る

ゆざまし【湯冷まし】さました湯。　湯冷まし

ゆざめ【湯冷め】入浴後、体がひえて寒く感じること。　湯冷め

ゆさん【遊山】野山へ遊びに行くこと。▽物見—。　遊山

ゆし【油脂】あぶらの総称。油と脂肪。　油脂

ゆし【諭旨】理由を言い聞かせること。▽—免職。類説諭。　諭旨

ゆしゅつ【輸出】自国の産物や生産技術を外国へ売ること。export　輸出

ゆしょう【油床】石油が含まれる地層。　油床

ゆず【柚】9 人 ユ・ユウ・ゆず　樹木の、ゆず。実を香味料に使う。▽—子(ゆず)。　柚・柚

筆順	一	十	木	木	朷	杣	柚	柚

ゆず【柚子】〈柚〉ミカン科の木の一。果実は香りがよく、香味料とする。　柚子

ゆすぐ【濯ぐ】⇩すすぐ。　濯ぐ

ゆすらうめ【梅桃】〈山桜桃〉落葉低木の一。春、白または淡紅色の、梅に似た花が咲く。実は食用になる。　梅桃

ゆすり【強請】人をおどして、金品をうばうこと。▽—をはたらく。類恐喝。extortion　強請

ゆする【強請る】人をおどして金品をうばう。blackmail, extort　強請る

ゆする【揺する】ゆり動かす。ゆさぶる。shake　揺する

ゆずる【譲る】❶他人に与える。❷売る。▽土地を安く—。❸しりぞいて人を先にする。▽道を—。❹譲歩する。▽これ以上は一歩も—らない。❺先へのばす。▽結論は次回に—。①give ④yield　譲る

ゆせん【湯煎】容器に入れたものを湯の中で間接的にあたためること。　湯煎

ゆせん【湯銭】入浴料。bath charge　湯銭

ゆそう【油送】石油を送ること。　油送

ゆそう【油槽】石油・ガソリンなどをたくわえておく大型タンク。oil tank　油槽

ゆそう【輸送】人や貨物などを運ぶこと。類運送。transportation　輸送

ゆたか【豊か】❶満ち足りているようす。❷たくさんあるようす。❸おおらか。①②abundant　豊か

ゆだねる【委ねる】❶すっかりまかせる。▽判断を—。❷身をささげる。▽信仰に身を—。①entrust　委ねる

ゆだる【茹だる】湯の中でにえる。うだる。be boiled　茹だる

ゆだん【油断】気がゆるんで注意をおこたること。carelessness ▼—大敵(たいてき)　油断は何よりもあぶない。　油断

ゆたんぽ【湯湯婆】中に熱い湯を入れ、寝床に入れて体を温める道具。

ゆちゃ【湯茶】湯と茶。飲み物。

ゆちゃく【癒着】❶皮膚・粘膜が炎症のためにくっつくこと。❷利益のために不正に結びつくこと。①adhesion

ゆつぼ【湯壺】温泉で、わいてくる湯をためて

湯湯婆

おく所。

ゆでる【茹でる】 熱湯の中に入れて熱をとおす。うでる。boil　茹でる

ゆでん【油田】 地下から石油がとれる地域。oil field　油田

ゆとうよみ【湯桶読み】 漢字二字の熟語で、上を訓、下を音で読む読み方。「湯桶(ゆとう)」「手本(てほん)」など。図重箱読み。　湯桶

ゆどの【湯殿】 ふろば。浴室。　湯殿

ゆとり 余裕。▽—のある暮らし。

ユニコード【Unicode】 英字・漢字・仮名など、全世界の文字を統一して扱う文字コード体系。

ユニセックス【unisex】 服装・髪型などで、男女の区別がないこと。モノセックス。

ユニバーサルデザイン【universal design】 誰もが無理なく利用できるデザイン。

ゆにゅう【輸入】 外国の産物や生産技術を買い入れること。import　輸入

ゆのし【湯熨】 湯気に当てたり湯でしめしたりして、布のしわを伸ばすこと。　湯熨

ゆのはな【湯の花】 湯花。　湯の花

ゆのみ【湯飲み】 〈湯呑み〉茶などを飲むときに使う茶わん。湯飲み茶わん。　湯飲み

ゆば【湯葉】 豆乳を煮て表面にできたうすい膜を干した食品。　湯葉

ゆばな【湯花】 鉱泉の沈殿物。湯の花。　湯花

ゆび【指】 手足の先の分かれた部分。finger(手)、toe(足)　指

ゆびおり【指折り】 非常にすぐれていること。屈指。▽—の名医。　指折り

ゆびきり【指切り】 約束の印に互いの小指をひっかけあうこと。げんまん。　指切り

ゆびさす【指差す】 指でさし示す。point　指差す

ゆびにんぎょう【指人形】 指であやつる人形。ギニョール。hand puppet　指人形

ゆびぬき【指貫き】 指にはめて縫い針の頭をおす輪。thimble　指貫

ゆびわ【指輪】 〈指環〉飾りとして指にはめる輪。ring　指輪

ゆぶね【湯船】 浴槽。bathtub　湯船

ゆまき【湯巻き】 腰巻き。湯文字。　湯巻

ゆみ【弓】 ❶矢を射る道具。また、弓術。❷バイオリンなどの弦をこすって音を出すもの。①②bow ▼**—折れ矢尽(つ)きる** 力尽きて、どうしようもない状態になる。　弓

ゆみず【湯水】 湯と水。▼**—のように使う** 金銭をおしげもなく使うようす。　湯水

ゆみなり【弓形】 弦を張った弓のようにそった形。ゆみがた。きゅうけい。arch　弓形

ゆみはりづき【弓張り月】 上弦または下弦の月。弦月。crescent　弓張月

ゆみや【弓矢】 ❶弓と矢。❷武器。❸戦い。　弓矢

ゆめ【努】 決して。ゆめゆめ。　努

ゆめ【夢】 ❶睡眠中に現実の経験のように感じる現象。❷現実離れした願い。▽優勝も—ではない。❸希望。理想。❹はかないこと。▽—の世。①〜③dream　夢

ゆめうつつ【夢現】 寝ていて、意識がぼんやりして夢か現実かはっきりしないこと。half-dreaming　夢現

ゆめごこち【夢心地】 夢をみているようなうっとりした気持ち。夢見心地。　夢心地

ゆめじ【夢路】 夢を見ることを道にたとえた語。　夢路

ゆめにも【夢にも】 少しも。全然。　夢にも

ゆめまくら【夢枕】 夢を見ている枕元。▼**—に立つ** 神仏や死んだ人が夢の中に現れて告げる。　夢枕

ゆめまぼろし【夢幻】 夢とまぼろし。　夢幻

ゆめみ【夢見】 夢を見ること。また、その夢。dream　夢見

ゆめみる【夢見る】 ❶夢を見る。❷空想する。▽恋を—年ごろ。①dream ②daydream　夢見る

ゆめゆめ【努努】 決して。絶対に。ゆめ。▽—忘れない。　努努

ゆもじ【湯文字】 腰巻き。湯巻き。　湯文字

ゆもと【湯元】 〈湯本〉温泉のわき出るもと(の土地)。　湯元

ゆや【湯屋】 ふろ屋。銭湯。bathhouse　湯屋

ゆゆしい【由由しい】 容易ならない。▽—事態。serious　由由し

ゆ

ゆらい【由来】 ❶起こり。いわれ。▽地名の—。❷もともと。元来。▽—頑丈な男だ。類❶由緒。①origin　由来

ゆらぐ【揺らぐ】 ❶ゆれ動く。❷ぐらつく。▽決心が—。②waver　揺らぐ

ゆらす【揺らす】 ゆすって動かす。swing, sway　揺らす

ゆり【百合】 草花の一。夏、釣り鐘形の花が咲く。lily　百合

ゆりかえし【揺り返し】 ❶反動で再びゆれること。❷余震。　揺り返

ゆりかご【揺り籠】 赤ん坊を入れ、ゆらして眠らせるかご。揺籃(ようらん)。cradle　揺籠

ゆるい【緩い】 ❶きつくしまっていない。❷厳しくない。▽取り締まりが—。❸水分が多くやわらかい。▽—かゆ。❹激しくない。❺急でない。①loose　緩い

ゆるがす【揺るがす】 ゆり動かす。震動させる。shake　揺るがす

ゆるがせ【忽せ】 おろそか。なおざり。▽一刻も—にできない。　忽せ

ゆるぎない【揺るぎない】 しっかりとしていてゆれ動かない。firm　揺るぎ

ゆるす【許す】 ❶聞き入れる。許可する。▽入会を—。❷〈赦す〉罪などをとがめないでおく。▽自他ともに—実力者。❸許容する。認める。❹ゆるめる。▽気を—。心を—。①permit, allow　許す

ゆるむ【緩む】 〈弛む〉❶ゆるくなる。❷緊張がとける。❸穏やかになる。①loosen ②relax　緩む

ゆるやか【緩やか】 ゆるいようす。gentle　緩やか

ゆれる【揺れる】 ❶前後・上下・左右などに動く。❷気持ちが落ちつかなくなる。①shake, swing　揺れる

ゆわえる【結わえる】 ひもで結ぶ。bind　結わえる

ゆわかし【湯沸かし】 湯をわかすための容器。やかんなど。kettle　湯沸し

ゆんで【弓手】 〈左手〉❶左の手。▽—に手綱を持つ。❷左の方。対❶❷馬手(めて)。①left hand　弓手

よ　ヨ

よ〔与〕 常3 〔與〕人14 **ヨ・あたえる** ❶なかまになって行う。▽—党。関—。❷あたえる。▽給—。授—。

筆順 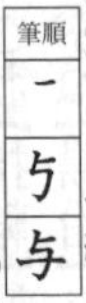

与・与

よ〔予〕 常4 **ヨ** ❶ゆとり。▽猶—。❷前もって。▽—定。—約。❸われ。

筆順 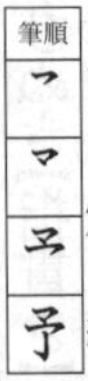

予・予

よ〔余〕 常7 **ヨ・あまる・あます** ❶あまる。あます。▽—分。—暇。❷端数。▽二十有—年。❸そのほか。▽—人。❹われ。(餘)

筆順 

余・余

よ〔誉〕 常13 **ヨ・ほまれ** ❶よい評判。▽名—。❷ほめる。▽毀—(きよ)。(譽)

筆順 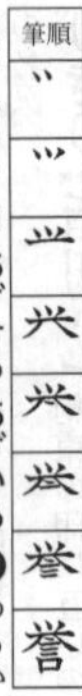

誉・誉

よ〔預〕 常13 **ヨ・あずける・あずかる** ❶あらかじめ。▽—言。❷あずける。▽—金。

筆順 

預・預

よ〔輿〕 人17 **ヨ・こし** ❶乗り物の、こし。▽神—(しんよ・みこし)。❷みんなの。▽—論。

筆順 

輿・輿

よ【予】 〈余〉わたくし。われ。　予

よ【世】 ❶社会。世間。❷一生。❸時代。▽戦国の—。❹仏教で過去・現在・未来のそれぞれ。①society ②life **▼—に出る** ❶世間に知られる。❷出世する。**▼—の常**(つね) 世間でふつうにあること。**▼—の習い** 世間でふつうに行われていること。　世

よ【代】 時代。世(よ)。▽徳川の—。age　代

使い分け「よ」

世…その時の世の中。▽—の中が騒然とする。この—のものとは思えない美しさ。—が—ならば。

代…ある人や同じ系統の人が国を治めている期間。▽二六〇年続いた徳川の—。武家の—。

よ【余】 ❶それ以上。あまり。❷そのほか。❸…と少し。**▼—の儀**(ぎ) ほかのこと。　余

よ【夜】 よる。night **▼—も日も明けない** それがないと少しの間も我慢できない。**▼—を日に継**(つ)**ぐ** 夜も昼も休まないで続ける。　夜

よあかし【夜明かし】 徹夜。　夜明し

よあけ【夜明け】 ❶明け方。❷新しい時代の始まり。対❶日暮れ。①dawn　夜明け

よい〔宵〕 ⇩しょう

よい【良い】 〈好い〉❶すぐれている。❷このましい。❸親しい。❹好都　良い

よ

合だ。❺十分だ。❻さしつかえがない。❼そうするのが望ましい。❽…しやすい。…よい。▽住み—。対❶～❹悪い。①②⑦ good, nice

よい【善い】道理にかなっていて立派だ。▽—政治。対悪い。　善い

使い分け「よい」

良い…優れている。好ましい。▽品質が—。成績が—。今のは—質問だ。感じが—。気立てが—。仲間受けが—。

善い…道徳的に望ましい。▽—行い。人に親切にするのは—ことである。


よい【宵】日が暮れてまもないころ。類夕べ。evening　宵

よい【酔い】酔うこと。　酔い

よいごし【宵越し】そのままの状態で一夜持ちこすこと。overnight　宵越し

よいざめ【酔い醒め】酒の酔いがさめること・時。　酔醒め

よいしれる【酔い痴れる】❶酒に酔い、正気をなくす。❷うっとりする。　酔い痴

よいっぱり【宵っ張り】夜おそくまでおきていること・人。▽—の朝寝坊。night owl　宵っ張

よいね【宵寝】❶宵の口から寝てしまうこと。❷宵の間だけ寝ること。　宵寝

よいのくち【宵の口】夜になったばかりのころ。　宵の口

よいまちぐさ【宵待草】月見草のこと。　宵待草

よいやみ【宵闇】夕やみ。　宵闇

よいん【余韻】❶あとまで残る、音のひびき。❷あとまで残っている、味わい。類❷余情。② afterglow　余韻

よう【幼】常5 ヨウ・おさない　おさない。▽—児。—稚。
筆順 く 幺 幻 幼　幼・幼

よう【用】常5 ヨウ・もちいる ❶使う。▽使—。運—。❷役に立つ。▽作—。信—。❸もとで。▽費—。❹仕事。▽—事。私—。
筆順 丿 冂 月 月 用　用・用

よう【羊】常6 ヨウ・ひつじ 動物の、ひつじ。▽—毛。—腸。
筆順 丶 丷 䒑 兰 羊　羊・羊

よう【妖】常7 ヨウ・あやしい ❶なまめかしい。▽—艶(ようえん)。❷あやしい。▽—気。❸ばけもの。▽—怪。
筆順 く 女 女 奷 妖 妖　妖・妖

よう【洋】常9 ヨウ ❶海。❷世界を東西に分けたもの。▽東—。❸西洋。▽—風。❹広がる。▽—洋。
筆順 氵 氵 氵 氵 氵 洋　洋・洋

よう【要】常9 ヨウ・かなめ・いる ❶かなめ。▽—点。—所。❷しめくくる。▽—約。❸もとめる。いる。▽—求。強—。必—。
筆順 一 丆 襾 西 覀 要 要　要・要

よう【容】常10 ヨウ ❶物を入れる。▽—器。収—。❷ようす。▽—貌(ようぼう)。形—。❸うけ入れる。▽許—。❹ゆとりがある。▽従—(しょうよう)。
筆順 宀 宀 宂 穴 空 容 容　容・容

よう【庸】常11 ヨウ ❶ふつう。▽凡—。❷かたよらない。▽中—。❸人をもちいる。▽登—。
筆順 广 户 户 庐 肩 肩 庸　庸・庸

よう【揚】常12 ヨウ・あげる・あがる ❶あげる。あがる。▽—力。抑—。掲—。❷明らかにする。▽発—。
筆順 扌 扣 担 担 挦 揚 揚　揚・揚

よう【揺】常12【搖】人13 ヨウ・ゆれる・ゆる・ゆらぐ・ゆるぐ・ゆする・ゆさぶる・ゆすぶる ゆれる。ゆする。▽—籃(ようらん)。動—。
筆順 扌 扌 扌 扌 揺 揺 揺　揺・揺

よう【葉】常12 ヨウ・は ❶植物の、は。▽落—。❷うすいもの。❸時代。▽中—。
筆順 艹 艹 苹 苹 華 葉 葉　葉・葉

よう【遥】人12【遙】人14 ヨウ・はるか ❶はるか。❷ぶらつく。▽逍—(しょうよう)。
筆順 ノ ク 夕 乎 䍃 遥 遥　遥・遥

よう【陽】常12 ヨウ ❶ひなた。▽山—。❷太陽。❸明るく暖かい。▽—気。❹対(つい)で、積極的なほう。
筆順 ' 阝 阝 阳 阻 陽 陽　陽・陽

よう【傭】人13 ヨウ・やとう 人をやとう。▽—兵。雇—。
筆順 亻 亻 仿 倌 傭 傭　傭・傭

よう【楊】人13 ヨウ・やなぎ やなぎの総称。▽—枝。—柳(ようりゅう)。
筆順 木 杊 枂 柶 楊 楊　楊・楊

よう【溶】常13 ヨウ・とける・とかす・とく とける。まざりあう。▽—液。—解。—岩。
筆順 氵 氵 氵 氵 氵 溶　溶・溶

よう〔瑶〕人13 ヨウ 美しい玉。玉のように美しい。▽一顔。一台。(瑤)

筆順

よう〔腰〕常13 ヨウ・こし ❶こし。▽一椎(ようつい)。❷態度。▽物一。けんか一。

筆順

よう〔蓉〕人13 ヨウ 「芙蓉」で、樹木の「ふよう」。また、蓮(はす)の花。

筆順

よう〔様〕常14〔樣〕人15 ヨウ・さま ❶ありさま。▽一子。❷形式。▽一式。❸図柄。

筆順

よう〔熔〕14 ヨウ・とける 金属をとかす。「鎔」の異体字。

よう〔瘍〕常14 ヨウ できもの。▽腫一。

筆順

よう〔踊〕常14 ヨウ・おどる・おどり おどる。おどり。▽舞一。

筆順

よう〔窯〕常15 ヨウ・かま 焼き物の、かま。▽一業。一元(かまもと)。

筆順

よう〔養〕常15 ヨウ・やしなう ❶育てる。▽一育。❷豊かにする。▽教一。❸子として育てる。▽一子。

筆順

よう〔擁〕常16 ヨウ ❶だく。▽抱一。❷まもる。▽一護。

筆順

よう〔謡〕常16〔謠〕人17 ヨウ・うたい・うたう ❶ふしをつけてうたう。▽民一。❷謡曲。

筆順

よう〔曜〕常18 ヨウ ❶天体。▽七一。❷一週間の日。▽一日。月一。(曜)

筆順

よう〔燿〕人18 ヨウ・かがやく ❶ひかる。❷かがやき。▽一徳。(燿)

筆順

よう〔耀〕人20 ヨウ・かがやく てりかがやく。▽栄一(えいよう)栄華。(耀)

筆順

よう【用】❶用事。❷働き。使い道。▽一に供する。❸使うこと。

よう【洋】❶東洋と西洋。❷西洋の。❸広い海。▼一の東西(とうざい)を問わず 東洋・西洋どちらでも。

よう【要】❶要点。▽一を得た説明。❷必要。▽再考の一がある。

よう【容】姿。かたち。▽一を正す。

よう【酔う】❶酒を飲んでふつうでなくなる。▽一って管(くだ)を巻く。❷乗り物で、気分が悪くなる。▽車に一。❸うっとりする。▽演奏に一。勝利に一。 ①get drunk

よう【陽】❶易(えき)で、積極的な性質をもつもの。月に対する日など。❷表から見えるところ。対❶❷陰(いん)。

よう【様】❶形。❷方法。❸…の方法。▽話し一がない。❹形・状態・性質などが似ていること。▽のこぎり一のもの。

よう【癰】悪性のはれもの。

ようい【用意】あらかじめしたくを整えておくこと。類準備。 preparation

ようい【容易】かんたんにできるようす。▽一なことではない。対困難。 easy

よういく【養育】養い育てること。

よういしゅうとう【用意周到】準備が十分にされ落ち度がないこと。

よういん【要因】おもな原因。▽事故の一。 cause

よういん【要員】必要な人員。

ようえき【溶液】物質が均一にとけこんだ液体。▽飽和一。 solution

ようえん【妖艶】なまめかしく美しいようす。

ようか【養家】養子先の家。対実家。

ようが【洋画】❶西洋の技法による絵。油絵・水彩画など。❷欧米の映画。対❶日本画。❷邦画。

ようが【陽画】写真のポジ。対陰画。

ようかい【妖怪】化け物。 specter

ようかい【容喙】横から口出しをすること。差し出口。▽第三者の一すべきことではない。 interference

ようかい【溶解】❶物質が液体中にとけること。また、とかすこと。❷〈熔解〉金属が熱によって液状になること。 溶解

ようがい【要害】❶土地がけわしくて、防備に都合がよい所。❷とりで。 要害

ようがく【洋楽】西欧で発展した芸術音楽。対邦楽。 洋楽

ようがさ【洋傘】こうもりがさ。umbrella 洋傘

ようかん【羊羹】あんと砂糖を煮つめ、寒天を加えて練り固めた和菓子。 羊羹

ようかん【洋館】西洋ふうの建物。 洋館

ようがん【溶岩】〈熔岩〉火山の噴火で地表におし出されたマグマ。また、冷え固まった岩石。lava 溶岩

ようき【妖気】あやしい気配。 妖気

ようき【容器】入れ物。container 容器

ようき【陽気】❶明るくほがらかなようす。❷天候。類❶快活。対❶陰気。cheerful 陽気

ようぎ【容疑】罪をおかした疑い。▽—者。類嫌疑。suspicion 容疑

ようぎ【容儀】礼儀にかなった姿勢・態度。▽—を正す。 容儀

ようきゅう【洋弓】洋式の弓術。また、その弓(でする競技)。archery 洋弓

ようきゅう【要求】必要だとして強く求めること。claim, demand 要求

ようぎょ【養魚】魚の養殖。▽—場。 養魚

ようぎょう【窯業】陶磁器・かわらの製造業や、ガラス・セメント工業など。ceramics 窯業

ようきょく【陽極】電位の高いほうの電極。+極。対陰極。anode 陽極

ようきょく【謡曲】能楽の詞章。また、それに節をつけてうたうこと。謡(うたい)。 謡曲

ようぐ【用具】ある事に使用する道具。 用具

ようぐ【要具】必要な道具。 要具

ようけい【養鶏】鶏(にわとり)を飼育すること。 養鶏

ようげき【邀撃】迎え撃つこと。 邀撃

ようけつ【溶血】赤血球の膜が破壊されて、ヘモグロビンが血球外へ出る現象。 溶血

ようけん【用件】用事の種類や内容。用向き。▽—をおきかせください。business 用件

ようけん【要件】❶大切な用事。❷必要な条件。▽資格—。 要件

ようげん【揚言】おおっぴらに言うこと。▽—してはばからない。declaration 揚言

ようご【用語】❶使うことば。❷専門分野で使うことば。②term 用語

ようご【養護】保護し育てること。nursing 養護

ようご【擁護】かばい守ること。▽人権—。protection 擁護

ようこう【洋行】西洋へ行くこと。 洋行

ようこう【要項】必要で大切な事柄。また、その文書。▽募集—。 要項

ようこう【要綱】基本となる重要な事柄(をまとめたもの)。▽計画の実施—。summary 要綱

ようこう【陽光】日光。sunlight 陽光

ようこうろ【溶鉱炉】〈熔鉱炉〉鉱石をとかし、金属を取る炉。blast furnace 溶鉱炉

ようさい【洋裁】洋服をつくる裁縫。対和裁。dressmaking 洋裁

ようさい【要塞】戦略上重要な地点に設けた防備施設。fortress 要塞

ようざい【用材】❶建築・木工などに使う材木。▽建築—。❷材料。▽学習—。②material 用材

ようざい【溶剤】物質をとかすために使う液体。アルコールなど。solvent 溶剤

ようさん【養蚕】まゆをとるために、蚕を飼うこと。sericulture 養蚕

ようし【用紙】ある特定の目的に使う紙。▽申し込み—。form 用紙

ようし【洋紙】パルプを原料としてつくった紙。西洋紙。対和紙。 洋紙

ようし【要旨】話や文章の、中心になる内容。類主旨。main points 要旨

ようし【容姿】顔だちと姿。figure 容姿

ようし【養子】養子縁組で子となった人。対実子。adopted child 養子

ようじ【幼児】幼い子供。child 幼児

ようじ【幼時】幼いころ。childhood 幼時

ようじ【用字】使う文字。また、文字の使い方。 用字

よ

ようじ【用事】しなくてはならない事柄。類所用。business　用事

ようじ【楊枝】〈楊子〉歯に挟まった物を取る細い棒。爪(つま)ようじ。toothpick　楊枝

ようしき【洋式】西洋風の方式。対和式。Western style　洋式

ようしき【様式】❶共通するやり方。❷定められた形。▽書類の—。❸芸術作品の表現形態。①②form, pattern ③style　様式

ようしつ【洋室】西洋風の部屋。対和室。　洋室

ようしゃ【容赦】❶許すこと。▽失礼の段は御—ください。❷手加減すること。▽—無く取り締まる。類❶勘弁。　容赦

ようじゅつ【妖術】人をまどわすあやしい術。魔術。類魔法。magic　妖術

ようしゅん【陽春】❶あたたかな春の盛り。▽—の候。❷陰暦正月の別称。　陽春

ようしょ【洋書】欧米の書物。　洋書

ようしょ【要所】大事な箇所・地点。　要所

ようじょ【幼女】幼い女の子。　幼女

ようじょ【養女】養子になった女性。　養女

ようしょう【幼少】幼いこと。　幼少

ようしょう【要衝】軍事・交通などの重要な場所。類要所。　要衝

ようじょう【洋上】広い海の上。海上。　洋上

ようじょう【養生】❶健康に気を配ること。▽医者の不—。❷病気の回復につとめること。❸コンクリートなどを保護すること。類❶摂生。❷保養。　養生

ようしょく【要職】重要な職務・地位。　要職

ようしょく【容色】女性の美しい顔かたち。▽—が衰える。類容貌(ようぼう)。features　容色

ようしょく【養殖】魚・貝・海藻などを人工的に育て増やすこと。culture　養殖

ようじん【用心】〈要心〉悪いことが起こらないように気をつけること。caution　用心

ようじん【要人】重要な地位にある人。▽政府の—。類ビップ。　要人

ようじんぼう【用心棒】❶戸をおさえる、つっかい棒。❷護衛にやとう人。②bodyguard　用心棒

ようす【様子】❶ありさま。❷姿。身なり。▽—のいい人。❸態度。そぶり。❹特別の事情。いわく。❺けはい。▽動く—がない。①state ③⑤air　様子

ようすい【用水】灌漑(かんがい)・飲料などに使う目的で引いた水。また、その施設。　用水

ようすい【揚水】水をくみあげること。　揚水

ようする【要する】必要とする。▽休養を—。need　要する

ようする【擁する】❶かばい守って、もりたてる。❷所有する。▽巨万の富を—。　擁する

ようするに【要するに】つまり。　要するに

ようせい【夭逝】若死に。夭折(ようせつ)。　夭逝

ようせい【妖精】西洋の物語などに出てくる、自然や動植物の精。fairy　妖精

ようせい【要請】こうしてほしいと願い求めること。▽自治体に援助を—する。request　要請

ようせい【陽性】❶陽気な性質。❷病気の検査で反応があらわれること。対❶❷陰性。②positive　陽性

ようせい【養成】教育や訓練をして一人前に育てること。training　養成

ようせき【容積】❶容量。❷体積。　容積

ようせつ【夭折】若死に。夭逝(ようせい)。　夭折

ようせつ【溶接】〈熔接〉金属をとかしてつなぎ合わせること。welding　溶接

ようせん【用船】ある用に使う船。　用船

ようせん【傭船】〈用船〉物や人を運ぶために船を借りること。また、その船。　傭船

ようせん【用箋】便箋。　用箋

ようそ【沃素】ハロゲン元素の一。暗紫色の結晶。ヨード。記号I。　沃素

ようそ【要素】物事の成立のもととなる成分や条件。element, factor　要素

ようそう【洋装】西洋風の服装。　洋装

ようそう【様相】外にあらわれたありさま。▽複雑な—を呈する。類様子。aspect　様相

ようたい【様態】 物事のありさま。 様態

ようだい【容体】 〈容態〉病気のようす。病状。ようたい。condition 容体

ようだてる【用立てる】 ❶役に立てる。❷お金を貸したり、立て替えたりする。 用立て

ようだん【用談】 仕事上の話し合い。 用談

ようだん【要談】 重要な話し合い。 要談

ようち【幼稚】 ❶幼いこと。❷未熟なこと。②childish 幼稚

ようち【用地】 ある目的のために使用する土地。▽学校―。site 用地

ようち【夜討ち】 夜、不意に敵をせめること。夜襲。 夜討ち

ようち【要地】 重要な場所・地点。 要地

ようちえん【幼稚園】 小学校入学前の幼児の教育施設。kindergarten 幼稚園

ようちゅう【幼虫】 昆虫の、蛹(さなぎ)・成虫になる前のもの。larva 幼虫

ようちょう【羊腸】 山道の曲がりくねっているようす。▽―の小径。 羊腸

ようつう【腰痛】 腰の痛み。lumbago 腰痛

ようてい【要諦】 物事の最も大切なところ。ようたい。▽交渉成功の―。類要点。 要諦

ようてん【要点】 重要な部分。急所。類要諦。骨子。point 要点

ようてん【陽転】 ツベルクリン反応が陰性から陽性にかわること。 陽転

ようと【用途】 物やお金の使い道。use 用途

ようど【用土】 園芸植物などの栽培に用いる土。 用土

ようど【用度】 役所・会社などで、事務用品などをととのえること。▽―係。 用度

ようとうくにく【羊頭狗肉】 表面は立派だが、内容のともなわないこと。 羊頭

ようどうさくせん【陽動作戦】 わざと目だつ行動をして敵の注意をそらす作戦。 陽動

ようとして【杳として】 はっきりわからないようす。▽―消息は不明だ。 杳として

ようとん【養豚】 ぶたを飼育すること。 養豚

ようにん【容認】 よいとして、認めること。認容。▽―しがたい行為だ。類許容。approval 容認

ようねん【幼年】 おさない年齢・年ごろ。childhood 幼年

ようはい【遥拝】 はるか遠くからおがむこと。 遥拝

ようひん【用品】 使用する品物。 用品

ようひん【洋品】 洋装に必要な品物。 洋品

ようふ【妖婦】 男性をまどわす、なまめかしい女性。妖女。 妖婦

ようふ【養父】 養子先の父。対実父。 養父

ようふう【洋風】 西洋風。対和風。 洋風

ようふく【洋服】 西洋風の衣服。対和服。 洋服

ようぶん【養分】 栄養となる成分。nourishment 養分

ようへい【用兵】 戦争での軍隊の動かし方。tactics 用兵

ようへい【傭兵】 お金でやとわれた兵。 傭兵

ようべん【用便】 大小便をすること。 用便

ようぼ【養母】 養子先の母。対実母。 養母

ようほう【用法】 使い方。use 用法

ようほう【養蜂】 はちみつをとるためにみつばちを飼うこと。beekeeping 養蜂

ようぼう【要望】 こうしてほしいと、強く望むこと・事柄。▽―にこたえる。類要求。demand 要望

ようぼう【容貌】 顔かたち。▽―魁偉(かいい)。looks 容貌

ようま【洋間】 西洋風の部屋。洋室。対日本間。 洋間

ようむ【用務】 しなければならない仕事。▽―で外出する。business 用務

ようむ【要務】 重要な仕事・任務。▽―を帯びて着任する。 要務

ようむき【用向き】 用件。 用向き

ようめい【幼名】 幼時の名。ようみょう。 幼名

ようめい【用命】 用をいいつけること。(客からの)注文。order 用命

ようもう【羊毛】 羊の毛。wool 羊毛

ようもく【要目】 重要な項目。 要目

ようやく【要約】文章などの要点を(短く)まとめること。summary 要約

ようやく【漸く】❶やっと。❷次第に。①finally 漸く

ようゆう【溶融】融解。溶融

ようよう【洋洋】❶水面がはてしなく広がっているようす。▽―たる大海。❷前途が開けて希望に満ちているようす。▽前途―。洋洋

ようよう【要用】❶必要。❷重要な用事。▽まずは取り急ぎ―のみ。要用

ようよう【揚揚】得意で、ほこらしげなようす。▽意気―。揚揚

ようらん【要覧】要点を見やすくまとめた文書。▽会社―。handbook 要覧

ようらん【揺籃】❶ゆりかご。❷物事が発展する、はじめ。▽―期。揺籃

ようりく【揚陸】❶船荷の荷揚げ。陸揚げ。❷上陸。①②landing 揚陸

ようりつ【擁立】周囲からもりたてて位につかせること。▽副議長を市長に―する。擁立

ようりゃく【要略】要点だけを簡単にまとめること。類要約。summary 要略

ようりょう【用量】薬などを使うときの一定の分量。▽一回分の―。薬の―を守る。dose 用量

ようりょう【要領】❶大事な部分。要点。❷こつをつかんだ上手なやり方。②knack ▼―を得ない 要点がつかめない。要領

ようりょう【容量】❶入れ物の中に入れられる分量。容積。❷物体にふくみうる物理量。①②capacity 容量

ようりょく【揚力】飛行機の翼などに働く、上向きの力。lift 揚力

ようりょくそ【葉緑素】植物の葉に含まれる、光合成に重要な役割を果たす緑色の色素。chlorophyll 葉緑素

ようれい【用例】実際に使われている例。用い方の例。▽―を挙げる。用例

ようれき【陽暦】地球が太陽のまわりを一周する時間を一年とする暦。太陽暦。対陰暦。solar calendar 陽暦

ようろ【要路】重要な道路・地位。▽―の高官。要路

ようろう【養老】❶老人をいたわり世話すること。❷老後を安楽に送ること。養老

よえい【余栄】死後に残る名誉。余栄

よか【予価】予定の価格。予価

よか【予科】本科に進む前の課程。予科

よか【余暇】仕事などの合間や終了後の、自由に使える時間。leisure time 余暇

よかれあしかれ【善かれ悪しかれ】よくても悪くても。どっちみち。善悪

よかん【予感】前もって何となく感じること。予覚。presentiment 予感

よかん【余寒】立春後の寒さ。▽―きびしき折から。余寒

よき【予期】前もって推測し、期待すること。▽―せぬできごと。expectation 予期

よぎ【余技】専門以外にできる、趣味としての技芸。hobby 余技

よぎ【夜着】❶かけぶとん。❷かいまき。夜着

よぎない【余儀無い】しかたない。▽―事情で欠席する。余儀無

よきょう【余興】その場をおもしろくするために行う芸。entertainment 余興

よぎる【過る】通り過ぎる。▽不安が心を―。注心を×よこぎる。pass 過る

よきん【預金】銀行にお金をあずけること。また、そのお金。類貯金。deposit 預金

よく〖抑〗常7 ヨク・おさえる おさえつける。▽―圧。―揚。

筆順
一
十
扌
扌
扎
扣
抑

抑・抑

よく〖沃〗常7 ヨク ❶土地がこえる。▽肥―(ひよく)。❷沃素(ようそ)。

筆順
丶
冫
氵
氵
汀
沃

沃・沃

よく〖浴〗常10 ヨク・あびる・あびせる 水や湯にひたる。あびる。▽―室。日光―。

筆順
氵
氵
氵
氵
浴
浴
浴

浴・浴

よく〖欲〗常11 ヨク・ほっする・ほしい ほしい。ほっする(気持ち)。▽―望。食―。

筆順
八
父
谷
谷
谷
欲
欲

欲・欲

よく〖翌〗常11 ヨク 次の。あくる。▽―朝。―日。

よ

筆順 翌 — 翌・翌

よく〔慾〕15 ヨク ほしがる心。▽愛—。貪—（どんよく）。 慾・慾

よく〔翼〕常17 ヨク・つばさ ❶つばさ。▽主—。❷たすける。▽—賛。 翼・翼

筆順 翼

よく【良く】〈善く〉❶十分に。❷上手に。❸たびたび。①fully ②well 良く

よく【能く】❶感謝や感心したりしていう語。▽—やったなあ。❷非難の気持ちを強めていう語。▽君が—言えたものだ。 能く

よく【欲】欲望。desire ▼—を言えば さらに望むとすれば。 欲

よく【翼】つばさ。はね。▽—を連ねる。 翼

よくあさ【翌朝】次の日の朝。よくちょう。next morning 翌朝

よくあつ【抑圧】行動や考えをおさえつけること。▽言論の自由を—する。類抑制。suppression 抑圧

よくけ【欲気】欲のあるようす。欲心。 欲気

よくげつ【翌月】次の月。よくつき。来月。next month 翌月

よくさん【翼賛】力を添えて助けること。▽大政—。support 翼賛

よくし【抑止】物事の進行をおさえとどめること。▽—力。物価の上昇を—する。deterrence 抑止

よくしつ【浴室】ふろ場。bathroom 浴室

よくじつ【翌日】次の日。明くる日。 翌日

よくじょう【浴場】❶旅館などの大きなふろ場。❷ふろ屋。②public bath 浴場

よくじょう【欲情】性的な欲望。類肉欲。sexual desire 欲情

よくしん【欲心】ほしがる心。欲念。 欲心

よくする【浴する】❶入浴する。❷身にうける。▽恩恵に—。①bathe 浴する

よくする【能くする】〈善くする〉❶巧みにすることができる。▽書を—。❷うまくいく。▽—したもので。①be skillful 能くする

よくせい【抑制】程度をこえないように、おさえとめること。▽インフレを—する。類抑圧。restraint, control 抑制

よくそう【浴槽】湯ぶね。bathtub 浴槽

よくち【沃地】よくこえた土地。沃土。 沃地

よくちょう【翌朝】⇩よくあさ。 翌朝

よくど【沃土】沃地。対貧土。 沃土

よくとく【欲得】利益を得ようとすること・心。 欲得

よくばる【欲張る】必要以上にほしがる。be greedy 欲張る

よくばん【翌晩】次の日の晩。 翌晩

よくふか【欲深】欲の深いこと・人。類欲張り。avarice 欲深

よくぼう【欲望】ほしいと思う心。欲。類欲求。desire 欲望

よくめ【欲目】希望的な主観から、実際よりよく見えること。ひいき目。▽親の—。 欲目

よくや【沃野】地味の肥えた平野。 沃野

よくよう【抑揚】音声の調子を上げ下げすること。intonation 抑揚

よくよく【翼翼】用心深いようす。▽小心—。 翼翼

よくりゅう【抑留】強制的にひきとめておくこと。detention 抑留

よけい【余計】❶必要以上にあって不要なようす。❷余分❷。❸なおさら。もっと。▽—見たくなる。 余計

よけい【余慶】先祖の善行のおかげで得られる、子孫の幸福。 余慶

よける【避ける】〈除ける〉❶脇へよる。さける。❷防ぐ。❸別にする。 避ける

よけん【予見】事前に見通すこと。▽将来を—する。類予知。foresight 予見

よげん【予言】未来のことをおしはかって言うこと。prediction 予言

よげん【預言】ユダヤ教・キリスト教などで、霊感を受けた人が神のお告げを伝えること。そのことば。prophecy 預言

よこ【横】❶左右や水平の方向・長さ。❷東西の方向・長さ。❸地位・年齢などが同じであること。❹物の側面。❺かたわら。対❶〜❸縦。①width ⑤side 横

よご【予後】❶病気の経過についての見通し。❷病後の経過。▽—をお大事に。 予後

よこう【予行】正式に行う前に、同じ形式で練習すること。rehearsal 予行

よこう【余光】❶日没後、空に残っている光。余映(よえい)。余薫(よくん)。❷先人の残した成果のおかげ。 余光

よこう【余香】後に残る香り。余薫。 余香

よこがお【横顔】❶横から見た顔。❷人の、あまり知られてい 横顔

ない面。側面。①②profile

よこがみやぶり【横紙破り】自分の考えを無理やり押し通そうとすること。 横紙破

よこぎる【横切る】横の方向に通り過ぎる。横断する。cross 横切る

よこく【予告】前もって告げ知らせること。notice 予告

よこぐるま【横車】無理押し。理不尽。▽―を押す。 横車

よこしま【邪】正しくないこと。▽―な心。wicked 邪

よこす【寄越す】❶こちらへ送ってくる。❷人を来させる。❸こちらに…してくる。▽送って―。①②send 寄越す

よごす【汚す】きたなくする。類汚染する。soil, dirty 汚す

よこずき【横好き】上手でもないのに、むやみに好むこと。▽下手の―。 横好き

よこすべり【横滑り】❶横にすべること。❷同格の地位に移ること。①skid 横滑り

よこたわる【横たわる】❶横に寝る。❷物がさえぎるようにある。 横たわる

よこちょう【横町】表通りから横にはいった通り。横丁。side street 横町

よこづけ【横付け】自動車・船などを側面を接するように止めること。 横付け

よこづな【横綱】❶力士の最も上の位。また、その力士。❷同類の中で最もすぐれたもの。▽業界の―。 横綱

よごと【夜毎】毎晩。毎夜。 夜毎

よこながし【横流し】品物を正規の経路を通さずに他へ売ること。 横流し

よこなぐり【横殴り】横から強くうちつけること。 横殴り

よこばい【横這い】❶横にはって進むこと。❷数・量や程度などに変化がなく続くこと。 横這い

よこみち【横道】❶わき道。❷本筋から外れた方向。①byroad 横道

よこもじ【横文字】❶横書きにする文字。❷外国語。 横文字

よこやり【横槍】第三者の口出し。▼―**を入れる** はたから邪魔をする。 横槍

よごれる【汚れる】きたなくなる。けがれる。become dirty 汚れる

よこれんぼ【横恋慕】決まった相手のある人に、恋をすること。 横恋慕

よざい【余罪】その罪以外の罪。 余罪

よざくら【夜桜】夜見る桜の花。 夜桜

よさむ【夜寒】(晩秋の)夜の寒さ。 夜寒

よさん【予算】収入や支出を前もって見積もること・金額。budget 予算

よし【由】❶わけ。事情。▽―ありげなようす。❷手段。方法。▽知る―もない。❸…とのこと。▽ご病気の―。 由

よし【葦】水辺に生える植物の一。あし。 葦

よし【縦し】たとえ。かりに。 縦し

よじ【余事】❶当面している事以外の事。ほかのこと。▽―は知らず。❷余暇にする仕事。▽―に多忙である。 余事

よしあし【善し悪し】❶善悪。❷よいか悪いか、簡単には決められないこと。 善し悪

よしず【葦簾】あしの茎で編んだすだれ。 葦簾

よじつ【余日】❶残っている日数。❷その日以外の日。他日。 余日

よしない【由無い】❶理由がない。▽―主張。❷しかたない。▽―くあきらめる。❸つまらない。 由無い

よしなしごと【由無し事】〈由無し言〉つまらない事柄・話。くだらないことば。 由無事

よじのぼる【攀じ登る】すがりつくようにして登る。climb up 攀じ登

よしみ【誼】〈好〉❶親しい交際。❷縁。▽昔の―で。 誼

よしゅう【予習】前もって勉強すること。対復習。preparation 予習

よじょう【余剰】あまり。▽―人員。surplus 余剰

よじょう【余情】あとまで心に残る味わい。言外のおもむき。類余韻。 余情

よじる【捩る】ひねり曲げる。twist 捩る

よしん【余震】大地震に続いておこる小地震。ゆり返し。aftershock 余震

よじん【余人】ほかの人。▽―をもって代えがたい人材。others 余人

よじん【余塵】❶通ったあとの土ぼこり。後塵(こうじん)。❷先人の残した教え。 余塵

よじん【余燼】❶もえ残り。▽大火の―。❷事件後などに残る問題。▽紛争の―がくすぶる。①②embers 余燼

よ

よしんば【縦しんば】「縦し」を強めたことば。たとえ。かりに。よしや。 縦しんば

よす【止す】やめる。中止する。stop 止す

よすが【縁】手がかり。よりどころ。 縁

よすぎ【世過ぎ】世渡り。living 世過ぎ

よすてびと【世捨て人】俗世間とのかかわりをすてた人。隠者。 世捨人

よせ【寄席】演芸の興行場。 寄席

よせい【余生】老後の残された人生。注余×世。 余生

よせい【余勢】あまっている勢い。▽―を駆って攻める。 余勢

よせがき【寄せ書き】一枚の紙に何人かで字や絵をかくこと。また、そのかいたもの。 寄書き

よせる【寄せる】❶近づく。▽波が―。❷攻めてくる。❸近づける。❹集める。❺足す。❻相手に送る。❼たよる。▽友人宅に身を―。❽心をかたむける。▽関心を―。❾かこつける。▽花に―せて歌を詠む。 寄せる

よせん【予選】決勝戦や本大会への出場者を選ぶ試合や選考。trial heat 予選

よせんかい【予餞会】旅立ちや卒業の前に行う送別会。 予餞会

よそ【余所】〈他所〉❶ほかの場所。❷自分の家以外の所。❸直接関係のない事・もの。 余所

よそう【予想】前もって想像すること。類予測。expectation 予想

よそう【装う】❶⇩よそおう。❷食べ物を器に盛る。よそる。 装う

よそうがい【予想外】予想とは違うこと。意外。 予想外

よそおう【装う】❶着飾り整える。❷見せかける。①dress ②pretend 装う

よそく【予測】将来のことを推測すること。類予想。prediction 予測

よそごと【余所事】無関係な事柄。 余所事

よそじ【四十路】❶四〇。❷四〇歳。四〇代。 四十路

よそみ【余所見】わき見。 余所見

よそめ【余所目】他人の見る目。はため。 余所目

よそよそしい【余所余所しい】冷ややかで親しみがない。他人行儀だ。standoffish 余所

よた【与太】❶ふざけたでたらめなこと。▽―を飛ばす。❷「与太者」の略。 与太

よたく【余沢】先人が残した恵。余徳。▽―を受ける。 余沢

よたく【預託】金銭などをあずけまかせること。deposit 預託

よだつ【弥立つ】寒さやおそろしさに体の毛が立つ。▽身の毛が―。 弥立つ

よたもの【与太者】❶なまけ者。❷やくざ。 与太者

よだれ【涎】口から流れるつば。slobber 涎

よだん【予断】前もって判断すること。注×余断。▼―を許さない 予測できない。 予断

よだん【余談】本筋からはなれた話。digression 余談

よち【予知】前もって知ること。▽地震の―。類予見。foresight 予知

よち【余地】❶あいている場所。▽立錐(りっすい)の―もない。❷ゆとり。余裕。▽妥協の―はない。①space ②room 余地

よちょう【予兆】何かが起こる前ぶれ(として示すこと)。類前兆。omen 予兆

よっか【翼下】支配力の及ぶ範囲。よくか。類傘下(さんか)。 翼下

よつかど【四つ角】十字路。四つ辻。crossing 四つ角

よつぎ【世継ぎ】家をつぐこと・人。あとつぎ。heir 世継ぎ

よっきゅう【欲求】ほしがりもとめること。desire 欲求

よっきゅうふまん【欲求不満】欲求が満たされないで、不安定な心理状態。frustration 不満

よって【因って】そういうわけで。 因って

よってきたる【由って来る】原因となる。▽不祥事の―ところを調べる。 由って来

よっぱらう【酔っ払う】ひどく酒によう。get drunk 酔っ払

よつゆ【夜露】夜おりる露。 夜露

よてい【予定】前もって決めること。また、その事柄。plan, schedule 予定

よど【淀】〖淀〗人11 デン・よど・よどむ 水が流れないでたまる(所)。▽川―(かわよど)。 淀・淀

筆順

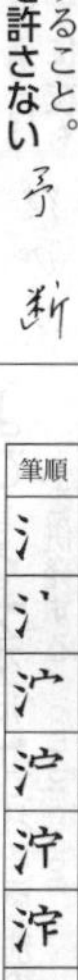

よ

よど【淀】〈澱〉よどんでいる所。淀み。pool

よとう【与党】内閣を組織している政党。図野党。ruling party

よどおし【夜通し】夜から朝まで続けて。一晩じゅう。all night

よとぎ【夜伽】❶夜、眠らずつき添うこと・人。❷女性が男性と共寝をすること。

よとく【余得】余分の利益。余禄。

よどむ【淀む】〈澱む〉❶流れないでたまる。❷とどこおる。❸底に沈んでたまる。❹不活発になる。①④stagnate

よなか【夜中】深夜。midnight

よなが【夜長】夜が長いこと。図日長。

よなべ【夜業】〈夜鍋〉夜する仕事。

よなよな【夜な夜な】毎夜。毎晩。

よなれる【世慣れる】〈世馴れる〉世間の実情をよく知っている。世故(せこ)にたける。be worldly-wise

よにげ【夜逃げ】夜中にこっそりにげること。

よねつ【予熱】前もって加熱しておくこと。

よねつ【余熱】さめずに残っている熱。

よねん【余念】ほかの考え。

よのなか【世の中】❶世間。社会。❷時代。▽—に出る。▽—についていけない。①world

よのめ【夜の目】夜間の(眠るはずの)目。▼—も寝(ね)ずに 夜も寝ないで。

よは【余波】❶風が静まっても、まだ立っている波。❷あとまで残る影響。あおり。▽不況の—を受ける。①②aftereffect

よはく【余白】紙面の、書かれずに残った白い部分。blank, space

よばわる【呼ばわる】大声でよぶ。

よび【予備】前もって準備しておくこと・物。reserve

よびかける【呼び掛ける】❶声をかける。❷意見を述べ、賛成を求める。①②appeal

よびかわす【呼び交わす】たがいによびあう。

よびこ【呼び子】人をよぶ合図にふく小さな笛。呼ぶ子。whistle

よびこう【予備校】入学試験の準備教育をする学校。

よびごえ【呼び声】❶よぶ声。❷評判。▽名作の—の高い映画。

よびすて【呼び捨て】人を、敬称をつけないでよぶこと。

よびだし【呼び出し】❶よびだすこと。❷相撲で、力士をよびだす役(の人)。

よびみず【呼び水】❶誘い水。❷物事の起こるきっかけとなるもの。

よびもの【呼び物】人気を集めている評判のもの。attraction

よびょう【余病】ある病気がもとになっておこる、別の病気。▽—を併発する。complication

よびりん【呼び鈴】合図や人をよぶために鳴らすすず。bell

よぶ【呼ぶ】❶声をかける。❷呼び寄せる。❸招く。❹引きよせる。▽人気を—。❺名づける。①②⑤call

よふかし【夜更かし】夜おそくまで起きていること。

よふけ【夜更け】深夜。

よぶこどり【呼ぶ子鳥】「かっこう」の別称。

よぶん【余分】❶あまった分。残り。❷多めであること。❸余計なこと。①extra

よぶん【余聞】余話。episode

よへい【余弊】❶あとまで残る弊害。❷あることに伴って生じる弊害。

よほう【予報】前もって知らせること。また、その内容。▽天気—。forecast

よぼう【予防】病気・災害などを前もってふせぐこと。prevention

よぼう【輿望】世間の人の期待。類衆望。▽—をになう。

よほど【余程】❶相当。❷思いきって。▽—告白しようかと思った。

よまいごと【世迷い言】わけのわからない不平・ぐち(を言うこと)。

よまわり【夜回り】夜、警戒のために見回って歩くこと・人。類夜警。

よみ【黄泉】 あの世。冥土(めいど)。こうせん。

よみかえる【読み替える】 ❶ある漢字を別な読み方で読む。❷法令などの語句に他の語句をあてはめて適用する。

よみがえる【蘇る】 ❶死者が生き返る。❷復活する。❸消えたものが再び現れる。①revive

よみきり【読み切り】 雑誌などで一回で完結すること・読み物。

よみきる【読み切る】 ❶終わりまで読む。❷先まですっかり見通す。

よみくだす【読み下す】 ❶ざっと読み終える。❷漢文を日本文に直して読む。

よみする【嘉する】 ほめる。

よみせ【夜店】 〈夜見世〉夜、道ばたなどで物を売る店。night stall

よみびと【詠み人】 〈読み人〉詩歌の作者。

よみふける【読み耽る】 夢中になって読む。耽読(たんどく)する。

よみもの【読み物】 書物。気軽に読める記事・小説など。

よむ【詠む】 詩歌をつくる。

よむ【読む】 ❶文章どおり声に出して言う。❷文章や図表などを見て理解する。❸おしはかる。❹数える。❺碁・将棋で先の展開を考える。①read

> **使い分け「よむ」**
> **読む**…声を出して言う。内容を理解する。推測する。▽大きな声で—。秒読み。人の心を—。手の内を—。読みが外れる。
> **詠む**…詩歌を作る。▽和歌や俳句を—。一首—。歌に詠まれた名所。題に合わせて—。

よめ【夜目】 夜の暗い中で見ること。

よめ【嫁】 ❶息子の妻。❷結婚相手の女性。対❶❷婿(むこ)。②bride

よめい【余命】 残っている命。

よめいり【嫁入り】 嫁にいくこと。

よめご【嫁御】 嫁の敬称。

よもぎ〔蓬〕 人14 **ホウ・よもぎ** ❶よもぎ。❷乱れたようす。▽—髪(ほうはつ)。

筆順 艹 艹 苳 荃 莑 蓬 蓬 蓬

よもぎ【蓬】 〈艾〉野草の一。若葉は草餅(くさもち)に用いる。葉裏の毛はもぐさの原料。mugwort

よもすがら【夜もすがら】 一晩じゅう。夜通し。▽—虫の音を聞く。対ひもすがら。

よもやまばなし【四方山話】 世間の様々な話。

よやく【予約】 前もって約束すること。また、その約束。reservation

よゆう【余裕】 ❶ゆとり。❷あまり。

よゆうしゃくしゃく【余裕綽綽】 ゆったりとして、落ちついているようす。

よよ【代代】 〈世世〉何代も続くこと。

よよ【夜夜】 毎晩。夜ごと。

より【縒り】 〈撚り〉糸などをねじり合わせること。twist ▼**—を戻(もど)す** (男女が)仲直りをする。

よりあい【寄り合い】 ❶雑多なものの集まり。❷会合。①②meeting

よりあいじょたい【寄り合い所帯】 雑多な者が寄り集まった集団・組織。

よりごのみ【選り好み】 好きなものだけを勝手に選ぶこと。えりごのみ。choosy about

よりそう【寄り添う】 触れるほどそばに寄る。

よりどころ【拠り所】 ❶頼りにするもの。❷根拠。

よりどり【選り取り】 気にいったものを自由に選び取ること。▽—見取り。choice

よりぬき【選り抜き】 すぐれたものを選び出すこと。また、その物・人。えりぬき。selection

よりみち【寄り道】 目的地に行く途中でほかの所に立ち寄ること。

よりょく【余力】 なお残っている力。

よる【因る】 〈由る〉❶もとづく。❷したがう。▽不注意に—事故。▽時と場合に—。類❶由来する。

よる【依る】 たよる。手段とする。▽話し合いに—解決。類依存する。

よ

よる【拠る】 よりどころとする。▽法の定めるところに―。depend on　拠る

よる【寄る】 ❶近づく。❷集まる。❸重なる。❹かたよる。❺たちよる。❻もたれかかる。❼相撲で、組んだまま土俵の外におし出す。①go near ▼―らば大樹（たいじゅ）の陰（かげ） 頼るならば力のある人や大組織のほうがよい。　寄る

よる【選る】 えらぶ。える。select ▼―りに選（よ）って 選ぶものがほかにもあるだろうに、特にそれを選んで。　選る

よる【縒る】〈撚る〉糸などをねじる。twist　縒る

よる【夜】 太陽が沈んでいる暗い間。対昼。night　夜

よるひる【夜昼】 ❶夜と昼。昼夜。❷夜も昼も。いつも。　夜昼

よるべ【寄る辺】 頼って身を寄せることのできる人・ところ。　寄る辺

よろい〔鎧〕 人18 **ガイ・よろい** 武具。よろい。▽―袖一触（がいしゅういっしょく）。―兜。　鎧・鎧

筆順	亼	牟	金	釒	鈆	鎧	鎧	鎧

よろい【鎧】〈甲〉昔、戦いのとき、身を守るために着た武具。armor　鎧

よろいど【鎧戸】 ❶よろい板をつけた戸。❷巻き上げ式の鉄板製のとびら。②shutter　鎧戸

よろく【余禄】 余分の利益。余得。　余禄

よろける【蹌踉ける】 足もとがふらつく。よろめく。stagger　蹌踉ける

よろこばしい【喜ばしい】 うれしい。happy　喜ばしい

よろこび【喜び】 ❶よろこぶこと。❷めでたいこと。❸祝いのことば。▽―を述べる。①joy　喜び

よろこぶ【喜ぶ】 ❶うれしく思う。❷めでたいと思う。①be glad　喜ぶ

よろしい【宜しい】 ❶適当だ。結構だ。❷「よい」の丁寧語。❸「よし」の改まった言い方。　宜しい

よろしく【宜しく】 ❶適当に。うまくいくように。❷好意を伝えるときや、好意をもってもらいたいときの、あいさつのことば。❸いかにも…のようなようすで。▽歌手―声を張り上げる。　宜しく

よろず【万】 ❶まん。❷数が非常に多いこと。❸すべて。③all　万

よろめく【蹌踉めく】 ❶足どりが乱れてふらつく。❷誘惑にのる。①stagger　蹌踉めく

よろん【世論】〈輿論〉世間の人々の共通した意見。せろん。public opinion　世論

よわ【余話】 こぼれ話。余聞。　余話

よわ【夜半】 ⇩やはん。　夜半

よわい【弱い】 ❶力や能力がおとっている。❷じょうぶでない。❸勢いがはげしくない。▽―薬。❹抵抗力にとぼしい。▽寒さに―。❺得意でない。▽英語に―。対❶～❺強い。①～③⑤weak　弱い

よわい【齢】 とし。年齢。▽―を重ねる。age　齢

よわき【弱気】 消極的で、気力にかけること。対強気。　弱気

よわごし【弱腰】 人に対して弱気であること対強腰。weak-kneed　弱腰

よわたり【世渡り】 世の中でうまく暮らしていくこと。処世。類渡世（とせい）。　世渡り

よわね【弱音】 いくじのないことば。　弱音

よわまる【弱まる】 弱くなる。対強まる。weaken　弱まる

よわみ【弱み】 弱い点。また、ひけめを感じている点。▽―に付け込む。類弱点。weakness　弱み

よわむし【弱虫】 いくじなし。wimp　弱虫

よわよわしい【弱弱しい】 いかにも弱そうだ。　弱弱しい

よわりめ【弱り目】 困っている時・状態。▼―に祟（たた）り目 困っているときに、さらに困ったことが重なること。　弱り目

よわる【弱る】 ❶元気がなくなる。衰える。▽足腰が―。❷困る。▽雨に降られて―った。①become weak　弱る

よんどころない【拠所無い】 やむを得ない。▽―用事のため欠席する。unavoidable　拠所無い

ら　ラ

ら〔拉〕 常8 **ラ** 無理にひっぱる。▽―致（らち・らっち）。　拉・拉

筆順	一	十	扌	扌	扩	扩	拉	拉

ら〔裸〕 常13 **ラ・はだか** はだか。はだかになる。▽―体。―眼。　裸・裸

筆順	ラ	ネ	ネ	ネ	衵	袒	裸	裸

ら〔螺〕 人17 **ラ・にし** ❶巻き貝。▽―鈿（らでん）。❷うず

ら〖羅〗常19 ラ ❶あみ。▽網―。❷つらねる。▽―列。❸うす絹。
筆順 … 螺 螺・螺

ら〖羅〗
筆順 … 羅 羅・羅

ら【等】❶複数を表す。一人を代表させ、他は省略するときにも使う。▽子供―。木村君―。❷謙遜(けんそん)の気持ちを表す。❸場所・時や方向を示す語。▽ここ―。 等

らい〖来〗常7〖來〗人8〖徠〗人11 ライ・くる・きたる・きたす ❶くる。▽―客。❷きたる。▽将―。❸その時から今まで。▽―歴。
筆順 … 平 来 来 来・来

らい〖萊〗人11［莱］10 ライ ❶雑草。❷荒れ地。
筆順 … 萊 萊・萊

らい〖雷〗常13 ライ・かみなり ❶かみなり。▽―雨。❷爆発する兵器。▽地―。
筆順 … 雷 雷・雷

らい〖蕾〗人16 ライ・つぼみ 花のつぼみ。▽味―(みらい)。
筆順 … 蕾 蕾・蕾

らい〖頼〗常16〖賴〗人16 ライ・たのむ・たのもしい・たよる たのむ。たよる。▽信―。依―。
筆順 … 頼 頼・頼

らい〖礼〗⇩れい

らい【来意】❶訪ねて来た理由や目的。▽―を告げる。❷手紙の趣旨。▽御―は了解しました。 来意

らいう【雷雨】かみなりをともなって降る雨。thunderstorm 雷雨

らいうん【雷雲】かみなりをおこす雲。かみなりぐも。thundercloud 雷雲

らいえん【来援】助けに来ること。 来援

らいえん【来演】その土地に来て公演すること。 来演

らいおう【来往】往来。 来往

らいが【来駕】他人が訪れることの尊敬語。来車。▽御―を請う。類来訪。 来駕

らいかん【来観】(行事や催し物などを)来て見学すること。visit 来観

らいきゃく【来客】訪ねてきた客。類訪問客。visitor 来客

らいげつ【来月】今月の次の月。翌月。next month 来月

らいこう【来航】外国から船でやって来ること。 来航

らいごう【来迎】御来迎(ごらいごう)❶。 来迎

らいさん【礼賛】〈礼讃〉❶ありがたい、またはすばらしいと思って、ほめたたえること。❷仏を礼拝(らいはい)し、その恵みをたたえること。注×れいさん。①praise 礼賛

らいし【来旨】来意。 来旨

らいしゃ【来社】外部の人が会社にたずねて来ること。 来社

らいしゃ【来車】来駕(らいが)。▽御―を仰ぐ。 来車

らいしゅう【来週】次の週。next week 来週

らいしゅう【来集】集まって来ること。類参集。gathering 来集

らいしゅう【来襲】襲来。invasion 来襲

らいしゅん【来春】来年の春。 来春

らいじょう【来場】会場に来ること。▽御―の皆様。 来場

らいしん【来信】よそから来た手紙。来書。来状。letter received 来信

らいしん【来診】医者が患者の家に来て診察・治療すること。患者の側からいうことば。▽―を乞(こ)う。 来診

らいじん【雷神】雷をおこすと信じられた鬼の姿をした神。 雷神

らいしんし【頼信紙】電報の電文を書く用紙。電報発信紙の旧称。 頼信紙

らいせ【来世】仏教で、死後の世界。あの世。対前世。現世。 来世

ライセンス【license】❶免許(証)。❷特許や技術の使用許可(証)。▽―生産。❸輸出入の許可(証)。

らいたく【来宅】客が自分の家に来ること。▽御―をお待ちします。 来宅

らいだん【来談】来て話すこと。 来談

らいちゃく【来着】目的地に着くこと。arrival 来着

らいちょう【来朝】来日。 来朝

らいちょう【来聴】演説や講演を聞きに来ること。 来聴

らいちょう【雷鳥】高山にすむ鳥の一。羽毛の色は夏は褐 雷鳥

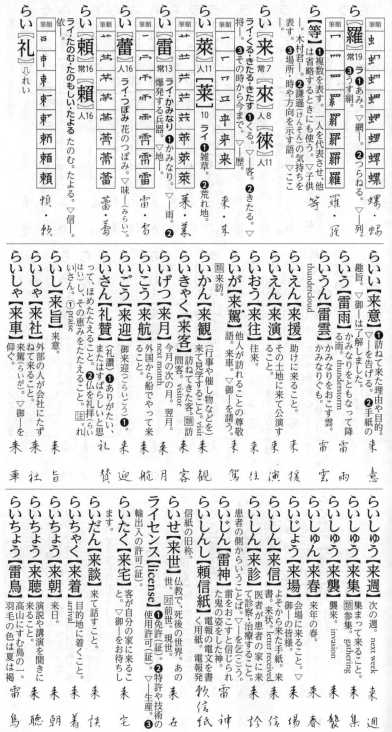

色、冬は白色。ptarmigan

らいでん【雷電】 かみなりと、稲妻。 雷電

ライト アップ【light up】 夜間の景観照明。

らいどう【雷同】 やたらに他人の意見に同調すること。▽付和―。 雷同

らいにち【来日】 外国人が日本に来ること。来朝。 来日

らいねん【来年】 今年の次の年。next year 来年

らいはい【礼拝】 仏を敬い拝むこと。worship 類礼拝(れいはい)。 礼拝

らいはる【来春】 ⇩らいしゅん。 来春

らいひん【来賓】 催し物・会合に特に招かれて来た人。guest 来賓

ライブ【live】 ❶生演奏。生放送。❷実況録音。▽―盤。

ライフ サイクル【life cycle】 ❶生物が生まれてから死ぬまでの、成長して変化する過程。❷商品の寿命。

ライフ スタイル【life style】 生活の仕方。生活様式。

ライブ ハウス 音楽の生演奏をきかせる店。和製語。

ライフ ライン【life line】 都市生活の生命線。水道・電気などの供給路・システム。また、道路・鉄道・電話など。

ライブラリー【library】 ❶図書館。❷叢書。❸コンピューターで、複数のデータをまとめて保管する場所。

ライフワーク【lifework】 一生をかけた大仕事・作品。

らいほう【来訪】 人が訪ねて来ること。対往訪。visit 来訪

らいほう【来報】 来て知らせること。また、その知らせ。 来報

らいめい【雷名】 ❶広く知られている名声。❷相手の名声の尊敬語。 雷名

らいめい【雷鳴】 かみなりの鳴る音。thunder(clap) 雷鳴

らいゆ【来由】 由来。 来由

らいゆう【来遊】 遊びに来ること。▽御―をお待ちします。 来遊

らいらく【磊落】 度量が大きくさっぱりしていること。▽豪放―。 磊落

らいりん【来臨】 人がその場所に来ることの尊敬語。▽御―を賜る。類光臨。 来臨

らいれき【来歴】 ❶ある物事がこれまで経てきた筋道。由来。▽故事―。❷経歴。①history 来歴

ラオチュー【老酒】 中国 中国の醸造酒。 老酒

らく〔洛〕 人9 ラク みやこ。特に、京都。▽―中。上―。

筆順 丶 氵 氵 汐 汐 洛 洛 洛　洛・洛

らく〔絡〕 常12 **ラク・からむ・からまる・からめる** ❶ひもが巻きつく。からむ。❷つなぐ。▽連―。

筆順 𠃋 幺 幺 糸 糸 絡 絡 絡　絡・絡

らく〔落〕 常12 **ラク・おちる・おとす** ❶おちる。おとす。▽―石。―雷。―日。❷ぬける。▽脱―。欠―。❸おちぶれる。▽没―。❹きまりがつく。▽―着。❺むらざと。▽村―。集―。

筆順 一 艹 艹 艹 茳 莎 茖 落　落・落

らく〔酪〕 常13 ラク 乳を発酵させたもの。乳製品。▽―農。

筆順 丌 襾 西 酉 酉 酌 酪 酪　酪・酪

らく〔楽〕 ⇩がく

らく【楽】 ❶悩み・苦しみがなく安らかなこと。❷容易。❸「千秋楽」の略。①comfortable ②easy ▼―あれば苦あり 世の中はよいことばかりは続かないものだ。 楽

らくいん【烙印】 焼き印。brand ▼―を押(お)される 消し去ることのできない汚名を受ける。 烙印

らくいん【落胤】 身分の高い男性が妻以外の女性に生ませた子。おとしだね。 落胤

らくえん【楽園】 苦しみのない、楽しさに満ちた所。楽土。パラダイス。類天国。paradise 楽園

らくがん【落雁】 ❶いった麦粉などに砂糖を加えてかためた干菓子。❷列を作って地上に降りるがん。 落雁

らくご【落伍】 集団などについていけなくなること。類脱落。drop out 落伍

らくご【落語】 滑稽(こっけい)な話に落ちをつけて結ぶ話芸。おとしばなし。 落語

らくさ【落差】 ❶流れ落ちる水の、高低両水面の差。❷二つのものの間の差。①drop ②gap 落差

らくさつ【落札】 競売で権利を手に入れること。knock down 落札

らくじつ【落日】 ❶沈みかけた太陽。落陽。❷没落。①setting sun 落日

らくしゅ【落手】 受け取ること。落掌。▽お届けの品、本日―しました。類入手。receipt 落手

らくしょう【落掌】落手。▽御芳書—いたしました。 落掌

らくしょう【楽勝】楽に勝つこと。対辛勝。 楽勝

らくじょう【落城】❶城を攻めとられること。❷くどかれ承知すること。 落城

らくしょく【落飾】身分の高い人が髪をそりおとして仏門に入ること。剃髪(ていはつ)。落髪。 落飾

らくせい【落成】建造物が完成すること。completion 落成

らくせき【落籍】❶戸籍からもれていること。❷芸者などを身請けすること。 落籍

らくせん【落選】❶審査の結果、選にもれること。❷選挙で、落ちること。対❶入選。❷当選。 落選

らくだ【駱駝】獣の一。背中にこぶがある。砂漠地方にすむ。camel 駱駝

らくだい【落第】❶試験で不合格。❷進級・進学ができないこと。❸基準に達しないこと。対❶及第。①failure 落第

らくたん【落胆】がっかりして気力をなくすこと。discouragement 落胆

らくちゃく【落着】物事に決まりがつくこと。▽一件—。settlement 落着

らくちょう【落丁】本のページがぬけ落ちていること。missing page 落丁

らくてん【楽天】楽観すること。のんきなこと。▽—的。対厭世(えんせい)。 楽天

らくてんか【楽天家】楽観主義者。optimist 楽天家

らくど【楽土】楽園。paradise 楽土

らくのう【酪農】牛・羊を飼い、乳製品を作る農業。dairy farming 酪農

らくば【落馬】馬から落ちること。 落馬

らくはく【落剝】はげ落ちること。 落剝

らくはく【落魄】おちぶれること。▽—の身。 落魄

らくばん【落盤】〈落磐〉炭鉱や鉱山の、坑道内で岩石がくずれ落ちること。cave-in 落盤

らくび【楽日】千秋楽の日。興行期間の最後の日。楽(らく)。 楽日

らくめい【落命】死ぬこと。 落命

らくやき【楽焼き】❶指で形をつくり、低温で焼いた陶器。❷素焼きの陶器に絵をかいて焼く、簡単な陶器。 楽焼

らくよう【洛陽】❶中国の古都の名。❷京都の別称。▼—の紙価(しか)を高める 本が大いに売れる。 洛陽

らくよう【落葉】木の葉が枯れ落ちること。また、落ち葉。fallen leave 落葉

らくよう【落陽】落日。 落陽

らくようじゅ【落葉樹】秋に葉を落とす木。対常緑樹。 落葉樹

らくらい【落雷】かみなりが落ちること。thunderbolt 落雷

らくるい【落涙】涙を流すこと。 落涙

ラジカル【radical】急進的。また、根本的。ラディカル。

ラシャ【羅紗】厚地の毛織物の一。raxa(ポルトガル語)から。 羅紗

らしゅつ【裸出】むき出しになっていること。類露出。exposure 裸出

らしん【裸身】はだかの体。裸体。 裸身

らしんばん【羅針盤】磁石の針を利用した、方位測定器。羅針儀。compass 羅針盤

ラズベリー【raspberry】バラ科の落葉低木。また、その果実。生食・ジャムなどに用いる。フランボワーズ。

らせん【螺旋】❶巻き貝の殻のように渦を巻いた形。❷ねじ。①spiral 螺旋

らたい【裸体】裸身。naked body 裸体

らち【拉致】むりに連れて行くこと。 拉致

らち【埒】❶馬場の囲いの柵(さく)。❷物事の、それ以上はこえられない境目。▽—を踏み外す。▼—が明かない 決着がつかない。▼—も無い たわいがない。 埒

らちがい【埒外】範囲外。▽法律の—の問題。 埒外

らつ〔辣〕常14 ラツ きびしい。ひどい。▽悪—。 辣・辣

筆順 亠 立 立 辛 辛 辣 辣 辣

らっか【落下】落ちること。fall 落下

らっか【落花】花が散ること。また、その花。 落花

らっかろうぜき【落花狼藉】 物が散り乱れているようす。

らっかん【落款】 書画に作者が署名したり雅号の印を押したりすること。また、その署名や印。signature

らっかん【楽観】 将来に明るい見とおしをもつこと。対悲観。

ラッキー【lucky】 運がよいようす。

らっきょう【辣韮】〈薤〉作物の一。地下の、臭気のある鱗茎(りんけい)は食用。

らっけい【落慶】 社寺の落成を祝うこと。▽―法要。

らっこ【猟虎】〈海獺〉海獣の一。中形で、北太平洋にすむ。rakko(アイヌ語)から。sea otter

らっぱ【喇叭】 ❶弁のない簡単なトランペット。❷朝顔型の拡声器。❸大ぼら。①bugle

ラップ【lap】 ❶競走路の一周。プールの一往復。❷「ラップタイム」の略。

ラップ【wrap】（で包むこと）。食品包装用のうすい透明のフィルム

ラップタイム【lap time】 競走や競泳で、一定区間ごとの所要時間。途中計時。

らつわん【辣腕】 すご腕。▽―をふるう。類敏腕。

らでん【螺鈿】 美しい貝殻を切りとって漆器などにはめ込む工芸の技法。

らば【騾馬】 雄のろばと、雌の馬との間にできた雑種。mule

らふ【裸婦】 はだかの女性。▽―像。

ラブコール【love call】 熱心な呼びかけ。

ラベル【label】 小型の貼り紙。レッテル。レーベル。類シール。

ラボラトリー【laboratory】 実験室。研究所。ラボ。

られつ【羅列】 ずらりと並べること。また、並ぶこと。enumeration

らん〔乱〕 常7 ラン・みだれる・みだす ❶みだれる。▽混一。❷みだりに。▽―読。❸戦争。▽内―。（亂）

らん〔卵〕 常7 ラン・たまご ❶たまご。▽―黄。鶏―。産―。❷未熟な人。▽俳優の―。

らん〔覧〕 常17〔覽〕人22 ラン ❶広く見る。▽観―。❷よく見る。▽回―。博―。

らん〔濫〕 常18 ラン ❶あふれる。▽氾―(はんらん)。❷みだりに。▽―用。❸水に浮かべる。▽―觴(らんしょう)。

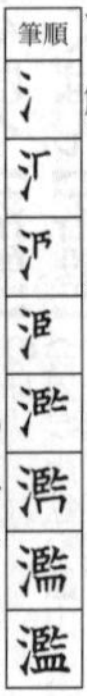

らん〔藍〕 常18 ラン・あい ❶タデ科の草。▽―染め。❷あざやかな青。▽―色。

らん〔蘭〕 人19 ラン ❶植物の、らん。❷オランダ。▽―学。（蘭）

らん〔欄〕 常20〔欄〕人21 ラン ❶てすり。▽―干。❷かこんだ部分。▽空―。

ラン【run】 ❶興行。▽ロングー。❷編んだ物のほつれ。伝線。❸野球で、得点。▽スリーーホームラン。❹コンピュータで、プログラムの実行。

らん【乱】 秩序が乱れること。▽応仁(おうにん)の―。

らん【欄】 ❶書類などの罫(けい)で囲んだ空所。❷新聞などで、決まったテーマのコーナー。

らんうん【乱雲】 ❶乱れ飛ぶ雲。❷乱層雲。②nimbus

らんおう【卵黄】 卵の黄身。対卵白。yolk

らんがい【欄外】 本や書類などの、紙面の枠・仕切りの外。margin

らんかく【乱獲】〈濫獲〉鳥獣・魚介などをむやみにとること。

らんかん【欄干】 てすり。railing

らんぎく【乱菊】 花弁が長くて不ぞろいな菊の花。また、その模様。

らんぎょう【乱行】 乱暴なふるまい。また、ふしだらな行い。misconduct ▽酔って―に及ぶ。

らんきりゅう【乱気流】 不規則な気流。turbulence

らんぐいば【乱杭歯】 ふぞろいな歯。

らんくつ【乱掘】〈濫掘〉無計画にむやみに掘ること。reckless digging

らんさく【乱作】〈濫作〉作品の質を考えず、むやみに多くつくること。

らんざつ【乱雑】 乱れ散らかっているようす。disorder

らんし【乱視】ゆがんだり、二重に見えたりする状態(の目)。astigmatism 乱視

らんし【卵子】雌性の生殖細胞。卵(らん)。対精子。ovum 卵子

らんしゃ【乱射】(矢・弾丸などを)めちゃくちゃに発射すること。 乱射

らんじゅく【爛熟】❶果実が熟し過ぎること。❷文化などが、極点まで発達すること。①②overripe 爛熟

らんしょう【濫觴】物事の始まり。起源。類嚆矢(こうし)。origin 濫觴

らんしん【乱心】精神に異常をきたすこと。 乱心

らんすうひょう【乱数表】〇から九までを無秩序に並べた表。 乱数表

らんせい【乱世】乱れた社会。戦乱の世。対治世。turbulent days 乱世

らんせい【卵生】卵で生まれて、ふ化すること。鳥・魚など。oviparity 卵生

らんせん【乱戦】❶混戦。乱軍。❷荒れ模様の試合。①confused fight 乱戦

らんそう【卵巣】卵子をつくる雌(めす)の生殖器官。ovary 卵巣

らんぞう【乱造】〈濫造〉やたらに製造すること。▽粗製—。overproduction 乱造

らんだ【乱打】❶やたらに打ちたたくこと。❷野球で、ヒットを打ちまくること。▽—戦。①wild blow 乱打

らんだ【懶惰】怠けること。類怠惰。 懶惰

ランダム【random】無作為。任意。

らんちきさわぎ【乱痴気騒ぎ】ばかさわぎ。どんちゃん騒ぎ。spree 乱痴気

らんちょう【乱丁】本のページ順が乱れて製本されていること。 乱丁

らんちょう【乱調】❶調子が乱れていること。❷詩歌で、法則にはずれていること。 乱調

らんとう【乱闘】入り乱れて戦うこと。なぐり合い。類乱戦。dogfight 乱闘

らんどく【乱読】〈濫読〉手当たり次第に本を読むこと。 乱読

ランドマーク【landmark】❶陸上の目印。❷歴史的建造物。

らんどり【乱取り】柔道で、二人ずつ組んで、自由に技を出し合って行う練習。 乱取り

ランドリー【laundry】洗濯屋。

らんにゅう【乱入】多くの人がむりやり押し入ること。break into 乱入

ランニングコスト【running cost】維持管理費。また、運転資金。

らんばい【乱売】安売り。投げ売り。dumping 乱売

らんぱく【卵白】卵の白身。対卵黄。 卵白

らんばつ【乱伐】〈濫伐〉山林の木を無計画に切ること。 乱伐

らんぱつ【乱発】〈濫発〉むやみに発布・発行・発射すること。▽手形を—する。overissue 乱発

らんはんしゃ【乱反射】光がさまざまな方向に反射すること。対整反射。 乱反射

らんぴ【乱費】〈濫費〉むだ使い。 乱費

らんぴつ【乱筆】❶乱雑な筆跡。❷自分の筆跡の謙譲語。▽—乱文お許し下さい。類❷拙筆。 乱筆

らんぶ【乱舞】入り乱れて舞うこと。 乱舞

らんぶん【乱文】❶乱れた文章。❷自分の手紙文の謙譲語。 乱文

らんぼう【乱暴】❶荒々しいふるまいをすること。❷やり方が荒っぽいようす。①violent 乱暴

らんま【乱麻】❶もつれた麻糸。❷世の中や物事の乱れたようすのたとえ。▽快刀—を断つ。 乱麻

らんま【欄間】天井とかもい・なげしとの間の部分。 欄間

らんまん【爛漫】❶花が咲き乱れているようす。▽春—の花の色。❷内側からあふれでるようす。▽天真—。 爛漫

らんみゃく【乱脈】秩序なく、乱れること。▽—経営。 乱脈

らんよう【乱用】〈濫用〉むやみに使うこと。▽職権—。abuse 乱用

らんらん【爛爛】光り輝くようす。▽—と目が光る。glittering 爛爛

らんりつ【乱立】〈濫立〉❶乱雑に立つこと。▽看板が—する。❷むやみに候補者が立つこと。 乱立

らんる【襤褸】ぼろ。ぼろきれ。rag 襤褸

ら

り

り〔吏〕 常6 リ 役人。▽―員。官―。
筆順 一 ┌ 戸 吏 吏 吏　吏・吏

り〔利〕 常7 リ・きく ❶するどい。▽鋭―。❷つごうがよい。▽便―。❸もうけ。▽―息。❹頭がよい。▽―発。
筆順 ノ 二 千 禾 禾 利 利　利・利

り〔里〕 常7 リ・さと ❶区画した土地。❷さと。いなか。▽郷―。❸距離の単位。▽―程。
筆順 丨 口 日 日 甲 甲 里　里・里

り〔俐〕 人9 リ さとい。かしこい。
筆順 亻 亻 仁 仟 併 併 俐 俐　俐・俐

り〔莉〕 人10 リ「茉莉花(まつりか)」で、ジャスミンの一種。
筆順 一 艹 艹 芏 芊 茉 莉 莉　莉・莉

り〔理〕 常11 リ ❶すじめ。▽節―。❷すじみち。▽―由。義―。道―。❸すじみちをたてる。▽―事。管―。整―。❹自然科学。▽物―。
筆順 丅 王 玎 珂 玾 理 理 理　理・理

り〔痢〕 常12 リ 腹がくだる病気。▽下―。赤―。
筆順 亠 广 疒 疒 疒 痄 痢 痢　痢・痢

り〔裏〕 常13〔裡〕人12 リ・うら ❶うら。かくれた。▽表―。❷内側。▽内―(だいり)。脳―。
筆順 亠 亩 亩 重 重 重 裏 裏　裏・裏

り〔履〕 常15 リ・はく ❶足でふむ。❷約束を行う。▽―行。❸はきもの。はく。▽草―(ぞうり)。
筆順 コ 尸 尸 屄 屄 屐 履 履　履・履

り〔璃〕 常15 リ「瑠璃(るり)」で、青色の宝石の一。
筆順 王 玓 玓 玹 玿 琍 璃 璃　璃・璃

り〔離〕 常19 リ・はなれる・はなす 二つにわかれる。はなす。▽―別。分―。距―。
筆順 亠 亠 亠 窗 离 离 离 離　離・離

り〔李〕 ⇩すもも

り【利】 ❶もうけ。利益。❷利子。❸都合のよいこと。有利なこと。▽地の―。　利

り【里】 尺貫法の距離の単位。一里は三六町で、約三・九キロ。　里

り【理】 ❶物事に作用している原理。法則。▽自然の―。❷道理。理屈。▽―が通らない。―の当然。❸理科(系)。①②reason ▼―に落ちる 理屈っぽくなる。　理

リアクション【reaction】 反動。反応。反作用。

リアリティー【reality】 現実感。現実性。真実味。

リアル【real】 ❶現実的。❷写実的。▽―な絵。

リアル タイム【real time】 ❶同時。即時。❷コンピュータで、データの即時処理。リアルタイム処理。

リーク【leak】 秘密をもらすこと。

リース【lease】 長期の賃貸契約。

リーズナブル【reasonable】 ❶合理的。❷価格が妥当(だとう)であるようす。

リーフレット【leaflet】 ちらし。

りえき【利益】 ❶得。もうけ。▽上半期の―。❷ためになること。▽公共の―。①②profit　利益

りえん【梨園】 歌舞伎俳優の社会。▽―の御曹司。　梨園

りえん【離縁】 ❶離婚。❷養子縁組みの解消。①divorce　離縁

りか【李下】 すももの木の下。▼―に冠(かんむり)を正さず 疑いを招くような行いは慎めということ。類瓜田(かでん)に履(くつ)を納(い)れず。　李下

りか【理科】 ❶数学を除く自然科学系の教科。❷大学で、自然科学を専攻する部門。対❷文科。①science　理科

りかい【理会】 道理をさとること。　理会

りかい【理解】 ❶物事の意味や事情がわかること。▽―に苦しむ。▽むずかしい立場に―を示す。❷思いやりのあること。①②understanding　理解

りがい【利害】 利益と損害。▽―関係。類得失。interest　利害

りがい【理外】 道理のそと。▼―の理 普通の道理では説明できない不思議な道理。　理外

りがく【理学】 ❶自然科学。❷物理学。　理学

りかん【罹患】 病気にかかること。罹病(りびょう)。▽―率。　罹患

りかん【離間】 仲たがいさせること。類反間。　離間

りき〔力〕 ⇩りょく

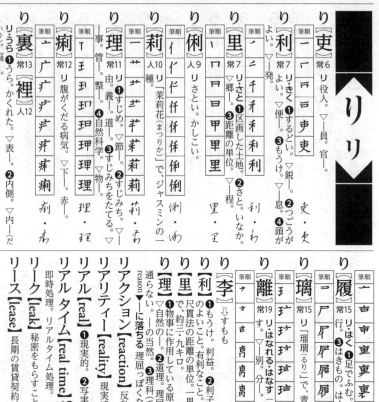

りき【力】❶ちから。体力。❷それだけの力がある意。▽十人―。 力

りき【利器】❶するどい刃物・武器。❷便利な器械・器具。▽文明の―。 利器

りきえい【力泳】全力で泳ぐこと。 力泳

りきえん【力演】全力で演じること。類熱演。 力演

りきかん【力感】力強い感じ。 力感

りきさく【力作】力のこもった作品。 力作

りきし【力士】職業としての相撲取り。 力士

りきせつ【力説】ある意見・主張などを力を尽くして述べること。▽重要性を―する。emphasizing 力説

りきせん【力戦】力闘。 力戦

りきそう【力走】全力で走ること。 力走

りきてん【力点】❶てこやそれを応用した道具で、力を加える点。❷主眼。重点。 力点

りきとう【力闘】全力を出してたたかうこと。力戦。類奮闘。hard fight 力闘

りきむ【力む】❶息をつめて力をこめる。❷まけまいと気負う。①strain 力む

りきゅう【離宮】皇居・王宮以外に設けられた宮殿。detached palace 離宮

りきゅういろ【利休色】黒ずんだ緑。 利休色

りきりょう【力量】物事を成しとげる能力の程度。▽教師としての―が試される。capacity, ability 力量

りく〔陸〕常11 リク ❶りく。おか。▽大―。❷連なるようす。▽―続。 陸・陸

筆順 ㇇ 了 阝 阝 阝 陆 陸 陸

りく【陸】地表の、陸地。対海。land 陸

りくあげ【陸揚げ】船の積み荷を陸に揚げること。類荷揚げ。landing 陸揚げ

りくうん【陸運】貨物・旅客などを陸上の運送機関で運ぶこと。陸上の運送。対海運。水運。land transportation 陸運

りくぐん【陸軍】陸上の戦闘・防衛を任務とする軍隊。army 陸軍

りくしょ【六書】❶漢字の成り立ちや使用法に関する六分類。象形・指事・会意・形声・転注・仮借(かしゃ)。❷六体(りくたい)。 六書

りくじょう【陸上】❶陸地の上。❷「陸上競技」の略。 陸上

りくせい【陸生】〈陸棲〉陸地に生息すること。対水生。 陸生

りくそう【陸送】陸運。 陸送

りくぞく【陸続】絶え間なく続くようす。▽―と詰めかける参拝客。successively 陸続

りくたい【六体】漢字の六種の書体。大篆(だいてん)・小篆・八分(はっぷん)・隷書・行書・草書。 六体

りくち【陸地】陸である土地。陸。land 陸地

りくつ【理窟・理屈】❶物事の筋道。もっともな論理。道理。❷こじつけの理論。▽―をこねる。①reason 理窟

りくとう【陸稲】おかぼ。対水稲。 陸稲

りくふう【陸封】海から川に上り産卵する魚が、川・湖に住みついたもの。 陸封

りくふう【陸風】夜間、陸から海へ向かって吹く風。対海風。land wind 陸風

リクルート【recruit】人材の募集。

りくろ【陸路】陸上の交通路。▽―京におもむく。 陸路

りけん【利権】(大きな)利益をもたらす権利。vested interests 利権

りげん【俚言】❶卑俗なことば。俗語。❷田舎ことば。対❶雅言。 俚言

りげん【俚諺】世間で広く使われていることわざ。saying 俚諺

りこ【利己】自分の利益だけを考えること。対利他。 利己

りこう【利口】〈利巧〉❶頭がよいこと。❷ぬけめのないこと。類❶利発。①bright ②clever 利口

りこう【履行】約束などを実行すること。▽契約を―する。performance 履行

りごう【離合】離れたり集まったりすること。▽―集散。 離合

リコール【recall】❶選挙民による解職請求・解散請求。❷メーカーによる、欠陥製品の無料修理・交換。

りこん【離婚】夫婦が結婚を解消すること。類離縁。divorce 離婚

リザーブ【reserve】予約すること。

りさい【罹災】災害にあうこと。被災。 罹災

り

りざい【理財】 財産を上手に運用すること。economy 理財

リサイクル【recycle】 廃物の再利用。再生利用。リサイクリング。

りざや【利鞘】 売買によって得る差額の利益金。profit margin 利鞘

りさん【離散】 はなればなれになること。▽一家—。separation 離散

りし【利子】 貸し金・預金に支払われる金。利息。対元金。interest 利子

りじ【理事】 法人の事務を処理し、代表して権利を行使する役。また、団体で、ある決められた事務を行う役(の人)。director 理事

りしゅう【履修】 規定の学科・課程を修めること。▽—単位。注履×習。 履修

りじゅん【利潤】 利益。もうけ。profit 利潤

りしょく【利殖】 財産を活用してふやすこと。moneymaking 利殖

りしょく【離職】 職をやめること。 離職

りす【栗鼠】 小形の獣の一。ふさふさした尾がある。森林にすむ。squirrel 栗鼠

りすい【利水】 流れをよくし、水の利用をはかること。類水利。 利水

リスク【risk】 危険(にあう可能性)。

リストラ「リストラクチャリング」の略。

リストラクチャリング【restructuring】 企業の事業再編成。特に、人員削減。リストラ。

りする【利する】 ❶役立つ。▽研究に—ところがある。❷利益をあたえる。▽敵を—行為。❸利用する。 利する

▽長身を—して攻める。①②profit

りせい【理性】 物事を合理的に判断する力。対感性。reason 理性

りせき【離籍】 ❶旧民法で、戸籍から抜くこと。❷所属組織を離れること。 離籍

リセット【reset】 初期状態に戻すこと。セットし直すこと。

りそう【理想】 最善の姿・状態として求めるもの。対現実。ideal 理想

りそうきょう【理想郷】 理想として描く、完全で平和な社会。ユートピア。utopia 理想郷

りそく【利息】 利子。 利息

りた【利他】 自分より他人の幸福を願うこと。対利己。 利他

リタイア【retire】 ❶競技で、途中棄権。❷引退・退職すること。

りたつ【利達】 立身出世。栄達。 利達

りだつ【離脱】 ぬけだすこと。 離脱

りち〔律〕 ⇩りつ

りち【理知】〈理智〉筋道を立てて、物事を論理的に判断する能力。 理知

りちぎ【律義】〈律儀〉義理固くまじめなこと。類実直。 律義

りつ〔立〕 5 常 リツ・リュウ・たつ・たてる ❶たつ。たてる。▽—体。起—。❷位につく。▽—太子。❸気配が起こる。▽—春。 立・立

筆順 丶 亠 亠 亣 立

りつ〔律〕 9 常 リツ・リチ ❶きまり。法則。▽—義(りちぎ)。法—。因果—。❷音階。▽旋—。❸おきてに従う。▽自—。

筆順 ノ 彳 彳 彳 彳 彳 律 律・律

りつ〔慄〕 常13 リツ ふるえる。おそれる。▽戦—。

筆順 丶 丶 忄 忄 忄 忄 慄 慄・慄

りつ〔率〕 ⇩そつ

りつ【率】 ❶ある部分の全体に対する割合。▽合格—。❷損得の度合い。▽—のいい仕事。①rate 率

りつあん【立案】 ❶計画を立てること。▽再開発計画を—する。❷草案を書くこと。類❶❷起案。 立案

りつい【立位】 立っている姿勢。 立位

りっか【立夏】 二十四節気の一。暦の上で夏にはいる日。五月五、六日ごろ。 立夏

りつがん【立願】 神や仏に願をかけること。願立て。りゅうがん。 立願

りっきゃく【立脚】 考え方や態度のよりどころとすること。▽民主主義に—した政治。base on 立脚

りっきょう【陸橋】 道路や鉄道線路の上にかけた橋。ガード。overpass 陸橋

りっけん【立憲】 憲法を制定すること。 立憲

りつげん【立言】 自分の意見をはっきりとのべること。 立言

りっこう【力行】 努力して事を行うこと。▽苦学—。 力行

りっこうほ【立候補】 選挙で、候補者として名乗りでること。run 立候補

りっこく【立国】❶新しく国家を建設すること。建国。❷（ある方針で）国を繁栄させること。▽工業―。 立国

りっしでん【立志伝】こころざしを立てて、成功した人の伝記。▽―中の人。 立志伝

りっしゅう【立秋】二十四節気の一。秋にはいる日。八月七、八日ごろ。 立秋

りっしゅん【立春】二十四節気の一。春にはいる日。二月四日ごろ。 立春

りっしょう【立証】証拠を示して証明すること。proof 立証

りっしょく【立食】立ったまま飲食すること・形式。buffet 立食

りっしん【立身】社会的に高い地位につくこと。▽―出世。類出世。 立身

りっすい【立錐】錐（きり）を立てること。▼―の余地も無い 人や物がぎっしりつまって、入りこむすきまもない。 立錐

りっする【律する】一定の規準に従って物事を判断・処置する。▽自己をきびしく―。judge 律する

りつぜん【慄然】恐ろしさにぞっとするようす。▽惨状に―とする。horrifying 慄然

りつぞう【立像】立ち姿の像。対座像。 立像

りったい【立体】長さ・幅・厚さをもつもの。solid 立体

りったいし【立太子】公式に皇太子を定めること。 立太子

リッチ【rich】豊かなこと。また、金持ち。対プア。

りっち【立地】種々の条件に適した場所を決めること。▽―条件。 立地

りっとう【立冬】二十四節気の一。冬にはいる日。十一月七、八日ごろ。 立冬

りつどう【律動】一定の規則で繰り返される運動。rhythm 律動

リットル【litre フランス】〈立〉メートル法の体積の単位。一リットルは一〇〇〇立方センチ。リッター。記号 l

りっぱ【立派】❶堂々として見事なようす。❷すぐれているようす。①②great, nice, fine 立派

りっぷく【立腹】怒ること。 立腹

りっぽう【立方】❶三乗。❷長さの単位の前に付けて、体積の単位を表す語。❸長さの単位の後につけて、一辺がその長さの立方体を表す語。①〜③cube 立方

りっぽう【立法】法律を制定すること。▽麻薬対策の―化を急ぐ。―機関（＝国会のこと）。legislation 立法

りっぽうふ【立法府】立法機関。 立法府

りづめ【理詰め】理論・理屈でおしすすめること。logic(al) 理詰め

りつろん【立論】議論の筋道を組み立てること。また、その議論。▽整然たる―。―の根拠。argument 立論

りてい【里程】みちのり。▽―標。 里程

りてき【利敵】敵側の利益になること。▽―行為。 利敵

リテラシー【literacy】❶読み書き能力。❷情報を得て活用する能力。

りてん【利点】有利・利益となるところ。advantage 利点

りとう【離党】所属政党から離れること。類脱党。secession 離党

りとう【離島】❶陸から遠く離れた島。❷島を離れること。 離島

りとく【利得】利益。もうけ。profit 利得

りにゅう【離乳】乳児が、乳以外の食物を食べはじめ、しだいに乳から離れること。ちばなれ。weaning 離乳

リニューアル【renewal】改装などで、イメージを一新すること。

りにょう【利尿】小便の出をよくすること。▽―剤。diuresis 利尿

りにん【離任】任務から離れること。対着任。 離任

りねん【理念】❶根本の考え。▽民主主義の―。❷理性によって得られる最高概念。イデー。①philosophy 理念

りのう【離農】農業をやめること。 離農

リバーシブル【reversible】洋服の表も裏も両面着用できること。

リバウンド【rebound】はね返ること。もとにもどること。

りはつ【利発】賢いようす。類利口。wise 利発

りはつ【理髪】頭髪を刈り整えること。類散髪。調髪。haircut 理髪

リハビリ「リハビリテーション」の略。

リハビリテーション【rehabilitation】傷病者に対する、社会復帰のための機能回復訓練。リハビリ。

りはん【離反】〈離叛〉離れそむくこと。▽政治から人心が―する。 離反

りひ【理非】道理にかなっていることと、はずれていること。類是非。▽―をわきまえた行動。―曲直。 理非

り

りびょう【罹病】 罹患(りかん)。 罹病

りふじん【理不尽】 道理に合わないこと。また、それを無理におし通そうとすること。▽―な要求。 理不尽

リプレー【replay】 録音・録画したものを再生すること。

リフォーム【reform】 ❶古着を手直しして作り替えること。❷建物の改築・改装。

リフレッシュ【refresh】 心や体をさわやかにして、元気を回復すること。▽疲れた体を―する。―休暇。

りべつ【離別】 ❶人と別れること。❷離婚。①parting 離別

りべん【利便】 便利。 利便

りほう【理法】 法則。▽自然の―。 理法

りまわり【利回り】 元金に対する利子や配当金の割合。yield 利回り

リメーク【remake】 ❶作り直す。❷映画などで、以前の作品を新しく作り直すこと。

りめん【裏面】 ❶物のうら側。❷表に現れていない部分。▽政界の―。―工作。類❷内幕。 裏面

りゃく〔掠〕 人11 **リャク・かすめる** ❶うばいとる。▽―奪。❷かすめる。

筆順 扌 扩 扩 拧 拧 掠 掠

掠・掠

りゃく〔略〕 常11 **リャク** ❶はかる。▽計―。❷だいたい。▽―説。❸はぶく。▽省―。❹うばいとる。▽侵―。

筆順 ㇑ 冂 田 田 畋 畋 略 略

略・略

りゃく【略】 ❶計略。❷省略。▽以下―。②omission 略

りゃくが【略画】 細部を省いた絵。 略画

りゃくぎ【略儀】 略式。▽―ながら。 略儀

りゃくげん【略言】 要約して述べること。類約言。 略言

りゃくご【略語】 ある語の一部を省略した語。「団体交渉」の「団交」、「入学試験」の「入試」など。abbreviation 略語

りゃくごう【略号】 簡単に表すために使う記号。code 略号

りゃくじ【略字】 点や画を省いて簡略化した漢字。略体。 略字

りゃくしき【略式】 簡略にしたやり方。▽―の結納(ゆいのう)。対正式。本式。informality 略式

りゃくじゅつ【略述】 要点以外を省いて、簡単に述べること。対詳述。brief account 略述

りゃくしょう【略称】 正式の名前の一部をはぶいた呼び名。「日本銀行」の「日銀」など。 略称

りゃくす【略す】 簡単にする。また、はぶく。▽説明を―。omit 略す

りゃくず【略図】 要点だけをかいた簡単な図。rough sketch 略図

りゃくせつ【略説】 要点だけを簡単に説明すること。brief explanation 略説

りゃくそう【略装】 略式の服装。略服。対正装。 略装

りゃくたい【略体】 ❶簡単にしたかたち。❷略字。対❷正体(せいたい)。①short form 略体

りゃくだつ【略奪】 〈掠奪〉暴力で奪い取ること。略取。奪略。▽―をほしいままにする。plunder 略奪

りゃくひつ【略筆】 ❶必要な部分だけを簡単に書くこと。省筆。また、その文章。❷字画を略して書くこと。①brief note 略筆

りゃくふく【略服】 略装。 略服

りゃくれき【略歴】 あらましの経歴。 略歴

りゃっかい【略解】 簡単に解釈すること。りゃくかい。りゃくげ。 略解

りゃっき【略記】 要点だけを簡単に記すこと。りゃくき。対詳記。 略記

りゆう【理由】 ❶そうなったわけ。事情。❷口実。▽頭痛を―に早退する。①reason ②pretext 理由

りゅう〔柳〕 常9 **リュウ・やなぎ** ❶樹木の、やなぎ。▽―腰(やなぎごし)。❷なよやか。

筆順 十 オ 木 木' 杉 枊 柳 柳

柳・柳

りゅう〔流〕 常10 **リュウ・ル・ながれる・ながす** ❶ながれる。ながす。❷広まる。▽―行。❸さまよう。▽―浪(るろう)。❹なめらかに進む。▽―暢(りゅうちょう)。❺一派。❻階層。

筆順 氵 氵 汁 法 浐 浐 浐 流

流・流

りゅう〔留〕 常10 **リュウ・ル・とめる・とまる** ❶とまる。とめる。▽―守。在―。❷とどこおる。▽滞―。❸あとに残す。▽遺―。

筆順 ノ ㇒ 㐅 卬 卯 卯 留 留

留・留

りゅう〔竜〕 常10〔龍〕人16 **リュウ・たつ** ❶りゅう。想像上の動物。▽―頭蛇尾(りゅうとうだび)。❷天子。▽―顔。

り

筆順 亠 立 产 音 音 竜　竜・竜

りゅう〔琉〕人11 リュウ・ル ◎「琉球（りゅうきゅう）」は、沖縄県の旧国名。

筆順 丁 王 玒 玹 琉 琉 琉　琉・琉

りゅう〔粒〕常11 リュウ・つぶ つぶ。小さくまるいもの。▽―子。

筆順 丷 米 米 粒 粒 粒 粒　粒・粒

りゅう〔隆〕常11 リュウ ❶もりあがる。▽―起。❷さかん。▽―盛。（隆）

筆順 阝 阝 阝 阾 陊 降 隆　隆・隆

りゅう〔硫〕常12 リュウ 鉱物の一。いおう。▽―酸。

筆順 石 石 矿 砬 砬 硫 硫　硫・硫

りゅう〔溜〕人13 リュウ・たまる ❶たまる。▽―飲。❷したたる。▽水―。

筆順 氵 氵 氵 溜 溜 溜 溜　溜・溜

りゅう〔劉〕人15 リュウ ❶刀で切りはなす。❷中国の姓の一。

筆順 丶 亡 卯 卯 卯 劉 劉　劉・劉

りゅう〔立〕⇩りつ

りゅう【竜】想像上の動物。へびに似た体に四脚と角（つの）をもつ。たつ。　竜

りゅうい【留意】心にとめて気をつけること。▽健康に―する。―事項。類注意。bear in mind　留意

りゅういき【流域】その川の流れに沿った区域。basin　流域

りゅういん【▲溜飲】食物が胃にたまり、すっぱい液がこみあげる症状。▼―が下がる 不平・不満がなくなり、気分がすっきりする。溜飲を下げる。　溜飲

りゅうか【流下】流れくだること。　流下

りゅうかい【流会】予定した会がとりやめになること。　流会

りゅうがく【留学】外国に滞在して勉学すること。studying abroad　留学

りゅうかん【流汗】流れ出る汗。　流汗

りゅうかん【流感】「流行性感冒」の略。　流感

りゅうき【隆起】（土地が）高く盛り上がること。upheaval　隆起

りゅうぎ【流儀】その流派に昔から伝えられて来た方法・やり方。way　流儀

りゅうぐう【竜宮】海底の竜神・乙姫（おとひめ）が住む、想像上の宮殿。　竜宮

りゅうけつ【流血】❶血を流すこと。❷流れる血。①bloodshed　流血

りゅうげん【流言】根拠のないうわさ。デマ。　流言

りゅうげんひご【流言飛語】世間に流れる、いいかげんなうわさ。groundless rumor　飛語

りゅうこ【竜虎】❶竜と、とら。❷互角の、二人の英雄・豪傑。▼―相（あい）搏（う）つ 二人のすぐれた人物が相争う。　竜虎

りゅうこう【流行】❶一時的に世間に広まること・様式。❷病気がはやること。①fashion　流行

りゅうこうせいかんぼう【流行性感冒】ウイルスで感染する急性の風邪。流感。influenza　感冒

りゅうこつ【竜骨】❶地質時代の巨大な動物の骨（の化石）。❷船底の中央を船首から船尾まで貫く材。②keel　竜骨

りゅうさ【流砂】⇩りゅうしゃ。　流砂

りゅうさん【硫酸】いおう・酸素・水素が化合した酸性の強い液体。化学工業用。sulfuric acid　硫酸

りゅうざん【流産】胎児が死んで母胎から出ること。miscarriage　流産

りゅうし【粒子】物質を構成する微細な粒。particle　粒子

りゅうしつ【流失】水に流されてなくなること。　流失

りゅうしゃ【流砂】❶流水に運ばれた砂。流動する砂。りゅうさ。❷砂漠。　流砂

りゅうしゅつ【流出】外へ流れ出ること。▽石油の―事故。頭脳―。対流入。outflow　流出

りゅうしょう【隆▲昌】隆盛。▽御―の段、お喜び申し上げます。　隆昌

りゅうじん【竜神】水中にすむ竜の姿をした神。雨や水の神。竜王。　竜神

りゅうず【竜頭】腕時計などのぜんまいを巻くためのつまみ。　竜頭

りゅうすい【流水】流れる水。対止水。　流水

りゅうせい【流星】小さな天体が地球に落下するとき、大気層で高熱発光するもの。流れ星。meteor　流星

り

りゅうせい【隆盛】 勢いが盛んなこと。栄えること。隆昌。prosperity　隆盛

りゅうせんけい【流線型】（流線形）流体の抵抗が最も少ない形。streamline　流線型

りゅうたい【流体】 流動しやすい気体・液体。流動体。fluid　流体

りゅうち【留置】 取り調べのため、警察に一時とめおくこと。detention　留置

りゅうちょう【留鳥】 季節による移動を行わない鳥。対候鳥。　留鳥

りゅうちょう【流暢】 ことばによどみのないようす。▽英語を—に話す。fluent　流暢

りゅうつう【流通】 ❶流れ通ること。❷世間に広く通用すること。❸商品が、生産者から消費者へ届くこと。②circulation ③distribution　流通

りゅうどう【流動】 流れ動くこと。flow　流動

りゅうとうえ【流灯会】 盂蘭盆（うらぼん）の灯籠流しの行事。　流灯会

りゅうどうしょく【流動食】 病人・幼児用の、液体状にした食べ物。liquid food　流動食

りゅうとうだび【竜頭蛇尾】 初めは勢いがよいが、終わりがふるわないこと。▽計画は—に終わった。　竜頭

りゅうどうぶつ【流動物】 流動体のもの。特に、流動食。　流動物

りゅうにゅう【流入】 外からはいって来ること。▽外国資本の—。対流出。inflow　流入

りゅうにん【留任】 現在の任務にとどまること。remain　留任

りゅうねん【留年】 進級・卒業できないで、原級にとどまること。　留年

りゅうは【流派】 流儀の違いによって生じたそれぞれの派。school　流派

りゅうび【柳眉】 細く整った美しい眉（まゆ）。▼—を逆立（さかだ）てる 美人が怒ったときの形容。　柳眉

りゅうびじゅつ【隆鼻術】 鼻を高くする美容整形手術。　隆鼻術

りゅうひょう【流氷】 寒帯の海の氷が割れて流れ漂うもの。drift ice　流氷

りゅうべい【立米】 立方メートル。　立米

りゅうほ【留保】 ❶保留。❷権利などを残し保持すること。　留保

りゅうぼく【流木】 ❶海や川に漂う木。❷切り出して川に流す木。①driftwood　流木

りゅうよう【流用】 本来の目的以外のことに利用すること。diversion　流用

りゅうり【流離】 故郷を離れてさすらい歩くこと。類流浪（るろう）。　流離

りゅうりゅう【流流】 流派・流儀によってやり方がちがうこと。　流流

りゅうりゅう【隆隆】 ❶勢いのさかんなようす。▽—たる国運。❷たくましいようす。▽筋骨—。②muscular　隆隆

りゅうりゅうしんく【粒粒辛苦】 物事を成しとげるために、大変な苦労をすること。toil　粒粒

りゅうりょう【流量】 一定の時間内に流れる液体や気体の量。　流量

りゅうれい【流麗】 よどみなく美しいようす。▽—な文章。　流麗

りゅうろ【流露】 内にあるものが自然に外に現れること。▽真情の—した手紙。類発露。　流露

りょ〖侶〗 常9 リョ なかま。とも。▽伴—。僧—。
筆順 イ 亻 仰 仰 伊 侶 侶　侶・侶

りょ〖旅〗 常10 リョ・たび ❶たび。▽—客。—情。❷軍隊。▽—団。
筆順 う 方 ガ 方 旂 旅 旅　旅・旅

りょ〖虜〗 常13〖虜〗人12 リョ ❶とりこ。▽—囚。捕—。❷奴隷（どれい）。
筆順 ト 厂 广 虍 虍 虏 虜　虜・虜

りょ〖慮〗 常15 リョ ❶思いめぐらす。▽考—。思—。❷細かいはからい。▽配—。
筆順 ト 厂 广 虍 虍 虑 慮　慮・慮

りよう【利用】 ❶役だてて使うこと。▽廃物—。❷自分の利益のための手段として使うこと。①use　利用

りよう【理容】 理髪と美容。　理容

りょう〖了〗 常2 リョウ ❶おわる。▽完—。❷さとる。▽—解。—承。

り

筆順　了・了

りょう〔両〕常6 リョウ ❶(対《つい》をなす)二つ。▽―親。―極。❷列車。▽車―。十―編成。❸貨幣の単位。▽―替。(兩)

筆順　両・両

りょう〔良〕常7 リョウ・よい よい。すぐれている。▽―質。―心。

筆順　良・良

りょう〔亮〕人9 リョウ・あきらか・すけ あかるい。はっきりしている。▽―然。

筆順　亮・亮

りょう〔凌〕人10 リョウ ❶しのぐ。▽―駕(りょうが)。❷おかす。▽―辱(りょうじょく)。

筆順　凌・凌

りょう〔料〕常10 リョウ ❶はかる。▽―簡(りょうけん)。❷もとになるもの。▽原―。❸代金。▽―金。❹料理。▽―亭。

筆順　料・料

りょう〔崚〕人11 リョウ 山が高く、いくえにもかさなるようす。

筆順　崚・崚

りょう〔梁〕人11 リョウ・はり・やな ❶棟(むね)を支える横木。▽棟―(とうりょう)。❷木の橋。▽橋―(きょうりょう)。❸魚をとる、やな。

筆順　梁・梁

りょう〔涼〕常11〔凉〕人10 リョウ・すずしい・すずむ ❶すずしい。▽―風。❷さびしい。▽荒―。

筆順　涼・涼

りょう〔猟〕常11 リョウ ❶鳥獣をとる。かり。▽―銃。狩―。禁―。❷さがし求める。あさる。▽―奇。―官。渉―。(獵)

筆順　猟・猟

りょう〔陵〕常11 リョウ・みささぎ ❶山の背すじ。大きな丘。▽丘―。❷天子の墓。▽―墓。❸「凌」に同じ。

筆順　陵・陵

りょう〔量〕常12 リョウ・はかる ❶はかる。▽計―。測―。❷おしはかる。▽推―。❸かさ。物の大きさ。▽―感。―産。多―。力―。分―。容―。数―。

筆順　量・量

りょう〔稜〕人13 リョウ・ロウ 物のとがったすみ。かど。▽―線。

筆順　稜・稜

りょう〔僚〕常14 リョウ ❶友達。なかま。▽―友。同―。❷役人。▽官―。

筆順　僚・僚

りょう〔綾〕人14 リョウ・あや ❶あやぎぬ。あや。▽―錦。❷入りくんだ模様。あや。▽―織り。

筆順　綾・綾

りょう〔領〕常14 リョウ ❶首筋。大切な部分。▽要―。❷おさめる(土地)。▽占―。❸うけとる。▽―収。

筆順　領・領

りょう〔寮〕常15 リョウ ❶宿舎。▽学生―。❷役所。▽左馬―。❸別荘。また、茶室。▽茶―。

筆順　寮・寮

りょう〔諒〕人15 リョウ ❶まこと。真実。❷わかる。認める。▽―解。

筆順　諒・諒

りょう〔遼〕人15 リョウ はるか。遠い。▽―遠。

筆順　遼・遼

りょう〔燎〕人16 リョウ ❶かがり火。▽―火。❷焼きはらう火。▽―原。

筆順　燎・燎

りょう〔療〕常17 リョウ 病気をなおす。▽医―。治―。

筆順　療・療

りょう〔瞭〕常17 リョウ はっきりみえる。あきらか。▽―然。明―。

筆順　瞭・瞭

りょう〔糧〕常18 リョウ・ロウ・かて (主食の)たべもの。▽―道。食―。兵―(ひょうろう)。

筆順　糧・糧

りょう〔漁〕⇩ぎょ　りょう〔霊〕⇩れい

りょう【了】❶終わること。終わり。❷(諒)わかること。▽―とする。　了

りょう【両】❶対(つい)の二つ。▽―の手。❷二人の。二つの。▽―首脳。❸江戸時代の貨幣の単位。　両

りょう【良】❶成績・品質の評価で、ふつうよりよいこと。❷(質・状態が)よいこと。対❷不良。　良

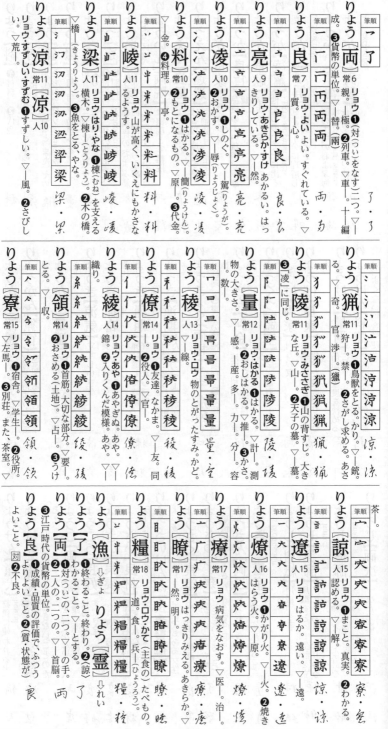

りょう【料】❶材料。❷代金。 料

りょう【涼】すずしさ。▽―を求める。coolness 涼

りょう【猟】鳥や獣をとること。また、そのえもの。狩り。hunting 猟

りょう【量】容積・目方・数量など。 量

りょう【漁】魚介類をとること。また、そのえもの。fishing 漁

りょう【寮】❶寄宿舎。❷会社の宿泊施設。❸別荘。①dormitory 寮

りょういき【領域】❶関係のおよぶ範囲。❷国家の主権のおよぶ区域。領土・領海・領空。①②territory 領域

りょういん【両院】衆議院と参議院。 両院

りょうえん【良縁】よい縁組み。 良縁

りょうえん【遼遠】はるかに遠いようす。▽前途―。remote 遼遠

りょうか【良家】⇩りょうけ。 良家

りょうか【良貨】品質のよい貨幣。対悪貨。 良貨

りょうか【寮歌】学生寮の歌。 寮歌

りょうが【凌駕】他をしのいで上に出ること。surpassingness 凌駕

りょうかい【了解】〈諒解〉十分に理解して認めること。understanding 了解

りょうかい【領海】国の主権のおよぶ海域。territorial waters 領海

りょうがえ【両替】貨幣を同額の他種の貨幣にかえること。exchange 両替

りょうかん【涼感】すずしそうな感じ。 涼感

りょうかん【猟官】官職を得ようとして運動すること。▽―運動。 猟官

りょうかん【量感】分量・重量のある感じ。ボリューム。volume 量感

りょうき【涼気】すずしい空気。 涼気

りょうき【猟奇】異常・怪奇なものを好んで求めること。▽―趣味。 猟奇

りょうき【猟期】猟に適した時期。猟の許可される期間。hunting season 猟期

りょうき【漁期】魚獲に適した時期。また、とってよい期間。ぎょき。 漁期

りょうきょく【両極】❶かけはなれている二つのもの。両極端。❷電気の陽極と陰極。❸北極と南極。 両極

りょうきん【料金】使用・利用したときに支払う金銭。charge 料金

りょうくう【領空】領土・領海の上空。 領空

りょうけ【両家】両方の家。 両家

りょうけ【良家】家柄もよく、教養のある豊かな家庭。りょうか。 良家

りょうけい【量刑】刑罰の程度を決めること。 量刑

りょうけん【料簡】〈了見〉考え。心がけ。▽あの人は―がせまい。よくない場合に使う。 料簡

りょうけん【猟犬】狩猟に使われる犬。hound 猟犬

りょうげん【燎原】野原を焼くこと。▼―の火 勢いが激しくて防ぎとめることができないことのたとえ。 燎原

りょうこ【両虎】優劣をつけがたい二人の英雄。類両雄。 両虎

りょうこう【良好】状態などがいいようす。good 良好

りょうさい【良妻】よい妻。対悪妻。good wife 良妻

りょうざい【良材】❶よい材木・材料。❷すぐれた人材。▽天下に―を求める。①good timber 良材

りょうさいけんぼ【良妻賢母】よい妻であり、かしこい母親でもある女性。 賢母

りょうさく【良策】よい方法・計画。 良策

りょうさつ【了察】〈諒察〉相手の立場などを思いやること。▽事情を御―下さい。consideration 了察

りょうさん【両三】二つ三つ。 両三

りょうさん【量産】大量に生産すること。mass production 量産

りょうし【料紙】用紙。form 料紙

りょうし【猟師】鳥獣をとって生計を立てている人。かりゅうど。hunter 猟師

りょうし【漁師】魚介類をとって生計を立てている人。漁民。fisherman 漁師

りょうじ【両次】一次と二次。 両次

り

りょうじ【領事】外国にあって、通商の促進と自国民の保護にあたる官職。領事官。consul　領事

りょうじ【療治】病気をなおすこと。　療治

りょうしき【良識】物事を正しく判断する力。健全な判断力。▽—に訴える。good sense　良識

りょうしつ【良質】品質がすぐれていること。good quality　良質

りょうじつ【両日】両方の日。二日間。　両日

りょうしゃ【両者】両方のもの・人。　両者

りょうしゅ【領主】❶領土を治める者。❷荘園の主。　領主

りょうしゅう【涼秋】❶すずしい秋。❷陰暦九月の別称。　涼秋

りょうしゅう【領収】受け取ること。▽—書。類受領。　領収

りょうしゅう【領袖】団体などの主な指導者。また、幹部。▽派閥の—。leader　領袖

りょうしょ【両所】❶二つの場所。❷二人。▽御—。(=おふたり。おふたかた)。類❷両人。両者。　両所

りょうじょ【諒恕】相手の事情を思いやってゆるすこと。類寛恕。　諒恕

りょうしょう【了承】〈諒承〉納得して、聞き入れること。類承知。了解。understanding　了承

りょうしょく【糧食】食糧。　糧食

りょうじょく【陵辱】〈凌辱〉暴力ではずかしめること。insult　陵辱

りょうしん【両親】父と母。parents　両親

りょうしん【良心】善悪を判断し、善を行おうとする心の働き。▽—の呵責(かしゃく)。conscience　良心

りょうする【了する】❶終わる。終える。❷さとる。①finish　了する

りょうする【領する】❶自分のものとして支配する。▽一国を—。❷領収する。　領する

りょうする【諒する】納得する。▽多忙を—して欠席を許す。　諒する

りょうせい【両生】〈両棲〉陸上と水中で生活すること。▽—類。　両生

りょうせい【良性】病気などの、たちがよいこと。対悪性。benign　良性

りょうせい【寮生】寮で生活する学生・生徒。dormitory student　寮生

りょうせいばい【両成敗】争い事の両者をともに罰すること。▽けんか—。　両成敗

りょうせん【稜線】山の尾根。ridge　稜線

りょうぜん【瞭然】はっきりしているようす。▽一目—。事の善悪は—である。類歴然。　瞭然

りょうぞく【良俗】健全な風俗。▽公序—。類良風。good custom　良俗

りょうたん【両端】両方のはし。both ends ▼**—を持(じ)す** どちらにつこうかと迷って心を決めかねている。　両端

りょうだん【両断】二つにずばりと切ること。▽一刀—。　両断

りょうち【料地】用地。▽御—。　料地

りょうち【領地】❶領土。❷昔、大名の所有地。知行地。①territory　領地

りょうてい【料亭】高級な料理屋。　料亭

りょうてき【量的】物を量の面から見たようす。対質的。　量的

りょうてんびん【両天秤】てんびんの両方のはかり皿。▼**—をかける** どちらがだめになっても困らないように、両方にかかわりをもっておく。二股(ふたまた)をかける。　両天秤

りょうど【領土】❶領有地。❷国の主権のおよぶ区域。①②territory　領土

りょうどう【両道】二つの道・分野。　両道

りょうどう【糧道】❶食糧を送る道筋。▽—を断つ。❷資金源。　糧道

りょうとうづかい【両刀遣い】❶二刀流(の遣い手)。❷二つのことが同時にできること・人。❸甘い物も酒も好きなこと・人。　両刀遣

りょうとうのいのこ【遼東の豕】世間を知らないため、つまらないことを誇りに思ってうぬぼれること・人。　遼東

りょうにん【両人】両方の人。　両人

りょうば【両刃】両側に刃のある刃物。諸刃(もろは)。対片刃。▼**—の剣(つるぎ)** 一方では役に立つが、使　両刃

り

い方を誤ると害を及ぼすもの。諸刃の剣。

りょうはん【量販】大量に販売すること。▽—店。 量販

りょうひ【良否】よしあし。よいか悪いか。▽—を問う。類善悪。quality 良否

りょうふう【良風】よい風習・風俗。類良俗。good custom 良風

りょうふう【涼風】すずしい風。すずかぜ。cool breeze 涼風

りょうぶん【両分】二分すること。 両分

りょうぶん【領分】勢力・支配のおよぶ範囲。類領域。domain 領分

りょうぼ【陵墓】みささぎ。 陵墓

りょうほう【療法】治療の方法。治療法。remedy 療法

りょうみ【涼味】涼しい感じ。▽—満点。 涼味

りょうめ【量目】目方。weight 量目

りょうめん【両面】❶両方の面。❷二つの方面。▽物心—からの援助。② both sides 両面

りょうやく【良薬】よくきく薬。▼—は口に苦(にが)し 身のためになる忠告は聞きづらい。 良薬

りょうゆう【両雄】二人の英雄。類両虎。▼—並び立たず 二人の英雄は、必ず争ってどちらかが倒れる。 両雄

りょうゆう【僚友】同僚である友人。 僚友

りょうゆう【領有】土地などを自分のものとして所有すること。 領有

りょうよう【両用】二通りに使えること。兼用。▽水陸—。double use 両用

りょうよう【両様】二つの様式。二通り。▽—の解釈。two ways 両様

りょうよう【療養】病気やけがを治療しながら休養すること。▽自宅—。recuperation 療養

りょうらん【繚乱】〈撩乱〉花が咲き乱れるようす。▽百花—。 繚乱

りょうり【料理】❶食べ物をつくること。また、その食べ物。❷物事をうまく処理すること。① cooking 料理

りょうりつ【両立】二つのものが同時に成り立つこと。 両立

りょうりょう【両両】両方とも。▼—相(あい)俟(ま)って 両方が補いあって。 両両

りょうりょう【喨喨】音が明るく鳴りひびくようす。類嚠喨(りゅうりょう)。 喨喨

りょうりょう【寥寥】❶ものさびしいようす。❷少ないようす。 寥寥

りょうりん【両輪】❶両方の車輪。❷二つそろって、はじめて役立つもの。 両輪

りょがい【慮外】❶思いがけないこと。意外。❷無礼。▽—者。 慮外

りょかく【旅客】乗り物に乗る旅行客。りょきゃく。passenger 旅客

りょかん【旅館】(日本風の)宿屋。 旅館

りょきゃく【旅客】⇩りょかく。 旅客

りよく【利欲】利益を得ようとする欲。 利欲

りょく【力】常2 リョク・リキ・ちから ❶ちから。▽体—。❷はげむ。▽努—。 力・力

筆順 フ カ

りょく【緑】常14 【綠】人14 リョク・ロク・みどり みどり。みどり色。▽—茶。—地。 緑・綠

筆順 糸 … 緑

りょくいん【緑陰】青葉の木かげ。 緑陰

りょくじゅ【緑樹】葉のしげった木。 緑樹

りょくち【緑地】草木のしげっている土地。緑土。green land 緑地

りょくちゃ【緑茶】緑色の日本のお茶。日本茶。green tea 緑茶

りょくど【緑土】緑地。 緑土

りょくふう【緑風】初夏の、青葉を吹き渡るさわやかな風。みどりのかぜ。▽—薫るころ。 緑風

りょくや【緑野】青々とした野原。green field 緑野

りょけん【旅券】パスポート。 旅券

りょこう【旅行】旅をすること。travel 旅行

りょしゅう【旅愁】旅先で感じるものさびしさ。旅のうれい。類旅情。 旅愁

りょしゅう【虜囚】捕虜。captive 虜囚

りょしゅく【旅宿】旅先で泊まること・宿。旅泊。 旅宿

り

りょじょう【旅情】 旅に出て感じる、しみじみとした思い。▽—を慰める。類旅愁。 旅情

りょじん【旅人】 ⇩たびびと。 旅人

りょそう【旅装】 旅行の服装。 旅装

りょっか【緑化】 植樹して、緑の豊かな土地にすること。りょくか。▽—運動。tree planting 緑化

りょてい【旅程】 ❶旅行の道のり。❷旅行の日程。①②itinerary 旅程

りょひ【旅費】 旅行の費用。 旅費

リラクゼーション【relaxation】 緊張をほぐすこと。気晴らし。息抜き。

リリース【release】 発表。発売。

りりく【離陸】 飛行機などが地上から飛び立つこと。対着陸。takeoff 離陸

りりしい【凜凜しい】 きりっとしたようす。 凜凜し

リリシズム【lyricism】 叙情的な趣。叙情味。

りりつ【利率】 利息の割合。interest rate 利率

りれき【履歴】 その人の現在までの学業・職業などの経歴。▽—書。 履歴

りろ【理路】 話や議論の筋道。logic 理路

りろせいぜん【理路整然】 考え方や議論の筋道が整っていること。logical 整然

りろん【理論】 原理をもとにし、筋道を立てて組み立てた考えや論。theory 理論

りん〔林〕 常8 リン・はやし ❶はやし。▽森—。❷多く集まる。▽—立。
筆順 一 十 才 木 木 村 材 林 林 林・林

りん〔厘〕 常9 リン 長さ・重さ・割合・貨幣の単位。
筆順 一 厂 厂 后 厘 厘 厘 厘・厘

りん〔倫〕 常10 リン ❶ならんだなかま。▽絶—。❷人の道。▽—理。
筆順 亻 亽 伶 伶 伶 倫 倫 倫・倫

りん〔淋〕 人11 リン・さびしい ❶したたる。▽—漓（りんり）。❷さびしい。❸淋病。
筆順 氵 汁 汁 沐 淋 淋 淋 淋・淋

りん〔琳〕 人12 リン ❶美しい玉。❷玉がふれあう音。▽—琅（りんろう）。
筆順 一 T 王 玎 琳 琳 琳・琳

りん〔稟〕 人13 ヒン・リン ❶うまれつき（の性質）。▽天—（てんぴん）。❷申し上げる。▽—議（りんぎ）。
筆順 亠 亩 亩 亶 亶 稟 稟 稟・稟

りん〔綸〕 人14 リン・いと ❶糸。また、ひも。▽—子（りんず）。❷おさめる。▽経—。❸君主のことば。みことのり。▽—言。
筆順 糸 糸 紒 紒 綸 綸 綸 綸・綸

りん〔凜〕 人15 **〔凛〕** 人15 リン つめたい。ひきしまったようす。▽—然。—凜。
筆順 冫 冫 凛 凛 凜 凜 凜 凜・凜

りん〔輪〕 常15 リン・わ ❶わ。▽五—。❷順に回る。▽—唱。❸物のまわり。▽—郭。❹車。▽—禍。
筆順 亘 亘 車 軒 軨 輪 輪 輪・輪

りん〔隣〕 常16 リン・となる・となり となりあう。となり。▽—人。—接。善—。（隣）
筆順 阝 阝 陟 陟 隣 隣 隣 隣・隣

りん〔燐〕 17 リン ❶鬼火。▽—火。❷元素の一。▽—光。（燐） 燐・燐

りん〔臨〕 常18 リン・のぞむ ❶面とむかう。▽—機。—海。—終。❷見おろす。▽君—。❸貴人が出向く。▽—席。来—。
筆順 丨 厂 臣 臣 臨 臨 臨 臨・臨

りん〔鱗〕 人24 リン・うろこ うろこ。▽—粉。銀—。逆—（げきりん）。（鱗）
筆順 魚 魚 鮮 鮮 鱗 鱗 鱗 鱗・鱗

りん〔麟〕 人24 リン 「麒麟（きりん）」で、想像上の動物。（麟）
筆順 广 户 声 鹿 鹿 麟 麟 麟・麟

りん〔鈴〕 ⇩れい

りん【厘】 ❶金銭の単位。一銭の一〇分の一。❷長さの単位。一寸の一〇〇分の一。❸割合の単位。一割の一〇〇分の一。 厘

りん【鈴】 ❶すず。❷ベル。 鈴

りん【燐】 非金属元素の一。記号P phosphorus 燐

りんか【輪禍】 自動車などによる災難。traffic accident 輪禍

りんか【燐火】 りんの燃える火。鬼火。phosphorus light 燐火

りんか【隣家】 となりの家。 隣家

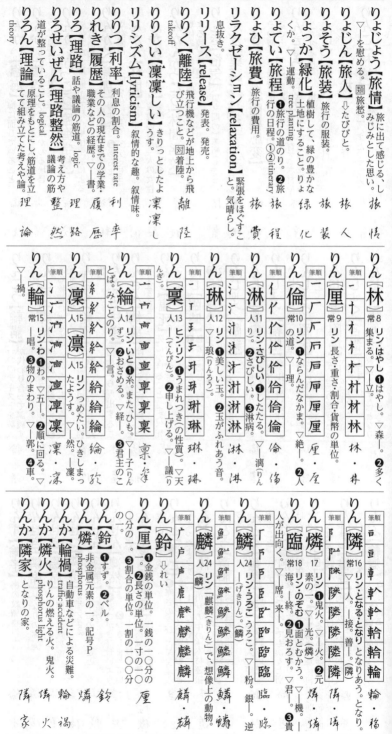

りんかい【臨海】海に面していること。seaside　臨海

りんかい【臨界】物質がある状態から別の状態にかわる境目。▽—温度。—事故。limit　臨界

りんかいがっこう【臨海学校】夏休みなどに、海辺で行う集団生活による教育活動。　学校

りんかく【輪郭】〈輪廓〉❶物の外形を表す線。❷あらまし。▽計画の—が明らかになる。①② outline　輪郭

りんかん【林間】林の中。　林間

りんかん【輪姦】複数の男が一人の女性を次々と強姦すること。　輪姦

りんかんがっこう【林間学校】夏休みなどに、高原などで行う集団生活による教育活動。　学校

りんき【悋気】(男女間の)嫉妬(しっと)。　悋気

りんぎ【稟議】案を関係者に回して承認を得ること。ひんぎ。　稟議

りんきおうへん【臨機応変】その時々の場面に応じて、適切な処置をすること。注臨×期応変。　臨機

りんぎょう【林業】森林を育て、木材やその他の林産物を生産する産業。forestry　林業

りんげつ【臨月】出産予定の月。　臨月

りんけん【臨検】立ち入り検査。　臨検

りんご【林檎】果樹の一。また、その実。apple (tree)　林檎

りんこう【輪講】一つのテキストを数人が代わり合って講義すること。　輪講

りんこう【燐光】❶黄燐(おうりん)が空気中で放つ青白い光。❷ある物質に光を当てたのちもしばらく発光する現象。　燐光

りんさく【輪作】同じ耕地に異種の作物を順に作ること。対連作。　輪作

りんさん【林産】山林から産出すること・物。　林産

りんさん【燐酸】燐の酸化物が水にとけてできた酸の総称。phosphoric acid　燐酸

りんし【臨死】死にかけること。また、死にかけて生き返ること。▽—体験。　臨死

りんじ【臨時】❶決まったとき以外で、必要に応じて行うこと。▽—雇い。❷一時的であること。② temporary　臨時

りんじゅう【臨終】死にぎわ。末期(まつご)。　臨終

りんしょ【臨書】手本を見ながら習字の練習をすること。　臨書

りんしょう【輪唱】同じメロディーを、次々に追いかけるように歌う合唱。round　輪唱

りんしょう【臨床】医者が病人を実際に診察・治療すること。clinical　臨床

りんじょう【臨場】その場にのぞむこと。▽—の来賓。—感。　臨場

りんしょく【吝嗇】ひどくけちなこと。stingy　吝嗇

りんじん【隣人】隣家の人。また、となり近所の人々。neighbor　隣人

りんず【綸子】絹の紋織物の一。　綸子

りんせき【隣席】となりの席。　隣席

りんせき【臨席】出席すること。▽御—を賜る。類列席。　臨席

りんせつ【隣接】となり合っていること。neighboring　隣接

りんせん【臨戦】戦争にのぞむこと。▽—態勢。　臨戦

りんぜん【凜然】❶寒さがきびしいようす。❷ひきしまっていて、威厳があるようす。▽—たる号令。　凜然

りんてんき【輪転機】印刷機の一種。印刷版を回転させて印刷する。　輪転機

りんと【凜と】❶寒さのきびしいようす。▽—した冬の朝。❷ひきしまったようす。▽—した姿勢。　凜と

りんどう【林道】山林の中の(木材運搬用の)道。forest road　林道

りんどう【竜胆】野草の一。秋、紫色で釣り鐘形の花が咲く。forsythia　竜胆

りんどく【輪読】一冊の本を数人で順番に読み、解釈や研究をすること。　輪読

りんね【輪廻】仏教で、死んでも次々と別なものに生まれ変わり続けること。転生(てんしょう)。流転(るてん)。　輪廻

リンパ【Lymphe ドイツ】高等動物の身体組織の間を流れる無色の液体。栄養物を取り入れ、老廃物を送り出すほか、細菌の侵入を防ぐ。

りんばん【輪番】何人かの人が、順番に係や当番になること。まわりもち。まわり番。▽—制。rotation　輪番

りんぶ【輪舞】大ぜいが輪になって回りながら踊る舞踊。　輪舞

り

りんや【林野】森林と原野。 林野

りんらく【淪落】零落《れいらく》。 淪落

りんり【倫理】❶人間として行うべき道理。❷「倫理学」の略。類道徳。①morality 倫理

りんり【淋漓】❶液体がしたたり落ちるようす。▽流汗—。❷感情・勢いなどがあふれ出るようす。 淋漓

りんりつ【林立】多くのものが並び立つこと。▽ビルが—する。 林立

りんりん【凜凜】❶寒気などが身にしみて感じられるようす。❷勇ましく立派なようす。▽勇気—。 凜凜

りんれつ【凜冽】寒さの厳しいようす。severity 凜冽

る ル

る〔屢〕14 ル・しばしば しばしば。たびたび。▽—次。 屢・屢

る〔瑠〕常14 ル「瑠璃《るり》」で、青色の宝石の一。 瑠・瑠
筆順 … 瑠

る〔流〕⇨りゅう る〔留〕⇨りゅう

るい〔涙〕常10〔淚〕人11 ルイ・なみだ なみだ。▽—腺。感—。 涙・涙
筆順 … 涙

るい〔累〕常11 ルイ ❶かさなる。▽—積。❷次々とつながる。▽係—。❸めんどうなかかわりあい。 累・累
筆順 … 累

るい〔塁〕常12〔壘〕人18 ルイ ❶とりで。▽孤—。❷野球で、ベース。 塁・塁
筆順 … 塁

るい〔類〕常18〔類〕人19 ルイ・たぐい ❶似ている。▽—似。❷似ている仲間。▽同—。 類・類
筆順 … 類

るい【累】好ましくない影響。まきぞえ。▼—を及《およ》ぼす 迷惑をかける。 累

るい【塁】❶とりで。▽—を摩す(=敵陣にせまる)。❷野球で、ベース。▽—に出る。 塁

るい【類】❶似ていること・もの。なかま。たぐい。▽他に—のない作品。❷…のたぐい。▽魚介—。▼—は友を呼ぶ 似た者同士は自然に集まる。類を以《もっ》て集まる。 類

るいえん【類縁】❶親類。❷形や性質が近い関係であること。②affinity 類縁

るいか【累加】重なり加わること。重ね加えること。類累積。 累加

るいか【類火】類焼すること。 類火

るいぎご【類義語】意味のよく似ていることば。類語。synonym 類義語

るいけい【累計】小計を加えて出した合計。累算。類総計。 累計

るいけい【類型】❶共通する型・形式。❷ありふれた型。▽—を脱していない。—的。注類×形。①type 類型

るいげつ【累月】何か月も続くこと。 累月

るいげん【累減】次々に減っていくこと。また、減らすこと。対累増。 累減

るいご【類語】類義語。 類語

るいさん【累算】累計。 累算

るいじ【累次】何度も重なり続くこと。▽—の戦争。succession 累次

るいじ【類似】似かよっていること。▽—の作品。resemblance, similarity 類似

るいじつ【累日】何日も続くこと。▽協議は—に及んだ。 累日

るいじゅう【類聚】(類従)同種類のものを集めること(集めたもの)。るいじゅ。類集。 類聚

るいしょう【類焼】よそから出た火事のために焼けること。類火。類延焼。 類焼

るいじょう【累乗】同じ数をいくつか掛け合わせること。 累乗

るいしん【累進】❶地位などが次々に上がること。❷数量が増えるにつれて率が高くなること。▽—課税。 累進

るいじんえん【類人猿】猿の中で最も人間に近いもの。オランウータン・ゴリラ・チンパンジーなど。anthropoid 類人猿

るいすい【類推】似た点をもとにして他のことをおしはかること。analogy 類推

るいする【類する】似かよう。▽これに—話。 類する

るいせき【累積】積もり重なること。▽—赤字。cumulation 累積

るいせん【涙腺】涙を分泌する腺。 涙腺

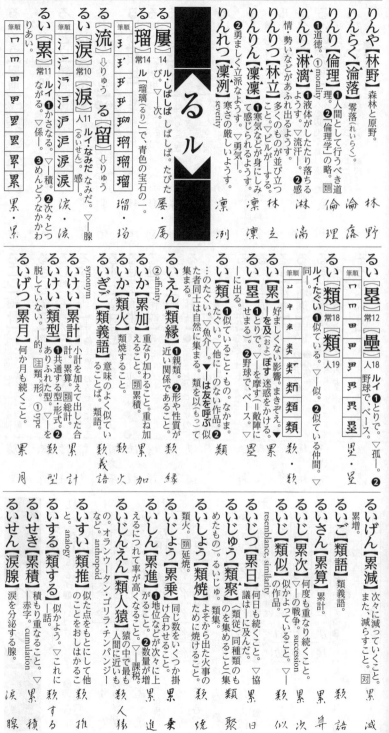

るいぞう【累増】次々に増えること。また、増やすこと。対累減。 累増

るいだい【累代】代を重ねること。代々。累世。▽山田家—の墓。 累代

るいどう【類同】同類。 類同

るいねん【累年】年を重ねること。 累年

るいはん【累犯】❶犯罪を重ねること。❷刑の終了の日から五年以内に、再び罪を犯すこと。 累犯

るいひ【類比】比較すること。 類比

るいべつ【類別】種類ごとに分けること。classification 類別

るいらん【累卵】積み重ねた卵。▼—の危(あや)うき 非常に不安定で危ないことのたとえ。 累卵

るいるい【累累】物が重なり合うようす。▽—たる死体。 累累

るいれい【類例】似かよった例。▽—のない事件。similar example 類例

ルーチン【routine】❶決まりきった日常の習慣・仕事。❷コンピュータで、特定の機能を行うための一連の命令。

ルーツ【roots】❶起源。❷祖先。

ルクス【lux フランス】照度の単位。ルックス。記号lx

るけい【流刑】罪人を辺地や島に送った刑罰。流罪。りゅうけい。類島流し。 流刑

るげん【縷言】くわしくこまごまと述べること・ことば。縷説(るせつ)。縷述(るじゅつ)。 縷言

るこつ【鏤骨】非常な苦心と努力をはらうこと。ろうこつ。▽彫心—。 鏤骨

るざい【流罪】流刑(るけい)。 流罪

るじゅつ【縷述】縷言(るげん)。 縷述

るす【留守】❶家をあけること。❷留守番。❸注意がおろそかになること。①absence 留守

るすい【留守居】留守番。 留守居

るせつ【流説】❶世間に広まった説。❷流言(りゅうげん)。 流説

るせつ【縷説】縷言(るげん)。 縷説

るたく【流謫】流刑(るけい)にされること。 流謫

るつぼ【坩堝】❶金属などをとかすのに使う容器。❷熱狂している状態・場所や、種々のものがいりまじった状態・場所のたとえ。▽興奮の—と化す。①melting pot 坩堝

るてん【流転】❶絶えず移り変わること。❷輪廻(りんね)。 流転

るにん【流人】流刑にされた罪人。 流人

るふ【流布】世間に広まること。▽—本。circulation 流布

るり【瑠璃】❶青色の宝石。❷「ガラス」の古称。❸瑠璃色。 瑠璃

るると【縷縷と】❶こまごまとくわしく述べるようす。▽—説明する。❷絶えないで続くようす。①in detail 縷縷と

るろう【流浪】放浪。▽—の民。wandering 流浪

れ レ

レア【rare】まれ。珍しい。▼—メタル 希少金属。

れい〔令〕常5 レイ ❶いいつけ。▽号—。❷美しい。よい。▽—名。❸相手の身内を尊敬する語。▽—室。—息。—夫人。
筆順 ノ 人 亼 今 令 令・令

れい〔礼〕常5〔禮〕人18 レイ・ライ ❶作法。❷おじぎ。▽敬—。❸謝意。
筆順 、 ラ ネ ネ 礼 礼・礼

れい〔伶〕人7 レイ・リョウ わざおぎ。演奏者。俳優。▽—人(れいじん)。
筆順 ノ イ 亻 伶 伶 伶 伶・伶

れい〔冷〕常7 レイ・つめたい・ひえる・ひや・ひやす・ひやかす・さめる・さます ❶つめたい。▽—水。寒—。❷ひえる。ひやす。▽—却。—凍。—蔵。❸ひややか。▽—淡。—遇。—笑。
筆順 、 冫 冫 冷 冷 冷 冷 冷・冷

れい〔励〕常7 レイ・はげむ・はげます ❶はげむ。▽勉—。❷はげます。▽奨—。
筆順 一 厂 戸 厉 厉 励 励・励

れい〔戻〕常7 レイ・もどす・もどる ❶道理にそむく。▽暴—。❷もどす。▽返—。
筆順 一 ニ ヨ 戸 戸 戸 戻 戻・戻

れい〔例〕常8 レイ・たとえる ❶ならわし。▽—外。通—。❷たとえ。▽—文。❸きめられた事柄。▽条—。凡—。
筆順 ノ イ 亻 佇 伢 伢 例 例 例・例

れい【怜】人8 レイ かしこい。▽―悧（れいり）。 怜・怜

れい【苓】8 レイ・リョウ おちる。▽―落（＝零落）。 苓・苓

れい【玲】人9 レイ 玉の鳴る美しい音。▽―瓏（れいろう）。 玲・玲

れい【砺】10 レイ・とぐ ❶みがく。といし。❷はげむ。（礪） 砺・礪

れい【羚】人11 レイ 角の大きい羊の一種。▽―羊。 羚・羚

れい【蛎】11 レイ・かき 貝の一。かき。牡―（ぼれい・かき）。（蠣） 蛎・蠣

れい【鈴】常13 レイ・リン・すず ❶すず。りん。▽風―。❷ベル。▽電―。 鈴・鈴

れい【零】常13 レイ ❶数がないこと。ゼロ。▽―下。―度。❷おちぶれる。▽―落。❸小さい。少ない。▽―細。 零・零

れい【霊】常15 レイ・リョウ・たま たましい。▽―魂。―前。❷神秘な力。▽―験。―妙。（靈） 霊・霊

れい【黎】人15 レイ・くろい くろい。うすぐらい。▽―黒。―明。 黎・黎

れい【隷】常16 レイ ❶いいなりになる。▽―属。❷しもべ。▽奴―。 隷・隷

れい【嶺】人17 レイ・みね 山のいただき。▽銀―。分水―。 嶺・嶺

れい【齢】常17 レイ 生まれてからの年数。とし。▽高―。年―。（齡） 齢・齢

れい【麗】常19 レイ・うるわしい 美しいようす。▽―人。華―。 麗・麗

れい【礼】❶礼儀。▽―をつくす。❷おじぎ。❸感謝の気持ちを表すもの・ことば。▽お―の品。類❸謝礼。 礼

れい【例】❶同じような事柄。ためし。❷たとえ。実例。❸ならわし。慣例。❹⇩例の。②example 例

れい【零】❶数・量が全くないこと。❷数の、ゼロ。〇。①②zero 零

れい【霊】❶霊魂。精神。❷死者の魂。❸神秘的なもの。対❶肉。①②soul 霊

れいあん【冷暗】涼しくて暗いこと。▽―所。 冷暗

れいあんしつ【霊安室】病院などで、遺体を安置しておく部屋。 霊安室

れいいき【霊域】神聖な地域。 霊域

れいえん【霊園】公園風の共同墓地。 霊園

レイオフ【layoff】一時的に従業員を解雇すること。一時帰休制。

れいおん【冷温】低い温度。 冷温

れいか【冷夏】例年より低温の夏。 冷夏

れいか【冷菓】❶冷やして食べる菓子。❷アイスクリームやシャーベットなど、冷たい菓子。氷菓。 冷菓

れいか【零下】氷点下。below zero 零下

れいかい【例会】日を決めて定期的に開かれる会。regular meeting 例会

れいかい【例解】例をあげて具体的に解釈・説明すること。 例解

れいかい【霊界】❶霊魂の世界。あの世。❷精神の世界。対❷肉界。 霊界

れいがい【冷害】夏期の異常低温・日照不足が農作物にもたらす害。 冷害

れいがい【例外】一般の例からはずれていること。exception 例外

れいかん【冷汗】ひやあせ。 冷汗

れいかん【霊感】❶突然ひらめくように得た考え。❷神仏の不思議な感応。❸テレパシー。①inspiration 霊感

れいがん【冷眼】冷淡な目つき。 冷眼

れいかんさんと【冷汗三斗】ひや汗をひどくかくほど、恐ろしい（恥ずかしい）思いをすること。 三斗

れいき【冷気】冷たい空気。対熱気。 冷気

れいぎ【礼儀】人間の守るべき作法。礼儀作法。注礼×義。courtesy, manners 礼儀

れいきゃく【冷却】冷えること。冷やすこと。▽―期間（＝ 冷却

れ

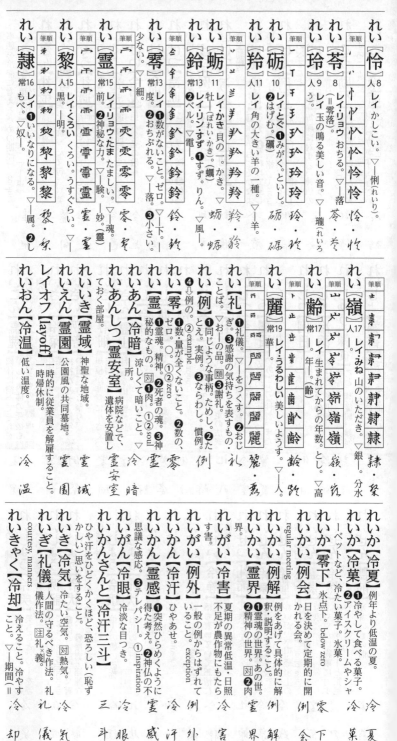

事態を冷静に考えるための期間)。cooling

れいきゅう【霊柩】ひつぎ。▽—車。coffin　霊柩

れいきん【礼金】謝礼金。　礼金

れいく【麗句】美しく飾った文句。▽美辞—。　麗句

れいぐう【礼遇】礼儀をつくしてもてなすこと。honorable treatment　礼遇

れいぐう【冷遇】冷淡に扱うこと。対厚遇。優遇。cold treatment　冷遇

れいけい【令兄】他人の兄の敬称。　令兄

れいけい【令閨】令室。　令閨

れいけつ【冷血】❶人間らしい情のないこと。▽—漢。❷体温が低いこと。①cold-hearted　冷血

れいげつ【例月】毎月。いつもの月。　例月

れいけつどうぶつ【冷血動物】変温動物。　動物

れいげん【冷厳】❶冷静でおごそかなようす。❷きわめて厳しいようす。▽—な事実。類❶厳格。①stern　冷厳

れいげん【例言】❶書物の凡例(はんれい)(のことば)。❷例としてのべること。　例言

れいげん【霊験】祈願に対する、神仏の不思議な力。ごりやく。れいけん。　霊験

れいこう【励行】❶はげみ行うこと。❷規律などをきちんと実行すること。　励行

れいこく【冷酷】思いやりがなく、むごいこと。cruel　冷酷

れいこん【霊魂】肉体に宿ってそれを動かし、肉体の死後も滅びないと考えられているもの。類魂。対肉体。soul　霊魂

れいさい【冷菜】中国料理で、冷たい前菜。　冷菜

れいさい【例祭】神社などで、毎年一定の日に行う祭り。annual festival　例祭

れいさい【零細】規模が非常に小さく、貧弱なこと。▽—企業。　零細

れいざん【霊山】神聖な山。霊峰。　霊山

れいし【令姉】他人の姉の敬称。　令姉

れいし【麗姿】美しい姿・形。麗容。　麗姿

れいじ【例示】実例として示すこと。illustration　例示

れいじ【零時】午前または午後一二時。　零時

れいしき【礼式】礼儀を表す一定の法式。礼法。manners　礼式

れいしつ【令室】他人の妻の敬称。令閨(れいけい)。令夫人。　令室

れいしつ【麗質】(女性の)生まれついてのみごとな性質。また、すぐれた生まれつき。▽親譲りの—に恵まれる。　麗質

れいじつ【例日】いつもの決まった日。定例日。　例日

れいしゅ【冷酒】❶ひや酒。❷冷やして飲む酒。冷用酒。　冷酒

れいじゅう【隷従】支配され、つき従うこと。類従属。隷属。follow　隷従

れいしょ【隷書】漢字の書体の一。篆書(てんしょ)を簡略化したもの。隷。　隷書

れいしょう【冷笑】軽蔑して冷ややかに笑うこと。▽—を浮かべる。sneer, cold smile　冷笑

れいしょう【例証】例をあげて証明すること。exemplification　例証

れいじょう【令状】❶命令を記した書状。❷捜索・逮捕などのために裁判所が発する命令書。②warrant　令状

れいじょう【令嬢】他人の娘の敬称。　令嬢

れいじょう【礼状】お礼の手紙。　礼状

れいじょう【霊場】霊地。　霊場

れいじん【麗人】美人。beauty　麗人

れいすい【冷水】冷たい水。cold water　冷水

れいせい【冷静】落ち着いていて感情に左右されないこと。▽沈着—。cool　冷静

れいせつ【礼節】礼儀と節度。　礼節

れいせん【冷泉】摂氏二五度未満の鉱泉。対温泉。cold spring　冷泉

れいせん【冷戦】国家間の、武器は使わないが、政治・経済上の激しい対立状態。冷たい戦争。cold war　冷戦

れいせん【霊泉】不思議な効能のある泉・温泉。　霊泉

れいぜん【冷然】冷ややかに物事に対するようす。▽—と拒絶する。　冷然

れいぜん【霊前】死者の霊の前。　霊前

れいそう【礼装】 儀式用の正式の服装。formal dress　礼装

れいぞう【冷蔵】 低温で貯蔵すること。▽—庫。cold storage　冷蔵

れいそく【令息】 他人の息子の敬称。　令息

れいぞく【隷属】 他の支配を受け、それに従うこと。▽大国に—する。類隷従。従属。subordination　隷属

れいそん【令孫】 他人の孫の敬称。　令孫

れいたいさい【例大祭】 例祭で、特に大きな祭り。　例大祭

れいたん【冷淡】 ❶思いやりのないこと。❷熱意・関心のないこと。▽仕事には—だ。② indifference　冷淡

れいだんぼう【冷暖房】 冷房と暖房。　冷暖房

れいち【霊地】 神仏が祭ってある神聖な土地。霊場。sacred place　霊地

れいちょう【霊長】 霊妙な力を持つ、最もすぐれたもの。▽万物の—。　霊長

れいちょうるい【霊長類】 哺乳(ほにゅう)類の中で人類・猿(さる)類など。primates　霊長類

れいてい【令弟】 他人の弟の敬称。　令弟

れいてつ【冷徹】 物事を冷静にするどく見通すこと。▽—な観察眼。　冷徹

れいてん【礼典】 礼儀に関する決まり。また、その書物。　礼典

れいてん【零点】 ❶点数が全くないこと。❷摂氏温度計で、氷点。① zero　零点

れいとう【冷凍】 食品を凍らせること。freezing　冷凍

れいねん【例年】 いつもの年。また、毎年。　例年

れいの【例の】 いつもの。あの。　例の

れいば【冷罵】 あざけりののしること。▽—を浴びせる。類嘲罵(ちょうば)。sneer　冷罵

れいはい【礼拝】 キリスト教で、神をおがむこと。類礼拝(らいはい)。worship　礼拝

れいはい【零敗】 試合で、一点もとれずに負けること。shutout　零敗

れいばい【霊媒】 死者の霊と人間の意思を通じさせる媒介者。psychic　霊媒

れいひつ【麗筆】 ❶きれいな筆跡。▽—をふるう。❷流麗な詩文。　麗筆

れいひょう【冷評】 冷淡な批評。　冷評

れいびょう【霊廟】 先祖の霊を祭った建物。霊堂。霊殿。みたまや。　霊廟

レイプ【rape】 強姦(ごうかん)。

れいふう【冷風】 冷たい風。対温風。　冷風

れいふく【礼服】 儀式用の衣服。式服。対平服。formal dress　礼服

れいふじん【令夫人】 令室。　令夫人

れいほう【礼法】 礼儀作法。礼式。　礼法

れいほう【礼砲】 敬意を表すために撃つ空砲。祝砲・弔砲など。salute　礼砲

れいほう【霊峰】 神聖な山。霊山。▽—富士。　霊峰

れいぼう【冷房】 室内の温度を下げること・装置。対暖房。air conditioning　冷房

れいぼく【零墨】 筆跡の断片。▽断簡—。　零墨

れいまい【令妹】 他人の妹の敬称。　令妹

れいみょう【霊妙】 神秘的で、すぐれているようす。　霊妙

れいめい【令名】 よい評判。名声。▽—が高い。　令名

れいめい【黎明】 夜明け。dawn　黎明

れいもつ【礼物】 謝礼に贈る品物。　礼物

れいらく【零落】 おちぶれること。落魄(らくはく)。淪落(りんらく)。対栄達。　零落

れいり【怜悧】 かしこいこと。類利発。clever　怜悧

れいりょう【冷涼】 ひんやりとすずしいこと。cool　冷涼

れいれいしい【麗麗しい】 すぐ目につくほど、はでなようす。▽—く名を連ねる。　麗麗しい

れいろう【玲瓏】 ❶美しくすみきって輝くようす。▽—たる月光。❷音色が美しくすんでいるようす。① brilliant　玲瓏

れいわ【令和】 二〇一九年五月一日より用いられている元号。　令和

レーゾンデートル【raison d'être フランス】 存在理由。存在価値。

レオタード【leotard】 体に密着する上下一体の服。

れき〔暦〕 常14 〔曆〕人16 レキ・こよみ こよみ。▽西—。太陽—。

れ

筆順 一 厂 厈 厤 厤 厤 暦 暦

れき【暦】→ (暦・暦)

れき〖歴〗常14〖歷〗人16 レキ ❶次々と通る。▽—訪。❷すぎた跡。▽—史。❸はっきりしたようす。▽—然。 歴・歴

筆順 一 厂 厈 厤 厤 厤 歴 歴

れき【礫】小石。石ころ。 礫

れきし【歴史】❶人間社会の興亡・変遷の過程(の記録)。❷歴史学。❸人物や事物の来歴。①〜③history 歴史

れきし【轢死】自動車・電車などの車輪にひかれて死ぬこと。 轢死

れきじつ【暦日】❶こよみ。❷年月の経過。①calendar 暦日

れきじゅん【歴巡】順々にめぐり歩くこと。類歴訪。 歴巡

れきすう【暦数】❶月日の運行から暦を作る方法。❷運命。❸年数。 暦数

れきせい【歴世】歴代。 歴世

れきせん【歴戦】数多くの戦闘を経験したこと。▽—の勇士。 歴戦

れきぜん【歴然】明白なようす。歴々。▽—たる証拠。類瞭然(りょうぜん)。obvious 歴然

れきだい【歴代】何代も続いてきたこと。歴世。▽—の天皇。類代々。 歴代

れきだん【轢断】列車などが人をひいてその体を切断すること。 轢断

れきちょう【歴朝】代々の朝廷。 歴朝

れきにん【歴任】次々と各種の要職に任命されてきたこと。 歴任

れきねん【暦年】暦上の一年。 暦年

れきねん【歴年】❶年月を経てきたこと。▽—の功。❷毎年。 歴年

れきねんれい【暦年齢】暦の上で数えた実際の年齢。生活年齢。 暦年齢

れきほう【歴訪】次々にいろいろな場所・人を訪ねること。▽中東諸国を—する。類歴巡。 歴訪

れきゆう【歴遊】各地をめぐり歩くこと。遊歴。round tour 歴遊

れきれき【歴歴】❶⇩御歴歴(おれきれき)。❷はっきりしているようす。歴然。▽努力のあとが—としている。 歴歴

レクチュア【lecture】講義。また、解説。レクチャー。

レシピ【recipe】料理・菓子の作り方。

レシピエント【recipient】臓器の提供を受ける患者。対ドナー。

レジメ【résumé《フランス》】⇩レジュメ。

レジュメ【résumé《フランス》】研究報告・講演などの要約。summary

レスキュー【rescue】救助。

レスポンス【response】反応。応答。

レセプション【reception】歓迎会。

レセプト【Rezept《ドイツ》】病院が出す診療報酬請求明細書の通称。

れつ〖列〗常6 レツ ❶ならべる。▽—挙。整—。❷ならんだもの。▽—島。序—。行—。❸参加する。▽—席。参—。 列・列

筆順 一 ア 歹 歹 列 列

れつ〖劣〗常6 レツ・おとる ❶力が弱い。▽—勢。❷質がおちる。▽—等。—悪。 劣・劣

筆順 丨 小 小 少 劣 劣

れつ〖烈〗常10 レツ はげしい。▽—火。熱—。 烈・烈

筆順 一 ア 歹 歹 列 列 列 烈 烈

れつ〖裂〗常12 レツ・さく・さける ❶さける。▽破—。❷ばらばらになる。▽決—。 裂・裂

筆順 ア 歹 歹 列 列 裂 裂 裂 裂

れつ【列】❶並んだもの。連なり。❷仲間。グループ。❸一続きのものを数える語。①line 列

れつあく【劣悪】ひどく劣っていること。▽—な環境。inferior 劣悪

れっか【劣化】品質などが悪くなること。▽コンクリートの—。deterioration 劣化

れっか【烈火】激しく燃える火。▽—のごとく怒る。blazing fire 烈火

れっき【列記】一つ一つ順に並べて書くこと。list 列記

れっきとした【歴とした】❶身分・家柄の高いようす。❷出所の明白なようす。▽—証拠。②undeniable 歴とした

れっきょ【列挙】一つ一つ並べあげること。類枚挙。enumeration 列挙

れっきょう【列強】強い国々。 列強

れっこく【列国】多くの国々。諸国。 列国

れつざ【列座】列席。 列座

れっし【烈士】節操を守り通す、雄々しい男子。烈夫。 烈士

れつじつ【烈日】❶激しく照りつける太陽。❷激しい勢いのたとえ。　烈日

れっしゃ【列車】旅客や貨物を輸送する一続きの鉄道車両。train　列車

れつじゃく【劣弱】力が劣って弱いようす。　劣弱

れっしょう【裂傷】皮膚が裂けた傷。laceration　裂傷

れつじょう【劣情】いやしい情欲。　劣情

れっする【列する】❶並ぶ。並べる。▽式に—。❷仲間に加わる、加える。▽大国に—。　列する

れっせい【劣性】遺伝で、子の代に現れず、子孫になって現れる形質。対優性。recessive character　劣性

れっせい【劣勢】勢力が劣っていること。▽—を挽回（ばんかい）する。対優勢。　劣勢

れっせき【列席】席に連なること。列座。attendance　列席

れつでん【列伝】多くの人々の伝記を書き連ねたもの。　列伝

れっとう【列島】列をなして並んでいる島々。▽日本—。archipelago　列島

れっとう【劣等】能力・品質などが劣っていること。類優等。inferior　劣等

れっとうかん【劣等感】自分が他人より劣っていると思い込む意識。対優越感。inferiority complex　劣等感

レッドカード【red card】サッカーなどで、退場処分を示す、赤色のカード。

れっぱく【裂帛】絹を引きさくこと。鋭い声・音の形容。▽—の気合い。shrill　裂帛

れっぷう【烈風】激しい風。violent wind　烈風

れつれつ【烈烈】勢い・意気込みなどが激しいようす。▽—たる闘志。　烈烈

レトリック【rhetoric】修辞（法）。

レトルトしょくひん【レトルト食品】調理ずみの食品を袋につめて密封したもの。retort-packed food　食品

レトロ　懐古趣味。懐古調。re、trospective（フランス語）から。

レビュー【review】評論。批評。▽ブック—。

レビュー【revue フランス】歌・踊り・劇などを組み合わせた華やかなショー。

レファレンス【reference】❶参考。参照。❷照会。

レプリカ【replica】複製。特に、優勝カップなどの複製品。

れん【恋】常10　レン・こう・こい・こいしい　こい。こいする。▽—愛。悲—。（戀）

筆順　亠 ナ 亣 亦 亦 亦 恋 恋　　恋・恋

れん【連】常10　レン・つらなる・つらねる・つれる　❶並んで続く。▽—名。❷かかわる。▽関—。❸なかま。▽常—。

筆順　一 百 百 亘 車 連 連 連　　連・連

れん【煉】人13　レン・ねる　鉱石を熱してねる。▽精—（＝精錬）。—瓦（れんが）。

筆順　火 炉 炉 炉 炉 炼 煉 煉　　煉・煉

れん【廉】常13　レン　❶いさぎよい。▽清—。❷価格が安い。▽—価。（廉）

筆順　广 广 庐 庐 庐 廉 廉　　廉・廉

れん【蓮】人13　レン・はす　はす。水草の一。▽—華（れんげ）。睡—（すいれん）。

筆順　艹 芒 苩 莒 莗 蓮 蓮　　蓮・蓮

れん【漣】人14　レン・さざなみ　さざなみ。こまかいなみ。

筆順　氵 洹 洹 漣 漣 漣 漣 漣　　漣・漣

れん【練】常14【練】人15　レン・ねる　ねる。きたえる。習熟する。▽—習。—磨（れんま）。熟—。訓—。試—。精—。

筆順　糸 糸 糸 紅 絅 縛 練　　練・練

れん【憐】人16　レン・あわれむ　❶あわれむ。▽—憫（れんびん）。❷かわいがる。▽可—。（憐）

筆順　忄 忄 忄 憐 憐 憐 憐 憐　　憐・憐

れん【錬】常16【鍊】人17　レン　❶金属をねる。▽精—。❷きたえる。▽—磨。

筆順　金 金 金 釦 鈳 鉮 錬　　錬・錬

れん【聯】17　レン・つらなる　❶つらなる。▽—合。❷対をなす。▽—句。多く「連」に書きかえる。　聯・聯

れん【聯】❶壁や柱などに左右一対で飾る、書画をかいた板。❷漢詩で、律詩の対句（ついく）。聯句。　聯

れんあい【恋愛】互いに愛し合うこと。love　恋愛

れんか【廉価】値段が安いこと。安価。▽—販売。inexpensive price　廉価

れんが【煉瓦】粘土に砂・石灰を練りまぜて焼いた土木・建築材料。　煉瓦

brick

れんかん【連関】 関連。relation　連関

れんき【連記】 二人以上の氏名を並べて書くこと。図単記。　連記

れんきゅう【連休】 休日が続くこと。また、連続する休日。　連休

れんぎょう【連翹】 落葉低木の一。早春、黄色の花が咲く。　連翹

れんきんじゅつ【錬金術】 ❶中世ヨーロッパで、鉄・銅などから貴金属をつくり出そうとした化学技術。❷お金をふやす技術。①alchemy　錬金術

れんげ【蓮華】 ❶れんげそう。❷はすの花。❸散りれんげ。②lotus flower　蓮華

れんけい【連係】 〈連繫〉互いにつながりをもつこと(もたせること)。▽内外野の—プレー。connection　連係

れんけい【連携】 互いに連絡をとり、協力して行うこと。▽官民—の開発計画。co-operation　連携

れんげそう【蓮華草】 草花の一。春、赤紫色の小形の花が咲く。牧草・緑肥用。げんげ。れんげ。Chinese milk vetch　蓮華草

れんけつ【連結】 一続きに結び合わせること。coupling　連結

れんけつ【廉潔】 心が正しくて私欲がないようす。清廉潔白。integrity　廉潔

れんこ【連呼】 同じことばを繰り返して叫ぶこと。calling repeatedly　連呼

れんこう【連行】 (犯人などを)連れて行くこと。▽容疑者を—する。　連行

れんごう【連合】 二つ以上のものがまとまって一つになること。▽—軍。union　連合

れんごく【煉獄】 カトリックで、死者の霊魂が天国にはいる前に火によって苦しみ清められる所。purgatory　煉獄

れんこん【蓮根】 はすの地下茎。食用。はすね。　蓮根

れんさ【連鎖】 鎖(くさり)のようにつながっていること。chain　連鎖

れんざ【連座】 他人の犯罪行為に関与して罰せられること。同座。連累(れんるい)。implication　連座

れんさい【連載】 新聞・雑誌に続き物として掲載すること。serialization　連載

れんさく【連作】 ❶毎年、同じ耕地に同じ作物を作ること。❷同一作者が同一主題に基づく一連の作品を作ること。❸数人の作家が一部ずつ受け持って、一編の作品にまとめること。　連作

れんさつ【憐察】 同情して察すること。▽何とぞ事情を御—ください。　憐察

れんさはんのう【連鎖反応】 一つの反応や事件が、次々に同類のことを引き起こすこと。chain reaction　連鎖

れんざん【連山】 つらなり続く山々。　連山

れんじ【櫺子】 〈連子〉窓や欄間(らんま)に一定の間隔でとりつけた桟(さん)。▽—窓。　櫺子

れんじつ【連日】 (引き続いて)毎日。　連日

れんしゅ【連取】 スポーツなどで、続けざまに点やセットを取ること。▽二セットを—する。　連取

れんじゅ【連珠】 ❶たまをつなぐこと。また、つないだたま。❷五目並べ。　連珠

れんしゅう【練習】 繰り返して習うこと。類稽古(けいこ)。practice, exercise　練習

れんじゅう【連中】 ❶⇩れんちゅう。❷音曲などをいっしょにするなかま。　連中

れんじゅく【練熟】 熟練。　練熟

れんしょ【連署】 同一文書に二人以上が名をつらねて署名すること。類連名。joint signature　連署

れんしょう【連勝】 ❶続けて勝つこと。❷競馬・競輪などで、一、二着を組みにして当てること。②combination　連勝

れんじょう【恋情】 恋いしたう心。　恋情

れんじょう【憐情】 あわれむ気持ち。　憐情

れんせい【練成】 〈錬成〉心身をきたえて立派にすること。錬磨育成。▽身心を—する。—道場。　練成

れんせん【連戦】 続けて戦うこと。　連戦

れんそう【連想】 あることから、それに関連した他のことを思い浮かべること。association　連想

れんぞく【連続】 切れ目なく続くこと。また、続けること。succession　連続

れんだ【連打】 ❶続けて打つこと。❷野球で、続けてヒットを打つこと。　連打

れ

れんたい【連帯】❶協力し、ともに責任をもつこと。▽―責任。❷団結。注連×体責任。①joint 連帯

れんたい【連隊】軍隊編制単位の一。三、四個の大隊からなる。regiment 連隊

れんたつ【練達】練習を積み重ねて熟達すること。熟練。▽―の士。skill 練達

レンタカー【rent-a-car】貸し自動車。

レンタル【rental】(短期間の)賃貸。

れんたん【練炭】〈煉炭〉木炭・石炭・コークスなどの粉を練り固めた燃料。 練炭

れんだん【連弾】一つの楽器を二人で弾くこと。four-hand performance 連弾

れんちゅう【連中】仲間。れんじゅう。 連中

れんちょく【廉直】心が清くて正直なこと。honest 廉直

れんとう【連投】野球で、同じ投手が二試合以上続けて登板すること。 連投

れんどう【連動】主になるものを動かすと、連結する他の部分も動くこと。▽―装置(そうち)。linkage 連動

れんにゅう【練乳】〈煉乳〉牛乳を濃縮したもの。condensed milk 練乳

れんねん【連年】(続いて)毎年。▽―の豊作。 連年

れんぱ【連破】続けざまに負かすこと。▽連戦―。 連破

れんぱ【連覇】続けて優勝すること。▽三―をなしとげる。successive victories 連覇

れんばい【廉売】安売り。 廉売

れんぱい【連敗】続けて負けること。successive defeats 連敗

れんぱく【連泊】連続して宿泊すること。 連泊

れんぱつ【連発】❶続けざまに起こること。❷続けて放つこと。▽―銃。 連発

れんばん【連番】連続している番号。 連番

れんぱん【連判】連署したものに印を押すこと。れんばん。▽―状。 連判

れんびん【憐憫】〈憐愍〉かわいそうだと思うこと。あわれみ。▽―の情。pity 憐憫

れんぼ【恋慕】恋いしたうこと。love 恋慕

れんぽう【連邦】複数の国が平等な関係で結合した国。union 連邦

れんぽう【連峰】つらなり続く峰々。類連山。mountain range 連峰

れんま【練磨】〈錬磨〉心・体・技をきたえみがくこと。類鍛練。training 練磨

れんめい【連名】二人以上の名前を並べて書くこと。類連署。 連名

れんめい【連盟】共通の目的のために協力することをちかい合うこと。また、その組織。類同盟。league 連盟

れんめん【連綿】長く続いて絶えないようす。▽―たる血統。 連綿

れんや【連夜】(続いて)毎夜。▽連日―。 連夜

れんよう【連用】❶連続使用。▽薬の―。❷文法で、用言に続くこと。 連用

れんらく【連絡】❶つながりをつけること。つながること。▽―船。❷知らせること。通知。①②contact 連絡

れんり【連理】❶一本の木の枝が他の枝と結合し、一つになること。❷男女の仲がむつまじいこと。▽比翼―。 連理

れんりつ【連立】複数のものが同時に並び立つこと。▽―内閣(＝二つ以上の政党でつくる内閣)。coalition 連立

れんれん【恋恋】❶恋いしたって思い切れないようす。❷未練がましいようす。▽政権に―とする。 恋恋

ろ ロ

ろ〔呂〕常7 ロ 音やことばの調子。▽語―。―律(ろれつ)。 呂・呂

筆順

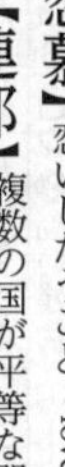

ろ〔炉〕常8 ロ こんろ。かまど。▽―端(ろばた)。暖―。溶鉱―。 炉・炉

筆順

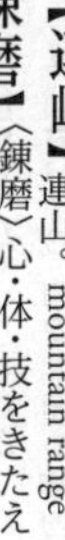

ろ〔賂〕常13 ロ 不正な金品をおくる。▽賄―(わいろ)。 賂・賂

筆順

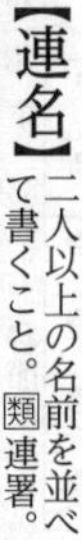

ろ〔路〕常13 ロ・じ ❶みち。▽道―。家―(いえじ)。❷すじみち。▽理―。 路・路

筆順

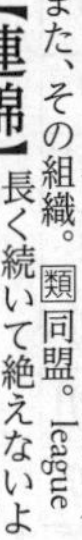

ろ〔魯〕人15 ロ おろかなようす。▽―鈍。 魯・魯

筆順

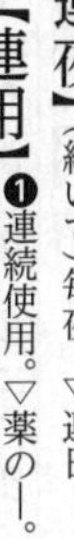

ろ〔櫓〕人19 ロ・やぐら ❶船をこぐ、ろ。❷高い台。やぐら。▽物見―。

ろ〔露〕常21 ロ・ロウ・つゆ ❶つゆ。❷雨ざらし。▽―天。❸あらわれる。▽―見。❹「露西亜《ロシア》」の略。

ろ〔鷺〕⇩さぎ

ろ【炉】❶いろり。暖炉。❷加熱して、物質をとかしたり、化学反応を起こさせたりする装置。溶鉱炉など。

ろ【櫓】〈艪〉和船をこぐ、さお状の道具。船尾にとりつけてある。

ろあく【露悪】自分の欠点などをわざとさらけ出すこと。▽―趣味。

ロイヤリティー【loyalty】忠誠心。ロイヤルティー。

ロイヤリティー【royalty】特許権・著作権の使用料。ロイヤルティー。

ろう〔老〕常6 ロウ・おいる・ふける ❶年をとる。年より。▽敬―。❷経験をつむ。▽―練。

ろう〔労〕常7 ロウ ❶つかれる。▽疲―。❷はたらく。▽―働。❸いたわる。▽慰―。（勞）

ろう〔弄〕常7 ロウ・もてあそぶ ❶もてあそぶ。▽翻―。玩―。❷なぐさみものにする。▽愚―。

ろう〔牢〕7 ロウ ❶ろうや。▽―獄。❷固い。▽堅―。

ろう〔郎〕常9〔郞〕人10 ロウ 立派なおとこ。▽―党。新―。

ろう〔朗〕常10〔朗〕人11 ロウ・ほがらか ❶ほがらか。▽明―。❷声が高らか。▽―読。

ろう〔浪〕常10 ロウ ❶なみ。▽波―。❷気ままなようす。▽放―。❸節度がない。▽―費。

ろう〔婁〕11 ロウ・ル ひく。ひっぱる。

ろう〔廊〕常12〔廊〕人13 ロウ 部屋や建物をつなぐ通路。▽―下。回―。

ろう〔楼〕常13 ロウ ❶高い建物。▽―閣。❷ものみやぐら。▽望―。（樓）

ろう〔榔〕14 ロウ 「檳榔《びんろう》」は、常緑高木の名。

ろう〔漏〕常14 ロウ・もる・もれる・もらす ❶もれる。▽―水。❷秘密が外に知れる。❸忘れる。▽遺―。

ろう〔蠟〕人21〔蝋〕14 ロウ 動植物からとる、ろう。▽―燭《ろうそく》。

ろう〔籠〕常22 ロウ・かご・こもる ❶かご。▽鳥―。❷こもる。▽―城。

ろう〔聾〕22 ロウ 耳が不自由なこと。▽―唖《ろうあ》。

ろう〔狼〕⇩おおかみ　ろう〔糧〕⇩りょう

ろう〔露〕⇩ろ

ろう【労】骨折り。▼―多くして功少なし 苦労の多いわりには効果が少ない。▼―を多《た》とする 苦労をねぎらい感謝する。▼―を執《と》る 人のために力を尽くす。

ろう【牢】ろうや。prison

ろう【蠟】燃えやすく、とけやすい脂肪に似た物質。wax

ろう【鑞】金属の接合に用いる合金の総称。はんだなど。solder

ろうあ【聾唖】耳・口が不自由なこと・人。

ろうえい【朗詠】詩歌に節《ふし》をつけて歌うこと。類朗吟。

ろうえい【漏洩】秘密がもれること。ろうせつ。▽機密が―する。leakage

ろうえき【労役】強制的な肉体労働。

ろうおく【陋屋】狭くてみすぼらしい家。また、自分の家の謙譲語。陋居。陋宅。▽―にお越しください。

ろうか【老化】年をとって心身の機能がおとろえること。▽―現象。ageing

ろうか【廊下】建物の細長い通路。corridor

ろうかい【老獪】世なれて悪がしこいこと。▽―な人物。sly

ろうがい【労咳】漢方で、肺結核。

ろうかく【楼閣】高くて立派な建物。たかどの。▽砂上の—。tower　楼閣

ろうがん【老眼】年をとって、近くや小さい字などが見えにくくなること。また、そのような目。▽—鏡。　老眼

ろうきゅう【老朽】年をとったり使い古したりして役にたたなくなること・物。▽—化。decrepitude　老朽

ろうきゅう【籠球】バスケットボール。　籠球

ろうきょ【籠居】家にこもること。　籠居

ろうきょう【老境】老人の心境・境地。　老境

ろうきょく【浪曲】浪花節（なにわぶし）。　浪曲

ろうぎん【朗吟】朗詠。　朗吟

ろうく【老軀】老体。▽—に鞭（むち）打って働く。　老軀

ろうく【労苦】骨折り。苦労。toil　労苦

ろうけい【老兄】❶年をとった兄。❷年上の友人の敬称。　老兄

ろうげつ【臘月】陰暦一二月の別称。　臘月

ろうけつぞめ【蠟纈染め】ろうで模様をかいて染める染色法。ろう染め。batik　蠟纈

ろうけん【老健】年をとっても心身がじょうぶなこと。　老健

ろうこ【牢固】たやすくくずれないようす。▽—たる信念。類堅固。firm　牢固

ろうご【老後】年をとってのち。晩年。　老後

ろうこう【老公】高貴な老人の敬称。　老公

ろうこう【老巧】経験を積んでいて、巧みなこと。▽捕手の—なリード。類老練。seasoned　老巧

ろうこう【陋巷】狭くて汚い裏町。　陋巷

ろうごく【牢獄】ろうや。獄。prison　牢獄

ろうこつ【老骨】❶老体。❷老人が自分をいう謙譲語。▼—に鞭（むち）打つ 老人がわが身をはげまし努力する。　老骨

ろうさい【老妻】老いた（自分の）妻。　老妻

ろうさく【労作】❶苦労して作った作品。❷労働。①laborious work　労作

ろうざん【老残】老いて、生きながらえること。▽—の身。　老残

ろうし【老師】❶年をとった先生。❷年をとった僧に対する総称。　老師

ろうし【労使】労働者と使用者。労働組合と会社。▽—交渉。　労使

ろうし【労資】労働者と資本家。　労資

ろうし【浪士】主家を離れ、禄（ろく）を失った武士。浪人。　浪士

ろうしゃ【聾者】耳の不自由な人。　聾者

ろうじゃく【老若】⇩ろうにゃく。　老若

ろうじゃく【老弱】❶老人と子供。老幼。❷年老いて体が弱いこと。　老弱

ろうしゅう【老醜】年をとってみにくくなること。▽—をさらす。　老醜

ろうしゅう【陋習】悪い習慣・しきたり。悪弊。類悪習。evil custom　陋習

ろうじゅく【老熟】経験を積み熟達すること。類老成。matured skill　老熟

ろうしゅつ【漏出】もれて出ること。もらして出すこと。leakage　漏出

ろうじょ【老女】❶年をとった女。❷武家に仕えた侍女の長。　老女

ろうしょう【老少】年寄りと若者。　老少

ろうしょう【朗唱】〈朗誦〉高らかに歌うこと。　朗唱

ろうじょう【籠城】❶城にたてこもること。❷家などにとじこもって、外に出ないこと。　籠城

ろうしょうふじょう【老少不定】人の寿命は年齢に関係なくだれが先に死ぬかわからないこと。　老少

ろうじん【老人】年をとった人。年寄り。法律で、六五歳以上の人。the old　老人

ろうすい【老衰】年をとって心身がおとろえていく状態（での死）。　老衰

ろうすい【漏水】水もれ。water leak　漏水

ろうする【労する】❶苦労する。▽—せずして手に入れる。❷苦しませる。　労する

ろうする【弄する】もてあそぶ。▽策を—。　弄する

ろうする【聾する】耳を聞こえなくする。▽耳を—爆音。　聾する

ろ

ろうせい【老生】老年の男性が自分をいう謙譲語。 老生

ろうせい【老成】❶大人びること。❷経験を積み円熟すること。類❷老熟。 老成

ろうぜき【狼藉】❶乱暴な行い。❷物が散らかっていること。▽落花—。 狼藉

ろうそく【蠟燭】糸をしんにして棒状にろうで固めたもの。灯火用。candle 蠟燭

ろうたい【老体】❶年をとった体。老軀。老骨。老身。❷老人。年寄り。 老体

ろうだい【老台】年長の男性への敬称。(主に男性が)手紙文で使う。 老台

ろうたいか【老大家】年をとったその道の大家。elderly authority 老大家

ろうたける【臈長ける】女性が、美しくて気品がある。 臈長け

ろうだん【壟断】独占。 壟断

ろうちん【労賃】労働の賃金。労銀。 労賃

ろうでん【漏電】絶縁が悪く電気がもれて流れること。short circuit 漏電

ろうと【漏斗】⇩じょうご。funnel 漏斗

ろうとう【郎党】〈郎等〉武家の家臣。また、家来。従者。ろうどう。▽一族—。 郎党

ろうどう【労働】❶頭や体を使って働くこと。❷賃金・報酬を受けとるために働くこと。①②work, labor 労働

ろうどく【朗読】詩や文章を声に出して読むこと。類朗誦(ろうしょう)。注×郎読。reading 朗読

ろうにゃく【老若】年寄りと若者。ろうじゃく。類老少。 老若

ろうにゃくなんにょ【老若男女】すべての人々。 男女

ろうにん【浪人】❶浪士。❷入学試験に不合格となり、学籍のない人。 浪人

ろうねん【老年】年をとったこと・人。類老齢。old age 老年

ろうば【老婆】年老いた女性。老女。対老爺(ろうや)。 老婆

ろうはい【老廃】古くなって役立たなくなること。▽—物。 老廃

ろうはい【老輩】❶老人たち。❷老人が自分をいう謙称。 老輩

ろうばい【狼狽】うろたえさわぐこと。▽周章(しゅうしょう)—。confusion 狼狽

ろうばしん【老婆心】必要以上の親切心。老婆心切。老婆親切。▽—ながら忠告するが…。 老婆心

ろうひ【浪費】むだ使い。waste 浪費

ろうふ【老父】年をとった父親。対老母。 老父

ろうほ【老舗】〈老鋪〉しにせ。 老舗

ろうぼ【老母】年をとった母親。対老父。 老母

ろうほう【朗報】うれしい知らせ。対悲報。good news 朗報

ろうまん【浪漫】⇩ロマン❷。 浪漫

ろうむ【労務】❶賃金を得るための労働。❷労働に関する事務。▽—管理。 労務

ろうもん【楼門】二階造りの門。 楼門

ろうや【老爺】年をとった男。対老婆。 老爺

ろうや【牢屋】罪人を閉じこめておく所。牢。牢獄。prison 牢屋

ろうよう【老幼】年寄りと子供。 老幼

ろうらい【老来】年をとってこのかた。▽—ますます円熟。 老来

ろうらく【籠絡】人をうまく言いくるめて、思いどおりにあやつること。 籠絡

ろうりょく【労力】❶骨折り。❷労働力。①toil 労力

ろうれい【老齢】老年。高齢。old age 老齢

ろうれん【老練】経験を積んで上手なこと。類老巧。老熟。experienced 老練

ろうろう【浪浪】さすらうこと。 浪浪

ろうろう【朗朗】声が大きくはっきりしているようす。▽音吐—。sonorous 朗朗

ろえい【露営】野外に陣営をかまえること。野営。camping 露営

ローカル【local】地方に関係すること。地方的。

ローン【lawn】芝生。▽—テニス。

ローン【loan】貸し付け。貸付金。

ろか【濾過】液体をこして、まざりものを取り除くこと。filtration 濾過

ろ

ろかた【路肩】道路の両はし。ろけん。 路肩

ろぎょのあやまり【魯魚の誤り】似た文字の誤り。 魯魚

ろく〔六〕常4 ロク・む・むっ・むっつ・むい 数の六。六番目。▽―法（ろっぽう）。―日（むいか）。
筆順 丶 亠 六 六
六・六

ろく〔肋〕人6 ロク・あばら あばらぼね。▽―骨。―膜。
筆順 丿 月 月 月 肋 肋
肋・肋

ろく〔禄〕人12〔祿〕人13 ロク ❶さいわい。▽福―。❷俸給。▽俸―。
筆順 ラ ネ ネ ネ 禄 禄 禄
禄・禄

ろく〔漉〕14 ロク・こす ❶こす。❷（紙や海苔（のり）を）すく。
漉・漉

ろく〔録〕常16〔錄〕人16 ロク ❶しるす。書きしるす。▽―音。―画。記―。❷書いたもの。▽目―。議事―。
筆順 ㇀ 牟 金 金 釒 録 録
録・録

ろく〔麓〕常19 ロク・ふもと ふもと。山すそ。▽山―。
筆順 木 林 林 林 麓 麓 麓
麓・麓

ろく〔緑〕⇩りょく

ろく【禄】武士の給与。給金。▽―を食（は）む。 禄

ろく【碌】正常なこと。まとも。普通。▽―でもない話。―に眠っていない。 碌

ログアウト【log-out】利用者情報を入力して利用し始めたコンピューターに、使用終了を宣言すること。対ログイン。log out

ログイン【log-in】コンピューターに利用者情報を入力して利用を始めること。対ログアウト。log in

ろくおん【録音】音声を記録すること。recording 録音

ろくが【録画】映像をビデオテープなどに記録すること。telerecording 録画

ろくじゅうろくぶ【六十六部】❶法華（ほけ）経を六六部書写して、六六の霊場に納めて歩く僧。❷物ごいして歩く巡礼。 六十六

ろくしょう【緑青】銅の表面にできる緑色の有毒なさび。verdigris 緑青

ろくする【録する】記録する。▽名を―して後世に伝える。 録する

ろくだか【禄高】武士が主君から受けた給与の額。石高（こくだか）。 禄高

ログハウス【log house】丸太を組み合わせて造った家。

ろくぼく【肋木】二本の柱の間に、たくさんの横棒を通した体操用具の一つ。wall bars 肋木

ろくよう【六曜】先勝・友引・先負・仏滅・大安・赤口（しゃっく）日（にち）の総称。 六曜

ろくろ【轆轤】❶滑車。❷唐傘（からかさ）の柄の上部の、開閉するしかけ。❸陶器をつくるのに使う回転台。③potter's wheel

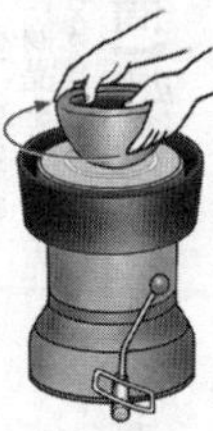
轆轤❸

ろくろく【碌碌】満足に。ろくに。ろくすっぽ。▽―寝ていない。

ろけん【路肩】⇩ろかた。 路肩

ろけん【露見】〈露顕〉秘密や悪事が明るみに出ること。▽悪事が―する。類発覚。exposure 露見

ロゴ【logo】「ロゴタイプ」の略。

ろこう【露光】露出❷。 露光

ロゴタイプ【logotype】会社名や商品名を図案化したもの・文字。ロゴ。

ろこつ【露骨】あからさまに表すこと。▽―に表現する。blatant 露骨

ろざ【露座】屋根のない所にすわること。▽―の大仏。 露座

ろし【濾紙】液体をこすための紙。濾過紙。こしがみ。filter paper 濾紙

ろじ【路次】道の途中。途次。 路次

ろじ【路地】❶家と家の間の、狭い通路。❷門内や庭の通路。露地。①alley 路地

ろじ【露地】❶おおいのない地面。▽―栽培。❷〈路地〉茶室の庭（の道）。 露地

ロジスティックス【logistics】市場動向に即応する情報・物流システム。

ろしゅつ【露出】❶むき出しにすること。▽肌を―する。❷写真撮影で、シャッターを切って光をフィルム・乾板に当てること。露光。①②exposure 露出

ろじょう【路上】❶道の上。道ばた。❷どこかへ行く途中。途上。▽駅への―で知人に会う。 路上

ロス【loss】❶損失。損害。❷むだ。空費。

ロスタイム サッカー・ラグビーなどで、負傷・反則などのためにプレーが止まった時間。後で、その分試合を延長する。インジャリータイム。和製語。lossとtimeから。

ろせん【路線】 ❶交通機関が通る道筋。❷基本的な方針。▽平和—。現実的な—を歩む。①route ②line 路線

ろだい【露台】 ❶屋根のない台・舞台。❷バルコニー。①roofless stage 露台

ろっかん【肋間】 肋骨と肋骨の間。 肋間

ろっこつ【肋骨】 ❶胸部を形づくる一二対の骨。あばら骨。❷船体の外側を形づくる肋骨状の骨組み。①②rib 肋骨

ろっこん【六根】 仏教で、迷いのもととなる六つの感覚器官。眼・耳・鼻・舌・身・意。 六根

ろっこんしょうじょう【六根清浄】 ❶六根からくる迷いをたち切って清らかになること。❷登山や寒参りなどで唱える語。 六根清浄

ろっぷ【六腑】 漢方で、大腸・小腸・胆(きも)・胃・三焦(さんしょう)・膀胱(ぼうこう)。▽五臓—。 六腑

ろっぽう【六方】 ❶東西南北と天地。❷歌舞伎で、手をふって高く足踏みする独特な歩き方。▽—をふむ。 六方

ろっぽう【六法】 ❶憲法・刑法・民法・商法・刑事訴訟法・民事訴訟法のこと。❷六法全書。 六法

ろてい【路程】 目的地までのみちのり・時間。道程。行程。schedule 路程

ろてい【露呈】 むき出しになること。▽欠陥が—する。exposure 露呈

ろてん【露天】 屋根のない所。家の外。▽—風呂(ぶろ)。open-air 露天

ろてん【露店】 道ばたに商品を並べて売る店。open-air stall 露店

ろてんしょう【露天商】 露天で品物を広げて商売をする人。注露×店商。 露天商

ろとう【路頭】 道ばた。roadside ▼—に迷う 収入や住む家がなくなって、暮らしにこまる。 路頭

ろとう【露頭】 地層・鉱床などが地表に現れ出ている所。 露頭

ろどん【魯鈍】 おろかでにぶいこと。 魯鈍

ろば【驢馬】 家畜の一。馬に似ているが、小形で耳が大きい。うさぎうま。donkey 驢馬

ろばた【炉端】 いろりや暖炉のそば。炉辺。fireside 炉端

ろばん【路盤】 道路や鉄道路線の基盤となる地盤。路床。roadbed 路盤

ろぶつ【露仏】 露天におかれた仏像。 露仏

ロフト【loft】 ❶屋根裏。❷ゴルフのクラブの打球面の傾斜角度。

ろへん【炉辺】 ろばた。▽—談話。fireside 炉辺

ろぼう【路傍】 道ばた。roadside 路傍

ロマン【roman】フランス ❶(長編)小説。❷夢や冒険にみちた事柄。浪漫。ローマン。

ろめい【露命】 露のようにはかない命。▼—を繋(つな)ぐ 細々と生活する。 露命

ろめん【路面】 道路の表面。 路面

ろよう【路用】 「旅費」の古い言い方。 路用

ろれつ【呂律】 ことばの調子。▼—が回らない 舌がよく動かず、話すことばがはっきりしない。 呂律

ろん〔論〕 常15 ロン ❶筋道をたてて説く。▽—説。❷意見。▽国—。 論・論

筆順 言 言 訁 訡 訡 訡 論 論

ろん【論】 ❶筋の通った意見。❷議論。▽—を戦わせる。②argument ▼—より証拠(しょうこ) 議論より証拠を出すほうが大切だ。▼—を俟(ま)たない 論じるまでもない。 論

ろんがい【論外】 ❶議論の範囲外。▽そんなとっぴな意見は、—だ。❷もってのほか。問題外。▽—の要求。 論外

ろんかく【論客】 議論の好きな人。また、議論の巧みな人。ろんきゃく。 論客

ろんぎ【論議】 議論。discussion 論議

ろんきゃく【論客】 ⇩ろんかく。 論客

ろんきゅう【論及】 議論がその事に及ぶこと。▽環境問題に—する。 論及

ろんきゅう【論究】 物事の道理を論じきわめること。 論究

ろんきょ【論拠】 議論のよりどころ。 論拠

ろんこう【論功】 功績の大小を論じてきめること。 論功

ろんこう【論考】 ある事柄を論じて考察すること。また、その著作。▽日本文学—。 論考

ろんこうこうしょう【論功行賞】 論功に応じた賞をあたえること。 論功行賞

ろんこく【論告】刑事裁判で、検事が被告の罪を論じて求刑すること。 論告

ろんし【論旨】議論の主旨。drift 論旨

ろんじゃ【論者】議論をする人。 論者

ろんしゅう【論集】論文集。 論集

ろんじゅつ【論述】筋道を立てて、論じ述べること。statement 論述

ろんしょう【論証】証拠をあげ、論理的に証明すること。▽資料を用いて―する。 論証

ろんじる【論じる】❶筋道を立てて述べる。▽文学を―。❷議論をする。②argue 論じる

ろんじん【論陣】論の組み立て。▽―を張る。 論陣

ろんせつ【論説】❶是非を論じ述べること。❷新聞の社説。②editorial 論説

ろんせん【論戦】議論を戦わすこと。 論戦

ろんそう【論争】互いに自説を主張して争うこと・議論。debate 論争

ろんだん【論断】論じて判断を下すこと。▽簡単には―できない。conclusion 論断

ろんだん【論壇】❶言論界。❷演壇。 論壇

ろんちょう【論調】議論の調子・傾向。 論調

ろんてき【論敵】議論を戦わす相手。 論敵

ろんてん【論点】議論の中心点。main topic 論点

ろんなん【論難】論じて非難すること。▽―の的（まと）となる。criticism 論難

ろんぱ【論破】議論して相手を打ち負かすこと。confutation 論破

ろんばく【論駁】相手の説に反撃すること。反論。argue back 論駁

ろんぴょう【論評】論じて批評すること。また、その批評。▽政府案に―を加える。▽comment 論評

ろんぶん【論文】❶筋道を立てて自分の意見を述べた文章。❷研究の結果をまとめた文章。②paper, thesis 論文

ろんぽう【論法】論の進め方・立て方。logic 論法

ろんぽう【論鋒】議論のほこさき。また、議論を進める勢い。▽責任を―鋭く追及する。 論鋒

ろんり【論理】❶議論や考え方の筋道。❷思考や客観的事物の間にある法則・形式。❸論理学。①～③logic 論理

わ ワ

わ〔和〕8 常 ワ・オ・やわらぐ・やわらげる・なごむ・なごやか ❶おだやか。▽温―。❷やわらぐ。▽―解。❸合わせる。▽唱―。❹合計数。❺日本。▽―服。 和・和

筆順 一 二 千 禾 禾 和 和 和

わ〔倭〕人10 ワ・やまと 日本。日本人。▽―国。 倭・倭

筆順 亻 亻 仁 仟 佞 倭 倭

わ〔話〕常13 ワ・はなす・はなし ❶はなす。▽会―。❷はなし。▽民―。 話・話

筆順 亠 言 言 言 訁 計 話 話

わ【羽】鳥・うさぎなどを数える語。 羽

わ【把】たばねた物を数える語。 把

わ【和】❶仲よくすること。▽―を結ぶ。❷仲直りすること。❸数を加えた値。対❸差。 和

わ【輪】❶〈環〉細長いものをまるくしたもの。❷車輪。①ring ②wheel ▼―を掛（か）ける おおげさにする。 輪

ワーク【work】仕事。work ▼―アウト 運動。トレーニング。▼―シェアリング 仕事を複数人で分担し、労働時間を減らすこと。▼―ショップ 研究会。

ワースト【worst】いちばん悪い。対ベスト。

ワードプロセッサー【word processor】コンピュータを用いた文書作成機。ワープロ。

ワープロ ⇩ワードプロセッサー。

ワールドカップ【World Cup】スポーツで、世界選手権大会。

わい〔歪〕9 ワイ・ゆがむ ゆがむ。正しくない。▽―曲。 歪・歪

わい〔隈〕人12 ワイ・くま ❶奥まった所。▽界―。❷くま。▽―取り。 隈・隈

筆順 ７ 阝 阝 阝冂 阝日 隈 隈

わい〔賄〕常13 ワイ・まかなう ❶わいろ。▽収―。❷食事のしたく。まかない。▽―い付きの寮。 賄・賄

筆順 冂 目 貝 貝 貝 財 賄 賄

わいきょく【歪曲】事実をわざとゆがめること。▽真相を― 歪曲

わ

した報道。distortion

わいく【矮軀】背の低い体。短身。 矮躯

わいざつ【猥雑】ごたごた入り乱れて下品なようす。 猥雑

わいしょう【矮小】❶背が低くて小さいこと。❷こぢんまりと小さいこと。▽—化。 矮小

わいせつ【猥褻】みだらでいやらしいようす。類卑猥（ひわい）。obscenity 猥褻

わいだん【猥談】わいせつな話。dirty talk 猥談

ワイナリー【winery】ワイン醸造所。

わいほん【猥本】性を興味本位に書いた本。春本。エロ本。obscene book 猥本

わいろ【賄賂】自分に有利にしてもらうことを目的におくる、不正な金品。類そでの下。bribe 賄賂

わおん【和音】高さのちがう複数の音が同時に響いたときの合成音。chord 和音

わか【和歌】日本固有の定型詩。特に、短歌。三十一（みそひと）文字。やまとうた。 和歌

わが【我が】〈吾が〉わたし（たち）の。▼—意を得たり 自分の思ったとおりで、満足だ。▼—世の春 自分の最も得意の時期。全盛時期。 我が

わかい【和解】❶仲直り。❷当事者同士がゆずりあって争いをやめること。また、その契約。②reconciliation 和解

わかい【若い】❶年齢が少ない。❷年下だ。❸元気盛んだ。❹未熟だ。❺数が少ない。▽—番号。①～④young 若い

わかがえる【若返る】若さをとりもどす。rejuvenate 若返る

わかくさ【若草】芽を出したばかりの草。▽—色。young grass 若草

わかげ【若気】若者の、元気だが分別の足りない気持ち。わかぎ。▼—の至り 若さにまかせて、無分別な行動をとってしまうこと。また、その失敗。 若気

わかさぎ【公魚】〈若鷺〉魚の一。湖などにすむ。冬に釣る。 公魚

わかさま【若様】身分の高い人の息子の尊敬語。young lord 若様

わがし【和菓子】日本ふうの菓子。 和菓子

わかじに【若死に】若いうちに死ぬこと。夭折（ようせつ）。夭逝（ようせい）。early death 若死に

わかしゅ【若衆】❶若者。❷江戸時代、元服前の、前髪のある男子。 若衆

わかす【沸かす】❶水を湯にする。❷熱狂させる。▽客席を—。野球に血を—。①boil ②excite 沸かす

わかす【湧かす】虫などを発生させる。わかせる。▽うじを—。 湧かす

わかぞう【若造】〈若僧〉若者や未熟な人を見くだしていう語。youngster 若造

わかつ【分かつ】〈別つ〉❶別々にする。❷くぎる。▽昼夜を—たず。❸分配する。▽苦しみを—。❹別れる。▽袂（たもと）を—。①～③divide 分かつ

わかて【若手】若くて働き盛りの人。 若手

わかどしより【若年寄り】若いのに年寄りじみた人。 若年寄

わかな【若菜】初春に生える食用菜。 若菜

わがねる【綰ねる】曲げて輪にする。bend round 綰ねる

わかば【若葉】生え出て間もない葉。young leaf 若葉

わがはい【我が輩】〈吾が輩〉男性の自称。 我が輩

わかまつ【若松】❶松の若木。❷正月の飾りにする小さな松。 若松

わがまま【我が儘】自分の思うままにふるまうこと。類自分勝手。身勝手。selfish 我が儘

わかみず【若水】元日の早朝にくむ水。 若水

わかみどり【若緑】❶松の若葉。❷みずみずしい、みどり色。②fresh green 若緑

わかみや【若宮】❶幼い皇子。❷皇族の子。❸本宮の祭神の子をまつった神社。❹本宮からわかれた神社。新宮。 若宮

わかめ【若布】〈和布〉海藻の一。平たくて切れ目が深い。食用。 若布

わかめ【若芽】生え出たばかりの芽。 若芽

わかもの【若者】若い人。youth 若者

わがものがお【我が物顔】勝手きままにふるまうこと。▽—に歩き回る。 我が物顔

わがや【我が家】自分の家・家庭。our house 我が家

わかやぐ【若やぐ】若々しくなる。 若やぐ

わかる【分かる】〈判る・解る〉❶理解する。▽意味が—。説明が—。❷明らかになる。▽結果が—。❸理 分かる

わ

解がある。▽話の―人。① understand

わかれぎわ【別れ際】別れるまぎわ。 別れ際

わかれじも【別れ霜】春の終わりの霜。 別れ霜

わかれみち【分かれ道】❶道が分かれる所。岐路。❷本道から分かれた道。① crossroads 分れ道

わかれる【分かれる】❶一つのものがいくつかになる。❷区別が生じる。▽意見が―。① branch off 分かれる

わかれる【別れる】いっしょにいたものが別々にはなれる。① part 別れる

使い分け「わかれる」

分かれる…一つのものが二つ以上になる。▽道が二つに―。意見が―。勝敗の分かれ目。

別れる…一緒にいた者が別々になる。▽駅で友人と―。死に―。物別れ。別れ話。


わかわかしい【若若しい】いかにも若い。① youthful 若若し

わかん【和姦】合意のうえでの性交。 和姦

わかん【和漢】日本と中国。 和漢

わかんよう【和漢洋】日本と中国と西洋。 和漢洋

わき〔脇〕常10 わき ❶わきばら。▽―腹。❷かたわら。▽―道。
筆順 丿 刀 月 肕 肕 脇 脇 脇
脇・脇

わき【脇】❶〈腋〉腕のつけねの下側部分。❷ものの横。そば。❸よそ。❹わき役。① underarm ② side 脇

ワキ 能で、シテ(=主役)の相手役。

わぎ【和議】仲直りの相談。 和議

わきあいあい【和気藹藹】なごやかな雰囲気がただようようす。① friendly 藹藹

わきあがる【沸き上がる】❶煮えたつ。❷盛んにおこる。▽歓声が―。 沸き上

わきあがる【湧き上がる】下から出てきて上に上がる。▽雲が―。① arise 湧き上

わきが【腋臭】わきの下の悪臭。 腋臭

わきげ【腋毛】わきの下の毛。 腋毛

わきざし【脇差】腰にさす小刀。 脇差し

わきづけ【脇付け】手紙のあて名に書きそえて敬意を表す語。 脇付け

わきのした【脇の下】〈腋の下〉脇❶のくぼんだ部分。① armpit 脇の下

わきばさむ【脇挟む】わきの下にはさむ。 脇挟む

わきまえる【弁える】❶正しく見わける。▽真実を―。❷よく心得る。▽礼儀を―。 弁える

わきみ【脇見】よそ見。脇目。▽―運転。 脇見

わきみず【湧き水】地中からわき出る水。湧水(ゆうすい)。① spring water 湧水

わきみち【脇道】❶分かれ道❷。❷本筋からはずれた方向。▽話が―にそれる。 脇道

わきめ【脇目】❶脇見。❷はため。▼―も振(ふ)らず 一心に。ひたすら。 脇目

わきやく【脇役】〈傍役〉主役を助演する役。 脇役

わく〔惑〕常12 ワク・まどう ❶まどう。▽当―。❷まどわす。▽誘―。
筆順 一 𠃊 亘 或 或 或 惑 惑
惑・惑

わく〔枠〕常8 わく ❶かこい。▽窓―。❷範囲。▽―内。
筆順 一 十 オ 木 朩 朰 枠 枠
枠・枠

わく【枠】❶器具の骨組みや、縁(ふち)どるもの。❷制限の範囲。▽予算の―。❸記事などのかこみ(の線)。① frame ② limit 枠

わく【沸く】❶水が湯になる。❷興奮して騒ぐ。▽場内が―。好況に―。① boil 沸く

わく【湧く】❶水が地中から出てくる。❷虫などが発生する。❸ある感情が生じる。▽希望が―。① gush 湧く

使い分け「わく」

沸く…水が熱くなったり沸騰したりする。興奮・熱狂する。▽風呂が―。すばらしい演技に場内が―。熱戦に観客が沸きに沸いた。

湧く…地中から噴き出る。感情や考えなどが生じる。次々と起こる。▽温泉が―。勇気が―。疑問が―。アイデアが―。雲が―。拍手や歓声が―。


わくぐみ【枠組み】❶わくを組んだもの。組んだわく。❷おおよその組み立て。 枠組

わくせい【惑星】恒星のまわりを回る天体。太陽系には八つ 惑星

ある。遊星。対恒星。planet

わくでき【惑溺】 心を奪われて分別を失うこと。▽酒食に—する。類耽溺(たんでき)。

わくらば【病葉】 ❶病気の葉。❷夏、赤・黄色などに色づいた葉。

わくらん【惑乱】 心が迷いみだれること。心を迷わしみだすこと。

わけ【訳】 ❶意味。内容。❷事情。理由。❸物事の道理。❹てま。面倒。❺当然であること。❻〈「—にはいかない」の形で〉…できない。▽承知する—にはいかない。②reason

わげい【話芸】 話術で楽しませる芸。

わけいせいじゃく【和敬清寂】 茶道で、穏やかでつつしみ深く、けがれなく落ち着いていること。

わけても【別けても】 中でも特に。

わけない【訳無い】 簡単だ。easy

わけへだて【分け隔て】 〈別け隔て〉相手によって差別すること。discrimination

わけまえ【分け前】 分けてもらえる分(ぶん)。share

わける【分ける】 〈別ける〉❶分割する。❷分類する。❸分配する。❹引き分けにする。①③divide ②classify

わご【和語】 日本固有のことば。

わごう【和合】 仲むつまじくすること。▽夫婦—。harmony

わこうど【若人】 わかもの。青年。

わこんかんさい【和魂漢才】 日本人固有の精神と中国の学問とをあわせもつこと。

わざ【技】 ❶技術。▽—をみがく。❷柔道などで、相手を負かすための動作。①skill

わざ【業】 ❶行い。しわざ。▽至難の—。❷事柄。仕事。▽容易な—ではない。①deed ②work

> **使い分け**「わざ」
>
> 技…技術・技芸。格闘技などで一定の型に従った動作。▽—を磨く。—を競う。—に切れがある。柔道の—。—を掛ける。
>
> 業…行いや振る舞い。仕事。▽人間—とも思えない。神—。至難の—。軽—。物書きを—とする。

わさい【和裁】 和服の裁縫。対洋裁。

わざし【業師】 ❶技❷のうまい人。❷かけひきのうまい人。①good technician

わざと【態と】 故意に。わざわざ。on purpose

わざとらしい【態とらしい】 わざとしたようで不自然だ。

わさび【山葵】 清流に生える多年草。根は香辛料。

わざわい【災い】 〈禍〉悪いできごと。disaster

わざわいする【災いする】 悪い結果をまねく。▽厳しい練習が—して病気となる。

わざわざ【態態】 ❶ことさらに。わざと。❷特別に。②especially

わさんぼん【和三盆】 精製された上等の白砂糖。三盆。三盆白(じろ)。

わし【鷲】 人23 シュウ・わし 猛鳥の一。わし。▽大—。犬—。

筆順
亨
京
京ナ
就
就
鷲
鷲
鷲

わし【和紙】 こうぞ・みつまたなどを原料とした日本古来の製法による紙。

わし【儂】 年配の男性の自称。

わし【鷲】 大形の猛鳥の総称。eagle

わしき【和式】 日本式。類和風。対洋式。Japanese style

わしつ【和室】 日本間。対洋室。

わしづかみ【鷲摑み】 鷲がえものをつかむように、指を広げ乱暴につかむこと。grab

わしばな【鷲鼻】 鉤鼻(かぎばな)。

わじゅつ【話術】 話す技術。

わしょ【和書】 ❶日本語の書物。❷和とじの書物。

わしょく【和食】 日本風の食事。

わしん【和親】 国と国が仲よくすること。▽—条約。

わずか【僅か】 ❶ほんの少し。❷たった。❸かろうじて。①a little, a few

わずらう【患う】 病気になる。▽胸を—。

わずらう【煩う】 なやみ苦しむ。▽思い—。

使い分け「わずらう」

煩う…迷い悩む。▽進路のことで思い—。心に煩いがない。

患う…病気になる。▽胸を—。三年ほど—。大病を—。

わずらわしい【煩わしい】 めんどうでいやだ。troublesome 煩わしい

わずらわせる【煩わせる】 ❶苦しめ悩ます。❷面倒をかける。② bother 煩わせる

わする【和する】 ❶仲よくする。▽夫婦相《あい》—。❷調子をあわせる。▽万歳の声に—。② harmonize ▼—して同《どう》ぜず 仲よくはするが、道理にあわないことにまで同調しない。 和する

わすれがたみ【忘れ形見】 ❶忘れないための記念品。❷遺児。 忘形見

わすれなぐさ【勿忘草】 草花の一。春から夏にかけて青い小花が咲く。forget-me-not 勿忘草

わすれる【忘れる】 ❶記憶から消える。❷気づかない。▽時を—。❸うっかりそのままにする。①② forget 忘れる

わせ【早生】 ❶生育の早い作物。❷ませていること・人。図❶❷晩生《おくて》。 早生

わせ【早稲】 はやく実る品種のいね。図晩稲《おくて》。 早稲

わせい【和声】 和音が進行していくときの調和したひびき。harmony 和声

わせい【和製】 日本製。国産。Japanese 和製

わせん【和船】 日本固有の木造船。 和船

わせん【和戦】 ❶平和と戦争。❷戦争をやめて仲直りすること。▽—条約。 和戦

わそう【和装】 ❶日本風の服装。和服姿。❷日本風の装丁。 和装

わた【綿】〈棉〉❶草花の一。また、種のまわりの白い繊維。❷真綿《まわた》。① cotton 綿

わだい【話題】 話の材料。topic 話題

わたいれ【綿入れ】 綿を入れた、冬の和服。 綿入れ

わだかまる【蟠る】 心の中に、いやなものが残りさっぱりしない。 蟠る

わたくし【私】 ❶「わたし」の改まった言い方。❷個人的なこと。❸内密であること。❹私利をはかること。図❷公《おおやけ》。 私

わたくしごと【私事】 しじ。❶個人的なこと。❷秘密のこと。▽—で恐れ入りますが。① personal subject 私事

わたくしする【私する】 公のものを、自分のもののようにする。 私する

わたげ【綿毛】 綿に似たやわらかい毛。類にこ毛。 綿毛

わたし【私】 自称の一。 私

わたしぶね【渡し船】〈渡し舟〉人を対岸に運ぶ船。ferry 渡し船

わたしもり【渡し守】 渡し船の船頭。 渡し守

わたす【渡す】 ❶向こうへ届かせる。❷送り届ける。❸手わたす。❹ずっと…する。▽見—。① carry across ③ hand 渡す

わだち【轍】 車輪のあと。rut 轍

わたり【渡り】 ❶渡ること。渡し場。❷話し合いの手がかり。▽—をつける。❸舶来。▽オランダ—の品。❹渡り歩くこと・人。❺鳥の季節的な大移動。① ferry ▼—に船 ちょうど都合がよいこと。 渡り

わたりあう【渡り合う】 ❶議論をする。❷切りあう。 渡り合

わたりどり【渡り鳥】 ❶季節によって、移動する鳥。❷渡り歩いて暮らす人。渡り者。① migratory bird 渡り鳥

わたる【亘】 人6 **【亙】** 人6 コウ・セン・わたる ❶めぐる。❷わたる。「亘」と「亙」は本来別字だが同じに使う。 亘・亙

筆順 一 丅 丌 亓 亘 亘

わたる【亘る】〈亙る〉❶ある範囲に及ぶ。▽全般に—注意。❷ある期間引き続く。▽三年に—工事。① extend 亘る

わたる【渡る】 ❶向こう側へ行く。❷生きていく。▽世を—。❸他人のものになる。▽人手に—。❹広く及ぶ。▽晴れ—。① go over 渡る

ワット【watt】 電力(仕事率)の単位。記号W

ワットじ【ワット時】 電力量(仕事量)の単位。記号Wh

わとう【話頭】 話題。話の糸口。▼—を転じる 話題をかえる。 話頭

わ

わとじ【和綴じ】二つ折りにした和紙を糸でかがる、日本風の本のとじ方。 和綴じ

わな【罠】❶鳥獣をいけどるしかけ。❷人をおとしいれる計略。▽敵の―におちいる。①②trap 罠

わななく【戦慄く】〈戦く〉体がぶるぶる震える。おののく。▽恐怖で全身が―。tremble 戦慄く

わに〔鰐〕20 ガク・わに わに。爬虫(はちゅう)類の一。▽―鮫(わにざめ)。 鰐・鰐

わに【鰐】爬虫(はちゅう)類の一。crocodile, alligator

わにぐち【鰐口】神社や寺の正面につるし、綱を振って打ち鳴らす、平たい鈴。

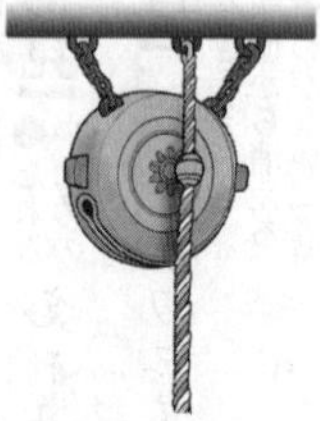

鰐口

わび【侘び】茶道や俳諧(はいかい)で、質素で落ち着いた趣。

わび【詫び】謝ること。謝罪。▽―を入れる。apology 詫び

わびしい【侘しい】❶さびしくて心細い。▽一人―く暮らす。❷みすぼらしい。▽―食事。❸もの静かで、さびしい。▽―夕暮れ。①solitary 侘しい

わびじょう【詫び状】おわびの手紙。 詫び状

わびずまい【侘び住まい】❶貧しくて心細い暮らし・家。▽アパートの―。❷ひっそりとした静かな暮らし・家。▽山里の―。 侘住い

わびね【侘び寝】独りわびしくねること。 侘び寝

わびる〔詫〕人13 タ・わびる あやまる。▽―び状。 詫・詫

筆順 丶 亠 言 言 訁 訁 詑 詫

わびる【侘びる】❶わびしく見える。▽―びた住まい。❷…しきれなくなる。 侘びる

わびる【詫びる】謝る。▽両手をついて―。apologize 詫びる

わふう【和風】日本風。対洋風。 和風

わふく【和服】日本の伝統的な衣服。きもの。 和服

わぶん【和文】日本語の文章。邦文。対漢文。欧文。 和文

わへい【和平】仲直りして平和になること。peace 和平

わへい【話柄】話す事柄。話題。 話柄

わぼく【和睦】仲直りすること。 和睦

わほん【和本】和とじの本。対洋本。 和本

わめい【和名】動植物学上の日本での呼び名。 和名

わめく【喚く】大声で叫ぶ・騒ぐ。 喚く

わやく【和訳】外国語の日本語訳。 和訳

わよう【和洋】日本と西洋。和風と洋風。 和洋

わようせっちゅう【和洋折衷】和風と洋風をうまくとりあわせること。 折衷

わら〔藁〕人17 コウ・わら 稲や麦の茎の乾燥したもの。▽麦―。 藁・藁

筆順 艹 艹 䒑 芦 蒿 藁 藁 藁

わら【藁】稲や麦の茎の乾燥したもの。straw 藁

わらいぐさ【笑い種】物笑いのたね。▽記録に挑戦とは、とんだお―だ。laughingstock 笑い種

わらいごと【笑い事】笑ってすませる事柄。 笑い事

わらいばなし【笑い話】❶こっけいな話。❷気楽な話。 笑い話

わらう【笑う】❶うれしさ・おかしさ・楽しさを表情や声で表す。❷〈嗤う〉嘲笑(ちょうしょう)する。▽失敗を―。①laugh, smile 笑う

わらじ【草鞋】わらで編んだはきもの。 草鞋

わらしべ【藁稭】稲のわらのしん。わらすべ。 藁稭

わらばんし【藁半紙】わらの繊維をまぜてすいた、そまつな半紙。ざら紙。 藁半紙

わらび〔蕨〕人15 ケツ・わらび わらび。しだの一種(の若芽)。▽早―(さわらび)。 蕨・蕨

筆順 艹 艹 芦 芦 蕨 蕨 蕨

わらび【蕨】シダ植物の一。春に出る、渦巻き形の若芽を食用とする。bracken 蕨

わらぶき【藁葺き】屋根をわらでふくこと。また、その屋根。 藁葺き

わらべ【童】子供。child 童

わらべうた【童歌】昔からうたいつがれてきた、子供の歌。 童歌

わらわ【妾】女性の自称。多く武家の女性が用いた。 妾

わり【割】❶割合。率。❷損得の程度。▽―のいい仕事。❸比べたときの程度。▽値段の―に質がいい。❹一〇分の 割

一を表す単位。▼―を食う 損をする。

わり【割り】❶割ること。❷割りあて。❸水でうすめること。▽水―。 割り

わりあい【割合】❶全体の中でそのもののしめる比率。歩合。❷割❸。❸比較的。また、思いのほか。▽ここは―寒い。①rate ③comparatively 割合

わりあてる【割り当てる】分けてそれぞれにあてがう。わりふる。allot 割り当

わりいん【割り印】二枚の書類の両方にまたがるようにおす印。契印。 割印

わりかん【割り勘】費用を均等に払うこと。 割勘

わりきる【割り切る】❶単純・明快に考えを決める。❷割り算で、余りが出ないように割る。 割り切

わりざん【割り算】ある数が他の数の何倍であるかを求める計算。除法。対掛け算。division 割算

わりだか【割高】品質・分量のわりに値段が高いようす。 割高

わりだす【割り出す】❶計算して答えを出す。▽物価指数を―。❷ある根拠をもとに結論を出す。▽指紋から犯人を―。①calculate 割り出

わりばし【割り箸】使うときに割って二本にするはし。 割箸

わりばん【割り判】割り印。 割判

わりびき【割引】❶値引き。❷手形割引。対❶割り増し。①discount 割引

わりびく【割り引く】❶ある割合で、値引きする。▽―いて売る。❷手形割引をする。❸うちわに見積もる。▽話を―いて聞く。①discount 割り引

わりまえ【割り前】分け前。 割前

わりまし【割り増し】ある値段より何割か高くすること・金額。▽―料金。対割引。premium 割増し

わりもどす【割り戻す】一度受けとった金額の一部を返す。rebate 割り戻

わりやす【割安】品質・分量のわりに値段が安いようす。 割安

わる【割る】❶こわす。❷いくつかに分ける。❸おし分ける。▽中に―って入る。❹割り算をする。❺まぜてうすめる。❻開いて出す。▽腹を―って話す。❼ある線から外に出る。▽土俵を―。❽ある数量より下になる。▽五万円を―値段。対❹掛ける。①break ②④divide 割る

わるあがき【悪足搔き】あせって、効果のないことをあれこれ試みること。 悪足掻

わるい【悪い】❶正しくない。❷おとっている。❸ふつうでなくよくない。▽調子が―。❹好ましくない。▽都合が―。対❶~❹よい。①③wrong ②bad 悪い

わるがしこい【悪賢い】悪い事に知恵が働く。cunning 悪賢い

わるぎ【悪気】悪い心。悪意。▽―があったわけではない。 悪気

わるくち【悪口】人を悪くいうこと・ことば。あっこう。わるぐち。 悪口

わるさ【悪さ】❶悪いこと。❷いたずら。対❶よさ。①mischief 悪さ

わるずれ【悪擦れ】世間にもまれて悪がしこくなること。 悪擦れ

わるだくみ【悪巧み】悪いたくらみ。nasty scheme 悪巧み

わるぢえ【悪知恵】悪がしこい知恵。 悪知恵

わるのり【悪乗り】調子にのって度をこしたふるまいをすること。 悪乗り

わるびれる【悪びれる】気後れしておどおどする。 悪びれる

わるもの【悪者】悪いことをする人。悪人。rascal 悪者

われ【我】❶自分。❷わたくし。わたし。❸おまえ。▼―関せず 自分には関係ないとするようす。▼―にも無く 自分らしくもなく。 我

われがちに【我勝ちに】互いに先を争うようす。われ先に。▽―走り出す。scramblingly 我勝ち

われがね【破れ鐘】〈割れ鐘〉ひびのはいったつり鐘。▽―のような声。 破れ鐘

われさきに【我先に】われがちに。 我先に

われしらず【我知らず】思わず。無意識に。unconsciously 我知ら

われながら【我乍ら】自分ながら。▽―情けない。 我乍ら

われなべ【破れ鍋】〈割れ鍋〉ひびのはいったなべ。▼―に綴(と)じ蓋(ぶた) だれでもそれ相応の配偶者はいるものだ。 破れ鍋

われめ【割れ目】割れたところ。crack 割れ目

われもこう【吾木香】〈吾亦紅〉山野に自生する草の一。秋、茎の先端に赤紫色の小形の花が穂状につく。burnet 吾木香

われもの【割れ物】❶割れやすいもの。❷割れたもの。 割れ物

わ

われる【割れる】 ❶こわれる。くだける。❷分かれる。❸ばれる。▽底が—。①break ②split 割れる

われわれ【我我】 わたしたち。われら。 我々

わん〔椀〕 人12 ワン 木製のまるい食器。▽汁—（しるわん）。 椀・椀

筆順 椀

わん〔湾〕 常12 ワン ❶入り江。▽—岸。❷弓なりにまがる。▽—曲。（灣） 湾・湾

筆順氵氵 汗汁汴浐浐浐湾湾湾

わん〔腕〕 常12 ワン・うで ❶うで。▽—力。❷うでまえ。▽手—。 腕・腕

筆順 腕

わん〔碗〕 人13 ワン 陶磁器製のまるい食器。▽茶—。 碗・碗

筆順 碗

わん【椀】 〈碗〉飯・汁などをもる木製・陶磁器の深めの丸い食器。 椀

わん【湾】 海が陸に入りこんだ所。bay 湾

わんがん【湾岸】 湾ぞいの陸地。▽—道路。 湾岸

わんきょく【湾曲】 〈彎曲〉弓なりにまがること。curve 湾曲

ワンクッション ショックをやわらげるための一段階。和製語。

わんしょう【腕章】 腕にまく、目じるしの布。armband 腕章

ワンダーランド【wonderland】 おとぎの国。ふしぎの国。

わんとう【湾頭】 湾のほとり。 湾頭

わんにゅう【湾入】 〈彎入〉海岸線が弓形に陸地に入りこむこと。 湾入

わんぱく【腕白】 子供がいたずらでわがままなこと。また、その子供。naughty 腕白

ワンパターン 型にはまって変化がないこと。和製語。stereotyped

わんりょく【腕力】 ❶腕の力。❷相手をおさえつける肉体的な力。①physical strength ②force 腕力

わ

常用国語辞典

付録

手紙の書き方

この「手紙の書き方」では、まず手紙の形式について解説し、ついで、手紙でよく用いられる慣用語や文例をあげました。

手紙を書いていて、手紙の構成について不安になったときや、言葉に詰まって文章が続かなくなったときなどにご利用になってください。ヒントになる表現や文例があれば、それを流用したり、場面や状況に合わせて変形したりして手紙を書き続けることができます。

手紙の形式

手紙は、
1、**前文**（頭語・時候のあいさつ・先方の安否・当方の安否）
2、**主文**（起辞・本文）
3、**末文**（結びのあいさつ・結語）
4、**あと付け**（日付・署名・あて名・敬称・わき付け）
からなり、これに、必要があれば、
5、**副文**
を書き添えるのが一般的です。改まった場合ではこの形式を用いるのが無難です。書き方には、縦書きと横書きがあります。最近は、公用文や事務用、さらに、私用でも横書きが多く見られます。しかし、慶事・弔事などの儀礼的な場合は、縦書きにするのがよいでしょう。
★横書きの場合は、前文の上に日付・あて名・署名を書きます。

手紙の例

前文

[1]拝啓
[2]寒さ日増しに厳しくなる折、[3]先生にはご健勝にお過ごしのことと存じます。[4]お陰様で、私は元気で勤務に励んでおりますゆえ、ご安心ください。

主文

[5]ところで、[6]今日、お歳暮のしるしまでにAデパートより当地の酒をお届けするよう手配いたしました。独特の風味が土地の者に名酒と称えられている地酒でございます。辛口好みの先生にご賞味いただけるのではないかと拝察いたします。

末文

[7]末筆ながら、ご一家おそろいでお健やかに良き年をお迎えなさいますようお祈り申し上げます。
まずは取り急ぎお知らせまで
[8]敬具

あと付け

[9]十二月十五日
[10]山本公平
[11]佐藤拓也先生
[12]侍史

副文

[13]追伸　新年には、家内を同伴し、ご挨拶に伺いたく存じます。

1 頭語
2 時候のあいさつ
3 先方の安否
4 当方の安否
5 起辞
6 本文
7 結びのあいさつ
8 結語
9 日付
10 署名
11 あて名と敬称
12 わき付け
13 副文

1 前文

手紙における初めのあいさつで、主文の前に置きます。特に儀礼的な手紙や目上の人に出す改まった手紙の場合には、欠くことができません。なお、お悔やみの手紙、病気・事故見舞いの手紙には前文を省略します。

頭語

「拝啓」「前略」など、手紙の初めに書くあいさつの言葉です。この頭語に対応させて結語に何を用いるかが決まります（「結語」八八八ページ参照）。起筆・起首ともいいます。頭語を省略する場合がありますが、その場合は前文を時候のあいさつから始めます。

時候のあいさつ

「新緑の候となりました」「日ごとに秋の気配が深くなってきました」など、それぞれの月にあった慣用句を用いることによって手紙に季節感を与えます。頭語の下一字あけて書くか、行を改めて次の行に書きます。

先方の安否

「気候不順な昨今ですが、お元気ですか」「ご機嫌いかがですか」など、相手方の安否を尋ねます。

当方の安否

「おかげさまで私どもも無事に暮らしております」「家族一同健康に過ごしておりますのでご安心ください」など、無事であることを書きます。この後にお礼や無沙汰(ぶさた)をわびるあいさつなどを付け足すこともあります。

2 主文

相手に伝えようとする用件を書く部分で、手紙の中心となるところです。大切なのは簡潔に具体的に書くことです。主文は、起辞と本文からなります。主文に入るには行を改めます。

起辞

「さて」「ところで」など、手紙の本題に入る前に置いて文章の流れをよくする書き出しの言葉です。起こし言葉ともいいます。

本文

手紙の主要部分です。自分の気持ちが伝わるようにできるだけわかりやすく具体的に書きます。また、相手によって敬語を適切に使うようにします。

3 末文

手紙の締めくくりをする部分で、結びのあいさつと結語からなります。

結びのあいさつ

「まずはお礼まで」「右とり急ぎお知らせまで」など、主文の内容との関連や、相手と自分との関係によって、さまざまなものがあります。また、自分の文章・筆跡を謙遜(けんそん)したり、相手の無事を祈ったり、伝言を頼んだり、返事を求めたりする文章を添えることがあります。

★「まずは右まで」「右、お願いまで」といった、文の途中で切れる表現は目上の相手には使用しません。

結語

「敬具」「草々」「かしこ」など、手紙の結びに使われるあいさつの言葉です。結語は、頭語と対応するものが決まっていますから、正しく使い分けます。

★年賀状・暑中見舞い・寒中見舞いのように頭語を付けないものは、結語も付けません。親しい人に出す手紙で特別な頭語を用いなかったときは「さようなら」「ごきげんよう」「ではまた」などが一般的です。

4 あと付け

いつ、だれが、だれに書いたのかを示します。日付・署名・あて名・敬称・わき付けをまとめて、「あと付け」といいます。なお、このうち、わき付けは省略してもかまいません。

日付

ふつうの手紙は月日だけ、改まった手紙には年月日を書きます。また、公用文・商用文などでは年月日を書くのが正式です。

署名

改まった手紙では、必ず姓と名を書きます。親しい間柄であれば、姓だけ、あるいは名だけの署名でもよいでしょう。公用文や商用文では、役職名を添えて姓名を書きます。

二人以上の連名で出す手紙では、あて名に近い方に上位の人の署名がくるのが原則です。代筆の場合は、依頼者の姓名の下の左寄りに「代」と小さく添えます。家族の代筆の場合は「内」を書き添えます。

★友人や親しい人には「○○拝」としてもかまいませんが、目上の人には使いません。

あて名・敬称

あて名は、相手の姓名を正確に書きます。相手が目上の人であれば、姓だけを書いて敬称をつけることも一般に行われています。あて名が連名のときには、上位の人から順に書きます。

敬称で最も一般に用いられるものは、「様」です。相手の地位や職業によって「殿」を使うこともあります。いろいろな敬称がありますから使い分けることが必要です。

★「殿」は公用文や商用文で用いられていましたが、対等あるいは目下の相手に用いられるものとされているので、目上の相手には用いない方が無難です。最近では公用文・商用文でも用いない動きがあるようです。

わき付け

敬称に「机下」「侍史」などを添えて、相手に敬意を表します。あて名の下または左下にやや小さく書き添えます。現代の手紙では省略されることが多いようです。改まった場合でも、わき付けなしで済ませて差し支えありません。

5 副文

「追伸」「二伸」「申し忘れましたが」などの言葉で書き始め、本文で書きもらしたことがある場合に要点だけを短く付け加える文章です。あて名から一、二行あけ、主文より二、三字下げて小さめの文字で書きます。追って書き・添え文ともいいます。

手紙に使われる独特の用語と敬語

①手紙に使われる独特の用語

前略・冠省…「季節のあいさつを省略しました」の意味。
謹啓・謹白…「つつしんで申し上げます」の意味。
敬具・敬白…「つつしんで申し上げます」の意味。
草々…………「急いでしるしました」の意味。
拝察…………「推察」の意味の謙譲語。
笑納…………「つまらないものですが笑って納めてください」の意。

②手紙に使われる独特の敬語（商用文に使われる漢語系の語）

高……高教。高配。高著。
弊……弊宅。弊店。
愚……愚息。愚弟。愚兄。愚意。
貴……貴校。貴意。貴君。
拝……拝見。拝察。拝読。拝眉。
厚……厚志。厚情。厚誼。

★目上の相手に改まってあてる場合に副文を添えるのは、書き直しを面倒に思ったとみられるので使用しません。また、繰り返しが不吉を意味するので、慶事・弔事の手紙文には用いません。

手紙の文例

1 前文

頭語	
一般的	拝啓・拝呈・啓上・一筆申し上げます〔女性〕
ていねい	謹啓・恭敬・謹呈・粛啓・謹んで申し上げます〔女性〕
急用	急啓・急白・急呈・火急・取り急ぎ申し上げます〔女性〕
前文省略	前略・冠省・略啓・前略ごめんください〔女性〕・前文失礼いたします・前略お許しくださいませ〔女性〕・前文ご容赦(ようしゃ)願います
はじめて	突然失礼ではございますが・初めてお手紙申し上げます・突然のお手紙を差し上げます失礼をお許しください・まだ拝眉(はいび)の機会を得ませんが
返信	拝復・啓復・復啓・芳書拝見・貴翰(きかん)拝読・お手紙拝見いたしました
再信	再啓・再呈・追啓・重ねて申し上げます〔女性〕・たびたび失礼いたします・再び申し上げます

時候の挨拶

1月・松の内	2月	3月	4月
新春の候・初春の候・厳冬の折から・寒冷の候・大寒のみぎり・酷寒のみぎり・寒さ厳しき折・寒気ことのほか厳しい毎日が続いておりますが・寒気肌を刺す毎日・お屠蘇気分もようやく抜けました・いつのまにか松の内もすぎました・こたつに親しむ毎日です・例年になく暖かな寒の入りとなりました	余寒の候・晩冬の候・残冬の候・向春の候・解氷の候・梅花の候・余寒なお厳しき折・三寒四温の言葉どおり、朝晩寒いとはいえ日に日に春の訪れを感じる今日このごろです・立春を過ぎたとはいえ厳しい寒さが続きますが・春立つとは名ばかりですが・暖かさを増した陽の光に梅の花がほころびはじめました	早春の候・春寒の候・浅春のみぎり・春寒しだいに緩むころ・冬の名残のまだ去りやらぬ時候・春光天地に満ちて快い時候・柳の緑も目立つ季節・寒さの中にも、春の陽ざしが感じられる季節となりました・桃のつぼみもふくらみを増し、春の訪れを感じる今日このごろ・桜の便りもそろそろ聞かれるこのごろ	陽春の候・春暖の候・麗春の候・春眠暁を覚えずの候・春たけなわの候・桜の花がみごとに咲きそろう季節・木々の若葉が日増しに緑の色を濃くし、さわやかな風が吹きわたる季節になりました・春光うららかな季節となりました・花々の美しく咲く陽春の季節となりました・花冷えのする今日このごろ

5月	6月	7月	8月
新緑の候・薫風の候・初夏の候・立夏の候・軽暑の候・緑したる候・惜春のみぎり・若葉の鮮やかな季節・風薫るさわやかな季節・若葉の萌え立つころ・立夏といっても暦の上のこと、朝夕はまだ肌寒い毎日が続きます・若葉の緑が目に鮮やかなこのごろ・青葉をわたる風もさわやかな季節となりました	梅雨の候・短夜の候・初夏の候・五月雨の候・梅雨空の候・長雨の候・向夏の候・麦秋の候・向暑のみぎり・若鮎おどる季節・紫陽花の花が日ごとに紫の色を深めております・梅雨の季節を迎えました・木々の緑もあざやかな今日このごろ・うっとうしい季節になりました・梅雨の晴れ間に夏の気配を感じます	猛暑の候・酷暑の候・炎暑の候・盛夏の候・大暑の候・炎暑ことのほか厳しい今日このごろ・暑さ厳しき折から・梅雨明けが待ち遠しい日々です・七夕の飾りが華やかな今日このごろ・蝉の声の聞かれるころとなりました・連日厳しい暑さが続きますが・寝苦しい毎夜です・冷夏でしのぎやすい毎日ですが	残暑の候・残炎の候・残夏の候・秋暑厳しき折・晩夏のみぎり・処暑のみぎり・残暑厳しき折から・立秋とは名ばかりで、いつまでも残暑が続いています・暑さもようやく峠を過ぎましたが・朝夕は幾分涼しくなりました・虫の音が秋の近いことを告げています・夏もそろそろ終わりを告げようとしています

9月	10月	11月	歳末・12月
初秋の候・新涼の候・秋涼の候・新秋のみぎり・孟秋のみぎり・白露の折から・初秋の空がさわやかな季節・なんとなく秋の気配を感じる今日このごろ・九月の声を聞きましても、残暑厳しい毎日です・一日ごとに、しのび寄ってくる秋を感じます・樹々の梢も色づき、朝夕は秋冷えを感じるころとなりました	秋冷の候・仲秋の候・錦秋の候・秋雨の候・秋晴れの候・初霜の候・菊薫る候・秋たけなわの候・紅葉の季節・秋冷の心地よい季節・秋も深まってまいりました・木の葉も美しく色づく季節・秋晴れのさわやかな日が続いています・キンモクセイが香る季節になりました・野山の紅葉が美しい季節となりました	晩秋の候・深秋の候・暮秋の候・向寒の候・深冷の候・菊花の候・初霜の候・落葉の季節を迎えました・小春日和が続いております・朝夕はめっきり冷え込みはじめました・冬の足音がもうそこまでやってきています・銀杏並木が鮮やかな黄色に輝きました・木枯らしに冬の気配を感じる季節となりました	寒冷の候・師走の候・寒気の候・霜寒の候・歳晩の候・季冬の候・歳末ご多忙の折・心せわしい年の暮れ・本格的な冬将軍の到来する季節・寒気がひとしお身にしむころ・街にははやくもクリスマスツリーが飾られています・初雪の舞うころとなりました・今年もあますところいよいよわずかになりました

先方の安否

＊皆様いかがお過ごしでいらっしゃいますか。
＊時下ますますご清祥（ご清栄・ご健勝）のことと存じます。
＊その後お変わりなくご精励のことと存じます。
＊貴社ますますご隆盛（ご発展）のこととお慶び申し上げます。
＊御社ますますご繁栄のことと拝察申し上げます。

当方の安否

＊私のほうはおかげさまで元気に暮らしております。
＊おかげさまで大過なく過ごしております。
＊家族一同、変わりなく暮らしておりますのでご安心ください。

お礼（感謝）のあいさつ

＊いつもお世話になり、心から感謝しております。
＊このたびはひとかたならぬご指導を賜り誠にありがとうございます。
＊平素は格別のご厚情を賜り、ありがたく御礼申し上げます。
＊日ごろ何かとお心にかけていただき、恐縮に存じます。
＊日ごろは格別のご高配をいただき、厚く御礼申し上げます。
＊毎々格別のご愛顧をいただき、謹んで御礼申し上げます。

無沙汰のあいさつ

＊長らくご無沙汰（ぶさた）いたしました。
＊雑事にとりまぎれてお便りを差し上げず、失礼いたしました。
＊久しいご無音（ぶいん）誠に申し訳ない次第です。
＊ご無沙汰を重ね恐縮に存じます。

お詫びのあいさつ

＊お手をわずらわし、誠に恐縮に存じます。
＊いつも何かとご迷惑をおかけし、おわびの言葉もございません。

返信のあいさつ

＊お手紙うれしく拝見いたしました。
＊お心のこもったお手紙、大変うれしく拝読いたしました。
＊このたびはご丁寧なお手紙、ありがとうございました。

2 主文

起辞

＊さて／実は／ところで／つきましては／突然ですが／早速ですが／時に／このたび／かねて申し上げましたように／ほかでもございません
★これらの言葉を前文との関連で用います。

本文

本文は用件や手紙を出す状況などによって種々異なるため、ここでは、日常よくある用件を取り上げて主な文例を示しました。

①祝いの手紙

結婚のお祝い

＊ご子息様には良縁を得られ、近々めでたく華燭（かしょく）の典を挙げられますことを心からお祝い申し上げます。
＊幾久しいお二人のご多幸と、ご両家のご繁栄をお祈り申し上げます。
＊すばらしいご家庭を築かれますよう、末永いお幸せをお祈りしております。

新築・新居移転のお祝い

＊このたびはかねてご普請中のご新居が完成されたとのこと、心よりお祝い申し上げます。
＊待望のマイホームを新築された由、おめでとうございます。奥様やお子様達もさぞお喜びでしょう。

快気のお祝い

＊このたびはめでたく退院なされたとのこと、お祝い申し上げます。

＊ご全快おめでとうございます。すでに退院なさったと聞き、本当に安心いたしました。

＊貴社社員の皆様方も○○様のお元気なお姿に接して、さぞかしお喜びのことと拝察申し上げます。

②贈答の手紙

＊いつも何かとお心配りいただいておりますので、お礼の気持ちばかりのお中元を贈らせていただきました。ありふれた品でしかございませんが、喜んでいただければ幸いと存じます。

＊本日、日頃のご無沙汰のお詫びもかねて、お歳暮のしるしに○○を送りました。ご笑納いただければ幸甚です。本来ならば直接ご挨拶にあがるべきところの失礼をお許しください。

＊年末のご挨拶のしるしといたしまして、心ばかりの品を送らせていただきました。なにとぞお納めくださいますよう、お願い申し上げます。

＊日頃のご厚誼（こうぎ）への感謝の気持ちとして、ささやかではありますが、お中元の品を別便にて送らせていただきました。なにとぞご受納くださいますよう、お願い申し上げます。

③見舞いの手紙

＊手術をなさったとのこと、その後の経過はいかがですか。まずは取り急ぎ書中にてお見舞申し上げます。

＊先日、貴社の○○様より、貴殿が入院されたとうかがい、大変驚いております。ご病状のほどいかがと案じ申し上げております。

＊過日の豪雨で床上浸水にあわれたとか、大変驚いております。何かお役に立てることがありましたなら、遠慮なくお申し付けください。

＊テレビ・新聞で被害の大きさを知り、非常に心配しております。何事もなかったことをひたすら祈るばかりです。当座入用なものがあれば、遠慮なくお申し付けください。

④お礼の手紙

お中元・お歳暮のお礼

＊今日は結構なお中元をいただきました。いつもながらのお心尽くしに心より御礼申し上げます。ありがたく頂戴（ちょうだい）いたします。

＊本日はご丁寧にお便りとお心尽くしのお品を頂戴しまして、ありがとうございました。

＊本日はお歳暮として結構なお品のお届けにあずかり、誠に有り難く、厚く御礼申し上げます。いつも変わらぬご配慮に恐縮いたしております。

お世話になったお礼

＊身勝手なお願いを申し上げましたにもかかわらず、快くお聞き届けくださり、誠にありがとうございました。

＊この度は、ご面倒なお願いを快くお引き受けくださいまして本当にありがとうございます。

＊貴社訪問の際には、温かいおもてなしをありがとうございました。

＊私の新任務就任につきまして、ご親切なお言葉をいただき、誠にありがとうございます。

お見舞いのお礼

＊先日は、ご多忙のところ、お見舞いくださいましてありがとうございました。このたびは急な入院で○○様にはご迷惑をかけてしまい、本当に申し訳なく存じます。

＊○○の入院中はご心配いただき、ありがとうございました。○○も順調に回復し、予定より早めに退院できそうです。

＊過日はお心のこもったお見舞いの品をお送りいただき、誠に

*かたじけなく、厚く御礼申し上げます。

⑤依頼の手紙

保証の依頼

*この三月、長女○○が高校を卒業いたしまして△△大学に入学することになりました。つきましては、大変ご迷惑とは存じますが、保証人になっていただくわけには参りませんでしょうか。

*連帯保証人のお願い誠に冷や汗の出る思いですが、私の事情をご理解くださいまして、ご承諾賜りますよう、お願い申し上げます。

軽い依頼

*これを機会に、あなた様もぜひ、ご参加(入会)いただきたいと思い、筆を執りました。

*ご都合がつくようでしたらぜひ、お越しくださいますようお願い申し上げます。

*皆様お誘い合わせの上、お気軽にお越しください。

⑥断りの手紙

出席・招待・案内の断り

*やむを得ず、欠席させていただくことになりました。

*他に先約がございまして日程の都合がつきません。

*今回は私の不参をお見逃しいただき、またの機会にご挨拶させていただきたいと存じます。

勧誘の断り

*ご親切には心から感謝いたしますが、お言葉通りに動けない私の事情をご賢察ください。

借用・依頼の断り

*将来のことは別として、現在のところ辞退するほかありません。

*先日お申し出のあった件ですが、ご希望に応えることができません。あしからずご了承ください。

*何とか役に立ちたいと家内とも相談いたしましたが、私の方も出費が多く、蓄えがほとんどない有様です。事情をお察しください。

3 末文

結びのあいさつ

主文を締めくくるもの

*右、用件のみ。*まずは右のみ。

*まずは取り急ぎお知らせ(ご案内・お願い・ご通知・お礼)まで。

*取り急ぎ用件のみにて失礼いたします。

*右、略儀ながら書面をもって失礼いたします。

*右、ご承諾(ご検討)いただければ幸いに存じます。

回答・返事をするもの

*取り急ぎご返事(ご回答)申し上げます。

*取りあえず(まずは)ご返事まで。

通知・案内・あいさつをするもの

*取りあえずお知らせ申し上げます。

*取り急ぎ(取りあえず)一報申し上げます。

*ご挨拶(ご案内)かたがたお願い申し上げます。

*略儀ながら書面をもってご挨拶申し上げます。

今後の愛顧を願うもの

*今後ともなにとぞよろしくお願い申し上げます。

*今後ともよろしくご指導ご鞭撻(べんたつ)のほどお願い申し上げます。

*今後とも倍旧(ばいきゅう)のご厚情を賜りますよう願い上げます。

依頼・期待するもの

*なにとぞご高配賜りますようお願い申し上げます。
*何分のご配慮を賜りとう存じます。
*お力添えをくださいますようお願い申し上げます。
*ご承諾くだされば幸甚に存じます。
*何卒よいご返事をくださいますようお待ち申し上げております。

幸福・健康を祈るもの

*ご自愛(ご健勝・ご無事・ご多幸)を祈ります。
*天候不順な折、お体を大切になさってください。
*ますますご壮健でありますよう、お祈り申し上げます。
*ご家族の皆様のご健勝(ご多幸・ご清祥)をお祈りいたします。

繁栄を祈るもの

*貴社の一層のご発展を衷心よりお祈り申し上げます。
*御社のさらなるご繁栄を心から祈念いたします。

返事・了承・回答を求めるもの

*恐縮ながら折り返しご一報賜りますれば幸甚に存じます。
*ご返信を鶴首(かくしゅ)してお待ちしております。
*あしからずご了承賜りますようお願い申し上げます。
*お手数ながら何分のご回答をお願いいたします。

伝言を頼むもの

「末筆ながら」「末ながら」などの言葉に続けて、
*皆様によろしくお伝えください。
*ご両親様にくれぐれもよろしくお伝えください。

別の機会・再会を期すもの

*日を改めてお目にかかりたいと存じますので、よろしくおはからいください。
*詳しくはお会いしたときにお話しします。
*委細は後便にて申し上げます。

断るもの

*誠に残念ながら貴意に沿いかねますので、あしからずご了承のほどお願い申し上げます。
*なにとぞ事情をご賢察の上、お許しくださいますようお願い申し上げます。

迷惑・失礼をわびるもの

*勝手なことを申し上げましたが、当方の事情をご賢察ください。
*今回ばかりはご寛恕(かんじょ)のほど、お願い申し上げます。
*ご無礼の段なにとぞお許しください。
*不行き届きの点はくれぐれもお許しのほど、願い上げます。

乱筆・乱文をわびるもの

*乱筆乱文よろしくご判読のほどをお願い申し上げます。
*とりとめもない文で失礼いたしました。
*生来の悪筆、どうかお許しください。

結語(前文の頭語に応じた言葉で結びます)

「拝啓」(一般の場合)　敬具・敬白・かしこ〔女性〕
「謹啓」(改まった場合)　頓首(とんしゅ)・謹言・謹白
「拝復」(返信の場合)　敬具
「再呈」・「再啓」(再び出す場合)　敬具
「前略」・「冠省」(略式の場合)　草々・不一
「急白」・「急啓」(急ぎの場合)　草々
「一筆申し上げます」　ごめんくださいませ〔女性〕
「前略ごめんくださいませ」…　かしこ〔女性〕・かしく〔女性〕
★「拝啓」に対して「草々・不一」は不釣り合いとされています。

4 あと付け

日付

本文より二、三字ほど下げて書きます。年賀状・暑中見舞いなどの季節の手紙、慶事・弔事の通知状は具体的な月日を書かないのが原則です。

署名

正式には姓と名を、日付の次の行の下の方に書きます。

あて名・敬称

差出人の署名の次の行に、日付より上、主文よりやや下に書きます。
＊友人には…君・兄・大兄　＊先輩には…大兄・賢兄・学兄・賢台
＊医師には…先生・医伯
＊画家には…先生・画伯
＊恩師・師匠・教師・著述家・議員・弁護士には…先生
＊会社・官公庁・学校・団体には…御中
＊個人名を省略し多人数の人には…各位

わき付け

特に改まった場合、あて名の左下に書きます。

＊目上には…侍史(じし)・台下・尊下・玉案下(ぎょくあんか)・御前(おんまえ)(目上の身内や女性に)
＊同輩・やや目上には　…机下・案下・座右・硯北(けんぽく)
＊目下には…足下(そっか)
＊両親・伯父・伯母などには…膝下(しっか)・御許・尊下
＊女性が使う場合には…みもとに(へ)・みまえに・まいる・御前に

5 副文

書き出しに「なお」「追って」「追伸」「二伸」「再伸」「追啓」「重ねて申し上げます」「一言申し添えます」などを使って書きます。

《敬語の使い方》

■動作や状態についての敬語

とくに丁寧に書く場合には「ございます」調で統一しますが、普通は「です」「あります」「います」などを用います。

動詞	尊敬語	謙譲語
会う	お会いになる・会われる	お会いする・お目にかかる
あげる	お上げになる	差し上げる
与える	賜る・くださる・お与えになる	差し上げる・献呈する・献上する・進呈する
言う	おっしゃる・お話しになる・言われる・仰せになる	申す・申し上げる・お耳に入れる
行く	いらっしゃる・おいでになる・お出かけになる・お越しになる	参る・伺う・上がる・参上する
いる	いらっしゃる・おいでになる	おる
受ける	お受けになる・受けられる	拝受する
思う	思われる・おぼしめす	存じる・存ずる
帰る	お帰りになる	失礼する
借りる	お借りになる・借りられる	拝借する・お借りする
着る	お召しになる・着られる	着させていただく
聞かせる	お聞かせになる	お聞かせする・お耳に入れる
聞く	お聞きになる・お耳に入る	伺う・承る・拝聴する・聞かせていただく・お聞きする

来る	いらっしゃる・おいでになる・お見えになる・お越しになる	参る・伺う・あがる・参上する
知る	お知りになる・ご存じになる・知られる	存じ上げる・存じています・承知する
する	なさる・される・あそばす	いたす・つかまつる・させていただく
訪ねる	お訪ねになる・いらっしゃる	伺う・お訪ねする・上がる・参る・推参する・伺候する
尋ねる	お尋ねになる	伺う・お尋ねする
食べる	召し上がる・上がる・お食べになる・食べられる	いただく・頂戴（ちょうだい）する
飲む	お飲みになる・召し上がる	いただく・頂戴する
寝る	おやすみになる・寝られる	やすむ
待つ	お待ちになる・待たれる	お待ち申し上げる
見せる	お見せになる・ご覧になる・見せられる	お目にかける・ご覧に入れる
見る	ご覧になる・見られる・目になさる	拝見する・拝観する・見せていただく
もらう	お納めになる・お受けになる・おもらいになる	賜る・いただく・頂戴する・拝受する
読む	お読みになる・読まれる	拝読する・拝見する
喜ぶ	お喜びになる・喜ばれる	お喜び申し上げる

■人物・事柄についての敬語

対象	相手側の呼び方（尊称）	自分側の呼び方（謙称）
自分と相手	あなた様・貴兄・貴女・貴殿・貴台・貴下・貴君・貴職・学兄・尊台・大兄	わたし・私・自分・小生・当方・不肖・小職・私こと・老生・愚生・拙生
夫	ご主人様・旦那様・夫君様	夫・主人・宅・亭主・○○（姓で呼ぶ）・あるじ
妻	奥様・奥方様・ご令室様	妻・家内・女房・愚妻
子供	お子さん・お子様	子供・子供たち
息子	ご子息様・ご令息様	息子・せがれ・愚息
娘	お嬢様・ご息女様・ご令嬢様	娘
兄	お兄様・兄上様・ご令兄様・賢兄・尊兄	兄・家兄・舎兄・兄貴
姉	お姉様・姉上様・ご令姉様	姉・姉貴
弟	弟様・ご令弟様・ご舎弟様・賢弟	弟・舎弟・愚弟
妹	お妹様・お妹御・ご令妹様	妹・愚妹
父	お父上・お父上様・父君・ご尊父様	父・おやじ・実父・老父・家父
母	お母上・お母上様・ご母堂様・ご尊母様	母・おふくろ・実母・老母・生母
両親	ご両親様・ご父母様	両親・父母・老父母
家族	ご一同様・皆々様・貴家・尊家・ご一統様	私ども・当方・家族一同・家内一同・家中

夫の父母	お父(母)上様・お父(母)君様・おしゅうと様・おしゅうとめ様	父・母・義父・義母・しゅうと・しゅうとめ
妻の父母	ご外父(母)様・ご岳父(母)様	岳父・岳母
親族	ご親族・ご親類・ご親戚・ご一統・ご一門	親族・親類一同・親戚一同・一統・一門の者
孫	お孫様・ご令孫・ご愛孫	孫・拙孫・家孫
友人	お友だち・ご親友・ご朋友・ご同窓・ご学友	友・友人・友達・親友・同学・学友・級友
先生	先生・お師匠様	先生・師匠
弟子	ご門弟・ご高弟・お弟子	門弟・門下・門下生
上役	ご上司・御上役	上司・上役
社員	貴社社員・御社○○様	当社社員
氏名・名前	芳名・尊名・ご高名・貴名	氏名・名前・愚名
品物	ご好意の品・ご佳品・結構な品・お心尽くし・ご厚志	粗品・心ばかりの品・ささやかな品・寸志
酒	ご清酒	粗酒
茶菓	玉露・美果	粗茶・粗菓
食事	お食事・召し上がり物	粗飯・粗餐(そさん)
手紙	ご書状・ご書簡・ご書面・貴書・貴札・玉章	書状・書簡・書面・愚状・愚書・愚札・拙書・寸書
文章	ご高文	小文・拙文・駄文・拙筆
作品	ご高作	拙作

写真	ご尊影・貴影・玉影	愚影
意見・考え	ご意見・ご高説・ご高見・貴見・貴意・お説・ご所感	私見・私案・愚見・浅見・管見・愚考・私考
気持ち・志	ご芳志・ご芳情・ご厚志・ご厚情・ご高配・お志	寸志・微志・微意・薄志
努力	ご尽力	微力
配慮	ご配慮・ご高配・ご尽力	考慮・配慮
推察	ご高察・ご明察・ご賢察	拝察・愚察
受領	お納め・お受け取り・ご入手・ご査収・ご検収・ご受領・ご笑納	拝受・落掌・入手・受領・受納・拝送・送付
往来	おいで・お越し・ご来訪・お立ち寄り・ご来店・ご来社・ご来駕(らいが)	お伺い・お訪ね・参上・拝顔
訪問参会	ご訪問・ご来臨・ご来車・ご参会・ご参列・ご列席・ご出席・ご参集・ご臨席	お伺い・拝趨(はいすう)・参加・参列・列席・出席・参集
住宅・家	貴宅・貴家・貴宅・ご尊宅・尊家・お家・お宅	当方・私宅・小宅・弊家・拙宅・寓居(ぐうきょ)
住地・地域	貴地・御地	当地・当所・弊地
会社	貴社・御社・貴会社	当社・本社・小社・弊社
商店	貴店・御店	当店・小店・弊店
学校	貴校・御校・貴大学・貴園	当校・本校・本学・当園

時刻・方位・干支

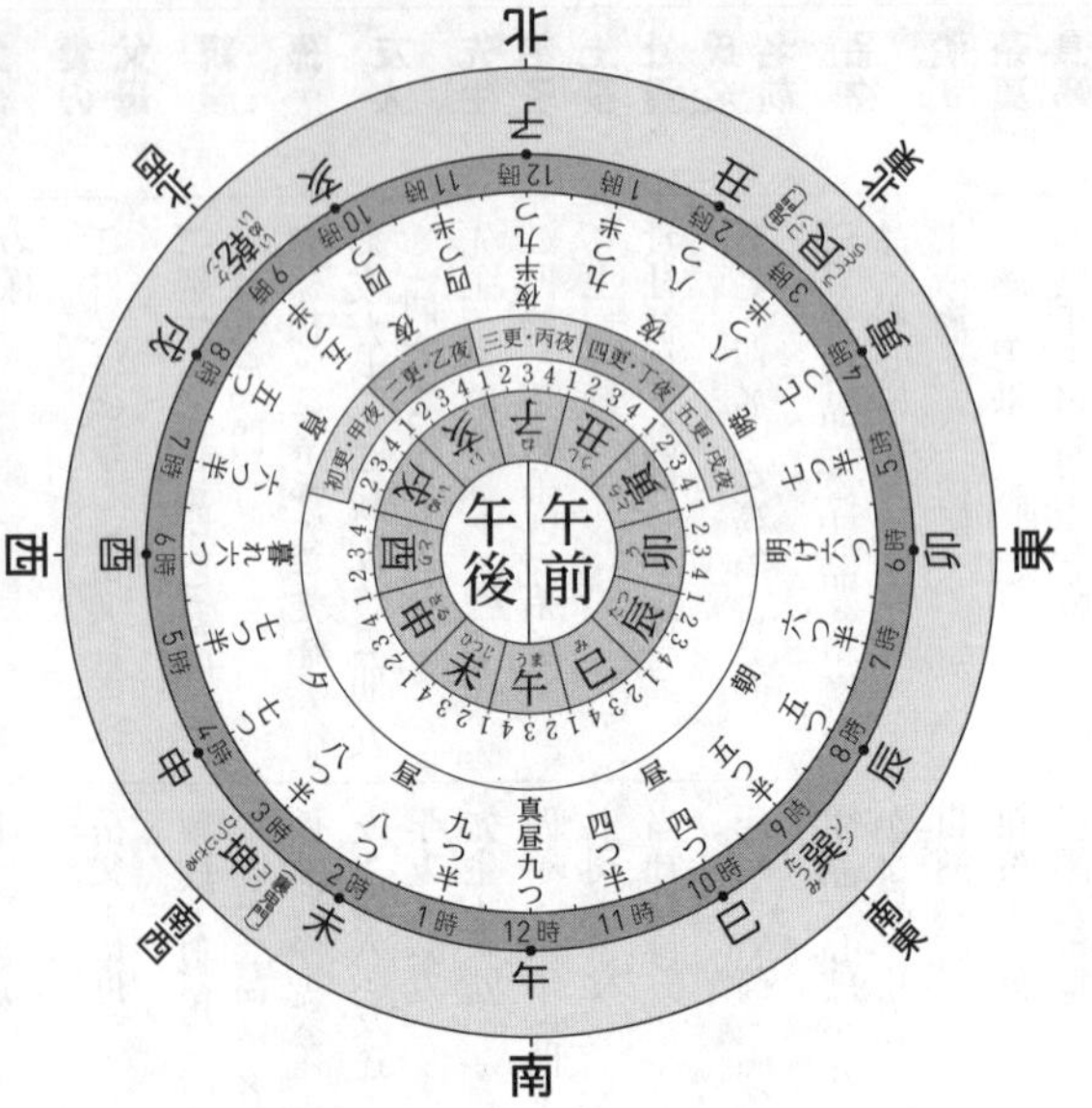

時刻

わが国には、定時法と不定時法の二種の時法があった。定時法は一日を十二等分し、一時(いっとき)は二時間に当たる。不定時法は昼と夜をそれぞれ六等分し、季節により一時の長さが異なる。

方位

三百六十度を十二等分して十二支を当て、北を「子(ね)」、南を「午(うま)」などと呼んだ。また北東を「艮(うしとら)」、南東を「巽(たつみ)」などと呼んだ。

十干

中国古来の学説で万物を組成するとされる木・火・土・金・水の五行を、それぞれ兄(え=陽)・弟(と=陰)に分け、甲・乙・丙…などの文字に当てたもの。

十二支

一年十二か月を表す子・丑・寅…など十二の文字にそれぞれ動物名を当てはめたもの。時刻・方位を表すのに用いる。

干支

十干と十二支の組み合わせを「干支」と書いて「えと(かんし)」といい、六十組できる。年の順序では六十一年目に元に戻り、数え年六十一歳を還暦という。

五行	兄弟	干支(十干十二支)					
木《モク》	兄	1 甲《きのえ》子《ね》	11 甲《きのえ》戌《いぬ》	21 甲《きのえ》申《さる》	31 甲《きのえ》午《うま》	41 甲《きのえ》辰《たつ》	51 甲《きのえ》寅《とら》
	弟	2 乙《きのと》丑《うし》	12 乙《きのと》亥《い》	22 乙《きのと》酉《とり》	32 乙《きのと》未《ひつじ》	42 乙《きのと》巳《み》	52 乙《きのと》卯《う》
火《カ》	兄	3 丙《ひのえ》寅《とら》	13 丙《ひのえ》子《ね》	23 丙《ひのえ》戌《いぬ》	33 丙《ひのえ》申《さる》	43 丙《ひのえ》午《うま》	53 丙《ひのえ》辰《たつ》
	弟	4 丁《ひのと》卯《う》	14 丁《ひのと》丑《うし》	24 丁《ひのと》亥《い》	34 丁《ひのと》酉《とり》	44 丁《ひのと》未《ひつじ》	54 丁《ひのと》巳《み》
土《ド》	兄	5 戊《つちのえ》辰《たつ》	15 戊《つちのえ》寅《とら》	25 戊《つちのえ》子《ね》	35 戊《つちのえ》戌《いぬ》	45 戊《つちのえ》申《さる》	55 戊《つちのえ》午《うま》
	弟	6 己《つちのと》巳《み》	16 己《つちのと》卯《う》	26 己《つちのと》丑《うし》	36 己《つちのと》亥《い》	46 己《つちのと》酉《とり》	56 己《つちのと》未《ひつじ》
金《ゴン》	兄	7 庚《かのえ》午《うま》	17 庚《かのえ》辰《たつ》	27 庚《かのえ》寅《とら》	37 庚《かのえ》子《ね》	47 庚《かのえ》戌《いぬ》	57 庚《かのえ》申《さる》
	弟	8 辛《かのと》未《ひつじ》	18 辛《かのと》巳《み》	28 辛《かのと》卯《う》	38 辛《かのと》丑《うし》	48 辛《かのと》亥《い》	58 辛《かのと》酉《とり》
水《スイ》	兄	9 壬《みずのえ》申《さる》	19 壬《みずのえ》午《うま》	29 壬《みずのえ》辰《たつ》	39 壬《みずのえ》寅《とら》	49 壬《みずのえ》子《ね》	59 壬《みずのえ》戌《いぬ》
	弟	10 癸《みずのと》酉《とり》	20 癸《みずのと》未《ひつじ》	30 癸《みずのと》巳《み》	40 癸《みずのと》卯《う》	50 癸《みずのと》丑《うし》	60 癸《みずのと》亥《い》

物の数え方

家……一戸・一軒・一棟・一宇
いか……一杯
遺骨・遺体……一体
糸……一巻(き)・一かせ
位牌《いはい》・神霊……一柱《はしら》
衣類……一着・一枚・一重(ね)・一領・一揃《そろい》
植木……一株
兎……一羽《わ》・一匹
牛……一匹・一頭・一蹄《てい》
団扇《うちわ》……一本
馬……一匹・一頭・一蹄《てい》
(人が乗っている場合)……一騎
演芸……一席・一番
斧《おの》……一挺《ちょう》
折詰……一折(り)
鏡……一面
鏡餅……一重(ね)
額……一面・一架
掛軸……一幅・一軸・一対(二本)
駕籠《かご》……一挺《ちょう》
笠《かさ》……一蓋《がい》・一笠・一枚

刀……一刀・一剣・一口・一振(り)・一腰
紙……一枚・一葉・一束・一帖《じょう》(=半紙20枚、美濃48枚)
かみそり……一挺《ちょう》・一口
蚊帳……一張(り)・一張
皮・革……一枚・一坪
鉋《かんな》……一挺《ちょう》
果物……一顆《か》・一個・一籠《かご》・一箱
倉……一戸前・一棟
鍬《くわ》……一挺《ちょう》
袈裟《けさ》……一領
碁……一局・一番
(碁盤)……一面
(目数)……一目
香炉……一基
琴……一面・一張(り)
ざるそば……一枚
詩……一編・一聯《れん》・一什《じゅう》
寺院……一寺・一宇・一堂
写真……一枚・一葉

三味線……一挺《ちょう》・一棹《さお》
重箱……一組・一重(ね)
数珠……一連
将棋……一番・一局・一戦
(将棋盤)……一面
(指し手)……一手
食事……一膳《ぜん》・一杯
書物……一冊・一部・一巻・一編・一本・一帙《ちつ》
書類……一通・一札・一籍
神社……一座・一柱
神体……一柱・一座・一体
硯《すずり》……一面
簾《すだれ》……一張
炭(俵詰め)……一俵
墨……一挺《ちょう》
相撲……一番
扇子……一本・一把《わ》・一対《つい》
田……一面
短歌・和歌……一首
畳……一枚・一畳
段位……初段・二段
たんす……一棹《さお》
茶器……一席・一組
茶碗《ちゃわん》……一口・一組

銚子《ちょうし》……一本・一丁
提灯《ちょうちん》……一張(り)
壺《つぼ》……一口
手紙……一通・一封・一本・一札
鉄砲……一挺《ちょう》
手袋……一組・一双
電灯……一灯
砥石《といし》……一挺《ちょう》
塔婆……一基・一層
動物(大きいもの)……一頭
(小さいもの)……一匹
灯籠……一基・一丁
土地(登記上の)……一筆
鳥……一羽《わ》・一翅《し》・一翼
(雌雄)……一番《つがい》
鳥居……一基
能……一番
鋸《のこぎり》……一挺《ちょう》
海苔《のり》……一枚・一帖《じょう》・一缶
俳句・川柳……一句
袴《はかま》……一具・一腰
鋏《はさみ》……一丁
箸《はし》……一膳《ぜん》・一揃《そろい》・一具
旗……一本・一旒《りゅう》
火箸《ひばし》……一具・一揃《そろい》

屏風《びょうぶ》……一架・一帖《じょう》・一双(二架)
琵琶《びわ》……一面
笛……一本・一管
襖《ふすま》……一領
仏像……一軀《く》・一体・一頭
筆……一本・一管・一茎・一対(二本)
布団……一枚・一組・一揃《そろい》・一重(ね)
船……一艘《そう》・一隻・一杯
文章……一編・一文・一章
砲……一門
宝石……一顆《か》
巻物……一軸・一巻
幕……一枚・一張
矢……一本・一筋・一条
弓……一張・一張(り)
羊羹《ようかん》……一本・一棹《さお》
鎧《よろい》……一領
鎧兜《よろいかぶと》……一具
料理……一品・一人前

vs.〔バーサス〕 [versus ラテン]…対…。
VTOL〔ブイトール〕 [vertical takeoff and landing]垂直離着陸機。
VTR [videotape recorder]ビデオテープレコーダー。また，映像。

W

W杯 [World Cup]ワールドカップ。⇒本文
WASP〔ワスプ〕 [White Anglo-Saxon Protestant]アメリカ社会の主流をなすとされるアングロサクソン系白人のプロテスタント。
WBA [World Boxing Association]世界ボクシング協会。
WBC ①[World Boxing Council]世界ボクシング評議会。②[World Baseball Classic]ワールドベースボールクラシック。野球の国別対抗選手権大会。
W.C. [water closet]便所。
4WD [four-wheel drive]⇒AWD。
Web [World Wide Web]ウェブ。⇒本文
WFC [World Food Council]国連の世界食糧理事会。
WFP [World Food Program]世界食糧計画。
WFTU [World Federation of Trade Unions]世界労働組合連盟。
WG [working group]ワーキンググループ。作業部会。
WHO [World Health Organization]世界保健機関。
WIPO〔ワイポ〕 [World Intellectual Property Organization]国連の世界知的所有権機関。特許権・著作権などの保護を目的とする。
WMO [World Meteorological Organization]世界気象機関。
WPI [wholesale price index]《経》卸売物価指数。◆2002年，CGPIに移行。
WRC [World Rally Championship]世界ラリー選手権。
WTO [World Trade Organization]世界貿易機関。ガットに代わり，ウルグアイ・ラウンドで合意した種々の協定を管理・運営するための国際機関。
WWF [World Wide Fund for Nature]世界自然保護基金。民間団体。◆旧称は「世界野生生物基金」。
WWW ①[World Weather Watch]世界気象監視計画。②[World Wide Web]《通信》インターネット上で情報を公開・利用するためのしくみ。ウェブ。⇒本文

X

X 未知のもの。不確定要素。
X線 [X-ray]電磁波の一。波長がおよそ10^{-12}から10^{-8}mのもの。
X染色体 哺乳類の性染色体の一。雌雄ともに認められる。
Xデー [X day]エックスデー。⇒本文
XL [extra large]（衣類などの）特大。
Xmas [Christmas]クリスマス。Xはキリストを表すギリシャ語Xristosから。
XS [extra small]（衣類などの）特小。

Y

Y染色体 哺乳類の性染色体の一。雄のみがもち，雄を決定するもの。
YH [youth hostel]ユースホステル。低料金の旅行者用の宿泊施設。
YMCA [Young Men's Christian Association]キリスト教青年会。
YWCA [Young Women's Christian Association]キリスト教女子青年会。

Z

ZD運動 [zero defects—]《経》生産向上運動の一。無欠点運動。
ZTT [zinc sulfate turbidity test]硫酸亜鉛混濁試験。血清たんぱく質の組成異常を調べる検査。肝障害の有無を調べる検査として用いられる。
ZZZ 「グーグー」。コミックなどで，いびき，寝息を表す記号。

ト。

TOPIX〔トピックス〕［Tokyo Stock Price Index］《経》東京証券取引所株価指数。

T.P.O. 時(time)・場所(place)・場合(occasion)の意。服装や行動の基準となる3要素。

TPP ［Trans-Pacific Partnership Agreement］環太平洋パートナーシップ協定。広域な輸出入分野を対象とし，それらの品目の関税を撤廃する自由貿易協定。

TSE ［Tokyo Stock Exchange］東京証券取引所。

TV ［television］テレビ。

U

UD ［universal design］ユニバーサル・デザイン。障害や年齢にかかわらず，だれもが無理なく利用できる商品やサービス，また，家・町などの設計。

UFO〔ユーフォー〕［unidentified flying object］未確認飛行物体。

UHF ［ultrahigh frequency］①極超短波。デシメートル波。②《放送》極超短波帯。

UK ［United Kingdom］連合王国。北アイルランドまで含めたイギリスの呼称。

ULCC ［ultralarge crude carrier］超大型タンカー。

ULSI ［ultra large-scale integration］《電算》極超LSI。

UN ［United Nations］国際連合。◆UNOとも。

UNC ［United Nations Charter］国連憲章。

UNCTAD〔アンクタッド〕［United Nations Conference on Trade and Development］国連貿易開発会議。

UNEP〔ユネップ〕［United Nations Environment Program］国連環境計画。

UNESCO〔ユネスコ〕［United Nations Educational, Scientific and Cultural Organization］国連教育科学文化機関。

UNF ［United Nations Forces］国連軍。

UNGA ［United Nations General Assembly］国連総会。

UNHCR ［Office of the United Nations High Commissioner for Refugees］国連難民高等弁務官事務所。難民の保護，避難先での援助などを行う機関。

UNICEF〔ユニセフ〕［United Nations International Children's Emergency Fund］国連児童基金。◆United Nations Children's Fundと改称されたが，略称はそのまま。

UNSC ［United Nations Security Council］国連安全保障理事会。

UNU ［United Nations University］国連大学。

URL ［uniform resource locator］《通信》インターネット上で，個々のホームページ(ウェブページ)に割り当てられたアドレス。

USA ［United States of America］アメリカ合衆国。

USB ［Universal Serial Bus］《電算》情報機器と周辺機器をつなぐ部分の規格の一。▷ーメモリー。

UT ［universal time］世界時。

UV ［ultraviolet rays］紫外線。⇒本文

V

VAN〔バン〕［value-added network］《通信》付加価値通信網。

VB ［venture business］ベンチャービジネス。⇒本文

VCR ［video cassette recorder］⇒VTR。

VD ［videodisc］ビデオディスク。映像と音声を記録した円盤。

VHF ［very high frequency］超短波。メートル波。

VHS ［video home system］家庭用VTRの一方式。

VICS〔ビックス〕［Vehicle Information and Communication System］道路交通情報通信システム。道路工事や渋滞などの交通情報をカー・ナビゲーションに表示する。

VIP〔ビップ〕［very important person］重要人物。

VLBI ［very long baseline interferometer］超長基線電波干渉計。クエーサー(準星)からの電波を受信し，地球上の各地点間の距離を精密に測定する装置。

VLSI ［very large-scale integration］《電算》超大規模集積回路。超LSI。

VOD ［video-on-demand］ビデオオンデマンド。見たいときにその番組をテレビに映すサービス。

vol. ［volume］第…巻。

VR ［virtual reality］バーチャルリアリティー。⇒本文(仮想現実)

《車》エンジンの吸・排気バルブを1本のカム軸で開閉する方式。DOHCより廉価。
SOS　エスオーエス。救助を求める(無線)信号。
SOx〔ソックス〕　[sulfur oxide]《化》硫黄酸化物。
SP　① [sales promotion] セールスプロモーション。販売促進。② [security police] 要人警備の警察官。
SPF　① [South Pacific Forum] 南太平洋フォーラム。② [sun protection factor] 日焼け止め指数の一。紫外線ベータ波の防御効果を表す数値で最高値は50＋。数値が大きいほど効果が大きい。
SPM　① [scanning probe microscope] 走査型プローブ顕微鏡。先のとがった探針を試料に近づけて,原子・分子レベルの微細構造を観察する装置の総称。② [suspended particulate matter] 浮遊粒子状物質。直径が10ミクロン以下の粒子状の物質。
SRAM〔エスラム〕　[static random-access memory]《電算》再書き込みしなくても記憶内容を保持できる半導体記憶素子。
SRBM　[short-range ballistic missile]《軍》短距離弾道ミサイル。
SRI　① [socially responsible investment]《経》社会的責任投資。株価や配当だけでなく,企業の環境保護や人種・性差別への取り組み方も評価して行う株式投資。② [Stanford Research Institute] スタンフォード研究所。アメリカ有数のシンクタンク。
SS　[suspended solid] 懸濁物質。浮遊物質。水面または水中に濁りのかたちで含まれる粒子状物質。
SSD　[Special Session on Disarmament of the United Nations General Assembly] 国連軍縮特別総会。
SSL　[Secure Socket Layer]《通信》サーバーとクライアント間で情報を安全に送受信するための技術の一。オンライン・ショッピングでクレジット・カードの番号を入力する画面などで使用されている。
SST　[supersonic transport] 超音速輸送機。
STマーク　[safety toy mark] 日本玩具協会の安全基準に合格した玩具《がんぐ》につけるマーク。
STD　[sexually transmitted disease]《医》性行為感染症。性行為によって感染する病気の総称。
STOL〔エストール/ストール〕　[short takeoff and landing] 短距離離着陸機。
Suica〔スイカ〕　[Super Urban Intelligent Card]《商標》JR東日本が2001年より発売しているICチップ内蔵のプリペイドカード。
SUV　[sport utility vehicle]《車》スポーツ用多目的車。
S-VHS　[S-Video Home System] 高画質のVHS規格。

T

TC　[traveler's check] トラベラーズチェック。⇒本文
TDB　[(United Nations) Trade and Development Board] 国連貿易開発理事会。UNCTADの常設執行機関。◆UNTDBとも。
TDI　[tolerable daily intake] 耐容1日摂取量。ダイオキシンなど毒性物質の1日あたりの許容摂取量。
tel.　①[telegram] 電報。②[telephone] 電話。◆Tel, TELとも。
TFT　[thin film transistor]《電》薄膜トランジスター。
TGV　[train à grande vitesse フランス] フランスの超特急列車。テージェーベー。
TKO　[technical knockout] テクニカルノックアウト。ボクシングで,負傷などにより,レフェリーが途中で勝敗を宣告すること。
TLO　[Technology Licensing Organization] 技術移転機関。
TM　[trademark] トレードマーク。商標。
TNC　[transnational corporation] 多国籍企業。
TNT　[trinitrotoluene] 爆薬の一。トリニトロトルエン。▷一火薬。
TOB　[take-over bid]《経》テイクオーバー・ビッド。株式公開買い付け。企業の経営権を支配するために,買い付け期間・株価・株数を一般に公開して株を買い集めること。
TOEFL〔トーフル〕　[Test of English as a Foreign Language]《商標》アメリカで開発された,英語を母語としない人のための英語学力テスト。
TOEIC〔トーイック〕　[Test of English for International Communication]《商標》国際コミュニケーション英語能力テス

強いビートのポピュラー音楽・ダンス。

RCC [Resolution and Collection Corporation]整理回収機構。住宅金融債権管理機構と整理回収銀行が合併して設立した株式会社。不良債権の処理などを行う。

RDF [refuse-derived fuel] ごみ固形化燃料。

REIT〔リート〕 [Real Estate Investment Trust]《経》不動産投資信託。

Rh因子 [rhesus factor]《医》赤血球に含まれる抗原の一。

Rh式 《医》Rh因子の有無により血液型を分類する方式。

RIMPAC〔リムパック〕 [Rim of the Pacific Exercise]《軍》アメリカ海軍の第3艦隊主催の環太平洋合同演習。

RNA [ribonucleic acid]《生化》リボ核酸。細胞にある核酸。たんぱく質合成や遺伝情報を伝達する働きをもつ。

ROE ①[return on equity]自己資本利益率。企業が株主資本(自己資本)からどれくらい利益を得ているかを示す指標。② [rules of engagement] 交戦規定。

ROM〔ロム〕 [read-only memory]《電算》読み出し専用記憶素子。

RR [rear engine rear drive]《車》後部エンジン・後輪駆動(の自動車)。

RV [recreational vehicle]《車》野外レジャー用のワンボックスカー, 4WDなどの総称。

S

S波 [secondary wave] 地震波のうち, P波の後に観測される横波。主要動。

SA ① [Salvation Army] 救世軍。⇒本文 ② [store automation] OA機器を用いて店舗の運営・経営を省力・自動化すること。③ [service area] サービスエリア。⇒本文②

SAARC [South Asian Association for Regional Cooperation]南アジア地域協力連合。インド, パキスタンなど8か国が加盟している, 地域協力の枠組み。

SAM〔サム〕 [surface-to-air missile]《軍》地対空ミサイル。

SAR値 [specific absorption rate]電磁波の吸収量を単位重量当たりで吸収する熱量で表した値。◆携帯電話の電磁波の許容基準などで用いる。

SARS〔サーズ〕 [Severe Acute Respiratory Syndrome]《医》重症急性呼吸器症候群。新型肺炎。38度以上の急な発熱及び咳, 息切れ, 呼吸困難などの重い症状を呈する疾患。

SAS ①[Special Air Service]《軍》イギリス空軍の特別部隊。②[Sleep Apnea Syndrome]《医》睡眠時無呼吸症候群。

SAT〔サット〕 [Special Assault Team] 特殊急襲部隊。テロなどに対応する警察の特殊部隊。

SDGs [Sustainable Development Goals] 持続可能な開発目標。2015年, 国連サミットで採択された。

SDR [special drawing rights]《経》IMFの特別引き出し権。

SE ① [sound effects] 音響効果。② [system engineering] システム工学。③ [system engineer] システムエンジニア。⇒本文

SETI〔セチ〕 [Search for Extraterrestrial Intelligence]《宇》地球外知的生命体探査。メッセージを宇宙に出したり, 宇宙からの電波を解析したりする。

SF [science fiction] 空想科学小説。

SFX [special effects]《映画》特殊撮影技術。◆effectsの発音がFX《エフエックス》のように聞こえることから。

SGマーク [safety goods mark]特定製品以外の生活用品について, 安全基準に適合することを示すマーク。

SI単位系 [Système International d'Unités フランス] 国際単位系。

SIDS [sudden infant death syndrome]《医》乳幼児突然死症候群。

SIS [strategic information system] 戦略(的)情報システム。

SL [steam locomotive] 蒸気機関車。

SLBM [submarine-launched ballistic missile]《軍》潜水艦から発射される戦略用弾道ミサイル。

SLCM [sea-launched cruise missile]《軍》海洋発射巡航ミサイル。

SLSI [super large scale integration]《電算》超大規模集積回路。

SMTP [simple mail transfer protocol]《通信》電子メールを送信するための通信手順。図POP。

SNG [satellite news gathering]《通信》通信衛星を利用しニュース画像を放送局に伝送するシステム。

SNS [Social Networking Service] ネット上で友人・知人のつながりを援助するサービス。また, そのサイト。

SOHC [single overhead camshaft]

PDA [personal digital assistant]《電算》携帯型情報端末。

PDF [portable document format]《電算》アメリカのアドビ社が開発した,インターネット上で配信者のデータの体裁を忠実に保ちながら送信できる電子文章の規格。

PDP [plasma display panel]《電》プラズマ・ディスプレー(・パネル)。

PEN〔ペン〕 [PEN Club] 文学者の団体。詩人(poet)・劇作家(playwright)のP,随筆家(essayist)・編集者(editor)のE,小説家(novelist)のNから。ペンクラブ。

PET〔ペット〕 [polyethylene terephthalate resin] ポリエチレンテレフタレート樹脂。▷―ボトル。

PFI [private finance initiative] プライベート・ファイナンス・イニシアチブ。公共事業などの社会資本整備に,民間活力を導入すること。▷―事業。

PFLP [Popular Front for the Liberation of Palestine] パレスチナ解放人民戦線。

PFP [Partnership for Peace] 平和のための協力協定。

pH 水素イオン濃度を表す指数。ペーハー。◆最近は英語式に「ピーエイチ」と読むことが多い。

PHS [personal handyphone system] 簡易型携帯電話。デジタル方式の携帯電話。ピッチ。

PK ①[psychokinesis] 念力。念動。②[penalty kick] ペナルティーキック。

PKF [peace-keeping forces] 国連平和維持軍。

PKO ①[price keeping operation] 日本の公的資金による株価維持政策。和製語。②[peace-keeping operations] 国連平和維持活動。

PL [product liability] 製造物責任。

PLO [Palestine Liberation Organization] パレスチナ解放機構。

PM ①[prime minister] 首相。総理大臣。②[particulate matter] 粒子状物質。主成分は煤煙《ばいえん》や排ガス中に含まれる化学物質で,健康災害をもたらす主要因。

P.M., p.m. [post meridiem ラテン] 午後。対A.M.

POP [post office protocol]《通信》電子メールを受信するためのプロトコルの一。対SMTP。

POP〔ポップ〕広告 [point-of-purchase advertising] 購買時点広告。

POS〔ポス〕システム [point-of-sales system] 販売時点情報管理システム。コンピュータで販売・顧客・在庫・仕入れなどの管理を行うシステム。

PP [polypropylene]《化》ポリプロピレン。

ppm [parts per million] 超微量単位の一。100万分の1。

PR [public relations] ピーアール。広く宣伝すること。

P.S. [postscriptum ラテン] (手紙の) 追伸。◆英語はpostscript。

PSマーク [Product Safety mark] 消費者に危険性のある生活用品(特定製品)で,特定の安全基準を満たしたものにつけられるマーク。販売に際して明示が義務づけられている。

PSI [proliferation security initiative] 大量破壊兵器拡散防止構想。

PT [physical therapist] 理学療法士。

PTA [Parent-Teacher Association] 父母と教師の会。保護者会。

PTSD [post-traumatic stress disorder]《医》心的外傷後ストレス障害。死や負傷などの危機に直面した人がかかる幻覚,精神的不安定などの障害。▷―症候群。

PV [public viewing] パブリックビューイング。試合などを,大型スクリーンで一般公開すること。

Q

QC [quality control]《経》品質管理。

QOL [quality of life] クオリティー・オブ・ライフ。①量より質を重視した生活の考え方。②《医》患者の立場に立つ治療法。苦痛の軽減など治療効果だけを重視しない方法。

QRコード [Quick Response code] カメラ付き携帯電話からインターネットにアクセスできる正方形のコード。二次元コード。

R

RAM〔ラム〕 [random access memory]《電算》随時書き込み読み出し記憶素子。

R&B [rhythm and blues] リズムアンドブルース。

R&R [rock'n' roll] ロックンロール。第二次世界大戦後,アメリカでおこった

NDP [*n*et *d*omestic *p*roduct]《経》国内純生産。

NEET〔ニート〕 [*N*ot in *E*ducation, *E*mployment or *T*raining]ニート。⇒本文

NG [*n*o *g*ood]《映画・放送》「だめ」「よくない」の意。

NGO [*n*on*g*overnmental *o*rganization]非政府組織。◆発展途上国への援助活動などを行う民間団体。

NI [*n*ational *i*ncome]《経》国民所得。

NIE [*n*ewspaper *i*n *e*ducation]《教》「教育に新聞を」。新聞記事を学校の教材に利用しようという運動。

NIES〔ニーズ〕 [*n*ewly *i*ndustrializing *e*conomie*s*]新興工業経済地域。

NNP [*n*et *n*ational *p*roduct]《経》国民純生産。

No. [*n*umer*o*ラテン] …番。ナンバー。

NOC [*N*ational *O*lympic *C*ommittee]各国のオリンピック委員会。

NO*x*〔ノックス〕 [*n*itrogen *o*xide]《化》窒素酸化物。

NPO [*n*on-*p*rofit *o*rganization]民間非営利団体。

NPT [*N*on*p*roliferation *T*reaty]核拡散防止条約。

NSC ①[*N*ational *S*ecurity *C*ouncil]国家安全保障会議。②[*N*uclear *S*afety *C*ommission]原子力安全委員会。

N.Y. [*N*ew *Y*ork]ニューヨーク。

O

OA [*o*ffice *a*utomation]パソコンなどの各種の情報処理機器を活用し,一部の作業を自動化することでオフィスの業務を合理化すること。

OAPEC〔オアペック〕 [*O*rganization of *A*rab *P*etroleum *E*xporting *C*ountries]アラブ石油輸出国機構。

OAS [*O*rganization of *A*merican *S*tates]米州機構。

OB ①[*o*ut-of-*b*ounds]《ゴルフ》プレー禁止区域。また,そこにボールが入ること。②[*o*ld *b*oy]卒業生。先輩。

OCR [*o*ptical *c*haracter *r*eader]光学式文字読み取り装置。

ODA [*o*fficial *d*evelopment *a*ssistance]政府開発援助(資金)。

OECD [*O*rganization for *E*conomic *C*ooperation and *D*evelopment]経済協力開発機構。

OEM [*o*riginal *e*quipment *m*anufacturing]相手先商標製品の受注生産。

OG [*o*ld *g*irl]女性の卒業生。先輩。

OHP [*o*ver*h*ead *p*rojector]文字や図表などを投影して映し出す教育機器。オーバーヘッドプロジェクター。

OIC [*O*rganization of the *I*slamic *C*onference]イスラム諸国会議機構。

OK オーケー。承知した。よろしい。

OPEC〔オペック〕 [*O*rganization of *P*etroleum *E*xporting *C*ountries]石油輸出国機構。

OR [*o*perations *r*esearch]《経》オペレーションズリサーチ。経営上の調査・研究。

OS [*o*perating *s*ystem]オペレーティングシステム。⇒本文

OSCE [*O*rganization for *S*ecurity and *C*ooperation in *E*urope]欧州安全保障協力機構。

OTM [*o*n-line *t*eller *m*achine]オンライン預金支払い機。

P

P波 [*p*rimary wave]地震波のうち,最初に観測される縦波。初期微動。

Pマーク [*p*rivacy mark]個人情報保護を厳格に行っている事業者に与えられるマーク。

PA ①[*p*ublic *a*ddress]拡声装置。②[*p*arking *a*rea]高速道路の休憩所。

PB [*p*rivate *b*rand]プライベートブランド。自家商標。商業者商標。

PC ①[*p*ersonal *c*omputer]パソコン。②[*p*olitical *c*orrectness]政治的妥当性。差別・偏見を助長しないよう,中立的な表現を使うこと。③[*p*restressed *c*oncrete]鋼線を強く引っ張った状態で埋め込んだコンクリート。④[*p*rogrammable *c*ontroller]NC工作機械やロボットなどをあらかじめ設定した順序で制御する装置。

PCカード [*p*ersonal *c*omputer card]《電算》パソコン用のカード型記憶装置。

PCB ①[*p*oly*c*hlorinated *b*iphenyl]《化》ポリ塩化ビフェニール。②[*p*rinted-*c*ircuit *b*oard]《電算》プリント基板。

PCM放送 [*p*ulse *c*ode *m*odulation—]パルス符号変調により音声やテレビ映像をデジタル信号で伝送する放送。

PCR [*p*olymerase *c*hain *r*eaction]DNA分子の特定の部分を大量に増やす技術。▷—検査。

LORAN〔ロラン〕 [long-range navigation] 船・航空機が電波を使って自分の位置を割り出す装置。

LPG [liquefied petroleum gas]《化》液化石油ガス。

LSD [lysergic acid diethylamide] リゼルグ酸ジエチルアミド。幻覚剤の一種。

LSI [large-scale integration]《電算》大規模集積回路。

Ltd. [limited] ①有限会社。②株式会社。◆リミテッド・カンパニーとも。アメリカではInc., Corp.など。

M

M&A [merger and acquisition]《経》企業の合併と買収。

MBA [Master of Business Administration] 経営学修士。経営管理学修士。

MBO [management buyout]《経》経営者が自社株を買い取り, 株式を非公開にすること。合併・買収に対する防衛策の一。

MC [master of ceremonies] 司会者。また, コンサートなどで曲と曲の間の歌手のおしゃべり。

MD ①[minidisc]《商標》デジタル信号で録音・再生ができる光磁気ディスク。②[Missile Defence]《軍》ミサイル防衛。

MDC [more developed country] 中進国。

ME [microelectronics] 集積回路の高密度化・微小化を追究する電子工学技術。

MERCOSUR〔メルコスール〕 [Mercado Común del Surスペイン] 南米南部共同市場。ブラジル, アルゼンチン, ウルグアイ, パラグアイからなる共同市場。

MFN [most favored nation] 最恵国。⇒本文

MMF [money market mutual fund]《経》短期金融商品を中心に運用する投資信託。◆日本のMMFはmoney management fundの略。

MNP [mobile number portability] 契約している会社を変えても, 同じ電話番号を引き続き使用できるしくみ。

MO [magneto-optical disk] 光磁気ディスク。

modem〔モデム〕 [modulator＋demodulator]《通信》変復調装置。

MOX〔モックス〕 [mixed oxide]《化》ウランに使用済み核燃料から取り出したプルトニウムを混ぜた混合酸化物燃料。▷一燃料。

MPEG〔エムペグ〕 [Moving Picture Experts Group]《電算》コンピュータにおける動画像の圧縮方法を世界的に定めた団体。また, その規格。

MPU [microprocessor unit]《電算》LSIチップを用いた, 超小型の演算処理装置。マイクロプロセッサー。

MRI [magnetic resonance imaging]《医》磁気共鳴画像。磁力を利用した画像診断装置。

MRSA [methicillin-resistant staphylococcus aureus]《医》メチシリン耐性黄色ブドウ球菌。

MSF [Médecins sans Frontièresフランス] 国境なき医師団。

MTB [mountain bike] 山野を走るのに適した自転車。マウンテンバイク。

MTCR [Missile Technology Control Regime] ミサイル技術管理レジーム。核ミサイルにも使われる, 弾道ミサイル技術の拡散防止を目的とした国際的規制。

MVP [most valuable player] 最優秀選手。

N

NAFTA〔ナフタ〕 [North American Free Trade Agreement] 北米自由貿易協定。

NASA〔ナサ〕 [National Aeronautics and Space Administration] アメリカ航空宇宙局。

NASDAQ〔ナスダック〕 [National Association of Securities Dealers Automated Quotations]《経》アメリカ店頭市場のコンピュータによる相場報道システム。全米証券業協会(NASD)が管理。

NATO〔ナトー〕 [North Atlantic Treaty Organization]《軍》北大西洋条約機構。

NBA [National Basketball Association] アメリカのプロバスケットボールリーグ。

NBC兵器 [nuclear, biological and chemical weapons]《軍》核兵器・生物兵器・化学兵器の総称。

NC工作機械 [numerical controlled machine tools]《機》数値制御で自動的に作業する工作機械。

NDC [Nippon Decimal Classification] 日本図書十進分類法。

*S*ecurities *D*ealers *A*utomated *Q*uotations] 日本のベンチャー向け株式店頭市場。また，そのシステム。証券会社と日本店頭証券を通信回線で結び売買などをするもの。

JASRAC〔ジャスラック〕［*Ja*panese *S*ociety for *R*ights of *A*uthors, *C*omposers and Publishers］日本音楽著作権協会。

JAXA［*J*apan *A*erospace E*x*ploration *A*gency］宇宙航空研究開発機構。◆ISAS, NAL, NASDAが統合した。

JBF［*J*apan *B*usiness *F*ederation］日本経済団体連合会。日本経団連。

JCCI［*J*apan *C*hamber of *C*ommerce and *I*ndustry］日本商工会議所。

JES［*J*apanese *E*ngineering *S*tandards］日本技術標準規格。

JETRO〔ジェトロ〕［*J*apan *E*xternal *Tr*ade *O*rganization］日本貿易振興機構。

JFA［*J*apan *F*ootball *A*ssociation］日本サッカー協会。

JFK［*J*ohn *F*itzgerald *K*ennedy］アメリカの第35代大統領 J. F. ケネディ。

JICA〔ジャイカ〕［*J*apan *I*nternational *C*ooperation *A*gency］（日本の）国際協力機構。

JIS〔ジス〕［*J*apanese *I*ndustrial *S*tandards］日本産業規格。

JOC［*J*apan *O*lympic *C*ommittee］日本オリンピック委員会。

JOCV［*J*apan *O*verseas *C*ooperation *V*olunteers］日本青年海外協力隊。

JPEG〔ジェーペグ〕［*J*oint *P*hotographic *E*xperts *G*roup］《電算》コンピュータにおける静止画像の圧縮方法を世界的に定めた団体。また，その規格。

J-POP〔ジェーポップ〕［*J*apan *pop*ular music］日本のポピュラー・ミュージック。ポピュラー，ロック，ニュー・ミュージックなどの総称。

JR［*J*apan *R*ailways］旧国鉄を母体にしてつくられた，民営の旅客鉄道会社。

JRA［*J*apan *R*acing *A*ssociation］日本中央競馬会。

JRCS［*J*apanese *R*ed *C*ross *S*ociety］日本赤十字社。

JSAA［*J*apan *S*ports *A*rbitration *A*gency］日本スポーツ仲裁機構。CASの国内版。

JST ①［*J*apan *S*tandard *T*ime］日本標準時。②［*J*apan *S*cience and *T*echnology Agency］科学技術振興機構。

JT［*J*apan *T*obacco Inc.］日本たばこ産業株式会社。

K

401k 掛け金の運用次第で年金の受取額が変動する確定拠出型年金。◆アメリカの税法401条k項にあることから。

K2〔ケーツー〕 カラコルム山脈の最高峰。標高8611mで，エベレストに次いで世界第2位。

K点［*K*ritischer Punkt ドイツ］スキーのジャンプ競技で，その先まで飛ぶと危険とされる地点。

KKK［*K*u *K*lux *K*lan］アメリカの白人秘密結社。クークラックスクラン。

KO［*k*nock*o*ut］ノックアウト。ボクシングなどで，相手を打ち倒し，10数える間に立ち上がれなくすること。

KY 場の空気が読めないことの俗語。◆Kは「空気」，Yは「読めない」から。

L

LAN〔ラン〕［*l*ocal *a*rea *n*etwork］施設内の情報通信網。

LANDSAT〔ランドサット〕［*land*＋*sat*ellite］アメリカの地球資源観測衛星。

LCD［*l*iquid *c*rystal *d*isplay］液晶ディスプレー。

LD［*l*earning *d*isability］知能の発達に遅れはないが，ある特定の能力の習得・使用に著しい困難を示す状態。学習障害。

LDC［*l*ess *d*eveloped *c*ountry］後発開発途上国。

LDK［*l*iving room, *d*ining room, *k*itchen］一室で居間・食堂・台所を兼ねた部屋。和製語。

LDL［*l*ow *d*ensity *l*ipoprotein］《生化》低密度リポたんぱく質。◆悪玉コレステロールとも。対HDL。

LED［*l*ight *e*mitting *d*iode］発光ダイオード。

LGBT レズビアン，ゲイ，バイセクシュアル，トランスジェンダーの総称。

LL［*l*anguage *l*aboratory］学校などにある各個人用の視聴覚機器を備えた語学練習室。

LLDC［*l*and *l*ocked *d*eveloping *c*ountries］内陸開発途上国。

LNG［*l*iquefied *n*atural *g*as］《化》液化天然ガス。

LOHAS〔ロハス〕［*L*ifestyles *o*f *H*ealth *a*nd *S*ustainability］健康と地球環境に配慮した生活スタイルや価値観。

攻撃する弾道ミサイル。

ICC ①[International Chamber of Commerce]国際商業会議所。②[International Criminal Court]国際刑事裁判所。戦争犯罪や大量虐殺などを犯した個人を国際人道法に基づき裁く常設裁判所。

ICJ [International Court of Justice]国際司法裁判所。

ICPO [International Criminal Police Organization]インターポール。国際刑事警察機構。

ICT [Information and Communication Technology]情報通信技術。▷教育―。

ICU [intensive care unit]《医》集中治療室。

ID [identification]①身分証明。②《通信》コンピュータやネットワークを使う際,利用者を識別するための符号。ユーザーID。

IDカード [identification card]身分証明書。アイデンティティーカード。

IDA [International Development Association]国連の国際開発協会。◆第二世界銀行ともいわれる。

IEA [International Energy Agency]国際エネルギー機関。

IF ①[interferon]《生化》インターフェロン。ウイルスの増殖を抑えるたんぱく質。②[International (Sports) Federation]国際競技連盟。

IH調理器 [induction heating ―]金属に磁力線を通す際に発生する熱を利用した調理器。

ILO [International Labor Organization]国連の国際労働機関。

ILS [instrument landing system]航空機の計器着陸方式。

IMF [International Monetary Fund]国際通貨基金。国際通貨の安定を目的とする国連の機関。

IMO [International Maritime Organization]国連の国際海事機関。

Inc. [incorporated]株式会社。◆イギリスではLtd.。

INF [intermediate-range nuclear forces]《軍》中距離核戦力。

INP [index number of prices]《経》物価指数。

IOC [International Olympic Committee]国際オリンピック委員会。

IP電話 [internet protocol ―]《通信》電話回線網として,インターネットの通信方式を利用した電話。

IPCC [Intergovernmental Panel on Climate Change]気候変動に関する政府間パネル。

iPS細胞 [induced pluripotent stem-cell]人工多能性幹細胞。万能細胞の一。

IQ ①[import quota]《経》輸入割当(品目)。②[intelligence quotient]《教》知能指数。→本文

IR ①[information retrieval]情報検索。②[investor relations]《経》企業の株主・投資家向け広報活動。

IRBM [intermediate-range ballistic missile]《軍》射程3000～5500kmの中距離弾道ミサイル。

IRC [International Red Cross]国際赤十字社。

ISBN [International Standard Book Number]国際標準図書番号。全世界で出版される書籍につけられる13桁の国際共通番号。▷―コード。

ISO〔イソ〕 [International Organization for Standardization]国際標準化機構。

ISS [International Space Station]《宇》国際宇宙ステーション。アメリカ,ヨーロッパ,カナダ,日本,ロシアなどが参加して地上約400kmに建設された有人宇宙ステーション。

IT [information technology]情報技術。インターネットをはじめとする遠距離通信・移動体通信などの情報通信技術。また,それらを用いたデータ収集・処理技術。▷―革命。

IUCN [International Union for Conservation of Nature and Natural Resources]国際自然保護連合。

IWC [International Whaling Commission]国際捕鯨委員会。

J

Jリーグ [J League]日本プロサッカーリーグの通称。

JA [Japan Agricultural Cooperatives](日本の)農業協同組合。農協。

JAF〔ジャフ〕 [Japan Automobile Federation]日本自動車連盟。

J-Alert〔ジェイアラート〕 消防庁の全国瞬時警報システム。

JAS〔ジャス〕 [Japanese Agricultural Standard]日本農林規格。農林畜産品の規格。▷―マーク。

JASDAQ〔ジャスダック〕 [Japan Association of

GE [grant element]《経》グラント・エレメント。経済開発援助の中で無利子・無返済の贈与分が占める割合を示す数値。

GGI [Gender Gap Index] ジェンダーギャップ指数。

GHQ [General Headquarters]《軍》(連合国軍)総司令部。

GI [government issue] ジーアイ。一般にアメリカ兵の俗称。▷―カット。

GI値 [glycemic index] 血糖上昇反応指数。食事のGI値が高いほど,肥満になりやすいとされる。

GID [gender identity disorder] 性同一性障害。

GM ①[general manager] 総支配人。総監督。②[guided missile]《軍》誘導ミサイル。

GM食品 [genetically modified food] 遺伝子組み換え技術を使ってつくられた食品。

GMS ①[general merchandise store]《経》ゼネラル・マーチャンダイズ・ストア。総合小売業。総合スーパーマーケット。②[Geostationary Meteorological Satellite]《気》日本の静止気象衛星。

GMT [Greenwich mean time] グリニッジ標準時。世界時。ロンドン近郊グリニッジを通る子午線上の平均太陽時を基準として決めた,世界の標準時。

GNE [gross national expenditure]《経》国民総支出。

GNP [gross national product]《経》国民総生産。

GPA [grade point average] 学業成績の平均値。成績評価法。

GPS [global positioning system] 全地球測位システム。

GS ①[gasoline stand] 和製語のガソリンスタンドの略。②[geodetic satellite] 測地衛星。

GVH病 [graft-versus-host disease]《医》輸血などによって入った他人のリンパ球が増殖して,臓器を攻撃する病気。移植片対宿主病。GVHD。

H

HACCP〔ハサップ〕 [hazard analysis critical control point] 危害分析重要管理点。食品の衛生管理手法の一。

HB [hard and black] 鉛筆の芯の硬度が中ぐらいであることを表す記号。

HD ①[hard disk] ハードディスク。②[holdings] ホールディングス。持株会社。

HDL [high density lipoprotein]《生化》高密度リポたんぱく質。◆善玉コレステロールとも。対LDL。

HEIB〔ヒーブ〕 [home economists in business] 企業内で,家政学の知識を生かし,商品開発や消費者相談などの仕事をする人。

HIV [human immunodeficiency virus]《医》ヒト免疫不全ウイルス。エイズを発症させるウイルス。

HP [home page]《通信》ホームページ。

HSST [high-speed surface transport] 常電導磁石による浮上式リニアモーターカーの商品名。

HST ①[Hubble Space Telescope] ハッブル宇宙望遠鏡。②[hypersonic transport] 極超音速旅客機。

HTLV [human T-cell leukemia virus]《医》ヒトT細胞白血病ウイルス。成人T細胞白血病(ATL)の原因となるHTLV-1など。

HTML [hypertext markup language]《通信》インターネット上に,WWWの機能に対応したページ(webページ)をつくるためのマークアップ言語の一。

HTTP [hypertext transfer protocol]《通信》webサーバーとクライアントの間で,データを送受信するために用いる通信手順。

I

IAEA [International Atomic Energy Agency] 国連の国際原子力機関。

IATA〔アイアタ/イアタ〕 [International Air Transport Association] 国際航空輸送協会。

IBRD [International Bank for Reconstruction and Development] 国際復興開発銀行。国連の専門機関で,IDAと合わせ世界銀行という。

IC [integrated circuit]《電算》集積回路。▷―カード。

ICAO〔イカオ〕 [International Civil Aviation Organization] 国際民間航空機関。

ICBL [International Campaign to Ban Landmines] 地雷禁止国際キャンペーン。

ICBM [intercontinental ballistic missile]《軍》大陸間弾道弾。長距離地点を

採取した細胞。臓器などの再生治療に役立つとされる。

ESCAP〔エスカップ〕 [Economic and Social Commission for Asia and the Pacific] 国連アジア太平洋経済社会委員会。

ESP [extrasensory perception] 第六感。霊感。超能力。エスパー。

ESV [experimental safety vehicle] 実験安全車。

ET [extra-terrestrial] 地球外生物。

ETC [electronic toll collection system] ノンストップ自動料金収受システム。車を止めずに有料道路の料金を精算するしくみ。

etc. [et cetera ラテン] エトセトラ。⇒本文

EU [European Union] 欧州連合。

EV [electric vehicle] 電気自動車。

F

F1 [Formula 1]《車》国際自動車連盟の規定によるレーシングカーで最上級のクラス(のレース)。

F_1 [first filial generation] 雑種の第1代。

FA制 [free agent system] フリー・エージェント制。特に,プロ野球で,同一球団に一定期間在籍し,一定の条件を満たした選手が自由に他球団に移籍する権利をもつ制度。

FAO [Food and Agriculture Organization] 国連の食糧農業機関。

FAQ ① [fair average quality]《経》平均中等品。農産物などの売買契約締結時に用いられる,平均的な品。② [frequently asked questions] インターネットなどで,よく聞かれる質問とその回答をまとめた文書。

FAX〔ファックス〕 [facsimile] ファクシミリ。⇒本文

FBI [Federal Bureau of Investigation] アメリカの連邦捜査局。

FC ① [franchise chain]《経》フランチャイズ・チェーン。本部会社(フランチャイザー)が,独立の加盟店(フランチャイジー)を組織した小売りの形態。② [football club] フットボール・クラブ。サッカーの球団。▷―東京。

FD ① [floppy disk] フロッピーディスク。⇒本文 ② [freeze-dry] 真空凍結乾燥技術。食品などの加工に使われる。

FF ① [federal funds] アメリカ連邦準備銀行に各銀行が預託を義務づけられている資金。▷―金利。② [front engine front drive]《車》前輪駆動(の自動車)。

FIA [Fédération Internationale de l'Automobile フランス] 国際自動車連盟。

FIFA〔フィーファ〕 [Fédération Internationale de Football Association フランス] 国際サッカー連盟。

fig. [figure] ①図。②数字。

FIU [financial intelligence unit]《経》金融情報機関。マネー・ロンダリング(資金洗浄)などを監視する政府機関。

FM [frequency modulation]《電》周波数変調。また,FM放送。対AM。

FORTRAN〔フォートラン〕 [formula translation]《電算》数値計算に適した高水準プログラム言語の一。

FR [front engine rear drive]《車》後輪駆動(の自動車)。

FRP [fiber reinforced plastics] 繊維強化プラスチック。

FTA [Free Trade Agreement] 自由貿易協定。貿易や経済活動の活性化を目指して,特定の国・地域間で結ばれる関税廃止やサービスの自由化などの協定。

FTTH [fiber to the home] 各家庭に光ファイバーケーブルを張る,ブロードバンド通信の一。

FWD [front-wheel drive]《車》前輪駆動(の自動車)。

G

5G 第5世代移動通信システム。超高速,超低遅延の通信を可能とする。

Gマーク ①[good design mark] 通商産業省(現・経済産業省)が創立した,優良デザイン商品につけられるマーク。②国土交通省が推進する,貨物自動車運送事業の安全性評価事業。

Gメン [Government men] ①FBI捜査官の通称。②麻薬などの監視摘発を行う係官の通称。

G5〔ジーファイブ〕 [Group of 5] 5か国財務相・中央銀行総裁会議。日・米・英・仏・独が国際通貨問題を調整する会議。

G7〔ジーセブン〕 [Group of 7] 7か国財務相・中央銀行総裁会議。G5にカナダ・イタリアを加えた。

G8〔ジーエイト〕 [Group of 8] G7にロシアを含めた主要8か国。

GDE [gross domestic expenditure]《経》国内総支出。

GDP [gross domestic product]《経》国内総生産。⇒本文

立体映画。立体写真。

DAD [digital audio disc] 音楽信号をデジタル化して記録したディスクの総称。

DAT [digital audio tape] 音声をデジタル信号で録音・再生するテープ。

DB [database] データベース。⇒本文

DC ①[decimal classification] 図書の十進分類法。②[direct current]《電》直流。図AC。

delキー [delete key]《電算》デリート・キー。消去のためのキー。

DH [designated hitter]《野球》指名打者。守備につかない打撃専門の選手。

DHA [docosa-hexaenoic acid] ドコサヘキサエン酸。魚の油に多く含まれている不飽和脂肪酸の一。◆血液中の中性脂肪を減らし，血液を凝固させにくくし血栓を予防するなどの作用をもつとされる。

DI ①[diffusion index]《経》景気動向指数の一。②[discomfort index] 不快指数。

DIY [do-it-yourself] 日曜大工。既製品をなるべく買わず自分でつくったり修理したりすること。

DJ [disc jockey] ディスクジョッキー。

DK [dining kitchen] ダイニングキッチン。和製語。

DL ①[disabled list] 野球で故障者リスト。②[download] ダウンロード。

DM ①[direct mail] ダイレクトメール。見込み客に直接郵送する，宛名広告。②[direct message] ダイレクトメッセージ。SNSで特定のユーザーに直接送るメッセージ。

DNA [deoxyribonucleic acid]《生化》デオキシリボ核酸。遺伝子を構成する核酸。

DO [dissolved oxygen] 溶存酸素量。水中に溶けている酸素の量。

DOHC [double overhead camshaft]《車》ツインカム。

DOS〔ドス〕 [disk operating system]《電算》①磁気ディスク記憶装置と接続したシステムを動かすためのOS。②MS-DOSの略称。

DOS／V〔ドスブイ〕 [disk operating system/V]《電算》IBM製のパソコンIBM-PC／AT上で日本語を用いるためのソフトウエア。

DPE [development, printing, enlargement]《写》ディーピーイー。和製語。写真の現像・焼き付け・引き伸ばし。

Dr. [Doctor] ①博士。②医者。

DRAM〔ディーラム〕 [dynamic random-access memory]《電》半導体記憶素子の一。一定時間ごとに記憶内容を再書き込みする必要がある。

DTP [desktop publishing] パソコンやワークステーション（高性能パソコン）で行う編集・製版システム。

DV [domestic violence] ドメスティックバイオレンス。⇒本文

DVD [digital versatile disc] 直径12cmの，映像や音声をデジタル信号で記録するディスク。

E

Eメール [electronic mail] 電子メール。

EBM [evidence based medicine]《医》根拠に基づく医療。信頼できる研究結果をもとに，患者の病状や価値観に合わせて行う医療。

EC ①[electronic commerce] 電子商取り引き。②[European Communities／Community] 欧州共同体。EUに統合された。

ECB [European Central Bank] 欧州中央銀行。EUの中央銀行。◆本部はフランクフルト。

ED ①[elemental diet] 成分栄養食。②[Erectile Dysfunction]《医》勃起不全症。勃起障害。インポテンツと同義。

EEA [European Economic Area] 欧州経済地域。

EEZ [exclusive economic zone]《経》排他的経済水域。

EFTA〔エフタ〕 [European Free Trade Association] 欧州自由貿易連合。

EL [electroluminescence]《電》半導体に電圧をかけると発光する現象。エレクトロルミネセンス。

EMS ①[express mail service] 国際エクスプレス・メール。最優先で届く国際郵便。②[environmental management system] 環境マネージメント・システム。企業が，環境への影響を把握しながら業務方針や目標を設定し，その達成に向けて取り組んでいく経営管理システム。

EP [electronic publishing] 電子出版システム。

ES細胞 [embryonic stem cell]《生化》胚性《はいせい》幹細胞。万能細胞の一。受精卵が分裂を繰り返してできる初期胚から

cc ①[cubic centimeter] 体積の単位の一。cm^3 ②[carbon copy]《通信》カーボン・コピー。同内容の電子メールを複数の送付先に同時送信する機能。

CCD [charge-coupled device]《電》電荷結合素子。光の明暗を電気信号に変換する半導体素子。

CD ①[cash dispenser] 現金自動支払い機。②[certificate of deposit]《経》譲渡性預金。NCD。③[compact disc] コンパクトディスク。⇒本文

CDM [clean development mechanism] クリーン開発メカニズム。先進国と途上国が共同で温室効果ガス削減プロジェクトを実施した場合, 途上国の削減分の一部または全部が先進国の削減実績と見なされる制度。◆1997年の京都議定書で認められた。

CD-R [compact disc recordable]《電算》画像や音声の記録の可能なCD。内容の書き替えができない。

CD-ROM〔シーディーロム〕 [compact disc read-only memory]《電算》製造時に書き込まれたデータをユーザーが読み出して利用する光ディスク。

CD-RW [compact disc rewritable]《電算》記録した内容の消去・書き替えが可能なCD。

CEO [chief executive officer]《経》チーフ・エグゼクティブ・オフィサー。企業の最高経営責任者。

CF [commercial film] 広告宣伝用のテレビ・映画。

cf. [confer ラテン]「参照せよ」「比較せよ」。◆英語はcompare。

CFO [chief financial officer] チーフ・ファイナンシャル・オフィサー。企業の最高財務責任者。

CG [computer graphics] コンピュータグラフィックス。⇒本文

CGPI [corporate goods price index]《経》企業物価指数。

CI [corporate identity] 企業イメージを認識させる広報戦略。

CIA [Central Intelligence Agency] アメリカの中央情報局。

CIS [Commonwealth of Independent States] 独立国家共同体。旧ソ連に代わって創設された共同体。

CJD [Creutzfeldt-Jakob disease]《医》クロイツフェルト・ヤコブ病。脳神経がおかされ, 認知症の症状が急速に進む難病。病原体は異常プリオン蛋白とされる。

CM [commercial message] コマーシャル。番組中に入る宣伝。

Co. [company] 商社。会社。

COBOL〔コボル〕 [common business oriented language]《電算》事務処理用プログラミング言語の一。

COD ①[cash on delivery] 代金引き換え払い(の商品配達)。②[chemical oxygen demand] 化学的酸素要求量。湖や海の水質を示す指標の一。

COE [center of excellence] 中核的研究拠点。優れた人材をそろえ, 基礎研究の拠点となる研究機関。

COP [Conference of the Parties] 締約国会議。特に, 温室効果ガスの削減を目的とした気候変動枠組み条約(地球温暖化防止条約)の締約国会議。

covid-19 [coronavirus disease 2019] 2019年に発生が確認され, その後, 感染が拡大した新型コロナウイルス感染症。

CPI [consumer price index]《経》消費者物価指数。

CPU [central processing unit]《電算》コンピュータの中央処理装置。

CQ [call to quarters] アマチュア無線の呼び出し符号。

CS ①[communications satellite] 通信衛星。▷一放送。②[customer satisfaction] 商品に対する客の満足。◆顧客満足度をCSIという。

CSR [corporate social responsibility] 企業の社会的責任。

CT [computed tomography] コンピュータ断層撮影法。

CTBT [Comprehensive Nuclear Test Ban Treaty] 包括的核実験禁止条約。

CTC [centralized traffic control] 列車集中制御装置。

CTRLキー [control key]《電算》キーボード上で, 他のキーを多目的に使用するためのキー。

CTS [computerized typesetting system] コンピュータ組版システム。

CVS ①[computer-controlled vehicle system] コンピュータ制御による無人操縦交通システム。②[con-venience store] コンビニエンスストア。⇒本文

CWC [Chemical Weapons Convention] 化学兵器禁止条約。

D

3D〔スリーディー〕 [three dimensional] 立体の。

ATIS〔アティス〕 [*A*dvanced *T*raffic *I*nformation *S*ervice] 道路交通情報提供サービス。

ATM [*a*utomatic *t*eller *m*achine] 現金自動預金支払機。

ATO [*a*utomatic *t*rain *o*peration] 自動列車運転装置。

ATS [*a*utomatic *t*rain *s*top] 自動列車停止装置。

AU ① [*a*stronomical *u*nit] 天文単位。太陽と地球との平均距離が1AU(約1億5000万km)。② [*A*frican *U*nion] アフリカ連合。OAU(アフリカ統一機構)に代わり,アフリカ諸国の政治・経済統合を目指す連合体。

AV ① [*a*dult *v*ideo] 成人向けポルノビデオソフト。和製語。② [*a*udio*v*isual] 視聴覚の。また,音響再生装置とビデオ装置を組み合わせたシステム。

AWD [*a*ll *w*heel *d*rive]《車》四輪駆動の自動車。4WD。

B

B&B [*b*ed *and* *b*reakfast] ベッド・アンド・ブレックファースト。宿泊と朝食だけの民宿や低価格のホテル。

B.C. [*b*efore *C*hrist] 西暦紀元前。対 A.D.。

BC兵器 [*b*iological and *c*hemical weapons]《軍》生物・化学兵器。

bcc [*b*lind *c*arbon *c*opy]《通信》ブラインド・カーボン・コピー。電子メールで,同じメールを複数のあて先に送付する機能。◆ccと異なり,他のだれに送付したか受信者はわからない。

BCG [*b*acille bilié de *C*almette et *G*uérin フランス]《医》結核予防の生ワクチン。

BD [*B*lu-ray *D*isc] ブルーレイディスク。次世代大容量光ディスク。

BGM [*b*ack*g*round *m*usic] バックグラウンド・ミュージック。

BHC [*b*enzene *h*exa*c*hloride]《化》ベンゼン・ヘキサクロライド。殺虫剤。

BIS〔ビス〕 [*B*ank for *I*nternational *S*ettlements]《経》国際決済銀行。加盟国の中央銀行間の金・為替の売買や預金の受け入れ業務のほか, 国際金融問題の討議も行っている。

blog [we*blog*]《通信》ブログ。Webサイト上で,個人が日記形式で,意見や感想を発表・更新できるページ。

BM [*b*allistic *m*issile]《軍》弾道ミサイル。

BMD [*b*allistic *m*issile *d*efense]《軍》弾道ミサイル防衛。敵の弾道ミサイルを早期警戒衛星などで探知し迎撃・撃破する防衛システム。

BMI [*b*ody *m*ass *i*ndex] 体格指数。肥満を判定する指数で, 体重(kg)÷身長(m)÷身長(m)で算出する。標準値は22。

BMX [*b*icycle *m*oto*c*ross] モトクロス自転車(競技)。

BOD [*b*iochemical *o*xygen *d*emand] 生物化学的酸素要求量。河川などの汚染度を示す。

BPO [*B*roadcasting Ethics & *P*rogram Improvement *O*rganization] 放送倫理・番組向上機構。

BRICS〔ブリックス〕 [*B*razil, *R*ussia, *I*ndia, *C*hina, *S*outh Africa] ブラジル,ロシア,インド,中国,南アフリカ共和国。経済成長を続ける国家。

BS [*b*roadcasting *s*atellite] 放送衛星。▷—放送。

BTO [*b*uild *t*o *o*rder] 受注生産。

BSE [*b*ovine *s*pongiform *e*ncephalopathy]《医》牛海綿状脳症。狂牛病。

BWC [*B*iological *W*eapons *C*onvention] 生物兵器禁止条約。開発,生産,保有を含めた生物兵器の全面禁止と廃棄を目的とする。

C

CAD〔キャド〕 [*c*omputer-*a*ided *d*esign] コンピュータ支援設計。

CAI [computer-*a*ssisted/computer-*a*ided *i*nstruction]《教》コンピュータを使用した, 能力別学習プログラムによる個別教育。

CAM〔キャム〕 [*c*omputer-*a*ided *m*anufacturing]《電算》CADによるモデルを基に,コンピュータを利用した製品製造システム。

CAS [*C*ourt of *A*rbitration for *S*port] スポーツ仲裁裁判所。◆本部はスイスのローザンヌ。

CAT [*c*omputerized *a*xial *t*omography] コンピュータ化体軸断層写真。CTスキャン。

CATV [*ca*ble *t*ele*v*ision] ケーブルテレビ。⇒本文

CB ① [*c*itizen's *b*and]《通信》一般市民が近距離の連絡に使う携帯無線。その周波数帯。② [*c*onvertible *b*ond]《経》転換社債(型新株予約権付社債)。

欧文略語集

●配列はＡＢＣ順。
●見出し語が使われる分野を，《　》の中に分かりやすい略号で示した。

A

AA　① [*a*ffirmative *a*ction] 積極的差別是正措置。② [Afro-Asian；Asian-African] アジア・アフリカ（系）の。

ABC　①初歩。基本。②アルファベット。③[*A*udit *B*ureau of *C*irculations] 新聞雑誌発行部数公査機構。

ABC兵器　[*a*tomic, *b*iological, and *c*hemical weapons]《軍》核兵器・生物兵器・化学兵器の総称。◆現在はNBC兵器という。

ABM　[*a*nti*b*allistic *m*issile]《軍》弾道弾迎撃ミサイル。

AC　①[*a*lternating *c*urrent]《電》交流。[対]DC。② [*A*dvertising *C*ounsil] 広告協議会。公共広告機構。

AD　①[*a*rt *d*irector] アートディレクター。⇒本文 ② [*a*ssistant *d*irector]《放送》番組演出担当者の助手。③ [*a*utomatic *d*epositor] 現金自動預け入れ機。

A.D.　[*a*nno *D*ominiラテン] 西暦紀元。[対]B.C.。

ADB　①[*A*frican *D*evelopment *B*ank] アフリカ開発銀行。◆AfDBとも。② [*A*sian *D*evelopment *B*ank] アジア開発銀行。

ADHD　[*a*ttention *d*eficit *h*yperactivity *d*isorder] 注意欠陥多動性障害。注意の持続が難しい子供の行動障害。

ADIZ〔エーディズ〕　[*a*ir *d*efense *i*dentification *z*one]《軍》防空識別圏。

ADSL　[*a*symmetric *d*igital *s*ubscriber *l*ine]《通信》非対称デジタル加入者回線。

AE　[*a*utomatic *e*xposure] 自動露出調整。

AED　[*a*utmated *e*xternal *d*efibrillator] 自動体外式除細動器。

AF　[*a*uto*f*ocus] 自動焦点調節機能。

AFTA　[*A*SEAN *F*ree *T*rade *A*rea] アセアン自由貿易圏。アセアン域内で貿易の自由化を実現しようという構想。

AI　[*a*rtificial *i*ntelligence]《電算》人工知能。

AIDS　[*a*cquired *i*mmune *d*eficiency *s*yndrome] エイズ。⇒本文

ALS　[*a*myotrophic *l*ateral *s*clerosis]《医》筋萎縮性側索《さく》硬化症。

Altキー　[*Alt*ernate key]《電算》キーボード上で，他のキーと組み合わせて特定の役割をもたせるためのキー。

AM　[*a*mplitude *m*odulation] 振幅変調。▷ー放送。[対]FM。

A.M., a.m.　[*a*nte *m*eridiem ラテン] 午前。[対]P.M.。

AMeDAS〔アメダス〕　[*A*utomated *Me*teorological *D*ata *A*cquisition *S*ystem]《気》地域気象観測システム。

ANZUS〔アンザス〕　[*A*ustralia, *N*ew *Z*ealand and the *U*nited *S*tates] 太平洋安全保障条約。アンザス条約。

AO入試　[*a*dmissions *o*ffice ー] アドミッション・オフィス入試。大学入試において，論文や面接などを課し，学力（偏差値）以外の適性や意欲なども含めて人物を多角的に評価する方法。

APEC〔エーペック〕　[*A*sia-*P*acific *E*conomic *C*ooperation] アジア太平洋経済協力。

APS　① [*A*dvanced *P*hoto *S*ystem]《写》35mm判カメラより小型軽量で幅24mmのカートリッジ入りフィルムを使用する写真システム。②[*a*dvertising *p*romise *s*ystem] 広告被害限定保証システム。

AQ　[*a*chievement *q*uotient]《教》学力指数。学業成就指数。

AR　[*a*ugmented *r*eality] 拡張現実。⇒本文

ASCII〔アスキー〕　[*A*merican *S*tandard *C*ode for *I*nformation *I*nterchange]《電算》アメリカ規格協会が制定した情報交換用の符号体系。

ASEAN〔アセアン〕　[*A*ssociation of *S*outh*e*ast *A*sian *N*ations] 東南アジア諸国連合。

ASEM〔アセム〕　[*As*ia-*E*urope *M*eeting] アジア欧州会合。アジア欧州会議。アジア・欧州の国および機関から構成されている。

ASV　[*a*dvanced *s*afety *v*ehicle] 先進安全自動車。

AT　① [*a*tomic *t*ime] 原子時。②[*a*utomatic *t*ransmission]《車》自動変速装置。▷ー車。

ATC　① [*a*ir *t*raffic *c*ontrol] 航空交通管制。②[*a*utomatic *t*rain *c*ontrol] 自動列車制御装置。

大きな字の
常用国語辞典 改訂第五版

1982年4月1日　常用国語辞典初版発行
2000年3月27日　大きな字の常用国語辞典改訂新版発行
2020年9月8日　大きな字の常用国語辞典改訂第五版　第1刷発行
2024年6月28日　大きな字の常用国語辞典改訂第五版　第5刷発行

発行人　土屋　徹
編集人　代田　雪絵
企画編集　田沢　あかね

発行所　株式会社Gakken
〒141-8416　東京都品川区西五反田2-11-8
印刷所　株式会社 広済堂ネクスト
製本所　株式会社 難波製本

●この本に関する各種お問い合わせ先
本の内容については、下記サイトのお問い合わせフォームよりお願いします。
https://corp-gakken.co.jp/contact/
在庫については　Tel 03-6431-1199（販売部）
不良品（落丁、乱丁）については　Tel 0570-000577
学研業務センター　〒354-0045 埼玉県入間郡三芳町上富279-1
上記以外のお問い合わせは
Tel 0570-056-710（学研グループ総合案内）

©Gakken
◎本書の無断転載、複製、複写（コピー）、翻訳を禁じます。
◎本書を代行業者等の第三者に依頼してスキャンやデジタル化することは、たとえ個人や家庭内の利用であっても、著作権法上、認められておりません。
◎学研の書籍・雑誌についての新刊情報・詳細情報は、下記をご覧ください。
学研出版サイト　https://hon.gakken.jp/